U0718362

人民日报版面备要

修订版

人民日报编辑部

人民日报出版社

序　一

吴恒权

版面是报纸的脸面、报纸的路标，是报纸给读者的第一视觉形象。报纸能不能抓住读者，首先看这张报纸的版面有没有足够的吸引力，能不能产生足够的亲和力。

版面虽然只是一种稿件安排的形式，但其意涵又远远不止于形式。特别是对人民日报来说，做什么样的版面，怎样安排版面，既体现政治意识、大局意识、责任意识，也体现业务水平、业务素养。在数百甚至数千篇稿件中，选择什么样的稿件放一版？在一版的稿件中，选择什么样的稿件放头条、放报眼？若干重要新闻摆在面前，如何妥当安排，各得其所？版面上标题字号的大小，字体的选用，文章篇幅的长短，图片、图表的运用，都各有讲究，都需要认真思考，费心斟酌。版面的这些安排，既是形式，也是内容。从某种意义上讲，今天，人民日报的版面语言已经成为观察“中国故事”、传递“中国声音”的特殊窗口，成为党报核心竞争力的有机组成，成为我们更好地发挥“治国理政重要资源和重要手段”作用的有效途径。

作为党中央机关报，人民日报在六十余年的版面编排实践中，形成了自己独特的风格：庄重、大气、严谨、规范。特别是在安排党和国家领导人活动的新闻、处理重要时政新闻、重大事件新闻等方面，积累了许多宝贵的经验。“大事看大报”。每遇大事，人民日报的版面，总是万众瞩目，在引领舆论中发挥着媒体排头兵的作用。

十多年前，在人民日报原总编辑范敬宜同志的倡议下，总编室的同志对人民日报的版面，特别是要闻版的版面，进行了较为详备的梳理、总结，编写出《人民日报版面备要》一书。这本备要参考价值大、权威性强，出版发行后在业内引起广泛关注。许多平面媒体都将《备要》作为处理重要新闻事件的依据和参考。

进入新世纪以来，我国经济社会发展日新月异，新兴媒体迅猛发展，新闻表达形式和版面审美趣味也发生了新的变化。回应读图时代的新要求，人民日报的版面风格在继承传统的基础上，不断创新、大胆尝试，目的就是让我们的报纸更加清新现代，更加贴近读者，让党和政府的声音更加穿透现实，让社情民意渠道更加顺畅通达。“瞻前顾后，当天平衡；强化新闻，轻松阅读”是人民日报版面安排的基本原则，“两大一短”——大标题、大图片、短新闻，成为人民日报版面风格的重要元素。读者反映，现在的人民日报，版面规范，做得稳重、大气、活泼，看起来轻松，读起来有味。

新形势、新要求催生与时俱进的理念和版式；而新理念、新版式也亟需在实践中重新梳理、重新总结、重新定位。修订、编写一本新的《人民日报版面备要》，由此成为必要。

创新无尽头。人民日报的版面实践还在探索发展当中。如何通过生动、深刻的版面语言，更好地反映报纸的内容，更好地提升报纸的影响力和传播力，更好地实现“让党放心，让人民满意”的要求，还需要人民日报的同志继续付出心血，不断总结，不断探索，不断创新。

因此，这本《备要》仍然只是“参考”。

（作者为人民日报总编辑）

序　二

范敬宜

版面，是一门学问，一种艺术。当然，更是一种政治。

在一块版面上，突出什么、不突出什么，强化什么、淡化什么，一条新闻、一张图片、一篇文章，放在什么位置，用什么字体，做几行标题，是否加框加线……，都需要着眼于政治，去作正确的判断和处理。

一张报纸的新闻舆论导向如何，除了决定于它的宣传内容外，在很大程度上是通过版面表现出来的。我们把这叫做“版面语言”。“版面语言”是办报人立场、观点、感情和审美眼光的自然流露。

作为中共中央机关报，人民日报的版面编辑工作更有其特殊性。报纸本身的地位，决定了人们对它版面的关注程度。人们通常是通过人民日报的版面，来了解一个时期内党的路线、方针、政策。国外新闻媒介和研究机构，更是不断地通过研究人民日报的版面，来观察中国政治、经济形势和走向。有的西方报纸甚至统计一个月内人民日报刊登党和国家领导人的照片总计有几百平方英寸，来“研究”中国政局会有什么变化。这种“研究”尽管多数是无稽之谈，但也确乎说明“人民日报的版面无小事”。

在将近五十年的办报实践中，人民日报在版面处理方面积累了极其丰富的经验。历届领导人和一批又一批的编辑人员，在版面上倾注了大量的心血，从而形成了与人民日报性质、地位相称的严格、科学的规范和严谨、端庄的风格。确切地说，这不仅是报社编辑人员劳动的结晶，而且包含着许多中央领导同志的思想和智慧。尤其是对国内外重大新闻的版面处理，几乎都是在中央领导同志的亲自指导和决策下进行的。这种“得天独厚”的条件，很自然地使得人民日报的重要版面具有不同一般的权威性。

我从 1993 年到人民日报工作以后，深深地感到人民日报处理重要新闻版面的经验，是一笔宝贵的财富，多次提出应该编写一本《人民日报版面学》。这个建议得到编委会全体同志、特别是邵华泽社长的赞同和支持，总编室同志的热情也很高。但是，大家觉得，对于这笔巨大的财富，我们还没有来得及从理论上进行系统的总结，不便称“学”，不如先编辑一部《人民日报版面备要》为妥。所谓“备要”，只是对历史资料的分类整理，既备自己随时检索之需，又为兄弟报纸提供一份参考资料。这样做，可能实用性更强一些。在总编室同志的努力下，历时两年，这部《备要》终于成书了。我们准备在这基础上，继续组织力量，进行专题研究，认真总结经验，积数年之功，写出一部比较像样的《人民日报版面学》。

（此文为第一版原序，作者为人民日报原总编辑）

目　录

一、重大会议新闻的版面安排

重大会议包括：

1. 历届党代会、人代会、政协会议；

2. 中共中央全会；

3. 中央政治局会议、国务院常务会议；

4. 具有全局意义的部门会议和行业会议，等等。

中央对改进会议报道非常重视。做好重大会议报道的版面安排，是政治性很强、艺术性很高的工作，既要遵守规范，又要与时俱进；同时应做到瞻前顾后，当天平衡，强化新闻，轻松阅读；既要发挥创造性，又要体现权威性。对重大会议报道的具体版面多采用“大标题、大图片、短新闻”的安排方法。

（一）党代会新闻的版面安排

党代会的宣传报道，是党报会议报道的重中之重。党的十七大期间，人民日报积极探索，大胆创新，逐步形成了新的规范，既体现了人民日报庄重大方的传统风格，又增添了清新现代的时代风貌。

党的十七大期间重大报道的版面安排

（2007 年 10 月 15 日——10 月 22 日）

人民日报作为中共中央机关报，做好党的全国代表大会的报道工作是重中之重。会议召开半年前就推出了前期报道，并在要闻版相继开辟了“喜迎十七大”等栏目；大会开始前几天陆续报道代表抵京、预备会议等；会议期间，专门创设大会特刊，开设“欢庆十七大”等若干栏目；会议结束后相当长一段时期，仍安排“贯彻落实十七大精神”的栏目。

会议期间的版面安排如下：

10 月 15 日，报道预备会议和主席团会议新闻。一版头条安排预备会议和主席团会议消息，配发四栏半照片；右下刊发社论，祝贺党代会开幕；其余位置主要刊发大会主席团成员名单、主席团常务委员会成员名单、秘书长副秘书长名单以及资格审查委员会成员名单。

10月16日，报道大会开幕消息。一版通栏套红标题，全文刊登会议开幕消息，在头条及报眼位置刊发三张照片。按照惯例，头条消息肩题为大会报告的标题《高举中国特色社会主义伟大旗帜　为夺取全面建设小康社会新胜利而奋斗》，第二行副题为大会主题。整个版面规整严肃。二版、三版刊登报告摘要，八版刊登整版照片。

10月17日至21日，均围绕会议议程安排版面，除一般性报道外，主要报道中央领导同志参加各代表团的活动、分组讨论等。

10月22日，报道大会闭幕消息。闭幕消息同开幕消息的版面安排异曲同工，只是报眼位置安排了大会主题的摘要。二版刊出关于十七大报告的决议、关于中央纪委报告的决议、党章修正案的决议以及闭幕社论；四版刊出中央委员、候补委员、中央纪委委员的名单。

10月25日，刊登十七大报告。

10月26日，刊登党章。

（附2007年10月15日、16日、22日、25日、26日一版）

党的十六大期间重大报道的版面安排

（2002年11月8日——11月15日）

11月9日，报道大会开幕消息。一版通栏套红标题，全文刊登会议开幕消息，头条及报眼位置刊发四张照片。头条消息肩题为大会报告的标题《全面建设小康社会　开创中国特色社会主义事业新局面》，第二行副题为大会主题。二版、三版刊登报告摘要，八版刊登整版照片。

11月10日至14日，围绕会议议程安排版面，除一般性报道外，主要报道中央领导同志参加各代表团的活动、分组讨论等。大会其他报道安排在“欢庆党的十六大特刊”。

11月15日，头条报道大会闭幕消息，配发两张照片。报眼位置摘发了十六大报告。二版刊出关于十六大报告的决议、关于中央纪委报告的决议、党章修正案的决议以及闭幕社论；四版刊出中央委员、候补委员、中央纪委委员的名单。

（附2002年11月9日、15日一版）

党的八大至十五大重点版面

十一大至十五大，党代会的程序性报道差别不大，开、闭幕大会消息处理庄重大气。特别是党的中央领导机构产生当天即一中全会的一版版面，处理方式根据实际情况，与时俱进。

（附1992年10月20日一版、1997年9月20日一版）

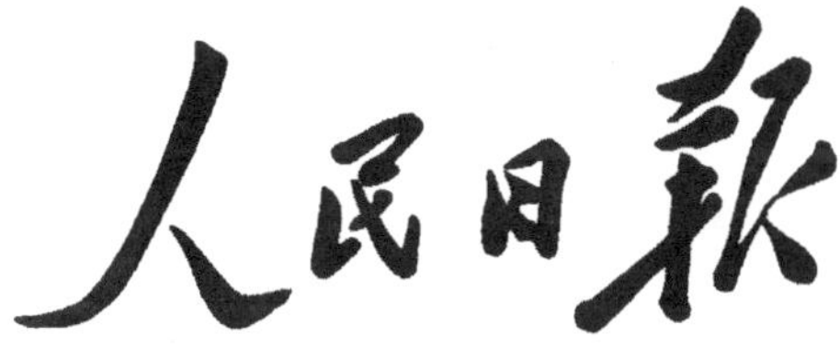

RENMIN RIBAO

今日 16 版

人民网 网址:http://www. people. com. cn
手机:http://wap. people. com. cn

国内统一连续出版物号 CN 11-0065
第 21646 期（代号 1-1）
人民日报社出版

2007 年 10 月
15
星期一
丁亥年九月初五

北京地区天气预报
白天 晴
风向 北转南
风力 二、三级
夜间 晴
风向 南转北
风力 一、二级
温度 21℃/8℃

十月十四日，中国共产党第十七次全国代表大会在北京人民大会堂举行预备会议。

新华社记者 李学仁摄

党的十七大举行预备会议和主席团第一次会议

胡锦涛同志主持预备会议 通过代表资格审查委员会成员名单、大会主席团成员名单和大会议程等

胡锦涛同志出席主席团会议并作重要讲话 通过主席团常务委员会成员名单、代表资格审查报告和大会日程等

新华社北京10月14日电 中国共产党第十七次全国代表大会14日下午在人民大会堂举行预备会议。

胡锦涛同志主持会议。

党的十七大应到代表、特邀代表2270人。

出席今天预备会议的代表、特邀代表2215名。

会议以举手表决方式，通过由22人组成的代表资格审查委员会成员名单，通过由237人组成的大会主席团成员名单，通过曾庆红为大会秘书长。会议并通过了大会秘书处机构设置和工作任务。

会议还通过了十七大的议程。大会的议程为：听取和审查十六届中央委员会的报告；审查中央纪律检查委员会的工作报告；审议通过《中国共产党章程（修正案）》；选举十七届中央委员会；选举中央纪律检查委员会。

新华社北京10月14日电 中国共产党第十七次全国代表大会主席团14日下午在人民大会堂举行第一次会议。

胡锦涛同志出席会议并作了重要讲话。

10月14日，中国共产党第十七次全国代表大会主席团在北京人民大会堂举行第一次会议。胡锦涛同志出席会议并作了重要讲话。

新华社记者 兰红光摄

会议首先在大会秘书长曾庆红主持下，以举手表决方式通过了由胡锦涛同志等36人组成的主席团常务委员会成员名单。

随后，会议在胡锦涛同志主持下进行了各项议程。会议以举手表决方式通过了刘云山、周永康、贺国强、王刚为大会副秘书长。

会议通过了中国共产党第十七次全国代表大会代表资格审查委员会关于代表资格的审查报告。

报告说，全国各选举单位共选举并经中央批准公布代表2217名。代表名单公布后，1人因有严重违纪问题被撤销代表资格；确认2216名代表资格有效，其中3名代表逝世。大会应出席代表2213名。

报告说，党的十七大代表选举工作，中央要求明确，各选举单位党组织高度重视，精心组织实施，认真贯彻党的民主集中制原则，充分发扬党内民主，广大党员积极参与，整个工作健康有序，进展顺利。代表选举工作是严格按照党章和中央规定的程序进行的。在代表候选人初步人选推荐提名过程中，全国基层党组织参与率达到99%，党员参与率达到98%。各选举单位普遍做到了“三上三下”，反复酝酿，根据多数党员、多数党组织的意见，确定代表候选人初步人选考察名单。各选举单位认真组织对代表人选的考察工作，特别是对代表人选的思想政治素质、作风情况、工作表现和群众公认程度进行了深入细致的了解，并就廉洁自律等方面的情况征求了有关方面的意见。各选举单位普遍将代表候选人初步人选名单在本选举单位范围内进行了公示，广泛听取党员群众的意见。省区市在召开全委会确定代表候选人预备人选之前，还向省级民主党派、工商联和无党派人士作了通报并听取意见。中央组织部会同有关部门按照代表条件、结构要求，对预备人选进行了审查。各选举单位在召开党代会或党代表会议时，除西藏、新疆外，其他选举单位均按照不少于15%的差额比例，选举产生了出席党的十七大代表。

报告说，十七大代表总体上符合中央规定的十七大代表应具备的条件，是共产党员中的优秀分子，思想政治素质好，群众公认程度高，有良好的思想作风、工作作风和生活作风，在生产和工作中做出了显著成绩，并具有较强的议事能力。十七大代表既具有先进性、又具有广泛代表性，结构比较合理，各项构成比例均符合中央的要求。代表文化程度较高，有不同时期入党的党员。

报告说，参照十六大的做法，中央邀请了57名特邀代表出席党的十七大，特邀代表享有代表同等权利。

会议通过了中国共产党第十七次全国代表大会选举办法（草案），提交各代表团酝酿。

会议还通过了列席和来宾事项。中央决定，邀请党内有关负责同志和部分党外人士列席大会。列席大会的有：不是十七大代表的十六届中央委员会委员、候补委员和中央纪律检查委员会委员；不是十七大代表、特邀代表的原中央顾问委员会委员；曾经列席十六大的党内部分老同志，以及其他有关同志，共314人。作为来宾列席大会开幕会和闭幕会的有：现任和曾任全国人大常委会副委员长、全国政协副主席的党外人士，各民主党派中央、全国工商联主席、在京副主席、名誉主席、在京名誉副主席和无党派人士，以及全国人大、全国政协在京常委中的民主党派、无党派人士和民族、宗教界人士，共155人。

主席团会议还通过了十七大大会日程。根据这个日程，十七大将于10月15日上午开幕，10月21日上午闭幕。

党的第十七次全国代表大会主席团成员名单

（共二百三十七人）

（按姓氏笔画为序）

丁晓兵 才 卓（女，藏族） 万 里
卫留成 习近平 马 馼（女）
马 凯 王 刚 王 君 王 珉
王 晨 王 楠（女） 王万宾
王太华 王正伟（回族） 王东明
王乐泉 王兆国 王旭东 王岐山
王沪宁 王忠禹 王胜俊 王晓初
王家瑞 尤 权
乌云其木格（女，蒙古族） 尹蔚民
邓 楠（女） 邓朴方 邓昌友
石宗源（回族） 卢展工 田成平
田聪明 白立忱（回族） 白志健
白春礼（满族） 白恩培 白景富
令计划 司马义·艾买提（维吾尔族）
司马义·铁力瓦尔地（维吾尔族）
吉炳轩 回良玉（回族） 朱之鑫
朱维群 朱镕基 乔 石 乔清晨
华建敏 向巴平措（藏族）
全哲洙（朝鲜族） 刘 京 刘 淇
刘 鹏 刘 源 刘云山 刘冬冬
刘延东（女） 刘华清 刘志军
刘奇葆 刘明康 江泽民 许振超
孙春兰（女） 孙政才 孙晓群
孙家正 牟新生 苏 荣 苏树林
苏毅然 杜青林 李 斌 李 鹏
李长才 李长印 李长江 李长春
李兆焯（壮族） 李克强 李连成
李岚清 李金华 李学举 李学勇
李建国 李荣融 李贵鲜 李铁映
李海峰（女） 李继耐 李盛霖
李景田（满族） 李瑞环 李源潮
李德洙（朝鲜族） 李毅中
杨 晶（蒙古族） 杨元元 杨利伟
杨衍银（女） 杨洁篪 肖 扬
肖 钢 肖 捷 吴 仪（女）
吴邦国 吴定富 吴官正
吴爱英（女） 何 勇 冷 溶
闵维方 汪 洋 汪光焘 汪啸风
沈跃跃（女） 宋 平
宋鱼水（女） 张 平 张 耕
张云川 张玉台 张立昌 张庆伟
张庆黎 张宝顺 张春贤 张思卿
张高丽 张海阳 张基尧 张维庆
张德江 陆 兵（壮族） 陆 浩
阿不来提·阿不都热西提（维吾尔族）
陈 元 陈 奎 陈云林
陈至立（女） 陈佐洱 陈国令
陈宜瑜 陈建国 陈奎元 陈炳德
林左鸣 林兆枢 尚福林 罗 干 罗清泉 竺延风 金炳华
周 济 周小川 周生贤 周永康 周伯华 郑万通 孟建柱
项怀诚 项俊波 赵乐际 赵洪祝 赵宪庚 郝建秀（女）
胡春华 胡彦林 胡振民 胡锦涛 柳斌杰 俞正声 娄异康
姜建清 贺国强 热 地（藏族） 耿惠昌 贾东亮 贾庆林
贾春旺 顾秀莲（女） 钱运录 铁 瑛 铁 凝（女）
徐一天 徐才厚 徐乐江 徐匡迪 徐光春 徐绍史 高 强
高祀仁 郭伯雄 郭金龙 郭树清 唐家璇 黄华华 黄伯云
黄晴宜（女） 黄献中 曹刚川 曹建明 曹康泰 盛华仁
常万全 符廷贵 康日新 章沁生 梁光烈 梁国扬 尉健行
蒋洁敏 喻林祥 傅成玉 焦若愚 储 波 童世平 曾庆红
曾培炎 温家宝 谢旭人 强 卫 路甬祥 靖志远 蔡 武
廖 晖 廖锡龙 滕文生 潘云鹤 薄熙来 穆占英
戴秉国（土家族） 魏礼群

（新华社北京10月14日电）

党的第十七次全国代表大会主席团常务委员会成员名单

（共36人）

胡锦涛 江泽民 吴邦国 温家宝 贾庆林 曾庆红 吴官正 李长春 罗 干 王乐泉 王兆国 回良玉 刘 淇
刘云山 吴 仪（女） 张立昌 张德江 周永康 俞正声 贺国强 郭伯雄 曹刚川 曾培炎 王 刚 李 鹏
万 里 乔 石 朱镕基 李瑞环 宋 平 刘华清 尉健行 李岚清 徐才厚 何 勇 王忠禹

（新华社北京10月14日电）

党的第十七次全国代表大会秘书长名单

曾庆红

（新华社北京10月14日电）

党的第十七次全国代表大会副秘书长名单

刘云山 周永康 贺国强 王 刚

（新华社北京10月14日电）

党的十七大代表资格审查委员会成员名单

（共22人）

主 任：吴官正
副主任：贺国强 李继耐
委 员：（按姓氏笔画为序）
马 馼（女） 王建宙 司马义·铁力瓦尔地（维吾尔族） 列 确（藏族） 刘振起
孙春兰（女） 孙晓群 杜青林 李建国 李荣融 杨衍银（女） 沈跃跃（女） 张云川 陈 希
胡春华 钱运录 铁 瑛 徐光春 黄晴宜（女）

（新华社北京10月14日电）

十七大今日上午开幕

全国广播电视、中央重点新闻网站将现场直播开幕式

新华社北京10月14日电 中国共产党第十七次全国代表大会将于15日上午9时在北京人民大会堂开幕。

届时，中央电视台第一套、第四套、第九套、西班牙语频道、法语频道、新闻频道，中央人民广播电台中国之声、中华之声和华夏之声，中国国际广播电台汉语普通话、英语、法语、西班牙语、俄语、德语、阿拉伯语、日语、朝鲜语、蒙古语，十七大新闻中心网站、人民网、新华网、央视国际、中国网将现场直播大会开幕式盛况。

全国各省级电视台、广播电台将同时转播中央电视台、中央人民广播电台现场直播节目。

坚定不移走中国特色社会主义伟大道路

——热烈祝贺中国共产党第十七次全国代表大会开幕

今天，中国共产党第十七次全国代表大会隆重开幕。中国共产党的历史掀开新的篇章，中国特色社会主义迈上新的征程，中华民族伟大复兴展现新的前景。

党的十七大，举国关注，举世瞩目。这次大会，是在我国改革发展关键阶段召开的一次十分重要的大会。大会将以邓小平理论和“三个代表”重要思想为指导，深入贯彻落实科学发展观，认真总结党的十六大以来的工作和取得的成就，回顾总结改革开放以来党团结带领全国各族人民建设中国特色社会主义的伟大历史进程和宝贵经验，对全面推进我国改革开放和社会主义现代化建设、全面推进党的建设新的伟大工程作出战略部署，进一步动员全党全国各族人民，继续解放思想，坚持改革开放，推动科学发展，促进社会和谐，为夺取全面建设小康社会新胜利、开创中国特色社会主义事业新局面而奋斗。

中国共产党是中国特色社会主义事业的领导核心。改革开放以来，我们党团结带领全国各族人民开辟了中国特色社会主义道路，引领着中国的发展和进步。29年来，我们实现了全党工作重心的战略转移，实现了从计划经济体制到社会主义市场经济体制的转变，实现了从封闭半封闭经济到开放型经济的转变，实现了人民生活从温饱不足到总体小康的转变，政治体制、文化体制、社会体制等方面的改革取得重要进展，改革开放和社会主义现代化建设取得有目共睹的巨大成就。

党的十六大以来的5年，是我国改革开放和全面建设小康社会取得辉煌成就的5年。

（下转第二版）

人民日报

RENMIN RIBAO

今日 16 版

人民网 网址:http://www. people. com. cn
手机:http://wap. people. com. cn

国内统一连续出版物号 CN 11-0065
第 21647 期 (代号 1-1)
人民日报社出版

2007 年 10 月
16
星期二
丁亥年九月初六
北京地区天气预报
白天 晴间多云
风向 北转南
风力 二、三级
夜间 晴转多云
风向 南转北
风力 一、二级
温度 21℃/10℃

十月十五日,中国共产党第十七次全国代表大会在北京人民大会堂隆重开幕。这是大会会场。新华社记者 李学仁摄

高举中国特色社会主义伟大旗帜　为夺取全面建设小康社会新胜利而奋斗

中国共产党第十七次全国代表大会在京开幕

胡锦涛代表第十六届中央委员会向大会作报告

大会的主题是:高举中国特色社会主义伟大旗帜,以邓小平理论和“三个代表”重要思想为指导,深入贯彻落实科学发展观,继续解放思想,坚持改革开放,推动科学发展,促进社会和谐,为夺取全面建设小康社会新胜利而奋斗

吴邦国主持大会　2237 名代表和特邀代表出席大会

上图:10 月 15 日,中国共产党第十七次全国代表大会在北京人民大会堂隆重开幕。胡锦涛、江泽民、吴邦国、温家宝、贾庆林、曾庆红、吴官正、李长春、罗干等出席大会。 新华社记者 兰红光摄

左图:10 月 15 日,中国共产党第十七次全国代表大会在北京人民大会堂隆重开幕。胡锦涛代表第十六届中央委员会向大会作报告。 新华社记者 李学仁摄

新华社北京 10 月 15 日电　团结奋斗创伟业,继往开来写新篇。举世瞩目的中国共产党第十七次全国代表大会 15 日上午在人民大会堂开幕。

胡锦涛代表第十六届中央委员会向大会作了题为《高举中国特色社会主义伟大旗帜,为夺取全面建设小康社会新胜利而奋斗》的报告。胡锦涛指出,这次大会的主题是:高举中国特色社会主义伟大旗帜,以邓小平理论和“三个代表”重要思想为指导,深入贯彻落实科学发展观,继续解放思想,坚持改革开放,推动科学发展,促进社会和谐,为夺取全面建设小康社会新胜利而奋斗。

雄伟的人民大会堂大礼堂,气氛隆重热烈。主席台上方悬挂着“中国共产党第十七次全国代表大会”的会标,后幕正中是镰刀和锤头组成的党徽,10 面鲜艳的红旗分列两侧。二楼和三楼的眺台上分别悬挂着“高举中国特色社会主义伟大旗帜,以邓小平理论和‘三个代表’重要思想为指导,深入贯彻落实科学发展观,为夺取全面建设小康社会新胜利而奋斗!”“伟大、光荣、正确的中国共产党万岁!”的横幅。

在主席台前排就座的大会主席团常务委员会成员有胡锦涛、江泽民、吴邦国、温家宝、贾庆林、曾庆红、吴官正、李长春、罗干、王乐泉、王兆国、回良玉、刘淇、刘云山、吴仪、张立昌、张德江、周永康、俞正声、贺国强、郭伯雄、曹刚川、曾培炎、王刚、李鹏、万里、朱镕基、李瑞环、宋平、刘华清、尉健行、李岚清、徐才厚、何勇、王忠禹。

大会由吴邦国主持。上午 9 时,会议开始时,在雄壮的乐曲声中,全场起立,高唱《中华人民共和国国歌》。随后,全体同志为毛泽东、周恩来、刘少奇、朱德、邓小平、陈云等已故老一辈无产阶级革命家和革命先烈默哀。

吴邦国宣布,党的十七大应出席代表 2213 人,特邀代表 57 人,共 2270 人,今天实到 2237 人。他对列席大会的党外朋友和有关方面负责同志表示热烈的欢迎。

胡锦涛代表第十六届中央委员会向大会所作的报告共分十二个部分:一、过去五年的工作;二、改革开放的伟大历史进程;三、深入贯彻落实科学发展观;四、实现全面建设小康社会奋斗目标的新要求;五、促进国民经济又好又快发展;六、坚定不移发展社会主义民主政治;七、推动社会主义文化大发展大繁荣;八、加快推进以改善民生为重点的社会建设;九、开创国防和军队现代化建设新局面;十、推进“一国两制”实践和祖国和平统一大业;十一、始终不渝走和平发展道路;十二、以改革创新精神全面推进党的建设新的伟大工程。

胡锦涛在报告中指出,中国特色社会主义伟大旗帜,是当代中国发展进步的旗帜,是全党全国各族人民团结奋斗的旗帜。解放思想是发展中国特色社会主义的一大法宝,改革开放是发展中国特色社会主义的强大动力,科学发展、社会和谐是发展中国特色社会主义的基本要求,全面建设小康社会是党和国家到二〇二〇年的奋斗目标,是全国各族人民的根本利益所在。

胡锦涛强调,全党必须坚定不移地高举中国特色社会主义伟大旗帜,带领人民从新的历史起点出发,抓住和用好重要战略机遇期,求真务实,锐意进取,继续全面建设小康社会、加快推进社会主义现代化,完成时代赋予的崇高使命。

胡锦涛在报告中回顾了党的十六大以来我国各项事业取得的新成就:经济实力大幅提升,改革开放取得重大突破,人民生活显著改善,民主法制建设取得新进步,文化建设开创新局面,社会建设全面展开,国防和军队建设取得历史性成就,港澳工作和对台工作进一步加强,全方位外交取得重大进展,党的建设新的伟大工程扎实推进。

胡锦涛在总结了改革开放的伟大历史进程后指出,改革开放是决定当代中国命运的关键抉择,是发展中国特色社会主义、实现中华民族伟大复兴的必由之路;只有社会主义才能救中国,只有改革开放才能发展中国、发展社会主义、发展马克思主义。改革开放以来我们取得一切成绩和进步的根本原因,归结起来就是:开辟了中国特色社会主义道路,形成了中国特色社会主义理论体系。高举中国特色社会主义伟大旗帜,最根本的就是要坚持这条道路和这个理论体系。在当代中国,坚持中国特色社会主义道路,就是真正坚持社会主义;坚持中国特色社会主义理论体系,就是真正坚持马克思主义。

在谈到深入贯彻落实科学发展观时,胡锦涛强调,科学发展观,第一要义是发展,核心是以人为本,基本要求是全面协调可持续,根本方法是统筹兼顾。深入贯彻落实科学发展观,要求我们始终坚持“一个中心、两个基本点”的基本路线,积极构建社会主义和谐社会,继续深化改革开放,切实加强和改进党的建设。

胡锦涛在报告中提出实现全面建设小康社会奋斗目标的新要求:增强发展协调性,努力实现经济又好又快发展;扩大社会主义民主,更好保障人民权益和社会公平正义;加强文化建设,明显提高全民族文明素质;加快发展社会事业,全面改善人民生活;建设生态文明,基本形成节约能源资源和保护生态环境的产业结构、增长方式、消费模式。

关于促进国民经济又好又快发展,胡锦涛指出,实现未来经济发展目标,关键要在加快转变经济发展方式、完善社会主义市场经济体制方面取得重大进展。要提高自主创新能力,建设创新型国家;加快转变经济发展方式,推动产业结构优化升级;统筹城乡发展,推进社会主义新农村建设;加强能源资源节约和生态环境保护,增强可持续发展能力;推动区域协调发展,优化国土开发格局;完善基本经济制度,健全现代市场体系;深化财税、金融等体制改革,完善宏观调控体系;拓展对外开放广度和深度,提高开放型经济水平。

胡锦涛在报告中强调坚定不移发展社会主义民主政治。政治体制改革作为我国全面改革的重要组成部分,必须随着经济社会发展而不断深化。要扩大人民民主,保证人民当家作主;发展基层民主,保障人民享有更多更切实的民主权利;全面落实依法治国基本方略,加快建设社会主义法治国家;壮大爱国统一战线,团结一切可以团结的力量;加快行政管理体制改革,建设服务型政府;完善制约和监督机制,保证人民赋予的权力始终用来为人民谋利益。

胡锦涛指出,要推动社会主义文化大发展大繁荣,兴起社会主义文化建设新高潮。建设社会主义核心价值体系,增强社会主义意识形态的吸引力和凝聚力;建设和谐文化,培育文明风尚;弘扬中华文化,建设中华民族共有精神家园;推进文化创新,增强文化发展活力,让人民共享文化发展成果。

胡锦涛强调,社会建设与人民幸福安康息息相关,要努力使全体人民学有所教、劳有所得、病有所医、老有所养、住有所居,推动建设和谐社会。必须在经济发展的基础上,更加注重社会建设,着力保障和改善民生,促进社会公平正义,推动建设和谐社会。要优先发展教育,建设人力资源强国;实施扩大就业的发展战略,促进以创业带动就业;深化收入分配制度改革,增加城乡居民收入;加快建立覆盖城乡居民的社会保障体系,保障人民基本生活;建立基本医疗卫生制度,提高全民健康水平;完善社会管理,维护社会安定团结。

关于开创国防和军队现代化建设新局面,胡锦涛指出,必须站在国家安全和发展战略全局的高度,统筹经济建设和国防建设,在全面建设小康社会进程中实现富国和强军的统一。全面履行党和人民赋予的新世纪新阶段军队历史使命,必须贯彻新时期军事战略方针,加快中国特色军事变革,全面加强、协调推进军队革命化、现代化、正规化建设,提高军队应对多种安全威胁、完成多样化军事任务的能力,坚决维护国家主权、安全、领土完整,为维护世界和平贡献力量。

胡锦涛强调,香港、澳门回归祖国以来,“一国两制”实践日益丰富。我们将坚定不移地贯彻“一国两制”、“港人治港”、“澳人治澳”、高度自治的方针。按照“一国两制”实现祖国和平统一,符合中华民族根本利益。我们郑重呼吁,在一个中国原则的基础上,协商正式结束两岸敌对状态,达成和平协议,构建两岸关系和平发展框架,开创两岸关系和平发展新局面。我们愿以最大诚意、尽最大努力实现两岸和平统一,绝不允许任何人以任何名义任何方式把台湾从祖国分割出去。

胡锦涛指出,我们主张,各国人民携手努力,推动建设持久和平、共同繁荣的和谐世界。中国将始终不渝走和平发展道路,始终不渝奉行互利共赢的开放战略,坚持在和平共处五项原则的基础上同所有国家发展友好合作,继续同各国人民一道,为实现人类的美好理想而不懈努力。

胡锦涛强调,要以改革创新精神全面推进党的建设新的伟大工程,使党始终成为中国特色社会主义事业的坚强领导核心。深入学习贯彻中国特色社会主义理论体系,着力用马克思主义中国化最新成果武装全党;继续加强党的执政能力建设,着力建设高素质领导班子;积极推进党内民主建设,着力增强党的团结统一;不断深化干部人事制度改革,着力造就高素质干部队伍和人才队伍;全面巩固和发展先进性教育活动成果,着力加强基层党的建设;切实改进党的作风,着力加强反腐倡廉建设。

胡锦涛最后说,让我们高举中国特色社会主义伟大旗帜,更加紧密地团结在党中央周围,万众一心,开拓奋进,为夺取全面建设小康社会新胜利、谱写人民美好生活新篇章而努力奋斗!

胡锦涛报告过程中,全场多次响起热烈的掌声。

作为来宾列席大会的有现任和曾任全国人大常委会副委员长、全国政协副主席的党外人士,各民主党派中央、全国工商联主席、在京副主席、名誉主席、在京名誉副主席和无党派人士,以及全国人大、全国政协在京常委中的民主党派、无党派人士和民族、宗教界人士何鲁丽、丁石孙、成思危、许嘉璐、蒋正华、韩启德、帕巴拉·格列朗杰、罗豪才、张克辉、周铁农、黄孟复、张怀西、李蒙、蓋建华、张梅颖、张榕明、王光英、孙孚凌、万国权、王文元、蒋树声、林文漪、袁隆平等,他们在主席台贵宾席就座。党内有关负责同志也列席了大会。

人民日报

RENMIN RIBAO

今日 16 版

人民网 网址:http://www.people.com.cn
手机:http://wap.people.com.cn

国内统一连续出版物号 CN 11-0065
第 21653 期(代号 1-1)
人民日报社出版

2007 年 10 月
22
星期一
丁亥年九月十二

北京地区天气预报
白天 晴间多云
风向 北转南
风力 二、三级
夜间 晴间多云
风向 南转北
风力 一、二级
温度 20℃/6℃

党的十七大号召,全党全国各族人民高举中国特色社会主义伟大旗帜,更加紧密地团结在党中央周围,认真学习贯彻党的十七大精神,万众一心,开拓奋进,为夺取全面建设小康社会新胜利、谱写人民美好生活新篇章而努力奋斗

中国共产党第十七次全国代表大会在京闭幕

选出新一届中央委员会和中央纪律检查委员会

通过关于十六届中央委员会报告的决议、关于中央纪律检查委员会工作报告的决议、关于《中国共产党章程(修正案)》的决议

胡锦涛同志主持大会并发表重要讲话

胡锦涛强调,全党同志要紧密团结在党中央周围,高举中国特色社会主义伟大旗帜,坚持以马克思列宁主义、毛泽东思想、邓小平理论和"三个代表"重要思想为指导,深入贯彻落实科学发展观,坚定不移地继续解放思想,坚定不移地坚持改革开放,坚定不移地推动科学发展、促进社会和谐,坚定不移地实现全面建设小康社会的宏伟目标,带领人民抓住和用好重要战略机遇期,求真务实,锐意进取,为落实党的十七大提出的各项任务而团结奋斗

上图:10 月 21 日,中国共产党第十七次全国代表大会在北京人民大会堂胜利闭幕。胡锦涛、江泽民、吴邦国、温家宝、贾庆林、曾庆红、吴官正、李长春、罗干等出席大会。

左图:10 月 21 日,中国共产党第十七次全国代表大会在北京人民大会堂胜利闭幕。胡锦涛同志主持闭幕会。 新华社记者 鞠鹏摄

新华社北京 10 月 21 日电 中国共产党第十七次全国代表大会在选举产生新一届中央委员会和中央纪律检查委员会,通过关于十六届中央委员会报告的决议、关于中央纪律检查委员会工作报告的决议、关于《中国共产党章程(修正案)》的决议后,21 日上午在人民大会堂胜利闭幕。

党的十七大是在我国改革发展关键阶段召开的一次十分重要的大会。大会号召,全党全国各族人民高举中国特色社会主义伟大旗帜,更加紧密地团结在党中央周围,认真学习贯彻党的十七大精神,万众一心,开拓奋进,为夺取全面建设小康社会新胜利、谱写人民美好生活新篇章而努力奋斗。

胡锦涛同志主持大会。

胡锦涛、江泽民、吴邦国、温家宝、贾庆林、曾庆红、吴官正、李长春、罗干、王乐泉、王兆国、回良玉、刘淇、刘云山、吴仪、张立昌、张德江、周永康、俞正声、贺国强、郭伯雄、曹刚川、曾培炎、王刚、李鹏、朱镕基、李瑞环、宋平、尉健行、李岚清、徐才厚、何勇、王忠禹等大会主席团常务委员会成员在主席台前排就座。

上午 9 时,闭幕会开始。

会议首先通过了 2 名总监票人和 36 名监票人名单。

在总监票人和监票人监督下,到会的 2235 名代表和特邀代表以无记名投票方式,选举出由 204 名委员、167 名候补委员组成的十七届中央委员会,选举出中央纪律检查委员会委员 127 名。

11 时 36 分,胡锦涛宣布,第十七届中央委员会和中央纪律检查委员会,已经中国共产党第十七次全国代表大会选举产生。全场响起经久不息的热烈掌声。

随后,大会通过了关于十六届中央委员会报告的决议。大会批准胡锦涛同志代表十六届中央委员会所作的报告。大会认为,报告科学回答了党在改革发展关键阶段举什么旗、走什么路、以什么样的精神状态、朝着什么样的发展目标继续前进等重大问题,对继续推进改革开放和社会主义现代化建设、实现全面建设小康社会的宏伟目标作出了全面部署,对以改革创新精神全面推进党的建设新的伟大工程提出了明确要求。报告描绘了在新的时代条件下继续全面建设小康社会、加快推进社会主义现代化的宏伟蓝图,为我们继续推动党和国家事业发展指明了前进方向,是全党全国各族人民智慧的结晶,是我们党团结带领全国各族人民坚定不移走中国特色社会主义道路、在新的历史起点上继续发展中国特色社会主义的政治宣言和行动纲领,是马克思主义的纲领性文献。

大会认为,报告阐明的大会主题对我们党带领人民继往开来、开拓奋进具有十分重大的意义。全党要高举中国特色社会主义伟大旗帜,以邓小平理论和"三个代表"重要思想为指导,深入贯彻落实科学发展观,继续解放思想,坚持改革开放,推动科学发展,促进社会和谐,为夺取全面建设小康社会新胜利而奋斗。

大会高度评价十六届中央委员会的工作。大会同意报告对我国改革开放的伟大历史进程和宝贵经验的科学总结。大会强调,我国仍处于并将长期处于社会主义初级阶段的基本国情没有变,人民日益增长的物质文化需要同落后的社会生产之间的矛盾这一社会主要矛盾没有变。全党同志必须始终保持清醒头脑,坚定不移地贯彻执行社会主义初级阶段基本路线,坚持把以经济建设为中心同四项基本原则、改革开放这两个基本点统一于发展中国特色社会主义的伟大实践,任何时候都决不能动摇。

大会强调,全党同志要全面把握科学发展观的科学内涵和精神实质,增强贯彻落实科学发展观的自觉性和坚定性,把科学发展观贯彻落实到经济社会发展各个方面。大会指出,今后五年是全面建设小康社会的关键时期。我们要坚定信心,埋头苦干,为全面建成惠及十几亿人口的更高水平的小康社会、建设富强民主文明和谐的社会主义现代化国家打下更加牢固的基础。

大会同意报告关于我国社会主义经济建设、政治建设、文化建设、社会建设的部署。大会认为,必须站在国家安全和发展战略全局的高度,统筹经济建设和国防建设,在全面建设小康社会进程中实现富国和强军的统一。

大会强调,要坚定不移地贯彻"一国两制"、"港人治港"、"澳人治澳"、高度自治的方针,严格按照特别行政区基本法办事;要牢牢把握两岸关系和平发展的主题,坚决反对"台独"分裂活动,真诚为两岸同胞谋福祉、为台海地区谋和平。大会同意报告对国际形势的分析和提出的对外工作方针。

大会强调,必须把党的执政能力建设和先进性建设作为主线,全面加强党的思想建设、组织建设、作风建设、制度建设和反腐倡廉建设。大会强调,全党同志一定要充分认识反腐败斗争的长期性、复杂性、艰巨性,把反腐倡廉建设放在更加突出的位置,旗帜鲜明地反对腐败。

大会强调,我们一定要居安思危、增强忧患意识,一定要戒骄戒躁、艰苦奋斗,一定要刻苦学习、埋头苦干,一定要加强团结、顾全大局,战胜一切艰难险阻,推动党和人民事业取得新的更大胜利。

大会通过了关于中央纪律检查委员会工作报告的决议。大会充分肯定了中央纪律检查委员会的工作。

大会通过了关于《中国共产党章程(修正案)》的决议,决定这一修正案自通过之日起生效。

大会认为,科学发展观,是对党的三代中央领导集体关于发展的重要思想的继承和发展,是马克思主义关于发展的世界观和方法论的集中体现,是同马克思列宁主义、毛泽东思想、邓小平理论和"三个代表"重要思想既一脉相承又与时俱进的科学理论,是我国经济社会发展的重要指导方针,是发展中国特色社会主义必须坚持和贯彻的重大战略思想。大会一致同意将科学发展观写入党章。

大会认为,改革开放以来我们取得一切成绩和进步的根本原因,归结起来就是:开辟了中国特色社会主义道路,形成了中国特色社会主义理论体系。把这个重大论断写入党章,对于动员全党更好地把握和坚持中国特色社会主义道路和中国特色社会主义理论体系,不断发展中国特色社会主义,具有十分重大的意义。

大会一致同意在党章中把党的基本路线中的奋斗目标表述为把我国建设成为富强民主文明和谐的社会主义现代化国家。大会认为,把经济建设、政治建设、文化建设、社会建设四位一体的中国特色社会主义事业总体布局写入党章,对于夺取全面建设小康社会新胜利、开创中国特色社会主义事业新局面,具有重大意义。把我们党在建设中国特色社会主义实践中取得的重大认识和成果写入党章,对于全党同志更加自觉、更加坚定地贯彻党的理论和路线方针政策,按照中国特色社会主义事业总体布局的要求,继续发展社会主义市场经济、发展社会主义民主政治、发展社会主义先进文化、构建社会主义和谐社会,团结带领全国各族人民把中国特色社会主义伟大事业不断推向前进,具有十分重大的作用。

大会同意,把党在领导军队建设、民族工作、宗教工作、统战工作、外交工作等方面形成的方针政策,以及十六大以来我们党在党的建设方面取得的重大认识和成果等内容写入党章。

大会完成各项议程后,胡锦涛在热烈的掌声中发表了重要讲话。他说,在全体代表共同努力下,这次大会高举旗帜、继往开来、求真务实,开成了一次团结的大会、胜利的大会、奋进的大会。历史将会证明,这次大会作出的重大决策和部署、取得的重要成果,必将对全面推进中国特色社会主义伟大事业和党的建设新的伟大工程发挥十分重要的指导作用,具有十分重大的战略意义。

胡锦涛指出,这次大会确定党的代表大会代表实行任期制,这对党的代表大会代表提出了新的更高的要求。我们作为党的全国代表大会代表,使命光荣,责任重大,一定要牢记自己的神圣职责,认真学习贯彻党的理论和路线方针政策,切实学习党章、遵守党章、贯彻党章、维护党章;一定要密切联系广大党员和人民群众,正确行使代表权利;一定要充分发挥模范带头作用,为党和国家事业发展建言献策、建功立业,决不辜负广大党员的信任和重托。

胡锦涛说,大会期间,许多国家政党和组织来电来函,对大会表示祝贺,国内各民主党派中央、全国工商联和各族各界人士也向大会表示祝贺,广大人民群众通过各种方式向大会表示祝贺,大会主席团谨向他们表示衷心的感谢。

胡锦涛强调,这次大会号召全党同志坚定不移地高举中国特色社会主义伟大旗帜,倍加珍惜、长期坚持和不断发展党历经艰辛开创的中国特色社会主义道路和中国特色社会主义理论体系,始终坚持"一个中心、两个基本点"的基本路线,这是我们战胜前进道路上一切困难和风险,奋力夺取全面建设小康社会新胜利、开创中国特色社会主义事业新局面的根本政治保证。全党同志要紧密团结在党中央周围,高举中国特色社会主义伟大旗帜,坚持以马克思列宁主义、毛泽东思想、邓小平理论和"三个代表"重要思想为指导,深入贯彻落实科学发展观,坚定不移地继续解放思想,坚定不移地坚持改革开放,坚定不移地推动科学发展、促进社会和谐,坚定不移地实现全面建设小康社会的宏伟目标,带领人民抓住和用好重要战略机遇期,求真务实,锐意进取,为落实党的十七大提出的各项任务而团结奋斗。

大会选举后,现任和曾任全国人大常委会副委员长、全国政协副主席的党外人士,各民主党派中央、全国工商联主席、在京副主席、名誉主席、在京名誉副主席和无党派人士,以及在京全国人大常委会委员、全国政协常委中的民主党派、无党派人士和民族、宗教界人士何鲁丽、丁石孙、成思危、许嘉璐、蒋正华、韩启德、帕巴拉·格列朗杰、罗豪才、张克辉、周铁农、黄孟复、张怀西、李蒙、董建华、张梅颖、张榕明、王光英、孙孚凌、万国权、王文元、蒋树声、林文漪、袁隆平等,应邀列席会议并在主席台贵宾席就座。党内有关负责同志也列席了大会。

大会在雄壮的《国际歌》声中圆满结束。

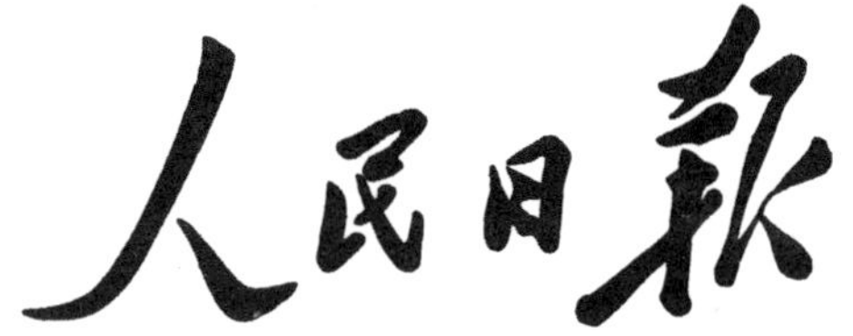

RENMIN RIBAO

今日 16 版

人民网 网址：http://www. people. com. cn
手机：http://wap. people. com. cn

国内统一连续出版物号 CN 11-0065
第 21656 期（代号 1-1）
人民日报社出版

2007 年 10 月
25
星期四
丁亥年九月十五

北京地区天气预报
白天 雾转晴
风向 北转南
风力 二、三级
夜间 晴间多云
风向 南转北
风力 一、二级
温度 20℃/9℃

大会的主题是：高举中国特色社会主义伟大旗帜，以邓小平理论和“三个代表”重要思想为指导，深入贯彻落实科学发展观，继续解放思想，坚持改革开放，推动科学发展，促进社会和谐，为夺取全面建设小康社会新胜利而奋斗。

——摘自胡锦涛同志在中国共产党第十七次全国代表大会上的报告

高举中国特色社会主义伟大旗帜 为夺取全面建设小康社会新胜利而奋斗

——在中国共产党第十七次全国代表大会上的报告

（2007 年 10 月 15 日）

胡锦涛

同志们：

现在，我代表第十六届中央委员会向大会作报告。

中国共产党第十七次全国代表大会，是在我国改革发展关键阶段召开的一次十分重要的大会。大会的主题是：**高举中国特色社会主义伟大旗帜，以邓小平理论和“三个代表”重要思想为指导，深入贯彻落实科学发展观，继续解放思想，坚持改革开放，推动科学发展，促进社会和谐，为夺取全面建设小康社会新胜利而奋斗。**

中国特色社会主义伟大旗帜，是当代中国发展进步的旗帜，是全党全国各族人民团结奋斗的旗帜。解放思想是发展中国特色社会主义的一大法宝，改革开放是发展中国特色社会主义的强大动力，科学发展、社会和谐是发展中国特色社会主义的基本要求，全面建设小康社会是党和国家到二〇二〇年的奋斗目标，是全国各族人民的根本利益所在。

当今世界正在发生广泛而深刻的变化，当代中国正在发生广泛而深刻的变革。机遇前所未有，挑战也前所未有，机遇大于挑战。全党必须坚定不移地高举中国特色社会主义伟大旗帜，带领人民从新的历史起点出发，抓住和用好重要战略机遇期，求真务实，锐意进取，继续全面建设小康社会、加快推进社会主义现代化，完成时代赋予的崇高使命。

一、过去五年的工作

十六大以来的五年是不平凡的五年。面对复杂多变的国际环境和艰巨繁重的改革发展任务，党带领全国各族人民，高举邓小平理论和“三个代表”重要思想伟大旗帜，战胜各种困难和风险，开创了中国特色社会主义事业新局面，开拓了马克思主义中国化新境界。

十六大确立“三个代表”重要思想的指导地位，作出全面建设小康社会的战略决策。为贯彻十六大精神，中央召开七次全会，分别就深化机构改革、完善社会主义市场经济体制、加强党的执政能力建设、制定“十一五”规划、构建社会主义和谐社会等关系全局的重大问题作出决定和部署，提出并贯彻科学发展观等重大战略思想，推动党和国家工作取得新的重大成就。

经济实力大幅提升。经济保持平稳快速发展，国内生产总值年均增长百分之十以上，经济效益明显提高，财政收入连年显著增加，物价基本稳定。社会主义新农村建设扎实推进，区域发展协调性增强。创新型国家建设进展良好，自主创新能力较大提高。能源、交通、通信等基础设施和重点工程建设成效显著。载人航天飞行成功实现。能源资源节约和生态环境保护取得新进展。“十五”计划胜利完成，“十一五”规划进展顺利。

改革开放取得重大突破。农村综合改革逐步深化，农业税、牧业税、特产税全部取消，支农惠农政策不断加强。国有资产管理体制、国有企业和金融、财税、投资、价格、科技等领域改革取得重大进展。非公有制经济进一步发展。市场体系不断健全，宏观调控继续改善，政府职能加快转变。进出口总额大幅增加，实施“走出去”战略迈出坚实步伐，开放型经济进入新阶段。

人民生活显著改善。城乡居民收入较大增加，家庭财产普遍增多。城乡居民最低生活保障制度初步建立，贫困人口基本生活得到保障。居民消费结构优化，衣食住行用水平不断提高，享有的公共服务明显增强。

民主法制建设取得新进步。政治体制改革稳步推进。人民代表大会制度、中国共产党领导的多党合作和政治协商制度、民族区域自治制度不断完善，基层民主活力增强。人权事业健康发展。爱国统一战线发展壮大。中国特色社会主义法律体系基本形成，依法治国基本方略切实贯彻。行政管理体制、司法体制改革不断深化。

文化建设开创新局面。社会主义核心价值体系建设扎实推进，马克思主义理论研究和建设工程成效明显。思想道德建设广泛开展，全社会文明程度进一步提高。文化体制改革取得重要进展，文化事业和文化产业快速发展，人民精神文化生活更加丰富。全民健身和竞技体育取得新成绩。

社会建设全面展开。各级各类教育迅速发展，农村免费义务教育全面实现。就业规模日益扩大。社会保障体系建设进一步加强。抗击非典取得重大胜利，公共卫生体系和基本医疗服务不断健全，人民健康水平不断提高。社会管理逐步完善，社会大局稳定，人民安居乐业。

国防和军队建设取得历史性成就。中国特色军事变革加速推进，裁减军队员额二十万任务顺利完成，军队革命化、现代化、正规化建设全面加强，履行新世纪新阶段历史使命能力显著提高。

港澳工作和对台工作进一步加强。香港、澳门保持繁荣稳定，与内地经贸关系更加紧密。两岸政党交流成功开启，人员往来和经济文化交流达到新水平。制定反分裂国家法，坚决维护国家主权和领土完整。

全方位外交取得重大进展。坚持独立自主的和平外交政策，各项外交工作积极开展，同各国的交流合作广泛加强，在国际事务中发挥重要建设性作用，为全面建设小康社会争取了良好国际环境。

党的建设新的伟大工程扎实推进。党的执政能力建设和先进性建设深入进行。理论创新和理论武装卓有成效。保持共产党员先进性教育活动取得重大成果。党内民主不断扩大。领导班子和干部队伍建设特别是干部教育培训取得重要进展，人才工作进一步加强，干部人事制度改革和组织制度创新不断深入。党风廉政建设和反腐败斗争成效明显。

在看到成绩的同时，也要清醒认识到，我们的工作与人民的期待还有不小差距，前进中还面临不少困难和问题，突出的是：经济增长的资源环境代价过大；城乡、区域、经济社会发展仍然不平衡；农业稳定发展和农民持续增收难度加大；劳动就业、社会保障、收入分配、教育卫生、居民住房、安全生产、司法和社会治安等方面关系群众切身利益的问题仍然较多，部分低收入群众生活比较困难；思想道德建设有待加强；党的执政能力同新形势新任务不完全适应，对改革发展稳定一些重大实际问题的调查研究不够深入；一些基层党组织软弱涣散；少数党员干部作风不正，形式主义、官僚主义问题比较突出，奢侈浪费、消极腐败现象仍然比较严重。我们要高度重视这些问题，继续认真加以解决。

总起来说，这五年，是改革开放和全面建设小康社会取得重大进展的五年，是我国综合国力大幅提升和人民得到更多实惠的五年，是我国国际地位和影响显著提高的五年，是党的创造力、凝聚力、战斗力明显增强和全党全国各族人民团结更加紧密的五年。实践充分证明，十六大和十六大以来中央作出的各项重大决策是完全正确的。

五年来的成就，是全党全国各族人民共同奋斗的结果。我代表中共中央，向全国各族人民，向各民主党派、各人民团体和各界爱国人士，向香港特别行政区同胞、澳门特别行政区同胞和台湾同胞以及广大侨胞，向一切关心和支持中国现代化建设的各国朋友，表示衷心的感谢！

（下转第二版）

胡锦涛与哥斯达黎加总统阿里亚斯会谈

就发展中哥长期稳定、健康深入的友好合作关系达成广泛共识

10 月 24 日，国家主席胡锦涛在北京人民大会堂东门外广场举行仪式，欢迎哥斯达黎加总统阿里亚斯访华。 新华社记者 李学仁摄

本报北京 10 月 24 日电 （记者**陈一鸣**）国家主席胡锦涛 24 日下午在人民大会堂与哥斯达黎加总统阿里亚斯举行了诚挚友好、富有成果的会谈。双方就发展中哥长期稳定、健康深入的友好合作关系达成广泛共识。

胡锦涛说，中哥建交揭开了两国关系的新篇章，为两国关系的发展确立了正确方向，注入了全新活力。中哥关系的建立和发展符合两国人民的根本利益，也有利于中美洲地区乃至世界的和平与发展。中方高度评价阿里亚斯总统为两国关系的建立和发展作出的重要贡献，赞赏哥方奉行一个中国政策。

阿里亚斯表示，哥斯达黎加为成为中美洲第一个同中国建交的国家感到高兴和自豪。实践证明这是一个正确的决定，将给哥斯达黎加带来重要发展机遇。

胡锦涛表示，中方愿同哥方共同努力，从四个方面进一步深化中哥友好的历史进程，为两国关系的长远发展奠定更加坚实的基础。一、加强两国高层领导人、政府部门、立法机构和政党间的友好交往，增进了解和互信。在涉及各自国家核心利益的重大问题上相互支持和配合。二、积极拓展贸易、能源、基础设施建设、投资等领域的合作。中哥建交为两国经贸往来排除了障碍。中方愿进口更多哥斯达黎加产品，也欢迎哥斯达黎加企业来华开拓市场。我们支持双方企业开展互利合作，鼓励中国企业将哥斯达黎加作为优先考虑的投资国家。三、扩大双方在文教、卫生、体育、旅游、新闻媒体等领域的人员往来和信息交流。四、保持双方在国际和地区组织，特别是在彼此关切的重大问题上的磋商与协调。中方赞赏阿里亚斯总统提出的“哥斯达黎加共识”的宗旨和目标，愿同国际社会一道，为促进人类和平与发展的进步事业作出不懈努力。

阿里亚斯赞同胡锦涛提出的四点建议。他表示，哥斯达黎加致力于经济、社会、人文等领域各项事业的发展，希望更深入地融入世界经济体系。同中国开展经济、技术、投资等领域合作对哥斯达黎加非常重要。哥方感谢中方提供的宝贵帮助，期待更多中国企业赴哥斯达黎加投资，开展互利合作。

阿里亚斯强调哥方坚持一个中国政策，反对台湾“加入”联合国。“入联公投”极具危害性，注定要失败。胡锦涛对此表示赞赏。

会谈后，两国元首出席了经济技术、投资、文化、卫生、农业等领域双边合作文件的签字仪式。

会谈前，胡锦涛主席在人民大会堂东门外广场为阿里亚斯总统访华举行欢迎仪式。全国人大常委会副委员长成思危、国务委员唐家璇、全国政协副主席徐匡迪、民革中央副主席宋培康、文化部部长孙家正、外交部副部长戴秉国、中国驻哥斯达黎加大使汪晓源等出席欢迎仪式。

胡锦涛《高举中国特色社会主义伟大旗帜 为夺取全面建设小康社会新胜利而奋斗》单行本出版

新华社北京 10 月 24 日电 胡锦涛总书记 2007 年 10 月 15 日在中国共产党第十七次全国代表大会上的报告《高举中国特色社会主义伟大旗帜 为夺取全面建设小康社会新胜利而奋斗》单行本已由人民出版社出版，即日起在全国新华书店发行。

我国首颗绕月探测卫星

“嫦娥一号”发射成功

本报西昌 10 月 24 日电 （记者**赵永新**）24 日 18 时 05 分，我国在西昌卫星发射中心用长征三号甲运载火箭将嫦娥一号卫星成功送入太空。“嫦娥一号”是我国自主研制的第一颗月球探测卫星，它的发射成功，标志着我国实施绕月探测工程迈出重要一步。

火箭飞行 24 分钟后，北京航天飞行控制中心传来的数据表明，星箭成功分离，卫星进入近地点 205 公里、远地点 50930 公里的地球同步转移轨道。

今后一段时间，“嫦娥一号”在地球轨道上将进行 4 次变轨，让卫星不断加速，进入地月转移轨道。到达月球引力范围后，将通过 3 次近月制动，建立起距月球 200 公里的绕月球两极飞行的圆轨道，进行绕月探测飞行。

（详细报道见相关版面）

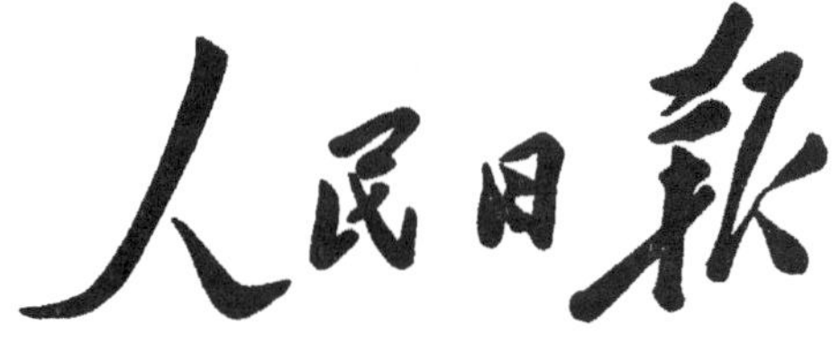

RENMIN RIBAO

今日 16 版

人民网 网址:http://www. people. com. cn
手机:http://wap. people. com. cn

国内统一连续出版物号 CN 11-0065
第 21657 期（代号 1-1）
人民日报社出版

2007 年 10 月
26
星期五
丁亥年九月十六

北京地区天气预报
白天 雾转多云
风向 北转南
风力 二、三级
夜间 多云转阴有小雨
风向 偏南
风力 一、二级
温度 18℃/9℃

中国共产党以马克思列宁主义、毛泽东思想、邓小平理论和"三个代表"重要思想作为自己的行动指南。

科学发展观，是同马克思列宁主义、毛泽东思想、邓小平理论和"三个代表"重要思想既一脉相承又与时俱进的科学理论，是我国经济社会发展的重要指导方针，是发展中国特色社会主义必须坚持和贯彻的重大战略思想。

——摘自《中国共产党章程》

中国共产党章程

（中国共产党第十七次全国代表大会部分修改，2007 年 10 月 21 日通过）

总 纲

中国共产党是中国工人阶级的先锋队，同时是中国人民和中华民族的先锋队，是中国特色社会主义事业的领导核心，代表中国先进生产力的发展要求，代表中国先进文化的前进方向，代表中国最广大人民的根本利益。党的最高理想和最终目标是实现共产主义。

中国共产党以马克思列宁主义、毛泽东思想、邓小平理论和"三个代表"重要思想作为自己的行动指南。

马克思列宁主义揭示了人类社会历史发展的规律，它的基本原理是正确的，具有强大的生命力。中国共产党人追求的共产主义最高理想，只有在社会主义社会充分发展和高度发达的基础上才能实现。社会主义制度的发展和完善是一个长期的历史过程。坚持马克思列宁主义的基本原理，走中国人民自愿选择的适合中国国情的道路，中国的社会主义事业必将取得最终的胜利。

以毛泽东同志为主要代表的中国共产党人，把马克思列宁主义的基本原理同中国革命的具体实践结合起来，创立了毛泽东思想。毛泽东思想是马克思列宁主义在中国的运用和发展，是被实践证明了的关于中国革命和建设的正确的理论原则和经验总结，是中国共产党集体智慧的结晶。在毛泽东思想指引下，中国共产党领导全国各族人民，经过长期的反对帝国主义、封建主义、官僚资本主义的革命斗争，取得了新民主主义革命的胜利，建立了人民民主专政的中华人民共和国；建国以后，顺利地进行了社会主义改造，完成了从新民主主义到社会主义的过渡，确立了社会主义基本制度，发展了社会主义的经济、政治和文化。

十一届三中全会以来，以邓小平同志为主要代表的中国共产党人，总结建国以来正反两方面的经验，解放思想，实事求是，实现全党工作中心向经济建设的转移，实行改革开放，开辟了社会主义事业发展的新时期，逐步形成了建设中国特色社会主义的路线、方针、政策，阐明了在中国建设社会主义、巩固和发展社会主义的基本问题，创立了邓小平理论。邓小平理论是马克思列宁主义的基本原理同当代中国实践和时代特征相结合的产物，是毛泽东思想在新的历史条件下的继承和发展，是马克思主义在中国发展的新阶段，是当代中国的马克思主义，是中国共产党集体智慧的结晶，引导着我国社会主义现代化事业不断前进。

十三届四中全会以来，以江泽民同志为主要代表的中国共产党人，在建设中国特色社会主义的实践中，加深了对什么是社会主义、怎样建设社会主义和建设什么样的党、怎样建设党的认识，积累了治党治国新的宝贵经验，形成了"三个代表"重要思想。"三个代表"重要思想是对马克思列宁主义、毛泽东思想、邓小平理论的继承和发展，反映了当代世界和中国的发展变化对党和国家工作的新要求，是加强和改进党的建设、推进我国社会主义自我完善和发展的强大理论武器，是中国共产党集体智慧的结晶，是党必须长期坚持的指导思想。始终做到"三个代表"，是我们党的立党之本、执政之基、力量之源。

十六大以来，党中央坚持以邓小平理论和"三个代表"重要思想为指导，根据新的发展要求，集中全党智慧，提出了以人为本、全面协调可持续发展的科学发展观。科学发展观，是同马克思列宁主义、毛泽东思想、邓小平理论和"三个代表"重要思想既一脉相承又与时俱进的科学理论，是我国经济社会发展的重要指导方针，是发展中国特色社会主义必须坚持和贯彻的重大战略思想。

改革开放以来我们取得一切成绩和进步的根本原因，归结起来就是：开辟了中国特色社会主义道路，形成了中国特色社会主义理论体系。全党同志要倍加珍惜、长期坚持和不断发展党历经艰辛开创的这条道路和这个理论体系，高举中国特色社会主义伟大旗帜，为实现推进现代化建设、完成祖国统一、维护世界和平与促进共同发展这三大历史任务而奋斗。

我国正处于并将长期处于社会主义初级阶段。这是在经济文化落后的中国建设社会主义现代化不可逾越的历史阶段，需要上百年的时间。我国的社会主义建设，必须从我国的国情出发，走中国特色社会主义道路。在现阶段，我国社会的主要矛盾是人民日益增长的物质文化需要同落后的社会生产之间的矛盾。由于国内的因素和国际的影响，阶级斗争还在一定范围内长期存在，在某种条件下还有可能激化，但已经不是主要矛盾。我国社会主义建设的根本任务，是进一步解放生产力，发展生产力，逐步实现社会主义现代化，并且为此而改革生产关系和上层建筑中不适应生产力发展的方面和环节。必须坚持和完善公有制为主体、多种所有制经济共同发展的基本经济制度，坚持和完善按劳分配为主体、多种分配方式并存的分配制度，鼓励一部分地区和一部分人先富起来，逐步消灭贫穷，达到共同富裕，在生产发展和社会财富增长的基础上不断满足人民日益增长的物质文化需要，促进人的全面发展。发展是我们党执政兴国的第一要务。各项工作都要把有利于发展社会主义社会的生产力，有利于增强社会主义国家的综合国力，有利于提高人民的生活水平，作为总的出发点和检验标准，尊重劳动、尊重知识、尊重人才、尊重创造，做到发展为了人民、发展依靠人民、发展成果由人民共享。跨入新世纪，我国进入全面建设小康社会、加快推进社会主义现代化的新的发展阶段。必须按照中国特色社会主义事业总体布局，全面推进经济建设、政治建设、文化建设、社会建设。在新世纪新阶段，经济和社会发展的战略目标是，巩固和发展已经初步达到的小康水平，到建党一百年时，建成惠及十几亿人口的更高水平的小康社会；到建国一百年时，人均国内生产总值达到中等发达国家水平，基本实现现代化。

中国共产党在社会主义初级阶段的基本路线是：领导和团结全国各族人民，以经济建设为中心，坚持四项基本原则，坚持改革开放，自力更生，艰苦创业，为把我国建设成为富强民主文明和谐的社会主义现代化国家而奋斗。

中国共产党在领导社会主义事业中，必须坚持以经济建设为中心，其他各项工作都服从和服务于这个中心。要抓紧时机，加快发展，实施科教兴国战略、人才强国战略和可持续发展战略，充分发挥科学技术作为第一生产力的作用，依靠科技进步，提高劳动者素质，促进国民经济又好又快发展。

坚持社会主义道路、坚持人民民主专政、坚持中国共产党的领导、坚持马克思列宁主义毛泽东思想这四项基本原则，是我们的立国之本。在社会主义现代化建设的整个过程中，必须坚持四项基本原则，反对资产阶级自由化。

坚持改革开放，是我们的强国之路。要从根本上改革束缚生产力发展的经济体制，坚持和完善社会主义市场经济体制；与此相适应，要进行政治体制改革和其他领域的改革。要坚持对外开放的基本国策，吸收和借鉴人类社会创造的一切文明成果。改革开放应当大胆探索，勇于开拓，提高改革决策的科学性，增强改革措施的协调性，在实践中开创新路。

中国共产党领导人民发展社会主义市场经济。毫不动摇地巩固和发展公有制经济，毫不动摇地鼓励、支持、引导非公有制经济发展。发挥市场在资源配置中的基础性作用，建立完善的宏观调控体系。统筹城乡发展、区域发展、经济社会发展、人与自然和谐发展、国内发展和对外开放，调整经济结构，转变经济发展方式。

（下转第二版）

吴邦国会见哥斯达黎加总统阿里亚斯

本报北京 10 月 25 日电 （记者陈一鸣）全国人大常委会委员长吴邦国 25 日在人民大会堂会见了哥斯达黎加总统阿里亚斯。

吴邦国说，哥斯达黎加政府和阿里亚斯总统作出同中国建交决定，体现了远见卓识。事实证明，中哥建交顺应了时代潮流、反映了人民意志、有利于共同发展，符合两国和两国人民的根本利益。

吴邦国表示，中哥关系开局良好，相互了解加深。两国虽国情不同，但我们在国家建设等方面有着许多共同点，在国际事务中有着广泛的共同语言。中哥合作潜力很大，前景良好。中方重视发展同哥斯达黎加的友好合作关系，愿与哥方一道，共同推动两国关系迅速迈上一个新台阶。

吴邦国指出，两国关系正常化为密切中国全国人大与哥斯达黎加立法大会的友好交往提供了可能。中国全国人大愿与哥斯达黎加议会共同努力，开展高层互访，加强专门委员会、友好小组间的对口交流，为增进了解、扩大共识，加深互信、促进合作作贡献。

阿里亚斯说，中国在世界上发挥着越来越重要的作用，哥中建交以来关系发展给双方都带来了重要利益。我此次访华取得成功，再次使我们坚信同中国建交的决定是正确的。哥方祝愿并相信中国将实现国家统一，愿同中方加强在包括议会等领域的合作，造福两国人民。

温家宝会见哥斯达黎加总统和埃及人民议会议长

本报北京 10 月 25 日电 （记者陈一鸣）国务院总理温家宝 25 日在中南海紫光阁分别会见了哥斯达黎加总统阿里亚斯和埃及人民议会议长苏鲁尔。

会见阿里亚斯时，温家宝说，中哥今年 6 月建立外交关系，开启了两国交往的新纪元，实现了两国人民的长久夙愿。这有利于扩大和深化两国友好合作，造福两国人民。中哥建交虽然仅有 5 个月，但两国在各领域的交流与合作已取得初步成果。这一良好开端，为两国关系进一步发展奠定了基础。希望今后双方抓紧落实业已达成的协议，在平等互利的基础上不断拓展合作，特别是加强相互投资和科技、旅游等领域的合作。中方对两国关系的发展前景充满信心。

温家宝强调，两国政府和各界对中哥关系的发展抱有很高的期待，相信在双方共同努力下，我们一定能够将中哥友好合作关系不断提高到新的水平。

阿里亚斯说，中国经济和社会各项事业快速发展，人民生活水平迅速提高，为在全世界范围内消除贫困、实现发展作出了突出贡献。哥斯达黎加拥有良好法律环境、地理优势和高素质劳动力，欢迎中国企业赴哥斯达黎加投资设厂。

会见苏鲁尔时，温家宝说，中埃两国在各领域的互利合作富有成效，在国际和地区事务中的协调配合更加密切。双方签署了深化战略合作关系的实施纲要，建立了议会定期交流机制，为深化两国关系发挥了积极作用。中国政府十分重视发展对埃关系，高度赞赏埃方长期坚持一个中国政策，愿与埃方共同努力，进一步加强两国经贸关系，把两国战略合作关系推向更高水平。

苏鲁尔表示，埃中两国相互支持、共同发展，成为发展中国家关系的典范。埃及人民议会将充分发挥自己的独特作用，为埃中关系迈上新台阶作出贡献。

温家宝将出席塔什干上合组织成员国总理第六次会议并访问乌、土、白、俄四国

本报北京 10 月 25 日电 （记者焦翔）外交部发言人刘建超 25 日在例行记者会上宣布，应乌兹别克斯坦共和国政府总理米尔济约耶夫、土库曼斯坦总统别尔德穆哈梅多夫、白俄罗斯共和国总统卢卡申科、俄罗斯联邦政府总理祖布科夫的邀请，国务院总理温家宝将于 11 月 2 日至 6 日出席在塔什干举行的上海合作组织成员国总理第六次会议，并将正式访问乌兹别克斯坦共和国、土库曼斯坦、白俄罗斯共和国和俄罗斯联邦，并举行中俄总理第十二次定期会晤，出席"中国年"闭幕式。

访问期间，温家宝总理将与上述国家领导人就推动双边关系，深化各领域互利合作和共同关心的国际、地区问题深入交换意见；同上海合作组织其他成员国总理就落实比什凯克峰会共识和《上海合作组织成员国长期睦邻友好合作条约》、推动经济、人文等领域合作进行研究和部署。出席总理会议和访问四国期间将签署一系列重要合作文件。

前三季度 GDP 增长 11.5%

比上年同期加快 0.7 个百分点

本报北京 10 月 25 日电 （记者朱剑红）国家统计局新闻发言人李晓超今天在国务院新闻办举行的发布会上公布，据初步核算，今年前三季度我国 GDP（国内生产总值）为 166043 亿元，同比增长 11.5%，比上年同期加快 0.7 个百分点。分产业看，第一产业增加值 18207 亿元，增长 4.3%，回落 0.6 个百分点；第二产业增加值 83478 亿元，增长 13.5%，加快 0.2 个百分点；第三产业增加值 64358 亿元，增长 11.0%，加快 1.5 个百分点。李晓超还公布了前三季度国民经济的其他指标。

前三季度，工业生产继续快速增长，企业利润大幅度增加。全国规模以上工业增加值同比增长 18.5%，比上年同期加快 1.3 个百分点。1—8 月份，全国规模以上工业企业盈亏相抵后实现利润 15623 亿元，同比增长 37.0%。固定资产投资高位运行，增幅有所回落。前三季度，全社会固定资产投资 91529 亿元，同比增长 25.7%，比上年同期回落 1.6 个百分点。房地产开发投资 16814 亿元，增长 30.3%。

前三季度，国内市场销售快速增长，居民消费价格继续上涨。社会消费品零售总额 63827 亿元，同比增长 15.9%（9 月份增长 17.0%），比上年同期加快 2.4 个百分点。前三季度，居民消费价格同比上涨 4.1%（9 月份同比上涨 6.2%，环比上涨 0.3%）。

对外贸易较快增长，贸易顺差继续增加。前三季度，进出口总额 15708 亿美元，同比增长 23.5%，比上年同期回落 0.8 个百分点。前三季度，外商直接投资实际使用金额 472 亿美元，同比增长 10.9%，上年同期为下降 1.5%。9 月末，国家外汇储备 14336 亿美元，同比增长 45.1%。

货币信贷增速仍然较快，流动性过剩比较突出。前三季度，货币净投放 1958 亿元，同比多投放 302 亿元。

《中国共产党章程》单行本出版

新华社北京 10 月 25 日电 《中国共产党章程》（中国共产党第十七次全国代表大会部分修改，2007 年 10 月 21 日通过）已由人民出版社出版单行本，即日起在北京及全国各地新华书店发行。

嫦娥一号卫星的成功发射，在江西省九江市中小学中掀起航天热。一些学校以此为契机，向学生进行航天知识和爱国主义教育，激发同学们爱国、爱科学的热情。图为十月二十五日下午，九江市双峰小学的辅导员向同学们讲解火箭知识。 李涛渊摄

人民日报

RENMIN RIBAO

今日 12 版(华东、华南地区 16 版)
人民网网址:http://www.people.com.cn
http://www.peopledaily.com.cn

国内统一刊号:CN11-0065
第 19845 期　(代号 1-1)
人民日报社出版

2002 年 11 月
9
星期六
壬午年十月初五

北京地区天气预报
白天　晴
降水概率 0%
风向　北转南
风力　二、三级间四级
夜间　晴
降水概率 0%
风向　南转北
风力　一、二级
温度　12℃/0℃

十一月八日，中国共产党第十六次全国代表大会在北京人民大会堂开幕。这是大会会场。　新华社记者　刘卫兵摄

全面建设小康社会　开创中国特色社会主义事业新局面

中国共产党第十六次全国代表大会在京开幕

江泽民代表第十五届中央委员会向大会作报告

大会的主题是：高举邓小平理论伟大旗帜，全面贯彻"三个代表"重要思想，继往开来，与时俱进，全面建设小康社会，加快推进社会主义现代化，为开创中国特色社会主义事业新局面而奋斗

李鹏主持大会　2134 名代表和特邀代表出席大会开幕式

11 月 8 日，中国共产党第十六次全国代表大会在北京人民大会堂开幕。江泽民代表第十五届中央委员会向大会作报告。　新华社记者　兰红光摄

11 月 8 日，中国共产党第十六次全国代表大会在北京人民大会堂开幕。这是江泽民、李鹏、朱镕基、李瑞环、胡锦涛、尉健行、李岚清在主席台上。　新华社记者　樊如钧摄

新华社北京 11 月 8 日电　走过 81 年辉煌历程的中国共产党，迎来又一个历史性的时刻——举世瞩目的中国共产党第十六次全国代表大会今天上午在人民大会堂开幕。江泽民同志在报告中指出，这次大会的主题是：高举邓小平理论伟大旗帜，全面贯彻"三个代表"重要思想，继往开来、与时俱进，全面建设小康社会，加快推进社会主义现代化，为开创中国特色社会主义事业新局面而奋斗。

江泽民代表第十五届中央委员会向大会作了题为《全面建设小康社会，开创中国特色社会主义事业新局面》的报告。他说，中国共产党第十六次全国代表大会，是我们党在新世纪召开的第一次代表大会，也是我们党在开始实施社会主义现代化建设第三步战略部署的新形势下召开的一次十分重要的代表大会。

雄伟的人民大会堂今天显得格外庄严。大礼堂主席台正上方悬挂着"中国共产党第十六次全国代表大会"的巨幅会标。鲜艳的红旗簇拥着由镰刀和锤子组成的党徽。主席台前摆放着盛开的鲜花。大礼堂二楼和三楼的眺台上分别挂着"高举邓小平理论伟大旗帜，全面贯彻'三个代表'重要思想，继往开来、与时俱进，全面建设小康社会，开创中国特色社会主义事业新局面！""伟大、光荣、正确的中国共产党万岁！"字样的巨型横幅。

今天在主席台前排就座的大会主席团常务委员会成员有江泽民、李鹏、朱镕基、李瑞环、胡锦涛、尉健行、李岚清、丁关根、田纪云、李长春、李铁映、吴邦国、吴官正、迟浩田、张万年、罗干、姜春云、贾庆林、钱其琛、黄菊、温家宝、曾庆红、吴仪、万里、乔石、宋平、刘华清、薄一波、叶选平、宋健、曹庆泽。

大会由李鹏同志主持。上午 9 时，会议开始时，在军乐团雄壮的乐曲声中，全场起立，高唱《中华人民共和国国歌》。随后，全体同志为毛泽东、周恩来、刘少奇、朱德、邓小平、陈云等已故的老一辈无产阶级革命家和革命先烈默哀。

李鹏宣布，十六大应到代表和特邀代表共 2154 人，今天实到代表和特邀代表共 2134 人。他对列席大会的党外朋友和有关方面负责同志表示热烈的欢迎。

江泽民同志在热烈的掌声中向大会作报告。江泽民的报告共分十个部分：一、过去五年的工作和十三年的基本经验；二、全面贯彻"三个代表"重要思想；三、全面建设小康社会的奋斗目标；四、经济建设和经济体制改革；五、政治建设和政治体制改革；六、文化建设和文化体制改革；七、国防和军队建设；八、"一国两制"和实现祖国的完全统一；九、国际形势和对外工作；十、加强和改进党的建设。

江泽民在报告中总结了十五大以来党领导全国人民在改革发展稳定、内政外交国防、治党治国治军各方面取得的巨大成就，并回顾了一九八九年十三届四中全会以来十三年党团结带领全国各族人民推进改革开放和社会主义现代化的历史进程。他说，十三年来的实践，加深了我们对什么是社会主义、怎样建设社会主义，建设什么样的党、怎样建设党的认识，积累了十分宝贵的经验，主要是：坚持以邓小平理论为指导，不断推进理论创新；坚持以经济建设为中心，用发展的办法解决前进中的问题；坚持改革开放，不断完善社会主义市场经济体制；坚持四项基本原则，发展社会主义民主政治；坚持物质文明和精神文明两手抓，实行依法治国和以德治国相结合；坚持稳定压倒一切的方针，正确处理改革发展稳定的关系；坚持党对军队的绝对领导，走中国特色的精兵之路；坚持团结一切可以团结的力量，不断增强中华民族的凝聚力；坚持独立自主的和平外交政策，维护世界和平与促进共同发展；坚持加强和改善党的领导，全面推进党的建设新的伟大工程。

江泽民强调，以上十条，是党领导人民建设中国特色社会主义必须坚持的基本经验。这些经验，联系党成立以来的历史经验，归结起来就是，我们党必须始终代表中国先进生产力的发展要求，代表中国先进文化的前进方向，代表中国最广大人民的根本利益。这是坚持和发展社会主义的必然要求，是我们党艰辛探索和伟大实践的必然结论。

江泽民指出，开创中国特色社会主义事业新局面，必须高举邓小平理论伟大旗帜，坚持贯彻"三个代表"重要思想。始终做到"三个代表"，是我们党的立党之本、执政之基、力量之源。贯彻"三个代表"重要思想，关键在坚持与时俱进，核心在坚持党的先进性，本质在坚持执政为民。贯彻"三个代表"重要思想，必须使全党始终保持与时俱进的精神状态，不断开拓马克思主义理论发展的新境界；必须把发展作为党执政兴国的第一要务，不断开创现代化建设的新局面；必须最广泛最充分地调动一切积极因素，不断为中华民族的伟大复兴增添新力量；必须以改革的精神推进党的建设，不断为党的肌体注入新活力。

江泽民在论述全面建设小康社会的奋斗目标时指出，综观全局，二十一世纪头二十年，对我国来说，是一个必须紧紧抓住并且可以大有作为的重要战略机遇期。我们要在本世纪头二十年，集中力量，全面建设惠及十几亿人口的更高水平的小康社会，使经济更加发展、民主更加健全、科教更加进步、文化更加繁荣、社会更加和谐、人民生活更加殷实。为完成党在新世纪新阶段的这个奋斗目标，发展要有新思路，改革要有新突破，开放要有新局面，各项工作要有新举措。

江泽民指出，全面建设小康社会，最根本的是坚持以经济建设为中心，不断解放和发展社会生产力。为此，必须抓好关系全局的八个方面的任务：走新型工业化道路，大力实施科教兴国战略和可持续发展战略；全面繁荣农村经济，加快城镇化进程；积极推进西部大开发，促进区域经济协调发展；坚持和完善基本经济制度，深化国有资产管理体制改革；健全现代市场体系，加强和完善宏观调控；深化分配制度改革，健全社会保障体系；坚持"引进来"和"走出去"相结合，全面提高对外开放水平；千方百计扩大就业，不断改善人民生活。

江泽民指出，必须在坚持四项基本原则的前提下，继续积极稳妥地推进政治体制改革，扩大社会主义民主，健全社会主义法制，建设社会主义法治国家，巩固和发展民主团结、生动活泼、安定和谐的政治局面。政治建设和政治体制改革的主要任务是：坚持和完善社会主义民主制度；加强社会主义法制建设；改革和完善党的领导方式和执政方式；改革和完善决策机制；深化行政管理体制改革；推进司法体制改革；深化干部人事制度改革；加强对权力的制约和监督；维护社会稳定。

江泽民指出，全面建设小康社会，必须大力发展社会主义文化，建设社会主义精神文明。要牢牢把握先进文化的前进方向；坚持弘扬和培育民族精神；切实加强思想道德建设；大力发展教育和科学事业；积极发展文化事业和文化产业；继续深化文化体制改革。

江泽民强调，建立巩固的国防是我国现代化建设的战略任务，是维护国家安全统一和全面建设小康社会的重要保障。坚持国防建设与经济建设协调发展的方针，在经济发展的基础上推进国防和军队现代化。

江泽民指出，实现祖国的完全统一，是海内外中华儿女的共同心愿。坚持一个中国原则，是发展两岸关系和实现和平统一的基础。我们将继续坚持"和平统一、一国两制"的基本方针，贯彻现阶段发展两岸关系、推进祖国和平统一进程的八项主张，以最大的诚意、尽最大的努力争取和平统一的前景。

江泽民指出，和平与发展仍是当今时代的主题。不管国际风云如何变幻，我们始终不渝地奉行独立自主的和平外交政策。我们愿同各国人民一道，共同推进世界和平与发展的崇高事业。

(下转第四版)

11 月 8 日，中国共产党第十六次全国代表大会在北京人民大会堂开幕。这是大会会场。　新华社记者　兰红光摄

人民日报

RENMIN RIBAO

今日 12 版(华东、华南地区 16 版)
人民网网址:http://www.people.com.cn
http://www.peopledaily.com.cn

国内统一刊号:CN11-0065
第 19851 期 (代号 1-1)
人民日报社出版

2002 年 11 月
15
星期五
壬午年十月十一

北京地区天气预报
白天 晴转多云
降水概率 20%
风向 北转南
风力 二、三级
夜间 多云间阴
降水概率 30%
风向 偏南
风力 一、二级
温度 9℃/-1℃

党的十六大号召,全党同志和全国各族人民,紧密团结在党中央周围,万众一心,奋发图强,把中国特色社会主义事业不断推向前进,共同创造我们的幸福生活和美好未来!

中国共产党第十六次全国代表大会在京闭幕

选出新一届中央委员会、中央纪律检查委员会

通过关于十五届中央委员会报告的决议、关于中央纪律检查委员会工作报告的决议、关于《中国共产党章程(修正案)》的决议

江泽民同志主持大会,并在大会完成各项议程后发表讲话指出,这次大会,在我们党和国家的发展进程上具有重大的历史意义。大会通过的十五届中央委员会的报告,坚持以党的基本理论和基本路线为指导,总结了党领导人民建设中国特色社会主义的基本经验,提出了全面贯彻"三个代表"重要思想的根本要求,明确了新世纪新阶段全党的奋斗目标,对改革开放和现代化建设、推进党的建设新的伟大工程作出了全面部署。大会的报告是集体智慧的结晶,是我们党在新世纪新阶段的政治宣言和行动纲领。大会通过的党章修正案,把"三个代表"重要思想和马克思列宁主义、毛泽东思想、邓小平理论一道确立为党的指导思想,进一步明确了新形势下加强和改进党的建设的根本要求,充分反映了新形势新任务对党的工作和党的建设提出的新要求,集中体现了这些年来我们党自身建设积累的新经验,必将有力地推进党的建设新的伟大工程。大会选举产生了新一届中央委员会,党的中央领导集体顺利实现了新老交替。大会还选举产生了新一届中央纪律检查委员会。这一切,都是具有重大历史意义的,必将极大地鼓舞全党和全国各族人民,与时俱进,开拓创新,信心百倍地把中国特色社会主义伟大事业继续推向前进

11 月 14 日,中国共产党第十六次全国代表大会在北京人民大会堂胜利闭幕。江泽民同志主持闭幕大会。
新华社记者 王新庆摄

11 月 14 日,中国共产党第十六次全国代表大会在北京人民大会堂胜利闭幕。这是江泽民、李鹏、朱镕基、李瑞环、胡锦涛、尉健行、李岚清在主席台上。
新华社记者 齐铁砚摄

新华社北京 11 月 14 日电 具有重大历史意义的中国共产党第十六次全国代表大会在选出新一届中央委员会、中央纪律检查委员会,并通过关于十五届中央委员会报告等决议后,今天上午在人民大会堂胜利闭幕。

党的十六大,是我们党在新世纪召开的第一次代表大会,也是我们党在开始实施社会主义现代化建设第三步战略部署的新形势下召开的一次十分重要的代表大会。大会号召,全党同志和全国各族人民,紧密团结在党中央周围,万众一心,奋发图强,把中国特色社会主义事业不断推向前进,共同创造我们的幸福生活和美好未来!

江泽民同志主持大会。

江泽民、李鹏、朱镕基、李瑞环、胡锦涛、尉健行、李岚清、丁关根、田纪云、李长春、李铁映、吴邦国、吴官正、迟浩田、张万年、罗干、姜春云、贾庆林、钱其琛、黄菊、温家宝、曾庆红、吴仪、乔石、宋平、刘华清、薄一波、叶选平、宋健、曹庆泽等大会主席团常务委员会成员在主席台前排就座。

上午 9 时,江泽民同志宣布大会开始。

会议首先通过了两名总监票人和 36 名监票人名单。

在总监票人和监票人的监督下,到会的 2132 名代表和特邀代表以无记名投票方式,选举出由 198 名委员、158 名候补委员组成的十六届中央委员会,选举出中央纪律检查委员会委员 121 名。

当选举结果宣布时,全场响起热烈的掌声。

随后,大会通过了关于十五届中央委员会报告的决议。大会批准江泽民同志代表十五届中央委员会所作的报告。大会认为,报告深刻阐明了我们党在新世纪坚持举什么旗、走什么路、实现什么目标等重大问题,对我国改革开放和社会主义现代化建设作出了全面部署,是我们党团结和带领全国各族人民在新世纪新阶段继续奋勇前进的政治宣言和行动纲领。

大会认为,报告确定的主题顺应时代潮流,符合党心民心。大会强调,我们党必须坚定地站在时代潮流的前头,团结和带领全国各族人民,实现推进现代化建设、完成祖国统一、维护世界和平与促进共同发展这三大历史任务,在中国特色社会主义道路上实现中华民族的伟大复兴。

大会高度评价十五届中央委员会的工作。大会同意十五届中央委员会对十三届四中全会以来十三年伟大实践的总结,一致赞同党领导人民建设中国特色社会主义的基本经验。大会一致同意把"三个代表"重要思想和马克思列宁主义、毛泽东思想、邓小平理论一道确立为我们党的指导思想。

大会指出,二十一世纪头二十年,对我国来说,是一个必须紧紧抓住并且可以大有作为的重要战略机遇期。大会同意报告提出的全面建设小康社会的奋斗目标,认为提出这个奋斗目标,对于凝聚全党和全国各族人民的力量,加快推进社会主义现代化,具有十分重要的意义。大会同意报告关于我国经济、政治、文化建设和改革的部署;同意报告关于国防和军队建设的部署。大会强调,要坚持"和平统一、一国两制"的基本方针和现阶段发展两岸关系、推进祖国和平统一进程的八项主张,最终实现祖国的完全统一。

大会同意报告对国际形势的分析和提出的对外工作的各项方针。大会强调,全面建设小康社会,加快推进社会主义现代化,必须毫不放松地加强和改善党的领导,全面推进党的建设新的伟大工程。要旗帜鲜明、毫不动摇地把反腐败斗争深入进行下去。

大会通过了关于中央纪律检查委员会工作报告的决议。大会充分肯定了中央纪律检查委员会的工作。

大会通过了关于《中国共产党章程(修正案)》的决议,决定这一修正案自通过之日起生效。大会一致同意在党章中明确规定,中国共产党是中国工人阶级的先锋队,同时是中国人民和中华民族的先锋队,是中国特色社会主义事业的领导核心,代表中国先进生产力的发展要求,代表中国先进文化的前进方向,代表中国最广大人民的根本利益。党的最高理想和最终目标是实现共产主义。

大会一致同意在党章中明确规定,中国共产党以马克思列宁主义、毛泽东思想、邓小平理论和"三个代表"重要思想作为自己的行动指南,"三个代表"重要思想是党必须长期坚持的指导思想。

大会认为,把十六大确定的全面建设小康社会的奋斗目标写入党章,对于动员全党紧紧抓住二十一世纪头二十年的重要战略机遇期,集中力量,推进改革开放和社会主义现代化事业,推动社会主义市场经济、社会主义民主政治和社会主义先进文化的全面发展,具有重要的作用。

大会认为,坚持和完善公有制为主体、多种所有制经济共同发展的基本经济制度,坚持和完善按劳分配为主体、多种分配方式并存的分配制度,坚持和完善社会主义市场经济体制,实施科教兴国和可持续发展战略,推动社会主义物质文明、政治文明和精神文明的协调发展,实行依法治国、建设社会主义法治国家,实行依法治国和以德治国相结合,是我们党在建设中国特色社会主义实践中取得的重大成果。把这些内容写入党章,有利于全党同志更加自觉和坚定地贯彻党的路线方针政策,更好地带领群众开创中国特色社会主义事业新局面。

大会认为,在党章中明确规定,年满十八岁的中国工人、农民、军人、知识分子和其他社会阶层的先进分子,承认党的纲领和章程,愿意参加党的一个组织并在其中积极工作、执行党的决议和按期交纳党费的,可以申请加入中国共产党,这有利于增强党的阶级基础和扩大党的群众基础,提高党在全社会的凝聚力和影响力。

大会认为,适应新形势新任务的要求,吸取这些年我们党自身建设取得的新经验,在党章中对党的建设和党的领导、党员必须履行的义务、党委内部议事和决策的基本制度、党的基层组织建设、党的各级领导干部必须具备的基本条件、党的纪律检查机关的主要任务、党组的地位和任务等提出更加明确的要求,对于全面推进党的建设新的伟大工程,具有十分重大的作用。

大会完成各项议程后,江泽民同志在热烈的掌声中发表了讲话。他说,中国共产党第十六次全国代表大会的各项议程已经胜利完成。在全体代表的共同努力下,这次大会开得很成功,是一次团结的大会、胜利的大会、奋进的大会。

江泽民指出,这次大会,在我们党和国家的发展进程上具有重大的历史意义。大会通过的十五届中央委员会的报告,坚持以党的基本理论和基本路线为指导,总结了党领导人民建设中国特色社会主义的基本经验,提出了全面贯彻"三个代表"重要思想的根本要求,明确了新世纪新阶段全党的奋斗目标,对改革开放和现代化建设、推进党的建设新的伟大工程作出了全面部署。大会的报告是集体智慧的结晶,是我们党在新世纪新阶段的政治宣言和行动纲领。大会通过的党章修正案,把"三个代表"重要思想和马克思列宁主义、毛泽东思想、邓小平理论一道确立为党的指导思想,进一步明确了新形势下加强和改进党的建设的根本要求,充分反映了新形势新任务对党的工作和党的建设提出的新要求,集中体现了这些年来我们党自身建设积累的新经验,必将有力地推进党的建设新的伟大工程。大会选举产生了新一届中央委员会,党的中央领导集体顺利实现了新老交替。大会还选举产生了新一届中央纪律检查委员会。这一切,都是具有重大历史意义的,必将极大地鼓舞全党和全国各族人民,与时俱进、开拓创新,信心百倍地把中国特色社会主义伟大事业继续推向前进。

江泽民说,大会期间,许多国家的政党和组织来电来函对大会表示祝贺,国内各民主党派、全国工商联和各界人士也向大会表示祝贺,广大人民群众通过各种方式向大会表示祝贺,大会主席团谨向他们表示衷心的感谢!

大会选举后,担任全国人大常委会副委员长、全国政协副主席的党外人士,担任过国家副主席、全国人大常委会副委员长、全国政协副主席的党外人士,各民主党派中央、全国工商联负责人和无党派人士荣毅仁、帕巴拉·格列朗杰、王光英、吴阶平、何鲁丽、丁石孙、成思危、许嘉璐、蒋正华、阿沛·阿旺晋美、钱伟长、丁光训、孙孚凌、霍英东、马万祺、万国权、经叔平、罗豪才、张克辉、周铁农、王文元、孙起孟等,应邀列席会议并在主席台贵宾席就座。党内有关负责同志也列席了大会。

大会在雄壮的《国际歌》声中胜利闭幕。

中国共产党第十六届中央委员会委员名单
中国共产党第十六届中央委员会候补委员名单
中国共产党中央纪律检查委员会委员名单
(第四版)

中国共产党第十六次全国代表大会
关于十五届中央委员会报告的决议
关于中央纪律检查委员会工作报告的决议
关于《中国共产党章程(修正案)》的决议
(第二版)

社论 **沿着党的十六大指引的方向奋勇前进**
——热烈祝贺中国共产党第十六次全国代表大会胜利闭幕
(第二版)

人民日报
RENMIN RIBAO
第16173期（代号1—1）

1992年10月
20
星期二
壬申年九月廿五
北京地区天气预报
白天 晴转多云
风向 北转南
风力 二、三级
夜间 多云转阴有小雨
风向 偏南
风力 一、二级
温度 最高22℃
最低10℃

人民日报社出版

胡锦涛丁关根尉健行温家宝任建新任书记处书记 尉健行任中纪委书记

江泽民李鹏乔石李瑞环朱镕基刘华清胡锦涛任政治局常委

江泽民任中共中央总书记中央军委主席

党的十四届一中全会产生中央领导机构

新华社北京10月19日电 中国共产党第十四届中央委员会第一次全体会议公报

（1992年10月19日）

中国共产党第十四届中央委员会第一次全体会议，于1992年10月19日在北京举行。

出席会议的有中央委员188人，中央候补委员129人。江泽民同志主持会议并讲了话。

全会选举了中央政治局委员、候补委员，中央政治局常务委员会委员，中央委员会总书记；根据中央政治局常务委员会的提名，通过了中央书记处成员；决定了中央军事委员会组成人员；批准了中央纪律检查委员会第一次全体会议选举产生的书记、副书记和常务委员会委员人选。名单如下：

一、中央政治局委员、候补委员

中央政治局委员（按姓氏笔划为序）

丁关根 田纪云 朱镕基 乔 石
刘华清 江泽民 李 鹏 李岚清
李铁映 李瑞环 杨白冰 吴邦国
邹家华 陈希同 胡锦涛 姜春云
钱其琛 尉健行 谢 非 谭绍文

中央政治局候补委员（按得票多少为序）

温家宝 王汉斌

二、中央政治局常务委员会委员

江泽民 李 鹏 乔 石 李瑞环
朱镕基 刘华清 胡锦涛

三、中央委员会总书记

江泽民

四、中央书记处书记

胡锦涛 丁关根 尉健行 温家宝 任建新

五、中央军事委员会主席、副主席、委员

主 席
江泽民
副主席
刘华清 张 震
委 员
迟浩田 张万年 于永波 傅全有

六、中央纪律检查委员会书记、副书记、常务委员会委员

书 记
尉健行
副书记
侯宗宾 陈作霖 曹庆泽 王德瑛 徐 青
常务委员会委员（按姓氏笔划为序）
王 光 王德瑛 刘丽英 安启元
李至伦 何 勇 陈作霖 侯宗宾
徐 青 曹庆泽 尉健行 彭 钢
傅 杰

邓小平同新当选的党中央领导亲切会见出席十四大全体代表

邓小平说："这次大会开得很好，希望大家继续努力。"

江泽民代表新的中央领导集体表示：现在大政方针已经确定，我们要真抓实干，把大会的精神落到实处

新华社北京10月19日电 （中央人民广播电台记者刘振英、新华社记者何平）邓小平同志同新当选的党中央领导同志一起，今天下午在人民大会堂与出席党的十四大的全体代表亲切见面，并合影留念。

下午3时，当邓小平同志和江泽民、杨尚昆、李鹏、万里、乔石、姚依林、宋平、李瑞环、朱镕基、刘华清、胡锦涛、薄一波、宋任穷等同志一起来到大会堂宴会厅时，全场响起长时间的热烈掌声。

身着银灰色中山装的邓小平同志红光满面。他迈着稳健的步履，沿着红色地毯走到代表们面前。他边走边向代表们频频招手致意，并不时停下脚步同代表亲切握手。代表们的掌声此伏彼起。

"小平同志您好！"

"祝小平同志健康长寿。"

发自肺腑的声音，表达了全体代表的心声，道出了全国各族人民对这位中国改革开放和社会主义现代化建设总设计师的深情祝愿。

作为党的十四大的特邀代表，邓小平同志始终关注着这次具有承前启后、继往开来伟大历史意义的大会。每天，他都翻阅十几份报纸，仔细了解大会的进程。今天上午，他看了十四大闭幕的有关报道后，欣慰地说：真是群情振奋！

邓小平同志精神矍铄，在江泽民等同志陪同下，沿着宽敞的宴会大厅绕场一周，时间达20分钟。

邓小平同志准备离开时对江泽民说："这次大会开得很好，希望大家继续努力。"

江泽民同志握着邓小平同志的手说："您今天同大家见面，使代表们深受鼓舞，大家的情绪达到了高潮。"他代表新当选的中央领导集体表示：现在大政方针已经确定，我们要真抓实干，把大会的精神落到实处。

邓小平同志满意地点着头，挥手向大家道别。

上图：邓小平同志挥手向代表们亲切致意。

新华社记者 李生南摄

10月19日，邓小平同志同新当选的党中央领导同志一起，在人民大会堂与出席十四大的全体代表亲切见面。图为邓小平同志和江泽民、万里等同志亲切交谈。

新华社记者 兰红光摄

江泽民

李 鹏

乔 石

李瑞环

朱镕基

刘华清

胡锦涛

人民日報
RENMIN RIBAO
今日8版（华南地区12版）
网址：http：／／www.peopledaily.com.cn
国内统一刊号：CN11—0065
第17969期　（代号1—1）
人民日报社出版
1997年9月
20
星期六
丁丑年八月十九

北京地区天气预报
白天　晴
降水概率0％
风向　北转南
风力　二、三级间四级
夜间　晴
降水概率0％
风向　南转北
风力　一、二级
温度　21℃／7℃

党的十五届一中全会产生中央领导机构

江泽民任中央委员会总书记中央军委主席

江泽民李鹏朱镕基李瑞环胡锦涛尉健行李岚清任中央政治局常委

胡锦涛尉健行丁关根张万年罗干温家宝曾庆红任中央书记处书记尉健行任中纪委书记

江泽民同志主持会议并作重要讲话

新华社北京9月19日电　中国共产党第十五届中央委员会第一次全体会议公报

（1997年9月19日）

中国共产党第十五届中央委员会第一次全体会议，于1997年9月19日在北京举行。

出席会议的有中央委员191人，候补中央委员151人。江泽民同志主持会议并作了重要讲话。

全会选举了中央政治局委员、候补委员，中央政治局常务委员会委员，中央委员会总书记；根据中央政治局常务委员会的提名，通过了中央书记处成员；决定了中央军事委员会组成人员；批准了中央纪律检查委员会第一次全体会议选举产生的书记、副书记和常务委员会委员人选。名单如下：

一、中央政治局委员、候补委员

中央政治局委员（按姓氏笔画为序）

丁关根　田纪云　朱镕基　江泽民　李　鹏　李长春　李岚清　李铁映　李瑞环　吴邦国　吴官正　迟浩田　张万年　罗　干　胡锦涛　姜春云　贾庆林　钱其琛　黄　菊　尉健行　温家宝　谢　非

中央政治局候补委员（按得票多少为序）

曾庆红　吴　仪（女）

二、中央政治局常务委员会委员

江泽民　李　鹏　朱镕基　李瑞环　胡锦涛　尉健行　李岚清

三、中央委员会总书记

江泽民

四、中央书记处书记

胡锦涛　尉健行　丁关根　张万年　罗　干　温家宝　曾庆红

五、中央军事委员会主席、副主席、委员

主　席

江泽民

副主席

张万年　迟浩田

委　员

傅全有　于永波（满族）　王　克　王瑞林

六、中央纪律检查委员会书记、副书记、常务委员会委员

书　记

尉健行

副书记

韩杼滨　曹庆泽　何　勇　周子玉　夏赞忠　刘丽英（女）

常务委员会委员（按姓氏笔画为序）

马　馼（女）　刘丽英（女）　祁培文　李至伦　李登柱　何　勇　周子玉　赵洪祝　袁纯清　夏赞忠　曹庆泽　尉健行　彭　钢（女）　韩杼滨　傅　杰

中国共产党第十五届中央委员会第一次全体会议，于1997年9月19日在北京举行，江泽民同志主持会议。
新华社记者　王新庆摄

中国共产党第十五届中央委员会第一次全体会议，于1997年9月19日在北京举行，这是大会会场。
新华社记者　鞠　鹏摄

江泽民同志

李鹏同志

中央纪律检查委员会第一次全体会议公报

（1997年9月19日中国共产党中央纪律检查委员会第一次全体会议通过）

中国共产党第十五次全国代表大会选举产生的中央纪律检查委员会，于1997年9月19日在北京举行第一次全体会议。

中央纪律检查委员会委员113人出席了这次会议。尉健行同志主持了会议。全会选举了中央纪律检查委员会书记、副书记和常务委员会委员，报中央委员会批准。

与会同志列席了中国共产党第十五届中央委员会第一次全体会议。

（新华社北京9月19日电）

朱镕基同志

李瑞环同志

胡锦涛同志

尉健行同志

李岚清同志

（二）中共中央全会新闻的版面安排

党中央全会是我们党的重要会议。特别是一中全会，因为报道内容为中央中央总书记及中央政治局常委的选举和产生，而具有特别重要的政治意义和新闻价值。本报对历次一中全会的版面安排非常重视。

有些中央全会如中共十一届三中全会，在党的历史上乃至中国历史上产生过重大影响。由于它具有不同寻常的意义，版面编排多浓墨重彩。在处理方法上，或通栏，或加重标题字体，或加框，或加提要，目的是取得最佳效果。

中共十七届一中全会、中共十六届一中全会

在党的十六届一中全会上，中共中央总书记和中央政治局常委进行了新老交替。而十七届一中全会为中央总书记连任，部分常委交替。

中央总书记连任。2007 年 10 月 23 日一版：党的十七届中央领导机构产生的消息。这是历次党代会报道中的重头新闻，这天的一版也是花费精力最多的版面。无论是文字的安排、照片的处理，还是版式结构的规划，都做到了合理、到位、严谨、准确、端庄、大气，体现了很高的政治水平和业务能力。二版、三版、五版刊登中央政治局成员的照片和简历。

中央总书记新老交替。2002 年 11 月 16 日一版：党的十六届中央领导机构产生的消息。报眼位置安排胡锦涛、江泽民两位新老总书记的合影。版面中下位置按次序分别安排了中央军委主席江泽民和中央委员会总书记胡锦涛的照片以及其他八位常委的照片。二版、三版、五版刊登中央政治局成员的照片和简历。

（附 2007 年 10 月 23 日一版、2002 年 11 月 16 日一版）

中共十七届四中、五中、六中全会

中共十七届四中、五中、六中全会。消息按照惯例在会议结束当天播发，有些情况尚需在报眼位置摘发提要。一版头条通栏套红安排会议消息。此类消息一般副题较厚，须慎重摘取会议主要内容。当日头条配发七栏或八栏宽共两张照片。整体版面庄重大气。

（附 2009 年 9 月 19 日一版、2010 年 10 月 19 日一版、2011 年 10 月 19 日一版）

中共十六届二中、三中、四中、五中、六中、七中全会

中共十六届二中、三中、四中、五中、六中、七中全会，除二中全会当天，报眼位置安排中央领导重要外事活动，大会消息为头条直题外，其余几次大会均为头条通八栏题，配发两至三张照片。

中共十六届七中全会相当于中共十七大的预备会，会议内容重要，处理也较突出。2007年10月13日，一版头条通栏安排消息，通八栏配发两张照片，报眼摘发会议内容。左下方刊发中央纪委全会消息，右下刊发十七大代表陆续抵京消息。版面规整严谨，内容突出醒目。

（附2003年2月27日一版、2003年10月15日一版、2004年9月20日一版、2005年10月12日一版、2006年10月12日一版、2007年10月13日一版）

中共十一届三中全会

中共十一届三中全会在我国历史上具有重大意义。在当时的历史条件下，版面处理非常简洁。12月24日，一版报眼为公报摘录，会议公报在头条通八栏，下八栏篇幅作公报提要。版面集中、紧凑、庄重。

（附1978年12月24日一版）

人民日报

RENMIN RIBAO

今日 16 版

人民网 网址:http://www. people. com. cn
手机:http://wap. people. com. cn

国内统一连续出版物号 CN 11-0065
第 21654 期 (代号 1-1)
人民日报社出版

2007 年 10 月
23
星期二
丁亥年九月十三

北京地区天气预报
白天 晴转多云
风向 北转南
风力 二、三级
夜间 多云转阴
风向 偏南
风力 一、二级
温度 19℃/9℃

胡锦涛江泽民等亲切会见出席党的十七大代表、特邀代表和列席人员

新华社北京 10 月 22 日电 (记者孙承斌)中共中央总书记、国家主席、中央军委主席胡锦涛和江泽民等同志 22 日下午在人民大会堂亲切会见了出席党的十七大代表、特邀代表和列席人员,并同大家合影留念。

吴邦国、温家宝、贾庆林、曾庆红、李长春、习近平、李克强、贺国强、周永康参加了会见。

人民大会堂宴会厅华灯璀璨,喜气洋洋。当胡锦涛、江泽民等走进会见大厅,全场响起如潮的热烈掌声。

胡锦涛、江泽民等走到代表面前,绕场一周,同前几排的同志亲切握手,向大家问候。代表们以长时间热烈掌声纷纷向胡锦涛、江泽民等致意。大厅内,掌声经久不息,涌动一片融融真情。

王刚、王乐泉、王兆国、王岐山、回良玉、刘淇、刘云山、刘延东、李源潮、吴仪、汪洋、张高丽、张德江、俞正声、徐才厚、郭伯雄、曹刚川、曾培炎、薄熙来、李鹏、朱镕基、李瑞环、尉健行、李岚清、吴官正、罗干、何勇、令计划、王沪宁等也参加了会见。

党的十七届一中全会产生中央领导机构

胡锦涛任中共中央总书记中央军委主席

胡锦涛吴邦国温家宝贾庆林李长春习近平李克强贺国强周永康任政治局常委

胡锦涛同志主持会议并作重要讲话

中国共产党第十七届中央委员会第一次全体会议,于 2007 年 10 月 22 日在北京举行。胡锦涛同志主持会议并作重要讲话。 新华社记者 马占成摄

新华社北京 10 月 22 日电 中国共产党第十七届中央委员会第一次全体会议公报

(2007 年 10 月 22 日中国共产党第十七届中央委员会第一次全体会议通过)

中国共产党第十七届中央委员会第一次全体会议,于 2007 年 10 月 22 日在北京举行。

出席会议的有中央委员 204 人,候补中央委员 166 人。中央纪律检查委员会委员列席会议。

胡锦涛同志主持会议并作了重要讲话。

全会选举了中央政治局委员、中央政治局常务委员会委员、中央委员会总书记;根据中央政治局常务委员会的提名,通过了中央书记处成员;决定了中央军事委员会组成人员;批准了中央纪律检查委员会第一次全体会议选举产生的书记、副书记和常务委员会委员人选。名单如下:

一、中央政治局委员

(按姓氏笔画为序)

习近平 王 刚 王乐泉 王兆国 王岐山
回良玉(回族) 刘 淇 刘云山
刘延东(女) 李长春 李克强 李源潮
吴邦国 汪 洋 张高丽 张德江 周永康
胡锦涛 俞正声 贺国强 贾庆林 徐才厚
郭伯雄 温家宝 薄熙来

二、中央政治局常务委员会委员

胡锦涛 吴邦国 温家宝 贾庆林 李长春
习近平 李克强 贺国强 周永康

三、中央委员会总书记

胡锦涛

四、中央书记处书记

习近平 刘云山 李源潮 何 勇 令计划
王沪宁

五、中央军事委员会主席、副主席、委员

主席
胡锦涛
副主席
郭伯雄 徐才厚
委员
梁光烈 陈炳德 李继耐 廖锡龙 常万全
靖志远 吴胜利 许其亮

六、中央纪律检查委员会书记、副书记、常务委员会委员

书记
贺国强
副书记
何 勇 张惠新 马 馼(女) 孙忠同
干以胜 张 毅 黄树贤 李玉赋
常务委员会委员
(按姓氏笔画为序)
干以胜 马 馼(女) 王 伟 令狐安
孙忠同 杜学芳(女) 李玉赋 吴玉良
吴毓萍(女) 邱学强 何 勇
张 军 张 毅 张纪南 张惠新
屈万祥 贺国强 黄树贤 蔡继华

中央委员会总书记 胡锦涛同志

中国共产党第十七届中央委员会第一次全体会议,于 2007 年 10 月 22 日在北京举行。胡锦涛、吴邦国、温家宝、贾庆林、李长春、习近平、李克强、贺国强、周永康等出席会议。

新华社记者 樊如钧摄

吴邦国同志

温家宝同志

贾庆林同志

李长春同志

习近平同志

李克强同志

贺国强同志

周永康同志

人民日报

RENMIN RIBAO

今日 8 版

人民网网址：http://www. people. com. cn
http://www. peopledaily. com. cn

国内统一刊号：CN11-0065
第 19852 期　（代号 1-1）

人民日报社出版

2002 年 11 月
16
星期六
壬午年十月十二

北京地区天气预报
白天　阴转多云
降水概率 40%
风向　偏东转偏北
风力　二、三级
夜间　多云转晴
降水概率 20%
风向　偏北
风力　二、三级
转四、五级
温度　6℃/0℃

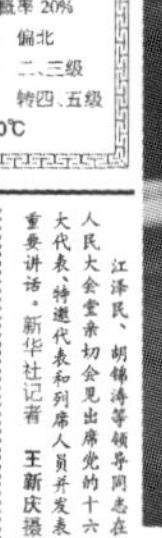

江泽民、胡锦涛等领导同志在人民大会堂亲切会见出席党的十六大代表、特邀代表和列席人员并发表重要讲话。新华社记者　王新庆摄

党的十六届一中全会产生中央领导机构

胡锦涛同志主持会议并作重要讲话

全会选举了中央政治局委员、候补委员，中央政治局常务委员会委员，中央委员会总书记；根据中央政治局常务委员会的提名，通过了中央书记处成员；决定了中央军事委员会组成人员；批准了中央纪律检查委员会第一次全体会议选举产生的书记、副书记和常务委员会委员人选

新华社北京 11 月 15 日电　中国共产党第十六届中央委员会第一次全体会议公报

（2002 年 11 月 15 日中国共产党第十六届中央委员会第一次全体会议通过）

中国共产党第十六届中央委员会第一次全体会议，于 2002 年 11 月 15 日在北京举行。

出席会议的有中央委员 198 人，候补中央委员 158 人。中央纪律检查委员会委员列席会议。

胡锦涛同志主持会议并作了重要讲话。

全会选举了中央政治局委员、候补委员，中央政治局常务委员会委员，中央委员会总书记；根据中央政治局常务委员会的提名，通过了中央书记处成员；决定了中央军事委员会组成人员；批准了中央纪律检查委员会第一次全体会议选举产生的书记、副书记和常务委员会委员人选。名单如下：

一、中央政治局委员、候补委员

中央政治局委员（按姓氏笔画为序）

王乐泉　王兆国　回良玉（回族）　刘　淇
刘云山　李长春　吴　仪（女）　吴邦国
吴官正　张立昌　张德江　陈良宇　罗　干
周永康　胡锦涛　俞正声　贺国强　贾庆林
郭伯雄　黄　菊　曹刚川　曾庆红　曾培炎
温家宝

中央政治局候补委员

王　刚

二、中央政治局常务委员会委员

胡锦涛　吴邦国　温家宝　贾庆林　曾庆红
黄　菊　吴官正　李长春　罗　干

三、中央委员会总书记

胡锦涛

四、中央书记处书记

曾庆红　刘云山　周永康　贺国强　王　刚
徐才厚　何　勇

五、中央军事委员会主席、副主席、委员

主　席

江泽民

副主席

胡锦涛　郭伯雄　曹刚川

委　员

徐才厚　梁光烈　廖锡龙　李继耐

六、中央纪律检查委员会书记、副书记、常务委员会委员

书　记

吴官正

副书记

何　勇　夏赞忠　李至伦　张树田　刘锡荣
张惠新　刘峰岩

常务委员会委员（按姓氏笔画为序）

干以胜　马　驭（女）　马志鹏　王振川
刘峰岩　刘家义　刘锡荣　李至伦　吴官正
吴毓萍（女）　何　勇　沈德咏　张树田
张惠新　赵洪祝　夏赞忠　黄树贤　解厚铨

江泽民胡锦涛等领导同志亲切会见出席党的十六大代表、特邀代表和列席人员并发表重要讲话

江泽民在讲话中说：

- 对十三年来全党同志给予我和我们这个领导集体的支持，表示衷心的感谢！
- 我相信，在以胡锦涛同志为总书记的党中央领导下，中国特色社会主义事业，一定能够开创新的局面，我们党和国家的发展前景，是会更加美好的！
- 希望同志们团结一致、艰苦奋斗，为党和人民的事业，作出新的贡献！

新华社北京 11 月 15 日电　（记者孙承斌）国家主席、中央军委主席江泽民和中共十五届中央政治局其他常委李鹏、朱镕基、李瑞环、尉健行、李岚清，新当选的中共中央总书记胡锦涛和十六届中央政治局其他常委吴邦国、温家宝、贾庆林、曾庆红、黄菊、吴官正、李长春、罗干，今天下午在人民大会堂亲切会见了出席党的十六大的代表、特邀代表和列席人员，并同大家合影留念。

中央军事委员会主席　江泽民同志

中央委员会总书记　胡锦涛同志

参加会见的还有：十五届中央领导同志丁关根、田纪云、李铁映、迟浩田、张万年、姜春云、钱其琛和十六届中央领导同志王乐泉、王兆国、回良玉、刘淇、刘云山、吴仪、张立昌、张德江、陈良宇、周永康、俞正声、贺国强、郭伯雄、曹刚川、曾培炎、王刚、徐才厚、何勇。

人民大会堂宴会厅今天华灯耀璨，花团锦簇，洋溢着一派喜庆气氛。2400 多名代表、特邀代表和列席人员汇聚在这里，等待激动人心的一刻。

下午 3 时，江泽民同志在胡锦涛同志陪同下来到宴会厅，全场响起如潮的掌声。江泽民和胡锦涛等领导同志走到代表面前，绕场一周，同前几排的同志亲切握手，向大家问好。代表纷纷向江泽民同志、胡锦涛同志和其他领导同志表达真诚的问候。

身穿鲜艳民族服装的少数民族代表，向江泽民同志敬献了洁白的哈达。

在热烈的掌声中，江泽民同志和胡锦涛同志发表了重要讲话。

江泽民说："党的十六大开得很好，是一次团结的大会、胜利的大会、奋进的大会。这里我讲三句话：

第一，对十三年来全党同志给予我和我们这个领导集体的支持，表示衷心的感谢！

（下转第四版）

吴邦国同志

温家宝同志

贾庆林同志

曾庆红同志

黄　菊同志

吴官正同志

李长春同志

罗　干同志

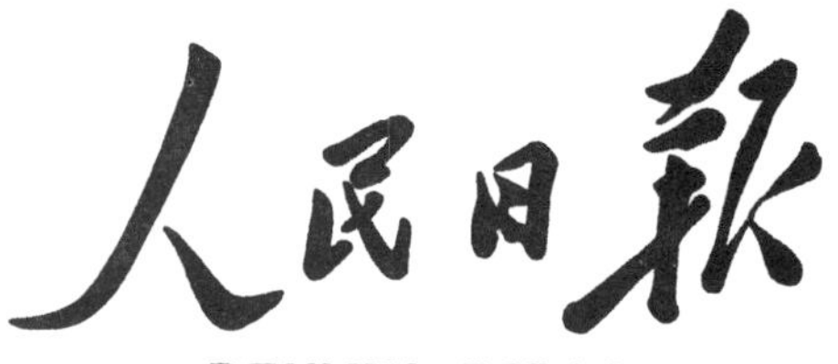

RENMIN RIBAO

人民网 网址:http://www.people.com.cn
手机:http://wap.people.com.cn

2009年9月
19
星期六
己丑年八月初一
人民日报社出版
国内统一连续出版物号
CN 11-0065
第22351期(代号1-1)
今日8版

全会号召，全党要紧密团结在以胡锦涛同志为总书记的党中央周围，高举中国特色社会主义伟大旗帜，全面贯彻党的十七大精神，以改革创新精神全面推进党的建设新的伟大工程，团结带领全国各族人民为把党和国家事业继续推向前进而努力奋斗，永远不辜负人民的信任和期望

中共十七届四中全会在京举行

中央政治局主持会议　中央委员会总书记胡锦涛作重要讲话

全会听取和讨论胡锦涛受中央政治局委托作的工作报告

全会审议通过《中共中央关于加强和改进新形势下党的建设若干重大问题的决定》

中国共产党第十七届中央委员会第四次全体会议，于9月15日至18日在北京举行。全会由中央政治局主持，中央委员会总书记胡锦涛作重要讲话。

新华社记者　樊如钧摄

中国共产党第十七届中央委员会第四次全体会议，于9月15日至18日在北京举行。全会由中央政治局主持。这是胡锦涛、吴邦国、温家宝、贾庆林、李长春、习近平、李克强、贺国强、周永康在主席台上。

新华社记者　黄敬文摄

新华社北京9月18日电　中国共产党第十七届中央委员会第四次全体会议公报

（2009年9月18日中国共产党第十七届中央委员会第四次全体会议通过）

中国共产党第十七届中央委员会第四次全体会议，于2009年9月15日至18日在北京举行。

出席这次全会的有，中央委员194人，候补中央委员163人。中央纪律检查委员会委员和有关方面负责同志列席了会议。党的十七大代表中部分基层党务工作者、基层党员和从事党建工作研究的专家学者也列席了会议。

全会由中央政治局主持。中央委员会总书记胡锦涛作了重要讲话。

全会听取和讨论了胡锦涛受中央政治局委托作的工作报告，审议通过了《中共中央关于加强和改进新形势下党的建设若干重大问题的决定》。习近平就《决定(讨论稿)》向全会作了说明。

全会充分肯定党的十七届三中全会以来中央政治局的工作。一致认为，中央政治局全面贯彻党的十七大和十七届一中、二中、三中全会精神，高举中国特色社会主义伟大旗帜，以邓小平理论和"三个代表"重要思想为指导，深入贯彻落实科学发展观，隆重纪念党的十一届三中全会召开30周年，团结带领全党全国各族人民大力弘扬伟大抗震救灾精神、北京奥运精神、载人航天精神，万众一心，迎难而上，锐意改革，共克时艰，全力保增长、保民生、保稳定，加大转变经济发展方式和调整经济结构力度，取得应对国际金融危机冲击、保持经济平稳较快发展的明显成效，推动深入学习实践科学发展观活动健康开展，加快推进地震灾区灾后恢复重建，维护民族地区社会大局稳定，全面推进社会主义经济建设、政治建设、文化建设、社会建设以及生态文明建设，全面推进党的建设新的伟大工程，各项工作取得新进展。

全会研究了加强和改进新形势下党的建设若干重大问题，认为在新中国成立60周年之际，进一步研究和部署以改革创新精神推进党的建设新的伟大工程，对于全面贯彻党的十七大精神，深入贯彻落实科学发展观，有效应对国际金融危机冲击、保持经济平稳较快发展，夺取全面建设小康社会新胜利、开创中国特色社会主义事业新局面，具有重大而深远的意义。

全会指出，中国共产党成立88年、执政60年、领导改革开放30年来，几代中国共产党人始终以实现中华民族伟大复兴为己任，坚持把马克思主义基本原理同中国具体实际相结合，团结带领全国各族人民不懈奋斗，战胜各种艰难险阻，不断取得革命、建设、改革的伟大胜利。我国相继实现了从半殖民地半封建社会到民族独立、人民当家作主新社会的历史性转变，从新民主主义革命到社会主义革命和建设的历史性转变，从高度集中的计划经济体制到充满活力的社会主义市场经济体制、从封闭半封闭到全方位开放的历史性转变，中华民族巍然屹立于世界民族之林。这是中国共产党人认识世界、改造世界的伟大创举，是根本改变中华民族命运、深刻影响人类历史进程的伟大变革。实践证明，没有中国共产党就没有新中国，就没有中国特色社会主义。办好中国的事情，关键在党。坚持中国特色社会主义道路，推进社会主义现代化，实现中华民族伟大复兴，必须毫不动摇地坚持中国共产党的领导。

全会指出，当今世界正处在大发展大变革大调整时期。世界多极化、经济全球化深入发展，科技进步日新月异，国际金融危机影响深远，世界经济格局发生新变化，国际力量对比出现新态势，全球思想文化交流交融交锋呈现新特点，综合国力竞争和各种力量较量更趋激烈，给我国发展带来新的机遇和挑战。我国经济建设、政治建设、文化建设、社会建设以及生态文明建设全面推进，工业化、信息化、城镇化、市场化、国际化深入发展，我国正处在进一步发展的重要战略机遇期，在新的历史起点上向前迈进。在我们这个十几亿人口的发展中大国，党在推进改革开放和社会主义现代化建设中肩负任务的艰巨性、复杂性、繁重性世所罕见。党要适应这样的新形势，统筹国内国际两个大局，更好带领全国各族人民聚精会神搞建设、一心一意谋发展，实现党的十七大描绘的宏伟蓝图，必须进一步加强和改进自身建设。

全会指出，当前，党的领导水平和执政水平、党的建设状况、党员队伍素质总体上同党肩负的历史使命是适应的。同时，党内也存在不少不适应新形势新任务要求、不符合党的性质和宗旨的问题。这些问题严重削弱党的创造力、凝聚力、战斗力，严重损害党同人民群众的血肉联系，严重影响党的执政地位巩固和执政使命实现，必须引起全党警醒，抓紧加以解决。

全会指出，世情、国情、党情的深刻变化对党的建设提出了新的要求，党面临的执政考验、改革开放考验、市场经济考验、外部环境考验是长期的、复杂的、严峻的，落实党要管党、从严治党的任务比过去任何时候都更为繁重和紧迫。全党必须居安思危，增强忧患意识，常怀忧党之心，恪尽兴党之责，勇于变革、勇于创新，永不僵化、永不停滞，继续推进党的建设新的伟大工程，确保党在世界形势深刻变化的历史进程中始终走在时代前列，在应对国内外各种风险和考验的历史进程中始终成为全国人民的主心骨，在发展中国特色社会主义的历史进程中始终成为坚强的领导核心。

全会认为，我们党在长期执政实践中，探索形成了我们党作为马克思主义执政党加强自身建设的基本经验，这就是：坚持把思想理论建设放在首位，提高全党马克思主义水平；坚持把推进党的建设伟大工程同推进党领导的伟大事业紧密结合起来，保证党始终成为社会主义事业的坚强领导核心；坚持以执政能力建设和先进性建设为主线，保证党始终走在时代前列；坚持立党为公、执政为民，保持党同人民群众的血肉联系；坚持改革创新，增强党的生机活力；坚持党要管党、从严治党，提高管党治党水平。这些基本经验，必须倍加重视、倍加珍惜，必须作为加强和改进新形势下党的建设的重要指导原则长期坚持，并在实践中不断丰富发展。

全会提出，加强和改进新形势下党的建设，必须全面贯彻党的十七大关于党的建设总体部署，按照党章要求，着眼于继续解放思想、坚持改革开放、推动科学发展、促进社会和谐，着眼于提高党的执政能力、保持和发展党的先进性，着眼于增强全党为党和人民事业不懈奋斗的使命感和责任感，着眼于保持党同人民群众的血肉联系，突出重点，突破难点，全面推进思想建设、组织建设、作风建设、制度建设和反腐倡廉建设，提高党的建设科学化水平，进一步把党建设成为立党为公、执政为民，求真务实、改革创新，艰苦奋斗、清正廉洁，富有活力、团结和谐的马克思主义执政党，确保党始终是中国工人阶级的先锋队、同时是中国人民和中华民族的先锋队。

全会对当前和今后一个时期加强和改进党的建设作出了部署，强调要建设马克思主义学习型政党、提高全党思想政治水平，坚持和健全民主集中制、积极发展党内民主，深化干部人事制度改革、建设善于推动科学发展和促进社会和谐的高素质干部队伍，做好抓基层打基础工作、夯实党执政的组织基础，弘扬党的优良作风、保持党同人民群众的血肉联系，加快推进惩治和预防腐败体系建设、深入开展反腐败斗争。

全会提出，世界在变化，形势在发展，中国特色社会主义实践在深入，不断学习、善于学习，努力掌握和运用一切科学的新思想、新知识、新经验，是党始终走在时代前列引领中国发展进步的决定性因素。必须按照科学理论武装、具有世界眼光、善于把握规律、富有创新精神的要求，把建设马克思主义学习型政党作为重大而紧迫的战略任务抓紧抓好。要推进马克思主义中国化、时代化、大众化，用中国特色社会主义理论体系武装全党，开展社会主义核心价值体系学习教育，建设学习型党组织。

全会提出，党内民主是党的生命，集中统一是党的力量保证。必须坚持民主基础上的集中和集中指导下的民主相结合，以保障党员民主权利为根本，以加强党内基层民主建设为基础，切实推进党内民主，广泛凝聚全党意愿和主张，充分发挥各级党组织和广大党员的积极性、主动性、创造性，坚决维护党的集中统一。坚持以党内民主带动人民民主，以党的坚强团结保证全国各族人民的大团结。要坚持和完善党的领导制度，保障党员主体地位和民主权利，完善党代表大会制度和党内选举制度，完善党内民主决策机制，维护党的集中统一。

全会提出，坚持民主、公开、竞争、择优，提高选人用人公信度，形成充满活力的选人用人机制，促进优秀人才脱颖而出，是培养造就高素质干部队伍的关键。必须坚持党管干部原则，全面贯彻干部队伍革命化、年轻化、知识化、专业化方针，坚持五湖四海，拓宽视野选拔干部，广辟途径培养干部，满腔热情爱护干部，严格要求管理干部，把各方面优秀人才集聚到党和国家事业中来。要坚持德才兼备、以德为先用人标准，完善干部选拔任用机制，提高领导班子和领导干部推动科学发展、促进社会和谐能力，培养造就大批优秀年轻干部，健全干部管理机制。

全会提出，党的基层组织是党全部工作和战斗力的基础，是落实党的路线方针政策和各项工作任务的战斗堡垒。必须坚持围绕中心、服务大局、拓宽领域、强化功能，进一步巩固和加强党的基层组织，着力扩大覆盖面、增强生机活力，使党的基层组织充分发挥推动发展、服务群众、凝聚人心、促进和谐的作用，使广大党员牢记宗旨、心系群众。要推进基层党组织工作创新，增强党员队伍生机活力，建设高素质基层党组织带头人队伍，构建城乡统筹的基层党建新格局。

全会提出，执政党的党风，关系党的形象，关系党和人民事业成败。必须在全党大力弘扬理论联系实际、密切联系群众、批评和自我批评的作风，始终谦虚谨慎、艰苦奋斗，以思想教育、完善制度、集中整顿、严肃纪律为抓手，下大气力解决突出问题，以优良党风促政风带民风，形成凝聚党心民心的强大力量。要大兴密切联系群众之风，大兴求真务实之风，大兴艰苦奋斗之风，大兴批评和自我批评之风，以坚强党性保证党的作风建设。

全会提出，坚决反对腐败，是党必须始终抓好的重大政治任务。必须充分认识反腐败斗争的长期性、复杂性、艰巨性，把反腐倡廉建设放在更加突出的位置，坚持标本兼治、综合治理、惩防并举、注重预防的方针，严格执行党风廉政建设责任制，在坚决惩治腐败的同时加大教育、监督、改革、制度创新力度，更有效地预防腐败，不断取得反腐败斗争新成效。要加强廉洁从政教育和领导干部廉洁自律，加大查办违纪违法案件工作力度，健全权力运行制约和监督机制，推进反腐倡廉制度创新。

全会强调，加强和改进新形势下党的建设，是全党的重大政治责任。各级党组织要认真贯彻全会决定精神，坚持党要管党、从严治党，全面落实党建工作责任制，加强党建工作调查研究，全面认识和自觉运用马克思主义执政党建设规律，推动党的建设创新，确保党的建设各项部署落到实处，努力在以科学理论指导党的建设、以科学制度保障党的建设、以科学方法推进党的建设上见到成效，不断提高党的建设科学化水平。

全会全面分析了当前形势和任务，强调经过全党全国共同努力，去年下半年以来我国经济增长明显下滑趋势得到遏制，经济形势总体呈现企稳向好势头。同时，世界经济复苏将是一个缓慢曲折的过程，我国经济回升基础还不稳定、不巩固、不平衡，国际国内不稳定不确定因素仍然很多，我国经济发展仍处在保增长的关键阶段。我们必须增强信心，增强忧患意识和风险意识，科学判断国际国内经济形势，继续把保持经济平稳较快发展作为经济工作的首要任务，继续实施积极的财政政策和适度宽松的货币政策，保持宏观经济政策的连续性和稳定性，充实完善应对国际金融危机冲击的一揽子计划和政策措施，更加注重推进结构调整，更加注重加快自主创新，更加注重加强节能环保，更加注重城乡统筹和区域协调发展，更加注重深化改革开放，更加注重保障和改善民生，切实抓好维护社会大局稳定工作，有效防范各种潜在风险，善于趋利避害，积极化危为机，努力实现今年经济社会发展预期目标。

全会强调，做好民族工作，在新形势下把民族团结进步事业继续推向前进，对维护和发展各族人民根本利益、保持社会和谐稳定、实现国家长治久安和中华民族伟大复兴具有重大意义。要牢牢把握各民族共同团结奋斗、共同繁荣发展的主题，全面贯彻落实党的民族政策和民族区域自治制度，加快少数民族和民族地区经济社会发展，广泛、深入、持久开展民族团结宣传教育活动，有效防范和坚决打击民族分裂活动，巩固和发展平等团结互助和谐的社会主义民族关系。

全会号召，全党要紧密团结在以胡锦涛同志为总书记的党中央周围，高举中国特色社会主义伟大旗帜，全面贯彻党的十七大精神，以改革创新精神全面推进党的建设新的伟大工程，团结带领全国各族人民为把党和国家事业继续推向前进而努力奋斗，永远不辜负人民的信任和期望！

人民网　网址：http://www.people.com.cn
手机：http://wap.people.com.cn

2010年10月
19
星期二
庚寅年九月十二
人民日报社出版
国内统一连续出版物号
CN 11-0065
第22746期（代号1-1）
今日24版

今后五年经济社会发展的主要目标：经济平稳较快发展，经济结构战略性调整取得重大进展，城乡居民收入普遍较快增加，社会建设明显加强，改革开放不断深化，使我国转变经济发展方式取得实质性进展，综合国力、国际竞争力、抵御风险能力显著提高，人民物质文化生活明显改善，全面建成小康社会的基础更加牢固

中共十七届五中全会在京举行

中央政治局主持会议　中央委员会总书记胡锦涛作重要讲话

全会听取和讨论胡锦涛受中央政治局委托作的工作报告，审议通过《中共中央关于制定国民经济和社会发展第十二个五年规划的建议》

全会决定增补习近平为中央军事委员会副主席

中国共产党第十七届中央委员会第五次全体会议，于10月15日至18日在北京举行。全会由中央政治局主持，中央委员会总书记胡锦涛作重要讲话。　新华社记者　刘卫兵摄

中国共产党第十七届中央委员会第五次全体会议，于10月15日至18日在北京举行。全会由中央政治局主持。这是胡锦涛、吴邦国、温家宝、贾庆林、李长春、习近平、李克强、贺国强、周永康在主席台上。　新华社记者　樊如钧摄

新华社北京10月18日电　中国共产党第十七届中央委员会第五次全体会议公报

（2010年10月18日中国共产党第十七届中央委员会第五次全体会议通过）

中国共产党第十七届中央委员会第五次全体会议，于2010年10月15日至18日在北京举行。

出席这次全会的有，中央委员202人，候补中央委员163人。中央纪律检查委员会常务委员会委员和有关方面负责同志列席了会议。党的十七大代表中部分基层同志和专家学者也列席了会议。

全会由中央政治局主持。中央委员会总书记胡锦涛作了重要讲话。

全会听取和讨论了胡锦涛受中央政治局委托作的工作报告，审议通过了《中共中央关于制定国民经济和社会发展第十二个五年规划的建议》。温家宝就《建议（讨论稿）》向全会作了说明。

全会充分肯定党的十七届四中全会以来中央政治局的工作。一致认为，面对国际金融危机带来的严重影响和国际国内环境的深刻变化，中央政治局全面贯彻党的十七大和十七届一中、二中、三中、四中全会精神，高举中国特色社会主义伟大旗帜，以邓小平理论和"三个代表"重要思想为指导，深入贯彻落实科学发展观，团结带领全党全军全国各族人民，隆重庆祝中华人民共和国成立60周年，有效实施应对国际金融危机冲击的一揽子计划，有针对性地加强和改善宏观调控，巩固和发展应对国际金融危机冲击的成效，加快转变经济发展方式，保持经济平稳较快发展，着力保障和改善民生，有力应对玉树强烈地震、舟曲特大山洪泥石流等严重自然灾害，胜利完成全党深入学习实践科学发展观活动，成功举办上海世博会，党和国家各项事业和各项工作取得新的显著进展。

全会认为，"十二五"时期是全面建设小康社会的关键时期，是深化改革开放、加快转变经济发展方式的攻坚时期。深刻认识并准确把握国内外形势新变化新特点，科学制定"十二五"规划，对于继续抓住和用好我国发展的重要战略机遇期、促进经济长期平稳较快发展，对于夺取全面建设小康社会新胜利、推进中国特色社会主义伟大事业，具有十分重要的意义。

全会高度评价"十一五"时期我国经济社会发展取得的巨大成就，认为我们党团结带领全国各族人民，紧紧抓住发展这个党执政兴国的第一要务，贯彻落实党的理论和路线方针政策，实施正确而有力的宏观调控，充分发挥我国社会主义制度的政治优势，充分发挥市场在资源配置中的基础性作用，使国家面貌发生新的历史性变化。经过五年努力奋斗，我国社会生产力快速发展，综合国力大幅提升，人民生活明显改善，国际地位和影响力显著提高，社会主义经济建设、政治建设、文化建设、社会建设以及生态文明建设和党的建设取得重大进展，谱写了中国特色社会主义事业新篇章。五年取得的成绩来之不易，积累的经验弥足珍贵，创造的精神财富影响深远。

全会深入分析了今后一个时期我国经济社会发展的国内外环境，强调综合判断国际国内形势，我国发展仍处于可以大有作为的重要战略机遇期，既面临难得的历史机遇，也面对诸多可以预见和难以预见的风险挑战。我们要增强机遇意识和忧患意识，科学把握发展规律，主动适应环境变化，有效化解各种矛盾，更加奋发有为地推进我国改革开放和社会主义现代化建设。

全会指出，制定"十二五"规划，必须高举中国特色社会主义伟大旗帜，以邓小平理论和"三个代表"重要思想为指导，深入贯彻落实科学发展观，适应国内外形势新变化，顺应各族人民过上更好生活新期待，以科学发展为主题，以加快转变经济发展方式为主线，深化改革开放，保障和改善民生，巩固和扩大应对国际金融危机冲击成果，促进经济长期平稳较快发展和社会和谐稳定，为全面建成小康社会打下具有决定性意义的基础。

全会强调，在当代中国，坚持发展是硬道理的本质要求，就是坚持科学发展，更加注重以人为本，更加注重全面协调可持续发展，更加注重统筹兼顾，更加注重保障和改善民生，促进社会公平正义。加快转变经济发展方式是我国经济社会领域的一场深刻变革，必须贯穿经济社会发展全过程和各领域，坚持把经济结构战略性调整作为加快转变经济发展方式的主攻方向，坚持把科技进步和创新作为加快转变经济发展方式的重要支撑，坚持把保障和改善民生作为加快转变经济发展方式的根本出发点和落脚点，坚持把建设资源节约型、环境友好型社会作为加快转变经济发展方式的重要着力点，坚持把改革开放作为加快转变经济发展方式的强大动力，提高发展的全面性、协调性、可持续性，实现经济社会又好又快发展。

全会综合考虑未来发展趋势和条件，提出了今后五年经济社会发展的主要目标：经济平稳较快发展，经济结构战略性调整取得重大进展，城乡居民收入普遍较快增加，社会建设明显加强，改革开放不断深化，使我国转变经济发展方式取得实质性进展，综合国力、国际竞争力、抵御风险能力显著提高，人民物质文化生活明显改善，全面建成小康社会的基础更加牢固。

全会提出，要坚持扩大内需战略、保持经济平稳较快发展，加强和改善宏观调控，建立扩大消费需求的长效机制，调整优化投资结构，加快形成消费、投资、出口协调拉动经济增长新局面。要推进农业现代化、加快社会主义新农村建设，统筹城乡发展，加快发展现代农业，加强农村基础设施建设和公共服务，拓宽农民增收渠道，完善农村发展体制机制，建设农民幸福生活的美好家园。要发展现代产业体系、提高产业核心竞争力，改造提升制造业，培育发展战略性新兴产业，加快发展服务业，加强现代能源产业和综合运输体系建设，全面提高信息化水平，发展海洋经济。要促进区域协调发展、积极稳妥推进城镇化，实施区域发展总体战略，实施主体功能区战略，完善城市化布局和形态，加强城镇化管理，加大对革命老区、民族地区、边疆地区、贫困地区扶持力度，构筑区域经济优势互补、主体功能定位清晰、国土空间高效利用、人与自然和谐相处的区域发展格局。要加快建设资源节约型环境友好型社会、提高生态文明水平，积极应对全球气候变化，大力发展循环经济，加强资源节约和管理，加大环境保护力度，加强生态保护和防灾减灾体系建设，增强可持续发展能力。要深入实施科教兴国战略和人才强国战略、加快建设创新型国家，增强科技创新能力，完善科技创新体制机制，加快教育改革发展，建设人才强国，为加快转变经济发展方式、实现全面建设小康社会奋斗目标奠定坚实科技和人力资源基础。

全会提出，着力保障和改善民生，必须逐步完善符合国情、比较完整、覆盖城乡、可持续的基本公共服务体系，提高政府保障能力，推进基本公共服务均等化。要加强社会建设、建立健全基本公共服务体系，促进就业和构建和谐劳动关系，合理调整收入分配关系，努力提高居民收入在国民收入分配中的比重、劳动报酬在初次分配中的比重，健全覆盖城乡居民的社会保障体系，加快医疗卫生事业改革发展，全面做好人口工作，加强和创新社会管理，正确处理人民内部矛盾，切实维护社会和谐稳定。

全会提出，文化是一个民族的精神和灵魂，是国家发展和民族振兴的强大力量。要推动文化大发展大繁荣、提升国家文化软实力，坚持社会主义先进文化前进方向，提高全民族文明素质，推进文化创新，深化文化体制改革，增强文化发展活力，繁荣发展文化事业和文化产业，满足人民群众不断增长的精神文化需求，基本建成公共文化服务体系，推动文化产业成为国民经济支柱性产业，充分发挥文化引导社会、教育人民、推动发展的功能，建设中华民族共有精神家园，增强民族凝聚力和创造力。

全会强调，改革是加快转变经济发展方式的强大动力，必须以更大决心和勇气全面推进各领域改革，大力推进经济体制改革，积极稳妥推进政治体制改革，加快推进文化体制、社会体制改革，使上层建筑更加适应经济基础发展变化，为科学发展提供有力保障。要坚持和完善基本经济制度，推进行政体制改革，加快财税体制改革，深化金融体制改革、深化资源性产品价格和要素市场改革，加快社会事业体制改革。要实施互利共赢的开放战略、进一步提高对外开放水平，优化对外贸易结构，提高利用外资水平，加快实施"走出去"战略，积极参与全球经济治理和区域合作，以开放促发展、促改革、促创新，积极创造参与国际经济合作和竞争新优势。

全会强调，党的领导是实现"十二五"时期经济社会发展目标的根本保证。必须加强党的执政能力建设和先进性建设，不断提高党领导经济社会发展能力和水平。各级党委要准确把握发展趋势，科学谋划发展蓝图，努力创新发展模式，加强对发展的统筹协调，切实提高发展质量。全体共产党员要坚定不移贯彻党的理论和路线方针政策，牢固树立科学发展理念。切实加强党的基层组织建设，深入开展创先争优活动，带领广大群众推动经济社会又好又快发展。各级领导干部要坚持全心全意为人民服务的根本宗旨，坚持党的群众路线，始终保持同人民群众的血肉联系，树立正确政绩观，努力做出经得起实践、人民、历史检验的实绩。要加强反腐倡廉建设，大力弘扬党的光荣传统和优良作风，以优良党风凝聚党心民心、形成推进中国特色社会主义事业的强大力量。

全会提出，坚持党的领导、人民当家作主、依法治国有机统一，发展社会主义民主政治，加快建设社会主义法治国家，巩固和壮大最广泛的爱国统一战线。要加强国防和军队现代化建设，提高以打赢信息化条件下局部战争能力为核心的完成多样化军事任务能力。要坚定不移贯彻"一国两制"、"港人治港"、"澳人治澳"、高度自治的方针，严格按照特别行政区基本法办事，保持香港、澳门长期繁荣稳定。要牢牢把握两岸关系和平发展主题，深化两岸经济合作，积极扩大两岸各界往来，推进两岸关系和平发展和祖国统一大业。要高举和平、发展、合作旗帜，奉行独立自主的和平外交政策，坚持走和平发展道路，积极参加国际合作，维护我国主权、安全、发展利益，同世界各国一道推动建设持久和平、共同繁荣的和谐世界。

全会全面分析了当前形势和任务，强调经过全党全国共同努力，国民经济继续朝着宏观调控的预期方向发展，各项事业取得新的成绩，社会大局保持稳定。全党必须增强党的意识、宗旨意识、执政意识、大局意识、责任意识，抓住机遇而不可丧失机遇，坚持聚精会神搞建设、一心一意谋发展，增强工作的原则性、系统性、预见性、创造性，大力发扬真抓实干精神，把党和人民赋予的职责看得比泰山还重，紧紧依靠广大人民群众，以党同人民更加坚强的团结战胜前进道路上的一切艰难险阻，扎扎实实做好改革发展稳定各项工作，努力实现今年经济社会发展预期目标。

全会强调，今年以来，我国连续发生严重自然灾害，给受灾地区群众生产生活造成严重影响。在各部门各地区共同努力下，抗灾救灾工作取得了显著成绩。当前，安置受灾群众、开展灾后恢复重建工作很繁重，中央有关部门、受灾地区各级党委和政府一定要高度重视，科学规划，加大投入，精心组织，全力抓好。要切实安排好受灾群众基本生活，抓紧制定和实施灾后恢复重建规划，全面抓好各项生产特别是农业生产，帮助受灾群众重建家园，促进灾区经济社会全面发展。要坚持兴利除害结合、防灾减灾并重、治标治本兼顾、政府社会协同，尽快启动水利重点薄弱环节工程建设，加快建立地质灾害易发区调查评价体系、监测预警体系、防治体系、应急体系，提高对自然灾害的综合防范和抵御能力。

全会决定，增补习近平为中央军事委员会副主席。

全会按照党章规定，决定递补中央委员会候补委员焉荣竹为中央委员会委员。

全会审议并通过了《中共中央纪律检查委员会关于康日新问题的审查报告》，决定撤销康日新中央委员会委员职务，确认中央政治局2009年12月29日作出的给予康日新开除党籍的处分。

全会号召，全党同志和全国各族人民要紧密团结在以胡锦涛同志为总书记的党中央周围，认真学习、深刻领会、切实贯彻全会精神，解放思想、实事求是、与时俱进、开拓创新，万众一心为实现"十二五"时期经济社会发展目标任务而奋斗！

吴邦国与俄罗斯联邦委员会主席会谈　（第三版）
中央军事委员会副主席习近平简历　（第四版）
社论：为全面建成小康社会打下具有决定性意义的基础　（第四版）

RENMIN RIBAO

人民网　网址：http://www.people.com.cn
手机：http://wap.people.com.cn

2011年10月
19
星期三
辛卯年九月廿三
人民日报社出版
国内统一连续出版物号
CN 11-0065
第23111期(代号1-1)
今日24版

全会强调，坚持中国特色社会主义文化发展道路，深化文化体制改革，推动社会主义文化大发展大繁荣，必须全面贯彻党的十七大精神，高举中国特色社会主义伟大旗帜，以马克思列宁主义、毛泽东思想、邓小平理论和“三个代表”重要思想为指导，深入贯彻落实科学发展观，坚持社会主义先进文化前进方向，以科学发展为主题，以建设社会主义核心价值体系为根本任务，以满足人民精神文化需求为出发点和落脚点，以改革创新为动力，发展面向现代化、面向世界、面向未来的，民族的科学的大众的社会主义文化，培养高度的文化自觉和文化自信，提高全民族文明素质，增强国家文化软实力，弘扬中华文化，努力建设社会主义文化强国。

全会要求，党的各级组织和全体共产党员要团结带领全国各族人民继续解放思想、坚持改革开放、推动科学发展、促进社会和谐，以优异成绩迎接中国共产党第十八次全国代表大会召开。

中共十七届六中全会在京举行

中央政治局主持会议　中央委员会总书记胡锦涛作重要讲话

听取和讨论胡锦涛受中央政治局委托作的工作报告，审议通过《中共中央关于深化文化体制改革、推动社会主义文化大发展大繁荣若干重大问题的决定》

全会审议通过《关于召开党的第十八次全国代表大会的决议》，决定党的十八大于2012年下半年在北京召开

全会充分肯定党的十七届五中全会以来中央政治局的工作，号召全党要紧密团结在以胡锦涛同志为总书记的党中央周围，满怀信心带领全国各族人民在坚持和发展中国特色社会主义的伟大实践中进行文化创造，为把我国建设成为社会主义文化强国而努力奋斗

中国共产党第十七届中央委员会第六次全体会议，于10月15日至18日在北京举行。全会由中央政治局主持，中央委员会总书记胡锦涛作重要讲话。　新华社记者　姚大伟摄

中国共产党第十七届中央委员会第六次全体会议，于10月15日至18日在北京举行。全会由中央政治局主持。这是胡锦涛、吴邦国、温家宝、贾庆林、李长春、习近平、李克强、贺国强、周永康在主席台上。　新华社记者　鞠　鹏摄

新华社北京10月18日电　中国共产党第十七届中央委员会第六次全体会议公报

（2011年10月18日中国共产党第十七届中央委员会第六次全体会议通过）

中国共产党第十七届中央委员会第六次全体会议，于2011年10月15日至18日在北京举行。

出席这次全会的有，中央委员202人，候补中央委员163人。中央纪律检查委员会常务委员会委员和有关方面负责同志列席了会议。党的十七大代表中部分基层文化工作者和从事文化研究的专家学者也列席了会议。

全会由中央政治局主持。中央委员会总书记胡锦涛作了重要讲话。

全会听取和讨论了胡锦涛受中央政治局委托作的工作报告，审议通过了《中共中央关于深化文化体制改革、推动社会主义文化大发展大繁荣若干重大问题的决定》。李长春就《决定（讨论稿）》向全会作了说明。

全会充分肯定党的十七届五中全会以来中央政治局的工作。一致认为，面对风云变幻的国际形势和艰巨繁重的国内改革发展稳定任务，中央政治局全面贯彻党的十七大和十七届三中、四中、五中全会精神，高举中国特色社会主义伟大旗帜，以邓小平理论和“三个代表”重要思想为指导，深入贯彻落实科学发展观，团结带领全党全军全国各族人民，隆重庆祝中国共产党成立90周年，制定实施“十二五”规划纲要，着力稳物价、调结构、保民生、促和谐，推动国民经济继续朝着宏观调控的预期方向发展，全面推进社会主义经济建设、政治建设、文化建设、社会建设以及生态文明建设，全面推进党的建设新的伟大工程，各项工作取得新进展，为实现“十二五”时期良好开局打下了坚实基础。

全会研究了深化文化体制改革、推动社会主义文化大发展大繁荣若干重大问题，认为总结我国文化改革发展的丰富实践和宝贵经验，研究部署深化文化体制改革、推动社会主义文化大发展大繁荣，进一步兴起社会主义文化建设新高潮，对夺取全面建设小康社会新胜利、开创中国特色社会主义事业新局面、实现中华民族伟大复兴具有重大而深远的意义。

全会指出，中国共产党从成立之日起，就既是中华优秀传统文化的忠实传承者和弘扬者，又是中国先进文化的积极倡导者和发展者。我们党历来高度重视运用文化引领前进方向、凝聚奋斗力量，团结带领全国各族人民不断以思想文化新觉醒、理论创造新成果、文化建设新成就推动党和人民事业向前发展，文化工作在革命、建设、改革各个历史时期都发挥了不可替代的重大作用。

全会指出，改革开放特别是党的十六大以来，我们党始终把文化建设放在党和国家全局工作重要战略地位，坚持物质文明和精神文明两手抓，实行依法治国和以德治国相结合，促进文化事业和文化产业同发展，推动文化建设不断取得新成就，走出了中国特色社会主义文化发展道路。我国文化改革发展，显著提高了全民族思想道德素质和科学文化素质、促进了人的全面发展，显著增强了国家文化软实力，为坚持和发展中国特色社会主义提供了强大精神力量。

全会指出，当今世界正处在大发展大变革大调整时期，文化在综合国力竞争中的地位和作用更加凸显，维护国家文化安全任务更加艰巨，增强国家文化软实力、中华文化国际影响力要求更加紧迫。当代中国进入了全面建设小康社会的关键时期和深化改革开放、加快转变经济发展方式的攻坚时期，文化越来越成为民族凝聚力和创造力的重要源泉、越来越成为综合国力竞争的重要因素、越来越成为经济社会发展的重要支撑，丰富精神文化生活越来越成为我国人民的热切愿望。全面建成惠及十几亿人口的更高水平的小康社会，既要让人民过上殷实富足的物质生活，又要让人民享有健康丰富的文化生活。我们必须抓住和用好我国发展的重要战略机遇期，在坚持以经济建设为中心的同时，自觉把文化繁荣发展作为坚持发展是硬道理、发展是党执政兴国第一要务的重要内容，作为深入贯彻落实科学发展观的一个基本要求，进一步推动文化建设与经济建设、政治建设、社会建设以及生态文明建设协调发展，为继续解放思想、坚持改革开放、推动科学发展、促进社会和谐提供坚强思想保证、强大精神动力、有力舆论支持、良好文化条件。

全会强调，坚持中国特色社会主义文化发展道路，深化文化体制改革，推动社会主义文化大发展大繁荣，必须全面贯彻党的十七大精神，高举中国特色社会主义伟大旗帜，以马克思列宁主义、毛泽东思想、邓小平理论和“三个代表”重要思想为指导，深入贯彻落实科学发展观，坚持社会主义先进文化前进方向，以科学发展为主题，以建设社会主义核心价值体系为根本任务，以满足人民精神文化需求为出发点和落脚点，以改革创新为动力，发展面向现代化、面向世界、面向未来的，民族的科学的大众的社会主义文化，培养高度的文化自觉和文化自信，提高全民族文明素质，增强国家文化软实力，弘扬中华文化，努力建设社会主义文化强国。

全会认为，建设社会主义文化强国，就是要着力推动社会主义先进文化更加深入人心，推动社会主义精神文明和物质文明全面发展，不断开创全民族文化创造活力持续迸发、社会文化生活更加丰富多彩、人民基本文化权益得到更好保障、人民思想道德素质和科学文化素质全面提高的新局面，建设中华民族共有精神家园，为人类文明进步作出更大贡献。

全会按照实现全面建设小康社会奋斗目标新要求，提出了到2020年文化改革发展奋斗目标，号召全党全国为实现这个目标共同努力，不断提高文化建设科学化水平，为把我国建设成为社会主义文化强国打下坚实基础。

全会对推进文化改革发展作出了部署，强调要推进社会主义核心价值体系建设、巩固全党全国各族人民团结奋斗的共同思想道德基础，全面贯彻“二为”方向和“双百”方针、为人民提供更好更多的精神食粮，大力发展公益性文化事业、保障人民基本文化权益，加快发展文化产业、推动文化产业成为国民经济支柱性产业，进一步深化改革开放、加快构建有利于文化繁荣发展的体制机制，建设宏大文化人才队伍、为社会主义文化大发展大繁荣提供有力人才支撑。

全会提出，社会主义核心价值体系是兴国之魂，是社会主义先进文化的精髓，决定着中国特色社会主义发展方向。必须把社会主义核心价值体系融入国民教育、精神文明建设和党的建设全过程，贯穿改革开放和社会主义现代化建设各领域，体现到精神文化产品创作生产传播各方面，坚持用社会主义核心价值体系引领社会思潮，在全党全社会形成统一指导思想、共同理想信念、强大精神力量、基本道德规范。要坚持马克思主义指导地位，坚定中国特色社会主义共同理想，弘扬以爱国主义为核心的民族精神和以改革创新为核心的时代精神，树立和践行社会主义荣辱观。

全会提出，创作生产更多无愧于历史、无愧于时代、无愧于人民的优秀作品，是文化繁荣发展的重要标志。必须全面贯彻为人民服务、为社会主义服务的方向和百花齐放、百家争鸣的方针，立足发展先进文化、建设和谐文化，激发文化创作生产活力，提高文化产品质量，发挥文化引领风尚、教育人民、服务社会、推动发展的作用。要坚持正确创作方向，繁荣发展哲学社会科学，加强和改进新闻舆论工作，推出更多优秀文艺作品，发展健康向上的网络文化，完善文化产品评价体系和激励机制。

全会提出，满足人民基本文化需求是社会主义文化建设的基本任务。必须坚持政府主导，加强文化基础设施建设，完善公共文化服务网络，让群众广泛享有免费或优惠的基本公共文化服务。要构建公共文化服务体系，发展现代传播体系，建设优秀传统文化传承体系，加快城乡文化一体化发展。

全会提出，发展文化产业是社会主义市场经济条件下满足人民多样化精神文化需求的重要途径。必须坚持把社会效益放在首位、社会效益和经济效益相统一，推动文化产业跨越式发展，为推动科学发展提供重要支撑。要构建现代文化产业体系，形成公有制为主体、多种所有制共同发展的文化产业格局，推进文化科技创新，扩大文化消费。

全会提出，文化引领时代风气之先，是最需要创新的领域。必须牢牢把握正确方向，加快推进文化体制改革，发挥市场在文化资源配置中的积极作用，创新文化走出去模式，为文化繁荣发展提供强大动力。要深化国有文化单位改革，健全现代文化市场体系，创新文化管理体制，完善政策保障机制，推动中华文化走向世界，积极吸收借鉴国外优秀文化成果。

全会提出，推动社会主义文化大发展大繁荣，队伍是基础，人才是关键。要深入实施人才强国战略，牢固树立人才是第一资源思想、全面贯彻党管人才原则，加快培养造就德才兼备、锐意创新、结构合理、规模宏大的文化人才队伍。要造就高层次领军人物和高素质文化人才队伍，加强基层文化人才队伍建设，加强职业道德建设和作风建设。

全会强调，要加强和改进党对文化工作的领导。各级党委和政府要切实担负起推进文化改革发展的政治责任，把文化建设摆在全局工作重要位置、纳入经济社会发展总体规划，把文化改革发展成效纳入科学发展考核评价体系。要加强文化领域领导班子和党组织建设，发挥文化战线全体共产党员在推进文化改革发展中的先锋模范作用。要发挥人民群众文化创造积极性，在全社会营造鼓励文化创造的良好氛围，让蕴藏于人民中的文化创造活力得到充分发挥。

全会全面分析了当前形势和任务，强调必须增强忧患意识和风险意识，科学判断国际国内形势，全面把握改革发展稳定大局，保持经济平稳较快发展，加大保障和改善民生工作力度，加强和创新社会管理，维护社会和谐稳定，全面推进党的建设各项工作，着力解决经济社会发展中的突出矛盾和问题，有效防范各种潜在风险，努力实现经济社会发展预期目标。

全会审议并通过了《关于召开党的第十八次全国代表大会的决议》，决定党的十八大于2012年下半年在北京召开。这次大会，是我们党在全面建设小康社会的关键时期和深化改革开放、加快转变经济发展方式的攻坚时期召开的一次十分重要的会议，对我们党团结带领全国各族人民继续全面建设小康社会、加快推进社会主义现代化、开创中国特色社会主义事业新局面具有重大而深远的意义。党的各级组织和全体共产党员要团结带领全国各族人民继续解放思想、坚持改革开放、推动科学发展、促进社会和谐，以优异成绩迎接中国共产党第十八次全国代表大会召开。

全会号召，全党要紧密团结在以胡锦涛同志为总书记的党中央周围，满怀信心带领全国各族人民在坚持和发展中国特色社会主义的伟大实践中进行文化创造，为把我国建设成为社会主义文化强国而努力奋斗！

人民日報

RENMIN RIBAO

今日 16 版(华东、华南地区 20 版)

人民网网址:http://www. people. com. cn
http://www. peopledaily. com. cn

国内统一刊号:CN11-0065
第 19955 期　(代号 1-1)

人民日报社出版

2003 年 2 月
27
星期四
癸未年正月廿七

北京地区天气预报
白天　晴转多云
降水概率 20%
风向　北转南
风力　二、三级
夜间　多云转阴
部分地区有小雨夹雪
降水概率 40%
风向　偏南
风力　一、二级
温度　7℃/0℃

江泽民同卡斯特罗举行会谈

就双边关系和共同关心的国际问题交换意见

本报北京 2 月 26 日讯　记者张勇报道：国家主席江泽民今天下午在人民大会堂同来华进行国事访问的古巴国务委员会主席兼部长会议主席卡斯特罗举行会谈，双方在亲切友好的气氛中就双边关系和共同关心的国际问题交换了意见。

江泽民说，过去的 10 年是中古关系发展最快最好的时期。我 1993 年访问古巴和你 1995 年访问中国时，我们针对国际形势的变化深入交换了看法，达成了广泛共识，为两国关系确立了发展方向。

江泽民说，中古发展关系具有良好的基础。两国发展关系有利于发展中国家的团结与合作，有利于维护世界和平与促进共同发展。中古有发展关系的共同愿望，两国都从战略高度重视发展双边关系。中古关系能够与时俱进，创新发展。面对风云变幻的国际形势，我们两国总能推动双边关系适应新形势，不断取得新发展。

江泽民说，我们高兴地看到，目前两国政治互信加深，经贸合作扩大，在国际和多边事务中相互支持，密切配合。我们对中古两国近年经济、贸易等各方面的合作表示满意，并愿与古巴朋友一道为两国友好关系的发展而继续努力。

江泽民向卡斯特罗介绍了中共十六大的情况，指出十六大从思想上、政治上、组织上为我们党和国家在新世纪的发展奠定了坚实基础，提供了可靠保障，对党和国家事业继往开来必将产生重大而深远影响。他说，十六大产生了新一届中央领导集体，相信中古友好合作关系一定能继往开来，不断向前。

卡斯特罗说，我十分高兴再次到中国访问，与老朋友重逢并结识新朋友。

卡斯特罗说，"9·11"事件后，国际政治、经济形势都发生了重大变化。受其影响，加上遇到了自然灾害，古巴经济发展遇到一些困难，但我们调整了产业结构，采取了一系列有效措施，取得了良好的效果，保证了社会稳定和人民生活水平的提高。

卡斯特罗说，古巴重视与中国的关系，在建设自己国家的伟大事业中，古巴愿意借鉴中国的经验。我们希望两国关系能够得到进一步全面发展。

双方还就当前的国际形势交换了意见。

会谈结束后，江泽民和卡斯特罗出席了中古两国政府经济技术合作协定的签字仪式。

会谈前，江泽民主持仪式，欢迎卡斯特罗访华。出席欢迎仪式的有：国务院副总理钱其琛、全国人大常委会副委员长蒋正华、全国政协副主席王文元、九三学社中央主席韩启德、外经贸部部长石广生、外交部副部长李肇星、中国驻古巴大使王治权等。

2 月 26 日，国家主席江泽民在北京人民大会堂北大厅举行仪式，欢迎古巴国务委员会主席兼部长会议主席菲德尔·卡斯特罗对中国进行国事访问。　新华社记者　刘建生摄

中共十六届二中全会在京举行

中央政治局主持会议　中央委员会总书记胡锦涛同志作重要讲话

通过拟向十届全国人大一次会议推荐的国家机构领导人员人选建议名单和拟向全国政协十届一次会议推荐的全国政协领导人员人选建议名单；通过《关于深化行政管理体制和机构改革的意见》，建议国务院根据这个意见形成《国务院机构改革方案》提交十届全国人大一次会议审议

全会号召，全党和全国各族人民更加紧密地团结起来，坚持以邓小平理论和"三个代表"重要思想为指导，在以胡锦涛同志为总书记的党中央领导下，解放思想、实事求是，与时俱进，发扬艰苦奋斗的精神，为实现全面建设小康社会的宏伟目标、不断开创中国特色社会主义事业新局面而努力奋斗

中央委员会总书记胡锦涛同志作重要讲话。　新华社记者　李学仁摄

新华社北京 2 月 26 日电　中国共产党第十六届中央委员会第二次全体会议公报

（2003 年 2 月 26 日中国共产党第十六届中央委员会第二次全体会议通过）

中国共产党第十六届中央委员会第二次全体会议，于 2003 年 2 月 24 日至 26 日在北京举行。

出席这次全会的有，中央委员 191 人，候补中央委员 151 人。有关负责同志列席了会议。中央政治局主持会议。中央委员会总书记胡锦涛同志作了重要讲话。

全会审议通过了中央政治局在广泛征求党内外意见、反复酝酿协商的基础上提出的拟向十届全国人大一次会议推荐的国家机构领导人员人选建议名单和拟向全国政协十届一次会议推荐的全国政协领导人员人选建议名单，决定将这两个建议名单分别向十届全国人大一次会议主席团和全国政协十届一次会议主席团推荐。全会审议通过了《关于深化行政管理体制和机构改革的意见》，建议国务院根据这个意见形成《国务院机构改革方案》提交十届全国人大一次会议审议。

全会认为，开好十届全国人大一次会议和全国政协十届一次会议，对于坚持以邓小平理论和"三个代表"重要思想为指导，全面贯彻落实十六大精神，进一步动员全党和全国各族人民为全面建设小康社会、开创中国特色社会主义事业新局面而团结奋斗，具有重大的意义。

全会指出，人民代表大会制度是我国的根本政治制度，中国共产党领导的多党合作和政治协商制度是我国的基本政治制度。始终坚持和完善人民代表大会制度、中国共产党领导的多党合作和政治协商制度，对于发展社会主义民主政治、建设社会主义政治文明，对于巩固我们党的执政地位和我国社会主义制度，对于充分调动各方面的积极因素共同建设中国特色社会主义，极为重要。十六大提出的关于建设社会主义政治文明的任务，适应我国改革开放和社会主义现代化建设的发展要求，是我们党领导人民坚持和发展人民民主长期实践的必然结论。推进社会主义政治文明建设，最根本的是要把坚持党的领导、人民当家作主和依法治国有机统一起来，坚持社会主义方向，坚持走中国特色的政治发展道路。按照促进社会主义物质文明、政治文明和精神文明协调发展的要求推进各方面的工作，党和国家的事业一定能够更好地向前发展。

中国共产党第十六届中央委员会第二次全体会议，于 2003 年 2 月 24 日至 26 日在北京举行。中央政治局主持会议。中央政治局常委胡锦涛、吴邦国、温家宝、贾庆林、曾庆红、黄菊、吴官正、李长春、罗干出席全会。　新华社记者　李学仁摄

全会强调，行政管理体制和机构改革是推进政治体制改革的重要内容，是推动我国上层建筑更好地适应经济基础的一项重要的制度建设和创新，也是建立和完善社会主义市场经济体制的客观需要。要充分认识行政管理体制和机构改革的重要性和必要性，按照十六大提出的要求深化改革，进一步转变政府职能，改进管理方式，改进工作作风，提高行政效率，努力形成行为规范、运转协调、公正透明、廉洁高效的行政管理体制，更好地为改革开放和社会主义现代化建设服务。

全会认为，全面贯彻落实十六大精神是全党全国当前和今后一个时期的首要政治任务。十六大闭幕以来，全党和全国各族人民认真学习贯彻"三个代表"重要思想和十六大精神，形成了学习贯彻十六大精神的热潮，有力地促进了党和国家各项事业的发展。各级党委要继续围绕主题、把握灵魂、狠抓落实，在深入人心上下功夫，在开拓创新上下功夫，在力求实效上下功夫，把学习贯彻"三个代表"重要思想和十六大精神不断引向深入。要千方百计抓好发展这个党执政兴国的第一要务，始终坚持以经济建设为中心，进一步深化改革、扩大开放、保持国民经济持续快速健康发展，同时要切实加强社会主义政治文明建设和精神文明建设，促进社会全面进步。要正确处理改革发展稳定的关系，妥善处理各种社会矛盾和利益关系，坚持在社会稳定中推进改革发展，通过改革发展促进社会稳定。要继续做好关心群众生产生活特别是帮扶困难群众的各项工作，切实帮助困难群众排忧解难，加大扶贫开发工作的力度，大力促进就业和再就业，认真做好社会保障工作。要围绕实现党在新世纪新阶段的奋斗目标和各项任务，以加强党的执政能力建设为重点，全面推进党的建设新的伟大工程。

全会号召，全党和全国各族人民更加紧密地团结起来，坚持以邓小平理论和"三个代表"重要思想为指导，在以胡锦涛同志为总书记的党中央领导下，解放思想、实事求是、与时俱进，发扬艰苦奋斗的精神，为实现全面建设小康社会的宏伟目标、不断开创中国特色社会主义事业新局面而努力奋斗。

李岚清在苏州工业园区中新联合协调理事会中方理事会议上强调

认真贯彻落实党的十六大精神　进一步提高园区的国际竞争力

新华社苏州二月二十六日电　（记者殷学成）国务院副总理李岚清近日在江苏苏州主持召开了苏州工业园区中新联合协调理事会中方理事会议并发表讲话，他强调，要认真贯彻落实党的十六大精神，适应新形势，拓展新思路，进一步提高园区的国际竞争力。

李岚清对苏州工业园区开发建设中所取得的成绩和经验给予充分肯定。他指出，苏州工业园区成立九年来，中国与新加坡两国政府密切合作，理事会成员单位及有关部门给予全力支持，江苏省、苏州市和园区管委会按照中央的部署，工作卓有成效，已经成为环境优美、规划科学合理、基础设施完善、投资环境良好、对国内外投资者具有较强吸引力的工业园区，取得了令人瞩目的成就。实际利用外资五十五点一亿美元，还有大批投资项目正在建设中，二〇〇二年园区国民生产总值二百五十二亿元，财政收入达到三十二点六亿元。苏州工业园区已经成为我国改革开放的重要窗口，为进一步推动我国与其他国家扩大经济合作与交流提供了良好范例。实践证明，党中央、国务院关于建设苏州工业园区的决策是完全正确的。

李岚清指出，苏州工业园区建设进入一个新的发展阶段。

（下转第二版）

突破性的进展

——五年改革开放回眸

本报记者　江　夏

春天迈着轻盈的脚步走来，又一个很不平凡的五年过去了。

过去的五年，改革开放取得了突破性进展，最重要的两个标志是：社会主义市场经济体制的大厦已经矗立起来；随着多哈会议那一声历史性的槌响，中国成为世界贸易组织的正式成员，步入对外开放的新阶段。

如果把近五年各领域的改革一一列出，那将是一张长长的单子，每一项改革都沿着市场取向推进，为社会主义市场经济体制的大厦添砖加瓦

几年前，李先生为了装电话，曾经预交了几千元的初装费，还苦等了几个月，可如今装第二部电话，不但初装费不用交了，而且选择余地也大了：中国电信、网通、铁通……不论选哪一家，都能很快通上电话。这就是引入竞争的巨大魔力！电力、电信、民航等部门的分拆、重组、改革，打破了垄断行业一统天下的局面，搅活了一潭死水。

其实，改革带来的变化每天都在我们身边发生。大到买房买车买家电，小到买米买菜买水果，尽可以货比多家。便捷、通畅的流通渠道，令人眼花缭乱的营销方式，日益健全的市场体系，都是市场经济日渐发育的体现。

市场这只"看不见的手"，通过供求、价格、竞争的相互作用，把 95%以上的商品资源配置停当，同时带来商品的极大丰富和市场的空前繁荣。

企业是现代经济的细胞，改革就是要让每一个细胞都充满活力。

国有企业改革在继续深化，一大批国有企业按照建立现代企业制度的要求，进行了规范的公司制改造，实现了股权的多元化，增强了自身的实力。中国海洋石油有限公司通过资产重组，在境内外成功上市，三年内总资产从 300 多亿元增加到 700 多亿元。凭着雄厚的实力，他们在两个市场游刃有余，创造了可观的效益。企业的多项经济指标，就是与国际上同类公司相比也毫不逊色。从 1989 年到 2001 年，国有企业的数量虽然从 7.4 万户减少到 4.7 万户，但实现利润却从 743 亿元提高到 2389 亿元。国有经济的布局在调整中优化，整体素质在竞争中提高。

（下转第四版）

人民日報

RENMIN RIBAO

今日16版（华东、华南地区20版）
人民网网址：http://www. people. com. cn
http://www. peopledaily. com. cn

国内统一刊号：CN11-0065
第20185期　（代号1-1）
人民日报社出版

2003年10月
15
星期三
癸未年九月二十
北京地区天气预报
白天　晴
降水概率0%
风向　北转南
风力　二、三级
间四级
夜间　晴
降水概率0%
风向　南转北
风力　一、二级
温度　19℃/6℃

全会号召，全党同志和全国各族人民，在马克思列宁主义、毛泽东思想、邓小平理论和“三个代表”重要思想指引下，全面贯彻十六大精神，紧密团结在以胡锦涛同志为总书记的党中央周围，开拓进取，扎实工作，不断促进社会主义物质文明、政治文明和精神文明协调发展，为建成完善的社会主义市场经济体制、实现全面建设小康社会的宏伟目标而努力奋斗。

——摘自《中国共产党第十六届中央委员会第三次全体会议公报》

中共十六届三中全会在京举行

中央政治局主持会议　中央委员会总书记胡锦涛作重要讲话

全会听取和讨论了胡锦涛受中央政治局委托作的工作报告，审议通过了《中共中央关于完善社会主义市场经济体制若干问题的决定》，审议通过了《中共中央关于修改宪法部分内容的建议》并决定提交第十届全国人民代表大会常务委员会审议。吴邦国、温家宝分别就《建议（讨论稿）》和《决定（讨论稿）》向全会作了说明

全会充分肯定十六届一中全会以来中央政治局的工作。一致认为，中央政治局坚持以邓小平理论和“三个代表”重要思想为指导，全面贯彻十六大精神，既保持了党的路线方针政策的连续性和稳定性，又从实际出发研究新情况、解决新问题，积极开创改革开放和社会主义现代化建设的新局面，团结带领全党全国人民战胜前进道路上的各种困难和风险，夺取了防治非典工作的阶段性重大胜利，保持了经济较快增长和各项事业全面发展的良好势头，巩固了奋发向上、安定团结的政治局面

全会高度评价十一届三中全会特别是十四大确定社会主义市场经济体制改革目标以来我国经济体制改革在理论和实践上取得的重大进展。强调为适应经济全球化和科技进步加快的国际环境，适应全面建设小康社会的新形势，必须按照十六大提出的建成完善的社会主义市场经济体制和更具活力、更加开放的经济体系的战略部署，加快推进改革，进一步解放和发展生产力，为经济发展和社会全面进步注入强大动力。要按照统筹城乡发展、统筹区域发展、统筹经济社会发展、统筹人与自然和谐发展、统筹国内发展和对外开放的要求，更大程度地发挥市场在资源配置中的基础性作用，为全面建设小康社会提供强有力的体制保障

全会强调，完善社会主义市场经济体制的主要任务是：完善公有制为主体、多种所有制经济共同发展的基本经济制度，建立有利于逐步改变城乡二元经济结构的体制，形成促进区域经济协调发展的机制，建设统一开放竞争有序的现代市场体系，完善宏观调控体系、行政管理体制和经济法律制度，健全就业、收入分配和社会保障制度，建立促进经济社会可持续发展的机制

中央委员会总书记胡锦涛作重要讲话。　新华社记者　兰红光摄

中国共产党第十六届中央委员会第三次全体会议于10月11日至10月14日在北京举行。胡锦涛、吴邦国、温家宝、贾庆林、曾庆红、黄菊、吴官正、李长春、罗干出席会议。　新华社记者　兰红光摄

新华社北京10月14日电　中国共产党第十六届中央委员会第三次全体会议公报

（2003年10月14日中国共产党第十六届中央委员会第三次全体会议通过）

中国共产党第十六届中央委员会第三次全体会议，于2003年10月11日至14日在北京举行。

出席这次全会的有，中央委员188人，候补中央委员154人。中央纪律检查委员会常务委员会委员和有关方面的负责同志列席了会议。

全会由中央政治局主持。中央委员会总书记胡锦涛作了重要讲话。

全会听取和讨论了胡锦涛受中央政治局委托作的工作报告，审议通过了《中共中央关于完善社会主义市场经济体制若干问题的决定》，审议通过了《中共中央关于修改宪法部分内容的建议》并决定提交第十届全国人民代表大会常务委员会审议。吴邦国、温家宝分别就《建议（讨论稿）》和《决定（讨论稿）》向全会作了说明。

全会充分肯定十六届一中全会以来中央政治局的工作。一致认为，中央政治局坚持以邓小平理论和“三个代表”重要思想为指导，全面贯彻十六大精神，既保持了党的路线方针政策的连续性和稳定性，又从实际出发研究新情况、解决新问题，积极开创改革开放和社会主义现代化建设的新局面，团结带领全党全国人民战胜前进道路上的各种困难和风险，夺取了防治非典工作的阶段性重大胜利，保持了经济较快增长和各项事业全面发展的良好势头，巩固了奋发向上、安定团结的政治局面。

全会高度评价十一届三中全会特别是十四大确定社会主义市场经济体制改革目标以来我国经济体制改革在理论和实践上取得的重大进展。强调为适应经济全球化和科技进步加快的国际环境，适应全面建设小康社会的新形势，必须按照十六大提出的建成完善的社会主义市场经济体制和更具活力、更加开放的经济体系的战略部署，加快推进改革，进一步解放和发展生产力，为经济发展和社会全面进步注入强大动力。要按照统筹城乡发展、统筹区域发展、统筹经济社会发展、统筹人与自然和谐发展、统筹国内发展和对外开放的要求，更大程度地发挥市场在资源配置中的基础性作用，为全面建设小康社会提供强有力的体制保障。

全会强调，完善社会主义市场经济体制的主要任务是：完善公有制为主体、多种所有制经济共同发展的基本经济制度，建立有利于逐步改变城乡二元经济结构的体制，形成促进区域经济协调发展的机制，建设统一开放竞争有序的现代市场体系，完善宏观调控体系、行政管理体制和经济法律制度，健全就业、收入分配和社会保障制度，建立促进经济社会可持续发展的机制。深化经济体制改革，必须以邓小平理论和“三个代表”重要思想为指导，全面落实十六大精神，解放思想、实事求是、与时俱进，坚持社会主义市场经济的改革方向，坚持尊重群众的首创精神，坚持正确处理改革发展稳定的关系，坚持统筹兼顾，坚持以人为本，树立全面、协调、可持续的发展观，促进经济社会和人的全面发展。

全会认为，要坚持公有制的主体地位，发挥国有经济的主导作用，积极推行公有制的多种有效实现形式，加快调整国有经济布局和结构。要适应经济市场化不断发展的趋势，进一步增强公有制经济的活力，大力发展国有资本、集体资本和非公有资本等参股的混合所有制经济，实现投资主体多元化，使股份制成为公有制的主要实现形式。需要由国有资本控股的企业，应区别不同情况实行绝对控股或相对控股。要建立健全国有资产管理和监督体制，深化国有企业改革，完善公司法人治理结构，加快推进和完善垄断行业改革。要大力发展和积极引导非公有制经济，允许非公有资本进入法律法规未禁入的基础设施、公用事业及其他行业和领域。非公有制企业在投融资、税收、土地使用和对外贸易等方面，与其他企业享受同等待遇。要改进对非公有制企业的服务和监管。

全会认为，产权是所有制的核心和主要内容。建立归属清晰、权责明确、保护严格、流转顺畅的现代产权制度，有利于维护公有财产权，巩固公有制经济的主体地位；有利于保护私有财产权，促进非公有制经济发展；有利于各类资本的流动和重组，推动混合所有制经济发展；有利于增强企业和公众创业创新的动力，形成良好的信用基础和市场秩序。这是完善基本经济制度的内在要求，是构建现代企业制度的重要基础。要依法保护各类产权，健全产权交易规则和监管制度，推动产权有序流转。

全会认为，土地家庭承包经营是农村基本经营制度的核心，要长期稳定并不断完善以家庭承包经营为基础、统分结合的双层经营体制，依法保障农民对土地承包经营的各项权利。农户在承包期内可依法、自愿、有偿流转土地承包经营权，完善流转办法，逐步发展适度规模经营。要实行最严格的耕地保护制度，保证国家粮食安全。按照保障农民权益、控制征地规模的原则，改革征地制度，完善征地程序。要完善农产品市场体系，把通过流通环节的间接补贴改为对农民的直接补贴，切实保护种粮农民的利益。要加大国家对农业的支持保护，深化农村税费改革，切实减轻农民负担。要大力发展县域经济，加快城镇化进程，逐步统一城乡劳动力市场，形成城乡劳动者平等就业的制度，为农民创造更多就业机会。

全会认为，要加快建设全国统一市场，大力推进市场对内对外开放，大力发展资本和其他要素市场，促进商品和各种要素在全国范围自由流动和充分竞争。要增强全社会的信用意识，形成以道德为支撑、产权为基础、法律为保障的社会信用制度。要继续完善国家宏观调控体系，加快转变政府职能、深化行政审批制度改革，切实把政府经济管理职能转到主要为市场主体服务和创造良好发展环境上来。要加强对区域发展的协调和指导，积极推进西部大开发，有效发挥中部地区综合优势，支持中西部地区加快改革发展，振兴东北地区等老工业基地，鼓励东部有条件地区率先基本实现现代化。要深化投资体制改革，分步实施税收制度改革，推进财政管理体制改革，深化金融企业改革，健全金融调控机制，完善金融监管体制。要深化涉外经济体制改革，完善对外开放的制度保障，更好地发挥外资的作用，增强参与国际合作和竞争的能力。

全会认为，要把扩大就业放在经济社会发展更加突出的位置，坚持劳动者自主择业、市场调节就业和政府促进就业的方针，实施积极的就业政策，努力改善创业和就业环境，鼓励企业创造更多的就业岗位。要完善按劳分配为主体、多种分配方式并存的分配制度，加大收入分配调节力度，重视解决部分社会成员收入差距过分扩大问题。要加快建设与经济发展水平相适应的社会保障体系，完善企业职工基本养老保险制度，健全失业保险制度，继续改革城镇职工基本医疗保险制度，完善城市居民最低生活保障制度。（下转第四版）

全面建设小康社会的体制保证

社论

中国共产党第十六届中央委员会第三次全体会议圆满完成各项任务，胜利闭幕了。

这次全会，是在全党兴起学习贯彻“三个代表”重要思想新高潮，全国各族人民沿着党的十六大指引的方向满怀信心全面建设小康社会的历史进程中召开的重要会议。全会听取了胡锦涛同志受中央政治局委托作的工作报告，审议通过了《中共中央关于完善社会主义市场经济体制若干问题的决定》，审议通过了《中共中央关于修改宪法部分内容的建议》。党的十六届三中全会，对于全面推进我国改革开放和社会主义现代化建设，把中国特色社会主义伟大事业继续推向前进，具有重大的现实意义和深远的历史意义。

全会高度评价党的十六届一中全会以来以胡锦涛同志为总书记的新一届中央领导集体团结带领全党全国各族人民在改革开放和现代化建设中所取得的新的重大成就。面对突如其来的非典疫情和重大自然灾害，面对复杂的国际形势和繁重的改革发展稳定任务，党中央坚持以邓小平理论和“三个代表”重要思想为指导，全面贯彻十六大精神，紧紧依靠全党和全国人民，继续推进改革开放和现代化建设，继续推进党的建设新的伟大工程，取得了防治非典工作的阶段性重大胜利，保持了经济较快增长和各项事业全面发展的良好势头，巩固了奋发向上、安定团结的政治局面。这一切向世人宣示，新一届中央领导集体将始终不渝地坚持党的十一届三中全会以来的路线方针政策，将始终不渝地高举马克思列宁主义、毛泽东思想和邓小平理论的伟大旗帜，高举“三个代表”重要思想的伟大旗帜，将始终不渝地走邓小平同志开辟的、以江泽民同志为核心的第三代中央领导集体坚持并发展了的中国特色社会主义道路，以胡锦涛同志为总书记的党中央深受全党和全国人民拥护和信赖。

全会通过的《决定》是进一步深化经济体制改革，促进经济和社会全面发展的纲领性文件。今年是全面建设小康社会的第一年，明确提出完善社会主义市场经济体制的目标、任务、指导思想和原则具有十分重大的意义。党的十四大明确提出了建立社会主义市场经济体制的改革目标，党的十四届三中全会作出了《关于建立社会主义市场经济体制若干问题的决定》。10年来，我国经济体制改革取得了重大进展。社会主义市场经济体制初步建立，公有制为主体、多种所有制经济共同发展的基本经济制度已经确立，全方位、宽领域、多层次的对外开放格局基本形成。改革的不断深化，极大地促进了社会生产力、综合国力和人民生活水平的提高，使我国经受住了国际经济金融动荡和国内严重自然灾害、重大疫情等严峻考验。同时也应看到，我国还存在经济结构不合理、分配关系尚未理顺、农民收入增长缓慢、就业矛盾突出、资源环境压力加大、经济整体竞争力不强等问题，其重要原因是我国处于社会主义初级阶段，经济体制还不完善，生产力发展仍面临诸多体制性障碍。为适应经济全球化和科技进步加快的国际环境，适应全面建设小康社会的新形势，必须加快推进改革，进一步解放和发展生产力，为经济发展和社会全面进步注入强大动力。

党的十六大提出的全面建设小康社会的奋斗目标和建成完善的社会主义市场经济体制的战略部署，是深化改革的总方向和依据。（下转第四版）

吴官正将访问阿曼、塞浦路斯和叙利亚

新华社北京十月十四日电　中共中央对外联络部新闻发言人于洪君十四日在北京宣布：应阿曼苏丹国国家委员会、塞浦路斯政府和叙利亚阿拉伯复兴社会党的邀请，中共中央政治局常委、中纪委书记吴官正将于十月二十一日至三十一日对上述三国进行正式友好访问。

人民日報

RENMIN RIBAO

今日 16 版(华东、华南地区 20 版)

人民网网址:http://www. people. com. cn

http://www. peopledaily. com. cn

国内统一刊号:CN11-0065

第 20526 期　(代号 1-1)

人民日报社出版

2004 年 9 月

20

星期一

甲申年八月初七

北京地区天气预报

白天　晴间多云

降水概率 10%

风向　偏北

风力　四、五级

转二、三级

夜间　晴

降水概率 0%

风向　偏北

风力　二、三级

温度　24℃/11℃

中国共产党第十六届中央委员会第四次全体会议，于二〇〇四年九月十六日至十九日在北京举行。全会由中央政治局主持。这是胡锦涛、吴邦国、温家宝、贾庆林、曾庆红、黄菊、吴官正、李长春、罗干在主席台上。　新华社记者　兰红光摄

中共十六届四中全会在京举行

全会由中央政治局主持　中央委员会总书记胡锦涛作重要讲话

听取和讨论胡锦涛受中央政治局委托作的工作报告，审议通过《中共中央关于加强党的执政能力建设的决定》，曾庆红就《决定(讨论稿)》作说明

通过关于同意江泽民同志辞去中共中央军事委员会主席职务的决定，高度评价江泽民同志为党、为国家、为人民作出的杰出贡献

通过关于调整充实中共中央军事委员会组成人员的决定，决定胡锦涛任中共中央军事委员会主席

决定徐才厚任中共中央军事委员会副主席，增补陈炳德、乔清晨、张定发、靖志远为中共中央军事委员会委员

上图：中国共产党第十六届中央委员会第四次全体会议，于 2004 年 9 月 16 日至 19 日在北京举行。全会由中央政治局主持，中央委员会总书记胡锦涛作了重要讲话。

新华社记者　兰红光摄

右图：9 月 19 日下午，胡锦涛、江泽民在北京人民大会堂会见参加党的十六届中央委员会第四次全体会议的同志。这是胡锦涛、江泽民亲切握手。

新华社记者　李学仁摄

新华社北京 9 月 19 日电　中国共产党第十六届中央委员会第四次全体会议公报

（2004 年 9 月 19 日中国共产党第十六届中央委员会第四次全体会议通过）

中国共产党第十六届中央委员会第四次全体会议，于 2004 年 9 月 16 日至 19 日在北京举行。

出席这次全会的有，中央委员会委员 194 人，中央委员会候补委员 152 人。中央纪律检查委员会委员和有关方面负责同志列席了会议。

全会由中央政治局主持。中央委员会总书记胡锦涛作了重要讲话。

全会听取和讨论了胡锦涛受中央政治局委托作的工作报告，审议通过了《中共中央关于加强党的执政能力建设的决定》。曾庆红就《决定（讨论稿）》向全会作了说明。

全会充分肯定党的十六届三中全会以来中央政治局的工作。一致认为，中央政治局团结带领全党全国各族人民，坚持以邓小平理论和“三个代表”重要思想为指导，全面贯彻党的十六大和十六届三中全会精神，认真落实以人为本、全面协调可持续的科学发展观，加强和改善国家对经济的宏观调控，继续推进各方面改革，着力解决经济运行中的突出矛盾和问题，保持了经济社会发展的良好势头，民主法制建设、精神文明建设和党的建设取得新进展，开创了改革开放和社会主义现代化建设的新局面。

全会全面分析了当前的形势和任务，着重研究了加强党的执政能力建设的若干重大问题。一致认为，加强党的执政能力建设，是时代的要求、人民的要求。进入新世纪新阶段，在机遇和挑战并存的国内外条件下，我们党要带领全国各族人民全面建设小康社会，实现继续推进现代化建设、完成祖国统一、维护世界和平与促进共同发展这三大历史任务，必须大力加强执政能力建设。这是关系中国社会主义事业兴衰成败、关系中华民族前途命运、关系党的生死存亡和国家长治久安的重大战略课题。只有不断解决好这一课题，才能保证我们党在建设中国特色社会主义的历史进程中始终成为坚强的领导核心。

全会回顾了党的执政历程，一致认为，党执政 55 年来，团结带领全国各族人民，战胜各种风险和挑战，把四分五裂、贫穷落后的旧中国建设成为人民生活总体上达到小康水平、正在蓬勃发展的新中国，取得了举世瞩目的成就。党经过艰辛探索和实践，积累了执政的成功经验，主要是：必须坚持党在指导思想上的与时俱进，用发展着的马克思主义指导新的实践；必须坚持推进社会主义的自我完善，增强社会主义的生机和活力；必须坚持抓好发展这个党执政兴国的第一要务，把发展作为解决中国一切问题的关键；必须坚持立党为公、执政为民，始终保持党同人民群众的血肉联系；必须坚持科学执政、民主执政、依法执政，不断完善党的领导方式和执政方式；必须坚持以改革的精神加强党的建设，不断增强党的创造力、凝聚力、战斗力。这些主要经验，也是加强党的执政能力建设的重要指导原则，必须在实践中长期坚持并继续丰富和完善。

全会强调，加强党的执政能力建设，必须坚持以马克思列宁主义、毛泽东思想、邓小平理论和“三个代表”重要思想为指导，全面贯彻党的基本路线、基本纲领、基本经验，以保持党同人民群众的血肉联系为核心，以建设高素质干部队伍为关键，以改革和完善党的领导体制和工作机制为重点，以加强党的基层组织和党员队伍建设为基础，努力体现时代性、把握规律性、富于创造性。总体目标是：通过全党共同努力，使党始终成为立党为公、执政为民的执政党，成为科学执政、民主执政、依法执政的执政党，成为求真务实、开拓创新、勤政高效、清正廉洁的执政党，归根到底成为始终做到“三个代表”、永远保持先进性、经得住各种风浪考验的马克思主义执政党，带领全国各族人民实现国家富强、民族振兴、社会和谐、人民幸福。

全会确定了当前和今后一个时期加强党的执政能力建设的主要任务和各项部署。要坚持把发展作为党执政兴国的第一要务，不断提高驾驭社会主义市场经济的能力，扭住经济建设这个中心不动摇，坚持科学发展观，坚持社会主义市场经济的改革方向，全面提高对外开放水平，完善党领导经济工作的体制机制和方式。要坚持党的领导、人民当家作主和依法治国的有机统一，不断提高发展社会主义民主政治的能力，推进社会主义民主的制度化、规范化和程序化，贯彻依法治国基本方略，推进决策的科学化、民主化，加强对权力运行的制约和监督，改革和完善党的领导方式。要坚持马克思主义在意识形态领域的指导地位，不断提高建设社会主义先进文化的能力，加强马克思主义理论研究和建设，深化文化体制改革，牢牢把握舆论导向，加强和改进思想政治工作，优先发展教育和科学事业。要坚持最广泛最充分地调动一切积极因素，不断提高构建社会主义和谐社会的能力，不断增强全社会的创造活力，妥善协调各方面的利益关系，推进社会管理体制创新，加强和改进新形势下的群众工作，维护社会稳定。要坚持独立自主的和平外交政策，不断提高应对国际局势和处理国际事务的能力，提高科学判断国际形势和进行战略思维的水平，掌握处理国际事务的主动权，增强同国际社会交往的本领，坚决维护国家安全。全党要紧紧围绕上述任务，不断研究新情况、解决新问题、创建新机制、增长新本领，全面加强和改进党的建设，使党的执政方略更加完善、执政体制更加健全、执政方式更加科学、执政基础更加巩固。

全会强调，坚持国防建设与经济建设协调发展，建设一支现代化、正规化的革命军队，是党执政的一项重大战略任务。要坚持党对军队的绝对领导，按照政治合格、军事过硬、作风优良、纪律严明、保障有力的总要求，紧紧围绕打得赢、不变质两个历史性课题，积极推进中国特色军事变革和军事斗争准备、加强军队全面建设。

全会指出，保持香港、澳门长期繁荣稳定是党在新形势下治国理政面临的崭新课题。要坚持“一国两制”、“港人治港”、“澳人治澳”、高度自治的方针，严格按照特别行政区基本法办事，不断开创“一国两制”事业的新局面。解决台湾问题、实现祖国的完全统一是党肩负的神圣使命。要贯彻“和平统一、一国两制”的基本方针和现阶段发展两岸关系、推进祖国和平统一进程的八项主张，推进祖国统一大业。坚决反对和遏制“台独”分裂势力，坚定不移地捍卫国家主权和领土完整。

全会强调，提高党的执政能力，关键在于加强党的建设。要以加强党的执政能力建设为重点，全面推进党的建设新的伟大工程。坚持用邓小平理论和“三个代表”重要思想武装全党，建设一支善于治国理政的高素质干部队伍，把各级领导班子建设成为坚强领导集体，使党的基层组织真正成为贯彻“三个代表”重要思想的组织者、推动者、实践者，增强党的团结和活力。进一步加强党风廉政建设，深入开展反腐败斗争。

全会审议通过了《中国共产党第十六届中央委员会第四次全体会议关于同意江泽民同志辞去中共中央军事委员会主席职务的决定》和《中国共产党第十六届中央委员会第四次全体会议关于调整充实中共中央军事委员会组成人员的决定》。

全会高度评价江泽民同志为党、为国家、为人民作出的杰出贡献。　（下转第二版）

江泽民同志请求辞去中共中央军事委员会主席职务的信

中央政治局：

我向中央请求辞去现在担任的中共中央军事委员会主席职务。

党的十六大召开之前，从党和国家的长治久安出发，考虑到实现党和国家高层领导新老交替的制度化、规范化、程序化，我向中央提出不再担任中央领导职务，退出中央委员会。当时，中央同意了我的请求。同时，中央考虑到国际形势复杂多变，国防和军队建设任务很重，从大局出发，决定我留任党和国家的军委主席职务。此后，我尽心尽力地履行中央交给我的职责，始终尊重和支持中央领导集体的工作。从党和人民事业的长远发展出发，我一直期望着从领导岗位上完全退下来。

党的十六大和十六届一中全会以来，在国际形势复杂多变和国内改革发展任务艰巨繁重的形势下，以胡锦涛同志为总书记的中央领导集体继往开来、与时俱进、勤奋努力、卓有成效地开展工作，推动党和国家各方面事业都取得了新的成绩，赢得了广大干部群众的支持和信任。实践证明，党的十六大和十六届一中全会选出的中央领导集体是有作为的，是能够经受住改革开放和复杂局面考验的。经过慎重考虑，我想辞去现任职务。这对党、国家和军队的事业发展都有利。恳切希望中央批准我的请求。我也将向全国人民代表大会提出辞去中华人民共和国中央军事委员会主席的职务。

在这里，我郑重地向中央提议，由胡锦涛同志担任中国共产党中央军事委员会主席。胡锦涛同志担任这个职务是完全合格的，也有利于坚持党对军队绝对领导的根本原则和制度。

我参加革命六十年来，一直受党教育、为党工作。对党和人民，我始终怀着深厚的感情，党和人民的事业就是我的生命。我永远忠于党和国家的事业，永远是中国共产党的忠实党员。我们党领导的伟大事业经过几代人长期努力，取得了举世瞩目的伟大成就，但我们前面的道路还很长，还有可能遇到这样那样的风险和考验。我坚信，我们党的事业是必胜的，只要我们坚持理想、坚定信念，抓住机遇、埋头苦干，不断巩固和发展全党的团结和党同人民的团结，不断战胜可能出现的各种挑战，不断增强我国的经济实力、国防实力和民族凝聚力，我们党、我们国家、我们军队就一定能够不断从胜利走向胜利，中华民族就一定能够实现伟大复兴。

江泽民

2004 年 9 月 1 日

（新华社北京 9 月 19 日电）

中国共产党第十六届中央委员会第四次全体会议关于同意江泽民同志辞去中共中央军事委员会主席职务的决定

新华社北京 9 月 19 日电　中国共产党第十六届中央委员会第四次全体会议关于同意江泽民同志辞去中共中央军事委员会主席职务的决定

（2004 年 9 月 19 日中国共产党第十六届中央委员会第四次全体会议通过）

中国共产党第十六届中央委员会第四次全体会议经过认真讨论，决定同意江泽民同志辞去中共中央军事委员会主席的职务。

全会高度评价江泽民同志为党、为国家、为人民作出的杰出贡献。江泽民同志参加革命 60 年来，矢志不移地为党和人民的事业而奋斗，为党和人民建立了卓越功勋，赢得了全党、全军、全国各族人民的衷心爱戴和国际社会的广泛赞誉。

江泽民同志是中国共产党第三代中央领导集体的核心。20 世纪 80 年代末 90 年代初，我们党面临国际国内政治风波的严峻考验，我国社会主义事业的发展面临空前巨大的困难和压力。在这个决定党和国家前途命运的重大历史关头，以江泽民同志为核心的党的第三代中央领导集体，紧紧依靠全党、全军、全国各族人民，旗帜鲜明地坚持四项基本原则，维护国家的独立、尊严、安全和稳定，毫不动摇地坚持经济建设这个中心，坚持改革开放，捍卫了中国特色社会主义伟大事业，打开了我国改革开放和社会主义现代化建设的新局面。

从党的十三届四中全会到党的十六大的 13 年中，在国际国内十分复杂的形势下，以江泽民同志为核心的党的第三代中央领导集体，高举邓小平理论伟大旗帜，坚持党的基本路线不动摇，团结带领全党全国各族人民，抓住机遇、深化改革、扩大开放、促进发展、保持稳定，确立了社会主义市场经济体制的改革目标，制定和实施了促进改革发展稳定的一系列方针政策和重大战略，锐意推进经济体制改革、政治体制改革、文化体制改革和其他各方面改革，实施依法治国的基本方略，坚持“和平统一、一国两制”的方针，实现香港、澳门顺利回归，坚持独立自主的和平外交政策，打开外交工作的崭新局面，全面推进中国特色社会主义伟大事业和党的建设新的伟大工程，推动社会主义物质文明、政治文明、精神文明建设取得了举世瞩目的新进展。在以江泽民同志为核心的党的第三代中央领导集体领导下，我们从容应对一系列关系我国主权和安全的国际突发事件，战胜在政治、经济领域和自然界出现的困难和风险，保证了改革开放和现代化建设的航船始终沿着正确的方向破浪前进。党的十三届四中全会以来 13 年我们党和国家取得的巨大成就，同江泽民同志作为马克思主义政治家的雄才大略、关键作用和高超政治领导艺术是分不开的。　（下转第二版）

人民日报
RENMIN RIBAO
今日 16 版（华东、华南地区 20 版）　国内统一连续出版物号 CN 11-0065
第 20913 期（代号 1-1）
人民网 网址：http://www.people.com.cn
手机：http://wap.people.com.cn
人民日报社出版
2005 年 10 月 12 日 星期三
乙酉年九月初十

北京地区天气预报
白天 多云转阴 部分地区有小雨 降水概率 40% 风向 偏南 风力 二、三级
夜间 阴有小阵雨转晴 降水概率 60% 风向 南转北 风力 二、三级间四级
温度 20℃/14℃

"十一五"时期经济社会发展的主要目标：在优化结构、提高效益和降低消耗的基础上，实现 2010 年人均国内生产总值比 2000 年翻一番；资源利用效率显著提高，单位国内生产总值能源消耗比"十五"期末降低 20%左右；形成一批拥有自主知识产权和知名品牌、国际竞争力较强的优势企业；社会主义市场经济体制比较完善，开放型经济达到新水平，国际收支基本平衡；普及和巩固九年义务教育，城镇就业岗位持续增加，社会保障体系比较健全，贫困人口继续减少；城乡居民收入水平和生活质量普遍提高，价格总水平基本稳定，居住、交通、教育、文化、卫生和环境等方面的条件有较大改善；民主法制建设和精神文明建设取得新进展，社会治安和安全生产状况进一步好转，构建和谐社会取得新进步。

中共十六届五中全会在京举行

中央政治局主持会议　中央委员会总书记胡锦涛作重要讲话

全会听取和讨论了胡锦涛受中央政治局委托作的工作报告，审议通过了《中共中央关于制定国民经济和社会发展第十一个五年规划的建议》

全会充分肯定十六届四中全会以来中央政治局的工作，高度评价"十五"时期我国经济社会发展取得的巨大成就

全会指出，制定"十一五"规划，要以邓小平理论和"三个代表"重要思想为指导，全面贯彻落实科学发展观。坚持发展是硬道理，坚持抓好发展这个党执政兴国的第一要务，坚持以经济建设为中心，坚持用发展和改革的办法解决前进中的问题。要坚定不移地以科学发展观统领经济社会发展全局，坚持以人为本，转变发展观念、创新发展模式、提高发展质量，把经济社会发展切实转入全面协调可持续发展的轨道

全会号召，全党同志和全国各族人民，要紧密团结在以胡锦涛同志为总书记的党中央周围，高举马克思列宁主义、毛泽东思想、邓小平理论和"三个代表"重要思想伟大旗帜，坚持党的基本路线、基本纲领、基本经验，全面贯彻落实科学发展观，振奋精神，扎实工作，锐意进取，开拓创新，为实现国民经济和社会发展第十一个五年规划和全面建设小康社会的宏伟目标而努力奋斗

新华社北京 10 月 11 日电 中国共产党第十六届中央委员会第五次全体会议公报

（2005 年 10 月 11 日中国共产党第十六届中央委员会第五次全体会议通过）

中国共产党第十六届中央委员会第五次全体会议，于 2005 年 10 月 8 日至 11 日在北京举行。

出席这次全会的有，中央委员 191 人，候补中央委员 150 人。中央纪律检查委员会常务委员会委员和有关方面的负责同志列席了会议。

全会由中央政治局主持。中央委员会总书记胡锦涛作了重要讲话。

全会听取和讨论了胡锦涛受中央政治局委托作的工作报告，审议通过了《中共中央关于制定国民经济和社会发展第十一个五年规划的建议》。温家宝就《建议（讨论稿）》向全会作了说明。

左图：中国共产党第十六届中央委员会第五次全体会议于 10 月 8 日至 11 日在北京举行。全会由中央政治局主持，中央委员会总书记胡锦涛作了重要讲话。　新华社记者 **姚大伟**摄

上图：中国共产党第十六届中央委员会第五次全体会议于 10 月 8 日至 11 日在北京举行。全会由中央政治局主持。这是胡锦涛、吴邦国、温家宝、贾庆林、曾庆红、黄菊、吴官正、李长春、罗干等在主席台上。　新华社记者 **鞠鹏**摄

全会充分肯定十六届四中全会以来中央政治局的工作。一致认为，中央政治局坚持以邓小平理论和"三个代表"重要思想为指导，团结带领全党全国各族人民深入贯彻党的十六大和十六届三中、四中全会精神，全面落实科学发展观，加强党的执政能力建设和先进性建设，坚持发展这个党执政兴国的第一要务，加强和改善宏观调控，着力推进改革开放，加快调整经济结构和转变经济增长方式，正确处理改革发展稳定的关系，社会主义经济建设、政治建设、文化建设、社会建设和党的建设取得新进展，我国经济社会保持良好的发展势头。

全会高度评价"十五"时期我国经济社会发展取得的巨大成就，认为过去的五年，各地区各部门在党中央的正确领导下，聚精会神搞建设、一心一意谋发展，不断推进改革开放，我国经济实力、综合国力和国际地位显著提高。我们有效抑制经济运行中出现的不稳定不健康因素，成功战胜非典疫情和重大自然灾害的挑战，从容应对加入世界贸易组织后的新变化，国民经济持续较快发展，工业化、城镇化、市场化、国际化步伐加快，"十五"计划确定的主要发展目标提前实现，经济体制改革不断深化，对外贸易迈上新台阶，国家财政收入大幅度增加，价格总水平保持基本稳定，城乡人民生活进一步改善，民族团结不断巩固，各项社会事业取得新进步，社会主义民主政治和精神文明建设继续加强。这些都为"十一五"时期的发展奠定了良好基础。面向未来，我们站在一个新的历史起点上。

全会深入分析了今后一个时期我国经济社会发展面临的国际国内形势，强调在全面建设小康社会的进程中，"十一五"时期具有承前启后的重要历史地位。我们必须紧紧抓住机遇、应对各种挑战，认真解决前进道路上面临的突出矛盾和问题，立足科学发展，着力自主创新，完善体制机制，促进社会和谐，开创中国特色社会主义事业的新局面，为后十年顺利发展打下坚实基础。

全会指出，制定"十一五"规划，要以邓小平理论和"三个代表"重要思想为指导，全面贯彻落实科学发展观。坚持发展是硬道理，坚持抓好发展这个党执政兴国的第一要务，坚持以经济建设为中心，坚持用发展和改革的办法解决前进中的问题。要坚定不移地以科学发展观统领经济社会发展全局，坚持以人为本，转变发展观念、创新发展模式、提高发展质量，把经济社会发展切实转入全面协调可持续发展的轨道。"十一五"时期，必须保持经济平稳较快发展，必须加快转变经济增长方式，必须提高自主创新能力，必须促进城乡区域协调发展，必须加强和谐社会建设，必须不断深化改革开放。

全会按照十六大对本世纪头二十年全面建设小康社会的总体部署，提出了"十一五"时期经济社会发展的主要目标：在优化结构、提高效益和降低消耗的基础上，实现 2010 年人均国内生产总值比 2000 年翻一番；资源利用效率显著提高，单位国内生产总值能源消耗比"十五"期末降低 20%左右；形成一批拥有自主知识产权和知名品牌、国际竞争力较强的优势企业；社会主义市场经济体制比较完善，开放型经济达到新水平，国际收支基本平衡；普及和巩固九年义务教育，城镇就业岗位持续增加，社会保障体系比较健全，贫困人口继续减少；城乡居民收入水平和生活质量普遍提高，价格总水平基本稳定，居住、交通、教育、文化、卫生和环境等方面的条件有较大改善；民主法制建设和精神文明建设取得新进展，社会治安和安全生产状况进一步好转，构建和谐社会取得新进步。

会议认为，建设社会主义新农村是我国现代化进程中的重大历史任务，要按照生产发展、生活宽裕、乡风文明、村容整洁、管理民主的要求，扎实稳步地加以推进。要统筹城乡经济社会发展，推进现代农业建设，全面深化农村改革，大力发展农村公共事业，千方百计增加农民收入。要把增强自主创新能力作为调整产业结构、转变经济增长方式的中心环节，加快发展先进制造业，努力提高产业技术水平，加快发展服务业，加强基础产业基础设施建设，推进产业结构优化升级。要继续推进西部大开发，振兴东北地区等老工业基地，促进中部地区崛起，鼓励东部地区率先发展，形成东中西互动、优势互补、相互促进、共同发展的新格局。坚持大中小城市和小城镇协调发展，按照循序渐进、节约土地、集约发展、合理布局的原则，促进城镇化健康发展。要加快建设资源节约型、环境友好型社会，大力发展循环经济，加大环境保护力度，切实保护好自然生态，认真解决影响经济社会发展特别是严重危害人民健康的突出的环境问题，在全社会形成资源节约的增长方式和健康文明的消费模式。

会议认为，改革是促进经济社会发展的强大动力，目前我国正处于改革的攻坚阶段，必须以更大决心加快推进改革，使关系经济社会发展全局的重大体制改革取得突破性进展。要着力推进行政管理体制改革，坚持和完善基本经济制度，推进财政税收体制改革，加快金融体制改革，加强现代市场体系建设，形成有利于转变经济增长方式、促进全面协调可持续发展的机制，完善落实科学发展观的体制保障。对外开放是我国的基本国策，在国内市场和国际市场联系日益紧密的情况下，我们要有宽广的世界眼光，着力提高对外开放水平，加快转变对外贸易增长方式，继续积极有效利用外资，支持有条件的企业"走出去"，实施互利共赢的开放战略。

会议认为，发展科技教育和壮大人才队伍，是提升国家竞争力的决定性因素。要深入实施科教兴国战略和人才强国战略。科学技术发展要坚持自主创新、重点跨越、支撑发展、引领未来的方针，不断增强企业创新能力，加快建设国家创新体系。坚持教育优先发展，全面实施素质教育，普及和巩固义务教育，大力发展职业教育，提高高等教育质量，深化教育体制改革，加快教育结构调整，促进各级各类教育协调发展，建设学习型社会。加强人力资源能力建设，实施人才培养工程，加强党政人才、企业经营管理人才和专业技术人才三支队伍建设，抓紧培养专业化高技能人才和农村实用人才。

会议认为，要按照构建民主法治、公平正义、诚信友爱、充满活力、安定有序、人与自然和谐相处的社会主义和谐社会的要求，正确处理新形势下人民内部矛盾，认真解决人民群众最关心、最直接、最现实的利益问题。把扩大就业摆在经济社会发展更加突出位置，坚持实施积极的就业政策，千方百计增加就业岗位。建立健全与经济发展水平相适应的社会保障体系，完善城镇职工基本养老和基本医疗、失业、工伤、生育保险制度，认真解决进城务工人员社会保障问题。完善按劳分配为主体、多种分配方式并存的分配制度，坚持各种生产要素按贡献参与分配，更加注重社会公平，加大调节收入分配的力度，努力缓解地区之间和部分社会成员收入分配差距扩大的趋势。深化文化体制改革，积极发展文化事业和文化产业，创造更多更好适应人民群众需求的优秀文化产品。认真研究并逐步解决群众看病难看病贵问题。继续深化医疗卫生体制改革，完善公共卫生和医疗服务体系，基本建立新型农村合作医疗制度。稳定人口低生育水平，提高出生人口素质。要落实安全生产责任制，强化对食品、药品、餐饮卫生等的监管，加强社会治安综合治理，依法严厉打击各种犯罪活动，保障人民群众生命财产安全，维护国家安全和社会稳定，保障人民群众安居乐业。

会议强调，实现"十一五"规划目标，推进全面建设小康社会进程，关键在于加强和改善党的领导。要坚持立党为公、执政为民，加强党的执政能力建设和先进性建设，加强各级领导班子和基层党组织建设，不断提高党领导经济社会发展的水平。全体党员要坚定理想信念，坚持党的根本宗旨，兢兢业业地工作，坚定不移地为建设中国特色社会主义事业而奋斗。各级领导干部要坚持权为民所用、情为民所系、利为民所谋，继续搞好保持共产党员先进性教育活动，深入开展党风廉政建设和反腐败斗争，始终保持党同人民群众的血肉联系。

会议强调，要贯彻依法治国的基本方略，加强社会主义民主政治建设，积极稳妥地继续推进政治体制改革。要加强社会主义精神文明建设，使全体人民始终保持昂扬向上的精神状态。要加强国防和军队建设。保持香港、澳门长期繁荣稳定。推进两岸关系发展和祖国统一大业。

会议强调，推动经济发展、改善人民生活始终是中国的中心任务，我们坚定不移地走和平发展道路，就是要通过争取和平的国际环境来发展自己，又要通过自身的发展来促进世界和平。中国的发展主要靠自己的力量，同时也坚持实行对外开放，愿意同世界各国开展互利合作，共同致力于建设一个持久和平、共同繁荣的和谐世界。

全会号召，全党同志和全国各族人民，要紧密团结在以胡锦涛同志为总书记的党中央周围，高举马克思列宁主义、毛泽东思想、邓小平理论和"三个代表"重要思想伟大旗帜，坚持党的基本路线、基本纲领、基本经验，全面贯彻落实科学发展观，振奋精神，扎实工作，锐意进取，开拓创新，为实现国民经济和社会发展第十一个五年规划和全面建设小康社会的宏伟目标而努力奋斗！

征求对中共中央关于制定国民经济和社会发展第十一个五年规划的建议的意见

中共中央召开党外人士座谈会

胡锦涛主持并发表重要讲话

温家宝贾庆林曾庆红等出席

新华社北京 10 月 11 日电 中共中央日前在中南海召开党外人士座谈会，就中共中央关于制定国民经济和社会发展第十一个五年规划的建议听取各民主党派中央、全国工商联的领导人和无党派人士的意见和建议。中共中央总书记胡锦涛主持座谈会并发表重要讲话。

中共中央政治局常委温家宝、贾庆林、曾庆红出席座谈会。

座谈会上，胡锦涛首先介绍了《建议（征求意见稿）》的形成过程，他希望各民主党派中央、全国工商联的领导人和无党派人士畅所欲言、充分发表看法。

参加座谈会的民革中央主席何鲁丽、民盟中央主席丁石孙、民建中央主席成思危、民进中央主席许嘉璐、农工党中央主席蒋正华、致公党中央常务副主席杜宜瑾、九三学社中央主席韩启德、台盟中央主席张克辉、全国工商联主席黄孟复、无党派人士陈虹先后发言。他们在发言中认为，中共中央关于制定国民经济和社会发展第十一个五年规划的建议文件稿，按照立足科学发展、着力自主创新、完善体制机制、促进社会和谐的总要求，明确了"十一五"时期我国经济社会发展的指导思想、奋斗目标和主要任务，符合我国国情，顺应时代要求，体现人民意愿。他们还就落实科学发展观、提高自主创新能力、加强科教兴农、加快区域协调发展、推进节约型社会建设、发展环保产业和保护生态环境、合理调节收入分配关系、处理好社会利益关系、加强教育文化卫生事业发展、提高对外开放水平等问题提出了意见和建议。

在认真听取了他们的发言后，胡锦涛说，大家对文件稿提出了很多有价值、有见地的意见和建议，对于修改好文件稿很有帮助。

胡锦涛指出，中共中央对制定国民经济和社会发展五年规划提出建议，主要目的是对下一个五年的发展提出指导思想和重大原则，明确主要任务和重大举措，以统一全党同志和全国人民的思想认识，同心同德为完成经济社会发展的任务而奋斗。 （下转第二版）

曾庆红会见日本客人
（第四版）

社论：在新的发展起点上阔步前进
（第二版）

社论：体育的盛会 人民的节日
——热烈祝贺第十届全国运动会开幕
（第四版）

神舟六号载人飞船今天上午发射

新华社酒泉十月十一日电 据中国载人航天工程指挥部负责人通报，神舟六号载人飞船将于十月十二日上午发射。中央人民广播电台、中央电视台、中国国际广播电台、新华网、人民网将在八时至九时择机开始现场直播发射实况。

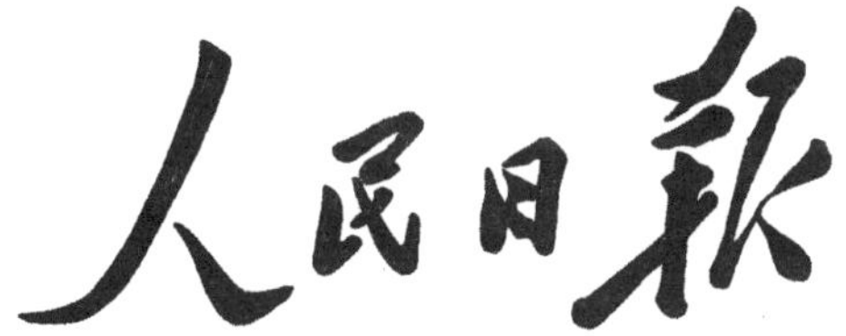

RENMIN RIBAO

今日16版(华东、华南地区20版)
国内统一连续出版物号 CN 11-0065
第21278期 (代号1-1)
人民网 网址:http://www.people.com.cn
手机:http://wap.people.com.cn
人民日报社出版

2006年10月
12
星期四
丙戌年八月廿一
北京地区天气预报
白天 晴间多云
风向 北转南
风力 二、三级
夜间 晴转多云
风向 南转北
风力 一、二级
温度 24℃/12℃

到二〇二〇年，构建社会主义和谐社会的目标和主要任务是：社会主义民主法制更加完善，依法治国基本方略得到全面落实，人民的权益得到切实尊重和保障；城乡、区域发展差距扩大的趋势逐步扭转，合理有序的收入分配格局基本形成，家庭财产普遍增加，人民过上更加富足的生活；社会就业比较充分，覆盖城乡居民的社会保障体系基本建立；基本公共服务体系更加完备，政府管理和服务水平有较大提高；全民族的思想道德素质、科学文化素质和健康素质明显提高，良好道德风尚、和谐人际关系进一步形成；全社会创造活力显著增强，创新型国家基本建成；社会管理体系更加完善，社会秩序良好；资源利用效率显著提高，生态环境明显好转；实现全面建设惠及十几亿人口的更高水平的小康社会的目标，努力形成全体人民各尽其能、各得其所而又和谐相处的局面。

中共十六届六中全会在京举行

中央政治局主持会议 中央委员会总书记胡锦涛作重要讲话

听取和讨论胡锦涛受中央政治局委托作的工作报告，审议通过《中共中央关于构建社会主义和谐社会若干重大问题的决定》

全会审议并通过《关于召开党的第十七次全国代表大会的决议》，决定党的十七大于2007年下半年在北京召开

全会充分肯定党的十六届五中全会以来中央政治局的工作，号召全党同志要紧密团结在以胡锦涛同志为总书记的党中央周围，高举邓小平理论和"三个代表"重要思想伟大旗帜，全面贯彻落实科学发展观，带领全国各族人民万众一心、锐意进取，为把我国建设成为富强民主文明和谐的社会主义现代化国家而奋斗

新华社北京10月11日电 中国共产党第十六届中央委员会第六次全体会议公报

(2006年10月11日中国共产党第十六届中央委员会第六次全体会议通过)

中国共产党第十六届中央委员会第六次全体会议，于2006年10月8日至11日在北京举行。

出席这次全会的有，中央委员195人，候补中央委员152人。中央纪律检查委员会常务委员会委员和有关方面负责同志列席了会议。

全会由中央政治局主持。中央委员会总书记胡锦涛作了重要讲话。

全会听取和讨论了胡锦涛受中央政治局委托作的工作报告，审议通过了《中共中央关于构建社会主义和谐社会若干重大问题的决定》。吴邦国就《决定(讨论稿)》向全会作了说明。

左图：中国共产党第十六届中央委员会第六次全体会议于10月8日至11日在北京举行。全会由中央政治局主持，中央委员会总书记胡锦涛作了重要讲话。 新华社记者 兰红光摄

上图：中国共产党第十六届中央委员会第六次全体会议于10月8日至11日在北京举行。全会由中央政治局主持。这是胡锦涛、吴邦国、温家宝、贾庆林、曾庆红、黄菊、吴官正、李长春、罗干等在主席台上。 新华社记者 李学仁摄

全会充分肯定党的十六届五中全会以来中央政治局的工作。一致认为，中央政治局坚持以邓小平理论和"三个代表"重要思想为指导，深入贯彻党的十六大和十六届三中、四中、五中全会精神，全面贯彻落实科学发展观，团结带领全党全国各族人民紧紧抓住发展这个党执政兴国的第一要务，着力加快改革开放，着力增强自主创新能力，着力推进经济结构调整和经济增长方式转变，推动经济平稳较快发展，社会主义经济建设、政治建设、文化建设、社会建设取得新的成就，党的执政能力建设和先进性建设取得新的进步，中国特色社会主义事业取得新的进展。

全会全面分析了当前的形势和任务，研究了构建社会主义和谐社会的若干重大问题。一致认为，社会和谐是中国特色社会主义的本质属性，是国家富强、民族振兴、人民幸福的重要保证。构建社会主义和谐社会，是我们党以马克思列宁主义、毛泽东思想、邓小平理论和"三个代表"重要思想为指导，全面贯彻落实科学发展观，从中国特色社会主义事业总体布局和全面建设小康社会全局出发提出的重大战略任务，反映了建设富强民主文明和谐的社会主义现代化国家的内在要求，体现了全党全国各族人民的共同愿望。

全会指出，社会和谐是我们党不懈奋斗的目标。新中国成立后，我们党为促进社会和谐进行了艰辛探索，积累了正反两方面经验，取得了重要进展。党的十一届三中全会以后，我们党坚定不移地推进改革开放和现代化建设，积极推动经济发展和社会全面进步，为促进社会和谐进行了不懈努力。党的十六大以来，我们党对社会和谐的认识不断深化，明确了构建社会主义和谐社会在中国特色社会主义事业总体布局中的地位，作出一系列决策部署，推动和谐社会建设取得新的成效。经过长期努力，我们拥有了构建社会主义和谐社会的各种有利条件。

全会提出，新世纪新阶段，我们党要带领人民抓住机遇、应对挑战，把中国特色社会主义伟大事业推向前进，必须坚持以经济建设为中心，把构建社会主义和谐社会摆在更加突出的地位。

全会认为，目前，我国社会总体上是和谐的。但是，也存在不少影响社会和谐的矛盾和问题。人类社会总是在矛盾运动中发展进步的。构建社会主义和谐社会是一个不断化解社会矛盾的持续过程。我们要始终保持清醒头脑，居安思危，深刻认识我国发展的阶段性特征，科学分析影响社会和谐的矛盾和问题及其产生的原因，更加积极主动地正视矛盾、化解矛盾，最大限度地增加和谐因素，最大限度地减少不和谐因素，不断促进社会和谐。全党同志要坚持解放思想、实事求是、与时俱进，一切从实际出发，自觉按规律办事，立足当前、着眼长远，量力而行、尽力而为，有重点分步骤地持续推进，切实把构建社会主义和谐社会作为贯穿中国特色社会主义事业全过程的长期历史任务和全面建设小康社会的重大现实课题抓紧抓好。

全会强调，我们要构建的社会主义和谐社会，是在中国特色社会主义道路上，中国共产党领导全体人民共同建设、共同享有的和谐社会。必须坚持以马克思列宁主义、毛泽东思想、邓小平理论和"三个代表"重要思想为指导，坚持党的基本路线、基本纲领、基本经验，坚持以科学发展观统领经济社会发展全局，按照民主法治、公平正义、诚信友爱、充满活力、安定有序、人与自然和谐相处的总要求，以解决人民群众最关心、最直接、最现实的利益问题为重点，着力发展社会事业、促进社会公平正义、建设和谐文化、完善社会管理、增强社会创造活力，走共同富裕道路，推动社会建设与经济建设、政治建设、文化建设协调发展。

全会提出，到二〇二〇年，构建社会主义和谐社会的目标和主要任务是：社会主义民主法制更加完善，依法治国基本方略得到全面落实，人民的权益得到切实尊重和保障；城乡、区域发展差距扩大的趋势逐步扭转，合理有序的收入分配格局基本形成，家庭财产普遍增加，人民过上更加富足的生活；社会就业比较充分，覆盖城乡居民的社会保障体系基本建立；基本公共服务体系更加完备，政府管理和服务水平有较大提高；全民族的思想道德素质、科学文化素质和健康素质明显提高，良好道德风尚、和谐人际关系进一步形成；全社会创造活力显著增强，创新型国家基本建成；社会管理体系更加完善，社会秩序良好；资源利用效率显著提高，生态环境明显好转；实现全面建设惠及十几亿人口的更高水平的小康社会的目标，努力形成全体人民各尽其能、各得其所而又和谐相处的局面。

全会强调，构建社会主义和谐社会，要遵循以下原则：必须坚持以人为本，必须坚持科学发展，必须坚持改革开放，必须坚持民主法治，必须坚持正确处理改革发展稳定的关系，必须坚持在党的领导下全社会共同建设。

全会指出，社会要和谐，首先要发展，必须坚持用发展的办法解决前进中的问题，大力发展社会生产力，不断为社会和谐创造雄厚的物质基础，同时更加注重发展社会事业，推动经济社会协调发展。社会公平正义是社会和谐的基本条件，制度是社会公平正义的根本保证，必须加紧建设对保障社会公平正义具有重大作用的制度，保障人民在政治、经济、文化、社会等方面的权利和利益，引导公民依法行使权利、履行义务。建设和谐文化是构建社会主义和谐社会的重要任务，社会主义核心价值体系是建设和谐文化的根本，必须坚持马克思主义在意识形态领域的指导地位，牢牢把握社会主义先进文化的前进方向，倡导和谐理念，培育和谐精神，进一步形成全社会共同的理想信念和道德规范，打牢全党全国各族人民团结奋斗的思想道德基础。加强社会管理，维护社会稳定，是构建社会主义和谐社会的必然要求，必须创新社会管理体制，整合社会管理资源，提高社会管理水平，健全党委领导、政府负责、社会协同、公众参与的社会管理格局，在服务中实施管理，在管理中体现服务。社会主义和谐社会既是充满活力的社会，也是团结和睦的社会，必须最大限度地激发社会活力，促进政党关系、民族关系、宗教关系、阶层关系、海内外同胞关系的和谐，巩固全国各族人民的大团结，巩固海内外中华儿女的大团结。

全会对当前和今后一个时期构建社会主义和谐社会作出了部署。要坚持协调发展、加强社会事业建设，扎实推进社会主义新农村建设，落实区域发展总体战略，实施积极的就业政策，坚持教育优先发展，加强医疗卫生服务，加快发展文化事业和文化产业，加强环境治理保护。要加强制度建设、保障社会公平正义，完善民主权利保障制度、法律制度、司法体制机制、公共财政制度、收入分配制度、社会保障制度。要建设和谐文化、巩固社会和谐的思想道德基础，建设社会主义核心价值体系，树立社会主义荣辱观，培育文明道德风尚，营造积极健康的思想舆论氛围，广泛开展和谐创建活动。要完善社会管理、保持社会安定有序，建设服务型政府，推进社区建设，健全社会组织，统筹协调各方面利益关系，完善应急管理体制机制，加强安全生产，加强社会治安综合治理，加强国家安全工作和国防建设。要激发社会活力、增进社会团结和睦，发挥人民群众的首创精神，巩固和壮大最广泛的爱国统一战线，维护香港、澳门长期繁荣稳定，推进祖国统一大业，坚持走和平发展道路。

全会强调，构建社会主义和谐社会，关键在党。必须充分发挥党的领导核心作用，坚持立党为公、执政为民，以党的执政能力建设和先进性建设推动社会主义和谐社会建设，为构建社会主义和谐社会提供坚强有力的政治保证。要提高各级领导班子和领导干部领导社会主义和谐社会建设的本领，各级党委要把和谐社会建设放在全局工作的突出位置，把握方向，制定政策，整合力量，营造环境，切实担负起领导责任。要坚持和完善民主集中制，扩大党内民主，推进党务公开，严格党内生活，严肃党的纪律，增进党的团结统一，以党内和谐促进社会和谐。要建立科学高效的领导机制和工作机制，明确工作分工，搞好协调指导，增强政治敏锐性，加强对社会建设重大问题的调查研究，提高政策措施的针对性和有效性，解决好本地区本部门影响社会和谐的突出矛盾和问题。要加强基层基础工作，认真研究和把握新形势下党的群众工作的特点和规律，千方百计把群众工作做深做细做实，始终保持党同人民群众的血肉联系。要建设宏大的社会工作人才队伍。要坚持党要管党、从严治党，加强党章和法纪学习教育，加强党员干部党性锻炼和思想道德修养，健全防范腐败的体制机制，加强对领导机关和领导干部的监督，深入开展党风廉政建设和反腐败斗争，以优良的党风促政风带民风，营造和谐的党群干群关系。

全会审议并通过了《关于召开党的第十七次全国代表大会的决议》，决定党的十七大于2007年下半年在北京召开。这次大会，是在我国经济社会发展进入关键阶段召开的一次重要会议，对我们党团结带领全国各族人民全面建设小康社会、加快推进社会主义现代化具有十分重要的意义。

全会号召，全党同志要紧密团结在以胡锦涛同志为总书记的党中央周围，高举邓小平理论和"三个代表"重要思想伟大旗帜，全面贯彻落实科学发展观，带领全国各族人民万众一心、锐意进取，为把我国建设成为富强民主文明和谐的社会主义现代化国家而奋斗！

为构建社会主义和谐社会努力奋斗

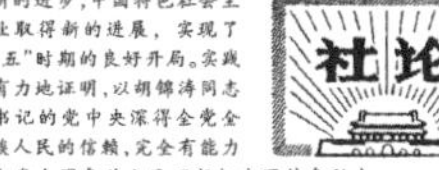

中国共产党第十六届中央委员会第六次全体会议完成了预定的各项任务，胜利闭幕。

这次全会，是在我国改革发展关键时期召开的一次十分重要的会议。全会听取和讨论了胡锦涛同志受中央政治局委托作的工作报告，充分肯定了党的十六届五中全会以来中央政治局的工作。一致认为，一年来，中央政治局团结带领全党全国各族人民，高举邓小平理论和"三个代表"重要思想伟大旗帜，贯彻党的十六大和十六届三中、四中、五中全会精神，全面贯彻落实科学发展观，紧紧抓住发展这个党执政兴国的第一要务，着力加快改革开放，着力增强自主创新能力，着力推进经济结构调整和经济增长方式转变，推进经济平稳较快发展，社会主义经济建设、政治建设、文化建设、社会建设取得新的成就，党的执政能力建设和先进性建设取得新的进步，中国特色社会主义事业取得新的进展，实现了"十一五"时期的良好开局。实践再次有力地证明，以胡锦涛同志为总书记的党中央深得全党全国各族人民的信赖，完全有能力带领全党全国各族人民不断把中国特色社会主义事业推向前进。

全会全面分析了当前的形势和任务，从中国特色社会主义事业总体布局和全面建设小康社会全局出发，作出了《关于构建社会主义和谐社会若干重大问题的决定》。这是对构建社会主义和谐社会具有重大指导意义的纲领性文件，反映了建设富强民主文明和谐的社会主义现代化国家的内在要求，体现了全党全国各族人民的共同愿望。这个《决定》，继承、丰富和发展了科学社会主义理论，开辟了中国特色社会主义事业的新境界。

《决定》全面、深刻地阐明了社会主义和谐社会的性质和定位，强调我们构建的和谐社会，是在中国特色社会主义道路上，中国共产党领导全体人民共同建设、共同享有的和谐社会。指明了构建社会主义和谐社会的指导思想、目标任务、工作原则和重大部署。我们要认真学习、深刻领会、全面贯彻《决定》精神，抓住机遇，应对挑战，为构建社会主义和谐社会扎实工作，努力奋斗。

构建社会主义和谐社会，必须坚持正确的指导思想。社会和谐是中国特色社会主义的本质属性，是实现国家富强、民族振兴、人民幸福的重要保证，是我们党不懈奋斗的目标。构建社会主义和谐社会，必须坚持以马克思列宁主义、毛泽东思想、邓小平理论和"三个代表"重要思想为指导，坚持党的基本路线、基本纲领、基本经验，坚持以科学发展观统领经济社会发展全局，按照民主法治、公平正义、诚信友爱、充满活力、安定有序、人与自然和谐相处的总要求，以解决人民群众最关心、最直接、最现实的利益问题为重点，着力发展社会事业、促进社会公平正义、建设和谐文化、完善社会管理、增强社会创造力，走共同富裕道路，推动社会建设与经济建设、政治建设、文化建设协调发展。 (下转第二版)

我国已建30个国家级海洋自然保护区

本报北京10月11日讯 从国家海洋局获悉：我国目前已建立了30个国家级海洋自然保护区和60个地方级海洋自然保护区，这些自然保护区涵盖了中国海洋主要的典型生态类型，保护了许多珍稀濒危海洋生物物种。 (余建斌 林岳夫)

我国保税港区增至3个

本报大连10月11日电 记者**王金海**报道：经国务院批准，大连将设立大窑湾保税港区。据了解，目前国务院已批准设立上海洋山、天津东疆和大连大窑湾3个保税港区。

日本国会参议院议长将访华

新华社北京10月11日电 (记者**马文博**)应全国人大常委会委员长吴邦国的邀请，日本国国会参议院议长扇千景将于10月15日至17日率日本国国会参议院代表团访华。

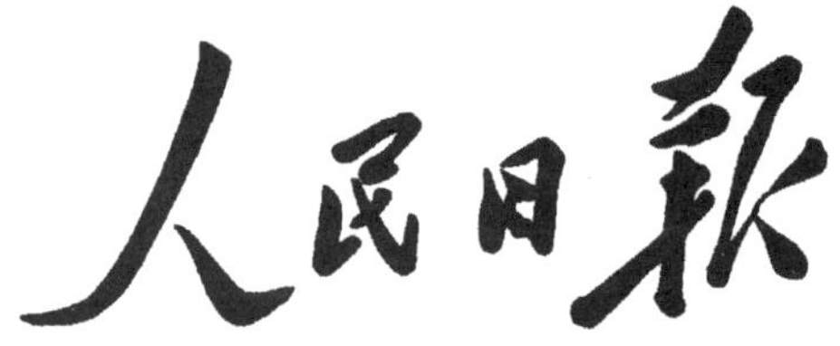

RENMIN RIBAO

今日 12 版

人民网 网址:http://www. people. com. cn 手机:http://wap. people. com. cn

国内统一连续出版物号 CN 11-0065 第 21644 期(代号 1-1)

人民日报社出版

2007 年 10 月 13 星期六 丁亥年九月初三

北京地区天气预报 白天 阴间多云有小阵雨 风向 偏南 风力 二、三级 夜间 阴转晴 风向 南转北 风力 二、三级 温度 16℃/10℃

全会总结了党的十六大以来 5 年的工作。一致认为,这 5 年是不平凡的 5 年。面对复杂多变的国际环境和艰巨繁重的改革发展任务,以胡锦涛同志为总书记的党中央带领全党,紧紧依靠全国各族人民,坚持以邓小平理论和“三个代表”重要思想为指导,提出并贯彻科学发展观等重大战略思想,战胜各种困难和风险,推动党和国家工作取得新的重大成就。经济实力大幅提升,改革开放取得重大突破,人民生活显著改善,民主法制建设取得新进步,文化建设开创新局面,社会建设全面展开,国防和军队建设取得历史性成就,香港、澳门保持繁荣稳定,对台工作进一步加强,全方位外交取得重大进展,党的建设新的伟大工程扎实推进,开创了中国特色社会主义事业新局面。

中共十六届七中全会在京举行

中央政治局主持会议 中央委员会总书记胡锦涛作重要讲话

会议决定中国共产党第十七次全国代表大会于 10 月 15 日在北京召开

会议听取和讨论胡锦涛受中央政治局委托作的工作报告。全会讨论并通过党的十六届中央委员会向党的第十七次全国代表大会的报告,讨论并通过《中国共产党章程(修正案)》,决定将这两份文件提请党的第十七次全国代表大会审议。胡锦涛就党的十六届中央委员会向党的第十七次全国代表大会的报告讨论稿向全会作说明。吴邦国就《中国共产党章程(修正案)》讨论稿向全会作说明

全会审议并通过《中共中央纪律检查委员会关于陈良宇问题的审查报告》、《中共中央纪律检查委员会关于杜世成问题的审查报告》

中国共产党第十六届中央委员会第七次全体会议,于 2007 年 10 月 9 日至 12 日在北京举行。全会由中央政治局主持。中央委员会总书记胡锦涛作重要讲话。

新华社记者 刘建生摄

中国共产党第十六届中央委员会第七次全体会议,于 2007 年 10 月 9 日至 12 日在北京举行。全会由中央政治局主持。这是胡锦涛、吴邦国、温家宝、贾庆林、曾庆红、吴官正、李长春、罗干等在主席台上。

新华社记者 李学仁摄

新华社北京 10 月 12 日电 中国共产党第十六届中央委员会第七次全体会议公报

(2007 年 10 月 12 日中国共产党第十六届中央委员会第七次全体会议通过)

中国共产党第十六届中央委员会第七次全体会议,于 2007 年 10 月 9 日至 12 日在北京举行。

出席会议的有中央委员 190 人,候补中央委员 152 人。中央纪律检查委员会委员和有关负责同志列席会议。

会议由中央政治局主持。中央委员会总书记胡锦涛作了重要讲话。

会议决定,中国共产党第十七次全国代表大会于 2007 年 10 月 15 日在北京召开。

会议听取和讨论了胡锦涛受中央政治局委托作的工作报告。全会讨论并通过了党的十六届中央委员会向党的第十七次全国代表大会的报告,讨论并通过了《中国共产党章程(修正案)》,决定将这两份文件提请党的第十七次全国代表大会审议。胡锦涛就党的十六届中央委员会向党的第十七次全国代表大会的报告讨论稿向全会作了说明。吴邦国就《中国共产党章程(修正案)》讨论稿向全会作了说明。

全会充分肯定了党的十六届六中全会以来中央政治局的工作。一致认为,中央政治局坚持以邓小平理论和“三个代表”重要思想为指导,认真贯彻党的十六大和十六届三中、四中、五中、六中全会精神,深入贯彻落实科学发展观,团结带领全党全国各族人民围绕推动科学发展、促进社会和谐,加强和改善宏观调控,着力调整经济结构和转变发展方式,着力加强资源节约和环境保护,着力推进改革开放和自主创新,着力促进社会发展和解决民生问题,全面推进社会主义经济建设、政治建设、文化建设、社会建设,全面推进党的建设新的伟大工程,各项事业取得了新的显著成绩,朝着党的十六大确立的全面建设小康社会的目标迈出了坚实步伐,为召开党的第十七次全国代表大会创造了良好条件。

全会总结了党的十六大以来 5 年的工作。一致认为,这 5 年是不平凡的 5 年。面对复杂多变的国际环境和艰巨繁重的改革发展任务,以胡锦涛同志为总书记的党中央带领全党,紧紧依靠全国各族人民,坚持以邓小平理论和“三个代表”重要思想为指导,提出并贯彻科学发展观等重大战略思想,战胜各种困难和风险,推动党和国家工作取得新的重大成就。经济实力大幅提升,改革开放取得重大突破,人民生活显著改善,民主法制建设取得新进步,文化建设开创新局面,社会建设全面展开,国防和军队建设取得历史性成就,香港、澳门保持繁荣稳定,对台工作进一步加强,全方位外交取得重大进展,党的建设新的伟大工程扎实推进,开创了中国特色社会主义事业新局面。

全会按照党章规定,决定递补中央委员会候补委员朱祖良、杜学芳、杨传堂、邱衍汉为中央委员会委员。

全会审议并通过了《中共中央纪律检查委员会关于陈良宇问题的审查报告》、《中共中央纪律检查委员会关于杜世成问题的审查报告》,确认中央政治局 2007 年 7 月 26 日、4 月 23 日分别作出的给予陈良宇、杜世成开除党籍的处分。

全会全面分析了当前的形势和任务,深入讨论了从新的历史起点出发继续推进中国特色社会主义伟大事业和党的建设新的伟大工程的若干重大问题,为召开党的第十七次全国代表大会作了充分准备。

中央纪律检查委员会第八次全会在京举行

审议并通过中共中央纪律检查委员会向党的第十七次全国代表大会的工作报告,同意将报告提请党的第十七次全国代表大会审查

新华社北京 10 月 12 日电 中国共产党中央纪律检查委员会第八次全体会议公报

(2007 年 10 月 12 日中国共产党中央纪律检查委员会第八次全体会议通过)

中国共产党中央纪律检查委员会第八次全体会议,于 2007 年 10 月 11 日至 12 日在北京举行。中央纪律检查委员会委员 112 人出席了会议,列席了中国共产党第十六届中央委员会第七次全体会议。

中央纪律检查委员会常务委员会主持了会议,中共中央政治局常委、中央纪律检查委员会书记吴官正作了重要讲话。

全会审议并通过了中共中央纪律检查委员会向党的第十七次全国代表大会的工作报告,同意将报告提请党的第十七次全国代表大会审查。

全会认为,党的十六大以来,中央纪委和各级纪委在以胡锦涛同志为总书记的党中央领导下,坚持以邓小平理论和“三个代表”重要思想为指导,深入贯彻落实科学发展观,认真履行党章赋予的职责,扎实推进党风廉政建设和反腐败工作。经过全党全社会的共同努力,反腐倡廉在继承中发展,在改革中创新,取得新的明显成效。但是,也要清醒地看到,消极腐败现象仍然比较严重,反腐倡廉形势仍然严峻,必须充分认识反腐败斗争的长期性、复杂性、艰巨性。

全会强调,要把反腐倡廉建设放在更加突出的位置,坚持标本兼治、综合治理、惩防并举、注重预防的方针,加强以保持党同人民群众血肉联系为重点的作风建设,加强以完善惩治和预防腐败体系为重点的反腐倡廉建设,在坚决惩治腐败的同时,更加注重治本,更加注重预防,更加注重制度建设,努力拓展从源头上防治腐败的工作领域,进一步提高反腐倡廉工作水平,推动科学发展,促进社会和谐,为实现党的十七大作出的各项重大决策和战略部署提供有力保证。

全会要求,各级纪委要更加紧密地团结在以胡锦涛同志为总书记的党中央周围,高举中国特色社会主义伟大旗帜,坚持党的基本路线不动摇,锐意进取,扎实工作,不断取得党风廉政建设和反腐败斗争的新成效,为夺取全面建设小康社会新胜利、开创中国特色社会主义事业新局面而努力奋斗!

出席十七大的代表陆续抵京

肩负全党 7300 多万名党员的郑重嘱托

本报北京 10 月 12 日电 (记者禹伟良、王明峰)10 月 12 日 10 时许,随着西藏代表团乘坐的飞机平稳地降落在首都国际机场,景怡风爽的首都北京开始迎来出席中国共产党第十七次全国代表大会的各地代表。

“热烈欢迎党的十七大代表”,首都国际机场悬挂的红色横幅鲜艳夺目。10 时 15 分,西藏代表团 19 名代表健步走下舷梯。随后两个小时内,陕西、贵州、湖北、湖南、甘肃、广西等代表团乘坐的飞机也陆续抵达。17 时许,北京站迎来了首批十七大代表:辽宁代表团乘坐的和谐号动车组缓缓驶进火车站。

肩负全党 7300 多万名党员的郑重嘱托,带着全国各族人民的殷切期望,代表们一张张笑脸上洋溢着喜悦和豪情。

虽然是第二次当选为全国党代会的代表,刚下飞机的中国工程院院士、中南大学校长黄伯云依然心潮澎湃。他感慨道,上世纪末,我国人民生活总体上已达到小康水平,党的十六大又开启了全面建设小康社会的新征程,我国经济社会得到全面协调发展,祖国面貌发生了翻天覆地的变化。

得知西藏代表团是第一个抵京的出席党的十七大的代表团,洛扎县委书记嘎玛旦巴代表分外高兴。他说,我们将不负重托,把十七大开成一次将中国特色社会主义伟大事业进一步推向前进的大会。

“参加举世瞩目的党的十七大,我非常激动。”贵州代表团的石冬梅代表说,作为一名来自人口较少民族——毛南族的代表,期待着党和国家为少数民族地区发展提供更多支持措施,逐步缩小少数民族地区与发达地区之间的差距。

“来之前,普遍征求了省人事系统内同志们对十七大的建议与希望。”辽宁省人事厅厅长赵国红代表说,要以强烈的政治责任感和历史使命感,以饱满的热情和振奋的精神,忠实履行代表职责,充分反映党员、群众的意见和要求,积极为贯彻落实科学发展观、构建社会主义和谐社会建言献策。

据了解,今明两天,全国各地的代表将先后抵京报到。截至今天 18 时,已有 10 多个代表团的代表抵京。

人民日报

RENMIN RIBAO

1978年12月24日 星期日

农历戊午年十一月廿五 第11125号

让我们更加紧密地团结在毛泽东思想的旗帜下，团结在以华国锋同志为首的党中央周围，为根本改变我国的落后面貌，把我国建成现代化的伟大社会主义强国而奋勇前进！

中国共产党第十一届中央委员会第三次全体会议公报

中国共产党第十一届中央委员会第三次全体会议公报

（一九七八年十二月二十二日通过）

中国共产党第十一届中央委员会第三次全体会议，于一九七八年十二月十八日至二十二日在北京举行。出席会议的中央委员一百六十九人、候补中央委员一百一十二人。中国共产党中央委员会主席华国锋，副主席叶剑英、邓小平、李先念、陈云、汪东兴出席了会议。华国锋同志主持了这次会议，并作了重要讲话。

在全会前，召开了中央工作会议，为全会作了充分准备。

全会决定，鉴于中央在二中全会以来的工作进展顺利，全国范围的大规模的揭批林彪、“四人帮”的群众运动已经基本上胜利完成，全党工作的着重点应该从一九七九年转移到社会主义现代化建设上来。全会讨论了国际形势和外交工作，认为党和政府的对外政策是正确的，成功的。全会讨论了加快农业生产问题和一九七九、一九八〇两年国民经济计划的安排，并原则上通过了相应的文件。全会审查和解决了历史上遗留的一批重大问题和一些重要领导人的功过是非问题。为了适应社会主义现代化建设的需要，全会决定在党的生活和国家政治生活中加强民主，明确党的思想路线，加强党的领导机构和成立中央纪律检查委员会。全会增选陈云同志为中央政治局委员、政治局常务委员、中央委员会副主席；增选邓颖超、胡耀邦、王震三同志为中央政治局委员。全会考虑到第十一次全国代表大会以来党的生活的实际变化和目前党的工作的迫切需要，决定采取临时措施，增补黄克诚、宋任穷、胡乔木、习仲勋、王任重、黄火青、陈再道、韩光、周惠九同志为中央委员，将来提请党的第十二次代表大会对这一增补手续予以追认。全会选举陈云同志为中央纪律检查委员会第一书记，邓颖超同志为第二书记，胡耀邦同志为第三书记，黄克诚同志为常务书记，王鹤寿等同志为副书记，并选举了中央纪律检查委员会的常务委员和委员。

全会认为，这次会议和会议以前的中央工作会议，在党的历史上具有重大的意义。在两个会议的整个过程中，大家在马列主义、毛泽东思想的基础上，解放思想，畅所欲言，充分恢复和发扬了党内民主和党的实事求是、群众路线、批评和自我批评的优良作风，增强了团结。会议真正实现了毛泽东同志所提倡的“又有集中又有民主，又有纪律又有自由，又有统一意志、又有个人心情舒畅、生动活泼，那样一种政治局面”。全会决定，一定要把这种风气扩大到全党全军和全国各族人民中去。

（一）

全会对于中央在二中全会以来十个月的工作表示满意。全国揭批林彪、“四人帮”的政治大革命取得了伟大的胜利；国民经济得到了进一步的恢复和发展；全国出现了安定团结的政治局面；我国外交政策得到了重大进展。所有这一切，都为全党把工作着重点转移到社会主义现代化建设上来准备了良好条件。

全会指出，我国在发展国际反霸统一战线、发展同世界各国的友好关系方面，取得了新的重要成就。我国领导人今年内对朝鲜、罗马尼亚、南斯拉夫、柬埔寨、伊朗、缅甸、尼泊尔、菲律宾、孟加拉、日本、泰国、马来西亚、新加坡和亚洲、非洲、拉丁美洲、欧洲一系列国家的访问，中日和平友好条约的缔结，中美两国关系正常化谈判的完成，为亚洲和世界和平作出了重大贡献。但是战争危险仍然严重存在，我们必须加强国防，随时准备击退来自任何方面的侵略者。全会认为，随着中美关系正常化，我国神圣领土台湾回到祖国怀抱、实现统一大业的前景，已经进一步摆在我们的面前。全会欢迎台湾同胞、港澳同胞、海外侨胞，本着爱国一家的精神，共同为祖国统一和祖国建设的事业继续作出积极贡献。

毛泽东同志早在建国初期，特别在社会主义改造基本完成以后，就再三指示全党，要把工作中心转到经济方面和技术革命方面来。毛泽东同志和周恩来同志领导我们党在进行社会主义现代化建设事业方面，做了大量工作，取得了重大的成就，但是后来被林彪、“四人帮”打断了，破坏了。此外，由于我们对于社会主义建设缺乏经验，工作指导上发生了一些缺点和错误，也妨碍了党的工作中心转变的完成。现在，全国范围内揭批林彪、“四人帮”的群众运动已经基本上胜利完成，虽然少数地区和部门的运动比较落后，还需要一段时间来抓紧进行，不能一刀切，但是就整体来说，实行全党工作中心转变的条件已经具备。因此，全会一致同意华国锋同志代表中央政治局所提出的决策，现在就应当适应国内外形势的发展，及时地、果断地结束全国范围的大规模的揭批林彪、“四人帮”的群众运动，把全党工作的着重点和全国人民的注意力转移到社会主义现代化建设上来。这对于实现国民经济三年、八年规划和二十三年设想，实现农业、工业、国防和科学技术的现代化，巩固我国的无产阶级专政，具有重大的意义。我们党所提出的新时期的总任务，反映了历史的要求和人民的愿望，代表了人民的根本利益。我们能否实现新时期的总任务，能否加快社会主义现代化建设，并在生产迅速发展的基础上显著地改善人民生活，加强国防，这是全国人民最为关心的大事，对于世界的和平和进步事业也有十分重大的意义。实现四个现代化，要求大幅度地提高生产力，也就必然要求多方面地改变同生产力发展不适应的生产关系和上层建筑，改变一切不适应的管理方式、活动方式和思想方式，因而是一场广泛、深刻的革命。我们国内现在还存在着极少数敌视和破坏我国社会主义现代化建设的反革命分子和刑事犯罪分子，我们决不能放松同他们的阶级斗争，决不能削弱无产阶级专政。但是正如毛泽东同志所说，大规模的急风暴雨式的群众阶级斗争已经基本结束，对于社会主义社会的阶级斗争，应该按照严格区别和正确处理两类不同性质的矛盾的方针去解决，按照宪法和法律规定的程序去解决，决不允许混淆两类不同性质矛盾的界限，决不允许损害社会主义现代化建设所需要的安定团结的政治局面。全会要求全党、全军和全国各族人民同心同德，进一步发展安定团结的政治局面，并且立即动员起来，鼓足干劲，群策群力，为在本世纪内把我国建设成为社会主义的现代化强国而进行新的长征。

（二）

为了迎接社会主义现代化建设的伟大任务，会议回顾了建国以来经济建设的经验教训。会议认为，毛泽东同志一九五六年总结我国经济建设经验的《论十大关系》报告中提出的基本方针，既是经济规律的客观反映，也是社会政治安定的重要保证，仍然保持着重要的指导意义。实践证明，保持必要的社会政治安定，按照客观经济规律办事，我们的国民经济就高速度地、稳定地向前发展，反之，国民经济就发展缓慢甚至停滞倒退。现在，我们实现了安定团结的政治局面，恢复和坚持了长时期行之有效的各项经济政策，又根据新的历史条件和实践经验，采取一系列新的重大的经济措施，对经济管理体制和经营管理方法着手认真的改革，在自力更生的基础上积极发展同世界各国平等互利的经济合作，努力采用世界先进技术和先进设备，并大力加强实现现代化所必需的科学和教育工作。因此，我国经济建设必将重新高速度地、稳定地向前发展，这是毫无疑义的。

全会讨论和原则同意一九七九、一九八〇两年的国民经济计划安排，建议国务院在修改后提交明年召开的全国人民代表大会第二次会议讨论通过。会议认为，这个计划安排是积极的可行的。会议指出，粉碎“四人帮”以后，我国国民经济恢复和发展的步子很快，一九七八年的工农业总产值和财政收入都有较大幅度的增长。但是必须看到，由于林彪、“四人帮”的长期破坏，国民经济中还存在不少问题。一些重大的比例失调状况没有完全改变过来，生产、建设、流通、分配中的一些混乱现象没有完全消除，城乡人民生活中多年积累下来的一系列问题必须妥善解决。我们必须在这几年中认真地逐步地解决这些问题，切实做到综合平衡，以便为迅速发展奠定稳固的基础。基本建设必须积极地而又量力地循序进行，要集中力量打歼灭战，不可一拥而上，造成窝工和浪费。

会议指出，现在我国经济管理体制的一个严重缺点是权力过于集中，应该有领导地大胆下放，让地方和工农业企业在国家统一计划的指导下有更多的经营管理自主权；应该着手大力精简各级经济行政机构，把它们的大部分职权转交给企业性的专业公司或联合公司；应该坚决实行按经济规律办事，重视价值规律的作用，注意把思想政治工作和经济手段结合起来，充分调动干部和劳动者的生产积极性；应该在党的一元化领导之下，认真解决党政企不分、以党代政、以政代企的现象，实行分级分工分人负责，加强管理机构和管理人员的权限和责任，减少会议公文，提高工作效率，认真实行考核、奖惩、升降等制度。采取这些措施，才能充分发挥中央部门、地方、企业和劳动者个人四个方面的主动性、积极性、创造性，使社会主义经济的各个部门各个环节普遍地蓬蓬勃勃地发展起来。

会议深入讨论了农业问题，同意将《中共中央关于加快农业发展若干问题的决定（草案）》和《农村人民公社工作条例（试行草案）》发到各省、市、自治区讨论和试行。

全会认为，全党目前必须集中主要精力把农业尽快搞上去，因为农业这个国民经济的基础，这些年来受了严重的破坏，目前就整体来说还十分薄弱。只有大力恢复和加快发展农业生产，坚决地、完整地执行农林牧副渔并举和“以粮为纲，全面发展，因地制宜、适当集中”的方针，逐步实现农业现代化，才能保证整个国民经济的迅速发展，才能不断提高全国人民的生活水平。为此目的，必须首先调动我国几亿农民的社会主义积极性，必须在经济上充分关心他们的物质利益，在政治上切实保障他们的民主权利。从这个指导思想出发，全会提出了当前发展农业生产的一系列政策措施和经济措施。其中最重要的是：人民公社、生产大队和生产队的所有权和自主权必须受到国家法律的切实保护；不允许无偿调用和占有生产队的劳力、资金、产品和物资；

（下转第二版）

十一届三中全会公报提要：

——全会一致同意华国锋同志代表中央政治局所提出的决策，把全党工作的着重点和全国人民的注意力转移到社会主义现代化建设上来。

——全会深入讨论了农业问题，认为全党目前必须集中主要精力把农业尽快搞上去，同意将《中共中央关于加快农业发展若干问题的决定（草案）》和《农村人民公社工作条例（试行草案）》发到各省、市、自治区讨论和试行。全会讨论和原则同意一九七九、一九八〇两年的国民经济计划安排。

——全会认真讨论了文化大革命中发生的一些重大政治事件，也讨论了文化大革命前遗留下来的某些历史问题。决定撤销中央发出的有关“反击右倾翻案风”运动和天安门事件的错误文件；审查和纠正了过去对彭德怀、陶铸、薄一波、杨尚昆等同志所作的错误结论。

——全会增选陈云同志为中央委员会副主席；增选邓颖超、胡耀邦、王震同志为中央政治局委员。全会选举产生了以陈云同志为首的由一百人组成的中央纪律检查委员会。

——会议高度评价了关于实践是检验真理的唯一标准问题的讨论，认为这对于促进全党同志和全国人民解放思想，端正思想路线，具有深远的历史意义。

——会议着重指出：毛泽东同志是伟大的马克思主义者。党中央在理论战线上的崇高任务，就是领导、教育全党和全国人民历史地、科学地认识毛泽东同志的伟大功绩，完整地、准确地掌握毛泽东思想的科学体系，把马列主义、毛泽东思想的普遍原理同社会主义现代化建设的具体实践结合起来，并在新的历史条件下加以发展。

——全会根据党的历史的经验教训，决定健全党的民主集中制，健全党规党法，严肃党纪。一定要保障党员在党内对上级领导直至中央常委提出批评性意见的权利，一切不符合党的民主集中制和集体领导原则的做法应该坚决纠正。

（三）两会新闻的版面安排

两会是指全国人民代表大会和全国政协会议。第一届全国人民代表大会于1954年9月15日召开；第一届全国政协会议于1949年9月21日召开。从1959年起，全国人大和全国政协每五年一次的换届和每年一次的例会几乎同时举行。每年的两会报道已经成为人民日报宣传报道的重头戏。

两会例会的报道

2012年两会

（2012年3月3日—3月15日）

2012年3月召开十一届全国人大五次会议和全国政协十一届五次会议。

3月4日，一版头条刊登全国政协十一届五次会议大会开幕的消息和照片，报眼位置加框安排政协会议议程。报眼下是“一线代表委员议国是”专栏，每条意见、建议都有一个醒目的主题词。

3月6日，一版头条刊登十一届全国人大五次会议开幕的消息和照片。右侧是总书记参加代表团审议的消息。

3月14日，一版头条刊登全国政协十一届五次会议大会闭幕的消息和照片，头条下是政协主席在闭幕会上的讲话全文。报眼是十一届全国人大五次会议主席团举行第三次会议的消息，报眼下是总书记会见部分军队人大代表侧记。

3月15日，一版头条通八栏、竖题刊登十一届全国人大五次会议闭幕的消息和照片。头条下左侧是总理答记者问的消息，右侧是本报社论。

（附3月4日、3月6日、3月14日、3月15日一版）

2007年两会

（2007年3月3日—3月17日）

2007年召开的是十届人大五次会议和全国政协十届五次会议。3月3日，政协会议开幕；3月5日，人大会议开幕。但两会的报道从2月底就陆续开始了。

3月3日政协会议开幕当天，头条刊发社论，热烈祝贺政协会议开幕。与两会新闻有关的报道还有“各地代表团陆续抵京”的照片以及专栏“基层代表委员心声”。

3月4日，一版头条安排政协会议开幕新闻，并配发大会主席台及全国政协主席贾庆林作工作报告的照片。报眼位置加框安排政协会议议程。报眼下刊登政协开幕侧记。此外还配用一条会外消息。

3 月 5 日，一版头条为中央政治局常委看望政协委员并参加讨论的消息。考虑到次日人大会议开幕，一版刊登了人大主席团第一次会议消息、人大会议议程以及祝贺人大会议开幕的社论。

3 月 6 日，一版头条刊登人大会议开幕消息，采用了大会主席台、委员长主持会议、总理作政府工作报告三张照片。报眼位置按常规，刊登总书记参加人大代表团审议政府工作报告的消息。报眼下方为人大会议开幕侧记。

3 月 17 日，一版头条为人大会议闭幕消息，配发主席台和委员长主持会议的照片共两张。报眼为胡锦涛会见日本客人的消息并配发照片。按照常规，国务院总理在记者招待会上的消息在一版刊登，并配发照片一张。

两会期间的其他日常报道，一版以会议期间的主要会议和中央政治局常委的活动为主，体现基层代表委员心声的其他报道也要突出处理。其他要闻版作辅助性报道。两会特刊主要反映代表委员的活动。当然，在搞好两会报道的同时，人民日报也兼顾国内外其他大事的报道。

两会闭幕的版面安排，与开幕相仿。

会议闭幕后，国务院总理的政府工作报告，一般在一版头条通栏处理，转活；全国人大常委会工作报告，大多在一版重要位置处理；最高人民法院工作报告、最高人民检察院工作报告、财政及预算报告等则在其他要闻版刊登。（注：会议期间，上述报告已在要闻版摘登）

（附 2007 年 3 月 3 日、4 日、5 日、6 日、17 日、18 日一版）

两会换届

多年来，人民日报的两会报道已形成一定的模式。换届报道与例会报道的不同之处，除了规模上更大外，主要是增加了国家主席、国务院总理和人大、政协、中央军委等领导人产生的内容。因其涉及人事变动而备受国内外读者关注，所以人民日报对换届报道尤为重视。以 2008 年的十一届人大一次会议和政协十一届一次会议的报道为例：

这次会议从 3 月 3 日政协会议开幕到 3 月 18 日人大会议闭幕。期间的日常会议版面安排与两会例会相仿。

3 月 14 日，贾庆林连任全国政协主席，头条横五栏，配发标准像一张。政协副主席名单列入副题。主席、副主席、秘书长、常务委员名单在版面右部刊发。

3 月 16 日，胡锦涛当选国家主席、中央军委主席，吴邦国当选全国人大常委会委员长。头条通栏双主题，习近平当选国家副主席，王兆国等当选全国人大常委会副委员长列入副题。胡锦涛、吴邦国标准像并列，习近平标准像在胡锦涛下方。当日还有胡锦涛重要外事活动，安排在一版右下位置，并配发图片一张。

3月17日，温家宝任国务院总理。头条横五栏，配发标准像一张。

3月18日，国务院其他组成人员确定，头条横五栏。国务院副总理及国务委员分别入副题。报眼下位置刊发“主席令”，公布国务院副总理、国务委员及部长名单。

每五年一次的换届报道，人民日报版面因不同的人事变动而有所变化。但总的基调是既参考惯例、平稳把握，又与时俱进、改革创新。研究每次国家领导人换届版面的细微差别，如2003年、1998年两会换届的版面，都可以看出人民日报把握大局的能力和严谨的工作作风。

（附2008年3月14日、16日、17日、18日一版，2003年3月16日、17日一版，1998年3月17日、18日一版）

人大、政协日常会议

全国人大常委会、全国政协除每年的代表、委员大会外，常委会、主席团会议经常举行。这类会议的报道，在版面的处理上，多根据当日稿情，安排在一版报眼到中线位置之间。

（附2007年12月29日一版、2007年12月26日一版）

人民日报
RENMIN RIBAO
人民网 网址:http://www.people.com.cn
手机:http://wap.people.com.cn

2012年3月
4
星期日
壬辰年二月十二
人民日报社出版
国内统一连续出版物号
CN 11-0065
第23248期(代号1-1)
今日16版

中国人民政治协商会议第十一届全国委员会第五次会议议程

新华社北京3月3日电 中国人民政治协商会议第十一届全国委员会第五次会议议程

(2012年3月3日政协第十一届全国委员会第五次会议通过)

一、听取和审议政协全国委员会常务委员会工作报告

二、听取和审议政协全国委员会常务委员会关于政协十一届四次会议以来提案工作情况的报告

三、列席第十一届全国人民代表大会第五次会议,听取并讨论政府工作报告及其他有关报告

四、审议通过政协第十一届全国委员会第五次会议政治决议

五、审议通过政协第十一届全国委员会第五次会议关于常务委员会工作报告的决议

六、审议通过政协第十一届全国委员会提案委员会关于政协十一届五次会议提案审查情况的报告

全国政协十一届五次会议在京开幕

胡锦涛吴邦国温家宝李长春习近平李克强贺国强周永康到会祝贺

贾庆林作政协常委会工作报告 林文漪作提案工作情况报告 王刚主持

3月3日下午,中国人民政治协商会议第十一届全国委员会第五次会议在北京人民大会堂开幕。党和国家领导人胡锦涛、吴邦国、温家宝、李长春、习近平、李克强、贺国强、周永康等在主席台就座,祝贺大会召开。 新华社记者 兰红光摄

本报北京3月3日电 (记者**刘维涛、温素威**)伟大的团结凝聚伟大的力量,伟大的力量成就伟大的事业。中国人民政治协商会议第十一届全国委员会第五次会议3日下午在人民大会堂开幕。今后10天,来自各党派团体和各族各界的全国政协委员将围绕关系国计民生的重大问题,切实履行政治协商、民主监督、参政议政的职能。

人民大会堂大礼堂内,灯火辉煌,鲜花竞艳。象征全国各族人民大团结的政协会徽悬挂在主席台正中,十面鲜艳的红旗分列两侧。

全国政协主席贾庆林,全国政协副主席王刚、廖晖、杜青林、帕巴拉·格列朗杰、白立忱、陈奎元、阿不来提·阿不都热西提、李兆焯、黄孟复、张榕明、钱运录、孙家正、李金华、郑万通、邓朴方、万钢、林文漪、厉无畏、罗富和、陈宗兴、王志珍、何厚铧在主席台前排就座。

党和国家领导人胡锦涛、吴邦国、温家宝、李长春、习近平、李克强、贺国强、周永康等在主席台就座,祝贺大会召开。

全国政协十一届五次会议应出席委员2262人,实到2192人,符合法定人数。

下午3时,王刚宣布大会开幕,全体起立,唱国歌。

大会首先审议通过了政协第十一届全国委员会第五次会议议程。

贾庆林代表政协第十一届全国委员会常务委员会,向大会报告工作。他说,2011年是"十二五"时期开局之年。一年来,人民政协高举爱国主义、社会主义旗帜,坚持团结和民主两大主题,把握时代发展脉搏,紧扣党和国家工作大局,认真履行政治协商、民主监督、参政议政职能,广泛凝聚智慧力量服务科学发展,积极协调各方关系促进社会和谐,充分发挥自身优势推动文化建设,为实施"十二五"规划、夺取全面建设小康社会新胜利作出了重要贡献,人民政协事业呈现出蓬勃生机和活力。

贾庆林从强化思想理论建设,切实增强走中国特色社会主义道路的自觉性和坚定性;紧扣主题主线协商议政,努力促进经济平稳较快发展;围绕文化建设献计出力,推动社会主义文化改革发展;发挥密切联系群众独特优势,促进社会和谐稳定;广泛凝心聚力,加强同港澳、台湾同胞和海外侨胞的团结联谊;扩大国际交流合作,积极营造有利于我国发展的良好外部环境;坚持强基固本,切实加强和改进自身建设7个方面总结了过去一年的工作。

贾庆林强调,2012年是实施"十二五"规划承上启下的重要一年,中国共产党将召开具有重大而深远意义的第十八次全国代表大会。人民政协承担的任务重大,肩负的责任光荣。我们必须认清使命、恪尽职守,始终保持昂扬向上的精神状态和开拓进取的工作干劲,努力为推动党和国家事业发展作出应有的贡献。人民政协今年工作的总体思路是:全面贯彻中共十七大和十七届三中、四中、五中、六中全会精神以及中央经济工作会议精神,坚持以邓小平理论和"三个代表"重要思想为指导,深入贯彻落实科学发展观,牢牢把握团结和民主两大主题,牢牢把握稳中求进的工作总基调,着力加强履职能力建设,着力提高议政建言质量,着力突出社会服务成效,更好地发挥协调关系、汇聚力量、建言献策、服务大局的重要作用,以优异成绩迎接中国共产党第十八次全国代表大会胜利召开。

3月3日下午,全国政协主席贾庆林代表政协第十一届全国委员会常务委员会向大会作工作报告。 本报记者 雷 声摄

林文漪代表政协第十一届全国委员会常务委员会,向大会报告政协十一届四次会议以来提案工作情况。一年来,政协委员、政协各参加单位和专门委员会共提交提案6076件,经审查,立案5603件。截至2012年2月20日,提案已办理答复5583件,占立案总数的99.64%。

在主席台就座的领导同志还有:王乐泉、王兆国、王岐山、回良玉、刘淇、刘云山、刘延东、李源潮、汪洋、张高丽、张德江、俞正声、徐才厚、郭伯雄、薄熙来、何勇、令计划、王沪宁、路甬祥、乌云其木格、韩启德、华建敏、陈至立、周铁农、李建国、司马义·铁力瓦尔地、蒋树声、陈昌智、严隽琪、桑国卫、梁光烈、马凯、孟建柱、戴秉国、王胜俊、曹建明等。

中共中央、国务院有关部门负责人列席开幕大会。各国驻华使节应邀旁听开幕大会。

一线代表委员议国是

主题词

去年是"十二五"开局之年,"中央财政加大了农作物良种补贴、农机购置补贴、畜牧良种补贴等一系列补贴力度,调动了农民生产积极性",全国人大代表、山西平顺县西沟村党总支副书记申纪兰建议,进一步加大强农惠农政策力度,加大科技支农力度,着力提高农业现代化水平。"手中有粮、心中不慌",只有抓好农业这个基础,才能使经济发展赢得主动。 (本报记者 **冀 业**)

主题词

"现在到青海来,最漂亮的建筑是学校,最美的地方是校园,老百姓最满意的是教育!"全国人大代表、西宁市回族中学副校长拜秀花自豪地说。

拜秀花代表建议,国家要进一步加大对西部地区、贫困地区、农村地区教育扶持力度,促进教育均衡发展,使农牧区孩子与城市孩子同享优质教育资源。

(本报记者 **梁昌杰**)

主题词

"1000元,1200元,1400元——三年间,江苏省淮安市清河区环卫工人的月工资实现了'三连涨'。"全国人大代表、江苏淮安市清河区环卫处书记孙国庆说。他建议,艰苦岗位的工资要大幅度提高,特别是有些补贴要根据形势适时调整。他举例说,"我们的一线员工每天补贴5元,二线每天3元。"孙国庆口中的补贴,已经15年没有变过了。 (本报记者 **杨 旭**)

主题词

"单是去年一年,重庆就新建了2800多处城乡饮水安全工程,让220万城乡居民告别了饮水难。"全国人大代表、重庆市江津区水务局副局长白丽莎说,实施饮水安全工程的地方,户均能节省53个挑水工日。饮水安全解决了,受益区群众肠道疾病等发病率降低了47%,人均减少看病支出100元。希望国家能持之以恒地加大对农田水利的扶持力度,让更多农民受益。 (本报记者 **刘志强**)

主题词

"近些年,各地推动文化发展繁荣的力度更大、措施更实、目标也更为明确。去年召开的十七届六中全会,党中央吹响了推动文化大繁荣大发展的号角。"全国政协委员、藏族画家尼玛泽仁兴奋地说。

尼玛泽仁建议,国家应从机制上、法律上、宏观政策方面推出更多既符合文化发展规律又充满活力的长效措施,加大对少数民族文化的关注和支持。 (本报记者 **任姗姗**)

主题词

推进新医改三年以来,广大群众普受医改实惠。随着医改进入"深水区",人才缺乏已成为制约基层卫生事业发展的突出问题。全国政协委员、青海乌兰县蒙医院副院长菊红花建议,国家应实施西部基层卫生人才队伍建设规划项目,加强基层卫生管理人才、紧缺人才的培养;出台提高西部地区基层卫生人才待遇政策,切实体现待遇留人、事业留人。 (本报记者 **丁 汀**)

主题词
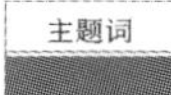

贫困山区发展的最大瓶颈就是交通。以旅游为例,前年炎陵县第一条高速路通车,游客就一下增长了50%,去年又增加了40%,达到了破纪录的185万。全国人大代表、湖南省炎陵县旅游局局长谭艳说,扶贫开发,"造血"是关键,产业是支撑,一位游客大约可以带动十几个人就业。国家应把就业带动性强、富民效益好的旅游产业,作为"产业扶贫"的重点目标。 (本报记者 **颜 珂 杜 榕**)

主题词

自主创新人人有责,并非仅仅是管理层考虑的事。全国人大代表、一汽集团工人王洪军说,他和工友们经过努力先后攻克了热成型钢板如何焊接、铝板材如何整修等自主创新的技术难题。把自主创新放到企业发展的核心位置是中国工业繁荣发展的必由之路,国家要进一步加大对自主创新的支持力度,加大保护知识产权的力度,早日将"中国制造"升级为"中国创造"。 (本报记者 **刘文波**)

外交部负责人发表谈话

进一步阐述中方对政治解决叙利亚问题的主张

新华社北京3月4日电 外交部负责人4日发表谈话,表示中方高度关注叙利亚局势发展,坚定主张通过政治对话和平、妥善地化解当前危机,并为此做出了不懈努力。

该负责人表示,令人深为忧虑的是,当前叙利亚形势仍然十分严峻,暴力冲突仍在持续,政治对话仍无法开启,和平解决危机的前景仍然渺茫。中国是负责任的国家,是包括叙利亚人民在内的阿拉伯人民的朋友。中方恪守《联合国宪章》宗旨和原则及国际关系基本准则,致力于维护叙利亚的独立、主权、统一和领土完整,维护中东地区的和平、稳定,维护世界的和平与安宁。为了早日实现叙利亚问题的政治解决,中方主张和呼吁:

一、叙利亚政府及有关各方应立即、全面、无条件停止一切暴力行动,特别是针对无辜平民的暴力行动。叙利亚各派别应通过非暴力途径表达政治意愿。

二、叙利亚政府和各派别要从维护国家和人民长远和根本利益出发,在联合国—阿盟叙利亚危机联合特使的公正斡旋下,立即开启不附带先决条件、不预设结果的包容性政治对话,通过协商一致达成全面、详尽的改革路线图和时间表并尽快予以实施,以恢复国家稳定和社会正常秩序。

三、中方支持联合国发挥主导作用,协调人道主义救援努力。即在尊重叙利亚主权的前提下,由联合国或各方都可接受的中立机构对叙利亚人道主义状况进行客观、全面评估,确保人道主义援助物资运送和分发。中方愿向叙利亚人民提供人道主义援助。我们反对任何人借"人道主义"问题之名行干涉叙利亚内部事务之实。

四、国际社会有关各方应切实尊重叙利亚的独立、主权、统一和领土完整,尊重叙利亚人民自主选择政治制度和发展道路的权利,为叙利亚各政治派别开启对话创造条件、提供必要建设性协助并尊重其对话结果。中方不赞成对叙利亚实施武力干预或强行推动所谓"政权更迭",认为制裁或威胁使用制裁无助于问题的妥善解决。

五、中方欢迎联合国与阿盟共同任命叙利亚危机联合特使,支持其为推动政治解决危机发挥建设性作用。中方支持阿拉伯国家及阿拉伯国家联盟在推动政治解决危机方面所作的积极努力。

六、安理会成员应恪守《联合国宪章》宗旨和原则及国际关系基本准则。作为安理会常任理事国,中方愿忠实履行自己的职责,同其他各方就叙利亚危机的政治解决进行平等、耐心、充分磋商,以维护安理会的团结。

人民日报
RENMIN RIBAO
人民网 网址:http://www.people.com.cn
手机:http://wap.people.com.cn

2012年3月
6
星期二
壬辰年二月十四
人民日报社出版
国内统一连续出版物号
CN 11-0065
第23250期(代号1-1)
今日24版

胡锦涛主席致电祝贺普京当选俄罗斯总统

新华社北京3月5日电 国家主席胡锦涛5日致电普京，祝贺普京当选俄罗斯联邦总统。

胡锦涛在贺电中说，进入新世纪，俄罗斯人民为实现国家稳定和发展作出了不懈努力，取得了巨大成就。相信俄罗斯人民在国家富强和民族振兴的伟大事业中将创造更加辉煌的业绩。中俄两国是友好邻邦和全面战略协作伙伴，不断巩固睦邻友好，扩大互利合作，深化战略协作，对促进两国共同发展和振兴，对维护地区和世界和平与稳定具有重要意义。在新的形势下，中方愿与俄方一道，并肩携手，持之以恒，进一步落实好未来10年中俄关系发展规划及各领域合作共识和协议，努力把平等信任、相互支持、共同繁荣、世代友好的中俄全面战略协作伙伴关系推上更高水平。

本报莫斯科3月5日电 （记者施晓慧）俄罗斯中央选举委员会3月5日在莫斯科宣布，根据初步统计结果，在已经完成的全部选票统计中，俄总统候选人、现任总理普京获得其中的63.6%。根据俄选举法，在首轮投票中获得50%以上选票的候选人当选总统。

现年60岁的普京2000年首次当选俄总统，2004年成功连任。2008年任统一俄罗斯党主席，同年5月8日出任政府总理至今。

十一届全国人大五次会议在京开幕

胡锦涛贾庆林李长春习近平李克强贺国强周永康等在主席台就座

吴邦国主持 温家宝代表国务院向大会作政府工作报告

3月5日，第十一届全国人民代表大会第五次会议在北京人民大会堂开幕。党和国家领导人胡锦涛、温家宝、贾庆林、李长春、习近平、李克强、贺国强、周永康等出席会议。 新华社记者 鞠鹏摄

三月五日，十一届全国人大五次会议在京开幕。吴邦国主持会议。 本报记者 李舸摄

三月五日，十一届全国人大五次会议在京开幕。温家宝代表国务院向大会作政府工作报告。 本报记者 李舸摄

新华社北京3月5日电 第十一届全国人民代表大会第五次会议5日上午在北京人民大会堂开幕。肩负亿万人民重托的近3000名全国人大代表出席盛会，履行宪法和法律赋予的神圣职责。

民主、团结、求实、奋进。今天的人民大会堂格外雄伟庄严，主席台帷幕中央国徽高悬，大礼堂穹顶灯光灿若群星，会场气氛隆重热烈。

会议由大会主席团常务主席、执行主席吴邦国主持。大会主席团常务主席、执行主席王兆国、路甬祥、乌云其木格、韩启德、华建敏、陈至立、周铁农、李建国、司马义·铁力瓦尔地、蒋树声、陈昌智、严隽琪、桑国卫在主席台执行主席席就座。

胡锦涛、温家宝、贾庆林、李长春、习近平、李克强、贺国强、周永康等和大会主席团成员在主席台就座。

上午9时，吴邦国宣布：中华人民共和国第十一届全国人民代表大会第五次会议开幕。会场全体起立，高唱国歌。

国务院总理温家宝代表国务院向大会作政府工作报告。他指出，2012年我们要高举中国特色社会主义伟大旗帜，以邓小平理论和“三个代表”重要思想为指导，深入贯彻落实科学发展观，坚持稳中求进，加强和改善宏观调控，继续处理好保持经济平稳较快发展、调整经济结构和管理通胀预期的关系，加快推进经济发展方式转变和经济结构调整，全面推进社会主义经济建设、政治建设、文化建设、社会建设以及生态文明建设，努力实现经济平稳较快发展和物价总水平基本稳定，保持社会和谐稳定，以经济社会发展的优异成绩迎接党的十八大胜利召开。

温家宝在报告中提出了2012年经济社会发展的主要预期目标：国内生产总值增长7.5%；城镇新增就业900万人以上，城镇登记失业率控制在4.6%以内；居民消费价格涨幅控制在4%左右；进出口总额增长10%左右，国际收支状况继续改善。他说，国内生产总值增长目标略微调低，主要是要与“十二五”规划目标逐步衔接，引导各方面把工作着力点放到加快转变经济发展方式、切实提高经济发展质量和效益上来，以利于实现更长时期、更高水平、更好质量发展。提出居民消费价格涨幅控制在4%左右，综合考虑了输入性通胀因素、要素成本上升影响以及居民承受能力，也为价格改革预留一定空间。

政府工作报告共分三部分：一、2011年工作回顾；二、2012年工作总体部署；三、2012年主要任务。

温家宝说，过去的一年，面对复杂多变的国际政治经济环境和艰巨繁重的国内改革发展任务，我国改革开放和社会主义现代化建设取得新的重大成就，巩固和扩大了应对国际金融危机冲击成果，实现了“十二五”时期良好开局。

温家宝着重从五个方面总结了2011年的工作：加强和改善宏观调控，遏制物价过快上涨，实现经济平稳较快发展；加快转变经济发展方式，提高发展的协调性和产业的竞争力；大力发展社会事业，促进经济社会协调发展；切实保障和改善民生，解决关系群众切身利益的问题；深入推进改革开放，为经济社会发展注入新的活力和动力。温家宝指出，成绩来之不易，显示了中国特色社会主义的优越性和生命力，增强了中华民族的自豪感和凝聚力。这是以胡锦涛同志为总书记的党中央科学决策、正确领导的结果，是全党全军全国各族人民齐心协力、顽强拼搏的结果。

温家宝指出，我们也清醒地看到，我国经济社会发展仍然面临不少困难和挑战。一些长期矛盾与短期问题相互交织，结构性因素和周期性因素相互作用，国内问题和国际问题相互关联，宏观调控面临更加复杂的局面。政府工作仍存在一些缺点和不足。今年是“十二五”时期承前启后的重要一年，也是本届政府任期的最后一年。我们要恪尽职守、锐意进取、攻坚克难、决不懈怠，交出一份人民满意的答卷。

在报告了今年经济社会发展的主要预期目标后，温家宝指出，综合考虑各方面情况，要继续实施积极的财政政策和稳健的货币政策，根据形势变化适时适度预调微调，进一步提高政策的针对性、灵活性和前瞻性。他强调，全面做好今年的工作，必须坚持突出主题、贯穿主线、统筹兼顾、协调推进，把稳增长、控物价、调结构、惠民生、抓改革、促和谐更好地结合起来。

温家宝从九个方面报告了2012年的主要任务：促进经济平稳较快发展；保持物价总水平基本稳定；促进农业稳定发展和农民持续增收；加快转变经济发展方式；深入实施科教兴国战略和人才强国战略；切实保障和改善民生；促进文化大发展大繁荣；深入推进重点领域改革；努力提高对外开放的质量和水平。

温家宝还就民族、宗教和侨务工作，国防和军队建设，香港、澳门发展和两岸关系，以及我国的外交政策作了阐述。

报告进行了110分钟，会场多次响起热烈掌声。

根据会议议程，在9天半的会期里，出席会议的全国人大代表将听取和审议政府工作报告，审议刑事诉讼法修正案草案、关于十二届全国人大代表名额和选举问题的决定草案，听取和审议全国人大常委会工作报告等。

开幕会上，印发了关于2011年国民经济和社会发展计划执行情况与2012年国民经济和社会发展计划草案的报告、关于2011年中央和地方预算执行情况与2012年中央和地方预算草案的报告，提请审查批准。

在主席台就座的还有：王刚、王乐泉、王岐山、回良玉、刘淇、刘云山、刘延东、李源潮、汪洋、张高丽、张德江、俞正声、徐才厚、郭伯雄、薄熙来、何勇、令计划、王沪宁、梁光烈、马凯、孟建柱、戴秉国、王胜俊、曹建明、廖晖、杜青林、帕巴拉·格列朗杰、白立忱、陈奎元、阿不来提·阿不都热西提、李兆焯、黄孟复、董建华、张梅颖、张榕明、钱运录、孙家正、李金华、郑万通、万钢、林文漪、厉无畏、罗富和、陈宗兴、王志珍、何厚铧，以及中央军委委员陈炳德、李继耐、廖锡龙、常万全、靖志远、吴胜利、许其亮等。

香港特别行政区行政长官曾荫权、澳门特别行政区行政长官崔世安列席会议并在主席台就座。

出席全国政协十一届五次会议的政协委员列席大会。

中央和国家机关有关部门、解放军及武警部队、各人民团体有关负责人列席或旁听大会。

各国驻华使节旁听了大会。

胡锦涛在参加江苏代表团审议时强调

必须把科学发展观贯彻落实到经济社会发展全过程和各领域

新华社北京3月5日电 中共中央总书记、国家主席、中央军委主席胡锦涛5日下午在参加他所在的十一届全国人大五次会议江苏代表团审议时强调，要高举中国特色社会主义伟大旗帜，以邓小平理论和“三个代表”重要思想为指导，深入贯彻落实科学发展观，继续牢牢把握科学发展这个主题，紧紧扣住转变经济发展方式这条主线，锐意进取，埋头苦干，以优异成绩迎接党的十八大胜利召开。

在江苏代表团，代表们围绕会议议题讲认识、谈体会，联系江苏实际讲情况、说变化，着眼未来发展讲打算、提建议，大家发言踊跃，现场气氛热烈。罗志军、李学勇、陈丽芬、柯军、武继军等10位代表分别就推动科学发展、加快转变经济发展方式、建设社会主义新农村、培养拔尖创新人才、深化文化体制改革等问题发表意见。胡锦涛边听边记，并不时同代表们交流意见。

在认真听取代表发言后，胡锦涛作了发言。他首先表示完全赞成政府工作报告，并对一年来全国及江苏各项事业发展取得的显著成就给予充分肯定，殷切希望江苏充分发挥比较优势和先导作用，全面深入实施“十二五”规划，率先全面建成小康社会，开启基本实现现代化新征程。胡锦涛着重就江苏在坚持科学发展、转变经济发展方式、统筹城乡区域发展、保障和改善民生、深化改革开放、推进社会主义文化大发展大繁荣等方面迈出新步伐提出了明确要求。

在谈到坚持科学发展时，胡锦涛指出，在当代中国，坚持发展是硬道理的本质要求就是坚持科学发展。解决当前我们面临的发展不平衡、不协调、不可持续的突出矛盾和问题，必须把科学发展观贯彻落实到经济社会发展的全过程和各领域。要牢牢扭住经济建设这个中心不动摇，按照稳中求进的工作总基调，保持经济平稳较快发展，不断提升综合经济实力，不断增强国际竞争力。要更加注重以人为本，坚持从最广大人民根本利益出发谋发展、促发展；更加注重全面协调可持续发展，不断增强发展的平衡性、协调性、可持续性；更加注重统筹兼顾，充分调动全社会的发展积极性，形成现代化建设强大合力。

在谈到转变经济发展方式时，胡锦涛强调，要按照发展新阶段的新要求和国际产业演进的新趋势，深入推进产业结构调整，巩固和增强实体经济优势，形成具有国际竞争力的现代产业体系。要巩固扩大节能减排成果，加快发展循环经济、绿色产业、低碳技术，不断提高生态文明水平。要完善创新机制，优化创新环境，实施科技创新工程，强化企业创新主体地位，促进产学研紧密结合，着力打造创新高地，努力引领创新趋势，全面提升经济发展的质量、效益、竞争力。

在谈到深化改革开放时，胡锦涛指出，发达地区处在改革开放前沿，一些在发展中带有趋势性、规律性的现象往往会先在发达地区出现，一些在发展中存在的深层次矛盾和问题往往会先在发达地区显露，国际经济环境和发展态势的最新变化往往先波及到发达地区。这些为发达地区深化改革开放提供了难得的机遇和条件、提出了新的要求和挑战。发达地区要坚持把改革作为强大动力，深入推进重点领域和关键环节改革，加快构建有利于科学发展的体制机制；要巩固发展开放型经济特色和优势，加快转变外贸发展方式，积极推进沿海开发开放，吸引更多金融资本、优质要素向沿海集聚，加快培育沿海新的经济增长极。

中共中央政治局委员、中央书记处书记、中央组织部部长李源潮，全国政协副主席万钢参加了江苏代表团的会议。

心系百姓 共话民生

——胡锦涛总书记参加全国政协十一届五次会议医药卫生界、社会福利和社会保障界联组讨论侧记

吴邦国贾庆林李长春习近平分别参加代表团审议

（第四版）

人民日报
RENMIN RIBAO
人民网 网址:http://www.people.com.cn
手机:http://wap.people.com.cn

2012年3月
14
星期三
壬辰年二月廿二
人民日报社出版
国内统一连续出版物号
CN 11-0065
第23258期(代号1-1)
今日24版

十一届全国人大五次会议主席团举行第三次会议

吴邦国主持

本报北京3月13日电 （记者毛磊）十一届全国人大五次会议主席团13日上午在人民大会堂举行第三次会议。

主席团常务主席、全国人大常委会委员长吴邦国主持会议。会议应到170人，出席164人，出席人数符合法定人数。

3月11日上午，各代表团认真审议了关于修改刑事诉讼法的决定草案、关于十二届全国人大代表名额和选举问题的决定草案、香港特别行政区选举十二届全国人大代表的办法草案修改稿、澳门特别行政区选举十二届全国人大代表的办法草案修改稿。全国人大法律委员会根据各代表团的审议意见，对上述决定草案、办法草案修改稿分别进行了审议，并分别提出了草案建议表决稿。

会议听取和审议了全国人大法律委员会主任委员胡康生作的全国人大法律委员会关于修改刑事诉讼法的决定草案修改意见的报告、关于十二届全国人大代表名额和选举问题的决定草案修改意见的报告、香港特别行政区选举十二届全国人大代表的办法草案修改稿修改意见的报告、澳门特别行政区选举十二届全国人大代表的办法草案修改稿修改意见的报告。

会议分别表决通过了上述四个修改意见的报告，并决定将四个法律草案建议表决稿提请各代表团审议。

3月10日，各代表团认真审议了全国人大常委会工作报告。（下转第四版）

全国政协十一届五次会议闭幕

胡锦涛吴邦国温家宝李长春习近平李克强贺国强周永康出席 贾庆林主持

3月13日，中国人民政治协商会议第十一届全国委员会第五次会议在北京闭幕。党和国家领导人胡锦涛、吴邦国、温家宝、李长春、习近平、李克强、贺国强、周永康等出席会议。 新华社记者 马占成摄

本报北京3月13日电 （记者丁汀、刘维涛）中国人民政治协商会议第十一届全国委员会第五次会议圆满完成各项议程后，13日上午在人民大会堂闭幕。会议号召，人民政协的各级组织、各参加单位和广大政协委员，更加紧密地团结在以胡锦涛同志为总书记的中共中央周围，高举中国特色社会主义伟大旗帜，以邓小平理论和"三个代表"重要思想为指导，深入贯彻落实科学发展观，坚定信心，攻坚克难、开拓前进，为全面建设小康社会、加快推进改革开放和社会主义现代化建设事业作出新的更大贡献。

全国政协主席贾庆林主持闭幕会。全国政协副主席王刚、廖晖、杜青林、帕巴拉·格列朗杰、白立忱、陈奎元、阿不来提·阿不都热西提、李兆焯、黄孟复、蒲建华、张梅颖、张榕明、钱运录、孙家正、李金华、郑万通、邓朴方、万钢、林文漪、厉无畏、罗富和、陈宗兴、王志珍、何厚铧在主席台前排就座。

胡锦涛、吴邦国、温家宝、李长春、习近平、李克强、贺国强、周永康等在主席台就座。

上午9时，闭幕会开始。贾庆林宣布，中国人民政治协商会议第十一届全国委员会第五次会议应出席委员2262人，今天实到2121人，符合法定人数。

会议通过了政协第十一届全国委员会第五次会议关于常务委员会工作报告的决议、政协第十一届全国委员会提案委员会关于政协十一届五次会议提案审查情况的报告、政协第十一届全国委员会第五次会议政治决议。

贾庆林在讲话时指出，本次会议在中共中央、全国人大常委会、国务院的高度重视和有关部门的大力支持下，经过全体委员的共同努力，圆满完成各项议程，开得很成功，是一次发扬民主、增进团结、凝聚共识的大会，是一次求真务实、开拓奋进、共谋发展的大会。会议期间，委员们牢记人民的重托，把握时代发展的脉搏，弘扬民主协商的传统，深入讨论政府工作报告、政协常委会工作报告和有关报告，紧紧围绕加强和改善宏观调控、加快转变经济发展方式、保障和改善民生、深化改革开放、加强文化建设、创新社会管理和推进人民政协事业等咨政建言，提出了很多有价值的意见和建议，充分体现了人民政协围绕中心、服务大局的不懈追求，充分展现了政协委员为国尽责、为民履职的时代风采。

贾庆林指出，今年是实施"十二五"规划承上启下的重要一年，也是本届政协任期的最后一年。人民政协是薪火相传、永续发展的事业，希望广大委员始终保持昂扬向上的精神状态，更加珍惜机遇和荣誉，更加忠实地履行职责，更加努力地开拓创新，为国家和人民作出应有的积极贡献。让我们更加紧密地团结在以胡锦涛同志为总书记的中共中央周围，高举中国特色社会主义伟大旗帜，以邓小平理论和"三个代表"重要思想为指导，深入贯彻落实科学发展观，为全面建设小康社会、加快推进改革开放和社会主义现代化建设事业作出新的更大贡献。

出席闭幕会的领导同志还有：王乐泉、王兆国、王岐山、回良玉、刘淇、刘云山、刘延东、李源潮、汪洋、张高丽、张德江、俞正声、徐才厚、郭伯雄、薄熙来、何勇、令计划、王沪宁、路甬祥、乌云其木格、韩启德、华建敏、陈至立、周铁农、李建国、司马义·铁力瓦尔地、蒋树声、陈昌智、严隽琪、桑国卫、梁光烈、马凯、孟建柱、戴秉国、王胜俊、曹建明等。

中共中央、国务院有关部门负责人列席闭幕会。各国驻华使节应邀旁听闭幕会。

大会在雄壮的国歌声中闭幕。

3月13日上午，中国人民政治协商会议第十一届全国委员会第五次会议在北京闭幕。全国政协主席贾庆林主持闭幕会并讲话。

本报记者 雷 声摄

春风送暖励军心

——胡锦涛主席会见部分军队人大代表侧记

和风送暖，草木萌动，3月的北京春意渐浓。

12日下午，中共中央总书记、国家主席、中央军委主席胡锦涛，在出席十一届全国人大五次会议解放军代表团第三次全体会议后，亲切会见了部分来自部队一线和专业技术岗位的军队人大代表。

京西宾馆一楼会议大厅，鲜花吐蕊。当胡锦涛等来到代表中间，丁晓兵、梁晓婧、巨孝成等难以抑制内心的激动，作为部队官兵的代表，他们有太多的喜讯要向胡主席汇报，有太多的心里话要向胡主席诉说。

见胡锦涛走过来，海军潜艇某基地司令员阎保健代表立正敬礼，代表部队官兵向胡锦涛问好，并致以崇高敬意。胡锦涛同他亲切握手并询问部队训练情况，阎保健一一作答。

"潜艇部队工作很辛苦，回去后，请转达我对官兵们的问候。"胡锦涛勉励他们刻苦训练，不断提高核心军事能力，切实把部队建设好，把任务完成好……

殷殷关爱暖兵心。胡锦涛连续多年在出席全国人大解放军代表团全体会议后，都与来自部队一线和专业技术岗位的代表亲切交流，了解官兵们学习、工作和训练情况。

成都军区某部技术站一室主任唐万林代表，立足本职岗位取得优异成绩，先后获得军队科技进步奖8项，被军区表彰为学习实践科学发展观先进个人。

听了他的情况介绍后，胡锦涛说："目前，我们军队的现代化建设迫切需要新型科技人才。希望军队广大科技工作者立足岗位，献身军营，为推进部队建设科学发展贡献聪明才智。"

"我们一定按照主席的嘱托，做好各项工作！"唐万林响亮作答。

当胡锦涛走到"独臂英雄"、武警部队某师政委丁晓兵代表身前时，丁晓兵举起左手庄严敬礼。

"我们又见面了！"胡锦涛用双手紧紧地握住丁晓兵的左手。

2005年6月22日，胡锦涛在会见第八届"中国武警十大忠诚卫士"时，鼓励丁晓兵为党和人民再立新功。

牢记胡锦涛的嘱托，在不同的岗位上丁晓兵都做出了新的成绩。又一次见到胡锦涛，丁晓兵格外激动。他向胡锦涛简要汇报了自己和部队的情况。

胡锦涛充满深情地说："希望你珍惜荣誉、注意身体，带领官兵模范践行当代革命军人核心价值观，圆满完成担负的各项任务。"

情真意切的话语，让丁晓兵倍受鼓舞、倍感振奋。

先后被表彰为公益楷模、中国十大杰出青年、全国三八红旗手的谭晶代表，是总政歌舞团的一名演员。她代表军队文艺工作者，向胡锦涛对军队文艺工作的关心与鼓励表示感谢。

胡锦涛语重心长地说："繁荣发展先进军事文化，文艺工作者责任重大、使命光荣。军队文艺工作者要当好促进社会主义文化大发展大繁荣的'排头兵'。"

"我代表全旅官兵向主席问好……"南京军区舟桥某旅装备部工程师鲍俊涛代表握着胡锦涛的手，激动地说，"去年我在人代会上提出的关于更新部队装备的建议，已经得到了落实。"

胡锦涛欣慰地点了点头，勉励他勇于创新、再接再厉，为部队现代化建设作出新的更大贡献。

第二炮兵某部政治部主任梁晓婧代表曾被评为全军优秀指挥军官，任团政委时所在单位被表彰为全国精神文明标兵单位、基层建设先进单位。

听了她的介绍后，胡锦涛说："二炮部队肩负着重要使命任务，要求官兵思想特别过硬。希望你们做好思想政治工作，在深化和拓展军事斗争准备中发挥积极作用。"

当得知空军雷达学院教授汤子跃代表有4项成果获得军队科技进步奖，并被评为全军爱军精武标兵、全军优秀教员后，胡锦涛十分高兴："加快转变战斗力生成模式，需要研制生产更多新装备。希望你们继续努力，为部队培养更多优秀人才，创造更多科研成果。"

总参陆军军官学院无人机队三级军士长巨孝成代表入伍20多年，发射军用无人机成功率达100%，被誉为"金牌发射手"。

胡锦涛握着巨孝成的手，称赞他是一位立足本职、建功立业的"兵专家"，叮嘱他说："士官在部队建设中发挥着重要作用。希望你们更加努力地学习和工作，不断提高履行使命任务的能力。"

"我们一定牢记嘱托，不辱使命！"巨孝成铿锵有力的回答，道出了代表们的共同心声。

深情的关怀，殷切的期盼，如同和煦的春风，吹拂着军队人大代表的心田……

（**新华社北京3月13日电** 记者**曹智、李宣良** 解放军报记者**王士彬、安普忠**）

十一届全国人大五次会议今日闭幕

温家宝总理将与中外记者见面

据新华社北京3月13日电 14日上午10时，十一届全国人大五次会议将举行闭幕会。

大会闭幕后，国务院总理温家宝将在人民大会堂金色大厅与采访大会的中外记者见面并回答记者提出的问题。中央人民广播电台、中央电视台、中国国际广播电台等将现场直播温家宝总理会见中外记者的实况；新华网、人民网、央视网、中国网等中央重点新闻网站将进行文字、图片、视频实时报道。

（第四版）

汇聚起改革发展的强劲动力

——热烈祝贺全国政协十一届五次会议闭幕

在全国政协十一届五次会议闭幕会上的讲话

（2012年3月13日）

贾庆林

各位委员：

政协第十一届全国委员会第五次会议，在中共中央、全国人大常委会、国务院的高度重视和有关部门的大力支持下，经过全体委员的共同努力，圆满完成各项议程，开得很成功，是一次发扬民主、增进团结、凝聚共识的大会，是一次求真务实、开拓奋进、共谋发展的大会。

会议期间，胡锦涛总书记，吴邦国同志、温家宝同志、李长春同志、习近平同志、李克强同志、贺国强同志、周永康同志，以及党和国家其他领导同志，出席大会开幕会和闭幕会，参加联组讨论，与委员深入协商国是、共议发展大计，给全体委员以极大鼓舞和鞭策。胡锦涛同志在参加医药卫生界、社会福利和社会保障界委员联组会时强调，要处理好发展经济和改善民生的关系，坚持发展为了人民、发展依靠人民、发展成果由人民共享，充分体现了中国共产党以人为本、执政为民的理念，充分体现了对人民政协工作的高度重视。中共中央和国务院有关部门的负责同志听取大会发言、参加小组讨论，最高人民法院、最高人民检察院的负责同志听取委员对"两高"工作报告的意见，都对开好大会和推进政协工作给予大力支持。在此，让我们以热烈的掌声表示衷心的感谢！

会议期间，委员们牢记人民的重托，把握时代发展的脉搏，弘扬民主协商的传统，深入讨论政府工作报告、政协常委会工作报告和有关报告，紧紧围绕加强和改善宏观调控、加快转变经济发展方式、保障和改善民生、深化改革开放、加强文化建设、创新社会管理和推进人民政协事业等咨政建言，共提交大会发言833篇，提案6069件和社情民意信息1341篇，提出了很多有价值的意见和建议，充分体现了人民政协围绕中心、服务大局的不懈追求，充分展现了政协委员为国尽责、为民履职的时代风采。

今年是实施"十二五"规划承上启下的重要一年，也是本届政协任期的最后一年。几年来，广大政协委员尽职尽责、充分发挥了主体作用。调研视察饱含着大家的责任和情感，提案发言浸透着大家的心血和智慧，协商议政的丰硕成果中凝结着大家的无私奉献。人民政协是薪火相传、永续发展的事业，希望广大委员在本届任期的最后一年中，始终保持昂扬向上的精神状态，更加珍惜机遇和荣誉，更加忠实地履行职责，更加努力地开拓创新，为国家和人民作出应有的积极贡献，也为自己的人生留下值得回忆的宝贵经历。各级政协组织要切实为广大委员做好服务工作，思想上关心委员，学习上帮助委员，工作上支持委员，努力成为广大委员的团结民主之家、温暖和谐之家。

各位委员，让我们更加紧密地团结在以胡锦涛同志为总书记的中共中央周围，高举中国特色社会主义伟大旗帜，以邓小平理论和"三个代表"重要思想为指导，深入贯彻落实科学发展观，为全面建设小康社会、加快推进改革开放和社会主义现代化建设事业作出新的更大贡献。 （新华社北京3月13日电）

人民日报

RENMIN RIBAO

人民网 网址:http://www.people.com.cn 手机:http://wap.people.com.cn

2012年3月 15 星期四 壬辰年二月廿三 人民日报社出版 国内统一连续出版物号 CN 11-0065 第23259期(代号1-1) 今日24版

十一届全国人大五次会议主席团举行第四次会议

吴邦国主持

本报北京3月14日电 (记者毛磊)十一届全国人大五次会议主席团14日上午在人民大会堂举行第四次会议。

主席团常务主席、全国人大常委会委员长吴邦国主持会议。会议应到170人,出席166人,出席人数符合法定人数。

主席团第二次会议和第三次会议后,各代表团认真审议了十一届全国人大五次会议关于政府工作报告的决议草案、关于2011年国民经济和社会发展计划执行情况与2012年国民经济和社会发展计划的决议草案、关于2011年中央和地方预算执行情况与2012年中央和地方预算的决议草案、关于全国人大常委会工作报告的决议草案、关于最高人民法院工作报告的决议草案、关于最高人民检察院工作报告的决议草案、关于修改刑事诉讼法的决定草案、关于十二届全国人大代表名额和选举问题的决定草案,以及香港特别行政区、澳门特别行政区选举十二届全国人大代表的办法草案,同意提请大会全体会议表决。

今天的主席团会议分别表决通过,决定将上述决议草案、决定草案和办法草案提请大会全体会议表决。

主席团常务主席王兆国、路甬祥、乌云其木格、韩启德、华建敏、陈至立、周铁农、李建国、司马义·铁力瓦尔地、蒋树声、陈昌智、严隽琪、桑国卫出席会议。

十一届全国人大五次会议在京闭幕

表决通过关于十二届全国人大代表名额和选举问题的决定等法律文件

表决通过关于修改刑事诉讼法的决定 胡锦涛主席签署主席令予以公布

批准政府工作报告、全国人大常委会工作报告等重要报告

胡锦涛温家宝贾庆林李长春习近平李克强贺国强周永康等出席 吴邦国主持

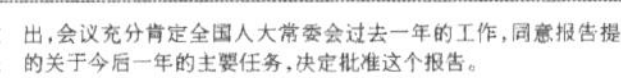

3月14日,第十一届全国人民代表大会第五次会议在北京人民大会堂闭幕。党和国家领导人胡锦涛、温家宝、贾庆林、李长春、习近平、李克强、贺国强、周永康等在主席台就座。 新华社记者 鞠鹏摄

3月14日,十一届全国人大五次会议在京闭幕。吴邦国主持闭幕会并讲话。 本报记者 李舸摄

新华社北京3月14日电 第十一届全国人民代表大会第五次会议在批准政府工作报告、全国人大常委会工作报告及其他重要报告,表决通过关于修改刑事诉讼法的决定和其他法律文件,圆满完成各项议程后,14日上午在人民大会堂闭幕。

今天的人民大会堂气氛庄重热烈。2872名代表出席闭幕会,出席人数符合法定人数。

闭幕会由大会主席团常务主席、执行主席、全国人大常委会委员长吴邦国主持。

胡锦涛、温家宝、贾庆林、李长春、习近平、李克强、贺国强、周永康等和大会主席团成员在主席台就座。

大会主席团常务主席、执行主席王兆国、路甬祥、乌云其木格、韩启德、华建敏、陈至立、周铁农、李建国、司马义·铁力瓦尔地、蒋树声、陈昌智、严隽琪、桑国卫等在执行主席席就座。

上午10时,吴邦国宣布会议开始。

会议表决通过了关于政府工作报告的决议。决议指出,会议充分肯定国务院过去一年的工作,同意报告提出的2012年工作总体部署和主要任务,决定批准这个报告。

会议表决通过了关于2011年国民经济和社会发展计划执行情况与2012年国民经济和社会发展计划的决议,决定批准关于2011年国民经济和社会发展计划执行情况与2012年国民经济和社会发展计划草案的报告,批准2012年国民经济和社会发展计划;表决通过了关于2011年中央和地方预算执行情况与2012年中央和地方预算的决议,决定批准关于2011年中央和地方预算执行情况与2012年中央和地方预算草案的报告,批准2012年中央预算。

会议经表决,通过了全国人民代表大会关于修改刑事诉讼法的决定。中华人民共和国主席胡锦涛签署第55号主席令,公布了这一决定。本决定自2013年1月1日起施行。

会议表决通过了关于十二届全国人大代表名额和选举问题的决定、香港特别行政区选举十二届全国人大代表的办法和澳门特别行政区选举十二届全国人大代表的办法。根据关于十二届全国人大代表名额和选举问题的决定,十二届全国人大代表于2013年1月选出。

会议表决通过了关于全国人大常委会工作报告的决议。决议指出,会议充分肯定全国人大常委会过去一年的工作,同意报告提出的关于今后一年的主要任务,决定批准这个报告。

会议表决通过了关于最高人民法院工作报告的决议、关于最高人民检察院工作报告的决议。决议指出,会议充分肯定最高人民法院、最高人民检察院过去一年的工作,决定批准这两个报告。

大会完成各项议程后,吴邦国发表讲话。他说,十一届全国人大五次会议的各项议程已经进行完毕。在全体代表的共同努力下,会议开得很成功,进一步凝聚了共识,明确了任务,坚定了信心,是一次民主、团结、求实、奋进的大会。

吴邦国指出,会议期间,代表们肩负人民重托,以主人翁的高度责任感和历史使命感,认真履行宪法和法律赋予的职责,使会议的成果充分体现了党的主张和人民意志的统一,反映了全国各族人民的共同愿望。这次会议必将进一步团结和动员全国各族人民,更加奋发有为地投身改革开放和社会主义现代化建设。

吴邦国说,会议审议批准了政府工作报告等重要报告和文件。代表们一致认为,过去的一年,我国社会主义经济建设、政治建设、文化建设、社会建设以及生态文明建设都取得了新的成绩,实现了"十二五"时期良好开局。这是以胡锦涛同志为总书记的党中央科学决策、正确领导的结果,是全国各族人民团结奋斗、顽强拼搏的结果。代表们强调,今年是实施"十二五"规划承上启下的重要一年,我们党将召开第十八次全国代表大会。全面做好改革发展稳定各项工作,巩固和发展"十二五"时期开局良好势头,具有十分重要的意义。我们要认真贯彻本次会议精神,坚持稳中求进的工作总基调,把今年经济社会发展的总体部署和目标任务落实到具体措施上、体现在实际工作中,保持经济平稳较快发展,保持社会和谐稳定,以优异成绩迎接党的十八大胜利召开。

吴邦国指出,会议作出了关于十二届全国人大代表选举有关事项的决定。这次选举是首次实行城乡按相同人口比例选举全国人大代表,更好地体现了人人平等、地区平等、民族平等的原则。我们要坚持党的领导,充分发扬民主,严格依法办事,确保选举工作依法平稳有序进行,为坚持和完善人民代表大会制度、发展社会主义民主政治提供坚实的组织保障。

吴邦国说,会议通过了关于修改刑事诉讼法的决定。这次修改贯彻尊重和保障人权的宪法精神,对我国现行刑事诉讼法律制度作了重要补充和完善。我们要广泛宣传普及修改后的刑事诉讼法,做好施行前的准备工作,确保法律正确有效实施,更好地依法惩治犯罪、保障人权、维护社会秩序。

吴邦国指出,本届全国人大任期还有最后一年。四年来,全国人大及其常委会牢牢把握正确政治方向,坚持党的领导、人民当家作主、依法治国有机统一,依法行使职权,积极开展工作,形成和完善中国特色社会主义法律体系,推动中央重大决策部署贯彻落实,为全面建设小康社会、加快推进社会主义现代化作出了重要贡献。我们要认真总结这些年的好经验好做法,坚持中国特色社会主义政治发展道路,坚持从最广大人民的根本利益出发,坚持围绕党和国家工作大局开展工作,再接再厉,不辱使命,不断开创人大工作新局面,更好地发挥最高国家权力机关的重要作用。

吴邦国最后说,我们的道路光明而宽广,我们的步伐坚定而豪迈。让我们更加紧密地团结在以胡锦涛同志为总书记的党中央周围,高举中国特色社会主义伟大旗帜,以邓小平理论和"三个代表"重要思想为指导,深入贯彻落实科学发展观,同心同德,开拓进取,扎实工作,为夺取全面建设小康社会新胜利、谱写人民美好生活新篇章而努力奋斗。

上午10时30分,全场起立,高唱国歌。吴邦国宣布:第十一届全国人民代表大会第五次会议胜利闭幕。

在主席台就座的还有:王刚、王乐泉、王岐山、回良玉、刘淇、刘云山、刘延东、李源潮、汪洋、张高丽、张德江、俞正声、徐才厚、郭伯雄、薄熙来、何勇、令计划、王沪宁、梁光烈、马凯、孟建柱、戴秉国、王胜俊、曹建明、廖晖、杜青林、帕巴拉·格列朗杰、白立忱、陈奎元、阿不来提·阿不都热西提、李兆焯、黄孟复、张梅颖、张榕明、钱运录、孙家正、李金华、郑万通、万钢、林文漪、厉无畏、罗富和、陈宗兴、王志珍、何厚铧,以及中央军委委员陈炳德、李继耐、廖锡龙、常万全、靖志远、吴胜利、许其亮等。

中央党政军群机关负责人,各民主党派中央、全国工商联和无党派代表人士列席了今天的大会。

各国驻华使节旁听了大会。

在十一届全国人大五次会议记者会上

温家宝总理答中外记者问

三月十四日,国务院总理温家宝在北京人民大会堂与中外记者见面,并回答记者提问。 本报记者 李舸摄

新华社北京3月14日电 十一届全国人大五次会议14日上午在人民大会堂举行记者会,国务院总理温家宝应大会发言人李肇星的邀请会见中外记者,并回答记者提问。

记者会开始时,温家宝说,记者朋友们,这是我在两会之后最后一次同大家见面了。我要感谢多年来记者朋友们对于中国改革和建设事业的关注。

今年可能是最困难的一年,但也可能是最有希望的一年。人民需要政府的冷静、果敢和诚信;政府需要人民的信任、支持和帮助。面对国际金融危机和欧债危机的蔓延、发展,关键是把我们自己的事情办好。我将在最后一年"守职而不废,处义而不回",永远同人民在一起。

我愿意回答大家的问题。

新华社记者:*总理,您好,我是新华社记者,也是中国新华新闻电视网的记者。今年是本届政府任期的最后一年,请问总理,您如何评价自己的工作?*

温家宝:我担任总理已经9年了,这些年过得不易,也不平凡。但我总觉得还有许多工作没有做完,许多事情没有办好,有不少遗憾。我懂得政府的一切权力都是人民赋予的,我所做的工作都是应尽的责任。我为能做人民的公仆为人民办些实事而感到欣慰。我真诚希望,我,连同我这一生为人民做的有益的事情,人民都把他忘记,并随着我日后长眠地下而湮没无闻。

由于能力所限,再加上体制等各方面的原因,我的工作还有许多不足。虽然我没有因为不负责任而造成任何一件事情上的失误,但是作为国家最高行政机关的负责人,对于我在任职期间中国经济和社会发生的问题,我都负有责任。为此,我感到歉疚。

在最后一年,我将像常年负轭的老马,不到最后一刻绝不松套。努力以新的成绩弥补我工作上的缺憾,以得到人民的谅解和宽恕。"入则恳恳以尽忠,出则谦谦以自悔",我将坚守这个做人的原则,并把希望寄托后人。我相信,他们一定会比我做得更好。

我秉承"苟利国家生死以,岂因祸福避趋之"的信念,为国家服务整整45年,我为国家和人民倾注了我全部的热情、心血和精力,没有谋过私利。我敢于面对人民、面对历史。"知我罪我,其惟《春秋》"。 (下转第二版)

乘势而上再谱发展新篇章

——热烈祝贺十一届全国人大五次会议胜利闭幕

在雄壮的国歌声中,十一届全国人大五次会议圆满完成各项议程,胜利闭幕了。我们对大会的成功表示热烈祝贺!

在特殊重要年份召开的这次大会上,近3000名代表牢记人民重托,认真履行职责,共谋发展大计,审议并批准了政府工作报告和其他报告,通过了刑事诉讼法修正案,顺利完成了会议的各项任务。会议开得民主、求实、团结、奋进,代表们聚民意、汇民智,重实际、求实效,体现了党的主张和人民意志的统一,发挥了最高国家权力机关的职能作用,展现了我国根本政治制度的生机活力。

会议充分肯定国务院一年来的工作,赞成温家宝总理所作的政府工作报告。代表们一致认为,报告贯穿了科学发展的主题,突出了加快转变经济发展方式的主线,体现了以人为本、执政为民的理念,总结工作实事求是、重点突出,部署任务积极稳妥、针对性强,是一个求真务实、开拓进取、鼓舞人心、提振信心的报告。

会议充分肯定全国人大常委会一年来的工作。在过去的一年里,全国人大常委会围绕党和国家工作大局,坚持中国特色社会主义政治发展道路,更加注重服务发展,更加注重保障民生,更加注重立法质量,更加注重监督实效,更加注重自身建设,为坚持和完善人民代表大会制度,为改革开放和社会主义现代化建设作出了重要贡献。

这次会议的一个重要成果,是表决通过了刑事诉讼法修正案。我国现行刑事诉讼法制定于1979年,此次修改是1996年后刑事诉讼法的又一次"大修"。修正案坚持从我国基本国情出发,落实"国家尊重和保障人权"的宪法原则,正确处理"惩罚犯罪和保障人权"的平衡关系,使刑事诉讼制度进一步法治化、民主化和科学化。这是我国深化司法体制和工作机制改革的重大成果,是完善中国特色社会主义法律体系的重大进展。

全国人大及其常委会卓有成效的工作,使我们更加深切地体会到,作为我国的根本政治制度,人民代表大会制度坚持得越好、发展得越好,就越有利于巩固我们党的执政地位和我国社会主义制度,越有利于充分调动各方面的积极因素共同建设中国特色社会主义。进一步发挥人民代表大会制度的特点和优势,就是要牢牢把握正确政治方向,发挥我们党是中国特色社会主义事业坚强领导核心的政治优势,发挥国家一切权力属于人民的制度优势,发挥民主集中制的体制优势,使人民代表大会制度成为当代中国发展进步的根本制度保障。

今年是"十二五"时期承上启下的重要一年,我们党将召开第十八次全国代表大会,我们国家将在稳中求进的工作总基调中乘势而上,全国人大及其常委会也将在继往开来中再谱新篇。人大换届选举事关国家政权建设,是国家政治生活中的一件大事。按照修改后的选举法,十二届全国人大代表将首次实行城乡按相同人口比例选举,这是我国社会主义民主政治发展的重大进步。坚持党的领导、充分发扬民主、严格依法办事,以高度的政治意识和责任意识搞好这次选举,就一定能够更好地体现人民当家作主的国家政权性质,为坚持和完善人民代表大会制度、发展社会主义民主政治提供坚实的组织保障。

东风何时至,已绿湖上山。回首过去,中国成就举世瞩目;展望未来,中国信心更加坚定。让我们更加紧密地团结在以胡锦涛同志为总书记的党中央周围,深入贯彻落实科学发展观,万众一心,开拓进取,扎实工作,以优异成绩迎接党的十八大胜利召开,为夺取全面建设小康社会、加快推进社会主义现代化新胜利而努力奋斗。

人民日报
RENMIN RIBAO
今日12版
人民网 网址:http://www.people.com.cn
手机:http://wap.people.com.cn
国内统一连续出版物号 CN 11-0065
第21420期（代号1-1）
人民日报社出版
2007年3月
3
星期六
丁亥年正月十四

北京地区天气预报
白天 阴有小到中雨 风向 偏南 风力 二、三级
夜间 阴有雨夹雪 降水量5到10毫米 风向 偏南 风力 一、二级
温度 6℃/1℃

申纪兰的根与本

本报记者 安 洋

时代先锋

编者按：为深入宣传贯彻胡锦涛同志在中央纪委第七次全会上的重要讲话精神，集中展示广大基层党员干部践行八个方面良好风气的实际行动，为党的十七大胜利召开营造良好的舆论氛围，从今天起，本报在"时代先锋"专栏陆续推出一批基层党员干部的先进事迹。

2月28日，太行山区的山西省平顺县迎来了春节后的第一场雨夹雪。

春雨绵绵、春雪飘飘，一大早，记者就到了西沟村，下两道坡、拐两个弯，我们走进了申纪兰的新房子。宽敞的客厅还没来得及摆设，一摞又一摞与党和国家几代领导人合影的照片，还临时放在一张长条桌上，申纪兰高兴地把我们领到了二楼，一会儿推开卧室门，一会儿推开书房门，生怕记者看不清楚，"楼上楼下，电灯电话，在西沟能这样，不容易呀！"这位70多岁的老人满面春风。

申纪兰是去年腊月二十六搬进新房的。她是西沟村的功臣，是全国惟一的一届至十届全国人大代表，曾担任过山西省妇联主任，现任长治市人大常委会副主任、西沟村党总支副书记，50多年来，她一直没有离开过西沟村，一直住着那间低矮破旧的瓦房，20多平方米狭长的空间，既是卧室，又是厨房，还是客厅。曾有多少次，县、乡、村的干部和群众动员她住进条件较好的房子，她都婉言谢绝，理由很简单："等西沟村的村民生活条件都改善了，再说！"

她一路拉着记者的手，参观了村里一排一排的"将军楼"，楼上楼下230多平方米，比她现在住的新房子要大1/3，"村里一部分人住进了'将军楼'，一部分人住进了我那样的楼。这样，在新房里我才睡得踏实、吃得香呀！"说这话时，申纪兰那双粗糙的手缓缓地合在了一起。

"我的根在西沟村、在农民中，就应该在这里生根发芽"

听说是《人民日报》的记者，申纪兰显得格外地亲切，她说，"是咱们的《人民日报》最先把我要求男女同工同酬的心愿表达出去的，那时候妇女干点事难呀。"

"好女走到院，好男走到县"，这是当时西沟村沿袭多年的习俗。1952年，申纪兰带领村里姐妹们打破了这一传统观念，与村里的男人们一起下地劳动，并通过多次努力争得了同工同酬的权利。而当时，妇女不仅在家里地位低，在集体劳动时也得不到同等的机会和待遇。妇女们无论做了多少活、付出了多少劳动，在计算工作量时，习惯上两个女工顶一个男工，而且分数只记在男姓家长或丈夫的名下。申纪兰带领24位妇女与村里的"男劳力"泥里、水里一起干，完成的定额还常常超过"男劳力"，理所当然地争得了同工同酬的权利。

1953年1月25日，本报曾以《劳动就是解放，斗争才有地位——李顺达农林畜牧生产合作社妇女争取同工同酬的经过》为题报道了她们的事迹，申纪兰名扬全国，男女同工同酬被写入了新中国的《劳动法》。

当年的4月份，申纪兰当选为全国妇联第二届执委。6月5日，申纪兰出席了在丹麦召开的第三届世界妇女大会。1954年9月，申纪兰当选为全国人大代表，出席了第一届全国人民代表大会第一次会议。从此，用劳动和汗水铸成的申纪兰，荣誉接踵而来，职务不断变化。但有一点，申纪兰始终坚持不变，那就是：不离开西沟村，不离开劳动岗位。 （下转第九版）

基层领导干部作风建设巡礼

促进科学发展 共建和谐中国

——热烈祝贺全国政协十届五次会议开幕

一日之计在于晨，一年之计在于春。踏着春天的脚步，来自各党派团体、各族各界的全国政协委员从祖国各地齐聚首都北京，参加全国政协十届五次会议，共商改革发展大计。我们对会议的召开表示热烈祝贺！

全国政协十届五次会议，是在党的十七大之前召开的一次重要会议。开好这次会议，对于进一步促进科学发展，共建和谐社会，不断开创全面建设小康社会和中国特色社会主义事业新局面，将产生重大而深远的影响。

2006年，是我国改革开放和社会主义现代化建设取得丰硕成果的一年。全国各族人民在以胡锦涛同志为总书记的党中央正确领导下，全面贯彻落实科学发展观，努力构建社会主义和谐社会，万众一心、团结奋斗，社会主义经济建设、政治建设、文化建设、社会建设取得新的成就，实现了"十一五"时期的良好开局，向全面建设小康社会的目标又迈出了坚实的一步。

2006年，也是人民政协事业蓬勃发展的一年。一年来，人民政协高举爱国主义、社会主义旗帜，坚持团结和民主两大主题，紧紧围绕党和国家的中心任务，充分履行政治协商、民主监督、参政议政职能，积极推动工作创新，大力开展理论研究，努力加强自身建设，各项工作都取得了新的进展。去年初，中共中央颁发了关于加强人民政协工作的意见，这个《意见》是指导新世纪新阶段人民政协事业发展的纲领性文件，对于进一步加强人民政协工作具有十分重要的意义。一年来，人民政协深入学习、切实贯彻《意见》精神，精心组织全体会议和常委会议，认真搞好专题调研和专题协商，进一步发挥各民主党派和无党派人士在人民政协中的作用，努力创新提案工作和委员视察工作，大力推进人民政协的学习和理论研究，广泛开展同港澳同胞、台湾同胞和海外侨胞的团结联谊工作，积极拓展对外交往，以卓有成效的工作，为实施"十一五"规划、构建社会主义和谐社会、促进祖国和平统一作出了重要贡献。

2007年是对我们党和国家事业的发展具有重要意义的一年。今年下半年，中国共产党将召开第十七次全国代表大会，这是全党全国人民政治生活中的一件大事。做好今年的政协工作，具有承前启后、继往开来的重要意义。在新的一年里，人民政协要按照中共中央的战略部署和要求，认真贯彻中共十六大和十六届三中、四中、五中、六中全会精神，继续落实《中共中央关于加强人民政协工作的意见》，坚持和完善中国共产党领导的多党合作和政治协商制度，广泛团结社会各方面力量，围绕中心、服务大局，以高度的政治责任感和良好的精神状态，努力为贯彻落实科学发展观、构建社会主义和谐社会、推动国民经济又好又快发展作出新的贡献，以优异的成绩迎接中共第十七次全国代表大会的胜利召开。

今天，我们正处在一个事业飞速发展和社会深刻变革的重要时期。站在新的历史起点上放眼世界、展望未来，伟大祖国风华正茂，民族复兴前景灿烂，人民政协任重道远。让我们紧密团结在以胡锦涛同志为总书记的党中央周围，高举邓小平理论和"三个代表"重要思想伟大旗帜，全面落实科学发展观，锐意进取、真抓实干、团结和谐，共同创造中国发展进步的美好未来，共同谱写中华民族伟大复兴的辉煌篇章。

预祝大会圆满成功！

3月2日，前来出席十届全国人大五次会议和全国政协十届五次会议的香港代表、委员乘机抵达北京。 新华社记者 朱 祥摄

各地代表团陆续抵京

据新华社北京3月2日电 3月2日6时04分，随着K180次列车稳稳驶进北京西站，河南代表团100多位全国人大代表抵达北京。这也是当日第一个抵京参加十届全国人大五次会议的外地代表团。

7时23分，北京站迎来了载有辽宁代表团一行110人的K54次列车。

10时11分，一架波音737—300型飞机降落在北京西郊机场的跑道上。安徽代表团抵达北京。

据悉，山西、江苏、上海、浙江、山东、贵州、云南等20余个代表团也于2日抵京。出席两会的港澳代表、委员2日乘机抵达北京。

全国政协十届五次会议今日下午3时在京开幕

交通事业谱新篇

本报记者 王 政

春节前，在拉萨做生意已有10多年的向勇一家三口，首次坐火车回四川老家过年。"以前坐汽车回家要四五天，票价七八百元，青藏铁路通车后，坐火车用不了两天就到了，票价也只有汽车的一半，真是方便多了！"提起乘坐青藏线火车，向勇一家掩饰不住内心的兴奋。

向勇一家人的感受是我国交通事业大发展的一个缩影。2006年，举世瞩目的青藏铁路建成通车，发达完善铁路网建设也全面展开。2006年我国铁路建设完成投资1553亿元，同比增长76%，完成新线铺轨1040公里、复线铺轨997公里，投产新线1605公里、复线705公里、电气化铁路3960公里，全国铁路营业总里程已达7.66万公里。

公路建设同样捷报频传。2006年我国新改建公路里程34万公里，其中高速公路4460公里，"五纵七横"国道主干线系统建设进入收尾阶段。在把155万公里村道纳入统计之后，我国公路通车总里程达348万公里，高速公路达4.54万公里。沿海港口新扩建泊位252个，其中万吨级深水泊位144个，新增吞吐能力4.95亿吨。内河港口新增吞吐能力6720万吨，改善内河航道里程521公里。

铁路建设坚持又好又快

今年大年初一，铁道部部长刘志军一大早就来到北京南站、京津城际轨道交通工程杨村特大桥建设工地，代表铁道部党组慰问节日期间坚持施工的建设者。他希望铁路建设者不辱使命，牢记百年大计质量第一，又好又快如期把两项工程建设好。

京津城际轨道交通工程是《中长期铁路网规划》中一条重要的快速客运通道，也是环渤海地区城际轨道交通网的重要组成部分。 （下转第九版）

2006经济社会发展述评

基层代表委员心声

冯世良委员——

解决百姓"吃药贵"问题

本报记者 沈文敏

长期从事医疗工作的全国政协委员冯世良，对普通老百姓"看病难、吃药贵"问题深有体会。他告诉记者，药品流通环节的腐败行为，大大加重了病人的经济负担，损害了老百姓的利益。

值得庆幸的是，中央和各级地方政府加大了医疗领域的反腐力度，出重拳严厉打击此类丑陋现象，已经初见成效。冯世良委员相信，只要各级政府部门真正关心老百姓疾苦，采取有力措施，"吃药贵"问题一定能得到根本改变。

钱月宝代表——

带来了基层群众的声音

本报记者 申 琳

江苏团钱月宝代表一到驻地，刚好见到记者。她说："对今年的人代会，农民群众可关心了。落实科学发展观、建设新农村、加强环境保护……我们基层代表来到北京，心中装着来自村里乡里农民群众的呼声，要好好表达表达。"她拿起手提包："我这里可装着好几个反复调研提出的议案呢。"

她接着说："一下飞机，我们几个基层代表就聚在一起讨论呢，对开好这次大会，充满了信心。"

不交学杂费 开学真高兴

——中、东部地区农村中小学开学第一天见闻

中国财经报记者 苗福生 刘雅琼

又到新春开学时。

可是，今年的开学与往年格外不同。

今年春季学期开学的当日，正是国家在免除西部地区农村义务教育阶段学杂费的基础上，在全国免除农村义务教育阶段学杂费的第一天。中、东部地区的广大农民是一种什么样的心情呢？

3月1日上午，在湖北省沙洋县后港小学的大门口，贴了一副对联，也许最能反映农民的心声：废五千年农税誓让民生旺且兴 免八百万学资定叫国基宏又固。

从此不为学费愁

走进后港小学校园，道路两侧张灯结彩、挂满了红灯笼。学校的公示栏里，贴出了农村义务教育保障机制实施之后的收费标准和新机制的主要内容。

由于政策深入人心，加上宣传得力，当地农民对取消学杂费，建立农村义务教育保障机制政策早已耳熟能详。他们带来的感谢信写着：税费改革刚刚为我们免去了农业税，教育新机制改革又为我们的孩子上学免去了学杂费，大大减轻了我们的经济负担，我们从内心深处感激党的好政策。

在江苏省淮安市东双沟镇中心小学，遇到75岁的顾姓老奶奶。顾奶奶亲自赶到学校来，心愿只有一个——感谢。顾奶奶的孙子顾顺金，在该校读四年级。因为儿媳亡故，儿子在外打工，孙子每学期开学将近200元的学杂费成了她的一块心病。 （下转第九版）

无锡创新环境扶持科技创业

由"投资拉动"向"科技驱动"转变

本报南京3月2日电 记者龚永泉报道：江苏无锡市推动经济发展由"投资拉动"向"科技驱动"转变，去年高新技术产业实现工业总产值2600亿元，同比增长25%；高新技术产业完成工业增加值588亿元，同比增长30%；专利申请量和授权量分别增长42.3%和33.6%。

科技创新创业创意载体建设已经成为无锡调整产业结构、提升城市竞争力的主要抓手。目前，全市"三创"载体面积累计达到131万平方米，在孵企业1500多家。

无锡将自主知识产权作为各类科技项目评审的前置条件，着力引导和鼓励企业实施知识产权战略，加大专利申请资助计划扶持力度，全年共下达专利申请资助专项资金466.25万元，同比增长156.18%。

引导全社会加大科技投入，构建多元化的科技投融资体系。全市现有政府主导的创业风险投资机构8家，注册资本近8.05亿元，支持项目250多项。

实施"530计划"，"十一五"期间引进30名领军型海外留学归国创业人才。省委常委、市委书记杨卫泽说："引进人才往往比引进其他生产要素见效要快，回报更高。"经过38位国家"863"计划专家组专家的评审，首批12个项目已落户无锡，总注册资金达到1.53亿元。

中化化肥为春耕备足肥料

本报北京3月2日讯 记者夏珺报道：惊蛰将至，我国自南向北陆续进入春耕备耕时节。为保证今年春耕备耕生产，中化化肥在全国各地基层1300多家自建分销中心，目前已备足400多万吨氮肥、磷肥、钾肥、复合肥等，现有的10家企业都开足马力生产，目前公司上下正在为保障化肥供应不断档、价格基本稳定、质量有保证而紧张忙碌。

中化化肥去年化肥销售总量1200万吨以上。中化化肥总经理杜克平说，"向广大农民朋友提供公益性的服务是我们的责任，做农民信赖的农化服务专家是我们的理念。"据介绍，中化化肥建立健全了比较完整的服务体系，目前各个分公司的农化服务人员已经深入基层，直接面向农民开展"送科技、送化肥、送服务"三下乡活动。

本报今起推出 两会特刊（第五版至第八版）

从司机读书说起

陈 岩

今日谈

在停车场，看到一位相识的司机师傅捧着一本书读得津津有味，我忍不住走上前去，发现他读的是《于丹〈论语〉心得》。

攀谈中，司机师傅讲起他所在单位给职工送"年礼"的事。往年送的"年礼"多是食品瓜果之类，今年的"年礼"则变成了书籍。单位领导说，平时大家都很忙，春节长假难得有时间，不妨静下心来读点书。我这一读，就迷上了。

节前看到重庆市要求干部多读书的一则新闻，该市领导同志希望各级领导干部利用长假多读点书，并通过示范带动，使更多的人把读书作为节日的休闲方式，为此还开列了一些书目，要求节后大家交流读书心得。

两则有关读书的消息说明，读书固然是个人的一种习惯，但如果社会和单位能加以提倡和引导，那么对于促进干部群众的读书学习，形成建设学习型社会的良好氛围，是很有益处的。

人民日报
RENMIN RIBAO
今日 12 版
国内统一连续出版物号 CN 11-0065
第 21421 期（代号 1-1）
人民网 网址：http://www.people.com.cn
手机：http://wap.people.com.cn
人民日报社出版
2007 年 3 月
4
星期日
丁亥年正月十五

北京地区天气预报
白天 阴有零星小雪转晴
风向 偏北
风力 二、三级转五、六级
夜间 晴
风向 偏北
风力 五、六级
温度 5℃/-3℃

中国人民政治协商会议第十届全国委员会第五次会议议程

新华社北京3月3日电 中国人民政治协商会议第十届全国委员会第五次会议议程

（2007 年 3 月 3 日政协第十届全国委员会第五次会议通过）

一、听取和审议政协全国委员会常务委员会工作报告

二、听取和审议政协全国委员会常务委员会关于政协十届四次会议以来提案工作情况的报告

三、列席第十届全国人民代表大会第五次会议，听取并讨论政府工作报告及其他有关报告

四、审议通过政协第十届全国委员会第五次会议政治决议

五、审议通过政协第十届全国委员会第五次会议关于常务委员会工作报告的决议

六、审议通过政协第十届全国委员会提案委员会关于政协十届五次会议提案审查情况的报告

全国政协十届五次会议在京开幕

胡锦涛吴邦国温家宝曾庆红吴官正李长春罗干到会祝贺

贾庆林作政协常委会工作报告 黄孟复作提案工作情况报告 王忠禹主持

3月3日下午，中国人民政治协商会议第十届全国委员会第五次会议在北京人民大会堂开幕。党和国家领导人胡锦涛、吴邦国、温家宝、曾庆红、吴官正、李长春、罗干等在主席台就座，祝贺大会召开。 新华社记者 兰红光摄

新华社北京3月3日电 促进科学发展，共建和谐中国。中国人民政治协商会议第十届全国委员会第五次会议3日下午在人民大会堂开幕。今后12天里，来自各党派团体和各族各界的2000多名政协委员将围绕关系国计民生的重大问题，积极建言献策，切实履行政治协商、民主监督、参政议政的职能。

人民大会堂大礼堂内，灯火辉煌、鲜花竞艳。象征全国各族人民大团结的政协会徽悬挂在主席台正中，两侧是10面鲜艳的红旗。

全国政协主席贾庆林，副主席王忠禹、廖晖、刘延东、帕巴拉·格列朗杰、李贵鲜、张思卿、丁光训、白立忱、罗豪才、张克辉、周铁农、郝建秀、陈奎元、阿不来提·阿不都热西提、徐匡迪、李兆焯、黄孟复、张怀西、李蒙、董建华、张梅颖、张榕明，秘书长郑万通在主席台前排就座。

党和国家领导人胡锦涛、吴邦国、温家宝、曾庆红、吴官正、李长春、罗干等在主席台就座，祝贺大会召开。

全国政协十届五次会议应出席委员2267人，实到2144人，符合法定人数。

下午3时，王忠禹宣布大会开幕，全体起立，乐队奏响雄壮的中华人民共和国国歌。

大会首先审议通过了政协第十届全国委员会第五次会议议程。

贾庆林代表政协第十届全国委员会常务委员会，向大会报告工作。

贾庆林指出，2006年，是我国改革开放和社会主义现代化建设取得丰硕成果的一年，也是人民政协事业蓬勃发展的一年。政协全国委员会及其常委会，认真贯彻《中共中央关于加强人民政协工作的意见》，高举爱国主义、社会主义旗帜，坚持团结和民主两大主题，紧紧围绕党和国家的中心任务，切实履行政治协商、民主监督、参政议政职能，积极推动工作创新，大力开展理论研究，努力加强自身建设，各项工作都取得了新的进展。

报告从切实贯彻《中共中央关于加强人民政协工作的意见》，精心组织全体会议和常委会议，认真搞好专题调研和专题协商，进一步发挥各民主党派和无党派人士在人民政协中的作用，努力改进提案工作和委员视察工作，大力推进人民政协的学习和理论研究等8个方面回顾了政协去年的工作。

贾庆林对今年全国政协工作提出6点要求。他强调，2007年是对我们党和国家事业具有重要意义的一年。今年下半年，中国共产党将召开第十七次全国代表大会，这是全党全国人民政治生活中的一件大事。做好今年的政协工作，具有十分重要的意义。在新的一年里，我们要高举邓小平理论和“三个代表”重要思想伟大旗帜，全面落实科学发展观，认真贯彻中共十六大和十六届三中、四中、五中、六中全会精神，继续落实《中共中央关于加强人民政协工作的意见》，坚持和完善中国共产党领导的多党合作和政治协商制度，巩固和壮大最广泛的爱国统一战线，围绕中心、服务大局，牢牢把握团结和民主两大主题，认真履行政治协商、民主监督、参政议政职能，以高度的政治责任感和良好的精神状态，完成本届任期最后一年的各项工作任务。

黄孟复代表政协第十届全国委员会常务委员会，向大会报告政协十届四次会议以来的提案工作。政协十届四次会议以来，共收到提案5158件。经审查，立案4999件。截至2007年2月20日，98.94%的提案已经办复。

在主席台就座的领导同志还有：王乐泉、王兆国、回良玉、刘淇、刘云山、吴仪、张立昌、张德江、周永康、俞正声、贺国强、郭伯雄、曹刚川、曾培炎、王刚、徐才厚、何勇、李铁映、司马义·艾买提、何鲁丽、丁石孙、成思危、许嘉璐、蒋正华、顾秀莲、热地、盛华仁、路甬祥、乌云其木格、韩启德、唐家璇、华建敏、陈至立、肖扬、贾春旺等。

中共中央、国务院有关部门负责人应邀列席开幕会。各国驻华使节应邀旁听开幕会。

3月3日，中国人民政治协商会议第十届全国委员会第五次会议在北京人民大会堂开幕。全国政协主席贾庆林代表政协第十届全国委员会常务委员会向大会报告工作。 本报记者 雷声摄

* * * *

韶华满眼新 大地已回春

——全国政协十届五次会议开幕侧记

本报记者 刘琼 冯春梅 赖伟行

好雨知时节，当春乃发生。

3月3日，首都北京迎来了期盼已久的一场春雨，全国政协十届五次会议在春雨中隆重开幕！

杜鹃花发，水仙吐芳，下午2时不到，生机盎然的人民大会堂已是群贤毕至，2144名全国政协委员陆续步入会场。他们话今昔、商国是。从国民生产总值跃上新台阶到社会保障体系建设的新成就，从民主法制进程的加快到国民素质教育的加强，从传统文化的保护光大到体制改革的切实举措，委员们热情畅谈，强烈的参政、议政、履责使命感浸染了整个会场。

3时整，全国政协副主席王忠禹宣布大会开幕。嘹亮的国歌奏响，人民大会堂更加神圣庄严。

“2006年，是我国改革开放和社会主义现代化建设取得丰硕成果的一年，也是人民政协事业蓬勃发展的一年”，贾庆林主席代表十届政协常委会作的报告语气平实朴素，委员们听罢却心潮澎湃。

“促进和谐人人有责，和谐社会人人共享”，和谐主题深入人心。“构建和谐社会是当前的重要任务，希望我们的祖国更加和谐，两岸关系越来越好，祖国统一早日实现”，邓培德委员由衷地祝愿；“与去年相比，今年的和谐主题更加突出，措施更加切实可行”，罗里熊委员客观地评价；“开发少数民族地区人力资源尤其是提高妇女素质，是民族地区摆脱贫困发展经济的需要，更是实现全国各民族共同繁荣，推进社会和谐发展的需要”，在贵州工作近40年的陈汉彬委员有感建言；“青藏铁路开通，为西藏带来了经济发展的大好契机，也促进了西藏社会的和谐发展”，乘火车来到北京的旦白尼玛委员兴奋难抑。

夯实建设和谐社会的基础，“民生”话题备受关注。来自重庆的全国政协委员陈万志带来的提案，涵盖了社会保障体系建设、保障农民工权益、加强社会救助等方面；白音门德委员对牧区作了多年深入调研，今年带来了关于建设社会主义新牧区的提案，“希望中央财政能够加大对牧区环境保护的投入，这关系到我国北部边疆的稳定”；任玉岭委员准备了7个提案13份发言，包括妥善解决原国企退休老干部工资待遇问题、解决住房问题的六点建议、新农村建设避免偏向问题等等。来自香港的李家祥委员非常关心港商在内地的投资环境，“即将提交全国人大审议的《企业所得税法（草案）》如果顺利通过，从长远看有利于降低港商的税收负担！”农民工就业、医疗保险、教育收费、食品安全等等，对一系列民生问题，委员们热切关注。

问计百姓，民声成政声，委员们参政议政的职能充分发挥。单霁翔委员关于文化遗产日的设置、立法保护长城、大运河保护、全国文物普查等提案陆续得到解决或基本解决，今年他又提交了设立文物保护有奖制度等提案。来自甘肃的李国璋委员最关注“转变经济增长方式”和“西部大开发”两个话题，他说：“实施西部大开发战略近10年，西部在基础设施建设和调整结构方面都取得了长足进展。国务院又刚刚批复了《西部大开发‘十一五’规划》，这都为西部今后更好发展、加快发展打下了坚实的基础。”全国政协十届四次会议以来，有关方面共收到提案5158件，人均两件多的提案数充分体现了全国政协委员参政能力和议政热情。

“我们正处在一个大有可为、大有希望的伟大时代。站在新的历史起点上，我们伟大的祖国正在走向繁荣昌盛，中华民族的伟大复兴展现出更加辉煌的前景，人民政协肩负着光荣而艰巨的历史使命”，这是贾庆林主席短而实报告的有力结论，也反映了委员的心声。

重点亮点突出，新风清风扑面。走出人民大会堂，迎着播洒心头的春雨，委员们的步履更加从容，更加坚定……

基层代表委员心声

李名岷代表——国企在节能环保上要勇担责任

本报记者 王淑军

“国有企业在节能、环保、发展循环经济中有着得天独厚的优势和不容推卸的责任。”来自特大型钢铁企业的李名岷代表严肃地说。

他认为，企业既要重视当前发展，更要注重长远发展，不能以牺牲环境和资源为代价。钢铁作为资源密集型产业，节能减排工作显得更为重要，国有大型钢铁企业理应认真履行社会责任，走科技含量高、经济效益好、资源消耗低、环境污染少的新型工业化道路，为经济社会持续健康发展尽职尽责。

林红代表——建议延长退耕还林补助年限

本报记者 刘裕国

来自四川九寨沟县的藏族女代表林红，带来了当地乡亲们的一个最大的心愿，就是尽快延长退耕还林政策的补助年限。

四川的生态林大都分布在长江干、支流的重要生态区域，经营利用率和经济效益很低；经济林大多在贫困山区，退耕农户很难在5年内获得预计的收益。为此，她建议延长现行退耕还林补助政策补助年限，即经济林由5年延长到8至10年，生态林由8年延长到15年。

何星亮委员——加强民族地区普通话推广

本报记者 朱虹

全国政协委员何星亮多年从事民族学研究。他在多次调研中发现，由于条件限制，一些边疆民族地区学习普通话的硬件设施很差，师资力量缺乏，严重影响普通话的推广，不利于各民族的交流和沟通。

何星亮委员建议采取措施，为各少数民族地区提供免费的普通话辅导，满足各地区各民族对学习普通话的需求。他说，“民族和谐是建设和谐社会的重要一环。我相信这个问题会得到很好的解决。”

晓红代表——『珞巴族乡亲的日子越来越红火』

本报记者 郑少忠

“我们珞巴乡亲们的日子越来越红火。”西藏自治区米林县南伊珞巴民族乡乡长晓红代表边整理议案边说。

“以前珞巴族是刀耕火种，人背畜驮，从县城赶到拉萨，至少要两三天。”晓红代表说，现在飞机场修到了家门口，上午从家里出发，下午就可以到北京。

“这在过去想都不敢想，”晓红代表说，现在珞巴族农牧民参加新型农村合作医疗制度的人数实现了100%全覆盖，广播电视覆盖率也实现了100%，适龄儿童入学率和巩固率也是100%，农牧民人均年纯收入从1988年的200多元提高到2006年的3109元。

为百姓打造更多“饭碗”

本报记者 白天亮

关注民生之本，心系百姓利益。“十一五”开局之年，在全国上下的大力推进中，就业再就业交出满意答卷，城镇登记失业率稳中有降，更多的下岗失业人员重新走上工作岗位，谱写了一首民心歌、和谐曲。

经济增长强力带动，就业再就业取得新突破

2006年，就业再就业取得新的突破。据统计，全国累计实现城镇新增就业首次超过1000万人，达到1184万人；下岗失业人员再就业505万人、就业困难人员再就业147万人，年末城镇登记失业率4.1%，呈稳中有降态势。

就业的好形势来之不易。

发展经济是解决就业的根本出路。近年来，我国继续采取积极的财政政策和稳健的货币政策。去年，我国国内生产总值首次突破20万亿元，同比增长10.7%，创造了更多的就业机会。

党中央、国务院把就业纳入国民经济和社会发展宏观调控目标，各地在制定经济和社会发展战略时，也把是否有利于就业作为优先考虑的因素，一方面注重提高竞争力，另一方面注重扩大就业，实现了经济发展和扩大就业的良性互动。

国家努力改善产业结构，多种经济形式共同发展，为扩大就业提供了更加广阔的空间。各地把产业结构调整和增加就业岗位结合起来，在提高产业科技含量的同时，重视发展具有比较优势的劳动密集型产业和企业，大力发展第三产业，吸纳了更多劳动者。许多地方还把所有制结构调整与增加就业容量结合起来，在增强国有经济竞争力的同时，鼓励发展就业容量大的个体、私营、外商投资、股份合作等多种所有制经济。（下转第二版）

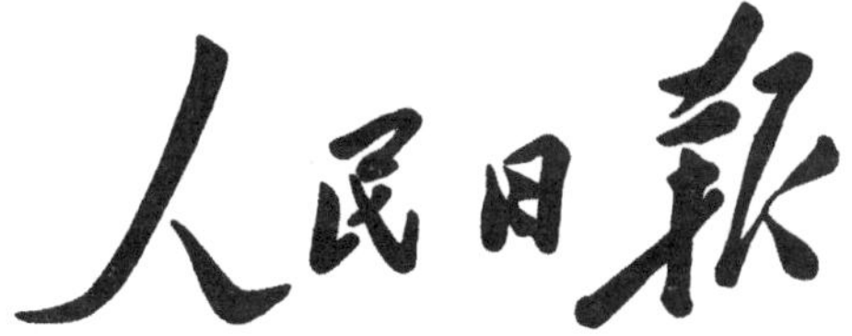

RENMIN RIBAO

今日16版

人民网 网址:http://www. people. com. cn
手机:http://wap. people. com. cn

国内统一连续出版物号 CN 11-0065
第21422期 (代号1-1)
人民日报社出版

2007年3月
5
星期一
丁亥年正月十六
北京地区天气预报
白天 晴
风向 偏北
风力 四、五级转二、三级
夜间 晴
风向 偏北
风力 二、三级
温度 1℃/-7℃

中共中央举行元宵节联欢晚会

胡锦涛吴邦国温家宝贾庆林曾庆红吴官正罗干等出席 李长春主持

新华社北京3月4日电 (记者李薇薇)在我国传统节日——元宵节即将到来之际，中共中央在人民大会堂举行联欢晚会。胡锦涛、吴邦国、温家宝、贾庆林、曾庆红、吴官正、李长春、罗干等党和国家领导人同首都知识界代表欢聚一堂，共庆佳节。

当晚的人民大会堂三楼金色大厅装扮得格外美丽，荷叶灯柱熠熠生辉，盆盆水仙香气怡人。19时45分，胡锦涛等中央领导同志在欢快悠扬的乐曲声中步入大厅，来到文艺、科技、教育、理论、新闻、出版等知识界代表中间，同他们亲切握手，互致问候。

联欢晚会由中共中央政治局常委李长春主持。他首先代表中共中央，向全国知识界的同志们、朋友们，致以新春的问候和良好的祝愿。

李长春说，刚刚过去的2006年，是我国实施"十一五"规划的开局之年。在以胡锦涛同志为总书记的党中央坚强领导下，全党全国各族人民高举邓小平理论和"三个代表"重要思想伟大旗帜，全面落实科学发展观，各项工作取得了新的进展，实现了"十一五"时期的良好开局。知识界的同志们、朋友们为这些成就的取得付出了艰苦劳动，作出了重要贡献。

李长春说，2007年是我们党和国家事业发展具有重要意义的一年，下半年我们党将召开第十七次全国代表大会。当前，全党全国各族人民正在以胡锦涛同志为总书记的党中央坚强领导下，万众一心，扎实奋斗，努力推动经济社会又好又快发展，为党的十七大胜利召开创造良好的环境和条件。知识界是改革开放和社会主义现代化建设的一支重要力量。希望知识界的同志们、朋友们自觉担负起党和人民赋予的重任，积极投身推动科学发展、促进社会和谐的伟大实践，锐意进取、奋发有为，在各自岗位上创造出一流业绩，为全面建设小康社会、实现中华民族的伟大复兴作出新的更大贡献。

联欢晚会在喜庆、热烈的歌曲联唱中拉开了序幕。《闹元宵》《龙船调》《小拜年》《迎宾曲》等各具韵味的歌曲，唱出了各族人民欢度佳节的喜悦之情。杂技《剪窗花》《舞者绳技》、黄梅戏《夫妻观灯》、单口相声《说说唱唱》、男高音演唱《我的太阳》、舞剧《风中少林》片断、女声独唱《数风流人物》《飞雪迎春》、民乐合奏《江南春色》、京剧《我是中国人》、男女声二重唱《二十年后再相会》等艺术精湛的节目，不时赢得全场阵阵掌声。晚会进行过程中，香喷喷的元宵端了上来。胡锦涛等党和国家领导人与大家一起品尝元宵，畅叙友谊，共话发展。

联欢晚会结束时，在热烈的掌声中，胡锦涛、吴邦国、温家宝、贾庆林、曾庆红、吴官正、李长春、罗干等走上舞台，同演职人员亲切握手，并和大家一起放声高唱《歌唱祖国》，雄壮的歌声顿时响彻大厅，把晚会的气氛推向高潮。

出席联欢晚会的领导同志还有，王兆国、回良玉、刘淇、刘云山、吴仪、周永康、贺国强、郭伯雄、曹刚川、曾培炎、王刚、徐才厚、何勇、许嘉璐、顾秀莲、盛华仁、路甬祥、韩启德、华建敏、陈至立、王忠禹、刘延东、张思卿、罗豪才和中央军委委员梁光烈、李继耐、廖锡龙、陈炳德、乔清晨、靖志远等。

胡锦涛吴邦国温家宝贾庆林曾庆红吴官正李长春罗干分别看望出席全国政协十届五次会议委员并参加讨论

3月4日，中共中央总书记、国家主席、中央军委主席胡锦涛看望出席全国政协十届五次会议的农工党、九三学社联组委员，听取了委员们的意见和建议，并发表重要讲话。中共中央政治局常委、全国政协主席贾庆林参加看望。 新华社记者 刘卫兵摄

新华社北京3月4日电 中共中央总书记、国家主席、中央军委主席胡锦涛，中共中央政治局常委、全国人大常委会委员长吴邦国，中共中央政治局常委、国务院总理温家宝，中共中央政治局常委、全国政协主席贾庆林，中共中央政治局常委、国家副主席曾庆红，中共中央政治局常委、中央纪委书记吴官正，中共中央政治局常委李长春，中共中央政治局常委、中央政法委书记罗干，4日分别看望出席全国政协十届五次会议的委员并参加分组讨论，听取委员们的意见和建议。

在农工党、九三学社联组会上，胡锦涛参加了委员们的讨论。大家畅所欲言，共商国是，会场气氛十分活跃。胡锦涛仔细听取委员们的发言，认真记下发言要点。在谢小军、阎洪臣、闵乃本、彭钊等10位委员发言后，胡锦涛指出，全面建设小康社会、构建社会主义和谐社会，要求我们加快医疗卫生事业发展，加快创新型国家建设。胡锦涛强调，要着眼于实现人人享有基本卫生保健服务的目标，加快发展农村医疗卫生事业，大力发展城市社区医疗卫生服务，深化医疗卫生体制改革，完善有利于人民群众及时就医、安全用药、合理负担的医疗卫生制度体系，不断提高医疗卫生服务的水平和质量，着力解决群众看病难看病贵问题。胡锦涛强调，要按照自主创新、重点跨越、支撑发展、引领未来的要求，以求真务实的科学态度和只争朝夕的奋斗精神，为建设创新型国家作出不懈努力。要把增强自主创新能力摆在全部科技工作的首位，加快形成有利于自主创新的体制机制，努力建设宏大的科技创新人才队伍。胡锦涛强调，创新型国家应该是科学精神蔚然成风的国家。科学精神是一个国家繁荣富强、一个民族进步兴盛必不可少的精神。要在全社会广泛弘扬科学精神，加强科学知识的宣传教育，大力加强科普工作，使全社会真正形成讲科学、爱科学、学科学、用科学的良好风尚。贾庆林一同参加了讨论。

在致公党、侨联联组会上，委员们积极发言、讨论热烈。吴邦国认真听取胡旭晟、林明江、张伟超等委员的发言后发表了意见。他首先充分肯定了近年来致公党和侨联的全国政协委员在积极建言献策、参政议政、凝聚侨心、汇集侨智、发挥侨力、共促和谐等方面发挥的重要作用。吴邦国说，中国共产党领导的多党合作和政治协商制度是我国的一项基本政治制度。中共中央历来高度重视多党合作和人民政协事业，制定了《关于进一步加强中国共产党领导的多党合作和政治协商制度建设的意见》等重要文件，为多党合作和人民政协事业的发展指明了方向，也对各民主党派和无党派人士提出了新的更高的要求。吴邦国在讲话中对致公党、侨联提出三点希望：一是进一步巩固和发展同中国共产党的团结合作，做中国共产党的挚友和诤友，坚定不移地走中国特色社会主义政治发展道路；二是围绕中心、突出重点、发挥优势，把各自成员和所联系群众的智慧和力量集中到实现全面建设小康社会、构建社会主义和谐社会的目标上来；三是贯彻落实好归侨侨眷权益保护法，采取有效措施，切实解决归侨侨眷的实际困难。要进一步发挥归侨侨眷和海外侨胞在实现推进现代化建设、完成祖国统一、维护世界和平与促进共同发展这三大历史任务中的作用。让我们共同努力，为中国共产党十七大的胜利召开创造良好的环境和条件。

在经济、农业界联组会上，温家宝同委员们一起讨论。郭树清、赵希正、瞿振元等委员先后发言，分别就居民住房、节能减排、食品安全、农村信贷、西部开发、农业科技、企业"走出去"等问题踊跃发言、各抒己见，会场气氛热烈。温家宝边听边记，并不时插话询问有关情况。在认真听取几位委员发言后，温家宝说，政府工作人员参加人大、政协会议要多听、少说、负责，这不仅是个民主意识的问题，也是摆正政府自觉接受监督位置的问题。多听，就是要广泛听取各方面的批评、建议和意见，特别是来自基层的意见，不搞工作汇报。少说，就是不发指示，不说空话。少说不是不说，而是要认真地回答代表和委员提出的质询，实事求是地介绍政府工作。负责，就是要积极研究代表和委员对政府工作提出的各项议案和提案，做到件件有着落，以改进政府工作。

在宗教界委员讨论会上，贾庆林与委员们一起畅谈了2006年我国经济社会发展取得的重大成就，肯定了宗教工作取得的显著成绩。在认真听取一诚、余振贵、刘柏年等委员的发言后，贾庆林强调，我们要深入学习领会胡锦涛同志在去年全国统战工作会议上的重要讲话精神，坚持新时期党的宗教工作基本方针，认真落实宗教事务条例，更加扎实地做好宗教工作，更好地维护我国宗教和谐稳定的良好局面。要凝聚宗教界的智慧和力量为促进科学发展服务，引导广大信教群众在开展正常宗教活动的同时，以更多精力发展经济、勤劳致富，共同致力于实现全面建设小康社会的宏伟目标，共同创造幸福美好的现实生活。要发挥宗教在促进社会和谐方面的积极作用，加强信教群众与不信教群众的团结，加强各宗教之间的对话和交流，使各宗教都能够更好地团结在党和政府的周围，为促进社会稳定、民族团结、人民幸福而共同努力。要切实加强爱国宗教团体和宗教教职人员队伍建设，努力形成一支爱国爱教、富有学识、品德高尚、信教群众拥护的宗教教职人员队伍。宗教界政协委员是宗教界的代表人士，在信教群众中拥有较高威望，具有特殊影响力，要深入贯彻党的宗教工作基本方针和中共中央关于加强人民政协工作的意见，积极协助党和政府做好宗教工作，为全面建设小康社会作出新的贡献。

在无党派人士和对外友好界联组会上，委员们讨论热烈。曾庆红在参加讨论时说，今天来，一是受中共中央委托看望大家，二是听取大家的意见和建议，三是就做好政协工作谈点意见。认真听取王明明、杨岐、武韬等委员的发言后，曾庆红就政协委员在新的一年里，如何为全面落实科学发展观献计出力、在加快构建社会主义和谐社会中建功立业的问题发表了意见。曾庆红指出，中国共产党历来高度重视和关心人民政协事业的发展，2005年和2006年，中共中央相继颁发了两个5号文件，对新形势下的统一战线和人民政协工作提出了新要求，为各民主党派和无党派人士进一步履行职能、拓展了广阔空间。曾庆红强调，做好今年各项工作，要进一步发挥各方面积极性、主动性、创造性。他希望政协委员努力做好三篇大文章：一是围绕推动我国经济社会发展切实转入科学发展轨道的要求，做好推进转轨的文章；二是围绕构建社会主义和谐社会的要求，做好加快构建的文章；三是围绕推动建设和谐世界的重要主张和实施互利共赢的开放战略，做好宣传践行的文章，以实际行动促进以人为本、全面协调可持续的科学发展，促进注重社会建设、注重五个统筹、注重解决民生问题的和谐发展，促进以争取和平的国际环境来发展自己、又以自身的发展来促进世界和平的和平发展。

(下转第二版)

第十届全国人民代表大会第五次会议议程

新华社北京3月4日电 第十届全国人民代表大会第五次会议议程

(2007年3月4日第十届全国人民代表大会第五次会议预备会议通过)

一、听取和审议国务院总理温家宝关于政府工作的报告

二、审查和批准2006年国民经济和社会发展计划执行情况的报告与2007年国民经济和社会发展计划

三、审查2006年中央和地方预算执行情况的报告与2007年中央和地方预算草案

批准2006年中央预算执行情况的报告与2007年中央预算

四、审议全国人民代表大会常务委员会关于提请审议《中华人民共和国物权法(草案)》的议案

五、审议国务院关于提请审议《中华人民共和国企业所得税法(草案)》的议案

六、审议全国人民代表大会常务委员会关于提请审议《第十届全国人民代表大会第五次会议关于第十一届全国人民代表大会代表名额和选举问题的决定(草案)》的议案

七、审议全国人民代表大会常务委员会关于提请审议《中华人民共和国香港特别行政区选举第十一届全国人民代表大会代表的办法(草案)》的议案

八、审议全国人民代表大会常务委员会关于提请审议《中华人民共和国澳门特别行政区选举第十一届全国人民代表大会代表的办法(草案)》的议案

九、听取和审议全国人民代表大会常务委员会委员长吴邦国关于全国人民代表大会常务委员会工作的报告

十、听取和审议最高人民法院院长肖扬关于最高人民法院工作的报告

十一、听取和审议最高人民检察院检察长贾春旺关于最高人民检察院工作的报告

十届全国人大五次会议举行预备会议 大会主席团举行第一次会议

吴邦国主持 选出会议主席团和秘书长 通过会议议程

本报北京3月4日讯 记者毛磊报道：十届全国人大五次会议4日上午在人民大会堂举行预备会议。全国人大常委会委员长吴邦国主持会议，他宣布：十届全国人大五次会议3月5日召开，会议的各项准备工作已经就绪。

吴邦国在讲话中指出，十届全国人大五次会议的指导思想是：高举邓小平理论和"三个代表"重要思想伟大旗帜，认真贯彻党的十六大和十六届三中、四中、五中、六中全会精神，全面落实科学发展观，切实履行宪法和法律赋予全国人大的各项职责，以对人民高度负责的态度，完成各项议案的审议工作和大会的各项任务，动员全国各族人民紧密团结在以胡锦涛同志为总书记的党中央周围，为全面推进社会主义经济建设、政治建设、文化建设和社会建设而努力奋斗。

十届全国人大五次会议应到代表2978人，截止到3月3日，已经报到的代表2943人。出席预备会议的代表2696人，符合法定人数。

预备会议经过表决，选举产生了十届全国人大五次会议主席团和秘书长，通过了十届全国人大五次会议议程。大会主席团由175人组成，王兆国为大会秘书长。

根据表决通过的会议议程，十届全国人大五次会议将听取和审议国务院总理温家宝关于政府工作的报告；审查和批准2006年国民经济和社会发展计划执行情况的报告与2007年国民经济和社会发展计划；审查2006年中央和地方预算执行情况的报告与2007年中央和地方预算草案，批准2006年中央预算执行情况的报告与2007年中央预算；审议全国人大常委会关于提请审议物权法草案的议案；审议国务院关于提请审议企业所得税法草案的议案；审议全国人大常委会关于提请审议十届全国人大五次会议关于十一届全国人大代表名额和选举问题的决定草案的议案；审议全国人大常委会关于提请审议香港特别行政区选举十一届全国人大代表的办法草案的议案；审议全国人大常委会关于提请审议澳门特别行政区选举十一届全国人大代表的办法草案的议案；听取和审议全国人大常委会委员长吴邦国关于全国人大常委会工作的报告；听取和审议最高人民法院工作报告；听取和审议最高人民检察院工作报告。

十届全国人大常委会副委员长王兆国、李铁映、司马义·艾买提、何鲁丽、丁石孙、成思危、许嘉璐、蒋正华、顾秀莲、热地、盛华仁、路甬祥、乌云其木格、韩启德、傅铁山出席预备会议并在主席台就座。

本报北京3月4日讯 记者毛磊报道：十届全国人大五次会议主席团4日上午在人民大会堂举行第一次会议。全国人大常委会委员长吴邦国主持会议。

出席会议的162名主席团成员首先推选了十届全国人大五次会议主席团常务主席。主席团常务主席由十届全国人大常委会委员长、副委员长、秘书长担任。

会议通过了十届全国人大五次会议日程。根据会议日程，这次大会定于3月5日开幕，3月16日闭幕。

根据全国人大议事规则的规定，主席团会议推选主席团成员若干人分别担任大会每次全体会议的执行主席。经过表决，会议推选了大会全体会议执行主席，决定盛华仁、王万宾、杨景宇、傅志寰、姜恩柱、令计划、张平为大会副秘书长。姜恩柱兼任大会新闻发言人。

会议经表决，决定了十届全国人大五次会议表决议案办法和代表提出议案截止日期。会议决定，代表提出议案的截止时间为3月11日18时。

十届全国人大五次会议 今日上午9时在京开幕

第十届全国人民代表大会第五次会议主席团常务主席名单

(2007年3月4日第十届全国人民代表大会第五次会议主席团第一次会议推定)

吴邦国 王兆国 李铁映 司马义·艾买提(维吾尔族) 何鲁丽(女) 丁石孙 成思危 许嘉璐 蒋正华 顾秀莲(女) 热地(藏族) 盛华仁 路甬祥 乌云其木格(女,蒙古族) 韩启德 傅铁山

(新华社北京3月4日电)

在科学发展的道路上阔步前进

——热烈祝贺十届全国人大五次会议开幕

春光明媚，春色宜人。

十届全国人大五次会议今天在北京隆重开幕。这是春天的盛会，人民的盛会。来自各地的全国人大代表，肩负庄严使命，牢记人民重托，齐集北京，依法履职，共商国是。我们对会议的召开表示热烈祝贺！

十届全国人大五次会议是我国政治生活中的一件大事，对动员全党全国做好今年改革发展稳定的各项工作，推动全面建设小康社会进程，加快构建社会主义和谐社会，具有十分重要的意义。

本次会议将听取和审议政府工作报告、经济社会发展计划报告和财政预决算报告，听取和审议全国人大常委会、最高人民法院、最高人民检察院工作报告，并作出相应决议。会议有两项众所关注的议程，是审议物权法草案和企业所得税法草案。物权法和企业所得税法都是基本法律，在中国特色社会主义法律体系中起着重要的支架作用。制定这两部法律，不仅是形成中国特色社会主义法律体系的重要任务，更是我国经济社会发展的必然要求。我们深信经过全体代表的认真审议，制定出的物权法和企业所得税法一定能更好地代表人民的利益，体现人民意志，经得起历史的检验。会议还将审议第十一届全国人大代表名额和选举问题的决定草案，香港特别行政区、澳门特别行政区选举第十一届全国人大代表办法草案等议案。

过去的一年，我国经济社会发展取得重大成就，实现了"十一五"时期的良好开局。我们坚持以科学发展观统领经济社会发展全局，积极推动社会主义经济建设、政治建设、文化建设、社会建设和党的建设，国民经济平稳快速发展，社会主义新农村建设扎实推进，经济效益继续提高，改革开放进一步深化，社会主义民主法制建设和精神文明建设得到加强，社会事业加快发展，人民生活继续改善，社会安定和谐，综合国力进一步增强，我国的国际地位和国际影响力进一步提高。

(下转第二版)

人民日报

RENMIN RIBAO

今日16版

人民网 网址：http://www.people.com.cn
手机：http://wap.people.com.cn

国内统一连续出版物号 CN 11-0065
第21423期（代号1-1）
人民日报社出版

2007年3月
6
星期二
丁亥年正月十七

北京地区天气预报
白天 晴间多云
风向 北转南
风力 二、三级
夜间 晴间多云
风向 南转北
风力 二、三级
温度 3℃/-6℃

胡锦涛在参加西藏代表团审议时强调

围绕推动科学发展促进社会和谐的主题 努力把中国特色社会主义事业推向前进

新华社北京3月5日电 （记者钱彤、边巴次仁）中共中央总书记、国家主席、中央军委主席胡锦涛5日下午在参加他所在的西藏代表团审议时强调，今年是对党和国家事业发展具有重要意义的一年。做好今年的工作，关键是要紧紧围绕推动科学发展、促进社会和谐这个主题，着力调整经济结构和转变增长方式，着力加强资源节约和环境保护，着力推进改革开放和自主创新，着力促进社会发展和解决民生问题，努力实现经济社会又好又快发展。

在西藏代表团，代表们结合西藏实际，认真审议政府工作报告，会场上讨论热烈、气氛活跃。胡锦涛不时插话，详细询问有关情况，同大家一起进行审议。在认真听取张庆黎、向巴平措、晓红、多托等7位代表发言后，胡锦涛发了言。他首先表示完全赞成温家宝总理代表国务院作的政府工作报告，并对2006年我们国家包括西藏经济社会发展取得的成就给予了充分肯定。

胡锦涛强调，中央高度重视区域协调发展问题，正在全面实施区域协调发展总体战略。西部大开发战略是区域协调发展总体战略的重要组成部分。他希望西藏各族干部群众坚持以邓小平理论和"三个代表"重要思想为指导，全面落实科学发展观，紧紧抓住国家深入实施西部大开发战略和加大支援西藏发展力度的宝贵机遇，充分用好全国的支援，进一步挖掘自身潜力，同心同德，艰苦奋斗，在建设团结、民主、富裕、文明、和谐的社会主义新西藏的征途上迈出新的坚实步伐。

胡锦涛指出，发展是解决西藏所有问题的基础和关键。要按照科学发展观的要求，着力抓好关系西藏发展全局的重点工作，扎实推进社会主义新农村建设，着力转变经济增长方式，大力加强人才工作，深化改革开放，推动西藏在科学发展的轨道上实现经济社会的跨越式发展。

胡锦涛特别强调，青藏铁路这条雪域高原上的钢铁大动脉的开通，给西藏的开发开放和经济社会发展提供了历史性机遇。要牢牢把握、切实用好这一历史性机遇，用全新的思路谋划发展，最大限度地挖掘青藏铁路的巨大发展潜力，最大限度地发挥青藏铁路的强大辐射作用，使青藏铁路更好地为促进西藏经济社会发展、造福西藏各族群众服务。

胡锦涛指出，保持社会和谐稳定，是西藏经济发展和社会进步的前提，是西藏各族群众的利益所在、福祉所系。要把和谐西藏、平安西藏建设放在关系西藏工作全局的地位，突出改善农牧民生产生活条件、改善农牧民生活这个重点，高度重视解决民生问题，使广大农牧民共享改革发展的成果。要牢牢把握各民族共同团结奋斗、共同繁荣发展的主题，深入开展民族团结教育，认真做好民族工作和宗教工作，为实现西藏社会长治久安、各族群众幸福安康作出不懈努力。

胡锦涛强调，完成推动科学发展、促进社会和谐的各项任务，关键在于建设一支政治坚定、业务精良、作风过硬的干部队伍。要把加强各族干部队伍建设放到突出位置，在提高干部素质上下功夫，在转变干部作风上下功夫，使广大干部真正成为各族群众全面建设小康社会、构建社会主义和谐社会的领头人。

全国人大常委会副委员长热地参加了审议。

十届全国人大五次会议在京开幕

胡锦涛贾庆林曾庆红黄菊吴官正李长春罗干等出席

吴邦国主持会议 温家宝代表国务院作政府工作报告

3月5日，第十届全国人民代表大会第五次会议在北京人民大会堂开幕。党和国家领导人胡锦涛、温家宝、贾庆林、曾庆红、黄菊、吴官正、李长春、罗干等出席会议。 新华社记者 马占成摄

三月五日，第十届全国人民代表大会第五次会议在北京人民大会堂开幕。大会主席团常务主席、执行主席吴邦国主持会议。 新华社记者 樊如钧摄

三月五日，第十届全国人民代表大会第五次会议在北京人民大会堂开幕。国务院总理温家宝向大会作政府工作报告。 本报记者 李 舸摄

新华社北京3月5日电 在"十一五"规划实现良好开局、全国各族人民朝着全面建设小康社会目标迈出坚实步伐之际，第十届全国人民代表大会第五次会议5日上午在北京人民大会堂开幕。

国务院总理温家宝向大会报告今年政府工作基本思路和任务时指出，要以邓小平理论和"三个代表"重要思想为指导，全面落实科学发展观，加快构建社会主义和谐社会，认真贯彻党的十六大以来各项方针政策，加强和改善宏观调控，着力调整经济结构和转变增长方式，着力加强资源节约和环境保护，着力推进改革开放和自主创新，着力促进社会发展和解决民生问题，全面推进社会主义经济建设、政治建设、文化建设、社会建设，为党的十七大召开创造良好的环境和条件。

近3000名全国人大代表，肩负全国各族人民的重托，出席今天的盛会。在11天半的会期里，他们将履行宪法和法律赋予的神圣职权，听取和审议政府工作报告，审议物权法草案、企业所得税法草案、关于十一届全国人大代表名额和选举问题的决定草案，听取和审议全国人大常委会工作报告等。

雄伟的人民大会堂气氛庄严热烈。万人大礼堂里灯火辉煌，主席台帷幕中央国徽高悬，10面鲜艳的红旗分立两侧。

会议由大会主席团常务主席、执行主席吴邦国主持。大会主席团常务主席、执行主席王兆国、李铁映、司马义·艾买提、何鲁丽、丁石孙、成思危、许嘉璐、蒋正华、顾秀莲、热地、盛华仁、路甬祥、乌云其木格、韩启德在主席台执行主席席就座。

胡锦涛、贾庆林、曾庆红、黄菊、吴官正、李长春、罗干等和大会主席团成员在主席台就座。

上午9时，吴邦国宣布：中华人民共和国第十届全国人民代表大会第五次会议开幕。随后，全体起立，军乐队高奏国歌。

温家宝代表国务院向大会作政府工作报告。报告共分六个部分：一、2006年工作回顾；二、2007年工作总体部署；三、促进经济又好又快发展；四、推进社会主义和谐社会建设；五、深化改革和扩大开放；六、加强政府自身改革和建设。

温家宝在回顾一年来的工作时说，2006年是我国实施"十一五"规划并实现良好开局的一年，国民经济和社会发展取得重大成就：经济平稳快速增长；经济效益稳步提高；改革开放进一步深化；社会事业加快发展；人民生活有较大改善。这些成就标志着我国综合国力进一步增强，我们朝着全面建设小康社会目标又迈出坚实的一步。

温家宝在报告中从加强和改善宏观调控、加大"三农"工作力度、加快经济结构调整、积极推进改革开放、大力发展社会事业、努力做好就业和社会保障工作、继续加强民主法制建设等7个方面总结了一年来政府的主要工作。他说，总结我们的实践经验，归结起来就是，只有解放思想、实事求是，与时俱进、开拓创新，坚定不移地走中国特色社会主义道路，坚持改革开放，坚持科学发展、和谐发展、和平发展，才能最终实现现代化的宏伟目标。温家宝指出，我们取得的成就，是以胡锦涛同志为总书记的党中央统揽全局、正确领导的结果，是全国广大干部群众齐心协力、顽强拼搏的结果。

（下转第四版）

吴邦国贾庆林曾庆红分别参加代表团审议

（第四版）

和谐的春天

——十届全国人大五次会议开幕侧记

本报记者 盛若蔚 裴智勇 廖文根

3月5日上午，踏着春天的脚步，来自全国各地的近3000名全国人大代表，齐聚北京人民大会堂，参加十届全国人大五次会议开幕会。

早上7时30分，大会堂前就集聚了大批中外记者。今年报名参加两会报道的中外记者近3000人，创历史新高。"开放的中国每天都在进步，两会就是观察中国改革发展最好的窗口。"一位西班牙电视台记者早早占据有利位置，调试设备。

8时许，代表们陆续来到人民大会堂，他们立刻被众多记者团团包围，轮番"轰炸"。大会堂东大厅内，群芳吐妍，春意浓浓。巨幅《报春图》下，身着艳丽服装的少数民族代表纷纷拍照留念。"我在去年两会上提的解决南阳渠配套资金的建议，得到了省里的大力支持，几万人的饮水问题得到缓解。"来自甘肃东乡族自治县的东乡族代表穆海喜上眉梢。

9时整，大会主席团常务主席、执行主席吴邦国宣布大会开幕，雄浑的《义勇军进行曲》响彻人民大会堂。

"我国综合国力进一步增强，我们朝着全面建设小康社会目标又迈出坚实的一步……"温家宝总理的话语坚定自信。近两个小时里，35次掌声回响在会场内外。

11时15分，开幕会结束。温总理所作的政府工作报告在代表心中引起强烈共鸣。"经济增长连续4年达到或略高于10%，规模以上工业企业实现利润增长31%，进出口贸易总额1.76万亿美元……"安徽省发改委主任沈卫国代表对报告中几组数字印象深刻："社会要和谐，首先要发展。刚刚过去的一年，各地转变发展观念、创新发展模式，提高发展质量，成效非常显著。"

"报告以解决人民群众最关心、最直接、最现实的利益问题为重点，政府一年来在构建和谐社会上想得深、抓得准、干得实。"甫出会场，江西省人民医院院长易敏林代表坦言，今年要继续为建立和谐的医患关系而努力，为构建和谐社会添砖加瓦。

来自云南保山市的熊清华代表说："这几年，我们脑子里时刻绷着一根弦——人与自然和谐相处。为保护腾冲的生态，我们放弃了大型钢铁项目，宁可每年少要20亿元产值，也要追求可持续发展。"

促进和谐人人有责，和谐社会人人共享。来自湖南的杨兰芝代表说："2005年，我曾建议对水库移民加大扶持力度。党和政府心系移民，牵挂困难群众，去年国家对水库移民进行后续扶持，让困难群众看到了脱贫致富的希望！"

"按照福建构建和谐'海西'的要求，作为现代化工贸港口城市，泉州将积极发展和谐劳动关系，把各项促进就业政策落实到位，抓好统筹城乡基业，健全再就业援助制度。"福建泉州市委书记郑道溪代表心中已开始谋划今年的和谐图景。

……

旌旗猎猎当空舞，吹面不寒杨柳风。沐浴在和谐的春光里，代表们豪情满怀：美好的明天就在每个人的脚下。

基层代表委员心声

莫文珍代表——

农村"五难"盼解决

本报记者 李红梅

"行路难、饮水难、看病难、上学难、养老难，今年我准备就这几个问题提出我的建议。"广西田阳县那坡镇尚兴村党支部书记莫文珍代表说，这两年农村生活变化比较大，不用缴农业税，生活环境也有了不少改善，但还是希望农民生活越来越好。

"这五难是我们农民最关心的问题。路不好，农作物卖不出去，影响发展；广西有很多农村在大石山区，饮水困难，应多建些饮水设施；看病难，全国都有，但农民的困难更突出些，一年纯收入1000多元，一进医院就返贫了；山区的孩子上学比较困难，希望关注一下；还有农村的养老问题。"莫文珍代表一口气给记者谈了他的建议。

文家庭委员——

农民工健康不容忽视

本报记者 冯春梅

来自安徽省霍山县落儿岭镇的文家庭委员说，农民工的健康问题是他近年比较关注的问题。目前，我国全年农村外出务工人员达一亿多人，进城务工人员承担城市里最苦、最脏、最险的工作，健康问题凸现出来，但由于工资报酬比较低，医疗、工伤保险等应有的福利和保障只能覆盖其中很小的范围，所以"小病拖，大病扛，实在不行进药房"的现象普遍存在。他呼吁，建立健全农民工的工伤保险和医疗保险制度。

李连成代表——

我带来了基层群众的感谢

本报记者 曹树林 殷新宇

"我带来了基层群众的感谢！"河南省濮阳县西辛庄村党支部书记李连成代表说，农业税全免了，种地不收税，政府还给钱，老百姓得了实惠，各项政策群众都很满意。

"你在调研中发现了需要在会上提出的问题吗？"记者问李连成代表。他说，在黄河滩区生活的农民生活饮用水含氟量高，他想提请有关部门关注这些"苦水区"的农民，帮他们打水井，让他们喝上合格的饮用水。

人民日报

RENMIN RIBAO

今日8版

人民网 网址:http://www. people. com. cn
手机:http://wap. people. com. cn

国内统一连续出版物号 CN 11-0065
第21434期（代号1-1）
人民日报社出版

2007年3月
17
星期六
丁亥年正月廿八

北京地区天气预报
白天 晴间多云
风向 北转南
风力 二、三级
夜间 晴转多云
风向 南转北
风力 一、二级
温度 12℃/1℃

胡锦涛会见日本执政党代表团

本报北京3月16日讯 记者**杨讴、陈一鸣**报道：中共中央总书记、国家主席胡锦涛16日下午在人民大会堂会见了以日本自民党干事长中川秀直和公明党干事长北侧一雄为团长的日本执政党代表团。

胡锦涛说，今年是中日邦交正常化35周年，又是"中日文化体育交流年"。这对两国关系的发展是重要契机。中方愿与日方共同努力，推动中日关系健康稳定向前发展。

胡锦涛强调，要从战略高度认识和把握中日关系。遵循中日三个政治文件的原则和精神，坚持"和平共处、世代友好、互利合作、共同发展"的大方向，不断增进政治互信，妥善处理敏感问题，构建基于共同战略利益的互惠关系。要本着优势互补、合作共赢的原则，扩大两国经贸合作，尤其要加强两国在节能、环保等领域的合作，为两国人民带来实实在在的利益。要扩大双方文化、教育、科技交流和民间交往，尤其要扩大两国青少年的友好交往，为实现世代友好夯实基础。要加强在地区和国际事务上的沟通和协调，共同应对区域和全球性课题及挑战，共同致力于建设持久和平、普遍繁荣的和谐世界。

中川秀直说，日中两国领导人英明决断，就发展两国战略互惠关系达成共识。日本执政两党愿与中方共同努力，推动两国关系朝着共同的战略目标前进，并逐步解决双边关系中存在的问题。日方认为，谋求建立和谐社会和经济强国的中国对日本不是威胁，而争取成为政治大国的日本对中国也不构成威胁，希望与中方在环保、能源、知识产权保护以及构筑开放的亚洲等方面加强合作。

北侧一雄说，日中两国长期友好、相互依存。2007年对日中关系来说是一个重要年份。日方希望通过双方的不懈努力，扩大交流，扩大联系，扩大合作，推动日中友好不断走向新的时代。

中联部部长王家瑞等会见时在座。

3月16日，中共中央总书记、国家主席胡锦涛在北京人民大会堂会见以日本自民党干事长中川秀直（左二）和公明党干事长北侧一雄（左一）为团长的日本执政党代表团。 新华社记者 鞠鹏摄

十届全国人大五次会议在京闭幕

胡锦涛温家宝贾庆林曾庆红吴官正李长春罗干等出席 吴邦国主持

表决通过关于政府工作报告的决议、物权法、企业所得税法等

3月16日，第十届全国人民代表大会第五次会议在北京人民大会堂闭幕。党和国家领导人胡锦涛、温家宝、贾庆林、曾庆红、吴官正、李长春、罗干等在主席台就座。 新华社记者 马占成摄

新华社北京3月16日电 第十届全国人民代表大会第五次会议在批准政府工作报告、全国人大常委会工作报告及其他重要报告，表决通过物权法、企业所得税法和其他法律文件，圆满完成各项议程后，16日上午在人民大会堂闭幕。

今天的人民大会堂气氛庄严热烈。2889名代表出席闭幕会，符合法定人数。

闭幕会由大会主席团常务主席、执行主席吴邦国主持。大会主席团常务主席、执行主席王兆国、李铁映、司马义·艾买提、何鲁丽、丁石孙、成思危、许嘉璐、蒋正华、顾秀莲、热地、盛华仁、路甬祥、乌云其木格、韩启德等在执行主席席就座。

胡锦涛、温家宝、贾庆林、曾庆红、吴官正、李长春、罗干等和大会主席团成员在主席台就座。

会议表决通过了关于政府工作报告的决议。决议指出，会议充分肯定国务院过去一年的工作，同意报告提出的今后一年经济社会发展的目标任务和工作部署，决定批准这个报告。

会议表决通过了关于2006年国民经济和社会发展计划执行情况与2007年国民经济和社会发展计划的决议，决定批准关于2006年国民经济和社会发展计划执行情况与2007年国民经济和社会发展计划草案的报告，批准2007年国民经济和社会发展计划；表决通过了关于2006年中央和地方预算执行情况与2007年中央和地方预算的决议，决定批准关于2006年中央和地方预算执行情况与2007年中央和地方预算草案的报告，批准2007年中央预算。

会议表决高票通过了物权法和企业所得税法。顿时，全场响起了长时间的热烈掌声。中华人民共和国主席胡锦涛签署第62号、第63号主席令，公布了这两部法律。物权法自2007年10月1日起施行，企业所得税法自2008年1月1日起施行。

会议表决通过了关于十一届全国人大代表名额和选举问题的决定、香港特别行政区选举十一届全国人大代表的办法和澳门特别行政区选举十一届全国人大代表的办法。根据关于十一届全国人大代表名额和选举问题的决定，十一届全国人大代表于2008年1月选出。

会议表决通过了关于全国人大常委会工作报告的决议。决议指出，会议充分肯定全国人大常委会过去一年的工作，同意报告提出的今后一年的主要任务，决定批准这个报告。

会议表决通过了关于最高人民法院工作报告的决议、关于最高人民检察院工作报告的决议，决定批准这两个报告。

大会完成各项议程后，吴邦国发表讲话。他说，十届全国人大五次会议期间，代表们肩负全国各族人民的重托，以高度的政治责任感和历史使命感，依法履行职责，认真参加审议，积极提出建议，使会议的成果充分体现了人民的意愿、代表了人民的利益。会议开得很成功，是一次民主、求实、和谐、奋进的大会。

吴邦国指出，会议通过的物权法、企业所得税法，是中国特色社会主义法律体系中的重要法律。要采取多种形式，广泛宣传和深入学习这两部法律，抓紧制定相关配套办法，为这两部法律的实施做好充分准备，切实发挥法律的规范、引导和保障作用。

吴邦国说，会议作出了关于十一届全国人大代表选举有关事项的决定。人大代表选举是我国社会主义民主政治建设的一件大事。我们要坚持党的领导，充分发扬民主，严格依法办事，把模范遵守宪法和法律、密切联系群众、努力为人民服务、受到群众信赖的优秀分子选为全国人大代表，为坚持和完善人民代表大会制度、开创人大工作的新局面，提供坚实的组织保障。

3月16日，第十届全国人民代表大会第五次会议在北京人民大会堂闭幕。吴邦国主持会议。本报记者 李舸摄

吴邦国指出，会议期间代表团和代表提出的议案，大会主席团已全部交付全国人大有关专门委员会审议。各专门委员会要认真负责地审议代表议案，充分发挥代表议案在立法等工作中的重要作用，努力把代表议案的办理工作提高到一个新水平。代表提出的建议、批评和意见，会后由全国人大常委会办公厅负责统一交办。各承办单位要加强与代表的沟通联系，虚心听取代表意见，切实改进工作。

吴邦国最后说，让我们紧密地团结在以胡锦涛同志为总书记的党中央周围，高举邓小平理论和"三个代表"重要思想伟大旗帜，全面落实科学发展观，同心同德，奋发进取，扎实工作，以优异的成绩迎接党的十七大的胜利召开，为全面建设小康社会、构建社会主义和谐社会而努力奋斗。

上午10时28分，在军乐队高奏国歌后，吴邦国宣布：第十届全国人民代表大会第五次会议闭幕。

王乐泉、回良玉、刘淇、刘云山、吴仪、张立昌、张德江、周永康、俞正声、贺国强、郭伯雄、曹刚川、曾培炎、王刚、徐才厚、何勇、唐家璇、华建敏、陈至立、肖扬、贾春旺、王忠禹、刘延东、帕巴拉·格列朗杰、李贵鲜、张思卿、白立忱、罗豪才、周铁农、郝建秀、陈奎元、阿不来提·阿不都热西提、徐匡迪、李兆焯、黄孟复、张怀西、李蒙、张梅颖、张榕明以及中央军委委员梁光烈、李继耐、廖锡龙、陈炳德、乔清晨、靖志远等，和主席团成员在主席台上就座。

中央党政军群机关负责人，各民主党派中央、全国工商联和无党派代表人士列席了今天的大会。

各国驻华使节旁听了会议。

十届全国人大五次会议主席团举行第四次会议

吴邦国主持 决定将关于政府工作报告的决议草案表决稿等提请大会全体会议表决

本报北京3月16日讯 记者毛磊报道：十届全国人大五次会议主席团16日上午在人民大会堂举行第四次会议。

主席团常务主席吴邦国主持会议。

会议分别表决通过，决定将关于政府工作报告的决议草案表决稿、关于2006年国民经济和社会发展计划执行情况与2007年国民经济和社会发展计划的决议草案表决稿、关于2006年中央和地方预算执行情况与2007年中央和地方预算的决议草案表决稿，提请大会全体会议表决。

会议分别表决通过，决定将物权法草案表决稿、企业所得税法草案表决稿、关于十一届全国人大代表名额和选举问题的决定草案表决稿、香港特别行政区选举十一届全国人大代表的办法草案表决稿、澳门特别行政区选举十一届全国人大代表的办法草案表决稿，提请大会全体会议表决。

会议分别表决通过，决定将关于全国人大常委会工作报告的决议草案表决稿、关于最高人民法院工作报告的决议草案表决稿、关于最高人民检察院工作报告的决议草案表决稿，提请大会全体会议表决。

主席团常务主席王兆国、李铁映、司马义·艾买提、何鲁丽、丁石孙、成思危、许嘉璐、蒋正华、顾秀莲、热地、盛华仁、路甬祥、乌云其木格、韩启德等出席会议。

在十届全国人大五次会议记者招待会上 温家宝总理答中外记者问

3月16日，国务院总理温家宝在北京人民大会堂与中外记者见面，并回答记者提问。 本报记者 李舸摄

新华社北京3月16日电 十届全国人大五次会议16日上午在人民大会堂举行记者招待会，国务院总理温家宝应大会新闻发言人姜恩柱邀请同中外记者见面，并回答记者提出的问题。

招待会开始时，温家宝说：女士们、先生们、同志们，这是我作为本届政府总理在两会期间的最后一次记者招待会。这次两会受到全国人民的广泛关注，单就互联网上向总理提的问题已经超过100万条，点击的人数超过2600万人次。我昨天浏览了一下，有一个网民写道：总理的心究竟离我们有多近？他在思虑什么？就在昨天下午，我收到了一个代表转来的一所小学学生写给我的信。尽管再忙，我还是用毛笔亲笔给孩子们回了信，鼓励他们茁壮成长。我在网上看到有一个消息，一个政协委员提出关于要建立儿童医疗保险的建议已经四个年头了。我很注意这件事情，立即写了批语。我说，关系孩子们健康的事情应该重视，有关部门要认真研究。

本届政府工作走过了四个年头，它告诉我们，必须懂得一个真理，这就是政府的一切权力都是人民赋予的，一切属于人民，一切为了人民，一切依靠人民，一切归功于人民。必须秉持一种精神，这就是公仆精神。政府工作人员除了当好人民的公仆以外，没有任何其他权力。必须坚定一个信念，只要解放思想，与时俱进，追求真理，只要坚持改革开放，只要坚持科学发展、和谐发展、和平发展，我们就一定能够把中国建设成为一个富强、民主、文明、和谐的现代化国家。

谢谢大家。

华尔街日报记者：*我有两个问题。一个问题是现在国际投资者都非常关注中国的股市，您是否认为在过去的两年，中国的股市上涨或者发展过快、过猛？您是否认为普通的投资者现在承担着过大的风险？中国政府打算采取什么样的措施来给股市降温，或者说来调控股市？另外一个问题是有关中国的外汇储备投资的。中国政府提出要建立一个新的投资机构，寻求外汇储备的多元化。我想问的是，中国新成立的这种机构，它将把投资投向哪些具体的资产？*

温家宝：我关注股市的发展，但更关注股票市场的健康发展。去年以来，我们加强了资本市场的基础性制度建设，特别是成功地推进了股权分置改革，解决了历史上的遗留问题。我们的目标是建立一个成熟的资本市场。这就需要：第一，提高上市公司的质量；第二，建立一个公开、公正、透明的市场体系；第三，加强资本市场的监管，特别是完善法制。 （下转第二版）

第四版刊登社论

坚持科学发展 促进社会和谐

——热烈祝贺十届全国人大五次会议胜利闭幕

第十届全国人民代表大会第五次会议决议决定

全国人大高票通过物权法

全国人大表决通过企业所得税法

（第四版）

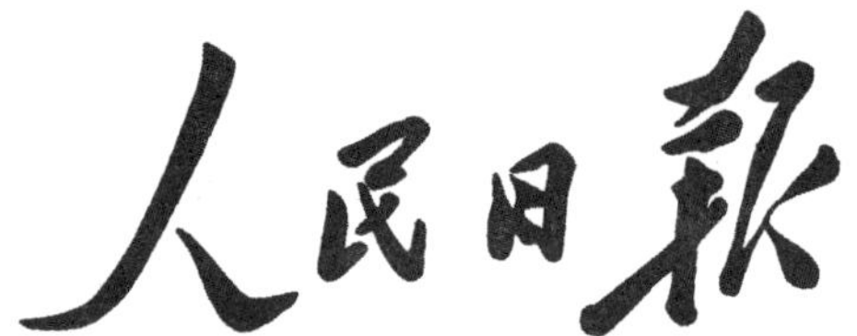

RENMIN RIBAO

今日8版

人民网 网址:http://www.people.com.cn
手机:http://wap.people.com.cn

国内统一连续出版物号 CN 11-0065
第21435期（代号1-1）
人民日报社出版

2007年3月
18
星期日
丁亥年正月廿九

北京地区天气预报
白天 多云转阴
北部地区有小雨
风向 偏南
风力 二、三级
夜间 阴间多云
风向 南转北
风力 一、二级
温度 9℃/2℃

我国国际专利申请量增速居全球首位

去年申请量达到3910件，近6年年均增长率30.7%，但原创性专利数量仍少

本报北京3月17日讯 记者**蒋建科**报道：随着对外贸易的发展和技术实力的增强，近年来我国通过《专利合作条约》（PCT）提交的国际专利申请量始终呈现出高速增长的态势。2006年PCT申请量达到3910件，约为2000年申请量的5倍，近6年年均增长率高达30.7%，增长速度高居全球各主要国家首位。

世界知识产权组织（WIPO）日前发布的统计数据显示，2000年，我国的国际专利申请仅为784件，2005年则达到2493件，排名首次进入前十。PCT国际专利申请数量激增，表明我国自主创新能力在不断增强，企业国际市场竞争能力和知识产权保护意识不断提高。

2007年2月，世界知识产权组织发布了《国际专利申请量去年再创新高 东北亚增长显著》的报告。统计数据显示，2006年，全世界通过PCT申请的国际专利总量达到145300件，比上年的136500件增长6.4%，再创历史新高。其中中国申请量为3910件，超过瑞士（3403件）、瑞典（3123件），跃居第八位。与2005年同期相比，中国申请量增长率为56.8%，增长速度高居全球各主要国家首位。2006年，发展中国家的PCT国际专利申请与2005年相比，增长27.6%，占总申请量的8.2%。

2006年我国华为技术有限公司共有575件PCT国际专利申请，在全球企业中的排名从2005年的第三十七位上升至2006年的第十三位。

专家同时也指出，我国属于原创性的专利相对较低。大部分企业缺乏核心技术，缺乏跨国企业技术创新意识和能力。

政府工作报告

——2007年3月5日在第十届全国人民代表大会第五次会议上

国务院总理 温家宝

各位代表：

现在，我代表国务院，向大会作政府工作报告，请予审议，并请全国政协各位委员提出意见。

一、2006年工作回顾

2006年，是我国实施“十一五”规划并实现良好开局的一年，国民经济和社会发展取得重大成就。

——经济平稳快速增长。国内生产总值20.94万亿元，比上年增长10.7%；居民消费价格总水平上涨1.5%。经济增长连续四年达到或略高于10%，没有出现明显通货膨胀。

——经济效益稳步提高。全国财政收入3.93万亿元，比上年增加7694亿元；规模以上工业企业实现利润增长31%，增加4442亿元。

——改革开放进一步深化。重点领域和关键环节改革取得新进展。进出口贸易总额1.76万亿美元，比上年增长23.8%；实际利用外商直接投资695亿美元。

——社会事业加快发展。科技创新取得重大成果，教育事业继续发展，公共卫生体系建设得到加强，文化、体育事业进一步繁荣。

——人民生活有较大改善。城镇新增就业1184万人。城镇居民人均可支配收入11759元，农村居民人均纯收入3587元，扣除价格因素，分别比上年实际增长10.4%和7.4%。

这些成就，标志着我国综合国力进一步增强，我们朝着全面建设小康社会目标又迈出坚实的一步。

一年来的主要工作是：

（一）加强和改善宏观调控。针对经济运行中投资增长过快、货币信贷投放过多、外贸顺差过大等突出问题，中央及时采取了一系列宏观调控措施。加强土地调控，从紧控制新增建设用地，严肃查处违法违规用地行为；加强货币信贷管理，两次上调人民币贷款基准利率、三次上调金融机构存款准备金率；加强财政、税收对经济运行的调节；加强新上项目市场准入审核和监督检查；加强房地产市场调控和监管，着力调整住房供给结构。宏观调控措施逐步见效，固定资产投资增幅回落，银行信贷投放增速放缓，防止了经济增长由偏快转为过热，避免了经济大起大落。

（二）加大“三农”工作力度。稳步推进社会主义新农村建设。全年中央财政用于“三农”支出3397亿元，比上年增加422亿元。在全国范围内取消了农业税和农业特产税，终结了延续2600多年农民种田交税的历史。继续增加对种粮农民直接补贴、良种补贴和农机具购置补贴，实施农业生产资料综合补贴政策，继续对重点地区的重点粮食品种实行最低收购价政策，增加对财政困难县乡和产粮大县的转移支付。在自然灾害较重的情况下，主要农产品产量稳步增加。全年粮食产量达到49746万吨，实现了连续三年增产。农村道路、水利、电力、通信等基础设施建设得到加强，又有2897万农村人口解决了安全饮水问题，新增450万农村沼气用户，农民的生产生活条件继续改善。农村扶贫开发工作取得新进展，农村贫困人口减少217万人。制定并实施解决农民工问题的政策措施，从解决工资偏低和拖欠、依法规范劳动管理、加强就业培训和社会保障等方面，维护了农民工的合法权益。

3月5日，第十届全国人民代表大会第五次会议在北京人民大会堂开幕。国务院总理温家宝向大会作政府工作报告。

本报记者 李舸摄

（三）加快经济结构调整。制定了加快振兴装备制造业的政策措施，推进关键领域重大技术装备自主制造。开展百万千瓦级核电机组、超超临界火电机组、新型船舶等设备自主化工作，启动高档数控机床和重要基础制造装备等重大专项。制定并实施钢铁、煤炭、水泥等11个行业结构调整的政策措施，部分产能过剩行业投资增幅明显回落，新开工项目计划总投资大幅下降，煤炭、电解铝分别淘汰落后生产能力1.1亿吨和120万吨。一批关系国民经济全局的重大工程建成投产或开工建设。青藏铁路全线通车，三峡左岸电站机组全部建成发电，金沙江向家坝水电站开工建设。这些对增强经济发展后劲将发挥重要作用。

更加重视节能环保工作。完善节能降耗、污染减排政策，普遍建立节能减排目标责任制。积极推进重点行业、重点企业和重点工程的节能工作，开展循环经济试点，加强三峡库区、松花江、南水北调水源及沿线、渤海等重点流域和区域水污染防治工作，实施燃煤电厂脱硫、城市污水处理、垃圾无害化处理等环保重点工程。连续四年在全国开展整治违法排污企业、保障群众健康环保专项行动。扎实推进生态保护和建设。整顿规范矿产资源开发秩序取得阶段性成果。地质勘查工作得到加强。

继续实施区域发展总体战略。西部大开发扎实推进，振兴东北地区等老工业基地工作顺利展开，促进中部地区崛起的政策开始实施，东部地区率先发展取得新成绩。

（四）积极推进改革开放。全面部署农村综合改革。集体林权制度改革稳步进行。国有经济布局调整、国有企业股份制改革和国有资产监管取得新进展。邮政体制实现政企分开，电力体制改革继续推进。国有商业银行股份制改革迈出新的重要步伐，中国银行、中国工商银行在境内外成功上市，农村信用社改革取得阶段性成果；上市公司股权分置改革基本完成，证券市场基础性制度建设得到加强；保险业改革深入推进；外汇管理体制改革逐步深化。财政税收制度继续完善。公务员工资制度改革和规范收入分配秩序顺利进行。整顿和规范市场秩序工作深入开展。

调整对外贸易结构。完善出口退税、关税和加工贸易政策，控制高耗能、高污染产品出口；积极增加进口。优化利用外资结构，扩大银行、分销、电信等服务业对外开放。深化和扩大与各国的经贸往来。支持企业对外投资合作。全面履行加入世界贸易组织承诺，完善涉外经济体制和法规政策。

（五）大力发展社会事业。增加社会事业的投入。全年中央财政用于科技、教育、卫生和文化事业的支出分别为774亿元、536亿元、138亿元和123亿元，比上年增长29.2%、39.4%、65.4%和23.9%。

推进科技创新。历时两年研究制定的国家中长期科学和技术发展规划纲要颁布实施，并制定了相关专项规划和配套政策措施。大型油气田和煤层气开发、新一代宽带无线移动通信网、大型飞机设计与制造、载人航天与探月工程等16个重大专项陆续启动。高性能计算机、超级优质杂交水稻、第三代移动通信、数字电视等一批关键技术取得突破，自主创新能力增强。

优先发展教育事业。全国财政安排农村义务教育经费1840亿元，全部免除了西部地区和部分中部地区农村义务教育阶段5200万名学生的学杂费，为3730万名贫困家庭学生免费提供教科书，对780万名寄宿学生补助了生活费。410个“两基”（基本普及九年义务教育和基本扫除青壮年文盲）攻坚县已有317个县实现目标，西部地区“两基”人口覆盖率由2003年的77%提高到96%。中央财政连续三年累计投入90亿元，用于农村寄宿制学校建设工程，7651所学校受益。农村中小学现代远程教育工程已投入80亿元，覆盖中西部地区80%以上的农村中小学，1亿多中小学生得以共享优质教育资源。中等职业学校招生规模扩大到741万人，在校学生总数1809万人。高等教育在学人数2500万人，毛入学率提高到22%。

加强医疗卫生工作。覆盖城乡、功能比较完善的疾病预防控制体系和突发公共卫生事件医疗救治体系，已经基本建成。启动了农村卫生服务体系建设，中央财政安排27亿元国债资金用于县、乡、村三级医疗卫生基础设施建设。新型农村合作医疗试点范围扩大到1451个县（市、区），占全国总数的50.7%，有4.1亿农民参加；中央财政支出42.7亿元，地方财政也相应增加支出，较大幅度提高参加合作医疗农民的补助标准。以社区为基础的城市医疗服务体系建设加快推进。城乡医疗救助工作有所加强。中央财政安排51亿元，用于支持地方加强公共卫生服务，艾滋病等重大疾病防控取得明显进展。

积极发展文化、体育事业。新闻出版、广播影视、文学艺术、哲学社会科学进一步繁荣。文化基础设施尤其是农村基层文化设施建设得到加强，广播电视村村通工程由行政村向自然村延伸，社区和乡镇综合文化站工程、全国文化信息资源共享工程建设继续推进。文化体制改革进一步深化，文化产业加快发展，对外文化交流更加活跃。全民体育活动广泛开展，竞技体育水平不断提高。社会主义精神文明建设继续加强。 （下转第二版）

温家宝总理人大会上回信 激励赣州滨江二小千名师生

新华社南昌3月17日电 （记者**林艳兴**）“总理爷爷，谢谢您给我们回信，谢谢您把学杂费免除了，让贫穷的孩子都能上学，给我们一个快快乐乐的童年”……17日，江西赣州市滨江第二小学的千名师生认真聆听了中共中央政治局常委、国务院总理温家宝的回信，并表示一定要努力学习，将来报效祖国。

3月16日上午，温家宝在记者招待会的开场白中说：“我收到了一个代表转来的一所小学学生写给我的信。尽管再忙，我还是用毛笔亲笔给孩子们回了信……”这所小学就是赣州市滨江二小。

赣州市滨江二小位于赣州新老城区接合部，950多名学生中大部分来自低收入家庭。今年，按照中央部署，江西同步免除城乡义务教育的学杂费，对困难学生书本费也给予免除，滨江二小学生受益很大。

3月1日，滨江二小186名免除学杂费、课本费的小学生致信温家宝总理。信中说：“在2007年这个春光明媚的时节，我们享受到了免交学杂费的优惠政策，我校186名家庭困难的同学还得到了政府提供的免费教科书，切实减轻了爸爸妈妈的负担，体现了社会主义大家庭的温暖。”

到北京出席十届人大五次会议的全国人大代表、滨江二小校长刘艳琼于3月13日用特快专递将信转寄给温家宝总理。15日下午，国务院工作人员就把总理的亲笔回信转交到了她在北京开会时的住处。总理在回信中说：“春天到了，鲜花开了。今年花儿红，明年花更好”，“祝学校越办越好，祝老师们为人师表，祝同学们茁壮成长”。看着总理用毛笔小楷工工整整给孩子们写来的亲笔回信，又从电视直播里听到总理在记者招待会上再次提起此事时，刘艳琼兴奋不已，当天下午就飞回到了赣州。

17日上午，早已得知消息的滨江二小的孩子们放弃周末休息，来到学校。刘艳琼宣读了总理的回信，同学们拿着总理的回信竞相传阅，并在《心语卡》上留言，表达着兴奋之情。四年级三班的罗琳，去年秋季开学向亲戚借钱交了179.8元学杂费，今年2月28日春季开学只交了36.5元作业本费。她在《心语卡》上说：“总理爷爷，感谢您给我们回信，感谢您提供优惠政策让我们快快乐乐地读书。我们一定努力学习，将来报效祖国。”

据了解，江西省委常委、赣州市委书记潘逸阳已要求全市干部群众认真传达学习好总理回信，切实办好老区的教育事业，使老区的广大青少年茁壮成长。

3月17日，共青团安徽省委在安徽农业大学举办大型公益性招聘会。此次招聘会参会企业和求职大学生均免费进场，吸引了256家用人单位进场，提供就业岗位3600余个。图为求职大学生正在了解招聘信息。 马启兵摄

河南强化环境影响评价调控建设项目

支持先进的 制止落后的 控制过热的

本报郑州3月17日电 记者**李杰**报道：河南强化环境影响评价，以此调控建设项目。对那些不遵守环境影响评价政策，未批先建、擅非所批或不执行环保“三同时”制度的建设项目，采取区域限批、行业限批等强制手段。

日前河南省环保局宣布，从今年开始，凡是县（市、区）出现两起以上未批先建的违规建设项目，省环保局将予以通报批评并暂停审批项目所在地的所有建设项目；省辖市区域内出现一起违反国家产业政策、不符合环保要求，或一起严重违反环保“三同时”制度的建设项目违法行为，省环保局将暂停审批项目所在省辖市的所有建设项目，直至整改到位。此举旨在强化环境影响评价对建设项目的把关和调控功能，对建设项目坚持做到积极支持先进的、坚决制止落后的、严格控制过热的。

环境影响评价是环境保护参与综合发展决策的切入点，也是实施环境保护综合管理的重要保障。据介绍，去年河南省环保局批准了288个建设项目环评报告书，否决、调整了50个不符合产业政策和环保要求的建设项目，对32个违法建设项目下达了限期整改通知。同时，组织开展新开工项目的清理工作，依法停建两批37个违法违规的固定资产投资项目。

今年，河南省将进一步严格环境准入，对国家严格控制的钢铁、电解铝项目不予审批；对高耗能、高污染的焦化、电石、铁合金项目不再审批新建项目；对纺织、水泥、电力、生物燃料乙醇、煤化工等潜在产能过剩的项目，将合理规划与布点，按照分级审批规定从严审批。对所有已经审批的项目，自审批之日起满5年仍未开工建设的，重新复核审批。

人民币存贷款基准利率上调

—一年期分别上调0.27个百分点

本报北京3月17日讯 记者**田俊荣**报道：中国人民银行决定，自2007年3月18日起上调金融机构人民币存贷款基准利率。金融机构一年期存款基准利率上调0.27个百分点，由现行的2.52%提高到2.79%；一年期贷款基准利率上调0.27个百分点，由现行的6.12%提高到6.39%；其他各档次存贷款基准利率也相应调整。

央行有关负责人表示，本次上调金融机构人民币存贷款基准利率，有利于引导货币信贷和投资的合理增长；有利于维护价格总水平基本稳定；有利于金融体系稳健运行；有利于经济平衡增长和结构优化，促进国民经济又好又快发展。

杯水车“新”

江 人

用一杯水去救一车着了火的柴禾而无济于事，谓之杯水车薪。如今在一些地方，只需一瓶矿泉水的水量，就能使一辆汽车洁净如新，不妨称之为杯水车“新”。

用传统的洗车方式，清洗一辆轿车要用水约50—100公斤，同时污水横流，污染周边环境，若是冬天路面结冰，还会给行人和车辆造成安全隐患。

杯水车“新”，主要是通过电瓶把水加热为水蒸气，再通过水蒸气冲风的方式，完成汽车的清洗。其洗车效果、价格与普通水洗车一样，对汽车漆面不会造成任何伤害。这种蒸汽洗车方式还不受场地限制，不占道，如车主需要，洗车工可以推着洗车设备上门服务。

类似有效的节水举措，值得推广。

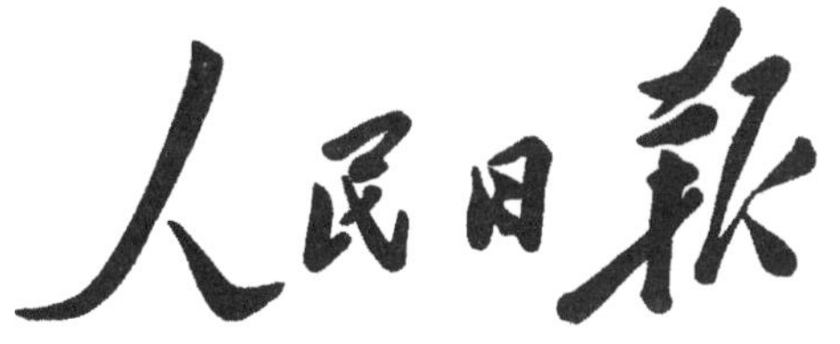

RENMIN RIBAO

人民网 网址:http://www.people.com.cn
手机:http://wap.people.com.cn

2008年3月
14
星期五
戊子年二月初七
人民日报社出版
国内连续出版物号
CN11-0065
第21797期(代号1-1)
今日16版

胡锦涛主席同普京总统通电话

表示相信在双方共同努力下,中俄战略协作伙伴关系一定会不断迈上新台阶,中俄友好事业一定会取得更加丰硕的成果

本报北京3月13日电 国家主席胡锦涛13日晚应约同俄罗斯总统普京通电话。

胡锦涛表示,普京总统执政以来,中俄关系健康深入发展,各领域交流合作成果丰硕。双方签署了中俄睦邻友好合作条约,彻底解决了历史遗留的边界问题,成功举办了"国家年"活动,共同发表了关于21世纪国际秩序的联合声明。胡锦涛高度评价普京总统为中俄战略协作伙伴关系发展作出的突出贡献,并相信在双方共同努力下,中俄战略协作伙伴关系一定会不断迈上新台阶,中俄友好事业一定会取得更加丰硕的成果。胡锦涛还对俄罗斯总统大选顺利举行表示祝贺。

普京高度评价他同胡锦涛进行的密切而富有成果的合作。普京表示,俄罗斯和中国是战略协作伙伴,俄方高度重视俄中关系。双方在"国家年"框架内举办了600多项活动,双边贸易额不断增长,在国际事务中进行了良好合作。俄方希望两国领导人继续保持密切交往,共同推动俄中战略协作伙伴关系不断向前发展。

普京预祝北京奥运会圆满成功。

政协第十一届全国委员会选出领导人

贾庆林连任全国政协主席

王刚、廖晖、杜青林、阿沛·阿旺晋美、帕巴拉·格列朗杰、马万祺、白立忱、陈奎元、阿不来提·阿不都热西提、李兆焯、黄孟复、董建华、张梅颖、张榕明、钱运录、孙家正、李金华、郑万通、邓朴方、万钢、林文漪、厉无畏、罗富和、陈宗兴、王志珍当选全国政协副主席

新华社北京3月13日电 全国政协十一届一次会议13日下午在人民大会堂举行第四次全体会议。大会选举中共中央政治局常委贾庆林为全国政协主席,同时选出25位全国政协副主席。

25位全国政协副主席是:王刚、廖晖、杜青林、阿沛·阿旺晋美、帕巴拉·格列朗杰、马万祺、白立忱、陈奎元、阿不来提·阿不都热西提、李兆焯、黄孟复、董建华、张梅颖、张榕明、钱运录、孙家正、李金华、郑万通、邓朴方、万钢、林文漪、厉无畏、罗富和、陈宗兴、王志珍。钱运录同时当选为政协第十一届全国委员会秘书长。

会议还选举产生了政协第十一届全国委员会常务委员298人。

会议于下午3时在人民大会堂举行。大会执行主席是陈奎元、张梅颖、郑万通,会议由陈奎元主持。

十一届全国政协委员总数2237人,因温宗仁委员因病去世,现为2236人。今天实到委员2178人,超过委员总数的2/3,符合选举的法定人数。

选举开始前,工作人员宣读了总监票人、监票人名单。54名总监票人、监票人随即就位,检查全场23个票箱情况。在工作人员将票箱检查单上交后,两名总监票人向会议报告了检查票箱结果。

贾庆林主席

随后,工作人员将两种不同颜色的选票分发到会场上每一位委员手中。红色的是选举主席、副主席、秘书长的选票,粉色的是选举常务委员的选票。

大会秘书处在会场后区设有秘密写票处,有愿意的委员由工作人员引领到秘密写票处写票。

根据政协十一届一次会议选举办法,大会选举采用无记名投票方式。主席、副主席、秘书长和常务委员采用等额选举的办法产生。候选人得到的赞成票超过全体委员的半数为当选。

工作人员宣读填写选票的要求后,委员们开始写票。15时45分,投票开始,总监票人、监票人就位并先投票,委员们按座区分别到指定票箱投票。整个投票过程持续了约30分钟。

当工作人员计算完回收选票后,总监票人向会议主持人递交投票结果报告单。会议主持人宣布:截至投票前,实到委员2178人。发出选举主席、副主席、秘书长选票2178张,收回选票2177张;发出选举常务委员选票2178张,收回选票2177张,收回的选票均少于发出的选票,选举有效。

计票完毕,工作人员宣读选举计票结果。选举结果表明,主席、副主席、秘书长和常务委员候选人得票均超过全体委员总数的半数,全部当选。

新当选的全国政协主席、副主席平均年龄比十届下降2.8岁,其中民主党派和全国工商联、无党派人士13名,少数民族人士5名,女性4名。新当选的常务委员平均年龄为58.6岁,比十届下降3.3岁,其中非中共人士195名,占65.4%;少数民族人士37名;女性30名。

全体委员以热烈掌声,祝贺新一届政协全国委员会常务委员会的诞生。

全国政协办公厅中共中央统战部举行招待会

招待港澳地区全国政协委员

贾庆林出席并致辞

本报北京3月13日电 (记者王尧)全国政协办公厅、中共中央统战部13日晚在钓鱼台国宾馆举行招待会,招待参加全国政协十一届一次会议的港澳地区全国政协委员。中共中央政治局常委、全国政协主席贾庆林出席并致辞。

贾庆林首先代表全国政协和中共中央统战部,向港澳地区的全国政协委员表示热烈的欢迎和诚挚的问候。他说,今年的两会是在全国人民深入学习贯彻中共十七大精神的形势下召开的重要会议。3月6日下午,胡锦涛总书记在人民大会堂亲切会见了香港、澳门地区全国人大代表和全国政协委员,并发表了重要讲话,充分体现了中央政府对港澳委员的亲切关怀和殷切期望。会议期间,港澳委员围绕推动国家经济社会发展、促进祖国和平统一大业、保持港澳的长期繁荣稳定、做好人民政协工作,积极议政建言,充分展示了港澳委员参与国事、致力发展、关注民生、奉献社会的高尚情怀。

贾庆林指出,今年是全面贯彻中共十七大作出的战略部署的第一年,也是大事多、喜事多的一年。做好今年的工作,意义十分重大。港澳地区全国政协委员是香港、澳门各界有影响的代表人士,是在香港、澳门实践"一国两制"方针的重要力量。希望港澳委员坚定不移地贯彻"一国两制"、"港人治港"、"澳人治澳"、高度自治的方针,严格按照特别行政区基本法办事,全力支持特别行政区政府依法施政,广泛团结联系香港同胞、澳门同胞,集中精力发展经济,切实有效改善民生,循序渐进推进民主,包容共济促进和谐,努力保持香港、澳门长期繁荣稳定,在推进内地的改革开放和现代化建设中作出更大的贡献。

招待会由中共中央政治局委员、全国政协副主席王刚主持。

全国政协副主席廖晖、杜青林、董建华、钱运录、郑万通、万钢、林文漪,以及国务院港澳办,中央政府驻香港、澳门特别行政区联络办公室负责人等共400余人出席招待会。

中国人民政治协商会议第十一届全国委员会主席、副主席、秘书长、常务委员名单

主席

贾庆林

副主席

王　刚　廖　晖　杜青林　阿沛·阿旺晋美(藏族)
帕巴拉·格列朗杰(藏族)　马万祺　白立忱(回族)
陈奎元　阿不来提·阿不都热西提(维吾尔族)
李兆焯(壮族)　黄孟复　董建华　张梅颖(女)
张榕明(女)　钱运录　孙家正　李金华
郑万通　邓朴方　万　钢　林文漪(女)
厉无畏　罗富和　陈宗兴　王志珍(女)

秘书长

钱运录(兼)

常务委员(按姓名笔画排序)

一　诚　刀述仁(傣族)　万季飞　万学远　万鄂湘
马长庆(东乡族)　马志伟(满族)　马美林
马培华　王　晓　王少阶　王玉锁　王立平(满族)
王永庆　王亚保(黎族)　王光谦　王先琼(女,侗族)
王众孚　王宇田　王林旭　王明明　王金祥　王显政
王钦敏　王健林　王梅祥　王新陆　王新奎　韦建桦
方兆本　孔小均　艾努瓦尔(哈萨克族)　左焕琛(女)
厉以宁　石耀霖　卢志强　卢晓钟　叶小文　叶小钢
田　刚　田　岚(土家族)　田　静　田　震　田中群
田聪明　包俊臣(蒙古族)　冯　巩　冯明光　冯炯华
冯培恩　冯骥才　宁崇瑞　朱孝清　朱作言　朱祖良
朱维群　伍淑清(女)　任法融　全哲洙(朝鲜族)
刘　凡　刘　江　刘长铭　刘古昌　刘汉元　刘汉铨
刘光复　刘亦铭　刘志峰　刘迎龙　刘应明　刘泽彭
刘柏年　刘晓庄　刘晓峰　刘峰岩　刘淑莹(女)
刘新文(女)　刘慕仁　齐　让　江蓝生(女)
许仕仁　许仲林　许志功　许京军　孙　淦　孙永福
孙志强　孙怀山　孙晓郁　买买提·玉素甫(维吾尔族)
苏士澍(满族)　李　冰　李　宏　李　明　李　羚(女)
李　崴　李　谠(女)　李卫华　李世济(女)
李庆云　李君如　李卓彬　李国璋　李昌鉴　李泽钜
李承淑(女,朝鲜族)　李栋恒　李铁林
李德洙(朝鲜族)　李德强　杨　岐　杨　健　杨孙西
杨春兴(苗族)　杨俊文　杨健强(白族)　杨崇汇
杨维刚　杨焱平(女,白族)　吴　江(无党派人士界)
吴玉谦　吴正德　吴光正　吴国桢　吴祖强
吴嘉甫(布依族)　吴蔚然　邱衍汉　何　维　何小平
何丕洁　何光晖　何柱国　何鸿燊　余国春　闵乃本
汪啸风　沈文庆　沈滨义　张　平　张　帆　张　健
张　海　张　黎　张大方　张大宁　张文康　张左己
张龙之　张圣坤　张来斌　张国宝　张泽熙　张宝文
张承芬(女)　张俊九　张桃林　张海迪(女)
张维庆　张道宏　张福森　阿什老轨(彝族)
陈　军(哈尼族)　陈　杰(女,高山族)　陈　旗
陈广元(回族)　陈云林　陈永棋　陈传阔　陈自力
陈进玉　陈抗甫　陈佐洱　陈昊苏　陈明义　陈明德
陈绍军　陈政立　陈勋儒　陈凌孚　陈章良　陈清华
陈福今　邵　鸿　武大伟　武四海(回族)　武维华
武献华　林而达　林兆枢　林明江　欧阳明高
欧阳淞　季允石　周文重　周汉民　周健民　周遇奇
郑小燕(女)　郑兰荪　郑军里(瑶族)　郑建邦　郑祖康　郑家纯　郑惠强
郑楚平　郑楚光　学　诚　赵　龙　赵　俊　赵少华(女,满族)　赵化勇
赵启正　赵雨森　赵晓勇　胡四一　胡永柱　胡家燕(女)　胡德平
钮小明(女)　段成桂　修福金　俞海潮　洪祖杭　姚志彬　秦大河
珠康·土登克珠(藏族)　袁汉民　袁祖亮　袁隆平　袁熙坤　贾庆国　夏　涛
夏培度　顾秉林　柴松岳　钱克明　徐　泽　徐　辉　徐冠华　徐振寰　徐展堂
栾恩杰(满族)　高　峰(宗教界)　高小玫(女)　高中兴　高体健　高俊良
郭炳湘　陶建幸　桑顶·多吉帕姆·德庆曲珍(女,藏族)　黄代放　黄志贤
黄格胜(壮族)　曹　亚(女)　曹　毅(土家族)　曹小红(女,回族)
曹其真(女)　龚世萍(女)　龚惠兴　康耀红　章祥荪　梁金泉　梁振英
葛东升　葛剑平　葛剑雄　董恒宇　董新光　蒋以任　蒋作君　蒋明麟　韩忠朝
韩美林　覃志刚(壮族)　程世峨(女)　程崇庆　傅先伟　傅惠民　曾　华
温思美　温熙森　靳尚谊　蒙进喜　赖　明　雷　蕾(女,满族)　蔡　威
蔡达峰　管国忠(傣族)　廖泽云　黎桂康　德哇仓(藏族)　滕文生
潘贵玉(女)　潘蓓蕾(女,高山族)　霍　达(女,回族)
磨长英(女)　戴德丰

(新华社北京3月13日电)

代表委员议国是

本期主题:期待奥运

重在展示风采

本报记者　赵永新

"老百姓都希望中国运动员在2008年奥运会上多拿奖牌,但不要把眼睛都盯在奖牌上。"全国政协委员邓亚萍说,"在北京举办奥运会,最重要的意义不在于拿多少金牌,而在于通过这个全人类最大的庆典,让世界更好地了解中国和中国人民的气度和风采。"

奥运是一个契机、一个台阶,我们一定要利用这个台阶,提升所有我们落后的东西,比如环境、国民心态、市民素质、文化水平……通过这次奥运,我们会发现,原来我们可以更文明地、更有素质地生活和面对世界。

——冯小宁委员说,2008年奥运会以后,中国已经取得的进步不会丢弃,不会再回到原有的水平上去。(本报记者　刘　阳)

奥运会主体活动在北京,但奥运精神的传播和宣传应该覆盖广大城乡,尤其是在农村地区要加强宣传。要以火炬传递为载体,在全国各地举办各式各样的活动,使奥运精神与中华传统文化有机结合、推动全民健身运动的开展。

——江苏团代表、南京体育学院训练处副处长葛菲说,奥运理念的宣传不能忘了农村,不能忽略农民。(本报记者　汪晓东)

残奥人生"同样精彩"

本报记者　李晓宏

"残疾人和健全人拥有着同一个世界、同一个梦想,人生理应同样精彩。"浙江团代表、杭州歌舞剧院副院长崔巍说,2008年北京残奥会,不仅是展示残疾人自强自立、顽强拼搏精神的舞台,也是普及助残知识、传播助残理念,唤起国人对残疾人尊重与关爱的机会。

香港是2008年奥运会协办城市之一,香港市民都很关注奥运会。每次奥运冠军访问香港,都会受到热烈欢迎。对于越来越近的奥运会,许多香港市民正翘首期盼。

——说起北京奥运会,香港团代表、香港特别行政区立法会主席范徐丽泰喜悦之情溢于言表。(本报记者　袁新文)

奥运经济不会是啤酒泡沫,所有的奥运场馆、配套服务设施赛后都会派上用场,成为新的消费热点,从而加速提升第三产业的比重,助推北京产业结构的调整和经济增长方式的转变。

——北京团代表、燕京啤酒集团董事长李福成说,2008年奥运会是提升企业品牌国际影响力和品牌价值的重要机会。(本报记者　陆娅楠)

"绿"透场馆处处新

本报记者　贺林平

"国家体育场采用了太阳能光伏发电技术,五棵松篮球馆能将收集到的雨水应用于空调水冷却、冲厕、绿化、消防等用途……这一系列环保节能的绿色建筑设计,让人叹为观止。"全国政协委员冯军说,"这些建筑,处处透出了北京奥运会'绿色奥运、科技奥运、人文奥运'的理念。"

看!我的奥运"微笑圈"

全国人大代表谭晶(左二)、杨扬(右二)和奥运志愿者一起戴上了象征五种文明素质的奥运"微笑圈"。　本报记者　李维娜摄

秘鲁总统将访华

本报北京3月13日电 (记者王磊)外交部发言人秦刚13日宣布,应国家主席胡锦涛的邀请,秘鲁共和国总统阿兰·加西亚·佩雷斯将于3月18日至21日对中国进行国事访问。

秦刚说,在加西亚总统访问期间,中国国家主席胡锦涛、全国人大常委会委员长吴邦国、国务院总理温家宝、李长春同志将分别与他举行会谈或会见,就双边关系和共同关心的国际和地区问题交换意见。

秦刚说,中方高度重视加西亚总统即将对中国进行的国事访问,相信此次访问将进一步拓展和深化两国在各领域的务实合作,推动两国关系进一步向前发展。

高校学生临时伙食补贴再增加

本报北京3月13日电 (记者倪光辉)近日,中央财政又安排专项资金3.19亿元,在3月至6月对全国所有普通高校家庭经济困难学生,每人每月再给予20元的补贴。该项资金日前已全部下达。

实施这项政策后,全国所有普通高校的学生在3月至6月每月可获得20元的补贴,其中1/5的家庭经济困难学生可获得40元的补贴。财政部、教育部日前发出紧急通知要求各地、各高校迅速将财政补贴资金发放到学生手中。

第十三至十六版刊登

2007年美国的人权纪录

人民日报
RENMIN RIBAO

人民网　网址：http://www.people.com.cn
手机：http://wap.people.com.cn

2008年3月
16
星期日
戊子年二月初九
人民日报社出版
国内连续出版物号
CN11-0065
第21799期（代号1-1）
今日12版

十一届全国人大一次会议主席团举行第五、第六次会议

吴邦国主持　习近平等出席

新华社北京3月15日电　十一届全国人大一次会议主席团15日中午在人民大会堂举行第五次会议。

主席团常务主席吴邦国主持会议。

根据《中华人民共和国宪法》第六十二条的规定，中华人民共和国主席胡锦涛向大会提出了国务院总理的人选，中央军事委员会主席胡锦涛向大会提出了中央军事委员会副主席、委员的人选，提请大会决定任命。主席团会议上，工作人员宣读了这两份提名信。

主席团会议决定，将胡锦涛提名的国务院总理人选和中央军事委员会副主席、委员人选，交各代表团酝酿。

3月12日，中共中央向大会主席团提出了最高人民法院院长、最高人民检察院检察长建议人选名单。主席团会议经过表决，决定将这两个人选名单作为主席团的提名，交各代表团酝酿协商。

主席团常务主席习近平、王兆国、路甬祥、乌云其木格、韩启德、华建敏、陈至立、周铁农出席会议。

新华社北京3月15日电　十一届全国人大一次会议主席团15日下午在人民大会堂举行第六次会议。

主席团常务主席吴邦国主持会议。

15日下午，各代表团对国务院总理人选，中央军事委员会副主席、委员人选进行了酝酿，对人选名单一致表示赞成。

（下转第四版）

十一届全国人大一次会议选举产生新一届国家领导人

胡锦涛当选国家主席中央军委主席
吴邦国当选全国人大常委会委员长

习近平当选国家副主席

王兆国、路甬祥、乌云其木格、韩启德、华建敏、陈至立、周铁农、李建国、司马义·铁力瓦尔地、蒋树声、陈昌智、严隽琪、桑国卫当选全国人大常委会副委员长

批准国务院机构改革方案

中华人民共和国主席
中华人民共和国中央军委主席
胡锦涛

全国人大常委会委员长
吴邦国

中华人民共和国副主席
习近平

新华社北京3月15日电　第十一届全国人民代表大会第一次会议15日上午以无记名投票方式，选举胡锦涛为中华人民共和国主席、中华人民共和国中央军事委员会主席，选举吴邦国为第十一届全国人民代表大会常务委员会委员长，选举习近平为中华人民共和国副主席。

会议经过表决，批准了国务院机构改革方案。

十一届全国人大一次会议上午9时在人民大会堂举行第五次全体会议，大会执行主席、主席团常务主席王兆国主持。

今天的会议应出席代表2987人，出席2967人，缺席20人，出席人数符合法定人数。

会议首先经过表决，通过关于国务院机构改革方案的决定，批准了这个方案。会议要求，国务院要加强领导，周密部署，保证机构改革方案的顺利实施。

随后，会议进行选举。与会代表经过表决，通过了由35名代表组成的总监票人、监票人名单。王燕文、高万能为总监票人。

选举正式开始，监票人首先对设置在会场的28个票箱和电子计票系统进行了检查。接着，工作人员开始分发选票。4种不同颜色的选举票分发到每一位代表手中。

根据大会通过的选举和决定任命的办法，第十一届全国人大常委会委员长、副委员长、秘书长，国家主席、副主席，国家中央军事委员会主席，进行等额选举；全国人大常委会委员进行差额选举，差额比例为7%。

国家主席、副主席和国家中央军事委员会主席的选举票，用汉文和7种少数民族文字印制。全国人大常委会委员长、副委员长、秘书长、委员的选举票，印有少数民族文字对照表，与选举票同时发给少数民族代表，以便对照写票。

会场后区，设有秘密写票处。

9时45分，总监票人、监票人首先投票。之后，代表们开始投票。投票结束后，总监票人报告了发出和回收选票的情况，选举有效。

经过计票，10时51分，工作人员开始宣读计票结果。

王兆国宣布：

吴邦国当选为第十一届全国人民代表大会常务委员会委员长；王兆国、路甬祥、乌云其木格、韩启德、华建敏、陈至立、周铁农、李建国、司马义·铁力瓦尔地、蒋树声、陈昌智、严隽琪、桑国卫当选为第十一届全国人民代表大会常务委员会副委员长；李建国当选为第十一届全国人民代表大会常务委员会秘书长。

161人当选为第十一届全国人民代表大会常务委员会委员。

胡锦涛当选为中华人民共和国主席，习近平当选为中华人民共和国副主席。

胡锦涛当选为中华人民共和国中央军事委员会主席。

公布选举结果过程中，全场多次响起经久不息的掌声。

再次当选国家主席、中央军委主席的胡锦涛，起身向代表们鞠躬致意。全场再次响起长时间的热烈掌声。

再次当选全国人大常委会委员长的吴邦国、新当选国家副主席的习近平等，也向代表们鞠躬致意。

大会执行主席华建敏、周铁农、艾力更·依明巴海、刘胜玉、李建国、张文岳、钱运录、储波等在主席台执行主席席就座。

相聚在充满希望的春天

——记胡锦涛主席出席“中日青少年友好交流年”开幕活动

3月的北京，草木吐绿，春意盎然。2008名中日两国青少年在中日和平友好条约缔结30周年之际相聚北京，共同参加“中日青少年友好交流年”开幕活动。中国国家主席胡锦涛来到两国青少年中间，同他们一起畅叙友情，共话中日世代友好的未来。

15日下午，中国人民大学校园里到处欢声笑语，世纪馆内外“2008中日青少年友好交流年”的红色心形徽标格外醒目，两国青少年正在这里开展丰富多彩的交流活动。下午3时许，胡锦涛来到世纪馆，代表中国政府，向远道而来的日本青少年表示诚挚的欢迎。

“举青春之力　谋世代友好”

中日两国文化相交相融，其中书法艺术为两国人民所共同钟爱。在世纪馆北厅，二三十名中日青少年正在切磋书法艺术。胡锦涛走到他们中间，兴致勃勃地观看他们挥毫泼墨。“海内存知己，天涯若比邻”、“千里之行，始于足下”、“功到自然成”等条幅吸引了胡锦涛的目光，他停下脚步，仔细欣赏。

中日青年学生代表王昊和上田沙弥香在现场一道写下：“同一个世界，同一个梦想”。胡锦涛称赞他们的字写得好。他说，书法是中日两国特有的传统艺术，在两国友好交往史上发挥了重要的桥梁纽带作用。今天，看到中日青少年用书法表达了对两国人民世代友好的企盼，我感到十分欣慰。接着，胡锦涛拿过一枝毛笔，蘸上浓墨，欣然写下10个大字——“举青春之力　谋世代友好”。胡锦涛主席对两国青少年、对中日世代友好的殷殷之情，使在场的人们深受感染。

“以茶为缘，以和为贵”

作为两个喜爱饮茶的民族，茶文化在中日两国人民中都有很大影响。中日之间的茶艺和茶道交流，凝结着两国人民的深厚传统友谊。离开世纪馆北厅，胡锦涛又来到中日青少年表演茶艺和茶道的茶室。

茶室一角，几位日本女青年正在演示“里千家茶道”。胡锦涛坐在茶桌前，饶有兴致地观看。一位日本女青年端上沏好的京都特产喜云茶，请胡主席品尝。胡锦涛接茶、转碗，细细地品味。茶室的另一角，一位中国男青年舞动长嘴铜壶，表演着“太极茶道”。只见长嘴铜壶上下翻飞，缕缕清茶精准地注入茶碗，赢得大家一片赞叹。胡锦涛接过斟满清茶的茶碗，高兴地品尝起来。

胡锦涛对大家说：刚才，观看了中日青少年表演的茶艺和茶道，品尝了你们亲手冲泡的茗茶，感到茶事高雅、茶味清香。中国茶艺与日本茶道异曲同工，虽然各有特点，但都强调“和”的精神，就是要和睦相处、和谐共生。希望两国青少年以茶为缘、以和为贵，增进相互了解和友谊，为中日睦邻友好多作贡献。

胡锦涛主席一番意味深长的话语，深深打动了在场的两国青少年。

“用白玉兰树和樱树来象征中日两国人民世代友好”

春天是播种希望的季节。胡锦涛专门来到校园草坪上，同中日青少年代表一起种植友谊树。

白玉兰花纯洁清香、朵朵向上，深受中国人民喜爱；樱花质朴淡雅、开满枝头，深受日本人民喜爱。植树现场，一棵含苞待放的白玉兰树和一棵绿芽萌发的樱树被分别放置在两个植树坛中。胡锦涛拿起系着红绸的铁锹，和大家一起依次为两棵树挥锹培土、提桶浇水。

树种好后，胡锦涛高兴地说：“我们把这两棵树种在一起，用她们来象征中日两国人民世代友好。”他相信在两国人民特别是青少年的共同呵护下，中日友谊之树一定会根深叶茂、茁壮成长。

微风中，两棵树亭亭玉立，焕发出勃勃生机。

“中日世代友好归根到底要从两国青少年做起”

世纪馆主馆，中日两国青少年欢聚一堂、载歌载舞，“中日青少年友好交流年”开幕式正在这里举行。

（下转第四版）

3月15日，国家主席胡锦涛在北京出席“中日青少年友好交流年”开幕活动。这是胡锦涛在中国人民大学世纪馆兴致勃勃地参加中日两国青少年书法交流活动。　新华社记者　兰红光摄

人民日报

RENMIN RIBAO

人民网　网址:http://www.people.com.cn
手机:http://wap.people.com.cn

2008年3月
17
星期一
戊子年二月初十
人民日报社出版
国内连续出版物号
CN11-0065
第21800期(代号1-1)
今日16版

十一届全国人大一次会议主席团举行第七次会议

吴邦国主持　习近平等出席

新华社北京3月16日电　十一届全国人大一次会议16日上午举行第六次全体会议后，大会主席团在人民大会堂举行第七次会议。

主席团常务主席吴邦国主持会议。

根据《中华人民共和国宪法》第六十二条的规定，国务院总理温家宝向大会提出了国务院其他组成人员的人选，提请大会决定任命。

主席团会议决定，将温家宝提名的国务院副总理、国务委员、各部部长、各委员会主任、中国人民银行行长、审计长、秘书长的人选，交各代表团酝酿。

十一届全国人大共设九个专门委员会，其中财政经济委员会组成人员名单已于3月5日表决通过。3月12日，中共中央向大会主席团提出了其他八个专门委员会的建议人选名单。

主席团会议分别经过表决，决定将十一届全国人大民族委员会、法律委员会、内务司法委员会、教育科学文化卫生委员会、外事委员会、华侨委员会、环境与资源保护委员会、农业与农村委员会主任委员、副主任委员、委员的人选，作为主席团的提名，交各代表团酝酿。

主席团常务主席习近平、王兆国、路甬祥、乌云其木格、韩启德、华建敏、陈至立、周铁农出席会议。

十一届全国人大一次会议决定

温家宝为国务院总理

郭伯雄徐才厚为中华人民共和国中央军事委员会副主席

梁光烈陈炳德李继耐廖锡龙常万全靖志远吴胜利许其亮为中华人民共和国中央军事委员会委员

王胜俊当选为最高人民法院院长　曹建明当选为最高人民检察院检察长

新华社北京3月16日电　十一届全国人大一次会议16日上午在人民大会堂举行第六次全体会议。会议经过投票表决，决定温家宝为中华人民共和国国务院总理。

大会执行主席、主席团常务主席习近平主持会议。

今天的会议应出席代表2987人，出席2968人，缺席19人，出席人数符合法定人数。

这次会议的议程是：根据中华人民共和国主席胡锦涛的提名，决定国务院总理人选；根据中华人民共和国中央军事委员会主席胡锦涛的提名，决定中央军事委员会副主席、委员人选；选举最高人民法院院长；选举最高人民检察院检察长。

会议宣读了胡锦涛对国务院总理人选的提名信和对中央军事委员会副主席、委员人选的提名信。

根据《中华人民共和国宪法》第六十二条的规定，胡锦涛向大会提名温家宝为国务院总理人选；提名郭伯雄、徐才厚为中央军事委员会副主席人选，梁光烈、陈炳德、李继耐、廖锡龙、常万全、靖志远、吴胜利、许其亮为中央军事委员会委员人选。这两个人选名单经各代表团酝酿后，大会主席团会议决定提请大会全体会议表决。

最高人民法院院长的人选，最高人民检察院检察长的人选，主席团提名后，各代表团进行了酝酿协商，主席团会议根据多数代表的意见，确定了正式候选人名单，提请大会全体会议选举。

国务院总理
温家宝

总监票人、监票人检查电子票箱和电子计票系统后，工作人员开始分发选票。每位代表拿到4张颜色不同的选票。

根据十一届全国人大一次会议选举和决定任命的办法，决定国务院总理人选和中央军事委员会副主席、委员人选用表决票，选举最高人民法院院长、最高人民检察院检察长用选举票。对表决票上的人选，代表可以表示赞成、反对、弃权，不能另提人选。对选举票上的候选人，代表可以表示赞成、反对、弃权；表示反对的，可以另选他人；表示弃权的，不能另选他人。

经过写票、投票、计票，10时30分，工作人员开始宣读表决、选举计票结果。

习近平宣布：

温家宝为中华人民共和国国务院总理；

郭伯雄、徐才厚为中华人民共和国中央军事委员会副主席，梁光烈、陈炳德、李继耐、廖锡龙、常万全、靖志远、吴胜利、许其亮为中华人民共和国中央军事委员会委员；

王胜俊当选为最高人民法院院长；

曹建明当选为最高人民检察院检察长。

表决、选举结果宣布后，全场响起热烈的掌声。

胡锦涛签署第一号国家主席令，根据大会决定，任命温家宝为中华人民共和国国务院总理。

担任大会执行主席的还有：路甬祥、陈至立、石宗源、刘焯华、欧广源、徐光春、强卫。

中华人民共和国主席令

第一号

根据中华人民共和国第十一届全国人民代表大会第一次会议的决定，任命温家宝为中华人民共和国国务院总理。

中华人民共和国主席　**胡锦涛**
2008年3月16日

中华人民共和国全国人民代表大会公告

第四号

根据中华人民共和国中央军事委员会主席胡锦涛的提名，第十一届全国人民代表大会第一次会议于2008年3月16日决定：

郭伯雄、徐才厚为中华人民共和国中央军事委员会副主席；

梁光烈、陈炳德、李继耐、廖锡龙、常万全、靖志远、吴胜利、许其亮为中华人民共和国中央军事委员会委员。

现予公告。

中华人民共和国第十一届全国人民代表大会
第一次会议主席团
2008年3月16日于北京

中华人民共和国全国人民代表大会公告

第五号

第十一届全国人民代表大会第一次会议于2008年3月16日选举王胜俊为中华人民共和国最高人民法院院长。

现予公告。

中华人民共和国第十一届全国人民代表大会
第一次会议主席团
2008年3月16日于北京

中华人民共和国全国人民代表大会公告

第六号

第十一届全国人民代表大会第一次会议于2008年3月16日选举曹建明为中华人民共和国最高人民检察院检察长。

现予公告。

中华人民共和国第十一届全国人民代表大会
第一次会议主席团
2008年3月16日于北京

代表委员议国是

本期主题：促进社会和谐

爱民固边"稳、帮、促"

本报记者　于　猛　田　丰

"公安边防工作应该积极做好'稳、帮、促'这三篇文章。"广西团代表、公安部边防管理局政委傅宏裕解释，"稳"就是要维护边境地区的稳定，排查化解矛盾纠纷，不断增强群众的安全感。"帮"就是要帮助巩固基层政权，帮助群众脱贫致富，积极为困难群众排忧解难。"促"就是帮助地方营造良好的投资环境。通过创建爱民固边模范村、提高边检服务水平等活动，优化改善边境地区投资软环境，促进地方经济发展。

环境涵养如育人

本报记者　魏　贺

"对待自然环境就像对待人才，人在一定岗位上工作一段时间以后，要不断应对新的挑战，还存在一个继续培养充电问题；环境也是如此，一定要做到涵养和利用并举，才有利于地区生态环境和谐。"四川团代表、九三学社南充市委副主委崔富华说，欠发达地区在引进技术过程中一定要根据环境条件来考虑问题，安排好治污措施，实现经济发展、环境保护的双赢。

居家养老要周到

本报记者　田豆豆

"养老难在哪？一是养老机构严重不足，二是居家养老服务水平亟待提高，我认为，居家养老要'质变'！"全国政协委员骆沙鸣说，以社区服务为依托的"居家养老"模式尽管广受好评，但与之配套的日常家居服务、医疗看护服务等体系尚未建立和完善。"政府应推动社区整合信息、硬件、人力等资源，大力发展社区老年福利服务。"

西部教育搭快车

本报记者　袁新文

谈到西部教育发展，青海团代表、西宁市回族中学副校长拜秀花深有感触地说，以前到内地学校去，很羡慕他们的基础设施建设。现在他们有的我们学校也都有了。实施西部大开发以来，国家在教育上实施了很多重大项目，如"两免一补"、西部"两基"攻坚、寄宿制学校建设工程等等，都取得了显著成果，我们西部人都实实在在享受到了。

尊重自己 善待他人

本报记者　李晓宏

"和谐社会需要和谐人际环境，教育要强调'学会做人'。"台湾团代表、北京大学妇产科学系名誉主任魏丽惠说，我们对人才的培养，不仅要注重技术知识的提升，更要加强人文精神的培育，使其了解历史和国情，具备开阔的国际视野，懂得责任、使命和担当，讲究合作和团队精神。学会做人，才能尊重自己，善待他人，造福社会。

构建和谐的医患关系是构建和谐社会的重要组成部分。我认为，建立和谐的医患关系并不难，关键是要抱着一颗为百姓服务的"心"去做。

——福建团代表、省立医院副院长施作霖认为医护人员必须关心病人心理状态。　（本报记者　**崔　鹏　余荣华**）

政府要积极推进城乡基本公共服务均等化，这样才能有效缓解广大农民群众在上学、看病、交通等方面面临的突出问题，使城乡居民共享改革发展的成果。

——内蒙古团代表、乌海市委书记白向群说，缩小城乡差别、统筹城乡发展社会才能和谐。　（本报记者　**贺　勇**）

残疾人对于教育的期待更强烈，他们期待通过自己的能力来养活自己，但目前能够给他们提供的教育机会太少。职业教育能让他们拥有实现自力更生理想的翅膀！

——安徽团代表、安徽省盲人职业学校校长席蔚菁建议国家增加特教投入。　（本报记者　**盛若蔚　朱　磊**）

惩治犯罪分子要注重社会效果。对大多数犯罪分子，应区别对待，加强教育、感化、挽救，最大限度减少社会对立面，创造一个安定、和谐的环境。

——山东团代表、枣庄市人民检察院副检察长傅延华认为维护社会稳定，关键在预防犯罪和加强普法教育。　（本报记者　**马跃峰**）

广东团代表、深圳南岭村社区党委书记张育彪（左）在天安门广场和云南团代表孙春兰（中）、杨艳就建设和谐社会话题交换意见。三位来自基层的代表认为，构建和谐社会，必须努力使全体人民学有所教、劳有所得、病有所医、老有所养、住有所居。

本报记者　李　舸摄

辽宁抗旱备耕保增收

已下拨春耕生产资金42.6亿元

本报沈阳3月16日电　（记者**何勇、肖遥**）今年春天以来，辽宁遭遇严重春旱，全省受旱耕地超过1550万亩。面对旱情，辽宁各地广泛开展抗旱服务，尽早下拨支农资金，确保农民增收。目前，已下拨春耕生产资金42.6亿元，同比增加4.5亿元。

今年1月至3月初，辽宁平均降水量较常年同期偏少九成。面对春耕严峻形势，省政府派出14个督导组，就春耕遇到的资金不足、物资供应等问题，分赴14个市进行调研和督查。省财政厅等4部门联合下发通知，要求加大金融支持和贷款投放力度，全力保障春耕备耕生产资金需求。目前，辽宁春耕所需的农用物资数量充足，基本上可满足春耕需求。

素有"九山半水半分田"之称的广西昭平县，大力引导、扶持山区农民垦荒山、种茶叶，不仅绿化了荒山荒坡，而且还鼓了农民钱袋子。图为3月16日，采茶姑娘在海拔800多米的大脑山无公害生态茶园采摘春茶。　**喻湘泉　邱　海**摄影报道

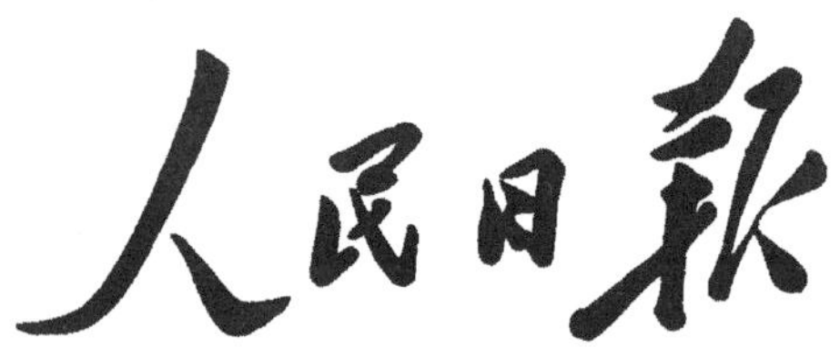

RENMIN RIBAO

人民网　网址:http://www.people.com.cn
手机:http://wap.people.com.cn

2008 年 3 月
18
星期二
戊子年二月十一
人民日报社出版
国内连续出版物号
CN11-0065
第 21801 期(代号 1-1)
今日 16 版

十一届全国人大一次会议主席团举行第八次会议

吴邦国主持　习近平等出席

新华社北京 3 月 17 日电　十一届全国人大一次会议主席团 17 日上午在人民大会堂举行第八次会议。

主席团常务主席吴邦国主持会议。

3 月 16 日下午和 17 日上午，各代表团对国务院总理温家宝提名的国务院其他组成人员人选进行了酝酿，一致表示赞成。主席团常务主席会议根据各代表团的酝酿意见，建议主席团将国务院其他组成人员人选，提请大会全体会议表决。

主席团会议决定，将国务院副总理、国务委员、各部部长、各委员会主任、中国人民银行行长、审计长、秘书长的人选，提请大会全体会议表决。

3 月 16 日下午和 3 月 17 日上午，各代表团还对十一届全国人大 8 个专门委员会组成人员人选进行了酝酿，对人选名单表示赞成。主席团常务主席会议根据多数代表的意见，建议主席团确定这 8 个专门委员会组成人员的人选为正式人选，提请大会全体会议表决。

主席团会议分别经过表决，确定了十一届全国人大民族委员会、法律委员会、内务司法委员会、教育科学文化卫生委员会、外事委员会、华侨委员会、环境与资源保护委员会、农业与农村委员会主任委员、副主任委员、委员的正式人选名单，提请大会全体会议表决。

3 月 16 日下午，各代表团认真审议了大会的各项决议草案。主席团常务主席会议根据各代表团的审议意见，建议将各项决议草案提请大会全体会议表决。

主席团会议分别经过表决，决定将关于政府工作报告、2008 年年度计划、2008 年年度预算、全国人大常委会工作报告、最高人民法院工作报告、最高人民检察院工作报告的 6 个决议草案，提请大会全体会议表决。

主席团常务主席习近平、王兆国、路甬祥、乌云其木格、韩启德、华建敏、陈至立、周铁农出席会议。

十一届全国人大一次会议举行第七次全体会议

决定国务院其他组成人员

李克强回良玉张德江王岐山为国务院副总理
刘延东梁光烈马凯孟建柱戴秉国为国务委员

新华社北京 3 月 17 日电　十一届全国人大一次会议 17 日下午在人民大会堂举行第七次全体会议。会议根据国务院总理温家宝的提名，决定了国务院其他组成人员，李克强、回良玉、张德江、王岐山为国务院副总理，刘延东、梁光烈、马凯、孟建柱、戴秉国为国务委员。

会议由大会执行主席、主席团常务主席路甬祥主持。

今天的会议应出席代表 2987 人，出席 2946 人，缺席 41 人，出席人数符合法定人数。

这次会议的议程是：根据国务院总理的提名，决定国务院副总理、国务委员、各部部长、各委员会主任、中国人民银行行长、审计长、秘书长人选；分别表决十一届全国人大民族委员会、法律委员会、内务司法委员会、教育科学文化卫生委员会、外事委员会、华侨委员会、环境与资源保护委员会、农业与农村委员会主任委员、副主任委员、委员名单草案。

会议宣读了国务院总理温家宝对国务院其他组成人员人选的提名信。

经过发票、写票、投票、计票等环节，下午 4 时 03 分，路甬祥宣布：

李克强、回良玉、张德江、王岐山为国务院副总理；刘延东、梁光烈、马凯、孟建柱、戴秉国为国务委员。

路甬祥还宣布了国务院秘书长和国务院各部部长、各委员会主任、中国人民银行行长、审计长名单。

十一届全国人大共设 9 个专门委员会。其中，财政经济委员会组成人员名单已于 3 月 5 日表决通过。其他 8 个专门委员会组成人员人选，主席团提名后，各代表团进行了酝酿。主席团会议根据各代表团的酝酿意见，决定将这 8 个专门委员会组成人员的名单草案提请本次会议表决。

根据十一届全国人大一次会议表决十一届全国人大各专门委员会主任委员、副主任委员、委员人选的办法，大会采用无记名按表决器方式，分别表决通过了 8 个专门委员会组成人员名单。

各项名单通过时，会场响起热烈的掌声。

国家主席胡锦涛签署第二号主席令，根据大会的决定，对这次大会表决通过的国务院其他组成人员予以任命。

担任大会执行主席的还有：乌云其木格、周铁农、卢展工、苏荣、张宝顺、罗清泉、郭声琨。

中华人民共和国主席令

第二号

根据中华人民共和国第十一届全国人民代表大会第一次会议的决定：

任命李克强、回良玉(回族)、张德江、王岐山为国务院副总理；

任命刘延东(女)、梁光烈、马凯、孟建柱、戴秉国(土家族)为国务委员；

任命马凯(兼)为国务院秘书长；
任命杨洁篪为外交部部长；
任命梁光烈(兼)为国防部部长；
任命张平为国家发展和改革委员会主任；
任命周济为教育部部长；
任命万钢为科学技术部部长；
任命李毅中为工业和信息化部部长；
任命杨晶(蒙古族)为国家民族事务委员会主任；
任命孟建柱(兼)为公安部部长；
任命耿惠昌为国家安全部部长；
任命马馼(女)为监察部部长；
任命李学举为民政部部长；
任命吴爱英(女)为司法部部长；
任命谢旭人为财政部部长；
任命尹蔚民为人力资源和社会保障部部长；
任命徐绍史为国土资源部部长；
任命周生贤为环境保护部部长；
任命姜伟新为住房和城乡建设部部长；
任命李盛霖为交通运输部部长；
任命刘志军为铁道部部长；
任命陈雷为水利部部长；
任命孙政才为农业部部长；
任命陈德铭为商务部部长；
任命蔡武为文化部部长；
任命陈竺为卫生部部长；
任命李斌(女)为国家人口和计划生育委员会主任；
任命周小川为中国人民银行行长；
任命刘家义为审计署审计长。

中华人民共和国主席　**胡锦涛**

2008 年 3 月 17 日

十一届人大一次会议
今天上午闭幕

凝聚在中国特色社会主义伟大旗帜下

——从党的十七大到二〇〇八年全国两会

新华社记者　赵承　刘健　张宗堂

这是我国发展的新起点——

从党的十七大到 2008 年全国两会，亿万人民凝聚在中国特色社会主义伟大旗帜下，以更加坚定的信念、更加昂扬的姿态，踏上了改革开放的新征程。

这是全面建设小康社会的新实践——

从党的十七大到 2008 年全国两会，亿万人民以党的十七大精神为指导，继续解放思想，坚持改革开放，推动科学发展，促进社会和谐，不断向着全面建设小康社会宏伟目标进发。

理论一旦被人民所掌握，就能产生伟大的力量。全党全国人民掀起学习贯彻党的十七大精神高潮，在中国特色社会主义旗帜下，统一思想、凝聚力量，为两会召开奠定了坚实基础，做好了充分准备

党的十七大在我党历史上第一次郑重地、鲜明地、完整地提出了高举中国特色社会主义伟大旗帜，并将其载入党章。这是党的十七大的一项重大历史贡献。

理论一旦被人民所掌握，就能产生伟大的力量。

党中央高度重视学习宣传贯彻党的十七大精神，把这项工作作为首要的政治任务。2007 年 10 月 23 日，党的十七大闭幕刚两天，胡锦涛总书记主持召开十七届中央政治局第一次会议，专门对学习宣传贯彻党的十七大精神进行研究部署。会议要求，认真学习宣传贯彻党的十七大精神，以邓小平理论和"三个代表"重要思想为指导，全面贯彻落实科学发展观，把全党全国各族人民的思想统一到党的十七大精神上来，把力量凝聚到实现党的十七大确定的各项任务上来。

11 月 1 日，中共中央印发《关于认真学习宣传贯彻党的十七大精神的通知》。通知提出了全面准确学习领会党的十七大精神需要着重把握的七个方面，突出强调坚持理论联系实际，着眼于武装头脑、指导实践、推动工作。

2007 年 12 月 17 日至 21 日，新进中央委员会的委员、候补委员学习贯彻党的十七大精神研讨班在中央党校举行。

在党中央直接关心下，学习党的十七大精神中央宣讲团，分赴全国 31 个省区市，深入企业、农村、机关、学校、部队和社区宣讲党的十七大精神……直接听众达 10 万多人，通过分会场收听收看宣讲的听众达 1100 多万人。

春风化雨，润物无声。各地区、各部门紧密联系本地区、本部门的工作实际加强学习宣传，党的十七大精神进车间、社区、农村、课堂，深入人心。学以致用，用以促学。贯彻落实党的十七大精神的热潮涌动神州，推动了实际工作的开展。

党的十七大闭幕一个多月后，中央经济工作会议在北京召开。坚持好字优先，实现科学发展，催生了一系列新思路、新举措。会议要求，把防止经济增长由偏快转为过热、防止价格由结构性上涨演变为明显通货膨胀作为当前宏观调控的首要任务，按照控总量、稳物价、调结构、促平衡的要求做好宏观调控工作。

党的十七大从我国当前和未来发展的全局出发，强调要加快行政管理体制改革、建设服务型政府，并提出要抓紧制定行政管理体制改革总体方案。中共中央根据党的十七大提出的任务，在深入调查研究、广泛征求意见的基础上，形成了《关于深化行政管理体制改革的意见》和《国务院机构改革方案(草案)》。中共中央政治局在充分发扬民主，反复酝酿协商，全面考虑人选条件、各方面结构要求和工作需要的基础上，提出了新一届国家机构领导人员人选建议名单和全国政协领导人员人选建议名单。

(下转第三版)

秘鲁总统加西亚

今起对我国进行国事访问

加西亚总统

应国家主席胡锦涛的邀请，秘鲁共和国总统阿兰·加西亚·佩雷斯将于 3 月 18 日至 21 日对中国进行国事访问。

加西亚 1949 年 5 月出生于秘鲁首都利马。他毕业于秘鲁圣马科斯大学，先后在西班牙马德里大学和法国巴黎大学深造，获法学博士和社会学博士学位。

加西亚是秘鲁阿普拉党(人民党)主席。他 1980 年当选国会议员，1985 年至 1990 年担任秘鲁总统。2006 年 6 月，他再次当选秘鲁总统，并于同年 7 月 28 日宣誓就职。　**(新华社电)**

人物介绍

3 月 17 日，广东团代表、深圳海王集团董事长张思民(左)、上海团代表、复旦大学党委书记秦绍德(中)与四川团代表、广安市市长王建军做客人民网，回顾改革开放历程，畅谈思想解放。秦绍德说，教育界三十年改革，为创新型人才提供了更大更广阔的舞台。张思民认为，深圳要有大的发展后劲，必须继续解放思想。王建军说，西部要向沿海看齐，思想能解放多远，发展之路就能走多远。

人民网记者　**杨　佳**文　本报记者　**李　舸**摄

代表委员议国是

本期主题：解放思想　改革开放

上海是通过改革开放，从高度集中的计划经济成功走向中国特色社会主义市场经济的一个典型缩影。

——上海团代表王战说，新的思想解放必须在新的发展大格局中把握发展规律。

(本报记者　**曹玲娟**)

现在农民科学养殖的积极性空前高涨，有的养殖户还自费到大学进修，学养殖、学外语，把生意做到国外。

——辽宁团代表、盘锦市光合水产有限公司研发中心主任李晓东说，改革开放 30 年最大的变化在于农民的变化，特别是农民思想观念和精神状态的变化。

(本报记者　**郑少忠**)

没有改革开放就没有我们这些民营企业。随着改革开放的不断深入，民营企业应当肩负起民生使命，承担起社会责任。

——谈起改革开放，山西团代表袁玉珠感慨万千。　(本报记者　**丁志军　王　科**)

文化界应该弘扬时代主流精神，以此为切入点坚持出精品、推人才，同时规范文化投资体系，更多地将艺术生产力向基层、向农村倾斜。

——全国政协委员宫恭达对改革开放以来我国文艺领域所取得的成就深有感触。

(本报记者　**王　薇**)

民营经济发展壮大，是改革开放 30 年来具有标志意义的成就之一。我们这些民营企业家，实际上是改革开放的最先受益者。

——全国政协委员刘志强说，富裕起来后，民营企业家应该最大程度地履行好自己的社会责任，促进早日共同富裕。

(本报记者　**贺林平**)

从沿海推向纵深

本报记者　侯露露

"我国的改革开放，走过了一条从点到面、从依靠政策优势到进行综合配套改革、从围绕经济发展向更看重和谐社会建设转变的路径。"重庆团代表、重庆市发改委主任杨庆育说，到 2007 年，我国初步完成了由东部沿海到中、西部内陆综合配套改革试验区的全面布局。各个试验区的设立，给出一个强有力的信号，在今后的改革开放中将更加注重可持续发展，更加注重实现城乡和区域之间的协调发展。

解放思想是发展的"金钥匙"

本报记者　陈伟光

"改革开放 30 年，我们每个人都尝到了甜头。"浙江团代表、宁波市市长毛光烈说，解放思想、改革开放，是发展的不竭动力。

毛光烈说，纵观宁波改革开放 30 年和全面启动计划单列 20 年，GDP 由 1978 年的 20 亿元，增加到 2007 年的 3433 亿元。30 年的成就令人自豪，但发展中也面临一些需要解决的深层次矛盾。破解矛盾只有靠解放思想，解放思想是发展的"金钥匙"，是推动一切工作的"总阀门"。

农村改革补好基本功

本报记者　盛若蔚　朱　磊

"30 年前，安徽的小岗村发出农村改革先声。30 年过去了，安徽依然要举起农村改革的大旗，迈步从头越！"安徽团代表、巢湖市市长宋国权认为，农村改革先要打好基础，补好"三重钙"。一是大力健全农村市场体系，全力推进"工业品下乡、农产品进城"，打造农村现代流通网络。二是打好农业基础设施的底子，特别是农田水利建设的脚步必须加快。三是提高农民的综合素质，国家应加大对农民的培训力度。

以创新思维实现"两个面向"

本报记者　曹树林

"媒体自身因改革开放而发展，从当年的报纸、电台、电视台'老三样'到与网络、手机报等新传播方式共存，从当年吃'财政饭'到向市场要效益，媒体的发展刻着改革开放的烙印。"河南团代表朱夏炎说，在新形势下，党报等主流媒体作为新闻宣传的主力军，必须争当解放思想、改革创新的排头兵，把握导向、面向群众、面向市场，实现社会效益和经济效益的双丰收。

特区的希望所在

本报记者　李　刚

"改革开放 30 年带给深圳人民的最宝贵财富，不是高楼大厦，而是永不停息的创新精神。"广东团代表邱玫说，深圳作为改革开放的前沿阵地，应该把眼光再放得远一点，以全球的视角看待今天的发展，在创新中实现超越。

人民日报

RENMIN RIBAO

今日 12 版(华东、华南地区 16 版)

人民网网址:http://www.people.com.cn

http://www.peopledaily.com.cn

国内统一刊号:CN11-0065

第 19972 期 (代号 1-1)

人民日报社出版

2003 年 3 月

16

星期日

癸未年二月十四

北京地区天气预报

白天 阴有雨夹霰转多云

降水概率 60%

风向 偏南

风力 二、三级

夜间 多云间晴

降水概率 20%

风向 南转北

风力 一、二级

温度 6℃/0℃

十届人大一次会议五次全会会场。新华社记者 刘建生摄

十届全国人大一次会议选出新一届国家领导人

胡锦涛当选中华人民共和国主席
江泽民当选中华人民共和国中央军委主席
吴邦国当选全国人大常委会委员长

曾庆红当选中华人民共和国副主席

王兆国、李铁映、司马义·艾买提、何鲁丽、丁石孙、成思危、许嘉璐、蒋正华、顾秀莲、热地、盛华仁、路甬祥、乌云其木格、韩启德、傅铁山当选全国人大常委会副委员长

新华社北京 3 月 15 日电 肩负各族人民重托的十届全国人大代表，履行宪法赋予的职责，15 日上午以无记名投票方式，选举胡锦涛为中华人民共和国主席，选举江泽民为中华人民共和国中央军事委员会主席，选举吴邦国为第十届全国人民代表大会常务委员会委员长，选举曾庆红为中华人民共和国副主席。

会议还选举王兆国、李铁映、司马义·艾买提、何鲁丽、丁石孙、成思危、许嘉璐、蒋正华、顾秀莲、热地、盛华仁、路甬祥、乌云其木格、韩启德、傅铁山为第十届全国人民代表大会常务委员会副委员长；盛华仁同时当选为第十届全国人民代表大会常务委员会秘书长。

十届全国人大一次会议在人民大会堂举行第五次全体会议。大会执行主席王兆国主持会议。

会议的主要议程是：选举第十届全国人民代表大会常务委员会委员长、副委员长、秘书长、委员；选举中华人民共和国主席、副主席；选举中华人民共和国中央军事委员会主席。

2951 名代表出席大会，符合法定人数。

会议首先通过了由 36 名代表组成的总监票人、监票人名单。张苹英、胡友贵为总监票人。

选举工作正式开始。监票人首先对设置在会场的 23 个票箱进行检验，4 种不同颜色的选举票被分发到会场每一位代表手中。

根据大会通过的选举和决定任命的办法，全国人大常委会委员长、副委员长、秘书长，国家主席、副主席，国家中央军事委员会主席，进行等额选举；全国人大常委会委员进行差额选举，在 167 名候选人中产生 159 名委员，差额比例为 5%。

选举票用汉文和 7 种少数民族文字印制。少数民族代表还拿到一份印有全国人大常委会委员候选人姓名的少数民族文字对照表，以便对照写票。

会场后区，设有秘密写票处。

9 时 38 分，投票开始。

经过 1 小时 22 分的投票、计票，工作人员于 11 时宣读计票结果。

随后，王兆国宣布：

吴邦国当选为第十届全国人民代表大会常务委员会委员长；

王兆国、李铁映、司马义·艾买提、何鲁丽、丁石孙、成思危、许嘉璐、蒋正华、顾秀莲、热地、盛华仁、路甬祥、乌云其木格、韩启德、傅铁山当选为第十届全国人民代表大会常务委员会副委员长；盛华仁当选为第十届全国人民代表大会常务委员会秘书长；159 人当选为第十届全国人民代表大会常务委员会委员。

胡锦涛当选为中华人民共和国主席；曾庆红当选为中华人民共和国副主席。

江泽民当选为中华人民共和国中央军事委员会主席。

选举结果公布后，全场响起经久不息的掌声。

中华人民共和国主席
胡锦涛

中华人民共和国中央军委主席
江泽民

全国人大常委会委员长
吴邦国

中华人民共和国副主席
曾庆红

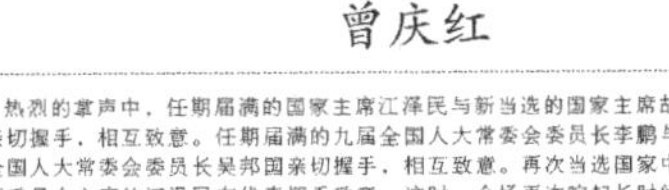

热烈的掌声中，任期届满的国家主席江泽民与新当选的国家主席胡锦涛亲切握手，相互致意。任期届满的九届全国人大常委会委员长李鹏与十届全国人大常委会委员长吴邦国亲切握手，相互致意。再次当选国家中央军事委员会主席的江泽民向代表挥手致意。这时，全场再次响起长时间的掌声。

在主席台前排就座的大会执行主席还有：许嘉璐、丁石孙、王太华、白克明、李源潮、杨国庆、陈建国、热地、黄镇东。

胡锦涛当选中华人民共和国主席。江泽民与胡锦涛亲切握手。新华社记者 樊如钧摄

吴邦国当选第十届全国人民代表大会常务委员会委员长。李鹏与吴邦国亲切握手。
新华社记者 兰红光摄

人民日報

RENMIN RIBAO

今日 16 版(华东、华南地区 20 版)

人民网网址:http://www. people. com. cn
http://www. peopledaily. com. cn

国内统一刊号:CN11-0065
第 19973 期　(代号 1-1)

人民日报社出版

2003 年 3 月
17
星期一
癸未年二月十五

北京地区天气预报
白天　晴间多云
降水概率 10%
风向　北转南
风力　二、三级
夜间　晴转多云
降水概率 10%
风向　南转北
风力　一、二级
温度　10℃/0℃

十届全国人大一次会议十六日上午举行第六次全体会议。图为大会会场。
本报记者　王忠家摄

十届全国人大一次会议决定

温家宝任国务院总理

胡锦涛郭伯雄曹刚川为中华人民共和国中央军委副主席

徐才厚梁光烈廖锡龙李继耐为中华人民共和国中央军委委员

肖扬当选为最高人民法院院长　贾春旺当选为最高人民检察院检察长

新华社北京 3 月 16 日电 十届全国人大一次会议 16 日上午在人民大会堂举行第六次全体会议。会议经过投票表决，决定温家宝为中华人民共和国国务院总理，决定胡锦涛等为中华人民共和国中央军事委员会副主席。

大会执行主席曾庆红主持会议。2948 名代表出席会议，符合法定人数。

这次会议的议程是：根据中华人民共和国主席的提名，决定国务院总理人选；根据中华人民共和国中央军事委员会主席的提名，决定中华人民共和国中央军事委员会副主席、委员人选；选举最高人民法院院长；选举最高人民检察院检察长。

会议首先宣读了中华人民共和国主席胡锦涛关于国务院总理人选的提名信和中华人民共和国中央军事委员会主席江泽民关于中央军事委员会副主席、委员人选的提名信。

根据宪法第六十二条的规定，胡锦涛向大会提名温家宝为国务院总理人选；江泽民向大会提名胡锦涛、郭伯雄、曹刚川为中华人民共和国中央军事委员会副主席人选，徐才厚、梁光烈、廖锡龙、李继耐为中华人民共和国中央军事委员会委员人选。

国务院总理
温家宝

3 月 16 日上午，十届全国人大一次会议在北京人民大会堂举行第六次全体会议。会议经过投票表决，决定温家宝为中华人民共和国国务院总理。这是朱镕基和温家宝亲切握手。
新华社记者　李学仁摄

最高人民法院院长的人选，最高人民检察院检察长的人选，主席团提名后，各代表团进行了酝酿协商，主席团根据多数代表的意见，确定了正式候选人名单。

9 时 05 分，4 张不同颜色的表决票、选举票开始分发给全场每一位代表。

根据十届全国人大一次会议选举和决定任命的办法，选举事项设选举票，决定任命事项设表决票。对选举票上的候选人，代表可以表示赞成、反对、弃权。表示反对的，可以另选他人；表示弃权的，不能另选他人。对表决票上的人选，代表可以表示赞成、反对、弃权，不能另提人选。

监票人验票箱后，经过投票、计票，10 时 29 分，计票工作结束。

工作人员宣读表决、选举计票结果后，曾庆红宣布：

温家宝为中华人民共和国国务院总理。

胡锦涛、郭伯雄、曹刚川为中华人民共和国中央军事委员会副主席；徐才厚、梁光烈、廖锡龙、李继耐为中华人民共和国中央军事委员会委员。

肖扬当选为最高人民法院院长。

贾春旺当选为最高人民检察院检察长。

表决、选举结果宣布后，全场响起热烈的掌声。

如潮的掌声中，任期届满的国务院总理朱镕基和新任国务院总理温家宝亲切握手，相互致意。

根据大会决定，胡锦涛签署第一号国家主席令，任命温家宝为中华人民共和国国务院总理。

担任大会执行主席的还有：王兆国、何鲁丽、王岐山、田成平、杨景宇、宋德福、房风友、徐有芳、郭伯雄。

中华人民共和国主席令

第一号

根据中华人民共和国第十届全国人民代表大会第一次会议的决定，任命温家宝为中华人民共和国国务院总理。

中华人民共和国主席　胡锦涛
二〇〇三年三月十六日

中华人民共和国全国人民代表大会公告

第四号

根据中华人民共和国中央军事委员会主席江泽民的提名，第十届全国人民代表大会第一次会议于二〇〇三年三月十六日决定：

胡锦涛、郭伯雄、曹刚川为中华人民共和国中央军事委员会副主席；

徐才厚、梁光烈、廖锡龙、李继耐为中华人民共和国中央军事委员会委员。

现予公告。

中华人民共和国第十届全国人民代表大会
第一次会议主席团
二〇〇三年三月十六日于北京

中华人民共和国全国人民代表大会公告

第五号

第十届全国人民代表大会第一次会议于二〇〇三年三月十六日选举肖扬为中华人民共和国最高人民法院院长。

现予公告。

中华人民共和国第十届全国人民代表大会
第一次会议主席团
二〇〇三年三月十六日于北京

中华人民共和国全国人民代表大会公告

第六号

第十届全国人民代表大会第一次会议于二〇〇三年三月十六日选举贾春旺为中华人民共和国最高人民检察院检察长。

现予公告。

中华人民共和国第十届全国人民代表大会
第一次会议主席团
二〇〇三年三月十六日于北京

程有清代表——

为西部大开发立法

本报记者　王方杰　张　勇

甘肃团程有清代表呼吁：国家应该为西部大开发立法，比如说尽快制定西部开发投资开发基金、西部投融资条例、西部生态建设条例等。程有清代表认为，除了国家和地方的投入，更重要的是要实现投资主体的多元化。现在许多国家和沿海地区的工商界人士，对西部投资都很感兴趣。只有从法律上保障投资者的利益，创造一个公平、透明、可预见的投资环境，投资者才敢于把包里的钱拿出来，到西部寻找项目。

张立勇代表——

环境也是生产力

本报记者　郑少忠

“环境也是生产力”，陕西团张立勇代表如是说。他认为，环境治理是一项系统工程，必须抓好四个环节。一是法治环境，这是安商稳商的首要任务。为此，要切实加强治安环境的治理，严厉打击各类刑事犯罪；同时要进一步改进执法工作，寓执法于亲商服务之中，显文明于安商助商之时。二是信用环境建设。人无信不立，城无信亦不立。要深入开展信用建设，以诚信引资金，以诚信聚人力，以诚信促发展。三是服务环境，创造规范、公平、透明的市场环境。让企业真正成为法人实体和市场竞争主体，加快建设服务型政府。四是生活环境。要加快城市基础设施建设，提高城市品位和市民素质。

曾小山代表——

为民营企业营造良好环境

本报记者　禹伟良

作为一位民营企业家，湖南团曾小山代表最大的愿望便是希望政府进一步营造良好的民营经济发展环境。曾小山坦言，当前民营经济发展环境还有待改善。他建议，政府进一步放宽国内民间资本的市场准入领域，要增加政策的透明度、保持政策的连续性，创造统一、稳定、公平的政策环境。要为民营企业提供融资便利，大力支持民营企业进行科研开发，推动科研成果在民营企业的产业化和科研人员向民营企业的流动。进一步营造敢富、争富、快富的舆论环境。

成央珍代表——

让失地农民不失保

本报记者　何　伟

“应将失地农民纳入社保范围，失地不失保，失地不失业。”浙江团成央珍代表一再表达这样的认识。这位种粮能手，对失地农民问题有切身感受。她介绍，随着城市化进程的加快，因土地征用而失去耕地的城郊农民急剧增加。仅浙江省去年就有 88 万失地农民。政府对这些失地农民的补偿主要是采取一次性的货币安置。

成央珍代表分析，现在暴露出的问题，一是征地补偿标准偏低，价格差距太大，不足以解决失地农民以后的生活。二是由于文化程度低、技能较少，被征地农民安置就业很困难。三是不利于社会稳定。许多人变成无业游民，加之安置费使用不当，很容易造成城市新贫民。她建议：第一，由政府和个人共同支付社会保障费用，将失地农民纳入医疗、养老保险范围。第二，改革农村土地征用制度，政府征地应法制化、标准化，特别是征地价格不可随意性太大。

姜铁军代表——

农民也要终身学习

本报记者　王　科

来自农村的辽宁团姜铁军代表说，现在，许多农民还过着“两个月过年，五个月种田，五个月休闲”的生活，学习也多属“急用现学型”的，想建大棚就去学棚菜种植技术，想栽果树再去学果树栽培。因此，如何引导农民转变观念做现代新农民，如何在农村创建学习型社会，实现农村全面进步，是在全面建设小康社会中应该考虑的问题。

姜铁军代表建议下大功夫构筑农村的终身教育体系。他说，有关部门可利用县乡现有的党校、夜校和其他成人教育资源，开展定期、系统、普及性的农业技术或其他职业培训。

上图：十届全国人大一次会议 16 日上午举行第六次全体会议。图为少数民族代表在投票。
新华社记者　陈树根摄

右图：内蒙古代表团代表廷·巴特尔（右，蒙古族）与阿荔惠（鄂伦春族）一同商量发展大计。
新华社记者　张　领摄

人民日报

RENMIN RIBAO

今日12版（华东地区16版、华南地区20版）

网址：http://www.peopledaily.com.cn

国内统一刊号：CN11—0065

第18147期　（代号1—1）

人民日报社出版

1998年3月

17

星期二

戊寅年二月十九

北京地区天气预报

白天　多云　降水概率20%　风向　南　风力　三、四级

夜间　多云转阴　部分地区有小雨　降水概率50%　风向　南　风力　二、三级

温度　13℃/6℃

九届人大会议主席团举行第五次会议

李鹏主持　会议通过关于八届人大常委会工作报告等三个决议草案，提请大会表决

新华社北京3月16日电　九届全国人大一次会议主席团今天下午在人民大会堂举行第五次会议。

主席团常务主席李鹏主持会议。

会议表决通过了关于八届全国人大常委会工作报告的决议草案、关于最高人民法院工作报告的决议草案、关于最高人民检察院工作报告的决议草案，决定将这3个决议草案印发各代表团审议后，提请大会表决。

会议通过了九届全国人大一次会议副秘书长曹志代表秘书处在会上作的关于代表提出的议案的处理意见报告，决定将这一报告印发全体代表。

九届全国人大一次会议选出新的国家领导人

江泽民当选国家主席中央军委主席
李鹏当选全国人大常委会委员长

胡锦涛当选国家副主席　田纪云、谢非、姜春云、邹家华、帕巴拉·格列朗杰、王光英、程思远、布赫、铁木尔·达瓦买提、吴阶平、彭珮云、何鲁丽、周光召、成克杰、曹志、丁石孙、成思危、许嘉璐、蒋正华当选副委员长

江泽民主席

李鹏委员长

胡锦涛副主席

新华社北京3月16日电　九届全国人大一次会议今天上午在人民大会堂举行第四次全体会议。会议经过投票，选举江泽民为中华人民共和国主席、中华人民共和国中央军事委员会主席，李鹏为第九届全国人民代表大会常务委员会委员长，胡锦涛为中华人民共和国副主席。

2947名代表出席会议，代表人民的意愿，选举跨世纪的国家领导人。

今天会议的议程是：选举第九届全国人民代表大会常务委员会委员长、副委员长、秘书长、委员；选举中华人民共和国主席、副主席；选举中华人民共和国中央军事委员会主席。

今天的大会在执行主席、主席团常务主席李鹏的主持下，首先通过了由34名代表组成的总监票人、监票人名单，王维山为总监票人。随后，选举正式开始。在监票人分别对票箱进行检验后，4张不同颜色的选票被分发到代表手中。

根据大会通过的选举和决定任命办法，全国人大常委会委员长、副委员长、秘书长，国家主席、副主席，中央军委主席实行等额选举；全国人大常委会委员实行差额选举，在141名候选人中产生134名委员，差额7名。

在代表们写票后，9时45分，投票开始。

经过1小时50分钟的投票、取票、计票，工作人员于11时35分开始宣读选举结果。随后主持人宣布：李鹏当选为第九届全国人民代表大会常务委员会委员长；

田纪云、谢非、姜春云、邹家华、帕巴拉·格列朗杰、王光英、程思远、布赫、铁木尔·达瓦买提、吴阶平、彭珮云、何鲁丽、周光召、成克杰、曹志、丁石孙、成思危、许嘉璐、蒋正华当选为第九届全国人民代表大会常务委员会副委员长，何椿霖当选为第九届全国人民代表大会常务委员会秘书长，134人当选为第九届全国人民代表大会常务委员会委员；

江泽民当选为中华人民共和国主席、胡锦涛当选为中华人民共和国副主席；

江泽民当选为中华人民共和国中央军事委员会主席。

选举结果公布时，全场响起长时间热烈的掌声。

今天大会的执行主席帕巴拉·格列朗杰、王云龙、刘明祖、李建国、陈焕友、赵志浩、胡光宝、阎海旺也在主席台前排就座。

中华人民共和国全国人民代表大会公告

第二号

第九届全国人民代表大会第一次会议于一九九八年三月十六日选出：

中华人民共和国主席　江泽民

中华人民共和国副主席　胡锦涛

现予公告。

中华人民共和国第九届全国人民代表大会第一次会议主席团

一九九八年三月十六日于北京

（新华社发）

中华人民共和国全国人民代表大会公告

第三号

第九届全国人民代表大会第一次会议于一九九八年三月十六日选举江泽民为中华人民共和国中央军事委员会主席。

现予公告。

中华人民共和国第九届全国人民代表大会第一次会议主席团

一九九八年三月十六日于北京

（新华社发）

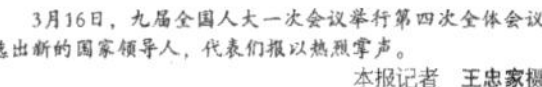

3月16日，九届全国人大一次会议举行第四次全体会议，选出新的国家领导人，代表们报以热烈掌声。

本报记者　王忠家摄

中华人民共和国全国人民代表大会公告

第一号

第九届全国人民代表大会常务委员会委员长、副委员长、秘书长和委员由第九届全国人民代表大会第一次会议于1998年3月16日选出：

委员长

李　鹏

副委员长

田纪云　谢　非　姜春云　邹家华　帕巴拉·格列朗杰（藏族）
王光英　程思远　布　赫（蒙古族）
铁木尔·达瓦买提（维吾尔族）　吴阶平　彭珮云（女）
何鲁丽（女）　周光召　成克杰（壮族）　曹　志　丁石孙
成思危　许嘉璐　蒋正华

秘书长

何椿霖

委员（按姓名笔划排列）

于兴隆（蒙古族）　于振武　万绍芬（女）　王永宁　王幼辉
王佛松　王宋大　王明时　王　选　王　涛　王　涛（女）
王家福　王维澄　王越丰（黎族）　王朝文（苗族）
毛达如　毛昭晰　尹克升　甘子玉　厉以宁　卢邦正（彝族）
叶叔华（女）　田玉科（女，土家族）　史玉孝　白清才
冯之浚（回族）　曲格平　朱开轩　朱育理　朱相远
伍精华（彝族）　伍增荣（女）　刘中一　刘亦铭　刘纪原
刘应明　刘　珩　江村罗布（藏族）　阮崇武　孙鸿烈
玛依努尔·哈斯木（女，维吾尔族）　严义埙　严克强（壮族）
杜宜瑾　李永泰（朝鲜族）　李来柱　李伯勇　李明豫（女）
李淑铮（女）　李绪鄂　李道豫　李登海　李　蒙
杨长槐（侗族）　杨兴富　杨国庆　杨振怀　束怀德　来金烈
吴长淑（朝鲜族）　吴树青　吴德馨（女）　何厚铧　佟志广
谷建芬（女）　谷善庆　汪家镠（女）　沈辛荪　迟海滨
张玉台　张　寿　张连忠　张　肖（女）　张怀西　张国祥
张明远　张学东　张皓若　张毓茂　陈心昭　陈光毅　陈明枢
陈建生　陈俊亮　陈癸尊　陈难先　陈敏章　奉恒高（瑶族）
范敬宜　罗尚才（布依族）　周　强　赵　地（女）　胡光宝
胡　敏　柳随年　俞泽猷　逄先知　姜恩柱　洪绂曾
宫爵才郎（藏族）　姚振炎　聂　力（女）　聂大江　顾昂然
顾金池　顾诵芬　钱　易（女）　徐惠滋　徐敦信　高德占
郭振乾　陶驷驹　黄长溪　黄玉章　黄启璪（女）
常沙娜（女，满族）　梁广大　隋永举　葛洪升　蒋心雄
蒋树声　傅铁山　童　傅　普朝柱　曾建徽　曾宪林　曾宪梓
谢安山　谢佑卿　谢颂凯　虞云耀
嘉木样·洛桑久美·图丹却吉尼玛（藏族）　滕　藤　戴证良

现予公告。

中华人民共和国第九届全国人民代表大会第一次会议主席团

1998年3月16日于北京

（新华社发）

政协九届常委会首次会议闭幕

决定设立九个专门委员会　李瑞环出席并讲话

本报北京3月16日讯　记者**李德金**报道：政协第九届全国委员会常务委员会第一次会议今天下午在京闭幕。

中共中央政治局常委、全国政协主席李瑞环出席会议并讲话。他说，九届全国政协任期的5年，是全面贯彻落实中共十五大精神的5年。我们有邓小平理论的伟大旗帜，有以江泽民同志为核心的中共中央的坚强领导，我们对前途充满信心。

李瑞环在讲话中强调，九届全国政协是历届政协的继续和延伸，九届全国政协的工作应该在已有的基础上前进。我们这一届政协要适应时代的要求，尽到自己的责任，对前人有新的发展，对后人有好的交代。

他说，政协常委会在政协组织中处于重要位置。常委会的工作做好了，就可以带动整个政协工作的全面发展。我们要发扬团结合作、同舟共济的精神，贯彻民主协商、平等议事的原则，互相学习，互相支持，使常委会成为一个气氛和谐、关系融洽、心情舒畅的集体，使我们在这5年的共事中能各展所长、有所建树，为今后留下一段美好的回忆。

（讲话全文见第四版）

会议决定政协九届全国委员会设立9个专门委员会，何光远为提案委员会主任，房维中为经济委员会主任，侯捷为人口资源环境委员会主任，刘忠德为教科文卫体委员会主任，王森浩为社会和法制委员会主任，乌力吉（蒙古族）为民族和宗教委员会主任，朱作霖为文史资料委员会主任，朱训为港澳台侨委员会主任，田曾佩为外事委员会主任。会议还审议通过了政协九届全国委员会副秘书长任命名单。全国政协秘书长郑万通就会议审议通过的《政协第九届全国委员会常务委员会关于设置专门委员会的决定》、《政协第九届全国委员会专门委员会主任、副主任名单》和《政协第九届全国委员会任命名单》作了说明。

常委会议开始前，李瑞环主持召开了政协九届全国委员会第二次主席会议。

今天下午举行的常委会议由全国政协副主席叶选平主持，副主席杨汝岱、王兆国、阿沛·阿旺晋美、钱伟长、卢嘉锡、任建新、宋健、李贵鲜、陈俊生、张思卿、钱正英、丁光训、孙孚凌、马万祺、朱光亚、万国权、胡启立、陈锦华、赵南起、毛致用、白立忱、经叔平、罗豪才、张克辉、周铁农、王文元出席会议。

人民日报

RENMIN RIBAO

今日12 版（华东地区16版、华南地区20版）

网址：http://www.peopledaily.com.cn

国内统一刊号：CN11—0065

第18148期　（代号1—1）

人民日报社出版

1998年3月
18
星期三
戊寅年二月二十

北京地区天气预报
白天　阴有小雨转多云　降水概率80%　风向　南转北　风力　二、三级转五、六级
夜间　多云转晴　降水概率10%　风向　北　风力　五、六级
温度　10℃／1℃

三月十七日，九届全国人大一次会议举行第五次全体会议。图为大会会场。　新华社记者　张瑞琪摄

九届全国人大第一次会议决定
朱镕基任国务院总理
张万年迟浩田为中央军委副主席
傅全有于永波王克王瑞林为中央军委委员
肖扬当选最高人民法院院长韩杼滨当选最高人民检察院检察长

新华社北京3月17日电　九届全国人大一次会议今天上午在人民大会堂举行第五次全体会议。会议经过投票表决，决定朱镕基为中华人民共和国国务院总理。

今天的会议由大会执行主席胡锦涛主持。他宣布，出席今天会议的代表2951人，符合法定人数。

按照会议的议程，今天的会议将根据中华人民共和国主席的提名，决定国务院总理的人选；根据中华人民共和国中央军事委员会主席的提名，决定中华人民共和国中央军事委员会副主席、委员的人选；选举最高人民法院院长；选举最高人民检察院检察长。

会议首先宣读了中华人民共和国主席江泽民向大会提名国务院总理人选的信和中华人民共和国中央军事委员会主席江泽民向大会提名国家中央军委副主席、委员人选的信。

在总监票人、监票人验票箱，工作人员分发选票，代表写票后，9时20分，投票开始。

10时40分，计票工作结束。工作人员宣读表决、选举结果后，胡锦涛宣布：

朱镕基为中华人民共和国国务院总理；

张万年、迟浩田为中华人民共和国中央军事委员会副主席，傅全有、于永波、王克、王瑞林为中华人民共和国中央军事委员会委员；

肖扬当选为最高人民法院院长；

韩杼滨当选为最高人民检察院检察长。

表决选举结果公布时，全场响起热烈的掌声。

担任今天大会执行主席的还有：程思远、王怀远、毛如柏、尹俊、杨国庆、何厚铧、陈铁迪、孟富林、曾建徽。

朱镕基总理

右图：江泽民主席与朱镕基总理亲切握手，表示祝贺。　新华社记者　王建民摄

右下图：李鹏委员长和朱镕基总理亲切握手，相互致意。　本报记者　王忠家摄

祝贺·信心·期盼

本报记者　薛飞　顾玉清

三月十七日上午八时刚过，薄雾渐渐淡去，参加九届全国人大一次会议的代表们陆续来到人民大会堂。

按照会议日程，今天上午，根据江泽民主席的提名，代表们投票表决，决定国务院总理人选，决定中央军事委员会副主席、委员人选，选举最高人民法院院长、最高人民检察院检察长。

上午九时，大会执行主席胡锦涛宣布大会开始。经过充分酝酿，代表们对于今天的选举早已成竹在胸。发选票、写票……一切按程序进行。

在计票休息期间，代表们在休息大厅三三两两地聚谈，有的走出大会堂东门。阳光透过云层，给巍峨的殿堂增添了亮色。记者们趁机各自寻找自己的采访目标。

十时四十五分，大会继续进行，主持人宣布选举结果。所有的目光都投向主席台，所有的镜头都在准备抓住这一瞬间。

随着主持人宣布选举结果，阵阵掌声在大会堂中响起。朱镕基站起身，双手合握，向长时间鼓掌的代表们致意。李鹏站起来，向朱镕基表示祝贺，他们相互热烈握手。江泽民、李瑞环也和朱镕基握手并向他表示祝贺。

接着，胡锦涛宣布：张万年、迟浩田为中央军事委员会副主席；傅全有、于永波、王克、王瑞林为中央军委委员；肖扬当选为最高人民法院院长；韩杼滨当选为最高人民检察院检察长。会场响起阵阵掌声。

选举结束后，当代表们走出人民大会堂时，喜悦之情溢于言表。代表们都认为，这一选举结果是「人心所向，众望所归」。

湖南代表凌宇、彭学明说，朱镕基同志出任国务院总理是大家共同的愿望，无论是当江泽民主席提名时，还是投票表决后宣布结果，代表们都自发地报以长时间雷鸣般的掌声。这掌声代表了民心，反映了广大人民的愿望。他们认为，朱镕基总理经验丰富，熟悉经济，有这样的人主持国务院工作，全国人民不仅放心，而且充满了信心。

香港代表王敏刚表示，我们很高兴朱镕基先生出任总理，因为对于走向新世纪的中国来说，他是一位最合适的人选，他对香港的经济和社会发展十分了解，有利于保持香港特区未来的繁荣与稳定。

重庆市副市长甘宇平代表显得十分兴奋：「掌声说明了一切！我们相信新一届国家领导人将带领我们，把我国的社会主义建设事业全面推向二十一世纪！」

中华人民共和国主席令

第一号

根据中华人民共和国第九届全国人民代表大会第一次会议的决定，任命朱镕基为中华人民共和国国务院总理。

中华人民共和国主席　**江泽民**

1998年3月17日

中华人民共和国全国人民代表大会公告

第四号

第九届全国人民代表大会第一次会议于1998年3月17日根据中华人民共和国主席江泽民的提名，决定朱镕基为中华人民共和国国务院总理。

现予公告。

中华人民共和国第九届全国人民代表大会
第一次会议主席团
1998年3月17日于北京

第五号

第九届全国人民代表大会第一次会议于1998年3月17日根据中华人民共和国中央军事委员会主席江泽民的提名，决定：

张万年、迟浩田为中华人民共和国中央军事委员会副主席；

傅全有、于永波（满族）、王克、王瑞林为中华人民共和国中央军事委员会委员。

现予公告。

中华人民共和国第九届全国人民代表大会
第一次会议主席团
1998年3月17日于北京

第六号

第九届全国人民代表大会第一次会议于1998年3月17日选举肖扬为中华人民共和国最高人民法院院长。

现予公告。

中华人民共和国第九届全国人民代表大会
第一次会议主席团
1998年3月17日于北京

第七号

第九届全国人民代表大会第一次会议于1998年3月17日选举韩杼滨为中华人民共和国最高人民检察院检察长。

现予公告。

中华人民共和国第九届全国人民代表大会
第一次会议主席团
1998年3月17日于北京

（**新华社发**）

国有企业领导班子考核力度加大
不称职人员不再任用　更不得易地做官

新华社北京3月17日电（记者陈雁）记者从今天在北京结束的全国加强国有企业领导班子建设协调小组办公室主任会议上获悉，自1997年初开始的国有企业领导班子考核建设工作成效显著，去年一年，全国共调整企业领导班子4.4万多个，调整企业领导班子成员8.6万多人，其中被降职免职的3.1万多人，选拔优秀人才充实到领导岗位的5.4万多人，对国有企业的改革和发展起到了积极的推动作用。

根据党中央、国务院的统一部署，1997年我国开始对国有企业领导班子进行普遍考核。在全国加强国有企业领导班子建设协调小组的指导下，全国各省、自治区、直辖市和副省级城市及有关部委都成立了领导小组和办事机构，投入大量人力进行这项工作。据统计，去年一年全国共组成考核组4.7万多个，派出考核人员18万多人，对全国13万多个企业的领导班子、56万多名企业领导班子的成员进行了考核。在认真考核的基础上，对问题和矛盾比较多的领导班子进行了调整，选拔了一大批优秀中青年干部充实到企业领导岗位。通过调整充实，提高了国有企业领导班子的整体素质和驾驭市场经济的能力，特别是一些亏损企业，经过考核调整领导班子后，面貌有了不同程度的变化，有的已经扭亏为盈。

据了解，今年全国还有近5万户国有企业领导班子需要进行考核。会议提出，今年要加快考核进度，特别要抓紧进行对境外国有企业、非银行金融企业领导班子的考核工作，力争在今年6月至迟8月基本完成考核任务；要加大工作力度，考核和调整间隔时间不宜过长，在那些兼并破产、实行资产重组的企业组建新领导班子时，对群众意见大、不称职的企业领导人员，不能再安排担任企业领导工作，更不得“易地做官”，在国务院行政机构改革中有些部门发生新的变化，但国有企业领导班子考核工作不能放松。

为确保考核质量，防止走过场，会议要求，对已经考核调整过的企业领导班子，各地各部门应当适时进行一次认真的检查，对那些虽经考核调整，但领导班子仍然不齐不力，或实践证明难以改变企业面貌的领导班子，要抓紧充实，走了过场的要重新考核、调整。

会议指出，在考核调整过程中，要着力抓好国有企业领导班子建设，全面提高国有企业领导人员素质。同时，要与推进企业人事制度改革有机地结合起来，逐步理顺企业领导人员的管理体制，切实解决好一个班子多头管理的问题，建立起适应社会主义市场经济要求的选拔任用国有企业领导人员的新机制，使优秀人才能够脱颖而出，最大限度地发挥各类人才的聪明才智。

外交部发言人答记者问
中方欢迎克林顿总统六月底访华

新华社北京3月17日电　外交部发言人朱邦造今天在记者招待会上说，应江泽民主席的邀请，美国总统克林顿将于1998年对中国进行国事访问。克林顿总统决定于6月底访华，中方表示欢迎。

他说，目前中美双方正就此进行积极的准备。我们相信，克林顿总统对中国的国事访问将会推动中美两国关系发展到一个新阶段。

人民日報
RENMIN RIBAO
今日16版
国内统一连续出版物号 CN 11-0065
第21721期（代号1-1）
人民网 网址:http://www.people.com.cn
手机:http://wap.people.com.cn
人民日报社出版
2007年12月
29
星期六
丁亥年十一月二十
北京地区天气预报
白天 晴间多云
风向 偏北
风力 三、四级
转五、六级
夜间 晴
风向 偏北
风力 五、六级
转三、四级
温度 −2℃/−8℃

胡锦涛会见日本首相福田康夫

胡锦涛指出，发展长期稳定、睦邻友好的中日关系，实现和平共处、世代友好、互利合作、共同发展的大目标，既是两国人民的共同心愿和期待，也是两国领导人和政治家的共同责任和使命

福田表示，日方期待同中方一道努力，加强合作，扩大交流，增进两国人民之间的相互理解和友谊，推动两国战略互惠关系不断取得更大成果

12月28日，国家主席胡锦涛在北京钓鱼台养源斋会见日本首相福田康夫。吴 华摄（新华社发）

本报北京12月28日电 （记者曹鹏程）国家主席胡锦涛28日下午在钓鱼台养源斋会见了日本首相福田康夫。

胡锦涛积极评价当前中日关系改善和发展的良好势头。他说，发展长期稳定、睦邻友好的中日关系，实现和平共处、世代友好、互利合作、共同发展的大目标，既是两国人民的共同心愿和期待，也是两国领导人和政治家的共同责任和使命。中方愿与日方一道，以两国高层互访和纪念中日和平友好条约缔结30周年为契机，遵循中日间三个政治文件确定的原则，本着"以史为鉴、面向未来"的精神，抓住机遇，多做实事，进一步加强对话与磋商，增进理解和互信，妥善处理两国间的重大敏感问题；进一步推进两国全方位、宽领域、多层次的交流与合作，拓展双方的共同利益；进一步扩大民间交往，特别是青少年的交流，加深两国人民友好感情，努力构筑和发展中日战略互惠关系，共同开创中日睦邻友好与互利合作的新局面。

福田感谢中方为他的访问所作的周到安排。福田表示，访问期间，双方全面深入地讨论了双边关系的许多问题，达成了广泛共识，加深了相互了解，促进了合作。福田赞同胡锦涛对两国关系的看法。他表示，日方期待同中方一道努力，加强合作，扩大交流，增进两国人民之间的相互理解和友谊，推动两国战略互惠关系不断取得更大成果。

国务委员唐家璇、外交部副部长戴秉国、驻日本大使崔天凯等参加了会见。

节约能源资源，保护生态环境——

番禺重构"岭南水乡"

本报记者 刘泰山 李 刚 尹世昌

广州市番禺区近来喜报频传：广州首个自主品牌汽车生产基地、环保产业园、生物科技园、现代工业园等16个节能环保项目和自主创新产业平台相继在这里奠基。

"要实现经济发展又好又快的目标，改变粗放型增长方式刻不容缓。对此，改革开放先行一步的珠三角地区应该做出表率。"番禺区委书记谭应华说，贯彻落实党的十七大精神，建设生态文明，首先要调整优化产业结构，形成节约能源资源、保护生态环境的增长方式。

"腾笼换鸟"，腾出发展新空间

番禺地处珠江三角洲中心位置，素有"岭南水乡"之称，与顺德、南海并称为"珠三角之核"。改革开放以来，"南番顺"顺应全球产业转移潮流，以"广东制造"闻名海内外。但是，高能耗、高投入的粗放型发展方式，也导致土地、能源、原材料配置等日趋紧张，环境压力不断增大。"必须从调整产业结构入手，立足可持续发展，培育新的竞争优势，在更高层面上恢复'岭南水乡'的风貌。"新一届番禺区委、区政府实施"腾笼换鸟"计划，将劳动密集型产业逐步转移出去，将科技含量高、附加值高的企业大量引进来。番禺先后转移劳动力密集型企业600多家。

今年以来，数控机床、生物医药、动漫游戏等数十项高科技、环保型产业项目相继落户番禺，全部投产后销售额将超过番禺现有工业产值总和，但总用地面积却不到现有产业用地的1/12。番禺几百家低端纺织服装企业基本完成了"腾笼换鸟"过程——或升级改造走品牌经营之路，或挪出地方将空间让给相对高端的产业。

"赶羊入圈"，提升整体竞争力

番禺集约整合工业区，彻底扭转"村村点火、户户冒烟"的散乱型发展态势。村一级不再新办工业区，整合后的工业园区最小以镇区为单位规划，按照"高起点投入、高强度投资、高效益产出"建设，总数不超过20个。

有人形容，番禺过去是"漫山放羊"，现在是"赶羊入圈"。据专家测算，企业"入园"，可在公共设施投入、土地使用、节能治污等方面降低运作费用20%。同时，企业集聚，在上下游企业配套供应方面带来商机。

番禺有数百家电镀企业，一度污染严重。番禺要求电镀企业集体进驻产业园，园区统一建设公共电镀废水处理设施，企业按废水处理量缴纳费用。广州福龙五金电业公司董事长梁林标说，电镀企业自己建设废水处理设施，一次性投入最少在800万至1000万元，并不是每个企业都能承担。而进园后，则可以较低的成本，从根本上解决废水排放问题。

"赶羊入圈"也为培育企业"航母"提供了"温床"。今年7月，清华科技园广州创新基地在番禺启动，未来3年将引进3家以上国家级研发中心、10家省级或世界500强企业研发中心。 （下转第六版）

吴邦国会见日本首相福田康夫

本报北京12月28日电 （记者曹鹏程）全国人大常委会委员长吴邦国28日在人民大会堂会见了日本首相福田康夫。

吴邦国指出，中日互为重要邻国，中国从全球角度看待中日关系。发展中日睦邻友好合作关系，是两国人民的共同愿望，符合两国和两国人民的根本利益，也是亚洲和世界人民的共同期盼。中日两国存在一些分歧，但共同利益是主流。双方都应从长远角度，用战略眼光来看待和把握中日关系。我们愿在中日间三个政治文件确定的各项原则基础上，与日方发展友好合作关系，推动中日关系发展到新阶段。

吴邦国指出，中日友好，归根结底是两国人民的友好，建立两国人民间的信任非常重要。明年是中日和平友好条约缔结30周年，也是北京奥运之年和"中日青少年友好交流年"，双方应抓住机遇，精心策划形式多样、丰富多彩的交流活动，不断增进两国人民之间的相互理解和友好感情。

吴邦国说，加强两国立法机构的对话和交流是两国政治交往的重要内容。中国全国人大与日本众参两院分别建立了定期交流机制，双方交往密切。今后应充分利用这一渠道，加强交流，增进相互理解和政治互信，推动两国各领域的交流与合作向前发展。

福田表示，中国经济迅速发展，国际影响力不断扩大，日中深入沟通，携手合作，将对亚洲和世界的和平和发展作出重要贡献。2008年，日中两国将开展一系列重要的高层交往和各种交流合作，日方将同中方一道，将双方达成的各项共识付诸实施，使两国关系和各领域合作全面深入发展，也希望两国立法机构加强交流，支持和促进日中关系发展。

人大常委会第三十一次会议举行全体会议

吴邦国出席 听取三个专门委员会关于代表议案审议结果的报告等

本报北京12月28日电 （记者石国胜、黄庆畅）十届全国人大常委会第三十一次会议28日上午在北京人民大会堂举行第三次全体会议，听取全国人大民族委员会、法律委员会、教育科学文化卫生委员会关于十届全国人大五次会议主席团交付审议的代表提出的议案审议结果的报告，审议法律委员会有关法律案修改意见及审议结果的报告。吴邦国委员长出席会议。

今天的全体会议由何鲁丽副委员长主持。

十届全国人大五次会议共收到代表提出的议案796件，大会主席团将这些议案分别交由有关专门委员会进行审议。今天的全体会议上，全国人大民族委员会主任委员多吉才让、法律委员会主任委员杨景宇、教科文卫委员会主任委员朱丽兰分别报告了交付本委员会审议的代表提出的议案审议结果。今年10月召开的十届全国人大常委会第三十次会议已经审议了全国人大内务司法委员会等其他6个专门委员会关于代表议案审议结果的报告。据了解，代表议案的审议结果和处理情况，经全国人大常委会审议通过后，将在明年3月召开的十一届全国人大一次会议上，向全体代表提出报告，同时向十届全国人大代表作出反馈。

十届全国人大五次会议期间，代表们认真履行法律赋予的职责，提出建议、批评和意见6091件。大会闭幕后，全国人大常委会办公厅将代表提出的建议统一交由财政部、国家发展和改革委员会等170个承办单位研究办理。同时，确定了10项重点处理建议分别交人事部等27个单位重点办理，并由全国人大民族委员会、内务司法委员会等5个专门委员会督办。全国人大常委会副秘书长何晔晖报告了处理情况。她说，今年代表提出的建议已经全部办理答复代表，代表建议所提问题得到解决或计划逐步解决的占代表建议总数的76%。 （下转第二版）

温家宝同日本首相福田康夫会谈

双方表示将共同努力，抓住机遇，推动中日关系取得新的更大发展

12月28日，国务院总理温家宝在北京人民大会堂举行仪式，欢迎日本首相福田康夫访华。 新华社记者 高 洁摄

本报北京12月28日电 （记者曹鹏程）国务院总理温家宝28日在人民大会堂同来华进行正式访问的日本首相福田康夫举行会谈。双方表示将共同努力，抓住机遇，推动中日关系取得新的更大发展。

温家宝表示，中日友好是大势所趋，人心所向。维护和加强中日睦邻友好合作关系，是双方唯一正确选择，符合两国人民的根本利益，有利于东北亚乃至亚洲的和平与发展。中日关系正处于改善和发展的重要时期，双方应紧紧抓住这一有利时机，将中日战略互惠关系落实到行动上，推动两国关系走上长期健康稳定的发展轨道。

温家宝建议，双方要保持领导人互访和在多边场合会晤的良好势头，就中日关系和共同关心的问题及时进行高层协调与沟通，增进政治互信；利用中日经济高层对话等相关机制，大力开展能源、环保、金融、高新技术、信息通信和知识产权保护等重点领域合作，不断提升两国经贸合作的质量和效益；共同纪念中日和平友好条约缔结30周年，扩大人文交流，办好"中日青少年友好交流年"，增进两国人民友好感情；加强防务交流和政治安全对话，适时实现日本防卫大臣及海上自卫队舰艇访华计划；妥善慎重处理好历史和台湾问题，维护两国关系政治基础。

福田表示，日中两国从未像今天这样对亚洲和世界和平与发展作出如此大的贡献。日中加强合作，共同承担对亚洲和世界的责任是时代的要求，是亚洲人民和国际社会的普遍期待。双方应把握机遇，以互惠方式推动在双边领域以及在促进东亚发展、应对气候变化等方面合作。

福田表示，日方希望2008年成为日中关系快速发展的一年。日方将同中方密切配合，使胡锦涛主席访日、日中青少年友好交流年活动取得成功；日方预祝北京奥运会圆满成功，愿积极为此提供合作；日方积极评价第一次日中经济高层对话成果，双方应为第二次对话作好准备；希望双方加强在气候变化、环保、能源、投资、知识产权保护、食品安全等方面的交流合作；日中防务交流取得扎实进展，希望双方继续开展舰艇和青年军官互访，以增进相互了解和互信； （下转第二版）

贺国强在中央纪委监察部派驻机构工作总结交流会上强调

认真履行纪检监察派驻机构的职能 推动党风廉政建设和反腐败工作深入开展

本报北京12月28日电 （记者李章军）中央纪委监察部28日召开派驻机构工作总结交流会，中共中央政治局常委、中央纪委书记贺国强出席会议并讲话。他强调，各派驻机构要认真学习贯彻党的十七大精神，切实增强高举旗帜的坚定性、服务大局的自觉性和做好工作的主动性，按照党章、行政监察法和党内监督条例的规定，认真总结经验，理清工作思路，全面履行职责，推动驻在部门及其系统和行业党风廉政建设和反腐败斗争深入开展。

会议由中央书记处书记、中央纪委副书记何勇主持。

贺国强在讲话中充分肯定了中央纪委监察部对派驻机构实行统一管理以来取得的成绩。他指出，纪检监察机关对派驻机构实行统一管理，是党中央为改革和完善纪律检查体制作出的重大决策，是新形势下加强和改进党内监督的一项重大举措。实行统一管理以来，派驻机构体制机制逐步完善，监督职能得到加强，查办案件力度不断加大，组织协调作用充分发挥，初步实现了中央提出的改革总体要求。

贺国强强调，当前和今后一个时期，要切实加强对驻在部门执行党的政治纪律情况的监督检查，坚决纠正和查处违背科学发展观的行为，确保中央的重大决策部署得到有效落实。要督促驻在部门建立自我约束机制，拓宽监督渠道，切实抓好对领导班子及其成员贯彻执行民主集中制、选拔任用干部、贯彻落实党风廉政建设责任制和廉政勤政情况等问题的监督。要切实抓好惩治和预防腐败体系建设，督促驻在部门制定符合实际的具体工作方案，落实好牵头主抓的各项任务。 （下转第二版）

黄兴国任天津市代市长

新华社天津12月28日电 天津市第十四届人大常委会第四十二次会议12月28日接受戴相龙辞去天津市市长职务的请求，决定常务副市长黄兴国为天津市代理市长。

努尔·白克力代理新疆维吾尔自治区主席

新华社乌鲁木齐12月28日电 新疆维吾尔自治区十届人大常委会第三十五次会议12月28日接受司马义·铁力瓦尔地辞去新疆维吾尔自治区主席职务的请求，决定努尔·白克力代理新疆维吾尔自治区主席。

马飚任广西壮族自治区代主席

新华社南宁12月28日电 12月28日召开的广西壮族自治区第十届人民代表大会常务委员会第三十次会议决定，接受刘奇葆辞去广西壮族自治区第十届人民代表大会常务委员会主任职务的请求，接受陆兵辞去自治区主席职务的请求。任命马飚（壮族）为广西壮族自治区副主席，并决定由马飚代理自治区主席职务。

今日导读

人民日報
RENMIN RIBAO
今日 16 版
国内统一连续出版物号 CN 11-0065
第 21718 期（代号 1-1）
人民网 网址:http://www.people.com.cn
手机:http://wap.people.com.cn
人民日报社出版
2007 年 12 月
26
星期三
丁亥年十一月十七
北京地区天气预报
白天 雾转多云下午有霾
风向 北转南
风力 二、三级
夜间 多云有雾
风向 南转北
风力 一、二级
温度 4℃/-2℃

胡锦涛主席致电祝贺卡里莫夫再次当选乌兹别克斯坦总统

新华社北京 12 月 25 日电 国家主席胡锦涛 25 日致电卡里莫夫，就他再次当选乌兹别克斯坦共和国总统，向他表示诚挚的祝贺和良好的祝愿。

贺电说，中乌是友好近邻，两国人民有着深厚的传统友谊。建交 15 年来，在双方共同努力下，两国已建立起相互尊重、彼此信任、平等互利的友好合作伙伴关系。我们高兴地看到，近年来，乌兹别克斯坦政局保持稳定，经济持续发展，人民生活显著改善，国际影响不断扩大。我相信，在你的领导下，乌兹别克斯坦人民在建设自己国家的事业中一定会取得更大成就。中国一贯尊重乌兹别克斯坦人民自主选择的发展道路，支持乌方为维护国家独立、主权和安全，促进经济发展所做的努力。我愿与你一道，不断增进双方的友谊和互信，深化各领域务实合作，推动中乌友好合作伙伴关系迈上新台阶。

胡锦涛在同全国政法工作会议代表和全国大法官大检察官座谈时强调

立足中国特色社会主义事业发展全局 扎扎实实开创我国政法工作新局面

吴邦国温家宝习近平出席 周永康主持

本报北京 12 月 25 日电 （记者**石国胜、王比学**）中共中央总书记、国家主席、中央军委主席胡锦涛 25 日上午在人民大会堂同全国政法工作会议代表和全国大法官、大检察官座谈。他强调，必须从中国特色社会主义事业发展全局的高度，进一步提高对做好政法工作重要性和紧迫性的认识，准确认识和把握政法工作的性质和职责，通过扎扎实实的努力，不断开创政法工作新局面，为全面建设小康社会、加快推进社会主义现代化提供强有力的政法保障。

中共中央政治局常委、全国人大常委会委员长吴邦国，中共中央政治局常委、国务院总理温家宝，中共中央政治局常委、中央书记处书记习近平出席座谈会。中共中央政治局常委、中央政法委书记周永康主持。

胡锦涛强调，政法事业是中国特色社会主义事业的重要组成部分，必须随着中国特色社会主义事业发展而发展；政法工作是党和国家工作的重要组成部分，必须在党和国家工作大局下开展，为党和国家工作大局服务。切实维护党的执政地位，切实维护国家安全，切实维护人民权益，确保社会大局稳定，是政法战线的首要政治任务。

胡锦涛指出，做好政法工作，关键是要全面把握党的十七大对加强和改进政法工作作出的战略部署，坚持把政法工作放在党和国家工作全局中来谋划、来推进。要全面贯彻落实党的十七大精神，高举中国特色社会主义伟大旗帜，坚持以邓小平理论和"三个代表"重要思想为指导，深入贯彻落实科学发展观，坚持党的领导、人民当家作主、依法治国有机统一，牢固树立社会主义法治理念，坚持执法为民，着力保障国家安全，着力维护社会公平正义，着力保护人民生命财产安全，着力保证社会大局稳定，着力服务经济社会发展大局。

胡锦涛就做好政法工作提出 5 点要求。一是要坚持正确方向。要坚定不移地坚持中国特色社会主义道路，坚定不移地坚持中国特色社会主义理论体系，努力在执法思想、执法实践、执法作风等各方面真正体现中国特色社会主义的正确方向。要坚持以依法治国、执法为民、公平正义、服务大局、党的领导为主要内容的社会主义法治理念指引政法工作，充分发挥我国社会主义司法制度的优越性，正确履行宪法和法律赋予的职能，确保党的路线方针政策和决策部署在政法工作中得到不折不扣的贯彻执行。二是要保障国家安全。要切实增强政权意识、大局意识、忧患意识、责任意识，完善国家安全战略，健全国家安全体制，确保国家安全统一。三是要维护人民权益。维护人民权益，是党的根本宗旨的要求，也是做好政法工作的目的。政法工作搞得好不好，最终要看人民满意不满意。要坚持以人为本、坚持执法为民，坚持司法公正，把维护好人民权益作为政法工作的根本出发点和落脚点，着力解决人民最关心、最直接、最现实的利益问题，为人民安居乐业提供更加有力的法治保障和法律服务。要切实加强社会治安工作，按照打防结合、预防为主，专群结合、依靠群众的方针，健全治安防控体系，加强社会治安综合治理，扎实推进平安建设，依法打击侵犯人民权益的违法犯罪行为，着力解决社会治安中的热点难点问题，不断增强人民群众安全感。要切实化解社会矛盾，提高新形势下做好群众工作的本领，带着深厚的感情为群众排忧解难，健全党和政府主导的维护群众权益机制，拓宽社情民意表达渠道。要进一步规范司法行为，完善对司法权行使的监督机制，加强对诉讼活动的法律监督，切实解决执法不严、司法不公问题。要切实加强基层基础工作，健全基层党组织领导的充满活力的基层群众自治机制，完善基层服务网络，加强基层司法机构建设，提高基层政法部门履行职责能力，切实把维护人民权益的职能落实到基层。四是要深化体制改革。必须把维护社会公平正义作为政法工作的生命线。司法体制是维护社会公平正义的重要制度保障。要继续积极稳妥推进司法体制改革，以满足人民的司法需求为根本出发点，从人民不满意的问题入手，以加强权力制约和监督为重点，优化司法职权配置，规范司法行为，努力建设公正高效权威的社会主义司法制度。要切实推进社会管理体制改革创新，完善社会政策，优化公共资源配置，创新公共服务体制，提高公共服务质量，提高公众有序参与社会管理的深度和广度。五是要推进队伍建设。要按照严格、公正、文明执法的要求，全面加强政法队伍建设，不断提高政法队伍的思想政治素质和业务工作能力，强化政法干警维护社会公平正义的意识，严格规范执法行为，努力造就一支政治坚定、业务精通、作风优良、执法公正的政法干部队伍。

12 月 25 日，中共中央总书记、国家主席、中央军委主席胡锦涛在北京人民大会堂同全国政法工作会议代表和全国大法官、大检察官座谈时发表重要讲话。 新华社记者 樊如钧摄

胡锦涛强调，做好新形势下的政法工作，加强和改善党对政法工作的领导是关键。各级党委要从思想上、政治上、组织上全面加强和改善对政法工作的领导，加强对新形势下政法工作面临的新情况新问题的研究，有针对性地解决一些影响政法工作的重大问题，支持政法机关依法履行职能，领导和推动政法机关贯彻落实好中央的路线方针政策。各级党组织要带头维护宪法和法律权威。各级党组织和各级领导干部要带头依法办事，带头依法行政。要坚持在全社会深入开展法制宣传教育，弘扬法治精神，重视社会主义法律文化建设，树立依法办事、守法为荣的风尚，使社会主义法治精神转化为全体人民的实际行动。

胡锦涛指出，大法官、大检察官要始终保持高度的政治意识、大局意识、责任意识、法律意识、廉洁意识，始终坚持党的事业至上、人民利益至上、宪法法律至上，切实承担起带领广大法官、检察官和其他工作人员保障科学发展、促进社会和谐的历史使命和政治责任，为建设公正高效权威的社会主义司法制度而不懈努力。

周永康在主持座谈会时说，胡锦涛总书记的重要讲话，站在中国特色社会主义事业发展全局的高度，精辟分析了政法工作面临的国际国内形势，深刻阐明了政法工作的重要性和紧迫性，深刻阐明了政法工作的性质、职责和重大任务，深刻阐明了全面把握党的十七大精神、加强和改进政法工作总的要求和重点工作，深刻阐明了加强和改善党对政法工作领导的重大意义和重大措施。我们要认真学习领会，切实贯彻落实，努力开创政法工作新局面。

座谈会上，北京市委副书记、政法委书记王安顺，河南省委常委、政法委书记李新民，浙江省委常委、政法委书记王辉忠，贵州省委常委、政法委书记崔亚东，江苏省高级人民法院院长公丕祥，山东省人民检察院检察长国家森先后发言。

出席座谈会的还有：王兆国、李源潮、盛华仁、肖扬、贾春旺、张思卿。

中央和国家有关部门以及军队的有关负责人，各省、自治区、直辖市、新疆生产建设兵团的负责人，以及各省会市和计划单列市的有关负责人出席了座谈会。

座谈会前，胡锦涛、吴邦国、温家宝、习近平、周永康等亲切会见了全国政法工作会议代表和全国大法官、大检察官。

贾庆林主持召开全国政协主席会议

决定明年一月二十二日举行政协常委会第二十次会议

新华社北京 12 月 25 日电 中共中央政治局常委、全国政协主席贾庆林 25 日主持召开政协第十届全国委员会第四十九次、第五十次主席会议。会议决定 2008 年 1 月 22 日至 25 日举行政协第十届常委会第二十次会议，为召开政协第十一届全国委员会第一次会议做准备。

会议审议通过了政协第十届常委会第二十次会议议程草案和日程、关于召开政协第十一届全国委员会第一次会议的决定草案，审议了政协十届全国委员会常委会工作报告草案和政协十届全国委员会常委会关于提案工作情况的报告草案。会议还书面审议了政协第十届全国委员会对外交往工作总结稿、各专门委员会工作总结稿、全国政协办公厅关于委员视察工作情况的报告草案和办公厅五年工作总结稿。会议决定将这些草案等提交第二十次常委会议审议。

会议建议政协第十届常委会第二十次会议的主要议程为：审议通过关于召开政协第十一届全国委员会第一次会议的决定，协商决定政协第十一届全国委员会参加单位、委员名额和委员人选名单，审议通过提交政协第十一届全国委员会第一次会议的十届常委会工作报告和关于提案工作情况的报告，审议通过政协第十一届全国委员会第一次会议议程草案和日程等。

会议听取了全国政协秘书长郑万通，副秘书长杨崇汇、李昌鉴和提案委员会副主任傅志寰就有关议题所做的说明。

会议指出，政协第十一届全国委员会第一次会议，是在中共十七大之后召开的一次十分重要的会议。会议将全面总结十届政协的工作，选举产生新一届政协常委会，研究提出新一届政协的工作思路。要以十七大精神为指导，周密安排，精心组织，切实做好会议的各项准备工作，把会议开成一个民主、求实、团结、鼓劲的大会。

会议还研究讨论了如何提高委员履行职能积极性、发挥委员作用的问题。

全国政协副主席王忠禹、刘延东、李贵鲜、张思卿、白立忱、罗豪才、张克辉、周铁农、郝建秀、陈奎元、阿不来提·阿不都热西提、徐匡迪、李兆焯、黄孟复、张怀西、李蒙、张梅颖、张榕明出席会议。

今年预计税款入库4.9万多亿

增收 1.1 万亿元以上，增长 30%左右

本报北京 12 月 25 日电 （记者**李丽辉**）在今天召开的全国税务工作会议上，国家税务总局局长肖捷指出，今年全国税务机关大力实施科学化、精细化管理，完善征管模式，强化重点税源监控，提高了税收征管水平。预计今年全国入库税款 49000 多亿元，增收 11000 亿元以上，增长 30%左右，是改革开放以来税收收入增长最快的时期之一。

肖捷说，当前和今后一个时期，税务部门将加强税收法制建设，积极稳妥地推进税制改革和税收政策调整，逐步建立有利于科学发展和公平分配的税收制度。

秦皇岛港煤炭年输出超 2 亿吨

本报石家庄 12 月 25 日电 （**王明浩、张利民**）截至 12 月上旬，秦皇岛港今年煤炭吞吐量累计已超 2 亿吨，成为世界上首个煤炭年输出超 2 亿吨港口。

秦皇岛港是我国最大的煤炭中转港口、北煤南运大通道的"主枢纽港"，占全国沿海港口下水煤炭的 50%。

今年以来，秦皇岛港抓住国内煤炭需求旺盛和大秦线扩能增量的时机，采取开通新的煤炭运输准班轮航线和签订新的"煤炭堆存场地长租"等特色业务，确保装卸任务的完成。同时实行精细化管理，做到车流不断、人不空岗，有效提高了装卸效率。今年新投产的煤五期码头吞吐量超 5000 万吨，实现了"当年投产，当年达产"的目标。

栗战书任黑龙江省代省长

新华社哈尔滨 12 月 25 日电 黑龙江省十届人大常委会第三十一次会议 12 月 25 日接受张左己辞去黑龙江省人民政府省长职务的请求，决定副省长栗战书为黑龙江省人民政府代理省长。

提高领导科学发展的能力

——七论认真学习贯彻中央经济工作会议精神

本报评论员

中央经济工作会议强调，全面贯彻党的十七大精神，完成明年经济工作的各项任务，推动经济社会又好又快发展，必须不断提高领导科学发展的能力。这既是加强党的执政能力建设和先进性建设的必然要求和重大任务，也是做好明年和今后一个时期的经济工作的重要保证。

我国正处在改革发展的关键阶段，也正处于工业化、现代化的重要时期。面对复杂多变的国际形势和艰巨繁重的国内改革发展任务，全党同志特别是各级领导干部，迫切需要认真落实中央经济工作会议提出的要求，努力提高领导科学发展能力。

第一，加强学习，不断提高领导科学发展的思想水平和业务素质。紧密联系本地区本部门实际，坚持学以致用、用以促学，把用党的十七大精神武装头脑、指导实践、推动工作作为学习的出发点和落脚点，把思想统一到党的十七大精神上来，把力量凝聚到实现党的十七大确定的各项任务上来。认真学习和准确把握中国特色社会主义道路和中国特色社会主义理论体系的深刻内涵，不断增强高举中国特色社会主义伟大旗帜的自觉性和坚定性。认真学习和深刻领会科学发展观的科学内涵、精神实质和根本要求，更加自觉地走科学发展道路。准确把握实现全面建设小康社会奋斗目标的新要求，以创新的思路开拓各项工作新局面。适应世情、国情、党情的新变化，顺应发展中国特色社会主义的新要求，根据岗位工作需要，主动更新知识，不断增强把握规律、按照客观规律办事的能力，增强研究新情况、解决新问题的能力。

第二，统筹兼顾，不断掌握科学发展观的根本方法。正确领会和全面把握中国特色社会主义事业总体布局，善于在推进经济发展的同时兼顾各方面的发展要求；正确处理中央和地方的关系，善于发挥两个积极性；正确处理个人利益和集体利益、局部利益和整体利益、当前利益和长远利益的关系，善于从各方利益的结合点考虑问题，谋划工作；正确处理人民内部矛盾，善于化解不和谐因素；正确处理重点和一般的关系，善于抓住牵动全局的主要工作、涉及群众利益的突出问题，着力在重要领域和关键环节取得突破。

第三，深入调查研究，不断把握科学发展的主动权。扑下身去，深入一线，认真开展调查研究，了解经济社会发展中关系全局的突出问题，了解本地区本部门工作中需要解决的重点问题，了解广大人民群众最关心的利益问题，总结推广干部群众在实践中创造的好经验、好办法，使各项政策和工作部署更加符合客观实际，更能体现群众意愿。转变工作作风，改进工作方法，克服形式主义、官僚主义，以为民、务实、清廉的作风推动科学发展、促进社会和谐。

第四，狠抓落实，不断取得科学发展的实效。大力发扬求真务实精神，坚持正确政绩观，与时俱进，真抓实干，对关键环节和重点难点问题要一抓到底。充分发挥人民群众的主人翁精神，采取多种形式宣传群众、动员群众，使中央的方针政策为广大干部群众所了解、所掌握，转化为他们的自觉行动。建立健全抓落实的领导机制和工作机制，确保各项工作取得实实在在的成效。

明年是全面贯彻落实党的十七大作出的战略部署的第一年，要办的大事很多。做好明年的经济工作，保持经济发展、社会祥和的良好局面至关重要。让我们更加紧密地团结在以胡锦涛同志为总书记的党中央周围，坚定信心，振奋精神，开拓进取，扎实工作，努力开创各项工作新局面。

今日导读

（四）具有全局意义的部门会议和行业会议新闻的版面安排

中央经济工作会议

中央经济工作会议是由党中央、国务院主持召开的大型会议之一，总结当年经济工作，安排次年经济工作，分量很重。2011 年底召开的中央经济工作会议的版面安排可作范例。

这次会议是 12 月 12 日至 14 日在北京召开的，中央政治局全体常委出席会议。按照惯例，会议结束以后刊登消息。12 月 15 日，一版将会议消息安排为头条通栏，配发胡锦涛在会议上发表讲话的照片一张。副题摘引会议消息中“明年经济工作的总体要求”，在版面下部刊出配合中央经济工作会议的社论。

（附 2011 年 12 月 15 日一版）

中央农村工作会议

每年的中央农村工作会议，中央都非常重视。人民日报一般根据出席会议的领导规格安排版面。2007 年 12 月 24 日，一版在头条位置刊出会议消息，副题为胡锦涛、温家宝对确保国家粮食安全、促进农民收入持续较快增长做出重要指示。左下角安排了配合这次会议的社论。2011 年 12 月 28 日，一版在报眼下安排会议消息。

（附 2007 年 12 月 24 日一版、2011 年 12 月 28 日一版）

国家科学技术奖励大会

2012 年 2 月 14 日，国家科学技术奖励大会在京隆重开幕，胡锦涛发表重要讲话并为国家最高科学技术奖获得者颁奖。次日一版的版面安排是此类活动的范例。

会议消息为头条通栏，配发两张照片，一张为胡锦涛同获奖者的合影，一张为常委会见获奖代表。温家宝在会议上的讲话全文在二版刊登，二版还刊登了国务院关于国家科学技术奖励的决定。

（附 2012 年 2 月 15 日一版）

全国组织工作会议

2008年2月19日，一版刊发全国组织工作会议消息。版面给予了充分重视，头条通栏文字，六栏标题，并配发胡锦涛讲话的照片，报眼位置加框安排胡锦涛讲话摘要。

（附2008年2月19日一版）

全国宣传思想工作会议

2008年1月23日，一版刊发全国宣传思想工作会议消息。版面安排为头条，文通栏，题六栏居中，配发胡锦涛讲话照片一张。

（附2008年1月23日一版）

全国政法工作会议

2007年12月26日，一版刊发全国政法工作会议消息。版面安排为头条、横六栏，配发胡锦涛讲话照片一张。

（附2007年12月26日一版）

工代会

2008年10月18日，一版头条安排工会十五大开幕消息，总书记等中央政治局常委莅会。头条直题安排，并配发中央领导进入会场和大会主席台照片共两张。头条下部安排中央政治局常委习近平代表党中央所致的祝词。

（附2008年10月18日一版）

团代会

2003年7月23日，一版头条安排共青团第十五次全国代表大会消息，总书记等中央政治局常委莅会。头条直题安排，并配发中央领导同代表握手照片一张。头条下部安排中央政治局常委吴官正代表党中央所致的祝词。

（附2003年7月23日一版）

妇代会

妇代会同团代会的报道规格相同，版面安排参照团代会。2003 年 8 月 22 日，中国妇女第九次全国代表大会召开，中央政治局常委到会祝贺。次日一版以头条直题安排，并配发中央领导同妇女代表握手照片一张。头条下部安排中央政治局常委李长春代表党中央所致的祝词。

（附 2003 年 8 月 23 日一版）

少代会

少年儿童是祖国的花朵，人民日报对全国少代会的新闻版面安排也作突出处理。2005 年 6 月 1 日，国际儿童节，少先队第五次全国代表大会在京召开，中央政治局常委到会祝贺。次日一版头条安排大会消息，并配发两张照片，体现了中央对少儿工作的重视。

（附 2005 年 6 月 2 日一版）

残代会

2003 年 9 月 9 日，一版头条位置刊发中国残联第四次全国代表大会召开消息，并配发中央领导同会议代表握手照片一张。

（附 2003 年 9 月 9 日一版）

RENMIN RIBAO

人民网　网址:http://www.people.com.cn
手机:http://wap.people.com.cn

2011年12月
15
星期四
辛卯年十一月廿一
人民日报社出版
国内统一连续出版物号
CN 11-0065
第23168期(代号1-1)
今日24版

中塞两国元首互致贺电 庆祝建交40周年

新华社北京12月14日电　国家主席胡锦涛14日与塞浦路斯共和国总统赫里斯托菲亚斯互致贺电，祝贺两国建交40周年。

胡锦涛在贺电中说，建交以来，中塞关系始终稳定发展，两国政治互信不断加深，相互理解和支持彼此重大关切，务实合作持续扩大。中方高度重视中塞关系，愿同塞方共同努力，进一步深化两国传统友谊，加强各级别交往，深化经贸、人文、旅游合作，保持在国际和地区事务中的沟通与协调，共同创建中塞友好合作更美好的未来。

赫里斯托菲亚斯在贺电中表示，塞中交流合作十分密切。近年来高层交往频繁，双边关系更加巩固。塞方相信，塞中两国友好相处，相互理解，符合双方共同利益，两国关系将在未来取得更大发展。

同日，外交部长杨洁篪同塞浦路斯外长马尔库利斯也互致了贺电。

中央经济工作会议在北京举行

胡锦涛温家宝作重要讲话　吴邦国贾庆林李长春习近平李克强贺国强周永康出席会议

明年经济工作的总体要求是：全面贯彻党的十七大和十七届三中、四中、五中、六中全会精神，以邓小平理论和"三个代表"重要思想为指导，深入贯彻落实科学发展观，继续实施积极的财政政策和稳健的货币政策，保持宏观经济政策的连续性和稳定性，增强调控的针对性、灵活性、前瞻性，继续处理好保持经济平稳较快发展、调整经济结构、管理通胀预期的关系，加快推进经济发展方式转变和经济结构调整，着力扩大国内需求，着力加强自主创新和节能减排，着力深化改革开放，着力保障和改善民生，保持经济平稳较快发展和物价总水平基本稳定，保持社会和谐稳定，以经济社会发展的优异成绩迎接党的十八大胜利召开

推动明年经济社会发展，要突出把握好稳中求进的工作总基调。稳，就是要保持宏观经济政策基本稳定，保持经济平稳较快发展，保持物价总水平基本稳定，保持社会大局稳定。进，就是要继续抓住和用好我国发展的重要战略机遇期，在转变经济发展方式上取得新进展，在深化改革开放上取得新突破，在改善民生上取得新成效

本报北京12月14日电　中央经济工作会议12月12日至14日在北京举行。

中共中央总书记、国家主席、中央军委主席胡锦涛，中共中央政治局常委、全国人大常委会委员长吴邦国，中共中央政治局常委、国务院总理温家宝，中共中央政治局常委、全国政协主席贾庆林，中共中央政治局常委李长春，中共中央政治局常委、国家副主席、中央军委副主席习近平，中共中央政治局常委、国务院副总理李克强，中共中央政治局常委、中央纪委书记贺国强，中共中央政治局常委、中央政法委书记周永康出席会议。

胡锦涛在会上发表重要讲话，全面分析当前国际国内经济形势，深刻阐述明年和今后一个时期经济工作必须把握好的重大问题，明确提出明年经济工作的总体要求、大政方针、主要任务。温家宝在讲话中全面总结今年经济工作，对明年经济工作的主要目标、任务和有关重大问题作出具体部署。

会议指出，今年是"十二五"时期开局之年，党中央、国务院团结带领全国各族人民，牢牢把握科学发展这个主题和加快转变经济发展方式这条主线，实施"十二五"规划，加强和改善宏观调控，正确处理保持经济平稳较快发展、调整经济结构、管理通胀预期的关系，加大解决突出问题工作力度，巩固和扩大应对国际金融危机冲击成果，促进经济增长由政策刺激向自主增长有序转变，国民经济继续朝着宏观调控预期方向发展，呈现增长较快、价格趋稳、效益较好、民生改善的良好态势。总的看，2011年，我国社会主义经济建设、政治建设、文化建设、社会建设以及生态文明建设和党的建设都取得了新的成绩，实现了"十二五"时期良好开局。在十分复杂的国内外背景下，这样的成绩确实来之不易。这是全党全国同心同德、团结奋斗的结果，是各地区各部门各方面不懈努力、顽强拼搏的结果。

会议强调，在充分肯定成绩的同时，也要清醒地看到，当前我国经济发展中不平衡、不协调、不可持续的矛盾和问题仍很突出，经济增长下行压力和物价上涨压力并存，部分企业生产经营困难，节能减排形势严峻，经济金融等领域也存在一些不容忽视的潜在风险。我们必须保持清醒头脑，加强风险评估，及早准备预案，及时采取措施，有效化解各种风险。

会议认为，今年以来，世界经济增长放缓，国际贸易增速回落，国际金融市场剧烈动荡，各类风险明显增多。展望明年，世界经济形势总体上仍将十分严峻复杂，世界经济复苏的不稳定性不确定性上升。我们要更加注重统筹国内国际两个大局，增强机遇意识、忧患意识，充分认识国际金融危机给我国发展带来的机遇和风险，从我国改革开放和社会主义现代化建设全局高度，加强战略谋划，增强应对能力，扬长避短，趋利避害，不断提高我国的综合国力和国际竞争力。

会议指出，面对复杂多变的国际政治经济环境和国内经济运行新情况新变化，必须继续抓住科学发展这个主题和加快转变经济发展方式这条主线，牢牢把握扩大内需这一战略基点，把扩大内需的重点更多放在保障和改善民生、加快发展服务业、提高中等收入者比重上来；牢牢把握发展实体经济这一坚实基础，努力营造鼓励脚踏实地、勤劳创业、实业致富的社会氛围；牢牢把握加快改革创新这一强大动力，抓住时机尽快在一些重点领域和关键环节取得突破，着力提高原始创新能力，不断增强集成创新、引进消化吸收再创新能力；牢牢把握保障和改善民生这一根本目的，加大财政投入力度，切实办好涉及民生的大事要事，注重提高发展的包容性。

会议强调，明年是实施"十二五"规划承上启下的重要一年，我们党将召开十八大。做好明年经济工作，保持经济社会发展良好势头，具有十分重要的意义。会议提出，明年经济工作的总体要求是：全面贯彻党的十七大和十七届三中、四中、五中、六中全会精神，以邓小平理论和"三个代表"重要思想为指导，深入贯彻落实科学发展观，继续实施积极的财政政策和稳健的货币政策，保持宏观经济政策的连续性和稳定性，增强调控的针对性、灵活性、前瞻性，继续处理好保持经济平稳较快发展、调整经济结构、管理通胀预期的关系，加快推进经济发展方式转变和经济结构调整，着力扩大国内需求，着力加强自主创新和节能减排，着力深化改革开放，着力保障和改善民生，保持经济平稳较快发展和物价总水平基本稳定，保持社会和谐稳定，以经济社会发展的优异成绩迎接党的十八大胜利召开。

会议认为，推动明年经济社会发展，要突出把握好稳中求进的工作总基调。稳，就是要保持宏观经济政策基本稳定，保持经济平稳较快发展，保持物价总水平基本稳定，保持社会大局稳定。进，就是要继续抓住和用好我国发展的重要战略机遇期，在转变经济发展方式上取得新进展，在深化改革开放上取得新突破，在改善民生上取得新成效。

12月12日至14日，中央经济工作会议在北京召开。中共中央总书记、国家主席、中央军委主席胡锦涛发表重要讲话。吴邦国、温家宝、贾庆林、李长春、习近平、李克强、贺国强、周永康出席会议。　　新华社记者　**李学仁摄**

会议提出了明年经济工作的主要任务。

一、继续加强和改善宏观调控，促进经济平稳较快发展。必须统筹处理速度、结构、物价三者关系，特别是要把解决经济社会发展中的突出矛盾和问题、有效防范经济运行中的潜在风险放在宏观调控的重要位置。要深入分析经济发展和运行趋势变化，准确把握宏观调控的力度、节奏、重点。要继续实施积极的财政政策和稳健的货币政策。财政政策要继续完善结构性减税政策，加大民生领域投入，积极促进经济结构调整，严格财政收支管理，加强地方政府债务管理。货币政策要根据经济运行情况，适时适度进行预调微调，综合运用多种货币政策工具，保持货币信贷总量合理增长，优化信贷结构，发挥好资本市场的积极作用，有效防范和及时化解潜在金融风险。财政政策和信贷政策都要注重加强与产业政策的协调和配合，充分体现分类指导、有扶有控，继续加大对"三农"、保障性住房、社会事业等领域的投入，继续支持欠发达地区、科技创新、节能环保、战略性新兴产业、国家重大基础设施在建和续建项目、企业技术改造等。要加强预算管理，严格控制"三公"等一般性财政支出。

二、坚持不懈抓好"三农"工作，增强农产品供给保障能力。要加大强农惠农富农政策力度，加快农业科技进步，努力促进农业增产、农民增收、农村发展。要毫不放松抓好粮食生产，稳步提高粮食最低收购价，增加粮食生产直接补贴，加大粮食主产区利益补偿力度。要落实好"米袋子"省长负责制和"菜篮子"市长负责制。要强化农产品全程质量安全管理，完善储运和市场体系，规范流通秩序，降低农产品流通成本。要抓好水利基础设施建设，扩大小型农田水利建设重点县范围，新建一批高标准农田。要坚持科教兴农战略，增强农业科技攻关和自主创新能力，加快农业技术推广。要深入推进社会主义新农村建设，抓好农村危旧房改造、环境整治、饮水安全、道路建设和电网改造。要办好农村义务教育和中等职业教育，提高新型农村合作医疗筹资标准和农民受益水平，实现新型农村社会养老保险制度全覆盖。要落实好中央扶贫工作会议精神和新10年扶贫开发纲要。要稳定和完善农村基本经营制度，稳步探索农村集体经济有效实现形式，鼓励发展农民专业合作社，健全农业社会化服务体系，为农户提供低成本、便利化的生产经营服务。

三、加快经济结构调整，促进经济自主协调发展。一是着力扩大内需特别是消费需求。要合理增加城乡居民特别是低收入群众收入，拓宽和开发消费领域，促进居民文化、旅游、健身、养老、家政等服务消费；加强城乡市场流通体系建设，提高流通效率，降低物流成本；强化监管和服务，坚决打击商业欺诈、制假售假行为，让广大群众放心消费、安全消费。要保持适度投资规模，优化投资结构，重点抓好在建和续建工程，确保国家已经批准开工的在建水利、铁路、重大装备等项目资金需求。二是着力推进产业结构优化升级。要坚持创新驱动，强化知识产权保护，促进产学研结合，全面落实国家中长期科技发展规划纲要，加快实施重大科技专项。培育发展战略性新兴产业，要注重推动重大技术突破，注重增强核心竞争力。改造提升传统产业，要严格产业政策导向，进一步淘汰落后产能，促进兼并重组，推动产业布局合理化。要加快重点能源生产基地和输送通道建设，积极有序发展新能源。发展服务业特别是现代服务业，要营造良好政策体制环境，建立公平、规范、透明的市场准入标准。要加快壮大文化产业，推动文化事业蓬勃发展。三是着力加强节能减排工作。要严格目标责任和管理，完善评价考核机制和奖惩制度，强化节能减排政策引导，加快建立节能减排市场机制。要加强环境保护，重点抓好大气、水体、重金属、农业面源污染防治。要坚持建设性参与应对气候变化国际谈判和合作。四是着力推动区域协调发展。东部地区要更加自觉地率先转变经济发展方式，努力提高经济发展质量，中西部地区要创新发展模式。要加强对中西部地区、东北地区等老工业基地发展的支持，切实改善革命老区、民族地区、边疆地区、贫困地区生产生活条件，扎实推进援藏援疆工作。要根据全国主体功能区规划确定的功能定位推进发展，科学引导城市群发展。

四、深化重点领域和关键环节改革，提高对外开放水平。要调整财政转移支付结构，加强县级基本财力保障。要推进营业税改征增值税和房产税改革试点，合理调整消费税范围和税率结构，全面改革资源税制度，研究推进环境保护税改革。要深化利率市场化改革和汇率形成机制改革，保持人民币汇率基本稳定。要深化农村信用社改革，积极培育面向小型微型企业和"三农"的金融机构。要完善多层次资本市场。要完善原油成品油价格形成机制，逐步理顺煤电价格关系。要继续深化国有企业、行政管理体制、文化体制等改革和事业单位分类改革。要加快落实促进非公有制经济健康发展的政策措施。要保持外贸政策连续性和稳定性，保持出口平稳增长，推动出口结构升级，加强和改进进口工作，积极扩大进口，促进贸易平衡。要引导外资到中西部地区投资，扩大服务开放，扩大境外投资合作，积极防范境外投资风险。要深化国际合作，加强同周边国家基础设施的互联互通，反对各种形式的保护主义，妥善处理贸易摩擦，努力改善我国发展的外部环境。

五、大力保障和改善民生，加强和创新社会管理。要增加教育投入，提高教育质量，推进义务教育均衡发展、布局优化。要坚持更加积极的就业政策，多渠道开发就业岗位，加强就业扶助，支持劳动密集型产业和小型微型企业发展。要完善社会保障体系，扩大养老等各类社会保险覆盖范围，提高统筹层次和保障水平，落实好各项保障措施和救助机制。要重视农民工在城镇的工作生活问题，帮助他们逐步解决在就业、居住、医疗、子女入学等方面遇到的困难，有序引导符合条件的农民工进城落户。要继续做好医药卫生体制改革工作，加快推进以县级医院为重点的公立医院改革试点，加快全科医生培养。要抓好保障性住房投融资、建设、运营、管理工作，逐步解决城镇低收入群众、新就业职工、农民工住房困难。要坚持房地产调控政策不动摇，促进房价合理回归，加快普通商品住房建设，扩大有效供给，促进房地产市场健康发展。要落实好中央关于加强和创新社会管理各项部署，妥善解决群众合法合理诉求，坚决纠正损害群众利益的行为。要有效防范和坚决遏制重特大事故发生，加强食品、药品、生产安全监管，强化社会监督，依法打击违法违规行为。

（下转第二版）

稳中求进开新局

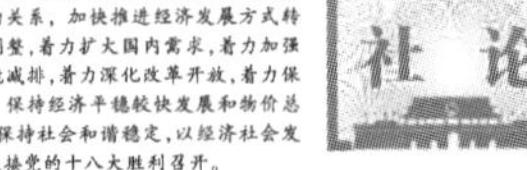

社论

这次中央经济工作会议，是党的十七届六中全会之后中央召开的一次重要会议。会议科学总结今年经济工作，深入分析当前国内外经济形势，全面部署明年经济工作，总揽全局，求真务实，这对于统一认识、坚定信心、凝聚力量，巩固和延续经济社会发展良好势头，意义十分重大。

今年以来，国内外经济形势复杂严峻。面对各种矛盾与困难，党中央、国务院审时度势，科学决策，各地区、各部门按照中央部署，坚持以科学发展为主题，以加快转变经济发展方式为主线，加强和改善宏观调控，大力解决突出问题，巩固和扩大应对国际金融危机成果，促进经济增长由政策刺激向自主增长有序转变，取得发展较快、价格趋稳、效益较好、民生改善的可喜成绩，实现了"十二五"经济社会发展良好开局。

在十分困难的条件下，取得这样的成绩殊为不易。同时也要清醒地看到，当前世界经济增速回落、复苏乏力，我国经济发展中不平衡、不协调、不可持续的矛盾和问题仍很突出，经济运行又出现了一些新情况新问题。做好明年经济工作，有利条件很多，困难挑战不少。我们必须准确把握明年经济工作的总体要求：全面贯彻党的十七大和十七届三中、四中、五中、六中全会精神，以邓小平理论和"三个代表"重要思想为指导，深入贯彻落实科学发展观，继续实施积极的财政政策和稳健的货币政策，保持宏观经济政策的连续性和稳定性，增强调控的针对性、灵活性、前瞻性，继续处理好保持经济平稳较快发展、调整经济结构、管理通胀预期的关系，加快推进经济发展方式转变和经济结构调整，着力扩大国内需求，着力加强自主创新和节能减排，着力深化改革开放，着力保障和改善民生，保持经济平稳较快发展和物价总水平基本稳定，保持社会和谐稳定，以经济社会发展的优异成绩迎接党的十八大胜利召开。

贯彻这个总体要求，推动明年经济社会发展，关键在于把握好稳中求进的工作总基调。稳中求进，就是既要"稳"，也要"进"。不稳无法进，不进难以稳。两者互为条件，相辅相成。稳，就是要保持宏观经济政策基本稳定，保持经济平稳较快发展，保持物价总水平基本稳定，保持社会大局稳定。进，就是要继续抓住和用好战略机遇期，在转变经济发展方式上取得新进展，在深化改革开放上取得新突破，在改善民生上取得新成效。把握好稳中求进，才能有效防止经济增速大幅下滑，同时为避物价过快反弹，有利于缓解能源资源、生态环境等各方面压力，加快经济发展方式转变，保持经济社会发展的良好势头，在激烈的国际竞争中赢得主动。

把握好稳中求进，明年经济工作需要在以下几个方面下功夫：

继续加强和改善宏观调控。统筹处理速度、结构、物价关系，准确把握宏观调控的力度、节奏、重点。继续实施积极的财政政策和稳健的货币政策。重点加大对保障改善民生和经济结构调整的支持力度，防范和化解财政金融领域潜在风险，坚持房地产调控政策不动摇，促进经济平稳较快发展和物价基本稳定。

坚持不懈抓好"三农"工作。加大强农惠农富农政策力度，加快农业科技进步，毫不放松抓好粮食生产，着力增加农产品供给，提高农业综合生产能力，抓好水利基础设施建设，加强农村基础设施和公共服务，健全农村发展体制机制，努力促进农业增产、农民增收、农村发展。

加快推进经济结构调整。增强自主增长能力，壮大实体经济，增强发展的平衡性、协调性、可持续性。着力扩大内需特别是消费需求，合理增加城乡居民特别是低收入群众的收入。坚持创新驱动，推进产业结构优化升级，强化节能减排工作，实施区域发展总体战略，促进城乡区域协调发展。

进一步深化改革开放。继续推进财税、金融、价格等重点领域的改革，加快落实促进非公有制经济健康发展的政策措施，进一步减少和规范行政审批。扎实做好对外经济工作，保持外贸政策的连续性和稳定性，保持出口平稳增长，积极扩大进口，促进贸易平衡，扩大境外投资合作。

大力保障和改善民生。针对当前民生领域人民群众反映的突出问题，加大财政投入力度，积极而为，量力而行，扎实推进就业、教育、医疗卫生、社会保障、保障性住房等民生工作，推进基本公共服务均等化。把促进社会公平放在更加突出的位置，加强和创新社会管理，突出抓好维护社会稳定、保障公共安全等工作。

明年是我国发展历程中具有特殊重要意义的一年，做好明年经济工作，必须加强和改进党对经济工作的领导，着力提高推动科学发展、维护社会和谐稳定能力和水平。各级党委和政府要增强大局意识、责任意识、忧患意识，坚持统筹兼顾，狠抓工作落实，团结带领全体人民巩固发展"十二五"开局良好势头，奋力开创经济社会发展新局面。

人民日報

RENMIN RIBAO

今日16版

国内统一连续出版物号 CN 11-0065

第21716期（代号1-1）

人民网 网址:http://www.people.com.cn 手机:http://wap.people.com.cn

人民日报社出版

2007年12月 24 星期一

丁亥年十一月十五

北京地区天气预报 白天 多云 风向 偏南 风力 二、三级 夜间 多云 风向 南转北 风力 一、二级 温度 5℃/-2℃

人大常委会举行第三十一次会议

吴邦国主持 首次审议个人所得税法修正案草案、国有资产法草案等

本报北京12月23日电 （记者**石国胜、黄庆畅**）为期7天、共有25项议程的十届全国人大常委会第三十一次会议23日上午在北京人民大会堂开幕，首次审议个人所得税法修正案草案、国有资产法草案、社会保险法草案等，继续审议禁毒法草案、劳动争议调解仲裁法草案、道路交通安全法修正案草案等。

吴邦国委员长主持会议。

根据通过的议程，会议听取了全国人大法律委员会副主任委员洪虎、胡光宝、李重庵、王以铭分别作的关于禁毒法草案、劳动争议调解仲裁法草案、道路交通安全法修正案草案、科学技术进步法修订草案审议结果的报告。法律委员会认为，上述四部法律草案经过常委会会议的审议修改，意见已经比较一致，建议本次常委会会议审议通过。

十届全国人大常委会第二十九次会议对水污染防治法修订草案进行初次审议后，又向社会公布草案全文、广泛征求修改意见。全国人大法律委员会、常委会法制工作委员会对社会各方面提出的意见进行了认真梳理和研究，对草案进行了修改。全国人大法律委员会副主任委员周坤仁汇报了草案的修改情况。

根据行政许可法的规定和行政审批制度改革的要求，国务院对现有行政审批项目进一步进行了清理，其中涉及取消和调整的数项行政审批项目，需要依照法定程序修改国境卫生检疫法和文物保护法的有关规定。受国务院委托，国务院法制办主任曹康泰作了关于提请审议国境卫生检疫法修正案草案和文物保护法修正案草案的议案的说明。

根据我国居民基本生活消费支出等变化情况，为进一步减轻中低收入者的个人所得税负担，财政部、税务总局、国务院法制办拟订了个人所得税法修正案草案，拟将工资薪金所得减除费用标准由目前的每月1600元提高到2000元。受国务院委托，财政部部长谢旭人就个人所得税法修正案草案作了说明。他说，这样修改既可满足居民基本生活消费支出需要，也统筹兼顾了财政承受能力，并体现了重点照顾中低收入者的政策调整意图。

新中国成立以来尤其是改革开放以来，我国国有经济日益发展壮大，已积累起数量巨大的国有资产。在建立和完善社会主义市场经济体制的改革进程中，我国国有资产管理体制和国有企业经营机制改革取得明显成效，国有经济的总体实力进一步增强，在国民经济中继续发挥着主导作用。同时，有些国有企业在改制过程中国有资产流失的情况比较严重，引起人民群众和社会各方面的广泛关注。近年来，每年都有许多全国人大代表提出尽快制定国有资产法的议案、建议。全国人大常委会和国务院也高度重视国有资产法的制定工作。全国人大财经委员会副主任委员石广生就制定国有资产法的总体思路，法律草案的适用范围、国有资产监督管理体制、履行出资人职责的机构、对国有资产的监督等问题作了说明。 （下转第二版）

全面部署2008年农业和农村工作

中央农村工作会议在京召开

胡锦涛温家宝对确保国家粮食安全、促进农民收入持续较快增长做出重要指示

本报北京12月23日电 中央农村工作会议22日至23日在北京举行。会议认真学习贯彻党的十七大精神，高举中国特色社会主义伟大旗帜，以邓小平理论和“三个代表”重要思想为指导，深入贯彻落实科学发展观，回顾总结了过去5年的农业农村工作，重点研究了加强农业基础建设、促进农业发展农民增收的政策措施，安排部署了2008年及今后一个时期的农业农村工作。

党中央、国务院高度重视这次会议，会前对会议文件进行了专门研究，对开好会议提出了明确要求。胡锦涛总书记、温家宝总理对确保国家粮食安全、促进农民收入持续较快增长做出了重要指示，进一步指明了当前和今后一个时期农业农村工作的努力方向。

会议讨论了《中共中央、国务院关于切实加强农业基础建设，进一步促进农业发展农民增收的若干意见（讨论稿)》。中共中央政治局委员、国务院副总理回良玉出席会议并讲话。

会议指出，2007年，全国上下认真贯彻党中央、国务院关于加强“三农”工作的部署，在自然灾害严重、市场竞争加剧、供求关系趋紧、要求明显提高的情况下，经过各地区各部门的努力工作，农业农村延续和发展了近几年来的好形势。粮食总产量超过10000亿斤，农民人均纯收入有望突破4000元，现代农业发展取得初步成效，社会主义新农村建设扎实推进。

会议指出，党的十六大以来，在党中央、国务院的正确领导下，经过全党全国人民的共同努力，农业和农村发展呈现难得的好局面。农业增产增效取得重大成绩，农民持续增收取得重大成效，农村基础设施建设取得重大进展，农村社会事业取得重大进步，农村改革创新取得重大突破，农村党群干群关系取得重大改善。过去的5年，成为我国农业发展最好、农村变化最大、农民得到实惠最多、干部群众心气最顺的时期之一。农业农村形势始终保持良好态势，为实现国民经济又好又快发展、保持社会和谐稳定，奠定了坚实基础，提供了重要支撑，作出了巨大贡献。

会议强调，进入新世纪新阶段，农业农村正在发生重大而深刻的变化，经历广泛而复杂的变革，出现了很多新情况、新矛盾、新问题。农业农村发展仍处在攻坚克难阶段，解决好“三农”问题任重而道远。要全面把握新机遇、新挑战，增强做好“三农”工作的紧迫感。粮食安全的警钟要始终长鸣，巩固农业基础的弦要始终绷紧，解决好“三农”问题作为全党工作重中之重的要求要始终坚持。

会议指出，做好明年的“三农”工作，保持农业农村发展的良好势头，对稳定经济社会发展大局具有特殊重要的意义。必须全力促进农业生产不停滞不滑坡，切实保障主要农产品基本供给不脱销不断档，努力实现主要农产品市场价格不大涨不大落，积极争取农民增收势头不回落不放缓，务必做到新农村建设不松懈不走样。 （下转第二版）

四川深化科技管理体制改革——

科技“红娘”四两拨千斤

本报记者 陆娅楠 郑德刚

高举旗帜 科学发展

贯彻落实十七大精神

钟开英是四川普什宁江机床有限公司研发中心的常务副主任，日前，他作为成都机床制造业的代表，参加了一次特别的“相亲”。

“相亲”的对象是四川精密数控机床产业科技攻关的领军人物、四川大学CAD/CAM（计算机辅助设计与制造)研究所所长殷国富教授，牵线的“红娘”则是成都市科技局。“相亲”的目的是组建成都首个技术创新联盟实体——成都精密数控机床产业技术创新联盟。

钟开英算了一笔账，“联姻”不仅可以将企业的产出从目前的5.5亿元提升到2010年的30亿元，还将推动产业关键技术攻关，带动上下游配套企业的技术升级，推动成都产业格局的优化升级，形成数百亿的产业园经济。

“十七大报告提出要深化科技管理体制改革，优化科技资源配置，明确了我们下一步的工作目标，那就是创新工作方法，激活创新要素。”成都市科技局局长陈海元说，“但是政府的科研投入毕竟有限，当个称职的‘红娘’可以事半功倍。把‘有共同语言’的企业家与科学家介绍到一起，把‘有共同志向’的企业联系到一起，组建以企业为主体的技术创新联盟，调动社会资源搭建共享平台，最终增强全社会的自主创新能力。”

技术创新联盟突出以企业为主，使科研攻关从“围绕论文分数转”转变为“围绕企业效益转”。据四川省科技厅副厅长罗冶平介绍，科技计划管理体制改革强化了企业的主体地位，规定凡是产业化项目和有产业化前景的科技攻关项目，都由企业牵头申报，或由企业和科研院所、高校联合申报。

“以前做课题，评审分数高就能拿经费，可是课题成果很难转化成生产力。”殷国富介绍，四川省大部分科研人才、科技成果都集中在高校和科研院所，企业创新能力相对较弱，造成一边是科技力量闲置，一边是缺乏技术支撑。“有了联盟，我们会站在产业链的角度去思考，研发企业想做而不能做的关键技术，供需关系更明确、合作更紧密。” （下转第六版）

切实加强农业基础建设

刚刚闭幕的中央农村工作会议，全面总结了过去5年的农业农村工作，深入分析了当前形势，安排部署了明年及今后一个时期的“三农”工作，以加强农业基础建设、促进农业发展农民增收为主题，研究提出了一系列指向明确、含金量高的政策措施，为贯彻党的十七大精神，落实科学发展观，做好新时期的“三农”工作指明了方向，提出了要求，必将对坚定不移走中国特色农业现代化道路、形成城乡经济社会发展一体化新格局产生重要影响。

过去的5年，是农业发展最好、农村变化最大、农民得到实惠最多、干部群众心气最顺的时期之一。党中央、国务院顺应时代要求，遵循发展规律，与时俱进加强“三农”工作，作出了一系列意义深远的战略部署。在全党全国人民的共同努力下，粮食连续4年增产，农业生产全面发展。农民收入持续较快增长，生活水平明显提高。多年期盼的统筹城乡发展迈出实质性步伐，农村改革取得阶段性突破，农村各项事业实现历史性进步。农业农村形势始终保持良好态势，为改革发展稳定全局奠定了坚实的基础，做出了巨大的贡献。实践证明，中央关于加强“三农”工作的大政方针和决策部署符合农村实际，符合农民心愿，是完全正确的。

农业农村发展的好形势振奋人心，但我们切不可盲目乐观，必须清醒地看到，进入新世纪新阶段，我国农业农村正发生着深刻变化，面临着一系列新矛盾新挑战：农业资源环境和市场约束增强，保障农产品供求平衡难度加大；农产品贸易竞争加剧，促进优势农产品出口和适时适度调控进口难度加大；农业比较效益下降，保持粮食稳定发展、农民持续增收难度加大；农村生产要素外流加剧，缩小城乡差距难度加大；农村社会结构深刻转型，兼顾各方利益和搞好社会管理难度加大，农业仍然是国民经济中最薄弱的环节，农业农村发展仍处在攻坚克难的关键阶段。全党必须深刻认识新时期“三农”工作的艰巨性，增强做好“三农”工作的紧迫感，粮食安全的警钟要始终长鸣，巩固农业基础的弦要始终紧绷，解决好“三农”问题作为全党工作重中之重的要求要始终坚持。当前和今后一个时期，要按照形成城乡一体化新格局的要求，突出加强农业基础建设，积极促进农业稳定发展、农民持续增收，努力保障主要农产品基本供给，切实解决农村民生问题，扎实推进社会主义新农村建设。

做好“三农”工作，事关经济社会发展大局。我国人口众多，农产品消费需求大，农业劳动力数量多，保障主要农产品供求总量平衡、结构平衡和质量安全，促进农民持续增收，对防止经济增长由偏快转为过热、防止价格由结构性上涨演变为明显通货膨胀，保持国民经济平稳较快发展的好势头，对改善城乡居民生活，切实保持社会稳定，意义十分重大。目前，农业是我国经济社会发展的最大隐忧，基础脆弱是农业发展的最大制约。我们必须下大决心、下真功夫把农业的基础夯实做强，全力促进农业生产不停滞不滑坡，切实保障主要农产品基本供给不脱销不断档，努力实现主要农产品市场价格不大涨不大落，积极争取农民增收势头不回落不放缓，务必做到新农村建设不松懈不走样。

切实加强农业基础建设，必须不断加大强农惠农政策力度，大幅度增加农业农村投入，集中力量办成几件大事。要按照适合国情、着眼长远、逐步增加、健全机制的原则，坚持和完善农业补贴制度，不断强化对农业的支持和保护。 （下转第二版）

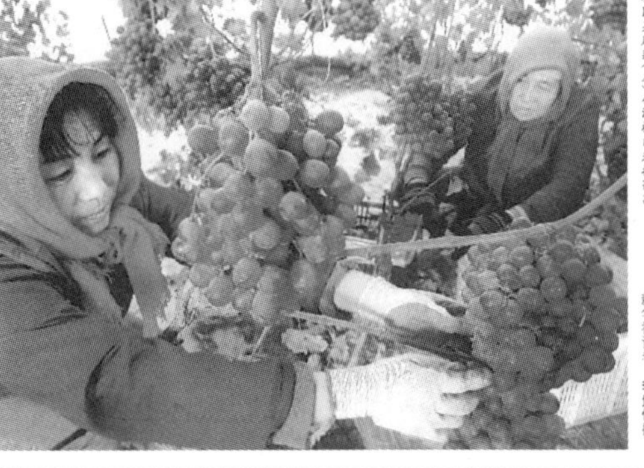

今年，宁夏银川市农林科技部门在果农中推广葡萄秋季延迟栽培技术，为果农带来了可观的经济效益。图为日前，银川市兴庆区掌政镇茂盛村村民吴凤莲（左）在温棚内采摘葡萄。 新华社记者 李然恒摄

北京创新社区卫生服务模式

社区常用药零差率销售，卫生服务覆盖200万个家庭

本报北京12月23日电 （记者**白剑峰**）日前，北京东湖社区卫生服务中心迎来一批特殊的居民，他们的家庭成员中都有高血压等慢性病患者，经过培训后，这些居民将成为全市首批“家庭保健员”。到2008年，北京市将培训1万名“家庭保健员”，与社区医生共同开展慢性病防治。这是北京市创新社区卫生服务模式的一个缩影。

目前，北京市已建立了878个由全科医师、社区护士、预防保健人员组成的服务团队，覆盖200多万个居民家庭，覆盖率达到66%，被百姓称为“片儿医”。2007年，全市社区共为60万名老年人、10万名孕产妇、46万名儿童建立了健康档案，为500万人次提供免疫接种服务，为60岁以上老年人建立家庭病床6300张，对流动儿童全部实施了计划免疫管理。

社区卫生服务机构实行收支两条线管理，结束了长期“以药养医”的体制。从2006年12月起，全市社区卫生服务机构的312个品种的常用药，实行政府集中采购、统一配送、零差率销售。与2006年度北京市医疗机构药品集中采购成交价格相比，社区销售药品平均价格下降了21%。

为解决社区人才不足问题，北京市政府实施了社区人才队伍建设“四个一批”工程：一是“下来一批”，即大医院中级以上职称临床医生每人每年下社区服务15天；二是“回来一批”，即由市政府出资返聘具有高级职称的退休医学专家到社区服务；三是“进来一批”，即从外地生源毕业生中招收一批大学毕业生，分配到远郊区县的社区卫生服务中心工作；四是“培养一批”，启动全科医学人才培养工程，成立全科医学培训中心。

根据规划，北京市、区县两级政府将投入30亿元，建设351个社区卫生服务中心和2953个社区卫生服务站。这一覆盖城乡的社区卫生服务网络将于2008年6月全面完成。

学习新思想 落实新举措 树立新形象

——全国组织部长学习贯彻党的十七大精神专题研究班综述

本报记者 董宏君 姜洁

组织部门如何贯彻党的十七大精神，以改革创新精神落实好全面推进党的建设新的伟大工程的总体部署？

在新的形势下，组织工作如何与时俱进，应对新情况、解决新矛盾、破解新难题、迎接新挑战？

组工干部作为“管党员的党员、管干部的干部”，如何发扬好传统、树立新形象，真正做到让全党满意、让人民满意？

为了以实际行动回答好这些重大课题，12月9日至11日，全国31个省区市、15个副省级城市和新疆生产建设兵团的党委组织部部长齐聚北京，参加中央组织部举办的全国组织部长学习贯彻党的十七大精神专题研究班。

深刻领会党的十七大对组织工作提出的新思想、新任务、新要求

9日上午，研究班开班式。

中组部三位副部长首先作专题发言。他们分别围绕学习领会十七大提出的新思想、落实十七大提出的新举措、树立组工干部的新形象谈认识体会，提出贯彻落实的思路和措施。他们的发言紧扣十七大精神和组织工作实际，务虚与务实紧密结合，使学员们感到耳目一新、深受启发。

别开生面的开班式，既使学员们感受到一股服务大局、求真务实的清新之风，也使大家平添了一种必须跳出原有思维定式，把握精神、创新思考、专心研讨的无形压力。

江苏省委常委、组织部长王国生说，“十七大提出要以改革创新精神全面推进党的建设新的伟大工程，这就要求我们要进一步拓宽新视野、抓住新领域、研究新方法、增强新本领，把改革创新精神落实到组织工作的各个方面。”

天津市委常委、组织部长史莲喜认为，落实好十七大提出的各项任务，组织部门要从过时的工作方式中解放出来，从落后的条条框框中解放出来，努力成为创新思维最活跃、创新动力最强劲、创新成果最显著的部门。 （下转第六版）

今日导读

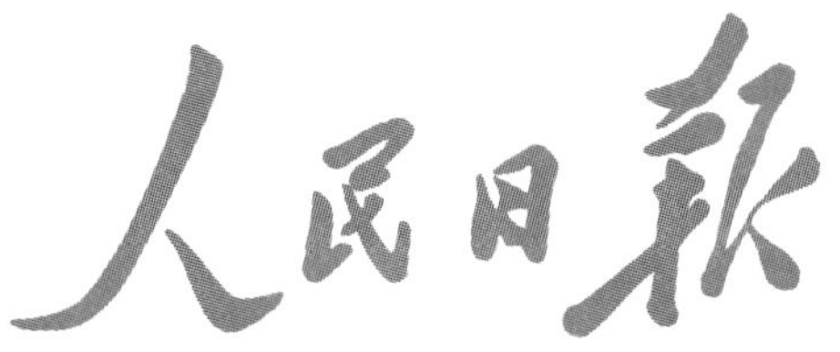

人民网　网址：http://www.people.com.cn
手机：http://wap.people.com.cn

2011年12月
28
星期三
辛卯年十二月初四
人民日报社出版
国内统一连续出版物号
CN 11-0065
第23181期（代号1-1）
今日24版

中办国办发出通知要求
切实做好元旦春节期间有关工作
确保全国各族人民度过一个欢乐祥和的节日

新华社北京12月27日电　近日，中共中央办公厅、国务院办公厅就做好2012年元旦、春节期间有关工作发出通知。

通知指出，认真做好节日期间各项工作，确保全国各族人民度过一个欢乐祥和的节日，对于巩固和发展"十二五"时期开局良好势头，全面做好改革发展稳定各项工作，以优异成绩迎接党的十八大胜利召开，具有重要意义。

通知强调，各级党委和政府要着力解决群众生活中的实际困难和问题，加大社会保险、社会救助等社会保障工作力度，认真落实社会救助和保障标准与物价上涨挂钩的联动机制，确保企业退休人员基本养老金、符合条件的城乡老年居民养老金、失业保险金按时足额支付，确保城乡低保对象、农村五保对象、城市孤老孤儿等困难群众救助资金及时足额发放，确保优抚对象抚恤补助资金尽快拨付到位。要采取有力措施安排好受灾地区群众冬春生活，及时发放救灾救济款物，确保受灾群众安全过冬。要按照中央确定的新的国家扶贫标准，抓紧落实各项扶贫政策，妥善解决贫困人口生活困难问题。要组织开展以历年积累的未就业高校毕业生、长期失业人员、零就业家庭为重点的就业援助，帮助符合条件的援助对象享受扶持政策、找到就业机会。要开展农民工工资支付情况执法检查，确保农民工工资基本无拖欠。各级领导干部要深入基层、深入群众，尤其要深入到受灾地区、贫困地区和贫困群众中去，千方百计为群众办实事做好事，切实做到知民情、解民忧、暖民心。

通知指出，要扎实做好市场平稳运行工作，精心组织货源，加强产运销衔接，确保重要商品市场供应不断档、不脱销。要加强市场价格监测预警，严厉打击发布虚假信息、囤积居奇、操纵价格、恶意涨价等违法行为，保证节日期间市场价格特别是生活必需品价格基本稳定。要加大产品质量和食品药品安全监管力度，严厉查处制售假冒伪劣和不合格产品案件。要保障煤电油气运稳定供应，重点做好与群众生产生活密切相关的供水、供电、供油、供气、供暖等工作。

通知指出，要精心安排群众节日文化生活，深入开展文化下基层、记者走基层活动，组织文艺、新闻工作者到革命老区、民族地区、边疆地区、受灾地区和生产一线慰问演出、采访报道。要提供群众喜闻乐见的文化产品和服务，进一步丰富声频荧屏银幕内容，精心策划网上文化活动，加大公共文化设施开放力度。要扎实开展"扫黄打非"工作，加强文化市场管理和执法，有效净化节日文化环境。　（下转第四版）

扬帆奋进三十年
——党中央关心厦门经济特区发展纪实

太平洋西岸，台湾海峡西侧——

厦门，往昔的海防小城，如今已成为国内外闻名的滨海现代化城市，犹如一颗璀璨明珠闪亮在中国东南的海岸线……

沧海变桑田，30年弹指一挥间——

12月的鹭岛，依然草木葱茏，花红柳绿。在厦门经济特区建设30周年之际，新华社记者踏上这片美丽的土地，探寻特区发展的奥秘——30年来特区发展的每一步，都倾注着党中央的关心，凝聚着亿万人民的关注。

倾心的关怀

"厦门经济特区的诞生和成长，都得到了党中央的直接关心。"

忆往昔，30年前就参与厦门经济特区建设、今年80岁的厦门市原市长邹尔均感慨万千。

1978年，党的十一届三中全会胜利召开。中国在饱经磨难后走向改革开放，踏上了建设中国特色社会主义的伟大征程。

改革需要试验区，开放需要突破口——党中央的目光瞄向沿海。

"可以划出一块地方，就叫做特区。陕甘宁就是特区嘛！""中央没有钱，可以给些政策，你们自己去搞，杀出一条血路来！"……1979年，作为改革开放的总设计师，邓小平同志创造性提出了建立经济特区的伟大构想。

这是顺应世界潮流之举，也是顺应民心民愿之举——1980年8月，五届全国人大常委会第十五次会议对建立经济特区进行审议，确立深圳、珠海、汕头、厦门为经济特区。国家在这些地方实行特殊政策和灵活措施，以发挥它们对全国改革开放和社会主义现代化建设的重要窗口和示范带动作用。邓小平同志殷切嘱托经济特区要成为"技术的窗口，管理的窗口，知识的窗口，对外政策的窗口"。

和台湾隔海相望的厦门，是我国主要侨乡和最早的对外通商口岸之一，具有良好的工业、文化、教育基础。

1980年10月7日，国务院正式批转福建省政府《关于厦门经济特区选址的报告》，同意在厦门岛西北部的湖里地区划出2.5平方公里的土地设置厦门经济特区。

1981年10月15日，随着开工炮响，厦门经济特区湖里加工区第一期工程破土动工。建设者们日夜奋战在工地上，平整土地，通水、通电、通信、通邮、通车……

岁月倏忽，眨眼已是30年。30年风雨兼程，30年开拓进取。30年来，党中央始终高度关注着包括厦门在内的经济特区，对这里投注了关切的目光。

以邓小平同志为核心的党的第二代中央领导集体始终关注着厦门经济特区建设与发展——

厦门岛西北角，林立的楼群中，6层楼的厦门经济特区纪念馆并不太起眼——这里是厦门经济特区的发祥地：厦门经济特区管委会办公楼所在地。

4层的"小平同志视察厦门陈列室"，是1984年邓小平同志考察深圳、珠海之后在厦门听取汇报时用过的会议室：一尊邓小平同志塑像栩栩如生，"把经济特区办得更快些更好些"的题词墨迹犹新。桌子、台布、沙发及窗帘布，都是27年前的原物。

邓小平同志回京后，同几位中央负责同志谈话时指出："厦门特区地方划得太小，要把整个厦门岛搞成特区，这样就能够吸收大批华侨资金、港台资金，许多外国人也会来投资。"

在经济特区建设的关键时刻，邓小平同志的这次视察和讲话，给刚刚起步的经济特区以巨大的支持，为包括厦门在内的经济特区指明了方向——在他的直接推动下，1984年6月，国务院批准厦门经济特区范围扩大到厦门全岛和鼓浪屿全岛，面积扩大到131平方公里，并可实行自由港的部分政策。这为厦门经济特区的发展壮大奠定了基础。

（下转第五版）

中央农村工作会议在京举行
温家宝讲话

本报北京12月27日电　中央农村工作会议今天起在北京举行。中共中央政治局常委、国务院总理温家宝出席会议并讲话。他在讲话中系统回顾总结了党的十六大以来农业农村发展取得的巨大成就，阐述了在推进工业化城镇化进程中继续做好"三农"工作需要把握好的若干重大问题，对做好明年农业农村工作提出了要求。

温家宝说，我们党历来高度重视"三农"工作，特别是党的十六大以来，在经济快速增长、国力不断增强的背景下，我们坚持统筹城乡发展，坚持把增加农民收入作为农村工作的中心任务，初步形成了强农惠农富农的政策体系，基本建立起符合统筹城乡发展要求的制度框架。农业农村发展取得了举世瞩目的巨大成就，"三农"发展进入又一个"黄金期"。粮食生产实现"八连增"，今年总产达到11424亿斤。农民人均纯收入连续多年较快增长，预计今年为6900多元。农村社会事业加快发展，农村面貌加快改善，呈现和谐稳定的新气象。

温家宝说，这些年农业农村形势好，最根本的原因是政策对头、措施得力。中央确立了把解决好"三农"问题作为全党工作重中之重的战略思想，制定了工业反哺农业、城市支持农村和多予少取放活的指导方针，明确了在工业化城镇化深入发展中同步推进农业现代化、加快形成城乡经济社会发展一体化新格局的根本要求。各级各地积极调整国民收入分配格局和城乡利益关系，切实把基础设施建设和社会事业发展的重点转向农村，把财政新增教育、卫生、文化等事业经费和固定资产投资增量主要用于农村，让公共财政的阳光更多地照耀到农村。

温家宝指出，这些年来，中央集中力量办了很多事关农业农村长远发展的大事、关系农民切身利益的好事，很多具有划时代和里程碑意义。取消农业税，全国农民每年减轻负担1335亿元，开启了农民休养生息的新时代。实行农业生产补贴，2011年中央财政用于种粮农民直接补贴、良种补贴、农机具购置补贴和农资综合补贴的支出达到1406亿元，现在补贴政策已拓展到畜牧业、林业、草原、节水灌溉和农业保险等领域。　（下转第二版）

李克强出席全国财政工作座谈会强调
发挥好积极财政政策在宏观调控和改善民生中的重要作用

新华社北京12月27日电　中共中央政治局常委、国务院副总理李克强26日出席全国财政工作座谈会并讲话。他强调，财政工作要全面贯彻落实中央经济工作会议精神，服务经济社会发展全局，继续发挥好积极财政政策在支撑发展、改善民生、优化结构、推进改革等方面的作用，保持经济平稳较快发展和物价总水平基本稳定，增强发展的协调性和可持续性。

座谈会上，财政部和重庆、浙江、安徽等省（市）负责人就做好明年财政工作发了言。在认真听取大家的意见建议后，李克强说，财政是庶政之母，邦国之本。一年来，实施积极财政政策，为巩固应对国际金融危机成果、促进经济社会发展作出了重要贡献，同时，合理把握力度和保持可持续性，为宏观调控提供了回旋余地。明年我国发展面临的国际形势仍将十分复杂严峻，不确定不稳定因素增多，更需要增强财政政策的针对性、灵活性和前瞻性，发挥好财政在宏观调控中的重要作用。

李克强强调，做好明年财政工作，要坚持把握好稳中求进的工作总基调，实施积极的财政政策，不仅在总量上，要保持适度的财政赤字和国债规模，中央财政支出增幅预计还会超过今年，而且在结构上，财政支出要更加突出重点：积极推动扩大内需，积极促进结构调整和改革，积极保障和改善民生，切实保证重点领域支出需要。要丰富和完善刺激消费的政策措施，促进消费较快增长。保持合理的中央财政基建投资规模，鼓励和引导扩大民间投资。在扩内需中促进外贸稳定发展。特别是要着眼于营造更好的财税环境，实施结构性减税政策，减轻税收负担，激发和保护企业发展活力，增强经济发展的内生动力。　（下转第二版）

多方共赢的成功实践
——成品油税费改革实施3周年综述

本报记者　李丽辉

2012年1月1日，我国成品油税费改革将迎来平稳顺利实施3周年。

在党中央、国务院的正确领导下，这项关乎国计民生的改革，3年来取得了"多方共赢"的效果，实现了改革的多重政策目标：规范政府收费行为，公平税费负担；建立税收调节能源消费的新机制，有力地促进节能减排；建立以税收筹集公路发展资金的长效机制，更好地支持交通事业发展。

抓住有利时机，充分听取民意，果断决策推出改革

"新年快到了，开车过来置办点年货，过年回家看父母肯定不能空着手。"元旦前夕，在北京通州八里桥农贸市场里，顾客小王正把刚买的两箱水果往轿车的后备箱里放。

提起自己的爱车，小王脸上的笑容相当灿烂："我这车是前年花8万多元买的，当时刚实行燃油税，取消了养路费。老婆一下就看中了这款1.4升排量的，款式性能都不错。最重要的是油耗低，油用得少税也交得少，两年跑下来真省了不少钱呢！"

成品油税费改革，改变了长期以来多用油少用油一个样的状况，增强了税收调控能源使用和消费的功能。越来越多的人像小王一样，在生活消费中更加珍惜资源，注重节能减排。数据显示，今年前11个月，全国1.6升及以下小排量汽车销售量占乘用车销售量的比重已经达到68.22%，比改革之初有较大幅度提高。

回眸成品油税费改革，可谓"十年磨一剑"。

1997年全国人大通过《公路法》，首次提出以燃油附加费替代养路费；1998年10月，国务院提请全国人大审议的公路法修正案草案，将燃油附加费改为燃油税；明确提出"国家采用依法征税的办法筹集公路养护资金，具体实施办法和步骤由国务院规定"，为燃油税费改革提供了法律依据。　（下转第十六版）

粮食八连增　科技立大功
新型基层农技推广体系逐步形成

本报北京12月27日电　（记者**张毅、冯华**）今年我国粮食实现连续八年增产。国家统计局数据显示，2011年，全国因单产提高增产粮食2127万吨，对增产的贡献率达到85.8%。新品种新技术、新型农技推广网络、综合防灾减灾技术等农业科技创新和大面积推广应用，为粮食增产提供了重要支撑作用。我国现代农业已经到了必须更加依靠科技的关键阶段。

农业部科教司司长白金明介绍说，今年开春，农业部制定了《全国稳粮增粮科技大会战活动方案》，针对冬小麦主产区遭遇的冬春连旱、低温冻害等不利形势，全国1万名专家和35万名农技推广人员深入生产一线，开展技术培训和指导服务。各地浇小麦越冬水面积增加1亿亩，浇小麦扬花灌浆水面积增加6180多万亩，病虫害专业化统防统治面积增加1.4亿亩次。

新型基层农业技术推广体系也在逐步形成。各级农业部门探索出了"专家定点联系到县、农技人员包村联户"的农技推广模式。2010—2011年，中央投入资金12亿元，改善了8343个乡镇推广机构的工作条件。截至今年10月底，全国已有2427个县（市）基本完成改革任务，占应改革县（市）总数的93.1%。

粮食高产创建活动今年在建设万亩示范片的基础上，开展整县整乡整建制推进试点。据统计，全国950个小麦万亩示范片平均亩产535.5公斤，比所在县平均亩产高142.5公斤；270个早稻万亩示范片亩产比所在县高122.1公斤。高产创建不仅提高了粮食产量，而且通过标准化生产、专业化服务、规范化管理，实现了节本增效。

海垦新歌
——写在海南农垦成立六十周年之际

本报记者　陈伟光　马跃峰

"小海南，大农垦"。成立于1952年的海南农垦，拥有海南省1/4的土地、1/8的人口，是中国最大的天然橡胶生产基地和最大的热带作物生产基地。

"农垦稳，海南稳。"2008年以来，海南农垦人在党中央国务院和海南省委省政府的关怀支持下，以壮士断腕的决心，以"体制融入地方，管理融入社会，经济融入市场"为目标，进行大刀阔斧的改革，初步实现从小农业到大农业、从传统农场到现代企业的跨越，基本形成天然橡胶、热带农业、旅游地产、金融服务、文化产业等5大产业格局，经济效益从2007年亏损4295.5万元，发展到2010年赢利5.2亿元，今年有望突破8亿元；总资产从2007年的130.88亿元，壮大到2010年的365.55亿元，增长179.3%。

走过60年风雨历程的海南农垦，站上新起点！

从"退场风波"到民生优先

经过半个多世纪艰苦奋斗，农垦人在海南岛的荒山野岭开垦出了24.7万公顷橡胶园，创造了北纬18度以北大面积植胶成功的世界奇迹，60年来累计生产天然橡胶600多万吨，为国家经济建设和国防工业作出了重要贡献。

海南建省前，农垦一直是海南先进生产力的代表，"农垦人"是一个骄傲的称号。那时，海南农民做梦都想成为"农垦人"，先后有1500多个自然村、23.8万人整体并入农场。大部分农场还与周边农村建立了帮带关系，先后有200多个自然村3.6万人通过农场的帮助，基本上解决吃水难、照明难、行路难、看病难的"四难"问题。　（下转第十六版）

提供连续无源定位、导航、授时等试运行服务
可将位置信息发送给其他人
将向全世界提供免费服务
已经发射了10颗卫星
北斗卫星导航系统
示意图
2012年左右形成覆盖亚太大部分地区的服务能力
2020年左右形成全球覆盖能力
新华社记者 孟昭静 高筑 编制

"北斗"开始导航中国

本报北京12月27日电　（记者**余建斌**）中国自主建设、独立运行的北斗卫星导航系统27日开始正式提供试运行服务，服务范围覆盖我国及周边地区。

（详细报道见第九版）

人民网 网址:http://www.people.com.cn
手机:http://wap.people.com.cn

2012年2月
15
星期三
壬辰年正月廿四
人民日报社出版
国内统一连续出版物号
CN 11-0065
第23230期(代号1-1)
今日24版

中墨领导人互致贺电 庆祝两国建交40周年

新华社北京2月14日电 国家主席胡锦涛14日与墨西哥合众国总统卡尔德龙互致贺电，热烈庆祝中墨建交40周年。

胡锦涛在贺电中说，建交40年来，特别是2003年中墨建立战略伙伴关系以来，两国各领域友好交往密切，务实合作成果丰硕，在国际和地区事务中保持良好沟通与协作，推动双边关系不断迈上新台阶。中墨政府间两国常设委员会的建立和两国《共同行动计划》的制订，为双边关系的深入发展提供了有力的机制保障。中国政府一贯从战略高度重视同墨西哥的关系，愿同墨方一道，以两国建交40周年为契机，进一步深化传统友谊，扩大互利合作，推动两国战略伙伴关系全面深入发展，实现互利共赢，造福两国人民。

卡尔德龙在贺电中表示，40年来，中墨共同坚定致力于加强双边关系和丰富合作内容，双方建立了战略伙伴关系，巩固了政治对话，扩大了经贸往来，在多边和地区组织中开展了密切对话，为加强多边体系、巩固世界和平与安全、促进合作发展及推动世界经济实现强劲、可持续发展作出了共同努力。中国是墨西哥的重要战略伙伴，墨西哥政府将坚持一个中国原则，继续为深化两国战略伙伴关系而努力。

同日，外交部长杨洁篪也就中墨建交40周年同墨西哥外交部长埃斯皮诺萨互致贺电。

中共中央国务院隆重举行国家科学技术奖励大会

胡锦涛出席大会并为最高奖获得者等颁奖

温家宝讲话 李长春出席 李克强主持

2月14日，2011年度国家科学技术奖励大会在北京人民大会堂隆重举行。中共中央总书记、国家主席、中央军委主席胡锦涛向获得2011年度国家最高科学技术奖的中国科学院院士谢家麟（右）和中国科学院院士、中国工程院院士吴良镛（左）颁奖。 新华社记者 鞠鹏摄

2月14日，2011年度国家科学技术奖励大会在北京人民大会堂隆重举行。会前，胡锦涛、温家宝、李长春、李克强等党和国家领导人会见获奖代表并合影。 新华社记者 鞠鹏摄

本报北京2月14日电 （记者**张毅**）中共中央、国务院14日上午在北京隆重举行国家科学技术奖励大会。党和国家领导人胡锦涛、温家宝、李长春、李克强出席大会并为获奖代表颁奖。温家宝代表党中央、国务院在大会上讲话。李克强主持大会。

人民大会堂里洋溢着热烈的气氛。奖励大会开始前，胡锦涛等党和国家领导人亲切会见了荣获2011年度国家科学技术奖励的代表。

上午10时，大会在雄壮的国歌声中开始。在热烈的掌声中，中共中央总书记、国家主席、中央军委主席胡锦涛首先向获得2011年度国家最高科学技术奖的中国科学院院士、中国科学院高能物理研究所原副所长谢家麟，中国科学院院士、中国工程院院士、清华大学建筑与城市研究所所长吴良镛颁发奖励证书，并同他们热情握手，向他们表示祝贺。随后，胡锦涛等党和国家领导人向获得国家自然科学奖、国家技术发明奖、国家科学技术进步奖和中华人民共和国国际科学技术合作奖的代表颁奖。

中共中央政治局常委、国务院总理温家宝在讲话中代表党中央、国务院向2011年度国家科学技术奖获得者表示热烈祝贺，向全国广大科技工作者表示诚挚问候和崇高敬意，向关心和参与中国科技事业的外国科技工作者表示衷心感谢。他说，要克服国际金融危机的深层次影响，缓解发展不平衡、不协调、不可持续的体制性、结构性矛盾，实现经济社会发展的新跨越，最根本的要靠改革开放、体制创新和科技进步，靠激发和调动包括广大科技工作者在内的人民群众的积极性、主动性和创造性。

温家宝强调，要敏锐发现国际金融危机给新的科学技术革命带来的契机，着力深化科技体制改革，调整完善科技力量布局，促进科技与经济紧密结合，努力形成中国经济的新优势。要积极推动企业成为技术创新的主体，支持企业建立和充实研发中心，承担国家和地区重大科技项目，攻克产业关键技术，提高核心竞争力。要从制度上为广大科技工作者创新创业提供更加广阔的舞台和空间，鼓励他们走出科研院所创业，特别是创办科技型企业，让科技型企业的发展壮大带动和促进科研成果、创新产品、创新人才的大量涌现。要弘扬科学精神，倡导学术诚信，鼓励独立思考，保障学术自由，形成百家争鸣、民主开放的科学氛围，引导广大科技工作者勇于追求真理、执着科学探索、尊重知识产权、珍视学术声誉。（**讲话全文见第二版**）

中共中央政治局常委、国务院副总理李克强在主持大会时强调，科学技术在一定意义上是经济社会发展中最活跃、最具革命性的因素，是推动社会发展进步的决定性力量。希望广大科技工作者以获奖者为榜样，以科教兴国为己任，把自己的事业抱负、科技专长同国家发展、社会进步、人民幸福更加紧密地联系起来，为加快转变经济发展方式、推动科学发展、建设创新型国家提供强大科技支撑。

中共中央政治局委员、国务委员刘延东在会上宣读了《国务院关于2011年度国家科学技术奖励的决定》。（**决定全文见第二版**）

国家科学技术进步奖特等奖第一完成人、国土资源部原总工程师张洪涛代表全体获奖人员发言表示，伟大祖国为科技事业发展提供了前所未有的机遇和环境。我们要把荣誉变成新的动力，不辱使命、自强不息、团结协作、努力奋斗，以优异成绩迎接党的十八大胜利召开。

出席大会并参加会见的中央领导同志还有：回良玉、刘淇、刘云山、李源潮、张德江、徐才厚、令计划、路甬祥、韩启德、李建国、桑国卫、马凯、孙家正、郑万通、万钢、林文漪、厉无畏以及中央军委委员陈炳德、李继耐、廖锡龙、常万全。

中央和国家机关及军队有关方面负责人，国家科技教育领导小组成员，国家科学技术奖励委员会委员等出席大会并参加会见。首都科技界代表约3300人参加大会。

2011年度国家科学技术奖励共授奖374个项目和10名科技专家。其中，国家最高科学技术奖获得者2人；国家自然科学奖授奖项目36项，其中一等奖空缺、二等奖36项；国家技术发明奖授奖项目55项，其中一等奖2项、二等奖53项；国家科学技术进步奖授奖项目283项，其中特等奖1项、一等奖20项、二等奖262项；授予8名外籍科学家中华人民共和国国际科学技术合作奖。

温家宝出席第十四次中欧领导人会晤

本报北京2月14日电 （记者**杨晔**）国务院总理温家宝14日在人民大会堂与欧洲理事会主席范龙佩、欧盟委员会主席巴罗佐共同主持第十四次中欧领导人会晤。

温家宝表示，近年来，在错综复杂的国际局势中，中欧关系总体平稳、向前发展。双方从战略高度更加重视沟通与合作，利益融合日益紧密，贸易和投资大幅增长，科技、能源、环保、金融、人文等领域的交流合作不断拓展，在应对气候变化、改善全球经济治理、推动可持续发展等重大议题上协调配合进一步加强，扩大了共识，维护了共同利益。

（**下转第三版**）

2月14日，国务院总理温家宝在北京人民大会堂与欧洲理事会主席范龙佩（左）、欧盟委员会主席巴罗佐共同主持第十四次中欧领导人会晤。 新华社记者 马占成摄

习近平会见美国总统奥巴马

本报华盛顿2月14日电 （记者**杜尚泽、温宪、王恬**）当地时间2月14日上午，正在美国访问的国家副主席习近平在白宫会见美国总统奥巴马。

习近平首先转达了胡锦涛主席、吴邦国委员长、温家宝总理的诚挚问候。他说，胡锦涛主席委托我向总统先生转交他对您不久前来信的复信。胡主席在信中积极评价过去一年中美关系的总体发展，强调2012年对中美两国和中美关系具有特殊重要意义，表示重视总统先生就发展中美经贸关系所表达的意见，重申愿与总统先生共同努力，落实好他去年年初访美期间与您达成的共识，把握机遇、克服挑战，（**下转第四版**）

当地时间2月14日，正在美国访问的国家副主席习近平在白宫会见美国总统奥巴马。 新华社记者 兰红光摄

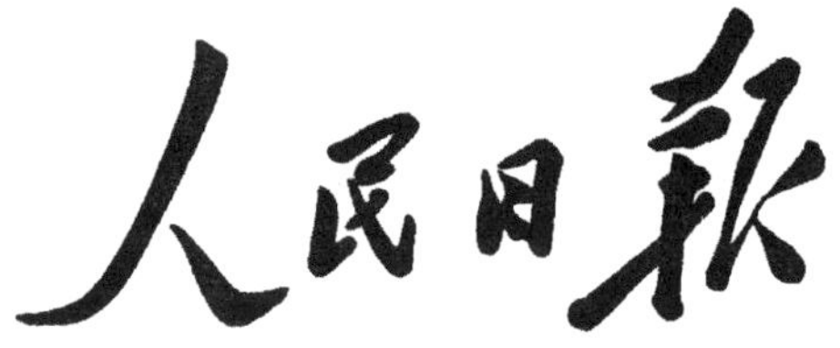

RENMIN RIBAO

人民网 网址:http://www.people.com.cn
手机:http://wap.people.com.cn

2008年2月
19
星期二
戊子年正月十三
人民日报社出版
国内连续出版物号
CN11-0065
第21773期(代号1-1)
今日16版

胡锦涛强调,能不能始终带领人民走在时代前列,能不能始终保持同人民群众的血肉联系,能不能始终成为中国特色社会主义事业的坚强领导核心,是对党的最根本的考验。要经受住这个最根本的考验,关键是要坚持以改革创新精神全面推进党的建设新的伟大工程,使党的建设工作更富有时代气息、更富有实际成效

胡锦涛在全国组织工作会议上强调

以改革创新精神全面推进党的建设 带领人民不断开创事业发展新局面

习近平主持 贺国强出席

本报北京2月18日电 中共中央总书记、国家主席、中央军委主席胡锦涛18日上午在同全国组织工作会议代表座谈时发表重要讲话。他强调,能不能始终带领人民走在时代前列,能不能始终保持同人民群众的血肉联系,能不能始终成为中国特色社会主义事业的坚强领导核心,是对党的最根本的考验。要经受住这个最根本的考验,关键是要坚持以改革创新精神全面推进党的建设新的伟大工程,使党的建设工作更富有时代气息、更富有实际成效。

中共中央政治局常委、中央书记处书记习近平主持会议。中共中央政治局常委、中央纪委书记贺国强出席会议。

胡锦涛在讲话中指出,党的十七大强调,党要站在时代前列带领人民不断开创事业发展新局面,必须以改革创新精神加强自身建设,始终成为中国特色社会主义事业的坚强领导核心。这是我们党深刻把握时代条件变化、我国经济社会发展要求、党的建设状况提出的重大战略思想和重大战略任务,是新形势下加强党的建设和做好组织工作的根本要求。这其中的关键,就是大力弘扬改革创新精神。在改革开放30周年到来之际,党的十七大向全党发出这一号召,具有十分重大的现实意义和深远的历史意义。必须从国际形势的发展变化,从发展中国特色社会主义的客观要求,从提高党的执政能力、保持和发展党的先进性的战略高度出发,深刻认识和全面把握大力弘扬改革创新精神的重大意义。

胡锦涛强调,我们党是马克思主义政党,党的性质、宗旨和历史使命决定了党既要敢于和善于在自己所领导的伟大事业中不断改革创新,又要敢于和善于在自身建设中不断改革创新。全党同志一定要紧密联系新的时代条件下加强和改进党的建设的实际,坚持以中国特色社会主义理论体系为指导,坚持党的宗旨和性质,发扬党的优良传统,以改革创新的精神状态、改革创新的思想作风、改革创新的工作方法全面加强和改进党的各方面建设,着力提高党的执政能力、保持和发展党的先进性,着力加强和改善党的领导,着力改进党的领导体制、执政方式、组织形式、活动方式、管理方式,着力提高推动科学发展、促进社会和谐的能力,更加自觉、更有成效地把党建设好,使党始终成为中国特色社会主义事业的坚强领导核心。

胡锦涛指出,党的十七大对党的建设作出了总体部署,深刻反映了党所处的历史方位和党的建设面临的新形势新任务,各级党委要按照党的十七大的要求,扎实、深入、全面抓好落实。要大力推进中国特色社会主义理论体系的学习贯彻,进一步提高全党的马克思主义理论水平;大力推进党内民主建设,进一步增强党的创新活力、巩固党的团结统一;大力推进党的制度创新,进一步提高党的建设的制度化、规范化水平;大力加强领导班子和领导干部队伍建设,进一步提高推动事业发展的开拓创新能力;大力推进基层党组织建设,进一步增强基层党组织的创造力、凝聚力、战斗力;大力推进党风廉政建设,进一步增强拒腐防变和抵御风险能力。

胡锦涛强调,坚持以改革创新精神加强党的建设,必须着眼于提高全党的马克思主义理论水平,坚持不懈地用中国特色社会主义理论体系武装全党,推动广大党员特别是各级领导干部自觉用这一理论体系指导客观世界和主观世界的改造,提高运用科学理论解决实际问题的能力。要在全党开展深入学习实践科学发展观活动,努力把各级党组织建设成为贯彻落实科学发展观的坚强堡垒,把干部队伍建设成为贯彻落实科学发展观的骨干力量,切实把党的政治优势和组织优势转化为推动经济社会又好又快发展的强大力量。

2月18日,中共中央总书记、国家主席、中央军委主席胡锦涛在全国组织工作会议上发表重要讲话。 新华社记者 马占成摄

胡锦涛强调,发展党内民主是以改革创新精神加强党的建设的重要内容,也是以改革创新精神加强党的建设的重要条件。只有切实发展党内民主,才能最大限度地激发全党的创新活力,才能广泛凝聚全党的智慧和力量,使改革创新成为广大党员特别是各级领导干部的自觉行动,使改革创新的决策更科学、实践更丰富、成效更显著,形成全党齐心协力推进党的建设、做好党的工作的强大合力。要坚持民主集中制,尊重党员主体地位,保障党员民主权利,充分发挥党员在党内事务中的参与、管理、监督作用,通过扎实有效的工作,不断提高党内民主建设质量和水平,促进党内民主和人民民主良性互动、共同发展,不断探索具有中国特色的发展党内民主的内容、途径、方法。

胡锦涛强调,要继续加大制度建设和创新力度,整体设计,分步实施,及时将党的建设理论创新、实践创新成果转化为制度成果,不断完善党的建设和党内生活的制度机制。要根据新情况新变化,加快完善民主集中制的具体制度,切实把民主集中制更好地落实到党的领导制度、组织制度、选举制度、工作制度、监督制度等方面。要抓住党的建设中的全局性、战略性问题,抓住广大党员、干部和人民群众最期待解决、党的建设最需要解决的紧迫问题,集中力量攻坚,努力在主要方面和关键环节上取得突破,带动整个党内制度建设,逐步建立起内容完备、结构合理、功能健全、科学管用的党内制度体系。

胡锦涛强调,各级党委要把提高领导班子和领导干部的开拓创新能力作为一项紧迫的重要任务来抓,加强学习和实践锻炼,加强领导班子制度建设,完善选人用人机制,营造创新氛围。要坚持正确的用人导向,真正把那些政治上靠得住、工作上有本事、作风上过得硬、人民群众信得过的干部选拔到各级领导岗位上来。要在党内特别是干部队伍中大力营造鼓励探索、支持创新、宽容失误的环境和氛围,教育和引导广大党员、干部自觉坚持锐意改革、奋勇创新,自觉反对不求进取、得过且过,激励广大党员、干部不断保持和增强蓬勃向上的朝气、开拓进取的锐气、不畏艰险的勇气,真正推动出现一个广大干部奋勇争先、与时俱进、为党和人民建功立业的生动局面。

胡锦涛指出,以改革创新精神全面推进党的建设新的伟大工程,是全党的共同任务,更是各级党委的重要职责。在工作中,必须切实做到高举旗帜、求真务实、把握主线、全面推进。要全面贯彻党的十七大精神,高举中国特色社会主义伟大旗帜,坚持以邓小平理论和"三个代表"重要思想为指导,深入贯彻落实科学发展观,把坚持马克思主义基本原理同推进马克思主义中国化结合起来,用党的理论创新成果武装头脑、指导实践、推动工作,不断提高党的思想理论水平,使全党同志都牢牢坚持中国特色社会主义道路不动摇、坚持中国特色社会主义理论体系不动摇。

胡锦涛强调,各级组织部门和广大组工干部要一如既往地发扬党的优良传统和作风,以开拓进取的作风和求真务实的精神抓好各项决策和部署的落实,真正把组织部门建设成为高举中国特色社会主义伟大旗帜、深入贯彻落实科学发展观的模范部门,把组工干部队伍建设成为讲党性、重品行、作表率的过硬队伍,在全面建设小康社会、推进中国特色社会主义事业的伟大实践中,坚持学习、学习、再学习,坚持实践、实践、再实践,坚持创新、创新、再创新。

习近平在主持会议时指出,胡锦涛同志的重要讲话,深刻阐述了以改革创新精神全面推进党的建设新的伟大工程的重大意义,对贯彻落实党的十七大精神、在党的建设和组织工作中大力弘扬改革创新精神提出了明确要求。讲话高屋建瓴,总揽全局,思想深刻,论述精辟,对于在新的历史起点上开创党的建设和组织工作新局面具有长远的指导作用。各级党委和组织部门要认真学习、深刻领会、全面贯彻,以改革创新精神进一步把党建工作和组织工作做好。

座谈会上,中共中央政治局委员、中央书记处书记、中央组织部部长李源潮介绍了会议有关情况。广东省委常委、组织部部长胡泽君,四川省委常委、组织部部长柯尊平,江苏省委常委、组织部部长王国生,国务院国资委主任、党委书记李荣融,中国航天科技集团公司党组书记、总经理马兴瑞作了发言。

出席座谈会的还有:刘云山、徐才厚、何勇、令计划、王沪宁。

李长春会见俄通社—塔斯社代表团

新华社北京2月18日电 (记者李诗佳)中共中央政治局常委李长春18日下午在人民大会堂会见了由社长依格纳坚科率领的俄通社—塔斯社代表团。

李长春积极评价了中国与俄罗斯的友好关系。他说,当前,中俄关系正处于历史最好时期。2006年和2007年两国互办"国家年"活动。近年来,两国高层互访频繁,文化交流全面展开,人员往来日趋活跃,地方合作方兴未艾,双方在重大国际和地区事务中的战略协作进一步加强。"国家年"活动虽然结束,但其倡导的"世代友好,携手共进"精神将世代相传。

李长春说,近年来,两国媒体间的交流与合作十分活跃。这对于增进双方媒体之间的了解、改善各自工作、促进两国关系的发展起到了积极的作用。今年,我们要纪念实行改革开放30周年,北京要举办奥运会和残奥会,他希望光明日报社与俄通社—塔斯社继续保持并进一步加强友好合作,通过各种方式向俄罗斯人民更多介绍中国,了解北京奥运会。

李长春还向客人介绍了中国共产党第十七次全国代表大会有关情况。

依格纳坚科对中国经济社会的快速发展表示赞赏,对北京奥运会充满期待,希望与光明日报社进一步开展更加有效的合作。

光明日报社总编辑苟天林等会见时在座。

国务院发出通知

要求各地各部门精心组织灾后重建

新华社北京2月18日电 (刘静、江国成)据中国政府网18日消息,国务院日前发出通知,要求各地各部门继续加强领导,精心组织,统筹人力、物力、财力,尽快恢复重要基础设施,尽快恢复工农业生产,尽快安排好受灾群众生活,尽快恢复正常的生产生活秩序,努力把这场灾害造成的损失减少到最低程度。

国务院煤电油运和抢险抗灾应急指挥中心2月13日向国务院提交了《关于抢险抗灾工作及灾后重建安排的报告》。国务院2月15日同意上述报告,并下发通知,向各省、自治区、直辖市人民政府,国务院各部委、各直属机构转发了这份报告,要求认真贯彻执行。

报告共分三大部分,涉及雨雪冰冻灾情、抢险抗灾工作进展情况以及下一阶段工作安排意见,约6000字。

根据指挥中心工作安排,下一阶段工作重点是:抓紧修复基础设施,尽快恢复农业生产,加强煤电油运保障,妥善安排受灾群众生活,着力防治次生灾害。

中国政府网还刊登了报告全文(www.gov.cn)。

高 举 旗 帜

——一论当前和今后一个时期宣传思想工作的总要求

本报评论员

高举旗帜、围绕大局、服务人民、改革创新,这是胡锦涛总书记在全国宣传思想工作会议上提出的当前和今后一个时期宣传思想工作的总要求。

这个总要求,言简意赅,内涵丰富,指向鲜明,是党的宣传思想工作光荣传统和宝贵经验的集中体现,是党中央对新形势下宣传思想工作的战略思考,是在新的历史起点上开创宣传思想工作新局面的基本遵循。

这个总要求是一个有机统一的整体。"高举旗帜"是宣传思想工作的灵魂和方向,"围绕大局"是宣传思想工作的首要任务,"服务人民"是宣传思想工作的根本宗旨,"改革创新"是宣传思想工作的动力源泉。它体现了党的主张和人民要求的统一,体现了把握内在规律与反映时代特征的统一,体现了理论指导性和现实针对性的统一。

高举旗帜,就是要把深入学习宣传贯彻党的十七大精神作为首要政治任务,高举中国特色社会主义伟大旗帜,坚持以邓小平理论和"三个代表"重要思想为指导,深入贯彻落实科学发展观,把坚持马克思主义基本原理同推进马克思主义中国化结合起来,用党的理论创新成果武装头脑、指导实践、推动工作,巩固马克思主义在意识形态领域的指导地位。

中国特色社会主义伟大旗帜,是当代中国发展进步的旗帜,是全党全国各族人民团结奋斗的旗帜。宣传思想工作要统一思想、凝聚力量,最重要的就是在旗帜这个根本问题上统一思想、凝聚力量。宣传思想工作者要头脑清醒、立场坚定,最重要的就是在旗帜这个根本问题上头脑清醒、立场坚定。宣传思想战线要完成好、落实好首要政治任务,就要通过卓有成效的工作,最大限度地把广大人民团结和凝聚在中国特色社会主义伟大旗帜下,坚定不移地走中国特色社会主义道路。

高举中国特色社会主义伟大旗帜,进一步巩固全党全国各族人民团结奋斗的共同思想基础,这是推动党和国家事业发展沿着正确方向前进的重要保证,是宣传思想工作最重要的任务。要坚持把用中国特色社会主义理论体系武装全党、教育人民作为第一位的任务,引导广大党员、干部特别是领导干部进一步统一思想,提高认识,自觉用发展着的马克思主义指导客观世界和主观世界的改造,提高运用科学理论分析和解决实际问题的能力。要在全党全社会广泛深入学习宣传科学发展观,把全社会的发展积极性引导到科学发展上来,把科学发展观贯彻落实到经济社会发展各个方面。要坚持马克思主义与时俱进的理论品质,不断赋予当代中国马克思主义鲜明的实践特色、民族特色、时代特色。要积极推动当代中国马克思主义大众化,使中国特色社会主义理论体系日益深入人心,发挥对实践的巨大指导作用。

旗帜是工作的统领。高举中国特色社会主义伟大旗帜,必须坚持在宣传思想战线的全部工作中以中国特色社会主义理论体系为指导,深入贯彻落实科学发展观。这样,宣传思想工作才能始终保持正确方向,牢牢把握主动权,增强工作的原则性、系统性、预见性和创造性,才能在推动继续解放思想、坚持改革开放、推动科学发展、促进社会和谐的历史进程中不负党和人民期待、发挥积极作用,才能更好地担负起推动社会主义文化大发展大繁荣、兴起社会主义文化建设新高潮的重大使命,为夺取全面建设小康社会新胜利、开创中国特色社会主义事业新局面提供强大思想文化保证。

国办要求进一步开展安全生产隐患排查治理

新华社北京2月18日电 国务院办公厅近日发出《关于进一步开展安全生产隐患排查治理工作的通知》。通知要求,在2007年开展隐患排查治理专项行动的基础上,全面排查治理各地区、各行业领域事故隐患,狠抓隐患整改工作。

通知指出,近年来,全国安全生产状况呈现总体稳定、趋于好转的发展态势,但事故总量仍然偏大,重特大事故时有发生,安全生产形势依然严峻。特别是一些地区和单位事故隐患突出,对人民群众生命财产安全构成严重威胁。

各地区、各行业领域的全部生产经营单位,都包括在隐患排查治理范围内。将全面排查治理各生产经营单位及其工艺系统、基础设施、技术装备、作业环境、防控手段等方面存在的隐患,以及安全生产体制机制、制度建设、安全管理组织体系、责任落实、劳动纪律、现场管理、事故查处等方面存在的薄弱环节。

隐患排查治理分三个重点时段展开:2月至4月,围绕确保全国两会期间安全生产,做好排查治理和监督检查工作;5月至9月,围绕汛期和北京奥运会安全,做好隐患排查治理工作;10月至12月,针对四季度赶任务、抢工期现象增多和冬季雨、雾、冰、雪天气多发的特点,深入推进隐患治理,防范遏制重特大事故。

第七版刊登回良玉在中央农村工作会议上的讲话摘要

切实加强农业基础建设 进一步促进农业发展农民增收

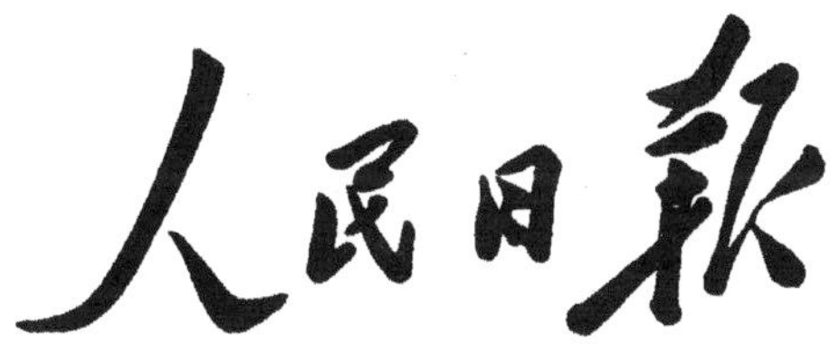

RENMIN RIBAO

人民网 网址：http://www.people.com.cn
手机：http://wap.people.com.cn

2008年1月
23
星期三
丁亥年十二月十六
人民日报社出版
国内连续出版物号
CN11-0065
第21746期（代号1-1）
今日16版

胡锦涛强调，要牢牢掌握宣传思想工作的领导权和主动权，高举伟大旗帜，唱响奋进凯歌，振奋民族精神，服务人民大众，以更深刻的认识、更开阔的思路、更有效的政策、更得力的措施，着力建设社会主义核心价值体系，着力巩固壮大主流思想舆论，着力推进改革创新，推动社会主义文化大发展大繁荣，提高国家文化软实力，为继续解放思想、坚持改革开放、推动科学发展、促进社会和谐营造良好氛围，为夺取全面建设小康社会新胜利、开创中国特色社会主义事业新局面提供强大思想文化保证

胡锦涛在同全国宣传思想工作会议代表座谈时强调

扎扎实实做好新形势下的宣传思想工作 为全面建设小康社会提供思想文化保证

李长春主持 习近平出席

本报北京1月22日电 中共中央总书记、国家主席、中央军委主席胡锦涛22日上午在北京同全国宣传思想工作会议代表座谈。他强调，要牢牢掌握宣传思想工作的领导权和主动权，高举伟大旗帜，唱响奋进凯歌，振奋民族精神，服务人民大众，以更深刻的认识、更开阔的思路、更有效的政策、更得力的措施，着力建设社会主义核心价值体系，着力巩固壮大主流思想舆论，着力推进改革创新，推动社会主义文化大发展大繁荣，提高国家文化软实力，为继续解放思想、坚持改革开放、推动科学发展、促进社会和谐营造良好氛围，为夺取全面建设小康社会新胜利、开创中国特色社会主义事业新局面提供强大思想文化保证。

中共中央政治局常委李长春主持座谈会。中共中央政治局常委、中央书记处书记习近平出席。

胡锦涛在讲话中指出，党的十六大以来，中央在聚精会神搞建设、一心一意谋发展的同时，高度重视宣传思想工作，制定了一系列方针政策，作出了一系列重大部署。宣传思想战线认真贯彻中央精神，各项工作在整体推进中实现重点突破、在改革创新中焕发新的活力，宣传思想工作保持了积极健康、蓬勃向上的良好态势。

胡锦涛强调，党的十七大站在继续解放思想、坚持改革开放、推动科学发展、促进社会和谐的战略高度，从全面建设小康社会对文化建设的新要求和各族人民对文化工作的新期待出发，强调要更加自觉、更加主动地推动社会主义文化大发展大繁荣，兴起社会主义文化建设新高潮，提高国家文化软实力，使人民基本文化权益得到更好保障，使社会文化生活更加丰富多彩，使人民精神风貌更加昂扬向上。这充分反映了我们党对当今国际国内发展大势和我国文化建设地位的准确把握，也对宣传思想工作提出了新的更高要求。

胡锦涛指出，我们要科学分析国际国内形势，准确把握党和国家工作大局，全面审视面临的机遇和挑战，充分认识做好新形势下宣传思想工作的重大意义。宣传思想工作是党和国家工作的重要组成部分，在中国特色社会主义事业全局中具有重要地位，发挥着不可替代的作用。实现党的十七大描绘的宏伟蓝图，宣传思想工作担负着统一思想、凝聚力量的重大任务，担负着推动社会主义文化大发展大繁荣、兴起社会主义文化建设新高潮的重大使命。

胡锦涛强调，做好当前和今后一个时期的宣传思想工作，在新的历史起点上开创宣传思想工作新局面，要坚持高举旗帜、围绕大局、服务人民、改革创新。高举旗帜，就是要把深入学习宣传贯彻党的十七大精神作为首要政治任务，高举中国特色社会主义伟大旗帜，坚持以邓小平理论和"三个代表"重要思想为指导，深入贯彻落实科学发展观，把坚持马克思主义基本原理同推进马克思主义中国化结合起来，用党的理论创新成果武装头脑、指导实践、推动工作，巩固马克思主义在意识形态领域的指导地位。围绕大局，就是要认真贯彻中央的决策部署，紧紧围绕经济建设这个中心，坚持正确导向，把社会效益放在首位，一手抓繁荣、一手抓管理，大力倡导一切有利于国家富强、民族振兴、人民幸福、社会和谐的思想和精神，着力推动科学发展、促进社会和谐，为改革开放和社会主义现代化建设提供有力的思想保证、营造良好舆论氛围。服务人民，就是要坚持以人为本，贴近实际、贴近生活、贴近群众，充分发挥人民主体作用，把人民是否满意作为根本标准，尊重差异、包容多样，努力满足人民多层次、多方面、多样化的精神文化需要，让人民共享文化发展成果，促进人的全面发展。改革创新，就是要用时代要求审视宣传思想工作，以改革精神推动宣传思想工作，积极创新内容形式、方法手段、体制机制，增强吸引力和感染力，努力做到体现时代性、把握规律性、富于创造性。

1月22日，中共中央总书记、国家主席、中央军委主席胡锦涛在全国宣传思想工作会议上发表重要讲话。 新华社记者 刘卫兵摄

胡锦涛指出，要高举中国特色社会主义伟大旗帜，进一步巩固全党全国各族人民团结奋斗的共同思想基础；推进社会主义核心价值体系建设，进一步增强全民族团结和谐、奋发向上的精神力量；提高舆论引导能力，进一步为改革发展稳定营造良好氛围；加强思想道德建设，进一步培育文明风尚；建设公共文化服务体系，进一步保障人民基本文化权益；深化文化体制改革，进一步提高文化发展活力；做好对外宣传工作，进一步展示和提升国家良好形象。

胡锦涛强调，只有把握时代脉搏、反映时代精神、贴近现实生活、引领人民思想的文化，才能始终赢得人民，才能始终成为社会进步的先导。要立足中国特色社会主义伟大实践，从波澜壮阔的现实生活中汲取养分，准确把握人民精神文化需要的新变化，深入把握新形势下宣传思想工作的特点和规律，改进宣传思想工作的领导方式、组织方式、工作方式、管理方式，形成鼓励创新创造的法制保障、政策体系、激励机制，充分运用先进技术手段丰富文化的生产方式和表现形式，极大丰富文化品种、样式、载体、风格，让一切创造活力竞相迸发，让一切创新才华充分施展，让一切创新成果得到尊重，努力使精神文化产品和社会文化生活更加丰富多彩。

胡锦涛指出，坚持物质文明和精神文明两手抓、两手都要硬，是中国特色社会主义的显著特征。高度重视宣传思想工作，是党在长期革命、建设、改革实践中形成的优良传统，也是中国特色社会主义的一大优势。各级党委要按照中央要求，加强和改善对宣传思想工作的领导，全面做好宣传思想工作。要加强对宣传思想文化领域全局性、前瞻性、战略性问题的研究，大力弘扬求真务实精神，把长远目标与阶段性任务结合起来，把原则要求与具体措施结合起来，加强督促检查，狠抓工作落实，确保宣传思想工作扎实推进、富有成效。

李长春在主持座谈会时说，胡锦涛总书记的讲话十分重要。讲话站在党和国家事业长远发展的战略高度，精辟论述了宣传思想工作在全局中的地位和作用，充分肯定了党的十六大以来宣传思想工作取得的新成绩，深刻阐明了宣传思想工作面临的新形势新任务，为做好当前和今后一个时期宣传思想工作指明了方向。讲话高屋建瓴、总揽全局、思想深刻、内容丰富，具有很强的针对性和指导性，是在新的历史起点上开创宣传思想工作新局面的纲领性文献。我们一定要认真学习，深刻领会，坚决贯彻。

座谈会上，北京市委常委、宣传部长蔡赴朝，上海市委常委、宣传部长王仲伟，辽宁省委常委、宣传部长焦利，中央宣传部副部长、中央外宣办主任蔡武，国家新闻出版总署署长柳斌杰先后就加强和改进宣传思想文化工作发言。

出席座谈会的还有：刘云山、李源潮、徐才厚、令计划、王沪宁、陈至立、陈奎元。

中央宣传思想工作领导小组成员，各省、自治区、直辖市和副省级城市党委宣传部长，新疆生产建设兵团党委宣传部长，中央和国家机关有关部委、有关人民团体、中央宣传文化系统各单位负责同志，全国文明办主任会议代表，解放军和武警部队有关负责同志参加了座谈会。

温家宝会见越南副总理兼外长

新华社北京1月22日电 （记者**李诗佳**）国务院总理温家宝22日在中南海紫光阁会见了来华出席中越双边合作指导委员会第二次会议的越南副总理兼外长范家谦。双方就双边关系和共同关心的问题交换了意见。

会见时国务委员唐家璇在座。

政协十届常委会第二十次会议在京开幕

贾庆林主持 为政协十一届一次会议作准备

本报北京1月22日电 政协第十届全国委员会常务委员会第二十次会议22日在北京开幕。中共中央政治局常委、全国政协主席贾庆林主持开幕会。

本次常委会议为期四天，主要议程有：审议通过关于召开政协第十一届全国委员会第一次会议的决定；协商决定政协第十一届全国委员会参加单位、委员名额和委员人选名单；审议通过提交政协十一届一次会议审议的政协全国委员会常务委员会工作报告和关于提案工作情况的报告；审议通过政协十一届一次会议议程（草案）和日程（草案）；审议通过关于授权主席会议审议政协十届常委会第二十次会议未尽事宜的决定；审议有关工作总结、视察考察和出访的书面报告。

会议听取了全国政协秘书长郑万通关于政协十届常委会工作报告（草案）起草情况的说明，全国政协提案委员会副主任杨振杰关于政协十届常委会提案工作情况报告（草案）起草情况的说明。

全国政协副主席王忠禹、刘延东、李贵鲜、张思卿、白立忱、罗豪才、张克辉、周铁农、郝建秀、阿不来提·阿不都热西提、徐匡迪、李兆焯、黄孟复、张怀西、李蒙、董建华、张梅颖、张榕明出席开幕会。

国务院办公厅发出通知

为重点湖泊水环境治理划定时限

新华社北京1月22日电 （记者**孙闻**）国务院办公厅日前发出通知，转发环保总局、发展改革委、财政部、建设部、水利部《关于加强重点湖泊水环境保护工作的意见》，为我国重点湖泊水环境治理划定目标和时限。

通知要求，继续以太湖、巢湖、滇池（以下称"三湖"）以及三峡库区、小浪底库区、丹江口库区为保护重点，并加强洪泽湖、鄱阳湖、洞庭湖和洱海等水环境保护工作。到2010年，重点湖泊富营养化加重的趋势得到遏制，水质有所改善；到2030年，逐步恢复重点湖泊地区山清水秀的自然风貌，形成流域生态良性循环、人与自然和谐相处的宜居环境。

通知要求，重点湖泊流域地方各级人民政府要加大对造纸、酿造、印染、制革、医药、选矿以及各类化工等行业落后生产能力的淘汰力度。到2008年年底前，依法完成所有排污单位排污许可证核发工作，对未达到排污许可证规定的企业要实施限产限排。超标排放水污染物的企业要在2008年6月底前完成治理；对逾期未完成的，实行停产整治或依法关闭。

通知要求，在重点湖泊流域内城镇新建、在建污水处理厂都要配套建设脱氮除磷设施，保证出水水质达到一级排放标准；已建污水处理厂要在2010年年底前完成脱氮除磷改造，出水水质达到规定的排放标准。在重点湖泊流域内禁止销售和使用含磷洗涤用品。

通知指出，重点湖泊流域地方人民政府要控制农村生活污染和面源污染。在重点湖泊最高水位线外1公里范围内严格控制种植蔬菜、花卉等单位面积施用化肥量大的农业活动，严禁施用高毒、高残留农药。

通知要求，重点湖泊流域控制旅游业和船舶污染。在2008年年底前，所有进入湖泊的机动船舶都要按照标准配备相应的防止污染设备和污染物集中收集、存储设施，船舶集中停泊区域要设置污染物接收与处理设施。制订船舶污染水域应急预案。

通知要求，于2008年年底前全面取消"三湖"流域禁养区内的湖泊围网养殖和肥水养殖；不再扩大其他湖泊现有围网养殖面积，并在3年内逐步降到规定的面积以下。

通知指出，重点湖泊流域地方各级人民政府要充分认识湖泊水环境保护的重要性，正确处理发展经济与保护环境的关系，把保护环境放在更加突出的位置，切实加强领导，将重点湖泊水环境保护所需资金作为地方财政预算资金（包括预算内基本建设投资等）安排重点，并加大投入力度；要制订分年度的工作计划，明确任务和进度要求，狠抓落实。各级环保部门对环境违法行为要加大执法力度，对恶意排污行为要依法从重处罚。对违法排污的企业负责人和失职、渎职的领导干部，要坚决查处，情节严重的要依法追究刑事责任。

张宝顺当选山西省人大常委会主任 孟学农当选山西省省长

本报太原1月22日电 （记者**安洋**）山西省第十一届人民代表大会第一次全体会议22日选举张宝顺为省人大常委会主任，杨安和、靳善忠、谢克昌、安焕晓（女）、郭海亮、王雅安为省人大常委会副主任；选举孟学农为省长，薛延忠、梁滨、牛仁亮、胡苏平（女）、陈川平、张建民、张平为副省长；选举左世忠为省高级人民法院院长。

赵洪祝当选浙江省人大常委会主任 吕祖善当选浙江省省长

本报杭州1月22日电 （记者**袁亚平、江南**）浙江省第十一届人民代表大会第一次会议21日选举赵洪祝为省人大常委会主任，选举吕祖善为省长。选举齐奇为省高级人民法院院长。22日选举王永明、徐宏俊、吴国华、刘奇、程渭山、张家盟、冯明（女）为省人大常委会副主任；选举陈敏尔、陈加元、钟山、茅临生、金德水、葛慧君（女）、王建满、郑继伟为副省长。

列确当选西藏自治区人大常委会主任 向巴平措当选自治区主席

本报拉萨1月22日电 （记者**徐锦庚**）西藏自治区第九届人民代表大会第一次会议22日选举列确（藏族）为自治区人大常委会主任，土登才旺（藏族）、尼玛次仁（藏族）、张跃平、桑顶·多吉帕姆·德庆曲珍（女，藏族）、嘎玛（女，藏族）、周春来、宋善礼、格桑次仁（藏族）、赵正修、董明俊、阿登（藏族）、新杂·单增曲扎（藏族）、马如龙（回族）为副主任；选举向巴平措（藏族）为自治区主席，郝鹏、吴英杰、白玛赤林（藏族）、杨海滨、次仁（藏族）、甲热·洛桑丹增（藏族）、白玛才旺（藏族）、多吉泽仁（藏族）、秦宜智、邓小刚、宫蒲光、孟德利、德吉（女，藏族）、多托（藏族）为副主席；选举罗布顿珠（藏族）为自治区高级人民法院院长。

艾力更·依明巴海当选新疆维吾尔自治区人大常委会主任 努尔·白克力当选新疆维吾尔自治区主席

本报乌鲁木齐1月22日电 （记者**戴岚**）新疆维吾尔自治区第十一届人民代表大会第一次全体会议22日选举艾力更·依明巴海（维吾尔族）为自治区人大常委会主任，张国梁、阿勒布斯拜·拉合木（哈萨克族）、杜秦瑞（女）、栗智、乃依木·亚森（维吾尔族）、买买提明·牙生（维吾尔族）、乔吉甫（蒙古族）、马明成（回族）为自治区人大常委会副主任；选举努尔·白克力（维吾尔族）为自治区主席，杨刚、库热西·买合苏提（维吾尔族）、钱智、贾帕尔·阿比布拉（维吾尔族）、胡伟、戴公兴、靳诺（女）、铁力瓦尔迪·阿不都热西提（哈萨克族）、艾尔肯·吐尼亚孜（维吾尔族）为自治区副主席；选举肉孜·司马义（维吾尔族）为自治区高级人民法院院长。

王学仁当选云南省政协主席

本报昆明一月二十二日电 （记者**宣宇才**）政协云南省第十届委员会第一次全体会议二十二日选举王学仁为省政协主席。

国家环保模范城市考核指标调整

本报北京1月22日电 （记者**武卫政、孙秀艳**）记者从22日召开的全国环保厅局长会议上获悉：2007年暂停的国家环保模范城市考核今年继续进行。不同的是，评价指标有所调整，淡化GDP指标，突出环境指标，尤其看重污染减排实效，全面考评环境质量。

国家环保总局局长周生贤表示，城市是人口高度集聚的地方，面临着巨大的资源与环境压力，随着城市化水平的不断提高，让更多的城市居民在美好的环境中生产生活显得日益重要。创建国家环保模范城市，调动了许多地方努力改善城市环境质量的积极性，应继续培育城市环境保护典型，充分发挥环保模范城市的示范作用。

"但是，旧有的评价指标必须调整。否则就会出现一个湖泊流域有几个环保模范城市，湖泊却被严重污染的现象。"周生贤说，"新的指标体系，突出污染减排实效，统筹城乡和区域环境保护，加大农村环境保护考核力度，全面反映环境质量，让模范城市成为全国节能减排的标兵。"

据介绍，国家环保总局将对已经命名的环保模范城市严格复查，对达不到要求的，实行黄牌警告，限期整改，整改不合格的将被摘牌。

人民日报

RENMIN RIBAO

2007年12月 26 星期三 丁亥年十一月十七

北京地区天气预报 白天 多云转多云 下午有霾 风向 北转南 风力 二、三级 夜间 多云有雾 风向 南转北 风力 一、二级 温度 4℃/-2℃

今日16版 国内统一连续出版物号 CN 11-0065 第21718期（代号1-1）

人民网 网址:http://www.people.com.cn 手机:http://wap.people.com.cn

人民日报社出版

胡锦涛主席致电祝贺卡里莫夫再次当选乌兹别克斯坦总统

新华社北京12月25日电 国家主席胡锦涛25日致电卡里莫夫，就他再次当选乌兹别克斯坦共和国总统，向他表示诚挚的祝贺和良好的祝愿。

贺电说，中乌是友好近邻，两国人民有着深厚的传统友谊。建交15年来，在双方共同努力下，两国已建立起相互尊重、彼此信任、平等互利的友好合作伙伴关系。我们高兴地看到，近年来，乌兹别克斯坦政局保持稳定，经济持续发展，人民生活显著改善，国际影响不断扩大。我相信，在你的领导下，乌兹别克斯坦人民在建设自己国家的事业中一定会取得更大成就。中国一贯尊重乌兹别克斯坦人民自主选择的发展道路，支持乌方为维护国家独立、主权和安全，促进经济发展所做的努力。我愿与你一道，不断增进双方的友谊和互信，深化各领域务实合作，推动中乌友好合作伙伴关系迈上新台阶。

胡锦涛在同全国政法工作会议代表和全国大法官大检察官座谈时强调

立足中国特色社会主义事业发展全局 扎扎实实开创我国政法工作新局面

吴邦国温家宝习近平出席 周永康主持

本报北京12月25日电 （记者**石国胜**、**王比学**）中共中央总书记、国家主席、中央军委主席胡锦涛25日上午在人民大会堂同全国政法工作会议代表和全国大法官、大检察官座谈。他强调，必须从中国特色社会主义事业发展全局的高度，进一步提高对做好政法工作重要性和紧迫性的认识，准确认识和把握政法工作的性质和职责，通过扎扎实实的努力，不断开创政法工作新局面，为全面建设小康社会、加快推进社会主义现代化提供强有力的政法保障。

中共中央政治局常委、全国人大常委会委员长吴邦国，中共中央政治局常委、国务院总理温家宝，中共中央政治局常委、中央书记处书记习近平出席座谈会。中共中央政治局常委、中央政法委书记周永康主持。

胡锦涛强调，政法事业是中国特色社会主义事业的重要组成部分，必须随着中国特色社会主义事业发展而发展；政法工作是党和国家工作的重要组成部分，必须在党和国家工作大局下开展，为党和国家工作大局服务。切实维护党的执政地位，切实维护国家安全，切实维护人民权益，确保社会大局稳定，是政法战线的首要政治任务。

胡锦涛指出，做好政法工作，关键是要全面把握党的十七大对加强和改进政法工作作出的战略部署，坚持把政法工作放在党和国家工作全局中来谋划、来推进。要全面贯彻落实党的十七大精神，高举中国特色社会主义伟大旗帜，坚持以邓小平理论和"三个代表"重要思想为指导，深入贯彻落实科学发展观，坚持党的领导、人民当家作主、依法治国有机统一，牢固树立社会主义法治理念，坚持执法为民，着力保障国家安全，着力维护社会公平正义，着力保护人民生命财产安全，着力保证社会大局稳定，着力服务经济社会发展大局。

胡锦涛就做好政法工作提出5点要求。一是要坚持正确方向。要坚定不移地坚持中国特色社会主义道路，坚定不移地坚持中国特色社会主义理论体系，努力在执法思想、执法实践、执法作风等各方面真正体现中国特色社会主义的正确方向。要坚持以依法治国、执法为民、公平正义、服务大局、党的领导为主要内容的社会主义法治理念指引政法工作，充分发挥我国社会主义司法制度的优越性，正确履行宪法和法律赋予的职能，确保党的路线方针政策和决策部署在政法工作中得到不折不扣的贯彻执行。二是要保障国家安全。要切实增强政权意识、大局意识、忧患意识、责任意识，完善国家安全战略，健全国家安全体制，确保国家安全统一。三是要维护人民权益。维护人民权益，是党的根本宗旨的要求，也是做好政法工作的目的。政法工作搞得好不好，最终要看人民满意不满意。要坚持以人为本、坚持执法为民，坚持司法公正，把维护好人民权益作为政法工作的根本出发点和落脚点，着力解决人民最关心、最直接、最现实的利益问题，为人民安居乐业提供更加有力的法治保障和法律服务。要切实加强社会治安工作，按照打防结合、预防为主，专群结合、依靠群众的方针，健全治安防控体系，加强社会治安综合治理，扎实推进平安建设，依法打击侵犯人民权益的违法犯罪行为，着力解决社会治安中的热点难点问题，不断增强人民群众安全感。要切实化解社会矛盾，提高新形势下做好群众工作的本领，带着深厚的感情为群众排忧解难，健全党和政府主导的维护群众权益机制，拓宽社情民意表达渠道。要进一步规范司法行为，完善对司法权行使的监督机制，加强对诉讼活动的法律监督，切实解决执法不严、司法不公问题。要切实加强基层基础工作，健全基层党组织领导的充满活力的基层群众自治机制，完善基层服务网络，加强基层司法机构建设，提高基层政法部门履行职责能力，切实把维护人民权益的职能落实到基层。四是要深化体制改革。必须把维护社会公平正义作为政法工作的生命线。司法体制是维护社会公平正义的重要制度保障。要继续积极稳妥推进司法体制改革，以满足人民的司法需求为根本出发点，从人民不满意的问题入手，以加强权力制约和监督为重点，优化司法职权配置，规范司法行为，努力建设公正高效权威的社会主义司法制度。要切实推进社会管理体制改革创新，完善社会政策，优化公共资源配置，创新公共服务体制，提高公共服务质量，提高公众有序参与社会管理的深度和广度。五是要推进队伍建设。要按照严格、公正、文明执法的要求，全面加强政法队伍建设，不断提高政法队伍的思想政治素质和业务工作能力，强化政法干警维护社会公平正义的意识，严格规范执法行为，努力造就一支政治坚定、业务精通、作风优良、执法公正的政法干部队伍。

12月25日，中共中央总书记、国家主席、中央军委主席胡锦涛在北京人民大会堂同全国政法工作会议代表和全国大法官、大检察官座谈时发表重要讲话。 新华社记者 **樊如钧**摄

胡锦涛强调，做好新形势下的政法工作，加强和改善党对政法工作的领导是关键。各级党委要从思想上、政治上、组织上全面加强和改善对政法工作的领导，加强对新形势下政法工作面临的新情况新问题的研究，有针对性地解决一些影响政法工作的重大问题，支持政法机关依法履行职能，领导和推动政法机关贯彻落实好中央的路线方针政策。各级党组织要带头维护宪法和法律权威。各级党组织和各级领导干部要带头依法办事，带头依法行政。要坚持在全社会深入开展法制宣传教育，弘扬法治精神，重视社会主义法律文化建设，树立依法办事、守法为荣的风尚，使社会主义法治精神转化为全体人民的实际行动。

胡锦涛指出，大法官、大检察官要始终保持高度的政治意识、大局意识、责任意识、法律意识、廉洁意识，始终坚持党的事业至上、人民利益至上、宪法法律至上，切实承担起带领广大法官、检察官和其他工作人员保障科学发展、促进社会和谐的历史使命和政治责任，为建设公正高效权威的社会主义司法制度而不懈努力。

周永康在主持座谈会时说，胡锦涛总书记的重要讲话，站在中国特色社会主义事业发展全局的高度，精辟分析了政法工作面临的国际国内形势，深刻阐明了政法工作的重要性和紧迫性，深刻阐明了政法工作的性质、职责和重大任务，深刻阐明了全面把握党的十七大精神、加强和改进政法工作总的要求和重点工作，深刻阐明了加强和改善党对政法工作领导的重大意义和重大措施。我们要认真学习领会，切实贯彻落实，努力开创政法工作新局面。

座谈会上，北京市委副书记、政法委书记王安顺，河南省委常委、政法委书记李新民，浙江省委常委、政法委书记王辉忠，贵州省委常委、政法委书记崔亚东，江苏省高级人民法院院长公丕祥，山东省人民检察院检察长国家森先后发言。

出席座谈会的还有：王兆国、李源潮、盛华仁、肖扬、贾春旺、张思卿。

中央和国家有关部门以及军队的有关负责人，各省、自治区、直辖市、新疆生产建设兵团的负责人，以及各省会市和计划单列市的有关负责人出席了座谈会。

座谈会前，胡锦涛、吴邦国、温家宝、习近平、周永康等亲切会见了全国政法工作会议代表和全国大法官、大检察官。

贾庆林主持召开全国政协主席会议

决定明年一月二十二日举行政协常委会第二十次会议

新华社北京12月25日电 中共中央政治局常委、全国政协主席贾庆林25日主持召开政协第十届全国委员会第四十九次、第五十次主席会议。会议决定2008年1月22日至25日举行政协第十届常委会第二十次会议，为召开政协第十一届全国委员会第一次会议做准备。

会议审议通过了政协第十届常委会第二十次会议议程草案和日程、关于召开政协第十一届全国委员会第一次会议的决定草案，审议了政协十届全国委员会常委会工作报告草案和政协十届全国委员会常委会关于提案工作情况的报告草案，会议还书面审议了政协第十届全国委员会对外交往工作总结稿、各专门委员会工作总结稿、全国政协办公厅关于委员视察工作情况的报告草案和办公厅五年工作总结稿。会议决定将这些草案等提交第二十次常委会议审议。

会议建议政协第十届常委会第二十次会议的主要议程为：审议通过关于召开政协第十一届全国委员会第一次会议的决定，协商决定政协第十一届全国委员会参加单位、委员名额和委员人选名单，审议通过提交政协第十一届全国委员会第一次会议的十届常委会工作报告和关于提案工作情况的报告，审议通过政协第十一届全国委员会第一次会议议程草案和日程等。

会议听取了全国政协秘书长郑万通，副秘书长杨崇汇、李昌鉴和提案委员会副主任傅志寰就有关议题所做的说明。

会议指出，政协第十一届全国委员会第一次会议，是在中共十七大之后召开的一次十分重要的会议。会议将全面总结十届政协的工作，选举产生新一届政协常委会，研究提出新一届政协的工作思路。要以十七大精神为指导，周密安排，精心组织，切实做好会议的各项准备工作，把会议开成一个民主、求实、团结、鼓劲的大会。

会议还研究讨论了如何提高委员履行职能积极性、发挥委员作用的问题。

全国政协副主席王忠禹、刘延东、李蒙鲜、张思卿、白立忱、罗豪才、张克辉、周铁农、郝建秀、陈奎元、阿不来提·阿不都热西提、徐匡迪、李兆焯、黄孟复、张怀西、李蒙、张梅颖、张榕明出席会议。

今年预计税款入库4.9万多亿

增收1.1万亿元以上，增长30%左右

本报北京12月25日电 （记者**李丽辉**）在今天召开的全国税务工作会议上，国家税务总局局长肖捷指出，今年全国税务机关大力实施科学化、精细化管理，完善征管模式，强化重点税源监控，提高了税收征管水平。预计今年全国入库税款49000多亿元，增收11000亿元以上，增长30%左右，是改革开放以来税收收入增长最快的时期之一。

肖捷说，当前和今后一个时期，税务部门将加强税收法制建设，积极稳妥地推进税制改革和税收政策调整，逐步建立有利于科学发展和公平分配的税收制度。

秦皇岛港煤炭年输出超2亿吨

本报石家庄12月25日电 （**王明浩**、**张利民**）截至12月上旬，秦皇岛港今年煤炭吞吐量累计已超2亿吨，成为世界上首个煤炭年输出超2亿吨港口。

秦皇岛港是我国最大的煤炭中转港口、北煤南运大通道的"主枢纽港"，占全国沿海港口下水煤炭的50%。

今年以来，秦皇岛港抓住国内煤炭需求旺盛和大秦线扩能增量的时机，采取开通新的煤炭运输准班轮航线和签订新的"煤炭堆存场地长租"等特色业务，确保装卸任务的完成。同时实行精细化管理，做到车流不断、人不空闲，有效提高了装卸效率。今年新投产的煤五期码头吞吐量超5000万吨，实现了"当年投产、当年达产"的目标。

栗战书任黑龙江省代省长

新华社哈尔滨12月25日电 黑龙江省十届人大常委会第三十一次会议12月25日接受张左己辞去黑龙江省人民政府省长职务的请求，决定副省长栗战书为黑龙江省人民政府代理省长。

提高领导科学发展的能力

——七论认真学习贯彻中央经济工作会议精神

本报评论员

中央经济工作会议强调，全面贯彻党的十七大精神，完成明年经济工作的各项任务，推动经济社会又好又快发展，必须不断提高领导科学发展的能力。这既是加强党的执政能力建设和先进性建设的必然要求和重大任务，也是做好明年和今后一个时期的经济工作的重要保证。

我国正处在改革发展的关键阶段，也正处于工业化、现代化的重要时期。面对复杂多变的国际形势和艰巨繁重的国内改革发展任务，全党同志特别是各级领导干部，迫切需要认真落实中央经济工作会议提出的要求，努力提高领导科学发展能力。

第一，加强学习，不断提高领导科学发展的思想水平和业务素质。紧密联系本地区本部门实际，坚持学以致用、用以促学，把用党的十七大精神武装头脑、指导实践、推动工作作为学习的出发点和落脚点，把思想统一到党的十七大精神上来，把力量凝聚到实现党的十七大确定的各项任务上来。认真学习和准确把握中国特色社会主义道路和中国特色社会主义理论体系的深刻内涵，不断增强高举中国特色社会主义伟大旗帜的自觉性和坚定性。认真学习和深刻领会科学发展观的科学内涵、精神实质和根本要求，更加自觉地走科学发展道路。准确把握实现全面建设小康社会奋斗目标的新要求，以创新的思路开拓各项工作新局面。适应世情、国情、党情的新变化，顺应发展中国特色社会主义的新要求，根据岗位工作需要，主动更新知识，不断增强把握规律、按照客观规律办事的能力，增强研究新情况、解决新问题的能力。

第二，统筹兼顾，不断掌握科学发展观的根本方法。正确领会和全面把握中国特色社会主义事业总体布局，善于在推进经济发展的同时兼顾各方面的发展要求；正确处理中央和地方的关系，善于发挥两个积极性；正确处理个人利益和集体利益、局部利益和整体利益、当前利益和长远利益的关系，善于从各方利益的结合点考虑问题，谋划工作；正确处理人民内部矛盾，善于化解不和谐因素；正确处理重点和一般的关系，善于抓住牵动全局的主要工作、涉及群众利益的突出问题，着力在重要领域和关键环节取得突破。

第三，深入调查研究，不断把握科学发展的主动权。扑下身去，深入一线，认真开展调查研究，了解经济社会发展中关系全局的突出问题，了解本地区本部门工作中需要解决的重点问题，了解广大人民群众最关心的利益问题，总结推广干部群众在实践中创造的好经验、好办法，使各项政策和工作部署更加符合客观实际，更能体现群众意愿。转变工作作风，改进工作方法，克服形式主义、官僚主义，以为民、务实、清廉的作风推动科学发展、促进社会和谐。

第四，狠抓落实，不断取得科学发展的实效。大力发扬求真务实精神，坚持正确政绩观，与时俱进，真抓实干，对关键环节和重点难点问题要一抓到底。充分发挥人民群众的主人翁精神，采取多种形式宣传群众、动员群众，使中央的方针政策为广大干部群众所了解、所掌握，转化为他们的自觉行动。建立健全抓落实的领导机制和工作机制，确保各项工作取得实实在在的成效。

明年是全面贯彻落实党的十七大作出的战略部署的第一年，要办的大事很多。做好明年的经济工作，保持经济发展、社会祥和的良好局面至关重要。让我们更加紧密地团结在以胡锦涛同志为总书记的党中央周围，坚定信心，振奋精神，开拓进取，扎实工作，努力开创各项工作新局面。

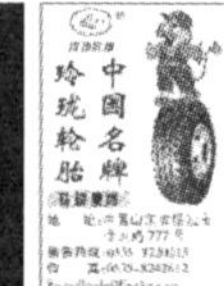

人民日报
RENMIN RIBAO

人民网 网址:http://www.people.com.cn
手机:http://wap.people.com.cn

2008年10月
18
星期六
戊子年九月二十
人民日报社出版
国内连续出版物号
CN11-0065
第22015期(代号1-1)
今日8版

富民强国高速路

本报记者 陆娅楠

改革开放之初,我国没有一条高速公路。30年弹指一挥间,中国高速公路不仅实现了"零的突破",而且通车里程已超过5.3万公里,稳居世界第二,创造了世界道路建设史上的奇迹。四通八达的高速路网不仅是经济社会发展的活力大动脉,也是提高自主创新能力、锻炼人才队伍的竞技大舞台,更成为展现我国公路建设实力的国家名片。

高速公路从无到有,总里程世界第二

"经济发展,交通先行"是政府的理念。

改革开放初期,我国国民经济迅速增长,交通运输对国民经济发展的"瓶颈"制约逐步加剧,人们戏称当时的出行状况为"不是难有路,就是路难走"。然而,高速公路投资大,回收周期长,"高速路该不该修"成为了旷日持久的争辩。

切实改变交通严重滞后局面,首先要统一认识,政策先行。1984年国务院第54次常务会议作出"贷款修路,收费还贷"的决定,1985年国家又出台了征收车辆购置附加费的政策,设立公路建设专项基金。同时,国家还在养路费征收和税收等方面实行了特殊政策。

1988年10月31日,沪嘉高速公路建成通车,结束了中国大陆没有高速公路的历史。这条从上海市区到嘉定、全长不足20公里的高速公路,在通车两年内就吸引了几十家中外企业落户嘉定。(下转第六版)

中国工会第十五次全国代表大会在京开幕

胡锦涛吴邦国温家宝贾庆林李长春习近平李克强贺国强周永康等到会祝贺 习近平代表党中央致祝词

10月17日,中国工会第十五次全国代表大会在北京人民大会堂隆重开幕。这是胡锦涛、吴邦国、温家宝、贾庆林、李长春、习近平、李克强、贺国强、周永康等步入主席台。 新华社记者 鞠鹏摄

10月17日,中国工会第十五次全国代表大会在北京人民大会堂隆重开幕。胡锦涛、吴邦国、温家宝、贾庆林、李长春、习近平、李克强、贺国强、周永康等在主席台就座,祝贺大会召开。

新华社记者 刘建生摄

本报北京10月17日电 (记者**刘维涛**)金秋时节,承载着全国亿万职工的殷切期待,肩负着在新的历史起点上开创工会工作新局面的光荣使命,来自全国各地、各条战线的1700多名工会十五大代表相聚北京。17日上午,中国工会第十五次全国代表大会在人民大会堂隆重开幕。胡锦涛、吴邦国、温家宝、贾庆林、李长春、习近平、李克强、贺国强、周永康等党和国家领导人到会祝贺。

今天,雄伟的人民大会堂洋溢着庄重热烈的气氛。上午9时,大会开幕。在热烈的掌声中,中共中央政治局常委、中央书记处书记、国家副主席习近平代表党中央发表了题为《在夺取全面建设小康社会新胜利中充分发挥工人阶级主力军作用》的祝词。他首先向大会的召开表示热烈祝贺,向全国各族职工和工会工作者致以亲切问候。

习近平在祝词中充分肯定了改革开放30年来我国工人阶级为发展中国特色社会主义伟大事业作出的不可磨灭的历史性贡献,高度评价了各级工会组织在动员组织职工建功立业、维护职工合法权益、提高职工整体素质、加强工会组织建设等方面取得的显著成绩。

习近平强调,党的十七大适应国内外形势的新变化、顺应各族人民过上更好生活的新期待,提出了实现全面建设小康社会奋斗目标的新要求。夺取全面建设小康社会新胜利,是新的历史起点上充分发挥工人阶级主力军作用的聚焦点,也是发挥各级工会组织优势和作用的切入点。全面建设小康社会既要切实造福工人阶级,又要始终依靠工人阶级。我国工人阶级一定要承担起历史赋予的崇高使命,积极发挥主力军作用,充分展现主人翁风采,为夺取全面建设小康社会新胜利建功立业。他希望广大职工以解放思想为先导、以改革创新为动力,奋力推进各方面体制创新,坚定信心、振奋精神,爱岗敬业、奋力拼搏,为推动科学发展、促进社会和谐贡献力量;在创新实践中全面提升整体素质,为建设创新型国家和创新型企业充分施展才华。

习近平要求各级工会组织高举中国特色社会主义伟大旗帜,以邓小平理论和"三个代表"重要思想为指导,深入贯彻落实科学发展观,始终做到与时代发展同步伐、与改革开放共命运、与党和职工群众心连心,坚定不移地走中国特色社会主义工会发展道路,切实维护好广大职工群众的合法权益,以改革创新精神进一步加强工会组织自身建设,团结动员全国广大职工为夺取全面建设小康社会新胜利而不懈奋斗。

习近平在祝词中说,各级党委和政府要坚决贯彻落实全心全意依靠工人阶级的方针,切实加强和改善对工会工作的领导,为工会事业发展创造更好环境。**(全文另发)**

中共中央政治局委员、全国人大常委会副委员长、大会主席团常务主席王兆国主持开幕式,并代表中华全国总工会第十四届执行委员会向大会作了题为《高举中国特色社会主义伟大旗帜,团结动员亿万职工为夺取全面建设小康社会新胜利而奋斗》的报告。

全国妇联党组书记、副主席、书记处第一书记黄晴宜和解放军总政治部副主任刘振起,分别代表各人民团体和解放军、武警部队向大会致贺词。

大会还以书面报告的形式向代表提交了《中国工会章程(修正案)》、《中华全国总工会第十四届执行委员会财务工作报告》、《中华全国总工会第十四届经费审查委员会工作报告》,请代表审议。

出席开幕式的领导同志还有:王刚、王岐山、回良玉、刘淇、刘云山、刘延东、李源潮、张德江、徐才厚、郭伯雄、尉健行、罗干、何勇、令计划、王沪宁、韩启德、周铁农、李建国、蒋树声、陈昌智、严隽琪、梁光烈、乌云其木格、孟建柱、戴秉国、王胜俊、曹建明、杜青林、张榕明、钱运录、郑万通、林文漪、陈宗兴和倪志福等。

温家宝接受美国《科学》杂志主编艾伯茨专访

新华社北京10月17日电 国务院总理温家宝9月30日上午在中南海紫光阁接受了美国《科学》杂志主编布鲁斯·艾伯茨的专访。卫生部长陈竺、科技部副部长李学勇等在座。《科学》杂志由托马斯·爱迪生创办于1880年,是目前国际科学界影响最大、读者最多、发行最广、最受科学家重视的科学类专业学术期刊。艾伯茨是著名生物化学家,曾担任美国国家科学院院长,现执教于美国加州大学旧金山分校,从2008年3月起担任《科学》杂志主编。访谈内容如下:

温家宝:我非常高兴接受这次采访。我想先说两句话:一是如果我不从事政治的话,我也可能成为一位很好的科学家。二是在我从政这几十年当中,一直没有离开过对科学技术的关注。我认为一位好的领导者,是应该具备科学素养和科学知识的。我今天把您作为朋友,倾心交谈,我们彼此之间都不必拘束,您可以问我问题,我们也可以讨论问题。

艾伯茨:我很高兴今天能来到这里。首先我想对中国的神舟七号飞船成功发射表示祝贺,这是非常不容易的,是多年来中国科技事业发展的成果。最近一期《科学》杂志刊登了一篇来自中国的论文,介绍中国种植的转基因棉花不仅减少了棉花杀虫剂的使用,而且也减少了附近其它农作物杀虫剂的用量。

温家宝:在10年前没有用转基因抗虫棉的时候,棉铃虫泡在农药里都死不掉。自从我们实施了棉花转基因工程后,棉花不仅抗虫害能力增强,而且产量也提高了。因此,我力主大力发展转基因工程,特别是最近发生的世界性粮食紧缺更增强了我的信念。

艾伯茨:我祝贺中国在这一领域达到世界领先水平。我曾经联合一些科学院和研究机构,试图将科学的思维方式引入农业领域。您知道,转基因作物在欧洲遭到强烈抵制,从而影响这一重要技术在非洲广泛应用。

温家宝:不要把转基因这种科学同贸易壁垒联系在一起,那就会阻挡科学的发展。

艾伯茨:您在地震发生后立即赶赴灾区,对中国应对灾害产生了巨大影响,您也因此蜚声世界。 (下转第三版)

习近平分别会见日本、法国客人

本报北京10月17日电 (记者**陈一鸣**)中共中央政治局常委、国家副主席习近平17日在人民大会堂分别会见了日本长崎县知事金子原二郎和由总书记帕特里克·德维吉昂率领的法国人民运动联盟代表团。

在会见金子原二郎时,习近平说,今年是中日和平友好条约缔结30周年。中日关系总体保持良好发展态势,面临重要发展机遇。我们愿与日方一道,密切友好往来、增进政治互信、深化互利合作、扩大人文交流,推动中日战略互惠关系持续深入发展。他说,中日两国地方政府之间的交流与合作是两国友好合作关系的重要组成部分,双方应全面加强在这一领域的交流与合作,为中日友好事业和两国战略互惠关系注入活力。金子原二郎表示,长崎县愿继续扩大与中国的交流与合作,为推动日中友好合作关系深入发展作出努力。

全国对外友协会长陈昊苏等会见时在座。

在会见德维吉昂时,习近平说,中国党和政府十分珍惜中法传统友谊,始终从战略高度和长远角度看待和处理中法关系,将继续坚持中法友好、全面合作、共同发展的方针。作为欧盟轮值主席国,法国对促进中欧关系发展持积极态度,我们对此表示赞赏。他表示,中国共产党和法国人民运动联盟同为执政党,都面临国内改革和经济全球化的重大挑战。我们愿进一步加强两党友好交流与合作,增进相互理解,深化政治互信,推动中法关系长期稳定健康发展。德维吉昂表示,法国人民运动联盟将采取切实行动进一步加强与中国共产党的关系,共同为推动两党和两国关系向前发展做出贡献。

中联部部长王家瑞等会见时在座。

在夺取全面建设小康社会新胜利中充分发挥工人阶级主力军作用

——在中国工会第十五次全国代表大会上的祝词

(2008年10月17日)

习近平

各位代表、同志们:

中国工会第十五次全国代表大会今天隆重开幕了。这是全国广大职工政治生活中的一件大事。开好这次大会,对于全面贯彻党的十七大精神,在新的历史起点上开创工会工作新局面,团结动员全国广大职工在夺取全面建设小康社会新胜利中充分发挥主力军作用,具有十分重要的意义。在这里,我受党中央委托,向大会的召开表示热烈祝贺!向全国各族职工和工会工作者致以亲切问候!

中国工会十五大是在全党全国各族人民满怀胜利豪情迎接改革开放30周年的重要时刻召开的。30年前,邓小平同志在中国工会九大的致词中深刻指出,中国工人阶级最重要的特点之一,就是同社会化大生产相联系,因此觉悟最高、纪律性最强,能在经济进步和社会进步中起领导作用,工人阶级要在改革中起大公无私的模范先锋作用,工会组织要为顺利实现改革作出新的杰出贡献。

30年来,我国工人阶级在党的领导下,视改革开放为己任、与时代发展同步伐,以高度负责的主人翁精神,积极投身改革开放和社会主义现代化建设,为发展中国特色社会主义伟大事业作出了不可磨灭的历史性贡献。在奋斗实践中,我国工人阶级队伍日益壮大,整体素质不断提高,先进性明显增强,利益进一步实现,领导阶级地位更加巩固,主力军作用得到充分发挥。

30年来,各级工会组织坚持解放思想、实事求是、与时俱进,始终围绕中心、服务大局,努力找准定位、发挥优势,在团结动员全国广大职工贯彻党的基本路线、完成党的中心任务方面做了大量扎实有效的工作。工会组织把竭诚为职工群众服务作为一切工作的出发点和落脚点,全面履行职能,加强思想引导,注重职工维权,协调劳动关系,在维护全国人民总体利益的同时,更好表达和维护了职工群众具体利益,有效调动了广大职工群众投身改革发展的积极性、主动性、创造性,充分发挥了党联系职工群众的桥梁纽带作用和国家政权重要社会支柱的作用。 (下转第四版)

周永康要求全国政法机关

用科学发展观统领政法工作 担负起中国特色社会主义事业建设者捍卫者的重任

本报北京10月17日电 (记者**王比学**)日前,中共中央政治局常委、中央政法委书记周永康专门听取了中央政法委机关开展深入学习实践科学发展观活动情况的汇报。他指出,在全党开展深入学习实践科学发展观活动,是党的十七大作出的重大战略决策,是用马克思主义中国化最新成果武装全党头脑的重大战略部署,是推进政法事业科学发展的重大战略机遇。

周永康要求,各级政法机关一定要高度重视,坚持领导机关和领导干部带头,认真筹划,精心组织,强化措施,迅速掀起学习实践活动的热潮,真正把思想认识和行动统一到中央的决策部署上来,统一到胡锦涛总书记在全党深入学习实践科学发展观活动动员大会暨省部级主要领导干部专题研讨班上的重要讲话精神上来,更好地担负起中国特色社会主义事业建设者、捍卫者的重任。

周永康强调,要把政法机关正在开展的"大学习、大讨论"纳入到深入学习实践科学发展观活动中去,把科学发展观作为"大学习、大讨论"活动中认真学习贯彻的核心内容,促进政法队伍深入理解科学发展观的精神实质,用以武装头脑,指导实践,推动工作。要在整个学习实践活动中,坚持用科学发展观统领政法工作,把握全局,突出重点,把稳妥推进司法体制机制改革创新贯穿始终,加快解决影响司法公正和制约执法能力的突出问题,突破体制性障碍、机制性束缚、保障性困扰,为推动政法事业科学发展,提供健全和完善的体制机制保障。

摩尔多瓦议长将访华

新华社北京10月17日电 应全国人大常委会委员长吴邦国的邀请,摩尔多瓦议长卢普将于19日至24日率摩尔多瓦议会代表团对中国进行正式友好访问。

《中华人民共和国外国常驻新闻机构和外国记者采访条例》公布

国务院总理温家宝17日签署第537号国务院令,公布《中华人民共和国外国常驻新闻机构和外国记者采访条例》。(全文见第六版)

人民日报

RENMIN RIBAO

今日 16 版（华东、华南地区 20 版）

人民网网址：http://www.people.com.cn
http://www.peopledaily.com.cn

国内统一刊号：CN11-0065
第 20101 期　（代号 1-1）

人民日报社出版

2003 年 7 月
23
星期三
癸未年六月廿四

北京地区天气预报
白天　阴有中雨
局部地区有大雨
降水概率 70%
风向　偏南
风力　二、三级
夜间　阴有小雨转多云
降水概率 70%
风向　偏南
风力　一、二级
温度　26℃/20℃

胡锦涛在中共中央政治局第六次集体学习时强调

大力加强党的思想理论建设 坚持用科学的理论指导实践

新华社北京 7 月 22 日电 中共中央政治局 21 日下午进行第六次集体学习，中共中央总书记胡锦涛主持。他强调，我们党 80 多年的奋斗历史，是我们党不断推进马克思主义中国化、坚定不移地走自己的路的历史，是我们党坚持和发展马克思主义一部生动而重要的教科书。在全党兴起学习贯彻“三个代表”重要思想新高潮的重要时刻，重温党的思想理论与时俱进的历史进程，对于我们进一步认识学习贯彻“三个代表”重要思想的重大意义，具有十分重要的作用。

中共中央政治局这次集体学习安排的内容是党的思想理论与时俱进的历史考察。中央党史研究室张启华研究员、张树军研究员结合党的历史发展，重点介绍了新民主主义革命时期到改革开放前我们党在理论探索和创新方面进行的艰辛努力和取得的宝贵成果，并谈了他们对这个问题的研究体会。

中央政治局各同志认真听取了他们的讲解，并就有关问题进行了讨论。

胡锦涛在主持学习时发表了讲话。他指出，实践需要科学理论的指导。没有科学理论的指导，实践难以取得成功。在新世纪新阶段，我们党要在我国这样一个近 13 亿人口的发展中大国执好政，切实抓好发展这个党执政兴国的第一要务，切实推进社会主义物质文明、政治文明和精神文明的协调发展，切实维护好、实现好、发展好最广大人民的根本利益，确保全面建设小康社会宏伟目标的实现，必须大力加强党的思想理论建设。我们要紧密结合兴起学习贯彻“三个代表”重要思想新高潮，认真了解党的思想理论与时俱进的历史进程，进一步增强坚持用马克思主义认识和改造世界的自觉性和坚定性，进一步增强坚持把马克思主义基本原理同中国具体实际和时代特征相结合的自觉性和坚定性，进一步增强坚持用马克思主义的最新理论成果指导实践的自觉性和坚定性。邓小平理论和“三个代表”重要思想，是我们党在思想理论建设上取得的最新的重大成果，全党同志一定要认真学习、深刻领会，领导干部尤其要自觉学、带头学、认真学、刻苦学，通过坚持不懈、锲而不舍的努力，不断提高党的思想理论建设的水平。

胡锦涛强调，回顾我们党的奋斗历程，可以清楚地看出，党的发展史就是坚持把马克思主义基本原理同中国具体实际相结合、不断坚持和发展马克思主义的历史，就是不断实现马克思主义的中国化、在发展着的马克思主义指导下带领人民开创事业新局面的历史。我们学习毛泽东思想、邓小平理论和“三个代表”重要思想，既要深刻领会和牢牢把握党的思想理论与时俱进的重要成果，更要深刻领会和牢牢把握贯穿其中的与时俱进的精神。全党同志都要坚持理论联系实际，坚持尊重实践、尊重群众，坚持在科学理论指导下观察世界、观察中国、观察党，不断总结广大干部群众在实践中创造的新经验、新观念、新办法，从理论上不断作出新概括，在实践中不断创造新业绩。

胡锦涛指出，加强理论学习，加强党的思想理论建设，根本目的是要指导实践。检验学习贯彻“三个代表”重要思想的成效，关键要看我们在抓发展这个党执政兴国的第一要务上有没有取得新的成效，在深化改革和扩大开放上有没有取得新的进展，在推进理论创新、制度创新、科技创新、文化创新以及其他各方面创新上有没有取得新的突破，在维护好、实现好、发展好人民群众的根本利益上有没有取得新的实绩，在加强和改进党的建设上有没有取得新的成果。各级党组织和领导干部都要按照中央的要求，通过兴起学习贯彻“三个代表”重要思想新高潮，提高运用党的基本理论、基本路线、基本纲领和基本经验指导实践的能力，扎扎实实地做好改革发展稳定的各项工作。

中央和国家机关有关方面负责人参加了学习。

共青团第十五次全国代表大会在京开幕

胡锦涛吴邦国温家宝贾庆林曾庆红黄菊李长春罗干等到会祝贺 吴官正代表党中央致祝词

7 月 22 日，中国共产主义青年团第十五次全国代表大会在北京人民大会堂隆重开幕。开幕式前，胡锦涛、吴邦国、温家宝、贾庆林、曾庆红、黄菊、吴官正、李长春、罗干等党和国家领导人在人民大会堂二楼宴会厅会见出席共青团十五大的全体代表，并同大家合影留念。　新华社记者　李学仁摄

本报北京 7 月 22 日讯 记者崔士鑫报道：22 日上午的人民大会堂里掌声阵阵，歌声嘹亮。青春的风采为火热的时代绚烂绽放，青春的力量为伟大的目标紧紧凝聚。中国共产主义青年团第十五次全国代表大会在这里隆重开幕，吹响我国各族青年为全面建设小康社会努力奋斗的嘹亮号角。胡锦涛、吴邦国、温家宝、贾庆林、曾庆红、黄菊、吴官正、李长春、罗干等党和国家领导人到会祝贺。

雄伟的人民大会堂响彻着青春的激昂旋律。“中国共产主义青年团第十五次全国代表大会”的巨幅会标在大礼堂主席台上方分外醒目，鲜艳的团徽悬挂在主席台正中，十面红旗分列两侧，气氛庄严热烈。主席台前一盆盆盛开的鲜花，映照着会场内一张张朝气蓬勃的笑脸。大礼堂二楼眺台上悬挂着“紧密团结在以胡锦涛同志为总书记的党中央周围，高举邓小平理论伟大旗帜，全面贯彻‘三个代表’重要思想，团结带领全国各族团员青年为全面建设小康社会而奋斗”的巨型横幅。1500 多名来自全国各地的团代表，肩负着 6980 万名共青团员的嘱托，出席新世纪召开的第一次共青团全国代表大会。

上午 9 时 30 分，大会主席团常务主席周强宣布大会开幕。数百名少先队员手持花束，在鼓乐声中欢呼着跑进会场。6 名少先队员代表向大会献辞，“明天我们将和你们一样”，表达少先队员对大会的美好祝愿。

在热烈的掌声中，中共中央政治局常委吴官正代表党中央发表了题为《在全面建设小康社会的伟大实践中谱写新的青春乐章》的祝词。吴官正首先向大会表示热烈的祝贺，向全国各族青年、全体共青团员和广大青少年工作者表示亲切的问候。

吴官正在祝词中回顾了改革开放以来中国特色社会主义事业取得的历史性成就，高度评价了青年和共青团组织作出的贡献。他说，在建设中国特色社会主义事业波澜壮阔的历史进程中，全国各族青年响应党的号召，高举爱国主义和社会主义的旗帜，以实现祖国的繁荣富强为己任，踊跃投身改革和建设的伟大实践，在各条战线上弘扬开拓精神，尽展奋斗英姿，为建设中国特色社会主义事业建立了突出功勋。各级共青团组织坚持党的基本路线不动摇，围绕大局，发挥优势，积极引导广大青年成长成才、建功立业，为改革开放和现代化建设作出了重要贡献。

吴官正表示，本世纪头 20 年，对我国来说，是一个必须紧紧抓住并且可以大有作为的重要战略机遇期。机不可失，时不再来。他希望广大青年用“三个代表”重要思想武装头脑，自觉担负起历史赋予的神圣使命，坚定地跟党走中国特色社会主义道路，积极投身全面建设小康社会的伟大实践，奉献青春，开拓奋进，不断创造无愧于时代的业绩。（讲话全文另发）

中华全国总工会副主席、书记处第一书记张俊九代表中华全国总工会、中华全国妇女联合会、中国文学艺术界联合会、中国作家协会、中国科学技术协会、中华全国归国华侨联合会、中华全国台湾同胞联谊会、中国残疾人联合会向大会致贺词。贺词指出，青年是社会上最富有朝气、最富有创造性、最富有生命力的群体。当代青年一定会铭记党和人民的嘱托，在党的领导下，同人民紧密结合，为祖国奉献青春，创造出无愧于时代和人民的崭新业绩。

周强代表共青团第十四届中央委员会作了题为《在“三个代表”重要思想指引下团结带领广大青年为全面建设小康社会而努力奋斗》的报告。报告分为五个部分：共青团工作的新发展和基本经验；全面贯彻“三个代表”重要思想；在全面建设小康社会的实践中建功立业；竭诚为青年成长发展服务；加强和改进团的建设。

到会祝贺的领导同志还有：王兆国、回良玉、刘淇、刘云山、吴仪、周永康、贺国强、郭伯雄、曹刚川、曾培炎、王刚、徐才厚、何勇、何鲁丽、顾秀莲、路甬祥、唐家璇、华建敏、陈至立、肖扬、贾春旺、王忠禹、刘延东、黄孟复和胡启立等。

出席开幕式的还有中央和国家机关各部门、解放军总政治部、武警总部、各人民团体、北京市委市政府的领导同志和在京的团中央历届领导同志。首都各族各界团员和青年代表 3500 多人参加了开幕式。

开幕式前，胡锦涛、吴邦国、温家宝、贾庆林、曾庆红、黄菊、吴官正、李长春、罗干等党和国家领导人在人民大会堂二楼宴会厅会见了出席共青团十五大的全体代表，并同大家合影留念。

温家宝在国家信息化领导小组第三次会议上强调 大力推进信息化 加快建设现代化

黄菊等出席

本报北京 7 月 22 日讯 记者王彦田报道：国家信息化领导小组第三次会议今天下午在北京召开。中共中央政治局常委、国务院总理、国家信息化领导小组组长温家宝主持会议并作重要讲话。会议讨论了《关于加强信息安全保障工作的意见》，听取了国家信息办关于电子政务建设的工作汇报。

温家宝指出，大力推进信息化，是党中央顺应时代进步潮流和世界发展趋势作出的重大决策，是我国实现工业化、现代化的必然选择，是促进生产力跨越式发展、增强综合国力和国际竞争力、维护国家安全的关键环节，是覆盖现代化建设全局的战略举措。我们一定要认真贯彻“三个代表”重要思想和党的十六大精神，采取更加有力的措施，努力开创我国信息化建设新局面。

中共中央政治局常委、国务院副总理、国家信息化领导小组副组长黄菊，中共中央政治局委员、国家信息化领导小组副组长刘云山、曾培炎、周永康出席会议。

会议认为，在党中央、国务院领导下，我国信息化建设取得了重要进展。信息技术得到广泛应用，信息产业持续快速增长，信息立法、标准、培训等基础性工作也不断得到加强。同时也要看到，我国信息化进程与发达国家相比仍然存在较大差距，信息化建设中还存在一些不容忽视的问题。对此，我们必须高度重视，认真加以解决。

会议强调，我国信息化建设既要加快步伐，又要从实际出发。总体要求是，坚持以信息化带动工业化，以工业化促进信息化，走新型工业化道路。要做好五个结合，一是信息化与经济社会发展相结合；二是信息化与提高政府管理水平相结合；三是军事信息化与经济社会信息化相结合；四是保障信息安全和促进信息化发展相结合；五是政府引导与发挥市场机制作用相结合，走出一条中国特色信息化的新路子。

会议要求，加快推进信息化，必须立足当前，放眼长远。当前要着力抓好四个方面：一是大力推广应用信息技术。抓紧在经济和社会发展的重要领域和关键环节率先应用信息技术。积极运用信息技术改造和提升传统产业、调整和改造东北等老工业基地、加快企业信息化步伐。继续促进金融、财税、商贸等领域信息化，推进电子商务。加快农业信息化步伐。大力发展互联网，提高互联网应用水平。二是加强信息资源开发利用。以政府信息资源开发利用为突破口，带动全社会信息资源的开发利用。加快发展信息服务业。　（下转第二版）

在全面建设小康社会的伟大实践中谱写新的青春乐章

——在中国共产主义青年团第十五次全国代表大会上的祝词

（2003 年 7 月 22 日）

吴官正

青年朋友们，同志们：

中国共产主义青年团第十五次全国代表大会今天隆重开幕了。这是共青团在新世纪召开的第一次全国代表大会。开好这次大会，对于更好地团结动员广大团员青年，深入学习贯彻“三个代表”重要思想和党的十六大精神，为实现全面建设小康社会的宏伟目标而努力奋斗，具有十分重要的意义。

我受党中央委托，向大会表示热烈的祝贺！向全国各族青年、全体共青团员和广大青少年工作者表示亲切的问候！

改革开放以来，在中国共产党的坚强领导下，全国各族人民坚持以邓小平理论和“三个代表”重要思想为指导，团结奋斗，锐意进取，克服前进道路上的种种困难，胜利实现了我国现代化建设“三步走”战略的第一步、第二步目标，人民生活总体上达到小康水平，综合国力大幅度跃升，社会保持安定团结，民族凝聚力极大增强，国际影响显著扩大，中国特色社会主义事业取得了举世瞩目的历史性成就，在中华民族发展史上树起了一座新的里程碑。

在这一波澜壮阔的历史进程中，全国各族青年响应党的号召，高举爱国主义和社会主义的旗帜，以实现祖国的繁荣富强为己任，踊跃投身改革和建设的伟大实践，在各条战线上弘扬开拓精神，尽展奋斗英姿，为建设中国特色社会主义事业建立了突出功勋。各级共青团组织坚持党的基本路线不动摇，围绕大局，发挥优势，积极引导广大青年成长成才、建功立业，为改革开放和现代化建设作出了重要贡献。实践再次证明：当代中国青年是值得信赖、大有希望的一代，是党和国家事业发展的可靠接班人和强大生力军；中国共产主义青年团是我们党的忠实助手和后备军，是党联系青年群众的牢固桥梁和纽带。

本世纪头 20 年，对我国来说，是一个必须紧紧抓住并且可以大有作为的重要战略机遇期。机不可失，时不再来。党的十六大提出要抓住和用好这一难得的历史机遇，全面建设惠及十几亿人口的更高水平的小康社会，使经济更加发展、民主更加健全、科教更加进步、文化更加繁荣、社会更加和谐、人民生活更加殷实。　（下转第二版）

黄菊会见国际清算银行总经理

新华社北京 7 月 22 日电（记者徐兴堂）中共中央政治局常委、国务院副总理黄菊 22 日上午在中南海紫光阁会见了来访的国际清算银行总经理马尔科姆·奈特，并就共同关心的金融发展和加强金融合作进行了友好交谈。

黄菊介绍了中国经济金融发展情况，他说，上半年中国国民经济继续保持较快增长的好势头，金融在经济增长中发挥了重要作用。今年以来，中国继续实行稳健的货币政策，金融运行平衡，国家外汇储备增加，金融改革稳步推进，金融监管进一步加强。中国金融业的健康发展，得益于加强与国际金融机构的交流与合作，中国政府欢迎国际清算银行等国际金融机构来访，希望通过双方之间的不断交流和合作，提高中国金融业的管理水平。

奈特先生对国际清算银行与中国人民银行之间日益加强的合作感到满意，表示将进一步发展同中国金融业的交流与合作。

中国人民银行行长周小川参加了会见。

李长春在同中央宣讲团座谈时强调

以胡锦涛“七一”重要讲话为指导 推动兴起学习贯彻“三个代表”重要思想的新高潮

本报北京 7 月 22 日讯 记者潘跃报道：中共中央政治局常委李长春今天在京同学习贯彻“三个代表”重要思想中央宣讲团进行座谈时强调，要以胡锦涛同志“七一”重要讲话为指导，全面准确深入地宣讲“三个代表”重要思想，使干部群众对“三个代表”重要思想的认识达到胡锦涛同志“七一”重要讲话所要求的新高度，在认真贯彻“三个代表”重要思想上取得新成效。

中共中央政治局委员、书记处书记、中宣部部长刘云山主持了座谈会，中共中央政治局委员、书记处书记、中组部部长贺国强，全国政协副主席、中国社会科学院院长陈奎元出席了座谈会。

为帮助广大干部群众认真学习贯彻胡锦涛同志“七一”重要讲话精神，推动兴起学习贯彻“三个代表”重要思想新高潮，把思想和行动进一步统一到“三个代表”重要思想和十六大精神上来，中央宣传部会同中央组织部、中央政策研究室、中央党校、中央文献研究室、中央党史研究室、教育部、中国社会科学院，组成中央宣讲团。

李长春在座谈时指出，要深刻领会胡锦涛同志的“七一”重要讲话精神，把学习运用好“三个代表”重要思想作为一种政治责任、一种精神追求，不断提高运用“三个代表”重要思想指导实践、解决问题、推动工作的能力。要坚持立党为公、执政为民这个本质，用人民拥护不拥护、赞成不赞成、高兴不高兴、答应不答应来衡量我们的一切决策。要细心研究群众的利益，围绕群众最现实、最关心、最直接的利益来抓落实。

李长春指出，组织宣讲团赴各地宣讲，是中央推动兴起学习贯彻“三个代表”重要思想新高潮的重大举措。　（下转第二版）

人民日报

RENMIN RIBAO

今日8版

人民网网址:http://www. people. com. cn
http://www. peopledaily. com. cn

国内统一刊号:CN11-0065
第20132期　（代号1-1）

人民日报社出版

2003年8月
23
星期六
癸未年七月廿六

北京地区天气预报
白天　晴间多云
降水概率 10%
风向　北转南
风力　二、三级
夜间　晴转阴
降水概率 30%
风向　南转北
风力　一、二级
温度　33℃/23℃

胡锦涛会见缅甸客人

指出中国政府和人民珍视中缅"胞波"友谊

新华社北京8月22日电　（记者车玉明）国家主席胡锦涛22日下午在人民大会堂会见了缅甸联邦国家和平与发展委员会副主席貌埃。

胡锦涛说，中缅两国是山水相连的友好邻邦，两国人民的友谊源远流长。近年来，双方在经贸、农业、资源开发等领域的合作不断扩大，给两国人民带来了实实在在的利益。两国在边境管理、禁毒等领域的合作，打击了跨国犯罪，维护了边境地区的安宁与稳定。我们赞赏和感谢缅甸政府坚持奉行一个中国的政策，支持中国的统一大业。

胡锦涛说，中国政府和人民珍视中缅"胞波"友谊。我们将始终不渝地遵循和平共处五项原则，本着"与邻为善，以邻为伴"的方针，与缅方共同努力，全面落实两国联合声明，继续推动两国关系向前发展。

胡锦涛说，作为友好邻邦，中国希望缅甸国家稳定，民族和睦，经济发展，人民幸福。相信缅甸政府会审时度势，使缅甸国内局势朝着积极和建设性的方向发展。

貌埃介绍了缅甸国家经济建设情况，对中缅关系发展予以积极评价。他说，建立在和平共处五项原则基础上的缅中两国关系是真正的睦邻友好关系。缅甸政府和人民对中国为支持缅甸国家经济建设提供的无私援助表示衷心感谢。缅甸政府将积极致力于维护联邦团结、民族和睦、促进国家发展。

中央军委副主席曹刚川、副总参谋长熊光楷、外交部副部长王毅等会见时在座。

8月22日，国家主席胡锦涛在北京人民大会堂会见缅甸联邦国家和平与发展委员会副主席貌埃。　新华社记者　刘卫兵摄

中国妇女第九次全国代表大会在京开幕

胡锦涛吴邦国温家宝贾庆林曾庆红黄菊吴官正罗干等到会祝贺　李长春代表党中央致祝词

八月二十二日，中国妇女第九次全国代表大会在北京人民大会堂隆重开幕。开幕式前，胡锦涛、吴邦国、温家宝、贾庆林、曾庆红、黄菊、吴官正、李长春、罗干等党和国家领导人在人民大会堂会见出席中国妇女第九次全国代表大会的全体代表，并同大家合影留念。　新华社记者　刘建生摄

本报北京8月22日讯　记者吴兢报道：肩负着全国各族各界妇女的殷殷嘱托，承载着推动中国妇女事业发展的历史重任，1300多名来自祖国各地、各条战线的妇女代表相聚北京，出席新世纪召开的第一次全国妇女代表大会。22日上午，中国妇女第九次全国代表大会在人民大会堂开幕。胡锦涛、吴邦国、温家宝、贾庆林、曾庆红、黄菊、吴官正、李长春、罗干等党和国家领导人到会祝贺。

雄伟的人民大会堂洋溢着浓郁的喜庆气氛。"中国妇女第九次全国代表大会"的巨幅会标在大礼堂主席台上方分外醒目。鲜艳的中华全国妇女联合会会徽悬挂在主席台正中央，十面红旗分列两侧。二楼眺台上悬挂着"紧密团结在以胡锦涛同志为总书记的党中央周围，高举邓小平理论伟大旗帜，全面贯彻'三个代表'重要思想，团结动员全国各族妇女为全面建设小康社会而奋斗"的巨型横幅。整个会场气氛庄严热烈。

上午9时30分，大会主席团常务主席彭珮云宣布大会开幕，全体起立，唱国歌。数百名少年儿童手持花束，在鼓乐声中欢呼着跑进会场。15名少年儿童代表向大会献辞，表达对大会的美好祝愿。

在热烈的掌声中，中共中央政治局常委李长春代表党中央发表了题为《在全面建设小康社会的进程中充分发挥我国妇女的伟大历史作用》的祝词。他首先向中国妇女第九次全国代表大会的胜利召开表示热烈的祝贺，向全国各族各界妇女和广大妇女工作者致以亲切的问候，向香港特别行政区女同胞、澳门特别行政区女同胞和台湾女同胞、海外女侨胞致以良好的祝愿。

李长春说，中国妇女第八次全国代表大会以来，在党的领导下，全国广大妇女认真学习实践邓小平理论和"三个代表"重要思想，以高昂的劳动热情和奋发的进取精神，积极投身建设中国特色社会主义事业的伟大实践，在各条战线上充分发挥自己的聪明才智，为推动经济发展和社会全面进步作出了重大贡献。在前一时期抗击非典型肺炎的艰苦斗争中，广大妇女发挥了重要作用，尤其是战斗在防治工作第一线的广大女医务工作者，恪尽职守，奋不顾身，同病魔展开殊死搏斗，用心血、汗水甚至生命谱写了可歌可泣的壮丽诗篇。实践再次证明，把我国亿万妇女这支伟大力量充分动员起来，我们的事业就能获得不断发展的强大力量，我们的国家和民族就能坚定地屹立于世界民族之林。

李长春指出，要实现全面建设小康社会的宏伟目标，必须紧紧依靠我国广大妇女。广大妇女要不断实现自身进步，我国妇女事业要不断发展，也必须同全面建设小康社会的伟大实践相结合。他希望广大妇女在全面建设小康社会的伟大进程中创造新业绩、树立新风尚、争做时代新女性。（讲话全文另发）

共青团中央书记处第一书记周强代表中华全国总工会、中国共产主义青年团中央委员会、中国文学艺术界联合会、中国作家协会、中国科学技术协会、中华全国归国华侨联合会、中华全国台湾同胞联谊会、中国残疾人联合会，向大会致贺词。贺词说，妇女是推动人类社会进步的伟大力量。勤劳、智慧、勇敢、善良的中国妇女一定能够为全面建设小康社会、实现中华民族的伟大复兴，谱写出更加辉煌的时代新篇章。

大会主席团常务主席顾秀莲代表中华全国妇女联合会第八届执行委员会向大会作了题为《以"三个代表"重要思想为指导，团结动员全国各族各界妇女为全面建设小康社会而奋斗》的工作报告。报告分为四个部分：5年来中国妇女运动的新发展和基本经验；用"三个代表"重要思想指导中国妇女运动；新世纪初中国妇女事业发展的目标；新形势下妇联组织的主要任务。

到会祝贺的领导同志还有：王兆国、回良玉、刘淇、吴仪、周永康、贺国强、曹刚川、王刚、何勇、李铁映、何鲁丽、华建敏、陈至立、肖扬、王忠禹、刘延东和陈慕华、钱正英等。

出席开幕式的还有：中央和国家机关各部委、各人民团体、解放军和武警部队、北京市的负责同志，知名老大姐，在京的部级女领导干部和历届全国妇联领导同志。首都各界妇女代表共1600多人参加了开幕式。

开幕式前，胡锦涛、吴邦国、温家宝、贾庆林、曾庆红、黄菊、吴官正、李长春、罗干等党和国家领导人在人民大会堂二楼宴会厅会见了出席中国妇女第九次全国代表大会的全体代表，并与大家合影留念。

人大常委会举行第四次会议

吴邦国主持　银行业监督管理法草案等提请审议

本报北京8月22日讯　记者徐运平、石国胜报道：国务院向全国人大常委会提交议案，提请审议银行业监督管理法草案，赋予新设立的中国银行业监督管理委员会对银行业金融机构的法定监督管理职责，保证银行业监督管理工作依法进行。

十届全国人大常委会第四次会议22日在北京举行。吴邦国委员长主持会议。中国人民银行法修正案草案、商业银行法修正案草案等同时提请审议。

会议首先通过了本次常委会会议议程。根据议程，全国人大法律委员会副主任委员乔晓阳报告了行政许可法草案的审议结果。乔晓阳说，出台这部法律的条件和时机已经基本成熟，草案经过常委会3次审议、修改，针对性、操作性比较强，基本可行。

受国务院委托，中国银行业监督管理委员会主席刘明康就银行业监督管理法草案作了说明。他说，根据十届全国人大一次会议通过的关于国务院机构改革方案的决定，国务院决定设立银监会，统一监管银行、金融资产管理公司、信托投资公司等银行业金融机构。因此，有必要制定银行业监督管理法，赋予银监会对银行业金融机构的监管职责。

国务院分别向全国人大常委会提交议案，提请审议中国人民银行法修正案草案和商业银行法修正案草案。受国务院委托，中国人民银行行长周小川在就中国人民银行法修正案草案作说明时说，国务院设立银监会，人民银行不再履行监管银行、金融资产管理公司、信托投资公司等银行业金融机构的职责，其职能主要是制定和执行货币政策，不断完善有关金融机构的运行规则，更好地发挥作为中央银行在宏观调控和防范与化解金融风险中的作用。因此，需要对中国人民银行法进行修改。

受国务院委托，银监会主席刘明康就商业银行法修正案草案作说明。他说，此次修改，主要是为了适应金融监管体制改革的需要，明确规定了由银监会履行对商业银行的监管职责，并保留了人民银行的部分监管职责。同时，为适应当前商业银行改革与发展的实际需要，还作了其他修改。

会议还审议了国务院关于提请审议批准中国和南非关于刑事司法协助的条约的议案，中国和吉尔吉斯关于打击恐怖主义、分裂主义和极端主义的合作协定的议案，联合国打击跨国有组织犯罪公约的议案。受国务院委托，外交部副部长张业遂分别就这3个议案作了说明。

会议还审议了各项任免案。

副委员长王兆国、李铁映、司马义·艾买提、何鲁丽、丁石孙、成思危、许嘉璐、蒋正华、顾秀莲、热地、盛华仁、路甬祥、乌云其木格、韩启德、傅铁山出席会议。国务委员周永康、最高人民法院院长肖扬、最高人民检察院副检察长赵登举列席会议。

在全面建设小康社会的进程中充分发挥我国妇女的伟大历史作用

——在中国妇女第九次全国代表大会上的祝词

（2003年8月22日）

李长春

同志们：

中国妇女第九次全国代表大会今天隆重开幕了。全国各族妇女代表在这里欢聚一堂，共商新世纪新阶段中国妇女事业发展大计。这对于推动全国亿万妇女深入学习贯彻"三个代表"重要思想和党的十六大精神，满怀豪情地为全面建设小康社会、开创中国特色社会主义事业新局面而奋斗，具有十分重要的意义。

我受党中央委托，向中国妇女第九次全国代表大会的胜利召开表示热烈的祝贺！向全国各族妇女和广大妇女工作者致以亲切的问候！向香港特别行政区女同胞、澳门特别行政区女同胞和台湾女同胞、海外女侨胞致以良好的祝愿！

中国妇女第八次全国代表大会以来，在党的领导下，我国广大妇女认真学习实践邓小平理论和"三个代表"重要思想，以高昂的劳动热情和奋发的进取精神，积极投身建设中国特色社会主义事业的伟大实践，在各条战线上充分发挥自己的聪明才智，为推动经济发展和社会全面进步作出了重大贡献。在前一时期抗击非典型肺炎的艰苦斗争中，广大妇女发挥了重要作用，尤其是战斗在防治工作第一线的广大女医务工作者，恪尽职守，奋不顾身，同病魔展开殊死搏斗，用心血、汗水甚至生命谱写了可歌可泣的壮丽诗篇，向世界展示了当代中国妇女英姿飒爽的崭新风貌！实践再次证明，把我国亿万妇女这支伟大力量充分动员起来，我们的事业就能获得不断发展的强大力量，我们的国家和民族就能坚定地屹立于世界民族之林！

党的十六大提出，要在本世纪头20年，集中力量全面建设惠及十几亿人口的更高水平的小康社会，使经济更加发展、民主更加健全、科教更加进步、文化更加繁荣、社会更加和谐、人民生活更加殷实。这个目标，是全国各族人民在新世纪新阶段的奋斗目标，也是当代中国妇女事业发展的鲜明主题。江泽民同志曾经指出："实现现代化，把我国建成富强民主文明的社会主义国家，需要全国各族人民包括各族妇女的共同奋斗。没有广大妇女的积极参与，我们的一切事业都不可能取得胜利。"要实现全面建设小康社会的宏伟目标，必须紧紧依靠我国广大妇女。广大妇女要不断实现自身进步，我国妇女事业要不断发展，也必须同全面建设小康社会的伟大实践相结合。（下转第二版）

"福建·香港周"在福州举行

本报福州8月22日电　记者江宝章报道：由香港特别行政区政府和福建省政府联合主办的"福建·香港周"今天在福州市隆重举行。首场活动"闽港工贸交流暨项目推介会"吸引了众多两地政界和工商界人士。香港特别行政区工商及科技局局长曾俊华和福建省副省长叶双瑜出席了推介会。

8月22日至27日的"福建·香港周"，是CEPA(《内地与香港关于建立更紧密经贸关系的安排》)签署后香港在内地的首个大型经贸活动。香港特区工商及科技局局长曾俊华今天向新闻界表示，希望通过这次交流，两地工商界可以互相增加了解，交流经验，优势互补，共创更多商机，使两地的经济更上层楼。

香港是福建省最重要的境外投资来源地，截至2002年底，福建省共批准港资企业17768家，合同港资412.3亿美元，实际到资204.9亿美元，分别占全省外资总数的56.9%、55.4%和48.7%，名列来闽投资各国家(地区)之首。闽港贸易总额占同期福建对外贸易总额的50%以上。

据悉，此次"福建·香港周"将包括香港展览会、香港投资环境介绍会、福建省情介绍会、闽港工贸交流暨项目推介会、物流业交流活动、旅游业交流活动、闽港法律界交流活动、闽港基建房地产交流座谈会、金融及企业上市融资研讨会等多项活动，其规模、活动内容都超过以往香港在内地举办的"香港周"。

厄瓜多尔总统将访华

新华社北京8月22日电　外交部发言人孔泉22日在此间宣布，应中国国家主席胡锦涛邀请，厄瓜多尔共和国总统卢西奥·古铁雷斯·博武阿将于8月25日至9月2日对中国进行国事访问。

斐济总统将访华

新华社北京8月22日电　外交部发言人孔泉22日在此间宣布，应中国国家主席胡锦涛邀请，斐济群岛共和国总统约瑟法·伊洛伊洛·乌鲁伊嘉达将于9月1日抵京，对中国进行为期一周的非正式访问。

我国首条沙漠高速公路通车

特快专递

本报榆林8月22日电　记者郑少忠报道：今天，我国第一条沙漠高速公路——陕西省榆靖高速公路正式建成通车。

榆靖高速公路是我国在沙漠地区修建的第一条高速公路，也是国家规划"四纵四横"西部大通道包头至北海线的重要组成部分。它东起榆林市榆阳区孙家湾，西至靖边县石家湾，主线全长116公里，工程总投资18.17亿元，建设总里程134公里，正线设计标准为全封闭、全立交、双向四车道。公路主要沿古长城铺设，大部分路段穿越毛乌素沙漠。

人民日報

RENMIN RIBAO

今日 16 版（华东、华南地区 20 版）　国内统一连续出版物号 CN 11-0065　第 20781 期（代号 1-1）

人民网　网址：http://www. people. com. cn　手机：http://wap. people. com. cn

人民日报社出版

2005 年 6 月 2 星期四 乙酉年四月廿六

北京地区天气预报
白天　晴转多云　降水概率 20%　风向　北转南　风力　二、三级
夜间　多云转晴　降水概率 20%　风向　南转北　风力　一、二级
温度　30℃/17℃

胡锦涛在中共中央政治局第二十二次集体学习时强调

始终坚持对外开放的基本国策 全面提高我国对外开放的水平

新华社北京 6 月 1 日电　中共中央政治局 5 月 31 日下午进行第二十二次集体学习，中共中央总书记胡锦涛主持。他强调，在新世纪新阶段，我们要紧紧抓住和切实用好重要战略机遇期，实现全面建设小康社会的宏伟目标，必须继续毫不动摇地实施对外开放的基本国策。要从树立和落实科学发展观的战略高度，立足国情，扬长避短，趋利避害，坚持用全球战略眼光观察和谋划国内发展和对外开放，努力实现我国经济社会又快又好地发展。

中共中央政治局这次集体学习安排的内容是经济全球化趋势与当前国际贸易发展的新特点。中国人民大学黄卫平教授、中国社会科学院裴长洪研究员就这个问题进行了讲解，并谈了他们的有关看法和建议。

中共中央政治局各位同志认真听取了他们的讲解，并就有关问题进行了讨论。

胡锦涛在主持学习时发表了讲话。他指出，改革开放以来，我们坚持对外开放，对外贸易和引进外资规模不断扩大、水平不断提高，取得了显著成就，为推动我国经济社会发展发挥了十分重要的作用。随着我国全方位开放日益发展，特别是在我国加入世界贸易组织后的新形势下，我国国内市场和国际市场的联系日益紧密，国内经济和国际经济的互动明显增强。这既给我国改革发展带来了难得机遇，也提出了严峻挑战。怎样以更加积极的姿态走向世界，充分利用国际国内两个市场、两种资源，在激烈的国际竞争中掌握主动权，推动我国经济又快又好地发展，始终是关系我国改革发展全局的一个重大问题。

胡锦涛指出，要发挥好对外开放在推动我国经济社会发展中的重要作用，必须适应经济全球化趋势的新发展和我国改革发展的新形势，进一步树立全球战略意识，积极参与国际经济技术合作和竞争，全面提高对外开放水平。当前，尤其要重视以下几点。一是要着力转变对外贸易增长方式。要按照科学发展观的要求，进一步实施以质取胜的战略，优化对外贸易结构，提高出口竞争力，提高对外贸易的质量和效益。要在充分发挥我国比较优势的同时，扩大高新技术产品出口、扩大具有自主知识产权、自主品牌的产品和服务出口，扩大附加值高的产品出口，提高加工贸易的产业层次并增强国内配套能力。二是要着力提高利用外资的质量和水平。要根据我国发展的需要，进一步完善利用外资的法律法规和政策措施，不断优化引进外资的结构，提高利用外资的水平，更好地把引进外资同提升国内产业结构、技术水平结合起来，同促进区域协调发展、企业改革改组改造结合起来。要以提高自主创新能力为出发点，着重引进先进技术、管理经验和高素质人才，做好引进技术的消化吸收和创新提高。三是要着力实施"走出去"战略。要进一步完善对外投资的法律法规和服务体系，赋予企业更大的境外经营管理自主权，健全风险防范机制，促进形成"引进来"和"走出去"有机结合的双向对外开放格局。四是要着力深化涉外经济体制改革。要加强对外开放的制度保障，创造良好法制环境，完善公平贸易政策，规范市场运行秩序，健全市场信用体系，改进市场监管体系，形成稳定、透明的涉外经济管理体制。要完善对外贸易运行监控体系和国际收支预警机制，切实维护国家根本利益和保障国家经济安全。

胡锦涛强调，各级党委和政府都要按照加强党的执政能力建设的要求，特别是要按照提高驾驭社会主义市场经济的能力、提高应对国际局势和处理国际事务的能力的要求，高度重视对外开放工作，加强对新形势下对外开放工作特点和规律的研究，进一步提高做好对外开放工作的本领。要紧紧围绕实现全面建设小康社会的宏伟目标，根据经济全球化趋势和国际贸易的新发展，抓紧研究和解决一些关系全面提高我国对外开放水平的重大问题，在充分调研的基础上，制定和完善政策措施，有针对性地部署和加强工作，推动我国对外开放工作不断迈上新的台阶。

中国少年先锋队第五次全国代表大会在北京开幕

胡锦涛殷切希望全国各族少年儿童勤奋学习快乐生活全面发展

吴邦国温家宝贾庆林曾庆红黄菊吴官正李长春罗干参加会见

左图：6 月 1 日，中国少年先锋队第五次全国代表大会在北京人民大会堂开幕。会前，胡锦涛总书记同少先队员代表亲切交谈。

新华社记者　李学仁摄

下图：6 月 1 日，党和国家领导人胡锦涛、吴邦国、温家宝、贾庆林、曾庆红、黄菊、吴官正、李长春、罗干等在北京人民大会堂亲切会见中国少年先锋队第五次全国代表大会的全体代表并与他们合影。

新华社记者　李学仁摄

本报北京 6 月 1 日讯　记者柳晓森报道：在欢庆"六一"国际儿童节的热烈气氛中，肩负着全国一亿三千万少先队员的重托，满怀着对祖国未来的美好憧憬，来自全国各地的 790 名少先队员、少先队辅导员和少年儿童工作者，今天欢聚在人民大会堂，参加中国少年先锋队第五次全国代表大会。大会开幕前，党和国家领导人胡锦涛、吴邦国、温家宝、贾庆林、曾庆红、黄菊、吴官正、李长春、罗干等亲切会见了全体与会代表，向大会表示热烈的祝贺，向全国各族少年儿童致以节日的问候。

人民大会堂花团锦簇，鼓乐阵阵，到处是孩子们的欢声笑语。上午 8 时 50 分，胡锦涛等党和国家领导人来到人民大会堂北京厅，几名少先队员代表欢快地迎上前去。全国十佳少先队员、江西省萍乡市第六中学学生曾斯葳为胡锦涛系上鲜艳的红领巾。胡锦涛亲切地对身边的少先队员说，今天是"六一"国际儿童节，也是中国少年先锋队第五次全国代表大会开幕的日子。我向你们表示节日的祝贺，希望与会的少先队员代表把这次大会开好，团结全国的小朋友不断开创少先队工作的新局面；希望全国的小朋友勤奋学习、快乐生活、全面发展。

看着身边天真活泼的小代表，胡锦涛非常高兴，亲切地同他们交谈起来。得知来自西藏自治区阿里地区噶尔县孔繁森小学的洛桑群觉从家乡到拉萨走了 3 天，胡锦涛对他说，"我们将把阿里的公路修得更好一些，让更多小朋友到拉萨、到北京，好不好？"洛桑群觉高兴地说好，并代表西藏的少先队员祝胡爷爷扎西德勒。看到来自云南省昆明市明通小学的李坤原戴着厚厚的眼镜时，胡锦涛关切地嘱咐他，"一方面要好好学习，一方面还要注意保护眼睛，千万不要躺着看书，用电脑的时间不能太长，要注意休息"。小坤原连声感谢胡爷爷的关心。

少先队员代表还为吴邦国、温家宝、贾庆林、曾庆红、黄菊、吴官正、李长春、罗干等领导同志献上红领巾，并行队礼致以崇高的敬意。在小朋友们中间，领导同志都十分高兴，同他们亲切攀谈，询问他们的学习、生活、家庭等方面的情况。大厅里欢声笑语不断。

9 时，当胡锦涛等党和国家领导人来到全体与会代表中间时，全场响起了雷鸣般的掌声。小朋友们欢呼跳跃，问候声此起彼伏。胡锦涛等高兴地同代表们握手，向大家招手致意，并与全体代表合影留念。

参加今天会见活动的领导同志还有王兆国、刘云山、吴仪、贺国强、王刚、徐才厚、蒋正华、顾秀莲、华建敏、陈至立、刘延东、周铁农。

上午 9 时 30 分，大会开幕。中共中央政治局委员王兆国代表党中央向大会致祝词。他在祝词中指出，实现中华民族的伟大复兴需要一代又一代人不懈奋斗，推进伟大事业的接力棒必将传到这一代少年儿童手上。（下转第二版）

温家宝主持召开国务院常务会议

讨论并原则通过《国务院关于促进煤炭工业健康发展的若干意见》 研究当前农村税费改革试点工作

本报北京 6 月 1 日讯　国务院总理温家宝 1 日主持召开国务院常务会议，讨论并原则通过《国务院关于促进煤炭工业健康发展的若干意见》，研究当前农村税费改革试点工作。

会议听取了发展改革委关于促进煤炭工业健康发展有关问题的汇报。会议认为，煤炭是我国重要的基础能源和重要原料，在国民经济发展中具有重要的战略地位。改革开放以来，我国煤炭工业快速发展，煤炭产量持续增长，对国民经济和社会发展发挥了重要作用。但是，煤炭工业还存在结构不合理、增长方式粗放、安全事故多发、资源浪费严重、环境治理滞后等突出问题。随着国民经济的发展，煤炭需求总量还会不断增加。煤炭工业发展在资源、安全和环境方面面临重大任务。

会议指出，我国煤炭工业发展，必须全面贯彻落实科学发展观，依靠科技进步，坚持走资源利用率高、安全有保障、经济效益好、环境污染少、全面协调和可持续发展的道路。要切实抓好几方面工作：一是科学编制煤炭生产开发规划，完善煤炭资源开发开采管理体系，严格矿业权审批，促进煤炭资源的合理有序开发。二是加快大型煤炭基地和主要运煤通道、港口建设，培育和发展大型煤炭企业和企业集团，对中小型煤矿进行整顿、改造和提高。大力提升煤炭生产和设备制造技术水平，规范煤炭市场秩序，构建稳定可靠的煤炭供应体系。三是落实安全生产责任，加大安全投入，加强瓦斯防治技术攻关，全面提高煤矿职工素质，健全煤矿安全生产保障体系。四是大力推进洁净煤技术产业化发展，促进煤矸石、煤泥、矿井排放水综合治理与利用，加强矿区生态环境、水资源保护和采煤沉陷区治理，积极引导合理用煤、节约用煤和有效用煤，构建煤炭循环经济体系。五是加强法制建设，建立煤炭工业法规政策调控体系。会议明确了各项工作的分工和责任。

会议听取了国务院农村税费改革工作小组关于当前农村税费改革试点工作情况的汇报。会议认为，农村税费改革是党中央、国务院作出的一项重大决策。2000 年以来，农村税费改革经过局部试点，积累经验，完善政策，逐步推进，取得了明显成效，农民负担重的问题得到根本扭转，农村面貌发生了新的变化。（下转第二版）

黄菊会见世界交易所联合会论坛境外代表

新华社北京 6 月 1 日电　（记者杨国强）中共中央政治局常委、国务院副总理黄菊 1 日下午在人民大会堂会见世界交易所联合会"发展中论坛"部分境外代表，与世界交易所联合会主席鹤岛琢夫等来自 20 多个国家和地区的交易所负责人进行了友好交谈。

黄菊说，世界交易所联合会作为全球交易所的行业组织，在促进交易所之间的交流与合作、推进交易所的管理、规范标准等方面做了许多开创性的工作，中国的交易所特别是沪、深交易所从中受益匪浅。他希望通过本次论坛的召开，加强中国内地资本市场与联合会各成员之间的交流，借鉴其他成熟市场和新兴市场的有益经验，继续推动中国内地资本市场的改革、发展和开放。

这次论坛是由上海证券交易所、深圳证券交易所和香港交易及结算所联合主办的。中国证监会主席尚福林会见时在座。

普京签署有关俄中边界补充协定联邦法律

本报莫斯科 6 月 1 日电　记者马剑报道：俄罗斯总统新闻局今天在此间宣布，普京签署了有关批准俄中边界东段补充协定的联邦法律。

俄国家杜马（议会下院）和俄联邦委员会（议会上院）先后于 5 月 20 日和 25 日批准了上述补充协定。

中国和俄罗斯的边界谈判历经 40 多年。1991 年 5 月和 1994 年 9 月，中俄两国分别签署了两国边界东段和西段协定。2004 年 10 月 14 日，普京总统访华期间，中俄双方签署了《中华人民共和国和俄罗斯联邦关于中俄国界东段的补充协定》，就两个未协商一致地段的边界线走向问题达成协议，从而标志着中俄之间长达 4300 公里边界线的走向全部确定。

诞辰一百周年展览》将隆重开展 《百年陈云——纪念陈云同志

本报北京 6 月 1 日讯　记者崔士鑫报道：为缅怀陈云同志的光辉一生和卓越贡献，经党中央同意，中央宣传部、中央文献研究室、中央党史研究室、文化部、中央档案馆和国家博物馆联合举办的《百年陈云——纪念陈云同志诞辰 100 周年展览》，将于 6 月 3 日至 7 月 3 日，在国家博物馆开展。

今年 6 月 13 日，是陈云同志诞辰 100 周年纪念日。这次展览是整个陈云同志诞辰 100 周年纪念活动的重要组成部分。展览共分四个部分和一个专题，分别是"为中华民族的独立、解放和新中国的诞生建立不朽功勋"，"为中国社会主义事业的开创和奠基作出卓越贡献"，"为推进中国改革开放和社会主义现代化建设事业鞠躬尽瘁"，"光辉永存"和"亲情和襟趣"。展览共选用 240 张图片、120 件（套）文物，文献档案 74 件，其中不少照片和文物是首次公开展出。

为方便广大观众参观，这次展览实行凭票免费参观。个人可凭本人有效证件到领票处登记领取，团体参观可提前 3 天电话预约订票（观众和社会团体订票热线为 65138924、65138824）。

秘鲁总统抵京访华

据新华社北京 6 月 1 日电　（记者常爱玲）应国家主席胡锦涛邀请，秘鲁共和国总统亚历杭德罗·托莱多 1 日抵达北京，开始对中国进行为期 6 天的国事访问。

据外交部发言人孔泉介绍，访华期间，国家主席胡锦涛将与托莱多举行会谈，全国人大常委会委员长吴邦国、国务院总理温家宝将分别会见托莱多。两国领导人将就双边关系以及共同关心的地区和国际问题交换意见。除北京外，托莱多还将访问上海、西安和广州。

爱尔兰众议长将访华

新华社北京 6 月 1 日电　应全国人大常委会委员长吴邦国的邀请，由众议长罗里·奥汉隆率领的爱尔兰议会代表团将于 6 月 3 日至 9 日对中国进行正式友好访问。

人民日报

RENMIN RIBAO

今日16版（华东、华南地区20版）

人民网网址：http://www.people.com.cn
http://www.peopledaily.com.cn

国内统一刊号：CN11-0065
第20149期 （代号1-1）

人民日报社出版

2003年9月
9
星期二
癸未年八月十三

北京地区天气预报
白天 多云转晴
降水概率20%
风向 偏北
风力 二、三级间四级
夜间 晴间多云
降水概率10%
风向 偏北
风力 一、二级
温度 29℃/16℃

胡锦涛江泽民吴邦国温家宝联名致电热烈祝贺朝鲜国庆55周年

新华社北京9月8日电 在朝鲜民主主义人民共和国成立55周年之际（9月9日），中共中央总书记、国家主席胡锦涛，中央军委主席江泽民，全国人大常委会委员长吴邦国，国务院总理温家宝8日联名致电朝鲜劳动党总书记、朝鲜国防委员会委员长、朝鲜人民军最高司令官金正日，朝鲜最高人民会议常任委员会委员长金永南和内阁总理朴凤柱，代表中国共产党、中国政府和中国人民向朝鲜劳动党、朝鲜政府和兄弟的朝鲜人民致以热烈的祝贺和良好的祝愿。

贺电说，55年前，朝鲜民主主义人民共和国成立，开创了朝鲜历史的新纪元。55年来，在金日成主席、金正日总书记和朝鲜劳动党的领导下，勤劳勇敢的朝鲜人民艰苦奋斗，在社会主义革命和建设中取得巨大成就。今天，朝鲜人民紧密团结在以金正日总书记为首的朝鲜劳动党周围，在建设强盛大国、发展对外关系以及实现自主和平统一的事业中取得了新的成绩。中国人民对朝鲜人民取得的各项成就感到由衷的高兴，祝愿朝鲜人民在社会主义建设事业中取得更加丰硕的成果。

贺电说，中朝两国是山水相连的友好邻邦。近年来，在双方的共同努力下，中朝传统友谊不断得到巩固和发展。我们愿与朝鲜同志一道，继续本着继承传统、面向未来、睦邻友好、加强合作的精神，为中朝友好合作关系的巩固和发展，为维护朝鲜半岛的和平与稳定做出积极的努力。

贺电祝朝鲜民主主义人民共和国繁荣昌盛、人民幸福。

中国残联第四次全国代表大会在京开幕

胡锦涛温家宝曾庆红吴官正李长春等到会祝贺 黄菊代表党中央国务院致祝词

9月8日，中国残疾人联合会第四次全国代表大会在北京人民大会堂开幕。开幕式前，胡锦涛、温家宝、曾庆红、黄菊、吴官正、李长春等党和国家领导人在人民大会堂会见出席中国残联第四次全国代表大会的全体代表和第三次全国自强模范暨扶残助残先进集体和个人表彰大会的全体代表，并与大家合影留念。 新华社记者 樊如钧摄

本报北京9月8日讯 记者崔士鑫报道：身残志坚通过奋斗实现理想，顽强拼搏奏出生命灿烂乐章。中国残疾人联合会第四次全国代表大会8日上午在人民大会堂开幕。胡锦涛、温家宝、曾庆红、黄菊、吴官正、李长春等党和国家领导人到会祝贺。

雄伟的人民大会堂洋溢着浓郁的喜庆气氛。“中国残疾人联合会第四次全国代表大会”的巨幅会标在大礼堂主席台上方分外醒目。中国残疾人联合会会徽悬挂在主席台正中央，十面红旗分列两侧。二楼眺台上悬挂着“紧密团结在以胡锦涛同志为总书记的党中央周围，高举邓小平理论伟大旗帜，全面贯彻□三个代表’重要思想，团结带领广大残疾人积极投身全面建设小康社会的伟大事业”的巨型横幅。来自全国各地的600多名代表，肩负着6000万残疾人的嘱托，出席新世纪中国残联召开的第一次全国代表大会。

上午10时，中国残联主席邓朴方宣布大会开幕。

在热烈的掌声中，中共中央政治局常委、国务院副总理黄菊代表党中央、国务院发表了题为《积极投身全面建设小康社会的伟大实践 努力创造幸福生活和美好未来》的祝词。他首先向大会的胜利召开表示热烈的祝贺，向全国广大残疾人及其亲属和广大残疾人工作者，致以亲切的问候！

黄菊说，党和政府高度重视和关心残疾人，把发展残疾人事业作为中国特色社会主义事业的重要组成部分，不断完善有关政策法规，切实维护残疾人的合法权益，在全社会大力倡导扶残助残的良好风尚，充分发挥广大残疾人的积极性、主动性和创造性。全国各级残疾人组织和广大残疾人工作者积极发挥桥梁纽带和协调组织作用，为推动残疾人事业的发展做了大量卓有成效的工作。广大残疾人身残志坚、迎难而上，大力发扬自尊、自信、自强、自立精神，在改革开放和现代化建设的火热实践中辛勤劳动、顽强拼搏，不仅为经济社会发展作出了积极贡献，而且实现了自己壮丽的人生理想和人生价值。我国广大残疾人所表现出来的顽强精神和美好情操，是我们伟大民族精神的真实写照。

黄菊指出，各级党委和政府一定要从坚持立党为公、执政为民的高度，从维护改革发展稳定大局的高度，充分认识发展残疾人事业的重大意义，进一步加强对残疾人工作的领导，倾听残疾人的心声，反映残疾人的愿望，认真研究和解决残疾人工作中的重大问题。他希望广大残疾人大力发扬主动参与、积极奉献的精神，充分挖掘自身的潜能，积极参与全面建设小康社会的伟大实践，努力为社会贡献力量，为人生增添光彩。**（讲话全文另发）**

共青团中央书记处第一书记周强代表中华全国总工会、中国共产主义青年团、中华全国妇女联合会、中国文学艺术界联合会、中国科学技术协会、中华全国归国华侨联合会、中华全国台湾同胞联谊会、中华全国工商业联合会、中国红十字会，向大会致贺词。

大会还宣读了联合国秘书长安南和残疾人国际组织等致大会的贺信。

中国残联主席邓朴方代表第三届主席团向大会作了题为《努力实践“三个代表”重要思想 团结动员广大残疾人为全面建设小康社会而奋斗》的工作报告。报告分为四个部分：五年工作的回顾；本世纪头20年残疾人事业的奋斗目标；抓住机遇，加快发展，开创残疾人事业新局面；加强和改进自身建设，肩负起历史使命。

到会祝贺的领导同志还有：回良玉、刘淇、周永康、贺国强、王刚、徐才厚、何勇、盛华仁、华建敏、王忠禹、陈奎元等。

出席开幕式的有：中央和国家机关各部委、各人民团体、解放军和武警部队的负责同志，各民主党派、全国工商联负责人，各省、自治区、直辖市人民政府的负责同志，香港特别行政区和澳门特别行政区特邀嘉宾，以及联合国驻华机构、联合国亚太经社会、残疾人国际组织的代表等。

开幕式前，胡锦涛、温家宝、曾庆红、黄菊、吴官正、李长春等党和国家领导人在人民大会堂北大厅会见了出席中国残联第四次全国代表大会的全体代表和第三次全国自强模范暨扶残助残先进集体和个人表彰大会的全体代表，并与大家合影留念。

曾庆红会见香港协进联盟访京团

本报北京9月8日讯 记者潘跃报道：中共中央政治局常委、国家副主席曾庆红今天下午在人民大会堂会见了香港协进联盟访京团。

曾庆红充分肯定了“港进联”在香港经济和社会政治生活中所发挥的积极作用。他说，“港进联”坚决维护“一国两制”方针和基本法，为香港的顺利回归、平稳过渡和繁荣稳定做了大量有益工作，并为促进香港与内地经济、文化等方面的交流合作做出了积极贡献。

曾庆红联系当前香港实际，对“一国两制”、“港人治港”、高度自治等对港工作的四条重要方针作了全面阐发。在谈到保持香港繁荣稳定的重要性时，曾庆红说，维护香港的繁荣稳定事关香港人民的福祉。繁荣是目的，稳定是前提。

曾庆红指出，中央政府全力支持董建华先生领导的特区政府依法施政；坚决维护香港社会稳定；尽最大努力帮助香港恢复经济，实现长期繁荣和发展，这是符合广大香港人利益的。

会见中，曾庆红认真听取了“港进联”关于繁荣稳定香港、引领香港经济尽快走出困境和扩大与内地经济合作等方面的意见和建议，勉励“港进联”要继续以爱国爱港为己任，进一步团结广大香港工商和专业界人士，支持董建华先生为首的特区政府依照香港基本法施政，建设香港更加美好的明天。

全国政协副主席、中央统战部部长刘延东等参加了会见。

今天上午，刘延东会见了香港协进联盟访京团。

今日二版刊登

黄菊在中国残联第四次全国代表大会上的祝词

李长春观看中国残疾人艺术团汇报演出

社论：踏上新征程 开创新局面

胡锦涛会见美国客人

指出发展健康稳定的中美关系符合两国人民的根本利益

九月八日，国家主席胡锦涛在北京人民大会堂会见美国前总统吉米·卡特和夫人一行。 新华社记者 李学仁摄

新华社北京9月8日电 （记者杨国强）国家主席胡锦涛8日下午在人民大会堂会见了美国前总统吉米·卡特和夫人一行。

胡锦涛对卡特长期以来为中美关系的建立和发展，为增进中美两国人民的相互了解和友谊所作出的贡献表示赞赏。胡锦涛说，中美建交以来，在双方的共同努力下，两国关系有了很大的发展。近年来，两国在反恐、经贸等广泛的领域进行了良好的合作，取得了积极成果，在重大国际和地区问题上保持了密切磋商与协调。实践证明，发展健康稳定的中美关系符合两国人民的根本利益，也有利于地区乃至世界的和平、稳定与发展。

胡锦涛指出，中美两国国情不同，存在一些差异和分歧是难免的，但双方拥有广泛的共同利益。希望两国积极寻求和扩大双方利益的汇合点，妥善处理对方的关切，推动中美建设性合作关系不断取得新进展。

胡锦涛重申了中国在台湾问题上的原则立场。希望美方信守承诺、恪守中美三个联合公报，妥善处理台湾问题，不向“台独”势力发出错误的信号，为中国的和平统一发挥建设性作用。

卡特表示，很高兴有机会再次访华并同胡锦涛主席结识。他一直努力推动美中两国关系的发展，当选总统后作出了实现两国关系正常化的决定，这是他任职期间最感欣慰的决定。

卡特回顾了1979年他同邓小平历史性的会晤，以及后来观摩中国村民委员会成功进行选举的经历。他还介绍了卡特中心在许多国家开展的工作。

全国人大常委会副委员长盛华仁、全国人大常委会副秘书长曹卫洲、全国人大外事委员会副主任委员王英凡、外交部副部长张业遂等参加了会见。

吴邦国在名古屋发表演讲

全面阐述中国的发展与中日关系

本报名古屋（日本）9月8日电 记者史宗星报道：中国全国人大常委会委员长吴邦国8日上午在名古屋市出席了由日本中日新闻社等机构举办的演讲会，发表了题为《中国的发展与中日关系》的演讲**（全文另发）**。

上午10时，吴邦国委员长在中日新闻社社长白井文吾的陪同下步入演讲会场，受到在场听众的热烈欢迎。主持人熊谷行雅对吴邦国委员长访问名古屋并发表演讲表示诚挚感谢。

吴邦国在演讲中说：今年是《中日和平友好条约》缔结25周年，是一个继往开来的重要年头。通过这次访问，我切身感受到日本朝野发展对华关系的热情，中日双方都对中日关系的前景充满信心。

他说，去年11月召开的中国共产党第十六次全国代表大会组成了以胡锦涛为总书记的新一届中央领导集体，确立了全面建设小康社会的奋斗目标，力争到2020年实现国内生产总值比2000年翻两番，按现在人民币对美元的汇率估算，将达到4万多亿美元。到那时，中国经济更加发展、民主更加健全、科教更加进步、文化更加繁荣、社会更加和谐、人民生活更加殷实。

吴邦国说，中国的发展需要和平的国际和周边环境。没有和平，就不可能有发展，更不可能有繁荣。中国谋求和平，主张建立公正、合理的国际政治经济新秩序。中国现在不会去威胁别人，即使将来发展起来，也永远不称霸，永远不扩张，永远做维护地区与世界和平的坚定力量。中国的发展是中国人民之福，也是世界和亚洲人民之福。

他说，日本作为中国的近邻和最大经贸合作伙伴，在开展对华合作方面具有得天独厚的优越条件，也积累了丰富的经验，欢迎日本以更加积极的态度参与中国的发展，推动中日合作不断向更高层次、更广领域迈进。 （下转第三版）

9月8日，中国全国人大常委会委员长吴邦国在日本名古屋出席由日本中日新闻社等机构举办的演讲会，并发表演讲。 新华社记者 冯武勇摄

温家宝与乌干达总理会谈

就双边关系和共同关心的问题交换意见

本报北京9月8日讯 记者李文云报道：国务院总理温家宝今天下午在人民大会堂与乌干达总理恩西班比举行会谈。双方在亲切友好的气氛中就双边关系和共同关心的问题交换了意见。

温家宝指出，中乌有着长期的友好交往，合作基础深厚。中乌建交40余年来，两国关系发展顺利。两国高层交往增进了彼此了解和信任，增强了双方在国际事务中的相互支持。中乌在众多领域保持着良好的合作。

温家宝对乌干达政府长期以来在台湾和人权等问题上对中国给予的支持表示感谢。他强调，中国政府将一如既往地支持乌干达为维护国家稳定和发展经济所作的努力，愿与乌干达政府一道将两国关系不断推向新的水平。

会谈中，双方重点就两国经贸关系交换了意见。温家宝说，去年中乌贸易额同比增长了近一倍，这说明两国经贸合作潜力还很大。中国政府愿继续作出努力，扩大双边贸易、积极鼓励中国企业参与乌干达的经济建设、探讨在能源等领域开展合作的可能性。

温家宝对乌内外政策给予了积极评价。他说，过去十几年来，乌干达政府和人民积极探索适合本国国情的发展道路，不断完善政治体制，保持了国内政局稳定，实现了经济持续增长，在教育、医疗卫生特别是防治艾滋病等社会事业中取得了显著的成果。我们祝愿乌干达经济发展和国家建设事业不断取得新的进步。

双方还就即将召开的中非合作论坛会议交换了意见。温家宝表示，中国历来高度重视中非友好合作，并于2000年倡议建立中非合作论坛。三年来，借助中非合作论坛这个平台，中非间各领域的合作不断扩大和深化。 （下转第四版）

9月8日，国务院总理温家宝在北京人民大会堂主持仪式，欢迎乌干达总理阿波罗·罗宾·恩西班比访华。 新华社记者 刘建生摄

（五）中央政治局会议和国务院常务会议新闻的版面安排

中央政治局常务委员会会议

中央政治局常务委员会会议，研究事项特别紧急重要，对党和国家的具体工作指导性强，近年来逐渐成为人民群众了解中央对重大和突发事件决策过程的窗口。

2010年8月11日，一版头条刊登信息，报道中共中央政治局常务委员会召开会议，全面部署甘肃舟曲特大山洪泥石流灾害抢险救援工作。消息通八栏，增加了两行提要。左下刊登国办通知，右下配发评论员文章。

2009年7月8日晚，中共中央政治局常务委员会召开会议，研究部署维护新疆社会稳定工作。10日刊登会议消息。这次会议是胡锦涛中断了在国外的访问后，于回京当晚紧急召开的会议，显示了会议的特别重要性和紧迫性。因此一版予以突出处理：头条通八栏，增加四行提要题；右下配发评论员文章。

2008年5月13日，中共中央政治局常委会召开会议，全面部署抗震救灾工作。中央政治局常委会召开会议的消息，平时较少报道。正因为这种消息发布少，体现了新闻事件的重要性与紧迫性。一版头条横六栏，除肩题、主题、副题外，增加四行提要题，予以突出处理。

2003年4月18日，一版头条刊登政治局常委会议，研究加强非典防治工作。

（附2010年8月11日、2009年7月10日、2008年5月13日、2003年4月18日一版）

中央政治局会议和政治局集体学习

中央政治局会议大多每月报道一次，已成为较有规律的日常报道。中央政治局会议研究部署党和国家的重大安排。通常在政治局会议之后，紧接着安排政治局集体学习。

体现在新闻报道中，多为当天报道政治局会议消息，次日报道政治局集体学习消息。对这两条消息，人民日报以同样规格对待，一般为头条横六栏。如果当日还有总书记其他重要活动，则政治局会议、集体学习消息安排头条横四栏、横五栏或直题处理，报眼位置安排总书记其他活动的消息。

头条横六栏。2012年5月29日，一版头条安排中央政治局召开会议，研究深化科技体制改革、加快国家创新体系建设的消息。横六栏，肩、主、副题齐全。次日即5月

30日，一版头条安排中央政治局集体学习消息，也是头条横六栏。与前日政治局会议保持同一规格。

头条横四栏。有时政治局会议和集体学习两条消息同一天播发。人民日报大多将两条消息分放头条和报眼位置，题区四栏宽。如2008年1月31日的一版，头条为中央政治局举行会议，研究部署北京奥运会和残奥会筹备工作；报眼为中央政治局举行第三次集体学习的消息。

头条横五栏。2004年5月30日，一版当日版面比较紧张，中央政治局常委活动较多，与胡锦涛有关消息有四条。因此头条横五栏安排中央政治局第十三次集体学习，报眼安排胡锦涛同布什通电话消息，报眼下方安排胡锦涛会见马来西亚总理的消息并配发照片。

头条直题。2007年7月28日，一版头条消息中央政治局举行第四十二次集体学习。因为当日还有胡锦涛在中央军委举行的驻京部队老战士座谈会上发表讲话的重要新闻，因此，政治局集体学习安排头条直题，文三栏宽；座谈会消息安排报眼位置，配发两张照片。

（附2012年5月29日、30日一版，2008年1月31日一版，2004年5月30日一版，2007年7月28日一版）

国务院常务会议

由国务院总理主持的国务院常务会议较为频繁，会议多是决策一些重大事宜，通过有关法规草案。人民日报一般将其安排在报眼位置或中线位置。

报眼位置。2012年4月13日，温家宝主持国务院常务会议，研究部署下一阶段经济工作。次日一版将消息安排在报眼位置突出处理。

中线位置。2012年7月30日，国务院常务会议召开，研究部署鼓励和支持企业加强技术改造工作。7月31日，一版将该消息安排中线位置。

中线以下位置。如果当日中央重要活动较多，也可适当安排在版面下方。如2008年3月1日，一版中上部稿件为胡锦涛出席周恩来诞辰110周年座谈会消息，左下方为吴邦国会见尼日利亚总统消息。国务院常务会议消息就根据当日版情，安排在版面右下方。

（附2012年4月14日、2012年7月31日、2008年3月1日一版）

人民网　网址:http://www.people.com.cn　手机:http://wap.people.com.cn

2010年8月 11 星期三 庚寅年七月初二

人民日报社出版

国内统一连续出版物号 CN 11-0065

第22677期(代号1-1)

今日24版

西部实现新农合全覆盖

参加人口达2.64亿,参合率达94%

本报北京8月10日电 (记者**白剑峰**)今天从卫生部获悉:西部地区已实现新型农村合作医疗制度全覆盖。今年上半年,西部地区有1052个县(市、区)开展了新型农村合作医疗,占全国总数的39%。西部地区有农业人口的县(市、区)均已建立新型农村合作医疗制度,实际参加新农合农业人口2.64亿,参合率达到94%。

西部大开发十年来,中央对西部卫生的投入不断加大。2001至2009年,中央财政共安排西部地区卫生专项资金863.3亿元,占全国的46.7%。专项经费一方面用于卫生服务体系建设,重点开展业务用房建设和基本设备配置;另一方面用于加强重大传染病和地方病的预防控制、新型农村合作医疗等。

中央财政从2008年起对中西部地区22个省的所有县(市)的814万农村孕产妇住院分娩给予补助,其中对西部地区按每人400元补助,对中部地区按每人300元补助,2008年中央财政投入19.04亿元。2009至2010年中央财政将继续实施农村孕产妇住院分娩补助项目,并将范围扩展到全国,2009年中央财政投入30.6亿元。

根据医改方案,我国将加快推进西部地区基本医疗保障制度全面覆盖城乡居民。3年内城镇职工基本医疗保险、城镇居民基本医疗保险和新型农村合作医疗参保(合)率均达到90%以上;城乡医疗救助制度覆盖到全国所有困难家庭。以提高住院和门诊大病保障为重点,逐步提高筹资和保障水平,2010年各级财政对城镇居民基本医疗保险和新型农村合作医疗的补助标准提高到每人每年120元。

中共中央政治局常务委员会召开会议

全面部署甘肃舟曲特大山洪泥石流灾害抢险救援工作

中共中央总书记胡锦涛主持会议

会议强调,现在正处在抢险救援的重要时刻,一定要把保护人民群众生命财产放在最突出位置,以更加顽强的精神、更加科学的安排、更加有力的措施,争分夺秒抢救被困人员,千方百计做好抢险救援各项工作

新华社北京8月10日电 8月10日上午,中共中央政治局常务委员会召开会议,全面部署当前甘肃省甘南藏族自治州舟曲县特大山洪泥石流灾害抢险救援工作。中共中央总书记胡锦涛主持会议。

会议听取了国务院舟曲特大山洪泥石流灾害抢险救援指导协调小组关于甘肃省甘南州舟曲县特大山洪泥石流灾害抢险救援情况的汇报。

会议指出,灾害发生后,党中央、国务院、中央军委高度重视,对抢险救援工作迅速作出部署,进行组织协调。受灾地区党委、政府和广大干部群众,人民解放军和武警部队官兵、民兵预备役人员,公安民警、消防官兵和专业救援队伍,万众一心,不畏艰险,科学处置,全力开展了一场复杂、艰巨、紧迫的生命救援行动。目前,人员搜救、淤泥处理、堰塞湖处置、基础设施恢复、群众安置、受伤人员转移医治、灾害治理等工作正在有力、有序、紧张地进行。

会议强调,现在正处在抢险救援的重要时刻,一定要把保护人民群众生命财产放在最突出位置,以更加顽强的精神、更加科学的安排、更加有力的措施,争分夺秒抢救被困人员,千方百计做好抢险救援各项工作。要加强统一领导,合理部署力量,采用先进有效设备,全力搜救被掩埋人员。要科学制定方案,尽快安全处置堰塞湖,调集大型机械设备,加快清除城区淤泥,抓紧进行河道整治。要全面排查地质灾害隐患,及时转移受威胁群众,防止次生灾害。要妥善安置受灾群众,保证他们有住处、有饭吃、有干净水喝、有病能就医。要切实做好伤员救治工作,及时将重伤员转移到条件较好的地方治疗,并加强卫生防疫工作,确保灾后无大疫。要组织足够应急抢险力量,尽快抢修恢复水、电、路、通信等基础设施。要抓紧制订支持灾后重建的政策措施,尽快全面启动灾后重建。

会议要求,受灾地区各级党委、政府要把抢险救援作为当前的最重要工作,力争把灾害损失降到最低程度。领导干部要深入一线,加强抢险救援的组织指挥。基层党组织和共产党员要充分发挥战斗堡垒作用和先锋模范作用,深入做好群众的思想政治工作,切实维护灾区社会稳定。人民解放军和武警部队官兵、公安民警要继续发挥突击队作用,为抢险救援作出新的更大贡献。

会议强调,目前仍处于主汛期,各地区各部门要毫不松懈地继续抓好防汛抗洪救灾工作,立足于防大汛、抗大灾,进一步完善应急预案,切实提高防灾减灾能力。同时,要大力发扬一方有难、八方支援的精神,积极为灾区提供各种形式的援助,努力夺取防汛抗洪救灾斗争的全面胜利。

国办通知要求

有序做好支援甘肃舟曲灾区有关工作

新华社北京8月10日电 国务院办公厅印发了《关于有序做好支援甘肃舟曲灾区有关工作的通知》。全文如下:

近日,甘肃省甘南藏族自治州舟曲县因强降雨发生特大山洪泥石流灾害,造成严重人员伤亡和经济损失。党中央、国务院和中央军委高度重视,立即作出部署。中央和国家机关、军队等有关部门和单位迅速协调抢险救援工作,甘肃省及受灾地区各级党委、政府和广大人民群众紧急开展抗灾救灾,人民解放军、武警部队、民兵预备役人员、公安民警和消防官兵以及有关专业救援队伍第一时间实施救援行动,全国各地和社会各界也给予了极大支持。

目前,灾区各项抢险救援工作已全面展开,受灾群众得到初步安置,重症伤员已转移到条件较好的外地医院治疗,大量帐篷、衣被、食品等救灾物资陆续运抵灾区,堰塞湖险情已基本解除,淤泥清理正在紧张进行,通信、电力、道路等基础设施已初步恢复。鉴于此次特大山洪泥石流灾害现场地域狭小、地处偏远、交通极为不便、地质灾害多发,大规模救援行动展开困难,救援人员、施工机械、救灾物资等运输压力很大,为进一步有力有序有效做好抢险救援工作,现就有关事项通知如下:

一、强化统一指挥、科学调度。灾区抗灾救灾指挥机构要对抢险救援工作实行统一指挥调度,各有关工作机构要加强组织协调,建立高效工作机制,统筹安排部署救援队伍装备,及时组织发放救灾物资。国务院各有关部门要加强指导和协调,及时帮助灾区解决抗灾救灾工作中的困难和问题。

二、各地区、各有关部门和社会团体,除确有需要外,近期原则上暂不自行安排工作组和工作人员前往灾区。如需派出,应纳入甘肃省应急抢险指挥部或国务院指导协调小组的统一安排,并与当地做好衔接。

三、社会各界如有捐赠意愿,建议以捐赠资金为主。对于灾区急需的物资装备,可统一安排接收并有组织地运往灾区,不要自行分散运送。

四、非紧急救援人员、志愿者等各界群众,现阶段不要自行前往灾区,以支持灾区的抗灾救灾工作。

国务院办公厅

2010年8月10日

坚定战胜灾害的信心

本报评论员

山崩川决,迄今为止,舟曲特大山洪泥石流灾害,已经造成702人死亡,1042人失踪。连日来,灾难,让甘南藏族自治州成为亿万同胞心心系念的地方。

面对突如其来的自然灾害,党中央国务院高度重视,迅速调集各种力量,驰援舟曲。8月10日,中央政治局常委会召开会议,全面部署抢险救援工作,要求以更加顽强的精神、更加科学的安排、更加有力的措施,争分夺秒抢救被困人员,千方百计做好抢险救援各项工作。一场有力有序有效的救援,正在高原展开。

这是一场艰难卓绝的战斗。高原地带、狭长地貌、交通不便、物资缺乏,抢险救灾面临严峻挑战。救援艰巨,更需要信念坚守,需要信心支撑。灾情越严重,救援越艰难,越需要战胜灾害的坚定信心。

我们有信心战胜灾难。这信心,来自党中央国务院的坚强领导,来自各级党委政府的全力以赴。泥石流发生后,胡锦涛总书记、温家宝总理作出重要指示,国务院立即成立抢险救灾指挥部,各级政府第一时间启动应急措施。以人为本的国家信念,为人民服务的执政宗旨,是战胜灾害的力量所系、信心之源。

我们有信心战胜灾难。这信心,来自人民解放军和武警部队官兵的骨干作用。人民解放军和武警部队官兵、民兵预备役人员、公安民警和消防官兵第一时间奔赴舟曲,迅速投入抢险救灾。泥泞中施救、堰塞湖爆破,抢修道路、运输物资……迷彩绿再次成为灾区群众生命的守护神,再次成为抢险救援的中流砥柱。

我们有信心战胜灾难。这信心,来自社会主义制度的强大支撑。从全军和武警部队的紧急集结,到相关部委的快速反应;从全国大范围的物资调配,到每天150元的生活补助,统一指挥,科学协调。短短2天内,公路抢通了,群众撤离了,通信电力基本恢复,各种物资不断运达,充分彰显了强大的社会动员能力和制度优越性。

我们有信心战胜灾难。这信心,来自压不垮的人民群众。擦干眼泪,就加入救人的队伍;缠上绷带,就投身清淤的行列……灾区人民的坚韧,让人们再次看到精神的力量。救灾物资从各处运抵,媒体刊登出捐赠方式,一方有难,八方支援,一个伟大民族的凝聚力再次凸显。

灾后的第二个夜晚,舟曲县城已亮起点点灯光;高地安置点的帐篷外,飘起袅袅炊烟……有信心,就能沉着应对挑战;有信心,就能从容战胜天灾。无论是地震、洪涝,还是泥石流,任何困难都难不倒英雄的中国人民。

争分夺秒抢救被困人员

60小时,仍有生还者!

8月10日11时30分,在甘肃省舟曲县参加救援的四川省广元市民兵救出一名被困60小时的生还者。据了解,生还者名叫刘马胜代,52岁,藏族,是位聋哑人,目前已被送往医院救治。　本报记者　**王乐文**文　新华社记者　**张宏祥**摄

前7月

进出口增长40.9%

7月份出口值及进出口总值再创新高

本报北京8月10日电 (记者**杜海涛**)海关总署10日发布今年1至7月我国外贸进出口情况。据海关统计,今年前7个月,我国进出口总值16170.5亿美元,比去年同期增长40.9%。其中出口8504.9亿美元,增长35.6%;进口7665.6亿美元,增长47.2%;贸易顺差为839.3亿美元,减少21.2%。

海关统计显示,今年7月份,我国进出口值2623.1亿美元,增长30.8%。其中出口1455.2亿美元,增长38.1%;进口1167.9亿美元,增长22.7%。从环比来看,今年7月份进出口较6月份环比增长3%。同时,这也是继上个月后,月度出口值及进出口总值再次创历史新高。

海关提供的数据还显示,与2008年前7个月相比,今年前7个月进出口总值增加9%;出口增加5.9%,进口增加12.7%。其中今年7月份进出口总值较2008年同期增加5.7%;出口增加6.5%,进口增加4.8%。

前7个月,在出口商品中,机电产品主导出口,传统大宗商品出口增速普遍较上半年有所加快。进口商品中,大部分主要大宗商品进口量均有不同程度增长,进口均价同比快速回升。

(相关报道见第十版)

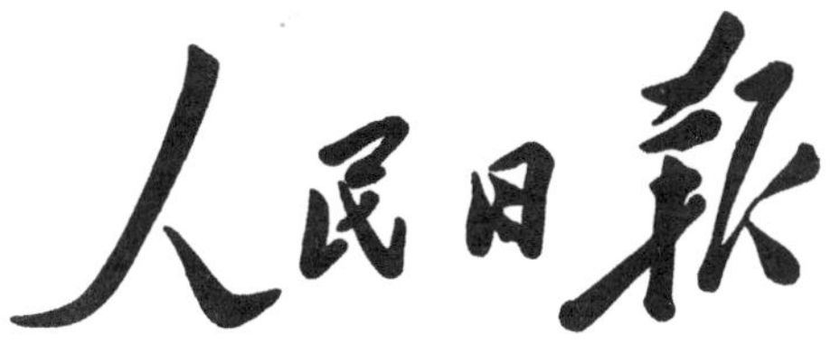

RENMIN RIBAO

人民网 网址:http://www.people.com.cn
手机:http://wap.people.com.cn

2009年7月
10
星期五
己丑年闰五月十八
人民日报社出版
国内统一连续出版物号
CN 11-0065
第22280期(代号1-1)
今日20版

好风凭借力 扬帆再远航

——党中央、国务院关心支持海峡西岸经济区建设纪实

《国务院关于支持福建省加快建设海峡西岸经济区的若干意见》5月6日出台，全面阐述了海峡西岸经济区的战略定位和相关政策等一系列内容。这是党中央、国务院科学分析区域经济布局和海峡两岸形势，审时度势作出的战略决策，引起海内外各界广泛关注。

好风凭借力，扬帆再远航。在党中央关心支持下，海峡西岸经济区作为两岸人民交流合作先行先试区域，作为中国区域经济新的增长极，呈现出良好发展势头，蓝图徐展、未来可期。

海西建设从地方决策上升为国家政策

隔着一道浅浅的海峡，台湾在东、福建在西，咫尺相望。

福建与台湾地缘相近、血缘相亲、文缘相承、商缘相连、法缘相循，具有对台交往的独特优势。2004年初，福建省委、省政府提出了"建设对外开放、协调发展、全面繁荣的海峡西岸经济区"的发展战略。5年来，海西建设构想得到了党中央始终如一的亲切关怀和大力支持。

2006年初，八闽大地生机盎然。中共中央总书记、国家主席胡锦涛赴闽考察，踏上了海峡西岸的热土。这一年，是国家"十一五"规划的开局之年，福建海峡西岸经济区建设进入了实质性阶段，八闽儿女正不懈努力，扎实工作，为海西发展谋篇布局。胡锦涛的到来让福建人民欢欣鼓舞。 （下转第八版）

中共中央政治局常务委员会召开会议

研究部署维护新疆社会稳定工作

中共中央总书记胡锦涛主持会议

会议指出，维护和保持新疆社会大局稳定，是当前新疆最重要最紧迫的任务。要巩固和发展前一段工作成果，坚持维护社会稳定、维护社会主义法制、维护人民群众根本利益

会议强调，要高举各民族大团结旗帜，倍加珍惜各民族共同团结奋斗、共同繁荣发展的大好局面，坚决同不法分子的违法犯罪活动作斗争，自觉维护民族团结和社会稳定

新华社北京7月9日电 中共中央政治局常务委员会7月8日晚召开会议，研究部署维护新疆社会稳定工作。中共中央总书记胡锦涛主持会议。

会议听取了有关部门关于处置新疆维吾尔自治区乌鲁木齐市打砸抢烧严重暴力犯罪事件情况的汇报。会议强调，乌鲁木齐"7·5"事件有着深刻的政治背景，是境内外"三股势力"精心策划和组织的一起严重暴力犯罪事件，给各族群众生命财产造成重大损失，给当地正常秩序和社会稳定造成严重破坏。事件发生后，在党中央、国务院坚强领导下，新疆维吾尔自治区党委和政府、中央和国家机关有关部门、军队和武警部队，紧紧依靠各族干部群众，做了大量艰苦工作，发挥了重要作用。

会议指出，维护和保持新疆社会大局稳定，是当前新疆最重要最紧迫的任务。要巩固和发展前一段工作成果，坚持维护社会稳定、维护社会主义法制、维护人民群众根本利益，依法坚决打击打砸抢烧严重违法犯罪行为，严密做好各项防范工作，严防敌对势力破坏民族团结，保障人民群众基本生活，加强舆论引导，切实维护社会稳定大局。要孤立打击极少数，团结教育争取大多数。对这起事件的策划者、组织者及骨干分子，对严重暴力犯罪分子，必须依法严厉打击。对被煽动、被蒙蔽的一般群众，要切实做好教育管理工作。对遇害者家属、受到伤害的无辜群众、财产遭受损失的群众，要开展走访慰问，认真做好善后、救治、安抚、帮扶工作，积极帮助他们解决实际困难。

会议强调，要充分发动新疆各级党政机关、农村基层组织、街道社区、企事业单位、学校等的党员干部组成工作组，深入基层开展工作，把工作做实做细，努力把党和政府有关方针政策和工作部署落实到每一个单位、每一个人。要充分发挥基层党组织的战斗堡垒作用、各级干部的模范带头作用、广大共产党员的先锋模范作用，号召广大党员、干部在关键时刻经受住考验。要坚持党的群众路线，加强群众工作，加强思想政治工作，紧紧依靠各族人民群众，形成维护社会稳定的强大力量和牢靠基础。特别是要在新疆各族干部群众中强调稳定压倒一切的思想，坚决服从维护社会稳定这个大局。

会议强调，要高举各民族大团结旗帜，大力发扬新疆各族干部群众同呼吸、共命运、心连心的优良传统，牢固树立汉族离不开少数民族、少数民族离不开汉族、各少数民族之间也相互离不开的思想，引导各族干部群众倍加珍惜各民族共同团结奋斗、共同繁荣发展的大好局面，不传谣、不信谣、不受挑拨煽动、不参与违法活动，坚决同不法分子的违法犯罪活动作斗争，自觉维护民族团结和社会稳定。

会议号召，各级党委和政府要增强政治敏锐性和政治鉴别力，切实把思想统一到中央对形势的分析判断和对工作的决策部署上来，扎扎实实做好工作。各有关部门要齐心协力、加强协调，形成做好工作的合力。各级干部特别是领导干部要增强工作责任感，团结带领群众坚决做好保增长、保民生、保稳定各项工作。

受胡锦涛委托，代表党中央国务院中央军委 周永康赴新疆指导维护稳定工作并强调

切实保护各族人民生命财产安全 依法坚决打击严重暴力犯罪行为

新华社乌鲁木齐7月9日电 （记者**邹声文、张景勇**）受中共中央总书记、国家主席、中央军委主席胡锦涛委托，中共中央政治局常委、中央政法委书记周永康9日下午飞赴新疆维吾尔自治区，代表党中央、国务院和中央军委，亲切看望在乌鲁木齐打砸抢烧严重暴力犯罪事件中受伤的各族无辜群众和部队官兵、公安民警，慰问奋战在执勤执法一线的部队官兵、公安民警，实地指导维护稳定工作。他强烈谴责造成无辜群众生命财产损失的严重暴力犯罪分子，强调当前稳定压倒一切，要依法坚决打击严重暴力犯罪行为，切实保护各族人民生命财产安全，切实维护宪法法律尊严，切实维护民族团结和睦。

北京时间9日下午5时许，周永康一行飞抵乌鲁木齐后，立即驱车赶往新疆军区总医院，看望慰问在乌鲁木齐"7·5"打砸抢烧严重暴力犯罪事件中受伤、正在接受救治的受伤人员。周永康来到在执勤一线受伤的武警英雄刘峥辉的病床前，动情地对他说，为了维护祖国和人民群众的利益，你不畏艰险，英勇负伤，党和人民感谢你。 （下转第四版）

习近平与密克罗尼西亚联邦副总统会谈

7月9日，国家副主席习近平在北京人民大会堂东门外广场为密克罗尼西亚联邦副总统阿利克访华举行欢迎仪式。 新华社记者 李涛摄

新华社北京7月9日电 （记者**荣燕**）国家副主席习近平9日在人民大会堂与来华进行正式访问的密克罗尼西亚联邦副总统阿利克举行会谈。

习近平欢迎阿利克访华。习近平说，密克罗尼西亚联邦是太平洋岛国地区的重要国家。中国政府一贯重视中密关系，始终视密克罗尼西亚联邦为真诚朋友和重要合作伙伴，坚持在和平共处五项原则基础上发展同密克罗尼西亚联邦的友好合作关系。建交20年来，两国高层交往频繁，经贸等领域合作不断深化。中密关系的发展不仅给两国人民带来实实在在的利益，也促进了太平洋岛国地区的稳定和发展。中方对密克罗尼西亚联邦政府坚持一个中国政策表示赞赏。2007年12月，莫里总统对中国进行了成功的国事访问，胡锦涛主席同他就深化中密关系深入交换意见并达成重要共识，为两国关系发展指明了方向。值此中密建交20周年之际，中方愿同密方一道，保持高层交往势头，深化双边贸易及经济技术合作，扩大人文交流，加强多边事务合作，在新的起点上共同将中密友好合作关系推向前进。

阿利克赞同习近平对两国关系的评价。阿利克说，建交以来，密中两国建立和发展了真诚友好的关系。密方感谢中国为密克罗尼西亚联邦经济社会发展提供的支持和援助。密方愿进一步加强同中国在农业、渔业、旅游等领域的合作，并就重大国际和地区问题加强沟通，推动两国关系不断向前发展。阿利克说，一个中国政策是密中外交关系的基石，密方将继续坚定奉行这一政策。

阿利克说，密克罗尼西亚联邦政府谴责近日分裂主义势力在中国新疆维吾尔自治区乌鲁木齐市制造的暴力犯罪事件，对无辜受害者表示深切哀悼，坚决支持中国政府为维护稳定、恢复社会秩序、保护人民生命财产安全采取的措施。

会谈结束后，习近平与阿利克共同出席了中密两国政府有关经济技术合作协定的签字仪式。

会谈前，习近平在人民大会堂东门外广场为阿利克访华举行欢迎仪式。全国人大常委会副委员长蒋树声、全国政协副主席张梅颖、外交部副部长王光亚等出席。

坚决维护社会稳定这个大局

本报评论员

乌鲁木齐"7·5"严重暴力犯罪事件，给各族群众生命财产造成重大损失，给当地正常秩序和社会稳定造成严重破坏。这几天，事件的善后工作正在有条不紊地进行，受到伤害的无辜群众得到妥善安置，抚恤工作正在展开，居民生活得到保障，市政基础设施正常运转，社会秩序迅速恢复。这是在党中央、国务院的坚强领导下，新疆维吾尔自治区党委和政府、中央和国家机关有关部门、军队和武警部队，紧紧依靠各族干部群众，做了大量艰苦工作的结果。

维护和保持新疆社会大局稳定，是当前新疆最重要最紧迫的任务。稳定是人们安居乐业的基础，一个社会如果混乱失序，动荡不宁，人们不仅会失去基本的尊严，连起码的生活条件、甚至生命安全都难以保证。维护社会稳定，是人类普遍认同的基本准则，是治理国家的重要目标，也是每个公民基本的权利和义务。

维护社会稳定大局，就要孤立打击极少数，团结教育争取大多数。对这起事件的策划者、组织者及骨干分子，对严重暴力犯罪分子，必须依法严厉打击。对被煽动、被蒙蔽的一般群众，要切实做好教育管理工作。对遇害者家属、受到伤害的无辜群众、财产遭受损失的群众，要开展走访慰问，认真做好善后、救治、安抚、帮扶工作，积极帮助他们解决实际困难。新疆各级党政机关和各级组织都要行动起来，保障人民群众基本生活，对群众进行政策宣传，确保社会稳定大局；广大党员特别是各级领导干部，要充分发挥模范带头作用，紧紧依靠各族群众，维护社会稳定，维护社会主义法制，维护人民群众的根本利益，组织和引导广大群众积极落实党和政府的要求，形成维护社会稳定的强大力量和牢靠基础。

法律是维护社会稳定的重要保障。维护社会主义法制的统一、尊严和权威，要求每个公民都要严格遵守国家法律。各族干部群众都要保持清醒和理智，积极履行公民的义务，倍加珍惜各民族共同团结奋斗、共同繁荣发展的大好局面，从自己做起、从身边事做起，不传谣、不信谣、不受挑拨煽动、不参与违法活动，坚决同不法分子的违法犯罪活动作斗争，自觉维护民族团结和社会稳定。

"稳定和谐的生活是最大的期盼"，这是各族人民的共同呼声。乌鲁木齐"7·5"事件发生后，许多受害群众的亲属，强忍悲痛，着眼大局，积极维护社会稳定，这是一种识大体、明大理、顾大局的品格。社会稳定与每个人的利益息息相关，只有切实维护社会稳定大局，人们的幸福生活才有可靠保证。

李克强在国务院深化医药卫生体制改革领导小组会议上强调

突出重点 狠抓落实 确保医药卫生体制改革重点目标任务的实现

新华社北京7月9日电 （记者**谢登科**）为贯彻《中共中央、国务院关于深化医药卫生体制改革的意见》，今年4月以来，中共中央政治局常委、国务院副总理、国务院深化医药卫生体制改革领导小组组长李克强连续研究部署医改的具体实施方案。日前领导小组召开第三次会议，重点研究部署今年医改工作，落实国务院常务会议精神。李克强强调，要坚定信心，加大力度，循序渐进，通过实施十项具体举措，抓紧把五项重点改革任务落到实处，让人民群众得到实惠，让医务人员受到激励，让社会各界广泛参与，为建立健全基本医疗卫生制度开好头起好步。

李克强说，医改方案出台后，各地区各有关部门做了大量工作，改革取得积极进展。推进医改的工作机制已经建立，改革的重点任务进一步细化，目标责任基本落实，配套政策陆续出台。关闭破产国有企业退休人员和困难企业职工已纳入医保，城镇职工、城镇居民、新农合参保人数比上年底增加3000万人；支持建设930个县级医院、3600个中心乡镇卫生院和1200个城市社区卫生服务中心；甲型H1N1流感防治工作有力有序有效，促进了医改稳步深化。

李克强指出，加快医药卫生体制改革，有利于把保增长与惠民生、增投资与扩消费结合起来，是一项维护十几亿人民健康的重大民生工程。基本医疗保障制度、基本药物制度、公立医院等改革，涉及多方利益关系调整，涉及社会再生产全过程，是重大的体制机制创新。要充分认识改革的艰巨性复杂性，积极稳妥地向前推进。

李克强强调，今年是医改的起步阶段，要按照把基本医疗卫生制度作为公共产品向全社会提供的改革方向，着力于保基本、抓基层、打基础、可持续，突出重点，明确措施，确保医改取得实质性进展，使医改的成果群众摸得着、看得见，增强医改的信心和决心。基本医保覆盖面逐步扩大，惠及3.9亿城镇职工和居民；国家基本药物制度初步建立，在30%的地区基层医疗机构实施；加快推进6项重大公共卫生项目；在100家公立医院开展改革试点。要进一步加强领导、落实责任、积极探索、因地制宜、量力而行，确保完成今年预定的医改任务，为实现医改目标和推进明年工作打好基础。

八国集团同发展中国家领导人对话会议举行

本报意大利拉奎拉7月9日电 （记者**吴绮敏、史克栋、张磊**）八国集团同发展中国家领导人对话会议9日上午在意大利中部城市拉奎拉举行。除了中国、巴西、印度、墨西哥和南非外，今年与会的发展中国家还有埃及。

与会国领导人在对话会议上讨论了应对国际金融危机与推动世界经济复苏、气候变化、能源安全、粮食安全、国际贸易、发展等当前国际社会最为关心的问题。国务委员戴秉国代表国家主席胡锦涛出席对话会议并就上述议题阐述了中方原则立场。（详细报道见第三版）

与会发展中国家领导人表示，应该落实二十国集团伦敦金融峰会的举措，加强金融市场监管，继续反对贸易投资保护主义。

与会发达国家领导人表示，目前国际金融市场趋于稳定，世界经济危机的积极面开始显现，应该争取世界经济全面复苏，防止国际金融危机再次发生。

国际传真

人民日报

RENMIN RIBAO

人民网　网址：http://www.people.com.cn
手机：http://wap.people.com.cn

2008年5月
13
星期二
戊子年四月初九
人民日报社出版
国内统一连续出版物号
CN11-0065
第21857期（代号1-1）
今日16版

四川省汶川县发生7.8级地震

胡锦涛作出重要指示，要求尽快抢救伤员，确保灾区人民群众生命安全

温家宝赴灾区现场指挥抗震救灾工作

新华社北京5月13日电　北京时间5月12日14时28分，在四川省汶川县（北纬31度，东经103.4度）发生7.8级地震。地震发生后，中共中央总书记胡锦涛立即作出重要指示，要求尽快抢救伤员，确保灾区人民群众生命安全。国务院总理温家宝已赴四川地震灾区，现场指挥抗震救灾工作。

据中国地震局通报，四川汶川发生地震时，宁夏、青海、甘肃、河南、山西、陕西、山东、云南、湖南、湖北、上海、重庆、北京等地均有震感。

记者从四川省地震局了解到，截至12日17时28分，发生300多次余震，最大震级6级。　（下转第五版）

中共中央政治局常务委员会召开会议

全面部署当前抗震救灾工作

中共中央总书记胡锦涛主持会议

会议强调，灾区各级党委、政府和中央各有关部门一定要紧急行动起来，把抗震救灾作为当前的首要任务，尽最大努力把地震灾害造成的损失减少到最低程度。全国各地区各部门一定要大力发扬“一方有难、八方支援”的精神，万众一心、众志成城，迎难而上、百折不挠，共同夺取抗震救灾斗争的胜利

本报北京5月13日电　5月12日晚，中共中央政治局常务委员会召开会议，全面部署当前抗震救灾工作。中共中央总书记胡锦涛主持会议。

会议听取了有关部门关于四川省阿坝藏族羌族自治州汶川县等地地震灾情的汇报。会议强调，灾情就是命令，时间就是生命。灾区各级党委、政府和中央各有关部门一定要紧急行动起来，把抗震救灾作为当前的首要任务，不怕困难，顽强奋战，全力抢救伤员，切实保障灾区人民群众生命安全，尽最大努力把地震灾害造成的损失减少到最低程度。

会议要求，要立即组织人民解放军、武警部队、民兵预备役和医疗卫生人员，尽快赶赴灾区，全力抢救受伤人员。要千方百计向灾区运送食品、饮用水、药品和帐篷、防寒衣被等救灾物资，确保灾区群众有饭吃、有衣穿、有干净水喝、有临时住处。要迅速组织力量，抓紧抢修受损的设施和设备，尽快恢复灾区的通路、通电、通信和供水。要严密监测地震灾情，采取有效措施，防止次生灾害发生，同时要科学组织救灾工作，防止造成新的伤亡。要切实做好稳定人心的工作，加强正面舆论引导，对那些散布谣言、干扰破坏抗震救灾的行为，要坚决依法处理，确保社会大局稳定。

为加强对抗震救灾工作的领导，中央决定成立抗震救灾总指挥部，由温家宝同志任总指挥，李克强、回良玉同志任副总指挥，全面负责当前的抗震救灾工作。

中央号召，灾区各级党组织和全体共产党员一定要坚持人民利益高于一切，奋不顾身地投入到抗震救灾第一线，急人民群众之所急，解人民群众之所难，把党和政府的关怀送到每一个受灾群众中去。全国各地区各部门一定要大力发扬“一方有难、八方支援”的精神，万众一心、众志成城，迎难而上、百折不挠，共同夺取抗震救灾斗争的胜利。

吴邦国会见几内亚比绍国民议会议长

新华社北京5月12日电　（记者徐松）全国人大常委会委员长吴邦国12日下午在人民大会堂会见了几内亚比绍国民议会议长贝南特。

吴邦国说，近年来，中国和几内亚比绍两国在和平共处五项原则基础上，双边关系健康、稳定发展，高层交往密切，政治互信不断加深。中方赞赏几内亚比绍政府和议会坚定奉行一个中国政策，尊重几比人民根据本国国情选择的发展道路。吴邦国表示，中方重视发展与几内亚比绍的关系，希望双方在巩固和发展政治互信的基础上，着力推动农业、渔业、卫生等领域的务实合作，为两国和两国人民造福。

吴邦国指出，议会关系是国家关系的重要组成部分。中国全国人大愿与几内亚比绍国民议会保持高层交往，加强专门委员会、友好小组和办事机构的往来，开展治国理政等方面的经验交流，推动两国关系的全面发展。

谈到中非关系时，吴邦国指出，中非合作论坛北京峰会的成功召开，确立了双方新型战略伙伴关系，中非合作进入了全面发展的新时期。目前，胡锦涛主席宣布的加强中非务实合作的8项政策措施稳步实施，并取得阶段性成果。今年是落实峰会成果的关键一年，中方将继续与非洲国家密切配合，切实推进双方关系的发展，造福于中非人民。

贝南特表示，在争取民族独立斗争和今天的经济社会建设过程中，几内亚比绍得到中方的宝贵支持和帮助，几比人民对此深表感激。几比方高度重视发展对华关系，希望学习借鉴中国发展的成功经验。几比议会愿与中国全国人大进一步加强友好交往，为增进两国人民的友谊，促进务实合作发挥桥梁作用。贝南特重申，几内亚比绍将毫不动摇地坚定奉行一个中国政策，支持中国的统一大业。

温家宝主持召开国务院抗震救灾指挥部会议

子夜时分在震区都江堰临时搭起的帐篷内

新华社都江堰5月12日电　（记者李斌、黎大东）中共中央政治局常委、国务院总理温家宝今天晚上11时40分在地震灾区都江堰临时搭起的帐篷内召开国务院抗震救灾指挥部会议，分析当前抗震救灾形势，部署下一步抗震救灾工作。

目前，已有近两万解放军和武警官兵到达灾区开展救援。另有2.4万名官兵紧急空运到重灾区，还有1万名官兵通过铁路输送前往灾区，实施应急救助。3000名公安消防和特警也将紧急调往灾区。中国国际救援队也已抵达灾区，开始救援。

温家宝提出四项要求：

第一，现在第一位的工作是抓紧时间救人，多争取一分一秒的时间就可能多抢救出一个被困者。我们必须把抗震救灾工作组织好，尽最大力量救人。要调动更多的解放军和武警部队官兵紧急投入到抗震救灾中。

第二，要不惜一切代价连夜打通道路。这是目前抗震救灾工作的关键。同时，要采取措施，尽快恢复通水、通电、通讯，不能有丝毫耽误。

第三，卫生部要统筹协调，从各地调医疗人员赶赴灾区。要准备好足够的救护车、药品等。

第四，要全力妥善安置好受灾群众，要紧急从各地调运大批帐篷，满足群众避震、避雨需要。

温家宝强调，人命关天，救人要紧，抗震救援要科学、有序、统一进行。干部和党员要站在第一线，组织好抗震救灾工作。

据了解，截至13日零点，四川灾区死亡人数已达近万人。

温家宝抵达四川指挥抗震救灾

要求各级领导干部要站在抗震救灾的第一线，身先士卒，带领广大群众做好抗震救灾工作

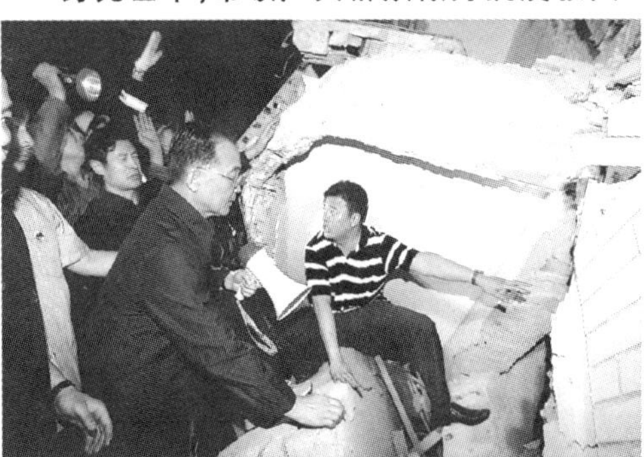

5月12日，中共中央政治局常委、国务院总理温家宝在都江堰市一所医院的废墟中，透过缝隙向埋在里面的人喊话。　新华社记者　姚大伟摄

新华社成都5月13日电　（记者李斌、黎大东）四川7.8级地震发生后，中共中央政治局常委、国务院总理温家宝12日下午乘坐专机赶赴四川，前往受灾严重的地区现场指挥抗震救灾工作。

12日下午2时28分，四川省汶川县发生7.8级地震。地震波及的有感范围包括四川、宁夏、甘肃、青海、陕西、山西、山东、河南、湖北、湖南、重庆、江苏、北京、上海、贵州、西藏等16个省、自治区、直辖市。

飞机起飞前，温家宝要来四川省地图，和国务委员兼国务院秘书长马凯、国务委员孟建柱一起听取有关部门的汇报，了解情况。

下午4时40分许，飞机起飞后，温家宝就主持召开紧急会议部署工作。他说，四川发生了特别重大的地震灾害。据目前掌握的情况，灾情发生后，党中央、国务院高度重视，胡锦涛总书记作了重要指示，国务院成立了以我为总指挥的抗震救灾指挥部，并设立有关部门、军队、武警部队和地方党委、政府主要负责人参加的救援组、预报监测组、医疗卫生组、生活安置组、基础设施组、生产恢复组、治安组、宣传组等8个抗震救灾工作组。

温家宝说，这次抗震救灾工作时间特别紧迫，责任特别重大，任务特别艰巨，各级党委、政府要把保护人民生命财产安全放在第一位，全力做好被困群众和受伤群众的救治工作，安排好受灾群众生活，全力组织恢复受损的基础设施，特别要抓紧通水、通电、通路，保证通讯畅通，保证重要基础设施和水库大坝、铁路公路涵洞的安全，保证社会秩序的正常。

温家宝强调，党中央、国务院要求，各级领导干部要站在抗震救灾的第一线，身先士卒，带领广大群众做好抗震救灾工作。要发扬不怕牺牲、不怕疲劳、连续作战的作风，一切想着人民，一切为了人民，一切为人民的利益而工作。

温家宝说，在灾害面前，最重要的是镇定、信心、勇气和强有力的指挥。我相信，在党中央和国务院的坚强领导下，广大军民团结一致，众志成城，我们一定能够战胜这场特别重大的地震灾害。

19时10分许，温家宝一行抵达成都后随即乘车前往震中地区。　（下转第四版）

贾庆林会见斯洛文尼亚总理

本报卢布尔雅那5月12日电　（记者孙广勇）5月12日，全国政协主席贾庆林在卢布尔雅那会见斯洛文尼亚总理扬沙。

贾庆林说，今天恰逢中斯建交16周年。16年来，两国关系健康发展，政治对话频繁，经济合作日益扩大，文化、教育等领域交流不断深入。中方高度重视发展中斯关系，视斯洛文尼亚为中国在中东欧地区的重要合作伙伴，愿与斯方共同推动双边关系不断达到新水平。

扬沙说，贾庆林此访具有特殊意义。16年前的今天，斯中两国建立外交关系。建交以来，双方本着相互尊重、相互信任的原则在广泛领域开展富有成效的合作，目前两国关系已达到很高水平。

关于双边经贸合作，贾庆林表示，提高两国经贸合作水平是保持中斯友好合作关系可持续发展的重要基础。近年来，两国经贸合作规模不断扩大。今后双方应继续挖掘潜力，加强合作：第一，充分发挥政府间经贸混委会、商会的宏观指导作用，为双方企业界的合作提供法律保障、政策咨询和信息服务。第二，积极开展在能源、环保、科技创新、港口运输等重点领域的合作，推动双方企业界增加直接接触，开展多形式、多渠道的合作。第三，调动地方政府的积极性，鼓励和支持开展友好省市交往，加强地方经贸合作。

扬沙表示，中国是斯洛文尼亚重要的经贸合作伙伴，双边经贸关系不断提升，合作潜力巨大。斯方希望加强同中国在贸易、投资、物流、食品加工等方面的合作，支持双方企业加强交流合作，建立密切关系，不断夯实双边关系基础。

关于中欧关系，贾庆林表示，当前中欧关系总体良好，双方迄今已建立多个磋商与对话机制，并在政治、经贸、科技、能源、环境等40多个领域开展了富有成效的合作。　（下转第三版）

习近平会见美国常务副国务卿

新华社北京5月12日电　（记者荣燕）国家副主席习近平12日在人民大会堂会见了美国常务副国务卿内格罗蓬特。

习近平说，建交30年来，中美关系在曲折中不断前进，取得了历史性发展，给两国人民带来了巨大的利益，也为亚太地区和世界的和平与发展发挥了重要作用。当前，国际形势继续发生深刻复杂变化。中美作为具有重要影响的两个大国，拥有的共同责任和共同利益不是减少了，而是增加了；加强合作的必要性不是降低了，而是上升了。中国政府高度重视中美关系。我们愿与美方一道，继续落实两国元首达成的重要共识，加强对话、交流与合作，妥善处理分歧和敏感问题，确保中美关系持续稳定发展，更好地造福于两国人民和世界人民。

习近平阐述了中国政府在台湾、涉藏等问题上的原则立场和政策主张，希望美方慎重、妥善处理有关问题，维护中美两国人民友好和两国关系发展大局。

习近平还介绍了北京奥运会筹备进展情况，对美国政府支持北京奥运会、反对将奥运会政治化的立场表示赞赏，表示中国政府和人民有信心、有能力成功举办一届高水平、有特色的奥运会。

内格罗蓬特表示，美中关系一直保持着不断发展的良好势头。双方高层及其他各级别的交往频繁，对话合作领域广泛，成果显著。中国已成为美国重要的贸易伙伴和出口市场。加强美中两国的合作符合美国的利益，不管美国哪个政党执政，美方都会致力于推动美中关系向前发展。

内格罗蓬特重申了美方坚持一个中国政策，遵守中美三个联合公报的立场。美国承认西藏是中国的一部分，反对“西藏独立”。美方希望北京奥运会取得成功，愿就此同中方加强沟通与合作。

内格罗蓬特还对中国四川省发生强烈地震表示慰问。

外交部副部长王毅参加了会见。

李克强在全国经济普查领导小组会议和电视电话会议上强调

全面准确客观真实地掌握经济情况 为促进经济又好又快发展提供科学依据

本报北京5月12日电　国务院12日上午召开第二次全国经济普查领导小组会议和电视电话会议，中共中央政治局常委、国务院副总理李克强出席并讲话。他强调，第二次全国经济普查是一次重大的国情国力调查，也是一次重要的社会动员活动。我们要全面贯彻党的十七大精神，深入贯彻落实科学发展观，认真做好第二次全国经济普查各项工作，全面准确客观真实地掌握经济情况，为促进经济又好又快发展提供科学依据。

李克强指出，经济普查是掌握国情国力的有效办法，党中央、国务院高度重视经济普查工作。第一次全国经济普查以来，我国经济规模、产业结构和企业组织发生了新的变化，人民群众对经济发展和生活改善有了新的期待。开展第二次全国经济普查对于加强和改善宏观调控、完善社会主义市场经济体制具有重要意义。他说，上次普查，全国经济总量比常规统计有所增加，一些地方经济总量也作了调整。再次开展普查，进一步掌握全国GDP总量以及各地生产总值的新变化，可以为宏观调控决策提供科学依据。同时，摸清全国各类单位和个体经营户的基本情况，可以为政府履行经济调节和市场监管职责、企业与社会公众正确判断经济形势提供基础信息，是完善体制机制的客观需要。　（下转第四版）

人民日报

RENMIN RIBAO

今日16版（华东、华南地区20版）

人民网网址：http://www.people.com.cn
http://www.peopledaily.com.cn

国内统一刊号：CN11-0065
第20005期　（代号1-1）

人民日报社出版

2003年4月
18
星期五
癸未年三月十七

北京地区天气预报
白天　多云转晴
降水概率20%
风向　偏北
风力　三、四级
夜间　晴
降水概率0%
风向　偏北
风力　一、二级
温度　17℃/6℃

国民经济主要指标增长普遍加快

一季度GDP增长9.9%

本报北京4月17日讯　记者朱剑红报道：国家统计局新闻发言人姚景源今天在这里宣布，今年一季度国民经济保持良好发展势头，主要经济指标增长普遍加快，增长质量和效益明显改善。初步测算，一季度国内生产总值达23562亿元，同比增长9.9%，比去年同期加快2.3个百分点，是1997年以来同期增长最快的。其中，第一产业增加值1631亿元，增长3.5%；第二产业增加值13414亿元，增长12.3%；第三产业增加值8517亿元，增长7.6%。

一季度工业生产和固定资产投资增速较猛，农业和市场消费平稳增长。1—3月份，规模以上工业企业完成工业增加值8343亿元，增长17.2%，比去年同期加快6.3个百分点。2003年我国粮食播种面积约为229.5万公顷，比上年减少2.2%；棉花、油料面积分别增长16%和4.1%，蔬菜和药材等播种面积增加，优质专用小麦、玉米和"双低"油菜播种面积继续扩大。畜牧业和渔业生产稳定增长，一季度肉类和水产品产量分别增长3.4%和2%。全社会固定资产投资6155亿元，增长27.8%，比去年同期加快8.2个百分点。社会消费品零售总额11109亿元，增长9.2%，比去年同期加快0.8个百分点。

对外经济发展速度较快，一季度进出口总额1737亿美元，增长42.4%，比去年同期加快34.8个百分点。其中，出口增长33.5%，比去年同期加快23.6个百分点。进口增长52.4%，加快47.3个百分点。主要是由于能源类产品、建筑用品、汽车、食用油等进口快速增长和进口产品国际市场价格上涨幅度较大。进出口相抵，逆差10亿美元，去年同期为顺差73亿美元。外商直接投资快速增长。1—3月份，外商直接投资合同金额229.8亿美元，增长59.6%；实际使用金额130.9亿美元，增长56.7%，分别比去年同期加快48.2和29.2个百分点。

市场价格止跌回升。1—3月份，居民消费价格总水平同比上涨0.5%，是自2001年11月份以来首次出现上涨。其中，1月份上涨0.4%，2月份上涨0.2%，3月份上涨0.9%。1—3月份，商品零售价格同比下降0.2%，但降幅比去年同期明显缩小，其中3月份同比上涨0.2%。1—3月份，工业品出厂价格上涨3.6%，原材料、燃料、动力购进价格上涨4.6%，均扭转了近两年来持续下降的局面。

一季度国民经济发展取得了速度、结构、质量和效益的统一。1—2月份，工业企业盈亏相抵后实现利润总额980亿元，增长1.2倍。财政收入大幅增加，1—3月份，全国财政收入5205亿元，增长36.7%，比去年同期加快33.3个百分点，财政支出增长相对平稳，收支相抵有较大盈余。城乡居民收入继续增加。1—3月份，城镇居民人均可支配收入2355元，比去年同期实际增长8.4%；农村居民人均现金收入737元，实际增长7.5%。

中共中央政治局常务委员会召开会议
研究进一步加强非典型肺炎防治工作

中共中央总书记胡锦涛主持会议

各级党委和政府一定要从实践"三个代表"重要思想和贯彻十六大精神的高度，进一步认识做好非典型肺炎防治工作的极端重要性，把它作为当前的一项重大任务抓紧抓好

要本着沉着应对、措施果断，依靠科学、有效防治，加强合作、完善机制的总体要求，切实做好非典型肺炎防治工作

各级领导干部一定要切实把广大人民群众的身体健康和生命安全放在第一位，党政主要领导要亲自抓、负总责。要准确掌握疫情，如实报告并定期对社会公布，不得缓报、瞒报

新华社北京4月17日电　中共中央政治局常务委员会17日召开会议，专门听取有关部门关于非典型肺炎防治工作的汇报，并对进一步做好这项工作进行了研究和部署。中共中央总书记胡锦涛主持会议。

会议指出：做好非典型肺炎的防治工作，关系到广大人民群众的身体健康和生命安全，关系到我国改革发展稳定的大局。党中央、国务院对此十分关心、高度重视，多次召开会议研究，采取了一系列重大措施。各地区、各部门按照中央要求做了大量工作，防治工作取得了明显的成效。同时也要看到，由于非典型肺炎是一种新发现的疾病，其防治工作具有相当的艰巨性、复杂性。当前，要继续毫不松懈地加强防治工作，巩固取得的成果，解决存在的问题。各级党委和政府一定要从实践"三个代表"重要思想和贯彻十六大精神的高度，进一步认识做好非典型肺炎防治工作的极端重要性，把它作为当前的一项重大任务抓紧抓好。

会议指出，要本着沉着应对、措施果断，依靠科学、有效防治，加强合作、完善机制的总体要求，切实做好非典型肺炎防治工作。当务之急是采取果断措施，控制疫病蔓延。关键是要做到早发现、早报告、早隔离、早治疗，切断传播途径。要坚持分类指导，全面加强预防。防治工作取得明显成效的地方，要总结经验，巩固成果，防止反复；新出现疫病的地方，要坚决防止疫病的扩散和传播；没有发生疫病的地方，要保持高度警惕，制订切实可行的预案。要强化救治工作，组织力量攻关，尽快研究有效的治疗方法，增强治疗效果，切实提高治愈率。对攻关所需的人力、物力、财力，有关部门要给予积极支持。要抓紧建立公共卫生应急处理机制。要加强国际和地区合作，交流预防治疗经验，提高防治效果。

会议强调，要切实加强对防治工作的领导，建立严格的责任制，把各项工作落到实处。各级领导干部一定要切实把广大人民群众的身体健康和生命安全放在第一位，党政主要领导要亲自抓、负总责，建立工作机构和协调机制，保证防治工作所需的资金。要广泛发动群众，动员社会力量，加强疫病的跟踪监测，建立和完善防疫网。特别要注意做好机关、学校、企事业单位的防疫工作。各地党委和政府要对该地区的防治工作实行统一领导，统一指挥，统筹医疗卫生资源。对生活困难的患者，要实行医疗救助，保证他们及时得到有效治疗。要关心医务人员的健康，配备必要的防护设备。要准确掌握疫情，如实报告并定期对社会公布，不得缓报、瞒报。要向广大群众宣传科学的防护知识，增强群众的防病意识。

会议要求，各级党委和政府及社会各个方面要行动起来，团结一致，坚定信心，扎实工作，夺取非典型肺炎防治工作的胜利。

大连新船重工强化主业进军辅业
开发近二十种先进船型竞雄市场

本报大连4月17日电　3月25日，国内最大的20万吨浮式生产储油船在大连新船重工有限责任公司建成出坞。在此之前，大连新船重工交付了一艘国内航速最快、载箱量最大、现代化程度最高的全集装箱船。总经理沙均刚告诉记者，目前大连新船重工的订单已经排到了2005年。

作为中国船舶重工集团公司所属的国内最大规模的现代化船舶总装厂，新船重工是国家批准的特大型企业之一和大型船舶出口基地。1997年，大连新船重工曾陷入了"船难接、活难干、船难交"的困难境地。新上任的公司领导班子审时度势，果断决定放弃大小船厂都盯着的"大路货"，集中力量造技术含量高的大船，向高附加值的海洋工程船舶及非船产品进军。通过几年的产品结构调整，大连新船重工在生产经营上已形成了主业更强，海洋工程、非船产品比翼齐飞的可喜局面。海洋工程产值以年均20%的速度增长。

设计建造超大型油轮，标志一个国家造船工业水平的提高。从1998年开始，大连新船重工开始了造超大型油轮项目的尝试。2001年11月1日，我国首条30万吨超大型油轮（VLCC）终于在这里漂浮出坞。这不仅实现了中国在超大型船舶设计建造上"零"的突破，实现了几代中国造船人的梦想，同时也打破了日本、韩国等少数造船强国在这一领域的垄断。几年来，大连新船重工通过科技进步和企业创新，跟踪国际市场的需求信息，使产品开发做到"建造一代"、"开发一代"、"储存一代"，先后成功开发了9.8万吨成品油轮、5.2万吨大舱口多用途船、15万吨散货船、11万吨成品油轮、BG—9000第五代半潜式钻井平台、15万吨海上浮式生产储油轮、5618TEU集装箱船等近20种具有当代国际先进水平的船型。

国际船舶市场变化万千，今天还是在波峰，明天也许就会跌入谷底。新船重工几年来着力发展海洋工程产品和非船产品，先后为国内外业主建造了浅海区的组合式、自升式钻井平台、深海区的半潜式钻井平台、海洋工程上部结构等，成功地为中海油总公司所属的秦皇岛油田、文昌油田设计建造了两条15万吨浮式生产储油船（FPSO）。今年3月25日，大连新船重工为美国考努科公司建造的目前我国吨位最大的20万吨浮式生产储油船建成出坞，标志着我国造船业与当今世界大型海洋工程制造商联手合作、共同参与大型国际海洋工程装备承包取得成功，同时也表明大连新船重工在海洋工程开发上又向前迈进了一步。（王　科　陈序平）

国企展雄风

投入四十三亿元资金　依法治湖措施扎实
云南治理九大高原湖泊水污染

本报昆明4月17日电　记者宣宇才报道：近日，金线鲅再现滇池周围水源区！金线鲅是云南最古老的土著鱼种之一，性好清新空气、清洁水质，上世纪70年代以来，由于滇池及其周围污染不断加剧，金线鲅逐渐难觅踪影。有关专家认为，金线鲅的再现与滇池周围环境的改善有密切关系。

云南省委、省政府高度重视以滇池为重点的九大高原湖泊水污染防治工作，成立了以徐荣凯省长为组长的领导小组。五个地、州、市加强了湖泊治理的法制建设，提高了依法治湖水平。昆明市重新修订了《滇池保护条例》、《滇池流域水污染物排放标准》等法规，对滇池流域几十家主要排放废水的企业实施了水污染排放许可证制度，各采石点全面封停。丽江两湖发布禁止销售和使用含磷洗涤用品公告；宁蒗县组织泸沽湖沿岸群众学习《泸沽湖风景区管理条例》，办法律学习班，印发手册3000本。省环保局沿滇池流域开展环保宣传下乡活动，使保护"九湖"逐渐形成社会共识。

云南省保护和治理九大湖泊采取了更加科学有效的方法。昆明市抓好九条入湖河道"清污分流"整治，组织实施截污治污工程。大理白族自治州去年全面完成洱海退田、退房、退鱼塘和还林、还湖、还湿地的"三退三还"工作，在洱海湖滨地带建成3000口沼气池，退耕还林和荒山造林4.4万亩。玉溪市抓紧开工建设抚仙湖、星云湖出流改道和杞麓湖调蓄水工程，加强监管湖周重点工业污染企业，严防工业污染反弹。红河州疏浚异龙湖污染底泥。截至去年底，云南省向"九湖"重点工程共投入资金43.08亿元。

目前，云南省基本遏制九大湖泊水环境恶化趋势，综合防治取得初步成效。滇池外海有机污染及有毒污染基本控制，草海水体透明度有提高，阳宗海水质保持在3类，抚仙湖水质保持1类，星云湖水质为4类，杞麓湖水质为5类，异龙湖水质为5类，洱海水质为2类，泸沽湖水质保持1类，程海稳定在3类。

近日，济南火车站工作人员开始对候车室进行消毒。为预防"非典"，工作人员一日三次清洗候车室等旅客集中地，并对座椅、电梯扶手重点消毒。
王晓峰　王　震摄影报道

说说"大树进城"

金晴中

有的地方，为了加快城市绿化，尝试着从山区购买大树移栽城里。虽然人们对此看法不尽相同，但在科学决策基础上，因地制宜，精心实施"大树进城"，这或许是推动城市绿化工作、促进农民增收的一个办法。因为某些地方，确有成功的例子。

我们也看到，有的地方却不讲科学，不顾条件，一哄而上，不仅大树进城后的成活率低，原生长地生态环境也遭到较大破坏。尤其值得注意的是，少数地方大树进城的背后，是"政绩工程"的念头在作怪。有的人的想法是，先种上，绿起来再说，但却忘记了一句古语——揠苗助长，"苗"是拔起来了，不久的将来却是要枯萎的，所谓"政绩"也注定是虚假而短暂的。大树进城可以试，但一定要端正思想，讲求科学，民主决策，踏实工作。不顾客观条件和实际可能，盲目跟风，特别是为出"政绩"而绿化、美化，工作肯定是搞不好的。

今日谈

北京一季度经济实现"开门红"

今年第一季度，北京市经济实现"开门红"。据统计，一季度全市实现国内生产总值666.3亿元，比上年同期增长12.7%，增长率比去年同期提高5.4个百分点。全市一、二、三产业均保持了快速发展的良好态势。据初步测算，第一产业实现增加值14.9亿元，同比增长5.3%；第二产业247.9亿元，增长14.4%；第三产业403.5亿元，增长11.9%。汽车产业增势强劲，带动了交通设备制造业生产成倍增长。（王建新）

安徽"小巨人"工程推进中小企业发展

安徽省日前公布了安徽世林电光源有限公司等100户"专精特新"中小工业企业名单，将把它们作为实施"小巨人"战略的突破口和切入点给予重点扶持。安徽省企业总数的99%属中小企业，全省八成以上职工在中小企业就业。"小巨人"工程旨在通过强专、扩精、优特、拓新，培育企业的市场竞争力和持续发展能力。（何　聪）

青海一季度经济增幅创新高

2003年一季度，青海国民经济运行呈现快速发展的良好态势。全省完成国内生产总值64.52亿元，按可比价格计算，比去年同期增长10.1%，是近年来同期最高增幅。其中第一产业完成增加值2.6亿元，增长1.6%；第二产业完成增加值24.52亿元，增长14.6%；第三产业完成增加值37.4亿元，增长9.2%。（马应珊）

新闻简报

浙江省第一张专门为下岗失业人员和"农转非"失业人员设计的"技能培训券"近日在杭州高新区（滨江）发行。凭这张券，该区失业人员可学会一技之长，并免掉300元培训费。需要培训的失业人员凭本人的《杭州市失业证》或《杭州市就业援助证》就可以到所在地劳动保障室领取培训券。
张　斌摄

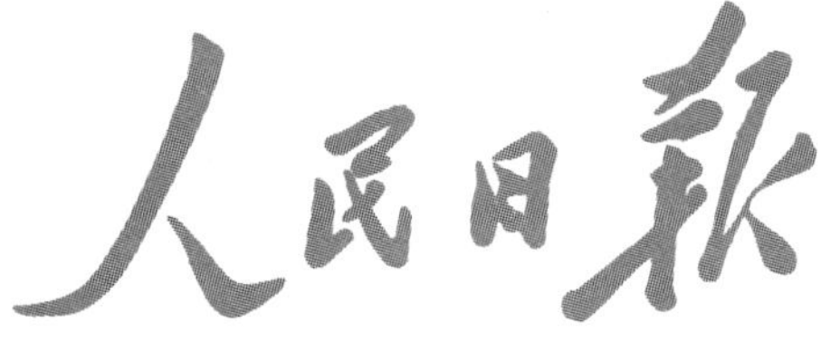

RENMIN RIBAO

人民网　网址：http://www.people.com.cn
手机：http://wap.people.com.cn

2012年5月
29
星期二
壬辰年闰四月初九
人民日报社出版
国内统一连续出版物号
CN 11-0065
第23334期（代号1-1）
今日24版

凝聚中国力量　情洒大漠边疆

——新一轮对口援疆的报告

本报记者　丁　伟　戴　岚　孔祥武　汪晓东

喀什经济开发区，由在中国改革开放中率先"杀出一条血路"的深圳对口援建；

霍尔果斯经济开发区，由被誉为"中外经济技术合作的典范"的苏州工业园区对口援建；

冰雪文化丰厚的北屯市，由"冰城"哈尔滨对口援建；

煤炭资源富集的阜康市，由能源资源大省山西对口援建……

这是跨越万水千山的心手相牵，更是社会主义制度优越性的生动展现！

2010年3月底，全国对口支援新疆工作会议在北京召开，新一轮对口援疆工作由此启动。当年5月，中共中央国务院召开新疆工作座谈会，提出了推进新疆跨越式发展和长治久安两大历史任务。"加快建设繁荣富裕和谐稳定的社会主义新疆，是全党全国各族人民的共同意志，是全体中华儿女的共同责任。"胡锦涛总书记的重要讲话高瞻远瞩，情深意长。

天山青松根连根，各族人民心连心。看大漠戈壁，中国力量再次凝聚；望天山南北，发展活力竞相迸发。

从"干部援疆"到"全面援疆"

——这是"两个大局"战略思想的生动实践，也是促进区域协调发展的战略举措

"把疏附县当作广州的第十三个区县来建设，建成体现广州援建水平的南疆明珠"；

"把阿克陶县当作江西的第100个县，要像当年苏区支援红军一样支持阿克陶建设"；

"将援疆规划纳入湖北省经济社会发展总体规划，发展统筹谋划，资金项目统筹安排，干部、人才、技术力量统筹考虑"……

新疆的事情就是我们自己的事情，对口支援地区就是我们自己的市县——尽管对口援建省市的具体做法各有所长，但是这样的认识高度统一。

改革开放初期，邓小平同志就高瞻远瞩地提出"两个大局"思想。他说："沿海地区要加快对外开放，使这个拥有两亿人口的广大地带较快地先发展起来，从而带动内地更好地发展，这是一个事关大局的问题。内地要顾全这个大局。反过来，发展到一定的时候，又要求沿海拿出更多力量来帮助内地发展，这也是个大局。那时沿海也要服从这个大局。"

不止一位对口援疆省市的主要领导说过：作为"两个大局"战略的先期受益者，我们沿海地区在改革开放初期得到了国家政策的倾斜，得到了包括新疆在内的内地省区市的帮助和支持，在一定程度上实现了先富起来的目标。现在，对口支援新疆就是服从第二个大局、帮助新疆各族群众实现共同富裕的重要体现，也是我们义不容辞的责任。

（下转第十六版）

中共中央政治局召开会议

研究深化科技体制改革　加快国家创新体系建设

中共中央总书记胡锦涛主持会议

新华社北京5月28日电　中共中央政治局5月28日召开会议，研究深化科技体制改革、加快国家创新体系建设。中共中央总书记胡锦涛主持会议。

会议指出，建设创新型国家，加快转变经济发展方式，实现我国发展的战略目标，最根本的是要靠科技的力量，最关键的是要大幅提高自主创新能力。当前，我国进入全面建设小康社会的关键时期和深化改革开放、加快转变经济发展方式的攻坚时期。科技在经济发展中的作用日益凸显，新科技革命和全球产业变革步伐加快，我国科技发展既面临重要战略机遇，也面对严峻挑战。必须在深化科技体制改革上取得新的重要进展，建立健全科学合理、富有活力、更有效率的创新体系，激发全社会创造活力，实现创新驱动发展。

会议强调，深化科技体制改革，要高举中国特色社会主义伟大旗帜，以邓小平理论和"三个代表"重要思想为指导，深入贯彻落实科学发展观，大力实施科教兴国战略和人才强国战略，坚持自主创新、重点跨越、支撑发展、引领未来的指导方针，全面落实科技规划纲要，以提高自主创新能力为核心，以促进科技与经济社会发展紧密结合为重点，着力解决制约科技创新的突出问题，充分发挥科技在经济发展方式转变和经济结构调整中的支撑引领作用，加快建设国家创新体系，为2020年进入创新型国家行列、全面建成小康社会和新中国成立100年时成为世界科技强国奠定坚实基础。

会议要求，深化科技体制改革要突出重点、务求实效。要围绕科技与经济紧密结合这个核心问题，强化企业技术创新主体地位，加快建立企业主导产业技术研发创新的体制机制。要提高科研院所和高等学校创新服务能力，强化协同创新，加强统筹协调，优化结构布局，推进科研院所分类改革，强化科技资源开放共享，建立基础研究、应用研究、技术创新、成果转化协调发展的机制，提高国家创新体系整体效能。要统筹发挥政府调控作用和市场在资源配置中的基础性作用，完善科技项目、经费管理制度和科技评价、奖励制度，形成激励创新正确导向。要加强高水平领军人才和青年科技人才培养，引进海外优秀人才，支持归国留学人才创新创业。要建立健全科学合理的人才评价标准，加强科研诚信建设，营造科学民主、宽松包容的学术氛围，进一步激发广大科技人员积极性和创造性。要落实和完善相关法律法规和政策措施，为科技创新发展提供有力保障。

会议还研究了其他事项。

吴邦国会见伊斯坦布尔省省长

当地时间5月28日，全国人大常委会委员长吴邦国在伊斯坦布尔会见土耳其伊斯坦布尔省省长穆特鲁。　新华社记者　马　研摄

本报伊斯坦布尔5月28日电　（记者**马剑**）中国全国人大常委会委员长吴邦国当地时间28日下午在此间会见了土耳其伊斯坦布尔省省长穆特鲁。

吴邦国说，很高兴在结束欧洲四国之行后过境伊斯坦布尔。中土友好源远流长。近年来，双方高层交往频繁，各领域合作成果显著，在国际和地区事务中保持良好沟通与协调。中方高度评价不久前埃尔多安总理对中国的成功访问，愿与土方一道，落实好两国领导人就加强战略合作达成的重要共识，使中土关系不断迈上新台阶。吴邦国指出，中土两国地方合作积极活跃、富有成效，极大地丰富了中土关系的内涵。伊斯坦布尔作为土重要的工业、运输、贸易、文化和金融中心，

（下转第二版）

首届中国（北京）国际服务贸易交易会开幕

温家宝出席开幕式并发表演讲

本报北京5月28日电　（记者**朱竞若、崔鹏、余荣华**）首届中国（北京）国际服务贸易交易会28日上午在北京国家会议中心开幕。中共中央政治局常委、国务院总理温家宝出席开幕式并发表了题为《在扩大开放中推动服务贸易发展》的演讲（**演讲全文见第三版**）。

温家宝说，创办中国（北京）国际服务贸易交易会，是中国扩大对外开放、推动服务业和服务贸易快速发展的重要举措。

温家宝指出，伴随经济全球化深入发展和产业结构深刻调整，新兴服务业和服务贸易成为推动世界经济和贸易增长的重要动力。2011年，我国服务业占国民经济的比重达到43.1%，吸纳就业人口约2.7亿；服务贸易总额突破4000亿美元，居世界第四位；服务业吸收外资552亿美元，首度超过制造业成为利用外资最多的领域。

温家宝说，中国政府在"十二五"规划中明确提出，要把推动服务业大发展作为产业结构优化升级的战略重点。中国服务业发展潜力巨大。我们要深入推进服务领域各项改革，积极扩大服务业对外开放，大力优化服务业结构，努力营造有利于服务业发展的政策环境。

温家宝说，当前，世界经济复苏曲折艰难。国际社会应当携起手来，共同推动服务贸易自由化便利化，促进国际服务贸易发展，为实现世界强劲、可持续、平衡增长提供有力支撑。他提出了四点倡议：第一，加快推动多哈谈判，促进服务贸易自由化进程；第二，加强服务贸易监管合作，营造更加便利的政策环境；第三，加快高新技术与服务业融合，共同推进服务贸易创新与变革；第四，关注发展中国家诉求，促进全球服务贸易均衡发展。

（下转第三版）

温家宝会见世贸组织总干事拉米

新华社北京5月28日电　（记者**徐松**）国务院总理温家宝28日在国家会议中心会见出席首届中国（北京）国际服务贸易交易会的世贸组织总干事拉米。

温家宝说，举办京交会体现了中国秉持开放合作的理念并付诸行动，对于支持国际社会应对金融危机具有重要意义。

温家宝表示，越是在世界经济困难的时候，越应当大力推进贸易自由化，这有利于促进世界经济增长，增加就业。中国是国际自由贸易规则的遵循者，也是推进者。中国政府将加强同世贸组织的配合，推动多哈回合谈判取得进展。

拉米表示，服务业占世界经济的比重越来越大。国际社会乐见中国在推进服务贸易方面发挥引领作用。中国通过举办京交会，向外界发出促进世界经济复苏、支持贸易自由化进程、坚持改革开放的强有力信号。拉米感谢中国积极参与多哈回合谈判，认为国际社会应增强信心，共同作出不懈努力。

北京市委书记刘淇、商务部部长陈德铭、北京市市长郭金龙等参加了会见。

温家宝会见出席首届中国（北京）国际服务贸易交易会的外国领导人

本报北京5月28日电　（记者**杜尚泽**）国务院总理温家宝28日在人民大会堂分别会见出席首届中国（北京）国际服务贸易交易会的津巴布韦总理茨万吉拉伊、老挝总理通辛和卡塔尔首相兼外交大臣哈马德。

在会见茨万吉拉伊时，温家宝说，中国与津巴布韦有着深厚的传统友谊，两国关系政治基础牢固。中方愿在教育、医疗、农业、能源等与民生密切相关的领域继续向津方提供帮助。双方要加强对经贸合作的指导规划。中国政府鼓励本国企业赴津巴布韦投资，更多地向津方转让实用技术，增强津方自我发展能力。

茨万吉拉伊感谢中国长期以来对津巴布韦的帮助和支持，表示津方致力于巩固和发展两国业已存在的良好关系，愿学习借鉴中国的发展经验，扩大互利合作，推动两国关系取得更大发展。

在会见通辛时，温家宝说，中国和老挝都处于改革和发展的关键时期，面对错综复杂的形势，双方要巩固睦邻友好，维护共同利益，抓紧研究制订落实中老全面战略合作伙伴关系的行动计划，在矿产、水电、农业、交通等重点领域加强合作。中方赞赏老方积极参与湄公河执法安全合作，希望沿岸各国齐心协力，为地区经济发展和人民生活创造稳定安宁的环境。

通辛说，老中是好邻居、好朋友、好同志、好伙伴，感谢中方长期以来提供的宝贵支持，老方愿与中方加强在治国理政方面的交流借鉴，保持高层交往，深化经贸、交通、科技、人文等领域的交流合作，共同打击贩毒和跨国犯罪，密切在国际、地区事务中的协调配合。

（下转第三版）

贾庆林会见老挝总理通辛

本报北京5月28日电　（记者**杜尚泽**）全国政协主席贾庆林28日在人民大会堂会见来访的老挝总理通辛。

贾庆林表示，当前中老关系呈现良好发展势头。两国最高领导人保持年度会晤，治国理政经验交流不断深化，经贸合作成果丰硕，双方在国际地区事务中保持密切协调和配合。老挝党和政府在涉及中国重大关切问题上一贯给予中方坚定支持。去年湄公河"10·5"案件发生后，老方全力配合中方推进中老缅泰湄公河执法安全合作，中方对此表示高度赞赏。

贾庆林说，中方一贯从战略高度看待和发展中老关系。希望双方继续加强战略沟通，深化经贸、执法安全、科教人文等领域务实合作，使两国人民永做好邻居、好朋友、好同志、好伙伴。中国全国政协与老挝建国阵线长期以来保持密切交往，友好合作不断深化，希望双方进一步加强交流，为推进中老全面战略合作伙伴关系作出贡献。

通辛表示，很高兴来华出席首届中国（北京）国际服务贸易交易会并访问中国。老中之间密切的高层交往对两国关系至关重要。2008年贾庆林主席对老挝的访问有力推进了老中全面战略合作伙伴关系发展，令老挝政府和人民至今记忆犹新。通辛介绍了老挝经济社会发展情况，感谢中方长期以来对老方提供的宝贵支持和帮助。他说，老方高度重视对华关系，愿进一步加强与中方在各领域的务实合作，加强与中国全国政协的交流，深化双方在治国理政经验方面的相互学习借鉴，推动两国关系不断迈上新的台阶。

四版刊登周永康同志文章

深入学习认真贯彻修改后的刑事诉讼法
更好地惩罚犯罪保障人权维护社会秩序

三江源头铸丰碑

——兰州军区援建玉树灾区"两校一院"工程记事

李志刚　何长贞

5月中旬，一条喜讯从玉树灾区传来：由兰州军区担负的军队和武警部队援建玉树"两校一院"工程20个单体全部竣工，经军地专家勘验，工程质量全优。

2010年4月18日，在玉树州孤儿学校的板房教室，胡主席曾深情写下"新校园，会有的！新家园，会有的！"如今，学校已经从板房搬到了建有一幢幢红白相间楼宇的新校园，教室里传出琅琅的读书声；在玉树八一职业技术学校，老师和援建官兵们在调试着电化教学设施；在玉树县八一医院，来自内地的医疗设备公司，正紧张地为医院安装高压氧舱和现代化的手术间等设施。

兰州军区援建官兵以不舍昼夜的干劲，仅用一年零一个月便完成了预计3年才能建成的工程，在三江源头铸起一座丰碑。玉树州委书记旦科盛赞他们用"金珠玛米"的速度和作风创造了玉树灾后重建的奇迹。

用智慧创造雪域高原施工奇迹

震灾过后，党中央和中央军委毅然决定，在玉树援建"两校一院"，即玉树州八一孤儿学校、八一职业技术学校和玉树县八一医院，总建筑面积9.6万平方米。

（下转第十六版）

姜异康当选中共山东省委书记

本报济南5月28日电　（记者**卞民德**）中共山东省第十届委员会第一次全体会议5月28日选举姜异康为省委书记，姜大明、王军民为省委副书记，当选为省委常委的还有才利民（满族）、孙伟、王敏、李法泉、李群、高晓兵（女）、孙守刚、刘从良、雷建国、颜世元。中共山东省第十届纪律检查委员会第一次全体会议选举李法泉为省纪委书记，于晓明、郭建昌、马明生、王喜远为省纪委副书记。

人民网 网址:http://www.people.com.cn
手机:http://wap.people.com.cn

2012年5月
30
星期三
壬辰年闰四月初十
人民日报社出版
国内统一连续出版物号
CN 11-0065
第23335期(代号1-1)
今日24版

怀感恩之心 立奋进之志

——四川深入开展感恩奋进教育纪事

本报记者 张 忠 刘裕国

“北川人民感恩党,再造家园指方向,三年重建创奇迹,禹里羌乡美名扬……”

5月10日下午,北川县羌族文化传承人母广元等人,将280字的诗歌《北川人民感恩党》交到通口镇党委书记赵蓉手中,嘱托她一定要带到四川省第十次党代会上,“它表达了北川人民的心声,有了美好家园,不能忘了恩人。”

在“5·12”特大地震中受灾极重的北川,是一个“爱心托起新生”的地方。感恩,这个延续至今的高频热词,已成这片热土上最动人的情感标志。

回首艰辛来路,放眼巴蜀大地,“感恩”二字,同抗震救灾、恢复重建和发展振兴进程如影相随,已深深融入灾区乃至全川人民的血液中,成为四川新的文化基因和精神特质。

四川省委书记刘奇葆说,在党中央坚强领导和全国党政军民的大力支持下,与抗震救灾和灾后重建相伴相生的,是四川人精神的成长和品格的再造,我们不仅重建了一个物质家园,更是重建了一个意义深远的精神家园。

感恩奋进,正是这精神家园里一道闪亮的光环。

用爱心托起的地方,感恩的情怀在流淌

回望北川,4年前的5月13日早晨,就在地震发生后十余小时,3岁男孩郎铮被解放军官兵从废墟里救出。躺在木板担架上,小郎铮用他稚嫩的右手向抬着他的解放军叔叔庄重敬礼。

一天之后,青川县的公路旁,面对驰援而来的人们,马鹿乡小学生徐广和他的伙伴们举起简陋的纸板,以朴素的文字表达着由衷的情感:“你们辛苦了”,“谢谢”!

看似寻常的两个镜头,却在人们心中留下难以磨灭的记忆。那是感恩的力量,因真挚而动人。

几乎就在特大地震发生的同时,面对来自四面八方的支援和帮助,面对刻骨铭心的人间大爱,感恩的情怀在灾区人民心中萌芽、生长、流淌!

以诗言之,以歌咏之。

在绵竹市遵道镇棚花村,有一个地震后农民自发组建的感恩艺术团——大宝艺术团。灾后不久,团长魏斌便组织部分农村文艺人才,在板房区为群众演出,随后还奔赴全国巡演60多场。

“是谁为我们建起一栋栋漂亮的楼房?是谁为我们架起一座座坚实的桥梁?是谁为我们修起一条条笔直的大道?又是谁远离亲人,奋战800多个日夜,用智慧和汗水书写下一座座大爱的丰碑?”在江油市,人们用饱含深情的诗句抒发对援建大军的崇敬和感恩。

“樱桃甜豆腐香安居乐业奔小康,家园美情谊深饮水思源感党恩”,挂在汶川县绵虒镇三官庙村村口的这副对联,抒发着村民们对灾后新生的感恩。震后在村里带头创业的熊作贵说:“没有党的坚强领导,哪有灾区翻天覆地的变化?”

新生不是从天降,饮水更需思源头。

感恩党、感恩祖国、感恩人民、感恩子弟兵,一场规模空前的感恩教育活动在四川灾区乃至全省各地深入展开。

2009年5月,成都在全市中小学生中开展抗震救灾感恩专题教育活动,通过感恩主题座谈会、主题班会、主题板报、主题征文、主题演讲等活动,进行感恩教育大讨论。

翌年7月,四川省教育厅下发《关于在灾区中小学开展感恩教育活动的通知》,全面部署感恩教育活动。

用歌声升华感恩的情怀,用音乐凝聚奋进的力量。

(下转第十六版)

胡锦涛在中共中央政治局第三十三次集体学习时强调

着力提高我国工业发展质量效益 努力从工业大国向工业强国转变

新华社北京5月29日电 中共中央政治局5月28日下午就坚持走中国特色新型工业化道路和推进经济结构战略性调整进行第三十三次集体学习。中共中央总书记胡锦涛在主持学习时强调,要牢牢把握科学发展这个主题,紧紧围绕转变经济发展方式这条主线,遵循工业化客观规律,适应市场需求变化,根据科技进步新趋势,积极发展结构优化、技术先进、清洁安全、附加值高、吸纳就业能力强的现代产业体系,提高工业发展质量和效益,努力从工业大国向工业强国转变,为全面建设小康社会、加快推进社会主义现代化奠定坚实物质基础。

中国电子信息产业发展研究院罗文研究员、中国社会科学院工业经济研究所金碚研究员就这个问题进行讲解,并谈了他们的意见和建议。

中共中央政治局各位同志认真听取了他们的讲解,并就有关问题进行了讨论。

胡锦涛在主持学习时发表了讲话。他指出,新中国成立以来特别是改革开放以来,我们在长期实践中探索和走出了中国特色新型工业化道路,我国工业建设取得举世瞩目的成就,建成了门类齐全、独立完整的现代工业体系和国民经济体系,实现了从农业大国向工业大国的历史性转变。同时,我们也必须看到,我国工业发展长期依靠高投入、高消耗,存在着发展方式粗放、结构不合理、核心技术受制于人、资源环境约束强化、区域发展不平衡等深层次矛盾和问题。这些矛盾和问题解决不好,不仅会影响我国工业健康发展,而且会给整个经济发展带来不利影响。

胡锦涛指出,工业是实体经济的主体,也是转变经济发展方式、调整优化产业结构的主战场。坚持走中国特色新型工业化道路,走出一条科技含量高、经济效益好、资源消耗低、环境污染少、人力资源优势得到充分发挥的新型工业化路子,是加快转变经济发展方式的重要途径,是全面建设小康社会的必然要求,是提高我国综合国力和国际竞争力的重要保障。

胡锦涛强调,要着力推进工业发展制度环境建设,加强战略谋划和顶层设计,加强促进工业发展的制度建设,加强重大问题研究,完善政策体系,增强消费对工业发展的拉动作用,发挥工业产品在扩大内需中的积极作用,营造各方面关心、支持工业发展的良好氛围。要着力推进现代产业体系建设,根据工业转型升级总体要求,围绕改造提升制造业、培育发展战略性新兴产业、大力发展生产性服务业,瞄准重点领域和方向,集中力量尽快取得实质性突破,提高工业制造基础能力、新产品开发能力、品牌创建能力、产业集中度,促进全产业链整体升级,切实提高产业核心竞争力和经济效益,增强工业可持续发展能力。要着力推进创新驱动,抓住新一轮世界科技革命带来的战略机遇,深入实施科教兴国战略和人才强国战略,加快建设创新型国家,大力增强科技创新能力,为坚持走中国特色新型工业化道路奠定坚实科技和人力资源基础。

胡锦涛指出,要着力推进融合发展,深化信息技术在工业领域的集成应用,加快构建下一代国家信息基础设施,加快推动制造模式向数字化、网络化、智能化、服务化转变,统筹经济建设和国防建设。要着力推进协调发展,深入实施区域发展总体战略和主体功能区战略,健全跨区域合作机制,引导地区间产业合作和有序转移,促进产业集聚、集群发展,切实防止盲目扩张和重复建设,优化产业空间结构,发挥工业对农业的支撑带动作用,促进城乡协调发展。要着力推进改革开放,坚持社会主义市场经济的改革方向,坚持和完善公有制为主体、多种所有制经济共同发展的基本经济制度,推进行政体制改革,转变政府职能,充分发挥市场在资源配置中的基础性作用,突破制约工业发展的体制机制障碍,营造有利于实体经济发展的财税政策体系,健全工业经济和金融良性互动发展机制,统筹国内产业发展和国际产业分工,促进我国发展和各国共同发展良性互动。

二版刊登温家宝同志文章

尽快改变连片特困地区的落后面貌

中国宋庆龄基金会成立30周年纪念大会举行

贾庆林出席并讲话

本报北京5月29日电 (记者**刘维涛**)中国宋庆龄基金会成立30周年纪念大会29日在北京人民大会堂举行。中共中央政治局常委、全国政协主席贾庆林出席大会并讲话。

贾庆林首先代表中共中央向大会的召开表示热烈的祝贺,向长期以来关心支持中国宋庆龄基金会的各位理事、各界朋友表示诚挚的问候。他说,宋庆龄先生是伟大的爱国主义者,是为新中国的建立和发展作出杰出贡献的政治家,是在国际上具有重大影响和享有崇高声誉的社会活动家。作为国际上公认的20世纪最伟大的女性之一,宋庆龄先生为世界和平和人类进步作出了杰出贡献,深受中国人民和世界人民的尊敬和爱戴。在邓小平同志倡导下,经中共中央批准,1982年5月正式成立了中国宋庆龄基金会。这是新中国成立后唯一一个以党和国家领导人的名字命名的基金会,对于弘扬宋庆龄精神、传承她的未竟事业具有重大而深远的意义。

贾庆林指出,中国宋庆龄基金会成立30年来,紧紧围绕党和国家工作大局,始终秉持“和平、统一、未来”的建会宗旨,认真履行人民团体和公益机构双重职能,取得了令人振奋的可喜成绩,在海内外产生了积极影响。实践充分证明,宋庆龄基金会不愧为促进我国公益事业发展的重要团体,不愧为推动祖国和平统一的重要桥梁,不愧为拓展我国民间外交的重要平台。

贾庆林指出,当前我国正处在全面建设小康社会的关键时期,13亿中国人民正在中国特色社会主义伟大旗帜指引下,满怀信心地走向中华民族伟大复兴。在这一历史进程中,中国宋庆龄基金会肩负着光荣的责任和使命,前景广阔、大有可为。 (下转第二版)

全国政协召开第四十八次主席会议

贾庆林主持并讲话

本报北京5月29日电 (记者**刘维涛**)政协第十一届全国委员会第四十八次主席会议29日上午在北京召开。会议决定6月下旬召开全国政协十一届常委会第十八次会议,建议这次常委会议的议题为围绕“牢牢把握稳中求进的工作总基调,促进经济平稳较快发展”建言献策。中共中央政治局常委、全国政协主席贾庆林主持会议并讲话。

会议审议通过了政协第十一届全国委员会常务委员会第十八次会议议程草案和日程,审议通过了有关人事事项的决定草案。会议决定,将上述草案提请第十八次常委会议审议。全国政协副主席、中共中央统战部部长杜青林,全国政协副主席兼秘书长钱运录,全国政协副秘书长孙怀山,分别对有关事项作了说明。

贾庆林在讲话中指出,政协十一届十八次常委会议,是中共十八大之前人民政协举行的一次重要协商议政活动,意义重大。今年以来,我国经济运行继续朝着宏观调控的预期方向发展,但仍面临许多新情况新问题。促进经济平稳较快发展,为十八大召开营造良好环境,关键要把握好稳中求进的工作总基调,加强和改善宏观调控,加快转变经济发展方式,做好经济发展和社会稳定各项工作。

贾庆林强调,要进一步增强责任感和紧迫感,把各项筹备工作做得更加深入细致、扎实有效,确保会议圆满成功。一是有效形成工作合力,努力形成运转协调、衔接紧密、相互促进的工作格局;二是深入研究论证,加强对调研视察成果的归纳整理和提炼升华,切实增强对策建议的针对性、科学性和实效性,努力形成一批高质量的大会发言,充分展现人民政协参政议政的能力和水平; (下转第二版)

习近平会见肯尼亚副总统穆西约卡

本报北京5月29日电 国家副主席习近平29日在人民大会堂会见了来华出席首届中国(北京)国际服务贸易交易会的肯尼亚副总统穆西约卡。

习近平说,中肯友谊源远流长,建交后两国关系发展顺利。两国建立了高度的政治互信,双方高层互访密切,在涉及对方核心利益的重大问题上相互支持,在国际和地区事务中保持着良好的沟通和磋商。作为双边关系的重要组成部分,中肯经贸合作发展迅速,2011年两国贸易额同比增长33%,达到24.3亿美元,截至2011年底中国企业在肯投资2.5亿美元。两国人文交流日趋活跃,在教育、旅游等领域的合作势头良好,中国赴肯游客2011年达3.7万人次。中方对中肯关系发展取得的成就表示满意。

习近平指出,当前,世界形势正在经历深刻复杂变化,国际金融危机和欧债危机的影响不断显现,发展中国家面临的困难和挑战日益增多。中肯双方有必要加强交流与合作,共同应对国际形势变化带来的困难和挑战,共同维护广大发展中国家的正当权益。希望两国进一步增强政治互信,深化务实合作,拓展人文交流,不断加强在中非合作论坛框架下的合作,把中肯关系和中非关系提升到新的水平。

穆西约卡说,肯尼亚政府珍视肯中两国传统友谊,感谢中方长期以来对肯经济发展所给予的宝贵支持和帮助,将继续坚定奉行一个中国政策,并在涉及中方重大关切和核心利益的问题上支持中方,肯方欢迎中国企业赴肯投资,为肯尼亚经济建设和肯中友好关系做出积极贡献。

中共中央政治局委员、北京市委书记刘淇等参加了会见。

李克强会见世界经济论坛主席施瓦布

新华社北京5月29日电 (记者**郝亚琳**)国务院副总理李克强29日在人民大会堂会见了世界经济论坛主席施瓦布,就当前世界经济形势、加强中国与论坛合作等深入交换了意见。

李克强积极评价施瓦布倡导建立的世界经济论坛在推动国际经济技术交流合作特别是在应对国际金融危机中所发挥的独特作用。他说,当前国际经济形势复杂严峻,正处在发展变化的敏感期,不确定不稳定因素在增加,国际社会加强合作十分必要。希望世界经济论坛继续提供交流平台,推动各方围绕应对当前全球挑战、完善发展模式、促进可持续发展等寻求共识、形成合力。

李克强指出,中国与世界经济论坛的成功合作,促进了国际社会对中国的了解,拓展了相互合作的渠道。中国将在继续积极开展对外经贸、技术交流与合作的同时,更加注重深化智力和知识领域的合作,分享各国发展经验,促进共赢发展。

施瓦布表示相信中国在世界经济中将发挥越来越重要的作用,愿利用论坛资源为中国的发展服务。

贺国强会见老挝总理通辛

本报北京5月29日电 中共中央政治局常委、中央纪委书记贺国强28日在人民大会堂会见了老挝人民革命党中央政治局委员、政府总理通辛。

贺国强说,通辛总理来华出席第一届中国(北京)国际服务贸易交易会,充分体现了老挝党和政府对中方扩大国际合作的支持,也体现了对加强中老交流的重视。中老两国社会制度相同、政治理想相通、发展理念相近,两党两国彼此信赖、真诚合作。近年来,双方高层交往频繁,战略沟通与政治互信进一步巩固,经贸、人文等各领域合作成果丰硕,中老全面战略合作伙伴关系呈现良好发展势头。中方愿同老方一道,紧紧抓住当前重要机遇,大力弘扬中老传统友谊,加强各层级、各部门友好交往,深化治国理政经验交流和各领域务实合作,推动两党两国关系不断迈上新台阶。

贺国强还简要介绍了当前中国经济社会形势。

通辛说,目前,老中关系良好,各领域合作发展顺利。老挝党和政府十分感谢中方对老挝各领域建设事业给予的宝贵支持。老方十分重视老中两党的交流与合作,愿落实两党最高领导人达成的共识,推动两党关系进一步发展。通辛还代表老挝党和政府祝愿中国经济社会发展取得新的更大成就。

周永康参观“情系神州—新疆油画全国行”展览

本报北京5月29日电 (记者**廖文根**)中共中央政治局常委、中央政法委书记周永康29日在北京参观正在举办的“情系神州—新疆油画全国行”展览。

这个展览由新疆维吾尔自治区党委宣传部等单位共同主办。参展的140多幅油画作品,是去年以来由80多名新疆和内地画家在新疆各地采风写生后精心创作而成。展览从今年3月起陆续在广州、上海、乌鲁木齐、北京等地举办,随后还将到美国、欧洲、日本、香港等国家和地区巡展。

展厅内,一幅幅独具匠心的油画作品以流畅的线条、斑斓的色彩、写实的画面,生动展示了新疆独有的风情与神韵,呈现出很强的艺术感染力。画作中,有的展现新疆雄奇壮美的自然风光、纯朴豪迈的民族风情、绚丽多彩的历史文化,有的描绘各族群众载歌载舞的欢乐盛况,有的刻画农牧民的辛勤劳作和安逸生活……周永康认真观看每一幅作品,不时与作者和讲解人员亲切交谈,询问作品构思立意、采风创作过程,了解新疆与内地艺术交流情况。维吾尔族画家阿布都克里木·纳斯尔丁和哈萨克族画家阿曼·穆罕诺夫是新中国培养的第一代少数民族优秀画家。他们分别向周永康介绍了自己的新作。周永康对两位老画家取得的艺术成就表示祝贺,感谢他们为讴歌新疆民族团结和人民美好生活作出的贡献,祝愿他们永葆创作青春。

展览主办方负责人介绍说,这些作品在各地展出后获得了广泛好评,使广大观众在获得艺术享受的同时,进一步了解和认识了发展变化中的新疆。周永康听了十分高兴,对展览及作品给予充分肯定。他说,这个展览汇聚了内地与新疆不同民族、老中青三代画家的倾力之作,不仅有很高的艺术价值,而且从不同角度展现了新疆这片美丽富饶、充满希望的热土,反映了新疆各族人民在祖国大家庭中世世代代交流交往交融的历程,折射出新疆未来发展的美好前景,看后给人以启迪和鼓舞。 (下转第二版)

俄罗斯总统普京将访华并出席上合组织成员国元首理事会第十二次会议

本报北京5月29日电 外交部发言人刘为民29日宣布:应国家主席胡锦涛邀请,俄罗斯联邦总统弗拉基米尔·弗拉基米罗维奇·普京将于6月5日至7日对中国进行国事访问,并出席在北京举行的上海合作组织成员国元首理事会第十二次会议。

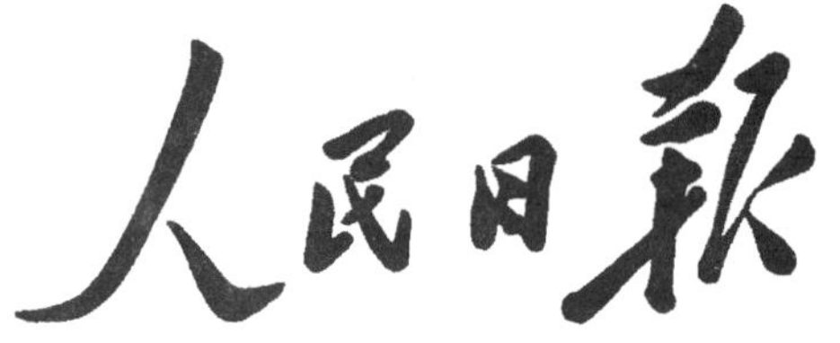

RENMIN RIBAO

人民网 网址:http://www.people.com.cn
手机:http://wap.people.com.cn

2008年1月
31
星期四
丁亥年十二月廿四
人民日报社出版
国内连续出版物号
CN11-0065
第21754期(代号1-1)
今日16版

胡锦涛在中共中央政治局第三次集体学习时强调
精心谋划 周密组织 突出重点 狠抓落实
切实贯彻全面建设小康社会奋斗目标新要求

新华社北京1月30日电 中共中央政治局1月29日下午进行第三次集体学习，中共中央总书记胡锦涛主持。他强调，必须从夺取全面建设小康社会新胜利、开创中国特色社会主义事业新局面的战略高度，深刻认识贯彻落实党的十七大提出的实现全面建设小康社会奋斗目标新要求的重要性和必要性，增强自觉性和主动性，扎扎实实把这些新要求贯彻到社会主义现代化建设各个方面，落实到改革发展稳定各个环节。

中共中央政治局这次集体学习安排的内容是实现全面建设小康社会奋斗目标的新要求和推动经济社会又好又快发展。中国社会科学院经济研究所刘树成研究员、国家发展和改革委员会宏观经济研究院马晓河研究员就这个问题进行了讲解，并谈了对推动我国经济社会又好又快发展的意见和建议。

中共中央政治局各位同志认真听取了他们的讲解，并就有关问题进行了讨论。

胡锦涛在主持学习时发表了讲话。他指出，党的十七大根据国内外形势的新变化、我国经济社会的新发展、广大人民群众的新期待，提出了实现全面建设小康社会奋斗目标的新要求，根本目的就是要实现又好又快发展，全面建成更高水平的小康社会。我们要从实现我国现代化建设"三步走"战略的高度，把当前任务与长远目标紧密结合起来，全面贯彻落实实现全面建设小康社会奋斗目标的新要求，为全面建成小康社会、进而基本实现社会主义现代化打下更为坚实的基础、创造更加良好的条件。

胡锦涛强调，要把实现全面建设小康社会奋斗目标的新要求贯彻好、落实好，首先要深刻领会科学发展观的科学内涵、精神实质、根本要求。特别是要深刻领会科学发展观第一要义是发展、核心是以人为本、基本要求是全面协调可持续、根本方法是统筹兼顾，在深入贯彻落实科学发展观的实践中把实现全面建设小康社会奋斗目标的新要求落到实处。要正确处理好和快的关系，坚持好字优先、在好上下更大功夫、见更多成效。同时，要正确把握世界经济走势及其对我国的影响，充分认识外部经济环境的复杂性和多变性，科学把握宏观调控的节奏和力度，尽可能长地保持经济平稳较快增长。

胡锦涛指出，贯彻落实实现全面建设小康社会奋斗目标的新要求，必须全面推进经济建设、政治建设、文化建设、社会建设以及生态文明建设，促进现代化建设各个环节、各个方面相协调，促进生产关系与生产力、上层建筑与经济基础相协调。要着力增强发展协调性，提高自主创新能力，加快转变经济发展方式，完善社会主义市场经济体制，努力实现经济又好又快发展。要着力扩大社会主义民主，加快建设社会主义法治国家，加快行政管理体制改革，更好保障人民民主权利。要着力加强文化建设，建设社会主义核心价值体系，健全公共文化服务体系，提高全民族文明素质。要着力加快发展社会事业，保障和改善民生，扩大公共服务，完善社会管理，推动建设和谐社会。要着力建设生态文明，发展循环经济，加强节能减排，建设资源节约型、环境友好型社会。要着力推进经济、政治、文化、社会等领域各项改革成果的制度化，形成一整套同建设社会主义市场经济、社会主义民主政治、社会主义先进文化、社会主义和谐社会相适应的更加成熟、更加定型的制度，为建设富强民主文明和谐的社会主义现代化国家不断提供有效制度保障。

胡锦涛强调，实现全面建设小康社会奋斗目标的新要求，一个突出的特点，就是要贯彻以人为本的理念，顺应各族人民过上更好生活的新期待，注重解决人民最关心、最直接、最现实的利益问题。我们要坚持立党为公、执政为民，坚持以人为本，在发展的基础上，着力改善人民生活，保障人民经济、政治、文化、社会权益，维护社会公平正义，努力使全体人民学有所教、劳有所得、病有所医、老有所养、住有所居，动员广大人民群众以更加饱满的热情为全面建设小康社会而团结奋斗。

中共中央政治局召开会议
研究部署北京奥运会和残奥会筹办工作
要求努力举办有特色高水平的奥运会
中共中央总书记胡锦涛主持会议

新华社北京1月30日电 中共中央政治局29日上午召开会议，听取北京奥运会和残奥会筹办工作汇报，研究部署下一步的筹办工作。中共中央总书记胡锦涛主持会议。

会议认为，举办奥运会，是我国各族人民的共同心愿，是中华民族的百年企盼，也是我国对国际社会承担的庄严责任和义务。6年多来，北京奥运会组委会会同有关方面，认真贯彻中央要求，团结带领广大干部群众，做了大量卓有成效的工作，为北京奥运会和残奥会的成功举行打下了坚实基础。

会议强调，2008年北京奥运会和残奥会开幕日期日益临近，筹办工作时间紧迫、任务繁重。各有关方面要全面贯彻党的十七大精神，深入贯彻落实科学发展观，进一步增强使命感和责任感，认真实践绿色奥运、科技奥运、人文奥运的理念，深入贯彻超越、融合、共享的残奥会理念，切实履行所作的各项承诺。要大力弘扬为国争光的爱国精神、艰苦奋斗的奉献精神、精益求精的敬业精神、勇攀高峰的创新精神、团结协作的团队精神，坚持节俭办奥运、廉洁办奥运的方针，扎扎实实做好各项工作。要大力加强组织领导，充分发挥制度优势，广泛调动各界积极性，加强同国际奥委会等有关方面的联系，努力举办一届有特色、高水平的奥运会和残奥会。

会议强调，全党全社会要进一步动员起来，广泛开展迎奥运、讲文明、树新风活动，形成讲文明、重礼仪、团结友善、热情好客的良好风尚，大力倡导团结、友谊、和平的奥林匹克精神，充分展示我国人民企盼奥运、参与奥运、奉献奥运的精神面貌，展示我国改革开放和社会主义现代化建设的成就，展示我国人民蓬勃向上的精神风貌，在全社会营造喜庆热烈的奥运氛围，努力使北京奥运会和残奥会成为加强我国同各国交流合作、增进我国人民同各国人民相互了解和友谊的盛会。

会议还研究了其他事项。

习近平在老同志迎春茶话会上强调
深入贯彻党的十七大精神 全面做好离退休干部工作

新华社北京1月30日电 1月30日上午，2000多名在京老同志欢聚在人民大会堂宴会厅，参加由中共中央组织部、解放军总政治部、中共北京市委举行的在京老同志迎春茶话会。中共中央政治局常委、中央书记处书记习近平在会上代表党中央、国务院讲话，他向出席茶话会的老同志致以节日祝贺，向全国离退休老干部、老同志致以亲切问候和崇高敬意。

欢歌笑语辞旧岁，喜看事业新发展，人民得到新实惠。习近平指出，过去一年，我们坚持以邓小平理论和"三个代表"重要思想为指导，深入贯彻落实科学发展观，推动了各项事业发展进步，保持了经济社会发展的良好势头。过去一年，党的自身建设也取得新的成效，特别是我们党胜利召开十七大，描绘了在新的历史起点上夺取全面建设小康社会新胜利的宏伟蓝图，为谱写人民美好生活新篇章指明了前进方向。我们还建立健全了党内激励、关怀、帮扶机制，进一步增强了党组织的凝聚力。

习近平说，2008年是贯彻落实党的十七大作出的战略部署的第一年，是实施"十一五"规划的承上启下年，是改革开放30周年，也是北京奥运会和残奥会举办之年。 (下转第四版)

中央纪委向党外人士通报党风廉政建设和反腐败工作情况
贺国强出席会议并讲话

本报北京1月30日电 中央纪委今天在北京向党外人士通报党风廉政建设和反腐败工作情况，并听取各民主党派中央、全国工商联领导人和无党派人士的意见和建议。中共中央政治局常委、中央纪委书记贺国强出席会议并讲话。

通报会由中央统战部部长杜青林主持。中央纪委副书记张惠新通报了党的十六大以来党风廉政建设和反腐败工作情况和下一步的工作部署。民革中央主席周铁农、民盟中央主席蒋树声、民建中央主席陈昌智、民进中央主席严隽琪、农工党中央常务副主席陈宗兴、致公党中央常务副主席王钦敏、九三学社中央主席韩启德、台盟中央主席林文漪、全国工商联主席黄孟复、无党派人士代表蒋明麟先后发言。他们充分肯定了近年来党风廉政建设和反腐败工作取得的成绩，赞成中央纪委、监察部下一步的工作部署，并就进一步加强反腐倡廉建设提出了意见和建议。

在认真听取大家的发言后，贺国强讲了话。他指出，中国共产党历来高度重视反腐倡廉工作，党的十六大以来，在以胡锦涛同志为总书记的党中央正确领导下，经过全党全社会的共同努力，党风廉政建设和反腐败工作取得新的明显成效，人民群众的满意度有所提高。 (下转第四版)

温家宝在广东考察春运及市场供应工作

一月三十日，中共中央政治局常委、国务院总理温家宝冒雨考察广东省市场供应工作。这是温家宝在广州东川新街市农贸市场考察。 新华社记者 姚大伟摄

新华社广州1月30日电 (记者**赵承、赵东辉**)29日晚中共中央政治局常委、国务院总理温家宝结束了在湖南的考察工作，当即乘飞机于午夜抵达广州，并于30日晨冒雨考察广东省春运及市场供应工作。

寒冬腊月，冷雨飘洒。8时15分，温家宝在中共中央政治局委员、广东省委书记汪洋，广东省省长黄华华陪同下，来到了广州火车站，看望广大旅客。广东是我国经济总量最大的省份，外来务工人员多，客流量大。近几日受冰雪天气影响，铁路、公路受阻。作为我国南方最大的铁路枢纽，广州火车站是全国春运任务最为繁重的车站之一，几十万旅客滞留。他们的吃住、御寒、防病等问题让总理十分牵挂。

火车站内，一辆即将开往武昌的火车停靠在站台旁。这是从南昌紧急调来支援广州车站的列车。温家宝登上了11号车厢，看到总理来了，车厢里响起了热烈的掌声。温家宝与乘客们亲切握手，详细地询问大家在火车站等几天了？要去哪里？吃喝有没有问题？一位乘客高兴地说，前天晚上总理到了湖北，昨天在湖南，没想到今天又冒雨来到广州，我们心里很温暖。温家宝说，你们能够回家过年，我很高兴。8时25分，汽笛声响，火车缓缓启动，温家宝在站台上向车内的乘客挥手致意，目送列车离去。

在火车站广场临时搭建的大棚下，聚集着大批滞留的旅客。尽管天气寒冷，他们围到了总理身旁，感到暖意融融。温家宝手拿扩音器对大家说，我来看望大家，你们吃苦了。最近，南方地区遭遇了几十年不遇的冰雪灾害，电路中断，铁路停运，又赶上春运，滞留旅客非常多。你们回家心切，我非常理解。我们正在全力恢复电网，疏通道路，争取让大家早点和家人团聚。

温家宝亲切接见了日夜奋战在春运一线的武警官兵、公安干警和铁路职工。他勉励大家，要发扬不怕疲劳、连续作战的作风，照顾好旅客。

在广州长途汽车站，温家宝坐在候车室的长椅上，与候车的乘客们攀谈起来。老家在湖北的华国红，今天带着母亲要搭乘客车前往他工作地珠海。母亲乘坐的从湖北到广州的火车，在路上走了五天五夜。 (下转第二版)

四版刊登社论

进一步夯实农业基础

二版刊登评论员文章

一方有难 八方支援

中共中央国务院关于切实加强农业基础建设进一步促进农业发展农民增收的若干意见

(2007年12月31日)

党的十七大高举中国特色社会主义伟大旗帜，对继续推进改革开放和社会主义现代化建设、实现全面建设小康社会的宏伟目标作出了全面部署。推动科学发展，促进社会和谐，夺取全面建设小康社会新胜利，必须加强农业基础地位，走中国特色农业现代化道路，建立以工促农、以城带乡长效机制，形成城乡经济社会发展一体化新格局。

党的十六大以来，党中央、国务院顺应时代要求，遵循发展规律，与时俱进加强"三农"工作，作出了一系列意义重大、影响深远的战略部署。坚持把解决好"三农"问题作为全党工作的重中之重，不断强化对农业和农村工作的领导；坚持统筹城乡发展，不断加大工业反哺农业、城市支持农村的力度；坚持多予少取放活，不断完善农业支持保护体系；坚持市场取向改革，不断解放和发展农村生产力；坚持改善民生，不断解决农民生产生活最迫切的实际问题。经过全党全国人民的共同努力，农业和农村发展呈现出难得的好局面。粮食连续4年增产，农业生产全面发展。农民收入持续较快增长，生活水平明显提高。农村基础设施加快改善，社会事业发展和扶贫开发迈出重大步伐。农村改革取得历史性突破，发展活力不断增强。农村党群干群关系明显改善，农村社会稳定和谐。农业和农村形势好，为改革发展稳定全局作出了重大贡献。实践证明，中央关于"三农"工作的方针政策是完全正确的。

当前，工业化、信息化、城镇化、市场化、国际化深入发展，农业和农村正经历着深刻变化。农业资源环境和市场约束增强，保障农产品供求平衡难度加大，要求加速转变农业发展方式。农产品贸易竞争加剧，促进优势农产品出口和适时适度调控进口难度加大，要求加快提升农业竞争力。农业比较效益下降，保持粮食稳定发展、农民持续增收难度加大，要求健全农业支持保护体系。农村生产要素外流加剧，缩小城乡差距难度加大，要求加大统筹城乡发展力度。农村社会结构深刻转型，兼顾各方利益和搞好社会管理难度加大，要求进一步完善乡村治理机制。全党必须深刻认识"三农"工作面临的新形势新任务，全面把握新机遇新挑战，增强做好"三农"工作的紧迫感，粮食安全的警钟要始终长鸣，巩固农业基础的弦要始终绷紧，解决好"三农"问题作为全党工作重中之重的要求要始终坚持。

2008年和今后一个时期，农业和农村工作的总体要求是：全面贯彻党的十七大精神，高举中国特色社会主义伟大旗帜，以邓小平理论和"三个代表"重要思想为指导，深入贯彻落实科学发展观，按照形成城乡经济社会发展一体化新格局的要求，突出加强农业基础建设，积极促进农业稳定发展、农民持续增收，努力保障主要农产品基本供给，切实解决农村民生问题，扎实推进社会主义新农村建设。

一、加快构建强化农业基础的长效机制

在经济社会发展新阶段，农业的多种功能日益凸现，农业的基础作用日益彰显。必须更加自觉地加强农业基础地位，不断加大强农惠农政策力度。

*(一)按照统筹城乡发展要求切实加大"三农"投入力度。*强化农业基础，必须引导要素资源合理配置，推动国民收入分配切实向"三农"倾斜，大幅度增加对农业和农村投入。要坚持并落实工业反哺农业、城市支持农村和多予少取放活的方针，坚持做到县级以上各级财政每年对农业总投入增长幅度高于其财政经常性收入增长幅度，坚持把国家基础设施建设和社会事业发展的重点转向农村。2008年，财政支农投入的增量要明显高于上年，国家固定资产投资用于农村的增量要明显高于上年，政府土地出让收入用于农村建设的增量要明显高于上年。耕地占用税新增收入主要用于"三农"，重点加强农田水利、农业综合开发和农村基础设施建设。完善城市维护建设税政策，各地预算安排的城市维护建设支出要确定部分资金用于乡村规划、基础设施建设和维护。从2008年起，国家在国家扶贫开发工作重点县新安排的病险水库除险加固、生态建设等公益性强的基本建设项目，根据不同情况，逐步减少或取消县及县以下配套。加强农业投入管理，提高资金使用效益。加快农业投入立法。

*(二)巩固、完善、强化强农惠农政策。*按照适合国情、着眼长远、逐步增加、健全机制的原则，坚持和完善农业补贴制度，不断强化对农业的支持保护。继续加大对农民的直接补贴力度，增加粮食直补、良种补贴、农机具购置补贴和农资综合直补。扩大良种补贴范围。增加农机具购置补贴种类，提高补贴标准，将农机具购置补贴覆盖到所有农业县。认真总结各地开展政策性农业保险试点的经验和做法，稳步扩大试点范围，科学确定补贴品种。全面落实对粮食、油料、生猪和奶牛生产的各项扶持政策，加大对生产大县的奖励补助，逐步形成稳定规范的制度。根据保障农产品供给和调动农民积极性的需要，统筹研究重要农产品的补贴政策。强农惠农政策要向重点产区倾斜，向提高生产能力倾斜。继续对重点地区、重点粮食品种实行最低收购价政策。

*(三)形成农业增效、农民增收良性互动格局。*要通过结构优化增收，继续搞好农产品优势区域布局规划和建设，支持优质农产品生产和特色农业发展，推进农产品精深加工。要通过降低成本增收，大力发展节约型农业，促进秸秆等副产品和生活废弃物资源化利用，提高农业生产效益。要通过非农就业增收，提高乡镇企业、家庭工业和乡村旅游发展水平，增强县域经济发展活力，改善农民工进城就业和返乡创业环境。 (下转第七版)

人民日报

RENMIN RIBAO

2004年5月30日 星期日 甲申年四月十二

北京地区天气预报
白天 晴间多云 降水概率10% 风向 偏北 风力 三、四级
夜间 晴间多云 降水概率10% 风向 偏北 风力 一、二级
温度 27℃/16℃

今日8版

国内统一刊号：CN11-0065 第20413期 (代号1-1)

人民网网址：http://www.people.com.cn
http://www.peopledaily.com.cn

人民日报社出版

胡锦涛与美国总统布什通电话

胡锦涛表示，妥善解决伊拉克问题的正确途径是全面恢复伊拉克的主权，尽快举行民主公正的选举，选出有广泛代表性的伊拉克新政府，同时要发挥联合国的重要作用。我们支持安理会通过一项新决议

关于台湾问题，胡锦涛强调，"台独"势力的分裂活动依然是台海地区和平稳定的最大威胁，我们希望美方用实际行动履行坚持一个中国政策、遵守三个联合公报、反对"台独"的承诺，不向台湾当局发出错误信号

新华社北京5月29日电 国家主席胡锦涛29日晚应约同美国总统布什通电话。

布什介绍了美国近日在联合国安理会提交伊拉克问题决议草案的有关情况，表示希望与中方继续就此进行合作。布什还表示，他理解中方在台湾问题上的关切，强烈重申美方奉行一个中国政策，坚持美中三个联合公报，反对"台独"。

胡锦涛表示，妥善解决伊拉克问题的正确途径是全面恢复伊拉克的主权，尽快举行民主公正的选举，选出有广泛代表性的伊拉克新政府，同时要发挥联合国的重要作用。我们支持安理会通过一项新决议。希望各方本着积极、务实、负责的态度，推进磋商进程，以尽早取得共识。

关于台湾问题，胡锦涛强调，"台独"势力的分裂活动依然是台海地区和平稳定的最大威胁，我们希望美方用实际行动履行坚持一个中国政策、遵守三个联合公报、反对"台独"的承诺，不向台湾当局发出错误信号。

两国元首一致表示，将继续共同努力，推动中美建设性合作关系不断向前发展。

胡锦涛在中共中央政治局第十三次集体学习时强调

始终坚持马克思主义的指导地位 大力推进哲学社会科学繁荣发展

本报北京5月29日讯 中共中央政治局28日下午进行第十三次集体学习，中共中央总书记胡锦涛主持。他强调，我们一定要从党和国家事业发展全局的战略高度，把繁荣发展哲学社会科学作为一项重大而紧迫的战略任务切实抓紧抓好，推动我国哲学社会科学有一个新的更大发展，为中国特色社会主义事业提供强有力的思想保证、精神动力和智力支持。

中共中央政治局这次集体学习安排的内容是繁荣和发展我国的哲学社会科学。上海财经大学程恩富教授、中国社会科学院李崇富教授就这个问题进行了讲解，谈了他们对这个问题的研究体会。

中央政治局各位同志认真听取了他们的讲解，并就有关问题进行了讨论。

胡锦涛在主持学习时发表了讲话。他指出，哲学社会科学的发展水平，体现着一个国家和民族的思维能力、精神状况和文明素质。中国特色社会主义事业的兴旺发达，离不开自然科学的繁荣发展，也离不开以马克思主义为指导的哲学社会科学的繁荣发展。在全面建设小康社会、加快推进社会主义现代化的历史进程中，在实现中华民族伟大复兴的历史进程中，哲学社会科学具有不可替代的重大作用。

胡锦涛强调，马克思主义是我国哲学社会科学的根本指导思想，必须坚持用马克思列宁主义、毛泽东思想、邓小平理论和"三个代表"重要思想统领我国哲学社会科学工作，保证我国哲学社会科学始终沿着正确的方向发展。广大哲学社会科学工作者要刻苦学习马克思主义理论，坚持把马克思主义的立场、观点、方法贯穿到哲学社会科学工作中，用发展着的马克思主义指导哲学社会科学研究，同时为丰富和发展马克思主义理论作出自己的贡献。

胡锦涛指出，紧密结合新的实践不断创新，是我国哲学社会科学繁荣发展的必由之路。哲学社会科学界要切实担负起自己的历史责任，瞄准学术发展前沿，打开认识视野，拓展思维空间，既立足当代又继承传统，既立足本国又学习外国，大力推进学术观点创新、学科体系创新和科研方法创新，努力建设具有中国特色、中国风格、中国气派的哲学社会科学。

胡锦涛指出，造就一支高素质的哲学社会科学队伍，是繁荣发展哲学社会科学的关键。要全面贯彻人才强国战略，高度重视哲学社会科学人才的培养，努力营造有利于优秀人才脱颖而出、人尽其才的良好机制。要按照政治强、业务精、作风正的要求，努力造就一批用马克思主义武装起来、立足中国、面向世界、学贯中西的思想家和理论家，造就一批理论功底扎实、勇于开拓创新的学科带头人，造就一批年富力强、政治和业务素质良好、锐意进取的青年理论骨干。哲学社会科学界要大力发扬理论联系实际的优良学风，围绕改革开放和现代化建设亟待解决、广大干部群众关心的重大理论和现实问题，深入调查研究，深入钻研探索，组织协同攻关，努力拿出无愧于时代的成果，更好地为人民服务、为党和政府决策服务。

胡锦涛强调，各级党委和政府都要认真贯彻落实《中共中央关于进一步繁荣发展哲学社会科学的意见》，努力把握哲学社会科学发展的规律，注意改进领导方式，提高领导水平。要经常就经济社会发展的重大问题听取哲学社会科学界专家的意见，在党委和政府的决策中重视运用哲学社会科学的成果。要尊重劳动、尊重知识、尊重人才、尊重创造，树立服务意识，关心哲学社会科学工作者的学习、工作和生活，充分调动他们的积极性、主动性、创造性。

胡锦涛会见马来西亚总理

5月29日，国家主席胡锦涛在北京人民大会堂会见马来西亚总理巴达维。

新华社记者 鞠鹏摄

新华社北京5月29日电 （记者车玉明）国家主席胡锦涛29日下午在人民大会堂会见了马来西亚总理巴达维。

胡锦涛说，在中马建交30周年暨中马友好年之际，巴达维总理率团访华，对推动中马关系发展具有重要意义。他指出，中马建交以来，两国关系长足发展，尤其是近年来，双方政治互信增强，经贸合作蓬勃展开，各领域合作不断扩大，在国际和地区事务中，特别是在促进东亚合作方面进行了卓有成效的合作。我们赞赏马来西亚坚持一个中国政策，积极促进中国和东盟国家战略伙伴关系的发展。事实证明，中马两国是值得信赖的好朋友，是互利合作的好伙伴。中马关系已进入全面深入发展的新时期。

胡锦涛表示，马来西亚是中国的友好近邻，也是东盟的重要成员。中方愿与马方共同努力，继续加强两国在双边和多边框架内的合作，推动中马睦邻友好合作关系不断取得新成果，造福两国和两国人民。

巴达维说，马中建交30年来，双边合作不断扩大和深入。马中关系是强有力的，是一种多方位、多层次的关系，涉及两国社会生活的众多领域，给两国都带来了诸多实际利益。马方对此感到满意。他说，中国已发展成为完全的市场经济，两国经济合作有很大潜力，马方愿与中方积极探讨新的合作领域，深化双边合作。

巴达维说，中国是世界上有重要影响的国家，一直在积极促进世界和平与发展，推动国际和地区问题的和平解决，也为本地区的稳定和繁荣做出了重要贡献。马方愿加强与中方在国际和地区事务中的协调和合作。

胡锦涛将对波兰、匈牙利、罗马尼亚、乌兹别克斯坦进行国事访问并出席上海合作组织塔什干峰会

新华社北京5月29日电 外交部发言人刘建超29日在此间宣布：应波兰共和国总统克瓦希涅夫斯基、匈牙利共和国总统马德尔、罗马尼亚总统伊利埃斯库和乌兹别克斯坦共和国总统卡里莫夫的邀请，国家主席胡锦涛将于6月8日至18日对波兰、匈牙利、罗马尼亚、乌兹别克斯坦进行国事访问并出席上海合作组织塔什干峰会。

保加利亚总统会见吴邦国委员长

五月二十九日，正在保加利亚进行正式友好访问的中国全国人大常委会委员长吴邦国在总统府会见保加利亚总统珀尔瓦诺夫。

新华社记者 刘卫兵摄

本报索非亚5月29日电 记者马小宁报道：保加利亚总统珀尔瓦诺夫29日在索非亚会见了正在这里进行正式友好访问的中国全国人大常委会委员长吴邦国，宾主在热情友好的气氛中就两国关系、国际和地区问题充分交换了意见。

珀尔瓦诺夫对吴邦国委员长访问保加利亚表示热烈欢迎。他说，吴邦国委员长的来访标志着保中传统友谊的新发展。保加利亚是最早与中华人民共和国建交的国家之一。50多年来，不管国际、国内形势如何变化，保始终把发展同中国的关系作为对外交往的重点。今后，在融入欧洲一体化的同时，保仍将以积极的态度继续推动和密切保中关系。珀尔瓦诺夫请吴邦国委员长转达他对胡锦涛主席的良好祝愿，并邀请胡锦涛主席在方便时访问保加利亚。

吴邦国首先转达了胡锦涛主席对珀尔瓦诺夫总统的亲切问候和访华邀请。他说：总统阁下是中国人民的老朋友，长期以来积极推动中保关系的深化发展。我这次访保时间不长，但深切地感受到保加利亚人民对中国人民的友好感情。同样，我此行也带来了中国人民对保加利亚人民的深情厚谊。发展中保关系符合两国和两国人民的共同利益，也有利于世界的和平与发展。

吴邦国高度评价了半个多世纪以来不断发展的中保关系。他说，中保关系有三个特点：一是双方没有根本的利害冲突，也无悬而未决的历史问题和影响发展的现实问题，有的是合作与友谊；二是建交55年来，尽管国际形势发生了巨大变化，中保两国的国内情况也发生了深刻变化，但两国超越社会制度、价值观念和发展模式，保持着友好合作；三是对对方选择的发展道路和采取的内外政策都表示充分理解和支持。 （下转第三版）

温家宝等观看庆祝"六一"国际儿童节文艺演出

向全国少年儿童祝贺节日

本报北京5月29日讯 记者温红彦报道：张张笑脸展现出祖国花朵的绚丽多彩，稚嫩童声洋溢着孩子们对美好未来的向往……在"六一"国际儿童节即将来临之际，国务院机关事务管理局幼儿园和山东、天津、新疆等部分省区市幼儿园庆祝"六一"国际儿童节文艺演出29日下午在北京举行。中共中央政治局常委、国务院总理温家宝和孩子们一起兴致勃勃地观看了演出，并代表党中央、国务院向全国少年儿童表示节日的祝贺，向广大幼教和青少年教育工作者致以亲切的问候。

全国人大常委会副委员长顾秀莲、国务委员兼国务院秘书长华建敏、国务委员陈至立也一起观看了演出。

下午3时30分，国务院机关事务管理局礼堂里欢歌阵阵，笑语声声，孩子们沉浸在一片节日的喜悦气氛之中。演出开始前，当温家宝等领导同志步入礼堂时，全场响起热烈的掌声，孩子们欢呼雀跃。天真活泼的少年儿童给温家宝等领导同志献上美丽的鲜花，表达孩子们最诚挚的祝愿。

"六一"节的歌儿孩子们唱得最开心，"六一"节的舞蹈孩子们跳得最起劲，在孩子们身姿翩跹的舞蹈中，以"阳光·童心·四季"为主题的儿童歌舞文艺演出拉开了序幕，夏日、秋月、冬雪、春风，一组组在四季中玩耍的孩子造型，展现了孩子们同在阳光下健康成长的精神风貌。舞蹈《太阳花》、歌伴舞《小青蛙》，展示了孩子们在大自然的拥抱下自由自在地享受快乐；《小戏迷》、《找朋友》等节目体现了我国各民族小朋友和西部地区的贫困小朋友同享阳光，与世界儿童共同庆祝"六一"的快乐情景； （下转第四版）

马来西亚承认中国的完全市场经济地位

新华社北京五月二十九日电 （记者车玉明）中国和马来西亚二十九日发表联合公报，马方在公报中宣布承认中国的完全市场经济地位。双方都表示要充分利用两国经济的比较优势，巩固和深化双边经贸合作。

全国小麦跨区机收会战展开

本报北京5月29日讯 记者彭俊报道：据农业部提供的消息，截至目前，全国已收获小麦4500万亩，其中机械收割2610万亩，投入抢收的联合收割机达到7.5万台，小麦跨区机收大会战正全面展开。

目前，湖北省和河南南部南阳、驻马店等地麦收已接近尾声，中部平顶山、许昌、郑州、漯河、周口等地机收工作逐渐展开，渐入高潮。

江苏、安徽、山西、陕西等黄淮小麦主产区的麦收工作昨日起陆续开始。

山东省小麦自西向东进入收获期。

庆祝中国与马来西亚建交30周年招待会举行

黄菊和马来西亚总理巴达维出席并致词

本报北京5月29日讯 记者王莉报道：中国人民对外友好协会和马来西亚驻华使馆今天在北京举行"2004中马友好之夜"招待会，庆祝中国与马来西亚建交30周年。

中共中央政治局常委、国务院副总理黄菊和正在中国访问的马来西亚总理巴达维出席招待会并致词。

黄菊代表中国政府对巴达维总理出席中马建交30周年庆祝活动表示热烈欢迎，对长期以来关心和支持中马友好事业的各界人士表示崇高敬意。

黄菊说，中国与马来西亚是友好近邻，建交30年来，沧桑巨变，中马传统友谊却愈久弥坚。在两国领导人的亲自关心和支持下，两国相互了解与信任不断增强，两国在许多领域的合作取得了令人瞩目的成就。双方年贸易额突破了200亿美元，每年人员往来超过100万人次，中国在马来西亚留学人数达到1.3万人。这些都表明，中马关系步入了全面、快速发展的新时期。

黄菊说，中马两国坚持以和平共处五项原则来指导两国关系的发展。在面临困难和挑战的时候，我们两国总是相互理解、相互同情、相互支持。中马关系的发展不仅给我们两国人民带来了实实在在的利益，而且为促进地区乃至世界的和平与发展做出了积极贡献。 （下转第四版）

只有开发好人力资源 才能利用好自然资源

山东里能集团以人为本高速发展

本报济宁5月29日电 记者阚向军报道：山东省里能集团坚持以人为本，积极建立一套有利于优秀人才脱颖而出的用人机制，努力营造一个能够发挥人们聪明才智的良好环境，有效地开发人力资源，推动企业经济迅速发展：从1997年到2003年，上缴国家利税17.19亿元，每年平均递增57.5%。今年1至4月，又实现利税2.16亿元，同比增长64%。

里能集团坐落在山东省济宁市境内，地下有丰富的煤炭资源，以采煤、发电为主业。全国人大代表、集团总裁曹务顺在实践中体会到：得人心则企业稳，得人才则事业兴，知识经济说到底是人才经济，人才是企业最大的资本、最根本的资源，只有开发好人力资源，才能利用好自然资源。因此，他们从集团的实际出发，既制订一套开发全体员工智能的通用措施，又针对各类人员特点采取特殊措施，发掘他们的潜能，形成了完整、科学的用人机制，发挥企业的"磁场效应"，吸引、培育、造就了很多人才，加快了企业的发展速度。

他们深入开展"凝心聚力工程"——抓发展，以事业凝聚人：制订企业高速发展规划，让员工把企业目标和个人追求结合起来，在完成企业目标过程中实现个人追求；重激励，以待遇留住人：以岗定薪，岗变薪变，按考核结果发放奖金；办实事，以真情感染人：解决员工住房困难，购买通勤车保证上班方便，安排子女在全市一流学校读书，设立扶贫资金随时为员工排忧解难等等。企业关心员工，员工操心企业。根据员工的建议，建成井口电厂，让煤炭就地转化，一年创造利税3.79亿元，比单纯卖煤效益提高了3.2倍； （下转第四版）

人民日报

RENMIN RIBAO

今日 8 版

人民网 网址:http://www.people.com.cn
手机:http://wap.people.com.cn

国内统一连续出版物号 CN 11-0065
第 21567 期 (代号 1-1)
人民日报社出版

2007 年 7 月
28
星期六
丁亥年六月十五

北京地区天气预报
白天 多云间阴
风向 北转南
风力 二、三级
夜间 多云转阴有阵雨
风向 南转北
风力 一、二级
温度 32℃/23℃

七月二十七日，中央军委在北京人民大会堂隆重举行庆祝建军八十周年驻京部队老战士座谈会。中共中央总书记、国家主席、中央军委主席胡锦涛在座谈会上发表重要讲话。

新华社记者 王建民摄

庆祝建军八十周年
中央军委隆重举行驻京部队老战士座谈会
胡锦涛发表重要讲话
郭伯雄主持 曹刚川徐才厚出席

下图：7 月 27 日，中央军委在北京人民大会堂隆重举行庆祝建军 80 周年驻京部队老战士座谈会。中共中央总书记、国家主席、中央军委主席胡锦涛在座谈会上发表重要讲话。这是胡锦涛同出席座谈会的老战士亲切交谈。

新华社记者 王建民摄

新华社北京 7 月 27 日电 （记者曹智）中央军委 27 日在北京人民大会堂隆重举行庆祝建军 80 周年驻京部队老战士座谈会。中共中央总书记、国家主席、中央军委主席胡锦涛在座谈会上强调，全军部队要坚持以邓小平理论和“三个代表”重要思想为指导，深入贯彻落实科学发展观，坚定不移地走中国特色社会主义道路，大力弘扬我军听党指挥、服务人民、英勇善战的优良传统，全面加强革命化、现代化、正规化建设，不断提高履行新世纪新阶段我军历史使命的能力，为全面建设小康社会、构建社会主义和谐社会而不懈奋斗，为实现中华民族的伟大复兴作出新的更大贡献。

胡锦涛首先代表党中央、中央军委，向与会的老同志，向所有为中国革命、建设、改革事业和人民解放军建设作出重大贡献的老同志，表示诚挚的问候和崇高的敬意。他指出，80 年来，在党的领导下，我军为了中华民族和中国人民的根本利益，前仆后继，英勇奋战，为民族独立和人民解放建立了不朽功勋，为捍卫国家主权、统一、领土完整和安全，支援和参加国家建设，作出了巨大贡献。在长期实践中，我军从一支以农民为主要成分的革命军队，发展成为一支无产阶级性质的、具有严格纪律的、同人民群众保持亲密联系的新型人民军队；从一支装备落后、军种单一的军队，发展成为一支诸军兵种合成、现代化水平不断提高并开始向信息化迈进的强大军队。回顾我军 80 年奋斗的光辉历程，我们深切缅怀为人民军队创建和发展壮大付出毕生心血的老一辈无产阶级革命家、军事家；深切缅怀为中国革命战争胜利、为社会主义祖国繁荣安宁、为人类进步事业而英勇献身的无数革命先烈。他们的历史功绩与山川同在，与日月同辉。

胡锦涛指出，在 80 年的奋斗中，我军不仅创造了伟大业绩，而且培育和形成了一整套优良传统。这些优良传统体现了我军一以贯之的根本宗旨和基本原则，包含着人民军队所特有的革命精神和革命作风，反映了我军成长壮大的宝贵经验和客观规律，从根本上正确解决了军队和党的关系、军队和人民的关系以及军队内部关系。我军优良传统归结起来，最本质、最核心的就是听党指挥、服务人民、英勇善战。只有大力弘扬这一优良传统，我军才能保持坚定正确的政治方向，才能保持旺盛的生命力和强大的战斗力，才能永远立于不败之地。

胡锦涛说，毛泽东同志、邓小平同志和江泽民同志在领导我军建设中都反复强调要继承和发扬我党我军的优良传统，坚持人民军队的性质、宗旨、本色和作风。新世纪新阶段，全军官兵必须充分认识坚持我军优良传统的极端重要性，在任何时候任何情况下，都自觉而坚定地坚持和发扬我军优良传统，永远忠于党、忠于社会主义、忠于祖国、忠于人民，永远保持革命战争时期的那么一股劲、那么一股革命热情、那么一种拼命精神，履行好党和人民赋予我军的神圣使命。要把我军优良传统教育作为建军育人的战略措施摆在突出位置，作为加强新形势下思想政治建设的一项重大任务，深入持久扎实地抓下去。要把发扬我军优良传统与履行新世纪新阶段我军历史使命紧密结合起来，通过严格要求、严格训练、严格管理，促进好传统、好作风的保持和养成，使好传统、好作风成为有效履行使命任务的重要保证。要把发扬优良传统与弘扬时代精神结合起来，与创造新鲜经验结合起来，大力培育和宣传具有时代特征的先进典型，赋予我军优良传统新的时代内涵。各级领导干部特别是高级干部要自觉把发扬我军优良传统作为自己的政治责任，老干部要交好优良传统的班，年轻干部要接好优良传统的班，确保我军优良传统一代一代传下去。

中共中央政治局委员、中央军委副主席郭伯雄在主持会议时说，胡主席站在历史和时代的高度，总结回顾了人民军队由小到大、由弱到强的光辉历程，高度颂扬了人民军队为中国革命胜利、为社会主义建设、为人类进步事业建立的丰功伟绩，充分肯定了老一辈革命家、军事家和广大老战士、革命先烈为中国革命和建设事业作出的巨大贡献，精辟概括了我军在长期革命、建设和改革中形成的优良传统，对新世纪新阶段继承和发扬我军优良传统提出了明确要求。我们一定要认真学习领会，坚决贯彻落实。

中共中央政治局委员、中央军委副主席、国务委员兼国防部长曹刚川，中共中央书记处书记、中央军委副主席徐才厚出席会议。张万年、迟浩田、赵南起，中央军委委员梁光烈、李继耐、廖锡龙、陈炳德、乔清晨、靖志远以及于永波、王克也出席了会议。

老战士代表贾若瑜、阴法唐、戴学江先后在座谈会上发言。参加座谈会的老将军、老同志还有方强、谢振华、万海峰、华楠、李耀文、蒋顺学、刘振华、周衣冰、李宣化、朱敦法、王成斌、李来柱、魏金山、曹双明、张连忠、谷善庆、杨国屏、王茂润、周子玉、刘精松、张工、张志坚、李新良、邢世忠、张树田、周坤仁、唐天标、裴怀亮等。

出席座谈会的还有四总部、驻京各大单位、武警部队和军委办公厅的领导等。

沿着中国特色社会主义道路奋勇前进
弘扬崇高革命精神和优良革命传统
胡锦涛在中共中央政治局第四十二次集体学习时强调

新华社北京 7 月 27 日电 中共中央政治局 7 月 26 日下午进行第四十二次集体学习，中共中央总书记胡锦涛主持。他强调，我们要重温我们党领导人民军队和全国各族人民为民族独立、人民解放而浴血奋战的伟大历程，弘扬崇高革命精神和优良革命传统，激励全党全军全国各族人民在中国特色社会主义伟大道路上继续奋勇前进。

胡锦涛指出，全党同志必须牢记，形势越好越要增强忧患意识，执政越久越要增强公仆意识，条件越优越要增强节俭意识。我们要始终保持共产党人的政治本色，坚决反对形式主义、官僚主义，坚决反对享乐主义、奢侈浪费，坚决反对各种消极腐败现象，真正做到思想上始终清醒、政治上始终坚定、作风上始终务实。

中共中央政治局这次集体学习安排的内容是南昌起义和井冈山革命根据地的建立。军事科学院齐德学研究员、黄迎旭研究员就这个问题进行了讲解，并谈了对新的历史条件下大力弘扬井冈山精神的意见和建议。

中共中央政治局各位同志认真听取了他们的讲解，并就有关问题进行了讨论。

胡锦涛在主持学习时发表了讲话。他指出，在中国人民解放军建军 80 周年前夕，我们重温南昌起义和井冈山革命根据地的光辉历史，具有十分重要的意义。南昌起义和井冈山革命根据地的建立，在我们党和人民军队发展史上具有极为重要的地位和极其深远的意义。南昌起义和井冈山革命根据地的建立，是我们党把马克思主义基本原理同中国革命具体实践相结合、创立中国化的马克思主义的伟大开篇，是中国共产党发展马克思主义军事学说、创建党的军事指导理论、缔造一支新型人民军队的光辉起点。

胡锦涛强调，在南昌起义和井冈山斗争的艰苦岁月里，在探索中国革命道路的艰辛实践中，我们党和人民军队培育了崇高革命精神和优良革命传统，特别是培育了井冈山精神。井冈山精神，集中体现了我们党和人民军队的性质和宗旨，深刻反映了中国共产党人的崇高思想和高尚情操，对中国革命历史进程产生了广泛而深远的影响，也是我们党团结带领人民夺取革命、建设、改革胜利的强大精神力量。

胡锦涛强调，弘扬崇高革命精神和优良革命传统，就是要始终坚持崇高理想、坚定信念，始终坚持解放思想、实事求是，始终坚持依靠人民、服务人民，始终坚持艰苦奋斗、自觉奉献。我们要坚持用中国特色社会主义共同理想激励广大党员、干部和人民群众，不断巩固和发展全党全国各族人民团结奋斗的共同思想基础，不断增强建设中国特色社会主义的自信心和自豪感，毫不动摇地走中国特色社会主义道路。我们要继续解放思想、实事求是、与时俱进，科学分析世情、国情、党情的新变化，认真总结人民群众在实践中创造的新经验，深入研究和解决改革开放和现代化建设的新课题，不断以理论创新推动制度创新、科技创新、文化创新以及其他各方面的创新，使我们的思想和行动更加符合时代发展的要求、更加符合人民群众的期待，奋发有为地开创中国特色社会主义事业新局面。我们要牢记人民群众是历史创造者的观点，坚持党的群众路线，坚持立党为公、执政为民，始终同人民群众心连心、同呼吸、共命运，从党和国家工作各个方面、各个环节实现好、维护好、发展好最广大人民的根本利益，使党和国家事业不断获得最广泛、最可靠的群众基础和力量源泉。

胡锦涛强调，艰苦奋斗、自觉奉献，是我们党克服各种艰难困苦的重要保证，也是我们党带领人民不断开创事业新局面的重要保证。我们党是靠艰苦奋斗起家的，也是靠艰苦奋斗发展壮大的。我们党带领人民夺取政权、建立新中国的斗争充满艰辛，我们党带领人民巩固政权、实现现代化的实践同样充满艰辛。我们要大力发扬戒骄戒躁、艰苦奋斗的光荣传统，大力发扬一心为民、自觉奉献的优良作风，团结带领广大人民群众，扎扎实实把中国特色社会主义伟大事业推向前进。

全国质量工作会议在京召开
温家宝出席会议并讲话

本报北京 7 月 27 日电 全国质量工作会议 27 日在北京召开。中共中央政治局常委、国务院总理温家宝出席会议并讲话。这次会议的主要任务是：深入贯彻落实科学发展观，研究分析当前质量工作面临的新形势，明确今后一个时期质量工作的任务，采取有力措施，努力提高我国产品质量总体水平，促进国民经济又好又快发展。

温家宝指出，产品质量关系人民群众切身利益，关系企业的生存和发展，关系国家形象。随着经济社会的发展，人民生活水平不断提高，群众对产品质量和食品安全的要求越来越高，我们必须努力做好工作，满足群众的需要。一个企业要想在市场上站稳脚跟，具有竞争力，就必须在产品质量上狠下功夫，走以质取胜之路。只有创造质量过得硬的名牌产品，才能扩大国际市场占有率，树立我国商品的良好形象。面对新的形势，我们必须充分认识质量和食品安全工作的重要意义，增强做好这项工作的自觉性。

（下转第四版）

温家宝在全国质量工作会议上表示
中国政府对产品质量和食品安全是高度重视和负责的
愿同各国加强交流与合作，共同解决面临的问题

本报北京 7 月 27 日电 国务院总理温家宝在 27 日召开的全国质量工作会议上说，提高产品质量和食品安全水平，是国际社会面临的共同任务。中国政府对产品质量和食品安全是高度重视和负责的。作为进出口贸易大国，我们愿同各国一道，加强交流与合作。对于国家之间在产品质量和食品安全问题上存在的分歧，我们主张尊重科学，依照国际规则，通过对话、谈判、调查，实事求是地加以解决。我们懂得，最有说服力的是过得硬的产品质量。为此，我们将坚持不懈地努力。我们不回避问题，但是，不赞成不顾事实、以偏概全的炒作，反对贸易保护和歧视。我们相信，只要各国坚持平等互利，真诚相待，加强磋商与配合，一定能在提高产品质量和食品安全水平上迈出新的一步。**（今日五版刊登《国务院关于加强食品等产品安全监督管理的特别规定》）**

落实科学发展 坚持宏观调控 促进又好又快
——正确认识当前宏观经济形势

新华社记者 张 毅 江国成

今年以来，全国上下深入贯彻科学发展观，认真落实党中央、国务院一系列方针政策和宏观调控措施，国民经济继续保持平稳快速增长，改革开放有序推进，社会事业加快发展，人民生活水平进一步提高。

但经济生活中一些突出矛盾还没有得到根本解决，经济运行中又出现了一些新情况、新问题，引起了广泛关注。

在这种情况下，如何才能全面正确地判断当前的经济形势呢？国家统计局局长谢伏瞻认为，判断经济形势，不仅要看经济增长速度，还要看就业、通货膨胀、国际收支等宏观指标的综合表现，看经济效益、经济结构和人民生活的改善情况。

（下转第二版）

当前经济形势述评

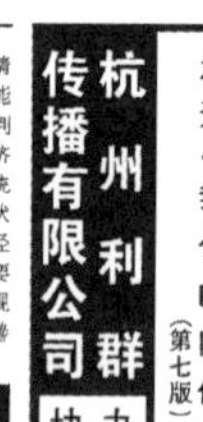

今日导读

人民日报

RENMIN RIBAO

人民网　网址:http://www.people.com.cn
手机:http://wap.people.com.cn

2012年4月
14
星期六
壬辰年三月廿四
人民日报社出版
国内统一连续出版物号
CN 11-0065
第23289期(代号1-1)
今日8版

温家宝主持召开国务院常务会议

分析一季度经济形势 研究部署下一阶段经济工作

会议指出,当前我国经济运行总体平稳。经济增速处于合理区间;经济发展具备很大潜力,宏观调控政策具有较大回旋余地

会议对下一阶段继续加强和改善宏观调控,着力扩大内需,保持物价总水平基本稳定,巩固房地产市场调控成果等九项重点工作作了部署

新华社北京4月13日电 国务院总理温家宝13日主持召开国务院常务会议,分析一季度经济形势,研究部署下一阶段经济工作。

会议指出,当前我国经济运行总体平稳。一季度国内生产总值同比增长8.1%,居民消费价格上涨3.8%;工业生产平稳增长,结构调整积极推进,农业生产形势较好,夏收作物长势好于常年;进出口贸易基本平衡,财政金融平稳运行,全国公共财政收入增长14.7%,支出增长33.6%;人民生活继续改善,城镇新增就业332万人,城镇居民人均可支配收入和农民人均现金收入扣除物价因素后实际分别增长9.8%和12.7%。3月份部分主要经济指标比前两个月有所回升,市场信心持续趋稳,制造业采购经理人指数连续4个月上升。总的看,我国经济的基本面是好的,经济增速处于合理区间;经济发展具备很大潜力,宏观调控政策具有较大回旋余地。

会议指出,我国经济社会发展仍面临不少困难和挑战。国际金融危机没有结束,欧债危机的根本问题还没有解决。国内经济运行存在下行压力,物价上涨压力仍然存在,小型微型企业融资难问题仍然比较突出,出口行业面临困难增多。我们既要看到有利条件和积极因素,坚定做好经济工作的信心,也要保持清醒头脑,冷静观察,沉着应对,未雨绸缪。坚持稳中求进,正确处理保持经济平稳较快发展、调整经济结构和管理通胀预期三者的关系。加强政策储备,预留政策空间,做好应对困难和挑战的准备,牢牢把握经济工作的主动权。

会议对下一阶段重点工作作了部署。(一)继续加强和改善宏观调控。加强总需求管理,及时预调微调,进一步提高政策的针对性、灵活性和前瞻性。抓紧落实并完善结构性减税政策,扩大营业税改征增值税试点的行业和地区范围,加大对小微企业的扶持力度。

(下转第二版)

震后恢复重建两年

新玉树框架初现

本报记者　卫　庶

4月玉树,高原初春。雪山依然巍峨,雪山脚下的玉树却换了人间。

两年前,2010年4月14日,玉树地区发生7.1级强烈地震,灾区人民生命财产和经济社会发展蒙受巨大损失。

在海拔4000米的雪域高原,经过近两年的时间,玉树重建已经取得了阶段性重大胜利,社会主义新玉树的基本框架初步显现。

玉树重建,是在党中央、国务院和青海省委、省政府的坚强领导下,在全国人民的关心支持下,始终坚持科学重建、依法重建、高效重建、和谐重建,紧紧围绕"三个确保"的目标要求开展的。截至目前,累计开工项目843个,占规划项目的66%,已完工158个;累计完成投资208.9亿元,占规划总投资的73.4%。

推进住房建设、实现灾区群众安居乐业是玉树重建的首要任务。征地拆迁、项目规划、户型设计、施工组织等工作开展得扎实细致。截至去年11月底,城乡居民住房累计开工37287户,开工率达98.7%,完工率为85.9%。其中,农村住房建设任务数16710户,全部完工;城镇住房开工20577户,开工率91.7%,完工率69.2%。农牧民已基本入住,部分城镇居民迁入新居。

坚持整合资源、优化布局,努力推进公共服务设施恢复重建,促进基本公共服务均等化。玉树重建,对学校优先安排重建资金、优先审批重建项目、优先提供物资保障。规划重建的43所学校全部开工。今年3月,16所新建学校正式开课。27所学校正在抓紧建设,8月底可交付使用。26所幼儿园已开工20所,其他的今年全部开工。规划重建的44所医院和22个卫生服务项目全部开工。部队援建了"两校一院"(八一孤儿学校、州职业技术学校、玉树县医院)项目,其中玉树八一孤儿学校已交付使用,其他两个项目主体已封顶。文化设施、体育场所、就业和社会保障服务用房等大部分开工建设。

坚持恢复功能与发展提高相结合,统筹推进道路、电力等公共服务和市政基础设施建设。交通建设力度空前,玉树州政府所在地结古镇四横十六纵城市主次干道实现全部通车,供排水和垃圾处理等市政设施大部分建成。十项重点工程中的6个项目和82%的乡村供水工程开工建设,结古镇、隆宝镇供水设施实现供水。全州292个集中建设点的防洪隐患治理工程全面启动。严格按照规划控制建设规模,及早着手制定了相关管理办法,为有效运营奠定基础。

坚持把产业恢复重建与优化经济布局、转变经济发展方式结合起来,培育壮大优势产业,加快产业恢复提升。制定了《商贸流通产业发展及项目建设实施意见》和《旅游产业发展实施方案》,编制了绿色产业聚集区规划。15个生态畜牧业和15个特色种植业重建项目开工建设,1796栋新建温室主体工程完工。结古镇1286户商铺开工建设,7个大型商场和5个中心商业区项目开工建设。加大扶贫开发力度,开展实用技术培训,提高灾区群众自我发展能力。

(下转第二版)

压题照片:4月12日,玉树县第三民族中学主体建设业已竣工,今年秋季即可开学复课。　新华社记者　王　博摄

温家宝将访问冰岛、瑞典、波兰并出席德国汉诺威工业博览会

新华社北京4月13日电 外交部发言人刘为民13日宣布:应冰岛共和国总理西于尔扎多蒂、瑞典王国首相赖因费尔特、波兰共和国总理图斯克和德意志联邦共和国总理默克尔邀请,国务院总理温家宝将于4月20日至27日对冰岛、瑞典、波兰进行正式访问,并出席德国汉诺威工业博览会开幕式及中国伙伴国活动。

刘为民表示,访问期间,温家宝总理将同冰岛、瑞典、波兰、德国领导人举行会谈和会见,就发展双边关系以及共同关心的国际和地区问题深入交换意见。温家宝总理还将广泛接触各国经济、企业界人士并发表演讲,阐述中国对外开放政策及对促进双边和中欧经贸合作的建议。温家宝总理此访将进一步提升中国与冰岛、瑞典、波兰、德国关系水平,推动中欧全面战略伙伴关系发展。

贾庆林离京出访新西兰、文莱和泰国

新华社北京4月13日电 应新西兰政府、文莱政府和泰国国会上议院的邀请,全国政协主席贾庆林13日上午乘专机离京,对上述三国进行正式友好访问。

全国政协副主席兼秘书长钱运录,全国政协提案委员会副主任孙淦,山东省政协主席刘伟,外交部副部长谢杭生,商务部国际贸易谈判副代表崇泉,全国政协副秘书长王胜洪,民建中央副主席吴晓青,全国政协外事委员会副主任武大伟、马秀红等主要陪同人员同机离京。

习近平会见越南人民军总参谋长

新华社北京4月13日电 (记者**刘东凯**)国家副主席、中央军委副主席习近平13日在人民大会堂会见了越南人民军总参谋长杜伯巳一行。

习近平说,中越友谊是两国老一辈领导人亲手缔造的,经过了几代领导人的精心培育。1991年两国关系正常化以来,我们秉承"十六字"方针和"四好"精神,两国关系进一步向前发展,在政治、经济、文化、军事等各个领域的友好交往和合作取得丰硕成果。特别是陆地边界和北部湾划界这两大问题得到妥善解决,为两国人民带来了实实在在的利益。中越两军关系近年来稳步发展,既为各自的国防和军队建设事业作出了贡献,也对两国全面战略合作伙伴关系的全面发展起到了积极促进作用。

习近平强调,中越社会制度相同,理想信念相通,前途命运相连,这既是推进两国务实合作的独特优势,也有益于妥善处理两国矛盾和分歧。面对当前复杂变化的国际形势,双方应共同努力,多做有益工作,保持两国关系正确发展方向,积极造福两国人民,维护本地区乃至世界的和平、稳定与发展。

杜伯巳感谢习近平拨冗会见,转达了越南党和国家领导人对中国党和国家领导人的亲切问候。他说,越南人民始终铭记中国人民在越南民族解放和建设社会主义事业中给予的援助和支持,十分珍惜越中传统友谊。在新的历史时期,越方始终重视并致力于发展两国全面战略合作伙伴关系,愿意与中方一道,进一步加强各领域的交流与合作,坚定维护越中友好大局,妥善处理分歧,为促进地区的和平、稳定与发展共同努力。越中两军要进一步加强合作交流,成为维护两国关系大局的坚强支柱。

中国人民解放军副总参谋长马晓天等会见时在座。

江苏干部下基层

"三解三促三覆盖"

本报南京4月13日电 (记者**贺广华、申琳**)4月8日晚,苏北泗洪县上塘镇垫湖村党支部会议室里灯火通明,住村调研已两天的江苏省委书记罗志军正在这里与村干部共话农村发展。

去年5月开始,江苏在领导干部中深入开展"了解民情民意、破解发展难题、化解社会矛盾,促进干群关系融洽、促进基层发展稳定、促进机关作风转变"的"三解三促"活动,部署干部下基层转变领导作风、推进工作落实。一年来,活动实现了三个全覆盖:县处以上党政领导干部参与全覆盖、所有村(社区)联系全覆盖、有重点信访案件地区落实领导包案全覆盖。

到发展困难的地方去、到经济薄弱的地方去、到矛盾突出的地方去……在江苏省委、省政府主要领导示范带动下,省市县三级党政主要领导脱下西装穿农装,挽起裤脚走基层,在乡镇和街道建立了联系点。1万多名乡镇和街道党政负责人也在村(社区)建立了联系点。不事先踩点,不陪同接待,不增加基层负担,深入村镇、社区和基层单位联系点走访调研,帮助解决具体问题8000多个。

为破解农村发展难题,江苏省农业部门牵头组织省级34家农技推广、农业科研和涉农教学单位与38个县(市、区)实施挂钩对接,在每个对接县培育5个"一村一品"特色专业村,每个村选派一名专家驻点指导,把特色专业村的20%农户培育成农业科技示范户,着力解决"粮食增产、农业增效、农民增收"中农民急需解决的问题。

为落实领导干部信访包案制度,江苏各地领导干部纷纷承担起矛盾调处责任。无锡市委常委、宣传部长王国中在包案处理老城区外来环卫工人因对"三金"补缴政策不满上访积案期间,多次召开协调会,指导矛盾化解,最终明确了补缴时限、范围和金额,较好地解决了一个困扰多年的群体性信访难题。

"三解三促"活动开展近一年,江苏干部作风、机关作风得到进一步改善。仅今年以来,江苏省级机关5000多名处以上干部陆续深入农村、社区和基层一线,结合各自工作领域列出调研课题1190个,狠抓各项重点工作的落实。

1300多个乡镇或街道、16000多个村、5400多个社区……江苏干部基层联系点如星火燎原,以点连线、以线扩面,形成了干部直接联系服务群众全覆盖的工作局面。

走基层·干部在一线

一季度国内生产总值同比增8.1%

本报北京4月13日电 (记者**朱剑红**)据国家统计局新闻发言人盛来运13日在国新办发布会上介绍,经初步测算,一季度国内生产总值(GDP)107995亿元,按可比价格计算,同比增长8.1%。从环比看,一季度国内生产总值增长1.8%。当前经济运行中存在的突出矛盾和问题,主要是稳定出口难度较大,一些企业特别是小微型企业经营困难增多,部分行业效益下滑,物价上涨压力仍然存在等。

一季度粮食生产形势较好,畜牧业生产稳定增长。据全国7万多农户种植意向调查显示,2012年全国春播农作物播种面积基本稳定,粮食作物保持增长态势,早稻播种面积将达到580万公顷,比上年增加5万公顷,春播玉米面积将继续增加,棉花播种面积减少4%左右。猪牛羊禽肉产量2227万吨,同比增长3.9%。一季度,全国规模以上工业增加值按可比价格计算同比增长11.6%。

固定资产投资同比增速高位趋缓,一季度,固定资产投资(不含农户)47865亿元,同比名义增长20.9%(扣除价格因素实际增长18.2%),增速比上年全年回落2.9个百分点。房地产开发投资增速继续回落,商品房销售同比下降。一季度,全国房地产开发投资10927亿元,同比名义增长23.5%(扣除价格因素实际增长20.7%),增速比上年全年回落4.4个百分点,比上年同期回落10.6个百分点;其中住宅投资增长19.0%,分别回落11.2和18.4个百分点。

市场销售平稳较快增长,一季度社会消费品零售总额49319亿元,同比名义增长14.8%(扣除价格因素实际增长10.9%)。城乡居民收入增长较快,农村居民收入增速快于城镇。

(相关报道见第二版)

湖北省阳新县白沙镇,干部走出办公室,进村入户——

田间地头生产忙

本报记者　张志峰

4月7日,湖北省阳新县白沙镇到处菜花金黄,随处可见忙碌的"铁牛",春耕正忙。

上午9时,记者来到镇政府办公楼,政府办和信访接待办有人值班,大多数办公室静悄悄的,整个办公楼冷冷清清。一问,书记、镇长都下村了。

来到镇农技服务中心,还是找不到人。附近有一家农资超市,店主姓马,是中心退休人员。老马说:眼下农民都在秧田里忙,中心的7个技术员白天都到村里了,要想找人,只有晚上来试试。正要转身离开,碰上中心副主任潘际高,他骑着摩托车,风尘仆仆赶回来办事。原来中心指导创办了两个早稻集中育秧示范点,中心主任周平刚负责白沙铺村,他负责土库村。春耕时节,大家每天早出晚归,指导农民整田、育秧,搞技术培训。前期已为农民印发资料4期共1万多份,还办了5期培训班,培训农民技术骨干310人次。他一脸歉意:"对不起,的确没人在中心。"

镇畜牧服务中心也是铁将军把门,门口贴着一张告知书,写着工作人员的手机号和联系村。拨通中心主任马作根的手机,他正在下畈村养猪专业户马先政家中搞春季防疫,他说:当前正是春防的关键期,中心10个人分成3个组,进村包干服务。有6种疫苗要抓紧打,忙得脚不挨地。"除了县畜牧局和镇政府通知开会,我们基本上天天都在养殖户家中转。"

"孙局长!"一进白沙镇工商分局大门,同行的镇干部就扯着嗓子喊,还是没人。隔壁竹木检查站一位值班人员说:工商的都到市场上去了,中午吃饭时才回。白沙镇一条街有40多家农资店,我们在一家种子店碰到两名巡查的工商人员。店主说:他们查得很严,要是搞假的,罚得让你一年都白干了!

来到镇财政所,仅有两人值班,其余都下村了……镇直单位基本都在这条主街上,记者一路走来,发现大多数办公室都是"静悄悄"的,只在门上贴着工作人员联系电话和驻点村。

来到平原村金银花基地,村支书石庚水介绍,去年村里种植金银花1380亩,初步形成产业。通村公路到种植基地急需修一条路,建配套设施,村里缺钱。4月7日一大早,白沙镇党委书记陈敬华和财政所长朱怀仁就来了,当场协调解决50万元周转金。据了解,在平原村带动下,阳新现已发展金银花共5000亩。

晚上,我们在舒畈村遇到白沙镇常务副镇长姜孝立,他说,镇里建立了领导包片、干部包村的"春耕包保责任制",各单位共110名干部,除少数值班人员,全"播"到田间地头了。

国无法不治 民无法不立

马　永

依法治国是党领导人民治理国家的基本方略。随着法治观念的深入人心,人们对这一点的认识日益深刻。遵守法纪,依法办事,成为任何人都不能例外的庄严准则。

但在我们这样一个有着几千年人治传统的国家,要在短时间内根除传统思想的影响,并非易事。一有机会,少数人心目中的特权思想、人治观念、官本位思维就会溜出来作怪。为了"提高效率",应该履行的程序就被省略;为了"跨越发展",法律法规的"红灯"就视而不见。更有甚者,有的人手中有了权力,法治原则就成了"对人不对己"的约束,就有了挑战法律的资格。这些破坏法律准则、无视法治尊严的做法,必然要受到法律制裁。

国无法不治,民无法不立。在我们这个社会主义法治国家,法律面前人人平等,领导干部尤其要做遵守法纪的表率。小平同志说得好:"不管谁犯了法,都要由公安机关依法侦查,司法机关依法办理,任何人都不许干扰法律的实施,任何犯了法的人都不能逍遥法外",谁都没有擅权营私的特权,谁都不能存一丝"刑不上大夫"的侥幸。

今日谈

人民网　网址:http://www.people.com.cn
手机:http://wap.people.com.cn

2012 年 7 月
31
星期二
壬辰年六月十三
人民日报社出版
国内统一连续出版物号
CN 11-0065
第 23397 期(代号 1-1)
今日 24 版

点一盏灯,照亮心中那条路

——周恩义的故事(上)

本报记者　赵婀娜

题　记

周恩义,我问你!

"把接连 6 封'母病危,速归!'的电报藏起来,坚持在抗洪抢险一线。不就是拍拍照片、写写报道吗,孰轻孰重,你为了啥?"

周恩义,我问你!

"儿子马上结婚、老伴住院你都不顾,拖着伤腿给画家们当领队。又不是非你不可,你为了啥?"

周恩义,我问你!……

这个有着 46 年党龄的老党员不解了,这个敦厚的东北汉子着急了,"我对照党章做的,有错吗?我的心告诉我这么做的,有错吗?"

是啊,周恩义有错吗?

让我们一起走近原辽宁省盘锦市兴隆台区委宣传部长周恩义,去仔细探究:真的是周恩义的做法难以理解,还是因为我们没有真正了解他、理解他……

(下转第十一版)

中央军委举行晋升上将军衔警衔仪式

胡锦涛颁发命令状并向晋衔的高级军官警官表示祝贺　习近平宣布命令

郭伯雄主持　徐才厚梁光烈陈炳德李继耐廖锡龙常万全靖志远吴胜利许其亮出席

晋升上将军衔警衔的是杜金才刘亚洲杜恒岩田修思王建平许耀元

新华社北京 7 月 30 日电　(记者**曹智**)中央军委 30 日在北京八一大楼隆重举行晋升上将军衔警衔仪式。中央军委主席胡锦涛向晋升上将军衔警衔的同志颁发命令状。

上午 9 时 30 分,晋升仪式在庄严的国歌声中开始。中央军委副主席习近平宣读了 6 月 28 日中央军委主席胡锦涛签署的晋升上将军衔命令和国务院总理温家宝、中央军委主席胡锦涛签署的晋升武警上将警衔命令。

中央军委副主席郭伯雄主持晋衔仪式,中央军委副主席徐才厚出席。

这次晋升上将军衔警衔的 6 位高级军官警官是:总政治部副主任杜金才,国防大学政治委员刘亚洲,济南军区政治委员杜恒岩,成都军区政治委员田修思,武警部队司令员王建平、政治委员许耀元。

晋升上将军衔警衔的 6 位高级军官警官军容严整、精神抖擞地列队主席台前。胡锦涛主席向他们颁发命令状,并与他们亲切握手,表示祝贺。佩带了上将军衔警衔肩章的 6 位高级军官警官向胡锦涛等领导同志敬礼,向参加仪式的全体同志敬礼,全场响起热烈的掌声。

中央军委委员梁光烈、陈炳德、李继耐、廖锡龙、常万全、靖志远、吴胜利、许其亮出席晋衔仪式。

晋衔仪式在嘹亮的军歌声中结束后,胡锦涛等领导同志与晋升上将军衔警衔的军官警官合影留念。

出席晋衔仪式的还有四总部、驻京各大单位和军委办公厅的领导等。

7 月 30 日,中央军委在北京八一大楼隆重举行晋升上将军衔警衔仪式。中央军委主席胡锦涛向晋升上将军衔警衔的同志颁发命令状。中央军委副主席习近平宣读 6 月 28 日中央军委主席胡锦涛签署的晋升上将军衔命令和国务院总理温家宝、中央军委主席胡锦涛签署的晋升武警上将警衔命令。这次晋升上将军衔警衔的 6 位高级军官警官是:总政治部副主任杜金才,国防大学政治委员刘亚洲,济南军区政治委员杜恒岩,成都军区政治委员田修思,武警部队司令员王建平、政治委员许耀元。　新华社记者　**李　刚**摄

江泽民为《简明中国历史读本》作序

高度重视学习中华民族发展史

新华社北京 7 月 30 日电　为落实江泽民同志关于重视学习中国历史的指示精神,中国社会科学院组织史学界专家学者编写的《简明中国历史读本》近日出版。江泽民为《简明中国历史读本》撰写了题为"高度重视学习中华民族发展史"的序言(**序言全文见第二版**)。江泽民在序言中指出,要使我们的国家、我们的民族发展得更好,我们必须认真总结和发扬改革开放和社会主义现代化建设的成功经验,也必须注重汲取和运用历史经验,科学把握和正确运用历史规律,正确借鉴历代治乱兴衰的经验教训。

江泽民强调,一个民族的历史深刻影响着一个民族的现在和未来。今天的中国从历史的中国发展而来。我们国家和民族的发展史,包含着治国安邦的深刻道理,也揭示了今天我国发展道路的历史必然性。要夺取改革开放和社会主义现代化建设的成功,我们不仅应该懂得中国的今天,而且还应该懂得中国的昨天和前天。多读读中华民族发展史,可以使我们加深民族感情、增强民族自信心,更加信心百倍地投身坚持和发展中国特色社会主义、实现中华民族伟大复兴的宏伟事业。

江泽民指出,学习中华民族发展史,是弘扬爱国主义精神、增强民族凝聚力的重要途径。爱国主义始终是中华民族团结一心、自强不息的精神源泉。在中华民族漫长的发展史上,我国各族人民团结奋斗取得的辉煌成就,我国各族人民经历的种种苦难曲折,都是爱国主义教育的生动教材,都是激励我们为祖国、为民族发展进步而不懈奋斗的强大精神力量。要真正形成对祖国、对民族的深切之爱、理性之爱,必须重视学习中华民族发展史,不断丰富历史知识。

江泽民强调,全党同志特别是领导干部要自觉学习历史,把提高历史素养放到更为重要的位置上来看待,(下转第二版)

圆梦九天的壮丽航程

——党中央关心中国载人航天工程科学发展纪实

浩瀚无垠星空,中华神舟翱翔——

从无人飞行到载人飞行,从一人一天到多人多天,从舱内实验到太空行走,从单船飞行到组合体稳定运行……中国已成功发射了 9 艘飞船、1 个目标飞行器,4 次把航天员送上太空。

1992 年,党中央决定实施载人航天工程,20 年间中国已成为世界上第三个独立掌握载人航天基础技术的国家,建立了比较完整的载人航天体系。天地往返、出舱活动、交会对接、航天员驻留……20 年不懈探索,在党中央坚强领导下,中国向着建设空间站的目标稳步迈进。

党中央科学决策,中华民族飞天梦想化作国家发展战略

2012 年 6 月 16 日 18 时 56 分,执行我国首次载人交会对接任务的神舟九号载人飞船,在酒泉卫星发射中心发射升空后准确进入预定轨道,顺利将 3 名航天员送上太空。

正在丹麦进行国事访问的中共中央总书记、国家主席、中央军委主席胡锦涛闻讯后发来贺电:希望同志们继续发扬载人航天精神,精心做好各项后续工作,奋力夺取首次载人交会对接任务全面胜利,为推进我国载人航天事业发展再立新功……

回望神舟飞天的壮丽航程,航天人不会忘记,正是党中央的战略决策,把中华民族千年梦想化作国家发展战略,引领着中国开启了壮丽的飞天征程。

1986 年 3 月 3 日,由王大珩、王淦昌、杨嘉墀、陈芳允 4 位著名科学家撰写的《关于跟踪世界战略性高技术发展》建议,呈送给了邓小平同志。

两天之后,邓小平同志作出重要批示:"此事宜速决断,不可拖延"。"863 计划"的出台,对中国载人航天探索起到了催化剂作用。科学家们经过反复论证,对中国载人航天发展的途径也逐渐形成共识:从载人飞船起步。

经过技术、经济可行性论证,专家们形成了中国载人航天工程"三步走"发展规划:第一步,发射无人和载人飞船,建成初步配套的试验性载人飞船工程,开展空间应用实验。第二步,在第一艘载人飞船发射成功后,突破载人飞船和空间飞行器交会对接技术,并利用载人飞船技术改装、发射空间实验室,解决有一定规模、短期有人照料的空间应用问题。第三步,建造空间站,解决有较大规模、长期有人照料的空间应用问题。

1992 年 9 月 21 日,党中央正式批准实施中国载人航天工程。在听取专家汇报后,江泽民同志强调,要下决心搞载人航天,这对我国政治、经济、科技等都有重要意义。载人航天是综合国力的标志,要坚持不懈地、锲而不舍地去搞……

1992 年,"国际空间年"。这一年,中国开始了圆梦九天的壮丽起飞。

1998 年 11 月 10 日至 11 日,刚刚建成的北京航天城迎来了一个不寻常的日子——江泽民等中央领导同志先后来到这里,考察载人航天工程主要研制成果和神舟号试验飞船。

就在这次考察前,中国载人航天工程指挥部为中国载人飞船取名"神舟",江泽民同志亲笔题写了"神舟"二字……

历史的脚步终于走到了一个辉煌时刻——

1999 年 11 月 20 日清晨,西北大漠深处。

成千上万的人们在袭人的寒风中兴奋地等待着。6 时 30 分,随着指挥员"点火"命令的下达,大地震颤,烈焰喷腾,长征火箭托举着中国自行研制的神舟一号无人飞船直上云天……

神舟一号成功飞天 4 天之后,江泽民同志、胡锦涛同志兴致勃勃地来到北京航天城,详细了解神舟一号飞船发射试验情况,仔细观看一天前从内蒙古着陆场运抵这里的飞船返回舱,亲切会见参加载人航天工程研制建设和试验的部分科技人员。

2002 年 3 月 26 日,正在酒泉卫星发射中心视察的江泽民同志再次会见航天科技人员代表。　(下转第二版)

温家宝主持召开国务院常务会议

听取鼓励民间投资实施细则制定情况汇报

部署鼓励和支持企业加强技术改造工作

新华社北京 7 月 30 日电　国务院总理温家宝 30 日主持召开国务院常务会议,听取鼓励民间投资实施细则制定情况汇报,部署鼓励和支持企业加强技术改造工作。

会议指出,改革开放以来,我国非公有制经济从无到有、由小到大,快速发展,在经济社会发展中的地位和作用日益突出,已经成为促进经济发展、推动科技创新、调整产业结构、繁荣城乡市场、扩大社会就业的重要力量。坚持"两个毫不动摇"的方针,鼓励和引导民间投资健康发展,直接关系坚持社会主义初级阶段基本经济制度,关系维护平等保护物权的法律制度,关系真正建立公平竞争的市场环境,关系激发社会活力、促进社会进步。2010 年《国务院关于鼓励和引导民间投资健康发展的若干意见》印发实施以来,　(下转第三版)

深刻把握科学发展观的重大意义

——二论认真学习领会胡锦涛同志重要讲话精神

本报评论员

"我们之所以能取得这样的历史性成就和进步,最重要的就是坚持以马克思列宁主义、毛泽东思想、邓小平理论、'三个代表'重要思想为指导,勇于推进实践基础上的理论创新,形成和贯彻了科学发展观,为全面建设小康社会、加快推进社会主义现代化提供了有力的理论指导。"

在省部级主要领导干部专题研讨班上的重要讲话中,胡锦涛总书记作出的这一重要论断,精辟概括了党的十六大以来的 10 年我国取得巨大成就进步的根本原因,科学阐明了推进党和国家事业发展进步必须遵循的理论指南。认真学习胡锦涛同志重要讲话精神,一个极其重要的方面就是紧密联系我们党推进实践创新和理论创新的历史进程,从新的思想高度提升对科学发展观的认识,深刻把握科学发展观的实践价值、理论贡献、实践要求,不断增强贯彻落实科学发展观的自觉性坚定性。

科学发展是当代中国的鲜明主题,是人民群众的根本利益所在。深刻把握科学发展观的重大意义,必须充分认识它的实践价值。这些年来我们走过的道路很不平坦,我们经受的磨砺很不平凡,既面临风云变幻的国际形势,又面对艰巨繁重的国内改革发展稳定任务;既面临前所未有的机遇,又面对前所未有的挑战;既面临非典疫情、特大地震、国际金融危机等灾害和风险的严峻考验,又面对举办奥运会、世博会等大事和喜事的能力检验。我们党带领 13 亿人民形成和贯彻了科学发展观,着力推进改革发展的伟大实践,大幅提升了国家的经济实力和综合国力,明显改善了人民生活水平,有力展示了中华民族的新风貌和新形象,向历史交出了一份令人振奋的恢宏答卷,中国特色社会主义展现出新的勃勃生机。丰硕的实践成果、生动的发展事实,充分彰显了科学发展观的真理力量,充分彰显了科学发展观的实践价值。

科学发展观是十六大以来党的理论创新成果的集中体现,是发展中国特色社会主义必须坚持和贯彻的重大战略思想。深刻把握科学发展观的重大意义,必须深入领会它的理论贡献。科学发展观之所以成为引领当代中国发展进步的科学理论,就在于它继承和发展了党的三代中央领导集体关于发展的重要思想,集中体现了马克思主义关于发展的世界观和方法论,同马克思列宁主义、毛泽东思想、邓小平理论和"三个代表"重要思想既一脉相承又与时俱进。科学发展观之所以成为我国经济社会发展的重要指导方针,就在于它站在历史和时代的高度,围绕中国特色社会主义这一主题,以一系列新思想、新观点、新论断,深刻回答了新形势下实现什么样的发展、怎样发展的重大问题,为实现社会主义现代化不断指明前进方向。

深入贯彻落实科学发展观,是一项长期艰巨的任务。深刻把握科学发展观的重大意义,必须全面贯彻它的实践要求。我们必须以更加坚定的决心、更加有力的举措、更加完善的制度来贯彻落实科学发展观,真正把科学发展观转化为推动经济社会又好又快发展的强大力量。必须始终坚持把发展作为党执政兴国的第一要务,坚持以人为本,坚持全面协调可持续发展,坚持统筹兼顾,着力转变不适应不符合科学发展观的思想观念,着力解决影响和制约科学发展的突出问题,更加自觉地走科学发展之路,把科学发展观贯彻落实到经济社会发展各个方面。

科学发展观作为中国特色社会主义理论体系的最新成果,是马克思主义与当代中国实际和时代特征相结合的产物,是中国共产党和中国人民集体智慧的结晶。在发展中国特色社会主义的进程中,始终坚持和贯彻科学发展观,我们就必定能担当强国富民的历史重任,实现中华民族伟大复兴。

贾庆林在黑龙江调研时强调

深入学习领会胡锦涛同志重要讲话精神 加快推进东北老工业基地全面振兴

新华社哈尔滨 7 月 30 日电　(记者**吴晶晶**)中共中央政治局常委、全国政协主席贾庆林近日在黑龙江调研时强调,要深入学习领会胡锦涛同志在省部级主要领导干部专题研讨班开班式上的重要讲话精神,充分发挥统一战线和人民政协的优势,为促进经济平稳较快发展和社会和谐稳定,加快推进东北老工业基地全面振兴作出贡献,以优异成绩迎接党的十八大胜利召开。

仲夏时节,龙江大地草木葱茏、生机勃勃。7 月 27 日至 30 日,贾庆林先后来到哈尔滨、大庆、鸡西等地,深入企业、社区、农场和建设工地,与干部群众共商改革发展大计。　(下转第四版)

人民日报

RENMIN RIBAO

人民网 网址:http://www.people.com.cn 手机:http://wap.people.com.cn

2008年3月 1 星期六 戊子年正月廿四

人民日报社出版

国内连续出版物号 CN11-0065

第21784期(代号1-1)

今日8版

胡锦涛等领导同志当选为十一届全国人大代表

新华社北京2月29日电 胡锦涛、吴邦国、温家宝、贾庆林、李长春、习近平、李克强、贺国强、周永康等领导同志在不同的选举单位当选为十一届全国人大代表。

十届全国人大常委会第三十二次会议2月28日经过表决，通过了十届全国人大常委会代表资格审查委员会关于十一届全国人大代表的代表资格的审查报告，确认各省、自治区、直辖市、香港特别行政区、澳门特别行政区和中国人民解放军等35个选举单位选举产生的2987名代表的代表资格全部有效，并决定公布代表名单。

胡锦涛、吴邦国、温家宝、贾庆林、李长春、习近平、李克强、贺国强、周永康等领导同志是从江苏、安徽、甘肃、北京、四川、上海、辽宁、湖南、黑龙江等省、直辖市选举单位选举产生的。

按照全国人大和地方各级人大选举法，全国人大的代表，由省、自治区、直辖市的人大和人民解放军选举产生。县级以上的地方各级人大在选举上一级人大代表时，代表候选人不限于各该级人大的代表。

中共中央举行纪念周恩来同志诞辰一百一十周年座谈会

胡锦涛发表重要讲话

吴邦国贾庆林李长春习近平李克强贺国强周永康出席 温家宝主持

本报北京2月29日电 中共中央29日上午在人民大会堂举行座谈会，纪念周恩来同志诞辰110周年。中共中央总书记、国家主席、中央军委主席胡锦涛发表重要讲话强调，我们要全面贯彻党的十七大精神，高举中国特色社会主义伟大旗帜，坚持以邓小平理论和"三个代表"重要思想为指导，深入贯彻落实科学发展观，同心同德、齐心协力，求真务实、锐意进取，把老一辈革命家孜孜以求的美好理想变成现实，为把我国建设成为富强民主文明和谐的社会主义现代化国家而不懈奋斗。

中共中央政治局常委吴邦国、贾庆林、李长春、习近平、李克强、贺国强、周永康出席座谈会，座谈会由中共中央政治局常委、国务院总理温家宝主持。

胡锦涛在讲话中指出，周恩来同志是伟大的马克思主义者，伟大的无产阶级革命家、政治家、军事家、外交家，党和国家主要领导人之一，中国人民解放军主要创建人之一，中华人民共和国的开国元勋，是以毛泽东同志为核心的党的第一代中央领导集体的重要成员。周恩来同志的卓著功勋、崇高品德、光辉人格，深深铭记在全国各族人民心中，在国际上也享有很高威望。

胡锦涛强调，周恩来同志50多年的革命生涯，同中国共产党的建立、发展、壮大，同我国新民主主义革命的胜利，同我国社会主义革命和建设的历史进程紧密联系在一起。他毫无保留地把全部精力奉献给了党和人民，直到生命的最后一息。他身上集中体现了中国共产党人的高风亮节，在中国人民心中矗立起一座不朽的丰碑。

胡锦涛指出，我们缅怀周恩来同志，就是要永远铭记和认真学习周恩来同志的精神，使之不断发扬光大。周恩来同志始终信仰坚定、理想崇高，集中表现为他对党和人民无限忠诚的精神；始终热爱人民、勤政为民，集中表现为他甘当人民公仆的精神；始终顾全大局、光明磊落，集中表现为他高度珍视和自觉维护党的团结统一的精神；始终实事求是、严谨细致，集中表现为他求真务实的精神；始终虚怀若谷、戒骄戒躁，集中表现为他谦虚谨慎的精神；始终严以律己、廉洁奉公，集中表现为他无私奉献的精神。

胡锦涛强调，今天的中国是历史的继续和发展。我们要永远铭记老一辈革命家为创建新中国、确立社会主义基本制度、探索中国特色社会主义道路作出的历史贡献。在改革开放和社会主义现代化建设的历史新时期，我们继承老一辈革命家的遗志，继往开来，与时俱进，开创了中国特色社会主义伟大事业，开辟了发展中国、发展社会主义、发展马克思主义的正确道路，我国社会主义现代化建设取得了举世瞩目的成就，中华民族伟大复兴展现出光明灿烂的前景。**(讲话全文另发)**

温家宝在主持座谈会时指出，胡锦涛总书记的重要讲话，回顾了周恩来同志伟大、光辉的一生，高度评价了周恩来同志的丰功伟绩、思想品德和崇高精神，号召全党全国各族人民特别是各级领导干部努力学习周恩来同志的革命精神和思想风范。胡锦涛总书记的重要讲话对于激励全党全国各族人民继承老一辈革命家的遗志，继续开创中国特色社会主义事业新局面具有重要指导意义。

温家宝说，周恩来同志把自己的一生无私地献给了中国人民的革命和建设事业。他深深地爱着人民，人民也深深地爱戴他。周恩来同志虽然离开了我们，但他的光辉业绩连同他为人民鞠躬尽瘁、死而后已的革命精神和高尚品德是永存的。我们纪念周恩来同志，就是要学习他的精神、品德和人格，继承他未竟的事业。周恩来同志永远活在人民心中！

座谈会上，中央文献研究室主任冷溶，中央党史研究室主任、中央党校常务副校长李景田，国务院副秘书长张平，全国政协副秘书长杨崇汇，中央军委委员、解放军总政治部主任李继耐，江苏省委书记梁保华先后发言。

出席座谈会的还有：王刚、王兆国、刘云山、李源潮、郭伯雄、令计划、何鲁丽、黄孟复。

中央和国家机关有关部门、人民团体、人民解放军以及江苏省的负责同志，周恩来同志亲属、生前友好、原身边工作人员和家乡代表等出席了座谈会。

在纪念周恩来同志诞辰110周年座谈会上的讲话

(2008年2月29日)

胡锦涛

同志们，朋友们：

今天，我们怀着十分崇敬的心情在这里隆重集会，纪念敬爱的周恩来同志诞辰110周年，深切缅怀他为党、人民、国家和人民军队建立的丰功伟绩，学习他的革命精神和崇高品德，进一步激励全党全国各族人民全面贯彻党的十七大精神，把中国特色社会主义伟大事业继续推向前进，为实现中华民族伟大复兴而不懈奋斗。

周恩来同志是伟大的马克思主义者，伟大的无产阶级革命家、政治家、军事家、外交家，党和国家主要领导人之一，中国人民解放军主要创建人之一，中华人民共和国的开国元勋，是以毛泽东同志为核心的党的第一代中央领导集体的重要成员。周恩来同志的卓著功勋、崇高品德、光辉人格，深深铭记在全国各族人民心中，在国际上也享有很高威望。

周恩来同志出生于19世纪末年。当时的中国，遭受着列强欺凌、封建统治的双重压迫，民不聊生，国运衰微。青少年时代，他就立志"为了中华之崛起"而发愤读书，认定"有大志向的人，便想去救国，尽力社会"。经历了五四运动的洗礼，他开始积极思考、探索中国社会的出路。20世纪20年代初，他到欧洲勤工俭学，通过反复比较，确立了共产主义的信仰，在巴黎参与旅欧共产党组织的创建，成为中国共产党最早的党员之一。1924年，他回到祖国，投身中国革命的洪流，从此一直奋斗在中国政治舞台的前沿。

新民主主义革命时期，周恩来同志为我们党创建人民军队、创建革命统一战线、创建人民当家作主的新中国建立了不朽功勋。在大革命中，他出色领导了国民革命军军政工作、广东地方政权工作、震惊中外的上海工人武装起义，成为我们党最早认识武装斗争重要性和最早从事军事工作的领导人之一。大革命失败后，他领导发动举世闻名的八一南昌起义，打响了武装反抗国民党反动派的第一枪，党领导的人民军队从此诞生。党的六大以后，他作为实际主持党中央工作的领导人，在极端险恶的条件下机智勇敢地保卫党的中央机关，保护党的大批领导骨干，发展党在白区的秘密工作，支持工农武装割据。他积极探索中国革命的正确道路，明确提出"乡村中心"的思想，为推动"农村包围城市，武装夺取政权"道路的形成作出了突出贡献。在江西中央革命根据地，他同朱德同志等一起成功指挥了第四次反"围剿"斗争，创造了大兵团伏击歼灭战的新经验。红军长征途中，在具有深远历史意义的遵义会议上，他旗帜鲜明地支持毛泽东同志的正确主张，为确立毛泽东同志在红军和党中央的领导地位，为在危难中挽救红军、挽救党，发挥了重要作用。西安事变爆发后，在民族危亡的关键时刻，他根据党中央的既定方针，前往西安，在极端复杂而艰难的环境中推动西安事变和平解决，促成了国共合作、团结抗日的新局面。抗日战争中，他代表我们党长期坚持在国民党统治区工作，负责与国民党当局谈判，广泛团结社会各阶层爱国人士，坚持并发展抗日民族统一战线，同国民党顽固派进行了有勇有谋的斗争。抗日战争胜利后，为制止内战，他陪同毛泽东同志赴重庆与国民党进行和平谈判，尔后又率领我党代表团与国民党当局开展了有理有节的政治斗争。解放战争时期，他协助毛泽东同志运筹帷幄，在推动第二条战线的形成、转战陕北、指挥一系列改变中国命运的战略大决战、筹备召开新政协、主持起草《共同纲领》等工作中，作出了卓越贡献。

新中国成立后，周恩来同志先后担任政务院总理、国务院总理长达26年，为积极探索符合我国国情的社会主义建设道路，全面组织和实施社会主义各项建设事业，兢兢业业，殚精竭虑，在政治、经济、外交、国防、统战、科技、文化、教育、新闻、卫生、体育等各领域倾注了大量心血，作出了奠基性的贡献。在领导新中国的建设和发展中，他强调经济建设工作在整个国家生活中"居于首要的地位"，一个国家如果经济上不能完全独立，政治上也就不能完全独立。他强调要正确处理各种关系，做到统筹全局、全面安排、综合平衡、协调发展；强调"我们的国家不仅要有经济建设，还要有政治建设和精神建设"，建设社会主义必须全面发展；强调一定要重视环境保护，不能因发展经济而牺牲环境，不要做对不起子孙后代的事。他高度重视科学技术和知识分子在社会主义建设中的关键作用，强调实现现代化、把我国建设成为社会主义强国"关键在于实现科学技术的现代化"，"知识分子是社会主义建设事业取得胜利的不可缺少的重要力量"。他组织领导"两弹一星"大规模科技攻坚取得重大突破，极大提升了我国的综合国力和国际地位。他高度重视对外贸易和学习外国先进技术，强调"学习外国必须同独创精神相结合"。他高度重视发挥统一战线在社会主义革命和建设中的作用，经常倾听各民主党派和无党派爱国人士的意见，为坚持和完善中国共产党领导的多党合作和政治协商制度作出了重要贡献。他时时不忘祖国统一大业，为解决香港、澳门和台湾问题做了大量基础性、开拓性工作。他卓有成效地领导了党和国家的外事工作，首倡和平共处五项原则，遵照国家不分大小一律平等的原则，推动我国积极发展同各国特别是广大发展中国家的友好合作关系，使我们的朋友遍天下。他博大精深的外交思想、丰富多彩的外交实践、独具一格的外交艺术和外交风格，在国际社会为党和国家赢得了很高的声誉。

在"文化大革命"极端复杂的特殊环境下，周恩来同志忍辱负重，苦撑危局，作出了常人难以想象的努力，全力维护党和国家正常工作的运转，全力维护党的团结统一，尽一切可能减少损失。他保护了一大批党的领导骨干、民主人士和知识分子；他协助毛泽东同志粉碎了林彪反革命集团妄图夺取最高权力的阴谋，并主持中央日常工作，批判和纠正极左思潮的错误，使各方面工作有了转机；他根据毛泽东同志的决策积极促成和落实邓小平同志复出并主持中央工作，全力支持邓小平同志领导对各方面工作进行整顿；他身患绝症，仍顽强坚持工作，并同邓小平、叶剑英、李先念同志等一起，与江青反革命集团进行了坚决斗争；他在四届全国人大一次会议上重申实现四个现代化的宏伟目标，极大鼓舞了全党全国各族人民。 (下转第四版)

吴邦国会见尼日利亚总统亚拉杜瓦

新华社北京2月29日电 (记者**荣燕**)全国人大常委会委员长吴邦国29日在人民大会堂会见了尼日利亚总统亚拉杜瓦。

吴邦国说，中尼建交以来，双边关系健康、顺利发展。近年来，中尼关系提升到新的水平，双方建立了政治上互信、经济上互利、国际事务中互助的战略伙伴关系，各领域互利合作不断取得丰硕成果。中尼保持高层交往，两国领导人就各领域互利合作和共同关心的重大问题充分交换意见并达成广泛共识。双方在农业、工业、基础设施建设、电力、电信及制造业等领域的合作不断扩大，为两国关系注入新活力。

吴邦国强调，中方高度重视中尼关系，愿同尼方共同努力，增进双方政治互信，坚持优势互补，着眼长期合作，实现互利共赢，不断深化中尼战略伙伴关系。

吴邦国说，中尼立法机构间合作是两国关系的重要组成部分，中国全国人大与尼议会保持了良好的交往与合作，增进了两国人民的相互了解和友谊，丰富了中尼关系内涵。中国全国人大重视发展同尼议会的关系，愿保持双方密切交往势头，共同推动两国战略伙伴关系全面发展。

亚拉杜瓦表示，尼中战略伙伴关系互利共赢，发展势头良好。尼方高度重视对华关系，致力于进一步推动双边关系不断发展。尼日利亚希望成为中国在非洲的重要合作伙伴，尼中合作成为非中合作的典范。尼方愿进一步拓展与中方在电力、能源、基础设施等尼重点发展领域的合作，加强两国政党、议会之间的交流，推动尼中战略伙伴关系全面、深入发展。

温家宝主持召开国务院常务会议

研究部署事业单位工作人员养老保险制度改革试点工作

新华社北京2月29日电 国务院总理温家宝29日主持召开国务院常务会议，研究部署事业单位工作人员养老保险制度改革试点工作。

会议讨论并原则通过了《事业单位工作人员养老保险制度改革试点方案》，确定在山西、上海、浙江、广东、重庆5省市先期开展试点，与事业单位分类改革配套推进。试点的主要内容包括：养老保险费用由单位和个人共同负担，退休待遇与缴费相联系，基金逐步实行省级统筹，建立职业年金制度，实行社会化管理服务等。会议指出，事业单位工作人员养老保险制度改革涉及面广，政策性强，必须先行试点，积累经验，积极稳妥地推进。试点地区和有关部门要切实加强组织领导，周密部署，妥善处理好改革前后待遇水平上的平稳衔接，确保试点工作顺利进行。

会议还研究了其他事项。

《政协委员一日》出版座谈会在京举行

贾庆林出席

本报北京2月29日电 (记者**刘维涛**)《政协委员一日》出版座谈会29日在京举行。中共中央政治局常委、全国政协主席贾庆林出席座谈会。

《政协委员一日》一书由全国政协文史和学习委员会与人民政协报社联合征编，中国文史出版社出版。征文活动自2006年10月启动以来，得到了十届全国政协委员的大力支持，至今已征集到稿件200多篇，出版《政协委员一日》图书两辑，成为人民政协文史资料工作的新品牌。

此次出版的《政协委员一日》第二辑，收录了来自不同界别委员的79篇文章。这些文章全部来源于委员们的亲身经历，从不同角度、不同侧面，全方位地记录了十届政协以来全国政协委员在经济建设、政治建设、文化建设、社会建设等各个领域丰富多彩的工作和生活，真实地展现了人民政协在构建和谐社会、推动社会主义民主政治建设中的重要作用，生动地描绘了各族各界人民为全面建设小康社会、加快推进社会主义现代化而不懈奋斗的景象。

全国政协副主席陈奎元在座谈会上说，人民政协的文史资料工作是一项富有统一战线和政协特点的重要工作，在"存史、资政、团结、育人"方面发挥了独特的作用，为巩固和发展最广泛的爱国统一战线，为坚持和完善中国共产党领导的多党合作和政治协商制度，为推动社会主义革命、建设和改革开放事业作出了特殊贡献。进入新世纪新阶段，文史资料工作面临着前所未有的机遇和挑战。《政协委员一日》征文活动及其图书的出版是探索建立新形势下文史资料征集工作机制所做的一次成功尝试，为广大政协委员更好地参与文史资料工作搭建了新平台。《政协委员一日》作为记录人民政协、展示人民政协、宣传人民政协的重要载体，作为广大群众了解人民政协、认识人民政协的重要窗口，必将对进一步促进人民政协工作和扩大人民政协影响发挥积极的作用。

全国政协副主席王忠禹出席了出版座谈会。

首都机场三号航站楼启用

2月29日，首都机场3号航站楼正式启用。图为旅客进入首都机场3号航站楼内准备办理登机手续。

新华社记者 罗晓光摄

二版、三版刊登

中华人民共和国第十一届全国人民代表大会代表名单

二版刊登署名文章

合理配置宏观调控部门职能，提高宏观调控水平

（六）其他重要会议新闻的版面安排

中央召开的其他重要会议，临时的和较有规律的，经常会在新闻报道中出现，根据会议出席领导的规格和会议研究事项的重要程度，在版面安排上妥善把握和处理。

中共中央召开党外人士座谈会

2011 年 10 月 20 日，一版头条刊发《征求对中共中央关于深化文化体制改革推动社会主义文化大发展大繁荣若干重大问题的决定的意见　中共中央召开党外人士座谈会》，两行副题，横六栏。

（附 2011 年 10 月 20 日一版）

中央纪委全会

中央纪委召开全会，如果中共中央总书记出席会议并发表重要讲话，消息安排在一版头条位置，并配发讲话照片。如果中共中央总书记未出席会议，中央纪委书记出席会议的话，消息可视当日版情，安排在一版其他位置。

头条位置。2012 年 1 月 10 日，一版头条刊发《胡锦涛在十七届中央纪委七次全会上发表重要讲话》，直题，四栏篇幅，配发胡锦涛讲话照片一张。属于较重处理。

中线位置。2003 年 2 月 18 日，一版将中央纪委书记出席中央纪委第二次全会的消息，安排在中线附近。

（附 2012 年 1 月 10 日一版、2003 年 2 月 18 日一版）

中央军委扩大会议

2004 年 9 月 21 日，一版刊发胡锦涛、江泽民出席中央军委扩大会议并发表重要讲话消息，因当时正处于中央军委领导新老交替时期，版面对此报道予以突出处理。头条八栏文六栏题，配发胡锦涛、江泽民讲话及中央军委领导集体合影共三张照片。版面大气庄重。

（附 2004 年 9 月 21 日一版）

中央军委举行晋衔仪式

2012年7月31日，一版刊发中央军委举行晋升上将军衔警衔仪式的消息。头条横六栏，配发军委领导与新晋上将合影照片。晋衔将军的名字入副题，呼应了主题。

（见第76页版面）

民主党派换届大会

民主党派换届大会，一般在一版安排两条稿件，一条为大会开幕、中央政治局常委到会祝贺的消息，一条为中共中央的贺电。版面位置多为右中部。因民主党派换届大会在时间相近的一段时期内，为体现各民主党派之间的平等、平衡，人民日报尽可能将各民主党派换届消息安排在一版同样位置，使用同样篇幅。

2007年12月9日，民革第十一次全国代表大会召开。12月10日，一版在中右位置安排两条相关稿件。

（附2007年12月10日一版）

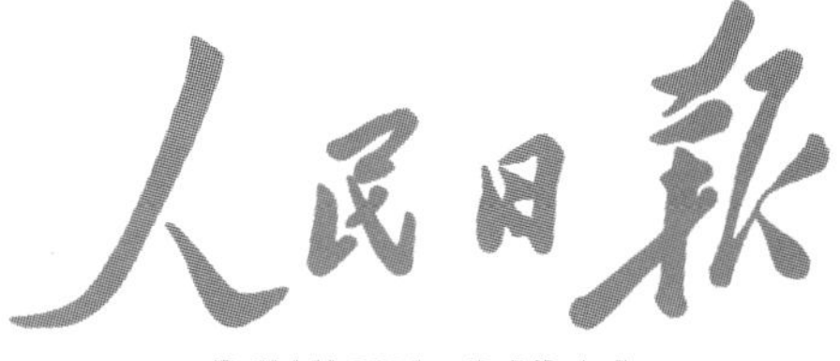

人民网　网址：http://www.people.com.cn
手机：http://wap.people.com.cn

2011年10月
20
星期四
辛卯年九月廿四
人民日报社出版
国内统一连续出版物号
CN 11-0065
第23112期（代号1-1）
今日24版

我国文化出口全面提速

从2001年到2010年，文化产品和服务出口规模分别增长2.8倍和8.7倍

本报北京10月19日电　（记者崔鹏）据商务部19日发布的信息：近年来，在中央领导的高度重视和大力支持下，中央有关部委和地方将发展文化贸易作为振兴文化产业、转变对外贸易发展方式的重要内容，进一步加强了对文化出口工作的政策支持力度，有力地推动了中华文化“走出去”步伐。

从2001年到2010年，文化产品和服务出口规模分别增长了2.8倍和8.7倍，图书版权进出口比例从2003年的9:1下降到2010年的3:1。“十一五”期间我国文化出口主要表现为以下特点：一是全国支持文化出口的政策环境初步形成。进出口银行、中国银行等机构积极为文化出口重点企业提供项目贷款。二是文化企业逐步采用境外直接投资等方式扩大文化出口。天创国际收购美国布兰森市的白宫剧场，开始驻场演出，迈出了中国演艺企业境外收购和经营剧场的第一步。三是网络游戏等新兴文化服务成为文化出口的重要增长点。四是国际市场需求开始推动文化企业借助资本运作实现国际化发展。

商务部还将会同有关部门通过完善对外开放格局，积极实施“文化走出去”工程，完善支持文化开放发展政策，做好文化走向世界的服务保障等多个方面的工作，努力提高文化开放水平，推动社会主义文化大发展、大繁荣。

征求对中共中央关于深化文化体制改革推动社会主义文化大发展大繁荣若干重大问题的决定的意见

中共中央召开党外人士座谈会

胡锦涛主持并发表重要讲话

贾庆林李长春习近平出席

新华社北京10月19日电　中共中央日前在中南海召开党外人士座谈会，听取各民主党派中央、全国工商联领导人和无党派人士对中共中央关于深化文化体制改革、推动社会主义文化大发展大繁荣若干重大问题的决定的意见和建议。中共中央总书记胡锦涛主持座谈会并发表重要讲话。

中共中央政治局常委贾庆林、李长春、习近平出席座谈会。

座谈会上，胡锦涛希望各民主党派中央、全国工商联领导人和无党派人士畅所欲言，对文件稿提出意见和建议。李长春介绍了中共中央对起草中共十七届六中全会文件的考虑和文件稿形成过程。

民革中央主席周铁农、民盟中央主席蒋树声、民建中央主席陈昌智、民进中央主席严隽琪、农工党中央主席桑国卫、致公党中央主席万钢、九三学社中央主席韩启德、台盟中央主席林文漪、全国工商联主席黄孟复、无党派人士代表陈竺先后发言。他们认为，中共中央认真总结我国文化改革发展的丰富实践和宝贵经验，研究部署深化文化体制改革、推动社会主义文化大发展大繁荣，对夺取全面建设小康社会新胜利、开创中国特色社会主义事业新局面、实现中华民族伟大复兴具有重大而深远的意义。他们赞同文件稿对我国文化发展形势的分析，赞同文件稿提出的推进文化改革发展的指导思想、重要方针、目标任务，表示要团结带领广大成员和所联系群众，充分发挥自身优势，为推进文化改革发展作出贡献。他们还就提高全民科学文化素质、加强职业道德建设、建设覆盖城乡的公共文化服务体系、加强文化遗产保护和利用、完善文化行政管理体制、推进文化体制机制改革和创新、完善文化法律、扩大两岸文化交流、推动中国文化走向世界等问题提出意见建议。

在认真听取了大家发言后，胡锦涛发表重要讲话。他表示，大家各抒己见，提出了许多有价值、有见地的意见和建议，对修改好决定稿很有帮助，文件起草组要认真研究、积极吸纳。

胡锦涛指出，统一战线在社会主义文化建设中有着独特优势和作用。多年来，各民主党派、工商联和无党派人士始终关心文化建设，就加强公民思想道德建设、加强公共文化服务体系建设、加强社区文化建设、加强农村文化建设、保护非物质文化遗产、实施文化走出去战略、加强两岸文化交流等问题深入调查研究，积极践行社会主义核心价值体系，推动继承和发展中华优秀文化传统，为促进文化建设发挥了积极作用。希望各民主党派、工商联和无党派人士充分发挥人才荟萃、智力密集的优势，继续团结带领各级组织和广大成员坚持社会主义先进文化前进方向，反映人民群众文化需求，围绕文化改革发展重大课题，深入开展调研，积极建言献策。希望各民主党派、工商联和无党派人士激发广大成员特别是文化工作者参与文化改革发展的热情，为推动社会主义文化大发展大繁荣贡献智慧和力量，为把我国建设成为社会主义文化强国而共同奋斗。

胡锦涛强调，今年是中国共产党成立90周年。90年来，我们取得了举世瞩目的伟大成就，这些成就是我们党、各民主党派、全国各族人民共同奋斗的成果。社会主义中国、中华民族新的更大的发展成就，同样要靠我们党、各民主党派、全国各族人民共同奋斗来创造。中国共产党领导的多党合作和政治协商制度，是中国特色社会主义制度的重要组成部分。我们要紧紧围绕全面建设小康社会、加快推进社会主义现代化的宏伟目标，坚持好、完善好、发展好中国共产党领导的多党合作和政治协商制度，加强团结合作，永远风雨同舟，把我国多党合作事业不断推向前进。

刘云山、刘延东、令计划、王沪宁、杜青林、陈奎元等出席座谈会。

出席座谈会的党外人士还有张梅颖、张榕明、罗富和、陈宗兴、王志珍和张宝文、马培华、王钦敏、汪毅夫、谢经荣、王明明等。

温家宝主持召开国务院常务会议

部署制订社会信用体系建设规划

○“十二五”期间要建立健全覆盖全社会的征信系统，全面推进社会信用体系建设

○努力营造诚实、自律、守信、互信的社会信用环境，使诚实守信者得到保护、作假失信者受到惩戒

新华社北京10月19日电　国务院总理温家宝19日主持召开国务院常务会议，部署制订社会信用体系建设规划。

会议指出，刚刚闭幕的党的十七届六中全会，是我国发展进程中一次重要的会议，各级人民政府、国务院各部门要深入学习、准确把握全会精神，结合实际认真贯彻落实。

全会提出，“把诚信建设摆在突出位置，大力推进政务诚信、商务诚信、社会诚信和司法公信建设，抓紧建立健全覆盖全社会的征信系统，加大对失信行为惩戒力度，在全社会广泛形成守信光荣、失信可耻的氛围。”

会议对制订社会信用体系建设规划作了重点部署，指出良好的社会信用是经济社会健康发展的前提，是每个企业、事业单位和社会成员立足于社会的必要条件。诚信缺失、不讲信用，不仅危害经济社会发展，破坏市场和社会秩序，而且损害社会公正，损害群众利益，妨碍民族和社会文明进步。当前社会诚信缺失问题依然相当突出，商业欺诈、制假售假、虚报冒领、学术不端等现象屡禁不止，人民群众十分不满。各级人民政府要高度重视社会诚信和信用体系建设，通过完善制度、加强教育，努力营造诚实、自律、守信、互信的社会信用环境，使诚实守信者得到保护、作假失信者受到惩戒，为社会主义经济、政治、文化、社会的改革和发展提供良好的道德保障。

（下转第二版）

贾庆林亲切看望柬埔寨太皇西哈努克

本报北京10月19日电　（记者杜尚泽）全国政协主席贾庆林19日在北京亲切看望了柬埔寨太皇西哈努克，转达了胡锦涛主席和中国其他领导人对西哈努克90岁寿辰的生日祝福和问候。贾庆林说，太皇陛下是中国人民家喻户晓和十分敬重的老朋友、好朋友，同中国几代领导人建立了深厚友谊，是中柬友好关系的生动体现，也是两国人民共同的宝贵财富。多年来，陛下始终致力于巩固和发展[illegible]友谊，坚定支持中方正义立场，在中国遭受自然灾害时多次慷慨解囊，体现了对中国人民的真挚情谊。

贾庆林指出，巩固和发展中柬传统友谊是中国政府坚定不移的政策。相信在以西哈莫尼国王和太皇陛下为代表的柬王室的关心下，在两国政府和人民的共同努力下，太皇陛下与中国老一辈领导人共同开创的中柬友好关系必将不断焕发出新的活力。

贾庆林向西哈努克赠送了中国著名画家的寿桃绘画。

西哈努克表示，贾庆林主席亲自莅临转达胡锦涛主席和中国其他领导人的祝福和问候，是中华人民共和国给予的最高荣誉。柬埔寨人民永远不会忘记，在柬埔寨面临困难时，中国人民总是无私地伸出援手，帮助我们渡过难关。他祝福柬中两国人民的友谊万古长青，祝中华人民共和国繁荣昌盛。

外交部副部长张志军、全国政协副秘书长王胜洪等参加了上述活动。

走基层转作风改文风·一线见闻

西藏 2万干部赴基层

十月十八日，西藏那曲地区团委干部苟海君在那曲地区聂荣县尼玛乡布地加村帮助群众准备过冬燃料。西藏自治区将在全区选派两万多名干部组成五千四百五十一个工作组，陆续奔赴一千多个条件艰苦、发展滞后的农村牧区，开展为期三年的强基惠民活动。

本报记者　韩俊杰　扎　西文　新华社记者　觉　果摄

李长春主持召开中央宣传思想文化工作部门负责人会议

研究部署学习宣传贯彻党的十七届六中全会精神

新华社北京10月19日电　中共中央政治局常委李长春19日主持召开中央宣传思想文化工作部门负责人会议，认真学习党的十七届六中全会精神，并就学习宣传贯彻党的十七届六中全会精神作出部署。

会议认为，党的十七届六中全会是在全面建设小康社会关键时期和深化改革开放、加快转变经济发展方式的攻坚时期召开的一次十分重要的会议。胡锦涛总书记发表的重要讲话，深刻阐述新形势下推进文化改革发展的重大意义，明确提出贯彻落实全会决定的具体要求，全面部署当前党和国家的各项工作，讲话政治性、思想性、针对性、指导性都很强，为全面贯彻落实全会精神指明了方向。全会通过的《决定》，以邓小平理论和“三个代表”重要思想为指导，深入贯彻落实科学发展观，全面总结中国共产党领导文化建设的成就和经验，深刻分析文化改革发展面临的形势和任务，在集中全党智慧的基础上，阐述了中国特色社会主义文化发展道路，确立了建设社会主义文化强国的战略目标，提出了新形势下推进文化改革发展的指导思想、重要方针、目标任务、政策举措，充分体现了我们党对文化建设的高度自觉，充分反映了社会主义文化建设的客观要求，充分反映了全党全国各族人民的共同愿望，是当前和今后一个时期指导我国文化改革发展的纲领性文件。

李长春在讲话中指出，认真学习宣传贯彻党的十七届六中全会精神，是当前宣传思想文化战线头等重要的政治任务。

（下转第四版）

李克强将访问朝鲜、韩国

本报北京10月19日电　（记者彭敏）外交部发言人姜瑜在例行记者会上宣布：应朝鲜劳动党中央委员会和朝鲜政府邀请，中共中央政治局常委、国务院副总理李克强将于10月23日至25日对朝鲜进行正式友好访问。

应韩国政府邀请，国务院副总理李克强将于10月26日至27日对韩国进行正式访问。

贺国强在中央纪委监察部理论学习中心组学习会议上强调

认真学习贯彻党的十七届六中全会精神
以党风廉政建设和反腐败工作新成效迎接党的十八大召开

本报北京10月19日电　（记者姜洁）19日上午，中央纪委监察部召开理论学习中心组学习会议，传达学习党的十七届六中全会精神。中共中央政治局常委、中央纪委书记贺国强出席会议并讲话。他强调，各级纪检监察机关和广大纪检监察干部要把学习贯彻党的十七届六中全会精神作为当前和今后一个时期的一项重要政治任务来抓，领会精神实质，统一思想认识，指导工作实践，以党风廉政建设和反腐败斗争新成效迎接党的十八大召开。

在中央纪委监察部领导班子成员发言后，贺国强指出，党的十七届六中全会是在我国进入全面建设小康社会关键时期和深化改革开放、加快转变经济发展方式攻坚时期召开的一次十分重要的会议。全会审议通过的《中共中央关于深化文化体制改革推动社会主义文化大发展大繁荣若干重大问题的决定》，全面总结党领导文化建设的成就和经验，

（下转第二版）

周永康在中央政法委全体会议上强调认真学习贯彻党的十七届六中全会精神

开展忠诚为民公正廉洁的政法核心价值观教育
做社会主义文化大发展大繁荣的建设者保障者

本报北京10月19日电　（记者杜榕）中共中央政治局常委、中央政法委书记周永康19日在京主持召开中央政法委全体会议，研究部署学习贯彻党的十七届六中全会精神。他强调，政法机关要认真学习贯彻全会精神，开展“忠诚、为民、公正、廉洁”的政法核心价值观教育，增强队伍凝聚力战斗力，做社会主义文化大发展大繁荣的积极建设者、有力保障者。

会上，最高人民法院、最高人民检察院、公安部、司法部、国家安全部等中央政法各单位主要负责人畅谈了学习全会精神的体会，汇报了本单位本系统学习贯彻全会精神的打算。

周永康说，这次全会是在中国共产党成立90周年之际召开的一次重要会议。全会通过的《决定》是当前和今后一个时期指导我国文化改革发展的纲领性文件。胡锦涛总书记所作的工作报告和在全会结束时的重要讲话，

（下转第二版）

人民日报

RENMIN RIBAO

人民网 网址:http://www.people.com.cn
手机:http://wap.people.com.cn

2012年1月
10
星期二
辛卯年十二月十七
人民日报社出版
国内统一连续出版物号
CN 11-0065
第23194期(代号1-1)
今日24版

胡锦涛同韩国总统李明博会谈

1月9日,国家主席胡锦涛在北京人民大会堂举行仪式,欢迎韩国总统李明博访华。 新华社记者 黄敬文摄

本报北京1月9日电 (记者**王莉**)国家主席胡锦涛9日下午在人民大会堂同来华进行国事访问的韩国总统李明博举行会谈。两国元首就双边关系和共同关心的国际和地区问题深入交换意见,达成重要共识。

胡锦涛表示,中韩建交20年,特别是两国建立战略合作伙伴关系以来,双边关系不断向前发展。双方在政治、经贸、人文等领域的交流合作不断扩大,在国际和地区事务中也保持良好的沟通和协调。韩国政府坚持一个中国政策,在台湾等问题上给予中方理解和支持。我们对此表示赞赏。

李明博表示,今年是韩中关系具有重要意义的一年。建交20年来,两国关系取得巨大发展,各领域合作日益密切。特别是建立战略合作伙伴关系以来,两国关系的深度和广度不断拓展,韩方对两国关系的发展给予高度评价。

胡锦涛表示,今年是中韩建交20周年暨"中韩友好交流年",中方愿与韩方一道,以此为新的起点,保持高层交往,加深政治互信,加强政府、议会、政党的对话交流,妥善处理有关敏感问题,维护两国关系发展大局。双方要挖掘合作潜力,提高合作水平,扩大贸易、节能环保、高新技术、金融、物流、电子商务等领域的合作,为实现2015年双边贸易额达到3000亿美元的目标而共同努力。中方愿同韩方积极开展在现有高新技术合作框架内的联合研发合作,推动中韩产业园建设。我们欢迎韩方企业积极参与中国经济结构调整和产业升级,加大对中国的投资,也希望韩方为中国企业赴韩国投资提供更多便利和支持。中方愿同韩方加强文化、教育、体育、旅游等领域的交流,支持两国地方省市、民间团体、新闻媒体、青少年的交流互访。相信通过这些交流活动将不断增进两国人民友好感情。中韩两国在国际和地区事务中有广泛共同利益,双方要推进区域合作,加强多边协调,共同维护和促进世界的和平、稳定与发展。

李明博完全赞同胡锦涛关于进一步发展两国关系的重要意见。他表示,韩中关系已经成为韩国最重要的对外关系之一。韩方高兴地看到,双方各领域交流与合作不断扩大,两国已经提前实现双边贸易额达到2000亿美元的目标,去年两国人员交流已经达650万人次。希望以两国建交20周年为新的起点,发展更加密切的韩中战略合作伙伴关系。韩方愿同中方共同努力,进一步加强经贸、能源、新能源、环保、金融、旅游、人文等领域合作以及在国际和地区问题上的磋商与协调,推动两国关系向更高层次发展。在台湾等问题上,韩方将一如既往坚持一个中国原则。

关于朝鲜半岛局势,胡锦涛表示,维护半岛和平稳定符合各方利益。我们愿同各方加强沟通协调,继续为此作出不懈努力。希望各方多做有利于维护和促进半岛和平稳定的事情。中方将一如既往支持南北双方通过对话改善关系,推进和解合作进程。

李明博表示,实现朝鲜半岛无核化,维护半岛和平稳定,是韩中两国的共同目标。韩方赞赏中方为此作出的巨大努力,期待中方继续发挥积极作用。

会谈前,胡锦涛主席在人民大会堂北大厅为李明博总统访华举行欢迎仪式。全国人大常委会副委员长桑国卫、国务委员戴秉国、全国政协副主席张榕明、农工党中央副主席刘晓峰、外交部部长杨洁篪、国家发展和改革委员会主任张平、商务部部长陈德铭、中国驻韩国大使张鑫森等出席欢迎仪式。

胡锦涛在十七届中央纪委七次全会上发表重要讲话强调

深入推进党风廉政建设和反腐败斗争
切实做好保持党的纯洁性各项工作

吴邦国温家宝贾庆林李长春习近平李克强周永康出席会议 贺国强主持会议

1月9日,中共中央总书记胡锦涛在中国共产党第十七届中央纪律检查委员会第七次全体会议上发表重要讲话。新华社记者 黄敬文摄

本报北京1月9日电 (记者**姜洁**)中共中央总书记胡锦涛1月9日在中国共产党第十七届中央纪律检查委员会第七次全体会议上发表重要讲话。他强调,党风廉政建设和反腐败工作要以邓小平理论和"三个代表"重要思想为指导,深入贯彻落实科学发展观,坚持标本兼治、综合治理、惩防并举、注重预防的方针,严明党的纪律,加强党的作风建设,推进惩治和预防腐败体系建设,着力解决反腐倡廉建设中人民群众反映强烈的突出问题,突出工作重点,狠抓任务落实,以党风廉政建设和反腐败斗争的新成效迎接党的十八大胜利召开。

中共中央政治局常委吴邦国、温家宝、贾庆林、李长春、习近平、李克强、周永康出席会议,中共中央政治局常委、中央纪律检查委员会书记贺国强主持会议。

胡锦涛指出,2011年,各级党委、政府和纪检监察机关坚持以人为本、执政为民,紧紧围绕党和国家工作大局,加强党的作风建设和反腐倡廉建设,完善惩治和预防腐败体系,坚持加强对中央重大决策部署贯彻落实情况的监督检查和建立健全长效机制相结合,坚持抓好反腐倡廉长期性基础性工作和解决反腐倡廉建设中人民群众反映强烈的突出问题相结合,坚持严肃查办案件和注重预防腐败工作相结合,坚持抓领导机关、领导干部和抓基层相结合,坚持运用成功经验和推进改革创新相结合,党风廉政建设和反腐败斗争取得新的进展,积累了新的经验,呈现出鲜明特点。

胡锦涛强调,在充分肯定成绩的同时,我们也必须清醒地看到,当前党风廉政建设和反腐败斗争面临不少新情况新问题,反腐败斗争形势依然严峻、任务依然艰巨。我们一定要充分认识反腐败斗争的长期性、复杂性、艰巨性,进一步坚定信心、加大力度,继续把反腐倡廉工作做深、做细、做实,做出成效。

胡锦涛强调,当前要重点抓好以下工作。第一,加强对中央重大决策部署贯彻落实情况的监督检查,继续抓好贯彻落实党的十七届五中、六中全会精神情况的监督检查,继续开展对中央关于民族地区经济社会发展政策和民族政策落实情况的监督检查,加强对党的政治纪律执行情况的监督检查,保证中央政令畅通。第二,严格执行组织人事工作纪律特别是换届纪律,坚持正确用人导向,贯彻民主集中制,加强对干部选拔任用全过程的监督,提高选人用人公信度,匡正选人用人风气。第三,加强换届后领导班子和领导干部作风建设,引导和督促各级领导班子和领导干部特别是新任职干部树立正确政绩观,更好坚持以人为本、执政为民,努力展示新面貌新形象。第四,按照建立健全惩治和预防腐败体系要求全面推进反腐倡廉各项工作,加强调查研究和科学论证,注重顶层设计和总体规划,建立健全惩治和预防腐败长效机制。第五,继续解决好反腐倡廉建设中人民群众反映强烈的突出问题,抓好专项治理工作,着力在健全长效机制上下功夫,深入治理党员领导干部在廉洁自律方面存在的突出问题,扎实推进基层党风廉政建设。第六,认真总结党风廉政建设和反腐败工作的有益经验,努力把握新形势下反腐倡廉建设的特点、规律、发展趋势,以战略眼光、改革精神、创新思路谋划今后工作。

胡锦涛强调,实践证明,我们党作为马克思主义执政党,只有不断保持纯洁性,才能提高在群众中的威信,才能赢得人民信赖和拥护,才能不断巩固执政基础,才能实现党和国家兴旺发达、长治久安。全党都要从党和人民事业发展的高度,从应对新形势下党面临的风险和挑战出发,充分认识保持党的纯洁性的极端重要性和紧迫性,不断增强党的意识、政治意识、危机意识、责任意识,切实做好保持党的纯洁性各项工作。

胡锦涛指出,在新的形势下保持党的纯洁性,要坚持党要管党、从严治党,坚持强化思想理论武装和严格队伍管理相结合、发扬党的优良作风和加强党性修养与党性锻炼相结合、坚决惩治腐败和有效预防腐败相结合、发挥监督作用和严肃党的纪律相结合,不断增强自我净化、自我完善、自我革新、自我提高能力,始终坚持党的性质和宗旨,永葆共产党人政治本色。要大力保持党员、干部思想纯洁,加强思想建设,教育引导广大党员、干部坚定理想信念、坚守共产党人精神家园,认真学习和实践中国特色社会主义理论体系,坚持不懈加强党性修养和党性锻炼,牢固树立正确的世界观、权力观、事业观。要大力保持党员、干部队伍纯洁,把好党员入口关,加强思想上入党教育,选好干部配好班子,加强日常教育管理,建立健全党员党性定期分析制度。要大力保持党员、干部作风纯洁,教育引导党员、干部坚持群众路线,把实现好、维护好、发展好最广大人民根本利益作为检验纯洁性的试金石,坚持奋发向上、百折不挠的精神,弘扬勤俭节约、艰苦奋斗的作风。要大力保持党员、干部清正廉洁,严格执行廉洁自律各项规定,坚决查办腐败案件,加大从源头上防治腐败工作力度,加强警示教育。要大力加强监督和严明纪律,加强党内民主监督,推进党务公开,发挥舆论监督积极作用,严格执行党的纪律。

胡锦涛指出,各级纪律检查机关和广大纪检干部按照中央要求,忠实履行职责,扎实开展工作,为深入推进党风廉政建设和反腐败斗争作出了重要贡献。保持党的纯洁性,纪律检查机关肩负着重大责任。各级纪律检查机关要全面履行党章赋予的职责,切实维护党的纯洁性。各级纪律检查机关和广大纪检干部要以身作则、率先垂范,强化理论学习,坚定政治立场,增强使命感、责任感、荣誉感,坚决贯彻落实中央关于加强反腐倡廉建设的各项决策部署。各级党委要支持纪律检查工作,关心爱护纪检干部,为他们的学习、工作、生活创造条件。

贺国强在主持会议时指出,胡锦涛总书记的重要讲话,从党和国家事业发展全局和战略的高度,全面总结了党风廉政建设和反腐败斗争取得的新成效新经验,科学分析了当前反腐倡廉形势,明确提出了今年党风廉政建设和反腐败工作的总体要求和主要任务,深刻阐述了保持党的纯洁性的极端重要性、紧迫性以及总体要求、工作重点,是对马克思主义党的建设理论的创新和发展,对于指导当前和今后一个时期党风廉政建设和反腐败斗争、全面推进党的建设新的伟大工程、保持党的先进性和纯洁性,对于推动全面做好党和国家各项工作、夺取全面建设小康社会新胜利、开创中国特色社会主义事业新局面,具有重大而深远的意义。我们一定要认真学习领会,坚决贯彻落实,忠实履行职责,扎实开展工作,为保持党的先进性和纯洁性、增强党的创造力凝聚力战斗力作出应有贡献,以党风廉政建设和反腐败斗争的新成效迎接党的十八大胜利召开。

王刚、王乐泉、王兆国、王岐山、回良玉、刘淇、刘云山、刘延东、张德江、徐才厚、郭伯雄、何勇、令计划、王沪宁、李建国、梁光烈、马凯、孟建柱、戴秉国、王胜俊、曹建明、李兆焯等出席了会议。中央军委委员陈炳德、李继耐、廖锡龙、常万全、靖志远、吴胜利、许其亮和中央纪律检查委员会委员,中央和国家机关各部门的主要负责同志,解放军驻京各大单位及武警部队、在京中央管理的国有重要骨干企业和金融机构主要负责同志,列席中国共产党第十七届中央纪律检查委员会第七次全体会议的代表,出席全军纪律检查工作会议的全体同志参加了会议。

中国共产党第十七届中央纪律检查委员会第七次全体会议于1月8日在北京开幕。中央纪律检查委员会常务委员会主持了会议。贺国强代表中央纪律检查委员会常务委员会作了题为《统一思想认识加大工作力度坚定不移将党风廉政建设和反腐败斗争引向深入》的工作报告。中央纪律检查委员会委员117人出席了会议。

吴邦国会见韩国总统李明博

本报北京1月9日电 (记者**王莉**)全国人大常委会委员长吴邦国9日在人民大会堂会见了韩国总统李明博。

吴邦国说,中韩建交以来,两国关系全面发展。双方高层交往频繁,政治互信不断加深,已建立战略合作伙伴关系,经贸合作发展迅速,在复杂严峻的世界经济环境下仍保持强劲发展势头;人文交流十分活跃,在国际和地区事务中也保持了密切协调与合作。不断深化中韩关系符合两国和两国人民的根本利益,也有利于本地区的和平、稳定与发展。今年是中韩建交20周年暨"中韩友好交流年",两国关系站在新的历史起点上,面临重要发展机遇。中方愿与韩方共同努力,加强友好往来,深化互利合作,推动两国关系进一步向前发展。

吴邦国表示,议会交往是国家关系的重要组成部分。加强议会交往,有利于增进两国政治家的相互了解,密切人民之间的友好感情。近年来,中国全国人大与韩国国会之间的往来十分密切,合作成效显著,特别是议会定期交流机制的建立,为双方就共同关心的重大问题深入交换意见提供了有益平台。希望双方继续加强各层次各领域交流与对话,不断巩固和完善定期交流机制,为中韩关系全面发展作出应有贡献。

李明博表示,很高兴在新年伊始、韩中建交20周年之际访问中国。他说,韩中建交时间不长,双边关系在所有方面都取得令人满意的发展,韩方对此高度评价。韩方希望通过此次访问进一步加强包括议会关系在内的各领域友好交流与合作,推动两国关系在更高层次上不断发展。

双方还就朝鲜半岛局势等交换了意见。

全国人大外事委员会主任委员李肇星、外交部长杨洁篪等会见时在座。

温家宝主持召开西部地区开发领导小组会议和振兴东北地区等老工业基地领导小组会议

李克强出席 讨论通过《西部大开发"十二五"规划》和《东北振兴"十二五"规划》

本报北京1月9日电 国务院总理温家宝9日主持召开国务院西部地区开发领导小组会议和国务院振兴东北地区等老工业基地领导小组会议,讨论通过《西部大开发"十二五"规划》和《东北振兴"十二五"规划》。国务院副总理李克强出席会议。

会议指出,"十一五"时期,有关地区和部门认真贯彻实施西部大开发和东北地区等老工业基地振兴战略,落实促进西藏、新疆跨越式发展和长治久安的各项举措,取得明显成效。西部地区综合经济实力显著增强,主要经济指标翻了一番以上,基础设施建设取得突破性进展,综合交通运输网骨架初步形成,生态建设和环境保护成效显著,特色优势产业快速发展,城乡面貌发生历史性变化。西藏和新疆经济社会各项事业发展不断加快,各族群众生活明显改善。东北地区经济总量翻了一番,以国有企业改革为重点的体制机制创新取得重大突破,多种所有制经济蓬勃发展,对外开放水平明显提高,资源枯竭型城市转型取得积极进展,重点民生问题逐步解决。西部地区和东北地区已经站在新的历史起点上。今后一个时期,要继续实施区域发展总体战略和主体功能区规划,充分发挥各地特色和优势,促进区域经济良性互动、协调发展,为实现全面建设小康社会目标打下坚实基础。

会议指出,西部地区仍是我国区域发展的"短板",是全面建设小康社会的难点和重点。 (下转第二版)

新春走基层 新风扑面来

(第五版)

开栏的话

开展"走基层、转作风、改文风"活动,是新闻战线贯彻落实胡锦涛总书记"七一"重要讲话精神的重大举措,是践行党的以人为本、执政为民理念的重要体现,是坚持"三贴近"原则、改进新闻工作的根本措施,是加强新闻队伍建设、推动新闻事业健康发展的根本途径。这一活动自去年8月启动以来,不断向纵深推进,取得明显成效。

新春佳节即将来临之际,本报从今日起正式启动"新春走基层"活动,开设"新春走基层"专栏。这是两年来"新春走基层"活动的延续,也是"走基层、转作风、改文风"活动的深化。从1月10日到2月10日,本报100多名编辑记者将组成18个采访组,分赴黑龙江、内蒙古、新疆、山东、河南、安徽、江西、重庆、四川、贵州、云南等地,深入基层一线,深入群众生产、生活,通过实地调研采访,全面展示各地经济社会发展取得的显著成绩,真实反映基层群众的心声与期盼。敬请读者关注。

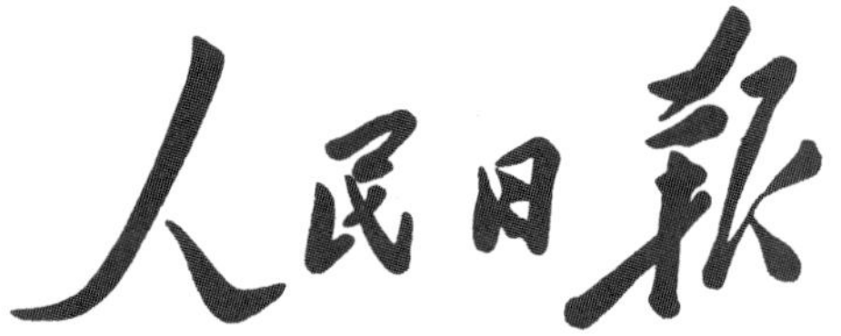

RENMIN RIBAO

今日 16 版（华东、华南地区 20 版）

人民网网址：http://www.people.com.cn
http://www.peopledaily.com.cn

国内统一刊号：CN11-0065
第 19946 期　（代号 1-1）
人民日报社出版

2003 年 2 月
18
星期二
癸未年正月十八

北京地区天气预报
白天　晴间多云　降水概率 0%　风向　偏北　风力　二、三级
夜间　晴　降水概率 0%　风向　偏北　风力　一、二级
温度　11℃/-2℃

新时代的欧阳海之歌

——记舍身救险英勇牺牲的铁路民警雷宏

本报记者　石国胜

这是个不同寻常的一天，2003 年 2 月 6 日，春节的喜气还荡漾在人们的心中。

这是个不寻常的地点，京广铁路线最繁忙的路段之一衡阳段，春运的列车不时呼啸而过。

在这个日子，这个地点，一位英雄留下了永恒的名字，他就是为排除铁路障碍保证列车安全而英勇牺牲的广州铁路公安局衡阳铁路公安处衡北站派出所年轻民警雷宏。

惊天壮举一瞬间。在危急关头，雷宏来不及多想，冲上前去，排除了铁路障碍，自己却英勇牺牲

让我们把视角重新转回到那让人惊心动魄的一刻吧！

2003 年 2 月 6 日，农历正月初六。当人们还沉浸在羊年新春佳节的喜庆氛围中，一年一度的铁路春运已处在最繁忙、最紧张的时期，铁路安全保卫任务非常繁重。为确保春运期间铁路大动脉的安全畅通，当天下午，雷宏奉命执行线路安全巡查任务，行进在管辖区内铁道线上。

15 时 37 分，在京广铁路 K1736+260M 处，铁路线附近村子的两个村民推着一辆红色摩托车，违章横越铁路。当他们将摩托车推入铁路上行线后，摩托车的前轮卡在铁路下行线股道中心动弹不得。这时，从北京西开往广州的满载着 2000 余名旅客的 T15 次列车正风驰电掣呼啸而来。两个推车人顿时慌了手脚，弃车而逃。

列车以每小时约 140 公里的速度逼近，500 米，300 米，200 米，……眼看一场严重的列车事故就要发生！千钧一发之际，恰好巡查到此处的雷宏发现了险情，什么也来不及想了，他像离弦的箭飞身跃上铁路，双手抬起摩托车的尾部用力向后拉去，在列车呼啸而至的一刹那，雷宏终于将摩托车拖出了股道。此时，雷宏身后的上行线上，广州开往岳阳的 L606 次列车飞驰而来，将尚未立稳脚跟的雷宏撞倒，鲜血溅在了枕木和道砟上。

列车安全通过了，可能发生的危险解除了，但是年轻的民警雷宏却将自己的生命和鲜血永远地献给了他所热爱的工作岗位！

英雄少年立壮志。工作一丝不苟，兢兢业业，恪尽职守，雷宏在短短的铁路人民警察生涯中写下了辉煌的一笔

雷宏 1979 年出生在湖南衡阳一个工人家庭，从小就向往能穿上警服，当一名人民警察。

在高考前夕，父母与儿子有过一段对话。

（下转第四版）

浩瀚苍穹写辉煌

——记中国空间技术研究院成立 35 周年

本报记者　胡　果

飞天，中华民族悠悠长梦，寄托着东方古国对浩瀚太空的千载神往。今天，面对地球上人口与资源日趋尖锐的矛盾，人类利用和开发空间资源的脚步越发急迫。

羊年新春，北京西郊航天城，航天人正用一如既往争分夺秒的工作，庆祝中国空间技术研究院 35 周年华诞。

在空间技术研制试验中心，刚刚遨游太空归来的"神舟"四号飞船静静伫立。它的成功返回，标志着中国载人航天工程经受住了无人状态下最全面的飞行试验考验。另一头，同样静静伫立的"神舟"五号飞船旁，科技人员正在细心调试返回舱——王昆仑，将在苍穹间书写下中华民族载人航天的壮歌。千年飞天长梦，在静穆中如此真切地呈现眼前……

三十五年顽强拼搏，铸就中国空间事业英雄史诗

"如果 60 年代以来，中国没有原子弹、氢弹，没有发射卫星，中国就不能叫有重要影响的大国，就没有现在这样的国际地位。这些东西反映一个民族的能力，也是一个民族、一个国家兴旺发达的标志。"

这是小平同志对航天事业深远意义的精辟阐述，也是中国空间技术研究院 35 年发展历程的真实写照。

1958 年 5 月 17 日，毛主席发出"我们也要搞人造卫星"的号召，中华民族迈开进军太空的步伐。1968 年 2 月 20 日，作为党和国家开创、发展空间技术一系列重大决策的结晶，中国空间技术研究院宣告成立。分散的空间技术研究力量凝聚成拳，中国航天事业揭开崭新一页。

35 年顽强拼搏，中国空间技术研究院先后研制发射了 52 颗人造地球卫星和 4 艘"神舟"号飞船，创下航天史上许许多多个"中国第一"。一个个永难磨灭的辉煌记忆，一次次直冲云霄的飞天壮举，托起综合国力和民族精神的腾跃，铸就了一部中国空间事业的英雄史诗！

——1970 年 4 月 24 日 21 时 31 分，中国自行研制的"东方红一号"人造地球卫星飞向太空。响彻寰宇的《东方红》庄严宣告，中华民族开始进入宇宙空间；

——1975 年 11 月 26 日，我国第一颗返回式卫星冉冉升空；

——1984 年 4 月 8 日，我国第一颗静止轨道试验通信卫星"东方红二号"成功发射；

——1988 年 9 月 7 日，"风云一号"升空，我国成为世界上第三个自行研制和发射极轨气象卫星的国家……

肩负民族重托，在首任院长钱学森及孙家栋等中国航天事业元勋的领导下，中国空间技术研究院披荆斩棘，艰苦创业。

20 世纪 80 年代中期，我国开始实施第二代应用卫星航天工程。空间技术研究院打响了全面攻坚战。1997 年 5 月 12 日，11 年苦斗，"东方红三号"成功发射，迄今正常运行近 6 年，标志着我国通信卫星技术实现新跨越；1997 年 6 月 10 日，8 年奋战，"风云二号"发射升空，我国建成世界第四、亚洲第一的气象卫星地面站；

（下转第二版）

李瑞环会见赞比亚总统姆瓦纳瓦萨

表示中方愿与赞方共同努力，把两国友好关系推向新的阶段

本报卢萨卡二月十七日电　记者刘正学报道：中国全国政协主席李瑞环十七日上午在卢萨卡与赞比亚总统姆瓦纳瓦萨亲切会见。李瑞环说，国与国之间要提倡彼此尊重、平等相待、相互理解、相互谅解。

李瑞环首先转达了江泽民主席对姆瓦纳瓦萨总统的亲切问候。他说，中赞友谊源远流长。早在赞比亚争取国家独立和民族解放斗争的时期，中赞两国人民就结下了深厚久远的友情。近年来，尽管国际形势和两国国内形势发生了重大变化，中赞友好合作关系仍继续稳步向前发展。双方高层互访不断，两国在政治、经济、科技、文化等各领域的交往与合作日益加强，给两国人民的传统友谊增添了新的内涵。赞政府坚持一个中国政策，支持中国统一大业，在人权问题上给予中国坚定支持，我们对此表示高度赞赏。我们企盼与赞方共同努力，把两国友好关系推向新的阶段。

李瑞环指出，长期以来，中国与包括赞比亚在内的非洲国家之间，关系一直很好。之所以如此，一个重要原因就是，我们双方都属于发展中国家，在国内面临着发展经济、改善生活的共同任务，在国际上对许多重大问题有相同或相近的看法，在各个领域的交往中能够始终彼此尊重、平等相待、相互理解、相互谅解。

李瑞环强调，理解、谅解是处理相互关系、搞好合作共事的重要条件。在现实生活中，人人都需要别人理解、谅解，人人都应当理解、谅解别人；希望别人理解、谅解，自己必须首先学会理解、谅解别人；不懂得理解、谅解别人，也常常得不到别人的理解、谅解。人与人之间是这样，国与国之间也是这样。由于各个国家在文化传统、历史背景、生活习惯、经济利益以及社会制度等诸多方面总是存在一些差异，各国都有各国的实际、各自的难题。

（下转第三版）

二月十七日，全国政协主席李瑞环在卢萨卡与赞比亚总统姆瓦纳瓦萨会见。新华社记者　徐显辉摄

温家宝会见美国贸易代表佐利克

新华社北京 2 月 17 日电　（记者车玉明）国务院副总理温家宝 17 日在中南海紫光阁会见了美国贸易代表佐利克一行。

温家宝对近来中美关系发展给予积极评价。他说，中美双方应从两国人民的根本利益和维护世界和平的大局出发，以战略的眼光看待和处理相互关系。只要双方切实落实两国元首克劳福德会晤精神，加强交流、增进合作、相互尊重、排除干扰，中美关系就一定能有更大的发展。

温家宝说，中国作为负责任的大国，有决心也有能力履行为加入世贸组织所作的承诺，并遵守世贸组织的规则。他还向客人介绍了中国加入世贸组织以来为此作出的巨大努力，并就双边经贸关系中的一些具体问题与佐利克交换了意见。

佐利克赞同温家宝副总理对中美双边关系的评价。他表示，美中两国应在政治和经贸领域加深合作。美方认为，中国加入世贸组织后认真履行了承诺，并采取了非常认真的步骤加以落实。佐利克希望美中密切合作，推动两国关系平稳顺利发展。

佐利克一行是应外经贸部邀请，于 16 日晚抵达北京开始访华的。除北京外，美国客人还将访问重庆和深圳等地。

外经贸部部长石广生、外交部部长助理周文重会见时在座。

中央纪委召开第二次全体会议

吴官正代表中央纪律检查委员会常务委员会作工作报告，强调要全面贯彻党的十六大精神，努力开创党风廉政建设和反腐败工作新局面

本报北京 2 月 17 日讯　记者夏长勇、姜洁报道：中国共产党中央纪律检查委员会第二次全体会议今天在北京举行。会议的主题是：以邓小平理论和"三个代表"重要思想为指导，认真学习、贯彻党的十六大精神，研究提出当前及今后一个时期党风廉政建设和反腐败斗争的总体要求和思路，对 2003 年党风廉政建设和反腐败工作作出部署，解放思想，实事求是，与时俱进，扎实工作，努力开创党风廉政建设和反腐败工作的新局面。

中共中央政治局常委、中央纪律检查委员会书记吴官正代表中央纪律检查委员会常务委员会，作了题为《全面贯彻党的十六大精神，努力开创党风廉政建设和反腐败工作新局面》的工作报告。

吴官正指出，党的第十六次全国代表大会，是一次继往开来、与时俱进的大会。这次大会确立了"三个代表"重要思想在全党的指导地位，制定了全面建设小康社会的奋斗目标和行动纲领，对党风廉政建设和反腐败斗争提出了新的更高的要求，为进一步开展反腐倡廉工作指明了方向。各级党委和纪委要把深入学习贯彻党的十六大精神作为当前和今后一个时期的首要政治任务，按照围绕主题、把握灵魂、狠抓落实的要求，深刻领会和认真贯彻党的十六大关于加强党风廉政建设和反腐败工作的重要思想和基本观点，统一认识，坚定信心，旗帜鲜明、毫不动摇地把党风廉政建设和反腐败斗争推向深入。

吴官正指出，党的十三届四中全会以来，以江泽民同志为核心的党的第三代领导集体，坚持以经济建设为中心，始终把党风廉政建设和反腐败斗争放在重要位置，作出了一系列重大决策和部署，取得了明显成效，积累了宝贵经验，保证了改革开放和经济建设的顺利进行，初步探索出一条适合我国现阶段基本国情的有效开展反腐倡廉的路子。进入新世纪新阶段，党风廉政建设和反腐败斗争的任务艰巨而繁重。各级党委和纪委一定要增强忧患意识，居安思危，清醒地认识到腐败现象的极端危害性，清醒地认识到反腐败斗争的长期性、艰巨性和复杂性，进一步增强政治责任感和工作紧迫感，更好地担负起反腐倡廉的历史使命。

吴官正强调，"三个代表"重要思想是我们党必须长期坚持的指导思想，是深入开展党风廉政建设和反腐败斗争的强大思想武器。全党必须以"三个代表"重要思想统领党风廉政建设和反腐败斗争，认真贯彻和牢牢把握"三个代表"重要思想的根本要求，紧紧围绕发展这个执政兴国的第一要务，坚决贯彻党要管党、从严治党的方针，坚持标本兼治、综合治理，逐步加大治本的力度，把反腐倡廉工作提高到新水平，使人民群众更多地得到改革开放和现代化建设带来的实惠，更多地感受到加强党风廉政建设和深入开展反腐败斗争的成果，为实现全面建设小康社会的奋斗目标和战略任务提供坚强的政治保证。

吴官正指出，2003 年是全面贯彻落实党的十六大精神的第一年。认真做好新的一年党风廉政建设和反腐败工作，意义重大。要坚持党中央确定的反腐败指导思想、基本原则、领导体制和工作格局，根据发展变化的新形势和新情况，探索新的途径和对策，扎实有效地推进反腐倡廉工作。要抓好廉洁自律规定的落实，进一步规范领导干部从政行为；继续加大查办违纪违法案件的力度，严厉惩处腐败分子；深化纠正部门和行业不正之风工作，着力解决发生在老百姓身边的、严重损害群众切身利益的问题；创新体制机制制度，推进从源头上预防和治理腐败的工作；

（下转第四版）

形成全民学习终身学习的学习型社会

胡　军

"形成全民学习、终身学习的学习型社会，促进人的全面发展。"这是十六大确立的全面建设小康社会奋斗目标的一项重要内容，也是十六大报告提出的一个新思想、新观点。

学习型社会的特征在于不断学习，包括终身学习、全员学习、全过程学习、团体学习等等。建设学习型社会，是科技高新化、信息网络化、经济全球化的客观要求。现在，我国已进入全面建设小康社会、加快推进社会主义现代化的新的发展阶段。这是一个使经济更加发展、民主更加健全、科教更加进步、文化更加繁荣、社会更加和谐、人民生活更加殷实的发展阶段，它要求全民族的思想道德素质、科学文化素质和健康素质得到明显提高。同时，世界正在经历着深刻的变化。世界多极化与经济全球化在曲折中发展，科技进步日新月异，知识经济发展迅速，世界范围产业结构调整的步伐不断加快，知识创新、科技创新在经济社会发展中的作用日益重要，新事物、新知识、新问题、新挑战层出不穷。这一切都决定了我们必须不断地学习和吸收新知识，通过学习来充实和提高自己。为此，江泽民同志在 2001 年就向全党发出了"创建学习型社会"的号召，十六大进一步把"形成全民学习、终身学习的学习型社会"确立为全面建设小康社会的重要目标。

形成全民学习、终身学习的学习型社会，首先要搞清楚学什么。一是要学习马克思列宁主义、毛泽东思想和邓小平理论，学习"三个代表"重要思想。这是大力发展面向现代化、面向世界、面向未来的，民族的科学的大众的社会主义文化，建设社会主义精神文明，不断丰富人们的精神世界、增强人们的精神力量的根本保证。二是要学习经济、政治、文化、法律、科技、管理、历史、军事等各方面的新知识，并把这方面的学习同加深领会和灵活运用马克思主义基本原理紧密结合起来。三是要学习中华民族的优秀传统文化以及人类社会创造的一切先进文明成果，尤其是要从中学习具有时代精神的科学方法和创新思维。

形成全民学习、终身学习的学习型社会，最根本的是要使学习社会化、学习终身化。一是营造良好的学习氛围。建设学习型社会，很大程度上要靠建设学习型政党来导向、来推动。我们党在当今时代的先进性，很重要的一个方面就应当体现在善于学习和与时俱进、开拓创新上。广大党员特别是各级领导干部要高度重视加强学习的问题，带头学习、善于学习，自觉地把学习纳入日常工作和生活中，并以此来带动和促进全社会重视学习、善于学习氛围的形成。二是发展继续教育，构建终身教育体系，形成保证和推动全民学习、终身学习的体制与机制。一方面，通过社会组织，建立各种教育机构，提供各种教育的场所和机会，建立和架构一个使学习者能够终身受到教育的体系，最大限度地创造学习的条件，使人们在不同阶段和不同层次的各种学习需求的实现得以保障；另一方面，促进个人的终身学习，使每一个社会成员在一生中能够持续地学习，以满足其在一生中各个时期各个阶段的各种学习需求。

云南省大理市坚持两个文明一起抓，在全市城镇社区、乡镇各村委会均创建了社区文化俱乐部和乡村群众文艺队，丰富和活跃了城乡人民群众的精神文化生活。这是近日大理市湾桥镇云峰村女子三弦弹唱队在为乡亲们表演歌唱十六大、说唱新生活曲目的情景。　贾福明摄

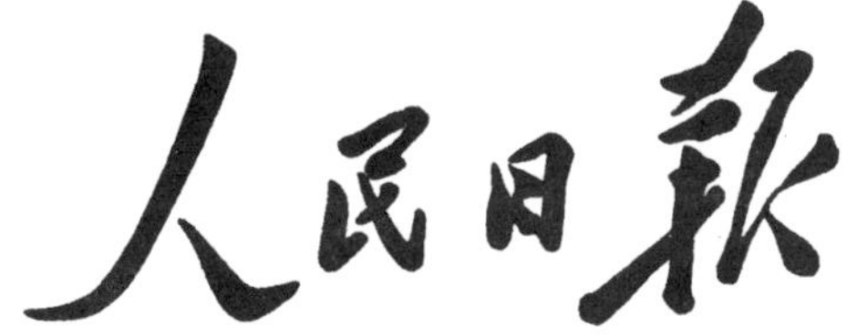

RENMIN RIBAO

今日16版（华东、华南地区20版）
人民网网址：http://www. people. com. cn
http://www. peopledaily. com. cn

国内统一刊号：CN11-0065
第20527期　（代号1-1）
人民日报社出版

2004年9月
21
星期二
甲申年八月初八

北京地区天气预报
白天　晴
降水概率 0%
风向　北转南
风力　二、三级
夜间　晴
降水概率 0%
风向　南转北
风力　一、二级
温度　26℃/13℃

中共中央分别召开党外人士座谈会和通报会

胡锦涛主持会议并发表重要讲话

贾　庆　林　曾　庆　红　出　席

新华社北京9月20日电　中共中央日前分别召开党外人士座谈会和通报会，听取各民主党派中央领导人、全国工商联领导人和无党派人士对《中共中央关于加强党的执政能力建设的决定（征求意见稿）》的意见和建议，通报中国共产党第十六届中央委员会第四次全体会议关于调整充实中共中央军事委员会组成人员的情况。中共中央总书记、国家主席胡锦涛主持座谈会和通报会并发表重要讲话。

中共中央政治局常委、全国政协主席贾庆林，中共中央政治局常委、国家副主席曾庆红出席座谈会。

在征求对加强党的执政能力建设的意见的座谈会上，民革中央主席何鲁丽、民盟中央主席丁石孙、民建中央主席成思危、民进中央主席许嘉璐、农工党中央主席蒋正华、致公党中央主席罗豪才、九三学社中央主席韩启德、台盟中央主席张克辉、全国工商联主席黄孟复、无党派人士庄公惠先后发言。　（下转第五版）

江泽民胡锦涛出席中央军委扩大会议并发表重要讲话

江泽民指出，胡锦涛同志任军委主席是完全合格的。他是党的总书记、国家主席，接任军委主席的职务顺理成章。希望军队始终坚定地听党话、跟党走、服从党指挥，永远保持老红军的政治本色，努力站在世界军事发展潮流的前列，不断巩固和发展高度的团结统一，切实履行好捍卫国家主权和领土完整的神圣使命

胡锦涛高度评价江主席为党、为国家、为人民建立的卓越功勋。他强调，要坚持高举邓小平理论和“三个代表”重要思想伟大旗帜，深入贯彻江泽民国防和军队建设思想；要坚持党对军队绝对领导的根本原则和制度，确保党从思想上、政治上、组织上牢牢掌握部队；要坚持发扬我军的光荣传统和优良作风，永远保持革命军队的性质和本色；要坚持以新时期军事战略方针统揽全局，加速军事斗争准备和我军现代化建设

郭伯雄主持会议　曹刚川徐才厚梁光烈李继耐廖锡龙陈炳德乔清晨张定发靖志远出席会议

新华社北京9月20日电　（记者曹智）江泽民同志和中共中央总书记、国家主席、中央军委主席胡锦涛20日上午出席了在京召开的中央军委扩大会议。江泽民、胡锦涛发表重要讲话。

中共中央政治局委员、中央军委副主席郭伯雄主持会议。中共中央政治局委员、中央军委副主席、国务委员兼国防部长曹刚川，中共中央书记处书记、中央军委副主席徐才厚出席会议。

江泽民说，昨天，党的十六届四中全会已经同意我辞去中共中央军事委员会主席的职务，决定由锦涛同志挑起这副担子。在筹备党的十六大期间，从党和国家的长远发展和长治久安出发，我就提出不再担任中央领导职务，并退出中央委员会。在党的十六大上，我把总书记的班交了；在二〇〇三年的人大会议上，我把国家主席的班交了。当时，中央决定我留任党和国家的军委主席。自那时以来，我一直期望着在适当时候从领导岗位上完全退下来。现在这个愿望终于实现了。

江泽民说，把党的总书记、国家主席、军委主席这个班交给锦涛同志，有利于党和军队事业的长远发展，有利于国家的长治久安，也有利于坚持党对军队的绝对领导的根本原则和制度。从党的十六大到这次全会，我们党、国家、军队的高层领导完整地实现了新老交替和平稳过渡。现在，我完成了自己的历史任务，尽到了自己的历史责任。看到党、国家、军队的事业后继有人，我的心情是十分愉快的。

江泽民指出，锦涛同志任军委主席是完全合格的。锦涛同志是党的总书记、国家主席，接任军委主席的职务顺理成章。党的总书记、国家主席、军委主席三位一体这样的领导体制和领导形式，对我们这样一个大党、大国来说，不仅是必要的，而且是最妥当的办法。党的十六大以来，我在军委主席的岗位上，工作抓得很紧，就是要把军队建设的一些大事定下来，为交班打下更好的基础、创造更充分的条件。锦涛同志年富力强，在多个重要领导岗位上工作过，任中央政治局常委已有十多年。担任党的总书记、国家主席以来，在国际形势复杂多变和国内改革发展稳定任务艰巨繁重的形势下，他带领新的中央领导集体继往开来、与时俱进、勤奋努力，卓有成效地开展工作，推动党和国家各方面事业取得了新的成绩，赢得了广大干部群众的支持和信任。从一九九九年担任军委副主席以来，他直接参与了军队建设的一系列重大决策。他既经受过艰苦地区和复杂环境的考验，又经历过长期高层领导工作实践的锻炼，积累了丰富的领导经验，综合素质很好，作风稳健，工作细致。我坚信，党中央决定由锦涛同志接任军委主席，是一个正确的选择。锦涛同志是中央领导集体的领头人、班长，也是军委领导集体的领头人、班长。大家都要拥护党中央的决定，坚决支持他的工作。

江泽民说，回顾我担任军委主席十五年的历程，感慨万千。当年小平同志把军委主席这个班交给我，我真是感到千钧重担在肩啊！这十五年间，世界上重大突发事件接连不断。科技进步日新月异，世界新军事变革蓬勃兴起。国内改革发展稳定出现许多新情况新问题。这十五年来，重大自然灾害也不少。军队使命艰巨、任务繁重。十五年来，对小平同志的重托，我是尽心尽力、尽职尽责的。对军委主席这份责任，我是抱着鞠躬尽瘁、死而后已的精神来对待的，从不敢懈怠。对国家的主权和安全，对军队的建设和发展，可以说是夙夜在心。我这些年集中精力抓的问题，一言以蔽之，就是我军能否打得赢、不变质。十五年来，我们大家一起经历了许多风风雨雨，经受了许多复杂而严峻的考验。我们团结奋斗，在毛主席、小平同志打下的基础上，把我们这支军队的建设向前大大推进了一步。十五年来，我同军队结下了深厚的感情，同全军官兵结下了深厚的感情，与几届军委班子的同志也结下了深厚的感情。我虽然退下来了，但我的心永远同军队连在一起，同全军官兵连在一起，同军委的同志们连在一起。

江泽民指出，我军建设已经进入一个新的发展阶段，军队建设形势很好，今后发展大有希望。这令我十分欣慰。我还是一名共产党员，我还会关注军队的建设和发展。此时此刻，我作为一名老共产党员，想给大家提几点希望。

一是希望军队始终坚定地听党的话、跟党走、服从党指挥。接受党的绝对领导，是我军的立军之本，是我军永远不变的军魂，关系我军的性质，关系党的兴衰成败，关系社会主义的前途命运，关系国家的长治久安。我们党是代表最广大人民根本利益的，是马克思主义执政党。我军是党的军队，在任何时候任何情况下都必须坚持党对军队的绝对领导，确保军队政治上合格，确保军队永远忠于党、忠于社会主义、忠于祖国、忠于人民。在这个根本政治原则问题上，全军同志头脑要十分清醒，立场要十分坚定，旗帜要十分鲜明。

二是希望军队永远保持老红军的政治本色。我军是有光荣革命传统的人民军队，自红军时期起就逐步形成了一整套光荣传统和优良作风。这些光荣传统和优良作风集中反映了我军的性质和宗旨，体现了我军的政治本色，是我军的宝贵精神财富。

9月20日，江泽民同志和中共中央总书记、国家主席、中央军委主席胡锦涛出席在北京召开的中央军委扩大会议。胡锦涛发表重要讲话。　新华社记者　王建民摄

9月20日，江泽民同志和中共中央总书记、国家主席、中央军委主席胡锦涛出席在北京召开的中央军委扩大会议。江泽民发表重要讲话。　新华社记者　王建民摄

9月20日，江泽民同志和中共中央总书记、国家主席、中央军委主席胡锦涛出席在北京召开的中央军委扩大会议。江泽民、胡锦涛与中央军委副主席、中央军委委员合影。　新华社记者　王建民摄

在新的历史条件下，如何继承和发扬我军的光荣传统和优良作风，是必须长期抓住并认真解决好的一个重大课题。在积极推进中国特色军事变革、加强我军现代化建设的历史进程中，全军官兵要始终珍惜我军的光荣历史，继承和发扬我军的革命精神和革命作风，身体力行地把我军的光荣传统和优良作风一代一代传下去。

三是希望军队努力站在世界军事发展潮流的前列。坚持解放思想、实事求是、与时俱进，是我们党和军队工作开创新局面的必由之路。军事领域作为竞争和对抗最为激烈的领域，是最具创新活力也是最具创新精神的领域。我们一定要有开阔的视野和前瞻的眼光，坚持创新、创新、再创新，积极迎接世界新军事变革的严峻挑战，以时不我待的紧迫感推进中国特色军事变革，努力完成机械化、信息化建设的双重历史任务，坚定不移地实现建设信息化军队、打赢信息化战争的战略目标。

四是希望军队不断巩固和发展高度的团结统一。高度的团结统一，是我军发展壮大、战胜艰难困苦和强大敌人的重要条件。全军同志都要像爱护自己的眼睛一样爱护军队的团结统一。要在以胡锦涛同志为总书记的党中央领导下，在马克思列宁主义、毛泽东思想、邓小平理论和“三个代表”重要思想的政治基础上，更加紧密地团结起来，同心同德地为党和军队的事业而奋斗。各级党委都要发挥领导核心作用，搞好自身团结。各级领导干部特别是高级干部都要坚持党关于团结的基本原则，做团结的模范。还要大力加强军政军民团结、密切军政军民关系。只要军队听党的指挥，军队内部是团结的，军队同人民是团结的，我们就没有克服不了的困难，就能经受住任何险风恶浪的考验。

五是希望军队切实履行好捍卫国家主权和领土完整的神圣使命。毛主席、小平同志一直十分关注的一件大事，就是实现祖国统一。解决台湾问题，我们要以最大的诚意、尽最大的努力实现和平统一，但决不能承诺放弃使用武力，这是一项重大政治原则。军队必须抓紧做好军事斗争准备。军事斗争准备工作做得越好，就越有可能争取到和平统一的前景。全军同志要坚定决心、树立信心，勇敢地捍卫国家主权和领土完整，为实现全面建设小康社会的宏伟目标、为实现祖国的完全统一作出新的更大的贡献。

胡锦涛在讲话时说，江主席从党的事业继往开来出发，从国家长治久安出发，从军队长远建设出发，主动提出辞去军委主席的职务。江主席作出这个重大决策是经过深思熟虑的，他站得高、看得远、想得深，为我们党、国家、军队高层领导新老交替的制度化、规范化、程序化作出了历史性贡献。江主席的高风亮节和博大胸怀，为我们树立了光辉典范。

胡锦涛指出，党的十六届四中全会高度评价了江主席为党、为国家、为人民建立的卓越功勋。江主席是我们党第三代中央领导集体的核心，从党的十三届四中全会到党的十六大的13年中，江主席紧紧依靠中央领导集体，带领全党、全军、全国各族人民，从容应对一系列关系我国主权和安全的国际突发事件，战胜在政治、经济领域和自然界出现的困难和风险，保证了改革开放和现代化建设的航船始终沿着正确的方向破浪前进，为坚持和发展党的基本理论、基本路线、基本纲领、基本经验，为中国特色社会主义事业的发展，作出了杰出贡献。

胡锦涛说，15年来，世界形势风云变幻，我国改革开放和现代化建设全面推进，给国防和军队建设带来了诸多前所未有的崭新课题。江主席以马克思主义政治家、军事家、战略家的革命气魄和胆识，作出了一系列关于国防和军队建设的战略决策，解决了军队发展中一系列突出矛盾和问题，指挥一系列重大军事行动，使我军经受住了政治斗争、军事斗争和同严重自然灾害斗争的严峻考验，胜利完成了党和人民赋予的各项任务，军队革命化、现代化、正规化建设取得显著成就。

胡锦涛说，在15年的实践中，江主席继承和发展毛泽东军事思想、邓小平新时期军队建设思想，坚持解放思想、实事求是、与时俱进，运用马克思主义的立场、观点、方法，集中全党全军智慧，着眼于解决好打得赢、不变质两个历史性课题，科学分析和回答了新的历史条件下建设什么样的军队、怎样建设军队和未来打什么样的仗、怎样打仗的问题，创立了富有时代特色的江泽民国防和军队建设思想，实现了党的军事指导理论新的历史性飞跃。江泽民国防和军队建设思想是“三个代表”重要思想科学体系的重要组成部分，是“三个代表”重要思想在军事领域的生动展开，是新的历史条件下国防和军队建设的强大思想武器和科学指南。

胡锦涛说，在军事实践活动和军事理论创新中，江主席怀着强烈的历史使命感和政治责任感，始终把国家的主权和安全放在第一位，对国防和军队建设事业高度关注、极端负责，展现出令人敬佩的革命精神和革命风范。江主席为军队建设和发展所做的一切，随着时间的推移将越来越显示出其重大意义。江主席为军队的建设和发展付出了巨大心血，作出了历史性贡献，赢得了全军官兵的衷心爱戴、崇敬和信赖。我们要认真学习江主席的政治智慧、政治经验和崇高品德。江主席的革命精神和革命风范将永远教育和激励我们前进。

胡锦涛说，在全面建设小康社会的征程上，我军使命光荣、任务艰巨。我们要坚持不懈用马克思列宁主义、毛泽东思想、邓小平理论和“三个代表”重要思想武装全军，保证军队建设的正确政治方向。要坚持学习贯彻毛泽东军事思想和邓小平新时期军队建设思想，特别是要加大学习贯彻江泽民国防和军队建设思想的力度，深刻认识和正确把握国防和军队建设的特点和规律。

胡锦涛指出，坚持党对军队的绝对领导，是我军建设和发展的首要问题。我们对这个问题要始终关注、抓住不放，任何时候任何情况下都不能有丝毫含糊和动摇。要抓住军队党的建设这个关键环节，增强各级党组织的创造力、凝聚力、战斗力，充分发挥党委的核心领导作用、党支部的战斗堡垒作用和党员的先锋模范作用。要坚持把思想政治建设摆在部队各项建设的首位，加强思想政治工作，严格政治纪律和组织纪律，确保政令军令畅通，确保全军官兵坚决听从党中央和中央军委指挥，坚决同党中央和中央军委保持一致。

（下转第四版）

加强党的执政能力建设的重要纲领

中国共产党第十六届中央委员会第四次全体会议，是在我国改革发展关键时期召开的一次极其重要的会议。会议圆满完成各项任务，是一次民主的会议、团结的会议、务实的会议。贯彻落实好这次全会精神，对于推进中国特色社会主义伟大事业和党的建设新的伟大工程，具有十分重大的意义。

全会听取和讨论了胡锦涛同志受中央政治局委托作的工作报告。全会充分肯定党的十六届三中全会以来中央政治局的工作。一致认为，中央政治局团结带领全党全国各族人民，坚持以邓小平理论和“三个代表”重要思想为指导，全面贯彻党的十六大和十六届三中全会精神，认真落实以人为本、全面协调可持续的科学发展观，加强和改善国家对经济的宏观调控，继续推进各方面改革，着力解决经济运行中的突出矛盾和问题，保持了经济社会发展的良好势头，民主法制建设、精神文明建设和党的建设取得新进展，开创了改革开放和社会主义现代化建设的新局面。

全会审议通过了《中共中央关于加强党的执政能力建设的决定》。这个《决定》是在中央政治局常委会直接领导下，充分发扬民主，贯彻群众路线，集中全党智慧而形成的，体现了科学决策、民主决策的要求。《决定》深刻阐述了加强党的执政能力建设的重要性和紧迫性，全面总结了半个多世纪以来党执政的主要经验，明确提出了加强党的执政能力建设的指导思想、总体目标和主要任务，是加强党的执政能力建设的重要纲领。

全会经过认真讨论，决定同意江泽民同志辞去中共中央军事委员会主席的职务。全会高度评价江泽民同志为党、为国家、为人民作出的杰出贡献。江泽民同志是中国共产党第三代中央领导集体的核心。从党的十三届四中全会到党的十六大的13年中，在国际国内十分复杂的形势下，以江泽民同志为核心的党的第三代中央领导集体，高举邓小平理论伟大旗帜，坚持党的基本路线不动摇，团结带领全党全国各族人民，抓住机遇、深化改革、扩大开放、促进发展、保持稳定，推动中国特色社会主义事业取得了举世瞩目的新进展。　（下转第五版）

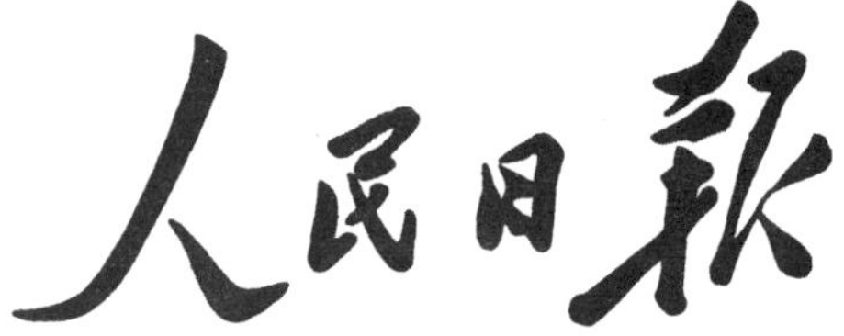

RENMIN RIBAO

今日 16 版

人民网 网址：http://www. people. com. cn
手机：http://wap. people. com. cn

国内统一连续出版物号 CN 11-0065
第 21702 期（代号 1-1）
人民日报社出版

2007 年 12 月
10
星期一
丁亥年十一月初一

北京地区天气预报
白天 阴有小雪转多云
风向 偏南
风力 二、三级
夜间 多云转晴
风向 南转北
风力 二、三级
温度 2℃/-3℃

把思想统一到中央的决策和部署上来

——一论认真学习贯彻中央经济工作会议精神

本报评论员

中央经济工作会议是党的十七大后召开的一次重要会议。会议深入分析了当前国内外经济形势，认真总结了今年经济工作，明确提出了明年经济工作的指导思想、总体要求和主要任务。中央对明年经济工作的决策和部署，体现了十七大精神和科学发展观的要求，立足我国基本国情和改革发展关键阶段的实际情况，反映了广大人民群众的意愿和期待。认真落实好中央经济工作会议精神，把思想统一到中央的决策和部署上来，对于贯彻十七大精神，做好明年经济工作，保持经济发展良好势头，意义十分重大。

贯彻中央经济工作会议精神，把思想统一到中央的决策和部署上来，首先要把认识统一到中央对形势的分析和判断上来，全面认识当前国内经济形势和国际经济环境，认清做好明年经济工作的有利条件和不利因素，统筹国内国际两个大局，抓住机遇，应对挑战，增强做好经济工作的系统性、预见性、主动性。

今年以来，我们坚持以邓小平理论和“三个代表”重要思想为指导，深入贯彻落实科学发展观，加强和改善宏观调控，注重发挥市场在资源配置中的基础性作用，经济平稳快速发展，农业和农村变化喜人，经济结构不断改善，节能减排进展明显，改革开放继续深化，人民群众得到更多实惠，各项事业取得了新的成绩。同时也要看到，我们面临的国内外经济环境复杂多变，国民经济运行中的老矛盾和新问题交织并存，经济增长由偏快转为过热的趋势尚未缓解，价格上涨的压力加大，农业基础依然薄弱，节能减排形势相当严峻，涉及人民群众切身利益的问题还比较突出，促进社会和谐的任务仍很艰巨。我们既要充分肯定已经取得的巨大成绩，统一认识，坚定信心，也要认清前进道路上的困难和挑战，保持清醒头脑，增强忧患意识，更加扎实、更加深入地做好工作。

贯彻中央经济工作会议精神，把思想统一到中央的决策和部署上来，最根本的是把认识统一到贯彻科学发展观的要求上来，把全社会的发展热情引导到科学发展上来，引导到加快转变经济发展方式上来，实现全面协调可持续发展。

目前，我国正处于改革发展的关键阶段，也正处于工业化、现代化的重要时期。当前经济发展中出现的诸多问题，在很大程度上是我国基本国情和发展阶段性特征的客观反映。只有加快转变经济发展方式，走中国特色新型工业化道路，才能解决我们面临的突出矛盾和问题，不断开创经济社会又好又快发展新局面。要坚持好字优先，努力实现速度质量效益相协调，消费投资出口相协调，人口资源环境相协调，改革发展稳定相协调。继续加强和改善宏观调控，积极推进改革开放和自主创新，着力优化经济结构和提高经济增长质量，切实加强节能减排和生态环境保护，更加重视改善民生和促进社会和谐，推动国民经济又好又快发展。

明年是全面贯彻落实党的十七大精神的第一年，是实施“十一五”规划承上启下的一年，并将迎来改革开放 30 周年和举办北京奥运会。做好明年经济工作至关重要。明年经济工作的大政方针已定，目标明确，任务繁重。全党同志特别是各级党政领导同志要认真学习、深入领会中央经济工作会议精神，紧密联系各地区各部门的实际，创造性地开展工作，把中央的各项部署不折不扣落到实处，努力夺取全面建设小康社会新胜利。

宜宾以循环经济促进新型工业化——

旧包袱抖出新财富

本报记者 陆娅楠 郑德刚

四川宜宾有“三绝”：五粮液酿酒不烧煤，天原的废渣是宝贝，丝丽雅烟囱口朝内。废渣、废水、废气，这些企业的旧包袱，如今却成了“摇钱树”。

“党的十七大提出建设生态文明和发展循环经济的思路，为我们提供了可持续发展的金钥匙。”宜宾市委书记杨冬生说，“用循环经济的思路推进产业发展，是新型工业化的现实途径。循环经济既为企业提供了节能降耗和控制污染的动力，也为企业与地方找到了新的经济增长点。”

酿酒不烧煤

五粮液厂区的锅炉房里，丢弃的酒槽在炉膛中燃烧。“这些丢槽能代替 12 万吨煤，可以说，现在五粮液酿酒已经不用煤了。”宜宾五粮液股份有限公司副总经理刘友金不无得意，“丢槽可以生产复槽酒，燃烧后的丢槽灰还能生产白炭黑，是代替石英砂做胶鞋底的好材料。”

1988 年至 1996 年，五粮液公司先后 3 次共投资 3128 万元新建和扩建饲料厂，结果是花钱的速度赶不上丢槽增长的速度。“那时候丢槽是个大包袱。我们租了 20 多亩地放丢槽，多大的一个坑啊！可是两三年就放不下了。”时任公司生产部部长的刘友金回忆说。

循环经济让五粮液尝到了甜头：“吃干”底锅水生产乳酸，每年不仅降低 COD（化学需氧量）排放量 7000 多吨，还新增销售收入 800 万元；“榨尽”经过乳酸工程的黄水、酒尾、底锅水等酿酒副产品，还可提取酒用香源 120 吨，酿酒过程的废物得到 100%再利用。

废渣是宝贝

“高效的化学反应会最大限度地利用原料分子的每一个原子，使之结合到目标分子中，达到零排放。原子利用率越高，产生的废弃物越少，对环境造成的污染也越少。”宜宾天原集团股份有限公司总裁罗云对原子经济性的概念颇为推崇。

正是对高利用率的推崇，使天原集团成为氯碱行业中首个实现循环经济的企业：利用自主研发的全废渣制水泥技术，建成国内最大的全废渣水泥环保项目，形成了集能源、热电、化工、建材为一体的循环经济发展模式，每年消化电石渣 54 万吨、煤灰渣 16 万吨，创造经济效益 6000 万元。

“我们投资了 4 亿多元来搞循环经济，投资虽大，还是觉得划算，因为在这个过程中，我们掌握了行业的关键技术，拥有了核心竞争力，实现了产业升级。”罗云介绍，天原集团从 1998 年亏损 5000 万元发展到 2006 年实现利税近 5 亿元，依靠的就是解决行业瓶颈技术和发展循环经济。

烟囱口朝内

宜宾丝丽雅集团有限公司副总裁邓传东也是循环经济的践行者。“纺织企业本来利润空间就小，而且国外对你产品的环保要求非常高。因此，在丝丽雅，你找不到只用一次就放掉的水，找不到往外冒烟的烟囱，所有能量在这里都是梯级使用。”

通过采用以自主创新的“一锭多丝”为基础的循环经济模式，丝丽雅的产能翻了 1 倍，每月减少 COD 排放量 42 吨，每天节水 8000 吨，累计节约土地 1400 亩。

“依靠循环经济和自主技术，我们降低成本，在原材料涨价的情况下，依然保持了 30%的年增长速度。”邓传东说。

今年前 9 个月，宜宾生产总值同比增长 14.5%，单位工业增加值综合能耗同比下降 12.7%，跻身四川省 39 个环境监测城市的前 10 名。

[记者感言]

宜宾人是“吝啬”的。企业与政府热衷于“三废”的循环利用，“吃干榨净”的程度令人钦羡。发展循环经济，使企业自觉地把节能减排转化为调整结构、提高效益的内在动力，更维护了宜宾作为长江上游生态屏障的美誉。自己“勒紧裤腰带”才能成就整个长江流域的生态保护，如此看来，宜宾人又是慷慨的。

压题照片：美丽的江城宜宾。黎 宣摄

“嫦娥一号”探测仪器全部开机工作

部分月球探测数据公布

本报北京 12 月 9 日电 （记者**廖文根**）记者今天从国家航天局获悉：目前嫦娥一号卫星探测仪器全部开机工作，获得了探测数据，目前正在进行处理，并取得了部分科学成果。

自 11 月 26 日以来，嫦娥一号卫星飞行、测控与通信、数据接收与处理均正常，为了更好地满足科学探测的需要，其间于 12 月 2 日和 3 日进行了轨道维持，卫星轨道调整为近月点 193 公里，远月点 194 公里。

国家航天局发言人介绍说，目前科研部门对 CCD 立体成像数据进行了处理，形成了部分区域的平面图、立体图和高程图；对激光高度计的探测数据进行了初步处理，得到了星下点的高程数据，初步判读表明高度数据与 CCD 成像的数据是吻合的。随着数据的积累和覆盖的增加，精度会不断提高。其他科学探测仪器正在积累数据和进行处理。

国家航天局 9 日再次公布数张根据嫦娥一号卫星传回数据制作完成的月图。据悉，国家航天局今后将根据科学探测仪器的数据获取情况和地面接收处理进展，适时发布探测成果。

中国国民党革命委员会第十一次全国代表大会暨成立六十周年纪念大会在京开幕

周永康代表中共中央致贺词

新华社北京 12 月 9 日电 （记者**李亚杰**）中国国民党革命委员会第十一次全国代表大会暨成立六十周年纪念大会 9 日在京开幕。中共中央政治局常委周永康会见全体与会代表，并代表中共中央致贺词（**全文另发**）。

贺词说，60 年来，中国国民党革命委员会继承和发扬孙中山先生爱国、革命和不断进步的精神，同中国共产党密切配合、并肩战斗，为夺取新民主主义革命胜利、建立新中国作出了积极贡献，为建立社会主义制度、推进社会主义建设发挥了重要作用，为推进改革开放、建设中国特色社会主义、促进祖国和平统一作出了不懈努力。过去的 5 年，民革始终坚持以邓小平理论和“三个代表”重要思想为指导，深入贯彻落实科学发展观，充分发挥自身优势，为推进社会主义经济建设、政治建设、文化建设、社会建设，促进祖国完全统一作出了积极贡献。历史证明，民革不愧为中国共产党久经考验的亲密友党，不愧为建设和发展中国特色社会主义、促进祖国完全统一、实现中华民族伟大复兴的重要力量。 （下转第四版）

设备统一配备 人员统一培训 用房统一标准

山东实施“360 工程”改善农村医疗条件

本报济南 12 月 9 日电 （记者**宋光茂**）山东省无棣县佘家巷中心卫生院，以前内科、外科不分，病房、门诊不分，陈旧的 B 超、心电图机都是一个人操作。如今经过改造，医院用房条件得到明显改善，医疗设备统一配备，每个科室均有骨干，日均门诊量达到原来的 5 倍左右。这是山东省实施的“360 工程”带来的变化。

山东省于 2005 年 12 月启动“360 工程”，选定 360 所乡镇中心卫生院作为全省的重点卫生院，通过省市县三级联动，从根本上解决业务用房、设备装备和技术骨干方面存在的问题，基本建立起县级医疗卫生机构、重点卫生院、一般卫生院和村卫生室“多层次、一体化”的农村公共卫生服务体系。

这项工程使山东省 360 所重点乡镇卫生院的医疗卫生环境显著改善，医疗服务能力明显提升，为农民群众创造了公平的医疗条件。与工程实施前相比，这些卫生院的日均业务量和业务收入，分别增长了 16.3%和 21.7%。

近两年来，山东省市县三级为“360 工程”累计投入 3.98 亿元，工程在各中心乡镇陆续完工。这些重点卫生院业务用房面积平均达到 2592 平方米；每所重点卫生院配齐了 X 光机、B 超、生化分析仪、血球计数仪、救护车等 5 类必需设备；按照每所重点卫生院培训 7 名业务技术骨干的目标，全省现已培训合格 1590 人，整个培训计划年底前全部完成。

据了解，为尽快实现“一乡一院”的目标，山东在“360 工程”基础上，又启动了规模更大的“1127 工程”，即对全省剩余的 1127 所一般乡镇卫生院全面改造，进一步健全农村医疗卫生服务体系，改善农村的医疗条件。

中共中央致民革第十一次全国代表大会的贺词

各位代表，同志们：

值此中国国民党革命委员会第十一次全国代表大会隆重开幕暨民革成立 60 周年之际，中国共产党中央委员会向民革代表大会的召开和民革成立 60 周年，表示热烈的祝贺！向全体与会代表，并通过你们向民革全体成员，致以亲切的问候和良好的祝愿！

1948 年 1 月至今，以宋庆龄、何香凝、李济深等为代表的原中国国民党民主派和其他爱国民主人士创建的中国国民党革命委员会走过了 60 年的光辉道路。60 年来，中国国民党革命委员会继承和发扬孙中山先生爱国、革命和不断进步的精神，同中国共产党密切配合、并肩战斗，积极投身民族独立和人民解放的伟大事业，为夺取新民主主义革命胜利、建立新中国作出了积极贡献；同中国共产党风雨同舟、患难与共，积极参与国民经济的恢复和社会主义改造等各项事业，为建立社会主义制度、推进社会主义建设发挥了重要作用；同中国共产党同心同德、竭诚奉献，积极推进改革开放和社会主义现代化建设事业，为建设中国特色社会主义、促进祖国和平统一作出了不懈努力。一代又一代民革中央领导人带领广大成员同中国共产党亲密合作、团结奋斗，为统一战线和我国社会主义多党合作事业发展作出了重要贡献。

60 年的光辉历史充分证明，民革不愧为中国共产党久经考验的亲密友党，不愧为建设和发展中国特色社会主义、促进祖国完全统一、实现中华民族伟大复兴的重要力量。

过去的 5 年，是我国改革开放和全面建设小康社会取得重大突破的 5 年，是我国综合国力大幅提升和人民得到更多实惠的 5 年，是我国国际地位和影响显著提高的 5 年，也是统一战线和我国社会主义多党合作事业蓬勃发展的 5 年。 （下转第四版）

江苏昆山

太阳能路灯“上岗”

近日，江苏省昆山市首批太阳能路灯在市区“上岗”亮相。这些灯天亮时自动关闭，天黑后自动开启照明。 李俊锋摄

送温暖要有温暖作风

张晓红

眼下，不少地方都在开展“送温暖”活动。活动温暖着困难群众的心，激励着他们发愤图强、战胜困难。

然而值得注意的是，在送温暖活动中，也出现了一些不和谐的甚至有损于党和政府形象的现象：有的人在群众面前排场很大，又是拍照又是摄影，不顾困难群众的感受；有的则是应付差事，在困难群众家里不闻不问，送过慰问金和物品后一走了之，把送温暖当成“作秀”。如此种种“送温暖”，不仅帮不了困、解不了难、扶不了危、济不了贫，而且也无法将党和政府的关怀真正送进困难群众中，甚至会引起他们的反感，并影响到党群干群关系。

“送温暖”先要有个温暖的作风。

韩国总理韩德洙

今起对我国进行正式访问

应国务院总理温家宝邀请，大韩民国国务总理韩德洙将于 12 月 10 日至 11 日对中国进行正式访问。

韩德洙生于 1949 年 6 月。他 1971 年从首尔大学经济系毕业，1984 年获哈佛大学经济学博士学位。

韩德洙长期在韩国政府经济部门工作。1998 年，他出任外交通商部通商交涉本部长。2001 年，他出任韩国驻经济合作与发展组织大使。2001 年末至 2004 年，他先后担任总统政策企划首席秘书、总统经济首席秘书、产业研究院院长和国务调整室长等职。2005 年，他出任韩国副总理兼财政经济部长官。2007 年 4 月，他出任韩国总理。

（新华社电）

韩德洙总理

今日导读

[国际论坛·第三版] 难以停歇的外交步伐

[人民论坛·第四版] 明年奥运会能否戒掉京骂？

[人民时评·第五版] 给水出路，人才有出路

修订后的节约能源法将于明年四月一日正式实施——节能定下“硬杠杠”（第二版）

党的十七大报告解读（第二版）

热点解读 洪洞矿难不该发生的悲剧（第五版）

不要误读《劳动合同法》（第六版）

学习十七大精神 贯彻十七大精神 加快建设健全的社会保障制度 改革开放与中国特色社会主义的发展（第九版）

辽宁出版传媒获准整体上市（第十一版）

二、党和国家领导人重要活动新闻的版面安排

党和国家领导人在国内的考察调研活动，以及会见国内各方面人士的活动，在国内政治生活中具有重要意义，党和国家领导人也经常在这种场合发表政策性讲话。人民日报在报道这些重要活动时，版面上通常给予突出的安排。

（一）党和国家领导人调研考察、指导工作活动新闻的版面安排

党和国家领导人经常到基层调研、考察工作，在版面上安排好这类新闻具有很强的政治性。一般来说，中共中央总书记的调研考察活动新闻，安排在一版头条位置，配发一到两张照片。其他中央政治局常委考察工作，一般安排在一版重要位置，不配照片，但在特殊情况下，也可配发照片。如果版面特别紧张，也可安排在其他要闻版。中央政治局委员等考察、调研活动一般在其他要闻版刊登。

中共中央总书记调研考察活动

中共中央总书记调研考察活动，人民日报一般在头条位置刊发，一般不转活。配发一至两张照片，照片篇幅一般为四栏左右。通讯作者署名放文尾。2011 年 8 月 16 日，一版头条刊发胡锦涛在广东考察工作的消息，以八栏文、八栏题的方式安排，配发总书记在广东考察的照片两张。

头条直题。2008 年 2 月 7 日，一版头条刊发胡锦涛春节前夕到广西考察抗灾救灾工作的通讯，直题处理，并安排总书记与桂林农民在一起、总书记与部队官兵一起搬运救灾物资的两张照片，占一版幅面的 2/3。左下角安排温家宝到贵州指导抗灾工作的消息，并配发一张照片。

头条横八栏。2008 年 6 月 20 日，胡锦涛考察人民日报社，并发表重要讲话。次日一版头条通栏、套红标题，配发两张照片，并在报眼位置配发提要。四版配发两张照片以及讲话全文和社论。1996 年 9 月 26 日，时任中共中央总书记的江泽民视察人民日报社，并发表重要讲话。次日一版以头条通栏形式刊发消息，并作两段提要式副题，同时配发三张照片。一版右下位置以“本报编辑部”的名义刊发“进一步办好人民日报”的评论。

头条横六栏。2007 年 12 月 1 日，一版刊发胡锦涛在北京市考察艾滋病防治工作纪实。

版面安排为头条横六栏，配发两张照片。

（附 2011 年 8 月 16 日一版，2008 年 2 月 7 日一版，2008 年 6 月 21 日一版、四版，1996 年 9 月 27 日一版，2007 年 12 月 1 日一版）

其他中央政治局常委考察调研活动

其他中央政治局常委考察调研活动的新闻，一般放在一版显著位置。如果一版重要新闻特别集中，考察的消息超过千字，也可以在一版开头，然后转有关版面。其他中央政治局常委考察、调研新闻，一般不配照片。但对于其他中央政治局常委在年节期间或发生重大突发事件等特殊时期，代表党中央、国务院进行慰问的消息，可视情况配发照片。

报眼位置。2008 年 2 月 7 日，大年初一，温家宝在江西灾区过春节。次日一版将消息安排在报眼位置，并配发照片一张。当日头条为一组“协力抗雪灾　祥和度新春”的消息。报眼下方为周永康向全国公安民警拜年的消息。

中线位置。2008 年 5 月 27 日，一版在中线位置安排吴邦国赴四川地震灾区指导抗震救灾工作消息，并配发一张照片。2008 年 1 月 31 日，一版刊发温家宝在广东考察春运及市场供应工作消息，安排在中线附近，横四栏，配发一张照片。

中线以下位置。2006 年 11 月 2 日，一版刊发温家宝在广西考察工作消息。当日正值中非合作论坛北京峰会期间，胡锦涛外事活动在一版安排了较多版面，因此温家宝考察广西消息安排在版面左下方。

（附 2008 年 2 月 8 日一版、2008 年 5 月 27 日一版、2008 年 1 月 31 日一版、2006 年 11 月 2 日一版）

2008 年 2 月 3 日，一版中央政治局常委考察慰问消息集中，一版分别以横四栏标题在版面中部位置刊出消息，文字转活。

（附 2008 年 2 月 3 日一版）

中央政治局委员等考察调研活动

中央政治局委员等领导同志的调研考察活动消息，一般安排在四版、二版等其他要闻版的显著位置。如 2012 年 5 月 14 日，四版刊登刘云山在河北调研的消息。

（附 2012 年 5 月 14 日四版）

如果政治局委员出席活动的事件特别重大，可以上一版甚至可上头条，但政治局委员名字一般不上标题。如政治局委员代表中央出席活动，也可以名字上标题。

人民网　网址：http://www.people.com.cn
手机：http://wap.people.com.cn

2011年8月
16
星期二
辛卯年七月十七
人民日报社出版
国内统一连续出版物号
CN 11-0065
第23047期（代号1-1）
今日24版

中伊两国领导人互致贺电 庆祝两国建交40周年

新华社北京8月16日电　国家主席胡锦涛16日与伊朗总统艾哈迈迪-内贾德互致贺电，热烈庆祝两国建交40周年。

胡锦涛在贺电中表示，建交40年来，两国关系健康稳定发展。双方各级别交往频繁，经贸、能源、人文、多边等领域的交流合作成果显著。中伊友好给两国人民带来了实实在在的好处。中伊都是发展中国家，双方合作潜力很大。继续巩固和发展中伊关系，符合两国人民根本利益和共同意愿，也有利于世界和地区的和平与发展。中方高度重视中伊关系，我们愿同伊方一道，以建交40周年为契机，加强友好交往，推进务实合作，深化人民友谊，推动中伊友好合作关系持续深入向前发展。

艾哈迈迪-内贾德在贺电中表示，伊中都是世界上重要的文明古国，两国友好关系可以追溯至公元前一世纪。在历史变迁中，伊中关系始终保持上升势头，在政治、经济、贸易和文化等各领域取得长足发展。在双方领导人的共同指引下，两国关系将取得更加全面和深入的发展，迎来光辉灿烂的未来。

同日，外交部长杨洁篪也与伊朗外长萨利希互致了贺电。

岭南热土再奋起　科学发展绘新图

——记胡锦涛总书记在广东省考察工作

八月十一日至十五日，中共中央总书记、国家主席、中央军委主席胡锦涛在广东省考察工作。这是胡锦涛在广州市越秀区盐运西社区同居民和社区工作者亲切交谈，了解社区开展便民服务情况。　新华社记者　兰红光摄

八月十一日至十五日，中共中央总书记、国家主席、中央军委主席胡锦涛在广东省考察工作。这是胡锦涛在考察深圳华强文化科技集团股份有限公司时，勉励企业为推动社会主义文化大发展大繁荣作贡献。　新华社发

8月的岭南大地，绿意更浓，激情正酣。在改革开放中创造了发展奇迹的这片热土，如今又以新的创造活力描绘科学发展新的壮美画卷。

8月11日至15日，中共中央总书记、国家主席、中央军委主席胡锦涛在出席深圳第二十六届世界大学生夏季运动会开幕式前后，由中共中央政治局委员、广东省委书记汪洋等陪同，到深圳、广州等地考察。总书记冒着酷热深入企业和社区，与广大干部群众共商率先全面建成小康社会大计。党中央的亲切关怀和殷切期望，为亿万南粤儿女再创辉煌业绩增添了强劲动力。

如何适应经济形势新变化进一步加快转变经济发展方式，是总书记一直高度重视的问题，他在考察时重点了解了科技创新、转型发展情况。

广州汽车集团乘用车有限公司致力于研发、生产具有国际先进水平的整车、发动机和零部件等，去年底推出了一款自主品牌汽车。胡锦涛走进公司总装车间，观看汽车总装流程，询问企业自主创新进展。在同企业负责人交谈时，总书记说，现在汽车市场竞争十分激烈，要在竞争中站稳脚跟，最根本的还是要有自己的技术和品牌。希望你们坚持自主创新，强化研发能力，突破关键技术，努力把自主汽车品牌做大做强，为提升我国汽车行业核心竞争力贡献力量。

广州佳都集团有限公司是一家信息技术综合服务提供商，研发的软件产品在多个领域得到应用。在企业展示厅和研发测试中心，胡锦涛听介绍、看样品，与企业员工讨论智能化系统的应用前景。总书记指出，信息技术已经渗透到经济社会各个领域，软件服务产业大有可为。他勉励企业把握良机、乘势而上，用好科技创新这个法宝，积极开发先进软件，为提高我国经济社会信息化水平作出更大努力。

广州番禺节能科技园着眼于培育战略性新兴产业，吸引了一批创新型中小企业入园发展。园区负责人告诉总书记，现在园区里已有650家企业，取得了1500多项专利，去年入园企业营业收入达到175亿元。胡锦涛希望园区进一步搞好服务，推动更多的创新型企业特别是中小企业走上发展的"快车道"。总书记还考察了设在园区的广州光为照明科技有限公司，鼓励这家企业坚持产学研相结合，汇聚更多创新人才，攻克更多技术难题，掌握更多自主知识产权，使产品不仅在国内市场叫响，而且在国际市场叫响。

广州TIT国际服装创意园是利用广州纺织机械厂的旧厂房建起来的，转型后效益成倍增长。胡锦涛在创意园的设计区、展示厅、时尚发布中心，同园区负责人、服装设计师和前来订货的客户深入交谈，询问园区规划、服装设计、品牌培育等情况，倾听他们对发展我国纺织服装业的建议。总书记嘱咐创意园进一步加强园区建设，提高服务水平，为创意企业和人才提供良好的创业发展平台。他希望园区内的企业充分发挥智力优势，努力打造具有国际竞争力的中国服装品牌，推动我国从服装制造大国向服装制造强国迈进。

如何把握全面建设小康社会新要求进一步加大文化改革发展力度，是总书记特别予以关注的工作，他在考察时专门了解了公益性文化事业和经营性文化产业发展情况。

近年来，深圳市大力实施文化立市战略，取得了积极进展。胡锦涛在听取深圳市文化建设情况汇报后，要求认真总结成功做法，进一步做好文化改革发展这篇大文章，使深圳物质文明建设和精神文明建设取得"双丰收"。

为进一步推动全市读书热潮，深圳设立了160台24小时自助图书馆服务机，方便群众借阅图书。胡锦涛走到一台服务机前，尝试自助借书。他输入《深圳之路》一书的编号，服务机的借书口很快就送出了这本书。从现场工作人员那里得知，深圳已形成一个智能化的公共图书馆服务网络，总书记十分高兴。他希望深圳在构建公共文化服务体系方面继续努力，不断提高公共文化服务能力和水平。

深圳华强文化科技集团股份有限公司主要从事特种电影、数字动漫、主题公园等文化产品的设计、研发、生产。胡锦涛考察了这家企业的特种电影生产线和数字电影特效实验室，饶有兴致地观看了企业制作的4D电影片段，还面对电子屏与一个可爱的动漫角色进行了风趣对话。这家企业的文化与科技相融合的经营思路，给总书记留下深刻印象。他希望企业坚持以市场需求为导向，以创新创意为动力，进一步打造具有更高知名度和更强竞争力的自主品牌，争当文化产业发展的领头羊，向广大群众提供更多更好的文化产品，为推动社会主义文化大发展大繁荣作出积极贡献。看到企业员工都很年轻，胡锦涛大声对他们说："文化产业是大有希望的产业，希望就在你们身上！"总书记热情的话语让员工们深受鼓舞，大家情不自禁地鼓起掌来。

如何顺应人民群众新期待进一步做好保障和改善民生工作，是总书记始终惦记在心的事情，他在考察时深入了解了保障性住房建设、和谐社区建设和城市环境治理情况。

位于广州市白云区的金沙洲保障性住房小区，已入住居民5300多户，其中廉租房居民3100多户。来到金沙洲小区，胡锦涛首先听取广州市保障性住房建设情况介绍，同当地负责同志深入探讨保障性安居工程实施过程中的关键性问题。总书记强调，保障性住房建设是一项重大民生工程。对这件民生大事，各级党委和政府都要切实负起责任，千方百计确保土地供应、确保资金到位、确保工程质量、确保分配公平，努力使广大人民群众满意。

随后，胡锦涛走进廉租房住户何耀华家中看望。何耀华一家3口原来挤在17平方米的旧房里，现在住上了50多平方米的两居室。总书记同主人一家促膝而坐，关切地询问他们的工作、生活情况。听说何耀华夫妇都没有工作、儿子中专毕业准备上大专，胡锦涛动情地说："安居乐业是老百姓的两件大事。你们家居住条件已经有了改善，眼下最大的困难是就业。党和政府会尽力帮助你们，你们自己也要努力。特别是要把孩子培养好，再困难也要支持他上学。现在的困难是暂时的，你们家今后的日子一定会好起来的！"

广州市北京街盐运西社区是一个老社区，近年来在社区管理和服务方面进行了积极探索，取得了显著成效。在家庭综合服务中心，胡锦涛同一些正在活动的老人、孩子和正在忙碌的社工、志愿者亲切交谈，了解中心提供老人和孩子日托、送餐等便民服务情况。党员服务站里，几名党员正围绕居民关注的问题研究解决办法。总书记仔细听他们讨论，并向他们了解社区组织党员和群众参与社区管理和服务的具体做法。看到盐运西社区管理井然有序、服务周到细致，老社区焕发出了新活力，胡锦涛感到欣慰。他语重心长地说，社区建设是社会管理的基础环节。希望盐运西社区按照中央提出的加强和创新社会管理的要求，进一步提高社区管理和服务水平，真正做到和谐社区大家共建、社区和谐大家共享。

盐运西社区83岁的居民司徒肇兰是一位归国老华侨，从上世纪50年代起就主动参加社区义务工作，年迈后又嘱咐家人积极为社区服务。胡锦涛特地到老人家中看望，对老人一家多年来热心社区服务的精神表示敬佩，希望有更多人像他们这样，多为社区尽责任，多为他人办好事，共同建设文明和谐的幸福家园。

胡锦涛对广州的城市环境治理十分关心，2004年曾考察过市里的污水处理厂，这次又来到东濠涌实地考察河涌综合整治情况。流经广州中心城区的东濠涌以前污染十分严重，整治后水质明显改善，两岸生态也得到了恢复。一位老伯拿出自己多年拍摄的照片，向总书记讲述东濠涌的今昔变化。胡锦涛走到岸边，俯下身子用手舀起水来仔细察看水质。他对当地负责同志说，营造良好的城市生态环境，是广大群众的热切期盼，也是城市建设的重要任务。希望你们继续抓好河涌整治等城市生态治理，让广大群众拥有一个优美宜居的生活环境。看到总书记走来，正在休闲纳凉的市民们惊喜不已。大家纷纷簇拥上前，热情的问候声此起彼伏。胡锦涛亲切地同大家握手攀谈，人群中不时爆发出阵阵开怀的笑声……

考察期间，胡锦涛接见了驻广州部队师以上领导干部，并作了重要讲话。胡锦涛强调，要大力加强思想政治建设，始终保持部队建设的正确方向。要坚持以推动国防和军队建设科学发展为主题、以加快转变战斗力生成模式为主线，全面推进各项建设和改革。要积极开展信息化条件下军事训练，不断增强履行使命任务的能力。要坚持依法治军、从严治军，确保部队安全稳定。要自觉践行我军根本宗旨，为促进地方经济社会发展、维护社会和谐稳定创造新业绩、作出新贡献。

考察结束时，胡锦涛听取了广东省委和省政府的工作汇报，希望广东干部群众坚持以邓小平理论和"三个代表"重要思想为指导，深入贯彻落实科学发展观，紧紧抓住国家支持东部地区率先发展、支持珠江三角洲地区改革发展、支持经济特区创新发展的宝贵机遇，立足新起点，把握新趋势，建立新机制，增创新优势，进一步加快转变经济发展方式，进一步深化改革开放，进一步推进以改善民生为重点的社会建设，进一步提高党的建设科学化水平，切实当好推动科学发展、促进社会和谐的排头兵，朝着率先全面建成小康社会的目标奋勇前进。

中共中央政治局委员、中央书记处书记、中央宣传部部长刘云山，中共中央政治局委员、国务委员刘延东，中共中央书记处书记、中央办公厅主任令计划，中共中央书记处书记、中央政策研究室主任王沪宁，以及中央军委委员李继耐分别陪同考察。

（**新华社广州8月15日电**　记者**邹声文**）

吴邦国主持召开人大常委会委员长会议

决定人大常委会第二十二次会议24日至26日举行

本报北京8月15日电　（记者**廖文根**）全国人大常委会委员长吴邦国15日在人民大会堂主持召开十一届全国人大常委会第六十七次委员长会议。会议决定十一届全国人大常委会第二十二次会议8月24日至26日在北京举行。

委员长会议建议，十一届全国人大常委会第二十二次会议审议全国人大常委会委员长会议关于提请审议刑事诉讼法修正案草案的议案；审议全国人大常委会委员长会议关于提请审议香港特别行政区基本法第十三条第一款和第十九条的解释草案的议案。

委员长会议建议的常委会第二十二次会议议程还有：审议国务院关于提请审议批准《东南亚友好合作条约第三修改议定书》的议案；审议国务院关于今年以来国民经济和社会发展计划执行情况的报告、关于今年以来预算执行情况的报告；审议全国人大常委会执法检查组关于检查老年人权益保障法实施情况的报告；审议全国人大常委会代表资格审查委员会关于个别代表的代表资格的报告；审议有关任免案等。

委员长会议上，全国人大常委会副委员长兼秘书长李建国就常委会第二十二次会议议程草案、日程安排意见作了汇报。全国人大常委会有关副秘书长，全国人大有关专门委员会、全国人大常委会有关工作委员会和代表资格审查委员会负责人就常委会第二十二次会议的相关议程作了汇报。

全国人大常委会副委员长王兆国、路甬祥、乌云其木格、韩启德、华建敏、陈至立、周铁农、司马义·铁力瓦尔地、蒋树声、陈昌智、严隽琪、桑国卫等出席会议。

温家宝分别同埃塞俄比亚总理梅莱斯和罗马尼亚总理博克举行会谈

本报北京8月15日电　（记者**杜尚泽**）国务院总理温家宝15日在人民大会堂分别同埃塞俄比亚总理梅莱斯和罗马尼亚总理博克举行会谈。

在同梅莱斯会谈中，温家宝宣布：为帮助埃塞等非洲国家应对当前严重旱灾，中国政府决定在提供9000万元人民币紧急粮食援助基础上，再增加3.532亿元人民币紧急粮食援助。

温家宝表示，埃塞是中国在非洲的真诚朋友和重要伙伴。中国支持埃塞实施"增长与转型5年计划"，愿扩大在电力、交通等基础设施建设领域的合作，加大工业投资和技术转让力度，帮助埃塞发展高效农业，实现经济社会可持续发展。

温家宝表示，国际社会要把解决南北发展不平衡问题作为应对全球经济失衡的出发点和落脚点。中国将同埃塞密切沟通协调，推动二十国集团为非洲实现稳定和发展创造良好环境。

梅莱斯说，中国及时向埃塞等受灾国提供紧急粮食援助，充分体现了非中牢固的伙伴关系和真诚友谊，埃方对此表示感谢。中国长期给予埃塞宝贵经济援助和支持，有力增强了埃塞的自我发展能力。埃塞愿进一步加强两国在贸易、投资和技术领域的互利合作，推动埃中关系取得更大进展。

两国总理共同见证了双边有关合作协议的签字仪式。

在同博克会谈中，温家宝说，新形势下加强中罗友好合作符合双方的根本利益。（下转第三版）

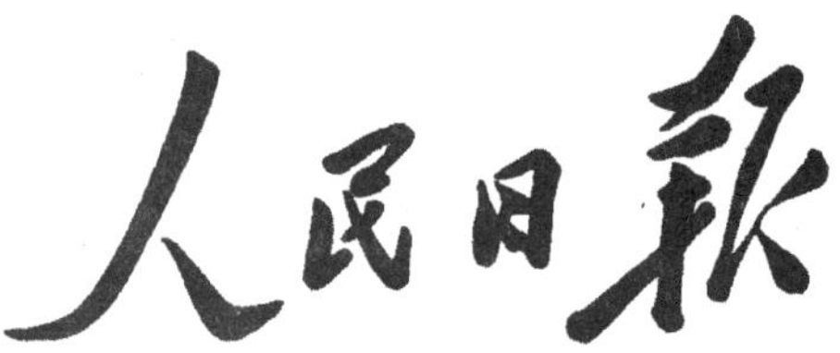

RENMIN RIBAO

人民网　网址:http://www.people.com.cn
手机:http://wap.people.com.cn

2008年2月
7
星期四
戊子年正月初一
人民日报社出版
国内连续出版物号
CN11-0065
第21761期(代号1-1)
今日4版

除夕之夜
全国停电的县以上城市供电基本恢复

新华社北京2月6日电　（记者**黄全权**）据国务院应急指挥中心抢修电网指挥部6日发布的第三号公告，全国受冰雪灾害影响的169个停电县中，已有162个县恢复或基本恢复供电，7个县采取临时供电措施。

国务院应急指挥中心抢修电网指挥部负责人同时宣布：经过电力系统广大干部职工的奋力拼搏，圆满完成了党中央、国务院关于除夕前供电基本恢复的任务。

根据抢修电网指挥部6日发布的第三号公告，全国受冰雪灾害影响共造成169个县停电，已有162个县恢复或基本恢复供电，占总停电县的95.9%。用户的供电正在逐步恢复之中。截至2月6日17时，全国停电的县以上城市供电基本恢复，其中7个县采取临时供电措施。87%的乡镇供电基本恢复。

国务院应急指挥中心抢修电网指挥部负责人表示，对目前抢修难度极其艰巨的湖南嘉禾县、桂阳县，江西的乐安县、宜黄县、资溪县和贵州平塘县、广西资源县，均采取配备发电机、利用当地小水电等方式实施供电保障。

公告说，目前电力职工仍在全力以赴积极组织抢修电网，力争尽快恢复全部供电。抢修电网指挥部向春节期间仍然奋战在抗灾保电一线的电力职工表示衷心的感谢和亲切的慰问。

真情融雪迎新春
——胡锦涛总书记春节前夕到广西桂林考察抗灾救灾工作纪实

2月5日至6日，中共中央总书记、国家主席、中央军委主席胡锦涛来到广西桂林市考察抗灾救灾工作。这是胡锦涛在资源县中峰乡八坊村竹子水电看望受灾村民。　新华社记者　鞠　鹏摄

2月5日至6日，中共中央总书记、国家主席、中央军委主席胡锦涛来到广西桂林市考察抗灾救灾工作。这是胡锦涛同正在执行救灾任务的广州军区某集团军陆航团的官兵一起装运救灾物资。　新华社发

今年1月中旬以来，桂林这个美丽的地方同我国南方大部分地区一样，遭遇了一场罕见的低温、雨雪冰冻灾害。全市共有100多条输电线路断线，200多条公路中断，1000多个通讯基站无法正常运行，农作物受灾面积超过220万亩，受灾人口超过268万……桂林成为广西壮族自治区受灾最严重的地方。

中共中央总书记、国家主席、中央军委主席胡锦涛十分牵挂桂林抗灾救灾工作和受灾群众生活。春节将至，总书记专程来到桂林，在自治区党委书记郭声琨和政府主席马飚等陪同下，于2月5日至6日深入到灾情严重的山区农村和担负抗灾救灾重任的基层单位，实地了解保交通、保供电、保民生的落实情况，慰问灾区各族干部群众，给大家带来党中央、国务院、中央军委的深切关怀和新春祝福。

“发扬不怕疲劳、连续作战的作风，在抗灾救灾斗争中作出新的更大贡献”

2月5日下午，胡锦涛乘坐专机刚抵达桂林，就在机场亲切看望了正在执行救灾任务的广州军区某集团军陆航团官兵。该团在灾情发生后已执行21架次紧急任务，给被冰雪围困的灾区群众空投了大批棉衣、棉被和食品，还承担了为灾区空吊电线杆的任务。

胡锦涛同官兵们一一握手，对他们坚决执行党中央、中央军委的指示，迅速投入抢险救灾斗争，帮助受灾群众排忧解难，给予了充分肯定。胡锦涛代表党中央、中央军委，向官兵们表示亲切的慰问。

随后，总书记脱下外套，大声说：“来，我也参加！”说着，就同官兵们一起干了起来。一包包沉甸甸的救灾物资通过总书记和官兵们的双手装到了直升机上。

在整装待发的直升机前，胡锦涛勉励官兵们以自己的行动，忠实实践人民军队服务人民的根本宗旨，发扬不怕疲劳、连续作战的作风，在抗灾救灾斗争中作出新的更大贡献。他还提醒大家：“现在气象变化比较大，你们既要圆满完成任务，还要注意飞行安全。”总书记的殷切期望和贴心关怀，让官兵们倍受鼓舞、深受感动。他们表示一定要牢记总书记的嘱托，不辱使命，再立新功。

离开机场，胡锦涛直接前往桂林市南城百货超市，考察灾后节日市场供应和物价情况。

超市里，采办年货的市民熙熙攘攘。在粮油、蔬菜、禽蛋货架和肉类摊位前，胡锦涛一次次停下脚步，看价牌、问货源，并同购物的市民亲切交谈。他叮嘱当地负责人，当前要重点做到两条：一条是保障供应，满足节日期间群众需要；再一条是稳定价格，特别要保证生活必需品价格基本稳定。

正在购物的市民们纷纷拥上前来，向总书记问好。胡锦涛向市民们挥手致意，热情地给大家拜年。

在这场抗灾救灾斗争中，桂林市涌现出一大批不畏艰险、勇挑重担的先进人物。2月5日晚，胡锦涛亲切接见了这些先进人物的代表。

总书记深情地对大家说：“在这场严重的低温、雨雪冰冻灾害面前，你们积极响应党和政府的号召，挺身而出，奋力拼搏，顽强战斗在抢险救灾第一线，哪里有困难你们就出现在哪里，哪里最危险你们就冲向哪里，在关键时刻发挥了模范带头作用。”

胡锦涛希望大家继续弘扬中华民族百折不挠、勇往直前的奋斗精神，积极投身到抗灾救灾斗争中去。总书记坚定地说，只要我们万众一心、众志成城，就一定能克服眼前困难，夺取抗灾救灾斗争的全面胜利。

紧接着，胡锦涛又连夜召开会议，同自治区和桂林市的有关负责同志一起研究当前的灾情，商量抗灾救灾的对策，部署下一步的重点工作。夜已经深了，会议室依然灯火通明……

“当务之急是把灾区群众尤其是困难群众的生活安排好”

2月6日是农历除夕。一大早，胡锦涛驱车前往桂林市灾情最重的资源县考察。资源县是一个山区县，这次灾害中全县大部分地区交通、通讯中断，供水出现困难，农林业受损严重，电网至今处于瘫痪状态。

进山的路上，到处积雪皑皑，冰雪压断的树木、冻毁的农作物随处可见。

看到一群护路队员正在寒风中清理冰雪、养护道路，胡锦涛让停下车，迎风走到护路队员中间，同他们交谈起来。灾情最重时路况怎么样？现在还有多少路需要除冰？除冰设备和人手够不够用？胡锦涛问得十分详细，养路队员们一一作了回答。总书记勉励大家继续努力，尽快让山里的路都畅通起来。

不远处，几根断了的电线散落在雪地上，一些电力职工正在紧张地抢修输电线路。胡锦涛踏着冰雪，走到抢修现场。他俯下身子，拿起一块厚厚的冰凌，仔细察看。总书记对围拢过来的电力职工说：“今天是大年三十，你们仍然奋战在冰天雪地里，为抢修电网付出了艰辛努力。现在全县人民都盼望着尽早通电，希望你们克服一切困难，尽快把电送到千家万户。”

“请总书记放心”，“一定完成任务”……电力职工们争相回答。

临近中午，胡锦涛来到了资源县中峰乡八坊村竹子水屯。这个屯以种植毛竹、林木为主。这次灾害中，全屯50多亩竹林、30多亩林木损毁，群众生产生活受到严重影响。

胡锦涛走进受灾村民颜德发家中，亲切地对他说：“知道你们遭灾了，我们在北京一直惦记着大家，今天特地来看看你们。”

堂屋中央的火盆里，炭火烧得正旺。胡锦涛同主人一家和闻讯而来的村民围坐在火盆边，询问乡亲们受灾情况：家里的毛竹损失大不大？粮食够不够吃？看病方便不方便？生活上还有什么困难？……

颜德发的家人回答：家里15亩竹山都受了灾，毛竹全部被冰雪压断了。政府送来了大米、棉被、棉衣，生活还过得去。

胡锦涛对当地干部说：“当务之急是要把灾区群众尤其是困难群众的生活安排好，一定要让他们有饭吃，有御寒的衣被，生了病能及时医治。同时，要着手开展生产自救，搞好灾后重建。眼前的困难一定能够克服，乡亲们的明天一定会更好！”

听了总书记的话，乡亲们的心里暖洋洋的……

临行时，总书记又起身来到颜德发家的灶间、储藏室，看到缸里装着做好的糯米粑、桶里放着政府送来的救济大米、梁上挂着两大排熏肉，总书记放心地点点头。

出山时，遇到某部官兵运送救灾物资的一队军用卡车，“让坚冰融化”的标语在阳光下分外醒目。胡锦涛向车队走去，同官兵们握手表示慰问。总书记对官兵们说：“希望你们不辜负党中央、中央军委的期望，把救灾物资尽快送到人民群众手里！”

“坚决完成任务！”官兵们有力地回答。

“急灾区群众之所急，解灾区群众之所难”

受断电影响，桂林市一些乡镇的大米加工厂无法正常生产。作为粮食应急供应单位，桂林市力源食品有限公司积极组织职工加紧生产，为灾区群众提供大米和食用油。

2月6日下午，胡锦涛来到这家公司，看望慰问节日期间坚守岗位的干部职工。

大米加工车间里机声隆隆，一片繁忙景象。企业负责人告诉总书记，为了确保灾区群众基本生活，公司24小时不间断生产。总书记赞许地说，你们急灾区群众之所急，解灾区群众之所难，为抗灾救灾作出了很大贡献。市场上粮食供应稳定了，群众心里就踏实了。希望你们继续抓好生产，为保障灾区群众生活贡献更大力量。

离开力源公司，胡锦涛又来到桂林市公安局交警支队秀峰大队。这个大队管辖着市区中心的交通枢纽路段，灾害发生后，他们顶风冒雪，昼夜执勤，全力疏导市区交通，并派交警赶赴灾情严重的全州县增援，为抗灾救灾发挥了重要作用。

胡锦涛称赞交警们关键时刻能够顶得上去，无愧于人民警察这个光荣称号。总书记希望大家大力发扬人民警察为人民的光荣传统，继续做好维护交通秩序、保障交通安全的各项工作。

“优先保交通、保供电、保民生，奋力夺取抗灾救灾斗争的全面胜利”

在桂林考察途中，胡锦涛反复强调，目前，抗灾救灾的任务依然十分艰巨。各级党委和政府一定要继续把抗灾救灾作为当前最紧迫的任务，坚定必胜信念，优先保交通、保供电、保民生，奋力夺取抗灾救灾斗争的全面胜利。要集中力量，千方百计恢复电力供应和交通通畅；全力以赴，切实安排好受灾地区群众生活；早做谋划，积极开展灾后重建和生产自救工作；着眼长远，抓紧研究完善应急管理机制。

胡锦涛指出，这场灾害是一场严峻的考验，最能够推动党的建设，最能够检验党的建设的成效。在抗灾救灾和灾后重建工作中，各级党委要充分发挥核心领导作用，各级干部要充分发挥模范带头作用，广大基层党组织要充分发挥战斗堡垒作用，广大党员要充分发挥先锋模范作用，真正做到一个党组织就是一座坚强堡垒，一名干部就是一个工作标杆，一名党员就是一面战斗旗帜。

总书记来到抗灾救灾一线，极大地激励了广大干部群众的斗志和干劲。

除夕之夜，桂林市断电半个多月的大部分区县恢复供电，许许多多家庭又迎来了光明……　（新华社桂林2月6日电　记者孙承斌）

温家宝春节前夕赴贵州指导抗灾救灾工作

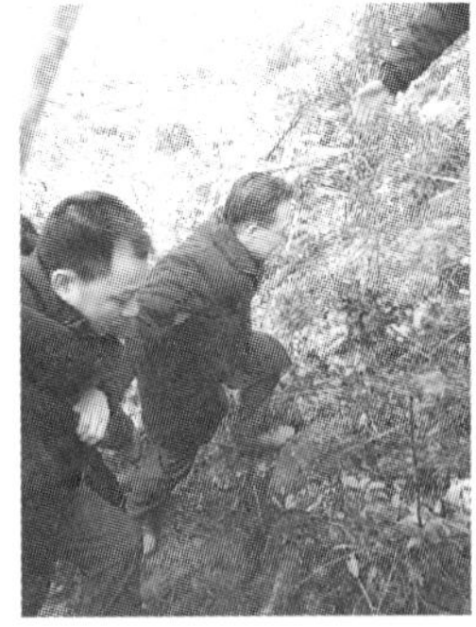

二月五日，中共中央政治局常委、国务院总理温家宝前往贵州指导抗灾救灾工作。这是温家宝踏着冰雪登上黔南观音山，前去看望正在紧张抢修输电线路的电力工人。　新华社记者　姚大伟摄

新华社贵阳2月6日电　（记者**赵鹏**、**赵承**）2月5日上午，中共中央政治局常委、国务院总理温家宝在出席春节团拜会之后就奔赴贵州，直接到灾区了解灾情。

这次已经是9天之内温家宝第三次亲临灾区指导抗灾救灾工作。在飞机上，他对随行的有关部门负责人说，贵州灾情最重，现在还是抗灾救灾的关键时期。春节前夕，我们一方面是慰问，但更主要的是去解决问题。

尽快恢复供电是贵州救灾的关键

一出机场，温家宝就乘车前往黔南布依族苗族自治州龙里县观音村，这里海拔1200多米。刚刚下过一场冻雨，沿途是一片白色世界，山林被冰雪覆裹着，很多碗口粗的松树都拦腰折断了。进村后，温家宝首先赶往输电线路抢修现场。

沿着狭窄的山路，温家宝踏着冰雪登上观音山。半山腰，电力工人正在紧张地修复毁坏的电力设备。温家宝走到工人中间，亲切地问道：“你们都是从哪里来的，来多少天了？”当得知他们大多是从云南调来支援的，温家宝说，现在贵州电力恢复很困难，除了靠本省力量之外，还要靠各地的支持。只有尽快修复电网，经济社会才能正常运行。一方有难，八方支援，集中兵力打歼灭战，这体现了我国社会主义的优越性。

在另一座陡峭的山顶上，工人们正在艰难地用绳索把一根电线杆竖起来。温家宝看见说：“我过去看看。”由于山路太陡、太滑，工人们急得喊起来：“总理，危险，不要上来！不要上来！”温家宝像没有听到一样，继续向山顶上攀登。他高声对山顶的工人们说：“快过春节了，同志们还坚守在岗位上，为尽快恢复供电辛勤劳动，我代表党中央、国务院向你们表示慰问和感谢，给你们和你们的家人拜年。”

接着，温家宝来到位于观音村的龙里县变电站主控室。看着电脑显示屏，他向工人们详细了解贵州全省的通电情况。供电局的负责人向总理介绍，在这次灾害中，贵州一共倒了200多座电网铁塔。为了让群众过好年，贵州全省配备了2500台发电机，春节基本可以保证县县有电、乡镇有电、大部分的村有电。总理听后，欣慰地点点头。

（下转第二版）

感谢你，最可爱的人

新华社记者　本报记者

特大雪灾席卷南方大部地区，危难时刻更显子弟兵亲。

当年，在炮火弥天的战场上，人们把为了祖国、为了正义、为了和平而战的志愿军战士称作“最可爱的人”。

在2008年这个寒冷的季节，人们又把这个最亲切、最动人、最能表达真情的称谓，献给了为灾区送来阵阵暖流的解放军和武警官兵。

“最可爱的人”——这是祖国和人民对子弟兵的最高褒奖！

“你们不愧是党领导的人民军队！”

暴雪成灾，电力中断、道路堵塞、旅客滞留……风雪中，那一枚枚军徽、警徽成了灾区人民的“定心丸”。

2月2日凌晨4时许，经过武警安徽总队500名官兵一夜奋战，合（肥）安（庆）高速公路庐江段52公里和65公里两处“卡脖子”结冰路段，被全部疏通。长长的滞留车辆开始缓缓向前移动，疲惫不堪的驾驶员们兴奋地鸣起喇叭，向分列在两旁的官兵致谢。

一辆车号为“鲁NA0106”的大货车突然停了下来，驾驶员摇下车窗将一张小纸条塞到一位战士手中说：“兄弟，你们辛苦了，请将这封信交给部队首长，就说我们所有驾驶员谢谢你们。”

这名叫高辉的驾驶员，几天前从山东德州驾车前往广东，没想到在安徽境内整整盘桓了8天。目睹官兵暴风雪中昼夜破冰开道的场景，坐在驾驶室里的他抑制不住情感，抽出烟纸，写下了这样一段话：“在我快要失去信心的时候，在我最困难的时候，是你们——最可爱的人，让我看到了回家的希望……”

在湖南、在安徽、在贵州……在一处处的救灾现场，绿军装为人民群众送来了冰雪中的暖流，人民群众也把由衷的赞赏献给了人民子弟兵。

“天天盼儿盼女没盼到，没想到盼来了党派来的亲人解放军。”2月2日，在经受寒冷挨饿12天后，76岁的瑶族老大娘唐云妹和3万余名瑶族群众一起盼来了桂林警备区的官兵。

（下转第三版）

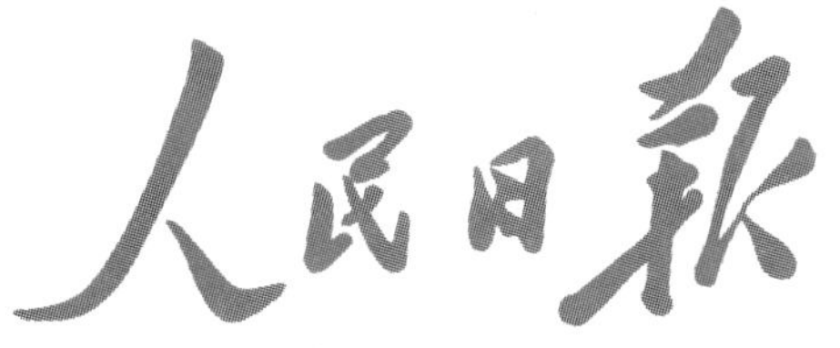

RENMIN RIBAO

人民网　网址：http://www.people.com.cn
手机：http://wap.people.com.cn

2008年6月
21
星期六
戊子年五月十八
人民日报社出版
国内连续出版物号
CN11－0065
第21896期（代号1－1）
今日8版

必须坚持党性原则，牢牢把握正确舆论导向；必须坚持以人为本，增强新闻报道的亲和力、吸引力、感染力；必须不断改革创新，增强舆论引导的针对性和实效性；必须加强主流媒体建设和新兴媒体建设，形成舆论引导新格局；必须切实抓好队伍建设，增强凝聚力和战斗力

唱响奋进凯歌　弘扬民族精神

——记胡锦涛总书记在人民日报社考察工作

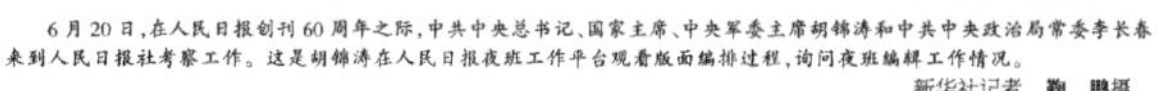

6月20日，在人民日报创刊60周年之际，中共中央总书记、国家主席、中央军委主席胡锦涛和中共中央政治局常委李长春来到人民日报社考察工作。这是胡锦涛在人民日报夜班工作平台观看版面编排过程，询问夜班编辑工作情况。

新华社记者　鞠　鹏摄

6月20日，在人民日报创刊60周年之际，中共中央总书记、国家主席、中央军委主席胡锦涛和中共中央政治局常委李长春来到人民日报社考察工作。这是胡锦涛在报社印刷厂了解报纸印制情况，翻阅新印出的人民日报。

本报记者　李　舸摄

60载风雨历程，60载春华秋实。

6月20日，在人民日报创刊60周年之际，中共中央总书记、国家主席、中央军委主席胡锦涛和中共中央政治局常委李长春来到人民日报社考察工作，代表党中央向人民日报创刊60周年表示热烈的祝贺，并向全国新闻宣传战线的同志们致以崇高的敬意。

“报社一代又一代人为党的新闻宣传事业作出了重要贡献”

上午9时许，胡锦涛来到人民日报社。在编辑楼大厅，他兴致勃勃地参观了报社60年发展历程展览。

创刊于1948年6月的人民日报，是中共中央机关报。60年来，人民日报坚持正确办报方向，积极宣传党的理论和路线方针政策，积极宣传中央的重大决策部署，及时传播国内外各领域的信息，为我们党团结带领人民夺取革命、建设、改革的重大胜利作出了重要贡献。现在，人民日报社已经发展成为一个拥有庞大读者群、具有国际影响力的现代化媒体机构。

展厅里，一幅幅图片，一件件实物，生动展示了党中央对人民日报社的亲切关怀，全面反映了人民日报社60年来走过的不平凡历程。胡锦涛一边参观，一边听取介绍。反映党的三代中央领导集体关心人民日报的历史资料，人民日报的创刊号、刊登新中国成立喜讯的报纸、庆祝我国第一颗原子弹爆炸成功的号外等珍贵的报纸原件，吸引了总书记的目光。他不时停下脚步，仔细观看。胡锦涛对人民日报60年来取得的成绩给予充分肯定，对报社一代又一代人为党的新闻宣传事业作出的贡献给予高度评价。

“更好地发挥党中央机关报的舆论导向作用”

人民日报夜班编辑担负着版面统筹、稿件编辑、照片选用、版式设计等任务。在夜班工作平台，几位编辑正在电脑上编排人民日报创刊60周年纪念特刊。胡锦涛来到这里，饶有兴致地观看版面编排过程，并关切地询问这里的夜班怎么排、每次夜班工作到几点。胡锦涛对编辑们说，你们夜班编辑是报纸编辑的最后一道关口，大家长年累月坚守在这个岗位上，精心设计报纸版面，精心编辑文字图片，为办好人民日报付出了大量心血。得到总书记的肯定，夜班编辑们十分振奋。

一线采编人员是报社采访报道的主力军。在夜班工作平台，胡锦涛同一线采编人员亲切交谈。几位刚从地震灾区采访回来的记者向总书记汇报了参加抗震救灾报道的感受。胡锦涛对他们说，你们不畏艰险，深入灾区，采写了许多好报道，为开展抗震救灾斗争提供了有力的舆论支持，也为进一步搞好公共突发事件报道积累了经验。在同报社评论部的同志交谈时，胡锦涛说，评论是人民日报的一大优势，大家要时刻关注国内外大事，努力写出更多有深度、有影响的好评论。报社的体育记者向总书记表示，我们要办一届有特色、高水平的奥运会，我们对北京奥运会的报道也一定做到有特色、高水平。胡锦涛高兴地说：“好，我要的就是这句话。”

交谈过程中，胡锦涛希望编辑记者们在认真总结成功经验的基础上，不断丰富报道内容，创新报道方式，使人民日报进一步办出特色、办出水平，更好地发挥党中央机关报的舆论导向作用。

胡锦涛还来到人民日报社印刷厂看望干部职工。他走进机声隆隆的胶印车间，了解报纸印刷工艺流程，翻阅新印出的人民日报，并同几位劳动模范和工人师傅交谈起来。胡锦涛说：“你们从事的报纸印刷工作十分重要。人民日报每天都能及时与读者见面，印厂的同志功不可没。希望同志们再接再厉、精益求精，不断提高印刷质量和效率，努力把报纸印得更加精美。”

“办报纸也必须统筹国内国际两个方面”

人民日报国际新闻报道，为读者了解世界提供了一个重要窗口。在人民日报社国际部，胡锦涛详细了解国际新闻采编情况。

胡锦涛仔细察看人民日报驻外记者站分布图，国际部负责人告诉总书记，现在人民日报社国际部共有14个采编组、100多名采编人员，在国外设立33个记者站，每年采编国际新闻500多万字。

评报栏上张贴着一张张国际新闻版样，展示了近年来人民日报在国际新闻报道方面取得的成果。胡锦涛认真观看，并同国际部的编辑记者交谈起来。胡锦涛对大家说，随着国际形势的发展变化，随着我国对外开放的不断扩大，中国与世界的联系越来越紧密。做好党和国家工作必须统筹国内国际两个大局，同志们办报纸也必须统筹国内国际两个方面。希望同志们立足国内、面向世界，不断提高人民日报国际新闻报道的质量和时效。总书记还请国际部负责人转达对驻外记者的亲切问候，希望他们为增进中国人民同驻在国人民的了解和友谊多作贡献。

“同网友们一起在网上交流感到非常高兴”

胡锦涛十分关心互联网的发展，他特地来到人民日报社主办的人民网，看望网站工作人员。经过11年的发展，人民网已成为最大的中文和多语种新闻网站之一，每天页面访问量达1亿人次左右。

在人民网“中国共产党新闻”栏目工作平台，胡锦涛俯下身子，仔细浏览网页内容，向编辑详细了解栏目设计、网页点击率和网民反映等情况。得知这个栏目现在每天页面访问量达300万人次，总书记十分高兴，勉励大家继续努力，把这个栏目办得更好。

人民网的“强国论坛”是一个大型综合性网络社区，在网民中影响很大。总书记将通过“强国论坛”同网友在线交流的消息在网上发布后，网友们争相在论坛里发帖，向总书记问好，向总书记提问。

当胡锦涛来到“强国论坛”工作平台，这里随即开始了视频直播。首先，总书记对广大网民说：“朋友们，大家好！今天有机会在网上和大家交流，我感到非常高兴。我要借此机会，向网民朋友们表示诚挚的问候和良好的祝愿。”

“总书记，您平时上网吗？”一个网友问道。

“虽然我平时工作比较忙，不可能每天都上网，但我还是抽时间尽量上网。我特别要讲的是，人民网‘强国论坛’是我上网必选的网站之一。”

亲切、坦诚的话语，拉近了总书记与网民们的距离。网上提问更热烈了。

“总书记，平时您上网都看些什么内容？”

“平时我上网，一是想看一看国内外新闻，二是想从网上了解网民朋友们关心些什么问题、有些什么看法，三是希望从网上了解网民朋友们对党和国家工作有些什么意见和建议。”

“总书记，网友们在网上提了不少意见和建议，您能看到吗？”

“网友们提出的一些意见、建议，我们是非常关注的。我们强调以人为本、执政为民，因此想问题、作决策、办事情都要广泛听取人民群众意见，集中人民群众智慧。通过互联网了解民情、汇聚民智，也是一个重要的渠道。”胡锦涛说。

在同网民告别时，总书记说：“因为时间关系，今天不可能和网友们作更多的交流。但是网友们在网上发给我的一些帖子，我会认真地去阅读、去研究。”

视频直播结束后，网站工作人员激动地围拢到总书记身边。胡锦涛对大家说：“人民网创办10多年来，大力宣传党的主张，积极引导社会舆论，热情服务广大网民，发挥了独特作用。随着信息技术的快速发展，互联网已经成为人们获取信息的重要渠道，成为党和政府联系群众的重要纽带。希望同志们以更加强烈的责任感，把人民网办得更好，使人民网发挥出更大的作用。”

总书记来到人民网并同网民在线交流，在广大网友中引起了热烈反响，四面八方的跟帖纷至沓来……

“要把提高舆论引导能力放在突出位置”

考察结束时，胡锦涛同人民日报社编委会全体成员、各部门主要负责人和一线编辑记者代表进行了座谈。

人民日报社社长张研农汇报了报社工作情况，卢新宁、王慧敏、胡锡进等一线编辑记者代表先后发言。

在认真听取大家的发言后，胡锦涛发表了重要讲话。他指出，当今社会，随着经济社会快速发展和科技不断进步，信息传递和获取越来越快捷，新闻舆论的作用越来越突出。做好新闻宣传工作，关系党和国家工作全局，关系改革和经济社会发展大局，关系国家长治久安。

胡锦涛强调，全面贯彻党的十七大精神，夺取全面建设小康社会新胜利，开创中国特色社会主义事业新局面，需要新闻宣传工作在打牢全党全国各族人民团结奋斗的共同思想基础方面发挥积极作用，在传播社会主义核心价值体系方面发挥积极作用，在为推进党和国家事业发展凝聚强大精神力量方面发挥积极作用，在营造健康向上、丰富生动的主流舆论方面发挥积极作用，在促进社会和谐方面发挥积极作用。新闻战线的同志一定要充分认识肩负的重大责任，保持奋发有为的精神状态，发扬认真负责的工作作风，兢兢业业做好新闻宣传工作。

胡锦涛在讲话中着重就提高舆论引导能力讲了5点意见：

——必须坚持党性原则，牢牢把握正确舆论导向。舆论引导正确，利党利国利民；舆论引导错误，误党误国误民。要牢固树立政治意识、大局意识、责任意识、阵地意识，把坚持正确导向放在新闻宣传工作的首位，更加自觉主动地为人民服务、为社会主义服务、为党和国家工作大局服务。

——必须坚持以人为本，增强新闻报道的亲和力、吸引力、感染力。要把实现好、维护好、发展好最广大人民的根本利益作为新闻宣传工作的出发点和落脚点，把体现党的主张和反映人民心声统一起来，把坚持正确导向和通达社情民意统一起来，多报道人民群众的工作生活、多反映人民群众的利益要求，多宣传人民群众中涌现的先进典型，激励全体人民信心百倍地创造美好生活。

——必须不断改革创新，增强舆论引导的针对性和实效性。要坚持用时代要求审视新闻宣传工作，按照新闻传播规律办事，创新观念、创新内容、创新形式、创新方法、创新手段，努力使新闻宣传工作体现时代性、把握规律性、富于创造性，不断提高舆论引导的权威性、公信力、影响力。

——必须加强主流媒体建设和新兴媒体建设，形成舆论引导新格局。要从社会舆论多层次的实际出发，把握媒体分众化、对象化的新趋势，以党报党刊、电台电视台为主，整合都市类媒体、网络媒体等多种宣传资源，努力构建定位明确、特色鲜明、功能互补、覆盖广泛的舆论引导新格局。

——必须切实抓好队伍建设，增强凝聚力和战斗力。要坚持马克思主义新闻观，引导广大新闻宣传工作者不断提高思想政治水平、增强业务本领，努力建设一支政治强、业务精、作风正、纪律严的新闻宣传队伍，培养造就更多人民群众喜爱的名记者、名编辑、名评论员、名主持人。

最后，胡锦涛衷心希望人民日报的同志认真贯彻中央精神，加倍努力工作，求真务实，开拓创新，勤奋敬业，团结和谐，进一步把人民日报办好，让党放心，让人民满意。**（讲话全文见第四版）**

中共中央政治局委员、中央书记处书记、中宣部部长刘云山，中央书记处书记、中央办公厅主任令计划，中央书记处书记、中央政策研究室主任王沪宁等随同考察。

（**本报北京6月20日电**　记者　**吴绮敏**　新华社记者　**孙承斌**）

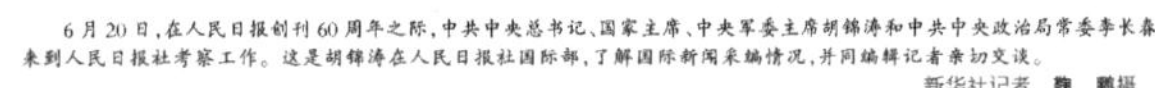

6月20日，在人民日报创刊60周年之际，中共中央总书记、国家主席、中央军委主席胡锦涛和中共中央政治局常委李长春来到人民日报社考察工作。这是胡锦涛在人民日报社国际部，了解国际新闻采编情况，并同编辑记者亲切交谈。

新华社记者　鞠　鹏摄

6月20日，在人民日报创刊60周年之际，中共中央总书记、国家主席、中央军委主席胡锦涛和中共中央政治局常委李长春来到人民日报社考察工作。这是胡锦涛在人民日报社主办的人民网"强国论坛"工作平台，通过视频直播同广大网民在线交流。

新华社记者　鞠　鹏摄

在人民日报社考察工作时的讲话

（2008年6月20日）

胡锦涛

同志们：

在人民日报创刊60周年之际，我们来到人民日报社，看望大家。首先，我代表党中央，向人民日报创刊60周年表示热烈的祝贺！向报社全体工作人员和离退休老同志致以诚挚的问候！向全国新闻宣传战线的同志们致以崇高的敬意！

人民日报是党中央机关报，党中央对人民日报始终非常重视和关心。60年来，人民日报坚持正确办报方向，积极宣传党的理论和路线方针政策，积极宣传中央的重大决策部署，及时传播国内外各领域的信息，讴歌真善美，鞭挞假恶丑，为我们党团结带领人民夺取革命、建设、改革的重大胜利作出了重要贡献。特别是改革开放以来，人民日报深入宣传中国特色社会主义理论体系，深入宣传改革开放和社会主义现代化建设的巨大成就，深入宣传广大干部群众团结奋进的先进事迹，高唱奋进凯歌，弘扬民族精神，为激励全党全国各族人民积极投身改革开放的伟大事业作出了积极贡献。今年以来，人民日报在宣传党的十七大精神，特别是在抗击低温雨雪冰冻灾害、维护西藏社会稳定、筹办北京奥运会、抗震救灾等重大报道中发挥了很好的舆论引导作用。中央对人民日报的工作是充分肯定的。

新闻舆论处在意识形态领域的前沿，对社会精神生活和人们思想意识有着重大影响。当今社会，随着经济社会快速发展和科技不断进步，信息传递和获取越来越快捷，新闻舆论的作用越来越突出。做好新闻宣传工作，关系党和国家工作全局，关系改革和经济社会发展大局，关系国家长治久安。我们要充分认识新闻宣传工作的重大意义，更好地发挥新闻宣传工作在推动经济发展、引导人民思想、培育社会风尚、促进社会和谐等方面的重要作用。

当前，全党全国各族人民正在为实现党的十七大提出的各项任务而奋斗。在前进道路上，我们面临着难得的机遇，也面临着严峻的挑战。我们既要抓住机遇、乘势而上，不断推动经济社会又好又快发展，又要迎接挑战、居安思危，时刻准备应对各方面的困难和风险。特别值得注意的是，当前，世界范围内各种思想文化交流、交融、交锋更加频繁，"西强我弱"的国际舆论格局还没有根本改变，新闻舆论领域的斗争更趋激烈、更趋复杂。在这样的情况下，新闻宣传工作任务更为艰巨、责任更加重大。

全面贯彻党的十七大精神，高举中国特色社会主义伟大旗帜，以邓小平理论和"三个代表"重要思想为指导，深入贯彻落实科学发展观，继续解放思想，坚持改革开放，推动科学发展，促进社会和谐，夺取全面建设小康社会新胜利，开创中国特色社会主义事业新局面，需要新闻宣传工作在打牢全党全国各族人民团结奋斗的共同思想基础方面发挥积极作用，在传播社会主义核心价值体系方面发挥积极作用，在为推进党和国家事业发展凝聚强大精神力量方面发挥积极作用，在营造健康向上、丰富生动的主流舆论方面发挥积极作用，在促进社会和谐方面发挥积极作用。新闻战线的同志一定要充分认识肩负的重大责任，保持奋发有为的精神状态，发扬认真负责的工作作风，兢兢业业做好新闻宣传工作，进一步引导广大干部群众把思想统一到党的十七大精神上来，把力量凝聚到实现党的十七大提出的各项任务上来。当前，新闻宣传工作尤其要为做好抗震救灾和恢复重建、推动经济社会又好又快发展、筹办北京奥运会等工作作出积极贡献。

新形势下，新闻宣传工作要高举旗帜、围绕大局、服务人民、改革创新，坚持正确舆论导向，提高舆论引导能力，营造良好舆论环境，更好地发挥宣传党的主张、弘扬社会正气、通达社情民意、引导社会热点、疏导公众情绪、搞好舆论监督的重要作用。要把提高舆论引导能力放在突出位置，进行深入研究，拿出切实措施，取得新的成效。

第一，必须坚持党性原则，牢牢把握正确舆论导向。舆论引导正确，利党利国利民；舆论引导错误，误党误国误民。要牢固树立政治意识、大局意识、责任意识、阵地意识，把坚持正确导向放在新闻宣传工作的首位，坚持团结稳定鼓劲、正面宣传为主，唱响主旋律，打好主动仗，更加自觉主动地为人民服务、为社会主义服务、为党和国家工作大局服务。要增强政治敏锐性和政治鉴别力，严格宣传纪律，做到守土有责，在重大问题、敏感问题、热点问题上把好关、把好度。

第二，必须坚持以人为本，增强新闻报道的亲和力、吸引力、感染力。坚持以人为本，是做好新闻宣传工作的根本要求。要坚持把实现好、维护好、发展好最广大人民的根本利益作为新闻宣传工作的出发点和落脚点，坚持贴近实际、贴近生活、贴近群众，把体现党的主张和反映人民心声统一起来，把坚持正确导向和通达社情民意统一起来，尊重人民主体地位，发挥人民首创精神，保证人民的知情权、参与权、表达权、监督权。要面向基层、服务群众、深入实际，多报道人民群众的工作生活，多反映人民群众的利益要求，多宣传人民群众中涌现的先进典型，激励全体人民信心百倍地创造美好生活。同时，要注重在报道新闻事实中体现正确导向，在同群众交流互动中形成社会共识，在加强信息服务中开展思想教育，用事实说话、用典型说话、用数字说话，化解矛盾，理顺情绪，引导各方面群众共同前进。

第三，必须不断改革创新，增强舆论引导的针对性和实效性。新闻宣传工作必须坚持解放思想、实事求是、与时俱进，适应国内外形势的新变化，顺应人民群众的新期待，以改革创新精神做好工作。要坚持用时代要求审视新闻宣传工作，按照新闻传播规律办事，创新观念、创新内容、创新形式、创新方法、创新手段，努力使新闻宣传工作体现时代性、把握规律性、富于创造性，不断提高舆论引导的权威性、公信力、影响力。要认真研究新闻传播的现状和趋势，深入研究各类受众群体的心理特点和接受习惯，加强舆情分析，主动设置议题，善于因势利导。要完善新闻发布制度，健全突发公共事件新闻报道机制，第一时间发布权威信息，提高时效性，增加透明度，牢牢掌握新闻宣传工作的主动权。在这次抗震救灾斗争中，我们及时公布震情灾情和抗震救灾情况，深入宣传抗震救灾中涌现出来的先进集体和模范人物，大力弘扬抗震救灾的伟大精神，为鼓舞广大干部群众坚定信心、团结一致做好抗震救灾各项工作发挥了重要作用，赢得了广大干部群众高度评价，也得到了国际社会好评。其中的成功经验值得认真总结，并要形成制度长期坚持。

第四，必须加强主流媒体建设和新兴媒体建设，形成舆论引导新格局。要从社会舆论多层次的实际出发，把握媒体分众化、对象化的新趋势，以党报党刊、电台电视台为主，整合都市类媒体、网络媒体等多种宣传资源，努力构建定位明确、特色鲜明、功能互补、覆盖广泛的舆论引导新格局。要把发展主流媒体作为战略重点，加大支持力度，扩大覆盖面和影响力。互联网已成为思想文化信息的集散地和社会舆论的放大器，我们要充分认识以互联网为代表的新兴媒体的社会影响力，高度重视互联网的建设、运用、管理，努力使互联网成为传播社会主义先进文化的前沿阵地、提供公共文化服务的有效平台、促进人们精神生活健康发展的广阔空间。

第五，必须切实抓好队伍建设，增强凝聚力和战斗力。做好新闻宣传工作，关键在班子、在队伍、在人才。要大力加强新闻宣传战线领导班子建设，把思想政治坚定、组织能力突出、熟悉新闻宣传工作、富有改革创新精神的优秀干部选拔到领导岗位上来，确保新闻宣传工作的领导权牢牢掌握在忠于马克思主义、忠于党、忠于人民的人手里。要坚持马克思主义新闻观，深化"三项学习教育"活动，引导广大新闻宣传工作者不断提高思想政治水平、增强业务本领，努力建设一支政治强、业务精、作风正、纪律严的新闻宣传队伍。要加强对中青年骨干的培养锻炼，采取多种措施培养造就更多人民群众喜爱的名记者、名编辑、名评论员、名主持人。广大新闻宣传工作者要加强自身思想道德修养，带头实践社会公德，恪守职业道德，做积极实践社会主义荣辱观的表率。

人民日报具有辉煌的历史、优良的传统，一代又一代人为党的新闻宣传事业付出了大量心血、作出了重要贡献，是一支党和人民信赖的队伍。希望人民日报的同志认真贯彻中央精神，加倍努力工作，求真务实，开拓创新，勤奋敬业，团结和谐，进一步把人民日报办好，让党放心，让人民满意。

让党放心，让人民满意

在人民日报创刊60周年之际，胡锦涛总书记来到人民日报社，亲切看望人民日报工作人员，并发表重要讲话。这是对人民日报的极大关怀，也是对全国新闻宣传工作者的巨大鼓舞。

胡锦涛总书记的重要讲话，充分肯定了人民日报和全国新闻战线的成绩和贡献，深刻阐述了新闻宣传工作的重要地位和作用，全面分析了新闻宣传工作面临的形势和任务，着重强调了要把提高舆论引导能力放在更加突出的位置，并就提高舆论引导能力从五个方面提出了明确要求。讲话具有很强的政治性、思想性和指导性，是我们做好新闻宣传工作的强大思想武器和行动纲领。

新闻舆论处在意识形态领域的前沿，对社会精神生活和人们的思想意识有着重大影响。当今社会，随着经济社会快速发展和科技不断进步，信息传递和获取越来越快捷，新闻舆论的作用越来越突出。做好新闻宣传工作，关系党和国家工作的全局，关系改革和经济社会发展的大局，关系国家长治久安。

在前进道路上，我们面临着难得的机遇，也面临着严峻的挑战。我们既要抓住机遇、乘势而上，不断推动经济社会又好又快发展，又要迎接挑战、居安思危，时刻准备应对各方面的困难和风险。伴随着新闻舆论工作环境的历史性变化，我们的工作任务更为艰巨、责任更加重大，一定要充分认识肩负的重大责任，保持奋发有为的精神状态，发扬认真负责的工作作风，兢兢业业做好新闻宣传工作，在打牢全党全国人民团结奋斗的共同思想基础方面发挥积极作用，在传播社会主义核心价值体系方面发挥积极作用，在为推动党和国家事业发展凝聚强大精神动力方面发挥积极作用，在营造健康向上、丰富生动的主流舆论方面发挥积极作用、在促进社会和谐方面发挥积极作用。

学习贯彻胡锦涛总书记的重要讲话，把提高舆论引导能力放在更加突出的位置，就必须坚持党性原则，牢牢把握正确舆论导向；必须坚持以人为本，增强新闻报道的亲和力、吸引力、感染力；必须不断改革创新，增强舆论引导的针对性和实效性；必须加强主流媒体建设和新兴媒体建设，形成舆论引导新格局；必须切实抓好队伍建设，增强凝聚力和战斗力，更好地发挥新闻宣传工作在推动经济发展、引导人民思想、培育社会风尚、促进社会和谐等方面的重要作用。

人民日报具有辉煌的历史、优良的传统，一代又一代人为党的新闻宣传事业付出了大量心血、作出了重要贡献。体现党的主张，反映人民心声，是人民日报的根本职责；让党放心，让人民满意，是人民日报的奋斗目标。在新的历史条件下，贯彻胡锦涛总书记的重要讲话，进一步做好新闻宣传工作，人民日报负有更加重要的责任和使命。我们要坚持高举旗帜，围绕大局，服务人民，改革创新，加倍努力工作，进一步把人民日报办好，以无愧于我们伟大的党，无愧于我们伟大的时代，无愧于我们伟大的人民。

总政治部通知要求全军和武警部队 认真贯彻落实胡锦涛主席重要指示精神 广泛开展向"抗震救灾英雄陆航团"学习活动

据新华社北京6月20日电　解放军总政治部日前发出通知，要求全军和武警部队认真贯彻落实胡锦涛主席重要指示精神，广泛开展向"抗震救灾英雄陆航团"学习活动。

通知指出，6月14日，经胡主席批准，中央军委授予成都军区某陆航团"抗震救灾英雄陆航团"荣誉称号。胡主席作出重要批示，称赞这个团的同志们急中央之所急，办受灾群众之所需，不畏艰险，不怕牺牲，顽强奋斗，为抗震救灾作出了突出贡献。要学习他们的英勇事迹和崇高精神，为夺取抗震救灾全面胜利而努力奋斗。胡主席的重要批示，充分肯定和赞扬了这个团的英勇事迹，高度概括了这个团先进事迹所体现的崇高精神和本质内涵，是激励广大官兵高举旗帜、听党指挥、履行使命的强大精神动力。全军部队要坚决响应胡主席的号召，广泛开展向成都军区某陆航团学习活动，大力弘扬抗震救灾精神，努力提高应对多种安全威胁、完成多样化军事任务的能力，确保有效履行新世纪新阶段我军历史使命。

通知指出，开展向成都军区某陆航团学习活动，不仅对于部队做好当前抗震救灾和灾区重建工作具有重大的推动作用，而且对全军高举中国特色社会主义伟大旗帜，以邓小平理论和"三个代表"重要思想为指导，深入贯彻落实科学发展观，积极推进中国特色军事变革，扎实做好军事斗争准备，完成党和人民赋予的神圣使命，具有极其重要的意义。要学习他们坚决听党指挥，忠诚履行使命的高度政治觉悟，始终把思想政治建设摆在部队各项建设的首位，毫不动摇地坚持党对军队绝对领导的原则和制度，任何时候、任何情况下都坚决听从党中央、中央军委和胡主席指挥。要学习他们牢记我军宗旨，视人民利益高于一切的崇高思想境界，坚持一切依靠人民、一切为了人民，永远保持人民子弟兵的政治本色，进一步巩固军政军民团结，密切心连心、同呼吸、共命运的军民鱼水深情。要学习他们冲锋在前，勇挑重担，顽强拼搏的过硬战斗作风，大力加强战斗精神培育，在多样化军事任务中，要教育激励官兵始终保持高昂的士气、旺盛的斗志和顽强的作风。

通知强调，各级党委、机关要把广泛开展向成都军区某陆航团学习活动，作为当前和今后一个时期加强部队思想政治建设的大事来抓，切实加强组织领导。

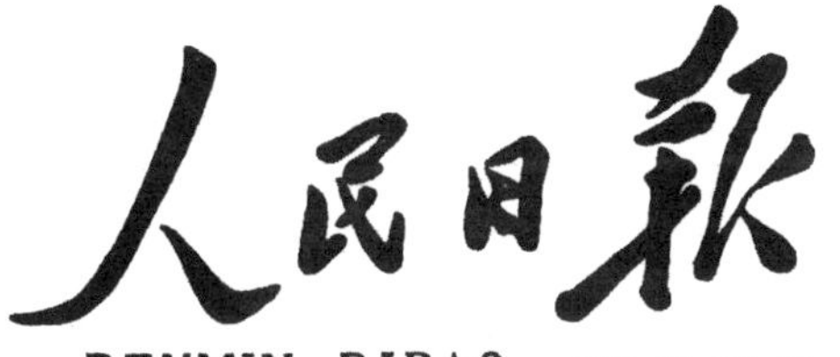

RENMIN RIBAO

今日12版（华东地区16版）

国内统一刊号：CN11—0065

第17611期 （代号1—1）

1996年9月

27

星期五

丙子年八月十五

北京地区天气预报

白天 晴间多云
降水概率0%
风向 北转南
风力 二、三级
夜间 晴转多云
降水概率20%
风向 南转北
风力 一、二级
温度 26℃／17℃

人民日报社出版

国务院举行国际消除贫困年纪念大会

国务院26日在人民大会堂举行国际消除贫困年纪念大会。国务院副总理姜春云在讲话中强调，中国政府和人民赞同和支持联合国关于采取行动、消除贫困的全球性倡议。联合国秘书长加利向纪念大会发来致辞。

加利在致辞中说，这次大会再次体现了中国对联合国宪章目标和理想的持久承诺。他对中国政府和人民主办这个有益的活动表示谢意。加利指出，中国是一个很好的榜样。中国是世界上极少数几个提出要在2000年解决绝对贫困问题并已制定了综合性消除贫困计划的国家之一。这与世界各国领导人在哥本哈根世界社会与发展首脑会议上所做出的决定是一致的。 （详见第二版）

社论：打好扶贫攻坚战

（全文见第二版）

江泽民总书记视察人民日报社

丁关根和中央有关部门负责人参加了视察

江泽民指出，党的新闻事业与党休戚与共，是党的生命的一部分。舆论导向正确，是党和人民之福；舆论导向错误，是党和人民之祸。要把新闻舆论的领导权牢牢掌握在忠于马克思主义、忠于党、忠于人民的人手里；新闻舆论单位一定要把坚定正确的政治方向放在一切工作的首位，坚持正确的舆论导向；新闻舆论工作要紧紧围绕经济建设这个中心，服从、服务于全党全国工作的大局；宣传思想工作要把最好的东西奉献给人民，用最好的东西去武装人、引导人、塑造人、鼓舞人

江泽民强调，报社的同志要有大局意识，全局观念，坚持政治家办报。要旗帜鲜明地坚持党性原则，坚持以邓小平建设有中国特色社会主义理论和党的基本路线为指导，在思想上政治上同党中央保持高度一致。要弘扬主旋律，热情歌颂人民群众在改革和建设中的奋斗业绩，鼓舞人民群众为振兴中华而艰苦奋斗。同时，对消极腐败现象也要进行批评和揭露，发挥舆论监督作用。要讲求宣传艺术，提高引导水平，努力使自己的宣传报道更加贴近生活、贴近读者，使广大读者喜闻乐见

江泽民总书记在人民日报印刷厂视察。 本报记者 孟仁泉摄

江泽民总书记发表重要讲话。 本报记者 王忠家摄

江泽民总书记会见报社的编辑、记者和职工代表。 本报记者 孟仁泉摄

本报北京9月26日讯 新华社记者张宿堂、本报记者何加正报道：中共中央总书记、国家主席江泽民今天在视察人民日报社时强调，历史经验反复证明，舆论导向正确与否，对于我们党的成长、壮大，对于人民政权的建立、巩固，对于人民的团结和国家的繁荣富强，具有重要的作用。舆论导向正确，是党和人民之福；舆论导向错误，是党和人民之祸。

江泽民指出，党的新闻事业与党休戚与共，是党的生命的一部分。可以说，舆论工作就是思想政治工作，是党和国家的前途和命运所系的工作。因此，我们党一贯强调，要把新闻舆论的领导权牢牢掌握在忠于马克思主义、忠于党、忠于人民的人手里；新闻舆论单位一定要把坚定正确的政治方向放在一切工作的首位，坚持正确的舆论导向。新闻舆论工作要紧紧围绕经济建设这个中心，服从、服务于全党全国工作的大局。这一点，任何时候都不能模糊，不能动摇。

下午3时30分，江泽民总书记来到人民日报社。在人民日报社社长邵华泽、总编辑范敬宜的陪同下，江泽民首先会见了报社编辑、记者和职工代表，并同大家合影留念。他向人民日报的全体同志表示衷心的感谢和亲切的慰问。随后，江泽民等兴致勃勃地参观了报社印刷厂大胶印车间、编辑部夜班工作室、激光照排车间和计算机数据检索系统。

在印刷车间，他和正在工作的工人们一一握手。在夜班编辑室，他关切地询问夜班同志的工作性质、工作程序、工作方法，上完夜班能不能睡好觉，并向他们表示慰问。江泽民十分关心新闻手段的现代化，饶有兴趣地观看了新近引进的目前国内最先进的大型轮转胶印机的运行和激光照排、计算机检索系统的演示。

在听取了邵华泽关于人民日报的工作汇报后，江泽民发表了重要讲话。他说，人民日报是党中央的机关报，是全国第一大报。几十年来，人民日报作为党和人民的喉舌，在党中央的领导下，坚持正确的办报思想和办报方针，在革命、建设和改革中，作出了重要的贡献。报社的许多老同志为办好人民日报献出了自己的宝贵年华和毕生精力。他们的功绩和精神值得赞扬和学习。近几年来，人民日报坚持为人民服务、为社会主义服务的方向，全面准确地宣传贯彻党的基本理论、基本路线和基本方针以及各项决策，反映人民群众的伟大业绩和精神风貌，为改革开放和社会主义现代化建设发挥了重要的舆论引导作用，在全国报纸中确实起到了排头兵作用。中央对人民日报的工作是满意的。人民日报在人民群众中赢得了信任和威望。希望大家珍惜这种信任和威望，不断改进工作，把报纸办得更好。

江泽民在讲话中着重阐述了舆论导向问题。他说，在全国宣传思想工作会议上，我曾经讲过四句话：以科学的理论武装人，以正确的舆论引导人，以高尚的精神塑造人，以优秀的作品鼓舞人。宣传思想工作部门和单位，要把最好的东西奉献给人民，用最好的东西去"武装人"、"引导人"、"塑造人"、"鼓舞人"。新闻单位在这四个方面都可以发挥重要的作用，尤其在以正确的舆论引导人方面负有重大而光荣的使命。

他说，经济基础决定上层建筑，上层建筑对经济基础又有巨大的反作用，这是马克思主义的一个基本观点。新闻舆论，作为上层建筑、意识形态的一个重要组成部分，由于其自身的特点和优势，同社会政治、经济、文化生活的各个领域，都有密切的联系，都会产生广泛而深刻的影响。在新闻传播手段还不够发达的时代是如此，在新闻传播手段越来越现代化的今天更是如此。

他指出，我们党的老一代革命家都非常重视舆论工作。毛泽东同志曾经指出："一张省报，对于全省工作，全体人民，有极大的组织、鼓舞、激励、批判、推动的作用。"省报是如此，作为党中央机关报的人民日报更是如此。在改革开放的新的历史条件下，邓小平同志也指出："要使我们党的报刊成为全国安定团结的思想上的中心。"我们要深刻领会这些指示的精神，用以指导我们的新闻工作。

江泽民指出，全国各族人民正在为实现"九五"计划和2010年远景目标纲要所确定的宏伟蓝图而奋斗，开局不错，总的形势是好的。但是，在前进的道路上，还有很多困难和问题有待克服和解决。我们要有清醒的头脑，抓住机遇，深化改革，扩大开放，促进经济发展和社会全面进步，坚决维护安定团结的政治局面。

他强调，人民日报办得如何，对全国的报纸和整个新闻界有重大的示范作用、导向作用。希望人民日报旗帜鲜明地坚持党性原则，坚持以邓小平建设有中国特色社会主义理论和党的基本路线为指导，不管在什么时候、什么情况下，都要在思想上政治上同党中央保持高度一致，弘扬爱国主义、集体主义、社会主义的主旋律，热情歌颂人民群众在改革和建设中的奋斗业绩，鼓舞人民群众为振兴中华而艰苦奋斗。同时，对消极腐败现象也要进行批评和揭露，发挥舆论监督作用。报社的同志要有大局意识、全局观念，坚持政治家办报，正确处理改革、发展、稳定的关系，登什么，不登什么，怎么登，都要从全局出发，从党和人民的整体利益出发。在坚持正确舆论导向的前提下，要讲求宣传艺术，提高引导水平，努力使自己的宣传报道更加贴近生活、贴近读者，使广大读者喜闻乐见。

江泽民在讲话中突出强调了加强新闻队伍建设的重要性。他说，新闻事业能不能办好，关键在有没有一支高素质的新闻队伍。我们要通过加强思想政治工作，把广大新闻工作者的积极性、主动性、创造性充分调动起来。各新闻单位要加强协调，形成强大的合力，在两个文明建设中发挥更大的作用。近几年来，中央宣传部门和新闻舆论界在形成新闻舆论的合力方面进行了积极的探索，积累了有益的经验，希望加以总结提高，以便做得更好。

江泽民说，为了更好地担负起以正确的舆论引导人的任务，新闻工作者，特别是共产党员和领导干部，必须努力提高自己的思想政治素质和业务素质。新闻战线的同志，特别是中青年同志，既要志存高远，又要脚踏实地，在打好思想政治和业务根底上，老老实实地下一番真功夫、苦功夫。 （下转第二版）

李鹏会见中国环发国际会议外方委员

指出可持续发展要求提高经济发展整体质量

新华社北京9月26日电 （记者朱幼棣）国务院总理李鹏今天下午在中南海会见了出席中国环境与发展国际合作委员会第五次会议的外方委员，他对会议的圆满召开表示祝贺，对各国的专家和朋友就中国的环境和发展事业提出的积极建议表示欢迎。

李鹏说，今年3月我国制定了本世纪最后5年的计划和2010年远景目标，明确提出了实施科教兴国战略和可持续发展战略。在未来15年中，我国的经济和各项社会事业将继续保持良好的发展势头。可持续发展要求提高经济发展的整体质量，经济的发展不能以牺牲环境为代价。我们这一代人不但要考虑到当前的发展，同时也要为我们的子孙后代着想，为未来的发展创造更好的条件。实施科教兴国战略，要发挥科技进步在经济增长和环境保护中的重要作用。我们这样做的目的，就是要谋求经济与环境协调发展。

李鹏说，从今年开始，我国各级政府采取措施，防治和解决农村环境污染和生态破坏问题。我们下决心关闭那些工艺和装备落后、资源浪费大、对环境破坏严重的小企业，这样做从眼前看对某些地方经济上可能会造成一些损失，但从长远看对经济的发展是有利的，也是十分必要的。我们已经制定了一系列环境保护的法规和条例，下决心切实搞好主要污染物排放总量的控制，以及实施《跨世纪绿色工程计划》等。

李鹏说，中国环境与发展国际合作委员会成立以来，在中外方委员的共同努力下，取得了很多成果。大家就中国环境与发展方面提出的很多宝贵建议，不少已被采纳，变为现实。你们的工作是很有意义的。中国环境与发展国际合作委员会第一阶段的工作已经完成，希望第二阶段的工作能顺利展开。中国环境保护的任务艰巨，需要吸收和借鉴各国在这方面有益的经验。大家提出的具体建议，将根据我国的实际情况采纳和实施。

加拿大国际开发署署长拉贝尔，英国牛津大学绿色学院长、英国政府可持续发展委员会主席克里斯宾，马来西亚科学技术和环境部部长刘贤镇等委员先后发言。他们认为中国政府对环境保护的高度重视，并制定了一系列政策措施，显示了中国政府实现可持续发展的决心。中国环境与发展国际合作委员会的成立及其展开的有效工作，引起了国际的关注，成为国际合作中的一个独特样板，体现了中国改革开放的政策，也充分体现了中国在环境与发展方面进行国际合作的诚意。

国务委员、中国环境与发展国际合作委员会主席宋健等参加了会见。

圆满结束对欧洲五国的访问

李瑞环回到乌鲁木齐

本报乌鲁木齐9月26日电 记者刘进荣、祝谦报道：中国全国政协主席李瑞环圆满结束欧洲五国之行，今天下午乘飞机回到乌鲁木齐。

新疆维吾尔自治区党委书记王乐泉、自治区主席阿不来提·阿不都热西提、自治区政协主席贾那布尔，以及自治区党政军、新疆生产建设兵团、乌鲁木齐市等领导人到机场迎接。

据新华社圣彼得堡9月26日电 （记者张益俊）中国全国政协主席李瑞环在对俄罗斯进行了6天的访问后，26日上午乘飞机离开圣彼得堡回国，从而圆满结束了他对欧洲五国的访问。

李瑞环是从本月5日开始对波兰、荷兰、奥地利、瑞士和俄罗斯等五国进行正式友好访问的。

李瑞环于24日从莫斯科来到圣彼得堡访问。在莫斯科期间，李瑞环还到中国驻俄罗斯大使馆看望了使馆工作人员。

在圣彼得堡访问时，李瑞环除会见圣彼得堡市立法会议主席克拉夫佐夫外，还会见了市第一副市长谢尔巴科夫，并出席了克拉夫佐夫举行的欢迎宴会。

李瑞环离开圣彼得堡时，圣彼得堡市立法会议第一副主席米罗诺夫和中国驻俄罗斯大使李凤林、中国驻圣彼得堡总领事岳进等到机场送行。

李瑞环主席的主要陪同人员全国政协常委、秘书长朱训，全国政协常委、经济委员会常务副主任王郁昭，全国政协委员、广东省政协主席郭荣昌，全国政协常委、台盟中央副主席刘亦铭等同机回国。

进一步办好人民日报

本报编辑部

在喜迎中秋、国庆两个佳节之际，人民日报洋溢着浓厚的节日气氛。九月二十六日，中共中央总书记江泽民同志亲临人民日报社，看望报社同志，检查指导工作。江泽民同志发表了重要讲话，对人民日报的工作和整个新闻工作作了重要指示，提出了更高的要求。党中央对人民日报的重视和关怀，使报社全体同志受到极大的教育、鼓舞和鞭策。这是人民日报的盛事。九月二十六日，将以极不寻常的一天载入人民日报史册！

江泽民同志的讲话，以马列主义、毛泽东思想和邓小平建设有中国特色社会主义理论为指导，根据历史经验，结合国际、国内的形势，从政治和全局的高度精辟地阐明了新闻舆论的地位与作用，强调坚持正确的舆论导向对于党和国家、民族的重要意义，强调新闻舆论工作要紧紧围绕经济建设这个中心，服从和服务于全党全国工作的大局。他希望广大新闻工作者用邓小平建设有中国特色社会主义理论武装头脑，打好思想政治根底和业务根底，坚持为人民服务、为社会主义服务的方向，热爱和献身党的新闻事业。他勉励人民日报社的同志充分认识党中央机关报的重大责任，把报纸办得更好，为改革开放和社会主义现代化建设作出新的贡献。江泽民同志的讲话高屋建瓴，语重心长，具有重大的理论意义和实践意义，为在新形势下进一步办好人民日报、进一步发展党的新闻事业指明了方向。我们要认真学习、深刻领会，用以指导思想、指导工作。

我们要牢记总书记的要求，珍惜人民日报几十年来在人民群众中赢得的信任和威望，继承并发扬党的新闻工作的优良传统，坚持政治家办报，在思想上、政治上同党中央保持高度一致，永远把坚定正确的政治方向放在一切工作的首位。

我们要牢记总书记的要求，加强学习、深入实际，不断提高思想政治素质和业务素质，坚持正确舆论导向，讲求舆论引导艺术，提高舆论引导水平，把更多优秀的新闻作品奉献给广大读者。

我们要牢记总书记的要求，从严治社，建设一支政治强、业务精、纪律严、作风正的新闻队伍，一支对党和人民无限忠诚、经得起任何风浪考验、党中央完全可以信赖的高素质的新闻队伍。

在建设有中国特色社会主义的伟大事业中，我们的新闻队伍肩负着重大使命。本报全体同志决心同全国新闻界的朋友们一起，在党的基本理论、基本路线、基本方针指导下，更紧密地团结在以江泽民同志为核心的党中央周围，更好地履行自己的神圣使命，为繁荣我国社会主义新闻事业，为实现跨世纪的宏伟目标而努力奋斗！

人民日报

RENMIN RIBAO

今日8版

人民网 网址：http://www. people. com. cn
手机：http://wap. people. com. cn

国内统一连续出版物号 CN 11-0065
第21693期（代号1-1）
人民日报社出版

2007年12月
1
星期六
丁亥年十月廿二

北京地区天气预报
白天 晴转阴
风向 偏东
风力 二、三级
夜间 阴转晴
风向 偏北
风力 一、二级
转三、四级
温度 5℃/0℃

首次连续四年增产

今年粮食总产预计超过1万亿斤

本报合肥11月30日电 （记者**冯华**）今年，我国粮食生产在基数较高、灾害偏重、政策效应递减的情况下，继续保持良好的发展势头，粮食总产有望超过1万亿斤，实现自1985年以来首次连续四年增产，扭转了粮食生产多年来“两增一减”或“两增一平”的发展局面，标志着我国粮食生产从恢复发展跨入稳定发展的新阶段。这是记者从农业部日前在此间召开的稳定发展粮食生产座谈会上获悉的。

农业部副部长危朝安在座谈会上表示，粮食安全关系到国计民生，近年来在惠农政策强有力的推动下，加上结构优化和产业化发展，粮食生产实现了产量和效益同步提升，解决了增粮不增收的难题。同时粮食产量和粮食质量同步提高，化解了高产与优质的矛盾。预计2007年四大粮食作物品种综合优质率达到61.3%，比2003年提高19.8个百分点。在粮食连年增产的形势下，经济作物也实现了全面发展，棉花、糖料等多数经济作物总产、单产、效益均创历史最高水平。取得这些成绩，显示了中央支农政策的威力，得益于各级政府和有关部门的大力支持，得益于亿万农民的辛勤劳动，得益于各级农业部门和广大基层农技人员的扎实工作。

分析今后粮食生产形势，农业部有关专家认为，稳定发展粮食生产既有机遇，又有挑战。特别是面临我国土地、水等资源性因素日渐减少、粮食生产成本持续增加、政策激励效应有所下降、农业劳动力结构发生重大变化等问题制约，发展粮食生产压力进一步加大，必须继续加大政策支持力度，加强农业基础设施建设，实施“科技兴粮”战略，走依靠科技、提高单产的发展路子。

用爱心呵护生命 靠科学战胜病魔

——胡锦涛总书记在北京市考察艾滋病防治工作纪实

11月30日，在第二十个世界艾滋病日到来之际，中共中央总书记、国家主席、中央军委主席胡锦涛来到北京市朝阳区考察艾滋病防治工作。在朝阳区疾病预防控制中心，胡锦涛微笑着向一名艾滋病感染者伸出手去，这位感染者激动地握住总书记的手。

新华社记者 **樊如钧**摄

11月30日，在第二十个世界艾滋病日到来之际，中共中央总书记、国家主席、中央军委主席胡锦涛来到北京市朝阳区考察艾滋病防治工作。这是胡锦涛在朝阳区秀水园社区同参加宣传咨询活动的防治艾滋病专家亲切交谈。

新华社记者 **马占成**摄

在第二十个世界艾滋病日到来之际，中共中央总书记、国家主席、中央军委主席胡锦涛30日上午来到北京市朝阳区考察艾滋病防治工作。他代表党中央，向奋战在艾滋病防治第一线的医疗卫生工作者、向积极参与艾滋病防治工作的志愿者，致以诚挚的问候和崇高的敬意。

胡锦涛总书记一直高度关注和重视艾滋病防治工作，2004年曾前往北京佑安医院，看望艾滋病患者和医务人员，了解艾滋病防治工作情况。总书记与艾滋病患者亲切握手的感人一幕，许多人至今记忆犹新。

3年来，我国艾滋病防治的政策措施落实得怎么样，艾滋病感染者和患者能否及时得到救助救治，胡锦涛对此十分牵挂。今天上午，胡锦涛在中共中央政治局委员、北京市委书记刘淇和北京市代市长郭金龙等陪同下，特地来到朝阳区疾病预防控制中心和六里屯秀水园社区考察艾滋病防治工作。

冬日的阳光洒满京城，丝丝寒意中涌动融融真情。

9时许，当胡锦涛走进疾控中心一楼大厅，一位工作人员就迎上前来，给总书记佩戴上鲜艳的爱心红丝带。

大厅里，一块块展板生动翔实地介绍了近年来北京市艾滋病防治工作面临的形势和取得的进展。在反映北京市艾滋病疫情现状的表格前，在覆盖各类人群的综合监测网络示意图前，在预防艾滋病传播的药品器械实物前，胡锦涛一边仔细观看，一边听取讲解，并不时询问有关情况。

接着，胡锦涛来到艾滋病血液初筛检测室、高危人群健康干预工作室，看望这里的工作人员，了解他们开展工作的情况和取得的成效。

在自愿咨询检测门诊，一名艾滋病感染者正向工作人员咨询有关问题。胡锦涛微笑着向她伸出手去，这位感染者激动地握住总书记的手。

“你是什么时候发现感染上艾滋病病毒的？”总书记问。

“2004年就发现了。”

“现在身体上有什么感觉吗？”

“还处在潜伏期，没有什么明显的感觉。”

“是不是还要定期做检查？”胡锦涛又问道。

“是的，疾控中心会按期通知我来做检查。”

这位感染者还告诉总书记：“在我最绝望的时候，是疾控中心的工作人员给了我帮助，把我从痛苦中拉了出来。我一定要用自己的行动回报社会。为了让更多的人远离艾滋病，我把自己的经历写成了一本书。”说着，她把自己写的书送给总书记。

胡锦涛接过书，赞许地对她说：“你虽然被感染了，但始终保持乐观向上的生活态度，勇敢同疾病作斗争，并积极投身到预防艾滋病传播的工作中去。你的这种精神和行为令人钦佩。”

“希望你始终保持良好的精神状态，保重好自己的身体，并在艾滋病防治工作中继续发挥作用，祝愿你拥有健康幸福的生活和充满希望的未来。”

听了胡锦涛温暖的话语，她连连表示，感谢总书记对艾滋病感染者的关心。

疾控中心宣教室的墙上，张贴着“温馨关怀信任理解”的标语，装饰着用一个个红丝带拼成的爱心图案。胡锦涛走进宣教室，同几位艾滋病患者家属亲切交谈，一一询问他们家庭生活和家中病人的情况。一位家属告诉总书记，自己和感染艾滋病的丈夫在医务人员帮助下，生了一个健康的孩子。胡锦涛看着孩子的照片，高兴地对她说：“祝福你们，祝福你们的小宝宝！”

胡锦涛深情地说，作为艾滋病患者的家属，确实很不容易。党和政府始终关心着你们这样的家庭，尽力给予你们实际的帮助。希望你们勇敢地面对困难，用爱心和亲情鼓励病人、照顾病人，使他们感受到家庭的温暖。相信有党和政府的关心帮助、有医务人员的精心治疗，你们的亲人会逐步康复的，你们的家庭也会幸福的。

总书记体贴入微的一番话，让在场的艾滋病患者家属深受感动。

离开疾控中心前，这里的工作人员纷纷围拢到总书记身边。胡锦涛对大家说，做好艾滋病防治工作，关系人民群众的身体健康和生命安全，关系民族的素质和国家的未来。目前，我国艾滋病防治工作任务仍很艰巨，需要全社会共同努力。广大医疗卫生工作者是防治艾滋病的主力军。希望你们坚持以人为本，大力弘扬人道主义和无私奉献精神，刻苦钻研艾滋病防治技术，全面做好宣传咨询、健康干预、救治救助等工作，切实把“四免一关怀”政策落实到艾滋病高危人群、感染者和患者身上，用爱心呵护生命，靠科学战胜病魔，为保障人民健康、促进社会和谐作出积极贡献。

随后，胡锦涛来到位于朝阳区六里屯的秀水园社区。这个社区坚持群防群控，在健康教育、行为干预、感染者关怀和管理等方面做了大量工作，是北京市第一个艾滋病综合防治示范社区。

社区露天广场彩旗飘扬，“遏制艾滋、履行承诺”的横幅十分醒目。人们佩戴着爱心红丝带，在这里开展社区艾滋病宣传咨询活动。

胡锦涛走到大家中间，在一个个咨询台前停下脚步，同在场的艾滋病防治专家和志愿者们交谈起来。

活跃在社区的志愿者工作队伍，为防控艾滋病发挥了重要作用。“爱心妈妈”倪素娟身患重病，却始终以饱满热情参加志愿活动；“青春红丝带”志愿者韩昀峰，组织成立大学生志愿者团体投身艾滋病防控……

听着一段段感人的事迹，看着一张张热情的面孔，总书记动情地对志愿者们说，艾滋病感染者和患者尤其需要社会的关爱和帮助。近年来，参与艾滋病防治活动的社会团体和志愿者越来越多。大家以自己的爱心，向艾滋病患者伸出温暖的双手，提供热忱的帮助，使他们得到了精神上的鼓励，增强了同疾病作斗争的勇气。你们的工作很有意义。胡锦涛希望有更多的人热心参与艾滋病防治活动，给予艾滋病感染者和患者以更多的关爱，共同营造全社会防治艾滋病的良好氛围。

一些国际组织的驻华代表也来到了秀水园社区，参加这里开展的防治艾滋病活动。胡锦涛对他们的到来表示热情欢迎，对国际社会为中国艾滋病防治工作提供的真诚帮助表示衷心感谢。

胡锦涛说，防治艾滋病是一个世界性课题。中国政府高度重视艾滋病防治工作，热忱关怀艾滋病感染者和患者，认真履行作出的承诺，坚决遏制艾滋病疫情传播。中国政府愿同国际社会加强交流合作，大力推动全球艾滋病防治事业。我坚信，人类最终一定能够战胜艾滋病。让我们携起手来，共同为此作出努力。

社区广场南侧，一些居民正在演唱《红丝带之歌》。胡锦涛来到他们中间，也拿起歌片，同大家一道唱了起来。

“一颗颗爱心深情似海，一双双大手送来关怀。一条条闪光的红丝带，紧系着人间最美的爱……”饱含真情、满载关爱的歌声，在空中久久回荡。

（新华社记者 **孙承斌 邹声文**）

（新华社北京11月30日电）

高举旗帜 科学发展

贯彻落实十七大精神

凭祥的一天

——开发开放让边贸小城步入发展快车道

本报记者 于猛 郑盛丰

11月21日一大早，深圳绿电康新能源公司副总经理郭宇驾着满载小型风力发电机的货车，由南宁直奔友谊关。

让郭宇特别开心的是，11月20日起，经批准并办理相关手续后，越南方面入境机动车进入友谊关后换上临时号牌，在许可期内可以直接进入广西防城港、百色和崇左市，开展边境贸易和客货运输，这意味着在这里做跨国生意更方便了。

此时，在凭祥友谊关口，联检口岸的人逐渐多了起来。开出租车的曾师傅迎来了这天的第一位客人。他笑着说，这两年往来的客商猛增，生意好做多了。

凭祥市地处祖国南陲，隶属广西崇左市，这儿距越南首都河内和广西首府南宁都是160公里，是我国通往东盟最大、最便捷的陆路通道。

“近几年广西北部湾经济区开发建设、泛北部湾经济区合作，使凭祥走上了发展的快车道。”崇左市委书记罗殿龙说，“十七大报告明确提出要提升沿边开放，拓展对外开放广度和深度，这给了我们极大的鼓舞和动力，也给了我们新的发展机遇。”

上午10点多钟，郭宇顺利到达中国—东盟自由贸易区凭祥物流园，这时已有不下200辆车在等待报关了。过去报关，海关、检疫、边检部门都要分开提交材料，报一次关要排3次队。去年底物流园建成后，验关业务实现了联合办公，3个部门可在信息电子库里同时核检，进出口货物报审、查验、放行一次完成。“报关一般不会超过40分钟，电子口岸就是快。”郭宇说。

11点多，凭祥的浦寨边贸点热闹起来了。1000多家商铺在马路两边延伸，店内摆满了来自越南的红木家具和工艺品，水果、家电、五金产品等正等待销往越南及其他东盟国家。经过多年发展，浦寨现已成为中越边境最大的红木家具、工艺品专业市场和水果交易市场，去年边贸额达15亿元。“这几年中国的商品越来越丰富，质量越来越好，通关越来越方便，老百姓也越来越富裕。”越南商人阮志勇感慨地说。

下午5点，陆续到达的车辆逐渐通关完毕。夕阳西下，忙碌的边关复归平静。此时，郭宇已顺利从河内返回凭祥。据凭祥海关统计，11月21日当天的贸易额是748万美元，与去年同日相比，增长141%。今年前三季度，凭祥口岸进出口货物已达150万吨，货值9.9亿美元，同比分别增长39.1%和58%。

开放开发不仅带动了边贸增长，边民也逐渐走上致富之路。2006年，凭祥市城镇居民人均可支配收入达9158.2元，比上年约增2000元，增长近三成。

10多年前还被人戏称为“一条路，两排树，到了凭祥没吃住”的边陲小镇，已成长为活力十足、商潮涌动的边境商城。

郭金龙任北京市代市长

新华社北京11月30日电 北京市第十二届人民代表大会常务委员会第四十次会议决定郭金龙为北京市副市长，并代理北京市市长职务。

北京市第十二届人民代表大会常务委员会第四十次会议还决定，接受王岐山因工作变动辞去北京市市长职务的请求。

江西省委主要负责同志职务调整

新华社北京11月30日电 日前，中共中央决定：

苏荣同志任江西省委委员、常委、书记；孟建柱同志不再担任江西省委书记、常委、委员职务。

世界最高等级火力发电机组将装“中国脑”

首台国产百万千瓦超超临界机组自动化控制系统工程启动

本报北京11月30日电 （记者**冉永平**）当今世界最高等级的火力发电机组——超超临界机组即将装上“中国脑”，国家技术进步示范工程、“国电谏壁电厂百万千瓦超超临界机组国产自动化控制系统”项目合作协议签字仪式今天在京举行。这标志着我国高端自动化控制系统将实现重大技术突破，我国自动化控制领域自主创新再上新台阶。

自动化控制系统作为重大技术装备的神经中枢，对冶金、电力、石化等重大装备的安全、可靠、高效运行起着至关重要的作用，被形象地喻为重大装备的“大脑”。在各种重大装备中，火电机组的自动化控制最为复杂。而在火电机组中，又以大容量、高参数的超超临界机组控制最难，此领域一直被外国公司垄断。

国电智深公司多年来致力于火电机组自动化控制系统的研究，并在60万千瓦超临界机组自动化控制系统上成功获得突破。同样作为国家技术进步示范工程的国电大连庄河电厂60万千瓦超临界机组国产自动化控制系统已经成功投产。在此基础上，国电智深公司又开始向代表当今火电机组自动化控制最高水平的百万千瓦超超临界机组自动化控制系统国产化进军。经过不懈努力，最终再次获得突破。

据介绍，百万千瓦超超临界燃煤发电机组是国际上燃煤机组的发展方向，具有技术含量高、煤耗低、热效率高、可靠性和环保性能好等特点，有利于提升我国电力工业的整体技术水平。

无锡新区打造国际化科技新城

产业和谐 环境和谐 社会和谐

本报无锡11月30日电 （记者**龚永泉、杨晴初**）一份“成绩单”显示出江苏无锡新区的辉煌：它以占无锡5%的土地、6%的人口及水电消耗，创造了全市16%的财政收入、20%的工业产出，平均产出强度达到每平方公里30亿元，其综合实力和创新能力跻身全国50多个国家级高新区的先进行列。无锡新区的所有企业都实现了达标排放，化学需氧量排放总量仅占全市1%。

无锡新区党工委书记周谦说，按照科学发展观的要求，以产业和谐、环境和谐、社会和谐为发展战略，无锡必须有更高的目标和追求，向知识经济、服务经济转型。2005年初，无锡新区明确：要实现从高科技工业园区向创新型国际化科技新城的历史性跨越。

这一年，无锡新区推出全国第一个招商预评估体系，设立7道“门槛”，低于70分的项目原则上不予引进。同时，按照产业演进的内在规律，实施“腾笼换鸟”，大力发展现代服务业，进一步优化产业结构，形成先进制造业、现代服务业互动并进的产业格局。

近年来，无锡新区在环境保护方面与联合国环境规划署开展了项目合作，并启动国家级生态工业示范园区、国家循环经济示范园区争创活动。目前，无锡高新区万元GDP综合能耗降到0.49吨标煤，在2005年基础上下降了12.7%。如今，无锡新区正在全面实施环保优先战略，力争建成首批国家级生态工业示范园区。

无锡新区努力构建和谐的社会关系，开发建设与富民惠民同步。新区启动实施了全民创业行动计划、物业星火计划、“市民变股民”计划等“富民三大计划”。在岗职工平均年工资2.75万元，农民人均纯收入达到1.11万元。

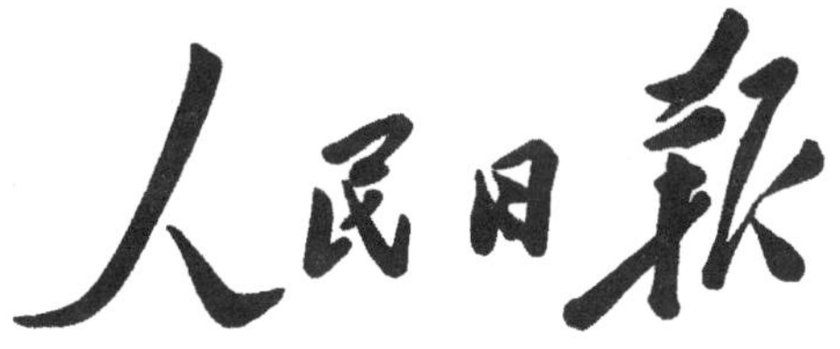

RENMIN RIBAO

人民网　网址：http://www.people.com.cn
手机：http://wap.people.com.cn

2008年2月
8
星期五
戊子年正月初二
人民日报社出版
国内连续出版物号
CN11-0065
第21762期（代号1-1）
今日4版

温家宝在江西灾区过春节

新华社南昌2月7日电（记者**徐金鹏、赵承**）2月6日，农历大年三十上午，中共中央政治局常委、国务院总理温家宝结束贵州的考察工作，立即赶到江西灾区，指导抗灾救灾和灾后恢复生产工作，看望慰问干部群众。

近十天内，温家宝两赴湖南、一下广东，这次又到贵州和江西。

紧迫任务依然是恢复电力供应

江西是这次遭受雨雪冰冻灾害严重的省份之一。全省电网设施大面积受损，多条输电线路因覆冰发生断线、倒塔被迫停运，500千伏网架瘫痪，220千伏系统遭受重创，出现大面积停电。冰雪灾害还导致昌九高速公路和九江大桥交通一度中断，农业、林业损失也很重。面对历史罕见的灾害，在江西省委、省政府的领导下，全省广大军民及时行动，应对有力，抗灾救灾工作扎实有序进行。目前，省内主要道路都已畅通，受损电网正在恢复，受灾群众生活得到妥善安置。

2月6日，中共中央政治局常委、国务院总理温家宝结束贵州的考察工作，立即赶到江西灾区，指导抗灾救灾和灾后恢复生产工作，看望慰问干部群众。这是温家宝在抚州市临川区云山镇圳上村看望慰问受灾村民。　新华社记者　姚大伟摄

如何保证整个电网畅通，是总理此行最为关心的问题之一。一下飞机，温家宝就赶往南昌发电厂，这是南昌唯一的电源点。走进储煤场，温家宝详细地询问煤炭是从哪里运来的，每天发电耗煤多少，煤炭库存量是多少？发电厂负责人告诉总理，这里最大库存量为11万吨，警戒线为3.5万吨，受冰雪天气影响，电煤库存一度降到1.3万吨左右，仅够维持3天。在有关方面的大力支持下，电煤近几天正在不断进厂，目前储存量已经超过3万吨，可以满足7天的发电所需。温家宝对电厂负责人说，一旦电网恢复正常，电力供应就有可能紧张。春节期间，不少工厂放假，用电量减少，铁路运能也有空隙，要利用这个有利时机，加快调运，多储存一些煤炭。

上午11时，温家宝来到江西省电力公司调度中心，详细了解全省通电情况。调度中心负责人汇报说，正在抓紧抢修连接赣州、抚州的220千伏输电线路，预计今天下午可以恢复供电。个别地方一时难以修复，利用柴油发电机送电，可以保证群众过上一个明亮的春节。省际之间的500千伏电路也争取在一个月内全部修好、送电。温家宝听后高兴地点点头，他说，摆在我们面前的紧迫任务依然是恢复电力供应。要从全国各地抽调人力、设备和技术支援江西，克服一切困难，用最短的时间解决大电网的畅通和安全。

要组织群众开展生产自救和灾后恢复工作

抚州市是江西省的重灾区，也是全国目前还没有通电的少数几个地区之一。下午，温家宝驱车100多公里，来到临川区云山镇圳上村考察灾情，看望慰问村民。

尽管遭了大灾，村民们还是备足年货，贴上春联，欢欢喜喜准备过年。听说总理来了，村民们奔走相告，纷纷走出家门，燃起鞭炮，欢迎总理。温家宝边走边向村民们拱手拜年，并不时停下脚步和他们聊起家常。村民们向总理介绍受灾和生产生活的情况。

走进一户村民家，户主胡水龙亲热地拉着总理坐到堂屋里板凳上。“通电了没有？”总理刚一坐下就问。“已经20多天不通电了。不过，刚接到通知，说今天晚上8时就能有电。”温家宝转身对当地的负责同志说，你们一定要说话算数啊！

（下转第三版）

协力抗雪灾　祥和度新春

南方电网四万职工投入抢险

本报广州2月7日电（记者昊冰）目前，南方电网共组织了近4万人在一线抗冰救灾，全网人员坚守岗位度过一个特殊的春节，南方电网主网继续保持了安全稳定运行。

据了解，贵州电网已有18500人在一线救灾，加上来自广东、广西、云南等省区2500人的支援队伍，近21000多人已参与贵州电网的抢修恢复工作，目前南方电网又调集了3000名技术骨干紧急支援贵州；超高压公司1300多人集中抢修贵广交直流西电东送通道；广东电网在粤北地区有4871人重点抢修韶关、清远地区受灾电网设施，并派出123人赴湘支援抗冰救灾；6日上午接到国家电网公司抢修请求，南方电网组织30人处理跨京广铁路1处断线；广西电网共投入抢险人员5900人参与桂林以及柳州的抢险恢复工作；云南电网4100多人在昭通地区的抢修工作进展顺利。

平朔公司全力产煤保供应

本报记者　王　科

2月6日，大年三十，地处塞外高原的中煤能源平朔公司的生产矿区，电铲轰鸣、卡车穿梭，一派热火朝天的煤炭生产景象。这一天，平朔公司原煤生产28.6万吨，商品煤外运21.5万吨，创造了建矿史上新的纪录，用实际行动为国家电煤供应做出了贡献。

这一天，中煤能源集团公司总经理经天亮带领集团公司工作组冒着严寒先后来到依靠平朔煤发电的神头一、二电厂主动征求意见，然后又深入平朔矿区生产一线，与广大矿工一起过年。

节日期间，平朔公司一手抓安全，一手抓增产，研究部署了十项保障措施，确保节日期间煤炭生产外运。

天津港抢运电煤过大年

本报天津2月7日电　（陈杰、崖明）除夕夜，天津港煤码头公司孔祥瑞操作队队长孔祥瑞和他的同事在码头上一直忙个不停。为支援南方雪灾地区用电用煤，今年春节天津港煤码头更加忙碌，5条作业线全部投入作业。除夕当日11时，天津港煤码头8号泊位“北仑海18”电煤船准时到港，靠泊、带缆、移机，有序进行。孔祥瑞和他的队友们，迅速集结，作业一刻不停，18.5小时后，6.3万吨电煤装上“北仑海18”电煤船，作业效率为每小时3400吨。至2月7日8时30分，天津港煤码头除夕之日昼夜抢装抢运电煤8.1万吨，作业船舶9条，卸车10列，电煤快速通畅出港。

天津港将煤炭运输特别是电煤运输列为近期全港生产组织的重点，作业人员上岗定位，及时解决现场作业中出现的问题，确保煤炭作业24小时正常进行。

河南电力职工湖南忙抢修

郝宏升　曲昌荣

2月6日，除夕。18时许，湖南郴州街头较前几天晚上明显亮堂起来。市中心的五岭广场上，人越来越多，已经有10多天没有看上电视的市民围聚到这里，准备观看广场大屏幕播放的春节联欢晚会。

广场大屏幕背后，几位穿着印有“河南电力”字样的电力职工守候在发电车旁。为让郴州市民过一个亮堂堂的春节，河南省电力公司1500多名电力职工千里迢迢运来了58台发电车，250多台各类保障车辆纷纷从黄河岸边到湘江河畔集结。

除夕之夜，在郴州城内，有100多名河南电力职工坚守在发电车旁，负责着郴州市党政机关、医院、水厂、公安局等重要部门的供电。在郴州城外，1000多名河南电力职工奋战在抢险第一线。

22时左右，郴州城区越来越多的楼宇出现了久违的电灯光。

冰雪中的年初一

本报记者　胡跃平　孙海涛

大年初一，贵州开阳县禾丰乡上山的路仍被冰雪覆盖，走进该乡的马头村，老远就见到干部群众正在铲着路面的冰块。贵州省委常委、贵阳市委书记李军一大早就来到这里检查电网抢修情况。

开阳县是贵阳市凝冻灾害最严重的地方。从1月12日起，县城一度停电近20天，交通与外界完全中断。禾丰乡是开阳海拔最高的乡，全乡水泥电杆倒塌了100多根。

“昨晚我们终于看到春节联欢晚会了！”在集市上摆年货摊的张友贵老汉说，乡里的干部和供电工人昨天干了一整天，硬是把柴油发电机抬上了山。村民冉贵林今年仓里稻谷充足，“现在的问题是家家都有打米机，一停电，谷子和玉米饲料都打不成了。”

“3天之内通电。行不行？”“没问题。”开阳县委书记宗文的回答让李军心里有了底。

周永康通过公安部视频指挥系统向全国公安民警拜年时要求

通过卓有成效的工作创造良好社会环境和治安秩序

新华社北京2月7日电　7日下午，中共中央政治局常委、中央政法委书记周永康来到公安部，通过视频指挥系统亲切慰问全国190万公安民警，检查指导节日稳定工作。周永康对2007年全国公安机关和广大公安民警顽强拼搏、奋发进取所取得的成绩给予了充分的肯定，对新的一年公安工作提出了希望、强调要通过卓有成效的工作，创造良好的社会环境和治安秩序。

周永康通过视频指挥系统向各省区市公安厅局了解了各地节日期间社会治安状况和部分地区抗灾救灾工作情况，并发表了讲话。他说，在这一次抗击低温、冰冻雨雪的自然灾害中，在党中央、国务院以及公安部和各级公安机关的正确领导下，公安民警恪尽职守，冲锋在前，为打好这场抗击自然灾害的硬仗作出了积极的贡献。他对在抗灾救灾中献出宝贵生命的张新民、欧光权、孔晓岩、赵祖虎同志表示深切哀悼，向负伤的民警表示慰问。希望各地公安机关认真贯彻落实党中央、国务院关于抗灾救灾的部署，不怕疲劳，连续作战，再接再厉，确保灾区社会稳定，为全面夺取抗灾救灾的最后胜利再立新功。

周永康指出，2008年是全面贯彻落实党的十七大作出的战略部署的第一年，大事多、喜事多、要事多。党中央、国务院对于做好今年的维护稳定工作十分重视。实现中央提出的维护稳定的工作目标，确保奥运会的安全顺利，是全国公安机关的共同责任。各地公安机关要切实增强政治意识、大局意识、责任意识、忧患意识，牢固树立全国一盘棋的思想，按照中央的统一部署，扎扎实实做好各项安全保卫工作。

周永康强调，各地公安机关要认真学习贯彻党的十七大精神、全国政法工作会议精神特别是胡锦涛总书记与出席全国政法工作会议代表座谈时所作的重要讲话精神，牢记胡锦涛总书记关于“稳定是硬任务，是第一责任”的重要指示，真正把各项工作部署落到实处。要切实加强信息工作，密切掌握各种不稳定因素；要切实完善各项工作预案，随时做好应对各种突发事件的准备；要切实加强有针对性的实战演练，大力提高公安机关的快速反应能力；要切实加强跨区域的协作配合，大力提高公安机关的整体作战能力。要通过我们卓有成效的工作，确保奥运会的安全顺利举行，确保社会大局的稳定，努力创造良好的社会环境和治安秩序，让世界看到一个开放的中国、民主法治的中国、稳定和谐的中国、文明进步的中国。

公安部党委书记、部长孟建柱主持了今天的慰问活动。

人民安危重如山　党群戮力抗雪灾

——一些地方党组织和党员干部带领广大群众奋力抗击雨雪冰冻灾害

本报记者　董宏君

近期，我国南方大部分地区和西北地区东部出现了50年来罕见的持续低温、雨雪和冰冻的极端天气，给群众的生产生活带来了严重影响。面对严重灾情，各级党组织和党员干部充分发挥战斗堡垒作用和先锋模范作用，带领灾区群众抗冰雪、斗严寒，确保人民生命财产安全和社会和谐稳定。

四川：强化责任严明纪律　党员干部冲锋在前

截至1月28日，四川13个市（州）62个县（市、区）387万余人遭受雪灾，直接经济损失4.79亿元。灾情发生后，全省各地认真落实属地管理责任制和“一把手”责任制，要求党员领导干部严格执行外出请假和值班制度，做到紧急情况及时上报、妥善处置，对抗灾救灾中擅离职守、失职渎职的党员干部严肃追究责任。

各受灾地党组织及时组织党员干部加强巡逻和防控，全力维护正常的生产生活秩序和社会稳定。许多地方抽调党员干部组成救灾小分队或应急小分队，深入到灾情一线，帮助群众开展生产自救。开江县龙镇锁口庙村支部书记何成书连续4天没回家，白天走村串户核实灾情，夜晚穿梭在几十户五保老人家中。27日，一些前往华蓥山风景区观雪的游客因公路结冰而受困，广安市路政大队副大队长张凯带领党员抢险队冒着风雪奔赴现场，经过连续5个多小时的奋战，将受困游客和车辆全部安全转移。

各地还结合春节“送温暖”活动，组织乡村干部深入村组，开展灾民及困难群众基本生活保障情况调查，走访慰问受灾困难群众，送去年货和防寒物资。古蔺县委组织部捐款1万多元、购置棉衣棉被120多套发放到受灾党员群众手中。

（下转第三版）

应急指挥中心要求灾区加强突发公共卫生事件防范和应对

新华社北京2月7日电　（记者**江国成**）国务院煤电油运和抢险抗灾应急指挥中心7日发布第11号公告，要求遭受罕见雨雪冰冻灾害的地区加强突发公共卫生事件防范和应对工作。

公告说，我国南方部分地区发生的罕见雨雪冰冻灾害，可能导致传染病和其他突发公共卫生事件，威胁人民群众的身体健康。各地在做好对灾区群众和因灾滞留人员医疗卫生服务的同时，要注意采取有效措施，严防出现传染病、食源性疾病、人畜共患病及中毒等次生事件。

为此，国务院煤电油运和抢险抗灾应急指挥中心公告如下：

——落实部门联防联控机制。灾区各级人民政府要高度重视灾后传染病等突发公共卫生事件的防范和应对工作，切实加强领导，各级卫生、气象、民政、农业、城建、环保、质检、食品药品监管等相关部门要分工负责从监测、预防、救治、控制蔓延等各环节加强部门信息互通和联防联动，细化工作措施，完善应急预案，有效防控突发公共卫生事件。

——强化监测预警等卫生应急准备。各地卫生行政主管部门和各级各类医疗卫生机构要加强传染病和突发公共卫生事件的监测分析，及早发现，及时防控。做好卫生应急队伍、物资装备等方面的准备，一旦发生突发公共卫生事件，按照预案启动应急响应，迅速落实各项应急处置措施。

——广泛开展爱国卫生运动。要动员广大群众及时清理生活垃圾和粪便，对死亡的禽畜进行无害化处理，避免造成环境和生活饮用水的污染。要加强水源保护工作，对供水管网加强检查和及时维修。开展集中供水的水质监测，在管网恢复供水时及时消毒，确保水质符合生活饮用水标准。

——加强饮食卫生管理。各级卫生行政主管部门要积极组织卫生监督员深入到受灾群众和因灾滞留人员临时安置点以及相关餐饮单位，加强卫生监督检查，确保食品和饮用水质量。各级各类医疗卫生机构和相关单位要认真执行食源性疾病报告制度，一旦发现，要迅即开展医疗救治、流行病学调查和卫生应急处置，并及时通报有关部门共同开展调查处置工作。

——提高公众防范意识。各地要利用多种形式，广泛开展防病知识宣传。广大群众要尽量饮用烧开的水，不食用病死和冻死禽畜，出现发热、腹泻等症状，及时就医；燃烧取暖要注意通风换气，预防一氧化碳中毒。

2月7日，蚌埠铁路公安处人员积极疏导安徽省阜阳站客流，确保旅客平安出行。　朱　磊　王　冰摄影报道

大年初一，遭受冰雪之灾的四川省广安市迎来久违的晴朗天气。图为当地群众走上街头，扭起秧歌，欢度新春佳节。　邱海鹰摄

江西省确保灾后春节市场供应，农产品、副食品上市充足，价格基本稳定。图为2月7日，市民在江西南昌市一家超市选购蔬菜。　周　科摄（新华社发）

RENMIN RIBAO

人民网 网址:http://www.people.com.cn
手机:http://wap.people.com.cn

2008年5月
27
星期二
戊子年四月廿三
人民日报社出版
国内连续出版物号
CN11-0065
第21871期(代号1-1)
今日16版

各地紧急提供过渡安置房对口支援灾区

本报综合报道 (记者**姜泓冰、刘泰山、江南、张志峰**)根据有关部门统一安排，全国21个省区市分别全力对口支援灾区，为四川等受灾省份紧急筹措、运送帐篷等急需物资，援建过渡安置房，为受灾群众提供临时住所，帮助解决灾区群众的基本生活。

5月25日，上海援建四川绵阳的过渡安置房正式开工建设，上海市建设部门已决定将援建数量从原计划的8万套增至10万套，将全部在7月底前建设完成。眼下，上海城建集团已将6台大型机械包括推土机、挖掘机、装载机、吊车、轧路机等运抵现场，还有6个集装箱的电焊、切割、小型发电机等工具及施工人员的生活、劳防用品等。仅这一家建设单位每天至少要拼装完成300套过渡安置房。其他几家大型建设单位也将陆续开工。上海的4家帐篷生产企业都已开足马力，争取在6月30日前完成民政部要求的上海提供7.8万顶帐篷的生产任务。在民政部调运额度以外，上海还决定在6月10日前再向灾区援助1万顶帐篷。

广东对口支援汶川灾区临时安置房，25日在汶川县城威州中学和映秀镇开工。20日，广东对口支援汶川灾区临时安置房前方工作组连夜从广州赶赴成都，紧急组织调集了5000平方米共250套临时安置房对口支援汶川灾区。同时，省政府21日紧急调集的6000平方米临时安置房，也日夜兼程赶运汶川映秀镇并开工。这些新建成的临时安置房将首先用于学校、医院和受灾群众的住宿。

25日，浙江省派出的5支首批援建过渡安置房的队伍抵达四川广元，随即在广元市区和青川县等地进行查勘。浙江将在青川援建5000套过渡安置房，首批4000套将在6月25日前建好。

24日，湖北省政府在援建过渡安置房6万套的基础上，再增加2.5万套。省建设厅成立生产组、质量检测组、运输组、资金保障组等6个工作组，选定10多个生产厂家加班生产。(相关报道见第二版)

中共中央政治局召开会议

研究部署抗震救灾和灾后重建工作

中共中央总书记胡锦涛主持会议

会议强调，各地区各部门要按照中央的决策部署，坚持一手抓抗震救灾工作、一手抓经济社会发展，全力以赴支援灾区，全力以赴保持经济平稳较快发展、社会和谐稳定，切实做好奥运会和残奥会的筹备工作，以实际行动支持抗震救灾，坚决夺取这场抗震救灾斗争的全面胜利

新华社北京5月26日电 中共中央政治局26日召开会议，研究部署抗震救灾和灾后重建工作。中共中央总书记胡锦涛主持会议。

会议指出，四川省汶川县发生的特大地震是新中国成立以来破坏性最强、波及范围最广、救灾难度最大的一次地震。地震发生后，在党中央、国务院和中央军委坚强领导下，全党全军全国各族人民万众一心、众志成城，各地区各部门各方面紧急行动、全力以赴，灾区广大干部群众不屈不挠、奋起自救，全社会奉献爱心、倾力支援，香港特别行政区同胞、澳门特别行政区同胞、台湾同胞以及海外华侨华人和衷共济、踊跃捐献，形成了抗击地震灾害的强大力量，开展了规模空前的抗震救灾斗争。众多外国政府、国际组织和国际友人积极支援，为抗震救灾提供了宝贵帮助。经过顽强努力，抗震救灾斗争取得了重大阶段性成果。这场抗震救灾斗争，显示了党和人民的伟大力量，弘扬了中华民族的伟大精神，增强了广大干部群众战胜前进道路上艰难险阻的勇气，必将激励我们信心百倍地把全面建设小康社会、加快推进社会主义现代化的伟大进程继续推向前进。

会议指出，当前，抗震救灾形势依然严峻，任务十分艰巨，仍处在刻不容缓的紧要关头。我们要坚持以人为本，在继续做好被困群众搜救工作的同时，把安置受灾群众、恢复生产、灾后重建摆在更加突出的位置，扎扎实实做好抗震救灾各项工作。

会议强调，要增派有经验的专家，保证医疗急救物资供应，做好部分伤员转移治疗工作，全力抢救受伤群众，尽最大努力保障伤员生命安全。要着力安排好受灾群众生活，调动各方面资源，抓紧生产和调运帐篷、篷布房材料、活动板房等物资，抓紧调运生活物资，确保灾区群众临时居住和基本生活。要全力开展卫生防疫工作，增派卫生防疫人员，及时调运防疫药品，迅速把卫生防疫力量覆盖到所有乡镇村庄，加强疫情监测报告，确保大灾之后无大疫。要严密防范次生灾害，加强地震监测预报，做好余震防范工作，重点做好堰塞湖险情处置。要抓紧抢修基础设施，尽快全面恢复灾区交通、通信、供电、供水。在确保安全的前提下，灾区企业要自力更生、奋起自救，农村要组织抢收、抢种，尽快恢复工农业生产。要创造条件帮助灾区学生恢复上课，妥善安排孤儿、孤老、孤残生活，深入做好受灾群众心理安抚和思想疏导工作，加强社会管理，维护好灾区社会秩序。要认真做好灾后重建前期工作，统筹规划、科学评估、分步实施，抓紧制定灾后重建规划和具体实施方案，建立对口支援机制，举全国之力，加快恢复重建。

会议强调，要进一步加强组织领导，加强地方、部队及各方面救援力量的协调配合，建立健全强有力的市县乡村抗震救灾领导体制，充分发挥基层党组织的战斗堡垒作用、各级干部的模范带头作用、广大党员的先锋模范作用，确保抗震救灾各项工作和措施的落实。各级干部要坚持把群众利益放在第一位，深入灾区，深入基层，靠前指挥，把受灾群众安危冷暖放在心上，满腔热情帮助受灾群众排忧解难，尽心尽力帮助他们渡过难关。要引导灾区群众发扬自力更生、艰苦奋斗精神，互帮互助，苦干实干，在全国人民支持下满怀信心重建家园、创造美好生活。要加强宣传舆论工作，及时准确公布震情灾情和抗震救灾情况，深入宣传抗震救灾中涌现出来的先进集体和模范人物，激励广大干部群众振奋精神，团结一心搞好抗震救灾工作。

会议强调，当前，改革发展稳定任务很重。各地区各部门要按照中央的决策部署，坚持一手抓抗震救灾工作、一手抓经济社会发展，全力以赴支援灾区，全力以赴保持经济平稳较快发展、社会和谐稳定，切实做好奥运会和残奥会的筹备工作，以实际行动支持抗震救灾，坚决夺取这场抗震救灾斗争的全面胜利。

会议还研究了其他事项。

迎接新的考验

本报评论员

随着抗震救灾工作的全面推进，我们面临着许多新困难新问题：余震不断给救灾工作带来许多难题，1400多万被转移的受灾群众需要妥善安置，灾后恢复重建的工作极其艰巨。我们仍然需要以坚定的信心、百倍的干劲和昂扬的斗志，全力以赴迎接这场新的考验。

安置好受灾群众的任务十分紧迫。其中，最突出的就是要全力解决住的问题，迫切需要大批帐篷、活动板房作为受灾群众的临时住所。所有具备生产能力的企业都要积极主动地承担任务，开足马力加紧生产救灾帐篷；所有承担过渡安置房生产和装配任务的企业都要挖掘生产潜力，确保产品质量，抓紧抢运装配，力争提前完成任务。这是中央提出的明确要求，也是灾区群众的殷切期待。

受灾群众面临的还不仅仅是住的问题。伤员需要加紧救治和转送，确保他们在接受地得到很好的治疗；卫生防疫工作迫在眉睫，需要大量卫生防疫人员深入到每一个乡村，确保灾后无大疫；防止次生灾害形势依然严峻，迫切需要加强震损出险水库的排查除险和预防，尤其需要对堰塞湖情况进行全面核查和防范；受灾群众的基本生活急需保障，迫切需要加强对灾区食品等物资供应。与此同时，市区要恢复交通，银行要恢复营业，市场要恢复供应，学校要尽快复课，农民要抢收粮食，等等，这些都涉及群众的正常生产生活，都需要做大量具体而细致的工作。抗震救灾的新考验要求我们，务必从灾区的实际和受灾群众的需要出发，加强组织领导，加强统筹安排，加强科学调度，努力为抗震救灾提供各方面的坚实保障。

大灾之后的受灾群众安置和恢复重建工作极其重要，是对我们驾驭复杂局面、处理各种难题的考验。面对紧迫任务和一系列新情况、新问题，我们一定要保持清醒，统揽全局，突出重点，坚持一手抓抗震救灾工作，一手抓经济社会发展。这是中央着眼经济发展社会稳定全局、着眼打胜抗震救灾这场硬仗而作出的战略部署。我们要按照中央的部署和要求，一方面继续为灾区竭尽所能地提供人力、物力、财力支持，一方面切实把本职工作做好，切实把本地区本部门的事情办好。保持经济发展的良好势头，维护社会和谐稳定，这本身就是对灾区人民的有力支持。

在新的考验面前，我们必须直面困难，奋勇向前。灾难来时，我们昂起倔犟的头颅；考验面前，我们挺起不屈的脊梁。只要我们继续戮力同心、迎难而上、百折不挠，就一定能够克服一切困难，排除一切险阻，在迎接新的考验中夺取新的胜利。

慰问干部群众 看望救援人员

吴邦国赴四川地震灾区指导抗震救灾工作

新华社成都5月26日电 (记者**邹声文**)中共中央政治局常委、全国人大常委会委员长吴邦国于5月26日中午专程赴四川地震灾区，慰问干部群众，看望救援人员，指导抗震救灾工作。

26日下午3时20分，吴邦国和随行的中共中央政治局委员、全国人大常委会副委员长、中华全国总工会主席王兆国，全国人大常委会副委员长兼秘书长李建国飞抵成都太平寺机场，随即同四川省委书记刘奇葆、省长蒋巨峰等一起前往成都军区总医院，亲切慰问正在这里接受治疗的受伤群众、学生和救援人员，看望奋战在救死扶伤第一线的医务工作者。

成都军区总医院在地震灾害发生后7分钟就收治了第一例伤员，派出的医疗队第一个赶到都江堰市聚源中学救援现场，半个月来共接诊伤员3000多人，完成手术1000多台次，危重伤员无一死亡。北川县禹里乡的两名小学生黄梅花、计磊是在这里接受手术治疗的。两个躺在病床上的孩子见到吴委员长向他们走来，就像见到了亲人，有说不完的话。他们告诉吴爷爷，在解放军叔叔阿姨的精心照料下，已经好多了。 (下转第四版)

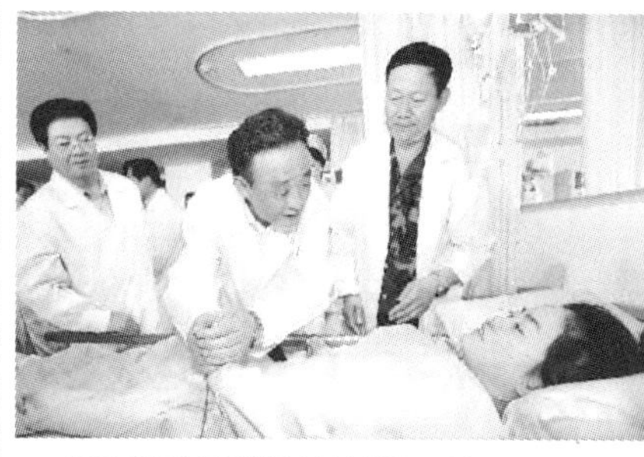

5月26日，吴邦国委员长在成都军区总医院看望在汶川地震被困104个小时后获救的20岁少女袁艺。 新华社记者 黄敬文摄

四川已收割小麦1905万亩

本报成都5月26日电 (记者**梁小琴**)突如其来的地震灾害给四川"双抢"工作带来巨大的困难。四川省采取切实措施，做好抢收、抢种工作，努力减少灾害损失。

地震灾情发生后，四川省委、省政府十分重视灾区的抢收抢种，四川省"5·12"抗震救灾指挥部、省政府、省农业厅先后下发了抓好"双抢"工作的紧急通知，要求各地抗震救灾指挥部及农业、农机等部门紧急行动起来，在做好抗震救灾工作的同时，立即组织受灾地区干部群众，统筹安排各方面力量，抓紧抢收小麦、油菜等小春作物，大力搞好农业生产自救，千方百计减少损失。组织民兵预备役、农民工、农民助耕队、机关干部、救灾部队、机收机插等形式抢收抢种。四川省农业厅相继派出21个工作组分赴灾区查清灾情，组织"双抢"。目前，灾区共出动了5500个助耕队、65万人次帮助农民抢收抢种。

截至24日，全省已收割小麦1905万亩，占应收面积的92%，剩余160万亩主要集中在季节较晚的盆周山区，其中，地震重灾区约有35万亩小麦未收。全省1340多万亩油菜籽收割已进入尾声。全省已栽种水稻2305万亩，占计划面积的78%。

四川省农业厅介绍，因地震引发山体滑坡、房屋倒塌等损毁部分耕地，加上水利灌溉设施受损，预计全省将有100万亩稻田要改种补种。目前，已向灾区调运了20多万公斤的改种补种的玉米种源，蔬菜种14560公斤，改种补种蔬菜4万亩。全省可望在6月5日前全面完成抢收抢种。

第九版刊登解正轩文章

胜利一定属于英雄的中国人民

韩国总统李明博今起对我国进行国事访问

李明博总统

应国家主席胡锦涛邀请，韩国总统李明博将于5月27日至30日对中国进行国事访问。

李明博生于1941年12月19日，1965年毕业于韩国高丽大学工商管理专业。

1965年，李明博进入现代集团，先后任该集团旗下现代建设、仁川制铁等10个子公司的会长或社长。1992年和1998年，他两次当选国会议员。

2002年至2006年，李明博出任首尔市市长。2008年2月25日，他就任韩国第十七届总统。

李明博喜爱文学，并著有《绝非神话》《清溪川流向未来》《绝处逢生》《母亲》《李明博不变的约定》等书。

李明博曾多次访华。(**新华社电**)

🅡人物介绍

挺起不屈的脊梁

——四川抗击特大地震灾难纪实

本报记者 龚达发 贺广华 郑德刚 胡跃平

一切突如其来，一切始料不及；

安宁祥和的天府之国，瞬间陷入前所未有的悲怆和困厄之中。

"5·12"汶川8级特大地震，迄今已造成6万多人遇难，3000多万人受灾，上千万间房屋损毁垮塌……

危难时刻，四川人民昂起头颅，挺直脊梁！

灾难面前，四川人民团结一心，众志成城！

关键时刻站得出来，生死关头豁得出去！15个不眠之夜，见证了四川各级党委、政府的坚强有力，考验了灾区党员干部对人民群众的无限忠诚

快，到倒塌的学校去！

快，到灾情最严重的县市去！

快，到失去联系的偏远乡村去！

快，到一切需要救助的地方去！

党中央心系人民，快速反应，果断决策，举国动员，科学调度。胡锦涛总书记在第一时间作出重要指示。温家宝总理在第一时间飞赴四川指挥抗震救灾，解放军、武警部队在第一时间作出响应千里驰援。

四川各级党委、政府临危不惧，沉着应对。一切为了人民群众，一切服从抗震救灾。他们坚信：有党中央的坚强领导，有人民子弟兵的全力救援，有全国各族人民的倾情相助，没有克服不了的困难，没有战胜不了的灾难。

震后10分钟，在强烈余震中，四川省委、省政府紧急会商部署，一道道指令，迅速发往全省各地；

震后30分钟，省委书记刘奇葆驱车飞驰震中汶川。震后1小时，省领导分别赶往6个重灾市州坐镇指挥。一系列应急方案，快速启动；全省党政军民各路救援力量迅速集结，火速奔赴灾区；

震后5小时，通往汶川的公路因严重损毁中断，刘奇葆被迫折返。在都江堰市一个临时帐篷里，由刘奇葆任指挥长，省长蒋巨峰、省委副书记李崇禧任副指挥长的四川省抗震救灾指挥部，在滂沱暴雨中成立，下设8个工作组。四川各级党委、政府到各个部门、行业，抗震救灾庞大系统的每一个组成部分各就各位，开始高效运转，抗震救灾各项工作有序展开。

危难时刻，敢不敢站出来、能不能豁出去，是对共产党人的重大考验。四川各级党组织和广大党员干部挺身而出，冲锋在前；哪里有危险，哪里最需要，哪里就有党的旗帜、党的组织、党员的身影。

彭州市回龙沟景区与汶川县仅一山之隔，灾情非常严重。山摇地动时，共产党员干志军、谢正清没有独自逃生。他俩带领13名获救村民紧急转移。刚上路，又传来呼救声，他俩毫不犹豫地冲了过去，将两名被困游客救起；公路埋了，干志军走在最前面开路，谢正清则走在最后，不让一人掉队。翻山越岭，披荆斩棘，31个小时后，终于走出死亡地带。

灾难面前，两位农村普通党员以他们的沉着勇敢，诠释了什么是党员的先锋模范作用，什么是人民群众的主心骨。

强震过后，都江堰龙池镇与外界交通、通讯完全中断。田德虎、刘启平等4名党员，挺身而出翻越大山，向上级党委、政府汇报灾情，寻求救援。一路上，急风骤雨，塌方不断，他们心里清楚，随时都有生命危险，为此4人成立临时党支部，商定拉开距离，分别突围，并相约"无论谁活着，都要把灾情信息送出去！"

灾难面前，这个在送信途中成立的临时党支部，以他们的"生死之约"，诠释了什么是无私无畏，什么是舍生忘死。

(下转第十版)

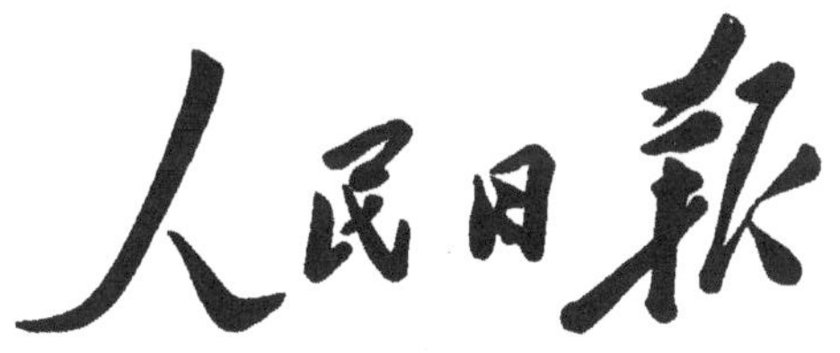

RENMIN RIBAO

人民网 网址:http://www.people.com.cn
手机:http://wap.people.com.cn

2008年1月
31
星期四
丁亥年十二月廿四
人民日报社出版
国内连续出版物号
CN11-0065
第21754期(代号1-1)
今日16版

胡锦涛在中共中央政治局第三次集体学习时强调
精心谋划 周密组织 突出重点 狠抓落实
切实贯彻全面建设小康社会奋斗目标新要求

新华社北京1月30日电 中共中央政治局1月29日下午进行第三次集体学习，中共中央总书记胡锦涛主持。他强调，必须从夺取全面建设小康社会新胜利、开创中国特色社会主义事业新局面的战略高度，深刻认识贯彻落实党的十七大提出的实现全面建设小康社会奋斗目标新要求的重要性和必要性，增强自觉性和主动性，扎扎实实把这些新要求贯彻到社会主义现代化建设各个方面，落实到改革发展稳定各个环节。

中共中央政治局这次集体学习安排的内容是实现全面建设小康社会奋斗目标的新要求和推动经济社会又好又快发展。中国社会科学院经济研究所刘树成研究员、国家发展和改革委员会宏观经济研究院马晓河研究员就这个问题进行了讲解，并谈了对推动我国经济社会又好又快发展的意见和建议。

中共中央政治局各位同志认真听取了他们的讲解，并就有关问题进行了讨论。

胡锦涛在主持学习时发表了讲话。他指出，党的十七大根据国内外形势的新变化、我国经济社会的新发展、广大人民群众的新期待，提出了实现全面建设小康社会奋斗目标的新要求，根本目的就是要实现又好又快发展，全面建成更高水平的小康社会。我们要从实现我国现代化建设"三步走"战略的高度，把当前任务与长远目标紧密结合起来，全面贯彻落实实现全面建设小康社会奋斗目标的新要求，为全面建成小康社会、进而基本实现社会主义现代化打下更为坚实的基础、创造更加良好的条件。

胡锦涛强调，要把实现全面建设小康社会奋斗目标的新要求贯彻好、落实好，首先要深刻领会科学发展观的科学内涵、精神实质、根本要求。特别是要深刻领会科学发展观第一要义是发展、核心是以人为本、基本要求是全面协调可持续、根本方法是统筹兼顾，在深入贯彻落实科学发展观的实践中把实现全面建设小康社会奋斗目标的新要求落到实处。要正确处理好和快的关系，坚持好字优先，在好上下更大功夫、见更多成效。同时，要正确把握世界经济走势及其对我国的影响，充分认识外部经济环境的复杂性和多变性，科学把握宏观调控的节奏和力度，尽可能长地保持经济平稳较快增长。

胡锦涛指出，贯彻落实实现全面建设小康社会奋斗目标的新要求，必须全面推进经济建设、政治建设、文化建设、社会建设以及生态文明建设，促进现代化建设各个环节、各个方面相协调，促进生产关系与生产力、上层建筑与经济基础相协调。要着力增强发展协调性，提高自主创新能力，加快转变经济发展方式，完善社会主义市场经济体制，努力实现经济又好又快发展。要着力扩大社会主义民主，加快建设社会主义法治国家，加快行政管理体制改革，更好保障人民民主权利。要着力加强文化建设，建设社会主义核心价值体系，健全公共文化服务体系，提高全民族文明素质。要着力加快发展社会事业，保障和改善民生，扩大公共服务，完善社会管理，推动建设和谐社会。要着力建设生态文明，发展循环经济，加强节能减排，建设资源节约型、环境友好型社会。要着力推进经济、政治、文化、社会等领域各项改革成果的制度化，形成一整套同建设社会主义市场经济、社会主义民主政治、社会主义先进文化、社会主义和谐社会相适应的更加成熟、更加定型的制度，为建设富强民主文明和谐的社会主义现代化国家不断提供有效制度保障。

胡锦涛强调，实现全面建设小康社会奋斗目标的新要求，一个突出的特点，就是要贯彻以人为本的理念，顺应各族人民过上更好生活的新期待，注重解决人民最关心、最直接、最现实的利益问题。我们要坚持立党为公、执政为民，坚持以人为本，在发展的基础上，着力改善人民生活，保障人民经济、政治、文化、社会权益，维护社会公平正义，努力使全体人民学有所教、劳有所得、病有所医、老有所养、住有所居，动员广大人民群众以更加饱满的热情为全面建设小康社会而团结奋斗。

中共中央政治局召开会议
研究部署北京奥运会和残奥会筹办工作
要求努力举办有特色高水平的奥运会
中共中央总书记胡锦涛主持会议

新华社北京1月30日电 中共中央政治局29日上午召开会议，听取北京奥运会和残奥会筹办工作汇报，研究部署下一步的筹办工作。中共中央总书记胡锦涛主持会议。

会议认为，举办奥运会，是我国各族人民的共同心愿，是中华民族的百年企盼，也是我国对国际社会承担的庄严责任和义务。6年多来，北京奥运会组委会会同有关方面，认真贯彻中央要求，团结带领广大干部群众，做了大量卓有成效的工作，为北京奥运会和残奥会的成功举行打下了坚实基础。

会议强调，2008年北京奥运会和残奥会开幕日期日益临近，筹办工作时间紧迫、任务繁重。各有关方面要全面贯彻党的十七大精神，深入贯彻落实科学发展观，进一步增强使命感和责任感，认真实践绿色奥运、科技奥运、人文奥运的理念，深入贯彻超越、融合、共享的残奥会理念，切实履行所作的各项承诺，要大力弘扬为国争光的爱国精神、艰苦奋斗的奉献精神、精益求精的敬业精神、勇攀高峰的创新精神、团结协作的团队精神，坚持节俭办奥运、廉洁办奥运的方针，扎扎实实做好各项工作。要大力加强组织领导，充分发挥制度优势，广泛调动各界积极性，加强同国际奥委会等有关方面的联系，努力举办一届有特色、高水平的奥运会和残奥会。

会议强调，全党全社会要进一步动员起来，广泛开展迎奥运、讲文明、树新风活动，形成讲文明、重礼仪、团结友善、热情好客的良好风尚，大力倡导团结、友谊、和平的奥林匹克精神，充分展示我国人民企盼奥运、参与奥运、奉献奥运的精神面貌，展示我国改革开放和社会主义现代化建设的成就，展示我国人民蓬勃向上的精神风貌，在全社会营造喜庆热烈的奥运氛围，努力使北京奥运会和残奥会成为加强我国同各国交流合作、增进我国人民同各国人民相互了解和友谊的盛会。

会议还研究了其他事项。

温家宝在广东考察春运及市场供应工作

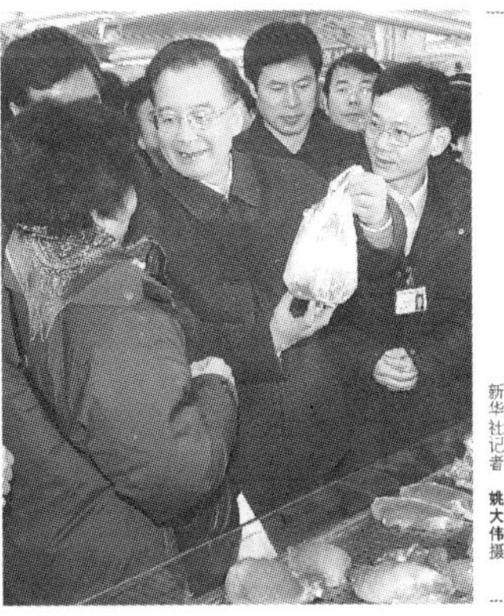

一月三十日，中共中央政治局常委、国务院总理温家宝冒雨考察广东省市场供应工作。这是温家宝在广州东川新街市农贸市场考察。
新华社记者 **姚大伟**摄

新华社广州1月30日电 （记者赵承、赵东辉）29日晚中共中央政治局常委、国务院总理温家宝结束了在湖南的考察工作，当即乘飞机于午夜抵达广州，并于30日晨冒雨考察广东省春运及市场供应工作。

寒冬腊月，冷雨飘洒。8时15分，温家宝在中共中央政治局委员、广东省委书记汪洋，广东省省长黄华华陪同下，来到了广州火车站，看望广大旅客。广东是我国经济总量最大的省份，外来务工人员多，客流量大。近几日受冰雪天气影响，铁路、公路受阻。作为我国南方最大的铁路枢纽，广州火车站是全国春运任务最为繁重的车站之一，几十万旅客滞留。他们的吃住、御寒、防病等问题让总理十分牵挂。

火车站内，一辆即将开往武昌的火车停靠在站台旁。这是从南昌紧急调来支援广州车站的列车。温家宝登上了11号车厢，看到总理来了，车厢里响起了热烈的掌声。温家宝与乘客们亲切握手，详细地询问大家在火车站等几天了？要去哪里？吃喝有没有问题？一位乘客高兴地说，前天晚上总理到了湖北，昨天在湖南，没想到今天又冒雨来到广州，我们心里很温暖。温家宝说，你们能够回家过年，我很高兴。8时25分，汽笛声响，火车缓缓启动，温家宝在站台上向车内的乘客挥手致意，目送列车离去。

在火车站广场临时搭建的大棚下，聚集着大批滞留的旅客。尽管天气寒冷，他们围到了总理身旁，感到暖意融融。温家宝手拿扩音器对大家说，我来看望大家，你们吃苦了。最近，南方地区遭遇了几十年不遇的冰雪灾害，电路中断，铁路停运，又赶上春运，滞留旅客非常多。你们回家心切，我非常理解。我们正在全力恢复电网，疏通道路，争取让大家早点和家人团聚。

温家宝亲切接见了日夜奋战在春运一线的武警官兵、公安干警和铁路职工。他勉励大家，要发扬不怕疲劳、连续作战的作风，照顾好旅客。

在广州长途汽车站，温家宝坐在候车室的长椅上，与候车的乘客们攀谈起来。老家在湖北的华国红，今天带着母亲要搭乘客车前往他工作地珠海。母亲乘坐的从湖北到广州的火车，在路上走了五天五夜。

（下转第二版）

习近平在老同志迎春茶话会上强调
深入贯彻党的十七大精神 全面做好离退休干部工作

新华社北京1月30日电 1月30日上午，2000多名在京老同志欢聚在人民大会堂宴会厅，参加由中共中央组织部、解放军总政治部、中共北京市委举行的在京老同志迎春茶话会。中共中央政治局常委、中央书记处书记习近平在会上代表党中央、国务院讲话，他向出席茶话会的老同志致以节日祝贺，向全国离退休老干部、老同志致以亲切问候和崇高敬意。

欢歌笑语辞旧岁，喜看事业新发展，人民得到新实惠。习近平指出，过去一年，我们坚持以邓小平理论和"三个代表"重要思想为指导，深入贯彻落实科学发展观，推动了各项事业发展进步，保持了经济社会发展的良好势头。过去一年，党的自身建设也取得新的成效，特别是我们党胜利召开十七大，描绘了在新的历史起点上夺取全面建设小康社会新胜利的宏伟蓝图，为谱写人民美好生活新篇章指明了前进方向。我们还建立健全了党内激励、关怀、帮扶机制，进一步增强了党组织的凝聚力。

习近平说，2008年是贯彻落实党的十七大作出的战略部署的第一年，是实施"十一五"规划的承上启下年，是改革开放30周年，也是北京奥运会和残奥会举办之年。

（下转第四版）

中央纪委向党外人士通报党风廉政建设和反腐败工作情况
贺国强出席会议并讲话

本报北京1月30日电 中央纪委今天在北京向党外人士通报党风廉政建设和反腐败工作情况，并听取各民主党派中央、全国工商联领导人和无党派人士的意见和建议。中共中央政治局常委、中央纪委书记贺国强出席会议并讲话。

通报会由中央统战部部长杜青林主持。中央纪委副书记张惠新通报了党的十六大以来党风廉政建设和反腐败工作情况和下一步的工作部署。民革中央主席周铁农、民盟中央主席蒋树声、民建中央主席陈昌智、民进中央主席严隽琪、农工党中央常务副主席陈宗兴、致公党中央常务副主席王钦敏、九三学社中央主席韩启德、台盟中央主席林文漪，全国工商联主席黄孟复、无党派人士代表蒋明麟先后发言。他们充分肯定了近年来党风廉政建设和反腐败工作取得的成绩，赞成中央纪委、监察部下一步的工作部署，并就进一步加强反腐倡廉建设提出了意见和建议。

在认真听取大家的发言后，贺国强讲了话。他指出，中国共产党历来高度重视反腐倡廉工作，党的十六大以来，在以胡锦涛同志为总书记的党中央正确领导下，经过全党全社会的共同努力，党风廉政建设和反腐败工作取得新的明显成效，人民群众的满意度有所提高。

（下转第四版）

四版刊登社论

进一步夯实农业基础

二版刊登评论员文章

一方有难 八方支援

中共中央国务院关于切实加强农业基础建设进一步促进农业发展农民增收的若干意见
（2007年12月31日）

党的十七大高举中国特色社会主义伟大旗帜，对继续推进改革开放和社会主义现代化建设、实现全面建设小康社会的宏伟目标作出了全面部署。推动科学发展，促进社会和谐，夺取全面建设小康社会新胜利，必须加强农业基础地位，走中国特色农业现代化道路，建立以工促农、以城带乡长效机制，形成城乡经济社会发展一体化新格局。

党的十六大以来，党中央、国务院顺应时代要求，遵循发展规律，与时俱进加强"三农"工作，作出了一系列意义重大、影响深远的战略部署。坚持把解决好"三农"问题作为全党工作的重中之重，不断强化对农业和农村工作的领导；坚持统筹城乡发展，不断加大工业反哺农业、城市支持农村的力度；坚持多予少取放活，不断完善农业支持保护体系；坚持市场取向改革，不断解放和发展农村生产力；坚持改善民生，不断解决农民生产生活最迫切的实际问题。经过全党全国人民的共同努力，农业和农村发展呈现出难得的好局面。粮食连续4年增产，农业生产全面发展。农民收入持续较快增长，生活水平明显提高。农村基础设施加快改善，社会事业发展和扶贫开发迈出重大步伐。农村改革取得历史性突破，发展活力不断增强。农村党群干群关系明显改善，农村社会稳定和谐。农业和农村形势好，为改革发展稳定全局作出了重大贡献。实践证明，中央关于"三农"工作的方针政策是完全正确的。

当前，工业化、信息化、城镇化、市场化、国际化深入发展，农业和农村正经历着深刻变化。农业资源环境和市场约束增强，保障农产品供求平衡难度加大，要求加速转变农业发展方式。农产品贸易竞争加剧，促进优势农产品出口和适时适度调控进口难度加大，要求加快提升农业竞争力。农业比较效益下降，保持粮食稳定发展、农民持续增收难度加大，要求健全农业支持保护体系。农村生产要素外流加剧，缩小城乡差距难度加大，要求加大统筹城乡发展力度。农村社会结构深刻转型，兼顾各方利益和搞好社会管理难度加大，要求进一步完善乡村治理机制。全党必须深刻认识"三农"工作面临的新形势新任务，全面把握新机遇新挑战，增强做好"三农"工作的紧迫感，粮食安全的警钟要始终长鸣，巩固农业基础的弦要始终绷紧，解决好"三农"问题作为全党工作重中之重的要求要始终坚持。

2008年和今后一个时期，农业和农村工作的总体要求是：全面贯彻党的十七大精神，高举中国特色社会主义伟大旗帜，以邓小平理论和"三个代表"重要思想为指导，深入贯彻落实科学发展观，按照形成城乡经济社会发展一体化新格局的要求，突出加强农业基础建设，积极促进农业稳定发展、农民持续增收，努力保障主要农产品基本供给，切实解决农村民生问题，扎实推进社会主义新农村建设。

一、加快构建强化农业基础的长效机制

在经济社会发展新阶段，农业的多种功能日益凸现，农业的基础作用日益彰显。必须更加自觉地加强农业基础地位，不断加大强农惠农政策力度。

（一）*按照统筹城乡发展要求切实加大"三农"投入力度。*强化农业基础，必须引导要素资源合理配置，推动国民收入分配切实向"三农"倾斜，大幅度增加对农业和农村投入。要坚持并落实工业反哺农业、城市支持农村和多予少取放活的方针，坚持做到县级以上各级财政每年对农业总投入增长幅度高于其财政经常性收入增长幅度，坚持把国家基础设施建设和社会事业发展的重点转向农村。2008年，财政支农投入的增量要明显高于上年，国家固定资产投资用于农村的增量要明显高于上年，政府土地出让收入用于农村建设的增量要明显高于上年。耕地占用税新增收入主要用于"三农"，重点加强农田水利、农业综合开发和农村基础设施建设。完善城市维护建设税政策，各地预算安排的城市维护建设支出要确定部分资金用于乡村规划、基础设施建设和维护。从2008年起，国家在国家扶贫开发工作重点县新安排的病险水库除险加固、生态建设等公益性强的基本建设项目，根据不同情况，逐步减少或取消县及县以下配套。加强农业投入管理，提高资金使用效益。加快农业投入立法。

（二）*巩固、完善、强化强农惠农政策。*按照适合国情、着眼长远、逐步增加、健全机制的原则，坚持和完善农业补贴制度，不断强化对农业的支持保护。继续加大对农民的直接补贴力度，增加粮食直补、良种补贴、农机具购置补贴和农资综合直补。扩大良种补贴范围。增加农机具购置补贴种类，提高补贴标准，将农机具购置补贴覆盖到所有农业县。认真总结各地开展政策性农业保险试点的经验和做法，稳步扩大试点范围，科学确定补贴品种。全面落实对粮食、油料、生猪和奶牛生产的各项扶持政策，加大对生产大县的奖励补助，逐步形成稳定规范的制度。根据保障农产品供给和调动农民积极性的需要，统筹研究重要农产品的补贴政策。强农惠农政策要向重点产区倾斜，向提高生产能力倾斜。继续对重点地区、重点粮食品种实行最低收购价政策。

（三）*形成农业增效、农民增收良性互动格局。*要通过结构优化增收，继续搞好农产品优势区域布局规划和建设，支持优质农产品生产和特色农业发展，推进农产品精深加工。要通过降低成本增收，大力发展节约型农业，促进秸秆等副产品和生活废弃物资源化利用，提高农业生产效益。要通过非农就业增收，提高乡镇企业、家庭工业和乡村旅游发展水平，增强县域经济发展活力，改善农民工进城就业和返乡创业环境。

（下转第七版）

人民日报

RENMIN RIBAO

今日 16 版（华东、华南地区 20 版） 国内统一连续出版物号 CN 11-0065 第 21299 期 （代号 1-1）

人民网 网址:http://www.people.com.cn 手机:http://wap.people.com.cn

人民日报社出版

2006 年 11 月 2 星期四 丙戌年九月十二

北京地区天气预报 白天 晴转多云 风向 北转南 风力 二、三级 夜间 多云转晴 风向 南转北 风力 一、二级 温度 18℃/8℃

胡锦涛同几内亚比绍总统会谈

11 月 1 日，国家主席胡锦涛在北京人民大会堂为几内亚比绍总统维埃拉举行欢迎仪式。 新华社记者 刘卫兵摄

本报北京 11 月 1 日讯 记者**吴绮敏**报道：国家主席胡锦涛 1 日在人民大会堂同正在中国进行国事访问并将出席中非合作论坛北京峰会的几内亚比绍总统维埃拉举行会谈。双方就发展长期稳定、全面合作的双边关系达成重要共识。

胡锦涛表示，中国人民和几内亚比绍人民的友谊源远流长。近年来，在和平共处五项原则的基础上，双方真诚友好、平等相待，在各领域开展了富有成效的合作，在国际事务中相互支持，友好合作关系发展势头良好。几内亚比绍政府坚持一个中国政策，支持中国统一大业，中方对此表示赞赏。

维埃拉说，中国是几内亚比绍的友好国家，中国人民向几内亚比绍提供了农业、基础设施建设、财政等方面的宝贵援助，改善了几内亚比绍人民生活，促进了几内亚比绍经济社会事业发展，几内亚比绍人民对此深表感谢。维埃拉重申，几内亚比绍将坚定奉行一个中国政策。

胡锦涛指出，中国和几内亚比绍发展长期稳定、全面合作的关系，符合两国和两国人民的根本利益。中国政府愿同几内亚比绍方面一道，深化两国传统友谊，扩大友好合作。第一，保持高层交往势头，扩大两国政府、议会、政党以及其他领域的交流和对话，不断增进相互理解和信任。第二，坚持互利互惠、共同发展，集中精力搞好正在实施的经贸合作项目，积极探索双方互利合作的新领域、新途径，扩大在渔业、农业、基础设施建设领域的合作。第三，加强在中非合作论坛框架下的合作，就论坛的发展以及后续行动的实施保持密切磋商，加强人才培训和能力建设等领域的合作。第四，扩大在文教、卫生等领域的合作。第五，加强在国际事务中的磋商和合作，加强沟通、相互支持，共同维护发展中国家的合法权益，推动建设持久和平、共同繁荣的和谐世界。

（下转第四版）

注重社会公平 共享发展成果

青海不断提高低收入者收入水平

目前，只有 500 多万人口的青海省，享受失业保险待遇人员达 1.1 万人，城市居民最低生活保障人数为 20.3 万人，救助农村牧区特困人口 22.9 万人

本报西宁 11 月 1 日电 记者**郅振璞**报道：青海省在经济发展基础上，合理调整国民收入分配格局，今年较大幅度提高企业退休人员基本养老金标准、最低工资标准、失业保险金标准、城市居民最低生活保障标准、农村特困人口救助标准。目前，只有 500 多万人口的青海省，享受失业保险待遇人员达 1.1 万人，城市居民最低生活保障人数为 20.3 万人，救助农村牧区特困人口 22.9 万人。其中，从 1999 年至今，已给企业离退休人员累计发放养老保险金 118 亿元。

从今年 7 月 1 日起，青海省提高农村牧区特困人口救助标准，对现有近 23 万名特困救助对象以及丧失劳动能力的残疾人、常年患病、卧床不起人员以及无劳动能力人员予以救助。预计今年发放农村牧区特困人口救助金为 1873 万元。

青海省今年退休人员月养老金人均增加 168 元，是历年调整幅度最大的一次。针对全省灵活就业中以小时工为主要形式的非全日制用工日益增多的实际情况，今年还建立了适用于非全日制就业劳动者的小时最低工资制度，保护劳动者合法权益，使低收入者能够共享社会进步成果。

为保障失业者的基本生活，青海 20 年间先后 6 次提高了失业保险金标准。今年调整失业保险金标准后，全省补发失业保险金 429 万元，预计全年共发放失业保险金 3564 万元。城市居民最低生活保障制度 10 年间也经过了 4 次调整，今年调整标准后，城市低保对象实际每月人均收入 196.7 元，10 年间累计发放最低生活保障金 10.49 亿元，基本实现了动态管理下的应保尽保。

落实科学发展观·构建和谐社会

·协调发展加强社会事业建设·

胡锦涛会见加蓬总统、科摩罗总统和非盟主席

本报北京 11 月 1 日讯 记者**吴绮敏**报道：国家主席胡锦涛 1 日在人民大会堂分别会见了前来出席中非合作论坛北京峰会的加蓬总统邦戈、科摩罗总统桑比和非洲联盟委员会主席科纳雷。

胡锦涛热烈欢迎非洲领导人前来出席中非合作论坛北京峰会。他指出，今年是新中国同非洲国家开启外交关系 50 周年，是中非关系承前启后、继往开来的重要年份。中非合作论坛走过了 6 年的发展历程，已成为中非集体对话的重要平台和务实合作的有效机制。北京峰会是中非关系史上的一次创举。我们将共同围绕友谊、和平、合作、发展这一主题，回顾中非友好的发展历程，规划未来合作蓝图，推动中非新型战略伙伴关系深入发展。这体现了中非人民的共同心愿，也符合和平、发展、合作的世界潮流。这次峰会必将成为中非关系发展史上新的里程碑，为中非关系发展打开更加广阔的前景。

非洲领导人表示，中国历来尊重非洲、帮助非洲、不干涉非洲国家内政，是非洲真诚的可信赖的朋友。我们是抱着强烈信心来参加北京峰会的，将同中方一道，为峰会成功举行，增进非中友谊、扩大双方交流合作作出贡献。

在会见邦戈时，胡锦涛表示，经过双方共同努力，我和邦戈总统就加强两国关系达成的共识得到积极落实，两国合作全面展开。中加经贸领域合作发展势头良好，在资源开发、基础设施建设、电信等重点领域的合作不断扩大。我们高度重视中加传统友谊，愿同加方一道，保持两国高层友好交往，深化经贸领域的互利合作，密切双方在国际事务中的协调和配合，推动中加友好合作关系达到更高水平。邦戈表示，中国是加蓬的真诚朋友，两国人民友谊深厚。加方愿意为加强两国人民传统友谊和深化两国友好合作开辟更为广阔的前景，希望两国扩大基础设施建设、资源开发等领域的合作，以及在国际事务中的相互支持和配合。邦戈表示，加蓬坚定支持中国完成和平统一大业。

在会见桑比时，胡锦涛说，经过建交后 30 多年的发展，中科关系已成为大小国家平等相待、团结合作的典范。当前，中科关系发展势头良好。双方相互理解，相互支持，在国际事务中保持磋商和配合。中方将继续加强同科摩罗的互利合作，鼓励中国企业到科摩罗投资。桑比说，中国是科摩罗独立后第一个同科建交的国家，科摩罗在国家建设中得到了中国的宝贵帮助。事实证明，中国人民是科摩罗的真诚朋友和伙伴，我们为此感到骄傲。科方希望在经济社会发展方面继续得到中国的支持。桑比表示，科方坚定地坚持一个中国政策。

在会见科纳雷时，胡锦涛强调，中非关系取得的丰硕成果，凝结着中非双方的共同心血。在中非关系发展的各个历史时期，双方彼此真诚友好、平等相待、相互支持、密切合作，结下了深厚友谊。长期以来，非洲国家和人民始终支持中国维护国家主权和领土完整，中方对此倍加珍视。非盟致力于维护非洲稳定、促进非洲团结、推动非洲经济一体化，在处理非洲内部事务、协调非洲对外立场等方面发挥了重要作用，中方对此高度赞赏。中国重视非盟，把中国同非盟的关系视为中非关系的重要组成部分。科纳雷表示，非洲人民和中国人民是老朋友，始终保持友好情谊，非洲人民感谢中国人民所给予的一贯支持。中国在促进非洲发展、加强非洲团结、维护非洲稳定等方面发挥了重要作用。中国真诚帮助非洲建设，是非洲经济社会发展的重要伙伴。中非加强合作是正确的道路。非盟从战略高度重视同中国的关系，愿为中非关系发展作出不懈努力。

国务委员唐家璇等参加了会见。

胡锦涛同利比里亚总统会谈

11 月 1 日，国家主席胡锦涛在北京人民大会堂举行仪式，欢迎利比里亚总统约翰逊—瑟利夫访华。 新华社记者 姚大伟摄

本报北京 11 月 1 日讯 记者**吴绮敏**报道：国家主席胡锦涛 1 日在人民大会堂同正在中国进行国事访问并将出席中非合作论坛北京峰会的利比里亚总统约翰逊—瑟利夫举行会谈。双方一致同意深化中利友好合作，推动双边关系全面发展。

胡锦涛表示，中国人民对利比里亚人民一向怀有友好情谊。2003 年 10 月中利复交以来，两国关系发展顺利。双方政治上互尊互信、相互支持，经贸合作加快、成果显著，在国际事务中相互协调、密切配合。中国坚定支持利比里亚的和平进程和经济重建。利比里亚政府坚持一个中国政策，支持中国统一大业，中方对此表示赞赏。

约翰逊—瑟利夫表示，在中国时间虽短，但已感受到了中国领导人和中国人民对利比里亚人民的友好感情。近年来，利中双方通过各种机制在农业、基础设施建设等领域开展了卓有成效的合作。中国向利比里亚提供的多方面援助，对利比里亚人民具有重要意义，利方对此深表感谢。

胡锦涛强调，深化中利友好合作，推动中利关系全面发展，符合我们两国和两国人民的根本利益。中方愿同利方携手努力，将两国关系不断推向新的水平。胡锦涛提出，双方应保持高层交往，增强政治互信，推动各领域各层次人员交流，加深相互了解和友谊，夯实两国友好合作的社会基础；深化经贸合作，加强对两国经贸合作的规划、指导、协调，扩大双边贸易，抓紧落实好在建项目，为两国企业在资源开发、基础设施建设等领域的合作牵线搭桥；加强中非合作论坛框架下的合作，中方将继续向利方提供来华培训名额，帮助利方开发人力资源，加强能力建设；扩大教育、卫生等领域的合作；加强多边合作，保持沟通、协调立场，共同推动建设持久和平、共同繁荣的和谐世界。

约翰逊—瑟利夫表示，维护和平稳定、振兴经济、加强基础设施建设、促进良政是利比里亚发展的优先领域。胡锦涛主席关于两国关系的建议同利比里亚发展战略完全一致。 （下转第四版）

11 月 1 日，国家主席胡锦涛在北京人民大会堂会见前来出席中非合作论坛北京峰会的加蓬总统邦戈。 新华社记者 兰红光摄

11 月 1 日，国家主席胡锦涛在北京人民大会堂会见前来出席中非合作论坛北京峰会的科摩罗总统桑比。 新华社记者 饶爱民摄

11 月 1 日，国家主席胡锦涛在北京人民大会堂会见前来出席中非合作论坛北京峰会的非洲联盟委员会主席科纳雷。 新华社记者 姚大伟摄

温家宝在广西考察工作

新华社南宁 11 月 1 日电 （记者**秦杰**）中共中央政治局常委、国务院总理温家宝在出席中国—东盟建立对话关系 15 周年纪念峰会前夕，到广西壮族自治区柳州市、来宾市和南宁市考察工作。他深入企业、农村和社区，与干部群众座谈，就发展优势产业和特色经济、推进社会主义新农村建设、扩大对外开放和加强民族工作等进行调查研究。

秋日的八桂大地，草木葱茏，瓜果飘香。10 月 28 日，温家宝一下飞机就来到广西最大的工业城市柳州考察企业生产经营情况。两面针公司生产的牙膏是用中药配方研制而成，在国内外具有较高的知名度，出口到世界很多国家。温家宝走进车间，仔细察看了陈列的中草药标本，并在生产线旁与技术人员亲切交谈。公司负责人梁英奇介绍目前产品销售量在国内品牌中排名第一，公司将以“好产地、好中药、好牙膏”为宗旨，力争 5 年内达到年销售 80 亿支的目标。温家宝连连称赞。他说，市场的竞争形成挑战和压力，我们的企业每天都在与对手赛跑。要瞄准国内外需求，积极开拓市场。要提高自主创新能力，大力实施品牌战略，着力培育和壮大一批拥有自主知识产权和知名品牌、国际竞争力较强的优势企业。在富达机械有限公司、上汽通用五菱汽车股份有限公司和柳工集团，温家宝与企业负责人和工人交谈，了解企业生产情况、产品开发和销售情况。

（下转第二版）

温家宝会见几内亚比绍总统和利比里亚总统 （第四版）

贾庆林与乌克兰最高苏维埃主席会谈 （第三版）

黄菊出席 2006 中国国际工业博览会 （第二版）

非洲十一国领导人抵达中国

据新华社北京 11 月 1 日电 （记者孙侠）塞舌尔总统詹姆斯·阿利克斯·米歇尔 1 日晚抵京，开始对中国进行国事访问并将出席于 11 月 4 日开幕的中非合作论坛北京峰会。

同日抵达北京的还有苏丹总统巴希尔、赤道几内亚总统奥比昂、博茨瓦纳总统莫哈埃。同日抵达上海的有刚果（布）总统萨苏。

至此，已有来自利比里亚、几内亚比绍、安哥拉、加蓬、布隆迪、科摩罗、苏丹、赤道几内亚、博茨瓦纳、刚果（布）和塞舌尔共十一个非洲国家的领导人陆续抵达中国。

非洲联盟委员会主席科纳雷也于同日抵京。

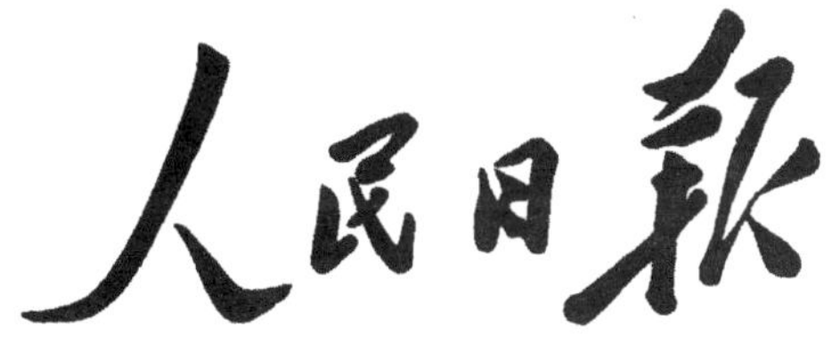

RENMIN RIBAO

人民网　网址:http://www.people.com.cn
手机:http://wap.people.com.cn

2008 年 2 月
3
星期日
丁亥年十二月廿七
人民日报社出版
国内连续出版物号
CN11－0065
第 21757 期（代号 1－1）
今日 16 版

团结协作　顽强奋战　克服困难　抗灾救灾

千方百计保证交通运输通畅和电力供应

本报北京 2 月 2 日电　近期，我国部分地区出现罕见的雨雪冰冻灾情，给受灾地区生产生活带来严重影响。各有关地区和部门积极响应中央号召，团结协作，顽强奋战，克服困难，抗灾救灾，千方百计保证交通运输通畅和电力供应。

铁路加急开出 18 趟救灾物资专列

连日来，铁路部门上下联动，全力确保各类救灾抢险物资迅速到位。截止到 2 月 2 日，在不到 4 天的时间里，铁路部门已迅速开出 18 个救灾物资专列，紧急运送了 379 车救灾物资及时抵达抢险救灾最前沿。

自 2 月 1 日突击抢运电煤战役打响后，铁路部门超常规全力组织电煤运输。2 月 1 日，铁路电煤装车达到 4.22 万多车，同比增加 1.2 万车；大秦线日运量成功突破 100 万吨，双双达到历史最高水平。

另据了解，2 月 2 日 10 时 50 分，北京铁路局连夜组织装运的“救”57052 次列车从大红门站货场紧急启程，火速驶向长沙北站。“救”字号专列的 18 辆篷车内装满了 12.5 万件御寒衣被、睡袋和 67.6 万支蜡烛，将于春节前发给湖南雨雪冰冻重灾区灾民。

交通部组织六省大联动抢通京珠线

为早日打通京珠线，尽快疏运高速公路上的滞留旅客，2 月 2 日，交通部组织京珠高速公路沿线的广东、湖南、湖北、江西、广西、河南六省区大联动，力保京珠线畅通。此次六省区交通部门联动将在人员、设备、物资等方面加强合作与交流，合力除雪保通。

民航免收运送救灾物资飞机起降费用

出于疏散积压和滞留旅客的考虑，民航总局取消了每日凌晨 2 时至 6 时禁止航空公司运行国内客运航班的限制，在严格执行安全标准的前提下，及时安排航空公司补班、加班飞行。为确保救灾物资运输，民航总局还决定免收内地航空公司运送救灾物资的货运飞机起降费、停场费等相关费用。

国有重点煤矿春节期间提高产能

记者从国家安监总局获悉：各地煤矿按照国务院煤电油运和抢险抗灾应急指挥中心要求，调整节日检修计划，推迟检修时间，坚持春节期间正常生产。预计春节期间，原国有重点煤矿生产能力在原计划基础上还将提高 5%—10%，达到 80%—85%。

（综合本报记者**陆娅楠**、**白天亮**、**原国锋**报道）

2 月 2 日，百余名浙江绍兴越城民兵预备役应急分队队员在清扫桥面积雪。2 月 1 日至 2 日，浙江中北部城市遭遇罕见暴雪，浙江省气象台连续两天发布暴雪和道路结冰红色预警信号。　袁　云摄（新华社发）

代表中共中央和胡锦涛总书记
向全国宗教界人士和广大信教群众祝贺新春佳节

贾庆林与全国性宗教团体负责人举行迎春座谈

本报北京 2 月 2 日电　（记者**石国胜**）中共中央政治局常委、全国政协主席贾庆林 2 日邀请全国性宗教团体负责人到中南海座谈，共同迎接即将到来的中华民族传统节日春节，并代表中共中央和胡锦涛总书记向全国宗教界人士和广大信教群众祝贺新春佳节。

贾庆林在认真听取了宗教团体负责人的发言后说，过去的一年，是党和国家事业发展进程中的重要一年，也是宗教工作取得丰硕成果的一年。从总体上看，我国宗教领域继续保持了和谐稳定的良好局面，宗教界人士努力团结和引导信教群众积极投身现代化建设，为建设中国特色社会主义事业营造了良好的氛围。2008 年，是全面贯彻落实党的十七大作出的战略部署的第一年，是实施“十一五”规划承上启下的一年。我们将迎来改革开放 30 周年，还要举办北京奥运会和残奥会。做好今年的宗教工作具有十分重要的意义。党的十七大强调，要全面贯彻党的宗教工作基本方针，发挥宗教界人士和信教群众在促进经济社会发展中的积极作用。这是对做好新形势下宗教工作的根本要求。前不久，中央政治局集体学习又专门研究当代世界宗教和加强我国宗教工作，胡锦涛总书记发表重要讲话，对进一步做好宗教工作提出了明确要求。面对新的形势和任务，我们要全面贯彻党的十七大精神，　（下转第四版）

李长春在湖北灾区看望慰问干部群众时强调

以对人民高度负责的精神　抓紧抓好抗灾救灾工作

新华社武汉 2 月 2 日电　（记者**邹声文**）受胡锦涛总书记委托，中共中央政治局常委李长春近日专程赴湖北灾区，代表党中央、国务院慰问受灾群众，考察指导抗灾救灾工作。他强调，要以高度的政治责任感和对人民生命财产高度负责的精神，把抗灾救灾工作作为当前头等大事抓紧抓好，确保人民生命财产安全，确保经济平稳正常运行，确保社会和谐稳定。

1 月 30 日下午，李长春一登上飞机，就打开地图，向有关部门负责人了解抗灾救灾的最新情况。刚一抵达武汉，他就在湖北省委书记罗清泉、省长李鸿忠陪同下，直接前往汉口火车站和武昌傅家坡长途汽车站，看望慰问旅客和车站干部职工。在候车室里，李长春与旅客们亲切握手，仔细询问他们车票好不好买、有没有地方休息、能不能喝上开水、吃饭问题怎么解决等。他对旅客们说，党中央、国务院高度重视大家返乡过春节，中央和地方各部门都已行动起来，采取了多种措施。请大家放心，只要我们团结一致、相互配合，就一定能够战胜这场 50 年一遇的冰雪灾害。在交谈中得知这两个车站做了大量工作，使旅客都能有地方候车休息、都能喝上开水、生病能够领到免费药品，看到共产党员、共青团员佩戴标志为旅客服务，李长春感到十分欣慰，高兴地说，哪里有困难，哪里就有共产党员、共青团员的身影，这很好。临离开武汉的前一夜，李长春对在车站等着回家的群众放心不下，他冒着风寒再次来到汉口火车站附近临时安置候车旅客的财神家居博览中心，看望慰问候车的旅客，并仔细检查各项便民措施的落实情况。　（下转第四版）

李克强赴四川考察灾情慰问干部群众时强调

尽心竭力为群众救急解难　夺取抗灾全面胜利

新华社四川广安 2 月 2 日电　（记者**张旭东**）受胡锦涛总书记委托，中共中央政治局常委李克强 1 月 30 日至 2 月 2 日专程奔赴四川灾区，察看灾情，代表党中央、国务院看望慰问受灾群众，指导抗灾救灾工作。

1 月 11 日以来，川东北等地遭受了新中国成立以来最严重的雨雪冰冻灾害，给群众生产生活和经济社会造成严重影响。截至 2 月 1 日 12 时，灾害已造成四川 1030.3 万名群众不同程度受灾，主要集中在山区和贫困地区。

遭遇雨雪袭击的巴蜀大地，寒气逼人。在四川省委书记刘奇葆、省长蒋巨峰等陪同下，李克强先后到达州、巴中、广安等受灾严重的地区，行程 1000 多公里，翻山越岭，走村入户，现场察看群众实际困难和农作物受灾情况；他还进车站、入集市、到电厂，了解交通出行、市场供应及电力运行状况。

达州和巴中均位于大巴山南麓，许多人口密集的村镇散布高山丘陵之中，抗灾救灾工作格外艰巨。李克强 1 月 30 日晚赶赴达州后，连夜听取当地灾情汇报。31 日一大早，李克强一行驱车百余公里，沿雪后崎岖的盘山公路，来到海拔 1000 多米的宣汉县老君乡紫云村。

老百姓有没有足够的御寒衣服？饮水吃饭问题怎么解决？李克强踏雪步入村民家，拉着老乡的手详细询问。在村民贺继池家，看着结冰的水缸和冻裂的供水管道，李克强叮嘱当地干部要组织好送水，认真解决群众吃水难问题。在村民马茂杰家，和他们一家围坐在火塘边攀谈起来。当了解到当地有很多在外务工人员不能回家过节时，李克强要求当地政府保障好这些家庭的生活，让务工人员在外安心过年。　（下转第四版）

贺国强在江西察看灾情慰问干部群众时强调

加强领导精心组织　广泛动员科学实施
全力以赴夺取抗御雨雪冰冻灾害全面胜利

新华社南昌 2 月 2 日电　（记者**李亚杰**、**余孝忠**）受胡锦涛总书记委托，中共中央政治局常委、中央纪委书记贺国强代表党中央、国务院，近日来到江西省察看雨雪冰冻灾害情况，慰问灾区干部群众，与省委、省政府一道研究指导抗灾救灾工作。每到一处，他都要求各级领导干部和广大共产党员要用实际行动贯彻中央要求，把群众的安危冷暖放在最高位置，到救灾第一线去，到灾情最严重的地方去，充分发挥先锋模范作用，真正做到“雪中送炭”，确保人民群众生命财产安全，确保经济平稳正常运行，确保社会和谐稳定，确保人民群众过一个欢乐祥和的春节。

半个多月来，江西大部分地区出现持续大范围雨雪和低温冷冻天气，给交通运输、电力供应和群众生产生活造成严重影响。江西省委、省政府采取一系列应对措施，全省人民奋力抗灾救灾，目前已经取得初步胜利。

江西是我国中部地区重要交通枢纽。正逢春运，又遭雪灾，群众返乡车票好不好买？旅途好不好走？贺国强十分惦念。1 月 30 日晚，贺国强一到南昌，就来到昌北机场候机厅，亲切看望旅客和机场工作人员，详细了解航班保障、飞行区除冰雪等情况。在南昌铁路局调度中心铁路区间运行显示屏前，贺国强看得仔细、问得认真。　（下转第四版）

周永康看望慰问首都公安民警武警官兵和治保工作者

代表党中央国务院向他们致节日问候

新华社北京 2 月 2 日电　（记者**田雨**）在新春佳节即将到来之际，中共中央政治局常委、中央政法委书记周永康 2 日下午亲切看望慰问了首都公安民警、武警官兵、公安英烈家属和基层治保工作者，代表党中央、国务院向他们表示诚挚的慰问，向全国广大政法干警、武警官兵及其家属和治保工作者致以节日的问候。

下午 3 时许，周永康一行首先来到北京市公安交通管理局东城交通支队帅府园队，周永康充分肯定了交通民警为确保首都道路交通安全畅通作出的贡献。他看望慰问了公安烈士吴宝山的妻子曹惠清和女儿吴茜，仔细询问了她们的学习工作生活情况。周永康深情地说，公安英烈为维护首都安宁献出了宝贵生命，我们永远不会忘记他们！希望首都广大公安民警学习吴宝山同志忠诚为民、不怕牺牲的精神，把工作做得更好。他叮嘱随行的北京市和公安部有关领导，要关心照顾好烈士家属的工作和生活。

周永康随后来到武警北京总队某支队，察看值勤信息系统功能演示情况，并来到战士食堂、宿舍，和战士们嘘寒问暖，亲切交谈。他要求武警部队把维护首都稳定作为重要任务，听党指挥，服务群众，英勇善战，为党和人民再立新功。

在朝阳区麦子店街道枣营北里社区，周永康仔细察看了警务工作站、中外文图书馆、爱心家园超市和社区百姓房地产咨询中心，了解平安社区建设和对流动人口的服务与管理情况，亲切慰问了基层治保工作者。强调做好首都的治安工作，要坚持专群结合，紧紧依靠广大群众，群防群治，打牢公安工作的根基。　（下转第四版）

树立抗灾救灾的必胜信念

本报评论员

连日来，一场持续时间长、涉及范围广的低温、雨雪冰冻灾害袭击我国南方 10 多个省区，给群众生产生活造成了严重影响。在这场突如其来的自然灾害面前，党中央、国务院高度重视、周密部署，各有关部门紧急行动、全力以赴，全国上下众志成城、奋勇抢险，谱写了一曲中华民族撼天动地的抗灾壮歌。

灾情发生后，中共中央政治局召开专门会议，要求把抗灾救灾作为当前最紧迫的任务，坚决打好这场抗灾救灾的硬仗。国务院召开常务会议，要求千方百计做好煤电油运保障工作。胡锦涛总书记冒着严寒深入 400 多米深的大同塔山煤矿采掘区，看望一线工人，并亲临大秦铁路、秦皇岛港考察煤炭生产和电煤供应情况。在赴湖南广东考察抗灾救灾和春运工作回京仅 44 小时后，温家宝总理再次赶往湖南灾区，研究部署进一步做好抗灾救灾工作的措施。中央领导同志纷纷深入抗灾救灾一线，慰问干部群众，指导抗灾救灾工作。这一切，极大地鼓舞了广大干部群众的斗志，坚定了必胜信念。

打好当前抗灾救灾这场硬仗，当务之急是要恢复交通运输通畅和电力正常供应。各条战线的干部职工，发扬特别能战斗、特别能吃苦的精神，千方百计保证交通运输通畅和电力供应。公安、交通部门奋力除雪铲冰、分流拥堵车辆。铁路部门在妥善安置好滞留旅客的同时，一方面强力挖潜，抢运煤炭，一方面全力打通钢铁大动脉，力争让旅客平安回家过年。电力部门日以继夜登塔除冰、抢险保网。煤炭生产企业在确保安全的前提下，千方百计多产煤、多供煤，为国分忧。

一方有难，八方支援，是中华民族的传统美德；全国一盘棋，集中力量打攻坚战，是社会主义制度优越性的突出体现。国家应急、民政、铁路、交通、民航、水运、气象、电力、电信、卫生等部门紧急行动起来，同心同德，齐心协力，主动支援和帮助受灾地区。人民解放军、武警官兵、民兵预备役人员迅速出动，广大干部群众齐心奋战，社会各界同舟共济，全力投入抗灾救灾攻坚战，涌现了许许多多先进人物和感人事迹。

真情融冰雪，抗灾党旗红。各级领导干部深入一线，靠前指挥，组织群众，发动群众，帮助基层解决实际困难；广大共产党员不畏艰险，顽强拼搏，冲在最前面，干在危险处，发挥了“顶梁柱”、“主心骨”的作用。

新春佳节日益临近，我国南方地区的雨雪仍在肆虐，灾情还在继续发展。我们还将面临更复杂、更艰巨的抗灾局面。但是，有党中央、国务院的坚强领导，有全国人民万众一心，有灾区军民的团结奋战，有强大的物质能力，只要树立必胜信念，扎实细致地做好各项工作，就没有克服不了的困难，我们就一定能够夺取抗灾救灾斗争的全面胜利。

中台办国台办就陈水扁当局公告举办“入联公投”发表受权声明

本报北京 2 月 2 日电　中台办、国台办就陈水扁当局公告举办“入联公投”发表受权声明。声明全文如下：

2 月 1 日，陈水扁当局不顾两岸同胞的强烈反对和国际社会的谴责，公然决定于 3 月 22 日举办所谓以台湾名义加入联合国的公投。

陈水扁当局执意举办“入联公投”，是谋求改变大陆和台湾同属一个中国的现状、走向“台湾法理独立”的重要步骤，是变相的“台独公投”。这一图谋一旦得逞，势必严重冲击两岸关系，严重损害两岸同胞的根本利益，严重危害台海地区乃至亚太地区的和平。

大陆和台湾同属一个中国。任何涉及中国主权和领土完整的问题，必须由包括台湾同胞在内的全中国 13 亿人民共同决定。我们十分关注“入联公投”事态的发展。陈水扁当局一意孤行，铤而走险，必将付出沉重代价。

两岸同胞是骨肉兄弟，根本利益是一致的。两岸之间的矛盾和分歧完全可以在两岸关系和平发展过程中通过平等协商加以解决。我们真诚希望广大台湾同胞认清陈水扁当局举办“入联公投”的险恶用心和必将给台湾同胞带来的严重后果。只有坚决遏制“台独”冒险行径，才能维护两岸关系和平发展的前景，才能维护台湾同胞的福祉，才能维护台海地区和亚太地区的和平。

刘云山在河北调研时强调
发挥特色优势 坚持利民惠民 以有力措施推动基层文化繁荣发展

新华社石家庄5月13日电 中共中央政治局委员、中央书记处书记、中宣部部长刘云山近日在河北调研时强调，基层是事业发展的根基所在，社会主义文化的繁荣离不开基层文化的发展。深入贯彻党的十七届六中全会精神，必须注重基层基础、坚持利民惠民，突出地方特色、发挥资源优势，加快推进基层文化改革发展步伐，努力提供更多更好的文化产品和文化服务，不断丰富人民群众精神文化生活。

刘云山深入张家口市一些社区、村镇和宣传文化单位进行考察，听取基层干部群众对文化建设的意见建议，对河北经济社会发展和宣传思想文化工作给予充分肯定。他指出，这些年，中央高度重视基层文化建设，采取一系列举措推动基层文化建设取得长足进展。适应经济社会发展的新要求、满足人民群众的新期待，需要我们坚持统筹兼顾、重心下移，增强动力、激发活力，推动基层文化建设实现更大发展。

刘云山强调，加强基层文化建设，必须树立以人民为中心的工作导向，坚持文化发展为了人民、文化成果惠及人民、文化建设依靠人民。要推动更多的文化资源投向基层、更多的文化服务延伸到基层，加快构建公共文化服务体系，抓好重点文化惠民工程的巩固、提升、完善，努力做到广覆盖、高水平、重实效，不断提高公共文化产品和服务的供给能力，切实保障人民群众的基本文化权益。要坚持因地制宜、从实际出发，充分发挥富有自身特色的地方文化优势，充分挖掘充满乡土气息的民间文化资源，大力发展丰富多彩、充满活力的群众文化，培育一批特色鲜明的知名文化品牌，培育一批乡土文化能人、民族民间文化传承人，实现文化资源优势向文化发展优势的转化。要在继承优秀传统文化的基础上，大力推动内容创新、技艺创新、业态创新，把传统元素与时尚元素结合起来，把民族精神与时代精神结合起来，使文化产品更好地体现民族特色、地方特点，更好地符合群众需求。要充分尊重人民群众的主体地位，开辟渠道、搭建平台，吸引群众广泛参与，让群众在文化建设中自我表现、自我教育、自我服务，充分调动广大群众参与文化建设的积极性主动性创造性。

走基层不能『虚应』

季 音

“走转改”活动开展以来，成效显著，密切了媒体与基层的联系，锻炼了队伍，其他部门也很受益。实践证明，这项活动是完全必要的。据有关部门了解，目前大多数单位仍然继续力行，巩固和扩大已有的成果。但也有少数媒体，对走基层并不热心，对走基层的稿子处理并不精心，放松了领导，颇有“虚应”迹象。这是值得注意的。

凡事贵在坚持。“走转改”活动也要坚持下去，不应是一阵风，热闹一阵，过后照旧，这不可能取得预期效果。走基层的目的之一，就是要了解下情，掌握实情，反映民情。而且情况必须力求“真”，即真实的而非虚假的、表面的。如果走基层只是蜻蜓点水，很难了解到基层真实情况。俗话说：“一回生，二回熟”。你到基层跑得勤，和群众接触多，就由“生”变“熟”了，相互有了信任，群众就会对你掏心窝。说真话是写好报道、做好其他各项工作的基本前提，这就要求干部下基层要持之以恒，要勤走勤听，不辞辛劳，多和基层干部群众交心结友。

这些年来，我国广大基层地区变化极大，很多地方真是旧貌换新颜。随着社会进步，这种变化还会越来越快、越来越大，当然问题也会随之增多。如果下基层只是一年半载偶尔为之，或是走马观花地“到此一游”，既不了解它的过去历史，也不了解变化过程，那样的下基层恐怕很难写出有深度的好文章，其他工作也不会有多大收获。任何事物的发展都有过程，都有连续性。

对于一个领导干部来说，争取多“挤”出些时间到基层看看，也极有必要。经常下基层的人，既熟悉基层单位的过去，又洞察现状的来龙去脉，处理起基层问题的时候，可能更为顺手稳妥。因此，常到基层走走，应成为国家干部的必修课。而对媒体工作者来说，下基层不只是写某篇报道，也是去学习锻炼、接受教育。基层是社会主义建设的第一线，基层同志埋头实干巧干苦干，不尚空谈，把党与政府的各项方针政策落实到各自的劳动工作中，他们都是实践者。实践出真知，由点及面，自下而上，基层的经验与体会，往往能为深化改革提供支点与试点，成为解决问题的宝贵资源。

把走基层经常化、常态化，才会真正出实效、有收获。

国家旅游局提醒除非必要
中国游客应暂缓赴菲旅游

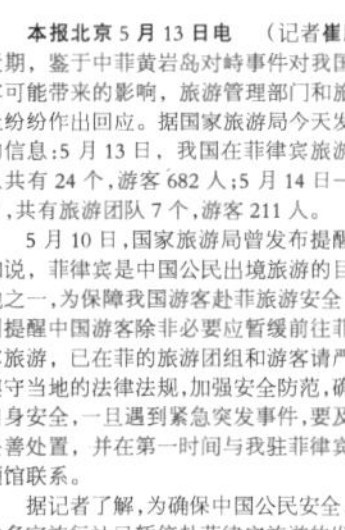

本报北京5月13日电 （记者**崔鹏**）近期，鉴于中菲黄岩岛对峙事件对我国游客可能带来的影响，旅游管理部门和旅行社纷纷作出回应。据国家旅游局今天发布的信息：5月13日，我国在菲律宾旅游团队共有24个，游客682人；5月14日—15日，共有旅游团队7个，游客211人。

5月10日，国家旅游局曾发布提醒通知说，菲律宾是中国公民出境旅游的目的地之一，为保障我国游客赴菲旅游安全，特别提醒中国游客除非必要应暂缓前往菲律宾旅游，已在菲的旅游团组和游客请严格遵守当地的法律法规，加强安全防范，确保自身安全，一旦遇到紧急突发事件，要及时妥善处置，并在第一时间与我驻菲律宾使领馆联系。

据记者了解，为确保中国公民安全，内地多家旅行社已暂停赴菲律宾旅游的发团和报名，并实施劝退、退款等措施。

据中青旅提供的信息，考虑到赴菲中国游客人身安全可能存在风险，北京—长滩岛直飞航班已确定于5月13日停飞，中青旅即日启动《安全保障承诺》：对已报名参加5月13日及之后日期长滩岛的客人，中青旅执行全额退款（包含签证费），由此带来的相关损失由中青旅承担。截至目前，在《安全保障承诺》启动后，已经办理退团的客人共计140人左右。目前，中青旅在菲律宾长滩岛的全部16名客人已于5月12日平安返京。

赛医技

5月12日，第三届全国高等医学院校大学生临床技能竞赛总决赛在北京大学人民医院拉开帷幕，共有42支代表队参加为期两天的竞赛。比赛由教育部和卫生部主办，项目涉及内、外、妇、儿、护理、急救等几个大类。图为选手在比赛中。

本报记者 **徐 烨**摄

赴台个人游入台证代办费被炒高
海旅会有关负责人否认

本报北京5月13日电 （记者**崔鹏**）近日，有媒体报道部分大陆旅行社刻意炒高赴台个人游入台证的代办费用，以致影响大陆居民赴台旅游的意愿。

海峡两岸旅游交流协会有关负责人日前就此表示，我们注意到个别媒体的报道并对相关情况进行了调查。从调查情况看，目前大陆旅行社代办赴台个人游入台证的收费一般是500—800元人民币，其中包括为台湾旅行社代收的300元左右人民币，还有人工、快递等费用，并非个别媒体报道的1000元、甚至2000元。

这位负责人表示，代办赴台个人游入台证属于企业经营行为，其价格受市场机制影响。同时，我们将进一步加强管理和引导。随着赴台个人游的进一步开放，大陆组团社数量的逐步增加，市场价格会趋于一个合理的水平。

据统计，今年1—4月，大陆居民赴台旅游人数达到66万人次（团队游61.8万人次，个人游4.2万人次），同比增长58%，创下历史新高。这位负责人表示，报道中所谓个人游证件收费过高影响了大陆居民的赴台个人游意愿的说法与事实不符。

国家中医药局严管中药饮片
采购验收纳入中医院评审

本报北京5月13日电 （记者**王君平**）国家中医药管理局办公室日前下发通知，要求各级各类中医医疗机构严格加强中药饮片采购、验收、养护、调剂、煎煮等方面的管理，保证用药安全。各中医医院院长作为中药饮片质量的第一责任人，各相关职能科室负责人要切实履行自己的职责，发现问题将依据有关规定追究相关责任人的责任。中药饮片的采购验收作为核心指标，纳入中医医院评审标准。

通知强调严格加强中药饮片采购验收管理。中医医院必须从具有《药品生产许可证》的中药饮片生产企业或具有《药品经营许可证》的中药饮片经营企业采购中药饮片。购入中药饮片时，必须严格按照国家药品标准和省级药品监督管理部门制定的标准和规范进行验收，验收不合格的不得入库，坚决杜绝假冒伪劣药品进入医院。二级以上中医医院应当由具有中级以上专业技术职称和饮片鉴别经验的人员负责中药饮片验收，有条件的医院可以设置中药饮片检验室、标本室，并能掌握《中华人民共和国药典》收载的中药饮片常规检验方法。中医医院近期要对库存中药饮片进行清理检查，发现问题药品须立即封存，并报告当地药品监督管理部门。

山西
调查传统村落“家底”

本报太原5月13日电 （记者**冀业**）为全面摸清传统村落家底，保护挽救逐渐消失的村落文明，山西省日前印发了《山西省传统村落调查实施方案》，全省传统村落调查工作全面启动。

山西省此次调查将从5月中旬持续至7月中旬，调查的内容由单纯的调查古村镇建筑、文物等物质遗产，延伸扩展为对传统村落的戏曲、文化、技艺、特产等非物质文化遗产的调查，具体调查内容包括传统村落的数量、种类、分布、价值及其生存状态。

据介绍，此次调查对象主要有五种类型：已公布命名的中国和山西省历史文化名镇名村；已公布命名的中国特色景观旅游名镇名村和山西省级旅游特色村镇；全国第三次文物普查公布的山西省不可移动文物中的古建筑丰富的村，特别是传统民居成片的村落；非物质文化遗产具有一定代表性的村落，特别是由国家、省、市公布的非物质文化遗产地；其他彰显地域特色，具有重要意义或特色景观的村落。

据悉，山西省境内具有地方文化特色的古村落约有3000余座，其中已有上百个村镇被命名为中国及山西省历史文化名镇名村、中国及山西省级旅游特色村镇。

贾亦斌同志逝世

新华社北京4月24日电 著名的爱国民主人士，中国国民党革命委员会的杰出领导人，中国共产党的优秀党员，中国人民政治协商会议第二、三、四、九届全国委员会委员，第五、六、七、八届全国委员会常务委员，第四届全国人大代表，中国国民党革命委员会第五、六、七届中央委员会副主席，第八、九、十、十一届中央委员会名誉副主席贾亦斌同志，因病于2012年4月19日在北京逝世，享年100岁。

贾亦斌病重期间和逝世后，中央有关领导同志以不同方式表示慰问和哀悼。

贾亦斌，原名贾再恒，字思齐，1912年11月出生于湖北省阳新县。1932年入南京陆军步兵学校学习，抗日战争期间多次参与正面战场对日作战。1943年任国民政府军事委员会少将参议，同年入陆军大学特别班第七期学习。抗日战争胜利以后，坚决主张和平，反对内战。1949年4月，加入中国共产党，同月率部在浙江嘉兴起义。新中国成立后，先后在上海市公安局、中国人民解放军第九兵团、中国土产出口公司上海分公司、中国食品出口公司上海分公司工作。1957年8月加入民革，历任民革上海市委员会第三、四、五、六届副主任委员，第四届中央委员会委员。1979年10月调民革中央工作，先后任民革第五、六、七届中央委员会副主席，第八、九、十、十一届中央委员会名誉副主席。曾兼任中国国际文化交流中心理事会副理事长，中国和平统一促进会常务理事、顾问，湖南谭嗣同研究会名誉会长等职。

贾亦斌同志为民族解放、新中国建立，为中国共产党领导的多党合作事业，为祖国和平统一，奋斗一生，做出了积极的贡献。

2014年起山东允许非户籍考生就地高考
“异地高考”来了吗

本报记者 刘成友

深阅读

随着高考临近，高考改革再次成为舆论关注的焦点。日前，山东出台意见，决定从2014年起将允许非户籍考生在山东省参加高考。

社会呼唤多年的“异地高考”，将在山东成为现实。然而，“异地高考”如何实施和操作，有关细则如何制定和完善？山东的高考改革，是打破坚冰的大胆尝试，还是象征意义更大于实际意义？

化解“一增一减”矛盾
务工人员子女增加，本地生源下降

今年，山东发布《山东省普通高校考试招生制度改革实施意见》，决定从2014年起稳步推进高校考试招生制度改革，规定凡在山东省高中段有完整学习经历的非户籍考生均可在山东就地（所就学的高中段学校所在地）报名参加高考，并与山东省考生享受同等的录取政策。

山东省教育厅副厅长宋承祥对山东取消高考户籍限制给出的解释是，一是充分考虑了山东省经济和社会发展的实际，二是在更大的范围内体现了社会公平原则。

记者了解到，山东的实际状况，大体可概括为“一增一减”。“一增”，是外来务工人员子女的增加。据统计，2011年，山东省义务教育阶段在校生中，进城务工人员随迁子女达74.51万人，比上年增加10万多人，其中包含大量外省来的务工人员子女，由此带来的“异地高考”的现实需求也更加迫切。

“一减”是近年来山东生源数量持续大幅度下降。近年来，山东省的生源数从2008年的78万人，下降到2011年的57万人，预计2014年的高考报名人数将比2009年减少一半。山东的做法，或许能为高校带来一定数量的生源。

设置一定门槛条件
有高中段完整学习经历方可报名

山东省教育厅一位负责人不赞同用“异地高考”这个概念来描述山东的做法。他说，山东并不是无条件允许所有外省非山东户籍考生可以自由地到山东参加高考，而是规定了相应的前置条件，“凡在我省高中段有完整学习经历的非户籍考生均可在我省就地报名参加高考。”

外来务工人员随迁子女在当地升学问题，多年来社会呼声较高。去年年初颁布的《山东省中长期教育改革和发展规划纲要》中就提出，将研究制定进城务工人员随迁子女接受义务教育后参加当地升学考试办法，并写入山东省年度教育工作要点。

山东师范大学教育学院冯永刚副教授认为，有了这项政策，山东的非户籍考生可以依据“便利性原则”和“门槛高低原则”来选择在山东还是回户籍所在地参加高考，这是凸显教育公平，实现高考制度开放性和弹性的有益尝试。

分数线远高其他省份
对外省考生吸引力不大

然而，考虑到山东的实际情况，这项改革对外省考生的吸引力并不大。

山东是人口大省，高考报名人数一直居全国前列。山东拥有的高等教育资源虽然比较多，但重点高校数量很少，这导致高考录取分数线远高于其他省份，重点本科录取率也大大低于北京、上海。

“山东之所以敢于打破户籍限制，推行‘异地高考’改革，一个重要的原因是山东历年来高考门槛较高，竞争激烈，对外省考生的吸引力不大，因而推行这项改革的压力不大。”冯永刚说。

泰安市现代中学的苏宝军老师介绍，他们学校有一些外省籍的学生就读，但是这些学生一般都准备以后回本省参加高考。“山东高考竞争激烈，尽管允许符合条件的外省学生参加高考，但对外省学生没有什么吸引力。”

有专家认为，具有山东特点的高考门槛，一方面成全了山东的“异地高考”改革，另一方面，也让这项改革的效果打了折扣。

能否全国推广
改革前景并不乐观

受访的专家认为，在山东这样的分数“高地”推行这项改革，并不能有效拉动中国高考这块坚固的铁板。

长期以来中国高校招生按地域划分指标，不同省份之间高考录取率相差很大。在北京、上海，学生考取重点大学的几率，比山东、河南等地高出很多。“改革的关键，不是山东这样的分数‘高地’的举措，而是北京、上海这样的分数‘洼地’的改革。”一位专家说。

冯永刚说，山东打破高考户籍的做法能否在全国推广，前景不容乐观。因为这项工作涉及各省招生名额确定、数量分配、录取比例的再分配等一系列问题。而且，对于一些高考竞争不激烈地区，容易引发“高考移民”现象的泛滥，因而在全国范围内探索高考与户籍脱钩的进程依然步履维艰。

“解决‘异地高考’问题，涉及地方政府利益、教育行政部门利益、高等学校利益、本地户籍人口利益和外来人口利益等诸多现实利益纠缠与博弈。”学者熊丙奇说。

另一位专家认为，“异地高考”难以解决的根本还是在于户籍制度。“高考改革不是独立行军，教育的发展还要依靠资源投入、社会保障、监管制度等各方面的支持。”

（二）党和国家主要领导人重要内事活动新闻的版面安排

党和国家领导人每年的重要活动安排很多，人民日报根据情况在一版显著位置刊登。有特殊意义的重要活动，版面会突出安排，甚至以通栏方式处理。

2012年7月23日，胡锦涛在省部级主要领导干部专题研讨班开班式上发表重要讲话。这次讲话内容非常重要。次日一版以通八栏头条刊出全文，并配发胡锦涛讲话照片。报眼位置摘取了部分讲话内容。

（附 2012 年 7 月 24 日一版）

中央主要领导人每年安排会见进京述职的香港和澳门特区行政长官。人民日报大多在一版报眼位置刊出中央领导会见消息并配发照片。但对于新当选的行政长官，会以高于平常规格的方式处理。如 2012 年 4 月 11 日，胡锦涛会见新当选并被任命为第四任香港特区行政长官的梁振英。次日一版在头条位置刊出消息并配发照片。

（附 2012 年 4 月 12 日、2011 年 12 月 27 日一版）

人民网 网址:http://www.people.com.cn 手机:http://wap.people.com.cn

2012年7月
24
星期二
壬辰年六月初六
人民日报社出版
国内统一连续出版物号 CN 11-0065
第23390期(代号1-1)
今日24版

胡锦涛强调,高举中国特色社会主义伟大旗帜,以邓小平理论、"三个代表"重要思想为指导,深入贯彻落实科学发展观,解放思想,改革开放,凝聚力量,攻坚克难,坚定不移沿着中国特色社会主义道路前进,为全面建成小康社会而奋斗

胡锦涛在省部级主要领导干部专题研讨班开班式上发表重要讲话强调

全党全国各族人民更加紧密地团结起来 沿着中国特色社会主义伟大道路奋勇前进

吴邦国温家宝贾庆林李长春李克强贺国强周永康出席 习近平主持

新华社北京7月23日电 省部级主要领导干部专题研讨班开班式23日上午在京举行。中共中央总书记、国家主席、中央军委主席胡锦涛发表重要讲话。胡锦涛强调,高举中国特色社会主义伟大旗帜,以邓小平理论、"三个代表"重要思想为指导,深入贯彻落实科学发展观,解放思想,改革开放,凝聚力量,攻坚克难,坚定不移沿着中国特色社会主义道路前进,为全面建成小康社会而奋斗。

中共中央政治局常委吴邦国、温家宝、贾庆林、李长春、李克强、贺国强、周永康出席开班式。中共中央政治局常委习近平主持。

胡锦涛指出,中国特色社会主义是当代中国发展进步的旗帜,也是全党全国各族人民团结奋斗的旗帜,我们必须毫不动摇以邓小平理论、"三个代表"重要思想为指导,深入贯彻落实科学发展观,坚持和发展中国特色社会主义。我们必须抓紧工作,抓紧落实,在未来5年为到2020年如期实现全面建成小康社会目标打下具有决定性意义的基础,进而到本世纪中叶基本实现社会主义现代化。我们必须毫不动摇走党和人民在长期实践中开辟出来的正确道路,不为任何风险所惧、不为任何干扰所惑。解放思想始终是推动党和人民事业发展的强大思想武器,改革开放始终是推动党和人民事业发展的强大动力,我们必须毫不动摇推进改革开放,永不僵化、永不停滞,团结一切可以团结的力量,调动一切可以调动的积极因素,信心百倍战胜前进道路上的一切困难和风险。

胡锦涛指出,综合分析当前国内外形势,我们面临前所未有的机遇,也面对前所未有的挑战,我国发展仍处于可以大有作为的重要战略机遇期。能否牢牢把握机遇、沉着应对挑战,关键取决于我们的思想认识,取决于我们的工作力度,取决于我们推进改革发展的步伐。我们要全面审视当今世界和当代中国发展大势,全面把握我国发展新要求和人民群众新期待,科学制定适应时代要求和人民愿望的行动纲领和大政方针,更加奋发有为、兢兢业业地工作,继续推动科学发展、促进社会和谐,继续改善人民生活、增进人民福祉,奋力完成时代赋予的光荣而艰巨的任务。

胡锦涛强调,党的十六大以来,我们走过了很不平坦的道路。综观这10年,国际形势风云变幻,国内改革发展稳定任务繁重,我们紧紧抓住和用好我国发展的重要战略机遇期,战胜一系列严峻挑战,奋力把中国特色社会主义事业推进到一个新的发展阶段。我们之所以能取得这样的历史性成就和进步,最重要的就是坚持以马克思列宁主义、毛泽东思想、邓小平理论、"三个代表"重要思想为指导,勇于推进实践基础上的理论创新,形成和贯彻了科学发展观,为全面建设小康社会、加快推进社会主义现代化提供了有力的理论指导。深入贯彻落实科学发展观仍然是一项长期艰巨的任务,面临着一系列极具挑战性的矛盾和困难。我们必须以更加坚定的决心、更加有力的举措、更加完善的制度来贯彻落实科学发展观,真正把科学发展观转化为推动经济社会又好又快发展的强大力量。

7月23日,省部级主要领导干部专题研讨班在北京举行。中共中央总书记、国家主席、中央军委主席胡锦涛发表重要讲话。 新华社记者 **饶爱民**摄

胡锦涛强调,经过长期努力,我们坚持和发展中国特色社会主义取得了重大理论和实践成果,最重要的就是,开辟了中国特色社会主义道路,形成了中国特色社会主义理论体系,确立了中国特色社会主义制度。这是党和人民90多年奋斗、创造、积累的根本成就,必须倍加珍惜、始终坚持、不断发展。新的历史条件下,我们继续推进中国特色社会主义,必须不断丰富中国特色社会主义的实践特色、理论特色、民族特色、时代特色。

胡锦涛指出,全党同志必须牢记,我国过去30多年的快速发展靠的是改革开放,我国未来发展也必须坚定不移依靠改革开放。只有改革开放才能发展中国、发展社会主义、发展马克思主义。我们一定要坚持党的十一届三中全会以来的路线方针政策,坚持把改革创新精神贯彻到治国理政各个环节,更加自觉、更加坚定地推进改革开放,不断在制度建设和创新方面迈出新步伐,奋力把改革开放推向前进。

在谈到加快转变经济发展方式时,胡锦涛强调,以经济建设为中心是兴国之要,发展仍是解决我国所有问题的关键。在当代中国,坚持发展是硬道理的本质要求就是坚持科学发展。以科学发展为主题、以加快转变经济发展方式为主线,是关系我国发展全局的战略抉择。全党同志一定要统一思想、提高认识,坚决执行中央加快转变经济发展方式的重大决策部署,把推动发展的立足点转到提高质量和效益上来,扎扎实实抓好实施创新驱动发展战略、推进经济结构战略性调整、推动城乡发展一体化、全面提高开放型经济水平等战略任务的贯彻落实,着力激发各类市场主体发展新活力,推动工业化、信息化、城镇化、农业现代化同步发展,全面深化经济体制改革,不断增强长期发展后劲。

在谈到推进政治体制改革时,胡锦涛强调,改革开放以来,我们始终把政治体制改革摆在改革发展全局的重要位置,坚定不移加以推进,取得了重大进展,成功开辟和坚持了中国特色社会主义政治发展道路。推进政治体制改革,必须坚持党的领导、人民当家作主、依法治国有机统一,发展更加广泛、更加充分的人民民主,保证人民依法实行民主选举、民主决策、民主管理、民主监督,更加注重发挥法治在国家和社会治理中的重要作用,维护国家法治的统一、尊严、权威,保障社会公平正义,保证人民依法享有广泛权利和自由。

在谈到建设社会主义文化强国时,胡锦涛强调,建设社会主义文化强国,是我们党把握时代和形势发展变化、积极回应各族人民精神文化需求作出的重大战略决策。我们要坚定不移走中国特色社会主义文化发展道路,坚持为人民服务、为社会主义服务的方向,坚持百花齐放、百家争鸣的方针,坚持贴近实际、贴近生活、贴近群众的原则,树立高度的文化自觉和文化自信,推动社会主义精神文明和物质文明全面发展,建设面向现代化、面向世界、面向未来的,民族的科学的大众的社会主义文化。

在谈到改善民生和加强社会建设时,胡锦涛指出,在经济发展基础上逐步提高人民物质文化生活水平,是改革开放和社会主义现代化建设的根本目的。改革开放以来特别是近些年来,我们在改善民生方面作出极大努力,取得明显成效。同时,我们也要看到,人民群众对过上更好生活的要求也在增强,对加快解决民生领域突出问题的期盼也在提高。我们必须继续加强工作,多谋民生之利,多解民生之忧,解决好人民最关心最直接最现实的利益问题,在学有所教、劳有所得、病有所医、老有所养、住有所居上持续取得新进展,使改革发展成果更多更公平惠及全体人民,保证人民过上更好生活。

在谈到推进生态文明建设时,胡锦涛指出,推进生态文明建设,是涉及生产方式和生活方式根本性变革的战略任务,必须把生态文明建设的理念、原则、目标等深刻融入和全面贯穿到我国经济、政治、文化、社会建设的各方面和全过程,坚持节约资源和保护环境的基本国策,着力推进绿色发展、循环发展、低碳发展,为人民创造良好生产生活环境。

胡锦涛强调,改革开放以来,我们紧紧围绕中国特色社会主义伟大事业,全面推进党的建设新的伟大工程,取得了明显成效。新形势下,党所处历史方位和执政条件、党员队伍组成结构都发生了重大变化,来自外部的风险前所未有,党的建设方面特别是党员、干部队伍出现了许多亟待解决的突出问题。全党要增强紧迫感和责任感,坚持党要管党、从严治党,全面加强党的思想建设、组织建设、作风建设、反腐倡廉建设、制度建设,确保党始终成为中国特色社会主义的坚强领导核心。要继续推进党的建设新的伟大工程,坚定理想信念,保持党同人民群众的血肉联系,积极发展党内民主,深化干部人事制度改革,夯实党执政的组织基础,坚定不移反对腐败,自觉维护党的集中统一。

胡锦涛最后指出,各级党委和政府要以高度负责、奋发有为的精神做好改革发展稳定各项工作,继续脚踏实地、扎扎实实抓好落实,认真贯彻稳中求进的工作总基调,保持经济平稳较快发展势头,为大局稳定奠定坚实基础。要切实做好关心群众生产生活工作,时刻把群众安危冷暖放在心上,特别是要做好关心困难群众工作,千方百计帮助他们排忧解难。要加强宣传舆论工作,大力宣传改革开放以来特别是党的十六大以来我们党带领人民推进改革开放和社会主义现代化建设取得的伟大成就,增强全党全国各族人民坚定不移走中国特色社会主义道路的信心。全党要更加紧密地团结在党中央周围,扎扎实实做好各方面工作,以优异成绩迎接党的十八大胜利召开。

习近平在主持开班式时指出,胡锦涛总书记的讲话十分重要。讲话科学分析了当前我国面临的新形势新任务,深刻阐述了事关党和国家全局的若干重大问题,深刻回答了党和国家未来发展的一系列理论和实践问题,对进一步统一党的高级干部思想认识具有十分重要的指导意义。希望同志们认真学习总书记重要讲话,深刻领会讲话精神。

出席开班式的还有:王刚、王乐泉、王兆国、王岐山、回良玉、刘淇、刘云山、刘延东、李源潮、汪洋、张高丽、张德江、俞正声、徐才厚、郭伯雄、何勇、令计划、王沪宁、路甬祥、乌云其木格、华建敏、陈至立、李建国、司马义·铁力瓦尔地、梁光烈、马凯、孟建柱、戴秉国、王胜俊、曹建明、廖晖、杜青林、白立忱、陈奎元、阿不来提·阿不都热西提、李兆焯、钱运录、孙家正、李金华、郑万通、邓朴方、万钢,中央军委委员陈炳德、李继耐、廖锡龙、常万全、靖志远、吴胜利、许其亮。

各省区市、中央和国家机关以及军队各大单位主要负责同志参加研讨班。中央和国家机关副部级单位主要负责同志,中央管理的国有重要骨干企业、金融机构和高等学校主要负责同志,列席开班式。

贾庆林分别会见澳大利亚和韩国客人

本报北京7月23日电 (记者**赵成**)中共中央政治局常委、全国政协主席贾庆林23日在人民大会堂分别会见了澳大利亚自由党领袖托尼·阿博特和韩国前总理郑元植。

在会见阿博特时,贾庆林说,中澳建交40年来,两国高层交往日益频繁,经贸合作不断加深,人文交流空前活跃,在国际和地区事务中也保持着密切沟通与协调。目前,中国已成为澳第一大贸易伙伴、进口来源地和出口市场,也成为澳第一大海外留学生生源地和旅游收入来源国。所有这些给两国人民带来了实实在在的利益,也有力促进了亚太乃至世界的和平、稳定与繁荣。中方高度重视中澳关系,愿本着相互尊重、平等相待、互利共赢的精神,与澳方加强各领域各层次交往与全方位合作,妥善处理双方分歧和敏感问题,努力使中澳关系成为不同制度国家间关系的典范。

贾庆林说,中国共产党与澳大利亚自由党自建立党际关系以来,保持了密切交流,增进了相互了解,为两国关系的发展做出了贡献。我们愿在独立自主、完全平等、互相尊重、互不干涉内部事务的原则基础上,进一步加强同包括自由党在内的澳主要政党的友好交流与合作,不断增进两国人民的相互了解和友谊,共同推动中澳关系的长期健康稳定发展。

阿博特说,澳中两国在许多问题上有着广泛的共同利益,在诸多领域保持着互利友好合作关系。澳方坚持一个中国原则,支持发展和深化澳中关系。澳自由党愿在推动两国合作和交往特别是人员往来方面做出积极努力。

中联部部长王家瑞参加了会见。

在会见郑元植时,贾庆林表示,中韩互为近邻,建交20年来,在双方的共同努力下,两国关系全方位、宽领域、多层次发展,利益深度融合,联系空前紧密,各领域交流合作成果丰硕,在许多重大国际和地区事务中也保持了良好沟通与协作。贾庆林主席高度评价卢泰愚前总统等韩方领导人为中韩建交所做的重要贡献。他说,当前中韩关系正站在新的历史起点上,面临新的发展机遇。中方愿与韩方一道,以中韩建交20周年和中韩友好交流年为契机,继续推动两国关系和各领域务实合作不断向前发展。

郑元植表示,韩方高度重视韩中关系,愿与中方共同努力将两国关系推向新高度。

郑元植一行是应中国人民外交学会邀请访华的。

制度文明的时代创新

——中国道路的十年探索之三

本报评论员

跻身世界第二大经济体,建立全球最大的社会保障体系,战胜突如其来的非典疫情和特大地震,向世界奉献一届无与伦比的奥运会……十年间,中国的精彩表现,引发了"风景这边独好"的世界性赞誉,也让人们思考:中国为什么能?中国共产党为什么能?

历史的地表之下,总是隐藏着深湛的奥秘。国外学者透过中国救灾的强大动员力看到"其他任何制度所不能比拟"的效率,外国媒体由"中国式民主"观察中国政治模式的特点所在,由此可见,制度因素是解码"中国故事"最有说服力的答案,印证了在经济高速增长的耀眼光环之外,"中国道路"还有一个值得关注的关键部分:制度创新的推进,制度文明的生长。

这是理解中国何以成就斐然的现实枢纽。十年来,面对经济全球化浪潮风云激荡、国际竞争日趋激烈,中国不断完善社会主义市场经济体系,形成了中国特色社会主义法律体系,为长远发展和长治久安奠定全局性、根本性制度保障。面对长期执政下的各种挑战,推进党的领导体制逐步规范化、制度化,建立和完善惩治与预防腐败体系,为科学执政、依法执政夯实了制度基础。面对人民群众不断增强的参与意识和权利意识,实行基层群众自治,完善信息公开机制,为公民有序政治参与开辟了新渠道。面对转型期社会矛盾凸显、改善民生诉求的高涨,创新社会管理的制度设计,建立社保体系,调整收入分配制度,深化文化体制改革,为社会和谐、民众福祉开拓了新的增长点。

"看似寻常最奇崛,成如容易却艰辛"。从经济规则到道德规范,从民主政治到社会管理,从社会保障到文化建设,从局部突破到顶层设计。10年来,制度创新的每一步,都体现了科学发展、以人为本、和谐社会等时代理念,汇集了观念更新、改革深化、利益调整等"历史合力",以制度形式回答了实现什么样的发展、怎样实现发展的时代命题,

(下转第二版)

人民日报
RENMIN RIBAO

人民网 网址:http://www.people.com.cn
手机:http://wap.people.com.cn

2012年4月
12
星期四
壬辰年三月廿二
人民日报社出版
国内统一连续出版物号
CN 11-0065
第23287期(代号1-1)
今日24版

胡锦涛致电祝贺金正恩出任朝鲜劳动党第一书记

新华社北京4月11日电 中共中央总书记胡锦涛11日向金正恩发去贺电，祝贺他被推举为朝鲜劳动党第一书记。贺电全文如下：

平壤

朝鲜劳动党第一书记

金正恩同志：

欣悉朝鲜劳动党代表会议推举金正恩同志为朝鲜劳动党第一书记。我谨代表中国共产党中央委员会并以我个人名义向你和朝鲜劳动党中央委员会表示热烈祝贺。

我们欣慰地看到，朝鲜人民继承金正日同志遗志，紧密团结在朝鲜劳动党的周围，在金正恩同志领导下，努力建设社会主义强盛国家。

中朝两国是山水相连的友好邻邦。不断巩固和发展中朝传统友好合作关系，是中国党和政府坚定不移的方针。我们愿同朝鲜同志携手努力，继续深化中朝传统友谊，扩大各领域务实合作，共同促进朝鲜半岛和东北亚的持久和平与稳定，把两党两国老一辈领导人亲手缔造和培育的中朝关系巩固好、建设好、发展好。

衷心祝愿第一书记同志和朝鲜劳动党在领导朝鲜人民建设强盛国家的事业中不断取得新的更大成就。

中国共产党中央委员会总书记

胡锦涛

二〇一二年四月十一日于北京

胡锦涛会见梁振英

强调中央全力支持香港特别行政区行政长官和特区政府依法施政

习近平等参加会见

新华社北京4月11日电 （记者**张勇**）国家主席胡锦涛11日下午在中南海会见了新当选并获任命的香港特别行政区第四任行政长官梁振英，同他进行了亲切的谈话。

胡锦涛对梁振英当选并被任命为香港特别行政区第四任行政长官表示祝贺。胡锦涛说，作为香港特别行政区新一任行政长官，你责任重大，使命光荣。中央对你寄予厚望，香港市民对你充满期待。中央相信你和新一届特区政府一定能够团结带领香港社会各界人士，和衷共济、同心协力，继往开来，努力发展经济，改善民生，推进民主，促进和谐，共同开创香港长期繁荣稳定的新局面，为"一国两制"在香港的成功实践作出更大贡献。中央将继续坚定不移地贯彻"一国两制"、"港人治港"、高度自治的方针，严格按照基本法办事，全力支持你和特区政府依法施政。我们对香港的美好未来充满信心。

梁振英表示，目前香港机遇和挑战并存，他一定不辜负中央政府的厚望，团结各界别、各阶层人士为未来齐心奋斗，发挥香港优势，实现稳步前进。

国家副主席习近平，国务委员刘延东，中共中央书记处书记、中央办公厅主任令计划，全国政协副主席廖晖等参加了会见。

4月11日，国家主席胡锦涛在北京中南海会见新当选并获任命的香港特别行政区第四任行政长官梁振英。 新华社记者 **庞兴雷摄**

自觉维护改革发展稳定的良好局面

本报评论员

中共中央决定对薄熙来同志严重违纪问题立案调查的消息和公安机关对尼尔·伍德死亡案件依法复查的结果公布后，在全党全社会引起强烈反响。广大干部群众坚决拥护党中央的正确决定，普遍认为，中央的决定依据事实尊重法治，顺应党心符合民意，体现了我们党实事求是的政治勇气，彰显了我们党立党为公的宗旨信念。人民群众从中看到了我们党维护党的纯洁性、维护社会主义法治的坚强信心。

当前，我国各项事业呈现蓬勃发展的良好态势，改革发展稳定凝聚着最广泛的社会共识，中国特色社会主义制度不断释放巨大活力。改革发展稳定的大好局面来之不易，需要我们倍加珍惜爱护、不断巩固发展。我们要深刻认识中央决定的重大意义，自觉与以胡锦涛同志为总书记的党中央保持一致，把思想和行动统一到中央精神上来，把注意力和精力集中到改革发展上来，在党中央的坚强领导下，进一步增强政治意识、大局意识、责任意识、法治意识，坚定不移地推动科学发展、促进社会和谐。

维护改革发展稳定的良好局面，加快推进经济社会全面发展，必须聚精会神搞建设，一心一意谋发展。当前，在全面建设小康社会的关键时期和深化改革开放、加快转变经济发展方式的攻坚时期，尤其需要集中精力，心无旁骛，牢牢把握稳中求进的工作总基调，牢牢把握主题主线，正确处理改革发展稳定的关系，立足本职真抓实干，把自己的工作做好，把分内的职责尽到，改革创新促进事业发展，认真负责维护和谐稳定，我们就一定能够在加快转变经济发展方式上取得新进展、在深化改革开放上取得新突破、在改善民生上取得新成效，不断推动各项工作取得新的更大成绩。

维护改革发展稳定的良好局面，必须统一思想，凝聚力量。只有统一思想才能行动一致。只有统一思想才能凝心聚力，攻坚克难。统一思想是我们做好一切工作的根本前提，也是推动科学发展、促进社会和谐的根本前提。统一思想，就是把我们的认识统一到中央的决策上来，把我们的行动统一到中央的部署上来。发展是硬道理，稳定是硬任务。我们要从政治和全局的高度，坚决拥护党中央的正确决定，坚决维护改革发展稳定的良好局面，更加紧密地团结在以胡锦涛同志为总书记的党中央周围，统一思想、满怀信心、扎实工作、奋发进取，不断把中国特色社会主义事业继续推向前进。

各地党员干部群众表示

衷心拥护党中央的正确决定

本报北京4月11日电 中共中央决定对薄熙来同志严重违纪问题立案调查，公安机关公布了对尼尔·伍德死亡案依法复查结果并将犯罪嫌疑人移送司法机关的消息发布后，广大干部群众表示坚决拥护党中央的正确决定，认为中央对事件的处理高瞻远瞩、英明果断、及时有力，充分体现了以胡锦涛同志为总书记的党中央高超的政治智慧和驾驭复杂局面的能力，表明我们党维护党纪、依法治国的坚强决心，彰显了党和政府坚定维护人民群众根本利益的宗旨信念，唯有坚定自觉地把思想行动统一到中央精神上来，才能凝心聚力、攻坚克难，以优异的成绩迎接党的十八大胜利召开。

各地省委及各级党政机关单位纷纷召开会议，传达中央有关精神。北京市召开全市党员领导干部会议，会议认为中央的决定有利于维护改革发展稳定大局，有利于维护党和政府形象，有利于维护党纪国法的尊严和权威。对于中央的决定，北京坚决拥护，并要增强政治意识、大局意识和纪律观念，全力做好首都改革发展稳定工作。

广西壮族自治区党委召开常委扩大会议传达中央有关精神，会议要求全区上下一定要统一思想，坚定信心，始终坚定保持与党中央高度统一、步调一致，全力维护广西社会政治和谐稳定和经济平稳快速发展。

福建省委召开省级领导和省直部门负责人会议，大家表示中央这一决定充分体现了党中央坚定不移清除腐败分子和腐败行为，保持党的先进性纯洁性的坚强决心，对于维护党的团结统一、维护党纪国法尊严，对于扎实做好改革发展稳定各项工作，具有十分重要的意义。 （下转第二版）

吴邦国主持召开人大常委会第八十次委员长会议

决定人大常委会第二十六次会议24日举行

本报北京4月11日电 （记者**毛磊**）全国人大常委会委员长吴邦国11日在人民大会堂主持召开十一届全国人大常委会第八十次委员长会议。会议决定十一届全国人大常委会第二十六次会议4月24日至27日在北京举行。

根据委员长会议建议的议程，十一届全国人大常委会第二十六次会议将继续审议军人保险法草案、民事诉讼法修正案草案、出境入境管理法草案，首次审议农业技术推广法修正案草案。

按照宪法和法律的规定，十一届全国人大到2013年3月任期届满，十二届全国人大代表应于2013年1月选出。今年3月，十一届全国人大五次会议通过了关于十二届全国人大代表名额和选举问题的决定。全国人大常委会委员长会议据此拟订了十二届全国人大代表名额分配方案草案、十二届全国人大少数民族代表名额分配方案草案、台湾省出席十二届全国人大代表协商选举方案草案，建议十一届全国人大常委会第二十六次会议予以审议。

委员长会议还建议，十一届全国人大常委会第二十六次会议审议国务院关于提请审议批准《万国邮政联盟组织法第八附加议定书》的议案；审议国务院关于农田水利建设工作情况的报告，关于监狱法实施和监狱工作情况的报告，关于外国人入出境及居留、就业管理工作情况的报告；审议有关任免案。

委员长会议上，全国人大常委会副委员长兼秘书长李建国就十一届全国人大常委会第二十六次会议议程草案和日程安排意见作了汇报。全国人大常委会有关副秘书长、全国人大有关专门委员会负责人就十一届全国人大常委会第二十六次会议的相关议案作了汇报。

全国人大常委会副委员长王兆国、路甬祥、乌云其木格、韩启德、华建敏、陈至立、蒋树声、陈昌智、严隽琪等出席会议。

重庆干部群众坚决拥护中央决定

全力维护政治社会大局稳定

本报重庆4月11日电 （记者**王建新、崔佳、刘志强**）4月10日，中共中央决定对薄熙来同志严重违纪问题立案调查，公安机关公布了对尼尔·伍德死亡案依法复查结果并将犯罪嫌疑人移送司法机关，得到了重庆市广大干部群众的一致拥护和坚决支持。大家认为，中央决定完全符合我们党从严治党的根本要求和依法治国的执政理念，表明了我们党保持自身纯洁性的坚定决心，彰显了党和政府坚决维护党纪国法的鲜明态度和维护人民群众根本利益的宗旨信念。大家表示，要自觉把思想统一到中央精神上来，紧密团结在以胡锦涛同志为总书记的党中央周围，努力维护改革发展稳定的良好局面，以优异成绩迎接党的十八大胜利召开。

10日下午，中共中央政治局委员、国务院副总理、重庆市委书记张德江主持召开市委常委会议，认真组织学习讨论中央决定，一致认为王立军事件和尼尔·伍德死亡案性质十分严重，影响极其恶劣，严重损害了我们党和国家的形象。中央经过专门调查，以事实为依据，以法律为准绳，依纪依法作出调查处理的决定，是完全正确的。中央的决定，充分说明我国是社会主义法治国家，法律的尊严和权威不容践踏，不论涉及到谁，不论他的职务多高，只要触犯了党纪国法，都应该受到严肃处理，决不姑息，这极大维护了党纪国法的尊严与权威，是我们党取信于民的实际行动。大家表示，要坚决在思想上、政治上、行动上与以胡锦涛同志为总书记的党中央保持高度一致，并进行深刻反思，认真吸取教训，努力做好重庆的各项工作。

重庆市人大常委会党组、市政府党组、市政协党组、市纪委常委会、市高级法院党组、市检察院党组以及全市各地区、各单位也在第一时间召开会议，及时进行传达学习和讨论。 （下转第二版）

开栏的话

改革是党在新的历史条件下领导人民进行的新的伟大革命，是决定当代中国命运的关键抉择，是坚持和发展中国特色社会主义、实现中华民族伟大复兴的必由之路。改革开放特别是党的十六大以来，我国始终坚持以改革为动力，用改革的办法破解发展难题，在经济体制、政治体制、文化体制、社会体制等领域改革取得了举世瞩目的新的伟大成就。

本报从今天起开辟"深化改革　攻坚克难"专栏，并推出专版，集中深入宣传近年来我国改革取得的巨大成就，当前深化改革面临的形势任务和重要性紧迫性，坚持社会主义市场经济的改革方向，当前和今后一段时期改革的重点领域和关键环节，坚持"两个毫不动摇"的方针，正确处理好改革发展稳定三者关系。今天推出国企在改革中发展壮大的报道，敬请关注。

稳中求进，央企发挥中坚作用

2002年至2011年，上缴税金从2926亿元增加到1.7万亿元

本报北京4月11日电 （记者**白天亮**）煤价上涨、电价倒挂，但电力央企丝毫不曾减少发电量，"为经济社会稳定发展提供保障，国有企业责无旁贷。"保供电、保供气、保供油、保运输……近年来，中央企业在做强做优的同时，更加注重为经济社会的稳定发展提供支撑和保障，充分发挥了"共和国长子"的中坚和表率作用。

国务院国资委提供的数据显示，近年来国有企业的数量在减少，但整体素质和竞争力大大增强。2002年到2011年，中央企业的资产总额从7.13万亿元增加到28万亿元；营业收入从3.36万亿元增加到20万亿元，位列"全球500强"的中央企业数量达到38家。中央企业承担了全国几乎全部的原油、天然气和乙烯生产，提供了全部的基础电信服务和大部分增值服务，发电量占全国60%以上，生产的高附加值钢材约占全国60%。2002年到2011年，中央企业上缴税金从2926亿元增加到1.7万亿元，年均增长20%以上。中央企业大力开展境外资源开发和互利合作，中国铁建、中国水电等央企发挥技术优势和成本优势，争得了一大批海外项目。再不是负债累累、困难重重，如今的中央企业已是行业的排头兵、国民经济的支柱力量。

在"好"和"强"上狠下功夫，中央企业正成为加快转变经济发展方式的主力军。自主创新能力显著提高，2012年召开的国家科学技术奖励大会上，56家中央企业得到了93项奖项，"嫦娥一号"、高铁、4G标准等更成为央企自主创新、集成创新的典范。培育发展战略性新兴产业，央企主动出击，核电、风电、电动汽车等设备制造以及产品研发，达到或接近全球领先水平。

"谋发展，央企要争一流。承担社会责任，央企同样要作表率。""十二五"开局之年，中央企业积极落实国家宏观调控政策，有效应对国际金融危机的冲击。涉及粮、棉、油、肉、盐等产品生产供应的中央企业，全力服从中央宏观调控的大局，保障市场供应，维护重要民生产品的价格稳定。面对急难险重的任务，中央企业总是冲在前头。在汶川地震、玉树地震、舟曲泥石流等重大自然灾害中，电力电网、石油石化、航空运输、建筑施工等央企挺身而出，发挥了关键作用。北京奥运、上海世博会、广州亚运会等重大活动的设施保障，处处跃动着中央企业的身影。

"中央企业改革发展取得的成绩和发挥的作用，充分证明了党中央作出的关于国有资产管理体制改革的一系列重大方针政策是完全正确的。"国务院国有资产监督管理委员会主任王勇表示。"十二五"时期，中央企业将继续深化改革，向具有国际竞争力的世界一流企业迈进，为国民经济"稳中求进"做出更大贡献。

（第五版刊登国有企业改革专版）

天津滨海新区

深化改革勇为先

本报记者 陈杰

"天津滨海新区开发开放，是党中央、国务院作出的重要战略部署。天津滨海新区有着为国家改革开放积累经验的重大责任，我们要有'杀出一条血路'的闯劲，义无反顾，勇往直前，敢于为全国深化改革探路。"天津市委副书记、滨海新区区委书记何立峰表示。

改革让权力"阳光运行"

作为全国综合配套改革试验区，天津滨海新区正在成为全国最具潜力、最有活力、最为开放的现代化新区之一，新区快速发展，极为重要的一个原因是2009年中央批准撤销天津市塘沽区、汉沽区、大港区，设立天津市滨海新区，组建了全国同级区域中部门最少、人员最简的党政机构，推进行政管理体制改革。

今年春节后上班，天津市委常委扩大会议通过《深化滨海新区行政管理体制改革的指导意见》，提出充分发挥先行先试政策优势，着力转变职能、理顺关系、优化结构、提高效能，强化滨海新区区委、区政府的领导和统筹作用，理顺区政府、各管委会、街镇之间的权责关系，实现发展规划、产业结构调整、大型基础设施和公共设施建设、土地资源利用配置、财政预算、社会管理和公共服务的有机统一，确定到2015年基本形成统一、协调、精简、高效、廉洁的行政管理体制。

（下转第六版）

人民日报

RENMIN RIBAO

人民网　网址:http://www.people.com.cn
手机:http://wap.people.com.cn

2011年12月
27
星期二
辛卯年十二月初三
人民日报社出版
国内统一连续出版物号
CN 11-0065
第23180期(代号1-1)
今日24版

厦门经济特区建设三十周年庆祝大会在厦门举行

胡锦涛总书记致信祝贺

贺国强出席庆祝大会并发表重要讲话

致厦门经济特区建设30周年的贺信

福建省委、省政府，厦门市委、市政府：

值此厦门经济特区建设30周年之际，我谨向特区广大建设者表示热烈祝贺和诚挚问候，向关心支持特区建设的各有关方面和海内外人士表示衷心感谢！

30年来，在中央的坚强领导和全国的大力支持下，在历届福建省委、省政府和厦门市委、市政府的直接带领下，厦门经济特区坚持解放思想，锐意改革创新，不断扩大开放，经济社会发展取得显著成绩，人民群众生活发生巨大变化，为全国改革开放和社会主义现代化建设发挥了重要窗口和示范带动作用，为推动两岸经贸合作、文化交流和人员往来作出了独特贡献。实践充分证明，中央关于兴办经济特区的决策和部署是完全正确的。

现在，厦门经济特区正站在一个新的发展起点上。希望你们紧紧围绕科学发展这个主题和加快转变经济发展方式这条主线，牢牢把握国家支持经济特区深化开发开放的宝贵机遇，面向现代化、面向世界、面向未来，敢于先行先试，勇于攻坚克难，坚定不移推进改革开放，加快调整优化经济结构，着力增强自主创新能力，积极发展社会主义先进文化，切实保障和改善民生，不断加强和创新社会管理，更好服务两岸关系和平发展，努力谱写厦门经济特区各项事业发展新的辉煌篇章。

胡锦涛

2011年12月25日

本报厦门12月26日电　（记者**李章军、蒋升阳**）鹭岛卅载沧桑变，海峡西岸谱新篇。厦门经济特区建设30周年庆祝大会26日上午在厦门隆重举行。中共中央总书记、国家主席、中央军委主席胡锦涛致信祝贺。

中共中央政治局常委、中央纪委书记贺国强出席庆祝大会并发表重要讲话。

胡锦涛总书记在贺信中指出，30年来，厦门经济特区坚持解放思想，锐意改革创新，不断扩大开放，经济社会发展取得显著成绩，人民群众生活发生巨大变化，为全国改革开放和社会主义现代化建设发挥了重要窗口和示范带动作用，为推动两岸经贸合作、文化交流和人员往来作出了独特贡献。实践充分证明，中央关于兴办经济特区的决策和部署是完全正确的。

胡锦涛总书记强调，现在，厦门经济特区正站在一个新的发展起点上。希望你们紧紧围绕科学发展这个主题和加快转变经济发展方式这条主线，牢牢把握国家支持经济特区深化开发开放的宝贵机遇，面向现代化、面向世界、面向未来，敢于先行先试、勇于攻坚克难，坚定不移推进改革开放，加快调整优化经济结构，着力增强自主创新能力，积极发展社会主义先进文化，切实保障和改善民生，不断加强和创新社会管理，更好服务两岸关系和平发展，努力谱写厦门经济特区各项事业发展新的辉煌篇章。**（贺信全文另发）**

26日上午，厦门国际会展中心花团锦簇、彩旗飘扬，洋溢着喜庆热烈的气氛。厦门经济特区建设30周年庆祝大会在这里举行。

上午10时，庆祝大会正式开始，全场高唱中华人民共和国国歌。

在热烈的掌声中，贺国强代表党中央、国务院讲话。他首先向厦门市广大干部群众和所有为经济特区建设作出贡献的同志们致以热烈祝贺和诚挚问候，向各位来宾以及关心和支持经济特区建设的香港同胞、澳门同胞、台湾同胞、海外侨胞和各国朋友表示衷心感谢。

贺国强在讲话中充分肯定了厦门经济特区建设30年来取得的成就。他说，兴办经济特区是党和国家为推进我国改革开放和社会主义现代化作出的一项重大决策，是中国共产党人和中国人民在探索中国特色社会主义道路上进行的一个伟大创举。厦门是我国改革开放后最早设立的4个经济特区之一。　**（下转第四版）**

胡锦涛会见日本首相

12月26日，国家主席胡锦涛在北京人民大会堂会见日本首相野田佳彦。
新华社记者　刘卫兵摄

本报北京12月26日电　（记者**杨晔**）国家主席胡锦涛26日上午在人民大会堂会见了日本首相野田佳彦。

胡锦涛说，过去的一年，中日关系总体呈现积极发展势头。今年9月，日本新内阁成立后，两国关系实现良好开局。中日两国坚持走和平、友好、合作之路，不断巩固和发展战略互惠关系，有利于实现互利双赢、共同发展，也有利于亚洲和世界的和平、稳定与发展、繁荣。明年将迎来中日邦交正常化40周年。中方愿同日方一道，高举中日友好旗帜，精心筹划和办好各项纪念活动和"中日国民交流友好年"活动，按照中日四个政治文件确定的各项原则和双方达成的一系列重要共识，本着以史为鉴、面向未来的精神，增进政治互信，扩大交流合作，共同开创中日战略互惠关系的新局面。

野田说，中国的发展对于日本和世界都是机遇。邦交正常化40年来，日中关系实现飞跃性发展。双方贸易额及人员往来大幅增长，两国政府本着日中四个政治文件精神，努力推动两国关系向前发展。2008年胡锦涛主席访问日本，双方达成进一步发展两国战略互惠关系的重要共识。双方要以明年日中邦交正常化40周年为契机，加强政治互信和高层交往，促进两国国民交流，提升两国经济互惠关系，加强经贸、环境、金融、旅游等领域合作，促进亚太地区和平与繁荣，不断深化日中战略互惠关系。

在谈到朝鲜半岛局势时，胡锦涛说，朝鲜保持稳定和发展，朝鲜半岛保持和平稳定，符合有关各方共同利益，也是国际社会的普遍期待。中方愿同包括日方在内的有关各方一道，为维护朝鲜半岛和平稳定，实现半岛和东北亚持久和平和长治久安而共同努力。

野田说，面对朝鲜半岛局势新变化，日中两国加强合作，维护半岛和平稳定，这是双方共同利益所在，日方愿意就此同中方保持沟通。

外交部部长杨洁篪等参加了会见。

胡锦涛会见曾荫权

习近平参加会见

12月26日，国家主席胡锦涛在北京中南海会见来京述职的香港特别行政区行政长官曾荫权。国家副主席习近平等参加会见。　新华社记者　庞兴雷摄

新华社北京12月26日电　（记者**张勇**）国家主席胡锦涛26日下午在中南海会见了来北京述职的香港特别行政区行政长官曾荫权，听取了他对香港当前形势和特区政府一年来工作情况的汇报。

胡锦涛说，当前香港总体形势是好的。经济方面保持持续平稳增长，失业率维持在较低水平。政治方面第四届区议会选举和行政长官选举委员会选举顺利。社会方面求稳定、谋发展、促和谐仍是主流共识，社会氛围更趋平和理性。特区政府施政报告积极回应市民诉求，推出多项改善民生的政策举措，受到社会各界好评。中央对你和特区政府一年来的施政及取得的成绩是充分肯定的。

胡锦涛表示，中央希望并相信你和特区政府管治团队继续本着对香港、对国家高度负责的精神，同心协力，恪尽职守，积极有为地做好本届政府任期的各项工作，为香港长期稳定和繁荣发展打下良好基础。

国家副主席习近平，国务委员刘延东，中央书记处书记、中央办公厅主任令计划，全国政协副主席廖晖等参加了会见。

胡锦涛会见崔世安

习近平参加会见

12月26日，国家主席胡锦涛在北京中南海会见来京述职的澳门特别行政区行政长官崔世安。国家副主席习近平等参加会见。
新华社记者　饶爱民摄

新华社北京12月26日电　（记者**张勇**）国家主席胡锦涛26日下午在中南海会见了来北京述职的澳门特别行政区行政长官崔世安，听取了他对澳门当前形势和特区政府一年来工作情况的汇报。

胡锦涛表示，当前澳门总体形势是好的，经济快速增长，民生持续改善，社会保持稳定。特区政府稳健施政，认真践行"阳光政府、科学决策"的理念，努力提高施政能力和水平；及时推出多项扶贫纾困的政策措施，帮助市民缓解通胀带来的生活压力。中央对你和特区政府一年来的工作及所取得的成绩是充分肯定的。相信你们在新的一年会着力推动澳门各项事业又好又快发展，更好地为澳门市民谋福祉。

国家副主席习近平，国务委员刘延东、中央书记处书记、中央办公厅主任令计划、全国政协副主席廖晖等参加了会见。

人大常委会第二十四次会议举行

吴邦国主持会议

继续审议职业病防治法修正案草案、刑事诉讼法修正案草案；首次审议出境入境管理法草案、军人保险法草案、预算法修正案草案；审议关于召开十一届人大五次会议的决定草案等

本报北京12月26日电　（记者**黄庆畅、彭波**）十一届全国人大常委会第二十四次会议26日上午在北京人民大会堂举行第一次全体会议。会议审议职业病防治法修正案草案、刑事诉讼法修正案草案、出境入境管理法草案、军人保险法草案、预算法修正案草案、关于澳门特别行政区基本法附件有关条款的解释草案等法律案，审议全国人大常委会关于召开十一届全国人大五次会议的决定草案等。

吴邦国委员长主持会议。常委会组成人员152人出席会议，出席人数符合法定人数。

根据通过的议程，会议先后听取了全国人大法律委员会副主任委员刘锡荣、李适时分别作的关于职业病防治法修正案草案审议结果的报告、关于刑事诉讼法修正案草案修改情况的汇报。职业病防治法修正案草案已经常委会两次审议，法律委员会根据二次审议情况对草案做了进一步修改，并建议提请本次常委会会议审议通过。刑事诉讼法修正案草案经过常委会初次审议后，中国人大网全文公布草案向社会征求意见。全国人大法律委员会、全国人大常委会法制工作委员会通过座谈、调研等方式听取了各方面意见。　**（下转第二版）**

国务院召开全国粮食生产表彰奖励大会

温家宝出席会议

持续增加农业补贴资金，持续提高粮食最低收购价，持续加大产粮大县奖励力度

切实让重农抓粮者、支农兴粮者、务农种粮者政治上有荣誉、经济上有实惠、工作上有动力

本报北京12月26日电　今年，我国粮食总产量达到11424亿斤，实现了历史罕见的"八连增"。12月26日，国务院在北京人民大会堂隆重举行全国粮食生产表彰奖励大会。中共中央政治局常委、国务院总理温家宝出席大会。会议对全国200个产粮大县、300名突出贡献农业科技人员、300名种粮售粮大户和100名先进工作者给予表彰，对粮食生产工作成绩突出的省级人民政府给予通报表扬。会议强调，要把发展粮食生产摆在经济社会发展的突出位置，进一步强化粮食和农业基础设施建设，持续增加农业补贴资金，持续提高粮食最低收购价，持续加大产粮大县奖励力度，切实让重农抓粮者、支农兴粮者、务农种粮者政治上有荣誉、经济上有实惠、工作上有动力，充分调动各方面积极性，确保粮食生产长期稳定发展。

会前，温家宝总理等领导同志在人民大会堂金色大厅，接见了受表彰的全国粮食生产先进单位和先进个人代表，并与大家合影留念，随后，为先进单位和先进个人颁奖。

会议由中共中央政治局委员、国务院副总理回良玉主持。他指出，我国粮食实现"八连增"历尽艰辛，成绩确实来之不易。　**（下转第四版）**

（三）党和国家领导人处理突发事件新闻的版面安排

对于突发事件新闻的安排，经常会打破常规处理，这是由新闻的突发性决定的。人民日报对突发事件新闻的处理，一般根据该事件的重大程度、人民群众及中央领导人的关注程度而采取不同方式。总的来说，突发事件新闻的报道，比日常新闻报道更能体现一张新闻纸的价值取向。在突发事件发生、持续、圆满解决的一段时期内，人民日报会在一版及其他要闻版，刊发大量的文字、图片、评论，反映党和政府高度重视、积极处置，人民群众万众一心应对危机的消息。如1999年我南斯拉夫使馆遭袭击事件、非典、抗洪、抗冰雪等事件。

1999年5月7日午夜，以美国为首的北约悍然使用3枚导弹，从不同角度袭击了中华人民共和国驻南斯拉夫联盟共和国大使馆，造成馆舍严重毁坏，人员伤亡严重。

中国政府和人民对这一野蛮暴行表示极大愤慨和严厉谴责，并提出最强烈抗议。

5月9日的一版对此重大突发事件予以突出处理。头条五栏半加框刊发我国政府严正声明，并在其下部安排五栏半照片，反映各地群众抗议美国暴行的示威活动。报眼位置为各地高校学生游行示威的消息。在版面中心位置，是这次事件的消息主体，也是人民日报的独家消息《北约野蛮轰炸我驻南使馆》。左下部位置刊发评论员文章《强烈谴责美国为首的北约的血腥罪行》。整个版面展示了中国人民对北约野蛮行径的强烈愤慨。

5月10日，一版头条五栏半配照片刊登中央政治局常委、国家副主席胡锦涛的电视讲话新闻。为加重分量，特意增加了提要。当日一版2/3以上版面是有关我驻南使馆被炸的新闻。

在随后的几天里，一版以大篇幅刊登有关消息，并配发评论员文章。

5月13日，中共中央国务院隆重举行大会，热烈欢迎我驻南工作人员，江泽民发表重要讲话。次日一版以通栏形式处理此消息，并刊发讲话全文。

（附1999年5月9日、10日、14日一版）

2003年春夏之交突如其来的非典，困难大、持续时间长，是对中国政府和新的中央领导集体的考验。党中央、国务院带领全国人民万众一心、众志成城、科学防治、战胜非典，经受住了这场斗争的考验。

2003年4月21日，一版头条刊登胡锦涛考察军事医学科学院勉励科研人员抗击非典的消息，配发照片。当日一版还有一条引人注目的小消息：中共中央对卫生部、北京市、海南省主要负责同志职务作出调整。

5月1日，胡锦涛和温家宝分别在天津和广东考察非典防治工作。次日一版突出报道了这两次考察。头条横五栏为总书记考察消息，配发照片；报眼下直题，安排总理考察消息，配发照片。左下为评论员文章。

（附2003年4月21日、5月2日一版）

人民日报

RENMIN RIBAO

今日 4 版

网址：http://www. peopledaily. com. cn

国内统一刊号：CN11—0065

第18565期　（代号1—1）

人民日报社出版

1999年5月

9

星期日

己卯年三月廿四

北京地区天气预报

白天　多云　降水概率30%　风向　偏南　风力　二、三级

夜间　多云转晴　降水概率10%　风向　南转北　风力　一、二级

温度　25℃／12℃

京沪穗蓉高校学生举行示威游行

最强烈抗议北约轰炸我使馆暴行

本报北京五月八日讯　记者**赖仁琼、赵永新**报道：以美国为首的北约野蛮轰炸我驻南使馆的暴行，激起北京各界人士的强烈愤慨。今天下午四时多，北京大学、清华大学、北京师范大学、北京航空航天大学、中央民族大学、首都师范大学、北京理工大学等首都十余所大学的学生高举「反对霸权，反对侵略」「捍卫主权，还我使馆」「强烈谴责美国的霸权主义行径」等横幅，高呼「坚决拥护我国政府的严正声明！」「最强烈地抗议以美国为首的北约轰炸我国驻南斯拉夫大使馆！」「以美国为首的北约必须对轰炸我驻南使馆的野蛮行径承担全部责任！」等口号，来到美国驻华使馆门前游行示威，愤怒宣读抗议书，对以美国为首的北约野蛮轰炸我驻南使馆的暴行，表示强烈的愤慨和抗议。

北京大学示威游行的学生代表在美国使馆门前高声宣读抗议书：「玩火者必自焚。中国不可欺！中华民族不可辱！已经站立起来的中国人民绝不能容忍对中国主权的践踏。」

首都高校学生今天的示威游行是经北京市公安局批准的。

本报上海五月八日电　记者**曹焕荣、田泓、谢卫群、戎霄、郭伟成**报道：北约轰炸中国驻南联盟使馆的野蛮行径，激起上海高校学生强烈愤慨。今天傍晚，复旦、交大等十余所高等院校数千名学生，到美国驻上海总领事馆门前举行抗议活动。

各新闻媒体播出我国驻南使馆被轰炸的消息后，立即在校园里产生强烈反响，许多学生要求举行抗议活动，表达中国青年反对霸权，捍卫和平的强烈愿望。

六时三十分，经上海市公安局批准，由市学联组织，复旦、交大、同济、华东理工、华东师范等十多所高校学生陆续汇集到美国驻上海总领馆门前。他们高举着「最强烈地抗议以美国为首的北约的野蛮行径」「美国践踏国际法」「反对霸权，反对侵略」等中英文标语，高喊「反对轰炸」「还我尊严」「严惩凶手」「和平万岁」「爱我中华」等口号，高唱国歌和国际歌，群情激愤。上海学联主席、上海交大学生胡楠代表上海大学生向美国驻上海总领事馆递交了一份抗议书。一些师生秉烛游行，祈祷和平，为死难同胞致哀。

本报广州五月八日电　记者**刘雷、闻政、黄日飞、伊可迹、韩建清、赵鹤宇、汪从飞、张翼鹏**报道：今天下午，广州近十万高校学生经当地公安机关批准在环广州市中路、人民北路、江南大道及沙面一带游行，抗议以美国为首的北约轰炸我驻南联盟大使馆的犯罪行为。

下午四时三十分，记者赶到美国驻广州总领事馆时，远远地就听到学生们高昂的口号：『反对美国霸权主义，反对强权政治！』『还我使馆，还我同胞！』……先到的学生已经排队集结在美国驻广州总领事馆的门前，抗议示威，在游行抗议现场，学生们秩序井然。记者看到各个学校的校旗：中山大学、中山医科大学、华南理工大学、广东公安高等专科学校……

下午六时左右，记者赶到环市中路的国际大酒店，英国、法国等北约成员国驻广州的总领事馆就驻在这里。酒店门前水泄不通，广场上学生人数超过一万人，几百名星海音乐学院的学生唱起了《国际歌》和《保卫黄河》。

广东外语外贸大学、广州中医药大学、广州医学院、广州师范学院等大专院校师生大约二万人，也冒雨举行声势浩大的游行示威，抗议以美国为首的北约使用导弹野蛮袭击我驻南联盟大使馆的罪恶行径。

本报成都五月八日电　记者**罗茂城**报道：以美国为首的北约集团用导弹袭击我驻南使馆的暴行，激起四川人民的极大愤慨。今晚，四川大学和各界群众数万人到美国驻成都总领事馆门前愤怒声讨北约的野蛮行径。

四川大学师生的游行队伍浩浩荡荡，打着横幅，高举各种标语口号，不断高呼：『反对战争，捍卫主权！』

许多站在街道两旁的群众，不断为游行队伍鼓掌助威，并同师生一起高呼反对霸权主义口号。一位退休老干部对记者说，以美国为首的北约肆意侵犯他国主权，太坏了！对一个主权国家狂轰滥炸，炸死炸伤平民百姓，破坏民用设施，犯下了不可饶恕的罪行！一位四川大学的教师对记者说，以美国为首的北约无法无天，惨无人道，他们在南联盟犯下最不人道的滔天罪行，充分暴露出他们『人权卫士』的虚伪嘴脸。

据了解，示威游行经过当地公安机关批准。

最强烈抗议北约轰炸我驻南斯拉夫使馆

我国政府发表严正声明

以美国为首的北约必须对此承担全部责任　中国政府保留采取进一步措施的权利

新华社北京5月8日电　中华人民共和国政府今天发表声明，声明全文如下：5月7日午夜，以美国为首的北约悍然使用3枚导弹，从不同角度袭击了中华人民共和国驻南斯拉夫联盟共和国大使馆，造成馆舍严重毁坏，迄今为止已有2人死亡、2人失踪，20余人受伤。

以美国为首的北约对南斯拉夫40多天的狂轰滥炸，已经造成无辜平民大量伤亡，现在又居然轰炸中国大使馆。北约的这一行径是对中国主权的粗暴侵犯，也是对维也纳外交关系公约和国际关系基本准则的肆意践踏。这在外交史上是罕见的。

中国政府和人民对这一野蛮暴行表示极大愤慨和严厉谴责，并提出最强烈抗议。以美国为首的北约必须对此承担全部责任。中国政府保留采取进一步措施的权利。

五月八日，首都高校师生数千人来到美国驻中国大使馆前，抗议北约轰炸中国驻南使馆的野蛮暴行。　本报记者　李舸摄

强烈谴责美国为首的北约的血腥罪行

本报评论员

当地时间5月7日午夜，以美国为首的北约悍然用导弹袭击中国驻南斯拉夫联盟大使馆，造成3人死亡，1人失踪，20多人受伤，使馆建筑被严重毁坏。消息传来，举国震惊。我国政府和人民无比愤慨，强烈抗议和谴责以美国为首的北约袭击我国使馆、杀害我国同胞的野蛮罪行。

众所周知，驻外使领馆是一个国家主权的象征，受国际法的保护。北约袭击我国使馆是对我国主权的野蛮侵犯，是对维也纳外交关系公约和国际关系基本准则的粗暴践踏，不能不激起全世界爱好和平国家的强烈反对，不能不激起中国政府和人民的强烈抗议。

事件发生后，以美国为首的北约辩解说，它“并非有意对准中国大使馆”。但是，巧舌诡辩掩盖不了血的事实。3颗导弹从不同角度袭击中国大使馆，完全暴露了侵略者的罪恶用心。这是北约对中国人民欠下的一笔血债。以美国为首的北约必须对此承担全部责任。中国政府已经声明，保留采取进一步措施的权利。

自3月24日以来，北约对南联盟的军事打击已持续了40多天。在此期间，北约从打击南联盟的军事目标发展到摧毁南联盟的医院、桥梁、电视台、炼油厂、电站、住宅等大量民用设施，现在又发展到袭击中国驻南使馆；它不但炸死炸伤大量无辜平民，而且还残害外国驻南外交人员和新闻记者。其野蛮行径惨无人道，令人发指。

科索沃危机发生后，中国政府和中国人民屡次表明自己的正义立场，提出在尊重南联盟的主权和领土完整、保障该地区各族人民合法权益的基础上，采用和平方式政治解决科索沃危机。中国的正义立场在国际上赢得了普遍的好评。中国一贯实行独立自主的和平外交政策，在国际事务中维护正义，主持公道。谁搞霸权主义，我们就反对谁；谁搞侵略，我们就谴责谁。中国的正义立场也符合世界爱好和平人民的愿望，不管面临什么样的威胁，中国是决不会改变自己的原则立场的。

以美国为首的北约袭击中国驻南大使馆，在国际上引起了强烈的反应。联合国秘书长对此表示“震惊”和“悲痛”。安理会立即为此举行紧急会议，讨论这一严重事件。我们呼吁国际社会共同努力，立即制止以美国为首的北约在南联盟极其野蛮的侵略行径。

北约野蛮轰炸我驻南使馆

本报贝尔格莱德5月8日电　记者**吕岩松**报道：当地时间7日午夜（北京时间8日早5时45分），以美国为首的北约至少使用3枚导弹悍然袭击我驻南斯拉夫大使馆。到目前为止，至少造成3人死亡，1人失踪，20多人受伤，馆舍严重毁坏。

当地时间7日晚，北约对南斯拉夫首都贝尔格莱德市区，进行了空袭以来最为猛烈的一次轰炸。晚9时始，贝尔格莱德市区全部停电。子夜时分，至少3枚导弹从不同方位直接命中我使馆大楼。导弹从主楼五层楼顶一直穿入地下室，使馆内浓烟滚滚，主楼附近的大使官邸的房顶也被掀落。

当时，我大使馆内约有30名使馆工作人员和我驻南记者。新华社女记者邵云环、光明日报记者许杏虎和夫人朱颖不幸遇难。这是外国驻南外交机构第一次被炸。

爆炸发生后，中国驻南联盟大使潘占林一直在现场指挥抢救。许多华侨对使馆给予了极大帮助。潘大使在被炸毁的使馆废墟前，愤怒地指出：“这是对中华人民共和国的攻击。”

南联盟外长约万诺维奇说：“使馆是中华人民共和国的领土，北约炸弹是对外交的轰炸。”

当地时间8日下午，中国在贝尔格莱德的数百名华人举行抗议游行，数千南斯拉夫人参加了游行。

左图：中华人民共和国国旗依然在贝尔格莱德上空飘扬。
右图：被炸毁的馆舍南侧。　本报记者　吕岩松摄

浙江加大重点工程建设力度

本报杭州5月8日电　记者**袁亚平、赵相如**报道：日前记者从浙江省有关部门了解到，去年，这个省70个重点建设项目实际完成投资240亿元，比上年增长40%，拉动了全省的经济增长。

去年，浙江省全社会固定资产投资完成1848亿元，据测算，在全省经济增长10.1%中占4个以上百分点。

加大对交通基础设施的投入，是拉动浙江经济增长的重大举措之一。去年全省完成公路投资114亿元，为上年的148%，全省GDP增加12.2亿元，增加5.7万个就业机会。沪杭高速公路浙江段建成通车，为浙江接轨浦东、形成长江三角洲南翼经济走廊奠定了基础。

水利、电力、城建、环保等基础设施建设的完成，已显示出喜人的效果。温岭江厦排涝隧洞、丽水玉溪水利枢纽、泰顺三插溪水电站、江山碗窑水库、义乌八都水库等一批水利项目的投入运行，极大地增强了浙江省抗洪排涝、供水灌溉的能力。天荒坪抽水蓄能电站两台30万千瓦机组建成投运，为这座亚洲最大的同类电站创造了良好的开端。

据了解，今年浙江省将进一步加大重点工程的建设力度，重点建设项目为80个，计划投产或部分投产项目26个，争取完成投资250亿元。

南通发挥区位优势以港兴城

本报讯　“以港兴城”的发展战略，使江苏省南通市形成新兴产业优势。到1998年底，该市已开发利用长江岸线30.13公里，建成万吨以上码头27座，海港吞吐量位居全国第十位。

东临黄海、南倚长江的南通，拥有“黄金岸线”500公里，可利用主航道岸线80公里。市委、市政府审时度势，及时提出“以港兴城”的发展战略。他们统一规划，安排港口布局、码头建设。到目前为止，全港生产性泊位年吞吐能力达3213万吨。此外，南通还进一步整治长江深水航道，以使5万吨级海轮、10万吨级散货船可直达南通。南通还建立了仓储中转设施，8座油化工码头，70万吨的储罐，使南通成为长江流域最大的成品油、液化气、粮油、食粮等重要物资和进口商品的仓储基地。

随着港口经济的发展，南通的船舶业也随之发展壮大。现在，南通已成为全国三大造船基地之一。船舶制造修理业的发展还带动了船舶配套工业在南通的发展，目前南通已拥有1万吨的舱盖生产能力，技术含量高的集装箱底板的生产能力也逐步形成。

南通市发展港口经济注重提高技术装备水平和科技队伍素质，有力地促进了全市工业结构的调整和优化。

（徐爱民　王　春）

人民日报

RENMIN RIBAO

今日12版（华东、华南地区16版）

网址：http://www.peopledaily.com.cn

国内统一刊号：CN11—0065

第18566期 （代号1—1）

人民日报社出版

1999年5月 10 星期一 己卯年三月廿五

北京地区天气预报 白天 晴间多云 降水概率10% 风向 北转南 风力 二、三级 夜间 晴间多云 降水概率10% 风向 南转北 风力 一、二级 温度 28℃／12℃

全国各界集会游行座谈接受采访纷纷表示

坚决拥护我国政府严正声明 强烈谴责美国霸权主义行径

决心坚守岗位勤奋学习推进改革发展经济增强国力

本报讯 综合本报各地记者站五月九日消息：五月八日凌晨，以美国为首的北约悍然用三枚导弹袭击我国驻南联盟大使馆，造成严重的人员伤亡和财产损失。消息传开，全国各地各界纷纷以集会、游行、座谈、接受记者采访等多种形式，愤怒声讨以美国为首的北约对中国人民犯下的滔天罪行，表示要发奋学习，努力工作，为建设强大的社会主义祖国贡献力量。

五月八日到九日，广东、浙江、甘肃省委分别召开常委扩大会议，坚决拥护我国政府严正声明，强烈谴责以美国为首的北约轰炸我驻南联盟大使馆的野蛮行径。黑龙江省人大常委会召开机关大会，省人大民族侨务外事委员会召集在哈的各族各界代表座谈，愤怒声讨北约暴行。山西召开各界人士大会，省委、省人大、省政府、省政协、省纪检委的主要领导人及人民团体、民主党派、企业、高校代表相继发言，表示要把对北约侵略行径的抗议化作搞好当前工作的动力。

重庆、新疆、吉林、青岛、珠海等省区市的工会、共青团、妇联也纷纷举行座谈会，表示要化悲愤为力量，坚守岗位，做好本职工作，把我们的祖国建设得更加强大。

在一汽集团召开的座谈会上，新老劳模们表示：面对北约的暴行和挑衅，汽车工人要同仇敌忾，多出车、出好车，为增强祖国的综合国力多做贡献。兰州炼油厂、宁波镇海炼化公司职工说，我们一定要坚守岗位，以实际行动维护社会稳定，声援我国政府的正义立场和世界人民的和平正义事业。

浙江日报全体职工分别致电新华社和光明日报社，对女记者邵云环和许杏虎、朱颖夫妇的牺牲表示沉痛哀悼。在甘肃，兰州日报等多家报纸增印数千份，在街头向广大市民散发、赠送。

（下转第三版）

本报沈阳五月九日电 记者段心强、冯奎报道：经沈阳市公安部门批准，从昨天晚上到今天下午，东北大学、辽宁大学等二十多所高校的十多万名师生，怀着万分愤怒的心情来到美国驻沈阳领事馆，举行游行示威活动，强烈谴责以美国为首的北约暴行。他们高举巨大的横幅标语：『坚决拥护中国政府的严正声明』、『强烈……』、『以美国为首的北约必须对轰炸我……全部责任』等等。他们还慷慨……卫国家主权』、『反对霸权，不要强权』……

中共中央政治局常委、国家副主席

胡锦涛发表电视讲话

5月9日，中共中央政治局常委、国家副主席胡锦涛代表党中央和中国政府就北约袭击我驻南使馆发表电视讲话。新华社记者 兰红光摄

中国人民对以美国为首的北约袭击我驻南使馆暴行表现出极大愤慨和强烈的爱国热情。中国政府坚决支持、依法保护一切符合法律规定的抗议活动。我们相信，广大人民群众一定会从国家的根本利益出发，自觉维护大局，使这些活动依法有序地进行。要防止出现过激行为，警惕有人借机扰乱正常的社会秩序，坚决确保社会稳定

同志们、朋友们：

在北京时间5月8日清晨，以美国为首的北约悍然使用导弹袭击了我国驻南斯拉夫联盟共和国大使馆，造成我人员伤亡，馆舍严重毁坏。这一违背国际法和国际关系准则的罪恶行径，激起了中国人民的极大愤慨。中国政府当天上午发表了严正声明，严厉谴责以美国为首的北约的野蛮暴行，要求北约必须对此承担全部责任。中央还决定，由外交部紧急约见了美国驻华大使，提出最强烈的抗议；要求联合国安理会召开了紧急会议，讨论和谴责以美国为首的北约的野蛮行径；采取一切措施抢救伤员，立即派专机前往贝尔格莱德，接回我有关人员；我国政府还在声明中郑重表示保留采取进一步措施的权利。所有这些，都表达了全中国人民维护国家主权、坚持正义、反对侵略的共同心愿。在此，我代表党中央、中国政府和中国人民，对我驻南斯拉夫大使馆的全体工作人员表示诚挚的问候，对死难的烈士表示深切的哀悼，对他们的家属和受伤人员表示亲切的慰问。

从昨天开始，全国各地的广大群众，纷纷举行座谈、集会、发抗议信或抗议电等各种活动，拥护我国政府的严正声明，强烈谴责以美国为首的北约的野蛮行径。北京、上海、广州、成都、沈阳等一些城市的学生和群众，还在美国驻华外交机构附近举行了示威游行。这一切，都充分反映了中国人民对以美国为首的北约袭击我驻南使馆暴行的极大愤慨和强烈的爱国热情。中国政府坚决支持、依法保护一切符合法律规定的抗议活动。我们相信，广大人民群众一定会从国家的根本利益出发，自觉维护大局，使这些活动依法有序地进行。要防止出现过激行为，警惕有人借机扰乱正常的社会秩序，坚决确保社会稳定。

中国政府坚定不移地奉行独立、自主、和平的外交政策，坚定不移地维护国家主权和民族尊严，坚决反对霸权主义和强权政治。我们要坚持改革开放，依据有关国际法和国际关系准则，依据我国的有关法律，保护外国驻华的外交机构和人员，保护外国侨民和来华从事经贸、教育、文化等活动的人员，充分体现中华民族的优良文明传统。

中国人民是坚持正义、爱好和平的人民。我们愿意与世界各国人民一道，相互支持，加强合作，为促进人类和平与发展的崇高事业而共同努力。

让我们紧密地团结在以江泽民同志为核心的党中央周围，高举邓小平理论伟大旗帜，振奋精神，团结一致，把建设有中国特色社会主义伟大事业全面推向21世纪。

（新华社北京5月9日电）

各地干部群众收看胡锦涛电视讲话

维护社会稳定建设强大祖国 坚决拥护党中央的正确决策

本报讯 综合本报各地记者站5月9日消息：今天，本报驻全国各省、市、自治区的记者在胡锦涛同志发表电视讲话之后，广泛采访了党政机关、群众团体和工人、农民、解放军官兵、知识界人士及大学师生。大家共同表示，坚决拥护党中央的正确决策，强烈谴责以美国为首的北约轰炸我驻南斯拉夫使馆的罪恶行径，决心在党中央和各级政府的领导下，维护稳定，坚持改革开放，坚守岗位，做好本职工作，把建设有中国特色社会主义的伟大事业推向前进。

坚决拥护中央决策，坚信党和政府有能力处理好当前事件

河南省青年记者协会的新闻工作者在收看电视后表示，相信在党中央的正确领导下，一定能处理好这件事，向北约暴徒讨回公道。

南宁市个协副会长周小容看完电视讲话后对记者说，胡锦涛同志的讲话代表了中国政府和中国人民的立场，使我们对当前的局势有了更明确的认识，坚定了我们与霸权主义进行斗争的决心，我相信我们的党和政府有能力，也一定能够把已经发生的事情处理好。周小容说，国家强则百事兴，国家弱则百事衰。我们虽然是个体的，但我们有一颗爱国的赤子之心，坚决拥护中央的决策。

（下转第三版）

解放军武警部队强烈谴责以美国为首的北约暴行

决心加强国防和军队现代化建设

新华社北京5月9日电 （记者贾永、曹智、肖璞）人民解放军和武警部队广大官兵对以美国为首的北约袭击我驻南联盟大使馆的野蛮行径表示极大愤慨和最强烈谴责。广大官兵坚决拥护我国政府的严正声明，坚决拥护胡锦涛同志代表党中央、中国政府的电视讲话，决心在以江泽民同志为核心的党中央、中央军委的坚强领导下，努力加强国防和军队现代化建设，坚决保卫各族人民的和平生活和改革开放的丰硕果实，保卫国家主权和领土完整不受侵犯。

以美国为首的北约悍然用导弹袭击我驻南联盟大使馆，造成人员重大伤亡和馆舍严重毁坏的消息传来，全军震惊，群情愤慨。从统帅机关到连队哨所，广大官兵认真学习我国政府的严正声明，坚决拥护我国政府维护国家主权的严正立场和所采取的正义行动。广大指战员怀着无比悲愤的心情，强烈谴责袭击我使馆、杀害我同胞的血腥罪行。以美国为首的北约打着所谓"人道主义"旗号，对一个主权国家狂轰滥炸，造成了南联盟无辜平民的大量伤亡和流离失所，充分暴露了美国所谓维护人权的极端虚伪性。

（下转第三版）

图为南昌高校学生声讨以美国为首的北约袭击我驻南使馆暴行。 新华社记者 宋振平摄

开始对亚非四国进行正式友好访问

李瑞环离京抵达汉城

本报汉城5月9日电 记者张国成、王林昌报道：应韩国政府的邀请，全国政协主席李瑞环今天乘专机抵达汉城，开始对韩国进行为期5天的正式友好访问。

李瑞环主席此次访韩是中韩两国政府去年确定建立"面向21世纪的合作伙伴关系"之后，中国主要领导人首次访问韩国，也是中国全国政协主席首次访韩。

今天，汉城城南机场上空飘扬着中韩两国国旗。下午6时许，李瑞环主席的专机平稳降落在停机坪上。韩国外交通商部长官洪淳瑛在舷梯旁热情欢迎李瑞环的来访。我国驻韩国大使馆工作人员向李瑞环献了鲜花。

李瑞环主席在机场发表了书面讲话。他说："中韩两国是隔海相望的近邻，两国人民有着悠久的友好交往历史。中韩建交6年多来，两国关系在各个领域得到全面、迅速发展，不仅造福于两国人民，对东北亚乃至亚太地区的繁荣与发展也作出了重要贡献。去年基于两国人民的共同愿望和根本利益，双方宣布建立面向21世纪的合作伙伴关系，这为今后两国关系的发展确定了框架并指明了方向。中方愿与韩方一道，为促进两国关系的进一步发展作出不懈的努力。"

（下转第六版）

中国人民不可侮

本报评论员

中国愤怒了！

以美国为首的北约悍然袭击中国驻南斯拉夫大使馆，燃起了中国的怒火。中国政府当日发表严正声明，最强烈抗议北约野蛮侵犯中国主权、粗暴践踏中国尊严的罪恶行径，要求以美国为首的北约对此承担全部责任，并表示中国保留采取进一步措施的权利。中国全国人大、全国政协、各民主党派、全国工商联、各人民团体以及新闻单位也纷纷发表声明或举行座谈、集会，声讨以美国为首的北约的血腥暴行。大江南北、长城内外，义愤填膺的高校学生和人民群众纷纷举行示威游行，严厉声讨以美国为首的北约的暴行，坚决支持中国政府维护国家主权和民族尊严的严正立场。他们高呼："中国不可欺，中华民族不可侮！"

北约袭击中国驻南斯拉夫大使馆是对中华人民共和国主权和尊严的公然侵犯，是对中国人民民族感情的严重伤害，是对12亿中国人民的公然挑衅。血的事实使人们更清楚地看到，冷战结束后，在世界人民普遍渴望和平与发展的今天，是谁在公然违反联合国宪章和国际关系准则、破坏世界的和平，是谁在南联盟惨无人道地杀伤无辜平民、乃至戕害其他国家外交公务人员的生命。北约的暴行揭去了其"人道主义"的外衣，赤裸裸地暴露了其侵略者凶残的嘴脸。

中华人民共和国的成立标志着中国人民从此站起来了。中国百年以来积弱受欺的时代已经一去不复返了。为了捍卫国家主权和民族尊严，在一百多年的时间里，中国人民不惜流血牺牲、前仆后继。经过50年的艰苦奋斗，中国已走上了富强之路。今天，如果有人认为可以用武力威胁吓倒中国人民，那就完全打错了算盘。以美国为首的北约必须对其袭击中国大使馆的暴行承担全部责任。

北约的暴行从反面激发了中国人民的民族忧患意识和爱国热情，人们在高呼"反对侵略"、"反对霸权"、"捍卫主权"的同时，再次发出"爱我中华"、"振兴中华"的心声。祖国的强盛、人民的团结、国内各民族的团结是中华民族安身立命之本。广大青年学生和各界群众纷纷表示，要化悲愤为动力，刻苦学习、勤奋工作，奋发图强，用切实的努力发展生产、发展科技，实现工业、农业、科技、国防的现代化，增强祖国的综合国力。这是最宝贵的、应予大力发扬的爱国主义精神。

中国的主权和尊严是不容侵犯的，不畏霸权的中国人民是不容欺侮的。中华民族艰苦卓绝的百年奋斗已经并将继续证明，伟大的中国人民是不可战胜的。以美国为首的北约如果无视中国人民的义愤，必将犯下时代的错误，而逃脱不了历史的惩罚。

洒向神州是真情

——社会保障制度的建立和完善

本报记者 郑少忠 龚达发 王启明

武汉棉织厂下岗女工卢建荣，在今年"三八节"多了一分宽慰。丈夫病休在家，1994年她又下了岗。街道上了解到这些情况，去年8月给她办理了最低生活保障金，还为她联系减免了双胞胎儿子的学杂费，如今又送来"三八节"慰问金。

国企职工下岗分流，会给许多家庭带来困难。可喜的是，"送温暖活动"雪中送炭的同时，再就业工程中覆盖全社会的社会保障体系正在迅速建立和完善。

靠制度才有永久保障

今年大年三十晚8时，武汉市总工会主席胡开国和同事们还守在"工会救助热线"电话机旁紧张地忙碌。直到听完最后一个求助电话，胡开国才松了一口气，动情地对记者说："我干了20多年工会工作，每年参加和组织的送温暖活动记不清有多少次了。看到工人兄弟下岗，我心里急呀！"

全国工会系统建立了25亿元的"送温暖工程基金"，连续几年来已使450万个困难职工家庭受惠。共青团中央向各级青年团组织发出了"下岗青工创业行动"的倡议；全国妇联去年开展了"巾帼助困行动"，今年又推出"巾帼创新业"活动。对于遍及全国的"送温暖活动"，社会各界都给予高度评价。然而，从再就业工程的全局来说，"送温暖活动"毕竟是针对特定群体的工作。真正让下岗职工感到可以依托的，还是在我国各地普遍建立的"三条保障线"，它是我国社会保障制度的重要组成部分。第一条保障线是独具中国特色的各级再就业服务中心，目前已先后帮助上千万下岗职工，向他们提供基本生活保障，代缴保险费用，进行就业培训等，形成一个巨大的缓冲区或"蓄水池"，使广大下岗职工有序地走向劳动力市场。但是，下岗职工进中心是有时限的（一般为3年），而且中心本身就具有鲜明的历史阶段性，它将随着社会保险制度的逐渐完善而完成自己的使命。

出了中心后的下岗职工怎么办？或者说当中心完成使命后失业者将从哪里得到保障？劳动和社会保障部失业保险司负责同志指出，这就要靠第二和第三条保障线——失业保险制度和城市居民最低生活保障制度来衔接。在这后两条保障线的基础上，我国正在建造立之永久的社会保障大厦！

1997年9月，国务院发布了《关于建立城市居民最低生活保障制度的通知》，要求全国所有城市必须在1999年底之前，建立和实施最低生活保障制度。今年1月22日，国务院又发布了《失业保险条例》和《社会保险费征缴暂行条例》。这些文件和法规的出台，标志着我国就业保障制度正在实现从社会济困、政策帮扶到法制帮扶的跨越，标志着我国就业保障制度进入了一个新的历史发展阶段。

构筑宽广的安全网

3月24日，当上海仪表电讯局下岗职工李安明从梅园街道社会保障中心领到205元失业保险金时，他感慨地对记者说，"这点钱对其他人可能算不了什么，但对我家确实太重要了。"

（下转第二版）

国企下岗职工再就业工程聚焦④

人民日报
RENMIN RIBAO
今日12版（华东、华南地区16版）
网址：http://www.peopledaily.com.cn
国内统一刊号：CN11—0065
第18570期　（代号1—1）
人民日报社出版
1999年5月
14
星期五
己卯年三月廿九
北京地区天气预报
白天　多云间晴
降水概率20%
风向　偏东
风力　二、三级
夜间　多云间阴
降水概率30%
风向　偏东
风力　一、二级
温度　23℃／14℃

向三位英雄的新闻工作者致敬

本报评论员

青山垂泪，江河呜咽。

共和国以最隆重的仪式，向为国殉难的邵云环、许杏虎、朱颖烈士志哀。党和国家领导人亲往新华社、光明日报社沉痛悼念三位烈士。庄严的天安门广场下半旗志哀。社会各界以不同的方式向烈士表达无尽的哀思。12亿人民以无比的悲愤心情表达着一个共同的信念：坚决拥护我国政府的严正声明，强烈谴责以美国为首的北约的野蛮暴行，继承英雄的遗志，化悲痛为力量，坚定不移地把我国的改革开放和社会主义建设全面推向前进，实现振兴中华的伟大理想。

邵云环、许杏虎、朱颖三位同志是英雄的新闻工作者，是中华民族的优秀儿女，是党和人民的骄傲。他们忠实地履行了新闻工作者的神圣责任，恪尽职守，不辱使命，在战火纷飞的南斯拉夫，发出了大量真实、生动的新闻报道，为宣传我国政府主持正义、维护和平的原则立场，为向世人披露以美国为首的北约在南斯拉夫犯下的罪行，为揭露霸权主义、强权政治的丑恶嘴脸，做出了重要贡献。邵云环等三位新闻工作者将个人的安危置之度外，出生入死，夜以继日，拼命工作，为和平呼喊，为正义奋斗，直至生命的最后一刻。（下转第三版）

中共中央国务院隆重召开大会

热烈欢迎我驻南工作人员

江泽民发表重要讲话　李鹏主持　朱镕基胡锦涛尉健行李岚清出席

江泽民强调，以美国为首的北约必须对袭击我驻南使馆事件承担全部责任，必须对中国政府提出的要求作出全面交代。中国政府正密切关注事态的发展，并继续保留采取进一步措施的权利

指出人类正处在维护世界和平、促进共同发展的关键时刻。一切爱好和平、维护正义的国家和人民，应该团结起来，为反对霸权主义和强权政治，推动建立公正合理的国际新秩序而共同奋斗

号召中国人民始终不渝地坚持邓小平理论和党的基本路线，按照党的十五大提出的跨世纪发展战略目标，把建设有中国特色社会主义的伟大事业全面推向二十一世纪

朱镕基宣读中共中央国务院对我驻南使馆工作人员和新闻工作者表彰的决定　国务院有关部门批准邵云环许杏虎朱颖为革命烈士

江泽民、李鹏、朱镕基、胡锦涛、尉健行、李岚清等党和国家领导人出席欢迎大会。　新华社记者　王新庆摄

本报北京5月13日讯　中共中央、国务院今天下午在人民大会堂隆重召开大会，热烈欢迎我国驻南斯拉夫联盟共和国工作人员，对我国驻南斯拉夫大使馆工作人员和驻南新闻工作者进行表彰。中共中央总书记、国家主席、中央军委主席江泽民在会上发表重要讲话。他指出，人类正处在维护世界和平、促进共同发展的关键时刻。世界潮流，浩浩荡荡，顺之则昌，逆之则亡。一切爱好和平、维护正义的国家和人民，应该团结起来，为反对霸权主义和强权政治，推动建立公正合理的国际新秩序而共同奋斗。江泽民强调，中国人民将始终不渝地坚持邓小平理论和党的基本路线，按照党的十五大提出的跨世纪发展的战略目标，把建设有中国特色社会主义的伟大事业全面推向21世纪。

中共中央政治局常委、全国人大常委会委员长李鹏，中共中央政治局常委、国务院总理朱镕基，中共中央政治局常委、国家副主席胡锦涛，中共中央政治局常委、书记处书记尉健行，中共中央政治局常委、国务院副总理李岚清出席大会。大会由李鹏主持。

下午3时45分，大会在雄壮的国歌声中开始。

中共中央政治局常委、国务院总理朱镕基代表党中央、国务院宣读《中共中央、国务院关于对我国驻南斯拉夫联盟共和国大使馆工作人员和驻南新闻工作者给予表彰的决定》。

（下转第三版）

中共中央总书记、国家主席、中央军委主席江泽民作重要讲话。　新华社记者　王新庆摄

在欢迎我国驻南斯拉夫联盟共和国工作人员大会上的讲话

（一九九九年五月十三日）

江泽民

同志们：

首先，我代表党中央、国务院和全国各族人民，向邵云环、许杏虎、朱颖三位革命烈士，表示沉痛的哀悼！他们是为和平、为正义、为祖国捐躯的，我们永远怀念他们。我们还要向光荣负伤的同志表示亲切的问候！向仍然在战火中履行神圣使命的驻南使馆工作人员和坚守岗位的新闻工作者，表示崇高的敬意！

以美国为首的北约悍然对我驻南使馆进行导弹袭击的暴行发生后，我国政府当即发表了严正声明，提出了最强烈的抗议。以美国为首的北约必须对这一事件承担全部责任，必须对中国政府提出的要求作出全面交代。否则，中国人民决不答应！中国政府正密切关注事态的发展，并继续保留采取进一步措施的权利。

几天来，全国各族人民和海外广大同胞对以美国为首的北约暴行义愤填膺，用各种形式表达了强烈的抗议和严厉的谴责。这些正义活动，充分显示了中华民族的伟大爱国主义精神和巨大凝聚力，充分体现了中国人民维护世界和平、反对霸权主义的坚强意志。伟大的中华人民共和国是不可欺的！

世界上许多国家的政府、政党、社会团体和一切爱好和平的人民，也纷纷对北约的暴行进行谴责，声援中国人民的正义斗争。我代表中国政府向他们表示诚挚的谢意！

中国政府坚决反对以美国为首的北约绕开联合国安理会，对南联盟发动军事攻击。这场战争给南联盟人民造成了巨大的灾难，严重威胁到欧洲稳定和世界和平。这场战争必须结束了。在北约继续狂轰滥炸的情况下，不可能在联合国讨论任何政治解决方案。这是我国政府和人民的原则立场。

冷战结束后，世界向多极化的方向发展，但天下仍很不太平。美国倚仗其经济、科技和军事实力，继续推行霸权主义和强权政治，肆意干涉别国内政。它的所作所为已引起了越来越多的国家和人民的警觉。人类正处在维护世界和平、促进共同发展的关键时刻。世界潮流，浩浩荡荡，顺之则昌，逆之则亡。一切爱好和平、维护正义的国家和人民，应该团结起来，为反对霸权主义和强权政治，推动建立公正合理的国际新秩序而共同奋斗！

中国人民将始终不渝地坚持邓小平理论和党的基本路线，按照党的十五大提出的跨世纪发展的战略目标，把建设有中国特色社会主义的伟大事业全面推向21世纪。

我们要继续坚定不移地坚持以经济建设为中心。全党和全国各族人民，要把对北约野蛮行径的巨大义愤和伟大爱国热情化作强大的动力，同心同德，艰苦奋斗，不断增强我国的经济实力、国防实力和民族凝聚力。这是社会主义中国永远立于不败之地的根本保证。

我们要继续坚定不移地推进改革开放。这是强国之路。我们要坚持独立自主、自力更生，又要进一步扩大开放，继续在平等互利的基础上开展对外经济技术交流与合作，把发扬中华民族的优良传统同积极学习世界上一切优秀文明成果结合起来，不断推进我国的现代化建设。

我们要继续坚定不移地保持社会稳定。这是我们完成各项改革和建设任务的基本保证。对于国内外敌对势力伺机搞乱中国，破坏我们社会主义现代化的图谋，必须时刻保持警惕。全党同志和全国各族人民，都要努力维护安定团结的社会政治局面。

我们要继续坚定不移地贯彻执行独立自主的和平外交政策。在和平共处五项原则的基础上继续发展同世界各国的友好合作。对于一切国际事务，坚持从中国人民和世界人民的根本利益出发，根据事情本身的是非曲直来决定自己的立场和政策。坚决维护国家的主权和安全，坚决主持公正，伸张正义，不信邪，不怕压，为促进人类和平与发展的崇高事业而努力。

中国人民是具有光荣的爱国主义传统、热爱和平的伟大人民。在中国共产党的领导下，全国各族人民坚强团结，不懈奋斗，建设富强民主文明的社会主义现代化国家的伟大目标，就一定能够达到！

（新华社北京5月13日电）

江泽民等看望我驻南使馆回国伤员

向他们表示亲切慰问希望他们安心养病早日康复

五月十三日，党和国家领导人江泽民、李鹏、朱镕基、胡锦涛、尉健行、李岚清前往医院，亲切看望在以美国为首的北约对我驻南使馆袭击中受伤的六名大使馆工作人员。　新华社记者　白连锁摄

本报北京5月13日讯　记者马小宁报道：今天下午，党和国家领导人江泽民、李鹏、朱镕基、胡锦涛、尉健行、李岚清等来到北京医院，亲切看望在以美国为首的北约袭击我驻南使馆中身负重伤的6名工作人员。他们是：大使馆武官任宝凯，参赞刘鑫泉，一秘曹荣飞、刘锦荣，三秘郑海峰，职员杨永丰。江泽民等党和国家领导人向他们表示亲切的慰问，希望他们安心养病，早日康复。

江泽民等党和国家领导人再一次叮嘱卫生部和医院领导，一定要全力以赴，治好这些同志的伤。昨天晚上，江泽民等党和国家领导人专门给医院负责同志打电话，询问伤员情况及诊治情况，并向医院全体医护人员及职工表示慰问。同时对医院赴南医疗队的队员提出表扬。希望医院把进一步救治伤员的工作做好。江泽民对医院负责人说："一定要尽最大可能把6位伤员的伤治好，这是党和政府交给你们的光荣任务。需要什么专家、药品、设备，党和政府将全力支持。"

据悉，医院已组成由一名副院长亲自挂帅、包括45名医术精湛的专家在内的医疗小组，对伤员进行重点护理和治疗。

江泽民等亲切会见烈士亲属和负伤人员亲属及使馆回国人员

新华社北京5月13日电　党和国家领导人江泽民、李鹏、朱镕基、胡锦涛、尉健行、李岚清，今天下午在人民大会堂亲切会见了在以美国为首的北约袭击我国驻南联盟使馆中英勇牺牲的烈士和负伤人员的亲属，以及使馆部分回国工作人员。

会见分别在人民大会堂东大厅和河北厅进行。下午3时30分，江泽民等党和国家领导人首先来到牺牲烈士和负伤人员亲属中间，与大家一一握手，表示问候。江泽民对烈士亲属说，我们向烈士们表示沉痛哀悼，向你们表示衷心感谢。接着，他又告诉负伤人员亲属，他和几位常委同志刚去医院看望了伤员，伤员已得到很好的治疗。他说，现在回家了，一切都好办了。全国人民都关心着他们，你们放心吧。

在会见使馆部分回国人员时，江泽民等领导同志紧紧握住他们的手，亲切地说，你们受苦了，谢谢你们。使馆部分回国人员激动地表示，感谢党中央、国务院的关心，感谢全国人民的关心。

会见后，江泽民等党和国家领导人分别与烈士和负伤人员的亲属及使馆部分回国人员合影。

人民日报
RENMIN RIBAO
今日16版(华东、华南地区20版)
人民网网址:http://www. people. com. cn
http://www. peopledaily. com. cn
国内统一刊号:CN11-0065
第20008期 (代号1-1)
人民日报社出版
2003年4月
21
星期一
癸未年三月二十

北京地区天气预报
白天 晴转阴 降水概率40% 风向 北转南 风力 二、三级
夜间 阴间多云 部分地区有小雨 降水概率40% 风向 偏南 风力 一、二级
温度 16℃/8℃

围绕环境做文章 着眼生态促发展
四川大力培育"绿色经济"

本报成都4月20日电 记者郑德刚报道:不久前,经中国农科院茶叶研究与发展中心检测和有关部门现场考察,四川省马边彝族自治县的3268亩茶园获得有机茶基地认证,这是我国目前为止认证面积最大的有机茶基地。马边县积极发展以有机茶为龙头的绿色经济,是四川省大力培植"绿色经济"的一个缩影。

四川山川秀丽,优良的生态环境可以说是四川的一大资源。四川省省长张中伟说,在实施西部大开发过程中,不能再走牺牲环境发展经济的路子。要把生态工程和发展旅游、水电、生态农业结合起来,着眼于生态经济型产业的培育和壮大。正是基于这样的共识,今年以来,省委、省政府积极部署全省农业、工业、电力、交通、旅游等行业抓住机遇围绕环境做文章,全省"绿色经济"呈现生机勃勃的景象。

目前,四川全省已经有水果、蔬菜、茶叶、粮食等绿色农业基地300多万亩,从事绿色农业的农户达到400多万户,绿色食品产量达到13万吨;已经有170多个产品获得了绿色食品标志使用权,产品涵盖了农牧业各个领域。今年四川各地围绕绿色农业、绿色食品大刀阔斧调结构,重点实施了优质水稻、双低油菜等8个优势农产品区域布局规划和攀西地区绿色产业发展规划。

四川近年来一直把水电建设置于优先发展的地位。不久前,总投资近1000亿元,设计总装机容量达1860万千瓦的金沙江溪洛渡和向家坝水电站立项通过了国家专家组的论证。两电站除可以进一步提高长江中下游防洪能力外,还可利用巨大的库容拦截泥沙,在运行时间内,可减少向下游输沙125亿吨,每年可节约原煤4000多万吨,减少排放二氧化碳约100万吨及60万吨二氧化硫和其它污染物,对减轻生态破坏将起到巨大作用。

近年来,随着"天保工程"和退耕还林工程的实施,四川的生态建设和生态经济呈现蓬勃生机:有效遏制了3.4万平方公里上地水土流失趋势,森林覆盖率也由过去的24.23%上升到了26.62%,全省自然保护区从46个增加到90个。全省各地依靠"绿色旅游"带来的"绿色税收"开始大幅增长。据介绍,2002年全省完成旅游业收入达到380多亿元,地税收入近35亿元。

胡锦涛考察军事医学科学院和中科院时勉励科研人员
发扬爱国奉献勇攀高峰为民造福精神
运用科学力量战胜非典型肺炎疫情

当前,深入开展防治非典型肺炎的斗争,是关系广大人民群众身体健康和生命安全、关系改革发展稳定大局的一件大事。各地区、各部门都要从实践"三个代表"重要思想、维护人民群众根本利益的高度,充分认识防治非典型肺炎的极端重要性和紧迫性,按照中央的部署和要求,全力以赴地抓紧做好各方面的工作

四月二十日,中共中央总书记、国家主席胡锦涛在北京考察军事医学科学院微生物流行病研究所和中国科学院北京基因组研究所。这是胡锦涛在中国科学院北京基因组研究所和工作人员交谈。 新华社记者 鞠鹏摄

新华社北京4月20日电 (记者刘思扬)中共中央总书记、国家主席胡锦涛20日考察了军事医学科学院微生物流行病研究所和中国科学院北京基因组研究所,对在防治非典型肺炎斗争中取得重大科技成果的科研人员表示衷心感谢和崇高敬意,勉励科研人员再接再厉、坚定信心,继续发扬爱国奉献、勇攀高峰、为民造福的精神,为战胜疫病、保护人民的身体健康和生命安全作出更大的贡献。

中共中央政治局委员、中央军委副主席郭伯雄,中共中央政治局候补委员、中央书记处书记王刚,全国人大常委会副委员长、中国科学院院长路甬祥等随同考察。

根据党中央、国务院、中央军委的要求,军事医学科学院微生物流行病研究所和中科院北京基因组研究所于近期开展了非典型肺炎的科研攻关工作。一线人员经过昼夜奋战,取得了重大成果:先后分离出非典型肺炎的病原体——新型冠状病毒,完成了对冠状病毒的全基因组测序,并研制出非典型肺炎快速检测技术——免疫荧光法和酶联免疫吸附法试剂。这些成果为防治非典型肺炎提供了比较准确可靠、快速经济的诊断手段,为研制疫苗和药物奠定了基础。

在军事医学科学院微生物流行病研究所,胡锦涛考察了三级生物安全实验室、病毒学生物实验室,并不时向科研人员询问科技攻关的进展情况和科研成果运用于临床的前景。科研人员对胡锦涛提出的问题一一作了回答。

在中国科学院北京基因组研究所,胡锦涛考察了测序室、信息室、蛋白质表达实验室、酶联试剂生产室和超级计算平台,并与科研人员深入交谈,了解酶联法临床检验试剂盒的效果和大批量生产能力的情况。胡锦涛对他们的研究成果在诊断和治疗方面的作用给予了肯定,表示相信,经过坚持不懈地努力,依靠科技的重要作用,我们有能力有办法战胜非典型肺炎疾病。

在这两个研究所,胡锦涛还就运用科技力量防治非典型肺炎同专家们进行了座谈。

胡锦涛说,我国部分地区发生的非典型肺炎疫情,牵动着我们的心。党中央、国务院高度重视,果断决策,采取了一系列重大措施,广大干部群众尤其是医务工作者为防治疫病付出了艰辛的努力。面对疫情的挑战,尽快查清病原体,建立快捷有效的检测方法,已成为防治疫病的迫切任务和消除疫情的基本前提。在这样一个紧要关头,广大科研人员想中央之所想,急抗病之所急,办群众之所需,以对人民高度负责的精神和严谨的科学态度,夜以继日,顽强奋战,合力攻关,做了大量艰苦细致的研究工作,取得了宝贵的成果,这对战胜非典型肺炎具有重要意义。党和政府感谢你们,人民感谢你们。

胡锦涛指出,当前,深入开展防治非典型肺炎的斗争,是关系广大人民群众身体健康和生命安全、关系改革发展稳定大局的一件大事。各地区、各部门都要从实践"三个代表"重要思想、维护人民群众根本利益的高度,充分认识防治非典型肺炎的极端重要性和紧迫性,按照中央的部署和要求,全力以赴地抓紧做好各方面的工作。

胡锦涛强调,要夺取同疫病斗争的胜利,最关键的是要充分发挥科学技术的重要作用。医学科研战线的同志们肩负着光荣而重大的使命。要继续深化对病原的研究,加强检测手段、防治药物和疫苗以及防护装备的研究,并尽快实现研究成果的临床应用和批量生产,以更加有效地治疗、预防和控制疫病。

温家宝看望爱泼斯坦
代表党中央国务院向长期在华工作的外国老专家和国际友人表示崇高敬意,向所有在华工作的外国老专家表示衷心感谢

新华社北京四月二十日电 (记者车玉明)中共中央政治局常委、国务院总理温家宝二十日上午来到全国政协常委、外国老专家爱泼斯坦寓所,亲切看望了爱泼斯坦同志,并代表党中央、国务院祝贺他在华工作七十年暨八十八寿辰。

上午十时,温家宝与国务委员兼国务院秘书长华建敏等来到爱泼斯坦家中,同他及其家人一一握手,表示问候,并亲切交谈。温家宝高度评价爱泼斯坦作出的贡献。他说,爱泼斯坦作为中国共产党历史发展的见证人,始终对中国共产党和中国革命与建设充满信心,坚定不移地与中国人民同甘共苦,是我们真正的同志和真诚的朋友。爱泼斯坦和所有在华工作的外国老专家为中国革命和建设所作的一切贡献,中国政府和人民永远不会忘记。温家宝代表党中央、国务院向长期在华工作的外国老专家和国际友人表示崇高的敬意,向所有在华工作的外国老专家表示衷心的感谢。

温家宝亲切询问了爱泼斯坦的身体和生活情况,祝他健康长寿,生活愉快。他认真听取了爱泼斯坦的建议,要求国家外国专家局和有关部门进一步做好在华专家的工作,为外国专家创造良好的工作条件和生活环境,充分发挥他们的作用,使他们的生活更加幸福安康。

爱泼斯坦非常感谢党中央、国务院对长期在华工作和生活的外国老专家的高度重视和关怀,感谢国家外国专家局多年来对他们的关心和照顾。他向温家宝赠送了《爱泼斯坦作品选》等书籍。临别前,温家宝与爱泼斯坦及其家人合影留念。

爱泼斯坦自上个世纪三十年代初就投身于中国新民主主义革命,长期以来,为中国革命和建设作出了重要贡献。自一九八三年至今,爱泼斯坦连任五届全国政协委员。他对党和政府的工作十分关心,经常提出意见和建议,并得到党和政府的高度重视。爱泼斯坦是国际著名记者、作家,几十年来,他致力于国际传播与对外宣传,撰写了大量反映中国革命和建设以及改革开放巨大成就的新闻报道和专著,为增进中国与世界各国的相互了解和友谊,做了许多成绩卓著的工作。

鹰潭改进干部作风密切干群关系
解群众最难 办市民最愿 抓百姓最盼

本报南昌4月20日电 江西省鹰潭市广大干部牢记"两个务必",进一步改进干部作风,在实际工作中着力解决群众最难的事情,办成市民最愿的事情,抓好百姓最盼的事情,进一步密切了党群干群关系,受到群众的欢迎。

鹰潭市委、市政府主要领导深入各行各业调查研究,与基层干部共商发展大计,和群众促膝谈心,帮百姓排忧解难,今年头三个月就现场办公解决了十多个涉及面较广的典型问题。全市各级干部纷纷走出机关,下到基层农村,倾力为民服务。

去年群众反映少数单位存在衙门作风、办企业审批难等问题,引起市委主要领导的重视。该市以此为契机开展"开门评议机关、创满意机关"活动,将107个党政部门、单位列入评议范围,2900余名社会各界人士踊跃参与对机关干部作风的公开评议。市里及时在媒体上公布评议结果,对末三位的单位亮黄牌,限期整改。同时完善"12345"市长专线和领导干部接访制度,及时了解群众急需解决的问题。

鹰潭设市时间短,"加快城建步伐、提升城市品位"是广大市民的强烈意愿。为此,该市在完善城市总体规划修编、加强城市管理等各项工作时,事事都认真征求市民意见,问计于民,广集民智,科学决策,使民心工程深得民心。他们从农村税费改革入手,精减村级干部,实行村务公开,加大减负力度。去年全市农民人均减负32.96元,减负率达到37.35%。

鹰潭市今年全面启动农村小康社会建设工程,年初安排200万元专项资金重点培植苗木花卉、三元杂交猪等优势产业。今年该市还选派百名政治素质好、有一技之长、有一定实践工作经验和创业激情的优秀干部下到农村,协助基层开展农村小康建设。(余清楚 江鸿)

牢记"两个务必" 发扬优良作风

中共中央对卫生部北京市海南省主要负责同志职务作出调整

新华社北京4月20日电 日前,中共中央决定:

高强同志任卫生部党组书记;

免去张文康同志的卫生部党组书记职务;

王岐山同志任北京市委委员、常委、副书记,免去其海南省委书记、常委、委员职务;

免去孟学农同志的北京市委副书记、常委、委员职务;

汪啸风同志任海南省委书记。

今年『五一』不放长假
为避免人群大面积流动和疫情扩散

新华社北京4月20日电 卫生部常务副部长高强20日在国务院新闻办举行的记者招待会上表示,国务院决定,今年我国暂不实行"五一"放长假制度,避免人群大面积流动和疫情扩散。尽管旅游收入会有很大损失,但是中国政府会把人民的生命和人民身体健康放在第一位。

尽量减少聚集活动
长虹

鉴于有的地方非典疫情比较严重,有关部门宣布,今年我国暂不实行"五一"放长假制度,避免人群大面积流动和疫情扩散。一些地方和部门也采取了一系列防止可能引发非典传播的举措。如全国硕士研究生复试时间暂推迟到5月底,北京市教委原定的高招、中招现场咨询改为通过广播、电视、电话和网络咨询形式进行,原定北京市学生运动会推迟举行等。这些防范措施是必要的、实事求是的。

从各地反映的情况看,接触是非典传播的重要途径,切断传播源的一个重要方法就是尽量减少各种聚集活动。有些因工作需要确实有必要进行的活动,要严格落实防范非典的各项措施。

采取防治措施,一些方面受些损失是难免的。但只要我们尽快消除疫情,积极主动做好工作,局面很快就会改观。这样就能有一个更安全的环境,让人民群众放心地工作、生活和学习。

今日谈

二版:卫生部负责人就非典防治情况答记者问

五版刊登通讯:站在抗击非典最前沿

物价水平总体平稳
首季经济形势分析之一

一季度居民消费价格总水平增长百分之零点五,结束了连续十四个月的下降趋势;工业品出厂价格上涨百分之三点六,原材料、燃料、动力购进价格上涨百分之四点六,均扭转了近两年的持续下降局面。如何看待物价回升?(第六版)

健身热须防『中间冷』

老年人和青少年成为全民健身的先锋群体,作为建设事业中坚力量的中年人,岂可忽略强身健体?一老一少『两头热』诚然好,『中间冷』却不妙。(第四版)

布什政府转变工作重心

从四月十五日开始,美国总统布什及其内阁成员大力宣传通过减税振兴经济的计划,把工作重点转移到复苏经济上来。(第三版)

我研究出一小时诊断非典新方法

(第二版)

共产党员冲在最前面
——来自中日友好医院防治非典一线的报告

本报记者 白剑峰

佩带着共产党员徽章的医务人员在巡诊。 夏勇摄

来到卫生部中日友好医院,记者眼前一亮:许多医护人员的胸前佩带着一枚徽章,图案是一面鲜艳的党旗和"共产党员"四个字。小小的徽章在白衣的映衬下格外醒目,而这些党员的身影总是活跃在抗击非典型肺炎的最前线。

"我是党员,半步也不能往后退"、"我要到最危险的地方去"……3月下旬,防治非典型肺炎的战役刚一打响,一封封饱含激情的"请战书"便纷至沓来。在这些请战者中,有德高望重的老专家,也有技术精湛的中年骨干,还有刚刚离开校园的年轻人,他们中绝大多数是共产党员。

这是一场没有硝烟的战争,这是一场生与死的考验。在20多个日日夜夜里,人们亲眼看到:共产党员冲在了最前面。院党委书记郭生贵说:"我院共有在职党员577名,占在职职工总数的21.5%。目前,全院正在开展保持党员先进性教育活动,每一位党员都在用实际行动书写着对党和人民的忠诚!"

"救死扶伤是医生的天职,就像战士上了战场。只要还有一名患者没有脱离危险,我就不能离开前线"

呼吸内科是防治非典的前沿阵地。在突如其来的疫情面前,党员们个个冲锋在前,成为"累不垮的战士"。一位即将康复出院的患者说:"尽管我看不清他们的脸庞,可我看得见他们胸前的徽章,他们就是我心目中的党员形象。"

记者见到林江涛主任时,他已连续作战了20多天,尽管面容憔悴,但眼睛里却闪烁着坚毅的光芒。自非典战斗打响后,他就没睡过一个安稳觉,一直坚守在最前线,无论昼夜,随叫随到。他担任北京市非典型肺炎防治专家组成员,又是医院防治非典型肺炎医疗组组长。然而,对于每一个前来就诊的疑似非典患者,他都要亲自过问和诊治。在抢救危重病人中,他不停地近距离接触病人,似乎忘记了被感染的危险。他说:"救死扶伤是医生的天职,就像战士上了战场。只要还有一名患者没有脱离危险,我就不能离开前线。"

此间,他年近八旬的父亲患病住进医院。老人患的是椎脊底动脉供血不足,双下肢无力,生活不能自理。林江涛匆匆安排好父亲的病房后,便一头扎进了非典病区。他几次都想去陪陪孤独的父亲,但总是被一个接一个的危急病人留住。而老人的日常生活,只能由病房护士照顾。

"父亲的病房近在咫尺,可我竟抽不出一点时间看看他……"说到此处,林江涛的眼圈红了。

(下转第二版)

奋战在抗非典第一线

RENMIN RIBAO

今日8版

人民网网址:http://www.people.com.cn
http://www.peopledaily.com.cn

国内统一刊号:CN11-0065
第20019期 (代号1-1)

人民日报社出版

2003年5月
2
星期五
癸未年四月初二

北京地区天气预报
白天 晴转阴
降水概率 40%
风向 偏南
风力 二、三级
夜间 阴 北部地区有阵雨转多云
降水概率 40%
风向 南转北
风力 二、三级
温度 28℃/15℃

天安门城楼"五一"向游人开放

据新华社北京5月1日电 （记者唐召明）经过52天的例行维修，雄伟的北京天安门城楼在国际劳动节当天正式向广大游人开放。开放后的新城楼，显得更加壮美。

天安门城楼因维护修缮需要，从今年2月8日起至4月30日暂停对外开放。此次修缮，主要是对城楼上的地砖及部分供电、通信、照明等设施进行改造、维修。由于中国古建筑砖木结构的特点，天安门城楼几乎每年都要进行各种日常维护和维修。

天安门城楼1988年开始对外开放。目前年接待人数达240多万。

三峡重庆库区三期移民启动

本报重庆5月1日电 记者范伟国报道：随着国家对三峡重庆库区二期移民终验的结束，重庆库区三期移民工作正式启动。

重庆库区三期移民主要目标任务是，从现在到2006年，完成移民补偿投资79.87亿元，规划动迁移民32.44万人，迁建工矿企业304户，复建各类房屋942万平方米。4月29日召开的重庆市移民工作会议对三期移民工作作了全面部署。自1993年移民工作正式实施以来，重庆圆满完成了一期、二期移民任务，这标志着重庆市移民工作取得了重要的阶段性成果，也标志着三峡工程按期实现蓄水、通航、发电的目标有了重要的前提保证。

大亚湾核电站再创佳绩

本报讯 大亚湾核电站日前荣获法国电力公司组织的同类核电机组国际安全挑战赛2002年度"工业安全"、"辐射防护"两个第一名，成为三个比赛项目中获得两项第一的惟一电站。这是继1999年度和2000年度连续两年在国际安全挑战赛核安全第一名后，大亚湾核电站创造的又一佳绩。

大亚湾核电站投产以来发电量逐年增长。截止到2003年4月24日，大亚湾核电站累计上网电量1155.95亿千瓦时。 （邝鲜辉）

胡锦涛在天津检查非典型肺炎防治工作时强调

广泛动员狠抓落实群防群控 打一场防治疫病的人民战争

各级党委和政府一定要从实践"三个代表"重要思想的高度，充分认识防治非典型肺炎工作的极端重要性，做好应对各种困难和复杂局面的充分准备，团结动员广大干部群众，万众一心、众志成城，科学防治、战胜非典，真正经受住这场斗争的考验

五月一日，中共中央总书记、国家主席胡锦涛在天津检查防治非典型肺炎工作的落实情况，亲切慰问为防治疫病辛勤工作的广大干部群众、医务工作者和科研人员。这是胡锦涛在天津市卫生防病中心深入了解全市防治工作的进展情况。 新华社记者 兰红光摄

新华社天津5月1日电 中共中央总书记、国家主席胡锦涛今天在天津检查非典型肺炎防治工作时强调，各级党委和政府一定要从实践"三个代表"重要思想的高度，充分认识防治非典型肺炎工作的极端重要性，做好应对各种困难和复杂局面的充分准备，团结动员广大干部群众，万众一心、众志成城，科学防治、战胜非典，真正经受住这场斗争的考验。

5月1日，胡锦涛和随行的中共中央政治局委员、国务院副总理兼卫生部部长吴仪，中共中央政治局候补委员、中央书记处书记王刚，在中共中央政治局委员、天津市委书记张立昌和市长戴相龙等陪同下，检查防治非典型肺炎工作的落实情况，亲切慰问为防治疫病辛勤工作的广大干部群众、医务工作者和科研人员。

胡锦涛首先来到天津市卫生防病中心，深入了解全市防治工作的进展情况。在理化实验室，胡锦涛边观看研究成果展示，边同科研人员交谈，了解防治"非典"科研方面的进展情况。他对科研人员为防治"非典"进行的艰苦努力表示感谢，并向大家致以五一国际劳动节的节日祝贺。胡锦涛说，在抗击非典型肺炎这场没有硝烟的战争中，防疫战线的同志们既是"侦察兵"，又是"突击队"，党和人民对你们寄予厚望。希望同志们再接再厉，为防治"非典"作出更大的贡献。他强调，夺取防治非典型肺炎斗争的最终胜利，关键是要发挥科学技术的重要作用，制定和实施科学的防治策略。最重要的是要采取以"收治、隔离、治疗、确诊病人和疑似病人，认真查找、隔离、观察密切接触者"为主要内容的综合防治措施，真正做到早发现、早报告、早隔离、早治疗，坚决防止疫病的扩散和蔓延。要集中力量进行科学攻关，积极探索防治规律，加强检测手段、防治药物和疫苗以及防护设备的研究，继续深化对病原体的研究，并尽快把成功的研究成果应用到防治工作中去，为抗击非典型肺炎提供科技武器。要向广大人民群众宣传预防非典型肺炎的方法，让科学防病知识走进千家万户，用科学的力量增强人民群众战胜疫病的信心，用科学的方法提高人民群众自我保护的能力。

胡锦涛十分关心基层防治非典型肺炎的工作。在和平区小白楼街崇仁里社区和河西区越秀路街教师村社区，他察看了防治工作值班室、卫生服务站和宣传栏；在家世界友谊路超市，他详细了解了商品供应和防治措施落实的情况。胡锦涛对这里采取的预防控制措施给予了肯定。他强调，要把各项防治措施落到实处，必须深入做好农村、社区、学校、企事业单位等基层单位的防治工作，广泛动员全社会实行群防群控，打一场防治疫病的人民战争。城市社区人口密度大，既是防治工作的一个重点，也是防治工作的一个难点。要充分发挥社区组织的作用，广泛发动群众，有效组织群众，努力在社区构筑起一道抵御疫情、抗击疫病的严密防线。

胡锦涛在听取了天津市委、市政府的汇报和天津市3位基层干部群众代表的发言后，肯定了天津市前一段为防治疫病所作的积极努力，并就充分认识非典型肺炎防治工作的极端重要性、抓紧落实预防和控制的各项措施、坚持运用科技力量有效防治疫病、广泛发动群众做好基层防治工作、着眼全局切实加强领导等问题发表了重要讲话。

胡锦涛在讲话中强调，疫情的始发阶段是能否把疫情控制在最小范围的一个紧要阶段。做好早期的预防和控制工作至关重要。各级党委和政府要切实做到党政一把手负总责，把所在地区党政军群各单位的防治工作统一组织、协调起来。处在疫情始发阶段的地区，一定要紧紧抓住宝贵战机，切实增强工作的紧迫感，未雨绸缪、周密部署，防微杜渐、严防死守，把各个环节的工作抓早、抓紧、抓细、抓实，逐项检查，逐项落实，牢牢把握防治工作的主动权。

胡锦涛要求各级党委和政府，都要站在全局的高度，正确把握和处理好防治非典型肺炎和推动经济发展的关系，坚持一手抓防治非典型肺炎这件大事，一手抓经济建设这个中心不动摇。在深入开展防治非典型肺炎斗争的同时，坚定不移地抓好发展这个第一要务，努力保持经济的稳定发展，把损失减少到最低限度，夺取防治非典型肺炎斗争和促进经济社会发展的双胜利。

温家宝在广东考察非典防治工作时强调

毫不松懈 巩固成果 防止反复

新华社广州五月一日电 （记者杨春南、孙杰）中共中央政治局常委、国务院总理温家宝四月三十日在广东考察『非典』防治工作时强调，广东省防治『非典』工作取得了明显成效和阶段性成果，但各级领导干部要充分认识『非典』防治工作的艰巨性、复杂性和反复性，再接再厉，毫不松懈，巩固成果，防止反复。

温家宝在曼谷出席中国—东盟领导人关于非典型肺炎问题特别会议后于四月三十日下午一时三十分抵达广州。稍事休息后，温家宝在中共中央政治局委员、广东省委书记张德江，广东省省长黄华华陪同下，到广州的学校、社区、建筑工地和医院考察『非典』防治工作。

下午四时许，温家宝来到华南师大附中。在学校操场和阅览室，他不时关切地向师生们询问：学校有没有发现『非典』病例？学生们是否了解有关预防知识？他勉励大家要积极锻炼身体，好好学习，增强本领，立志成才，将来好报效国家。

在广州大河区林和街，温家宝考察了社区卫生服务中心。他向医护人员详细询问社区居民就诊和防治『非典』的情况。他说，社区卫生服务中心很重要，要为居民提供及时、方便、周到的服务。接着，温家宝步行来到侨怡苑小区。他向闻讯聚拢的居民招手致意，不时停下来和居民们交谈。在小区居民曾满胜的家，当他得知社区给每户居民都发放预防『非典』的宣传材料后，十分高兴。他说，广大群众掌握了预防知识，就可以有效地防范『非典』的传染。

在广州地铁三号线体育西站建设工地，温家宝与正在紧张施工的部分职工亲切交谈，仔细询问工地预防『非典』的措施。他对工人们说，『在"五一"国际劳动节到来之际，我代表党中央、国务院向全国工人阶级和广大劳动群众致以节日的问候』。

随后，温家宝来到广东省人民医院看望了医务人员。他说，广大医务工作者在这次抗击『非典』的斗争中做出了重大贡献。他们临危不惧，舍生忘死，无私奉献，救死扶伤，表现出高尚的革命情操和人道主义精神。祖国和人民是不会忘记的。他要求各级政府要格外关心医务人员的身心健康，要进一步改善他们的工作和生活条件，大力宣传他们的先进事迹。

（下转第四版）

四月三十日，中共中央政治局常委、国务院总理温家宝在广东考察非典防治工作。在广州地铁三号线体育西站建设工地，温家宝与正在紧张施工的部分职工亲切交谈，仔细询问工地预防非典的措施。 新华社记者 樊如钧摄

迎难而上 敢于胜利

——四论在抗击非典斗争中弘扬和培育民族精神

本报评论员

非典型肺炎是一场突如其来的重大灾害，也是一种传染性很强的疫病，还没有特效的诊断办法和治疗手段，流行特点也没有完全掌握。特别是我国人口多、流动量大，尽管我们做了大量的艰苦工作，但防治形势依然严峻。防治非典疫情难度极大，这是一场硬仗，一场攻坚战，尤其需要发扬迎难而上，敢于胜利的精神。

迎难而上、敢于胜利，就是要坚定战胜困难的昂扬斗志和必胜信念，实事求是地分析形势，沉着冷静地面对挑战，坚韧不拔地克服困难，在困难和挑战面前不惊慌、不退缩、不悲观，坚定信心，顽强拼搏，坚决同病魔斗争到底。在抗击非典的斗争中，我们从临危不惧的医务工作者身上，从奋力攻关的科技工作者身上，从坚守工作岗位的各行各业广大干部群众身上，看到了迎难而上、敢于胜利的精神。这种精神给人们以信心和力量。

防治非典疫情的种种困难是客观存在的，不以人们的意志为转移。面对困难，犹如逆水行舟，不进则退。必须知难而进而不能消极退缩，才能攻克难关，夺取胜利。看不到困难是盲目，害怕困难是怯懦。我们宁可把困难估计得更严重一些，把解决问题的措施想得更充分一些，把各项工作做得更扎实一些。中华民族历来具有不怕艰难、不畏挑战的坚强意志和优良品质。经历这场与非典型肺炎斗争的考验，我们控制公共卫生突发事件和防病防疫的应变能力会大大增强，我国人民的团结和民族凝聚力也会大大增强。

迎难而上，敢于胜利，是一种昂扬的精神状态，也是一种求实的科学态度，绝不是盲目蛮干。夺取同疫病斗争的胜利，关键要发挥科学技术的重要作用。无论是防疫还是治疗，都要尊重科学规律，采用科学方法，依靠科学手段。取得科学成果不可能一帆风顺，同样需要不畏艰险，顽强拼搏。在人类发展的历史上，始终伴随着同各种疾病的斗争。这种斗争是无止境的。但是，医学科学的发展，使人类战胜疾病的速度越来越快，能力也越来越强。科学发展给我们以信心和力量。

困难是压力也是动力，灾难是坏事也可变为好事。一个国家一个民族在前进的道路上，总会遇到这样那样的困难，在同种种困难的斗争中也必将焕发出伟大的民族精神。让我们紧密团结在以胡锦涛同志为总书记的党中央周围，大力弘扬万众一心、众志成城，团结互助、和衷共济，迎难而上、敢于胜利的民族精神，激扬民气，凝聚人心，共同奋斗，敢于胜利，驱散疫病的阴霾，迎来美好的明天。

重温誓言

本报记者 温红彦

5月1日清晨，北京大学医学部的全体本科生、研究生和在校教师列队操场，参加"健康所系，性命相托"的升旗活动。晨曦中，主席台前的两个巨大横幅上，密密麻麻的签名无声地表达着北大学生随时听从祖国召唤的决心。

7时36分，随着嘹亮的国歌声，五星红旗冉冉上升，2300余名师生向国旗致以崇高的注目礼。全国人大常委会副委员长、北京大学常务副校长、北大医学部主任韩启德院士，中共中央候补委员、北京大学党委书记闵维方教授等出席升旗活动。

仰望五星红旗，师生们举起右拳，在北大副校长吕兆丰教授的带领下高声宣誓："我决心竭尽全力除人类之病痛，助健康之完美，维护医术的圣洁和荣誉……为祖国医药卫生事业的发展和人类身心健康奋斗终生！"这是每一个北大医学部学生踏进校门时立下的誓言，今天，在抗击非典之时重温此誓言，师生们热血沸腾。

本科生代表史艳菊在发言中表示："选择了从医，就选择了奉献。有科学知识作支撑，有师兄师姐作榜样，我们绝不会被非典击垮！"研究生代表、博士生孙霆明表示："我们愿意作为后备军和突击队，随时听候祖国和人民的召唤。"据了解，北大医学部学生在做好本部抗击非典工作的同时，一些研究生已积极投身一线，参与救治非典病人，在隔离房、病床前，他们没有退缩，用实际行动塑造着当代大学生的形象。

闵维方在讲话中说："今天的升旗仪式表明，北大医学部的广大同学没有被危险吓倒，而是用一往无前的英雄气概和矢志不渝的铮铮誓言，向祖国、向人民、向首都宣示了满腔的赤诚和必胜的信心！"

五月一日，北大医学部的学生重温『健康所系，性命相托』的誓言。 本报记者 温红彦摄

北京小汤山医院建成启用

救治非典病人的专科医院

特快专递

本报北京5月1日讯 记者阎晓明、王建新报道：用短短7天时间建成的救治非典病人的专科医院——北京小汤山医院已经投入使用。从5月1日23时起，北京15家医院的156名病人陆续转入这所位于京郊小汤山地区的新建医院。据介绍，该院所需药品器材和设备已经到位，已经抵达的医护人员也经过了一系列岗前培训，医院各系统已进入运行状态。

小汤山医院病区环境开阔，四周绿树环绕，绿草如茵，一排排簇新的乳白色病房整齐有序。这家非典收治定点医院占地面积122亩，其中建设用地60亩，总建筑面积2.5万平方米，可容纳病床1000张。

切实贯彻就地治疗

刘 杰

有一个省发现几例非典患者，全是在外打工返乡人员。他们在打工期间不幸被传染上了非典，没有就地治疗而返乡，结果给许多旅客和家人带来意想不到的麻烦。

非典传染性很强。因此，各地对外来民工一定要落实"健康人员就地预防、有接触史的就地观察、已确诊的就地治疗"的方针。在防治非典的非常时期，各地应切实履行自己的责任，绝不能推诿塞责。务工人员也要尽到自己的义务，听从各地政府的安排，以实际行动为抗击非典做贡献。

有的地方已给在外务工人员发出了公开信，请他们认真预防，保重身体，一旦发现非典患者、疑似患者或需要隔离观察的民工，立即与当地政府或本省驻各地办事处取得联系，就地诊治。相信当地政府会从大局出发，妥善安排救助。各地政府应善待民工，让他们安心在当地生产生活。这是减少交叉感染并最终控制疫病的有效办法。

（四）其他

有些政务活动，党和国家领导人以指示、致信、慰问等形式安排。这种活动，领导人本人并未出席，人民日报按有关活动的重要程度予以处理。

如 2012 年 3 月 23 日，一版头条横四栏篇幅刊发胡锦涛致信祝贺中华书局成立 100 周年。

（附 2012 年 3 月 23 日一版）

2006 年 3 月 20 日，一版报眼位置安排中央军委主席胡锦涛签署命令发布中国人民解放军司令部条例的消息。

（附 2006 年 3 月 20 日一版）

2006 年 6 月 5 日一版报眼位置，刊发胡锦涛发唁电哀悼我失事军用运输机机上遇难人员的消息。

（附 2006 年 6 月 5 日一版）

人民日报

RENMIN RIBAO

人民网 网址:http://www.people.com.cn
手机:http://wap.people.com.cn

2012年3月
23
星期五
壬辰年三月初二

人民日报社出版

国内统一连续出版物号
CN 11-0065

第23267期(代号1-1)
今日24版

胡锦涛会见吴伯雄

胡锦涛强调,在反对"台独"、认同"九二共识"的基础上推动两岸关系和平发展,符合两岸同胞的共同愿望,符合中华民族的整体利益,符合时代发展进步的潮流。我们应该沿着这条正确道路继续向前迈进,不断巩固成果、深化合作,努力再创新局,为台海地区谋和平,为两岸同胞谋福祉,为中华民族谋复兴

3月22日,中共中央总书记胡锦涛在北京人民大会堂会见中国国民党荣誉主席吴伯雄。
新华社记者 刘卫兵摄

本报北京3月22日电 (记者**吴亚明**)中共中央总书记胡锦涛22日下午在人民大会堂会见了中国国民党荣誉主席吴伯雄。胡锦涛强调,在反对"台独"、认同"九二共识"的基础上推动两岸关系和平发展,符合两岸同胞的共同愿望,符合中华民族的整体利益,符合时代发展进步的潮流。我们应该沿着这条正确道路继续向前迈进,不断巩固成果、深化合作,努力再创新局,为台海地区谋和平,为两岸同胞谋福祉,为中华民族谋复兴。

会见中,胡锦涛对吴伯雄率中国国民党访问团来访表示欢迎,积极评价吴伯雄为促进两岸关系发展作出的贡献。

胡锦涛指出,过去4年,两岸关系实现历史性转折,展现出和平发展新局面,取得了一系列重大成果。实践证明,两岸关系和平发展已经得到越来越多台湾同胞的认同,同时也得到国际社会普遍肯定和欢迎。当前,两岸关系迎来新的发展机遇,面临着继往开来的新形势。我们始终把两岸关系放在中华民族发展的历史进程中加以考虑。两党和两岸双方都应该本着对人民负责、对历史负责的态度,从民族整体和根本利益出发,深入思考和认真规划今后两岸关系发展。

胡锦涛强调,我们将继续贯彻推动两岸关系和平发展的各项方针政策,以持续推动两岸关系和平发展为主题,以广泛团结广大台湾同胞为主线,不断开创两岸关系和平发展新局面。我们强调要把握和平发展这个主题,就是要准确客观看待台海形势,汇聚一切有利于两岸关系发展的因素,稳步有序推动两岸关系取得新的进展。我们强调要把握广泛团结广大台湾同胞这条主线,就是要最大限度鼓励台湾同胞同我们一道推进两岸交流合作,想方设法解决好与他们切身利益相关的问题,使他们更多享有两岸关系和平发展的成果。

胡锦涛强调,两党和两岸双方继续巩固和增进政治互信,仍然是今后两岸关系保持良好发展势头的首要关键和前进动力。增进政治互信,重在坚持"九二共识",坚决反对"台独"。为此,需要采取实际行动,作出更多努力。两岸虽然还没有统一,但中国领土和主权没有分裂,大陆和台湾同属一个中国的事实没有改变。确认这一事实,符合两岸现行规定,应该是双方都可以做到的。维护一个中国框架,对增进双方政治互信有利,对两岸关系稳定发展有利。同时,两岸双方可以通过加强两岸文化交流,宣导认同中华文化、中华民族的理念,增进台湾同胞身为中国人的认同。

胡锦涛指出,在建立政治互信基础上搁置争议、求同存异、良性互动,这是两党和两岸双方这些年彼此交往的一条基本经验,也是两岸关系改善发展的重要条件。希望双方继续保持良性互动,维护两岸关系的积极和谐气氛。

胡锦涛强调,要继续稳步推进两岸经济文化等领域的交流合作。双方应该积极促进两岸经济合作框架协议各项后续商谈取得新成果,推动两岸产业合作取得实质进展,积极扩大金融领域互利合作。同时,双方还应该积极考虑在文化教育领域商签相关协议,以推动两岸文教交流机制化和向更高水平迈进。希望通过双方共同努力,使两岸同胞在经济合作中增加共同利益,在文化交流中增强精神纽带,在直接往来中增进彼此感情,真正像一家人一样,携手推动两岸关系和平发展。

吴伯雄表示,过去几年两岸双方在和平发展的正确路线下促成两岸关系良性发展的历史性变化,成为60多年来最为和平稳定的时期,值得共同珍惜与巩固。目前两岸关系出现历史的新机遇,应该好好把握,继续向前,行稳致远,把和平发展的根基扎得更牢固。希望两岸增进互信,累积善意,深化合作,扩大交流,在"和平稳定、经贸共荣、文教交融"的理念下落实良性互动。本着对历史负责的态度,真正做到中华民族不再内战,海峡两岸不再内耗,让两岸同胞、所有中华儿女拥有充满光明的愿景,这是两党应该共同奋斗的目标。

吴伯雄强调,国民党在大陆政策上坚持"九二共识"、反对"台独",有信心促进两岸良性互动,期待开拓两岸关系的新局面。坚持"九二共识"是国共两党重要的政治互信。海峡两岸并非国与国的关系。根据双方现行体制和相关规定,两岸都坚持一个中国,在此基础上求同存异,同的是"两岸同属一中",对于异的部分我们正视现实,搁置争议。

吴伯雄表示,台湾与大陆血脉相连,他作为从大陆迁移到台湾的第四代客家人,是土生土长的台湾人,也是炎黄子孙、中华民族的一分子,也是中国人。他深爱台湾,同许多台湾人一样有强烈的"台湾意识",但这决不同于主张永远分离的"台独意识"。台湾与大陆的历史文化脉络不可割断。两岸应增进文化教育交流,共同传承和发扬博大精深的中华文化,让子孙后代都以接受中华文化的洗礼为荣为傲。这是我们责无旁贷的历史任务。

会见中,吴伯雄转达了马英九主席对胡锦涛总书记的问候。胡锦涛也请吴伯雄转达对马英九的问候。

中共中央政治局委员、国务院副总理王岐山,中共中央书记处书记、中央办公厅主任令计划,中共中央书记处书记、中央政策研究室主任王沪宁,国务委员戴秉国,中共中央台办主任王毅,海协会会长陈云林,以及中国国民党副主席林丰正、蒋孝严、洪秀柱等参加会见。

胡锦涛总书记致信祝贺中华书局成立100周年

温家宝表示祝贺 李长春会见庆祝大会代表并讲话

本报北京3月22日电 (记者**张烁**)在中华书局成立100周年之际,中共中央总书记、国家主席、中央军委主席胡锦涛致信中华书局,向全体员工和离退休同志表示热烈的祝贺和诚挚的问候。中共中央政治局常委、国务院总理温家宝也向中华书局成立100周年表示祝贺。中共中央政治局常委李长春会见中华书局成立100周年庆祝大会与会代表并讲话。

胡锦涛在贺信中指出,百年来,中华书局恪守传承文明职责,秉持守正出新宗旨,在一代又一代员工的不懈努力下,整理、出版了一大批古籍经典和学术新著,受到广大读者的普遍赞誉和充分信任,为弘扬中华文化、促进学术繁荣、提高民族素质、推动社会进步作出了重要贡献。

胡锦涛表示,我也是中华书局的一名忠实读者。中华书局出版的许多书籍,都给了我有益熏陶和深刻启迪。

胡锦涛强调,优秀传统文化是中华民族的宝贵精神财富,是发展社会主义先进文化的深厚基础。希望中华书局以成立百年为新的起点,认真贯彻党的十七届六中全会精神,大力推进体制和机制创新,始终坚持古为今用、推陈出新的出版方向,继续保持笃实谨严、精审细校的科学态度,不断推出更多代表国家最高水准的优秀出版物,在传播中华民族优秀传统文化、建设社会主义文化强国的进程中再创新的辉煌。

22日下午,中华书局成立100周年庆祝大会在北京人民大会堂举行。李长春在会见与会代表时指出,胡锦涛总书记的贺信充分肯定了中华书局长期以来作出的重要贡献,殷切希望中华书局进一步做好新形势下的出版工作,体现了党中央对中华书局的高度重视和亲切关怀。这也是对全国出版战线的巨大鼓舞和鞭策。李长春希望全国出版界,特别是中国出版集团公司和中华书局以学习贯彻胡锦涛总书记贺信为契机,兴起深入贯彻落实党的十七届六中全会精神新热潮,高举旗帜、围绕大局、服务人民、改革创新,坚持先进文化前进方向,不断创新体制机制,推进文化与科技相融合,进一步增强整体实力和市场竞争力,出版更多思想性、知识性、可读性相统一的优秀作品,更好地弘扬中华优秀文化,增强时代感和吸引力,推动中华文化走出去,在新的起点上再接再厉、以优异成绩迎接党的十八大胜利召开。

中共中央政治局委员、中央书记处书记、中央宣传部部长刘云山,中共中央政治局委员、国务委员刘延东出席大会。刘云山在会上讲话时希望中华书局和出版界按照胡锦涛总书记贺信提出的要求,认真贯彻党的十七届六中全会精神,树立高度的文化自觉和文化自信,以强烈的责任感、使命感,推动出版业实现新的发展、新的跨越。要坚守民族文化立场,珍视厚重的文化传统,更好地肩负起传播和弘扬中华优秀传统文化的历史责任。要把推进社会主义核心价值体系建设作为根本任务,塑造兴国之魂,礼赞高尚情操,更好地发挥引领社会发展进步的独特作用。要坚持以人民为中心的出版导向,推出更多思想性、知识性、可读性相统一的优秀出版物,更好地满足人民群众多样化的需求。要大力推进体制机制改革创新,加快转变发展方式,优化出版结构、合理配置资源,拓展发展优势和发展空间,不断增强出版业可持续发展能力。要进一步深化"走基层、转作风、改文风"活动,引导出版工作者在深入基层、深入群众中不断开阔视野、汲取营养、提升境界,弘扬职业精神和职业道德,为人民做出版、为社会出好书。

李瑞环同志对中华书局成立100周年表示祝贺。

全国人大常委会副委员长周铁农,全国政协副主席、中国社科院院长陈奎元出席大会。

会上,新闻出版总署署长柳斌杰、中国出版集团公司总裁谭跃、中华书局总经理李岩、中华书局作者代表袁行霈、中华书局合作单位代表陈万雄作了发言。

中央宣传思想工作领导小组成员、中央和国家机关有关部门负责人参加了大会。

贾庆林会见吴伯雄

本报北京3月22日电 (记者**吴亚明**)中共中央政治局常委、全国政协主席贾庆林22日下午在钓鱼台国宾馆会见了中国国民党荣誉主席吴伯雄一行。

贾庆林指出,当前正值两岸关系继往开来的重要时刻,胡锦涛总书记同吴伯雄荣誉主席会面,就下一步推动两岸关系发展深入交换意见,达成许多重要共识,对于增进两岸双方政治互信,巩固共同政治基础,深化两岸关系和平发展具有指导意义和重要影响。我们真诚希望国共两党以两岸同胞福祉和中华民族根本利益为重,面向未来,增进互信,良性互动,聚同化异,为增进两岸同胞福祉和实现中华民族伟大复兴而努力奋斗。

贾庆林强调,国共两党交流对话平台对保持两岸关系发展的正确方向和良好势头发挥了不可替代的重要作用,新形势下应继续发挥好这一平台的作用,为巩固深化两岸关系和平发展创造更有利的条件,提供更有力的保障。

吴伯雄表示,在与胡锦涛总书记的会见中,双方就发展两岸关系达成了许多重要共识。两岸关系和平发展、台海和平稳定的形势得来不易,应当巩固成果,稳步向前推进。国共两党交流对话平台要继续保持下去。

中共中央政治局委员、国务院副总理王岐山,国务委员戴秉国,中共中央台办主任王毅,海协会会长陈云林,中国国民党副主席林丰正、蒋孝严、洪秀柱等参加会见。

会见结束后,贾庆林宴请了吴伯雄一行。

李克强会见俄罗斯客人

本报北京3月22日电 (记者**杨晔**)国务院副总理李克强22日在中南海紫光阁会见了俄罗斯联邦总统事务管理局局长科任。

李克强说,中俄互为最大邻国,近年来,两国关系保持良好发展势头,各领域合作成果丰硕,双方发展长期稳定的睦邻友好合作关系符合两国和两国人民的根本利益,也有利于世界的和平稳定繁荣。中方一贯坚持从战略高度和长远眼光重视发展中俄关系,始终将发展中俄关系作为中国外交的主要优先方向之一,愿同俄方一道,推动两国关系实现更大发展。

李克强指出,中俄都处在发展振兴的重要战略机遇期,面临相似的国际环境和挑战,务实合作空间广阔。希望两国加强各层次交往,深化经贸、能源、科技、地方等领域合作,不断扩大人文交流和民间交往,实现互利共赢。

科任表示愿同中方相关部门加强交往与合作,相互学习借鉴。

国务院副秘书长、国务院机关事务管理局局长焦焕成等会见时在座。

今年经济体制改革重点公布

本报北京3月22日电 (记者**朱剑红**)据中国政府网22日消息,国务院日前同意并转发了国家发改委《关于2012年深化经济体制改革重点工作的意见》。《意见》从十个方面提出了2012年的改革重点工作:一是加快财税体制改革;二是深化金融体制改革;三是深化资源性产品价格和环保体制改革;四是深化收入分配和社会保障制度改革;五是深化文化体制改革;六是深化教育科技医药卫生等社会体制改革;七是推进行政体制改革;八是完善统筹城乡发展体制机制;九是深化涉外经济体制改革;十是积极推进综合配套改革试点。

在坚持和完善基本经济制度方面,《意见》提出三个要点。

一是完善国有资产管理体制。深入推进国有经济战略性调整,健全国有资本有进有退、合理流动机制,优化国有资本战略布局。继续推进国有企业公司制股份制改革,加快建立现代企业制度。健全国有资本经营预算与收益分享制度,提高国有资本收益用于社会公共支出的比重。

二是按照政企分开、政资分开的要求,研究制定铁路体制改革方案。深化电力体制改革,稳步开展输配分开试点,促进形成分布式能源发电无歧视、无障碍上网新机制,制定出台农村电力体制改革指导意见。提出理顺煤电关系的改革思路和政策措施。扩大三网融合试点范围。深化省以下邮政监管体制改革。

三是抓紧完善鼓励引导民间投资健康发展的配套措施和实施细则。鼓励民间资本进入铁路、市政、金融、能源、电信、教育、医疗等领域,鼓励、引导民间资本进行重组联合和参与国有企业改革。完善扶持小型微型企业发展的财税金融政策,支持中小型企业上市融资,继续推进中小企业服务体系建设。深化流通体制改革。

《意见》提出,加快财税体制改革,稳步扩大营业税改征增值税试点行业和地区范围,适时扩大房产税试点范围;深化金融体制改革,积极培育面向小型微型企业和"三农"的小型金融机构,修订《贷款通则》,合理引导民间融资,深化利率市场化改革,健全新股发行制度和退市制度等。

《意见》还提出,深化资源性产品价格改革,稳妥推进电价改革,实施居民阶梯电价改革方案,深化成品油价格市场化改革,择机推出改革方案;深化收入分配和社会保障制度改革,抓紧制定收入分配制度改革总体方案,规范公务员津贴补贴制度,推进事业单位实施绩效工资制度,改革国有企业工资总额管理办法,加快研究城镇企业职工基础养老金全国统筹方案。

周永康致信全国政法宣传工作会议强调

不断增强政法宣传工作覆盖面和传播力 为政法机关履行法定职责创造良好舆论环境

王乐泉出席会议并讲话

本报上海3月22日电 (记者**廖文根**)全国政法宣传工作会议今天在上海召开。中共中央政治局常委、中央政法委书记周永康致信对做好当前政法宣传工作提出要求,中共中央政治局委员、中央政法委副书记王乐泉出席会议并讲话。

周永康指出,近年来,在以胡锦涛同志为总书记的党中央正确领导下,政法、宣传两条战线的同志们团结协作,创造性地做好政法宣传工作,为政法机关忠实履行法定职责创造了良好舆论环境。面对新形势,望坚持正确的舆论导向,深入宣传社会主义法治理念,统筹把握新闻传播规律和政法工作规律,统筹建设好、运用好传统媒体和新兴媒体,不断增强政法宣传工作的覆盖面和传播力,更好地满足人民群众对政法工作的知情权、参与权、表达权、监督权,为促进政法事业发展进步、维护社会和谐稳定、保障社会公平正义、推动社会主义法治国家建设作出新贡献。

王乐泉强调,各地各部门要认真贯彻落实周永康同志的批示精神,充分认识新形势下加强政法宣传工作的重要性紧迫性,切实增强责任感使命感,着眼于维护社会和谐稳定大局,紧紧围绕政法中心工作,坚持团结稳定鼓劲、正面宣传为主,唱响主旋律、打好主动仗,努力实现新闻舆论效果与法律效果、社会效果的有机统一。

(下转第四版)

人民日报

RENMIN RIBAO

今日 16 版(华东、华南地区 20 版)　国内统一连续出版物号 CN 11-0065　第 21072 期 (代号 1-1)

人民网　网址:http://www.people.com.cn　手机:http://wap.people.com.cn

人民日报社出版

2006 年 3 月 20 星期一 丙戌年二月廿一

北京地区天气预报　白天　多云间晴　降水概率 20%　风向　偏南　风力　二、三级　夜间　多云转晴　降水概率 20%　风向　南转北　风力　二、三级　温度　19℃/6℃

中央军委主席胡锦涛签署命令
《中国人民解放军司令部条例》发布

本报北京 3 月 19 日讯　记者**冯春梅**报道:中央军委主席胡锦涛日前签署命令,发布《中国人民解放军司令部条例》。条例自 2006 年 4 月 1 日起施行。这是我军发布的第五代司令部条例,条例体系中的各子本也将陆续发布。

司令部条例是我军军事工作的基本法规,是各级司令部工作和建设的基本依据。我军曾在 1938 年、1977 年、1983 年、1996 年发布过 4 代司令部条例。现行司令部条例发布 10 年来,对于规范和加强司令部工作与建设发挥了重要作用。随着形势和任务的发展变化,条例更新换代势在必行。

新发布的司令部条例共 12 章 90 条另两个附录。与原条例内容结构相比,新一代条例增加了"组织指挥处置突发事件"一章,取消了两章,调整了两章顺序。第一次将科学发展观作为重要指导方针写入军事法规。

新一代司令部条例的发布,是我军军事工作的一件大事,充分体现了胡主席和中央军委对我军司令部工作和建设的关心和重视,必将对整个军事工作特别是各级司令部建设和军事斗争准备,起到积极的推动作用。

新条例积极适应形势任务的发展变化,在保持现行条例优长的基础上,实现内容和形式的创新发展,具有鲜明的时代特征:一是体现党的军事指导理论创新发展的最新成果,坚持以"三个代表"重要思想为指导,把科学发展观作为司令部工作和建设的重要指导方针;二是按照胡主席提出的"建设高素质、高效能军事领率机关"的要求,突出强调和规范了司令部的能力建设;三是适应世界新军事变革的发展趋势,明确了信息化条件下司令部工作和建设的目标任务、基本原则和内容要求。

新一代司令部条例,是我军由机械化向信息化发展中具有重要意义的军事法规,对我军信息化建设中司令部应承担的职责、信息化战争中司令部组织指挥作战的要求、内容、程序和方法等作出了明确的规定。新条例贯彻新时期军事战略方针,适应新时期我军职能任务的变化和军事工作面临的新情况、新问题,增写了司令部组织领导军事建设的基本要求,明确规范了司令部组织指挥作战的内容、程序和方法,新设专章规范了组织指挥处置突发事件行动。条例还对信息化条件下作战文书的种类、格式、行文的基本要求,以及拟制、审批签发、登记分发、传递、承办、归档等文书作业的全过程进行了新的规范。

条例在体例设置上也进行了创新。新一代司令部条例采取小系列制,既注重满足全军各级各类司令部的共同需求,又兼顾了不同类型和不同层次司令部的特点。条例采用纸质和电子介质相结合的办法下发,进一步方便部队使用。

共奏和谐美妙的创新乐章
——来自深圳的报告之一

本报记者　胡　谋

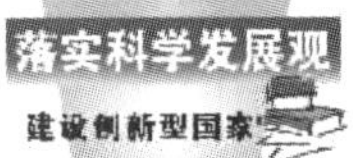

开栏的话

我国已经步入必须更多依靠科技进步和创新推动经济社会发展的历史阶段。坚持走中国特色的自主创新道路、建设创新型国家,是全党、全国人民面临的重大任务,也是中华民族走向全面复兴的重大历史抉择。本报今天隆重推出"落实科学发展观·建设创新型国家"专栏。

本专栏作为 2006 年"落实科学发展观"大型系列主题宣传的第一阶段,首批将重点推出深圳市、中国科学院、山东省、杭州市 4 个典型,分别报道他们在构建以企业为主体的自主创新体系、推进知识创新工程、提高农产品科技含量、建设国家软件创新基地等方面的创新实践和积极探索。

"一花引来百花开"。我们希望通过介绍这些典型单位的生动实践,促进各地充分发挥自己的优势,在自主创新中大显身手,创出新的业绩。

深圳平均每天有 60 件专利申请获得批准,平均每天有 3500 万元研发资金注入,平均每天有价值 1.3 亿美元的高新技术产品集装箱在盐田港、蛇口港装船出海走向国际市场……

统计数据显示,2005 年深圳高新技术产业实现产值 4900 亿元,占全市工业总产值的 51.2%,其中自主知识产权产品产值 2842 亿元,占高新技术产品产值的 56%;对 GDP 的贡献率达到 29%;高新技术产品出口额 466.91 亿美元,占全市出口总值的 46%;专利申请量突破 2 万件,位居全国大城市第三,其中 PCT 国际专利申请超过 748 件,在全国大城市中排名第一。

今年初召开的全国科学技术大会提出建设创新型国家的奋斗目标,使深圳进一步明确了前进方向,在自主创新的道路上奔跑得更快。

"竞技场"——市场

2 月 14 日,被称作"中国科技第一展"的中国国际高新技术成果交易会展览中心迁离深圳中心区。新址坐落在为申办第二十六届世界大学生运动会规划的奥体新城。无论是否巧合,自主创新的竞技同样需要"更快、更高、更强"的奥林匹克精神。

不过 7 年,深圳两只憨态可掬的"小企鹅"——"腾讯 QQ"已经走出了高交会,成为拥有 4.2 亿注册用户的"亚洲第一即时通信商";朗科科技有限公司总裁邓国顺携带移动存储技术走进高交会到成为闪存盘的"世界第一"。

在深圳,从市场下游向科研上游递进的逆向之旅中,科研成果、资本、人才、信息等诸多要素,都通过市场进行配置、整合。高交会这个中国最大的科技成果交易市场,已成为深圳企业自主创新的"起跑线"和市场的"导向标",仅第七届高交会的成交落实率就达 50%以上。在深圳国际高新技术产权交易所,去年全年产权交易成交 6029 宗、交易额 330 亿元、涉及资产 2586 亿元。

去年,深圳的金融投资机构共为企业自主创新投、融资 125 亿元;由 42 所大学组成的深圳虚拟大学园,被许多企业看作创新成果、人才的"消费市场"。虚拟大学园利用技术、人才力量,5 年孵化高新技术企业 252 家,使 217 项科研成果走上了生产线,为企业输送和培训了 3.2 万名科技人才。(下转第六版)

四版刊登评论员文章

向着创新型国家行列迈进

为实施『十一五』规划开好局起好步
以科学发展观统领经济社会发展全局
吴邦国在天津考察工作时强调

新华社天津 3 月 19 日电(记者**邹声文、李婧**)中共中央政治局常委、全国人大常委会委员长吴邦国近日在天津考察工作时强调,要坚持以科学发展观统领经济社会发展全局,加快结构调整、转变增长方式,为实施国民经济和社会发展第十一个五年规划开好局、起好步。

十届全国人大四次会议刚刚闭幕,吴邦国一行就来到渤海之滨的天津,围绕贯彻落实党的十六届五中全会和十届全国人大四次会议精神进行专题调研。3 月 17 日至 18 日,吴邦国在中共中央政治局委员、天津市委书记张立昌,市长戴相龙,市人大常委会主任刘胜玉等陪同下,深入滨海新区、新技术产业园区等地考察工作。在企业车间,他与干部职工热情交谈,共话企业发展大计;在科研院所,他不时与科研人员交换意见,探讨提高科技创新能力问题;在人力资源开发服务中心,他向工作人员详细了解职业介绍和职业培训情况。他还深入社区,亲切看望居民群众,关切询问他们的工作、生活和社区建设情况。

考察期间,吴邦国听取了天津市的工作汇报,对天津市的工作给予了充分肯定。他说,近些年来,天津市认真贯彻中央的方针政策,广大干部群众以良好的精神风貌辛勤工作,经济社会发展取得了很大成绩,使天津的发展站在了一个新的历史起点上,进入了一个新的发展时期。吴邦国指出,天津具备良好的区位、人才和科技优势,拥有相当的工业基础,孕育巨大的发展潜力,面临难得的发展机遇。(下转第四版)

春来田头话『三农』
——温家宝总理考察山西农村纪行

新华社记者　赵　承　尹天玺

两会刚刚结束,中共中央政治局常委、国务院总理温家宝就来到山西农村,深入田间地头,农民家庭,学校医院,考察贯彻两会精神和春耕备耕情况,听取农民对"三农"工作的意见和建议。

农民关心两会

桃杏争妍,杨柳吐翠。麦田里农民正在锄草施肥,棉农们也开始铺膜下种,三晋大地一派繁忙景象。3 月 17 日下午,温家宝一下飞机,就在山西省委书记张宝顺、省长于幼军陪同下,前往位于晋南的夏县农村。

史范定老人正在地里锄草,温家宝走到他跟前亲切地问道:"全国两会开得好不好?""开得好,在电视上都看到了。我们盼望的政策,《政府工作报告》里都讲到了。种地不用交税,还能领到补贴,好多撂荒地现在又种上粮食了。"史范定高兴地说。

在夏县南师村,村民陈小旺怎么也不能相信,几天前在电视上看到回答两会记者提问的总理,今天居然和自己坐在一起。陈小旺感动地说:"《政府工作报告》,说出了我们想说的话。"

听说总理要来,永济市许家营村村民们自发地站到了街道两旁,等待总理的到来。看到总理出现时,村民们纷纷拥上前去,争着和总理握手。总理大声问大家,《政府工作报告》大家同意不同意?群众响亮地回答:同意!一位农村妇女使劲地握着总理的手说:"政府今年惠农政策具体细致,我们举双手赞成。盼着这些政策能够落到实处。"

在田间,在农户家中,温家宝耐心地向农民解释《政府工作报告》中提出的各项支农政策措施,解答了农民的一些问题。(下转第四版)

善始善终地抓好农村先进性教育活动后期工作
——六论第三批保持共产党员先进性教育活动

本报评论员

农村先进性教育活动开展三个多月来,进展顺利,势头良好,取得了成效,目前正处在抓好后期工作的关键时期。各级地方党组织务必保持清醒头脑,防止松劲情绪,善始善终地抓好农村先进性教育活动的后期工作。

善始善终地抓好农村先进性教育活动事关重大。"行百里者半九十",只有抓好农村先进性教育活动的后期工作,才能使第三批乃至整个先进性教育活动善始善终,真正实现中央确定的预期目标,才能使农村党组织和广大党员更好地发挥组织实施者和中坚力量的作用,为落实建设社会主义新农村的重大战略思想提供强大的精神动力和组织保证。

要继续保持良好的精神状态。各级党组织务必清醒地看到,随着各地进入春耕农忙,大量农村党员外出务工经商,乡镇领导班子换届陆续展开,教育活动历时数月容易使人产生松劲思想和厌倦情绪,我们必须戒骄戒躁、发扬连续作战的精神,做到思想上不麻痹、组织上不松散、工作上不懈怠。

要继续抓好学习和督促检查工作。要组织党员深入学习贯彻胡锦涛同志建设社会主义新农村的重要讲话精神,深入学习贯彻中央关于建设社会主义新农村的一系列重大部署,深入学习贯彻两会精神,确保农村先进性教育活动健康顺利发展,实现农村先进性教育活动与促进"十一五"规划和新农村建设开局之年的各项工作"两不误、两促进"。各级领导干部尤其是县、乡领导要进一步发扬求真务实精神,扑下身子真抓实干,发现苗头性、倾向性问题及时纠正。(下转第八版)

认真贯彻胡锦涛同志关于社会主义荣辱观的重要讲话精神
在干部教育培训、干部考察任用和先进性教育活动中要
中组部通知强调

新华社北京 3 月 19 日电　中央组织部日前发出通知指出,认真学习贯彻胡锦涛总书记关于社会主义荣辱观的重要论述,是当前加强领导班子建设、干部队伍建设和党员队伍建设,以及组织部门自身建设的一项重大而紧迫的战略任务。各级党委组织部门要通过多种形式广泛组织开展学习讨论,深入理解树立社会主义荣辱观的重大意义、深刻内涵和基本要求,切实增强学习贯彻的自觉性和责任感、紧迫感,从贯彻落实科学发展观、加强党的执政能力建设、党的先进性建设和和谐社会建设的战略高度,把树立社会主义荣辱观作为加强党员干部队伍思想作风建设和组织部门自身建设的基础性任务,切实抓紧抓好。

通知强调,胡锦涛总书记提出的以"八荣八耻"为主要内容的社会主义荣辱观,概括精辟,寓意深刻,涵盖了爱国主义、社会主义、集体主义思想,抓住了当前人民群众普遍关注的社会现实问题,集中表达了广大干部群众的共同心愿,是非标准鲜明,价值导向明确,是社会主义价值观的具体化和科学发展观的重要组成部分,体现了中华民族传统美德和当今时代精神的完美结合,体现了依法治国和以德治国的有机统一,对于进一步匡正社会风气、提高文明程度、推进和谐社会建设,都具有重要的指导意义。认真学习贯彻胡锦涛总书记重要讲话精神,深入开展社会主义荣辱观学习教育,对于教育广大干部、党员以及组工干部牢固树立正确的世界观、人生观、价值观,(下转第八版)

"山水有情——杨延文画展"在中国美术馆举行
贾庆林出席

本报北京 3 月 19 日讯　记者**潘跃**报道:中共中央政治局常委、全国政协主席贾庆林 19 日在北京中国美术馆参观了"山水有情——杨延文画展"。

杨延文现任北京画院艺术委员会主任,国家一级美术师,中国美术家协会理事,全国政协委员,是当代中国画坛成就卓著的代表画家之一。杨延文 1963 年以优异的成绩毕业于北京艺术学院吴冠中工作室,1978 年任北京画院专业画家,1983 年他创作的山水画《江村疏雨》在意大利曼齐亚诺国际美展荣获金牌奖。他的画不受传统笔墨章法桎梏,融合中西的形式语言,开拓了当代中国画的创新之路。此次展览,囊括杨延文 20 世纪 80 年代至 2005 年间以山水为题材的水墨精品 70 幅,是杨延文艺术生涯中最具规模的水墨专题展。

画展由全国政协书画室、中国美术馆、中国美术家协会、北京画院联合主办,大连万达集团承办。

把宏伟蓝图变为美好现实

本报评论员

刚刚闭幕的第十届全国人民代表大会第四次会议,审查了国务院提出的《国民经济和社会发展第十一个五年规划纲要(草案)》,并批准了这个纲要。规划纲要全面贯彻了《中共中央关于制定国民经济和社会发展第十一个五年规划的建议》的精神,提出的"十一五"时期经济社会发展的奋斗目标和主要任务,符合我国国情,集中了全国各族人民的共同意愿,反映了时代发展的客观要求,经过努力是完全可以实现的。

我们站在新的历史起点上,正在向更加宏伟的目标迈进。"十一五"规划纲要是未来五年我国经济社会发展的战略蓝图,是我们实现新的宏伟目标和伟大任务的进军令。

"十一五"时期是全面建设小康社会的关键时期。本世纪头二十年是我国发展的重要战略机遇期,"十一五"时期尤为关键。我们必须紧紧抓住机遇,应对各种挑战,认真解决长期积累的突出矛盾和问题,突破发展的瓶颈制约和体制障碍,开创社会主义经济建设、政治建设、文化建设、社会建设的新局面,为后十年顺利发展打下坚实基础。"十一五"规划纲要在总结"十五"时期经济社会发展经验的基础上,明确了未来五年经济社会发展的奋斗目标和主要任务,对"十一五"时期的经济建设、社会发展、改革开放等方面,都作出了全面部署。规划纲要反映社会主义市场经济发展和改革开放新形势的要求,体现宏观性、战略性和政策性,并明确政府的工作重点和责任。从内容到形式都有所创新。这是一个继往开来、与时俱进的规划,也是一个实事求是、科学合理的规划。规划将极大鼓舞全国人民全面建设小康社会的热情,对"十一五"时期以至更长时期经济社会发展产生深远的影响。(下转第八版)

3 月 19 日,山西省永济市农业局农技推广中心流动科技服务车来到西姚温村,向农民介绍良种和有关农技知识。本报记者　张　悦摄

本报第五版今起推出专栏
社会主义荣辱观大家谈

人民日報

RENMIN RIBAO

今日16版(华东、华南地区20版)

国内统一连续出版物号 CN 11-0065

第21149期 (代号1-1)

人民日报社出版

人民网 网址:http://www.people.com.cn 手机:http://wap.people.com.cn

2006年6月 5 星期一 丙戌年五月初十

北京地区天气预报

白天 晴间多云 风向 北转南 风力 二、三级

夜间 晴转多云 风向 南转北 风力 一、二级

温度 33℃/22℃

胡锦涛发唁电哀悼我失事军用运输机机上遇难人员

向遇难人员亲属表示亲切慰问，要求速派员赴现场查明原因，妥善处理善后事宜，严肃认真总结和吸取失事教训

新华社北京6月4日电 中共中央总书记、国家主席、中央军委主席胡锦涛6月4日发唁电，对空军运输机遇难全体人员表示深切的哀悼，并向遇难人员亲属表示亲切的慰问。

胡锦涛在唁电中指出，空军一架运输机在执行任务中失事，机上人员不幸以身殉职。遇难人员牢记党和人民赋予的神圣使命，不畏艰难，恪尽职守，为国防和军队现代化建设做出了重要贡献。他们的英名和功绩，祖国和人民永远不会忘记。

据空军提供的消息，6月3日下午在安徽某地失事坠毁的军用运输机上的40名人员不幸全部遇难。飞机失事后，胡锦涛当即作出重要指示，要求速派员赴现场查明原因，妥善处理善后事宜，严肃认真地总结吸取失事的教训。中共中央政治局委员、中央军委副主席郭伯雄率总部工作组，赶赴现场组织指导事故调查和善后工作。军地有关部门密切协同配合，善后工作正在妥善处理中。

浙江五十万『农民电子信箱』服务『三农』

产品销售『快速道』 涉农信息『百宝箱』

本报杭州6月4日电 记者江南报道：眼见颗粒饱满的大青梅挂满了枝头，正在自家果园采摘青梅的浙江省桐庐县果农王开超抑制不住丰收的喜悦。借助新近申请的"浙江农民信箱"，他在信息网络上发布销售信息，几万公斤大青梅陆续找到"婆家"。自从用上"农民信箱"，浙江数十万农民多了一条销售农产品的便捷通道，许多农民不再为农产品愁销路。

浙江省自去年9月开始在全省推广应用"农民信箱"，供农民、农技人员、涉农企业等以实名制申请使用，确保网上信息真实有效。"农民信箱"可以和手机短信联动使用，具有网上推销、采购、咨询、调查等多种功能。目前，"浙江农民信箱"的实名制注册用户已达50.18万，全省有77%的行政村建起了农民信箱联络点。通过这个农业信息化公益系统，已发布农产品买卖信息9419条、公共服务信息4210条。

"农民信箱"操作简便。信箱提供数十条写信常用语，农民如有农产品要卖、有事要咨询，只需选择常用语复制拼贴，就可以完成一封简单的电子邮件。"农民信箱"系统运行的头两年，注册用户收发电子邮件、通过信箱发送手机短信全部免费。

"农民信箱"为农产品销售打开了一条"快速道"。"农民拥有一个信箱，就像有了一个农产品买卖的网上摊位。"浙江省副省长茅临生这样形容"农民信箱"。开化县长虹乡种植大户邹顺尧在技术人员帮助下，通过信箱发布葛粉销售信息，没过几天就接到不少求购电话。最后，他和杭州美东食品厂签订了合同，不仅把去冬库存的1800多公斤葛粉销售一空，还签下了今年葛粉、葛片的订单。不久前，杭州市余杭区顺丰祥禽蛋专业合作社通过"农民信箱"，做成了两笔生意：与安吉县板栗种植大户陈年青达成协议，出租合作社的冷库供存放板栗；把鸭粪作为肥料供应给庆元县松源镇的柑桔种植户，既赚了钱，又解决了合作社蛋鸭养殖场鸭粪污染的烦恼。

"农民信箱"已成为农民获取涉农信息的"百宝箱"。"农民信箱"发送的公共服务信息包括政策信息、农技服务信息、气象消息和气候分析等多种类别，还有农产品专业市场提供的市场行情、市场趋势等分析资料。今年3月一场冷空气到来之前，台州市黄岩区头陀镇农办工作人员通过"农民信箱"发布防灾信息，全镇6500亩双季茭白及时盖上大棚免遭冻害，农民减少损失近300万元。

浙江计划通过3年努力，到2008年，全省有100万以上用户使用"农民信箱"。届时，将有60%的规模种养大户能利用互联网收集和发布信息，农业龙头企业、农民专业合作社与农业信息网站基本实现互联。

国务院关于进一步加强消防工作的意见

各省、自治区、直辖市人民政府，国务院各部委、各直属机构：

"十五"以来，在党中央、国务院和地方各级党委、政府的领导下，全国消防工作取得明显进步。消防安全责任制进一步落实，全社会防控火灾的能力明显提高，重特大火灾事故多发势头得到初步遏制。但是，当前消防工作形势依然严峻。一些地区、部门和单位对消防工作重视不够，公民消防安全素质仍然不高，全社会消防安全基础仍然薄弱，重特大火灾事故时有发生。为有效预防火灾事故，减轻火灾危害，保障公共安全，现就进一步加强消防工作提出以下意见：

一、指导思想、工作原则和工作目标

（一）指导思想。以邓小平理论和"三个代表"重要思想为指导，全面贯彻落实科学发展观，按照构建社会主义和谐社会的要求，深入贯彻《中华人民共和国消防法》等法律法规，全面落实预防为主、防消结合的方针，努力构建"政府统一领导、部门依法监管、单位全面负责、群众积极参与"的消防工作格局，着力整治各种火灾隐患，全面加强城乡消防工作，建立健全灭火应急救援工作机制，切实提高全社会防控火灾的意识和能力，有效预防和减少火灾事故发生，为我国经济发展、社会稳定和人民群众安居乐业创造良好的消防安全环境。

（二）工作原则。坚持协调发展，有效统筹消防工作与经济社会发展的关系；坚持城乡统筹、大力加强农村消防工作；坚持依法治火，严格落实消防法律法规、技术规范和消防工作责任制；坚持预防为主，不断改善城乡防火安全条件；坚持科技先行，依靠科技进步不断提升防火、灭火和救援能力；坚持以人为本，全面提高公民消防安全素质，切实保障人民群众生命财产安全。

（三）工作目标。到2010年，基本建立适应社会主义市场经济体制要求的消防法律法规和技术规范体系，基本实现消防工作与经济社会同步协调发展，基本形成覆盖城乡的专业灭火应急救援力量体系，消防工作社会化水平显著提升，全社会消防安全环境明显改善，抗御火灾的整体能力明显提高，重特大火灾尤其是群死群伤火灾事故得到有效遏制。

二、构建"政府统一领导、部门依法监管、单位全面负责、群众积极参与"的消防工作格局

（四）切实加强领导，认真履行消防工作职责。消防工作是政府履行社会管理和公共服务职能的重要内容。地方各级人民政府要将消防工作纳入"十一五"国民经济和社会发展总体规划，增加财政投入，认真组织实施。要切实落实地方各级人民政府消防工作负责制，建立政府分管领导牵头、有关部门领导参加的消防工作联席会议制度，定期研究并协调解决消防工作重大问题，适时组织开展消防安全专项治理。

（五）切实加大联合执法力度，依法加强监管。要建立健全部门信息沟通和联合执法机制，有关部门各负其责，齐抓共管。公安消防部门要认真履行消防监督执法职责，并加强与有关部门的信息沟通，及时将消防安全专项治理以及认定的重大火灾隐患等情况报告当地政府并通报相关部门；

（下转第八版）

八版刊登评论员文章

加强消防工作 保障公共安全

六月四日，武警徐州支队官兵得知近日将出现阴雨天气，紧急组织二百多名武警官兵组成"武警抢收突击队"，下乡帮助在外打工人员家庭、困难户等抢收小麦。图为徐州市贾汪区贾韩村孙大妈为抢收麦子的武警战士送上凉茶。 蔡广银摄

中新闻摄影 中煤集团 中煤集团平朔煤炭工业公司协办

温家宝在内蒙古考察工作

就煤炭工业改革与发展、特色优势产业发展、农牧业与生态建设、民族工作等进行调查研究

新华社包头6月4日电 （记者吴国清、贺劲松）6月2日至4日，中共中央政治局常委、国务院总理温家宝在内蒙古自治区鄂尔多斯市、包头市考察工作。他深入企业、农村和社区，与干部群众座谈，就煤炭工业改革与发展、特色优势产业发展、农牧业与生态建设、民族工作等进行调查研究。

"要下决心建几个亿吨级煤炭基地"

2日下午，温家宝来到神华集团上湾煤矿，乘矿井车沿着巷道走了12公里抵达井下综采工作面，又步行200多米察看采煤情况。他站在轰隆作响的采掘机旁，向当班工人表示慰问。神华集团董事长陈必亭告诉总理，这套国际上最先进的采掘设备每小时可采煤3500吨以上，全员工效达到119吨/工。这个年产煤1000多万吨矿井的综采面只需要七八个工人，安全生产达到世界先进水平。温家宝说，现在我国已经有条件加快煤炭工业现代化建设的步伐。我们要采用先进技术，提高综合效益，保证安全生产。

温家宝接着来到正在建设的神华集团煤制油项目施工现场，这是世界上第一个把煤直接液化制成油的工业化项目。温家宝在察看煤制油反应器等核心设备时说，神华集团煤制油项目是国家能源安全战略的重要组成部分，也是一次重大的科技探索。要尊重科学规律和经济规律，先行试点，不可一哄而起。神华项目要保证质量，注重安全，讲求效益，在掌握煤直接液化技术的基础上，形成自主知识产权。

温家宝还考察了神华集团补连塔矿洗煤厂和装煤车站。他指出，煤炭工业改革发展事关国民经济全局，需要重点抓好以下几个方面：第一，通过大型煤矿兼并重组中小煤矿，中小煤矿联合改组等办法建设有实力的煤炭企业，下决心建几个亿吨级的大型煤炭基地。第二，实现煤矿生产的规模化、技术设备现代化、队伍专业化和管理信息化，把煤炭企业办成真正的现代企业。第三，下大力气抓好煤矿瓦斯治理，推进先抽后采，综合利用，确保生产安全。

"发挥资源优势发展特色产业"

内蒙古资源丰富，发展特色产业具有明显优势，在这块土地上崛起了一批依托资源优势迅猛发展的企业。

（下转第二版）

新时期的钢铁战士——梁强

刘永华 赵丕聪 郭嘉

这是一次8000米的武装越野。

大地尘土飞扬，官兵们汗如雨下，飞奔在蜿蜒的乡间公路上。

没有汗腺的皮肤排不出一滴汗，浑身像千万根针扎一样疼痛难忍。梁强大口喘着粗气，帽子抓在手里，眼睛盯着队伍前方飘扬的红旗……踉跄着、他冲过终点。

"39分钟。合格。"考官宣布。

当年因"抱走一团火、救活一车人"而被成都军区授予"舍己为民的英雄战士"荣誉称号的梁强，在基层工作11年，以一级伤残之身不断创造新业绩，先后两次出席全国劳模表彰大会，被评为"全国优秀团干部"、"全军优秀共产党员"。

（一）

1995年3月21日，梁强乘车归队途中，驾驶员违章操作，用盛满汽油的汽车内胎对化油器直接供油，引发大火。同车27名群众生命危在旦夕，他挺身而出，抱着燃烧的汽车内胎冲出车外……

火光过后，梁强面目全非，全身烧伤面积85%、三度烧伤60%。咬骨钳咬碎死骨，发出"咯吱、咯吱"的声音，7根10多厘米长的钢针钉入手指，剧痛撕扯着每一根神经……在长达两年多的治疗期里，梁强做了40多次手术，全身植皮6000多块，体内的鲜血也换了不知道多少遍。

1997年初冬，被破格提干的梁强回到了久别的团队。考虑到身体因素，团党委决定安排他到机关工作。他却主动找到领导："我不能背着'救火英雄'的名声过一生"。几天后，他打起背包，走进了连队。

刚在"鬼门关"转了一圈的梁强，体质大不如前。由于皮肤不能排汗，天气一热或运动量稍微大一些，他的体内就像燃烧的火炉，痛苦难耐。一双手有8个指头被烧坏弯曲，没有关节，他做什么事都不方便，洗脸时只能把毛巾缠在两个手腕上协力拧干……

但，带兵就得以身作则。爬山、跑步、器械……早起晚睡的梁强用在训练上的时间比任何一个战士都多。器械训练难度大，残缺的双手抓不住杠，他就用背包带捆住手腕挂在杠上练。一次训练，弯曲变形的右手无名指挂在了单杠上，"喀嚓"一声，指骨被拉断，鲜血汩汩流出……由于植上去的皮肤很薄，没有弹性，不小心碰着一下就会出血，在当排长半年时间里，他用掉了600多张创可贴，迷彩服上总是血迹斑斑。

付出总有回报。年底，梁强所带领的排一跃成为全团标兵排。

（下转第四版）

云南构建『泛珠』与东盟合作平台

对接市场 共享商机

本报昆明6月4日电 记者宣宇才报道：珠江流域9省区以及香港、澳门特别行政区的11位行政首长与东盟10国代表将于6月5日早晨率领大批企业家，聚集"珠江源"云南省曲靖市，为第三届泛珠三角区域合作与发展论坛暨经贸洽谈会和2006中国昆明进出口商品交易会拉开大幕。这标志着"泛珠"合作机制与中国—东盟自由贸易区建设在云南省实现了历史性对接。

"'龙尾'摆动越大，'龙头'抬得越高"，云南省省长徐荣凯说，云南既是珠江源头地区，又是参与中国—东盟自由贸易区建设和大湄公河次区域合作的前沿，处于两大板块的交界处。近些年来，云南全力推进"泛珠"区域与东盟各国的合作，积极构建经济、贸易、科技文化和友好交流大平台。目前，澜沧江—湄公河已可通过300吨轮船，联系"泛珠"区域的铁路可望2007年建成通车，昆（明）曼（谷）公路正在加速建设中。在此次活动中，云南省特意邀请"泛珠"区域与东盟10国代表，就搭建合作机制等方面展开对话。

"泛珠"区域与东盟国际市场形成对接，双方经济发展水平、产业结构互补。东盟10国此次全部报名参展昆交会，昆交会专场举办基础设施、加工制造、服务贸易、科技发展、旅游文化等项目推介会，为"泛珠"各省区与东盟国家合作提供商机。

据悉，定于6月6日召开的"泛珠"区域行政首长联席会议，将审议通过泛珠三角区域交通运输、能源、旅游等3个方面的合作协议。

黑龙江内蒙古三起特大森林火灾扑救取得全局性胜利

国务院扑火前线总指挥部召开总结表彰大会

本报呼伦贝尔6月4日电 记者顾仲阳、高保生报道：5月21日以后，陆续发生在黑龙江省嫩江县嘎拉山、松岭区砍都河和内蒙古自治区牙克石市免渡河林区三起特大雷击森林火灾，经过3万多名参战人员10多个昼夜奋力扑救，到6月2日已全部扑灭。国务院扑火前线总指挥部6月4日下午在内蒙古自治区呼伦贝尔市召开扑救工作总结表彰大会，国务院扑火前线总指挥部总指挥、国家林业局局长贾治邦出席表彰大会，并要求继续做好火场清理和森林资源恢复工作，严防发生新的森林火灾。

国务院扑火前线总指挥部决定，授予武警黑龙江省森林总队等18个单位"扑火模范集体"荣誉称号，授予内蒙古大兴安岭库都尔林业局专业森林消防队等31个单位"扑火先进单位"荣誉称号，授予铁道部运输局等单位"扑火优秀保障单位"荣誉称号，授予武警吉林森林总队陈仲博等38名同志"扑火英雄"荣誉称号，授予武警云南省森林总队廖国荣等100名同志"扑火尖兵"荣誉称号，授予中国人民解放军陆航四团机长钱爱勇等240名同志"扑火先进个人"荣誉称号，授予武警总部副司令员梁洪等45名同志"扑火优秀指挥员"荣誉称号。

党中央、国务院、中央军委高度重视、高度关切这次火灾。火灾发生后，党中央、国务院、中央军委的领导同志多次作出重要指示，对夺取这次特大雷击森林火灾扑救工作的全面胜利发挥了根本性的作用。

两院院士大会5日—8日举行

本报北京6月4日讯 记者廖文根、武卫政报道：中国科学院、中国工程院今天在京联合宣布，中国科学院第十三次院士大会和中国工程院第八次院士大会将于5日至8日在京举行。

根据中国工程院和中国科学院的章程，每逢公历双年为院士大会年，逢单年为院士增选年。这次两院院士大会是在全国科技大会胜利召开，国家中长期科技发展规划纲要公布以及我国"十一五"发展规划正式实施，党中央提出建设创新型国家的新形势下召开的一次重要会议。

国有重点企业前4月销售增速快

石油石化实现利润最高，达993.4亿元

本报北京6月4日讯 记者白天亮今天从国务院国资委获悉：今年前4个月，454户国有重点企业生产经营形势良好，销售及出口均保持稳定快速增长的态势，其中石油石化、电力、汽车、机械、有色等行业实现利润高速增长，石油石化实现利润达993.4亿元，增长28.3%。

三、重要节庆纪念活动新闻的版面安排

节庆纪念活动根据中央安排有不同的规格，人民日报视不同情况，在不同的版面妥善安排。中央主要领导全部出席的大型纪念活动，一般会根据惯例，采取一版头条通栏、配发讲话全文等方式处理。主要领导人出席的常规的节庆纪念活动，一般以一版头条、横六栏标题配照片安排。其他中央政治局常委出席的活动，视重要程度在一版安排，一般不作头条。

（一）元旦春节庆祝活动的版面安排

元旦乃一年之始，春节是民族传统佳节。这两个节日都有辞旧迎新、团聚欢乐之意。表现在人民日报的版面上，要体现欢乐祥和、文明健康的气氛。

元旦的版面安排，根据中央的活动安排，一般分两天报道。如2012年1月1日，一版头条位置配发照片刊出国家主席对全国人民及海外听众观众的新年讲话，头条下刊出元旦社论。1月2日，一版头条位置刊出全国政协举行新年茶话会的消息，配发两张照片。同时一版还刊登了全国人民欢度新年的消息。

（附2012年1月1日、2日一版）

春节报道的延续时间较长，一般进入腊月中旬，人民日报要闻版就开始刊出春节的相关消息。主要的报道集中在除夕和初一这两天。如2012年1月22日，当天为除夕，一版头条安排中央举行春节团拜会的消息。头条下左侧刊登国务院总理在春节团拜会上的讲话。右侧刊登群众过春节的特写。

（附2012年1月22日一版）

人民日报
RENMIN RIBAO
人民网　网址:http://www.people.com.cn
手机:http://wap.people.com.cn
2012年1月
1
星期日
辛卯年十二月初八
人民日报社出版
国内统一连续出版物号
CN 11-0065
第23185期(代号1-1)
今日4版

中俄两国元首互致新年贺电

新华社北京12月31日电　国家主席胡锦涛和俄罗斯总统梅德韦杰夫今天互致新年贺电。

胡锦涛在贺电中指出,过去的一年,在双方共同努力下,中俄关系全面快速发展,硕果累累。双方战略和政治互信进一步增强,经贸合作质量和规模同步提升,双边贸易额接近800亿美元,创造历史新高。两国在国际和地区事务中的协调与配合更加紧密。中俄关系的发展促进了各自的发展、进步与稳定,也为地区和世界的和平、安全与发展作出了重要贡献。在新的一年里,中方愿与俄方继续携手努力,按照我们共同确定的未来10年两国关系发展的目标和方向,深化各领域交流与合作,深入推进两国平等信任、相互支持、共同繁荣、世代友好的全面战略协作伙伴关系,更好地造福两国和两国人民。借此机会,我愿与你共同宣布启动中俄互办旅游年活动,相信这一活动的成功举办将进一步增进两国人民的了解、友谊与合作。

梅德韦杰夫在贺电中说,在即将过去的一年里,俄中战略协作伙伴关系得到进一步巩固和充实。两国在各个层面进行了密切和互信的政治对话。双方在国际舞台上开展了密切和有效的合作,在经济领域的合作取得重要成果。2012年必将对进一步发展俄中旨在造福两国人民,维护国际稳定与安全的全方位合作关系带来新的机遇。相信将于明后年举办的俄中旅游年活动将进一步推动两国在人文领域的合作,巩固两国人民的友谊。

国家主席胡锦涛发表二〇一二年新年贺词

共同促进世界和平与发展

新年前夕,国家主席胡锦涛通过中国国际广播电台、中央人民广播电台、中央电视台,发表题为《共同促进世界和平与发展》的新年贺词。　新华社记者　兰红光摄

新华社北京12月31日电　新年前夕,国家主席胡锦涛通过中国国际广播电台、中央人民广播电台、中央电视台,发表了题为《共同促进世界和平与发展》的新年贺词。全文如下:

2012年的新年钟声即将敲响。在这辞旧迎新的美好时刻,我很高兴通过中国国际广播电台、中央人民广播电台和中央电视台,向全国各族人民,向香港特别行政区同胞和澳门特别行政区同胞,向台湾同胞和海外侨胞,向世界各国的朋友们,致以新年的祝福!

2011年是中国"十二五"时期开局之年。面对复杂多变的国际形势和艰巨繁重的国内改革发展稳定任务,中国人民同心协力、锐意进取,继续推进改革开放和社会主义现代化建设,经济保持平稳较快发展、全面建设小康社会取得新进展。中国加强同各国的交流合作,积极参与促进世界经济增长和金融稳定、完善全球经济治理、解决国际和地区热点问题等国际合作,为促进人类和平与发展作出了新的贡献。

在新的一年里,我们将高举中国特色社会主义伟大旗帜,以邓小平理论和"三个代表"重要思想为指导,深入贯彻落实科学发展观,继续处理好保持经济平稳较快发展、调整经济结构、管理通胀预期的关系,加快推进经济发展方式转变和经济结构调整,着力保障和改善民生,努力巩固经济社会发展良好势头。我们将坚持"一国两制"、"港人治港"、"澳人治澳"、高度自治的方针,同广大香港同胞、澳门同胞携手努力,保持香港、澳门长期繁荣稳定。我们将坚持"和平统一、一国两制"的方针,继续推动两岸关系和平发展,维护中华民族根本利益,增进两岸同胞共同利益。

和平、发展、合作是时代的呼唤,是各国人民共同利益之所在。当前,世界多极化、经济全球化深入发展,各国相互依存日益加深,但世界经济复苏的不稳定性不确定性上升,国际和地区热点此起彼伏,世界和平与发展面临新的机遇和挑战。中国将继续恪守维护世界和平、促进共同发展的外交政策宗旨,坚持独立自主的和平外交政策,始终不渝走和平发展道路,始终不渝奉行互利共赢的开放战略,在和平共处五项原则的基础上发展同各国的友好交往和互利合作,积极参与应对全球性问题的国际合作。

我相信,只要各国人民戮力同心、同舟共济,我们一定能够战胜前进道路上的各种困难和风险,在推动建设持久和平、共同繁荣的和谐世界的征程上不断迈出新的步伐。

最后,我从北京祝大家在新的一年里幸福安康!

胡锦涛致电祝贺金正恩担任朝鲜人民军最高司令官

新华社北京12月31日电　中华人民共和国中央军事委员会主席胡锦涛31日致电祝贺金正恩担任朝鲜人民军最高司令官。胡锦涛在贺电中表示,中朝两国人民和军队之间有着深厚的传统友谊。相信在新的历史条件下,中朝传统友好合作关系一定会不断得到巩固和加强。

本报平壤12月31日电　(记者**周之然**)据朝鲜中央通讯社31日报道,朝鲜劳动党中央政治局会议30日在平壤举行,会议宣布,根据已故最高领导人金正日2011年10月8日的遗训,推举朝鲜劳动党中央军事委员会副委员长金正恩为朝鲜人民军最高司令官。

报道说,会议通过了朝鲜劳动党中央政治局决议《关于按照伟大领导者金正日同志的遗训在强盛国家建设中掀起大高潮》。决议指出,朝鲜军队和人民决心遵循金正日的遗训,在金正恩的领导下把社会主义强盛国家建设事业和主体革命事业进行到底。

《求是》杂志发表胡锦涛总书记重要文章

坚定不移走中国特色社会主义文化发展道路 努力建设社会主义文化强国

新华社北京12月31日电　2012年1月1日出版的新年第1期《求是》杂志,将发表中共中央总书记、国家主席、中央军委主席胡锦涛的重要文章:《坚定不移走中国特色社会主义文化发展道路,努力建设社会主义文化强国》。

人大常委会第二十四次会议在京闭幕

会议表决通过关于修改职业病防治法的决定 任命王侠为国家人口和计划生育委员会主任

胡锦涛签署主席令公布有关法律和任免决定

决定十一届全国人大五次会议3月5日召开

吴邦国主持会议并讲话

本报北京12月31日电　(记者**黄庆畅、彭波**)十一届全国人大常委会第二十四次会议在完成各项议程后,31日上午在北京人民大会堂闭幕。会议经表决,通过了全国人大常委会关于修改职业病防治法的决定;决定免去李斌的国家人口和计划生育委员会主任职务,任命王侠为国家人口和计划生育委员会主任。国家主席胡锦涛签署第52号、53号主席令分别予以公布。

吴邦国委员长主持会议。常委会组成人员144人出席会议,出席人数符合法定人数。

会议经表决,决定将刑事诉讼法修正案草案提请十一届全国人大五次会议审议。

会议表决通过了全国人大常委会关于《中华人民共和国澳门特别行政区基本法》附件一第七条和附件二第三条的解释。

会议表决通过了十一届全国人大五次会议关于十二届全国人大代表名额和选举问题的决定草案、香港特别行政区选举十二届全国人大代表的办法草案、澳门特别行政区选举十二届全国人大代表的办法草案,决定提请十一届全国人大五次会议审议。　(下转第三版)

迈向充满希望的2012

——元旦献词

随着新年钟声的敲响,我们告别了充满挑战、奋发有为的2011,迎来了充满希望、奋发进取的2012。

在这辞旧迎新的时刻,回顾过去的一年,国内改革发展稳定任务艰巨繁重,国际形势空前动荡变幻,党中央团结带领全国各族人民迎难而上、开拓进取,在社会主义现代化进程中写下了浓墨重彩的新篇章。

国内生产总值增长高于9%,粮食生产连续8年增产,人民生活不断改善,城乡居民收入较快增长,农民收入增速创1985年来最高,全年城镇新增就业有望达到1200万人,连续7年提高企业退休人员基本养老金,保障房全年基本建成400万套以上、新开工1000万套,覆盖城乡居民的社会保障制度基本建立,文化体制改革深入推进,文化建设兴起热潮……我们以各项建设新成绩隆重庆祝中国共产党成立90周年,实现了"十二五"良好开局。在国际金融危机影响依然深刻、中东北非政局持续动荡的艰难时局下,社会主义中国的良好发展态势,不仅为世界经济增长注入信心,更为处于变动和挑战中的世界带来机遇与希望。

判断一个国家的未来走向,最重要的是辨明历史方位,把握发展大势。我们必须头脑清醒,看到当前我国发展中不平衡、不协调、不可持续的矛盾和问题仍很突出,新的一年世界经济形势总体上仍将严峻复杂,经济复苏的不稳定性不确定性上升;我们更应提振信心,看到我国发展仍处于重要战略机遇期,中国人民昂首奋进在全面建设小康社会征程上,中华民族在新的历史起点上走向伟大复兴。

从2011迈向2012,我们有"中国信心"的实力。新中国成立60多年来尤其是改革开放30多年奠定了良好的物质积累、科技基础、体制条件,实现更大发展的实力底蕴深厚;我们战胜了一系列自然灾害和内外考验、成功应对国际金融危机冲击,社会主义制度优势不断彰显,中国特色社会主义生机活力不断释放;党的十七届六中全会提出坚持中国特色社会主义文化发展道路、建设社会主义文化强国宏伟目标;加强和创新社会管理、做好新形势下群众工作,立党为公、执政为民的理念深入人心;中国工业化、城镇化和农业现代化进程方兴未艾,中国人民过上更好日子的期待更加强烈,改革发展依然是党心所归、民心所向;当今世界正处在大发展大调整大变革时期,大国实力此消彼长,对我国机遇大于挑战。这一切,为我们充满希望地迈向2012年提供了扎实的基础和有利的环境。

从2011迈向2012,我们有"中国信心"的底气。今年是实施"十二五"规划承上启下的重要一年,为继续推动经济社会发展,中央确定了稳中求进的工作总基调。牢牢把握扩大内需这一战略基点,牢牢把握发展实体经济这一坚实基础,牢牢把握加快改革创新这一强大动力,牢牢把握保障和改善民生这一根本目的,这四个"牢牢把握"集中体现了对中国发展新的阶段性特征的战略思考,表明党和政府对国际国内形势有清醒判断,对复杂矛盾问题有重点把握,对科学发展规律有深刻认识。新的一年,只要我们把思想和行动统一到中央的总体要求和决策部署上来,中国发展的步伐就会更加稳健,转变经济发展方式就有新进展,深化改革开放就有新突破,民生改善就有新成效,我国综合国力和国际竞争力就会迈上新台阶,我们每一个人的生活也会迎来新变化。

时间将曾经的辉煌留给历史,也将无限的希望带给未来。2012年是我国发展进程中具有重要意义的一年。我们党将召开十八大,在新的历史起点上继续推进社会主义现代化进程。我们坚信,有中国共产党的坚强领导,有13亿人民的共同奋斗,中国发展的趋势不可阻挡,中国美好的前途充满希望。让我们紧密团结在以胡锦涛同志为总书记的党中央周围,坚持以邓小平理论和"三个代表"重要思想为指导,深入贯彻落实科学发展观,奋力夺取全面建设小康社会新胜利,以优异成绩迎接党的十八大召开,开创中国特色社会主义事业新局面。

吴邦国主持人大常委会第二十五讲专题讲座

本报北京12月31日电　(记者**黄庆畅、彭波**)十一届全国人大常委会31日上午在人民大会堂举行第二十五讲专题讲座,题目是《2011年国际局势变化的新特征和我国面临的新挑战新机遇》。吴邦国委员长主持讲座。

主讲人中国国际关系学会副会长、上海社会科学院副院长黄仁伟从2011年中国对外关系、国际环境的新变化、抓住新一轮战略机遇期等三方面作了深入讲解。

黄仁伟说,2011年国际形势发生巨大深刻变化,新旧矛盾交织,对我国和平发展构成新挑战,也带来新机遇。我国的外交工作与时俱进,坚定维护周边环境稳定,发展与主要大国的关系,加强与新兴国家的合作,"走出去战略"取得新的进展,国内与国际两个大局统筹发展。对外关系取得的成绩来之不易。

黄仁伟在分析了国际环境的新变化后说,要把握和促进战略挑战向战略机遇的转化。当前,旧的国际秩序已经难以运转,新的国际秩序尚未形成。要看到,和平与发展的时代特征没有发生根本变化,我国发展的战略机遇期依然存在。我们要把思想认识统一到中央对当前世界局势的战略判断上来,认真研究国际政治经济变化带来的新问题新挑战,发挥优势,用好新一轮战略机遇期,努力实现2020年全面建成小康社会的战略目标。

全国人大常委会副委员长王兆国、路甬祥、乌云其木格、韩启德、华建敏、陈至立、周铁农、李建国、司马义·铁力瓦尔地、蒋树声、陈昌智、严隽琪、桑国卫等听取讲座。

全国政协主席会议建议

政协十一届五次会议3月3日召开

新华社北京12月31日电　日前召开的政协第十一届全国委员会第四十三次主席会议,审议通过了关于召开政协第十一届全国委员会第五次会议的决定(草案),建议政协十一届五次会议明年3月3日在北京召开。主席会议决定将这一草案提请政协十一届十六次常委会议审议。

大庆、长庆油田产量均超4000万吨

本报北京12月31日电　(记者**冉永平**)从中国石油天然气总公司获悉:2011年,大庆和长庆两大油田产量双双超过4000万吨。大庆油田全年生产原油4000万吨、天然气31亿立方米,连续9年实现原油4000万吨以上持续稳产。长庆油田2011年生产油气当量也首次突破4000万吨,标志着我国建成第二个年产油气当量超4000万吨特大型油气田。

四版推出"走转改"新年特别策划

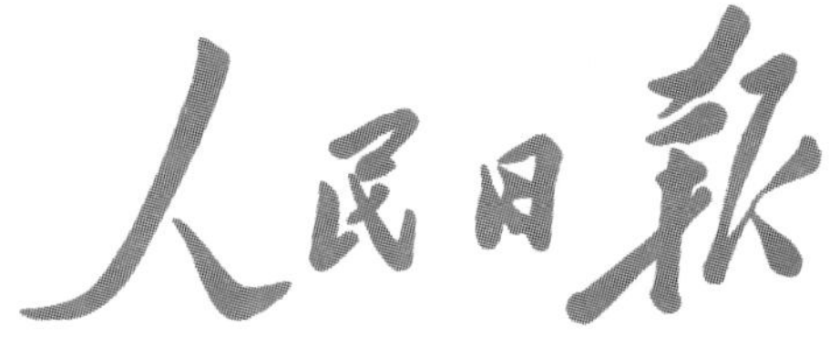

RENMIN RIBAO

人民网　网址：http://www.people.com.cn
手机：http://wap.people.com.cn

2012年1月
2
星期一
辛卯年十二月初九
人民日报社出版
国内统一连续出版物号
CN 11-0065
第23186期(代号1-1)
今日4版

满怀信心向未来

——胡锦涛主席新年贺词在各族干部群众中引起强烈反响

2012年新年前夕，国家主席胡锦涛发表了题为《共同促进世界和平与发展》的新年贺词，传递了坚持促进和平、发展与合作的坚定信心和美好愿望，在全国各族干部群众中引起强烈反响。大家纷纷表示，要同心协力，锐意进取，继续推进经济社会全面发展、民族复兴的伟业，向着美好未来共同奋进。

为祖国取得的成就感到骄傲

"在辞旧迎新之刻，胡锦涛主席的新年贺词让我们受到鼓舞，让我们听到召唤；让我们振奋，让我们乐观；让我们激扬，让我们奋进。"天津社科院舆情研究所所长王来华这样概括自己的感受。

他说："贺词概括了我们国家'十二五'开局之年取得的成就，让老百姓心中充满了对富足、幸福的期待。"

2011年的最后一天，新疆塔塔尔族商人毛拉西夫·热夏提约了几个朋友一起迎接新年。听了胡主席的新年贺词，他说，正是因为这一年来国内经济保持平稳较快发展，自己的边贸生意才逐渐摆脱了前两年的低迷，越来越红火。

香港同胞温均闻来广州经商已有16年，他告诉记者，胡锦涛主席在新年贺词中说，"将坚持'一国两制'、'港人治港'、'澳人治澳'、高度自治的方针，同广大香港同胞、澳门同胞携手努力，保持香港、澳门长期繁荣稳定"，这给我们吃了定心丸。

（下转第三版）

全国政协举行新年茶话会

胡锦涛发表重要讲话

吴邦国温家宝李长春习近平李克强贺国强周永康出席　贾庆林主持

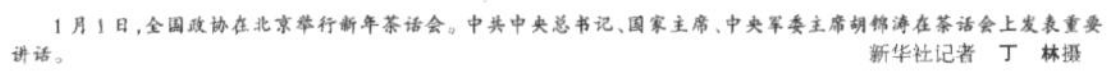

1月1日，全国政协在北京举行新年茶话会。中共中央总书记、国家主席、中央军委主席胡锦涛在茶话会上发表重要讲话。　新华社记者　丁　林摄

1月1日，全国政协在北京举行新年茶话会。胡锦涛、吴邦国、温家宝、贾庆林、李长春、习近平、李克强、贺国强、周永康等党和国家领导人出席茶话会并观看演出。　新华社发

新华社北京1月1日电　（记者**徐京跃、张宗堂**）中国人民政治协商会议全国委员会1日上午在全国政协礼堂举行新年茶话会。胡锦涛、吴邦国、温家宝、贾庆林、李长春、习近平、李克强、贺国强、周永康等党和国家领导人同各民主党派中央、全国工商联领导人和无党派人士代表、中央和国家机关有关方面负责人以及首都各族各界人士代表欢聚一堂，共庆2012年元旦。

中共中央总书记、国家主席、中央军委主席胡锦涛发表重要讲话。他强调，我们必须坚定信心、攻坚克难、开拓前进，始终不渝坚持中国特色社会主义道路、中国特色社会主义理论体系、中国特色社会主义制度，信心百倍向着既定目标不断前进，奋力攻克经济社会发展中的难关，坚决战胜国内外各种风险挑战，努力在转变经济发展方式上取得新进展、在深化改革开放上取得新突破、在改善民生上取得新成效，不断把党和国家各项事业推向前进。

全国政协礼堂三楼大厅鲜花吐艳，春意融融。火红的灯笼、吉祥的彩绘和"新年好"等大字，衬托出浓郁的节日氛围。

胡锦涛在讲话中代表中共中央、国务院和中央军委，向各民主党派、工商联和无党派人士、各人民团体，向全国广大工人、农民、知识分子、干部和各界人士，向人民解放军指战员、武警官兵和公安民警，向香港特别行政区同胞、澳门特别行政区同胞、台湾同胞和海外侨胞，向关心和支持中国现代化建设的国际友人，致以节日的祝福。

胡锦涛指出，刚刚过去的2011年，是"十二五"时期开局之年。面对复杂多变的国际形势和艰巨繁重的国内改革发展稳定任务，全国各族人民同心协力、锐意进取，推动社会主义经济建设、政治建设、文化建设、社会建设以及生态文明建设和党的建设取得新的成就，实现了"十二五"时期良好开局。这是全党全国各族人民团结奋斗的结果，为我们做好今年各项工作、继续实施"十二五"规划奠定了良好基础。

胡锦涛强调，2012年是实施"十二五"规划承上启下的重要一年，中国共产党将召开第十八次全国代表大会。做好今年党和国家各项工作，具有十分重要的意义。我们要高举中国特色社会主义伟大旗帜，全面贯彻党的十七大和十七届三中、四中、五中、六中全会精神，以邓小平理论和"三个代表"重要思想为指导，深入贯彻落实科学发展观，勇于战胜前进道路上的各种艰难险阻，把党和国家各项事业继续推向前进，以经济社会发展的优异成绩迎接党的十八大胜利召开。

胡锦涛指出，在新的一年里，我们要坚持"一国两制"、"港人治港"、"澳人治澳"、高度自治的方针，保持香港、澳门长期繁荣稳定。我们要坚持"和平统一、一国两制"的方针，在"九二共识"的基础上继续推动两岸关系和平发展。

胡锦涛强调，在新的一年里，我们要高举和平、发展、合作旗帜，坚持在和平共处五项原则的基础上积极发展同各国的友好合作，同各国人民一道推动建设和谐亚洲、和谐世界。

胡锦涛指出，我们要坚持和完善中国共产党领导的多党合作和政治协商制度，坚持思想上同心同德、目标上同心同向、行动上同心同行，巩固和发展中国特色社会主义多党合作事业。人民政协要紧紧围绕党和国家工作大局，认真履行政治协商、民主监督、参政议政职能，提高议政建言质量，突出社会服务成效，在党和国家事业发展中更好发挥协调关系、汇聚力量、建言献策、服务大局的重要作用。

茶话会由中共中央政治局常委、全国政协主席贾庆林主持。他指出，胡锦涛同志在讲话中总结了过去一年中共中央团结带领全国各族人民深入推进改革开放和社会主义现代化建设取得的卓越成就，提出了今年做好党和国家各项工作的要求。这对于我们在新的一年里巩固和发展"十二五"时期良好开局，全面做好改革发展稳定各项工作，奋力夺取全面建设小康社会、加快推进社会主义现代化新胜利，具有十分重要的指导意义。讲话充分肯定了过去一年人民政协服务大局、履行职能的各项工作，并从党和国家事业发展全局出发，结合新的形势和任务，对做好今年政协工作提出了希望和要求，充分体现了中共中央对人民政协事业的高度重视和大力支持，为人民政协事业发展进一步指明了方向。我们一定要全面学习领会和深入贯彻落实，切实把思想和行动统一到中央的决策部署上来，更好地发挥协调关系、汇聚力量、建言献策、服务大局的重要作用，不断把人民政协事业推向前进。

台盟中央主席林文漪代表各民主党派中央、全国工商联和无党派人士讲话，表示要继续传承与中国共产党同心同德的政治信念，推动多党合作事业薪火相传；要坚守与中国共产党同心同向的奋斗目标，开创全面建设小康社会新局面；要凝聚与中国共产党同心同行的团结力量，共同书写中华民族复兴史上自强不息的华彩篇章。

茶话会上，胡锦涛等领导同志来到各界人士中间，同大家亲切握手，互致问候。文艺工作者表演了精彩的歌舞、戏曲等节目。

王刚、王乐泉、王兆国、王岐山、回良玉、刘淇、刘云山、刘延东、李源潮、张德江、徐才厚、郭伯雄、何勇、令计划、路甬祥、乌云其木格、韩启德、华建敏、陈至立、周铁农、李建国、司马义·铁力瓦尔地、蒋树声、陈昌智、严隽琪、桑国卫、梁光烈、马凯、孟建柱、戴秉国、王胜俊、曹建明、廖晖、杜青林、白立忱、陈奎元、阿不来提·阿不都热西提、李兆焯、黄孟复、张梅颖、张榕明、钱运录、孙家正、李金华、郑万通、邓朴方、万钢、厉无畏、罗富和、陈宗兴、王志珍、何厚铧和司马义·艾买提、何鲁丽、杨汝岱、宋健、孙孚凌、陈锦华、王文元、王忠禹、李贵鲜、张克辉、徐匡迪、张怀西、李蒙、中央军委委员陈炳德、李继耐、廖锡龙、常万全、靖志远、吴胜利、许其亮等出席茶话会。

胡锦涛在全国政协新年茶话会上的讲话

（第二版）

入伍18年，马金永从只有初中文化的普通兵成长为航天"士兵专家"

小兵也有大作为

本报记者　余建斌

人物简介：

马金永，中国太原卫星发射中心测控站三级军士长。入伍18年来，他从只有初中文化的普通士兵成长为精通13个专业技术岗位、具有2个本科学历和工学学士学位的"士兵专家"，先后11次受到解放军总部及以上表彰奖励，荣立一等功。2011年，他又荣获全国青年"五四"奖章，被授予"全国优秀党员"荣誉称号。

年少的马金永第一次在冰天雪地里匍匐前进时，胸中燃烧着一团士兵的熊熊火焰：在焦裕禄最后工作的地方生长起来的孩子，不缺少理想和对理想的执着。

跋涉军旅的他遗憾过，连长交给他的不是一支钢枪，而是一把螺丝刀；驻守"火箭城"的他也彷徨过，在荒凉寂寞的高原，是坚守还是离开？

进与退的摇摆中，他豁然领悟：杀敌不一定用枪，螺丝刀也可以是终极利器。于是马金永将所有的梦想都寄托在科技装备上，将所有的能量都汇聚在螺丝刀这方寸尖锋。

（一）初识"马班长"

去年12月22日清晨7点半，晋西北高原，中国太原卫星发射中心，气温低至零下33摄氏度。三级军士长马金永爬上裸露在冰天冻地的"圆顶"，裹得严严实实的他仍禁不住打了个寒颤。"圆顶"里是一台捕捉火箭飞行轨迹的光电经纬仪，4个小时后，火箭将要发射。马金永已习惯在严寒中寸步不离地守候。

"10、9、8……1"、"点火"、"起飞"！"长征四号乙"火箭托举资源一号02C卫星准时起飞。腾空一瞬间，相距发射塔十多公里的"圆顶"这边，马金永已牢牢锁定星箭组合体飞行轨迹。

他熟练的动作仿佛与生俱来，指尖下，测量数据源源不断"流入"并实时传送到指挥中心。这是马金永第四十八次参加航天发射任务。

"我从来没有在现场看过发射。"35岁的马金永驻守在这个"火箭城"10多年，与以往一样，他仍然没有亲眼见过火箭发射。这个"纪录"从他入伍至今仍未打破。

"火箭城"里，人人都知道"马班长"：入伍时初中学历，如今是航天发射领域的"士兵专家"，研究生、大学生，都是他的徒弟。

1米73的个子，黑瘦但不乏帅气，笑声中透着憨厚，眼神里透着执着。士兵马金永，为何如此出名？

（下转第二版）

全国各地群众欢庆元旦

本报北京1月1日电　综合本报和新华社消息：当新年钟声敲响，全国各地群众载歌载舞、互致祝福，城市乡村一片欢腾。

1月1日早上7时30分，比气象日出时间"迟到"了19分钟，2012年第一缕阳光透过海边的薄雾，照在山东日照万平口海滨演艺广场老人们的身上。74岁的日照老人相振慧和其他49位六旬老人身着白色太极功夫袍、手持红扇，站在万平口海滨演艺广场，舒展身体，挥拳舞扇，打出了一套柔中带刚的"太极功夫扇"。

今天是元旦小长假的第一天，魅力天津到处洋溢着欢乐祥和的节日气氛。据天津市旅游局副局长何立强介绍，截至1日16时，26个景区景点接待中外八方游客27.8万人次。从上午9时始，一个个打着导游旗的外地旅游团队以及天津市民来到周恩来邓颖超纪念馆参观游览。整修改造后的平津战役纪念馆今天对外开放，新增"天津精神在我心中"职工文化艺术作品展和京津书画名家名作展，游客交口称赞新颖丰富的展览。

由于今年元旦恰逢"腊八节"，为了让广大市民感受传统过节味，长春文庙推出系列传统文化活动。走状元桥、拜孔子像，元旦当日举行的传统拜孔祈福仪式，表达了人们对新年的美好期盼。

1日的拉萨，湛蓝的天空点缀着片片云彩，犹如吉祥的哈达萦绕天际。一大早，八廓街上早已人山人海，虔诚的信教群众手持念珠和转经筒，绕着大昭寺转经，人们微笑着互道"扎西德勒"。

我国首个3D电视频道试播

本报北京1月1日电　（记者**于洋**）按照国家广电总局的工作部署，我国首个立体电视综合性试验频道中国3D电视试验频道从元旦起开始试播，春节期间正式播出。1月1日，国家广电总局在北京举办了3D试验频道开播仪式。

中宣部副部长、国家广电总局局长蔡赴朝在开播仪式上说，3D电视试验频道的开播，在我国广播电视发展史上具有重要意义，标志着我国电视紧跟世界潮流，迈入了新的发展阶段。

中国3D电视试验频道由中央电视台及北京、天津、上海、江苏、深圳六家电视台联合开办，各电视台分栏目制作3D电视节目，中央电视台统一播出。每天播出时间为10:30至24:00。有线数字电视网覆盖的用户，可以通过具有3D功能的电视机和有线数字高清机顶盒收看该频道的节目。

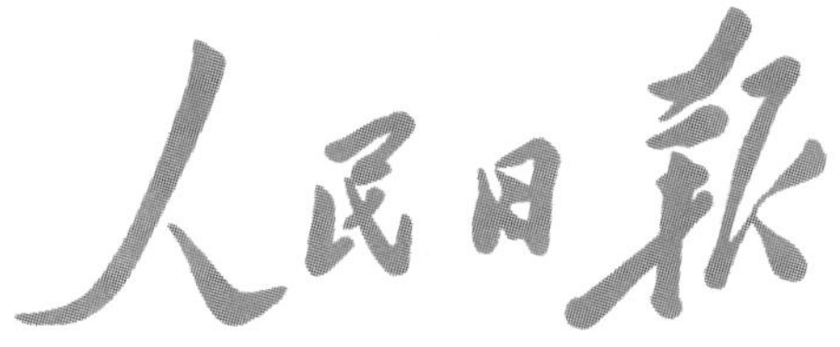

人民网 网址:http://www.people.com.cn
手机:http://wap.people.com.cn

2012年1月
22
星期日
辛卯年十二月廿九
人民日报社出版
国内统一连续出版物号
CN 11-0065
第23206期(代号1-1)
今日4版

塔里木油田产出油气当量
连续5年保持2000万吨

本报新疆库尔勒1月21日电 （记者**戴岚**)岁末之际,中国石油塔里木油田再传喜讯:“十二五”开局之年,塔里木油田实现生产原油577万吨,天然气170亿立方米,油气产量当量2030万吨。塔里木油田已连续5年保持产量当量2000万吨佳绩。

坚定不移地推进“大勘探”工程,塔里木油田通过持续加大勘探投入,强化工程技术攻关,逐步形成适应塔里木地质条件的勘探开发技术配套体系。2011年,塔里木油田新发现一个超千亿立方米和一个亿吨级储量区块,油气三级储量超5亿吨,显示出良好的发展后劲。

在加快勘探步伐、夯实发展资源的基础上,塔里木油田建立科学合理的开发秩序,牢固树立经营“油气藏”理念,通过开展综合治理、二次开发、提高采收率和滚动扩边等,夯实老油区稳产基础。西气东输主气源地克拉2气田,经过科学合理的调减产量,弹性产率呈上升态势。哈得油田开发调整方案,保障150万吨稳产5年。实施精细化管理,把现实储量变成优质产量,塔里木油田油气田开发成效显著,同时,为油田长期高效开发打下了坚实基础。

随着“大塔中”格局的形成,塔里木油田在进一步提升科学管理水平上下功夫,充分发挥勘探开发一体化作用,包括物探钻井、勘探开发、钻井完井、理论研究与现场实践、技术攻关与降低成本、创新管理等,把勘探的“重在发现”与开发的“提高储量动用率”无缝连接,形成工作联动与资源共享。强力推进甲乙方安全文化建设,杜绝井喷事故和重大及以上安全生产事故,被评为全国首批“安全文化建设示范企业”。

中共中央国务院举行春节团拜会

胡锦涛主持 代表中共中央国务院祝贺新春

吴邦国贾庆林李长春习近平李克强贺国强周永康出席 温家宝讲话

1月21日,中共中央、国务院在北京人民大会堂举行2012年春节团拜会。这是中共中央总书记、国家主席、中央军委主席胡锦涛同首都各界人士亲切交谈,祝贺新春。 新华社记者 **鞠 鹏**摄

1月21日,中共中央、国务院在北京人民大会堂举行2012年春节团拜会。党和国家领导人胡锦涛、吴邦国、温家宝、贾庆林、李长春、习近平、李克强、贺国强、周永康等同首都各界人士欢聚一堂,共贺新春佳节。 **新华社发**

本报北京1月21日电 （记者**杜榕**)一元周复始,万象景更新。中共中央、国务院21日上午在人民大会堂举行2012年春节团拜会。党和国家领导人胡锦涛、吴邦国、温家宝、贾庆林、李长春、习近平、李克强、贺国强、周永康等同首都各界人士2000多人欢聚一堂,共庆新春佳节。

人民大会堂宴会厅张灯结彩,欢声笑语,一派喜庆景象。上午10时,在欢快的乐曲声中,胡锦涛等党和国家领导人步入会场,全场响起热烈的掌声。

中共中央总书记、国家主席、中央军委主席胡锦涛主持团拜会。他说,在中华民族的传统节日春节即将到来之际,我们欢聚一堂,共迎新春佳节。胡锦涛代表中共中央、国务院,向全国各族人民,向广大工人、农民、知识分子和干部,向人民解放军指战员、武警官兵和公安民警,向各民主党派和工商联、各人民团体和各界人士表示诚挚的慰问,向香港特别行政区同胞、澳门特别行政区同胞、台湾同胞和海外侨胞致以良好的祝愿,向关心和支持我国现代化建设的国际友人表示衷心的感谢,祝大家新春愉快、身体健康、阖家幸福。

中共中央政治局常委、国务院总理温家宝在团拜会上讲话。他说,过去的一年,国际经济形势复杂严峻。面对各种矛盾和困难,中国共产党带领全国各族人民,奋力推进改革开放和现代化建设,继续克服国际金融危机的影响,实现了“十二五”时期的良好开局。

温家宝指出,新的一年,是我国发展进程中具有重要意义的一年。我们要加强和改善宏观调控,继续保持经济平稳较快发展和物价总水平基本稳定;加快转变发展方式和调整经济结构,提高发展的协调性和可持续性;着力推进改革开放,不断增强经济社会发展的活力和动力;把保障和改善民生放在更加突出的位置,让人民群众共享改革发展成果。

温家宝强调,新的一年,我们将面临更大的挑战。我们有克服困难的意志、决心、勇气和力量,我们对祖国的美好未来和光明前景充满信心。我们的信心来自党的解放思想、实事求是、与时俱进的思想路线,来自永不停顿的改革开放、坚定不移地走中国特色社会主义道路,来自促进经济发展、社会进步、民生改善、民主法治、公平正义的不懈努力,来自改革和建设积累的物质科技基础和宝贵经验,来自人民群众中蕴藏的积极性和创造力。

温家宝最后说,面向未来,我们将更加坚定信心,不畏艰难险阻,始终保持清醒头脑,深入贯彻落实科学发展观,在以胡锦涛同志为总书记的党中央领导下,同心同德,开拓进取,把改革开放和社会主义现代化建设事业推向前进,以优异成绩迎接党的十八大胜利召开。**(讲话全文另发)**

团拜会上,胡锦涛等党和国家领导人来到大家中间,同大家亲切握手交谈,互致新春问候。

文艺工作者在团拜会上表演了精彩的节目。

王刚、王乐泉、王兆国、王岐山、回良玉、刘淇、刘云山、刘延东、李源潮、张德江、徐才厚、郭伯雄、何勇、令计划、路甬祥、乌云其木格、韩启德、陈至立、李建国、司马义·铁力瓦尔地、蒋树声、陈昌智、严隽琪、桑国卫、梁光烈、马凯、孟建柱、戴秉国、王胜俊、曹建明、杜青林、白立忱、阿不来提·阿不都热西提、张榕明、钱运录、李金华、郑万通、万钢、林文漪、厉无畏、陈宗兴、王志珍和迟浩田、张万年、王汉斌、倪志福、布赫、铁木尔·达瓦买提、司马义·艾买提、何鲁丽、成思危、许嘉璐、顾秀莲、孙孚凌、王文元、王忠禹、张克辉、徐匡迪、张怀西、李蒙,中央军委委员陈炳德、李继耐、廖锡龙、常万全、靖志远、吴胜利、许其亮,以及王克等出席团拜会。

参加团拜会的还有:中央党政军群各部门和北京市的负责同志,离退休老同志代表,各民主党派、全国工商联负责人、无党派人士和少数民族代表,国内外专家、学者以及首都各界代表。

在2012年春节团拜会上的讲话

(2012年1月21日)

国务院总理 温家宝

1月21日,中共中央、国务院在北京人民大会堂举行2012年春节团拜会。中共中央政治局常委、国务院总理温家宝在团拜会上讲话。 新华社记者 **鞠 鹏**摄

同志们,朋友们:

在新春佳节来临之际,我们欢聚一堂,共贺新春。我向大家致以节日的良好祝愿!向全国人民拜年!

每逢佳节倍思亲。在这个万家团圆的美好时刻,我衷心祝愿香港同胞、澳门同胞、台湾同胞、海外侨胞家庭幸福,生活美满,事业发达!

过去的一年,国际经济形势复杂严峻。面对各种矛盾和困难,中国共产党带领全国各族人民,奋力推进改革开放和现代化建设,继续克服国际金融危机的影响,实现了“十二五”时期的良好开局。这来之不易的成就,激发了全国人民的自豪感,增强了继续前进的信心!

新的一年,是我国发展进程中具有重要意义的一年。我们要加强和改善宏观调控,继续保持经济平稳较快发展和物价总水平基本稳定;加快转变发展方式和调整经济结构,提高发展的协调性和可持续性;着力推进改革开放,不断增强经济社会发展的活力和动力;把保障和改善民生放在更加突出的位置,让人民群众共享改革发展成果!

新的一年,我们将面临更大的挑战。我们有克服困难的意志、决心、勇气和力量,我们对祖国的美好未来和光明前景充满信心。我们的信心来自解放思想、实事求是、与时俱进的思想路线,来自永不停顿的改革开放、坚定不移地走中国特色社会主义道路,来自促进经济发展、社会进步、民生改善、民主法治、公平正义的不懈努力,来自改革和建设积累的物质科技基础和宝贵经验,来自人民群众中蕴藏的积极性和创造力!

面向未来,我们将更加坚定信心,不畏艰难险阻,始终保持清醒头脑,深入贯彻落实科学发展观,在以胡锦涛同志为总书记的党中央领导下,同心同德,开拓进取,把改革开放和社会主义现代化建设事业推向前进,以优异成绩迎接党的十八大胜利召开!

祝大家新春愉快,身体健康!祝全国各族人民阖家欢乐,幸福吉祥!

(新华社北京1月21日电)

山里人家『年夜饭』

本报记者 米博华 吴焰 任江华

春节临近,密林深处的长水村,平日里清脆的鸟鸣声,淹没在大山里的欢笑声中。

四组老张到广东打工的儿子,坐着长途卧铺汽车平安回来了;一路开了8个多小时,从江苏宜兴驾着自家小车的六组徐家四口,载着大包小包、花花绿绿的年货回了村;村支书老余在赣州学校当老师的儿子,20日一早手机报告“上路了,晚饭家里见”……

长水是江西武宁县罗坪镇一个山区小村,400多户人家2005位村民,外出打工的人一多半。小村狭长,村头村尾足有20里地,各家各户分散得很。也就是春节,把人“拢”了回来、聚起来、闹起来。这几天,返乡的村民就有300多人,很多是自驾小车“衣锦还乡”,县城通往村里的水泥公路上,穿来梭往的,满是挂着广东、浙江等地牌照的小轿车、面包车、皮卡车,喇叭声洒了一路,欢笑声响了一山。

明天就是吃年夜饭的日子,小村的人们忙得格外欢。

老支书余锦冰哑了嗓子在忙“钱”。村部楼在建,村头休闲小广场即将大功告成,高大的路灯杆立了起来,近5000元的健身器材安好了,村民一声“哟,比城里生活差不了多少”,欣慰的老余就更想把款项结给工程队、移民办、财经所、乡政府、农经站,一路绿灯,19日,老余终于取出13.5万元的库区资金,发给了包工头,老支书的心舒坦开来,“这年夜饭,才能吃得开心放心嘛”。

村主任余选文和几个干部,也在忙着节前的最后一些事。给二组何老伯送去400元慰问金,老人卧病多年,看病报销的费用看看还有什么困难帮助解决;三组的徐大爷90多岁了,是个老党员,生活上要多想着点;放鞭炮的多起来,小村是个山地林区,防火的巡逻组可来不得半点松懈。负责计划生育的孙功花则拿着花名册走李家、访卢家,一家家通知核对节后结扎的时间安排,“日子过好了,别忘了遵守好政策。”朴实的乡亲拿着糖果、糕点直往手中塞,“放心吧大姐。瞧你们忙到这会儿。没时间备年夜饭,到家来吃啊。”

春运高峰流量开始回落,在镇里合伙经营一家长途客运公司的长水村村民曾志,也喘了口气。擦洗着那辆刚换的26万元小轿车,曾志逗着4岁孙子,“过年喽,穿新衣开新车”。年夜饭却让他小小“烦恼”了一下,“镇上饭店不少,居然提前半个多月都订满了。”不过,在家里张罗年夜饭味道更浓,老伴儿媳忙进忙出,炉灶上摆满大锅小碗,想象着明天这屋里支上两桌、坐上满满19人,老曾笑得有些满足。

徐立龙家的年夜饭,今年却要少一个人。小儿子徐德馨,去年大学毕业,作为中交集团一名桥梁施工现场技术员,他的春节将在甘肃陇南的武罐高速公路洛塘镇段工地上留守度过。接到孙子早早寄回孝敬的1000元,从小带大他的爷爷奶奶心疼又满足:“以前家里穷,供不了你二哥读书,你要好好珍惜现在的好日子。”手机那边,德馨有点哽咽:“爷爷奶奶,年夜饭多喝杯酒,明年我一定回去。”

(本报江西武宁1月21日电)

（二）三八、五一、五四、六一等节庆活动新闻的版面安排

三八国际妇女节、五一国际劳动节、五四青年节、六一国际儿童节的版面安排，主要根据当年该节庆的活动规模来安排版面。一般有关这些节庆主要活动的新闻，均在一版头条位置刊出。如果遇到重要新闻特别集中，当年节庆又无重大的活动，其新闻也可以放到其他要闻版。按常规安排，一般会在节日当天的版面配发社论或评论员文章。

三八妇女节

三八妇女节一般正逢两会会议期间。人民日报大多会在要闻版刊登中央领导与参加两会的妇女代表委员共庆妇女节的消息和照片，以表祝贺。

2011 年 3 月 8 日，胡锦涛在参加两会内蒙古团审议时，代表党中央向出席两会的女代表女委员，向全国各族各界妇女致以节日祝贺。次日此内容报道安排在一版头条并配以胡锦涛同女代表在一起的照片。

（附 2011 年 3 月 9 日一版）

五一劳动节

五一为法定假日。2011 年 5 月 1 日的版面，头条位置惯例安排社论，庆祝工人阶级和广大劳动群众的节日；头条下刊登工会消息作为呼应。

5 月 2 日版面，头条位置是胡锦涛“五一”期间到天津考察工作，左下为温家宝到保障性住房建设工地看望工人的消息。同时，报眼还安排了《欢度“五一”》的综合消息。

（附 2011 年 5 月 1 日、2 日一版）

五四青年节

2012 年 5 月 4 日，为中国共产主义青年团成立 90 周年的纪念日。当天一版在报眼位置刊登社论表示祝贺。5 月 5 日，一版在头条通八栏刊登纪念共青团成立 90 周年大会消息，下八栏刊登胡锦涛在大会上讲话的全文。报眼刊登消息摘要。

（附 2012 年 5 月 4 日、5 日一版）

六一儿童节

近年来，中央主要领导经常在“六一”当天考察少年儿童工作。人民日报一般在一版重要位置刊出。2012 年 5 月 31 日，胡锦涛考察北京东城区少年宫。次日一版头条通八栏刊发消息并配发两张四栏照片。

（附 2012 年 6 月 1 日一版）

人民网 网址:http://www.people.com.cn
手机:http://wap.people.com.cn

2011年3月
9
星期三
辛卯年二月初五
人民日报社出版
国内统一连续出版物号
CN 11-0065
第22887期(代号1-1)
今日24版

出发，向着共同的目标

本报记者 许志峰 陈仁泽 张 烁 侯琳良

回眸十一五 展望十二五

满载“十一五”的辉煌，带着对“十二五”的期待，中国站在新起点。

此时此刻，国内外关注的目光聚焦北京——未来5年，中国经济成长将划出怎样的新轨迹？百姓的生活会出现哪些新变化？“中国故事”如何续写精彩的新篇章？

“经济发展再上新台阶”、“全面改善人民生活”、“全面深化改革开放”……代表委员们正在审议讨论的“十二五”规划纲要草案，为未来5年的中国勾勒出一幅清晰的路线图。

加快经济发展方式转变是攸关未来的关键

观察中国，“速度”是一个绕不开的话题。

改革开放以来，中国经济取得举世瞩目的巨大成就，跃居全球第二大经济体。刚刚过去的“十一五”，在遭遇国际金融危机冲击的情况下，年均增速仍然达到11.2%。高速，似乎成为中国经济的常态和惯性。

“年均增长7%”——“十二五”规划纲要草案提出的增长目标，比“十一五”规划目标调低了0.5个百分点。这是否意味着中国经济将放缓脚步？

“7%不算慢。”中国人民大学经济学院副院长刘元春说，按照这样的增长速度，中国的国内生产总值到2015年将达到55万亿元。 （下转第十四版）

胡锦涛吴邦国温家宝贾庆林李长春李克强周永康分别参加全国两会一些团组审议和讨论

胡锦涛代表党中央，向出席全国两会的女代表、女委员，向全国各族各界妇女同胞，致以节日的祝贺和诚挚的问候

新华社北京3月8日电 中共中央总书记、国家主席、中央军委主席胡锦涛，中共中央政治局常委、全国人大常委会委员长吴邦国，中共中央政治局常委、国务院总理温家宝，中共中央政治局常委、全国政协主席贾庆林，中共中央政治局常委李长春，中共中央政治局常委、国务院副总理李克强，中共中央政治局常委、中央政法委书记周永康，8日上午分别参加了十一届全国人大四次会议和全国政协十一届四次会议一些团组的审议和讨论。

3月8日是国际劳动妇女节。胡锦涛代表党中央，向出席全国两会的女代表、女委员，向全国各族各界妇女同胞，致以节日的祝贺和诚挚的问候。

胡锦涛参加了内蒙古代表团审议。胡春华、巴特尔、丁瑞莲、王林祥、朝鲁孟、色音图等代表围绕会议议题，就实施富民强区战略、推进经济结构调整、落实惠农惠牧政策、促进区域协调发展、保护草原和大兴安岭森林资源、改善人口较少民族生产生活条件等积极发表意见、提出建议。胡锦涛认真听取代表们发言，不时询问有关情况，并同大家一起讨论。10位代表发言后，胡锦涛作了发言。他强调，内蒙古正处于发展的关键阶段，能不能加快转变经济发展方式，关系未来发展的均衡性、协调性、可持续性。要以更大的决心，下更大的气力，推动转变经济发展方式取得实质性进展。要确保抓“三农”劲头不减弱、工作不松懈，努力创造农牧业稳定发展、农牧民持续增收、农村牧区全面进步的新业绩。要统筹处理好资源开发和环境保护的关系，坚持在保护中开发、在开发中保护，实现资源开发和环境保护双赢。要把加强社会建设和社会管理放在更加突出的位置来抓，促进人民幸福安康、民族团结进步、社会和谐稳定。要扎实推进重点领域和关键环节改革，扎实推进对内对外开放，为推动科学发展、加快转变经济发展方式提供强大动力。

吴邦国参加了河北代表团审议。陈全国、陈国鹰、王义芳等代表围绕加快调整产业结构、发挥大型国有企业作用、建立节水农业新机制、推进高等教育发展等问题积极发言。吴邦国边听边记，不时插话同代表们交流。吴邦国在发言中对河北省的工作给予充分肯定。他指出，要把经济结构战略性调整作为加快转变经济发展方式的主攻方向，把科技进步和创新作为加快转变经济发展方式的重要支撑，促进经济增长实现“三个根本性转变”，这不仅是“十二五”时期全国经济工作的重中之重，也是河北实现科学发展的内在要求。吴邦国强调，要针对影响和制约经济社会协调发展的重大结构性问题，着力增强自主创新能力，积极推行低碳技术，大力发展循环经济，努力构建结构优化、技术先进、清洁安全、附加值高、吸纳就业能力强的现代产业体系，切实做好推动科学发展和加快转变经济发展方式这篇大文章。

温家宝参加了吉林代表团审议。会上，王江滨、李福升、孙鹤娟等代表争相就提高粮食生产能力、推动义务教育均衡发展等问题提出建议。温家宝听得十分仔细，不时对代表们的发言作出回应。温家宝说，吉林是我国粮食主产区。政府要采取更加有力的政策措施，不断调动农民积极性，下决心稳定和提高粮食生产能力。2008年国务院通过了《吉林省增产百亿斤商品粮能力建设总体规划》，2009年国务院又制定了全国新增千亿斤粮食生产能力建设规划。这些规划的实施，将进一步改善粮食主产区的生产条件，使粮食和农业综合生产能力得到较大提高。温家宝说，吉林是生态大省，自然生态资源十分丰富，要切实加强生态建设和环境保护，实现可持续发展。要重点抓好5件事：一是长白山的保护和建设；二是松花江的治理；三是黑土地的保护；四是森林、草原、野生动植物资源的保护；五是湿地保护。

3月8日，中共中央总书记、国家主席、中央军委主席胡锦涛参加十一届全国人大四次会议内蒙古代表团的审议。这是胡锦涛来到女代表中间，同她们亲切交谈，代表党中央向出席两会的女代表、女委员，向全国各族各界妇女同胞致以节日的祝贺和诚挚的问候。 新华社记者 兰红光摄

贾庆林参加了文艺界政协委员联组讨论。在听取丹增、仲呈祥、周和平等委员发言后，贾庆林指出，过去的一年，文艺界委员认真履行职责，积极建言献策，组织开展文化领域多项专题调研，热心参与文化惠民活动，为推动文化建设发挥了重要作用。贾庆林强调，当前我国文化建设面临难得的历史机遇。希望文艺界委员坚持社会主义先进文化前进方向，大力弘扬中华优秀文化传统，深入推进文化体制改革，不断探索发展文化事业和文化产业的新思路新举措，推动文化大发展大繁荣，为全面建设小康社会提供强有力的思想保证、精神动力和智力支持。要立足服务大局，充分发挥文化在增进共识、凝聚力量方面的重要作用，夯实各党派团体、各族各界人士团结奋斗的共同思想基础。要坚持以人为本，进一步培养和增进对人民群众的感情，不断提高公共文化服务的质量和水平。要大力保护少数民族文化，更好地满足各族群众精神文化需求。要树立世界眼光，积极推动中华文化“走出去”，提升国家文化软实力。要增强委员履职意识，紧紧围绕文化建设领域的重大问题建言献策，努力提出既有针对性又有可操作性的意见和建议。同时，要加强学习，提高修养，努力创作和奉献更多思想深刻、艺术精湛、群众喜闻乐见的精品力作，为促进文化发展繁荣作出贡献。

李长春参加了山东代表团审议。姜大明、张少军、周厚健等代表围绕推进自主创新、繁荣发展文化事业和文化产业等踊跃发言，会场气氛热烈。李长春仔细倾听，认真记下代表发言要点，不时与大家交流讨论。在听取代表们发言后，李长春作了发言，对山东经济社会发展取得的成绩给予充分肯定。他强调，提高自主创新能力是国家发展战略的核心，是深入贯彻落实科学发展观的必然要求，是落实加快转变经济发展方式“五个坚持”要求的关键所在。要把提高自主创新能力贯穿于经济社会发展全过程，加快建立以企业为主体、市场为导向、产学研相结合的技术创新体系，制定和完善扶持自主创新的政策措施，建立健全有利于创新成果不断涌现、创新人才脱颖而出的体制机制，大力弘扬创新文化，努力形成激励创新创业的浓厚氛围。李长春希望山东进一步深化文化体制改革，积极构建覆盖城乡的公共文化服务体系，推动文化产业成为国民经济支柱性产业，不断加快文化强省建设步伐。

李克强参加了山西代表团审议。袁纯清、王君、郭凤莲等代表结合山西实际，就发展循环经济、建设社会主义新农村等问题谈看法、提建议。李克强在认真听取代表们发言后说，“十二五”时期，要牢牢把握中央提出的主题、主线，坚持在发展中促转变、在转变中谋发展，着力加快转变经济发展方式，推动改革创新，使经济增长真正建立在结构优化、质量提高、效益改善的基础上，努力实现居民收入增长和经济发展同步、劳动报酬增长和劳动生产率提高同步。要突出解决好群众最期盼的基本民生问题，推进基本公共服务均等化。李克强希望山西以提高资源循环利用水平为着力点，加快推进资源型经济转型升级，加强保障和改善民生工作，加大保障房建设和棚户区改造等重大民生工程实施力度，促进太原城市群和全省其他地方统筹发展，使经济得发展、环境得改善、群众得实惠。

周永康参加了湖北代表团审议。会上，李鸿忠、王国生、辜胜阻等代表畅所欲言。周永康专注地倾听，不时同代表们分析情况、共商对策。周永康说，湖北在“十一五”时期进入了发展的快车道，和谐湖北、平安湖北建设取得明显成效，在很多方面为全国创造了经验。国家“十二五”规划纲要草案提出以科学发展为主题，以加快转变经济发展方式为主线，以保障和改善民生为根本出发点和落脚点，这是我国发展理念的重大转变，是全面建设小康社会、构建社会主义和谐社会、实现中华民族伟大复兴的必由之路。希望湖北认真贯彻实施“十二五”规划，充分发挥区位、资源和人文优势，大力发展现代高效农业、创新型产业和现代物流、商贸、旅游等服务业，使湖北不仅成为中部崛起的重要战略支点，而且努力在提高发展质量、保障和改善民生、加强和创新社会管理、维护社会和谐稳定方面走在中部地区乃至全国前列。

王刚、刘延东、路甬祥、乌云其木格、周铁农、李建国、曹建明、陈奎元、阿不来提·阿不都热西提、孙家正、陈宗兴、王志珍等分别参加了以上团组的审议和讨论。

政协十一届四次会议举行第二次全体会议

贾庆林出席 十六位委员就协调推进城镇化与新农村建设、积极发展现代服务业等作大会发言

本报北京3月8日电 （记者**冀业**）全国政协十一届四次会议8日下午在人民大会堂举行第二次全体会议。16位政协委员就协调推进城镇化与新农村建设、积极发展现代服务业、大力发展战略性新兴产业、加强农产品流通体系建设等作大会发言。中共中央政治局常委、全国政协主席贾庆林出席会议。

今天会议的执行主席是王刚、白立忱、阿不来提·阿不都热西提、李兆焯、黄孟复、钱运录、万钢、厉无畏。会议由厉无畏主持。

中共中央政治局委员、国务院副总理王岐山和中共中央、国务院有关部门负责人到会听取发言。

3月8日是国际劳动妇女节，会议首先向全体女委员和参加大会工作的女同志表示节日的祝贺。

刘江委员代表全国政协经济委员会发言指出，城镇化与新农村建设不可偏废，要协调推进，“双轮驱动”，促进城乡共同繁荣。他提出，现阶段应将县城和中心镇作为重点，构筑新型城镇体系；认真处理好城镇化过程中的土地问题等建议。

欧成中委员在发言中说，国有企业改革取得阶段性的重要成果，国有企业经营状态进一步改善。但国有经济深层次的矛盾并没有消除，国企改革仍需继续推进，国有经济要坚持有所为有所不为。

何丕洁委员代表民革中央建议积极发展现代服务业，大力推动经济转型升级，提出把发展现代服务业作为产业结构调整重要突破口、建立现代服务业产业集聚区等建议。

厉以宁委员就我国外汇储备安全问题进行发言，提出优化外汇储备结构、树立外汇资产储备理念、利用外汇储备作为对外信贷资金等六方面建议。

马蔚华委员就积极稳健有序推进人民币国际化发言，他指出人民币国际化面临诸多挑战，是一个长期艰难的过程，应遵循“积极稳健、有序推进”的原则，分阶段有步骤加以推进。他提出建立健全境外人民币投资回流机制、促进人民币成为区域化的结算货币等建议。

贺强委员代表无党派人士界发言时建议进一步完善证券市场监管，有效保护投资者利益，建立合理的上市公司分红制度，加强股票发行的核准工作等。

吴晓青委员代表民建中央发言指出，要大力发展战略性新兴产业，有力推进产业结构调整，加快经济发展方式转变。他提出合理布局，实事求是地发展战略性新兴产业等三方面建议。

黄海委员在发言中指出，农产品流通对于经济发展和人民生活，具有重要意义。必须采取标本兼治的办法，切实加强农产品流通体系建设。他提出大幅增加财政对农产品批发市场建设的投入等四方面建议。

赖明委员代表九三学社中央发言时说，自主创新能力是国家竞争力核心，是加快转变经济发展方式的重要支撑，应将技术创新尤其是关键核心技术的突破作为产业发展的立足之本，营造有利于产业自主创新的环境。

牛文元委员发言时建议，在加快发展方式转变的总要求下，应制定“低碳发展国家行动方案”，设计相应的调控总量和约束性细则，制定相应的“碳源碳汇平衡表”，建立“国家碳补偿制度”。

（下转第二版）

基层代表委员议国是

湖南衡阳电业局电力呼叫中心班长肖利琼代表

制定工资集体协商条例

“工资集体协商作为一种制度，可以促进职工随着企业效益的增长合理增加劳动收入。”湖南衡阳电业局客户服务中心95598电力呼叫中心班长肖利琼说，通过这一制度，能够减少劳资矛盾，调动职工的积极性。

肖利琼建议，国家应该尽快制定工资集体协商条例，对企业工资集体协商进行立法，设立必要的强制性规定，主要包括：达到一定比例的职工提出协商要求、工会代表职工发出协商要约、用人单位提出协商要求的，都应进行工资集体协商；工资集体协商过程中，企业应保证职工方的知情权等。 （本报记者 **侯琳良 颜 珂**）

安徽省盲人职业学校校长席蔚菁代表

大力扶持特殊教育

“‘十二五’规划纲要草案提出大力促进教育公平，在我看来，教育公平不仅仅要重视城乡、地区之间的差距，同样要高度重视和大力扶持特殊教育。”全国人大代表、安徽省盲人职业学校校长席蔚菁说，“目前，全国有8000多万残疾人，但是针对这些残疾人的特殊教育机构在硬件建设和软件建设方面还很欠缺。”

席蔚菁建议，国家要引导社会资本进入特殊教育，比如给予引导性资金，鼓励更多的人参与兴办特殊教育，或者在财税等各方面给予扶持，推动社会资本进入，让更多残疾人得到受教育的机会。 （本报记者 **朱 磊 苏 超**）

“‘十一五’期间，边疆民族地区的基础设施、村容村貌得到了极大改善，村民的生活水平也有了很大提高。但是，没有产业就没有发展后劲，一直靠外界扶持，村民们是无法真正致富的。国家在‘十二五’期间要加大对边疆民族地区产业发展的扶持力度，结合当地实际帮助边疆民族地区培育一批特色产业，让边疆民族地区也能拥有较强的自我‘造血功能’，能依靠自己的能力尽快致富。”

——全国人大代表、云南勐海县打洛镇副镇长岩三

（本报记者 **胡洪江**）

“‘十二五’规划纲要草案中提到，要推进文化创新，要创作生产更多思想深刻、艺术精湛、群众喜闻乐见的文化精品。这要求我们尤其要注意培养自己的文化原创能力，创造属于我们自己、属于这个时代的先进文化。政府要继续加大对文化原创的扶持力度，以各种方式予以支持与激励，在各个文化领域都培养一支富有活力、卓有水准的创作队伍，并进而在社会上涵养尊重原创、崇尚创新的富有活力的社会风气。”

——全国政协委员、广东画院院长**许钦松**

（本报记者 **张 健**）

RENMIN RIBAO

人民网　网址:http://www.people.com.cn
手机:http://wap.people.com.cn

2011 年 5 月
1
星期日
辛卯年三月廿九
人民日报社出版
国内统一连续出版物号
CN 11-0065
第 22940 期(代号 1-1)
今日 4 版

就美国部分地区遭受龙卷风灾害
胡锦涛主席向奥巴马总统致慰问电

新华社北京 4 月 30 日电　国家主席胡锦涛 4 月 30 日致电美国总统奥巴马,就美国亚拉巴马等州遭受龙卷风灾害,导致严重人员伤亡和财产损失,向奥巴马总统,并通过他向美国人民表示深切同情和慰问,对遇难者表示哀悼。胡锦涛相信,美国人民一定能够战胜这场自然灾害,重建美好家园。

本报华盛顿 4 月 30 日电　(记者**张旸**)美国南部地区连日来遭受龙卷风袭击,目前已造成超过 300 人丧生。亚拉巴马、密西西比、田纳西、弗吉尼亚、阿肯色、佐治亚、肯塔基、密苏里、俄克拉何马等州已宣布进入紧急状态,并动员国民警卫队参与搜救和善后工作。

亚拉巴马州受灾最重,已确认的死亡人数达 200 多人,受伤人数超过 1700 人。4 月 29 日,美国总统奥巴马和夫人一同前往亚拉巴马州塔斯卡卢萨市,会见州长以及其他州和地方政府官员,了解灾情,看望受灾民众。

勤奋劳动 诚实劳动 创新劳动
——庆祝"五一"国际劳动节

社论

光荣属于伟大的劳动者。今天,我国工人阶级和劳动群众迎来了自己的节日——"五一"国际劳动节。我们向全国工人阶级和劳动群众致以节日的祝贺,向各条战线上的劳动模范和先进工作者表示崇高的敬意!

平凡孕育伟大,劳动创造世界。今年是中国共产党成立 90 周年。在波澜壮阔的 90 年历程中,我们党始终是中国工人阶级的先锋队,工人阶级是我们党始终依靠的中坚力量。90 年来,工人阶级和广大劳动群众紧紧跟随党的前进步伐,以彻底的革命精神和蓬勃的创造力量,积极投身革命、建设、改革的时代洪流,为实现民族独立和人民解放、国家富强和人民幸福作出了不可磨灭的历史性贡献。历史雄辩地证明,中国工人阶级和劳动群众是推动我国社会全面进步的根本力量,是中国特色社会主义伟大事业的胜利之本。

当前,我国进入了新的发展阶段,但无论经济社会面貌如何改变,无论科技进步和知识更新达到何种程度,劳动依然是中国社会发展的主导因素。如果说过去是劳动者用自己的双手,推动中国取得举世瞩目的伟大成就、赢得举足轻重的国际地位;那么在世情国情发生深刻变化的今天,工人阶级和广大劳动群众的奉献与奋斗,依然关系到国家目标的实现,关系到中国未来的发展,关系到亿万中国人民的光荣与梦想。

今年是"十二五"的开局之年。"十二五"是全面建设小康社会的关键时期,是深化改革开放、加快转变经济发展方式的攻坚时期。面对机遇和挑战,中国可以大有作为,也必须奋发有为。新形势和新任务,要求工人阶级和广大劳动群众继承和发扬光荣传统,以高度的历史主动性,勤奋劳动、诚实劳动、创新劳动,自觉投身社会主义现代化建设的伟大实践。在经济体制深刻变革、社会结构深刻变动、利益格局深刻调整、思想观念深刻变化的发展新阶段,以勤奋劳动成为科学发展的实践者和主力军;在价值追求多元、多样、多变的社会转型期,以诚实劳动引领社会风尚、促进社会和谐;在我国内外环境、增长机制发生重大变化的条件下,以创新劳动加快转变经济发展方式、建设创新型国家。这是时代赋予中国工人阶级的崇高使命,具有光荣传统的中国工人阶级一定能够与时俱进、锐意进取,更好地发挥改革主力、发展动力、稳定基石的作用。

党和国家事业的发展进步,离不开广大劳动者的创造力量;党的全部执政活动,离不开强有力的群众工作。紧紧依靠和切实关心广大劳动者,是党的群众路线最重要最根本的体现。各级党委和政府要加强和改进对工会工作的领导,把更多的资源和手段赋予工会组织,始终站在工人阶级和劳动群众的立场上,切实解决他们最关心最直接最现实的利益问题。各级工会组织和广大工会干部要坚定不移地走中国特色社会主义工会发展道路,继续依法推动企业普遍建立工会组织、普遍开展工资集体协商,积极构建社会主义和谐劳动关系,不断实现好、维护好、发展好广大劳动群众的根本利益。

劳动是一切幸福的源泉。生活的美好,社会的进步,源于平凡艰辛的劳动。回首过去,"中国奇迹"的创造、"中国震撼"的交响,无不凝聚着广大劳动者的智慧和汗水。在历史的新起点上,以更大的劳动热情和创造活力投身中国特色社会主义伟大事业,中国工人阶级和劳动群众必将书写更加灿烂辉煌的篇章。

吴邦国在桂林会见法国国民议会议长

新华社桂林 4 月 30 日电　(记者**张宗堂**)全国人大常委会委员长吴邦国 30 日在广西桂林会见法国国民议会议长阿夸耶。

吴邦国首先祝贺阿夸耶访华取得圆满成功。他说,中法是世界上有重要影响的大国,在当前复杂多变的国际形势下,巩固和发展中法新型全面战略伙伴关系符合两国人民的心愿,顺应时代的潮流,有利于促进世界的和平、发展、合作。中国高度重视同法国的关系,愿从战略高度和长远角度维护和促进共同利益,加强协调合作,充实战略内涵,为提升中法关系水平、推动建立更加公正合理的国际政治经济新秩序而不懈努力。

吴邦国指出,地方合作是国家关系的重要组成部分。中法地方合作有基础、有成效,也很有潜力。中国正在进一步实施推进西部大开发、促进中部地区崛起等区域发展战略,这为中法扩大地方合作提供了更加广阔的空间。希望中国全国人大和法国国民议会发挥自身优势,引导法国地方和企业把目光更多投向中国的中西部地区,促进双方在旅游观光、环境保护、扶贫开发等方面的互利合作,实现共同发展。

阿夸耶感谢中方的热情款待和周到安排。他说,访问期间既感受到了中国欣欣向荣的发展进步,更感受到法中友好的深厚底蕴和巨大的发展前景。法中在许多领域都建立了长期、战略性的合作关系。法国国民议会愿为法中各层次、各领域合作深入发展多做实事。

吴邦国和阿夸耶还共同出席了中国广西桂林阳朔县与法国上萨瓦省老阿讷西市建立友好关系签约仪式。

全国人大常委会副委员长兼秘书长李建国和广西壮族自治区党委书记、自治区人大常委会主任郭声琨参加了上述活动。

温家宝在印尼卡尔蒂妮宫发表演讲

4 月 30 日,国务院总理温家宝在印度尼西亚雅加达卡尔蒂妮宫发表题为《加强睦邻友好　深化互利合作》的演讲。
新华社记者　张　铎摄

本报雅加达 4 月 30 日电　(记者**蒋安全、张慧中**)国务院总理温家宝 30 日在印度尼西亚雅加达卡尔蒂妮宫发表了题为《加强睦邻友好　深化互利合作》演讲(**全文见第二版**)。印尼外长马蒂、印尼世界事务委员会主席朱普·阿维和印尼社会各界人士代表、外国驻印尼使节共 2000 多人出席。

温家宝表示,中国和印尼都有着悠久灿烂的文化。近代以来,两国人民在争取民族独立的艰苦岁月中,相互同情、相互支持,结下了深厚友谊。进入新世纪,两国高层往来频繁,政治互信不断增强,经贸合作快速发展。面对百年罕见的国际金融危机,两国同舟共济、共克时艰,为稳定地区金融发挥了积极作用。双方在国际事务中密切沟通协作,提升了发展中国家的影响力。在对方遭受重大自然灾害时,两国人民感同身受,患难与共。这充分证明,中国和印尼是好邻居,更是好兄弟。

温家宝说,我这次对印尼的访问,是友好合作之旅,也是规划未来之旅。我与苏西洛总统进行了全面、深入的会谈,达成重要共识,决定进一步加强中国印尼战略伙伴关系,必将为巩固两国经济持续向好势头、深化互利合作注入强劲动力,推动双方战略伙伴关系迈向新的高度。

温家宝表示,来到印尼,不能不谈万隆精神。求同存异、和平共处,是万隆精神的核心,至今仍然是我们正确处理国与国关系的行为指南。万隆精神是不朽的,值得我们倍加珍惜。(**下转第二版**)

各级工会加大推进"两个普遍"
全国工会会员达 2.39 亿人
建立各级协调劳动关系三方组织 1.4 万多个

本报北京 4 月 30 日电　(记者**潘跃**)面对国内外经济形势的严峻挑战和复杂多变的劳动关系,各级工会加大推进"两个普遍"(即依法推动企业普遍建立工会组织、普遍开展工资集体协商)的工作力度,立足维护职工合法权益推动构建和谐劳动关系。截至 2010 年 9 月,全国工会会员达到 2.39 亿人,新增 1361.3 万人,其中新增农民工会员 839.8 万人。共签订集体合同 140.8 万份,覆盖企业 243.9 万个,覆盖职工 1.85 亿人。工会成为构建和谐劳动关系、服务科学发展的"职工之家"。

全总制定了企业工会组建和工资集体协商工作两个"三年规划",要求到 2013 年底企业法人建会率达到 90%以上,企业职工入会率达到 90%以上;已建工会组织的企业 80%以上建立工资集体协商制度,基本实现已建工会企业普遍开展工资集体协商,其中实现世界 500 强在华企业全部建立工资集体协商制度。北京等地方工会也结合各自实际,制定了落实两个"三年规划"的行动计划,进一步细化工作部署。

为了给进一步发展和谐劳动关系提供法律保障,各级工会从源头上积极参与涉及职工权益的法律法规的制定和修改,仅去年一年,全总就参与了《社会保险法》、《工伤保险条例》、《刑法修正案(八)》等十多部涉及职工权益的法律法规的制定与修改,其中由全总首倡设立的"恶意欠薪罪"写入刑法,引发了广泛的社会关注。

同时,工会还整合社会各方力量,加强和创新社会管理,积极推动协调劳动关系机制建设。在宏观层面,推动完善劳动关系三方协商机制、工会与政府联席会议制度,进一步健全和完善科学有效的利益协调机制、诉求表达机制、矛盾调处机制、权益保障机制;在微观层面,充分发挥职代会、厂务公开、平等协商和集体合同制度等在协调企业劳动关系中的积极作用。目前,全国仅建立各级协调劳动关系三方组织就达 1.4 万多个,地市、县级以上普遍建立了政府、企业、工会三方机制,多数省份正在向乡镇(街道)延伸。

各级工会在切实维护职工劳动经济权益的同时,加大对困难职工帮扶力度。仅 2011 年元旦春节期间,全国各级工会就筹集送温暖资金 36.5 亿元,走访困难企业 10.5 万家,慰问困难职工、劳模等 778.4 万人,实现了对困难职工家庭走访慰问全覆盖、不遗漏的活动目标。

温家宝出席"中国—印尼战略商务对话"并致辞

本报雅加达 4 月 30 日电　(记者**蒋安全、张慧中**)国务院总理温家宝 30 日在雅加达与印度尼西亚副总统布迪奥诺共同出席"中国—印尼战略商务对话",与两国企业家代表开展交流并致辞(**全文见第三版**)。

温家宝表示,中国和印尼是隔海相望的友好邻邦,也是平等互利的战略伙伴。近年来,双方关系步入更加活跃、富有成果的新阶段,双方贸易快速发展,双向投资日趋活跃,基础设施建设合作成效显著,金融领域合作方兴未艾,地方和民间往来频繁,给两国人民带来了实实在在利益。

温家宝说,我这次访问印尼,既是加深了解、增进友谊之旅,也是规划未来、深化合作之旅。我和苏西洛总统对发展两国经贸关系达成广泛共识,一致认为两国经贸合作具有坚实的政治基础和广阔的发展前景。双方应共同努力,推动两国经贸合作向更高层次、更广领域发展。双方要继续扩大双边贸易规模,加快推进基础设施建设合作,积极扩大双方投资合作,充分利用中国—东盟自贸区的优惠政策,深化多边经贸领域合作,共同促进中国—东盟经贸关系发展,推动发展中国家的互利合作。

温家宝最后说,中国和印尼是亚洲两个重要的发展中国家。加强两国经贸合作,符合两国的根本利益,也有利于地区和平、稳定与发展。希望两国企业家把握时机,携手共进,以更大的决心和勇气深化两国互利合作,共同创造两国经贸合作的美好明天。

布迪奥诺表示,两国经贸合作发展迅速,潜力巨大,前景广阔。中国的发展给印尼等周边国家带来难得的发展机遇,有利于促进本地区的和平、稳定和繁荣。印尼愿与中方共同努力,扩大合作领域,提高合作水平,更好造福两国人民。

两位领导人还回答了在场企业家们的问题。

"中国—印尼战略商务对话"由中国商务部和印尼经济统筹部主办,中国和印尼政府高级官员和企业家代表共 180 人出席。

同日,温家宝还在印尼副总统布迪奥诺的陪同下,出席了印尼各界为他举行的欢迎午宴。

多出精品,让文化创造发出时代强音
——推动文化产品创作生产走向大繁荣

本报记者　陈　原

一部新创话剧《王府井》最近在国家大剧院推出,在首都引起热烈反响,深深感动了观众。像这样的原创精品剧目,国家大剧院运营 3 年多来已演出 150 多台,其中京剧《赤壁》、歌剧《山村女教师》、话剧《简爱》等都是大受好评的艺术精品。

"唱响中国——群众最喜爱的新创作歌曲"征集评选活动吸引了千万网友投票,入围的 36 首歌曲唱出了时代精神和社会风貌,已经在全国各地传唱。

仅 2010 年,我国首次发表和出版的长篇小说就有 2000 余部,越来越多的小说家、文学家主动、热情地走向现实生活,呼应民众忧乐,在个人与广大世界之间建立起富于担当的精神联系,讴歌人民的意志和力量。

还是 2010 年,我国故事影片产量达到 526 部,与 2009 年相比,增幅达 15%,《唐山大地震》等多部国产片为国产电影赢得新的发展空间,一大批中小成本影片开创了新的电影语言类型与文本样式。

我国已经成为世界第一大电视剧生产国,影视动画产量也从 2005 年的 4.2 万分钟增加到 2010 年的 22 万分钟,质量不断提高,题材日益丰富。

深入社会,把握时代,不断创新,走向创作生产的高峰

深入现实,描绘波澜壮阔的社会发展历史;到民间采风,谱写伟大时代的艺术篇章,真正从人民群众需要出发,满足大众精神文化的需求,这已经不仅仅是一种号召,更是当今文化界的共识。正如中国音乐家协会主席赵季平所说,不深入现实,就不可能引起共鸣;不把握时代,就不可能与人民群众的心声相通。

张炜的《你在高原》10 卷 450 万字,被称为"中外小说史上篇幅最长的纯文学作品";迟子建的《白雪乌鸦》,记叙百年前的哈尔滨鼠疫,既表现了中国社会艰难的现代转型,也证明了民族生存的力量;张者的《老风口》、张宇的《足球门》等都引起了广泛关注。作为直接反映生活和时代的文体,仅 2010 年出版的长篇报告文学和纪实文学作品就有 700 多部,其中表现自然灾害及灾区重建,是文学家创作的重要题材。

从现实自然灾害中提炼素材,升华为文化,反映出中华民族的精神世界,也是当代中国电影人的追求。(**下转第四版**)

温家宝结束访问马来西亚和印尼后回到北京

新华社北京 4 月 30 日电　国务院总理温家宝结束对马来西亚、印度尼西亚的正式访问,于 30 日晚乘专机回到北京。温家宝总理的主要陪同人员同机抵京。

《求是》杂志发表周永康同志文章
加强和创新社会管理　建立健全中国特色社会主义社会管理体系

本报北京 4 月 30 日电　(记者**裴智勇**)5 月 1 日出版的今年第九期《求是》杂志,将发表中共中央政治局常委、中央政法委书记周永康同志的文章,题目是《加强和创新社会管理,建立健全中国特色社会主义社会管理体系》。

文章指出,要顺应经济社会发展的新形势新要求,树立以人为本、服务为先,多方参与、共同治理,关口前移、源头治理,统筹兼顾、协商协调,依法管理、综合施策的社会管理理念。要坚持从我国实际出发,在总结我国社会管理经验、借鉴国外有益成果的基础上,牢牢把握最大限度激发社会活力、最大限度增加和谐因素、最大限度减少不和谐因素的总要求,积极推进社会管理体制机制制度创新,完善党委领导、政府负责、社会协同、公众参与的社会管理格局,不断提高社会管理科学化水平,进一步形成与中国特色社会主义市场经济、民主政治、先进文化相适应的社会管理体系,确保社会既充满活力又和谐稳定。

四版刊登《求是》杂志评论员文章

更加自觉地走科学发展道路　推动经济社会又好又快发展

人民网 网址:http://www.people.com.cn
手机:http://wap.people.com.cn

2011年5月
2
星期一
辛卯年三月三十
人民日报社出版
国内统一连续出版物号
CN 11-0065
第22941期(代号1-1)
今日4版

旅游市场亮点纷呈 温馨服务方便出行

全国各地欢度"五一"

综合本报和新华社5月1日电 "五一"作为旅游业最看好的一个小长假,今年不仅一片红火,而且亮点颇多。

实施离岛免税政策的海南成为国内游大热,旅行社在原有海南线路上增加免税店行程,吸引了不少游客。离岛免税政策的实施,带旺了购物自由度更高的海南半自助游、自助游产品,使海南游从自然观光进一步向休闲、度假、购物等深度游发展。

4月28日开幕的2011西安世界园艺博览会是"五一"国内游的另一个热点,不仅使西安游受到追捧,还带旺了陕西周边省份的旅游线路。旅行社积极争抢"世园游"蛋糕,推出了西安一地游、跨省联游、半自助游等种类丰富的产品。

山东的"特色游"受到游客青睐。5月1日,第十二届中国(寿光)国际蔬菜科技博览会游客突破16万人。来自青岛的游客王军说:"第一次看到机器人可以种菜,看到长成树状的西红柿,感叹现代农业的新成就。"

魅力津城推出近代中国看天津、都市博览游、海河风光游、滨海休闲游、山野名胜游五大旅游品牌。据市旅游局对25个景区景点统计,截至5月1日16时,两天共接待中外游客93.59万人次。

5月1日早晨,乌鲁木齐市民吕妙湘免费坐上了雷锋车队驾驶员牛建胜的出租车。新疆旅游出租汽车集团公司党委决定安排新旅集团雷锋车队全部车辆,在今年"五一"国际劳动节当天为市民免费服务一天。截至1日19时,雷锋车队48名驾驶员学雷锋献爱心共计行驶9000多公里,接送2200多名乘客,为市民让利17000多元。

津门涌春潮 滨海扬征帆

——记胡锦涛总书记在天津考察工作

四月二十九日至五月一日,中共中央总书记、国家主席、中央军委主席胡锦涛在天津考察工作。这是胡锦涛在中欧合资空中客车天津总装有限公司车间同中外员工交谈,详细询问企业生产经营情况。 新华社发

四月二十九日至五月一日,中共中央总书记、国家主席、中央军委主席胡锦涛在天津考察工作。这是胡锦涛在保障性住房小区秋怡家园亲切看望居民,了解他们的住房改善情况。 新华社记者 李学仁摄

"十二五"时期的第一个春天,海河两岸春潮涌动,渤海之滨千帆竞发,1300万天津人民正信心百倍为夺取全面建设小康社会新胜利而不懈努力。

4月29日至5月1日,中共中央总书记、国家主席、中央军委主席胡锦涛来到天津,在中共中央政治局委员、天津市委书记张高丽等陪同下,深入社区、企业、科研机构,就贯彻落实党的十七届五中全会精神和"十二五"规划纲要、加快转变经济发展方式、保障和改善民生进行调查研究,同基层干部群众共商科学发展、和谐发展、率先发展大计。时值"五一"国际劳动节,胡锦涛代表党中央,向广大工人、农民、知识分子和各条战线劳动群众致以节日的问候。

总书记一直牵挂着普通百姓的衣食住行,4月29日下午一到天津,就直接前往保障性住房小区和食品质量监督检验机构考察

近年来,天津市认真落实中央要求,不断加大保障性住房建设力度,已向40多万户中低收入家庭提供了住房保障。胡锦涛这次考察的北辰区秋怡家园就新建有1300多套公共租赁住房,一些中低收入家庭已经入住。在秋怡家园,总书记首先听取了天津市保障性住房建设情况汇报。胡锦涛强调,保障性住房建设是一项重大民生工程,也是一项重大民心工程,党的十七届五中全会和"十二五"规划纲要就此提出了明确要求。各级党委和政府务必高度重视、狠抓落实,继续增加资金投入,优先保证用地供应,重点发展公共租赁住房,同时要完善配租政策,帮助更多中低收入群众解决住房困难。

随后,胡锦涛走进公租房住户徐淑娟家中看望。徐淑娟是一位退休职工,丈夫从原单位下岗多年,女儿大学毕业参加工作不久,她家刚刚租住了这里的一套两居室。进屋后,总书记逐个房间察看,并同徐淑娟一家促膝交谈。从原先的住房情况到对新房是否满意,从公租房的租住程序到租金能否负担得起,总书记问得很具体。徐淑娟告诉总书记,一家3口以前挤在20多平方米的房子里,现在住上了68平方米的新房,政府每个月还给租房补贴,住房条件大大改善了。胡锦涛听了十分高兴,祝愿她家的日子越过越好,还勉励她的女儿在工作实践中增长本领、尽快成才。

听说总书记来到秋怡家园,居民们纷纷簇拥上前,热情向总书记问好。胡锦涛同大家亲切攀谈,了解他们的住房情况。总书记说,党和政府非常重视解决中低收入群众住房问题,正在加大保障性住房建设力度,以努力实现广大群众住有所居的目标。相信大家在政府帮助下,经过自身努力,一定能使生活水平不断得到提高。听了总书记的这番话,居民们连声感谢党的好政策。

天津市产品质量监督检测技术研究院是一家社会公益型质检机构。胡锦涛非常关注食品安全问题,特意到设在这个研究院的国家加工食品质量监督检验中心考察。检测室里,一些检验人员正忙碌地做着检测。总书记走到检测台前仔细察看,向检验人员询问样本选取、检测方法等情况,对他们的辛勤工作表示感谢。

面对聚拢过来的中心工作人员,总书记谆谆叮嘱大家:"民以食为天,食以安为先。食品安全是关系人民群众身体健康和生命安全的一件大事。你们中心作为食品安全的重要守卫者,一定要坚决执行食品安全法,以对人民群众高度负责的精神,加大监管力度,严把食品安全关,确保广大群众都能吃上放心的食品。"总书记前来考察并作重要指示,给中心工作人员以巨大鼓舞。大家用热烈的掌声,表达做好加工食品质量监督检验工作的决心。

总书记高度重视天津滨海新区的开发开放,4月30日用一整天时间,深入新区一些企业和科研机构实地了解优化产业结构、推进自主创新等情况

天津滨海新区自2009年10月国务院批复同意设区以来,高端产业快速聚集,自主创新能力显著增强,行政管理体制改革和综合配套改革取得积极进展,对外开放向更高层次迈进。新区2200多平方公里土地上,处处焕发出蓬勃生机。

在中欧合资空中客车天津总装有限公司整洁明亮的车间里,胡锦涛看工作流程、问组装技术,仔细了解企业生产经营情况。外方管理人员介绍说,公司投产两年多已累计交付46架空客A320系列飞机,产品质量完全达到欧洲标准,中国员工的管理能力和技术水平都很棒。胡锦涛高兴地说:"空客天津总装公司项目合作成功,再次表明中欧经济合作有着巨大潜力和广阔前景。希望中欧经济合作取得更多成果。"胡锦涛表示,中方与空客公司有着良好合作。今后一个时期,中国航空市场仍有较大增长空间,应进一步加强合作。胡锦涛还兴致勃勃登上一架正在组装的飞机,认真察看舱内设备。总书记对中方员工说,飞机制造属于高端制造业,质量要求非常严格。希望大家始终坚持质量第一、安全至上,切实做到一丝不苟、精益求精。

在中新天津生态城国家动漫产业综合示范园,胡锦涛一边看展板,一边听取生态城建设进展情况介绍。他称赞这个生态城是中国、新加坡两国经济技术合作的又一个亮点,希望生态城的建设者坚持生态文明理念,加快生态城建设步伐,努力探索出一条城市节能环保的良性发展路子。总书记饶有兴致地走进动漫园为企业提供技术服务的抠像棚、动作捕捉室、超级渲染中心,观看动漫设计制作演示,并同企业员工交谈,询问动漫制作的技术细节。总书记对他们说,发展动漫产业,对于传播先进文化、丰富群众生活、促进青少年健康成长、培育新的经济增长点都具有重要意义。希望你们充分利用动漫园这个平台,努力创作出更多富有民族特色、体现时代特征、深受群众欢迎的动漫精品,推动我国动漫产业不断做大做强。

在国家超级计算天津中心展厅和机房,有关负责人向总书记汇报说,由国防科技大学研制的"天河一号"实现了多项技术突破,是目前世界上运算速度最快的超级计算机,装备到天津中心后,已经为70多家用户提供了高性能计算服务。胡锦涛听得十分专注,他欣慰地说,"天河一号"研制成功,使我国在超级计算机领域跨入了世界领先行列,具有重要战略意义。总书记勉励科研人员再接再厉,不断攀登超级计算机研制新高峰;希望天津中心进一步搞好运营管理,不断提高服务质量,为推动我国经济社会又好又快发展发挥更大作用。

在中国科学院天津工业生物技术研究所,胡锦涛仔细观看微生物分子设计和改造、秸秆等可再生生物资源转化实验,向科研人员了解工业生物技术研发和应用情况。总书记说:"生物产业是'十二五'时期国家重点发展的战略性新兴产业。你们所从事的研究,对生物产业发展具有重要基础性作用。希望你们发挥聪明才智,坚持自主创新,努力实现重大技术突破,为生物产业发展提供更加有力的支撑。"

考察时,胡锦涛特别强调,天津滨海新区已进入全面开发开放新阶段,要大胆探索、积极作为,按照国家对滨海新区功能定位的要求,坚持项目集中园区、产业集群发展、资源集约利用、功能集成建设的发展思路,加快推进综合配套改革,全力打好滨海新区开发开放攻坚战,努力使滨海新区成为深入贯彻落实科学发展观的排头兵。

总书记对天津率先全面建成小康社会寄予厚望,5月1日专门听取了远景规划介绍和全面工作汇报,对进一步做好天津工作提出明确要求

天津市规划展览馆设有16个展区,集中展现了天津的历史变迁、发展现状和远景规划。在一个个模型、一段段视频、一幅幅照片、一张张蓝图前,胡锦涛不时停下脚步认真观看,并就有关问题同天津市负责同志交流。胡锦涛指出,搞好城市规划,关系到城市的可持续发展,关系到广大居民工作和生活。希望天津按照科学发展的要求,遵循城市建设规律,广泛听取专家和群众意见,把规划完善好,把整个城市尤其是滨海新区建设好、管理好,真正使天津成为独具特色的国际性、现代化宜居城市。

考察结束时,胡锦涛听取了天津市委和市政府的工作汇报,对天津市近年来的工作给予充分肯定。胡锦涛希望天津市以邓小平理论和"三个代表"重要思想为指导,深入贯彻落实科学发展观,牢牢把握国家支持东部地区率先发展、加快推进天津滨海新区开发开放的重大历史机遇,始终坚持科学发展这个主题和加快转变经济发展方式这条主线,把创新精神和务实作风紧密结合起来,注重加快转变经济发展方式,注重深化改革开放,注重保障和改善民生,注重加强干部队伍建设,在新的起点上开创科学发展新局面、描绘人民幸福生活新画卷,以优异成绩迎接中国共产党成立90周年。

中共中央书记处书记、中央办公厅主任令计划,中共中央书记处书记、中央政策研究室主任王沪宁一同考察。

(新华社天津5月1日电 记者邹声文、李靖)

温家宝"五一"节到保障性住房建设工地看望工人

新华社北京5月1日电 (记者**李斌**)今天是"五一"国际劳动节。上午,中共中央政治局常委、国务院总理温家宝来到北京保障性住房建设工地,看望节日里仍坚守岗位的建筑工人,代表党中央、国务院向广大劳动者致以诚挚问候和良好祝愿。

温家宝十分关心北京的保障性住房建设。上午10时,昨天深夜出访才回来的温家宝在中共中央政治局委员、北京市委书记刘淇等陪同下,来到北京朝阳区王四营保障性住房项目建设工地。王四营保障性住房项目是北京地区在建规模最大的保障性住房项目,建筑规模达64万平方米,有限价房、公租房、廉租房等各类保障性住房7160套。

"过节了,我来看望大家。"一下车,温家宝就快步走到工人中间。工地上,20多栋高楼拔地而起,一些塔吊在高空运转着,工人们正在忙碌。温家宝戴上安全帽,走进一栋已经封顶的楼房察看。在一套建筑面积47平方米的小两居廉租房里,看到房子面积虽小,但卧室、厨房、卫生间等齐全,温家宝连声称赞说不错。项目负责人告诉总理,这个小区配套齐全,交通方便,将来有学校、幼儿园、托老所,附近正在建设地铁。温家宝听了,微笑着点点头。

随后,温家宝来到工人宿舍和食堂仔细察看。看到食堂干净整洁,师傅们为庆祝节日特地准备了一大盆五花肉做红烧肉,温家宝十分高兴,他叮嘱道:"要把工人们的伙食办好。饭吃好了,就有劲。"

在食堂门前的遮阳棚下,温家宝和部分建筑工人围坐在一起,亲切地聊了起来。52岁的全国劳模刘合炳曾参加过亚运场馆和奥运场馆建设。他告诉总理:"我1986年来北京打工,从一个农民工成长为全国劳模,我感到劳动光荣,创造伟大。"

温家宝说,作为改革开放和工业化、城镇化进程中涌现出来的一支新型劳动大军,农民工已成为产业工人的主体,北京乃至全国的建设都离不开农民工。北京现在抓保障性住房建设,就是靠农民工在一线劳动。北京人民感谢你们,全国人民感谢你们。温总理的话,使在场的工人们心里暖洋洋的。人们报以热烈的掌声。

温家宝接着说,这些年,党和政府高度重视农民工问题,农民工的地位发生了巨大变化。 (下转第四版)

全国文化体制改革工作会议举行

李长春强调深化文化体制改革,不断拓展中国特色社会主义文化发展新路

刘云山刘延东出席会议并讲话

新华社合肥5月1日电 4月30日至5月1日,全国文化体制改革工作会议在合肥举行。中共中央政治局常委李长春对会议作出重要批示,强调要深入贯彻胡锦涛总书记在中央政治局第二十二次集体学习时的重要讲话精神和党的十七届五中全会精神,按照国家"十二五"经济社会发展总体部署,牢牢把握科学发展主题和加快转变经济发展方式主线,着力破除制约文化发展的体制机制障碍,转变文化发展方式,为"十二五"文化改革发展开好局、起好步。中共中央政治局委员、中央书记处书记、中宣部部长刘云山,中共中央政治局委员、国务委员刘延东出席会议并讲话。全国人大常委会副委员长路甬祥,全国政协副主席、中国社会科学院院长陈奎元出席会议。

李长春在批示中指出,"十一五"时期是我国发展史上极不平凡的五年,也是文化建设创新发展的五年。各地各部门认真贯彻中央决策部署,推动文化体制改革取得重大突破性进展,覆盖城乡的公共文化服务体系框架基本建立,文化产业整体规模和实力不断壮大,城乡群众精神文化生活日益丰富,为"十二五"时期进一步深化改革、加快发展积累了宝贵经验、奠定了坚实基础。

李长春强调,今年是"十二五"开局之年,也是文化改革发展加速推进的关键一年。要紧紧围绕"三加快一加强"重点任务,按照加大力度、加快进度、巩固提高、重点突破、全面推进的要求,加快文化体制机制改革创新,进一步解放和发展文化生产力;按照思想性、知识性、艺术性、观赏性相统一的要求,加强对文化产品创作生产的引导,更好地发挥文化引导社会、教育人民、推动发展的功能; (下转第二版)

人民日报

RENMIN RIBAO

人民网　网址：http://www.people.com.cn
手机：http://wap.people.com.cn

2012年5月
4
星期五
壬辰年四月十四
人民日报社出版
国内统一连续出版物号
CN 11-0065
第23309期（代号1-1）
今日24版

让青春之光闪耀复兴之路

——纪念中国共产主义青年团成立90周年

今天是五四青年节，也是中国共产主义青年团成立90周年纪念日。在这个荣光的日子里，我们向全体共青团员、全国各族青年和广大青少年工作者表示热烈祝贺！

93年前，伟大的五四运动拉开了中国新民主主义革命的序幕，马克思主义开始在中国传播，并和中国工人运动结合，于1921年诞生了中国共产党。1922年，在汹涌澎湃的革命洪流中，在党的直接领导下，中国共产主义青年团宣告成立。自成立之日起，共青团就坚定不移跟党走，团结带领一代又一代共青团员和优秀青年，积极投身于中国革命、建设和改革的伟大事业，为救亡图存冲锋陷阵、前赴后继，为民族复兴勇挑重担、艰苦创业，用青春和热血书写中国青年运动的壮丽篇章。历史的天空群星璀璨，在漫长的奋斗历程中，共青团队伍涌现出一大批卓越的政治家，也产生了一大批英雄模范人物，更有无数团员青年献出智慧力量乃至生命。90年风雨洗礼，洗练出一个富于理想、立场坚定、锐意进取的党的群众组织。历史证明，共青团不愧为党和人民事业的生力军和突击队，不愧为党领导的先进青年的组织，不愧为党的得力助手和可靠后备军。

回顾共青团90年奋斗历程，有一条重要经验，就是党有号召、团有行动，永远跟党走。自建团以来，共青团始终以党的政治纲领为奋斗目标，以党的指导思想为行动指南，以党的中心任务为神圣使命，为实现党在不同时期的历史任务作出了突出贡献，共青团组织也在这一过程中得以发展壮大。从现阶段看，共青团承担着不断巩固和扩大党执政的青年群众基础的重要职责，各级团组织一定要把广大青年紧紧团结在党的周围，保证党的事业兴旺发达、后继有人，为实现党的任务努力奋斗。

回顾共青团90年奋斗历程，有一个重要启示，就是只有融入广大青年群众中，共青团才能真正焕发出勃勃的生命力与活力。新的社会变革带来新的挑战，共青团组织担负着团结带领广大青年为全面建设小康社会而奋斗的历史任务，各级团组织要在深入研究当代青年基本特征的基础上，按照党中央的要求，坚持眼睛向下、重心下移，力争使团的基层组织网络覆盖全体青年，使团的各项工作和活动影响全体青年，不断提高组织青年、引导青年、服务青年、维护青少年合法权益的能力和水平，切实增强团组织的吸引力、凝聚力和创造力、战斗力，更好地发挥共青团作为党联系青年的桥梁和纽带的作用。

五四以来，与祖国共奋进，始终是青年运动的主旋律；投身人民创造历史的伟大实践，始终是青年健康成长的正确道路。共青团员和广大青年要坚定理想信念，努力用马克思主义中国化最新成果武装头脑，在人生的关键时期确立起正确的世界观、人生观、价值观，立志为发展中国特色社会主义事业终身奋斗。共青团员和广大青年要勤奋刻苦学习，把“读万卷书”与“行万里路”结合起来，真正成为既学识广博又能实干的新一代建设人才。共青团员和广大青年要勇于艰苦创业，既敢于在最困难、最艰苦的地方大显身手，又要自觉站在改革开放的前列，为国家繁荣富强贡献聪明才智。共青团员和广大青年要注重培养高尚品德，使中华文化的优秀传统代代相传，使党和人民在长期奋斗中形成的光荣传统薪火永续，在全社会带头践行社会主义荣辱观，充分展现当代青年的良好精神风貌。 （下转第四版）

第四轮中美战略与经济对话在京开幕

胡锦涛出席开幕式并发表重要讲话

胡锦涛强调，无论国际风云如何变幻，无论中美两国国内情况如何发展，双方都应该坚定推进合作伙伴关系建设，努力发展让两国人民放心、让各国人民安心的新型大国关系

本报北京5月3日电　（记者**王莉、强薇**）第四轮中美战略与经济对话今天上午在钓鱼台国宾馆开幕。中国国家主席胡锦涛出席开幕式并发表重要讲话。美国总统奥巴马发来书面致辞。

胡锦涛在讲话中指出，中美开展战略与经济对话，促进了两国高层战略沟通，加深了对彼此战略意图和政策的了解，扩大了对中美关系发展方向的共识；有力推进了互利合作，增进了两国人民相互了解和友谊；丰富了两国各领域各层次交流沟通。在本轮对话中，希望双方既立足当前，又着眼长远，为建设中美合作伙伴关系不断进行探索和实践。

胡锦涛强调，中美分别是当今世界最大的发展中国家和最大的发达国家，中美关系持续健康稳定向前发展，不仅能给两国人民带来实实在在的利益，而且将为促进世界和平、稳定、繁荣作出宝贵贡献。无论国际风云如何变幻，无论中美两国国内情况如何发展，双方都应该坚定推进合作伙伴关系建设，努力发展让两国人民放心、让各国人民安心的新型大国关系。

5月3日，国家主席胡锦涛在北京出席第四轮中美战略与经济对话开幕式并致辞。　新华社记者　**谢环驰**摄

胡锦涛指出，发展中美新型大国关系，一是需要创新思维，以创新的思维、切实的行动，探索经济全球化时代发展大国关系新路径。二是需要相互信任，我们这个星球有足够大的空间，应能容得下中美两国和其他国家共同发展。三是需要平等互谅，尊重和照顾彼此利益关切，妥善处理分歧。四是需要积极行动，把各项共识落到实处，推动广泛领域务实合作，让两国人民和各国人民切实享受中美合作带来的好处。五是需要厚植友谊，积极推进两国社会各界交流交往，让更多人成为中美友好合作的参与者、支持者。

胡锦涛最后表示，中美关系正面临进一步发展的机遇，同时也面临新的挑战。让我们抓住机遇，排除干扰，共同努力，走出一条相互尊重、合作共赢的新型大国关系之路。（**讲话全文见第二版**）

奥巴马在致辞中说，美国坚定致力于建设相互尊重、互利共赢的美中合作伙伴关系。美中双方通过频繁高层交往，已创建起有效沟通的框架。美中战略与经济对话机制彰显了美中关系的广度和深度及双方合作的能力，它增进了沟通、增强了互信、深化了合作，表明美中两国可以通过双边和多边合作，确保全球安全、稳定和繁荣。

奥巴马表示，美中两国可以向世界证明，美中关系的未来不会重蹈历史覆辙，两国可以携手解决21世纪面临的严峻经济和安全挑战，为发展持久信任、长期稳定、充满希望的美中关系奠定坚实基础。

胡锦涛特别代表、国务院副总理王岐山和国务委员戴秉国与奥巴马特别代表、国务卿希拉里·克林顿和财政部长蒂莫西·盖特纳共同主持对话并分别在开幕式上致辞。

王岐山表示，不久前，胡锦涛主席同奥巴马总统在首尔举行会晤，习近平副主席成功访美。双方进一步明确了建设相互尊重、互利共赢的中美合作伙伴关系的战略定位，为本轮对话指明了方向。中美战略与经济对话机制建立以来，共达成151项经济合作成果。实践证明，这一对话机制是广泛、务实而富有成效的，照顾了彼此关切，最大限度地避免了经济问题“政治化”，充分体现了中美合作互利双赢的本质，在中美经济关系层面有力地维护了两国人民的共同利益。在当前全球经济复杂严峻的情势下，希望双方以本轮对话为契机，进一步推动经贸、投资、金融、基础设施等领域务实合作，加强沟通协调，把两国元首的共识，转化为实实在在的成果，共同推动中美乃至全球经济强劲、可持续、平衡增长。

戴秉国表示，实践证明，中美两国元首作出举行中美战略与经济对话的决策是十分正确的。纵观世界历史，有太多大国争霸祸及自身、殃及世界的惨痛教训。我们身处21世纪，应该吸取教训，顺应大势，打破大国必然冲突对抗的所谓“历史宿命”，为世界带来持久和平与繁荣。今天，中国比任何时候都更接近中华民族复兴的目标，比任何时候都更需要坚定不移地走自己所选择的发展道路。我们要与世界上所有国家友好相处，共同发展，真诚致力于与美国建立和发展相互尊重、合作共赢的新型大国关系。只要中美双方都抱有赤诚，顺应大势，牢牢把握两国元首确定的正确方向，不断加强对话，增进互信，扩大合作，妥善处理分歧，就能实现我们的目标。

克林顿表示，当今世界，国与国关系已不再是“零和”博弈，美中两国你中有我，我中有你，世界上任何重大问题的解决都离不开美中合作。今天的美中关系比起40年前尼克松总统访华时要强大得多，双方正在致力于建设相互尊重、互利共赢的合作伙伴关系，使两国都保持繁荣，不陷入敌对或冲突，这是两国人民的共同期待，也将为世界人民带来福祉。美方相信，一个繁荣的中国对美国有利，一个繁荣的美国对中国也有利。美中战略与经济对话对美国、对美中关系都十分重要，美方期待着双方通过对话，增强互信，避免误判，加强在重大国际地区问题上的沟通协调。

盖特纳表示，3年前，在全球经济面临严重威胁的时候，美中战略与经济对话机制建立，双方以建设性的合作方式共同努力克服国际金融危机的影响，也推动了两国关系发展。当前，世界经济仍然面临各种风险和挑战，美中都是经济和贸易大国，有着广泛的经济利益和重要的全球责任，需要建立更强大的经济关系和更好的合作框架，承认和尊重对方利益和关切，解决好有关问题，推进各自经济改革，促进双边贸易平衡增长，同时继续加强在二十国集团等多边框架内的合作，推进国际金融体系改革，推动全球经济增长。

开幕式后，双方分别进行了战略对话和经济对话。

李长春观看北京大学原创歌剧《钱学森》

本报北京5月3日电　（记者**张烁**）在“五四”青年节即将到来之际，中共中央政治局常委李长春3日晚来到北京大学，与1400余名师生一起观看原创歌剧《钱学森》，向师生员工致以节日的祝贺和良好的祝愿。他勉励北京大学广大师生把继承北大优良传统与学习钱学森同志紧密结合起来，深入学习钱学森同志爱党爱国的政治品格、严谨求实的科学态度、开拓进取的创新精神、无私奉献的高尚情操，不断赋予新的时代内涵，努力形成崇尚科学、追求创新的浓厚氛围，为提高自主创新能力、推动经济社会又好又快发展作出新的更大贡献。

歌剧《钱学森》是由北京大学联合中国航天科技集团公司共同出品的一台原创歌剧。晚8时许，演出拉开帷幕。全剧共分4幕，以钱学森与夫人蒋英历经艰辛回到祖国怀抱的感人经历为主线，通过浓烈的抒情方式和辉煌的音乐表达，热情讴歌了他们的爱国情怀和为科学献身的崇高精神，激起了全场观众的强烈共鸣。演出结束后，李长春走上舞台，与演职人员亲切交谈。他称赞这部歌剧主题鲜明深刻、旋律优美动人、表演精湛细腻，希望进一步修改完善，使之成为一部具有较强思想性和艺术性的优秀作品，成为加强青少年思想道德教育、推进社会主义核心价值体系建设的生动教材。

演出开始前，李长春参观了北京大学发展概况展、人文社会科学成果展和“学雷锋树新风、加强校园文明建设”系列活动成果展，与吴树青、袁行霈、沙健孙、叶朗等老教授和青年教师、学生代表亲切交流。他希望北京大学以深入贯彻落实党的十七届六中全会精神为强大动力，紧密结合中国特色社会主义生动实践，不断增强理论自觉和理论自信，大力推动哲学社会科学创新工程，多出优秀成果，多出高素质人才，更好地服务经济社会发展。他勉励北京大学进一步把雷锋精神与北大光荣传统相结合、与学生思想道德教育相融合，大力弘扬雷锋精神，激励广大青年学子勇担时代重任，不负美好青春。

中共中央政治局委员、北京市委书记刘淇，中共中央政治局委员、国务委员刘延东一同出席当晚活动。

习近平会见美国总统特别代表国务卿克林顿和财长盖特纳

本报北京5月3日电　（记者**王莉、强薇**）国家副主席习近平3日晚在钓鱼台国宾馆会见了来京出席第四轮中美战略与经济对话的美国总统奥巴马特别代表、克林顿国务卿和盖特纳财政部长。

习近平表示，中美战略与经济对话机制已成为培育互信、深化合作、管控分歧的重要平台，富有成果，祝愿本轮对话取得成功，推动中美关系进一步发展。

习近平强调，胡锦涛主席和奥巴马总统关于共建相互尊重、互利共赢的中美合作伙伴关系的重要共识，为双方探索新型大国关系之路指明了方向、确立了原则。中美作为政治制度、历史文化背景、经济发展水平不同的两个大国，构建新型大国关系，既要有“不到长城非好汉”的决心和信心，也要有“摸着石头过河”的耐心和智慧。双方应持续不断增进相互了解信任，深化互利共赢格局，加强在重大国际和地区问题上的协调合作，促进人民友好。今年对中美关系是十分关键的一年，希望美方着眼大局和长远，排除干扰，与中方共同努力，维护和促进中美关系健康稳定发展。

克林顿表示，在本轮美中战略与经济对话中，双方坦诚、深入交流，取得重要进展，体现了两国合作伙伴关系精神。美中建设相互尊重、互利共赢的新型大国关系史无前例，确实如同“摸着石头过河”，有时风平浪静，有时波涛汹涌。双方要坚持对话，扩大交流，增进互信，缩小分歧，加强合作，共同应对各种风险和挑战。

盖特纳表示，当前，世界经济仍存在很大不确定性，中方正在推进包括人民币汇率在内的财政金融改革令人鼓舞。美方希望同中方加强协调与合作，共同促进两国经贸关系发展，推动全球经济复苏。

国务院副总理王岐山、国务委员戴秉国、外交部部长杨洁篪、财政部部长谢旭人、中国驻美国大使张业遂等参加会见。

李克强在中欧城镇化伙伴关系高层会议上发表讲话

会见欧洲理事会主席范龙佩

本报布鲁塞尔5月3日电　（记者**吕鸿、孙天仁、张杰**）3日，国务院副总理李克强与欧盟委员会副主席阿尔穆尼亚共同出席在布鲁塞尔皇家剧场举行的中欧城镇化伙伴关系高层会议开幕式并发表题为《开启中欧城镇化战略合作新进程》的讲话。

李克强指出，此次会议是落实第十四次中欧领导人会晤共识、推动中欧城镇化伙伴关系向前发展的具体行动，标志着双方开启了城镇化战略合作的新进程。

李克强表示，城市是人类文明的结晶，城镇化是现代化的重要内容。 （下转第三版）

5月3日，国务院副总理李克强与欧盟委员会副主席阿尔穆尼亚共同出席在布鲁塞尔皇家剧场举行的中欧城镇化伙伴关系高层会议开幕式并发表题为《开启中欧城镇化战略合作新进程》的讲话。　新华社记者　丁　林摄

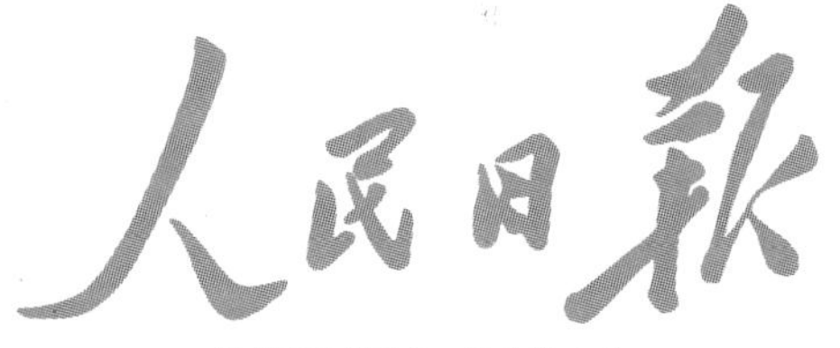

人民网 网址:http://www.people.com.cn
手机:http://wap.people.com.cn

2012年5月
5
星期六
壬辰年四月十五
人民日报社出版
国内统一连续出版物号
CN 11-0065
第23310期(代号1-1)
今日8版

胡锦涛强调,当代青年是无比幸运的一代,又是责任重大的一代。祖国发展的巨大成就为青年成长进步创造了良好条件,祖国建设的艰巨任务为青年大展身手提供了广阔舞台。广大青年要以邓小平理论和"三个代表"重要思想为指导,深入贯彻落实科学发展观,牢记光荣使命,珍惜宝贵机遇,以坚定的信念、宽广的胸怀、创造的激情、务实的态度,踊跃投身改革开放和社会主义现代化建设伟大实践,努力做科学发展的奋力推动者、和谐社会的积极构建者,用自己的双手为全面建设小康社会、建成富强民主文明和谐的社会主义现代化国家奉献力量,谱写中国青年运动浓墨重彩的新篇章。

纪念中国共产主义青年团成立90周年大会在京隆重举行

胡锦涛发表重要讲话

吴邦国温家宝贾庆林李长春李克强贺国强周永康出席 习近平主持

5月4日,纪念中国共产主义青年团成立90周年大会在北京人民大会堂举行。中共中央总书记、国家主席、中央军委主席胡锦涛在会上发表重要讲话。

新华社记者 刘卫兵摄

5月4日,纪念中国共产主义青年团成立90周年大会在北京人民大会堂举行。会前,胡锦涛、吴邦国、温家宝、贾庆林、李长春、习近平、李克强、贺国强、周永康等党和国家领导人亲切会见了参加纪念大会的先进青年典型、优秀团员团干部、基层先进团组织代表。

新华社记者 兰红光摄

本报北京5月4日电 (记者**刘维涛**)团徽熠熠,照耀火红岁月;团旗飘飘,辉映壮丽前程。5月4日是全国各族团员青年的节日五四青年节,纪念中国共产主义青年团成立90周年大会在北京人民大会堂隆重举行。中共中央总书记、国家主席、中央军委主席胡锦涛出席大会并发表重要讲话。胡锦涛强调,当代青年是无比幸运的一代,又是责任重大的一代。祖国发展的巨大成就为青年成长进步创造了良好条件,祖国建设的艰巨任务为青年大展身手提供了广阔舞台。广大青年要以邓小平理论和"三个代表"重要思想为指导,深入贯彻落实科学发展观,牢记光荣使命,珍惜宝贵机遇,以坚定的信念、宽广的胸怀、创造的激情、务实的态度,踊跃投身改革开放和社会主义现代化建设伟大实践,努力做科学发展的奋力推动者、和谐社会的积极构建者,用自己的双手为全面建设小康社会、建成富强民主文明和谐的社会主义现代化国家奉献力量,谱写中国青年运动浓墨重彩的新篇章。

党和国家领导人吴邦国、温家宝、贾庆林、李长春、习近平、李克强、贺国强、周永康出席纪念大会。

人民大会堂大礼堂里,笑语飞扬,歌声如潮。团员青年们的到来,使这里充满了蓬勃的朝气,洋溢着浓郁的青春气息。

下午3时30分许,胡锦涛等党和国家领导人步入会场,全场响起长时间的掌声。

习近平宣布纪念大会开始。全体起立,高唱中华人民共和国国歌。

在热烈的掌声中,胡锦涛发表了重要讲话。他首先代表党中央,向全国各族团员青年和各级共青团组织、广大共青团干部,致以热烈的祝贺和诚挚的问候。

胡锦涛指出,90年前,在中国革命风云激荡的历史变革中,在伟大五四运动的深刻影响下,中国共产主义青年团宣告成立。这是中国共产党为动员广大青年投身中国社会伟大变革而采取的重大行动,表明我们党充分认识到青年在中国社会发展进步中的重要地位和作用。从此,在党的领导下,在中国人民争取民族独立、人民解放和国家富强、人民富裕的长期奋斗中,中国青年运动展开了浩浩荡荡的发展征程。实践充分表明,广大青年确实是我国社会最积极、最活跃、最有生气的一支力量,确实是值得信赖、堪当重任、大有希望的;共青团不愧是党的忠实助手和后备军,不愧是党联系青年的牢固桥梁和纽带,不愧是社会主义国家政权的重要社会支柱。

胡锦涛强调,中国青年运动90年的历史发展,留下了极为宝贵的经验和启迪:必须始终坚持中国共产党的领导,必须始终弘扬爱国主义精神,必须始终走在时代前列,必须始终投身人民伟大实践,必须始终尊重青年主体地位。

胡锦涛给当代青年提出5点希望:希望广大青年坚持远大理想,高举中国特色社会主义伟大旗帜,坚定不移走中国特色社会主义道路,努力掌握和运用中国特色社会主义理论体系,坚信中国特色社会主义制度具有巨大优越性和强大生命力,不为任何风险所惧、不为任何干扰所惑,在为党和人民事业的奋斗中创造人生辉煌;希望广大青年坚持刻苦学习,面向现代化、面向世界、面向未来,以只争朝夕的紧迫感,不断充实自己、提高自己、丰富自己,同时自觉到基层一线去,到艰苦环境中去,到祖国和人民最需要的地方去,在实践的熔炉中增长见识、砥砺品质、强化本领;希望广大青年坚持艰苦奋斗,敢于吃苦、勇挑重担,从小事做起、从基础做起,迎难而上、百折不挠,依靠自己的辛勤努力开辟人生和事业的前进道路,用埋头苦干的行动创造实实在在的业绩,在千磨万击中历练人生、收获成功;希望广大青年坚持开拓创新,大力发扬以改革创新为核心的时代精神,有那么一种勇立潮头的浩气,有那么一种超越前人的勇气,有那么一种与时俱进的朝气,立足岗位、立足实际,讲求科学、讲求方法,为推动理论创新、制度创新、科技创新、文化创新以及其他各方面创新贡献聪明才智;希望广大青年坚持高尚品行,把正确的道德认知、自觉的道德养成、积极的道德实践紧密结合起来,提高品德修养,弘扬传统美德,倡导新风正气,争当诚实守信的模范,争当奉献社会的模范,争当促进和谐的模范,通过自己的实际行动,让爱国主义、集体主义、社会主义思想更加深入人心,让社会主义荣辱观更好引领社会风尚。

胡锦涛强调,共青团组织一定要适应新形势,以改革创新精神推进各项工作和自身建设,着力把牢正确政治方向,着力提高服务青年能力,着力创新活动方式,着力夯实基层基础,更好履行组织青年、引导青年、服务青年、维护青少年合法权益的职能,不断提高共青团工作科学化水平。要以增强政治意识、提高业务本领、转变工作作风、坚持严格自律为重点,加强团干部队伍建设,努力打造一支让党放心、让青年满意的高素质团干部队伍。

胡锦涛要求各级党委务必把青年工作作为一项带有根本性、战略性的工作,倾听青年心声,关心青年疾苦,鼓励青年成长,支持青年创业,及时制定和完善政策措施,尽力为青年身心健康、事业发展、生活幸福提供良好环境和条件。要加强对共青团的领导,及时研究解决共青团事业发展中的实际问题,关心帮助共青团干部锻炼成长,更好发挥共青团组织在改革发展稳定各项工作中的重要作用。

胡锦涛最后说,伟大的时代召唤着青年,辉煌的事业期待着青年。党和人民坚信,我国各族青年一定会不负重托、不辱使命,在全面建设小康社会、坚持和发展中国特色社会主义、实现中华民族伟大复兴的征程上创造更加壮美的青春业绩。**(讲话全文另发)**

胡锦涛总书记的重要讲话在与会团员青年代表中引起强烈共鸣,大家受到巨大的鼓舞和激励。

习近平在主持会议时指出,胡锦涛总书记的重要讲话充分肯定了90年来我国青年在党的领导下为革命、建设、改革事业作出的突出贡献,高度评价了90年来各级团组织带领团员青年为党和人民事业不懈奋斗的辉煌业绩,对广大青年提出了殷切希望,对共青团工作提出了明确要求。胡锦涛总书记的讲话思想深刻、内涵丰富,语重心长、情真意切,具有重要指导意义。各级团组织一定要认真学习、宣传、贯彻胡锦涛总书记的重要讲话精神,进一步统一团员青年思想和行动,指导团的工作和建设,推动共青团事业不断开创新局面。希望广大团员青年牢记党的殷切嘱托和人民的殷切期望,勇敢肩负起时代重任,在全面建设小康社会中奋发有为,在树立社会主义新风尚中勇于争先,继续为党和人民建功立业。

共青团中央书记处第一书记陆昊,青年典型代表、武汉理工大学管理学院青年教师郎坤,中华全国总工会副主席、书记处第一书记王玉普先后在纪念大会上发言。

会前,胡锦涛、吴邦国、温家宝、贾庆林、李长春、习近平、李克强、贺国强、周永康等党和国家领导人亲切会见了参加纪念大会的先进青年典型、优秀团员团干部和基层先进团组织代表等。

参加会见和出席纪念大会的领导同志还有:王兆国、刘云山、刘延东、李源潮、何勇、令计划、王沪宁,以及中央军委委员李继耐。

中央党政军群有关部门和北京市的负责同志以及首都各界团员青年代表等约6000人参加了纪念大会。

在纪念中国共产主义青年团成立90周年大会上的讲话

(2012年5月4日)

胡锦涛

青年朋友们,同志们:

今天是五四青年节。我们在这里隆重集会,纪念中国共产主义青年团成立90周年,共同回顾中国青年运动波澜壮阔的历史,共同瞻望我们伟大祖国灿烂美好的未来,共同抒发我国各族青年奋发有为的情怀。

首先,我代表党中央,向全国各族团员青年和各级共青团组织、广大共青团干部,致以热烈的祝贺和诚挚的问候!

90年前,在中国革命风云激荡的历史变革中,在伟大五四运动的深刻影响下,中国共产主义青年团宣告成立。这是中国共产党为动员广大青年投身中国社会伟大变革而采取的重大行动,表明我们党充分认识到青年在中国社会发展进步中的重要地位和作用。从此,在党的领导下,在中国人民争取民族独立、人民解放和国家富强、人民富裕的长期奋斗中,中国青年运动展开了浩浩荡荡的发展征程。

90年来,在中国革命、建设、改革各个历史时期,中国共产党始终高度重视青年、关怀青年、信任青年,对青年一代寄予殷切期望。毛泽东同志赞扬青年是"早晨八、九点钟的太阳",强调希望寄托在青年身上,号召广大青年走与工农群众相结合的道路。邓小平同志满怀深情地指出,"青年一代的成长,正是我们事业必定要兴旺发达的希望所在",希望广大青年争当有理想、有道德、有文化、有纪律的一代新人。江泽民同志强调,"青年兴则国家兴,青年强则国家强",希望广大青年为党和人民事业坚韧不拔开拓前进。党的十六大以来,党中央要求全党都"关注青年、关心青年、关爱青年",希望广大青年充分发挥聪明才智、尽情展现人生价值,让青春在为党和人民建功立业中焕发出绚丽光彩。这充分表明,中国共产党从来都把青年看作是民族的希望、祖国的未来,从来都把青年作为党和人民事业发展朝气蓬勃的推动力量,从来都热情鼓励和坚定支持青年在人民前进的伟大实践中实现人生理想和远大抱负。

90年来,在中国共产党领导下,一代又一代青年用青春和热血书写了彪炳史册的壮丽篇章。在新民主主义革命时期,广大青年冲锋在前,为争取民族独立、人民解放浴血奋战、赴汤蹈火。在社会主义革命和建设时期,广大青年发愤图强,为改变国家一穷二白面貌勇挑重担、艰苦创业。在改革开放新的历史时期,广大青年锐意进取,为推进改革开放和社会主义现代化建设顽强拼搏、再立新功。一代又一代青年茁壮成长、发奋成才,涌现出一个个可歌可泣的英模人物,谱写出一首首感人至深的青春凯歌。实践充分表明,广大青年确实是我国社会最积极、最活跃、最有生气的一支力量,确实是值得信赖、堪当重任、大有希望的!

90年来,共青团组织始终发扬"党有号召、团有行动"的优良传统,自觉围绕党在各个历史时期的中心任务,发挥自身优势,团结带领广大团员青年,推动中国青年运动始终沿着与民族同命运、与祖国共奋进、与时代齐发展的方向前进。特别是改革开放以来,共青团组织主动适应新形势新任务,积极探索、大胆创新,组织带领广大青年为改革开放和社会主义现代化建设赤诚奉献,开创了共青团事业发展新局面。实践充分表明,共青团不愧是党的忠实助手和后备军,不愧是党联系青年的牢固桥梁和纽带,不愧是社会主义国家政权的重要社会支柱。

中国青年运动90年的历史发展,留下了极为宝贵的经验和启迪,我们要牢牢记取、倍加珍惜。

——必须始终坚持中国共产党的领导。中国共产党是团结带领全国各族人民夺取事业胜利的坚强领导核心。一部中国青年运动史,说到底,就是一部广大青年在党的领导下不懈奋斗的历史。只有坚持中国共产党的领导,广大青年才能朝着正确方向奋勇前进,中国青年运动才能沿着正确道路蓬勃发展。

(下转第四版)

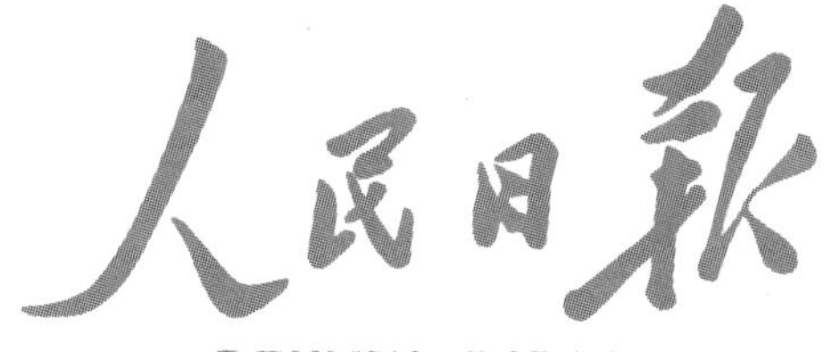

RENMIN RIBAO

人民网 网址:http://www.people.com.cn
手机:http://wap.people.com.cn

2012年6月
1
星期五
壬辰年闰四月十二
人民日报社出版
国内统一连续出版物号
CN 11-0065
第23337期(代号1-1)
今日24版

地处武陵山区腹地的湖南省桑植县,路难行是百姓脱贫致富的最大制约

修通村民致富路

本报记者 江 夏 朱 隽 王 珂

编者按:扶贫开发是一项长期而重大的任务,是一项崇高而伟大的事业。经过多年努力,我国扶贫开发工作取得了巨大成就,大量贫困人口脱贫,贫困地区面貌发生了明显的变化。但制约贫困地区、贫困人口发展的深层次矛盾依然存在。按照新的扶贫标准,我国农村地区还有1.28亿贫困人口,扶贫任务依然十分艰巨。中央扶贫开发工作会议强调,要加大投入力度,把集中连片特殊困难地区作为主战场,把稳定解决扶贫对象温饱、尽快实现脱贫致富作为首要任务。

近日,本报开展"走基层——贫困山区行"系列采访活动,派出多路记者奔赴武陵山区、乌蒙山区、罗霄山区、秦巴山区等连片特困地区,了解群众的生产、生活状况,倾听他们的呼声,反映扶贫工作的亮点、难点及最新进展。

今日首篇刊登湖南省桑植县改善交通条件、修通村民致富路的报道。 (详见第五版)

走基层·贫困山区行

在祖国阳光哺育下快乐生活健康成长

——记胡锦涛总书记"六一"前考察北京市东城区少年宫

代表党中央向全国各族少年儿童表示节日的祝贺,向全国广大少儿工作者表示崇高的敬意。希望小朋友们从小树立远大志向,学好文化知识,培养高尚品德,锻炼强健体魄,做全面发展的好学生

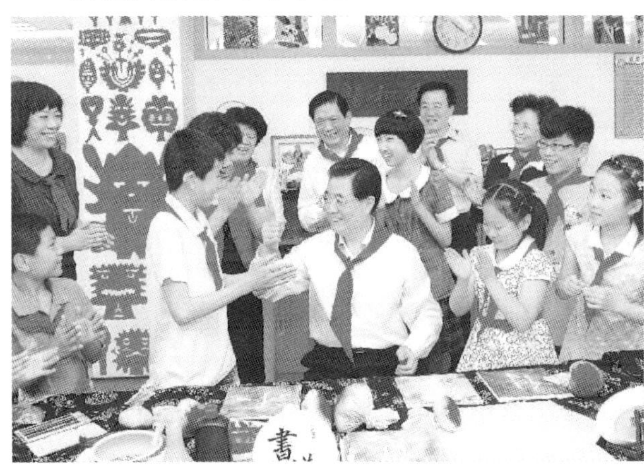

"六一"国际儿童节到来之际,中共中央总书记、国家主席、中央军委主席胡锦涛5月31日上午来到北京市东城区少年宫考察,亲切看望在这里参加活动的小朋友们。这是胡锦涛和失聪少年郑洪涛一起拓印"自强不息"4个大字,祝愿他和其他小朋友一样健康快乐成长。 新华社记者 黄敬文摄

"六一"国际儿童节到来之际,中共中央总书记、国家主席、中央军委主席胡锦涛5月31日上午来到北京市东城区少年宫考察,亲切看望在这里参加活动的小朋友们。这是胡锦涛关切地询问不久前来北京接受先天性心脏病免费手术治疗的少数民族儿童的康复情况。 新华社记者 兰红光摄

"六一"国际儿童节到来之际,中共中央总书记、国家主席、中央军委主席胡锦涛5月31日上午前往北京市东城区少年宫考察,亲切看望在这里参加活动的小朋友们,代表党中央,向全国各族少年儿童表示节日的祝贺,向全国广大少儿工作者表示崇高的敬意。

东城区少年宫是北京市开办较早的一家校外教育机构,每年都吸引大批少年儿童前来参加丰富多彩的活动,在推进素质教育方面作出了很大成绩。今年"六一"期间,这个少年宫开展了"阳光下我们共同成长"主题系列活动,小朋友们在活动中享受着节日的欢乐。

上午9时30分许,胡锦涛总书记一行来到东城区少年宫。几名少先队员兴高采烈地迎上前来,给胡爷爷系上鲜艳的红领巾,总书记微笑着向孩子们祝贺节日。

培养孩子们健康有益的兴趣爱好是校外教育的一个特色,东城区少年宫许多活动室里,各种少儿兴趣活动别开生面。胡锦涛走进一间间活动室,察看孩子们参加活动情况。

在"奇妙梦工坊"活动室,进行着一场引人入胜的机器人"运动会"。孩子们操控着几个机器人,顺利推倒了多米诺骨牌、击倒了小保龄球,胡锦涛和大家一道鼓起掌来。几个小朋友争着请胡爷爷看机器人跳舞,有的小朋友还跟着音乐打起节拍。一个小女孩对胡爷爷说,长大了想当一名科学家。胡锦涛称赞她人小志气高,勉励孩子们从小培养对科学技术的兴趣,多动脑、多动手,掌握更多本领,为将来建设祖国打好基础。

在"蓓蕾小梨园"活动室,几名上了妆的小演员在京胡伴奏下有板有眼地学唱京剧。胡锦涛兴致勃勃地欣赏孩子们的表演,夸奖他们唱得真棒。一名扮演包公的小演员走过来,大胆地说:"胡爷爷,您能帮我化完妆吗?""好啊!"胡锦涛拿起化妆笔,在他额头上仔细勾画起来。脸谱画好了,这名小演员走上台去给大家唱了一段《铡美案》,字正腔圆的演唱赢得一片喝彩。总书记对孩子们说,京剧是我们的国粹。希望同学们通过学唱京剧了解历史、增长知识,努力传承中华民族优秀传统文化。

在"运动嘉年华"活动室,一群小篮球迷做完了花式篮球的韵律操,又开始练习投篮。他们熟练地接球、运球、上篮,每投进一个球,大家都鼓掌、叫好。看着朝气蓬勃、生龙活虎的孩子们,胡锦涛语重心长地嘱咐说,同学们正处在长身体的时候,文化学习要抓紧,体育锻炼也不能放松,做全面发展的好学生。

在"童谣游戏营"活动室,一些小学生正在做击鼓传花游戏。在孩子们的热情邀请下,胡锦涛同他们围坐成一圈。伴随着急促的鼓点,花球在总书记和孩子们手中快速传递。鼓声突然停了下来,拿到花球的小朋友大方地站起来,请其他小伙伴和自己一起表演颂扬社会新风的秧歌、快板书等小节目。游戏结束时,胡锦涛对孩子们说,和同学们一起做击鼓传花游戏,我们好像又回到了童年时代。从你们的表演中可以体会到,良好的道德风尚对社会进步是多么的重要。希望同学们从自己做起,从身边做起,从小事做起,真正做一名讲道德、讲文明的好少年。

引导孩子们形成互帮互助、团结友爱意识是校外教育的一项重点,今天参加东城区少年宫活动的,有来自少数民族地区、地震灾区的孩子,有外地来京务工人员的孩子,还有接受特殊教育的孩子,大家其乐融融地欢聚在一起。胡锦涛来到这些孩子中间,关切地询问,深情地鼓励,祝福孩子们都能健康快乐地成长。

当总书记走进"集邮俱乐部"活动室,正围着一张大桌子制作"笑脸邮票"的孩子们个个欣喜不已。听说11岁的刘萍来自四川什邡,12岁的江巴才仁来自青海玉树,胡锦涛坐到他们中间,了解他们现在的学习和生活情况,还拿起彩笔同他们一道为"笑脸邮票"上色。4年前汶川特大地震发生后,总书记曾亲临什邡等受灾地区,鼓励孩子们从小学会坚强,不向困难低头;两年前玉树强烈地震发生后,总书记风尘仆仆来到灾区板房教室看望孩子们,把地震中失去父母的孤儿心疼地搂在怀里。这感人的一幕幕,刘萍和江巴才仁至今仍记得真切。他们告诉胡爷爷,在全国人民帮助下,现在生活有保障,上学也有了新学校。说着,他们还拿出新校舍的照片请胡爷爷看。胡锦涛接到手里细细端详,脸上露出欣慰的笑容。随后,总书记和孩子们一同走到绘满笑脸的墙壁前,将几个"笑脸"图案粘到墙上。胡锦涛表示,党和政府的愿望,就是要让所有少年儿童都生活在幸福之中、生活在欢乐之中。

当总书记走进"童心巧巧手"活动室,孩子们争先恐后向胡爷爷展示自己的小作品。失聪少年郑洪涛一边打手语一边讲口语,请胡爷爷和他一起拓字。胡锦涛用手语祝他儿童节快乐,并和他一块儿用拓锤在铺好纸的字模上轻轻锤打。不一会儿,"自强不息"4个大字拓了出来。胡锦涛说:"希望你发扬自强不息的精神,和其他小朋友一样快乐、健康成长。"小洪涛连连点头,把胡爷爷的话牢记在心。

当总书记走进"国博万花筒"活动室,身穿民族服装的孩子们拥了过来。2011年初,中华慈善总会实施少数民族贫困家庭先天性心脏病儿童救助行动,解放军总医院等4家部队医院为近千名患儿进行了免费手术治疗。今天在少年宫参加活动的这些孩子,就是不久前到北京来接受手术治疗的,目前都已治愈康复。一个名叫扎西平措的藏族孩子对胡爷爷说:"我特别喜欢足球,以前不敢跑,现在身体好了,跑得可快了!"这时,在一旁的藏族孩子加措情不自禁地载歌载舞,表达自己的喜悦心情。总书记为这些孩子的康复感到由衷的高兴,他说,各民族的孩子都是祖国的花朵,在祖国大家庭里,都会得到同样的关爱,今后我们还要帮助更多的患病儿童恢复健康。胡锦涛向在场的医护人员详细询问我国先天性心脏病儿童的救治情况,对他们所做的工作表示感谢。接着,胡锦涛和几个孩子一起,把绘有天安门城楼的图板拼入一幅《中国各族人民大团结》的图画中。在这幅由国家博物馆提供的微缩壁画前,各民族小朋友紧紧依偎在胡爷爷身边。

"让我们荡起双桨,小船儿推开波浪……"少年宫的多功能厅里传来阵阵动听的歌声,一些孩子正在排练歌舞《快乐的节日》。总书记走过去,和孩子们手拉手一同唱起来。面对簇拥在身边的孩子们,胡锦涛说,明天是"六一"国际儿童节,这是小朋友们的节日。我们今天特地来参加你们的活动,向你们表示节日的祝贺。少年儿童是国家的小主人,长大以后要承担建设祖国的重任。希望你们从小树立远大志向,学好文化知识,培养高尚品德,锻炼强健体魄,在祖国阳光哺育下快乐生活、健康成长。

胡爷爷饱含关爱、充满期待的话语,给孩子们幼小的心灵洒下了缕缕温暖的阳光……

中共中央政治局委员、北京市委书记刘淇,中共中央政治局委员、国务委员刘延东,中共中央书记处书记、中央办公厅主任令计划,全国人大常委会副委员长、全国妇联主席陈至立等一同考察看望。 (**新华社北京5月31日电 记者邹声文**)

中央军委主席胡锦涛分别签署命令和通令

追授严高鸿同志"模范理论工作者"荣誉称号

给1个单位、3名个人记功

新华社北京5月31日电 中华人民共和国中央军事委员会主席胡锦涛日前签署命令,追授南京政治学院科研部学报编辑部原主编、教授严高鸿"模范理论工作者"荣誉称号。

严高鸿,男,1948年4月出生,1968年3月入伍,1969年2月入党,安徽省广德县人。2010年12月18日,他在参加学院研究生学位论文开题报告会时,因突发心脏病,以身殉职。

命令指出,严高鸿同志把毕生精力献给了国防教育事业和马克思主义理论教育研究事业,是一名优秀的马克思主义理论工作者。他从事政治理论教学研究31年,刻苦钻研党的创新理论,先后发表55篇学术论文、主持完成8项国家和军队科研规划课题、出版17部专著和教材,为马克思主义哲学、军事哲学、军事思维学研究做出显著贡献,获得军队杰出专业技术人才奖等多个奖项。他主持编写的《中国社会主义建设概论》教材,在理论教育研究领域产生重要影响;提出的"纳入人类实践的自然环境作为构成生产力的重要因素,通过生产力系统参与了对社会发展的决定性作用"观点,被学术界称为"严高鸿命题"。他积极宣传党的创新理论,每年授课250课时以上,开设的13门课程成为学院的精品课或特色课,先后到军地单位作报告600多场次,受到听众的普遍称赞。 (下转第二版)

温家宝主持召开国务院常务会议

再次听取全国民用核设施综合安全检查情况汇报 讨论并原则通过《核安全与放射性污染防治"十二五"规划及2020年远景目标》

新华社北京5月31日电 国务院总理温家宝31日主持召开国务院常务会议,再次听取全国民用核设施综合安全检查情况汇报,讨论并原则通过《核安全与放射性污染防治"十二五"规划及2020年远景目标》。

会议指出,国务院2011年3月16日常务会议听取了应对日本福岛第一核电站核事故有关情况的汇报,决定对全国核设施进行安全检查。有关部门组织核安全、地震、海洋等方面专家,用9个多月时间对全国41台运行、在建核电机组,3台待建核电机组,以及所有民用研究堆和核燃料循环设施等,进行了综合安全检查。中国工程院组织开展了我国核能发展的再研究重大咨询项目,形成了《新形势下我国核电发展的建议》阶段研究报告。今年2月8日,国务院常务会议听取了综合安全检查情况汇报,对进一步深入检查及落实整改措施作了部署。

安全检查的总体结论是:我国核安全标准全面采用国际原子能机构的安全标准,核安全法规标准体系与国际接轨。民用核设施在选址中对地震、洪水等外部事件进行了充分论证。核电厂在设计、制造、建设、调试和运行等各环节均进行了有效管理,总体质量受控。

检查认为,我国运行和在建核电厂基本能够满足我国现行核安全法规和国际原子能机构最新标准的要求,具备一定的严重事故预防和缓解能力,风险受控,安全有保障;民用研究堆和核燃料循环设施满足我国现行核安全法规要求,风险受控,安全有保障。

(下转第四版)

（三）建国建党建军活动新闻的版面安排

我国习俗“五年小庆，十年大庆”。体现到国家庆典中，也是逢五逢十的纪念年份更为隆重，报纸的宣传报道也更为突出。

建国、建党、建军活动的新闻，根据不同规格给以不同的处理。大庆年份，一版版面基本为整版篇幅，多数情况下仅保留两条重要稿件，即大会消息稿和领导人讲话稿，同时配发有关照片。在大会举行前的一段时间内，一版还陆续刊出举行纪念晚会、重点展览及社论等予以配合。但无论是常规年份，还是大庆年份，版面的要求都是热烈、隆重、大方，体现人民日报应有的风范。

国庆活动

国庆大庆活动的版面安排

1999年10月1日，是国庆50周年纪念日。10月2日一版浓墨重彩报道国庆活动盛况。头条通栏套红报道阅兵式和群众游行的消息，配以江泽民乘车检阅受阅部队的四栏照片。报眼为中央政治局常委在天安门城楼上检阅队伍的四栏照片。右侧为江泽民发表讲话的全文和照片。在版面的下方，是两张烘托气氛的照片，一张为夜色下天安门广场绚烂的礼花，一张为行进中的游行队伍。

（附 1999 年 10 月 2 日一版）

2009年10月1日，是中华人民共和国成立60周年的日子。当天的人民日报出版“国庆特刊”，并以总共60个版面庆祝国庆。

一版欢乐喜庆，版面下部通八栏打出套红横幅“热烈庆祝中华人民共和国成立60周年”，头条消息是“国务院举行盛大国庆招待会”，配发招待会现场照片一张。报眼位置是胡锦涛会见海外人才和优秀留学回国人才代表的消息，也配发照片一张。当日四版刊登国庆社论《迎着中华民族伟大复兴的曙光》，一版出了标题新闻。

60年大庆，高潮出现在10月1日盛大的阅兵仪式和群众游行。

10月2日的人民日报庄重、大气、喜庆。当日一版共两条消息。报眼位置安排国庆联欢晚会消息。头条八栏是阅兵仪式和群众游行消息，配发三张照片：胡锦涛讲话、江泽民出席大会和胡锦涛检阅受阅部队。二版刊登了中央政治局常委参加国庆联欢晚会的八栏照片和胡锦涛在国庆大会上的讲话全文。

（附 2009 年 10 月 1 日一版、五版（特刊一版），2009 年 10 月 2 日一版、二版）

常规年份的国庆报道

2011 年的国庆报道，1 日一版刊登国庆招待会消息，配发总理讲话。2 日一版刊登党和国家领导人参加的向人民英雄纪念碑敬献花篮的消息。

（附 2011 年 10 月 1 日、2 日一版）

庆祝建党活动

2011 年 7 月 1 日，中国共产党成立九十周年。当日头版头条位置是通八栏的“热烈庆祝中国共产党成立 90 周年”栏头，栏头下是总书记为《中国共产党成立九十周年》纪念封题词的消息，再下面是各民主党派中央、全国工商联和无党派人士致中国共产党中央委员会的贺信，底部是三张建设成就的新闻照片。右侧是本报社论。报眼为预告性消息标题和特刊首页的照片。

7 月 2 日，一版以头条通栏形式刊登庆祝中国共产党成立 90 周年大会的消息，配发两张照片。报眼为讲话摘要。

2006 年 6 月 30 日，庆祝中国共产党成立 85 周年暨总结保持共产党员先进性教育活动大会在京举行。次日一版以头条通栏形式刊出消息，并配发两张照片。一张为胡锦涛讲话照片，一张为主席台上，中央主要领导高唱国歌的照片。版面下部也以通栏刊登胡锦涛在大会上的讲话，报眼位置刊登《中共中央关于表彰全国先进基层党组织和优秀共产党员优秀党务工作者的决定》。版面庄重大气。

在建党大庆的报道中，作为中共中央机关报，人民日报都会遵照中央精神，突出处理。除在大庆前夕有预热性报道（如刊发特稿、征文等），节日期间还要在要闻版、新闻版增加有关新闻的报道量，一般还会出特刊。

（附 2011 年 7 月 1 日一版、特刊一版、7 月 2 日一版，2006 年 7 月 1 日一版、6 月 30 日特刊一版）

庆祝建军节活动

庆祝中国人民解放军建军 80 周年大会

2007 年 8 月 1 日，中国人民解放军建军 80 周年纪念大会在京举行。胡锦涛发表重要讲话。次日一版以整版篇幅突出报道。头条及报眼共刊发三张照片。下部通栏刊发胡锦涛在大会上的讲话。

（附 2007 年 8 月 2 日一版）

人民日报

RENMIN RIBAO

今日 8 版（华南地区16版）

网址：http://www.peopledaily.com.cn

国内统一刊号：CN11—0065

第18711期　（代号1—1）

人民日报社出版

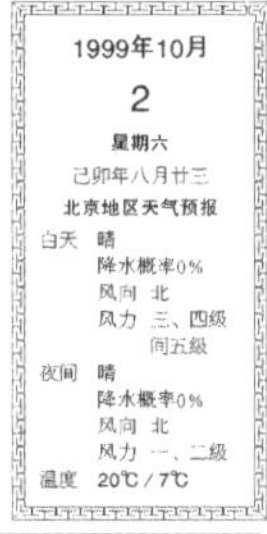

1999年10月

2

星期六

己卯年八月廿三

北京地区天气预报

白天　晴
降水概率0%
风向　北
风力　三、四级
间五级

夜间　晴
降水概率0%
风向　北
风力　一、二级

温度　20℃／7℃

党和国家领导人江泽民、李鹏、朱镕基、李瑞环、胡锦涛、尉健行、李岚清在天安门城楼上。　新华社记者　李学仁摄

隆重庆祝中华人民共和国成立五十周年

首都举行盛大阅兵仪式和群众游行

江泽民检阅受阅部队并发表重要讲话

李鹏朱镕基李瑞环胡锦涛尉健行李岚清等同50万军民参加庆典

中共中央总书记、国家主席、中央军委主席江泽民在检阅受阅部队。　新华社记者　王建民摄

新华社北京10月1日电　走过半个世纪光辉历程的新中国，今天迎来了她50周年的庆典。首都各界庆祝中华人民共和国成立50周年大会，上午在北京天安门广场隆重举行。50万各族军民以盛大的阅兵仪式和群众游行，欢庆伟大祖国的这一盛大节日。

中共中央总书记、国家主席、中央军委主席江泽民在庆典上以激昂的声音向世界宣布：从本世纪中叶到下世纪中叶，中国人民经过一百年的艰苦创业，将基本实现社会主义现代化。中华民族将以更加强劲的英姿屹立于世界民族之林。中国的未来是无限光明的。让我们高举马克思列宁主义、毛泽东思想、邓小平理论的伟大旗帜，朝着辉煌的目标奋勇前进。一个富强民主文明的社会主义现代化中国必将出现在世界的东方。

10月的神州大地，普天同庆，万众欢腾。金秋的北京，秋高气爽，繁花似锦，处处洋溢着节日的欢乐气氛。修缮一新的天安门城楼金碧辉煌，宏伟壮观。城楼红墙中央，悬挂着共和国的缔造者毛泽东同志的彩色画像。人民英雄纪念碑前，竖立着伟大的革命先行者孙中山先生的画像。两侧是红底白字的巨大标牌“庆祝中华人民共和国成立50周年”、“高举邓小平理论伟大旗帜迈向新世纪”。

广场上空飘浮着34个大红灯笼造型的气球。2个直径为7米的气球，悬挂五彩缤纷的花篮，象征50年来我国各项事业发展迅速，硕果累累，欣欣向荣，生机勃勃。其余的32个气球，分布在广场四周，象征全国各省、自治区、直辖市各族人民的团结和统一。广场上林立的彩旗迎风招展，10万名少先队员、青年学生手持花束，组成红底黄字的巨幅“国庆”字样的图案。

上午9时58分，在欢快的迎宾乐曲声中，党和国家领导人江泽民、李鹏、朱镕基、李瑞环、胡锦涛、尉健行、李岚清来到天安门城楼主席台。

10时，中共中央政治局委员、中共北京市委书记贾庆林宣布庆典开始。在50响的隆隆礼炮声中，200名国旗护卫队官兵组成的方队，以铿锵的脚步从人民英雄纪念碑前沿红色地毯向广场北端的旗杆行进。随后，由1000多人组成的中国人民解放军联合军乐团奏响中华人民共和国国歌的旋律，全场肃立高唱国歌，鲜艳的五星红旗冉冉升起，高高飘扬在广场上空。

身着中山装的江泽民主席乘国产红旗牌检阅车，在雄壮的军乐声中，穿过天安门城楼、跨过金水桥、驶上长安街，在阅兵总指挥、北京军区司令员李新良的陪同下，检阅了由42个威武雄壮、军容严整、装备精良、精神抖擞的人民解放军陆海空三军和人民武装警察部队、民兵预备役部队组成的地面方队。

“同志们好！”“同志们辛苦了！”江泽民主席洪亮的声音在长安街上空响起。指战员们齐声回答：“首长好！”“为人民服务！”

这是党的第三代领导核心第一次在天安门广场检阅三军部队。

检阅部队后，江泽民登上天安门城楼发表了重要讲话。他说，今天，我们在宏伟的天安门广场，隆重庆祝中华人民共和国成立50周年。这是全国各族人民的盛大节日，也是检阅我们成就和力量的庄严典礼。他代表党中央、全国人大、国务院、全国政协和中央军委，向一切为祖国的独立、统一、民主、富强建立了功勋的革命先辈和烈士们表示深切的怀念；向全国各族人民和海内外爱国同胞，致以热烈的节日祝贺；向关心和支持中国发展的外国友人和世界人民，表示诚挚的感谢。（下转第三版）

在庆祝中华人民共和国成立五十周年大会上的讲话

（一九九九年十月一日）

江泽民

本报记者　王忠家摄

全国同胞们，

同志们，朋友们：

今天，我们在宏伟的天安门广场，隆重庆祝中华人民共和国成立五十周年。这是全国各族人民的盛大节日，也是检阅我们成就和力量的庄严典礼。

我代表党中央、全国人大、国务院、全国政协和中央军委，向一切为祖国的独立、统一、民主、富强建立了功勋的革命先辈和烈士们，表示深切的怀念！向全国各族人民和海内外爱国同胞，致以热烈的节日祝贺！向关心和支持中国发展的外国友人和世界人民，表示诚挚的感谢！

五十年前的今天，毛泽东主席在这里向世界宣告了新中国的诞生，中国人民从此站起来了，中华民族的发展进入了一个崭新的时代。

十五年前的今天，邓小平同志在这里向世界宣告了中国人民正沿着改革开放的道路阔步前进，中国社会主义建设的航船将乘风破浪地驶向现代化的光辉彼岸。

经过五十年特别是改革开放二十年来艰苦卓绝的奋斗，昔日积贫积弱的中国发生了翻天覆地的历史巨变。勤劳、勇敢、智慧的中国人民在党的领导下，在古老的华夏大地上创造了举世惊叹的人间奇迹。

实践已经充分证明，只有社会主义才能救中国，只有社会主义才能发展中国。实践也充分证明，建设有中国特色社会主义，是实现中国经济繁荣和社会全面进步的康庄大道。

人类又来到一个新的世纪之交和新的千年之交的重要时刻。这是人们回顾过去征程与业绩、展望未来发展与前景的美好时刻。

从上世纪中叶到本世纪中叶，中国人民经过一百年的浴血斗争，终于实现了民族独立和人民解放，根本改变了自己的命运。从本世纪中叶到下世纪中叶，中国人民经过一百年的艰苦创业，将基本实现社会主义现代化，中华民族将以更加强劲的英姿屹立于世界民族之林。

我们伟大的祖国已经走过了五千年的历程，在五千年的历史长河中，中华民族以自己的聪明才智和卓越创造，为世界文明作出了不可磨灭的贡献，在新的千年中，中华民族必将以自己新的灿烂成就，为世界文明作出更大的贡献。

我们将继续坚持党的基本理论、基本路线、基本纲领，依靠全国各族人民的力量，在新的世纪里不断谱写建设有中国特色社会主义的新篇章。

我们将继续坚持『和平统一、一国两制』的方针，在实现香港和澳门顺利回归以后，最终完成台湾与祖国大陆的统一。实现祖国的完全统一和维护祖国的安全，是中华民族伟大复兴的根本基础，也是全体中国人民不可动摇的坚强意志。

我们将继续坚持独立自主的和平外交政策，在和平共处五项原则的基础上发展同所有国家的友好合作关系，中国人民始终同广大发展中国家和世界各国人民站在一起，为反对霸权主义和推进世界多极化，推动建立公正合理的国际政治经济新秩序，促进世界和平与发展的崇高事业而不懈努力。

奋斗就会有艰辛，艰辛孕育新的发展，这是一个普遍规律。中国的未来是无限光明的。让我们高举马克思列宁主义、毛泽东思想、邓小平理论的伟大旗帜，朝着辉煌的目标奋勇前进！一个富强民主文明的社会主义现代化中国必将出现在世界的东方。

伟大的中华人民共和国万岁！

伟大的中国共产党万岁！

伟大的中国人民万岁！

（新华社北京十月一日电）

首都举行盛大国庆联欢晚会

江泽民李鹏朱镕基李瑞环胡锦涛尉健行李岚清同10万群众共度节日之夜

新华社北京10月1日电　“我们和祖国共命运，相恋到永远。”今天晚上，首都各族各界群众在天安门广场上载歌载舞，庆祝新中国成立50周年。

党和国家领导人江泽民、李鹏、朱镕基、李瑞环、胡锦涛、尉健行、李岚清登上天安门城楼，与人民群众共度节日之夜。

广场的夜晚流光溢彩，欢歌笑语。上万盏照明灯、装饰灯，把整个广场照耀得如同白昼。在数十盏探照灯、激光灯的交相辉映下，天安门城楼格外壮丽辉煌；广场中心的人民英雄纪念碑和两侧的人民大会堂、革命历史博物馆，在灯光的映衬下美丽庄严。广场四周和长安街两侧的常青树上，彩灯闪烁，宛如繁星撒落。

晚上8时，中共中央政治局委员、中共北京市委书记贾庆林宣布联欢晚会开始。五彩缤纷的礼花腾空而起。名为“世纪颂歌”、“东方之光”、“祖国颂”等新式礼花，从天安门广场等11个燃放点喷薄而出，竞相绽放，在清朗的夜空中播撒出绚丽的彩霞。

随着撼天动地的鼓声，由“贺神州普天同庆”、“吟中华流光溢彩”、“颂祖国万众欢腾”3个部分组成的大型文艺演出揭开序幕。在金水桥前278米长、60米宽的中心表演区，来自全国14个省、自治区、直辖市的1万多名演员，从东到西，首尾相接，以行进表演的方式，将我国各地区、各民族千姿百态的鼓舞、灯彩、戏曲、歌舞一一展现，尽情抒发对祖国的热爱。一曲《翻身道情》的信天游在夜空回荡，抒发着对新中国诞生的喜悦；粗犷的山东汉子扭起鼓子秧歌，表达着对美好生活的祝愿；（下转第三版）

十月一日晚，首都举行盛大国庆联欢晚会。图为天安门广场上空五彩缤纷的礼花绽放。　本报记者　王忠家摄

十月一日，五十万军民以盛大的阅兵仪式和群众游行欢庆祖国的盛大节日。图为行进中的群众游行队伍。　本报记者　张雅心摄

人民日报
RENMIN RIBAO

人民网 网址：http://www.people.com.cn
手机：http://wap.people.com.cn

2009年10月
1
星期四
己丑年八月十三
人民日报社出版
国内统一连续出版物号
CN 11-0065
第22363期(代号1-1)
今日60版

胡锦涛在会见海外人才回国观礼团和优秀留学回国人才代表团成员时勉励他们
努力创造出无愧于时代的辉煌业绩 为中华民族伟大复兴作出重要贡献
温家宝习近平李克强参加会见

庆祝中华人民共和国成立六十周年
国务院举行盛大国庆招待会
胡锦涛江泽民吴邦国贾庆林李长春习近平李克强贺国强周永康等出席 温家宝发表讲话

9月30日，国务院在北京人民大会堂举行盛大国庆招待会，热烈庆祝中华人民共和国成立60周年。胡锦涛、江泽民、吴邦国、温家宝、贾庆林、李长春、习近平、李克强、贺国强、周永康等党和国家领导人同4000余名中外人士欢聚一堂，共庆佳节。 新华社记者 李学仁摄

本报北京9月30日电 （记者**陈一鸣**）沧桑巨变波澜壮阔，共同祝愿伟大祖国。国务院30日晚在人民大会堂举行盛大国庆招待会，热烈庆祝中华人民共和国成立60周年。胡锦涛、江泽民、吴邦国、温家宝、贾庆林、李长春、习近平、李克强、贺国强、周永康等党和国家领导人同4000余名中外人士欢聚一堂，共庆佳节。

今晚的人民大会堂宴会厅张灯结彩，喜气洋洋。主席台上方国徽高悬，"1949—2009"的大字年号熠熠生辉，10面鲜艳的红旗分列两侧。大厅内鲜花盛开，一派庄重、热烈、祥和景象。

晚上6时许，伴随着欢快的《迎宾曲》，胡锦涛等党和国家领导人步入宴会大厅，全场响起热烈掌声。

招待会在庄严的国歌声中开始。国务院总理温家宝发表了热情洋溢的讲话。他首先代表党中央、国务院，向全国各族人民和各界人士，致以节日的祝贺；向港澳同胞、台湾同胞和海外侨胞，致以亲切的问候；向出席招待会的各国朋友和所有关心、支持我国现代化建设的国际友人，表示诚挚的感谢。

温家宝说，1949年10月1日，中华人民共和国宣告成立，开辟了中国历史新纪元。站立起来的中国人民，掌握着自己的命运，创造着共和国的历史。60年来，中国共产党领导全国各族人民，团结奋斗，艰苦创业，中华大地发生了沧桑巨变。国家经济实力和综合国力极大增强，人民生活显著改善，社会文明程度大幅提升，国际地位空前提高。波澜壮阔的历史变迁，翻天覆地的社会进步，激励着每一个中华儿女。我们为祖国的日益强盛和欣欣向荣而倍感自豪。

温家宝说，60年来，中国人民在毛泽东思想、邓小平理论和"三个代表"重要思想的指引下，解放思想、实事求是，成功探索了一条符合中国国情的社会主义现代化道路。没有改革开放，就没有中国特色社会主义；没有中国特色社会主义，就没有今天中国的繁荣和进步。中国特色社会主义，是指引我们胜利前进的旗帜。60年的辉煌成就，归功于伟大的中国人民，归功于伟大的中国共产党，归功于充满生机和活力的中国特色社会主义。

温家宝指出，60年的经验告诉我们：在整个社会主义初级阶段，必须始终坚持以经济建设为中心，以改革开放为动力，全面推进社会主义经济建设、政治建设、文化建设、社会建设以及生态文明建设；必须通过经济体制改革、政治体制改革和其他领域的改革，充分发挥全体人民的积极性、主动性和创造性，实现社会公平正义，使整个国家充满活力；必须发扬社会主义民主，健全社会主义法制，坚持依法治国，实现国家长治久安；必须加强和改进党的建设，深入开展反腐败斗争，密切党和政府同人民群众的血肉联系。

温家宝说，今年以来，世界经济经受着上世纪大萧条以来最为严峻的挑战，我国经济也遭受巨大冲击。我们坚定信心，从容应对，及时果断采取正确的政策措施，有效遏制了经济增速下滑的势头。我们要保持宏观经济政策的连续性和稳定性，增强宏观调控的针对性、有效性和可持续性，实现经济平稳较快发展，并为世界经济的可持续复苏作出贡献。

温家宝强调，国家的安定，民族的团结，社会的和谐，是各项事业健康发展的可靠保证。我们要坚定不移地维护社会稳定，维护人民群众的根本利益；坚定不移地坚持民族区域自治制度和国家民族宗教政策，巩固和发展平等团结互助和谐的社会主义民族关系。

温家宝说，我们要坚决贯彻"一国两制"方针，保持香港、澳门长期繁荣稳定。我们将坚持一个中国原则，同台湾同胞一道，开创两岸关系和平发展新局面，推进祖国和平统一大业。我国将坚持独立自主的和平外交政策，始终不渝地走和平发展道路，推动建设持久和平、共同繁荣的和谐世界。

温家宝指出，我们正站在新的历史起点上。再过40年，将迎来新中国成立100周年。到那时，一个富强民主文明和谐的社会主义现代化国家，将巍然屹立在世界东方。我们前面的道路还很长，也不平坦。我们务必保持谦虚、谨慎、不骄、不躁的作风，务必保持艰苦奋斗的作风，增强忧患意识，居安思危，励精图治。展望未来，我们清醒、自信、坚定。让我们紧密团结在以胡锦涛同志为总书记的党中央周围，高举中国特色社会主义伟大旗帜，以邓小平理论和"三个代表"重要思想为指导，深入贯彻落实科学发展观，万众一心、开拓进取，谱写中华民族伟大复兴的新篇章！**（讲话全文另发）**

在欢乐的乐曲声中，中外朋友频频举杯，共庆新中国六十华诞，共祝中国更加繁荣富强。

招待会由国务委员兼国务院秘书长马凯主持。

出席招待会的还有：王刚、王乐泉、王兆国、王岐山、回良玉、刘淇、刘云山、刘延东、李源潮、汪洋、张高丽、张德江、俞正声、徐才厚、郭伯雄、薄熙来、李鹏、李瑞环、宋平、尉健行、李岚清、曾庆红、吴官正、罗干、何勇、令计划、路甬祥、乌云其木格、韩启德、华建敏、陈至立、周铁农、李建国、司马义·铁力瓦尔地、蒋树声、陈昌智、严隽琪、桑国卫、梁光烈、孟建柱、戴秉国、王胜俊、曹建明、廖晖、杜青林、帕巴拉·格列朗杰、白立忱、陈奎元、阿不来提·阿不都热西提、李兆焯、黄孟复、董建华、张梅颖、张榕明、钱运录、孙家正、李金华、郑万通、邓朴方、万钢、林文漪、厉无畏、罗富和、陈宗兴、王志珍和刘复之、杨白冰、丁关根、田纪云、迟浩田、张万年、姜春云、吴仪、曹刚川、曾培炎、王汉斌、倪志福、邹家华、布赫、铁木尔·达瓦买提、彭珮云、周光召、曹志、李铁映、司马义·艾买提、何鲁丽、成思危、许嘉璐、蒋正华、顾秀莲、热地、盛华仁、路甬祥、蒋家璇、肖扬、贾春旺、杨汝岱、任建新、宋健、钱正英、孙孚凌、胡启立、陈锦华、赵南起、毛致用、王文元、王忠禹、李贵鲜、张思卿、罗豪才、张克辉、郝建秀、徐匡迪、张怀西、李蒙，中央军委委员陈炳德、李继耐、廖锡龙、常万全、靖志远、吴胜利、许其亮以及傅全有、于永波、王克、王瑞林、乔清晨。

在京的中共中央委员、候补委员，在京的原中央顾问委员会委员，在京的中央纪律检查委员会委员，在京的第十一届全国人大常委会委员，在京的政协第十一届全国委员会常务委员；党中央、国务院各部门及中央管理的在京金融机构、在京国有重要骨干企业负责人，全国人大常委会办公厅、全国政协办公厅负责人，最高人民法院、最高人民检察院负责人，解放军各总部、各军兵种和北京军区、武警部队、中央军委办公厅、北京卫戍区负责人，各民主党派、全国工商联负责人和无党派人士代表，各人民团体负责人，北京市负责人；教育、科技、文化艺术、新闻、出版、卫生、体育、宗教等各界知名人士，全国劳动模范和先进人物代表，全国著名拥军模范、烈士家属、革命伤残军人、退役军人代表，全国民族团结进步表彰大会代表及少数民族代表等；在京的知名全国人大代表、全国政协委员和其他爱国人士；老将军、老红军、老干部代表；已故的党和国家领导人、元帅、大将的配偶；海外归国高层次人才和优秀留学人才代表；香港特别行政区人士，澳门特别行政区人士，台湾同胞、华侨、华人代表；在京的重要外宾、国际知名人士和配偶、各国驻华使节、国际组织驻华代表和配偶以及部分外国专家及其配偶，也出席了招待会。

9月30日，党和国家领导人胡锦涛、温家宝、习近平、李克强在北京人民大会堂亲切会见海外人才回国观礼团和优秀留学回国人才代表团成员。 新华社记者 马占成摄

新华社北京9月30日电 （记者**孙承斌、邹声文**）在新中国六十华诞到来之际，党中央、国务院专门邀请海外人才和优秀留学回国人才代表参加国庆观礼活动。中共中央总书记、国家主席、中央军委主席胡锦涛30日下午在人民大会堂亲切会见观礼团和代表团成员并发表重要讲话。中共中央政治局常委、国务院总理温家宝，中共中央政治局常委、中央书记处书记、国家副主席习近平，中共中央政治局常委、国务院副总理李克强参加会见。

人民大会堂3楼金色大厅里，欢声笑语，气氛热烈。下午3时许，当胡锦涛等党和国家领导人来到这里，全场响起阵阵掌声。胡锦涛等高兴地同海外人才回国观礼团和优秀留学回国人才代表团成员亲切握手，对大家参加国庆观礼活动表示热烈欢迎。

胡锦涛在讲话中说，60年来祖国社会主义建设取得的辉煌成就，是全国各族人民团结奋斗的结果，也包含了广大海外人才和留学回国人才的奉献和功劳。胡锦涛代表党中央、国务院，向观礼团和代表团全体成员，向广大海外人才和留学回国人才，表示诚挚的问候和衷心的感谢。

胡锦涛指出，新中国成立60年来，我们国家取得了举世瞩目的伟大成就，但我们清醒地知道，我国仍是一个发展中国家，仍处于并将长期处于社会主义初级阶段。实现社会主义现代化，实现中华民族伟大复兴，还有很长的路要走，还需要包括海外人才和留学回国人才在内的全体中华儿女长期艰苦奋斗。

胡锦涛强调，人才资源是第一资源。随着我国改革开放和社会主义现代化建设的不断推进，党和政府作出了实施人才强国战略的重大决策，为各类优秀人才施展才华提供了更加广阔的舞台。胡锦涛希望广大海外人才胸怀祖国、心系桑梓，继续以各种方式为祖国服务，为中华民族伟大复兴作出重要贡献；希望广大留学回国人才发扬光荣传统，开拓进取、扎实工作，努力创造出无愧于时代的辉煌业绩。

中共中央政治局委员、国务委员刘延东，中共中央政治局委员、中央书记处书记、中组部部长李源潮，中央书记处书记、中央办公厅主任令计划，国务委员兼国务院秘书长马凯，国务委员戴秉国参加会见。

在庆祝中华人民共和国成立六十周年招待会上的讲话
（二〇〇九年九月三十日）

中华人民共和国国务院总理 温家宝

各位来宾、各位朋友、各位同志：

今天，我们欢聚一堂，热烈庆祝中华人民共和国成立60周年。我代表党中央、国务院，向全国各族人民和各界人士，致以节日的祝贺！向港澳同胞、台湾同胞和海外侨胞，致以亲切的问候！向出席招待会的各国朋友和所有关心、支持我国现代化建设的国际友人，表示诚挚的感谢！

1949年10月1日，中华人民共和国宣告成立，开辟了中国历史新纪元。站立起来的中国人民，掌握着自己的命运，创造着共和国的历史。

60年来，中国共产党领导全国各族人民，团结奋斗，艰苦创业，中华大地发生了沧桑巨变。国家经济实力和综合国力极大增强，人民生活显著改善，社会文明程度大幅提升，国际地位空前提高。波澜壮阔的历史变迁，翻天覆地的社会进步，激励着每一个中华儿女。我们为祖国的日益强盛和欣欣向荣而倍感自豪！

古老的中华民族何以能重新焕发青春活力？积贫积弱的中国何以能迅速赶上时代发展的潮流？从根本上说，就是中国人民在毛泽东思想、邓小平理论和"三个代表"重要思想的指引下，解放思想、实事求是，成功探索了一条符合中国国情的社会主义现代化道路。改革开放是具有划时代意义的伟大变革。没有改革开放，就没有中国特色社会主义；没有中国特色社会主义，就没有今天中国的繁荣和进步。中国特色社会主义，是指引我们胜利前进的旗帜！

60年的辉煌成就，归功于伟大的中国人民，归功于伟大的中国共产党，归功于充满生机和活力的中国特色社会主义。

60年的经验告诉我们：在整个社会主义初级阶段，必须始终坚持以经济建设为中心，以改革开放为动力，全面推进社会主义经济建设、政治建设、文化建设、社会建设以及生态文明建设；必须通过经济体制改革、政治体制改革和其他领域的改革，充分发挥全体人民的积极性、主动性和创造性，实现社会公平正义，使整个国家充满活力；必须发扬社会主义民主，健全社会主义法制，坚持依法治国，实现国家长治久安；必须加强和改进党的建设，深入开展反腐败斗争，密切党和政府同人民群众的血肉联系。

同志们，朋友们！

今年以来，世界经济经受着上世纪大萧条以来最为严峻的挑战，我国经济也遭受巨大冲击。我们坚定信心，从容应对，及时果断采取正确的政策措施，有效遏制了经济增速下滑的势头。我们要保持宏观经济政策的连续性和稳定性，增强宏观调控的针对性、有效性和可持续性，实现经济平稳较快发展，并为世界经济的可持续复苏作出贡献。

国家的安定，民族的团结，社会的和谐，是各项事业健康发展的可靠保证。（下转第二版）

迎着中华民族伟大复兴的曙光
（第四版）

热烈庆祝中华人民共和国成立60周年！

光辉岁月

5–16 版

60 年波澜壮阔，数不尽动人篇章。追访英雄模范的奋斗之地，重温感动世界的中国精神，见证普通民众的生活巨变，盘点少数民族地区的卓越成就，细数"一国两制"和祖国统一大业的不断推进，全景展示中国特色社会主义的制度优势和无限生机

神州新貌

17–52 版

一甲子风云流转，中华大地"旧貌换新颜"。放眼望去，万里山河欣欣向荣，九州画卷翻天覆地。31 个省、自治区、直辖市和新疆生产建设兵团共同书写"中国奇迹"

祝福中国

53–60 版

举国同庆，祝福声声，处处欢歌笑语，人人满怀豪情。站在新的历史起点，回首过去、审视现在、展望未来，成长道路激越艰辛，复兴之途愈发自信，中国明天更加灿烂……

盛·典

60

1949–2009

中国迈向美好未来

何振华

当身处洪流之中时，你或许感觉不到它的流动，但如果你将目光稍微放得长远一些，你便又会发现多么大的变革已经产生。

在人类历史的长河中，60 年不过是弹指一瞬；对一个以千年为单位的民族，60 年也只是在弹指之间。但新中国成立以来 60 年所发生的沧桑巨变，却足以浓墨重彩地写入中华民族五千年的文明史册。

对中国近代历史稍有了解的人都会知道，从鸦片战争到 1949 年的百余年间，中华民族走过了历史长河中最为屈辱的一段，让无数志士悲愤地呐喊"中国民族最危险的命运啊"，发出"我要使中国民族解放，又何惜于我这一条生命"的悲壮之声。为了使中华民族得以继续存在，为了在国际社会中赢得一席之地，为了探索一条在新的世界中继续生存下去的道路，无数共产党员和仁人志士奔走呼号，其间充满了太多的血与火，浸满了太多的泪与痛。

亲历了新中国 60 年伟大变革的人都能体会，我们的祖国从来没有像今天这样欣欣向荣，我们的人民从来没有像今天这样自信豪迈。从满目疮痍、积贫积弱到经济总量世界第三、人民生活迈向总体小康，从封闭半封闭到置身全球经济舞台，从半封建半殖民地社会到中国特色社会主义，60 年来，新中国所演绎的巨大变迁、所创造的"东方奇迹"，使几代中国人的民族复兴之梦正一步步变为现实。

没有书写过辉煌的一页，就不会有沉重的失落；没有穿越过屈辱的黑暗，就不会体会到"落后挨打"的痛楚。世界上没有哪一个民族，能像中华民族这样，既创造了五千年的悠久文化，也承受着百余年山河不在、受人欺凌的近代。很少有这样一个民族，在经历了百余年的屈辱沉沦后，能够再有如此强烈的"复兴"梦想；也很少有这样一个民族，在逆境的重压下能够焕发出如此强劲的不屈力量、如此蓬勃的创造活力。

这一切，正如英国《时代》周刊所言："在经历了数百年的分裂混乱、入侵、战争以及难以名状的贫困饥荒后，中国人正准备拥抱那久违的荣耀，也在中华民族的伟大复兴。"这就是中国人民信心与鼓舞的深层历史背景。

更重要的是，在这一进程中，我们找到了一条实现民族复兴的道路。从 1840 年鸦片战争至今，从器物革新到制度变革，从资本主义道路、君主立宪道路、改良主义道路，在中国历史的大舞台上反复地被验证。回首过去 100 多年，历史发展的规律已经走出了一条清晰的路径，雄辩有力地证明：只有选择马克思主义，选择中国共产党，选择中国特色社会主义道路，才能推进百年中国的现代化梦想，才能实现中华民族的伟大复兴。

"在步入 21 世纪之际，中国犹如一只在涅槃中翱翔而起的凤凰，处在一种自乾隆朝（1736–1795 年）末期以来最良好的国际地位。"在《中国近代史：中国的奋斗》一书中，著名华裔历史学家徐中约这样写道。这是历史学家的判断。而把视野向前推移，在我们党成立 100 年时，要建成惠及十几亿人口的更高水平的小康社会；到新中国成立 100 年时，要基本实现现代化……这是中华民族伟大复兴的稳健步伐。

迎着民族复兴的曙光，更加美好的未来必将属于历尽沧桑而自信自立自强的中国人民！

人民日报 国庆特刊

2009 年 10 月 1 日

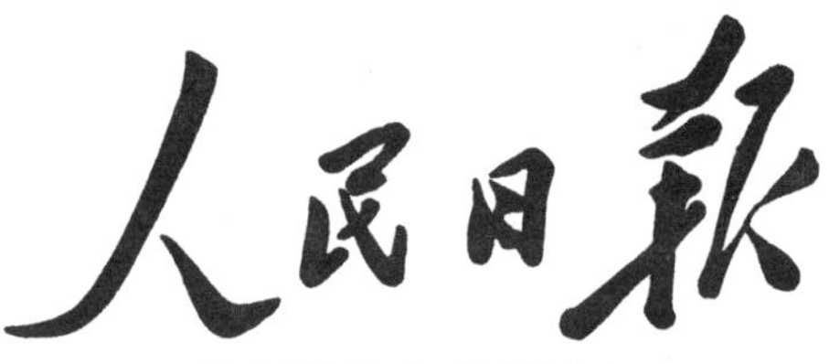

RENMIN RIBAO

人民网　网址:http://www.people.com.cn
手机:http://wap.people.com.cn

2009年10月
2
星期五
己丑年八月十四

人民日报社出版

国内统一连续出版物号
CN 11-0065

第22364期(代号1-1)

今日16版

首都各界举行盛大联欢晚会

胡锦涛江泽民吴邦国温家宝贾庆林李长春习近平李克强贺国强周永康同8万群众欢度国庆之夜

新华社北京10月1日电　奔放的歌舞,抒发中华儿女满腔豪情;绚丽的焰火,祝福伟大祖国美好明天。首都各界群众8万余人1日晚在北京天安门广场举行盛大联欢晚会,热烈庆祝中华人民共和国成立60周年。党和国家领导人胡锦涛、江泽民、吴邦国、温家宝、贾庆林、李长春、习近平、李克强、贺国强、周永康登上天安门城楼,同各界群众欢度国庆之夜。

皓月当空,金风送爽;流光溢彩,火树银花。今晚的天安门广场到处欢歌笑语,洋溢着节日的喜庆气氛。以国旗旗杆为中心,4028棵多彩"发光树"组成9000平方米的"光立方"主题表演区。长安街中心路段和天安门广场东西两侧,分布着13个联欢表演区。人民英雄纪念碑前,耸立着一面巨大的烟花网幕,上面"1949—2009"几个大字闪闪发光。

19时57分,胡锦涛、江泽民等领导同志来到天安门城楼主席台,向现场群众挥手致意。全场发出热烈的欢呼。

20时整,北京电报大楼传来悠扬的《东方红》报时乐声。

(下转第三版)

隆重庆祝中华人民共和国成立60周年

首都举行盛大阅兵仪式和群众游行

胡锦涛检阅受阅部队并发表重要讲话

江泽民吴邦国温家宝贾庆林李长春习近平李克强贺国强周永康出席

新华社北京10月1日电　六十载奋斗创业,一甲子春华秋实。伟大的中华人民共和国迈着雄健的步伐,走过了60年光辉历程,迎来了六十华诞。10月1日上午,首都各界庆祝中华人民共和国成立60周年大会在北京天安门广场隆重举行,20万军民以盛大的阅兵仪式和群众游行欢庆伟大祖国的这一盛大节日。

中共中央总书记、国家主席、中央军委主席胡锦涛检阅受阅部队,并发表重要讲话。江泽民、吴邦国、温家宝、贾庆林、李长春、习近平、李克强、贺国强、周永康等出席庆祝大会。

国庆佳节,中华大地万众欢腾,首都北京繁花似锦。

在蓝天白云映衬下,修葺一新的天安门城楼更加金碧辉煌、庄严雄伟,城楼红墙正中悬挂着新中国缔造者毛泽东同志的巨幅彩色画像。巍巍矗立的人民英雄纪念碑前,竖立着伟大的革命先行者孙中山先生的画像,纪念碑两侧超宽电子屏上"伟大的中华人民共和国万岁"、"伟大的中国共产党万岁"等标语格外醒目。

天安门广场上空,60只直径5米的大红灯笼,烘托出热烈、喜庆、祥和的氛围;广场东西两侧,56根绘有各族群众载歌载舞图案的民族团结柱,象征着56个民族共同擎起祖国繁荣富强的伟大基业。广场上彩旗招展,8万名青少年手持花束,组成"国庆"二字的巨大图案,使整个广场成了花的世界、欢乐的海洋。

上午9时58分,在欢快的乐曲声中,胡锦涛、江泽民、吴邦国、温家宝、贾庆林、李长春、习近平、李克强、贺国强、周永康等党和国家领导人来到天安门城楼主席台。

10时整,中共中央政治局委员、北京市委书记刘淇宣布庆祝大会开始。

60响礼炮响彻云霄,60名佩戴红领巾的少先队员行少先队队礼,200名国旗护卫队官兵护卫着五星红旗,迈着铿锵有力的步伐,从人民英雄纪念碑行进至广场北端的升旗区。由1500人组成的中国人民解放军联合军乐团奏响中华人民共和国国歌,全场齐声高唱,鲜艳的五星红旗冉冉升起,在天安门广场上空迎风飘扬。

胡锦涛乘坐国产红旗牌检阅车,经过金水桥,驶上长安街。阅兵总指挥、北京军区司令员房峰辉报告受阅部队准备完毕,胡锦涛下达检阅开始的命令。

雄壮的《中国人民解放军进行曲》奏响,胡锦涛乘车沿着宽阔的长安街,依次检阅由中国人民解放军陆海空三军和人民武装警察部队、民兵预备役部队组成的44个精神抖擞、装备精良的地面方队。

"同志们好!""同志们辛苦了!"胡锦涛洪亮的声音在长安街上空回响。"首长好!""为人民服务!"受阅官兵的响亮回答声震长空。

10月1日,首都各界庆祝中华人民共和国成立60周年大会在北京天安门广场隆重举行。中共中央总书记、国家主席、中央军委主席胡锦涛在会上发表重要讲话。　**新华社发**

10月1日,首都各界庆祝中华人民共和国成立60周年大会在北京天安门广场隆重举行。江泽民同志出席大会。

新华社记者　**姚大伟摄**

检阅后,胡锦涛登上天安门城楼,发表重要讲话。他首先代表党中央、全国人大、国务院、全国政协和中央军委,向一切为民族独立和人民解放、国家富强和人民幸福建立了不朽功勋的革命先辈和烈士们表示深切的怀念,向全国各族人民和海内外爱国同胞致以热烈的祝贺,向关心和支持中国发展的各国朋友表示衷心的感谢。

胡锦涛在讲话中指出,60年前的今天,中国人民经过近代以来100多年的浴血奋战终于夺取了中国革命的伟大胜利,毛泽东主席在这里向世界庄严宣告了中华人民共和国的成立。中国人民从此站起来了,具有5000多年文明历史的中华民族从此进入了发展进步的历史新纪元。60年来,在以毛泽东同志、邓小平同志、江泽民同志为核心的党的三代中央领导集体和党的十六大以来的党中央领导下,勤劳智慧的我国各族人民同心同德、艰苦奋斗,战胜各种艰难曲折和风险考验,取得了举世瞩目的伟大成就,谱写了自强不息的壮丽凯歌。今天,一个面向现代化、面向世界、面向未来的社会主义中国巍然屹立在世界东方。

胡锦涛指出,新中国60年的发展进步充分证明,只有社会主义才能救中国,只有改革开放才能发展中国、发展社会主义、发展马克思主义。中国人民有信心、有能力建设好自己的国家,也有信心、有能力为世界作出自己应有的贡献。

胡锦涛强调,我们将坚定不移坚持中国特色社会主义道路,全面贯彻执行党的基本理论、基本路线、基本纲领、基本经验,继续解放思想,坚持改革开放,推动科学发展,促进社会和谐,推进全面建设小康社会进程,不断开创中国特色社会主义事业新局面、谱写人民美好生活新篇章。我们将坚定不移坚持"和平统一、一国两制"的方针,保持香港、澳门长期繁荣稳定,推动海峡两岸关系和平发展,继续为实现祖国完全统一这一中华民族的共同心愿而奋斗。我们将坚定不移坚持独立自主的和平外交政策,坚持和平发展道路,奉行互利共赢的开放战略,在和平共处五项原则基础上同所有国家发展友好合作,继续同世界各国人民一道推进人类和平与发展的崇高事业,推动建设持久和平、共同繁荣的和谐世界。中国人民解放军和人民武装警察部队要发扬光荣传统,加强自身建设,切实履行使命,为维护国家主权、安全、领土完整,为维护世界和平再立新功。

胡锦涛最后指出,历史启示我们,前进道路从来不是一帆风顺的,但掌握了自己命运、团结起来的人民必将战胜一切艰难险阻,不断创造历史伟业。展望未来,中国的发展前景无限美好。全党全军全国各族人民要更加紧密地团结起来,高举中国特色社会主义伟大旗帜,与时俱进,锐意进取,继续朝着建设富强民主文明和谐的社会主义现代化国家、实现中华民族伟大复兴的宏伟目标奋勇前进,继续以自己的辛勤劳动和不懈奋斗为人类作出新的更大的贡献。

胡锦涛讲话结束时,全场响起雷鸣般的掌声。广场上"中华人民共和国万岁"、"中国共产党万岁"、"人民万岁"的背景字样和图案格外壮观。

10时37分,阅兵分列式开始。由陆海空三军仪仗队组成的方队,护卫着中国人民解放军军旗走在最前面。随后,由军区、军兵种、武警部队和总部直属部队以及北京市民兵预备役部队8000余名官兵组成的13个徒步方队,雄赳赳气昂昂依次通过天安门广场,接受祖国和人民检阅。被誉为"拳头"和"尖兵"部队的特战兵方队,是第一次参加国庆首都阅兵的方队;平均年龄只有18岁的水兵方队,是受阅方队中最年轻的一支队伍;英姿飒爽的三军女兵方队,成为受阅方队中一道亮丽的风景线;威武雄壮的武警方队,表现出党和人民忠诚卫士坚决维护国家安全和社会稳定的坚强意志;由国家公务员、企业职工、社会青年和在校大学生组成的女民兵方队,以80后、90后的蓬勃朝气展示着"首都民兵之花"的巾帼风采……

铁流滚滚,气势如虹。由坦克、战车、火炮、导弹等组成的30个装备方队整装进发,以崭新阵容接受检阅。这些装备全部为我国自主研制和生产,90%是第一次公开展示。其中,机动雷达方队、后勤装备方队、巡航导弹方队,都是首次在国庆首都阅兵中组队亮相。当核导弹方队最后通过时,全场响起经久不息的掌声。

鹰击长空,剑啸苍穹。11时10分许,广场上空响起隆隆轰鸣声。由陆海空三军组成的12个空中梯队呼啸而至,预警机、轰炸机、加受油机、歼击机、直升机等151架飞机低空飞过天安门广场。由我国第一批女战斗机飞行员驾驶的教练机梯队殿后,在蓝天上拉出5道绚丽的彩烟。

三军浩荡,沿精兵之路昂首前进;铁甲生辉,显自主创新强大威力。那矫健有力的步伐,那翱翔蓝天的雄姿,那排山倒海的气势……集中展示了人民军队革命化、现代化、正规化建设的辉煌成就,集中展示了人民军队威武之师、文明之师、和平之师的崭新风貌,集中展示了人民军队有效履行新世纪新阶段历史使命,建设信息化军队、打赢信息化战争的坚强决心,集中展示了人民军队维护国家利益、促进世界和平与发展的强大力量。

随着受阅部队一批批通过,广场上的背景变换出"忠诚于党"、"热爱人民"、"报效国家"、"献身使命"、"崇尚荣誉"等字样和长城、和平鸽等图案。

看着军容齐整、军威雄壮的受阅部队,胡锦涛、江泽民等领导同志频频鼓掌,现场观礼的各界代表群情振奋、欢声雷动。

11时22分,以"我与祖国共奋进"为主旨的群众游行开始。游行分"奋斗创业"、"改革开放"、"世纪跨越"、"科学发展"、"辉煌成就"、"锦绣中华"、"美好未来"7个部分,由36个方阵、60辆彩车和6节行进式文艺表演组成,4000多人的军乐团、民乐团、合唱团现场演奏演唱。

(下转第四版)

10月1日,首都各界庆祝中华人民共和国成立60周年大会在北京天安门广场隆重举行。这是中共中央总书记、国家主席、中央军委主席胡锦涛检阅受阅部队。

新华社记者　**王建民摄**

胡锦涛同志在庆祝中华人民共和国成立60周年大会上的讲话

(第二版)

10月1日晚，首都各界群众在北京天安门广场举行盛大联欢晚会，热烈庆祝中华人民共和国成立60周年。党和国家领导人胡锦涛、江泽民、吴邦国、温家宝、贾庆林、李长春、习近平、李克强、贺国强、周永康等同各界群众共同欢度国庆之夜。**新华社发**

在庆祝中华人民共和国成立60周年大会上的讲话

（2009年10月1日）

胡锦涛

全国同胞们，
同志们，朋友们：

今天，我们隆重集会，庆祝中华人民共和国成立60周年。在这个喜庆而又庄严的时刻，全国各族人民都为伟大祖国的发展进步感到无比自豪，都对实现中华民族伟大复兴的光明前景充满信心。

在这里，我代表党中央、全国人大、国务院、全国政协和中央军委，向一切为民族独立和人民解放、国家富强和人民幸福建立了不朽功勋的革命先辈和烈士们，表示深切的怀念！向全国各族人民和海内外爱国同胞，致以热烈的祝贺！向关心和支持中国发展的各国朋友，表示衷心的感谢！

60年前的今天，中国人民经过近代以来100多年的浴血奋战终于夺取了中国革命的伟大胜利，毛泽东主席在这里向世界庄严宣告了中华人民共和国的成立。中国人民从此站起来了，具有5000多年文明历史的中华民族从此进入了发展进步的历史新纪元。

60年来，在以毛泽东同志、邓小平同志、江泽民同志为核心的党的三代中央领导集体和党的十六大以来的党中央领导下，勤劳智慧的我国各族人民同心同德、艰苦奋斗，战胜各种艰难曲折和风险考验，取得了举世瞩目的伟大成就，谱写了自强不息的壮丽凯歌。今天，一个面向现代化、面向世界、面向未来的社会主义中国巍然屹立在世界东方。

新中国60年的发展进步充分证明，只有社会主义才能救中国，只有改革开放才能发展中国、发展社会主义、发展马克思主义。中国人民有信心、有能力建设好自己的国家，也有信心、有能力为世界作出自己应有的贡献。

我们将坚定不移坚持中国特色社会主义道路，全面贯彻执行党的基本理论、基本路线、基本纲领、基本经验，继续解放思想，坚持改革开放，推动科学发展，促进社会和谐，推进全面建设小康社会进程，不断开创中国特色社会主义事业新局面、谱写人民美好生活新篇章。

我们将坚定不移坚持“和平统一、一国两制”的方针，保持香港、澳门长期繁荣稳定，推动海峡两岸关系和平发展，继续为实现祖国完全统一这一中华民族的共同心愿而奋斗。

我们将坚定不移坚持独立自主的和平外交政策，坚持和平发展道路，奉行互利共赢的开放战略，在和平共处五项原则基础上同所有国家发展友好合作，继续同世界各国人民一道推进人类和平与发展的崇高事业，推动建设持久和平、共同繁荣的和谐世界。

中国人民解放军和人民武装警察部队要发扬光荣传统，加强自身建设，切实履行使命，为维护国家主权、安全、领土完整，为维护世界和平再立新功。

历史启示我们，前进道路从来不是一帆风顺的，但掌握了自己命运、团结起来的人民必将战胜一切艰难险阻，不断创造历史伟业。

展望未来，中国的发展前景无限美好。全党全军全国各族人民要更加紧密地团结起来，高举中国特色社会主义伟大旗帜，与时俱进，锐意进取，继续朝着建设富强民主文明和谐的社会主义现代化国家、实现中华民族伟大复兴的宏伟目标奋勇前进，继续以自己的辛勤劳动和不懈奋斗为人类作出新的更大的贡献！

伟大的中华人民共和国万岁！

伟大的中国共产党万岁！

伟大的中国人民万岁！

（新华社北京10月1日电）

和平的力量　庄严的检阅

——胡锦涛主席检阅共和国武装力量侧记

万众屏息，亿万颗心在等待共和国又一个庄严时刻。

“向前向前向前！我们的队伍向太阳……”

2009年10月1日10时9分，在激昂的军乐声中，一辆红旗牌检阅车驶出天安门。中共中央总书记、国家主席、中央军委主席胡锦涛，身着中山装，神采奕奕地站立在检阅车中央。

车过金水桥，阅兵总指挥、北京军区司令员房峰辉驱车向前报告：

“主席同志，受阅部队准备完毕，请您检阅！”

“开始！”1300名军乐队员高奏进行曲，胡锦涛主席乘检阅车，在阅兵总指挥的陪同下，徐徐向东驶去……

节日的天安门广场鲜花如海，人如潮涌；装点一新的长安街上，三军列阵，铁甲生辉。

60年前的今天，毛泽东主席在这里亲手升起新中国第一面五星红旗。在开国的礼炮声中，为国家独立和人民解放浴血奋战22年的人民军队，接受了祖国和人民的检阅，从此肩负起保卫祖国、建设祖国的神圣使命。

25年前的今天，邓小平主席在这里检阅三军部队。高扬“和平与发展”的旗帜，人民军队踏上中国特色精兵之路，朝着建设强大的现代化正规化革命军队目标阔步前进。

10年前的今天，江泽民主席在这里检阅面向新世纪的人民军队。紧紧围绕打得赢和不变质两大历史性课题，积极推进中国特色军事变革，努力实现跨越式发展，我国国防和军队建设不断迈上新的台阶……

检阅车驶过东华表，“敬礼！”受阅方队指挥员一声令下，伫立在长安街的受阅官兵向胡锦涛主席行注目礼。

“同志们好！”

“首长好！”

“同志们辛苦了！”

“为人民服务！”

伴着气势磅礴的军乐，胡锦涛主席的亲切问候和受阅官兵的响亮回答，响彻十里长街。

这声音穿越时空，是历史的回响，更是豪情壮志的表达。

进入新世纪新阶段，胡锦涛主席对我军历史使命作出科学概括，军队要为党巩固执政地位提供重要的力量保证，为维护国家发展的重要战略机遇期提供坚强的安全保障，为维护国家利益提供有力的战略支撑，为维护世界和平与促进共同发展发挥重要作用。

我军职能使命有了新拓展，改革发展任务更加艰巨。

回眸历史，凝望未来。党中央、中央军委坚持把科学发展观作为国防和军队建设的重要指导方针，科学谋划着新世纪新阶段的兴军之策、强军之道——

以增强打赢信息化条件下局部战争能力为核心，全面提高应对多种安全威胁、完成多样化军事任务的能力；

按照革命化现代化正规化建设相统一的原则，推动军事、政治、后勤、装备等各个领域工作协调发展、共同进步；

解决好思想政治建设的时代课题，从思想上政治上组织上确保我军始终成为党绝对领导下的人民军队；

按照建设信息化军队、打赢信息化战争目标，依靠科技进步特别是以信息技术为主要标志的高新技术进步生长战斗力；

把以人为本作为重要的建军治军理念，始终坚持人民军队的根本性质和宗旨，尊重官兵的主体地位；

积极探索军民结合、寓军于民的新途径新方法，推进经济、科技、教育、人才等各个领域的军民融合……

这一系列富有鲜明时代特征的治军方略，与毛泽东军事思想、邓小平新时期军队建设思想、江泽民国防和军队建设思想既一脉相承又与时俱进，指引着国防和军队建设进入新的发展时期……

60年风云变幻，60年波澜壮阔。伴随着人民共和国建设、改革的伟大进程，人民军队已由过去单一军种的军队发展成为诸军兵种合成、具有一定现代化水平并开始向信息化迈进的强大军队……

节日的天安门广场鲜花如海，人如潮涌；装点一新的长安街上，一双双眼睛闪着激动的泪花，一张张笑脸透出激扬的神采。

胡锦涛主席乘检阅车从一个个队列前驶过，受阅方阵像山一样挺拔、海一般壮阔。摄像机镜头转动，照相机快门频响，流动的画面凝成永恒的历史。

此时此刻，数千海里之外的亚丁湾、索马里海域，中国海军舰艇正在为过往各国商船护航；在联合国8个维和责任区，近千名中国军人正在巡逻执勤……

2009年4月23日，青岛。面对应邀前来参加人民海军成立60周年庆典活动的29国海军代表团团长，胡锦涛主席郑重宣告——

不论现在还是将来，不论发展到什么程度，中国都永远不称霸，不搞军事扩张和军备竞赛，不会对任何国家构成军事威胁。包括中国人民解放军海军在内的中国军队，永远是维护世界和平、促进共同发展的重要力量。

维护世界和平，促进共同发展。这是中国政府的坚定主张，这是中国军队的神圣使命。

节日的天安门广场鲜花如海，人如潮涌；装点一新的长安街上，受阅方阵气壮山河，和平的阳光洒遍每个角落。

胡锦涛主席的亲切问候和受阅官兵的响亮回答，汇成一曲恢弘雄浑的交响，化作三军将士推进国防和军队建设科学发展的强大动力。

（据新华社北京10月1日电　记者曹智、李宣良、陈辉）

10月1日，首都各界庆祝中华人民共和国成立60周年大会在北京举行。这是领队梯队飞过天安门广场上空。　　本报记者　**杨振武摄**

人民日报

RENMIN RIBAO

人民网 网址:http://www.people.com.cn
手机:http://wap.people.com.cn

2011年10月
1
星期六
辛卯年九月初五
人民日报社出版
国内统一连续出版物号
CN 11-0065
第23093期(代号1-1)
今日4版

胡锦涛会见南非副总统

强调推进中南务实合作向更高层次、更宽领域发展

本报北京9月30日电 （记者**杨晔**）国家主席胡锦涛30日上午在人民大会堂会见了南非副总统莫特兰蒂。

胡锦涛说，中南两国人民有着深厚的传统友谊。1998年建交以来，两国关系全面快速发展。去年8月，祖马总统成功访华，我们共同签署《北京宣言》，宣布中南建立全面战略伙伴关系，标志着中南关系进入了新的发展阶段。中南双方要进一步加强战略沟通，深化政治互信，密切多层次交流合作，使两国关系沿着既定方向持续快速向前推进。双方要结合各自发展规划和战略，深挖合作潜力，扩大合作规模，进一步加强重点领域和重点项目上的合作，使中南务实合作向更高层次、更宽领域发展，实现《北京宣言》确定的目标和任务。

莫特兰蒂说，在两国元首签署的《北京宣言》指引下，南中全面战略伙伴关系顺利发展。南方愿同中方共同努力，进一步落实《北京宣言》，密切高层交往，拓展各领域务实合作，扩大双边贸易，增加相互投资，促进人文交流和人员往来，加强在国际和地区事务中的磋商与合作，推动两国全面战略伙伴关系迈上新台阶。

外交部部长杨洁篪、中国驻南非大使钟建华等参加了会见。

庆祝中华人民共和国成立六十二周年

国务院举行国庆招待会

胡锦涛吴邦国贾庆林李长春习近平李克强贺国强周永康等出席 温家宝发表讲话

9月30日，国务院在人民大会堂举行盛大招待会，热烈庆祝中华人民共和国成立62周年。胡锦涛、吴邦国、温家宝、贾庆林、李长春、习近平、李克强、贺国强、周永康等党和国家领导人与中外人士欢聚一堂，共庆佳节。 新华社记者 **李学仁**摄

9月30日，国家主席胡锦涛在北京人民大会堂会见南非副总统莫特兰蒂。 新华社记者 **饶爱民**摄

新华社北京9月30日电 （记者**李斌、吴晶、谭晶晶**）国务院30日晚在人民大会堂举行国庆招待会，热烈庆祝中华人民共和国成立62周年。胡锦涛、吴邦国、温家宝、贾庆林、李长春、习近平、李克强、贺国强、周永康等党和国家领导人与1000多名中外人士欢聚一堂，共庆佳节。

人民大会堂宴会厅内宾朋济济一堂，气氛喜庆热烈。主席台上方国徽高悬，“1949—2011”的大字年号熠熠生辉，10面鲜艳的红旗分立两侧。

17时30分许，伴随着欢快的《迎宾曲》，胡锦涛等党和国家领导人步入宴会厅，全场响起热烈掌声。

招待会在庄严的国歌声中开始。国务院总理温家宝发表了热情洋溢的讲话。他代表党中央、国务院，向全国各族人民致以节日的祝贺；向港澳同胞、台湾同胞和海外侨胞，致以亲切的问候；向关心、支持我国现代化建设的国际友人，表示诚挚的感谢。

温家宝说，今年是中国共产党诞生90周年，也是实施“十二五”规划的开局之年。面对严峻复杂的国际经济形势，我们实施积极的财政政策和稳健的货币政策，着力稳物价、调结构、促改革、惠民生，国民经济继续保持平稳较快发展，物价较快上涨势头得到控制，城镇就业进一步扩大，人民生活水平有了新的提高。

温家宝指出，我们要大力推动科学发展，提高发展的全面性、协调性、可持续性，使发展的成果造福当代、惠及子孙。大力保障和改善民生，解决好人民群众最关心、最直接、最现实的利益问题，让人民群众生活得幸福、安全，更有尊严。大力推进改革开放，继续推进经济体制、政治体制、文化体制、社会体制等各个方面的改革，不断激发经济社会发展的活力。大力维护社会公平正义，保障人民的民主权利，维护司法公正，妥善化解各种社会矛盾，使我们的社会更加和谐有序。要通过坚持不懈的努力，使发展更加科学、民生更加改善、社会更加公正，建设一个富强民主文明和谐的社会主义现代化国家。

温家宝说，我们要坚持“一国两制”的方针，与广大港澳同胞一道，共同维护香港、澳门的长期繁荣稳定；坚持新形势下发展两岸关系的各项方针政策，与广大台湾同胞一道，共同谱写中华民族伟大复兴新篇章；继续高举和平、发展、合作的旗帜，与世界各国人民一道，建设一个持久和平、共同繁荣的和谐世界。

温家宝强调，我们的国家生机勃勃、欣欣向荣，我们的未来前程似锦、充满希望。让我们更加紧密地团结在以胡锦涛同志为总书记的党中央周围，高举中国特色社会主义伟大旗帜，以邓小平理论和“三个代表”重要思想为指导，深入贯彻落实科学发展观，为国家强盛和民族复兴大业而不懈奋斗。（**讲话全文另发**）

* *

欢快的乐曲声中，中外宾朋举杯共贺新中国成立62周年，共祝中国繁荣富强、人民幸福安康，共盼中国人民同世界人民友谊长存。

招待会由国务委员兼国务院秘书长马凯主持。

出席招待会的还有：王刚、王乐泉、王兆国、王岐山、回良玉、刘淇、刘云山、刘延东、李源潮、张德江、徐才厚、郭伯雄、何勇、令计划、路甬祥、乌云其木格、韩启德、华建敏、陈至立、周铁农、李建国、司马义·铁力瓦尔地、蒋树声、陈昌智、严隽琪、桑国卫、桀光烈、孟建柱、戴秉国、曹建明、廖晖、杜青林、白立忱、陈奎元、阿不来提·阿不都热西提、李兆焯、黄孟复、张梅颖、钱运录、孙家正、李金华、郑万通、邓朴方、万钢、林文漪、厉无畏、罗富和、陈宗兴、王志珍和迟浩田、张万年、姜春云、曹刚川、王汉斌、倪志福、王丙乾、邹家华、布赫、铁木尔·达瓦买提、彭珮云、曹志、何鲁丽、成思危、许嘉璐、蒋正华、顾秀莲、热地、唐家璇、肖扬、贾春旺、杨汝岱、宋健、钱正英、孙孚凌、赵南起、王文元、王忠禹、李贵鲜、张思卿、罗豪才、张克辉、郝建秀、李蒙，中央军委委员陈炳德、李继耐、廖锡龙、常万全、靖志远、吴胜利、许其亮以及于永波、王克。

中央和国家机关有关部门负责人，解放军和武警部队负责人，各民主党派、全国工商联负责人和无党派人士代表，各人民团体负责人，北京市负责人，香港特别行政区和澳门特别行政区的一些人士，台湾同胞，华人、华侨代表，在华访问的部分外宾、国际知名人士、著名友好人士，各国驻华使节、各国际组织驻华代表、部分外国专家和配偶，也出席了招待会。

在庆祝中华人民共和国成立六十二周年招待会上的讲话

国务院总理 温家宝

（2011年9月30日）

各位来宾，各位朋友，同志们：

在这秋风送爽的美好时节，我们迎来了中华人民共和国成立六十二周年。我代表党中央、国务院，向全国各族人民致以节日的祝贺！向港澳同胞、台湾同胞和海外侨胞，致以亲切的问候！向关心、支持我国现代化建设的国际友人，表示诚挚的感谢！

今年是中国共产党诞生九十周年，也是实施“十二五”规划的开局之年。面对严峻复杂的国际经济形势，我们实施积极的财政政策和稳健的货币政策，着力稳物价、调结构、促改革、惠民生，国民经济继续保持平稳较快发展，物价较快上涨势头得到控制，城镇就业进一步扩大，人民生活水平有了新的提高。实践证明，党中央、国务院采取的方针政策是正确的。

回首过去，我们为新中国取得的辉煌成就感到无比自豪。展望未来，我们对祖国的前途满怀信心。我们要坚定地走中国特色社会主义道路，毫不动摇地把社会主义现代化事业推向前进。

——要大力推动科学发展。牢固树立科学发展的理念，加快转变经济发展方式，建设资源节约型和环境友好型社会，实现速度与结构、质量、效益的统一，提高发展的全面性、协调性、可持续性，使发展的成果造福当代、惠及子孙。

——要大力保障和改善民生。始终把改善人民生活放在各项工作的首位，解决好人民群众最关心、最直接、最现实的利益问题。 **（下转第二版）**

纪念中国国际交流协会成立30周年座谈会举行

吴邦国致信祝贺

本报北京9月30日电 （记者**王佳可**）以“国际交流，沟通世界”为主题的纪念中国国际交流协会成立30周年座谈会30日在北京举行。中共中央政治局常委、全国人大常委会委员长吴邦国致信祝贺。

吴邦国在贺信中向中国国际交流协会成立30周年表示热烈祝贺，向长期从事民间外交工作的同志们致以亲切问候。他指出，30年来，中国国际交流协会以增进中国人民同世界各国人民之间的相互了解与友好合作、维护世界和平与促进共同发展为宗旨，以让世界了解中国、让中国了解世界为目的，开展了形式多样、内容丰富、成效显著的对外民间交流活动，为配合党的对外工作、服务国家总体外交，为促进我国经济社会发展作出了积极贡献。

吴邦国强调，民间外交作为国家总体外交的有机组成部分，在增进人民友谊、夯实国家关系社会基础方面发挥着不可替代的作用。希望中国国际交流协会的同志们，继续围绕党和国家总体外交大局，坚持以增进人民友谊为首要任务，立足于人民、着眼于人民，广交朋友、深交朋友，不断创新工作思路、改进工作方法，更好地发挥民间外交的独特作用，为促进人文交流添砖加瓦，为推动务实合作牵线搭桥，为巩固人民友谊贡献力量（**贺信全文见第三版**）。

全国人大常委会副委员长、民革中央主席、中国国际交流协会会长周铁农在致辞中说，我们要以开拓创新的精神完成时代赋予的使命和任务，继续以促进世界和平、维护共同发展为目的，官民并举、亦民亦官地开展对外交流与合作。发挥民间组织优势，服务总体外交，为国内学习借鉴国外社会经济建设的经验教训搭造平台。更加积极地参与国际非政府组织的重要活动，共同探讨国际社会关心的话题，扩大我在国际民间舞台上的影响力。

国务委员戴秉国在讲话中积极评价交流协会成立30年来取得的显著成果，希望交流协会认真总结经验，进一步突出特色，发挥优势。对外交流要结合政治与经济、内政与外交、历史与现实，坦诚交流，深入沟通。对外交流要紧密围绕党和国家中心工作，通过了解世界，让世界真正了解中国，了解并理解中国的和平发展道路。对外交流要谦虚谨慎，积极展示一个可亲、可敬的中国形象。戴秉国祝愿中国国际交流协会在未来取得新的更大成绩。 **（下转第二版）**

温家宝会见天宫一号飞行任务指挥部成员和参研参试单位代表

勉励大家再接再厉奋力拼搏

贺国强等一同会见

新华社甘肃酒泉9月30日电 （记者**李斌、周英峰**）中共中央政治局常委、国务院总理温家宝30日上午在酒泉卫星发射中心亲切会见天宫一号飞行任务指挥部成员和参研参试单位代表。他代表党中央、国务院、中央军委，向参加工程研制、建设和试验的全体同志表示热烈祝贺和崇高敬意。

中共中央政治局常委、中央纪委书记贺国强一同会见。

今天的酒泉卫星发射中心秋高气爽，阳光灿烂。上午8时许，温家宝、贺国强等来到试验指挥楼前广场，同天宫一号飞行任务指挥部成员和参研参试单位代表热情握手，合影留念。

在热烈的掌声中，温家宝发表讲话。他说，昨天晚上，天宫一号发射取得圆满成功。我们能和大家一起共同见证这一历史时刻，感到十分高兴。

温家宝指出，实施天宫一号飞行任务，是突破和掌握空间交会对接技术，推动我国载人航天事业向更高水平迈进的关键之战。这次成功发射，是我国载人航天事业发展史上的里程碑，是建设创新型国家的标志性成果，是改革开放和现代化建设的伟大成就。这一成就凝聚着几代航天人的不懈追求和心血汗水，饱含着全体参研参试科技工作者、干部职工、部队官兵的辛勤劳动和聪明才智。大家为祖国航天事业作出的卓越贡献，党和国家不会忘记，人民不会忘记，历史不会忘记。

温家宝强调，中华民族要屹立于世界民族之林，必须占领世界科技制高点。航天工程是当今世界最活跃、最有影响的科技领域之一，是人类文明高度发展的重要标志。希望同志们牢记党和人民的重托，认真贯彻落实胡锦涛总书记关于发展航天事业的重要指示， **（下转第二版）**

国庆62周年音乐会“祖国颂”在京举行

李长春出席观看

本报北京9月30日电 （记者**杜榕**）丝竹悠扬饱含赤子深情，歌声豪迈共贺国庆佳节。庆祝中华人民共和国成立62周年音乐会“祖国颂”30日晚在京举行。中共中央政治局常委李长春等领导同志与首都各界群众欢聚一堂，共同欣赏了这台音乐会。

国庆前夕的人民大会堂流光溢彩，洋溢着欢乐的气氛。晚7时30分，欢快喜庆的民族管弦乐《国庆之夜》拉开了音乐会的帷幕。文艺工作者满怀激情，用歌声、乐声抒发对伟大祖国的挚爱，唱响全国各族人民万众一心、阔步前进的壮志豪情。

音乐会上，《我的祖国》《迎风飘扬的旗》《爱我中华》等歌曲情真意切，唱出了中华儿女对共和国华诞的衷心祝福，倾诉着炎黄子孙对祖国母亲的无限依恋。《天路》《相望》《草原上升起不落的太阳》《在那遥远的地方》等富有浓郁民族风情的乐曲，抒发了各族儿女对锦绣山河的无比热爱，唱出了各民族共同团结奋进的浓厚氛围。

整场音乐会高潮不断，气氛热烈。《谁在长空吹玉笛》《我和你》等近年来新创作的优秀歌曲唱出了全国人民齐心协力，在党的领导下共建和谐社会、共创美好未来的满腔热情。民族管弦乐与合唱《江山颂》，跌宕起伏、气象万千，传达出中华民族伟大复兴的恢宏气概……优美的旋律，激昂的节奏，深深感染着全场观众，台上台下，歌声掌声响成一片。最后，在激情豪迈的合唱《走向复兴》中，音乐会圆满落下帷幕。

刘淇、刘云山、刘延东、徐才厚、路甬祥、严隽琪、马凯、白立忱、罗富和等一同欣赏音乐会。

社论

把握中国发展繁荣的光明前景

——热烈庆祝中华人民共和国成立62周年

（第二版）

RENMIN RIBAO

人民网 网址:http://www.people.com.cn
手机:http://wap.people.com.cn

2011 年 10 月
2
星期日
辛卯年九月初六
人民日报社出版
国内统一连续出版物号
CN 11-0065
第 23094 期(代号 1-1)
今日 4 版

12 万群众观看天安门广场升旗

10 月 1 日，中华人民共和国成立 62 周年。清晨，12 万来自祖国各地的群众，来到天安门广场及周边地区观看升国旗仪式，共同为祖国生日祝福。图为五星红旗冉冉升起。

本报记者　余荣华文
新华社记者　罗晓光摄

庆祝中华人民共和国成立 62 周年

首都各界向人民英雄纪念碑敬献花篮

胡锦涛吴邦国温家宝贾庆林李长春习近平李克强贺国强周永康出席仪式

左图：10 月 1 日上午，在首都各界代表向人民英雄纪念碑敬献花篮仪式上，中共中央总书记、国家主席、中央军委主席胡锦涛神情凝重地整理花篮上的红色缎带，向人民英雄表示崇高敬意。

新华社记者　兰红光摄

上图：10 月 1 日上午，党和国家领导人胡锦涛、吴邦国、温家宝、贾庆林、李长春、习近平、李克强、贺国强、周永康等，与首都各界代表一起，向人民英雄纪念碑敬献花篮。

新华社记者　饶爱民摄

新华社北京 10 月 1 日电 （记者**徐京跃、霍小光、张宗堂**）饮水思源，鲜花朵朵献英烈；励志图强，红旗猎猎催征程。今天是中华人民共和国成立 62 周年纪念日。上午，党和国家领导人胡锦涛、吴邦国、温家宝、贾庆林、李长春、习近平、李克强、贺国强、周永康等来到天安门广场，与首都各界代表一起，向人民英雄纪念碑敬献花篮，深切缅怀为创立、捍卫、建设新中国而英勇牺牲的革命先烈和近代以来为中华民族独立、解放而顽强奋斗的所有先驱，充分表达全党全国各族人民继承先辈遗志、坚定不移沿着中国特色社会主义道路奋勇前进的豪迈情怀。

金秋的北京天高云淡，节日的首都气象万千。天安门广场上，绚丽的鲜花组成五彩的祥云图案，环抱着一个高达 15 米、镶嵌中国结的大红灯笼，把人们祝福祖国的共同心愿集中展示了出来。在蓝天、花海映衬下，迎风招展的五星红旗愈加鲜艳，高高矗立的人民英雄纪念碑更显巍峨，两块超宽电子屏分别呈现的“庆祝中华人民共和国成立六十二周年”、“为实现中华民族伟大复兴而不懈奋斗”大字标语格外引人注目。

今年是中国共产党成立 90 周年，也是“十二五”时期开局之年。以胡锦涛同志为总书记的党中央高举中国特色社会主义伟大旗帜，以邓小平理论和“三个代表”重要思想为指导，深入贯彻落实科学发展观，团结带领全党全军全国各族人民，全面推进社会主义经济建设、政治建设、文化建设、社会建设以及生态文明建设和党的建设，各项工作取得显著进展，为实现“十二五”时期良好开局打下了坚实基础。

近年来，每到国庆日，党和国家领导人都要同首都各界代表一起向人民英雄纪念碑敬献花篮。今天一早，首都各界代表 3600 多人怀着激动的心情汇聚到天安门广场，在人民英雄纪念碑前排成 10 个整齐的方阵。在他们身后，2000 名青年手持彩旗组成蔚为壮观的旗阵。

临近 10 时，胡锦涛、吴邦国、温家宝、贾庆林、李长春、习近平、李克强、贺国强、周永康等党和国家领导人步行来到各界代表方阵前，出席向人民英雄纪念碑敬献花篮仪式。

10 时整，敬献花篮仪式开始。30 名陆海空三军礼兵迈着矫健的步伐，分两列行进到纪念碑前持枪伫立。

在军乐队伴奏下，胡锦涛等党和国家领导人同首都各界代表一起高唱中华人民共和国国歌，雄壮的国歌声在广场上空回响。

国歌唱毕，全场肃立，向为中国人民解放事业和共和国建设事业英勇献身的烈士们默哀。

在人民英雄纪念碑北侧，中共中央，全国人大常委会，国务院，全国政协，中央军委，各民主党派、全国工商联和无党派人士，各人民团体，首都各界群众，中国少年先锋队分别敬献的 9 个大型花篮一字排开，花篮的红色缎带上写着“人民英雄永垂不朽”8 个金色大字。美丽圣洁的鲜花，寄托着人们对先烈的无比敬仰和怀念。

伴随着《献花曲》的深情旋律，18 名礼兵抬起 9 个花篮，正步走向人民英雄纪念碑，将花篮整齐摆放到纪念碑基座上。

胡锦涛等党和国家领导人缓步登上纪念碑基座，在花篮前驻足凝视。

胡锦涛神情凝重地走上前去，仔细整理花篮上的红色缎带。

随后，胡锦涛等党和国家领导人瞻仰了人民英雄纪念碑。碑座四周反映近代以来中国人民英勇奋斗历程的大型浮雕，充分展现了中华民族气壮山河、感天动地的伟大精神。胡锦涛等绕行碑座一周，认真观看一幅幅浮雕，向人民英雄表示崇高敬意。

参加仪式的首都各界代表也依次登上纪念碑基座。功高望重的老战士老同志走来了，佩戴奖章的劳动模范和先进人物走来了，精神焕发的工人、农民、大中学校师生走来了，军容严整的人民解放军和武警部队官兵走来了，身着盛装的少数民族群众走来了，朝气蓬勃的少先队员走来了……人们一边行走，一边观看浮雕，发自内心地向人民英雄致敬。

参加今天这个庄严神圣的仪式，让首都各界代表个个感慨万千。来自北京市丰台区草桥村的全国劳动模范王茂春说，今天参加这个仪式，内心非常激动。我是农村基层的共产党员，一定要带领群众把家乡建设好。一身戎装的北京卫戍区某部连长杜迎顺表示，我有幸参加这个仪式，心灵受到了洗礼。革命先烈的不朽业绩和高尚品德，是激励我们前进的宝贵精神财富。我们要自觉践行当代革命军人核心价值观，为履行新世纪新阶段我军历史使命作出新的更大贡献。佩戴着鲜艳红领巾的北京东交民巷小学学生杨碧筠谈了自己的感受：“如果没有这些烈士们的牺牲，也不会有我们现在的美好生活。我觉得，对他们的最好纪念，就是刻苦学习，把祖国建设得更加美好。”

敬献花篮仪式由中共中央政治局委员、北京市委书记刘淇主持。

参加仪式的领导同志还有：王刚、王乐泉、王兆国、王岐山、回良玉、刘云山、刘延东、李源潮、张德江、徐才厚、郭伯雄、何勇、令计划、王沪宁、李建国、司马义·铁力瓦尔地、陈昌智、严隽琪、桑国卫、梁光烈、马凯、孟建柱、戴秉国、王胜俊、曹建明、李兆焯、黄孟复、李金华、陈宗兴、王志珍，中央军委委员陈炳德、李继耐、廖锡龙、常万全、靖志远、吴胜利、许其亮。

中央党政军群有关部门和北京市主要负责同志，各民主党派中央、全国工商联负责人和无党派人士代表，也参加了敬献花篮仪式。

温总理国庆节早晨考察周末蔬菜直销市场

碧绿鲜嫩的芹菜、黄瓜、白菜……北京航空航天大学社区的空地上，厢式货车和绿色伞篷一字排开，摊位上摆放着一筐筐凌晨从京郊延庆运来的新鲜蔬菜，居民踊跃地赶来选购。

10 月 1 日一大早，中共中央政治局常委、国务院总理温家宝在中共中央政治局委员、北京市委书记刘淇，北京市市长郭金龙等陪同下来到北航社区，了解周末蔬菜直销市场情况，并向居民们致以节日问候。

温家宝一直关注着解决好农民“菜园子”和城市居民“菜篮子”问题，先后就促进蔬菜便利进城、缓解蔬菜卖难买贵等问题多次指示，要求减少中间环节，鼓励更多的农超（超市）对接、农校（学校）对接、农社（社区）对接，做到既利民、又惠农。

为更好地解决居民吃菜问题，今年 8 月初，商务部、北京市政府在海淀、朝阳、丰台、石景山等地蔬菜零售网点不足的社区，设立首批 4 家周末蔬菜直销市场，由京郊农民专业合作社每周六凌晨直接用车送到社区销售，免除摊位费和管理费，深受居民欢迎。最近，商务部发出通知，要求在全国范围推广北京市周末蔬菜直销市场的做法。

7 时 30 分许，温家宝一来到北航社区，就径直走到拉菜的厢式货车前和延庆菜农张金栋聊起来，询问蔬菜采摘、运输、价格和收入等情况。张金栋告诉总理，凌晨两点就起来进大棚摘菜，经过一个半小时的路程直接运到社区。这样收入比以前卖给经销商要多。自己一家三口人，种了十个蔬菜大棚，一年收入有五六万块钱。

听到这些，温家宝十分高兴。他说：“谢谢你们，你们支持了城市居民生活，又增加了自己的收入。我说这叫‘两个满意’：一个是生产者满意，一个是消费者满意。要做到这一点，就需要减少中间环节，降低流通费用。” （下转第二版）

走基层·一线见闻

国家重点工程

沈阳站

施工行车两不误

全长 904 公里的哈大高铁由哈尔滨至大连，从 2007 年 8 月开建至今，已接近尾声。目前，正在进行的多是既有老站的改造升级工程。

沈阳火车站是这条大动脉的枢纽。

近 10 万乘客，每天要在沈阳站改造这个大工地中上下车，如何保障施工、行车两不误？9 月 30 日，记者来到沈阳火车站实地探访。

下午 2 时许，沈阳市民刘焕广一家三口，来到了沈阳站准备乘坐沈阳至绥芬河的 2727 次列车。

过了安检，进入临时候车室，检完票，刘焕广随着人流到了进站通道。拾阶而上顺天桥前行，脚下就是通行大型施工机械的车辆通道。下了台阶，进入地下通道，过了沈阳站正在施工的老站台，到达地面。狭长的过道，被彩钢板拦着，外面也在施工。地面、地下通道、站台，都有工作人员引导。走了足足有 500 多米，上下 100 多个台阶，刘焕广一家终于到了 10 号站台，在站台客运员的指引帮助下，搭乘上了列车。

“困难是明摆着的。”正在站台检查值班的站长何军礼说，“面对考验，我们找准安全关键点，把措施做细，加强管理，实现了施工、出行两不误，两安全。”

记者看到，沈阳站采取早放行的办法，提前检票上站台，以减缓候车室和过道压力；在地道、站台进口、电梯口，都有工作人员专人盯守。此外，沈阳站还增加了 40 余项便民措施。

（**本报沈阳 10 月 1 日电　记者何勇**）

人民日报

RENMIN RIBAO

人民网 网址:http://www.people.com.cn
手机:http://wap.people.com.cn

2011年7月
1
星期五
辛卯年六月初一
人民日报社出版
国内统一连续出版物号
CN 11-0065
第23001期(代号1-1)
今日90版

庆祝中国共产党成立90周年大会
上午10时在人民大会堂隆重举行
胡锦涛总书记将发表重要讲话

本报今日九十块版
献礼党的九十华诞
(右图为特刊封面)

热烈庆祝中国共产党成立90周年

胡锦涛总书记为《中国共产党成立九十周年》纪念封题词

新华社北京6月30日电 (记者**常志鹏**)为纪念中国共产党成立九十周年,国家邮政局和中国邮政集团公司将于7月1日发行《中国共产党成立九十周年》纪念封一枚。"七一"前夕,胡锦涛总书记专门为纪念封题词"中国共产党成立九十周年"。

《中国共产党成立九十周年》纪念封设计简洁大方,内涵丰富,寓意深刻。纪念封正上方是胡锦涛总书记的亲笔题词。纪念封右上方图案是中国共产党党徽邮票,庄严而神圣,体现了中国共产党成立九十年来团结带领全国各族人民艰苦奋斗、开拓进取的光辉历程。纪念封左下方图案是绚丽多彩的鲜花簇拥着党徽和《唱支山歌给党听》的乐谱,凝重而热烈,表达了全国各族人民对中国共产党的无限热爱和深厚感情。

国家邮政局和中国邮政集团公司6月30日在人民大会堂隆重举行《中国共产党成立九十周年》纪念封首发式。全国人大常委会副委员长路甬祥、全国政协副主席黄孟复,以及中组部、中宣部、财政部、交通运输部和中华全国集邮联合会等有关部门的领导与国家邮政局、中国邮政集团公司和在京直属单位的同志欢聚一堂,共同庆祝中国共产党九十华诞。

各民主党派中央、全国工商联和无党派人士致中国共产党中央委员会的贺信

中国共产党中央委员会:

光辉历程铸伟业,风雨同舟谱新篇。在中国共产党成立90周年之际,各民主党派中央、全国工商联和无党派人士,谨向中国特色社会主义事业的坚强领导核心——中国共产党,致以最崇高的敬意和最热烈的祝贺!

90年来,中国共产党团结带领全国各族人民,为民族独立、人民解放而前仆后继、顽强拼搏,为国家富强、民族振兴而开拓进取、励精图治,为人民幸福、社会和谐而不懈奋斗、无私奉献,取得了中国革命、建设、改革事业的一个又一个伟大胜利。

中国共产党为中华民族独立解放建立了历史功勋。中国共产党是顺应历史发展潮流而产生的马克思主义政党。在长期革命斗争中,中国共产党自觉肩负起中华民族独立解放的历史重任,推翻了"三座大山",结束了中华民族百年屈辱的历史,建立了社会主义新中国。我们深切体会,只有共产党才能救中国,才能引领中国走向胜利与光明。

中国共产党为建设社会主义进行了不懈探索。新中国建立以后,面对一穷二白的社会面貌,中国共产党带领人民迅速恢复国民经济,积极组织发展生产,通过对农业、手工业和资本主义工商业的社会主义改造,顺利实现了由新民主主义到社会主义的平稳过渡。围绕什么是社会主义、怎样建设社会主义这一重大历史课题,中国共产党艰辛探索、不懈追求,不断总结正反两方面经验,努力探索中国特色社会主义发展道路。我们深切体会,中国共产党是一个追求真理、勇于担当的党,是一个与时俱进、开拓创新的党。

中国共产党实行的改革开放取得了辉煌成就。中国共产党十一届三中全会的召开,开启了改革开放历史新时期。中国共产党毫不动摇地坚持以经济建设为中心,紧紧抓住发展这个党执政兴国的第一要务,聚精会神搞建设,一心一意谋发展,推动中国特色社会主义事业不断前进。我国经济实力和综合国力极大增强,人民生活水平显著提高,国际影响力不断扩大。我们深切体会,只有在中国共产党领导下,国家才能繁荣富强,人民才能幸福安康,中华民族才能走向复兴。

中国共产党领导的多党合作事业书写了崭新篇章。1948年,各民主党派和无党派人士响应中国共产党发布的"五一口号",选择了自觉接受中国共产党的领导。新政协的召开,创立了中国共产党领导的多党合作和政治协商制度。以毛泽东同志为核心的中共第一代中央领导集体,强调共产党和民主党派要"长期共存、互相监督",确立了社会主义条件下多党合作的政治格局。以邓小平同志为核心的中共第二代中央领导集体,强调民主党派是为社会主义服务的政治力量,多党合作是我国政治制度的一个特点和优点,坚持和完善中国共产党领导的多党合作和政治协商制度成为中国特色社会主义理论和实践的重要组成部分。以江泽民同志为核心的中共第三代中央领导集体,强调要稳定多党合作的格局,将中国共产党领导的多党合作和政治协商制度载入宪法,纳入社会主义初级阶段基本纲领。以胡锦涛同志为总书记的中共中央,强调巩固和发展社会主义和谐政党关系,走中国特色政治发展道路,提出思想上同心同德、目标上同心同向、行动上同心同行是中国共产党领导的多党合作和政治协商制度最鲜明的特质。在中国共产党热情帮助和大力支持下,各民主党派思想建设、组织建设、制度建设不断推进,政治协商、民主监督、参政议政职能充分发挥。我们深切体会,中国共产党领导的多党合作和政治协商制度,在中国特色社会主义事业发展过程中发挥着重要作用,显示出强大生命力和巨大优越性。

在庆祝中国共产党90周年诞辰的时候,回顾历史,展望未来,我们坚信:没有中国共产党就没有新中国,只有中国共产党才能发展中国。我们将一如既往自觉坚持中国共产党的领导,坚定不移走中国特色社会主义道路;一如既往同中国共产党肝胆相照、荣辱与共,坚持以邓小平理论和"三个代表"重要思想为指导,深入贯彻落实科学发展观,在推动科学发展、促进社会和谐中充分发挥自身优势和作用,为完成"十二五"时期发展目标任务、夺取全面建设小康社会新胜利、实现中华民族伟大复兴作出新的更大的贡献。

衷心祝愿中国共产党再创辉煌,衷心祝愿伟大祖国繁荣昌盛!

中国国民党革命委员会中央委员会
中国民主同盟中央委员会
中国民主建国会中央委员会
中国民主促进会中央委员会
中国农工民主党中央委员会
中国致公党中央委员会
九三学社中央委员会
台湾民主自治同盟中央委员会
中华全国工商业联合会

2011年6月30日

(新华社北京6月30日电)

6月30日,京沪高铁正式开通运营。京沪高速铁路自北京南站至上海虹桥站,全长1318公里,是世界上一次建成线路最长、标准最高的高速铁路。
本报记者 **陆娅楠** **沈文敏**文 **王 振**摄(新华社发)

6月30日,青岛胶州湾大桥正式通车,大桥全长36.48公里,是目前世界上已建成的最长的跨海大桥。另外,胶州湾隧道同时建成通车,全长9.47公里。
本报记者 **宋学春**文 新华社记者 **李紫恒**摄

6月30日,西气东输二线东段工程投产,这标志着中亚—西气东输二线干线全线贯通送气,来自土库曼斯坦阿姆河右岸的天然气可以直达珠三角。
本报记者 **冉永平** **李 刚**文 新华社记者 **周 强**摄

社论

永远为人民而奋斗

——热烈庆祝中国共产党成立九十周年

90年前,在中华民族存亡续绝的关键时刻,中国共产党诞生了。这一开天辟地的大事变,开创了中国革命的崭新面貌,把中国带向一个全新的未来。

在党的90华诞之际,回首革命战争的严峻考验、建设道路的艰辛探索、改革开放的创新实践,展望全面小康的宏伟蓝图、中国特色社会主义的壮丽篇章、民族复兴的伟大使命,8000多万党员、13亿中国人民,无不倍受振奋、倍觉自豪、倍感光荣。

1921—2011。中国共产党团结带领中国人民完成了彪炳千秋的三件大事——建立了人民当家作主的新中国、确立了社会主义基本制度和建立了独立的比较完整的工业体系和国民经济体系、开创了中国特色社会主义道路。这三件大事,从根本上改变了中华民族的前途命运,决定了中国历史的发展方向,不仅使中国人民走上了幸福安康的广阔道路,更为世界经济发展和人类文明进步作出了巨大贡献。

1921—2011。中国共产党团结带领中国人民完成了震古烁今的三个转变——从半殖民地半封建社会到民族独立、人民当家作主的新社会,从新民主主义革命到社会主义革命和建设,从高度集中的计划经济体制到充满活力的社会主义市场经济体制、从封闭半封闭到全方位开放。这三个转变,不可逆转地结束了近代以来中国内忧外患交织、几近亡国灭种的悲惨境遇,不可阻挡地开启了中华民族不断发展壮大、走向伟大复兴的历史征程。

这确实是一个绝大的变化,是自有世界历史和中国历史以来无可比拟的大变化。这些变化充分证明,中国共产党的90年历史,是一部团结带领中国人民实现民族独立、人民解放和国家富强、人民幸福的奋斗史;是一部把马克思主义基本原理同中国实际和时代特征相结合、不断找到适合中国国情发展道路的探索史。

环顾世界,还有哪个政党有这样的理论勇气,在与具体实际的结合中不断推动理论的飞跃,从毛泽东思想的创立到中国特色社会主义理论体系的形成,为伟大事业提供了行动指南。浴血奋战闯出一条"农村包围城市,武装夺取政权"的革命之路,自力更生铺就一条社会主义建设之路,解放思想开启一条改革开放之路。为人民利益而奋斗,90年筚路蓝缕的探索中开辟中国特色社会主义伟大道路。

环顾世界,还有哪个政党有这样的实践能力,28年革命历程,记录一个政党的奋斗成长;30年建设岁月,见证一个民族的顽强奋进;32年改革开放,诠释一个国家的繁荣富强。为人民利益而奋斗,90年波澜壮阔的进步中书写社会主义中国辉煌篇章。

多少悲壮,多少豪迈,多少光荣。90年风雨砥砺,一个真理颠扑不破:没有共产党,就没有新中国;有了共产党,中国的面貌就焕然一新。

多少曲折,多少探索,多少奋斗。90年岁月峥嵘,一个信念更加坚定:党的根基在人民,血脉在人民,力量在人民。

办好中国的事情,关键在党。90年党的发展历程证明,我们党之所以能够成为领导中国革命、建设、改革事业的核心力量,之所以能够承担起中国人民和中华民族的历史重托,之所以能够在剧烈变动的国际国内环境中立于不败之地,根本原因就在于高度重视并不断保持马克思主义政党的先进性,就在于始终保持并不断发展与人民群众的血肉联系。全党同志须时刻谨记,只有紧紧依靠人民、相信人民,着眼人民根本利益,才能获得事业发展、社会进步的力量源泉,才能在中国社会发展进步中始终引领时代潮流。

毫无疑问,我们取得了堪称伟大辉煌的成就,但要永远牢记我们的一切成就都是广大人民共同努力、团结奋斗的结果;我们创造了足以载入史册的事业,但要永远牢记与我们的宏伟目标相比,与人民群众的要求相比,我们没有任何理由骄傲自满、固步自封。全党同志须时刻谨记,在任何时候任何情况下,与人民群众同呼吸共命运的立场不能变,全心全意为人民服务的宗旨不能忘,坚信群众是真正英雄的历史唯物主义观点不能丢。

当前,我们仍处于大有可为的重要战略机遇期,"十二五"蓝图全面展开,既面临难得的历史机遇,也面对各种风险挑战。坚决推动科学发展、加快转变经济发展方式,全面推进社会主义经济、政治、文化、社会以及生态文明建设,不断促进社会和谐、促进各民族大团结,是对我们党执政能力的考验,也是对中华民族自强能力的考验。全党同志须时刻谨记,必须将完成党的各项工作与实现人民利益统一起来,将尊重社会发展规律与尊重人民历史主体地位统一起来,将为崇高理想奋斗与为最广大人民谋利益统一起来。

面对风云变幻的国际形势,面对艰苦繁重的改革发展任务,我们必须更加坚定地将立党为公、执政为民的信念,作为指导、评价、检验一切执政活动的最高标准。到我们党成立一百年时全面建设小康社会,到新中国成立一百年时基本实现现代化,我们必须更加始终不渝地坚持邓小平理论、"三个代表"重要思想,深入贯彻落实科学发展观,做到发展为了人民、发展依靠人民、发展成果由人民共享。全党同志须时刻谨记,只有自强不息才能把握命运,只有与时俱进才能跟上时代,只有改革开放才能强国富民,只有艰苦奋斗才能成就伟业。

永远为人民而奋斗,我们将书写无愧于历史、无愧于先烈、无愧于时代的崭新篇章。让我们紧密地团结在以胡锦涛同志为总书记的党中央周围,不畏风险、不惧挑战,不断探索、不懈奋斗,向着中国特色社会主义事业美好前景,向着中华民族的伟大复兴,前进!

跨越90
人民日报 纪念建党90周年特刊
献给中国共产党九十华诞
1921—2011

RENMIN RIBAO

人民网　网址:http://www.people.com.cn
手机:http://wap.people.com.cn

2011年7月
2
星期六
辛卯年六月初二

人民日报社出版

国内统一连续出版物号
CN 11-0065
第23002期(代号1-1)
今日8版

全党同志要牢记历史使命,永远保持谦虚、谨慎、不骄、不躁的作风,永远保持艰苦奋斗的作风,勇于变革、勇于创新,永不僵化、永不停滞,不动摇、不懈怠、不折腾,不为任何风险所惧,不被任何干扰所惑,坚定不移沿着中国特色社会主义道路奋勇前进,更加奋发有为地团结带领全国各族人民创造自己的幸福生活和中华民族的美好未来!

——摘自胡锦涛同志在庆祝中国共产党成立90周年大会上的讲话

庆祝中国共产党成立90周年大会在京隆重举行

胡锦涛发表重要讲话

吴邦国主持　习近平宣读表彰决定　温家宝贾庆林李长春李克强贺国强周永康出席

7月1日,庆祝中国共产党成立90周年大会在北京人民大会堂举行。中共中央总书记胡锦涛在大会上发表重要讲话。　新华社记者　李　涛摄

7月1日,庆祝中国共产党成立90周年大会在北京人民大会堂隆重举行。胡锦涛、吴邦国、温家宝、贾庆林、李长春、习近平、李克强、贺国强、周永康出席大会。　新华社记者　鞠　鹏摄

本报北京7月1日电　(记者李章军)庆祝中国共产党成立90周年大会7月1日上午在北京人民大会堂隆重举行。中共中央总书记胡锦涛在会上发表重要讲话,回顾中国共产党90年的光辉历程和取得的伟大成就,总结党和人民创造的宝贵经验,提出新的历史条件下提高党的建设科学化水平的目标任务,阐述了在新的历史起点上把中国特色社会主义伟大事业全面推向前进的大政方针。他强调,全党同志要牢记历史使命,永远保持谦虚、谨慎、不骄、不躁的作风,永远保持艰苦奋斗的作风,勇于变革、勇于创新,永不僵化、永不停滞,不动摇、不懈怠、不折腾,不为任何风险所惧,不被任何干扰所惑,坚定不移沿着中国特色社会主义道路奋勇前进,更加奋发有为地团结带领全国各族人民创造自己的幸福生活和中华民族的美好未来。

中共中央政治局常委吴邦国、温家宝、贾庆林、李长春、习近平、李克强、贺国强、周永康出席大会。

鲜花竞艳,灯火璀璨,人民大会堂大礼堂内气氛庄重而热烈。主席台上方悬挂着"庆祝中国共产党成立90周年大会"会标,帷幕正中是熠熠生辉的中国共产党党徽。二楼眺台上悬挂着横幅:"紧密团结在以胡锦涛同志为总书记的党中央周围,高举中国特色社会主义伟大旗帜,为夺取全面建设小康社会新胜利、开创中国特色社会主义事业新局面、实现中华民族伟大复兴而不懈奋斗!"

上午10时,吴邦国宣布庆祝大会开始,全场高唱中华人民共和国国歌。

习近平宣读《中共中央关于表彰全国先进基层党组织和优秀共产党员、优秀党务工作者的决定》。决定指出,为表彰先进、弘扬正气,激励各级党组织和广大共产党员、党务工作者在改革开放和社会主义现代化建设中创先争优、建功立业,中央决定由中央组织部对近年来在工作中取得优异成绩的500个基层党组织、50名共产党员、200名党务工作者予以表彰,分别授予全国先进基层党组织、全国优秀共产党员和全国优秀党务工作者荣誉称号,并追授方永刚等13名同志全国优秀共产党员荣誉称号。**(《决定》全文见第六版)**

在欢快的乐曲声中,胡锦涛、吴邦国、温家宝、贾庆林、李长春、习近平、李克强、贺国强、周永康等为全国先进基层党组织和优秀共产党员、优秀党务工作者代表颁奖。

颁奖后,胡锦涛发表重要讲话。他指出,90年来,我们党团结带领人民在中国这片古老的土地上,书写了人类发展史上惊天地、泣鬼神的壮丽史诗,集中体现为完成和推进了三件大事。我们党紧紧依靠人民完成了新民主主义革命,实现了民族独立、人民解放。我们党紧紧依靠人民完成了社会主义革命,确立了社会主义基本制度。我们党紧紧依靠人民进行了改革开放新的伟大革命,开创、坚持、发展了中国特色社会主义。这三件大事,从根本上改变了中国人民和中华民族的前途命运。90年来,中国社会发生的变革,中国人民命运发生的变化,其广度和深度,其政治影响和社会意义,在人类发展史上都是十分罕见的。

胡锦涛指出,90年来,我们取得的一切成就,是一代一代中国共产党人同人民一道顽强拼搏、接续奋斗的结果。以毛泽东同志为核心的党的第一代中央领导集体团结带领全党全国各族人民,夺取了新民主主义革命的伟大胜利,确立了社会主义基本制度,为当代中国一切发展进步奠定了根本政治前提和制度基础。以邓小平同志为核心的党的第二代中央领导集体团结带领全党全国各族人民,开启了改革开放的伟大历程,吹响了建设中国特色社会主义的时代号角,开辟了社会主义事业发展新时期。以江泽民同志为核心的党的第三代中央领导集体团结带领全党全国各族人民,坚持改革开放、与时俱进,引领改革开放的航船沿着正确方向破浪前进,成功把中国特色社会主义伟大事业推向21世纪。党的十六大以来,党中央团结带领全党全国各族人民,以邓小平理论和"三个代表"重要思想为指导,深入贯彻落实科学发展观,着力推动科学发展、促进社会和谐,继续在全面建设小康社会实践中推进中国特色社会主义伟大事业。

胡锦涛强调,面对风云变幻的国际形势,面对艰巨繁重的国内改革发展稳定任务,我们党要团结带领人民继续前进,开创工作新局面,赢得事业新胜利,最根本的就是要高举中国特色社会主义伟大旗帜,坚持和拓展中国特色社会主义道路,坚持和丰富中国特色社会主义理论体系,坚持和完善中国特色社会主义制度。

胡锦涛指出,回顾90年中国的发展进步,可以得出一个基本结论:办好中国的事情,关键在党。全党必须清醒地看到,在世情、国情、党情发生深刻变化的新形势下,提高党的领导水平和执政水平、提高拒腐防变和抵御风险能力,加强党的执政能力建设和先进性建设,面临许多前所未有的新情况新问题新挑战。落实党要管党、从严治党的任务比以往任何时候都更为繁重、更为紧迫。我们必须从新的实际出发,坚持以科学理论指导党的建设,以改革创新精神研究和解决党的建设面临的重大理论和实际问题,着眼于全面建设小康社会、加快推进社会主义现代化,全面认识和自觉运用马克思主义执政党建设规律,全面推进党的建设新的伟大工程,不断提高党的建设科学化水平。

胡锦涛强调,在新的历史条件下提高党的建设科学化水平,必须坚持解放思想、实事求是、与时俱进,大力推进马克思主义中国化时代化大众化,提高全党思想政治水平;必须坚持五湖四海、任人唯贤,坚持德才兼备、以德为先用人标准,把各方面优秀人才集聚到党和国家事业中来;必须坚持以人为本、执政为民理念,牢固树立马克思主义群众观点、自觉贯彻党的群众路线,始终保持党同人民群众的血肉联系;必须坚持标本兼治、综合治理、惩防并举、注重预防的方针,深入开展党风廉政建设和反腐败斗争,始终保持马克思主义政党的先进性和纯洁性;必须坚持用制度管权管事管人,健全民主集中制,不断推进党的建设制度化、规范化、程序化。只要全党同志常怀忧党之心、恪尽兴党之责,以更加奋发有为的精神状态推进党的建设,我们党就一定能够更好把握历史大势、勇立时代潮头、引领社会进步。

胡锦涛指出,中国共产党自诞生之日起就勇敢担当起团结带领人民实现中华民族伟大复兴的历史使命。继续推动中华民族伟大复兴进程,必须始终坚持党的基本路线不动摇,继续解放思想,坚持改革开放,推动科学发展,促进社会和谐,在新的历史起点上把中国特色社会主义伟大事业全面推向前进。

胡锦涛强调,全党同志必须牢记,我国过去30多年的快速发展靠的是改革开放,我国未来发展也必须坚定不移依靠改革开放。新时期最鲜明的特点是改革开放。改革开放是党在新的历史条件下领导人民进行的新的伟大革命,是决定当代中国命运的关键抉择,是坚持和发展中国特色社会主义、实现中华民族伟大复兴的必由之路。只有改革开放才能发展中国、发展社会主义、发展马克思主义。我们一定要坚定不移坚持党的十一届三中全会以来的路线方针政策,坚定信心、砥砺勇气,坚持不懈把改革创新精神贯彻到治国理政各个环节,奋力把改革开放推向前进。我们要继续牢牢扭住经济建设这个中心不动摇,坚定不移走科学发展道路,继续牢牢坚持发展是硬道理的战略思想,不断夯实坚持和发展中国特色社会主义的物质基础。我们要继续大力推进社会主义民主政治建设,坚定不移走中国特色社会主义政治发展道路,坚持党的领导、人民当家作主、依法治国有机统一,积极稳妥推进政治体制改革,发展社会主义政治文明。我们要继续大力推动社会主义文化大发展大繁荣,坚定不移发展社会主义先进文化,以更大力度推进文化改革发展,让人民共享文化发展成果。我们要继续大力保障和改善民生,坚定不移推进社会主义和谐社会建设,着力解决好人民最关心最直接最现实的利益问题,加强和创新社会管理,努力使全体人民学有所教、劳有所得、病有所医、老有所养、住有所居,确保人民安居乐业、社会和谐稳定。

胡锦涛指出,我们党从成立之日起,就始终代表广大青年、赢得广大青年、依靠广大青年。青年是祖国的未来、民族的希望,也是我们党的未来和希望。党对青年寄予厚望,人民对青年寄予厚望。全国广大青年一定要永远热爱我们伟大的祖国,永远热爱我们伟大的人民,永远热爱我们伟大的中华民族,让青春在为党和人民建功立业中焕发出绚丽光彩。**(讲话全文见第二、三版)**

吴邦国在主持大会时强调,胡锦涛同志的重要讲话,深入总结了我们党90年的光辉历程和宝贵经验,深刻回答了新形势下加强和改进党的建设的新课题,全面阐述了坚持和发展中国特色社会主义的新要求,对我们适应新形势新任务,全面推进党的建设新的伟大工程,全面推进中国特色社会主义伟大事业,具有重大而深远的指导意义。全党全国各族人民要认真学习、深刻领会,把思想和行动统一到讲话精神上来、把讲话精神贯彻落实到党和国家各项工作中去。

大会在雄壮的国际歌声中结束。

出席大会的领导同志还有:王刚、王乐泉、王兆国、王岐山、回良玉、刘淇、刘云山、刘延东、李源潮、张德江、徐才厚、郭伯雄、李鹏、朱镕基、李瑞环、宋平、尉健行、李岚清、曾庆红、吴官正、罗干、何勇、令计划、王沪宁、路甬祥、乌云其木格、韩启德、华建敏、陈至立、周铁农、李建国、司马义·铁力瓦尔地、蒋树声、陈昌智、严隽琪、桑国卫、梁光烈、马凯、孟建柱、戴秉国、曹建明、廖晖、杜青林、白立忱、陈奎元、阿不来提·阿不都热西提、李兆焯、黄孟复、张梅颖、张榕明、钱运录、孙家正、李金华、郑万通、邓朴方、万钢、林文漪、厉无畏、罗富和、陈宗兴、王志珍和丁关根、田纪云、迟浩田、张万年、姜春云、吴仪、曹刚川、曾培炎、王汉斌、倪志福、邹家华、布赫、铁木尔·达瓦买提、彭珮云、曹志、李铁映、司马义·艾买提、何鲁丽、成思危、许嘉璐、蒋正华、顾秀莲、热地、盛华仁、唐家璇、肖扬、韩杼滨、贾春旺、杨汝岱、任建新、宋健、钱正英、孙孚凌、胡启立、陈锦华、毛致用、王文元、王忠禹、李贵鲜、张思卿、罗豪才、张克辉、郝建秀、徐匡迪、张怀西、李蒙,中央军委委员陈炳德、李继耐、廖锡龙、常万全、靖志远、吴胜利、许其亮,以及傅全有、于永波、王克、王瑞林、乔清晨。

在京中央委员、候补中央委员和中央纪委委员,中央党政军群各部门和北京市负责同志,全国人大常委会委员,全国政协常委会委员,各民主党派中央、全国工商联和无党派人士代表,老党员、老干部代表,出席纪念中国共产党成立90周年理论研讨会和座谈会的代表,在华工作的外国专家代表,首都各界群众代表等6000多人出席大会。

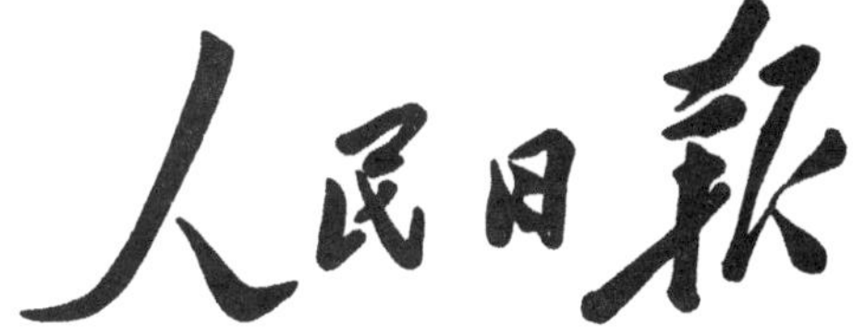

RENMIN RIBAO

今日8版

人民网 网址:http://www.people.com.cn
手机:http://wap.people.com.cn

国内统一连续出版物号 CN 11-0065
第21175期（代号1-1）
人民日报社出版

2006年7月
1
星期六
丙戌年六月初六

北京地区天气预报
白天 多云转阴
东北部地区有雷阵雨
风向 北转南
风力 二、三级
夜间 阴转晴
风向 南转北
风力 一、二级
温度 31℃/21℃

中共中央关于表彰全国先进基层党组织和优秀共产党员优秀党务工作者的决定

（2006年6月30日）

今年是中国共产党成立85周年。85年来，中国共产党团结带领全国各族人民艰苦奋斗、开拓前进，取得了革命、建设和改革事业的伟大胜利。各级党组织和广大共产党员、党务工作者为党和人民的事业辛勤工作，无私奉献，谱写了壮丽的历史篇章。党的十六大以来，在以胡锦涛同志为总书记的党中央领导下，全党高举邓小平理论和“三个代表”重要思想伟大旗帜，牢固树立和认真落实科学发展观，求真务实，开拓创新，在推进社会主义经济建设、政治建设、文化建设和社会建设的伟大实践中充分展现党的先进性，涌现出一大批先进基层党组织和优秀共产党员、优秀党务工作者。在全党开展的以实践“三个代表”重要思想为主要内容的保持共产党员先进性教育活动，是我们党在新的历史条件下加强先进性建设的一次成功实践，有力促进了基层党组织战斗堡垒作用和共产党员先锋模范作用的进一步发挥。在纪念建党85周年和总结全党先进性教育活动之际，为表彰先进、弘扬正气，激励各级党组织和广大共产党员、党务工作者在建设中国特色社会主义伟大事业中创先争优、建功立业，中央决定：

（下转第二版）

庆祝中国共产党成立85周年暨总结保持共产党员先进性教育活动大会在京举行

胡锦涛发表重要讲话 吴邦国主持 曾庆红宣读表彰决定 温家宝贾庆林黄菊吴官正李长春罗干出席

6月30日，庆祝中国共产党成立85周年暨总结保持共产党员先进性教育活动大会在北京中南海怀仁堂隆重举行。中共中央总书记、国家主席、中央军委主席胡锦涛在大会上发表重要讲话。 新华社记者 樊如钧摄

6月30日，庆祝中国共产党成立85周年暨总结保持共产党员先进性教育活动大会在北京中南海怀仁堂隆重举行。胡锦涛、吴邦国、温家宝、贾庆林、曾庆红、黄菊、吴官正、李长春、罗干出席大会。

新华社记者 樊如钧摄

新华社北京6月30日电 85年奋斗历程，85年辉煌业绩。庆祝中国共产党成立85周年暨总结保持共产党员先进性教育活动大会30日上午在中南海怀仁堂礼堂隆重举行。中共中央总书记、国家主席、中央军委主席胡锦涛在大会上发表重要讲话。他强调，先进性是马克思主义政党的生命所系、力量所在。我们党只有不断保持和发展自身的先进性，始终走在时代前列，才能巩固党的执政地位、提高党的执政能力、完成党的执政使命。必须清醒认识新的历史条件下加强党的自身建设的必要性、紧迫性、艰巨性、复杂性，全面把握党所肩负的历史使命和党员队伍的总体状况，扎扎实实加强党的先进性建设。

中共中央政治局常委吴邦国、温家宝、贾庆林、曾庆红、黄菊、吴官正、李长春、罗干出席大会。

怀仁堂礼堂气氛庄重而热烈。主席台幕墙上悬挂着中国共产党党徽，10面鲜艳的红旗分列两侧。鲜花和常青草摆放在主席台前。

上午9时整，中共中央政治局常委吴邦国宣布大会开始，全场高唱中华人民共和国国歌。

中共中央政治局常委、中央书记处书记曾庆红宣读《中共中央关于表彰全国先进基层党组织和优秀共产党员、优秀党务工作者的决定》。决定指出，为表彰先进、弘扬正气，激励各级党组织和广大共产党员、党务工作者在建设中国特色社会主义伟大事业中创先争优、建功立业，中央决定由中央组织部对近年来在工作中取得优异成绩的500个基层党组织、50名共产党员、200名党务工作者予以表彰，分别授予全国先进基层党组织、全国优秀共产党员、全国优秀党务工作者荣誉称号，并追授郑培民等10名同志全国优秀共产党员荣誉称号。（决定全文另发）

在欢快的乐曲声中，胡锦涛、吴邦国、温家宝、贾庆林、曾庆红、黄菊、吴官正、李长春、罗干等领导同志，向全国先进基层党组织和优秀共产党员、优秀党务工作者代表颁奖。

在热烈的掌声中，胡锦涛发表了重要讲话。他首先代表党中央，向全国广大共产党员表示节日的祝贺，向受表彰的全国先进基层党组织和优秀共产党员、优秀党务工作者表示崇高的敬意。他要求全党学习他们的先进事迹和崇高精神，不断保持和发展党的先进性，继续团结带领全国各族人民在全面建设小康社会、开创中国特色社会主义事业新局面的伟大道路上奋勇前进。

胡锦涛指出，中国共产党85年的历史，就是为中华民族的独立、解放、繁荣，为中国人民的自由、民主、幸福而不懈奋斗的历史。总结我们党85年的历史，我们党之所以能够成为领导中国革命、建设、改革事业的核心力量，之所以能够承担起中国人民和中华民族的历史重托，之所以能够在剧烈变动的国际国内环境中始终立于不败之地，根本原因是我们党始终高度重视并不断保持和发展自己作为马克思主义政党的先进性。85年来我们党保持和发展先进性的创造性实践，为我们加强党的先进性建设提供了宝贵经验。加强党的先进性建设，必须准确把握时代脉搏，保证党始终与时代发展同步伐；必须把最广大人民的根本利益作为党全部工作的出发点和落脚点，保证党始终与人民群众共命运；必须使党的理论和路线方针政策不断与时俱进，保证党的全部工作始终符合实际和社会发展规律；必须围绕党的中心任务来进行，保证党始终引领中国社会发展进步；必须坚持党要管党、从严治党，保证党始终具有蓬勃生机和旺盛活力。这些宝贵经验来之不易，对于我们进一步推进党的先进性建设，具有长期指导作用，必须十分珍视并持之以恒地坚持下去。

胡锦涛指出，提出加强党的先进性建设的重大战略思想，就是要更加鲜明地强调党的先进性建设这一重大课题，更加深入地认识共产党执政规律和党自身建设规律，更加全面地认识党的先进性建设的科学内涵和目标要求，更加突出地把党的先进性建设作为党的各方面建设的主线，从而使党的建设的努力方向和检验标准更加鲜明，使我们能够更好、更全面、更有成效地推进党的建设新的伟大工程。

胡锦涛指出，我们党根据党的十六大的部署，在全党开展了以实践“三个代表”重要思想为主要内容的保持共产党员先进性教育活动。这次先进性教育活动，是我们党参加人数最多、规模最大的一次马克思主义集中教育活动，具有鲜明的特点。整个先进性教育活动主题鲜明、领导有力、措施得当、工作扎实，实现了预期目标，取得了显著成效，广大党员受到了一次深刻的马克思主义教育，基层党组织的创造力、凝聚力、战斗力进一步提高，党组织和党员服务群众的行动更加自觉。各级党委要按照中央的要求，切实巩固和充分运用这次先进性教育活动取得的重要成果，在改革开放和现代化建设的实践中不断取得新成效、积累新经验。

胡锦涛指出，加强党的先进性建设，必须始终抓好保持和发展党员队伍的先进性这个基础工程，必须始终抓住党员队伍这个主体，充分依靠全党同志共同努力。 （下转第二版）

在庆祝中国共产党成立85周年暨总结保持共产党员先进性教育活动大会上的讲话

（2006年6月30日）

胡锦涛

同志们：

今天，我们在这里隆重集会，庆祝中国共产党成立85周年，总结以实践“三个代表”重要思想为主要内容的保持共产党员先进性教育活动，表彰全国先进基层党组织和优秀共产党员、优秀党务工作者。首先，我代表党中央，向全国广大共产党员，表示节日的祝贺！向受表彰的全国先进基层党组织和优秀共产党员、优秀党务工作者，表示崇高的敬意！全党要认真学习他们的先进事迹和崇高精神，不断保持和发展党的先进性，继续团结带领全国各族人民在全面建设小康社会、开创中国特色社会主义事业新局面的伟大道路上奋勇前进。

一

中国共产党已经走过了85年不平凡的历程。在这85年里，我们党紧紧依靠和紧密团结全国各族人民，干了三件大事。在新民主主义革命时期，我们经过28年艰苦卓绝的斗争，推翻了帝国主义、封建主义、官僚资本主义的反动统治，实现了民族独立和人民解放，建立了人民当家作主的新中国。在社会主义革命和建设时期，我们确立了社会主义基本制度，在一穷二白的基础上建立了独立的比较完整的工业体系和国民经济体系，使古老的中国以崭新的姿态屹立在世界的东方。在改革开放和社会主义现代化建设时期，我们开创了中国特色社会主义道路，坚持以经济建设为中心、坚持四项基本原则、坚持改革开放，初步建立起社会主义市场经济体制，大幅度提高了我国的综合国力和人民生活水平，为全面建设小康社会、基本实现社会主义现代化开辟了广阔的前景。这三件大事，从根本上改变了中国人民的前途命运，决定了中国历史的发展方向，在世界上产生了深刻而广泛的影响。

总起来说，中国共产党85年的历史，就是为中华民族的独立、解放、繁荣，为中国人民的自由、民主、幸福而不懈奋斗的历史。这85年，是马克思主义基本原理同中国具体实际相结合、不断推进马克思主义中国化的85年；是我们伟大的祖国结束近代饱受屈辱的历史和长年战乱的局面、战胜各种困难和风险顽强奋进的85年；是中国人民掌握自己的命运、意气风发地建设新生活的85年；是我们党经受住各种风浪考验、不断发展壮大、不断开创各项事业新局面的85年。

85年来，中国革命、建设、改革事业取得的一切成就，是一代又一代中国共产党人团结带领全国各族人民共同奋斗的结果。长期以来，为了中国革命的胜利、为了中华民族的富强、为了中国人民的幸福，广大共产党员在革命战争年代出生入死、浴血奋战，在和平建设时期开拓进取、甘于奉献，为党和人民建立了巨大功绩。此时此刻，我们怀着崇高的敬意，深切缅怀为中国人民和中华民族建立了丰功伟绩的毛泽东、周恩来、刘少奇、朱德、邓小平、陈云等已故的老一辈革命家，深切缅怀英勇牺牲的无数共产党人和革命先烈！

总结我们党85年的历史，可以得出一个基本结论，这就是：我们党之所以能够成为领导中国革命、建设、改革事业的核心力量，之所以能够承担起中国人民和中华民族的历史重托，之所以能够在剧烈变动的国际国内环境中始终立于不败之地，根本原因是我们党始终代表中国先进生产力的发展要求、代表中国先进文化的前进方向、代表中国最广大人民的根本利益，始终高度重视并不断保持和发展自己作为马克思主义政党的先进性。85年来我们党保持和发展先进性的创造性实践，为我们加强党的先进性建设提供了宝贵经验。

第一，加强党的先进性建设，必须准确把握时代脉搏，保证党始终与时代发展同步伐。正确判断时代特征，准确把握发展趋势，科学制定目标任务，是关系到马克思主义政党前途命运的重大问题，也是衡量马克思主义政党先进性的重要根据。我们党坚持用马克思主义的立场、观点、方法观察和分析世界发展的总趋势、中国社会的实际状况和中国人民的根本要求，依据发展变化的实际，明确党在各个历史时期的目标和任务，不断为党和人民的事业指明前进方向。20世纪上半叶，面对帝国主义和无产阶级革命时代的特点，面对中国半殖民地半封建社会的状况，我们党紧紧把握民族独立和人民解放的时代主题，确立了新民主主义革命的历史任务，举起了救亡图存、推动中国社会发展进步的旗帜。新中国成立后，面对世界社会主义方兴未艾、民族解放运动风起云涌的国际局势，面对中国百废待兴的局面，我们党紧紧把握时代发展的大势和广大人民的意愿，成功进行了社会主义革命，开展了社会主义建设。

（下转第二版）

纪念中国共产党成立八十五周年 特刊

2006年6月30日　星期五　第五版

我们要坚持以加强党的执政能力建设为重点，全面推进党的建设新的伟大工程，解决好不断提高领导水平和执政水平、提高拒腐防变和抵御风险的能力这两大历史性课题，不断提高创造力、凝聚力、战斗力，更好地完成执政使命。我们要坚持不懈地开展党的先进性建设，解放思想、实事求是、与时俱进，永不自满，永不懈怠，用发展的眼光审视和评估自己，以改革的精神加强和完善自己，使党始终保持旺盛的活力和蓬勃的朝气，始终走在时代前列，始终成为团结带领人民全面建设小康社会、实现中华民族伟大复兴的坚强领导核心。

——胡锦涛总书记在纪念中国人民抗日战争暨世界反法西斯战争胜利60周年大会上的讲话

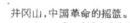

肩负起时代赋予的重任

本报记者　崔士鑫

巨石激水春潮涌，党徽闪亮气象新。

今年“七一”，走过85年不凡历程的中国共产党，收到了一份不同寻常的生日献礼——改革开放以来在全党范围内开展的人数最多、规模最大的集中教育活动，历时一年半，圆满结束。

一年半中，中国共产党继续发展壮大，党员总数从6000多万，跨过7000多万的历史门槛！尤为重要的是，先进性教育活动如一石激水，使诞生85年、执政57载的中国共产党，经过这场精神洗礼，像一阵春风吹绿万千枝条，展现出更富生机活力、更有创造力、凝聚力、战斗力的全新气象。

2005年1月，根据党的十六大和十六届四中全会精神，全党分为三批、集中学习教育分为三个阶段、坚持五项指导原则、提出四项组织要求、要达到四大目标的保持共产党员先进性教育活动，指导明确、部署周密，正式拉开序幕。

1月14日，胡锦涛总书记亲自作专题报告，提出“党的先进性建设是马克思主义政党自身建设的根本任务”的重要论断。1月18日，胡锦涛等党和国家领导人，以普通党员的身份，坐在听众席上，认真听取新时期党员领导干部的楷模牛玉儒同志的先进事迹报告……

中央领导同志为全党作出了表率。从中央到地方，几千万党员怀着提高党的执政能力、巩固党的执政地位，进一步为人民执好政、掌好权的政治责任感和历史使命感，参与到这一事关全局和长远的教育活动中来。

——解剖自己不怕严、亮出问题不怕丑、触及思想不怕痛；坚持边学边改、边议边改、边整边改。第一批先进性教育活动的县及县以上党政机关和部分企事业单位，放下“机关架子”，参加活动的1385.5万名党员，敢说“心里话”，积极办实事。活动开展不到半年，就对查摆出来的118万条问题中的66万余条进行了整改。仅开展扶贫帮困送温暖活动，就有746万多名党员、53万多名县级以上党员领导干部参加，结成帮扶对子368.3万个……

——时间安排上不搞“齐步走”、工作要求上不搞“一刀切”、主题实践活动上不搞“一个样”。第二批先进性教育活动的一大特色，是求真务实，勇于创新。全国各地各部门针对不同领域、不同行业特点，分别制定街道社区、乡镇机关、学校以及新经济组织与新社会组织等配套实施方案，大大提高了活动的实效。活动开展不到半年，各地共新建基层党组织4.7万个；为基层党组织解决活动场所13.7万个；共与112万名流动党员取得了联系。

——围绕一个主题、解决三大问题，让干部受教育、让群众得实惠。第三批先进性教育活动以广大农村党组织和党员为重点，为新农村建设的开局起步，注入了强劲动力。

围绕中心、服务大局，做到学习、工作“两不误、两促进”，是整个先进性教育活动的一贯要求。第三批先进性教育活动启动前不久，适逢党的十六届五中全会提出了建设社会主义新农村的目标。各地根据胡锦涛总书记“围绕建设社会主义新农村这个主题，有针对性地开展正面教育，解决党组织和党员队伍中存在的突出问题，解决影响改革发展稳定的主要问题，解决群众最关心的重点问题，务求取得实效”的要求，调整充实了9.2万多名村党组织负责人，培训村党组织负责人101.7万多名。有850多万名农村党员参与“党员承诺制”、“设岗定责”活动，为新农村建设献计出力。

一年半来，各级党组织结合实际、大力创新，推动先进性教育活动不断走向深入。第一批先进性教育活动中，河南、四川等地推出“万人恳谈”、“万民评议”等活动，改变了干部作风；第二批先进性教育活动中，浙江、福建等地推出党员“示范岗”、“先锋岗”和组建“党员志愿者服务队”等新载体，方便了不同领域的党员发挥作用；第三批先进性教育活动中，湖北等地推出的“下派干部为基层党组织‘输血’、接力培养为基层党组织‘造血’、民主管理帮基层党组织‘活血’”等新方法，解决了村党组织领导班子后继乏人的难题。

与此同时，不断探索建立先进性建设的长效机制，确保了在教育活动结束后能够取得实践成果、制度成果和理论成果。

“为咱圆了致富梦，党员付出一厢情，解了多少挠头事，百姓心中有杆秤。”辽宁凌海市建业乡农民在当地党员干部的帮助下脱困后，根据电视剧《刘老根》的主题歌改编了这几句歌词。更多的群众认为，经过先进性教育活动，“哪个是党员，现在一眼就能看出来！”群众的这种评价，是对先进性教育活动的最大肯定，也是对广大党员的最好评价。在先进性教育活动期间，宋鱼水、张云泉、王顺友、王乐义……一大批“时代先锋”竞相涌现，与党的历史上那些已成为“永远的丰碑”的先辈们相映成辉，集中展现了我们党生生不息、薪火相传的生机与活力。

邓小平同志曾满怀深情地期望：几千万党员都合格，那将是一支多么伟大的力量！先进性教育活动的实践表明，我们党通过先进性建设和执政能力建设，积极推进党的建设伟大工程，按党章要求，让所有的党员都合格、优秀，就完全能确保党始终走在时代前列，肩负起时代与人民赋予我们的重任！

高高飘扬的旗帜

程步涛

20年前的事了，我拜访一位将军。

将军是湖南人，1928年夏天，参加了平江起义，并跟随队伍在这一年的年底上了井冈山。将军问我，在哪里入的党？我说，在连队。将军又问，宣誓了吗？我说，宣誓了，在连队会议室，面对一面绣有镰刀斧头的党旗。将军说，我入党是在镇子上的小学校。学生们正在教室里大声念诵课文，上级的一位同志来找我，而后，在操场一侧的一棵大树下，像寻常说话一样，说批准我入党了，让我跟着他，用很低很低的声音，把入党誓词复述了一遍。当然不会悬挂党旗，拳头也不能举起来，只是紧紧地攥着。尔后，那位同志便匆匆离去。

那时，将军在小学校里当老师。平江起义后，学校少了一个老师，红军里有了一位指挥员。又是20多年过去，中国人民解放军有了一名声名显赫的将军。

我向将军告别，将军好像还沉浸在方才的话题里，说，悬挂旗帜与否并不重要，要紧的是你心中是不是有一面旗，是不是实践了你的誓言。

将军已经作古，但将军的话却时时在我心中响起。

这么多年来，每年“七一”前，单位都要组织活动。如评选先进党员、学习文件、回顾历史、检讨思想等等，隔三差五地也向老区和希望工程捐些钱物。这些活动，大家都会照例参加，因为这是时时意识到自己身份与角色的重要方式。我过组织生活的这个支部，都是退了休的老同志，没有新党员可发展，入党仪式渐渐成了一种记忆。那种面对党旗，拳头举过肩头，热血在心中轰然作响的感觉，离自己越来越远。然而，不久前的一次经历，却把自以为已经淡去的热情与激情重新激发出来，并且燃烧得心沸血炽——在西柏坡七届二中全会旧址前，我遇到了一队举行入党宣誓的年轻人，他们着装齐整，拳头举过肩头，虽略有些羞涩，但声音铿锵，一时间，引得游人都围了过来，静静地聆听他们宣读誓词。宣誓结束，那些年轻的拳头刚刚放下，游人一起鼓起掌来。我的血便是在这一刻沸腾的。

誓言是什么？誓言是一种承诺，一种宣言。对于共产党人来说，誓言还是一面旗帜，一根标杆。宣读过誓言后，你的一生就必须在被誓言框定的轨道上运行了。你若是背叛了誓言，你也就背叛了你生命的全部。故古人曰：“誓，犹命也。”

近日，读了一些解放战争的史料。比如攻打天津，8纵24师70团1连担负突破民权门的任务。连长张希尧把战旗交给了不到20岁的战士李银根。李银根说：“人在，旗在。人不在，光荣了，在倒下之前，我也要把战旗牢牢竖起来。”从出发地到民权门城墙约400米，1连在我军火力的掩护下，突破敌人层层拦阻，仅几分钟便冲到民权门下。但是，连长牺牲了。李银根没有因为连长的牺牲而停下脚步，他奋力登上城墙，把战旗高高举起。城下的战友们看见战旗，呐喊着，更加勇猛地杀进敌阵。自然，他成了敌人火力的靶子，一发炮弹袭来，他的双腿被炸断，旗杆也炸成了两截。他用双肘撑地，把剩下半截旗杆的战旗重新竖了起来。李银根牺牲了，他用生命实现了自己战前的承诺。这面布满弹孔的战旗，如今陈列在中国革命军事博物馆里。

将军入党，是在革命初创时期。李银根的献身，是在新中国成立的前夕。将军所说的心中那面旗，李银根手中高举的那面断了旗杆的旗，是要用生命来捍卫的。他们所宣读的入党誓言，更是要用鲜血来书写的。今天不然，今天我们是执政党。夺取政权和掌握政权，就共产党来说，其纲领、其理想、其信念是一样的。就每个共产党员来说，对其为实现党的纲领、理想、信念献身的精神要求是一样的。但今天的事业，今天的现实，较之过去已经发生了千差万别。正因为这种差异，重温战争年代共产党人的品格与情怀，宏扬他们的精神与意志，便显得格外必要。

扪心自问，胸中那面旗帜，还在猎猎翻飞吗？

平凡中 奉献着

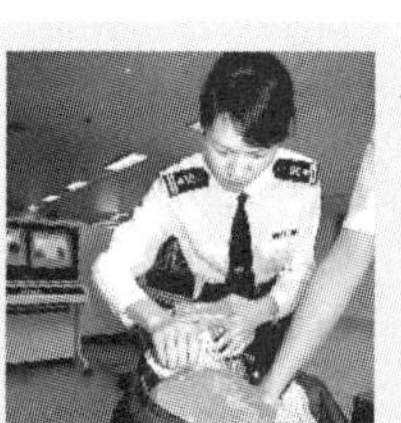

▲她，兢兢业业，普普通通，坚守着国门。6月21日，昆明机场海关旅检二科共产党员杨琛在查验入境旅客的行李。　本报记者　陈娟摄

▶他，“说实在的，这个活比较枯燥，但为了1000多名旅客安全抵达，每次检修都会尽心尽力。”6月21日，沈阳铁路局沈阳机务段检修车间内燃一组工长、共产党员崔德文正在检修机车。　本报记者　徐元锋摄

▶他，为保障片区内居民的正常用电和用电安全，长年累月风里来雨里去的检修电力设施。6月22日，贵州晴隆县供电局某供电所所长、共产党员杨建华正在检修电力设施。　本报记者　汪志球摄

▲他，自行研制的油气回收罩，每年可回收油品上千吨，实现经济效益300多万元。6月22日，燕山石化公司共产党员左金海在研究对油气回收罩进行技术革新改造。　本报记者　雷声摄

▲他，在工程施工中，攻克技术难关，创造性地开展工作。6月23日，北京城建集团十公司青年突击队队长、共产党员王犟在龙观润景工地检查住宅工程质量。　本报记者　雷声摄

南湖红船启新航

本报记者　鲍洪俊

一条小船，一个大党。85年前，中国共产党从嘉兴南湖一条红船上起航，率领全国人民劈波斩浪，勇往直前，谱写出中华民族崛起图强的壮丽篇章。今日嘉兴，旧貌新颜：综合实力名列全国百强城市第五十八位，所辖5县（市）全部进入全国百强县前30名。17万党员正用自己的先进性行动，实践着立党为公、执政为民的神圣宗旨。

作为党的诞生地，嘉兴的广大党员心里充盈着一份特殊的荣誉感和使命感。他们自觉地把党的先进性融化在服务群众的平凡言行中。

走进嘉兴城区南杨社区，73岁的翁凤香一个劲地向记者夸奖社区里的党员好。去年9月的一天，老人突然中风，动弹不得。万幸常来串门的一位老党员及时发现，赢得了抢救时间。如果迟到20分钟，医生就回天乏术了。另一位老党员刘金富在生命旅程的最后两年里，受到社区第二党支部书记冯德鑫等多名共产党员的细心照料。弥留之际，老人向党组织交纳了最后一笔12元钱的党费。共产党员、嘉兴市第一医院副主任医师、风湿病专科主任王宏智，7年前发起成立青年医疗志愿小组，专门为一些行动不便患者义务诊治。其中，他们为一位姓胡的风湿性心脏病、慢性心衰患者上门服务，已经10年有余。

为了使广大党员的先锋模范作用长效化、经常化，嘉兴市委于2005年初在全省率先推行了“勤奋工作敬业岗”、“服务群众奉献岗”为主要内容的党员“一员双岗”制度。在城市，通过设立“党员先锋岗”、“党员示范岗”、“党员示范窗口”等岗位，一大批党员立足本职工作，成为勤业敬业的典范。在本职工作之外，“万名党员进社区”活动深入推进。党员们踊跃申报认领教育辅导岗、治安巡逻岗、环境整治岗、助人为乐岗等岗位，直接面向群众、服务群众。在农村，以行政村为单位，广大党员把“带头致富敬业岗”作为本职岗，并通过认领“脱贫致富帮带岗”、“村级财务监督岗”、“邻里纠纷调解岗”等8类奉献岗位，由党员根据自身本领、特长、能力等自愿选择岗位，发挥作用。

实施“一员双岗”制度以来，全市已有63300多名党员在岗位和社区中亮明了党员身份，认领奉献岗位10万多个，联系群众83700户，结成帮扶对子近1万个。

2005年，嘉善县环保局局长高洪明到西塘镇地甸村驻村蹲点，挨家挨户动员，推进沼气村工程试点工作。他全身心与群众“三同”，以真诚的服务感化了大家。经过一年的努力，全村先后建成90多座沼气池，有效整治了村庄环境，减少了村民生活费用的支出。

像高洪明一样，嘉兴党员干部联点服务基层群众，蔚然成风。嘉兴市委探索建立起党员联系群众制度：各级领导干部联县（市）、联镇（街道）、联社区、联企业、联村联户，定期到联系点调查研究，听取意见、走访服务、推动工作。目前全市市、县、镇三级领导干部已建立不同类型的联系点3245个。嘉善、桐乡等县市党员干部切实转变作风，深入群众，服务入微，做到了乡镇干部夜访群众及时承办、联系农户经常承办、结对帮扶重点承办、现场办公定期承办、驻村一周集中承办。

翠色井冈今又新

本报记者　刘建林

井冈山，中国革命的摇篮。

1927年10月，毛泽东率领湘赣边界秋收起义部队在这里创建了我党第一个农村革命根据地。如火如荼的斗争岁月锤炼出宝贵的井冈山精神：“坚定信念、艰苦奋斗，实事求是、敢闯新路，依靠群众、勇于胜利”。

如今，经过几代建设者的不懈努力，巍巍五百里井冈山已由过去的贫瘠山区建设成为一座没有围墙的革命历史博物馆，成为革命传统和爱国主义教育基地、国家级重点风景名胜旅游区，革命人文景观与秀美自然景观在这里交相辉映，浑然一体。

6月22日上午，阳光灿烂。沿着蜿蜒平坦的泰井高速公路（江西泰和至井冈山），记者走进了千峰竞秀、林海茫茫的井冈山，流连于红色故址和青山绿水之间，倾听着井冈山人自豪地讲述着过去和今天。

77岁高龄的谢光荣老人是井冈山建设的目击者和最早参与者，1959年成立省辖井冈山管理局时，谢老就担任了管理局副局长兼公安处长。后井冈山设市，谢老继续担任市委副书记。他告诉记者，新中国成立初期，方圆250余公里的井冈山，是一个“人口不满两千，产谷不满万担”的贫瘠山区。井冈山中心镇茨坪当时住户只有六七十户，到处都是梯田，井冈山管理局成立后就地取材，用泥巴和树干搭棚子来办公。“当时比较紧要的工作一是修路，二是建房。”谢老谈起当年感慨万千。

岁月荏苒，经过近50年的奋斗，井冈山人“把这一座伟大的山冈变成了幸福的乐园”。据井冈山市统计局统计，改革开放以来，井冈山的生产总值年均递增14.3%。目前，只有15万人口的井冈山市国内生产总值已突破了10亿元大关，城镇居民人均可支配收入超过8000元。尤其是近年来，井冈山市提出“旅游兴市”的发展战略，推动了老区人民脱贫致富的步伐。

红军医院旧址所在地小井村是一个只有30余户的小村，这里的家家户户依靠旅游优势都有着自己的经营天地，或是卖工艺纪念品，或是开餐馆，人均年纯收入达6000元以上。小井村15号的一栋两层楼挂着名为“天亮了”的农家乐特色餐馆，老板胡亮正告诉记者，4年前夫妻俩就开起了这家餐馆，生意还算红火，每年大约都有3万元左右的净收入。

“井冈山，两件宝，历史红，山林好。”这确是井冈山的高度概括和真实写照。井冈山迄今为止保存完好的革命旧址遗迹有100多处，其中21处被列为全国重点文物保护单位。巍巍五百里井冈，已和众多的革命旧居遗址形成一个整体，成为爱国主义教育的生动课堂。

“我们将依靠红色吸引人，依托绿色留住人”，身兼井冈山市委书记、市长、井冈山管理局长等数职的王晓峰向记者表示，“我们要让更多的人加入到开发这片红色圣土的队伍中来，把井冈山建设得更美好”。

“前人开路后人走呵，前人栽茶后人摘呵”——一曲经典的《请茶歌》飘荡在山林间，并未随岁月流逝失却其鲜亮的音色，它正续唱着井冈儿女的心声：今日井冈人，在传承红色、编织绿色中创造着他们的新生活。在这红与绿的交响中，井冈山革命老区频展新颜，正在奏出新时期的发展强音。

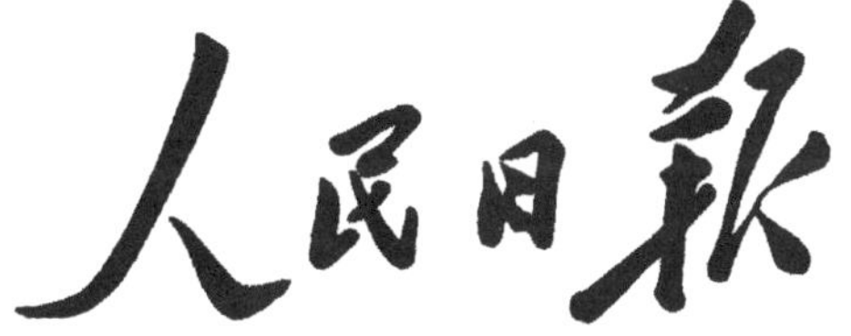

今日 16 版
人民网 网址：http://www. people. com. cn
手机：http://wap. people. com. cn
国内统一连续出版物号 CN 11-0065
第 21572 期（代号 1-1）
人民日报社出版

2007 年 8 月
2
星期四
丁亥年六月二十
北京地区天气预报
白天 多云转阴有雷阵雨
风向 北转南
风力 二、三级
夜间 阴 北部地区
有雷阵雨转多云
风向 南转北
风力 一、二级
温度 31℃/22℃

八月一日，中共中央、国务院、中央军委在北京人民大会堂隆重举行庆祝中国人民解放军建军八十周年暨全军英雄模范代表大会。胡锦涛、江泽民、吴邦国、温家宝、贾庆林、曾庆红、吴官正、李长春、罗干等出席大会。

新华社记者 李学仁摄

庆祝中国人民解放军建军80周年暨全军英雄模范代表大会在京举行

胡锦涛发表重要讲话

江泽民吴邦国贾庆林曾庆红吴官正李长春罗干出席 温家宝主持

8 月 1 日，中共中央总书记、国家主席、中央军委主席胡锦涛在庆祝中国人民解放军建军 80 周年暨全军英雄模范代表大会上发表重要讲话。

新华社记者 李学仁摄

8 月 1 日，党和国家领导人胡锦涛、吴邦国、温家宝、贾庆林、曾庆红、吴官正、李长春、罗干等在北京人民大会堂会见全军英雄模范代表。

新华社记者 樊如钧摄

新华社北京 8 月 1 日电 中共中央、国务院和中央军委 1 日在人民大会堂隆重举行庆祝中国人民解放军建军 80 周年暨全军英雄模范代表大会。中共中央总书记、国家主席、中央军委主席胡锦涛在会上发表重要讲话。他强调，必须坚持以毛泽东军事思想、邓小平新时期军队建设思想、江泽民国防和军队建设思想为指导，把科学发展观作为加强国防和军队建设的重要指导方针，在更高的起点上推进国防和军队现代化。国防和军队现代化建设的发展，必须是融入国家现代化战略全局、与国家安全和发展利益相适应的发展，是注重全面建设、革命化现代化正规化相统一的发展，是坚持以人为本、推动军队建设与促进官兵全面发展相一致的发展，是走中国特色精兵之路、速度质量效益相协调的发展，一句话，必须努力实现国防和军队现代化建设又好又快发展。

江泽民、吴邦国、温家宝、贾庆林、曾庆红、吴官正、李长春、罗干出席大会。

人民大会堂气氛喜庆热烈。主席台台口上方悬挂会标"庆祝中国人民解放军建军 80 周年暨全军英雄模范代表大会"，后幕中央是军徽和字标"1927—2007"，10 面红旗分列两侧。主席台对面二层眺台横幅上写着："大力弘扬听党指挥服务人民英勇善战的优良传统，有效履行新世纪新阶段军队历史使命，努力开创国防和军队现代化建设新局面"。人民解放军、武警部队代表和首都各界代表欢聚一堂，共同庆祝中国人民解放军建军 80 周年的盛大节日。

上午 10 时，中共中央政治局常委、国务院总理温家宝宣布大会开始。全场起立，高唱国歌。

在热烈的掌声中，胡锦涛发表了讲话。他首先代表党中央、国务院和中央军委，向战斗在保卫祖国、建设祖国各个岗位上的人民解放军指战员、武警部队官兵、预备役军人和广大民兵致以节日的祝贺，向为中国革命、建设、改革事业作出重大贡献的军队离退休老同志表示诚挚的问候，向在各个时期为人民解放军建设作出贡献的转业退伍军人、革命伤残军人和烈军属表示亲切的慰问，向在国防科技工业战线顽强拼搏的科学家、工程技术人员和广大干部职工致以衷心的感谢，向出席全军英雄模范代表大会的代表致以热烈的祝贺，向长期以来关心和支持人民解放军建设的全国各族人民致以崇高的敬意。

胡锦涛指出，80 年来，在中国共产党领导下，人民解放军高举党的旗帜，高举人民的旗帜，牢记使命，英勇奋战，为中国人民解放事业，为我国社会主义建设和改革事业，为捍卫国家主权、安全、领土完整，建立了不可磨灭的历史功勋。人民解放军的 80 年，是紧紧同全国各族人民站在一起、全心全意为人民服务的 80 年，是为民族独立和尊严、社会发展和进步英勇奋斗的 80 年，是为维护世界和平、促进人类进步事业作出重要贡献的 80 年。人民解放军以威武之师、文明之师、和平之师闻名于世，赢得了党和人民的高度信赖和赞誉。

胡锦涛在全面回顾了人民解放军成长和发展的光辉历程后指出，在 80 年的顽强奋斗中，人民解放军培育和形成了优良革命传统。人民解放军的优良革命传统，集中起来就是听党指挥、服务人民、英勇善战。听党指挥，是党和人民对人民军队的最高政治要求，是人民解放军不可动摇的根本原则。服务人民，是人民军队一切奋斗发展的出发点和归宿，是人民解放军必须永远坚持的根本宗旨。英勇善战，是人民军队的鲜明特征，是人民解放军履行职能使命的根本要求。听党指挥、服务人民、英勇善战，体现了人民解放军的性质、宗旨、本色，凝聚着党和人民对军队的重托和期望，是我们总结人民解放军 80 年建军治军经验的基本结论。

胡锦涛指出，总结历史，我们完全可以说，党和人民事业之所以能够不断从胜利走向胜利，社会主义中国之所以能够在国际风云剧烈变幻中始终站稳脚跟，一个重要原因，就是因为我们有人民解放军这样一支忠于党、忠于社会主义、忠于祖国、忠于人民的英雄军队。

胡锦涛强调，80 年来，我们党坚持把马克思主义军事理论同中国革命战争和人民军队建设实践结合起来，创造了一整套中国特色建军治军的方针原则，形成了毛泽东军事思想、邓小平新时期军队建设思想、江泽民国防和军队建设思想三大军事理论成果。毛泽东军事思想、邓小平新时期军队建设思想、江泽民国防和军队建设思想，是马克思主义军事理论中国化的重大成果，是引领人民军队不断发展壮大的科学指南，是对马克思主义军事宝库的丰富和发展。

胡锦涛强调，我们要深刻认识世界军事发展新趋势和我国发展新要求，遵循国防建设与经济建设协调发展的方针，在国家经济实力不断增强的基础上，逐步增加国防投入，不断提高国防和军队现代化水平，努力建设与国家安全和发展利益相适应的巩固国防和强大军队。这是人民解放军的历史责任，也是全国各族人民的共同事业。

胡锦涛强调，人民军队的历史使命，历来同党的历史任务紧密相连，同国家安全和发展利益紧密相关。切实履行好新世纪新阶段军队历史使命，是党的重托、人民的期望。全军同志要忠于使命、献身使命、不辱使命，全面加强部队建设，抓紧做好军事斗争准备，确保能够有效应对危机、维护和平，遏制战争、打赢战争，努力创造无愧于时代的新业绩。

胡锦涛强调，必须始终把思想政治建设摆在军队各项建设的首位，作为军队的根本性和基础性建设抓紧抓好。加强军队思想政治建设，最根本的是要坚持党对军队的绝对领导、坚持全心全意为人民服务。这两条，决定着人民解放军的性质和方向，关系中国特色社会主义的兴衰成败，必须毫不动摇地坚持、始终不渝地贯彻。必须主动适应世界军事变革趋势，奋发有为地把中国特色军事变革推向前进，继续实施科技强军战略，走机械化信息化复合发展的道路，把改革创新作为军队建设的根本动力，加紧实施人才战略工程，把军队战斗力生成模式进一步转到依靠科技进步特别是以信息技术为主要标志的高新技术进步上来。必须坚持依法治军、从严治军，加强科学管理，不断提高军队正规化建设水平。要坚定地相信和依靠广大官兵，充分发挥他们的主动精神和创造活力，推动中国特色军事变革不断迈出新的步伐。

胡锦涛强调，我们必须发扬光大依靠人民建设军队、建设国防的优良传统，进一步巩固同呼吸、共命运、心连心的军政军民关系。 （下转第四版）

在庆祝中国人民解放军建军80周年暨全军英雄模范代表大会上的讲话

（2007 年 8 月 1 日）

胡锦涛

同志们，朋友们：

今天，我们在这里隆重集会，庆祝中国人民解放军建军 80 周年，祝贺全军英雄模范代表大会召开。

80 年前的今天，中国共产党发动了震惊中外的南昌起义。这个伟大的事件，以打响武装反抗国民党反动派第一枪的英雄壮举，以党独立领导的新型人民军队诞生的重要标志，载入了中国革命史册。"八一"这个光荣的日子，成为人民解放军的盛大节日。

80 年来，在中国共产党领导下，人民解放军高举党的旗帜，高举人民的旗帜，牢记使命，英勇奋战，为中国人民解放事业，为我国社会主义建设和改革事业，为捍卫国家主权、安全、领土完整，建立了不可磨灭的历史功勋。人民解放军的 80 年，是紧紧同全国各族人民站在一起、全心全意为人民服务的 80 年，是为民族独立和尊严、社会发展和进步英勇奋斗的 80 年，是为维护世界和平、促进人类进步事业作出重要贡献的 80 年。人民解放军以威武之师、文明之师、和平之师闻名于世，赢得了党和人民的高度信赖和赞誉。

在这里，我代表党中央、国务院和中央军委，向战斗在保卫祖国、建设祖国各个岗位上的人民解放军指战员、武警部队官兵、预备役军人和广大民兵，致以节日的祝贺！向为中国革命、建设、改革事业作出重大贡献的军队离退休老同志，表示诚挚的问候！向在各个时期为人民解放军建设作出贡献的转业退伍军人、革命伤残军人和烈军属，表示亲切的慰问！向在国防科技工业战线顽强拼搏的科学家、工程技术人员和广大干部职工，致以衷心的感谢！向出席全军英雄模范代表大会的代表，致以热烈的祝贺！向长期以来关心和支持人民解放军建设的全国各族人民，致以崇高的敬意！

此时此刻，我们更加怀念敬爱的毛泽东、周恩来、刘少奇、朱德、邓小平同志和彭德怀、刘伯承、贺龙、陈毅、罗荣桓、徐向前、聂荣臻、叶剑英同志等老一辈无产阶级革命家和军事家，他们创建和培育了人民军队，为人民军队发展壮大建立了彪炳史册的功勋。我们深切缅怀人民军队成千上万的革命烈士，他们为人民革命战争胜利和人民共和国安宁强盛而英勇献身的光辉业绩，永远镌刻在人民解放军和中华民族的历史丰碑上。

同志们、朋友们！

80 年前，中国还处在半殖民地半封建的黑暗境地。1927 年，正当大革命蓬勃发展的时候，国民党反动派背叛革命，勾结帝国主义，血腥屠杀中国共产党人和革命群众，使轰轰烈烈的大革命惨遭失败。中国共产党人从血的教训中深刻认识到开展武装斗争、创建人民军队的极端重要性，毅然发动了南昌起义。南昌起义，连同随后党发动和领导的秋收起义、广州起义以及其他许多地区的武装起义，开启了我们党独立领导革命战争、创建人民军队、武装夺取政权的新时期，揭开了中国革命的新篇章。中国共产党从此有了自己绝对领导之下、忠实执行革命政治任务的武装力量，中国人民从此有了同自己血肉相连、全心全意为人民服务的子弟兵，中华民族从此有了实现独立解放和伟大复兴的坚强保障。

在 80 年的顽强奋斗中，人民解放军在以毛泽东同志、邓小平同志和江泽民同志为核心的党的三代中央领导集体以及党的十六大以来的党的中央领导集体领导下，紧紧依靠人民，为民族独立、人民解放和国家富强、人民幸福作出了重大贡献。我们的人民军队，在土地革命战争、抗日战争、解放战争长达 22 年艰苦卓绝的斗争中，脚踏着祖国的大地，背负着民族的希望，以无与伦比的英雄气概、超乎寻常的革命毅力、灵活机动的战略战术，不怕牺牲，浴血奋战，打败了凶恶的国内外敌人，推翻了压在中国人民头上的三座大山，为建立人民当家作主的新中国创造了根本条件。我们的人民军队，全面履行保卫祖国、保卫人民和平劳动的根本职能，英勇捍卫新生的人民政权，胜利进行抗美援朝战争和多次边境自卫防御作战，严密守卫祖国的万里边防和辽阔海疆，依法履行香港、澳门防务职责，有效震慑和打击危害国家安全和统一的各种分裂、破坏活动，为国家发展繁荣提供了可靠安全保障。我们的人民军队，自觉在国家建设大局下行动，发挥自身优势，积极承担关系国计民生的重点工程建设任务，支援地方抢险救灾，为保护人民生命财产奋不顾身、赴汤蹈火，踊跃参加社会公益事业，带头传播社会主义新思想新风尚，有力支持了国家经济社会发展。我们的人民军队，广泛开展对外军事交流，积极参加联合国维和行动和国际救灾行动，加强国际反恐军事合作，为维护世界和平发挥了重要作用。

在 80 年的顽强奋斗中，人民解放军从小到大、由弱变强，不断推进自身建设发展，革命化、现代化、正规化水平显著提高。人民解放军已经由过去弱小的单一军种的军队发展成为诸军兵种合成、具有一定现代化水平并开始向信息化迈进的强大军队。我们建立起完整的国防科技和国防工业体系，国防实力不断增强。 （下转第四版）

（四）民族自治区成立、建省、建立经济特区纪念活动新闻的版面安排

2005 年 9 月 1 日，西藏自治区成立 40 周年。一版在头条位置发表庆祝西藏自治区成立四十周年的社论《实现跨越发展　促进长治久安》。头条下方为中央代表团团长参加西藏庆祝活动的消息。

9 月 2 日，一版头条消息为《西藏各族各界隆重集会庆祝自治区成立四十周年》，报眼位置为《中共中央、全国人大常委会、国务院、全国政协、中央军委的贺电》。一版还以四栏篇幅刊登一张图片：中央代表团团长贾庆林向西藏自治区赠送胡锦涛题写的"共同团结奋斗共同繁荣发展"的贺幛。

2007 年 8 月 8 日，内蒙古庆祝自治区成立六十周年。当日一版刊发社论表示热烈祝贺。8 月 9 日，一版头条直题安排庆祝大会消息，下方配发五栏宽庆祝大会会场照片一张。因为当日报眼位置安排了北京隆重庆祝奥运会倒计时一周年的重要消息，因此，《中共中央、全国人大常委会、国务院、全国政协、中央军委的贺电》安排在中右部。

此后几天，一版在重要位置继续刊发中央代表团在内蒙古慰问各族干部群众的有关消息。

民族自治州、县举行成立庆典的消息，人民日报大多在四版中上部位置予以处理。

（附 2005 年 9 月 1 日、2 日一版，2007 年 8 月 9 日一版，2006 年 8 月 9 日四版）

2008 年 4 月 26 日，海南隆重集会庆祝建省办经济特区 20 周年，李克强出席庆祝大会。次日一版在右中部位置刊发会议消息、李克强在庆祝大会上的讲话以及李克强参观海南建省办经济特区 20 周年成就展的消息。

（附 2008 年 4 月 27 日一版）

2010 年 9 月 6 日，深圳庆祝建立经济特区 30 周年。深圳是我国改革开放的窗口，因此深圳特区建立 30 周年庆祝大会隆重热烈，规格也较高，胡锦涛出席大会并发表讲话。次日一版突出处理大会消息。头条横八栏刊登大会消息，并配发照片一张，二版刊登讲话全文。报眼位置安排胡锦涛向邓小平同志铜像敬献花篮照片。

（附 2010 年 9 月 7 日一版）

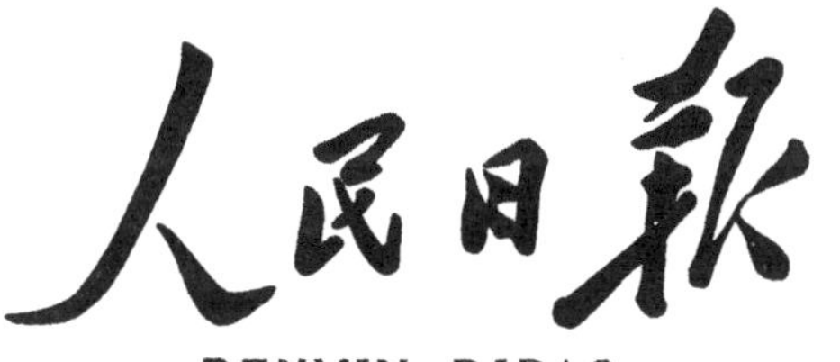

人民日报
RENMIN RIBAO
今日16版(华东、华南地区20版)
国内统一连续出版物号 CN 11-0065
第20872期 (代号1-1)
人民日报社出版
人民网 网址:http://www.people.com.cn
手机:http://wap.people.com.cn
2005年9月
1
星期四
乙酉年七月廿八

北京地区天气预报
白天 多云转阴
部分地区有阵雨
降水概率40%
风向 偏北转偏东
风力 二、三级
夜间 阴转多云
降水概率30%
风向 偏东
风力 一、二级
温度 28℃/19℃

就美国部分州遭受飓风袭击 胡锦涛主席向布什总统致慰问电

代表中国政府和人民并以个人名义,向布什总统、美国政府和人民表示深切的同情和慰问。表示相信,美国人民一定能战胜自然灾害,重建美好家园

新华社北京8月31日电 中国国家主席胡锦涛31日就美国路易斯安那、密西西比和亚拉巴马等州遭受"卡特里娜"飓风袭击,造成严重人员伤亡和财产损失,致电美国总统布什,代表中国政府和人民并以个人名义,向布什总统、美国政府和人民表示深切的同情和慰问。胡锦涛表示相信,美国人民一定能战胜自然灾害,重建美好家园。

实现跨越发展 促进长治久安

——热烈庆祝西藏自治区成立四十周年

今天是西藏自治区成立四十周年。我们向西藏各族干部群众和各界人士,向人民解放军驻藏部队和武警部队全体官兵,向所有为西藏的发展和稳定作出贡献的同志和朋友们,致以亲切问候和热烈祝贺!

西藏幅员辽阔、美丽富饶,西藏勤劳、智慧、勇敢的各族人民在长期的历史发展中为创造中华民族灿烂的文化,为缔造我们统一的多民族国家作出了卓越的贡献。1965年西藏自治区成立以来,西藏各族人民在党的领导下,充分行使宪法和法律赋予的自治权利,以主人翁的姿态积极参与管理国家和地方事务,投身西藏的现代化建设,谱写了西藏经济社会发展进步的辉煌篇章,为社会主义祖国大家庭增添了新的光彩。四十年来,西藏发生了翻天覆地的变化,在经济制度、经济结构和经济总量上均实现了重大飞跃。西藏的国民生产总值从1965年的3.27亿元增长到2004年的211.54亿元;人均GDP由1965年的241元增长到2004年的7779元;建立起包括20多个门类、富有西藏地方特色的现代工业体系;现代商业、旅游、邮电、饮食服务、文化娱乐、信息技术等新兴产业迅猛发展。放眼今日西藏,经济发展突飞猛进,社会事业全面进步,社会生活和谐稳定,各族人民安居乐业,呈现出欣欣向荣、生机盎然的喜人景象。

沧海桑田,西藏巨变。西藏自治区成立四十年所取得的伟大成就,是西藏各族人民团结一心、艰苦奋斗的结果,是西藏各级党委政府认真贯彻党中央、国务院各项方针政策的结果,是西藏各族干部辛勤工作、无私奉献的结果,是全国人民鼎力支持的结果。四十年来西藏的历史性巨变雄辩地证明:只有在中国共产党的领导下,只有在祖国大家庭的怀抱中,只有坚定地走中国特色社会主义道路,西藏才有繁荣进步的今天和更加美好的未来。

我国已经进入全面建设小康社会、构建社会主义和谐社会,加快推进社会主义现代化的新的发展阶段。西藏正处于从加快发展走向跨越式发展,从基本稳定走向长治久安的重要时期。实现西藏的繁荣进步,保持西藏的安定团结,是包括西藏人民在内的全国各族人民的共同愿望和共同责任。我们一定要以邓小平理论和"三个代表"重要思想为指导,坚持中国共产党的领导、坚持社会主义制度、坚持民族区域自治制度,以经济建设为中心、树立和落实科学发展观,紧紧抓住发展和稳定两件大事,确保西藏经济社会跨越式发展,确保国家安全和西藏长治久安,确保西藏各族人民生活水平不断提高。

实现跨越式发展,促进长治久安,必须坚定不移地坚持和完善民族区域自治制度。西藏实行民族区域自治,是西藏各族人民在中国共产党领导下坚持走中国特色社会主义发展道路的必然结果,是西藏各族人民充分当家作主的根本制度保证。 (下转第四版)

吴邦国温家宝分别会见斯里兰卡总统

本报北京8月31日讯 记者**刘超**报道:全国人大常委会委员长吴邦国、国务院总理温家宝31日分别会见了来访的斯里兰卡总统库马拉通加夫人。

吴邦国说,中斯两国人民的友好交往源远流长。建交以来,两国关系发展顺利,两国高层互访不断,政治互信不断加强,经贸等各领域的合作不断扩大、成效显著,在国际和地区事务中保持着沟通与配合。他说,议会交往是两国友好合作关系的重要组成部分,中国全国人大愿加强与斯里兰卡议会各层次的交流与合作,为加深两国人民相互了解和友谊、推动两国各领域的合作、促进两国关系的全面发展作出新贡献。

温家宝说,发展中斯传统友好合作关系,是中国周边外交的重要组成部分。今年4月中斯建立的"真诚互助、世代友好的全面合作伙伴关系"把两国关系推向了一个新阶段,希望双方进一步密切合作,使中斯合作伙伴关系真正体现在双边关系中的各个方面。他说,中方将积极鼓励和支持中方企业参与斯里兰卡经济建设,扩大同斯方在农业、基础设施、能源和资源开发等领域的合作,采取积极措施缓解双边贸易不平衡状况。

库马拉通加夫人说,她此次访华取得圆满成功,双方签署的一系列合作协议对斯里兰卡经济发展非常重要。斯方愿与中方共同努力,积极落实这些协议,给两国人民带来更多好处。斯方支持加强两国议会合作,促进两国人民之间的友谊和两国关系的深入发展。

温家宝主持召开国务院常务会议

研究落实全国人大常委会安全生产执法检查意见的整改措施 审议并原则通过《国务院关于预防煤矿生产安全事故的特别规定(草案)》

新华社北京8月31日电 国务院总理温家宝31日主持召开国务院常务会议,研究落实全国人大常委会安全生产执法检查意见的整改措施,审议并原则通过《国务院关于预防煤矿生产安全事故的特别规定(草案)》。

会议听取了国家安全生产监督管理总局关于落实全国人大常委会安全生产法执法检查意见整改情况的汇报。会议认为,全国人大常委会对《安全生产法》实施情况进行执法检查,是对安全生产的高度重视和对政府工作的监督。国务院有关部门和地方政府对人大常委会执法检查报告中提出的意见要认真落实,采取更加严格的措施,加大整改工作力度,切实做好安全生产工作。

会议指出,安全生产关系人民群众生命财产安全,关系改革开放、经济发展和社会稳定的大局。近年来,各方面做了大量工作,取得了一定成效,但安全生产特别是煤矿安全生产形势依然严峻。加强安全生产是一项紧迫和艰巨的任务。各级政府和煤矿等企业必须以对人民高度负责的精神,把安全生产放在更加突出的位置,从完善制度、严格管理、增加投入、深化改革、加强法治等方面,进行综合治理、标本兼治、常抓不懈。

会议强调,为了把预防煤矿安全事故纳入法制化轨道,及时发现并排除煤矿安全生产隐患,落实煤矿安全生产责任,保证煤矿生产安全和职工生命安全,有必要制定和实施《国务院关于预防煤矿生产安全事故的特别规定》。针对当前煤矿安全生产中存在的突出问题,实行更加严格的制度和更加严厉的措施。 (下转第二版)

曾庆红副主席会见印尼副总统优素福

新华社北京8月31日电 (记者**廖雷**)国家副主席曾庆红31日在人民大会堂会见了印度尼西亚副总统优素福。

曾庆红说,中印尼关系发展得很好,特别是中印尼战略伙伴关系的确立将两国关系推上了新的历史高度。中国和印尼都是有重要影响的发展中大国,加强中印尼友好合作符合两国和两国人民的利益,有利于本地区和世界的和平与发展。双方应全面推进在各领域的交流与合作,不断充实两国战略伙伴关系的内涵。

曾庆红说,中国和印尼经济互补性较强,合作潜力很大,双方在基础设施建设、能源和资源开发、农业、渔业等领域的合作富有成效。为进一步推进两国经贸合作,双方应增加双向投资,落实好大型合作项目,利用双边经贸联委会、能源论坛等合作机制,积极探讨加强经贸合作的新途径、新方式。

曾庆红重申,中国将继续积极支持和参与印尼海啸灾区的重建工作。

优素福表示,印尼政府高度重视发展同中国的战略伙伴关系,感谢中国长期以来支持印尼维护国家独立和主权的努力,印尼将继续坚定地奉行一个中国的政策。他说,去年底印尼遭受海啸灾害后,中国政府和人民及时向我们提供了真诚的支持和援助,印尼人民对此十分感激。印尼愿进一步加强同中国全方位、多领域的交流与合作。

优素福说,印尼对发展两国经贸合作持积极和开放态度,鼓励两国企业界加强交往,到对方国家投资兴业。印尼方将采取措施,推动双方在旅游、纺织、农渔业等领域的合作。

曾庆红强调,加强与东盟的友好合作是中国周边外交的重要环节,中方愿与印尼一道,促进中国—东盟自贸区建设,推动中国与东盟战略伙伴关系的发展,共同致力于本地区的和平、稳定与繁荣。

庆祝西藏自治区成立四十周年干部大会举行

贾庆林代表党中央、全国人大常委会、国务院、全国政协、中央军委,向西藏各族干部群众致以崇高的敬意和亲切的慰问

本报拉萨8月31日电 记者**徐锦庚、郑少忠**报道:庆祝西藏自治区成立40周年干部大会30日在西藏人民会堂举行。中共中央政治局常委、全国政协主席、中央代表团团长贾庆林在会上强调,隆重庆祝西藏自治区成立40周年,就是要进一步动员全区各族人民紧紧抓住本世纪头20年的重要战略机遇期,加快发展、维护稳定,为努力建设团结、民主、富裕、文明、和谐的社会主义新西藏而共同奋斗。

西藏人民会堂喷泉齐放、彩旗飘扬,气球上悬挂着用汉藏两种文字书写的"加强党的先进性建设,提高党的执政能力;创建平安西藏,实现长治久安"的条幅。鲜花和常青树簇拥着会堂主席台,台上正中是"1965—2005"几个大字。

在热烈的掌声中,贾庆林首先代表党中央、全国人大常委会、国务院、全国政协、中央军委,向西藏各族干部群众致以崇高的敬意和亲切的慰问。

贾庆林充分肯定了西藏自治区成立40年来,特别是党的十三届四中全会以来所创造的举世瞩目的业绩。他说,当前西藏形势很好,经济社会发展成就显著,人民群众生产生活水平不断提高,各项社会事业全面发展,社会保持安定团结,统一战线和民族、宗教工作不断加强,党的建设取得新的成效,正在从加快发展走向跨越式发展,从基本稳定走向长治久安,进入了历史上发展和稳定的最好时期。这些成就的取得,是以毛泽东、邓小平、江泽民同志为核心的党的三代中央领导集体和以胡锦涛同志为总书记的新一届中央领导集体,在西藏发展的各个历史时期英明决策、正确领导的结果;是中央关心西藏、全国支援西藏的结果;是西藏各族人民紧密团结、艰苦奋斗的结果。 (下转第四版)

贾庆林参加罗布林卡游园活动

并看望自治区老干部、老同志

新华社拉萨8月31日电 (记者**李斌、杨维汉**)中共中央政治局常委、全国政协主席、中央代表团团长贾庆林率中央代表团31日上午参加了拉萨各族各界在罗布林卡举行的游园活动,并在下午看望了西藏自治区领导班子成员和原自治区老领导。

在上午的游园活动中,中央代表团和各族各界群众代表约1000人首先共同观看了文艺表演。

随后,贾庆林来到主帐篷,看望先进模范、知识分子、援藏干部代表和西藏人口较少民族代表。

贾庆林首先代表中央代表团全体同志向西藏各族人民致以节日的祝贺。他说,在座的同志们是来自西藏各条战线、各行各业的先进模范,是工人、农牧民、知识分子、干部、解放军和武警部队以及西藏各界人士的杰出代表。长期以来你们不畏艰难、顽强拼搏,为建设西藏、发展西藏、稳定西藏做出了重要贡献。可以说,西藏40年的辉煌成就,都凝聚着你们的心血和汗水。你们所做的贡献,西藏人民不会忘记,全国人民不会忘记!

贾庆林强调,当前,西藏正处于发展稳定的关键时期。新形势新任务对西藏广大干部群众提出了新的更高的要求,希望大家继续发扬甘于吃苦、不怕牺牲、勇于奉献、顽强拼搏的优良传统,在本职岗位上再创佳绩、再立新功。同时,充分发挥模范带头作用,团结和带领更多的群众,为西藏更加美好的明天而奋斗。

游园中,贾庆林等还兴致勃勃地向游园群众挥手致意,互致节日的问候。中央代表团和西藏各族干部群众一起沉浸在欢乐、热烈、祥和的节日气氛中。

下午,贾庆林来到西藏人民会堂,分别看望西藏自治区领导班子成员和原自治区老领导、老同志。

贾庆林代表党中央、国务院向为西藏和平解放,为西藏社会主义革命、建设和改革事业做出了重要贡献的所有老干部、老同志,表示亲切的慰问和崇高的敬意。 (下转第四版)

八月三十日,"南洋华侨机工回国抗日纪念碑"在云南畹町揭幕。图为当日在云南省德宏傣族景颇族自治州中缅边境畹町口岸,几名参加过抗战的老兵与云南"自驾车重走滇缅路"活动的志愿者们一起参加纪念抗战胜利六十周年活动。

新华社记者 曾毅摄

新闻摄影

坚定不移地走和平发展的道路

本报特约评论员

9月3日是中国人民抗日战争胜利日,也是世界反法西斯战争胜利日。我们将同全世界热爱和平的人民一道隆重纪念这个光辉的节日。在这庄严的时刻,重温正义与邪恶、光明与黑暗的殊死搏斗,回顾战后世界和平发展的非凡历程,展望人类文明的前景,具有十分重大而深远的现实意义。

牢记历史,不忘过去,珍爱和平,开创未来。中国领导人再次郑重宣示,中国要始终不渝地高举和平、发展、合作的旗帜,坚定不移地走和平发展的道路,同世界各国人民一道,共同促进人类和平与发展的崇高事业。这充分表达了中国人民建设美好未来的坚定决心,也是对全世界人民的庄严承诺。

一

战争与和平是一个永恒的命题。千百年来,人类对和平怀着真诚的梦想;千百年来,和平的梦想又总是被战争打破。杀戮和毁灭之所以成为挥之不去的梦魇,最重要的原因就是,历史上几乎所有民族和国家的崛起和强盛,总是与征伐、杀戮和资源掠夺紧密相连。20世纪上半叶的两次世界大战,也都是由列强争夺霸权、妄图重新瓜分世界而引起。德国法西斯鼓吹拓展生存空间、日本法西斯扬言建立"大东亚共荣圈",说到底都是要借侵略扩张来实现各自的大国梦想。

日本、德国、意大利法西斯发动的第二次世界大战,给人类带来了规模空前的浩劫,也使人类在战争的灾难中警醒。60年前,当和平的曙光再一次普照大地,各国人民思考最多的,就是怎样才能给战争与和平这个古老的命题一个终结性的答案。人们深刻认识到,靠侵略掠夺争强称霸,可以逞强于一时,却逃脱不了覆亡的命运,这是一条根本走不通的死路。

当前,经济全球化深入发展,世界多极化的趋势逐渐显现,国际形势总体上出现了相对和平的发展趋势。世界要和平,人民要合作,国家要发展,社会要进步,正在汇聚成为强大的潮流。中国坚定不移地走和平发展道路,正是顺应这一时代要求。

旧中国长期处于任人欺凌宰割的地位。特别是日本军国主义的野蛮入侵,更使中国陷入长达14年的战乱。亿万同胞饱受战争摧残、经济崩溃之苦。正是这种长期受蹂躏的切肤之痛,使中国人民深知和平之珍贵、发展之迫切,认识到和平是创造幸福和繁荣的保障。没有和平根本就谈不上发展;丧失发展、缺乏实力就无法享受和平、维护和平。苦难的历史经历,令中国义无反顾地选择了和平发展的道路。

有着数千年文明史的中华民族,是一个热爱和平、崇尚自由、追求正义的民族,中华文化是一种真诚的和平文化。千百年来,"和为贵"始终是中国社会思想的主线;"己所不欲,勿施于人"始终是中华民族的一个基本价值取向;"和而不同"、"厚德载物"是中国人民的宽大胸襟。渴望和平、追求和睦,作为中华民族的一种精神特质,深深地铭刻在人们的心田,融入人们的血液中。这就是我们坚定不移地走和平发展道路的深厚的思想文化基础。

坚定不移地走和平发展的道路,最根本的还是由中国特色社会主义制度的性质决定的,还因为它符合中国确立的宏伟战略目标——全面建设小康社会、加速推进社会主义现代化的内在要求。和平发展也是实现这个目标唯一正确途径。正如邓小平同志所指出的:"我们搞的是有中国特色的社会主义,是不断发展社会生产力的社会主义,是主张和平的社会主义","中国要实现自己的发展目标,必不可少的条件是安定的国内环境与和平的国际环境。我们不在乎别人说我们什么,真正在乎的是有一个好的环境来发展自己。"

二

中国是和平、发展、合作崇高事业的积极倡导者,也是和平、发展、合作崇高事业的忠实践行者。

新中国成立不久,中国政府就创造性地提出和平共处五项原则,确立了独立自主和平外交政策的基点,并公开宣告:"新中国的政策是和平政策,我们愿意按照五项原则与世界一切国家友好相处。"而后,中国坚持这一原则精神,积极参与万隆会议等一系列重大国际活动,不遗余力地维护世界和平、推动各国的友好交往,树立了良好的国际形象。

作为最大的发展中国家,20多年来,中国对内改革、对外开放,在和平发展道路上迈出更新、更大的步伐,不仅实现了自身经济的持续健康快速发展,而且为邻国、为亚洲乃至整个国际社会带来了新的发展机遇,为促进全世界的和平发展事业做出了新的贡献。

中国坚持与邻为善、以邻为伴方针,奉行睦邻、安邻、富邻政策。在同周边国家的交往过程中,中国着力建立互信合作,着手解决分歧难点。在与东盟的关系上,中国强调双方应相互尊重而不是彼此对立,相互信任而不是彼此猜疑,相互合作而不是恶性竞争,立足共赢而不是此兴彼衰。中俄战略协作伙伴关系近年来也不断深化,两国还全面解决了历史遗留的边界问题,努力使中俄边界成为一条"和平的边界、合作的边界、友好的边界"。 (下转第二版)

人民日报
RENMIN RIBAO
今日 16 版（华东、华南地区 20 版）
人民网 网址：http://www.people.com.cn
手机：http://wap.people.com.cn
国内统一连续出版物号 CN 11-0065
第 20873 期（代号 1-1）
人民日报社出版
2005 年 9 月
2
星期五
乙酉年七月廿九

北京地区天气预报
白天 晴
降水概率 0%
风向 北转南
风力 二、三级
夜间 晴间多云
降水概率 10%
风向 南转北
风力 一、二级
温度 28℃/17℃

西藏各族各界隆重集会庆祝自治区成立四十周年

贾庆林出席大会向西藏自治区赠送贺幛并发表讲话

胡锦涛题写『共同团结奋斗，共同繁荣发展』贺幛

中共中央全国人大常委会国务院全国政协中央军委致电祝贺

新华社拉萨9月1日电 （记者**陈良杰、李斌、杨维汉**）雪域高原彩旗飘扬，古城拉萨万众欢腾。1日上午西藏各族各界2万多人欢聚在布达拉宫广场，举行庆祝西藏自治区成立四十周年大会。中共中央、全国人大常委会、国务院、全国政协、中央军委向庆祝大会发来贺电。中共中央总书记、国家主席、中央军委主席胡锦涛为西藏自治区成立40周年题写了"共同团结奋斗，共同繁荣发展"的贺幛。中共中央政治局常委、全国政协主席、中央代表团团长贾庆林率中央代表团出席庆祝大会并发表重要讲话。

节日的拉萨，到处是彩旗和鲜花。身着民族服装的各族群众，手持花束、哈达，早早来到布达拉宫广场。十多个巨大的气球飘浮在广场上空，气球上悬挂着用汉藏两种文字书写的大幅标语："更加紧密团结在以胡锦涛同志为总书记的党中央周围，为全面建设小康社会而努力奋斗"、"实干兴藏，创业富民"。

上午10时，主持庆祝大会的西藏自治区党委常务副书记、自治区人大常委会主任列确宣布大会开始。在雄壮的国歌声中，鲜艳的五星红旗在布达拉宫广场上冉冉升起。

会上，中共中央政治局委员、书记处书记、国务委员、中央代表团副团长周永康宣读了中共中央、全国人大常委会、国务院、全国政协、中央军委为庆祝西藏自治区成立40周年发来的贺电。**（全文另发）**

贾庆林向西藏自治区赠送了由中共中央总书记、国家主席、中央军委主席胡锦涛题写的"共同团结奋斗，共同繁荣发展"的贺幛。

阿沛·阿旺晋美、第十一世班禅额尔德尼·确吉杰布和许多省、自治区、直辖市以及中央和国家有关部门也向大会发来贺电、贺信。一些国家的使节也出席了庆祝大会。

在热烈的掌声中，贾庆林发表了热情洋溢的讲话。他首先代表中共中央、全国人大常委会、国务院、全国政协、中央军委，向西藏自治区各族工人、农牧民、知识分子、干部和各界人士，向人民解放军驻藏部队指战员、武警西藏部队官兵和公安干警，表示热烈的祝贺和亲切的问候！向所有为西藏的繁荣发展作出贡献的同志们、朋友们，表示崇高的敬意！向一切关心西藏、热爱西藏、支持西藏发展进步的海外侨胞和国际友人，表示衷心的感谢！

贾庆林指出，西藏自治区成立以来的40年，是社会生产力极大解放和提高的40年，是西藏各族人民当家作主的40年，是西藏优秀传统文化得到保护、继承和弘扬，社会主义先进文化不断发展的40年。西藏自治区成立40年来辉煌成就的取得，是以毛泽东、邓小平、江泽民同志为核心的党的三代中央领导集体和以胡锦涛同志为总书记的新一届中央领导集体，在西藏发展的各个历史时期英明决策、正确领导的结果；是中央政府关心西藏、全国各地支援西藏的结果；是西藏各族人民万众一心、团结奋斗的结果。40年的光辉历程，40年的辉煌成就，雄辩地证明，只有坚持中国共产党的领导，坚持社会主义制度，坚持民族区域自治制度，才能实现好、维护好、发展好西藏人民的根本利益，才能确保西藏的跨越式发展和长治久安，西藏才有繁荣进步的今天和更加美好的明天。

贾庆林强调，我国已经进入全面建设小康社会、加快推进社会主义现代化的新的发展阶段，西藏也进入了实现跨越式发展和长治久安的关键时期。中央希望，西藏自治区广大干部群众要坚持以邓小平理论和"三个代表"重要思想为指导，认真学习贯彻以胡锦涛同志为总书记的中共中央关于西藏工作的一系列指示精神，认真学习贯彻第三次、第四次西藏工作座谈会和中央民族工作会议精神，树立和落实科学发展观，以经济建设为中心，紧紧抓住发展和稳定两件大事，确保西藏经济社会跨越式发展，确保国家安全和西藏长治久安，确保西藏各族人民生活水平不断提高，努力建设团结、民主、富裕、文明、和谐的社会主义新西藏。**（讲话全文见第四版）**

西藏自治区党委书记杨传堂在大会上讲话。他说，40年风雨历程和艰辛探索，使我们更加坚定，坚持以邓小平理论和"三个代表"重要思想为指导，坚持中国共产党的领导，坚持社会主义制度，坚持民族区域自治制度，是我们一切工作的行动指南，是全区各族人民团结奋斗的共同思想基础，必须始终坚持，毫不动摇。让我们在以胡锦涛同志为总书记的党中央坚强领导下，以科学发展观统领经济社会发展全局，团结带领全区270万各族人民，为建设更加团结、更加民主、更加富裕、更加文明、更加和谐的社会主义新西藏而奋斗。

西藏军区司令员蒲代山，各族各界群众代表、拉萨市堆龙德庆县村民刚努也在会上讲了话。

庆祝大会举行了充满吉祥喜庆气氛的盛大游行。

以鲜花、哈达簇拥国徽为先导的22个方队和18辆显示西藏自治区40年科技、经济成果的彩车，从主席台前缓缓通过。游行队伍中，来自西藏各地的农牧民打起鼓，弹起琴，跳起热情奔放的民族舞蹈，"祝福祖国，扎西德勒"、"祝福西藏，扎西德勒"的口号响彻布达拉宫广场上空。信鸽齐飞，鼓乐齐鸣，广场上一片欢腾，把庆祝西藏自治区成立40周年大会的气氛推向高潮。

中央代表团副团长热地、刘延东、帕巴拉·格列朗杰、梁光烈和代表团全体成员出席了大会。

雪域高原彩旗飘扬，古城拉萨万众欢腾。九月一日上午，西藏各族各界两万多人隆重集会，热烈庆祝西藏自治区成立四十周年。这是中共中央政治局常委、全国政协主席、中央代表团团长贾庆林向西藏自治区赠送由中共中央总书记、国家主席、中央军委主席胡锦涛题写的"共同团结奋斗，共同繁荣发展"贺幛。

新华社记者 马占成摄

中共中央 全国人大常委会 国务院 全国政协 中央军委

电贺西藏自治区成立40周年

中共西藏自治区委员会、西藏自治区人大常委会、西藏自治区人民政府、西藏自治区政协、西藏军区：

值此西藏自治区成立40周年之际，中共中央、全国人大常委会、国务院、全国政协、中央军委向西藏自治区各族工人、农牧民、知识分子、干部和各界爱国人士，向人民解放军驻藏部队指战员、武警西藏部队官兵和公安民警，向援助西藏发展经济和各项社会事业的全体同志，致以热烈的祝贺和亲切的慰问！

1965年西藏自治区成立，揭开了西藏历史的新篇章。40年来，在中央和各地大力支持下，在西藏各族干部群众共同努力下，雪域高原发生了举世瞩目的巨大变化。民族区域自治制度更加完善，社会生产力空前解放和提高，各项社会事业全面进步，优秀传统文化进一步繁荣，人民物质文化生活水平显著提高，民族团结和军政军民团结切实增强，少数民族干部队伍和各类人才队伍建设不断加强，同全国其他地区的联系更加紧密。今天的西藏，政治稳定，经济发展，社会安定，民族团结，边防巩固，人民幸福，呈现出一派生机勃勃、欣欣向荣的景象。

西藏自治区成立40年来取得的伟大成就充分表明：中国共产党的民族政策是完全正确的，社会主义民族区域自治制度具有巨大优越性，全国各族人民大团结是推动我国各项事业胜利发展的伟大力量。只有坚持中国共产党的领导，坚持走中国特色社会主义道路，坚持民族区域自治制度，才能实现西藏的全面发展进步，实现西藏各族人民的根本利益，实现我国各民族的共同发展繁荣。

当前，我国进入了全面建设小康社会、加快推进社会主义现代化的新的发展阶段，西藏正处于实现跨越式发展和长治久安的关键时期。党和国家将继续坚持"中央关心西藏、全国支援西藏"的方针，中央和各地将继续帮助西藏发展经济和各项社会事业。希望西藏各族人民坚持以邓小平理论和"三个代表"重要思想为指导，坚持中国共产党的领导，坚持社会主义制度，坚持民族区域自治制度，坚持以科学发展观统领经济社会发展全局，团结一心，开拓进取，为实现全面建设小康社会的宏伟目标而不懈奋斗。我们相信，有以胡锦涛同志为总书记的党中央的坚强领导，有全国人民的大力支援，有西藏各族干部群众的奋发努力，西藏的明天一定会更加美好。

祝西藏自治区繁荣昌盛！

祝西藏各族人民吉祥如意！

中共中央
全国人大常委会
国务院
全国政协
中央军委
2005年9月1日
（新华社拉萨9月1日电）

就伊拉克发生严重踩踏事件造成重大人员伤亡

胡锦涛主席向塔拉巴尼总统致慰问电

代表中国政府和人民并以个人名义，向塔拉巴尼总统、伊政府和人民及遇难者亲属表示诚挚的慰问，向遇难者表示深切的哀悼

新华社北京9月1日电 在伊拉克发生严重踩踏事件造成重大人员伤亡后，国家主席胡锦涛9月1日致电伊拉克总统塔拉巴尼，代表中国政府和人民并以个人名义，向塔拉巴尼总统、伊政府和人民及遇难者亲属表示诚挚的慰问，向遇难者表示深切的哀悼。

温家宝分别会见莫桑比克、马来西亚客人

新华社北京9月1日电 （记者**李诗佳**）国务院总理温家宝1日在中南海分别会见了莫桑比克总理路易莎·迪奥戈和马来西亚副总理兼国防部长纳吉布·敦·拉扎克。

在会见路易莎·迪奥戈时，温家宝说，莫桑比克新政府今年2月组成后多次表示愿加强莫中关系，中方对此表示赞赏。中方同样重视中莫关系，愿与莫方进一步密切政治交往和在国际事务中的相互支持，加强经贸关系，特别是努力扩大双方在农业、矿产开发、基础设施和劳务等方面的合作。

双方还就联合国改革问题交换了意见。温家宝强调，中国支持联合国及安理会的改革，理解并尊重有关联合国改革的埃祖尔韦尼共识。中方支持非洲在安理会发挥更大作用的立场没有改变。中方愿就联合国改革问题与莫方保持沟通与磋商。

路易莎·迪奥戈说，莫方对两国关系的良好发展感到满意，感谢中方长期以来给予的巨大支持与帮助。莫桑比克政府继续奉行一个中国政策，支持中国的统一大业。她说，莫方愿就联合国改革问题与中方保持沟通。

在会见纳吉布·敦·拉扎克时，温家宝高度评价了去年中国和马来西亚同意进行战略性合作的重大举措。并表示，中方愿与马方一道，按照双方确定的方向，积极推进两国在各领域的友好合作，并为所在地区的和平、稳定与繁荣做出新的贡献。

纳吉布·敦·拉扎克说，马方希望进一步加强同中国在经贸、能源、旅游、防务等各领域的合作，推动两国关系取得更大发展。

曾庆红在中央党校秋季开学典礼上强调

先进性教育要取得实效体现长效 领导干部要增强素质提高本领

新华社北京9月1日电 中共中央政治局常委、中央书记处书记、中央党校校长曾庆红今天在中央党校秋季开学典礼上发表重要讲话。他指出，在全党6900万名党员中开展以实践"三个代表"重要思想为主要内容的保持共产党员先进性教育活动，是今年党建工作的重中之重。这次教育活动重在取得实效、贵在体现长效，要促进各项工作，特别是要提高各级领导干部的素质和本领，努力做到善于把握全局、善于科学决策、善于求是创新、善于识人用人、善于做群众工作、善于团结协调，以进一步增强执政能力和水平。

中共中央政治局委员、中央书记处书记、中央组织部部长贺国强，中共中央政治局候补委员、中央书记处书记、中央办公厅主任王刚，中央书记处书记、中央纪委副书记何勇出席了开学典礼。

曾庆红在讲话中深刻阐述了国内外形势，并着重就党校学员和教职员工普遍关心的全球和地区的若干热点问题作了介绍。曾庆红强调，当前国际形势的特点是，稳中有变、和中有斗、缓中有紧、喜中有忧，总体保持稳定。我们要继续紧紧抓住并用好重要战略机遇期，不断把全面建设小康社会的伟大事业推向前进。他要求各级领导干部在邓小平理论和"三个代表"重要思想指引下，把思想统一到中央对当前国内外形势的科学分析和准确判断上来，把行动统一到中央的各项决策和部署上来。要全面落实科学发展观，抓住发展这个党执政兴国的第一要务，立足当前，认真解决经济运行中存在的突出矛盾和问题，实现全年经济社会发展的预期目标；着眼长远，为"十一五"时期的发展奠定坚实基础。 （下转第二版）

黄菊与马来西亚副总理会谈

新华社北京9月1日电 （记者**刘东凯**）中共中央政治局常委、国务院副总理黄菊1日下午在人民大会堂与马来西亚副总理纳吉布·敦·拉扎克举行会谈。

黄菊说，中马两国正致力于推进战略性合作。双边关系发展迅速，两国在政治、经济、文化、教育、卫生、国防等领域的交流与合作不断深化，在国际和地区事务中保持了密切协调与配合。中方愿同马方一道，抓住机遇，乘势而上，共同推进两国关系不断向前发展。

黄菊说，加强与东盟友好合作是中国周边外交的重要环节。中国与东盟关系已步入全面发展的新时期。中方高度赞赏马方长期以来为发展中国与东盟关系所做的积极努力和重要贡献，愿与包括马来西亚在内的东盟国家一道，共同促进本地区的和平、稳定和繁荣。

纳吉布·敦·拉扎克表示，马中关系发展得很好。马方希望双方共同努力，不断为两国关系发展注入新的活力，扩大和深化各领域的友好合作。他表示，马来西亚政府高度重视对华经贸关系的发展，尤其愿加强两国在能源领域的合作。

纳吉布·敦·拉扎克是应黄菊邀请，于8月31日抵京开始访华的。

更要注重把握政策

——六论第二批保持共产党员先进性教育活动

本报评论员

中央在研究部署第二批先进性教育活动时强调，在城市基层和乡镇机关开展先进性教育活动，更要注重调查研究、把握好相关政策。第二批先进性教育活动开局良好、进展顺利、初见成效，与各级党组织深入调研、认真把握政策密不可分。随着先进性教育活动的深入，遇到的政策性问题会更多，把握政策的要求会更高，我们要进一步增强政策观念，坚持不懈地落实好中央的要求。

政策和策略是党的生命。开展任何一项重大工作，都必须把握好政策。这次先进性教育活动涉及面广、参加单位的类型多，把握好政策至关重要。尤其是参加第二批先进性教育活动的党员，处在生产、科研、教育和社会服务与管理第一线，同群众的接触更直接，不少党员基层干部还常常处于矛盾的焦点上。这就需要我们更加注重调查研究、把握好政策，这样，才能确保先进性教育活动既不走过场，又不出偏差，真正取得实效。

注重把握政策，就要始终坚持正面教育、自我教育为主的原则。这一原则体现了我们党对广大党员的充分信任和爱护，反映了开展党内集中性学习教育活动的必然要求。各级党组织要坚持正面引导，启发广大党员的自觉意识，激发他们自觉学习必读文献、诚心诚意听取意见、实实在在整改问题的内在动力。要坚持用"三个代表"重要思想和科学发展观武装党员，提高党员的马克思主义理论水平；要积极组织开展保持共产党员先进性具体要求大讨论，总结提炼出党员在不同行业、不同岗位保持先进性的具体要求，使党员学习有目标、评议有标尺、整改有方向；要精心设计并组织开展各具特色的主题实践活动，为党员发挥作用、服务群众搭建平台；要注意用身边的典型引导党员，通过看得见、摸得着的榜样，教育、激励党员； （下转第二版）

欧盟轮值主席国英国首相和欧盟委员会主席将出席中欧领导人会晤

新华社北京9月1日电 外交部发言人秦刚1日在例行记者会上宣布：应国务院总理温家宝邀请，欧盟轮值主席国英国首相托尼·布莱尔和欧盟委员会主席若泽·曼努埃尔·巴罗佐将于9月5日来华出席在北京举行的第八次中欧领导人会晤。

英国首相布莱尔将访华

新华社北京9月1日电 外交部发言人秦刚1日在例行记者会上宣布：应国务院总理温家宝邀请，大不列颠及北爱尔兰联合王国首相托尼·布莱尔将于9月6日对中国进行访问。

匈牙利总理将访华

新华社北京9月1日电 外交部发言人秦刚1日在例行记者会上宣布：应国务院总理温家宝邀请，匈牙利共和国总理久尔恰尼·费伦茨将于9月8日至9日对中国进行工作访问。

RENMIN RIBAO

今日16版

人民网 网址:http://www. people. com. cn
手机:http://wap. people. com. cn

国内统一连续出版物号 CN 11-0065
第21579期 (代号1-1)
人民日报社出版

2007年8月
9
星期四
丁亥年六月廿七

北京地区天气预报
白天 晴转阴
风向 北转南
风力 二、三级
夜间 阴有雷阵雨转多云
风向 南转北
风力 一、二级
温度 33℃/22℃

2008年奥运会倒计时一周年

北京隆重举行庆祝活动

吴邦国出席并致辞

8月8日晚,百名歌手一起演唱北京奥运会倒计时一周年主题歌《我们准备好了》。 新华社记者 罗晓光摄

新华社北京8月8日电 (记者**徐京跃**)北京2008年奥运会倒计时一周年庆祝活动8日在天安门广场隆重举行,中共中央政治局常委、全国人大常委会委员长吴邦国出席并致辞。他说,明年的这一时刻,2008年奥运会将在北京胜利开幕。今天,我们在庄严的天安门广场隆重庆祝北京2008年奥运会倒计时一周年,再次向世界表达中国人民同心协力办好奥运会的坚定信心,展示中华民族对奥林匹克精神的不懈追求,体现中国政府和人民支持奥运、期盼奥运、共享奥运的巨大热情。

今晚,天安门城楼华灯齐放,流光溢彩。天安门广场成为歌舞的海洋,欢乐的海洋。中共中央政治局委员、北京市委书记、北京奥组委主席刘淇,国务委员、国务院秘书长华建敏,国务委员、北京奥组委第一副主席陈至立、国际奥委会主席罗格等,也和首都各界群众1万人欢聚一堂。

20时前10秒,天安门广场一片寂静,激动人心的时刻即将到来。1万名活动参与者开始齐声数秒。在倒计时牌显示距离北京奥运会开幕还有365天的时刻,耀眼的烟花腾空而起,欢乐的人们载歌载舞。

20时10分,在《奥林匹克颂》歌声中,国际奥委会会旗、五星红旗、北京奥运会会旗依次入场,200多个国家和地区的国旗或会旗迎风飘扬。

在热烈的掌声中,吴邦国委员长致辞。他说,国际奥林匹克运动坚持和平、友谊、进步的宗旨,倡导更快、更高、更强的精神,在维护世界和平、增进人民友谊、促进国际体育及文化事业发展等方面发挥着重要而独特的作用。举办奥运会是中国人民的百年期盼。我们要通过举办奥运会进一步弘扬奥林匹克精神,促进世界的和平与发展;进一步增进中国人民同世界各国人民的相互了解和友谊,扩大交流与合作;进一步激发全国各族人民为实现全面建设小康社会的宏伟目标而奋斗的拼搏干劲。

吴邦国说,把北京2008年奥运会办成一届有特色、高水平的奥运会,是中国政府和人民作出的郑重承诺。我们将加强与国际奥委会的合作,全力支持各项筹办工作,确保北京奥运会的成功举办。我们热忱欢迎世界各地的运动员、教练员、官员、观众和新闻工作者前来参加、观摩和报道北京2008年奥运会。我们将提供符合奥运会标准的优质服务,为他们参与竞赛、开展工作、参观访问创造良好的条件。我们深信,在各方面密切配合与共同努力下,北京2008年奥运会一定能够再创国际奥林匹克运动新的辉煌。

罗格在致辞中说,世界正以极大的期待注视着中国,注视着北京。运动员也热切地期待着,在强手如林、竞争激烈的北京体育场馆一展身手。中国正以崭新的姿态向世界开放,北京和整个中国不但能为各国一流运动员成功地举办一次奥运会,而且能为他们提供一次难得的机会来了解中国。

中共中央政治局委员、北京市委书记、北京奥组委主席刘淇,国家体育总局局长、中国奥委会主席、北京奥组委执行主席刘鹏也发表致辞。北京市市长、北京奥组委执行主席王岐山主持了奥运会邀请函颁发仪式。希腊、加拿大、英国、俄罗斯和中国等5个国家奥委会主席,依次从罗格手中接过了2008年奥运会邀请函。

中外艺术家们表演了精彩的节目。在人们的美好祝福中,北京2008年奥运会倒计时一周年庆祝活动结束。

内蒙古各族各界群众隆重集会庆祝自治区成立六十周年

中共中央全国人大常委会国务院全国政协中央军委致电祝贺

胡锦涛为中央人民政府赠送的『民族团结宝鼎』题写鼎名 曾庆红等为宝鼎揭幕

中央代表团全体成员出席庆祝大会 曾庆红讲话

本报呼和浩特8月8日电 (记者**柳晓森、岳富荣、曾华锋**)美丽的塞上青城喜气洋洋,豪迈的草原儿女纵情欢歌。8日下午,内蒙古各族各界群众5万多人欢聚在呼和浩特体育场,热烈庆祝内蒙古自治区成立60周年。中共中央、全国人大常委会、国务院、全国政协、中央军委向庆祝大会发来贺电。中共中央政治局常委、中央书记处书记、国家副主席、中央代表团团长曾庆红率中央代表团出席庆祝大会,与内蒙古各族群众一道共庆节日、共享欢乐。

今天的呼和浩特彩旗飘扬,花团锦簇,处处洋溢着喜庆的气氛。各族群众身着节日盛装,早早来到呼和浩特体育场。主席台上方,悬挂着用蒙、汉两种文字书写的"内蒙古自治区成立六十周年庆祝大会"巨型横幅。一个个彩色气球飘浮在体育场四周,一幅幅标语表达着各族人民的共同心声:"热爱内蒙古,建设内蒙古"、"共同团结奋斗,共同繁荣发展"、"全面落实科学发展观,建设富强民主文明和谐内蒙古"……

下午3时,内蒙古自治区人民政府主席杨晶宣布庆祝大会开始。在雄壮的国歌声中,鲜艳的五星红旗冉冉升起,礼炮声响彻呼和浩特体育场上空,数千只彩色气球腾空而起,现场一片欢腾。

中共中央政治局委员、国务院副总理、中央代表团副团长回良玉在会上宣读了中共中央、全国人大常委会、国务院、全国政协、中央军委为庆祝内蒙古自治区成立60周年发来的贺电。**(贺电全文另发)**

在热烈的掌声中,曾庆红发表了热情洋溢的讲话。他首先代表中共中央、全国人大常委会、国务院、全国政协、中央军委,向内蒙古各族工人、农牧民、知识分子、干部和各界人士,向人民解放军驻内蒙古部队指战员、武警内蒙古部队官兵和公安民警,向所有关心和支持内蒙古建设的同志们、朋友们,致以节日的祝贺和亲切的问候。

曾庆红指出,60年前成立的内蒙古自治区,是我们党实施民族区域自治制度的一个范例,是马克思主义基本原理同我国民族实际相结合的一大创举,是我国民族关系史上的一座丰碑。60年来,内蒙古自治区走过了波澜壮阔的历程,发生了翻天覆地的变化。政治制度实现了历史性变革,经济发展实现了历史性跨越,文化和社会建设实现了历史性进步,为我国革命、建设和改革事业作出了历史性贡献。特别是近5年地区生产总值增长速度持续位居全国第一,人民生活总体实现小康,目前正朝着更高水平的全面小康社会目标迈进。60年来的成功实践告诉我们:要实现内蒙古的繁荣发展和团结稳定,就必须坚持中国共产党的领导,走中国特色社会主义道路;必须坚持和完善民族区域自治制度,不断巩固和发展平等、团结、互助、和谐的社会主义民族关系;必须坚持以经济建设为中心,坚持改革开放,促进经济社会协调发展,不断提高人民生活水平;必须坚持国家帮助、发达地区支援和自力更生相结合,充分调动各族干部群众和各界人士的积极性;必须坚持国家利益和中华民族利益高于一切的原则,坚决维护民族团结、社会稳定和国家统一。

曾庆红强调,内蒙古地处祖国北部边疆,地域辽阔,资源富集,具有重要的战略地位和灿烂的发展前景。中央殷切期望内蒙古各族干部群众,坚持以邓小平理论和"三个代表"重要思想为指导,深入贯彻落实科学发展观,坚定不移地走中国特色社会主义伟大道路,继续解放思想,坚持改革开放,推动科学发展,促进社会和谐。殷切期望内蒙古的同志们以自治区成立60周年为新的起点,倍加珍惜机遇、倍加求真务实,倍加锐意进取,倍加奋发有为,为夺取全面建设小康社会新胜利勇立新功、再创辉煌。**(讲话全文见第四版)**

内蒙古自治区党委书记储波在大会上讲话。他表示,要更加紧密地团结在以胡锦涛同志为总书记的党中央周围,坚持以邓小平理论和"三个代表"重要思想为指导,深入贯彻落实科学发展观,因应新形势,把握新机遇,迎接新挑战,把内蒙古的改革开放和现代化建设继续推向前进。

庆祝大会举行了充满吉祥喜庆气氛的大型文艺表演《草原赞歌》。一曲曲雄壮嘹亮的歌声,一组组优美动人的舞蹈,充满了浓郁的草原风情和民族特色,把呼和浩特体育场变成了欢乐的海洋。

中央代表团副团长乌云其木格、刘延东、白立忱、李继耐和代表团全体成员,以及曾经在内蒙古工作过的布赫等老同志出席了大会。

本报呼和浩特8月8日电 (记者**柳晓森、岳富荣、曾华锋**)8日上午,内蒙古博物院广场乐曲雄壮,气氛热烈。由胡锦涛总书记亲笔题写鼎名的"民族团结宝鼎"赠鼎仪式在这里隆重举行。中共中央政治局常委、中央书记处书记、国家副主席、中央代表团团长曾庆红和内蒙古自治区党委书记储波一起拉动大红绸布,为中央人民政府赠送内蒙古自治区的宝鼎揭幕。

圆形的青铜宝鼎庄重威严,双耳高耸,三足稳固,鼎身和鼎颈分别装饰着象征内蒙古山川地貌特点和牛羊成群景象的精美花纹。形如马鞍的鼎耳和形似马蹄的鼎足既象征蒙古族善于骞马射箭,又寓意吉祥如意、幸福安康。

中共中央政治局委员、国务院副总理、中央代表团副团长回良玉在赠鼎仪式上致词。他指出,民族团结宝鼎是经济繁荣、社会安定、民族团结、国家统一的象征。中央人民政府向内蒙古自治区赠送宝鼎,充分体现了党中央、国务院对内蒙古各族人民的深切关怀和殷切希望,充分体现了全国各族人民对内蒙古各族人民的深情厚谊和美好祝愿,充分体现了共同团结奋斗、共同繁荣发展的时代精神。

回良玉指出,60年来,在中国共产党的正确领导下,在党的民族政策的光辉照耀下,内蒙古各族人民艰苦创业、开拓进取,内蒙古自治区走过了波澜壮阔的历程,发生了翻天覆地的变化,取得了举世瞩目的成就。这是各民族人民大团结的伟大胜利,是民族区域自治制度的伟大胜利,是中国特色社会主义的伟大胜利。我们相信,在以胡锦涛同志为总书记的党中央坚强领导下,勤劳智慧的内蒙古各族人民一定能够以60周年大庆为新的起点,把内蒙古建设得更加美丽富裕、更加繁荣和谐。

中央代表团副团长、全国人大常委会副委员长乌云其木格在赠鼎仪式上宣读了中央代表团向内蒙古自治区各族干部群众赠送的纪念品清单。其中,包括社会事业发展经费、图书、数字电视转播车、流动舞台车、医疗设备、电视机、DVD机、计算机、慰问杯等共10项。

内蒙古自治区主席杨晶深情地表达了内蒙古各族人民对党中央、国务院和全国人民的感谢之情。他表示,内蒙古各族人民将更加紧密地团结在以胡锦涛同志为总书记的党中央周围,牢牢把握各民族共同团结奋斗、共同繁荣发展这一主题,全面落实科学发展观,为建设富强、民主、文明、和谐内蒙古而努力奋斗。

中央代表团副团长刘延东、白立忱、李继耐和代表团全体成员,内蒙古各有关部门和单位负责人、各族各界群众等参加了赠鼎仪式。

中共中央 全国人大常委会 国务院 全国政协 中央军委

电贺内蒙古自治区成立60周年

中共内蒙古自治区委员会、内蒙古自治区人大常委会、内蒙古自治区人民政府、内蒙古自治区政协、内蒙古军区:

值此内蒙古自治区成立60周年之际,中共中央、全国人大常委会、国务院、全国政协、中央军委向内蒙古自治区各族工人、农牧民、知识分子、干部和各界爱国人士,向人民解放军驻内蒙古部队指战员、武警内蒙古部队官兵和公安民警,向所有关心和支持内蒙古自治区现代化建设的同志们和朋友们,致以热烈的祝贺和亲切的慰问!

60年前,在中国共产党的领导下,内蒙古率先实行了民族区域自治。内蒙古自治区的成立,是中国共产党把马克思主义基本原理同我国民族实际相结合的一个伟大创举,谱写了内蒙古历史发展的新篇章,为在我国实施民族区域自治制度树立了光辉典范。

60年来特别是改革开放以来,在中央的正确领导和各地的大力支持下,内蒙古各族干部群众团结奋斗,艰苦创业,使内蒙古的面貌发生了历史性的变化。内蒙古经济持续快速发展,各族群众生活显著改善。民族区域自治制度日益完善,少数民族干部队伍和各类人才队伍不断壮大,各族群众在政治、经济、文化等各方面的权利得到有效保障。各项社会事业不断进步,各族群众的思想道德素质、科学文化素质和健康素质普遍提高。民族团结进一步增强,汉族离不开少数民族、少数民族离不开汉族、各少数民族之间也相互离不开的思想更加深入人心。今天的内蒙古,政通人和,百业兴旺,各族人民正信心百倍地朝着全面建设小康社会的宏伟目标阔步前进。

内蒙古自治区60年来走过的光辉历程和取得的巨大成就充分表明:中国共产党的民族政策是完全正确的,民族区域自治制度作为我国的一项基本政治制度,完全符合我国国情和各族人民的根本利益,具有巨大的优越性和旺盛的生命力。只有坚持中国共产党的领导,坚持走中国特色社会主义道路,坚持民族区域自治制度,坚持各民族共同团结奋斗、共同繁荣发展,才能实现内蒙古的全面进步,实现国家的兴旺发达。

当前,我国发展正站在一个新的历史起点上。把握机遇,乘势而上,实现内蒙古经济社会又好又快发展,巩固和发展平等、团结、互助、和谐的社会主义民族关系,是内蒙古各族人民的根本利益所在,也是中央和全国各族人民的共同愿望。党和国家对内蒙古各项建设事业历来十分重视,将继续从各方面给予更多的关心和支持。希望内蒙古各族干部群众紧密团结在以胡锦涛同志为总书记的党中央周围,坚持以邓小平理论和"三个代表"重要思想为指导,深入贯彻落实科学发展观,牢牢把握国家深入实施西部大开发战略的宝贵机遇,继续解放思想,坚持改革开放,推动科学发展,促进社会和谐,为夺取全面建设小康社会新胜利、实现各民族共同繁荣发展而努力奋斗,为坚持和发展中国特色社会主义、实现中华民族伟大复兴作出新的更大贡献。

祝内蒙古自治区繁荣昌盛!

祝内蒙古各族人民幸福安康!

中共中央
全国人大常委会
国务院
全国政协
中央军委
2007年8月8日

(新华社北京8月8日电)

八月八日,内蒙古自治区成立六十周年庆祝大会在呼和浩特体育场举行。这是《草原赞歌》大型文艺演出表演现场。 新华社记者 庞兴雷摄

王兆国接见劳模代表时强调 要在全社会大力弘扬劳模精神

本报北京8月8日讯 记者**潘跃**报道：来自全国30个省、自治区、直辖市的103名全国劳动模范和全国"五一"劳动奖章获得者近日来到北戴河海滨参加由中华全国总工会组织的劳模休养。中共中央政治局委员、全国人大常委会副委员长、中华全国总工会主席王兆国今天在接见劳动模范代表时强调，要在全社会大力弘扬劳模精神，引导广大职工在实现"十一五"奋斗目标、全面建设小康社会、构建社会主义和谐社会中充分发挥工人阶级主力军作用。

王兆国指出，党和政府历来高度重视和非常关心劳动模范。劳动模范是亿万劳动群众的杰出代表，劳模精神是我们国家的宝贵财富。各级工会要怀着深厚的感情，做好劳模管理和服务工作，当好劳模贴心人。农民工是工人阶级队伍的新成员，要重视农民工劳模的培养、选树工作。要大力宣传和弘扬劳模精神，帮助劳模解决生产生活中的实际困难和问题，为他们再立新功创造良好条件。

王兆国强调，工人阶级是推动我国经济社会发展的根本力量，是社会主义经济建设、政治建设、文化建设、社会建设的主力军。希望广大劳动模范和先进工作者，珍惜荣誉、戒骄戒躁，在加快转变经济增长方式、走新型工业化道路，推进自主创新、建设创新型国家，建设资源节约型、环境友好型社会过程中，不断创造新业绩、铸就新辉煌。希望广大职工以劳模为榜样，立足本职、爱岗敬业、勇于创新、甘于奉献、争创一流，踊跃参加"当好主力军、建功'十一五'，和谐奔小康"活动，为实现"十一五"规划目标做出应有的贡献。

黔南布依族苗族自治州庆祝建州50周年

本报都匀8月8日电 记者**汪志球**报道：山欢歌，水含笑。手捧着鲜艳的刺藜花，2万多名各族群众齐聚贵州省黔南布依族苗族自治州首府都匀市体育场，和各地来宾一起欢庆黔南布依族苗族自治州建州50周年。

全国人大常委会、国务院发来贺电。贺电说，50年来，黔南布依族苗族自治州政治稳定、经济发展、民族团结、社会进步，人民生活不断改善，各项事业取得了可喜的成就。希望全州在以胡锦涛同志为总书记的党中央领导下，高举邓小平理论和"三个代表"重要思想伟大旗帜，认真贯彻落实党的十六大和十六届三中、四中、五中全会精神，按照科学发展观和构建社会主义和谐社会的要求，坚持共同团结奋斗，共同繁荣发展，开拓创新，求真务实，为建设富裕、文明的家园，为不断把我国民族团结进步事业推向前进，为实现全面建设小康社会的宏伟目标，做出新的更大的贡献。

以国家民委党组成员、中纪委驻国家民委纪检组组长杜鹃为团长的中央有关部门祝贺团参加了庆典活动。

黔南布依族苗族自治州位于贵州省中南部，聚居着布依族、苗族、汉族等36个民族397万人，其中布依族、苗族分别占总人口的32.5%和11.98%。黔南布依族苗族自治州自1956年成立，经过50年的发展，经济建设成绩显著，社会事业长足进步，基础条件明显改善，人民生活显著提高。2005年，全州实现生产总值168.27亿元，是1956年的27.4倍。

临夏回族自治州欢庆成立50周年

本报临夏8月8日电 记者**李战吉**报道：今天，甘肃省临夏回族自治州彩旗飘舞，人海如潮。来自临夏回族自治州各县、乡的数万名各族群众和海内外嘉宾载歌载舞，热烈欢庆临夏回族自治州成立50周年。

全国人大常委会、国务院发来贺电。贺电说，50年来，临夏回族自治州政治稳定，经济发展，民族团结，社会进步，人民生活不断改善，各项事业取得了可喜的成就。希望临夏人民在以胡锦涛同志为总书记的党中央领导下，高举邓小平理论和"三个代表"重要思想伟大旗帜，认真贯彻落实党的十六大和十六届三中、四中、五中全会精神，按照科学发展观和构建社会主义和谐社会的要求，坚持共同团结奋斗、共同繁荣发展，开拓创新，求真务实，为建设富裕、文明的家园，为不断把我国民族团结进步事业推向前进，为实现全面建设小康社会的宏伟目标，做出新的更大的贡献。

由国家民族事务委员会党组副书记、副主任牟本理率领的中央有关部门祝贺团，赴临夏表示热烈祝贺。

临夏回族自治州总面积8169平方公里，总人口195万，有回、汉、东乡、保安、撒拉、土、藏等多个民族，其中以回族为主的少数民族占总人口的56.7%。

建州50年来，特别是改革开放以来，临夏回族自治州政治、经济、社会等各项事业都取得了巨大的成就。2005年全州实现地区生产总值56.23亿元，与1980年的1.05亿元相比，增长了52.6倍。

8月7日下午，两岸青年多米诺大联欢活动在厦门嘉庚体育馆举行，上千名两岸青年用多米诺骨牌搭建起了"世纪天路"、"飞天梦圆"、"共迎奥运"、"海峡情深"4个主题图案，表达了两岸青年共迎奥运、渴望统一的美好心愿。图为千名青年共同搭建十余万枚多米诺骨牌。

祝敏松摄 本报记者 蒋升阳文

新闻摄影

工程专家赴青海参观考察 马克思主义理论研究和建设

新华社北京8月8日电 为深入了解各地全面贯彻落实科学发展观、推动经济社会又快又好发展的情况，进一步加深工程专家学者对十六大以来中央一系列重大战略思想的理解和国情认识，增强课题研究和教材编写工作的责任感和针对性，马克思主义理论研究和建设工程近日组织专家赴青海进行专题考察。

考察团深入高原山区，走访基层文化站和厂矿，先后参观了青海省博物馆、西宁生物科技产业园区、青海金河藏药股份有限公司、海南藏族自治州共和县倒淌河镇宣传文化站、海北藏族自治州原子城爱国主义教育基地、青海省盐湖工业集团、青藏铁路等，并同当地实际工作部门的同志、社科理论界专家学者和群众代表进行了座谈。

通过实地参观考察，专家们亲身体会到，当地广大干部群众以邓小平理论和"三个代表"重要思想为指导，树立和落实科学发展观，积极推进社会主义和谐社会和新农村新牧区建设，经济快速发展，民族团结进步，生态不断改善，社会和谐稳定，在各方面都取得了巨大成就。专家们认为，青海的发展是西部大开发战略的一个缩影，充分说明西部的发展大有成就、大有潜力、大有希望，体现了正确的理论和政策对实践的巨大指导作用，对于广大理论工作者进一步增强贯彻落实科学发展观的自觉性，加深对十六大以来中央一系列重大战略思想的认识，具有重要的启示作用。

专家们表示，通过考察切实体会到"热爱祖国、无私奉献，自力更生、艰苦奋斗，大力协同、勇于攀登"的"两弹一星"精神和"挑战极限、勇创一流"的青藏铁路精神，是中华民族自强不息精神的发扬和光大，一定要把这些宝贵的精神财富转化为进一步做好理论工作的强大精神动力，以高度的责任感和使命感，淡泊名利，甘于奉献，刻苦钻研，不懈探索，努力使马克思主义理论研究和建设工程成为既出优秀成果又出优秀人才的一流工程。

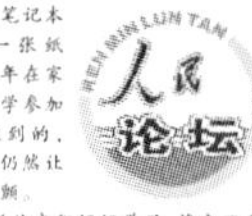

回乡的路有多远

刘成友

我的笔记本里夹着一张纸条，是去年在家乡母校中学参加座谈时收到的，至今读来仍然让我心中震颤。

"您说让我们好好学习，将来不要在农村干苦活，要走出农村。但我认为我们出生在家乡，是家乡的水土养育了我们。我想如果将来我们有了出息，应该不要忘记家乡的父老乡亲，要为自己的家乡做贡献。家乡本来就贫困，如果都走出农村，人才都走了出去，没有人才肯在家乡干事业，那岂不是更加贫困了？您认为我的意见是不是合乎情理？"

提问者不过是十四五岁的初中生，却感受到长期以来困扰农村发展的一个普遍现象：农村孩子拼命读书，鱼跃龙门，之后却再也不回家乡。这使本来贫穷的农村缺少人才、发展之力，变得更加贫瘠，以致城乡差距越来越大。

这是一个直击要害却又不是用三言两语就能回答清楚的问题。人往高处走。靠知识改变命运的农村青年有理由走出黄土地，为自己争取更多的机会和更好的生活。不回家乡并不一定意味着忘本。谁能说他们的苦苦打拼不是为了家国富强呢？

农村青年通过上大学改变个体命运，其实是改变家庭境遇、改变家乡命运进而报效国家和民族的前提。清代靠乞讨兴办义学的武训曾经对上义学的孩子们说："你们念好了书，千万不要忘记穷人。"他们未敢忘记"穷人"，只是农村的落后状况让他们没有勇气再回农村：农村苦，农村穷，没有舒适的生活，没有用武之地。城乡二元结构和城乡之间的巨大差距，形象地说明了回农村的路究竟有多远。

令人欣慰的是，在一批又一批干部和学子那里，我们听到了回乡的脚步声。为了大山里的渴望，像徐本禹一样胸怀理想的志愿者奔赴西部支教；数不清的基层干部驻点包村，改变村容村貌；数千名村官大学生在田间地头开始他们走向社会人生的第一站；"村村一名大学生"工程，让久旱的农村得到技术、知识的甘霖，充满了丰收的希望。新时代青年的奋斗和努力，正在加速回乡的脚步，拉近城乡的距离。

农村越穷越留不住人才，越没有人才农村越穷，冲破这样的怪圈，诚然要靠一部分有志青年执着坚韧，然而，统筹城乡发展，才是从根本上拉近城乡距离、缩短城乡差距的根本举措。城乡发展的大盘子向农村倾斜，是农村吸引更多青年回乡创业的良好氛围，更是干事创业的巨大动力。如今，工业反哺农业已有条件，城市带动农村正当其时，新农村建设如火如荼。剧变中的农村为报效家乡、回乡创业的青年提供了无数可能。

山东邹平有个西王村，村企一体，企业兴旺，百姓富裕。十多年来考走的大学生几乎都回到家乡工作。在这里他们学有所用，大有作为。企业已经成了吸引人才的洼地，家乡又因了他们的建设变得更富更美。这是一种双赢的选择，新农村建设正需要这样一种良性循环的局面。在这样的新农村中，我们看到，我们听到，青年回乡创业的脚步已经启动，回乡的路已经不再遥远。

中国民族地区经济发展论坛召开

本报北京8月8日讯 2006年中国民族地区经济发展论坛近日在北京人民大会堂召开，论坛主题是"构建和谐社会，振兴民族经济"。

全国政协副主席郝建秀出席。

论坛由中华民族团结进步协会、国家民委民族团结杂志社共同举办。来自全国各地政府部门、协会组织、企业、学术机构的百余名代表，解读民族地区经济政策法规，分析评估不同民族地区的经济特点和资源优势，研讨如何优化经济结构及产业结构、制定战略发展规划等，为民族地区的发展献计献策。

（季云岚 赵龙山）

中国残疾人企业成果展举办

本报北京8月8日讯 记者**潘跃**报道："2006中国残疾人企业成果展"今天在北京开幕。展会以"交流、互助、合作、发展"为宗旨，以"自强、创新、沟通"为主题，来自全国的140家优秀残疾人企业展出了包括电子产品、康复医疗设备、老年人及残疾人用品用具、服装、工艺品、化妆品、食品保健品等几十个门类的数百种产品。

全国政协副主席张榕明出席了开幕式，中国残疾人联合会副主席、党组书记王新宪致开幕词。

《中国工农红军长征全史》出版

本报北京8月8日讯 记者**黄庆畅**报道：由军事科学院编著的《中国工农红军长征全史》日前由军事科学出版社出版。

《全史》分为"中央红军征战记"、"红二方面军征战记"、"红四方面军征战记"、"红25军征战记"、"三大主力红军大会师"5卷共100万字，以长征原始档案及相关历史文献和当事人回忆材料为基础，以当前党史和军史最新研究成果为创新点，以准确、生动、有说服力地再现历史为目标，全景式地反映和再现了中国工农红军长征这一人类历史上的伟大壮举。

"爱我西藏·支援西藏"宣传活动启动

本报北京8月8日讯 "2700元加一份爱心就可以为西藏偏远地区农牧民家庭安装太阳能发电系统和一台电视机。"在今天举行的"爱我西藏·支援西藏"阳光计划公益宣传活动启动仪式上，援助西藏发展基金会有关同志这样介绍该计划给西藏农牧民带来的切实好处。

由援助西藏发展基金会发起的"爱我西藏·支援西藏"阳光计划于2004年启动，截至目前捐款已达653万元，为1842户西藏农牧民家庭安装了太阳能设备。为进一步推动"爱我西藏·支援西藏"阳光计划活动的开展，主办单位发起此次公益宣传活动。

（周 婧）

弃则为害 用则为宝

——南京综合利用粉煤灰纪实

本报记者 申 琳

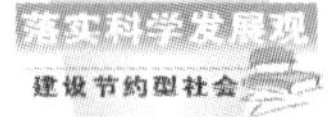

粉煤灰，燃煤发电厂产生的废弃物，一种灰白色粉状的细小颗粒。在南京的十几家电厂门前，来买粉煤灰的汽车排起了队，每吨粉煤灰可以卖到40至100元。

就在十几年前，粉煤灰还是让人们感到头疼的"垃圾"，南京市万亩土地成了堆放粉煤灰的"灰山"，晴天粉尘飞扬，雨天灰水横流。

是什么原因使昔日的"垃圾"变成了"金子"？

用灰企业 从心存疑虑到"用则为宝"

南京建通官塘水泥有限公司负责人缪建通算了一笔账：水泥原料中，每多用1吨粉煤灰，就可节省1吨矿石，至少节省50千瓦时电耗，如果粉煤灰用量达到30%，每吨水泥的成本可以降低20元左右。按照南京市综合利用粉煤灰的政策，水泥企业还可以享受到税收优惠。

南京长江二桥主体部分共利用粉煤灰2.5万吨，节省投资近2000万元。专家认为，粉煤灰强度高、压缩性好，二桥由于较好地利用了粉煤灰，有望延长桥梁使用期限。

南京市综合利用粉煤灰办公室主任何富安说："'弃则为害，用则为宝'，综合利用粉煤灰，为生产企业和工程节约了原材料，节约了电能，经济和社会效益相当可观。"

南京市1991年就成立了粉煤灰综合利用办公室，积极引导高校、科研院所进行科研开发，鼓励企业进行技术改造和创新；1995年又出台了当时全国首部粉煤灰综合利用的专项立法，要求排灰企业必须配套粉煤灰综合利用项目，并对用灰企业采取优惠政策。南京明确"用灰者利益大于排灰者利益"的原则，培育粉煤灰综合利用市场，引导企业积极使用粉煤灰。

如今，南京粉煤灰一年创造出40多亿元的产值。2005年，南京市产生粉煤灰300万吨，全部进入全市250多家粉煤灰综合利用企业和外地企业，成为水泥、混凝土、砖瓦等建筑原材料，利用率100%。

在举世瞩目的三峡工程中，南京热电厂的粉煤灰作为混凝土掺和料，共浇注了2800万立方米混凝土。连云港核电站、润扬大桥、南京地铁、沪宁高速等国家和省级重点建设工程也都用上了南京的粉煤灰，工程节约投资近亿元。

排灰企业 从"弃则为害"到畅销产品

南京市有19个燃煤电厂，每年产生粉煤灰约300万吨。按照堆放1600吨粉煤灰占地1亩计算，南京每年有近2000亩土地要用于堆放粉煤灰。1992年以前，南京市建成的大大小小的储灰场占地1万多亩。

华能南京电厂厂长赵继传介绍，电厂产生的粉煤灰要通过专用的管道，靠连续的高压泵用水将粉煤灰冲到四五公里外的储灰厂，每吨所需成本至少60元。此外，还要向环保部门交纳排污费，灰场的水还要花钱净化，防洪抗涝时还要花巨资护坡……

粉煤灰的堆放在浪费大量土地资源和水资源的同时，也对城市环境产生较大影响。粉煤灰中约有20%是容易吹到空气中的空心微珠，而且富含重金属，在空气中停留达到100天左右。

在综合利用粉煤灰工作推动下，南京的热电厂开始投资引入粉煤灰综合利用设备。1996年前后，华能南京电厂投资4000多万元进行粉煤灰工程改造。从2005年开始，华能南京电厂每年的粉煤灰综合利用率均在115%以上，最高达到155%。

从1998年粉煤灰综合利用工程投运到今年上半年，华能南京电厂共向粉煤灰市场供应等级灰151.11万吨，销售总额8000多万元，平均每年销售1000万元。南京全市电厂每年靠粉煤灰收入1.5亿元。

"过去建设的好几个储灰场现在都空置着，目前使用的灰场存灰量也在逐年减少，相当于扩容了储灰场，光土地利用价值就增加了7亿多元。"赵继传说。

社会效益 资源、环境多重受益

"十五"期间，南京共排放粉煤灰1023万吨，利用量则达到1280万吨，利用率达到125%；在100%综合利用当年所产粉煤灰的同时，以往产生的粉煤灰也逐步得到利用。5年间，南京因此共节约土地1万多亩，节省冲排灰用水3.5亿立方米。

南京市发改委负责人介绍，1992年以来，南京没有增加1亩灰场，随着以前堆放的粉煤灰被利用，原来的灰场面积逐渐缩小。粉煤灰综合利用减少了建材领域的毁田制砖，每年节约土地资源3000亩以上。

粉煤灰综合利用的环境效益也很可观。水泥厂每多用1吨粉煤灰做原料，就减少了1吨二氧化碳废气的排放。环保部门测算，南京市空气中可吸入颗粒物从上世纪90年代初的350微克/标米降到了现在的100多微克/标米。

由于粉煤灰综合利用的引导效应，南京企业利用各种工业废渣的积极性空前高涨，钢渣、硫酸渣、磷石膏、尾矿，甚至自来水厂污泥等工业废渣利用率逐年上升，全市工业废渣综合利用率目前已达80%左右。

何富安介绍，未来5年，南京将新增排放粉煤灰1153万吨，南京市制定的粉煤灰综合利用目标是：综合利用粉煤灰1820万吨，节约土地15000亩，节约水资源4.5亿立方米，节约投资1.5亿元。

记者感言

从花钱都处理不掉的"垃圾"，到企业上门抢购的"宝贝"，粉煤灰在南京的"身价倍增"，让我们看到了科技和政策的神奇魅力！

粉煤灰的"变废为宝"首先得益于科学技术。它让粉煤灰质量得以提高，让众多企业在生产工艺中可以拿粉煤灰做原料；粉煤灰的综合利用也得益于政府部门对市场的大力培育和引导，是政府制定的优惠政策和大力支持，调动了企业利用粉煤灰的积极性。

建设节约型社会，应更加重视废弃物的再利用。让废物"再生"，变废为宝，不仅是对能源资源的节约，也是为保护环境做出的贡献。

"桑美"等3个台风同时存在 国家防总提前部署台风防御

本报北京8月8日讯 记者**朱隽**报道：国家防总今天发出通知，要求福建、浙江、广东等省防汛指挥部和珠江防总、水利部太湖流域管理局进一步加强台风监测预报，积极做好防御准备。

据了解，8日上午，国家防办与中国气象局举行联合会商。据会商分析，目前有3个台风（热带风暴）同时活跃在西北太平洋洋面上。其中，今年第8号台风"桑美"目前以每小时25公里的速度向西北方向移动，可能于8月10日左右在浙闽一带沿海登陆，并有登陆后北上的可能性。第9号热带风暴"宝霞"目前以每小时20公里的速度向西移动，将擦过台湾东南部向西南方向移动，强度将进一步减弱，但不排除其西进影响福建、广东等地的可能性。第7号热带风暴"玛莉亚"将在日本登陆，对我国大陆无直接影响。

据介绍，在西北太平洋上同时存在3个台风的情况历史上少见，台风互相作用机理复杂，不确定因素很多，加上我国东南沿海前期重复受灾，江河水位普遍偏高，水库蓄水偏多，中小水库爆满，工程水毁严重，如果再受8号、9号台风带来的降雨影响，防汛形势将十分严峻。为此，国家防总高度重视台风防御工作，密切监视台风动向，及时作出安排部署，要求各有关部门从最不利组合考虑，向最好方面努力，因地制宜，抓住重点环节，积极做好防御准备。

来金烈同志逝世

新华社北京8月8日电 原中国兵器工业总公司总经理、党组书记来金烈同志，因病医治无效，于2006年7月21日在北京逝世，享年78岁。

来金烈病重及去世后，胡锦涛、温家宝、曾庆红、罗干、贺国强、曹刚川、曾培炎、王刚、刘华清、何勇和倪志福、邹家华等同志以不同方式表示慰问和哀悼。

来金烈1928年10月生于山西省武乡县，1943年6月参加革命工作，1946年2月加入中国共产党。在革命战争年代，他一直在太行军区兵工厂工作。新中国成立后，他历任共青团华北兵工局筹委会委员、中央兵工总局西南临时工作团团员，西南兵工局21兵工厂11所所长、国营456厂车间主任、副厂长和厂长，第五机械工业部物资局局长、生产调度局局长，第五机械工业部副部长、党组成员，兵器工业部副部长、党组成员，国家机械工业委员会党组成员、军工总监，中国北方工业（集团）总公司总经理，中国兵器工业总公司总经理、党组书记，全国安全生产委员会委员。2003年经中央批准离职休养。

来金烈是中国共产党第十四次全国代表大会代表，第八、第九届全国人大常委会委员、全国人大财经委员会委员。

人民日报

RENMIN RIBAO

人民网 网址:http://www.people.com.cn
手机:http://wap.people.com.cn

2008年4月
27
星期日
戊子年三月廿二
人民日报社出版
国内连续出版物号
CN11-0065
第21841期(代号1-1)
今日8版

把用户满意作为最高追求

——我国工程机械企业体制机制创新调查报告之三

本报记者 原国锋

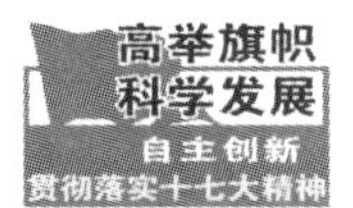

"对于工程机械来说,我们与国外同行在技术上的差距短时间难以赶上。但高性价比、完善的服务体系、遍布全国的营销网络是我们的优势,它们是国内工程机械企业捍卫和扩大市场的坚实力量。"中国工程机械工业协会江琳说。

产品高性价比成为市场卖点

2007年,浙江杭叉工程机械股份有限公司经营业绩又创新高:全年销售叉车37925台,销售收入突破30亿元,同比均增长40%以上;出口达到10647台,首破万台大关;净利润首超1亿元,同比增长51%。

"全球叉车行业竞争惨烈,杭叉能取得如此骄人成绩,其中一个原因就是,杭叉立足不断改革创新,以用户需求为产品研发的'方向标',在不断改进H系列叉车的基础上,迅速高标准地研发出新一代R系列和J系列叉车,这些高性价比产品逐步实现了对进口产品的替代,也使得企业产品升级、结构优化。"浙江杭叉工程机械股份有限公司董事长、总经理赵礼敏说。

据介绍,为满足物流业快速发展需要,杭叉还成功开发了前移式叉车、电动托盘车等产品。在完善产品系列的过程中,杭叉把"安全、环保、高效、舒适"的理念融入设计,获得了10多项国家专利。采用微电脑控制的符合欧盟EUIII和美国EPAIII认证的环保型发动机及闭环控制等技术后,叉车发动机尾气排放更清洁,噪音和振动明显减小。

为了进一步造就高性价比的机械产品,杭叉围绕工艺技术创新,结合本公司流水线装备,编制细化全图示装配工艺及调试流水线工艺。进一步完善了质量管理体系,严格按ISO9000、ISO14000体系标准组织生产,完善从原材料入库、产品生产、最终产品检验到成品发货全过程的质控体系。杭叉从制度上保证质控工作高效进行,以"零缺陷"为目标,实施"精益生产"和"精细化管理",为打造中国最好的高性价比品牌叉车提供保证。

以优质服务和差异化创新迎击"价格战"

这是发生在广西柳工机械股份有限公司的一个故事。

去年1月,中石化集团向柳工订购12台CLG862大型装载机,要求装载机能配备特制的速换工作装置,同时实现铲掘、起重、叉装物料等多种功能,并希望能在三个月后拿到成品。"面对客户的个性化需求,而且交货期比常规要缩短1/3,我们心里只有一个念头:克服一切困难,让用户按时拿到满意的产品。"公司副董事长曾光安说。当天下午,柳工技术研究院与国际营销事业部联合召开会议,制定出设计方案,并与客户详细沟通,很快通过了客户评审。之后柳工组织专家,仅用了4天时间便攻克了相关技术难题。 (下转第三版)

山西关爱煤矿工人落在实处

加快矿区住房改造 健全安全保障体系

本报太原4月26日电 (记者安洋)建新楼、防职业病、资助子女上学、上"双保险"、提高工资待遇……山西关爱煤矿工人的硬措施一项项出台,上百万煤矿工人对党和政府的温暖"看得见、摸得着"。

"矿工的价值比煤炭资源更重要!"山西省委书记张宝顺一再强调。2006年以来,山西省筹集资金、统一安排,同煤、焦煤、潞安、阳煤等大型煤矿企业有序开展棚户区改造。两年时间内,国有重点煤矿棚户区改造进展顺利,在建住宅达460.982万平方米,已建成7.2万套住房。"十一五"期间,山西省棚户区改造工程中,新建矿工住宅面积将超过600万平方米。届时,9.5万户、26万矿工及家属将陆续住进新楼。

2004年6月,山西省属国有重点煤矿工伤保险制度在全国率先启动实施,47.8万省属重点煤矿职工全部参加了工伤保险;2006年,山西省煤矿企业又为23.6万名井下职工办理了意外伤害保险,累计支付保险金1332万元。至此,井下工人有了工伤和意外伤害"双保险"。今年5月,山西省"中煤财产保险股份有限公司"将正式成立,随着公司的运营,山西省煤炭行业的安全保障体系将基本建成,矿工除人身保险外,他们的财产安全也将得到保护。

尘肺病是威胁井下矿工健康的职业病之一。2004年,山西的摸底调查表明,省属国有重点煤矿1—3级尘肺病职工达1.7万多人。2007年初,山西省成立了防治专家组,引进了具有世界一流水平的尘肺病医疗新技术和设备。今年4月1日起,大同、西山、晋城的尘肺病治疗中心投入使用,尘肺病矿工在当地就能得到及时的检查和灌洗治疗,使矿工健康有了保障。

煤矿工亡职工子女就学困难,一直是山西省委、政府忧心的事。从2005年起,山西省多次提高了对工亡(残)职工子女上学救济标准,省属国有重点煤矿企业先后支付了1000多万元,帮助1500多名工亡(残)职工子女完成学业。2007年,山西省又设立了煤矿井下工亡职工子女就学救济基金,为工亡职工子女在校期间每人每年提供3000元至5000元的救助。

北京加大投入促进全民健康

优先保障公共卫生 大力推动健康奥运

本报北京4月26日电 (记者白剑峰)日前,北京方庄小区的居民惊喜地发现,家里的邮箱多了一个"健康礼包"。打开一看,里面是两本书和一个卡:《首都市民预防传染病手册》、《首都市民健康膳食指南》和体重指数速查卡。今年以来,北京市政府共为市民免费发放了500万份"健康礼包"。近年来,北京市加大财政投入,优先安排公共卫生建设,有力地促进了全民健康水平提高。目前,全市人均期望寿命达80.24岁,婴儿死亡率和孕产妇死亡率同发达国家水平相当。

北京市坚持公共财政优先保障公共卫生。今年,国家规定的15种可以通过接种疫苗预防的传染病全部纳入了免疫规划。在此基础上,政府每年再出资2000余万元,把15岁以下儿童水痘疫苗纳入应急接种范围,使北京成为全国纳入免疫规划疫苗种类最多、可预防疾病最广的城市。目前,麻疹、百日咳等传染病的发病率和死亡率均控制在历史最低水平,10岁以下儿童乙肝病毒携带率降至0.5%以下。

本着"同样的权利,同样的健康"的宗旨,北京市连续8年对学龄前流动儿童进行疫苗查漏工作,补种39万针;连续4年为外来务工人员免费接种麻疹、流脑疫苗,累计达300万人次。北京市还在全国率先将免疫规划人群由儿童推广到老人。自2007年秋季开始,北京市政府规定:60岁以上老人免费接种流感疫苗,在校中小学生减免一半费用接种流感疫苗。

北京市启动了"健康奥运、健康北京——全民健康活动"。自2007年起,市政府发起了全民限盐行动,免费向每户家庭发放一把定量盐勺。今年起,北京市将开展限油运动,为每户家庭发放一只定量油杯,推荐每人每天食油不超过25克。

北京市还建立了灵敏高效的传染病疫情监测网络,实行每日24小时不间断疫情监控。667家一级以上医院和乡镇卫生院全部实现了传染病网络直报。北京市疾病预防控制中心可检测的病原体达35种,可在4—8小时内作出禽流感、霍乱、出血热等可疑病原体的判断,在半小时内对流感、炭疽等疾病作出初步疫情判断,可在事发现场快速检测鼠疫、炭疽等10种病原体的抗原抗体。

海南隆重集会庆祝建省办经济特区20周年

李克强代表党中央国务院发表重要讲话强调,坚持以改革创新精神全面推进海南各项建设,更好发挥经济特区在改革开放中的重要作用

新华社海口4月26日电 (记者谢登科)奋勇开拓二十载,南海明珠铸辉煌。26日上午,海南各族各界群众在海南省人大会堂隆重集会,热烈庆祝海南建省办经济特区20周年。中共中央政治局常委、国务院副总理李克强出席庆祝大会,代表党中央、国务院发表重要讲话,强调要全面贯彻党的十七大精神,紧密团结在以胡锦涛同志为总书记的党中央周围,高举中国特色社会主义伟大旗帜,坚持以邓小平理论和"三个代表"重要思想为指导,深入贯彻落实科学发展观,坚持以改革创新精神全面推进海南各项建设,更好发挥经济特区在改革开放中的重要作用,奋力夺取全面建设小康社会新胜利。

全国人大常委会副委员长韩启德、全国政协副主席李金华出席了庆祝大会。

碧海连天远,琼崖满目春。盛装一新的海口彩旗飘扬,花团锦簇,处处洋溢着喜庆祥和的气氛。会堂内,乐曲欢快,群灯璀璨,"深入贯彻落实科学发展观、全面建设小康社会"的大型条幅分外醒目。上午11时,在雄壮的国歌声中,海南建省办经济特区20周年庆祝大会开始,现场一片欢腾。

在全场热烈的掌声中,李克强发表了热情洋溢的讲话(**讲话全文另发**)。他首先代表党中央、国务院,向海南840万人民表示热烈的祝贺。他说,海南建省办经济特区20年来,改革开放和社会主义现代化建设取得了令人瞩目的重大成就,城乡面貌发生了深刻变化。事实充分证明,中央关于海南建省办经济特区的决策是完全正确的。

李克强指出,海南经济特区富有成效的实践告诉我们:必须坚定不移地走中国特色社会主义道路,始终不渝地坚持社会主义市场经济的改革方向,无论是把握机遇,还是应对挑战,都要靠推进改革开放。必须始终把发展作为执政兴国的第一要务,坚持科学发展,创新发展思路,实现全面协调可持续发展。必须坚持以人为本,着力改善民生,在发展的进程中不断提高人民生活水平,促进社会和谐。必须坚持突出特色,一切从国情、省情出发,发挥比较优势,走符合实际的有特色的发展路子。

李克强说,在即将迎来我国改革开放30周年之际,我们庆祝海南建省办经济特区20周年,其重要意义在于,充分认识改革开放的历史功绩,认真总结改革开放的丰富经验,深刻把握改革开放的内在规律,进一步坚定改革开放的信心,毫不动摇地把改革开放的伟大事业继续推向前进。 (下转第二版)

在海南建省办经济特区20周年庆祝大会上的讲话

(2008年4月26日)

李克强

同志们、朋友们:

今天,我们在这里隆重集会,同海南各族人民一道,怀着喜悦的心情,庆祝海南建省办经济特区20周年。我代表党中央、国务院,向海南840万人民,表示热烈的祝贺!向为海南建设作出贡献的广大干部群众和解放军指战员、武警部队官兵,致以崇高的敬意!向长期以来关心和支持海南发展的国内外各界人士,表示衷心的感谢!

20年前,中央作出了海南建省办经济特区的重大决策。从此,海南这个祖国美丽的海岛获得了前所未有的发展机遇,进入了深化改革、扩大开放的历史新阶段。20年来,海南改革开放和社会主义现代化建设取得了令人瞩目的重大成就。

20年来,海南经济实力显著增强,地区生产总值实际增长7.6倍,地方财政收入大幅增加,特色农业、新型工业、现代服务业迅速成长,交通、电力、水利、通讯等基础设施日趋完备,环岛高速公路、粤海铁路等重大项目建成投入使用。改革开放取得重要突破,从海南实际出发,实行省直管市县的行政管理体制,推行能源、物价、社会保险等方面的改革举措;先后设立了洋浦经济开发区和洋浦保税港区,成功举办了七届博鳌亚洲论坛,国际交流与合作空前扩大,对外贸易和实际利用外资快速增长。人民生活明显改善,城镇居民人均可支配收入增长了10.6倍,农民人均纯收入增长了6.6倍,教育、卫生、文化等社会事业加快发展,在全国率先建设生态省,大气和水体质量保持领先水平。各项建设全面推进,民族团结继续巩固,社会主义民主法制建设、精神文明建设不断加强,党的建设扎实推进,广大干部群众投身改革开放和社会主义现代化建设的积极性和创造热情持续高涨,城乡面貌发生了深刻变化。

这些成就充分证明,在邓小平同志倡导下,中央关于海南建省办经济特区的决策是完全正确的。海南经济特区设立以来,江泽民、胡锦涛等中央领导同志多次到海南考察指导推动工作。海南历届省委、省政府带领全省各族人民,艰苦创业,开拓进取。 (下转第二版)

万名志愿者长走——迎接奥运会倒计时100天

4月26日,北京奥运会倒计时100天来临之际,由共青团北京市委等部门主办的"微笑北京,志愿奥运,共创和谐——2008春季北京国际长走大会"在朝阳公园举行。身着五色长走服的万名志愿者迈着矫健的步伐,在检验体力、磨练意志的行走中感受着奥运带来的快乐。图为志愿者向人们展示着她们灿烂的微笑。

本报记者 李维娜摄 王建新 王雪冬文

李克强参观海南建省办经济特区20周年成就展

新华社海口4月26日电 (记者谢登科)26日下午,前来出席海南建省办经济特区20周年庆祝大会的中共中央政治局常委、国务院副总理李克强,在海南省委书记卫留成、省长罗保铭等陪同下,来到海南省博物馆,参观正在这里举行的海南建省办经济特区20周年成就展。

20年开拓创新,20年艰苦奋斗。中央作出海南办经济特区重大决策以来,海南这个昔日落后的海岛,在改革开放中实现了跨越式发展,今天已成为全国最大、充满生机和活力的经济特区。以"改革开放铸就辉煌"为主题的成就展,以一个个真实的历史镜头,一件件珍藏的实物,见证了海南不平凡的奋斗历程。20年来,海南改革开放取得重要突破,从实际出发实行省直管市县的行政管理体制,推行能源、物价、社会保险等方面的改革举措;先后设立了洋浦经济开发区和洋浦保税港区,成功举办了七届博鳌亚洲论坛,为探索中国特色社会主义道路积累了宝贵的经验。

一组组翔实的数据,一幅幅清晰的图表,展现出海南引人瞩目的发展成就。20年来,海南经济实力显著增强,地区生产总值实际增长7.6倍,财政收入大幅增加,一批重大项目陆续建成投产。人民生活明显改善,城镇居民人均可支配收入增长了10.6倍,农民人均纯收入增长了6.6倍,走出了一条生态立省、环境优先、科学发展的新路。

李克强兴致勃勃地观看展览,认真听取介绍,并不时驻足停留,询问有关情况。他说,20年来海南各项事业全面推进,城乡面貌发生了深刻变化,改革开放取得了重大成就。要深入贯彻科学发展观,认真落实胡锦涛总书记最近在海南考察时的重要讲话精神,进一步解放思想,实事求是,与时俱进,加大改革开放力度,高起点调整经济结构,加快转变经济发展方式,努力增创新优势。参观结束时,李克强衷心祝愿海南明天更加美好,海南各族人民幸福安康。

全国人大常委会副委员长韩启德、全国政协副主席李金华也参观了展览。

无锡大力引进留学人员归国创业

本报南京4月26日电 (记者龚永泉)今年45岁的施正荣博士,7年前从海外回国创业,在江苏无锡新区创办了尚德电力控股有限公司,去年实现销售超百亿元。"一个人带来一个产业"传为佳话,启示无锡市加大力度引进海外留学人才,推动经济又好又快发展。

2006年5月,无锡市出台引进留学归国人才"530"计划,即5年内引进30名领军型海外留学归国创业人才,重点是环保、新能源、生物三大先导产业,以及服务外包、文化创意等产业的创业领军人才。

"成立之初做保姆,发展之中做导师,成熟之后做保安",无锡通过实施"530"计划,积极探索全方位服务海外留学人才的有效形式和途径,不定期回访"530"计划创业企业,听取创业人才的意见和建议,改进和完善各项服务。实施"530"计划之前,无锡全市海外留学人才只有千名左右,目前已超过2500名。

巧妇难为无米之炊,无锡市提供的"米"是:"3个100"和"2个300",即提供100万元创业启动资金、100平方米工作场所、100平方米住宅公寓;提供不低于300万元风险投资和不低于300万元的商业担保;在无锡购房可给予30万至50万元补贴等优惠政策。同时规定,海外留学人才必须注入自己的创业资金,必须控股,"以技术成果入股投资的,经评估,其技术成果可按注册资本不少于30%作价入股"。据统计,两年来引进"530"计划项目中,海外留学人员个人融入的资金达2.3亿元,且大多数都有后续的融资方案。

去年有来自14个国家的136个项目340名创业团队成员申报"530"计划,其中具有博士学位的占90%以上,且大都有10年以上的海外工作经历。今年以来已有15个国家418个项目,超过1600名团队成员申报。

我国首颗中继卫星发射成功

据新华社西昌4月26日电 (记者孙彦新)我国首颗数据中继卫星"天链一号01星"25日23时35分在西昌卫星发射中心成功发射。我国航天器有了天上数据"中转站"。

中国载人航天工程副总指挥张建启在发射现场向记者介绍说,"天链一号01星"将在神舟七号载人航天飞行中首次应用,届时,神舟飞船的测控覆盖率由原来的12%将大幅提高到60%左右。

中继卫星被称为"卫星的卫星",可为卫星、飞船等航天器提供数据中继和测控服务,极大提高各类卫星使用效益和应急能力,能使资源卫星、环境卫星等数据实时下传,为应对重大自然灾害赢得更多预警时间。

人民网　网址：http://www.people.com.cn
手机：http://wap.people.com.cn

2010年9月
7
星期二
庚寅年七月廿九
人民日报社出版
国内统一连续出版物号
CN 11-0065
第22704期(代号1-1)
今日24版

九月六日，胡锦涛总书记在广东深圳莲花山公园向邓小平同志铜像敬献花篮，表达对邓小平同志的无限敬意和怀念。 新华社记者 李学仁摄

深圳经济特区建立30周年庆祝大会在深圳隆重举行

胡锦涛总书记出席大会并发表重要讲话

胡锦涛强调，我们要胜利实现既定战略目标，必须坚定不移坚持中国特色社会主义道路，坚定不移坚持中国特色社会主义理论体系，勇于变革、勇于创新，永不僵化、永不停滞，不为任何风险所惧，不被任何干扰所惑，继续奋勇推进改革开放和社会主义现代化建设的伟大事业

胡锦涛希望经济特区适应国内外形势新变化、按照国家发展新要求、顺应人民新期待，面向现代化、面向世界、面向未来，继续解放思想，坚持改革开放，努力当好推动科学发展、促进社会和谐的排头兵，在改革开放和社会主义现代化建设中取得新进展、实现新突破、迈上新台阶

新华社深圳9月6日电 （记者**王传真、秦杰**）改革开放创伟业，科学发展再争先。深圳经济特区建立30周年庆祝大会6日上午在广东深圳隆重举行。中共中央总书记、国家主席、中央军委主席胡锦涛出席庆祝大会并发表重要讲话（**讲话全文见第二版**）。他强调，面对错综复杂的国际形势，面对艰巨繁重的改革发展稳定任务，我们要胜利实现既定战略目标，必须坚定不移坚持中国特色社会主义道路，坚定不移坚持中国特色社会主义理论体系，勇于变革、勇于创新，永不僵化、永不停滞，不为任何风险所惧，不被任何干扰所惑，继续奋勇推进改革开放和社会主义现代化建设的伟大事业。

今天的深圳大学城体育馆里，彩球高悬，花团锦簇，洋溢着喜庆热烈的气氛。深圳经济特区建立30周年庆祝大会在这里举行。

上午10时，庆祝大会正式开始，全场高唱中华人民共和国国歌。

在热烈的掌声中，胡锦涛发表了重要讲话。他首先代表党中央、国务院，向经济特区广大建设者、向所有为经济特区建设作出贡献的同志们致以热烈的祝贺和诚挚的问候，向关心和支持经济特区建设的香港同胞、澳门同胞、台湾同胞、海外侨胞和各国朋友表示衷心的感谢。

胡锦涛在讲话中指出，兴办经济特区是党和国家为推进我国改革开放和社会主义现代化作出的一项重大决策，是中国共产党人和中国人民在探索中国特色社会主义道路上进行的一个伟大创举。在邓小平同志亲自关怀下，党中央、国务院决定兴办经济特区，实行特殊政策和灵活措施，发挥它们对全国改革开放和社会主义现代化建设的重要窗口和示范带动作用。

胡锦涛说，30年来，在党中央、国务院坚强领导和全国大力支持下，深圳经济特区坚持锐意改革，敢闯敢试、敢为天下先，勇于突破传统经济体制束缚，率先进行市场取向的经济体制改革，在我国实现从高度集中的计划经济体制到充满活力的社会主义市场经济体制的历史进程中发挥了重要作用；坚持发展第一要务，大力解放和发展社会生产力，积极推进自主创新，提高经济发展质量和效益，改善人民生活，创造了"深圳速度"，探索和积累了实现快速发展、走向富裕的成功经验；坚持对外开放，有效实行"引进来"和"走出去"，积极利用国际国内两个市场、两种资源，成功运用国外境外资金、技术、人才和管理经验，为我国实现从封闭半封闭到全方位开放进行了开拓性探索；坚持服务国家发展大局，全国支持经济特区发展，经济特区回馈全国，促进东中西部协调发展，对全国发展起到重要辐射和带动作用；坚持"一国两制"方针，加强同香港、澳门、台湾地区的多领域交流合作，为推动香港、澳门回归祖国并保持繁荣稳定和促进祖国和平统一大业发挥了桥梁和纽带作用。经过30年的不懈努力，深圳迅速从一个边陲小镇发展成为一座现代化大城市，综合经济实力跃居全国大中城市前列，创造了世界工业化、现代化、城市化发展史上的奇迹。深圳经济特区广大干部群众以蓬勃的进取精神和创新实践，为我国改革开放和社会主义现代化建设作出了重要贡献。

胡锦涛指出，深圳等经济特区的发展成就，是邓小平理论和"三个代表"重要思想以及科学发展观的实践成果，是改革开放以来我国实现历史性变革和取得伟大成就的生动缩影，是我国社会主义制度优越性的有力印证。深圳等经济特区的成功实践雄辩地证明，党的十一届三中全会以来形成的党的基本理论、基本路线、基本纲领、基本经验是完全正确的，中央作出兴办经济特区的决策是完全正确的；改革开放是决定当代中国命运的关键抉择，符合党心民心、顺应时代潮流，只有改革开放才能发展中国、发展社会主义、发展马克思主义，中国特色社会主义道路是实现中华民族伟大复兴的必由之路、成功之路。

胡锦涛强调，在全面建设小康社会、加快推进社会主义现代化的进程中，经济特区不仅应该继续办下去，而且应该办得更好。中央将一如既往支持经济特区大胆探索、先行先试、发挥作用。经济特区要适应国内外形势新变化、按照国家发展新要求、顺应人民新期待，面向现代化、面向世界、面向未来，继续解放思想，坚持改革开放，努力当好推动科学发展、促进社会和谐的排头兵，在改革开放和社会主义现代化建设中取得新进展、实现新突破、迈上新台阶。

9月6日，中共中央总书记、国家主席、中央军委主席胡锦涛在广东深圳出席深圳经济特区建立30周年庆祝大会并发表重要讲话。 新华社记者 鞠鹏摄

胡锦涛在讲话中对经济特区提出5点要求：

第一，继续加快转变经济发展方式，努力为推动科学发展探索新路。要坚持自主创新、重点跨越、支撑发展、引领未来的方针，推动经济发展从要素驱动向创新驱动转变。要加快经济结构战略性调整，构建现代产业体系。要加大统筹城乡发展力度，发挥城市对农村的辐射带动作用。要坚定不移实施人才强国战略，建设宏大的创新型人才队伍。要加强能源资源节约和生态环境保护，率先建成资源节约型、环境友好型社会。

第二，继续深化改革开放，努力为推动科学发展提供制度保障和动力源泉。要坚定不移深化改革，提高改革决策的科学性，增强改革措施的协调性，全面推进经济体制、政治体制、文化体制、社会体制改革，努力在重要领域和关键环节改革上取得突破。要全面提升开放型经济水平，把"引进来"和"走出去"更好结合起来，扩大开放领域，提高开放质量，形成经济全球化条件下参与国际经济合作和竞争新优势。

第三，继续加强社会主义精神文明建设，努力为推动科学发展提供良好文化条件。要坚持"两手抓，两手都要硬"的方针，坚持社会主义先进文化前进方向，促进人的全面发展，交好物质文明建设和精神文明建设两份答卷。

第四，继续促进社会和谐，努力为推动科学发展营造良好社会环境。要加快以改善民生为重点的社会建设，努力满足人民群众在教育、劳动就业、社会保障、医药卫生、住房等方面的基本需求。要全面提高社会管理水平，推进社会管理创新。要完善社会治安防控体系，增强人民群众安全感。要开展多种形式的和谐企业、和谐家庭、和谐社区创建活动，努力形成社会和谐人人有责、和谐社会人人共享的生动局面。

第五，继续推进党的建设，努力为推动科学发展、促进社会和谐提供坚强保证。要以改革创新精神全面推进党的思想建设、组织建设、作风建设、制度建设和反腐倡廉建设，着力加强党的执政能力建设和先进性建设，增强党组织的创造力、凝聚力、战斗力，不断提高党的建设科学化水平。

胡锦涛强调，经济特区要进一步增强服务全国的大局意识，积极支持和参与西部大开发、东北地区等老工业基地振兴、中部地区崛起等区域发展战略实施，加大对口支援和帮扶工作力度。要加强同香港、澳门、台湾地区的交流合作，为保持香港和澳门长期繁荣稳定、推动两岸关系和平发展发挥更大作用。

胡锦涛最后说，只要全党全国各族人民团结一心、开拓进取，坚定不移走中国特色社会主义道路，坚定不移推进改革开放，经济特区的明天一定会更加美好，我们国家的明天一定会更加美好，全国各族人民的明天一定会更加美好。

广东省委常委、深圳市委书记王荣，优秀建设者代表王传福，国有企业代表傅育宁，民营企业代表马化腾，境外投资企业代表李嘉诚在大会上先后发言。

庆祝大会前，胡锦涛亲切会见了深圳经济特区优秀建设者代表、深圳市和其他经济特区及其所在省市负责同志。

大会由中共中央政治局委员、广东省委书记汪洋主持，中共中央政治局委员、国务院副总理王岐山，中共中央政治局委员、中央书记处书记、中宣部部长刘云山，中共中央书记处书记、中央办公厅主任令计划，中共中央书记处书记、中央政策研究室主任王沪宁，全国人大常委会副委员长华建敏，国务委员戴秉国，全国政协副主席李兆焯、董建华和中央军委委员常万全等出席庆祝大会并参加会见。

香港特别行政区行政长官曾荫权，澳门特别行政区行政长官崔世安，中央和国家机关有关部门负责同志，广东省有关负责同志，深圳、珠海、汕头、厦门、海南经济特区和浦东、滨海新区及其所在省市负责同志，深圳对口扶持地区负责同志，外宾和港澳人士代表，深圳各界代表共4000余人参加了庆祝大会。

庆祝大会后，胡锦涛等领导同志来到深圳莲花山公园，怀着崇敬的心情向邓小平同志铜像敬献花篮。胡锦涛缓步走上铜像基座，仔细整理花篮上的红色缎带，之后和大家一起向铜像深深鞠躬，表达对邓小平同志的无限敬意和怀念。

随后，胡锦涛等领导同志前往深圳经济特区建立30周年纪念园，种植了一棵纪念树。

在深圳期间，胡锦涛还参观了深圳经济特区建立30周年成就展。

胡锦涛在深圳会见李嘉诚

新华社深圳9月6日电 （记者**秦杰**）国家主席胡锦涛6日上午在广东深圳会见了前来出席深圳经济特区建立30周年庆祝大会的香港长江实业(集团)有限公司董事局主席李嘉诚。

胡锦涛在会见时说，李嘉诚先生是香港工商界的杰出代表，是著名企业家。长期以来，李先生坚持爱国爱港爱乡，为国家改革开放和现代化建设，为香港顺利回归祖国和保持繁荣稳定，为家乡经济社会发展和教育文化事业进步，办了许多实事好事，对国家、对香港作出了贡献。

胡锦涛说，李先生不仅是深圳经济特区发展历程的直接见证者，也是深圳经济特区建设的重要参与者。希望李先生今后继续运用自己的影响力，为促进粤港、深港合作，为保持香港长期繁荣稳定，为国家改革开放和现代化建设发挥更大作用。

李嘉诚对胡主席百忙之中拨冗会见表示感谢，对这些年来国家综合实力的不断增强感到自豪。他认为国家的发展给香港以及香港企业提供了千载难逢的大好机遇，表示今后将继续为推动香港和内地的紧密合作、为国家和香港的繁荣发展尽心出力。

中共中央政治局委员、国务院副总理王岐山，中共中央政治局委员、中央书记处书记、中宣部部长刘云山，中共中央政治局委员、广东省委书记汪洋等参加了会见。

吴邦国会见法国前总理朱佩

新华社北京9月6日电 （记者**荣燕**）全国人大常委会委员长吴邦国6日下午在人民大会堂会见了法国前总理、波尔多市市长朱佩。

吴邦国积极评价中法关系后说，今年是中法关系的重要年份，两国高层接触频繁，就深化双边关系达成一系列重要共识，掀开了中法关系新的一页。当前国际格局和大国关系正经历深刻变革调整，人类社会发展面临严峻挑战。中法虽然国情不同，但都是世界上有重要影响的国家，有着广泛的共同利益。加强中法关系符合两国和两国人民的利益，也符合世界潮流。中方愿与法方共同努力，继承中法关系的开创性，提升双边合作的战略性，使中法关系继续走在西方国家与中国关系的前列。

吴邦国指出，地方合作是国家关系的重要组成部分。武汉市与波尔多市的合作内容广泛，成果丰硕，已成为中法地方合作的典范。希望波尔多继续发挥自身在技术、资金和管理经验等方面的优势，积极参与中国正在实施的中部崛起等区域发展战略，从中国经济结构调整，产业优化升级中寻找新的合作机遇，实现互利双赢，促进共同发展。

朱佩祝贺吴邦国委员长不久前访法取得巨大成功，认为访问为推动法中关系在新的起点上快速发展作出重要贡献。他表示，无论是法国中央政府还是地方政府，无论是政界，还是企业界，都对发展法中关系怀有极大热情。波尔多愿通过加强与中国地方的友好交往，促进两国经贸合作、高新技术产业合作和城市可持续发展等方面的合作，充实两国关系内涵，推动法中关系不断向前发展。

温家宝会见美国前总统卡特

本报北京9月6日电 （记者**王莉**）国务院总理温家宝6日在中南海紫光阁会见美国前总统卡特。

温家宝说，建交31年来，中美关系历尽风雨，始终不断向前发展，造福了两国人民。建设21世纪积极合作全面的中美关系是时代进步的必然，任重而道远。从当前来讲，就是要增进互信，加强合作，促进全球经济稳定复苏。从长远来讲，就是要本着相互尊重、平等相待的精神，妥善处理分歧，扩大共同利益，积极推进全面合作，推动人类实现持久和平与可持续发展。中方愿同美方共同努力，携手抵御各种风险，不断增强前进的信心和力量。

卡特表示，31年前，我同邓小平先生共同作出了实现美中建交的重要决定。我为此感到无比自豪。美中两国都是世界上有重要影响的国家。我高兴地看到，美中建交以来，两国关系尽管出现过一些起伏，但取得了历史性的发展。我对美中关系的前景充满信心。我本人和卡特中心愿意继续为增进两国人民的相互了解和友谊而作出努力。

外交部长杨洁篪、中国人民对外友好协会会长陈昊苏会见时在座。卡特是应中国人民对外友好协会邀请来华出席2010年中国国际友好城市大会和第四届中国芷江国际和平文化节的。

贾庆林会见出席"21世纪论坛"客人

新华社北京9月6日电 （记者**熊争艳、吴晶晶**）全国政协主席、"21世纪论坛"2010年会议组委会名誉主席贾庆林，6日下午在人民大会堂会见出席"21世纪论坛"2010年会议的外国贵宾及境外与会者。

贾庆林首先代表中国全国政协和论坛组委会对前来参加会议的各国嘉宾和有关国际组织人士表示欢迎。他指出，当今世界正处于大发展大变革大调整时期，世界多极化和经济全球化深入发展，各国相互依存日益紧密，国际经济金融体系变革逐步展开，推动建立公正合理的国际政治经济秩序成为不可阻挡的时代潮流。面对国际形势的深刻复杂变化，中国全国政协以"新形势、新挑战、新理念——探索合作共赢之路"为主题举办此次会议，深入研讨当代世界面临的一些重大课题，共商世界和平与发展大计，具有重要的意义。

贾庆林向外宾介绍了中国经济社会发展情况。他说，新中国成立60多年，特别是改革开放30多年来，中国的经济社会的发展取得了举世瞩目的伟大成就，（下转第三版）

（五）重大庆典新闻的版面安排

人民日报对于我党、我国、我军有重大纪念意义的重大庆典，如红军长征胜利70周年，抗日战争胜利60周年，香港、澳门回归等，历来精心组织，提前谋划，认真安排。在版面上，多以头版大部分版面甚至整版，以及要闻版大部分，另加纪念特刊的形式刊出。

纪念辛亥革命100周年

2011年10月10日，一版头条通八栏刊登纪念辛亥革命100周年大会的消息，配发两张照片。头条下是通八栏的总书记讲话全文。报眼是讲话的摘要。

（附2011年10月10日一版）

纪念红军长征胜利70周年

人民日报纪念红军长征胜利70周年的报道，持续时间长，报道数量多、质量高，是一次成功的策划和圆满的报道。

2006年10月17日，一版头条六栏宽位置刊出胡锦涛等中央领导参观纪念红军长征胜利70周年展览的消息；10月21日，头条四栏位置刊出首都举行《长征颂》大型演唱会消息；10月22日，以2/3的篇幅分别刊出社论《踏着红军长征的足迹前进》、各地多种形式纪念长征胜利、江泽民等老同志参观长征展览、“伟大壮举光辉历程”专栏特写，以及纪念大会开幕预告，并在五至八版推出纪念特刊；10月23日，刊登中央举行纪念红军长征胜利70周年大会，胡锦涛出席并发表重要讲话的消息。报道层层推进，逐渐升温，最后达到高潮。

10月23日的版面庄重大气朴实。整版两条文字消息、两张照片。一张为胡锦涛发表讲话照片，一张为大会会场照片。版面分上下两部分，分别刊出大会消息与讲话全文。

（附2006年10月23日一版，10月22日一版、五版）

纪念抗日战争暨世界反法西斯战争胜利60周年大会

纪念抗日战争暨世界反法西斯战争胜利60周年是2005年宣传报道的一个重要主题，重点突出中国共产党在领导全国人民进行艰苦卓绝的八年民族解放战争中的中流砥柱作用。2005年9月3日，纪念抗日战争暨世界反法西斯战争胜利60周年大会在北京隆重举行，胡锦涛发表重要讲话，党和国家领导人同首都各界群众向人民英雄纪念碑敬献花篮，深切缅怀在中国人民抗日战争中英勇牺牲的烈士们的光辉业绩。

2005 年 9 月 4 日，一版突出抗战胜利大会的主题报道。头条纪念大会消息，配发胡锦涛照片。党和国家领导人向人民英雄纪念碑敬献花篮，则在左下方，并配发五栏照片。报眼位置则是胡锦涛向抗战老战士颁发纪念章的消息（照片安排在当日四版）。为突出抗战胜利主题，将平时位置较高的两条外事新闻《胡锦涛同布什通电话》和《胡锦涛同普京通电话》安排在右下位置。

人民日报对抗战胜利 60 周年的报道筹划早、布局精。在 2005 年 8 月 15 日日本宣布投降纪念日，一版以大篇幅报道了有关消息。当日头条为胡锦涛参观纪念中国人民抗日战争胜利 60 周年大型主题展览消息，配发照片。在下八栏三十行高的位置，刊登特约评论员文章《中国共产党是全民族团结抗战的中流砥柱》。

（附 2005 年 9 月 4 日一版、四版，2005 年 8 月 15 日一版）

香港回归祖国十五周年庆祝大会

2012 年 7 月 1 日，是香港回归祖国十五周年的纪念日。胡锦涛赴香港出席纪念大会。

7 月 1 日，一版、四版以整版篇幅刊发庆祝活动有关消息。当日，一版头条直题刊发胡锦涛出席香港特区欢迎晚宴并发表重要讲话的消息，并配发讲话照片一张，头条下方为讲话全文。报眼为胡锦涛考察香港启德发展计划的消息。因当日胡锦涛活动安排较多，根据重要程度在二版刊登其他重要消息，一版刊发标题新闻。右下刊发祝贺香港回归十五周年的社论。

7 月 2 日，一版主要是庆祝香港回归祖国庆祝大会暨特区第四届政府就职典礼消息。头条通八栏刊发大会消息，配发两张照片。

（附 2012 年 7 月 1 日、2 日一版）

人民网 网址：http://www.people.com.cn
手机：http://wap.people.com.cn

2011年10月
10
星期一
辛卯年九月十四
人民日报社出版
国内统一连续出版物号
CN 11-0065
第23102期(代号1-1)
今日24版

胡锦涛强调，100年前，以孙中山先生为代表的革命党人发动了震惊世界的辛亥革命，开启了中国前所未有的社会变革。今天，我们隆重纪念辛亥革命100周年，深切缅怀孙中山先生等辛亥革命先驱的历史功勋，就是要学习和弘扬他们为振兴中华而矢志不渝的崇高精神，激励海内外中华儿女为实现中华民族伟大复兴而共同奋斗。

首都各界隆重纪念辛亥革命100周年

胡锦涛发表重要讲话

江泽民吴邦国温家宝李长春习近平李克强贺国强周永康出席 贾庆林主持

10月9日，纪念辛亥革命100周年大会在北京人民大会堂隆重举行。中共中央总书记、国家主席、中央军委主席胡锦涛在大会上发表重要讲话。 新华社发

10月9日，纪念辛亥革命100周年大会在北京人民大会堂隆重举行。胡锦涛、江泽民、吴邦国、温家宝、贾庆林、李长春、习近平、李克强、贺国强、周永康等出席大会。 新华社记者 兰红光摄

本报北京10月9日电 （记者**刘维涛、陈振凯**）纪念辛亥革命100周年大会今天上午在北京人民大会堂隆重举行。中共中央总书记、国家主席、中央军委主席胡锦涛出席大会并发表重要讲话。他强调，100年前，以孙中山先生为代表的革命党人发动了震惊世界的辛亥革命，开启了中国前所未有的社会变革。今天，我们隆重纪念辛亥革命100周年，深切缅怀孙中山先生等辛亥革命先驱的历史功勋，就是要学习和弘扬他们为振兴中华而矢志不渝的崇高精神，激励海内外中华儿女为实现中华民族伟大复兴而共同奋斗。

江泽民、吴邦国、温家宝、贾庆林、李长春、习近平、李克强、贺国强、周永康出席大会。

人民大会堂大礼堂花团锦簇，灯火辉煌，气氛庄重而热烈。主席台上方悬挂着"纪念辛亥革命100周年大会"会标，帷幕正中是孙中山先生的巨幅画像，10面鲜艳的红旗分列两侧，上面悬挂的"1911""2011"字标格外醒目。

上午10时，贾庆林宣布纪念大会开始，全场高唱中华人民共和国国歌。

在热烈的掌声中，胡锦涛发表了重要讲话。他指出，1840年鸦片战争以后，中国逐步成为半殖民地半封建社会，西方列强野蛮入侵，封建统治腐朽无能，国家战乱不已，人民饥寒交迫，中国人民和中华民族遭受了世所罕见的深重苦难。辛亥革命的爆发，是当时中国人民争取民族独立、振兴中华深切愿望的集中反映，也是当时中国人民为救亡图存而前赴后继顽强斗争的集中体现。

胡锦涛强调，孙中山先生是伟大的民族英雄、伟大的爱国主义者、中国民主革命的伟大先驱。在他领导和影响下，大批革命党人和无数爱国志士集聚在振兴中华旗帜之下，有力推动了革命大势的形成。辛亥革命开创了完全意义上的近代民族民主革命，极大推动了中华民族的思想解放，打开了中国进步潮流的闸门，为中华民族发展进步探索了道路。孙中山先生和辛亥革命先驱为中华民族建立的历史功绩彪炳史册，在辛亥革命中英勇奋斗和壮烈牺牲的志士们永远值得中国人民尊敬和纪念，辛亥革命永远是中华民族伟大复兴征程上一座巍然屹立的里程碑。

胡锦涛指出，中国共产党人是孙中山先生开创的革命事业最坚定的支持者、最亲密的合作者、最忠实的继承者，不断实现和发展了孙中山先生和辛亥革命先驱的伟大抱负。经过20多年艰苦卓绝的斗争，中国人民终于夺取了新民主主义革命的胜利，建立了人民当家作主的中华人民共和国。新中国成立后，中国共产党继承和发展孙中山先生关于建设人民享有民主权利和幸福生活的现代化国家的理想，团结带领全国各族人民自力更生、艰苦奋斗，取得了举世瞩目的巨大成就，谱写了中国发展的辉煌篇章。孙中山先生振兴中华的深切夙愿，辛亥革命先驱的美好憧憬，今天已经或正在成为现实，中华民族伟大复兴展现出前所未有的光明前景。

胡锦涛强调，实现中华民族伟大复兴任重道远。我们要紧紧抓住并切实用好我国发展的重要战略机遇期，以马克思列宁主义、毛泽东思想、邓小平理论和"三个代表"重要思想为指导，深入贯彻落实科学发展观，继续解放思想，坚持改革开放，推动科学发展，促进社会和谐，为实现中华民族伟大复兴继续团结奋斗。

胡锦涛指出，实现中华民族伟大复兴，必须坚定不移高举中国特色社会主义伟大旗帜，牢牢坚持中国共产党的领导，坚持和拓展中国特色社会主义道路，坚持和丰富中国特色社会主义理论体系，坚持和完善中国特色社会主义制度，坚持发展为了人民、发展依靠人民、发展成果由人民共享，不断为实现中华民族伟大复兴打下坚实基础。实现中华民族伟大复兴，必须坚定不移高举爱国主义伟大旗帜，巩固和加强全国各族人民的大团结，巩固和加强海内外中华儿女的大团结，广泛凝聚中华民族一切智慧和力量，万众一心为实现中华民族伟大复兴而奋斗。实现中华民族伟大复兴，必须坚定不移高举和平、发展、合作旗帜，坚持独立自主的和平外交政策，坚持走和平发展道路，同各国人民一道推动建设持久和平、共同繁荣的和谐世界，努力为人类作出新的更大的贡献。

胡锦涛强调，两岸同胞是血脉相连的命运共同体，大陆和台湾是两岸同胞的共同家园。当今时代，两岸中国人面临着共同繁荣发展、共谋中华民族伟大复兴的历史机遇。携手推动两岸关系和平发展、同心实现中华民族伟大复兴，应该成为两岸同胞共同努力的目标。

胡锦涛最后指出，回首中华民族百年奋斗历史，我们无比自豪。展望中华民族伟大复兴光明前景，我们信心百倍。我们呼吁，全体中华儿女携起手来，坚定实现中华民族伟大复兴的理想，努力作出无愧于孙中山先生和辛亥革命先驱、无愧于我们伟大民族的贡献，在时代进步洪流中奋力实现中华民族伟大复兴。**（讲话全文另发）**

贾庆林在主持大会时指出，胡锦涛同志的重要讲话，高度评价了辛亥革命的伟大意义，全面回顾了辛亥革命100年来中国人民百折不挠、顽强拼搏的奋斗历程，深刻阐述了新形势下实现中华民族伟大复兴的历史使命，进一步提出了发展两岸关系、促进国家完全统一的殷切希望。 **（下转第二版）**

在纪念辛亥革命100周年大会上的讲话

（2011年10月9日）

胡锦涛

同志们，朋友们：

100年前，以孙中山先生为代表的革命党人发动了震惊世界的辛亥革命，开启了中国前所未有的社会变革。今天，我们隆重纪念辛亥革命100周年，深切缅怀孙中山先生等辛亥革命先驱的历史功勋，就是要学习和弘扬他们为振兴中华而矢志不渝的崇高精神，激励海内外中华儿女为实现中华民族伟大复兴而共同奋斗。

1840年鸦片战争以后，中国逐步成为半殖民地半封建社会，西方列强野蛮入侵，封建统治腐朽无能，国家战乱不已，人民饥寒交迫，中国人民和中华民族遭受了世所罕见的深重苦难。在那个内忧外患接踵而至的年代，一切关心国家和民族前途命运的人们无不痛切感到，要实现民族独立、人民解放和国家富强、人民富裕，就必须推翻封建专制统治，对中国社会进行根本变革。辛亥革命的爆发，是当时中国人民争取民族独立、振兴中华深切愿望的集中反映，也是当时中国人民为救亡图存而前赴后继顽强斗争的集中体现。

孙中山先生是伟大的民族英雄、伟大的爱国主义者、中国民主革命的伟大先驱。孙中山先生站在时代前列，"适乎世界之潮流，合乎人群之需要"，大声疾呼"亟拯斯民于水火，切扶大厦之将倾"，高扬反对封建专制统治的斗争旗帜，提出民族、民权、民生的三民主义政治纲领，率先发出"振兴中华"的呐喊，希望推动中华民族摆脱封建专制统治和外国列强侵略，推动中国跟上世界发展进步的步伐、跻身世界先进行列。孙中山先生以自己的模范行动实现了"吾志所向，一往无前，愈挫愈奋，再接再厉"的誓言。在他领导和影响下，大批革命党人和无数爱国志士集聚在振兴中华旗帜之下，广泛传播革命思想，积极兴起进步浪潮，连续发动武装起义，有力推动了革命大势的形成。

辛亥革命推翻了清王朝统治，结束了统治中国几千年的君主专制制度，传播了民主共和的理念，以巨大的震撼力和深刻的影响力推动了近代中国社会变革。虽然由于历史进程和社会条件的制约，辛亥革命没有改变旧中国半殖民地半封建的社会性质，没有改变中国人民的悲惨境遇，没有完成实现民族独立、人民解放的历史任务，但它开创了完全意义上的近代民族民主革命，极大推动了中华民族的思想解放，打开了中国进步潮流的闸门，为中华民族发展进步探索了道路。

孙中山先生和辛亥革命先驱为中华民族建立的历史功绩彪炳史册！在辛亥革命中英勇奋斗和壮烈牺牲的志士们永远值得中国人民尊敬和纪念！辛亥革命永远是中华民族伟大复兴征程上一座巍然屹立的里程碑！

同志们、朋友们！

辛亥革命后，接受这场革命洗礼的中国先进分子和中国人民继续顽强探寻救国救民道路。1921年，在马克思列宁主义同中国工人运动的结合中，中国共产党应运而生。从此，中国人民有了用先进理论指导的马克思主义政党的领导，中国革命出现焕然一新的面貌。

中国共产党人是孙中山先生开创的革命事业最坚定的支持者、最亲密的合作者、最忠实的继承者，不断实现和发展了孙中山先生和辛亥革命先驱的伟大抱负。中国共产党在成立之初，就提出反帝反封建的民主革命纲领，并同孙中山先生领导的中国国民党携手合作，建立最广泛的革命统一战线。辛亥革命后屡遭挫折的孙中山先生，把中国共产党人当成亲密朋友，毅然改组国民党，实行联俄、联共、扶助农工三大政策。国共两党第一次合作，形成席卷全国的革命新形势，给北洋军阀反动统治以沉重打击。孙中山先生逝世后，中国共产党人继承他的遗愿，同一切忠于他的事业的人们共同努力、继续奋斗。经过20多年艰苦卓绝的斗争，中国人民终于夺取了新民主主义革命的胜利，建立了人民当家作主的中华人民共和国，完成了近代以来中国人民和无数仁人志士梦寐以求的民族独立、人民解放的历史任务，开启了中华民族发展进步的历史新纪元。

新中国成立后，中国共产党继承和发展孙中山先生关于建设人民享有民主权利和幸福生活的现代化国家的理想，团结带领全国各族人民自力更生、艰苦奋斗，完成了从新民主主义到社会主义的转变，开展了大规模社会主义建设，推进了改革开放和社会主义现代化伟大事业。经过新中国成立以来特别是改革开放以来的持续奋斗，中国人民取得了举世瞩目的巨大成就，谱写了中国发展的辉煌篇章。当前，全国各族人民正满怀豪情为全面建设小康社会、加快推进社会主义现代化而团结奋斗。 **（下转第二版）**

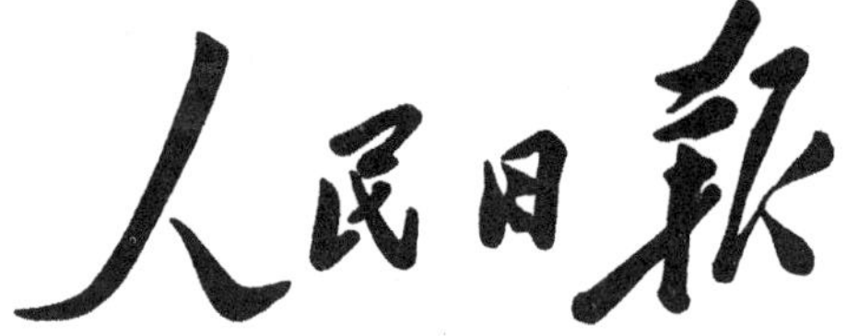

RENMIN RIBAO

今日 16 版(华东、华南地区 20 版)

人民网 网址:http://www.people.com.cn
手机:http://wap.people.com.cn

国内统一连续出版物号 CN 11-0065
第 21289 期 (代号 1-1)
人民日报社出版

2006 年 10 月
23
星期一
丙戌年九月初二
北京地区天气预报
白天 晴间多云
风向 北转南
风力 二、三级
夜间 晴转多云
风向 南转北
风力 一、二级
温度 18℃/6℃

十月二十二日，纪念红军长征胜利七十周年大会在北京人民大会堂隆重举行。图为大会会场。
新华社记者 黄敬文摄

纪念红军长征胜利 70 周年大会在京隆重举行

胡锦涛发表重要讲话

江泽民温家宝曾庆红黄菊吴官正李长春罗干出席 吴邦国主持

胡锦涛强调，我们继承和发扬红军长征的光荣革命传统，就要大力推进马克思主义中国化，不断开拓马克思主义在当代中国发展的新境界；就要大力弘扬革命理想高于天的崇高精神，为建设中国特色社会主义提供强大精神支柱；就要大力加强全党的团结、全国各族人民的大团结，最广泛地为党和人民事业的发展凝聚智慧和力量；就要大力推进国防和军队现代化建设，有效履行新世纪新阶段人民军队历史使命；就要大力加强党的执政能力建设和先进性建设，更好地担当起执政为民、执政兴国的历史重任

新华社北京 10 月 22 日电 纪念红军长征胜利 70 周年大会 22 日上午在北京人民大会堂隆重举行。中共中央总书记、国家主席、中央军委主席胡锦涛发表重要讲话强调，70 年前，中国共产党领导红军将士完成了震惊世界的长征，开辟了中国革命继往开来的光明道路，奠定了中国革命胜利前进的重要基础。这一伟大历史事件，是中国共产党人的骄傲，是人民军队的光荣，是中华民族的自豪。我们纪念红军长征胜利，就是要激励全党全军全国各族人民在中国特色社会主义道路上继续奋勇前进。

江泽民、吴邦国、温家宝、曾庆红、黄菊、吴官正、李长春、罗干出席大会。

今天的人民大会堂大礼堂内，花团锦簇，翠绿丛丛，气氛庄重而热烈。主席台上方悬挂着“纪念红军长征胜利 70 周年大会”会标，帷幕正中是熠熠生辉的中国共产党党徽，10 面鲜艳的红旗分列两侧。二楼眺台上的巨幅横标格外醒目：“紧密团结在以胡锦涛同志为总书记的党中央周围，高举邓小平理论和‘三个代表’重要思想伟大旗帜，大力弘扬伟大的长征精神，为全面建设小康社会、实现中华民族伟大复兴努力奋斗！”

上午 10 时，胡锦涛等领导同志和老红军代表一起步入会场，并在主席台前排就座。这时，全场响起雷鸣般的热烈掌声。吴邦国宣布大会开始，雄壮的国歌声在会场内响起。

会上，胡锦涛发表了重要讲话。他首先代表党中央、国务院和中央军委，向所有参加过红军长征和为红军长征胜利作出贡献的老战士、老同志，向当年支援红军长征的各族人民特别是各革命根据地人民，致以诚挚的问候和崇高的敬意。他说，70 年来，我们始终铭记着领导红军创造这一历史伟业的毛泽东、周恩来、朱德等老一辈无产阶级革命家，始终铭记着为红军长征胜利英勇献身的革命烈士们。他们的功勋永载史册！他们的英名永垂不朽！

在胡锦涛提议下，全体与会人员起立，为在红军长征途中和在各地革命斗争中英勇牺牲的革命烈士默哀。

胡锦涛在讲话中指出，上个世纪 30 年代初，我国正处于内忧外患的严峻境地。在那个风雨如磐的年代，我们党团结带领人民在艰难困苦中奋起、在艰辛探索中前进，百折不挠地为改变中国的面貌和中华民族的命运而斗争。在党和红军面临生死存亡考验的紧急关头，党领导红军进行战略转移。这场惊心动魄的远征，历时之长，行程之远，敌我力量之悬殊，自然环境之恶劣，在人类战争史上是罕见的。红军长征以我们的胜利、敌人的失败宣告结束，充分展示了中国共产党人领导革命战争的卓越能力，充分体现了红军将士为民族独立和人民解放勇于牺牲、敢于胜利的大无畏气概，充分证明了人民革命战争的正义力量是不可战胜的。

胡锦涛强调，红军长征是中国革命从挫折走向胜利的重大转折，为我们党团结带领人民打败日本军国主义侵略，争取建设独立、自由、民主、统一、富强的新国家迎来了新的曙光，开辟了光明前景。我们党领导红军以无与伦比的英雄气概进行的长征，创造了气吞山河的人间奇迹，谱写了中国革命史的光辉篇章，在我们党、军队和中华民族的发展史上都具有十分重大而深远的意义。伟大的红军长征，翻开了马克思列宁主义基本原理同中国革命具体实践相结合的新篇章，开创了中国革命的新局面，培育了中国共产党和人民军队的革命精神，形成了中国革命成熟的坚强领导核心。

10 月 22 日，纪念红军长征胜利 70 周年大会在北京人民大会堂隆重举行。中共中央总书记、国家主席、中央军委主席胡锦涛发表重要讲话。 新华社记者 饶爱民摄

胡锦涛指出，自 70 年前红军长征胜利以来，我们党团结带领全国各族人民在革命、建设、改革的各个历史时期进行了一次又一次波澜壮阔的伟大长征，夺取了一个又一个举世瞩目的伟大胜利。今天，我们进行改革开放和社会主义现代化建设，全面建设小康社会，积极构建社会主义和谐社会，开创中国特色社会主义事业新局面，为把我国建设成为富强民主文明和谐的社会主义现代化国家、为实现中华民族的伟大复兴而奋斗，就是我们党团结带领全国各族人民进行的新的伟大长征。在新长征的征途上，我们一定要继承和发扬红军长征的光荣革命传统。

胡锦涛强调，我们继承和发扬红军长征的光荣革命传统，就要大力推进马克思主义中国化，不断开拓马克思主义在当代中国发展的新境界；就要大力弘扬革命理想高于天的崇高精神，为建设中国特色社会主义提供强大精神支柱；就要大力加强全党的团结、全国各族人民的大团结，最广泛地为党和人民事业的发展凝聚智慧和力量；就要大力推进国防和军队现代化建设，有效履行新世纪新阶段人民军队历史使命；就要大力加强党的执政能力建设和先进性建设，更好地担当起执政为民、执政兴国的历史重任。

胡锦涛指出，我们一定要坚持用马克思主义特别是马克思主义中国化的最新成果武装全党、教育人民。要坚持把马克思主义基本原理同中国具体实际相结合，不断作出符合我国社会发展进步要求和人民群众实践需要的新的理论概括，使当代中国的马克思主义具有更加鲜明的实践特色；要扎根于中国的土壤，把马克思主义真理的力量深深熔铸在民族的生命力、创造力、凝聚力之中，使当代中国的马克思主义具有更加鲜明的民族特色；要始终走在时代前列，敏锐把握时代特征，准确反映时代要求，使当代中国的马克思主义具有更加鲜明的时代特色，从而更好地为新的历史条件下党和人民事业的发展提供科学理论指导。

胡锦涛指出，我们一定要把长征精神作为加强社会主义精神文明建设的重要内容，作为在全体人民特别是青少年中进行理想信念和思想道德教育的重要内容，坚持不懈地发扬光大，把长征精神一代一代传下去。要在全体人民中牢固树立社会主义核心价值体系，用中国特色社会主义共同理想激励广大党员、干部和人民群众，不断巩固全党全国各族人民团结奋斗的共同思想基础。要大力弘扬以爱国主义为核心的民族精神和以改革创新为核心的时代精神，不断增强全民族的自尊心、自信心、自豪感，不断增强全社会的进取精神、开拓勇气、创新能力，激励全国各族人民为实现中华民族的伟大复兴而团结奋斗。

胡锦涛强调，在新长征的征途上，为了实现全面建设小康社会的宏伟目标、不断开创中国特色社会主义事业新局面，我们必须全面贯彻党的十六届六中全会精神，努力建设民主法治、公平正义、诚信友爱、充满活力、安定有序、人与自然和谐相处的社会主义和谐社会。要坚持以马克思列宁主义、毛泽东思想、邓小平理论和“三个代表”重要思想为指导，坚持以科学发展观统领经济社会发展全局，以解决人民群众最关心、最直接、最现实的利益问题为重点，着力发展社会事业、促进社会公平正义、建设和谐文化、完善社会管理、增强社会创造活力，推动社会建设与经济建设、政治建设、文化建设协调发展，不断发展全体人民共同建设、共同享有的和谐社会，不断巩固民主团结、生动活泼、安定和谐的政治局面。

胡锦涛最后指出，今天，我们可以满怀豪情地说，红军长征向世界宣告的革命理想已经变为现实，红军长征播下的种子已经开花结果，并将继续开出更加鲜艳的花朵、结出更加丰硕的果实。让我们在新长征的征途上更加紧密地团结起来，保持和发扬革命战争时期的那么一股劲、那么一股革命热情、那么一种拼命精神，沿着建设中国特色社会主义道路，继续把革命前辈开创的伟大事业推向前进，不断描绘中华民族伟大复兴的壮丽图景。**（讲话全文另发）**

在今天的大会上，老红军老同志代表、原昆明军区政委谢振华，解放军代表、空军试飞团副团长李中华，青年代表、北京大学学生刘凯先后发言。

大会在雄壮的国际歌声中结束。

出席大会的领导同志还有：王兆国、回良玉、刘淇、刘云山、吴仪、周永康、贺国强、郭伯雄、曹刚川、王刚、李鹏、朱镕基、李瑞环、刘华清、尉健行、李岚清、徐才厚、何勇、李铁映、司马义·艾买提、何鲁丽、丁石孙、成思危、蒋正华、顾秀莲、热地、盛华仁、路甬祥、乌云其木格、韩启德、唐家璇、华建敏、陈至立、肖扬、贾春旺、王忠禹、刘延东、张思卿、白立忱、张克辉、周铁农、陈奎元、阿不来提·阿不都热西提、徐匡迪、李兆焯、黄孟复、张怀西、李蒙、张梅颖、张榕明和黄华、杨白冰、张万年、姜春云、张震、王光英、彭珮云、周光召、曹志、韩杼滨、杨汝岱、任建新、钱正英、孙孚凌、朱光亚、万国权、胡启立、陈锦华、赵南起、韩光，中央军委委员李继耐、廖锡龙、陈炳德、靖志远以及原中央军委委员傅全有、王克、王瑞林。

中央党政军群各部门和北京市负责人，各民主党派中央、全国工商联负责人和无党派人士代表以及首都各界群众共约 3000 人参加了今天的大会。

在纪念红军长征胜利 70 周年大会上的讲话

（2006 年 10 月 22 日）

胡锦涛

同志们：

今天，我们在这里隆重集会，纪念中国工农红军长征胜利 70 周年。70 年前，中国共产党领导红军将士完成了震惊世界的长征，开辟了中国革命继往开来的光明道路，奠定了中国革命胜利前进的重要基础。这一伟大历史事件，是中国共产党人的骄傲，是人民军队的光荣，是中华民族的自豪。我们纪念红军长征胜利，就是要激励全党全军全国各族人民在中国特色社会主义道路上继续奋勇前进。

在这里，我代表党中央、国务院和中央军委，向所有参加过红军长征和为红军长征胜利作出贡献的老战士、老同志，向当年支援红军长征的各族人民特别是各革命根据地人民，致以诚挚的问候和崇高的敬意！

70 年来，我们始终铭记着领导红军创造这一历史伟业的毛泽东、周恩来、朱德等老一辈无产阶级革命家，始终铭记着为红军长征胜利英勇献身的革命烈士们。他们的功勋永载史册！他们的英名永垂不朽！

我提议，全体起立，为在红军长征途中和在各地革命斗争中英勇牺牲的革命烈士默哀！

同志们！

上个世纪 30 年代初，我国正处于内忧外患的严峻境地。日本军国主义加紧侵略中国，中国社会危机四伏，中国人民饱受煎熬，中华民族到了最危险的时候。在那个风雨如磐的年代，我们党团结带领人民在艰难困苦中奋起、在艰辛探索中前进、百折不挠地为改变中国的面貌和中华民族的命运而斗争。但是，国民党反动派置民族危亡于不顾，顽固推行“攘外必先安内”的政策，向革命根据地接连发动大规模“围剿”，企图消灭中国共产党和工农红军。由于党内“左”倾教条主义的错误领导，中央革命根据地第五次反“围剿”失败。在党和红军面临生死存亡考验的紧急关头，党领导红军进行战略转移。从 1934 年 10 月至 1936 年 10 月，红军第一、第二、第四方面军和第二十五军先后进行长征。在长征途中，党领导红军跨越滔滔急流，征服皑皑雪山，穿越茫茫草地，突破层层封锁，粉碎了上百万敌军的围追堵截，克服了以王明为代表的“左”倾教条主义和张国焘的分裂主义等错误，纵横十余省，最远的行程二万五千里，胜利前进到陕甘宁地区，实现了红军主力的大会师。这场惊心动魄的远征，历时之长，行程之远，敌我力量之悬殊，自然环境之恶劣，在人类战争史上是罕见的。红军主力长征期间，留在南方八省的红军游击队、西北地区的红军、党领导下的东北人民抗日武装以及在白色恐怖下开展地下斗争的党组织，在极其困难的环境中坚持斗争，为红军长征胜利作出了重要贡献。红军长征以我们的胜利、敌人的失败宣告结束，充分展示了中国共产党人领导革命战争的卓越能力，充分体现了红军将士为民族独立和人民解放勇于牺牲、敢于胜利的大无畏气概，充分证明了人民革命战争的正义力量是不可战胜的。

在红军长征这一具有重大意义的战略转移中，我们党坚持把自己的命运与中华民族的命运联系在一起，把军事上的战略转移与政治上的战略转变联系在一起，把长征前进的大方向与建立抗日的前进阵地联系在一起，以长征的胜利推动中国革命转危为安。红军长征是中国革命从挫折走向胜利的重大转折，为我们党团结带领人民打败日本军国主义侵略，争取建设独立、自由、民主、统一、富强的新国家迎来了新的曙光，开辟了光明前景。

同志们！

我们党领导红军以无与伦比的英雄气概进行的长征，创造了气吞山河的人间奇迹，谱写了中国革命史的光辉篇章，在我们党、军队和中华民族的发展史上都具有十分重大而深远的意义。

——伟大的红军长征，翻开了马克思列宁主义基本原理同中国革命具体实践相结合的新篇章。长征途中，以毛泽东同志为主要代表的中国共产党人坚持把马克思列宁主义基本原理同中国革命具体实践相结合，正确解决了关乎党和红军前途命运的三个全局性问题，即引领红军向哪里去的战略方向问题，使党和红军摆脱被动局面的军事指挥问题，结束“左”倾教条主义错误在中央的统治问题，从思想上确保了红军长征胜利。把马克思列宁主义基本原理同中国革命具体实践结合起来，走适合国情的革命道路，实行符合实际的战略策略，这一我们党在血的教训和生死存亡考验中认识并确立起来的思想路线及其取得的重大思想成果，对中国革命产生了深远影响。

——伟大的红军长征，开创了中国革命的新局面。红军长征胜利，使党中央领导中国革命大本营奠基于西北，巩固和发展了陕甘宁革命根据地，使其成为中国革命的政治中心，为党和红军的发展创造了必要条件。红军长征的磨难和考验，锻炼了中国革命力量，党员和红军质量显著提高，为党的队伍和革命力量的壮大、为革命事业的发展培养了基本骨干。红军长征实现了我们党北上抗日的战略方针，推动了抗日民族统一战线的形成，鼓舞了全民族团结抗战的信心和勇气。红军长征胜利，为中国人民夺取抗日战争胜利、进而夺取新民主主义革命胜利打下了坚实基础。

——伟大的红军长征，培育了中国共产党和人民军队的革命精神。红军长征胜利，是中国共产党人和红军将士弘扬伟大革命精神的胜利。红军长征不仅创造了可歌可泣的战争史诗，而且谱写了豪情万丈的精神史诗，铸就了伟大的长征精神。长征精神，就是把全国人民和中华民族的根本利益看得高于一切，坚定革命的理想和信念，坚信正义事业必然胜利的精神；就是为了救国救民，不怕任何艰难险阻，不惜付出一切牺牲的精神；就是坚持独立自主、实事求是，一切从实际出发的精神；就是顾全大局、严守纪律、紧密团结的精神；就是紧紧依靠人民群众，同人民群众生死相依、患难与共、艰苦奋斗的精神。长征精神，是中国共产党人和人民军队革命风范的生动反映，是中华民族自强不息的民族品格的集中展示，是以爱国主义为核心的民族精神的最高体现。长征精神为中国革命不断从胜利走向胜利提供了强大精神动力。

——伟大的红军长征，具有更深远意义的是，形成了中国革命成熟的坚强领导核心。红军长征从被动到主动、踏上胜利道路，转折点是遵义会议。遵义会议确立了毛泽东同志在红军和党中央的领导地位，开始确立了以毛泽东同志为代表的党中央的正确路线，使红军和党中央得以在极其危急的情况下保存下来，为我们党从挫折走向胜利提供了重要保证。这是我们党走向成熟的重要标志。以毛泽东同志为核心的党的第一代中央领导集体逐步形成，是我们党在领导中国革命的实践中、经过胜利和失败的长期比较作出的历史性选择。从遵义会议开始，又经过 10 年努力，到党的七大，我们党总结了历史经验，为建立新民主主义的新中国制定了正确的理论和路线方针政策，使全党在思想上、政治上、组织上达到空前的统一和团结，党的领导更加成熟，党的力量成倍壮大，党成为领导全国各族人民进行伟大革命的核心力量。 （下转第二版）

人民日報
RENMIN RIBAO

2006年10月
22
星期日
丙戌年九月初一

北京地区天气预报
白天 多云转晴
风向 偏北
风力 三、四级
间五级
夜间 晴
风向 偏北
风力 二、三级
温度 16℃/5℃

今日8版
国内统一连续出版物号 CN 11-0065
第21288期（代号1-1）
人民网 网址:http://www.people.com.cn
手机:http://wap.people.com.cn
人民日报社出版

江泽民同志参观纪念红军长征胜利70周年展览

李鹏朱镕基李瑞环刘华清尉健行李岚清一同参观展览

本报北京10月21日讯 记者**柳晓森**报道:江泽民同志21日下午来到中国人民革命军事博物馆,参观正在这里举行的"伟大壮举 光辉历程——纪念中国工农红军长征胜利70周年展览"。李鹏、朱镕基、李瑞环、刘华清、尉健行、李岚清一同参观了展览。

下午5时许,江泽民等同志走进展厅,仔细观看展品,认真听取讲解员的介绍。在红军渡过于都河所用的木船前,在血战湘江的巨幅图片前,在按原样复制的遵义会议会议室前,在四渡赤水使用的通讯器材和手摇发电机前,在将士们翻雪山御寒用的麻布片、过草地吃剩的半根皮带前,在红军救济困难群众的30枚银元前,在沿途百姓为红军作向导、送粮草、救伤员的组画前,在中共中央庆祝三大主力胜利会师的通电文物前,江泽民等不时停下脚步,仔细观看,详细询问有关情况。

江泽民在参观时指出,70年前,中国共产党领导工农红军夺取了长征的胜利,这是中国革命进程中的一个伟大壮举,对中国革命取得最终胜利具有重大意义。在长征途中,广大红军将士凭着忠贞不渝的理想信念和一往无前的革命精神,战胜了难以想象的艰难险阻,谱写了中华民族发展史上的壮丽凯歌。

江泽民强调,我们世世代代都要铭记老一辈革命家和革命先辈建立的历史功勋,大力弘扬伟大的长征精神,团结一心,开拓进取,为全面建设小康社会、开创中国特色社会主义事业新局面而不懈奋斗。

中共中央政治局候补委员、中央书记处书记、中央办公厅主任王刚和中央军委委员李继耐以及有关部门负责同志陪同参观。

踏着红军长征的足迹前进

——纪念中国工农红军长征胜利七十周年

全党全军全国各族人民正在隆重纪念红军长征胜利70周年。此刻,我们格外怀念那些血洒征程、为国捐躯的英烈们,格外怀念为民族独立和人民解放建立不朽功勋的前辈们。我们向所有参加过红军长征和为中国革命胜利作出贡献的先烈先辈们致以最崇高的敬意!

70年前,在中华民族面临深重危机的危难关头,在中国共产党面临生死考验的危急时刻,中国共产党领导工农红军开始了一场史无前例的战略转移。这是与强大的敌人、恶劣的自然环境以及党内"左"倾教条主义、分裂主义的艰苦斗争,是勇气、意志和信念的严峻考验,历时之长,行程之远,路途之险,困难之巨,举世罕见,旷古未闻。在这样的艰险和艰辛中,中国共产党领导红军将士浴血奋战、前赴后继、以弱克强,取得了震惊世界的伟大胜利。

红军长征的胜利,实现了党北上抗日的战略方针,宣传了党的主张,播撒了革命火种,锻造了革命力量,形成了以毛泽东同志为核心的中央领导集体,确立了实事求是的思想路线,实现了中国革命从挫折走向胜利的重大转折,谱写了我们党、军队和中华民族历史上的壮丽篇章。红军长征,是人类历史上无与伦比的革命壮举,是中国共产党和工农红军创造的人间奇迹,是中国革命史上的不朽丰碑。

自鸦片战争以来百多年中国历史,是一部救亡图存、寻求振兴的历史。中国共产党领导的红军长征,成为一次划时代的历史转折。它将一个用先进理论武装的政党推向了波澜壮阔时代革命的潮头,为民族独立、人民解放奠定了坚实的基础;更用一种震古烁今的伟大精神激励一个古老民族自救自强的信心,成为我们百折不挠民族精神的最高体现。

红军长征造就的伟大精神穿越70年时光,依然具有激荡人心的强大力量。这种精神是把国家和民族的根本利益看得高于一切,坚定革命的理想和信念、坚信正义事业必定胜利的精神;是为了救国救民,不怕任何艰难险阻,不惜付出一切牺牲的精神;是坚持独立自主、实事求是,一切从实际出发的精神;是顾全大局、严守纪律、紧密团结的精神;是紧紧依靠人民群众,同人民群众生死相依、患难与共、艰苦奋斗的精神。

伟大的长征精神,教育和鼓舞了一代又一代中国共产党人,为争取民族独立、人民解放和国家富强英勇奋斗,流血牺牲,彻底改变了国家前途和民族命运,不仅是中国共产党人光荣革命传统和中华民族伟大民族精神的集中反映,也是激励我们战胜困难、勇往直前的强大精神动力和宝贵精神财富。

今天我们纪念红军长征,就是要缅怀革命先辈的不朽功勋,继承光荣革命传统,发扬伟大的长征精神。我们必须坚持不懈地学习包括红军长征在内的中国革命史,并把这种学习与学习马克思主义中国化的最新成果紧密结合起来,与加强理想信念教育紧密结合起来,与弘扬民族精神和时代精神紧密结合起来,与加强党的先进性建设紧密结合起来。

踏着红军长征的足迹前进,我们要进一步从历史和现实的比较中,加深对我国国情和中国特色社会主义道路的理解和认识。学习以毛泽东同志为主要代表的中国共产党人运用马克思主义的立场观点方法剖析中国社会、研究中国问题、揭示中国革命规律的科学态度,学习他们善于把实践经验不断丰富、发展、升华的创新精神,坚持用发展着的马克思主义理论指导新的实践。

踏着红军长征的足迹前进,我们要进一步从理论和实践的结合上,增强贯彻党的基本理论、基本路线、基本纲领、基本经验的自觉性和坚定性。学习和弘扬革命先辈对崇高理想矢志不渝、对党和人民无比忠诚、对革命事业锲而不舍的坚定信念。在新的时代背景下,坚持理想信念不动摇、革命意志不涣散、奋斗精神不懈怠,满怀信心地投身建设中国特色社会主义的伟大事业。

踏着红军长征的足迹前进,我们要进一步结合新的时代条件发扬光大我们党在革命战争时期形成的光荣革命传统。注重总结和发扬我们党保持先进性的历史经验,坚持用时代的要求审视和认识自己,以改革的精神加强和完善自己,全面加强党的先进性建设,立党为公、执政为民,不断实现好、维护好、发展好最广大人民的根本利益。

雪山草地,刻下前辈铿锵的足迹;战火硝烟,铸起先烈英勇的雕像。从红军长征到新长征,是一代又一代共产党人的接力赛。今天我们告慰革命前辈最好的方式,就是把伟大的长征精神传承下去,激励和推动我们去完成新的伟大长征,用时代的创造发扬光大中华民族自强不息的伟大精神。

党的十六届六中全会,从中国特色社会主义事业总体布局和全面建设小康社会全局出发,绘就了构建社会主义和谐社会的宏伟蓝图。全面贯彻科学发展观,构建社会主义和谐社会,是摆在我们面前的新的时代课题和历史任务。让我们紧密团结在以胡锦涛同志为总书记的党中央周围,高举邓小平理论和"三个代表"重要思想伟大旗帜,同心同德、艰苦奋斗,弘扬伟大的长征精神,在建设富强民主文明和谐的社会主义现代化国家的历史征程中,在实现中华民族伟大复兴的新长征道路上,不断创造新的业绩。

为纪念红军长征胜利七十周年,长征集结出发地江西省于都县优秀预备役官兵代表近日踏上了『再渡于都河,永续长征魂』的征程,重温红色记忆,弘扬长征精神。图为九十二岁高龄的老红军钟明来到渡口为他们送行。 谢慧摄

缅怀不朽功勋 弘扬长征精神

各地多种形式纪念红军长征胜利70周年

本报北京10月21日讯 连日来,全国各地开展丰富多彩的活动,纪念红军长征胜利70周年,追忆红军长征的英雄壮举,缅怀老一辈无产阶级革命家的不朽功勋,弘扬伟大的长征精神。

这几天,在红军一、二、四方面军会师地的甘肃省会宁县、决定中国工农红军长征命运的重要决策地宕昌县哈达铺、西路军殊死突围的高台县等地,迎来了一批批重温红色历程的游客。甘肃省旅游部门近日精心推出一批"红色旅游"新景区(点)、新线路,让游人沿着红军长征的足迹,追寻红色革命历程。10月18日,投资2100万元的红军长征胜利纪念馆在会宁县正式开馆。同日,甘肃省在会宁县举行红军三大主力会宁会师暨长征胜利70周年纪念大会。

10月16日,福建省委、省政府、省军区在著名的革命老区龙岩市举行纪念红军长征胜利70周年大会,福建省和龙岩市5000多名干部群众参加了纪念大会。

青海日前启动"唱一首长征歌曲、朗诵一首长征诗词、举办一场长征精神报告会、讲一个长征故事、看一部长征影视片"的"五个一"长征精神进校园主题教育活动。在西宁市贾小庄小学多功能阶梯教室里,学校五年级的全体同学正在参加"扬长征精神,做红军传人"主题队会,年近九旬的老红军黄太兴给孩子们讲起长征光辉的历史;西关街小学9岁的陈浩毅同学利用课余时间制作了由"飞夺泸定桥""四渡赤水""红军爬雪山、过草地"等一幅幅图片组合起来的长征缩影剪贴报。据介绍,"五个一"长征精神进校园第一阶段活动中,有关党史专家学者将走进各高校,为学生们带去"长征精神"专题报告。同时,青海一些中小学也将陆续开展报告会、文艺演出等相关活动。

10月20日,宁夏回族自治区同心县回汉各族人民载歌载舞,纪念中国工农红军长征胜利暨豫海县回民自治政府成立70年。1936年5月,中央红军长征胜利到达陕甘宁省,解放了宁夏大片土地,并在同心设立了大本营。同年10月20日,中国共产党领导回汉人民,在同心清真大寺举行了隆重的庆祝大会,建立起中国共产党领导下的第一个少数民族自治政权——陕甘宁省豫海县回民自治政府,开创了我国民族区域自治的先河。

(综合本报记者**李战吉、江宝章、周志忠、曾华锋、刘鑫焱**报道)

纪念红军长征胜利70周年大会今日上午在京举行

新华社北京10月21日电 纪念红军长征胜利70周年大会,将于22日上午在北京隆重举行。

届时,中央人民广播电台、中央电视台、中国国际广播电台将对大会实况进行现场直播,新华网、人民网将进行实时报道。

穿越历史的长廊

——"伟大壮举 光辉历程"展览中的珍贵文物

本报记者 江 山

"我是一个来自农村的打工者,有幸能参观这次展出。最让我感动的是红军过草地、爬雪山的那破旧的鞋和帽等一些东西,当我看到的时候,流下了激动的泪水。我发誓我无论干什么工作都应该对得起那些牺牲的烈士,更要对得起党和人民。"这是一名叫做时彦利的普通打工者,在参观了"伟大壮举 光辉历程"之后,留下的肺腑之言。

几天来,人们怀着对红军用鲜血和生命铸就的长征精神无比崇敬的心情,络绎不绝地来到中国人民革命军事博物馆,追寻当年长征中的点点滴滴。

在"伟大壮举 光辉历程"展览中展出的447件文物中,有25件是国家一级文物,如朱德的"伙食尾子"、贺龙的"兴盛番族"锦幛等;有58件文物是首次对外公开展出,如谢扶民的"长征什记"等。这些文物,是长征的产物,也是长征的历史见证。

红军总司令的"伙食尾子"

时任红军总司令的朱德,当年写下了这样一副对联:"红军中官兵们吃穿一样,白军里将校尉待遇不同",他的"伙食尾子"和士兵一样多。

当时,红军中实行的是供给制,红军官兵每人每日只有5分钱的伙食费。钱这样少,伙食管理人员还要精打细算,想方设法节约,每次结算时都有一些结余的伙食费。这些结余的伙食费平均分配给大家使用,红军官兵把这种发给自己的伙食结余叫做"伙食尾子"。

1934年底,中央红军在长征中突破敌人四道封锁线后,进军到贵州境内。时值元旦佳节,部队分给每人"伙食尾子"5角钱。1935年1月,中央红军攻占遵义,为庆祝遵义会议召开,每个人又分得5角钱"伙食尾子"。同年6月,中央红军到达川康边界的天全、芦山一带,部队又将结余的"伙食尾子"分给每人5角钱。朱德和夫人康克清与全军士兵一样,半年每人共分得一元五角钱的"伙食尾子",两个人加起来就是3元银元。

中国人民革命军事博物馆编辑高玉林告诉记者,为了纪念红军时期的艰苦岁月,弘扬红军的光荣传统,朱德嘱咐康克清把分得的"伙食尾子"好好保存。 (下转第四版)

伟大壮举 光辉历程

——纪念中国工农红军长征胜利70周年

今日第五至八版推出

红军长征胜利70周年纪念特刊

第一百届广交会 一期成交两百多亿美元

本报北京10月21日讯 记者**许志峰**报道:第一百届广交会第一期于10月20日顺利结束,取得良好成效,到会采购商人数和出口成交额平稳增长。一期成交额达221.9亿美元,比第九十九届增长5.8%,比去年秋交会增长15.6%。

据悉,本届广交会一期到会采购商平稳增长。共有来自209个国家和地区的121576名采购商到会,比第九十九届同期增长0.2%,比去年秋交会增长8.3%。从成交商品看,机电产品成交129.9亿美元,占总成交额的58.5%,比去年秋交会增长13.2%。家电及消费电子类产品、服装、纺织品、鞋类等几大类产品的成交与去年秋交会相比,均有不同程度的增长。

关于本届广交会一期的知识产权保护工作,据介绍,第一期共受理涉嫌侵权投诉210宗,涉及企业364家,被投诉企业数量与上届同期持平。最终认定构成涉嫌侵权的企业共有216家,比上届同期增加15家,增幅7.5%。

第一百届广交会第二期将于10月25日至30日继续在流花路展馆和琶洲展馆同时举行,其中流花路展馆展出礼品类商品,琶洲展馆展出日用消费品类商品。

风云二号05星年底升空

本报北京10月21日讯 记者**廖文根**报道:我国第二颗静止轨道业务气象卫星——风云二号05星日前通过了国防科工委组织的出厂审定,该星计划于今年年底在西昌卫星发射中心用长征三号甲运载火箭发射升空。

据了解,静止气象卫星作为对地球大气进行遥感观测的重要工具,对减灾防灾和地球环境变化的监视具有十分重要的意义。风云二号卫星是我国第一代静止气象卫星,它的研制成功标志着我国空间技术迈上了一个新台阶,亚太地区越来越多的国家开始使用风云二号卫星的数据。

目前我国在轨工作的静止轨道气象卫星是2004年10月发射的风云二号C星,将要发射的风云二号05星是风云二号C星业务应用的在轨备份星与接替星,必要时可与风云二号C星实现双星观测,进一步扩大观测区域,实现重点区域的立体成像和重大灾害天气的短时间高频次监测。据介绍,风云二号05星的主要性能指标与风云二号C星基本相同,根据风云二号C星的在轨运行情况,研究人员对风云二号05星的卫星观测能力、在轨运行可靠性和使用寿命等24项技术进行了改进。

落实科学发展观·构建和谐社会

·以科学发展增强和谐社会物质基础·

广东经济与资源环境和谐共赢

摒弃只求『速度』、片面突进的行为

污染物排放量、单位能耗、农用地转用量持续下降

本报广州10月21日电 记者王楚、韩建清报道:广东省全力转变经济增长方式,在经济稳定增长、总量继续领跑全国的同时,主要污染物排放量首次掉头下降,单位GDP能耗和农用地转用量持续下降,资源、环境、用地等指标一路向好,长期紧张的经济增长与资源环境的关系,也出现缓和势头。

经济发展绝不能以牺牲环境作为代价,是广东新一轮发展的原则和"底线",并且直接落实在产业政策、发展规划、项目选址等方面。广东坚决实行环保工作"三个一律",即新建项目,凡达不到环保要求的一律不准上马;在建项目,凡环保设施未经验收合格的一律不准投产;已建项目,凡经过限期治理和停产整顿仍不达标的一律关闭。今年以来,广东两项主要污染物——化学需氧量和二氧化硫排放量,一改凸升惯性,首次"掉头"下降,露出"环保拐点"的"曙光"。

抓住高增长行业进行产业升级,让广东产业结构"脱胎换骨",汽车、船舶、石化、钢铁、IT等重化工、高新技术产品挑起了"广货"大梁。与此同时,广东把节能降耗当作"硬指标",重点建设高效低耗企业,压缩高耗低效企业,并狠抓循环再生技术,提高资源利用率。适度重型化并没有带来资源高消耗,广东单位GDP能耗去年为全国最低,今年上半年下降2.7%。

经济转轨中的广东,执行国家宏观调控政策更加自觉。今年以来,广东严格土地管理,严把土地闸门,从源头控制土地供应总量。广东省要求,提高准入门槛,新建项目要用地少、投资大、产出多,工业项目用地集中在工业园区,杜绝"规划跟着项目走,土地任由投资者圈占"的现象。"十五"期间,广东GDP每增长1亿元仅需新增建设用地223亩,相比"九五"时期的471亩减少了52.6%。今年上半年,农用地转用量又同比减少5.4%。

增强发展的协调性,给广东带来了更高的发展质量。在拉动经济增长的投资、消费、出口"三驾马车"中,固定资产投资的增幅已被出口超越,退居第二位;消费则创下1997年以来的最高增幅。"三驾马车"的良性格局正在形成,内需、外需更为协调,经济增长的内生动力已经明显增强。

红军长征胜利70周年
纪念特刊
第2期
人民日报　2006年10月22日　星期日　第五版

长征，民族精神史上不朽丰碑

主持人：长征不仅是一次人类精神和意志的伟大远征，也是一段中国共产党领导优秀儿女寻求民族复兴的伟大征程。无论当时还是今天，这个历程都被许多人当作一个"谜"。我们想知道，当年红军是在什么情况下被迫长征的？党中央又为何选择北上？

主持人：
本报记者　冯春梅
嘉　宾：
徐占权　军事科学院研究员
姜廷玉　军事博物馆研究员
陈　力　军事科学院研究员

伟大的转折 正确的抉择

徐占权：1931年"九一八"事变后，中国共产党向全国大声疾呼停止内战、共同抗日。但国民党、蒋介石顽固坚持"攘外必先安内"的反动政策，调动100万大军"围剿"各地的红军和各个苏区。其中，第五次反"围剿"时，进逼中央苏区的兵力达到50万之多。而中央苏区的红军总兵力仅10万人。面对即将展开的激烈较量，博古等临时中央领导却放弃前四次反"围剿"的成功经验和毛泽东制定的战略战术，一味命令红军"进攻"，大搞"左"倾冒险，最后导致反"围剿"失败。

红军进行战略转移，开始并没有计划万里行军，起初只是被称作"长途行军与战斗"，以后称为"西征大军"或"远征"等。所以，早期是没有"长征"这个词的。

红军长征时，局势极为险恶。从全国来讲，侵华日军长驱直入，华北危急、民族危急，抗日救亡成为全民族最紧迫任务，但国民党却消极抗战、积极内战。从革命形势来说，党和红军面临生死存亡的关头，必须做出重大战略抉择，以挽救革命挽救党，但"左"倾路线已完全占据党内统治地位，正确路线面临严峻斗争。

姜廷玉：1934年10月，红军是仓促撤出中央苏区的。刚开始是要到湘西与红军二、六军团会合。蒋介石判明了这一意图，急调40万大军阻截。博古、李德等人瞎指挥执意去湘西。后因毛泽东、王稼祥、张闻天和朱德、周恩来等人坚决主张挺进黔北，至遵义会议又确立了毛泽东在党中央和红军中的领导地位，才使党和红军在一系列重大决策中最终确定了继续北上的战略，转危为安。

陈力：北上方针，是党中央在两河口会议上确定的。红军选择北上，是基于几个战略判断：首先是承担抗日救国使命的需要。因为中国共产党依据当时国内危急形势，坚决主张抗日，北上可以直达抗日前线。其次是接近苏联的需要。这样便于接受国际援助，壮大革命力量。再就是摆脱军事压力的需要。当时的南方各地，聚集了国民党的重兵集团，对红军和苏区很不利。后来的事实证明，以毛泽东为首的党中央关于长征北上的决策是英明正确的。

对民族命运和国家前途的深切忧患和责任担当，使中国共产党人激发出惊天动地的力量，长征路上挺起了民族的脊梁。将一次危机四伏的被动撤退，变为一个开创革命新局面的起点；将一场由"左"倾错误导致的战略转移，变成一次向抗日前线的英勇进军；将一段险象环生的艰难跋涉，变成一曲气壮山河的英雄史诗。

主持人：当时的舆论认为，"国共胜负已成定局，红军已是死路一条"。有人说，长征就是一个"把活路堵死，向死路求生"的生死抉择。

民族精神史上的不朽丰碑 世界战争史上的惊天壮举

姜廷玉：当时年轻的工农红军是在极度险恶的困苦中斩关夺隘，绝处求生的。天上每日几十架敌机侦察轰炸，地上几十万大军围追堵截；峡谷激流，雪山草地，物资匮乏，生命禁区；同张国焘分裂主义作斗争等等。四路红军在长征途中先后进行了600余次重要战役战斗，跨越了近百条江河，征服了约40座高山险峰，其中包括20余座海拔4000米以上的皑皑雪山，穿过了被称为"死亡陷阱"的茫茫草地。无怪乎美国著名作家史沫特莱说："长征是军事史上独一无二的事件。"长征拉开了中华民族伟大复兴历史剧目的精彩序幕。

徐占权：毛泽东主席在1971年曾经说过："长征前红军三十万。到陕北剩下二万五千人。"这些年来，经过详细计算，结束长征时红军保留下来的兵力最后约三万人。牺牲之大是空前的，牺牲的意义是伟大的。

我们幸福地生活在今天，绝不能忘记那些革命先烈。他们的牺牲是多么壮烈！记得在湘江战役中，红五军团第34师奉命断后，为掩护中央与大部队的安全，几乎全部牺牲。师长陈树湘不幸被俘，但他乘守兵不注意，从自己的伤口中把肠子拉出来扯断，壮烈牺牲，令后人崇敬。

《陕北会师》　黄乃源　谌北新作

主持人：长征的胜利，实现了我们党北上抗日的战略方针，宣传了党的主张，播撒了革命火种，锻炼了革命力量，四万万同胞在深重的危机中，看到了民族解放的曙光。

长征是民族先锋队的远征 长征是地球永恒的红飘带

徐占权：长征是伟大的宣言书。这部宣言，内容极为丰富，声音响彻世界。它宣告中国共产党和中国工农红军战胜了错误的政治路线和军事路线，确立起毛泽东的正确领导；战胜了数十万穷凶极恶的敌人，完成了史无前例的战略大转移；战胜了无数极端困苦的挑战，锤炼了理想坚定、能征善战、意志坚强的革命队伍；战胜了敌人编造的诬蔑谣传，使红军是人民军队、革命军队、英雄军队的形象传遍世界，深入全国。

长征以雄辩的事实和伟大的斗争证明：共产主义理想在中国扎了根，中国共产党及其所领导的军队和人民是不可战胜、英勇不屈的，一个红星照耀的中国必然会诞生于世界的东方！

姜廷玉：长征的胜利，绝不仅仅是一支军队的胜利，也不仅仅是一个传奇。长征事实上是中华民族先锋队、中国工人阶级先锋队的一次远征，是肩负着中华民族的希望、向着建立新中国的光明、为着全中国人民当家作主的理想进行的伟大战斗。是在革命理想的巨大动力鼓舞下，引导着长征队伍压倒一切敌人、压倒一切困难，在最险恶、最严峻、最艰苦卓绝的考验中大无畏地前进，谱写出史诗般的英勇篇章。

陈力：长征历时两年，在与国民党军队的殊死搏斗中，党和红军队伍所到之处，广泛发动群众、宣传群众、组织群众，使沿途约2亿各族群众深刻认识到，共产党领导的红军是革命的队伍，是为着解放全中国人民而奋斗的，是新型的人民军队。中国共产党的政治主张深入民心，工农红军的纪律和形象赢得了民心，红军走一路，播下一路火种，这为中国革命的胜利奠定了最广泛的群众基础。

想想看，十多个省、数万里征程上那么多地方、那么多人民，包括最边远偏僻地区的各少数民族群众，都被动员起来了、被组织起来了，它所宣告的，必然是一种前所未有的革命局面，是星星之火燎原全国，是人民政权必然会在中国建立起来！

主持人：一个民族在走向现代化的过程中，总需要一种精神力量，而长征正是我们民族寻求振兴的精神支点。

力量穿越时空 价值普世长存

姜廷玉：长征的力量穿越时空，长征的价值普世长存。它既具有人类奇迹的吸引力，又具有英勇牺牲的震撼力；既引导人们思考战争胜败的根本原因，又启发人们获得理想的感悟和快乐。

回顾长征，其实是在与历史对话、与精神对话、与无数英烈的灵魂对话。什么是信念，应该坚定怎样的信念，并为之艰苦奋斗？什么是英雄，什么样的人能够成为英雄，为什么事业奋斗才是英雄？人生价值是什么，幸福生活从哪里来，怎样奋斗最幸福？等等。所有社会的集体的人生的重大问题，都可以在长征的壮举和精神中获得答案，得到启示。

陈力：中国共产党为什么凝聚力、战斗力、号召力那么强大，中国人民解放军为什么能够打赢一个又一个恶仗，战胜一个又一个强敌，包括中国今天的发展为什么那么强劲有力、激动人心，你都可以从长征中找到原因、发现动力。

长征及其精神，如今已经成为中华民族的宝贵财富，成为当代中国人的血液和骨骼，是中国共产党及其所领导的人民军队伟大、光荣、英勇、正义的象征。

徐占权：红军长征所蕴含的政治感召力、民族凝聚力和文化感染力都极其巨大。长征精神是一本厚厚的书。这本书有多厚？可以说，从长征起到中华民族今后永恒岁月，这本书都读不完。

浴血奋战

四路红军历经重要战役战斗

长达两年的长征中，红军共进行了近600次战役战斗，师以上规模约120次。其中重要战役、战斗有：

中央红军（红一方面军）湘江战役，四渡赤水战役，强渡大渡河、夺取泸定桥战斗，腊子口战斗，吴起镇战斗，直罗镇战役，东征战役、西征战役等；

红二、红六军团（红二方面军）突破澧水、沅江封锁线，乌江战斗、乌蒙山回旋战役，甘南战役等；

红四方面军强渡嘉陵江战役，土门战役，绥崇丹懋战役，天芦名雅邛大战役等；

红二十五军独树镇战斗，庾家河战斗，四坡村战斗等；

红一和红四方面军一起进行的包座战斗；

红二和红四方面军一起进行的岷洮西战役；

红二十五军和西北红军一起进行的劳山战役等。

胜利会师

三大主力走向抗日救亡前线

1935年10月，中共中央率领红一方面军主力到达陕甘革命根据地后，于12月在瓦窑堡召开政治局扩大会议，制定抗日民族统一战线总政策和军事战略。尔后，发起东征、西征战役，发展与巩固陕甘革命根据地，策应二、四方面军北上，并适时地作出了三大主力红军会师陕甘的战略决策，并派红一方面军南下作战，迎接二、四方面军北上。

10月9日红一师陈赓、二师杨得志、七十三师赵凌波三位师长率部在会宁县城迎接红军总司令朱德、总政委张国焘率领的总司令部和直属队、四方面军总指挥徐向前、政委陈昌浩率领的总指挥部和直属队。10日晚上红一、四方面军在会宁县城文庙大成殿前举行了庆祝会师联欢会。而10月22日，红二方面军在甘肃将台堡（今属宁夏）与红一方面军胜利会师。

红军会师期间，朱德、徐向前、左权、聂荣臻、陈赓、杨得志、李先念等许多红军领导人都在会宁城楼上留下了足迹。

长　征　之　最

●最先开始长征的部队——红六军团
●长征出发第一渡——于都河渡口
●长征经历的第一仗——新田之仗
●长征翻越的第一座大雪山——夹金山
●长征中第一次中央政治局会议——黎平会议
●长征中兵员最年轻的部队——少共国际师
●长征中建立的首支地方革命武装——苗族游击队
●长征首支正规女兵部队——红四方面军妇女独立营
●长征路过的第一个少数民族聚居区——广西龙胜县
●长征中建立的首个红色政权——遵义县革命委员会
●长征经历最惨烈的战役——湘江战役
●长征取得的第一次大胜仗——遵义战役
●长征走得最远的部队——中央红军
●长征最先到达陕北的部队——红二十五军
●长征最后到达会师地的部队——红二方面军的部队
●长征中年纪最大的男红军——徐特立
●长征中年龄最小的男红军——向　轩
●长征中年龄最大的女红军——蔡　畅
●长征中年龄最小的女红军——王新兰
●长征中牺牲的第一位师长——洪　超
●长征中走出的第一位"开国女将"——李　贞

（顾　鑫　朱　瑶辑）

南方三年游击战争，牵制了国民党的军事力量，在战略上有力地支援和配合了红军主力的长征。　新华社发

革命理想高于天

程步涛

一个星期天的早晨，在北京紫竹院公园，一支百十人的合唱队伍正在演唱《长征组歌》，从《告别》到《大会师》，连每首歌之间的朗诵都不落。令人激动的一幕是在唱《过雪山草地》时出现的。当结尾一句"官兵一致同甘苦，革命理想高于天"唱出时，围观的人竟一起向前，加入歌唱的行列。指挥者先是一惊，很快便明白过来，随即把指挥的手势指向观众。歌声以磅礴雷霆之势向四方散去，大家的情绪也随之而沸腾。一曲终了，观看者向歌唱者喝彩，歌唱者向观看者鼓掌，每个人脸上都洋溢着一种庄严与神圣……

今年是长征胜利70周年，《长征组歌》也整整唱了40年。当年，红军在罗霄山脉举起的理想火炬，一代一代地传到了今天，而且还将一代一代地传向未来。

上世纪80年代，我曾和几位同志一起，断断续续地沿着红一方面军长征的路线，走过一些地方。在四川松潘，我们从矗立着长征纪念碑的山顶走下来时，天已经黑了，远处的灯光像星星一样稀疏而又遥远。大家说，长征时，这条路上也走过队伍。又说，他们会燃起一支支火把，甚至会燃起一堆堆篝火的。于是有人提议，我们也燃起一堆篝火吧。话音刚落，前面不远处竟然腾起一簇火苗，而且越来越旺。真的是一堆篝火，点燃篝火的，是一支马帮。我们在篝火旁站了好一会儿，静静地，谁也没有再说什么。对于这支马帮，篝火将为他们驱散寒冷，照亮前进的路。红军的篝火也如此，同样也为他们驱散寒冷，照亮前进的路。

那次从川北回来，第一件事就是将《长征组歌》的磁带放进录音机，从头到尾听了一遍。如今，磁带已被光碟所替代。每当歌声响起，眼前便会幻化出滚滚洪流，幻化出艰难跋涉的队伍，幻化出一处又一处熊熊燃烧的篝火……

理想与信念伟大得如星空宇宙，理想与信念又具体得如秋叶春草。

王愿坚的小说《七根火柴》中，卢进勇从那位倒在草地上的同志腋下取出七根火柴，点燃的是理想与信念；潘鹤的雕塑《艰苦岁月》中，偎在老兵膝下，聆听笛声的那个小战士的眼睛里，闪耀的是理想与信念；所有翻过雪山、走过草地，把红旗一直举到陕北，成为共和国擎天巨臂的人们和众多的没能走完这一艰难征途，将自己的生命交给无垠的冰雪和无边的泥沼的先烈，他们用毕生力量托举的，也是理想与信念！这就是每每唱起《长征组歌》，唱起这句"官兵一致同甘苦，革命理想高于天"时，心炽血沸的原因所在。

理想与信念的实现，是恒久的接力，要一代一代人前赴后继。前辈们已经完成了他们奔跑的路程，那是铺满了血与火的路程。他们可以像奥斯特洛夫斯基那样骄傲地说：我已把我整个生命的全部精力都献给最壮丽的事业——为人类的解放而斗争。

我们呢？我们现在奔跑的路程，很少有血与火了，一片蓝天，一路阳光，即使遇到风雨，也不能与长征路上的艰辛相比。但是，我们也同样经历着新的长征，我们也能像前辈们那样，毫无愧色地把那个前苏联英雄说过的话复诵一遍吗？

理想与信念是树，灌溉她，要用汗、用血、用生命，无论过去，无论现在，无论将来……

长征随笔

刘小青编制

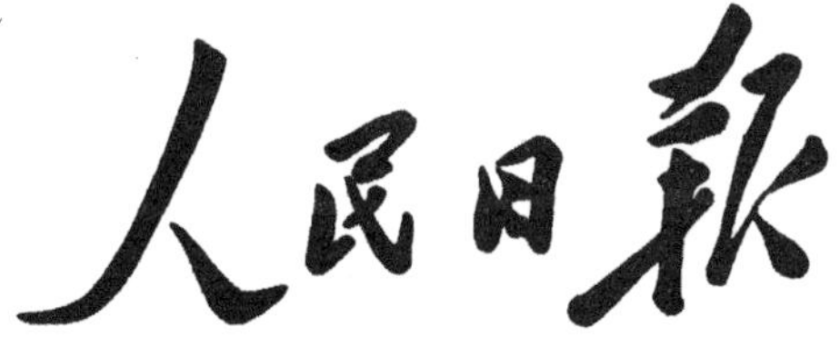

RENMIN RIBAO

今日8版

人民网 网址:http://www. people. com. cn
手机:http://wap. people. com. cn

国内统一连续出版物号 CN 11-0065
第20875期（代号1-1）
人民日报社出版

2005年9月
4
星期日
乙酉年八月初一

北京地区天气预报
白天 晴间多云
降水概率 10%
风向 北转南
风力 二、三级
夜间 晴间多云
降水概率 10%
风向 南转北
风力 一、二级
温度 30℃/19℃

胡锦涛向抗战老战士爱国人士抗日将领代表颁发纪念章

吴邦国温家宝贾庆林曾庆红黄菊吴官正李长春罗干出席仪式

新华社北京9月3日电 中共中央总书记、国家主席、中央军委主席胡锦涛3日上午在人民大会堂，向抗战老战士、爱国人士和抗日将领代表颁发中国人民抗日战争胜利60周年纪念章，表彰他们为中国人民抗日战争胜利建立的卓越功绩。

吴邦国、温家宝、贾庆林、曾庆红、黄菊、吴官正、李长春、罗干等出席颁发纪念章仪式。

人民大会堂湖南厅气氛庄重而热烈。9时30分，胡锦涛来到这里，向贾亦斌、李水清、焦若愚、张铚秀、赵忠来、刘建章、杨一木、王诚汉、李振恒、王光复等10位抗战老战士、爱国人士和抗日将领代表一一颁发中国人民抗日战争胜利60周年纪念章，并同他们亲切握手，向他们表示崇高敬意，祝他们健康长寿。10位老人中年龄最大的96岁，最小的77岁，他们精神矍铄，心情十分激动。

在艰苦卓绝的抗日战争中，中国军民奋勇杀敌，海内外中华儿女共赴国难，世界各国友好人士给中国人民以热情援助，终于打败了日本侵略者。在中国人民抗日战争胜利60周年之际，中央决定向70多万名抗战老战士和老同志、海内外爱国人士和抗日将领以及国际友人颁发中国人民抗日战争胜利60周年纪念章，表彰他们为中国人民抗日战争胜利作出的突出贡献。

胡锦涛题写纪念章章名。纪念章正面铸有象征中国共产党领导的各族人民大团结的5颗五角星，象征和平的鸽子和橄榄枝，象征革命圣地的延安宝塔山，以及军民合力抗战的战斗场面。

纪念中国人民抗日战争暨世界反法西斯战争胜利60周年大会在京隆重举行

胡锦涛发表重要讲话强调：牢记历史、不忘过去、珍爱和平、开创未来，更好地推进全面建设小康社会、实现中华民族伟大复兴的光辉事业，更好地促进人类和平与发展的崇高事业

江泽民温家宝贾庆林曾庆红黄菊吴官正李长春罗干出席 吴邦国主持

本报北京9月3日讯 纪念中国人民抗日战争暨世界反法西斯战争胜利60周年大会，3日上午在人民大会堂隆重举行。中共中央总书记、国家主席、中央军委主席胡锦涛发表重要讲话强调，我们隆重纪念中国人民抗日战争和世界反法西斯战争的伟大胜利，就是要牢记历史、不忘过去、珍爱和平、开创未来，更好地推进全面建设小康社会、实现中华民族伟大复兴的光辉事业，更好地促进人类和平与发展的崇高事业。

人民大会堂大礼堂内庄严肃穆。主席台上方悬挂着“纪念中国人民抗日战争暨世界反法西斯战争胜利60周年大会”的会标，后幕正中是熠熠生辉的中华人民共和国国徽，10面红旗分列两侧。二楼眺台上悬挂着横标：“大力弘扬中国人民在抗日战争中表现出来的伟大民族精神，为实现中华民族的伟大复兴、促进世界和平与发展的崇高事业而努力奋斗！”

上午10时，胡锦涛、江泽民、吴邦国、温家宝、贾庆林、曾庆红、黄菊、吴官正、李长春、罗干等领导同志和10位抗战老战士、爱国人士、抗日将领代表一起步入会场，并在主席台前排就座。这时，全场响起经久不息的掌声。

中共中央政治局常委、全国人大常委会委员长吴邦国宣布大会开始。全场起立，高唱国歌。

会上，胡锦涛发表了重要讲话，他首先代表中共中央、全国人大常委会、国务院、全国政协、中央军委，向全国参加抗日战争的老战士、爱国人士和抗日将领，向为中国人民抗日战争胜利建立了卓著功勋的海内外中华儿女，致以崇高的敬意；向支援和帮助过中国人民抗日战争的外国政府和国际友人，表示衷心的感谢。

在胡锦涛提议下，全体与会人员起立，向在中国人民抗日战争和世界反法西斯战争中英勇献身的烈士们和惨遭侵略者杀戮的无辜死难者默哀。

胡锦涛在讲话中指出，发生在20世纪三四十年代的中国人民抗日战争和世界反法西斯战争，是世界爱好和平与正义的国家和人民同人类文明的凶残敌人进行的一场殊死搏斗。中国人民抗日战争是世界反法西斯战争的重要组成部分，是世界反法西斯战争的东方主战场。日本军国主义的野蛮侵略，使中国陷入了前所未有的民族灾难。在面临亡国灭种威胁的危难关头，不愿做奴隶的中国人民毅然奋起，英勇抵抗。在中国共产党倡导建立的抗日民族统一战线的旗帜下，以国共合作为基础，中国人民同凶恶的日本侵略者进行了气壮山河的斗争。在波澜壮阔的全民族抗战中，全体中华儿女万众一心、众志成城，各党派、各民族、各阶级、各阶层、各团体同仇敌忾，共赴国难。经过艰苦卓绝的长期抗战，中国人民终于在世界反法西斯战争走向胜利的进程中彻底打败了日本侵略者。中国人民抗日战争和世界反法西斯战争以中国人民和世界各国人民的彻底胜利载入了史册。

9月3日，纪念中国人民抗日战争暨世界反法西斯战争胜利60周年大会在北京人民大会堂隆重举行。中共中央总书记、国家主席、中央军委主席胡锦涛发表重要讲话。

新华社记者 李学仁摄

胡锦涛强调，人类社会是按照历史的规律和法则前进的。中国人民能够赢得抗日战争的胜利，以落后的武器装备打败经济实力和军事装备远比自己强大的侵略者，绝不是偶然的。中国共产党以自己的坚定意志和模范行动，在全民族抗战中发挥了中流砥柱的作用。以毛泽东同志为杰出代表的中国共产党人，把马克思列宁主义同中国革命具体实际相结合，创立和发展了毛泽东思想的科学理论，对抗日战争发挥了重要的思想和战略指导作用。中国共产党坚持抗战、反对妥协，坚持团结、反对分裂，坚持进步、反对倒退，成为引导全民族抗战走向胜利的一面旗帜。中国共产党积极倡导、促成、维护抗日民族统一战线，最大限度地动员了全国军民共同抗战，成为凝聚全民族力量的杰出组织者和鼓舞者。中国共产党坚持全面抗战路线，制定正确的战略策略、实施动员人民、依靠人民的路线政策，提出持久战的战略总方针和一整套人民战争的战略战术，开辟广大的敌后战场，成为坚持抗战的中坚力量。中国共产党人以自己最富于牺牲精神的爱国主义、不怕流血牺牲的模范行动，支撑起全民族救亡图存的希望，成为夺取抗战胜利的民族先锋。

胡锦涛指出，中国人民抗日战争的胜利，是同世界所有爱好和平与正义的国家和人民、国际组织及各种反法西斯力量的同情和支持分不开的。中国人民将永远铭记世界各国人民为中国人民抗日战争胜利作出的宝贵贡献。

胡锦涛说，中国人民抗日战争，是近代以来中国反抗外敌入侵第一次取得完全胜利的民族解放战争。中国人民抗日战争和世界反法西斯战争的胜利，是20世纪人类历史上的重大事件，对于中华民族发展和世界文明进步都具有重大而深远的意义。中国人民抗日战争的胜利，彻底打败了日本侵略者，捍卫了中国的国家主权和领土完整，使中华民族避免了遭受殖民奴役的厄运；促进了中华民族的觉醒，为中国共产党带领中国人民实现彻底的民族独立和人民解放奠定了重要基础；促进了中华民族的大团结，弘扬了中华民族的伟大精神；对世界各国人民夺取反法西斯战争的胜利、维护世界和平的伟大事业产生了巨大影响。

胡锦涛说，在那场空前壮阔的伟大斗争中，中华民族进一步弘扬了以爱国主义为核心的伟大民族精神，并表现出许多鲜明的特点，这就是：坚持国家和民族利益至上、誓死不当亡国奴的民族自尊品格，万众一心、共赴国难的民族团结意识，不畏强暴、敢于同敌人血战到底的民族英雄气概，百折不挠、勇于依靠自己的力量战胜侵略者的民族自强信念，开拓创新、善于在危难中开辟发展新路的民族创造精神，坚持正义、自觉为人类和平进步事业贡献力量的民族奉献精神。（下转第四版）

胡锦涛在纪念中国人民抗日战争暨世界反法西斯战争胜利60周年大会上的讲话

（全文见第二版）

党和国家领导人同首都各界群众

向人民英雄纪念碑敬献花篮

9月3日，为纪念中国人民抗日战争胜利60周年，党和国家领导人胡锦涛、吴邦国、温家宝、贾庆林、曾庆红、黄菊、吴官正、李长春、罗干等与首都各界代表在北京天安门广场向人民英雄纪念碑敬献花篮。

新华社记者 刘建生摄

本报北京9月3日讯 今天是中国人民抗日战争暨世界反法西斯战争胜利60周年纪念日。上午，党和国家领导人胡锦涛、吴邦国、温家宝、贾庆林、曾庆红、黄菊、吴官正、李长春、罗干等，与首都各界代表1万多人来到天安门广场，向人民英雄纪念碑敬献花篮，深切缅怀在中国人民抗日战争中英勇牺牲的烈士们的光辉业绩，充分表达中国人民实现中华民族伟大复兴、促进人类和平与发展崇高事业的坚定信念。

今天的北京，秋高气爽，晴空万里。天安门广场松柏苍翠，红旗招展。广场中央的人民英雄纪念碑巍峨耸立，“人民英雄永垂不朽”8个镏金大字熠熠生辉，碑座四周的大型浮雕记载着近代以来中国人民百余年的奋斗历程。在纪念碑两侧用松柏组成的幕墙上，镶嵌着“牢记历史、不忘过去、珍爱和平、开创未来”的醒目标语。纪念碑前，18名陆海空三军礼兵持枪肃立。

清晨，首都各界群众、人民解放军和武警官兵、少先队员等迎着朝霞，从四面八方来到天安门广场，面向人民英雄纪念碑排起整齐的方阵。由抗战老战士和老同志、海内外爱国人士和抗日将领以及国际友人代表组成的方阵，排在10个方阵的最前面。

8时58分，胡锦涛等党和国家领导人来到天安门广场，参加向人民英雄纪念碑敬献花篮仪式。

9时整，敬献花篮仪式开始。军乐队奏响中华人民共和国国歌。象征抗日战争胜利60周年的60响礼炮在广场上空鸣响。随后，全场肃立，向在中国人民抗日战争中英勇牺牲的烈士默哀，向为中国人民抗日战争胜利作出贡献的老战士和老同志、海内外爱国人士和抗日将领以及国际友人致以崇高敬意。

中共中央、全国人大常委会、国务院、全国政协、中央军委、抗战老战士，各民主党派、全国工商联和无党派人士，各人民团体，首都各界群众分别敬献的9个花篮，摆放在人民英雄纪念碑前。花篮的缎带上写着“在中国人民抗日战争中英勇牺牲的烈士们永垂不朽”。盛开的鲜花寄托着人们对先烈的缅怀和敬仰之情。

在军乐团演奏的《献花曲》旋律中，18名礼兵托起9个花篮，正步缓缓走向人民英雄纪念碑，把花篮摆放到纪念碑基座前。此时，6000多羽和平鸽展翅高飞，在广场上空盘旋翱翔，传递着中国人民热爱和平的美好愿望。

在花篮前，胡锦涛等驻足凝视。随后，胡锦涛等绕行一周，深情瞻仰人民英雄纪念碑。参加仪式的首都各界代表也依次登上纪念碑基座，向人民英雄致敬。

敬献花篮仪式由中共中央政治局委员、北京市委书记刘淇主持。参加仪式的还有：王兆国、回良玉、刘云山、吴仪、周永康、贺国强、郭伯雄、曹刚川、曾培炎、王刚、徐才厚、何勇、何鲁丽、成思危、许嘉璐、蒋正华、盛华仁、韩启德、唐家璇、华建敏、陈至立、肖扬、王忠禹、廖晖、刘延东、罗豪才、张克辉、黄孟复、张梅颖，中央军委委员梁光烈、李继耐、廖锡龙、陈炳德、乔清晨、张定发、靖志远。

中央党政军群各部门和北京市主要负责人，各民主党派中央、全国工商联负责人和无党派人士代表，也参加了敬献花篮仪式。

四版刊登

纪念中国人民抗日战争暨世界反法西斯战争胜利60周年招待会在京举行

中共中央国务院中央军委向抗战老战士老同志及抗日将领或其遗属颁发中国人民抗日战争胜利60周年纪念章

胡锦涛同布什通电话

新华社北京9月3日电 国家主席胡锦涛3日晚应约同美国总统布什通电话。

布什向胡锦涛介绍了“卡特里娜”飓风给美国南部三州造成的严重人员伤亡和财产损失，表示美国政府正在全力以赴组织救灾。他特别强调，美国政府和人民非常感谢中国政府和人民提供的友好援助。

胡锦涛说，在美国人民面临严重自然灾害的困难时刻，中国人民坚定地同美国人民站在一起。他表示，相信美国政府和人民一定能够战胜灾害，重建美好家园。

两国元首在通话中商定，考虑到美国政府当前应对严重灾情的特殊需要，胡锦涛主席原定今年9月上旬对美国的访问推迟进行。布什说，他期待着胡锦涛主席在双方方便的时候对美国进行重要访问。两国元首一致表示，将继续共同努力推进中美建设性合作关系。

两国元首商定，双方将于9月中旬出席联合国成立60周年首脑会议时在纽约举行会晤。

胡锦涛同普京通电话

新华社北京9月3日电 国家主席胡锦涛3日晚应约同俄罗斯总统普京通电话。

普京首先热烈祝贺中国人民抗日战争胜利60周年。他表示，在抗日战争和战后重建中，俄中两国进行了密切合作，为两国人民友谊和两国友好合作奠定了坚实基础。

胡锦涛说，中国人民抗日战争和俄罗斯卫国战争都是世界反法西斯战争的重要组成部分。在那场决定世界前途命运的殊死决战中，我们两国人民相互支持、并肩战斗，为世界反法西斯战争胜利作出了不可磨灭的历史性贡献。中国人民永远不会忘记当年苏联人民为中国人民抗日战争提供的宝贵支持。中俄两国人民结下的深厚战斗友谊永远是我们共同的宝贵财富。

普京高度评价俄中战略协作伙伴关系的发展，认为两国各领域的合作富有成果。他表示，最近俄中两国军队举行的联合军演获得成功，反映了两国战略协作伙伴关系的水平。他希望双方进一步加强各领域的合作。

胡锦涛表示，当前中俄关系发展势头良好，双方在经贸、能源、投资等各领域的务实合作取得新进展，在重大国际和地区问题上保持了密切协调和合作。中俄首次联合军演取得了成功，加深了两国军队的相互了解和信任。双方应该进一步采取措施，深化中俄战略协作伙伴关系。

两国元首还就共同关心的其他有关问题交换了意见。

9月3日，中共中央总书记、国家主席、中央军委主席胡锦涛在北京人民大会堂为抗战老战士、爱国人士和抗日将领代表颁发中国人民抗日战争胜利60周年纪念章。　新华社记者 樊如钧摄

纪念中国人民抗日战争暨世界反法西斯战争胜利60周年招待会在京举行

胡锦涛吴邦国曾庆红黄菊吴官正李长春罗干出席

温家宝致词　贾庆林主持

新华社北京9月3日电　共话昔日峥嵘岁月，展望未来美好前景。纪念中国人民抗日战争暨世界反法西斯战争胜利60周年招待会，3日晚在北京人民大会堂举行。党和国家领导人胡锦涛、吴邦国、温家宝、贾庆林、曾庆红、黄菊、吴官正、李长春、罗干等，与抗战老战士和老同志、海内外爱国人士和抗日将领以及国际友人代表等齐聚一堂，共同纪念60年前的伟大胜利。

中共中央政治局常委、国务院总理温家宝在招待会上致词。招待会由中共中央政治局常委、全国政协主席贾庆林主持。

温家宝在致词中说，我们纪念抗日战争的伟大胜利，是因为它在中国历史上具有十分重大的意义。抗日战争是近百年来中国人民第一次取得完全胜利的伟大的民族解放战争，是进步的正义的战争，是中华民族由危亡走向复兴的历史转折。我们纪念抗日战争的伟大胜利，是因为中国的抗日战争，是世界反法西斯战争的重要组成部分。在抗日战争中，中国人民受害最深，牺牲最烈，斗争持续时间最长，为世界反法西斯战争的彻底胜利作出了不可磨灭的历史贡献。我们纪念抗日战争的伟大胜利，就是要以史为鉴，面向未来，坚持走和平发展的道路，推动新世纪的世界和平事业。

温家宝最后说，全中国各族人民团结起来，振奋以爱国主义为核心的民族精神，努力建设富强、民主、文明的社会主义现代化国家，实现中华民族的伟大复兴。全世界各国人民携起手来，高举和平旗帜，努力建立公正、合理、安全的国际新秩序，缔造一个和平、和睦、和谐的新世界。**（讲话全文另发）**

人民大会堂宴会厅乐声阵阵，情谊浓浓。人们纷纷举杯，向当年的抗战英雄们致敬，整个宴会厅洋溢着喜庆热烈的气氛。

席间，胡锦涛等党和国家领导人来到抗战老战士和老同志、海内外爱国人士和抗日将领以及国际友人代表中间，同他们亲切交谈，衷心祝愿他们身体健康、生活幸福。当见到全俄罗斯老战士委员会主席戈沃罗夫大将时，胡锦涛对他说，今年5月我们曾在莫斯科见过面，今天在这里再次见到你，感到十分高兴。苏联红军为中国人民夺取抗日战争的胜利提供了重要帮助，中国人民永远不会忘记。握着当年美国援华“飞虎队”队员迪克·罗西的手，胡锦涛动情地说，“飞虎队”在中国抗日战场上同中国军民并肩作战，共同打击日本侵略者。中国人民感谢美国人民给予的无私援助，祝愿中美两国人民友谊长存。

出席招待会的领导同志还有：王兆国、回良玉、刘淇、刘云山、吴仪、周永康、贺国强、郭伯雄、曹刚川、曾培炎、王刚、宋平、尉健行、徐才厚、何勇等。

中央党政军群各部门和北京市主要负责人，各民主党派中央、全国工商联负责人和无党派人士代表，各国驻华使节等2100多人出席了招待会。

中共中央国务院中央军委向抗战老战士老同志及抗日将领或其遗属颁发中国人民抗日战争胜利六十周年纪念章

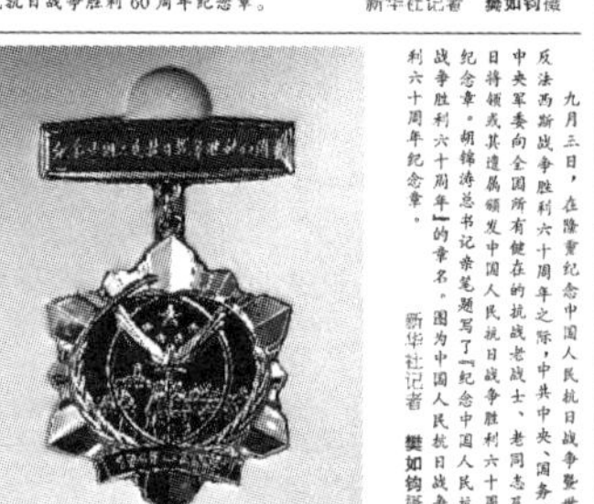

九月三日，在隆重纪念中国人民抗日战争暨世界反法西斯战争胜利六十周年之际，中共中央、国务院、中央军委向全国所有健在的抗战老战士、老同志及抗日将领或其遗属颁发中国人民抗日战争胜利六十周年纪念章。胡锦涛总书记亲笔题写了『纪念中国人民抗日战争胜利六十周年』的章名。图为中国人民抗日战争胜利六十周年纪念章。　新华社记者 樊如钧摄

新华社北京9月3日电　在隆重纪念中国人民抗日战争暨世界反法西斯战争胜利60周年之际，中共中央、国务院、中央军委向全国所有健在的抗战老战士、老同志及抗日将领或其遗属颁发中国人民抗日战争胜利60周年纪念章。

抗日战争时期，中国共产党领导下的八路军、新四军、华南抗日游击队、东北抗日联军、各地游击队的老战士和从事地方工作与地下工作的老同志，以及抗日将领，前仆后继、浴血奋战，与日本侵略者进行了气壮山河的英勇斗争，为中华民族的解放事业作出了不可磨灭的贡献。向他们颁发中国人民抗日战争胜利60周年纪念章，充分体现了党和国家对抗战老战士、老同志及抗日将领或其遗属的关心和爱护，对于加强爱国主义教育，大力弘扬在抗日战争中表现出来的伟大民族精神，激励和动员全国各族人民与全体海内外中华儿女为实现中华民族的伟大复兴、促进世界和平与发展的崇高事业而努力奋斗，具有十分重要的意义。

胡锦涛总书记亲笔题写了“纪念中国人民抗日战争胜利60周年”的章名。纪念章为六组利剑组成一个六角形徽章基座，正面铸有象征中国共产党领导的革命人民大团结的5颗五角星、象征人类和平的鸽子和橄榄枝、象征革命圣地的延安宝塔山，以及军民合力抗战的战斗场面。六组利剑表示武装斗争，向内的合力象征抗日民族统一战线；5颗五角星和延安宝塔山表示中国共产党在全民族团结抗战中的中流砥柱作用；和平鸽展开的双翅构成“VICTORY(胜利)”的第一个字母“V”，象征抗战胜利；冲锋陷阵的作战场面表现了中华民族抗战的英勇精神；手持大刀的八路军战士和手拿地雷的老百姓显示了军民团结抗战的强大力量。

这次向抗战老战士、老同志及抗日将领或其遗属颁发纪念章，涉及全国各个地方和部门，为有序做好颁发工作，确保不漏发，中央宣传部会同中央组织部、中央统战部、民政部、人事部、劳动和社会保障部、国务院国有资产监督管理委员会、解放军总政治部，先后印发了《关于做好慰问抗战老战士、老同志及国内抗日将领或其遗属工作的通知》、《关于做好中国人民抗日战争胜利60周年纪念章颁发工作的通知》，专门召开了各地和有关部门负责同志参加的协调会，作出安排部署。颁发纪念章工作采用归口颁发的办法进行，从8月15日开始，目前已基本结束，全国共有70多万抗战老战士、老同志和抗日将领或其遗属，获颁了纪念章。应邀参加纪念活动的国际友人和海内外爱国人士、抗日将领或其遗属，也获颁了纪念章。

在纪念中国人民抗日战争暨世界反法西斯战争胜利60周年招待会上的致词

温家宝

（2005年9月3日）

各位来宾、各位朋友、各位同志：

今天，我们隆重纪念中国人民抗日战争暨世界反法西斯战争胜利60周年。

我们永远不会忘记，中国人民同日本侵略者进行的长期艰苦卓绝的斗争，付出的巨大的民族牺牲。

我们深切缅怀为着民族独立和解放而英勇捐躯的先烈们！

我们向所有参加抗日战争的老战士、老英雄、老将领，致以崇高的敬意！向所有为抗日战争胜利作出贡献的海内外同胞，致以崇高的敬意！向所有在抗日战争中支援和帮助过中国的各国人民，致以崇高的敬意！

我们纪念抗日战争的伟大胜利，是因为它在中国历史上具有十分重大的意义。抗日战争是近百年来中国人民第一次取得完全胜利的伟大的民族解放战争，是进步的正义的战争，是中华民族由危亡走向复兴的历史转折。

我们纪念抗日战争的伟大胜利，是因为中国的抗日战争，是世界反法西斯战争的重要组成部分。在抗日战争中，中国人民受害最深，牺牲最烈，斗争持续时间最长，为世界反法西斯战争的彻底胜利作出了不可磨灭的历史贡献。

我们纪念抗日战争的伟大胜利，就是要以史为鉴，面向未来，坚持走和平发展的道路，推动新世纪的世界和平事业。

全中国各族人民团结起来，振奋以爱国主义为核心的民族精神，努力建设富强、民主、文明的社会主义现代化国家，实现中华民族的伟大复兴！

全世界各国人民携起手来，高举和平旗帜，努力建立公正、合理、安全的国际新秩序，缔造一个和平、和睦、和谐的新世界！

现在，我提议——

为纪念中国人民抗日战争和世界反法西斯战争的伟大胜利，干杯！

（新华社北京9月3日电）

九月三日上午，抗战老战士、爱国人士及各界代表一万多人，在天安门广场参加向人民英雄纪念碑敬献花篮仪式。图为各界代表依次登上纪念碑基座，向人民英雄致敬。　本报记者 李舸摄

（上接第一版）伟大的民族精神，不仅成为激励中国人民团结一心、血战到底的坚实思想基础和强大精神支柱，而且在抗战的烽火中得到了新的丰富和升华。这是伟大的抗日战争留给我们的最宝贵的精神财富。我们一定要结合新的时代条件大力继承和发扬。

胡锦涛强调，法西斯侵略者给世界带来巨大灾难，给人类文明造成空前浩劫。战争胜利后，纽伦堡国际军事法庭对纳粹德国战犯的审判，远东国际军事法庭以及中国、苏联等国家的军事法庭对日本战犯的审判，使发动侵略战争、双手沾满各国人民鲜血的罪魁祸首受到应有的惩处，伸张了国际正义，维护了人类尊严，代表了全世界所有爱好和平与正义的人民的共同心愿。这是历史的审判。这一审判的正义性质是不可动摇、不容挑战的。

胡锦涛表示，我们回顾历史，是为了获取智慧和启迪，从而更好地把握今天的生活和未来的方向。我们这个星球是世界各国人民的共同家园，人类发展面临的挑战和问题需要世界各国人民共同应对。各国政府和人民应该共同承担起维护世界和平、促进共同发展的历史使命，积极推动建立公正合理的国际政治经济新秩序。我们坚信，只要世界各国政府和人民不懈努力，我们就一定能够建设一个更加美好的世界。

胡锦涛强调，当前，中国人民正满怀信心地为全面建设小康社会、进而到本世纪中叶基本实现现代化而团结奋斗。我们要坚定不移地抓好发展这个第一要务，努力实现中华民族的伟大复兴。要高举和平、发展、合作的旗帜，坚定不移地走和平发展道路。要坚定不移地巩固中华民族的大团结，弘扬伟大的民族精神。要坚定不移地维护国家主权和领土完整，积极推进祖国和平统一大业。要坚定不移地加强党的执政能力建设和先进性建设，确保党始终走在时代前列。

胡锦涛指出，中国和日本都是亚洲和世界上有重要影响的国家。中国政府一贯重视中日关系，始终坚持中日友好方针，并为中日友好作出了不懈努力。我们强调牢记历史并不是要延续仇恨，而是要以史为鉴、面向未来。只有不忘过去、记取教训，才能避免历史悲剧重演。我们希望日本政府和领导人本着对历史、对人民、对未来高度负责的态度，从维护中日友好、维护亚洲地区稳定和发展的大局出发，以严肃慎重的态度处理好历史问题，把对那场侵略战争表示的道歉和反省落实到行动上。我愿在此重申，中国政府发展中日友好合作关系的方针没有改变。我们将加强两国在广泛领域的交流合作，加强民间友好往来，增进相互了解，扩大共同利益，以实际行动致力于发展21世纪的中日友好合作关系，使中日关系健康稳定地向前发展，使中日两国人民世世代代友好下去。

胡锦涛强调，今天，中华民族的发展正面临着难得的历史机遇，中华民族伟大复兴的光辉前景已经展现在我们面前。包括大陆同胞、港澳同胞、台湾同胞、海外侨胞在内的全体中华儿女，都应该为自己是中华民族的成员而感到无比自豪，都应该承担起实现中华民族伟大复兴的历史责任，都应该以自己的努力为中华民族发展史续写新的光辉篇章。让我们更加紧密地团结起来，为全面建设小康社会、实现中华民族的伟大复兴而继续努力奋斗，为建设一个和平发展、文明进步的世界而继续努力奋斗。**（讲话全文见第二版）**

在今天的大会上，第二炮兵原司令员李水清代表抗战老战士发言，全国人大常委会副委员长、民革中央主席何鲁丽代表各民主党派中央、全国工商联和无党派人士发言，共青团中央书记处第一书记周强代表各人民团体发言。

大会在雄壮的《国际歌》声中结束。

出席大会的领导同志还有：王兆国、回良玉、刘淇、刘云山、吴仪、周永康、贺国强、郭伯雄、曹刚川、曾培炎、王刚、李鹏、朱镕基、李瑞环、宋平、刘华清、尉健行、李岚清、徐才厚、何勇、李铁映、司马义·艾买提、丁石孙、成思危、许嘉璐、蒋正华、顾秀莲、热地、盛华仁、路甬祥、乌云其木格、韩启德、傅铁山、唐家璇、华建敏、陈至立、肖扬、王忠禹、廖晖、刘延东、李贵鲜、张思卿、白立忱、罗豪才、张克辉、周铁农、郝建秀、陈奎元、阿不来提·阿不都热西提、徐匡迪、李兆焯、黄孟复、张怀西、李蒙、张梅颖、张榕明和黄华、彭冲、谷牧、郑天翔、刘复之、杨白冰、张万年、钱其琛、王汉斌、张震、倪志福、陈慕华、邹家华、王光英、布赫、铁木尔·达瓦买提、吴阶平、彭佩云、周光召、曹志、韩杼滨、叶选平、杨汝岱、任建新、宋健、钱正英、孙孚凌、朱光亚、万国权、胡启立、陈锦华、赵南起、邓力群、张廷发、韩光，中央军委委员梁光烈、李继耐、廖锡龙、陈炳德、乔清晨、张定发、靖志远以及傅全有、王克、王瑞林，香港特别行政区行政长官曾荫权，澳门特别行政区行政长官何厚铧。

抗战老战士和老同志代表，中央党政军群各部门和北京市主要负责人，各民主党派中央、全国工商联负责人和无党派人士代表，海内外爱国人士、抗日将领或其遗属代表，为中国人民抗日战争胜利作出贡献的国际友人或其遗属代表，各国驻华使节，首都各界代表共约6000人参加了大会。

“独臂将军”建奇功

贺　炳　炎

贺炳炎是中国人民解放军著名高级将领。1913年生，湖北松滋人。1929年参加中国工农红军，同年加入中国共产党。曾任红军中队长、骑兵连连长兼政治指导员、手枪大队大队长、团长、师长等职。参加过湘鄂西、湘鄂川黔苏区历次反“围剿”和长征。在战斗中负伤被截去右臂，被称为“独臂将军”。

抗日战争爆发后，任八路军第120师716团团长，率部挺进同蒲铁路北段的宁武、神池、朔县一带，在敌后发动群众，开展游击战争。1937年10月，指挥716团一部取得雁门关伏击战的胜利，歼灭日军500余人，打破了日军不可战胜的神话，打出了八路军的军威。1938年1月起任第120师独立第3支队司令员、第358旅副旅长兼晋绥军区第3分区司令员，率部转战于冀中、冀南、冀鲁豫等地，取得莲子口、板桥等战斗的胜利，领导开辟了大清河北抗日根据地。1940年参加百团大战，在米峪战斗中歼灭日军1个中队，生俘日军20名。1942年到延安，先后在军事学院和中共中央党校学习。1944年11月奉命率358旅百余名干部同359旅王震部南下，来到处于日、蒋、伪联合包围之中的大悟山地区，与新四军第5师胜利会合，开辟新区。他采取灵活机动的战略战术，避强击弱，敌占城市我占乡村，不仅站稳了脚根，而且得到迅速发展，部队扩展到1个独立旅4个独立团，领导组建江汉军区，任司令员。抗日战争中，他率部艰苦转战，屡建奇功，为民族独立与解放作出重大贡献。

解放战争时期，历任晋北野战军副司令员，晋绥军区第3纵队副司令员兼5旅旅长，西北野战军第1纵队副司令员、司令员。中华人民共和国成立后，历任第1军军长兼青海军区司令员、四川省军区司令员、西南军区副司令员、成都军区司令员等职。1955年被授予上将军衔。1960年7月1日于成都病逝。

（新华社北京9月3日电）

人民日報

RENMIN RIBAO

今日 16 版（华东、华南地区 20 版）　国内统一连续出版物号 CN 11-0065

第 20855 期（代号 1-1）

人民网　网址：http://www. people. com. cn　手机：http://wap. people. com. cn

人民日报社出版

2005 年 8 月 15 星期一

乙酉年七月十一

北京地区天气预报

白天　阴转雷阵雨　降水概率 60%　风向　偏南　风力　二、三级

夜间　阴有中雷阵雨　降水概率 60%　风向　南转北　风力　一、二级

温度　32℃/24℃

更要注重加强党的基层组织建设

——五论第二批先进性教育活动

本报评论员

中央在研究部署第二批先进性教育活动时强调，更要注重加强党的基层组织建设，发挥党的基层组织的作用。中央的这一指示精神完全符合第二批先进性教育活动的实际，我们一定要抓住先进性教育活动在全党开展的有利契机，加大这方面工作的力度，努力向党和人民交出一份满意的答卷。

党的基层组织是党的全部工作和战斗力的基础。加强党的基层组织建设是一项长期任务，是一个永恒课题，任何时候都不能有丝毫放松。在先进性教育活动中，加强党的基层组织建设，具有更为特殊的意义。这是因为，加强党的基层组织建设，既是中央确定的先进性教育活动的一个重要目标，也是搞好先进性教育活动的一个必要条件。尤其是参加第二批先进性教育活动的单位，绝大多数处于生产、教育、科研、文化及社会服务的第一线，同广大群众接触更直接、关系更密切。这就对这些地方、单位的党的基层组织提出了更高的要求。只有把加强党的基层组织建设放到更加突出的位置，才能确保它们更好地担当起组织和领导先进性教育活动的责任，才能确保先进性教育活动顺利健康进行，使之真正成为群众满意工程。

加强党的基层组织建设，必须牢牢把握主线和灵魂。学习实践“三个代表”重要思想是先进性教育活动的主线，也是加强党的基层组织建设的灵魂。要把学习实践“三个代表”重要思想贯穿于党的基层组织建设的全部工作和各个环节。基层党组织负责人要在认真组织好党员学习的同时，带头学习，带头实践。要以“三个代表”重要思想为指导，牢固树立和全面落实科学发展观，紧紧围绕全面建设小康社会的宏伟目标，不断创新发展思路，改进发展方式，用推动本单位业务工作开展的实际行动，为推动社会主义经济、政治、文化建设协调发展和社会全面进步作出积极贡献；要以“三个代表”重要思想为指导，切实加强党的先进性建设和执政能力建设，把党的先进性要求贯彻到基层的各项工作中去，不断提高领导能力和工作水平，使党的基层组织努力成为贯彻“三个代表”重要思想的组织者、推动者、实践者。

加强党的基层组织建设，必须不断扩大党的工作的覆盖面，增强党的基层组织的创造力、凝聚力和战斗力。（下转第四版）

胡锦涛参观纪念中国人民抗日战争胜利 60 周年大型主题展览

胡锦涛强调，今天，我们纪念中国人民抗日战争的伟大胜利，就是要牢记历史、不忘过去、珍爱和平、开创未来。要大力弘扬中华民族的伟大民族精神，抓住机遇，奋发图强，聚精会神搞建设，一心一意谋发展。要始终不渝地高举和平、发展、合作的旗帜，坚定不移地走和平发展的道路，同世界各国人民一道，共同促进人类和平与发展的崇高事业

新华社北京 8 月 14 日电　（记者孙承斌、沈路涛）中共中央总书记、国家主席、中央军委主席胡锦涛 14 日参观了《伟大胜利——纪念中国人民抗日战争暨世界反法西斯战争胜利 60 周年大型主题展览》。他强调，我们纪念中国人民抗日战争的伟大胜利，就是要牢记历史、不忘过去、珍爱和平、开创未来。

坐落在卢沟桥畔宛平城内的中国人民抗日战争纪念馆庄严肃穆。傍晚时分，胡锦涛来到纪念馆，参观正在这里举办的大型主题展览。在表现中国军民团结抗战的大型群雕《铜墙铁壁》前，胡锦涛敬献了花篮，并鞠躬致敬，表达对抗日英烈的缅怀之情。

参观中，胡锦涛仔细观看一幅幅照片、一件件文物和一处处复原景观，认真听取讲解人员的介绍。在反映“一二·九”运动和西安事变的大幅照片前，在敌后抗日根据地的电子示意图前，在平型关大捷的复原景观和百团大战的战绩统计表前，在中国军队血战台儿庄时使用过的武器装备前，在中共七大会场的图片前，在表现苏联来华志愿航空队和美国驻华空军特遣队战斗生活的图片和实物前，在中国战区日军投降签字仪式的仿真现场前，胡锦涛驻足观看，并详细询问有关情况。

胡锦涛在参观结束时表示，在纪念中国人民抗日战争胜利 60 周年之际，举办这个展览很有意义。展览以丰富的史料真实再现了中国人民同日本侵略者进行英勇斗争的光辉历程，是对广大人民群众特别是青少年进行爱国主义教育的生动教材。

胡锦涛强调，今天，我们纪念中国人民抗日战争的伟大胜利，就是要牢记历史、不忘过去、珍爱和平、开创未来。我们要大力弘扬中华民族的伟大民族精神，抓住机遇，奋发图强，聚精会神搞建设，一心一意谋发展。我们要始终不渝地高举和平、发展、合作的旗帜，坚定不移地走和平发展的道路，同世界各国人民一道，共同促进人类和平与发展的崇高事业。

刘淇、刘云山、王刚和中央军委委员李继耐等一同参观了展览。

左图：8 月 14 日，中共中央总书记、国家主席、中央军委主席胡锦涛参观了纪念中国人民抗日战争胜利 60 周年大型主题展览。　新华社记者　兰红光摄

共商促进中部崛起大计

——温家宝总理安徽湖南考察纪实

新华社记者　贺劲松

8 月 11 日至 14 日，中共中央政治局常委、国务院总理温家宝先后到安徽、湖南的企业、农村、学校、社区调研，与当地干部群众座谈，共商促进中部崛起大计。

“要自主创新勇争第一”

企业如何提高自主创新能力是温家宝这次考察的一项主要内容。11 日下午，温家宝来到奇瑞汽车有限公司，详细询问产品研发和企业发展情况。

成立于 1997 年的奇瑞公司坚持自立自强、创新创业，目前发展成为年产 20 万辆轿车，具有自主研发能力的大型轿车企业。温家宝一直关注奇瑞的发展，今年年初他作出批示：坚持引进先进技术和消化吸收创新相结合，着力增强自主开发能力，拥有自己的知识产权，始终是推动产业升级，提高产品竞争力的重要方针。

在发动机生产车间，奇瑞汽车公司总裁尹同耀向温家宝介绍了汽车发动机自主开发情况。目前奇瑞正开发 3 个系列汽柴油发动机，年规划生产能力可达 40 万台。轿车到去年底销售累计近 30 万辆。

温家宝听后十分欣慰，他说：“奇瑞是靠创新发展起来的。企业要想在激烈的市场竞争中生存和发展，就必须提高自主创新能力，不断增强企业的核心竞争力。”

温家宝说：“汽车是我们的支柱产业，消费量还会持续扩大，但中国汽车业的发展，必须走节能、降耗、减少污染的道路。要大力自主创新，做到人无我有，人有我优。做到高人一筹，勇争第一，只有这样，我们的企业才能在国际市场上站住脚。”

温家宝还考察了马鞍山钢铁集团有限公司、株洲电力机车厂、株洲硬质合金集团公司、湘潭电机厂等企业。这些企业都是我国装备工业的骨干企业，为国家建设做出过重要贡献。温家宝说：“要加快用先进技术改造传统产业的步伐。老企业要焕发青春，必须走技术改造的路子，提高企业的技术水平和竞争力。”

（下转第二版）

贾庆林等观看『百名中外摄影家看西藏摄影展』

本报北京 8 月 14 日讯　记者柳晓森报道：中共中央政治局常委、全国政协主席贾庆林 14 日晚来到北京民族文化宫，观看了正在这里举行的“百名中外摄影家看西藏摄影展”。

面对这些美不胜收的摄影作品，贾庆林等看得饶有兴致，并不时询问照片拍摄中的有关情况。看到很多图片形象展示了西藏的新变化新面貌，贾庆林十分高兴。他说，西藏自治区成立 40 年来，在党中央、国务院的正确领导下，在全国人民的大力支持和西藏各族人民的共同努力下，经济发展突飞猛进，社会生活和谐进步，各族人民安居乐业，各方面都发生了翻天覆地的变化。这些摄影作品生动、形象、真实地记录了西藏发生的历史巨变，可以让更多的人认识西藏、关心西藏、热爱西藏、支持西藏、把西藏建设得更美好。

这个展览是为庆祝西藏自治区成立 40 周年，由国务院新闻办、中国摄影家协会和西藏自治区政府新闻办等联合主办的。展出的 700 余幅摄影作品，是从“中国西藏——历史·现实·自然”大型摄影活动产生的 10 万张胶卷照片和 5 万张数码照片中精心遴选出来的。参加这次大型摄影活动的有来自美国、英国、法国、德国、意大利、加拿大、荷兰等 19 个国家和我国内地以及港、澳、台地区的百名知名摄影家，他们中的许多人都拥有国际摄影大师等荣衔，其中绝大多数国外摄影家是第一次到西藏拍摄。在为期 10 天的行程中，中外摄影家们分别前往拉萨、日喀则、山南、林芝、那曲等地的 100 多个拍摄点，拍摄内容包括自然风光、宗教场所、文化教育、民俗民风、工厂企业、农村牧场等。

全国人大常委会副委员长热地，全国政协副主席、中央统战部部长刘延东等也一起观看展览。

展览将于 8 月 17 日闭幕。

缅怀抗战英烈　弘扬民族精神

全国数百万青少年网上纪念抗战胜利 60 周年

据新华社北京 8 月 14 日电（李亚杰）“我怀着十分虔诚的心情向为国捐躯的抗日英烈献上一束花，以表达我的哀思！60 年前，当中华民族面临危难的时候，是你们用生命捍卫了她神圣尊严，你们永远活在我们年轻一代人的心中。”这是网民张华在民族魂网站向抗日英烈献花时的留言。

4 月 1 日以来，由共青团中央等单位指导，“我们的文明”主题系列活动组委会等单位主办，民族魂、血铸中华、中华网等千家网站共同发起的“全国青少年纪念中国人民抗日战争胜利 60 周年”系列活动，吸引了数百万网友的积极参与。广大网民纷纷瞻仰网上抗日英烈纪念馆（kryl.chinaspirit.net.cn），参加纪念抗战胜利 60 周年知识竞答活动，了解抗战史实和伟大意义。

据了解，截至 14 日 15 时，网站访问总量达 700 多万人次，网民献花、留言 10 万余条，参加抗战知识竞答的网民达 3 万多人次，在互联网上形成了缅怀抗战英烈、弘扬民族精神和爱国主义的浓郁氛围，广大网民反响强烈，写下了大量感人肺腑的深情留言，表达继承先烈精神、实现民族复兴的坚定信念。

这次系列活动是共青团组织纪念抗日战争暨世界反法西斯战争胜利 60 周年系列活动的重要内容，持续 4 个半月时间。

第七版、第九版、第十版分别刊登

纪念中国人民抗日战争胜利 60 周年

中国抗日战争在世界反法西斯战争中的历史地位

日　本　投　降　全　记　录

肯尼亚总统齐贝吉

今起对我国进行国事访问

应国家主席胡锦涛的邀请，肯尼亚共和国总统姆瓦伊·齐贝吉将于 8 月 15 日至 19 日对中国进行国事访问。

齐贝吉 1931 年生于肯尼亚中央省，早年就读于乌干达马凯雷雷大学，后在伦敦经济学院攻读公共财政专业，并获理学士学位。

齐贝吉 1960 年参与创建肯尼亚非洲民族联盟（简称肯盟），肯独立后历任经济计划和发展部副部长、工商部长、财政部长、副总统和卫生部长。

齐贝吉 1992 年退出肯盟，组建肯尼亚民主党并任主席。2002 年 10 月，肯尼亚民主党联合其他 13 个党组成全国彩虹联盟，他被推举为该联盟的唯一总统候选人，并在 12 月举行的总统选举中获胜，同月底宣誓就职。

（新华社电）

人物介绍

齐贝吉总统

中国共产党是全民族团结抗战的中流砥柱

——写在中国人民抗日战争胜利 60 周年

本报特约评论员

60 年前的今天，1945 年 8 月 15 日，一个令中国人民欢欣鼓舞、倍感自豪的日子：日本宣布无条件投降。

经过中华儿女的英勇斗争，无数人的流血牺牲，我们终于赢得抗日战争的伟大胜利。

这是近代 100 多年以来，中国人民反抗外敌入侵取得的第一次完全胜利，是中华民族由衰败走向振兴的重大转折点。

在这场与日本侵略者展开的殊死搏斗中，中国人民表现出巨大的民族觉醒，空前的民族团结，万众一心，前仆后继，彻底打败了侵略者。

历史充分证明，中国人民之所以创造了弱国战胜强国的伟大奇迹，最根本的原因，是中国共产党代表全中国人民的意志，领导和推动了伟大的抗日战争，浴血奋战于抗战最前线，成为全民族团结抗战的中流砥柱。

一

中国共产党在全民族团结抗战中的中流砥柱作用，体现在它吹响了挽救民族危亡的第一声号角，举起了全民族奋起抗战的第一面旗帜，担当了武装抗击日本侵略者的先锋队。

1931 年 9 月 18 日，日本帝国主义制造了震惊中外的“九一八”事变，大规模入侵我国东北地区，妄图灭亡中国。

中华民族到了最危险的时候。政府当局却顽固坚持“攘外必先安内”的不抵抗政策，严令东北军全部撤入关内，并要求民众“暂取逆来顺受态度，以待国际公理之判断”。政府当局的错误政策，极大地压制了抗日救亡的民族热情，助长了日本帝国主义的嚣张气焰，同时也使一些人难以看清日本侵略者的野心，抱有退让求安的幻想。中国共产党在江西革命根据地反“围剿”斗争极端艰苦的条件下，挺身而出，代表全民族发出了武装抗日的第一声怒吼。

“九一八”事变爆发后，中共中央立即发表了《中国共产党为日本帝国主义强暴占领东三省事件宣言》。宣言指出，日本帝国主义公开进兵中国，其目的是使中国完全变成它的殖民地，号召全中国人民迅速动员武装起来，反抗日本帝国主义的侵略。1932 年 4 月，中华苏维埃共和国临时中央政府主席毛泽东发布《对日战争宣言》，正式宣布苏维埃政府对日战争，号召全国工农兵及一切劳苦大众，一致起来进行民族革命战争，把日本帝国主义驱逐出中国，争得中华民族的独立与解放。

历史告诉我们，是中国共产党第一次深刻揭露了日本帝国主义把中国变为其殖民地的野心，警醒了那些尚在沉睡和被蒙蔽的国人；第一次喊出中华民族的共同心声，唤起了中华儿女的爱国热情，一起谱写壮烈不朽的英雄史诗；第一次庄严宣告了中国人民与日本帝国主义血战到底的坚强决心，开启了武装反抗日本侵略者的伟大斗争。

历史告诉我们，是中国共产党首先冲在了抗战的最前线。“九一八”事变后，中共中央立即指示中共满洲省委发动组织民众，创建游击队，开辟游击区，以武装斗争反抗日本侵略者。从 1931 年底开始，中国共产党就陆续向东北派出大批干部，加入到当地的抗日武装中，并组建了东北抗日联军，在极端困难的条件下，坚持长达 14 年的艰苦抗战，有力地打击了日本侵略者。杨靖宇、赵尚志、李兆麟、周保中等一批抗日英雄就是他们的优秀代表。

历史告诉我们，是中国共产党的正确主张和英勇行动，领导和推动了全国抗战的兴起和发展。在民族危亡的紧要关头，中国共产党抗日的旗帜始终是最鲜明的，抗日的态度始终是最坚决的，抗日的行动始终是最积极的，为争取民族独立和解放进行了不懈奋斗。

没有中国共产党，就没有全民族的觉醒和奋起。中国共产党不愧是中华民族的抗日先锋队。

二

中国共产党在全民族团结抗战中的中流砥柱作用，体现在它倡导建立并领导了抗日民族统一战线。这是抗日战争取得胜利的决定性因素和最强大武器。

抗日战争是一场关系中华民族生死存亡的民族解放战争。民族的解放战争，必须进行全民族的总动员，必须结成全民族的抗日统一战线。中国共产党正确把握了这一历史要求，自觉承担起建立并领导抗日民族统一战线的历史重任，扭转了历史发展的方向。

1935 年 8 月，中国共产党为挽救民族危亡，发出了著名的“八一宣言”，鲜明地提出了建立抗日民族统一战线的主张。12 月，党的瓦窑堡会议进一步明确了建立抗日民族统一战线的基本策略和任务。震惊中外的西安事变爆发后，中国共产党毅然捐弃前嫌，从民族大局出发，全力促成西安事变和平解决，开始国共第二次合作，推动建立了抗日民族统一战线。

抗日民族统一战线的建立，开创了全民族抗战的新局面。

因为有了中国共产党领导建立的抗日民族统一战线，政府当局被迫暂时放弃了“攘外必先安内”、对日本侵略者不抵抗以及寄望于国际社会调停干涉等卖国误国政策，开始走上抗日的道路。

因为有了中国共产党领导建立的抗日民族统一战线，全民族抗战成为全体中国人的最高要求，中国军队才能够一致对外，无数将士的爱国热情得以激发，他们在正面战场上英勇杀敌，给侵略者以沉重打击。淞沪会战、忻口战役、台儿庄战役、武汉大会战、昆仑关战役等重大战役，粉碎了日本侵略者企图通过速战速决灭亡中国的妄想。

因为有了中国共产党领导建立的抗日民族统一战线，中华民族空前团结起来，一切爱国的力量集结在抗日的旗帜下，同仇敌忾，共赴国难，凝聚成反抗外来侵略的滚滚洪流，为坚持抗日战争奠定了最广泛、最深厚的民众基础。（下转第二版）

人民日报
RENMIN RIBAO
人民网 网址:http://www.people.com.cn
手机:http://wap.people.com.cn

2012年7月
1
星期日
壬辰年五月十三
人民日报社出版
国内统一连续出版物号
CN 11-0065
第23367期(代号1-1)
今日8版

胡锦涛考察香港启德发展计划

本报香港6月30日电 （记者**吴绮敏、尹世昌**）正在香港出席庆祝香港回归祖国15周年活动的国家主席胡锦涛，30日上午冒雨前往九龙，考察香港启德发展计划。

位于东南九龙沿岸的启德发展区，原先是启德国际机场所在地。机场搬离后，香港特别行政区政府实施对这一地区的重建，2009年启动第一阶段建设工程，包括兴建新邮轮码头、配套基础设施和大批公共房屋，以拉动香港经济、改善香港民生。

胡锦涛在香港特别行政区行政长官曾荫权陪同下，来到新邮轮码头大楼，一边观看展板、模型，一边听取启德发展计划、九龙东计划和新邮轮码头建设等情况介绍。特区政府官员介绍说，到2021年，这里将建设成集商业、居住、休闲、旅游于一体的新型城区；在此基础上，进一步把九龙东打造成中环之外的香港第二个核心商业区。胡锦涛高兴地说，启德发展计划竣工后，将为九龙东地区乃至整个香港增添一个新亮点，并为香港城市建设和旅游发展注入新的活力。他希望大家继续努力，为香港锦上添花。

看到有不少记者在现场采访，胡锦涛主动走过来同大家打招呼。胡锦涛对记者们说，启德发展计划是香港十大基建项目之一。这个发展计划既考虑到香港经济发展需要，也考虑到改善民生需求，同时在建设过程中充分考虑到对环境的保护，很有意义。胡锦涛还对记者前来采访表示感谢。

新邮轮码头设计有两个泊位，建成后每小时可接待约3000名乘客。在码头大楼平台上，胡锦涛俯瞰工程建设进展情况。看到首个泊位已经基本完工，胡锦涛十分欣慰。在新邮轮码头施工现场，胡锦涛亲切看望了工程技术人员和建筑工人代表，他对大家说，你们的工作很辛苦，也很有意义。希望你们做到科学调度、规范施工，保证工程质量，保证工程进度，同时也要注意安全。

香港低收入市民的住房情况是胡锦涛十分关心的问题。在启德发展区公共房屋建设现场，胡锦涛观看了香港房屋政策和启德公共房屋建设情况小型展览。近年来，香港特别行政区政府兴建了72万多套公共房屋，帮助200多万低收入市民解决了住房难题。建设中的启德公共房屋发展项目，包括15幢住宅大厦，建成后可为约3.3万人提供居所。胡锦涛充分肯定香港特别行政区政府这一顺应民意、纾解民困的举措，希望特别行政区政府继续本着以人为本的施政理念，加强有关政策研究，加大政府投入，调动各方面积极因素，把住房建设这项关系千家万户安居乐业的大事做得更好，让更多市民分享发展成果，促进社会和谐稳定。随后，胡锦涛走进几个公共房屋的样板间，仔细察看房内的布局、设施，详细了解面积租金、承租条件、节能环保等方面情况，对公共房屋实而不华的设计、公平公开的分配、节地节能节水节材的做法表示赞许。

启德公共房屋建设工地上，一些工程师和工人见到胡主席，个个喜出望外。胡锦涛走上前去，同他们攀谈起来。胡锦涛感谢工程师和工人们的辛勤工作，他说，住房是关系民生的大事，许多香港基层市民希望改善住房条件。这个项目早一点竣工，就可以早一点解决部分市民的住房问题。希望大家加倍努力工作，严把质量关，确保公共房屋按时交付使用。

刘延东、王沪宁、李建国、廖晖和李继耐陪同考察。

六月三十日，国家主席胡锦涛在香港考察启德发展计划。这是胡锦涛在公共房屋建设工地同工程师和工人代表亲切交谈。 新华社发

胡锦涛出席香港特别行政区政府欢迎晚宴并发表重要讲话

六月三十日，国家主席胡锦涛出席香港特别行政区政府欢迎晚宴并作重要讲话。 新华社记者 鞠鹏摄

本报香港6月30日电 （记者**吴绮敏、尹世昌、李海元**）国家主席胡锦涛30日晚出席香港特别行政区政府欢迎晚宴并发表重要讲话。他希望香港同胞进一步弘扬自强不息的拼搏精神、同舟共济的团结精神、灵活应变的创新精神，把香港建设成为经济繁荣、政制民主、社会和谐、环境优美、生活美好、同祖国内地关系更密切、同世界联系更广泛的现代化国际大都市。

18时许，宴会厅里到处欢声笑语，一派喜气洋洋。胡锦涛在香港特别行政区行政长官曾荫权陪同下来到宴会厅，出席盛大欢迎晚宴。

在热烈的掌声中，胡锦涛发表了热情洋溢的讲话。他首先代表中央政府和全国各族人民，向全体香港市民致以诚挚问候和良好祝愿。胡锦涛说，这是我第三次来到香港特别行政区。每次来，都对这座城市的发展活力和独特魅力有新的感受。事实证明，"一国两制"方针是完全正确的、具有强大生命力，香港同胞完全有智慧、有能力把香港管理好、建设好、发展好。

胡锦涛表示，香港回归祖国15年来历经风雨，成就来之不易。董建华先生和曾荫权先生作为行政长官，先后领导特别行政区政府依法施政、恪尽职守、迎难而上、开拓进取，为香港、为国家作出了重要贡献。

胡锦涛指出，展望未来，香港既面临有利的发展机遇，也面对许多严峻挑战。他勉励香港同胞进一步弘扬自强不息的拼搏精神，强化主人翁意识，责无旁贷地承担起管理香港、建设香港、发展香港的责任，埋头苦干、自信自强，用自己的智慧和勤劳创造美好生活；进一步弘扬同舟共济的团结精神，始终以国家和香港整体利益为重，提倡多一些合作、多一些协商、多一些包容，关爱基层，扶助贫弱，守望相助，共享和谐，齐心协力应对挑战；进一步弘扬灵活应变的创新精神，立足香港、依托祖国、面向世界，善抓机遇、积极应变，大胆探索、锐意创新，使香港各项事业不断焕发出新的生机和活力。

胡锦涛最后强调，有中央政府大力支持和祖国内地作坚强后盾，有回归15年来打下的良好基础，新一任行政长官梁振英先生和新一届特别行政区政府一定能够团结带领香港社会各界，齐心协力，砥砺奋进，把香港建设成为经济繁荣、政制民主、社会和谐、环境优美、生活美好、同祖国内地关系更密切、同世界联系更广泛的现代化国际大都市。（**讲话全文另发**）

曾荫权在致辞中代表香港市民和香港特别行政区政府，对胡锦涛主席亲临香港表示最衷心的欢迎和感谢。曾荫权表示，15年来，香港和祖国携手走过精彩丰盛、光明灿烂的路。在中央政府和全国人民支持下，香港贯彻落实"一国两制"、"港人治港"、高度自治方针，社会、经济、民生各方面都稳步发展。曾荫权为下一届特别行政区政府送上诚挚的祝愿，并深信凭藉背靠祖国、面向世界的优势，香港会不懈奋斗，再创辉煌，为国家作出更大贡献。

中共中央政治局委员、国务委员刘延东，中共中央书记处书记、中央办公厅主任令计划，中共中央书记处书记、中央政策研究室主任王沪宁，全国人大常委会副委员长兼秘书长李建国，全国政协副主席廖晖，中央军委委员、总政治部主任李继耐出席晚宴。

全国政协副主席董建华，澳门特别行政区行政长官崔世安，香港特别行政区候任行政长官梁振英，香港特别行政区政府主要官员、行政会议成员、立法会议员、终审法院和高等法院法官，以及香港各界代表和其他嘉宾也出席了晚宴。

胡锦涛出席庆祝香港回归祖国15周年大型文艺晚会

胡锦涛会见香港特别行政区现任政府主要官员、行政会议成员、立法会主席和终审法院首席法官

胡锦涛会见香港社会各界代表人士

胡锦涛会见中央驻港机构和主要中资机构负责人

（第二版）

在香港特别行政区政府欢迎晚宴上的讲话

（2012年6月30日）

中华人民共和国主席　胡锦涛

同胞们，朋友们：

今晚，维多利亚湾畔灯火璀璨，洋溢着节日的欢乐气氛。在这美好的时刻，同大家欢聚一堂，庆祝香港回归祖国15周年，我感到格外高兴。在这里，我代表中央政府和全国各族人民，向在座各位，并通过你们向全体香港市民，致以诚挚的问候和良好的祝愿！

这是我第三次来到香港特别行政区。每次来，都对这座城市的发展活力和独特魅力有新的感受。在"一国两制"下，香港经济平稳发展，民生不断改善，民主有序推进，社会和谐稳定。香港继续保持国际金融、贸易、航运中心的地位，同祖国内地的联系日益密切，同世界各地的联系更加广泛。事实证明，"一国两制"方针是完全正确的、具有强大生命力，香港同胞完全有智慧、有能力把香港管理好、建设好、发展好。

香港回归祖国15年来历经风雨，成就来之不易。董建华先生和曾荫权先生作为行政长官，先后领导特别行政区政府依法施政、恪尽职守、迎难而上、开拓进取，为香港、为国家作出了重要贡献。

香港是一个不断创造奇迹的地方。一百多年来，香港从偏居一隅的小渔村发展成为享誉全球的现代化城市，其成功的背后有一种精神力量，这就是香港同胞在长期奋斗过程中形成的自强不息的拼搏精神、同舟共济的团结精神、灵活应变的创新精神。展望未来，香港既面临有利的发展机遇，也面对许多严峻挑战。要在日趋激烈的国际和地区竞争中永远立于不败之地，需要香港同胞进一步弘扬这种精神。

第一，进一步弘扬自强不息的拼搏精神。香港同胞要强化主人翁意识，责无旁贷地承担起管理香港、建设香港、发展香港的责任。在前进道路上，无论遇到多大困难，都无所畏惧、奋发向上。要埋头苦干，自信自强，用自己的智慧和勤劳创造美好生活，谱写狮子山下共同奋斗的新篇章。

第二，进一步弘扬同舟共济的团结精神。香港同胞要始终以国家和香港整体利益为重，珍爱共同家园，齐心协力应对挑战。要提倡多一些合作，多一些协商，多一些包容。要关爱基层，扶助贫弱，守望相助，共享和谐。

第三，进一步弘扬灵活应变的创新精神。要密切关注外部环境变化，顺应经济全球化发展趋势和世界产业结构调整潮流，善抓机遇，积极应变。要立足香港、依托祖国、面向世界，用好内地和国际两个市场、两种资源，着力保持并提升原有优势，培育新的经济增长点，增强抵御风险能力。要大胆探索，锐意创新，使香港各项事业不断焕发出新的生机和活力。

同胞们、朋友们！

有中央政府大力支持和祖国内地作坚强后盾，有回归15年来打下的良好基础，新一任行政长官梁振英先生和新一届特别行政区政府一定能够团结带领香港社会各界，齐心协力，砥砺奋进，把香港建设成为经济繁荣、政制民主、社会和谐、环境优美、生活美好、同祖国内地关系更密切、同世界联系更广泛的现代化国际大都市。

现在，我提议，

为香港长期繁荣稳定，

为祖国日益繁荣富强，

为在座各位朋友的身体健康、家庭幸福、事业成功，

干杯！

（新华社香港6月30日电）

继往开来　续写华章

——祝贺香港回归祖国十五周年

今天是2012年7月1日。十五年前的今天，世界的目光聚焦香港，中国政府恢复对香港行使主权，第一届香港特别行政区政府宣告成立，前无古人的"一国两制"实践由此发轫。

回归十五年，弹指一挥间。这是香港繁荣稳定发展的十五年，是"一国两制"从构想变为现实并取得巨大成功的十五年，是抒写香港历史新篇章的十五年。

十五年间，中央政府切实贯彻"一国两制"、"港人治港"、高度自治的方针，严格按照香港特别行政区基本法办事，坚定不移地维护香港繁荣稳定。香港全面行使香港特别行政区基本法授予的行政管理权、立法权、独立的司法权和终审权，香港居民享有广泛的民主权利和自由，政治体制发展沿着基本法的轨道迈出重要步伐。

十五年间，在中央政府和祖国内地大力支持下，香港特别行政区政府团结带领香港各界人士，自强不息、戮力前行，成功抵御亚洲金融危机、非典疫情、国际金融危机冲击，巩固和提升了香港国际金融、贸易、航运中心的地位。香港仍然是全球最自由开放的经济体，在全球最具竞争力经济体评选中多次名列榜首。今天的香港，经济稳定发展，民生不断改善，民主有序发展，市民安居乐业，东方明珠更加璀璨。

十五年间，香港和内地交流合作不断深入，联系更加紧密。回归祖国后，香港继续发挥桥梁和窗口作用，为内地改革开放和现代化建设作出重要贡献；祖国内地快速发展，为香港提供了更多发展机遇和发展动力。中央政府不断拓展两地经贸合作领域、提升合作层次、完善合作机制，推出了《内地与香港关于建立更紧密经贸关系的安排》等政策措施，支持香港发展经济、改善民生；2011年国家"十二五"规划港澳部分首次独立成章，从国家整体战略的高度，为香港提供了新的宝贵机遇和发展空间。按照国家"十二五"规划要求，中央政府制定了支持香港进一步发展、深化内地与香港经贸金融合作等政策措施，推动两地经贸金融合作向更深层次、更宽领域拓展。香港与内地在经济上不断融合的同时，两地同胞的相互了解也在不断加深。

十五年的实践雄辩地证明："一国两制"、"港人治港"、高度自治的方针是完全正确的，其强大的生命力随时间的推移和实践的深化而日益彰显，香港同胞完全有智慧、有能力、有办法管理好、建设好、发展好香港。在"一国两制"下，香港不但继续保持原有优势，还从祖国内地获得了更强有力的支持，形成了与祖国内地优势互补、共同发展的良好局面。伟大祖国始终是香港繁荣稳定的坚强后盾，香港在参与国家发展中赢得了自身的更大发展。

十五年的经验深刻地昭示：必须坚持全面准确地理解和贯彻执行"一国两制"、"港人治港"、高度自治的方针，坚持严格按照基本法办事，集中精力发展经济，切实有效改善民生，循序渐进推进民主，包容共济促进和谐，才能开创香港更加美好的未来。

走过十五年不平凡历程，香港特别行政区站在新的历史起点上。只要香港同胞坚定信心、求同存异、凝聚共识，依靠各方面智慧和能力，以理性和建设性的态度，妥善处理经济社会中存在的问题，克服前进道路上存在的困难，就必定能够把香港繁荣稳定的局面巩固住、发展好。

从十五年前回归祖国的那一刻起，香港的命运就更加紧密地同祖国的命运联系在一起。展望未来，我们坚信，在"一国两制"方针正确指引下，在日益强大的祖国坚强支持下，广大香港同胞在爱国爱港的旗帜下紧密团结起来，继往开来、奋发进取，一定能够开创香港更加美好的明天，为"一国两制"的伟大实践谱写新的光辉篇章。

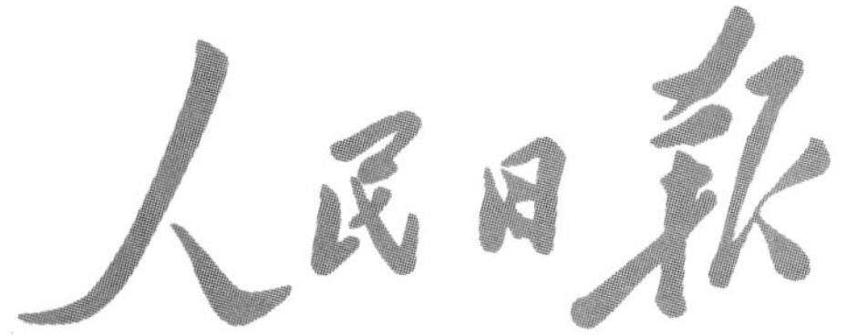

人民网 网址:http://www.people.com.cn
手机:http://wap.people.com.cn

2012年7月
2
星期一
壬辰年五月十四
人民日报社出版
国内统一连续出版物号
CN 11-0065
第23368期(代号1-1)
今日24版

圆满结束在香港的各项活动
胡锦涛主席离港返京

本报香港7月1日电 （记者**吴绮敏、尹世昌、李永宁**）中共中央总书记、国家主席、中央军委主席胡锦涛圆满结束在香港的各项活动，1日中午从香港国际机场乘专机返回北京。

胡锦涛是6月29日上午抵达香港的。在港期间，胡锦涛出席了庆祝香港回归祖国15周年大会暨香港特别行政区第四届政府就职典礼，出席了香港特别行政区政府举行的欢迎晚宴和文艺晚会，分别会见了曾荫权、梁振英、崔世安以及香港特别行政区行政、立法、司法机关负责人和香港社会各界代表人士、中央驻港机构和主要中资机构负责人，视察了驻港部队，考察了启德发展计划，并同香港市民进行了广泛接触和交流。

欢送仪式上，两名香港少年向胡锦涛敬献了鲜花。胡锦涛同前来送行的人员一一握手道别，并向欢送队伍挥手致意。

中共中央政治局委员、国务委员刘延东，中共中央书记处书记、中央办公厅主任令计划，中共中央书记处书记、中央政策研究室主任王沪宁，全国人大常委会副委员长兼秘书长李建国，全国政协副主席廖晖，中央军委委员、总政治部主任李继耐，国务院港澳事务办公室主任王光亚，胡锦涛主席办公室主任陈世炬等陪同人员也同机离港。

香港特别行政区第四任行政长官梁振英、第三任行政长官曾荫权、终审法院首席法官马道立、政务司司长林郑月娥、财政司司长曾俊华、律政司司长袁国强、立法会主席曾钰成、行政会议召集人林焕光，中央政府驻香港联络办公室主任彭清华，外交部驻香港特派员公署特派员宋哲，中国人民解放军驻香港部队司令员张仕波、政委王增钵等到机场为胡锦涛送行。

庆祝香港回归祖国15周年大会暨香港特别行政区第四届政府就职典礼隆重举行

胡锦涛出席并发表重要讲话

香港特别行政区第四任行政长官梁振英及特别行政区政府主要官员等宣誓就职

胡锦涛强调，中央政府实行"一国两制"、"港人治港"、高度自治方针将毫不动摇，全力支持香港特别行政区行政长官和政府依法施政将毫不动摇，同香港各界人士一道维护和促进香港长期繁荣稳定将毫不动摇。在中央政府、香港特别行政区政府和社会各界人士共同努力下，"一国两制"实践一定会越来越丰富，香港与祖国内地共同繁荣发展的道路一定会越走越宽广

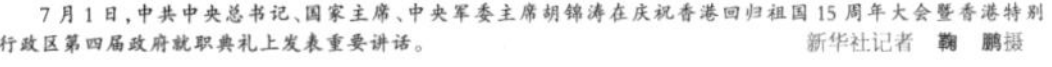

7月1日，中共中央总书记、国家主席、中央军委主席胡锦涛在庆祝香港回归祖国15周年大会暨香港特别行政区第四届政府就职典礼上发表重要讲话。 新华社记者 鞠鹏摄

7月1日，中共中央总书记、国家主席、中央军委主席胡锦涛出席庆祝香港回归祖国15周年大会暨香港特别行政区第四届政府就职典礼。这是由胡锦涛监誓，香港特别行政区第四任行政长官梁振英宣誓就职。 新华社记者 鞠鹏摄

本报香港7月1日电 （记者**吴绮敏、李海元、葛瑜玮**）庆祝香港回归祖国15周年大会暨香港特别行政区第四届政府就职典礼1日上午在香港会展中心隆重举行，中共中央总书记、国家主席、中央军委主席胡锦涛出席并发表重要讲话。胡锦涛强调，中央政府实行"一国两制"、"港人治港"、高度自治方针将毫不动摇，全力支持香港特别行政区行政长官和政府依法施政将毫不动摇，同香港各界人士一道维护和促进香港长期繁荣稳定将毫不动摇。在中央政府、香港特别行政区政府和社会各界人士共同努力下，"一国两制"实践一定会越来越丰富，香港与祖国内地共同繁荣发展的道路一定会越走越宽广。

香港会展中心会场华灯齐放、百花竞艳。主席台上，中华人民共和国国旗和香港特别行政区区旗格外醒目，气氛庄重而热烈。

当胡锦涛在香港特别行政区第四任行政长官梁振英陪同下步入会场时，全场起立鼓掌。

9时许，庆祝大会暨就职典礼开始。全体起立，高唱中华人民共和国国歌。

胡锦涛走上主席台监誓。梁振英首先宣誓就职，他面对中华人民共和国国旗和香港特别行政区区旗，举起右手庄严宣誓。宣誓完毕，胡锦涛同梁振英紧紧握手。

接着，由胡锦涛监誓，在梁振英带领下，香港特别行政区第四届政府主要官员宣誓就职。宣誓完毕后，胡锦涛同他们一一握手。

随后，由梁振英监誓，香港特别行政区行政会议成员宣誓就职。

在热烈的掌声中，胡锦涛发表了重要讲话。他代表中央政府和全国各族人民，向全体香港市民致以诚挚问候，向刚刚宣誓就职的香港特别行政区第四任行政长官梁振英先生和第四届政府主要官员、行政会议成员表示热烈祝贺，向所有关心香港、为香港顺利回归并保持繁荣稳定作出贡献的海内外同胞和国际友人表示衷心感谢。

胡锦涛指出，香港回归祖国是彪炳中华民族史册的伟大业绩，也是上个世纪末具有重大国际影响的历史事件。从回归祖国那一刻起，香港就进入了新的时代、开启了新的航程。15年来的一切充分证明，"一国两制"是历史遗留的香港问题的最佳解决方案，也是香港回归后保持长期繁荣稳定的最佳制度安排；推进"一国两制"事业，符合香港同胞利益和愿望，也符合国家和民族根本利益。在"一国两制"伟大实践中，香港这颗璀璨的明珠放射出更加绚丽的色彩。

胡锦涛强调，"一国两制" 事业是前无古人的伟大创举，需要在实践中不断开拓前进。在已经取得成就的基础上不断探索，把"一国两制"事业继续推向前进，是中央政府、香港特别行政区政府和社会各界人士的共同使命。中央政府对香港的一系列方针政策和重大举措，根本出发点和落脚点就是维护国家主权、安全、发展利益，保持香港长期繁荣稳定。这是在香港实践"一国两制"的核心要求和基本目标。为此，必须坚持全面准确理解和贯彻"一国两制"方针，严格按照基本法办事，把坚持"一国"原则和尊重两制差异、维护中央权力和保障特别行政区高度自治权、维护国家整体利益和保障香港社会各界利益、支持香港积极开展对外交往和反对外部势力干预香港事务等有机结合起来，任何时候都不能偏废。

胡锦涛指出，未来5年对香港长远发展具有重要影响，是必须紧紧抓住而且可以有所作为的重要机遇期。他向香港特别行政区新一届政府和社会各界提出4点希望。第一，努力促进社会和谐稳定。香港特别行政区新一届政府要坚持以人为本的施政理念，准确把握社情民意，采取切实有效措施，积极稳妥解决民生问题和其他社会矛盾，使全体市民共享发展成果、提高生活水平。香港社会各阶层各界别人士要以大局为重，在爱国爱港旗帜下实现最广泛的团结。第二，努力维护基本法的权威。基本法在香港特别行政区具有最高法律地位，是依法治港的基石。要全面落实基本法各项规定，完善与基本法实施相关的制度和机制。香港特别行政区行政、立法、司法机关都要带头严格遵守基本法，坚决维护基本法，依照基本法规定行使职权。第三，努力提升竞争力。要加强香港长远发展的战略谋划，更好发挥政府促进经济社会发展作用，鼓励和支持各类创新活动，把握世界经济格局的深刻变化，充分发挥香港国际联系广泛等方面优势，拓展香港与祖国内地交流合作的广度和深度，促进优势互补、互利双赢、共同发展。第四，努力加强人才培养。要大力发展教育、科技、文化事业，全方位、多层次培养造就各项事业发展所需要的大量高素质人才，高度重视爱国爱港人才特别是优秀年轻政治人才培养，使爱国爱港传统薪火相传、"一国两制"事业后继有人。**（讲话全文见第二版）**

梁振英在致辞中表示，他会以施政成效答谢中央政府和香港市民对他的信任，全力以赴实践他的竞选承诺，带领香港稳中求变，发展经济，改善民生，促进民主，建立更繁荣、更进步、更公义的社会。香港回归祖国以来，国家一直大力支持香港，庞大的机遇引导和推动着香港的发展。新一届特别行政区政府将继往开来，落实"一国两制"、"港人治港"，保持高度自治，维护国家和香港的利益，加强团结社会各界、凝聚民心。

梁振英在致辞中还阐述了新一届政府的施政理念和重点，并表示相信，只要我们齐心一意，必定能够将香港打造成儿童茁壮成长、青年实现理想、壮年人一展所长、长者安享晚年、七百万市民安居乐业的理想家园，香港这颗"东方之珠"必定能够光芒再现，更形璀璨。

中共中央政治局委员、国务委员刘延东，中共中央书记处书记、中央办公厅主任令计划，中共中央书记处书记、中央政策研究室主任王沪宁，全国人大常委会副委员长兼秘书长李建国，全国政协副主席廖晖，中央军委委员、总政治部主任李继耐等出席庆祝大会暨就职典礼。

全国政协副主席董建华，澳门特别行政区行政长官崔世安，香港特别行政区第三任行政长官曾荫权，以及香港各界代表、特邀嘉宾出席庆祝大会暨就职典礼。

胡锦涛会见梁振英

7月1日，国家主席胡锦涛在香港会见香港特别行政区第四任行政长官梁振英。 新华社记者 王晔摄

本报香港7月1日电 （记者**吴绮敏、李海元**）国家主席胡锦涛1日上午在香港会展中心会见了刚刚就职的香港特别行政区行政长官梁振英。

胡锦涛首先对梁振英宣誓就任香港特别行政区第四任行政长官表示祝贺。他强调，我们相信，你一定能够带领新一届特别行政区政府继往开来，稳中求变，广泛团结香港社会各界人士，共同开创香港发展新局面。中央政府将全力支持你和特别行政区政府依法施政，保持香港长期繁荣稳定，共同把"一国两制"伟大事业继续推向前进。

梁振英表示，衷心感谢胡主席在百忙中亲临香港出席庆祝香港回归祖国15周年活动，带来中央政府和全国人民对香港和香港同胞的关心和支持。他将牢记胡主席在庆典上提出的4点希望，团结带领新一届特别行政区政府和香港社会各界人士齐心协力，不辜负中央政府的期望。

当天上午，胡锦涛还会见了香港特别行政区新任政府主要官员、行政会议成员和立法会主席、终审法院首席法官。胡锦涛向大家提出4点希望：一是依法治港，严格遵守和执行香港基本法，坚持法治精神；二是精诚团结，在行政长官梁振英先生带领下，形成坚强有力的管治团队；三是勤政为民，想市民之所想，急市民之所急，保持廉洁高效；四是登高望远，把香港未来发展与国家发展大格局、世界发展大趋势结合起来，进一步提高香港的竞争力，把香港建设得更加美好。

刘延东、令计划、王沪宁、李建国、廖晖和李继耐分别参加上述会见。

香港各界庆祝回归祖国15周年

（第二版）

（六）人物纪念新闻的版面安排

对中国革命和建设做出伟大贡献的革命领袖等人物纪念大会新闻，一般都放在一版头条位置，党和国家主要领导人在纪念集会上发表讲话的，一般讲话全文在一版显著位置刊登。如果纪念活动以座谈会形式举办，党和国家主要领导人没有出席，则纪念会消息安排在一版重要位置，出席会议的领导人讲话全文安排在其他要闻版，其他人发言通常以“发言专版”形式另发。

纪念毛泽东诞辰 100 周年

毛泽东同志是中国各族人民的伟大领袖。1993 年 12 月 26 日，中共中央、全国人大常委会、国务院、中央军委、全国政协在京举行纪念毛泽东诞辰 100 周年大会，江泽民发表重要讲话。次日一版头条以通栏篇幅刊出纪念大会消息，通栏主标题下用黑体字刊出江泽民讲话要点，配发大会会场照片一张。报眼位置刊出纪念大会主席台照片一张。下八栏通栏篇幅刊出江泽民讲话全文，并配发讲话照片一张。

（附 1993 年 12 月 27 日一版）

纪念邓小平诞辰 100 周年

邓小平同志是中国社会主义改革开放和现代化建设的总设计师。邓小平百年诞辰纪念活动，人民日报在宣传报道上充分重视，延续了相当长的时间，给予了很多版面。2004 年 8 月 13 日，邓小平铜像揭幕仪式在四川广安隆重举行，胡锦涛出席并为铜像揭幕，江泽民为铜像题名。次日一版在头条位置刊登铜像揭幕消息，并配发胡锦涛为邓小平铜像揭幕的照片。与头条消息搭配的，还有右边的《世纪伟人邓小平》展览反响强烈的消息。

（附 2004 年 8 月 14 日一版）

2004 年 8 月 21 日，人民日报有关邓小平百年诞辰的报道升温，当天一版大约 3/4 的版面与此有关。头条为纪念邓小平诞辰 100 周年大型文艺晚会举行的消息，中央主要领导出席，并配发五栏照片一张。报眼为中央领导参观纪念邓小平诞辰百年展览的消息，并配发一张胡锦涛参观展览的照片。当日三版、四版也刊登有关消息、通讯、言论。五版至八版还推出纪念特刊。第九版为摄影专版。

（附 2004 年 8 月 21 日一版、五版、九版）

8月22日，邓小平百年诞辰纪念日。一版在头条位置发表社论《沿着邓小平开辟的道路前进》。报眼为邓小平生平和思想研讨会开幕消息。当日五至八版继续刊登纪念特刊。

（附2004年8月22日一版）

2004年8月22日，中央举行邓小平诞辰100周年纪念大会，胡锦涛发表重要讲话。8月23日，一版头条通栏刊出纪念大会消息，并配发五栏大会主席台照片。下八栏通栏刊出胡锦涛讲话全文，并配发一张照片。

（附2004年8月23日一版）

纪念陈云诞辰100周年

陈云同志在革命、建设、改革各个时期都立下了历史功勋，在党内地位很高。在陈云诞辰100周年时，中央在人民大会堂举办的纪念大会也很隆重。2005年6月14日的一版全部为有关新闻。头条通栏为纪念大会消息，胡锦涛发表重要讲话，配以纪念大会主席台照片。版面下方也为通栏，刊发胡锦涛讲话全文并配发讲话照片。报眼位置为中央领导参观陈云诞辰100周年展览的消息。整个版面庄重、严肃、规整。

（附2005年6月14日一版）

纪念杨尚昆诞辰100周年

2007年7月20日，中共中央举行座谈会纪念杨尚昆同志诞辰100周年。杨尚昆曾任国家主席、中央军委副主席，因此中央举办的座谈会规格较高。7月21日，一版头条刊发座谈会消息，并配发胡锦涛讲话照片。报眼位置安排胡锦涛讲话全文。同时，在当日六版，以2/3篇幅的版面，刊登座谈会发言摘编。

（附2007年7月21日一版、六版）

纪念王震诞辰100周年

2008年4月11日为王震同志诞辰100周年纪念日，纪念座谈会在京举行，习近平出席并讲话。4月12日，根据中央对纪念活动的规格安排，座谈会消息安排在一版重要位置，习近平讲话全文在二版头条刊发。六版刊登座谈会发言摘编。

（附2008年4月12日一版）

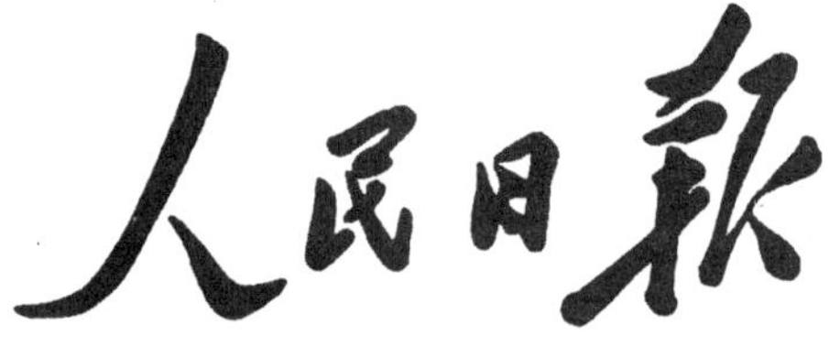

RENMIN RIBAO

国内统一刊号：CN11—0065
第16606期　（代号1—1）

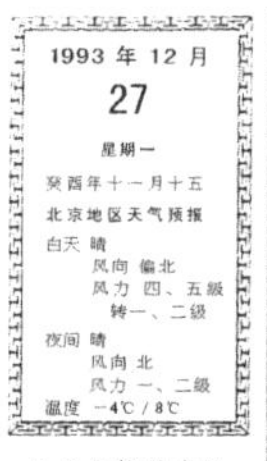

1993年12月
27
星期一
癸酉年十一月十五
北京地区天气预报
白天 晴
风向 偏北
风力 四、五级
转一、二级
夜间 晴
风向 北
风力 一、二级
温度 −4℃／8℃

人民日报社出版

李鹏同志主持毛泽东同志诞辰一百周年纪念大会。
新华社记者　兰红光摄

坚持和发展毛泽东思想沿着有中国特色的社会主义道路前进

毛泽东诞辰一百周年纪念大会在京隆重举行

江泽民同志发表长篇重要讲话，高度评价了毛泽东同志一生的丰功伟绩，强调毛泽东思想永远是中国共产党人的理论宝库和中华民族的精神支柱，阐述了邓小平同志继承、丰富和发展毛泽东思想，创立建设有中国特色社会主义理论的重大意义；号召全党同志和全国各族人民更加紧密地团结起来，抓住机遇，加快发展，改革创新，艰苦奋斗，朝着既定的伟大目标奋勇前进！

李鹏主持大会　乔石李瑞环朱镕基刘华清胡锦涛荣毅仁等出席
党和国家领导人与群众代表一起瞻仰毛泽东同志遗容

本报北京12月26日讯　记者何加正报道：今天，首都人民大会堂庄严肃穆。中共中央、全国人大常委会、国务院、中央军委、全国政协在这里隆重举行大会，纪念中国共产党、中国人民解放军、中华人民共和国的主要缔造者，中国各族人民的伟大领袖毛泽东同志诞辰100周年。党和国家领导人江泽民、李鹏、乔石、李瑞环、朱镕基、刘华清、胡锦涛、荣毅仁等和首都各界1万多人出席了大会。

清晨，来自各界、各条战线的干部群众怀着崇敬的心情从四面八方来到人民大会堂。毛泽东同志巨幅画像挂在主席台中央，十面鲜艳的红旗和1893—1993大字分挂两旁。主席台对面，“坚持和发展毛泽东思想，沿着有中国特色社会主义道路奋勇前进”的巨大横幅挂在二楼护栏上。会前，解放军战士嘹亮的歌声在大厅里此起彼伏，久久回荡。身着五彩民族服装的男女青年在人群中尤为引人注目。

大会由中共中央政治局常委、国务院总理李鹏主持。9时，李鹏同志宣布大会开始。掌声过后，全场起立，乐队高奏中华人民共和国国歌。接着，中共中央总书记、国家主席、中央军委主席江泽民走向前台的报告席，发表重要讲话。

江泽民在讲话中回顾了毛泽东同志一生的丰功伟绩，总结了以毛泽东同志为主要代表的中国共产党人对中国革命和建设所作出的卓越贡献，阐述了邓小平同志继承、丰富和发展毛泽东思想，创立建设有中国特色社会主义理论的重大意义。

江泽民说，在邓小平同志建设有中国特色社会主义理论和党的十四大精神指引下，全党、全军和全国各族人民，正在坚持不懈地贯彻执行党的基本路线，为把我国建设成为一个富强、民主、文明的社会主义现代化国家而努力奋斗。社会主义中国政治稳定，经济发展，民族团结，社会进步，一派生机蓬勃。在这样的形势下，纪念毛泽东同志，回顾我们党和国家的历史，我们更加深切地感到，正是毛泽东同志为核心的党的第一代中央领导集体，为建设一个社会主义现代化的新中国，建立了开创性的、不可磨灭的功勋。他说，毛泽东同志最伟大的历史功绩，是把马克思列宁主义基本原理同中国具体实际结合起来，领导我们党和人民，找到了一条新民主主义革命的正确道路，完成反帝反封建的任务，结束了中国半殖民地半封建社会的历史，建立了中华人民共和国，确立了社会主义制度。接着又从中国实际出发，开始探索社会主义建设的道路。

江泽民在讲话中高度评价了毛泽东同志的丰功伟绩。他说，以毛泽东同志为主要代表的中国共产党人，根据马克思列宁主义的基本原理，对中国长期革命和实践中的一系列经验进行理论概括，形成了适合中国情况的科学指导思想，这就是毛泽东思想。

当江泽民说到毛泽东思想永远是中国共产党人的理论宝库和中华民族的精神支柱，永远是我们建设社会主义现代化国家的行动指南时，全场响起热烈掌声。

12月26日，首都隆重举行大会纪念毛泽东同志诞辰100周年。图为大会会场。　　本报记者　王　东摄

江泽民说，1978年12月，我们党胜利召开十一届三中全会，实现在党的历史上具有深远意义的伟大转折。邓小平同志在领导我们党和国家摆脱“文化大革命”造成的深重灾难、进行指导思想上的拨乱反正中，用极大的精力来解决正确评价毛泽东同志和毛泽东思想的问题。邓小平同志指出，没有毛主席，至少我们中国人民还要在黑暗中摸索更长的时间。毛泽东同志的功绩是第一位的，他晚年的错误是第二位的，他的错误是由于违反了他自己正确的东西，他的错误是一个伟大的革命家、一个伟大的马克思主义者所犯的错误。不仅今天、而且今后，我们都要高举毛泽东思想的旗帜。

江泽民说，在中国历史发展的这个重要阶段，邓小平同志把马克思主义基本原理同中国实际和时代特征结合起来，继承和发展毛泽东思想，以开辟社会主义建设新道路的巨大政治勇气和开拓马克思主义新境界的巨大理论勇气，集中全党和全国人民的智慧，创造性地提出了建设有中国特色社会主义的理论。他说，我们党在70多年的奋斗历程中，在自己的旗帜上写着马克思主义，写着马克思列宁主义与中国革命的实践之统一的思想——毛泽东思想，现在又写上了当代中国的马克思主义——邓小平建设有中国特色社会主义的理论。

江泽民说，邓小平同志是我国社会主义改革开放和现代化建设的总设计师。改革开放，是他创造性地发展毛泽东思想，发展马克思列宁主义关于建设社会主义理论的最突出贡献。邓小平同志建设有中国特色社会主义理论的形成，表明我们党对中国社会主义建设客观规律的认识达到一个新的境界，也表明我们党领导的建设富强、民主、文明的社会主义现代化国家的实践进入一个新的历史阶段。

江泽民说，今后无论发生什么情况，我们都要坚定不移地贯彻执行党的基本路线，一百年不动摇。他说，我们必须坚定不移地发展社会主义市场经济，推动我国社会生产力的迅速发展；必须坚持发展社会主义民主，努力建设和完善有中国特色的民主政治；必须大力加强社会主义精神文明建设，促进全体人民的思想道德和科学文化素质的不断提高。要全面实现社会主义现代化建设的宏伟任务，关键是用邓小平同志建设有中国特色社会主义理论武装全党，把我们党建设好。他要求中国共产党党员要牢牢记住，我们应该而且必须永远成为中国各族人民利益的忠诚的代表者和维护者。

江泽民最后说，对毛泽东同志的最好纪念，就是在建设有中国特色社会主义理论和党的基本路线指引下，把他和老一辈无产阶级革命家所开创的事业继续推向前进。江泽民号召，让我们全党同志和全国各族人民更加紧密地团结起来，抓住机遇，加快发展，改革创新，艰苦奋斗，朝着我们既定的伟大目标奋勇前进！

江泽民同志讲话过程中，不时响起热烈掌声。

纪念大会在雄壮的《国际歌》乐曲声中结束。

参加今天纪念大会并在主席台就座的领导同志还有：丁关根、田纪云、李岚清、李铁映、杨白冰、邹家华、陈希同、钱其琛、尉健行、温家宝、王汉斌、杨尚昆、宋平、薄一波、宋任穷、张震、任建新、倪志福、陈慕华、费孝通、孙起孟、雷洁琼、秦基伟、李锡铭、王丙乾、王光英、程思远、卢嘉锡、布赫、铁木尔·达瓦买提、李沛瑶、吴阶平、迟浩田、宋健、司马义·艾买提、罗干、张思卿、吴学谦、杨汝岱、王兆国、赛福鼎·艾则孜、洪学智、邓兆祥、赵朴初、钱伟长、胡绳、钱正英、苏步青、董寅初、孙孚凌、霍英东、马万祺等。

王平、王首道、伍修权、刘澜涛、江华、李德生、杨得志、肖克、张劲夫、陈锡联、段君毅、耿飚、黄华、黄火青、彭冲、廖汉生、严济慈、杨成武、马文瑞、王恩茂、杨易辰、郑天翔、刘复之等老同志，党政军机关主要负责同志、北京市及其他省、市、区主要负责同志、各民主党派和工商联主要负责人、第一次国内革命战争时期参加革命的老同志代表以及毛泽东同志的亲属代表也参加了纪念大会，并在主席台就座。

本报北京12月26日讯　记者何加正报道：今天上午，毛泽东同志诞辰100周年纪念大会结束后，党和国家领导人江泽民、李鹏、乔石、李瑞环、朱镕基、刘华清、胡锦涛、荣毅仁等和首都各界群众代表一起，来到毛主席纪念堂，瞻仰了伟大领袖毛泽东同志遗容。

今天，毛主席纪念堂在冬日的阳光下显得格外肃穆端庄。10时半，参加纪念大会的中央领导同志首先来到纪念堂北大厅，向中国共产党、中国人民解放军、中华人民共和国的主要缔造者，中国各族人民的伟大领袖毛泽东同志大理石坐像三鞠躬，然后瞻仰了毛泽东同志遗容。

参加瞻仰毛泽东同志遗容的还有从中央领导职务退下来的老同志、党政军机关主要负责同志、北京市及其他省、市、区主要负责同志、各民主党派和工商联主要负责人、第一次国内革命战争时期参加革命的老同志代表以及毛泽东同志的亲属毛岸青、邵华、李讷等。首都群众代表也怀着无限敬仰的心情瞻仰了毛泽东同志遗容，缅怀毛主席的丰功伟绩。

在毛泽东同志诞辰一百周年纪念大会上的讲话

（一九九三年十二月二十六日）

江　泽　民

同志们，朋友们：

今天，我们在这里隆重集会，纪念中国共产党、中国人民解放军、中华人民共和国的主要缔造者，中国各族人民的伟大领袖毛泽东同志诞辰一百周年。

在邓小平同志建设有中国特色社会主义理论和党的十四大精神指引下，全党、全军和全国各族人民，正在坚持不懈地贯彻执行党的基本路线，为把我国建设成为一个富强、民主、文明的社会主义现代化国家而努力奋斗。社会主义中国政治稳定，经济发展，民族团结，社会进步，一派生机蓬勃。在这样的形势下，纪念毛泽东同志，回顾我们党和国家的历史，我们更加深切地感到，正是以毛泽东同志为核心的党的第一代中央领导集体，为建设一个社会主义现代化的新中国，建立了开创性的、不可磨灭的功勋。

当毛泽东同志等中国共产党的缔造者们登上政治舞台的时候，中华民族正处在帝国主义、封建主义的黑暗统治之下，国家四分五裂，民族备受凌辱，军阀混战不已，人民在苦难中挣扎。鸦片战争以来，救中国，救人民，实现国家的独立、统一、民主、富强，成为中国各族人民不懈追求的共同理想。先进的中国人奋斗牺牲，前仆后继，写下了可歌可泣的篇章。但是在中国共产党成立以前，人们所做的种种探索和努力都失败了，帝国主义的侵略打破了中国人照搬西方的迷梦，中华民族仍然苦难深重，找不到解放的出路。

毛泽东同志最伟大的历史功绩，是把马克思列宁主义基本原理同中国具体实际结合起来，领导我们党和人民，找到了一条新民主主义革命的正确道路，完成反帝反封建的任务，结束了中国半殖民地半封建社会的历史，建立了中华人民共和国，确立了社会主义制度，接着，他又从中国实际出发，开始探索社会主义建设的道路。

在旧中国这样的半殖民地半封建的东方大国中，工人阶级人数很少，农民占人口的绝大多数，怎样在共产党领导下，依靠工人阶级和巩固的工农联盟，团结全国各族人民，首先争取民族的解放和国家的独立，确立人民的主人翁地位，然后开辟向社会主义前进的道路，是无产阶级革命史上极其复杂的新课题。毛泽东同志运用马克思列宁主义，深刻分析中国社会形态和各阶级的经济地位及其政治态度，明确了中国革命的性质、对象、任务、动力，提出了通过新民主主义革命走向社会主义的两步走的战略，制定了无产阶级领导的，人民大众的，反对帝国主义、封建主义和官僚资本主义的新民主主义革命总路线，开辟了建立农村根据地、农村包围城市、武装夺取政权的革命道路。毛泽东同志和他的战友们，缔造了一个用马克思列宁主义革命理论和革命风格武装起来的无产阶级政党，一个在党的绝对领导下为人民的解放事业英勇奋战的人民军队，一个团结全民族绝大多数人共同奋斗的统一战线，经过二十八年艰苦卓绝的斗争，终于推翻了压在中国人民头上的“三座大山”，在1949年建立了新中国，中国人民从此站起来了。

新中国成立以后，以毛泽东同志为核心的党中央领导全国人民，在迅速医治战争创伤、恢复国民经济的基础上，继续推动中国历史向前发展。党中央按照毛泽东同志的提议，不失时机地提出了逐步实现国家的社会主义工业化，并逐步实现国家对农业、对手工业和对资本主义工商业的社会主义改造的过渡时期总路线。在这条总路线指引下，我国奠定了工业化的初步基础，开辟了一条适合中国国情的社会主义改造道路，根据中国特点，用国家资本主义的形式与和平赎买政策改造资本主义工商业，用逐步过渡的形式改造个体农业和个体手工业，在社会主义改造的过程中，使社会生产力继续得到发展，广大人民生活水平得到提高，这是中国共产党的独特创造。社会主义改造的基本完成，社会主义制度的全面确立，是我国历史上最深刻、最伟大的社会变革，成为新中国一切进步和发展的基础。

社会主义改造基本完成以后，毛泽东同志以苏联的经验为鉴戒，积极探索中国自己的建设社会主义的道路。1956年，毛泽东同志发表《论十大关系》，强调我们的基本方针，就是要把国内外一切积极因素调动起来，为社会主义事业服务。1957年，毛泽东同志又发表《关于正确处理人民内部矛盾的问题》，指出社会主义社会的基本矛盾仍然是生产关系和生产力之间的矛盾、上层建筑和经济基础之间的矛盾；认为我们的根本任务已经由解放生产力变为在新的生产关系下面保护和发展生产力；提出了严格区分和正确处理两类不同性质的矛盾，团结全国各族人民发展我们的经济、发展我们的文化，建设社会主义强大国家的战略思想。在我们党探索社会主义建设道路的初期，这是两篇具有重要意义的著作。在这两篇著作和其他著作中，毛泽东同志提出了许多关于中国社会主义建设的重要观点，涉及政治、经济、文化、国防、外交等各个方面。

（下转第二版）

人民日报

RENMIN RIBAO

今日8版

人民网网址：http://www.people.com.cn
http://www.peopledaily.com.cn

国内统一刊号：CN11-0065
第20489期　（代号1-1）
人民日报社出版

2004年8月
14
星期六
甲申年六月廿九

北京地区天气预报
白天　阴转多云
降水概率 30%
风向　北转南
风力　二、三级
夜间　多云
降水概率 20%
风向　南转北
风力　一、二级
温度　29℃/19℃

党中央国务院高度关注浙江遭受强台风袭击情况

胡锦涛温家宝就做好抗灾救灾工作作出重要指示

新华社北京8月14日电　党中央、国务院对近日浙江省遭受强台风袭击高度关注，中共中央总书记、国家主席胡锦涛，中共中央政治局常委、国务院总理温家宝作出重要指示。胡锦涛强调，浙江省各级党委和政府要迅速组织各方力量投入抗灾救灾斗争，尽最大努力救治伤员，尽快恢复供水、供电、交通、通讯设施，妥善安排灾区群众生活，及早谋划灾后重建。各级党组织和党员干部都要在关键时刻站出来，保护人民群众的生命安全，关心人民群众的疾苦。胡锦涛向灾区的广大干部群众和投入抗灾救灾斗争的人民解放军指战员、武警官兵、公安民警致以亲切的问候。

温家宝指出，面对第14号强台风的正面袭击，浙江省委、省政府高度重视，周密部署，组织广大干部群众有力地进行了抗灾救灾工作。希望再接再厉，团结奋斗，努力落实各项救灾措施，夺取抗灾救灾工作的全面胜利。

国务院副总理、国家防汛抗旱总指挥部总指挥回良玉表示，要以高度的政治责任感和对人民负责的态度，迅速启动防台风预案，确保人民生命安全，尽最大努力减轻灾害损失。

第14号台风灾情发生后，国务院已派出工作组前往灾区，协助抗灾救灾，慰问灾区群众。国家防总再次发出紧急通知，要求有关省市认真贯彻落实中央精神，努力把抗灾救灾工作落到实处。

邓小平铜像揭幕仪式在四川广安隆重举行

胡锦涛出席并为铜像揭幕　江泽民为铜像题名

新华社广安8月13日电　（记者冯昌勇、刘思扬）在邓小平同志百年诞辰即将到来之际，邓小平铜像揭幕仪式13日上午在四川省广安市隆重举行。中共中央总书记、国家主席胡锦涛出席仪式，并为铜像揭幕。胡锦涛表示，邓小平同志为中国革命、建设、改革事业建立的伟大功勋将永载史册，他留下的宝贵精神财富将永远激励我们前进。

铜像矗立在广安市广安区协兴镇牌坊村邓小平同志的故里，三面环山，树木环抱。江泽民同志题写的“邓小平铜像”五个大字镌刻在大理石基座上。

上午9时15分，胡锦涛揭下覆盖在邓小平铜像上的红绸。短袖衫，军便裤，圆口布鞋，邓小平面带微笑地坐在藤椅上，一如他过去的亲切、质朴、睿智。全场响起了长时间的热烈掌声。

由中共中央、全国人大常委会、国务院、全国政协、中央军委敬献的花篮，分别由10名礼兵放置在铜像前。胡锦涛缓步走上前去，庄重地整理花篮上的缎带。随后，参加仪式的领导同志和干部群众代表向邓小平铜像鞠躬致敬。

中共中央政治局委员、中央书记处书记刘云山，中共中央政治局候补委员、中央书记处书记王刚，中央书记处书记、中央军委委员徐才厚，全国人大常委会副委员长何鲁丽，国务委员华建敏，全国政协副主席罗豪才，原中央军委委员、邓小平同志办公室主任王瑞林等出席铜像揭幕仪式。

揭幕仪式由四川省省长张中伟主持。四川省委书记张学忠在仪式上发言，他表示，8700万家乡人民永远怀念邓小平同志，决心将无限的怀念之情化作巨大的工作动力，全面推进四川的改革开放和现代化建设。少先队员代表在仪式上献辞，他们宣誓一定要牢记邓爷爷的教诲，树雄心、立大志，勤奋学习，提高本领，努力使自己成长为中国特色社会主义事业的合格建设者和可靠接班人。

中央有关部门负责同志，邓小平同志亲属和原身边工作人员，四川省有关负责同志和广安市干部群众代表等约400人参加了揭幕仪式。

8月13日上午，邓小平铜像揭幕仪式在四川省广安市隆重举行。中共中央总书记、国家主席胡锦涛出席仪式，并为铜像揭幕。　新华社记者　樊如钧摄

揭幕仪式结束后，胡锦涛等参观了邓小平故居陈列馆。陈列馆分“走出广安”“戎马生涯”“艰辛探索”“非常岁月”“开创伟业”和“您好，小平！”六个部分，通过一件件实物、一篇篇手稿、一幅幅图片，形象地展示了邓小平同志光辉的一生。胡锦涛仔细观看每一件展品，不时询问有关情况。胡锦涛充满感情地说，邓小平同志的一生是为民族解放、国家富强、人民幸福不懈奋斗的光辉一生。他不仅为中国革命、建设、改革事业建立了不朽的历史功勋，而且具有崇高的思想品德和伟大的人格魅力，给我们留下了宝贵的精神财富。今天，我们对小平同志的最好纪念，就是坚定不移地把他所开创的中国特色社会主义事业继续推向前进。

胡锦涛等还瞻仰了邓小平故居。这是一座具有川东民居特点的农家三合院，1904年8月22日邓小平同志在这里出生，并在这里度过了他的童年和少年时光。

12日晚，胡锦涛等在住地亲切会见了前来参加铜像揭幕仪式的邓小平同志亲属和原身边工作人员，并与他们进行了亲切的交谈。胡锦涛说，邓小平同志是全党、全军、全国各族人民公认的卓越领导人，是我们党第二代中央领导集体的核心，是我国社会主义改革开放和现代化建设的总设计师，是邓小平理论的创立者，在党内外、国内外享有崇高的威望。邓小平同志离开我们已经7年多了，但全党和全国各族人民永远敬仰他、怀念他，他老人家永远活在我们心中。胡锦涛还请他们转达中央对卓琳同志的亲切问候。

《世纪伟人邓小平》展览反响强烈

开展四天观众四万　留言一千五百条

本报北京8月13日讯　记者胡果报道：正在国家博物馆举办的大型展览《世纪伟人邓小平》反响强烈，8月10日开幕以来观众超过4万、留言已近1500条，观众呈现出“三多”：自发参观的多、年轻人多、外宾多。一代伟人邓小平的传奇人生、丰功伟绩、博大胸襟，深深吸引着中外观众。

此次展览采取凭票免费参观。下午3时，记者赶到国家博物馆，1100平方米的展厅内人头攒动，门口领票处排起长队。国家博物馆社教部副主任黄琛介绍，这次展览最突出的特点，就是自发参观的群众特别多。开幕当天，一位花甲老人骑着自行车、清晨5点多钟就从几十公里外的通州赶到国博。几天来，平均每天有近千人咨询，热线电话几乎打爆。“外宾的数量也超出预想。我们已接到美国、德国、日本、英国等多家电台、电视台和平面媒体的参观、采访要求。”说话间，正有外国记者在展厅内拍摄，一位男士伸出拇指：“邓小平是20世纪的伟人，他不光属于中国。”

每天近万名观众中，年轻人占了近一半。陕西咸阳渭河发电厂的郭燕林告诉记者：“我今年30岁，是沐浴着改革开放的春风成长起来的一代。托邓小平的福，没有吃过前辈的苦，所以特别想来谢谢他！”年轻人不少，但老观众看得最仔细、最动情，邓小平的一生与国家、民族的百年命运紧紧相连，不少老人面对展品流下热泪。展厅门口，厚厚6本留言薄上挤满心声，有关邓小平生平和研究的数十种图书也很抢手。管理员说，为防脱销，他们正与有关出版社联系，紧急抽调新书。

这次展览是纪念小平百年诞辰的一项重大活动，得到社会各界的热切关注和大力支持。北京城市学院的学生主动要求担当解说员。天安门管委会在人民英雄纪念碑东侧为展览特批了一个专用停车场。国家博物馆毕竟是有45年历史的老建筑了，人一多，空调有些跟不上，展厅内难免闷热。怕老年观众身体不适，馆里的医务人员赶紧在现场设了值班岗。人多，卫生间也陡然紧张。为方便观众，北京市环卫局临时调集了4个活动式卫生间安置在大门外。热线电话人手吃紧，总政的同志来参观时听说此事，马上抽调4名优秀的话务兵前来支援。国博社教部副主任黄琛感慨：“伟人打动了观众，观众感染了我们。我们一定全力以赴，让大家更好地看小平！”

第二十八届奥运会在雅典开幕

世界人民盛会　百年奥运回家

本报雅典8月13日（北京时间14日凌晨2时40分）电　记者江正茂、许立群报道：百年奥运，梦回雅典，历经沧桑的奥林匹克盛会，今天终于回家了！第二十八届奥运会今晚在雅典主体育场隆重开幕。

雅典是奥林匹克的故乡，雅典是守护和平的伟大之城。从现代奥运会至今已过去了108年，今天雅典人民和全世界人民一道，欣喜不已，迎来这人类的盛会——第二十八届奥运会。来自202个国家和地区的一万余名健儿，聚会在雅典，他们将在今后15天的时间里，在28个奥运会比赛大项中，切磋技艺，比试高低，增进友谊，共享和平。

本届奥运会，中国代表团将参加雅典奥运会26个大项，203个小项的比赛。中国代表团一共有600多人，参赛运动员为407人，其中男运动员138人，女运动员269人。共有83人曾经参加过奥运会比赛。全团运动员平均年龄为23.3岁，比悉尼奥运会降低1.5岁。年龄最大的是射击队的王义夫，43岁，他是第6次参加奥运会比赛；年龄最小的是游泳队的队员张添翼，14岁。

本届奥运会于20时45分（北京时间14日凌晨1时45分）开幕。希腊演员参加了题为《爱琴海的浪漫》的大型文艺表演。文艺表演结束后，各代表团按希腊字母顺序入场。中国代表团第78位入场。

雅典奥运会明天比赛将产生13块金牌，中国运动员在其中五个项目具备冲金实力。中国队首先上场参赛的是女子10米气步枪选手赵颖慧和杜丽，她俩均打破过该项世界纪录并夺得过冠军，很有希望为中国队夺得首枚金牌。另外还有参加男子10米气手枪的老将王义夫、女子举重48公斤级的李卓、女子三米跳板双人赛的郭晶晶和吴敏霞、男子十米跳台双人赛田亮和杨景辉。奥运首日决战，中国队跳水、举重、射击冲击金牌，但花落谁家，人们还要拭目以待。

雅典当地时间8月13日20时45分，第二十八届奥运会在希腊雅典奥运会主体育场开幕。这是开幕式上由火焰组成的五环在会场中央的水面熊熊燃烧。　本报记者　王霞光摄

关键时刻站出来

——浙江军民迎战“云娜”台风纪实

本报记者　袁亚平　江　南　鲍洪俊

海面惊涛骇浪，陆地狂风暴雨，房屋倒塌，电线杆折断，大树连根拔起，铁架子扭成麻花状倒在路边……

8月12日晚8时，今年第14号台风“云娜”在浙江省温岭市石塘镇登陆，近中心最大风力12级以上，是1997年以来在浙江登陆的最强台风。

面对强台风的袭击，浙江军民以英勇的气概，开展了一场“生命高于一切”的抗御救灾大行动。

人是最可宝贵的，这是防御台风中的首保目标

8月12日傍晚，浙江省委书记习近平在24小时内第三次来到省防汛防旱指挥部。一进门，他就急切地询问副省长、省防汛防旱指挥部指挥茅临生：“台风情况怎么样，什么时候正面登陆？”省长吕祖善，省委副书记周国富，常务副省长章猛进，副省长陈加元，也都来到省防汛防旱指挥部。

就在前一天下午，浙江省政府已召开电视电话会议，要求各地各部门把确保人民群众的生命安全作为防御台风工作的首要目标。沿海地区特别是台风可能登陆的地区，要组织人员迅速行动，全面排查台风可能危及人员生命安全的一切危险地段和设施，该撤离的坚决及时撤离，该转移的坚决及时转移，决不能遗漏。

（下转第二版）

雅典节俭办奥运

文　晶

办好奥运，要有投入。但钱花得越多，奥运会就能办得越好吗？其实未必。本着勤俭的精神、少花钱也能多办事、办好事。在市场经济体制下，办奥运也要讲经济效益，这就要求我们想方设法降低成本，勤俭办事。目前，北京对奥运提出要节俭，主赛场“鸟巢”的建设规划也进行调整，以节省投资，这深得民心。只有从实际出发，不做表面文章，节俭办奥运，才能把奥运会办得更好。要说形象，这也是一种形象。

初到雅典的中国体育官员，有一个共同感受：雅典人办奥运十分节俭。

为节约开支，雅典将一些旧场馆改建装修，作为奥运场馆使用；原计划建在主体育场外的纪念碑被一个成本更低的喷泉所取代；在各代表团到达时，不搞接待欢迎仪式，而是开辟便捷通道，既方便了代表团，还节省了一笔可观的接待费用。

奥林匹克运动会乃世界体坛盛会，办得好坏，关系到国家的形象和声誉。

今日谈

中央企业上半年利润增长近四成

本报北京8月13日讯　记者费伟伟报道：据国家统计局快报和中央企业财务快报，上半年，中央企业累计实现利润2254.3亿元，同比增加627.7亿元，同比增长38.6%；实现增加值7272.3亿元，同比增长23.9%；实现销售收入25272.7亿元，同比增长8.9%。预计全年实现利润有望突破3800亿元，创出历史新高。这是记者从今天结束的中央企业负责人会议上获悉的。

今年是开展中央企业负责人经营业绩考核工作的第一年，国资委年初与180家中央企业签订了经营业绩责任书。从上半年情况看，这些企业实现主营业务收入和利润同比分别增长30.7%和43.4%，总资产利润率和周转率比2003年平均水平都有新提高。预计全年150户企业能够完成全部四项考核指标，占83.3%。目前国资委正在对可能完不成全年考核目标值的30家企业逐户了解，分析主要原因及影响因素。国资委主任李荣融强调，对责任书所签订的内容和要求一定要考核兑现。

湖北城乡统一登记为居民户口

本报武汉8月13日电　记者张志峰报道：湖北省公安厅等部门今日宣布，湖北正式启动户籍制度改革，取消农业户口和非农业户口性质，以及地方城镇户口、自理口粮户口、农场商品粮户口等户口类型，统一登记为“湖北居民户口”。

湖北将实行户口迁移条件准入制度，除武汉市在2006年前逐步改革到位外，其他市、州取消进城入口计划指标。凡有合法固定住所和相对稳定的职业或合法生活来源的公民，均可按照规定办理落户手续。

全国封育成林3300多万公顷

本报石家庄8月13日电　记者彭俊报道：国家林业局副局长祝列克今天说，据不完全统计，全国累计封育成林面积已达3338.1万公顷，占我国有林地面积的21.7%，为提高我国森林覆盖率贡献3.6个百分点。祝列克是在今天此间召开的全国封山育林现场会上介绍上述情况的。

中非共和国总统将访华

新华社北京八月十三日电　外交部发言人孔泉十三日在此间宣布：应国家主席胡锦涛的邀请，中非共和国总统弗朗索瓦·博齐泽将于八月十九日至二十四日访华。

人民日报

RENMIN RIBAO

今日 12 版

人民网网址:http://www. people. com. cn

http://www. peopledaily. com. cn

国内统一刊号:CN11-0065

第 20496 期 （代号 1-1）

人民日报社出版

2004 年 8 月

21

星期六

甲申年七月初六

北京地区天气预报

白天 阴 部分地区有小阵雨转多云 降水概率 40% 风向 北转南 风力 二、三级

夜间 多云 降水概率 20% 风向 南转北 风力 一、二级

温度 26℃/20℃

胡锦涛温家宝参观纪念邓小平同志诞辰 100 周年展览

8 月 20 日，中共中央总书记、国家主席胡锦涛等来到国家博物馆，参观“世纪伟人邓小平——纪念邓小平同志诞辰 100 周年展览”。

新华社记者 刘卫兵摄

新华社北京 8 月 20 日电 中共中央总书记、国家主席胡锦涛，中共中央政治局常委、国务院总理温家宝 20 日下午分别来到国家博物馆，参观正在这里举办的“世纪伟人邓小平——纪念邓小平同志诞辰 100 周年展览”。

展厅里人流涌动，气氛热烈。胡锦涛、温家宝与来自各地的观众亲切握手，同大家一起参观展览。

一幅幅历史图片，一件件珍贵文物，一个个生动场景，形象地再现了邓小平同志为中国革命、建设、改革事业不懈奋斗的光辉一生。在邓小平同志策马奔赴太行前线的巨幅照片前，在署名“一位老共产党员”的“希望工程”捐款收据前，在复原的邓小平同志办公室和会议室实景前，在“三步走”发展战略简表和全方位对外开放格局示意图前，胡锦涛、温家宝驻足凝视，仔细观看。

胡锦涛在参观结束时表示，通过参观纪念邓小平同志诞辰 100 周年展览，我们再一次缅怀了他老人家光辉的一生，再一次受到了深刻的教育和巨大的鼓舞。邓小平同志在 70 多年的革命生涯中，为党、为国家、为人民建立了不可磨灭的历史功勋，赢得了全党、全军、全国各族人民的衷心爱戴。我们永远敬仰他、热爱他、思念他。他的丰功伟绩将永载中华民族的光辉史册，他的科学理论将永远指引我们奋勇前进。

刘云山、王刚以及主办单位负责同志一同参观了展览。

纪念邓小平同志诞辰 100 周年大型文艺晚会《小平你好》隆重举行

胡锦涛江泽民吴邦国温家宝贾庆林曾庆红黄菊吴官正李长春罗干等出席

八月二十日晚，纪念邓小平同志诞辰一百周年大型文艺晚会《小平你好》在北京人民大会堂举行。党和国家领导人胡锦涛、江泽民、吴邦国、温家宝、贾庆林、曾庆红、黄菊、吴官正、李长春、罗干等出席晚会并与演职人员合影留念。 新华社记者 刘建生摄

本报北京 8 月 20 日讯 歌如春潮，咏唱着世纪伟人的不朽业绩；诗传心声，倾诉着中国各族人民对邓小平同志的深深缅怀。纪念邓小平同志诞辰 100 周年大型文艺晚会《小平你好》，20 日晚在人民大会堂隆重举行。胡锦涛、江泽民、吴邦国、温家宝、贾庆林、曾庆红、黄菊、吴官正、李长春、罗干等党和国家领导人同 6000 余名首都各界人士一起观看了演出。

长安街华灯齐放，人民大会堂灯火辉煌。“小平你好”这四个大字，在晚会中不断迭现，表达出中国各族人民的共同心声。音乐缓缓响起，大幕徐徐拉开，邓小平同志伟大而壮阔的一生浓缩在精彩纷呈的歌舞中，邓小平同志为我国改革开放和现代化建设描绘出的壮美图景艺术地再现在人们眼前。

整台晚会分为序幕、“烽火岁月”、“春潮澎湃”、“大地深情”和“走在春风里”五个部分。“烽火岁月”，展示了邓小平同志作为一位伟大的军事家，从千里跃进大别山到淮海战役，从进军大西南到和平解放西藏，为民族独立和人民解放浴血奋战建立的卓著功勋；“春潮澎湃”，表现了邓小平同志作为我国社会主义改革开放和现代化建设的总设计师，带领全党全国人民解放思想、实事求是，开创中国特色社会主义伟大事业的雄壮进程；“大地深情”，生动讲述了这位世纪伟人对祖国和人民浓浓的情、深深的爱，展现出邓小平同志的人格魅力和博大情怀；“走在春风里”，以人们熟悉的音乐旋律，抒发出中国各族人民对邓小平同志的深深怀念，表达了中国各族人民在中国共产党领导下继往开来、开拓创新，走向新胜利的坚定决心。

“我是中国人民的儿子，我深情地爱着我的祖国和人民”，邓小平同志熟悉的声音在大会堂里回荡，感情的潮水在人们的心田汹涌澎湃。“春天”这个与邓小平同志紧密相连的意象，在晚会中反复咏叹，铺陈出邓小平同志给中国大地带来的蓬勃生机，给中国人民带来的幸福生活，表达了中国人民对邓小平同志的敬仰和热爱。

鲜花献伟人，春风沐九州。合唱《走在春风里》唱出了以胡锦涛同志为总书记的党中央决心带领全党全国各族人民，高举邓小平理论和“三个代表”重要思想伟大旗帜，聚精会神搞建设，一心一意谋发展，从胜利走向新的胜利！

晚会结束时，胡锦涛、江泽民、吴邦国、温家宝、贾庆林、曾庆红、黄菊、吴官正、李长春、罗干走上舞台，与参加演出的文艺工作者亲切握手，祝贺演出成功，并与他们合影留念。

出席晚会的还有：王兆国、回良玉、刘淇、刘云山、吴仪、周永康、贺国强、郭伯雄、曹刚川、曾培炎、王刚、刘华清、徐才厚、李铁映、司马义·艾买提、何鲁丽、成思危、许嘉璐、蒋正华、顾秀莲、盛华仁、乌云其木格、韩启德、傅铁山、唐家璇、华建敏、陈至立、肖扬、贾春旺、王忠禹、刘延东、张思卿、罗豪才、张克辉、周铁农、郝建秀、陈奎元、阿不来提·阿不都热西提、徐匡迪、黄孟复、张怀西和黄华、丁关根、田纪云、张万年、姜春云、王汉斌、倪志福、陈慕华、王丙乾、王光英、布赫、彭珮云、曹志、韩杼滨、杨汝岱、任建新、钱正英、孙孚凌、万国权、胡启立、赵南起、王文元、张廷发，以及中央军委委员梁光烈、廖锡龙、李继耐。

这台晚会是由中央宣传部、文化部、广电总局、解放军总政治部、中国文联、北京市政府共同举办的，来自全国各地文艺团体的 1600 多名文艺工作者参加了演出。

温家宝分别会见中非总统和利比里亚外长

新华社北京 8 月 20 日电 （记者车玉明）国务院总理温家宝 20 日在中南海紫光阁分别会见了来访的中非总统博齐泽和利比里亚外长尼梅利。

温家宝说，目前中国与中非关系发展势头良好，各领域合作不断加强。我们赞赏中非政府坚持奉行一个中国的政策，只要双方政治上相互尊重和互不干涉内政，经济上相互支持和加强合作，积极推动双方在各领域的交流，两国关系就一定能够持续、稳定、健康地向前发展。中国政府愿与中非政府为此共同作出努力。

温家宝指出，中国与中非的经贸合作仍有潜力，双方在努力扩大贸易的同时，应进一步加强经济技术合作，把农业、基础设施建设和人力资源开发作为未来合作的重点。中国政府将继续鼓励中国企业赴中非参与中非的经济建设，开展互利合作。

博齐泽感谢中国人民多年来给予中非人民的支持和帮助。他重申在台湾问题上不会改变现有政策，强调中非政府致力于与中国建立着眼未来的友好关系。他表示，温家宝总理提出的合作领域是中非急需的，中非愿与中方共同努力，使两国合作充满活力，不断发展。

当天，温家宝还会见了利比里亚外交部长托马斯·尼梅利，双方就中利关系交换了意见。

贾庆林主持召开全国政协主席会议

决定 9 月下旬召开政协十届常委会第七次会议

本报北京 8 月 20 日讯 政协第十届全国委员会 20 日召开第十七次主席会议，决定今年 9 月下旬召开政协十届常委会第七次会议，建议主要议题是学习和贯彻中共十六届四中全会精神。中共中央政治局常委、全国政协主席贾庆林主持了会议。

贾庆林指出，即将召开的中共十六届四中全会，将研究加强党的执政能力建设问题。加强党的执政能力建设，是中共十六大根据新世纪新阶段党所面临的新形势新任务而作出的一项战略决策。在国际形势深刻变化、国内改革发展处在关键时期的条件下，从理论和实践相结合的高度解决好这个问题，是一个关系社会主义事业兴衰成败，关系中华民族前途命运，关系党和国家长治久安的重大战略课题。只有解决好这一课题，才能保证我们党在建设中国特色社会主义的历史进程中，始终成为坚强的领导核心，带领全国各族人民全面建设小康社会，实现推进现代化建设、完成祖国统一、维护世界和平与促进共同发展这三大历史任务。贾庆林强调，政协常委会组成人员要全面深刻地领会全会精神，围绕主题积极建言献策。

会议听取了全国政协秘书长郑万通就有关议题所作的说明，审议通过了政协十届常委会第七次会议议程草案和日程，决定将议程草案提请政协十届常委会第七次会议审议。

全国政协副主席王忠禹、刘延东、阿沛·阿旺晋美、李贵鲜、张思卿、罗豪才、张克辉、周铁农、郝建秀、陈奎元、阿不来提·阿不都热西提、徐匡迪、黄孟复、王选、张怀西出席会议。

人民的问候

——纪念邓小平同志诞辰一百周年大型文艺晚会《小平你好》侧记

本报记者 张涛

“小平，你好！”

今夜的人民大会堂，是一个思念的海洋。20 日晚上，人民大会堂灯火辉煌。胡锦涛、江泽民、吴邦国、温家宝、贾庆林、曾庆红、黄菊、吴官正、李长春、罗干等党和国家领导人与首都 6000 余名观众一起，共同观看大型文艺晚会《小平你好》。

舞蹈传神，歌声含情，歌颂小平同志的丰功伟绩，倾诉着人民对他的爱戴和思念。

烽火岁月

“我是个军人，我的专业是打仗。”舞台上小平声音传出。舞台下，78 岁的张荣老人感慨万千，13 岁参军，15 岁入党，打一开始就是小平的部下：“小平同志的一生，就是奋斗的一生，战斗的一生，吃苦的一生。”

百色起义，万里长征，挺进太行，千里跃进大别山；决战淮海，横扫西南，进军西藏，解放祖国大陆。

晚会以宏大的场面，通过歌舞的语言，再现了战争时期的邓小平，展现了一段又一段金戈铁马的烽火岁月。

灯光亮处，三个不同时期的战士吹响了前进的号角。冲锋、追击、前进；再冲锋、再追击、再前进。一个战士倒下了，更多的战士冲上来。雄壮的《胜利进行曲》中，战士们排山倒海，一往无前。

“雪山点头笑，彩云把路开，檀香结了果，孔雀把屏开……”《毛主席派人来》的歌声中，一个戴着脚镣、赤着脚的藏族奴隶跑上来迎接解放军。战士们替他打开了脚镣，脱下自己的棉靴给他穿上。穿着温暖的棉靴，这位藏族同胞兴奋地跳起了藏族踢踏舞。夹道欢迎解放军的藏族同胞不断加入，刹那间，山鸣谷应，全场欢腾。

观众施一丹眼睛湿润：“邓小平等老一辈革命家，解救了千千万万的受苦民众。没有他们，就没有我们的今天。”

（下转第四版）

纪念邓小平百年诞辰

邓小平理论：最可宝贵的财富

一生奋斗 一座丰碑

实事求是

本报今日推出 纪念邓小平百年诞辰特刊

百年小平，波澜壮阔。世纪伟人，丰碑长存。为深切缅怀邓小平同志的丰功伟绩和崇高品德，本报今明两日在第五版到第八版推出纪念邓小平百年诞辰特刊，重温伟人思想理论，思念音容笑貌，激励全党和全国人民不断推进中国特色社会主义事业。图为特刊一版版样。

王楠张怡宁获乒乓球女双金牌

本报雅典 8 月 20 日电 记者陈昭报道：我国选手王楠、张怡宁在第二十八届奥运会乒乓球的首枚金牌争夺战中，以 4:0 的比分干净利索地击败老对手、韩国的李恩实和石恩美，获得冠军。

王楠、张怡宁与李恩实、石恩美在釜山亚运会的女双决赛中相遇，中国选手曾在 3:1 领先的情况下，被韩国运动员反败为胜。但今天王楠没有受女单失利的影响，在比赛中和张怡宁配合默契，未给对方任何可乘之机。另外一对我国乒乓女双选手牛剑锋和郭跃也击败韩国组合金福来、金璟娥，获得铜牌。

王楠、张怡宁在领奖台上。 本报记者 李石营摄

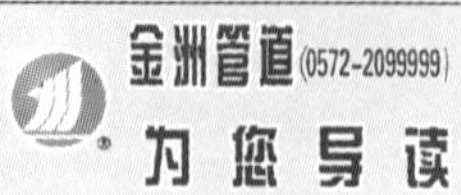

纪念邓小平百年诞辰

一生奋斗 一座丰碑

——致读者

一声深情的问候，一次凝重的回眸。

在邓小平同志百年诞辰的日子里，本报向读者捧出了这份纪念特刊。

今明两天，每期四版——回忆丰功伟绩，缅怀崇高品德；重温思想理论，思念音容笑貌。百年小平，波澜壮阔。这里，虽只能撷取浪花几朵，却希望它蓄满天下情感，映照历史沧桑，折射时代光芒。

"我是中国人民的儿子。我深情地爱着我的祖国和人民。"邓小平，全党全军全国各族人民公认的享有崇高威望的卓越领导人，伟大的马克思主义者，伟大的无产阶级革命家、政治家、军事家、外交家，久经考验的共产主义战士，中国社会主义改革开放和现代化建设的总设计师，建设中国特色社会主义理论的创立者。

他为中国新民主主义革命的胜利和新中国的成立不懈奋斗。百色风云，万里征尘，硝烟卷太行、风雷大别山。决战淮海，横扫西南，进军西藏，红旗插遍祖国大陆。

他为社会主义制度的建立、巩固和发展呕心沥血。主持中央书记处工作，参与重大决策，提出正确主张；总结经验，纠正失误，调整政策，克服困难。十年辛劳，功勋卓著。

他为开辟中国特色社会主义道路艰苦探索，形成以他为核心的中共第二代领导集体，成为中国社会主义改革开放和现代化建设的总设计师。领导全党拨乱反正，重新确立解放思想、实事求是的思想路线，把党和国家的工作重点转移到经济建设上来。冰河乍开，春潮鼓荡，饱经风雨的共和国开始改革开放的新长征。

思小平，念小平，小平一生，四个大字：求真，为民。真理最重，人民最亲。思小平，念小平，重温我们走过的坎坷风雨，激励我们高举邓小平理论伟大旗帜，全面贯彻"三个代表"重要思想，紧密团结在以胡锦涛同志为总书记的党中央周围，脚不停步、奋勇向前。

在中华民族百年图强的史诗中，永远铭刻着邓小平的名字。他为了中国的独立、统一、建设、改革大业，为了中国人民的解放和富裕生活，为了壮丽的社会主义、共产主义事业奋斗了七十多年。他富于传奇色彩的一生伟大而辉煌。他属于人民、属于中国，也影响着世界。

他一生奋斗，树起一座丰碑！

邓小平理论：最可宝贵的财富

——纪念邓小平同志百年诞辰

本报记者 吴珺 黄十庆

8月22日，一个既平常又不平常的日子。说它平常，是因为每年都有这个日子；不平常，是因为这个日子与一位世纪伟人联系在一起，它是邓小平的诞辰日。人们不会忘记，是他以巨人之手推开了历史的闸门，开拓了中国特色社会主义的崭新道路；是他把马克思主义基本原理同中国具体实际相结合，创立了中国特色社会主义理论。

以邓小平的名字命名的这个理论，是使中国走上改革开放光明大道的理论，是使中国人民过上富裕生活的理论，是使社会主义焕发勃勃生机的理论。这个理论，是邓小平留给我们的一份珍贵遗产，一份最可宝贵的财富。

时代的选择

马克思说过，一切划时代的体系的真正的内容都是由于产生这些体系的那个时期的需要而形成起来的。邓小平理论之所以伟大、之所以宝贵，正是因为这一理论是实践的呼唤、时代的要求。

每个时代都有属于自己的课题。准确地把握和解决这些课题，就会把思想理论大大地向前推进一步，把人类社会大大地向前推进一步。沧海横流，方显英雄本色。邓小平作为中国特色社会主义理论的创立者，他的名字始终与中国改革开放和现代化建设波澜壮阔的历史进程紧紧相连，他所创立的理论始终与建设中国特色社会主义的伟大实践紧紧相连。

20世纪70年代末，世界发生深刻变化，和平与发展已逐步成为时代的主题。面对世界发展大势，刚刚从十年"文革"中走出来的中国究竟向何处去？这是摆在全党全国人民面前的一个重大课题。

历史选择了邓小平，时代选择了邓小平。邓小平以他巨大的勇气和非凡的智慧，带领全党全国人民找到了一条建设中国特色社会主义的道路，中国现代化的巨轮破浪前行。

让我们记住那些影响中国前途命运的历史瞬间：

1978年底，邓小平大声疾呼："解放思想，实事求是，团结一致向前看。"在邓小平领导下，党的十一届三中全会彻底否定"两个凡是"的错误，冲破了长期"左"倾错误的严重束缚，重新确立了解放思想、实事求是的思想路线，决定把全党的工作重心由阶级斗争转移到经济建设上来，实现了新中国成立以来我们党的历史上具有深远意义的伟大转折，揭开了建设中国特色社会主义的序幕。

1982年9月，邓小平在党的十二大上响亮地提出：把马克思主义的普遍真理同我国的具体实际结合起来，走自己的道路，建设有中国特色的社会主义，这就是我们总结长期历史经验得出的基本结论。

1987年10月召开的党的十三大，比较系统地论述了我国社会主义初级阶段的理论，明确概括和全面阐发了党的"一个中心、两个基本点"的基本路线。

1992年春天，针对人们对姓"资"姓"社"问题的思想困惑，邓小平在南方谈话中明确指出：判断的标准，应该主要看是否有利于发展社会主义社会的生产力，是否有利于增强社会主义国家的综合国力，是否有利于提高人民的生活水平。

一幅幅激动人心的历史画卷，生动记录了邓小平领导中国人民走向繁荣富强之路的伟人风采；一段段振聋发聩的话语，使人们的思想认识得到极大的解放和提高；一项项重大的决策，把建设中国特色社会主义事业不断向前推进。正是在这一伟大的历史进程中，邓小平建设有中国特色社会主义的理论逐步形成和发展起来。党的十四大对这一理论进行了系统的概括和总结，确立了它在全党的指导地位。党的十五大把邓小平理论确立为党的指导思想，郑重写进党章。

光辉的理论

邓小平理论的主题是建设中国特色社会主义。"什么是社会主义、怎样建设社会主义"，是进行社会主义建设必须搞清楚的根本问题。新中国成立后，围绕这一问题，中国共产党人进行了长期艰辛的探索。从照搬苏联模式，到毛泽东提出"以苏为鉴"，再到邓小平提出"走自己的道路"，我们终于找到了一条中国自己建设社会主义的正确道路，形成了中国特色社会主义理论。

什么是社会主义？邓小平坚持解放思想、实事求是，一切从实际出发，旗帜鲜明地提出了自己的答案：

贫穷不是社会主义，发展太慢也不是社会主义，社会主义的根本任务是发展生产力。平均主义不是社会主义，两极分化也不是社会主义，社会主义的最终目标是共同富裕。僵化封闭不能发展社会主义，照搬外国也不能发展社会主义。计划经济不等于社会主义，资本主义也有计划；市场经济不等于资本主义，社会主义也有市场。没有民主就没有社会主义，就没有社会主义的现代化。物质贫穷不是社会主义，精神贫乏也不是社会主义，没有精神文明就不能建设社会主义。社会主义的本质，是解放生产力，发展生产力，消灭剥削，消除两极分化，最终达到共同富裕。……

怎样建设社会主义？邓小平立足中国国情，从我国社会主义初级阶段的实际出发，反复强调：

发展才是硬道理。中国解决所有问题的关键是要靠自己的发展。以经济建设为中心，集中力量发展生产力。抓住时机，发展自己，关键是发展经济。分"三步走"基本实现社会主义现代化。改革开放是决定中国命运的一招。革命是解放生产力，改革也是解放生产力。改革是社会主义制度的自我完善。开放是对世界所有国家开放，对各种类型的国家开放。不坚持社会主义，不改革开放，不发展经济，不改善人民生活，只能是死路一条。中国问题的关键在于党。没有中国共产党的领导，就没有现代中国的一切，就没有社会主义现代化。坚持党的领导，必须改善党的领导。……

这些人们耳熟能详的经典论述，解决了诸多长期困扰人们的思想认识问题，把对社会主义的认识提高到新的科学水平。

邓小平理论紧紧抓住"什么是社会主义、怎样建设社会主义"这个根本问题，第一次比较系统地初步回答了中国社会主义的发展道路、发展阶段、根本任务、发展动力、外部条件、政治保证、战略步骤、党的领导和依靠力量以及祖国统一等一系列基本问题，是贯通哲学、政治经济学、科学社会主义等领域，涵盖经济、政治、科技、教育、文化、民族、军事、外交、统一战线、党的建设等方面比较完备的科学体系。

邓小平理论是在和平与发展成为时代主题的条件下，在我国改革开放和现代化建设的实践中，在总结我国社会主义胜利和挫折的历史经验并借鉴其他社会主义国家兴衰成败历史经验的基础上，逐步形成和发展起来的。这一理论在新的实践基础上继承前人又突破陈规，开拓了马克思主义的新境界，实现了马克思主义在中国发展的第二次历史性飞跃。在邓小平理论指导下，我们党形成了在社会主义初级阶段的基本路线和一系列方针政策。

成功的实践

伟大的实践孕育伟大的理论，伟大的理论推动伟大的实践。有了邓小平这位中国社会主义改革开放和现代化建设的总设计师，有了邓小平创立的中国特色社会主义理论，中国特色社会主义事业就打开了局面，赢得了辉煌。

从农村改革到城市改革，从经济体制改革到政治体制改革，再到社会生活各个方面的改革；从创办经济特区到开放沿海港口城市，从封闭半封闭状态到走向全方位、多层次、宽领域的对外开放；从改革传统计划经济体制到建立社会主义市场经济体制，中国掀起了一轮又一轮改革开放的热潮。古老的中华大地发生了举世瞩目的变化，焕发出勃勃生机和活力。

农村变了，城市变了，整个国家的面貌变了。千百年来一直未能解决的吃饭问题解决了。今天的中国，国内生产总值突破10万亿元，人均国内生产总值超过1000美元，人民生活总体上达到小康水平，科教文化、民主法制、精神文明建设等各项社会事业蓬勃发展，综合国力显著增强，国际地位显著提高。对于亿万中国人民来说，物质生活和精神生活从来没有像现在这样丰富多彩。中国特色社会主义取得的成就令世界刮目相看。

"邓小平是一位了不起的伟人。他使中国人民富起来，他将亿万中国人民带上了一条繁荣富强之路，功劳卓著。""他领导了一场伟大的变革，国家、民族，乃至我们每一个人都在这场伟大的变革中受益。""邓小平是一位伟人，他所提倡的改革开放带领中国进入新的历史阶段，是中国当之无愧的第二代领导核心。"中国人民这样评价他。

"邓小平的一生是非常伟大的一生，他制定的改革开放政策促进了中国的现代化进程，使中国成为举足轻重的国家，他的功绩受到全世界赞颂。""他对人类的卓越贡献超越了他生活的时代和中国的国界。"国际友人这样评价他。

中国各族人民正在邓小平开拓的强国富民的康庄大道上阔步前进。

最好的纪念

中国人民在富裕起来的生活中认识了邓小平理论，在国家繁荣富强的道路上选择了邓小平理论。如果没有邓小平，没有邓小平创立的中国特色社会主义理论，中国人民就不可能有今天的新生活，中国就不可能有今天改革开放的新局面和社会主义现代化的光明前景。邓小平虽然离开了我们，但他所开辟的道路得到了延续，他所创立的理论得到了发展，他所开创的事业得到了推进。

党的十三届四中全会以来，以江泽民同志为主要代表的当代中国共产党人，高举邓小平理论伟大旗帜，在不断推进中国特色社会主义事业的进程中，准确把握时代特征，科学判断我们党所处的历史方位，围绕建设中国特色社会主义这个主题，集中全党智慧，以马克思主义的巨大理论勇气进行理论创新，逐步形成了"三个代表"重要思想。这一科学理论进一步回答了什么是社会主义、怎样建设社会主义的问题，创造性地回答了建设什么样的党、怎样建设党的问题。党的十六大把"三个代表"重要思想同马克思列宁主义、毛泽东思想、邓小平理论一道确立为党必须长期坚持的指导思想，实现了我们党指导思想上的又一次历史性飞跃。"三个代表"重要思想作为马克思主义中国化的最新成果，是全党全国人民在新世纪新阶段继续团结奋斗的共同思想基础。

在全面建设小康社会、加快推进社会主义现代化的新的发展阶段，以胡锦涛同志为总书记的党中央，高举邓小平理论伟大旗帜，全面贯彻"三个代表"重要思想，不断推动理论创新和实践创新，提出坚持以人为本，全面、协调、可持续的科学发展观，强调立党为公、执政为民，弘扬求真务实精神，坚持为民、务实、清廉，进一步把中国特色社会主义事业推向前进。

纪念一代伟人邓小平，不仅要缅怀他的丰功伟绩，更重要的是继承和推进他的思想和事业。今天我们纪念邓小平，要格外珍视他留给我们的宝贵精神财富，珍惜得来不易的改革开放和社会主义现代化建设的成果，把深切的缅怀之情转化为强大的精神动力，开拓进取、扎实工作，坚定不移地把他所开创的建设中国特色社会主义事业继续推向前进，把实现中华民族伟大复兴的史诗谱写下去。这是历史赋予我们的神圣使命，也是对邓小平最好的纪念。

1986年9月28日，邓小平在中共十二届六中全会上。

邓小平同志光辉一生

1904年8月22日，邓小平出生于四川省广安县协兴乡牌坊村的邓家老院子。

1927年冬，23岁的邓小平担任中共中央秘书长。

1929年夏，25岁的邓小平作为中共中央代表到广西领导武装起义。

由于拥护以毛泽东为代表的正确路线，1933年5月，邓小平被错误撤销职务。

1934年底再次担任中央秘书长。1935年1月，参加了著名的遵义会议。

1943年10月，邓小平任中共中央北方局代理书记，并主持八路军总部的工作。

1992年1月19日，邓小平站在深圳河大桥，深情眺望对面的香港。

1947年6月30日夜，刘邓大军强渡黄河，发起鲁西南战役，揭开了人民解放战争全国性战略进攻的序幕。

1948年5月，中共中央任命邓小平为中原局第一书记及中原军区、中原野战军政治委员。1949年，中国人民解放军发起渡江战役，邓小平为渡江战役总前委书记。

1949年中华人民共和国宣告成立后，刘伯承和邓小平率部进军大西南。邓小平任中共中央西南局第一书记、西南军政委员会副主席、西南军区政治委员。

1952年7月，任政务院副总理，参加中央领导工作。

1956年9月，在中共八届一中全会上，邓小平当选为中央政治局常委、中央委员会总书记，成为以毛泽东为核心的中国共产党第一代领导集体的重要成员。

"文化大革命"开始后，邓小平被剥夺一切职务。从1969年起，邓小平被送到江西省新建县拖拉机修造厂劳动。

1973年3月，中共中央决定恢复邓小平国务院副总理的职务。1975年，邓小平主持党政军日常工作。

1976年4月，邓小平再次被错误地撤销党内外一切职务。

1977年7月，中共十届三中全会通过决议，恢复邓小平党政军领导职务。

1978年12月，中共十一届三中全会在北京举行，形成了以邓小平为核心的党的第二代中央领导集体。

1981年6月，中共十一届六中全会审议通过了由邓小平主持起草的《关于建国以来党的若干历史问题的决议》。

1982年9月，中国共产党第十二次全国代表大会，邓小平在开幕词中提出了"建设有中国特色的社会主义"这一崭新命题。

抗日战争初期的邓小平。

1984年初，邓小平视察深圳、珠海、厦门经济特区。

1989年11月，在中共十三届五中全会上，邓小平辞去了中央军委主席的职务。

1992年1月至2月，邓小平视察武昌、深圳、珠海、上海等地并发表重要谈话。

1997年2月19日21时8分，邓小平因病在北京逝世，享年93岁。

邓小平手迹"实事求是"
选自《邓小平手迹选》

波澜壮阔的一生

——纪念邓小平同志诞辰100周年

◇1974年底，毛泽东和邓小平亲切握手。　（新华社发）

◇1989年，邓小平和江泽民亲切握手。

◇1992年，邓小平与胡锦涛亲切握手。

◇邓小平(右)和邓绍圣1921年3月在法国留学时的合影。

◇1961年，邓小平在农村视察工作。

◇邓小平一生屡经磨难，造就了他刚毅的品格。图为1978年时的邓小平。

本版图片除署名外均选自中共中央文献研究室与中共四川省委编著的《邓小平画传》

◇1938年，邓小平奔赴太行山抗日前线。

◇1979年夏，邓小平视察北海舰队时听取海军领导汇报。

◇1977年8月17日，邓小平会见美籍华人物理学家丁肇中。

◇1979年1月30日邓小平访美时，出席美中关系全国委员会等6个美国团体联合举行的执行会，并发表重要讲话，阐述中国对世界形势、中美关系和台湾问题的立场和政策。

◇1984年12月19日，邓小平会见前来参加《中英关于香港问题的联合声明》签字仪式的撒切尔夫人。

◇1980年7月，邓小平在峨眉山的山道上向乡亲问候。

◇1992年1月，邓小平视察珠海时发表谈话。

人民日報

RENMIN RIBAO

今日 12 版

人民网网址：http://www.people.com.cn

http://www.peopledaily.com.cn

国内统一刊号：CN11-0065

第 20497 期 （代号 1-1）

人民日报社出版

2004 年 8 月 22 星期日

甲申年七月初七

北京地区天气预报

白天 阴转多云 降水概率 30% 风向 北转南 风力 二、三级

夜间 多云转晴 降水概率 20% 风向 南转北 风力 一、二级

温度 27℃/20℃

邓小平生平和思想研讨会在京开幕

李长春强调不断深化邓小平理论研究，努力推出一批有价值、有影响的研究成果

本报北京 8 月 21 日讯 记者**张涛**报道：邓小平生平和思想研讨会 21 日上午在北京开幕。中共中央政治局常委李长春出席研讨会并发表讲话强调，加强邓小平理论的学习、研究和宣传，对于帮助广大干部群众进一步学习领会邓小平同志的光辉思想，进一步深入学习贯彻"三个代表"重要思想，不断推进中国特色社会主义伟大事业，具有十分重要的意义。要从理论和实践的结合上，不断深化邓小平理论研究，努力推出一批有价值、有影响的研究成果，为用邓小平理论和"三个代表"重要思想武装全党、教育人民，为推动用这一科学理论指导实践提供有力支持。

研讨会由中共中央政治局委员、书记处书记、中宣部部长刘云山主持。中共中央政治局委员、书记处书记、中组部部长贺国强，中共中央政治局委员、国务院副总理曾培炎，中共中央书记处书记、中央军委委员、总政治部主任徐才厚，全国政协副主席、中国社会科学院院长陈奎元，中共四川省委书记张学忠先后发言。薄一波同志作了书面发言。

李长春在讲话中指出，邓小平同志留给我们最宝贵的精神财富就是邓小平理论。10 多年来，广大理论工作者深入研究邓小平理论，坚持把研究邓小平理论同学习、宣传紧密结合起来，有力地推动了用邓小平理论武装全党、教育人民；坚持把研究邓小平理论同研究马克思列宁主义、毛泽东思想结合起来，加深了对邓小平理论本身的认识和理解。特别是把学习、研究和宣传邓小平理论同学习贯彻"三个代表"重要思想结合起来，使广大干部群众进一步加深了对"三个代表"重要思想同邓小平理论既一脉相承又与时俱进关系的认识，加深了对"三个代表"重要思想的时代背景、实践基础、科学内涵、精神实质和历史地位的认识，进一步增强了学习贯彻邓小平理论和"三个代表"重要思想的自觉性和坚定性。

李长春对当前进一步加强邓小平理论的研究提出了明确要求。他指出，要通过加强邓小平理论的研究，进一步深化对用发展着的马克思主义指导新的实践的认识；进一步深化对中国特色社会主义道路的认识；进一步深化对科学发展观的认识；进一步深化对立党为公、执政为民本质要求的认识；进一步深化对加强党的执政能力建设的认识；进一步深化对巩固马克思主义在意识形态领域指导地位、巩固全国人民团结奋斗共同思想基础的认识。

李长春强调，深入研究邓小平理论是中央实施的马克思主义理论研究和建设工程的基本要求和重要内容。实施马克思主义理论研究和建设工程，是以胡锦涛同志为总书记的党中央作出的重大战略决策，是坚持和巩固马克思主义在意识形态领域指导地位采取的重大举措，是全面建设小康社会、不断开创中国特色社会主义事业新局面的必然要求，是繁荣我国哲学社会科学的首要任务，是党的建设的生命工程、基础工程。要把邓小平理论和"三个代表"重要思想作为研究重点，以重大现实问题为主攻方向，把马克思主义在中国发展的最新理论成果贯穿到哲学社会科学的学科建设、教材建设中，进一步加强马克思主义理论队伍建设。

刘云山在讲话中指出，李长春同志代表党中央所作的重要讲话，阐明了进一步加强邓小平理论的研究、学习和宣传的重大意义，着重强调了实施马克思主义理论研究与建设工程这一当前思想理论工作的战略任务，并对加强邓小平生平和思想的研究工作提出了指导意见和明确要求。希望大家认真学习、领会好讲话的精神，并用以指导今后的研究工作。

全国人大常委会副委员长、全国妇联主席顾秀莲，全国政协副主席、中央统战部部长刘延东也出席了会议。

这次研讨会是为纪念邓小平同志诞辰 100 周年，根据党中央的决定，由中央宣传部、中央党校、中央文献研究室、中央党史研究室、教育部、中国社会科学院和解放军总政治部联合召开的。会议收到学术论文近 160 篇，集中反映了近年来邓小平生平和思想研究的成果。来自各地的 180 多位专家、学者将在会上进行学术交流。研讨会将于 24 日结束。

社论

沿着邓小平开辟的道路前进

——纪念邓小平同志诞辰一百周年

今天是邓小平同志百年诞辰。

连日来，广大干部群众满怀深情纪念邓小平百年诞辰。邓小平铜像揭幕仪式在四川广安隆重举行，党和国家领导人与各界群众一起瞻仰邓小平故居陈列馆。大型展览《世纪伟人邓小平》开展，各地干部群众千里迢迢，扶老携幼前来参观。许多党政机关、社会团体和企业、乡村、学校、军营、社区，以邓小平同志百年诞辰为主题，召开各种纪念会、座谈会、研讨会。一大批纪念邓小平同志的著作、年谱、画册、手迹选等书籍和影视、戏剧、歌舞、书画等作品与节目纷纷面世，吸引了广大读者和观众。港澳同胞、海外侨胞举办各种形式的纪念活动，表达对邓小平的仰慕之情。国际友人发表文章和谈话，赞誉邓小平对人类进步事业作出的贡献。邓小平百年诞辰纪念活动隆重热烈、真挚朴实，全国各族人民深情似海，思念如潮，发自内心地感谢邓小平、爱戴邓小平、敬仰邓小平、怀念邓小平。

邓小平同志是全党全军全国各族人民公认的卓越领导人，是伟大的马克思主义者，伟大的无产阶级革命家、政治家、军事家、外交家，是中国社会主义改革开放和现代化建设的总设计师，是邓小平理论的主要创立者，在党内外、国内外享有崇高的威望。邓小平同志七十多年波澜壮阔的革命生涯，是同中国共产党、中国人民解放军和中华人民共和国的创建发展紧密联系在一起的。他是人民共和国的开国元勋，建国以后成为以毛泽东同志为核心的中国共产党第一代中央领导集体的重要成员。党的十一届三中全会以后，他成为中国共产党第二代中央领导集体的核心，领导我们开辟了中国特色社会主义的新道路。他把毕生心血都献给了中国人民，为中国革命、建设、改革事业建立了不朽的历史功勋。"翻身不忘毛泽东，致富不忘邓小平"，这是中国人民发自肺腑的心声。

邓小平同志留给我们的最可宝贵的精神财富，就是他创立的邓小平理论。这一光辉理论，第一次比较系统地初步回答了中国这样的经济文化比较落后的国家如何建设社会主义、如何巩固和发展社会主义的一系列基本问题，是马克思列宁主义基本原理与当代中国实际和时代特征相结合的产物，是对毛泽东思想的继承和发展，是马克思主义在中国发展的新阶段，是当代中国的马克思主义。邓小平同志最重要的历史性贡献，就是作出改革开放的伟大决策，开辟了一条社会主义现代化建设的道路。他领导我们制定了分"三步走"基本实现现代化的发展战略，并亲自领导和推动了波澜壮阔的改革开放的历史进程。邓小平同志在长期革命实践中锻炼出来的鲜明革命风格和崇高品德，令人景仰。他无私无畏，不屈不挠，沉着坚韧，对党和人民无限忠贞。他尊重实践，敏锐把握时代发展的脉搏和契机，继承前人又突破陈规。他尊重群众，时刻关注最广大人民的利益和愿望。他目光远大，胸襟开阔，崇尚实干，意志坚定，行动果断。邓小平同志的光辉思想、不朽功绩、崇高品德、伟人风范，与日月同辉，与人民同在。他是中国人民的儿子，他永远活在人民心中。

建设中国特色社会主义，实现中华民族的伟大复兴，是一代又一代中国共产党人的不懈追求。党的十三届四中全会以来，以江泽民同志为核心的中国共产党第三代中央领导集体，高举邓小平理论伟大旗帜，带领全党和全国各族人民团结奋进在中国特色社会主义的伟大征程上，我国改革开放和社会主义现代化建设取得巨大成就。以江泽民同志为主要代表的中国共产党人，根据当代世界和中国的发展变化对党和国家工作的新要求，提出"三个代表"重要思想，以新的思想观点论断，继承、丰富和发展了马克思列宁主义、毛泽东思想和邓小平理论。党的十六大把"三个代表"重要思想同马克思列宁主义、毛泽东思想、邓小平理论一道确立为我们党必须长期坚持的指导思想，这对于把邓小平同志开创的中国特色社会主义伟大事业不断推向前进具有极其重要的意义。

邓小平同志离开我们已经七年多了。伟人已去，事业长存。今天我们纪念邓小平同志百年诞辰，学习他的光辉思想，缅怀他的丰功伟绩，最好的行动就是高举邓小平理论和"三个代表"重要思想伟大旗帜，坚定不移地推进中国特色社会主义事业。

继往开来，再创伟业。让我们紧密团结在以胡锦涛同志为总书记的党中央周围，解放思想，实事求是，与时俱进，同心同德地为全面建设小康社会，为实现中华民族的伟大复兴而努力奋斗。

邓小平手迹碑林揭幕

八月二十一日，少数民族青年在参观当日揭幕的"邓小平一百幅手迹碑林"。当日，百色召开纪念邓小平同志诞辰一百周年大会，近万名各族群众汇聚百色，缅怀伟人的丰功伟绩。 新华社记者 刘广铭摄

追寻小平光辉足迹 缅怀伟人丰功伟绩

各地干部群众纪念邓小平百年诞辰

本报北京 8 月 21 日讯 综合本报驻各地记者消息：邓小平同志百年诞辰到来之际，全国各地纷纷举行纪念活动，以座谈会、研讨会、文艺演出、图片展览等丰富多样的形式，缅怀邓小平同志为中国革命、建设、改革事业建立的不朽历史功勋，追思他的崇高思想品德和伟大人格魅力。广大干部群众表示，坚定不移地把邓小平同志开创的中国特色社会主义事业不断推向前进。

21 日，首都各界老同志纪念邓小平百年诞辰座谈会在全国政协礼堂举行。来自中央党政机关、军队、科技、文化、艺术等各界的老同志代表，共同缅怀了一代伟人邓小平同志的丰功伟绩。与会的老同志回顾了邓小平同志为中国革命和建设事业立下的不朽功勋。老同志们表示，要学习邓小平同志晚年仍有面向未来的年轻胸怀，继往开来，把好的思想、好的传统、好的作风传给下一代，把中国特色社会主义事业不断推向前进。

8 月的广安，骄阳似火。刚刚开馆的邓小平故居陈列馆里，参观者络绎不绝。在一辆红旗牌敞篷检阅车前，几位大学生兴奋地告诉记者，他们在国庆 35 周年阅兵式的电视纪录片上看到过这辆"大红旗"，还有当时大学生们打出的"小平您好"横幅，"这是亿万人民共同的心声"。 （下转第四版）

今日 10 时举行

邓小平同志诞辰 100 周年纪念大会

新华社北京 8 月 21 日电 邓小平同志诞辰 100 周年纪念大会，将于 22 日上午 10 时在北京人民大会堂隆重举行。

据悉，中央人民广播电台、中央电视台将对大会进行现场直播。

首都建国 55 周年庆祝活动筹备工作有序进行

中央确定的原则是：隆重热烈、规模适度、注意节俭、讲求实效

新华社北京 8 月 21 日电 （记者王黎）近日，首都建国 55 周年国庆领导小组召开会议，部署首都建国 55 周年庆祝活动的各项筹备工作。中共中央政治局委员、北京市委书记刘淇，中共中央政治局候补委员、书记处书记、中共中央办公厅主任王刚，中共中央书记处书记、中央军委委员、解放军总政治部主任徐才厚，国务委员兼国务院秘书长华建敏等出席了会议。会上，刘淇、王刚同志分别讲了话，对切实搞好首都建国 55 周年庆祝活动各项筹备工作提出了明确要求。

今年是中华人民共和国成立 55 周年。根据中央统一部署，将在首都和全国各地隆重举行建国 55 周年庆祝活动。这对于团结动员全国各族人民在以胡锦涛同志为总书记的党中央领导下，高举邓小平理论和"三个代表"重要思想伟大旗帜，深入贯彻党的十六大和十六届三中全会精神，与时俱进，开拓创新，大力推进全面建设小康社会的进程，不断开创中国特色社会主义事业新局面，具有重大意义。

刘淇强调，各有关单位要充分认识搞好首都建国 55 周年庆祝活动的重要意义，从讲政治、讲大局的高度，切实抓好各项筹备工作的落实。要加强领导，明确任务，密切配合，真正做到思想到位、组织到位、人员到位、措施到位，确保建国 55 周年庆祝活动取得圆满成功。

王刚强调，首都建国 55 周年庆祝活动，必须按照中央确定的"隆重热烈、规模适度、注意节俭、讲求实效"的原则进行，真正把求真务实的精神体现到各项筹备工作中去。在具体工作中，一要抓紧，二要抓实，三要抓细，高质量、高标准地完成筹备工作任务，让中央满意，让全国人民满意。

北京市市长王岐山在会上介绍了首都国庆筹备工作的整体进展情况。目前，国庆期间的各项活动方案已经基本确定，前期准备工作正在紧张、有序地展开。

首都建国 55 周年庆祝活动的主要安排是：举行国庆招待会；举办庆祝中华人民共和国成立 55 周年大型文艺晚会；组织节日游园活动；组织青少年开展以爱国主义和革命传统教育为主题的教育活动等。

据悉，各地群众性庆祝活动的筹备工作也正在积极展开。

我国健儿再夺三金

马琳陈玘夺乒乓男双金牌 张洁雯杨维获羽毛球女双冠军 唐功红女子举重破世界纪录

本报雅典 8 月 21 日电 记者**陈昭、汪大昭、江正茂**报道：今天下午，马琳/陈玘在奥运会乒乓球男子双打决赛中，战胜中国香港选手李静/高礼泽获得金牌。张洁雯/杨维在羽毛球女子双打决赛中以 2:1 击败队友高崚/黄穗，夺得冠军。唐功红在女子举重 75 公斤以上级比赛中夺得金牌，打破了自己创造的挺举世界纪录，并改写了总成绩世界纪录。

马琳、陈玘在领奖台上。 新华社记者 徐家军摄

张洁雯、杨维在领奖台上。 本报记者 王霞光摄

唐功红在领奖台上。 本报记者 李石营摄

土地市场治理整顿取得重要进展

清理整顿开发区，严格建设用地审批管理——

本报记者

全国土地市场治理整顿阶段性检查验收日前结束。国务院五部委的验收结果显示，深入开展土地市场治理整顿、严格建设用地审批管理，有力地遏制了一些地方的固定资产投资过热，使耕地得到了更加有效的保护，提高了粮食综合生产能力。上半年，中国经济在以 9.7%的速度创下 8 年来同期新高的同时，投资增速过快等不健康、不稳定因素得到了抑制，农业生产和农民增收出现重要转机。

用好土地资源，加大清理力度

正确运用土地政策参与宏观调控，对制止部分行业盲目投资和低水平扩张产生了釜底抽薪的效应，促进了经济平稳较快发展。

土地是国家最重要、可调控的资源。近年来，由于严格的土地管理制度未能全面落实，以大量消耗土地资源为代价的发展模式在一些地方盛行，导致土地资源形势更加严峻。随着我国进入新一轮经济增长期，国土资源管理部门按照国家的总体部署，积极探索从土地供应源头入手对宏观经济进行快速反应和科学调控，担负起为经济运行"刹车"的重任。

在党中央、国务院的果断决策和领导下，以开发区清理整顿为重点的全国土地市场治理整顿在全国范围内开展，土地问题得到前所未有的重视。截至 2004 年 7 月，全国共清理出各类开发区 6866 个，规划用地面积 3.86 万平方公里。对各类违规设立的开发区加大清理整改力度。据不完全统计，全国已撤销各类开发区 4813 个，占开发区总数的 70.1%；核减开发区规划用地面积 2.49 万平方公里，占原有规划面积的 64.5%。乱设开发区和扩大规模的审批已成为不可碰的高压线。

对土地违法案件进行严肃查处，才能起到刹风治乱的作用。在土地市场治理整顿中，各地加大了对违法案件的查处力度。去年以来，国土资源部与监察部先后对 10 起重大土地违法案件公开查处、公开曝光，在社会上引起强烈反响。今年上半年，全国立案查处土地违法案件 33943 件，涉及土地面积 24314.11 公顷，其中耕地 13582.84 公顷。目前，已收回土地 1444.06 公顷，其中耕地 950.39 公顷。全国农用地转用指标压减了 20.3%，其中耕地转用指标压减了 23.4%。耕地保护特别是基本农田保护的各项政策得到较好的落实。 （下转第二版）

宏观调控见成效

RENMIN RIBAO

今日16版（华东、华南地区20版）
人民网网址：http://www.people.com.cn
http://www.peopledaily.com.cn

国内统一刊号：CN11-0065
第20498期　（代号1-1）
人民日报社出版

2004年8月
23
星期一
甲申年七月初八
北京地区天气预报
白天　晴间多云
降水概率10%
风向　北转南
风力　二、三级
夜间　晴转多云
降水概率20%
风向　南转北
风力　一、二级
温度　29℃/20℃

上半年GDP初步核实数58788亿元

与初步核算数相比增加15亿元
同比增长速度仍为9.7%

新华社北京8月22日电　（记者刘铮）国家统计局近日对今年上半年的GDP初步核算数进行了修订，得出的GDP初步核实数比初步核算数增加了15亿元。

国家统计局发布的公告显示，2004年上半年，我国GDP初步核实数为58788亿元，与初步核算数相比，增加了15亿元，但同比增长速度没有变化，仍为9.7%（实际上，GDP初步核算数增长9.66%，初步核实数增长9.69%）。

由于交通运输仓储及邮政通信业和其他服务业增加值的调整，使上半年第三产业增加值增加了15亿元，增长速度提高了0.1个百分点。其他行业的初步核算数没有变化。

根据《关于我国GDP核算和数据发布制度的改革》的规定，我国季度GDP核算分为初步核算、初步核实和最终核实三个步骤，与传统做法相比，增加了初步核实和最终核实。

统计专家指出，随着基础资料的不断完善，需要对GDP数据进行定期修订，使其更加接近真实情况。此前，国家统计局已多次修订季度GDP数据。例如，今年5月17日，统计局对一季度GDP初步核算数进行了修订，得出的GDP初步核实数增加了22亿元。

高举邓小平理论和“三个代表”重要思想伟大旗帜　为实现全面建设小康社会的宏伟目标不懈奋斗

邓小平同志诞辰100周年纪念大会在京隆重举行

胡锦涛发表重要讲话，高度评价邓小平同志为民族独立、人民解放和国家富强、人民幸福建立的不朽功勋，强调邓小平理论和“三个代表”重要思想是指引我们胜利前进的伟大旗帜，号召全党全国各族人民万众一心，众志成城，艰苦奋斗，开拓创新，不断把中国特色社会主义伟大事业推向前进

江泽民温家宝贾庆林曾庆红黄菊吴官正李长春罗干出席　吴邦国主持

本报北京8月22日讯　中共中央、全国人大常委会、国务院、全国政协、中央军委22日上午在人民大会堂隆重举行大会，纪念伟大的马克思主义者，伟大的无产阶级革命家、政治家、军事家、外交家，中国社会主义改革开放和现代化建设的总设计师邓小平同志诞辰100周年。中共中央总书记、国家主席胡锦涛发表重要讲话强调，我们这个时代的共产党员、共青团员，全体社会主义劳动者、社会主义事业的建设者、拥护社会主义的爱国者和拥护祖国统一的爱国者，一切热爱祖国的中华儿女，要更加紧密地团结起来，肩负起历史赋予我们的神圣使命，沿着中国特色社会主义道路，向着全面建设小康社会的宏伟目标、向着实现中华民族伟大复兴的光辉前景奋勇前进。

党和国家领导人胡锦涛、江泽民、吴邦国、温家宝、贾庆林、曾庆红、黄菊、吴官正、李长春、罗干在主席台前排就座。纪念大会由吴邦国主持。

万人大礼堂内气氛庄严热烈。主席台前鲜花簇拥，台口上方悬挂着“邓小平同志诞辰100周年纪念大会”的会标，后幕正中是邓小平同志的巨幅图像，下面有“1904—2004”的红色字标。二楼挑台上悬挂着“高举邓小平理论和‘三个代表’重要思想伟大旗帜，为实现全面建设小康社会的宏伟目标不懈奋斗！”的横标。

上午10时，纪念大会在雄壮的国歌声中开始。

8月22日，中共中央、全国人大常委会、国务院、全国政协、中央军委在北京人民大会堂隆重举行大会，纪念伟大的马克思主义者，伟大的无产阶级革命家、政治家、军事家、外交家，中国社会主义改革开放和现代化建设的总设计师邓小平同志诞辰100周年。中共中央总书记、国家主席胡锦涛发表重要讲话。党和国家领导人胡锦涛、江泽民、吴邦国、温家宝、贾庆林、曾庆红、黄菊、吴官正、李长春、罗干等出席大会。纪念大会由吴邦国主持。

新华社记者　樊如钧摄

胡锦涛在讲话中深切缅怀了邓小平同志为民族独立、人民解放和国家富强、人民幸福建立的不朽功勋，高度评价了他为推进党领导的伟大事业和开创党的建设新的伟大工程作出的不可磨灭的贡献，高度评价了邓小平同志的崇高品德、博大胸怀、卓越胆识和革命风格。

胡锦涛强调，邓小平同志70多年波澜壮阔的革命生涯，是同中国共产党、中国人民解放军、中华人民共和国的创建和发展紧密联系在一起的，是同我们祖国和中华民族的面貌发生翻天覆地变化的历史进程紧密联系在一起的。他把毕生心血和精力都贡献给了党和人民的事业，贡献给了中国人民，赢得了全党全国人民的衷心爱戴，也赢得了各国人民的普遍尊敬。

胡锦涛指出，邓小平同志留给我们的最可宝贵的财富，就是他创立的邓小平理论和在这个理论指导下制定的党在社会主义初级阶段的基本路线。党的十三届四中全会以来，以江泽民同志为主要代表的当代中国共产党人，高举邓小平理论伟大旗帜，准确把握时代特征，科学判断我们党所处的历史方位，集中全党智慧，形成了“三个代表”重要思想。邓小平理论和“三个代表”重要思想是指引我们胜利前进的伟大旗帜。无论在什么时候和什么情况下，我们都必须坚持用邓小平理论和“三个代表”重要思想武装全党、教育人民，坚定不移地贯彻党的基本路线、基本纲领、基本经验，在全面建设小康社会的伟大征程上继续开创中国特色社会主义事业发展的新局面。

胡锦涛强调，我们要坚持解放思想、实事求是、与时俱进，不断加强理论武装和推进理论创新，坚持用发展着的马克思主义指导新的实践。我们要坚持树立和落实科学发展观，充分利用重要战略机遇期，切实抓好发展这个党执政兴国的第一要务，推动社会主义物质文明、政治文明和精神文明协调发展，促进人的全面发展。我们要继续贯彻“一国两制”、“港人治港”、“澳人治澳”、高度自治的方针，保持香港、澳门长期繁荣稳定；继续贯彻“和平统一、一国两制”的基本方针，广泛团结包括台湾同胞在内的全体中华儿女，共同反对和遏制“台独”分裂势力，坚定不移地捍卫国家主权和领土完整。我们要高举和平、发展、合作的旗帜，坚持独立自主的和平外交政策，不断推进世界和平与发展的崇高事业。我们要坚持以党的执政能力建设为重点，坚持立党为公、执政为民，真正做到权为民所用、情为民所系、利为民所谋，始终保持党同人民群众的血肉联系，不断推进党的建设新的伟大工程。

胡锦涛最后指出，我们伟大的祖国是一个有着五千多年灿烂文明历史的国家，我们伟大的民族是一个历经磨难而又自强不息的民族，我们伟大的党是一个勇于团结带领人民不断追求真理、与时俱进的马克思主义政党。实现国家的现代化，实现祖国的完全统一，实现中华民族的伟大复兴，这是毛泽东同志、邓小平同志等老一辈革命家和千百万革命先辈的崇高理想，是全体中华儿女的共同愿望。我们的事业伟大而艰巨，我们的前程光明而美好。全党全国各族人民要万众一心，众志成城，艰苦奋斗，开拓创新，不断把中国特色社会主义伟大事业推向前进。

（讲话全文另发）

吴邦国在主持大会时说，胡锦涛同志的重要讲话系统回顾了邓小平同志为中国人民不懈奋斗的光辉一生，深切缅怀了邓小平同志为民族独立、人民解放和国家富强、人民幸福建立的不朽功勋，全面总结了邓小平同志的崇高品德、博大胸怀、卓越胆识和革命风格，着重强调邓小平理论和“三个代表”重要思想是指引我们胜利前进的伟大旗帜，号召全党不断把中国特色社会主义伟大事业推向前进，不断把党的建设新的伟大工程推向前进。我们要紧密团结在以胡锦涛同志为总书记的党中央周围，坚持以邓小平理论和“三个代表”重要思想为指导，真正把对邓小平同志的深切怀念转化为推动改革开放和现代化建设的强大动力，与时俱进，求真务实，为全面建设小康社会、开创中国特色社会主义事业新局面而努力奋斗。

纪念大会在庄严的《国际歌》乐曲声中结束。

出席纪念大会的还有：王兆国、回良玉、刘淇、刘云山、吴仪、周永康、贺国强、郭伯雄、曹刚川、曾培炎、王刚、李鹏、乔石、朱镕基、李瑞环、宋平、刘华清、尉健行、李岚清、荣毅仁、薄一波、徐才厚、何勇、李铁映、司马义·艾买提、何鲁丽、丁石孙、成思危、许嘉璐、蒋正华、顾秀莲、热地、盛华仁、路甬祥、乌云其木格、韩启德、傅铁山、唐家璇、华建敏、陈至立、肖扬、贾春旺、王忠禹、廖晖、刘延东、阿沛·阿旺晋美、李贵鲜、张思卿、罗豪才、张克辉、周铁农、郝建秀、陈奎元、阿不来提·阿不都热西提、徐匡迪、黄孟复、王选、张怀西和张劲夫、黄华、彭冲、谷牧、刘复之、杨白冰、丁关根、田纪云、迟浩田、张万年、姜春云、钱其琛、王汉斌、张震、倪志福、陈慕华、王丙乾、邹家华、王光英、彭佩云、周光召、曹志、韩杼滨、杨汝岱、任建新、宋健、钱正英、孙孚凌、朱光亚、万国权、胡启立、陈锦华、赵南起、经叔平、王文元、邓力群、张廷发，中央军委委员梁光烈、廖锡龙、李继耐和傅全有、于永波、王克、王瑞林。

在京中央党政军群各部门和北京市负责同志，各民主党派中央、全国工商联的负责人和无党派人士代表等在主席台就座。

首都各界6000多人出席了纪念大会。

纪念大会开始前，胡锦涛、江泽民、吴邦国、温家宝、贾庆林、曾庆红、黄菊、吴官正、李长春、罗干亲切会见了卓琳等邓小平同志的亲属，并与他们合影留念。

在邓小平同志诞辰100周年纪念大会上的讲话

（2004年8月22日）

胡锦涛

中共中央总书记、国家主席胡锦涛发表重要讲话。
新华社记者　马占成摄

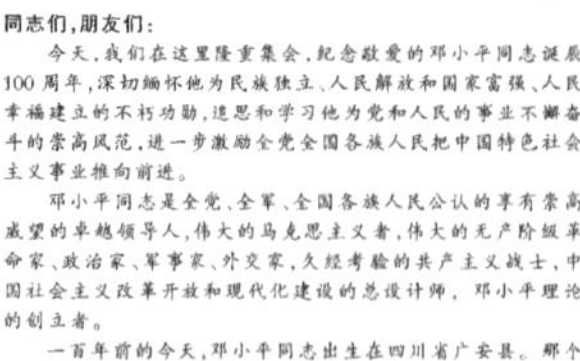

同志们，朋友们：

今天，我们在这里隆重集会，纪念敬爱的邓小平同志诞辰100周年，深切缅怀他为民族独立、人民解放和国家富强、人民幸福建立的不朽功勋，追思和学习他为党和人民的事业不懈奋斗的崇高风范，进一步激励全党全国各族人民把中国特色社会主义事业推向前进。

邓小平同志是全党、全军、全国各族人民公认的享有崇高威望的卓越领导人，伟大的马克思主义者，伟大的无产阶级革命家、政治家、军事家、外交家，久经考验的共产主义战士，中国社会主义改革开放和现代化建设的总设计师，邓小平理论的创立者。

一百年前的今天，邓小平同志出生在四川省广安县。那个年代，中华民族遭受着封建压迫和列强侵略的深重苦难，中国的志士仁人正在黑暗中寻找救国救亡的正确道路。邓小平同志自少年时代起就立志匡扶社稷，救国救民。他早年赴欧洲勤工俭学，并在那里成为中国共产党党员，开始了自己的革命生涯。归国后，他全身心地投入党领导的争取民族独立和人民解放的革命斗争。从土地革命、抗日战争到解放战争，邓小平同志作为毛泽东同志的亲密战友，始终坚持正确路线，始终充满革命热情，不畏艰险，勇挑重担，先后担任党和军队的许多重要领导职务，以超人的胆识和卓著的战功，为党中央一系列重大战略决策的实施，为新民主主义革命的胜利和新中国的诞生，建立了赫赫功勋，成为中华人民共和国的开国元勋。

新中国成立后，邓小平同志领导了西南全区的政权建设、社会改造和经济恢复，不久就参加中央领导工作，先后担任中共中央秘书长、中共中央政治局委员。在党的八届一中全会上，他当选为中共中央政治局常务委员会委员、中共中央总书记，成为以毛泽东同志为核心的党的第一代中央领导集体的重要成员，为社会主义制度的建立和社会主义建设的展开，为党的建设的加强和改进，作出了重大贡献。“文化大革命”中，邓小平同志受到错误批判和斗争，被剥夺一切职务。他于1973年复出，1975年担任中共中央副主席、国务院副总理、中央军委副主席、中国人民解放军总参谋长，主持党、国家和军队的日常工作。不久，由于同“四人帮”进行针锋相对的斗争，他再次被错误地撤职、批判。

粉碎“四人帮”、结束“文化大革命”后，中国面临着重大历史关头。邓小平同志再度恢复工作后，面对“文化大革命”造成的严峻局面，以他的远见卓识、丰富政治经验和高超领导艺术，在千头万绪中首先抓住决定性环节，从端正思想路线入手进行拨乱反正，强调实事求是是毛泽东思想的精髓，旗帜鲜明地反对“两个凡是”的错误观点，支持和领导开展真理标准问题的讨论。在邓小平同志指导下，1978年12月召开的党的十一届三中全会，重新确立了解放思想、实事求是的思想路线，确定把党和国家的工作重点转移到社会主义现代化建设上来，作出实行改革开放的重大决策。这次全会，实现了党的历史上具有深远意义的伟大转折，开辟了改革开放和集中力量进行社会主义现代化建设的历史新时期。

党的十一届三中全会，标志着邓小平同志成为党的第二代中央领导集体的核心。邓小平同志同中央领导集体一起，顺应时代要求和人民愿望，指导我们党系统总结建国以来的历史经验，解决了科学评价毛泽东同志的历史地位和毛泽东思想的科学体系、根据新的实际和发展要求确立中国社会主义现代化建设的正确道路这样两个相互联系的重大历史课题，根本否定了“文化大革命”的错误实践和理论，为我们党和国家的发展确定了正确方向。邓小平同志响亮地提出了走自己的路、建设有中国特色的社会主义的伟大号召，领导我们党在新中国成立以来革命和建设实践的基础上，成功地走出了一条建设中国特色社会主义的新道路。他强调必须坚持以经济建设为中心，坚持四项基本原则，坚持改革开放，领导我们党制定了党在社会主义初级阶段的基本路线。他指导我们党正确认识我国所处的发展阶段和根本任务，制定现代化建设“三步走”发展战略，有步骤地展开各方面体制改革，勇敢地打开对外开放的大门，推动经济、政治、文化全面发展，推动国防和军队现代化建设。他紧密联系推进改革开放和现代化建设的实际，联系贯彻党的基本路线的要求，强调加强党的领导必须改善党的领导，必须聚精会神抓党的建设，引领党和国家走在时代潮流的前面，使我国社会主义事业和党的建设充满新的生机和活力。

（下转第二版）

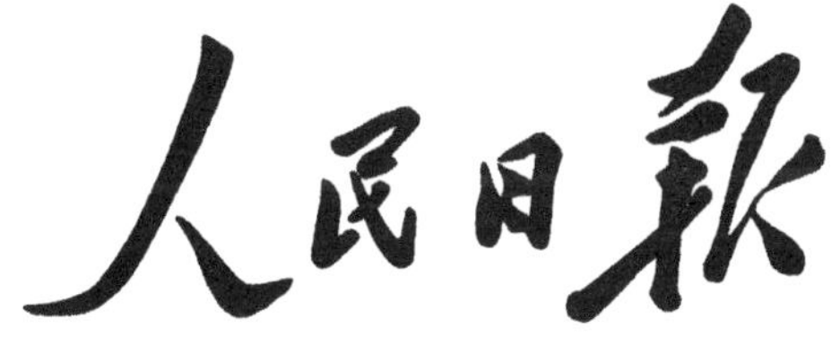

RENMIN RIBAO

今日16版(华东、华南地区20版)　国内统一连续出版物号 CN 11-0065

第20793期 (代号1-1)

人民网　网址:http://www. people. com. cn　手机:http://wap. people. com. cn

人民日报社出版

2005年6月

14

星期二

乙酉年五月初八

北京地区天气预报

白天　多云转阴有雷阵雨

降水概率60%

风向　北转南

风力　二、三级

夜间　阴转晴

降水概率30%

风向　南转北

风力　一、二级

温度　32℃/20℃

胡锦涛吴邦国温家宝贾庆林曾庆红黄菊吴官正李长春罗干参观纪念陈云同志诞辰100周年展览

新华社北京6月13日电　(记者**李斌、沈路涛**)中共中央总书记、国家主席、中央军委主席胡锦涛，中共中央政治局常委、全国人大常委会委员长吴邦国，中共中央政治局常委、国务院总理温家宝，中共中央政治局常委、全国政协主席贾庆林，中共中央政治局常委、国家副主席曾庆红，中共中央政治局常委、国务院副总理黄菊，中共中央政治局常委、中央纪委书记吴官正，中共中央政治局常委李长春，中共中央政治局常委、中央政法委书记罗干13日参观了"百年陈云——纪念陈云同志诞辰100周年展览"。

13日下午和傍晚时分，胡锦涛、吴邦国、温家宝、贾庆林、曾庆红、黄菊、吴官正、李长春、罗干分别来到中国国家博物馆参观展览。

国家博物馆正厅入口处，一幅巨幅彩照上，陈云同志身着呢子大衣，神采奕奕、栩栩如生。展厅里，反映陈云同志分别同毛泽东同志、邓小平同志、江泽民同志亲切交谈场面的照片格外醒目。陈云同志书写的"建设规模要与国力相适应"等题词吸引着人们的目光。240张图片、120件(套)文物和74件文献档案，全面反映了陈云同志波澜壮阔的一生，生动展现了这位无产阶级革命家的崇高思想、情操和风范。

胡锦涛等领导同志仔细观看一幅幅照片、一件件文物和文献，认真听取讲解人员的有关介绍。(下转第四版)

陈云同志诞辰100周年纪念大会在京隆重举行

胡锦涛发表重要讲话，高度评价陈云同志在革命、建设、改革各个历史时期为民族独立、人民解放和国家富强、人民幸福建立的历史功勋；强调全党全国各族人民更加紧密地团结起来，开拓进取，埋头苦干，为实现全面建设小康社会的宏伟目标，为实现中华民族的伟大复兴，继续在中国特色社会主义的广阔道路上奋勇前进

吴邦国主持大会　温家宝贾庆林曾庆红黄菊吴官正李长春罗干出席

新华社北京6月13日电　中共中央13日上午在人民大会堂隆重举行大会，纪念伟大的无产阶级革命家、政治家，杰出的马克思主义者，中国社会主义经济建设的开创者和奠基人之一，党和国家久经考验的卓越领导人陈云同志诞辰100周年。中共中央总书记、国家主席、中央军委主席胡锦涛发表重要讲话强调，全党全国各族人民更加紧密地团结起来，开拓进取，埋头苦干，为实现全面建设小康社会的宏伟目标，为实现中华民族的伟大复兴，继续在中国特色社会主义的广阔道路上奋勇前进。

党和国家领导人胡锦涛、吴邦国、温家宝、贾庆林、曾庆红、黄菊、吴官正、李长春、罗干在主席台前排就座。纪念大会由吴邦国主持。

今天的人民大会堂气氛庄严热烈。主席台前鲜花簇拥，台口上方悬挂着"陈云同志诞辰100周年纪念大会"的会标，后幕正中是陈云同志的巨幅图像，下面排列着"1905—2005"的红色字标。二楼眺台上悬挂着"紧密团结在以胡锦涛同志为总书记的党中央周围，高举邓小平理论和'三个代表'重要思想伟大旗帜，继承老一辈革命家的遗志，为实现全面建设小康社会的宏伟目标而奋斗！"的横标。

上午10时，纪念大会在雄壮的国歌声中开始。

6月13日，陈云同志诞辰100周年纪念大会在北京人民大会堂隆重举行。党和国家领导人胡锦涛、吴邦国、温家宝、贾庆林、曾庆红、黄菊、吴官正、李长春、罗干等出席大会。　新华社记者　樊如钧摄

胡锦涛在讲话中深切缅怀了陈云同志在革命、建设、改革各个历史时期为民族独立、人民解放和国家富强、人民幸福建立的历史功勋，高度评价了陈云同志在70多年革命生涯中充分表现出的无产阶级革命家的气魄、胆略和高超政治智慧，高度评价了陈云同志的崇高思想、品德和风格。

胡锦涛强调，陈云同志执着追求理想、始终忠于党和人民，坚持实事求是、敢于坚持真理，善于总结经验、崇尚真抓实干，一贯谦虚谨慎、始终淡泊名利。陈云同志把毕生的心血和精力都贡献给了党和人民，他的一生是伟大、光辉的一生。陈云同志为中国人民解放事业的开展和成功，为我国社会主义制度的建立和巩固，为我国改革开放和社会主义现代化事业的开创和发展，奉献了毕生精力，建立了不朽功勋，在国内外享有崇高威望，深受全党全军全国各族人民尊敬和爱戴。陈云同志的丰功伟绩将永载史册，陈云同志的风采将永远留在全党全国各族人民心中，陈云同志的思想和品德将永远激励我们不断开拓前进。

胡锦涛指出，当前，我国改革发展进入了关键时期，全党全国各族人民正在按照党的十六大描绘的蓝图，聚精会神搞建设，一心一意谋发展，意气风发地推进全面建设小康社会的伟大进程。党和人民事业发展的前景是无限美好的。同时，我们也要清醒地认识到，面对国际形势的深刻变化，面对国内改革发展的繁重任务，我们的前进征程也是充满艰辛的。我们一定要增强忧患意识，做到居安思危，紧紧抓住和用好重要战略机遇期，有效应对前进道路上的各种风险和挑战，坚定不移地把老一辈革命家开创的中国特色社会主义事业推向前进。这是我们的历史责任，也是我们对老一辈革命家的最好纪念。

胡锦涛最后强调，在全面建设小康社会的征程上，我们要始终坚持以马克思列宁主义、毛泽东思想、邓小平理论和"三个代表"重要思想为指导，解放思想、实事求是、与时俱进，不断推进实践基础上的理论创新，不断巩固党和人民共同奋斗的思想基础。我们要坚持以科学发展观统领经济社会发展全局，切实抓好发展这个党执政兴国的第一要务，继续深化各方面的改革，推动社会主义物质文明、政治文明、精神文明与和谐社会建设全面发展，不断满足人民群众日益增长的物质文化需要。我们要高举和平、发展、合作的旗帜，坚持走和平发展的道路，不断推进同世界各国的平等合作和互利共赢，为促进人类和平与发展的崇高事业作出更大的贡献。我们要坚持立党为公、执政为民的本质要求，大力加强党的执政能力建设和党的先进性建设，牢记"两个务必"，切实做到为民、务实、清廉，不断提高党的创造力、凝聚力、战斗力，使党始终成为团结带领全国各族人民进行改革开放和社会主义现代化建设的坚强领导核心。**(讲话全文另发)**

吴邦国在主持大会时说，胡锦涛同志的讲话十分重要。讲话全面回顾了陈云同志伟大、光辉的一生，高度评价了陈云同志在中国革命、建设、改革各个历史时期为党和人民事业发展建立的丰功伟绩，深入阐述了陈云同志的理论贡献、历史地位、求实精神和崇高品德。陈云同志和所有老一辈无产阶级革命家所展现出来的崇高思想、品德和风范，将激励我们把中国特色社会主义伟大事业不断推向前进。我们要认真学习和全面领会胡锦涛同志重要讲话精神，并在改革发展稳定的各项工作中切实加以贯彻。

纪念大会在庄严的《国际歌》乐曲声中结束。

出席纪念大会的还有：王兆国、回良玉、刘云山、周永康、贺国强、郭伯雄、曹刚川、王刚、宋平、徐才厚、司马义·艾买提、丁石孙、成思危、热地、盛华仁、路甬祥、乌云其木格、唐家璇、华建敏、陈至立、肖扬、贾春旺、李贵鲜、张思卿、白立忱、罗豪才、张克辉、郝建秀、陈奎元、阿不来提·阿不都热西提、李兆焯、王选、张怀西、张榕明和黄华、谷牧、郑天翔、杨白冰、丁关根、田纪云、迟浩田、张万年、姜春云、王汉斌、张震、倪志福、陈慕华、李锡铭、王丙乾、王光英、布赫、彭珮云、周光召、曹志、韩杼滨、宋健、钱正英、孙孚凌、朱光亚、万国权、陈锦华、赵南起、王文元、邓力群、韩光，中央军委委员梁光烈、李继耐、廖锡龙、陈炳德、乔清晨、靖志远和傅全有、王克、王瑞林。

在京中央党政军群各部门和北京市负责同志，各民主党派中央、全国工商联的负责人和无党派人士代表，部分老同志代表，陈云同志夫人于若木等在主席台就座。

首都各界3000多人出席了纪念大会。

在陈云同志诞辰100周年纪念大会上的讲话

(2005年6月13日)

胡锦涛

6月13日，中共中央总书记、国家主席、中央军委主席胡锦涛在陈云同志诞辰100周年纪念大会上发表重要讲话。

新华社记者　李学仁摄

同志们，朋友们：

今天，我们在这里隆重集会，纪念陈云同志诞辰100周年，深切缅怀他为民族独立、人民解放和国家富强、人民幸福建立的历史功勋，追思和学习他为党和人民事业不懈奋斗的崇高风范，进一步激励全党全国各族人民投身全面建设小康社会进程，同心同德把中国特色社会主义伟大事业推向前进。

陈云同志是伟大的无产阶级革命家、政治家，杰出的马克思主义者，中国社会主义经济建设的开创者和奠基人之一，党和国家久经考验的卓越领导人，是以毛泽东同志为核心的党的第一代中央领导集体和以邓小平同志为核心的党的第二代中央领导集体的重要成员。

100年前的今天，陈云同志出生在江苏省青浦县练塘镇的一个贫苦农家。那时，中华民族灾难深重，外有帝国主义侵略，内有封建专制压迫，中国人民和许多志士仁人正在苦苦寻找救国救民的道路。陈云同志自幼生活在社会底层，饱尝艰辛。1919年，五四运动爆发，唤醒了还在小学读书的少年陈云朴素的爱国情感。1925年，陈云同志在上海参加了五卅运动和工人罢工运动。在革命斗争的洗礼中，他认识到，必须要改造社会，才能解放人类。这一年，他加入了中国共产党。从此，他开始了职业革命家的生涯，把壮丽的共产主义事业作为终生不渝的奋斗目标。从土地革命、抗日战争到解放战争，陈云同志先后担任党和军队的许多重要领导职务，无论是领导工人运动、农民运动还是参加举世闻名的中国工农红军长征，无论是参加组织如火如荼的抗击日本军国主义侵略者的斗争还是参加领导推翻蒋介石反动统治的解放战争，无论是领导党的组织工作还是主持陕甘宁边区和晋绥边区的财政经济工作，无论是参加领导建立巩固的东北根据地还是主持东北经济的恢复和重建工作，陈云同志始终不畏艰险，勇挑重担，精心谋划，勤奋工作，以高超的智慧和卓著的工作，为党中央和毛泽东同志制定的一系列重大战略决策的实施，为新民主主义革命的胜利和新中国的诞生，建立了赫赫功勋。

新中国成立后，陈云同志担任过中共中央书记处书记、中共中央政治局常委、中共中央副主席和中央人民政府委员、政务院副总理兼财政经济委员会主任等职务，成为以毛泽东同志为核心的党的第一代中央领导集体的重要成员。他长期主持全国财政经济工作，创造性地贯彻党中央和毛泽东同志的指示，提出了许多正确的指导思想、工作方针和重大措施，为新中国成立初期迅速恢复国民经济、安定人民生活，为实行对粮食、棉花等主要农产品的统购统销，为有步骤地开展对生产资料私有制的社会主义改造，为国家社会主义工业化和社会主义经济建设的开创和奠基，作出了突出贡献。陈云同志在领导全国财政经济工作中表现出来的卓越才能，为毛泽东同志所赞扬，为全党所钦佩。"文化大革命"中，他同林彪、江青反革命集团进行了坚决斗争，并积极参与我们党粉碎"四人帮"的决策过程和斗争。在具有深远历史意义的党的十一届三中全会上，陈云同志同叶剑英同志、李先念同志等一起，积极支持邓小平同志提出的解放思想、实事求是、团结一致向前看的指导方针。这次全会确立了邓小平同志在全党的核心领导地位，作出把党和国家的工作重点转移到社会主义现代化建设上来的战略决策，决定实行改革开放的新政策，实现了伟大的历史转折。陈云同志在会上重新当选为中共中央政治局常委、中共中央副主席，并被选为中共中央纪律检查委员会第一书记。党的十三大以后，陈云同志担任中共中央顾问委员会主任。陈云同志作为以邓小平同志为核心的党的第二代中央领导集体的重要成员，同中央领导集体的其他同志一道，带领全党同志进行思想路线、政治路线和组织路线的拨乱反正，科学评价毛泽东同志的历史地位，坚持和发展毛泽东思想，制定和执行以经济建设为中心、坚持四项基本原则、坚持改革开放的党的基本路线，正确解决新中国成立以来的许多历史遗留问题和现实生活中出现的新问题，推进新时期党的建设，推动干部队伍新老合作和交替特别是抓紧培养选拔大批德才兼备的中青年干部，保持党和国家稳定，成功开创了我国社会主义事业发展的新时期。在新时期中国特色社会主义蓬勃发展的伟大进程中，陈云同志作出了重大贡献。

陈云同志是我们党杰出的经济工作领导人。他长期领导全国财政经济工作的成功实践和取得的显著成就，给人们留下了难忘的印象。在经济建设的一些重大问题上，特别是在困难关头，人们总是希望听到陈云同志的意见，他也总是能够不负众望，洞悉全局，抓住要害，及时拿出解决问题的有效办法。新中国成立初期，在党中央和毛泽东同志领导下，陈云同志具体部署和精心组织，全党全国共同努力，只用不到一年时间，我们党和政府就迅速实现了全国财政经济统一，稳定了金融物价，扭转了旧中国遗留下来的经济凋敝、物价飞涨、财经混乱的艰难局面。为推进国家社会主义工业化，陈云同志深入调查研究，坚持从我国国情出发，积极借鉴国外有益经验，成功主持了第一个五年计划的编制和执行，为我们党推进工业化积累了宝贵经验。在社会主义改造的过程中，陈云同志作为这项工作的具体负责人，发挥了重要作用。社会主义改造基本完成以后，陈云同志对如何使刚刚确立的社会主义经济制度和经济体制更好地适合我国的实际情况，促进生产力发展，进行了积极探索。他提出了"三个主体、三个补充"的思想，主张在工商业经营方面，国家经营和集体经营是工商业的主体，一定数量的个体经营是补充；在生产计划方面，计划生产是工农业生产的主体，按照市场变化而在国家计划许可范围内进行的自由生产是补充；(下转第二版)

人民日报

RENMIN RIBAO

今日8版

人民网 网址:http://www.people.com.cn 手机:http://wap.people.com.cn

国内统一连续出版物号 CN 11-0065 第21560期(代号1-1)

人民日报社出版

2007年7月 21 星期六 丁亥年六月初八

北京地区天气预报 白天 多云转阴 北部山区有雷阵雨 风向 北转南 风力 二、三级 夜间 阴有雷阵雨转多云 风向 南转北 风力 一、二级 温度 32℃/22℃

在纪念杨尚昆同志诞辰100周年座谈会上的讲话

(2007年7月20日)

胡锦涛

同志们:

今天,我们怀着崇敬的心情,在这里隆重集会,纪念杨尚昆同志诞辰100周年,缅怀他为党、国家、人民军队建立的历史功绩,学习他的优秀品质,激励全党全国各族人民把中国特色社会主义伟大事业继续推向前进。

杨尚昆同志是伟大的无产阶级革命家、政治家、军事家,坚定的马克思主义者,党、国家、人民军队的卓越领导人。他为党领导的革命、建设、改革事业贡献了毕生精力,作出了重大贡献。

青少年时代,杨尚昆同志目睹旧中国内忧外患的悲惨情景,立志寻求救国救民的真理。1925年,他开始投身反帝反封建的革命斗争,同年加入中国共产主义青年团,1926年初转为中国共产党党员,从此他就把自己的一生献给了党和人民事业。1931年初,杨尚昆同志从苏联学习回国,先后担任中华全国总工会宣传部部长和中共中央宣传部部长等职,参与工人运动和抗日救亡运动的组织领导工作。1933年初,杨尚昆同志进入中央革命根据地,随朱德、周恩来同志转战前方。1934年,杨尚昆同志担任红三军团政治委员,与彭德怀同志并肩战斗,在中央苏区反"围剿"斗争以及红军长征途中,组织实施一系列重要战役战斗,对战局的发展发挥了重要作用。在遵义会议上,杨尚昆同志坚决拥护毛泽东同志的正确主张。在同张国焘分裂主义的斗争中,他旗帜鲜明地维护党中央的正确领导。中央红军长征到达陕北后,杨尚昆同志先后在西北革命军事委员会和红军前敌总指挥部等红军领导机关工作,为红军政治工作作出了重要建树。

抗日战争全面爆发后,杨尚昆同志奔赴华北抗日前线,协助刘少奇同志,同朱德、彭德怀同志指挥的八路军主力部队一起,创建华北敌后抗日根据地。后来,他担任中共中央北方局书记,在极端困难的条件下,坚决贯彻党中央指示,积极开展华北抗日根据地的建党、建军、建政工作,有力推动了华北地区群众性抗日运动的高涨。杨尚昆同志协助八路军总部,粉碎国民党顽固派的第一次反共高潮,参加组织威震中外的百团大战。1941年初,杨尚昆同志回到延安,在中共中央机关工作。

解放战争期间,杨尚昆同志担任中共中央机关和中央军委总部机关日常事务的主要负责人。他周密细致地组织了中央机关撤离延安的疏散工作,有力配合了党中央转战陕北战略部署的实施和展开。1947年,杨尚昆同志任中共中央后方委员会秘书长兼后方支队司令,协助后方委员会书记叶剑英同志开展了卓有成效的工作。1948年,杨尚昆同志担任中共中央副秘书长、中央办公厅主任、中央军委秘书长等职,协助周恩来同志处理党中央和中央军委日常工作。辽沈、淮海、平津三大战役后,在周恩来同志领导下,杨尚昆同志具体组织安排了中央机关和解放军总部迁往北平的工作,随后又参与组织了中国人民政治协商会议和开国大典的筹备工作。

中华人民共和国成立后,杨尚昆同志继续担任中共中央副秘书长、中央办公厅主任,兼任中央军委秘书长等职。为了使中央机关迅速适应我们党掌握全国政权的新形势新任务,杨尚昆同志努力探索中央机关工作规律,加强中央机关建设,使全中央办公厅工作机构,为提高机关办事效率、保证各项任务的完成作出了显著贡献。在全面建设社会主义时期,杨尚昆同志为加强党的建设、探索中国社会主义建设道路发挥了积极作用。1962年,杨尚昆同志协助刘少奇、周恩来、陈云、邓小平同志等全面贯彻调整国民经济的"八字方针",为争取国家财政经济状况的根本好转创造了重要条件。"文化大革命"中,杨尚昆同志蒙受冤屈,遭到迫害,被监禁12年之久。

党的十一届三中全会后,杨尚昆同志虽已年逾古稀,但焕发出极大的工作热情,先后担任党、国家、人民军队的重要领导职务,作为以邓小平同志为核心的党的第二代中央领导集体的重要成员,参与党和国家各项重大决策,满腔热忱地推进改革开放和社会主义现代化建设。在广东工作期间,他坚持党的十一届三中全会确立的路线,坚决贯彻执行党中央把工作重点转移到社会主义现代化建设上来的战略决策,参与领导广东改革开放、试办经济特区等工作,为国家实行对外开放政策提供了重要经验。在担任中央军委常务副主席兼秘书长、中央军委第一副主席期间,他先后协助邓小平、江泽民同志主持军委日常工作,高度重视加强军队党的建设,积极推动军队走中国特色精兵之路,深入研究新的历史条件下军队现代化建设的重大问题,认真组织和实施军队各方面工作,积极推进军队体制编制等方面的改革,特别是组织完成了裁军100万的重大任务,为人民军队革命化、现代化、正规化建设作出了突出贡献。在国家主席的岗位上,他深入实际调查研究,关心群众疾苦,广泛听取干部群众和各界人士意见,了解改革开放情况,指导工作,解决问题。他坚决贯彻"和平统一、一国两制"的方针,积极推进祖国统一大业。他密切关注国际形势的发展变化,参与制定对外政策,并承担繁重的外事活动,向世界各国阐明我国独立自主的和平外交政策,介绍我国改革开放和社会主义现代化建设的成就,为扩大我国国际影响、促进世界和平与人类进步事业做了大量工作,赢得了国际社会的尊敬。

1992年和1993年,杨尚昆同志先后从党和国家的领导岗位上退下来。退休后,他仍然关心改革开放和社会主义现代化建设,关心祖国统一大业,对祖国的繁荣富强和完全统一寄予殷切期望。

(下转第二版)

中共中央举行座谈会纪念杨尚昆同志诞辰一百周年

胡锦涛发表重要讲话

温家宝出席 曾庆红主持

七月二十日,纪念杨尚昆同志诞辰一百周年座谈会在北京人民大会堂举行。中共中央总书记、国家主席、中央军委主席胡锦涛出席并发表重要讲话。 新华社记者 樊如钧摄

本报北京7月20日电 (记者李章军)纪念杨尚昆同志诞辰100周年座谈会20日上午在人民大会堂举行。中共中央总书记、国家主席、中央军委主席胡锦涛出席并发表重要讲话。他强调,我国革命、建设、改革的伟大成就,是老一代革命家带领全党全国各族人民不懈奋斗、顽强拼搏的结果。在新的历史条件下把党和人民事业继续推向前进,是我们必须承担好的庄严历史责任。我们要坚持以马克思列宁主义、毛泽东思想、邓小平理论和"三个代表"重要思想为指导,深入贯彻落实科学发展观,始终不渝地走中国特色社会主义道路,不断实现好、维护好、发展好最广大人民的根本利益,为把我国建设成为富强民主文明和谐的社会主义现代化国家而继续奋斗。

中共中央政治局常委、国务院总理温家宝出席座谈会。座谈会由中共中央政治局常委、中央书记处书记、国家副主席曾庆红主持。

胡锦涛在讲话中高度评价了杨尚昆同志光辉战斗的一生。他说,杨尚昆同志是伟大的无产阶级革命家、政治家、军事家,坚定的马克思主义者,党、国家、人民军队的卓越领导人。他为党领导的革命、建设、改革事业贡献了毕生精力,作出了重大贡献。

胡锦涛指出,青少年时代,杨尚昆同志目睹旧中国内忧外患的悲惨情景,立志寻求救国救民的真理。1925年,他开始投身反帝反封建的革命斗争,同年加入中国共产主义青年团,1926年初转为中国共产党党员,从此他就把自己的一生献给了党和人民事业。

胡锦涛强调,在70多年的革命生涯中,杨尚昆同志以坚韧不拔的意志、不屈不挠的精神,书写了为党和人民不懈奋斗的壮丽人生。我们缅怀杨尚昆同志的光辉业绩,就是要学习和发扬他的高尚思想品德。我们要学习他对理想信念无比坚定、对党和人民无限忠诚,学习他勇于追求真理、善于开辟工作新局面,学习他严于律己、公道正派,始终保持共产党人的优良品质。(讲话全文另发)

曾庆红在主持座谈会时说,胡锦涛总书记的重要讲话高度评价了杨尚昆同志在中国革命、建设、改革各个历史时期为党和人民事业发展建立的历史功绩,深入阐述了杨尚昆同志的优秀品质和精神。我们纪念杨尚昆同志,就是要学习和发扬老一代革命家的高尚思想品德,以实际行动努力推动党和国家各项工作。

出席座谈会的还有王兆国、贺国强、郭伯雄、曹刚川、王刚、李铁映、华建敏、王忠禹和杨白冰、杨汝岱,中央军委委员李继耐。

座谈会上,中央党史研究室主任李景田,中央文献研究室主任滕文生,中央军委委员、解放军总政治部主任李继耐,重庆市委书记汪洋先后发言。

中央和国家机关、部队有关部门、重庆市的负责同志,杨尚昆同志的亲属、生前友好和原身边工作人员等出席座谈会。

中国绿化基金会中国绿色碳基金成立

贾庆林出席成立仪式并讲话

本报北京7月20日电 (记者石国胜)中国绿化基金会中国绿色碳基金成立仪式20日在人民大会堂举行。中共中央政治局常委、全国政协主席、中国绿化基金会名誉主席贾庆林出席成立仪式并讲话。他强调,要深入贯彻落实科学发展观,认真学习中央关于环境保护和应对气候变化的方针政策,积极植树造林,大力发展林业生物质能源,努力缓解气候变化带来的影响,为我国的林业和生态建设作出贡献。

贾庆林说,全球气候变化已经引起了国际社会的极大关注。我国政府高度重视气候变化和生态环境问题,于今年6月4日正式公布了《中国应对气候变化国家方案》,明确了到2010年的目标。这是中国第一部应对气候变化的政策性文件,也是发展中国家颁布的第一部应对气候变化的国家方案。当前,我国政府认真履行国际公约,采取了一系列政策措施,为更好地应对全球气候变化、促进生态建设作出了积极努力。

贾庆林指出,成立中国绿色碳基金,积极实施以增加森林储能为目的的植树造林、保护森林等林业碳汇项目,是在中国碳汇事业和生物质能源发展进程中迈出的重要一步,是具有前瞻性和深远意义的一件大事。要广泛宣传成立绿色碳基金的重要意义和作用,提高公众对碳汇事业的认识。要切实加强基金的管理和使用,把项目实施同"十一五"规划和国家有关重大战略部署结合起来,认真组织,精心策划,规范管理,努力把基金的效益最大限度地发挥出来。要积极动员全社会的力量,特别是大中型企业积极参与到这一利国利民的事业中来,为我国的林业和生态建设作出贡献。

中国绿色碳基金是设在中国绿化基金下的专项基金,属于全国性公募基金。这个基金的设立,为企业、团体和个人志愿参加植树造林以及森林经营保护等活动,更好地应对气候变化搭建了一个平台。基金先期由中国石油天然气集团公司捐资3亿元人民币,用于开展旨在吸引固定大气中二氧化碳为目的的植树造林、森林管理以及能源林基地建设等活动。

发起成立中国绿色碳基金的主要有国家林业局、中国石油天然气集团公司和中国绿化基金会,同时参与发起的还有嘉汉林业(中国)投资有限公司、美国大自然保护协会和保护国际。

让困难群众住上新房

——吉林省棚户区改造纪实(上)

本报记者 肖 逸

棚户区,一个让人感到沉重的话题。

到2005年底,吉林省尚有100多万人口在棚户区居住,有的居民一住就是几十年;20平方米以下的住户占30%以上,有的家庭七八口人挤一间房。这里的居民绝大部分是下岗职工、低保户,没有条件改造房屋,更无力购买新房。

2006年开始,吉林省全面实施城市棚户区改造计划。仅仅一年时间,45.2万居民从低矮的平房搬进宽敞舒适的新居。2007年,棚户区改造再次被吉林省委、省政府列为解决民生问题的8件实事之一。吉林省提出,今年要加快进度,争取原定3年的拆迁任务2年完成。

利为民所谋:再不能让百姓住那种房子了

同其他老工业基地一样,棚户区是吉林省的"历史之痛"。

有人给棚户区下了这样的定义:城市建成区范围内、平房密度大、建设使用年限久、人均建筑面积小、基础设施配套不齐全、房屋质量差、交通不便、治安和消防隐患大、环境卫生脏乱差的区域。

吉林省委书记王珉说,实施棚户区改造,涉及广大群众最关心、最直接、最现实的利益问题,是贯彻落实科学发展观、构建和谐社会的客观要求,是各级党委和政府义不容辞的责任。我们再也不能让老百姓住那种房子了。

2005年10月,吉林省下发《关于城市棚户区改造实施意见》,作出用3年时间完成拆迁、5年时间建成的决策;当年12月23日,全省棚户区改造动员大会召开,吉林有史以来规模最大、涉及百姓最多的惠民工程吹响了号角。

各地各有关部门雷厉风行,迅速投入力量,展开工作,一个个与棚户区居民切身利益密切相关的政策出台:对私有产权房屋的原面积部分拆一还一,对合理扩大面积部分,按照成本价购买;

(下转第六版)

国务院颁布两个条例

《铁路交通事故应急救援和调查处理条例》颁布

《民用核安全设备监督管理条例》颁布

据新华社北京7月20日电 国务院总理温家宝日前签署第500号国务院令,公布《民用核安全设备监督管理条例》(**本报近日将全文刊登**)。

条例共8章62条,包括总则、标准、许可、进出口、监督检查、法律责任等。

民用核安全设备是指在民用核设施中使用的执行核安全功能的设备,包括核安全机械设备和核安全电气设备。其目录由国务院核安全监管部门商国务院有关部门制定并发布。民用核安全设备设计、制造、安装和无损检验活动适用这一条例。

条例自2008年1月1日起施行。

据新华社北京7月20日电 国务院总理温家宝日前签署第501号国务院令,公布《铁路交通事故应急救援和调查处理条例》,自2007年9月1日起施行(**本报近日将全文刊登**)。

条例共8章41条,分为总则、事故等级、事故报告、事故应急救援、事故调查处理、事故赔偿、法律责任、附则。

条例明确,铁路机车车辆在运行过程中与行人、机动车、非机动车、牲畜及其他障碍物相撞,或者铁路机车车辆发生冲突、脱轨、火灾、爆炸等影响铁路正常行车的铁路交通事故的应急救援和调查处理,适用本条例。

国务院决定自8月15日起

储蓄存款利息所得个人所得税税率调减为5%

央行决定存贷款基准利率今起上调

据新华社北京7月20日电 根据第十届全国人民代表大会常务委员会第二十八次会议修改后的个人所得税法第十二条的规定,国务院决定自2007年8月15日起,将储蓄存款利息所得个人所得税的适用税率由现行的20%调减为5%。

我国自1999年11月1日起,对储蓄存款利息所得恢复征收个人所得税。目前,我国经济社会情况发生了新的变化,投资增长较快,物价指数有一定的上涨,个人储蓄存款收益相对减少,减征储蓄存款利息所得个人所得税,有利于增加个人储蓄存款收益,符合国民经济发展的需要。

本报北京7月20日电 (记者田俊荣、许志峰、王炜)中国人民银行决定,自2007年7月21日起上调金融机构人民币存贷款基准利率。

金融机构一年期存款基准利率上调0.27个百分点,由现行的3.06%提高到3.33%;一年期贷款基准利率由现行的6.57%提高到6.84%;其他各档次存贷款基准利率也相应调整。活期存款利率由0.72%上调至0.81%,为近年来首次上调。

建设部今天也发出通知,要求从2007年7月21日起,当年归集的个人住房公积金存款利率由现行的0.72%调整为0.81%,上年结转的个人住房公积金存款利率由现行的2.07%调整为2.34%;个人住房公积金贷款利率均上调0.09个百分点。

七月二十日,武警官兵扛沙袋准备继续加固加高焦岗湖堤坝。当日,武警安徽省总队的数百名官兵继续奋战在焦岗湖颍上鲁口段,积极预防可能发生的新险情。 新华社记者 陈晔华摄

2007年7月21日 星期六 第六版　　人民日报　　综　合

在纪念杨尚昆同志诞辰100周年座谈会上的发言

(2007年7月20日)

中央党史研究室主任　李景田

今年，是杨尚昆同志诞辰100周年。今天，我们满怀崇敬之情，参加中央举办的纪念座谈会。这里，我着重追忆杨尚昆同志从新民主主义革命到全面开展社会主义建设时期的主要功绩。

一、在丰富的革命实践中锻炼成长，为红军建设和长征胜利立下功勋

杨尚昆同志1907年出生于现属重庆市的潼南县双江镇，在小学和中学时，就受到进步思想影响。1925年加入中国共产主义青年团，1926年转为中国共产党党员。随后，受党组织选派，到莫斯科中山大学学习。

1931年2月，杨尚昆同志回到上海，参加白区的地下斗争。1933年1月，被派往中央苏区，参与编辑党的机关报刊《红色中华》和《斗争》，曾任新华社前身红色中华通讯社总负责人。1933年6月，出任红一方面军政治部主任。1934年初，被补选为中共中央候补委员，当选为中华苏维埃共和国中央执行委员会委员，并接任红三军团政治委员，参与指挥这支部队进行了第五次反"围剿"中的一系列重要战斗。

1934年10月，他和彭德怀同志率领红三军团开始长征，一路浴血奋战、立下卓著战功。1935年1月，出席党的遵义会议，坚决拥护毛泽东同志的正确主张。8月，出任红军总政治部副主任，随毛泽东同志率领的右路军行动，同张国焘分裂主义进行了坚决斗争。到达陕北后，先后担任西北革命军事委员会总政治部副主任和中央革命军事委员会总政治部副主任等职，参加了中央红军在西北进行的许多重要战役和党对东北军、西北军的统战工作。

从国内到国外，从白区到苏区，杨尚昆同志一路征程，成长为红军高级指挥员。他既驰骋沙场、参与军事指挥，又努力加强红军的政治思想工作，为人民军队的建设和发展作出了重要贡献。

二、参与领导华北敌后抗日根据地建设，协助党中央转战陕北和指挥全国解放战争

全国抗日战争爆发后，杨尚昆同志奔赴华北抗战前线，担任中共中央北方局副书记，协助刘少奇同志坚决贯彻党中央关于华北抗战的指示精神，积极联络、恢复和扩大华北党的组织系统，组建统一战线形式的抗日武装，领导山西牺盟会的党团工作；开办北方局党校和各种训练班，培养党的干部和抗日骨干。1938年11月，杨尚昆同志接任北方局书记，继续加强根据地党的建设和抗日民主政权建设，协助八路军开展对日军事斗争和对国民党顽固派的反磨擦斗争，参加组织百团大战，在领导华北敌后抗战中发挥了重要作用。1945年8月，出任中共中央军委秘书长。9月，主持中共中央书记处办公厅的工作。

解放战争时期，毛泽东同志率领党中央转战陕北。叶剑英、杨尚昆同志率中央和中央军委大部分机关，组成中共中央后方委员会，统筹后方工作。杨尚昆同志作为秘书长兼后方支队司令员，协助叶剑英同志向党中央提供后勤等方面服务，为党中央、毛泽东同志顺利转战陕北、指挥全国解放战争提供了重要保证。

1948年4月，中共中央机关集中到河北省平山县西柏坡一带。杨尚昆同志担任中共中央副秘书长、中央办公厅主任、中央军委秘书长、中央警卫司令员等职务，协助周恩来同志处理党中央和中央军委的日常工作。1949年3月，中央机关迁往北平。杨尚昆同志以其紧张有序、周密细致和快速高效的工作作风，保证了各项迁移工作的顺利进行。

三、做好和平年代的中央办公厅工作，为新中国社会主义建设作出了贡献

新中国成立后，杨尚昆同志继续担任中共中央副秘书长、中央办公厅主任、中央军委秘书长等职务，并兼任中直机关党委书记。他认真思考和研究如何在执政条件下更好地为党中央服务的问题，在总结经验的基础上，领导建立起一套适应新形势的中央办公厅工作机构和运转机制，为保障党的路线方针政策的实施，保证党中央对全国各项事业的领导，保证中央交办任务的圆满完成，作出了重要贡献。1956年9月，杨尚昆同志在党的第八次全国代表大会和八届一中全会上当选为中央委员和中央书记处候补书记，参与党和国家重要事务。1962年2月，在国民经济处于严重困难的关头，杨尚昆同志担任中央精简小组组长，协助刘少奇、周恩来、陈云和邓小平等同志全面贯彻调整国民经济的"八字方针"，圆满完成了所承担的任务。

杨尚昆同志为中华民族的独立解放、为新中国的建立和社会主义建设的全面展开建立了卓越功勋，他的优秀品质永远值得我们学习。我们一定要以杨尚昆同志等老一辈无产阶级革命家为榜样，在以胡锦涛同志为总书记的党中央领导下，为继续推进中国特色社会主义伟大事业而不懈奋斗！

在纪念杨尚昆同志诞辰一百周年座谈会上的发言

中央文献研究室主任　滕文生

(二〇〇七年七月二十日)

今天，我们怀着崇敬的心情纪念杨尚昆同志诞辰100周年，缅怀他的光辉业绩和崇高风范，追忆他为中国人民的解放事业、为中国社会主义革命、建设和改革事业作出的重要贡献。

1978年12月，杨尚昆同志重新恢复工作，担任中共广东省委第二书记、广东省副省长，兼任广州市委第一书记。他坚决拥护党的十一届三中全会确定的改革开放新政策，提出广东要"先走一步"、把改革开放的大文章做好的主张。他积极参与领导广东开展对外经济交流、实行特殊政策、试办经济特区的工作，使广东成为中国改革开放的重要窗口和示范区，为在全国实行对外开放政策提供了新鲜经验。杨尚昆同志到中央工作后，仍继续关注着广东和深圳、珠海、汕头经济特区的建设与发展。从1982年到1992年，他四次陪同邓小平同志视察广州、深圳、珠海、厦门和上海等地。1990年11月，他和江泽民同志一起出席珠海经济特区建立10周年庆祝大会。他曾多次到深圳、珠海和上海，实地考察经济特区的建设、上海浦东新区的开发以及沿海城市的开放，在推动形成由沿海向内地多层次、全方位的对外开放大格局中发挥了重要作用。

从上个世纪80年代初到90年代初，杨尚昆同志先后担任中央军委常委兼秘书长、中央军委常务副主席兼秘书长和中央军委第一副主席，先后协助邓小平同志和江泽民同志主持中央军委日常工作。他坚决贯彻执行党中央关于新时期军队建设和军事战略思想，坚持党对军队的绝对领导，坚持加强军队的思想政治工作，强调军队要坚决支持国家集中力量进行经济建设，同时努力加强国防建设，为国家的改革开放和现代化建设提供安全保障。他坚决贯彻执行邓小平同志提出的裁军100万的重大决策和中央军委关于改革军队体制、精简整编、加强军事法制建设、加强后勤建设、调整国防工业体制、加速实现武器装备现代化等一系列重大措施，为顺利实现新时期军队建设指导思想的战略性转变，推进军队的革命化现代化正规化建设，作出了重要贡献。

1988年，杨尚昆同志在第七届全国人民代表大会第一次会议上，当选为中华人民共和国主席。他不顾80多岁高龄，坚持到工厂、农村、部队、学校和建设工地视察，了解人民群众的要求，广泛听取各方面意见。他在主持对台工作期间，坚决贯彻"和平统一、一国两制"方针，广交朋友，团结爱国知名人士，积极开展对台湾当局和台湾人民的工作，努力推进祖国和平统一事业。杨尚昆同志密切关注国际形势的发展变化，参与调整和制定新时期的国家对外政策，并承担了繁重的外事活动。在担任国家主席的5年间，他为增进中国政府和人民同世界各国政府和人民之间的了解和友谊，为创造一个有利于我国社会主义现代化建设的和平国际环境，为维护世界和平和促进人类进步事业，付出了大量心血，赢得了国际社会的普遍尊敬。

杨尚昆同志是一位德高望重的老一辈无产阶级革命家。他一生经历了党的三代中央领导集体领导的革命和建设事业，担负党、国家和人民军队的重要领导工作，贡献了自己的全部智慧和力量。他始终遵循党的全心全意为人民服务的宗旨，保持和发扬党的优良传统作风，兢兢业业地为党和人民的事业工作，做到了鞠躬尽瘁、死而后已。

今天，我们纪念和缅怀杨尚昆同志等老一辈无产阶级革命家，就是要继续学习他们的崇高革命精神和思想品德，把他们开创的中国特色社会主义伟大事业继续推向前进。让我们紧密团结在以胡锦涛同志为总书记的党中央周围，坚持以马克思列宁主义、毛泽东思想、邓小平理论和"三个代表"重要思想为指导，深入贯彻落实科学发展观，为把我国建设成为富强民主文明和谐的社会主义现代化国家而努力奋斗！

在纪念杨尚昆同志诞辰一百周年座谈会上的发言

中央军委委员、解放军总政治部主任　李继耐

(二〇〇七年七月二十日)

今天，我们怀着崇敬的心情，参加纪念杨尚昆同志诞辰100周年座谈会。杨尚昆同志在70余年的革命生涯中，担任过我军许多重要领导职务，他的军事实践活动和作出的重大贡献，已载入人民军队的史册。回顾他的奋斗历程，缅怀他的光辉业绩，对于我们继承和发扬人民军队的优良传统，推动军队建设又好又快发展，具有重要意义。

杨尚昆同志具有坚定的理想信念，始终忠诚于党和人民。他1925年参加革命，从1933年6月起，先后担任红一方面军政治部主任、红三军团政委等职。在中央苏区反"围剿"斗争中，他衷心拥护毛泽东同志的作战方针和原则，对"左"倾冒险主义进行抵制。在遵义会议上，他和与会多数同志一道，批评军事指挥上的"左"倾错误，坚决拥护毛泽东同志的正确主张。红一、红四方面军会合后，担任红军总政治部副主任的杨尚昆同志，同张国焘分裂主义进行了坚决斗争。他按照毛泽东同志的指示，勇敢机智地配合叶剑英同志，在危急关头，使毛泽东等领导同志和中央红军大部及时脱离险境。"文化大革命"中，他受到林彪、江青一伙的残酷迫害，但丝毫没有动摇坚定的信念。1981年7月，他任中央军委常委兼秘书长，次年9月任中央军委常务副主席兼秘书长，协助邓小平同志主持军委日常工作，严格执行党中央和中央军委的决策，对"文化大革命"中由于林彪、"四人帮"的干扰对军队造成的严重破坏进行了拨乱反正。在1989年党的十三届四中、五中全会上，杨尚昆同志完全拥护党的决定，维护和支持以江泽民同志为核心的第三代中央领导集体。

杨尚昆同志在革命战争实践中成为我军高级指挥员，为中国人民解放事业建立了不可磨灭的历史功勋。土地革命战争时期，杨尚昆同志投入中央苏区第五次反"围剿"作战。长征初期，他与彭德怀同志率部不畏艰险、浴血奋战，连续突破敌军4道封锁线，受到中央革命军事委员会的通令表彰。遵义会议后，杨尚昆和彭德怀同志按照毛泽东同志灵活机动的战略战术，指挥部队在川黔地区迂回作战，避强打弱，声东击西，抢占娄山关，四渡赤水河，再克遵义城。进军云南途中，红三军团军团部遭敌机轰炸，杨尚昆同志在身中3块弹片的情况下，坚持指挥作战。抗日战争全面爆发后，杨尚昆同志受命奔赴华北前线，协助刘少奇同志领导华北敌后抗战，1938年冬起主持中共中央北方局工作，积极领导开展抗日根据地建设，组织地方抗日武装力量参加"百团大战"，给敌人以沉重打击，粉碎了日军的"囚笼政策"。抗日战争胜利后，杨尚昆同志担任中央军委秘书长、负责中央书记处办公厅工作。全面内战爆发不久，参与组织指挥中央机关撤离延安的工作。随后，与叶剑英同志在晋西北组成中央后方委员会，为毛泽东同志和党中央转战陕北、指挥全国解放战争提供了重要保证。

杨尚昆同志坚决贯彻执行新时期党中央确定的军事战略和关于军队建设的方针原则，为我军革命化现代化正规化建设作出了突出贡献。他遵循邓小平新时期军队建设思想，为实行军队建设指导思想的战略转变，坚定不移地走中国特色的精兵之路，做了大量卓有成效的工作。他与军委其他领导同志一道，领导和组织实施军队体制改革、狠抓军事训练，加强基层建设和后勤建设，组建武装警察部队，调整国防工业体制等。他根据邓小平同志提出的关于精简整编的战略决策，具体主持并顺利完成了裁军100万的任务。他高度重视军队思想政治建设和组织建设，主持制定了《关于新时期军队政治工作的决定》，进一步明确了新时期军队政治工作的指导思想和主要任务。他重视加强军事立法和执法工作，推动军事工作逐步走上法制化、制度化轨道。在党的十三届五中全会上，杨尚昆同志被任命为中央军委第一副主席。他认真贯彻党中央的指示精神和中央军委主席的意图，组织和实施军队各方面的工作，保持了军队建设的连续性和稳定性。

杨尚昆同志的一生，是为党和人民事业不懈奋斗的一生，是为我国国防和军队建设作出重要贡献的一生。今天，我们纪念杨尚昆同志，就是要学习他的优秀品质，发扬他的革命精神，更加紧密地团结在以胡锦涛同志为总书记的党中央周围，坚持以邓小平理论和"三个代表"重要思想为指导，深入贯彻落实科学发展观，大力弘扬我军听党指挥、服务人民、英勇善战的优良传统，忠实履行新世纪新阶段我军历史使命，为夺取全面建设小康社会新胜利、开创中国特色社会主义事业新局面作贡献，以优异的成绩迎接党的十七大胜利召开！

在纪念杨尚昆同志诞辰100周年座谈会上的发言

(2007年7月20日)

中共重庆市委书记　汪　洋

在杨尚昆同志诞辰100周年之际，我们作为杨尚昆同志家乡人民的代表，参加中央举行的纪念座谈会，感到十分激动。回顾杨尚昆同志的革命生涯，缅怀他的光辉业绩，我们对杨尚昆同志等老一辈无产阶级革命家，充满了深切的怀念和由衷的敬意。

重庆是杨尚昆同志的家乡，也是杨尚昆同志参加革命的起点。1907年，杨尚昆同志出生于原属四川省、今属重庆市的潼南县双江镇。在他的四哥——中国共产党四川地方组织的主要创建人和卓越领导人之一杨闇公同志的影响和引导下，杨尚昆同志很早就参加革命活动，并在重庆先后加入中国共产主义青年团和转为中国共产党党员。杨闇公同志牺牲后，杨尚昆同志更加坚定了革命的理想信念，义无反顾地投身于争取民族独立、人民解放和国家富强的伟大事业。在70余年的革命生涯中，杨尚昆同志先后担任我党、我军和国家重要领导职务，为中国革命和建设事业付出了毕生心血，建立了不朽功勋。作为杨尚昆同志家乡的重庆人民，我们倍感光荣、倍感自豪。

家乡的山水养育了杨尚昆同志，杨尚昆同志也始终没有忘记生养他的家乡。1985年后，杨尚昆同志先后四次回到重庆，其中三次回到老家潼南县，对家乡的建设和发展寄予殷切期望。

我们不能忘记，杨尚昆同志对故乡潼南县建设发展的关心关爱。他要求当地干部搞好家乡经济建设，让群众的日子越来越好过，并欣然命笔作了"潼南奋进"的题词。在全面推进重庆建设的过程中，我们进一步加强了潼南县的工作，潼南经济社会发展取得重要成就，贫困面貌得到根本改变，群众生活水平显著提高。

我们不能忘记，杨尚昆同志对家乡的教育事业极为重视。他曾专门接见双江镇几所中小学的校长，嘱咐他们："百年大计，教育为本，家乡的教育就拜托你们了。"我市各级党委、政府牢记杨尚昆同志的嘱托，认真贯彻中央关于教育工作的一系列方针政策，高度重视并切实加强教育工作。经过艰苦努力，重庆教育事业取得了巨大进步。我们提前一年实现"两基"目标，去年率先在全国全部偿清了普及九年义务教育欠债，全面实施农村义务教育经费保障机制改革并扩大了免学杂费范围。

我们不能忘记，杨尚昆同志对家乡群众的精神文化生活非常关心。他在旧居叮嘱当地干部："旧居不要闲着，可以作为群众文化活动场所，群众需要精神食粮。"根据杨尚昆同志的意愿，在杨尚昆同志旧居重新修建的四知堂，现已对外开放，接待人民群众。全市农村基层文化建设也取得明显成效，极大地丰富了群众的精神文化生活。

作为杨尚昆同志的家乡，作为中国最年轻的直辖市，重庆也发生了翻天覆地的变化。直辖以来，在党中央、国务院的正确领导下，市委、市政府团结带领全市3100万人民，负重自强，攻坚克难，取得了富民兴渝、构建和谐重庆的重要成就。全市经济年均增速超过10%，人均地区生产总值增加2倍，地方财政收入增加9倍，城乡居民收入整体上增加1倍多。

今年是重庆市直辖10周年。在今年两会期间，胡锦涛总书记亲临重庆代表团参加讨论并发表重要讲话，要求我们努力把重庆加快建设成为西部地区的重要增长极、长江上游地区的经济中心、城乡统筹发展的直辖市，为在西部地区率先实现全面建设小康社会的目标而不懈奋斗。胡锦涛总书记的讲话，为重庆工作指明了方向，开启了重庆改革发展的新征程。

面对新的形势，站在新的起点，我们对杨尚昆同志等老一辈无产阶级革命家的最好纪念，就是以实际行动把重庆建设得更加美好，把中国特色社会主义伟大事业不断推向前进。我们要继承老一辈无产阶级革命家的遗志，学习杨尚昆同志的革命精神、崇高风范和优秀品质，更加紧密地团结在以胡锦涛同志为总书记的党中央周围，坚持以邓小平理论和"三个代表"重要思想为指导，深入贯彻落实科学发展观，抓住中央批准重庆设立统筹城乡综合配套改革试验区的机遇，开拓进取，团结奋进，努力在中西部地区走出一条科学发展的新路，实现中央设立重庆直辖市的战略意图，以重庆的振兴和繁荣告慰敬爱的杨尚昆同志！

六月底城镇登记失业率4.1%

上半年全国新增城镇就业629万人，全国五项社保基金总收入增长近三成

本报北京7月20日电　(记者白天亮)经济快速增长，带动就业形势进一步转好。劳动和社会保障部今天发布数据显示，上半年全国累计实现新增城镇就业人员629万人，完成全年目标70%。6月底，全国城镇登记失业人员838万人，城镇登记失业率为4.1%，比去年同期下降0.1个百分点。

"就业再就业目标任务完成情况均好于往年同期。"劳动和社会保障部新闻发言人尹成基这样评价上半年就业状况。他介绍说，上半年全国下岗失业人员再就业279万人，完成全年目标56%，而去年同期为47%；就业困难人员再就业74万人，完成全年目标74%，而去年同期为65%，是实施积极就业政策以来同期最好水平。全国所有省份城镇登记失业率都控制在本地区年度预期目标以内。

零就业家庭等困难人员就业取得新的突破。不少地区明确提出了消除零就业家庭的工作目标和具体计划。全国已有近8000个社区经评估达标为充分就业社区。

此外，社会保障范围继续扩大，基金收入持续增长。上半年全国基本养老、基本医疗、失业、工伤、生育五项社会保险基金总收入为4655.6亿元，同比增长29.9%。截至6月底，全国养老保险、医疗保险、失业保险、工伤保险、生育保险参保人数分别达到19331万人、16981万人、11314万人、10990万人、6879万人。其中农民工参加工伤和医疗保险分别达3062万人和2688万人，农民工参加养老保险办法正在研究制定中。上半年全国共发放参保离退休人员基本养老金2782亿元，各地上报无拖欠。

农资打假为农民挽回经济损失

本报北京7月20日电　(记者冯华)从农业部新闻办公室获悉：今年上半年，全国各地农资打假工作进展顺利，农资市场秩序总体良好，春耕期间农资供应充足，价格平稳。据统计，1—6月，全国农业系统共出动执法人员73.8万人次，整顿农资市场12.4万个，查获假劣农资4.5万吨，为农民挽回经济损失6.94亿元。据农业部春耕期间对8省1700户农户的调查显示，农民对当前农资市场表示满意或比较满意的，比上年提高7个百分点。

科技部保监会打造科技保险试点

本报北京7月20日电　(记者曲哲涵)科技保险创新发展试点城市签字仪式今天在北京举行。科技部和保监会与北京市、天津市、重庆市、深圳市、武汉市、苏州高新区分别签署了科技保险合作备忘录，上述五市一区正式成为我国第一批科技保险创新发展试点城市。

据了解，为落实《国家中长期科学和技术发展规划纲要(2006—2020)》，科技部与中国保监会联合下发通知，积极创新科技保险发展新模式。

保险资金开始投资基础设施项目

本报北京7月20日电　(记者曲哲涵)山西太长、长晋、晋焦高速公路公司股权交割仪式今天在山西太原召开，这意味着平安信托投资山西高速项目正式实施。这是国内保险资金投资基础设施项目的第一单。

2006年3月，保监会颁布《保险资金间接投资基础设施项目试点管理办法》规定，5%的寿险资金和2%的产险资金将获准投资于基础设施项目。基础设施项目所需资金量较大、项目营运周期长，正好与保险资金规模大、期限长的特点相匹配。

(上接第一版)棚户区内的建设项目以中小户型为主，向中低收入者倾斜；对被拆迁人按国家标准取得的拆迁补偿款，免征个人所得税和土地增值税。

一些地方对新建住宅做出细致规定。延边朝鲜族自治州要求，棚户区改造后的住宅间距应以满足日照要求为基础，综合考虑采光、通风、消防等因素，构成一个完善的相对独立的居住小区。

长春市拆迁办主任李曙臣解释说："这次改造目的不同以往，这次是改善群众住房，因此所有政策都向百姓倾斜。"

打破资金瓶颈：政府组织、市场化运作

资金是棚户区改造的最大难题，据测算，吉林省棚户区改造总投资需500多亿元。

吉林是老工业基地，财政基础并不雄厚。为确保改造工作顺利进行，吉林省制定了"政府组织、市场化运作"的政策，并采取"银行贷一点、财政支持一点、政策让一点、群众自筹一点、开发补一点"的多渠道筹措办法，破解资金瓶颈，最大限度地让利于民，让老百姓"住得起、住得好、住得早"。

2006年，吉林省政府在财政十分紧张的情况下，安排棚户区改造专项补助资金2.5亿元；今年2月，省政府制定出台指导意见，棚户区改造工程在县一级城市全面推开，为此省财政再次提供财政补贴3.5亿元。

吉林省规定：在城市棚户区改造范围内，除了居民回迁房外，其他建设用地以招标、拍卖、挂牌方式出让，所得土地收益全部留给当地政府，用于城市棚户区改造。

拓宽房地产开发投融资渠道，积极向银行推荐诚实守信的房地产开发企业和城市棚户区改造项目，争取金融机构的支持，是筹集改造资金的另一重要手段。吉林省提出，在建工程项目投入30%以上后，允许进行抵押贷款。吉林省主要领导带领相关部门与中国银行、国家开发银行协调沟通，争取中国银行短期贷款8亿元、国家开发银行贷款50亿元。

为支持棚户区改造，吉林还提高住房公积金贷款使用率，规定各地住房公积金管理中心在防范风险前提下，提高贷款比例，简化贷款手续，满足承贷人合理的资金需求。

一年多来，吉林省各地、各部门共出台30多个省级配套政策和数百项地方实施细则，各地通过财政补贴、贷款、开发商垫付、土地收储、公开招商、自管房改造、项目拆迁等方式，积极筹措资金。今年上半年，全省棚户区改造的资金已超过30亿元，全年用于棚户区改造的资金将达到50亿元。

阳光拆迁：力求政策透明过程公正

棚户区改造中，另一个棘手的问题就是拆迁。

在长春市富祥小区，一位回迁户告诉记者："开始时，我们担心拆迁的在骗人，也担心盖的楼不好，搬进来才知道，所有的政策都是为棚户区里的居民着想的。"

各级党委、政府和相关部门，坚持"依法运作、阳光操作"，抽调专门人员深入棚户区，挨家挨户宣传政策，解答问题，解决拆迁面临的困难，赢得了广大群众的充分理解和支持，整个拆迁改造工作"出人意料"地顺利。

吉林市特别出台《棚户区拆迁安置办法》，制定了惠民政策：先搬家、先签协议者，可以先选房；原居住面积在36平方米以下的住户，回迁时可得到面积补贴。

好政策还得落实好。吉林市建立了拆迁听证、公示、信访接待、违纪举报、跟踪监管等安置保障措施，力求政策透明，过程公正。吉林市船营区北山街道落马湖棚户区，早在拆迁前就封存了各社区的人员情况档案，将突击办低保、钻政策空子的人挡在了门外。

通化市对补偿和安置标准、拆迁和回迁面积、房屋评估标准和拆迁顺序全部公开，出现了大批群众排队签署拆迁协议的场面；长春市坚持人性化、依法拆迁，并公开承诺"拆一补一，不足49平方米的补到49平方米"，实现了拆迁过程中"零上访"。

2006年，吉林全省共拆除房屋950.2万平方米，搬迁18.62万户；投资332亿元，开工建设1300万平方米住房，其中新建居民回迁房571.69万平方米，回迁安置15.3万户。今年上半年，全省又完成拆迁房屋851.1万平方米，搬迁11.7万户，占年计划的86%。

RENMIN RIBAO

人民网 网址：http://www.people.com.cn
手机：http://wap.people.com.cn

2008年4月
12
星期六
戊子年三月初七
人民日报社出版
国内连续出版物号
CN11-0065
第21826期（代号1-1）
今日8版

博鳌亚洲论坛2008年年会今天开幕

各项筹备工作就绪，超过1700名来自亚洲和世界其他地区的政府官员、企业代表、专家等将出席本次年会

综合本报和新华社消息 预定于12日下午开幕的博鳌亚洲论坛2008年年会各项筹备工作已经就绪，超过1700名来自亚洲和世界其他地区的政府官员、企业代表、专家等将出席本次年会。

应博鳌亚洲论坛邀请，国家主席胡锦涛将出席博鳌亚洲论坛2008年年会开幕式并发表主旨演讲，回顾总结中国改革开放30年的成就和经验，阐述中国的改革开放、和平发展政策、互利共赢的开放战略，就加强亚洲区域合作，促进亚洲持久和平和共同繁荣提出倡议。

据介绍，今年参会的代表包括约250名政府官员，750名企业代表，50名专家学者及680名媒体记者。本届年会是博鳌亚洲论坛创办以来规格最高，规模最大的年会。

成立于2001年的博鳌亚洲论坛是一个非官方、非营利、定期、定址、开放型的国际会议组织。今年年会是论坛正式成立以来的第七届年会，主题是"绿色亚洲：在变革中实现共赢"。

成立7年来，论坛本着平等、互惠、合作、共赢的宗旨，围绕亚洲经济社会发展的现实和长远课题进行探讨，成为亚洲域内外国家政界、工商界、学术界对话与交流的重要平台，为推进地区经济合作，增进各国了解与友谊发挥了积极作用。

胡锦涛同巴基斯坦总统穆沙拉夫会谈

4月11日，国家主席胡锦涛在海南省三亚市举行仪式，欢迎巴基斯坦总统穆沙拉夫访华。
新华社记者 李 涛摄

本报三亚4月11日电 （记者吴成良、廖政军、马应珊）4月11日，国家主席胡锦涛在海南省三亚市同巴基斯坦总统穆沙拉夫举行会谈。双方同意共同努力，巩固两国全天候友谊，深化战略伙伴关系。

胡锦涛表示，中巴是好邻居、好朋友、好伙伴、好兄弟，有着全天候友谊和全方位合作。中巴关系的基础是两国在涉及各自核心利益问题上始终相互理解、相互信任、相互支持。中方高度重视中巴关系，始终将其置于中国外交政策的优先方向，始终从战略高度和长远角度把握和推进中巴关系。不管国际形势和两国国内情况发生什么变化，这一既定方针都不会改变。

胡锦涛就深化中巴战略伙伴关系提出5点建议。一、巩固两国战略合作的政治基础，保持政府、立法机构、政党、军队各层次交流合作，确保中巴战略关系的连续性和稳定性。充分用好战略对话等机制，加强在重大问题上的沟通和协调。二、拓展经贸领域的务实合作，加快服务贸易谈判进程，早日建成全面、高水平的自由贸易区，尽早实现双边贸易的远景目标。中国政府将继续鼓励中国企业加强同巴方在金融、电信、能源、交通等领域合作。三、加强非传统安全领域合作，继续开展反恐、禁毒非传统安全领域合作，加强奥运安保方面交流合作。四、扩大人文领域交流，加强文化、教育、卫生、体育、旅游、新闻媒体、学术团体等方面交流合作，鼓励妇女、青年、非政府组织扩大交往，加强人力资源开发、职业培训等领域的合作。五、加强国际多边合作，继续在联合国、上海合作组织、东盟地区论坛、南盟等多边组织中密切协调和配合，维护中巴和广大发展中国家的共同利益。

穆沙拉夫表示，巴中友谊已深深植根于两国人民心中，历久弥坚。双方友好合作领域广泛，成果丰硕。发展同中国的战略伙伴关系是巴基斯坦外交政策的支柱。巴方希望双方不断探索新途径新方式，加强贸易、投资、能源、基础设施建设合作，扩大青年、教育、文化等人文领域交流。

穆沙拉夫指出，巴基斯坦祝愿并相信北京奥运会将取得圆满成功，愿意为此提供一切支持和合作。巴方将确保北京奥运会火炬在巴境内传递取得最佳效果。巴基斯坦坚决反对任何将北京奥运会政治化的企图和破坏奥运会的行为。穆沙拉夫强调，巴基斯坦坚定支持中国维护国家统一，坚定认为西藏是中国领土不可分割的一部分，坚决反对任何分裂中国的活动。巴方愿意同中方加强在打击恐怖势力、极端势力方面的合作。

穆沙拉夫介绍了当前巴基斯坦局势。胡锦涛表示，我们对穆沙拉夫总统和巴基斯坦政府过去几年在内政和外交方面取得的成就予以高度评价。中方尊重、理解、支持巴基斯坦政府为维护国内和平稳定、促进经济发展所采取的各项举措，相信在穆沙拉夫总统和巴基斯坦新政府领导下，巴基斯坦经济社会发展将不断向前推进。

会谈后，胡锦涛和穆沙拉夫共同出席了两国水资源管理和发展、科学技术、体育等领域3个合作文件的签字仪式。

会谈前，胡锦涛为穆沙拉夫举行了隆重欢迎仪式。

中共中央书记处书记、中央办公厅主任令计划，中共中央书记处书记、中央政策研究室主任王沪宁，国务委员戴秉国等参加上述活动。

胡锦涛同坦桑尼亚总统基奎特会谈

4月11日，国家主席胡锦涛在海南省三亚市举行仪式，欢迎坦桑尼亚总统基奎特访华。
新华社记者 李 涛摄

本报三亚4月11日电 （记者廖政军、吴成良、马应珊）4月11日，国家主席胡锦涛在海南省三亚市同坦桑尼亚总统基奎特举行会谈。双方同意共同努力，深化传统友谊，拓展务实合作，继续推动中坦和中非友好合作关系全面发展。

胡锦涛强调，中坦有着兄弟般的传统友谊，是全天候的合作伙伴。建交44年来，中坦关系始终健康顺利向前发展，堪称中非乃至发展中国家真诚相待、团结合作的典范。当前，中坦关系保持良好发展势头，双方高层交往密切，各领域合作成果丰硕，在国际事务中相互支持。中非合作论坛北京峰会成果落实工作在坦桑尼亚稳步推进。

胡锦涛指出，中方珍视中坦传统友谊，视坦桑尼亚为中国在非洲的重要合作伙伴，愿同坦方一道，推动两国友好合作关系全面发展。胡锦涛建议：一、加强双方政治交往。两国应该保持高层交往势头和各种形式的对话磋商，增进相互了解和友谊。两国立法机构和执政党应该加强合作，互相交流促进经济社会发展和治国理政的经验。两国政府部门应该广泛开展磋商和合作，积极拓展新的合作领域，不断充实中坦友好合作关系的内涵。二、扩大经贸等领域互利合作。双方应该落实好正在进行和已经商定的项目，积极探讨新的合作领域和途径。中国政府愿继续为坦桑尼亚经济社会发展提供力所能及的帮助，鼓励有实力的中国企业与坦方加强在基础设施建设、农业、资源开发、电信、人力资源培训等坦方优先发展领域的合作，促进共同发展。三、扩大人文交流。双方应该加强教育、文化、体育、卫生、旅游、新闻等领域交流，鼓励两国地方政府、学术团体、民间组织、妇女青年开展形式多样的交流合作，增进全面友好。四、深化在联合国等多边领域的磋商和合作，充分发挥两国外交部政治磋商机制的作用，及时就国际发展合作、联合国千年发展目标、多边贸易机制、气候变化等重大国际问题和非洲形势加强沟通和协调，维护两国和发展中国家的共同利益。

基奎特表示，中国是坦桑尼亚的好朋友、好伙伴。双方经贸、教育、医疗卫生等领域合作不断发展。长期以来，中国在许多领域向坦桑尼亚提供了宝贵支持和援助，坦桑尼亚能取得今天这样的发展进步是与中国的帮助分不开的。坦桑尼亚人民珍视同中国人民的友谊，坦方将继续加强同中方的合作。基奎特重申，坦桑尼亚坚定奉行一个中国政策。

基奎特说，坦桑尼亚为能成为北京奥运火炬接力传递国家感到高兴，将尽最大努力使这一活动在坦桑尼亚取得圆满成功，决不允许任何人干扰破坏火炬传递活动。当前，国际上有人企图破坏北京奥运会，坦桑尼亚和所有非洲国家人民对此坚决反对，我们坚决支持中国政府和人民所作的努力，坚信北京奥运会将取得圆满成功。胡锦涛对此表示感谢。

基奎特介绍了对非洲形势和地区热点问题的看法。他指出，长期以来，中国一直是非洲人民的真诚朋友，双方早在非洲人民争取国家独立和民族解放时期就结下了深厚友谊。中国政府和人民一直真诚帮助非洲，非洲各国人民对此表示感谢，希望中非新型战略伙伴关系不断向前发展。

胡锦涛指出，当前，非洲形势总体向好的方向发展，经济保持较快增长，区域合作和一体化步伐加快。国际社会加大对非洲的关注和投入，非洲在国际上的影响上升，非洲发展面临新的机遇。胡锦涛指出，中非确立新型战略伙伴关系，标志着中非友好合作进入新的发展时期。中非务实合作符合中非人民的共同利益，也为国际社会更多关注和帮助非洲起到了积极推动作用。中方愿同非洲国家一道，秉承中非传统友好，深化务实合作，谋求互利共赢，促进中非合作论坛持续发展，为非洲和平与发展作出新贡献。

会谈后，胡锦涛和基奎特共同出席了两国经济技术合作协定等7个合作文件的签字仪式。

会谈前，胡锦涛为基奎特举行隆重欢迎仪式。

中共中央书记处书记、中央办公厅主任令计划，中共中央书记处书记、中央政策研究室主任王沪宁，国务委员戴秉国等参加上述活动。

胡锦涛会见蒙古国总统恩赫巴亚尔

4月11日，国家主席胡锦涛在海南省三亚市会见蒙古国总统恩赫巴亚尔。
新华社记者 李学仁摄

本报三亚4月11日电 （记者廖政军、吴成良、马应珊）4月11日，国家主席胡锦涛在海南省三亚市会见蒙古国总统恩赫巴亚尔。

胡锦涛表示，当前，中蒙关系发展良好。双方高层交往频繁，政治互信加深，互利合作不断扩大。双边贸易发展迅速，人文等领域交流日趋活跃。双方在国际和地区事务中相互理解、相互支持，保持着密切的协调和合作。

胡锦涛指出，中方始终高度重视中蒙关系，愿同蒙方一道努力，不断提升双方合作水平，更好地造福两国和两国人民。胡锦涛提出：一、保持两国高层交往势头，进一步增进互信。中方愿继续同蒙方加强各部门各层次交流合作，共同搞好明年两国建交60周年纪念活动。二、加强双边交流合作，巩固互利友好局面。从宏观层面更好地指导和促进有关合作，早日签署两国经贸合作中期发展纲要、扩大和深化经贸合作框架协定等文件，加强旅游、环保、防灾、青少年交流等领域的交流合作。三、拓展多边领域合作，扩大共同利益。中方愿在区域合作、气候变化等重大国际问题上同蒙方加强沟通、相互配合。

恩赫巴亚尔表示，蒙中两国领导人经常性会晤和双方各层次、多领域的对话，对推动两国睦邻互信伙伴关系发展发挥了重要作用。蒙方坚定致力于同中国发展稳定的睦邻友好、平等互利关系，希望双方以明年两国建交60周年和蒙中友好合作条约签定15周年为契机，扩大各领域合作，推动两国关系深入发展。恩赫巴亚尔表示，蒙中双边贸易和投资合作快速增长，希望双方共同落实好基础设施建设、交通、能源资源等大型项目，扩大旅游、文化、教育、青少年、地方等领域的交流合作。蒙方希望两国加强在上海合作组织等地区和国际组织中的合作。恩赫巴亚尔重申蒙古将坚定奉行一个中国政策。

恩赫巴亚尔对中国改革开放30年来国家建设取得的巨大成就表示祝贺，祝愿今后中国经济社会发展取得更多成果。恩赫巴亚尔表示很高兴参加北京奥运会开幕式，祝愿这一体育盛会圆满成功。胡锦涛对此表示欢迎和感谢。

会见后，胡锦涛和恩赫巴亚尔共同出席了两国经济技术合作协定的签字仪式。

中共中央书记处书记、中央办公厅主任令计划，中共中央书记处书记、中央政策研究室主任王沪宁，国务委员戴秉国等参加会见。

胡锦涛会见卡塔尔首相哈马德
胡锦涛会见哈萨克斯坦总理马西莫夫

（第三版）

纪念王震同志诞辰100周年座谈会在京举行

习近平出席并讲话

本报北京4月11日电 （记者李章军）纪念中国共产党的优秀党员，伟大的无产阶级革命家、政治家、军事家，坚定的马克思主义者，党和国家的卓越领导人王震同志诞辰100周年座谈会，11日上午在北京人民大会堂举行。中共中央政治局常委、中央书记处书记、国家副主席习近平出席座谈会并发表重要讲话。

习近平在讲话中高度评价了王震同志光辉壮丽的一生。习近平说，王震同志在上世纪20年代的大革命洪流中开始接触进步思想和中国共产党的组织，并在工人运动中迅速成长起来。革命战争年代，他参加了湘赣苏区、湘鄂川黔革命根据地的创建和巩固工作，担任红军高级领导职务，率部参加长征并胜利到达陕北根据地。抗日战争时期，他担任八路军一二〇师三五九旅旅长兼政治委员，率部在山西抗日前线英勇作战，在南泥湾开展轰轰烈烈的大生产运动，为巩固陕甘宁根据地做出了特殊贡献。抗日战争胜利后，他协助李先念同志成功指挥了中原突围，参加指挥了吕梁战役、汾孝战役和保卫陕甘宁边区、保卫党中央的战斗，参加和参与指挥了西北战场一系列重要战役战斗，促成新疆和平解放，为解放大西北、巩固祖国统一做出了重大贡献。新中国成立后，他先后作为新疆、铁道兵和农垦部的主要领导，为促进各族人民的团结、建设和保卫边疆，为发展我国的铁路事业和农垦事业，倾注了全部精力，建立了不可磨灭的功绩。党的十一届三中全会以后，他支持经济特区的创建、关心民族地区的建设，牵挂科技文教事业的发展，重视外交工作和同世界各国的友好往来，为改善我军装备，推进部队革命化、现代化、正规化建设和军转民生产做了大量工作。

习近平指出，王震同志的一生，是为党和人民的事业不懈奋斗、无私奉献的一生。他为中国人民的解放和新中国的建立，为社会主义建设和改革开放事业，做出了重大贡献，深受全党全国各族人民的尊敬和爱戴。他在60多年的革命生涯中表现出的无产阶级革命家的气魄、胆略和政治智慧，形成的崇高思想、品德和风范，是一笔宝贵的精神财富，永远值得我们学习。我们今天纪念王震同志，就是要深切缅怀他为党和人民建立的卓越功勋，学习他始终忠于党、忠于人民的高尚品质，坚韧不拔、勇于开拓的革命精神，坚持原则、顾全大局的崇高风范，襟怀坦荡、率真赤诚的革命情怀。

习近平强调，我们党正在带领全国各族人民建设的中国特色社会主义，是在包括王震同志在内的老一辈革命家开创的、几代共产党人为之不懈奋斗的中国革命和建设伟大基业上进行的。抚今追昔、展望未来，我们党肩负的历史使命神圣而光荣。

（下转第二版）

（七）其他

有些单位或部门的重大周年庆祝活动，中央领导同志会以不同形式表示祝贺。

中国航天事业创建 50 周年

2006 年 10 月 13 日，中国航天事业创建 50 周年，胡锦涛致信祝贺，温家宝出席大会。10 月 14 日，一版以头条位置刊发纪念大会消息。因报眼位置还有重要国事活动，为保证头条的规模，安排头条直题，将胡锦涛的贺信放在头条最上部单独突出处理。同时在五版刊登评论员文章。

（附 2006 年 10 月 14 日一版）

人民海军成立 60 周年

2009 年 4 月 23 日，在人民海军迎来 60 华诞之际，胡锦涛到青岛出席海上阅兵活动。4 月 24 日，一版突出报道了相关新闻。头条为通八栏通讯，配发胡锦涛进行海上检阅照片一张，报眼安排受阅舰艇照片一张。左下部安排了胡锦涛会见外国海军代表团消息，配发一张照片。

（附 2009 年 4 月 24 日一版）

人民日报
RENMIN RIBAO
今日 8 版
人民网 网址:http://www.people.com.cn
手机:http://wap.people.com.cn
国内统一连续出版物号 CN 11-0065
第 21280 期 (代号 1-1)
人民日报社出版
2006 年 10 月
14
星期六
丙戌年八月廿三

北京地区天气预报
白天 雾转晴
风向 北转南
风力 二、三级
夜间 晴间多云
风向 南转北
风力 一、二级
温度 24℃/12℃

胡锦涛与韩国总统卢武铉会谈

两国元首一致同意，不断深化中韩全面合作伙伴关系，为维护和促进半岛及东北亚和平、稳定与发展而共同努力

10 月 13 日，国家主席胡锦涛在北京人民大会堂与来华进行工作访问的韩国总统卢武铉举行会谈。

新华社记者 马占成摄

本报北京 10 月 13 日讯 记者王莉报道：国家主席胡锦涛今天上午在人民大会堂与来华进行工作访问的韩国总统卢武铉举行会谈。双方就两国关系及共同关心的国际和地区问题深入交换意见，达成了重要共识。两国元首一致同意，不断深化中韩全面合作伙伴关系，为维护和促进半岛及东北亚和平、稳定与发展而共同努力。

胡锦涛说，近年来，中韩关系全面深入发展。两国高层交往频繁，政治互信进一步加强，经贸合作持续快速发展，人文和地方交流日益活跃，在国际和地区事务中保持着有效的协调与合作。我们赞赏韩国政府坚持一个中国原则，重视发展对华关系。胡锦涛表示，在当前复杂敏感的形势下，中韩加强政治沟通，扩大战略共识，拓展交流合作，对维护地区和平安全、促进两国共同发展具有重要意义。中方愿与韩方一道，继续从战略高度出发，进一步落实双方达成的有关共识，不断充实两国关系的内涵，推进中韩全面合作伙伴关系。

卢武铉说，韩中是友好近邻，各领域交往日益密切，共同为促进本地区的和平与发展作出了积极贡献，是名副其实的全面合作伙伴关系。韩方珍视韩中友谊，愿与中方加强交流，扩大合作，推动两国关系深入向前发展。

胡锦涛说，经贸合作是中韩关系发展的重要动力。去年两国贸易额首次突破 1000 亿美元。今年有望突破 1200 亿美元。双方应充分发挥互补性优势，进一步挖掘潜力，把这一势头发展下去。两国有关部门正在落实双边中长期经贸合作规划，相关领域合作已初见成效。希望双方积极拓宽合作领域，寻找新的合作契合点，不断提高合作的质量、规模和水平。胡锦涛还说，中韩人文交流已成为两国关系中的一个亮点。不久前，“感知中国·韩国行”大型文化活动在韩国成功举行，为两国人民心灵交流架起了友谊之桥。明年韩国将在中国举办“动感韩国”活动。中方愿提供协助，使这项活动也取得成功。明年是中韩建交 15 周年暨中韩交流年。中方愿与韩方一起，认真策划和筹备，共同把有关活动办好，办出特色。

卢武铉赞同胡锦涛的建议，表示愿加强与中方在经贸、文化等各领域的合作。卢武铉说，韩中贸易在两国对外贸易中都占有重要地位。韩方愿与中方一道，探讨进一步扩大贸易合作的途径和方式，并逐步实现两国贸易的平衡发展。

关于半岛局势，胡锦涛说，中国政府已表明反对朝鲜进行核试验的立场，认为在当前形势下，应坚定不移地坚持半岛无核化目标，反对核扩散，坚持通过对话谈判和平解决的大方向，避免可能导致局势升级和失控的行动，维护半岛和东北亚和平稳定。这符合有关各方共同利益。中方愿同包括韩方在内的有关各方加强磋商，密切配合，冷静应对，推动六方会谈进程，为实现半岛无核化目标、维护半岛和东北亚和平稳定继续发挥建设性作用。

卢武铉积极评价中方为和平解决半岛核问题所发挥的重要作用，赞同胡锦涛所阐述的中方看法，表示愿与中方加强磋商，共同努力，坚持半岛无核化目标、早日重启六方会谈，推动对话和平解决问题，维护地区的和平与稳定。

外交部长李肇星、商务部长薄熙来等参加了会谈。

中国航天事业创建五十周年纪念大会在京召开

胡锦涛致贺信 温家宝出席大会并发表重要讲话

胡锦涛为中国航天事业创建 50 周年致贺信

中国航天事业创建 50 周年纪念大会：

值此中国航天事业创建 50 周年之际，我代表党中央、国务院和中央军委，向奋斗在航天战线上的广大科技工作者、干部职工和解放军指战员，向所有为我国航天事业作出贡献的同志们，表示热烈的祝贺和诚挚的问候！

航天事业是一个国家综合国力的重要标志。50 年来，我国一代又一代航天工作者，肩负党和人民的重托，满怀为国争光的雄心壮志，团结一心，顽强拼搏，勇于创新，无私奉献，建成了独立自主的完整的航天科技工业体系，取得了以“两弹一星”和载人航天为代表的辉煌成就，极大地增强了我国的经济实力、科技实力、国防实力和民族凝聚力。我国航天工作者创造的非凡业绩，已经载入了中华民族的光辉史册。

当前，全党全国各族人民正在新的历史起点上奋力推进中国特色社会主义伟大事业。在新的形势下，我国航天事业发展具有广阔的前景。希望航天战线的同志们坚持以邓小平理论和“三个代表”重要思想为指导，认真贯彻落实科学发展观，按照建设创新型国家的要求，继续弘扬“两弹一星”精神和载人航天精神，集中力量实施好国家重大航天工程，不断谱写我国航天事业发展的新篇章，为祖国、为人民作出新的更大贡献。

胡锦涛

2006 年 10 月 13 日

（新华社北京 10 月 13 日电）

新华社北京 10 月 13 日电 国防科工委、总装备部 10 月 13 日上午在京隆重召开中国航天事业创建 50 周年纪念大会。中共中央总书记、国家主席、中央军委主席胡锦涛为大会发来贺信（**全文另发**）。中共中央政治局常委、国务院总理温家宝出席大会并发表重要讲话。

胡锦涛在贺信中指出，航天事业是一个国家综合国力的重要标志。50 年来，我国一代又一代航天工作者，肩负党和人民的重托，满怀为国争光的雄心壮志，团结一心，顽强拼搏，勇于创新，无私奉献，建成了独立自主的完整的航天科技工业体系，取得了以“两弹一星”和载人航天为代表的辉煌成就，极大地增强了我国的经济实力、科技实力、国防实力和民族凝聚力。我国航天工作者创造的非凡业绩，已经载入了中华民族的光辉史册。

胡锦涛说，当前，全党全国各族人民正在新的历史起点上奋力推进中国特色社会主义伟大事业。在新的形势下，我国航天事业发展具有广阔的前景。胡锦涛希望航天战线的同志们，坚持以邓小平理论和“三个代表”重要思想为指导，认真贯彻落实科学发展观，按照建设创新型国家的要求，继续弘扬“两弹一星”精神和载人航天精神，集中力量实施好国家重大航天工程，不断谱写我国航天事业发展的新篇章，为祖国、为人民作出新的更大贡献。

温家宝在讲话中说，党和政府十分重视航天事业。50 年来，我国航天事业在工业和科技很薄弱的基础上起步，从无到有、从小到大，在战略战术导弹、运载火箭和卫星、载人航天等主要领域，实现了历史性的重大跨越，取得了举世瞩目的伟大成就。特别是进入新世纪，我国载人飞船神舟五号、神舟六号相继成功发射并平安返回，实现了中华民族的飞天梦想。这是我国航天事业发展史上的又一个里程碑。

温家宝说，50 年来，我国几代航天工作者自觉地把个人理想与祖国需要紧密结合在一起，将发展航天事业作为崇高使命，创造了不朽的业绩。在我国航天事业发展中孕育形成的“两弹一星”精神和载人航天精神，为中华民族增添了宝贵的精神财富。

温家宝指出，我国航天事业走过了不平凡的奋斗历程，积累了十分宝贵的经验。第一，坚持党的统一领导，充分发挥社会主义制度的优势，是我国航天事业不断发展的根本保证。第二，坚持自力更生，自主创新，艰苦奋斗，是我国航天事业不断发展的基本立足点。第三，坚持有所为、有所不为、集中力量、重点突破，走符合我国国情国力的航天之路，是我国航天事业不断发展的战略选择。第四，坚持多学科集成、多部门协作，运用系统工程实施科学管理，是我国航天事业不断发展的有效方法。第五，坚持尊重知识、尊重人才，充分发挥各类人才的积极性和创造性，是我国航天事业不断发展的关键所在。

温家宝强调，我国航天事业站在新的起点上，面临着新的形势和任务。要按照经济社会发展和国防建设的要求，贯彻自主创新、重点跨越、支撑发展、引领未来的方针，实施载人航天工程和月球探测工程等国家重大科技专项，在航天装备研制和空间技术、空间应用、空间科学领域取得新的突破。

温家宝要求，加快我国航天事业发展要做好以下几方面工作：一是加强科研攻关，突破核心技术，拥有关键领域自主知识产权，构建航天科技创新体系。二是加大航天科技基础能力建设，加紧建设一批技术先进、功能配套、资源共享的基础设施和应用平台，增强航天事业发展后劲。三是加快体制改革和机制创新，建立与社会主义市场经济相适应、符合航天事业发展规律的科研、生产、应用体制。四是坚持和平发展，积极扩大航天领域国际交流与合作。五是加强航天科技队伍建设，培养造就一支结构合理、素质优良的航天人才队伍。 （下转第五版）

五版刊登评论员文章

让中国航天的龙头高高昂起

吴邦国会见韩国总统卢武铉

新华社北京 10 月 13 日电（记者**荣燕**）全国人大常委会委员长吴邦国 13 日在人民大会堂会见了韩国总统卢武铉。

吴邦国积极评价了中韩关系。他说，中韩是近邻，双方有着广泛共同利益，发展两国关系具有深厚的民意基础。他表示，不断深化中韩全面合作伙伴关系，是中方坚定不移的方针。我们愿同韩方共同努力，永远作好邻居、好朋友、好伙伴。

在谈到议会关系时，吴邦国说，今年中国全国人大与韩国国会建立并启动了定期交流机制，这标志着两国议会关系进入了一个新的发展阶段。中方愿与韩方一道，充分发挥议会定期交流机制的作用，推动两国议会各层次、各领域实质性交流与合作，为中韩关系发展做出新的贡献。

卢武铉说，韩中对许多重大国际和地区问题持相同或相近的立场，两国合作不断深化，人民之间的友谊日益加深，韩方对两国关系的现状感到满意，愿与中方共同努力，推动两国关系进一步向前发展。他表示，议会关系在两国关系的发展中成为很重要的因素，韩国政府将继续支持两国议会加强交流与合作。

廖汉生同志遗体在京火化

胡锦涛吴邦国曾庆红李长春等到八宝山革命公墓送别

廖汉生同志病重期间和逝世后，胡锦涛江泽民吴邦国温家宝贾庆林曾庆红黄菊吴官正李长春罗干等同志，前往医院看望或通过各种形式对廖汉生同志的逝世表示沉痛哀悼并向其亲属表示深切慰问

新华社北京 10 月 13 日电 中国共产党的优秀党员，久经考验的忠诚的共产主义战士、无产阶级革命家，我军杰出的政治工作领导者，第六、七届全国人民代表大会常务委员会副委员长，中央军委原委员，国防部原副部长，沈阳军区原第一政治委员廖汉生同志的遗体 13 日在北京八宝山革命公墓火化。

廖汉生同志因病医治无效，于 2006 年 10 月 5 日 6 时 30 分在北京逝世，享年 95 岁。

廖汉生同志病重期间和逝世后，胡锦涛、江泽民、吴邦国、温家宝、贾庆林、曾庆红、黄菊、吴官正、李长春、罗干等同志，前往医院看望或通过各种形式对廖汉生同志的逝世表示沉痛哀悼并向其亲属表示深切慰问。

八宝山革命公墓礼堂庄严肃穆，哀乐低回。在“沉痛悼念廖汉生同志”的黑底白字的横幅下，悬挂着廖汉生同志的遗像。 （下转第四版）

10 月 13 日，廖汉生同志遗体在北京八宝山革命公墓火化。胡锦涛、吴邦国、曾庆红、李长春等前往八宝山最后送别。这是胡锦涛同廖汉生亲属握手，表示深切慰问。

新华社记者 黄敬文摄

政协十届常委会第十五次会议开幕

学习贯彻中共十六届六中全会精神

吴邦国作报告 贾庆林主持

本报北京 10 月 13 日讯 政协第十届全国委员会常务委员会第十五次会议 13 日上午在京开幕。这次会议的主要议题是学习贯彻中共十六届六中全会精神，讨论构建社会主义和谐社会问题。中共中央政治局常委、全国人大常委会委员长吴邦国应邀到会，通报中共十六届六中全会情况，并作学习《中共中央关于构建社会主义和谐社会若干重大问题的决定》的报告。中共中央政治局常委、全国政协主席贾庆林主持开幕会。

吴邦国指出，构建社会主义和谐社会，是我们党从中国特色社会主义事业总体布局和全面建设小康社会全局出发提出的战略任务，反映了建设富强民主文明和谐的社会主义现代化国家的内在要求，体现了全党全国各族人民的共同愿望。中共十六届六中全会是我国经济社会发展进入关键阶段召开的一次重要会议。会议通过的《决定》，是在中共中央政治局常委会领导下，坚持充分发扬民主，集思广益，广泛听取各方面意见和建议的基础上形成的，具有坚实的实践基础和群众基础，是全党全国各族人民集体智慧的结晶。《决定》以邓小平理论和“三个代表”重要思想为指导，贯彻落实科学发展观，全面把握我国发展的阶段性特征，深刻分析影响我国社会和谐的突出矛盾和问题，明确提出当前和今后一个时期构建社会主义和谐社会的指导思想、目标任务、工作原则和重大部署，是指导我们构建社会主义和谐社会的纲领性文件。吴邦国强调，《决定》作出的社会和谐是中国特色社会主义的本质属性的重大判断，标志着我们对社会主义本质的认识进一步深化，对我们深刻认识构建社会主义和谐社会具有十分重要的理论意义。

吴邦国在报告中着重从四个方面全面介绍了《决定》的重要精神和主要内容。 （下转第二版）

温家宝分别会见韩国总统、摩尔多瓦副总理和俄罗斯联邦财长

新华社北京 10 月 13 日电（记者**黄富慧、徐松**）国务院总理温家宝 13 日在中南海紫光阁会见了韩国总统卢武铉。

温家宝指出，中韩在维护东北亚地区的和平与稳定问题上有着共识和共同利益，一直发挥着重要和建设性的作用。当前该地区的形势面临极其困难的局面，中韩需要进一步密切合作，为化解危机做出贡献。通过外交努力解决朝鲜半岛核问题仍有可能，国际社会不应失去信心。要坚持对话与磋商，避免局势进一步恶化。同时，推动六方会谈尽早复会，这是解决朝鲜半岛核问题的有效途径。

卢武铉表示，在当前形势下，应继续坚持半岛无核化的目标，避免局势进一步恶化或失控。韩中应加强沟通与协调，共同推动六方会谈进程。

温家宝和卢武铉对中韩关系给予了高度评价，均认为两国政治互信不断增强，各领域合作日益加深。表示愿为巩固和发展两国全面合作伙伴关系继续做出努力。

温家宝和卢武铉就加快双边投资保护协定的修订工作和尽早启动两国自由贸易区谈判交换了意见。双方同意落实好中韩经贸合作中长期发展规划，重点加强环保、节能、高科技合作。促进贸易便利化，扩大相互投资，提高经贸合作水平。

温家宝和卢武铉对最近中韩日三国关系的改善给予了积极评价，认为这符合三方的共同利益，希望各方珍惜这一来之不易的局面，克服影响双边关系发展的障碍，加强三方合作，共同维护和促进东亚地区的和平、稳定与发展。

同日，温家宝还分别会见了摩尔多瓦副总理兼外交和融入欧洲部部长斯特拉坦和俄罗斯联邦财政部长库德林。

温家宝将出席中国—东盟建立对话关系 15 周年纪念峰会

本报北京 10 月 13 日讯 记者**管克江、李琰**报道：外交部亚洲司参赞佟晓玲今天下午在中外媒体吹风会上表示，温家宝总理将出席今年 10 月 30 日在广西南宁举行的中国—东盟建立对话关系 15 周年纪念峰会。出席此次纪念峰会的东盟国家领导人包括：菲律宾总统阿罗约、文莱苏丹博尔基亚、柬埔寨首相洪森、印尼总统苏西洛、老挝总理布阿索内、马来西亚总理巴达维、缅甸总理梭温、新加坡总理李显龙、泰国总理素拉育、越南总理阮晋勇和东盟秘书长王景荣。纪念峰会期间，温家宝将和与会东盟 10 国领导人分别举行双边会晤，目前具体日程正在安排中。

第三届中国—东盟博览会和中国—东盟商务与投资峰会也将同期举行。

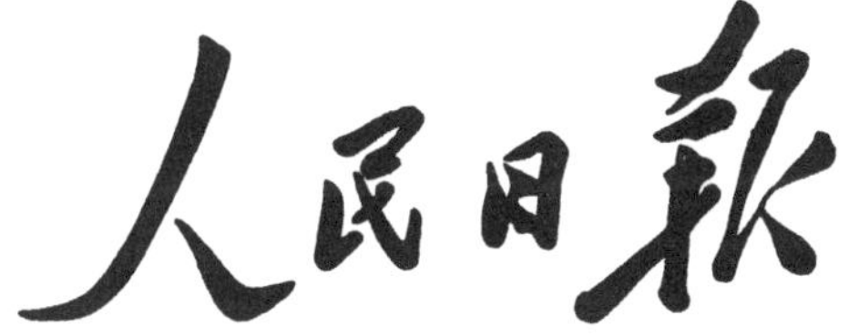

RENMIN RIBAO

人民网　网址：http://www.people.com.cn
手机：http://wap.people.com.cn

2009年4月
24
星期五
己丑年三月廿九
人民日报社出版
国内统一连续出版物号
CN 11-0065
第22203期（代号1-1）
今日16版

四月二十三日，中国海军“洛阳”号导弹护卫舰接受检阅。　新华社记者　查春明摄

共同建设和平之海友谊之海

——胡锦涛主席出席庆祝人民海军成立60周年海上阅兵活动纪实

在人民海军迎来60华诞之际，4月23日，中共中央总书记、国家主席、中央军委主席胡锦涛来到海滨城市青岛，出席庆祝人民海军成立60周年海上阅兵活动。

港城花团锦簇，黄海波飞浪卷。中国人民解放军海军一艘艘战舰整齐列阵，官兵雄姿英发，迎候军委主席检阅。来自五大洲29个国家的海军代表团、14国海军21艘舰艇汇聚黄海，共贺中国海军华诞。

1949年4月23日，伴随着百万雄师横渡长江的胜利凯歌，中国人民解放军海军宣告诞生。60年来，人民海军在党的指引下，从小到大，由弱变强，初步发展成为一支多兵种合成的现代海上防御力量，在捍卫国家主权和安全、维护海洋权益、完成多样化军事任务中发挥着重要的作用。

在“长征6”号核动力潜艇的带领下，25艘全部为国产装备的中国海军舰艇逐一通过阅兵舰

12时许，胡锦涛主席在中共中央政治局委员、中央军委副主席郭伯雄，中央军委委员、国务委员兼国防部长梁光烈，中央军委委员、总参谋长陈炳德等陪同下，来到青岛奥帆中心码头。

停靠在码头的“石家庄”号阅兵舰，按照海军最高礼仪悬挂满旗，国旗、军旗迎风飘扬，身着洁白礼服的全舰官兵在甲板整齐列队。12时10分，胡锦涛主席检阅海军仪仗队后登上阅兵舰。

12时15分，阅兵舰犁开银白色的航迹，驶向大海……

此刻，接受检阅的25艘中国海军舰艇在阅兵海域编队完毕，31架中国海军各型战机在跑道上振翅欲飞……

14时20分，胡锦涛主席等在中央军委委员、海军司令员吴胜利，海军政治委员刘晓江的陪同下，登上检阅台。海上阅兵总指挥吴胜利报告：“主席同志，受阅部队准备完毕，请您检阅！”

“开始——”胡锦涛主席一声令下，整装待发的受阅舰艇在激昂的《分列式进行曲》中，破浪驶来。

首先接受检阅的是“长征6”号核动力潜艇，在它的带领下，“水下先锋艇”等其他3艘潜艇逐一通过阅兵舰。

“同志们好——”

“首长好！”

4月23日，中共中央总书记、国家主席、中央军委主席胡锦涛在青岛出席庆祝人民海军成立60周年海上阅兵活动。这是胡锦涛主席热情地向受阅舰艇官兵挥手致意。　新华社记者　王建民摄

“同志们辛苦了——”

“为人民服务！”

胡锦涛主席的问候声和受阅官兵的口号声，汇成一股股声浪，在海天间回响。庄严的检阅，殷切的期望，化成巨大的力量，在水兵胸中激荡。

耕波犁浪，气势如虹。由“沈阳”号导弹驱逐舰等5艘舰艇组成的驱逐舰兵力群，由“舟山”号导弹护卫舰等7艘舰艇组成的护卫舰兵力群，先后通过阅兵舰。这次海上阅兵展示的中国海军舰艇和武器，全部为国产装备。

海上的精彩还在继续，空中的乐章已经奏响。警戒机、侦察机、歼击机、歼击轰炸机、舰载直升机编队依次临空。各型战机和水面舰艇的轰鸣声交汇成一曲雄浑的海天交响。歼击轰炸机发射出72枚红外干扰弹，如同节日的礼花在海空绽放；救护直升机拉出红、黄、蓝三色彩带凌空飞舞，把海上分列式推向高潮。

搭载着260名海军陆战队员和两架直升机的“昆仑山”号船坞登陆舰，宛如一座移动的海上城堡劈波前行。身披海洋迷彩的8艘导弹快艇犁开朵朵浪花。天空战鹰呼啸，海上战舰驰骋，水中蓝鲸蹈海……波澜壮阔的海上分列式，充分展示了人民海军和平之师、威武之师、文明之师的时代风采和致力于建设和谐海洋的坚强决心。

14国21艘军舰见证了中国海军致力推动建设和谐海洋的不懈努力

14时45分，海上阅兵式开始。

远涉重洋前来参加庆典的俄罗斯、美国、印度、韩国、巴基斯坦、新西兰、新加坡、泰国、法国、孟加拉国、澳大利亚、巴西、加拿大、墨西哥等14国21艘军舰悬挂满旗，以作战舰艇、登陆舰艇、辅助船、训练舰的先后顺序，按吨位大小，以中国海军“西宁”号导弹驱逐舰为基准锚泊成一列，在蔚蓝色的大海上构成一道壮美的风景，不同肤色的各国海军官兵在各自舰艇左舷列队，接受胡锦涛主席的检阅。

国际舰队检阅，是海军这一国际性军种特有的海上礼仪活动。参加此次海上检阅的外国舰艇中，有将近一半曾访问过中国。它们见证了中国海军致力推动建设和谐海洋的不懈努力。

阅兵舰驶过，值更官的哨声响起，各国海军军官整齐地向阅兵舰举手敬礼，水兵同时向阅兵舰行注目礼。

阅兵舰鸣笛还礼，胡锦涛主席热情地向受阅各国舰艇官兵挥手致意。

军舰是流动的国土。作为和平的使者，人民海军先后派出40多艘次军舰访问了30多个国家，与10多个国家海军举行过双边或多边演习，接待了30多个国家的200余艘次舰艇访华。

15时10分，阅兵舰缓缓驶过墨西哥海军“夸乌特莫克”号风帆训练舰……在《友谊地久天长》的悠扬乐曲中，气势宏大的海上阅兵圆满结束。

（新华社记者　曹　智　陈万军　本报记者　江　山）

胡锦涛会见参加中国人民解放军海军成立60周年庆典活动的29国海军代表团团长

4月23日上午，国家主席、中央军委主席胡锦涛在青岛会见应邀前来参加中国人民解放军海军成立60周年庆典活动的29国海军代表团团长，代表中国政府和军队向参加庆典活动的各国海军官兵表示热烈欢迎。　新华社记者　王建民摄

新华社青岛4月23日电　（记者**曹国强、曹智**）国家主席、中央军委主席胡锦涛23日上午在青岛会见了应邀前来参加中国人民解放军海军成立60周年庆典活动的巴西等29国海军代表团团长，代表中国政府和军队向参加庆典活动的各国海军官兵表示热烈欢迎。

中央军委副主席郭伯雄，中央军委委员、国务委员兼国防部长梁光烈，中央军委委员、总参谋长陈炳德，中央军委委员、海军司令员吴胜利等陪同会见。

胡锦涛说，这次多国海军活动以“和谐海洋”为主题。推动建设和谐海洋，是建设持久和平、共同繁荣的和谐世界的重要组成部分，是世界各国人民的美好愿望和共同追求。加强各国海军之间的交流、开展国际海上安全合作，对建设和谐海洋具有重要意义。改革开放以来，中国人民解放军海军积极开展与世界各国海军之间各种形式的交流与合作，增进了与各国海军之间的相互了解和友谊。今后，中国人民解放军海军将本着更加开放、务实、合作的精神，积极参与国际海上安全合作，为实现和谐海洋这一崇高目标而不懈努力。我们开展国际海上安全合作，始终坚持遵循《联合国宪章》、《联合国海洋法公约》以及其他公认的国际关系准则，坚持谋求共同安全和共同发展，坚持尊重沿海国的主权和权益，坚持共同应对海上传统安全威胁和非传统安全威胁，努力寻求基于和平的多种途径和手段，维护海上安全。

胡锦涛表示，中国将坚定不移地走和平发展道路，这是中国政府和人民秉承中华民族优秀文化传统和一贯的以和为贵的和平理念、根据时代发展潮流和自身根本利益作出的战略抉择。这条发展道路决定了中国必然坚持防御性的国防政策。不论现在还是将来，不论发展到什么程度，中国都永远不称霸，不搞军事扩张和军备竞赛，不会对任何国家构成军事威胁。包括中国人民解放军海军在内的中国军队，永远是维护世界和平、促进共同发展的重要力量。

外国海军代表团代表、巴西海军司令莫拉上将对胡锦涛的会见表示感谢，对中国人民解放军海军成立60周年表示祝贺，对中国政府和军队为建设和谐海洋做出的不懈努力表示赞赏。

2009：海上大阅兵

新华社记者　曹　智　陈万军　李宣良　白瑞雪

空中银鹰呼啸，海面战舰驰骋，水中蓝鲸蹈海……2009年4月23日，一场展示各国海军共同构建和谐海洋决心的海上大阅兵，在青岛附近的黄海海域展开。

这是中国第一次举办多国海军检阅活动，这是人民海军历史上最大规模的海上阅兵。

为庆祝人民海军诞生60周年而举行的多国海军活动由此进入高潮。

胡锦涛主席亲临检阅。

14时20分，《分列式进行曲》的激昂旋律在“石家庄”号阅兵舰上响起。

阅兵舰舰艏左前方，随即出现了一条一眼望不到头的巨舰长龙——

由25艘潜艇、驱逐舰、护卫舰和导弹快艇组成的中国海军受阅舰艇编队劈波而来。在“向首长致敬”和“为人民服务”的旗语下，数千名官兵分区列位。

黄海波飞浪卷，铁甲威武列阵。这是人民海军用意志和忠诚筑起的海上长城。

建设一支强大的海军，是中华民族的百年夙愿。1953年2月，毛泽东先后在5艘舰艇上留下同样的题词：“为了反对帝国主义的侵略，我们一定要建立强大的海军。”1979年8月，邓小平挥毫写下：“建立一支强大的具有现代战斗能力的海军！”1995年10月，江泽民郑重指出，必须把海军建设摆在重要地位，加快海军现代化建设步伐。

新世纪新阶段，胡锦涛明确提出，要建设一支与国家地位相称、与履行新世纪新阶段我军历史使命相适应的强大的人民海军。

似巨鲸冲开碧波，如蛟龙腾出水面。首先接受检阅的是“长征6”号核动力潜艇。在它的带领下，曾创造潜行时间最长世界纪录的“长征3”号核动力潜艇和“长城218”号、“长城177”号常规动力潜艇以水面航行状态逐一通过阅兵舰。

大洋深处起惊雷。今天，中国潜艇部队已发展成为包括常规动力潜艇和核动力潜艇在内的强大水下突击力量，数量和总吨位比初建时期增长了数十倍，实现了由数量规模型向质量效能型的转变。

编队行进速度加快，由5艘导弹驱逐舰组成的驱逐舰兵力群、7艘导弹护卫舰组成的护卫舰兵力群开始接受检阅。

水兵飘带迎风飞扬，海洋迷彩辉波映浪，礼服洁白军威雄壮。

“同志们好——”

“首长好！”

“同志们辛苦了——”

“为人民服务！”

阵阵军乐相随，万里涛声作和，胡锦涛主席的亲切问候和受阅官兵的嘹亮回答，响彻碧海蓝天。

（下转第五版）

四、重要外事新闻的版面安排

外事工作是党和国家的一项重要工作，在促进国家现代化建设、维护国家主权、安全、发展利益方面具有十分重要的作用。外事新闻报道是人民日报宣传报道工作的一个重要方面，在版面上恰当地安排重要外事新闻是人民日报的一项重要工作。

人民日报作为党中央机关报，职责之一就是报道党和国家的对外交往，报道党和国家领导人的外交活动。积60多年之报道经验，人民日报在处理外事新闻方面已经形成了自己的风格和版面特色，既能保持相对稳定的版面风格，又能做到“瞻前顾后，当天平衡”，依循惯例和灵活处理并存，有力地配合了国家外交工作的进行。

人民日报处理的外事新闻主要有两大类：党和国家领导人接待外国政要来访新闻、党和国家领导人出国访问新闻。

（一）党和国家领导人接待来访新闻的版面安排

1. 中共中央总书记、国家主席、中央军委主席接待来访

（1）接待外国元首来访

这种对等的外事会见通常分为两种情况：一是接待的来访者是联合国安理会常任理事国元首和朝鲜、越南等社会主义国家的元首或党的主要领导人。版面通常作一版头条处理，题区五至六栏，制作副题，配发照片。二是接待来访的其他国家元首、联合国秘书长、国际奥委会主席、欧盟主席和非盟主席等。版面通常在一版报眼位置安排，题区四栏，配发欢迎仪式或会谈照片一张，是否制作副题则视会谈内容或当天版面情况而定。

2012年6月5日，胡锦涛与来华进行国事访问的联合国安理会常任理事国之一的俄罗斯总统普京举行会谈，消息发次日一版头条，横六栏，制作副题，用一张照片。

（附2012年6月6日一版）

2011年10月11日，胡锦涛在北京与来访的越共中央总书记阮富仲举行会谈，消息发次日一版头条，题区六栏，制作副题，配照片。

（附2011年10月12日一版）

2011 年 5 月 20 日至 26 日，应胡锦涛邀请，朝鲜金正日总书记对我国进行非正式访问并在部分省市参观考察。5 月 27 日一版头条发胡锦涛同金正日举行会谈的消息，配照片一张。

（附 2011 年 5 月 27 日一版）

2012 年 5 月 9 日，胡锦涛在人民大会堂与来访的哥伦比亚总统举行会谈。5 月 10 日，消息发一版报眼，配照片一张。

（附 2012 年 5 月 10 日一版）

2008 年 7 月 2 日，胡锦涛在人民大会堂会见联合国秘书长潘基文。7 月 3 日，消息发一版报眼，配照片一张。

（附 2008 年 7 月 3 日一版）

特殊情况例外。2007 年 2 月 27 日，斯里兰卡总统来华访问，当天中共中央、国务院隆重举行国家科学技术奖励大会。2 月 28 日，一版头条通栏是大会消息，报眼是国务院关于 2006 年度国家科学技术奖励的决定。在这种情况下，胡锦涛同斯里兰卡总统会谈消息，安排在头条下，配欢迎照片一张，文不转活。

（附 2007 年 2 月 28 日一版）

（2）普通外事会见

此类普通外事会见消息为非对等外事会见。包括会见来访的外国政府总理及以下级别官员、政党代表团及其他来访外宾。版面安排通常是一版报眼位置，配发会见照片一张。是否制作副题，根据会见内容或版面需要来定。题区通常四栏，照片大小为三栏—四栏宽。

2012 年 7 月 24 日，胡锦涛会见美国总统国家安全事务助理多尼隆。次日一版报眼发会见消息，配照片一张，题区四栏。

（附 2012 年 7 月 25 日一版）

2012 年 7 月 5 日，古巴国务委员会主席苏尔·卡斯特罗来访，按照国与国正常关系处理的原则，胡锦涛与劳尔会谈的新闻安排在次日一版报眼位置。

（附 2012 年 7 月 6 日一版）

如果一版版面紧张，国家元首的外事会见新闻可安排在其他要闻版，通常是要闻四版。2007年8月2日，一版整版是庆祝中国人民解放军建军80周年暨全军英雄模范代表大会在京举行的消息和胡锦涛在大会上的讲话，所以胡锦涛会见美国财政部长的外事消息安排至四版头条，题区四栏，配发照片一张。

（附2007年8月2日四版）

版面安排的一个特例。国家元首的普通外事会见新闻如果谈话内容十分重要，版面也会打破常规，突出处理。2006年2月28日，胡锦涛在人民大会堂会见来访的瑞士国防部长时，适时借机表明中央政府对台湾问题的态度。背景是：新年伊始，台湾当局不顾岛内外强烈反对，一意孤行，决定终止“国统会”、“国统纲领”，在走向“台独”的道路上迈出危险一步。胡锦涛表示，反对“台独”分裂势力及其活动，维护台海和平稳定，是我们坚定不移的意志和决心。我们将继续努力争取和平统一的前景，但绝不允许把台湾从祖国分裂出去。任何逆历史潮流而动的人都逃脱不了失败的命运。一条普通外事新闻，透露出重大政策信息。经过准确研判，人民日报决定打破常规，将这条外事会见消息安排在3月1日一版头条，并将胡锦涛谈台湾问题的鲜明立场和观点制作成提要式副题，突出处理，向全党、全国人民和全世界昭告我们对台湾问题的态度和决心。报眼是中央台办和国台办的受权声明，报眼下是各民主党派中央、全国工商联领导人就陈水扁强行终止“国统会”运作和“国统纲领”适用发表谈话的消息。

（2006年3月1日一版）

（3）在我国举办的国际性会议

A. 中非合作论坛北京峰会

中非合作论坛北京峰会是迄今中非领导人之间规格最高、规模最大的一次集体对话。这次承上启下、继往开来的历史性盛会，对继承和发扬中非传统友谊，促进中非共同发展事业具有重要的现实意义和深远的历史意义。为做好这次峰会的报道工作，人民日报会前就在国际要闻版开辟“走进非洲”栏目，以图文并茂的形式每天介绍一个非洲国家或地区。从2006年11月1日起至6日又推出《中非合作论坛北京峰会特刊》，以每天四个版的篇幅围绕“友谊、和平、合作、发展”的峰会主题，对北京峰会作全面、充分、深入、生动的报道。2006年11月2日，一版刊登非洲十一国领导人和非盟主席抵达北京的消息，胡锦涛与来访的部分领导人会谈、会见，其中会见加蓬总统、科摩罗总统和非盟主席的消息合发一条，照片是三张，一字排开，占八栏篇幅。11月3日，报道胡锦涛三场活动：同塞舌尔总统会谈、会见博茨瓦纳总统和苏丹总统。因为前者是国事访问，属于正式会谈，故安排在报眼位置，配发欢迎仪式照片；会见博茨瓦纳总统和苏丹总统的消息合发，但会见照片分别发一张。

11 月 4 日，一版头条刊登出席中非合作论坛北京峰会各国代表团团长名单，报眼是胡锦涛会见刚果（布）总统、乌干达总统、塞拉利昂总统、卢旺达总统和加纳总统的消息，头条下是胡锦涛会见肯尼亚总统、马达加斯加总统、喀麦隆总统、坦桑尼亚总统和尼日利亚总统的消息。照片的摆放，结合版面实际，一版安排了四张照片，其余六张安排至四版头条。此外，一版还安排了其他政治局常委的外事消息。四版除头条是胡锦涛会见照片外，也都是和中非合作论坛北京峰会有关的稿件，包括一版转活。

11 月 5 日，一版刊登中非合作论坛北京峰会开幕消息，版面在处理上大气、大方、得体。头条通八栏，中国政府将采取的 8 个方面的政策措施被制作成提要，正文全部安排一版，配胡锦涛讲话照片一张。报眼是会场照片，版面左下方是胡锦涛分别会见的两条消息，限于版面篇幅均转活，右下方是胡锦涛和夫人、吴邦国等政治局常委在欢迎宴会前同各成员国代表团团长的握手照片。其余八张会见照片安排在四版，四版头条刊发了胡锦涛出席峰会文艺晚会消息。一、四版套红，营造峰会召开的喜庆气氛。

11 月 6 日，中非合作论坛北京峰会圆桌会议通过峰会文件并闭幕的消息发一版头条，配发胡锦涛单人照片一张，报眼是圆桌会议现场照片，报眼下是胡锦涛等出席峰会宣言宣读仪式消息，下八栏是宣读仪式结束后集体合影的通栏照片，凸显大气。通栏照片右上一块地方安排的是胡锦涛与出席中非合作论坛北京峰会的非洲成员国代表团团长及非盟主席亲切握手道别的照片。整版安排大方、紧凑、和谐、统一。

11 月 7 日的一版，是中非合作论坛北京峰会的尾声报道。南非总统和阿尔及利亚总统都是会后对我国进行国事访问，所以消息单发且配有欢迎仪式照片，胡锦涛会见贝宁总统、多哥总统、厄立特里亚总统、津巴布韦总统和尼日尔总统的消息合发，会见照片则安排在四版头条。

中非合作论坛北京峰会是新中国成立以来最集中、最频繁的外事活动，人民日报精心安排，提早做预案，积极沟通，圆满完成这次史无前例的外事报道活动，得到了有关方面的充分肯定，赢得了同行的敬佩。

（附 2006 年 11 月 2 日、3 日、4 日、5 日、6 日、7 日一版）

B. **上海合作组织会议**

2012 年上海合作组织跨入第二个 10 年。在上海合作组织成员国元首理事会第十二次会议前夕，胡锦涛在北京接受上海合作组织成员国媒体的联合书面采访。6 月 6 日一版报眼下刊登书面采访的消息，一版头条和下八栏刊登胡锦涛和上海合作组织成员国元首会谈消息，各配发一张照片。二版刊登其他常委会见上海合作组织成员国元首或代表消息，三版刊登我国全力履行上海合作组织轮值主席国职责的综述，配发国际论坛评论。6 月 7 日一版头条通八栏刊登上海合作组织成员国元首理事会第十二次会议小范围会谈消息，配发两张照片，下八栏刊登胡锦涛与三位上海合作组织成员国元首会谈的照片，报眼刊登胡锦涛和出席上合组织北京峰会的外国元首共同观看文艺晚会消息。二版刊登其他常委会见上海合作组织成员国元首或代表消息，三版头条刊登文艺晚会侧记。6月8日一版头条通八栏刊登上海合作组织峰会在京举行消息，配发两张照片，下八栏刊登胡锦涛与两位上海合作组织成员国元首会谈的消息，各配发一张照片，报眼配发社论。二版头条八栏刊登胡锦涛讲话全文，下八栏刊登峰会的宣言和新闻公报。三版刊登其他常委会见上海合作组织成员国元首消息，左下刊登国际舆论评价消息，6月9日，一版刊登胡锦涛与出席上合峰会的阿富汗、伊朗总统会谈消息。

（附2012年6月6日（见第183页）、7日、8日、9日一版）

C. 金砖国家领导人会晤和博鳌亚洲论坛

2011年4月中旬，金砖国家领导人第三次会晤和博鳌亚洲论坛2011年年会在海南三亚分别举行。4月13日，一版报眼刊登胡锦涛与出席会议的巴西总统会谈消息，配发一张照片。14日，一版刊登胡锦涛会见出席会议的俄罗斯、南非总统和印度总理消息，各配发一张照片，报眼刊登海南会议筹备消息。二版刊登其他常委会见出席会议的各国首脑。三版刊登关于金砖国家领导人第三次会晤的述评。15日一版头条通八栏刊登金砖国家领导人第三次会晤消息，配发两张照片。右下刊登胡锦涛讲话全文，报眼刊登胡锦涛会见博鳌亚洲论坛理事会成员消息，二版刊登胡锦涛会见乌克兰、西班牙、韩国首脑的消息，各配发一张照片，右下刊登国际舆论对胡锦涛讲话评价的消息。三版刊登三亚宣言和外交部吹风会消息。16日一版刊登博鳌亚洲论坛2011年年会开幕消息，右下刊登胡锦涛讲话全文，报眼刊登胡锦涛会见出席博鳌亚洲论坛2011年年会主要嘉宾和各方代表消息。二版刊登有关博鳌亚洲论坛的综述、侧记以及会议上的发言等。

（附2011年4月13日、14日、15日、16日一版）

D. 一般性国际性会议

2007年10月2日，2007年世界夏季特殊奥林匹克运动会在上海隆重开幕，胡锦涛出席并宣布运动会开幕。10月3日，运动会开幕消息发一版头条，配单人照片一张，消息下再配一张会场照片，报眼是胡锦涛宴请出席特奥会开幕式国际贵宾的消息。报眼下是与冰岛总统会谈的消息和照片、会见菲律宾总统的消息和照片。限于版面，胡锦涛会见国际特奥会主席的消息一版出标题，文放二版头条，同样配发照片一张。

（附2007年10月3日一版）

2006年10月22日，国际反贫局联合会第一次年会暨会员代表大会在京开幕，胡锦涛出席开幕式并发表重要讲话，消息发 24 日一版报眼，配发照片一张，讲话全文另发，安排在报眼下。

（附 2006 年 10 月 24 日一版）

2. 其他中央政治局常委接待来访

其他中央政治局常委接待来访的外事消息通常安排在一版，位置的摆放按中央政治局常委排序，不配发照片（国务院总理和国家副主席正式的国事活动除外）。比如 2012 年 5 月 9 日一版，当天的版上就有三条中央政治局常委接待来访的外事新闻：习近平会见阿盟秘书长、贺国强会见柬埔寨客人、周永康会见新加坡副总理，一版按常规处理，题区四栏，一行主题，只发文字稿，不发照片。

（附 2012 年 5 月 9 日一版）

国务院总理接待来访的外国政府总理（首相）

这项国事活动通常安排一条会谈消息和一张照片。版面宽松时最高位置可放报眼，配发一张照片。

2012 年 3 月 27 日，温家宝与爱尔兰总理肯尼会谈。次日一版发会谈消息，配发欢迎仪式照片一张。

（附 2012 年 3 月 28 日一版）

2009 年 10 月 13 日，中俄总理第十四次定期会晤在京举行，消息发次日一版，配欢迎仪式照片一张。同日，中俄建交 60 周年庆祝大会暨中国“俄语年”闭幕式隆重举行，中俄两国总理共同出席并致辞，消息发次日一版，同样配发照片一张。

（附 2009 年 10 月 14 日一版）

3. 中央政治局委员等其他党和国家领导人接待来访

中央政治局委员等其他党和国家领导人接待来访新闻一般安排在三版，作简要外事消息处理。礼节性外事会见消息如遇版面紧张时可删节。中联部部长和外交部部长的外事活动消息、外交部例行新闻发布会消息、中共代表团出访消息等均安排在三版。

4. 其他党和国家领导人出席国内举行的国际性活动

此类报道按出席或参加活动对象分两种情形安排版面：一是其他中央政治局常委出席或参加，二是中央政治局委员、国务院副总理等党和国家领导人出席或参加。

（1）其他中央政治局常委出席的新闻

其他中央政治局常委出席在我国举办的大型国际性活动，通常在一版发大会消息、常委讲话全文（转活或全文另发其他版面）。

2006年9月18日，中俄立法机构圆桌会议在黑龙江哈尔滨举行，吴邦国出席并致辞。19日一版报眼下安排此消息，讲话全文和讲话照片安排为三版头条。

（附2006年9月19日一版）

2006年10月30日，中国—东盟建立对话关系15周年纪念峰会在广西南宁举行，温家宝主持会议并发表重要讲话。消息发31日一版二条位置，配合影照片，制作副题，讲话全文发二版，峰会联合声明发三版。

（附2006年10月31日一版）

2012年4月2日，博鳌亚洲论坛2012年年会在海南博鳌开幕，李克强出席开幕式并发表主旨演讲。开幕消息安排23日一版头条下方，并配照片，演讲全文安排消息下方。

（附2012年4月3日一版）

（2）中央政治局委员、国务院副总理等党和国家领导人出席的新闻

消息通常发四版，有时配发照片，多数情况下是集体合影照片。也有特例，如2006年12月14日，首次中美战略经济对话开幕，吴仪同美国财长保尔森共同主持。15日一版左下刊登此消息，四版发照片。

（附2006年12月15日一版）

人民网 网址:http://www.people.com.cn
手机:http://wap.people.com.cn

2012年6月
6
星期三
壬辰年闰四月十七
人民日报社出版
国内统一连续出版物号
CN 11-0065
第23342期(代号1-1)
今日24版

中希两国领导人互致贺电庆祝建交40周年

新华社北京6月5日电 国家主席胡锦涛5日与希腊总统帕普利亚斯互致贺电，热烈庆祝两国建交40周年。

胡锦涛在贺电中说，建交40年来，两国关系取得长足发展。双方政治互信更加牢固，海运、经贸合作不断扩大，民间友好与日俱增。两国业已建立全面战略伙伴关系，近年来在应对国际金融危机的挑战中，双边友好合作更加密切。

胡锦涛表示，中方珍视同希腊的传统友谊，希望双方共同努力，密切各级别交往，深化务实合作，扩大人文交流，共创中希友好的美好未来。

帕普利亚斯在贺电中表示，希中建交40年来，双边关系发展成就瞩目。双方建立了全面战略伙伴关系，经济、政治和社会领域合作日益深化，人民友谊不断巩固。当前，为应对21世纪的政治经济挑战，希腊乃至整个欧洲正经历深刻变革。在此关键时期，我希望希中两国继续加强各领域合作，将全面战略伙伴关系提升至更高水平。

同日，国务院总理温家宝同希腊总理皮克拉梅诺斯互致贺电。

温家宝在贺电中说，建交40年来，中希传统友好关系发展良好。两国政治互信不断增强，海运、经贸合作和人文交流成果丰硕，在国际和地区事务中保持密切沟通。中国政府重视发展同希腊的关系，愿同希腊方面共同努力，以两国建交40周年为契机，深化各领域交流合作，推动中希全面战略伙伴关系不断迈上新台阶。

皮克拉梅诺斯在贺电中表示，希腊政府将建交40周年视为希中关系发展的里程碑。双方应进一步加强政治对话，密切经济合作，促进人文和旅游交流，增进两国人民友谊。

外交部长杨洁篪也与希腊外交部长莫利维亚蒂斯互致了贺电。

胡锦涛同俄罗斯总统普京举行会谈

双方一致同意，进一步深化平等信任的中俄全面战略协作伙伴关系，促进共同发展，维护世界和平、安全、稳定

贺国强出席有关活动

本报北京6月5日电 （记者**吴绮敏、林雪丹**）国家主席胡锦涛5日下午在人民大会堂同来华进行国事访问并出席上海合作组织峰会的俄罗斯总统普京举行会谈。两国元首就双边关系和共同关心的重大国际和地区问题深入交换了意见，达成重要共识。双方一致同意，进一步深化平等信任的中俄全面战略协作伙伴关系，促进共同发展，维护世界和平、安全、稳定。

6月5日，国家主席胡锦涛在北京人民大会堂主持仪式欢迎来华进行国事访问并出席上海合作组织成员国元首理事会第十二次会议的俄罗斯总统普京。 新华社记者 丁 林摄

胡锦涛表示，近年来，在双方共同努力下，中俄关系继续保持积极健康稳定发展势头。两国高层交往密切，双方政府及各部门合作机制运转良好，务实合作规模和质量同步提升，人文交流更加活跃，俄罗斯旅游年活动顺利开展，双方在重大国际和热点问题上保持密切协调和配合。

胡锦涛指出，当前，世界多极化、经济全球化深入发展。同时，国际形势中不稳定不确定因素增多。中俄两国发展振兴既面临重要战略机遇，也面临不少挑战。中方愿同俄方一道，坚持从战略全局和长远角度处理两国关系，以积极落实中俄关系未来十年发展规划为中心任务，加大相互支持，加深全面合作，加固中俄世代友好，加强在国际和地区事务中的战略协作，更好促进两国共同发展，维护好两国振兴发展的和平国际环境。中俄关系发展得更好、更亲密，对两国人民是福音，对世界也是福音。

胡锦涛表示，中俄都致力于调整经济结构，都在积极应对世界经济中的风险和不利影响。两国应该根据各自国内发展和世界经济形势新特点，发挥经济互补性强的优势，改善经贸合作结构，提高经贸合作质量，重点开展以下几方面的合作。一是扩大投资合作，重点推进能源及上下游合作、资源深加工、联合机电制造等大项目合作。二是开展高技术和创新合作，建立从合作研发、创新到成果商业化、产业化的创新合作模式。三是开展战略性大项目合作，希望两国政府继续提供政策和资金支持。四是继续推进跨境基础设施建设，支持扩大地方合作。

胡锦涛指出，双方要扩大人文合作，在相继举办国家年、语言年和旅游年基础上，制订未来十年人文合作行动计划，重点加强两国青少年交流。执法安全合作是中俄全面战略协作的重要体现，双方要加强统筹协调，深化合作，推动国家间合作机制化。

胡锦涛强调，中俄在国际和地区事务中的合作有效维护了共同利益，促进了地区及世界的和平、安全、稳定。双方要根据国际和地区形势复杂变化的新特点，重点加强在联合国、上海合作组织、金砖国家、二十国集团框架内的合作，致力于维护联合国宪章宗旨和原则以及国际关系基本准则，促进新兴市场国家和发展中国家团结合作，推动国际政治经济秩序朝着更加公正合理方向发展。

普京表示，俄中全面战略协作伙伴关系不断迈上新台阶，达到前所未有的高水平。两国有着广泛共同利益和高度战略互信。两国领导人交往频繁，政治对话密切。前不久，双方成功举行了"海上协作"联合军事演习。两国在重大国际问题上保持密切沟通、协调、配合，为推动建立公正合理的国际新秩序作出了积极贡献，也为深化两国各领域合作创造了很好条件，两国经贸、科技、人文等领域交往合作富有成果。中国不仅是俄罗斯的好朋友，也是国际舞台上可信赖的好伙伴。俄方将继续一如既往本着战略协作精神，以制订《俄中睦邻友好合作条约》实施纲要（2013年至2016年）为契机，推动俄中关系更好发展。

普京表示，俄中合作潜力巨大、前景广阔。俄方对实现双边贸易额2015年达到1000亿美元、2020年达到2000亿美元的目标有信心。俄方希望同中方加强协商，积极规划，大力推进有关重点合作项目，深化油气、能源、核能、电力、新能源、林业、环保等领域合作，开展联合科技研发，改善经贸合作结构，提升合作水平。俄方愿同中方加强军事及执法安全合作，促进人文、新闻、旅游交流，支持俄远东西伯利亚地区和中国东北地区进行合作。

关于叙利亚问题，两国元首表示，国际社会应继续支持联合国—阿盟联合特使安南斡旋和联合国监督团工作，推动政治解决叙利亚问题。中俄将继续保持沟通协调。

两国元首表示，双方将加强配合，使即将召开的上海合作组织北京峰会取得成功，推动上海合作组织向前发展。

会谈后，两国元首共同签署《中华人民共和国和俄罗斯联邦关于进一步深化平等信任的中俄全面战略协作伙伴关系的联合声明》，出席有关双边合作文件的签字仪式并共同会见记者。

会谈前，胡锦涛在人民大会堂北大厅为普京访华举行欢迎仪式。

当晚，胡锦涛为普京举行欢迎宴会。

中共中央政治局常委贺国强、全国人大常委会副委员长严隽琪、国务委员戴秉国、全国政协副主席陈奎元、九三学社中央副主席赖明、外交部部长杨洁篪、国家发展和改革委员会主任张平、工业和信息化部部长苗圩、商务部国际贸易谈判代表兼副部长高虎城、中国驻俄罗斯大使李辉等出席有关活动。

胡锦涛主席接受上合组织成员国媒体书面采访

本报北京6月5日电 上海合作组织成员国元首理事会第十二次会议在北京举办前夕，国家主席胡锦涛接受了《人民日报》，以及俄罗斯、哈萨克斯坦、吉尔吉斯斯坦、塔吉克斯坦、乌兹别克斯坦等上海合作组织成员国媒体的联合书面采访。全文如下：

问：上海合作组织成员国元首理事会第十二次会议即将在北京举行。您如何评价本组织十多年来的发展成就，对组织未来发展有何展望？对本次峰会有何期待？

答： 上海合作组织成立以来，以维护地区和平、促进共同发展为己任。在不平凡的历程中，各成员国团结协作、携手并进，共同推动上海合作组织发展取得诸多重要成就。

一是创立了新型国家关系模式。通过缔结《上海合作组织成员国长期睦邻友好合作条约》，把世代友好、永葆和平思想以法律形式确定下来，致力于发展睦邻友好合作关系，推动本组织成员国互信互利、团结协作达到前所未有的高水平。

二是树立了符合和平与发展潮流的价值观。在互信、互利、平等、协商、尊重多样文明、谋求共同发展的"上海精神"引领下，求同存异，和谐相处，共谋发展。"上海精神"贯穿本组织发展历史，是本组织发展壮大的宝贵财富，为塑造新型国际关系、推动国际政治经济秩序朝着更加公正合理的方向发展提供了有益经验。

三是维护了本地区和平稳定。本组织最早明确提出打击恐怖主义、分裂主义、极端主义的目标，并签订《反恐公约》，确定应对危害本地区和平、安全、稳定事态的政治、外交、安全措施，举行十余次联合反恐军事演习，深入开展执法安全专项行动，有效遏制了"三股势力"、毒品走私、跨国有组织犯罪，为维护地区和平稳定发挥了重要作用。

四是促进了本地区国家共同发展。通过签署《多边经贸合作纲要》，推动本地区交通、能源、通信合作项目取得重大进展。中方先后承诺向其他成员国提供120多亿美元优惠贷款支持上述项目。成员国外贸总额和经济总量占世界贸易总额和经济总量的比例从十年前的8%和4.8%均提升至13%。各方文化、教育、卫生、科技、紧急救援等领域合作不断推进，合作层次日益丰富，合作形式日趋多样，有力推动了本地区国家共同发展。

五是提升了本组织国际地位和影响力。遵循联合国宪章宗旨和原则，通过秘书处和地区反恐怖机构两个常设机构积极开展广泛国际合作，吸收4个观察员、2个对话伙伴，同联合国等国际和地区组织建立联系并开展合作。积极参与解决阿富汗问题，为加快阿富汗和平重建进程作出贡献，成为处理本地区安全问题不可或缺的重要力量。

上海合作组织业已取得的成就充分证明，本组织是地区和平稳定的重要保障，是促进地区各国共同发展繁荣的强大动力，是符合时代潮流的新型区域合作组织。

当今世界正处在大发展大变革大调整时期，各国都面临前所未有的机遇和挑战。未来十年，是各成员国发展的关键时期，也是上海合作组织发展的关键时期。 （下转第三版）

胡锦涛同塔吉克斯坦总统拉赫蒙会谈

6月5日，国家主席胡锦涛在北京人民大会堂同来华访问并出席上海合作组织峰会的塔吉克斯坦总统拉赫蒙举行会谈。 新华社记者 李 涛摄

本报北京6月5日电 （记者**杨晔、张光政**）国家主席胡锦涛5日上午在人民大会堂同来华访问并出席上海合作组织峰会的塔吉克斯坦总统拉赫蒙举行会谈。

胡锦涛指出，中塔建交20年来，双方始终相互尊重、平等相待、真诚合作、互帮互助，两国关系发展卓有成效，给两国人民带来实实在在的利益。中方将一如既往支持塔方走符合本国国情的发展道路，愿同塔方共同努力，全面提升中塔睦邻友好合作关系水平。

胡锦涛就发展中塔关系提出4点建议。一是巩固政治基础。继续保持高层密切交往，及时就双边关系及共同关心的国际和地区问题沟通协调，共同应对威胁和挑战。二是加强务实合作。拓展能源资源合作，推进基础设施互联互通，深化农业合作。三是推进安全合作。两国执法安全部门要保持密切沟通和协调，中方支持塔办好上海合作组织"和平使命—2012"反恐军演。四是加强人文合作。加强教育、科技、文化、体育等领域合作，密切新闻界、企业界和青年互访交流。

拉赫蒙说，建交以来，塔中关系取得了长足进展，两国彻底解决了边界问题，高层交往密切，各领域合作富有成果，双方合作建设了一批大型基础设施项目，成为塔中睦邻友好的象征。

（下转第二版）

胡锦涛同吉尔吉斯斯坦总统阿坦巴耶夫会谈

6月5日，国家主席胡锦涛在北京人民大会堂同来华访问并出席上海合作组织峰会的吉尔吉斯斯坦总统阿坦巴耶夫举行会谈。 新华社记者 饶爱民摄

本报北京6月5日电 （记者**张光政、杨晔**）国家主席胡锦涛5日上午在人民大会堂同来华访问并出席上海合作组织峰会的吉尔吉斯斯坦总统阿坦巴耶夫举行会谈。

胡锦涛表示，建交20年来，中吉关系历经国际和地区形势风云变化，始终保持着健康稳定发展的良好势头。中方高度重视中吉关系，将继续支持吉尔吉斯斯坦走自主选择的发展道路，愿同吉方共同努力，推动两国关系不断向前发展，造福两国人民。

胡锦涛就推动两国务实合作提出5点建议。一是加快推进中吉乌铁路和中吉乌公路等跨境基础设施建设。二是积极推进吉电网改造、中吉跨界水电联合开发项目，全面加强电力合作。三是改善投资环境，大力促进相互投资。四是协调两国地方发展战略，推动毗邻地区合作。五是继续扩大在反恐、禁毒、边防、大型活动安保、突发事件处置等方面的配合，加强执法安全合作。

阿坦巴耶夫说，20年来，吉中关系不断迈上新台阶。"远亲不如近邻"，吉方感谢中方始终真心诚意地支持吉尔吉斯斯坦主权、独立、稳定和发展，珍视同中国的睦邻友好合作，愿同中方携手努力，共创两国关系的美好未来。

（下转第二版）

RENMIN RIBAO

人民网 网址:http://www.people.com.cn
手机:http://wap.people.com.cn

2011年10月
12
星期三
辛卯年九月十六
人民日报社出版
国内统一连续出版物号
CN 11-0065
第23104期(代号1-1)
今日24版

高举爱国主义伟大旗帜

——二论学习胡锦涛同志纪念辛亥革命100周年大会重要讲话

本报评论员

"实现中华民族伟大复兴,必须坚定不移高举爱国主义伟大旗帜。"胡锦涛同志在纪念辛亥革命100周年大会上的讲话,回顾百年历程,精辟论述了爱国主义是振兴中华、民族复兴的强大精神动力,真诚召唤全体中华儿女携起手来共同奋斗。

"天下兴亡,匹夫有责",热爱祖国是中华民族的光荣传统。1840年鸦片战争以后,古老中国积贫积弱,内忧外患接踵而至,民族苦难空前深重,爱国主义传统在争取民族独立、振兴中华的奋斗中得到继承和弘扬,爱国主义精神在时代进步洪流中得到丰富和发展,爱国主义旗帜始终在民族复兴征程上高高飘扬。

"吾人之主义,可大书而特书,曰'爱国主义'"。100年前,大批革命党人和无数爱国志士集聚在"振兴中华"的旗帜下,"内地同志舍命,海外同志舍财",发动了震惊世界的辛亥革命,开启了中国前所未有的社会变革,树立起中华民族伟大复兴征程上一座爱国主义的丰碑。100年来,一代代中国先进分子和中国人民怀着对祖国的无限热爱、对国家前途命运的深沉忧患、对现代化理想的美好憧憬,不怕艰难困苦,甘于牺牲奉献,"一心一意为国来奋斗",书写了中华民族顽强拼搏、不懈奋斗的壮丽史诗。

无论是在"我们万众一心,冒着敌人的炮火前进"的革命岁月,还是各阶级阶层踊跃参与建设和改革的火热年代,无论是在海内外中华儿女众志成城抗震救灾的危难关头,还是在合力办好北京奥运会和上海世博会的荣耀时刻,"振兴中华"总是响遏行云的时代强音,"民族复兴"总是激动人心的美好梦想。 (下转第二版)

胡锦涛同阮富仲举行会谈

双方一致表示推动中越全面战略合作伙伴关系稳定健康发展

习近平参加会谈并出席有关活动

本报北京10月11日电 (记者**杜尚泽**)中共中央总书记、国家主席胡锦涛11日下午在人民大会堂与来华进行正式访问的越南共产党中央总书记阮富仲举行会谈。双方一致表示,要增进政治信任,促进互利合作,妥善处理分歧,推动中越全面战略合作伙伴关系稳定健康发展。

中共中央政治局常委、国家副主席习近平参加会谈并出席有关活动。

胡锦涛说,今年是中越关系正常化20周年,这是中越两党两国增进互信、友好合作的20年。按照长期稳定、面向未来、睦邻友好、全面合作方针和好邻居、好朋友、好同志、好伙伴精神,双方建立和发展全面战略合作伙伴关系。

胡锦涛表示,中越两党两国关系稳定健康发展,符合两国和两国人民根本利益,对两国社会主义现代化建设顺利推进,对亚洲乃至世界和平与发展都具有重要意义。中国党和政府始终从战略高度和长远角度看待中越关系。我们愿同越方一道按照"十六字"方针和"四好"精神,把中越全面战略合作伙伴关系维护好、发展好。胡锦涛为此提出五点建议:第一,增进战略互信。继续发扬两党两国高层交往传统,保持高层交往和经常性接触,就共同关心的问题交换意见,扩大共识,增进信任。第二,加强两党交流。继续办好两党理论研讨会,扩大党政干部交流考察规模,相互学习借鉴治党治国经验,为两党两国事业发展提供理论指导、智力支持、人才保障。第三,深化务实合作。充分发挥双边合作指导委员会统筹协调作用,做好双方经贸合作5年发展规划相关工作,使双边经贸合作在现有基础上有一个大发展。加强两国立法机构、政协、工青妇组织、地方交流和文化、教育、国防、公安、司法等领域合作。第四,本着大局为重、互利共赢的精神,坚持通过对话和协商,妥善处理两国关系中的问题。第五,加强协调配合。加强在联合国、亚太经合组织、中国—东盟合作等多边机制内的沟通和协调,共同推动建设持久和平、共同繁荣的和谐亚洲、和谐世界。

10月11日,中共中央总书记、国家主席胡锦涛在北京人民大会堂与越南共产党中央总书记阮富仲举行会谈。 新华社记者 张 铎摄

阮富仲表示完全赞同胡锦涛关于发展双边关系的建议。他说,越中建交61年特别是双边关系正常化20年来,两国关系迅速全面发展,各领域合作取得具有历史意义的成果。越中同志加兄弟传统友好关系由胡志明主席、毛泽东主席亲手缔造,两党两国历代领导人精心培育,是两国人民的宝贵财富,应巩固和发展,世代相传。越南党和政府高度重视发展对华关系,将此置于越对外关系的优先位置。越方将坚定不移地本着"十六字"方针和"四好"精神,密切高层互访,增进政治互信,深化各领域互利合作,丰富人文交流,加强在国际和地区问题上的协调配合,把越中全面战略合作伙伴关系提升到新水平。

双方就中越海上问题坦诚交换了意见,积极评价两国签署《关于指导解决中华人民共和国和越南社会主义共和国海上问题基本原则协议》,认为该协议对妥善处理和解决海上问题具有重要指导意义。

胡锦涛指出,双方领导人应就中越海上问题保持沟通、对话和协商,从政治和战略高度及时指导海上问题的妥善处理。在海上争议最终解决前,不应采取使争议复杂化、扩大化的行动,以冷静和建设性的态度处理出现的问题,不使有关问题影响中越两党两国关系和南海和平稳定。双方应积极研究和商谈共同开发,尽快迈出实质性步伐。

阮富仲表示,海上问题是越中关系的一部分,但处理不好会影响越中关系良好发展大局。越方愿同中方领导人就妥善处理海上问题保持直接沟通,及时提供指导,与中方一道认真落实好两国签署的海上问题基本原则协议,坚持友好协商和谈判,妥善处理和解决,不让有关问题影响两党两国关系、两国人民感情和海上和平稳定。

双方相互通报了各自国内情况。胡锦涛表示,相信在以阮富仲同志为总书记的越共中央领导下,越南党和政府一定能牢牢把握前进方向,根据越南党情国情积极稳妥推进革新事业,带领越南人民实现国家发展宏伟目标。

阮富仲对兄弟的中国人民在中国共产党领导下,成功完成"十一五"规划、顺利跨入"十二五"规划开局年表示钦佩。他衷心祝贺中国共产党成立90周年和新中国建立62周年,祝愿中共领导中国各族人民取得新的辉煌成就。

会谈后,胡锦涛和阮富仲共同出席了有关双边合作文件的签字仪式。

会谈前,胡锦涛在人民大会堂北大厅为阮富仲访华举行欢迎仪式。

中共中央政治局委员、北京市委书记刘淇,中共中央政治局委员、中央书记处书记、中宣部部长刘云山,中共中央书记处书记、中央办公厅主任令计划,全国人大常委会副委员长韩启德,国务委员兼国防部长梁光烈,国务委员、公安部部长孟建柱,国务委员戴秉国,全国政协副主席王志珍以及有关部门负责同志参加有关活动。

吴邦国会见越共中央总书记阮富仲

本报北京10月11日电 (记者**杜尚泽**)中共中央政治局常委、全国人大常委会委员长吴邦国11日在人民大会堂会见了越南共产党中央总书记阮富仲。

吴邦国首先欢迎阮富仲访华,他说,此访正值中越关系正常化20周年、越共十一大胜利召开、中国共产党庆祝成立90周年,中越两党建设和国家发展面临相似机遇和挑战。在这样的背景下阮富仲总书记同志访华,意义重大,必将对两国、两党关系发展产生新的巨大推动作用。

吴邦国强调,中国党和政府始终从战略高度和长远角度看待中越关系。未来10年是中越两国发展的关键时期。中方愿同越方一道,倍加珍惜,爱护和发展中越全面战略合作伙伴关系,增进政治互信,深化务实合作,妥善处理双边关系中存在的问题,共同提高共产党的执政能力和水平,共同促进社会主义现代化建设。

吴邦国表示,作为中越全面战略合作伙伴关系的重要组成部分,中国全国人大与越南国会的友好交流与合作日益密切。希望双方保持合作传统,加强多层次多领域友好往来,根据国际形势变化和各自国内发展需要,尤其是结合两国改革开放和社会主义现代化建设实践提出的新课题等开展交流,相互学习、借鉴,为促进各领域合作、弘扬中越世代友好多做实事,推动国家关系深入发展。

阮富仲积极评价越中建交以来特别是两国关系正常化20年来取得的发展。他说,越南党、政府和人民永远铭记并衷心感谢中国党、政府和人民在越南民族解放和国家建设中给予的宝贵支持和无私帮助。越方高度重视发展与中国的友好关系,愿与中方一道,把新时期越中两党两国关系推向新的更高水平。

温家宝与普京共同主持中俄总理第十六次定期会晤

本报北京10月11日电 (记者**裴智勇**)国务院总理温家宝11日在人民大会堂与俄罗斯总理普京举行小范围会谈,并共同主持中俄总理第十六次定期会晤。两国总理就双边关系和地区、国际形势坦诚、深入交换看法,听取中俄总理定期会晤委员会、中俄能源谈判、中俄人文合作委员会三个合作机制的工作汇报,并对下一阶段双方的合作进行了部署和指导。

温家宝说,今年是《中俄睦邻友好合作条约》签署10周年和中俄战略协作伙伴关系建立15周年。历史证明,中俄关系全面、持续深化为促进两国发展振兴,维护世界和平稳定,推动建立公正、合理的国际新秩序提供了强大动力。 (下转第二版)

10月11日,国务院总理温家宝在北京人民大会堂与俄罗斯总理普京举行小范围会谈,并共同主持中俄总理第十六次定期会晤。这是会晤前,温家宝为普京访华举行欢迎仪式。 新华社记者 李学仁摄

李长春在会见叶志平同志先进事迹报告团成员时强调

深入学习叶志平同志先进事迹和崇高精神 积极倡导爱岗敬业尊师重教良好社会风尚

本报北京10月11日电 叶志平同志先进事迹报告会11日上午在北京人民大会堂举行。报告会开始前,中共中央政治局常委李长春会见了叶志平同志家属和报告团成员,代表胡锦涛总书记向他们表示亲切问候。他强调,要大力宣传叶志平同志的先进事迹和崇高精神,在全社会形成爱岗敬业、尊师重教的良好氛围,引导全国广大教育工作者以叶志平同志为榜样,切实履行党和人民赋予的教书育人神圣职责,当好人类灵魂的工程师,办好人民满意的教育。

叶志平同志生前是四川省绵阳市安县桑枣中学校长,36年在农村教育第一线辛勤耕耘、默默奉献, (下转第四版)

习近平会见南非非国大全国执委研修班一行

新华社北京10月11日电 (记者**廖雷**)中共中央政治局常委、国家副主席习近平10日在人民大会堂会见了由总书记格维德·曼塔谢率领的南非非国大全国执委研修班一行。

习近平积极评价中南党际关系。他说,中国共产党和南非非国大都是有着悠久历史的老党。两党都诞生于本民族遭受外来压迫与欺凌的危难之时,都领导各自国家人民为争取民族独立和民主、自由进行了长期不懈的斗争,执政后又都面临相似的任务和挑战。两党的友谊源远流长,半个多世纪的交往中,始终真诚相待,相互理解,相互支持。2008年底两党签署《交流合作谅解备忘录》后,在各领域的交流与合作发展到一个新阶段,两党关系已成为两国关系的政治基础和重要组成部分。

习近平积极评价前三期研修班取得的成果。他说,举办研修班是中南两党最高领导人共同确定的项目,是两党分享执政经验,共同应对挑战,不断提高领导水平,实现长期执政的重要举措。习近平表示,中国共产党愿与南非非国大一道,进一步加强双方高层往来,深化治国理政经验交流,拓展交往领域,创新交往形式,将两党友好关系不断提高到新的水平。

曼塔谢说,我们十分高兴来华访问和研修,十分钦佩中国共产党领导中国人民在国家建设中取得的伟大成就。 (下转第四版)

李克强在湖南考察时强调

深入实施扩大内需战略 推进结构调整和民生改善

新华社长沙10月11日电 中共中央政治局常委、国务院副总理李克强近日在湖南考察时强调,要认真贯彻党中央、国务院的决策部署,深入实施扩大内需战略,统筹城乡和区域发展,推进结构调整和民生改善。

扩大内需、调整结构是加快转变经济发展方式的重大任务和主攻方向,也是应对国际经济环境复杂多变形势的重要措施。中西部地区后发优势明显,扩大内需和调整结构都蕴藏着巨大潜力。10日至11日,李克强先后来到湘西自治州和长沙市,深入山乡村寨、企业车间、建设工地和科研单位,着重就经济运行和实施"十二五"规划进行调研。

湘西州古双云村,是地处武陵山区的一个边远贫困村寨。李克强沿着蜿蜒颠簸的山道来到这里,先后走进龙光金、洪云字、龙国付等村民家中,关切询问口粮、收入、低保等方面情况,悉心察看他们的住房,认真听取乡亲们对危旧房改造的想法。在村卫生室,李克强详细了解基本药物配备、药品价格和村卫生室建设。 (下转第四版)

周永康在中央社会管理综合治理委员会专题会议上强调

加强调查研究 搞好制度创新 不断提高实有人口服务管理和社会治安综合治理水平

本报北京10月11日电 (记者**廖文根**)中共中央政治局常委、中央政法委书记、中央社会管理综合治理委员会主任周永康11日在京主持召开中央社会管理综合治理委员会专题会议,研究部署推进实有人口服务管理和社会治安综合治理工作。他强调,要认真贯彻落实中央关于加强和创新社会管理的意见,主动适应经济社会发展的新变化和人民群众的新期待,加强调查研究,搞好制度创新,努力在提高实有人口服务管理和社会治安综合治理水平上取得新突破。

会上,公安部、中央综治办分别就推进实有人口服务管理、 (下转第二版)

中国共产党是开创事业新局面的核心力量

——各地各部门学习胡锦涛总书记"七一"重要讲话综述之三

(第四版)

人民网 网址：http://www.people.com.cn
手机：http://wap.people.com.cn

2011年5月
27
星期五
辛卯年四月廿五
人民日报社出版
国内统一连续出版物号
CN 11-0065
第22966期（代号1-1）
今日24版

“像建设家乡一样援建新疆”

——北京上海山东河北援疆工作综述

本报记者 戴岚 韩立群 胡仁巴

4月7日，山东省援疆基层组织阵地暨新农居工程设计方案竞赛评审活动圆满结束。这次方案评审，邀请了包括中国工程院院士、新疆民居专家等在内的一批全国建筑设计界知名专家。

此次活动历时3个多月。目的在于指导和服务援疆工作，推动建设精品工程、优质工程、群众满意工程。活动参赛方案之多、参与范围之广，超过历次同类型设计竞赛。

不仅山东，在北京、上海、河北，在全国各地，只要涉及到援疆，不论是单位，还是个人，无不显示出拳拳之心、殷殷之情。援疆潮涌，结出累累硕果。

选择了援疆，就是选择了责任和奉献

北京市援疆和田指挥部工程建设部部长王立中特别忙。去年下半年开始，建设项目一个接一个开工。王立中他们经常忙得吃饭都顾不上。他说：“选择了援疆，就是选择了一份责任和奉献，我们要像建设家乡一样援建新疆。我们每一名援疆干部，心里都想着三句话：我为什么来？我来干什么？以后我给新疆留下什么？”

去年9月，上海市对口支援新疆工作前方指挥部等单位联合发起“奉献您的聪明才智，展望喀什美好明天——上海援疆金点子征集活动”。 （下转第八版）

应胡锦涛总书记邀请金正日总书记对我国进行非正式访问

胡锦涛同金正日举行会谈

温家宝会见 贾庆林李长春习近平李克强贺国强周永康分别陪同参观或参加有关活动

新华社北京5月26日电 （记者**钱彤**）应中共中央总书记、国家主席胡锦涛的邀请，朝鲜劳动党总书记、国防委员会委员长金正日5月20日至26日对我国进行非正式访问，并在北京、黑龙江、吉林、江苏参观考察。

在北京期间，胡锦涛同金正日举行会谈并举行欢迎宴会。中共中央政治局常委、国务院总理温家宝会见金正日。中共中央政治局常委贾庆林、李长春、习近平、李克强、贺国强、周永康分别同金正日会晤、陪同参观或参加有关活动。

会谈中，胡锦涛代表中国党、政府和人民对金正日再次访华表示热烈欢迎，认为这次访问充分体现了金正日总书记和朝鲜劳动党中央对巩固和发展中朝传统友谊的高度重视，必将推动中朝友好合作关系迈向更高发展水平。胡锦涛积极评价近来中朝关系取得的新进展。他强调，金正日总书记对发展中朝关系高度重视，去年以来3次访华，多次强调年轻一代要接好朝中友谊的班。近来，双方高层交往频繁，经贸合作深化，人文交流活跃，就朝鲜半岛局势等重大问题保持密切沟通和协调，共同维护了朝鲜半岛和平稳定。

5月25日，中共中央总书记、国家主席胡锦涛在北京人民大会堂同朝鲜劳动党总书记、国防委员会委员长金正日举行会谈。 新华社记者 **李学仁**摄

胡锦涛指出，中国党和政府始终从战略高度和长远角度把握中朝关系，坚持继承传统、面向未来、睦邻友好、加强合作的精神，始终把巩固和发展中朝传统友谊作为坚定不移的方针。中方愿同朝方一道努力，推动中朝友好合作关系不断向前发展，维护和促进本地区和平、稳定、繁荣。一是加强高层交往，深化中朝友谊。欢迎朝鲜领导同志访华。二是加强治党治国经验交流，促进各自经济社会发展。三是扩大互利合作，造福两国人民。四是深化文化、教育、体育等领域交流特别是青少年交往，使中朝友谊世代相传。五是就国际和地区形势及重大问题加强沟通、保持协调，共同维护本地区和平稳定。

金正日感谢胡锦涛的盛情邀请和热情接待，完全赞同胡锦涛关于发展两党两国关系的建议。金正日表示，朝中两国人民友谊弥足珍贵。我们要把友谊接力棒一代一代传下去，这是我们的重大历史使命。今年是朝中友好合作互助条约签署50周年，这一条约是朝中老一辈领导人留给我们的重要遗产，具有十分重要的意义。我们要继承老一代领导人的传统，与中方共同努力，推动朝中友谊不断取得新的更大发展。

两国领导人相互通报了各自国内情况。胡锦涛表示，我们高兴地看到，朝鲜提出把改善民生作为头等大事、最高目标，举全党全国之力，毫不动摇地加快经济建设，努力提高人民生活水平。相信在金正日总书记领导下，朝鲜党和人民一定会实现各项既定目标。金正日表示，今年是中国“十二五”时期开局之年，中国人民正在为实现新的目标而进行不懈努力。我在访问中看到中国各地都在集中精力进行经济社会建设，很多惊人变化令我惊叹不已，相信中国人民在中国共产党领导下，一定能够实现全面建设小康社会的目标。中国共产党将迎来建党90周年纪念日。中国共产党走过的光辉历程证明，没有共产党就没有新中国。我们向充满骄傲和自豪的中国同志表示衷心祝贺。

双方还就朝鲜半岛形势及共同关心的国际和地区问题深入交换了意见。胡锦涛强调，中方积极评价朝方为缓和朝鲜半岛局势、改善外部环境作出的积极努力，主张有关各方继续高举维护朝鲜半岛和平稳定和无核化旗帜，保持冷静克制，显示灵活，消除障碍因素，改善彼此关系，为实现半岛和平、稳定、发展作出积极努力。金正日表示，朝鲜正在集中精力进行经济建设，十分需要稳定的周边环境。我们希望缓和朝鲜半岛局势，坚持朝鲜半岛无核化的目标，主张尽快重启六方会谈，对改善北南关系也一直抱有诚意。朝方对中方为推动重启六方会谈及维护朝鲜半岛和平稳定所做的努力表示感谢。

金正日邀请胡锦涛总书记再次访问朝鲜，胡锦涛愉快地接受了邀请。

温家宝在会见中表示，巩固和发展中朝友谊是中国党和政府坚定不移的方针，符合两国和两国人民的根本利益。近年来，中朝高层密切交往，在加强战略沟通的同时，推动经贸等领域的务实合作，促进了两国经济建设和民生改善。中方愿同朝方一道，发挥各工作机制的作用，进一步调动地方和企业的积极性，加强规划、协调，将互利合作提升到更高水平。

金正日表示，近来，朝中两国经贸合作取得了多方面的进展，鸭绿江跨境新大桥等建设也已迈出了有意义的步伐。今年是朝中友好合作互助条约签署50周年，双方应以此为契机，推动各领域合作不断扩大和深化，开创经贸合作新局面。

访问期间，金正日先后在牡丹江、长春、扬州、南京、北京参观考察了工业、农业、科技、商业和与民生相关的项目。在牡丹江的海林农场，他详细了解了农场产业化、城镇化建设情况，走访了农场工人家庭。在长春，他参观了长东北核心区规划建设展览馆，参观了一汽轿车有限公司和解放汽车有限公司轿车、卡车生产线，详细了解装配流程、生产工艺、整车性能。在扬州，他听取了智谷有关负责人关于电子书籍、智能电网等高新科技产品研发和生产的介绍，参观了华润苏果超市。在南京中国电子熊猫集团，他了解了企业最新液晶电子产品情况。在北京神州数码控股有限公司，他参观了企业创新中心展区和研发中心。考察过程中，金正日表示，时隔9个月再次访华，看到中国在经济发展、社会建设、民生事业、科技文化等各个领域不断取得新进步，一派欣欣向荣的景象。中国共产党的改革开放政策是正确的，科学发展的路线是有生命力的。朝鲜人民为此感到鼓舞，并祝愿中国人民在实施“十二五”规划新的进程中取得更大成就。

刘淇、郭伯雄、令计划、王沪宁、戴秉国等领导同志以及党中央、国务院有关部门负责同志和相关省市负责同志分别陪同金正日参观或参加有关活动。

朝鲜劳动党中央书记崔泰福、金己男，内阁副总理姜锡柱，国防委员会副委员长张成泽，党中央书记太宗秀、朴道春、文耿德、金永日等陪同金正日访华并出席有关活动。

社论

让全社会创造活力竞相进发

——热烈祝贺中国科学技术协会第八次全国代表大会召开

中国科学技术协会第八次全国代表大会今天在北京隆重开幕。我们对大会的召开表示热烈祝贺，向全国科技工作者致以崇高敬意。

中国科协是党领导下的人民团体，是党和政府联系科技工作者的桥梁和纽带。自第七次全国代表大会以来，中国科协团结带领广大科技工作者，不断提高学术交流质量和水平，深入开展提升全民科学素质工作，大力推动群众性技术创新活动，努力做好育才引才荐才用才工作，着力推进国家级科技思想库建设，工作扎实，成效斐然。在我国科技事业发展的大格局中，科协组织正在发挥越来越重要的作用。

当今世界，科技竞争在综合国力竞争中的地位更加突出，创新驱动发展已成为各国的战略选择。当今中国，正处于全面建设小康社会的关键时期，深化改革开放、加快转变经济发展方式的攻坚时期。要抓住历史机遇、赢得发展先机，最根本的是靠科技的力量，最关键的是大幅提高自主创新能力，最迫切的是大力激发全民族的创新精神、充分释放全社会的创造活力。

激发创新精神，释放创造活力，需要进一步深化科技体制改革，为建设创新型国家提供有力体制保障，真正把科技第一生产力的作用解放和发挥出来。只有不断完善国家科技决策机制和宏观协调机制，改革科技评价体制机制，才能促进全社会科技资源高效配置；只有加快构建各具特色和优势的区域创新体系，提高区域创新能力和竞争力，才能提高全社会创新效率；只有把增强自主创新能力作为国家战略贯穿到经济社会发展各个方面，才能在全社会树立和弘扬创新文化。

激发创新精神，释放创造活力，需要充分调动人民群众的积极性和主动性，为科技进步与创新提供强大动力、广阔舞台。大力普及科学技术，提高全民科学素质，创新能力就有了生长点；广泛深入开展群众性技术创新活动，鼓励人们以各种形式积极参与科技创新，创新事业就有了生力军；养成讲科学、爱科学、学科学、用科学的良好社会风尚，帮助人们以科学思想观察问题，以科学态度看待问题，以科学方法处理问题，科技创新就有了最深厚的社会基础。

激发创新精神，释放创造活力，需要扎实推进人才强国战略，切实把科技人力资源优势转化为人才优势、创新优势和发展优势。科技创新要万马奔腾、生气勃勃，就必须牢牢抓住人这个根本。这就要求我们把科技发展、教育发展的需求和人才发展的长远目标有机结合起来，用好用活科技人才；把科技发展内在规律、科技人才成长规律和社会主义制度优越性统一起来，努力造就一批世界一流的科学家和科技领军人才；把人才成长成才和社会环境对接起来，努力形成创造活力竞相迸发、创新人才大量涌现的生动局面。

通过科协组织联系、团结和带领广大科技工作者为经济社会发展服务，是我们党领导科技工作的巨大优势和成功经验。站在新的历史起点上，我们热诚期待并充分相信，中国科协一定能够肩负光荣使命，广大科技工作者一定能够更加奋发有为，为加快建设创新型国家、不断开创科学发展新局面而努力奋斗，为夺取全面建设小康社会新胜利再谱新篇。

吴邦国会见南非省务院主席

5月26日，正在南非进行正式友好访问的全国人大常委会委员长吴邦国在开普敦会见南非省务院主席马赫兰古。 新华社记者 **刘建生**摄

本报开普敦5月26日电 （记者**管克江**）正在南非进行正式友好访问的中国全国人大常委会委员长吴邦国当地时间26日上午在议会大厦会见了南非省务院主席马赫兰古。

马赫兰古首先对吴委员长访问取得积极成果表示祝贺，认为此访进一步增进了两国人民的友谊，双方就深化各领域合作达成的广泛共识，将对南中关系持续发展产生重要而深远的影响。

吴邦国积极评价中南关系，一是层次高、机制全，二是发展快、成果实，三是合作领域广、交往密切，四是内涵深、影响大。他指出，议会交往是国家关系的重要组成部分。中南虽然政治体制不同，中国实行人民代表大会一院制，南非实行两院制，但都面临发展经济、改善民生、维护社会稳定和加强民主法制建设的任务。中国全国人大愿进一步加强与南非国民议会和省务院之间的友好往来，密切各层次多领域的交流与合作，为促进务实合作、增进人民友谊多做工作，使议会交往成为推动国家关系发展的建设性力量。南非省务院在协调中央与地方关系方面发挥着重要作用。希望双方发挥各自优势，加强在促进区域协调发展方面的经验交流，支持和引导两国地方间开展更加紧密的务实合作。

吴邦国介绍了中国在节能减排、发展清洁能源和可再生能源等方面采取的措施及取得的成效。他指出，南非把发展绿色经济作为正在实施的“新增长路线”的重要内容，中国在这方面拥有技术、资金和生产能力等优势，希望双方通过建设示范工程、共同开发技术、扩大相互投资等方式，加强在核电、风能、太阳能、煤化工等领域的互利合作，使其成为双方经贸合作新的增长点。

马赫兰古表示，近年来，南中各领域合作不断深化，给两国人民带来了实实在在的利益，南中已成为名符其实的战略伙伴。南非省务院支持本国政府积极发展对华关系，愿进一步加强与中国全国人大的友好往来，分享在发展绿色经济等方面的经验，着力推动经贸、地方务实合作，为南中关系发展作出更大贡献。

全国人大常委会副委员长兼秘书长李建国等中方陪同人员参加了会见。

贺国强在上海考察时强调

大力发展高新技术产业 争当加快转变经济发展方式的排头兵

新华社上海5月26日电 （记者**周英峰、历正宏**）5月24日至25日，中共中央政治局常委、中央纪委书记贺国强在上海就加快转变经济发展方式、保持经济平稳较快发展进行调研。

上海作为我国的重要工业基地，近年来在加快转变经济发展方式和调整经济结构方面进行了积极探索，取得了明显成效，积累了宝贵经验。江南造船（集团）有限责任公司的前身是创建于1865年的江南造船厂，是我国民族工业和船舶制造业的发祥地，也是我国第一批产业工人的诞生地。新中国成立以来特别是改革开放以来，江南造船（集团）有限责任公司为我国的船舶工业、国防工业作出了重大贡献。2008年6月，适应上海世博会建设的需要，江南造船（集团）有限责任公司从黄浦江畔搬迁到万里长江入海口的长兴岛上，公司规模进一步扩大，造船能力和水平大幅提升，焕发出新的生机和活力，现已成为我国最重要的现代化船舶制造基地之一。在公司的发展规划展览室和船坞里，贺国强详细了解企业的发展历史和发展规划，仔细询问公司的生产建设情况和各种船品性能，当得知该公司许多技术处在世界领先水平时，贺国强脸上露出欣慰的笑容。他说，江南造船（集团）有限责任公司的搬迁为上海世博会的成功举办作出了积极贡献，同时为自身发展壮大带来了新的历史机遇，希望大家切实抓住宝贵机遇，坚持走军民融合的发展道路， （下转第三版）

我国民用航天实现历史跨越

本报北京5月26日电 （记者**余建斌**）记者从26日在京举行的风云三号B气象卫星在轨交付仪式上获悉：经过几十年的发展，我国民用航天取得了令人瞩目的成绩，实现了从无到有、从小到大的历史跨越，特别是风云系列气象卫星，成功发射11颗卫星，目前有6颗在轨正常运行，成为世界上少数几个同时拥有极轨和静止轨道气象卫星的国家，得到了国际社会的高度评价。

据国防科技工业局副局长胡亚枫介绍，民用航天为国家经济社会快速发展提供了重要信息支撑，在带动科技进步、保障国家安全等方面发挥了重要作用。

据了解，风云三号卫星是我国“十五”期间投资最大的民用航天工程项目，目前已经发射A、B两颗星。风云三号B星上搭载了11个先进的遥感仪器及99个光谱探测通道，其中有5个通道的分辨率达到250米，而在我国第一代极轨气象卫星上，仅有1个仪器及5个通道。（相关报道见第三版）

人民日報
RENMIN RIBAO
人民网 网址:http://www.people.com.cn
手机:http://wap.people.com.cn
2012年5月10
星期四
壬辰年四月二十
人民日报社出版
国内统一连续出版物号
CN 11-0065
第23315期(代号1-1)
今日24版

胡锦涛同哥伦比亚总统会谈

5月9日,国家主席胡锦涛在北京人民大会堂举行仪式,欢迎哥伦比亚总统桑托斯访华。
新华社记者 丁 林摄

本报北京5月9日电 (记者**杨晔**)国家主席胡锦涛9日下午在人民大会堂同哥伦比亚总统桑托斯举行会谈,双方就发展双边关系及共同关心的国际和地区问题深入交换意见,达成广泛共识。

胡锦涛积极评价中哥关系,赞赏哥政府坚定奉行一个中国政策,将发展对华关系作为哥外交政策优先方向。胡锦涛表示,事实证明,建立在相互尊重、平等互利基础上的中哥友好合作关系,有着强劲生命力和广阔发展空间。

桑托斯表示,近年来,哥中关系发展顺利。哥伦比亚积极致力于促进本国经济发展以及地区和平稳定,视中国为重要合作伙伴,希望加强同中国的友好合作关系。

胡锦涛表示,中方高度重视中哥关系,始终将哥伦比亚视为中国在拉美的好朋友、好伙伴。我们愿同哥方一道,进一步深化两国友好合作:(一)在政治方面,要密切交往,增进互信,长期友好。两国高层领导人、政府部门、立法机构、政党要加强对话交流,在彼此关切的重大问题上相互理解,相互支持。(二)在经济方面,要挖掘潜力,互利互惠,共促发展。双方要积极探讨深化经贸合作的新途径新方式,促进贸易增长和双向投资,扩大基础设施、能源、矿业、水利、电信、农业等领域合作。两国金融机构要拓展业务往来,为两国经贸和经济技术合作提供金融融资服务。(三)在人文方面,要突出特色,丰富内涵,深化友谊。双方要通过多种形式扩大文化、教育、广播影视、减灾防灾等领域的交流合作,加强青年、民间、地方友好往来,办好系列交流活动,相互学习借鉴。(四)在国际事务中,要加强磋商,相互协调,共迎挑战。中方愿同哥方进一步密切在国际和地区事务中的协调和配合,携手应对全球性挑战,促进中拉关系全面发展。

桑托斯表示,哥中两国合作潜力大,两国关系面临难得机遇。哥方愿同中方保持高层互访及其他各层次交往,深化了解与互信。哥方希望两国加强经贸、投资、农业等合作,并将创造有利条件,吸引中国企业赴哥投资,在基础设施、能源、资源等领域开展合作。哥方对两国自贸协定谈判持积极态度。哥方鼓励两国人文交流,深化友谊。当前,国际形势复杂多变,哥伦比亚愿同中方加强在重大国际和地区问题上的协调配合,携手应对全球经济治理、气候变化、可持续发展等问题和挑战,维护共同利益,实现共同发展。哥伦比亚愿为推动拉中关系发展发挥积极作用。

会谈后,两国元首出席了中哥政府间经济技术合作协定等合作文件的签字仪式。

会谈前,胡锦涛主席在人民大会堂北大厅为桑托斯总统访华举行欢迎仪式。全国人大常委会副委员长陈昌智、国务委员戴秉国、全国政协副主席孙家正、致公党中央副主席杨邦杰、外交部部长杨洁篪、国家发展和改革委员会主任张平、农业部部长韩长赋、商务部部长陈德铭、中国驻哥伦比亚大使汪晓源等出席了欢迎仪式。

转方式先要转思想

广东 大培训促进科学发展

本报记者 王 楚 邓 圩

这是春天里的第一课,也是生机勃发的一课。

花城春深,枝繁叶茂。

广州市黄华路广东省委党校大院,木棉盛开,紫荆绽放,大院内正进行的一场"思想风暴",将对广东的未来发展、对全广东老百姓未来的生活,产生不小的影响。

——"坚持社会主义市场经济的改革方向,是广东再创科学发展新辉煌的必然要求。"

——"转型升级不仅是经济问题,而且是关系人民群众福祉的重大社会问题。"

——"建设幸福广东,是我们落实以人为本这一科学发展核心理念的深化和升华,是转型升级的价值追求和目的依归。"

刚刚走马上任的广东新一届市县党政一把手全部集中,在这里学习重要而关键的第一课——如何当好"父母官",尤其是,如何走好广东科学发展下一步。

……

为打赢加快转变经济发展方式这场"硬仗",广东省委把大规模培训干部作为加快转变经济发展方式的基础性工程来抓。4年来,广东共培训干部486.5万人次,比上一个4年增长了约67%;其中省委组织部统一调训干部7万多人次,比上一个4年增长了约69%。

站多高 看多远

科学发展从树立科学发展观开始

"他们讲的,是我们正在思考的问题,也有我们正面临的困惑。"从一名普通的科技干部,成长为广东"第一改革实验区"顺德区区长,黄喜忠说学习培训是最好的"捷径"。

"对我们来讲是一次全面的启发。"授课者与学员不断擦出火花,科学发展观的火种成燎原之势。

新时期,广东所面临的压力是显然的。下一步如何走?

在加快转变经济发展方式攻坚克难的关键时期,广东省委从战略的高度把干部大培训、知识大转型作为"基础工程",全面推动广东科学发展。

"基础工程"从"头"开始。

"全省所有市县两级党政一把手集中一起培训,前所未有。"广东省委组织部有关负责同志告诉记者,广东向镇级放权后,来自东莞和中山的54位镇委书记参加市县主要领导集中学习,这也是首次。

(下转第八版)

科学发展 转变方式

温家宝主持召开国务院常务会议

研究部署推进信息化发展保障信息安全工作

新华社北京5月9日电 国务院总理温家宝9日主持召开国务院常务会议,研究部署推进信息化发展、保障信息安全工作。

会议指出,当前,世界各国信息化快速发展,信息技术的研发和应用正在催生新的经济增长点,以互联网为代表的信息技术在全球范围内带来了日益广泛、深刻的影响。加快推进信息化建设,建立健全信息安全保障体系,对于调整经济结构,转变发展方式,保障和改善民生,维护国家安全,具有重大意义。今后一段时期,要以促进资源优化配置为着力点,构建现代信息技术产业体系,全面提高经济社会信息化发展水平;加强统筹协调和顶层设计,健全信息安全保障体系,切实增强信息安全保障能力,维护国家信息安全,促进经济平稳较快发展和社会和谐稳定。

会议讨论通过《关于大力推进信息化发展和切实保障信息安全的若干意见》,确定了以下重点工作:(一)实施"宽带中国"工程。加快信息网络宽带化升级,推进城镇光纤到户,实现行政村宽带普遍服务。加快部署下一代互联网,重点研发下一代互联网关键芯片、设备、软件和系统,推动产业化。加快推进电信网、广电网、互联网三网融合, (下转第二版)

温家宝会见出席国际行动理事会第三十届年会的外国前政要

本报天津5月9日电 (记者**王莉**)国务院总理温家宝9日在天津会见出席国际行动理事会第三十届年会的加拿大前总理克雷蒂安、日本前首相福田康夫、新加坡荣誉国务资政吴作栋、马来西亚前总理巴达维、爱尔兰前总理埃亨和德国前总理施密特。

在会见克雷蒂安时,温家宝表示,你任加拿大总理10年,为推动中加关系发展做出了重要贡献。中加关系建立在相互尊重、平等相待基础之上,双方要着眼大局和长远,在重大问题上照顾彼此关切。相信在两国政治家和社会各界共同努力下,中加能够增进相互了解、加强合作,两国关系的前景是光明的。

克雷蒂安表示,多年来,我一直关注中国,同中国结下不解之缘。加中经济互补性强,两国人民相互怀有友好感情,希望双方关系能够长期富有成果地向前发展,这符合两国的根本利益。

在会见福田康夫时,温家宝表示,2008年胡锦涛主席访日期间与你共同签署和发表中日第四个政治文件,提出"中日互为合作伙伴,互不构成威胁", (下转第三版)

习近平会见国际行动理事会成员

本报北京5月9日电 (记者**杨晔**)国家副主席习近平9日上午在人民大会堂集体会见国际行动理事会成员。

习近平首先代表中国政府祝贺国际行动理事会第30届年会即将在天津开幕并预祝年会取得圆满成功。习近平说,国际行动理事会汇聚了众多资深政治家和战略家,影响力不断扩大,已成为讨论重大国际和全球性问题的重要平台。本届年会聚焦当前国际形势、全球金融危机、安全事务和水危机等议题,具有重要意义。

理事会主席、加拿大前总理克雷蒂安和理事会名誉主席、德国前总理施密特代表理事会感谢中国领导人拨冗会见和中方为年会召开所做的周到安排。克雷蒂安说,当今世界相互联系和相互依存日益密切,中国在其中扮演的角色日益重要。施密特说,再次来到中国百感交集。上世纪70年代访华时我曾表示,中国必将在全球事务中发挥更大更重要的作用,今天这一结论得到了证明。他说,中国数千年的文明史蕴含相互包容和尊重的精神,至今还焕发着活力。不同文明只有相互尊重才能确保和平。打着人权旗号干涉别国内政并不可取。当今世界和中国都面临各种问题和挑战,中国如何应对这些挑战将为世界树立标杆。衷心祝愿中国取得更大成就。

习近平表示,两位资深政治家对世界和中国的见解令人印象深刻。习近平说,中国今天取得的成就,最根本是得益于我们经过艰辛探索找到了一条适合国情的中国特色社会主义道路, (下转第二版)

贺国强会见伊朗客人

新华社北京5月9日电 (记者**徐松**)中共中央政治局常委、中央纪委书记贺国强今天在人民大会堂会见了伊朗副总统兼环保组织主席穆罕默迪扎德一行。

贺国强愉快地回忆了去年7月访问伊朗的情景,对与老朋友在北京重逢感到十分高兴。他说,中伊建交40多年来,两国关系始终保持稳健发展势头,双方高层往来密切,政治互信日益增强,务实合作稳步发展,各领域交流合作不断扩大,在国际和地区事务中也保持着良好的沟通和协调。中方重视发展中伊关系,愿一如既往秉持互信互利、共同发展的原则,深化双方各领域合作,推动两国关系不断发展,造福两国人民。

贺国强介绍了中国实施"十二五"规划情况和当前经济社会发展情况,表示愿意加强中伊两国在经贸、环保等领域合作,充分挖掘潜力,扩大合作规模,促进两国经济社会可持续发展。

贺国强还向客人简要介绍了中国共产党十八大的筹备情况。

穆罕默迪扎德说,伊中两国关系近年来发展顺利,宽领域、多层次合作不断推进。伊中关系具有战略性,不仅有利于两国,也有利于整个世界。伊方愿同中国一道,推动双方关系不断拓展。穆罕默迪扎德表示,在访华期间亲眼见证了中国的飞速发展,并对中国在建设领域取得的非凡成就表示衷心祝贺。

环保部部长周生贤等参加了会见。

周永康在中国政法大学考察时强调

认真学习贯彻胡锦涛总书记五四重要讲话 努力成为社会主义法治国家的积极建设者

新华社北京5月9日电 (记者**杨维汉**)中共中央政治局常委、中央政法委书记周永康9日到中国政法大学,代表党中央、国务院和胡锦涛总书记,向中国政法大学建校60周年表示热烈祝贺,向全校师生员工和广大校友表示亲切问候。他希望政法院校广大学生认真学习贯彻胡锦涛总书记在纪念中国共产主义青年团成立90周年大会上的重要讲话,努力成为社会主义法治精神的大力弘扬者、社会主义法治理念的忠实践行者、社会主义法治国家的积极建设者、中国特色社会主义事业的坚定捍卫者。

六十年辛勤耕耘,一甲子春华秋实。60年前,为适应新中国法治建设需要,中国政法大学的前身北京政法学院应运而生。60年后,中国政法大学已发展为国内著名、国际知名的法学教育高等学府。(下转第四版)

坚持开拓创新 贡献聪明才智

——五论学习胡锦涛同志五四重要讲话

本报评论员

多彩的世界日新月异,伟大的事业前无古人。

胡锦涛总书记在五四重要讲话中希望广大青年坚持开拓创新,大力发扬以改革创新为核心的时代精神,立足岗位、立足实际,讲求科学、讲求方法,把创新潜能充分发挥出来,为推动理论创新、制度创新、科技创新、文化创新以及其他各方面创新贡献聪明才智。其言谆谆,其情切切,充分表达了党对当代青年的厚望与重托。

创新是掌握民族发展命运的关键之举,是战胜各种风险挑战的制胜之道。改革开放30多年来虽然取得了举世瞩目的巨大成就,但我国仍然处于社会主义初级阶段,仍然是世界上最大的发展中国家,发展中不平衡、不协调、不可持续问题依然突出,人民生活水平还不高,实行社会主义现代化和全体人民共同富裕还有很长的路要走。只有扭住改革不动摇、坚持创新不松劲,才能战胜前进道路上的一个个困难,化解发展进程中的一个个风险,才能不断提升国家的综合国力,实现中华民族的伟大复兴。

青年最具创新热情和创造潜力,是建设创新型国家的生力军。纵观古今中外的历史,青年人开拓创新、为人类作出巨大贡献的例子比比皆是。牛顿发现万有引力定律时年仅23岁,爱因斯坦26岁创立相对论,华罗庚25岁便成为著名的数学家……在人类攀登科学高峰的征程中,无数的青年才俊以其强烈的求知欲和坚忍不拔的探索精神,最终摘取了丰硕的果实。90年来中国青年运动的实践也证明,越是艰巨的任务、越是严峻的挑战,越能激发青年的创新热情和创造潜力。当代青年只有始终保持和发扬勇立潮头的浩气、超越前人的勇气、与时俱进的朝气,充分发挥创新潜能,才能为改革开放和社会主义现代化事业开辟新的发展空间、取得新的突破性进展作出贡献。

青年是祖国的未来、民族的希望。充分释放青年的创新热情和创造潜力,对于党和人民的事业具有根本性、战略性意义。各级党委、政府要倾听青年心声,关心青年疾苦,鼓励青年成长,支持青年创新创业,及时制定和完善相关政策措施,努力为当代青年的创造热情极大增强、创造能力极大提高、创造活力极大迸发营造良好的环境。

歌德曾经说过:"不断变革创新,就会充满青春活力;否则,则可能会变得僵化。"面对日新月异的世界,面对前无古人的事业,始终与民族共命运、与祖国共奋进、与时代齐发展的中国青年,只有发奋学习、认真钻研、踏实苦干、不断创新,才能无愧于伟大的时代、神圣的责任,才能让自己的聪明才智,在党和人民事业发展的进程中绽放灿烂的青春之花。

人民日报

RENMIN RIBAO

人民网 网址:http://www.people.com.cn 手机:http://wap.people.com.cn

2008年7月 3 星期四 戊子年六月初一

人民日报社出版

国内连续出版物号 CN11-0065

第21908期(代号1-1)

今日16版

胡锦涛会见联合国秘书长

7月2日,国家主席胡锦涛在北京人民大会堂会见来华访问的联合国秘书长潘基文。 新华社记者 李 涛摄

本报北京7月2日电 (记者**曹鹏程**)国家主席胡锦涛2日下午在人民大会堂会见了来华访问的联合国秘书长潘基文。

胡锦涛说,在新世纪新形势下,联合国作为最具普遍性、代表性和权威性的政府间国际组织,对世界的和平与发展担负着越来越重要的责任。作为安理会常任理事国和最大的发展中国家,中国是联合国的坚定支持者,也是重要的合作伙伴。中国坚决维护《联合国宪章》的宗旨和原则,全面参与联合国各领域工作,认真履行承担的责任和义务,愿就重大国际和地区问题与联合国保持密切沟通和协调。中国赞成联合国通过民主协商进行必要、合理的改革,以提高联合国的权威和效率。中国将继续本着负责和建设性的态度,进一步加强同联合国的合作,支持和配合秘书长的工作。

潘基文说,中国经济发展,政治和社会稳定,成就举世瞩目。作为安理会常任理事国,中国在重大国际和地区事务中发挥着重要建设性影响。

潘基文表示,联合国高度重视中国在维护世界和平和促进共同发展方面的作用,高度赞赏中方在推进六方会谈进程、促进非洲发展方面作出的贡献。联合国希望加强与中国的合作,共同应对当今世界纷繁复杂的问题。希望中国在实现千年发展目标、应对气候变化、粮食安全等全球挑战方面发挥更大作用。

潘基文高度评价中国政府抗震救灾工作,衷心祝愿中国战胜自然灾害,重建美好家园。潘基文高度赞赏北京奥运会筹备工作进展,表示相信中国定会举办一届历史上最为成功的奥运会,预祝北京奥运会取得圆满成功。潘基文表示,联合国将继续坚定奉行一个中国政策。

外交部长杨洁篪、中国常驻联合国代表王光亚等会见时在座。

突出重点 攻克难点 促进全面

吉林确保抗震救灾经济发展两不误

本报长春7月2日电 (记者**刘亮明**)记者今天从吉林省经委和省应急办获悉:吉林对口支援四川灾区恢复重建工作已全面展开;前5个月全省规模以上工业企业完成总产值3361.2亿元,增长37%。振作精神,全力以赴,促进经济又好又快发展,坚决完成支援灾区恢复重建任务,已成为吉林干部群众的共识。

随着支援四川灾区工作重点的转移,吉林省委、省政府日前再次分别召开会议,专门研究部署对口支援四川灾区恢复重建和全省经济工作。省委书记王珉、省长韩长赋强调,要突出重点、攻克难点、促进全面,一手抓支援灾区恢复重建,一手抓经济发展,确保两不误、双胜利。

按照国务院的部署,全省迅速把工作重点转移到了支援灾区的恢复重建上来。目前,支援四川省平武县1万套过渡安置房,及中小学、诊疗所、商品零售点等配套设施的工作全面展开。省委、省政府专门成立了"对口支援领导小组",省内各有关部门和企业密切配合,现已生产过渡安置房近2500套。近日,对口支援单位调整为四川黑水县后,省政府又立即拿出了详细的工作意见和计划,棉被、药品等救灾物资也开始紧张发运。截至目前,全省已捐赠救灾资金近4.74亿元,捐赠物资折款1.81亿元。

为确保全省经济健康快速发展,吉林在攻克资金、能源等难点上狠下功夫,建立了44个银企对接服务队、开通了网上银企担保对接平台,为急需流动资金的企业提供资金超过20亿元。截至5月,全省100户重点企业保持了快速增长,完成产值近2000亿元,占到全省总量的58.9%。

吉林采取"走出去,引进来"等办法,全力招商引资,引进战略合作者,一大批重点项目纷纷落地建设。扩权强县工作促进了县市经济的高速增长,前5个月,全省县以下工业企业完成产值近610亿元,增长58.4%。同时,全省投入资金94亿元,狠抓粮食生产,粮食种植面积达到6860万亩。

温家宝主持召开国务院常务会议

讨论并原则通过《国家粮食安全中长期规划纲要》和《吉林省增产百亿斤商品粮能力建设总体规划》

本报北京7月2日电 国务院总理温家宝2日主持召开国务院常务会议,讨论并原则通过《国家粮食安全中长期规划纲要》和《吉林省增产百亿斤商品粮能力建设总体规划》。

会议指出,粮食安全关系国民经济发展和社会稳定的全局,党中央、国务院始终高度重视,把这项工作摆在突出的位置。当前我国粮食安全总体形势是好的,粮食综合生产能力稳步提高,食物供给日益丰富,供需基本平衡。但随着工业化、城镇化发展,人口增加和人民生活水平提高,粮食消费需求呈刚性增长;耕地减少、水资源短缺、气候变化等因素对粮食生产的约束日益突出,我国粮食供需将长期处于紧平衡状态,保障粮食安全面临严峻挑战。

会议强调,必须立足于基本靠国内保障供给,加大政策和投入的支持力度,依靠科技进步,提高粮食综合生产能力,加快构建适应社会主义市场经济发展要求、符合我国国情的粮食安全保障体系。要通过实施《国家粮食安全中长期规划纲要》,使粮食自给率稳定在95%以上,2010年粮食综合生产能力稳定在1万亿斤以上,2020年达到10800亿斤以上。实现这个目标,必须下大的决心,有大的举措:(一)坚持家庭承包经营责任制长期稳定不变,推进农业经营体制机制的创新。(二)采取强有力的措施保护耕地,不能有丝毫松懈。 (下转第二版)

温家宝分别会见联合国秘书长潘基文及美国政府、企业和救援组织联合代表团

新华社北京7月2日电 (记者**荣燕**)国务院总理温家宝2日在中南海紫光阁分别会见了联合国秘书长潘基文,以及由美国国际开发署署长福尔和强生公司首席执行官韦尔登率领的美国政府、企业和救援组织联合代表团。

温家宝再次感谢联合国和潘基文本人对中国遭受特大地震灾害的同情和帮助,并介绍了救灾和重建的最新情况。

潘基文高度赞赏中国政府在抗震救灾中展现的卓越领导能力,以及中国人民在巨大灾难面前展现的坚强和艰苦奋斗精神,表示中国的经验值得国际社会学习。他对中国抗震救灾转入恢复重建阶段感到高兴,表示深信在中国政府领导和中国人民的努力下,灾区一定能重建美好家园。

温家宝高度评价联合国在维护世界和平,促进人类和谐与发展方面所发挥的重要作用。温家宝指出,当前全球性的困难和挑战层出不穷,这些问题归根结底要依靠发展加以解决。作为最大的发展中国家,中国高度重视并积极落实联合国千年发展目标,愿同国际社会密切合作,帮助其他发展中国家,实现共同进步和繁荣。

温家宝表示,中国用不到全球9%的土地养活了世界22%的人口,为世界粮食安全作出了贡献。面对世界粮食短缺问题,各方应本着平等、互利、共赢的全球发展伙伴精神,加强多边合作,通过援助、金融、贸易、技术等手段综合应对。中国支持联合国发挥领导和协调作用,并愿积极参与有关行动。

潘基文高度评价中国在维护世界和平和促进共同发展方面发挥的重要建设性作用。他说,当今世界面临的各种问题相互交织,需要各国共同迎接挑战,希望中国发挥更大影响和作用。

双方还就气候变化等国际和地区问题交换了看法。

在会见美方联合代表团时,温家宝欢迎该代表团专程赴四川地震重灾区考察,研究参与灾后重建工作。温家宝说,中国政府在整个抗震救灾中始终坚持以人为本和对外开放,尽最大努力保证群众的生命安全,妥善安置受灾群众的生活,举全国之力帮助灾区人民重建家园。我们欢迎来自国际社会各个方面的支持,包括人力、资金、物资的援助。 (下转第二版)

政协十一届常委会第二次会议在京开幕

贾庆林主持

本报北京7月2日电 政协十一届全国委员会常务委员会第二次会议2日上午在北京开幕。会议主题是围绕"进一步推进改革和提高对外开放水平"和"加快推进以改善民生为重点的社会建设"问题建言献策。中共中央政治局常委、全国政协主席贾庆林主持开幕会。

中共中央政治局委员、国务院副总理张德江到会作了关于当前经济形势和国有企业改革、就业再就业、社会保障工作的报告。国务院抗震救灾总指挥部向会议提供了《关于四川汶川特大地震抗震救灾及灾后恢复重建工作情况的报告》。

贾庆林在主持讲话中指出,本次常委会议是十一届全国政协第一次专题议政性的常委会议,希望常委们围绕主题畅所欲言,各抒己见,向党中央、国务院提供更多有价值的意见和建议。

贾庆林充分肯定了前一阶段各级政协组织、政协各参加单位和广大政协委员参与抗震救灾的工作。他说,四川汶川特大地震发生后,在党中央、国务院和中央军委坚强领导下,在国务院抗震救灾总指挥部的直接指挥下,全党全军和全国各族人民众志成城,展开了气壮山河的抗震救灾斗争。在这场抗震救灾斗争中,各级政协组织、政协各参加单位和广大政协委员坚决拥护和认真贯彻执行中央的各项决策,积极响应中央的号召,踊跃向灾区伸援手、献爱心、送温暖,积极捐款捐物,还以各种不同形式,积极参与抗震救灾和灾后重建工作,充分体现了人民政协组织围绕中心、服务大局的光荣传统,充分体现了广大政协委员为国分忧、为民解难的高尚情怀。 (下转第二版)

贾庆林会见日本自民党总务会长二阶俊博

新华社北京7月2日电 (记者**刘东凯**)全国政协主席贾庆林2日在人民大会堂会见了日本自民党总务会长二阶俊博。

贾庆林说,今年5月胡锦涛主席对日本"暖春之旅"取得圆满成功,开创了中日战略互惠关系的新局面。双方领导人共同签署的《中日关于全面推进战略互惠关系的联合声明》,成为指导两国关系发展的第四份政治文件。贾庆林表示,今年是中日青少年友好交流年和中日和平友好条约缔结30周年,中方愿以此为契机,在四个政治文件指导下,继续深化中日互利合作,加强人文交流,妥善处理好敏感问题,推动两国关系长期健康稳定发展。贾庆林感谢日本政府和民间各界在四川发生特大地震后给予的援助以及对北京奥运会的宝贵支持。

二阶俊博感谢贾庆林会见。他高度评价胡锦涛主席对日"暖春之旅",对中国政府和人民在抗震救灾中表现出的众志成城、坚忍不拔的优秀品质表示钦佩,对北京奥运会取得圆满成功充满信心。二阶表示愿为加强两国人文交流、巩固日中世代友好的社会基础继续贡献力量。

二阶一行是应中国人民外交学会邀请来华访问的。

贺国强会见巴西劳工党主席贝佐尼并出席驻巴使馆纪念建党八十七周年座谈会

当地时间7月1日,正在巴西进行友好访问的中共中央政治局常委、中央纪委书记贺国强在巴西利亚会见巴西劳工党主席里卡多·贝佐尼。 新华社记者 马占成摄

本报巴西利亚7月1日电 (记者**吴志华**)正在巴西进行友好访问的中共中央政治局常委、中央纪委书记贺国强当地时间7月1日上午在巴西利亚会见了巴西劳工党主席里卡多·贝佐尼。

贺国强说,劳工党是巴西的重要政党,长期以来为发展民族经济、促进社会进步、改善人民生活发挥了重要作用。自2003年执政以来,劳工党领导巴西人民在发展经济、增加就业、改善卫生和教育条件等方面取得了显著成就。

贺国强表示,中国共产党十分重视发展同巴西劳工党的友好交往,愿在独立自主、完全平等、互相尊重、互不干涉内部事务原则基础上,同巴劳工党进一步发展友好关系,推动中巴战略伙伴关系深入发展。 (下转第三版)

时代先锋

浪花的追求是大海

——追记海军总医院原副院长冯理达(上)

本报记者 白剑峰

2008年2月8日,一位传奇老人溘然长逝。

临终前,老人嘱咐儿子代她交了1万元党费。交完党费,她的工资卡上仅剩下85.46元。而她一生捐献的钱物,价值超过300万元。

病重期间,她只要看见医护人员走进病房,就会努力坐起来,或者招招手。医护人员离开时,她总是说:"辛苦了!""把你们累坏了!"

因肺纤维化合并感染,她无法说话,只能用笔告诉工作人员,每天给她读报。1月20日,胡锦涛总书记看望钱学森等科学家的报道发表后,她反复听了三遍,直到深度昏迷。

这位老人身世显赫,却鲜为人知。她就是著名爱国将领冯玉祥和新中国第一任卫生部部长李德全的长女、著名免疫学家、海军总医院原副院长冯理达。

"少小即怀报国志,毕生几曾敢息肩"。83个春秋,她见证了新旧中国的沧桑巨变,最终无怨无悔地选择了中国共产党。一生追随党、一生热爱党、一贯忠于党、一切献给党,就是她的人生写照。

"小时候,妈妈对我讲,大海就是我故乡……"这是她生前最爱唱的歌曲。她像一朵浪花,来自大海,归于大海。她是大海的赤子,一生一世,分担着海的忧愁,分享着海的欢乐……

五十岁的新党员

在冯理达的办公室里,悬挂着一张珍贵的老照片:1947年8月,她和父母站在美国旧金山的海滩上,眺望着远方。

浩瀚的海洋,隔不断游子对祖国的思念。1948年8月,冯玉祥夫妇准备远渡重洋,参加新中国政治协商会议筹备工作。临行前,他们让冯理达与丈夫罗元铮作出去留选择。那时,冯理达正在加利福尼亚大学太平洋生物学院生物系学习。

从父亲率兵张家口抗日,到举家赴泰山赋闲,再到远走美国"考察水利",在随父母颠沛流离的生活中,冯理达逐渐了解了中国共产党,并被这个政党的纲领和主张深深吸引。于是,她和丈夫毅然决定:跟着父母奔向新中国的怀抱!

在大西洋的波涛中,"胜利"号轮船起航了。谁也不曾料到,一场灾难悄然降临。1948年9月1日,当轮船航行至苏联黑海时,船舱突然失火,冯玉祥和小女儿不幸遇难。李德全带着冯理达及其弟妹回国。 (下转第八版)

把忠诚使命镌刻在抗震救灾战场上

解正轩

5月12日发生四川汶川特大地震后,人民解放军和武警部队坚决执行党中央、中央军委和胡主席命令,十几万大军以最快的速度开赴四川灾区,并在甘、陕、渝各个战场,与人民群众并肩战斗,全力以赴抗震救灾,发挥了主力军和突击队作用,有效履行了抢救群众生命、保卫人民利益的神圣使命。这次抗震救灾,是胡主席提出军队要全面履行新世纪新阶段历史使命以来,我军执行的一次重大非战争军事行动,是对部队应对多种安全威胁、完成多样化军事任务能力一次近似实战的检验和锻炼。在惊心动魄、撼人心弦的日日夜夜,广大官兵不畏艰险、冲锋在前,勇挑重担、顽强拼搏,用实际行动书写了忠于使命、献身使命、不辱使命的历史篇章。认真思考抗震救灾斗争的实践,从中汲取思想政治营养,汲取经验、智慧和力量,对于进一步推动军队建设和改革、全面履行我军新的历史使命,具有十分重要的意义。

有效履行使命靠的是忠诚和勇气,必须大力弘扬听党指挥、服务人民、英勇善战的优良传统

忠诚和勇气是革命军人最重要的品格,是履行职责使命的政治保证和精神动力。随着我军使命任务的拓展,巩固党的执政地位、维护国家安全和发展利益,对强化官兵政治信念、奉献意识、战斗精神提出了新的更高的要求。重大抢险救灾行动,关系党和国家事业全局,关系人民生命财产安全,关系社会稳定和谐。参加抢险救灾,对军人而言,不是个人义举,而是职责使然;对我军官兵来说,则又超越了军人的一般职业行为。在抗震救灾一线,高扬的"红军师"、"乌蒙铁军"、"黄继光连"、"忠诚卫士"等旗帜,鲜明地宣示着人民军队的特有政治优势和崇高价值追求。军装赋予军人以使命,我军的性质宗旨和优良传统铸就了广大官兵对使命的特有忠诚,锻造了临危不惧、顽强拼搏的战斗精神。

我军官兵履行使命的忠诚和勇气与军魂紧密相连。党对军队绝对领导是我军永远不变的军魂。 (下转第十二版)

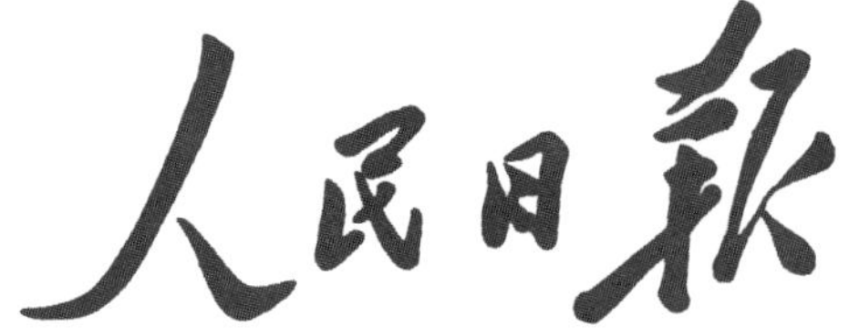

今日 16 版　国内统一连续出版物号 CN 11-0065　第 21417 期 (代号 1-1)

人民网　网址:http://www.people.com.cn　手机:http://wap.people.com.cn　人民日报社出版

2007 年 2 月 28 星期三 丁亥年正月十一

北京地区天气预报　白天 阴间多云 风向 偏南 风力 二、三级　夜间 阴 风向 偏南 风力 一、二级　温度 8℃/3℃

国务院关于2006年度国家科学技术奖励的决定

各省、自治区、直辖市人民政府,国务院各部委、各直属机构:

为深入贯彻党的十六届六中全会和全国科学技术大会精神,全面落实《国家中长期科学和技术发展规划纲要(2006—2020 年)》,大力实施科教兴国战略和人才强国战略,推进科学技术的自主创新,国务院决定,对为发展我国科技事业、促进经济社会发展、推进国防现代化建设做出突出贡献的科学技术人员和组织给予奖励。

根据《国家科学技术奖励条例》的规定,经国家科学技术奖励评审委员会评审、国家科学技术奖励委员会审定和科技部审核,经国务院批准并报请国家主席胡锦涛签署,授予李振声院士 2006 年度国家最高科学技术奖;经国务院批准,授予"介电体超晶格材料的设计、制备、性能和应用"和"金属配合物中多重键的反应性研究"2 项成果国家自然科学奖一等奖,授予"结构拓扑优化中奇异最优解的研究"等 27 项成果国家自然科学奖二等奖,授予"超精密特种形状测量技术与装置"1 项成果国家技术发明奖一等奖,授予"地面机械脱附减阻仿生技术"等 55 项成果国家技术发明奖二等奖,授予"歼十飞机工程"1 项成果国家科学技术进步奖特等奖,授予"先进机载合成孔径雷达关键技术与装备的开发及应用"等 20 项成果国家科学技术进步奖一等奖,授予"马铃薯综合加工技术与成套装备研究开发"等 220 项成果国家科学技术进步奖二等奖,授予英国化学工程学专家马丁·阿特肯斯和瑞典生物医学专家英格玛·恩博瑞中华人民共和国国际科学技术合作奖。

全国科学技术工作者要向李振声院士及全体获奖者学习,继续发扬团结协作、顽强拼搏、开拓创新的精神,大力推进原始创新、集成创新和引进消化吸收再创新,坚持走中国特色自主创新道路,努力实现自主创新能力的跨越式发展,为建设创新型国家和建设社会主义和谐社会做出更大的贡献。

(新华社北京 2 月 27 日电)

中共中央国务院隆重举行国家科学技术奖励大会

胡锦涛出席大会并为获奖代表颁奖

温家宝讲话　曾庆红出席　李长春主持

2 月 27 日,2006 年度国家科学技术奖励大会在北京人民大会堂隆重举行。中共中央总书记、国家主席、中央军委主席胡锦涛向获得 2006 年度国家最高科学技术奖的中国科学院院士、中国科学院遗传发育所研究员李振声颁发奖励证书。　新华社记者　鞠　鹏摄

2 月 27 日,2006 年度国家科学技术奖励大会在北京人民大会堂隆重举行。党和国家领导人胡锦涛、温家宝、曾庆红、李长春等出席大会并为获奖代表颁发奖励证书。会前,胡锦涛等党和国家领导人会见获奖代表并合影。

新华社记者　李学仁摄

本报北京 2 月 27 日讯　中共中央、国务院 27 日上午在北京隆重举行国家科学技术奖励大会。党和国家领导人胡锦涛、温家宝、曾庆红、李长春出席大会并为获奖代表颁奖。温家宝代表党中央、国务院在大会上讲话。李长春主持大会。

人民大会堂大礼堂里灯火璀璨,鲜花如簇,气氛隆重而热烈。上午 10 时整,大会在雄壮的国歌声中开始。中共中央总书记、国家主席、中央军委主席胡锦涛首先向获得 2006 年度国家最高科学技术奖的中国科学院院士、中国科学院遗传发育所研究员李振声颁发奖励证书,并同他热情握手,表示祝贺。在热烈的掌声中,胡锦涛等党和国家领导人向获得国家科学技术进步奖特等奖的"歼十飞机工程"项目代表和获得国家自然科学奖、国家技术发明奖以及其他国家科学技术进步奖的代表颁奖。

中共中央政治局常委、国务院总理温家宝在讲话中代表党中央、国务院向 2006 年度获奖的科技工作者表示衷心的祝贺,向全国广大科技工作者表示诚挚的问候和崇高的敬意。

温家宝说,当前,我国正处在发展的关键时期。社会主义现代化建设根本要靠科学技术。科学技术上的重大突破可以使社会生产力产生革命性的飞跃。科技发展归根到底靠人才。谁在人才上占有优势,谁就能在科技上占领制高点。发展科技事业,建设创新型国家,必须造就大批杰出人才。

温家宝强调,实施国家中长期科学和技术发展规划,推进现代化建设,必须充分发挥科技工作者的作用,让他们在科技创新中大显身手。要通过落实科技重点任务和重大项目,培养和锻炼杰出人才,鼓励科学家各展所长,在众多科技领域广泛探索,多出成果。要发扬科学民主,提倡百家争鸣,营造解放思想、开放包容的学术环境,倡导追求真理、百折不挠的科学精神,鼓励科学家独立思考,大胆创新,特别要让年轻人勇于实践、敢于超越。

温家宝指出,科学家最宝贵的品格是坚定的信念、执著的追求和踏实的作风。要在科技界倡导淡泊名利、甘于寂寞、埋头苦干、无私奉献的精神。要在全社会形成崇尚科学、尊重科学、支持科技工作的氛围,为科学家创造良好的工作环境。培养杰出人才必须重视教育,要重视对中小学生科学素质的培养,培养他们的创新思维、保护他们的创造精神,使他们从小树立热爱科学、献身科学的远大志向。

温家宝最后说,在以胡锦涛同志为总书记的党中央领导下,高举邓小平理论和"三个代表"重要思想伟大旗帜,坚持科学发展观,认真实施科教兴国战略,培养和造就大批杰出的科技人才,我国的科学技术事业一定会取得更大的发展(**全文另发**)。

中共中央政治局常委李长春在主持大会时强调,党中央、国务院隆重奖励在我国科技事业发展中作出杰出贡献的科技工作者,充分体现了中央对科技事业的高度重视和对广大科技工作者的亲切关怀。希望同志们认真贯彻落实全国科技大会精神,继续发扬心系祖国、自觉奉献的爱国精神,求真务实、勇于创新的科学精神,不畏艰险、勇攀高峰的探索精神,团结协作、淡泊名利的团队精神,在建设创新型国家的伟大实践中,争做自主创新的先锋、拼搏奉献的楷模,努力创造出无愧于时代、无愧于人民的光辉业绩。

国务委员陈至立在会上宣读了《国务院关于 2006 年度国家科学技术奖励的决定》(**全文另发**)。

李振声在代表全体获奖人员发言时表示,当前,我国经济社会持续快速发展,科学技术事业面临着前所未有的发展机遇。我们要以世界的眼光看科技,以国家的需求促科技,大力推进科技进步,着力提高自主创新能力,为建设创新型国家,实现我国科学和技术发展的宏伟蓝图而不懈奋斗。

会前,胡锦涛等党和国家领导人会见了 2006 年度国家科学技术奖励获奖代表。

出席奖励大会并参加会见的领导人还有:回良玉、刘淇、刘云山、吴仪、贺国强、郭伯雄、曹刚川、曾培炎、王刚、徐才厚、盛华仁、路甬祥、韩启德、华建敏、李贵鲜、徐匡迪、张梅颖。

中央军委委员梁光烈、李继耐、廖锡龙、陈炳德,中央和国家机关和军队有关方面负责人,国家科技教育领导小组成员,国家科学技术奖励委员会成员等也出席了大会并参加了会见。首都科技界代表约 3000 人参加了大会。

会上,颁布了 2006 年度国家科学技术奖励获奖人选和项目。2006 年度国家自然科学奖授奖项目 29 项,其中一等奖 2 项,二等奖 27 项;国家技术发明奖授奖项目 56 项,其中一等奖 1 项,二等奖 55 项;国家科学技术进步奖授奖项目 241 项,其中特等奖 1 项,一等奖 20 项,二等奖 220 项;授予 2 名外籍科学家中华人民共和国国际科学技术合作奖。

胡锦涛同斯里兰卡总统会谈

就进一步发展中斯全面合作伙伴关系和共同关心的问题深入交换意见达成广泛共识

2 月 27 日,国家主席胡锦涛在北京人民大会堂为斯里兰卡总统拉贾帕克萨访华举行欢迎仪式。　新华社记者　饶爱民摄

本报北京 2 月 27 日讯　记者**杨讴**报道:国家主席胡锦涛 27 日下午在人民大会堂同斯里兰卡总统拉贾帕克萨举行会谈。双方就进一步发展中斯全面合作伙伴关系和共同关心的国际及地区问题深入交换了意见,并达成广泛共识。

胡锦涛热烈欢迎拉贾帕克萨总统就任后首次访华,感谢拉贾帕克萨总统向中方寺庙赠送一尊佛像,向中国人民赠送一头小象,向中国慈善机构赠送眼角膜。胡锦涛说,中斯建交半个世纪以来,两国关系历经国际风云变幻和时间的考验一直健康顺利发展,两国人民的了解和友谊与日俱增。近年来,两国高层交往频繁,双边贸易额连年递增,其他领域合作不断扩大。双方在国际和地区事务中相互理解和支持。实践证明,中斯是亲密友好的近邻、值得信赖的朋友、真诚合作的伙伴。中斯友谊堪称大小国家平等相待、友好相处、互利合作的典范。

拉贾帕克萨说,斯中友好历史悠久,文化、宗教、贸易等领域的交往源远流长。建交 50 年来,在两国领导人的亲自关心和两国人民的共同努力下,斯中关系取得长足发展,各领域合作成果显著,在联合国等国际和地区组织中保持了密切沟通。斯方感谢长期以来中方为斯经济社会发展提供的宝贵支持,视中方为真诚的朋友和伙伴。

胡锦涛表示,今年是中斯建交 50 周年暨"中斯友好年",又适逢拉贾帕克萨总统访华,中方愿与斯方一道,以此为新起点,从以下四个方面把中斯真诚互助、世代友好的全面合作伙伴关系推上更高的水平:(一)密切两国政治关系。保持两国高层交往势头。加强两国政府部门、立法机构、政党和地方的互访和交流。相互尊重和照顾彼此重要关切。中方赞赏和感谢斯里兰卡坚持一个中国政策,将一如既往地支持斯里兰卡政府为维护国家主权、民族团结和领土完整所作的努力。

(二)扩大中斯互利合作。双方要密切配合,共同落实并完成好已商定的大型合作项目和中方援建项目,积极开展在基础设施建设领域的合作,不断挖掘合作潜力,广辟合作途径,扩大合作规模,推动两国经贸等领域的互利合作持续深入发展。

(三)拓展人文领域交流。中斯地缘相邻、文化相通,人文交流意义深远、大有可为。双方可通过多种方式,深化两国在文化、教育、旅游、卫生等领域的交流与合作。共同办好建交 50 周年暨"中斯友好年"庆祝活动,进一步增进两国人民的了解和友谊。

(四)加强多边事务合作。中斯都是发展中国家,在国际和地区事务中有广泛的共同利益。中方祝贺斯里兰卡年内将正式加入东盟地区论坛,愿与斯方加强在联合国、南盟、东盟地区论坛等多边组织中的协调与配合。

拉贾帕克萨赞同胡锦涛的建议。他说,斯方赞赏中方支持斯政府维护国家独立、主权和领土完整的立场,将继续坚定奉行一个中国政策。中国正致力于构建和谐社会,斯方愿学习借鉴中国的成功发展经验。希望两国以建交 50 周年暨"斯中友好年"为契机,全面加强在经贸、文化、基础设施建设、能源开发、旅游、反恐和国际事务等领域的合作,推动两国全面合作伙伴关系不断向前发展。

会谈后,两国元首出席了中斯两国政府经济技术合作协定等合作文件的签字仪式。

会谈前,胡锦涛主席在人民大会堂北大厅为拉贾帕克萨总统访华举行欢迎仪式。国务院副总理吴仪、全国人大常委会副委员长顾秀莲、全国政协副主席张思卿、民建中央副主席刘珩、外交部部长李肇星、财政部部长金人庆、建设部部长汪光焘、商务部部长薄熙来、中国驻斯里兰卡大使叶大波等出席欢迎仪式。

在国家科学技术奖励大会上的讲话

(二〇〇七年二月二十七日)

温家宝

今天,我们在这里隆重召开国家科学技术奖励大会,表彰为我国科技事业和现代化建设做出突出贡献的科技工作者。我代表党中央、国务院,向 2006 年度获奖的科技工作者表示衷心的祝贺!向全国广大科技工作者表示诚挚的问候和崇高的敬意!

当前,我国正处在发展的关键时期。社会主义现代化建设根本要靠科学技术。科学技术上的重大突破可以使社会生产力产生革命性的飞跃。科技发展归根到底靠人才。谁在人才上占有优势,谁就能在科技上占领制高点。发展科技事业,建设创新型国家,必须造就大批杰出人才。

让科技工作者在科技创新上大显身手。实施国家中长期科学和技术发展规划,推进现代化建设,必须充分发挥科技工作者的作用。要通过落实科技重点任务和重大项目,培养和锻炼杰出人才。同时,还要鼓励科学家各展所长,在众多科技领域广泛探索,多出成果。

在科学研究中提倡百家争鸣。要发扬科学民主,营造解放思想、开放包容的学术环境,倡导追求真理、百折不挠的科学精神。鼓励科学家独立思考,大胆创新,特别要让年轻人勇于实践、敢于超越。打破论资排辈,使杰出人才脱颖而出。

弘扬为科学事业无私奉献的精神。科学是老老实实的学问,来不得半点虚伪和骄傲,需要的是诚实和谦逊的态度。(下转第二版)

人民日报
RENMIN RIBAO
人民网 网址：http://www.people.com.cn
手机：http://wap.people.com.cn
2012年7月
25
星期三
壬辰年六月初七
人民日报社出版
国内统一连续出版物号
CN 11-0065
第23391期(代号1-1)
今日24版

胡锦涛会见美国客人

7月24日，国家主席胡锦涛在北京人民大会堂会见美国总统国家安全事务助理多尼隆。 新华社记者 李 涛摄

本报北京7月24日电 （记者**赵成**）国家主席胡锦涛24日下午在人民大会堂会见了美国总统国家安全事务助理多尼隆。

胡锦涛说，近年来，在双方共同努力下，中美关系总体保持了稳定发展的良好势头。我同奥巴马总统就建设相互尊重、互利共赢的中美合作伙伴关系和探索构建中美新型大国关系达成重要共识。中方愿与美方一道努力，进一步落实好双方达成的有关共识，加强对话，保持沟通，增进互信，扩大合作，尊重和照顾彼此重大利益关切，稳慎妥善处理有关敏感问题，推动中美关系健康稳定向前发展。

多尼隆表示，美中关系是当今世界最重要的双边关系之一。美方愿同中方一道，落实两国元首达成的重要共识，深化在双边各领域以及全球和地区事务中的合作，坚定致力于发展美中合作伙伴关系，共同探索构建美中新型大国关系。

国务委员戴秉国、外交部部长杨洁篪、中国驻美国大使张业遂等参加了会见。

奋进十年 中国品格

——十六大以来中国改革发展历程述评之六

本报记者 杜飞进 温红彦 陈 原 张 贺

伟大的国家自有伟大的品格，伟大的品格源自伟大的实践。

伟大的品格，是国家发展、民族振兴的内生动力，需要在长期奋进中积淀而成。富强与文明，是中华民族近代以来为之不懈奋斗的重要目标。改革开放的伟大实践不仅使国家走向富强，也使社会文明迈向新高。在追求物质文明的道路上，当代中国人从未忘记品格的锻造、道德的提升，崇德向善、知礼守义、开放包容……文明之风华夏劲吹，道德之花神州盛开。

从30多年前封闭已久的国门缓缓打开，世界风扑面而来的那一刻起，我们党就把思想道德建设作为攸关现代化命运的战略任务，从"两手抓，两手都要硬"，到"以德治国"，再到树立"社会主义荣辱观"，前20多年坚持不懈、奠定基础，后10年接力奋进、成就卓然。可以说，党的十六大以来的这十年，是英雄模范层出不穷的十年，是文明素养显著提升的十年，是不畏艰险百折不挠的十年。

——十年来，我国精神文明建设，一步一个脚印，楷模辈出、群星璀璨，仅这十年间就涌现了成千上万的道德模范。文明素养的提高、高尚品格的塑造、文化胸襟的展示，激励国人、打动世界。

——十年来，我们坚持以人为本、大力加强社会主义核心价值体系建设，在科学发展的道路上思想不迷航，行事有依托，追求有方向，社会扬起爱国奉献、诚实守信、团结协作、开拓创新的风帆。

——十年来，改革发展的精神大厦越垒越高，当代中国的精神品格日益彰显，传统伦理道德赋予新内涵，成为中国人心目中的"最美"追求。

尽管面临风险和挑战，但30多年改革开放所奠定的雄厚物质基础、所凝聚的广泛社会共识、所形成的强大精神力量，使中华民族在面对社会转型期的道德阵痛时，赢得了道德尊严。

泱泱我中华，巍巍礼仪邦。改革开放特别是十六大以来的伟大实践，已经并将反复证明：我们不仅能够建设一个繁荣昌盛的经济强国，而且能够建设一个和谐奋进的文明大国。

"最美"之花，遍地盛开

——中国绝不是一个冷漠自私的国度，中华民族历来是一个崇德尚义的民族。在我们的血液中，有五千年礼仪之邦的基因；在我们的心底里，有新时代公民的社会责任；在我们的灵魂里，有不可动摇的道德原则

6月的中国，张丽莉、吴斌、高铁成、彭伟平、周玉兰、张文华，他们的事迹如同一曲曲颂歌，在亿万人的耳畔回荡；7月的中国，周江疆、邓锦杰，一个个响亮的名字传遍大江南北。（下转第十二版）

习近平在省部级主要领导干部专题研讨班结业式上强调

深入学习领会胡锦涛同志重要讲话精神 把思想行动更好统一到中央重大决策上来

李克强贺国强出席

新华社北京7月24日电 中共中央政治局常委、中央书记处书记、国家副主席习近平24日下午在省部级主要领导干部专题研讨班结业式上作总结讲话。他强调，胡锦涛同志在研讨班开班式上的重要讲话，从坚持和发展中国特色社会主义的政治高度和宽广视野，精辟分析了我国面临的新形势新任务，科学阐述了事关党和国家全局的若干重大问题，深刻回答了党和国家未来发展的一系列理论和实践问题，对于团结动员全党全国各族人民解放思想、实事求是、与时俱进、开拓创新，满怀信心地为全面建成小康社会而奋斗具有十分重要的意义。各级党组织和广大党员、干部要深入学习领会胡锦涛同志重要讲话精神，把思想和行动更好地统一到中央重大决策上来，踏踏实实地做好当前改革发展稳定各项工作，以优异成绩迎接党的十八大胜利召开。

中共中央政治局常委李克强、贺国强出席会议。

这次省部级主要领导干部专题研讨班于7月23日至24日在北京举办。研讨班学员认真学习胡锦涛同志重要讲话，联系实际进行深入思考和研讨，大家交流了体会，开阔了视野，统一了认识。

习近平对研讨班取得的成果给予充分肯定，对深入学习领会胡锦涛同志重要讲话提出明确要求。他指出，改革开放30多年来社会主义在中国开创的辉煌局面和取得的巨大成就充分证明，中国特色社会主义是深深植根于中国大地、符合中国国情、具有强大生命力的社会主义。在当代中国，只有中国特色社会主义能够发展中国、造福人民、振兴中华。（下转第二版）

周永康会见朝鲜客人

新华社北京7月24日电 （记者**郝亚琳**）中共中央政治局常委、中央政法委书记周永康24日在人民大会堂会见了来华访问的朝鲜劳动党中央政治局委员、国防委员会委员、人民保安部部长李明洙。

周永康表示，中朝传统友谊是两党两国老一辈革命家亲手缔造和培育的，凝聚着双方几代领导人的心血，是两党两国的宝贵财富。2010年10月我应邀访问朝鲜期间，出席了朝鲜劳动党建党65周年庆祝活动，同金正日同志和金正恩同志亲切会面，留下了深刻美好印象。金正日同志是朝鲜党和国家的伟大领导者，是中国人民的亲密朋友，我们永远怀念他。我们衷心祝愿，在金正恩同志和朝鲜劳动党的领导下，朝鲜保持安定团结局面，实现经济社会发展，在建设强盛国家的征程中取得新成就。不断巩固和发展中朝友好合作关系是中国党和政府坚定不移的方针。我们愿同朝鲜同志一道，落实好两党两国领导人的共识，把中朝传统友好合作关系巩固好、建设好、发展好，为维护地区和平稳定、促进共同发展作出积极贡献。请转达胡锦涛总书记和我本人对金正恩第一书记的亲切问候。

周永康说，中朝执法安全合作是两国关系的重要组成部分。希望两国执法部门始终坚持服务于中朝传统友好关系的原则，加强沟通，深化合作，共同打击跨国犯罪，为维护各自国家和中朝边境地区的安全稳定作出新贡献。

李明洙说，我谨转达朝鲜劳动党第一书记、国防委员会第一委员长、敬爱的金正恩同志对胡锦涛总书记等中国领导人的亲切问候。李明洙表示，朝中友谊是鲜血凝成的，加强两党两国和两国人民之间的友谊具有重要意义。中国人民在建设中国特色社会主义事业中取得了很大成就，综合国力和国际地位日益提升，我们当作自己的成就一样感到高兴。朝方愿同中国同志一道，为进一步加强朝中两党两国和人保、公安两部之间的友好关系做出努力。

国务委员、公安部部长孟建柱参加了会见。

经历了坎坷铸造了辉煌，厚重传统散发时代气息——

80岁三联与时代同行

本报记者 张 健

三联书店发端于1932年7月创办于上海的生活书店。生活书店后来与读书出版社（创办于1936年）、新知书店（创办于1935年）合并，成立了生活·读书·新知三联书店。今年7月，三联书店将迎来她的八十华诞。

80年来，三联书店薪火相传，不断发展壮大，早已成为中国著名的出版社之一。然而，人们一谈到三联书店，对其了解往往局限于这是一家以出版学术、文化图书为主的出版社，是知识分子的精神家园，却很少知道，三联书店从成立之初就与共产党的领导、与传播马克思主义、与宣扬进步思想观念有着密不可分的联系。正是在共产党的领导下，在追求真理、开启民智的出版实践中，三联书店才不断发展壮大，一步一步走到今天。

与生俱来的"红色"印记

1927年，22岁的郭大力搬到了杭州大佛寺暂住，在那里他巧遇大学刚毕业的王亚南。两人一见如故，在青灯古佛旁，开始合作翻译马克思的《资本论》。但等他们译完之后，却发现没有哪个出版社敢于出版这部译作。就在他们走投无路之时，刚刚成立的读书生活出版社（即读书出版社）毅然出版了他们翻译的《资本论》，这在当时严峻、险恶的政治形势之下，是需要很大的勇气的。

事实上，在马克思的《资本论》之外，生活书店、新知书店、读书出版社还出版了很多进步图书，比如恩格斯的《反杜林论》，列宁的《社会主义与战争》、《帝国主义论》，普列汉诺夫的《马克思主义的基本问题》，（下转第十二版）

抑制投机投资 巩固调控成果

国务院专项督查房地产市场调控

新华社北京7月24日电 党中央、国务院高度重视房地产市场平稳健康发展。针对近期房地产市场出现的新情况、新问题，为进一步推动房地产市场调控政策措施落实，坚决抑制投机投资性需求，巩固房地产市场调控成果，国务院决定从7月下旬开始，派出8个督查组，对16个省（市）贯彻落实国务院房地产市场调控政策措施情况开展专项督查。

此次督查的重点是检查住房限购措施执行情况，差别化住房信贷政策执行情况，住房用地供应和管理情况，税收政策执行和征管情况。国务院督查组将深入有关部门和机构核查政策落实情况，实地查看商品住房项目，听取基层群众意见和建议。对落实房地产市场调控政策措施有偏差、不到位的，国务院督查组将督促进行整改。

此次督查的地区是：北京市、天津市、河北省、辽宁省、吉林省、上海市、江苏省、浙江省、福建省、山东省、河南省、湖北省、湖南省、广东省、重庆市、四川省。对其他地区落实情况，国务院有关部门也将通过各种方式进行督促检查。

三沙市成立大会暨揭牌仪式举行

本报三沙永兴岛7月24日电 （记者**马跃峰**）今天上午，海南省三沙市成立大会暨揭牌仪式在西沙永兴岛举行。三沙市正式成为我国第285个地级市，也是我国领土最南端、陆地面积最小、管辖总面积最大、人口最少的地级市。

揭牌仪式上，民政部副部长孙绍骋宣读国务院关于同意海南省设立地级三沙市的批复。广州军区有关负责人宣读中央军委关于同意组建"中国人民解放军海南省三沙警备区"的批复。此后，有关参会领导分别为中共三沙市委、三沙市人大常委会、三沙市人民政府、三沙警备区揭牌。

海南省委书记罗保铭说，党中央、国务院审时度势，果断决策，设立三沙市。海南省委、省政府坚决贯彻中央的方针政策和部署要求，今天为三沙市成立挂牌，为三沙警备区成立挂牌，就是要依法履行对西沙群岛、中沙群岛、南沙群岛的岛礁及其海域行政管理和开发保护的神圣职责，努力把三沙市建设成为维护南海主权和南海资源开发服务的重要基地。

11时10分，三沙市新地名碑的揭牌仪式在美丽的西沙海岸举行。随后，三沙市人民检察院、三沙市中级人民法院同时揭牌。（相关报道见第四版）

三峡迎战建库最大洪峰

削峰四成 从容应考

（相关报道见第二版）

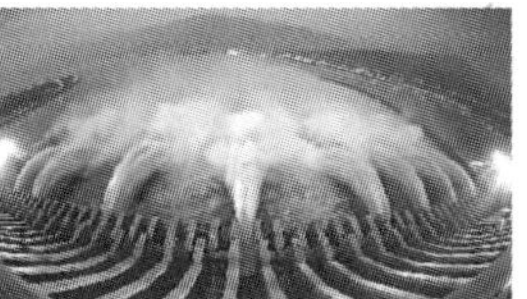

七月二十四日，三峡水利枢纽开启泄洪深孔泄洪。 新华社记者 肖艺九摄

RENMIN RIBAO

人民网 网址：http://www.people.com.cn
手机：http://wap.people.com.cn

2012年7月
6
星期五
壬辰年五月十八
人民日报社出版
国内统一连续出版物号
CN 11-0065
第23372期（代号1-1）
今日24版

胡锦涛同古巴国务委员会主席兼部长会议主席劳尔·卡斯特罗举行会谈

7月5日，国家主席胡锦涛在北京人民大会堂北大厅举行仪式，欢迎来华进行国事访问的古巴共和国国务委员会主席兼部长会议主席劳尔·卡斯特罗。 新华社记者 丁 林摄

本报北京7月5日电 （记者**赵成**）国家主席胡锦涛5日下午在人民大会堂同古巴国务委员会主席兼部长会议主席劳尔·卡斯特罗举行会谈，双方就发展双边关系及共同关心的国际和地区问题深入交换意见，达成广泛共识。

胡锦涛说，古巴是第一个同新中国建交的拉美国家。半个多世纪以来，中古关系经受住时间和国际风云变幻的考验，不断向前发展。当前，中古两国都处在重要发展阶段，面临相似的发展任务，进一步巩固和发展中古关系，有利于共同发展，也有利于促进中拉友好合作。

胡锦涛表示，中方愿同古方共同努力，推动中古关系迈上新台阶：一、两国高层和各层次保持密切交往，充分发挥党际和政府间各对话机制作用，加强治党治国经验交流。二、扩大经贸合作，促进共同发展。双方要创新合作方式，优化贸易结构，加强经贸、能源、基础设施建设、农业、生物技术等领域合作，鼓励双向投资。三、拓展文化、教育、新闻、媒体等领域交流合作，加强两国人民特别是青年友好交往，为中古友好事业培养更多人才。四、加强在联合国改革、气候变化、可持续发展等重大问题上的协调配合，共同推动建设持久和平、共同繁荣的和谐世界。

胡锦涛赞扬古巴在社会主义建设事业中取得的成就，表示中方始终支持古巴维护国家主权，探索具有本国特色的社会主义道路。

劳尔·卡斯特罗表示，古中两党、两国关系历久弥坚，彼此友谊日益加深，互利合作不断加强，古巴人民对此感到自豪。古方完全赞同中方对发展古中关系的主张。当前，古巴党和政府正在贯彻古巴共产党第六次全国代表大会精神，加强党的建设，稳步推进改革进程，探索走符合自身国情的发展道路，促进经济社会全面协调发展。古方重视中国发展的成功经验，愿同中方保持密切交往，加强治国理政方面的交流借鉴，扩大经贸、投资、可再生能源等领域合作，使古中关系取得更丰硕成果。

会谈后，两国领导人出席了中古政府经济技术合作协定等合作文件的签字仪式。

会谈前，胡锦涛在人民大会堂北大厅为劳尔·卡斯特罗访华举行欢迎仪式。全国人大常委会副委员长韩启德、国务委员戴秉国、全国政协副主席李兆焯、民革中央副主席谢克昌、外交部部长杨洁篪、中联部部长王家瑞、国家发展和改革委员会主任张平、商务部部长陈德铭、中国驻古巴大使张拓等出席了欢迎仪式。

自主创新迈大步

本报记者 赵永新

○神九飞天，首次载人交会对接圆满成功，展示“中国精度”
○蛟龙入海，载人下潜成功突破7000米，刷新“中国深度”
○大桥飞架，穿山越海，不断书写世界纪录，彰显“中国跨度”

一系列令国人自豪、让世界瞩目的自主创新成就，是我国创新型国家建设取得的标志性成果。

2006年1月9日，党中央、国务院在北京召开全国科技大会，部署落实《国家中长期科学和技术发展规划纲要（2006—2020）》，吹响了建设创新型国家的号角，迎来了新中国科技大发展的又一个春天。

潮平两岸阔，月涌大江流。在党中央、国务院的高度重视和正确领导下，有关部门和各级党委、政府把增强自主创新能力作为战略基点，数百万科技工作者奋勇拼搏、勇攀高峰，谱写了增强自主创新能力、科技创新驱动发展的壮丽凯歌！

把科学技术摆在优先发展的战略地位，全力推进自主创新，科技实力大幅提升

“面对世界科技发展的大势，面对日趋激烈的国际竞争，我们只有把科学技术真正置于优先发展的战略地位，真抓实干，急起直追，才能把握先机，赢得发展的主动权。”在2006年全国科技大会开幕式上，胡锦涛同志高瞻远瞩，强调指出：本世纪头20年，是我国经济社会发展的重要战略机遇期，也是我国科技事业发展的重要战略机遇期。我们必须认清形势、坚定信心、抢抓机遇、奋起直追，围绕建设创新型国家的奋斗目标，进一步深化科技改革，大力推进科技进步和创新，大力提高自主创新能力，推动我国经济社会发展切实转入科学发展的轨道。

科技创新，投入为要。自2006年以来，中国全社会研发经费支出实现每年20%以上的增长，从2006年的3000亿元，增长到2011年的8610亿元，占国内生产总值的比例从1.42%提升到1.83%。

在全党全社会的共同努力下，创新型国家建设取得丰硕成果，科技实力大幅提升，自主创新能力显著增强——

基础研究和前沿技术研究取得重大突破，有些科研领域达到国际先进水平。2008年，中国科学技术大学教授潘建伟团队利用先进的冷原子量子存储技术，在世界上首次实现了具有存储和读出功能的纠缠交换，建立了由300米光纤连接的两个冷原子系统之间的量子纠缠； （下转第十六版）

科学发展 成就辉煌

吴邦国会见劳尔·卡斯特罗

本报北京7月5日电 （记者**赵成**）全国人大常委会委员长吴邦国5日在人民大会堂会见古巴国务委员会主席兼部长会议主席劳尔·卡斯特罗。

吴邦国说，中古两国建交52年来相互理解、相互支持，结下深厚友谊，已成为好朋友、好同志、好兄弟。近年来，在双方共同努力下，中古关系不断取得新进展，进入了全面发展的新阶段。中方感谢古方在台湾、涉藏、人权等问题上给予的坚定支持，并将一如既往地支持古巴人民为捍卫国家主权所作的努力，支持古巴根据自己的国情所选择的政治体制和发展道路，并将继续为古巴经济社会发展提供力所能及的援助。

吴邦国表示，中国和古巴都致力于建设具有本国特色的社会主义，在发展经济、保障和改善民生等方面积累了独特的经验。中国全国人大愿加强同古巴全国人大各层次、多领域的交流与合作，加强在民主法制、治国理政等方面的相互学习和借鉴，密切在多边议会机制中的沟通与配合，不断丰富中古关系的内涵。

劳尔表示，在两国历代领导人的共同努力下，古中关系一直稳步发展，现处于历史上最好时期。在国际和地区形势不断变化的背景下，古巴更加重视发展与中国的友好合作关系。古中两国都面临发展经济和改善人民生活的共同任务，古方高度重视加强与中国在经济社会发展方面的经验交流，希望能像中国一样积极稳妥推进各项新的经济社会调整措施，不断促进国家发展。

群众“点菜” 政府“主厨” 社会“添柴”

山西四个转变办好民生实事

本报太原7月5日电 （记者**刘亮明、冀业**）近年来，山西出台实施一系列推进民生工作的政策措施，民生工作呈现群众“点菜”、政府“主厨”、社会“添柴”的可喜局面，基本实现发展思路由一事一议向长效机制、项目实施由政府配餐向百姓点菜、推进方式由“单打一”向“组合拳”、资金投入由政府买单向多方融资“四大转变”，使全省“民生大餐”初步形成“四大体系”。山西省民生支出从2008年的650亿元增长到2011年的1183亿元，民生工作已进入宽领域、可持续、大发展时期。

从有学上到上好学，山西初步建立了均衡发展的教育体系。高等教育进一步加大基础建设投入，投资百亿元的高校新校区已开工建设；全省职业高中、中专、技工学校学生全部免学费；实施义务教育学校标准化建设工程，中小学校舍安全改造投入达170亿元，推进全省义务教育的均衡发展。

从看得起病到看好病，山西初步形成覆盖城乡的医疗服务体系。投资34亿元，新建和改扩建了一批县级医院、中心乡镇卫生院、城市社区卫生服务中心和村卫生室。特别是投资近20亿元建成的山西大医院，大大缓解了群众看病难问题。去年，在卫生部监测的41项医改工作考核指标中，山西有16项排全国第一或并列第一。

从关注点到保障面，山西社会保障服务体系迈上新台阶。制定扶持政策、设立创业基金、支持灵活就业和自主创业，全力稳定和扩大就业。近3年来，全省实现城镇新增就业142.2万人，高校毕业生就业率达89%。去年底全省城镇社会保险综合覆盖率达90%，企业退休人员基本养老金月人均达1676元；全省已投入1341亿元，开工建设城镇保障性住房127万套。

从保生存到求发展，山西为农服务和保障体系进一步完善。2009年以来，山西先后出台50项强农惠农政策，补贴种类全、范围广、力度大。山西投资110多亿元建成35项应急水源工程，有效提高了耕地综合生产能力；通过产业开发、公共服务等举措，促进区域发展和扶贫开发互促共进，去年全省57个贫困县农民人均纯收入3875元。

李克强会见新加坡副总理张志贤

本报北京7月5日电 （记者**吴乐珺**）国务院副总理李克强5日在中南海紫光阁会见新加坡副总理张志贤。

李克强说，中新建交以来，相互关系特别是务实合作发展快、程度深。双方始终把发展两国关系放在重要位置，坚持把双边合作与各自国家特点、优势和发展战略紧密结合，取得丰硕成果，实现了互利共赢。新加坡是中国在东盟国家中的第三大贸易伙伴，两国互为重要的投资来源国。中方愿同新方一道，不断增进政治互信，夯实民意基础，继续推进中新苏州工业园、天津生态城等的建设，在中国扩大内需、推动中西部地区发展的进程中构建更多合作支点，增进共同利益，实现政治安全合作与经贸合作全面发展。

李克强指出，中方支持东盟在东亚合作中的主导地位，愿同包括新加坡在内的地区国家一道共同努力，增进亚洲国家的团结，维护亚洲特别是东亚地区的和平稳定，促进各国在相互尊重、平等互利基础上的合作，为地区和世界的繁荣、稳定作出贡献。

张志贤表示新中发展各有优势、互为机遇，新方愿同中方进一步深化交流合作，相互学习借鉴彼此发展经验，推动两国关系再上新水平。

珍惜每一寸海洋

荣成传统渔业经济向现代海洋经济转变

本报记者 徐锦庚 卞民德

到山东荣成，最先听到的是这样一组数据：今年1至5月，全市水产品产量同比下降2个百分点，渔业总收入却同比增长6.7%，形成鲜明对比。

荣成拥有长达近500公里的海岸线，荣成人祖祖辈辈在风浪里寻活计，水产品产量和渔业经济总收入连续30年位居全国县（市、区）之首。

然而，再丰富的资源也有枯竭的时候。1999年，农业部提出捕捞计划产量不再增加，原则上停止新增从事国内捕捞生产的渔船。这些保护海洋渔业资源的举措，让荣成渔业遭遇成长烦恼。

“我们就是从那时候开始转型，定位在从种苗到养殖、加工、销售一体化发展，打出自己的品牌。”在好当家集团有限公司，董事长唐传勤同我们聊起了海参养殖。“传统的办法就是池塘养殖，我们已经实现在20米等水深线下的养殖技术突破，解决了关键性的采捕问题，预计到2015年能形成40个亿的产值。”

站在平静的天海湾畔，眼前是被一道道大坝分成的井字状海面。利用4米高的涨落潮差，水体自然交换产生丰富的微生物和藻类，为投放在这里的海珍品种苗提供着充足的养分。上层海蜇、中间鱼虾、底层海参，立体化的养殖模式令人惊叹。

距好当家集团有限公司数十里之遥的赤山集团，也在上演着一个个从海洋里“捞金”的故事。“转型不是放弃原有的优势，而是在做精做细上下功夫，比如一条鱿鱼，原来是捕捞了直接卖，现在我们能做出24种产品，今年的加工能力可以达到6万吨。”集团副董事长王善强满是自豪。

捕捞业从近海捕捞向远洋捕捞转变，养殖业从普通养殖向名优养殖转变，加工业从粗加工向精深加工转变，荣成市的渔业经济获得持续发展。截至2011年，荣成市海洋食品、保健品、药品加工企业达600多家，形成8大系列3000多个品种的海洋食品产业规模，成为全国最大的冷冻水产品、海藻食品、深海鱼油胶囊生产加工出口基地。

“与其他区域‘农’转‘工’相比，荣成经历了‘农’转‘渔’、‘渔’转‘工’两次转型。如今我们更珍惜资源、珍惜每一寸海洋，通过提高综合利用率来实现从传统渔业经济向现代海洋经济的转变，不断提高产品的附加值。”荣成市委书记侯世超如是说。

2009年以前，荣成的海产品基本上没有自己的品牌。泰祥集团董事长于建洋说，“当时做贴牌‘有钱赚’，但没想到我们仅仅是捡到了品牌商吃蛋糕掉下的渣渣。”

没有自主品牌，再大的生产规模也只能为别人做嫁衣。荣成市出台政策措施，引导助推企业培育自主品牌。如今，全市已拥有4件中国驰名商标和4个中国名牌产品。

侯世超告诉我们，品牌建设让荣成人尝到了甜头，从没有自主品牌到20%以上的海产品企业拥有自主品牌，仅鸿洋神海洋生物技术产业有限公司一家贡献的利税就从2009年的不足600万元达到2011年的3600万元。“海洋食品产业永远是朝阳产业，市场很大，前景很广阔，以现代渔业及食品生物技术产业引领的蓝色经济占荣成经济比重已达60%，预计到2015年将超过80%。”

行至成山头，便是著名的“天尽头”，但荣成人说，依托海洋实现科学发展的梦想，永远不会有尽头。

惠民之州花正红

——广东惠州推进民生幸福纪实

本报记者 王 楚 李 刚

仲夏时节，正值惠州荔枝成熟的季节，红殷殷的岭南佳果点缀在鲜花与绿树间；环绕西湖边，湖光山色，美不胜收。惠州老城静静地躺在时间的怀抱里，却显得那样宁静安详；洋溢在惠州人脸上的微笑，就如同打开了这座城市心灵的窗口。

“日啖荔枝三百颗，不辞长做岭南人”是大文豪苏轼在此留下的佳句，自此这座岭南名城有了“一自坡公谪南海，天下不敢小惠州”的评语。今天，人们更愿意用“惠民之州”来阐释这座城市的精髓与人文内涵，坚持“人本立市”，按照“民共建、民共富、民共享、民共乐、民共治”的理念，发展为了人民，依靠人民，成果由人民共享，谱写科学发展惠民之州新篇章。今年6月29日，广东省政府发布了“2011年广东群众幸福感测评调查结果”，惠州以无可争议的优势位居珠三角9市第一名。

“全民行动”共建文明惠州

惠州推进文明创建的“五个全民行动”正如火如荼。

全民学雷锋志愿服务、全民文明创建、全民阅读、全民道德修身……去年底惠州以全国地级市总分第一的成绩蝉联全国文明城市，惠州又走上新起点，今天他们以“五个全民行动”为纽带全面推进公民思想道德建设和群众性精神文明创建活动，让“文明”永驻惠州。

“惠民之州”的创建在惠州首先是“全民共建”，调查表明，惠州市民对创建全国文明城市支持率超过99%。“创文明城市、做文明市民”已经成为广大市民的自觉行动。 （下转第八版）

胡锦涛会见美国财政部长

八月一日，国家主席胡锦涛在北京人民大会堂会见美国总统特别代表、财政部长保尔森。 新华社记者 樊如钧摄

本报北京8月1日电 （记者**曹鹏程**）国家主席胡锦涛1日下午在人民大会堂会见了美国总统特别代表、财政部长保尔森。

胡锦涛说，中美关系的发展给两国人民带来了实际利益，对维护和促进世界的和平、稳定与发展发挥了重要影响。中方愿与美方一起，进一步加强战略互信和互利合作，妥善处理彼此关切的问题，不断拓展双方的共同利益，推动中美建设性合作关系取得新的进展。

胡锦涛指出，保持中美经贸关系健康稳定发展，不仅符合两国和两国人民的根本利益，也是世界经济健康稳定发展的需要。双方要充分发挥中美战略经济对话机制的引领带动作用，使其同中美之间其它磋商协调机制相辅相成、形成合力。要围绕互利互惠、合作共赢的主旋律，深化对话交流，共同探讨应对挑战、促进合作的新思路、新途径。要认真落实中美战略经济对话取得的成果，使两国人民切实从日益扩大的中美经贸合作中受益，把中美经贸合作提高到新的水平。

保尔森表示，美中战略经济对话机制是根据两国元首达成的共识建立的，双方应共同努力使之成功，这符合两国的共同利益。目前，对话正处于关键时期，我将同吴仪副总理一道努力，使对话机制成为两国缓解摩擦、克服分歧、解决问题、加强经贸关系的桥梁。美方期待同中方深化在能源、环保、产品安全、投资、金融等领域合作，实现互利共赢。

国务院副总理吴仪等会见时在座。

驻港驻澳部队举行酒会庆祝建军80周年

本报香港8月1日电 （记者**武少民、陈晓钟**）今晚，中国人民解放军驻港部队在香港中环军营举行盛大招待酒会，庆祝解放军建军80周年暨进驻香港10周年。

全国政协副主席董建华，香港特区行政长官曾荫权，中央政府驻港联络办公室主任高祀仁，外交部驻港特派员吕新华，驻港部队司令员王继堂、政委刘良凯以及部分特区政府官员和社会各界知名人士出席了酒会。

据新华社澳门8月1日电 （记者**刘卫国**）中国人民解放军驻澳门部队8月1日在驻军大厦举行招待酒会，庆祝人民解放军建军80周年。澳门各界200余人应邀出席。澳门特区行政长官何厚铧、中央政府驻澳联络办主任白志健、外交部驻澳特派员万永祥等嘉宾，在驻澳部队司令员刘联华、政委李文潮的陪同下出席酒会。

永远跟党走

——庆祝建军80周年暨全军英模代表大会侧记

本报记者 盛若蔚

80年前仆后继，承载光荣使命；80年风雨兼程，功勋彪炳史册。

听党指挥，服务人民，英勇善战！从南昌城头的烽火硝烟中一路走来，伟大的人民军队，今天迎来了自己的80华诞。

8月1日上午，庆祝中国人民解放军建军80周年暨全军英雄模范代表大会，在人民大会堂隆重举行。刚刚换装的陆、海、空及武警部队官兵，身着鲜亮的崭新礼服，迈着整齐的步伐昂首步入会场。

主席台上，旌旗似火，分外夺目。鲜艳的“八一”军徽高悬当中，“1927—2007”的标注，默默诉说着人民军队的光辉历史。

庆祝大会由国务院总理温家宝主持。上午10时，大会在雄壮的国歌声中拉开序幕。

“我们这支军队之所以能够取得如此巨大的成就，靠的是中国共产党的坚强领导，靠的是最广大人民群众的大力支持和无数革命先烈的流血牺牲……”作为在土地革命战争时期参加中国工农红军的一名老战士，原昆明军区司令员张铚秀代表军队老干部庄重发言，抬手敬礼，坚毅依然。

我国首位载人飞船航天员、解放军航天医学工程研究所副所长杨利伟，代表广大英模高声誓言：大力弘扬我军听党指挥、服务人民、英勇善战的优良传统，充分发挥模范、骨干和桥梁作用，为军队现代化建设作出更大贡献，为党和人民再立新功。

开天辟地第一回，人民有了子弟兵。在建军节的盛大节日里，不会忘记军民一家亲、军民鱼水情。北京市副市长赵凤桐深情表示，地方各级党委、政府和广大人民群众，一定不断拓展拥军优属的新内容，创新拥军优属的新形式，探索拥军优属的新路子，为国防和军队现代化建设提供有力的支持。

10时20分，胡锦涛总书记发表重要讲话。他指出，人民军队必须具有凝聚军心的神圣军魂。人民解放军铸就的军魂，就是坚持党的绝对领导。正是由于高度自觉听党指挥，人民解放军才始终保持了坚定正确的政治方向，始终保持了强大的凝聚力和战斗力，始终保持了蓬勃旺盛的生机活力。

“我们党创造了一整套中国特色建军治军的方针原则”；

“努力实现国防和军队现代化建设又好又快发展”；

“英雄模范精神越光大，我们的民族就越有力量”

……

一次次历史经验的总结，一个个前进道路的指针，胡锦涛总书记的铿锵话语，回荡在雄伟的人民大会堂内，激起了会场内经久不息的掌声。

这掌声代表军心，这掌声彰显民意。

透过电波，胡锦涛总书记的重要讲话传向了白山黑水，传向了南国海岛，传向了喀喇昆仑，传向了东海之滨……

“正是在中国共产党领导下，人民军队从无到有、从小到大、从弱到强，战胜一个个艰难险阻，跨过一道道沟沟坎坎，从一个胜利走向又一个胜利。人民军队永远跟党走！”77岁的抗战老八路王振平感慨万千。

“我们一定要像胡总书记强调的那样，以党的旗帜为旗帜、以党的意志为意志，坚决贯彻党领导人民军队的根本原则和制度，坚决完成党赋予的各项任务。”听完胡锦涛总书记的重要讲话，二炮总医院护士长、南丁格尔奖获得者李淑君激动不已。

“党和人民事业之所以能够不断从胜利走向胜利，社会主义中国之所以能够在国际风云剧烈变幻中始终站稳脚跟，一个重要原因，就是因为我们有人民解放军这样一支忠于党、忠于社会主义、忠于祖国、忠于人民的英雄军队。”北京市人大常委会机关党委干部陆新晴从小就梦想参军，对人民军队始终抱有一份朴素的感情。

近11时，伴随着雄浑的《中国人民解放军军歌》，庆祝大会胜利落下帷幕。当英勇的人民军队代表走出会场时，北京正艳阳高照。满怀喜悦的广大官兵，唱着“我们的队伍向太阳”，又踏上新的时代征程。

顾秀莲会见印尼总统夫人

据新华社北京8月1日电 （记者**林立平**）全国人大常委会副委员长、全国妇联主席顾秀莲1日上午在人民大会堂会见了来华出席联合国教科文组织亚太地区扫盲会议的印度尼西亚总统夫人阿妮·班邦·尤多约诺一行。

全国妇联副主席、书记处书记赵少华会见时在座。

顾秀莲会见格林纳达客人

新华社北京8月1日电 全国人大常委会副委员长、全国妇联主席顾秀莲1日下午在人民大会堂会见了格林纳达议员罗莎琳德·豪厄尔斯女士一行。

全国妇联副主席、书记处书记赵少华会见时在座。

罗豪才会见日本客人

新华社北京8月1日电 （记者**钱彤**）全国政协副主席罗豪才8月1日在人民大会堂会见了日本前首相羽田孜等日本政界、经济界、传媒界友好人士。

国务院侨办主任李海峰参加了会见。

羽田孜一行是应《中国新闻周刊》邀请，专程赴北京参加《中国新闻周刊》日文版创刊纪念活动的。

王家瑞会见越南客人

据新华社北京7月31日电 中联部部长王家瑞31日在北京会见了越共中央书记处书记、中央宣教部部长、中央理论委员会主席苏辉若。

（上接第一版）要坚持全民办国防的方针，广泛开展全民国防教育，完善国防动员体制，在全社会形成关心国防、热爱国防、建设国防、保卫国防的生动局面。各级党委和政府要关心支持军队建设，人民解放军要大力发扬拥政爱民的光荣传统，巩固和发展军爱民、民拥军的生动局面。

胡锦涛指出，伟大的事业铸就伟大的军队，伟大的军队培育伟大的战士。人民解放军千千万万的英雄模范，用英勇顽强、无私奉献的高尚品格和先进事迹谱写了人民军队为人民的浩然之歌。他们是民族的精英、时代的先锋，是人民解放军的骄傲和光荣。英雄模范精神越光大，我们的民族就越有力量。全军同志要率先学习英雄模范，努力为党和人民建立新的业绩，为“八一”军旗增添新的光彩。

胡锦涛最后指出，我国发展已经站在新的历史起点上。我们的事业崇高而神圣，我们的责任重大而光荣，我们的未来光明而美好。全党全国各族人民要更加紧密地团结在党中央周围，坚持以马克思列宁主义、毛泽东思想、邓小平理论和“三个代表”重要思想为指导，深入贯彻落实科学发展观，继续解放思想，坚持改革开放，推动科学发展，促进社会和谐，为建设强大的现代化正规化革命军队、为实现全面建设小康社会的宏伟目标、开创中国特色社会主义事业新局面，为实现中华民族的伟大复兴而继续努力奋斗。**（讲话全文另发）**

军队老干部代表、原昆明军区司令员张铚秀，英雄模范代表、解放军航天医学工程研究所副所长杨利伟，地方双拥代表、北京市副市长赵凤桐在会上分别发言。

大会在雄壮的《中国人民解放军军歌》声中闭幕。

大会开始前，胡锦涛等会见了全军英雄模范代表并同他们合影留念。

出席大会的还有：王兆国、回良玉、刘淇、刘云山、吴仪、周永康、贺国强、郭伯雄、曹刚川、曾培炎、王刚、李鹏、朱镕基、李瑞环、刘华清、尉健行、李岚清、徐才厚、何勇、李铁映、司马义·艾买提、何鲁丽、丁石孙、许嘉璐、蒋正华、顾秀莲、盛华仁、路甬祥、韩启德、华建敏、陈至立、尚扬、贾春旺、王忠禹、廖晖、刘延东、张思卿、白立忱、罗豪才、张克辉、郝建秀、陈奎元、徐匡迪、李兆焯、黄孟复、张怀西、李蒙、张梅颖、张榕明和郑天翔、杨白冰、丁关根、迟浩田、张万年、张震、邹家华、王光英、布赫、铁木尔·达瓦买提、周光召、韩杼滨、杨汝岱、任建新、孙孚凌、胡启立、赵南起，中央军委委员梁光烈、李继耐、廖锡龙、陈炳德、靖志远以及傅全有、于永波、王克、王瑞林。

中央党政军群各部门和北京市主要负责同志，各民主党派中央、全国工商联领导人和无党派人士代表，军队老干部代表，已故党和国家领导人以及元帅、大将遗孀，全军英雄模范代表，各国驻华使节和武官，以及首都各界代表共约6000人出席大会。

在庆祝中国人民解放军建军80周年暨全军英雄模范代表大会上的讲话

（上接第一版）人民解放军走出了一条符合我国实际的军队建设道路，创造了适应我国国情的人民战争战略战术，优化了军队体制编制，提高了后勤和装备综合保障能力，形成了反映现代军事发展规律、体现人民军队性质和优良传统的军事法规体系，培养造就了一大批高素质新型军事人才。所有这些，为人民解放军更好地履行职能使命提供了力量支持，为基本实现国防和军队现代化奠定了坚实基础。

在80年的顽强奋斗中，人民解放军培育和形成了优良革命传统。人民解放军的优良革命传统，集中起来就是听党指挥、服务人民、英勇善战。听党指挥，是党和人民对人民军队的最高政治要求，是人民解放军不可动摇的根本原则。人民军队必须具有凝聚军心的神圣军魂。人民解放军铸就的军魂，就是坚持党的绝对领导。正是由于高度自觉听党指挥，人民解放军才始终保持了坚定正确的政治方向，始终保持了强大的凝聚力和战斗力，始终保持了蓬勃旺盛的生机活力。服务人民，是人民军队一切奋斗发展的出发点和归宿，是人民解放军必须永远坚持的根本宗旨。人民军队必须具有牢不可破的依靠力量。从诞生之日起，人民解放军就始终坚持全心全意为人民服务的宗旨，完全彻底地为人民利益而奋斗，赢得了亿万人民的衷心爱戴和全力支持，形成了夺取胜利最深厚、最伟大的力量源泉。英勇善战，是人民军队的鲜明特征，是人民解放军履行职能使命的根本要求。人民军队必须具有克敌制胜的强大能力。在长期实践中，人民解放军大力发扬压倒一切敌人而不被任何敌人所压倒、征服一切困难而不被任何困难所征服的英雄气概和革命精神，既敢于胜利又善于胜利，生成和发挥了强大战斗力量，创造了一个又一个人类战争史上的奇迹。听党指挥、服务人民、英勇善战，体现了人民解放军的性质、宗旨、本色，凝聚着党和人民对军队的重托和期望，是我们总结人民解放军80年建军治军经验的基本结论。

总结历史，我们完全可以说，党和人民事业之所以能够不断从胜利走向胜利，社会主义中国之所以能够在国际风云剧烈变幻中始终站稳脚跟，一个重要原因，就是因为我们有人民解放军这样一支忠于党、忠于社会主义、忠于祖国、忠于人民的英雄军队。

同志们、朋友们！

80年来，我们党坚持把马克思主义军事理论同中国革命战争和人民军队建设实践结合起来，创造了一整套中国特色建军治军的方针原则，形成了毛泽东军事思想、邓小平新时期军队建设思想、江泽民国防和军队建设思想三大军事理论成果。毛泽东军事思想，指引我们党正确解决了在半殖民地半封建的旧中国进行新民主主义革命的历史条件下建设无产阶级新型人民军队，实行人民战争，走以农村包围城市、最后夺取全国胜利的道路，以及取得全国政权后建立现代国防的重大课题。邓小平新时期军队建设思想，指引我们党正确解决了在和平与发展成为时代主题、我国进行改革开放的历史条件下走中国特色精兵之路，建设强大的现代化正规化革命军队的重大课题。江泽民国防和军队建设思想，指引我们党正确解决了在世界新军事变革蓬勃进行、我国社会主义市场经济深入发展的历史条件下积极推进中国特色军事变革，保证人民军队打得赢、不变质的重大课题。80年来，人民军队建立的一切功勋，国防和军队建设取得的一切成就，都是同毛泽东同志、邓小平同志和江泽民同志的卓越领导才能和重大理论贡献紧紧联系在一起的。毛泽东军事思想、邓小平新时期军队建设思想、江泽民国防和军队建设思想，是马克思主义军事理论中国化的重大成果，是引领人民军队不断发展壮大的科学指南，是对马克思主义军事宝库的丰富和发展。

同志们、朋友们！

当今时代，国际形势处在复杂的变动之中，我国社会也处在深刻的变革之中。国际形势总体稳定，和平与发展仍然是时代主题，但世界并不太平。我国改革开放和社会主义现代化建设胜利推进，国家经济实力大幅提升，人民生活显著改善，全面建设小康社会取得重大进展，但改革发展和改善民生的任务依然艰巨繁重。我们面临的机遇前所未有，面对的挑战也前所未有。我们要坚持以邓小平理论和“三个代表”重要思想为指导，深入贯彻落实科学发展观，全面分析国际国内形势，增强忧患意识，做到居安思危，坚定不移地走中国特色社会主义道路，坚持以经济建设为中心，推动经济、政治、文化、社会、国防等各项事业全面发展，继续把中国特色社会主义伟大事业推向前进。

经济建设是国防建设的基本依托，国防实力是综合国力的重要体现。我们要深刻认识世界军事发展新趋势和我国发展新要求，遵循国防建设与经济建设协调发展的方针，在国家经济实力不断增强的基础上，逐步增加国防投入，不断提高国防和军队现代化水平，努力建设与国家安全和发展利益相适应的巩固国防和强大军队。这是人民解放军的历史责任，也是全国各族人民的共同事业。

我们必须坚持以毛泽东军事思想、邓小平新时期军队建设思想、江泽民国防和军队建设思想为指导，把科学发展观作为加强国防和军队建设的重要指导方针，在更高的起点上推进国防和军队现代化。新世纪新阶段，国防和军队现代化建设的发展，必须是融入国家现代化战略全局、与国家安全和发展利益相适应的发展，是注重全面建设、革命化现代化正规化相统一的发展，是坚持以人为本、推动军队建设与促进官兵全面发展相一致的发展，是走中国特色精兵之路、速度质量效益相协调的发展，一句话，必须努力实现国防和军队现代化建设又好又快发展。

人民军队的历史使命，历来同党的历史任务紧密相连，同国家安全和发展利益紧密相关。为党巩固执政地位提供重要力量保证，为维护国家发展的重要战略机遇期提供坚强安全保障，为维护国家利益提供有力战略支撑，为维护世界和平与促进共同发展发挥重要作用，是新世纪新阶段军队历史使命。切实履行好这一历史使命，是党的重托、人民的期望。人民解放军的全部工作，都要围绕有效履行这一历史使命来展开，各项建设都要围绕提高履行历史使命的能力来进行。全军同志要忠于使命、献身使命、不辱使命，把捍卫国家主权、安全、领土完整，保障国家发展利益和保护人民利益放在高于一切的位置，深入研究新形势下治军特点和规律，全面加强部队建设，抓紧做好军事斗争准备，确保能够有效应对危机、维护和平，遏制战争、打赢战争，努力创造无愧于时代的新业绩。

在前进道路上，我们必须始终把思想政治建设摆在军队各项建设的首位，作为军队的根本性和基础性建设抓紧抓好。高度重视并切实加强思想政治建设，是人民解放军80年建军治军的宝贵经验，是人民解放军的重要优势。在时代条件深刻变化、社会环境日益复杂、使命任务艰巨繁重的情况下，军队思想政治建设只能加强、不能削弱。加强军队思想政治建设，最根本的是要坚持党对军队的绝对领导、坚持全心全意为人民服务。这两条，决定着人民解放军的性质和方向，关系中国特色社会主义的兴衰成败，必须毫不动摇地坚持、始终不渝地贯彻。坚持党对军队的绝对领导，就要以党的旗帜为旗帜、以党的意志为意志，坚决贯彻党领导人民军队的根本原则和制度，坚决完成党赋予的各项任务。坚持全心全意为人民服务，就是要坚决维护人民利益，永远当人民子弟兵，永远做人民利益忠实捍卫者。要紧紧扭住铸牢军魂、恪守宗旨的根本要求，坚持不懈地用马克思主义中国化的最新成果武装全军，大力加强军队党的先进性建设和干部队伍建设，大力弘扬听党指挥、服务人民、英勇善战的优良传统，深入进行军队历史使命、理想信念、战斗精神和社会主义荣辱观教育，更好地把全军官兵的意志和力量凝聚到中国特色社会主义共同理想上来，确保军队建设的正确方向，确保军队有效履行历史使命。

在前进道路上，我们必须主动适应世界军事变革趋势，奋发有为地把中国特色军事变革推向前进。这是提高军队应对多种安全威胁、完成多样化军事任务的能力、有效履行历史使命的必然选择，是逐步缩小与国际先进军事技术水平的差距、实现军队现代化发展的必由之路。要继续实施科技强军战略，按照建设信息化军队、打赢信息化战争的要求，坚持以机械化为基础、以信息化为主导，走机械化信息化复合发展的道路。要把改革创新作为军队建设的根本动力，大力推进军事理论创新、军事技术创新、军事组织创新、军事管理创新。要加快武器装备现代化建设，加紧实施人才战略工程，把军队战斗力生成模式进一步转到依靠科技进步特别是以信息技术为主要标志的高新技术进步上来。要贯彻注重质量效益的要求，优化体系结构，坚持勤俭建军，提高整体效能。要坚持依法治军、从严治军，加强科学管理，不断提高军队正规化建设水平。要加强基层全面建设，打牢部队建设基础。要坚定地相信和依靠广大官兵，充分发挥他们的主动精神和创造活力，大力弘扬求真务实、艰苦奋斗的优良作风，以强烈的事业心和责任感推动中国特色军事变革不断迈出新的步伐。

在前进道路上，我们必须发扬光大依靠人民建设军队、建设国防的优良传统，进一步巩固同呼吸、共命运、心连心的军政军民关系。我们的军队是人民的军队，我们的国防是全民的国防。人民离不开军队，军队更离不开人民。军政一致，军民一致，军民鱼水情深、患难与共，是人民军队无往而不胜的重要保证，也是新的历史条件下推进国防和军队现代化建设的重要保证。要坚持全民办国防的方针，广泛开展全民国防教育，完善国防动员体制，加强国防后备力量建设，在全社会形成关心国防、热爱国防、建设国防、保卫国防的生动局面。要推进国防科技工业改革和发展，增强自主创新能力，加快国防科技和武器装备发展。要加强人民武装警察部队建设，更好地履行维护国家安全和社会稳定、保障人民安居乐业的职责使命。各级党委和政府要关心支持军队建设，积极配合军队搞好兵役制度改革、军人转业退伍安置制度改革、后勤保障社会化等工作，积极推进经济、科技、教育、人才等各个领域的军民融合，积极做好拥军优属等各项优抚工作。人民解放军要大力发扬拥政爱民的光荣传统，热爱人民群众，尊重地方政府，积极支持地方经济社会发展，继续在社会主义精神文明建设中走在前列，在构建社会主义和谐社会中贡献力量，以实际行动为民造福、为国兴利。要进一步巩固军政军民团结，巩固和发展军爱民、民拥军的生动局面。

同志们、朋友们！

伟大的事业铸就伟大的军队，伟大的军队培育伟大的战士。人民解放军是一个大学校、大熔炉，历来群星璀璨、英雄辈出。人民解放军千千万万的英雄模范，在烽火硝烟的战场上舍生忘死、浴血奋战，在各项工作中拼搏进取、争创一流，在弘扬新风正气中躬身实践、模范带头，用英勇顽强、无私奉献的高尚品格和先进事迹谱写了人民军队为人民的浩然之歌。他们是民族的精英、时代的先锋，是人民解放军的骄傲和光荣。

在座的英雄模范们，是人民解放军的优秀代表。党中央、国务院和中央军委决定召开这次全军英雄模范代表大会，号召全军同志和全国人民向你们学习，就是要把你们身上体现出来的高尚精神和优良品德进一步推向全军、推向全社会。希望同志们珍惜崇高荣誉，牢记历史使命，争取更大光荣。

建设中国特色社会主义伟大事业，需要广泛形成崇尚英雄模范、学习英雄模范的社会风尚。英雄模范精神越光大，我们的民族就越有力量。全军同志要率先学习英雄模范，努力为党和人民建立新的业绩，为“八一”军旗增添新的光彩。

同志们、朋友们！

我国发展已经站在新的历史起点上。我们的事业崇高而神圣，我们的责任重大而光荣，我们的未来光明而美好。我们党不久将召开第十七次全国代表大会。大会将对党和国家各项事业发展作出全面部署，也将对国防和军队现代化建设提出明确要求。全党全国各族人民要更加紧密地团结在党中央周围，坚持以马克思列宁主义、毛泽东思想、邓小平理论和“三个代表”重要思想为指导，深入贯彻落实科学发展观，继续解放思想，坚持改革开放，推动科学发展，促进社会和谐，为建设强大的现代化正规化革命军队，为实现全面建设小康社会的宏伟目标、开创中国特色社会主义事业新局面，为实现中华民族的伟大复兴而继续努力奋斗！

（新华社北京8月1日电）

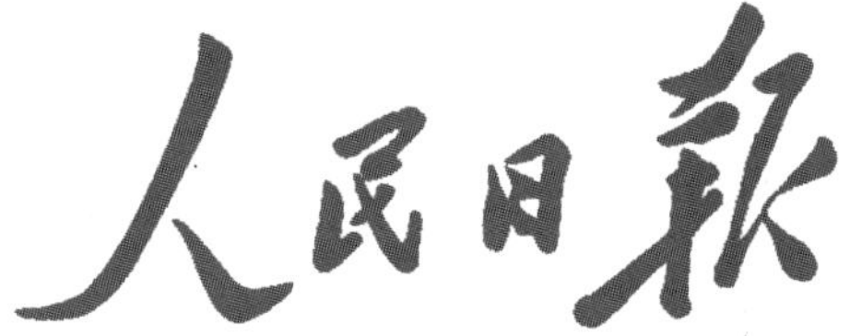

RENMIN RIBAO

今日16版（华东、华南地区20版）

人民网 网址：http://www.people.com.cn
手机：http://wap.people.com.cn

国内统一连续出版物号 CN 11-0065
第21053期（代号1-1）
人民日报社出版

2006年3月
1
星期三
丙戌年二月初二
北京地区天气预报
白天 晴间多云
降水概率 10%
风向 偏北
风力 三、四级
夜间 晴间多云
降水概率 10%
风向 偏北
风力 一、二级
温度 8℃/-4℃

中共中央台湾工作办公室国务院台湾事务办公室受权就陈水扁决定终止“国统会”运作和“国统纲领”适用发表声明

当前陈水扁通过“宪改”进行“台湾法理独立”活动的冒险性、危险性继续上升，一旦得逞，势必造成两岸关系高度紧张，严重威胁台海地区乃至亚太地区的和平与稳定。坚决反对和制止陈水扁通过“宪改”进行“台湾法理独立”活动，是当前我们最重要、最紧迫的任务

我们坚决反对“台独”，绝不允许“台独”分裂势力以任何名义、任何方式把台湾从祖国分割出去

新华社北京2月28日电 中共中央台湾工作办公室、国务院台湾事务办公室2月28日受权就陈水扁决定终止“国统会”运作和“国统纲领”适用发表声明。声明全文如下：

2月27日，陈水扁在两岸同胞的强烈反对和国际社会的一片谴责声中，强行决定终止“国统会”运作和“国统纲领”适用。他虽然未敢使用蓄谋已久的“废除”一词，而改用“终止”，但这不过是玩弄文字游戏，以此欺骗台湾民众和国际舆论。陈水扁“谋独”之心，路人皆知。他分明是企图借终止“国统会”和“国统纲领”，加速推进“台独”活动，却谎称“不涉及现状之改变”；分明是恶意挑衅台海和平，制造两岸关系紧张，却借口大陆威胁台湾；分明是自己推翻两岸商谈的既有基础，关闭了两岸协商大门，却侈谈“透过协商对话建立互信交流的有效机制”；分明是为一己之私，企图把极少数人的“台独”噩梦强加给2300万台湾人民，却说成是“尊重台湾人民自由意志的选择”。陈水扁的骗术早已被世人识破，他上演的这出闹剧，只能是搬起石头砸自己的脚。

必须指出，当前陈水扁通过“宪改”进行“台湾法理独立”活动的冒险性、危险性继续上升，一旦得逞，势必造成两岸关系高度紧张，严重威胁台海地区乃至亚太地区的和平与稳定。坚决反对和制止陈水扁通过“宪改”进行“台湾法理独立”活动，是当前我们最重要、最紧迫的任务。

我们与陈水扁为代表的“台独”分裂势力的斗争，是捍卫还是破坏台海和平的激烈较量，是发展还是毁灭两岸关系前途的激烈较量，是维护还是损害两岸同胞根本利益的激烈较量。陈水扁执意推行激进“台独”路线，在台湾内部和两岸之间全面挑起对抗冲突，只能进一步给台湾社会带来灾难。“台独”违背中国历史的主流和当代发展的趋势，违背13亿中华儿女的意志和愿望，是注定要失败的。

实现两岸和平统一，促进中华民族伟大复兴，是包括台湾同胞在内的海内外中华儿女的共同责任，是我们坚定不移的奋斗目标。台湾同胞是我们的骨肉兄弟，无论在什么情况下，我们都会设身处地地为台湾同胞着想，千方百计照顾和维护台湾同胞的正当权益。我们将进一步促进两岸人员往来和经济、文化交流，促进两岸直接“三通”的进程。我们将继续以最大诚意、尽最大努力，和广大台湾同胞一道，维护和促进两岸关系和平稳定发展，争取和平统一前景。但是，我们坚决反对“台独”，绝不允许“台独”分裂势力以任何名义、任何方式把台湾从祖国分割出去。

胡锦涛会见瑞士国防部长

在谈到台湾问题时，胡锦涛说，台湾当局不顾岛内外的强烈反对，一意孤行，决定终止“国统会”、“国统纲领”，这是对国际社会普遍坚持的一个中国原则和台海和平稳定的严重挑衅，是在走向“台独”的道路上迈出的危险一步。胡锦涛重申，反对“台独”分裂势力及其活动，维护台海和平稳定，是我们坚定不移的意志和决心。我们将继续努力争取和平统一的前景，但绝不允许把台湾从祖国分裂出去。任何逆历史潮流而动的人都逃脱不了失败的命运

新华社北京2月28日电 （记者廖雷、白洁、熊争艳）国家主席、中央军委主席胡锦涛28日下午在人民大会堂会见了瑞士国防部长施密德。

胡锦涛说，当前，中瑞关系总体发展良好。双方在经贸、文化、科技、军事等各个领域进行了富有成效的合作，在国际组织和国际事务中也保持着良好的沟通与协调。胡锦涛希望双方进一步加强交流，扩大共识，深化合作，为把新世纪的中瑞友好合作关系提高到新的水平而共同努力。

在谈到台湾问题时，胡锦涛说，台湾当局不顾岛内外的强烈反对，一意孤行，决定终止“国统会”、“国统纲领”，这是对国际社会普遍坚持的一个中国原则和台海和平稳定的严重挑衅，是在走向“台独”的道路上迈出的危险一步。胡锦涛重申，反对“台独”分裂势力及其活动，维护台海和平稳定，是我们坚定不移的意志和决心。我们将继续努力争取和平统一的前景，但绝不允许把台湾从祖国分裂出去。任何逆历史潮流而动的人都逃脱不了失败的命运。

施密德感谢胡锦涛主席的会见。他说，瑞中关系发展得很好。瑞方视中方为重要的合作伙伴，发展瑞中在经贸、外交、军事等领域的合作，符合两国根本利益，有利于提高两国人民生活水平，维护世界的和平稳定。瑞方愿为发展同中国的友好合作做出新的贡献。关于台湾问题，施密德表示，瑞士政府将一如既往地坚持一个中国政策，赞赏近年来中国政府为维护台海和平稳定，促进两岸交流所做的努力。

中央军委副主席、国务委员兼国防部长曹刚川，瑞士驻华大使马提内利等会见时在座。

各民主党派中央、全国工商联领导人就陈水扁强行终止“国统会”运作和“国统纲领”适用发表谈话

新华社北京2月28日电 （记者陈斌华）中国国民党革命委员会中央委员会、中国民主同盟中央委员会、中国民主建国会中央委员会、中国民主促进会中央委员会、中国农工民主党中央委员会、中国致公党中央委员会、九三学社中央委员会、台湾民主自治同盟中央委员会、中华全国工商业联合会领导人28日就台湾当局领导人陈水扁强行决定终止“国统会”运作和“国统纲领”适用发表谈话。

谈话说，在台湾地区“三合一”选举遭受失败后，陈水扁选在元旦、春节期间，接连抛出“认真考虑废除国统会、国统纲领”、“以台湾名义加入联合国”、加紧推动“新宪公投”等“台独”言论。昨日，又强行决定终止“国统会”运作和“国统纲领”适用。其实，“废统”也好，“终止”也罢，都是严重破坏两岸关系、为祸两岸人民的危险挑衅，是企图为他下一步全面毁弃“四不一没有”的承诺、通过推动“宪改”进行“台湾法理独立”活动创造条件。

谈话说，陈水扁在2000年上台时曾作出了包括“没有废除‘国统纲领’与‘国统会’的问题”在内的“四不一没有”承诺。然而，在过去几年里，陈水扁不仅从未履行承诺，而且制造种种事端阻挠两岸交流，想方设法推行“台独”路线。两个多月前的“三合一”选举中，台湾民众对陈水扁当局投了不信任票，陈水扁面临着前所未有的政治困境。为了转移视线，陈水扁竟毫不顾及他曾经对两岸民众和国际社会所作的承诺，公然推出以终止“国统会”和“国统纲领”为序幕的“法理台独”闹剧，挑战国际社会公认的一个中国原则。陈水扁此举，正可谓“困兽之斗，为害尤烈”。 （下转第五版）

十届全国人大常委会第二十次会议在京闭会

吴邦国主持 通过修改审计法的决定

本报北京2月28日讯 记者毛磊、杜文娟报道：十届全国人大常委会第二十次会议28日下午完成各项议程后在人民大会堂闭会。会议表决通过了全国人大常委会关于修改审计法的决定。国家主席胡锦涛签署第48号主席令，公布了这一决定。决定将自2006年6月1日起施行。

吴邦国委员长主持会议。

会议表决通过了全国人大常委会关于批准《制止向恐怖主义提供资助的国际公约》的决定。会议表决通过了关于全国人大常委会香港特别行政区基本法委员会部分组成人员的任免名单、关于全国人大常委会澳门特别行政区基本法委员会部分组成人员的任免名单。会议还表决通过了其他任免案。

会议表决通过了十届全国人大四次会议议程草案，提请十届全国人大四次会议预备会议审议；表决通过了十届全国人大四次会议主席团和秘书长名单草案，提请十届全国人大四次会议预备会议选举；表决通过了十届全国人大四次会议列席人员名单。会议还表决通过了全国人大常委会代表资格审查委员会关于个别代表的代表资格的审查报告。按照全国人大常委会会后发表的公告，十届全国人大现实有代表2988人。

会议表决通过了全国人大常委会工作报告稿。委员长会议建议，由吴邦国委员长代表常委会向十届全国人大四次会议作工作报告。

会议完成各项议程后，吴邦国发表重要讲话。他说，这次会议初次审议了义务教育法修订草案，再次审议了农产品质量安全法草案等，并作出了关于修改审计法的决定。修改后的审计法，进一步完善了审计监督制度，加大了审计监督力度，对维护财经秩序，提高财政资金使用效益，促进廉政建设将发挥重要作用。

吴邦国指出，“三农”问题始终是关系党和人民事业发展的全局性和根本性问题。本届人大常委会一直把推进解决好“三农”问题作为监督工作的重点，在前两年对农村土地承包法和土地管理法进行执法检查的基础上，去年检查了农业法的实施情况，本次会议又听取和审议了国务院关于当前农业和农村工作情况的报告，常委会组成人员对国务院的工作给予了充分肯定 （下转第四版）

政协十届常委会第十二次会议闭幕

贾庆林出席并讲话

新华社北京2月28日电 为期三天的政协第十届全国委员会常务委员会第十二次会议圆满完成各项议程，于28日下午在京闭幕。中共中央政治局常委、全国政协主席贾庆林出席并讲话。

这次常委会议认真学习了《中共中央关于加强人民政协工作的意见》，通过了《关于学习贯彻〈中共中央关于加强人民政协工作的意见〉的决定》。常委会组成人员认为《意见》精辟阐述了党的三代中央领导集体和以胡锦涛同志为总书记的中共中央关于人民政协的重要理论和方针政策，体现了继承与创新的高度统一；深刻总结了人民政协事业发展的历史经验和近些年来人民政协工作的实践创造，体现了历史与现实的高度统一；明确提出了新世纪新阶段人民政协工作的任务和原则以及人民政协履行职能的内容、程序和机制，体现了理论与实践的高度统一，具有很强的思想性、针对性和指导性。

贾庆林在讲话中指出，要准确把握《意见》精神实质，并切实贯彻到工作中去。一是要把学习贯彻《意见》摆上重要位置。二是要开展多种形式的学习活动。三是要加强人民政协理论研究。四是要加大对学习贯彻活动的宣传力度。五是要协助各级党委推动各地学习贯彻活动的深入发展。

贾庆林说，即将召开的全国政协十届四次会议，将要讨论政府工作报告和“十一五”规划纲要草案等重要文件，我们必须高度重视，集中精力，切实履行好我们应尽的职责。要认真贯彻落实中共中央关于开好大会的指导思想和工作要求，进一步做好大会的各项准备工作，把这次会议开成民主、求实、团结、奋进的大会。

贾庆林指出，去年以来，中央积极实施新形势下对台工作的重大决策，采取了一系列重要举措，对打击“台独”分裂势力及其活动，促进两岸关系发展，产生了重要作用和广泛影响。 （下转第四版）

为了人民用好权

两会特稿

本报记者 裴智勇 盛若蔚

2005，和谐的一年。中国政府网试开通、党政领导干部接访、取消农业税、关注群众“住房难”、“看病难”、“上学难”……“以人为本”的执政理念带给群众实实在在的利益。

2005，难忘的一年。公务员法出台、党政干部交流、查处“官煤”、肃清“官赌”、抗击禽流感……执政为民成为各级党政领导干部的共识和行动。

2005，不平凡的一年。“权为民所用、情为民所系、利为民所谋”，清晰地写在中国公民政治生活记录的字里行间。

科学、民主——

让人民来决策

2005年8月14日下午，北京长富宫饭店的芙蓉厅，一场由北京市人大法制委员会举办的听证会正在进行：

“我坚决支持‘禁放’。”一陈述人的话音刚落，另一陈述人说：“五环路以内定为限放区，太过简单。北五环路外，人口较为密集，南五环至南四环却是地广人稀。”又有陈述人补充说：“婚丧嫁娶也应当允许燃放。”

来自不同行业的16名陈述人阐述各自观点，支持烟花爆竹“限放”的和支持“禁放”的几乎各占一半。44名市民聆听这次听证会，北京市人大内司办、法制办、公安局、安监局的有关负责人列席。随后，电视台播放了这场烟花爆竹“禁改限”听证会的情况。

全国人大代表、北京市民罗益锋一直关注北京烟花爆竹“禁改限”。他说：“今年春节，北京平稳度过烟花爆竹‘禁改限’。 （下转第二版）

我们这一年·政治建设篇

2月28日上午，由我国自主设计、建造的最大客滚船“渤海金珠”号，在黄海造船厂（石岛）成功下水。6个月后，装修一新的“渤海金珠”号将往来于烟台至大连的客运航线。 时立国摄

坚持以发展农村经济为中心

——二论建设社会主义新农村

本报评论员

建设社会主义新农村是我国现代化进程中的重大历史任务，是一项前无古人的宏大的社会系统工程，既涉及经济基础，又涉及上层建筑，内涵十分丰富，工作千头万绪。扎实推进社会主义新农村建设，必须坚持以发展农村经济为中心，进一步解放和发展农村生产力。这一点从一开始就应当十分明确。

万丈高楼平地起。建设社会主义新农村好比建一幢大厦，经济就是这幢大厦的基础。如果基础不牢固，农业生产上不去，再壮观的大厦也无从建起。如果经济不发展，农民收入上不去，再美好的蓝图也无法变成现实。

以发展农村经济为中心，就要始终把发展农村生产力放在第一位，大力发展现代农业。中央确定的建设社会主义新农村“五句话、二十个字”总要求，是一个紧密联系的有机整体；协调推进农村经济、政治、文化、社会和党的建设，是一个相辅相成的完整体系，应当全面把握。而“五句话”的头一条就是“生产发展”。生产发展是新农村建设的首要任务和主要途径。实现建设新农村的目标，必须首先立足于农村产业的发展。无论是发展生产，增加农民收入，还是改善生态环境，都必须以现代农业为基础。现代农业建设的成果，决定着新农村建设的成效，应当始终放在优先的位置来抓。

应当看到，我国粮食连续两年获得丰收，单产连续两年创历史最高水平。然而，粮食供给总体上仍是产不足需，粮食安全问题还将长期存在。从我国农业发展现状和面临的制约因素看，依靠传统农业已无法实现粮食稳定发展和农民持续增收的目标。解决国家粮食安全和农民生活富裕的问题，唯一正确的选择就是坚定不移地推动传统农业向现代农业转变。

现代农业建设的重点是提高粮食综合生产能力，核心是稳定增加农民收入。推进现代农业建设，需要着力推进农业增长方式转变，用现代发展理念指导农业，用现代物质条件装备农业，用现代科学技术改造农业，用现代经营形式发展农业。在工作中，要着重加强耕地保护和水利建设，加快农业科技进步，创新农业经营形式，稳定发展粮食生产。

建设社会主义新农村是一项长期的历史任务，至少需要经过几十年的艰苦努力。即使将来基本实现现代化了，“三农”问题依然是关系我国发展全局的重大问题。以发展农村经济为中心，是我们必须长期坚持的重要原则，任何时候都不能忽视。

春回大地，万物复苏；“雨水”已过，“惊蛰”将至。眼下，春耕生产和备耕工作正在神州大地由南到北有序展开。让我们抓紧做好春耕生产和备耕工作，推动今年的农业生产和农村经济发展，为社会主义新农村建设开好局、起好步。

人民日報

RENMIN RIBAO

今日 16 版（华东、华南地区 20 版）　国内统一连续出版物号 CN 11-0065

第 21299 期（代号 1-1）

人民网　网址：http://www. people. com. cn　手机：http://wap. people. com. cn

人民日报社出版

2006 年 11 月 2

星期四

丙戌年九月十二

北京地区天气预报

白天　晴转多云　风向　北转南　风力　二、三级

夜间　多云转晴　风向　南转北　风力　一、二级

温度　18℃/8℃

注重社会公平　共享发展成果

青海不断提高低收入者收入水平

目前，只有 500 多万人口的青海省，享受失业保险待遇人员达 1.1 万人，城市居民最低生活保障人数为 20.3 万人，救助农村牧区特困人口 22.9 万人

本报西宁 11 月 1 日电　记者**郭振璞**报道：青海省在经济发展基础上，合理调整国民收入分配格局，今年较大幅度提高企业退休人员基本养老金标准、最低工资标准、失业保险金标准、城市居民最低生活保障标准、农村特困人口救助标准。目前，只有 500 多万人口的青海省，享受失业保险待遇人员达 1.1 万人，城市居民最低生活保障人数为 20.3 万人，救助农村牧区特困人口 22.9 万人。其中，从 1999 年至今，已给企业离退休人员累计发放养老保险金 118 亿元。

从今年 7 月 1 日起，青海省提高农村牧区特困人口救助标准，对现有近 23 万名特困救助对象以及丧失劳动能力的残疾人、常年患病、卧床不起人员以及无劳动能力人员予以救助。预计今年发放农村牧区特困人口救助金为 1873 万元。

青海省今年退休人员月养老金人均增加 168 元，是历年调整幅度最大的一次。针对全省灵活就业中以小时工为主要形式的非全日制用工日益增多的实际情况，今年还建立了适用于非全日制就业劳动者的小时最低工资制度，保护劳动者合法权益，使低收入者能够共享社会进步成果。

为保障失业者的基本生活，青海 20 年间先后 6 次提高了失业保险金标准。今年调整失业保险金标准后，全省补发失业保险金 429 万元，预计全年共发放失业保险金 3564 万元。城市居民最低生活保障制度 10 年间也经过了 4 次调整，今年调整标准后，城市低保对象实际每月人均收入 196.7 元，10 年间累计发放最低生活保障金 10.49 亿元，基本实现了动态管理下的应保尽保。

胡锦涛同几内亚比绍总统会谈

11 月 1 日，国家主席胡锦涛在北京人民大会堂为几内亚比绍总统维埃拉举行欢迎仪式。　新华社记者　**刘卫兵**摄

本报北京 11 月 1 日讯　记者**吴绮敏**报道：国家主席胡锦涛 1 日在人民大会堂同正在中国进行国事访问并将出席中非合作论坛北京峰会的几内亚比绍总统维埃拉举行会谈。双方就发展长期稳定、全面合作的双边关系达成重要共识。

胡锦涛表示，中国人民和几内亚比绍人民的友谊源远流长。近年来，在和平共处五项原则的基础上，双方真诚友好、平等相待，在各领域开展了富有成效的合作，在国际事务中相互支持，友好合作关系发展势头良好。几内亚比绍政府坚持一个中国政策，支持中国统一大业，中方对此表示赞赏。

维埃拉说，中国是几内亚比绍的友好国家，中国人民向几内亚比绍提供了农业、基础设施建设、财政等方面的宝贵援助，改善了几内亚比绍人民生活，促进了几内亚比绍经济社会事业发展，几内亚比绍人民对此深表感谢。维埃拉重申，几内亚比绍将坚定奉行一个中国政策。

胡锦涛指出，中国和几内亚比绍发展长期稳定、全面合作的关系，符合两国和两国人民的根本利益。中国政府愿同几内亚比绍方面一道，深化两国传统友谊，扩大友好合作。第一，保持高层交往势头，扩大两国政府、议会、政党以及其他领域的交流和对话，不断增进相互理解和信任。第二，坚持互利互惠、共同发展，集中精力搞好正在实施的经贸合作项目，积极探索双方互利合作的新领域、新途径，扩大在渔业、农业、基础设施建设领域的合作。第三，加强在中非合作论坛框架下的合作，就论坛的发展以及后续行动的实施保持密切磋商，加强人才培训和能力建设等领域的合作。第四，扩大在文教、卫生等领域的合作。第五，加强在国际事务中的磋商和合作，加强沟通、相互支持，共同维护发展中国家的合法权益，推动建设持久和平、共同繁荣的和谐世界。

（下转第四版）

胡锦涛同利比里亚总统会谈

11 月 1 日，国家主席胡锦涛在北京人民大会堂举行仪式，欢迎利比里亚总统约翰逊—瑟利夫访华。　新华社记者　**姚大伟**摄

本报北京 11 月 1 日讯　记者**吴绮敏**报道：国家主席胡锦涛 1 日在人民大会堂同正在中国进行国事访问并将出席中非合作论坛北京峰会的利比里亚总统约翰逊—瑟利夫举行会谈。双方一致同意深化中利友好合作，推动双边关系全面发展。

胡锦涛表示，中国人民对利比里亚人民一向怀有友好情谊。2003 年 10 月中利复交以来，两国关系发展顺利。双方政治上互尊互信、相互支持，经贸合作加快、成果显著，在国际事务中相互协调、密切配合。中国坚定支持利比里亚的和平进程和经济重建。利比里亚政府坚持一个中国政策，支持中国统一大业，中方对此表示赞赏。

约翰逊—瑟利夫表示，在中国时间虽短，但已感受到了中国领导人和中国人民对利比里亚人民的友好感情。近年来，利中双方通过各种机制在农业、基础设施建设等领域开展了卓有成效的合作，中国向利比里亚提供的多方面援助，对利比里亚人民具有重要意义，利方对此深表感谢。

胡锦涛强调，深化中利友好合作，推动中利关系全面发展，符合我们两国和两国人民的根本利益。中方愿同利方携手努力，将两国关系不断推向新的水平。胡锦涛提出，双方应保持高层交往，增强政治互信，推动各领域各层次人员交流，加深相互了解和友谊，夯实两国友好合作的社会基础；深化经贸合作，加强对两国经贸合作的规划、指导、协调，扩大双边贸易，抓紧落实好在建项目，为两国企业在资源开发、基础设施建设等领域的合作牵线搭桥；加强中非合作论坛框架下的合作，中方将继续向利方提供来华培训名额，帮助利方开发人力资源，加强能力建设；扩大教育、卫生等领域的合作；加强多边合作，保持沟通、协调立场，共同推动建设持久和平、共同繁荣的和谐世界。

约翰逊—瑟利夫表示，维护和平稳定、振兴经济、加强基础设施建设、促进良政是利比里亚发展的优先领域。胡锦涛主席关于两国关系的建议同利比里亚发展战略完全一致。

（下转第四版）

胡锦涛会见加蓬总统、科摩罗总统和非盟主席

本报北京 11 月 1 日讯　记者**吴绮敏**报道：国家主席胡锦涛 1 日在人民大会堂分别会见了前来出席中非合作论坛北京峰会的加蓬总统邦戈、科摩罗总统桑比和非洲联盟委员会主席科纳雷。

胡锦涛热烈欢迎非洲领导人前来出席中非合作论坛北京峰会。他指出，今年是新中国同非洲国家开启外交关系 50 周年，是中非关系承前启后、继往开来的重要年份。中非合作论坛走过了 6 年的发展历程，已成为中非集体对话的重要平台和务实合作的有效机制。北京峰会是中非关系史上的一次创举。我们将共同围绕友谊、和平、合作、发展这一主题，回顾中非友好的发展历程，规划未来合作蓝图，推动中非新型战略伙伴关系深入发展。这体现了中非人民的共同心愿，也符合和平、发展、合作的世界潮流。这次峰会必将成为中非关系发展史上新的里程碑，为中非关系发展打开更加广阔的前景。

非洲领导人表示，中国历来尊重非洲、帮助非洲、不干涉非洲国家内政，是非洲真诚的可信赖的朋友。我们是抱着强烈信心来参加北京峰会的，将同中方一道，为峰会成功举行，增进非中友谊，扩大双方交流合作作出贡献。

在会见邦戈时，胡锦涛表示，经过双方共同努力，我和邦戈总统就加强两国关系达成的共识得到积极落实，两国合作全面展开。中加经贸领域合作发展势头良好，在资源开发、基础设施建设、电信等重点领域的合作不断扩大。我们高度重视中加传统友谊，愿同加方一道，保持两国高层友好交往，深化经贸领域的互利合作，密切双方在国际事务中的协调和配合，推动中加友好合作关系达到更高水平。邦戈表示，中国是加蓬的真诚朋友，两国人民友谊深厚。加方愿意为加强两国人民传统友谊和深化两国友好合作开辟更为广阔的前景，希望两国扩大基础设施建设、资源开发等领域的合作，以及在国际事务中的相互支持和配合。邦戈表示，加蓬坚定支持中国完成和平统一大业。

在会见桑比时，胡锦涛说，经过建交后 30 多年的发展，中科关系已成为大小国家平等相待、团结合作的典范。当前，中科关系发展势头良好。双方相互理解，相互支持，在国际事务中保持磋商和配合。中方将继续加强同科摩罗的互利合作，鼓励中国企业到科摩罗投资。桑比说，中国是科摩罗独立后第一个同科建交的国家，科摩罗在国家建设中得到了中国的宝贵帮助。事实证明，中国人民是科摩罗的真诚朋友和伙伴，我们为此感到骄傲。科方希望在经济社会发展方面继续得到中国的支持。桑比表示，科方坚定地坚持一个中国政策。

在会见科纳雷时，胡锦涛强调，中非关系取得的丰硕成果，凝结着中非双方的共同心血。在中非关系发展的各个历史时期，双方彼此真诚友好、平等相待、相互支持、密切合作，结下了深厚友谊。长期以来，非洲国家和人民始终支持中国维护国家主权和领土完整，中方对此倍加珍视。非盟致力于维护非洲稳定、促进非洲团结、推动非洲经济一体化，在处理非洲内部事务、协调非洲对外立场等方面发挥了重要作用，中方对此高度赞赏。中国重视非盟，把中国同非盟的关系视为中非关系的重要组成部分。科纳雷表示，非洲人民和中国人民是老朋友，始终保持友好情谊。非洲人民感谢中国人民所给予的一贯支持。中国在促进非洲发展、加强非洲团结、维护非洲稳定等方面发挥了重要作用。中国真诚帮助非洲建设，是非洲经济社会发展的重要伙伴。中非加强合作是正确的道路。非盟从战略高度重视同中国的关系，愿为中非关系发展作出不懈努力。

国务委员唐家璇等参加了会见。

11 月 1 日，国家主席胡锦涛在北京人民大会堂会见前来出席中非合作论坛北京峰会的加蓬总统邦戈。　新华社记者　**兰红光**摄

11 月 1 日，国家主席胡锦涛在北京人民大会堂会见前来出席中非合作论坛北京峰会的科摩罗总统桑比。　新华社记者　**饶爱民**摄

11 月 1 日，国家主席胡锦涛在北京人民大会堂会见前来出席中非合作论坛北京峰会的非洲联盟委员会主席科纳雷。　新华社记者　**姚大伟**摄

温家宝在广西考察工作

新华社南宁 11 月 1 日电　（记者**赛杰**）中共中央政治局常委、国务院总理温家宝在出席中国—东盟建立对话关系 15 周年纪念峰会前夕，到广西壮族自治区柳州市、来宾市和南宁市考察工作。他深入企业、农村和社区，与干部群众座谈，就发展优势产业和特色经济、推进社会主义新农村建设、扩大对外开放和加强民族工作等进行调查研究。

秋日的八桂大地，草木葱茏，瓜果飘香。10 月 28 日，温家宝一下飞机就来到广西最大的工业城市柳州考察企业生产经营情况。两面针公司生产的牙膏是用中药配方研制而成，在国内外具有较高的知名度，出口到世界很多国家。温家宝走进车间，仔细察看了陈列的中草药标本，并在生产线旁与技术人员亲切交谈。公司负责人梁英奇介绍目前产品销售量在国内品牌中排名第一，公司将以"好产地、好中药、好牙膏"为宗旨，力争 5 年内达到年销售 80 亿支的目标。温家宝连连称赞。他说，市场的竞争形成挑战和压力，我们的企业每天都在与对手赛跑。要瞄准国内外需求，积极开拓市场。要提高自主创新能力，大力实施品牌战略，着力培育和壮大一批拥有自主知识产权和知名品牌、国际竞争力较强的优势企业。在富达机械有限公司、上汽通用五菱汽车股份有限公司和柳工集团，温家宝与企业负责人和工人交谈，了解企业生产情况、产品开发和销售情况。

（下转第二版）

非洲十一国领导人抵达中国

据新华社北京 11 月 1 日电　（记者**孙侠**）塞舌尔总统詹姆斯·阿利克斯·米歇尔 1 日晚抵京，开始对中国进行国事访问并将出席于 11 月 4 日开幕的中非合作论坛北京峰会。

同日抵达北京的还有苏丹总统巴希尔、赤道几内亚总统奥比昂、博茨瓦纳总统莫哈埃。同日抵达上海的有刚果（布）总统萨苏。

至此，已有来自利比里亚、几内亚比绍、安哥拉、加蓬、布隆迪、科摩罗、苏丹、赤道几内亚、博茨瓦纳、刚果（布）和塞舌尔共十一个非洲国家的领导人陆续抵达中国。

非洲联盟委员会主席科纳雷也于同日抵京。

人民日报

RENMIN RIBAO

今日 16 版（华东、华南地区 20 版）　国内统一连续出版物号 CN 11-0065　第 21300 期（代号 1-1）

人民网　网址：http://www. people. com. cn　手机：http://wap. people. com. cn

人民日报社出版

2006 年 11 月 3 星期五　丙戌年九月十三

北京地区天气预报

白天　晴转多云　风向　北转南　风力　二、三级

夜间　多云转阴　风向　南转北　风力　一、二级

温度　19℃/8℃

胡锦涛同塞舌尔总统米歇尔会谈

两国领导人就扩大和深化两国务实合作达成重要共识

11 月 2 日，国家主席胡锦涛在北京人民大会堂举行仪式，欢迎塞舌尔总统米歇尔访华。 新华社记者　兰红光摄

本报北京 11 月 2 日讯　记者**吴绮敏**报道：国家主席胡锦涛 2 日在人民大会堂同正在中国进行国事访问并将出席中非合作论坛北京峰会的塞舌尔总统米歇尔举行会谈。两国领导人对双边关系发展表示满意，就扩大和深化两国务实合作达成重要共识。

胡锦涛说，建交 30 年来，中塞友好合作关系顺利向前发展。两国相互了解和信任日益加深，各领域交流合作不断取得成果，贸易增长势头良好，在国际事务中保持着磋商和配合。中塞关系堪称大小国家平等相待、团结互助的典范。塞舌尔政府奉行一个中国政策，支持中国统一大业，中方对此表示赞赏。

米歇尔说，塞舌尔同中国保持着友好关系。长期以来，中国向塞舌尔提供了无私援助，塞舌尔政府和人民对此深表感谢，视中国人民为真诚的好朋友。塞方珍惜塞中友谊，高度重视对华关系，将继续坚定奉行一个中国政策，支持中国和平统一大业。

胡锦涛指出，中塞加强全面务实合作，符合两国和两国人民的根本利益。双方应从以下几个方面来推动。第一，加强双边政治关系，促进两国各个层次的人员交往，增进相互了解和信任。两国领导人可通过多种方式，就共同关心的问题保持沟通。第二，挖掘经贸潜力，中方将同塞方一道重点拓展在基础设施建设、渔业等领域的互利合作。中国政府鼓励有实力的中国企业到贵国投资兴业，特别是从事中方有优势、塞方有需求的项目。第三，积极开展人文合作，扩大双方在教育、旅游、人力资源开发、卫生等领域的交流合作。第四，密切国际事务中的磋商和合作，中国愿继续推动国际社会关注塞舌尔等小岛屿发展中国家的发展问题。

米歇尔说，塞舌尔为中国发展取得的巨大成就感到高兴和自豪。中国发展了可以更好地维护发展中国家的利益。塞舌尔正致力于经济改革，改善人民生活，希望借鉴中国发展的成功经验。塞舌尔愿同中国建立新型伙伴关系，保持各层次交往，加强合作，欢迎中国企业赴塞投资，参与塞舌尔渔业和旅游、航空业发展以及基础设施建设，欢迎更多中国公民赴塞旅游。米歇尔表示相信，中非合作论坛北京峰会将加强非中友好合作关系，从而有利于推动国际秩序朝着公正合理的方向发展。

会谈后，胡锦涛和米歇尔共同出席了双方合作文件签字仪式。

会谈前，胡锦涛主席为米歇尔总统举行了隆重的欢迎仪式。参加欢迎仪式的有全国人大常委会副委员长司马义·艾买提、国务委员唐家璇、全国政协副主席徐匡迪、九三学社中央副主席邵鸿、外交部部长李肇星、商务部部长薄熙来、中国驻塞舌尔大使耿文兵等。

注重人与自然和谐　发挥治理综合效益

黄河治理惠及近 2 亿人民

实现干流连续 7 年不断流，治理水土流失面积 21.5 万平方公里；以占全国 2% 的河川径流，浇灌 15% 耕地，流域及下游引黄灌溉面积达到 1.1 亿亩

本报郑州 11 月 2 日电　记者**高云才、赵永平**报道："'黄河鲤鱼'又多起来了"。提到黄河鲤鱼，家住黄河岸边的河南省郑州市邙金区小李河村民王小五有说不完的话。近年来，黄河治理以科学发展观为指导，科学调水调沙，4 年来已累计通过河槽向渤海排沙 3.8 亿吨，使"悬河"上抬的速度得到有力遏制；同时进行全流域水资源统一调度保障，黄河生态得以修补，黄河干流也因此连续 7 年实现不断流。黄河治理，正在注重人与自然和谐相处、充分发挥治理综合效益上探索新路子。

在治理河流泥沙的同时，治黄工作者还在黄土高原水土流失综合治理上下功夫。截至 2005 年底，黄土高原水土流失综合治理面积累计达 21.5 万平方公里。

不仅治沙，还要治水，黄河两岸共筑起了 1400 公里坚固长堤。目前，全流域已经建成大中小型水库及塘、堰、坝等蓄水工程 10100 座，总库容 720 亿立方米；作为沿河 50 座大中城市、420 个县（旗）城镇、晋陕宁蒙地区能源基地和中原、胜利油田的水源，黄河平均每年保障供水 55 亿立方米。黄河实现岁岁安澜，有力地保障了下游黄淮海平原人民群众生命财产的安全和经济社会的顺利发展。

水治则天下宁。黄河流域灌溉事业得到了快速发展。宁、内蒙古、汾、渭等老灌区通过恢复、整修和改建，各级排水系统逐步完善。流域及下游引黄地区灌溉面积达到 1.1 亿亩，实现了黄河以占全国 2% 的河川径流，养活全国 12% 的人口、浇灌 15% 耕地的奇迹。目前，黄河流域及下游两岸已经成为典型示范灌区和国家重要粮棉基地。

作为西北、华北地区的重要水源，黄河的水利水电资源也得到合理开发利用。截至目前，黄河干流上建成了 25 座水电站，装机总容量达 1724 万千瓦。

（今日二版刊登《人民治黄的春天——写在人民治黄六十年之际》（上））

落实科学发展观·构建和谐社会

·协调发展加强社会事业建设

胡锦涛会见博茨瓦纳总统和苏丹总统

11 月 2 日，国家主席胡锦涛在北京人民大会堂会见前来出席中非合作论坛北京峰会的博茨瓦纳总统费斯图斯·莫哈埃。 新华社记者　姚大伟摄

11 月 2 日，国家主席胡锦涛在北京人民大会堂会见前来出席中非合作论坛北京峰会的苏丹总统巴希尔。 新华社记者　姚大伟摄

本报北京 11 月 2 日讯　记者**吴绮敏**报道：国家主席胡锦涛 2 日在人民大会堂分别会见了前来出席中非合作论坛北京峰会的博茨瓦纳总统莫哈埃和苏丹总统巴希尔。

胡锦涛热烈欢迎两位领导人来华出席中非合作论坛北京峰会。他表示，为提升中非合作水平，中非双方商定召开中非合作论坛北京峰会，旨在最高层次上共同商议和规划中非合作大计，为今后中非各领域合作确定方向。莫哈埃和巴希尔表示，非洲人民是非中合作的受益者。中非合作论坛已成为南南合作的典范，北京峰会将推动非中关系及非洲同其他地区关系的发展。中方确定的同非洲加强合作的政策对非洲发展具有重要意义。三国领导人表示要共同努力，推动峰会取得成功，把中非各领域合作推向新的水平。

在同莫哈埃会见时，胡锦涛对博茨瓦纳独立 40 周年表示祝贺。他说，中博建交 30 多年来，两国关系健康顺利发展。我们愿与博方保持高层互访势头，增进相互了解和信任；扩大经贸、文化、教育、卫生等各领域交流合作；加强在国际事务中的磋商和配合，维护发展中国家的共同利益。在双方共同努力下，中博关系一定会不断迈上新的台阶。莫哈埃表示，建立在相互尊重和共同利益基础上的博中关系发展得非常好。博茨瓦纳人民感谢中国人民在资金、技术、医疗卫生、教育等方面提供的援助和合作。博方期待同中方扩大政府、政党、人民之间的交往，深化经贸、投资等领域合作。

会见苏丹总统巴希尔时，胡锦涛表示，中国政府重视巩固和发展中苏传统友好合作关系，愿在相互尊重、平等互利的基础上深化两国互利合作，把中苏关系提高到新的水平。双方应促进各层次交流，拓展务实合作，加强两国通信、基础设施建设、农业、水利等领域合作，开展人文领域交流，谋求共同发展。巴希尔积极评价苏中关系，对苏中各领域合作感到满意。他说，同中国开展各领域务实合作给苏丹经济发展注入了推动力。

巴希尔介绍了苏丹局势。他表示，苏丹北南和平协议执行情况良好，苏丹政府致力于和平解决达尔富尔问题。苏方正寻求与非盟合作，建立有效机制，推动达尔富尔和平进程。胡锦涛表示，中方赞赏和支持苏丹实现北南和平，愿积极参与苏丹南方重建。联合国通过第 1706 号决议后，达尔富尔问题再次处于关键阶段。中方完全理解苏方在该问题上的关切，希望苏方同各方加强对话，协调立场，争取达成一个妥善的解决方案，保持达尔富尔地区局势稳定，不断改善当地人道状况。中方将继续为达尔富尔地区早日实现和平稳定作出贡献。

国务委员唐家璇等参加了会见。

吴邦国会见几内亚比绍总统和利比里亚总统

新华社北京 11 月 2 日电　（记者**荣燕**）全国人大常委会委员长吴邦国 2 日在人民大会堂分别会见了几内亚比绍总统维埃拉和利比里亚总统约翰逊—瑟利夫。

在会见维埃拉时，吴邦国说，近年来中国与几内亚比绍关系发展顺利，双方政治互信水平日益提高，合作领域不断扩大，成效更加明显。中方对几内亚比绍政府和议会坚持一个中国政策表示赞赏。吴邦国表示，中国全国人大愿进一步加强同几比议会的友好往来，为增进两国人民之间的了解和友谊，促进各领域友好合作，推动两国关系全面发展做出贡献。

维埃拉赞同吴邦国对两国关系的评价，重申坚定奉行一个中国政策。他说，几内亚比绍视中国为真正的朋友，愿在互惠互利基础上同中方开展全方位合作，促进共同发展。

在会见约翰逊—瑟利夫时，吴邦国说，中利复交时间不长，但两国关系发展迅速，各领域合作有了良好开端。中方感谢利比里亚政府和议会恪守一个中国原则，支持中国统一大业。中利两国经济互补性强，互利合作领域众多，潜力很大，中方愿与利方一道，落实两国元首达成的共识，探索互利合作的新途径和新方式，造福两国人民。吴邦国表示，中国全国人大重视发展同利比里亚议会的友好交流与合作，共同推动中利友好合作关系不断向前发展。

约翰逊—瑟利夫表示，巩固和发展利中关系是利比里亚坚定不移的方针。中国改革开放取得的伟大成就举世瞩目，利比里亚愿积极学习借鉴中国的成功经验，加强双方在农业、渔业、基础设施、矿产开发等领域的互利合作，为两国关系发展注入新的活力。

双方积极评价中非合作论坛，相信即将召开的北京峰会一定会取得圆满成功，谱写中非友好合作的新篇章。

温家宝主持召开国务院常务会议

审议并原则通过《关于"十一五"深化电力体制改革的实施意见》和《公安机关组织管理条例（草案）》

新华社北京 11 月 2 日电　国务院总理温家宝 1 日主持召开国务院常务会议，审议并原则通过《关于"十一五"深化电力体制改革的实施意见》和《公安机关组织管理条例（草案）》。

会议认为，电力工业是国民经济和社会发展的重要基础产业。"十五"期间，我国电力体制改革取得重大进展，政企分开、厂网分开基本实现，发电领域竞争态势已经形成，新型电力监管体制初步建立，电力工业快速发展，有力地支持了国民经济和社会的发展。

会议指出，"十一五"时期要抓住电力供需矛盾缓解的有利时机，巩固已有改革成果，把电力体制改革继续推向深入，重点解决电源结构不合理、电网建设相对滞后、市场在电力资源配置中的基础性作用发挥不够等突出问题。要通过体制机制创新和法制建设，转变电力工业增长方式，促使电力企业提高效率、降低成本、改善服务，促进电力行业稳定、健康、协调发展和安全运行，为经济社会又好又快发展提供可靠保障。

会议指出，"十一五"期间深化电力体制改革的基本原则是：坚持以改革促发展，坚持市场化改革方向，坚持整体规划、分步实施、重点突破。主要任务是：（一）抓紧处理厂网分开遗留问题，逐步推进电网企业主辅分离改革。（二）加快电力市场建设，着力构建符合国情的统一开放的电力市场体系，形成与市场经济相适应的电价机制，实行有利于节能环保的电价政策。 （下转第四版）

贾庆林会见乌克兰总理亚努科维奇

10 月 31 日，全国政协主席贾庆林在基辅会见乌克兰总理亚努科维奇。 新华社记者　刘建生摄

本报基辅 11 月 1 日电　记者**王小光、谭武军**报道：全国政协主席贾庆林 10 月 31 日在基辅会见了乌克兰总理亚努科维奇。贾庆林首先转达了温家宝总理对亚努科维奇的亲切问候和良好祝愿。亚努科维奇表示感谢，请贾庆林转达他对温家宝的亲切问候和良好祝愿。

贾庆林说，中乌建交以来，两国关系保持着健康稳定发展的良好势头，各领域的合作都取得了积极成果。去年双边贸易额达 32.8 亿美元，为建交之初的 15 倍。科技合作进展顺利，中乌济南科技园等项目成为双方合作的亮点。人文领域的交流日益扩大，两国友好的社会基础不断巩固。双方在国际事务中也保持着密切协调。总理先生和乌政府坚持奉行一个中国政策，重视发展对华关系。我们对此表示赞赏。

贾庆林说，中乌经贸合作正处在快速发展的时期，还有很大潜力。 （下转第三版）

李长春在海南考察工作时强调

认真学习宣传贯彻十六届六中全会精神　扎实推进和谐文化建设

新华社海口 11 月 2 日电　中共中央政治局常委李长春近日在海南考察工作时强调，当前宣传思想战线第一位的任务就是积极、全面、准确、深入地宣传党的十六届六中全会精神，扎实推进和谐文化建设，把广大干部群众的思想统一到中央精神上来，把各方面的智慧和力量凝聚到落实全会提出的各项任务上来，为构建社会主义和谐社会提供有力的思想保证、精神动力和舆论支持。

10 月 29 日至 11 月 1 日，李长春在海南省委书记汪啸风、省长卫留成陪同下，先后到三亚、万宁、琼海、定安、文昌、海口等地，深入企业、农村和基层宣传文化单位，就学习宣传贯彻十六届六中全会精神、推进和谐文化建设、加强农村文化建设等进行调研，与基层干部群众亲切交谈，听取海南省委省政府工作汇报，对海南改革开放和现代化建设取得的成绩给予充分肯定。

李长春指出，党的十六届六中全会是在我国改革发展关键时期召开的一次十分重要的会议。全会审议通过的《中共中央关于构建社会主义和谐社会若干重大问题的决定》，明确提出了当前和今后一个时期构建社会主义和谐社会的指导思想、目标任务、工作原则和重大部署，是指导构建社会主义和谐社会的纲领性文件。 （下转第四版）

十五位非洲国家领导人昨日抵京

新华社北京 11 月 2 日电　（记者**马文博**）赞比亚总统姆瓦纳瓦萨、喀麦隆总统比亚、塞拉利昂总统卡巴、加纳总统库福尔、肯尼亚总统齐贝吉、尼日尔总统坦贾、摩洛哥首相杰图和马里总统杜尔于 2 日上午分别抵达北京。

索马里总统优素福、乌干达总统穆塞韦尼、卢旺达总统卡加梅、多哥总统福雷、刚果（金）副总统恩东巴西于 2 日下午和晚间分别抵达北京。

同日，安哥拉总理费尔南多、刚果（布）总统萨苏也分别结束对上海的访问抵达北京。他们将参加于 4 日开幕的中非合作论坛北京峰会。至此已有 24 个非洲国家的领导人陆续抵达中国前来参会。

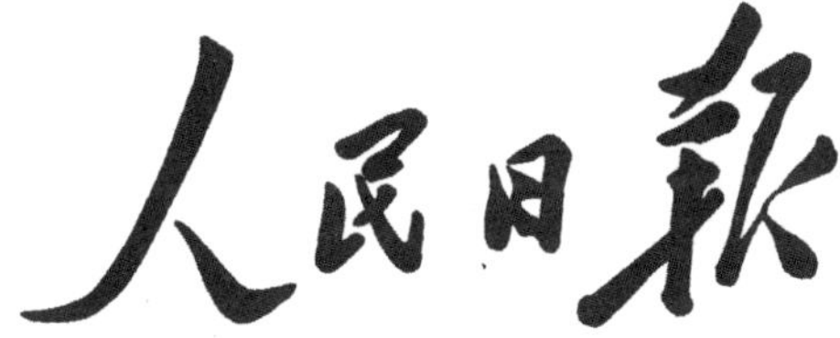

RENMIN RIBAO

今日12版
人民网 网址:http://www.people.com.cn
手机:http://wap.people.com.cn
国内统一连续出版物号 CN 11-0065
第21301期 (代号1-1)
人民日报社出版

2006年11月
4
星期六
丙戌年九月十四

北京地区天气预报
白天 多云转晴
风向 偏北
风力 二、三级
转五、六级
夜间 晴
风向 偏北
风力 四、五级
间六级
温度 16℃/5℃

胡锦涛会见刚果(布)总统、乌干达总统塞拉利昂总统、卢旺达总统和加纳总统

本报北京11月3日讯 记者**吴绮敏**报道：国家主席胡锦涛3日上午在人民大会堂分别会见了前来出席中非合作论坛北京峰会的刚果（布）总统萨苏、乌干达总统穆塞韦尼、塞拉利昂总统卡巴、卢旺达总统卡加梅、加纳总统库福尔。

胡锦涛对5国领导人表示热烈欢迎。他说，中非合作论坛北京峰会是中非关系史上的一次创举。中非领导人将回顾中非友好的发展历程，共同规划未来合作的蓝图。开好这次峰会，对增进中非领导人相互了解和信任、加深中非传统友谊、促进中非各领域务实合作、推动南南合作具有重要意义。5国领导人表示，中国几十年来一直从政治上、经济上给予非洲坚定和明确的支持，中国是深受非洲人民欢迎的伙伴。中非合作论坛北京峰会是中非关系发展史上具有历史意义的盛会，受到非洲各国政府和人民的支持。希望中非双方利用峰会契机，一起探讨共同发展大计，共创美好未来。

在会见萨苏时，胡锦涛表示，中刚建立战略伙伴关系一年多来，两国友好合作蓬勃发展，双边贸易快速增长。两国在国际事务中相互支持，是彼此信赖的真诚朋友。我们愿同刚方一道，探索互利共赢的新方式，不断充实两国战略合作的内涵，造福两国人民。胡锦涛对刚果（布）作为非盟轮值主席国，为促进中非友谊作出积极贡献表示赞赏，强调中国政府将加强同非盟的合作。萨苏表示，刚中双方正在落实已经达成的合作共识，双边发展势头良好。两国制定了合作规划，确定了合作项目。刚方决心不断深化同中方的战略伙伴关系。萨苏赞赏中国在帮助非洲实现和平与发展方面发挥的积极作用。

在会见穆塞韦尼时，胡锦涛指出，中乌是相互信任的好朋友和密切合作的好伙伴。近年来，两国各领域合作不断取得新进展。中乌已同意加强两国农业、纺织、基础设施建设、医疗卫生、文化、教育等领域合作。相信通过落实共识，加强友好交流，挖掘合作潜力，两国关系的基础将更加扎实。中方愿同乌方一道，把两国友好合作关系不断提高到新的水平。穆塞韦尼表示，中国在乌干达争取国家独立时期和发展经济时期都提供了重要支持和帮助。近年来，中国又进一步向乌干达开放了市场，乌干达在190项商品对华出口上可享受无关税、无配额待遇。乌方希望扩大同中方在铁路、能源、农产品加工、旅游等领域的合作，造福两国人民。

在会见卡巴时，胡锦涛表示，中塞两国始终互尊互信，平等相待，双边关系健康稳定发展。两国经贸、人力资源开发等领域的合作不断取得新的成果，双边贸易额连年增长。中方参与建设的基础设施、电信等项目进展顺利。中方愿同塞方一道努力，不断拓展友好互利合作。卡巴对中国支持塞拉利昂实现和平稳定表示感谢，对塞中关系良好发展感到满意。他说，塞拉利昂正在进行经济重建，期待同中方开展贸易、投资、基础设施建设、卫生等领域的互利合作，不断提升两国合作水平。

在会见卡加梅时，胡锦涛说，建交35年来，中卢关系经受住了时间和各自国内情况变化的考验，健康顺利发展。双方政府、立法机构、政党的交流合作不断加强，各领域务实合作不断深化，在国际和地区问题上保持着良好合作。中国政府将继续鼓励和支持有实力的中国企业赴卢旺达投资，重点加强两国农业、基础设施建设等领域的合作。中方同意给予卢旺达中国公民组团出境旅游目的地国地位。相信中卢友好合作关系一定会更快更好地向前发展。卡加梅高度评价卢中关系。他说，卢旺达感谢中方同卢方在农业、渔业、卫生、基础设施建设等领域开展的良好合作和在国际事务上同卢方进行的良好协调。卢方期待双方在贸易、投资、农业等领域的合作取得更多成果。

在会见库福尔时，胡锦涛指出，近年来，中加关系发展顺利，高层互访频繁，两国经贸、文化、教育、卫生等领域的合作不断取得新成果。不断巩固和发展中加关系对双方都具有重要意义。希望双方保持高层交往，增强政治互信，本着平等互利、循序渐进的原则，推进务实合作，重点加强基础设施建设、电信、人力资源等领域的合作，深化在国际事务中的合作。库福尔表示，加中合作成效显著，中方在加纳建设的公路等项目以优良的质量受到加纳人民高度评价。加纳目前经济发展迅速，加方希望同中方加强在贸易、投资、电力开发、信息网络、道路建设等领域合作，实现互利双赢。

胡锦涛对5国领导人表示，刚果（布）、乌干达、塞拉利昂、卢旺达、加纳政府奉行一个中国政策，在国际事务中给予中方宝贵支持。中方对此表示感谢。

国务委员唐家璇等参加了会见。

出席中非合作论坛北京峰会各国代表团团长名单

新华社北京11月3日电 出席中非合作论坛北京峰会的各国代表团团长名单如下：

论坛共同主席国中国国家主席
胡锦涛
论坛共同主席国埃塞俄比亚总理
梅莱斯
加蓬总统**邦戈**
赤道几内亚总统**奥比昂**
津巴布韦总统**穆加贝**
埃及总统**穆巴拉克**
喀麦隆总统**比亚**
刚果(布)总统**萨苏**
几内亚比绍总统**维埃拉**
乌干达总统**穆塞韦尼**
苏丹总统**巴希尔**
厄立特里亚总统**伊萨亚斯**
尼日利亚总统**奥巴桑乔**
塞拉利昂总统**卡巴**
博茨瓦纳总统**莫哈埃**
阿尔及利亚总统**布特弗利卡**
吉布提总统**盖莱**
南非总统**姆贝基**
尼日尔总统**坦贾**
塞内加尔总统**瓦德**
卢旺达总统**卡加梅**
马里总统**杜尔**
加纳总统**库福尔**
赞比亚总统**姆瓦纳瓦萨**
马达加斯加总统**拉瓦卢马纳纳**
肯尼亚总统**齐贝吉**
塞舌尔总统**米歇尔**
索马里过渡联邦政府总统**优素福**
莫桑比克总统**格布扎**
纳米比亚总统**波汉巴**
多哥总统**福雷**
毛里塔尼亚军事委员会主席**瓦勒**
布隆迪总统**恩库伦齐扎**
坦桑尼亚总统**基奎特**
利比里亚总统**瑟利夫**
贝宁总统**亚伊**
科摩罗总统**桑比**
莱索托首相**莫西西利**
毛里求斯总理**拉姆古兰**
佛得角总理**内韦斯**
摩洛哥首相**杰图**
安哥拉总理**费尔南多**
刚果(金)副总统**耶罗迪亚**
科特迪瓦经社理事会主席**福洛戈**
以及几内亚、中非、乍得、突尼斯、利比亚代表团团长

胡锦涛会见肯尼亚总统、马达加斯加总统 喀麦隆总统、坦桑尼亚总统和尼日利亚总统

本报北京11月3日讯 记者**吴绮敏**报道：国家主席胡锦涛3日下午在人民大会堂分别会见了前来出席中非合作论坛北京峰会的肯尼亚总统齐贝吉、马达加斯加总统拉瓦卢马纳纳、喀麦隆总统比亚、坦桑尼亚总统基奎特、尼日利亚总统奥巴桑乔，同他们就双边关系和中非合作交换了意见。

胡锦涛热烈欢迎5国领导人出席中非合作论坛北京峰会。他说，成立中非合作论坛，是中非几十年真诚友好、平等相待的必然结果，也是中非面向未来、加强合作、共谋发展的重大举措。会议期间，我们将就全面发展政治上平等互信、经济上互利共赢、文化上交流互鉴的中非新型战略伙伴关系作出部署。中方还将推出一系列帮助非洲国家加快发展的务实举措。这些成果将有助于提升中非在政治、经济、文化、社会等各领域的合作水平，为中非传统友好注入新的活力。5国领导人盛赞中非友谊，表示高度评价中国举办中非合作论坛北京峰会和为推动中非新型战略伙伴关系所作出的重要努力，期待与中方就双方各领域合作进行深入探讨。

在会见齐贝吉时，胡锦涛说，今年4月我同齐贝吉总统就深化中肯友好合作达成广泛共识，双方有关部门加紧落实，取得积极成果，双边贸易继续快速增长，文化、教育、卫生等领域的合作又有新进展。下一步，双方应扩大政府、立法机构、政党、民间交往，增进相互了解和信任；深化经贸合作，拓宽合作领域；密切在国际事务中的协调。中方愿为肯尼亚培训更多管理和技术人才，鼓励中国游客赴肯尼亚旅游。齐贝吉表示，肯中关系发展令人鼓舞，肯方愿同中方探讨扩大两国合作的新途径，加强务实合作，密切在国际和地区事务中的配合。

在会见拉瓦卢马纳纳时，胡锦涛表示，中马保持了密切的高层交往。两国在基础设施建设、农业领域的合作有序推进。希望两国政府部门建立畅通有效的沟通协调机制，及时就发展双边关系交流情况、共商办法；落实已商定的经贸合作项目，挖掘合作潜力；密切多边合作，中方支持马方在印度洋等地区事务中发挥积极作用。拉瓦卢马纳纳说，马达加斯加面临着繁重的国家建设和发展任务，正在实施新的国家发展规划。马方视中国为重要的合作伙伴和真诚朋友，期待同中方在基础设施建设、农业、人力资源培训、卫生保健、环保等领域开展合作，欢迎中国企业进入马方市场。

在会见比亚时，胡锦涛指出，今年是中喀建交35周年，中喀关系日渐成熟，双方政治友好不断加深，经贸合作逐步扩大，人力资源开发等领域的交流合作蓬勃发展，在联合国等国际事务中有着广泛共识。中方愿同喀方一道努力，加强两国政府和民间人员往来，同意给予喀麦隆中国公民组团出境旅游目的地国地位；深化双方经贸合作，支持两国企业开展形式多样的互利合作。 （下转第四版）

11月3日，国家主席胡锦涛在北京人民大会堂会见前来出席中非合作论坛北京峰会的刚果(布)总统萨苏。 新华社记者 兰红光摄

11月3日，国家主席胡锦涛在北京人民大会堂会见前来出席中非合作论坛北京峰会的尼日利亚总统奥巴桑乔。 新华社记者 黄敬文摄

11月3日，国家主席胡锦涛在北京人民大会堂会见前来出席中非合作论坛北京峰会的乌干达总统穆塞韦尼。 新华社记者 李学仁摄

11月3日，国家主席胡锦涛在北京人民大会堂会见前来出席中非合作论坛北京峰会的喀麦隆总统比亚。 新华社记者 黄敬文摄

吴邦国会见塞舌尔总统

新华社北京11月3日电 （记者**李忠发**）全国人大常委会委员长吴邦国3日在人民大会堂会见了塞舌尔总统米歇尔。

吴邦国说，中国与塞舌尔建交30年来，国际形势和两国国内情况都发生了很大变化，但两国关系稳步向前发展。双方政治互信不断加深，各领域合作富有成果，在国际事务中保持协调与配合。我们对塞政府奉行一个中国政策表示赞赏。中国历来主张国家不分大小、贫富、强弱，都是国际社会的平等一员。反对以大欺小、以富压贫、以强凌弱。我们愿在相互尊重、平等互利基础上，进一步深化与塞舌尔的友好合作关系。吴邦国表示，中国全国人大愿与塞国民议会加强交流与合作，夯实两国关系的民意基础，监督两国政府间协议的落实，推动两国务实合作。

米歇尔说，塞舌尔与中国有着传统友谊，两国政府、议会、政党间的交往密切。此访的目的就是为了加深塞中业已存在的友好关系，将两国各领域的合作提升到更高水平。

双方高度评价中非关系，一致认为即将召开的中非合作论坛北京峰会将在更大范围、更广领域、更高层次上推动中非友好合作，深化中非新型战略伙伴关系。

贾庆林会见乌克兰克里米亚自治共和国领导人

本报辛菲罗波尔（乌克兰）11月3日电 记者**王小光**报道：11月2日，全国政协主席贾庆林结束在基辅的访问日程，前往乌克兰克里米亚自治共和国首府辛菲罗波尔进行访问。乌克兰最高苏维埃第一副主席马丁纽克等乌方高级官员到机场为贾庆林送行。

当日，贾庆林在辛菲罗波尔会见了克里米亚自治共和国最高苏维埃主席格里岑科和部长会议主席普拉基达。

贾庆林说，访乌期间，我同乌方领导人共同回顾了两国友好合作关系发展的历程，都对两国各领域合作取得的成果感到满意，同时认为两国经贸等领域的合作还有很大潜力，前景十分广阔。双方就进一步发展中乌关系、加强经贸合作深入交换了意见，达成了广泛共识。通过访问，我深深感到中乌都珍视发展双边关系和互利合作，是彼此信赖的好朋友、真诚合作的好伙伴。相信在双方共同努力下，两国传统友谊将进一步巩固，友好合作关系将不断取得新成果。 （下转第三版）

温家宝会见塞舌尔总统、坦桑尼亚总统苏丹总统、刚果(布)总统和乌干达总统

本报北京11月3日讯 记者**王莉**报道：国务院总理温家宝3日下午在人民大会堂分别会见了塞舌尔总统米歇尔、坦桑尼亚总统基奎特、苏丹总统巴希尔、刚果（布）总统萨苏和乌干达总统穆塞韦尼。

温家宝与五国领导人对双边关系给予了高度评价，一致认为，中国与五国无论在双边领域还是在国际事务中，始终相互支持、相互帮助，结下了深厚友谊。六国领导人一致表示，中非双方将沿着中非新型战略伙伴关系确定的方向，加强互利合作，推动双边关系向前发展。

在会见米歇尔时，温家宝说，塞舌尔独立后第二天即与中国建交，30年来，塞方历届政府积极致力于发展对华关系，在台湾等一系列重大问题上给予中方坚定的支持。中塞关系发展很好，有着坚实的基础。 （下转第四版）

曾庆红会见安哥拉总理和刚果(金)副总统

新华社北京11月3日电 （记者**荣燕**）国家副主席曾庆红3日在人民大会堂分别会见了安哥拉总理费尔南多和刚果（金）副总统耶罗迪亚。

曾庆红欢迎费尔南多和耶罗迪亚前来出席中非合作论坛北京峰会，表示此次峰会是中非关系史上的一次创举，将进一步巩固中非传统友谊、深化中非新型战略伙伴关系，并向全世界宣示中非携手共进、致力于人类进步和发展事业的决心。

费尔南多和耶罗迪亚高度评价非中友谊，感谢中方长期以来向非洲提供的宝贵支持和无私帮助，表示愿与中方一道，使峰会成为一次推动非中关系全面发展的盛会。

在会见费尔南多时，曾庆红说，中安建交23年来，两国关系始终顺利发展，历久弥坚。特别是安哥拉进入和平与发展新时期后，中安各领域合作不断扩大，经贸往来发展迅速，安哥拉已成为中国在非洲的最大贸易伙伴。 （下转第四版）

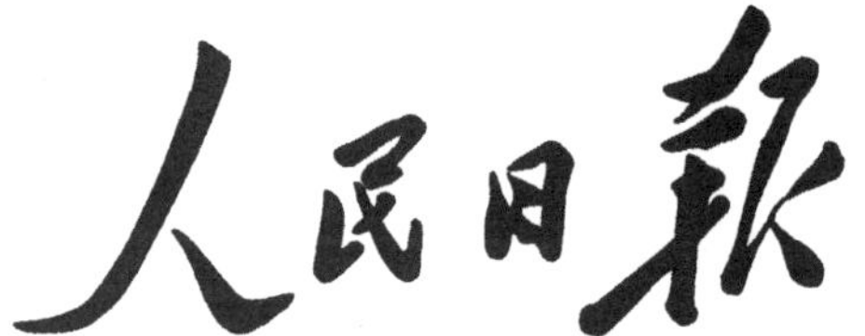

RENMIN RIBAO

今日 12 版

人民网 网址:http://www.people.com.cn
手机:http://wap.people.com.cn

国内统一连续出版物号 CN 11-0065
第 21302 期 (代号 1-1)
人民日报社出版

2006 年 11 月
5
星期日
丙戌年九月十五

北京地区天气预报
白天 晴间多云
风向 偏北
风力 五、六级
夜间 晴
风向 偏北
风力 四、五级
温度 10℃/0℃

11 月 4 日，中非合作论坛北京峰会在人民大会堂隆重开幕。这是大会会场。 新华社记者 张 旭摄

中非合作论坛北京峰会隆重开幕

中国国家主席胡锦涛出席并发表重要讲话

与会非洲国家元首、政府首脑和国际组织代表等共同出席

中国政府将采取 8 个方面的政策措施推动中非新型战略伙伴关系发展：(一)扩大对非洲援助规模，到 2009 年使中国对非洲国家的援助规模比 2006 年增加 1 倍。(二)今后 3 年内向非洲国家提供 30 亿美元的优惠贷款和 20 亿美元的优惠出口买方信贷。(三)为鼓励和支持中国企业到非洲投资，设立中非发展基金，基金总额逐步达到 50 亿美元。(四)为支持非洲国家联合自强和一体化进程，援助建设非洲联盟会议中心。(五)免除同中国有外交关系的所有非洲重债穷国和最不发达国家截至 2005 年底到期的政府无息贷款债务。(六)进一步向非洲开放市场，把同中国有外交关系的非洲最不发达国家输华商品零关税待遇受惠商品由 190 个税目扩大到 440 多个。(七) 今后 3 年内在非洲国家建立 3 至 5 个境外经济贸易合作区。(八) 今后 3 年内为非洲培训培养 15000 名各类人才；向非洲派遣 100 名高级农业技术专家；在非洲建立 10 个有特色的农业技术示范中心；为非洲援助 30 所医院，并提供 3 亿元人民币无偿援款帮助非洲防治疟疾，用于提供青蒿素药品及设立 30 个抗疟中心；向非洲派遣 300 名青年志愿者；为非洲援助 100 所农村学校；在 2009 年之前，向非洲留学生提供中国政府奖学金名额由目前的每年 2000 人次增加到 4000 人次

本报北京 11 月 4 日讯 记者**刘水明、吴绮敏**报道：中非合作论坛北京峰会 4 日上午在人民大会堂隆重开幕。中国国家主席胡锦涛同论坛共同主席国埃塞俄比亚总理梅莱斯等 48 个非洲国家元首、政府首脑等及国际组织代表出席开幕式。胡锦涛在会上发表了重要讲话。

中国国家副主席曾庆红、国务院副总理吴仪出席开幕式。开幕式由国务委员唐家璇主持。

今天的天安门广场，鲜花簇拥，彩旗飘扬。9 时 10 分起，与会的 48 个论坛非洲成员国代表团团长和非盟委员会主席科纳雷陆续来到人民大会堂。胡锦涛在北大厅迎接，同他们热情握手，欢迎来自远方的非洲朋友，向他们表达良好的祝愿。之后，各代表团团长在峰会纪念邮封上签名。

鲜花装点的峰会会场，洋溢着中非友好的热烈气氛。用中英法三种文字书写的横幅展现了这次峰会的主题——友谊、和平、合作、发展。主席台上，中国和 48 个非洲国家的国旗整齐排列，印有中非合作论坛会徽和中非合作论坛北京峰会字样的巨幅蓝色背景板格外醒目。当胡锦涛和非洲国家领导人走进会场时，军乐队高奏迎宾曲，全体起立，掌声雷动。

10 时零 2 分，唐家璇宣布中非合作论坛北京峰会开幕。

在热烈的掌声中，胡锦涛发表了重要讲话（**讲话全文见第二版**）。他指出，今天是值得历史记住的日子。我们中非领导人本着友谊、和平、合作、发展的宗旨，相聚北京，共叙友情，共商推动中非关系发展、促进发展中国家团结合作的大计。我谨代表中国政府和中国人民，并以我个人的名义，对各位同事和嘉宾前来出席会议，表示热烈的欢迎和衷心的感谢。

胡锦涛指出，今年正值新中国同非洲国家开启外交关系 50 周年。中国与非洲虽然远隔重洋，但中非人民友谊源远流长、历久弥坚。50 年来，中非人民紧密团结，中非友好不断深化。今天，中非友好已深深扎根在双方人民心中。中非友好之所以能够经受住历史岁月和国际风云变幻的考验，关键是我们在发展相互关系中始终坚持真诚友好、平等相待、相互支持、共同发展的正确原则。

——真诚友好，是中非友谊不断加强的坚实基础。我们双方都珍视中非传统友谊，诚心诚意致力于中非友好事业。

——平等相待，是中非互信日益增进的重要保证。我们双方都尊重对方自主选择的发展道路，高度重视对方的关切，认真学习对方的发展经验。

——相互支持，是中非合作长盛不衰的不竭动力。我们双方都衷心希望并真心支持对方发展进步，积极开展全方位合作。

——共同发展，是中非人民孜孜以求的共同目标。我们双方都坚持互利互惠的友好合作，让发展成果惠及双方人民。

胡锦涛强调，中国是最大的发展中国家，非洲是发展中国家最集中的大陆。没有中国和非洲的和平与发展，就没有世界的和平与发展。在新形势下，中非共同利益在扩大，相互需求在增加。建立中非新型战略伙伴关系是中非合作的内在需要，也是促进世界和平与发展的必然要求。中非关系不断发展，不仅有利于中国和非洲的发展进步，而且有利于促进发展中国家的团结合作，有利于推动建立公正合理的国际政治经济新秩序。为进一步发展中非新型战略伙伴关系，中国愿同非洲国家在以下领域加强合作。

第一，深化平等互信的政治关系。保持高层互访和交往势头，建立定期高层政治对话机制，开展战略对话，增强政治互信，加深传统友谊，实现团结共进。

第二，拓展互利共赢的经济合作。发挥各自优势，密切经贸联系，拓宽合作领域，支持双方企业合作，提升人力资源开发合作水平，积极探索新的合作方式，共享发展成果。

第三，扩大相互借鉴的文化交流。加强人文对话，增进双方人民特别是青年一代的相互了解和友谊，加强教育、科技、文化、卫生、体育、旅游等领域的交流合作，为中非合作提供精神动力和文化支持。

11 月 4 日，中非合作论坛北京峰会在人民大会堂隆重开幕。国家主席胡锦涛在会上发表重要讲话。
新华社记者 兰红光摄

第四，推动均衡和谐的全球发展。加强南南合作，推动南北对话，呼吁发达国家切实兑现市场准入、增加援助、减免债务等承诺，落实千年发展目标，促进经济全球化朝着有利于实现各国共同繁荣的方向发展。

第五，加强相互支持的国际合作。维护联合国宪章的宗旨和原则，尊重世界多样性，促进国际关系民主化，倡导互信互利的国际安全合作，加强磋商和协调，照顾彼此关切，共同应对各类全球性安全威胁和挑战。

胡锦涛表示，为推动中非新型战略伙伴关系发展，促进中非在更大范围、更广领域、更高层次上的合作，中国政府将采取以下 8 个方面的政策措施。

(一)扩大对非洲援助规模，到 2009 年使中国对非洲国家的援助规模比 2006 年增加 1 倍。

(二)今后 3 年内向非洲国家提供 30 亿美元的优惠贷款和 20 亿美元的优惠出口买方信贷。

(三)为鼓励和支持中国企业到非洲投资，设立中非发展基金，基金总额逐步达到 50 亿美元。

(四)为支持非洲国家联合自强和一体化进程，援助建设非洲联盟会议中心。

(五)免除同中国有外交关系的所有非洲重债穷国和最不发达国家截至 2005 年底到期的政府无息贷款债务。

(六)进一步向非洲开放市场，把同中国有外交关系的非洲最不发达国家输华商品零关税待遇受惠商品由 190 个税目扩大到 440 多个。

(七)今后 3 年内在非洲国家建立 3 至 5 个境外经济贸易合作区。

(八)今后 3 年内为非洲培训培养 15000 名各类人才；向非洲派遣 100 名高级农业技术专家；在非洲建立 10 个有特色的农业技术示范中心；为非洲援助 30 所医院，并提供 3 亿元人民币无偿援款帮助非洲防治疟疾，用于提供青蒿素药品及设立 30 个抗疟中心；向非洲派遣 300 名青年志愿者；为非洲援助 100 所农村学校；在 2009 年之前，向非洲留学生提供中国政府奖学金名额由目前的每年 2000 人次增加到 4000 人次。

胡锦涛指出，中国和非洲都是人类文明的发祥地，都是充满希望的热土。共同的命运、共同的目标把我们紧紧团结在一起。中国永远是非洲的好朋友、好伙伴、好兄弟。

胡锦涛最后强调，让我们携手并肩、昂首阔步，为实现中非发展，为造福中非人民，为推动建设持久和平、共同繁荣的和谐世界而共同努力！

论坛共同主席国埃塞俄比亚总理梅莱斯和非盟轮值主席刚果（布）总统萨苏也分别致辞。

梅莱斯表示，这次峰会正值中国和非洲国家开启外交关系 50 周年，峰会将进一步重申和推进非中战略伙伴关系。中国和非洲国家的伙伴关系由来已久，甚至可以追溯到非洲反殖民主义斗争的时期。中国为非洲民族独立斗争提供了无私帮助。摆在我们面前的主要挑战，是战胜贫困落后和实现经济独立。中国的和平发展、经济规模迅速增加以及全球地位提高，表明经济合作应该成为非中新型战略伙伴关系的核心内容。对于日益增长的中国经济来说，非洲是可靠的投资和贸易目的地。双方也可以在自然资源领域进行互利合作。对于非洲来说，中国可以提供成功的发展经验，分享技术和开展贸易投资，所以非洲和中国的经济高度互补，这使得我们有可能建立互利共赢的战略经济伙伴关系。非洲需要和平与稳定的环境来应对这些挑战，中国也需要稳定和平静的国际环境来继续和平发展，这是非中发展战略伙伴关系的坚实基础。他表示相信，这次峰会一定能够达到既定目标，并作为非洲与中国友好关系发展的新起点载入史册。

萨苏在致辞中说，1955 年的万隆会议为非中关系奠定了基础。虽然中非合作论坛仅有 6 年历史，然而我们取得的成就在政治、经济、社会、文化领域具有重要意义。这次峰会将审议通过的《中非合作论坛北京峰会宣言》和《中非合作论坛—北京行动计划(2007—2009)》意义重大。这两个文件将使非中合作在未来 3 年内提升到一个新的高度。这次峰会将发展和加强非中战略伙伴关系，并使其更务实、更广泛、更富有成效。

一些非洲地区组织和联合国机构等国际组织和联合国秘书长安南的代表出席了开幕式。

中非合作论坛是 2000 年中非双方共同创立的，目前已成为新形势下中非集体对话的重要平台和务实合作的有效机制。围绕此次峰会的主题，中非领导人将回顾中非 50 年来的友好合作以及中非合作论坛成立 6 年来取得的成果，推动发展中非新型战略伙伴关系、规划未来务实合作。北京峰会不仅是中非关系深入发展并走向成熟的重要标志，而且将成为中非友谊史上一座新的里程碑。

胡锦涛会见赤道几内亚总统、马里总统、埃塞俄比亚总理

本报北京 11 月 4 日讯 记者**吴绮敏**报道：国家主席胡锦涛 4 日上午在人民大会堂分别会见了出席中非合作论坛北京峰会的赤道几内亚总统奥比昂、马里总统杜尔、埃塞俄比亚总理梅莱斯。

胡锦涛首先欢迎并感谢 3 国领导人出席中非合作论坛北京峰会。他希望双方共同努力，以这次论坛峰会为新起点，把中非友好合作关系不断推向前进。3 国领导人祝贺峰会开幕式圆满成功。他们指出，中非人民有着深厚的友好感情、广泛的共同利益，峰会的召开对推动中非合作和南南合作具有重要意义。胡锦涛主席在开幕式上的讲话表达了中国政府和人民加强中非合作的坚定意志，中国政府宣布的推动中非新型战略伙伴关系发展的 8 个方面政策措施令人振奋。

在会见奥比昂时，胡锦涛表示，中国和赤道几内亚友好关系加速发展，双方政治互信增强，务实合作取得新进展，在国际事务中合作密切。两国经贸部门已开始执行双方经贸合作的框架协议，希望双方尽早实施上述项目。 （下转第四版）

胡锦涛会见纳米比亚总统、莫桑比克总统 吉布提总统、毛里塔尼亚元首、塞内加尔总统

本报北京 11 月 4 日讯 记者**吴绮敏**报道：国家主席胡锦涛 4 日下午在人民大会堂分别会见了出席中非合作论坛北京峰会的纳米比亚总统波汉巴、莫桑比克总统格布扎、吉布提总统盖莱、毛里塔尼亚军委会主席、国家元首瓦勒，塞内加尔总统瓦德。

胡锦涛首先欢迎 5 国领导人出席北京峰会，表示期待着同非洲国家领导人就发展中非新型战略伙伴关系深入探讨。5 国领导人盛赞中非友谊，表示长期以来，中国在谋求发展、造福人民的同时，一直惦记着非洲人民，给予非洲人民宝贵援助，不断加强中非团结和合作。5 国领导人高度评价中国政府和人民作为东道主为北京峰会付出的辛劳和所做的周到安排，指出北京峰会不仅将加强中非关系，也将促进非洲的团结和发展。 （下转第四版）

11 月 4 日，国家主席胡锦涛在北京人民大会堂为出席中非合作论坛北京峰会的各成员国代表团举行欢迎宴会。这是宴会前，胡锦涛和夫人刘永清，吴邦国、温家宝、贾庆林、曾庆红、吴官正、李长春、罗干同各成员国代表团团长等亲切握手。
新华社记者 兰红光摄

人民日报

RENMIN RIBAO

2006年11月

6

星期一

丙戌年九月十六

北京地区天气预报

白天　晴

风向　偏北

风力　四、五级转二、三级

夜间　晴

风向　偏北

风力　一、二级

温度　10℃/-2℃

今日16版(华东、华南地区20版)　国内统一连续出版物号 CN 11-0065

第21303期（代号1-1）

人民网　网址:http://www.people.com.cn

手机:http://wap.people.com.cn

人民日报社出版

十一月五日，中非合作论坛北京峰会在人民大会堂举行圆桌会议。这是圆桌会议会场。　新华社记者　鞠　鹏摄

中非合作论坛北京峰会通过峰会宣言和北京行动计划

胡锦涛主持通过峰会文件并作总结发言

本报北京11月5日讯　记者王莉报道:中非合作论坛北京峰会5日举行圆桌会议。中国国家主席胡锦涛和论坛共同主席国埃塞俄比亚总理梅莱斯分别主持第一阶段和第二阶段会议。胡锦涛主持通过《中非合作论坛北京峰会宣言》和《中非合作论坛——北京行动计划（2007至2009年）》,并作总结发言后宣布峰会闭幕。

上午9时30分，胡锦涛同48个论坛非洲成员国代表团团长和非盟委员会主席科纳雷一同步入圆桌会议会场。胡锦涛宣布会议开始。

在上午的第一阶段会议和下午的第二阶段会议上,加蓬总统邦戈等论坛非洲成员国代表团团长依次发言。他们重点就50年来中非关系发展、新形势下发展中非新型战略伙伴关系、深化中非务实合作、加强中非合作论坛机制建设以及共同关心的国际和地区问题发表了意见。

下午第二阶段会议结束前,胡锦涛主持通过了《中非合作论坛北京峰会宣言》和《中非合作论坛——北京行动计划（2007至2009年）》。峰会宣言重点反映了双方对重大国际问题的看法和主张，郑重宣示建立和发展中非新型战略伙伴关系。北京行动计划主要阐述未来3年中非经济社会领域合作的规划和内容,体现双方互利互惠、共同发展的合作精神。

随后,胡锦涛对会议进行总结发言。他说,两天来,我们在友好务实的气氛中就中非关系发展及重大国际和地区问题充分交换意见,达成许多重要共识,取得了丰硕成果。

胡锦涛指出,我们一致同意建立政治上平等互信、经济上合作共赢、文化上交流互鉴的中非新型战略伙伴关系,并确定了发展这一关系的优先领域。我们审议并通过了《中非合作论坛北京峰会宣言》和《中非合作论坛——北京行动计划（2007至2009年）》,对中非关系进行了总结,对未来中非合作进行了规划。我们阐述了对重大国际和地区问题的看法和立场,决定在国际事务中相互支持、密切配合,共同维护发展中国家的正当权益。

胡锦涛表示，我们就加强中非务实合作进行了深入探讨,认为中非合作给双方人民带来了实实在在的好处,符合双方利益,发展前景广阔。我们交流了治国理政经验,决心继续尊重并支持对方自主选择发展道路，在建设国家的进程中相互学习、共同进步。我们回顾了中非合作论坛取得的成果,决定完善论坛机制,加强集体对话,推进论坛行动计划同非洲经济社会发展计划的协调和配合。我们回顾了中非友好交往的历史，一致认为中非传统友谊是双方的宝贵财富,决心更好地继承并发扬光大。

胡锦涛强调，北京峰会为我们构筑长期稳定、内涵丰富、不断发展的中非新型战略伙伴关系奠定了坚实基础。我愿同各位同事一道,秉承友谊、和平、合作、发展的峰会宗旨,共同推动会议成果的落实。中非双方应该以北京峰会为契机,不断完善论坛机制,提高运作效率,充实合作内涵,扩大合作领域,积极推进新形势下的中非友好合作。

胡锦涛强调,中国是发展中国家的一员,加强同发展中国家的团结合作是中国外交的基石。在维护世界和平、促进共同发展的进程中，中国将始终同包括非洲国家在内的广大发展中国家站在一起。胡锦涛重申:

第一,中国永远是促进非洲和平稳定的可靠伙伴。和平稳定是非洲实现发展繁荣的前提。作为非洲的真诚朋友,中国将继续为非洲实现和平稳定提供政治、经济、外交支持,支持联合国和非洲联盟发挥更大作用,积极参与联合国在非洲的维和行动。中国愿为非洲内部解决一些分歧和争端发挥建设性作用。

11月5日，中非合作论坛北京峰会在人民大会堂举行圆桌会议。中国国家主席胡锦涛主持第一阶段会议，并作圆桌会议总结发言。　新华社记者　鞠　鹏摄

第二,中国永远是实现非洲发展繁荣的可靠伙伴。中国将把加强对非合作与自身发展更紧密地结合起来，逐步扩大对非洲的市场开放、投资、援助、技术转让和人力资源培训。中国坚定地支持非洲国家探索符合本国国情的发展道路和模式,支持非洲增强自主发展能力。

第三,中国永远是支持非洲积极参与国际事务的可靠伙伴。非洲是国际舞台上的一支重要力量,世界不应该忽视非洲的声音。中国将支持非洲在国际事务中发挥更大作用、加强同非洲的协调和合作,共同促进国际政治、经济、贸易、金融体制朝着更加公正合理的方向发展。中国将一如既往地支持非洲国家维护正当权益,积极推动国际社会加大对非洲的关注和投入。

胡锦涛最后说,中非合作论坛北京峰会各项议程已经完成。我们共同见证了中非友好合作的又一重要历史时刻。我们将共同创造中非合作更加美好的未来。让我们抓住机遇、共迎挑战,继承传统友谊,深化全面合作,为发展中非新型战略伙伴关系而不懈努力,为中国和非洲的发展振兴而不懈努力。

下午4时40分,胡锦涛宣布,中非合作论坛北京峰会闭幕。

在当天圆桌会议发言中,论坛非洲成员国代表团团长们高度评价这次峰会，认为这次峰会在中国同非洲国家开启外交关系50周年之际举行,意义重大。这次会议与会代表团级别之高、参与国家之多,证明了中国在非洲大陆享有崇高威望。中国和非洲领导人的积极与会也表明,双方对中国倡导的非中对话与合作寄予厚望。他们认为,这次峰会是地理相隔遥远而心灵相距很近的两个地区人民进行的一次重要对话,是中非关系长期发展的结果。6年前启动的中非合作论坛体现了中国和非洲国家真诚友好的关系,已经成为对话与合作的有效平台。这次峰会必将给论坛发展增添新的动力。这次峰会也将开辟新的合作前景,加强以合作促发展的理念。他们认为,峰会取得了丰硕成果,是中非关系的重要转折点,中非友好合作是南南合作的典范之一。

各位团长高度评价胡锦涛在峰会开幕式上宣布的8项重要政策措施。他们说,胡锦涛在演讲中提出的具体举措,很好地回应了非洲人民的关切。非常感谢中国在减免债务、医疗卫生、技术转让等方面给予非洲的援助。对于中国承诺将进一步打开市场以吸引更多非洲商品，鼓励中国企业投资非洲以及参与非洲的基础设施建设,表示高度赞赏。团长们说,中国支持非洲发展的努力和务实的思路,让他们感到充满希望。中国和非洲国家的合作不附带任何条件,基于相互尊重、互不干涉内政以及互惠互利的原则。中国即使在自身经济很困难的情况下也真诚帮助了非洲。非中合作不仅为推动非中互利关系发展提供了巨大空间，也成为保护和促进各国文化多样性的有效途径。

团长们高度评价这次峰会通过的两个政治文件。他们表示,《中非合作论坛北京峰会宣言》和《中非合作论坛——北京行动计划（2007至2009年)》是非常好的文件,成功实施上述两个文件将进一步密切非中伙伴关系。他们表示支持北京宣言提出的建立和发展中非新型战略合作伙伴关系的建议，致力于维护中非战略合作伙伴关系的框架和原则,并且保证将全力落实北京行动计划,认为该计划必将给非中合作注入新的活力。

当天中午，胡锦涛为出席圆桌会议的各代表团团长举行午宴。

国务院副总理吴仪、国务委员唐家璇等出席了当天的圆桌会议。

中非合作论坛北京峰会举行峰会宣言宣读仪式

胡锦涛同梅莱斯、穆巴拉克等出席并宣读宣言

本报北京11月5日讯　记者吴绮敏报道：中非合作论坛北京峰会5日下午举行《中非合作论坛北京峰会宣言》宣读仪式。中国国家主席胡锦涛和论坛共同主席国埃塞俄比亚总理梅莱斯、论坛下届部长级会议主办国埃及总统穆巴拉克出席并共同宣读宣言。

宣言宣读仪式在人民大会堂举行。16时55分，胡锦涛同出席中非合作论坛北京峰会的论坛非洲成员国代表团团长及非盟委员会主席科纳雷一同来到北大厅,出席宣言的宣读仪式。

仪式开始后,胡锦涛说,今天,中非合作论坛北京峰会举行了圆桌会议,与会领导人和代表就发展新形势下的中非新型战略伙伴关系充分交换意见，达成广泛共识,一致通过了《中非合作论坛北京峰会宣言》和《中非合作论坛——北京行动计划（2007至2009年)》。

胡锦涛说，他将和埃塞俄比亚总理梅莱斯、埃及总统穆巴拉克共同宣读峰会宣言。接着,胡锦涛用中文宣读宣言的第一部分，梅莱斯用英文宣读宣言的第二部分，穆巴拉克用阿拉伯文宣读宣言的第三部分。

《中非合作论坛北京峰会宣言》是这次峰会取得的重要成果之一。宣言集中反映了双方对重大国际问题的看法和主张，郑重宣示中非建立和发展新型战略伙伴关系。宣言指出,当前国际形势正经历着复杂深刻的变化，人类社会相互依存日益加深,求和平、促发展、谋合作成为时代的潮流和各国的优先目标（**宣言全文见第四版**）。

宣言强调根据和平共处五项原则以及所有倡导多边主义和国际关系民主化的国际准则发展友好合作关系；尊重和维护世界的多样性，世界各国不分大小贫富强弱应彼此尊重、平等相待、和睦相处;不同文明和发展模式应相互借鉴、相互促进、和谐共存。　**（下转第四版）**

十一月五日下午，中非合作论坛北京峰会在人民大会堂闭幕。中国国家主席胡锦涛与论坛非洲成员国代表团团长以及非盟委员会主席亲切握手道别。　新华社发

11月5日下午,中非合作论坛北京峰会在人民大会堂北大厅举行《中非合作论坛北京峰会宣言》宣读仪式。这是宣读仪式结束后,胡锦涛和论坛非洲成员国代表团团长以及非盟委员会主席集体合影。　新华社记者　樊如钧摄

人民日報

RENMIN RIBAO

今日 16 版(华东、华南地区 20 版) 国内统一连续出版物号 CN 11-0065 第 21304 期 (代号 1-1)

人民网 网址:http://www. people. com. cn 手机:http://wap. people. com. cn

人民日报社出版

2006 年 11 月 7 星期二 丙戌年九月十七

北京地区天气预报 白天 晴间多云 风向 北转南 风力 二、三级 夜间 晴转多云 风向 偏南 风力 一、二级 温度 16℃/4℃

胡锦涛同南非总统姆贝基会谈

11月6日，国家主席胡锦涛在北京人民大会堂举行仪式，欢迎来华出席中非合作论坛北京峰会后对中国进行国事访问的南非总统姆贝基。 新华社记者 李学仁摄

本报北京11月6日讯 记者**吴绮敏**报道：国家主席胡锦涛6日在人民大会堂同来华出席中非合作论坛北京峰会后对中国进行国事访问的南非总统姆贝基会谈。双方就在平等互利、共同发展的基础上加强两国长期稳定的战略伙伴关系达成广泛共识，同意共同推进中非新型战略伙伴关系发展，加强在国际事务中的协调和配合。

胡锦涛说，建交9年来，两国关系全面快速发展，双方建立了战略伙伴关系。两国政治、经贸、科技、文化、教育、旅游、人力资源开发等领域的合作富有成效，在重大国际和地区问题上进行了密切配合。我们赞赏南非坚持一个中国政策，积极支持中国统一大业。

胡锦涛强调，中国和南非加强长期稳定的战略伙伴关系，符合两国和两国人民的根本利益，也有利于世界的和平与发展。他建议：一、增强政治互信，加强战略磋商。保持两国高层交往势头。充分发挥国家双边委员会等交流机制的作用，促进各领域互利合作。二、发挥各自优势，提高经贸合作水平。鼓励和支持双向投资，优化贸易结构，保障两国贸易健康顺利发展。三、开展外交磋商，加强协调配合。中方支持南非促进发展中国家团结合作的努力，愿加强同南非的沟通和交流，在联合国事务中加强协调和配合，共同维护发展中国家的正当权益。四、加强人文交流，夯实中南关系发展的社会基础。希望双方扩大教育、人力资源开发、卫生、文化、体育、学术、媒体、旅游等领域的交流合作。

姆贝基赞同胡锦涛对两国关系的评价，积极回应胡锦涛的4点建议。他说，再过1年，两国将迎来建交10周年，南非希望届时双方认真回顾两国关系的发展历程，继续深化双方合作。当前，南非将同中方一道落实好双方关于深化战略伙伴关系的合作纲要，开好双边委员会北京会议，推进贸易、投资、人力资源、文化、体育合作。南非欢迎中国企业竞标南非世界杯足球赛场馆建设。 (下转第四版)

临淮岗洪水控制工程昨日正式建成

淮河中下游防洪标准提高到百年一遇

落实科学发展观·构建和谐社会

·协调发展加强社会事业建设

本报合肥11月6日电 记者**赵永平、何聪**报道：治淮的标志性工程和淮河防洪关键性工程——临淮岗洪水控制工程6日正式建成。这标志着淮河干流从此结束无控制性枢纽的历史，使淮河中下游防洪标准从不足50年一遇提高到100年一遇，沿淮人民的安澜梦想正变成现实。

据了解，临淮岗洪水控制工程是国务院确定的19项治淮骨干工程之一，也是国家"十五"计划的重点项目。历史上，淮河流域曾经是"大雨大灾，小雨小灾"。临淮岗工程建成后，按设计标准，如果淮河干流发生100年一遇洪水，可以滞蓄85.6亿立方米；如发生1000年一遇洪水，可以滞蓄121.3亿立方米。这样将能从根本上改变淮河干流洪水长驱直下、威胁淮北平原和沿淮城市遭受威胁。

该工程位于淮河干流中游，涉及河南、安徽两省，主体工程跨安徽省霍邱、颍上、阜南三县，控制面积4.22万平方公里。该工程是淮河中游最大的水利枢纽工程，总投资22.67亿元，2006年6月主体工程顺利通过竣工初步验收。

临淮岗工程的防洪保护范围是正阳关以下的淮北地区和蚌埠、淮南等沿淮城市。据专家测算，工程建成后，如淮河发生100年一遇洪水时，避免向淮北分洪，可减少淹没面积1290平方公里，一次性防洪减灾效益为306亿元，是工程投资的10多倍。同时工程建成后，还能有效保护京沪铁路、合阜公路等重要交通干线的安全，为煤矿、电厂提供安全保障，为淮河中下游广大地区生产生活提供安全保障。此外，工程还具有蓄水灌溉、改善航运条件等综合效益。

淮委最新统计显示，截至10月底，19项治淮骨干工程已完成总投资的60%。目前已有6项工程竣工并发挥效益，大型病险水库除险加固、汾泉河初步治理、淮河中游临淮岗洪水控制等3项工程已基本完成，还有10项工程在建，工程建设已全面提速，预计2007年底19项治淮骨干工程全面建成，将比原计划提前3年发挥效益。

胡锦涛同阿尔及利亚总统布特弗利卡会谈

11月6日，国家主席胡锦涛在北京人民大会堂举行仪式，欢迎来华出席中非合作论坛北京峰会后对中国进行国事访问的阿尔及利亚总统布特弗利卡。 新华社记者 鞠鹏摄

本报北京11月6日讯 记者**吴绮敏**报道：国家主席胡锦涛6日在人民大会堂同来华出席中非合作论坛北京峰会后对中国进行国事访问的阿尔及利亚总统布特弗利卡会谈。

胡锦涛表示，中阿人民有着兄弟般的友好情谊。双方在争取民族解放和建设国家的事业中一贯相互理解、相互支持。中国人民不会忘记阿尔及利亚为恢复新中国在联合国的合法席位发挥的重要作用。近年来，中阿传统友谊不断焕发新的活力，呈现出蓬勃发展的良好态势。双方政治互信不断加强，建立了战略合作关系。互利合作不断扩大，双边贸易额连年攀升，通信、基础设施、人力资源培训等领域的合作成果显著。在国际事务中的协调和配合不断深化，在联合国改革、人权、反恐等重大问题上共识广泛、配合默契，共同维护两国和广大发展中国家的共同利益。胡锦涛表示，中方感谢阿方坚持一个中国政策。

胡锦涛指出，中阿都是重要的发展中国家。在新形势下进一步巩固传统友谊、深化两国战略合作，是双方共同的需要，符合两国和两国人民的根本利益。他提出，第一，增进政治友好。加强两国政府、立法机构、政党的交往，加强双方在国际和地区事务中的协调和配合。第二，深化互利合作。中方愿同阿方建立长期稳定的合作机制，加强基础设施建设、交通、通信等领域的合作。第三，扩大人文交流。加强双方卫生、科技、教育、文化、旅游、人力资源培训等领域的友好合作。中国政府已同意给予阿尔及利亚中国公民组团出境旅游目的地国地位。

布特弗利卡表示，阿中友谊历经考验，真诚牢固。阿尔及利亚人民不会忘记在国家独立第三天就得到中国承认。在经济全球化的形势下，南北对话重要，南南合作更紧迫。阿尔及利亚致力于南南合作，视中国为特殊的朋友和伙伴，希望与中国积极开展贸易、投资、农业、水利、文化、科技、安全等领域的战略合作。阿尔及利亚对阿中关系的前景充满信心。 (下转第四版)

胡锦涛会见贝宁总统、多哥总统 厄立特里亚总统、津巴布韦总统和尼日尔总统

本报北京11月6日讯 记者**吴绮敏**报道：国家主席胡锦涛6日在人民大会堂分别会见了前来出席中非合作论坛北京峰会的贝宁总统亚伊、多哥总统福雷、厄立特里亚总统伊萨亚斯、津巴布韦总统穆加贝、尼日尔总统坦贾。

五国领导人热烈祝贺中国成功举办峰会，高度评价中非合作论坛北京峰会取得的丰硕成果，表示峰会对非洲和非洲发展具有特别重要的意义，体现了中国政府和中国人民对非洲人民的真情厚意，感谢中国为峰会成功作出的重要贡献。胡锦涛感谢各国领导人出席峰会，希望同非洲各国一道努力，真诚友好、平等相待，相互支持、共同发展，积极落实峰会成果，确保各项新举措收到实效，造福非洲人民，把中非关系不断提高到新的水平。

在会见亚伊时，胡锦涛指出，中贝关系顺利发展，双方签署的协议得到积极落实。下一阶段，双方应密切配合，推进有关项目，扩大农业、基础设施建设等领域的合作，早日将合作意愿转化为实实在在的成果。亚伊表示，贝中关系令贝宁人民骄傲，贝宁人民永远和中国人民站在一起，期待同中方一道，推动两国关系朝着战略伙伴关系方向发展。贝中各领域合作进展顺利，希望双方继续加强重点领域的合作。

在会见福雷时，胡锦涛说，中多双方就深化传统友谊、加强务实合作达成的共识已基本落实。两国经贸、文教、卫生等领域合作取得积极进展。双边贸易快速增长。两国在国际事务中一如既往地相互理解和支持。中方愿同多方一道，深化传统友谊，扩大互利合作。福雷说，中国给予非洲和多哥的支持和帮助，无论是农业技术、基础设施建设还是医疗卫生、文化设施都是实实在在的，我们倍加珍惜。多方对多中友谊和未来合作充满信心，愿同中方一道，加强务实合作，造福两国人民。

在会见伊萨亚斯时，胡锦涛指出，中厄关系进展顺利，有关合作项目取得实效。今后，双方在加强两国政府、政党、立法机构、民间交往的同时，应该重点拓展经贸领域合作。中方将继续采取措施扩大从厄立特里亚进口，鼓励中国企业赴厄立特里亚投资，努力实现两国政治关系和经贸合作齐头并进。伊萨亚斯赞同胡锦涛的建议。他说，厄立特里亚是一个年轻国家，独立以来一直得到中国的援助，这对厄立特里亚经济社会发展非常重要。厄方高度评价中国积极参与和支持非洲的和平与发展事业，推动解决地区热点问题，希望中国继续在非洲发展进步中发挥建设性作用。

在会见穆加贝时，胡锦涛表示，中津关系保持良好发展势头，各领域合作不断扩大，在国际事务中密切配合。发展中津友好合作关系是中国政府坚定不移的方针。中方愿保持两国高层往来，牢牢把握两国关系的发展方向，积极探讨新的合作方式，加强两国农业、电信、交通、基础设施等领域的互利合作，增加两国人民特别是青年一代交往，增进相互了解和友谊。 (下转第四版)

吴邦国会见埃及、阿尔及利亚、南非总统和毛里求斯总理

本报北京11月6日讯 记者**王莉**报道：全国人大常委会委员长吴邦国6日在人民大会堂分别会见了埃及总统穆巴拉克、阿尔及利亚总统布特弗利卡、南非总统姆贝基和毛里求斯总理拉姆古兰。

吴邦国与四国领导人高度评价了刚刚闭幕的中非合作论坛北京峰会，一致认为，此次北京峰会的圆满成功，对深化中非友好合作具有重大的现实意义和深远的历史意义。大家表示，将积极贯彻落实峰会达成的共识，共同推动中非新型战略伙伴关系不断向前发展。

在会见穆巴拉克时，吴邦国说，50年前中埃建交，不仅开启了中埃友好关系新篇章，而且有力带动了中国与阿拉伯、非洲及发展中国家的关系。今天，中埃政治关系密切，经贸合作方兴未艾，两国关系堪称发展中国家关系的典范。中方珍视中埃传统友谊，愿加强与埃方在能源、电信、基础设施建设等领域的合作，推动中埃战略合作更上一层楼。吴邦国表示，中国全国人大愿与埃及人民议会加强各层次、各领域的友好交往，造福两国和两国人民。

穆巴拉克说，中国经济的快速发展，为埃中两国在更广阔领域开展合作提供了机遇。埃及地理位置优越，希望两国企业扩大合作，为两国关系的持续发展贡献力量。希望两国议会建立更密切的联系。

在会见布特弗利卡时，吴邦国说，中阿友好深入人心。无论是在争取民族解放和独立的斗争年代，还是在实现国家发展的征程中，两国始终相互支持、相互信赖、真诚互助，结下了深厚的友谊，树立了南南合作的榜样。希望双方进一步深化在政治、经贸、文化等各领域的合作，不断充实战略合作关系的内涵。吴邦国说，中国全国人大愿继续加强与阿尔及利亚议会的交流往来，相互学习借鉴，为中阿关系的全面发展作贡献。

布特弗利卡说，一个中国政策是阿尔及利亚对华政策的基础，我们坚定支持中国统一大业。在新的历史条件下，阿中应加强合作，共同应对全球化带来的挑战，为两国战略合作关系增添实质性内容。两国议会加强交往，对增进两国人民之间的了解和友谊具有重要意义。 (下转第四版)

温家宝会见非洲八国领导人

本报北京11月6日讯 记者**王莉**报道：国务院总理温家宝6日在人民大会堂分别会见了南非总统姆贝基、阿尔及利亚总统布特弗利卡、埃及总统穆巴拉克、摩洛哥首相杰图、安哥拉总理费尔南多、毛里求斯总理拉姆古兰、佛得角总理内夫斯、莱索托首相莫西西利。

在会见姆贝基时，温家宝对中国和南非的关系给予了积极评价。他说，中国和南非建交时间虽然不长，但两国关系发展迅速，双方已结为战略伙伴关系，并签署了关于深化战略伙伴关系的合作纲要。可以说，中国和南非关系的发展方向明确，行动扎实、前景广阔。

温家宝指出，中国和南非都是发展中国家，处在发展的关键阶段。在经济上，中南不存在竞争问题，只要双方优势互补，就一定能够实现共同发展。希望双方将下一步合作重点放在贸易、投资和人才培训三个方面，努力把两国经贸关系提高到一个新的水平。

温家宝强调，促进非洲的和平与发展、加强同非洲国家的友好合作是中国政府的既定政策。中方将进一步深化与"非洲联盟"的关系，积极支持"非洲新伙伴计划"，呼吁国际社会更多地照顾非洲国家的利益，更多地增加对非洲的投入。

姆贝基表示，南中人民友谊深厚，两国关系基础牢固，发展良好。双方高层交往密切，以积极和建设性的态度开展合作，特别是就有关双边纺织品贸易问题达成协议，体现了南中战略伙伴关系的高水平。同中国一样，南非正在致力于促进经济、社会发展和人民生活改善，希望了解和借鉴中国的成功经验和未来发展战略。同时，扩大在各领域的双边合作。我完全赞同双方在贸易、投资和人才培训三个方面着力开展合作。

姆贝基说，南非和其他非洲国家对中非合作论坛北京峰会成功召开表示祝贺。中国自身也是发展中国家，却能真诚地支持和帮助非洲。有了中国朋友，非洲就能够更好地应对和平与发展过程中面临的各种问题和挑战。

在会见布特弗利卡时，温家宝说，中国和阿尔及利亚有着深厚的传统友谊，两国关系历久弥坚。 (下转第四版)

贾庆林会见布隆迪总统和科特迪瓦经社理事会主席

本报北京11月6日讯 记者**王莉**报道：全国政协主席贾庆林6日在人民大会堂分别会见了布隆迪总统恩库伦齐扎和科特迪瓦经社理事会主席福洛戈。

贾庆林与恩库伦齐扎和福洛戈积极评价中非合作论坛北京峰会取得的重要成果，一致认为会议通过的宣言和行动计划为中非加强合作、共谋发展规划了蓝图，明确了方向。中国与非洲各国将共同努力，认真落实会议成果，深化中非新型战略伙伴关系，造福中非人民。

在会见恩库伦齐扎时，贾庆林说，布隆迪是中国在非洲值得信赖的真诚朋友，两国传统友好合作关系正焕发出新的活力。中方对阁下和贵国政府坚持一个中国原则表示赞赏和感谢。中方将继续支持布隆迪促进民族和解、推进和平进程的努力，愿进一步扩大与布方在教育、卫生、人力资源开发等领域的合作，推动中布关系达到更高水平。贾庆林介绍了中国共产党领导的多党合作和政治协商制度，表示中国全国政协愿加强与布隆迪议会和社会各界的联系，为促进两国关系和两国人民友谊的发展作出积极的贡献。

恩库伦齐扎说，布中两国人民亲如兄弟，两国关系密切友好。我们感谢中方长期以来向布隆迪提供的支持和帮助。中国援建的农业、卫生和基础设施项目为改善布隆迪人民生活发挥了重要作用。我们对两国关系的良好发展势头感到满意，愿进一步推动双方合作的深入发展。恩库伦齐扎重申，布隆迪政府坚定奉行一个中国政策。

在会见福洛戈时，贾庆林说，中科两国人民有着深厚的传统友谊，两国关系经受住了时间和国际风云变幻的考验，始终健康稳定发展。科特迪瓦政府坚持一个中国政策，支持中国统一大业，我们对此表示赞赏。中方坚定支持科特迪瓦和平进程，愿扩大与科方在经贸等领域的互利合作，推动两国友好合作关系不断向前发展。 (下转第三版)

罗干在中央社会治安综合治理委员会全体会议上强调

深入开展农村平安建设 维护农村社会和谐稳定

本报北京11月6日讯 记者**宋伟**报道：中央社会治安综合治理委员会6日召开2006年第二次全体会议，中共中央政治局常委、中央社会治安综合治理委员会主任罗干出席会议并讲话。他强调，构建社会主义和谐社会，实现全面建设小康社会的宏伟目标，必须加强社会主义新农村建设，促进农村经济社会全面进步。各地区和有关部门要采取有力措施，进一步加强农村平安建设，为建设社会主义新农村创造和谐稳定的社会环境。

罗干指出，党的十六届六中全会作出了《关于构建社会主义和谐社会若干重大问题的决定》，对社会治安综合治理工作提出了新的更高的要求。各级党委和政府、各级政法和社会治安综合治理部门，要紧密结合实际，把社会治安综合治理工作放在构建社会主义和谐社会的总目标中来研究、来部署，努力使思想观念、工作部署、工作方式更加适应构建社会主义和谐社会的要求。 (下转第二版)

秦光荣任云南省代省长

新华社昆明十一月六日电 十一月六日召开的云南省第十届人民代表大会常务委员会第二十五次会议决定：秦光荣为云南省代理省长；罗正富为云南省副省长。云南省第十届人民代表大会常务委员会第二十五次会议还决定：接受徐荣凯辞去云南省省长职务的请求。

RENMIN RIBAO

人民网　网址:http:∥www. people. com. cn
手机:http:∥wap. people. com. cn

2012年6月
7
星期四
壬辰年闰四月十八

人民日报社出版

国内统一连续出版物号
CN 11-0065
第23343期(代号1-1)
今日24版

胡锦涛和出席上合组织北京峰会的外国元首共同观看文艺晚会

本报北京6月6日电　（记者**王莉、林雪丹、吴绮敏**）"睦邻友好夜"——上海合作组织成员国元首理事会第十二次会议文艺晚会6日在国家大剧院举行。国家主席胡锦涛和与会各国元首等贵宾共同出席。

国家大剧院灯火辉煌，洋溢着友好合作和谐的气氛。20时许，当胡锦涛和与会各国元首等贵宾一同步入歌剧院大厅时，全场响起热烈掌声。

伴着歌曲《北京欢迎你》的优美旋律，中国青年高擎与会国国旗以及上海合作组织和其他与会国际地区组织旗帜，奔向舞台，拉开晚会序幕。

中国艺术家演出了钢琴小提琴合奏《黄河颂》、京剧《游湖》、舞蹈《武之舞》、二胡独奏《赛马》、杂技《空山竹语》等精彩节目。在背景屏幕各国美丽风光映衬下，中国演员表演了与会国经典歌舞，生动展示了"上海精神"尊重多样文明、谋求共同发展的精髓，表达了构建持久和平、共同繁荣的和谐地区的追求，引起观众强烈共鸣。

晚会在中国三大男高音歌唱家气势恢弘的《今夜无人入眠》歌曲声中落幕。舞台背景屏幕上"各国人民友谊万古长青"的大字分外醒目。胡锦涛和与会各国元首起立鼓掌，祝贺演出圆满成功。

国务委员戴秉国等出席。

上海合作组织北京峰会举行小范围会谈

胡锦涛作为主席国元首主持会议

上图：6月6日，上海合作组织成员国元首理事会第十二次会议在北京举行小范围会谈，国家主席胡锦涛主持会议并发表重要讲话。　新华社记者　谢环驰摄

右图：6月6日，上海合作组织成员国元首理事会第十二次会议在北京举行小范围会谈。这是与会各国领导人在会谈前合影。　新华社记者　张　铎摄

本报北京6月6日电　（记者**吴绮敏、王莉、林雪丹**）上海合作组织成员国元首理事会第十二次会议小范围会谈6日在人民大会堂举行。中国国家主席胡锦涛作为主席国元首主持会议。哈萨克斯坦总统纳扎尔巴耶夫、吉尔吉斯斯坦总统阿坦巴耶夫、俄罗斯总统普京、塔吉克斯坦总统拉赫蒙、乌兹别克斯坦总统卡里莫夫出席会议。

会议讨论了本次峰会议题、日程等程序性问题，各成员国元首就上海合作组织发展有关问题交换意见。

胡锦涛在讲话中表示，本次会议召开恰逢上海合作组织发展进入第二个十年之际。上海合作组织已经走过不平凡历程。尽管国际形势风云变幻，但本组织保持了稳定健康快速发展的良好态势，顺利完成机制建设，在反恐领域取得举世瞩目的成就，经济、人文等各领域合作迈出坚实步伐，显示出巨大发展潜力和广阔前景。实践证明，上海合作组织的建立和发展符合各成员国共同利益，为维护地区安全稳定、促进共同发展发挥了重要作用。

胡锦涛指出，当前，国际和地区形势复杂多变，本组织发展面临新的机遇和挑战。本次峰会上，我们要确定本组织未来十年发展方向和目标，凝聚共识，开拓进取，努力实现上海合作组织新发展，为各成员国带来实实在在的利益，为维护地区和世界和平稳定作出新的贡献。

第一，我们要高举和平、和谐旗帜，努力建设和谐地区。全面深入落实《长期睦邻友好合作条约》，增进成员国互信，加强相互支持，巩固内部团结。

第二，我们要高举反恐、维稳旗帜，坚决维护地区和平稳定，维护各成员国安全利益和发展利益。严厉打击"三股势力"，遏制毒品走私和跨国有组织犯罪。密切沟通和协调，就本地区及周边地区重大问题发出明确和协调一致的信号。在涉及主权、领土完整、国家安全、社会稳定、发展道路等核心利益问题上加大相互支持力度。

第三，我们要高举合作、发展旗帜，努力实现共同繁荣。发挥互补优势，加强区域合作，全面推进金融、能源、粮食、交通四大重点领域合作。通过有效合作，提高成员国经济发展质量和效益，增强抵御风险能力，提高国际竞争力，实现互利共赢。

第四，我们要高举开放、合作旗帜，努力扩大上海合作组织国际影响力。加强本组织同有关国际和地区组织交往。广泛宣传本组织倡导的"上海精神"和新安全观、新发展观、新合作观、新文明观，宣传世代友好和构建和谐地区理念。

胡锦涛最后指出，未来十年是上海合作组织发展关键时期。我们要抓住机遇，全面推动互利合作，将本组织建设成为成员国休戚与共的利益和命运共同体，共同建设和谐美好家园，携手创造共同发展繁荣的美好未来。

各成员国元首一致认为，上海合作组织为推动各成员国合作、共同应对危机和挑战、维护地区安全稳定发挥了重要作用。在当前复杂多变的国际地区形势下，成员国应该巩固团结、加强战略规划、明确未来方向、深化务实合作，推动本组织进一步发展，造福本地区人民。要加强经贸、粮食、能源安全领域合作。探讨新的融资方式，促进基础设施建设等领域合作。加强安全执法合作，提高行动能力和快速反应能力，共同打击"三股势力"和毒品走私等跨国有组织犯罪。加强人文交流，巩固睦邻友好。加强在重大国际和地区问题上的沟通协调，致力于构建持久和平、共同繁荣的和谐地区。

元首们对阿富汗局势表示关注，希望阿富汗早日实现和平、稳定、睦邻、发展。

元首们还讨论了叙利亚、伊朗核等问题，呼吁通过协商谈判政治解决，维护地区安全和稳定。

胡锦涛分别同哈萨克斯坦乌兹别克斯坦土库曼斯坦总统会谈

上海合作组织
北京峰会

6月6日，国家主席胡锦涛在北京人民大会堂同来华访问并出席上海合作组织峰会的哈萨克斯坦总统纳扎尔巴耶夫举行会谈。　新华社记者　刘卫兵摄

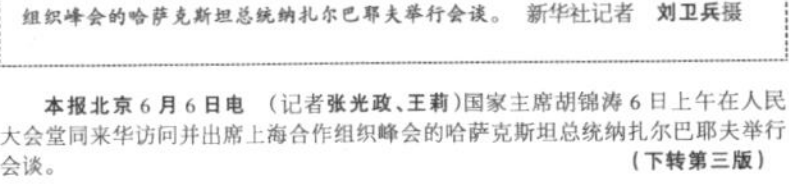

本报北京6月6日电　（记者**张光政、王莉**）国家主席胡锦涛6日上午在人民大会堂同来华访问并出席上海合作组织峰会的哈萨克斯坦总统纳扎尔巴耶夫举行会谈。

（下转第三版）

6月6日，国家主席胡锦涛在北京人民大会堂同来华访问并出席上海合作组织峰会的乌兹别克斯坦总统卡里莫夫举行会谈。　新华社记者　马占成摄

本报北京6月6日电　（记者**张光政、林雪丹**）国家主席胡锦涛6日上午在人民大会堂同来华访问并出席上海合作组织峰会的乌兹别克斯坦总统卡里莫夫举行会谈。两国元首决定，将两国关系提升至战略伙伴关系水平。

（下转第三版）

6月6日，国家主席胡锦涛在北京人民大会堂同来华出席上海合作组织峰会的土库曼斯坦总统别尔德穆哈梅多夫举行会谈。　新华社记者　张　铎摄

本报北京6月6日电　（记者**张光政、杨晔**）国家主席胡锦涛6日上午在人民大会堂同来华出席上海合作组织峰会的土库曼斯坦总统别尔德穆哈梅多夫举行会谈。

（下转第三版）

2012年6月
8
星期五
壬辰年闰四月十九

人民日报社出版
国内统一连续出版物号
CN 11-0065
第23344期(代号1-1)
今日24版

人民网 网址:http://www.people.com.cn
手机:http://wap.people.com.cn

携手共建和谐美好家园

——热烈祝贺上海合作组织北京峰会圆满成功

2012年6月6日至7日,北京见证历史性盛会。上海合作组织,隆重开启第二个十年历史篇章。我们热烈祝贺上海合作组织北京峰会取得圆满成功。

中国国家主席胡锦涛主持上海合作组织成员国元首理事会第十二次会议,同俄罗斯、哈萨克斯坦、吉尔吉斯斯坦、塔吉克斯坦、乌兹别克斯坦等上海合作组织成员国元首一起,围绕进一步深化成员国友好合作、上海合作组织未来发展、国际和地区重大问题等三大核心议题深入交换意见,达成广泛共识。11份峰会成果文件,为深化成员国政治、安全、经济、人文领域合作打下坚实基础,体现了各方对上合组织第二个十年大发展抱有的决心和信心。

任务艰巨,北京峰会面对复杂多变国际形势,肩负促进团结协作、维护地区和平稳定、促进共同发展的重要使命。 (下转第二版)

上海合作组织峰会在京举行

胡锦涛主持会议并发表重要讲话

成员国元首就本组织未来发展提出主张

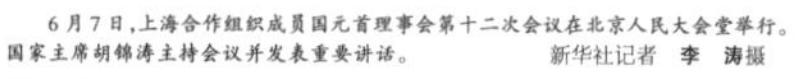

6月7日,上海合作组织成员国元首理事会第十二次会议在北京人民大会堂举行。国家主席胡锦涛主持会议并发表重要讲话。 新华社记者 李 涛摄

6月7日,上海合作组织成员国元首理事会第十二次会议在北京人民大会堂举行。这是国家主席胡锦涛同与会各国及国际和地区组织贵宾合影。

新华社记者 兰红光摄

本报北京6月7日电 (记者**吴绮敏、杨晔、张光政、林雪丹**)上海合作组织成员国元首理事会第十二次会议7日在人民大会堂举行。中国国家主席胡锦涛、哈萨克斯坦总统纳扎尔巴耶夫、吉尔吉斯斯坦总统阿坦巴耶夫、俄罗斯总统普京、塔吉克斯坦总统拉赫蒙、乌兹别克斯坦总统卡里莫夫出席会议。胡锦涛作为主席国元首主持会议。与会领导人就深化成员国友好合作以及重大国际和地区问题深入交换意见,并对上海合作组织未来发展作出规划,达成新的重要共识。

上午9时30分许,胡锦涛在人民大会堂北大厅迎候与会各国贵宾,同他们亲切握手。

9时40分许,会议正式开始。胡锦涛发表题为《维护持久和平 促进共同繁荣》的重要讲话。

胡锦涛说,本次峰会在上海合作组织发展进入第二个十年之际举行,是继往开来的大会,对上海合作组织未来发展具有重要意义。

胡锦涛说,过去十年里,上海合作组织发展取得举世瞩目的成果。我们顺应和平发展潮流,共同贯彻"上海精神",缔结《长期睦邻友好合作条约》,弘扬世代友好的和平理念,开创了区域合作新模式。上海合作组织已经成为和平发展的旗帜,得到各成员国人民广泛拥护和支持,国际影响和地位显著提高。

胡锦涛指出,当前,国际和地区形势复杂多变,给本地区形势带来诸多不稳定不确定因素。我们只有加强合作、团结一致,坚定不移推动上海合作组织发展,才能有效应对面临的挑战和问题,才能维护本地区和平稳定、实现共同发展繁荣。

胡锦涛强调,上海合作组织正站在新的起点上。我们应该制定并努力落实未来十年上海合作组织发展目标,明确发展方向,规划具体步骤和措施,确保上海合作组织更好更快发展,给各成员国带来实实在在的利益,为地区乃至世界和平与发展作出新的贡献。

胡锦涛提出4点建议。一要把上海合作组织建设成为和谐和睦的家园,加强沟通和磋商,增进相互理解和信任,全面落实《长期睦邻友好合作条约》,努力构建和谐地区。二要把上海合作组织建设成为地区安全稳定的有力保障,建立并完善安全合作机制,打压"三股势力"活动空间,铲除毒品走私和跨国有组织犯罪等黑恶势力,坚定支持各国为维护主权独立、领土完整、安全稳定所作的努力。三要把上海合作组织建设成为地区经济发展的推动力量,坚定不移推进务实合作,努力建成铁路、公路、航空、电信、电网、能源管道互联互通工程,建立开发银行、粮食安全合作机制、种子库和农业示范推广基地、能源俱乐部,推动贸易和投资便利化,加强科技、文化、教育、卫生等领域合作。四要把上海合作组织建设成为开展国际交往、扩大国际影响力的有效平台,同国际和地区组织加强磋商,维护和平,促进发展,推进世界多极化和国际关系民主化,在重大国际和地区问题上,各成员国要加强沟通、协调立场。

胡锦涛最后表示,中方愿同各成员国一道,全面落实元首理事会会议达成的共识,稳步推进本组织各项合作,共同开创上海合作组织发展的未来。**(讲话全文见第二版)**

纳扎尔巴耶夫表示,新形势下,成员国要加强规划,确保本组织在安全、经济、人文领域平衡发展。坚决打击"三股势力"及国际网络犯罪,推动成员国多边经济合作,建设好上海合作组织大学,促进教育、人文交流。

阿坦巴耶夫表示,各成员国要在"上海精神"指引下,加强团结,深化务实合作。尽早建立本组织专门账户和开发银行,促进能源、交通基础设施互联互通。吉尔吉斯斯坦将接任上海合作组织轮值主席国,愿为推动本组织发展继续作出积极努力。

普京表示,上海合作组织应该策划好未来发展战略和行动计划。强化安全合作,赋予本组织地区反恐怖机构禁毒职能。深化经济合作,发挥本组织实业家理事会和银联体作用,推动大型合作项目,加快物流等产业发展。鼓励人文交流,俄方将举办成员国企业和边境地区青年论坛。本组织应该本着开放原则,同其他国家和国际地区组织发展联系。

拉赫蒙表示,上海合作组织在政治、安全、经济、人文等领域取得积极成果,开辟了成员国睦邻友好合作的新道路。成员国应该总结经验,相互支持,共同构建安全、幸福、和谐、繁荣的大家庭。

卡里莫夫表示,《上海合作组织中期发展战略规划》为本组织未来发展指明了方向,明确了重点。相信本次峰会将有力推动成员国务实合作,有效应对新威胁新挑战,为成员国营造和平安全的外部环境。

各方高度评价中方为推动上海合作组织发展作出的重要贡献,相信本次峰会将成为本组织发展历程中新的里程碑。

观察员国伊朗总统艾哈迈迪—内贾德、蒙古国总统额勒贝格道尔吉、巴基斯坦总统扎尔达里以及印度外长克里希纳,主席国客人土库曼斯坦总统别尔德穆哈梅多夫、阿富汗总统卡尔扎伊出席会议并发言。他们表示,愿加强同上海合作组织的联系,维护地区和平稳定,实现共同发展。

与会各方还就阿富汗、伊朗核等问题交换了意见。

上海合作组织秘书长伊马纳利耶夫、上海合作组织地区反恐怖机构执行委员会主任朱曼别科夫以及联合国、独联体、欧亚经济共同体、集安条约组织等国际和地区组织负责人与会。

会议同意接收阿富汗为上海合作组织观察员国、土耳其为上海合作组织对话伙伴国。

会议决定,2013年上海合作组织峰会在吉尔吉斯斯坦举行。

会议结束后,成员国元首签署《上海合作组织成员国元首关于构建持久和平、共同繁荣地区的宣言》、关于《上海合作组织中期发展战略规划》的决议、关于《上海合作组织关于应对威胁本地区和平、安全与稳定事态的政治外交措施及机制条例》的决议、关于《上海合作组织成员国打击恐怖主义、分裂主义和极端主义2013年至2015年合作纲要》的决议等重要文件,并共同会见记者。

会议发表《上海合作组织元首理事会会议新闻公报》。

中共中央书记处书记、中央办公厅主任令计划,中共中央书记处书记、中央政策研究室主任王沪宁,国务委员戴秉国等参加峰会和有关活动。

胡锦涛同巴基斯坦总统举行会谈

本报北京6月7日电 (记者**杨晔**)国家主席胡锦涛7日下午在人民大会堂同来华访问并出席上海合作组织峰会的巴基斯坦总统扎尔达里举行会谈。

胡锦涛表示,中巴建交61年来,无论国际地区形势和两国国内情况如何变化,两国关系始终保持旺盛生命力,不断向前发展。双方在涉及彼此核心利益问题上相互支持,务实合作不断拓展和深化,中巴友谊深入人心。实践证明,中国和巴基斯坦是名副其实的好邻居、好朋友、好伙伴、好兄弟。

胡锦涛强调,中方珍视两国传统友谊,把发展中巴关系作为中国外交的优先方向之一。中方愿同巴方一道努力,巩固和发展中巴战略合作伙伴关系。胡锦涛就推动双边关系发展提出5点建议。 **(下转第四版)**

6月7日,国家主席胡锦涛在北京人民大会堂与来华访问并出席上海合作组织成员国元首理事会第十二次会议的巴基斯坦总统扎尔达里举行会谈。

新华社记者 庞兴雷摄

胡锦涛同蒙古国总统举行会谈

本报北京6月7日电 (记者**王莉**)国家主席胡锦涛7日下午在人民大会堂同来华出席上海合作组织峰会的蒙古国总统额勒贝格道尔吉举行会谈。

胡锦涛表示,中蒙互为近邻,也是重要合作伙伴。中蒙两国都处于发展的重要阶段,两国发展互为机遇。中国奉行安邻、睦邻、富邻的周边外交政策,赞赏蒙古国把发展对华关系作为外交政策首要方针之一,愿同蒙方不断巩固和发展睦邻友好,把两国关系提升到新水平。

胡锦涛指出,去年两国建立战略伙伴关系以来,双边贸易额增长迅速,双方人员往来频繁。为进一步发展中蒙关系,两国政治上要不断加深互信,从战略高度和长远角度把握中蒙关系发展大方向。中方将继续坚持互利共赢、共同发展的理念,加强两国务实合作。 **(下转第四版)**

6月7日,国家主席胡锦涛在北京人民大会堂与出席上海合作组织成员国元首理事会第十二次会议的蒙古国总统额勒贝格道尔吉举行会谈。

新华社记者 黄敬文摄

人民日报
RENMIN RIBAO
人民网 网址:http://www.people.com.cn
手机:http://wap.people.com.cn
2012年6月 9 星期六
壬辰年闰四月二十
人民日报社出版
国内统一连续出版物号 CN 11-0065
第23345期(代号1-1)
今日8版

胡锦涛同阿富汗总统举行会谈

6月8日，国家主席胡锦涛在北京人民大会堂北大厅为阿富汗总统卡尔扎伊访华举行欢迎仪式。 新华社记者 黄敬文摄

本报北京6月8日电 （记者**杨晔**)国家主席胡锦涛8日上午在人民大会堂同来华访问并出席上海合作组织峰会的阿富汗总统卡尔扎伊举行会谈。两国元首就双边关系和共同关心的问题深入交换了意见,达成广泛共识。双方发表了《中阿关于建立战略合作伙伴关系的联合宣言》。

胡锦涛表示,中国是阿富汗可以信赖的邻居和朋友。无论现在还是将来,中方都将坚定奉行对阿友好政策。中阿关系提升为战略合作伙伴关系，标志着中阿关系迈上了一个新台阶,不仅符合两国和两国人民根本利益,也有利于促进地区乃至世界和平、稳定、发展。

胡锦涛就发展中阿关系提出5点建议。一是深化政治互信,两国领导人保持经常会晤和接触,就重大问题加强战略沟通,两国有关部门认真落实联合宣言中达成的各项共识。二是推进经贸合作，本着互利互惠、共同发展的原则,加强经贸、承包工程、资源能源开发、农业、基础设施建设等领域务实合作。中国政府将继续鼓励有实力的中国公司赴阿投资。三是扩大人文交流,加强教育、文化、新闻等领域交流合作，中方愿继续为阿富汗培训各领域专业人才。四是加强安全合作，共同打击“三股势力”和贩毒等跨国犯罪。五是拓展多边协调合作,中方愿同阿方加强在上海合作组织及南盟等框架内的协调和合作,并将继续积极参与涉阿国际和地区合作。

胡锦涛强调，中国尊重阿富汗人民根据本国国情选择的发展道路。当前,阿富汗正处于关键过渡期。中方将一如既往支持并积极参与阿富汗和平重建、加强各方面能力建设，愿同国际社会一道,继续为促进阿富汗及本地区和平、稳定、发展作出努力。

卡尔扎伊表示，过去十年来,阿中关系积极发展,这是由于中国奉行睦邻友好政策，为阿富汗和解重建提供了宝贵理解、支持和帮助。阿富汗人民为有中国这样的好邻居感到荣幸,为两国建立战略合作伙伴关系感到高兴。阿富汗愿同中国发展长期友好合作,完全赞同中方发展两国关系的建议主张,希望同中国加强政治交往,拓展经贸、能源等领域合作,欢迎中国企业扩大在阿富汗投资,支持两国开展人文交流。

卡尔扎伊介绍了对阿富汗及地区局势的看法,表示高度重视中国在阿富汗和平重建进程中的作用,希望在中国和国际社会支持帮助下，阿富汗及本地区能够早日实现和平、安全、稳定、发展。

会谈前,胡锦涛在人民大会堂北大厅为卡尔扎伊访华举行欢迎仪式。国务委员戴秉国、外交部部长杨洁篪、国家发展和改革委员会主任张平、商务部部长陈德铭、中国驻阿富汗大使徐飞洪等出席欢迎仪式。

科学发展先锋旅

——第二炮兵“常规导弹第一旅”加快转变战斗力生成模式纪实

本报记者 冯春梅

二炮“常规导弹第一旅”官兵执行演练任务时宣誓。 张建刚摄

初夏时节,高原戈壁,绿意初泛。

在寂寞的群山之间,一声“点火”,大地震撼;神剑飞天,光耀雪山。这是第二炮兵“常规导弹第一旅”成功发射的第114枚导弹。

组建短短19年，他们驱车仗剑，裹电挟雷,用100多次惊天巨响昭示世人——我中国战略导弹部队剑随令出,迅即能战!

铸盾砺剑先锋旅,赫赫全军一面旗！长剑战车的每一次出征，都留下深深的探索痕迹;东风劲旅的每一次跨越,都凝聚着科学发展观的巨大推动力。

砺剑铸魂 枕戈待旦
向科学理念要战斗力

1995年盛夏，一支神秘的导弹劲旅驱战车、携利剑,悄然挺进南国密林。

7月，新华通讯社受权向世界公告:我人民解放军将向东海海域进行导弹发射训练……

剑随令出,直刺苍穹。执行这次特殊导弹发射任务的,就是组建只有两年的“常规导弹第一旅”。不久,中央军委主席签署命令,给该旅荣记一等功。

组建常规导弹部队,是党中央、中央军委紧跟世界新军事变革步伐,审时度势作出的重大战略决策。作为我军第一支常规导弹部队,任重如山,使命催征——

组建当年,形成发射能力;组建次年,形成作战能力;组建4年,执行应急任务;组建6年,跨入全军军事训练一级单位……

剑剑连荣辱,发发定军威。探寻“常规导弹第一旅”建设发展的“超常速度”,从上到下,都有一个共同感受: （下转第六版）

胡锦涛同伊朗总统举行会谈

6月8日，国家主席胡锦涛在北京人民大会堂北大厅为伊朗总统艾哈迈迪—内贾德访华举行欢迎仪式。 新华社记者 张 铎摄

本报北京6月8日电 （记者**杨晔**)国家主席胡锦涛8日上午在人民大会堂同来华访问并出席上海合作组织峰会的伊朗总统艾哈迈迪—内贾德举行会谈。

胡锦涛表示,近年来,中伊关系不断发展,给两国人民带来实实在在利益。中方从战略高度和长远角度看待中伊关系,愿同伊方一道，从4个方面推动中伊友好合作关系健康稳步发展。一是加强两国领导人、政府部门、立法机构和党际友好往来。二是本着循序渐进、互利互惠的原则,推进务实合作。三是深化人文交流，增进两国人民相互了解和友谊。四是在重大国际和地区问题上保持沟通和协调，维护地区和平稳定,促进共同发展。

胡锦涛强调，中方一贯主张通过对话和合作方式妥善解决伊朗核问题。在各方共同努力下，巴格达对话会取得了新的进展。希望伊方审时度势，进一步显示灵活和务实态度,同六国就实质性问题进行认真对话,加强同国际原子能机构对话合作,确保伊朗核问题走在对话和谈判解决的正确轨道上。中方将继续为和平解决伊朗核问题发挥建设性作用。

艾哈迈迪—内贾德表示,伊中都是文明古国,古代丝绸之路把两国联系在一起。伊朗对中国取得的发展成就感到高兴,希望继续加强同中国友好交往，扩大经贸、能源、农业、基础设施建设等领域合作，促进人文交流,推动双边关系不断向前发展,这符合两国利益,有利于地区和世界和平、稳定、发展。

艾哈迈迪—内贾德介绍了伊方在伊朗核问题上的立场,表示伊方希望通过对话解决,将进一步作出积极努力,愿继续同有关各方保持沟通。

会谈前,胡锦涛在人民大会堂北大厅为艾哈迈迪—内贾德访华举行欢迎仪式。国务委员戴秉国、外交部部长杨洁篪、国家发展和改革委员会主任张平、财政部部长谢旭人、商务部部长陈德铭、中国驻伊朗大使郁红阳等出席欢迎仪式。

吴邦国与巴西众议长举行会谈

新华社北京6月8日电 （记者**谭晶晶**）全国人大常委会委员长吴邦国8日在人民大会堂与巴西众议长马亚举行会谈。双方在热烈友好的气氛中就中巴关系、议会交往和其他共同关心的问题深入交换意见,达成广泛共识。

吴邦国说,中国和巴西传统友好。近年来,巴西经济快速发展,综合国力不断增强,国际地位和影响力日益提升。作为巴西的好朋友、好伙伴,中方对此感到由衷高兴。

吴邦国表示,中巴建交以来,特别是建立战略伙伴关系以来，双方坚持相互尊重、互利共赢、共同发展原则,坚持从战略高度和长远角度发展两国关系,中巴关系进入全面快速深入发展的新阶段。当前国际形势复杂多变,作为世界上具有重要影响的国家，中国和巴西有必要进一步加强合作。希望双方继续保持高层交往,积极开展政府、议会、政党之间的友好往来,深化政治互信;充分发挥各自优势,结合两国制订的发展战略,推进投资、基础设施建设、高科技等领域的务实合作;扩大人文交流,活跃双方在文化、卫生、旅游等方面往来,增进人民友谊;加强在联合国、世贸组织、二十国集团、金砖国家等多边框架内的协调与配合,共同维护发展中国家的利益,推动中巴战略伙伴关系不断迈上新台阶。

吴邦国祝贺中国全国人大与巴西联邦议会众议院定期交流机制第一次会议取得圆满成功，认为这标志着两国议会关系上升到了新的高度。希望双方共同努力,利用好交流机制这一平台,密切各层次各领域友好往来，选择共同关心的问题开展实质性交流，顺应国家关系发展需要,促进务实合作,为促进各自国家建设和深化中巴友好做出更大贡献。

马亚表示，巴西和中国是当今世界的两支重要力量。巴中加强合作,不仅有利于各自国内发展,而且对促进世界和平、稳定有重要影响。近年来,巴中在政治、经贸、人文等双边领域开展了很好的合作，在二十国集团、金砖国家等多边组织内密切配合,巴方对此表示满意。此次访问期间,我们不仅感受到中国经济充满活力，更感受到巴中合作前景广阔。巴西众议院愿通过加强与中国全国人大的友好交流与合作，为推动巴中关系发展作出积极贡献。

全国人大常委会副委员长乌云其木格会谈时在座。

贾庆林李长春等观看北京人艺话剧《茶馆》

新华社北京6月8日电 （记者**杨维汉**）在北京人民艺术剧院建院60周年之际,中共中央政治局常委、全国政协主席贾庆林,中共中央政治局常委李长春8日晚来到首都剧场,与首都观众一起观看北京人艺经典话剧《茶馆》,对北京人艺60华诞表示热烈祝贺,对北京人艺为繁荣社会主义文艺事业作出的贡献给予充分肯定,向老一辈艺术家和全院演职人员致以亲切慰问,勉励他们认真贯彻落实党的十七届六中全会精神,始终坚持以人民为中心的创作导向,坚持贴近实际、贴近生活、贴近群众,不断改革创新、加快发展,多出精品力作、多出优秀人才、多出新鲜经验，更好地满足人民群众精神文化需求,为推动文化大发展大繁荣、建设社会主义文化强国作出新的更大贡献。

中共中央政治局委员、北京市委书记刘淇一同观看了演出。

由文学巨匠老舍编剧,焦菊隐、夏淳导演的话剧《茶馆》是中国现代话剧的经典代表作品,自1958年首演以来常演不衰,成为北京人艺的“看家戏”。《茶馆》共分3幕,通过一家小茶馆的兴衰,勾勒出旧中国的社会变迁和人生百态。演出过程中,观众对梁冠华、濮存昕、杨立新、冯远征、何冰、吴刚等演员的精彩演出报以热烈的掌声。

北京人民艺术剧院是具有独特表演风格的国家级话剧院，成立于1952年6月12日,首任院长为戏剧大师曹禺。60年来,北京人艺上演了以《龙须沟》、《茶馆》、《雷雨》、《天下第一楼》等为代表的优秀剧目近300个，为繁荣我国文艺舞台,丰富广大人民群众精神生活,发展中国话剧艺术作出了贡献。

演出结束后,贾庆林、李长春等走上舞台,与演职人员一一握手,亲切交谈,祝贺演出成功。

贾庆林会见白俄罗斯客人

本报北京6月8日电 （记者**王莉**)中共中央政治局常委、全国政协主席贾庆林8日在人民大会堂会见了以主任马克伊为团长的白俄罗斯总统办公厅代表团。

贾庆林说，今年是中国和白俄罗斯建交20周年。20年来,两国关系始终保持健康稳定发展。双方政治上互信不断增强，经济上互利共赢，文化上交流互鉴,民间和地方往来日趋活跃,在彼此关切的重大问题上相互支持，有力地维护了两国的共同利益，给两国人民带来了实实在在的好处。贾庆林对白俄罗斯在台湾、涉藏、人权等问题上支持中方立场表示高度赞赏。

贾庆林强调,中白是好朋友、好伙伴。不断巩固和加强中白关系,是中国政府坚定不移的政策。中方愿与白方共同努力,以两国建交20周年为契机，进一步巩固双边关系的政治基础,全面推进各领域的务实合作,更好地造福两国人民。

马克伊说，中国是白俄罗斯可靠的伙伴，感谢中方近年来在维护主权和国家发展道路等方面给予白的宝贵支持。白中建交20年来,在双方领导人的共同努力下，两国政治互信与相互支持进一步增强,务实合作不断拓宽,人文交流日益活跃，双边关系达到了前所未有的水平。今后愿和中方一道把白中友好合作关系推进到新的高度。

中联部部长王家瑞参加了会见。

贾庆林在中国航天科工集团公司调研时强调

牢牢把握主题主线 大力推进自主创新
为国防现代化和经济社会发展做出更大贡献

新华社北京6月8日电 （记者**顾瑞珍**)中共中央政治局常委、全国政协主席贾庆林8日上午来到中国航天科工集团公司,看望广大干部职工,了解企业改革发展情况。他强调,要牢牢把握科学发展这个主题和加快转变经济发展方式这条主线,深入实施“军民融合、创新驱动、人才强企、质量制胜”战略,为筑牢国家安全基石、推动国防和军队现代化建设,为全面建设小康社会、实现中华民族伟大复兴作出新的更大贡献。

上午9时，贾庆林来到中国航天科工集团公司，听取公司改革发展情况汇报，对企业长期以来在重大科技工程攻关、军民融合产品发展、人才队伍建设等方面取得的突出成就给予充分肯定,向中国航天科工集团公司全体干部职工表示亲切的问候，向为我国国防科技事业发展作出突出贡献的广大航天科技工作者致以崇高的敬意。

贾庆林说，改革开放30多年来,我们国家发生了翻天覆地的变化，综合实力显著增强,国际影响力明显提升。这些成绩的取得，离不开包括中国航天科工集团公司在内的军工集团的创造和奉献。他指出,当今世界正处在大发展大变革大调整时期，和平发展合作仍然是时代主旋律。促进世界和平与发展,维护国家主权、安全和发展利益,必须有强大的经济实力作基础，也必须有强大的国防实力作后盾。作为军工集团,中国航天科工集团公司肩负着光荣的历史责任,发挥着不可替代的重要作用。

贾庆林强调,要着力弘扬优良传统。继承和发扬“自力更生、艰苦奋斗、大力协同、无私奉献、严谨务实、勇于攀登”的航天传统精神和“两弹一星”精神、载人航天精神，以钱学森、黄纬禄等同志为榜样， （下转第四版）

人民日報

RENMIN RIBAO

人民网 网址:http://www.people.com.cn
手机:http://wap.people.com.cn

2011年4月
13
星期三
辛卯年三月十一
人民日报社出版
国内统一连续出版物号
CN 11-0065
第22922期(代号1-1)
今日24版

胡锦涛同巴西总统罗塞夫会谈

4月12日,国家主席胡锦涛在北京人民大会堂主持仪式,欢迎巴西联邦共和国总统迪尔玛·罗塞夫访华。 新华社记者 黄敬文摄

本报北京4月12日电 (记者**王莉**)国家主席胡锦涛12日下午在人民大会堂同巴西总统罗塞夫举行了深入友好、内容广泛、富有成果的会谈,就进一步发展双边关系等一系列重大问题达成广泛共识。

胡锦涛说,1993年中巴建立战略伙伴关系,特别是进入新世纪以来,中巴关系进入全面快速深入发展的新阶段。两国高层保持密切交往,对话合作机制日臻完善,政治互信不断加深。双边贸易额再创新高,有关重大合作项目和各领域务实合作取得积极进展。两国在全球性问题上保持良好协调和配合。中巴战略伙伴关系已成为南南合作的典范,日益具有全球影响和战略意义。

罗塞夫表示,巴方十分重视发展对华关系,巴中战略伙伴关系意义重大,同中国建立和发展战略伙伴关系是巴西的战略选择。近年来,巴中关系进入新的发展阶段,两国人民的友谊不断加深,各领域合作更加密切并取得丰硕成果。两国高层交往密切,经贸合作强劲增长,在多边组织及国际事务中的协调与合作日益加强,两国合作有力促进了南南合作。

胡锦涛说,当前,中巴两国都处在重要发展阶段,面临着相似的机遇和挑战。中方愿与巴方一道,重点从以下四个方面进一步深化和发展两国关系,为各自国家经济发展和民生改善作出贡献。第一,坚持平等协商,深化战略互信。双方要保持高层和各级别密切交往,充分发挥中巴高委会、战略对话等各对话机制作用。两国政府部门、立法机构、政党、地方要扩大交流合作。第二,坚持互利互惠,提高合作水平。双方要进一步落实两国政府《共同行动计划》,保持贸易健康平稳发展,促进经贸、投资、能矿、基础设施建设、财金合作。第三,坚持优势互补,扩大科技合作。双方要进一步加强农业、新能源、生物技术、纳米技术、信息技术、空间技术等领域合作。第四,坚持交流互鉴,巩固社会基础。双方要积极拓展文化、教育、公共卫生、社会保障、扶贫等领域交流合作,增进两国新闻界、学术界、体育界和青年友好往来,使中巴友好更加深入人心。

罗塞夫完全赞同胡锦涛关于进一步发展两国关系的重要意见,表示巴方愿意进一步密切两国战略伙伴关系,提升两国伙伴关系的战略性,发挥巴中高委会等机制作用,加强贸易、投资、金融、科技、农业、能矿、基础设施建设以及人文等领域交流与合作,使巴中关系在现有基础上实现质的飞跃。

胡锦涛说,中巴在重大国际和地区问题上有着广泛共同利益,也承担着越来越多的共同责任。中方愿同巴方加强在国际事务中的战略协作,更好地应对气候变化、可持续发展等全球性挑战,共同推动国际政治经济秩序朝着有利于发展中国家的方向发展。

罗塞夫表示,巴方愿意同中方加强在联合国、二十国集团等多边组织及贸易、金融、环保等重大国际问题上的协调与合作,同其他发展中国家一道,为推动多边主义、维护世界和平、促进可持续发展、建立公正平等的国际秩序作出贡献。

会谈后,两国元首共同签署了中巴联合公报,并出席了双边合作文件的签字仪式。

会谈前,胡锦涛主席在人民大会堂北大厅为罗塞夫总统访华举行欢迎仪式。全国人大常委会副委员长陈昌智、国务委员戴秉国、全国政协副主席李金华、致公党中央常务副主席王钦敏、外交部部长杨洁篪、国家发展和改革委员会主任张平、工业和信息化部部长苗圩、商务部部长陈德铭、中国驻巴西大使邱小琪等出席欢迎仪式。

玉树舒展新画卷

——献给青海玉树抗震救灾恢复重建一周年

本报记者

4月8日午后,刚刚还晴朗的天空忽然飘起雪花,纷纷扬扬撒向玉树高原,太阳还时而露出笑容。

同太阳一样可爱的是玉树藏族自治州孤儿学校的孩子们。下了课,他们涌出教室,张开嘴巴,试图含住几片雪花。

震后新增的183名孤儿已在这儿生活学习一年了。最小的拉吉永措快2岁了,牵着老师的手,蹦蹦跳跳,好像有使不完的劲。三年级的拉措求忠刚上完语文课,普通话非常棒,她说自己越来越喜欢孤儿学校了。

一年前,胡锦涛总书记走进这所学校的板房教室,在黑板上写下了12个大字:"新校园,会有的!新家园,会有的!"

这庄严的宣言,时刻激励灾区各族儿女砥砺前行。校长尼玛仁增对已经动工的新校舍充满憧憬:这将是一所抗震性强、保暖性好、富有民族特色的新校园,学校规模有望进一步扩大,惠及更多的孤儿。

生命中最刻骨铭心的365个日日夜夜过去了。学校里传来琅琅读书声,安置点飘起袅袅炊烟,藏族同胞在悠然转经,巴塘河水流淌着希望。熟悉的生活早已回到了结古镇。

废墟之上,玉树苗壮成长,青海清澈依旧!

"同人民在一起"

无论抗震抢险、过渡安置,还是恢复重建,科学发展的执政理念贯穿始终,彰显了一个政党突出的先进性

2010年的春天,与一句最富感召力凝聚力的话语紧密相连——"同人民在一起"。

2010年4月14日7时49分,美丽的玉树在大地无情的痉挛中猝然倒下,千年古镇结古瞬间支离破碎,数万高原儿女承受着撕心裂肺的伤痛。

"在这一困难时刻,我需要尽快赶回国内,同我国人民在一起,投入抗震救灾工作。"正在国外访问的胡锦涛总书记果断决策压缩出访行程提前回国。

"同人民在一起!"胡锦涛、吴邦国、温家宝、贾庆林、李长春、习近平、李克强、贺国强、周永康等中央领导同志情牵玉树震区、心系灾区人民,纷纷于第一时间作出重要指示,或亲临一线指挥救灾,或以各种形式动员各方面力量投入抗震救灾战斗。 (下转第十六版)

温家宝会见西班牙首相萨帕特罗

本报北京4月12日电 (记者**孟祥麟**)国务院总理温家宝12日在中南海紫光阁会见西班牙首相萨帕特罗。

温家宝说,当前世界政治、经济、安全领域存在诸多复杂、严峻的挑战,各国要本着相互尊重、以和为贵、同舟共济的精神,加强对话与合作。中国珍视同西班牙的互信和友谊,愿同西方密切高层交往,推动两国全面战略伙伴关系深入发展。

温家宝表示,欧盟作为最大的发达国家集团,拥有雄厚的经济基础、先进的科技和管理经验以及高素质人才等优势,有能力克服某些成员国面临的主权债务危机。中国政府重申,愿意继续购买西班牙国债,参与支持西班牙储蓄银行重组基金。中国是欧洲金融市场负责任的长期投资者,支持欧盟和国际货币基金组织采取的救助措施,相信欧洲一定能够实现经济社会稳定发展。

萨帕特罗表示,在西班牙遇到困难时,中国及时给予了坚定支持,有力增强了西班牙克服困难的信心和能力,有利于维护西班牙和欧洲经济的稳定与发展。西班牙欢迎中方扩大在西投资规模,希望进一步加强两国在人文、旅游、基础设施建设等领域的合作,不断推进两国关系发展。西班牙是中国在欧盟国家中的最好朋友,将继续为推动欧中关系发展发挥积极作用。

温家宝同日本首相菅直人通电话

本报北京4月12日电 国务院总理温家宝12日同日本首相菅直人通电话。温家宝对日本遭受强烈地震和海啸灾害再次表示慰问,强调中方支持日方抗震救灾,愿同日方加强救灾和灾后重建等方面的合作。

温家宝表示,中日两国互为重要近邻,中国政府重视中日关系,愿同日方一道,根据中日四个政治文件的原则,推动中日关系健康稳定向前发展。

关于日本向海洋排放核污水问题,温家宝说,中国政府和人民对此表示关切,要求日本政府高度重视此事对海洋环境特别是周边国家的影响,严格遵守有关国际法,切实采取有效防控措施,并及时向中方全面准确通报有关情况。

菅直人表示,日本地震和海啸灾难发生后,中方及时派出国际救援队,并向日本灾区提供了大量无私援助,胡锦涛主席亲自到日本驻华使馆吊唁遇难者,他代表日本政府和人民向中方表示衷心感谢,并对在灾难中遇难的中国公民表示沉痛哀悼。

菅直人说,日方对发生福岛第一核电站事故表示遗憾,将及时准确地向包括中国在内的国际社会提供相关信息,确保透明度,并彻查事故原因,为国际核安全合作做出贡献。

菅直人说,日中两国是一衣带水的友好邻邦,日方高度重视日中关系,愿同中方共同努力,加强两国在防灾救灾,核安全、清洁能源、人文等领域的交流与合作,推动日中战略互惠关系向前发展。

温家宝同志文章:纪念徐霞客

(第二版)

贾庆林会见萨摩亚国家元首埃菲

当地时间4月11日,全国政协主席贾庆林在阿皮亚会见萨摩亚国家元首埃菲。 新华社记者 庞兴雷摄

本报阿皮亚4月11日电 (记者**马剑**)全国政协主席贾庆林当地时间11日在阿皮亚会见了萨摩亚国家元首埃菲。

贾庆林首先向埃菲转达了胡锦涛主席的亲切问候和良好祝愿。贾庆林对埃菲一贯重视发展对华关系表示高度赞赏,祝贺萨摩亚不久前顺利组成新一届政府。

贾庆林说,中萨友谊源远流长,1975年两国建交以来,中萨关系一直保持健康稳定发展的良好势头。双方高层互访频繁,各领域的交往和对话日益增多,政治互信不断加深。两国在经贸、旅游、教育、文化、卫生等领域的交流与合作逐步扩大,在重大国际和地区问题上保持良好合作。萨方在台湾问题上始终坚定奉行一个中国原则。中国四川汶川特大地震和甘肃舟曲特大山洪泥石流灾害后,萨方在财政并不宽裕的情况下两次为中国灾区慷慨解囊,中方对此表示感谢。中方也始终尊重萨根据自身国情选择的发展道路,支持萨发展经济、改善民生的努力。中萨两国和两国人民已成为彼此信赖、真诚互助的好朋友、好伙伴、好兄弟。中方将继续向萨摩亚提供力所能及的经济技术援助,鼓励中国企业来萨投资,为促进萨经济社会发展多做实事。

埃菲对贾庆林来访表示欢迎,他说长期以来,中方为萨经济和社会发展提供支持,增强了萨的自主发展能力,双方高层交往密切,两国关系发展令人满意,已成为国家之间关系的典范。埃菲说,我敬仰中国的历史和文化,同中国交往留下的美好记忆终生难忘。中国的发展对萨是机遇,萨支持中国在国际和地区事务中发挥更大作用。

会见前,埃菲在国家元首官邸为贾庆林举行了隆重的卡瓦传统欢迎仪式。全国政协副主席兼秘书长钱运录等参加了上述活动。

李长春会见亚美尼亚总理

4月12日,中共中央政治局常委李长春在埃里温会见亚美尼亚总理季格兰·萨尔基相。 新华社记者 马占成摄

本报埃里温4月12日电 (记者**杜尚泽**)中共中央政治局常委李长春当地时间12日上午在埃里温会见了亚美尼亚总理季格兰·萨尔基相。

李长春积极评价中亚关系发展。他说,两国建交19年来,各领域互利合作不断深化,经贸领域合作取得长足发展,商品结构进一步优化,机电、高科技和高附加值产品比重不断增加,中方已成为亚第二大贸易伙伴。两国人文领域合作也日益丰富,希望双方以明年中亚建交20周年为契机,加强互派文化团体演出等文化交流与合作,进一步增进两国人民的相互了解和友谊。

李长春说,中国始终坚持在和平共处五项原则基础上与世界各国发展友好合作关系,主张国家不分大小、强弱,都彼此平等,都有根据本国国情选择发展道路的权利。中国重视与亚美尼亚的传统友谊和友好合作,愿与亚方共同努力,抓住当前合作机遇,推动两国关系全面发展,为两国人民带来更大福祉。

李长春还介绍了中国"十二五"规划的主要内容。

季格兰·萨尔基相说,亚美尼亚高度重视同中国的关系,认为两国政治互信很深,合作基础良好,进一步发展亚中关系不存在任何历史问题和现实障碍。希望双方充分挖掘经贸合作潜力,加强在采矿、化工、建筑材料、基础建设、高新技术、旅游领域的交流与合作,探索新的合作领域。

会见结束后,李长春和季格兰·萨尔基相共同出席两国经贸、文化等领域合作协定的签字仪式。

习近平会见法国前总理拉法兰一行

新华社北京4月12日电 (记者**钱彤**)国家副主席习近平12日在人民大会堂会见了来华出席第十七届中法经济研讨会的法国前总理拉法兰一行。

习近平首先对拉法兰率法国企业界人士来华访问表示欢迎。习近平指出,当前,中法关系正处于全面快速发展的时期,双方对话日益深入,政治互信不断增强,双方各领域合作活跃,已形成全方位、宽领域、多层次的互利合作格局。习近平表示,中法两国经济有着较强互补性,双方应抓住中法经济发展和各自产业结构调整的机遇,努力挖掘传统领域的合作潜力,大力拓展新能源、新材料、循环经济等新兴产业的合作,进一步巩固中法关系的经济基础,推动中法全面战略伙伴关系持续深入发展。

习近平还向客人介绍了中国当前经济形势和"十二五"规划总体目标,希望法国工商界有识之士抓住机遇,积极参与中国的经济建设。他表示,中国政府将努力为外商投资企业营造良好发展环境,切实保护投资者的合法权益。

拉法兰对习近平的会见表示感谢,并简要介绍了第十七届中法经济研讨会的情况。拉法兰说,法方对中国经济社会发展取得的成就表示钦佩,希望法中工商界人士携手合作,为法中经贸关系的深入发展注入新的活力。

拉法兰一行是应中国贸促会邀请,来华出席于4月14日在北京举行的第十七届中法经济研讨会的。中国贸促会会长万季飞、商务部国际贸易谈判代表兼副部长高虎城等会见时在座。

RENMIN RIBAO

2011年4月
14
星期四
辛卯年三月十二

人民日报社出版

国内统一连续出版物号
CN 11-0065
第22923期(代号1-1)
今日24版

人民网 网址:http://www.people.com.cn
手机:http://wap.people.com.cn

海南各项筹备工作就绪

出席金砖国家领导人第三次会晤的外国领导人已全部抵达三亚

综合本报和新华社消息 4月14日,金砖国家领导人第三次会晤将在海南三亚举行,目前,出席会晤的外国领导人已全部抵达三亚。博鳌亚洲论坛2011年年会同时在海南博鳌开幕,13日开始进行理事会会议和会员大会。两个重要会议的各项筹备工作已经就绪。

在三亚亚龙湾中心广场,近2万盆鲜花已将这里装扮成花的海洋。三亚湾路、机场路、迎宾路、亚龙湾路作为国事活动主要路段,蓝色、橙色、红色为主的中英文双语道旗都已安挂到位。三亚凤凰镇、吉阳镇等街道两旁的楼房粉刷一新,街面干净整洁,秩序井然。

在博鳌亚洲论坛永久会址,主会场和各个分会场已经装饰一新,该景区自12日起暂停接待中外游客;会场内,桌椅已经全部摆放整齐;论坛秘书处工作人员各司其职,在忙着准备迎接嘉宾的各项工作;在论坛新闻中心内,早到的记者在调试机器、安装工位;在会场外的空地上,电力、通信等各工种的保障设施也已经全部到位;在博鳌十年图片展览馆,工人们一丝不苟地张贴最新的图片,中英文解说员专注地练习解说词。她们表示,要用最流利和优美的语言向嘉宾们介绍论坛的发展历程。

胡锦涛会见俄罗斯总统

4月13日,国家主席胡锦涛在海南省三亚市会见来华出席金砖国家领导人第三次会晤和博鳌亚洲论坛2011年年会开幕式的俄罗斯总统梅德韦杰夫。

新华社记者 **李学仁**摄

本报三亚4月13日电 (记者**吴绮敏、陈伟光**)国家主席胡锦涛13日在海南省三亚市会见了来华出席金砖国家领导人第三次会晤和博鳌亚洲论坛2011年年会开幕式的俄罗斯总统梅德韦杰夫。两国元首就双边关系、金砖国家合作及重大国际和地区问题深入交换意见,达成重要共识。双方同意一道努力,推动中俄关系持续健康稳定向前发展。

胡锦涛指出,去年中俄两国领导人多次举行会晤,就一系列重大问题交换意见,对全面深化中俄战略协作伙伴关系、扩大两国各领域合作起到重要促进作用。今年以来,中俄关系继续保持良好发展势头。中俄原油管道顺利投产运营,双方成功举行第五轮战略安全磋商,双边贸易额增长势头强劲,双方在国际和地区事务中的协调和配合更加密切。

梅德韦杰夫表示,非常高兴来海南出席金砖国家领导人第三次会晤及博鳌亚洲论坛2011年年会开幕式。俄中互为战略协作伙伴,在政治、经济等各个领域保持密切合作,两国高层交往频繁,经贸合作成果丰硕,在国际事务中密切协调配合。俄方对两国关系取得的进展感到满意。

胡锦涛指出,当前,国际形势更加错综复杂。中俄双方要坚定不移致力于发展中俄战略协作伙伴关系,维护好两国共同利益,促进世界和平、安全、稳定。双方应该充分发挥两国合作的巨大潜力和优势,重点做好以下四方面工作。一是以共同庆祝《中俄睦邻友好合作条约》签署10周年为契机,大力弘扬两国世代友好的和平理念,增进两国人民传统友谊。二是加大相互政治支持,坚定支持对方维护国家主权、安全、发展利益的努力。三是推进中俄西线天然气管道等能源领域大项目合作,全面扩大经贸、投资、高技术、金融、地方、人文等领域互利合作。四是加强在国际和地区事务及国际经济金融体系改革等重大问题上的沟通和协调。

梅德韦杰夫完全赞同胡锦涛关于发展两国关系的重要意见,表示俄方愿意同中方一道,推动两国各领域合作迈出新的步伐。双方应该加强高层交往和政治对话,在双边和国际场合就共同关心的重大国际和地区问题深入交换意见;隆重庆祝《中俄睦邻友好合作条约》签署10周年;继续发掘潜力,扩大双边贸易额,加强投资领域合作;落实好《中国东北地区与俄罗斯远东及东西伯利亚地区合作规划纲要》;推进石油、天然气、水电、核能等重要领域合作;保持两国人文领域合作良好势头。双方应该在国际事务及二十国集团等多边机制中加强协调和配合。

胡锦涛强调,金砖国家领导人第三次会晤即将举行,各成员将就国际经济、金融、发展等领域重大事务交换意见,相信这将是一次富有成果的会晤,有利于增进金砖国家团结合作。俄罗斯是金砖国家机制首倡者,积极参与和推动了机制发展。中方愿同俄方一道努力,扩大五国各领域交流合作,加强五国在重大国际和地区问题上的协调和配合,推动五国合作向前发展。

梅德韦杰夫表示,当前,金砖国家各领域合作进展良好。俄方愿意在这次会晤中同其他成员就加强合作进行深入探讨。

两国元首还就上海合作组织、西亚北非局势、朝鲜半岛局势等交换了意见,表示要加强协调,共同促进相关地区和平稳定。

令计划、王沪宁、戴秉国等参加会见。

胡锦涛会见南非总统

4月13日,国家主席胡锦涛在海南省三亚市会见来华出席金砖国家领导人第三次会晤和博鳌亚洲论坛2011年年会开幕式的南非总统祖马。

新华社记者 **鞠 鹏**摄

本报三亚4月13日电 (记者**吴绮敏、王新萍**)国家主席胡锦涛13日在海南省三亚市会见了来华出席金砖国家领导人第三次会晤和博鳌亚洲论坛2011年年会开幕式的南非总统祖马。双方就深化中南全面战略伙伴关系及共同关心的国际和地区问题深入交换意见。

胡锦涛祝贺南非加入金砖国家机制,表示中方愿同南非和其他成员国一道努力,推动金砖国家合作不断取得新成果。祖马表示,感谢中方支持南非成为金砖国家机制成员,南非加入金砖国家机制使非洲在该机制中有了代表性,这不仅对南非有利,而且对非洲大陆有利。

胡锦涛指出,去年8月,两国元首共同签署《北京宣言》,宣布中南建立全面战略伙伴关系。半年多来,两国政治交往频繁,相互理解和信任加深,在重大国际事务中保持密切协调和配合。去年,双边贸易额再创新高,两国矿业、金融、电信、新能源等领域互利合作蓬勃发展,科技、文化、教育、旅游等领域交流合作方兴未艾。

胡锦涛强调,中南同为重要发展中国家。中南关系全面快速发展符合两国和两国人民根本利益,也有利于促进中国同非洲乃至广大发展中国家的团结合作。中方愿从以下四方面同南方一道努力,深化中南全面战略伙伴关系。一是密切高层交往。充分利用双边高层交往,加强治国理政经验交流,巩固在涉及各自核心利益的重大问题上的相互理解和支持,服务两国谋发展、促稳定、惠民生的共同目标。二是深化务实合作。积极落实去年两国高层互访达成的重要共识,深化中南基础设施建设、矿业、能源、农业等领域互利合作,扩大中国金融机构和企业对南非重点领域投资合作,持续推动两国贸易平衡健康发展。三是推动人文交流。加强文化、教育、科技、新闻、旅游等领域交流合作。四是加强在国际事务中的合作。密切中南在联合国、世贸组织、二十国集团、金砖国家等重要多边机制中的协调和合作,有效维护两国和广大发展中国家共同利益,推动国际政治经济秩序朝着更加公正合理的方向发展。中方赞赏南非为承办在德班举行的联合国气候变化大会所作努力,支持南非发挥东道国重要作用,推动德班大会取得积极成果,圆满完成"巴厘路线图"谈判任务。

祖马表示,南非和中国拥有强有力的双边关系。去年两国元首签署《北京宣言》,宣布建立全面战略伙伴关系,对推动双边关系发展具有重要意义。去年以来,双方保持密切高层交往,各领域务实合作不断加强。南方愿意同中方一道,进一步落实《北京宣言》,加强经贸、环保等领域合作,这有利于南非创造就业机会,推动经济发展;在联合国安理会等多边机构保持密切沟通合作,就重大国际问题协调立场。南非将承办联合国气候变化大会,希望就此同中国加强磋商,推动会议取得成功。

祖马介绍了非盟利比亚问题高级别特设委员会赴利比亚斡旋情况,表示当务之急是尽快停火,给和平以机会。他表示感谢中方支持非盟在利比亚问题上的立场,南非愿意就此同中方保持沟通和协调。

胡锦涛表示,中方对利比亚持续动荡引发的人道主义危机感到忧虑。中方呼吁有关各方尽快停火,避免局势进一步恶化造成更大的人道主义灾难。中方支持包括非盟在内的有关各方为缓解利比亚紧张局势所作的政治努力,愿意同南非就利比亚问题保持沟通和协调,推动利比亚局势尽快恢复稳定。

令计划、王沪宁、戴秉国等参加会见。

胡锦涛会见印度总理

4月13日,国家主席胡锦涛在海南省三亚市会见来华出席金砖国家领导人第三次会晤的印度总理辛格。

新华社记者 **张 铎**摄

本报三亚4月13日电 (记者**吴绮敏、刘歌**)国家主席胡锦涛13日在海南省三亚市会见了来华出席金砖国家领导人第三次会晤的印度总理辛格。双方一致同意,深化中印战略合作,推动两国共同发展,促进亚洲乃至世界和平、稳定、繁荣。

胡锦涛指出,中国和印度互为重要邻国,也都是新兴市场国家。去年4月以来,中印关系保持健康稳定发展势头。双方成功举办纪念中印建交60周年系列活动,两国各领域交流合作不断深化,双方在重大全球性问题上保持密切沟通和协调。在当今国际形势深刻变化的背景下,中印关系的全球和战略意义更加突出,两国关系发展面临广阔前景。

胡锦涛强调,今年是"中印交流年"。双方要以此为契机,积极扩大各领域交流合作,推动双边关系再上新台阶。一是保持高层往来,增强政治互信。扩大政府、立法机构、政党往来,利用好各种政治对话和磋商机制,加强战略沟通,及时就双边关系和其他共同关心的重大问题交换意见。二是拓展经贸合作,实现互利双赢。早日举行战略经济对话机制首次会议。积极推动双边贸易发展,拓展在基础设施、信息技术、投资、工程承包以及银行业等领域合作,努力实现优势互补、互利双赢。三是扩大人文交流,增进相互了解。今天双方正式宣布启动"中印交流年"。中方将邀请印度500名各界青年访华,中方愿为印度中学汉语教学提供支持,双方要共同办好交流年系列经贸文化活动,兴起两国人民友好交流热潮。四是妥善处理分歧,维护和平稳定。中方愿意本着和平友好、平等协商、相互尊重、相互谅解的精神,继续推进两国关于边界问题的谈判,寻求公平合理、双方都能接受的解决方案。双方应该积极探讨建立边境事务磋商和协调机制,争取尽快达成一致,以便在边界问题解决前更好维护边境地区和平安宁。

辛格表示,非常高兴来华出席金砖国家领导人第三次会晤,完全同意胡锦涛提出的关于发展两国关系的四点意见,印方愿意同中方一道认真落实。他表示,2006年胡锦涛主席访问印度,双方制定了深化合作的"十项战略",为促进两国战略合作伙伴关系发挥了重要作用。去年以来,两国领导人频繁接触,在二十国集团等场合就深化战略合作伙伴关系及共同关心的重大问题深入交换意见,达成广泛共识。经贸合作是两国战略合作的基石。目前两国贸易增长迅速。印方欢迎和鼓励中国企业和公司来印投资,特别是在基础设施领域加大投资力度。印方愿意积极促进两国人文交流合作,办好"印中交流年",增进青年往来和相互了解。印方愿意同中方一道努力,寻求双方都能接受的边界问题解决方案,在边界问题解决前共同保持边境地区和平与安宁,愿意建立边境事务磋商和协调机制。

胡锦涛指出,中印在国际和地区事务中具有广泛共同利益。中方愿同印方加强在联合国、二十国集团、金砖国家等方面的协调和配合,相互支持对方参与区域合作进程,携手应对气候变化、粮食安全、能源安全等问题,维护共同利益。中印就重大问题加强沟通、深化合作,有利于亚洲乃至世界的和平与发展。

辛格表示,印中关系的意义重大,超越了双边范畴,对国际和地区和平稳定具有重要影响。印方愿意同中方在重大国际和地区问题及应对全球性挑战上加强协调,共同维护两国和发展中国家利益。

双方还就西亚北非局势等共同关心的问题交换了意见。

令计划、王沪宁、戴秉国等参加会见。

吴邦国主持召开人大常委会委员长会议

决定人大常委会第二十次会议20日至22日在京举行

本报北京4月13日电 (记者**白龙**)全国人大常委会委员长吴邦国13日在人民大会堂主持召开十一届全国人大常委会第六十一次委员长会议。会议决定十一届全国人大常委会第二十次会议4月20日至22日在北京举行。

委员长会议建议,十一届全国人大常委会第二十次会议继续审议行政强制法草案,审议关于修改煤炭法和建筑法个别条款的决定草案、道路交通安全法修正案草案、个人所得税法修正案草案。

委员长会议建议,十一届全国人大常委会第二十次会议审议国务院关于集体林权制度改革工作情况的报告、关于"五五"普法工作情况的报告和关于进一步加强法制宣传教育的决议草案的议案;审议全国人大常委会代表资格审查委员会关于个别代表的代表资格的报告;审议有关任免案等。

委员长会议上,全国人大常委会副委员长兼秘书长李建国就常委会第二十次会议议程草案、日程安排意见作了汇报。全国人大有关专门委员会负责人、常委会代表资格审查委员会负责人、常委会有关副秘书长就常委会第二十次会议的相关议程作了汇报。

全国人大常委会副委员长王兆国、乌云其木格、韩启德、华建敏、周铁农、司马义·铁力瓦尔地、蒋树声、陈昌智、严隽琪、桑国卫等出席会议。

温家宝主持召开国务院常务会议

分析一季度经济形势 研究部署下一阶段经济工作

新华社北京4月13日电 国务院总理温家宝13日主持召开国务院常务会议,分析一季度经济形势,研究部署下一阶段经济工作。

会议指出,今年以来,我国经济保持平稳运行,国民经济开局良好。投资、消费、出口稳定增长,内需支撑作用增强;工业平稳增长,农业生产形势向好;财政收支增长较快,货币信贷平稳回调,经济增长的主要拉动力逐步从政策刺激向自主增长有序转变;就业和居民收入继续增加,人民生活进一步改善。这些表明,中央关于今年经济工作的决策和部署是正确的、有成效的。

会议认为,当前国内外环境仍然极为复杂,不稳定、不确定性因素还不少。从国际看,主要经济体经济恢复增长,但国际市场粮食、石油等大宗商品价格不断上涨,通胀压力正在从新兴经济体扩大到发达经济体,世界经济还没有走上正常增长的轨道,目前又出现了一些新的变数。从国内看,虽然发展的有利条件较多,但面临的挑战也不少,主要是物价上涨比较快、通胀预期增强,房地产市场成交量萎缩、多数城市房价还在上涨,宏观调控仍然面临较大压力。我们一定要保持清醒头脑,增强忧患意识,冷静观察,沉着应对,未雨绸缪,做好应对各种困难和风险的准备。 (下转第三版)

三版刊登温家宝总理在国务院常务会议上的讲话节选:关于当前经济工作的几个问题

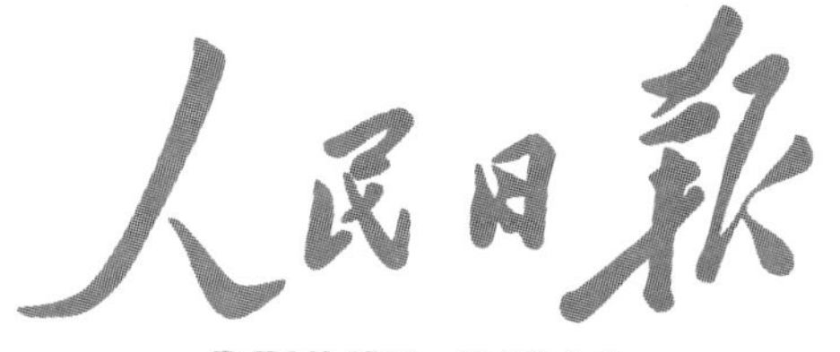

RENMIN RIBAO

人民网　网址：http://www.people.com.cn
手机：http://wap.people.com.cn

2011年4月
15
星期五
辛卯年三月十三
人民日报社出版
国内统一连续出版物号
CN 11-0065
第22924期（代号1-1）
今日24版

胡锦涛会见博鳌亚洲论坛理事会成员

本报三亚4月14日电 （记者**吴绮敏、陈伟光**）国家主席胡锦涛14日在海南省三亚市会见了博鳌亚洲论坛理事会成员。

胡锦涛对一年来论坛各项工作顺利开展表示赞赏。胡锦涛指出，今年是论坛成立10周年。10年来，论坛逐步发展成为全球具有重要影响的经济论坛之一，为促进地区经济合作、加强亚洲同世界其他地区的对话和合作发挥了积极作用。

胡锦涛指出，论坛将今年年会的主题定为"包容性发展：共同议程与全新挑战"是富有远见之举。希望这次年会就此广泛交流、深入研讨，为实现包容性发展和可持续发展建言献策。

胡锦涛强调，中国一直高度重视论坛发展，大力支持论坛建设，积极参与论坛活动。中方为论坛成长和取得的成就感到高兴，愿同关心亚洲发展的各国一道，继续为论坛发展提供支持，为促进亚洲和世界经济发展作出贡献。

博鳌亚洲论坛理事长、日本前首相福田康夫代表论坛理事会对中方对论坛提供的大力支持和合作表示衷心感谢。他表示，明天论坛年会即将举行，胡锦涛主席将出席开幕式并发表主旨演讲。理事会成员愿意全力以赴，为今年年会成功举行及论坛发展作出努力。

会见后，胡锦涛和夫人刘永清出席为前来参加金砖国家领导人第三次会晤和博鳌亚洲论坛2011年年会的贵宾举行的酒会，并一同观看了文艺演出。中外艺术家登台献艺，节目精彩纷呈，全场不时报以热烈的掌声。

令计划、王沪宁、戴秉国等参加上述活动。

金砖国家领导人第三次会晤在海南三亚举行

胡锦涛主持会晤并发表重要讲话

胡锦涛指出，中国发展是世界发展的一部分，中国发展得越好，对世界作出的贡献越大。一个发展更加持续、社会更加和谐、制度更加完善、对外更加开放的中国，有利于增进13亿中国人民的福祉，也必将对世界和平与发展作出更大贡献

胡锦涛强调，中国将继续高举和平、发展、合作旗帜，坚持独立自主的和平外交政策，始终不渝走和平发展道路，始终不渝奉行互利共赢的开放战略。中国欢迎世界各国参与中国发展、分享中国发展机遇，同世界各国人民共享繁荣

4月14日，金砖国家领导人第三次会晤在海南省三亚市举行。国家主席胡锦涛主持会晤并发表重要讲话。
新华社记者 **鞠　鹏**摄

4月14日，金砖国家领导人第三次会晤在海南省三亚市举行。这是胡锦涛主席与出席会晤的其他四国领导人集体合影。
新华社记者 **李学仁**摄

本报三亚4月14日电 （记者**吴绮敏、陈伟光、王新萍**）金砖国家领导人第三次会晤14日在海南省三亚市举行，中国国家主席胡锦涛、巴西总统罗塞夫、俄罗斯总统梅德韦杰夫、印度总理辛格、南非总统祖马出席。这次会晤的主题是"展望未来、共享繁荣"。

4月的三亚，山青水秀，生机盎然。上午9时许，巴西、俄罗斯、印度、南非领导人先后抵达会场，受到胡锦涛热情迎接。与会领导人集体合影。

9时5分，金砖国家领导人会晤开始，胡锦涛主持会议。与会领导人重点就国际形势、国际经济金融问题、发展问题、金砖国家合作等议题深入交换意见。

胡锦涛在会晤时发表题为《展望未来 共享繁荣》的重要讲话。他指出，21世纪刚刚进入第二个十年。过去10年里，世界经历了大发展大变革大调整，和平、发展、合作的时代潮流更加强劲。世界多极化、经济全球化深入发展，全球经济治理出现新变革，科技创新孕育新突破，新兴市场国家合作蓬勃发展，世界各国面临难得的发展机遇。同时，实现世界持久和平、共同繁荣仍有很长的路要走。

胡锦涛强调，在进入21世纪第二个十年的历史时刻，我们需要共同思考一个重要问题：如何使人类拥有一个和平安宁、共享繁荣的21世纪？为此，胡锦涛提出几点看法。

第一，大力维护世界和平稳定。我们应该恪守联合国宪章宗旨和原则，充分发挥联合国及其安理会在维护和平、缔造和平、建设和平方面的核心作用；坚持通过对话和协商，以和平方式解决国际争端；以民主、包容、合作、共赢的精神实现共同安全，坚定不移奉行多边主义和国际合作，推进国际关系民主化；营造支持各国根据本国国情实现和平、稳定、繁荣的国际环境；本着求同存异的原则，尊重各国主权和选择发展道路和发展模式的权利，尊重文明多样性，在交流互鉴、取长补短中相得益彰、共同进步。

第二，大力推动各国共同发展。我们应该继续致力于促进发展中国家发展，推动世界经济复苏和发展；建设公平有效的全球发展体系，全面落实联合国千年发展目标；坚持共同但有区别的责任原则，合作应对气候变化这一全球性挑战；本着互利合作、多元发展、协同保障的原则，共同维护能源安全；建设公平、公正、包容、有序的国际货币金融体系，增加新兴市场国家和发展中国家在国际货币金融体系中的发言权和代表性；建设公正合理的国际自由贸易体系，反对各种形式的保护主义，推动多哈回合谈判早日实现发展回合目标。

第三，大力促进国际交流合作。我们应该充分利用联合国、二十国集团、金砖国家等各层次的多边合作机制，开展务实有效的合作。联合国在国际事务中应该始终发挥核心作用。以金砖国家为代表的新兴市场国家合作机制方兴未艾，是全球经济合作的新模式，是多边主义的重要实践，可以继续在促进新兴市场国家合作方面发挥积极作用。

第四，大力加强金砖国家共同发展的伙伴关系。我们应该立足当前、着眼长远，坚持团结互信、开放透明、共谋发展的基本原则，通过合作加强互信，永远做好朋友、好伙伴；继续坚定维护金砖国家共同利益，在国际经济金融和发展领域加强协调，增强新兴市场国家和发展中国家在全球经济治理中的地位和作用；继续深化务实合作，在经贸、卫生、友城等领域积极挖掘合作潜力，推动各领域合作出成果、见实效，进一步增强金砖国家合作的经济社会基础。

胡锦涛指出，中国发展是世界发展的一部分，中国发展得越好，对世界作出的贡献越大。一个发展更加持续、社会更加和谐、制度更加完善、对外更加开放的中国，有利于增进13亿中国人民的福祉，也必将对世界和平与发展作出更大贡献。

胡锦涛强调，中国将继续高举和平、发展、合作旗帜，坚持独立自主的和平外交政策，始终不渝走和平发展道路，始终不渝奉行互利共赢的开放战略。中国欢迎世界各国参与中国发展、分享中国发展机遇，同世界各国人民共享繁荣。**（讲话全文另发）**

各成员领导人在讲话中祝贺这次会晤在三亚举行，欢迎南非参加金砖国家机制。

巴西总统罗塞夫表示，在当前国际形势下，新兴市场国家在国际和地区事务中发挥着日益重要作用，促进各自发展、开展互利合作潜力巨大。金砖国家机制是发展中国家高水平的合作平台，各成员要在国际经济金融事务中密切协调，推动建立更加公正全面的国际货币体系，在气候变化等领域加强务实合作，推动各国共享繁荣、实现可持续发展，维护发展中国家利益。

俄罗斯总统梅德韦杰夫说，金砖国家合作是俄罗斯外交政策优先方向之一。新形势下，金砖国家面临的共同挑战增加。各成员要加强合作，维护信息安全，促进世界经济复苏和全球经济平衡，推动国际金融体系改革，维护全球粮食安全，促进可持续发展，努力维护新兴市场国家和发展中国家利益。

印度总理辛格说，当前全球力量对比正在发生新的变化，世界形势更加复杂和不确定。应该尊重各国独立主权和领土完整，加强改革全球治理机制，改革国际货币体系，应对国际经济金融挑战。金砖国家是最大的新兴市场国家合作机制，各成员要加强合作。要重视发展问题，增加对发展中国家的投入，改善发展中国家基础设施，加强能源安全和粮食安全，反对贸易保护主义。

南非总统祖马说，感谢邀请南非加入金砖国家机制。金砖国家相互关系密切，具有和平发展的共同诉求。金砖国家要携手努力，推动国际货币体系改革，增加发展中国家发言权和代表性，应对全球经济复苏不平衡，加强互利经贸合作，实现共同增长。要支持落实联合国千年发展目标，在气候变化等问题上加强协调，促进绿色经济和可持续发展。

会晤期间，与会各国领导人出席了有关合作文件签字仪式。

会晤结束后，与会各国领导人出席了联合记者招待会，就会晤情况分别发表看法。会议发表了《三亚宣言》。

当天中午，胡锦涛为出席金砖国家领导人第三次会晤的贵宾举行欢迎宴会。

令计划、王沪宁、戴秉国参加上述活动。

展望未来　共享繁荣

——在金砖国家领导人第三次会晤时的讲话

（二〇一一年四月十四日，海南三亚）

中华人民共和国主席　胡锦涛

各位同事，女士们，先生们：

很高兴同大家再次相聚，共商金砖国家合作和发展大计。首先，我谨代表中国政府和人民，并以我个人的名义，对各国领导人和代表来华与会，表示热烈的欢迎！

21世纪刚刚进入第二个十年。过去10年里，世界经历了大发展大变革大调整，和平、发展、合作的时代潮流更加强劲。世界多极化、经济全球化深入发展，全球经济治理出现新变革，科技创新孕育新突破，新兴市场国家合作蓬勃发展，世界各国面临难得的发展机遇。

同时，过去10年里，国际和地区热点此起彼伏，影响着世界和平稳定。南北发展不平衡依然突出，气候变化、环境恶化、能源资源安全、严重传染性疾病、重大自然灾害等全球性问题受到普遍关注。当前，国际金融危机深层次影响仍未根本消除，大宗商品价格上涨，全球通胀压力加大，世界经济复苏存在不确定因素，全球金融治理更是任重道远。近来，西亚北非部分国家出现政局动荡甚至战乱，对地区稳定带来影响。这些都说明，实现世界持久和平、共同繁荣仍有很长的路要走。

机遇要紧紧把握，挑战要妥善应对。在进入21世纪第二个十年的历史时刻，我们需要共同思考一个重要问题：如何使人类拥有一个和平安宁、共享繁荣的21世纪？为此，我愿提出以下几点看法。

第一，大力维护世界和平稳定。和平稳定是发展的前提和基础。上个世纪，人类经历了两次世界大战，生灵涂炭，经济社会发展遭受严重挫折。第二次世界大战结束以来，世界经济能够快速增长，主要得益于相对和平稳定的国际环境。世界银行的统计表明，长期受到暴力冲突影响的国家都没有实现联合国千年发展目标。维护世界和平稳定，使人民安居乐业，是各国政府和领导人需要承担的首要责任。

我们应该恪守联合国宪章宗旨和原则，充分发挥联合国及其安理会在维护和平、缔造和平、建设和平方面的核心作用。坚持通过对话和协商，以和平方式解决国际争端。

我们应该坚持国家不论大小、强弱、贫富都是国际社会平等一员，以民主、包容、合作、共赢的精神实现共同安全，做到一国内部的事情一国自主办、大家共同的事情大家商量办，坚定不移奉行多边主义和国际合作，推进国际关系民主化。

我们应该营造支持各国根据本国国情实现和平、稳定、繁荣的国际环境。应该本着求同存异的原则，尊重各国主权和选择发展道路和发展模式的权利，尊重文明多样性，在交流互鉴、取长补短中相得益彰、共同进步。

第二，大力推动各国共同发展。国际金融危机引发了各国对世界经济不平衡的思考和讨论。从根本上讲，世界经济最大的不平衡是南北发展不平衡，世界经济领域最根本的矛盾是发展中国家发展不足。没有发展中国家经济发展，就没有世界经济长期稳定发展。我们应该继续致力于促进发展中国家发展，推动世界经济复苏和发展。

我们应该建设公平有效的全球发展体系，加强发展机构，增加发展资源，全面落实联合国千年发展目标。应该坚持共同但有区别的责任原则，合作应对气候变化这一全球性挑战。应该本着互利合作、多元发展、协同保障的原则，共同维护能源安全。应该制定长远的国际粮食合作战略，实现全球粮食安全。

我们应该建设公平、公正、包容、有序的国际货币金融体系，支持全球经济发展，增加新兴市场国家和发展中国家在国际货币金融体系中的发言权和代表性。

我们应该建设公正合理的国际自由贸易体系，反对各种形式的保护主义，加强多边贸易体制，推动多哈回合谈判早日实现发展回合目标。

第三，大力促进国际交流合作。我们这个星球是世界各国人民的共同家园。当前，各国相互联系、相互依存、利益交融达到前所未有的程度。一国的前途命运日益紧密地同世界的前途命运联系在一起，携手合作、同舟共济符合各国共同利益。

我们应该充分利用联合国、二十国集团、金砖国家等各层次的多边合作机制，开展务实有效的合作。联合国作为最具普遍性、代表性、权威性的政府间国际组织，在国际事务中应该始终发挥核心作用。二十国集团要继续作为全球经济治理的重要平台。以金砖国家为代表的新兴市场国家合作机制方兴未艾，是全球经济合作的新模式，是多边主义的重要实践，可以继续在促进新兴市场国家合作方面发挥积极作用。

（下转第二版）

RENMIN RIBAO

人民网 网址:http://www.people.com.cn
手机:http://wap.people.com.cn

2011年4月
16
星期六
辛卯年三月十四
人民日报社出版
国内统一连续出版物号
CN 11-0065
第22925期(代号1-1)
今日8版

胡锦涛会见出席博鳌亚洲论坛2011年年会主要嘉宾和各方代表

本报海南博鳌4月15日电 （记者**吴绮敏、陈伟光、王新萍**）国家主席胡锦涛15日在海南博鳌分别会见前来与会的外国领导人和外国部长级代表及主要演讲嘉宾、青年领导人圆桌会议代表、中外企业家代表、港澳企业家代表、台湾企业家代表、华商圆桌会议代表并合影。

胡锦涛对各位嘉宾和代表出席本届年会表示欢迎，对他们10年来为论坛发展作出的贡献表示感谢，希望他们继续为推动亚洲和世界经济发展发挥积极作用。

胡锦涛指出，本次年会以“包容性发展：共同议程与全新挑战”为主题，具有现实性，富有前瞻性。希望大家以论坛年会为交流平台，就共同关心的问题深入探讨，在交流中凝聚共识，在对话中加强合作。

在会见台湾企业家代表时，胡锦涛对台湾两岸共同市场基金会最高顾问钱复一行表示欢迎并说，两岸关系和平发展良好局面来之不易，需要双方珍惜和维护。为此，两岸双方应该继续增进互信，深化合作，共同努力，为两岸关系和平发展创造更为有利的条件。钱复对此表示完全赞同，并对博鳌亚洲论坛成立10周年以及金砖国家领导人第三次会晤取得成功表示祝贺。钱复转达了中国国民党主席马英九对胡锦涛总书记的问候，胡锦涛也请钱复转达对马英九的问候。

博鳌亚洲论坛2011年年会开幕

胡锦涛出席开幕式并发表主旨演讲

胡锦涛强调，中国将坚定不移走和平发展道路，坚定不移奉行互利共赢的开放战略，始终把亚洲放在对外政策的首要位置，坚持与邻为善、以邻为伴的周边外交方针，积极发展同亚洲各国的睦邻友好和互利合作，不断增进相互理解和信任，永远做亚洲各国的好邻居、好朋友、好伙伴

4月15日，博鳌亚洲论坛2011年年会开幕式在海南博鳌国际会议中心举行。国家主席胡锦涛在开幕式上发表主旨演讲。 新华社记者 鞠鹏摄

4月15日，博鳌亚洲论坛2011年年会开幕式在海南博鳌国际会议中心举行。这是国家主席胡锦涛同出席论坛开幕式的外国领导人和论坛理事会有关负责人合影。 新华社记者 刘建生摄

本报海南博鳌4月15日电 （记者**吴绮敏、陈伟光、刘歌、罗昌爱**）博鳌亚洲论坛2011年年会15日上午在海南博鳌开幕。国家主席胡锦涛出席开幕式并发表主旨演讲。胡锦涛强调，中国将坚定不移走和平发展道路，坚定不移奉行互利共赢的开放战略，始终把亚洲放在对外政策的首要位置，坚持与邻为善、以邻为伴的周边外交方针，积极发展同亚洲各国的睦邻友好和互利合作，不断增进相互理解和信任，永远做亚洲各国的好邻居、好朋友、好伙伴。

春到博鳌，海蓝天碧，万木竞秀。今年是博鳌亚洲论坛成立10周年。今天，论坛会场装饰一新，气氛隆重热烈。本届年会的主题是“包容性发展：共同议程与全新挑战”。与会者将围绕这一主题，就包容性发展、中国“十二五”规划、世界经济展望、全球产业转移的新趋势等议题进行交流。

上午10时30分许，胡锦涛步入开幕式会场，在主席台就座，全场起立热烈鼓掌。俄罗斯总统梅德韦杰夫、巴西总统罗塞夫、南非总统祖马、韩国总理金滉植、西班牙首相萨帕特罗、乌克兰总理阿扎罗夫、新西兰副总理兼财政部长英格利希等外国领导人以及来自不同国家和地区的1400多名政界、工商界人士和专家学者出席开幕式。

在热烈的掌声中，胡锦涛发表题为《推动共同发展 共建和谐亚洲》的主旨演讲。胡锦涛指出，10年来，博鳌亚洲论坛在凝聚亚洲共识、传播亚洲声音、促进亚洲合作方面发挥了重要作用，已经成为全球具有重要影响的经济论坛之一。博鳌亚洲论坛之所以能够不断成长，得益于亚洲快速发展，也见证和推动了这一历史进程。亚洲发展不仅有力改变着亚洲人民命运，而且日益影响着世界发展进程。

胡锦涛强调，亚洲人民历来具有自强不息的奋斗精神、开拓进取的创新精神、开放包容的学习精神、同舟共济的团结精神。这些优良传统是亚洲精神的重要体现，是亚洲人民共同的宝贵财富，值得倍加珍惜、发扬光大。只要坚持发扬这些优良传统，亚洲人民必将在前进道路上创造出新的业绩，为人类和平与发展的崇高事业作出新的更大的贡献。

胡锦涛指出，步入21世纪第二个十年，亚洲发展站在了新的历史起点上。在世界多极化、经济全球化深入发展的形势下，如何处理好发展和稳定的关系依然是摆在亚洲人民面前的重大课题。推动共同发展，共建和谐亚洲，这是时代赋予亚洲人民的共同使命。胡锦涛就此提出以下建议。

第一，尊重多样文明，促进睦邻友好。继续相互尊重各自选择的发展道路，相互尊重各自推动经济社会发展、改善人民生活的实践探索，把亚洲的多样性转化为加强交流合作的活力和动力，不断提高各领域合作水平。

第二，转变发展方式，推动全面发展。紧跟世界发展新趋势，着力转变经济发展方式，积极调整经济结构，增强科技创新能力，发展绿色经济，促进实体经济和虚拟经济、内需和外需均衡发展，把发展经济和改善民生紧密结合起来，实现经济社会协调发展。

第三，分享发展机遇，共迎各种挑战。加强宏观经济政策协调，不断扩大共同利益，推动地区所有成员共同发展。大国要扶持小国，富国要支援穷国，各国要相互帮助，共同把握机遇，共同应对挑战，努力让发展成果惠及地区所有成员，让全亚洲人民生活得更加幸福。

第四，坚持求同存异，促进共同安全。摒弃冷战思维和零和观念，大力倡导互信、互利、平等、协作的新安全观，照顾彼此安全关切，最大限度展现善意、智慧、耐心，坚持通过对话和协商化解矛盾，积极促进地区安全合作，努力维护和平稳定的地区环境。

第五，倡导互利共赢，深化区域合作。加强区域合作机制建设，推动各类机制充分发挥各自优势、并行不悖发展。我们应该坚持开放的地区主义，尊重地区外国家在亚洲的存在和利益，欢迎包括金砖国家在内的各个国家积极参与亚洲合作进程，共同促进亚洲和平、稳定、繁荣。

胡锦涛指出，10年来，中国经济持续快速发展，经济实力、综合国力、人民生活水平迈上新的台阶，为促进亚洲和世界经济增长作出了重要贡献。不久前，中国制定并公布了国民经济和社会发展第十二个五年规划纲要，提出了今后5年中国经济社会发展的总体任务。未来5年，中国将着力实施扩大内需特别是消费需求的战略，着力实施“走出去”战略，着力参与全球经济治理和区域合作，着力建设资源节约型、环境友好型社会。

胡锦涛强调，近代饱经沧桑的中国人民，深知和平之珍贵、发展之重要。中国将坚定不移走和平发展道路，坚定不移奉行互利共赢的开放战略，始终把亚洲放在对外政策的首要位置，坚持与邻为善、以邻为伴的周边外交方针，积极发展同亚洲各国的睦邻友好和互利合作，努力维护有利于亚洲和平与发展的地区环境。

胡锦涛最后指出，我们对亚洲的未来充满信心。让我们携起手来，共同开创亚洲更加美好的明天。**（演讲全文另发）**

俄罗斯总统梅德韦杰夫、巴西总统罗塞夫、南非总统祖马、韩国总理金滉植、西班牙首相萨帕特罗、乌克兰总理阿扎罗夫先后在开幕式上致辞。他们对博鳌亚洲论坛2011年年会召开及论坛成立10周年表示衷心祝贺，对论坛10年来取得的成就给予高度评价，并围绕年会主题发表了看法。他们表示，愿意以博鳌亚洲论坛为平台，加强同亚洲的交流合作，共同应对挑战，推动世界共同发展。

论坛理事长福田康夫、沃尔沃集团总裁兼首席执行官约翰森、福特斯克金属集团首席执行官弗里斯特、贵州茅台酒股份有限公司董事长袁仁国等中外企业家代表也在开幕式上致辞。

博鳌亚洲论坛秘书长周文重主持年会开幕式。

当天中午，胡锦涛为出席博鳌亚洲论坛2011年年会的贵宾举行欢迎宴会。

刘永清、令计划、王沪宁、戴秉国参加有关活动。

推动共同发展 共建和谐亚洲

——在博鳌亚洲论坛二〇一一年年会开幕式上的演讲

（二〇一一年四月十五日，海南博鳌）

中华人民共和国主席 胡锦涛

尊敬的各位贵宾，女士们，先生们，朋友们：

首先，我谨代表中国政府和人民，对博鳌亚洲论坛2011年年会的召开，表示热烈的祝贺！对各位来宾的到来，表示诚挚的欢迎！

10年前，在亚洲有关方面和人士共同努力下，博鳌亚洲论坛宣告成立。这是新形势下亚洲团结意识日益提高、合作意愿不断增强的一个重要标志。10年来，博鳌亚洲论坛在凝聚亚洲共识、传播亚洲声音、促进亚洲合作方面发挥了重要作用，已经成为全球具有重要影响的经济论坛之一。博鳌亚洲论坛之所以能够不断成长，得益于亚洲快速发展，也见证和推动了这一历史进程。

10年来，亚洲经济快速发展，区域合作蓬勃推进，国际影响力持续提高。亚洲经济在国际金融危机中率先企稳复苏，成为拉动世界经济恢复和增长的重要引擎。亚洲发展不仅有力改变着亚洲人民命运，而且日益影响着世界发展进程。

回首亚洲走过的不平凡历程，我们有一个共同的感觉，在国际形势复杂多变的条件下，亚洲能够发生这样深刻的变化、取得这样显著的成就，是有着重要原因的。亚洲的发展，得益于总体稳定的国际和地区环境，得益于深入发展的经济全球化和区域合作，得益于亚洲睦邻友好关系的发展，更与亚洲人民既坚持发扬在长期实践中形成的优良传统又注重学习借鉴世界其他地区的有益经验密不可分。

——亚洲人民历来具有自强不息的奋斗精神。在漫长历史进程中，亚洲人民创造了丰富多彩、享誉世界的辉煌文明。近代以来，在内外多种因素作用下，亚洲经历了曲折和艰难的发展历程。长期以来，亚洲人民为改变自己的命运，始终以不屈的意志和艰辛的奋斗开辟前进道路。今天人们所看到的亚洲发展成就，是勤劳智慧的亚洲人民不屈不挠、锲而不舍奋斗的结果。

——亚洲人民历来具有开拓进取的创新精神。历史和现实都证明，实现经济社会发展，必须找到符合自身实际的发展道路。亚洲人民深知，世界上没有放之四海而皆准的发展模式，也没有一成不变的发展道路。亚洲人民勇于变革创新，不断开拓进取，探索和开辟顺应时代潮流、符合自身实际的发展道路，为经济社会发展打开了广阔前景。

——亚洲人民历来具有开放包容的学习精神。亚洲是充满多样性的大陆，亚洲文明在多元文化影响中融合演进，为亚洲人民相互学习、相互借鉴、相互促进提供了重要文化基础。亚洲人民既弘扬自身优秀文化传统，又广泛吸收世界各国人民创造的优秀文明成果，促进了亚洲和世界共同发展。

——亚洲人民历来具有同舟共济的团结精神。亚洲人民是一家。历史上，亚洲人民在掌握民族命运的斗争中曾经并肩战斗、风雨同舟。近年来，从应对亚洲金融危机到应对国际金融危机，从抗击印度洋海啸到抗击中国汶川特大地震灾害，亚洲人民守望相助、患难与共。随着亚洲区域一体化进程加快，亚洲人民命运更加紧密地联系在一起。

3月11日，日本发生特大地震海啸灾害，造成重大人员财产损失。包括中国人民在内的亚洲人民对日本人民遭受的痛苦感同身受，纷纷伸出援手，再次向世人展示了亚洲人民同舟共济的团结精神。我们相信，日本人民一定能够战胜这场灾难、重建美好家园。 （下转第二版）

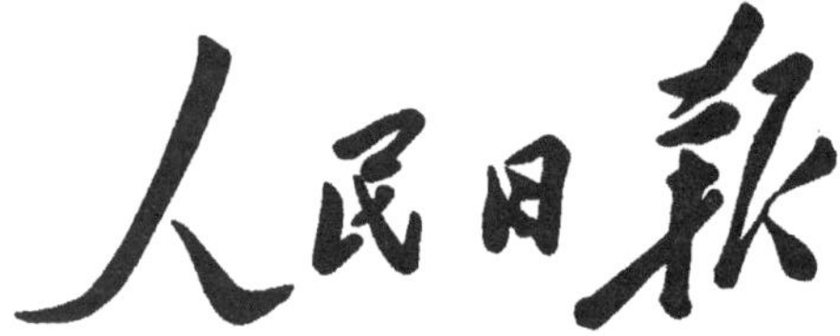

RENMIN RIBAO

今日4版
人民网 网址:http://www.people.com.cn
手机:http://wap.people.com.cn
国内统一连续出版物号 CN 11-0065
第21634期（代号1-1）
人民日报社出版

2007年10月
3
星期三
丁亥年八月廿三

北京地区天气预报
白天 多云间晴
风向 北转南
风力 二、三级
夜间 多云
风向 南转北
风力 一、二级
温度 26℃/16℃

胡锦涛宴请出席2007年世界夏季特奥会开幕式的国际贵宾

本报上海10月2日电 （记者**曹鹏程、曹玲娟**）国家主席胡锦涛2日在上海西郊宾馆宴请出席2007年世界夏季特奥会开幕式的国际贵宾，冰岛总统格里姆松和夫人穆萨耶夫、菲律宾总统阿罗约、乌兹别克斯坦副总理伊纳莫娃、国际特奥会主席施莱佛、瑞士前联邦主席奥吉、日本前首相海部俊树、博茨瓦纳总统夫人莫哈埃、波兰总统夫人卡钦斯卡、乌克兰总统夫人尤先科、希腊总理夫人卡拉曼利斯等出席宴会。

胡锦涛在致辞中首先代表中国政府和中国人民对各位贵宾来上海出席2007年世界夏季特殊奥林匹克运动会表示热烈欢迎。胡锦涛指出，特殊奥林匹克运动会传递着希望、友谊、合作、和平，寄托着各国人民的美好愿望。本届特殊奥林匹克运动会将有力促进世界残疾人事业，有力增进各国特奥运动员和各国人民的相互了解和友谊。中国政府和中国人民将以此为契机，进一步推动中国残疾人事业发展，并同世界各国政府和人民一道努力，推进世界残疾人事业，继续为建设持久和平、共同繁荣的和谐世界作出贡献。

国际特奥会主席施莱佛在致辞中表示，我们非常荣幸和特奥运动员们一起来到上海。今天是一个开始，不仅是比赛的开始，更是建立一个更公正、友好的世界的长期努力的开始。我们将奋斗不息，直到世界上所有儿童都能接受教育、发挥潜力，所有社区都接受包容每一个愿有所贡献的公民。这就是上海精神，我们将同全世界分享这种上海精神，让我们一起为共同献身的人类崇高事业欢呼喝彩。

国务院副总理回良玉、国务委员陈至立和澳门特别行政区行政长官何厚铧等也出席宴会。

二〇〇七年世界夏季特殊奥林匹克运动会在上海隆重开幕

胡锦涛出席开幕式并宣布运动会开幕

十月二日晚，国家主席胡锦涛在上海出席二〇〇七年世界夏季特殊奥林匹克运动会开幕式，宣布运动会开幕。 新华社记者 樊如钧摄

本报上海10月2日电 （记者**汪大昭、曹鹏程、曹玲娟、薛原**）浦江两岸，华灯竞放；东方明珠，熠熠生辉。2007年世界夏季特殊奥林匹克运动会2日晚在上海体育场隆重开幕。国家主席胡锦涛出席开幕式并宣布运动会开幕。

夜幕下的上海体育场流光溢彩、鼓乐喧天。可容纳8万观众的体育场内座无虚席，到处欢声笑语，气氛十分热烈。

19时许，在欢快的乐曲声中，胡锦涛走上主席台，向观众挥手致意。全场响起长时间的热烈掌声。

前来出席开幕式的冰岛总统格里姆松、菲律宾总统阿罗约、乌兹别克斯坦副总理伊纳莫娃、国际特殊奥林匹克委员会主席蒂姆·施莱佛和国际特殊奥林匹克委员会名誉主席尤尼斯·肯尼迪·施莱佛，国务院副总理回良玉，国务委员陈至立和澳门特别行政区行政长官何厚铧等也在主席台就座。

铿锵有力的特奥会开幕鼓乐响起。来自164个国家和地区的特奥代表团相继入场，受到观众热烈欢迎。当中国特奥代表团最后一个进入会场时，全场观众兴奋地鼓掌、欢呼。

伴随着雄壮的中华人民共和国国歌，鲜艳的五星红旗冉冉升起。

21时20分，胡锦涛用洪亮的声音宣布：2007年世界夏季特殊奥林匹克运动会开幕。顿时，全场观众掌声雷动，数百名少年儿童手持彩色气球欢呼着涌入会场，腾空而起的礼花把夜空装点得五彩缤纷。

随后，8名特奥运动员护拥着特奥会会旗步入会场，礼兵将会旗缓缓升起。在特奥会会旗前，一名运动员、一名裁判员分别代表全体参赛运动员、裁判员宣誓。

本届特奥会组委会主席、上海市市长韩正在开幕式上致辞，向远道而来的特奥运动员和中外嘉宾表示热烈欢迎。他说，这届特奥会将是增进各国人民相互了解和友谊的舞台，每一个参与的人都是特奥精神的传递者。让我们共同感受特奥大家庭的温暖，共同谱写人类文明的新篇章。

国际特殊奥林匹克委员会主席蒂姆·施莱佛也在开幕式上致辞，对中国人民为办好这届特奥会的辛勤付出表示衷心感谢。他说，特奥不是为了别人，而是为了我们大家，要让更多的人加入到特奥运动事业中来。

21时42分，经过五大洲传递的特奥圣火"希望之火"到达上海体育场，几名中外火炬手在场内进行接力传递。最后，一名中国火炬手高擎圣火跑向主火炬台，点燃象征特奥精神的"莫比斯环"。燃烧着熊熊圣火的巨大"莫比斯环"，从喷泻的水幕中徐徐升起。顷刻间，上海体育场成了一片欢乐的海洋。

开幕式上，穿插进行了以"和谐：人类共同的梦想"为主题的盛大文艺表演。整个表演分为"勇气：人类精神的力量"、"分享：我们共同的关爱"、"技能：认识自身的潜能"、"欢乐：共同庆祝的时刻"4个部分，展现了智障人士自强不息、奋力拼搏的精神风貌，表现了全人类相互关爱、携手共进的崇高理想。气势恢宏、寓意深刻的精彩表演，深深打动了现场观众，场内场外歌相和、心相连，涌动着一片融融真情。"爱重回大地，你我在一起。时间记得我名字，我曾勇敢不放弃……"一名智障儿童的歌声引起全场的共鸣，合唱《你行，我也行》把整个表演推向了高潮。

世界特殊奥林匹克运动会是面向智障人士的综合性大型运动会。这次在上海举办的特奥会，是第一次在发展中国家、在亚洲举办的夏季特奥会，是迄今为止我国举办的参赛国家和地区、参赛人员最多的国际体育赛事。本届特奥会设有21个比赛项目和4个表演项目，有1万多名运动员、教练员参加。全部比赛将于10月11日结束。

10月2日晚，2007年世界夏季特殊奥林匹克运动会在上海体育场隆重开幕。 吴 华摄（新华社发）

胡锦涛同冰岛总统格里姆松会谈

10月2日，国家主席胡锦涛在上海同冰岛总统格里姆松举行会谈。 新华社记者 樊如钧摄

本报上海10月2日电 （记者**曹鹏程、曹玲娟**）国家主席胡锦涛2日在上海西郊宾馆同前来出席2007年世界夏季特奥会开幕式并访华的冰岛总统格里姆松举行会谈。双方对双边关系不断深入发展感到满意，同意继续一道努力，推动两国各领域合作取得更大成果。

胡锦涛表示，中冰关系近年来又有了新的发展。两国政府部门和地方交往密切，相互了解和政治互信加深，双边经贸关系稳步发展，人文交流合作富有成果，在重大国际问题上保持了良好沟通磋商。

胡锦涛表示，中方重视同冰方的关系，愿同冰方一道努力，继续挖掘合作潜力，使两国关系成为不同幅员、人口和社会制度国家友好合作的典范。胡锦涛就发展中冰关系提出4点建议。第一，加强政治互信。保持双方高层交往势头，密切政府、立法机构、政党的交流。第二，扩大经贸合作。希望双方主管部门尽早完成双边自由贸易协定谈判，为全面提升两国经贸合作水平创造更好条件。积极拓展物流、医药、金融、质检、食品加工、工程承包等方面的合作。第三，深化科技合作。中方愿意借鉴冰方在火山、地震、冰川研究和地热、清洁能源利用等领域的先进技术，希望落实有关双边协议。第四，推动人文交流。加强学术团体、智库、媒体的交流。

格里姆松表示，冰岛和中国的关系是强有力的。近年来，两国友谊进一步加深，各领域合作取得重要进展，双方建立起经贸、文化、清洁能源等领域长期合作框架，双边自由贸易区谈判稳步推进，特别是在地热和清洁能源利用、提高能源效率方面进行了良好合作。格里姆松赞同胡锦涛关于发展两国关系的建议，希望双方不断开拓合作新领域，将两国务实合作推向新阶段。

格里姆松表示，冰岛坚持一个中国政策，这是冰中双边关系发展的基石，也是冰中开展国际合作的基石。胡锦涛对此高度评价。

胡锦涛赞赏格里姆松一直关注和支持上海举办2007年世界夏季特奥会。胡锦涛表示，中国政府对本届特奥会高度重视，希望本届特奥会取得圆满成功，为促进世界特奥运动事业发展作出贡献。

格里姆松表示，中方为本届特奥会举行作了精心准备，相信2007年上海特奥会的成功举办将对世界特奥运动事业发展产生深远影响。

国务院副总理回良玉、国务委员陈至立等参加会谈。

胡锦涛会见菲律宾总统阿罗约

10月2日，国家主席胡锦涛在上海会见菲律宾总统阿罗约。 新华社记者 樊如钧摄

本报上海10月2日电 （记者**曹鹏程、曹玲娟**）国家主席胡锦涛2日在上海西郊宾馆会见前来上海出席2007年夏季特奥会开幕式的菲律宾总统阿罗约。

胡锦涛首先欢迎阿罗约来华出席特奥会开幕式。胡锦涛表示，包括总统女士在内的有关国家领导人亲临上海2007年夏季特奥会开幕式，体现了国际社会对世界特殊奥运事业的关心和支持，相信在各国特奥运动员共同努力下，在关心世界特殊奥运事业的各界人士热情帮助下，本届特奥会一定会取得圆满成功。

阿罗约感谢中方邀请她出席2007年夏季特奥会开幕式，表示菲方重视本届特奥会，派出菲律宾参加特奥会以来规模最大的代表团，衷心祝愿本届特奥会取得成功。

关于中菲关系，胡锦涛表示，中方重视同菲方的关系，愿同菲方一道推动两国关系进一步发展。当前中菲关系很好，两国领导人经常见面，就共同关心的问题保持沟通。近年来中菲经贸合作成效显著，为双边关系发展提供了强劲动力。双方发挥各自优势，拓展合作领域，不断提高经贸合作水平，给两国人民带来更多实实在在的利益。中方愿本着互利双赢原则继续加强同菲方的经贸合作。两国有关部门正在制定战略性合作共同行动计划，经贸部门也在制定经贸合作5年发展规划。希望双方抓紧磋商，尽早达成一致，为两国各领域互利合作提供具体指导。

阿罗约表示，中国的发展是菲律宾的重要发展机遇。菲中关系是菲律宾重要的双边关系之一。菲中关系建立在相互信任、相互尊重、坦诚对话的基础上，越来越全面、成熟。双方各领域合作不断扩大和深化，希望双方继续加强各领域务实合作。

阿罗约强调，中华人民共和国政府是代表全中国的唯一合法政府，菲律宾坚定奉行一个中国政策。胡锦涛对此表示赞赏。

国务院副总理回良玉、国务委员陈至立参加会见。

胡锦涛会见国际特奥会主席施莱佛

（第二版）

人民日报

RENMIN RIBAO

今日16版(华东、华南地区20版)　国内统一连续出版物号 CN 11-0065　第21290期（代号1-1）

人民网　网址:http://www.people.com.cn　手机:http://wap.people.com.cn　人民日报社出版

2006年10月 24 星期二 丙戌年九月初三

北京地区天气预报　白天 多云转阴 傍晚有小阵雨 风向 北转南 风力 二、三级　夜间 阴有小阵雨转多云 风向 南转北 风力 一、二级 转三、四级　温度 15℃/9℃

中共中央政治局召开会议

研究干部教育培训工作

中共中央总书记胡锦涛主持会议

新华社北京10月23日电 中共中央政治局23日召开会议，研究2006年—2010年全国干部教育培训规划。中共中央总书记胡锦涛主持会议。

会议认为，"十五"时期，按照党中央提出的战略部署，干部教育培训事业进入新的发展时期，为建设高素质干部队伍、推动"十五"时期经济社会发展发挥了重要作用。"十一五"时期，干部教育培训工作面临着新的形势。全面建设小康社会，构建社会主义和谐社会，加强党的执政能力建设和先进性建设，要求我们必须全面提高干部教育培训工作的整体水平。

会议强调，要坚持以马克思列宁主义、毛泽东思想、邓小平理论和"三个代表"重要思想为指导，全面贯彻落实科学发展观，紧紧围绕党和国家工作大局，按照实事求是、与时俱进、艰苦奋斗、执政为民的要求，以增强执政意识、提高执政能力为重点，联系实际创新路、加强培训求实效，大规模培训干部，大幅度提高干部素质，把提高干部教育培训质量摆在更加突出的位置，努力实现规模和质量、效益的统一，不断开创干部教育培训工作新局面，推动学习型政党、学习型社会建设，为实现"十一五"时期经济社会发展目标提供思想政治保证、人才保证和智力支持。

会议指出，"十一五"时期干部教育培训工作的主要任务是，根据"十一五"时期经济社会发展需要和干部队伍的实际，把政治理论培训作为首要任务，全面加强政策法规、业务知识、文化素养培训和技能训练；把干部教育培训的普遍性要求与不同类别、不同层次、不同岗位干部的特殊需要结合起来，调动干部的积极性和主动性，增强教育培训的针对性和实效性。

会议强调，要以马克思主义中国化的最新成果为中心内容，进一步加大理论武装力度。深入开展马克思列宁主义、毛泽东思想、邓小平理论和"三个代表"重要思想的教育培训。重点进行《江泽民文选》和党的十六大以来以胡锦涛同志为总书记的党中央提出的科学发展观、构建社会主义和谐社会等重大战略思想的教育培训。引导广大干部全面准确地掌握和运用马克思主义中国化的最新成果。要切实加强党的路线方针政策和国家法律法规的教育培训，大力开展党和国家在经济、政治、文化、社会、外交、国防等方面重大部署和要求的培训，着力提高广大干部科学执政、民主执政、依法执政的水平和推进经济社会又好又快发展的本领。要坚持学习理论与指导实践相结合，坚持改造客观世界与改造主观世界相结合，坚持运用理论与发展理论相结合，引导和帮助广大干部认真研究解决本地区本部门改革发展稳定中的重大问题、群众生产生活中的迫切问题、党的建设中存在的突出问题，引导和帮助广大干部提高思想政治水平、加强道德品质修养，引导和帮助广大干部从理论和实践的结合上研究新情况、解决新问题，不断开拓理论和实践的新境界。

会议要求，各地区各部门要按照分级分类和全员培训的原则，统筹安排，整体部署，为干部教育培训提供有力保障，全面落实"十一五"时期干部教育培训任务。

会议还研究了其他事项。

胡锦涛《在纪念红军长征胜利70周年大会上的讲话》单行本出版

新华社北京10月23日电 中共中央总书记、国家主席、中央军委主席胡锦涛《在纪念红军长征胜利70周年大会上的讲话》单行本已由人民出版社出版，即日起在全国新华书店发行。

温家宝会见新一届中日友好21世纪委员会成员

新华社北京10月23日电 （记者黄富慧）国务院总理温家宝23日在中南海紫光阁会见了新一届中日友好21世纪委员会的双方成员。

温家宝对委员会长期以来坚定地致力于中日友好，为打破中日关系政治僵局所做的努力表示感谢，对委员会着眼长远，建议成立了"中日友好基金会"以促进两国民间特别是青少年之间的交流表示赞赏。他说，中日友好是两国人民的共同愿望，是任何力量也阻挡不了的。中日友好21世纪委员会承载着两国人民的重托，肩负着推进中日友好的历史重任。希望委员会继续为实现两国关系长期稳定健康发展建言献策，作出新的贡献。

日方首席委员小林阳太郎感谢温家宝对委员会工作的肯定和鼓励，表示作为政府的咨询机构，日方委员会将同中方委员会一道，继续为推动日中关系改善和发展建言献策。

中日友好21世纪委员会是中日两国政府咨询机构，10月19日至22日在中国青岛举行了新一届委员会第五次会议。

贾庆林会见海外藏胞

出席"镜头中的西藏"摄影展开幕式

10月23日，全国政协主席贾庆林在伦敦会见阿贡活佛等海外藏胞。　新华社记者 马占成摄

本报伦敦10月23日电 记者**王小光、施晓慧**报道：10月23日，全国政协主席贾庆林在伦敦会见了阿贡活佛等海外藏胞。他代表中央政府和全国人民，对广大海外爱国藏胞对祖国现代化建设事业的关心和为家乡发展所做有益工作表示感谢。

贾庆林说，中央政府历来高度重视西藏工作，十分关心西藏各族人民的生产生活。新中国成立以来，中央政府累计为西藏投入了1500多亿元人民币，全国人民也大力支援西藏经济社会发展。目前，西藏的政治、经济、文化等各项事业都取得了举世瞩目的成就，社会面貌发生了翻天覆地的变化，正处于历史上最好的发展时期。西藏经济连续5年以12%以上的速度增长，农牧民人均收入增幅连续4年超过10%，人民群众的生活水平有了极大的提高。今年青藏铁路又全线贯通，必将极大地推动西藏经济社会的发展。

贾庆林表示，西藏实行民族区域自治制度以来，中央政府提供了大量财力、物力，积极支持西藏保护和整理民族文化遗产，发展和繁荣民族文化，使西藏优秀的传统文化得到继承、保护和发展。 （下转第三版）

国际反贪局联合会第一次年会暨会员代表大会在京开幕

胡锦涛出席开幕式并发表重要讲话

10月22日，国家主席胡锦涛在北京人民大会堂出席国际反贪局联合会第一次年会暨会员代表大会开幕式。这是开幕式前，胡锦涛会见出席会议的各个国家和地区的高级官员及有关国际组织领导人。　新华社记者 **姚大伟**摄

本报北京10月23日讯 国际反贪局联合会第一次年会暨会员代表大会22日在北京开幕。国家主席胡锦涛出席开幕式并发表重要讲话。他强调，坚决惩治和积极预防腐败，是中国政府的一贯立场。反对腐败是关系国家发展全局、关系最广大人民根本利益、关系社会公平正义和社会和谐稳定的重大问题和紧迫任务。中国政府将继续旗帜鲜明、毫不动摇地开展反腐败斗争，以实现好、维护好、发展好最广大人民的根本利益。

胡锦涛在讲话中首先代表中国政府和人民对会议的召开表示祝贺，对参加会议的各国总检察长、司法部长、内务部长、监察部长、反贪机构负责人、国际组织领导人以及各位代表表示欢迎。

胡锦涛指出，维护和平，谋求发展，促进和谐，是世界各国人民的共同愿望。倡导廉政，反对腐败，营造公平正义、清明廉洁、和谐稳定的良好社会氛围，是实现国家经济社会发展的必然要求，对促进世界和平与发展也具有重要意义。反对腐败，是各国面临的一项重大任务，也是国际社会面临的共同课题。加强反腐败国际合作，有利于各国更加有效地惩治和预防腐败，也有利于实现各国人民要求政治廉洁的共同期盼。

胡锦涛强调，中国政府高度重视在反腐败领域同世界各国和有关国际组织进行合作。我们主张，各国应该在互相尊重主权的前提下开展互利互惠的国际合作，在尊重各国国情的基础上加强反腐败务实合作。中国政府将在所承诺的公约义务范围内认真承担相应的国际责任。

胡锦涛最后表示，这次会议必将对推动反腐败国际合作产生重要影响，也必将对推动建设持久和平、共同繁荣的和谐世界产生积极作用。（讲话全文另发）

开幕式前，胡锦涛会见了出席会议的各个国家和地区的高级官员及有关国际组织领导人。

出席开幕式的还有周永康、何勇、顾秀莲、唐家璇、肖扬。最高人民检察院检察长贾春旺主持了开幕式。

来自137个国家和地区、12个国际组织和机构的近千名代表出席大会。

在国际反贪局联合会第一次年会暨会员代表大会上的讲话

（2006年10月22日）

中华人民共和国主席　胡锦涛

尊敬的各位来宾，

女士们，先生们，朋友们：

值此国际反贪局联合会第一次年会暨会员代表大会在北京召开之际，我谨代表中国政府和中国人民，并以我个人的名义，向会议的召开表示热烈的祝贺！向前来参加会议的各国总检察长、司法部长、内务部长、监察部长、反贪机构负责人、国际组织领导人、专家学者以及各位代表，表示热烈的欢迎！

维护和平，谋求发展，促进和谐，是世界各国人民的共同愿望。倡导廉政，反对腐败，营造公平正义、清明廉洁、和谐稳定的良好社会氛围，是实现国家经济社会发展的必然要求，对促进世界和平与发展也具有重要意义。

腐败现象是人类社会一个危害严重的痼疾，其存在有着深刻的历史和现实原因。当今世界，随着经济全球化深入发展，一些腐败犯罪呈现出有组织、跨国化的特点，这不仅影响有关国家政治、经济、文化、社会的健康发展，也损害各国人民的切身利益。反对腐败，是各国面临的一项重大任务，也是国际社会面临的共同课题。加强反腐败国际合作，有利于各国更加有效地惩治和预防腐败，也有利于实现各国人民要求政治廉洁的共同期盼。

近年来，国际社会致力于共同惩治和预防腐败，就开展反腐败国际合作形成了重要共识。2003年，第五十八届联合国大会审议通过了《联合国反腐败公约》，把各国在惩治和预防腐败方面形成的共识用国际法的形式确定下来，反映了各国反对腐败的共同决心和加强反腐败国际合作的强烈意愿。成立国际反贪局联合会，有助于国际社会在尊重各国政治制度、法律制度以及历史文化特点等差别的基础上，推动建设反腐败互信合作机制，加强各国在反腐败领域的务实合作，推动《联合国反腐败公约》有效实施。

这次会议以加强国际合作、有效实施《联合国反腐败公约》为主题，与会人士将交流反腐败国际合作的经验，研究反腐败国际合作中存在的问题，建立国际反贪局联合会直接合作机制。这对于提高反腐败国际合作的水平和效率，推动《联合国反腐败公约》有效实施，具有十分重要的意义。

女士们、先生们！

坚决惩治和积极预防腐败，是中国政府的一贯立场。我们认为，反对腐败是关系国家发展全局、关系最广大人民根本利益、关系社会公平正义和社会和谐稳定的重大问题和紧迫任务。我们反腐倡廉的战略方针是标本兼治、综合治理、惩防并举、注重预防。我们在开展反腐败斗争中，既坚定不移地查办腐败犯罪，依法对腐败犯罪案件进行侦查、起诉、审判，严惩各类腐败犯罪人员，同时又坚持不懈地健全教育、制度、监督并重的惩治和预防腐败体系，加强廉政法治建设，推进廉政文化建设，强化对权力运行的制约和监督，通过深化改革从源头上防治腐败，不断铲除腐败现象滋生蔓延的土壤。我们注重建立健全民众支持和参与反腐倡廉的有效机制，建立公众举报制度，保障公民对国家机关和国家工作人员违法失职行为的检举权、控告权、申诉权，不断深化反腐败斗争。经过不懈努力，中国的反腐败斗争取得了明显成效。今后，中国政府将继续旗帜鲜明、毫不动摇地开展反腐败斗争，以实现好、维护好、发展好最广大人民的根本利益。

中国政府高度重视在反腐败领域同世界各国和有关国际组织进行合作。我们主张，各国应该在互相尊重主权的前提下开展互利互惠的国际合作，在尊重各国国情的基础上加强反腐败务实合作。

中国是《联合国反腐败公约》的主要参与国，是该公约较早的签署国和批准国。目前，中国正在制定、修订和完善有关惩治和预防腐败的法律法规，以使之更加适应《联合国反腐败公约》对缔约国提出的要求。中国政府将在所承诺的公约义务范围内认真承担相应的国际责任。

我相信，在各位代表共同努力下，这次会议必将对推动反腐败国际合作产生重要影响，也必将对推动建设持久和平、共同繁荣的和谐世界产生积极作用。

最后，预祝会议取得成功！

谢谢各位。　（新华社北京10月23日电）

曾庆红会见比利时客人

新华社北京10月23日电 （记者徐松）中共中央政治局常委、国家副主席曾庆红23日在北京会见了比利时法语革新运动主席、比利时副首相兼财政大臣雷恩代尔。

曾庆红说，中比建交35年来，双方高层互访频繁，政治互信不断加强，贸易规模不断扩大，在科技、金融、环保、文教等领域的交流与合作持续深化，在重大国际和地区问题上的沟通与协调不断增强。曾庆红对比政府坚持一个中国的政策表示赞赏，对法语革新运动多年来积极推动比政府奉行对华友好政策给予积极评价。他表示，中比政党交流是两国关系的重要组成部分。中国共产党愿在党际交往四项原则基础上，继续加强同比利时法语革新运动的对话与交流，推动中比互利伙伴关系不断取得新的进展，这符合两国和两国人民的根本利益。

在谈到中欧关系时，曾庆红强调，中国重视发展对欧盟的关系。今年9月在芬兰举行的第九次中欧领导人会晤对进一步充实和发展中欧全面战略伙伴关系具有重要意义。当前，中欧共同利益增多，战略对话不断深入，中方希望与包括比利时在内的欧盟成员国共同努力，使日趋成熟的中欧关系发展到更高的水平。

曾庆红还介绍了中国改革开放进程和全面贯彻落实科学发展观、构建社会主义和谐社会、坚持走和平发展道路等情况。

雷恩代尔表示，比利时法语革新运动十分高兴能与中国共产党就各种问题进行坦诚深入的对话，愿意继续加强两党在各领域、各层级的交流，推动两国各领域互利合作不断取得新的成果。

为您导读

二版刊登刘云山同志文章

建设和谐文化 巩固社会和谐的思想道德基础

张庆黎当选中共西藏自治区党委书记

新华社拉萨10月23日电 中共西藏自治区第七届委员会第一次全体会议10月23日选举张庆黎为自治区党委书记，列确（藏族）、向巴平措（藏族）、胡春华、郝鹏为副书记，董贵山、巴桑顿珠（藏族）、吴英杰、王宾宜、崔玉英（女，藏族）、洛桑江村（藏族）、白玛赤林（藏族）、金书波、尹德明、公保扎西（藏族）当选为常委。中共西藏自治区纪律检查委员会第一次全体会议选举金书波为自治区纪委书记，张跃平、扎西平措（藏族）、贡嘎（女，藏族）、张秋生为纪委副书记。

人民网　网址：http://www.people.com.cn
手机：http://wap.people.com.cn

2012年5月
9
星期三
壬辰年四月十九
人民日报社出版
国内统一连续出版物号
CN 11-0065
第23314期(代号1-1)
今日24版

坚持艰苦奋斗　创造优异业绩

——四论学习胡锦涛同志五四重要讲话

本报评论员

青春是多彩的，而奋斗是它的底色。

“忧劳兴国、逸豫亡身”，“天下大事、必作于细”，“艰难困苦、玉汝于成”，胡锦涛总书记在五四重要讲话中连用三个警句，勉励广大青年坚持艰苦奋斗，创造优异业绩。从不怨天尤人、不贪图安逸，说到开辟人生和事业的前进道路；从不沉湎幻想、不好高骛远，说到创造实实在在的业绩；从不畏惧挫折、不彷徨退缩，说到历练人生、收获成功——谆谆教导、语重心长，充分表达了党对当代青年的厚望与期待。

艰苦奋斗是党的优良传统，是我们战胜种种困难不断前进的力量源泉。从艰苦卓绝的革命战争年代，到百废待兴的建设时期，再到拨乱反正的改革开放初期，先辈们筚路蓝缕、以苦为乐，以强大的精神力量投身革命、建设和改革，创造出一个个人间奇迹，留下了一部部精神史诗，把民族振兴的事业不断推向前进。“井冈山精神”、“延安精神”、“铁人精神”、“两弹一星精神”、“抗震救灾精神”等等，都是中华民族的丰碑，它们与“天行健，君子以自强不息”的优秀文化传统一脉相承，闪耀着永恒的光芒。

为什么要坚持艰苦奋斗？从国家层面看，我国经济社会正在发生深刻变化，新老矛盾交织，短期困难和长期问题叠加，改革进入攻坚克难的“深水区”，发展进入转型升级的“关键期”，唯有不畏艰难、矢志奋斗，方能稳中求进、赢得未来。从人生道路讲，青年阶段是人生的积累期，阅历有限、经验不足，唯有艰苦奋斗，才能不断开辟人生和事业的前进道路。

如何坚持艰苦奋斗？敢于吃苦、勇挑重担是时代要求。祖国发展的巨大成就为青年成长进步创造了良好条件，祖国建设的艰巨任务为青年大展身手提供了广阔舞台。广大青年要把“良好条件”视为持续奋斗的机会，把“广阔舞台”作为振翅高飞的平台，抛弃贪图安逸的念头和怨天尤人的情绪，在千磨万击中历练人生，在时代潮流中担当重任。

从小事做起、从基础做起是成功秘诀。改革开放初期的大学生曾喊出“从我做起，从现在做起”的口号，成为一个时代的励志强音。如今，拜人民群众为师、到基层寻找答案，已成为社会共识。不好高骛远，不沉湎幻想，用埋头苦干的行动创造实实在在的业绩，就一定能找到人生成功的密码。

困难无处不在，挫折难以避免。对待困难与挫折的态度，最能彰显一个人的境界与修养。为了一项事业，付出毕生精力，是许多科学家的共性；“台上一分钟，台下十年功”，是成功艺术家的真实写照。当代青年只有迎难而上、百折不挠、勇往直前，才能收获丰硕的成果。

人生的道路虽然漫长，但紧要处常常只有几步。这紧要的几步，来不得半点浮躁与马虎。只有心中有祖国，眼里有人民，肩上有重担，自觉继承和发扬艰苦奋斗的优良传统，当代青年才能在各行各业、各个领域展示勃勃的英姿，才能为我们伟大的时代留下绚丽的画卷。

科学发展的“安塞实践”

本报记者　杜峻晓　王乐文

“宝塔那个顶顶连着天，胡总书记来到咱(嘞)延安，咱科学发展奔小康，就像那山丹丹开花红艳艳！”5月的陕北，满目苍翠。一首歌，表达了老区人民对胡锦涛总书记，对党中央的无限感激。

陕西省延安市安塞县是胡锦涛总书记深入学习实践科学发展观活动联系点，胡锦涛总书记先后两次亲临安塞视察指导，出席全县干部大会，发表重要讲话；两次复信复电，8次作出重要批示。

安塞县认真贯彻落实中央的决策部署和胡锦涛总书记的重要指示，结合当地实际，以“弘扬延安精神，推动科学发展，建设美好安塞”为实践载体，扎实推进学习实践活动。通过学习实践活动，进一步加深了广大党员、干部对科学发展观的理解，形成了推动安塞又好又快发展的共识，找到了破解发展难题的突破口，解决了一批群众反映强烈的突出问题，圆满完成了学习实践活动的各项任务，全县呈现出加快发展、科学发展、和谐发展的新气象。

发展共识在学习中形成

仿佛一夜之间，地处黄土高原腹地的安塞富起来了。2006年，全县完成生产总值16.9亿元，财政总收入14.04亿元，安塞一举跃进西部百强县的行列。2007年，安塞的发展速度更是迅猛，生产总值较上年增长15.9%，财政总收入超过16亿元。

但是，安塞的决策者们却高兴不起来。2007年，安塞县城镇居民人均可支配收入10170元，农民人均纯收入3295元，两个数字不仅低于全国平均水平，就是与西部地区比，也还落后甚远。大山中，许多养羊的农民一年也舍不得吃一次羊肉，一位村长说：“过年的时候只吃吃猪肉，羊肉金贵，农民要留着卖钱。”

胡锦涛总书记首次到安塞，想到一家工业企业看看，安塞把全县翻了个遍，最后发现全县只有一个规模很小的印刷厂。安塞的同志那个惭愧呀，“恨不得钻到地底下去。”　（下转第十四版）

温家宝电贺梅德韦杰夫就任俄罗斯总理

本报北京5月8日电　国务院总理温家宝8日致电梅德韦杰夫，祝贺他就任俄罗斯联邦政府总理。

温家宝在贺电中高度评价中俄全面战略协作伙伴关系取得的重要成果及呈现的积极发展势头，表示愿与梅德韦杰夫共同努力，充分发挥中俄总理定期会晤机制的作用，全面扩大两国各领域务实合作，推动中俄全面战略协作伙伴关系不断取得新成果。

贾庆林接见出席全国台湾同胞投资企业联谊会成立五周年庆典活动代表

本报北京5月8日电　（记者**孙立极**）中共中央政治局常委、全国政协主席贾庆林8日在人民大会堂亲切接见出席全国台湾同胞投资企业联谊会成立五周年庆典活动代表并发表重要讲话。

贾庆林首先对全国台企联成立五周年表示热烈祝贺。他说，五年来，全国台企联履行宗旨，不负众望，团结带领广大台商，旗帜鲜明地反对“台独”，积极促进两岸经济交流与合作，为推动两岸关系和平发展，发挥了独特的、不可或缺的重要作用。台企联已经成为两岸有影响力、有号召力、有责任感的社会团体，得到了两岸同胞的充分肯定。

贾庆林指出，实践证明，在反对“台独”、认同“九二共识”的基础上推动两岸关系和平发展，符合两岸同胞的共同愿望，符合中华民族的整体利益，符合时代发展进步的潮流，也为广大台商的事业发展创造了十分有利的条件。当前，两岸关系迎来新的发展机遇，巩固深化两岸关系和平发展，是今后一个时期的主要任务，需要两岸同胞共同为之作出努力。为此，两岸双方要不断增进政治互信，两岸同胞应继续扩大交流往来，两岸经济需要进一步深化互利合作。

（下转第二版）

习近平会见阿盟秘书长阿拉比

本报北京5月8日电　（记者**杨晔**）国家副主席习近平8日在人民大会堂会见了阿盟秘书长阿拉比。

习近平说，阿盟是重要的区域性组织，在中东地区事务中一直发挥着独特影响。当前形势下，阿盟的作用更加重要。阿盟致力于发展中阿集体合作，近年来多次通过有关加强对华关系的决议，在涉及中国核心利益和重大关切问题上给予我们宝贵支持，中方对此高度赞赏。中国也长期坚定支持阿拉伯国家争取恢复合法民族权利的正义事业，支持阿拉伯国家联合自强，期待阿盟更好地在阿拉伯世界中发挥促进中阿友好的“领头羊”作用。

习近平表示，中阿传统友谊深厚。进入新世纪，中阿传统友谊焕发出新的生机与活力。双方政治关系不断增强，经贸合作成果丰硕，各领域交流长足发展。中阿集体对话与合作日益深入，中阿合作论坛建设不断推进。在当前形势下，进一步深化中阿战略合作关系，对于构建持久和平、共同繁荣的和谐世界、促进中东地区的和平与稳定具有重大意义。双方应进一步增进政治互信，深化战略合作；坚持互利互惠，拓展务实合作；扩大人文交流，促进文明对话；加强中阿合作论坛机制化、正规化建设，加强论坛对中阿关系发展的引领作用。习近平说，中国政府高度重视本月底即将召开的中阿论坛第五届部长级会议，希望双方以此次会议为契机，推动中阿战略合作关系迈上一个新台阶。

阿拉比表示，阿方高度重视对华关系，认为与中国保持长期紧密的关系符合阿拉伯国家利益，有利于本地区的和平、稳定与发展。　（下转第二版）

贺国强会见柬埔寨客人

新华社北京5月8日电　（记者**钱彤**）中共中央政治局常委、中央纪委书记贺国强8日在人民大会堂会见了以党的领袖盖博拉斯美为团长的柬埔寨奉辛比克党代表团。

贺国强代表中共中央对柬埔寨奉辛比克党代表团访华表示欢迎。他说，中柬建交54年来，由西哈努克太皇同中国几代领导人共同缔造和精心培育的中柬传统友谊焕发出强大生机和活力。两国睦邻友好关系牢固，各领域务实合作深入发展，在国际和地区事务中配合密切。不久前，胡锦涛主席成功访柬，与柬方领导人就深化中柬全面合作深入交换意见，有力提升了中柬全面战略合作水平，并推动了中国—东盟关系及区域合作。

贺国强积极评价中柬党际交往。他说，中国共产党和奉辛比克党自建立党际关系以来，合作内容日益丰富，合作水平不断提高。去年两党签署了交流合作备忘录，党际关系步入新的发展时期。希望两党继续保持高层交往，加强治党治国经验交流，进一步密切在国际和地区事务中的协调配合，为推动国家关系不断发展发挥更大作用。

贺国强还向客人介绍了中国国内经济社会发展和党的建设情况。

盖博拉斯美说，柬中传统友谊是柬埔寨政府、政党和人民的共同宝贵财富，奉辛比克党高度重视与中国共产党的合作关系。当前形势下，包括奉辛比克党在内的柬各方倍加珍惜并全力发展柬中睦邻友好合作关系，将落实好胡锦涛主席访柬期间与柬方领导人达成的重要共识，推动柬中全面战略合作伙伴关系不断向前发展。

中联部部长王家瑞参加了会见。

周永康会见新加坡副总理

新华社北京5月8日电　（记者**徐松**）中共中央政治局常委、中央政法委书记周永康8日在人民大会堂会见了来访的新加坡副总理兼国家安全统筹部部长、内政部部长张志贤。

周永康说，新加坡是中国的亲密友好邻邦。建交20多年来，两国高层互访频繁，经贸、开发区建设、人才培养等领域的合作取得了丰硕成果。执法安全合作是中新两国政治关系的重要组成部分，中国政府对此高度重视、积极支持，希望双方深化在犯罪侦查、海上执法、反恐和情报信息交流、协查办案、遣返犯罪嫌疑人等领域合作，加强在国际刑警组织和东盟框架内的协调配合，促进两国经济交流、人员往来健康发展。新加坡是东盟重要成员，中方愿与新方一道，加强在地区事务中的沟通协调，共同推动本地区和平、稳定、繁荣。

张志贤表示，1984年以来，我多次到中国访问，从南到北走了很多地方，每次都能看到新发展、新变化，中国的进步令人激动，我们十分愿意看到一个统一、繁荣的中国，这对本地区和全世界都是有益的。新加坡是个城市国家，在保护环境、促进不同族群和谐相处等方面有一些自己的探索和体会，我们十分愿意与中方分享。

周永康表示，改革开放30多年来，中国发展取得了举世瞩目的成绩，这也得益于学习借鉴包括新加坡在内的世界各国的成功经验。当前，我们正在适应新形势，推进社会管理创新，愿与新方加强在社区服务管理、新媒体建设管理等方面的交流互鉴，促进社会和谐稳定。

国务委员、公安部部长孟建柱参加会见。

化蛹为蝶的跨越

——小商品做出大实业的“广博”样本

本报记者　米博华　王慧敏　江　南　姜　赟

走基层·一线见闻

鄞州区是宁波市中小企业最为集中的地区。在鄞州区鳞次栉比的厂房中，广博集团的厂房颇为抢眼：仓储区车流如蚁，生产楼高大敞亮。尽管以生产文具这样的小商品为主，但广博集团董事长王利平这样解释集团的寓意：“广阔天地，博大情怀。”

走进广博集团陈列室，犹如走进一段历史，产品从简单粗陋到精致高端，从贴牌加工到自创品牌，从国内市场到海外市场，广博集团化蛹为蝶的跨越，是中国制造到中国创造的一个缩影，让我们看到浙江民营经济令人惊叹的生存本领和竞争能力。

1994年，为了能获得国外订单，王利平挎着个背包，装着赶制出来的文具产品去参加广交会，可企业太小，“削尖脑袋”都挤不进去，只好借朋友的展位，提心吊胆“混”进去，还得“打一枪换一个地方”。看到有保安走来，赶紧溜进厕所。“生怕人家一问，咱心虚露馅。”

不过狼狈归狼狈，收获还是有的：有位欧洲客商想订制“马票本”，因利润薄，没人接单，王利平赶紧上前自我推销。“客商约我去宾馆详谈，没有空椅子坐，我只能坐在地板上，埋头核算报价。”就这样，广博接到了头一份外贸订单。

后来，他干脆直接到国外去推销产品。“那时候，还没有信用卡，为了能多带点外汇，我把美元藏进鞋子里，请外商吃饭时再悄悄钻进厕所拿出来。”一次付账时，收银的小姐问他：“你的钱怎么一股臭味？”

一次欧洲之行，改变了王利平的想法。在法国一家文具店，他们发现货架上摆的全是广博生产的照相册、笔记本，可贴的是别人的商标。一看价格，乖乖，是我们的十几倍。问原因，人家解释：“你没有自己的品牌。”

“创牌！创牌！回国后，我铁了心，满脑子想的都是这个事儿。”王利平从展示架上拿出一个笔记本说：“瞧，这是石头粉做成的，是我们的专利。通过研发创新，石头、甘蔗、竹浆这些都成了我们新产品的原料来源。每生产100克石头纸，可以保护0.002棵树，减少10.7克碳排放。不仅特别环保，成本也更低廉。最近，光是国际文具采购‘巨头’史泰博公司，一下子就订购了20多万美元的‘石头纸’。”

“再看那些印花餐巾纸，是大豆油墨印的，即使无意中吃下去也没事。核心技术也全是我们的。一般纸制品能达到10%的利润就很可观，而我们的这种餐巾纸，平均利润率有30%，最高能达到50%。”

参观着一个又一个产品展示厅，王利平两眼放光，就像在讲自己一手拉扯大、现在有了出息的“孩子”：“过去，是我们贴别人的牌子；现在呢，是别人贴我们的牌子。身份这么一转换，效益可就不一样了。你看这个普通塑料文件夹，别人生产出来只能卖到一两元，而我们的能卖到六七元——因为牌子是我们的呀。现在，广博年销售额100亿元，已是沃尔玛、家乐福这些‘巨无霸’跨国零售商的最大文具供应商之一。广博品牌的文具，已行销70多个国家和地区。”

谈到“广博”现象，浙江省委常委、宁波市委书记王辉忠说得很精当：“没有创新，我们就只能一直蜷缩在价值链的底端。而有了创新，我们就能创出品牌，‘中国制造’也就能升级为‘中国创造’，浙江产业就能由此攀向价值链的高端。”

王辉忠的语气充满了期待：“浙江中小企业占了大半壁江山。这些企业多以生产小商品为主，如果我们都能立足创新，立足品牌，小商品就能做出大实业，就能打造出更多的百强企业、百亿企业、百年企业。”

扬州泰州机场通航

5月8日拍摄的扬州泰州机场停机坪。当日，扬州泰州机场正式通航。该机场由江苏省扬州、泰州两市联合共建，服务范围以扬州、泰州两市为主，同时辐射镇江、南通及安徽省部分地区。机场首期开通北京、广州、深圳、成都、西安5条航线，今后还将陆续开通厦门、沈阳、海口、大连、昆明等航线。　郁　兴摄(新华社发)

七版刊登任理轩文章

复兴之路　富强之路　幸福之路

——关于坚持和拓展中国特色社会主义道路的思考

RENMIN RIBAO

人民网 网址:http://www.people.com.cn 手机:http://wap.people.com.cn

2012 年 3 月
28
星期三
壬辰年三月初七

人民日报社出版

国内统一连续出版物号
CN 11-0065
第 23272 期(代号 1-1)
今日 24 版

胡锦涛接受金砖国家媒体书面采访

本报北京 3 月 27 日电 在出席将于印度新德里举行的金砖国家领导人第四次会晤前夕，国家主席胡锦涛接受了金砖国家媒体《巴西商报》、《俄罗斯报》、《印度教徒报》、《人民日报》、南非《商业日报》联合书面采访。全文如下：

问：金砖国家领导人第四次会晤将于 3 月 28 日至 29 日在印度新德里举行。中方对这次会晤有何期待？

答： 金砖国家领导人第四次会晤是在国际形势继续发生深刻复杂变化、世界经济复苏面临不确定因素、新兴市场国家和发展中国家在国际事务中的地位和作用不断上升的背景下举行的，是金砖国家合作进程中的又一件大事。轮值主席国印度为筹备这次会晤做了大量富有成效的工作。中方愿同各成员国一道努力，推动会晤取得积极成果。

中方期待这次会晤继续体现金砖国家同舟共济、互利共赢的合作伙伴精神，继续就共同关心的国际经济、金融、发展事务及其他重大问题加强协调和合作，促进各领域务实合作，共同为世界经济稳定复苏传递信心，为加强全球经济治理提供动力，为促进全球共同发展贡献力量。我们也希望这次会晤能够加强金砖国家合作机制建设，规划未来合作，为金砖国家合作的长远发展夯实基础。

我期待着同其他金砖国家领导人在新德里会晤，共商合作大计，共创美好未来。

问：中方如何看待新兴市场国家和发展中国家实力增强对世界格局的影响？

答： 当前，一大批新兴市场国家和发展中国家经济快速发展，成为维护世界和平、促进共同发展的重要力量。

（下转第二版）

胡锦涛出席首尔核安全峰会并发表重要讲话

胡锦涛强调，中国高度重视国家核安全能力建设，严格履行国际义务，广泛开展核安全国际合作，采取有效措施确保大型公众活动核安全，积极对外提供核安全及核能安全援助。今后，中国将进一步采取核安全措施，确保本国核材料和核设施安全，提高整体核安全水平，共同致力于提升本地区核安全水平，全面深化同国际原子能机构合作，同各国分享在大型国际活动核安全方面的经验

3 月 27 日，国家主席胡锦涛在首尔出席核安全峰会并发表重要讲话。

新华社记者 **李学仁**摄

3 月 27 日，国家主席胡锦涛在首尔出席核安全峰会。这是与会领导人集体合影。

新华社记者 **黄敬文**摄

本报首尔 3 月 27 日电 （记者**吴绮敏、莽九晨、马菲**）首尔核安全峰会 27 日在韩国举行，国家主席胡锦涛出席并发表重要讲话。

这次峰会以加强核材料和核设施安全为主题，回顾 2010 年华盛顿峰会以来取得的进展，重点讨论加强核安全国家措施和国际合作。53 个国家和 4 个国际组织领导人或代表与会。

当地时间上午 9 时，会议开始。韩国总统李明博主持，与会领导人围绕议题发言。

胡锦涛在会上发表题为《深化合作 提高核安全水平》的重要讲话。胡锦涛指出，2010 年首届核安全峰会以来，各国在核安全领域取得积极进展。同时，核安全形势依然严峻。中国高度重视核安全，积极采取核安全措施，取得了新的阶段性成果。

胡锦涛指出，中国高度重视国家核安全能力建设，严格履行国际义务，广泛开展核安全国际合作，采取有效措施确保大型公众活动核安全，积极对外提供核安全及核能安全援助。今后，中国将进一步采取核安全措施，确保本国核材料和核设施安全，提高整体核安全水平，共同致力于提升本地区核安全水平，全面深化同国际原子能机构合作，同各国分享在大型国际活动核安全方面的经验。

胡锦涛强调，只有各国通力合作，才能实现普遍核安全的共同目标。胡锦涛提出以下主张。第一，坚持科学理性的核安全理念，增强核能发展信心，正视核能安全风险，增强核能安全性和可靠性，推动核能安全、可持续发展。第二，强化核安全能力建设，承担核安全国家责任，建立健全核安全法律和监管体系，强化核应急队伍建设，加大研发投入，加强人员培训。第三，深化国际交流合作，提升全球核安全水平，推进核安全国际法律文书的普遍性，推广核安全标准和规范，积极提供核安全援助，帮助发展中国家提高核安全技术水平。第四，标本兼顾、综合治理，消除核扩散及核恐怖主义根源，坚持联合国宪章宗旨和原则，坚持互信、互利、平等、协作的新安全观，坚持以和平方式解决热点问题和国际争端。

胡锦涛指出，实现核能全面和平利用，是国际社会的共同目标。中国将一如既往推动全面禁止和彻底销毁核武器，恪守不首先使用核武器政策，致力于国际核不扩散努力，支持各国和平利用核能权利，为建设持久和平、共同繁荣的和谐世界作出应有贡献。（讲话全文见第二版）

与会领导人在发言中介绍了各自看法和举措，一致认为，2010 年华盛顿核安全峰会以来，国际社会在加强本国核安全、促进国际核合作方面取得积极进展。当前，国际核安全面临核恐怖主义等威胁，形势不容乐观。各方肯定首尔峰会重要意义，承诺集中政治意愿，加强协调合作，采取切实有效措施，包括帮助发展中国家提高核安全能力和技术水平，保护核设施安全，防止核材料流失和扩散，确保和平利用核能，维护世界和平与安全。

峰会发表了公报，重申各国承诺，并提出具体措施建议。下届核安全峰会 2014 年在荷兰举行。

温家宝与爱尔兰总理肯尼会谈

3 月 27 日，温家宝总理在北京人民大会堂为爱尔兰总理肯尼访华举行欢迎仪式。

新华社记者 **饶爱民**摄

本报北京 3 月 27 日电 （记者**王莉**）国务院总理温家宝 27 日在人民大会堂同爱尔兰总理肯尼举行会谈。双方宣布建立中爱互惠战略伙伴关系。

温家宝说，中爱自 1979 年建交以来，两国关系不断密切和深化。双方在政治上相互尊重、平等相待，照顾彼此重大关切。中国在推进经济发展中，借鉴了许多爱方的经验，同时也为爱方提供了巨大的市场。中国已经成为爱尔兰在亚洲最大的贸易伙伴。面对深刻变化的国际政治经济格局和各种严峻挑战，双方要以建立互惠战略伙伴关系为契机，全面规划和推进各领域交流与合作，使中爱关系发展更多造福两国人民。

（下转第二版）

温家宝会见联合国—阿盟叙利亚危机联合特使安南

本报北京 3 月 27 日电 （记者**王莉**）国务院总理温家宝 27 日在人民大会堂会见联合国—阿盟叙利亚危机联合特使安南。

温家宝说，叙利亚危机给叙利亚人民带来了灾难，也影响了中东地区的和平稳定。日前安理会发表主席声明，阐明国际社会在叙利亚问题上的重大关切和共同意愿，吸纳了特使提出的六点建议，表示全力支持特使的努力。你临危受命，任重道远。中国政府将积极予以支持和配合，同国际社会一道，为斡旋取得成功创造有利条件。

温家宝表示，中方将加大对叙利亚政府和有关各方的工作力度，呼吁他们抓住当前的重要契机，以实际行动对特使斡旋作出积极回应，并信守承诺。

温家宝强调，当务之急是保障叙利亚平民的生命安全，各方要立即停止暴力行动，配合国际人道主义救援，为开启通过对话，和平解决叙利亚问题的进程奠定基础。

温家宝指出，实现叙利亚的长治久安，从根本上要靠顺应叙利亚人民的改革意愿，切实保障他们的合法权益，发展经济，改善民生。这需要叙利亚政府和国内各派、各界的共同努力。叙利亚的前途命运最终由叙利亚人民自己决定。

安南完全赞同温家宝代表中国政府阐述的立场和态度，感谢中方对其工作的支持。安南表示将与包括中国在内的国际社会保持密切沟通和协作，根据六点建议，加紧做叙利亚政府和反对派工作，尽快制止暴力行动，开启政治解决叙利亚问题的进程，切实保障叙利亚人民的根本利益，维护中东和平稳定。

外交部副部长张志军等参加会见。

周永康会见塔吉克斯坦客人

新华社北京 3 月 27 日电 （记者**郝亚琳**）中共中央政治局常委、中央政法委书记周永康 26 日在人民大会堂会见了以副主席拉季波夫·阿斯罗尔为团长的塔吉克斯坦人民民主党干部考察团。

周永康说，中塔两国是历史悠久的友好邻邦。去年 8 月，我应邀访塔，同拉赫蒙总统等塔方领导人进行了坦诚友好的交流会谈，在推动双边党际交流和经贸、农业、边境地区合作等方面取得了务实成果，签署了一系列合作协议。我高兴地看到，在双方共同努力下，这些协议确定的项目正在顺利推进落实。今年我们又迎来中塔建交 20 周年，中方愿同塔方一道，深化政治互信、拓展经贸合作、加强安全合作，在上海合作组织和联合国等多边框架内保持密切协调与配合，把中塔睦邻友好合作关系提升到新的水平。请转达胡锦涛主席和我本人对拉赫蒙总统的亲切问候。

周永康表示，中国共产党和塔吉克斯坦人民民主党都是各自国家的执政党，都面临着如何发展本国经济、改善人民生活、保障国家安全等繁重任务，都面临着如何凝聚民心、巩固党的执政地位等重大课题。希望两党深入交流借鉴治党治国经验，为两国关系发展作出更大贡献。希望你们这次来华考察访问，多给我们的工作提出宝贵意见，实现共同提高。

拉季波夫说，塔吉克斯坦独立 20 年来，塔方时刻都能感受到中国党、政府和人民给予的支持帮助，一直视中国为真正的朋友。我这次率人民民主党干部考察团访华，就是落实周永康同志去年访塔时签署的两党合作备忘录的一个具体行动，希望加强同中方的交流互鉴，更好地造福塔中两国人民。

中联部部长王家瑞参加会见。

迈步在现代化道路上

——写在“西藏百万农奴解放纪念日”之际

本报记者 陈沸宇 扎 西 韩俊杰

3 月 28 日，雪域高原将迎来“西藏百万农奴解放纪念日”。

53 年前的这一天，在中国共产党领导下，西藏各族人民揭开了以废除封建农奴制为核心的民主改革的序幕。随之，百万农奴在政治、经济和精神上得到了彻底解放，成为土地和其他生产资料的主人，实现了做人的权利和享有法律规定的公民权利。

这个世界上最后一块、区域最大、人口上百万的封建农奴制社会的彻底消亡，在政治上为其未来的现代化彻底扫清了道路。从此，与黑暗、野蛮、残酷、落后的旧西藏形成鲜明对照，以现代文明为核心的社会主义现代化建设开始成为这块土地上的主旋律。（下转第八版）

人民日报
RENMIN RIBAO
人民网 网址:http://www.people.com.cn
手机:http://wap.people.com.cn

2009年10月
14
星期三
己丑年八月廿六
人民日报社出版
国内统一连续出版物号
CN 11-0065
第22376期(代号1-1)
今日20版

胡锦涛致信祝贺中国少先队建队六十周年勉励全国少先队员

时刻准备着为建设富强民主文明和谐社会主义现代化国家贡献智慧和力量

本报北京10月13日电 （记者**董洪亮**）今年10月13日是中国少年先锋队建队60周年纪念日。中共中央总书记、国家主席、中央军委主席胡锦涛今天致信全国少先队员和广大少先队工作者，代表党中央，向全国少先队员表示热烈祝贺，向为红领巾事业付出心血和汗水的广大少先队工作者表示诚挚问候。

胡锦涛在贺信中指出，少先队是我们党在新中国成立伊始创立的少年儿童群众组织。60年来，在党的领导下，在共青团的带领下，少先队主动适应时代要求，充分发挥自身优势，广泛开展一系列适合少年儿童特点的活动，为促进少年儿童健康成长发挥了不可替代的重要作用。60年来，在党的阳光雨露哺育下，在星星火炬照耀下，一代又一代少先队员开启了人生的奋斗航程，逐步成长为党和人民需要的合格建设者和可靠接班人，为推进我国社会主义革命、建设、改革事业作出了突出贡献。

胡锦涛强调，经过60年的奋斗，中国特色社会主义事业取得了举世瞩目的巨大成就。要实现中华民族伟大复兴的宏伟目标，还需要一代又一代人长期艰苦奋斗。今天的预备队必将成为明天的生力军。希望全国少先队员牢记党和人民的重托，在德、智、体、美等方面全面发展，争当热爱祖国、理想远大的好少年，争当勤奋学习、追求上进的好少年，争当品德优良、团结友爱的好少年，争当体魄强健、活泼开朗的好少年，时刻准备着为建设富强民主文明和谐的社会主义现代化国家贡献智慧和力量。

胡锦涛要求，少先队组织和少先队工作者要大力发扬优良传统，积极探索当代少年儿童成长规律，不断开创少先队工作的新局面。共青团组织要切实履行全团带队的光荣职责，更好地发挥少先队团结、教育、引导少年儿童的重要作用。

胡锦涛表示相信，有党和政府的高度重视，有全社会的热情关爱，有全国少先队员的共同努力，星星火炬在发展中国特色社会主义的伟大进程中一定能够放射出更加灿烂的光芒。

13日，共青团中央、全国少工委召开纪念中国少年先锋队建队60周年座谈会，中共中央政治局委员、全国人大常委会副委员长王兆国出席并讲话。他希望全国少先队员按照胡锦涛总书记在信中提出的要求，始终牢记党和人民的重托，努力在德、智、体、美等方面全面发展，时刻准备着为建设富强民主文明和谐的社会主义现代化国家贡献智慧和力量。少先队组织和少先队工作者要坚持以理想信念教育为核心，以培养综合素质为导向，不断提高服务少年儿童的能力水平，努力培养党和人民需要的合格建设者和可靠接班人。

座谈会上，共青团中央书记处第一书记陆昊宣读了胡锦涛总书记的贺信。新中国成立初期少先队员代表、数学家杨乐，优秀少先队员代表、北京市海淀区今典小学吴梓曼，优秀少先队辅导员代表、辽宁省沈阳市铁西区励望小学王欢，江苏省少先队总辅导员华耀国发了言。大家在发言中一致认为，胡锦涛总书记的贺信饱含深情、语重心长，充分体现了党中央对少年儿童和少先队事业的高度重视和亲切关怀，深受鼓舞、倍感振奋。少先队员代表表示，一定不辜负党的关怀和厚望，在少先队组织里发奋努力、茁壮成长。少先队工作者代表表示，一定认真学习贯彻贺信精神，努力做好新形势下的少先队工作，更好地团结、教育、引导少年儿童。

同日，共青团中央、教育部、全国少工委表彰了"全国优秀少先队员"、"全国优秀少先队辅导员"、"全国优秀少先队集体"。

胡锦涛会见巴基斯坦总理吉拉尼

表示中方愿与巴方携手努力，共同开创中巴战略合作更加美好的未来

10月13日，国家主席胡锦涛在北京人民大会堂会见巴基斯坦总理吉拉尼。
新华社记者 **李学仁**摄

本报北京10月13日电 （记者**马剑**）国家主席胡锦涛13日下午在人民大会堂会见了巴基斯坦总理吉拉尼。

胡锦涛说，中巴两国是山水相连的友好邻邦，建交半个多世纪，无论国际风云和两国国内形势如何变化，双方始终相互尊重、相互信任、相互支持、相互帮助，建立了全天候友谊，开展了全方位合作。巴基斯坦新政府执政后，中巴关系继续保持良好发展势头。

胡锦涛表示，中巴关系有着坚实的社会基础和旺盛的生命力，进一步巩固和发展中巴关系不仅符合两国人民的根本利益和共同意愿，对维护和促进本地区的和平、稳定与发展也具有重要意义。中方始终把发展中巴关系作为中国周边外交的优先方向之一，我们愿与巴方携手努力，不断增进战略互信，深化全方位合作，共同开创中巴战略合作更加美好的未来。

胡锦涛还表示，中巴经贸合作是两国关系的重要组成部分。我们高兴地看到，在双方共同努力下，尼鲁姆·杰卢姆水电站、喀喇昆仑公路升级改造等一些重大合作项目顺利实施。今年年初，两国又签署了《中国—巴基斯坦自由贸易区服务贸易协定》，为两国经贸合作开辟了更广阔的前景。中方重视中巴经贸合作，愿在平等互利、合作共赢、务实有序的基础上，推动中巴经贸合作取得更丰硕的成果。

吉拉尼代表巴基斯坦总统和人民祝贺新中国成立60周年。吉拉尼表示，巴中友谊经受了时间考验，巴中友好深入人心。巴基斯坦珍惜和赞赏中方对巴方的坚定支持。吉拉尼强调，巴中友谊和巴中战略合作伙伴关系是确保本地区和平稳定的重要因素。巴方愿与中方密切合作，巩固传统友谊，推进各领域务实合作，推动双方重大合作项目不断取得更多新进展。巴方愿进一步加强两国反恐合作，巴方将继续采取有力措施，确保中国在巴机构、人员的安全。吉拉尼还表示，巴方将继续加强与中方在地区和国际问题上的相互支持，希中方为维护南亚地区的和平稳定发挥自己的重要作用。吉拉尼重申，巴基斯坦政府将继续坚定地支持中方在涉台、涉藏、涉疆等核心利益问题上的立场。

外交部副部长王光亚等会见时在座。

中俄建交60周年庆祝大会暨中国"俄语年"闭幕式隆重举行

温家宝和普京共同出席并致辞

10月13日晚，中俄建交60周年庆祝大会暨中国"俄语年"闭幕式在北京人民大会堂隆重举行。国务院总理温家宝和俄罗斯总理普京共同出席并致辞。
新华社记者 **姚大伟**摄

本报北京10月13日电 （记者**吕鸿、马剑**）10月13日晚，人民大会堂大礼堂内灯火辉煌，洋溢着热烈友好的气氛。中俄建交60周年庆祝大会暨中国"俄语年"闭幕式在这里隆重举行。大礼堂上方并排悬挂着中俄两国国旗，两侧二楼眺台上用中俄两国文字书写的"热烈庆祝中俄建交60周年，热烈祝贺中国'俄语年'圆满成功"的横幅格外醒目。

晚8时30分许，在欢快的迎宾曲中，国务院总理温家宝和俄罗斯总理普京一同走上主席台。3000余名中俄各界人士及其他国家来宾起立鼓掌。活动开始，中国人民解放军军乐团奏两国国歌。

温家宝和普京先后致辞（**温家宝致辞全文见第二版**）。两国总理回顾了中俄建交60年来走过的不平凡历程，高度评价中俄战略协作伙伴关系取得的丰硕成果，热情赞扬两国人民之间深厚的传统友谊。双方一致表示，中俄作为邻国、大国和联合国安理会常任理事国，要不断增进政治互信，深化互利合作，加强战略协作，弘扬传统友谊，更好地造福两国人民，为促进世界和平和共同发展作出更大贡献。 （**下转第二版**）

中俄总理第十四次定期会晤在京举行

10月13日，国务院总理温家宝在北京人民大会堂东门外广场举行仪式，欢迎俄罗斯总理普京访华。
新华社记者 **刘卫兵**摄

本报北京10月13日电 （记者**马剑**）国务院总理温家宝与俄罗斯总理普京13日在北京举行中俄总理第十四次定期会晤。双方在友好务实的气氛中，回顾了中俄建交60年来两国关系的发展历程，就各领域交流合作及共同关心的国际和地区问题深入交换意见，达成广泛、重要共识。

温家宝说，中俄关系经过60年的发展，已成为成熟、稳定、重要的国家关系。特别是中俄战略协作伙伴关系建立13年来，双方政治互信、战略协作和务实合作水平不断提高，成果丰硕，有力地维护和促进了共同利益，对世界和平与发展产生了广泛的积极影响。中俄战略协作伙伴关系堪称睦邻友好的典范、大国关系的楷模。

温家宝指出，当前世界正经历大变革、大调整、大发展。中俄是邻国、大国和联合国安理会常任理事国，坚持睦邻友好、战略协作，对两国有利，对世界有利。中方愿与俄方一道，推动中俄战略协作伙伴关系不断迈上新的台阶。相信在双方共同努力下，中俄关系一定能更好地造福两国人民，为维护世界和平、促进共同发展作出更大贡献。

普京对中华人民共和国成立60周年表示祝贺。 （**下转第二版**）

中国人民政治协商会议成立60周年理论研讨会在京举行

贾庆林出席并讲话

本报北京10月13日电 （记者**刘维涛**）中国人民政治协商会议成立60周年理论研讨会13日在北京开幕。中共中央政治局常委、全国政协主席贾庆林出席开幕会并讲话。

中共中央政治局委员、全国政协副主席王刚主持会议。

贾庆林在讲话中说，前不久召开的中共十七届四中全会，明确提出了加强和改进党的建设的总体要求、目标任务和重要举措，进一步强调了多党合作和人民政协事业在党的工作中的重要地位和作用，对于加强党对统一战线的领导、推进多党合作和人民政协事业发展，具有重大意义。胡锦涛同志在庆祝中国人民政治协商会议成立60周年大会上的重要讲话，全面回顾了人民政协60年来的光辉历程，高度评价了人民政协在我国社会主义革命和建设、改革开放进程中作出的重大贡献，科学总结了人民政协事业积累的宝贵经验，明确提出了新形势下开展人民政协工作的方针原则和工作要求，是指导多党合作和人民政协事业发展的纲领性文献。我们要认真学习贯彻中共十七届四中全会精神和胡锦涛同志重要讲话精神，按照中共中央关于新形势下加强和改进党的建设、推动多党合作和人民政协事业发展的新部署新要求，进一步探索和把握新形势下多党合作和人民政协事业发展的特点和规律，不断开创多党合作和人民政协事业新局面。

贾庆林就进一步坚持和完善中国共产党领导的多党合作和政治协商制度强调了四个方面内容。第一，中国共产党领导的多党合作和政治协商制度是中国社会政治发展的必然选择，是马克思列宁统一战线理论、政党理论、社会主义民主政治理论同中国具体实践相结合的伟大创造， （**下转第四版**）

习近平出席法兰克福国际书展开幕式和中国主宾国活动

10月13日，正在德国进行正式访问的国家副主席习近平与德国总理默克尔共同出席法兰克福国际书展开幕式，并发表了题为《加强文化交流 促进世界和平》的重要演讲。
新华社记者 **饶爱民**摄

本报法兰克福10月13日电 （记者**王莉、刘华新**）10月13日，正在德国进行正式访问的国家副主席习近平与德国总理默克尔共同出席了法兰克福国际书展开幕式，并发表了题为《加强文化交流 促进世界和平》的重要演讲。来自中德以及各国出版、文化等各界人士约2000人出席。

习近平说，今天一年一度的法兰克福国际书展在歌德的故乡、在这个和谐大厅隆重开幕。来自世界各地不同民族、不同语言的文化将在本次书展上广泛交流，各国人民创造的各种文明成果将在这里集中展示。我们感到高兴的是，刚刚庆祝了六十华诞的中华人民共和国成为第六十一届法兰克福国际书展的主宾国。我谨代表中国政府和人民，对给予本次中国主宾国活动支持和帮助的德国政府和世界各国文化、出版和新闻界人士，表示衷心感谢。

习近平表示，能以主宾国身份参与本届法兰克福国际书展，这既为中国全面领略和认知世界各国文化精品提供了一个重要契机， （**下转第三版**）

中国共产党的优秀党员，久经考验的忠诚的共产主义战士

吕正操同志逝世

吕正操同志遗像。
新华社发

新华社北京10月13日电 中国共产党的优秀党员，久经考验的忠诚的共产主义战士，无产阶级革命家、军事家，我国铁路交通战线杰出的领导者，原中共中央顾问委员会委员，中国人民政治协商会议第六届全国委员会副主席，中央军委原委员，中国人民解放军原铁道兵政治委员吕正操同志，于2009年10月13日14时45分在北京逝世，享年106岁。

吕正操同志1934年1月参加革命工作，1937年5月加入中国共产党，1955年被授予上将军衔。

人民日報

RENMIN RIBAO

今日 16 版(华东、华南地区 20 版)　国内统一连续出版物号 CN 11-0065　第 21255 期 (代号 1-1)

人民网　网址:http://www.people.com.cn　手机:http://wap.people.com.cn

人民日报社出版

2006 年 9 月 19 星期二 丙戌年闰七月廿七

北京地区天气预报　白天 多云间阴 风向 北转南 风力 二、三级　夜间 多云转阴 风向 南转北 风力 一、二级　温度 29℃/18℃

胡锦涛会见意大利总理普罗迪

9 月 18 日,国家主席胡锦涛在北京人民大会堂会见意大利总理普罗迪。　新华社记者　李学仁摄

新华社北京9月18日电 (记者**罗辉**) 国家主席胡锦涛18日下午在人民大会堂会见了意大利总理普罗迪。双方进行了友好的谈话。

胡锦涛积极评价中意关系,赞赏普罗迪长期致力于中意、中欧关系的发展。他说,中意关系已进入新的发展阶段,双方政治互信增强,互利合作扩大,多边合作密切。"意大利年"在中国取得了极大成功。我们对意大利政府重视发展对华关系、坚持奉行一个中国政策表示赞赏。

胡锦涛说,中意两国之间没有根本的利害冲突,也不存在任何悬而未决的问题,进一步发展中意关系有着广阔前景。中方愿与意方共同努力,扩大两国经贸、投资,特别是中小企业等领域的互利合作,加强双方科技、文化、教育等领域的人文交流,不断充实中意全面战略伙伴关系的内涵,以造福于两国和两国人民。

胡锦涛表示,中方愿进一步深化中欧政治交往和战略合作,提高合作的质量和水平,妥善处理彼此关切,共同建设持久和平、普遍繁荣的和谐世界。

普罗迪首先转达了意大利总统纳波利塔诺对胡锦涛主席的亲切问候。他说,此次访华非常成功,取得了积极成果,有力推动了意中战略伙伴关系的发展。意大利政府坚定奉行一个中国政策、高度重视发展对华关系,视中国为重要的合作伙伴。意方愿进一步加强两国在经贸、环保、文化、教育等领域的交流与合作,推动意大利中小企业积极参与中国的经济建设。意大利也愿成为中国企业进入欧洲市场的大门。普罗迪还表示,意方将在推动欧盟发展对华关系方面发挥积极作用。

双方还就共同关心的国际和地区问题交换了看法。

外交部副部长戴秉国等会见时在座。

普及主导品种　示范主推技术

我国粮食综合生产能力稳步提升

本报北京9月18日讯 记者**赵永平**报道:今年重庆遭遇百年一遇的大旱,大足县旭光村赵忠良家水稻产量却不减反增。说起今年的收成,老赵高兴地说:"多亏技术员推荐的抗旱好品种,少浇两次水还多打130公斤!"让赵忠良受益的是抗旱高产水稻新品种——优质稻渝优1号。

这只是我国水稻新品种推广的一个缩影。日前,在云南省永胜县涛源乡,我国水稻新品种"协优107"亩产达到1287公斤,创造了世界水稻亩产的最新记录;在超级稻育种技术上,目前实现了亩产800公斤的新突破。我国高产优质水稻技术已经达到世界领先水平。

通过一系列主导品种和主推技术的大力推广,我国粮食综合生产能力稳步提升。据农业部的消息,全国夏粮连续3年丰收,今年夏粮总产量达1138亿公斤,同比增长7%;夏收小麦平均亩产首次突破300公斤,小麦优质率首次超过50%,比去年提高6个百分点。

良种是粮食稳产增产的基础。1998年以来,协优9308、两优培九、国稻6号等超级稻品种已累计示范推广2亿多亩。此外,双低油菜、杂交大豆、转基因三系杂交抗虫棉等育种技术均居国际前列,为农业增产、农民增收提供了强有力的科技支撑。

良种还需良法。2005年,农业部在全国100个县实施了农业科技入户示范工程,今年又在全国212个县实施了包括水稻、小麦、玉米、大豆等在内的科技入户示范工程。通过科技入户示范工程的实施,农民科学种田水平得到显著提高。据统计,去年全国小麦精量半精量播种技术、氮肥后移技术应用面积达到1.77亿亩,占总播面积的55%。

测土配方施肥技术得到大面积推广应用。截至今年5月底,全国推广测土配方施肥面积2.5亿亩,减少不合理用肥84.6万吨,为农民节约生产成本17.4亿元。机械作业正在得到广泛普及,据统计,截至2005年底,全国各类农机专业服务组织、农机专业户、农机户总数达3300万个,他们已经成为农业生产的主力军。

农业部已于年初启动了粮食综合生产能力增强行动,力争"十一五"期间平均每年粮食综合生产能力提高50亿公斤,粮食单产提高1个百分点,力争到"十一五"期末,粮食综合生产能力达到5000亿公斤水平。这是保障国家粮食安全的重要举措。

超级稻6年推广2亿亩 累计增产120亿公斤

本报沈阳9月18日电 记者**冯华**从17日举行的中国超级稻发展战略研讨会上获悉:"中国超级稻研究计划"实施十年来,我国科学家成功培育出一批具有自主知识产权的超级稻新品种,实现了百亩连片单产800公斤/亩,开始在生产上发挥大面积的增产作用。据不完全统计,1999年—2005年,我国累计推广种植超级稻新品种约2亿亩,覆盖了长江流域稻区、华南稻区和东北稻区,累计增产稻谷120亿公斤,为提高我国粮食综合生产能力做出了巨大贡献。

据介绍,目前经过专家评审认定的49个超级稻品种,总体表现产量潜力大、品质好、抗病性强,深受农民欢迎。2006年农业部组织东北三省示范推广种植了沈农、吉粳等系列的超级稻品种14个,合计种植面积达1300万亩。经专家抽样测产,大面积平均亩产将超过600公斤,比当地普通品种和高产品种分别增产15%和10%,比2005年东北三省水稻平均亩产提高100公斤以上。

农业部计划到2010年,超级稻推广面积达到全国水稻种植面积的30%,每亩平均增产60公斤,带动全国水稻单产水平明显提高,继续保持我国水稻育种国际领先水平。

中俄立法机构圆桌会议在哈尔滨举行

吴邦国出席并致辞

本报哈尔滨9月18日电 记者**毛磊**报道:中俄立法机构圆桌会议18日在哈尔滨举行。中国全国人大常委会委员长吴邦国和俄罗斯联邦会议联邦委员会主席米罗诺夫共同出席会议并在开幕式上致辞(**吴邦国致辞全文见第三版**)。

吴邦国首先代表中国全国人大对会议的召开表示热烈祝贺。他说,这次会议是"俄罗斯年"的一项重要活动,对增进两国人民的相互了解与友谊,加强两国立法机构的友好交往与合作,推动中俄战略协作伙伴关系的深入发展具有重要意义。

吴邦国在致辞中积极评价了中俄关系近年来取得的新发展以及中俄两国立法机构为之所做的工作。他指出,两国立法机构交往是中俄战略协作伙伴关系的重要组成部分,也是推动两国各领域合作的重要途径。为落实双方达成的共识,进一步深化两国立法机构的交流与合作,吴邦国提出了四点建议:

一是继续完善双边合作的法律基础。双方应及时依法按程序批准两国签署的法律性文件,修改和完善与两国关系发展不相适应的法律法规,为深化中俄关系营造良好的法制环境。应充分发挥监督职能,督促两国政府和有关方面把双边已经签署的法律性文件执行好、贯彻好、落实好。

二是有针对性地开展立法交流。双方应加强在促进区域经济协调发展、建立统一开放竞争有序市场体系、完善宏观调控以及就业、收入分配、社会保障、教育、环境等方面的立法交流,相互借鉴有益经验,提高立法质量,更好地保障本国经济社会的协调发展。　(下转第三版)

吴邦国会见俄罗斯联邦委员会主席

9月18日,吴邦国委员长在哈尔滨会见俄罗斯联邦会议联邦委员会主席米罗诺夫。　新华社记者　马占成摄

本报哈尔滨9月18日电 记者**毛磊**报道:全国人大常委会委员长吴邦国18日上午在哈尔滨会见了前来出席中俄立法机构圆桌会议的俄罗斯联邦会议联邦委员会主席米罗诺夫。

吴邦国积极评价中俄关系。他说,近年来,两国高层交往频繁,政治互信不断加强,战略协作日益密切,经贸领域大项目合作进入实质性阶段,"俄罗斯年"活动蓬勃展开。中俄关系达到了前所未有的高水平。我们高兴地看到,中俄立法机构为两国关系的发展做出了积极贡献。通过加强两国立法机构的交流与合作,增进了两国人民的相互了解,扩大了政治互信,推动了各领域务实合作。他表示,中国全国人大愿与俄联邦委员会一道,进一步完善双方定期交流机制,充实合作内容,促进务实合作,推动中俄战略协作伙伴关系不断向前发展。

米罗诺夫赞同吴邦国对两国关系和两国立法机构合作的评价和建议。他说,俄中立法机构圆桌会议是在俄中战略协作伙伴关系不断深化的背景下召开的,是"俄罗斯年"活动的重要组成部分,体现了双方不断推动合作向前发展的真诚愿望,为俄中关系发展注入了新的活力。他表示,俄立法机构和政府将为中方明年在俄举办"中国年"活动提供支持和帮助,确保"中国年"的圆满成功,进一步巩固和扩大俄中友好的人文基础,共同把俄中关系提升到新的高度。

全国人大常委会副委员长乌云其木格等会见时在座。

温家宝与普罗迪总理举行会谈

双方就共同推进中意全面战略伙伴关系达成广泛共识

9月18日,国务院总理温家宝在北京人民大会堂东门外广场举行隆重仪式,欢迎意大利总理普罗迪访华。　新华社记者　李学仁摄

新华社北京9月18日电 (记者**李诗佳**) 国务院总理温家宝18日在人民大会堂与意大利总理普罗迪举行会谈。双方就共同推进中意全面战略伙伴关系达成广泛共识。

温家宝对意大利新政府将发展对华关系作为优先目标,重申坚持奉行一个中国政策表示赞赏。他说,普罗迪总理日前表示中国对欧洲来说是机遇,意大利的大门将向东方开放,这充分展现了总理阁下的远见卓识。中国是阁下5月就职以来访问的第一个欧盟以外的国家,这与意大利政府和阁下本人坚持对华友好政策是分不开的,你的这次访问必将极大地推动中意关系的发展。

温家宝对中意关系给予了积极评价。他说,中意交往历久弥新,友谊源远流长,友好与合作贯穿于两国建交36年来的整个历程。2004年两国建立全面战略伙伴关系以来,政治关系更趋紧密,战略对话不断深入,各领域的交流与合作日益扩大,中意关系正处在历史上最好的发展时期。

普罗迪说,意中关系十分密切,我对中国怀有友好感情。此次我还访问了南京、广州、上海、天津等多个城市,看到的是一个更加开放、更加自信的中国。　(下转第二版)

温家宝会见印尼客人

新华社北京9月18日电 (记者**李诗佳**)国务院总理温家宝18日在人民大会堂会见了来访的印尼政治法律安全统筹部长维多多。

贾庆林参观国际金融(银行)技术暨设备展览

新华社北京9月18日电 中共中央政治局常委、全国政协主席贾庆林18日来到北京展览馆,参观了正在这里举办的2006中国国际金融(银行)技术暨设备展览会。

在展览大厅,贾庆林饶有兴致地参观了技术设备展区和金融服务展区,并不时询问先进技术设备的开发生产,以及在金融领域的应用情况。贾庆林非常关心征信管理工作,在人民银行设置的征信系统建设展台前,他详细询问了个人征信数据库的建设情况,并观看了系统的信息查询演示。

一年一度的中国国际金融(银行)技术暨设备展览会自1993年至今已举办了14届,展览集中展示了国内外最新金融(银行)技术、设备和服务。本届展览会吸引了来自国内外金融、IT企业的高度关注和广泛参与,有近200家机构参展。

国务委员唐家璇、国务委员兼国务院秘书长华建敏和全国政协副主席李贵鲜、阿不来提·阿不都热西提也参观了展览会。

各地多种形式纪念"九一八"事变75周年

据新华社北京9月18日电 今年的9月18日是"九一八"事变75周年纪念日。当天,全国各地群众铭记国耻、珍爱和平,举办了多种形式的纪念活动。

在北京,《日本在中国东北的殖民统治——"九一八"事变75周年图片展》18日在北京中央电视塔开幕。在沈阳,有2万多观众参观"九一八"历史博物馆。来自长春的10名女大学生在留言簿上写下留言:"勿忘国耻,以实际行动振兴中华。"在哈尔滨,侵华日军第731部队罪证陈列馆18日迎来了千余名游客。来自日本创价大学的留学生衣笠弘一留言说,为了中日友好,我们都应该记住这一天。

吉林省各地以图片展板、知识竞赛、文艺演出、参观人防工事等形式广泛宣传人民防空和国防安全知识。9时18分,长春市上空鸣响了防空袭警报,整个过程长达23分钟。

在成都,四川省建川博物馆展出了收集到的2736个抗战老兵的手印。

(详细报道见第五版)

9月18日,沈阳市大东区在"九一八"历史博物馆的残历碑前举行"勿忘九一八演唱会"。当日是日本军国主义发动"九一八"事变75周年纪念日。　新华社记者　李　钢摄

为您导读

人民日报

RENMIN RIBAO

今日16版（华东、华南地区20版）　国内统一连续出版物号 CN 11-0065　第21297期（代号1-1）

人民网　网址：http://www.people.com.cn　手机：http://wap.people.com.cn

人民日报社出版

2006年10月 31 星期二 丙戌年九月初十

北京地区天气预报

白天　晴间多云　风向　北转南　风力　二、三级

夜间　晴间多云　风向　南转北　风力　一、二级

温度　20℃/7℃

胡锦涛《在纪念红军长征胜利70周年大会上的讲话》五种少数民族文字版出版发行

新华社北京10月30日电　中共中央总书记、国家主席、中央军委主席胡锦涛《在纪念红军长征胜利70周年大会上的讲话》的蒙古、藏、维吾尔、哈萨克、朝鲜等5种少数民族文字单行本已由中国民族语文翻译局翻译、民族出版社出版，即日起向全国发行。

人大常委会第二十四次会议举行全体会议

吴邦国出席　听取"两高"有关报告等

本报北京10月30日讯　记者**毛磊、刘晓鹏**报道：十届全国人大常委会第二十四次会议30日上午在北京人民大会堂举行第二次全体会议，听取最高人民法院关于开展规范司法行为专项整改情况的报告、最高人民检察院关于开展规范执法行为专项整改情况的报告等。

吴邦国委员长出席会议。会议由副委员长李铁映主持。

从2005年开始，根据中央政法委的统一部署，全国各级法院和检察院分别开展了"规范司法行为，促进司法公正"与"规范执法行为，促进执法公正"专项整改活动。今天的全体会议上，最高人民法院院长肖扬、最高人民检察院检察长贾春旺分别报告了专项整改活动的有关情况。

肖扬说，经过全国各级法院的共同努力，司法工作中的一些突出问题逐步得到解决，专项整改活动取得初步成效，表现在：规范立案行为，畅通人民群众依法表达诉讼请求的渠道；规范审判行为，解决少数案件特别是民商事审判中存在的司法不公问题；规范执行行为，缓解人民群众反映强烈的"执行难"问题；规范再审行为，解决人民群众关心的申请再审难问题；加强司法管理，建立法院内部权责分明、相互制约的制度体系。（下转第四版）

加大研发投入　促进科学发展

黑龙江国企自主创新迈向振兴

落实科学发展观·构建和谐社会

·以科学发展增强和谐社会物质基础·

本报哈尔滨10月30日电　记者**汪波**报道：哈尔滨锅炉厂有限责任公司自主研发、设计和制造的循环流化床系列锅炉，不久前正式投入商业运行。这种大型电站锅炉能在燃烧过程中有效控制硫的排放，减少对大气的污染，填补了我国在该领域的空白。在黑龙江，像"哈锅"一样，越来越多的国企紧紧依托自主创新，拓宽发展空间，提高发展质量，逐步走上振兴之路。

随着振兴东北等老工业基地、建设创新型国家战略的实施，黑龙江把推动科技进步放在更加突出的位置，努力提升国企自主创新能力。全省近年来投入6亿元重大项目前期资金，用于培育和支持国企发展具有自主知识产权、增强自主创新能力的高新技术项目。哈尔滨电站设备集团公司抓住三峡工程建设的重大机遇，设计出具有自主知识产权的三峡右岸机组水轮机转轮。目前，黑龙江41%的国有大中型企业建立了研发机构。今年以来，全省已有75项投资1000万元以上的技改项目陆续投产，达产后预计年新增销售收入210亿元，实现利税41亿元。

国家统计局黑龙江调查总队今年6月对全省61户重点企业的调查显示，自主研发是这些企业实现技术创新的首选途径。其中，7户国有企业去年投入研发费用2.1亿元，当年实现营业收入635亿多元，同比增长24.8%，新产品销售收入3.7亿元，由上年亏损5.8亿元转为盈亏相抵后实现利润17.3亿元。

吴邦国曾庆红分别会见比利时众议长

新华社北京10月30日电（记者**李诗佳**）全国人大常委会委员长吴邦国、国家副主席曾庆红30日在人民大会堂分别会见了比利时众议长德克罗。

吴邦国首先对德克罗在中比建交35周年之际来访表示欢迎。他说，在双方的共同努力下，中比关系保持了健康稳定的发展势头。中方重视发展中比关系，愿同比方一道，进一步加强两国各领域的务实合作，推动中比关系不断向前发展。

吴邦国积极评价了中国全国人大与比利时议会间的友好交往。他表示，中国全国人大愿继续深化与比利时众议院的交流与合作，保持多层次的交往，加强各专门委员会、友好小组和办事机构间的联系，为进一步增进两国人民间的相互了解与友谊，推动两国关系的发展发挥更加重要的作用。

曾庆红在会见德克罗时说，近年来，中比两国政治对话不断加深，双方在政府、议会、政党等各领域，中央、地方等各层次都有良好的交往，经贸合作发展迅速，人文交流日益活跃，这符合两国人民的根本利益。中比对当前重大国际问题有着相同和相近的主张，在加强双方在安理会的协调与合作、联合国改革、非洲发展等问题的沟通上有着良好的基础。（下转第二版）

中国—东盟建立对话关系15周年纪念峰会举行

温家宝总理主持会议并发表重要讲话

双方全面回顾和总结了中国—东盟友好关系发展历程和成功经验，高度评价了双方各领域合作取得的积极成果，展望并规划了双方关系未来发展方向，表示愿携手共进，共促和平，共谋发展，共享繁荣，推动中国—东盟战略伙伴关系不断发展

10月30日，中国—东盟建立对话关系15周年纪念峰会在广西南宁举行。这是国务院总理温家宝与东盟10国领导人在峰会开幕式上合影。　新华社记者　**陈瑞华**摄

本报南宁10月30日电　记者**管克江、杨讴**报道：中国—东盟建立对话关系15周年纪念峰会30日在广西南宁荔园山庄国际会议中心举行。中国国务院总理温家宝与文莱苏丹博尔基亚、柬埔寨首相洪森、印度尼西亚总统苏西洛、老挝总理布阿索内、马来西亚总理巴达维、缅甸总理梭温、菲律宾总统阿罗约、新加坡总理李显龙、泰国总理素拉育和越南总理阮晋勇共同出席会议。会议由温家宝和东盟轮值主席国菲律宾总统阿罗约共同主持。会后，各国领导人签署了《中国—东盟纪念峰会联合声明》（**全文见第三版**）。

下午2时30分，东盟10国领导人先后抵达会议中心。温家宝在会场迎接。各国领导人集体合影。

下午2时45分许，会议开始。温家宝和阿罗约先后致开幕词。

温家宝发表了题为《携手奋进，共创中国—东盟关系的美好未来》的重要讲话（**全文见第二版**）。温家宝说，回顾过去的15年，中国—东盟关系走过了从消除疑虑、开展对话、增进互信到最终建立战略伙伴关系的不平凡历程，取得了前所未有的发展。今天，中国—东盟关系正处于历史最好发展时期。双方政治互信不断增强，经济融合日趋加深，在重点领域的合作全面展开，在应对公共安全问题上相互支持，在维护地区稳定和促进区域合作上紧密配合。事实证明，中国—东盟关系已成为本地区国家间友好交往与合作的典范，为双方人民带来了实实在在的利益，也为促进亚洲地区和世界的和平、稳定与繁荣做出了重要贡献。

温家宝指出，中国与东盟关系15年的长足发展有许多宝贵经验，主要是：和平发展是前提，平等互信是基础，合作共赢是目标，人民拥护是动力。

温家宝说，东盟已成长为本地区和国际舞台上一支维护和平、促进发展的重要力量。中国支持东盟一体化和共同体建设，支持东盟在区域合作中发挥主导作用。（下转第二版）

温家宝会见菲律宾新加坡印尼马来西亚柬埔寨领导人

本报南宁10月30日电　记者**杨讴、管克江**报道：国务院总理温家宝30日在广西南宁分别会见了前来出席中国—东盟建立对话关系15周年纪念峰会的菲律宾总统阿罗约、新加坡总理李显龙、印度尼西亚总统苏西洛、马来西亚总理巴达维和柬埔寨首相洪森。

会见是在亲切、友好的气氛中进行的。温家宝与五国领导人高度评价双边关系的良好发展，一致表示愿继续推进互利合作，永做好邻居、好朋友、好伙伴。

在会见阿罗约时，温家宝说，中菲关系正处在历史上最好时期，各领域的交流与合作日益扩大。菲律宾是东盟轮值主席国，为推动中国与东盟关系发展和举办此次纪念峰会做出了积极贡献，中方对此表示感谢。

在谈到两国经贸关系时，温家宝指出，中菲双方已确定了农业、基础设施建设、矿产资源开发等重大合作项目，希望双方认真加以落实。

温家宝强调，中国、菲律宾、越南确定南海共同开发，对维护南海地区和平稳定，增进三国间的互信与合作具有重要意义。目前三方合作已取得阶段性成果，需要继续努力，尽快就下一阶段合作的方案进行探讨，推动南海合作取得实质性进展。

阿罗约说，菲中关系正进入全面发展的黄金期，两国在政治、经贸、安全等广泛领域进行着有效的合作。菲方感谢中方在菲律宾农业、铁路、住房建设、抗击台风等自然灾害方面提供的支持和帮助。为更好地推动两国经贸合作，菲方建议双方尽快商签全面经济伙伴关系协议。菲方希望扩大对华水果出口。

阿罗约说，菲方对菲中越三方在南海共同开发联合作业方面取得的进展感到满意，愿继续与有关各方探讨下阶段合作。

在会见李显龙时，温家宝说，中方重视中新关系，视新加坡为重要的合作伙伴，愿与新方共同努力，推动两国关系持续、健康、稳定向前发展。

温家宝指出，新加坡是中国在东盟最大的贸易伙伴，双边合作富有成果。两国应不断开拓进取，创新合作方式，提高合作水平。他希望双方继续搞好苏州工业园区合作项目，并欢迎新方积极参与中国沿海与内地的经济合作。

李显龙说，新中双边关系取得了许多实质性进展，双方在重大经贸项目上合作良好，特别是中方对苏州工业园区项目提供了有力支持，体现了中方对发展两国经贸关系的重视。新方愿继续扩大双边合作，积极参与中国的发展建设，推动两国关系进一步发展。

李显龙还表示，新方希望在打击海盗，维护海上安全等方面同中方加强合作。

双方均表示愿本着相互尊重、互谅互让的精神，在中国—东盟自贸框架下加快中新自贸谈判进程。（下转第三版）

二版刊登　**携手合作　迈向未来**

——祝贺中国—东盟建立对话关系15周年纪念峰会圆满成功

贾庆林会见爱沙尼亚总统伊尔韦斯

十月三十日，全国政协主席贾庆林在塔林会见爱沙尼亚总统伊尔韦斯。　新华社记者　**刘建生**摄

本报塔林10月30日电　记者**王小光**报道：全国政协主席贾庆林30日在塔林会见爱沙尼亚总统伊尔韦斯。贾庆林转达了胡锦涛主席对伊尔韦斯的问候和祝愿。伊尔韦斯请贾庆林转达他对胡锦涛的诚挚问候和良好祝愿，对贾庆林到访表示热烈欢迎。

贾庆林说，中国是最早与爱沙尼亚建交的国家之一。15年来，两国关系快速健康发展。两国保持着高层交往，政治上相互信任。经贸合作呈现快速发展的势头，贸易额持续攀升，今年前8个月已突破4.44亿美元，同比增长112%。文化、教育、旅游等领域的交流与合作不断取得新的进展，在国际事务中双方密切沟通、相互支持。事实证明，中爱友好符合两国和两国人民的共同利益。

贾庆林表示，中方一贯主张国家不论大小，都是国际社会的平等成员。中方高度重视发展与爱方的友好合作关系。我们愿与爱方继续本着相互尊重、平等相待的原则共同努力，加强高层交往，拓展和深化经贸、科技、交通等各个领域的互利合作，推动两国关系长期稳定全面向前发展，更好地造福于两国人民。我们也愿与爱方一道，为推动中欧关系全面发展而共同努力。（下转第三版）

罗干在全国公安机关"三基"工程建设工作会议上强调

扎实推进公安基层基础建设　为构建和谐社会作出新贡献

本报沈阳10月30日电　记者**石国胜**报道：中共中央政治局常委、中央政法委书记罗干30日出席全国公安机关"三基"工程建设工作会议并讲话。他强调，各级公安机关一定要以邓小平理论和"三个代表"重要思想为指导，全面贯彻落实科学发展观，认真学习贯彻党的十六届六中全会精神，扎实推进公安机关"三基"工程建设，切实把基层工作抓好，把基础工作打牢，把基本功练扎实，全力维护国家安全和社会稳定，努力为全面建设小康社会、构建社会主义和谐社会作出新的贡献。

罗干指出，构建社会主义和谐社会，是当前和今后一个时期全党全社会的一项重大政治任务。公安机关是人民民主专政的重要工具，是一支武装性质的国家治安行政力量和刑事司法力量，在构建社会主义和谐社会的历史进程中，肩负着其他任何部门都无法替代的特殊职责，发挥着其他任何部门都无法替代的特殊作用。基层公安机关作为基层政权的重要组成部分，处在维护社会和谐稳定的最前沿，是维护社会和谐稳定的第一道防线。公安基层基础工作的水平和质量如何，基层民警的基本素质和执法水平如何，直接关系到公安队伍维护国家安全和社会稳定能力的提高，直接关系到整个社会的和谐稳定。（下转第四版）

郭金龙当选中共安徽省委书记

新华社合肥10月30日电　中共安徽省第八届委员会第一次全体会议10月30日选举郭金龙为省委书记，王金山、王明方为省委副书记，当选为省委常委的还有孙金龙、段敬厚（白族）、孙志刚、徐立全、赵树丛、臧世凯、刘春良、詹夏来、王秀芳（女）、许援朝。中共安徽省纪委第一次全会选举刘春良为省纪委书记，张东安、吴秀兰（女）、仲兆宁、潘少闲为省纪委副书记。

徐守盛任甘肃省代理省长

新华社兰州10月30日电　10月30日召开的甘肃省第十届人民代表大会常务委员会第二十五次会议决定：徐守盛为甘肃省代理省长；石军为甘肃省副省长。

甘肃省第十届人民代表大会常务委员会第二十五次会议还决定：接受陆浩辞去甘肃省省长职务的请求。

几内亚比绍总统维埃拉

继续对我国进行国事访问

应国家主席胡锦涛邀请，几内亚比绍共和国总统若奥·贝尔纳多·维埃拉10月29日至11月2日对中国进行国事访问。

若奥·贝尔纳多·维埃拉1939年4月27日出生于比绍市。

维埃拉是几内亚比绍（简称"几比"）独立斗争的主要领导人之一。1973年，他出任全国人民议会议长并宣告几比独立，1978年成为政府首脑。1980年，维埃拉成立革命委员会并任主席，掌管国家最高权力。1984年，他晋升为少将，同年任国务委员会主席（国家元首），1989年连任。1994年，维埃拉在首次多党选举中当选总统，任职至1999年。2005年8月，维埃拉再次当选总统，并于10月宣誓就职。

维埃拉曾于1982年访华。（**新华社发**）

维埃拉总统　**人物介绍**

贾庆林开始对乌克兰进行正式友好访问

本报基辅10月30日电　记者**王小光、谭武军**报道：应乌克兰最高苏维埃主席莫罗兹邀请，全国政协主席贾庆林乘专机于30日抵达基辅，开始对乌克兰进行正式友好访问。全国政协秘书长郑万通等同机抵达。

当天17时许，贾庆林乘坐的专机降落在基辅鲍里斯波尔国际机场。乌克兰最高苏维埃第一副主席马丁纽克等乌方高级官员和中国驻乌克兰大使高玉生到机场迎接。贾庆林走下飞机舷梯后，三名身着民族服装的乌克兰姑娘迎上前去，向贾庆林献上面包和盐，以特有的方式向来自远方的尊贵客人表达热烈欢迎和最高敬意。飞机旁，中国使馆工作人员和中资机构、留学生、华侨华人代表列队欢迎贾庆林一行，使馆一名女青年向贾庆林敬献了鲜花。（下转第三版）

人民网　网址:http://www.people.com.cn
手机:http://wap.people.com.cn

2012年4月
3
星期二
壬辰年三月十三
人民日报社出版
国内统一连续出版物号
CN 11-0065
第23278期(代号1-1)
今日4版

胡锦涛主席同阿塞拜疆总统互致贺电庆祝建交20周年

新华社北京4月2日电　国家主席胡锦涛2日同阿塞拜疆总统阿利耶夫互致贺电,热烈庆祝两国建交20周年。

胡锦涛表示,中阿两国人民友谊源远流长。建交20年来,中阿关系持续健康稳定发展。两国高层交往密切,政治互信不断加深,经贸、能源、交通、通信、人文等领域合作成果显著,给两国人民带来实实在在的利益。双方在彼此关切的重大问题上保持沟通与协调,在国际和地区事务中开展了良好合作,有效维护了双方的共同利益。

胡锦涛表示,中方一贯重视同阿塞拜疆发展长期稳定的友好合作关系,支持阿政府为维护社会稳定、促进经济发展、提高人民生活水平所做的努力。中方愿以两国建交20周年为契机,进一步增进双方相互理解和信任,提升各领域务实合作水平,推动双边关系不断迈上新台阶。

阿利耶夫在贺电中表示,发展对华关系是阿塞拜疆对外政策的重要方向。阿方高度重视发展同世界主要大国中国的关系,愿不断扩大在双边层面和在国际事务中的合作。建交20年来,双方保持高级别政治对话,经贸、文化、人文领域合作取得积极成果,为两国关系迈向更高水平奠定了良好基础。相信在双方共同努力下,两国友好合作将会更加密切,更好地造福于两国人民。

同日,外交部长杨洁篪同阿塞拜疆外交部长马梅季亚罗夫也互致了贺电。

出席首尔核安全峰会和金砖国家领导人第四次会晤并访问柬埔寨后

胡锦涛主席回到北京

新华社北京4月2日电　在圆满结束出席首尔核安全峰会和金砖国家领导人第四次会晤并对柬埔寨进行国事访问后,国家主席胡锦涛2日乘专机回到北京。

胡锦涛主席夫人刘永清,中共中央书记处书记、中央办公厅主任令计划,中共中央书记处书记、中央政策研究室主任王沪宁,国务委员戴秉国等陪同人员同机抵达。

胡锦涛结束访问离开柬埔寨首都金边时,柬埔寨国王西哈莫尼的代表、国王顾问团首席顾问拉那烈亲王,帕花黛维大公主,基万莫尼拉亲王,副首相兼王宫事务部大臣贡桑奥,新闻部大臣乔卡纳里和中国驻柬埔寨大使潘广学等到机场送行。

河北『阳光医院』系统监控

三家医院试点成功　百家医院全面推广

本报记者　白剑峰

在河北省胸科医院,一位患者被收取了"全身麻醉费"后,又被收取了"气管插管费"。虽然患者并未发现这属于重复收费,但电脑系统已经自动检出,有关科室迅速纠正,维护了患者的权益。

自2009年6月起,河北省人民医院、儿童医院、胸科医院三家医院推行"阳光医院"监控系统,包括"医生职业权力监控系统"、"患者满意度评价系统"、"职务权力监控系统"、"供应商风险监控系统"四个系统,为医生的职业权力安装了"电子眼",促进了合理收费、合理用药、合理检查。2011年,三家试点医院与同类医院相比,出院患者医疗费下降了15.9%,药费下降了16.8%,每床日收费下降了16.65%。从今年起,全省100家医院将全面推广"阳光医院"监控系统。

用刚性手段"修医德"

"我们倡导'修医德、强医能、铸医魂',但是,'修医德'不能仅仅停留在宣传教育层面,还应有刚性的约束手段。我们将医生的大处方、滥检查、吃回扣等行为纳入电子实时监控,建立不良行为记录,纳入医德档案,并作为职称晋升、绩效工资发放的重要依据。"河北省卫生厅厅长杨新建说。

处方权是医生的职业权力,如何管好用好是一道世界难题。河北省卫生厅自主研发的医生职业权力监控系统,如同一个忠实的"守门人",监控着医生职业行为的边界。

该系统可以对用药范围进行监控,自动筛查所用药品是否全省统一招标采购药品、国家基本药物、医保和新农合目录药品,严禁使用非统一招标采购药物。系统还实现了对医师用药情况的监控,建立用药预警机制。在医生开具处方时,系统对药品相互作用、重复用药、用药禁忌等自动审查,根据不当程度用黑、红、黄不同颜色给予警示。系统还可对抗菌药物实行分级分类监控,根据抗菌药物使用量排序,查找违反抗菌药物分级使用、滥用抗菌药物的处方,对当事人进行质询或处罚。系统还可对科室、医生的单品种用药数量、金额进行监控,对排在前十位的科室和个人定期公示。对于单张处方超过规定金额、用药超过规定品种、药量超过规定周期的处方,一律交专家组审评。2011年,河北省儿童医院药品所占业务收入比例由2010年的50%下降到43%。

该系统设置了临床医生开具大型检查的权限,严禁非临床诊疗人员开具检查检验单,避免了大型检查的随意性。同时,实行大型检查阳性率检测公示。医生开具检查项目后,由检查科室将检查结果录入,系统自动生成科室和个人的大型检查阳性率,并排序公示。医院对阳性率低于70%的科室和个人进行相应的经济处罚。通过对检查权的监控,三家试点医院的大型检查阳性率达到90%左右,基本杜绝了滥检现象。

该系统还可对医疗收费进行监控,促进了"阳光收费"。一是对药品、医疗耗材的加成率监控。根据物价部门规定的加成标准,凡西药和中成药加成率超过15%、草药超过25%、医用一次性耗材超过5%、造影剂超过5%的,系统都会筛查出来,提示监督科室进行审查。二是对重复收费进行监控。(下转第二版)

博鳌亚洲论坛2012年年会开幕

李克强出席并发表主旨演讲

4月2日,博鳌亚洲论坛2012年年会在海南博鳌开幕。中共中央政治局常委、国务院副总理李克强出席开幕式并发表主旨演讲。　新华社记者　**饶爱民**摄

本报海南博鳌4月2日电　(记者**杨晔、刘歌、陈伟光**)椰风海韵喜迎宾朋,凝聚共识再谱新篇。4月2日上午,博鳌亚洲论坛2012年年会开幕。中共中央政治局常委、国务院副总理李克强出席开幕式并发表主旨演讲。他指出,当今时代,国际形势正在发生深刻复杂的调整和变化。亚洲的发展,机遇和挑战并存,希望和困难同在;但机遇多于挑战,困难可以克服。在世界调整与变革的大势下,我们愿与亚洲各国一道,共同推动亚洲健康与可持续发展。

上午9时30分,海南博鳌国际会议中心主会场内鲜花绽放,嘉宾云集。博鳌亚洲论坛理事会理事长福田康夫首先致辞。

在热烈的掌声中,李克强发表了题为《凝聚共识　促进亚洲健康可持续发展》的主旨演讲(**全文另发**)。他说,博鳌亚洲论坛是一个立足亚洲、面向世界、开放包容的大平台,身在博鳌能够"博览天下"、"博采众长"。

李克强指出,世界在关注亚洲,亚洲也在关注世界。当前世界经济显露复苏迹象,但实现全面复苏仍将是一个长期艰难曲折的过程。十多年来,亚洲国家在应对风险中提高了自身免疫力,在调整变革中促进了经济健康发展。亚洲成为全球新兴经济体最为集中的地区,后发优势和发展潜能进一步展现。

李克强说,亚洲已经站在一个新的起点上。亚洲人民正在携手创造新的崛起,面向世界,走向未来,迈向现代化。推动亚洲健康可持续发展,应当凝聚共识,携手努力。一是立足内生增长。亚洲人口多、发展不平衡、内需潜力巨大。在继续参与全球竞争的同时,应着力开拓内需市场,充分发挥消费的作用,发挥科技进步和劳动者素质提高的潜能。二是秉承开放包容。在开放中相互促进、取长补短,倡导包容性增长,在重大国际和地区性问题上保持沟通和协调。欢迎地区外国家参与亚洲发展进程并发挥建设性作用。三是实现互利共赢。开放合作于己有利,于人有利。各国应加强磋商与合作,推动全球贸易自由化、投资便利化,反对各种形式的保护主义,提升基础设施互联互通和网络化水平,深化区域及次区域合作。四是促进团结和谐。继续发扬同舟共济的精神,共同应对各种挑战,更多帮助欠发达地区和困难群体。五是坚持和平发展。从战略高度考虑彼此关系,求同存异,寻求利益最大交汇点。无论是以往遗留问题,还是现实分歧和争端,只要尊重历史,遵循国际关系的基本准则,是能够通过对话协商与和平谈判解决的。

李克强指出,中国经济与亚洲经济密不可分。中国经济的基本面是好的,发展的态势没有改变,有条件保持经济长期平稳较快发展。中国仍然是世界上最大的发展中国家,发展中不平衡、不协调、不可持续问题依然突出,需要逐步解决。

李克强强调,中国将按照推动科学发展、加快转变经济发展方式的要求,把握稳中求进的总基调,继续促进经济社会全面协调可持续发展。实现这个目标,加快转型是关键、改善民生是根本、改革创新是动力。(下转第三版)

清明时节春耕忙

4月1日,在长沙北郊的一处农田,一名男子在操作机器耕田。清明节前夕,湖南地区结束持续阴雨天气,气温逐步回升的三湘大地春意盎然。当地农民利用天气好转的有利时机,平整土地、栽植作物。　新华社记者　李　尕摄

凝聚共识　促进亚洲健康可持续发展

——在博鳌亚洲论坛2012年年会开幕式上的演讲

中华人民共和国国务院副总理　李克强

(2012年4月2日,中国博鳌)

尊敬的各位贵宾,女士们、先生们,朋友们:

很高兴参加博鳌亚洲论坛2012年年会,与来自世界各国的朋友们见面。我们开会的地方——博鳌,十多年前还是一个鲜为人知的小渔村,现在已成为可以共商亚洲发展之计的大平台。博鳌是在中国和亚洲开放发展中快速成长起来的,它的开放与变化表明了中国与亚洲、亚洲与世界的联系日益密切。可以说,身在博鳌能够"博览天下"、"博采众长",博鳌论坛是一个立足亚洲、面向世界、开放包容的大平台。论坛本次年会以变革的世界为背景,谋求亚洲健康与可持续发展,很有意义。在此,我谨代表中国政府,对年会的召开表示热烈祝贺!对各位远道而来的嘉宾表示诚挚欢迎!

世界在关注亚洲,亚洲也在关注世界。当今时代,国际形势正在发生深刻复杂的调整和变化。我们看到,虽然全球经济显露恢复的迹象,一些国家出现好的增长兆头,但国际金融危机深层次影响尚未消除,欧洲主权债务危机还在持续,实现世界经济全面复苏仍然是一个长期艰难曲折的过程。同时,世界经济结构调整步伐加快,新一轮科技变革与产业创新正在孕育,经济全球化、区域一体化在曲折中推进,国际政治经济秩序深刻调整,新兴经济体的重要性日益显现。

博鳌论坛诞生于亚洲金融危机之后。十多年来,亚洲国家在应对风险中提高了自身免疫力,在调整变革中促进了经济健康发展。这次国际金融危机中,亚洲经济率先复苏,呈现出比较好的基本面。目前,亚洲经济总量已占世界的30%以上,亚洲经济增长对世界的贡献率超过30%。亚洲成为全球新兴经济体最为集中的地区,后发优势和发展潜能进一步展现。

当然,亚洲许多国家发展水平总体较低,区域内各国发展差距仍然很大,资源环境制约日益加剧,地区安全稳定存在挑战,发展的道路并非平坦,成长中的烦恼也不少。同时,一些国家和地区还面临经济增长下行、物价上涨、就业压力加大等问题。这些都需要认真加以对待。

亚洲的发展,机遇和挑战并存,希望和困难同在;但机遇多于挑战,困难可以克服。回顾历史,亚洲孕育了多个文明,创造过辉煌。近代以来,亚洲历经磨难和考验,在奋斗中不断发展。现在,亚洲已经站在一个新的起点上,自强不息、开拓进取的亚洲人民正在携手创造新的崛起,面向世界,走向未来,迈向现代化。在世界调整与变革的大势下,我们愿与亚洲各国一道,凝聚共识,携手努力,应对挑战,战胜困难,共同推动亚洲健康与可持续发展。

一是立足内生增长。这是亚洲健康与可持续发展的独特优势,也是亚洲开放型经济发展的新趋势。亚洲人口约占全球的45%,绝大多数国家是发展中国家,各国国内和各国之间发展不平衡,内需市场潜力巨大。亚洲还拥有世界上最多的劳动人口,有最大的工程师与科研人员队伍,人力资源优势明显。在继续发挥比较优势、参与全球竞争的同时,着力开拓内需市场;在保持投资适度增长、增加要素投入的同时,充分发挥消费的作用,发挥科技进步和劳动者素质提高的潜能,亚洲经济是能够实现强劲、可持续、平衡增长的。(下转第三版)

广大干部群众持续关注本报两篇评论员文章

把思想认识统一到中央决策部署上

本报北京4月2日电　各地广大干部群众高度关注本报两篇评论员文章《集中精力把两会精神贯彻好》、《牢牢把握稳中求进的总基调》,连日来纷纷围绕凝聚共识、稳中求进谈认识、谈体会,认为文章回应社会关切,既发人深省,又催人奋进。我们只有把思想统一到中央的决策部署上来,把认识统一到中央对形势的分析判断上来,把力量凝聚到实现经济社会发展的各项目标任务上来,才能调动一切积极因素,扎扎实实地取得各项工作的新进展、新突破、新成效。

上海市人大法制委员会主任委员、上海社科院副院长沈国明指出,在经济社会转型期,社会矛盾比较多,人们容易出现焦虑情绪。要实现"政策稳"、"增长稳"、"物价稳"、"社会稳",首先应当思想上有定力,去除两极化思维,全面辩证地看问题,同时要多些包容,确保各项改革发展的稳中有进。

合肥市政府副市长、市公安局长程瀚说,"稳中求进"是党中央确定的今年工作总基调,也是加强和创新社会管理工作的总要求。我们在具体操作中,应该按照胡锦涛总书记的要求,做到不动摇、不懈怠、不折腾,维护群众利益,最大限度增加促进社会和谐因素,最大限度减少不和谐因素,确保社会安定有序。

海南大学工商管理系主任蔡东宏教授认为,人民日报的评论深刻阐述了"稳"和"进"的丰富内涵,揭示了它们之间的辩证关系。文章站在历史和未来两个视角,总结了"稳扎稳打,一步一个脚印,积小而大成"的经验,明确了处理好改革、发展、稳定三者关系的要求。当前,面对复杂多变的国际政治经济环境,党员干部必须深入领会、聚精会神地贯彻落实两会精神。

近日,天津市委举行理论中心组集体学习会,把人民日报评论员文章作为内容之一。与会者在讨论中说,我们要更加自觉地与党中央的决策部署保持高度一致,比任何时候都更加头脑清醒、立场坚定。南开大学周恩来政府管理学院教授孙晓春读了本报评论后说,社会舆论及思潮呈现多元态势,主流的声音必须与党中央的决策部署保持高度一致,不能引发政治层面混乱,不能影响对党和政府的信任,不能偏离对改革开放进程的理解。"稳中求进",就是要贯彻党的十一届三中全会以来确定的基本路线、方针、政策不动摇,坚持科学发展不动摇。

河南省第一火电建设公司原工会副主席屈云道说,企业职工最怕人为折腾,思想不统一人心就会乱,人心一乱经济就会倒退。人民日报的评论员文章说到我们心里去了。我们要增强忧患意识,焕发改革精神,处理好改革、发展、稳定的关系。全国劳动模范、浙江宝业建设集团副总工程师王烈铨认为,人民日报评论员文章对当前形势作了正确分析,有助于我们理顺思路、认清方向,不被一些谣言、杂音、噪音所干扰。

贵州省开阳县禾丰乡乡长蒙荣军坦言,两篇评论员文章对近期社会上出现的一些"杂音"有正本清源的作用。基层干部是党的执政基础,我们在少数民族地区工作的干部更要时刻站稳立场。前不久,有个别网民在互联网上编造、传播谣言,妄图蛊惑人心,受到依法查处,我们坚决拥护。今后,如发生类似情况,都不能有丝毫姑息,这对稳定民心十分必要。

吉林大学行政学院教授李靖说,人民日报评论员文章依据对国际、国内形势的正确判断,完整准确地阐释了两会基本精神,使我深刻认识到,只有人心齐,才能行动一致;只有行动稳,才能始终对准方向;只有谋发展,才能不断前进。

(综合本报记者**陈杰、曲昌荣、何聪、汪志球、马跃峰、包蹇、祝大伟**报道)

人民日報

RENMIN RIBAO

今日16版(华东、华南地区20版)

人民网 网址:http://www.people.com.cn
手机:http://wap.people.com.cn

国内统一连续出版物号 CN 11-0065
第21342期 (代号1-1)

人民日报社出版

2006年12月
15
星期五
丙戌年十月廿五

北京地区天气预报
白天 晴转多云
风向 偏北
风力 三、四级
夜间 多云转晴
风向 偏北
风力 二、三级
转五、六级
温度 4℃/-4℃

努力实现重点领域节能降耗的新突破

河北实施百项重大节能示范项目

本报石家庄12月14日电 记者**王方杰**从河北省政府获悉：能耗大省河北将集中力量研制一批具有自主知识产权的节能关键技术、成套设备和工艺流程，推广应用一批节能新技术、新工艺、新设备。

为在"十一五"期间完成万元GDP能耗下降20%的目标，河北省政府最近与各设区市政府、109家节能重点企业代表签订了节能目标责任书。在未来的几年里，河北将加快经济结构调整，大力推进技术进步和创新，努力实现重点领域节能降耗的新突破。全省选择了221家节能大企业，重点组织实施燃煤锅炉改造、余压余热利用、电机系统改造、绿色照明等10大重点节能工程，实施邯钢燃气/蒸汽联合循环发电、冀东水泥窑纯低温余热利用等100项重大节能示范项目，大力开发推广余热余压回收、能量梯级利用、蓄热式加热等30项重大节能先进适用技术。

河北省发改委有关负责人解释说：如果每度电的供电煤耗降低10克，全省每年就可节煤150万吨；全省现有工业锅炉热效率只有65%左右，低于国际水平15至20个百分点，电机耗能占总电耗的60%，而效率低于国际水平5个百分点。

河北省年综合能耗达近2亿吨标煤，居全国第二位，单位GDP能耗1.96吨标煤，高于全国平均水平60%。但河北的原煤、天然气、原油人均剩余可采储量只相当于全国平均水平的66%、20%、77%，一次能源自给率不足50%。河北能源紧张的一个主要原因是重化工产业比重过大，粗放型经济增长方式转变缓慢。2005年，全省工业企业中高耗能的重工业增加值比重达80%，高于全国平均水平约10个百分点。

认认真真察民情 实实在在办实事

福建财政出资为农民投保

本报福州12月14日电 记者**蔡小伟、江宝章**报道：福建省政和县杨源乡大庙村的23户村民，日前从县人保财险公司收到总额11.5万元的赔偿金。一个多月前，一场大火使这23户人家的房屋化为灰烬。眼看寒冬临近，灾民们为筹资建房犯了愁，县人保财险公司给每户送来的5000元钱，可谓雪中送炭。县乡干部告诉受灾农民，这是政府出资为他们统一投保的农村住房保险的赔偿金。

福建每年有数十万乃至百万居民因各种原因受灾。着眼于完善农村保障体系，增强农业、农村和农民抵御自然灾害、开展灾后重建的能力，使受灾群众得到更多救助，福建省认真体察农民意愿，实实在在为农民办实事。从今年8月起，率先启动了政府出资为农民生产生活"投保工程"，每年由各级财政投入近亿元，并逐步增加，资助、鼓励农民为住房、森林、稻田、渔业渔船等投保。到目前，全省参保人数已达1000多万。

大庙村23户失火村民是福建开展农村住房统一保险的最早受益者之一。福建台风、暴雨等灾害频发，每年有大量农户的房屋因灾受损。今年，福建多次遭受台风袭击，累计倒塌房屋34万多间，大部分为农村房屋。为使灾民有能力在较短时间里盖起新房，福建启动农村住房保险工作，从8月23日开始，农民住房如遇自然灾害等原因损毁，可从省人保财险公司获得最高5000元的保险赔偿。保费无需农民缴，由省财政为全省663.4万户农村农民住房实施统一保险。为此，福建省财政今年已拨付3500万元作为保费。

福建还在部分地区农村启动了由政府补助保费的森林火灾保险、水稻种植保险、渔工责任保险和渔船保险险种。其中，水稻种植险由政府和农民各出50%保费，每亩最高赔偿200元；森林火灾险由政府、个人各出20%和80%保费，每亩最高赔偿400元；渔工责任险由政府、个人各出20%和80%保费，每人最高赔偿10万元；渔船险投保人按标准保费的80%交纳保费，省级政府按照标准保费总额的20%建立赔偿准备金，一旦保险公司赔付率超过80%，出现亏损时，由赔偿准备金支付。

浦城县、宁化县是福建的产粮大县，也是水稻种植险的试点地区。10月份，一场寒流使浦城县一些地方的水稻抽穗率和灌浆程度下降，农民损失数十万元。让当地农民放心的是，今年他们中许多已经投保水稻种植险的家庭，都可从保险公司那里得到相应赔偿。

人保财险福建省分公司农业保险部经理涂远寿告诉记者，自从8月份开展农村农业保险以来，南平、三明、龙岩3市已有100多万亩森林投保森林险；东山县从事渔业捕捞的1.2万多名渔工已全部纳入保险范围；福鼎市的渔工险和渔船险运作进展顺利。截至11月中旬，保险公司已累计支付农村住房保险赔偿金125万多元，近千户农民受益；支付森林火险赔偿金17万多元。

胡锦涛同志《在纪念朱德同志诞辰120周年座谈会上的讲话》5种少数民族文字单行本出版发行

新华社北京12月14日电 中共中央总书记、国家主席、中央军委主席胡锦涛《在纪念朱德同志诞辰120周年座谈会上的讲话》的蒙古、藏、维吾尔、哈萨克、朝鲜等5种少数民族文字单行本已由中国民族语文翻译局翻译、民族出版社出版，即日起向全国发行。

温家宝会见国际大体联主席

新华社北京12月14日电 （记者**徐松**）国务院总理温家宝14日在中南海紫光阁会见了国际大学生体育联合会主席基里安一行。

全球华侨华人促进中国和平统一大会在澳门举行

贾庆林致信祝贺

本报澳门12月14日电 记者**曾坤**报道：全球华侨华人促进中国和平统一大会今天在澳门举行。中共中央政治局常委、全国政协主席、中国和平统一促进会会长贾庆林致信对大会召开表示祝贺。

贾庆林在贺信中向所有为中国和平统一事业做出贡献的港澳同胞、台湾同胞和海外侨胞表示崇高的敬意和衷心的感谢。他说，实现祖国完全统一是海内外中华儿女的共同心愿，促进两岸关系和平发展符合两岸同胞的共同利益和期望。目前，全球已有80多个国家和地区成立了170多个中国和平统一促进会或类似组织，开展了声势浩大的反"独"促统活动，对打击"台独"分裂势力的嚣张气焰，对强化国际社会对一个中国的认同，对团结凝聚全球华侨华人力量形成最广泛的反"独"促统联合阵线，共同推进中国和平统一事业，发挥了重大的积极作用。

贾庆林指出，求和平、促发展、谋合作是时代的潮流。在这样的大势下，我们应该站在历史的新高度，不断推进两岸关系向着和平稳定的方向发展，不断密切两岸同胞的感情，不断深化两岸同胞的交流与合作，不断为两岸同胞谋和平、谋福祉。我们坚信，在包括港澳同胞、台湾同胞和海外华侨华人在内的全体中华儿女的共同努力下，坚韧不拔、勇于开拓的中华民族一定能克服前进道路上的艰难险阻，促进两岸关系和平稳定发展，促进祖国统一的进程，谱写中华民族伟大复兴的新篇章。（下转第四版）

贾庆林会见蒙古民主党代表团

新华社北京12月14日电 （记者**李忠发**）中共中央政治局常委、全国政协主席贾庆林14日在北京会见了由党主席额勒贝格道尔吉率领的蒙古民主党代表团。

贾庆林说，中蒙建交57年来，双边关系取得了长足进展。双方高层交往频繁，政治互信不断加深，经贸合作持续扩大，各领域交流与合作日益活跃。中蒙互为邻国，又同为发展中国家，发展两国睦邻友好合作有着坚实的政治基础、文化基础和社会基础。不断丰富中蒙睦邻互信伙伴关系的内涵，推动两国永做好邻居、好朋友、好伙伴，不仅符合两国和两国人民的根本利益，也有利于本地区的和平与发展。

贾庆林说，中蒙两国政党、政府和人民均有和平共处、互利合作、共同发展的良好意愿。中国共产党愿在党际交往四项原则基础上，进一步加强与蒙古民主党的交流，为推动中蒙国家关系长期健康稳定发展作出最大努力。

额勒贝格道尔吉说，全力发展蒙中友好是新世纪蒙古对外政策的重要方向，也是蒙古国内各党派的重要共识。蒙方对近年来蒙中两国在政治、经济、文化等各领域均保持良好发展势头表示满意，对双方日益活跃并卓有成效的党际交流与合作给予积极评价。蒙古民主党作为蒙古推动对华友好的重要力量，将继续为蒙中关系全面深化作出贡献。

中联部副部长刘洪才参加了会见。

不断强化企业激励和约束机制

——五论学习贯彻中央经济工作会议精神

本报评论员

中央经济工作会议明确提出，必须不断强化企业激励机制和约束机制，引导企业树立现代经营理念，切实承担起社会责任。这是贯彻落实以人为本、全面协调可持续科学发展观的必然要求，对搞好经济工作、实现科学发展具有重要意义。

这些年来，我国经济实现了较快增长，但也付出了消耗资源和增加污染的较大代价。特别是一些企业，过分重视自身利益，忽视节约能源资源、保护生态环境、实现安全生产和职工劳动保障的责任，给经济社会可持续发展带来了负面影响。

企业是经济的微观基础，是社会财富的创造者。在社会主义市场经济条件下，企业追求合法的经济利益理所应当，这也是经济发展的活力和动力所在。但是，企业是社会中的企业，企业的发展离不开社会的滋养，企业在追求自身经济利益的同时，更应承担起社会责任，回报社会，为促进经济又好又快发展、建设和谐社会贡献力量。对企业自身而言，忽视外部影响和社会责任，也会降低企业竞争力，不利于企业的可持续发展。一个缺乏社会责任的企业，不会有好的社会形象，不可能在竞争中立于不败之地。

当前出现企业忽视外部影响和社会责任的现象，很重要的一个方面是激励和约束机制还不健全。目前的价格形成机制还没有真正反映资源稀缺程度和付出的环境代价，税收杠杆的调节作用不够充分，资源产权、资源消耗、污染排放、安全生产等方面的法律法规还不健全，诚信体系不完善，政府引导不到位，外部监管不落实。过度消耗能源资源和破坏生态环境不仅直接影响当前的经济社会发展，也严重制约长期可持续发展。我们必须进一步统一认识，推动企业从自身做起、增强社会责任感，更关键的是继续健全企业激励机制，注重强化企业外部约束，使企业自觉地树立现代经营理念，主动承担社会责任。

强化激励机制和约束机制，要善于发挥市场机制的调节作用。要完善土地、能源、水资源等重要资源产品的价格形成机制，研究制定促进节约能源资源和保护生态环境的税收政策，建立健全资源产权制度，加快形成有效的资源开发和生态补偿机制，使资源使用成本和环境治理成本得到真实全面的反映。通过市场的力量，让企业切实感受到节能降耗、保护环境、改善劳动关系的好处，深刻认识浪费资源、污染环境对自身发展有可能带来的种种不利影响，进而主动积极地承担社会责任。

强化激励机制和约束机制，要加强依法治理。各级政府要加大工作力度，完善监督管理机制和问责制度，建立健全科学的统计指标体系，加强监管和治理。要建立起全国统一的产品能耗和环保标准及相关考核制度，提高准入门槛，严格重大投资项目的节能评估和环保审核，并制定和完善相应的法律法规。要建立更加有效的管理监督机制，加大对破坏资源、污染环境的企业的惩处力度，使约束真正"硬"起来。

激励和约束是企业健康成长、持续发展的基石。激励使企业奋发努力、约束使企业规范有序。我们相信，随着认识的深化，机制的强化，我们企业的激励和约束一定会健全和完善起来，真正成为合格的"企业公民"，进而促进经济有效运行，社会和谐进步，发展又好又快。

李长春会见俄罗斯客人

新华社北京12月14日电 （记者**李诗佳**）中共中央政治局常委李长春14日在北京会见了由根·安·久加诺夫率领的俄罗斯联邦共产党代表团。

李长春说，中俄战略协作伙伴关系建立10年来，双边关系经受住了复杂多变的国际形势的考验，发展得很快、很好。今年两国领导人多次会晤，双方政治互信日益增强，经贸合作成果显著，在许多重大的国际和地区问题上有着广泛的共识，战略协作不断加深，中俄友好成为维护世界和地区和平稳定的重要力量。李长春表示，今年在中国举行的"俄罗斯年"活动取得了圆满成功，相信明年在俄举行的"中国年"活动也将获得成功，谱写中俄友好的新篇章。

谈到中俄党际关系时，李长春指出，中国共产党一贯重视发展与俄罗斯共产党的友好合作关系，愿在党际交往四项原则基础上，进一步加强双方交流与合作。

李长春还介绍了中国全面落实科学发展观、构建社会主义和谐社会和构建社会主义核心价值体系等情况。

久加诺夫赞成李长春对两党两国关系的评价，并对在中国举行的"俄罗斯年"取得成功表示祝贺。他说，明年是两党合作协议签署10周年。俄共将继续加强与中国共产党的友好交流，为明年在俄罗斯举行的"中国年"取得圆满成功做出贡献，推动俄中战略协作伙伴关系不断取得新成果。

甘肃省临泽县利用农村冬季农闲的时机，加大对农民的实用技能培训。图①：12月13日，农技人员在对农民进行关于农村沼气建设的技术培训。图②：临泽县大寨村一位农民在培训班上阅读培训材料。

新华社记者 张锰摄

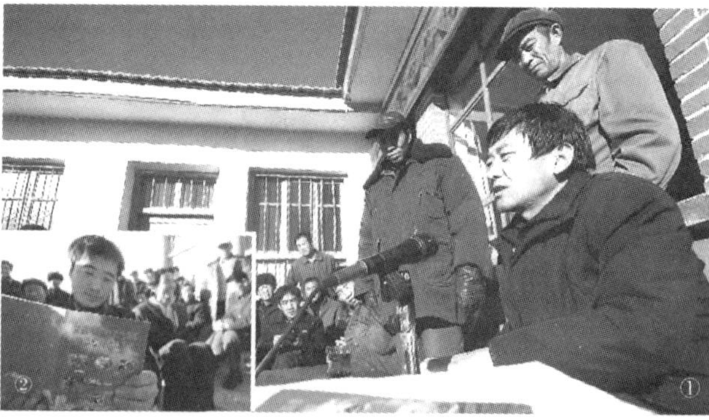

首次中美战略经济对话开幕

吴仪和保尔森共同主持

本报北京12月14日讯 记者**杨讴**报道：首次中美战略经济对话今天上午在北京人民大会堂开幕。中国国家主席胡锦涛的特别代表、国务院副总理吴仪同美国总统布什的特别代表、财政部长保尔森共同主持对话。

吴仪在开幕式上发表致辞指出，建立中美战略经济对话机制，是胡锦涛主席和布什总统达成的重要共识，是中美经济关系中的一件大事。中美两国经济互补性强，经贸关系非常密切。在经济全球化深入发展的今天，加强中美在经济领域的战略对话，着重讨论两国共同关心的全局性、战略性、长期性宏观经济问题，有利于增信释疑，有利于促进两国经贸合作和中美建设性合作关系，对世界经济持续发展也必将产生积极影响。双方应该本着坦诚务实的精神开展对话，做到长远与现实、战略与具体、全局与局部的适度结合，相互尊重、坦诚相见、平等相待、求同存异，努力寻求合作共赢的结果，使中美战略经济对话会取得成功，从而为中美两国建设性合作关系夯实基础。中方愿同美方共同努力，争取首次对话取得成功，推动中美经贸合作关系和中美建设性合作关系进一步健康发展。

保尔森在致辞中表示，美国和中国有着共同的重要经济利益，中国已融入全球经济体系，美方希望同中国建立互利共赢的经贸关系。首次美中战略经济对话为解决涉及两国经贸关系的战略性问题创造了一个平台，将为推动两国经贸合作奠定基础，希望对话富有成效。

在随后举行的专题会议上，吴仪就"中国的发展道路和中国经济发展战略"主题，发表了题为《中国的发展道路》的主旨演讲。她指出，中国坚持走和平发展的道路，坚持以经济建设为中心，集中精力致力于国内发展，坚持走新型工业化道路，坚持改革开放。她强调，中国走和平发展道路，就是既充分利用世界和平发展自己，又以自身的发展促进世界和平。中国的发展是和平的发展、开放的发展、合作的发展、和谐的发展。中国主张保持发展模式多样性，主张推动各种发展模式优势互补，中国的发展对世界不是威胁而是机遇，是一种促进世界经济发展的力量。中国是一个有13亿人口的发展中大国，中国经济的持续发展和社会的和谐、稳定是对世界和平与发展的最大贡献。（下转第四版）

我国化肥价格出现小幅下降

据新华社北京12月14日电 （记者**刘铮**）在粮价出现小幅上涨的同时，以尿素为代表的化肥价格，当前出现了小幅下降。

国家发展和改革委员会14日发布的最新监测结果显示，11月份，全国尿素出厂和零售平均价格每吨为1592元和1756元，同比分别下降3.4%和5.7%。

发展改革委价格司监测显示，今年下半年以来，国内尿素价格呈持续下降走势。1至11月份累计，全国尿素出厂和零售平均价格每吨分别为1650元和1830元，同比分别下降0.1%和3.3%。

（二）党和国家领导人出国访问新闻的版面安排

1. 中共中央总书记、国家主席、中央军委主席出访

国家元首出访，多为国事访问和参加重大国际性会议。此类出访新闻的版面安排通常由出访预告、外交部吹风会或国家元首接受相关国家新闻媒体访问、出访过程中的主要活动、回国、外交部谈访问成果等新闻组成，所有新闻在版面空间允许的情况下，均应安排在一版，正式活动新闻应安排一版头条，并配发照片。

（1）出访预告

出访预告消息通常安排在一版报眼。2012 年 6 月 11 日，一版报眼刊登胡锦涛将访问丹麦并出席二十国集团领导人第七次峰会出访消息。也有例外，要根据当天稿情灵活处理。比如 2006 年 11 月 7 日，外交部新闻发言人宣布，胡锦涛将出访亚洲四国并出席亚太经合组织会议的消息，因当天还有胡锦涛与埃及总统会谈的消息，故出访消息安排在报眼下，外交部吹风稿紧随其后。

（附 2012 年 6 月 11 日一版）

（2）外交部吹风会或国家元首接受外国通讯社访问

国家元首出访是最为重要的外交活动之一，除新华社播发出访预告通稿外，外交部通常由部长、副部长或部长助理举行吹风会介绍与出访有关的情况。有时，在出访前国家元首还会接受相关国家通讯社访问，发表重要政策性谈话。人民日报在处理此类新闻时，常常给予相当高的规格，在一版显著位置刊发。

2011 年 6 月，胡锦涛在对哈萨克斯坦、俄罗斯进行国事访问前夕接受哈萨克斯坦、俄罗斯媒体记者的书面采访。消息发 6 月 12 日一版头条。

（附 2011 年 6 月 12 日、2008 年 5 月 5 日一版）

2012 年 3 月 20 日，外交部部长助理举行中外媒体吹风会，介绍胡锦涛出席首尔核安全峰会和金砖国家领导人第四次会晤并对柬埔寨进行国事访问有关情况。消息发次日一版报眼。

（附 2012 年 3 月 21 日一版）

（3）访问中各类相关稿件

国家元首离京抵达访问国，一版发消息，配抵达欢迎仪式照片。2006 年 11 月 15 日，胡锦涛离京出访亚洲四国并出席亚太经合组织会议抵达岘港，开始对越南进行国事访问。

次日一版头条横六栏处理，因抵达当日没有重要活动，故只配抵达照片一张。

（附2006年11月16日一版）

11月16日，胡锦涛继续在越南访问，同越南共产党中央总书记农德孟和越南国家主席阮明哲会谈。会谈消息安排次日一版头条，横六栏处理，配欢迎仪式照片和会谈前合影照片各一张。

（附2006年11月17日一版）

国家元首在某个国家进行国事访问时，如果同时有多场活动，一般按照活动的重要性来安排其在版面上的位置。

2006年11月21日，胡锦涛在印度有多场活动：会见印度总统、同印度总理会谈、会见印度副总统兼联邦院议长、会见印度人民院议长、会见印度国大党主席、和印度总统共同出席"中印友好年"庆祝活动、寄语中印青年（通讯）等，基于版面原因，前五条消息安排在一版，后两条放三版国际要闻，其中后三条礼节性会见的照片也安排在三版，用胡锦涛的会见照片作国际要闻的头条也成为一个惯例。当日，胡锦涛的外事活动很多，其他政治局常委的活动也很多，有吴邦国、贾庆林、曾庆红、黄菊的外事会见消息，其中曾庆红的外事活动是与来访的哥伦比亚副总统的对等会谈，有温家宝主持教育工作座谈会的消息，还有洪学智同志的逝世消息。综合考虑后，将逝世消息安排在一版右下角，一版其余版面均报道胡锦涛活动，其他政治局常委活动消息全部安排在要闻四版。

一版头条、报眼的安排也有讲究。胡锦涛与印度总统的会见虽是两国元首的对等会见，但属于礼节性的会面，印度的政权是总理负责制，所以胡锦涛与印度总理的会谈有实质内容，是胡锦涛印度之行最重要的活动，故安排在一版头条。当天版面亮点是三张照片的安排。胡锦涛会见印度总统并和总理会谈发了两条消息，但发回三张照片，分别是会见、会谈照片和印度总统举行的欢迎仪式照片。与印度总理会谈消息虽然重要，考虑到印度总统毕竟是国家元首、印度总理是二号人物，而且欢迎仪式照片是胡锦涛一人检阅印军仪仗队，放在下面不合适，欢迎仪式照片的文字新闻也是跟在同印度总理会谈消息中的，所以夜班考虑将欢迎仪式照片放在头条里且置于会谈照片之上，欢迎仪式照片的右边是与印度总统会见的照片，两张照片做齐。整体处理准确到位，堪称完美：欢迎仪式照片的处理匠心独运，承上启下，是连接头条和报眼的桥梁和纽带，天丝无缝，体现出人民日报在处理大事、要事时的政治意识和战略眼光，体现了大报风范，成为版面处理尤其是要闻处理的一个经典案例。

（附2006年11月22日一版、三版）

11 月 22 日，胡锦涛在印度科学宫发表重要演讲，会见印度人民院反对党领袖、集体会见印度左派政党领导人。次日演讲消息发头条，演讲全文安排在报眼（转活），两条会见消息发一版，但照片安排在三版当头条。一版下半版还安排了温家宝主持召开国务院常务会议的消息和温家宝与来华正式访问的蒙古总理会谈的消息。

（附 2006 年 11 月 23 日一版）

国家元首在国外访问过程中，当从一国转入另一国时，抵达某国访问的消息一般可做头条，但如果当天有更重要的内容，抵达某国访问的消息也可放在一版其他位置。

2006 年 11 月 20 日，胡锦涛圆满结束老挝之行抵新德里开始对印度进行国事访问。次日消息配照片发一版头条，当天还有胡锦涛会见老挝国会主席和老挝总理的外事消息，因不是主要活动，所以放报眼及其下。

（附 2006 年 11 月 21 日一版）

2006 年 11 月 23 日，胡锦涛圆满结束印度之行抵达伊斯兰堡开始对巴基斯坦进行国事访问。次日一版安排抵达消息为头条，配抵达照片一张；报眼是 23 日胡锦涛在印度的一场活动：出席中印经贸投资合作峰会暨首席执行官论坛并发表重要讲话，配讲话照片一张。还有一篇胡锦涛在印度会见柯棣华大夫亲属的通讯，柯棣华大夫是中国人民的亲密朋友，是一位把壮丽人生献给了中国人民反法西斯斗争的国际主义战士，胡锦涛会见其亲属，有着非同寻常的意义。故将此通讯安排在一版，为了使胡锦涛的出访报道在版面上做齐、形成一个整体，将会见柯棣华大夫亲属的通讯横八栏处理，配照片一张。此种处理方式以前较少使用。胡锦涛会见印度地方领导人的消息安排在三版头条。

（附 2006 年 11 月 24 日一版）

2006 年 11 月 24 日，胡锦涛同巴基斯坦总统会谈。次日消息安排一版头条，配会谈照片一张，报眼发胡锦涛在伊斯兰堡会议中心发表重要演讲消息，配照片一张，报眼下是胡锦涛会见巴基斯坦总理消息。其他的会见消息和植树的通讯都安排在三版。

（附 2006 年 11 月 25 日一版、三版）

2006 年 11 月 25 日，星期六，胡锦涛活动只有一条。次日活动消息安排为头条，活动侧记和中巴联合声明均安排在三版。

（附 2006 年 11 月 26 日一版、三版）

国家元首的国事访问中，对等会谈新闻通常安排一版头条，但也有例外。2006 年 11 月 19 日，胡锦涛在越南河内出席亚太经合组织第十四次领导人非正式会议第二阶段会议，就能源和环境、卫生合作、朝鲜半岛核问题等专题发言，并会见美国总统布什。随后，胡锦涛结束越南之行抵万象开始对老挝进行国事访问，同老挝人民革命党中央委员会总书记、老挝国家主席朱马利会谈。版面安排时，一版头条是胡锦涛在越南河内出席亚太经合组织第十四次领导人非正式会议第二阶段会议消息，报眼是胡锦涛会见美国总统布什消息。胡锦涛同老挝人民革命党中央委员会总书记、老挝国家主席朱马利会谈消息，下八栏处理，配了两张照片，竖题横文。胡锦涛主席国事访问不上一版头条，是极为少见的情况。虽然没上头条，但在篇幅上超出常规，是一种补偿，也是一种平衡。

（附 2006 年 11 月 20 日一版）

国家元首出访过程中出席重大国际性会议新闻的版面安排。通常是安排参加会议的消息作为一版头条，配发照片，但如果讲话内容较为重要，或有关方面有要求，有时也会将讲话全文用作头条，配发一张讲话照片。

2006 年 11 月 17 日，胡锦涛出席在越南河内举行的亚太经合组织工商领导人峰会并发表重要演讲。次日在一版头条刊发演讲消息，并配讲话单人照片一张，头条下安排演讲全文（转活），右边自报眼往下依次是胡锦涛会见韩国总统、智利总统、澳大利亚总理等与会领导人消息，各配照片一张，其他会见新闻在国际要闻版安排，一版出标题新闻。

（附 2006 年 11 月 18 日一版）

2006 年 11 月 18 日，亚太经合组织第十四次领导人非正式会议在河内举行，胡锦涛出席并发表题为《推动共同发展　谋求和谐共赢》的重要讲话。次日讲话全文安排一版头条，配讲话照片一张，题区五栏，加框，全文楷体，不转活。会议消息放报眼。一版下半版安排了胡锦涛分别会见俄罗斯总统和日本首相的消息。

（附 2006 年 11 月 19 日一版）

在整个出访期间，版面有时会根据出访对象或访问性质标注栏头。比如 2008 年 5 月 6 日至 10 日胡锦涛对日本进行国事访问，5 月 7 日至 11 日的一版每天都在头条下标注“暖春之旅”的栏头，红底红字，非常醒目。

（附 2008 年 5 月 8 日一版）

（4）回国及访问成果

国家元首回国消息一般情况下安排一版头条。如遇有其他重要活动，可安排报眼或一版其他位置。访问成果是整个出访活动的重要组成部分，版面安排时也会突出处理，或二条或报眼等其他重要位置。

2006年11月26日，圆满结束对越南、老挝、印度和巴基斯坦的国事访问并出席在越南河内举行的亚太经合组织第十四次领导人非正式会议后，胡锦涛回到北京。这条消息安排一版头条。报眼是外交部长李肇星谈胡锦涛出席亚太经合组织第十四次领导人非正式会议并访问亚洲四国成果的报道。头条下还安排了胡锦涛离开巴基斯坦前一项活动的消息。

（附2006年11月27日一版）

2007年9月10日，胡锦涛回国消息安排在报眼，报眼下是外交部长杨洁篪谈胡锦涛访澳并出席亚太经合组织第十五次领导人非正式会议的出访成果。一版头条是胡锦涛出席亚太经合组织第十五次领导人非正式会议第二阶段会议并专题发言的消息，当天一版还有胡锦涛的两条外事消息：同日本首相安倍晋三会晤、会见菲律宾总统阿罗约。

（附2007年9月10日一版）

2008年5月11日，一版头条是胡锦涛在日本参观松下电器公司的消息，胡锦涛回国消息安排在报眼位置。外交部长杨洁篪谈此次访问成果的报道被安排在头条下。

（附2008年5月11日一版）

2. 其他中央政治局常委出访

其他中央政治局常委出国访问，通常事先要有一条由新华社播发的出访预告消息，出访过程中每转换一个国家要配发一张照片，回国消息由新华社发通稿。按常规，只要版面许可，均应安排在一版。在出访过程中，若领导人一天有多场活动安排，按活动重要次序，根据当日稿情，考虑版面平衡，予以综合安排。不在一版安排的稿件通常安排在国际要闻版。

（1）出访预告

2012年4月14日，一版报眼下刊发温家宝将访问冰岛、瑞典、波兰并出席德国汉诺威工业博览会的消息。

（见第75页版面）

（2）出访前接受国外新闻媒体采访

2007年4月4日，温家宝对日本进行正式访问前夕在中南海紫光阁接受日本新闻媒体的联合采访。4 月 5 日，温家宝又接受了韩国媒体的联合采访。两次采访新闻均安排在一版。

（附 2007 年 4 月 5 日、4 月 6 日一版）

（3）抵达消息及照片

主要有两种情况：抵达当天没有正式访问活动，发抵达消息并配机场欢迎照片一张；抵达当天有正式活动，则抵达消息作肩题处理，发活动照片。还有一种情况是出访途中经停第三地作技术性停留，通常也会有消息发回并配照片一张，一版按正式出访规格安排版面位置。

2012 年 4 月 20 日，温家宝离京出访抵达冰岛，会见冰岛总统，并与总理会谈。4 月 21 日，一版在报眼安排会见消息，配会见照片一张。报眼下安排会谈消息。

（附 2012 年 4 月 21 日一版）

（4）出访中各场活动及演讲

2012 年 4 月 24 日，温家宝抵达瑞典访问，当天的活动很多。根据重要性，4 月 25 日一版安排两条温家宝活动消息：会见瑞典国王、与瑞典首相会谈。其余活动都安排到要闻版。

（附 2012 年 4 月 25 日一版）

（5）回国及出访成果

其他中央政治局常委的回国消息一般会单发，但版面处理时通常是与最后一场正式活动消息合发。如 2007 年 4 月 13 日，温家宝结束访问韩日回国。次日一版将其与温家宝会见日本关西政界和经济界人士的消息合发，主题是《温家宝会见日本关西政界和经济界人士》，副题是《结束访问韩日回到北京》。

（附 2007 年 4 月 14 日一版）

其他中央政治局常委出访成果新闻一般安排在要闻版刊出。如 2007 年 4 月 14 日，三版刊发外交部长李肇星谈温家宝访问韩国、日本成果的专访。

（附 2007 年 4 月 14 日三版）

2007 年 4 月 11 日至 13 日，温家宝对日本进行了历史性的访问。这是时隔 7 年中国总理对日本的首次访问，也是中日打破政治僵局之后的“融冰之旅”，是中日关系史上的一件大事。新华社 4 月 15 日播发通讯《冰雪消融　春意渐浓——记温家宝总理的“融冰之旅”》，次日人民日报安排在要闻版头条。

（附 2007 年 4 月 16 日三版）

3. 中央政治局委员等党和国家领导人出访、国家主席特使出访

中央政治局委员等党和国家领导人出访消息、国家主席特使等出访预告发四版，其在国外活动的消息一般情况下安排在要闻版。2009 年 7 月 1 日后此类新闻均安排在要闻版。

特例——关于胡锦涛向外国领导人致口信、亲署信新闻的版面安排。这类新闻因为领导人的口信、亲署信，有某种程度的特殊新闻背景而凸显其重要价值，往往从国际要闻版提升到一版，且会安排在一版显著位置。

2005 年 2 月 21 日，人民日报记者发回一条金正日会见到访的中联部部长王家瑞的消息，文中有胡锦涛致金正日的口信，内容涉及各方关注的六方会谈、朝鲜半岛无核化等重大问题，意义重大，当晚版面安排时将其从要闻版“提拔”至一版，重新做题，安排至报眼。

（附 2005 年 2 月 22 日一版）

2007 年 11 月 15 日，中共中央政治局委员、全国人大常委会副委员长王兆国对古巴进行友好访问，请劳尔转达中共中央总书记、国家主席胡锦涛致菲德尔·卡斯特罗的口信。夜班将“胡锦涛向卡斯特罗致口信”作主题，并将口信内容作副题，安排次日一版报眼。

（附 2007 年 11 月 16 日一版）

人民日報
RENMIN RIBAO

人民网 网址:http://www.people.com.cn
手机:http://wap.people.com.cn

2012年6月
11
星期一
壬辰年闰四月廿二
人民日报社出版
国内统一连续出版物号
CN 11-0065
第23347期(代号1-1)
今日24版

胡锦涛主席将访问丹麦并出席二十国集团领导人第七次峰会

本报北京6月10日电 外交部发言人刘为民10日宣布:应丹麦女王玛格丽特二世、墨西哥总统卡尔德龙邀请,国家主席胡锦涛将于6月14日至19日对丹麦进行国事访问,并出席在墨西哥洛斯卡沃斯举行的二十国集团领导人第七次峰会。

服务网点覆盖全国八成以上乡镇

供销合作社 科学发展为『三农』

本报记者 杜海涛

服务"三农",供销合作社亮出了一份振奋人心的答卷。

2011年,供销合作社全系统销售总额达到20255.1亿元,全系统资产总额达到8530亿元,主要经济指标连续10年保持两位数增长。今年1—5月,实现销售总额8881亿元,同比增长30%。消费品零售额2788亿元,同比增长33%,增幅比全社会高18个百分点。

人心齐、干劲足、面貌新。随着自身实力的增强,供销合作社的服务能力、带动能力也显著提升,各地干部群众由衷地说:"供销合作社又回来了。"

脱胎换骨展新颜

去年,在中国企业500强排行榜上出现了一个崭新的企业:中国供销集团。对大多数人来说,这是一个既熟悉又陌生的名字,引起了人们的强烈关注。

组建中国供销集团,是全国供销合作总社整合社有资源、壮大经济实力、形成发展合力、提升服务能力的重大举措。

以前,供销合作社发展质量不高、活力不足,主要是因为计划经济时期形成的结构性矛盾和粗放型发展方式尚未根本改变。坚持科学发展,必须要找出病根、对症取药。针对在发展中存在的问题,供销合作社以改革为突破口,抓管理、求创新、集合力、强服务,先后推出一系列新举措,逐步打造出一批引领全系统发展的"国家队",培育出一批服务"三农"需求的"生力军"。

——改革机制,提升活力。转变联合社职能、理顺社企关系、改革产权制度,建立现代企业制度,形成城乡并举、工贸并重的多元发展新格局。

——优化结构,提高效益。支持农资、棉花、再生资源等行业的社有企业推行全产业链发展模式,向行业价值链高端迈进,推动传统产业转型升级,提高企业抗风险能力和可持续发展能力。

——面向市场,加快创新。鼓励、支持、引导发展多种形式的合作经济,把城乡居民需求统筹起来,扩大服务领域,创新服务方式,完善服务体系。

全国供销合作总社党组书记、理事会主任杨传堂说:"坚持为农服务宗旨不动摇。这是供销合作社深化改革、实现又好又快发展的根本立足点和出发点,也是改革能否成功的关键。"

(下转第十六版)

走出高墙接地气 成果转化唱主角

中国科学院 院地合作助转变

本报记者 赵永新

前不久去广东佛山采访,听到一件新鲜事:中科院计算所副研究员陈冰冰把全家从北京搬到了这里。"之所以举家南迁,是因为我在院地合作的过程中找到了自身价值。"他告诉记者,自两年前他响应中科院号召、到佛山从事科技成果转化以来,先后研发出"自动化木工曲线锯"、"全数字液压比例阀放大卡"等高科技设备,为当地中小企业转型升级帮了大忙,成为竞相追捧的"科技大款"。

陈冰冰的故事在中科院并非个案。近年来,随着院地合作的力度不断加大,科研人员纷纷走出象牙塔,深入企业、农村,把手中的技术转化为现实生产力,在创新驱动发展中发挥了重要的支撑引领作用。据不完全统计,2011年,中科院科技成果转移转化为企业新增销售收入2629亿元、利税414亿元,分别比上年增长28%和23%。

"作为科技创新的国家队,中科院不仅要在基础研究和知识创新上有所作为,也要延长创新链、把科技成果变为现实生产力,成为促进发展方式转变的主力军。"中科院院长、党组书记白春礼说,在落实国家自主创新战略的过程中,中科院着力在院地合作的广度、深度上做文章,推出了搭建成果转化平台、与地方共建研发基地等新举措,技术成果转移、转化的步伐明显加快,产业化、规模化的成效显著提高。

自上而下推动合作,破解科技、经济"两张皮"难题。中科院先后与全国各省份签署了战略合作协议,自上而下推动院地合作。针对不同地区的不同需求,中科院先后实施了"西部之光"人才培养计划、"东北振兴科技行动计划"等工程,为合作单位提供人才、成果、思想等全方位的智力支持。中科院所属研究所各展所长,纷纷与地方、企业开展不同形式的深度合作,在转方式、调结构中大显身手。大连化学物理研究所开发的催化裂化干气制乙苯技术,迅速转让至18家企业,带动投资80亿元,实现利税30亿元,每年回收乙烯40多万吨、减排二氧化碳超过110万吨;生物物理研究所的40多项健康、医药成果在企业实现转移、转化,创造经济效益近14亿元、社会效益超过22亿元。

(下转第十六版)

云南省昭通市昭阳区三甲村输出打工仔,引回创业者

脱贫要"赶"更要"请"

本报记者 高云才 顾仲阳

2001——2010中国扶贫十年

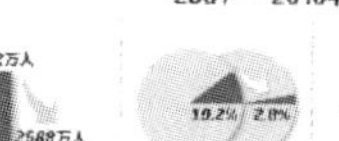

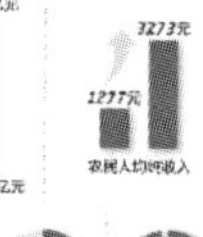
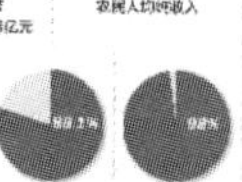

制图:蔡华伟

阳光,暖暖地照在三甲村。在乌蒙山区的盘山公路绕来绕去的颠簸,在高山深谷中的农家破旧小院叙话桑麻后,眼前的景象多少让人有点恍惚——

两纵三横的"井"字型水泥街道,街道两旁整齐的白墙青瓦徽式"小别墅",随处可见的建房工地,要不是走出村外,见到了田地,还真以为到了城区。土坯房、茅草房连片,道路泥泞不平,村容脏乱差……看了12年前三甲村的老照片,置身眼前这个欣欣向荣的新农村,不禁让人有了种穿越的感觉。

三甲村发生巨变的关键在于扭住了劳动力转移这个牛鼻子。

"赶"村民出去打工,学本领增收入

把村民赶出去,又把村民请回来,村党总支书记黄训奎的"脱贫经"不胫而走。

"当年,你为什么要把村民'赶'出村子呢?"

"太穷,太穷了。"长期以来,4000名三甲村民用传统的耕作方式固守着人均七分责任地,人多地少,一方水土养不了一方人,贫困与他们相依相随,2000年全村人均纯收入仅有580元。

老黄自己是当兵出身,复员回乡后跟人学过预算和规划,最后在昭通市区开办了一个汽车销售店,开上了自己买的汽车。

但,三甲村的贫困一直烙在老黄的心灵深处。组织上找到老黄,希望他回村当致富带头人,村民更是信任他。2000年底,他高票当选村支书。面对大家的信任,老黄毅然放弃红火的汽车生意,回村和村民一起干。

老黄想,土里刨食,也只能维持个生计。要脱贫,还得转变观念,出去打工。经过讨论,村两委结合本村实际,提出了"外出务工打基础,回乡创业促产业,产业带动大发展"的脱贫致富思路。

三甲村翻天覆地的变化从此拉开序幕。

故土难离。为说服农民外出谋发展,2001年,黄训奎带领村干部挨家挨户上门动员:"窝在村里饭都吃不饱,出去打工是条好路子,能快速增加收入和本领。"一次不行两次,两次不行三次……当年,黄训奎领着村干部硬是把村里100多名壮劳力"赶"出去打工。

(下转第八版)

离京出访亚欧四国抵达万象

贺国强开始对老挝进行正式友好访问

6月10日,中共中央政治局常委、中央纪委书记贺国强抵达万象,开始对老挝进行正式友好访问。老挝人革党中央书记处书记、万象市委书记兼市长苏甘到机场迎接。 新华社记者 黄敬文摄

新华社万象6月10日电 (记者**徐松、斯宏亮**)中共中央政治局常委、中央纪委书记贺国强10日下午抵达万象,开始对老挝进行正式友好访问。

贺国强在机场发表了书面讲话。贺国强首先代表中国共产党、中国政府和人民对老挝人民革命党、老挝政府和人民致以亲切问候和良好祝愿。他说,中老两国山水相连,文化相通,理想相同,命运相关。在"长期稳定、睦邻友好、彼此信赖、全面合作"方针指引和两国人民共同努力下,中老传统友谊与合作保持了强劲发展势头,给两国人民带来实实在在的利益,为社会主义事业发展注入了生机与活力,促进了地区乃至世界和平与稳定。

贺国强说,当今世界正在经历大发展大变革大调整,国际和地区形势复杂多变,中老社会主义建设和党建事业、两国关系发展面临新机遇和新挑战。巩固和发展中老全面战略合作伙伴关系,符合两国人民的共同愿望,顺应和平、发展、合作的时代潮流。贺国强表示,我此次对老挝进行正式友好访问,旨在同老挝党和国家主要领导人进行会晤,落实两党最高领导人提出的目标任务,同老方加强战略沟通,增进战略互信,推进务实合作,密切两党交流,推动中老传统友好合作不断向前发展。

贺国强抵达机场时,老挝人革党中央书记处书记、万象市委书记兼市长苏甘,老党中央委员、中联部副部长兼副外长顺通等老方官员,中国驻老挝大使布建国等到机场迎接。

新华社北京6月10日电 应老挝人民革命党、柬埔寨人民党和奉辛比克党、马来西亚民族统一机构(巫统)、俄罗斯统一俄罗斯党的邀请,中共中央政治局常委、中央纪委书记贺国强10日离开北京,开始对上述国家进行正式友好访问,并代表中国政府出席在俄罗斯圣彼得堡举行的第十六届圣彼得堡国际经济论坛。

陪同贺国强出访的有中联部部长王家瑞,中央纪委副书记孙忠同,商务部副部长陈健,中共山东省委常委、纪委书记李法泉,中央纪委秘书长崔少鹏,中联部部长助理杨燕怡等。

陕西全面发力谋赶超

本报记者 杜峻晓 王乐文 姜峰

近日,37家中央企业与陕西省签署合作项目206个,范围涵盖能源化工、装备制造、电子信息、有色冶金等7大类,计划新增投资7000多亿元。

2011年,陕西国内生产总值超万亿,全社会固定资产投资超万亿。城乡居民收入分别达到18245元和5028元,同比增长16.2%和22.5%。同时,煤炭产量突破4亿吨大关,油气当量达到5000万吨,成为全国第一油气大省;世界首座最高电压等级750千伏延安智能变电站建成投运;引汉济渭重大民生水利工程全面启动;"国际一流、国内领先"的西安软件城项目开工奠基;世界园艺博览会成功举办……作为欠发达的西部省份,陕西正奋力赶超。

科技和生产结合,提高经济发展质量

陕西有100多所高等学校,1000多所科研机构,100多万科技人员。然而,这个科教大省长期以来却未转变为经济强省,这种资源存量优势与经济实力弱势之间的巨大落差,被经济界称为"陕西现象"。为此,陕西省委书记赵乐际多次强调,科技是转变发展方式的"金钥匙",要进一步释放科技潜力,促进科技与经济紧密结合,不断提高陕西经济发展的质量和水平。

西安炬光科技有限公司是由西安光机所和几名归国留学人员共同创立的一家高新技术企业,公司成立3年多来,已开发生产百余款产品,形成年产各类半导体激光器20万件的能力,公司不仅成为国内市场占有率最高的高功率半导体激光器品牌,而且产品打入美国、德国等发达国家。

(下转第五版)

锻造千万"红色传令兵"

——空军大连通信士官学校建校育人纪实

袁建达 申进科 潘立军

从北国冰川到南疆海岛,从西部戈壁到东海前哨,驻守着空军数千座通信导航台站,常年引导战鹰高飞远航,为经济社会又好又快发展提供坚强安全保障。

"遍布祖国广袤大地上的这些导航台,90%以上的台长由空军大连通信士官学校毕业学员担任。他们像'螺丝钉'一样紧紧铆在高山、海岛、戈壁、荒漠的台站上,安全引导一架架战鹰,成为让党和人民放心的'红色传令兵'!"士官学校校长王忠江如是说。

组建26年来,这个学校持之以恒用雷锋精神建校育人,2万名毕业学员100%申请到艰苦偏远地区工作,90%以上成为精武强能的"台站脊梁"。今年,学校被总参谋部表彰为"全军教学优秀单位",校团委被表彰为"空军红旗团委"。

"忠诚于党"凝聚学员坚定信念

"学习雷锋好榜样,忠于革命忠于党……"3月28日,该校德育导师、雷锋生前战友乔安山,应邀在学校作了一场《做雷锋式忠诚于党的好士官》主题报告,引发青年学员的思想共鸣。

在随后的系列主题报告中,一名毕业学员的事迹再次引起共鸣:被表彰为"全军优秀共产党员"的邓士兵,1999年毕业后不久就来到太行山脚的导航台。10多年来,一个兵、一座台站,一直坚守4000多个日日夜夜;一个人、一辆单车,巡线总里程达16万公里,相当于绕地球赤道4圈。邓士兵说,"雷锋传人就应该忠诚于党,热爱人民!"

生死考验最能检验对党、对人民的忠诚。"5·12"汶川大地震发生后,毕业学员易开红在重灾区彭州市龙门山镇连续奋战3天3夜,和战友一起转移营救出70多名受困群众。由于极度疲劳,晕倒在记者采访的镜头前,深度昏迷近20个小时。易开红被党中央、国务院、中央军委授予"全国抗震救灾模范"荣誉称号。

作为对学员影响最大的人,该校教员在"言传"的同时,注重用"身教"感召学员爱党忠诚。父亲、母亲、妻子,当3位亲人遭受病魔折磨时,无线电通信教研室副教授王先武却一次又一次"远离亲人"。母亲临终之时,他因执行任务未能见最后一面;父亲弥留之际,他却在西北戈壁参加空军组织的体系化实战化演练。

(下转第六版)

赵洪祝当选中共浙江省委书记

本报杭州6月10日电 (记者**王慧敏、江南**)中共浙江省第十三届委员会第一次全体会议6月10日选举赵洪祝为省委书记,夏宝龙、李强为省委副书记,当选为省委常委的还有任泽民、王辉忠、黄坤明、葛慧君(女)、蔡奇、刘力伟、龚正、陈德荣、王新海、赵一德。

中共浙江省第十三届纪律检查委员会第一次全体会议选举任泽民为省纪委书记,杨晓光、马光明、洪巨平、王海超为省纪委副书记。

张毅当选中共宁夏回族自治区党委书记

本报银川6月10日电(记者**周志忠**)中共宁夏回族自治区第十一届委员会第一次全体会议6月10日选举张毅为宁夏回族自治区党委书记,王正伟(回族)、崔波为自治区党委副书记,当选为自治区党委常委的还有刘慧(女,回族)、苏德良、蔡国英、王志宏、马三刚(回族)、陈绪国、徐广国、傅兴国、袁家军、李文章。

中共宁夏回族自治区第十一届纪律检查委员会第一次全体会议选举陈绪国为自治区纪委书记,田成江(回族)、陶进、殷学儒为自治区纪委副书记。

人民日报
RENMIN RIBAO

2011年6月
12
星期日
辛卯年五月十一
人民日报社出版
国内统一连续出版物号
CN 11-0065
第22982期(代号1-1)
今日8版

人民网　网址:http://www.people.com.cn
手机:http://wap.people.com.cn

前5月全国财政收入增长32%
民生方面支出同比大幅增加

本报北京6月11日电（记者**李丽辉**）财政部10日公布了2011年5月份公共财政收支情况:5月份，全国财政收入10612.26亿元，比去年同月增加2694.6亿元,增长34%。1—5月累计,全国财政收入46820.06亿元，比去年同期增加11349.67亿元,增长32%。

财政部有关负责人分析，本月财政收入增幅较高，除受经济增长和价格上涨带动外，主要是由于5月份为汇算清缴企业所得税集中入库期，因上年企业效益较好，相应带动今年5月份汇算清缴的上年企业所得税入库增加。

从财政收入走势看，受年初进口大幅增长以及部分上年末收入在今年初集中入库等因素影响,1—2月全国财政收入增长36%,3、4月份全国财政收入增幅分别回落至26.7%、27.2%,5月份扣除汇算清缴集中入库企业所得税较多特殊因素后,全国财政收入增长25%左右。

5月份,全国财政支出8268亿元,比去年同月增加2481.3亿元,增长42.9%。1—5月累计,财政支出33626.02亿元,比去年同期增加7933.81亿元,增长30.9%。

前5个月全国财政支出主要项目情况：社会保障和就业支出完成4792.54亿元，同比增长46.3%；教育支出完成4707.81亿元,同比增长25.7%;农林水事务支出完成2776.05亿元，同比增长39.4%;城乡社区事务支出完成2380.73亿元，同比增长42.8%；医疗卫生支出完成1794.79亿元,同比增长57.7%;住房保障支出完成734.17亿元,同比增长59.9%。

胡锦涛接受哈萨克斯坦、俄罗斯媒体书面采访
就中哈关系、中俄关系、当前国际形势等回答提问

本报北京6月11日电　在对哈萨克斯坦、俄罗斯进行国事访问前夕,国家主席胡锦涛6月10日分别接受了哈《哈萨克斯坦真理报》、《主权报》和哈萨克斯坦通讯社,以及俄《俄罗斯报》、俄通社—塔斯社和国际文传电讯社书面采访，就中哈关系、中俄关系、当前国际形势等回答了提问。

关于中哈关系以及两国经济、科技、人文等领域合作现状和前景，胡锦涛表示，中哈建交近20年来，在双方共同努力下，两国关系始终保持健康稳定发展的良好势头。特别是2005年7月建立战略伙伴关系以来，中哈关系得到新的快速发展。两国高层交往密切，政治互信不断增强。我同纳扎尔巴耶夫总统在双边和多边场合多次举行会晤。两国已全面解决历史遗留的边界问题，签署了《中哈睦邻友好合作条约》，制定了《中哈21世纪合作战略》，成立了副总理级政府间合作委员会。双方全面推进战略伙伴关系的法律基础日臻完善。两国务实合作取得显著成果，经贸、金融、能源、交通、科技、人文等各领域合作不断深化。中哈石油、天然气管道等项目陆续建成并投入运营，一大批非资源领域合作项目顺利实施。2010年双边贸易额达204亿美元，是建交初期的50多倍。中哈务实合作持续深入发展给两国和两国人民带来实实在在的利益。双方在涉及对方核心利益的重大问题上相互坚定支持，在打击"三股势力"、贩毒、跨国有组织犯罪方面开展了卓有成效的合作。两国人文交流不断扩大，社会交往日益密切，边境毗邻地区友好合作得到加强。"永久和平、世代友好"的理念在两国深入人心，两国人民传统友谊得到巩固和发展。双方在联合国、上海合作组织、亚信等多边框架内保持密切协调和配合，维护和促进了本地区和世界和平、稳定、发展。中方对两国关系发展现状感到满意，对双边关系发展前景充满信心。

胡锦涛指出，中哈互为友好邻邦和重要战略伙伴，同为上海合作组织成员国。发展长期、稳定、全面的中哈战略伙伴关系是两国人民共同愿望，符合两国现实和长远利益。中方高度重视发展对哈关系，始终致力于深化中哈各层次各领域友好合作，不断提升双边关系水平。当前，中哈都在实施新的五年发展规划，两国关系发展面临新的机遇。中方愿同哈方一道，本着相互尊重、平等相待、互利双赢的原则，一如既往增进睦邻友好，加深相互信任，完善合作机制，深化经贸、能源、非资源等各领域务实合作，密切多边协调和安全合作，推动中哈战略伙伴关系不断迈上新的台阶。

在回答对这次访问哈萨克斯坦有何期待、将取得哪些成果的问题时，胡锦涛表示，我期待在访问期间同纳扎尔巴耶夫总统举行会谈，同马西莫夫总理举行会见。我愿同哈萨克斯坦领导人回顾和总结中哈关系近20年来的发展历程和成果，共同对中哈战略伙伴关系下一步发展作出规划和部署、对两国各领域务实合作提出新的目标和任务。我希望同哈方领导人就上海合作组织发展、中亚地区形势以及其他共同关心的重大国际和地区问题深入交换意见。访问期间，双方将发表一份联合政治文件，两国有关部门和企业负责人将签署涉及经贸、金融、环保等领域重要双边合作文件。我们完全有理由相信，在双方共同努力下，这次访问将取得圆满成功，为今后中哈关系持续稳定全面发展注入新的动力。

关于访俄期间同梅德韦杰夫总统和普京总理将讨论的问题，胡锦涛表示，应梅德韦杰夫总统邀请，我即将对俄罗斯进行国事访问，并出席第十五届圣彼得堡国际经济论坛。访俄期间，我将同梅德韦杰夫总统举行会谈，同普京总理举行会见。今年是《中俄睦邻友好合作条约》签署10周年，中俄关系发展面临新机遇。我将同梅德韦杰夫总统和普京总理总结条约签署10年来两国关系发展的成果和经验，确定下一个10年中俄关系发展方向，制定推进两国各领域合作规划。我还将就共同关心的重大国际和地区问题同俄方领导人深入交换意见。我相信，这次访俄将为中俄战略协作伙伴关系在新世纪第二个10年持续健康稳定发展注入新的动力。

在回答关于当前中俄关系发展状况的提问时，胡锦涛表示，《中俄睦邻友好合作条约》签署10年来，中俄关系一直保持全面健康快速发展势头，达到了前所未有的高水平。两国建立起完备的高层交往机制，两国领导人保持着频繁互访和会晤。两国彻底解决了历史遗留的边界问题，在主权、安全、发展利益特别是核心利益问题上相互坚定支持，政治和战略互信不断增强。两国经贸、能源、科技、地方等领域务实合作取得丰硕成果，给两国人民带来实实在在的好处，为两国发展振兴发挥了积极作用。两国举办"青年友谊年""国家年""语言年"等大型交流活动，教育、文化、卫生、体育、媒体、旅游等人文领域合作蓬勃发展，两国人员往来每年达300多万人次，两国民众相互了解和友谊日益加深。两国在重大国际和地区事务中保持密切的战略协作，维护了两国共同利益，促进了世界多极化和国际关系民主化。

胡锦涛强调，未来10年，在条约精神指导下，在双方共同努力下，中俄战略协作伙伴关系一定会不断迈上新的台阶，取得越来越多的成果，更好造福两国人民，并且为维护世界和地区和平、安全、稳定作出新的应有贡献。

关于中俄经贸合作前景和扩大两国投资合作，胡锦涛表示，在双方共同努力下，中俄经贸合作成功克服国际金融危机影响，实现全面快速回升，整体质量和水平显著提高。2010年，双边贸易额已接近600亿美元。中国跃升为俄罗斯第一大贸易伙伴，两国投资和经济技术合作步伐明显加快，边境和地区合作蓬勃发展。中俄是重要的新兴市场国家和战略协作伙伴，两国经贸合作前景广阔、潜力巨大。双方应该充分发挥各自优势，扩大贸易规模，提高经贸合作质量和水平，实现经贸合作更好更快发展。

胡锦涛指出，去年11月，梅德韦杰夫总统提出了未来3至5年双边贸易额达到1000亿美元目标的设想。从目前发展势头看，实现这一目标是完全可能的。双方还在研究制订下一个10年双边贸易发展目标。中方愿同俄方一道，继续深化经济交流合作，推动双边经贸合作规模和质量协调发展。

胡锦涛表示，近年来，中俄相互投资呈现较快增长势头，各领域投资和经济技术合作项目日益增多。2009年，两国先后批准了《中俄投资合作规划纲要》和《中国东北地区与俄罗斯远东及东西伯利亚地区合作规划纲要（2009—2018年)》。下一步，双方应该以两个规划纲要为指导，以重大项目为龙头、以地区合作为突破、以健全机制为保障，不断创新合作方式、丰富合作内容、挖掘合作潜力、提升合作水平。在继续搞好能源、农业、加工制造业领域合作的基础上，进一步探讨高新技术、基础设施建设、物流和运输、电子信息等领域合作机会，结合双方优势，不断优化投资产业结构。此外，还应该加大两国金融机构参与力度，为双边合作项目提供更好融资环境。

在回答关于中俄能源合作的提问时，胡锦涛表示，近年来，中国积极参与国际能源市场开发，同有关国家开展了多方位合作。这些活动有利于增加全球能源供应，维护世界能源市场稳定和供应安全。

胡锦涛指出，中方高度评价中俄能源合作，这既是中俄经贸合作的重要内容，也是中俄战略协作伙伴关系的重要组成部分。中国能源市场潜力很大，我们愿同俄罗斯以及其他能源生产国和消费国加强合作，共同维护世界能源市场稳定，实现互利共赢。

关于当前国际形势以及国际反恐形势，胡锦涛表示，当前，国际形势正在经历冷战结束以来最为深刻复杂的变化，和平、发展、合作的时代潮流更加强劲。世界多极化、经济全球化深入发展，科技创新孕育新突破，新兴市场国家和发展中国家合作蓬勃发展，世界各国面临难得的发展机遇。

胡锦涛指出，与此同时，国际形势的复杂性依然突出。国际金融危机深层次影响不断显现，世界经济复苏步伐缓慢，南北发展不平衡依然严重，全球经济治理改革任重道远。国际安全形势在保持总体稳定的同时，不稳定不确定因素增多。近来，西亚北非部分国家出现政局动荡甚至战乱，对地区稳定带来复杂深刻的影响。各种传统安全问题和非传统安全问题进一步交织，气候变化、环境恶化、能源资源安全、严重传染性疾病、重大自然灾害等全球性问题的威胁和挑战增加。

胡锦涛强调，新形势下，各国相互依存和利益交融不断加深，求和平、谋发展、促合作是人心所向、大势所趋。面对各种风险挑战，我们必须和衷共济、携手合作，谋求共同发展，为建设一个持久和平、共同繁荣的和谐世界作出不懈努力。

胡锦涛表示，近年来，在国际社会共同努力下，恐怖主义活动遭到严重打击，国际反恐斗争取得积极进展。同时应该看到，当前国际反恐形势依然严峻，一些恐怖组织活跃，恐怖主义滋生的土壤远未消除，国际反恐斗争任重道远。国际社会应该按照《联合国宪章》及其他公认的国际法和国际关系准则，加强国际合作，共同打击恐怖主义。应该采取政治、经济、外交等综合手段，标本兼治，努力消除恐怖主义滋生的土壤。中方愿继续本着平等合作、双向互利的原则，同各方一道，推动国际反恐合作不断取得新进展，维护地区和世界和平稳定。

在回答关于中国和平发展的提问时，胡锦涛表示，30多年来，中国坚持改革开放政策，经济社会等各方面发展取得新的显著成就，国际地位不断提升，这是有目共睹的事实。但是，中国仍然是一个发展中国家。从社会生产力、科技创新能力、人民生活水平等方面看，中国还远未达到发达国家的水平。使全体中国人民实现共同富裕、过上更加幸福美好的生活，是一项长期而艰巨的任务，需要我们付出百倍努力。这决定了当前和今后相当长时期内，中国必须把主要精力放在发展上。

胡锦涛强调，坚持走和平发展道路，是中国政府和人民向国际社会作出的郑重承诺，是我们长期坚持的方针。中国将继续高举和平、发展、合作旗帜，始终坚持独立自主的和平外交政策，在和平共处五项原则的基础上同世界各国发展友好合作。倡导互信、互利、平等、协作的新安全观，奉行防御性的国防政策，不搞军备竞赛，不对任何国家构成军事威胁，坚持用和平方式解决国际争端和地区热点问题，反对任意使用武力或以武力相威胁。中国永远不称霸，永远不搞扩张。

关于中国共产党成立90周年，胡锦涛表示，中国共产党90年的历史，是与中国人民的命运、中华民族的复兴、中国的发展进步紧密联系在一起的。20世纪初期的中国，外受帝国主义侵略蹂躏，内受封建专制统治的压迫，民族灾难深重，人民生活在水深火热之中。正是在这样的历史背景下，中国共产党应运而生。90年来，中国共产党紧紧依靠和紧密团结全国各族人民不懈奋斗，战胜各种艰难险阻，取得了革命、建设、改革的伟大胜利。90年后的今天，社会主义中国欣欣向荣，中华民族已经巍然屹立在世界东方。同时，中国共产党也从一个50多人的小党发展成为拥有8000多万党员的大党。可以说，中国共产党90年的历史，就是为民族独立、人民解放和国家富强、人民幸福而不懈奋斗的历史。

胡锦涛指出，虽然我们取得了举世瞩目的发展成就，但我们在发展进程中遇到的矛盾和问题无论规模还是复杂性都世所罕见。中国要全面建成更高水平的小康社会、基本实现现代化、实现全体人民共同富裕，还有很长的路要走。中国共产党将认真总结经验，坚持全心全意为人民服务的根本宗旨，坚持科学发展，更好带领全国各族人民推进改革开放和现代化建设，让13亿中国人民过上更加幸福美好的生活。

第三届海峡论坛在厦门开幕
贾庆林出席并宣布开幕

本报厦门6月11日电（记者**费伟伟、蒋升阳**）第三届海峡论坛今晚在福建厦门国际会展中心开幕。中共中央政治局常委、全国政协主席贾庆林出席开幕式,并宣布第三届海峡论坛开幕。

中共中央台湾工作办公室、国务院台湾事务办公室主任王毅致欢迎辞，中国国民党副主席曾永权也在开幕式上致辞。

全国政协副主席林文漪、厉无畏，顾秀莲、孙春兰、陈云林、宋秀岩,以及亲民党荣誉副主席钟荣吉、无党团结联盟主席林炳坤、新党全委会顾问陈癸淼、中国统一联盟主席纪欣、人民最大党主席许荣淑等两岸各界人士共8000多人出席了开幕式，其中台湾乡亲6000多人。福建省代省长苏树林主持开幕式。

规模空前的第三届海峡论坛从今天至17日在福建各地举行。台湾各界参会总人数超过1万人，比上届有所增加。

第三届海峡论坛由两岸60多个相关机构及社团共同主办。参加论坛的台湾同胞既有代表性又具广泛性，其中大多数来自基层、来自中南部。论坛广邀台湾社会各界人士参与，台湾工会、青少年、妇女、红十字、民间信仰、商会、佛教等界别都有代表人士参加。台湾同胞参加论坛活动的积极性很高,许多人是第一次参加海峡论坛，来大陆走一走看一看，亲身感受两岸浓浓的亲情、乡情。台湾嘉宾中有台湾22个县市的代表和民意代表,台湾各界代表与台湾基层民众共同参加论坛活动，体现了论坛民众交流大舞台的特色。（下转第三版）

贾庆林会见出席第三届海峡论坛两岸各界人士

本报厦门6月11日电（记者**蒋升阳**）中共中央政治局常委、全国政协主席贾庆林11日下午在厦门会见了出席第三届海峡论坛的两岸各界人士。

受胡锦涛总书记委托，贾庆林首先代表中共中央，向出席第三届海峡论坛的各界朋友特别是来自海峡对岸的乡亲们,表示热烈欢迎和诚挚问候。他表示，海峡论坛是两岸基层民众的舞台，得到两岸众多团体和各界人士的大力支持和广泛参与，三年来人气越来越旺,名声越来越大。本届论坛继续以"扩大民间交流,加强两岸合作,促进共同发展"为主题,突出"聚焦基层,共享成果",基层民众的参与面更加扩大，两岸民间社团的主体作用更加突出,联系民众日常生活更加紧密,体现了论坛组织者对两岸基层民众切身利益的关切。

贾庆林指出，过去三年两岸关系取得可喜进展，总体面貌发生了历史性的巨大变化。这表明我们推动两岸关系和平发展的政策，符合两岸同胞的共同利益,是正确和可行的。下一步两岸关系发展面临很多机遇，我们主张加强大陆"十二五"规划与台湾"黄金十年"政策蓝图的连接,同时落实好两岸经济合作框架协议，全面扩大和深化两岸经济合作，更好地实现两岸经济互惠互利，让台湾千家万户获得更多实实在在的好处。

贾庆林强调，未来一段时间是两岸关系承前启后的关键节点，能否在此期间维护好两岸关系和平发展的大局,积极把握机遇，（下转第三版）

习近平会见智利众议长梅莱罗

当地时间6月10日,正在智利访问的国家副主席习近平在圣地亚哥会见智利众议长梅莱罗。　新华社记者　**马占成**摄

本报圣地亚哥6月10日电（记者**杜尚泽**）正在智利访问的国家副主席习近平当地时间6月10日在圣地亚哥会见了智利众议长梅莱罗。

习近平首先转达了全国人大常委会委员长吴邦国的诚挚问候。习近平表示,中智虽然相距遥远,但两国人民友谊有着坚实的基础。中智建交41年来，特别是2004年建立全面合作伙伴关系以来,两国关系取得长足发展,给两国人民带来了实实在在的利益。去年胡锦涛主席与皮涅拉总统就两国关系达成重要共识，为两国关系进一步发展规划了方向。我此次访问就是要落实两国元首达成的共识，推动双方在具体领域的务实合作,增进两国人民的友谊。在贵国的周到安排和精心准备下，我此次访问取得丰硕成果,达到预期目的。

习近平表示，中方始终从战略高度重视发展同智利关系。下一步双方应面向21世纪第二个十年，把握好在国际复杂多变形势下两国人民的根本利益，（下转第二版）

李克强在山西考察时强调
落实"十二五"规划纲要 依靠改革创新 推动转型发展

新华社太原6月11日电（记者**谢登科**）巍巍太行峰峦叠翠,三晋大地生机勃发。中共中央政治局常委、国务院副总理李克强近日在山西考察时强调，要按照加快转变经济发展方式的要求，以更有力的举措,全面落实好"十二五"规划纲要,依靠改革创新,推动转型发展、绿色发展、和谐发展。

10日至11日,李克强从太行山区到晋中平原,一路风尘仆仆,深入长治、太原等地的产业园区、工厂车间、建设工地，就加快转变经济发展方式和民生工作进行考察调研，并亲切看望慰问革命老区干部群众。

山西五大煤炭企业之一的潞安集团是全国循环经济试点企业。在全国第二十一个节能宣传周前夕,李克强来到这里考察煤炭综合利用情况。他走进企业中控室察看循环经济工艺流程,登上楼顶俯瞰园区新貌,看到园区里回收装置环环相连，展台上合成产品琳琅满目,李克强对企业把资源"吃干榨尽"的做法表示肯定。他说,你们通过努力把老百姓俗称的"臭煤"变成了"香煤",使以前弃之不用的高硫高灰矿石转化为多用途的工业产品,变废为宝、化害为利,展示了循环经济发展的巨大效益和潜力。李克强指出,"十二五"期间,我国发展面临的能源资源矛盾仍十分突出。加快转变经济发展方式、实现可持续发展,必须破解能源资源瓶颈制约,发展循环经济是一条势在必行、行之有效的出路。当前正值迎峰度夏的关键时刻,缓解煤电油气运压力、促进经济平稳运行,既要保障有效供应,也要注重节能增效,提高能源资源使用效率。我们正在抓紧编制国家能源专项规划,这也是重点专项规划,要把推动循环发展放在重要位置。

新中国自行设计建造的第一座重型机器厂——太原重型机械集团,为中国工业化建设提供了许多装备。车间里,生产紧张有序,起重机、升船机等大型机械高高矗立。李克强勉励企业继续做强中国制造,努力打造世界品牌。（下转第三版）

RENMIN RIBAO

人民网 网址：http://www.people.com.cn
手机：http://wap.people.com.cn

2008年5月
5
星期一
戊子年四月初一
人民日报社出版
国内连续出版物号
CN11-0065
第21849期(代号1-1)
今日16版

全国共青团员已达7543.9万

各地青年形式多样欢度“五四”青年节

本报北京5月4日电 （记者**柳晓森**）团中央组织部日前公布的全国团内统计最新数据显示，截至2007年底，全国共有共青团员7543.9万名，比2006年增加194.3万名，增长2.64%。根据国家统计局提供的青年数计算，全国团青比例为24.8%，比2006年增长2.9%。

截至2007年底，共有基层团组织294.6万个。全国共有10.7万个非公有制经济组织建立了团组织。

本报北京5月4日电 （记者**柳晓森**）“五四”期间，各地团组织以“我与祖国共奋进”为主题，围绕学习贯彻党的十七大精神、纪念改革开放30周年、迎接北京奥运会等内容，开展了丰富多彩的活动。在活动中，广大青年结合国家民族的新发展和自身生活的新变化，学习科学理论，学习先进典型，了解改革成果，参与实践活动，进一步坚定了跟党走中国特色社会主义道路的信念，增强了贯彻落实科学发展观的自觉性和坚定性，纷纷表示，要积极参与改革、推动改革，自觉把个人的成长进步和祖国发展紧密联系在一起，为夺取全面建设小康社会新胜利而努力奋斗。

“五四”期间，西藏团组织的“我与祖国共奋进，我与西藏同发展”的主题教育活动达到了高潮，广大青少年举行了以“爱国主义”为主线的各类团队日活动。自治区各族青少年还广泛开展了“传递微笑，服务奥运”主题行动。北京“奥运工程建设功勋青年突击队、奥运工程建设青年功臣事迹报告会”在青年中引起热烈反响。

在重庆、上海、河北、吉林、黑龙江、安徽、甘肃、贵州等地，广大青年也开展了丰富多彩的活动，以自己的方式庆祝“五四”青年节。

胡锦涛接受日本驻京媒体联合采访

指出即将对日本进行的访问是一次暖春之旅，目的是增进互信，加强友谊，深化合作，规划未来，全面推进中日战略互惠关系

新华社北京5月4日电 （记者**钱彤**）在对日本进行国事访问前夕，国家主席胡锦涛5月4日在人民大会堂接受了日本16家驻京媒体记者的联合采访。

胡锦涛首先通过日本媒体向日本人民致以诚挚问候和良好祝愿。胡锦涛指出，我即将对日本进行的访问正值春暖花开之际，可以说是一次暖春之旅。我衷心祝愿中日两国人民的友谊春暖常在。

胡锦涛表示，今年是中日和平友好条约缔结30周年。30年来，在双方共同努力下，两国各领域交流合作取得丰硕成果，给两国人民带来了实实在在的利益，也为亚洲和世界的和平、稳定、繁荣作出了重要贡献。实践充分证明，发展长期稳定的中日睦邻友好关系，符合两国和两国人民的根本利益。

胡锦涛指出，我这次访问日本的目的是，增进互信，加强友谊，深化合作，规划未来，全面推进中日战略互惠关系。我期待着同天皇陛下见面，同福田康夫首相就发展双边关系和共同关心的问题深入交换意见，广泛接触日本各界人士。我相信，在双方共同努力下，这次访问一定能取得预期的成果。

5月4日，国家主席胡锦涛在北京人民大会堂接受日本驻京媒体联合采访。这是胡锦涛在采访现场同日本记者亲切交谈。
新华社记者 **马占成**摄

关于增进中日两国人民的相互了解和友谊问题，胡锦涛表示，中日两国一衣带水、隔海相望。两国人民有着2000多年友好交往的历史。中日友好得到了两国人民广泛支持和拥护。这是发展中日友好事业的坚实基础。胡锦涛指出，国与国关系发展过程中，难免会出现一些矛盾和问题，有些不同看法是正常的。重要的在于，双方应该坦诚相见、友好交流、求同存异，共同促进两国人民友好、共同维护两国关系发展大局。

胡锦涛强调，增进两国人民的友好感情，最有效的途径就是不断加强两国人民特别是青少年的友好交流，在接触交往中增进了解、深化友谊，使和平共处、世代友好、互利合作、共同发展成为两国人民的坚定信念。

在回答关于对日本人印象的提问时，胡锦涛表示，1984年，我曾经负责接待过3000名日本青年访华。1985年，我率200名中国青年回访日本。1998年，我再次访问日本。我在北京也经常会见来自日本的客人。正因为如此，我结交了许多日本朋友，包括政治家、企业家、艺术家、民间友好人士等。通过同他们的交往，日本人民的热情友好、勤劳智慧、坚韧不拔给我留下了深刻印象。我深深感受到，日本人民同中国人民一样，希望中日两国友好相处。我希望在这次访问中会见老朋友、结识更多日本朋友。

关于北京奥运会，胡锦涛指出，北京奥运会是全世界的体育盛事，不仅属于中国人民，也属于亚洲各国人民、属于世界各国人民。办一届成功的奥运会，首先要弘扬团结、友谊、和平的奥林匹克精神，推进奥林匹克运动普及和发展，增进世界各国人民的相互了解和友谊。我相信，有包括日本人民在内的世界各国人民的广泛参与，有国际奥运大家庭的大力支持，北京奥运会一定能够办成一届有特色、高水平的体育盛会。当前，北京奥运会各项筹备工作正在紧张有序地进行。我们热烈欢迎世界各国各地区的体育健儿来北京参加奥运会，欢迎各国朋友来北京观看奥运会。我衷心祝愿包括日本运动员在内的世界各国各地区运动员在北京奥运会上取得好成绩。

在回答关于中国中央政府同达赖方面接触的提问时，胡锦涛指出，考虑到达赖方面多次提出恢复商谈的请求，中国中央有关部门负责人今天要同达赖喇嘛的私人代表进行接触磋商，希望这次接触取得积极成果。中国有句古话，叫“听其言，观其行”。我们判断一个人的立场，不仅要听他说了什么，而且要看他做了什么。我们对达赖的政策是一贯的、明确的，对话的大门始终是敞开的。我们真诚希望达赖方面以实际行动表明已经真正停止分裂祖国的活动、停止策划煽动暴力活动、停止破坏北京奥运会的活动，为下一步商谈创造条件。

胡锦涛强调，在少数民族聚居地区实行民族区域自治制度，是中国宪法的明确规定，是中国的一项基本政治制度。中国民族政策的基本内容是：各民族一律平等，国家保障各少数民族的合法权利和利益，维护和发展各民族平等团结互助和谐的社会主义民族关系。新中国成立50多年来的实践证明，中国的民族区域自治制度和民族政策是符合中国实际的。我们将继续坚持、完善并认真落实这一基本政治制度和各项行之有效的民族政策，继续为各族人民谋福祉。

在回答关于将在日本举行的八国集团同发展中国家领导人对话会议的提问时，胡锦涛表示，近几年来，八国集团加强同发展中国家的联系和对话，这是一个积极的趋势。这有利于推进南北对话和合作，有利于促进多边主义发展，也有利于推动全球性问题的解决。我们希望，今年的对话会能就各方共同关心的重大国际问题进行充分讨论，切实体现各参与方平等、互利、共赢的精神，为共同应对重大而紧迫的全球性问题作出贡献。

关于东海油气田共同开发问题，胡锦涛强调，中方高度重视东海问题，为解决这一问题作出了很大努力。两国外交部门根据两国领导人达成的共识进行了深入有益的磋商，取得了积极进展。我相信，在双方共同努力下，一定能够找出双方都认可的方案，这个问题一定能够得到妥善解决。

关于输日饺子问题，胡锦涛表示，中国政府高度重视食品安全，高度重视人民健康。中国政府对这一事件高度重视，已责成有关方面进行了认真深入的调查。有关调查情况，中方有关部门已同日方有关部门进行了充分沟通。我们也愿意就建立食品安全长效机制问题同日方开展磋商和合作。希望双方继续加强调查和合作，以尽早查明真相。

关于日方提出希望中方向日本提供一对大熊猫开展合作研究问题，胡锦涛表示，我们理解日本人民的愿望。我也注意到福田首相高度关注此事。我可以告诉大家，中方有关部门正在积极研究。

中共中央书记处书记、中央办公厅主任令计划，中共中央书记处书记、中央政策研究室主任王沪宁，外交部部长杨洁篪会见时在座。

历史期待这一代人的回答

——认真学习贯彻胡锦涛总书记在北京大学的讲话

本报评论员

“时刻心系民族命运、心系国家发展、心系人民福祉，使爱国主义精神在新的时代条件下发扬光大”。

在中国青年的光辉节日到来之前，在北京大学建校110周年之际，胡锦涛总书记来到美丽的燕园。在与北京大学师生亲切座谈中，提出了新时期大力弘扬爱国主义精神的新要求。

胡锦涛总书记的讲话，将爱国主义精神放在历史的坐标上，放在时代的视野里，放在发展的格局中，深刻阐明了爱国主义精神的时代内涵，明确指出了当代青年的责任与使命。这是关于爱国主义的精辟论断，也是对青年一代的殷切期待。

“以天下为己任”，是爱国主义千百年来不变的精神内核。从89年前“五四”运动民主科学的激昂呐喊，到抗战时期“华北之大不能放下一张书桌”的愤激呼声；从上个世纪80年代“团结起来振兴中华”的时代强音，到这个春天“加油中国”的爱国浪潮。多少年来，虽然时代在不断变化，爱国主义内涵有所不同，但爱国青年与国家和民族的血脉联系没有变，以“天下为己任”的胸怀担当没有变。今天，我们大力弘扬爱国主义精神，就是要坚持爱国主义与社会主义的高度统一，将自己的命运与国家的命运紧密相连，将个人的追求融入民族的共同理想，在推动改革开放和现代化建设的进程中，不断将爱国主义发扬光大。

一代人有一代人的历史责任。今天的中国站在了新的历史起点上，30年的改革开放，使古老中国的面貌发生了历史性的巨变，也将社会主义中国带入了更加宽阔的国际舞台。面对中国改革发展的良好态势，面对国际形势的风云变幻，更加需要青年一代察古观今、放眼世界。今天，我们大力弘扬爱国主义精神，就是要不断深化对我国历史和国情的认识、对改革开放30年伟大进程的认识，进一步增强民族自尊心、自信心和自豪感，进一步坚定跟党走中国特色社会主义道路、实现中华民族伟大复兴的信念。

爱国热情只有转化为强国行动，才能显示真正的力量。在日益激烈的国际竞争中，在民族复兴的艰辛历程中，要增强我国的综合国力，要实现又好又快发展，要牢牢把握自己命运、不断开辟美好前景，说到底要靠把我们自己的事情做好。今天，大力弘扬爱国主义精神，就是要切实强化社会责任感和历史使命感，把个人的成长进步融入到推动国家发展、民族振兴的时代洪流中去，矢志为实现远大理想而不懈奋斗。当前，就是要把爱国热情转化为立足岗位、刻苦学习、发奋工作、支持奥运的实际行动，倍加珍惜我国安定团结的良好局面，自觉维护社会稳定，维护国家利益。

爱国主义曾经激荡了一代又一代人的青春之歌。在爱国主义的旗帜下，青年的理想、奋斗和激情，在中国社会伟大变革的历史篇章中成就了一部绚丽的青春史诗，是中华民族伟大复兴交响乐中一曲雄浑的青春乐章。今天的一代青年，已经站在了时代的舞台上，面对世界的目光，承载着党和人民的重托，历史期待着这一代人的回答！

总理同大学生谈心

——温家宝与中国政法大学学生共度“五四”青年节

新华社记者 赵承 吴晶

5月4日，中共中央政治局常委、国务院总理温家宝应学生们的热情邀请来到中国政法大学，与大家一起共度青年节。

刚刚经过春雨洗刷的绿阴，在明媚的阳光下显得格外葱郁。上午10时许，温家宝在中共中央政治局委员、国务委员刘延东的陪同下，刚步入学校大门，就受到了师生们的热烈欢迎。

已有56年历史的中国政法大学是全国重点大学。去年10月22日，这所大学的学生们给总理去信。他们在信中说，感动于总理对依法治国、建设法治政府的努力，真诚邀请到学校来。从那时起，学生们都在期盼着这一天。

温家宝首先来到法学图书馆一层古籍善本室。法学图书馆不仅有全国最丰富的现（当）代中文法律图书，而且有清末民初版珍贵法律图书。在这里，温家宝亲切会见了一批终身在中国政法大学从事教育、研究的老专家、老教授，认真观看着古籍善本，并不时向专家们询问法律历史方面的问题。

张晋藩等10余位专家，历时19年编纂了《中国法制通史》。（下转第二版）

离京出访欧洲四国抵达布加勒斯特

贾庆林开始对罗马尼亚进行正式友好访问

本报布加勒斯特5月4日电 （记者**孙广勇**）应罗马尼亚参议院议长沃克罗尤邀请，全国政协主席贾庆林乘专机于4日抵达罗马尼亚首都布加勒斯特，开始对罗马尼亚进行正式友好访问。

当地时间4日下午3时许，贾庆林乘坐的专机降落在布加勒斯特广达国际机场。罗马尼亚参议院副议长奇斯马鲁、中国驻罗马尼亚大使刘增文、使馆工作人员和当地中资机构、华侨华人和留学生代表到机场迎接。全国政协副主席兼秘书长钱运录等陪同人员同机抵达。

贾庆林在机场发表书面讲话说，中罗两国和两国人民有着深厚的传统友谊。近年来，在双方共同努力下，中罗政治互信不断增强，各领域互利合作富有成果。中国政府重视发展同罗马尼亚的关系，愿与罗方携手努力，推动中罗全面友好合作伙伴关系蓬勃发展。相信此访必将进一步增进相互了解，加深传统友谊，促进互利合作，推动中罗关系更好更快发展。

贾庆林是4日离开北京前往罗马尼亚开始欧洲四国之行的。除罗马尼亚外，贾庆林还将对匈牙利、斯洛文尼亚和克罗地亚进行正式友好访问。

抵达当晚，贾庆林在下榻宾馆亲切会见了罗马尼亚各界友好人士。贾庆林对罗中友协为传播中罗友谊、促进民间交流和地方交往、推动中罗关系发展所作贡献表示赞赏和感谢。（下转第三版）

习近平在青年科技创新创业人才座谈会上强调

青年科技人才要勇做创新先锋

本报北京5月4日电 （记者**盛若蔚**）今天是“五四”青年节，中央组织部在北京召开青年科技创新创业人才座谈会。中共中央政治局常委、中央书记处书记、国家副主席习近平在座谈会上强调，我们党带领人民正在建设的中国特色社会主义，是中国历史上前所未有的非常伟大、非常豪迈、非常壮丽的事业，是承前启后、继往开来的事业，是任重道远、始终面向青年的事业。伟大的事业呼唤创新的人才，伟大的事业也造就创新的人才。当代青年和广大青年科技工作者要紧密团结在以胡锦涛同志为总书记的党中央周围，不负祖国重托，牢记创新使命，树立雄心壮志，勇做创新先锋，争创一流业绩，为全面建设小康社会、开创中国特色社会主义事业新局面、实现中华民族伟大复兴作出新的更大贡献。

座谈会由中共中央政治局委员、中央书记处书记、中央组织部部长李源潮主持。中共中央政治局委员、全国人大常委会副委员长、中华全国总工会主席王兆国，中共中央政治局委员、国务委员刘延东出席了座谈会。（下转第二版）

北京奥运会残奥会志愿者誓师大会举行

习近平出席并讲话

本报北京5月4日电 （记者**王淑军、刘阳**）“微笑北京、志愿奥运——北京奥运会、残奥会志愿者誓师大会”4日上午在北京工人体育馆隆重举行。中共中央政治局常委、国家副主席习近平出席大会并讲话。

大会开始前，工人体育馆欢声笑语、热情洋溢，北京奥运志愿者们用歌声和微笑表达迎接奥运、祝福奥运的喜悦心情。10时许，在热烈的掌声中，习近平等到主席台就座，誓师大会正式开始。

习近平在讲话中指出，青年是我国社会中最积极、最活跃、最有生气的一部分力量，中国一代又一代青年具有铁肩担道义的光荣传统，在中国近现代史上谱写了壮丽的青春史诗。中国青年志愿者事业是我们党领导的共青团在新的历史条件下[illegible]举。奥运青年志愿者行动就是中国青年志愿者事业的一个极为重要的组成部分。

习近平强调，奥运会既是运动员的盛会，也是志愿者的盛会。奥运志愿者是代表奥林匹克理想、体现奥林匹克文化、传承奥林匹克精神、奉献奥林匹克事业的形象大使。（下转第二版）

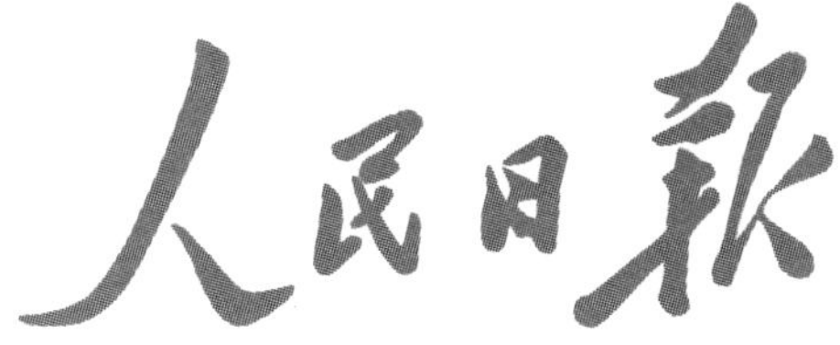

人民网　网址：http://www.people.com.cn
手机：http://wap.people.com.cn

2012年3月
21
星期三
壬辰年二月廿九
人民日报社出版
国内统一连续出版物号
CN 11-0065
第23265期（代号1-1）
今日24版

胡锦涛即将出席首尔核安全峰会和金砖国家领导人第四次会晤并访问柬埔寨

外交部举行吹风会介绍有关情况

本报北京3月20日电　（记者**吴绮敏、邢雪**）外交部20日举行中外媒体吹风会，外交部部长助理马朝旭、亚洲司司长罗照辉分别介绍了胡锦涛主席出席首尔核安全峰会和金砖国家领导人第四次会晤并对柬埔寨进行国事访问的背景情况、主要活动和重要意义，并回答记者提问。

一、关于胡锦涛主席出席首尔核安全峰会

马朝旭表示，胡锦涛主席将出席3月26日至27日举行的首尔核安全峰会。首尔峰会以加强核材料和核设施的安全为主题，将全面回顾2010年核安全峰会以来国际社会在核安全领域取得的进展，重点讨论加强核安全的国家措施和国际合作。胡锦涛主席将在会上发表重要讲话，全面阐述中国在核安全领域的政策主张和重要举措。此外，胡锦涛主席还将同有关国家领导人举行双边会晤。

马朝旭说，当前，加强核安全、防范核恐怖主义问题继续受到国际社会关注。随着核能广泛应用，核材料扩散和流失的风险上升。恐怖分子或国际犯罪组织获取核材料、破坏核设施等风险客观存在。2010年华盛顿核安全峰会后，国际社会更加重视核安全问题，国际合作不断加强，全球核材料和核设施安全水平得到提高。

马朝旭指出，中国是核能发展大国，一贯高度重视核安全问题，不断提高自身核安全能力，积极参与有关国际合作。中国向峰会提交了核安全进展报告，介绍了中方自2010年核安全峰会以来，在增强国家核安全能力、积极开展核安全合作等方面所做的努力。中方希望首尔核安全峰会能够进一步凝聚国际共识，推动核安全国际合作，为切实提高全球核材料和核设施的安全水平，推动核能和经济可持续发展，促进国际和平与安全做出积极贡献。

二、关于金砖国家领导人第四次会晤

马朝旭说，金砖国家领导人第四次会晤将于3月28日至29日在印度新德里举行，主题是"金砖国家致力于稳定、安全和繁荣的伙伴关系"。胡锦涛主席将就全球经济治理、可持续发展、金砖国家合作等问题阐述中方立场，并同与会领导人深入交换意见。会晤后将发表《新德里宣言》。

马朝旭指出，此次会晤是在国际形势发生深刻复杂变化、世界经济复苏面临诸多不确定因素、新兴市场国家在国际事务中的作用不断上升以及彼此合作要求增加背景下举行的。各成员国普遍希望此次会晤有助于进一步促进金砖国家合作的发展，期待会晤取得积极成果。

马朝旭说，包括金砖国家在内的一大批新兴市场和发展中国家快速发展，成为应对金融危机、带动世界经济增长、完善全球经济治理、促进国际关系民主化的重要力量。金砖国家合作应运而生，生命力强，前景广阔。

马朝旭强调，中国是金砖国家合作的积极参与者，始终把同其他金砖国家的合作作为外交政策的重点之一。2011年3月，中国在海南三亚成功举办金砖国家领导人第三次会晤，会议通过的《三亚宣言》为金砖国家进一步拓展和深化合作奠定了良好基础。此次会晤期间，中方愿同各成员国共同努力，本着同舟共济、互利共赢的精神，加强在国际经济、金融、贸易、发展等领域的对话与合作，以循序渐进、积极务实的方式推进各领域合作，就共同关心的全球性问题沟通协调，深化金砖国家共同发展的伙伴关系。

三、关于对柬埔寨进行国事访问

罗照辉表示，柬埔寨是中国的传统友好邻邦，两国于2010年建立全面战略合作伙伴关系。中柬高层交往密切，各领域务实合作富有成效，去年提前实现双边贸易额达到25亿美元的目标。柬埔寨是2012年东盟轮值主席国，在东亚合作、中国—东盟关系发展中发挥重要作用。

罗照辉强调，胡锦涛主席此访是2000年以来中国最高领导人首次访问柬埔寨。访问期间，胡锦涛主席将会见西哈莫尼国王、谢辛参议院主席、韩桑林国会主席和洪森首相，同他们就深化全面合作，加强在国际和地区事务中的协调配合交换意见。双方将发表《联合声明》并签署《经济技术合作协定》等一系列经贸合作文件。中方相信，胡锦涛主席此访将进一步弘扬中柬传统友谊、深化两国务实合作、规划双边关系未来，提升中柬全面战略合作水平，推动中国—东盟关系及区域合作。

井冈情怀　红色烙印

——江西吉安、井冈山运用红色旅游开展革命传统教育纪实

本报记者　刘士安　任江华

巍巍井冈满山翠绿，映衬着散布其间的革命旧址遗迹，诉说着流传不息的经典故事：八角楼的灯光、朱德的扁担……这里是中国共产党人的精神家园，这里是广大人民群众的敬仰之地。

去江西，到吉安，上井冈山——近年来，井冈山等地红色旅游勃兴，红色资源得到极大挖掘，革命传统教育也因此被赋予了新的时代特色，感染和激励了千百万人。

寓教于游　精神洗礼

春寒料峭，细雨濛濛，挡不住红色旅游的人流。

井冈山革命烈士陵园，游人缓步登上109级台阶，向死难烈士敬献花圈；"报道敌军宵遁"的黄洋界战斗遗址前，旅游大巴送来一批又一批客人；茅坪八角楼里，导游轻声讲述当年毛泽东挥写《中国的红色政权为什么能够存在》、《井冈山的斗争》等不朽篇章的故事；大陇镇红军挑粮小道的起点，100多名参加干部培训的学员踏上崎岖山道，体验当年红军战士的坚忍不拔……

"经历了去年游客人数井喷式增长后，今年的红色旅游依然保持良好开局。"井冈山管理局党工委书记、井冈山市委书记梅黎明说，"五百里井冈有100多处革命旧址遗迹，已经成为一个没有围墙的革命历史博物馆，成为人们陶冶情操、净化心灵、坚定信念的生动课堂，成为进行爱国主义教育和革命传统教育的重要阵地。"

2011年，井冈山共接待游客671万多人次，旅游门票收入突破2亿元。作为红色资源富集区的吉安市，保存完好的革命旧址遗迹达425处、近千个点，去年游客达1830万人次，比上年增长近30%。

自1999年红色旅游在井冈山兴起以来，吉安市和井冈山市依托当地红色资源富集、独特、原真的特性，满怀井冈情怀，不断充实红色旅游景点的内容内涵，着力创新红色旅游的方式方法，不仅打响了井冈山"红色旅游首选地"的名头，更达到了寓教于游、传承井冈精神的境界。

"情景再现"、"体验式游览"，让井冈山等红色旅游景点"活"了起来，红色教育功能在游人的参与、感悟中得到实现。3月14日上午，在井冈山革命博物馆里，广州游客陈先生告诉记者，与10年前他第一次到井冈山相比，这次来旅游的感觉更加震撼："博物馆的陈列大量运用了声、光、电等手段，表现形式非常丰富，吸引力和感染力大大增强了。"（下转第十六版）

人民观察
更多内容请登录人民网
http://rmgc.people.com.cn

城镇上山　工业上山

云南腾挪用地空间

本报记者　张帆　徐元锋　胡洪江

3月10日，在全国两会云南代表团的媒体开放日上，媒体关注的云南省"城镇上山"成效令人振奋：摸清了坝区的家底，国土、住建和林业部门现已完成全省16个州市的"三规调整"审查，22万亩新增建设用地从坝区调向山地，八成多坝区优质耕地划归基本农田保护。

去年以来，云南省委、省政府立足省情，把"保护坝区农田、建设山地城镇"作为转变发展方式的突破口和关键点，"城镇朝着山坡建，良田留与子孙耕"，集约、节约利用土地。现如今云南"用地上山"之路走得如何？

用地"逼上梁山"，让"耕者有其田"

城镇化、工业化快步撞上"土地红线"，让蓄势待发的云南格外"纠结"。

目前，云南省的城镇化率比全国平均水平低近15个百分点，比西部平均水平低近6个百分点。"十二五"期间，云南的城镇化率预计每年将增加两个百分点，工业化将不断加速。与此同时，云南也进入"我国面向西南开放的重要桥头堡"建设的黄金期。

云南省山地面积达94%，坝区耕地十分金贵。国土部门统计，2010年云南新增25万亩建设用地，其中占用耕地接近一半；全省面积10平方公里以上的坝子，已被"侵蚀"三成。不改变传统的用地方式，不到10年，作为全省人民"米袋子"、"菜篮子"和民族文化摇篮的坝区将消失殆尽。

省委书记秦光荣说："只有更加自觉地践行科学发展观，正确处理好加快工业化、城镇化发展与保护基本农田的辩证关系，转变用地思路和方向，云南的跨越发展才能越走越宽、越平坦。"

2011年初，云南省政府组成8个专题调研组，分赴全省所有州市近40个县（市、区）调研，得出的结论印证了省委主要领导的判断："保护坝区农田、建设山地城镇"。

在云南，城镇建设、工业园区等"用地上山"，包含了三个转变：一是发展方式的转变，由原来利用坝区平地搞建设，转为向山地、坡地要建设用地，推进工业化和城镇化；二是城市规划指导思想的转变，改变城市扩张非要集中连片"摊大饼"，而让城区因地制宜地在山坡、丘陵上"组团发展"，城市建设实现"城在山中、山在城中、房在林中、人在绿中"；三是用地方式的转变，城市建设用地由占用基本农田向宜城宜工发展的低丘缓坡要地，拓展用地空间，突破用地瓶颈。　（下转第十六版）

3月20日，江西南丰县傅坊乡荷塘村农民在一起春耕劳作。为抢抓农时，及时将春季农作物栽种下去，许多农民自由组建"春耕互帮互助组"，一起共同完成培土、铺膜、栽种等各项春耕生产活动。　新华社记者　周　科摄

"光靠天吃饭不行，得靠技术提升，也得靠政府扶持"

再给庄稼"加把油"

本报记者　王建新　刘志强

3月19日，春光明媚，重庆市巴南区一处山坳中，梨花清香伴着和煦的暖风淡淡飘来，三三两两的农民正在挥锄耕作。这里便是接龙镇自力村。

见到村民黄世玉时，她正肩挑两桶肥料前去田地。"走，跟我去玉米地看看。"

坡坡坎坎上靠人踩出来的乡间便道，仅容一人通过。从家到田500米距离，黄世玉走了10分钟。其间，47岁的她将扁担卸下3次，"这两大桶得有70公斤，我自己也就60公斤重啊！"

一年之计在于春。为能有个好收成，黄世玉上半年几乎忙得连轴转，"大年初三就去参加了镇里组织的农技培训；3月上旬刚育完秧，这几天又要翻土施肥；等过些日子玉米苗发出'两叶一心'，就能趁着下雨种到地里；到4月中旬，又要开始插水稻秧。"黄世玉家原有4亩地，去年又从亲戚朋友那儿"盘"来3亩。

说话间，目的地到了。斜坡上不到2分的一块地，便是这天下午的耕作区域。黄世玉挽起裤脚，用瓢把混有复合肥、磷肥、农家肥的肥料洒进挖好的土坑里，"这是在给庄稼'加油'哩。"

"光靠天吃饭不行，得靠技术提升，也得靠政府扶持。"不远处一块平地上操作着微耕机的陈光明接过话茬说，巴南区农技人员每年都为村里带来不少新技术，而且都是些"致富法宝"：两三年前开始推广旱地育秧，周期短，对气温要求较低，需水量也少，成功率也高，如今他家已全部改用旱育。"去年我还尝试在冬季轮作期种植马铃薯，效果很好，多了近千元收入。"

令村民们高兴的是，这些年国家的农业补贴力度逐渐加大。陈光明购置微耕机花了4000元，农机具补贴便有1400元，农资综合直补、粮食直补、良种补贴也提高了。"上午我刚听说，政府还可能对农业机械用油进行直补，这是个好事啊，这样微耕机就能开足马力了。"

"老陈，说说还有啥期盼？"

"虽说我们叫自力村，但还是希望政府多支持啊。"爽直的陈光明摸着后脑勺笑着说，一是修些便道把大路和田地连起来，这里土质好，适合种蔬菜，但要是种了运不出去，还是白费；二是建个提灌站，把河沟的水引到农田里来，就不怕老天不下雨啦。"种地确实累，也挣不了大钱，但小到我们农民，大到国家，可都离不开这地啊。"

走基层·春耕一线

激发我们时代的文化力量

——三论深入开展学雷锋活动

本报评论员

文化是民族的血脉，是人民的精神家园。在时代打磨下、岁月洗礼中，无论是《雷锋日记》作为"影响中国人半个世纪的宣言书"，还是雷锋成为公众心中的"20世纪中国十大文化偶像"，无论是学雷锋活动几十年来持续影响社会风尚，还是以郭明义为代表的"雷锋式"道德模范层出不穷，雷锋精神总是不断释放出振奋人心的文化力量。

雷锋精神不是无源之水，它凝结着天下为公、扶危济困、自强不息等中华民族的传统品德，闪烁着爱国主义、集体主义、无私奉献等社会主义和共产主义道德的夺目光辉，彰显着敬业奉献、艰苦创业、锐意创新等时代精神的丰富内涵，这是中华文化孕育的精神之花，更是社会主义先进文化的集中体现。正因此，雷锋精神在历史发展中始终焕发着光彩，在时代进步中始终散发着魅力。

相比雷锋生活的时代，当代中国已进入新的发展阶段，经济建设快速推进，社会转型犹在进行，思想文化领域也经历着巨大变革。一方面，人们的精神面貌发生了历史性变化，另一方面，转型期的心灵迷惘、道德阵痛，一再向全社会警示，必须加强思想道德建设。

从一桶"地沟油"所映照的"道德血液"缺失，到一个炫富名牌手袋所折射的精神贫血，再到一个倒地老人所引发的"扶还是不扶"的道德困惑，今天的中国社会，面临着比雷锋当年更为复杂的道德课题：物质潮流席卷而来，如何以理想信仰构筑精神高地？观念世界多元多变，如何用核心价值引领社会思潮？经济发展节节攀升，如何提升文化品质为社会主义文化强国奠定坚实基础？

早在改革开放之初，小平同志就谆谆告诫："随着经济的发展，如果不注意精神文明建设，就有很大危险。"党的十七届六中全会也清醒地指出，物质贫乏不是社会主义，精神空虚也不是社会主义。从这个意义上说，在新形势下深入开展学雷锋活动，既是在各种思想文化相互激荡的背景下坚持社会主义先进文化前进方向的迫切需要，也是加强社会主义精神文明建设的迫切要求。传承与光大包括雷锋精神在内的民族精神财富，有利于建设社会主义核心价值体系，弘扬中华传统美德和社会主义道德，发挥先进文化的引领作用；有利于安顿人的精神家园，提升人民幸福指数，提高社会文明程度，改善人际关系，促进社会的和谐发展。

雷锋精神从来就不是凝固僵化的道德教条，而是一种与时俱进的精神力量。我们今天开展学雷锋活动，重在学习雷锋精神的本质，深入挖掘雷锋精神的当代价值，赋予其鲜明的时代内涵。这就需要结合现实生活中出现的新情况、新问题，对活动的内容和方式等不断改进、创新和完善。

面对时代要求、现实挑战，今天的学雷锋活动，应围绕建设社会主义核心价值体系，着眼于推进社会公德、职业道德、家庭美德、个人品德建设，以青少年为重点，以社会志愿服务为载体，使雷锋精神更深刻地融入民族血脉，更有效地滋养精神世界，从而不断激发我们时代的文化力量，共同创造幸福生活和美好未来。

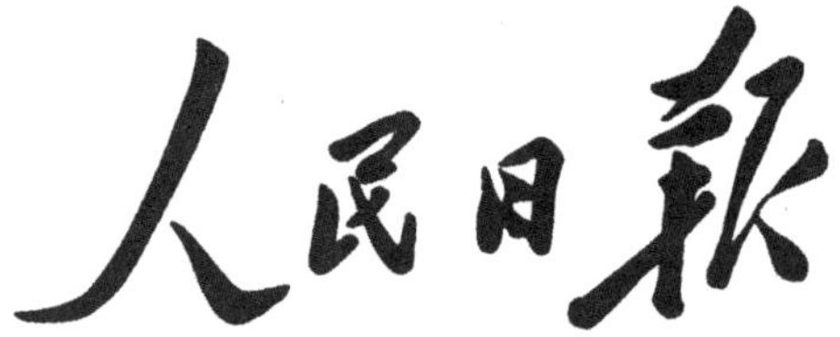

RENMIN RIBAO

今日 16 版(华东、华南地区 20 版)　国内统一连续出版物号 CN 11-0065　第 21313 期 (代号 1-1)

人民网　网址:http://www. people. com. cn　手机:http://wap. people. com. cn

人民日报社出版

2006 年 11 月 16 星期四 丙戌年九月廿六

北京地区天气预报
白天　晴转多云　风向　北转南　风力　二、三级
夜间　多云间阴　风向　偏南　风力　一、二级
温度　12℃/4℃

全国村级组织活动场所建设取得明显成效

目前全国已建成活动场所 2.49 万个，在建的 2.79 万个

本报北京 11 月 15 日讯　记者**姜洁、张志峰**报道：加强村级组织活动场所建设，是中央组织部、国家发改委和财政部根据中央精神部署的一项重要工作。目前全国已经建成活动场所 2.49 万个，正在建设的有 2.79 万个，预计今年底能够完成整个活动场所建设计划的一半。中组部负责同志强调，要结合各地实际，进一步加大工作力度，确保把村级组织活动场所建成"群众满意工程"。

14 日，"全国村级组织活动场所建设工作现场会"在湖北省鄂州市召开。在鄂州市汀祖镇桂花村，新落成的三层楼房整洁大方，里面除了支部和村委会办公室外，还有卫生室、计生服务站、党员活动室和文化娱乐室等。村支书陈春元说："过去我们没有活动场所，干部办公打游击、党员活动租场地、群众办事满村找，现在，干部办公、党员学习、群众就医、村民办事都在这里，天天人来人往，热闹得很。"

党中央高度重视村级组织活动场所建设。今年 2 月，中央组织部、国家发改委和财政部联合下发《关于抓紧解决部分村级组织无活动场所问题的通知》，各省区市党委、政府迅速安排部署，村级组织活动场所建设工作全面启动。中央财政和中央党费投入 17.5 亿元专项资金，各省区市计划安排、筹集配套资金 46.3 亿元，今年已到位 24.1 亿元，其中有 18 个省区市今年的配套资金已全部到位。目前，吉林省和浙江省已经全部完成了村级组织活动场所建设任务，北京、天津、上海、江苏、河南、云南等省市年内将基本完成建设任务。

中组部负责人指出，党的十六届六中全会把"基层组织阵地建设"作为一项重要任务鲜明地提出来，充分反映了党中央对这项工作的高度重视和对农村基层干部群众的亲切关怀。要充分认识加强村级组织活动场所建设的重要性和紧迫性，在前一段工作的基础上，着眼于抓好项目规划、资金配套、工程管理、设备配置、管理使用等关键环节，真正把村级组织活动场所建设的各项任务落到实处。各级党委组织部门要在党委的统一领导下，充分发挥牵头协调作用，积极会同发改委、财政厅(局)等相关部门，切实加强对村级组织活动场所建设的工作指导，确保各项工作扎实有序，取得实效。

离京出访亚洲四国并出席亚太经合组织会议抵岘港

胡锦涛开始对越南进行国事访问

会见越南岘港市委书记

本报岘港 (越南)11 月 15 日电　记者**吴绮敏**报道：应越共中央总书记农德孟和越南国家主席阮明哲的邀请，中共中央总书记、中国国家主席胡锦涛 15 日抵达越南中部城市岘港，开始对越南进行国事访问。

当地时间 16 时 30 分左右，胡锦涛乘坐的专机抵达岘港机场。胡锦涛和夫人刘永清在机场受到越共中央委员、越共中央对外部部长阮文山，岘港市委书记阮伯清和市人民委员会主席陈文明等的热情迎接。

胡锦涛在机场发表了书面讲话。他指出，越南是东南亚的重要国家，具有悠久历史、充满发展活力。在越南共产党领导下，越南人民坚持社会主义发展方向，不懈探索符合本国国情的发展道路，全面推进革新事业，社会政治稳定、经济文化发展、民族团结和睦，人民安居乐业，国际地位提高，呈现出欣欣向荣的景象。我们对此感到由衷的高兴。今年 4 月召开的越共十大选举产生了新一届中央领导集体。我们相信，在越共中央坚强领导下，越南人民一定能够实现越共十大确定的各项目标和任务，把越南建设成为民富国强、社会公平、民主、文明的社会主义现代化工业国家。

胡锦涛指出，中越两国是山水相连的友好邻邦，两国人民的传统友谊源远流长。在长期的革命斗争和社会主义建设事业中，两国人民相互同情、相互支持，结下了深厚友谊，被胡志明主席誉为"越中情谊深，同志加兄弟"。进入新世纪，在长期稳定、面向未来、睦邻友好、全面合作 16 字指导方针指引下，中越关系不断取得新的重要进展，各领域友好交流合作日益深化，两国和两国人民已成为好邻居、好朋友、好同志、好伙伴。

胡锦涛表示，他期待着同越南领导人就两党两国关系及共同关心的国际和地区问题深入交换意见。他表示相信，通过这次访问，两国传统友谊一定会进一步加深，两国各领域合作一定会进一步发展，两国睦邻友好和全面合作关系一定会迈上新的台阶。

中共中央政治局候补委员、中央书记处书记、中央办公厅主任王刚等陪同人员同机抵达。

中国驻越南大使胡乾文和使馆工作人员等也到机场迎接。

越南是胡锦涛此次出访的第一站。胡锦涛将出席在越南首都河内举行的亚太经合组织第十四次领导人非正式会议。之后，胡锦涛将对老挝、印度、巴基斯坦进行国事访问。

11 月 15 日，中共中央总书记、中国国家主席胡锦涛抵达越南中部城市岘港，开始对越南进行国事访问。这是胡锦涛在机场向欢迎群众招手致意。　新华社记者　**樊如钧**摄

本报岘港(越南)11 月 15 日电　记者**吴绮敏**报道：15 日下午抵达岘港开始对越南进行国事访问的中共中央总书记、中国国家主席胡锦涛会见了岘港市委书记阮伯清。

胡锦涛表示，越南实行革新政策以来，岘港市发展迅速，城市面貌发生着日新月异的变化，成为越南革新开放的一个新窗口。胡锦涛指出，不断巩固和加强两国睦邻友好和全面合作关系，符合两国和两国人民的根本利益。两国地方省市加强交流合作，是两党两国关系的重要组成部分，也是推进中越关系发展的重要动力，希望双方加强交流、相互借鉴、扩大合作、共同发展。

阮伯清热烈欢迎胡锦涛访问岘港，表示相信胡锦涛对越南的访问将把越中关系提高到新水平。他向胡锦涛介绍了岘港的发展情况，并说岘港市委和市政府希望借鉴中国的发展经验，欢迎中国企业来岘港投资兴业，在基础设施建设等方面开展互利合作。

会见时，中共中央政治局候补委员、中央书记处书记、中央办公厅主任王刚，岘港市人民委员会主席陈文明在座。

当天下午，胡锦涛前往岘港市美力时(越南)有限公司玩具厂，参观了生产车间并听取了公司情况介绍。该公司有员工 1 万多人，是岘港市最大企业之一。

新华社北京 11 月 15 日电　应越南共产党中央委员会总书记农德孟、越南社会主义共和国主席阮明哲，老挝人民革命党中央委员会总书记、老挝人民民主共和国主席朱马利·赛雅贡，印度共和国总统阿卜杜勒·卡拉姆，巴基斯坦伊斯兰共和国总统佩尔韦兹·穆沙拉夫的邀请，国家主席胡锦涛 15 日下午乘专机离开北京，前往上述四国进行国事访问，并出席在越南河内举行的亚太经合组织第十四次领导人非正式会议。

陪同胡锦涛主席访问的有：胡锦涛主席夫人刘永清，中共中央政治局候补委员、中央书记处书记、中央办公厅主任王刚，外交部部长李肇星，中联部部长王家瑞，国家发展和改革委员会主任马凯，商务部部长薄熙来，中央政策研究室主任王沪宁，商务部副部长易小准，胡锦涛主席办公室主任陈世炬，外交部部长助理崔天凯等。

温家宝主持召开国务院常务会议

研究深化行政管理体制改革　进一步转变政府职能　加强政府自身建设

本报北京 11 月 15 日讯　国务院总理温家宝 15 日主持召开国务院常务会议，研究深化行政管理体制改革，进一步转变政府职能，加强政府自身建设。

会议认为，党的十六大以来，我国行政管理体制改革迈出重要步伐，各级政府的经济调节、市场监管职能逐步完善，社会管理职能得到强化，公共服务职能不断加强，行政监督机制进一步健全，依法行政能力和水平不断提高。

会议指出，行政管理体制改革是政治体制改革的重要内容。面对经济社会不断发展的新形势，必须认真贯彻党的十六大和十六届六中全会精神，继续深化行政管理体制改革，进一步转变政府职能。当前重点要抓好：(一)完善宏观调控体制、机制和方式，发挥市场配置资源的基础作用，健全市场监管体系，保持经济平稳较快发展。(二)加强和改善社会管理与公共服务，完善社会政策，着力解决人民群众反映强烈的教育、医疗、就业、社会保障及收入分配等方面的突出问题，为群众办实事，维护社会公平正义与和谐稳定。(三)全面推进依法行政，加强民主监督、行政监督和社会舆论监督，防止滥用权力，坚决惩治官商勾结、商业贿赂等腐败行为，塑造政府良好形象，提高政府公信力。

会议指出，规范党政机关公务接待，是推进行政管理体制改革、反腐倡廉、改进机关作风的一件大事。国务院所属部门要带头贯彻执行《党政机关国内公务接待管理规定》，认真规范公务接待行为。要将公务接待费用纳入财政预算管理，公开透明，接受监督。广大国家机关工作人员要切实提高对规范公务接待重要性的认识，杜绝铺张浪费行为，勤俭办一切事业，树立良好政风，努力建设节约型政府和人民满意的公务员队伍。

营造文艺事业全面繁荣发展的氛围

——四论学习贯彻胡锦涛同志在第八次全国文代会第七次全国作代会上的重要讲话

本报评论员

繁荣社会主义先进文化，建设和谐文化，关键是加强和改善党的领导，努力营造一个有利于文艺事业繁荣发展的良好氛围。

胡锦涛同志在第八次全国文代会第七次全国作代会上的重要讲话中强调指出，各级党委要高度重视文艺事业，把加强和改善党对文艺工作的领导作为提高党的执政能力的重要内容，热心服务、大力支持，不断提高领导文艺工作的能力和水平。这一重要论述，阐明了党的领导和繁荣社会主义文艺的关系，指出了加强和改善党对文艺工作的领导对于提高党的执政能力的重大意义。我们要从这样的高度深刻领会，切实贯彻落实。

牢牢把握先进文化的前进方向，这是加强和改善党对文艺工作领导的首要问题。我们要全面贯彻党的文艺方针政策，坚持为人民服务、为社会主义服务，坚持百花齐放、百家争鸣。要尊重文艺工作者的创造性劳动，不断认识和掌握文艺繁荣发展和文艺工作的规律，以符合文艺规律的方式领导文艺工作。要充分发扬艺术民主和学术民主，坚持社会责任和创作自由的统一、弘扬主旋律和提倡多样化的统一。积极推进马克思主义文艺理论研究，充分发挥文艺评论的作用。要尊重差异，包容多样，在艺术创作上提倡不同形式和风格的自由发展，在艺术理论上提倡不同观点和学派的充分讨论，在艺术发展上提倡不同品种和业态的积极创新，最大限度地焕发文学艺术工作者的创造活力。

建立健全良好的文艺工作体制机制，这是加强和改善党对文艺工作领导的重大责任。面对当今世界各种思想文化相互激荡的大潮，面对国家发展和人民生活改善对文化发展的要求，面对社会文化生活多样活跃的态势，现阶段我国文化体制机制与完善社会主义市场经济体制之间还存在着许多新情况新问题。这就要求我们，要制定规划、完善政策、增加投入、改善条件，进一步深化文化体制改革，不断解放和发展文化生产力。在继承优良传统的基础上，以体制机制创新大力推进文艺观念、内容、风格、流派的积极创新，大力推进文艺体裁、题材、形式手段的充分发展，推动文艺工作者的创造精神和创造活力竞相迸发、充分涌流，形成优秀人才脱颖而出、精品力作不断涌现的良好局面。

中国文联、中国作协是党领导的文艺界人民团体。加强和改善党对文艺工作的领导，需要发挥它们团结广大文艺工作者、推动发展社会主义文艺事业的重要作用。各级党委要密切同广大文艺工作者的联系，政治上充分信任，创作上热情支持，生活上真诚关怀，努力成为他们的贴心人。文艺界的人民团体要围绕中心、服务大局，发挥自身优势，履行好联络协调服务职能，起好桥梁纽带作用，为我国文艺事业的全面繁荣发展营造良好氛围，让广大文艺工作者的一切才华都有展示舞台、一切创造都有实现空间、一切贡献都得到社会尊重。

当前，深入学习贯彻胡锦涛同志在第八次全国文代会第七次全国作代会上的重要讲话精神，积极推动社会主义文艺事业繁荣发展的热潮正在形成。新世纪新阶段，是我国发展的重要战略机遇期，也是我国文艺事业大有希望的重要发展期。中国特色社会主义事业蓬勃发展，为我国文艺事业繁荣发展注入了强大动力、开辟了广阔空间。我们相信，广大文艺工作者一定能够不负党和人民的期待，自觉担当起时代赋予的使命，投身人民群众创造历史的伟大实践，进一步推动文艺事业的大团结、大繁荣、大发展，谱写文艺发展史上更加绚丽多彩的新篇章。

黄菊会见香港银行公会代表团

新华社上海 11 月 15 日电　中共中央政治局常委、国务院副总理黄菊 15 日上午在上海会见了由香港金融管理局总裁任志刚率领的香港银行公会代表团。他希望进一步加强内地与香港在金融领域的合作，促进两地经济共同繁荣。

黄菊在会见时首先介绍了当前中国经济形势。他说，今年以来，宏观调控的效果进一步显现，投资增幅逐步回落，货币信贷投放减慢，增长幅度和规模趋向合理。总的看来，国民经济继续朝着宏观调控的预期方向发展，增长速度较快，经济效益较好，物价水平较低。与国民经济总体发展态势相适应，金融业的发展同样保持了平稳快速的良好态势。金融领域改革按照预定部署，积极推进，各方面都取得重要成果。

黄菊说，在金融领域对外开放方面，中国政府认真履行了入世承诺，按期实现了银行业在外汇业务、人民币业务、汽车金融业务等方面的对外开放，近期又出台了新的外资银行管理条例。中国政府仍将坚定不移地推进金融领域各项改革，按照加入世界贸易组织的承诺，继续推进金融对外开放。

黄菊说，香港与内地在金融方面一直保持着较强的互补关系。加强内地与香港在金融领域的合作，对于香港的经济长期繁荣稳定，具有重要意义。随着 CEPA 的全面实施，港资银行在人民币业务和内地市场参与程度有较大幅度的提高，经营范围不断扩大。中央政府将一如既往地支持港资银行在内地开展业务，继续与香港金融监管机构密切合作，充分发挥香港金融业的独特优势，共同促进港资银行在内地稳健经营，为内地与香港经济的健康发展和共同繁荣做出贡献。

中共上海市委代理书记、市长韩正，国务院副秘书长尤权，人民银行副行长苏宁，中国银监会副主席蒋定之等会见时在座。

广西两万多名贫困学子圆了大学梦

党政领导率先解囊　社会各界协力资助

本报南宁 11 月 15 日电　记者**郑盛丰、罗昌爱、李红梅**报道："绝不能让一个学生因贫困而失学"。今年，广西社会各界携手行动，帮助 2.33 万名大学贫困新生顺利入学，圆了大学梦。

今年 8 月 16 日，广西壮族自治区党委书记刘奇葆了解到，仅地处大石山区的都安瑶族自治县每年就有近 200 名考上大学的考生因家庭经济困难而不得不放弃上学，为此批示："我们再穷再困难，也要助他们一臂之力，绝不能让一个学生因贫困而失学。"

很快，一股踊跃捐资助学的热潮，从机关、企事业单位及各社会团体，迅速传遍到广大壮村瑶寨的千家万户。全区各级党政领导也纷纷走向捐款箱，共青团广西区委发起了"希望工程爱心梦圆大学"捐款活动，短短时间内，社会爱心助学捐款便突破 1000 万元。加上自治区财政投入 1000 多万元，全区今年考上大学的 2.33 万名贫困生得以顺利入学。

资料显示，广西 47 所公办普通高校共有贫困生 8.48 万人，特困生 3.24 万人。广西正通过"奖、贷、助、补、减、免"等综合资助体系，建立长效机制，确保每一位新生不因经济困难入不了学或虽然入了学但坚持不下去。

政府和社会的爱心，深深地感动和鼓舞着广大学子。来自贫困大石山区的广西民族大学新生黄春逵谈起自己受到的资助时，连说自己"太幸福了"，"社会对我的关爱将使我更加感激生活，努力回馈社会。"

关心群众解『七难』

——浙江绍兴市开展『七助』行动纪实

本报记者　袁亚平

"这么漂亮的学校，要好好读书哦。"来自湖南、四川等地的外来民工，像赶集一样，兴奋地领着自己的孩子在校园里逛。

占地 40 亩，总建筑面积 2 万平方米，这是绍兴市投资 3000 万元建造的第一所公办民工子弟学校。设计规模为 36 个班级，可容纳 1600 名学生就学。这个按照浙江省标准化学校一类标准建设的群贤小学，被绍兴市委、市政府列为全市重点工程和民心工程。

绍兴全市，有近 5 万名外来民工子女在各类学校就读，占义务教育阶段在校生人数的 10%。

"一个对外来人员都这样关爱的城市，肯定是一个不错的城市。"来自江西上饶的孙小娟，高高兴兴地把孩子送进绍兴市区稽山小学，说了一句朴实无华的话。

"关心群众安危冷暖，记住百姓衣食住行"

去年 1 月 5 日，绍兴市委、市政府在新年召开的第一个大会，就是大规模为民办实事工作专题会议。绍兴市委、市政府针对群众"就业难"、"住房难"、"看病难"、"上学难"、"出行难"、"贫困家庭生活难"、"治安难"这"七难"，决定开展"助业"、"助居"、"助医"、"助学"、"助行"、"助困"、"助安"这"七助"行动。　(下转第二版)

《外资银行管理条例》颁布

新华社北京 11 月 15 日电　国务院总理温家宝日前签署第 478 号国务院令，公布《中华人民共和国外资银行管理条例》(**全文见第十六版**)。

为了适应对外开放和经济发展的需要，加强和完善对外资银行的监督管理，促进银行业的稳健运行，我国政府对《中华人民共和国外资金融机构管理条例》进行了修订，更名为《中华人民共和国外资银行管理条例》。

《条例》分七章 73 条，分别是：总则、设立与登记、业务范围、监督管理、终止与清算、法律责任、附则。

《条例》规定，外商独资银行、中外合资银行的注册资本最低限额为 10 亿元人民币或者等值的自由兑换货币。注册资本应当是实缴资本。外国银行分行可吸收中国境内公民每笔不少于 100 万元人民币的定期存款。

《条例》将自 2006 年 12 月 11 日起施行。2001 年 12 月 20 日国务院公布的《中华人民共和国外资金融机构管理条例》同时废止。

人民日报

RENMIN RIBAO

今日 16 版（华东、华南地区 20 版）

人民网 网址：http://www.people.com.cn 手机：http://wap.people.com.cn

国内统一连续出版物号 CN 11-0065

第 21314 期（代号 1-1）

人民日报社出版

2006 年 11 月 17 星期五 丙戌年九月廿七

北京地区天气预报
白天 阴转多云 风向 偏北 风力 二、三级
夜间 多云转晴 风向 偏北 风力 一、二级
温度 11℃/2℃

让审批透明运行 还群众方便快捷

吉林健全制度推进政务公开

落实科学发展观·构建和谐社会

·以制度建设保障社会公平正义·

本报长春 11 月 16 日电 记者**刘亮明**报道：在吉林省政务大厅，刚刚离开省工商局服务台的通信公司职员胡波乐呵呵地说，过去办个经营增项，少说也得跑一周，现在从受理、初审、审核、交费、打印营业执照，干净利索，20 分钟就妥了。

吉林省近年来不断创新体制机制，以政务大厅为载体，形成了政务公开领导小组、协调办公室及各成员单位密切合作、纵向到底、横向到边、上下联动、协同办公、联合推进的工作新格局。同时，建立了监察、法制、群众举报投诉、媒体曝光等多主体、多渠道的监督体系。这些举措从体制机制上为政务公开提供了保障。

为确保"阳光政务"顺利推行，吉林省政府相继出台"政务大厅行政审批服务项目办理规则"、"一般事项即时办理、复杂事项承诺办理、相关事项联合办理、投诉举报、行政复议等一系列规章制度。按照这些制度，办事群众走进政务大厅，很快就能从网站、触摸屏等处对办事情况一目了然。特别是通过推行行政审批相对集中办理制和启用"行政审批专用章"，使审批项目更加透明、高效，当场即办率大幅提高。

全省各地政务大厅成立以来，办事效率不断提高。据统计，去年至今，长春市政务中心累计办理行政审批项目 3.8 万多件，其中即办件近 2.5 万件；省政务大厅累计办理各类行政审批项目 4.8 万多件，其中即办件近 2.9 万件。透明、公正、高效的服务，赢得群众赞誉。两年来，省政务大厅受理群众办理行政审批事项投诉仅为 13 件，而收到的锦旗、感谢信、表扬信则有上万件。

基层之声 吉林省建设厅审批办公室主任陈克明——

吉林以建立政务大厅为契机，从建立健全制度入手，逐步走上依法、公正、透明、高效的行政审批服务之路，以前那种"门难进、脸难看、事难办"的衙门作风得到很大程度的扭转，也有效地杜绝了"吃、拿、卡、要"现象。有权就有责，用权受监督，推进政务公开，让百姓得方便，我们心里也更踏实。

胡锦涛同越共中央总书记农德孟越南国家主席阮明哲会谈

双方一致表示将坚持长期稳定、面向未来、睦邻友好、全面合作的方针，全面推进新时期的中越关系，把两党两国关系不断提高到新的水平

11 月 16 日，越共中央总书记农德孟、越南国家主席阮明哲在越南主席府举行隆重仪式，欢迎中共中央总书记、中国国家主席胡锦涛对越南进行国事访问。这是胡锦涛在农德孟（左二）和阮明哲（左一）陪同下检阅越南三军仪仗队。 新华社记者 **樊如钧**摄

11 月 16 日，正在越南进行国事访问的中共中央总书记、中国国家主席胡锦涛同越共中央总书记农德孟、越南国家主席阮明哲举行会谈。图为会谈前，胡锦涛和夫人刘永清同农德孟（右三）及阮明哲（右二）夫妇合影。 新华社记者 **樊如钧**摄

本报河内 11 月 16 日电 记者**吴绮敏**报道：中共中央总书记、中国国家主席胡锦涛 16 日在河内同越共中央总书记农德孟、越南国家主席阮明哲举行会谈。双方就两党两国关系和共同关心的重大国际和地区问题深入交换了意见，一致表示将坚持长期稳定、面向未来、睦邻友好、全面合作的方针，全面推进新时期的中越关系，把两党两国关系不断提高到新的水平。

胡锦涛祝贺越南在国家建设中取得的成就。他说，在越南共产党领导下，越南人民全面推进革新事业，国家呈现出欣欣向荣的景象。中国党、政府和人民坚定支持越共十大确定的内外政策，祝愿越南人民早日把越南建设成为民富国强、社会公平、民主、文明的社会主义现代化工业国家。

农德孟代表越南党、政府和人民对胡锦涛来越南进行国事访问表示热烈欢迎。他说，胡锦涛的访问体现了中国党、政府和人民对越中睦邻友好合作关系的高度重视，也是对越南举办亚太经济合作组织领导人非正式会议的支持。他表示，越南党、政府和人民热烈祝贺中国共产党领导中国人民在构建社会主义和谐社会事业中取得的伟大成就。

胡锦涛表示，中越关系发展势头很好。双方就两党两国关系中的重大问题达成广泛共识，经贸合作成果显著，治党理政经验交流日益深化，政府部门对口合作富有成效，国际和地区事务中保持着良好合作。中方对两党两国关系的发展感到满意。

农德孟表示完全同意胡锦涛对两国关系的评价。他说，近年来，两国全面友好合作关系广泛深入发展，政治、经贸、文化、教育、青年、科技等领域合作取得了重要进展。越方对此感到高兴。

胡锦涛强调，中越山水相连、文化相通、理想相同、命运相关，中越两党、两国和两国人民是好邻居、好朋友、好同志、好伙伴，维护和发展中越友谊是人心所向、大势所趋。中国党、政府和人民高度重视发展同越南的睦邻友好合作关系，愿同越南党、政府和人民一道，坚持长期稳定、面向未来、睦邻友好、全面合作的方针，把两党两国关系不断提高到新的水平。为全面推进新时期中越关系，胡锦涛提出 4 点建议。

一、坚持登高望远，维护中越友好大局。双方应该站在战略和全局的高度，牢牢把握中越关系发展的正确方向。两党两国领导人可通过多种形式加强往来，就拓展和深化中越关系交换意见，不断增强政治互信。刚刚成立的双边合作指导委员会要加强对两国现有合作机制的宏观指导，统筹各领域合作，努力推动两国关系全面深入发展。

二、坚持平等互利，实现共同发展繁荣。双方要本着平等互利、注重实效、讲求质量、形式多样、共同发展的方针，努力做好以下工作：抓好宏观规划，落实好扩大和深化双边经贸合作的协定，循序渐进地开展"两廊一圈"合作，提升双边经贸合作水平；扩大贸易规模，改善贸易结构，重点抓好大宗商品贸易，使两国经贸合作再上新的台阶；推进大项目合作，抓紧实施已商定的项目，使之早日发挥经济社会效益；加强多边经济合作，加强在世贸组织内的合作，推动多边贸易体制健康发展，共同推动中国—东盟自由贸易区服务贸易和投资领域谈判尽快达成协议。

三、坚持推进全面合作，不断丰富两国关系内涵。继续深化治党理政和社会主义理论与实践的交流，为各自国家建设服务。充分发挥外交、国防、公安等各部门合作机制的作用，提高合作的实效、质量和水平。扩大文化、教育、科技、卫生、人力资源、青年、体育等领域的交流合作。

四、坚持维护共同利益，加强多边领域协调和配合。加强在国际和地区事务中的沟通和协调，维护共同利益。中方支持越方在国际和地区事务中发挥更大作用，推动亚太经合组织进程。

胡锦涛强调，双方应该从两国关系大局出发，坚持友好协商、公平合理、互谅互让原则，加快陆地边界勘界立碑进程，加强北部湾务实合作，推进南沙共同开发。

农德孟高度评价胡锦涛对两国关系发展提出的建议。他表示，越中有着悠久的友好关系，在各自民族解放、国家建设的事业中曾肩并肩地相互支持。越中两党两国都坚持共产党领导，坚持社会主义制度，都在进行改革开放事业，都需要和平稳定的外部环境，这是两国关系坚实的政治基础。越方把发展同中国的长期全面友好合作关系置于越南对外关系的优先地位，希望双方以多种方式加强高层往来，不断增加政治互信；加强人文领域合作，让越中世代友好思想扎根两国人民心中；在可行、有效、互利和共同发展的基础上，开展基础设施建设、电力、化工等领域形式多样的合作，造福两国人民；在联合国、亚太经济合作组织、东盟+中国等机制中加强磋商与合作；从两国关系大局出发，本着坚定的政治决心，通过友好协商妥善处理边界和领土问题。

农德孟表示，越南党、政府和人民将始终如一地坚持一个中国政策，支持中国统一大业，反对台湾当局任何将台湾从中国分裂出去的企图。胡锦涛对此表示赞赏。

会谈后，胡锦涛、农德孟、阮明哲共同出席了关于经贸合作、人力资源培训、卫生检疫等领域双方合作文件的签字仪式和中国—越南经贸合作网站开通仪式。

会谈前，胡锦涛出席了农德孟和阮明哲为他访问越南举行的隆重欢迎仪式。

当晚，胡锦涛出席了农德孟和阮明哲为他举行的欢迎宴会。

中共中央政治局候补委员、中央书记处书记、中央办公厅主任王刚等中方陪同人员参加上述活动。

胡锦涛一行是在结束对岘港的访问后于 16 日中午抵达河内继续对越南的国事访问的。

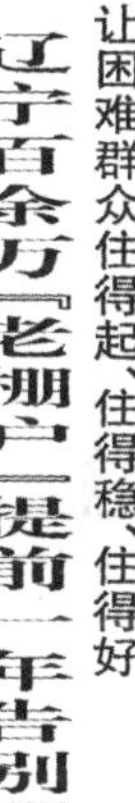

让困难群众住得起、住得稳、住得好

辽宁百余万『老棚户』提前一年告别棚户区

本报沈阳 11 月 16 日电 记者**郑有义、何勇**从辽宁省建设厅获悉：2005 年以来，辽宁列入省计划的 11 个市，共拆除城市集中连片棚户区 983.7 万平方米，新建 1332 万平方米回迁房，提前一年超额完成 848 万平方米的改造计划，加上沈阳、大连、鞍山的改造面积，全省 14 个市共改造城市集中连片棚户区 1212 万平方米，截至目前，已有 29.3 万户、100 多万名"老棚户"提前一年告别了条件恶劣的棚户区，搬进了设施完备的新房。

"屋里小半间，头顶能望天，四世同堂住，睡觉肩挨肩"。辽宁面积在 5 万平方米以上连片的棚户区有 848 万平方米。2005 年年初，辽宁提出要用两到三年时间完成城市连片棚户区的改造，使棚户区居民居住、生活、就业等各方面环境有明显改善。

在棚户区改造中，辽宁坚持阳光操作。抚顺对改造中的房屋补偿、评估、拆迁安置顺序等重点环节全部张榜；葫芦岛市对改造区的低保户名单、拆迁户回迁安置地点等 8 个环节实行"八公开"，拆迁涉及数十万户，无一人上访。

辽宁对棚户区低保对象的房屋给予政策上的倾斜，如政府廉价租赁等。对无力增加面积的困难家庭，则建设面积不大、功能齐全的小户型回迁房，列入省改造计划的 11 市新建的 1332 万平方米回迁房，基本都是 50 平方米左右的小户型。

为避免回迁户"住得漂亮，活得艰难"，辽宁各地把棚户区改造同解决好群众的再就业问题结合起来。抚顺新建小区中 6361 名下岗失业人员，已有 4599 人实现再就业。

回归"花城" 还原"水城"

广州经济与生态和谐发展

本报广州 11 月 16 日电 记者**罗艾桦**报道：广州市在全面落实科学发展观实践中，一手抓经济发展，一手抓环境建设，坚持生态优先，努力构建适宜创业发展、适宜生活居住、市民享有充分安全感、归属感和自豪感的城市。

生态优先体现在经济建设之中。广州下决心关闭、停产、搬迁了 147 家污染大、能耗多、扰民严重的大型工业企业，一方面为越秀、荔湾、海珠等老城区腾出了空间，支持发展金融、科技、商业、房地产等现代服务业，一方面拉动了南沙、花都、萝岗等新城区的高起点开发，推进了产业结构升级换代，优化了城乡生态环境。广州水泥厂迁到花都后，通过提高环保标准和优化环保工艺，新厂"像包饼干一样干净"。

生态优先就要真抓实干，舍得投入。早在 2003 年 9 月，广州就启动了"青山绿地、蓝天碧水"工程。三年来，广州新增绿地 131 平方公里；2005 年，城市生活污水处理率达到 76%，珠江水质实现不黑不臭。今年 7 月 12 日，广州成功组织了珠江横渡；9 月 12 日，广州再次荣获"中国人居范例（水资源环境）奖"。

路子走对了，促进经济发展与坚持生态优先相得益彰。2005 年，广州南沙区新批外资项目 45 个，新引入世界 500 强 6 家。在这里，天后宫下海波粼粼，红树林湿地候鸟云集，百万葵园彩蝶曼舞，滨海公园儿童嬉戏。

以回归"花城"、还原"水城"、提升现代化生态园林城市为主线，广州拉开"青山绿地、蓝天碧水"工程二期序幕。最瞩目的就是着手实施北江、西江两大引水工程，拓建白云湖。届时，湖光与云山珠水海涛相互呼应，营造出"一湾溪水绿，两岸荔枝红"、"青山半入城，六脉皆通海"的岭南广府和谐氛围。

合理利用资源 保护蓝色家园

福建"开海"与"护海"并举

本报福州 11 月 16 日电 记者**蔡小伟**报道：福建省"开海"与"护海"并举，合理利用海洋资源，不断加大对海洋环境的保护力度，全面实施海洋经济强省战略。目前，福建海洋经济总量、增幅居全国沿海省市第三位；2005 年全省海洋经济增加值 924 亿元，是 2000 年的两倍，占全省地区生产总值比重为 14.1%；去年以来，清洁和轻度污染海域面积占全省海域面积的 69.9%，成为全国海洋环境状况最好的省市之一。

今年，福建出台了《关于加快建设海洋经济强省的若干意见》和《福建省建设海洋经济强省暨海洋经济"十一五"发展专项规划》，提出构建"四大集聚区"和"五大基地"。即：构建环三都澳、闽江口、湄洲湾与泉州湾、厦门与漳州四个海洋经济集聚区；建成临港制造业基地、海水养殖加工基地、滨海旅游基地、海洋科技创新与教育基地、海峡两岸海洋经济合作示范基地。

福建突出合理、集约利用海洋资源，坚持按照海洋功能区划审批海域使用申请项目，凡不符合海洋功能区划的新用海项目都不予批准。同时，他们进一步规范了海域使用申请、受理、审查程序和时限要求，建立预审、海域使用论证、审核、批前公示和批后公告等制度。今年开始，福建推进重要港湾体制的实质性整合，保护好岸线资源。1 月开始按新体制运行的新厦门港由厦门市行政区向漳州市行政区拓展，整合了原厦门港东渡、海沧、嵩屿、刘五店港区及和平客运港区等八大港区。新厦门港深水岸线将增加 14 公里，总长达 40 公里，可容纳万吨级以上深水泊位 114 个。

福建在全国率先出台海洋环境保护条例，对涉海建设项目实施严格的海洋影响评价制度，加强海洋生态保护和海洋环境污染治理。省、沿海六地市自 2001 年起向社会发布每年的省、市两级《海洋环境状况公报》。全省现已建立各类海洋自然保护区和特别保护区 14 个，保护面积 18.87 万公顷；初步形成了合理的海洋环境监测网络，赤潮发现率达 100%。

屋里院外都要整洁

唐金玉

前不久到农村做客，主人家中各种摆设一应俱全，摆放有序，整洁美观，落落大方，使我为他们生活质量的提高感到由衷的高兴。然而出乎我意料的是，主人择完菜后，将垃圾顺手往围墙外一甩，扔了出去……离开的时候，我特地留意了一下主人家的院墙周围，发现与主人家中整洁有序相反，墙外是一片狼藉，邋邋遢遢。我顺路又观察了其他几家农户和几个村庄，这种"屋里屋外不一样、墙内墙外不一样、村内村外不一样"的现象还不在少数。

一墙之隔，境况不同。表面上看，这是农村卫生管理不到位、农民不良卫生习惯使然，而实际上，折射的是"人人自扫门前雪"的不良心理。

村容整洁，是建设社会主义新农村的要义之一，也是构建和谐社会题中应有之义。建设新农村，改善村庄卫生环境，当然离不开农民兄弟从自己做起、从点滴做起。而在推进农村经济社会发展的进程中，如何引导农民改变生活方式，如何提高农民的公德意识和素质，同样也应提上我们工作的日程。

今日谈征文

白恩培当选中共云南省委书记

新华社昆明 11 月 16 日电 中共云南省第八届委员会第一次全体会议 11 月 16 日选举白恩培为省委书记，秦光荣、李纪恒为省委副书记，当选为省委常委的还有李汉柏（白族）、杨崇勇（满族）、罗正富（彝族）、李江（女）、杨应楠、王增钵、张田欣、黄毅（景颇族）、孟苏铁、曹建方。

中共云南省纪委第一次全会选举李汉柏（白族）为省纪委书记，杨建甲、陈方宏、郭志宏、郭永东为省纪委副书记。

人民日報

RENMIN RIBAO

今日 16 版（华东、华南地区 20 版）

人民网 网址：http://www.people.com.cn
手机：http://wap.people.com.cn

国内统一连续出版物号 CN 11-0065
第 21319 期（代号 1-1）
人民日报社出版

2006 年 11 月
22
星期三
丙戌年十月初二

北京地区天气预报
白天 多云间阴
风向 偏东
风力 二、三级
夜间 多云转阴
风向 偏东
风力 一、二级
温度 6℃/0℃

胡锦涛会见印度总统卡拉姆

本报新德里 11 月 21 日电 记者**吴绮敏、任彦、陈继辉**报道：中国国家主席胡锦涛 21 日在新德里会见印度总统卡拉姆并出席卡拉姆为他举行的欢迎晚宴。双方进行了亲切友好交谈。

胡锦涛表示，中印两国有着悠久的友好交往历史，在历史长河中，两国相互影响、相互学习。建交以来，两国各领域交流合作取得长足进展。进入新世纪，两国关系更是呈现出令人鼓舞的全面发展势头。中印发展睦邻友好和全面合作，不仅造福两国 24 亿人民，而且对促进亚洲乃至世界的和平与发展也具有重大意义。我访问期间同印度领导人就双边关系和共同关心的国际和地区问题深入交换意见，达成了广泛共识。我相信，在双方共同努力下，中印战略合作伙伴关系必将取得更大发展，两国发展必将迎来更加美好的前景。

卡拉姆表示，胡锦涛主席的访问是印中两国关系中的一座历史性的里程碑。印中两国在文明和文化交往史上有着悠久灿烂的历史，传统友谊和文明交往为今天两国的对话和合作提供了坚实基础。在未来岁月里，两国关系必将继续在诸多领域获得发展，枝繁叶茂。

卡拉姆表示，印度一直以深厚的兴趣和赞赏的目光注视着中国的迅速发展。在我们两国稳定地迈向进步和繁荣的征程中，印中合作对全人类的美好未来都十分必要。在印度和中国发生的一切必然令整个世界瞩目。两国经济健康增长和国家稳定发展是当今国际秩序的稳定因素，将推动本地区和更广阔区域的和平稳定发展。两国携手并进，将促进全球多边主义发展，为发展中国家谋利。印度将不遗余力地为印中关系注入活力，同中方一道努力，推动两国战略合作伙伴关系向前发展。

中共中央政治局候补委员、中央书记处书记、中央办公厅主任王刚等陪同人员参加会见和晚宴。

胡锦涛同印度总理曼莫汉·辛格会谈

双方同意共同努力，推动中印战略合作伙伴关系不断向前发展

11 月 21 日，印度总统卡拉姆在新德里总统府前广场举行仪式，欢迎中国国家主席胡锦涛对印度进行国事访问。这是胡锦涛在检阅三军仪仗队。 新华社记者 饶爱民摄

11 月 21 日，中国国家主席胡锦涛在新德里会见印度总统卡拉姆。 新华社记者 饶爱民摄

11 月 21 日，中国国家主席胡锦涛在新德里与印度总理曼莫汉·辛格举行会谈。 新华社记者 樊如钧摄

本报新德里 11 月 21 日电 记者**吴绮敏、任彦、陈继辉**报道：中国国家主席胡锦涛 21 日在新德里海德拉巴宫同印度总理曼莫汉·辛格举行会谈。双方就发展中印战略合作伙伴关系达成重要共识，一致认为，中印在双边、地区、国际层面都有着广泛而可持续的共同利益，两国都致力于维护发展中国家的利益，促进世界多极化和国际关系民主化，中印关系已远远超出双边范畴，具有全球性意义，同意共同努力，推动中印战略合作伙伴关系不断向前发展。

胡锦涛积极评价中印关系近年来全面发展的良好势头。他说，两国政治互信增强，边界谈判取得积极进展，双边贸易持续快速增长，科技、能源、文化、教育、军事等领域交流合作富有成效，在国际事务中保持着良好协调。中印有着广泛而可持续的共同利益。两国都需要睦邻友好的周边环境，肩负着促进亚洲和平稳定和发展振兴的重大责任，都致力于维护发展中国家的共同利益、促进世界多极化和国际关系民主化，推动国际政治经济秩序朝着更加公正合理的方向发展。

辛格热烈欢迎胡锦涛在"中印友好年"期间访问印度。他表示，去年双方建立了面向和平和繁荣的战略合作伙伴关系，高层往来不断，政治互信不断增强，经贸合作发展迅速，在国际问题上持相同或相近看法。胡锦涛这次访问是在两国关系全面发展、合作多元化的形势下进行的，将成为印中关系一座新的里程碑。

胡锦涛指出，中方欢迎印度发展，印度的发展对中国不是威胁，而是机遇。中方把印度视为中国在亚洲乃至全球的重要合作伙伴，把中印关系视为中国最重要的双边关系之一。同印度发展长期稳定的战略合作伙伴关系，是中国政府的既定政策和战略决策，绝非权宜之计。中方愿同印方一道努力，推动两国战略合作伙伴关系不断向前发展。胡锦涛对发展两国关系提出 6 点建议。

一、加强对话磋商，增强政治互信。两国领导人可以利用双边和多边渠道，保持经常性接触。鼓励两国政府部门、立法机构、政党开展定期交流。充分利用战略对话等机制，保持经常对话和磋商。支持两国地方政府开展交流合作。

二、深化经贸合作，实现互利双赢。认真落实《中印全面经贸合作五年规划》，改善贸易结构，推动贸易多样化，争取到 2010 年使双边贸易额达到 400 亿美元。采取积极措施，消除贸易投资障碍，创造有利于扩大两国经贸合作的环境。早日完成区域贸易安排的可行性研究，为谈判打好基础。

三、拓展务实合作，扩大共同利益。重点拓展信息技术、能源资源、基础设施、科技、农业等领域的互利合作。鼓励双方信息技术企业加强合作；积极开展能源领域的对话、技术交流和共同开发合作，开展矿业合作；鼓励和支持双方企业加强在印度交通、电力等基础设施建设方面合作；充分利用两国科技合作指导委员会和科技合作联委会机制，拓展科技领域互利合作；加强在农作物育种、农作物种植技术、农业生物技术和畜牧业等领域合作。

四、促进人文交流，巩固友好基础。努力扩大文化、教育、旅游、宗教、新闻、体育等领域的友好交流。共同办好明年的"中印旅游友好年"活动。采取扩大航空联系、简化签证手续等措施，促进人员交流。中国政府决定在未来 5 年内邀请 500 名印度青年访华。

五、推进边界谈判，保持边境安宁。从战略高度和大局出发，遵循政治指导原则精神，和平友好、平等协商、互相尊重、互相谅解，早日谈成一个公平合理和双方都能接受的解决框架，为最终解决边界问题打下坚实基础。同时，双方要继续维护好边境地区和平安宁。

六、加强多边合作，维护共同利益。加强在联合国和其他多边组织中的沟通和协调，共同推动世界多极化和国际关系民主化，促进南南合作，维护发展中国家的共同利益。共同参与区域合作进程，加强在上海合作组织、东亚峰会、南亚区域合作联盟等机制内的合作。

辛格表示，印度以互利合作的眼光而不是相互竞争的态度来看待和处理印中关系。印中加强友好合作将对世界形势产生积极影响，印度高度重视印中关系，同中国发展牢固、友好关系是印度各党派的共识。印方认为任何力量都不会阻碍印中关系深化和发展。

辛格赞同胡锦涛对两国关系的建议。他表示，印方希望两国保持高层交往，继续增强政治互信；为双边经贸合作确定新目标，扩大经贸往来，推动贸易多元化，开展能源资源合作，印度欢迎中国增加在印度投资；加强科技合作、文化交流和人员往来；加强在联合国、世界贸易组织等多边舞台的合作。辛格表示，早日解决两国边界问题符合两国根本利益，希望通过友好协商解决边界问题。

会谈后，胡锦涛和辛格出席两国关于投资促进和保护、卫生检疫、人力资源开发、林业、文物合作、互设总领事馆等文件的签字仪式，随后共同会见了记者。

会谈前，胡锦涛出席印度总统卡拉姆为他举行的隆重欢迎仪式，随后向甘地墓敬献花圈。

同日，胡锦涛还会见了印度外交部长慕克吉。

中共中央政治局候补委员、中央书记处书记、中央办公厅主任王刚等陪同人员参加上述活动。

胡锦涛会见印度副总统兼联邦院议长

本报新德里 11 月 21 日电 记者**吴绮敏、任彦、陈继辉**报道：中国国家主席胡锦涛 21 日在新德里会见印度副总统兼联邦院议长谢卡瓦特。

胡锦涛积极评价中印关系的积极进展。他表示，中印关系已站在新的历史起点上，面临着重要发展机遇。中印都是发展中大国，又都是亚洲大国。中印关系具有全球性意义。我希望通过这次访问，向国际社会传递一个重要信息，即中印是真诚朋友，是合作伙伴，两国愿意长期友好、携手合作、共同发展。

胡锦涛表示，立法机构交往是两国关系的重要组成部分，也是两国人民增进友谊、扩大合作的重要渠道。希望两国立法机构进一步扩大交往和合作，为增进两国人民相互了解、促进两国关系持续发展作出积极贡献。

胡锦涛表示，中印同为世界文明古国，都拥有灿烂的文化传统，这为两国人民交往提供了良好基础。近年来，随着中印关系发展，两国人员交流不断扩大。我们双方应该继续开展形式多样的文化交流，促进教育和旅游合作，扩大航空联系，鼓励青年交往，推动地方交流，为扩大两国人员往来积极创造条件。

谢卡瓦特说，印度人民对胡锦涛的访问寄予厚望。印方相信，通过加强政治、经贸、文化合作和人员特别是青年往来，印中关系必将持续发展。立法机构交往已经为两国关系作出积极贡献，印度联邦院愿意加强同中国全国人大的对话和合作，一道推动两国关系全面发展。

中共中央政治局候补委员、中央书记处书记、中央办公厅主任王刚等陪同人员参加会见。

胡锦涛会见印度人民院议长查特吉

本报新德里 11 月 21 日电 记者**吴绮敏、任彦、陈继辉**报道：中国国家主席胡锦涛 21 日在新德里会见了印度人民院议长查特吉。

胡锦涛表示，近年来，中印关系呈现出全面发展的良好势头，给双方带来了实实在在的利益，也为促进亚洲乃至世界的和平、稳定、繁荣作出了贡献。中印友好，利在双方，惠及亚洲和世界。我们两国应该互相学习、互相促进，携手合作、共同发展。我相信，在双方共同努力下，中印战略合作伙伴关系必将取得更大发展。

胡锦涛说，近年来，中国全国人大和印度人民院双方积极开展多层次、多渠道的友好交流，相互了解和合作日益密切。双方建立定期交流机制，为两国立法机构加强交往注入了新的动力。我们欢迎印度人民院同中国全国人大开展形式多样、内容广泛的交流合作，也欢迎双方的地方立法机构加强交往，扩大合作。

查特吉说，印度议会议员都为胡锦涛到印度进行国事访问感到高兴。建立在源远流长友谊基础上的印中友好合作关系正蓬勃发展，两国立法机构交流也富有成效。同中国发展友好关系是印度外交政策的重要组成部分。印中关系发展不仅对两国人民有利，对本地区和世界发展和人类进步都具有重要意义。印度人民院愿意同中国全国人大一道，支持两国各领域合作，为两国全面友好合作关系发展发挥积极作用。

中共中央政治局候补委员、中央书记处书记、中央办公厅主任王刚等陪同人员参加会见。

胡锦涛会见印度国大党主席索尼娅·甘地

本报新德里 11 月 21 日电 记者**吴绮敏、任彦、陈继辉**报道：中国国家主席胡锦涛 21 日在新德里会见了印度国大党主席索尼娅·甘地。

胡锦涛积极评价中印关系近年来取得的重要进展。他表示，中印两国人口占世界总人口的 2/5。中国政府从战略高度和全局角度看待中印关系，把中印关系视为世界上最重要的双边关系之一。中方愿同印方一道努力，把两国战略合作伙伴关系提高到新水平。

胡锦涛指出，印度国大党是一个具有悠久历史和广泛影响的大党，为印度独立和发展建立了卓著功勋，也为中印关系发展作出了重要贡献。以国大党为首的团结进步联盟执政以来，中印关系又取得了显著进展，两国建立了战略合作伙伴关系，这体现了国大党领导人的远见卓识。中国共产党同印度国大党保持着良好交流，相信在索尼娅·甘地主席领导下，国大党一定会为中印关系发展作出新贡献。

索尼娅·甘地赞同胡锦涛对两国关系的看法。她说，印度国大党和印度人民认为，印中关系发展已经并将继续给两国和两国人民带来重要利益。国大党愿意为推动两国战略伙伴关系，积极努力，双方加强政治、经济、科技、文化、防务等领域的合作对印中两国人民都有利。印度国大党愿意进一步发展同中国共产党的党际交流。

中共中央政治局候补委员、中央书记处书记、中央办公厅主任王刚等陪同人员参加会见。

中国共产党的优秀党员，久经考验的忠诚的共产主义战士，无产阶级革命家、军事家

洪学智同志逝世

洪学智同志遗像 新华社发

新华社北京 11 月 21 日电 中国共产党的优秀党员，久经考验的忠诚的共产主义战士，无产阶级革命家、军事家，我军现代后勤工作的开拓者，中国人民政治协商会议第七、八届全国委员会副主席，中央军委原委员、副秘书长，解放军总后勤部原部长兼政治委员洪学智同志，因病医治无效，于 2006 年 11 月 20 日 22 时 10 分在北京逝世，享年 94 岁。

洪学智同志 1929 年 3 月参加革命工作，同年 5 月加入中国共产党，1955 年被授予上将军衔，1988 年再次被授予上将军衔。

11月21日，中国国家主席胡锦涛在新德里会见印度副总统兼联邦院议长谢卡瓦特。
新华社记者 饶爱民摄

11月21日，中国国家主席胡锦涛在新德里会见印度人民院议长查特吉。
新华社记者 樊如钧摄

11月21日，中国国家主席胡锦涛在新德里会见印度国大党主席索尼娅·甘地。
新华社记者 饶爱民摄

共同谱写中印友好新篇章

——胡锦涛主席寄语中印两国青年

这是中印两国青年青春荡漾的火红时刻，这是中印青年真心吐露的难忘篇章。

11月21日傍晚，丹霞似锦，熏风暖吹。在新德里泰姬玛哈饭店外的草坪上，正在对印度进行国事访问的中国国家主席胡锦涛和印度总统卡拉姆共同会见了100名访问印度的中国青年和100名印度青年。此时此刻，中印两国青年的心进一步紧紧连在了一起。

在两国元首面前，中国全国青联常务副主席尔肯江·吐拉洪、印度青年代表威迪莎、中国青年代表路弘先后发言，表达了他们共促中印友好的真诚愿望。卡拉姆总统首先发表了热情洋溢的讲话。他勉励两国青年继承两国先哲的智慧，谱写一首正义之歌；珍视中印友好，携手开创一个和谐世界。

随后，胡锦涛主席在人们热烈的掌声中发表讲话。"在这激动人心的时刻，我不禁想起22年前我率领中国青年代表团对印度进行的友好访问。那次访问给我留下了深刻印象。今天，我又来到中印青年中间，深切感受到你们身上的蓬勃朝气和青春活力，感觉自己也好像年轻了许多。"听到胡锦涛主席这段饱含深情的话语，两国青年报以热烈的掌声。

胡锦涛主席对中印双方成功开展青年互访活动表示热烈祝贺。他指出，中印都是古老而伟大的民族，都创造了灿烂文化，为人类文明进步作出了不可磨灭的贡献；两国人民有着2000多年的友好交往历史，留下许多传世佳话；1950年两国建交后，双方共同倡导了和平共处五项原则，培育了"印地秦尼帕依帕依"(印中人民是兄弟)的友好情谊。

胡锦涛主席告诉中印青年，今天他同印度领导人就中印战略合作伙伴关系的未来发展达成了广泛共识。双方都认为，中印有着广泛而重要的共同利益，中印友好利在双方、惠及亚洲和世界；双方应该抓住机遇、携手合作、共同发展。

胡锦涛主席宣布，为促进两国青年友好交流，让中印两国人民的友谊世代相传，中国政府决定未来5年内邀请500名印度青年到中国访问。

这时，全场响起雷鸣般的掌声。

"青年充满朝气、富有理想，是国家的希望，也是人类的未来。1924年，印度伟大诗人泰戈尔访华时曾经说过：'青年人宛若晨星，闪耀着祖国未来的希望之光。'中印两国发展的未来，需要青年去奋斗；中印关系发展的未来，需要青年去创造。我衷心希望，中印两国青年加强交流，增进友谊，相互学习，促进合作，共同谱写中印友好关系的新篇章！共同创造亚洲和世界更加美好的明天！"胡锦涛主席在讲话中表达的殷殷期盼，深深感动了两国青年。

11月21日，中国国家主席胡锦涛和印度总统卡拉姆在新德里共同会见中国和印度青年代表。图为胡锦涛和夫人刘永清同青年代表亲切握手。
新华社记者 饶爱民摄

来自新疆的雷美伶说："胡主席的讲话令我感到分外振奋，让我看到了中印友好的现实和希望。我会把这些话记一辈子，一定要为中印两国的发展多做努力。"来自云南的青年企业家焦家良说："今天我感到特别高兴。胡主席的讲话表明中印友谊翻开了新的一页。领导人的高层互访和两国青年的互访，像两股暖流交汇在一起，让人对中印关系美好的未来充满希望。两国的经济互动非常重要，中国青年企业家在这方面将大有可为。"

来自德里大学的印度青年里查·谭尼贾激动地说："听了两国领导人的讲话，我感到十分激动。我一定要牢记嘱托，为一个更加美好的印中关系而努力奋斗。"今年10月参加了印度百名青年访华团的尼赫鲁大学博士生拉杰什告诉记者，两国元首的讲话给他留下了深刻印象。相信中印关系会越来越好，两国青年会有更多机会相互了解。给自己起了中文名字、并正在申请到中国留学的印度青年高太平和许妮红说，胡主席宣布邀请500名印度青年访华，令他们非常高兴。他们相信自己一定能够去中国。

植根于中印两国人民几千年友好交往的深厚土壤，中印青年友谊的种子一定能够开花结果，中印两国人民的友谊一定能够世代传递。

(本报记者**吴绮敏、任彦、陈继辉**11月21日新德里报道)

胡锦涛和卡拉姆共同出席『中印友好年』庆祝活动

本报新德里11月21日电 记者**吴绮敏、任彦、陈继辉**报道：中国国家主席胡锦涛和印度总统卡拉姆21日在新德里共同出席"中印友好年"庆祝活动。胡锦涛致辞说，中印都面临着历史性发展机遇，肩负着发展经济、改善人民生活的相同任务，肩负着推动亚洲振兴、维护世界和平与发展的重大责任。作为两个发展中大国和亚洲大国，中印关系已经超出双边范畴，具有全球性意义。

当天"中印友好年"庆祝活动会场，洋溢着中印两国人民传统友好的热烈气氛。中国和印度两国国旗分列在主席台两侧，大型蓝色背景板上用中英文写着"热烈庆祝2006中印友好年"。会场上座无虚席。

傍晚时分，胡锦涛同卡拉姆一起步入会场，与会者全体起立，鼓掌致意。在热烈的掌声中，胡锦涛致辞说，在这个美好的季节里，他很高兴同大家欢聚一堂，共同参加"中印友好年"庆祝活动。

胡锦涛指出，中印两国人民有着2000多年的友好交往史。中印文化相互接触时间之长、彼此影响之深，在世界文明史上也属罕见。中印建交后，两国共同培育了"印地秦尼帕依帕依"(印中人民是兄弟)的友好情谊。近年来，随着中印关系蓬勃发展，两国文化交流和友好往来日益增加，两国人民的传统友谊得到巩固和加强。

胡锦涛表示，中印确定2006年为"中印友好年"，体现了两国政府和人民加强友好、扩大合作的共同愿望。近一年来，两国通过举办一系列活动，扩大了交流，增进了友谊，促进了合作，把中印友好推向了新高潮。

胡锦涛强调，他这次访问印度，目的是加深友谊、增进互信、深化合作、规划未来。今天，他同印度领导人会谈时就中印战略合作伙伴关系的未来发展达成了重要共识。

胡锦涛最后指出，中印关系已站在一个新的历史起点上。让我们携手并进，共同谱写中印两国人民友谊的新篇章，共同创造两国和两国人民更加美好的明天。

卡拉姆致辞说，今天是美好的一天，我们迎来了中国国家主席胡锦涛共同庆祝"中印友好年"。我们庆祝"中印友好年"，说明两国关系发展取得了巨大进展，也说明两国的友好交往已达到穿越时空的新水平。

卡拉姆表示，印中两国传统上的相互交流和融合一定会通过今天已经建立起来的战略合作伙伴关系，进一步推动两国关系发展。作为世界上两个人口最多的发展中国家，印中携手合作为各自人民的福祉而努力，将为世界的和平与繁荣作出巨大贡献。

接着，中印两国艺术家联合举行了文艺演出。中国青年艺术家用中国民族乐器二胡演奏印度电影《大篷车》插曲，并表演了魔术《花舞蝶飞》。印度青年艺术家表演了印度古典舞蹈卡塔克舞和宝莱坞歌舞。精彩的表演表达了中印人民的传统友谊，抒发了中印关系美好未来的情感。

出席庆祝活动前，胡锦涛和卡拉姆一起会见了中印青年代表。

中共中央政治局候补委员、中央书记处书记、中央办公厅主任王刚等陪同人员参加上述活动。

巴新闻部长在接受采访时表示

巴基斯坦热切期待胡主席来访

本报伊斯兰堡11月21日电 记者**陈一鸣**报道：巴基斯坦新闻部长穆罕默德·阿里·杜拉尼21日在这里表示，巴基斯坦政府和人民热切期待着中国国家主席胡锦涛即将对巴基斯坦开始的国事访问，并希望此访进一步深化两国人民比山高、比海深、比蜜甜的传统友谊。

杜拉尼是在接受人民日报和中国国际广播电台驻巴记者联合采访时作上述表示的。他说，巴基斯坦与中国有着经过时间考验的传统友谊，双方的友好合作不仅是全方位的，而且是全天候的。

杜拉尼说，巴方相信，胡主席此次对巴基斯坦的访问将进一步拓展双方在各领域的互利合作，深化巴中战略合作伙伴关系。两国将在胡主席访问期间签署一系列双边合作文件，这将会为巴中传统友谊注入新的生机与活力。

杜拉尼说，今年是巴中两国建交55周年。长期以来，巴中两国人民总是在彼此需要的时候相互支持，巴基斯坦始终把中国当作真正的朋友。巴感谢中国对巴经济建设所给予的真诚帮助，尤其是对工业、交通和基础设施建设所作出的杰出贡献。

杜拉尼认为，近年来，巴中两国各方面的友好合作关系不断增强，双方在各领域和各层次的频繁交往已成为两国友好交流与合作的重要内容。他说，巴方希望继续拓展两国在经济、科技、通信、能源、卫生、教育等多个领域的合作，希望更多的中国企业到巴基斯坦投资办厂，进一步促进双边关系的全面发展。

杜拉尼同时强调，巴新闻部希望继续扩大巴中两国媒体之间的交流与合作，为不断增强两国人民的相互了解作出更大贡献。

印尼副总统和人协主席分别会见司马义·艾买提

本报雅加达11月21日电 记者**董力**报道：印度尼西亚副总统优素福·卡拉和人民协商会议主席希达亚特21日分别会见了来访的中国全国人大常委会副委员长司马义·艾买提和由他率领的中国全国人大代表团，双方就两国关系和议会交往等交换了意见。

优素福在会见时说，印尼与中国在政治、经济等领域保持着良好合作。印尼重视与中国在经济、技术、投资等多领域的合作，愿与中方共同努力，落实两国领导人达成的共识，推动两国关系深入发展。

司马义·艾买提说，中国和印尼是好邻居、好朋友、好伙伴，双边关系发展势头很好。去年中国国家主席胡锦涛和印尼总统苏西洛成功互访，共同宣布建立中国和印尼战略伙伴关系，在两国交往史上具有里程碑意义。中方愿与印尼共同努力，落实两国元首达成的共识，尽快制定战略伙伴关系行动计划，扎扎实实地开展各领域互利合作。

希达亚特在会见时说，印尼与中国关系日趋深入，两国议会也保持着良好的交流与合作。印尼人协愿与中国全国人大共同努力，进一步发展两国和两国议会的关系。

司马义·艾买提说，近年来，中国和印尼在各领域的合作不断扩大。在共同应对金融危机、非典、禽流感和地震海啸灾难的过程中，两国人民的传统友谊进一步深化。他说，中国全国人大重视与印尼人协的友好交流与合作，愿与人协一道为两国战略伙伴关系的发展作出努力。

全国人大外事委员会副主任委员吉佩定、中国驻印尼大使兰立俊等参加了会见。

赤道几内亚总统参观中国援建的电视中心

据新华社雅温得11月20日电 （记者**陆遥**）马拉博消息：赤道几内亚总统奥比昂20日参观了由中国政府援建的马拉博电视中心，并对该项目给予高度评价。

在参观过程中，奥比昂对中国长期以来对赤几的援助表示感谢，对电视中心的工程质量、设备配置和室内装修均给予高度赞赏。

纪念马坚诞辰100周年座谈会在京召开

本报北京11月21日讯 记者**杨俊**报道：14个阿拉伯国家的驻华使节和全国15所高校的学者日前在北京大学举行座谈会，纪念中国杰出的教育家、中国高校阿拉伯语教学创始人马坚先生诞辰100周年。阿拉伯国家驻华使节委员会主席、叙利亚驻华大使瓦迪代表全体阿拉伯国家驻华大使发言。

教育部高等学校外语专业教学指导委员会秘书长蔡伟良、北京大学副校长张国有、中国伊斯兰教协会前副会长马贤及马坚亲属等200余人出席座谈会。座谈会由北京大学阿拉伯语言文化系主办。

中国商品俏销印度

本报驻印度记者 任 彦

在印度人的心目中，"中国制造"一度是"质次价廉"的代名词。但现在，这种印象正在改变。为期两周的第二十六届印度国际贸易交易会目前正在印度首都新德里如火如荼地进行。在这次交易会上，中国商品成为最大的卖点。

18号馆是新德里贸易展览馆中最大的一个，占地面积有1万多平方米，分上下两层，可以摆放200多个摊位，容纳几万名顾客。组委会把18号展馆辟为"中国馆"，专门供中国企业使用。尽管如此，该展馆还是不能一次性容纳所有中国参展商的摊位，最后，中国企业只能分两批前来，各自参展一周时间。

进入18号馆可不是一件容易的事情，门前排队的人摆开了一条长蛇阵，很多警察和军人在维持秩序。"怎么不让进了？"记者听到前面有人抱怨。过了一会儿，才知道馆里的人太多，等里边的人稍微疏散一下，才可以进入。

好不容易挤进了18号馆，记者发现馆内还真气派。展位一字排开，望不到边，每个展位上都竖着一个红色牌子，牌子上印着英文单词"CHINA"。展位内陈列着各色中国商品，琳琅满目。展位前挤着很多人，询问价格的声音不绝于耳。

"为什么要买中国铅笔？"记者问一个刚买到铅笔的印度妇女。她从人群中挤出来，气喘吁吁地对记者说："中国铅笔好！""好在哪里？"记者追问。"中国铅笔造型好看，笔芯色泽好，而且不容易断。"她说。"便宜吗？""也不便宜，比印度铅笔贵，但印度市场上没有这么好的铅笔。"她说先歇一会儿，然后再给孩子买一些玩具，"中国玩具不仅质量好，而且价格低。"

记者一连采访了10多位提着大包小包的印度顾客，他们大多表示中国商品好看、耐用、便宜。"中国的皮鞋外观好看，穿着舒服，而且便宜，一双只要500卢比(约合100元人民币)，比印度同等质量的皮鞋美观得多，也便宜得多。""中国的家电产品设计精美，质量不亚于日本家电，但比日本家电便宜许多，真正符合印度市场。""中国的工艺品造型独特，体现中国文化，我们非常喜欢。"

德里大学社会学系一位教授说，几年前，谁要是使用中国产品，谁就会被朋友讥笑为爱捡便宜货，谁要是使用日本产品，谁就会被认为有档次。而现在，谁要是使用中国产品，谁就会被认为是一个理性的消费者。

记者到过不少朋友家，一开始的话题都是围绕他们家中的中国产品展开，如玻璃花瓶、瓷器、孩子的玩具、家电等。一位小学校长对记者说，现在新德里要是谁家没有几件中国货，谁家就跟不上潮流。据印度媒体报道，一到重大节日，印度消费者就会掀起一次集中购买中国商品的热潮，如"洒红节"上用的水枪和颜料、"排灯节"上用的彩灯和鞭炮，就连印度神像、纱丽等有的也是从中国进口的。报道称，"中国制造"在印度市场站稳了脚。

国际贸易交易会开幕后，《印度教徒报》以很大篇幅报道了"中国馆"的火爆场面。该报道的题目很有创意，题为《印交会上龙抬头》的文章报道说，中国商品在印度人心目中的印象完全变了，成为本届交易会上最抢手的商品。"中国馆"成为本届交易会的绝对主角，条条大路都通向18号馆。报道分析认为，这种转变有两个原因：一是中国的商品确实有竞争力；二是印中两国的经济交往日益加强。

中国此次来参展的企业大都是通过展示自己的产品样品来寻找当地合作伙伴，开拓印度市场，现场出售展品不是主要目的。来自四川的一家建材企业老总对记者说，印度人对他们的产品很感兴趣，有10个客户已经表达了合作意向。他说，印度正在加紧建设基础设施，需要大量建材产品，而中国在这方面有着独特的优势。另一位来自浙江的企业家说，印度市场有很多空白，商品种类不多。"中国商品的进入，可以填补印度市场的空白，便利人们的生活，提高劳动生产率，让印度经济发展得更快"。

(本报新德里11月21日电)

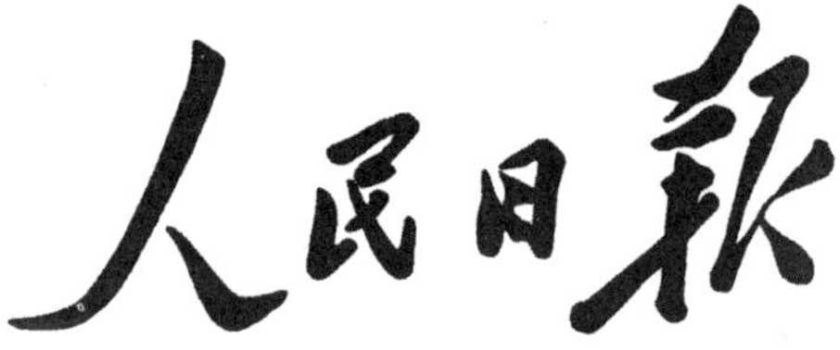

RENMIN RIBAO

今日 16 版(华东、华南地区 20 版)　国内统一连续出版物号 CN 11-0065　第 21320 期 (代号 1-1)

人民网 网址:http://www.people.com.cn 手机:http://wap.people.com.cn

人民日报社出版

2006 年 11 月 23 星期四 丙戌年十月初三

北京地区天气预报 白天 阴间多云 风向 偏南 风力 二、三级 夜间 阴转多云 风向 偏南 风力 一、二级 温度 5℃/-1℃

携手拓展合作　共创美好未来

——在印度科学宫的演讲

(2006 年 11 月 22 日,新德里)

中华人民共和国主席　胡锦涛

尊敬的印度副总统兼联邦院议长、印度世界事务委员会主席拜龙·辛格·谢卡瓦特先生,

女士们,先生们,朋友们:

在这次对贵国进行国事访问期间,今天有机会同印度各界朋友见面,交流关于推动中印关系发展的看法,我感到十分高兴。首先,我要向在座各位、并通过你们向伟大的印度人民,转达中国人民的诚挚问候和良好祝愿!

印度是伟大的国家,印度人民是伟大的人民。1984 年,我曾访问过印度,贵国灿烂的文化和热情的人民给我留下了深刻印象。时隔 22 年,我再次踏上贵国美丽的土地,深切感受到印度的巨大进步。今天的印度,政治稳定、经济发展,国际影响日益上升,展现出广阔的发展前景。印度人民用自己的勤劳和智慧,正在绘制一幅蓬勃发展的美好蓝图。我为印度经济社会发展取得的成就感到由衷的高兴。

女士们、先生们、朋友们!

中印都是历史悠久的文明古国,中印两国人民在历史上都创造了灿烂文化,都为人类文明进步作出了不可磨灭的贡献。在绵延几千年的历史演进中,中印两大文明交相辉映,共同谱写了世界文明史上的绚丽篇章。中印两国人民早就开始了文化交流和商贸往来,中国高僧法显和玄奘取经西行,天竺鸠摩罗什和达摩祖师负笈东来,就是两国人民交往源远流长的历史见证。

近代以来,中印两国人民在争取民族独立和解放的斗争中彼此同情,相互声援,共同奋斗。今天,中印两国又共同进入了经济社会发展的快车道,向世人展示了两国光明的未来和亚洲振兴的希望。在双方共同努力下,两国在各领域开展了富有成效的合作,两国关系呈现出全面发展的良好势头。去年中印宣布建立面向和平与繁荣的战略合作伙伴关系,标志着两国关系进入新的发展阶段。今年,两国共同庆祝"中印友好年",把中印友好推向了新高潮。

回首历史,中印两国人民几乎在各个历史时期都结伴而行、命运与共。环顾今朝,中印两国人民在世界多极化和经济全球化的趋势深入发展的形势下都面临着难得的发展机遇。我们两国和两国人民的命运,再一次紧密地联系在一起。

中印两国人口多达 24 亿,占世界总人口的五分之二,我们两国的政策取向和发展状况,对地区和世界的和平与发展具有重大影响。中印作为重要邻国,都面临着发展经济、提高人民生活水平的任务,都需要和平稳定的国际环境和睦邻友好的周边环境。中印作为亚洲大国,肩负着促进亚洲和平稳定、推动亚洲发展振兴的重大责任。中印作为发展中大国,在促进世界多极化和国际关系民主化等重大国际问题上拥有广泛的共同利益。中印友好合作,是两国经济社会发展的需要,符合两国和两国人民的根本利益,顺应亚洲和世界和平与发展的潮流。中印携手发展起来了,将给两国 24 亿人民带来巨大福祉,将给亚洲乃至世界各国人民带来巨大福祉。

中印友好,利在双方,惠及亚洲和世界。中印关系已经远远超出双边范畴,具有全球性意义。发展中印关系既要着眼双边合作,更要面向世界、面向未来。我们两国有远见的政治家,应该以长远和战略的眼光看待中印关系发展,抓住当前有利时机,加强两国睦邻友好和全面合作,推动两国战略合作伙伴关系不断向前发展。

携手合作,共创未来,是历史赋予我们的使命,是时代对我们的召唤。发展同印度的战略合作伙伴关系,是中国政府的既定方针和战略决策,绝非权宜之计。中国已故领导人邓小平先生曾经说过,中印两国对人类有一个共同的责任,就是要利用有利的和平国际环境来发展自己;只有中印都发展起来了,才会有真正的亚洲世纪。中方始终认为,印度的发展有利于提升亚洲的整体实力和国际地位,有利于壮大发展中国家的力量,有利于促进地区和世界的和平与发展,有利于为深化中印友好合作、实现互利双赢创造宝贵机遇。

中印两国的发展是相辅相成的,而不是相互排斥的。中国真诚欢迎印度的发展,支持印度在国际事务中发挥更大作用,衷心祝愿印度在未来岁月中不断取得新成就。中印两国人民友好和中印关系发展有着坚实基础和广阔空间。我对中印关系发展的前景充满信心。

女士们、先生们、朋友们!

我这次访问贵国,就是要加深友谊、增进互信、扩大合作、规划未来。我同贵国领导人举行了富有成果的会谈,就中印战略合作伙伴关系的未来发展达成了重要共识。我们共同认为,应该向全世界传递一个重要政治信号,这就是中印是真诚朋友,是合作伙伴,中印愿意长期友好、携手合作、共同发展。

中方愿同印方一道努力,推动两国战略合作伙伴关系全面深入发展。为此,我愿提出以下建议。

第一,增强政治互信,巩固两国关系基础。我们双方应该高瞻远瞩,洞察历史潮流,从战略全局出发把握两国关系。两国应该保持领导人经常会晤,扩大政府、立法机构、政党高层交往,增进相互了解;利用两国间业已建立的各种机制,保持经常对话和磋商,就各自关切的重大问题加强沟通。

第二,深化经贸合作,充实两国关系内涵。中印国情相似,发展水平相近,经济互补性强,合作前景广阔。中印开展合作,不仅可以形成合力,提高各自的国际竞争力,促进共同发展,而且能够促进发展中国家的整体发展,推动亚洲实现更加广泛的区域经济一体化。近年来,中印经贸合作发展势头良好,已成为双边关系中的亮点。(下转第三版)

胡锦涛在印度科学宫发表重要演讲

指出中印友好,利在双方,惠及亚洲和世界

十一月二十二日,中国国家主席胡锦涛在印度科学宫向印度各界人士发表重要演讲。新华社记者　樊如钧摄

本报新德里 11 月 22 日电　记者**吴绮敏、任彦、陈继辉**报道:中国国家主席胡锦涛 22 日在新德里印度科学宫就中印关系和中国发展道路发表重要演讲。胡锦涛指出,中印友好,利在双方,惠及亚洲和世界。发展中印关系既要着眼双边合作,更要面向世界、面向未来。双方应该以长远和战略眼光看待中印关系发展,抓住当前有利时机,加强两国睦邻友好和全面合作,推动中印战略合作伙伴关系不断向前发展,推动建设持久和平、共同繁荣的和谐世界。

当地时间 10 时 15 分,胡锦涛来到科学宫会场,在印度副总统谢卡瓦特陪同下登上主席台。谢卡瓦特致欢迎词。在热烈的掌声中,胡锦涛向印度各界人士发表了题为《携手拓展合作　共创美好未来》的演讲。

胡锦涛在演讲中指出,中印都是历史悠久的文明古国,中印两国人民在历史上都创造了灿烂文化,都为人类文明进步作出了不可磨灭的贡献。回首历史,中印两国人民几乎在各个历史时期都结伴而行、命运与共。环顾今朝,中印两国人民在世界多极化和经济全球化的趋势深入发展的形势下都面临着难得的发展机遇。我们两国和两国人民的命运,再一次紧密地联系在一起。(**演讲全文另发**)

胡锦涛指出,中印两国人口多达 24 亿,占世界总人口的五分之二,我们两国的政策取向和发展状况,对地区和世界的和平与发展具有重大影响。中印作为重要邻国,都面临着发展经济、提高人民生活水平的任务,都需要和平稳定的国际环境和睦邻友好的周边环境。中印作为亚洲大国,肩负着促进亚洲和平稳定、推动亚洲发展振兴的重大责任。中印作为发展中大国,在促进世界多极化和国际关系民主化等重大国际问题上拥有广泛的共同利益。中印友好合作,是两国经济社会发展的需要,符合两国和两国人民的根本利益,顺应亚洲和世界和平与发展的潮流。中印携手发展起来了,将给两国 24 亿人民带来巨大福祉,将给亚洲乃至世界各国人民带来巨大福祉。

胡锦涛强调,发展同印度的战略合作伙伴关系,是中国政府的既定方针和战略决策。中方始终认为,印度的发展有利于提升亚洲的整体实力和国际地位,有利于壮大发展中国家的力量,有利于促进地区和世界的和平与发展,有利于为深化中印友好合作、实现互利双赢创造宝贵机遇。中国真诚欢迎印度的发展,支持印度在国际事务中发挥更大作用。胡锦涛表示对中印关系发展的前景充满信心。

胡锦涛表示,他这次访问印度,同印度领导人就中印战略合作伙伴关系的未来发展达成了重要共识,共同认为应该向全世界传递一个重要政治信号,这就是中印是真诚朋友,是合作伙伴,中印愿意长期友好、携手合作、共同发展。

胡锦涛指出,中方愿同印方一道努力,推动两国战略合作伙伴关系全面深入发展。胡锦涛为此提出 5 项建议。第一,增强政治互信,巩固两国关系基础。双方应该高瞻远瞩,洞察历史潮流,从战略全局出发把握两国关系,增进相互了解。第二,深化经贸合作,充实两国关系内涵。积极推动贸易多样化,争取 2010 年双边贸易额达到 400 亿美元。鼓励和支持两国企业在信息技术、能源资源、基础设施、科技、农业等领域开展合作,实现优势互补,培育两国合作的新增长点。第三,扩大人文交流,夯实两国友好社会基础。开展形式多样的文化交流,进一步促进对彼此文化传统的了解。我们应该加强教育和旅游合作,鼓励青年交往。中国政府决定在未来 5 年内邀请 500 名印度青年访华。第四,加强友好协商,推动边界问题早日解决。中方愿同印方一道,坚持和平共处五项原则,从两国关系大局出发,坚持和平友好、平等协商、互相尊重、互相谅解,积极寻求公平合理和双方都能接受的解决方案,使中印边界成为两国睦邻友好和互利合作的纽带。第五,发展多边合作,共同维护发展中国家正当权益。在重大国际问题上加强沟通、协调立场,共同致力于维护发展中国家的整体利益,促进世界多极化和国际关系民主化,推动国际政治经济秩序朝着更加公正合理的方向发展。

胡锦涛介绍了中国改革开放的形势和取得的巨大成就。胡锦涛说,中国要实现现代化,使全体人民过上富裕生活,还需要长期艰苦奋斗。我们将认真贯彻以人为本、全面协调可持续发展的科学发展观,着力构建和谐社会。

胡锦涛强调,中国自己要发展,也希望同其他国家和谐相处、互利合作、共同发展。无论国际风云如何变幻,中国都将高举和平、发展、合作的旗帜,坚持独立自主的和平外交政策,坚定不移地走和平发展道路,实施互利共赢的开放战略,既通过维护世界和平发展自己,又通过自身的发展促进世界和平。

关于南亚问题,胡锦涛强调,南亚是亚洲的重要组成部分。一个和平繁荣的南亚,符合中国和本地区各国的共同利益。中国希望看到南亚各国政治稳定、经济繁荣,希望看到南亚国家和睦相处、共谋发展。中国欢迎并支持印巴关系改善。中国在南亚不谋求任何私利,愿为促进南亚和平与发展发挥建设性作用。

胡锦涛最后表示,中印两国和两国人民友好是千秋大计,要靠一代又一代人不懈努力。让我们携起手来,共同努力,共同创造两国和两国人民更加美好的未来。

谢卡瓦特在致词中说,中国国家主席胡锦涛此次对印度的成功访问将是印中关系史上又一座重要里程碑,将推动两国关系向更高水平、更广领域发展。印度和中国作为两个年轻而又拥有悠久文明的国家,共同倡导了和平共处五项原则;作为两个人口大国,代表着发展中国家的广泛利益。两国面向和平与繁荣的战略合作伙伴关系不仅对这一代以及后代的印度人和中国人是一大福音,而且也是我们所在地区和世界稳定的福音。两国完全可以相互借鉴、取长补短,通过合作取得更大成就。他希望印中尊重和照顾彼此的关切和愿望,在一种合作而不是竞争的框架内构筑强有力的双边关系,以造福世界。他表示,胡锦涛的这次访问使双方更加靠近这一美好目标。

中共中央政治局候补委员、中央书记处书记、中央办公厅主任王刚等陪同人员参加演讲会。

胡锦涛会见印度人民院反对党领袖

本报新德里 11 月 22 日电　记者**吴绮敏、任彦、陈继辉**报道:中国国家主席胡锦涛 22 日在新德里会见了印度人民院反对党领袖、印度人民党资深领导人阿德瓦尼。

胡锦涛说,印度人民党执政期间,瓦杰帕伊前总理成功访华,两国签署了《中印关系原则和全面合作宣言》,建立了边界问题特别代表会晤机制,为推动中印关系发展作出了积极贡献。中方对此高度赞赏。

胡锦涛指出,中印关系近年来取得了显著进展。中方愿同印方一道努力,不断增强政治互信,拓展务实合作,加强在国际和地区事务中的协调,推动中印战略合作伙伴关系不断向前发展。印度人民党是印度政坛的一支重要力量。中国共产党重视发展同印度人民党的友好关系。两党自 1996 年建立联系以来,保持着多种形式的交流合作,为推动两国关系发展作出了积极贡献。希望今后两党密切交往、加强交流。中国共产党愿同印度人民党一道,为推动中印关系发展而不懈努力。

阿德瓦尼热烈欢迎胡锦涛访问印度。他说,长期以来,印度人民党一直认为两国和两国人民应该发展友好合作关系,并为两国关系正常化和发展做了积极努力。当前,印中关系正朝着战略合作伙伴方向发展,印度人民党赞赏中方对发展两国关系的积极态度。相信在双方共同努力下,两国关系会发展得越来越好。

中共中央政治局候补委员、中央书记处书记、中央办公厅主任王刚等陪同人员参加会见。

胡锦涛集体会见印度左派政党领导人

本报新德里 11 月 22 日电　记者**吴绮敏、任彦、陈继辉**报道:中国国家主席胡锦涛 22 日在新德里集体会见了印度共产党(马)领导人卡拉特、印度共产党领导人巴尔丹和全印前进同盟总书记比斯瓦斯等。

胡锦涛赞扬印度左派政党各位领导人长期致力于中印友好,为中印关系发展作出了积极贡献。他表示,中国和印度的发展,为两国深化全面合作、实现互利双赢提供了宝贵机遇。双方应该洞察世界发展潮流,以战略和长远的眼光把握两国关系,抓住有利时机,相互学习、取长补短,携手合作、共同发展。

胡锦涛指出,左派政党是印度政坛的一支重要力量,也是支持中印友好事业的中坚力量,为促进两国关系发展做了大量工作。多年来,中国共产党同印度左派政党保持着密切交往,这是两国关系的重要组成部分。中国共产党愿同印度左派政党扩大交往、加强交流、互相学习,也期待着印度左派政党继续发挥积极作用,为推动中印战略合作伙伴关系不断向前发展作出新的更大的贡献。

各位政党领导人表示,胡锦涛此访取得丰硕成果,对加强两国关系作出重要贡献,必将成为两国关系发展史上新的里程碑。印中发展战略合作伙伴关系对两国和亚洲都非常重要。印中关系是合作互补关系,不是竞争对手关系,印度左派政党致力于发展密切的印中关系,愿意同中国共产党加强治党理政方面的交流,相互借鉴发展经验,不断拓展和深化两国友好合作关系。

中共中央政治局候补委员、中央书记处书记、中央办公厅主任王刚等陪同人员参加会见。

当天上午,胡锦涛亲切看望了中国驻印度大使馆工作人员、中资机构、华侨华人和留学生代表。

温家宝主持召开国务院常务会议

听取社会保险基金审计情况的汇报　讨论并原则通过《中华人民共和国城乡规划法(草案)》　严肃处理中石油吉林石化分公司双苯厂"11·13"爆炸事故及松花江水污染事件相关责任人

本报北京 11 月 22 日讯　国务院总理温家宝 22 日主持召开国务院常务会议,听取社会保险基金审计情况的汇报;讨论并原则通过《中华人民共和国城乡规划法(草案)》;严肃处理中石油吉林石化分公司双苯厂"11·13"爆炸事故及松花江水污染事件相关责任人。

会议听取了审计署对 2005 年企业职工基本养老保险基金、城镇职工基本医疗保险基金和失业保险基金管理使用审计情况的汇报。今年 9 月份,审计署在对上海市进行专门审计的同时,组织力量对除西藏外的 29 个省、区、市本级、省会城市、计划单列市及部分延伸城市的三项保险基金进行了审计。这次审计覆盖面广,工作比较深入,基本摸清了情况。从 29 个省份审计结果看,社会保险基金的管理运用总体上是好的,征收覆盖范围逐步扩大,基金规模不断增加,运营和管理进一步规范,维护了职工利益,促进了社会和谐稳定。但一些地方存在政策执行不严、管理不够规范、甚至侵占挪用等问题,有的问题还比较严重,必须引起高度重视。

会议指出,社会保障制度是社会的安全网和稳定器,是建设社会主义和谐社会的重要内容。社会保险基金必须切实管好用好、确保安全完整、保值增值,这是政府的重要责任。社会保险基金是"高压线",任何人都不得侵占挪用。有关部门和各地政府要对审计发现的问题认真整改,侵占挪用的资金要限期归还,损失的资金要采取措施补足,违法违纪问题要一查到底,严肃追究有关人员责任。(下转第四版)

温家宝与蒙古总理举行会谈

双方就加强双边各领域合作达成五点共识

十一月二十二日,国务院总理温家宝在北京人民大会堂北大厅为蒙古总理恩赫包勒德访华举行欢迎仪式。新华社记者　黄敬文摄

新华社北京 11 月 22 日电(记者**李忠发**)国务院总理温家宝 22 日在人民大会堂与来华进行正式访问的蒙古总理恩赫包勒德举行会谈。

温家宝指出,近年来,中国和蒙古关系取得了一系列重要进展。两国建立了睦邻互信伙伴关系,确立了两国关系发展的目标;圆满完成了边界联检工作,使中蒙边界成为联系两国人民世代友好的纽带;能源开发和基础设施建设两大重点领域的合作已开始启动,互利共赢局面正在形成;人文交流日益活跃,相互了解与友好不断加深。可以说,中蒙关系正处在稳步发展的新阶段。

温家宝强调,巩固和发展中蒙友好合作关系是中国政府坚定不移的战略方针。中方愿同蒙方共同努力,抓住机遇,加强合作,造福两国和两国人民。

(下转第四版)

人民日报

RENMIN RIBAO

今日 16 版（华东、华南地区 20 版）　国内统一连续出版物号 CN 11-0065　第 21318 期（代号 1-1）

人民网　网址：http://www.people.com.cn　手机：http://wap.people.com.cn

人民日报社出版

2006 年 11 月 21 日　星期二　丙戌年十月初一

北京地区天气预报　白天　多云间晴　风向　偏北　风力　三、四级　夜间　多云　风向　东北　风力　二、三级　温度　13℃/3℃

圆满结束老挝之行抵新德里

胡锦涛开始对印度进行国事访问

十一月二十日晚，中国国家主席胡锦涛抵达新德里，开始对印度共和国进行国事访问。图为抵达后，胡锦涛和夫人刘永清向欢迎群众招手致意。新华社记者　樊如钧摄

本报新德里 11 月 20 日电　记者**吴绮敏、任彦、陈继辉**报道：中国国家主席胡锦涛 20 日抵达印度首都新德里，开始对印度进行国事访问。

当地时间 18 时 35 分，胡锦涛乘坐的专机抵达新德里帕拉姆空军机场。胡锦涛和夫人刘永清在机场受到印度外交部长慕克吉、科技部长西巴尔等的热情迎接。

胡锦涛在机场发表了书面讲话。他指出，印度是一个伟大的国家，创造了悠久的文明和灿烂的文化。独立以来，印度在国家发展道路上取得了令人瞩目的成就。近年来，印度政治稳定，经济快速发展，国际影响日益上升。我衷心祝愿印度取得更大进步。

胡锦涛指出，中印毗邻而居，两国人民的友好交往源远流长。近年来，中印关系呈现出全面发展的良好势头，政治互信日益增强，互利合作全面拓展，友好交往不断扩大，在国际和地区事务中保持着良好协调。

胡锦涛指出，中印都是发展中大国。中印发展睦邻友好合作，不仅造福两国人民，而且有利于促进亚洲乃至世界的和平与发展。胡锦涛表示，他这次访问印度，抱着加深友谊、增进互信、扩大合作、规划未来的目的而来。他期待着同印度领导人和各界人士就双边关系及共同关心的国际和地区问题深入交换意见。胡锦涛表示相信，这次访问将有助于巩固传统友谊，增进相互信任，扩大互利合作，推动中印战略合作伙伴关系向前发展。

中共中央政治局候补委员、中央书记处书记、中央办公厅主任王刚等陪同人员同机抵达。

中国驻印度大使孙玉玺和使馆工作人员等也到机场迎接。

胡锦涛是在结束了对老挝的访问后，从老挝首都万象抵达新德里的。离开万象之前，胡锦涛同老挝人民革命党中央委员会总书记、老挝国家主席朱马利亲切话别。

当天下午，胡锦涛亲切会见了第六批中国青年志愿者赴老挝服务队全体队员，向他们表示慰问。

印度是胡锦涛此次出访的第三站。此前，他对越南和老挝进行了国事访问，并在越南首都河内出席了亚太经合组织第十四次领导人非正式会议。胡锦涛还将对巴基斯坦进行国事访问。

胡锦涛会见老挝国会主席通辛·坦马冯

11 月 20 日，中共中央总书记、中国国家主席胡锦涛在万象会见老挝国会主席通辛·坦马冯。　新华社记者　樊如钧摄

本报万象 11 月 20 日电　记者**吴绮敏**报道：中共中央总书记、中国国家主席胡锦涛 20 日在万象会见老挝国会主席通辛·坦马冯。

胡锦涛说，中国和老挝自古就是友好邻邦。近年来，两党两国关系全面深入发展。加强中老睦邻友好和全面合作，是两党两国和两国人民的共同愿望，也是推进两国社会主义事业的客观需要。中国党和政府愿同老挝方面一道，将中老长期稳定、睦邻友好、彼此信赖的全面合作关系提高到新水平。

通辛表示，胡锦涛此访将巩固老中关系的基础，促进友好和全面合作，使两国关系进入一个新的发展时期。中方给予老方的宝贵支持和援助是对老挝党、政府和人民建设国家的巨大鼓舞，老方深表感谢。

胡锦涛指出，中国全国人大和老挝国会保持着密切的友好往来，相互学习借鉴社会主义民主法制建设的理论和经验，收到良好效果。中国全国人大和老挝国会在各自国家社会主义民主法制建设中承担着相同任务，双方加强立法工作等方面的经验交流意义重大。中方愿同老方一道，继续保持两国立法机构全面友好往来，加强立法、监督等方面的相互学习借鉴。

通辛表示，老挝国会同中国全国人大有着非常良好的合作关系，中方在立法方面向老挝国会提供了宝贵经验，提高了老挝国会的立法效率。老方希望双方开展更多交流，保持立法组织高层互访，加强培训老挝国会干部的合作。老挝国会将全力推动落实胡锦涛访问老挝取得的重要成果，使两国友好合作关系不断向前发展。

会谈前，胡锦涛向老挝无名战士纪念碑敬献了花圈。

中共中央政治局候补委员、中央书记处书记、中央办公厅主任王刚等陪同人员参加上述活动。

胡锦涛会见老挝总理布阿索内·布帕万

11 月 20 日，中共中央总书记、中国国家主席胡锦涛在万象会见老挝总理布阿索内·布帕万。　新华社记者　饶爱民摄

本报万象 11 月 20 日电　记者**吴绮敏**报道：中共中央总书记、中国国家主席胡锦涛 20 日在万象会见老挝总理布阿索内·布帕万。

胡锦涛表示，新世纪以来，两党两国关系全面深入发展。双方政治上相互信赖、经济上互利合作、国际事务中相互支持，给两国人民带来了实实在在的利益。中老两国是真正的好邻居、好朋友、好同志、好伙伴。中老友好已成为两国人民共同的宝贵财富，双方要倍加珍惜。

布阿索内积极评价老中关系，表示双方政治、国防、公安、外交领域合作非常好，经贸关系快速发展。中国对老挝的投资有助于发挥老挝经济优势和解决人民贫困问题，双方大项目合作有利于加强老挝经济基础。双方教育、卫生、文化合作活跃开展。无论是老挝过去革命时期还是今天国家建设时期，中国人民都给予老挝人民以宝贵支持，老挝党、政府和人民深表感谢。

关于两国经贸合作，胡锦涛表示，中老经贸合作发展势头良好。双边贸易额今年有望取得新突破。两国经贸合作潜力大，前景广阔，下一步的主要任务是挖掘合作潜力、提升合作水平。一是扩大双边贸易。希望老方充分利用中方提供的 330 种产品零关税待遇，开发适销对路产品，扩大对华出口。二是深化互利合作。中国政府鼓励更多有实力的中国企业到老挝开展合作，两国政府要为此提供必要的便利。三是用好中国的援助。应与老挝经济发展规划相结合、与提高老挝自主发展能力相结合、与促进双边经贸合作相结合。四是加强边境地区经贸合作，重点发展替代种植产业，促进两国边境地区经济发展和社会稳定。

布阿索内表示，胡锦涛的访问使两国业已存在的友好合作关系提高到了新水平，老挝中央和地方政府将认真落实两国最高领导人就各领域合作达成的重要共识，加强两国合作委员会的密切协调和配合，使两国经贸合作水平不断提高。

中共中央政治局候补委员、中央书记处书记、中央办公厅主任王刚等陪同人员参加会见。

当天上午，胡锦涛亲切看望了中国驻老挝大使馆工作人员、中资机构和华侨华人代表。

温家宝与保加利亚总理举行会谈

新华社北京 11 月 20 日电（记者**李忠发**）国务院总理温家宝 20 日在人民大会堂与保加利亚总理斯塔尼舍夫举行会谈。双方就发展中保全面合作伙伴关系及共同关心的国际和地区问题交换了看法，达成广泛共识。

温家宝说，保加利亚是世界上最早承认新中国的国家之一，两国有着深厚的传统友谊。多年来，中保两国在政治上相互尊重、平等相待，在经济上互惠互利、共同发展，双边关系稳步向前推进。

温家宝指出，中保之间没有任何悬而未决的问题，双边合作具有潜力和发展前景。为进一步推进中保友好关系，中方愿与保方在以下方面作出共同努力：一是保持高层交往，加强政治对话，确保两国关系长期稳定健康发展。二是深化经贸合作，提高合作水平。鼓励双向投资，支持中小企业合作。中方愿采取积极措施，扩大自保加利亚的进口，也希望保加利亚积极开拓中国市场。三是认真落实文化、教育交流计划，扩大民间和青年交往。

斯塔尼舍夫说，保中友好合作关系基础牢固，一直顺利发展。保方高度重视与中方关系，愿与中方加强高层交往和各领域的合作，共同发展面向 21 世纪的全面合作伙伴关系。 （下转第四版）

11 月 20 日，国务院总理温家宝在北京人民大会堂北大厅举行仪式，欢迎保加利亚总理斯塔尼舍夫访华。　新华社记者　李学仁摄

曾庆红会见保加利亚总理

新华社北京 11 月 20 日电（记者**李忠发**）国家副主席曾庆红 20 日在人民大会堂会见保加利亚总理斯塔尼舍夫。

曾庆红说，中保是传统友好国家。建交 57 年来，尽管国际形势和两国各自国情都发生了很大变化，但双方始终本着相互尊重、平等互利的原则积极发展双边关系，各个领域的合作都取得了可喜成果。近年来，双方高层往来不断，经贸合作成效显著，民间友好交往增多，在国际事务中保持着良好沟通与协调。中方对两国关系全面发展的良好势头感到满意，赞赏保政府多年来一贯奉行一个中国政策。

曾庆红表示，中方高度重视发展与保关系，视保方为可信赖的好朋友和重要合作伙伴。我们愿与保方共同努力，保持高层交往，加深相互信任，扩大务实合作，增进传统友谊，推动双边关系向更高水平发展。

斯塔尼舍夫说，保中友好交往历史悠久，保加利亚是世界上第二个承认新中国的国家。目前，两国关系发展良好。中国在保持经济快速发展的同时妥善处理了发展中出现的问题，现开始构建和谐社会。保方也在推进本国发展，希借鉴中方成功经验。我们愿与中方加强全方位交流与合作，推动两国政治关系和经贸合作全面发展。

斯塔尼舍夫表示，保历届政府都坚持一个中国政策，这一政策今后不会改变。

曾庆红祝贺保加利亚即将成为欧盟新成员。斯塔尼舍夫表示，保方将为促进欧中关系作出自己的努力。

落实科学发展观·构建和谐社会

·以和谐文化巩固社会和谐思想道德基础·

提炼城市精神　开展主题教育
铜陵提升市民文明素质促和谐

编者按：实现社会和谐，既需要雄厚的物质基础、坚强的政治保障，也需要有力的精神支撑、良好的文化条件。建设和谐文化，是我们党的一个重大理论创新，也是构建社会主义和谐社会的重要任务，需要在认识上不断深化，在实践中不断探索。

从今天起，本报“落实科学发展观·构建和谐社会”专栏推出“以和谐文化巩固社会和谐思想道德基础”专题，陆续报道各地各部门围绕社会主义核心价值体系建设，培育和谐精神，倡导和谐理念，在全社会形成共同的理想信念和道德规范的实践和经验。

本报合肥 11 月 20 日电　记者**刘杰**报道：今年 6 月，一位在安徽铜陵投资的客商在当地报纸刊登启事，寻找一名出租车司机，“我在铜陵考察项目时，他带我跑了许多地方。当零钱不好找兑时，他没收一分车费，连姓名都没留下”。

“找的哥”一时传为佳话。而这座城市里曾经发生过的“难堪事”也并未让人彻底忘却：长江路草坪上的铜雕“思考姑娘”的手臂曾被锯盗；开井湖公园里，用以布展的数千把红伞一夜间几乎没了踪影。这两桩事，一度让全市上下难以平静。铜陵市委、市政府因势利导，在全市组织开展了提高市民文明素质的大讨论。在此基础上，经广泛征集整理，提炼出“古朴厚重、熔旧铸新、自强不息、敢为人先”的“铜都精神”，并在广场上竖起巨幅浮雕，展示铜陵新姿和铜陵人昂扬向上的精神风貌。今年国庆节前，铜陵竖起了“八荣八耻”巨型雕塑，从内容和形式上给人以新的启迪。

围绕社会公德、职业道德和家庭美德教育，铜陵市持续多年开展“五好文明家庭”、“十星文明户”以及“十佳诚信居民”、“十佳诚信家庭”、“十佳诚信企业”、“十佳诚信经营者”等评选活动，教育、引导、激励广大市民和企业经营者提高文明素质。各社区普遍开展学习型社区和学习型家庭创建活动，全市建立了 240 多所文明市民学校，每年接受教育的市民有三四十万人次。

基层之声

安徽省铜陵市文明办副主任刘家有——

城市是否和谐，很大程度上取决于全体市民的思想道德素质。提高市民文明素质，不仅事关文明城市的创建，也是建设和谐文化的重要内容。铜陵市把加强公民道德建设作为构建和谐社会的基础工作和建设和谐文化的中心环节，摆在重要位置，通过各种主题教育和创建活动，使广大市民在参与中提高，收到了一定成效。“十年树木，百年树人”，提高市民文明素质是一项长期的工作，是一个潜移默化、渐进积累的过程，需要我们与时俱进、常抓不懈。

第十届全国见义勇为英雄和先进分子表彰大会在京举行
罗干会见受表彰代表

本报北京 11 月 20 日讯　记者**吴兢**报道：第十届全国见义勇为英雄和先进分子暨第二届全国见义勇为工作先进单位先进工作者表彰大会今天在京举行。中共中央政治局常委、中央政法委书记罗干在会前会见了受到表彰的见义勇为英雄、先进分子代表和见义勇为工作先进单位、先进工作者代表。

中共中央政治局委员、书记处书记、中宣部部长刘云山，中共中央政治局委员、书记处书记、国务委员周永康和中华见义勇为基金会理事长曹志参加会见并出席表彰大会。

表彰大会上，周永康代表党中央、国务院讲话，要求认真贯彻落实党的十六届六中全会精神，继承中华民族的传统美德，弘扬见义勇为的奉献精神，激发广大人民群众同违法犯罪分子和灾害事故作斗争，建设社会主义核心价值体系，匡扶社会正义，促进社会和谐。

周永康指出，见义勇为、匡扶正义、扶危济困，是中华民族的传统美德，是时代精神的具体体现。在国家、集体利益和人民群众生命财产受到严重威胁和不法侵害时，一大批见义勇为英雄和先进分子临危不惧，挺身而出，与违法犯罪分子和灾害事故展开了英勇搏斗，用汗水、鲜血乃至生命谱写了新时期人民英雄感人至深、催人泪下的奉献壮歌，集中体现了崇高的社会责任感，体现了无私无畏的品德气节，体现了当代中国人的精神风貌。 （下转第四版）

四版刊登评论员文章
高唱时代正气歌

第十届“全国见义勇为英雄”、“全国见义勇为先进分子”和第二届“全国见义勇为工作先进单位”、“全国见义勇为先进工作者”名单见第七版

人民日报

RENMIN RIBAO

今日16版(华东、华南地区20版)　国内统一连续出版物号 CN 11-0065　第21321期（代号1-1）

人民网　网址:http://www.people.com.cn　手机:http://wap.people.com.cn

人民日报社出版

2006年11月24日 星期五

丙戌年十月初四

北京地区天气预报　白天 晴转多云　风向 北转南　风力 二、三级　夜间 多云转阴 有小雨夹雪　风向 偏南　风力 一、二级　温度 6℃/1℃

胡锦涛出席中印经贸投资合作峰会暨首席执行官论坛并发表重要讲话

就推动两国经贸合作提出5点建议

11月23日，中国国家主席胡锦涛在孟买出席中印经贸投资合作峰会暨首席执行官论坛开幕式并发表重要讲话。　新华社记者　饶爱民摄

本报孟买11月23日电　记者吴绮敏报道：中国国家主席胡锦涛23日在孟买出席中印经贸投资合作峰会暨首席执行官论坛，并发表重要讲话。胡锦涛指出，中印都处在快速发展时期，正面临着加快发展的历史性机遇。中印发展，为两国深化全面合作、实现互利双赢提供了宝贵机遇。我们两国应该抓住机遇，拓展合作，推动两国经贸合作进一步向深度和广度发展，为促进各自国家发展和亚洲振兴作出贡献。

这次会议在孟买泰姬玛哈饭店举行。当地时间上午10时，胡锦涛步入会议厅，与会代表全体起立，鼓掌欢迎。

在热烈的掌声中，胡锦涛就中印经贸关系发展发表重要讲话。他说，中印两国人民的友好交往源远流长。进入新世纪以来，两国关系呈现出全面发展的良好势头。去年中印宣布建立面向和平与繁荣的战略合作伙伴关系，标志着两国关系进入新的发展阶段。

胡锦涛指出，近年来，中印经贸合作取得显著成效，成为双边关系中的突出亮点。双边贸易10年间增长15倍，年均增长32%。今年双边贸易额有望突破200亿美元，提前实现两国确定的2008年达到200亿美元的目标。中国已成为印度第二大贸易伙伴，印度是中国在南亚的最大贸易伙伴。印度已成为中国最重要的海外工程承包市场之一。两国相互投资发展势头良好，领域涉及电信、软件、医药等新兴产业，示范作用明显。两国石油公司在第三国成功开展合作，为两国企业合作开拓了新方式。中印互利互惠的经贸合作，给双方带来了实实在在的利益，巩固了两国关系的基础。

胡锦涛就推动两国经贸合作提出了5点建议。

第一，推动贸易多样化。我们已提出到2010年双边贸易额达到400亿美元的新目标。为实现这一目标，我们要努力改善贸易结构，提高商品技术含量和附加值，增加高新技术产品和机电产品在贸易中的比重，不断扩大贸易规模，提高合作水平。

第二，拓展重点领域合作。中印在信息技术、能源资源、基础设施、科技、农业领域各具优势，互补性强，合作潜力巨大。我们双方应该积极拓展上述领域的合作，培育两国合作的增长点。中国政府将继续鼓励有实力的中国企业到印度投资兴业，也欢迎更多印度公司赴华寻找商机。

第三，改善贸易投资环境。两国政府应该着眼大局，加强磋商和对话，妥善处理经贸合作中出现的问题。同时，采取积极措施，努力消除贸易投资障碍，促进贸易和投资便利化，共同创造有利于扩大两国经贸合作的环境。两国政府应该为加强双方经济技术合作创造更好条件，为两国企业互利合作创造更为公平和良好的贸易环境，推动双边经贸关系进一步发展。

第四，加强在多边领域和第三国的合作。中印应该加强在世贸组织等多边经济组织中的协调，共同维护发展中国家的正当权益。中印作为《曼谷协定》的重要成员，应该在该框架下密切合作。中国已经成为南盟观察员，希望双方利用这一平台，积极探讨合作。中印在国际能源领域有着广泛的共同利益，双方应该鼓励和支持两国企业联合赴第三国开展能源合作。两国企业还可以发挥各自优势，探讨联合赴第三国开展工程承包合作。

第五，积极探讨贸易自由化。中印经济互补性强，经贸合作潜力巨大，具备建立自由贸易关系的基本条件。中印建立自由贸易区，将把两国经贸关系提升到新水平，同时将对亚洲区域经济一体化产生推动作用。中印已经启动了区域贸易安排可行性联合研究，双方同意于2007年10月之前完成这项工作，希望这将为区域贸易安排谈判打好基础。

胡锦涛表示，他衷心期待两国工商界企业人士放眼未来、携手合作，共同开创两国经贸合作新局面。

中国商务部长薄熙来、中国贸促会会长万季飞、印度商工部长纳特等在会上分别致辞，感谢胡锦涛出席会议并发表重要讲话。他们表示，胡锦涛主席的讲话为中印两国在新世纪的经贸合作指明了方向，两国工商企业界人士将抓住中印两国经济快速发展的历史机遇，共同努力，扩大双边贸易、增加相互投资，把两国经贸投资合作提高到新的水平。

这次会议由中国商务部、中国贸促会和印度商工部、工商联合会等共同举办，主要议题是推动中印经贸合作。两国政府官员、工商界人士等400多人参加会议。

当天上午，胡锦涛在下榻的饭店会见了曾为中国人民抗日战争作出杰出贡献的国际主义战士柯棣华大夫的亲属。

中共中央政治局候补委员、中央书记处书记、中央办公厅主任王刚等陪同人员参加上述活动。

圆满结束印度之行抵达伊斯兰堡

胡锦涛开始对巴基斯坦进行国事访问

11月23日，中国国家主席胡锦涛抵达伊斯兰堡，开始对巴基斯坦进行国事访问。巴基斯坦总统穆沙拉夫在机场举行隆重仪式欢迎胡锦涛。　新华社记者　樊如钧摄

本报伊斯兰堡11月23日电　记者吴绮敏、陈一鸣报道：中国国家主席胡锦涛23日抵达伊斯兰堡，开始对巴基斯坦进行国事访问，以巩固中巴传统友谊，推动中巴关系进一步发展。

当地时间16时25分，胡锦涛乘坐的专机抵达伊斯兰堡恰克拉拉空军机场。胡锦涛和夫人刘永清在机场受到巴基斯坦总统穆沙拉夫夫妇、巴基斯坦总理阿齐兹等的热情迎接。

穆沙拉夫总统在机场举行了隆重仪式，欢迎胡锦涛对巴基斯坦进行国事访问。胡锦涛、穆沙拉夫、阿齐兹登上检阅台，乐队奏中巴两国国歌。胡锦涛检阅了巴基斯坦三军仪仗队。

胡锦涛在机场发表了书面讲话。他指出，中巴是好邻居、好朋友、好伙伴、好兄弟。建交55年来，在两国政府和两国人民共同努力下，中巴建立了全天候友谊，开展了全方位合作。历史证明，中巴友好符合两国和两国人民的根本利益和共同愿望，有利于本地区的和平、稳定、繁荣。

胡锦涛指出，他这次访问的目的是加深友谊、扩大合作、规划未来。他期待着同穆沙拉夫总统和巴基斯坦其他领导人就双边关系及共同关心的国际和地区问题深入交换意见，并同巴基斯坦各界人士广泛接触。胡锦涛表示相信，这次访问必将进一步巩固中巴传统友谊，推动中巴关系迈上新台阶。

中共中央政治局候补委员、中央书记处书记、中央办公厅主任王刚等陪同人员同机抵达。

中国驻巴基斯坦大使张春祥和使馆工作人员等也到机场迎接。

当晚，胡锦涛出席了穆沙拉夫为他举行的欢迎宴会。

胡锦涛是在结束了对印度的国事访问后，从印度孟买乘专机抵达伊斯兰堡的。巴基斯坦是胡锦涛此次出访的最后一站。此前，他对越南、老挝、印度进行了国事访问，并在越南首都河内出席了亚太经合组织第十四次领导人非正式会议。

“缅怀中国人民的亲密朋友柯棣华大夫”

——记胡锦涛主席会见柯棣华大夫亲属

印度孟买，诞生过一个不平凡的生命，一位把壮丽生命献给了中国人民反法西斯斗争的国际主义战士——柯棣华大夫。

11月23日上午，海阔天高，阳光绚烂。正在孟买访问的中国国家主席胡锦涛在下榻的泰姬玛哈饭店亲切会见了柯棣华大夫的亲属——三妹曼娜拉玛、四妹苏拉卡、五妹瓦萨拉，以及柯棣华兄妹的子女等9人，写下了中印友好史册又一感人篇章。

走进会见厅，胡主席和夫人刘永清同柯棣华的亲属们一一握手，互致问候。在同柯棣华大哥的女儿苏曼加拉握手时，胡主席高兴地说：“柯棣华大夫播下的中印友谊的种子已经传到后代，相信还会一代代传下去。”

落座后，胡主席动情地说：“有机会见到柯棣华大夫的亲属，我感到非常亲切。首先，我要向你们转达13亿中国人民对你们的亲切问候。长期以来，你们为增进中印两国人民的相互了解和友谊做了大量有益的工作。我向你们表示衷心的感谢。”

胡主席说：“中印两国人民有着悠久的传统友谊。两国人民在抵抗外来侵略、争取民族解放的斗争中，一直相互同情、相互支持。柯棣华大夫就是其中的一位杰出代表。在中国人民最困难的时候，他毅然来到中国，投身于中国人民的抗日救亡事业，献出了宝贵的青春和生命，谱写了一曲中印友谊的赞歌。柯棣华大夫已经成为中印友好的象征，他永远活在中国人民心中。柯棣华大夫的精神，将继续激励两国各界人士投身中印友好事业。”

胡主席向他们介绍了当前中印关系的发展进程。他说：“我高兴地看到，在新世纪，中印传统友谊得到了继承和发扬。特别是近年来，中印关系取得了显著进展，两国建立了战略合作伙伴关系。”胡主席还介绍了他对印度的这次访问，表示相信在两国政府和各界人士共同努力下，中印关系一定会不断向前发展。

80多岁高龄的曼娜拉玛激动地说，非常欢迎胡主席和夫人来孟买访问，非常感谢胡主席在百忙之中专门抽出时间会见她们。她回顾了柯棣华大夫1938年离开孟买参加援华医疗队时的情景，讲述了柯棣华大夫在中国抗日前线不惧艰难险阻、救死扶伤的感人事迹。

她说：“柯棣华因其大公无私的精神而受到中国人民的爱戴和敬仰。过去60多年间，中国政府和人民仍然长久保存着对他的记忆，我们非常感激。我们唯一的希望是，让柯棣华的名字永远作为印中友好的桥梁。”

“感谢你介绍了柯棣华大夫伟大的一生。中国人民将永远记住他为中国人民反法西斯斗争作出的贡献。”胡主席充满感情地说，“2008年是柯棣华大夫赴华70周年，我们将举行活动纪念他、缅怀他。”

“我们准备了一本纪念册，其中收录了一些柯棣华大夫在华的珍贵照片，赠送给你们。”胡主席展开这本精美的纪念册，向他们介绍其中的照片：“这是柯棣华大夫的标准像”，“这是在解放区穿军装的照片”，“这是1939年在重庆学中文”，“毛主席会见他的这张照片很珍贵”，“这是朱总司令和他在一起”，“这是在给八路军战士做手术”，“这是1998年纪念柯棣华大夫赴华60周年的活动”，“这是中国孩子们在缅怀柯棣华大夫的事迹”……

在这本纪念册的扉页上，胡主席饱含深情地亲笔题词：“缅怀中国人民的亲密朋友柯棣华大夫”。

柯棣华的三个妹妹心情格外激动，连声道谢。曼娜拉玛说：“您同我们见面，让我们感到非常荣幸。”“我们很希望见到柯棣华的夫人郭庆兰，希望中国政府继续关照她。”她又说。

“放心。我们不会忘记柯棣华大夫的贡献，对他的夫人会尽力提供各种帮助。欢迎你们到中国去，那时你们就可以见面了。”胡主席回答说。

合影的时刻到了，胡主席搀扶着拄拐杖的曼娜拉玛，让她坐到中间座位。照相机快门声响起来，胡主席和柯棣华大夫的9位亲属相聚的笑影留下来。

温馨的会见，真情的回忆。会见结束时，胡主席再次扶起曼娜拉玛，并将柯棣华大夫的亲属送至门口，同他们一一握手告别。

回顾历史，一个个不朽的名字，一段段感人的故事，一次次深切的缅怀……中印两国人民友好的历史就这样汇聚而成。

（本报记者吴绮敏11月23日孟买报道）

11月23日，正在印度进行国事访问的中国国家主席胡锦涛在孟买亲切会见柯棣华大夫亲属。图为胡锦涛和夫人刘永清与柯棣华大夫的三个妹妹共同观看柯棣华大夫纪念册。　新华社记者　樊如钧摄

吴邦国贾庆林分别会见蒙古总理

新华社北京11月23日电　（记者李忠发）全国人大常委会委员长吴邦国和全国政协主席贾庆林23日在人民大会堂分别会见了蒙古总理恩赫包勒德。

吴邦国积极评价中蒙关系。他说，中蒙有着传统友谊，两国关系发展良好。双方高层交往频繁，政治互信不断加深，经贸合作持续扩大，各领域交流与合作日益活跃，在国际和地区事务中的协调与配合增多。中蒙互为重要邻国，又同为发展中国家，加强睦邻友好，扩大互利合作，不仅符合两国和两国人民的根本利益，也有利于地区乃至世界的和平与发展。中方愿同蒙方一道，在平等互利基础上，以资源开发利用和基础设施建设为重点深化经贸合作，进一步发挥企业在经贸合作中的主体作用，扩大人员往来，促进人文交流，加强议会、政党和民间、地区合作，将两国关系提升到更高水平。

恩赫包勒德说，蒙中建立睦邻互信伙伴关系以来，两国关系进入了新的发展阶段。议会间的良好合作对国家关系深入发展起到了积极作用。

贾庆林说，半个多世纪以来，中蒙关系经受了历史风雨的洗礼，取得长足发展，中蒙友好已深入人心。当前，中蒙两国都在致力于经济社会的全面发展，双方合作潜力巨大，前景广阔。我们应按照“和平共处、共同发展、互利共赢”的原则，认真落实两国元首就发展中蒙关系达成的重要共识，深化两国各领域务实合作，以更好地造福两国人民，并为本地区的和平与发展作出贡献。贾庆林表示，中国全国政协愿同蒙古社会各界加强交往，增进了解，共同推动中蒙睦邻互信伙伴关系不断向前发展。

恩赫包勒德说，蒙中两国关系的深入发展需要中国全国政协的支持，蒙方愿进一步加强与中国全国政协的合作。

纪念红军长征胜利70周年展览将延至12月10日闭幕

据新华社北京11月23日电（记者孙彦新）记者23日从中国人民革命军事博物馆获悉，为满足观众要求，原定于11月24日闭幕的《伟大壮举　光辉历程——纪念中国工农红军长征胜利70周年》展览将延长16天，于12月10日闭幕。

据介绍，自10月16日开展至11月23日下午，展览接待观众累计超过165万人次。虽然每天都延长展览时间，并组织了全国巡展，但还是有众多单位和个人在原定闭幕日前无法安排参观，观众纷纷要求展览延期闭幕。

储波当选中共内蒙古自治区委员会书记

新华社呼和浩特11月23日电　中共内蒙古自治区第八届委员会第一次全体会议11月23日选举储波为自治区党委书记，杨晶（蒙古族）、岳福洪、巴特尔（蒙古族）为自治区党委副书记，当选为自治区党委常委的还有任亚平、邢云、伏来旺（蒙古族）、陈明山（女）、韩志然（蒙古族）、莫建成、乌兰（女，蒙古族）、符太增。中共内蒙古自治区纪委第一次全会选举巴特尔（蒙古族）为自治区纪委书记，娜仁（女，蒙古族）、陈哲、张文清（蒙古族）、李杰为自治区纪委副书记。

交通税费改革进展如何（第六版）

三项保险基金整体情况较好（第五版）
审计署公布对二十九个省区市、五个计划单列市二〇〇五年三项保险基金管理使用情况的审计结果表明

只减地方收益 不拉地价上涨（第二版）
政策解读 明年一月一日起新增建设用地土地有偿使用费翻倍

〔人民时评·第五版〕管好百姓的“养命钱”

〔人民论坛·第四版〕没有比言行不一更让人失望的

人民日报

RENMIN RIBAO

今日 8 版

人民网 网址:http://www. people. com. cn
手机:http://wap. people. com. cn

国内统一连续出版物号 CN 11-0065
第 21322 期（代号 1-1）
人民日报社出版

2006 年 11 月
25
星期六
丙戌年十月初五

北京地区天气预报
白天 阴有小雨夹雪
风向 偏南
风力 二、三级
夜间 阴转多云
风向 偏南转偏东
风力 一、二级
温度 4℃/0℃

胡锦涛在伊斯兰堡会议中心发表重要演讲

11 月 24 日，正在巴基斯坦进行国事访问的中国国家主席胡锦涛，在巴基斯坦总统穆沙拉夫（右）和总理阿齐兹（左）陪同下，在伊斯兰堡会议中心向巴基斯坦各界人士发表重要演讲。

新华社记者 樊如钧摄

本报伊斯兰堡 11 月 24 日电 记者**吴绮敏、陈一鸣**报道：中国国家主席胡锦涛 24 日在伊斯兰堡会议中心向巴基斯坦各界人士发表重要演讲。胡锦涛指出，中国愿同巴基斯坦一道，共同致力于实现不同文明和谐进步，维护世界多样性和发展模式多样化，为推动建设持久和平、共同繁荣的和谐世界而不懈努力。

当天，伊斯兰堡会议中心充满喜庆热烈的气氛。会议大厅内灯火辉煌，鲜花吐艳，四周高挂着赞颂两国亲密关系的标语横幅，洋溢着中巴两国人民友好的浓郁气息。当地时间 16 时 15 分许，胡锦涛在巴基斯坦总统穆沙拉夫和总理阿齐兹陪同下步入会议大厅，与会 2000 多名巴基斯坦各界人士全体起立，热烈鼓掌致意。乐队高奏中巴两国国歌。

在长时间的热烈掌声中，胡锦涛发表了题为《弘扬传统友谊 深化全面合作》的重要演讲。胡锦涛说，中巴两国人民的友好交往源远流长，古老的丝绸之路早就把两国人民连结在一起。1951 年中巴正式建立外交关系以来，两国一直相互理解、相互尊重、相互信任、相互支持，友谊与日俱增，合作日益密切。我们两国是真正的好邻居、好朋友、好伙伴、好兄弟。**（演讲全文见第二版）**

胡锦涛指出，携手合作，共创未来，是历史赋予我们的使命，是时代对我们的召唤。中国政府和中国人民将一如既往地重视中巴关系，坚定不移地推进中巴各领域务实合作，愿同巴方一道努力，不断把中巴战略合作伙伴关系推向更高水平。为此，我提出以下倡议。第一，深化战略合作，巩固传统友谊。进一步加强两国全方位合作，不断给中巴战略合作伙伴关系赋予新的内涵。第二，拓展经贸往来，实现互利共赢。中国政府鼓励有实力的中国企业把巴基斯坦作为投资合作的重点方向之一。中方愿重点在能源资源开发、信息技术、基础设施、农业领域同巴方加强互利合作，实现优势互补。第三，扩大人文交流，夯实友好基础。为培养更多中巴友好事业接班人，中国政府决定未来 5 年内邀请 500 名巴基斯坦青年访华。中国政府支持双方在文化、卫生、教育、旅游、体育、新闻媒体、学术团体等方面加强交流合作，进一步夯实两国友好合作的社会基础。第四，加强国际合作，维护共同利益。中国愿同巴基斯坦一道，共同维护联合国宪章的宗旨和原则，共同致力于维护发展中国家的整体利益，共同促进国际关系民主化。第五，推动文明交流，共促世界和谐。建设持久和平、共同繁荣的和谐世界，符合世界各国人民的共同利益。世界是丰富多彩的，应该承认各国文化传统、社会制度、价值观念、发展模式的差异。这是世界充满活力的表现，也是世界蓬勃发展的动力。

胡锦涛表示，在漫长的历史进程中，中国人民辛勤劳动、不懈探索、勇于创造，以自强不息的精神推动了中国社会发展进步，创造了源远流长的中华文化，为人类文明进步作出了重要贡献。中国人民热爱和平，深知和平之宝贵。中国人民从切身经历和世界发展的经验教训中深刻认识到：任何民族都应该通过和平方式实现本民族的发展目标；只有通过和平方式实现的发展才是持久的牢靠的发展，也才是既有利于本国人民也有利于世界各国人民的发展。中国将坚定不移地走和平发展道路，在同各国广泛开展互利合作中促进自己的发展，又以自己的发展为维护世界和平、促进共同发展作出更大贡献。中国永远是维护世界和平、促进共同发展的坚定力量，中国永远是推动建设和谐世界的坚定力量。

胡锦涛的演讲引起强烈反响，全场听众报以 20 多次热烈的掌声。

穆沙拉夫在会上发表了热情洋溢的致辞。他说，在巴中建交 55 周年之际，中国国家主席胡锦涛对巴基斯坦进行国事访问，显示出两国人民有着四季常青、久经考验的友好关系。在过去半个世纪里，巴中相互信任、密切合作。中国在短短的时间内取得了历史上前所未有的成就，并以对世界和平与发展的贡献而屹立于世界民族之林。巴基斯坦人民为中国取得的巨大成就感到欢欣鼓舞，认为你们的力量就是我们的力量。

穆沙拉夫表示，巴基斯坦将一如既往地加强同中国的互利合作，深信在未来岁月中巴中友好关系将不断得到加强。胡锦涛主席此次对巴基斯坦的访问，必将增进两国业已存在的友谊和合作，必将促进两国的和平、发展、繁荣。

中共中央政治局候补委员、中央书记处书记、中央办公厅主任王刚等陪同人员听取了演讲。

胡锦涛同巴基斯坦总统穆沙拉夫会谈

一致表示将共同努力，深化和扩大各领域务实互利合作

11 月 24 日，中国国家主席胡锦涛在伊斯兰堡同巴基斯坦总统穆沙拉夫举行会谈。

新华社记者 饶爱民摄

本报伊斯兰堡 11 月 24 日电 记者**吴绮敏、陈一鸣**报道：中国国家主席胡锦涛 24 日在伊斯兰堡同巴基斯坦总统穆沙拉夫举行会谈。双方盛赞中巴全天候友谊和全方位合作，一致表示将共同努力，不断丰富和充实两国战略合作伙伴关系的内涵，深化和扩大各领域务实互利合作。

胡锦涛表示，中巴是好邻居、好朋友、好伙伴、好兄弟。建交 55 年来，中巴关系经受住了时间和国际风云变幻的考验，建立了全天候友谊，开展了全方位合作。双方在政治、经贸、军事、科技、文化、教育等领域的交流合作成果显著，在国际和地区事务中密切配合、相互支持。中方感谢巴方长期以来在台湾、西藏、人权和打击恐怖势力等问题上给予中方宝贵支持。中方将一如既往地支持巴基斯坦维护国家独立、主权和领土完整的努力。

穆沙拉夫热烈欢迎胡锦涛对巴基斯坦进行国事访问。他表示，巴中是全天候朋友，巴中友好已深深植根于两国人民心中。在巴中庆祝建交 55 周年之际，胡锦涛主席访问巴基斯坦意义重大，相信此访将为巴中业已存在的良好合作关系的巩固和发展作出重要贡献。

胡锦涛指出，在当前国际和地区形势出现深刻变化的背景下，中巴进一步巩固传统友谊、深化互利合作，符合两国人民的根本利益，也有利于维护本地区和平稳定。胡锦涛就加强中巴战略合作伙伴关系提出 5 项建议。

第一，扩大各层次友好交往。保持领导人密切交往的传统，扩大政府部门、立法机构、政党、军队的交流合作，充分利用好两国战略、经贸、科技、安全、防务领域的磋商机制，就各自关心的重大问题保持经常磋商和协调。

第二，深化经贸互利合作。实施好中巴自由贸易协定和中巴经贸合作五年发展规划；执行好恰希玛核电站、瓜达尔港等在建重点项目；扩大投资合作，中国政府决定在拉合尔设立巴基斯坦海尔—鲁巴经济区；加强农业、交通、能源、金融、信息产业等领域的合作。

第三，推动人文领域交流。促进文化、卫生、体育、教育、旅游、新闻等方面交流，增加妇女、青年团体和学术团体的交往。中国将在今后 5 年邀请 500 名巴基斯坦青年访华，加强在人力资源开发、职业培训等领域的合作。

第四，深化非传统安全领域合作。根据两国达成的共识，探索和建立机制化合作渠道，共同推动反恐合作取得更多实质性成果。

第五，加强多边领域协调和配合。加强双方在联合国、上海合作组织、亚欧会议、南亚区域合作联盟等国际和地区组织中的合作。

穆沙拉夫完全赞同胡锦涛对两国关系发展历程和未来发展的阐述。他表示，巴基斯坦政府和人民珍视两国关系，期待两国关系更强有力地发展，愿意同中方一道努力，建立更加牢固的双边关系。希望巴中加强基础设施建设、矿业、能源、电力、农业领域合作，执行好自由贸易协定；全力推动文化、旅游合作，加强人员往来，特别是青年交流，使两国人民世代友好；巩固在国际和地区组织中的合作，共同推动南亚实现和平稳定发展；加强在非传统安全领域合作；坚决打击恐怖主义。

会谈后，胡锦涛和穆沙拉夫出席了两国合作文件的签字仪式，随后共同会见了记者。

中共中央政治局候补委员、中央书记处书记、中央办公厅主任王刚等陪同人员参加上述活动。

胡锦涛会见巴基斯坦总理阿齐兹

11 月 24 日，中国国家主席胡锦涛在伊斯兰堡会见巴基斯坦总理阿齐兹。

新华社记者 饶爱民摄

本报伊斯兰堡 11 月 24 日电 记者**吴绮敏、陈一鸣**报道：中国国家主席胡锦涛 24 日在伊斯兰堡会见了巴基斯坦总理阿齐兹。双方就加强两国互利合作深入交换了意见，一致同意采取有效的政策措施，推动两国各领域务实合作不断向前发展。

胡锦涛指出，建交 55 年来，中巴两国建立了全天候友谊，开展了全方位合作。中巴友好是我们两国的宝贵财富，值得倍加珍惜。中方愿意同巴方一道努力，巩固传统友谊，深化互利合作，不断把中巴关系提高到新的水平。

阿齐兹表示，中国是巴基斯坦的特殊朋友，巴中关系的特点在于其战略性和长期性。胡锦涛的这次访问给巴基斯坦人民带来了友好情谊，给两国关系带来了新的希望，必将有力地推动巴中各领域合作。

关于中巴经贸合作，胡锦涛表示，中巴经贸关系发展很快，势头很好。两国经贸合作还有很大潜力和广阔发展前景。双方签署《中巴自由贸易协定》，是两国经贸关系的重大进展，有利于两国贸易平衡发展。中方将继续增加进口巴方商品，继续鼓励和支持中国企业到巴基斯坦投资。中方欢迎巴基斯坦企业到中国投资。相信通过双方扎扎实实的工作，中巴各领域合作一定能呈现新的面貌。

阿齐兹表示，巴方高度重视同中国开展互利经贸合作，两国自由贸易协定的签署将促进两国贸易关系发展。巴方将努力为中国投资者提供良好环境。

双方同意进一步探讨加强服务贸易、投资、金融、信息技术等领域的合作。

中共中央政治局候补委员、中央书记处书记、中央办公厅主任王刚等陪同人员参加会见。

吴邦国会见利比里亚参众两院联合代表团

新华社北京 11 月 24 日电（记者**李忠发**）全国人大常委会委员长吴邦国 24 日在人民大会堂会见了临时参议长尼纳博率领的利比里亚参众两院联合代表团。

吴邦国说，中利 2003 年复交以来，两国关系发展顺利，各领域合作成绩显著。中国支持利比里亚的和平进程和经济重建。不久前，约翰逊—瑟利夫总统访华，与胡锦涛主席共同规划了未来两国关系发展的方向，确定了双方合作的重点领域。中方愿与利方共同努力，开展农业生产、资源开发、基础设施建设等领域的务实合作，加强议会、政党、地区和民间的友好交往，推动中利关系不断向前发展。

谈到议会关系时，吴邦国说，中国全国人大和利比里亚议会在各自国家政治生活中都发挥着举足轻重的作用。我们对不久前利比里亚参众两院通过决议，重申继续恪守一个中国原则表示感谢。吴邦国表示，中国全国人大愿密切与利比里亚参众两院各层次的友好往来，开展民主法制建设领域的交流合作，为两国关系注入新的内容、增添新的活力。

双方高度评价不久前举行的中非合作论坛北京峰会，认为此次中非合作盛会具有承前启后、继往开来的重要意义，相信随着北京峰会的各项成果不断落实，中非新型战略伙伴关系必将迎来更加美好的明天。

尼纳博说，利中友好关系深入人心、不可逆转。希望两国议会在发展双边关系中发挥更大作用。他重申，利比里亚政府和议会坚持一个中国的立场言行一致，不会动摇。

第十二次全国民政会议在京举行

温家宝在会见与会代表时强调，用心了解社情民意，帮助群众排忧解难

本报北京 11 月 24 日讯 记者**盛若蔚**报道：第十二次全国民政会议 23 日至 24 日在北京举行。中共中央政治局常委、国务院总理温家宝在会前会见与会代表并讲话。他强调，民政工作关乎千家万户，关乎亿万群众。各级民政干部都要做一个有心的人，用心了解社情民意；做一个心重的人，把群众的事情看得比泰山还重；做一个心诚的人，诚心诚意帮助群众解决困难，为群众服务。

中共中央政治局委员、国务院副总理回良玉出席会议并讲话。

温家宝在讲话中首先代表党中央、国务院，向在全国民政会议上受到表彰的先进单位和先进个人表示热烈的祝贺，向在民政岗位上长期工作、默默奉献的全体民政干部表示亲切的慰问和诚挚的敬意。

温家宝指出，民政工作直接为人民群众服务、为人民群众排忧解难，是党和国家一项非常重要的工作，是政府履行公共服务和社会管理职能的重要方面，在构建社会主义和谐社会中发挥着十分重要的作用。从一定意义上来说，总理就是最大的民政部长，就是一个最直接的民政工作者。

温家宝说，当人民群众遇到困难时，想到的第一个部门就是民政部门，要找的第一个干部就是民政干部。做好民政工作，最重要的是要对群众有深厚的爱，有真挚的感情，了解民情、反映民意、改善民生。“去民之患，如除腹心之疾。”人民群众的事情涉及他们的切身利益，再小也是大事。

温家宝强调，当前和今后一个时期民政工作的主要任务：一是搞好困难救助。帮助农村的五保户和低收入群体，城市的低保户和失业人员，特别要关心失去生活能力的残疾人。

（下转第二版）

四版刊登社论

固本强基 构建和谐

李政道教授从事物理研究六十年学术思想研讨会在京召开

温家宝出席

本报北京 11 月 24 日讯 记者**王淑军**报道：李政道教授从事物理研究六十年学术思想研讨会 24 日下午在京举行。中共中央政治局常委、国务院总理温家宝出席会议。

李政道现任美国哥伦比亚大学教授、中国高等科学技术中心主任，1964 年当选美国国家科学院院士，1994 年当选中国科学院首批外籍院士。他从事物理学研究 60 年，在量子场论、基本粒子理论、核物理、统计力学、流体力学、天体物理等诸多领域做出一系列具有开创性和里程碑意义的工作。他与杨振宁合作提出的弱相互作用中宇称不守恒理论，推翻了过去物理学界奉为金科玉律的宇称守恒定律，（下转第二版）

吴官正会见罗马尼亚客人

新华社北京 11 月 24 日电（记者**李诗佳**）中共中央政治局常委吴官正 24 日在北京会见了由党主席埃米尔·博克率领的罗马尼亚民主党代表团。

吴官正说，中罗友好交往源远流长。两国建交 57 年来，双边关系经受住了国际风云变幻的考验，始终顺利向前发展。近年来，两国高层交往频繁，经贸合作富有成效，在文教、科技、卫生等领域的合作持续深化，在国际和地区问题上的协调与配合不断增强。中方对两国关系发展现状表示满意，对罗马尼亚政府高度重视对华关系，并在台湾、西藏等问题上支持中国表示赞赏。

谈到中罗党际关系时，吴官正表示，中国共产党重视发展与罗马尼亚民主党的友好合作关系，愿在党际交往四项原则基础上，进一步加强双方交流与合作，为中罗传统友谊在新时期继续发扬光大不断做出新贡献。（下转第二版）

胡锦涛会见巴基斯坦参议院主席和国民议会议长

十一月二十四日，中国国家主席胡锦涛在伊斯兰堡会见巴基斯坦参议院主席苏姆罗（左）和国民议会议长侯赛因（右）。
新华社记者 樊如钧摄

本报伊斯兰堡11月24日电 记者**吴绮敏、陈一鸣**报道：中国国家主席胡锦涛24日在伊斯兰堡会见巴基斯坦参议院主席苏姆罗和国民议会议长侯赛因。

胡锦涛指出，巴基斯坦是中国的亲密友好邻邦，两国人民有着悠久的友好交往历史。建交55年来，中巴两国始终恪守和平共处五项原则，相互理解、相互尊重、相互信任、相互支持，建立了全天候友谊，开展了全方位合作。在当前复杂多变的国际形势下，深化中巴战略合作符合两国和两国人民的根本利益，也有利于本地区的和平、稳定、发展。中方愿意同巴方一道，不断将中巴战略合作伙伴关系推向更高水平。

胡锦涛表示，两国立法机构交往是两国关系的重要组成部分，对增进两国人民相互了解和友谊、促进国家关系发展起着不可替代的作用。中国全国人大同巴基斯坦国民议会、参议院有着良好的交流合作，希望双方进一步扩大交往，为加深两国人民友谊、深化战略合作作出贡献。

苏姆罗表示，巴基斯坦政府、领导人和人民为同中国这样的真诚朋友保持长期友谊感到自豪。多年来，两国保持高层交往，积极开展立法机构交流，各领域合作呈现积极发展势头。希望双方扩大立法机构、工商界、青年交往，加深友谊，推动巴中全天候友谊和全方位合作不断发展。巴方对两国关系发展充满信心。

侯赛因表示，巴中友谊比山高、比海深。巴基斯坦人民非常高兴地看到，在新时期，中国和巴基斯坦的各领域合作不断取得进展。巴基斯坦议会将继续为两国关系发展发挥积极作用。

中共中央政治局候补委员、中央书记处书记、中央办公厅主任王刚等陪同人员参加会见。

胡锦涛会见巴基斯坦工商界和友好团体代表

本报伊斯兰堡11月24日电 记者**吴绮敏、陈一鸣**报道：中国国家主席胡锦涛24日在伊斯兰堡会见巴基斯坦工商界和友好团体代表并发表重要讲话。

当天傍晚，胡锦涛在巴基斯坦总理阿齐兹陪同下步入会见厅。巴基斯坦全国工商联主席致辞，感谢胡锦涛主席会见工商界和友好团体代表。

在会见时，胡锦涛就加强中巴经贸合作和民间交往问题发表讲话。胡锦涛表示，长期以来，巴基斯坦工商企业界和友好团体为推动中巴经贸关系发展、巩固和发展中巴友谊作出了积极贡献。中巴有着悠久的传统友谊。建交55年来，无论国际风云和两国国内形势如何变化，双方始终相互理解、相互尊重、相互信任、相互支持。两国高层往来频繁，经贸、文化、教育、农业、科技等各领域合作卓有成效，在国际和地区问题上配合默契。

胡锦涛说，他同穆沙拉夫总统和巴基斯坦其他领导人进行了富有成果的会谈，达成了广泛共识。双方对中巴政治、军事、经贸等领域合作表示满意，同意采取更加积极的措施进一步发展两国战略合作伙伴关系，特别是加强经贸合作和民间往来。

胡锦涛强调，中巴经贸合作潜力巨大，前景广阔。双方签署了《中巴经贸合作五年发展规划》、《中巴自由贸易协定》等文件。这对双方加强统筹规划、合理配置资源、确保两国经贸合作健康有序进行，有着十分重要的意义。随着这些文件的实施和两国经济建设不断推进，中巴经贸合作一定会跨上新的台阶。

胡锦涛强调，中方鼓励友好论坛、友好协会等民间团体加强交往，欢迎更多巴基斯坦学生、学者、管理人员到中国学习深造。中方希望两国旅游部门加强合作。为扩大两国青年友好交流，培养中巴友好事业接班人，中国政府决定今后5年内邀请500名巴基斯坦青年访华。

胡锦涛表示相信，在两国政府和两国人民共同努力下，中巴经贸合作必将不断取得新进展，两国人民的友谊必将世代相传。

阿齐兹在会见时说，中国是巴基斯坦真正可信赖的朋友。我们的友谊是全天候的，经历了时间的考验。这种友谊不仅是两国政府的友谊，更是全心全意支持这种友好关系的两国人民的友谊。巴基斯坦和中国有着共同的利益和追求。我们的战略合作伙伴关系是推进全球和平、稳定、发展的一个因素。我们为推动和平解决所有国际争端和促进各国互利合作这一愿望而团结起来。

阿齐兹表示，巴基斯坦的经济发展为中国投资者提供了巨大商机。巴中完全可以发展双赢合作。巴基斯坦希望中国朋友能够利用巴基斯坦处于中亚、南亚、西亚和中国接合部的有利战略位置，建立更加稳固的联系和互利的相互依存关系，从而进一步巩固巴中友谊。

中共中央政治局候补委员、中央书记处书记、中央办公厅主任王刚等陪同人员参加会见。

长青松旁话友谊

11月24日，正在巴基斯坦进行国事访问的中国国家主席胡锦涛和夫人刘永清在伊斯兰堡小山公园种植象征中巴友好的友谊树。
新华社记者 饶爱民摄

在巴基斯坦首都伊斯兰堡，夏克巴里安山不同寻常。位于山顶的小山公园，是访问巴基斯坦的许多外国领导人种植纪念树的地方。从1964年2月21日周恩来总理在这里种下一棵纪念树以来，许多访问巴基斯坦的中国领导人都曾来到这里种下纪念树，表达中国人民对巴基斯坦人民的深情厚意。

11月24日下午，胡锦涛主席一行驱车来到这个嘉木苍翠的地方。在巴基斯坦内政部长谢尔帕奥和首都发展局主席莱沙里陪同下，胡主席种下一株松苗，并培土、浇水。

在杲杲丽日的映衬下，这株新苗显得生机勃勃。公园负责人向胡主席介绍说："这是巴基斯坦的一种多年生松树，能长得很高。"

胡主席说："我会记住这棵树的位置，过若干年后我要来看看这棵树的生长情况。"

"我会小心照顾这棵树。"公园负责人说。

胡主席表示："我希望这棵树能像中巴友谊之树那样，枝繁叶茂。"随后，胡主席应邀在留言簿上题词："中巴友谊万古长青"。

这时，"欢迎胡主席！胡主席好！"的欢呼声从几步以外传来。巴基斯坦国立现代语言大学中文系的19名同学用中文热烈欢迎胡主席的到来。

胡主席高兴地走到他们跟前，同他们一一握手，并询问他们学习中文的情况。"你们喜欢中文吗？""学校里用的课本是巴基斯坦编的吗？"……胡主席和蔼的语气让这些年轻人觉得中国领导人可亲可近，他们争相表达自己对学习中文的热情。

"你们学过汉语歌曲吗？"胡主席问道。

"我们会唱！"

"最喜欢哪首歌？"胡主席问。

"《茉莉花》、《打靶归来》——"同学们争先恐后地回答。

"那咱们一起唱一个，好不好？"胡主席的提议让同学们欢欣雀跃，一名巴基斯坦小伙子起头唱起《打靶归来》。胡主席一边指挥，一边与巴基斯坦学生一起歌唱。欢快的节奏、嘹亮的歌声，交融着友谊的真情。

胡主席又向同学们谈起2008年北京奥运会。他们纷纷表示届时想去北京。胡主席说："我告诉你们一个好消息。今天上午，我同穆沙拉夫总统会谈时，我代表中国政府宣布，今后的5年内，邀请500名巴基斯坦的青年访问中国。你们说好不好？"

"好！好——"同学们高兴极了。

"你们当中一定会有人参加这项活动，到北京去看看。"胡主席说。

"我们一定要去！"同学们纷纷说。

胡主席还建议同学们看看介绍中国的风光片，在了解中国的同时促进汉语学习。

临别时，胡主席对同学们说："祝你们学习好，身体好，将来为中巴友好事业作出贡献！"

同学们依依不舍地送别胡主席。学习汉语已有5年的胡美拉对记者说："我永远忘不了这一刻。"

（本报记者**吴绮敏、陈一鸣**伊斯兰堡11月24日报道）

中国和巴基斯坦签署自由贸易协定

新华社伊斯兰堡11月24日电 （记者**李敬臣**）在胡锦涛主席和巴基斯坦总统穆沙拉夫的共同见证下，商务部长薄熙来和巴基斯坦商业部长胡马云24日在伊斯兰堡签署了《中华人民共和国政府和巴基斯坦伊斯兰共和国政府自由贸易协定》。

中巴自贸协定谈判是由中国总理温家宝与巴基斯坦总理阿齐兹于2005年4月5日共同宣布启动的。此后，中巴双方就市场准入、原产地规则、技术性贸易壁垒、卫生和植物卫生措施、贸易救济、投资、争端解决、合作等问题进行了6轮磋商，于近期就协定内容达成一致。

根据该协定，中巴两国将分两个阶段对全部货物产品实施降税。第一阶段在协定生效后5年内，双方对占各自税目总数85%的产品按照不同的降税幅度实施降税，其中，36%的产品关税将在3年内降至零。中方降税产品主要包括畜产品、水产品、蔬菜、矿产品、纺织品等，巴方降税产品主要包括牛羊肉、化工产品、机电产品等。第二阶段从协定生效第六年开始，双方将在对以往情况进行审评的基础上，对各自产品进一步实施降税。目标是在不太长的时间内，在照顾双方各自关注的基础上，使各自零关税产品占税号和贸易量的比例均达到90%。

除了货物贸易自由化外，协定还就投资促进与保护、投资待遇、征收、损害补偿以及投资争端解决等事项作出规定，将继续促进双向投资。协定还就原产地规则、贸易救济、技术性贸易壁垒、卫生和植物卫生措施等作出详细的规定。

双方决定将于近期启动中巴服务贸易谈判。

中巴自由贸易协定是继中国—东盟自贸区货物贸易协议和中国—智利自贸协定之后中国对外签署的第三个自贸协定。近年来，中巴双边经济贸易发展较快。2005年，双边贸易额达42.6亿美元，比上年增长39%。中巴自贸协定的签署将进一步提升两国经贸合作水平，为中巴传统友谊和中巴战略合作伙伴关系注入新的内涵。

商务部新闻发言人就中巴签署自贸协定答记者问

中巴经贸关系史上的一个重要里程碑

本报记者 龚雯

11月24日，中国与巴基斯坦签署自由贸易协定，商务部新闻发言人崇泉就此事向本报记者解答了众人关心的问题。

记者：请问刚刚签署的中巴自贸协定意义何在？对两国经贸关系有何影响？

崇泉：去年4月，温家宝总理和阿齐兹总理共同宣布启动中巴自贸区谈判。今天，胡锦涛主席和穆沙拉夫总统见证了中巴自贸协定的签字仪式，这是两国关系史上一个重要的里程碑。该协定将是继中国—东盟自贸区货物贸易协议和中国—智利自贸协定之后我对外签署的第三个自贸协定。该协定的签署，不仅有利于进一步拓展两国经贸合作领域，提升经贸合作水平，而且有利于进一步巩固和发展中巴全天候友谊，为中巴战略合作伙伴关系增添更加丰富的内涵。

中巴双方决定，将从2007年7月1日起开始实施自贸协定，通过削减关税和非关税壁垒，改善市场准入的条件，为彼此创造更好的贸易环境，两国的企业和广大消费者将从中得到实惠。巴基斯坦的畜产品、水产品、矿产品、蔬菜、坚果都可以更多地进入中国的市场。同时，巴基斯坦人民也可以更合理的价格进口中国物美价廉的农副产品、家电、机械设备和化工产品等。所以说这是一个互利双赢的协议。其特别之处还体现在它的阶段性和开放性，既体现了自由贸易的精神，又照顾到了双方各自的关注。双方可在本协定的基础上通过友好协商，不断扩大零关税产品范围，增添新的合作内容，不断加强和深化两国的经贸关系。

记者：请介绍一下中巴自贸区的谈判过程。

崇泉：2005年4月，中巴自由贸易区谈判由温家宝总理和阿齐兹总理共同宣布启动。经过一年半时间、六轮磋商，双方达成一致。协定的成功签署是中央正确领导和国内各部门密切合作、共同努力的结果。由商务部、外交部、财政部、发展改革委、农业部、海关总署、质检总局等相关部门组成的中方谈判组与巴方进行了坦诚友好、细致务实的磋商，最终达成令双方满意的协定。

记者：中巴自贸协定主要包括哪些内容？

崇泉：主要包括货物贸易和投资等内容。

根据协定，在双方各自完成国内批准程序后，中巴计划于2007年7月1日起对全部货物产品分两个阶段实施降税。第一阶段，双方将在3年内将约占各自税目总数36%的产品关税降为零。中方降税产品主要包括畜产品、水产品、蔬菜、矿产品、纺织品等，巴方降税产品主要包括牛羊肉、化工产品、机电产品等。中巴双方将在5年内将约占各自税目总数49%的产品关税进行削减；其余约15%的税目暂不降税。

第二阶段从协定生效第六年开始，双方将在对以往情况进行审评的基础上，对各自产品进一步实施降税。目标是在不太长的时间内，在照顾双方各自关注的基础上，使各自零关税产品占税号和贸易量的比例均达90%。

在原产地规则方面，协定规定，双方将以完全获得和40%区域价值成分（即增值百分比）作为原产地判定的基本标准。双方将根据需要对一些商品制定特定产品原产地标准。

在技术性贸易壁垒（TBT）方面，协定规定，双方将在开展双边强制性合格评定结果互认的可行性研究工作、提高贸易政策透明度等方面开展合作。

在卫生与植物卫生措施（SPS）方面，协定规定，双方将加强实施检验检疫、出证程序、控制和加工过程的核查、核查结果等方面的信息交流。

在反倾销、反补贴、全球保障措施方面，协定规定，双方将保留在WTO相关协定下的权利与义务。同时，双方参照WTO保障措施协定和国际自贸协定通行做法，设立了双边保障措施条款。

除货物贸易自由化外，协定就与投资有关的定义、投资促进与保护、投资待遇、征收、损害补偿和投资争端解决等事项作了规定。

有关服务贸易的内容，双方将从明年开始磋商。

记者：中巴商建自贸区，会给双方带来哪些经济利益？

崇泉：中巴建立自贸区，将为两国的经贸关系发展提供制度性保障，从而提升经贸合作水平，有助于扩大出口、实现市场多元化、减少消费者开支和降低生产者成本、吸引外资并承接国际产业转移、带动相关产业发展并创造新的就业机会。

中巴双方的产业结构和进出口商品结构具有较强互补性。中巴建立自贸区后，我国的机电、化工、轻工、农产品、水产品向巴的出口将有所增加，巴也会因进口物美价廉的产品，降低进口成本；同时，我国市场上将有更多巴基斯坦生产的农产品、矿产品、畜产品、水产品等。

两国建立自贸区还将促进相互投资，我企业在巴将享受更加宽松的投资环境。此外，两国在服务贸易领域也具有良好的合作关系和广阔的发展前景。中巴建立自贸区将给两国带来双赢结果。

记者：中巴自贸协议签订后，中国政府将采取什么措施使双边贸易能趋向平衡？

崇泉：我注意到中巴之间存在着贸易不平衡，中方有较大顺差。中国政府一直希望帮助巴基斯坦增加对中国的出口，因此我们积极地推进中巴自贸区建设。在中巴自贸协定的谈判中，中方不仅给巴方一些优势的产品提供了降税安排，而且给巴方的一些潜在出口产品预留了出口空间，如石料、皮革、纺织品、药品、各种化工产品等。我相信随着自贸协议的实施，巴方的产品在中国市场上会有更好的表现。同时，中国商务部还愿意提供一切方便的机会，包括我们在各种中国展会上来展示巴基斯坦产品，使巴产品被中国的更多客户所认可和接受。

我认为，中巴之间的经济贸易要在更宽阔的领域实现积极平衡。我们鼓励中方有竞争优势的企业，如建筑，电信和制造业的企业到巴基斯坦投资设厂，成为巴基斯坦新的税收来源和出口基地。中巴之间很快将启动服务贸易谈判，我了解到服务业占巴基斯坦GDP的一半以上，有竞争优势。所以全面来看，我们在自贸区的合作中是互惠互利的。

记者：从2003年与东盟启动第一个自贸区谈判至今，我已陆续同多个国家和地区开展自贸区谈判，我国为何如此重视自贸区工作？

崇泉：自贸区是区域经济合作的一种形式。到目前为止，中国已启动10个自贸区谈判，涉及27个国家和地区，已与港澳、东盟、智利和巴基斯坦签署协议。参与区域经济合作是我国对外开放政策的重要组成部分，它有利于我国在更大范围、更广领域和更高层次上参与国际经济合作和竞争，有利于促进国民经济的平稳较快发展，也有利于实现我国与世界各国的互利共赢和共同发展。

人民日报

RENMIN RIBAO

今日 8 版

人民网 网址：http://www.people.com.cn
手机：http://wap.people.com.cn

国内统一连续出版物号 CN 11-0065
第 21323 期（代号 1-1）
人民日报社出版

2006 年 11 月 26 日
星期日
丙戌年十月初六

北京地区天气预报
白天 多云间阴 风向 偏东 风力 二、三级
夜间 多云转阴 风向 偏东 风力 一、二级
温度 5℃/0℃

大力提高领导和谐社会建设的本领

——论为构建社会主义和谐社会提供组织保证

仲祖文

构建社会主义和谐社会是建设中国特色社会主义的重大战略任务，是对我们党执政能力的重大考验。党的十六届六中全会作出的《中共中央关于构建社会主义和谐社会若干重大问题的决定》明确提出，要提高各级领导班子和领导干部领导社会主义和谐社会建设的本领。这是当前和今后一个时期领导班子和干部队伍建设面临的重大课题。各级领导班子和领导干部要站在加强党的执政能力建设和先进性建设的高度，深刻认识提高领导和谐社会建设本领的重要性和紧迫性，按照《决定》的要求，不断提高管理社会事务、协调利益关系、开展群众工作、激发社会创造活力、处理人民内部矛盾、维护社会稳定的本领，更好地适应领导和谐社会建设的需要。

要进一步明确职责、健全机制，切实增强各级领导班子领导和谐社会建设的整体功能。《决定》要求，各级党委要把和谐社会建设放在全局工作的突出位置，把握方向，制定政策，整合力量，营造环境，切实担负起领导责任。把握方向，就是明确社会主义和谐社会的性质、领导核心、发展道路和根本目的，坚持《决定》提出的指导思想、目标任务和原则，把握工作的重点和着力点，确保和谐社会建设沿着正确的方向发展；制定政策，就是围绕构建社会主义和谐社会的目标任务，针对影响群众利益和社会和谐的突出问题，在深入调研、充分论证的基础上，制定既符合中央要求又紧密结合本地实际的政策措施；整合力量，就是突出党的领导核心作用，充分发挥党的政治优势和组织优势，团结一切可以团结的力量，调动一切积极因素，形成构建社会主义和谐社会的强大合力；营造环境，就是营造有利于改革的环境、有利于科学发展的环境、有利于社会稳定的环境，以改革促进和谐，以发展巩固和谐，以稳定保障和谐。这四个方面，集中体现了党总揽全局、协调各方的原则，突出了党委抓方向、议大事、管全局的领导重点，各级党委一定要深刻理解，准确把握，认真贯彻执行。有效履行职责，必须建立科学高效的领导机制和工作机制。要建立健全党政领导班子及其成员既分工明确又通力合作的工作制度，党委定期分析形势、及时研究决定重大问题的制度，对重大工作部署和政策措施的落实进行指导、督促和检查的制度，重大事务综合协调制度和部门之间协同配合机制，对构建和谐社会实施坚强有力的组织领导。同时，要切实加强党委领导班子的团结，进而带动整个干部队伍的团结，以党内和谐促进社会和谐。

要注重选拔熟悉社会建设和管理的优秀干部，着力造就一支善于领导和谐社会建设的高素质领导骨干队伍。实现构建社会主义和谐社会的重大战略任务，关键是要建设一支高素质的领导骨干队伍。要抓住地方党委和人大、政府、政协集中换届的有利时机，选拔一批熟悉社会建设和管理的优秀干部充实进各级领导班子，进一步优化领导班子的知识和专业结构。特别是要选好配强"一把手"，真正把那些政治上强、民主作风好、领导经验丰富、能够驾驭全局、清正廉洁而又具有统筹经济社会发展能力的优秀干部选拔到党政主要领导岗位上来。（下转第四版）

胡锦涛出席巴基斯坦拉合尔市民招待会

本报拉合尔（巴基斯坦）11 月 25 日电 记者吴绮敏报道：正在巴基斯坦进行国事访问的中国国家主席胡锦涛，25 日下午在拉合尔市出席旁遮普省政府和拉合尔市政委员会为欢迎胡锦涛来访专门举行的盛大市民招待会。

当天下午，市民招待会在具有波斯园林风格的夏利玛花园举行。花园内古树参天，花草繁茂。7000 多名巴基斯坦各界人士兴高采烈地聚集在这里。下午 4 时，胡锦涛抵达招待会现场，受到旁遮普省省督马克布尔、旁遮普省首席部长伊拉希等的热情迎接。当地群众在道路两旁载歌载舞欢迎中国贵宾。

胡锦涛在招待会上发表讲话。他说，拉合尔市是一座历史悠久的著名城市，是镶嵌在旁遮普平原上的一颗璀璨明珠。拉合尔市为巴基斯坦民族独立作出了突出贡献，也是巴基斯坦现代工业的重要基地。这里既浓缩了巴基斯坦绚丽多彩的文化和源远流长的历史，又昭示着巴基斯坦蓬勃发展的光明未来。

胡锦涛表示，在这次访问中，他同穆沙拉夫总统和巴基斯坦其他领导人围绕加强中巴传统友谊、深化互利合作深入交换意见，达成了广泛共识，一致认为中巴友好具有悠久的历史传统和鲜明的时代特征，符合两国和两国人民的根本利益，有利于促进地区和世界的和平、稳定、繁荣。

胡锦涛强调，中巴友好具有深厚的历史渊源、牢固的政治基础、广泛的群众基础。中巴友好促进着两国全方位互利合作。正是由于中巴共同经历了那么多艰难险阻和风风雨雨，两国才建立了高度互信的政治关系，结下了牢不可破的友谊，成为最可信赖的朋友。

11 月 25 日，正在巴基斯坦进行国事访问的中国国家主席胡锦涛在拉合尔市出席旁遮普省政府和拉合尔市政委员会为欢迎他的到访专门举行的盛大市民招待会。图为胡锦涛向欢迎人群招手致意。 新华社记者 饶爱民摄

胡锦涛指出，当今世界正在发生复杂而深刻的变化，本地区格局也出现了令人瞩目的新发展。无论国际风云如何变化，中巴全天候友谊都不会改变。让我们携起手来，为加强中巴友谊、开创两国人民的美好未来而共同努力。

旁遮普省首席部长伊拉希在招待会上致辞。他表示，巴中友谊久经考验、牢不可破。中国人民一贯同巴基斯坦人民站在一起，给予极大支持，巴中友谊已经超越了地理疆域的范畴。胡锦涛主席对巴基斯坦的访问必将加深两国和两国人民的传统友谊。

他说，中国在经济、科技等领域取得的巨大成就，振奋了拉合尔市民和全体巴基斯坦人民的奋斗精神，巴基斯坦人民愿意借鉴中国人民的成功经验，以更好地促进巴基斯坦发展。中国企业家在旁遮普省的发展空间很大，旁遮普省将为前来投资的中国企业提供一切便利。

招待会结束后，胡锦涛走下贵宾区的台阶，向参加招待会的巴基斯坦各界人士挥手致意，全场响起一片欢呼声。

中共中央政治局候补委员、中央书记处书记、中央办公厅主任王刚等陪同人员参加了市民招待会。

在出席市民招待会前，胡锦涛向伊克巴尔墓敬献了花圈。

胡锦涛是当天上午从伊斯兰堡抵达拉合尔市访问的。离开伊斯兰堡前，胡锦涛亲切看望了中国驻巴基斯坦使馆工作人员、中资机构、华侨华人和留学生代表。

福建海峡西岸建设成果惠及困难群众

完善社会救助 发展社会福利 扩大社会保险

本报福州 11 月 25 日电 记者蔡小伟从中共福建省第八次代表大会上获悉：福建近几年来着力把海峡西岸经济区建设的成果惠及广大人民群众，每年从财政拿出 50 亿元左右的资金，建立社会保障机制，救助困难群众。截至目前，每年有 70 多万农村困难群众受惠农村最低生活保障制度。

该省把非公有制企业人员纳入社会保障范围，建立健全适应农民工特点的社会保障制度，积极探索被征地农民转移就业和生活保障的有效办法以及农村社会养老保险办法。2004 年，福建省率先实施农村最低生活保障制度，将城市和农村 96 万生活困难群众全部纳入低保体系，实现了应保尽保。2005 年，福建又率先出台对重点优抚对象和革命"五老"人员的专项医疗补助办法；面对城市生活无着的流浪乞讨人员，福建设立了 16 所救助管理站及 4 所安置管理站进行救助，3 年共接待 5 万多人求助，经甄别后，实际救助 4.2 万人。今年 4 月，福建出台配套措施，在全省 21 个城镇确定 45 家流浪乞讨病人救治定点医院，以解决特殊救助对象医疗救治难题。

李长春在广西考察工作时强调

紧密联系宣传思想工作实际 扎实推进和谐文化建设

新华社南宁 11 月 25 日电 中共中央政治局常委李长春近日在广西考察工作时强调，宣传思想文化战线要深入学习贯彻党的十六届六中全会精神，紧紧围绕经济建设这个中心，紧紧抓住社会主义核心价值体系这个根本，进一步理清思路，突出重点，创新方法，完善体制机制，大力推进和谐文化建设，为构建社会主义和谐社会提供强大的思想保证、精神力量和良好文化条件。

11 月 21 日至 24 日，李长春在广西壮族自治区党委书记刘奇葆、自治区政府主席陆兵的陪同下，先后到桂林、柳州、北海、钦州、防城港、南宁等地，就建设和谐文化、加强和改进青少年思想道德建设、深化文化体制改革等进行调研，对广西改革开放和现代化建设取得的成绩给予充分肯定。他希望广西认真贯彻党的十六届六中全会精神，全面贯彻落实科学发展观，抓住机遇、抓准机遇、抓好机遇，以大开放促进大合作、大开发、大发展，推动经济社会又好又快发展。

李长春强调，建设社会主义核心价值体系是党的十六届六中全会在思想文化建设上的一个重大理论创新。社会主义核心价值体系四个方面的基本内容相互联系、相互贯通，是有机统一的整体。坚持马克思主义的指导地位，就抓住了社会主义核心价值体系的灵魂；树立共同理想，就突出了社会主义核心价值体系的主题；培育和弘扬民族精神和时代精神，就把握了社会主义核心价值体系的精髓；树立和践行社会主义荣辱观，就打牢了社会主义核心价值体系的基础。要坚持用社会主义核心价值体系教育和引导群众，充分发挥和谐文化在推进和谐社会建设中的巨大作用。

李长春指出，加强和改进青少年思想道德建设，是事关国家前途和民族命运的希望工程，事关亿万家庭切身利益的民心工程，事关社会主义精神文明建设的基础工程，必须长抓不懈。前一段中央组织了专门督查并听取了汇报，下发了会议纪要。各地要根据中央要求，在前一段工作的基础上来一次"回头看"，认真组织自查，作出新的部署，把青少年思想道德建设引向深入。

李长春高度重视文化体制改革和基层文化建设。考察期间，他深入广西宣传文化单位和基层文化活动中心，与干部群众亲切交谈，了解情况。李长春强调，文化体制改革要加大力度，加快进度，取得实质性进展。要坚持一手抓公益性文化事业，一手抓经营性文化产业，不断满足人民群众日益增长的精神文化需求，不断提升我国文化产业的市场占有率和国际竞争力。李长春指出，广西文化发展的经验证明，许多经济欠发达地区文化资源丰富，文化特色鲜明，广大群众的文化需求潜力巨大，关键是要建立与市场接轨的体制机制、开发符合市场需求的商业模式，培育规范的文化市场，把文化与旅游结合起来，创造新的经济增长点。（下转第四版）

传播先进文化 普及科学知识

西藏倡导农牧民健康文明生活方式

本报拉萨 11 月 25 日电 记者徐锦庚报道：隆冬时节的羌塘草原白雪皑皑，西藏那曲县香茂乡牧民家里的太阳能光电板派上了大用场：烧水、煮饭、取暖、照明、看电视，屋里不再因烧牛粪而熏人。乡长强巴说："刚开始推广使用太阳能时，有些牧民不敢用，担心会得罪神。经过科学知识普及，现在家家户户再也离不开了。"如今，西藏各地农房顶上的太阳能光电设施已随处可见。

西藏有农牧民人口 216 万，占总人口的 80%。传播先进文化、普及科学知识、改变陈规陋习，引导农牧民养成健康文明的生活方式，是西藏自治区党委、政府长期致力的目标。西藏把公民道德建设宣传画发放到家家户户，并在农牧区建立各级宣传文化示范点和科普示范基地，培训农牧民，推广实用技术，同时开展文明示范乡镇和"十星级文明户"创建活动，培养了一大批"科技明白人"、"致富带头人"、"致富能手"等。

广播电视电影深受农牧民喜爱。经过持续 6 年的努力，西藏所有行政村于去年 8 月全部通广播电视，广播覆盖率目前已逾九成。西藏还精心译制了 761 部藏语影片，转录拷贝 12890 个，寓教于乐，并把电影科教片作为传播先进文化、传授致富知识的重要载体。

西藏农牧区千百年来沿袭人畜饮水不分、住房与牲畜棚圈不分等习俗。为改善农牧民生活质量，西藏把实行人畜饮水分开、住房与牲畜棚圈分离、修建或改造厕所作为创建文明乡村的重要任务，"十五"期间人畜饮水工程惠泽 50 万农牧民。2003 年开展试点时，拉萨市组织农牧民到市区参观社区环境和城郊农民住宅，让他们感受环境优美的魅力。如今，拉萨市 6 万多户农牧民的住房已全部实现"人畜分居、人厕分开"。今年以来，西藏已有 25 万农牧民住进安全适用的新房，家庭卫生状况和村容村貌焕然一新，一些人畜共患的传染病得到有效预防。

基层之声

西藏尼木县文明办主任余凤萍——

传播先进文化、普及科学知识、改变陈规陋习，是西藏农牧区精神文明建设中十分重要和紧迫的工作。持续多年的文明创建活动，使西藏广大农牧民的思想观念、精神面貌发生了深刻变化：生活观念更新了，不再满足于有吃有喝，开始追求科学、健康、文明的新生活；价值观念转变了，不再认为屠宰、做买卖低人一等，多种经营有面子、勤劳致富受尊重成为共识；教育观念更新了，不再认为种地放牧不需要文化、孩子上不上学无所谓，懂得致富需要文化、发展需要文化、小康需要文化。

淮南"市矿统筹"建设新型能源城

地下挖"黑金矿" 地上建"绿宝藏"

本报合肥 11 月 25 日电 记者刘杰、何聪报道：11 月 21 日上午，两个矿区新农村建设奠基典礼仪式，分别在安徽省淮南市潘集区田集街道刘龙村和凤台县岳张集镇前岗举行，拉开了淮南市"市矿统筹"共谋发展的序幕。

淮南矿区是国家 13 个大型煤炭基地和 6 个煤电基地之一，已建、在建的矿井和电厂均分布在农村地区，以前城乡交错，市矿分设，资源得不到充分发挥。近期召开的全市党代会提出市矿统筹发展新思路，谋求建立地方和企业统筹发展机制，实现市矿、城乡和谐发展。

市矿领导介绍，启动采煤区新农村建设作为市矿统筹的一个方面，不光地下挖"黑金矿"，还要地上建"绿宝藏"。这就变过去先采后搬、先塌后搬为先搬后采、先搬后塌，更为科学有序，既有利于新城镇长远建设，也可更好地解决集镇压煤问题，可谓一举多得。预计到 2008 年将有 135 个自然村 2.3 万户搬迁到 15 处准城市化的新村镇。

市矿共同谋划新老城区改造建设，创造美好家园。淮南市决定城市向不压煤的舜耕山南面扩展，同时由淮南矿业集团负责将报废 30 年的泉大资源枯竭矿区环境修复，再建一个 22 平方公里的新城区。

赤峰出现荒漠化和沙化逆转

严格行政考核 深化林权改革

本报呼和浩特 11 月 25 日电 记者岳富荣、辛阳报道：内蒙古自治区赤峰市是沙尘暴进入我国内陆的主要通道之一。经过多年的造林种草、围封禁牧、流域治理、水源工程配套等综合治理，赤峰市累计减少荒漠化和沙化土地面积 3533 万亩。特别是本世纪以来，赤峰市依托京津风沙源治理工程，把生态建设作为立市之本，年均治理荒漠化和沙化土地 240 万亩，治理区草原植被已达到 80%以上，森林覆盖率达到 30.1%，构筑起我国北方一道生态屏障。

位于科尔沁和浑善达克两大沙地之中的赤峰市将生态建设纳入各级主管领导业绩考核之内，有细化量化的考核标准，严格的考核程序。考核排名靠前的区县行政一把手和分管领导，市里每年予以奖励；排名靠后的，第一年通报批评，连续两年，岗位换人。

"林业产权的改革，改变了赤峰市以往单纯由地方政府出资和千军万马大会战的生态建设方式，加速了赤峰市生态建设的进程。"赤峰市委书记杭桂林介绍，改革内容包括：集体商品林确权到户；集体宜林地划分到户并签订限期绿化合同。赤峰市各区县结合当地实际，制定了详细的实施细则。

前 10 月全国技术引进合同额大幅增长

本报北京 11 月 25 日讯 记者龚雯报道：据商务部最新统计，今年 1—10 月全国共登记技术引进合同 8692 项，合同总金额 187.4 亿美元，同比增长 37.1%；其中技术费 122.9 亿美元，占合同总金额的 65.6%。技术引进合同金额继续保持较大幅度增长。前 10 月全国专有技术许可合同成交额 59.7 亿美元，同比增长 57.9%。技术咨询、技术服务及含有技术引进内容的合资和合作生产合同金额分别为 42.4 亿和 37.7 亿美元。

第二次全国农业普查宣传月启动

本报北京 11 月 25 日讯 记者朱剑红报道：国务院农普办今天在北京海淀区四季青镇门头村启动了农业普查宣传月。据介绍，宣传月期间，全国各地将采取多种宣传形式，让广大普查对象了解应尽的责任和义务，以确保农业普查圆满成功。

即将开展的第二次全国农业普查的标准时点为 2006 年 12 月 31 日 24 时，现场调查将于明年 1 月 1 日开始，4 月底结束。

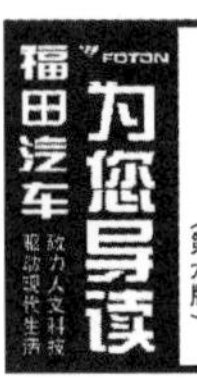

为中巴友谊欢呼

——胡锦涛主席出席拉合尔市民招待会侧记

热情似火，激情如潮。11月25日，素有"巴基斯坦灵魂"之称的历史名城拉合尔沸腾了。7000多名市民代表欢聚夏利玛花园，以欢迎外国领导人的最高礼仪——市民招待会，盛情款待来到拉合尔市访问的中国国家主席胡锦涛。

下午4时，胡锦涛主席的车队穿过数万夹道欢迎的人群，来到巴基斯坦人民引以为豪的夏利玛花园，旁遮普省省督马克布尔、旁遮普省首席部长伊拉希等当地官员在此迎候。

始建于1642年的这座花园，呈现出浓郁的波斯园林风格。花园中央数百米长的蓝色水池中400多个喷泉银柱飞旋，两侧中巴两国国旗迎风飘扬。

看到胡主席到来，拉合尔市民高声欢呼起来——"巴秦博斯地，因德巴德（巴中友谊万岁）！"乐队奏响雄壮有力的中国乐曲《我们走在大路上》，男女老少挥舞着中巴两国国旗，身着民族服装的艺人跳起欢快的舞蹈，彩色气球带着"向伟大的中国朋友致敬"的横幅飞向天空……胡主席向市民们挥手致意。

伊拉希满怀激情地首先发表欢迎辞。随后，胡主席在一片欢呼和掌声中走上讲台，应邀发表讲话。"我非常高兴访问素有'花园之都'美称的拉合尔市。1984年我曾访问过贵市，当时的情景至今仍历历在目。22年后再次来访，重睹秀美山川，重温兄弟情谊，我倍感亲切。首先，我谨向在著名的夏利玛花园为我们举行盛大市民招待会的旁遮普省表示衷心的感谢！借此机会，我愿向广大拉合尔市民朋友、向兄弟的巴基斯坦人民转达13亿中国人民的亲切问候和良好祝愿！"胡主席热情洋溢的话语，引起了热烈的掌声。

胡主席引用巴基斯坦的名言——"如果想了解巴基斯坦，就请你来摸摸拉合尔的脉搏"，赞誉拉合尔市这座历史悠久的名城为巴基斯坦民族独立作出了突出贡献，并发展成为巴基斯坦现代工业的重要基地。"这里既浓缩了巴基斯坦绚丽多彩的文化和源远流长的历史，又昭示着巴基斯坦蓬勃发展的光明未来。"胡主席说。

胡主席从中巴友好深厚的历史渊源，谈到中巴友好牢固的政治基础；从中巴友好广泛的群众基础，谈到中巴友好促进着两国全方位互利合作。深入的阐释，形象的叙述，将一幅幅中巴友好的绚烂画卷展现在人们眼前。

拉合尔市对于中巴友好具有特殊意义。上世纪60年代，巴中友协首先在拉合尔市成立，如今已遍及巴基斯坦各地。胡主席向人们阐明，中巴在政治、经济、军事、科技等领域开展了互利合作，给两国人民带来了实实在在的利益。中国政府鼓励更多中国企业到巴基斯坦投资办厂，促进拉合尔市以及整个巴基斯坦经济发展，让中巴经济合作成为两国全天候友谊的牢固纽带。

胡主席强调，无论国际风云如何变化，中巴全天候友谊都不会改变。让我们携起手来，为加强中巴友谊、开创两国人民的美好未来而共同努力！胡主席鼓舞人心的讲话，再次博得全场的掌声和欢呼。

最后，胡主席走到拉合尔市民中间，向欢呼的人群频频挥手致意。人们不停地高呼"巴秦博斯地，因德巴德（巴中友谊万岁）"，"中国、巴基斯坦"。

走出夏利玛花园，自发等候在园外的市民夹道欢送着中国客人。人们希望中巴两国人民的友谊，像夏利玛花园盛开的鲜花一样，姹紫嫣红，芬芳沁人。

（本报记者**吴绮敏**拉合尔（巴基斯坦）11月25日报道）

哥伦比亚国会主席会见顾秀莲

新华社波哥大11月25日电　哥伦比亚国会主席兼参议院议长托罗、众议院副议长奥梅洛23日和24日分别会见应邀到访的中国全国人大常委会副委员长顾秀莲。

会谈中，双方就两国关系、议会交往和共同关心的重大国际和地区问题深入交换了意见，一致表示将继续积极落实两国元首去年达成的共识，推动两国经贸等领域的合作不断发展。双方同意加强两国立法机构的务实合作，特别是加强友好小组的交流，为两国关系发展增添新内容、注入新活力。

哥方重申将继续坚定奉行一个中国政策。顾秀莲对此表示赞赏和感谢。

访问期间，顾秀莲与哥伦比亚社会各界进行了广泛接触，分别会见了哥总统夫人、内政和司法部长、总统府秘书长、哥中议员友好小组成员、哥中友好协会成员及妇女代表等。哥参众两院先后举行仪式，分别授予顾秀莲"哥伦比亚议会大十字金质勋章"和"西蒙·玻利瓦尔民主大十字特别金质勋章"。

中国驻哥伦比亚大使吴长胜参加了上述会见等各项活动。

智利总统会见中国文化部长孙家正

据新华社圣地亚哥11月23日电　（记者**赵凯**）智利总统巴切莱特23日下午在圣地亚哥会见来访的中国文化部部长孙家正时说，智中两国政治经济关系密切，今后应加强文化方面的合作，促进两国关系的全面发展。

巴切莱特对中国的社会主义建设非常钦佩，对中国文化感到敬仰。巴切莱特同时强调，智利将始终恪守一个中国的政策不动摇。

孙家正说，中国非常重视与智利的交往，两国政治经济关系目前正处于历史最好时期，两国应共同推动文化交流，以进一步促进两国之间的友谊，增进两国人民之间的相互了解。

中国驻韩使馆义卖献爱心

本报首尔11月24日电　记者**徐宝康**报道：由中国驻韩国大使馆主办、中国首尔文化中心承办的义卖献爱心活动今天在首尔举行。

上午10时，韩国首尔中国文化中心大厦前，挂起了一串串中国传统灯笼，在总长度为70米的过道两旁，40个摊位摆满了中国传统瓷器、绘画、玩具等各种琳琅满目的商品。中国使馆官员在摊位前当起售货员接待来宾。

中国驻韩国大使宁赋魁在接受记采访时说，义卖的全部款项将捐献给韩国红十字协会。

墨在华拓展旅游市场

本报北京11月25日讯　记者**殷淼**报道：应邀访问中国的墨西哥旅游局局长马格达莱纳·卡拉尔女士23日晚出席了在墨西哥驻华使馆举行的墨西哥旅游局北京办事处揭幕剪彩仪式。

卡拉尔在致辞时说，她此行目的就是为了加强墨中两国旅游促进方面的合作。中国是一个潜力巨大的市场，墨西哥旅游局在北京设立办事处是墨西哥对中国近年来所取得的经济成就的肯定。

华人学者在英国获奖

本报伦敦11月25日电　记者**施晓慧**报道：英国肯特大学电子系华人教授闫勇和卢钢博士研发的新型火焰成像与监测技术，荣获英国工程技术协会2006年度工程技术创新奖。

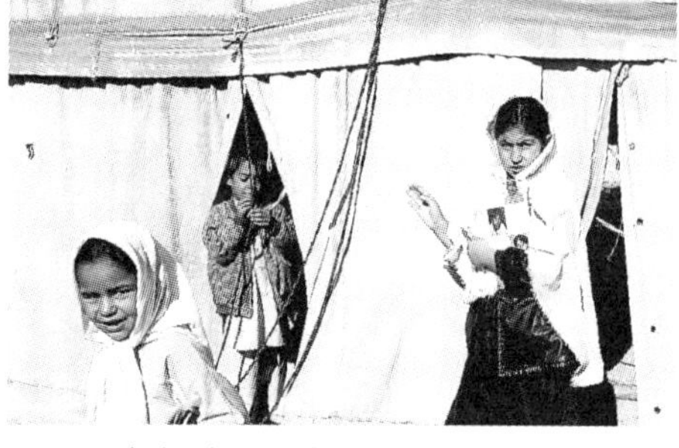

11月25日，在阿富汗首都喀布尔一所学校，女学生走出临时搭建的帐篷教室。自从2001年塔利班政权垮台后，近500万阿富汗儿童重返学校，其中大半是女童。　新华社发

金色大厅见证友情

本报记者　刘　琼　崔　寅

丝竹声声，是中华民乐在悠扬传播；歌声阵阵，是日本歌曲在吐露心声。11月22日晚，北京人民大会堂金色大厅举行了一场友好的聚会，聚会的主角是北京月坛中学的学生代表和前一天刚刚抵京的日本高中生代表团的130多名小客人。而为这些小客人忙碌的是中日友好协会的叔叔阿姨们。

"今天，进一步发展新世纪中日友好事业的重任落在了两国年轻一代肩上。青少年是世界的未来和希望，中日友好需要一代接一代人的努力。希望同学们能够利用这次访华机会，更加广泛、深入地与中国各地学生进行交流，增进友情，把中国年轻朋友的热情和友谊带回日本，希望同学们成为中日两国交流的桥梁和友好事业的接班人。"

中日友好协会副会长井顿泉一番热情洋溢的祝辞，博得了热烈的掌声。来自日本千叶县立幕张综合高中的石川大雄是第一次来到中国。他说，源于对亚洲的兴趣，他来到了中国。他发现中日之间原来有那么多的共同之处，中国人是那样的和蔼可亲，中国之行让他深深体会到了自己是亚洲人民一分子。北京月坛中学的高二学生侯丽研已经不是第一次接待来自日本的朋友了，每一次的交流中，两国年轻人总是在相互启发，她希望能在一点一滴中为中日友好交流做出自己的贡献。孩子的交流是没有障碍的，虽然才认识几个小时，博客、NBA、女子十二乐坊等熟悉的话题，已经借助中文和日文，让孩子们宛若老友谈得热热闹闹。

井顿泉副会长介绍，中日高中生的交流和互访，经过双方的认真酝酿，今年进入"蜜月期"。之前，中国高中生访问团已分四批先后赴日；此次为期一周的日本高中生代表团首次来到中国，除了与北京的学生交流外，还将去成都和西安两个城市，并住进有孩子的中国家庭，直接感受中国文化的丰富多样。"这一互访活动将源源不断地举办下去，中国政府为此特设了相关基金会"。

初冬的北京寒意料峭，但年轻人的活跃和朝气，令金色大厅暖意融融。

北约秘书长表示

里加峰会将为北约转型指路

本报布鲁塞尔11月25日电　记者**章念生**报道：北约里加首脑会议召开前夕，北约秘书长夏侯雅伯接受了本报记者的书面采访。他表示，里加峰会是一次"转型会议"，将为北约今后数年内的转型进程指明方向。

夏侯雅伯说，北约过去几年里在适应21世纪的复杂风险与挑战方面取得了不少进展，如使北约军队更具灵活性和可部署性、拓宽和深化了政治讨论、与其他国家与组织建立了更紧密关系等。"北约联盟的这种转型是一个进程，而不是一个简单的事件。里加峰会将为北约成员国首脑们提供一个重要的机会，为以后数年内这一进程的继续指明方向。"

他说，为保护安全和坚持共同价值观，北约必须准备好在欧洲大西洋区域之外采取行动。他表示，北约在阿富汗采取行动得到了联合国的授权，今后将继续依据联合国现行及未来决议实施行动。

在谈到与中国关系问题时，夏侯雅伯说，在一个以全球性威胁与挑战为特点的世界里，我们的安全利益将来有可能越来越接近。"所以我相信双方都有兴趣建立更紧密的关系，以一致应对共同挑战。"

此前，夏侯雅伯还介绍了此次峰会的主要讨论议题，其中包括阿富汗问题、北约快速反应部队建设、与非北约成员国的合作、能源安全等。他说，会议还将授权公布一份重要文件《综合政治指南》，为北约的未来发展确立方向。

俄向伊出口防空导弹

据新华社莫斯科11月24日电　（记者**岳连国**）据俄塔社24日援引俄罗斯军工部门负责人的话报道，俄罗斯已开始履行向伊朗出口"托尔—M1"型防空导弹系统的合同，首批产品已提供给伊朗。

据报道，根据俄伊去年11月份签署的合同，俄方将向伊朗提供一批总价值为14亿美元的"托尔—M1"型防空导弹系统，伊朗将利用这批防空导弹保护本国最重要的国家机关和军事设施。

中国和巴基斯坦发表联合声明

本报伊斯兰堡11月25日电　中国和巴基斯坦25日在伊斯兰堡发表联合声明。声明全文如下：

中华人民共和国与巴基斯坦伊斯兰共和国联合声明

一、应巴基斯坦伊斯兰共和国总统佩尔韦兹·穆沙拉夫的邀请，中华人民共和国主席胡锦涛于2006年11月23日至26日对巴基斯坦伊斯兰共和国进行了国事访问。

二、胡锦涛主席同穆沙拉夫总统举行了正式会谈。胡锦涛主席还会见了总理肖卡特·阿齐兹、参议院主席伊拉希·巴赫什·苏姆罗和国民议会议长乔杜里·阿米尔·侯赛因。两国领导人在亲切、友好的气氛中，就进一步加强中巴战略合作伙伴关系及共同关心的国际和地区问题深入交换了意见，达成广泛共识。

三、访问期间，胡锦涛主席与巴基斯坦社会各界人士广泛接触。胡锦涛主席在伊斯兰堡就中巴关系发表了题为《弘扬传统友谊　深化全面合作》的演讲，会见了巴基斯坦工商界人士和友好团体。胡锦涛主席及其代表团还访问了旁遮普省拉合尔市，并出席了传统的拉合尔市民招待会。

四、两国领导人满意地回顾了中巴关系55年的发展历程。双方一致认为，全天候友谊和全方位合作已成为中巴关系的显著特征。中巴友好合作关系已经成为发展中国家和周边国家友好相处的典范。

五、双方认为，当前国际和地区形势继续发生重大而深刻的变化。中巴加强睦邻友好、开展互利合作、深化战略合作伙伴关系符合两国人民的根本利益，有利于本地区的和平与发展。

六、中方强调，巴基斯坦是中国的好邻居、好朋友、好伙伴、好兄弟。中巴关系是中国"与邻为善、以邻为伴"周边外交政策的重要组成部分。中国将继续从战略高度和长远角度看待中巴关系，愿与巴方共同努力，推动中巴战略合作伙伴关系再上新台阶。中方感谢巴方在台湾、西藏、人权等问题上给予中方的宝贵支持。

七、巴方强调，对华关系是巴外交政策的基石，对华友好是巴举国上下的共识。巴方感谢中国政府和人民对巴经济建设的大力支持和帮助，将一如既往地坚持对华友好政策，不断拓展和深化双边各领域互利合作。

八、中方重申尊重巴基斯坦的独立、主权和领土完整，赞赏并支持巴基斯坦为促进南亚和平与稳定、捍卫国家主权和独立所做的努力。巴方承认中华人民共和国政府是代表全中国的唯一合法政府，台湾是中国领土不可分割的一部分，重申继续坚定奉行一个中国政策，完全支持中国的和平统一大业。

九、双方重申2003年两国元首签署的《中华人民共和国和巴基斯坦伊斯兰共和国关于双边合作发展方向的联合宣言》对深化双边关系具有重要指导意义，对其顺利实施表示满意。双方高度评价2005年4月两国签订的《中华人民共和国和巴基斯坦伊斯兰共和国睦邻友好合作条约》，认为该条约的签署和生效为中巴战略合作伙伴关系奠定了重要法律基础。双方将进一步加强合作，积极落实条约有关规定，推动双边关系务实发展。

十、双方一致认为，两国领导人保持高层互访和接触对双边关系发展起到了重要的推动作用。双方决定进一步加强政府各部门、议会、政党、知识界、思想库、军队和人民之间的交流，增进相互了解，促进全面合作。双方同意继续就重大国际和地区问题保持沟通与协调，共同维护两国和广大发展中国家的根本利益。

十一、双方同意有必要加强中国国家发展和改革委员会和巴基斯坦计划委员会之间的定期磋商。

十二、双方认为，两国经贸合作呈现出广阔的发展前景。双方对瓜达尔港等各类经济合作项目取得的进展深感满意，决定积极推进已经商定的合作项目。

十三、双方高度评价《中华人民共和国政府和巴基斯坦伊斯兰共和国政府自由贸易协定》的签署，相信该协定将推动双边贸易均衡发展。双方决定加快服务贸易谈判，使关于商品和服务业的自由贸易协定更加全面。双方同意今后五年将双边贸易额提升到150亿美元以上。

十四、双方高度评价《中华人民共和国和巴基斯坦伊斯兰共和国经贸合作五年（2007—2011）发展规划》的签署，相信该协议将为两国在农业、制造业、基础设施和公共事业、矿业、能源、信息通信技术、服务业、教育和技术合作等领域建立更紧密经贸关系发挥重要作用。

十五、双方决定责成有关部门认真执行上述协定，确保不断提升中巴经贸合作水平。

十六、双方注意到两国在制造业领域的合作成果和潜力，决定进一步加强在家电、汽车、纺织等领域的合作。双方对中巴企业合资在巴建设"海尔—鲁巴经济区"表示欢迎和支持。在此背景下，双方愿进一步探讨在互利基础上建设其它工业和高科技园区的可行性。

十七、双方满意地回顾了2006年2月签订《中华人民共和国国家发展和改革委员会和巴基斯坦伊斯兰共和国石油和自然资源部关于能源领域合作框架协议》以来，双方在能源合作方面所取得的积极进展。中方鼓励有实力、信誉好的中国企业在油气资源勘探开发、兴建炼油厂、油气储备设施等领域与巴方开展互利合作。中方企业愿意在平等互利、合作双赢基础上参与瓜达尔能源经济区建设。双方还同意根据上述框架协议加强在矿物燃料、煤炭、水电、核电和可再生能源等能源领域以及采矿和资源领域的全面合作。

十八、双方愿意进一步深化农业领域的全面合作，分享两国农业发展的经验，加强农业技术，尤其是农产品加工、农药、滴灌和渔业等方面的技术交流与合作，推动中国农产品加工和农业科技企业到巴投资。

十九、双方同意加强信息产业领域的合作，中方愿与巴方分享中国信息通信业发展的成功经验，在技术、装备、服务等方面向巴方提供支持。双方决定在巴合作建设软件产业园区，并就铺设中巴光缆进行可行性研究。

二十、双方愿意进一步加强在基础设施建设领域的合作，中方愿与巴方分享中国在基础设施建设方面积累的经验，推动中国企业参与巴基础设施建设。

二十一、双方高度重视扩大人文领域交流与合作，包括文化、人力资源开发、教育、职业培训等领域。双方同意加强在高等教育领域的合作，中方愿意向巴方拟建的一所理工大学和传媒大学提供教师、管理人员等支持，逐步扩大互派留学生及访问学者的规模。中方决定今后五年内邀请500名巴基斯坦青年赴华交流。

二十二、双方认识到加强金融领域合作对于推动中巴各领域合作的重要意义，决定采取有效措施推进多种形式的金融合作。巴方邀请中方银行在巴基斯坦开展业务。双方欢迎两国金融机构设立中巴联合投资公司。

二十三、双方注意到旅游业是两国快速发展的重要行业之一，合作潜力巨大。双方一致同意加强旅游领域合作，共同开发旅游市场。

二十四、为进一步促进中国西部地区与巴基斯坦的人员往来和经贸合作，中方同意巴方在成都增设总领事馆。

二十五、双方对近年来两国防务部门和军队之间进行的多层次、多领域深入合作感到满意，积极评价2006年2月签订的《中华人民共和国国防部和巴基斯坦伊斯兰共和国国防部合作框架协议》对促进两军合作的重要作用，决定继续开展包括团组互访、防务磋商、人员培训等全方位合作。

二十六、双方认为，恐怖主义、分裂主义和极端主义对地区和平、稳定与安全构成严重威胁，并重申决心在双边和多边框架内开展实质性合作，共同打击"三股势力"，维护地区和平、稳定与安全。

二十七、双方广泛讨论了国际和地区形势，一致认为，世界各国应严格遵守《联合国宪章》的宗旨和原则以及和平共处五项原则等公认的国际关系准则；应充分保障各国根据本国国情选择发展道路的权利、平等参与国际事务的权利和平等发展的权利；应该通过对话和合作和平解决分歧与争端，而不应任意诉诸武力或以武力相威胁；联合国改革旨在维护联合国的权威和团结，应当优先重视发展问题。安理会改革应充分考虑广大会员国的利益；通过广泛和深入的协商找到各方均能接受的解决办法。

二十八、双方承诺继续在地区和国际事务中保持密切沟通与协调，进行有效配合与合作，共同致力于加强广大发展中国家的团结与合作，在全球化进程中维护自身的权益，促进地区和世界的和平、安全与繁荣。

二十九、双方积极支持对方参与亚洲的跨区域、区域和次区域合作。中方欢迎巴基斯坦成为亚欧会议成员，巴方欢迎中国成为南亚区域合作联盟观察员。双方表示愿以南亚区域合作联盟、亚洲合作对话、东盟地区论坛、上海合作组织、亚欧会议等区域性和跨区域组织为平台，扩大互利合作，共同推进区域合作进程。

三十、访问期间，双方签订了以下合作文件：

1.《中华人民共和国政府和巴基斯坦伊斯兰共和国政府关于巴基斯坦在成都开设总领事馆的换文》；
2.《中华人民共和国政府和巴基斯坦伊斯兰共和国政府自由贸易协定》；
3.《中华人民共和国和巴基斯坦伊斯兰共和国经贸合作五年发展规划》；
4.《中华人民共和国政府和巴基斯坦伊斯兰共和国政府经济技术合作协定》；
5.《中华人民共和国和巴基斯坦伊斯兰共和国友谊中心项目的立项换文》；
6.《中华人民共和国政府为巴基斯坦伊斯兰共和国地震灾区援建学校、医院的立项换文》；
7.《中华人民共和国政府和巴基斯坦伊斯兰共和国政府关于瓜达尔港一期工程竣工交接证书》；
8.《中华人民共和国政府和巴基斯坦伊斯兰共和国政府文化协定二〇〇七至二〇〇九年执行计划》；
9.《中国国家开发银行和巴基斯坦财政部关于设立中巴联合投资公司的谅解备忘录》；
10.《中国出口信用保险公司与巴基斯坦财政部关于双边合作融资保障的框架协议》；
11.《喀喇昆仑公路修复改造项目融资备忘录》；
12.《喀喇昆仑公路雷科特至红其拉甫段改造项目合同协议书》；
13.《中国北方工业公司与巴基斯坦塔克西拉重型工业公司合作框架协议》；
14.《振华石油控股有限公司和巴基斯坦石油资源部关于授予巴斯卡和东巴哈瓦普尔区块勘探许可证的协议》；
15.《华为公司与巴基斯坦移动通讯有限公司关于GSM900/1800扩容项目深化合作谅解备忘录》；
16.《巴基斯坦山达克东矿体勘探开发协议》；
17.《中国轻骑集团与巴基斯坦国民银行关于总统就业计划的合作协议》；
18.《中国化学工程集团公司与巴基斯坦安格鲁化学公司关于聚氯乙烯（PVC）联合装置项目合同》。

三十一、双方高度评价胡锦涛主席此次访巴取得的丰硕成果，认为访问对巩固中巴传统友谊、深化全面合作具有里程碑意义。

三十二、胡锦涛主席感谢巴基斯坦政府和人民的热情友好款待，并邀请穆沙拉夫总统方便时再次访华。穆沙拉夫总统愉快地接受了邀请。

2006年11月25日　伊斯兰堡

人民日報
RENMIN RIBAO
今日 16 版（华东、华南地区 20 版）　国内统一连续出版物号 CN 11-0065
第 21317 期（代号 1-1）
人民网 网址：http://www.people.com.cn
手机：http://wap.people.com.cn
人民日报社出版

2006 年 11 月
20
星期一
丙戌年九月三十
北京地区天气预报
白天　雾转多云
风向　南转北
风力　二、三级
夜间　多云转晴
风向　偏北
风力　三、四级
温度　12℃/5℃

胡锦涛会见美国总统布什

本报河内 11 月 19 日电 记者**吴绮敏**报道：中国国家主席胡锦涛 19 日在越南河内会见了美国总统布什。

胡锦涛表示，自我们 7 月圣彼得堡会晤以来，中美关系又取得了新进展。两国各级别交往密切，双边经贸合作快速发展，双方战略经济对话机制已经启动，中美海军舰艇编队实现互访并举行了联合搜救演习。我们对中美关系稳定健康发展感到高兴。

布什表示，美中关系发展良好。美中关系是美国对外政策的重要组成部分，美国致力于保持同中国的良好关系。美中共同努力、加强合作，有助于世界安全和人类繁荣，有助于重大国际和地区问题的解决。

胡锦涛指出，当前，经济全球化带来的机遇和挑战同时上升，影响和平与发展的不稳定不确定因素有所增多。作为利益攸关方和建设性合作者，中美应该就事关世界和平稳定和全人类共同利益的重大问题加强对话，增进互信，深化合作，妥善处理分歧，推动中美建设性合作关系不断向前发展。为此，双方应该坚定不移地推进中美建设性合作关系，坚持从战略高度和长远角度出发，牢牢把握两国关系发展的正确方向，全面推进中美建设性合作关系；妥善处理台湾问题，布什总统和美国政府多次重申坚持一个中国政策、遵守中美三个联合公报、反对“台独”，希望美方恪守承诺，不向“台独”分裂势力发出任何错误信号，以维护中美共同战略利益；加强在亚太地区合作，就亚太事务加强磋商和合作，共同维护和促进该地区和平、稳定、繁荣；推进经贸互利合作，搞好首次中美战略经济对话，充分发挥中美商贸联委会、中美经济联委会等协调机制的作用，推动两国经贸合作更快更好发展；本着双向互利的精神，加强反恐、防扩散、防务、能源、航天、科技、教育、文化、卫生、青年等广泛领域的交流合作，充实中美建设性合作关系的内涵。

布什同意胡锦涛关于两国加强各领域合作的建议，表示愿意同中国进行各种战略对话和各层次交往。美方理解台湾问题的敏感性和可能对美中关系产生的影响，美国在台湾问题上的政策没有变化。美中经贸合作是强有力的。美方欢迎中国的发展，不担心中国发展带来竞争。双方经贸合作虽有一些摩擦，但双方都愿意在相互尊重的基础上加以解决。

关于朝鲜半岛核问题，胡锦涛表示，我们要坚持对话解决的方向，以智慧和耐心寻找切实的解决方案，早日实现半岛无核化目标。中方愿同包括美方在内的各方一道努力，推动六方会谈适时复会，重新确认各方在共同声明中所做的承诺，推动会谈取得实质性进展。布什介绍了美方关于朝鲜半岛核问题的看法，表示国际社会应共同发出信息，敦促朝方采取正确行动，走上正确道路。美方愿意通过和平方式解决问题，希望六方会谈取得成功。 （下转第三版）

亚太经合组织第十四次领导人非正式会议举行第二阶段会议

胡锦涛出席并就能源和环境、卫生合作、朝鲜半岛核问题等专题发言

11 月 19 日，亚太经合组织各成员领导人身穿越式传统服装，集体在越南首都河内国家会议中心西岛合影留念。

新华社记者　樊如钧摄

11 月 19 日，中国国家主席胡锦涛在越南河内会见出席亚太经合组织第十四次领导人非正式会议的美国总统布什。

新华社记者　樊如钧摄

本报河内 11 月 19 日电 记者**吴绮敏**报道：亚太经合组织第十四次领导人非正式会议第二阶段会议 19 日在越南河内国家会议中心举行，中国国家主席胡锦涛出席会议并就能源和环境、卫生合作、朝鲜半岛核问题等专题发言。

在当天上午举行的第二阶段会议上，胡锦涛同其他成员领导人就有关专题相继发言。

关于能源和环境问题，胡锦涛表示，能源问题关系亚太地区经济社会发展。为维护能源安全，我们应该树立和落实互利合作、多元发展、协同保障的新能源安全观。一方面，要加强能源开发利用的互利合作，建立先进能源技术研发推广体系。另一方面，要创造良好政治环境，完善国际能源市场机制，实现稳定持续、价格合理的国际能源供应。

胡锦涛强调，面对日益严峻的环境问题，我们应该提高清洁能源比重，重视环保技术研发应用，实现经济与能源、环境协调发展。近年来，亚太经合组织积极开展能源合作，取得了积极成果，今后应该再接再厉。中国愿同各成员一道，继续为维护国际能源安全、实现地区可持续发展作出贡献。

关于卫生合作问题，胡锦涛说，近年来，亚太地区多次暴发重大传染性疾病，各成员经济发展和民众生活经受了严峻考验。在经济全球化加速发展的今天，唯有切实加强国际合作，才能有效遏制重大传染性疾病蔓延，维护卫生安全。

胡锦涛说，近年来，亚太经合组织通过了一系列卫生合作文件。我们应该认真落实。要在完善内部防控举措的同时，积极开展传染病防治经验交流，推动技术合作和资金转让，增强发展中成员预防和应对传染病的能力。今年 4 月，中国举办了亚太经合组织新发传染病研讨会，总结了各成员防控传染病的经验。中国愿同各成员一道，继续为保护本地区人民健康安全作出贡献。

关于朝鲜半岛核问题，胡锦涛说，朝鲜半岛核问题事关半岛及东北亚的和平稳定。坚持半岛无核化，通过对话谈判和平解决半岛核问题，是中方一贯的坚定立场，也是国际社会的普遍期待，符合有关各方的共同利益。

胡锦涛表示，作为联合国安理会常任理事国，中国将以负责任的态度，认真履行安理会有关决议。同时，我们认为，六方会谈仍是对话解决朝鲜半岛核问题的现实途径。中方希望各方采取实际行动，早日重启六方会谈，落实去年达成的“9·19”共同声明，最终实现半岛无核化目标。中方将一如既往，同有关各方及国际社会一道，为推进和谈进程，早日和平解决朝鲜半岛核问题发挥建设性作用。

第二阶段会议结束后，胡锦涛出席了越南国家主席阮明哲为与会领导人举行的工作午宴。

下午，与会领导人身穿越式传统服装，在国家会议中心出席了《亚太经合组织第十四次领导人非正式会议河内宣言》的宣读仪式。随后，与会领导人集体在国家会议中心西岛合影留念。亚太经合组织第十四次领导人非正式会议闭幕。

宣言强调，亚太经合组织各成员领导人聚会河内，围绕“走向充满活力的大家庭，实现可持续发展和繁荣”的主题，举行此次会议，以实现区域稳定、安全和繁荣的共同目标。

宣言指出，将致力于实现自由、开放的贸易和投资，防止可持续发展受到威胁，建立一个安全良好的商业环境，加强人类安全，努力建设一个充满活力、和谐的亚太大家庭，造福亚太人民。

宣言强调，各成员领导人批准《河内行动计划》，以通过各种具体措施和能力建设，按期实现茂物目标。

胡锦涛于当天下午乘专机离开越南前往老挝进行国事访问。

胡锦涛同老挝人民革命党中央委员会总书记老挝国家主席朱马利会谈

结束越南之行抵万象开始对老挝进行国事访问

十一月十九日，中共中央总书记、中国国家主席胡锦涛抵达万象开始对老挝进行国事访问。这是在欢迎仪式上，胡锦涛在老挝人民革命党中央委员会总书记、老挝国家主席朱马利陪同下检阅仪仗队。

新华社记者　饶爱民摄

十一月十九日，中共中央总书记、中国国家主席胡锦涛同老挝人民革命党中央委员会总书记、老挝国家主席朱马利举行会谈，并共同出席双方合作文件签字仪式和中国国际广播电台万象调频台开播仪式。

新华社记者　饶爱民摄

本报万象 11 月 19 日电 记者**吴绮敏**报道：11 月 19 日，刚刚抵达老挝首都万象开始对老挝进行国事访问的中共中央总书记、中国国家主席胡锦涛同老挝人民革命党中央委员会总书记、老挝国家主席朱马利举行会谈。两国领导人一致同意共同努力，按照长期稳定、睦邻友好、彼此信赖、全面合作的方针，推动两党两国关系不断迈上新的台阶。

胡锦涛说，老挝建国 30 年来，老挝党领导人民一心一意建设国家，取得了显著成就。中国党、政府和人民坚定地站在老挝党、政府和人民一边，祝愿老挝人民在社会主义建设和革新开放事业中取得新的更大的成就。

朱马利热烈欢迎胡锦涛访问老挝。他说，胡锦涛带来了中国人民对老挝人民的深厚情谊和同志般的感情，相信此访将加深老中传统友谊，使两党两国人民的团结更加紧密。朱马利祝愿中国共产党领导中国人民在建设中国特色社会主义事业中取得更大成就。

胡锦涛指出，进入新世纪以来，中老两党两国关系全面深入发展，呈现多领域、多层次发展的良好态势。双方领导人经常接触，真诚交流，社会主义理论与实践交流和干部培训合作蓬勃开展，双边贸易实现跨越式增长，合作项目进展顺利，立法机构、政协组织、政府各部门和群众组织交往密切，国防、公安、教育、青年等领域合作持续加强，地区事务中合作密切。老挝党和政府在台湾、西藏、人权等涉及中国国家主权和核心利益的重大问题上一贯给予中方坚定支持。中方对此表示感谢。

朱马利表示，老中睦邻友好关系和两国人民友谊历史悠久，两党两国长期以来在革命和建设过程中相互支持。进入新世纪，建立在长期稳定、睦邻友好、相互信任、全面合作基础上的老中关系不断取得新成果，成为两党两国人民的共同宝贵财富。他表示，无论国际形势如何变化，老挝都坚定地发展同中国的全面友好合作关系，这符合两国和两国人民的根本利益。老挝坚定奉行一个中国政策，支持中国统一大业，反对任何形式的“台独”分裂活动。

胡锦涛强调，中国和老挝都在建设社会主义，推进改革开放，探索符合本国国情的发展道路，拥有广泛的共同战略利益。加强两党两国传统友好和全面合作，符合两国人民的根本利益，有利于本地区的和平、稳定、繁荣。中国党、政府和人民珍视中老传统友谊，高度重视发展中老关系，愿意同老方永做好邻居、好朋友、好同志、好伙伴。胡锦涛对发展两国关系提出五点建议。一、保持高层领导人每年会晤机制，就共同关心的问题交换意见，加强对双边关系发展的指导。二、加强治党治国经验交流，相互借鉴、共同提高。三、加强两国合作委员会对双边经贸合作的指导和协调，开拓新的贸易形式和渠道，力争实现新的突破，抓紧落实好商定的重点合作项目；中方将鼓励更多有实力的中国企业到老挝投资，愿继续为老挝提供力所能及的援助。四、加强两国在维护边境治安、打击跨国犯罪等方面的合作；推进青少年交往，中方将继续向老挝派遣青年志愿者；促进教育、卫生、旅游合作。五、加强在国际和地区事务中的相互支持，及时就重大国际和地区问题协调立场，密切双方在中国—东盟、联合国等多边机制中的协调和配合，维护两国的共同利益。

朱马利完全赞同胡锦涛就两国关系发展提出的重要建议，表示将同中方一道努力加以落实。朱马利向胡锦涛介绍了老挝国内建设情况，表示希望不断加强同中国的经贸合作，充分发挥两国合作委员会机制的作用，探索经贸合作新方式新途径，提高合作效率，加强贸易、投资、电力、矿业、基础设施建设、旅游等领域的合作。

会谈后，胡锦涛和朱马利共同出席了经济技术、卫生、电力、电子政务等领域双方合作文件的签字仪式和中国国际广播电台万象调频台的开播仪式。

会谈前，胡锦涛出席了朱马利为他访问老挝举行的隆重欢迎仪式。当晚，胡锦涛出席了朱马利为他们举行的欢迎宴会。

中共中央政治局候补委员、中央书记处书记、中央办公厅主任王刚等陪同人员参加上述活动。

本报万象 11 月 19 日电 记者**吴绮敏**报道：应老挝人民革命党中央委员会总书记、老挝人民民主共和国主席朱马利·赛雅贡的邀请，中共中央总书记、中国国家主席胡锦涛 19 日抵达老挝首都万象，开始对老挝进行国事访问。

当地时间 16 时 40 分许，胡锦涛乘坐的专机抵达万象瓦岱机场。胡锦涛和夫人刘永清在机场受到老挝副总理兼外交部长、中联部部长通伦等的热情迎接。

胡锦涛在机场发表了书面讲话。他指出，老挝是中国的友好邻邦。建国 30 年来，在老挝人民革命党领导下，老挝人民坚持社会主义道路和革新开放路线，在国家建设事业中取得了显著成就。老挝社会政治稳定，经济持续发展，人民生活不断改善，对外交往日益活跃，各项事业蓬勃发展。中方对此表示热烈祝贺。

胡锦涛指出，中老两国山水相连，两党两国和两国人民有着深厚的传统友谊，是好邻居、好朋友、好同志、好伙伴。中老两党两国关系正在全面深入发展。双方政治上彼此信赖、经济上真诚合作，在国际和地区事务中相互支持、密切配合。胡锦涛表示，他期待着同朱马利同志和老挝其他领导同志就双边关系和其他共同关心的问题深入交换意见。胡锦涛表示相信，这次访问必将达到加深友谊、增进互信、扩大合作、规划未来的预期目标，进一步推动中老长期稳定、睦邻友好、彼此信赖的全面合作关系更快更好地向前发展。

中共中央政治局候补委员、中央书记处书记、中央办公厅主任王刚等陪同人员同机抵达。

中国驻老挝大使刘永兴和使馆工作人员等到机场迎接。

胡锦涛是在结束了对越南的国事访问并出席了亚太经合组织第十四次领导人非正式会议后，从越南首都河内抵达万象的。

老挝是胡锦涛此次出访的第二站。他还将对印度和巴基斯坦进行国事访问。

人民日報
RENMIN RIBAO
今日8版
人民网 网址:http://www. people. com. cn
手机:http://wap. people. com. cn
国内统一连续出版物号 CN 11-0065
第21315期 (代号1-1)
人民日报社出版
2006年11月
18
星期六
丙戌年九月廿八
北京地区天气预报
白天 晴转多云
风向 北转南
风力 二、三级
夜间 多云转晴
风向 南转北
风力 一、二级
温度 12℃/3℃

胡锦涛在亚太经合组织工商领导人峰会上发表重要演讲

强调中国主张推动建设持久和平、共同繁荣的和谐世界

十一月十七日，中国国家主席胡锦涛在越南首都河内举行的亚太经合组织工商领导人峰会上发表重要演讲。 新华社记者 饶爱民摄

本报河内11月17日电 记者**吴绮敏**报道：中国国家主席胡锦涛17日在越南首都河内举行的亚太经合组织工商领导人峰会上发表重要演讲。胡锦涛指出，和谐是中华文明的重要价值观念。中国主张推动建设持久和平、共同繁荣的和谐世界。中国将致力于同世界各国政治上和谐相处、经济上共同发展、文化上取长补短、安全上互信协作，继续为人类和平与发展的崇高事业作出贡献。

当天的演讲会在河内国家会议中心举行，会议厅内座无虚席。当地时间11时30分左右，胡锦涛和夫人刘永清在峰会主席、越南工商会会长武进禄等陪同下走进会议大厅，与会代表全体起立，热烈鼓掌。接着，美国国际集团总裁兼首席执行官马丁·萨利文向与会者介绍胡锦涛主席并邀请他发表演讲。

在热烈的掌声中，胡锦涛发表了题为《坚持和平发展 促进共同繁荣》的重要演讲。

胡锦涛指出，当今世界正在发生深刻而复杂的变化。经济全球化和区域一体化深入发展，国与国联系更加紧密，为各国在更广领域、更大规模、更高层次上开展合作提供了有利条件。在我们所处的亚太地区，各种区域次区域合作机制蓬勃兴起，越来越多的国家积极参与国际合作和竞争，既促进了自身经济发展，也带动了地区经济繁荣。亚太地区充满活力，前景光明。**（演讲全文另发）**

胡锦涛说，这次会议以"走向充满活力的大家庭，实现可持续发展和繁荣"为主题，正是为了解决本地区发展中存在的问题，特别是推动本地区实现平衡和可持续发展。我们应该增加对发展中国家不附加条件的官方援助，加强多种形式的经济技术合作，帮助发展中国家加强人才资源开发，为发展中国家发展创造良好外部环境，开展多种形式的南北合作和南南合作，积极推进发展中国家发展。

关于中国的发展方向问题，胡锦涛说，中国是国际社会和亚太大家庭的一员，中国的发展与全球和亚太地区的发展息息相关。改革开放以来，中国坚持以经济建设为中心，坚持深化改革，不断扩大对外开放，在经济发展的基础上不断改善人民生活，给中国人民和地区其他国家人民带来了实惠。事实证明，作为拥有13亿人口的发展中大国，中国经济保持良好发展势头，人民生活水平提高，对外开放扩大，对世界特别是亚太地区的和平与发展具有重要意义。

胡锦涛说，我们将全面贯彻落实以人为本、全面协调可持续发展的科学发展观，转变发展观念、创新发展模式、提高发展质量，坚持用发展和改革的办法解决前进中的问题，让发展成果惠及全体人民。当前和今后一段时间，我们将着力推进经济结构调整和经济增长方式转变、着力推进新农村建设，着力推进区域协调发展，着力推进和谐社会建设。

胡锦涛强调指出，中国的发展，主要靠自力更生、靠中国人民艰苦奋斗。同时，中国坚定不移地实行对外开放的基本国策，实施互利共赢的开放战略。我们将进一步深化涉外经济体制改革，加快转变贸易增长方式，促进进出口贸易协调发展，积极利用外资，切实保护知识产权，不断提高对外开放水平。中国的发展得益于地区和世界的发展，同时也为地区和世界的发展作出了贡献。中国将继续在更大范围、更广领域、更高层次上参与国际经济合作，继续推进区域经济合作和自由贸易区谈判，继续向发展中国家提供力所能及的援助和支持。

胡锦涛发表演讲后，美国高通公司首席执行官保罗·雅各布致感谢辞。他表示，胡锦涛主席的演讲令人鼓舞，使人深受启发。胡主席有关建设和谐社会的主张同样适用于在亚太地区实现经济可持续发展和社会繁荣稳定，也可以作为亚太地区加强合作的指导原则。亚太经合组织将继续在全球发挥重要作用。

中共中央政治局候补委员、中央书记处书记、中央办公厅主任王刚等陪同人员参加会议。

亚太经合组织工商领导人峰会是亚太经合组织年会期间的一个重要论坛。来自亚太地区的1000多名工商企业界人士参加今年工商领导人峰会。约1000人与会听取胡锦涛的演讲。

坚持和平发展 促进共同繁荣

——在亚太经合组织工商领导人峰会上的演讲

(2006年11月17日，越南河内)

中华人民共和国主席 胡锦涛

主席先生，

女士们，先生们：

今天，有机会同亚太地区工商界朋友们再次见面，就促进亚太地区经济发展交流看法，我感到十分高兴。

当今世界正在发生深刻而复杂的变化。经济全球化和区域一体化深入发展，国与国联系更加紧密，为各国在更广领域、更大规模、更高层次上开展合作提供了有利条件。在我们所处的亚太地区，各种区域次区域合作机制蓬勃兴起，越来越多的国家积极参与国际合作和竞争，既促进了自身经济发展，也带动了地区经济繁荣。亚太地区充满活力，前景光明。

同时，我们必须看到，在亚太地区经济发展进程中，发展不平衡现象仍然突出。一些发展中国家由于经济技术基础薄弱，缺乏抓住发展机遇的有效手段和抵御外部风险的相应能力，难以从经济全球化中得到应有惠益。近年来，恐怖活动、严重自然灾害、重大传染性疾病等非传统安全威胁频繁发生，使各国特别是发展中国家的发展努力面临新的挑战。如何缩小发展差距、促进共同发展，是摆在我们面前的重大课题。

这次会议以"走向充满活力的大家庭，实现可持续发展和繁荣"为主题，正是为了解决本地区发展中存在的问题，特别是推动本地区实现平衡和可持续发展。我们应该增加对发展中国家不附加条件的官方援助，加强多种形式的经济技术合作，帮助发展中国家加强人才资源开发，为发展中国家发展创造良好外部环境，全面开展多种形式的南北合作和南南合作，积极推进发展中国家发展。

女士们、先生们！

近年来，随着中国不断发展和中国同外部世界联系日益紧密，国际社会十分关注中国的发展方向。在这里，我愿意就这个问题谈谈看法。

中国是国际社会和亚太大家庭的一员，中国的发展与全球和亚太地区的发展息息相关。改革开放以来，中国坚持以经济建设为中心，坚持深化改革，不断扩大对外开放，在经济发展的基础上不断改善人民生活，给中国人民和地区其他国家人民带来了实惠。从1978年到2005年，中国国内生产总值从1473亿美元增加到22350亿美元，年均增长9.6%；进出口总额从206亿美元增加到14221亿美元，年均增长超过16%，2005年中国进口额达到6599亿美元；截至2005年底，中国实际利用外商直接投资累计达到6200亿美元。事实证明，作为拥有13亿人口的发展中大国，中国经济保持良好发展势头，人民生活水平提高，对外开放扩大，对世界特别是亚太地区的和平与发展具有重要意义。

同时，我们也清醒地认识到，由于人口多、底子薄、发展不平衡，中国在发展中仍面临着一些突出矛盾和问题，主要是：经济结构不合理和粗放型经济增长方式还没有根本改变，城乡、区域、经济社会发展不够协调，人口资源环境压力加大，就业、社会保障、教育、医疗等民生问题比较突出。 （下转第三版）

胡锦涛会见韩国总统卢武铉

11月17日，中国国家主席胡锦涛在越南首都河内会见出席亚太经合组织第十四次领导人非正式会议的韩国总统卢武铉。 新华社记者 饶爱民摄

本报河内11月17日电 记者**吴绮敏**报道：在越南首都河内出席亚太经济合作组织领导人非正式会议的中国国家主席胡锦涛17日会见了韩国总统卢武铉。

胡锦涛表示，中韩关系发展势头很好，两国已建立起名副其实的全面合作伙伴关系。我们愿同韩方一道，推动两国关系不断向前发展。明年是中韩建交15周年和中韩交流年，双方商定开展丰富多彩的活动。希望双方共同努力，办好这些活动，增进两国人民的相互了解和友谊，深化各领域交流合作。

卢武铉说，韩国正在为韩中交流年积极进行准备，希望这项活动取得重要成果，推动双边关系发展。

关于朝鲜半岛核问题，胡锦涛表示，中韩都致力于实现朝鲜半岛无核化、维护地区和平稳定，通过对话和平解决问题。目前，朝鲜半岛核问题处在一个关键时期。下一步工作重点是尽快重启六方会谈，各方重新确认"9·19"共同声明，并在落实共同声明方面迈出实质性步伐。中方坚持劝和促谈，将继续为推动通过对话解决朝鲜半岛核问题作出坚持不懈的努力，愿与韩方继续加强协调和配合，推动形势向好的方向发展。

卢武铉赞赏中国为重启六方会谈作出的重要努力。他说，六方会谈还面临很多困难，为使六方会谈能取得进展，有关方面应作出决断，采取灵活态度，坚持通过对话解决朝鲜半岛核问题。韩方希望同中方加强沟通，密切协调，共同为维护东北亚和平稳定作出贡献。

中共中央政治局候补委员、中央书记处书记、中央办公厅主任王刚等陪同人员参加会见。

胡锦涛会见智利总统巴切莱特

11月17日，中国国家主席胡锦涛在越南首都河内会见出席亚太经合组织第十四次领导人非正式会议的智利总统巴切莱特。 新华社记者 饶爱民摄

本报河内11月17日电 记者**吴绮敏**报道：中国国家主席胡锦涛17日在越南河内会见了智利总统巴切莱特。

胡锦涛说，中智关系保持着良好发展势头。双方政治上彼此信任，经贸合作取得明显进展，在国际和地区事务中保持着良好协调。双边贸易额保持着快速增长势头。相信随着中智自由贸易协定的实施，两国经贸合作将释放出更大潜力。中方将同智方一道努力，争取早日完成服务贸易和投资谈判，给中智经贸关系再添活力。胡锦涛说，中国视智利为好朋友、好伙伴。中方高度重视发展同智利的友好合作，愿同智方一道，不断将中智全面合作伙伴关系推向新的更高水平。

巴切莱特表示，智中保持着良好合作关系，双边合作正沿着双方确定的道路开展。两国为促进经贸关系发展采取了一系列具体行动，给双方带来了重要利益。相信两国自由贸易区第二阶段的服务贸易和投资安排，也将是互利互惠的。巴切莱特表示，智中在重大国际和地区问题上有很多相同或相近观点。智利支持中国为世界和平稳定发展发挥重要作用，赞赏中国密切同非洲的合作，推动和平解决朝鲜半岛核问题。智利和中国是好朋友、好伙伴，智方也愿为中国发展同拉美国家的关系发挥桥梁作用。

中共中央政治局候补委员、中央书记处书记、中央办公厅主任王刚等陪同人员参加会见。

胡锦涛会见澳大利亚总理霍华德

11月17日，中国国家主席胡锦涛在越南首都河内会见出席亚太经合组织第十四次领导人非正式会议的澳大利亚总理霍华德。 新华社记者 樊如钧摄

本报河内11月17日电 记者**吴绮敏**报道：中国国家主席胡锦涛17日在河内会见了澳大利亚总理霍华德。

胡锦涛说，中澳关系发展势头良好。两国确立了发展21世纪互利共赢的全面合作关系，经贸合作快速深入发展，文化、科技、教育、旅游等领域的交流十分活跃，双方在重大国际和地区问题上保持了良好沟通和磋商。

胡锦涛指出，中澳关系基础稳固，面临着难得的发展机遇。我们应该继续从战略高度看待和发展双边关系，保持高层交往良好势头，增强政治互信，巩固能源资源领域战略合作关系，稳步推进中澳自由贸易协定谈判，丰富民间交往，加强在国际和地区问题上的磋商，把中澳21世纪互利共赢的全面合作关系不断推向前进。

霍华德表示，澳中关系密切而务实，10年来取得了实实在在的成果，经贸合作得到长足发展。澳大利亚关注中国发展，同中方开展了积极合作。两国自由贸易区谈判正在进行，希望双方通过认真讨论取得好的结果，不断深化两国贸易合作。澳大利亚还希望同中方加强能源资源安全、应对气候变化以及人员交往方面的交流合作。

两国领导人就朝鲜半岛核问题交换了意见。胡锦涛阐述了中方的原则主张，霍华德表示赞赏，强调澳方支持中方在朝鲜半岛核问题上发挥重要作用。双方同意加强沟通和协调，共同为和平解决朝鲜半岛核问题、维护地区和平稳定作出努力。

中共中央政治局候补委员、中央书记处书记、中央办公厅主任王刚等陪同人员参加会见。

胡锦涛会见阮晋勇（第三版）

胡锦涛会见阮富仲（第三版）

温家宝会见美国客人和哈萨克斯坦客人（第四版）

贾庆林出席促进非公有制经济健康发展论坛（第二版）

人民日報

RENMIN RIBAO

今日 8 版

人民网 网址：http://www. people. com. cn
手机：http://wap. people. com. cn

国内统一连续出版物号 CN 11-0065
第 21316 期（代号 1-1）
人民日报社出版

2006 年 11 月
19
星期日
丙戌年九月廿九

北京地区天气预报
白天 多云间晴
风向 北转南
风力 二、三级
夜间 多云转阴
风向 南转北
风力 一、二级
温度 13℃/4℃

亚太经合组织第十四次领导人非正式会议在河内举行

胡锦涛出席并发表重要讲话

本报河内 11 月 18 日电 记者**吴绮敏**报道：亚太经济合作组织第十四次领导人非正式会议 18 日在河内召开，中国国家主席胡锦涛出席了当天举行的第一阶段会议并发表重要讲话。

11 月的河内，草木青翠，百花吐艳。亚太经合组织第十四次领导人非正式会议第一阶段会议在越南国家会议中心举行。当地时间 13 时 30 分开始，亚太经合组织各成员领导人陆续抵达，受到东道主越南国家主席阮明哲迎接。

14 时许，阮明哲宣布会议开始。第一阶段会议主要讨论经贸合作议题。各成员领导人发言，就加强地区合作交换意见。胡锦涛阐述了深化务实合作，建设持久和平、共同繁荣的亚太大家庭的主张和建议。

胡锦涛指出，当前，经济全球化趋势深入发展，世界生产力水平继续提升，亚太地区面临着前所未有的发展机遇。同时，全球和亚太地区也面临着不少问题，各国各地区发展仍面临着诸多需要认真应对的严峻挑战。我们应该全面把握地区及世界发展大势，从各成员的根本利益出发，共商推动亚太经合组织建设、促进亚太地区经济发展大计。（讲话全文另发）

胡锦涛指出，近年来，亚太地区各种合作机制蓬勃发展，区域一体化进程不断加快。我们应该在这一基础上凝聚共识，树立符合时代潮流和亚太地区特点的区域合作观，深化各领域务实合作，推动共同发展，谋求和谐共赢，造福亚太人民，为世界和平与发展作出更大贡献。为此，我建议从以下四个方面进行努力。

第一，维护和平稳定。和平稳定的环境是发展的重要前提。维护和平稳定，关键是要本着平等互信、和平共处的原则处理国与国关系。对于一些可能影响地区稳定的矛盾和问题，要通过对话增信释疑，通过协商弥合分歧，通过谈判化解矛盾，最终求得和平解决。要采取有效措施，坚决打击一切形式的恐怖主义和跨国犯罪，并注重消除其根源。要增进各国人民和不同文化的相互了解，为维护地区和平稳定创造条件。

第二，促进共同发展。经过多年快速发展，亚太地区经济取得了世人瞩目的成绩。但是，本地区经济社会发展依然存在一些深层次的结构性矛盾，发展还不平衡。特别是本地区不少发展中成员经济基础相对薄弱，实现全面发展还有很长的路要走。有关成员应该积极努力，发达成员也应该着眼长远，为缩小发展差距、促进共同发展繁荣多做实事，以利于实现亚太地区经济全面协调可持续发展。

第三，实现合作共赢。经济全球化深入发展，使各经济体相互依存不断加深。这在亚太地区表现得尤为突出。目前，亚太地区面临着能源市场价格高位波动、经济发展失衡、重大传染性疾病频发等问题，最有效的应对途径是加强合作。共同的挑战往往孕育着合作的机遇。我们应该抓住机遇、迎接挑战，不断扩大共同利益的汇合点，努力实现合作共赢。

第四，奉行开放包容。多样性是人类文明发展的重要源泉，也是亚太地区的显著特点。推动不同文化和信仰相互交流、不同社会制度和发展模式相互借鉴，可以使世界多姿多彩、充满活力，也有利于各国各地区人民取长补短、和睦相处。亚太地区已建有多个区域次区域合作机制，我们应该支持它们并行不悖地发展，努力形成兼收并蓄、优势互补的亚太区域合作格局。对于区域外机制，我们也要秉持开放包容态度，奉行开放的地区主义。

胡锦涛强调，面对世界和地区的新形势，亚太经合组织应该继续以上述原则为指导，坚持以经济合作为重点，在以下方面发挥更大作用。

一是要积极支持多边贸易体制发展。稳定健康的多边贸易体制，对世界经济和地区经济发展意义重大。当务之急是推动多哈回合谈判重回轨道，尽早就关键问题达成一致，并把关于多哈回合是发展回合的承诺落到实处。谈判的主要各方应该本着负责任的态度，显示灵活，弥合分歧。这次会议应该就此向国际社会发出明确信息。

二是要努力实现茂物目标。茂物目标是亚太经合组织的旗帜，也是衡量组织工作成效的标尺。中国支持为如期实现这一目标而制定的《河内行动计划》。我们应该拿出切实可行的具体方案，加强单边行动计划和集体行动计划，在巩固现有成果的基础上，全面推进亚太经合组织贸易投资领域的工作，重点推动贸易投资便利化取得新进展。我愿提议成立亚太经合组织港口服务网络，以加速本地区港口及配套行业的整合和升级，为贸易投资活动提供便利条件，希望各成员积极支持和参与。

三是要推动经济技术合作迈出新步伐。经济技术合作是缩小发展差距、促进共同繁荣的重要手段。我们应该加大投入，提高合作的针对性和实用性，切实帮助发展中成员提高参与国际竞争和应对各类挑战的能力。

胡锦涛强调，中国将坚持走和平发展道路，坚持实施互利共赢的开放战略，愿同亚太经合组织各成员携手努力，为推动建设持久和平、共同繁荣的和谐亚太大家庭作出贡献。

各成员领导人在发言中呼吁尽早恢复世贸组织多哈回合谈判，加强多边贸易体制建设。各成员领导人讨论了区域贸易安排问题，一致认为有关安排在促进地区经济发展和各成员经贸往来方面发挥了积极作用。他们还就有关建立亚太自由贸易区的远景问题交换了意见。

会议通过了《河内行动计划》，支持明年采取实际行动加以落实，继续推动实现茂物目标。

亚太经合组织领导人非正式会议是这一组织最高级别的会议。从 1993 年开始，该组织领导人非正式会议每年召开一次，在各成员轮流举办。

下午，胡锦涛参加了亚太经合组织成员领导人同亚太经合组织工商咨询理事会代表的对话会。当晚，胡锦涛出席了阮明哲为亚太经合组织成员领导人举行的欢迎晚宴。

当天上午，胡锦涛看望了中国驻越南使馆工作人员、中资机构和留学生代表。

推动共同发展 谋求和谐共赢

——在亚太经合组织第十四次领导人非正式会议上的讲话

（2006 年 11 月 18 日，越南河内）

中华人民共和国主席 胡锦涛

11 月 18 日，亚太经合组织第十四次领导人非正式会议在越南首都河内举行，中国国家主席胡锦涛出席第一阶段会议并发表重要讲话。 新华社记者 **樊如钧**摄

阮明哲主席，
各位同事：

很高兴同大家在河内再次相聚。阮明哲主席和越南政府为这次会议做了周到安排，我对此表示感谢。

当前，经济全球化趋势深入发展，世界生产力水平继续提升，亚太地区面临着前所未有的发展机遇。同时，全球和亚太地区也面临着不少问题，各国各地区发展仍面临着诸多需要认真应对的严峻挑战。在这样一个时刻召开本次会议，具有重要意义。我们应该全面把握地区及世界发展大势，从各成员的根本利益出发，共商推动亚太经合组织建设、促进亚太地区经济发展大计。

近年来，亚太地区各种合作机制蓬勃发展，区域一体化进程不断加快。我们应该在这一基础上凝聚共识，树立符合时代潮流和亚太地区特点的区域合作观，深化各领域务实合作，推动共同发展，谋求和谐共赢，造福亚太人民，为世界和平与发展作出更大贡献。为此，我建议从以下四个方面进行努力。

第一，维护和平稳定。和平稳定的环境是发展的重要前提。维护和平稳定，关键是要本着平等互信、和平共处的原则处理国与国关系。对于一些可能影响地区稳定的矛盾和问题，要通过对话增信释疑，通过协商弥合分歧，通过谈判化解矛盾，最终求得和平解决。要采取有效措施，坚决打击一切形式的恐怖主义和跨国犯罪，并注重消除其根源。要增进各国人民和不同文化的相互了解，积极消除误解和歧见，使相互理解和友谊深深植根于广大民众之中，夯实国家关系发展的社会基础，为维护地区和平稳定创造条件。

第二，促进共同发展。经过多年快速发展，亚太地区经济取得了世人瞩目的成绩。但是，本地区经济社会发展依然存在一些深层次的结构性矛盾，发展还不平衡。特别是本地区不少发展中成员经济基础相对薄弱，实现全面发展还有很长的路要走。各成员之间和各成员内部的发展差距，是我们应该认真面对的一个现实问题。有关成员应该积极努力，发达成员也应该着眼长远，为缩小发展差距、促进共同发展繁荣多做实事，以利于实现亚太地区经济全面协调可持续发展。

第三，实现合作共赢。经济全球化深入发展，使各经济体相互依存不断加深。这在亚太地区表现得尤为突出。过去 10 年间，亚太地区经历了金融危机、非典、海啸、禽流感等重大事件，其起因和影响跨越国界，仅靠一方之力难以应对。我们密切沟通、加强协调、通力合作，最终妥善应对了这些挑战。目前，亚太地区面临着能源市场价格高位波动、经济发展失衡、重大传染性疾病频发等问题，最有效的应对途径是加强合作。共同的挑战往往孕育着合作的机遇。我们应该抓住机遇、迎接挑战，不断扩大共同利益的汇合点，努力实现合作共赢。

第四，奉行开放包容。多样性是人类文明发展的重要源泉，也是亚太地区的显著特点。中国文化历来崇尚海纳百川、有容乃大。推动不同文化和信仰相互交流、不同社会制度和发展模式相互借鉴，可以使世界多姿多彩、充满活力，也有利于各国各地区人民取长补短、和睦相处。亚太地区已建有多个区域次区域合作机制，我们应该支持它们并行不悖地发展，努力形成兼收并蓄、优势互补的亚太区域合作格局。对于区域外机制，我们也要秉持开放包容态度，奉行开放的地区主义。

各位同事！

长期以来，亚太经合组织围绕各成员关注的重大经济议题，本着协商一致、自主自愿、循序渐进的原则，开展了卓有成效的交流合作，有力推动了亚太地区和各成员经济发展。面对世界和地区的新形势，亚太经合组织应该继续以上述原则为指导，坚持以经济合作为重点，在以下方面发挥更大作用。

一是要积极支持多边贸易体制发展。稳定健康的多边贸易体制，对世界经济和地区经济发展意义重大。如果多哈回合谈判失败，对任何国家都无好处。亚太经合组织为推动多边贸易体制发展作出过重要贡献。现在，当务之急是推动谈判重回轨道，尽早就关键问题达成一致，并把关于多哈回合是发展回合的承诺落到实处。谈判的主要各方应该本着负责任的态度，显示灵活，弥合分歧。我们这次会议应该就此向国际社会发出明确信息。

二是要努力实现茂物目标。茂物目标是亚太经合组织的旗帜，也是衡量组织工作成效的标尺。中国支持为如期实现这一目标而制定的《河内行动计划》。未来一段时间，我们应该拿出切实可行的具体方案，加强单边行动计划和集体行动计划，在巩固现有成果的基础上，全面推进亚太经合组织贸易投资领域的工作，重点推动贸易投资便利化取得新进展。在这里，我愿提议成立亚太经合组织港口服务网络，以加速本地区港口及配套行业的整合和升级，为贸易投资活动提供便利条件，希望各成员积极支持和参与。

三是要推动经济技术合作迈出新步伐。经济技术合作是缩小发展差距、促进共同繁荣的重要手段。近年来，金融安全、能源安全、卫生安全等领域新问题新挑战不断涌现，不少成员缺乏经验，应对能力明显不足。我们应该加大投入，提高合作的针对性和实用性，切实帮助发展中成员提高参与国际竞争和应对各类挑战的能力。

在这里，我愿宣布，中国政府将向亚太经合组织支持基金捐款 200 万美元，用于推动本地区经济技术合作。

各位同事！

中国将坚持走和平发展道路，坚持实施互利共赢的开放战略，愿同亚太经合组织各成员携手努力，为推动建设持久和平、共同繁荣的和谐亚太大家庭作出贡献。

谢谢大家。 （新华社河内 11 月 18 日电）

胡锦涛会见俄罗斯总统普京

11 月 18 日，正在越南首都河内出席亚太经合组织第十四次领导人非正式会议的中国国家主席胡锦涛会见俄罗斯总统普京。 新华社记者 **饶爱民**摄

本报河内 11 月 18 日电 记者**吴绮敏**报道：中国国家主席胡锦涛 18 日在越南河内会见了俄罗斯总统普京。

胡锦涛指出，中俄战略协作伙伴关系建立 10 年来，两国关系取得了历史性进展。双方政治互信日益增强，务实合作成果显著，战略协作不断加深。中俄友好成为维护世界和地区和平稳定的重要因素。今年在中国举行的“俄罗斯年”活动取得了圆满成功，相信明年在俄举行的“中国年”活动也一定会取得成功。中方愿同俄方一道努力，推动中俄战略协作伙伴关系不断向前发展。

胡锦涛表示，两国经贸合作总的势头很好。双方要继续共同努力，在扩大合作规模、提高合作质量上下功夫，把两国经贸合作提高到一个新的水平。一是要积极改善经贸结构，特别是要扩大机电产品贸易和高新技术等领域的合作。二是要积极扩大相互投资，中方愿在资源开发、加工制造、木材加工、基础设施建设、高技术研发等方面增加对俄投资。三是要积极拓展合作领域，中方愿同俄方加强科技、电力、航空、航天、医疗卫生、环保、文化产业等领域的合作，不断增添两国经贸合作的新增长点。

普京表示，经过双方共同努力，双边关系和互利合作已发展到很高水平，各领域战略合作深入发展。俄方高度珍惜俄中友好，将一如既往地为推动两国友好和合作作出努力。俄方感谢中国为在中国举行的“俄罗斯年”提供周到安排，将为明年在俄罗斯举办的“中国年”向中方提供积极协助，确保活动成功，增加两国人民感情。

普京表示，今年两国贸易快速增长，双方为扩大俄罗斯民用机电产品对华出口作出了积极努力，对能源、航空、医疗设备贸易进行了规划，能源资源领域合作取得积极进展，远东石油管道建设工程已经启动，俄罗斯政府支持中国企业参与俄罗斯资源开发。希望双方加强环保领域合作，共同为两国人民造福。

两国领导人就共同关心的国际和地区问题交换了意见，对两国战略合作水平不断提高表示满意。关于朝鲜半岛核问题，胡锦涛强调，无论形势如何发展，都要坚持半岛无核化目标、坚持对话协商解决问题。当前各方应努力重启六方会谈，确认“9·19”共同声明，推动会谈朝着无核化目标迈出实质步骤。普京表示，俄方将继续同各方配合，争取使各方都回到谈判桌前来。关于伊朗核问题，胡锦涛表示，中俄都反对核扩散，主张通过谈判解决问题，当前要继续开展外交努力，促使有关各方重返谈判轨道。普京表示，要坚持维护国际核不扩散体系，推动通过谈判解决问题。双方还就中东、伊拉克、阿富汗问题和中亚局势交换了意见，同意就有关问题保持协调和配合。双方表示将加强上海合作组织内的合作。

中共中央政治局候补委员、中央书记处书记、中央办公厅主任王刚等陪同人员会见时在座。

胡锦涛会见日本首相安倍晋三

11 月 18 日，正在越南首都河内出席亚太经合组织第十四次领导人非正式会议的中国国家主席胡锦涛会见日本首相安倍晋三。 新华社记者 **饶爱民**摄

本报河内 11 月 18 日电 记者**吴绮敏**报道：中国国家主席胡锦涛 18 日在越南河内会见了日本首相安倍晋三。

胡锦涛说，一个多月后两国领导人再次会晤，体现了中日双方改善和发展两国关系的共同意愿，标志着两国关系呈现出新的局面。当前，中日关系发展正处于重要时刻。两国领导人有责任从战略和全局高度牢牢把握两国关系发展的正确方向，继续保持两国关系发展的良好势头。

胡锦涛说，今年 10 月在北京会晤时，我们双方都认为，应该从战略高度和长远角度审视中日关系，努力实现两国和平共处、世代友好、互利合作、共同发展的大目标。双方就加强政治互信、深化互利合作、扩大人员往来、促进在国际和地区事务中的合作等达成了广泛共识。

胡锦涛指出，展望未来，两国面临着开创全方位、宽领域、多层次互利合作新格局的共同课题。为此双方要：一、明确两国关系的发展方向。双方已就构筑战略互惠关系达成了一致。这有利于把双方互利合作推向更高水平，意义重大。双方外交部门要深入探讨，尽早形成共识，以利于更好地规划和指导两国关系发展。二、增进两国国民的友好感情。扩大两国人员往来尤其是青少年交往，加强文化等方面的交流，营造良好的舆论环境，培育两国人民的亲近感，不断巩固中日友好的根基。三、扎实推进互利合作。充分发挥已有合作机制的作用，就加强贸易、投资、信息、能源、环保、金融等领域的合作制定中长期规划，拿出切实可行的措施，巩固共同利益纽带。四、共同促进亚洲和平、稳定、发展。本着合作共赢的精神，就维护东北亚安全、加强地区能源合作、推进东亚一体化建设等重大课题进行沟通和协调，为促进亚洲持久和平、共同繁荣贡献力量。五、妥善处理敏感问题。历史和台湾问题事关两国关系的政治基础，应得到妥善处理。双方应本着互利互惠原则，坚持谈判对话，搁置争议，共同开发，加快东海磋商进程，争取早日解决这一问题，使东海成为和平、友好、合作之海。

安倍表示，我 10 月访华取得了成功，受到两国人民和国际社会欢迎。其后，两国关系取得了良好发展。双方同意继续努力，构筑日中战略互惠关系。希望双方保持高层交往，共同推进日中关系向更高层次发展。安倍建议双方早日启动经济部长级会议，就经贸合作进行协调；启动能源部门政策对话，加强节能、环保等领域合作；共同推动人员往来，加强旅游合作；落实共识，启动关于历史问题的共同研究；共同努力，加强磋商，使东海成为和平、友好、合作之海；加强日中韩三方合作，促进三国投资、环保、旅游等领域交流；加强协调，共同推进东亚区域合作。

安倍表示，日本将继续按照日中联合声明确定的原则处理台湾问题，这一立场没有变化。 （下转第三版）

人民日报
RENMIN RIBAO
人民网 网址:http://www.people.com.cn
手机:http://wap.people.com.cn

2008年5月
8
星期四
戊子年四月初四
人民日报社出版
国内连续出版物号
CN11-0065
第21852期(代号1-1)
今日16版

胡锦涛主席电贺梅德韦杰夫就任俄罗斯联邦总统

本报北京5月7日电 国家主席胡锦涛7日致电梅德韦杰夫,祝贺他就任俄罗斯联邦总统。

贺电说:在你正式就任俄罗斯联邦总统之际,我谨向你表示热烈的祝贺和良好的祝愿。我相信,在你的领导下,俄罗斯人民在建设自己国家的道路上将创造新的业绩,在实现繁荣富强的道路上将取得更大成就。

贺电说:中俄互为最大邻国和友好邻邦,不断加强中俄战略协作伙伴关系,符合两国和两国人民的根本利益,对维护地区和世界的和平安全,促进共同发展繁荣具有重要意义。确保中俄战略协作伙伴关系健康稳定深入发展是我们共同的责任和使命。在新的历史起点上,我愿与你携手努力,按照《中俄睦邻友好合作条约》确定的原则和方向,进一步增进双方政治互信,深化各领域务实合作,加强在国际和地区事务中的战略协作,把中俄战略协作伙伴关系推上更高水平,以造福两国和两国人民。

胡锦涛主席会见日本天皇明仁

5月7日,国家主席胡锦涛和夫人刘永清在日本皇宫会见日本天皇明仁和皇后美智子。 新华社记者 黄敬文摄

五月七日,日本天皇明仁在日本皇宫内广场举行仪式,欢迎国家主席胡锦涛对日本进行国事访问。这是胡锦涛检阅仪仗队。 新华社记者 兰红光摄

本报东京5月7日电 (记者**吴绮敏、于青、刘畅**)国家主席胡锦涛7日在东京日本皇宫会见了日本天皇明仁。

明仁天皇热烈欢迎胡锦涛对日本进行国事访问。他愉快地回忆起他于1992年中日邦交正常化20周年时访问中国的情景。明仁表示,日中两国友好交往源远流长,日本遣唐使等日中交流的事例成为日中友好交流的千年佳话,祝愿日中关系有更美好的未来。

胡锦涛表示,明仁天皇当年对中国的访问取得了成功,给中国人民留下了深刻印象。胡锦涛表示,中国和日本一衣带水、毗邻而居。两国都有着悠久历史,两国人民的友好交往源远流长。经过漫长的交往,两国人民相互学习、相互借鉴,促进了各自国家发展进步。胡锦涛对明仁天皇关心中日关系发展表示赞赏。他强调,中日关系面临进一步发展的新机遇,我们希望同日方一道努力,开创中日战略互惠关系全面发展新局面。

会见前,胡锦涛出席了明仁天皇在皇宫举行的欢迎仪式。

当晚,胡锦涛出席了明仁天皇为他举行的欢迎宴会。

暖 春 之 旅

胡锦涛同日本首相福田康夫会谈

5月7日,国家主席胡锦涛在东京同日本首相福田康夫举行会谈。 新华社记者 李学仁摄

本报东京5月7日电 (记者**吴绮敏、于青、刘畅**)国家主席胡锦涛7日在东京同日本首相福田康夫举行会谈。两国领导人在坦诚友好的气氛中就中日关系及共同关心的问题坦率深入地交换意见,达成了广泛共识。胡锦涛强调,中日关系正站在新的历史起点上,面临进一步发展的新机遇,双方应共同努力开创中日战略互惠关系全面发展新局面。双方一致认为,发展中日长期稳定的睦邻友好关系,符合两国和两国人民的根本利益,对亚洲和世界的和平、稳定、繁荣具有重要意义。

关于中日关系,胡锦涛表示,中国和日本一衣带水、毗邻而居。两国人民有着长达2000多年友好交往的历史,两国之间也有过一段不幸的历史。历史经验告诉我们,中日两国必须走和平、友好、合作之路,这是符合两国和两国人民根本利益的唯一正确选择。中日和平共处、世代友好、互利合作、共同发展,对亚洲和世界的和平、稳定、繁荣也至关重要。

胡锦涛指出,随着中日两国关系不断发展,随着亚洲和国际形势深刻变化,两国的共同利益在不断拓展,肩负的共同责任也在不断加大。纵观全局,中日关系正站在新的历史起点上,面临着进一步发展的新机遇。双方应该共同努力,不失时机地将中日关系推进到更高阶段。胡锦涛提出以下建议。一、巩固中日关系的政治基础。双方应该恪守《中日联合声明》等三个政治文件的各项原则,本着以史为鉴、面向未来的精神,妥善处理历史问题、台湾问题等重大敏感问题,维护两国关系的政治基础。二、加强战略互信。双方应该相互视为长期合作伙伴,支持对方和平发展,照顾对方重大关切,坚持通过对话协商妥善处理彼此分歧。三、深化互利合作。双方应该充分发挥经济互补优势,营造新的重点合作领域和合作亮点,实现中日经贸合作由量到质的飞跃,巩固中日关系发展的物质基础。四、增进两国人民感情。双方应该着眼于中日关系长远发展,持之以恒地推进多层次、多渠道、多领域的人文交流,加深两国人民特别是青少年的相互了解和友好感情,巩固中日友好的社会基础。五、建立健全各领域合作机制。双方应该不断完善政府、政党、立法机构、经济、文化、防务等领域交流合作机制,构筑两国关系长期健康稳定发展框架,为中日关系发展提供有力机制保障。六、扩大在国际和地区事务中的合作。双方应该以亚洲为重点,加强战略协调和合作,携手推动建立东北亚和平机制和亚洲区域合作,共同致力于亚洲振兴,共同应对全球挑战。

福田康夫热烈欢迎胡锦涛在中日和平友好条约缔结30周年之际对日本进行国事访问。他表示,日方愿意同中方共同努力,以此访为契机,推动两国关系继续发展。福田康夫表示,日中友好交往有2000多年历史,但两国关系也会发生问题。重要的是日中双方特别是两国领导人要从大局出发,对两国关系发展道路达成共识,坚定信念,并为两国关系发展作出切实努力。

福田康夫表示,日中两国有责任为亚洲乃至世界和平与发展作出努力,为此双方应不断增进了解,增强互信,加强合作。日方赞赏中国政府和人民建设和谐社会的努力,愿继续同中方开展合作。日方强烈期待北京奥运会取得圆满成功,并愿全力向中方提供合作。

胡锦涛就扩大两国交流合作提出以下重要建议。一、保持高层往来。双方建立领导人定期互访机制,同时继续在国际多边场合保持会晤。二、促进经贸、科技合作。加强和完善高层经济对话机制,加强技术贸易及创新合作,推进中小企业合作,交流在知识产权保护方面的经验,开展和平利用核能合作。三、推动环保合作。加强水污染治理、节能减排技术方面的交流合作,扩大循环型城市合作。四、扩大人文交流。以纪念中日和平友好条约缔结30周年为契机,大力推进人文交流,建立两国青少年交流长效机制,早日互设文化中心。五、加强防务交流。加强防卫部门高层互访,扩大多层次的防务交流合作。福田康夫对此表示赞同。两国领导人还同意继续加强合作,早日开始日本在华遗弃化学武器实质性销毁,加强在应对气候变化、实现朝鲜半岛无核化、促进东亚合作、支持非洲发展等方面的合作。

会谈后,胡锦涛和福田康夫签署了中日关于全面推进战略互惠关系的联合声明。

中共中央书记处书记、中央办公厅主任令计划,中共中央书记处书记、中央政策研究室主任王沪宁,国务委员戴秉国参加了上述活动。

胡锦涛出席日本主要经济团体举行的欢迎午宴并发表重要讲话
(第二版)
胡锦涛会见日本政党主要负责人
(第三版)
中日关于全面推进战略互惠关系的联合声明
(第三版)

胡锦涛和福田康夫共同会见记者

本报东京5月7日电 (记者**吴绮敏、于青、刘畅**)国家主席胡锦涛7日在东京和日本首相福田康夫在正式会谈后共同会见了记者,并回答了他们的提问。

胡锦涛表示,我同福田首相在坦诚友好的气氛中就中日关系及共同关心的问题坦率深入地交换意见,达成了广泛共识。我们一致认为,中日两国作为近邻,作为亚洲和世界上有重要影响的国家,只能走和平、友好、合作之路。中日关系正站在新的历史起点上,面临进一步发展的新机遇,双方应共同努力开创中日战略互惠关系全面发展新局面。

胡锦涛指出,双方同意发表第四个政治文件。这个文件集中体现了中日关系的新发展,凝聚了双方的新共识,在继承迄今三个政治文件原则的基础上,确定了两国关系长远发展的指导原则,规划了中日关系的未来发展。我相信,在这一文件和前三个政治文件指引下,我们一定能够共同开创中日关系更加美好的未来。

在回答中日在亚洲开展合作问题时,胡锦涛表示,中日两国都是亚洲的重要国家,对亚洲的发展与和平肩负着重大责任。中日两国不仅应该而且完全能够发展在各个领域的合作,发展中日战略互惠关系。我们愿同日方共同致力于维护东北亚和平稳定,共同推进六方会谈进程,推动建设东北亚和平安全机制。我们愿同日方就东亚区域合作进一步加强沟通和协调,发挥各自优势,扎实推进"10+3"等合作机制,不断将东亚区域合作推向深入。我们愿同日方一道,充分利用各种区域和次区域合作机制,推动亚洲各国加强文化、旅游、青少年、人才培养等各领域交流,不断增进亚洲各国人民的相互了解和信任。

关于东海油气资源共同开发问题,胡锦涛表示,两国外交部门根据两国领导人达成的共识进行了深入磋商,取得了重要进展,已看到解决问题的前景。我对此感到高兴。我们商定双方继续加紧磋商,尽早达成协议。

关于输日饺子问题,胡锦涛表示,中国政府高度重视食品安全,高度重视人民健康。中国有关部门对这一事件进行了认真深入的调查。有关调查情况,中方有关部门已同日方有关部门及时进行了沟通。两国有关部门将继续进行调查,特别是加强双方合作,以尽早查明事实真相。

在回答关于中央政府同达赖方面接触磋商问题时,胡锦涛指出,中国中央有关部门负责人最近同达赖喇嘛的私人代表进行了接触磋商,下一次接触也将在适当时候进行。我们对同达赖方面接触商谈是严肃和认真的。我们希望达赖方面以实际行动表现出诚意,真正停止分裂祖国的活动、停止策划煽动暴力活动、停止破坏北京奥运会的活动,为下一步商谈创造条件。我们希望接触取得积极成果。

福田康夫积极评价两国领导人在会谈中达成的各项共识,表示将同中方一道努力,采取积极措施,落实这些共识,全面推进中日战略互惠关系。福田康夫表示,北京奥运会对中国、对世界意义重大,日方衷心祝愿北京奥运会取得圆满成功。

人民日报

RENMIN RIBAO

今日 16 版(华东、华南地区 20 版)　国内统一连续出版物号 CN 11-0065　第 21324 期 (代号 1-1)

人民网　网址:http://www.people.com.cn　手机:http://wap.people.com.cn

人民日报社出版

2006 年 11 月 27 星期一 丙戌年十月初七

北京地区天气预报　白天 多云转阴 北部山区有小雪 风向 北转南 风力 二、三级　夜间 阴转晴 风向 南转北 风力 二、三级　温度 5℃/0℃

周边睦邻友好关系新的里程碑

——李肇星谈胡锦涛出席亚太经合组织第十四次领导人非正式会议并访问亚洲四国

国家主席胡锦涛于 11 月 15 日至 26 日出席在越南河内举行的亚太经合组织第十四次领导人非正式会议,并对越南、老挝、印度、巴基斯坦进行国事访问。在不到 12 天的行程中,胡锦涛主席出席 88 场活动。他同各国领导人进行深入务实友好的会谈,就双边关系和共同关心的国际和地区问题交换意见,就亚太区域合作阐述政策主张。他广泛接触各界人士,多次发表重要演讲。访问期间,中方同各国签署了涉及多领域合作的 54 个文件,发表了 5 个联合声明和宣言。

26 日在结束访问回国途中,陪同胡锦涛访问的外交部长李肇星就此次访问接受了中国随团记者的联合采访。李肇星说,此行日程紧凑、内容丰富、务实高效、成果显著。胡锦涛主席以忘我的工作精神,率领代表团全体同志出色地完成了出访任务,访问达到了加深友谊、增进互信、扩大合作、规划未来的目的。李肇星谈了以下看法。

深化合作　实现共同发展繁荣

胡锦涛主席在出席亚太经合组织领导人非正式会议系列活动时多次发表重要讲话,提出了构建和谐亚太、实现共同繁荣的合作蓝图。他强调,亚太经合组织应坚持以经济合作为重点,积极支持多边贸易体制发展,努力实现茂物目标,推动经济技术合作迈出新步伐。上述政策主张受到与会成员的高度重视,并写入《河内宣言》。

会议期间,胡锦涛主席还同美国、俄罗斯、日本、韩国、澳大利亚、智利等国领导人就进一步发展双边关系达成共识。对于国际社会普遍关心的朝鲜半岛核问题、伊朗核问题,胡锦涛主席阐述了中方的立场。各国领导人表示愿意加强同中国的沟通和协调,为通过外交方式和平解决有关问题作出努力。

着眼长远　从战略高度规划双边关系

四国都是我国的重要邻国,巩固和发展同四国的睦邻友好合作关系,对营造良好周边环境、开展互利合作、实现共同发展,对维护和促进亚洲地区的和平发展意义重大。胡锦涛主席从战略高度和长远角度阐述对发展双边关系的重要主张,得到各国领导人积极回应,加强了双方的政治互信。

胡锦涛主席指出,中越、中老双方拥有广泛的共同战略利益,不断巩固和加强睦邻友好和全面合作关系,是两国实现各自发展目标的需要。双方应该牢牢把握双边关系发展的正确方向。越方表示把发展同中国的长期全面友好合作关系置于越南对外关系的优先地位。老方表示,无论国际形势如何变化,老挝都将坚定地发展同中国的全面友好合作关系。

胡锦涛主席指出,中印关系已远远超出双边范畴,具有全球性意义。中印双方领导人同意共同努力,推动中印战略合作伙伴关系不断向前发展。胡锦涛主席强调,中国欢迎印度发展,印度的发展对中国不是威胁,而是机遇。印方表示,印度视中国为合作伙伴,非竞争对手,"龙象正和谐共舞"。

中巴两国领导人盛赞中巴关系四季常青、风雨不变,友谊与日俱增,合作日益密切。胡锦涛主席强调,中巴进一步巩固传统友谊、深化互利合作,符合两国人民的根本利益,也有利于维护本地区和平稳定。巴方表示,巴中友好合作关系深深扎根于人民心中,在未来的岁月里将不断加强。

互利共赢　提高经贸合作水平

经贸合作已成为中国同四国关系发展的重要纽带。当前,各国都面临着发展经济、提高人民生活水平的重要任务,对深化和扩大双边经贸合作有着强烈意愿。胡锦涛主席同各国领导人就双方经贸互利合作进行了探讨和规划。

中越签署了《关于扩大和深化双边经济贸易合作的协定》,全面规划两国未来 5 至 10 年的经贸合作。决定推进大项目合作,扩大贸易规模,共同推动中国—东盟自由贸易区服务贸易和投资领域谈判尽快达成协议。

中老同意扩大双边贸易,加强投资、交通、通信、基础设施合作,拓展能源、矿产领域合作。

中印签署了投资促进和保护协定,双方同意重点拓展信息技术、能源资源、基础设施、科技、农业等五个领域的互利合作,提出到 2010 年实现双边年贸易额达到 400 亿美元的新目标。

中巴签署了自由贸易协定、经贸合作五年发展规划等多项合作文件,同意加强农业、交通、能源、金融、信息产业等领域的合作。

打牢基础　活跃人民友好交流

中国同四国山同脉,水同源,中国人民同四国人民有悠久的交往历史,结下了深厚友谊。在人类进入新世纪的今天,为巩固同四国人民的友谊、增进相互了解,使双边友好合作关系持续稳定发展,加强人员交流,特别是青年往来十分重要。

胡锦涛主席向越方提出继续办好中越"青年友好会见"等活动,加强人力资源培训合作的统筹和规划,要让中越友好思想深入人心。越方对此积极回应。

胡锦涛主席向老方表示,中方将在今后 5 年内继续为老挝培训干部,邀请老挝青少年来华交流,并将继续向老挝派遣青年志愿者。在繁忙的日程中,胡锦涛主席专门看望了正在老挝从事社会服务的中国青年志愿者。老挝领导人感谢中方多年来为老方培养人才,希望双方继续将干部培训作为重点合作领域之一。

"青年人宛若晨星,闪耀着祖国未来的希望之光。"在和卡拉姆总统共同会见中印两国青年代表时,胡锦涛主席引用泰戈尔的名言,勉励两国青年为中印两国发展和中印关系的未来去奋斗去创造。两国青年纷纷表示,继承和发扬中印友好是青年人的责任,两国青年人要共同为发展中印关系努力。胡锦涛主席提出,中国政府将在今后 5 年内邀请 500 名印度青年到中国访问。 (下转第三版)

圆满结束对越南老挝印度和巴基斯坦的国事访问并出席在越南河内举行的亚太经合组织第十四次领导人非正式会议

胡锦涛主席回到北京

新华社北京 11 月 26 日电 中国国家主席胡锦涛在圆满结束对越南、老挝、印度和巴基斯坦的国事访问并出席在越南河内举行的亚太经合组织(APEC)第十四次领导人非正式会议后,26 日晚上乘专机回到北京。

胡锦涛主席夫人刘永清,中共中央政治局候补委员、中央书记处书记、中央办公厅主任王刚等陪同人员同机抵京。

胡锦涛出席巴基斯坦海尔—鲁巴经济区揭牌仪式

本报拉合尔(巴基斯坦)11 月 26 日电 记者吴绮敏报道:中国国家主席胡锦涛 26 日在拉合尔出席了巴基斯坦海尔—鲁巴经济区正式揭牌仪式,并发表讲话。胡锦涛表示,中国政府鼓励更多有实力的中国企业到巴基斯坦投资办厂,实现互利双赢,为两国人民带来更多实实在在的利益。

当天上午,巴基斯坦海尔—鲁巴经济区内彩旗飘扬、鼓乐齐鸣。胡锦涛乘车抵达时,受到巴基斯坦总理阿齐兹、旁遮普省省督马克布尔和中国海尔集团、鲁巴公司、巴基斯坦海尔公司负责人等的迎接,海尔员工手持鲜花和两国国旗夹道欢迎。两名巴基斯坦少年儿童向胡锦涛和夫人刘永清献了鲜花。

胡锦涛首先来到家电样品展厅,观看产品演示。胡锦涛还观看了经济区沙盘模型,听取有关规划情况的介绍。

11 月 26 日,中国国家主席胡锦涛在巴基斯坦总理阿齐兹(左二)陪同下出席巴基斯坦海尔—鲁巴经济区揭牌仪式并参观海尔工业园。　新华社记者　樊如钧摄

在揭牌仪式上,胡锦涛发表讲话。他说,海尔—鲁巴经济区是中国在海外建立的第一批工业园区之一。这标志着中巴经济合作正在向更广更深的领域迈进。

胡锦涛强调,中巴毗邻而居,两国有着全天候友谊、全方位合作。当前,中巴战略合作伙伴关系深入发展,两国经济合作在天时、地利、人和方面都面临着难得机遇。中方高度重视中巴经济合作,愿意通过合作促进中巴经济共同发展。

胡锦涛希望巴基斯坦海尔—鲁巴经济区努力在科技创新和市场开拓方面下功夫,实现可持续发展,将海尔—鲁巴经济区建设成为中巴经济合作的典范和中巴友谊的象征。

阿齐兹在致辞中对胡锦涛前来出席揭牌仪式表示感谢。他说,中国是巴基斯坦真正的可信赖的朋友,我们为两国久经考验的永恒友谊感到骄傲。巴中具有共同的利益和目标。我们的战略关系是世界和平、稳定、进步的基石。

阿齐兹说,巴基斯坦海尔—鲁巴经济区的建立是两国企业合作的又一座里程碑。我们感谢中国政府对中国在海外首创这种经济区的支持,巴基斯坦政府将采取必要的激励措施和优惠政策,支持经济区发展,支持在巴基斯坦其他地区建立同样的经济区。巴基斯坦经济发展为中国企业开辟了新的道路,巴中存在着巨大的双赢机会。他表示相信,两国政府和企业将继续合作,实现互惠互利,为巩固巴中友谊作出贡献。

最后,胡锦涛和阿齐兹一起为巴基斯坦海尔—鲁巴经济区揭牌。仪式结束后,胡锦涛参观了生产车间。

中共中央政治局候补委员、中央书记处书记、中央办公厅主任王刚等陪同人员参加上述活动。

巴基斯坦海尔—鲁巴经济区是中国商务部今年确定的首批境外经济合作区之一,由海尔集团和巴基斯坦鲁巴集团合资建设。

曾庆红在山东考察工作时强调

以加强党的执政能力建设和先进性建设 扎实推进和谐社会建设和新农村建设

新华社济南 11 月 26 日电 (记者董振国)中共中央政治局常委、国家副主席曾庆红近日在山东考察调研时强调,党的十六届六中全会《决定》和保持共产党员先进性教育活动启示我们,在新世纪新阶段,党领导的伟大事业要把和谐社会建设和新农村建设放在更加突出的地位,党的建设新的伟大工程要把执政能力建设和先进性建设放在更加突出的地位。

11 月 22 日至 25 日,曾庆红在山东省委书记张高丽、省长韩寓群等陪同下,到临沂、潍坊和东营等地的农村、社区、企业、学校考察调研,对山东近年来贯彻落实科学发展观、推动经济社会全面发展的思路和成效给予充分肯定。他深入水利工程现场和田间地头,实地调查了解抗旱工作。他还专程来到胜利油田考察了石油生产情况,勉励广大石油职工立足本职、胸怀全局,为祖国现代化建设多产石油、多作贡献。

贯彻落实十六届六中全会精神,扎实推进社会主义和谐社会建设,是曾庆红此次调研的重点之一。他指出,联系实际贯彻落实好十六届六中全会精神,关系到"十一五"规划的全面实施,关系到为党的十七大召开创造良好环境。各级党委要深刻认识和把握社会和谐是社会主义本质属性的重大判断同注重加强社会建设、构建和谐社会同落实科学发展观、和谐社会建设同和谐文化建设等六个方面的内在联系,切实担负起在和谐社会建设中的领导责任,调动一切积极因素,扎实推进和谐社会建设,形成促进和谐人人有责、和谐社会人人共享的生动局面。

曾庆红强调,社会要和谐,首先要发展,而发展必须是又好又快的科学发展。要按照科学发展观的要求,坚持以人为本,坚持"五个统筹",坚持自主创新,推动经济社会发展切实转入科学发展的轨道。一路上,他深入考察了一批国有和民营企业转变增长方式、开展自主创新的情况,希望他们多出具有自主知识产权的名牌产品,多出高质量科技创新成果,真正发挥企业作为自主创新的主体作用,为建设创新型国家多作贡献。

曾庆红十分关心社会主义新农村建设情况。他先后深入到沂蒙山区的费县大田庄乡及周家庄村,诸城市密州街道白玉山子村,广饶县大王镇刘集后村、石村镇张庄村和丁庄镇牛圈村,同当地干部和群众共商新农村建设大计。他指出,建设新农村要紧紧扭住发展生产和致富农民这个关键,加快建设现代农业,加快发展县域经济,加快农村劳动力转移就业,着力解决好农民群众最关心、最直接、最现实的利益问题。他强调,推进新农村建设,既要见物,又要见人。要加强思想道德和科学文化建设,努力把广大农民培育成有知识的文化人、讲道德的文明人、懂技术的内行人、会经营的明白人。 (下转第四版)

"快"中有"好"打响开局

本报记者　朱剑红

开栏的话　今年是"十一五"开局之年,是经济社会发展切实转入科学发展轨道的重要一年,开局良好。为鼓舞和激励广大干部群众以饱满热情和实际行动积极投入到"十一五"规划建设之中,为实现国民经济和社会发展第十一个五年规划的宏伟目标,全面建设小康社会和构建社会主义和谐社会,创造良好的舆论氛围,本报从今天起,开辟《落实科学发展观　构建和谐社会——经济社会协调发展成就报道》专栏,对今年以来各地区、各部门贯彻落实科学发展观、努力构建社会主义和谐社会、经济社会协调发展取得的突出成就,进行集中深入宣传。

《落实科学发展观　构建和谐社会——经济社会协调发展成就报道》专栏,计划连续推出重点报道 11 篇,敬请广大读者关注。

落实科学发展观　构建和谐社会

经济社会协调发展成就报道(1)

如果为"十一五"开局之年的中国经济找两个主题,那应该是"高速增长"和"宏观调控",因为它们是解读今年国民经济呈现又快又好局面的关键词。

宏观调控见成效

2006 年,中国经济开门见喜,呈现出火热的开局之势:一季度 GDP 高开走出 10.3%的增速,前三季度达到了 10.7%。在保持高增长态势的同时,今年的国民经济"快"中有"好":夏粮丰收,企业增效,财政增收,物价稳定,城乡居民收入保持稳定增长。"快"中有"好"还体现在宏观调控也取得积极进展:固定资产投资增速回落,三季度城镇固定资产投资同比增长 24.2%,比二季度回落 7.7 个百分点;货币信贷增速高位趋稳,三季度末,货币供应量和贷款增长均出现回落;一些热点行业如煤炭、铜冶炼、电解铝、水泥等行业的结构调整取得可喜进展,继续朝着宏观调控的预期方向发展。在房地产市场调控方面也出现了一些积极变化,各地区贯彻落实国务院有关文件精神,在调整住房供应结构、稳定住房价格方面做了大量工作,一些地方的房价涨势趋缓,许多城市都将中低价位、中小套型普通商品住房和经济适用住房的建设当作"十一五"规划发展的重头戏。出口商品结构继续优化,据海关统计,前 10 月,我国高附加值的机电产品出口 4397.1 亿美元,增长 29.7%,占同期出口总值的 56.4%;原油、成品油等资源类商品出口量双双下降,前 10 月出口原油 509 万吨,下降 12.5%;出口成品油 999 万吨,下降 17.6%。

前进道路不平坦

今年是实施"十一五"规划的第一年,实现"快"中有"好"开局的道路并不平坦。特别是在上半年,货币信贷投放过多、流动性过剩矛盾进一步加大、投资增长过快以及国际收支不平衡矛盾加剧等问题尤其突出。为了保障国民经济这列快车能够平稳前行,顺利驶向目的地,党中央、国务院不断加强和改善宏观调控,采取了一系列政策措施。 (下转第二版)

卢展工当选中共福建省委书记

新华社福州 11 月 26 日电 中共福建省第八届委员会第一次全体会议 11 月 26 日选举卢展工为省委书记,黄小晶、王三运为省委副书记,当选为省委常委的还有鲍绍坤、何立峰、陈文清、李光金、张昌平、陈少勇、袁荣祥、唐国忠、于伟国、陈桦(女)。中共福建省纪委第一次全会选举陈文清为省纪委书记,张大共、陈伦、彭锦清、刘晓东为省纪委副书记。

人民日報

RENMIN RIBAO

今日16版

人民网 网址:http://www.people.com.cn
手机:http://wap.people.com.cn

国内统一连续出版物号 CN 11-0065
第21611期（代号1-1）
人民日报社出版

2007年9月
10
星期一
丁亥年七月廿九
北京地区天气预报
白天 晴间多云
风向 北转南
风力 二、三级
夜间 晴间多云
风向 南转北
风力 一、二级
温度 32℃/20℃

圆满结束访问澳大利亚和出席亚太经合组织领导人非正式会议之行

胡锦涛主席回到北京

新华社北京9月10日电 在结束对澳大利亚的国事访问并出席在悉尼举行的亚太经合组织第十五次领导人非正式会议后，国家主席胡锦涛于10日乘专机回到北京。

中共中央政治局候补委员、中央书记处书记、中央办公厅主任王刚等陪同人员同机抵京。

亚太经合组织第十五次领导人非正式会议举行第二阶段会议

胡锦涛出席并就多哈回合谈判、区域经济一体化等专题发言

本报澳大利亚悉尼9月9日电（记者吴绮敏、李渊）亚太经合组织第十五次领导人非正式会议第二阶段会议9日在悉尼的州督府举行，国家主席胡锦涛出席会议并就多哈回合谈判、区域经济一体化等专题发言。

关于多哈回合谈判问题，胡锦涛指出，一个公正、公开、合理、非歧视的多边贸易体制，对所有国家特别是发展中国家振兴经济至关重要。中国始终致力于建立公正、公开、合理、非歧视的多边贸易体制。中国愿同其他成员一道，发挥建设性作用，推动多哈回合谈判早日取得全面、平衡的成果。

关于区域经济一体化问题，胡锦涛指出，近年来，区域经济一体化深入发展，亚太地区各种自由贸易协定不断涌现，成员的经贸联系日益紧密，为推动区域经济一体化作出了重要贡献。考虑到亚太地区的多样性，我们应该在不同层次、不同范围，以多种途径和方法推动区域经济一体化更好更快发展。胡锦涛指出，建立亚太自由贸易区是个长期、逐步的过程，还有很多问题需要研究清楚。中方愿同各方一道努力，继续推动亚太区域经济一体化，并就有关问题包括亚太自由贸易区的远景问题进行研究。

9月9日，国家主席胡锦涛在澳大利亚悉尼出席亚太经合组织第十五次领导人非正式会议第二阶段会议。
新华社记者 黄敬文摄

关于结构改革问题，胡锦涛指出，亚太经合组织各成员处在不同发展阶段，各自结构改革的目标、内容、重点差异很大。亚太经合组织应该根据这一特点，本着自主自愿、灵活务实的原则，推动各成员加强结构改革领域的能力建设和信息交流活动。中国正处于改革发展的关键时期，将以转变政府职能和深化企业、财税、金融等改革为重点，加快完善社会主义市场经济体制，形成有利于转变经济发展方式、促进全面协调可持续发展的体制机制。我们愿继续积极参与亚太经合组织结构改革领域的合作。

与会各成员领导人表示，将继续致力于实现茂物目标，推进区域经济一体化，妥善面对全球化深入发展所带来的机遇和挑战，反对各种形式的贸易保护主义，确保亚太地区经济持续发展和普遍繁荣。各成员领导人表示将巩固和加强亚太经合组织进程，使之更有效地履行促进区域经济、贸易、技术合作的使命。

第二阶段会议结束后，胡锦涛出席了亚太经合组织领导人非正式会议工作午宴。

下午，胡锦涛出席了《加强大家庭建设，共创可持续未来——亚太经合组织第十五次领导人非正式会议宣言》的宣读仪式。

宣言说，我们共同致力于促进区域经济一体化，构建自由和开放的市场，保障人民安全。这些努力促进了各成员的经济发展，改善了各成员人民的生活水平。我们相信本地区经济将保持强劲增长，我们在减少贫困和提高人民生活水平方面也会取得进一步进展。我们将密切关注可能直接影响实现预定目标的新动向，并采取相应措施。宣言介绍了各经济体在气候变化、能源安全和清洁发展、多边贸易体制的重要性、区域经济一体化、加强人类安全、加强亚太经合组织等领域达成的共识。

会议还通过了亚太经合组织第十五次领导人非正式会议关于世界贸易组织多哈回合谈判的声明。声明指出，亚太经合组织领导人强调以规则为基础的世界贸易组织全球贸易体制的重要性，表明早日成功结束多哈回合谈判的决心。

随后，亚太经合组织第十五次领导人非正式会议闭幕。

亚太经合组织第十六次领导人非正式会议将于2008年在秘鲁首都利马举行。

增进理解 加强共识 推进合作

——外交部长杨洁篪谈胡锦涛主席访问澳大利亚并出席亚太经合组织领导人非正式会议

本报记者 吴绮敏

9月3日至9日，胡锦涛主席对澳大利亚进行国事访问并出席在悉尼举行的亚太经合组织第十五次领导人非正式会议。在回国途中，陪同胡锦涛主席出访的外交部长杨洁篪向随行中国记者介绍了访问成果。

杨洁篪说，此次出访是我国今年面向亚太区域的一次重大外事活动，内容丰富，紧凑高效，胡锦涛主席共出席了40余场双、多边活动。访问在多方面取得重要成果。

一、广泛接触交流，推进中澳关系发展

胡锦涛主席对澳大利亚的国事访问圆满成功，实现了增进互信、扩大共识、深化合作、开创未来的目的。胡锦涛主席提出加强两国关系的政策建议得到澳方积极响应，双方同意加强政治互信、深化经贸合作、扩大人文交流、加强在国际和地区问题上的沟通协调，以建交35周年为契机，共同推动中澳全面合作关系深入发展。胡锦涛主席与霍华德总理共同宣布建立中澳战略对话机制，两国发表了关于气候变化和能源问题的联合声明，签署了一批涉及经贸、能源、司法、文化等领域的协议和合同，将双边互利务实合作提高到新的水平。胡锦涛主席热情邀请澳各界要人观看北京2008年奥运会，还到牧场家庭做客、聊家常、叙友谊。访问期间，中方宣布向澳大利亚阿德莱德动物园提供一对大熊猫用于合作研究，澳大利亚舆论称这是“中澳友谊的见证”，“令澳大利亚人民欢欣鼓舞”。

澳各界高度评价胡锦涛主席的访问。澳领导人表示中国的发展对澳大利亚有利，对世界有利，将继续致力于发展双方各领域合作；企业界认为中澳加强经贸合作将带动澳整体经济的快速、持续发展；媒体评论称此访是“互利共赢之旅”，认为“澳中关系进入了新纪元”。

二、阐述政策主张，推动亚太区域合作

胡锦涛主席在会议、演讲、对话中阐述中国政府在涉及地区及全球利益重大问题上的政策主张，展现负责任和建设性合作姿态，引导亚太区域合作健康、平衡发展。 （下转第三版）

胡锦涛同日本首相安倍晋三会晤

九月八日，国家主席胡锦涛在澳大利亚悉尼出席亚太经济合作组织领导人非正式会议活动期间同日本首相安倍晋三会晤。
戴庆利摄（新华社发）

本报澳大利亚悉尼9月9日电 （记者吴绮敏、李渊）国家主席胡锦涛8日在出席亚太经济合作组织领导人非正式会议活动期间同日本首相安倍晋三会晤，双方就中日关系等共同关心的问题交换意见。

胡锦涛表示，当前，中日关系总体呈现改善和发展的良好局面，受到两国人民和国际社会普遍欢迎。中日关系正处于重要时刻，双方应该继续保持两国关系的良好势头，推动两国关系健康稳定向前发展。今年是中日邦交正常化35周年，今后几个月，双方还将举办多项友好交流活动，希望双方相互支持配合，把这些活动办好，加深两国人民的相互了解和友好感情。我们欢迎安倍首相年内再次访华，希望双方精心准备，努力使访问取得积极成果。

安倍赞同胡锦涛对两国关系的评价。他表示，目前两国各领域交流合作不断取得进展，双方防卫领域的交流合作取得积极成果，具有重要意义。日方高度重视同中方保持高层交往势头，期待年内同中方领导人有更多接触。日方愿同中方一道努力，推动两国关系不断取得进展。

双方还就朝鲜半岛核问题等交换了意见。

胡锦涛会见菲律宾总统阿罗约

九月九日，国家主席胡锦涛在澳大利亚悉尼会见菲律宾总统阿罗约。
新华社记者 樊如钧摄

本报澳大利亚悉尼9月9日电 （记者吴绮敏、李渊）国家主席胡锦涛9日在悉尼会见菲律宾总统阿罗约。

胡锦涛表示，中国和菲律宾近年来保持经常性高层互访，政治互信不断增强，各领域互利合作成效显著。深化中菲战略性合作符合两国和两国人民的共同利益，也有利于本地区的和平、稳定、繁荣。中方愿同菲方保持密切合作，进一步推动两国战略性合作向前发展。

阿罗约表示，菲律宾政府和人民珍视中国政府和人民的友好情谊。中国所提供的帮助在菲律宾优先发展领域发挥了重要作用。菲方对此深表感谢。

关于经贸合作，胡锦涛表示希望双方从两国和两国人民的根本利益出发，积极稳妥地推进各领域互利合作。阿罗约表示，菲方希望把自身发展同中国经济发展特别是中国西部大开发结合起来，加强在矿业、基础设施、旅游等领域的合作。

关于南海共同开发问题，胡锦涛表示，中菲是促进南海和平稳定和共同发展的重要力量。南海共同开发已取得阶段性成果，希望有关各方继续努力，搞好下一阶段合作，推进有关合作早日取得实质性进展。阿罗约表示南海共同开发成果令人鼓舞，愿继续努力推动这一进程。

中共中央政治局候补委员、中央书记处书记、中央办公厅主任王刚参加会见。

“教师是太阳下最光辉的职业”

——温家宝总理与北京师范大学免费师范生座谈

新华社记者 邹声文

金秋时节，北师大校园里阳光灿烂、鲜花盛开。9日上午9时许，中共中央政治局常委、国务院总理温家宝和国务委员陈至立专程来到北京师范大学，看望刚刚入学的免费师范生，在英东学术会堂，与几百名学生和老师进行座谈。

温总理首先说：“目前，师范生免费教育制度已在全国六所师范大学试点。实施这一制度，就是要在全社会真正形成尊师重教的浓厚氛围，让教育真正成为最受尊重的事业，鼓励更多的优秀青年终身做教育工作者。我在教师节到来之际，来看望老师们，看望将来要成为老师的同学们，并和大家进行讨论、交流。”

总理平易近人的开场白，赢得了一阵阵热烈的掌声。同学们不再拘束，纷纷举手发言。 （下转第四版）

全国道德模范候选人先进事迹在各界群众中引起强烈反响

新华社北京9月9日电 （记者魏武）全国道德模范评选表彰活动组委会9月1日在人民日报、光明日报、工人日报、中国青年报、中国妇女报和人民网、新华网、中国网、央视国际、光明网、中国广播网、中国文明网刊登全国道德模范候选人事迹以来，社会各界群众争相传阅，高度评价道德模范候选人的感人事迹，踊跃参加投票评选。许多基层干部和群众纷纷致电致函、发电子邮件，甚至亲自来到全国活动组委会办公室，表达他们对开展全国道德模范评选活动的支持和感谢。

浙江省委宣传部一名退休干部致电全国活动组委会办公室说：“评选表彰全国道德模范活动，这是中央加强思想道德建设的重大举措，对全国人民都是一个很好的教育平台。”“在这么短的时间，组委会办公室就整理出30多万字的候选人事迹材料，真是不易。感谢你们让全国人民看到了这么多模范人物的感人事迹。”

各界群众普遍反映，候选人的先进事迹彰显了凡人善举的道德人格，深入人心，可亲、可信、可敬、可学。 （下转第四版）

人民日报

RENMIN RIBAO

人民网 网址:http://www.people.com.cn
手机:http://wap.people.com.cn

2008年5月
11
星期日
戊子年四月初七
人民日报社出版
国内连续出版物号
CN11-0065
第21855期(代号1-1)
今日8版

圆满结束对日本的国事访问

胡锦涛主席回到北京

新华社北京5月10日电 国家主席胡锦涛圆满结束对日本的国事访问，于10日晚乘专机回到北京。

胡锦涛主席夫人刘永清，中共中央书记处书记、中央办公厅主任令计划，中共中央书记处书记、中央政策研究室主任王沪宁，国务委员戴秉国等陪同人员同机抵京。

5月10日，正在日本进行国事访问的国家主席胡锦涛参观国际著名企业日本松下电器公司。

新华社记者 **黄敬文**摄

5月10日，国家主席胡锦涛在奈良会见日本奈良县知事荒井正吾，并赠送鉴真塑像。

新华社记者 **黄敬文**摄

胡锦涛主席参观日本松下电器公司

本报大阪5月10日电 （记者**吴绮敏、于青**）正在日本进行国事访问的国家主席胡锦涛10日参观了国际著名企业日本松下电器公司。

当地时间15时45分，胡锦涛来到位于日本大阪府门真市的松下电器公司。松下电器公司会长中村邦夫、副会长松下正幸、社长大坪文雄和数百名员工列队在门口迎候。

中村邦夫致欢迎辞后，松下电器公司为胡锦涛播放了纪录片《邓小平阁下与松下电器中国事业》。

随后，胡锦涛发表讲话。他指出，今年是中国改革开放30周年，也是邓小平先生访问松下公司30周年。正是这次访问，促成了中国与松下的合作，使松下电器公司成为最早参与中国现代化建设的日本企业。公司创始人松下幸之助为支持中国现代化建设作出了重要贡献。

胡锦涛指出，当前，中国正在建设资源节约型、环境友好型社会。松下公司在这方面也拥有世界先进的技术和经验。希望松下公司发挥优势，积极开展同中方在节能环保领域的合作，为中日互利合作再立新功。

胡锦涛表示，松下公司作为奥林匹克全球合作伙伴，为北京奥运会的筹办工作给予了多方面的支持。我代表中国人民向你们表示诚挚谢意。

在中村邦夫陪同下，胡锦涛在员工会议室同中日员工和中国留学生进行了交流，并参观了松下电器公司产品展示。

松下电器公司是世界著名企业，是最早进入我国市场的外国企业之一。1978年10月，时任国务院副总理的邓小平参观松下电视机工厂，第二年松下幸之助访华。从此，松下电器公司开始同我国企业开展多方面合作。目前，松下已在华设立81家企业。

中共中央书记处书记、中央办公厅主任令计划，中共中央书记处书记、中央政策研究室主任王沪宁，国务委员戴秉国等参加上述活动。

古风悠韵 情传千载

——胡锦涛主席访奈良

奈良，1000多年前的日本古都，见证了中日两国人民1000多年的交流往来。那悠悠古韵，那清清馨香，传递着两国人民悠久友情的隽永。5月10日，正在日本进行国事访问的中国国家主席胡锦涛来到奈良，参观法隆寺和唐招提寺，回顾中日两国人民友好交往的难忘历史。

法隆寺，回望中日交往渊源

细雨霏霏，云烟渺渺，日本佛教圣德宗的总寺庙法隆寺清幽宁静。当地时间上午9时50分，胡锦涛一行抵达法隆寺南大门，受到日本国土交通大臣冬柴铁三、奈良县知事荒井正吾、法隆寺管长大野玄妙等人热情迎接。

步入寺院，穿越中门，来到大讲堂。一路上，大野玄妙管长向胡锦涛细述法隆寺历史上同遣隋使、遣唐使的关系。相传法隆寺是由圣德太子和推古天皇于607年创建的。寺内有世界现存最古老的木结构建筑，供奉有百济观音等大量日本国宝级文物，是日本佛教文化宝库，也是日本首例世界文化遗产。圣德太子在中日交流史上具有重要影响。摄政期间，他先后4次派遣隋使去中国，一方面开拓同中国的友好关系，一方面学习和吸收中国的文化和佛教。这一做法延续到中国唐代，日本先后10多次派遣唐使到唐都长安，学习中国的生产技术、社会制度、哲学历史、文学艺术、建筑技巧和生活习俗。

在上御堂，胡锦涛参观了释迦三尊像和药师如来坐像等日本国宝文物。这些文物显示出的北魏技法，昭示着中日文化深厚的渊源关系。胡锦涛对大野玄妙管长说："法隆寺给我留下了深刻印象。这里珍藏的珍贵文物，凝聚了古代日本人民的智慧，也是源远流长的中日友好交往的见证。希望两国佛教界继续加强友好交流，这也是两国人民友好的组成部分。"

唐招提寺，奏响中日友好颂歌

离开法隆寺，胡锦涛一行前往象征中日友好的唐招提寺。10时45分，胡锦涛抵达唐招提寺南大门，松浦俊海长老在这里热情相迎。

松浦俊海长老向胡锦涛介绍了寺院概况。唐招提寺是日本佛教律宗的总寺庙，天平三年（公元759年）由唐代高僧鉴真大师及其弟子创建，已被列入世界文化遗产。

穿过雨中小径，胡锦涛来到御影堂，缅怀中日文化交流的早期使者鉴真和尚。走进御影堂，映入眼帘的是已供奉1200多年、被日本尊为国宝的干漆夹纻鉴真和尚坐像。坐像后面的墙上，有日本山水画泰斗东山魁夷所作题为《山云·涛声·黄山晓云·桂林月宵·扬州熏风》的大型障壁画，以衬托鉴真和尚"暴雨穿帆，戕风折柁。随波升沉，任风南北"的东渡场面。淼漫沧海，百无一至，鉴真和尚6次东渡，虽双目失明然矢志不渝，坚忍不拔的精神，弥足珍贵的贡献，谱写出中日友好辉煌一页。

松浦俊海长老和扬州大明寺的能修方丈向鉴真和尚像敬香，祈福中日两国国家昌盛、人民世代友好，祝愿北京奥运会成功，祈祷世界和谐、化干戈为玉帛。胡锦涛一行向鉴真像鞠躬致意。

乐师们在回廊奏响悠扬的雅乐。松浦俊海长老对胡锦涛说："这是奈良送给您的音乐。雅乐自中国而来，在此地又融入了朝鲜半岛的音乐风格。今天奏响雅乐，鉴真大师也一定能够听到我们来到这里的声音。"

胡锦涛来到鉴真和尚御庙前，拜谒鉴真墓。这里有一座精美的石灯笼。28年前，唐招提寺的森本长老陪同鉴真坐像回扬州"探亲"时，曾向扬州大明寺鉴真纪念堂赠送了一座完全一样的石灯笼。从那时开始，两座长明灯遥相辉映，为中日友好事业不断发展而祈福。

参观途中，胡锦涛谈起自己儿时听长辈讲的鉴真东渡的故事，详细询问了鉴真在唐招提寺的生活。胡锦涛对日本人民将这座具有1200多年历史的寺院完好保存下来表示赞赏。他说："1200多年间，中国和日本都发生了很大的变化，但是两国人民的友谊没有变。"

临别时，胡锦涛向唐招提寺赠送一座鉴真东渡船模型，金光闪闪的"友谊之舟"4个字刻于船体。这是扬州漆器厂的造船艺人参考唐代海船出土文物专门制作的。高翘的船头，矗立的桅杆，精致的船楼，仿佛古船重现，表达了中国人民珍视中日友好的情感。

雨中访奈良，胡锦涛带来的中国人民对日本人民的友好情谊，像春天里的暖流在两国人民心中涌动……

（本报记者**吴绮敏、于青**5月10日奈良报道）

暖 春 之 旅

暖春之旅让中日友好春暖常在

——外交部长杨洁篪谈胡锦涛主席访问日本

本报北京5月10日电 5月6日至10日，应日本国政府邀请，国家主席胡锦涛对日本进行了国事访问。在结束访问回京的飞机上，陪同胡锦涛访问的外交部长杨洁篪接受了随行记者的采访。

杨洁篪说，胡锦涛主席的这次访问是中国国家元首时隔10年首次访日，访问期间，胡锦涛主席会见了日本天皇，同福田康夫首相举行了富有成果的会谈，会见了众参两院议长、朝野主要政党领导人及老朋友，并与两国经济界领导人、友好团体主要负责人以及青少年和民众进行了广泛接触。在短短5天时间里，胡锦涛主席密集出席了55场活动。

杨洁篪指出，日本政府高度重视胡锦涛主席的访问，给予了高规格礼遇和热情友好接待。明仁天皇、福田首相、河野洋平议长多次出席胡锦涛主席的有关活动。日本各界以极大热情热烈欢迎胡锦涛主席到访，高度评价此访的重大意义。胡锦涛主席此访内容丰富、务实高效，取得了丰硕成果，达到了预期目的。

一、勾画了中日关系发展的蓝图，指明了前进的方向。胡锦涛主席访日期间，双方发表了《中日关于全面推进战略互惠关系的联合声明》。这份文件在继承已有3个政治文件原则的基础上，根据中日关系的新发展，确定了两国关系长远发展的指导原则，规划了两国关系的未来发展，成为中日之间第四份重要政治文件。这对于巩固中日关系的政治基础，增进中日两国的战略互信，构筑两国关系长期健康稳定发展的总体框架，全面深化中日战略互惠关系，具有重大的现实意义和深远的历史意义。双方还发表了《中日两国政府关于加强交流与合作的联合新闻公报》，涵盖了两国70项具体合作项目。

访问期间，胡锦涛主席强调，中日关系已具备了向更高阶段发展的坚实基础，正站在新的历史起点上。在经济全球化和区域一体化深入发展的大背景下，中日关系比过去任何时候都更具有战略性和全球性意义。中日双方要共同努力，不失时机地将中日关系推进到更高发展阶段。福田首相表示，作为在亚洲和世界上具有重要影响的国家，中日两国要不断增进相互理解和相互信赖，加强互利合作，共同为亚洲和世界作出贡献，共同创造中日两国的美好未来。双方确认，中日互为合作伙伴，互不构成威胁，相互支持对方的和平发展，坚持通过对话和谈判处理两国间的问题，决定密切高层交往和政治层面交流，建立两国领导人互访机制，启动两国领导人热线机制，加强政府、政党、议会等各领域交流和对话机制，在安全防务领域继续开展对话交流。

二、深化了经贸领域互利合作，巩固了中日关系发展的物质基础。今年是中国改革开放30周年，也是中日两国经贸关系深入发展和扩大的30周年，中国的发展和日本的发展密切联系在一起。胡锦涛主席强调，中日互为最重要经贸伙伴之一，双方应该充分发挥经济互补优势，营造新的重点合作领域和合作亮点，实现中日经贸由量到质的飞跃，为两国人民谋取更大利益。胡锦涛主席提出要重点加强节能环保领域合作，积极参与中国区域发展进程，大力推进两国企业合作，在地区和全球经济事务中加强合作。访问期间，双方在节能技术、水污染治理、循环型城市建设等方面的合作取得实质成果。双方同意全面推进金融、信息、贸易、投资、中小企业、知识产权保护等领域合作，从战略高度有效运用中日经济高层对话机制，继续开展中日部长级能源政策对话，探讨能源领域互惠合作。

三、加强人文交流增进国民感情，夯实中日关系的社会基础。胡锦涛主席指出，中日友好归根到底是两国人民的友好，加深两国人民的相互了解和友好感情，最有效、最可靠的办法是扩大两国人文交流。胡锦涛主席在早稻田大学发表重要演讲。 （下转第三版）

圆满结束对匈牙利的访问抵卢布尔雅那

贾庆林开始对斯洛文尼亚进行正式友好访问

本报卢布尔雅那5月10日电 （记者**孙广勇**）应斯洛文尼亚国民委员会主席卡夫契奇邀请，全国政协主席贾庆林乘专机于10日抵达斯洛文尼亚首都卢布尔雅那，开始对斯洛文尼亚进行正式友好访问。

当地时间10日下午3时许，贾庆林乘坐的专机降落在卢布尔雅那机场。斯洛文尼亚国民委员会秘书长马乌切茨、中国驻斯洛文尼亚大使智昭林、使馆工作人员、当地华侨华人、中资机构和留学生代表到机场迎接。全国政协副主席兼秘书长钱运录等陪同人员同机抵达。

贾庆林在机场发表书面讲话说，中斯两国相距遥远，但两国人民心心相印。1992年建交以来，两国高层互访不断，经贸、文化等领域的交流与合作富有成果。相信此访必将进一步增进两国人民的了解和友谊，推动两国各领域互利友好合作深入发展。

贾庆林是在10日圆满结束对匈牙利的正式友好访问之后抵达斯洛文尼亚进行正式友好访问的。贾庆林离开匈牙利时，匈国会副主席维拉戈希·加博尔、中国驻匈牙利大使和使馆工作人员、中资机构以及华侨华人代表到机场送行。

贺国强在河北考察时强调

认真落实党风廉政建设责任制 推动反腐倡廉工作深入开展

本报石家庄5月10日电 （记者**姜洁**）中共中央政治局常委、中央纪委书记贺国强近日在河北考察时强调，要认真学习贯彻党的十七大和十七届中央纪委第二次全会精神，进一步落实党风廉政建设责任制，扎实推进党风廉政建设和反腐败工作，为改革开放和现代化建设提供有力保证，为深入贯彻落实科学发展观、全面建设小康社会作出新贡献。

5月的燕赵大地，满目葱茏，生机盎然。6日至9日，贺国强在河北省委书记张云川、代省长胡春华等陪同下，先后到唐山、廊坊、保定、石家庄等地，就落实党风廉政建设责任制进行考察调研。他充分肯定了河北省近年来在经济建设、政治建设、文化建设、社会建设和党的建设等方面取得的新成绩。他强调，要认真总结10年来落实党风廉政建设责任制的经验，不断深化对党风廉政建设责任制工作规律的认识。要强化责任意识，明确工作任务，带头廉洁自律，切实形成全党动手抓党风廉政建设的整体合力。要严格考核程序，突出考核重点，运用考核成果，推动党风廉政建设责任制贯彻落实。要严格责任追究，认真查处违反党风廉政建设责任制的行为。要坚持改革创新，努力探索贯彻落实党风廉政建设责任制的新思路、新途径。（下转第二版）

RENMIN RIBAO

今日 16 版

人民网 网址:http://www. people. com. cn
手机:http://wap. people. com. cn

国内统一连续出版物号 CN 11-0065
第 21453 期 (代号 1-1)
人民日报社出版

2007 年 4 月
5
星期四
丁亥年二月十八
北京地区天气预报
白天 阴间多云
部分地区有阵雨
风向 偏南
风力 二、三级
夜间 阴转多云
风向 南转北
风力 一、二级
温度 12℃/7℃

温家宝主持召开国务院常务会议

研究部署启动城镇居民基本医疗保险试点
审议并原则通过《行政机关公务员处分条例(草案)》

新华社北京 4 月 4 日电 国务院总理温家宝 4 日主持召开国务院常务会议，研究部署启动城镇居民基本医疗保险试点，审议并原则通过《行政机关公务员处分条例（草案）》。

会议决定，从今年开始，在有条件的省份选择一、两个市，进行建立以大病统筹为主的城镇居民基本医疗保险制度的试点。试点地区凡未纳入城镇职工基本医疗保险制度覆盖范围的中小学生、少年儿童和其他非从业城镇居民，都可参加城镇居民基本医疗保险。

会议强调，启动以大病统筹为主的城镇居民基本医疗保险试点，是加快卫生事业改革发展、建设覆盖城乡全体居民的基本医疗保障体系的一项重要任务。试点工作直接关系广大群众切身利益，政策性很强，必须统筹规划、规范引导、稳步推进。要根据经济发展水平和各方承受能力，合理确定筹资水平和保障标准；坚持自愿原则，调动地方积极性，尊重个人意愿；加强保险基金监管，保证基金安全；切实加强领导，精心组织实施，确保试点工作顺利进行，努力解决好广大城镇居民的基本医疗保障问题。

会议指出，为严肃行政机关纪律，规范行政机关公务员的行为，促进行政机关及其公务员勤政廉政、依法履行职责，根据有关法律制定《行政机关公务员处分条例》十分必要。《行政机关公务员处分条例（草案）》在总结多年来行政惩戒工作实践经验的基础上，对行政机关公务员处分的原则、种类、适用、权限、程序和申诉等作了具体规定。会议决定，该条例草案经进一步修改后，由国务院公布施行。

会议还研究了其他事项。

农村低保进入全面推进新阶段
最低生活保障对象已达 1509 万人

本报北京 4 月 4 日讯 记者潘跃报道：今年春季开学之初，广东省阳江市江城区埠场镇那逢村的关振飞可高兴了，自己的侄女享受农村低保优惠政策的同时，入学书杂费全部得以减免。关振飞的哥嫂早逝，遗下侄女由他抚养，以前侄女的生活费和入学费都是靠他这个叔叔东借西借勉强解决，如今，他再也不用为此发愁了，他的侄女成为实施《农村五保供养工作条例》受益的缩影。

记者日前从民政部获悉，截至目前，有 25 个省、自治区、直辖市全面部署建立农村最低生活保障制度，全国建立农村最低生活保障制度的县（市）已达 2133 个，农村最低生活保障对象已达 1509 万人，比 2005 年底增加 684 万人，增长 82%；全年累计发放最低生活保障金 41.6 亿元，比 2005 年增加 16.3 亿元，增长 64%。另外，还有 729 万人领取特困救助金。

去年 12 月召开的中央农村工作会议和今年中央 1 号文件明确提出“在全国范围建立农村最低生活保障制度，各地应根据当地经济发展水平和财力状况，确定低保对象范围、标准，鼓励已建立制度的地区完善制度，支持未建立制度的地区建立制度，中央财政对财政困难地区给予适当补助”，这标志着农村低保已基本完成试点探索的过程，进入了全面推进的新阶段。

一年来，国务院修订并正式颁布的《农村五保供养工作条例》使全国五保对象从农村集体供养转为国家各级财政供养，吃上了“皇粮”。新修订的《条例》重点修改了有关农村五保供养资金渠道的规定，明确今后五保供养资金在地方人民政府预算中安排，中央财政对财政困难地区的农村五保供养给予补助。这一规定将农村最困难的群众纳入了公共财政的保障范围，实现了五保供养从农民集体内部的互助共济体制，向国家财政供养为主的现代社会保障体制的历史性转变。截至 2006 年底，全国纳入农村五保供养范围的对象为 484.5 万人，比 2005 年增加 156.5 万人；全年各级财政共支出农村五保供养资金 41.1 亿元；各地新制订的供养标准比 2005 年显著提高，分散供养标准由每人每年 1332 元提高到 1691 元，集中供养标准由每人每年 1844 元提高到 2229 元。低保制度建设在我国农村的逐步兴起和普及，为改善农村贫困人口的生活状况，维护农村社会稳定，促进农村经济社会持续协调发展发挥了重要的作用。

在推进农村最低生活保障的同时，民政部还将采取措施，进一步做好农村五保供养工作，切实保障好农村中无劳动能力、无生活来源以及无法定赡养、抚养、扶养义务人，或者其法定赡养、抚养、扶养义务人无赡养、抚养、扶养能力的老年人、残疾人和未成年人的生活。

民政部还将组织《农村五保供养工作条例》执法检查，督促各地落实对农村五保供养的资金投入，尽快将符合条件的人员全部纳入供养范围，实现“应保尽保”。进一步做好农村五保供养与新型农村合作医疗、农村医疗救助制度的衔接，多方解决农村五保供养对象的看病就医问题。

对日本进行正式访问前夕
温家宝接受日本新闻媒体联合采访

新华社北京 4 月 4 日电 在对日本进行正式访问前夕，国务院总理温家宝 4 日在中南海紫光阁接受了日本经济新闻、朝日新闻、读卖新闻、共同社、日本广播协会等 16 家日本新闻媒体驻京记者的联合采访，回答了记者提问。全文如下：

温家宝：女士们，先生们，早晨好！在访问日本前夕，我很高兴接受大家的采访。我深深感到这次访问日本，责任重大，有一种使命感。中日关系正处在一个关键时期，我们应该共同努力，推进两国关系向前发展。我也希望两国的记者们都多做促进中日关系的工作。现在我愿意回答你们的问题。

记者：今天非常感谢温总理百忙中为日本记者提供这样的机会，请谈谈你对日本的印象和对这次访问的期待？你此访将向日本领导人和国民传递什么信息？

温家宝：我期待着这次访问取得成功，真正成为一次“融冰之旅”；我期待着同日本领导人就两国关系的重大问题达成共识，推进两国关系的发展；我期待着同日本人民接触，更多地了解日本，也让日本人民更多地了解中国，增进互信和友谊。

15 年前，我访问过日本，那也是在樱花盛开的时节。我亲眼看到日本国家的繁荣和发达，也感受到日本人民勤劳、智慧的品格和创新、进取的精神。我对日本更多的了解是从历史中得到的。中日两国有着两千多年的友好交往史，这种交往规模之大，领域之广，影响之深，在世界上都是罕见的。但是，在近代，中日之间也有过 50 年不幸的历史，日本军国主义者发动的侵华战争，给中国人民带来深重灾难，也使日本人民深受其害。以史为鉴，就是要吸取历史的教训；面向未来，就是要开辟中日友好合作的新道路。

我想通过访问向日本领导人和国民传递这样一个信息：发展中日友好合作关系，顺应时代潮流，符合人民愿望。中国人民希望同日本人民一道，携手共进，改善和发展两国关系。 （下转第三版）

吴官正在河北省考察工作时强调
加强领导干部作风建设 进一步加大从源头上防治腐败力度

新华社石家庄 4 月 4 日电 4 月 1 日至 4 日，中共中央政治局常委、中央纪委书记吴官正在河北考察工作。他强调，要坚持以邓小平理论和“三个代表”重要思想为指导，大力弘扬胡锦涛同志倡导的八个方面良好风气，切实加强领导干部作风建设，进一步抓好从源头上防治腐败工作。

吴官正在省委书记白克明、省长郭庚茂等陪同下，先后到保定市、石家庄市等地，了解作风建设和反腐倡廉工作。在农村，与干部和村民交谈，了解新农村建设和基层党风建设情况；在企业，了解节能降耗、保护环境的做法和廉洁经营、厂务公开情况；在城市社区，了解便民利民、办事公开和廉政文化建设情况；在政务大厅，了解网上公开审批和对权力运行进行全程监督情况。他还瞻仰了西柏坡纪念馆。

吴官正听取了河北省的工作汇报并给予充分肯定。他指出，重视作风建设是我们党的一个显著特点。胡锦涛同志在中央纪委第七次全会上发表的重要讲话，科学总结了党的作风建设的历史经验，对全面加强领导干部作风建设提出了明确要求。各级党组织要认真学习领会，坚决贯彻落实。

吴官正强调，领导干部作风建设要持之以恒，常抓不懈。要加强监督检查，严格执行纪律，推动解决突出问题，建立健全科学有效的长效机制，促进领导干部进一步加强党性修养，坚定理想信念；增强宗旨意识，牢记“两个务必”；树立正确的权力观，做到廉洁从政；提高精神境界，保持良好的操守和品行。

吴官正指出，要坚定不移地落实反腐倡廉战略方针，抓紧健全惩治和预防腐败体系，拓展从源头上防治腐败的工作领域，把反腐倡廉工作融入经济建设、政治建设、文化建设、社会建设和党的建设之中，整体推进教育、制度、监督、改革和惩处等各项工作，在坚决惩治腐败的同时，进一步加大预防腐败力度，形成有效防治腐败的体制机制。

贾庆林会见奥地利联邦议会副议长

新华社北京 4 月 4 日电 （记者徐松）全国政协主席贾庆林 4 日下午在人民大会堂会见了以副议长哈泽尔巴赫为团长的奥地利联邦议会代表团。

贾庆林说，近年来，中奥关系保持着良好的发展势头，两国政治交往频繁，经贸合作富有成果，在文化、旅游、环保等领域的交流与合作不断深入。中方一贯重视发展同奥地利的关系，高度赞赏奥地利新一届政府继续深化和密切同中国的友好关系，以及坚持奉行一个中国的立场。我们愿与奥方共同努力，推动中奥关系不断向更高水平发展。

贾庆林表示，中国全国政协与奥地利联邦议会的交往为促进中奥两国关系，增进两国人民之间的相互了解与友谊发挥了十分重要的作用。中国全国政协愿同奥地利联邦议会进一步加强往来与合作，为推动中奥关系长期稳定发展做出贡献。

哈泽尔巴赫说，奥中两国关系发展势头很好，在政治、经贸和文化方面开展了卓有成效的合作。随着全球化的深入发展，两国有关机构、人民之间的交往显得更加重要。奥地利议会十分重视同中国全国政协的交流与合作，愿与中国全国政协共同努力，进一步推动双边关系的发展。

全国政协秘书长郑万通等会见时在座。

加大春耕备耕扶持力度
中央财政安排专项资金 88.7 亿元

本报北京 4 月 4 日讯 记者冯华从农业部获悉：今年，中央进一步加大了良种补贴、农机具购置补贴和测土配方施肥补贴等政策的扶持力度，并扩大了补贴范围，共安排专项资金 88.7 亿元。财政部与农业部密切配合，各项补贴政策落实工作已在全国范围内展开。

粮食生产补贴力度进一步加大。今年中央财政初步安排农作物良种补贴、农机具购置补贴、测土配方施肥等专项资金比去年增加了 29 亿元，良种补贴预计增加 9.5 亿元左右，农机具购置补贴增加 6 亿元，测土配方施肥增加 4 亿元、农村劳动力转移培训阳光工程增加 3 亿元，新型农民培训增加 1 亿元。此外，安排了 5 亿元设立棉花良种补贴。

补贴范围有所扩大。水稻良种补贴增加了四川、广西、重庆 3 省份，补贴范围由去年的 7 个扩大到 10 个省份。

补贴资金到位提前。3 月 6 日，财政部与农业部已下拨了补贴资金 83 亿元。

李长春会见萨摩亚总理

四月三日，中共中央政治局常委李长春在阿皮亚会见萨摩亚总理、人权保护党领袖图伊拉埃帕。 新华社记者 刘建生摄

新华社阿皮亚 4 月 3 日电 （记者刘东凯）当地时间 4 月 3 日上午，正在萨摩亚进行友好访问的中共中央政治局常委李长春在政府大楼会见了萨摩亚总理、人权保护党领袖图伊拉埃帕。

李长春转达了胡锦涛主席、温家宝总理对萨方领导人的问候，祝贺萨独立 45 周年。他积极评价中萨建交以来双边关系的发展，并对图伊拉埃帕为发展中萨友好所做的努力表示赞赏，对萨方长期坚持一个中国政策、坚决反对“台独”、支持中国和平统一大业表示感谢。李长春说，中国一向重视加强同发展中国家的团结与合作，将继续本着国家不分大小一律平等的原则，努力加强与萨摩亚等南太岛国的友好交流和互利合作，努力为萨经济和社会发展提供力所能及的支持。为此，中方愿进一步密切与萨方的高层交往，巩固双边关系的政治基础，深化两国经贸合作，加强在文教、体育、卫生、旅游等领域的友好交流，全力落实两国领导人在“中国—太平洋岛国经济发展合作论坛”上达成的共识，协力打造中国与南太岛国友好合作的成功典范。

图伊拉埃帕首先请李长春转达对胡锦涛主席、温家宝总理等中方领导人的亲切问候，并对中国长期以来提供的无私支持和援助表示感谢。他高兴地回忆起多次访华的情景，指出，萨中建交以来，两国各层级特别是高层互访不断，加深了双方的相互理解，促进了两国人民之间业已存在的友谊。萨方敬佩中方各项建设事业取得的成就，将坚持一个中国的政策，努力推动双边互利合作取得更大成果。

李长春和图伊拉埃帕还就加强两国执政党关系、深化治国理政经验交流进行了深入探讨，达成了广泛共识。

会见结束后，双方共同出席了中萨经济技术合作协定的签字仪式。

李长春是于 4 月 2 日结束对秘鲁的访问飞抵萨摩亚首都阿皮亚的。离开秘鲁时，秘鲁外长加西亚，以及中国驻秘使馆工作人员等到机场送行。抵达阿皮亚法莱奥国际机场时，萨副总理米萨、中国驻萨大使施隆壮等到机场迎接。当地百姓还在机场跳起热情欢快的舞蹈欢迎来自中国的贵宾。

走好全国一盘棋

——论促进区域协调发展

任仲平

（一）促进区域协调发展，这是我国在新世纪新阶段坚持以科学发展观统领经济社会发展全局的重大战略。

党的十六届六中全会把“落实区域发展总体战略、推动各地区共同发展”作为构建社会主义和谐社会的重大举措。此前，党的十六届五中全会在总结我国社会主义现代化建设经验的基础上，进一步提出了我国区域发展总体战略。我国国民经济和社会发展第十一个五年规划纲要，专辟一篇对促进区域协调发展作出了全面规划。

一个理智的声音——促进区域协调，在神州大地回荡；

一个自觉的行动——统筹区域发展，在东西南北中逐步展开。

把促进区域协调发展摆在更加重要的位置，这将是我国经济社会发展的一次历史性跨越。

（二）西岳峥嵘何壮哉，黄河如丝天际来。我国南北西东被跌宕起伏的历史文化、巍峨浩荡的山川河流，划分成各具特色的自然与行政区域，形成参差不齐的经济和社会发展水平。

地区发展不平衡，是中国的一个基本国情。新中国成立以来，党和政府高度重视区域协调发展，采取了一系列政策措施加以推进。进入新世纪，我国区域经济发展又面临一些新情况、新问题。

审视中国的经济社会发展，一些状况让人感到忧虑：东、中、西部发展差距仍然过大，欠发达地区发展面临诸多困难，在城市化、工业化、基础设施建设、教育和卫生事业等方面的地区差距也很明显。由于促进区域协调发展的体制机制还不健全，一些区域过度开发、行政区间经济恶性竞争，加剧了区域经济发展的失衡，也导致了环境生态的恶化，造成了一些新的社会矛盾。

区域协调发展不仅是局部问题，而且是全局问题；不仅是一个紧迫的经济问题，而且是一个重大的政治问题。完善区域发展总体战略、促进区域协调发展，正是以胡锦涛同志为总书记的党中央立足中国国情、应对时代课题的战略安排，是心系国运、情牵民生的智慧结晶。

（三）站在历史和全局的高度，看全国经济社会发展这盘棋，我们应当有这样的认识：

促进区域协调发展，是贯彻落实科学发展观的重要组成部分。以人为本，全面协调可持续的科学发展观，是对马克思列宁主义、毛泽东思想、邓小平理论和“三个代表”重要思想关于发展思想的继承和发展，是我们推进经济建设、政治建设、文化建设、社会建设必须长期坚持的根本指导方针。落实科学发展观的一个基本要求，就是要统筹区域发展。只有有效遏制城乡区域间基本公共服务、人均收入和生活水平差距扩大的趋势，进而逐步缩小地区发展差距，才能在全国范围内实现经济社会各构成要素的良性互动，使各个区域的发展相适应，各个发展的环节相协调，实现国民经济又好又快发展。

促进区域协调发展，是构建社会主义和谐社会的必然要求。社会和谐在很大程度上取决于社会生产力的发展水平，取决于发展的协调性。区域间发展失衡，势必减缓构建和谐社会的进程，甚至影响中华民族赖以生存的精神、物质与环境基础。只有落实好区域发展总体战略，才能有力地解决我国发展不平衡的问题，推进东、中、西部良性互动，保证发展成果由人民共享，促进形成全体人民各尽其能、各得其所而又和谐相处的局面。

促进区域协调发展，是发挥各区域优势、增强全国发展合力的现实需要。沿海发达地区运用自身较好的经济基础、优越的地理位置和国家支持的政策，经济社会发展已经积累了相当的实力。加快中西部地区发展的时机也已到来。只有抓住这个有利时机，进一步促进生产力的合理布局，使东、中、西部地区形成各具特色、优势互补的经济，才能整体提高我国生产力社会化水平和经济效益，整体提高中国可持续发展能力和国际竞争力。

促进区域协调发展，是维护各民族团结、实现国家长治久安的基本保证。实现全面建设小康社会的目标，不仅要看人均收入，还要看是否基本消除了贫困现象。只有民族地区发展了，欠发达地区跟上来了，才能实现各族人民的平等、团结、互助、和谐，把全体人民的智慧和力量凝聚到中华民族复兴的伟大事业中来。

促进区域协调发展，是社会主义制度优越性的生动体现。逐步缩小地区之间的发展差距，实现全国经济社会协调发展，最终达到全体人民共同富裕，是社会主义的本质要求。贫穷不是社会主义，两极分化也不是社会主义。只有区域协调发展，逐步实现全体人民的共同富裕，中国特色社会主义事业才有深厚的群众基础，才能展现勃勃生机。

（四）我国社会正处在前所未有的深刻变革中。作为一个发展中大国，中国幅员辽阔，区域情况之复杂、地区自然禀赋差别之明显，在世界上是少有的。党中央提出促进区域协调发展，是对历史经验的深刻总结，是对基本国情的清醒认识，也是对我国发展阶段性特征的准确把握。

进入改革开放和现代化建设新时期，邓小平同志提出“两个大局”的思想：“沿海地区要加快对外开放，使这个拥有两亿人口的广大地带较快地先发展起来，从而带动内地更好地发展，这是一个事关大局的问题。内地要顾全这个大局。反过来，发展到一定的时候，又要求沿海拿出更多力量来帮助内地发展，这也是个大局。那时沿海也要服从这个大局。”

世纪之交，我们党贯彻“两个大局”的战略思想，做出实施西部大开发、加快中西部地区发展的重大决策。十六大以来，我们党又做出了东北地区等老工业基地振兴战略、促进中部地区崛起的重大决策。我国区域发展总体战略格局初步形成。

实践证明，“两个大局”的战略，高瞻远瞩，深谋远虑。没有“第一个大局”，就没有中国经济今日的辉煌，没有可以在世界先进生产力舞台一展雄姿的中国。没有“第二个大局”，西部不开发，东北不振兴，中部不崛起，就没有经济持续发展、民族团结和谐的中国。

（下转第二版）

人民日报

RENMIN RIBAO

今日16版

人民网 网址:http://www.people.com.cn
手机:http://wap.people.com.cn

国内统一连续出版物号 CN 11-0065
第21454期（代号1-1）
人民日报社出版

2007年4月
6
星期五
丁亥年二月十九

北京地区天气预报
白天 多云转晴
风向 偏北
风力 二、三级
夜间 晴间多云
风向 偏北
风力 二、三级
温度 17℃/6℃

胡锦涛看望海军大连舰艇学院教授方永刚
号召广大共产党员和全军官兵向方永刚学习

胡锦涛高度赞扬方永刚深入学习、坚定信仰、积极传播、模范践行党的理论，体现了共产党员的高度政治觉悟和优秀教师的高尚师德师风

新华社北京4月5日电 中共中央总书记、国家主席、中央军委主席胡锦涛，日前来到解放军总医院，亲切看望了正在这里住院治疗的海军大连舰艇学院教授方永刚，高度赞扬方永刚传播和践行党的创新理论的先进事迹，号召广大共产党员、全军官兵向他学习。

胡锦涛对方永刚说，我看了你的事迹介绍，很受感动。你长期在军队院校从事政治理论教学和研究工作，为发展军队教育事业，为宣传党的创新理论，作出了优异成绩。你不仅深入学习党的理论、坚定信仰党的理论、积极传播党的理论，而且用自己的实际行动模范践行党的理论。从你的身上，我们看到了共产党员的高度政治觉悟，看到了优秀教师的高尚师德师风。广大共产党员、全军官兵都要向你学习。

胡锦涛说，听到你患病的消息，我很牵挂。军委、总部和海军，以及解放军总医院都很关心你，为你的治疗作了精心安排。希望你安心养病，早日康复！

方永刚表示，一定不辜负胡主席和各级领导的关心厚爱，争取尽快康复起来，重新回到三尺讲台，继续研究宣传党的创新理论。

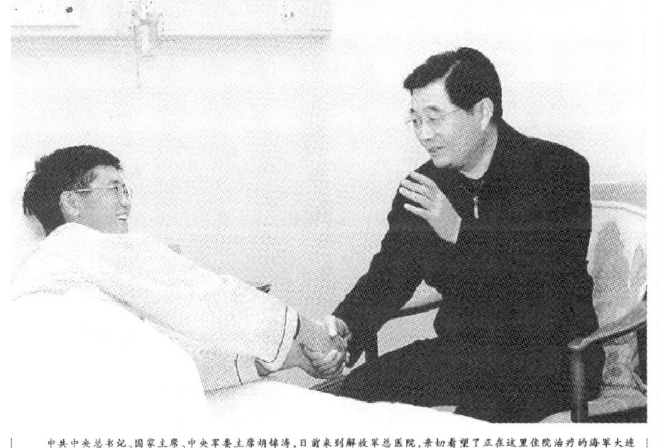

中共中央总书记、国家主席、中央军委主席胡锦涛，日前来到解放军总医院，亲切看望了正在这里住院治疗的海军大连舰艇学院教授方永刚，高度赞扬方永刚传播和践行党的创新理论的先进事迹，号召广大共产党员、全军官兵向他学习。

钟魁润摄（新华社发）

方永刚1985年7月毕业于上海复旦大学，同年入伍到海军大连舰艇学院任教。20多年来，方永刚深入学习、坚定信仰、积极传播、模范践行党的理论。他立足三尺讲台，辛勤耕耘，先后完成10多项政治理论研究课题，出版了16部政治理论研究专著，发表学术论文100余篇，多项成果获国家图书奖、全军政治理论研究优秀成果奖；他深入工厂、农村、街道、社区、学校、军营，用人民群众和广大官兵喜闻乐见的方式和通俗易懂的语言，真情传播党的创新理论，仅近五年来，就为社会各界作辅导报告500余场次；他为人师表，诲人不倦，为部队培养了近万名优秀基层政工干部，荣获全军院校育才奖。

2007年1月，胡锦涛主席和军委其他领导同志得知方永刚教授患病住院的消息后，指示有关部门全力救治。2月1日，海军派专机把方永刚从大连接到北京解放军总医院接受治疗。

党的理论工作者的光荣

——胡锦涛等领导同志关心大连舰院教授方永刚纪实

新华社记者 陈万军 白瑞雪 本报记者 郭嘉

2007年的这个春天，海军大连舰艇学院教授方永刚特别难忘。沐浴着温暖的春风，与疾病抗争中的方永刚深切感受到作为党和军队一名理论工作者的光荣和幸福。

2月20日，农历大年初三。下午3点30分，中共中央总书记、国家主席、中央军委主席胡锦涛来到解放军总医院，看望正在这里接受治疗的方永刚。

1月24日，胡锦涛在一份内部材料上了解到方永刚的事迹和病情后，当即作出批示："要全力挽救方永刚同志的生命。要认真总结、宣传他的先进事迹。"

方永刚的病情，让胡锦涛一直牵挂在心。

走进摆满鲜花的病房，胡锦涛热情地朝病榻上的方永刚伸出双手。刚刚做完化疗，半躺在病床上的方永刚连忙用力想坐起来。胡锦涛快步上前，握住他的手，连声说："快躺下、快躺下。"

坐在方永刚身边，胡锦涛亲切地说："今天是大年初三，我特地来看你，向你和你的家人致以新春的问候！"方永刚激动地说："谢谢胡主席！"

胡锦涛说："我看了你的事迹介绍，很受感动。你长期在军队院校从事政治理论教学和研究工作，为发展军队教育事业，为宣传党的创新理论，作出了优异成绩。你不仅深入学习党的理论、坚定信仰党的理论、积极传播党的理论，而且用自己的实际行动模范践行党的理论。从你的身上，我们看到了共产党员的高度政治觉悟，看到了优秀教师的高尚师德师风。广大共产党员、全军官兵都要向你学习。"

胡锦涛亲切地说："听到你患病的消息，我很牵挂。"方永刚十分激动："您日理万机，昨天还在甘肃，对基层群众问寒问暖，今天就来医院看我。您的到来，为我战胜疾病增添了无穷的力量！"

阳光洒满病房。摆放在阳台正中的一盆"南国红"开得正艳。这盆中央军委领导送来的鲜花，方永刚十分喜爱。他说生命力旺盛的"南国红"，是自己在各级领导的关心下，与病魔顽强抗争的象征。

出生于辽宁建平县一个偏僻小山村的方永刚，是改革开放新时期成长起来的理论工作者。从事理论研究教学20多年来，他真情传播党的创新理论、真诚实践党的创新理论，即使在重病缠身的情况下，仍执意为部队官兵和地方干部群众宣讲十六届六中全会精神，始终保持着一位理论战士的昂扬姿态。他的先进事迹和崇高精神在军地引起强烈反响。

就在胡锦涛在内部材料上作出批示的同一天，中共中央政治局常委李长春批示指出，要宣传思想政治理论工作者的模范事迹。

中共中央政治局委员、书记处书记、中宣部部长刘云山，中共中央政治局委员、中央军委副主席郭伯雄，中共中央政治局委员、中央军委副主席、国务委员兼国防部长曹刚川，中共中央书记处书记、中央军委副主席徐才厚，以及中央军委委员、总政治部主任李继耐，中央军委委员、总后勤部部长廖锡龙等，也分别对救治、宣传方永刚提出明确要求。

遵照胡锦涛等领导同志的指示精神，1月26日，总后勤部有关部门领导带领专家前往对方永刚进行前期治疗的大连驻军210医院，研究、指导救治工作；解放军总医院和第三、第四军医大学的专家，对方永刚的病情进行了远程会诊。2月1日，海军派专机将方永刚从大连接到北京解放军总医院……

在与疾病抗争的日子里，方永刚时时都能感受到各级领导同志无微不至的关怀。他在病房日记中写道："辛苦之后是快乐，付出之后是幸福。"

此时此刻，望着胡锦涛关切的目光，方永刚动情地说："我是一个普通教员，胡主席这么关心和厚爱我，这份荣誉不是我个人的，它应当属于所有党的思想政治理论工作者，属于全军广大指战员！"

在向胡锦涛汇报学习研究宣传党的创新理论的体会和感悟时，方永刚兴致盎然，全然忘记了自己是身患癌症的病人："党的十七大今年将胜利召开，我希望自己尽早跳下病床，奔向我最喜爱的三尺讲台，继续研究宣传党的创新理论，投入到宣讲十七大精神的工作中去。"

胡锦涛握着方永刚的手，叮嘱道："现在我对你的要求只有一个，安心养病，早日康复！"方永刚坚定地回答："请主席放心，我一定尽快地康复起来，因为我是一名战士！"

胡锦涛绕过床头，走到方永刚的妻子回天燕面前，和她亲切握手，又转身对方永刚上高中二年级的儿子方舟说："你有一个好父亲。从他身上，我们看到了一个共产党员的本色，看到了人民军队战士的品格。希望你任何时候都要有坚定的理想信念，从年轻的时候就要把它树立起来。"方舟懂事地说："我一定好好学习，向爸爸的标准看齐，将来为国家多做贡献。"

看望结束前，胡锦涛对陪同看望的海军司令员吴胜利、政委胡彦林说："方永刚是一名共产党员，是人民军队的一名战士，我们关心他、爱护他，就是关心爱护党和军队的事业！"

吴邦国会见美国国会议员代表团

新华社北京4月5日电 （记者徐松）全国人大常委会委员长吴邦国5日下午在人民大会堂会见了美国国会议员代表团。

吴邦国积极评价了中美关系。他说，近年来，中美双方保持经常性高层接触，政治互信加深，在重大国际和地区问题上密切磋商与配合，各领域合作深入开展，给两国和两国人民带来了实实在在的利益。中美关系的合作基础和战略内涵日益扩大，发展前景广阔。

在谈到议会交往时，吴邦国说，议会交往是国家关系的重要组成部分。中国全国人大高度重视发展与美国国会的关系，已分别与美国参众两院建立了定期交流机制，并开展了多轮机制化会晤，对中美关系的健康稳定发展发挥了积极作用。我们高兴地看到，美国国会中主张加强双方交往、对话与合作的声音不断增强。除了定期交流机制外，参众两院还相继成立了几个对华关系小组，而且每年都有很多国会议员和议员助手来华访问，就共同关心的问题开展对话，深入交换看法，加深了相互了解，增进了政治互信，促进了互利合作。

参加会见的美国国会议员积极评价中国经济社会发展取得的巨大成就，认为美中是世界上有重大影响的国家，双方拥有广泛的共同利益，纷纷表示，愿为美中关系的发展多做工作。

美国国会众议院外委会、司法委员会议员代表团和阿斯彭学会组织的美国国会议员代表团25名成员参加了会见。

吴邦国将出席博鳌亚洲论坛2007年年会

新华社北京4月5日电 外交部发言人秦刚5日宣布，应博鳌亚洲论坛的邀请，全国人民代表大会常务委员会委员长吴邦国将出席4月20日至22日在海南省博鳌举行的论坛2007年年会并发表主旨演讲。年会期间，吴邦国委员长还将会见与会的有关国家领导人和其他代表。

贾庆林将访问突尼斯加纳津巴布韦和肯尼亚

新华社北京4月5日电 应突尼斯参议院、加纳议会、津巴布韦议会和肯尼亚政府邀请，全国政协主席贾庆林将于4月15日至4月26日对上述四国进行正式友好访问。

今日导读
画刊
『使命和生命之歌』
——印象方永刚
（第十五版）
三问『汉服热』，
复兴情，还是复古秀。
（第十一版）
熔铸和谐中国之魂
——论社会主义核心价值体系建设
（第九版）
央行年内第三次上调存款准备金率
准备金率缘何频繁上调
（第六版）
深圳首创『民生净福利』指标体系，成为政绩考核的新标尺
『净福利』描绘新蓝图
（第五版）
人民论坛
温馨的『爱心屋』
（第四版）
杭州利群传播有限公司
协办

对韩国进行正式访问前夕

温家宝接受韩国新闻媒体联合采访

新华社北京4月5日电 在对韩国进行正式访问前夕，国务院总理温家宝5日在中南海紫光阁接受了韩国联合通讯社、朝鲜日报、东亚日报、韩国广播公司等19家韩国新闻媒体驻京记者联合采访，回答了记者提问。全文如下：

温家宝：大家下午好！去韩国访问是我期待已久的事情。我将带着友谊和合作而去。我愿通过你们向韩国人民转达中国人民的亲切问候和良好祝愿。现在我愿意回答大家的问题。

记者：感谢温总理在百忙中接受我们采访。预祝你对韩国和日本的访问成功。中国在六方会谈机制中发挥着非常重要的作用，你如何看待建立朝鲜半岛和平机制问题？在实现南北统一的问题上，中国能发挥什么作用？

温家宝：朝鲜半岛停战已经半个多世纪了，但迄今没有建立和平机制，这是很不正常的事情。建立半岛和平机制，最重要的是要从根本上消除任何形式的冷战。我们希望在推进六方会谈的过程中，有关各方加强磋商与对话，为建立半岛和平机制创造条件，从而使半岛能够长治久安。

朝鲜半岛问题最终应由南北双方自主和平解决。我们希望南北双方通过谈判与对话，增强互信，改善关系，在此基础上实现自主和平统一。中国政府愿继续为此发挥积极促进作用。

记者：韩中有关高句丽历史问题的纠纷不断。中国把高句丽史等纳入中国历史。我认为这会成为韩中两国友好的绊脚石。尤其是最近因为长白山问题韩国人和中国人之间产生了微妙的紧张关系。请总理谈一谈对这个问题的看法。

温家宝：中韩有着数千年的友好交往史，这是两国关系发展的有利条件。中韩之间不存在领土问题，这是两国关系发展的重要政治基础。对于民族、疆域变迁史的研究，应该本着学术与政治分开，现实与历史分开的原则，正确对待，妥善处理，不要影响两国关系。

记者：2005年底，胡锦涛主席访问韩国时，韩国承认了中国的完全市场经济地位。这在对华贸易额超过1000亿美元的国家中是第一个。韩中两国地理位置接近，感情上有很多共同点，两国经济合作对双方来说都有非常重要的意义，请问中国在加强与韩国的经济合作方面有何具体计划？

（下转第二版）

李长春结束五国之行回到北京

此前与萨摩亚总理共同出席中国援萨项目竣工交接仪式

新华社北京4月5日电 中共中央政治局常委李长春圆满结束了对墨西哥、委内瑞拉、苏里南、秘鲁和萨摩亚的友好访问，于5日晚乘包机回到北京。李长春的主要陪同人员同机抵京。

当地时间4日上午，在李长春离开萨摩亚首都阿皮亚回国时，萨副总理米萨等高级官员，中国驻萨摩亚大使施隆壮，以及中国驻萨使馆工作人员、援萨工作人员代表到机场欢送。启程前，李长春专程考察了史蒂文森博物馆和萨摩亚游泳馆等文化体育设施。

新华社阿皮亚4月4日电 （记者刘东凯）当地时间4月3日，中共中央政治局常委李长春与萨摩亚政府总理、人权保护党领袖图伊拉埃帕共同出席了中国援萨摩亚阿皮亚公园体育设施维修扩建工程竣工交接仪式，并分别发表讲话。

李长春对援建工程按时竣工、顺利移交表示祝贺。他说，阿皮亚公园体育设施维修扩建工程是中萨两国人民劳动智慧的结晶和友好合作的象征。中方很高兴能为萨摩亚今年8月主办南太运动会提供支持，希望该项目能为促进萨摩亚和南太地区体育运动的发展、活跃当地人民的文体生活发挥积极作用。

李长春强调，萨摩亚是中国在南太地区值得信赖的朋友和真诚合作的伙伴。中国高度重视与萨摩亚的友好合作关系，愿采取切实措施，深化互利合作，努力为两国人民带来更多实实在在的利益。

图伊拉埃帕在讲话中回顾了阿皮亚公园体育设施工程的建设过程，并对萨中两国参建的工程技术人员、管理人员等表示衷心感谢。

交接仪式在热烈诚挚的气氛中进行。在中萨友谊的感染下，参加交接仪式的双方人员都情不自禁地用不同方式，为中萨两国人民的未来和两国友好祈福。

交接仪式后，李长春还观看了短跑比赛及当地群众为交接仪式精心排练的歌舞，并亲切会见了中国驻萨使馆工作人员和援萨项目组、专家组代表。

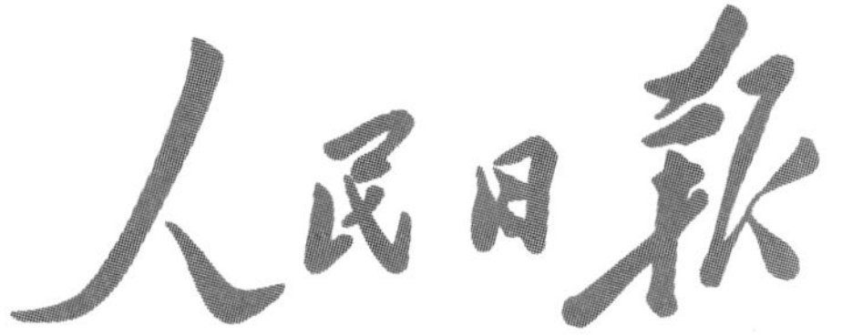

人民网 网址:http://www.people.com.cn
手机:http://wap.people.com.cn

2012年4月
21
星期六
壬辰年四月初一
人民日报社出版
国内统一连续出版物号
CN 11-0065
第23296期(代号1-1)
今日8版

离京抵达雷克雅未克开始对冰岛进行正式访问

温家宝会见冰岛总统格里姆松

4月20日，国务院总理温家宝在雷克雅未克会见冰岛总统格里姆松。 新华社记者 饶爱民摄

本报雷克雅未克4月20日电 （记者**王莉、刘仲华**）国务院总理温家宝20日在雷克雅未克会见冰岛总统格里姆松。

温家宝转达了胡锦涛主席对格里姆松的亲切问候和良好祝愿。温家宝表示，中冰建交41年的历程表明，不同社会制度和文化背景的国家，可以在相互尊重、平等相待基础上发展友好关系。中冰有着广泛的共同利益，我这次访问冰岛，不仅带来了中国人民对冰岛人民的友谊，也带来了加强合作的真诚愿望。双方要共同努力，加快两国自贸协定谈判，争取明年率先建成中欧之间第一个自贸区。中方愿同冰方认真落实达成的共识，在投资、清洁能源、科技、教育等领域扩大交流合作，在北极事务中加强协调配合，携手应对挑战，共享发展机遇，造福两国人民。

格里姆松请温家宝转达对胡锦涛主席的亲切问候和良好祝愿，热烈欢迎温家宝访问冰岛。他表示，温家宝总理的访问具有重要的历史意义，是两国关系的又一里程碑。冰中完全可以相互学习借鉴，共同发展进步。近年来，冰中交流与合作领域不断扩大，前景广阔，希望两国尽快商签自贸协定，扩大经贸、地热、节能环保、教育、科研、旅游等领域的合作，密切在北极事务中的沟通与协调，推动两国关系取得更大发展。 （下转第二版）

鄂尔多斯市对口支援兴安盟

内蒙古力促平衡发展

本报记者 汪 波 吴 勇

50多年前，在困难的日子里，内蒙古东部的兴安盟慷慨解囊送上大米，帮助西部的鄂尔多斯市老百姓渡过难关。今天，率先富裕起来的鄂尔多斯市，又伸出援手，帮扶较为贫困的兴安盟走上新的发展之路。

兴安盟和鄂尔多斯市这两个一东一西、远隔千里的盟市再一次紧密地联系在了一起，共同迈开了“心手相牵、共谋发展”的新步伐。

“排头兵”牵手补短板，创新发展路径显实效

兴安盟与鄂尔多斯市，这两个人口、面积均相差无几的地区，一个穷得远近皆知，一个富得声名在外。

鄂尔多斯市能源富集，近几年来，始终以自己独有的优势领跑内蒙古经济。兴安盟矿产资源贫乏，各项经济指标已多年在自治区12个盟市中垫底。2010年，鄂尔多斯市地方财政总收入达538亿元，是兴安盟的24倍，城镇居民可支配收入和农牧民人均纯收入均为兴安盟的2倍以上。在经济增速连夺全国八连冠的内蒙古，发展如此失衡的局面不但显得极为不协调，而且成了制约内蒙古全区经济发展的短板。

自治区党委、政府一直高度重视兴安盟的发展，2010年8月，自治区党委、政府作出了“鄂尔多斯市对口支援兴安盟”的重要战略决策，决定借助鄂尔多斯市产业、资金、技术、人才等方面的优势，帮助相对落后的兴安盟摆脱贫困，将兴安盟打造成为内蒙古东部地区的新型煤化工、新型能源、有色金属冶炼、绿色食品加工“四大基地”。内蒙古明确提出，力争在3年内使兴安盟人均可用财力达到自治区东部盟市平均水平，5年内使兴安盟主要经济社会发展指标接近全区平均水平。

由领跑内蒙古经济的排头兵鄂尔多斯市帮扶欠发达的革命老区兴安盟，是内蒙古发展史上的一个创新做法。自治区党委主要领导表示：“加快兴安盟发展是全区重要而紧迫的共同责任。近年来，内蒙古发展态势很好，但东西部地区发展不平衡的问题也非常突出，特别是兴安盟与全区的发展差距越拉越大。贯彻落实科学发展观，统筹自治区东西部发展，必须首先解决好兴安盟的发展问题。”

一场声势浩大、规模空前的对口援助兴安盟发展的行动就此展开。2010年10月10日，鄂尔多斯市对口支援兴安盟首批政府援建项目开工奠基和企业投资项目签约仪式在兴安盟乌兰浩特举行。此次活动共有19家鄂尔多斯市企业与兴安盟签订了五大类共37个项目，总投资1200亿元，涉及工业、矿产勘查、旅游开发、民生事业、基础设施等多个领域。 （下转第六版）

温家宝与冰岛总理西于尔扎多蒂会谈

4月20日，国务院总理温家宝在雷克雅未克与冰岛总理西于尔扎多蒂举行会谈。 新华社记者 庞兴雷摄

本报雷克雅未克4月20日电 （记者**王莉、刘仲华**）国务院总理温家宝20日在雷克雅未克与冰岛总理西于尔扎多蒂举行会谈。

温家宝说，中冰虽然地理上相距遥远，但始终相互尊重，友好相待，支持彼此重大关切。冰岛政府和人民克服国际金融危机带来的困难，实现经济企稳向好，中方感到高兴，对冰岛发展抱有信心。中方高度重视同冰岛的关系，支持冰岛在地区和国际事务中发挥重要作用，愿与冰方共同推动各领域交流与合作达到更高水平。

温家宝表示，中方愿与冰方加快双边自贸协定谈判，争取明年实现两国自由贸易；扩大相互投资，确保大型合作项目取得成功；提升在地热开发利用以及地学科研领域的合作水平，共同拓展第三方市场；密切在北极事务中的磋商，在极地、海洋、环境、航运等相关领域开展务实合作，共同促进北极地区的和平、稳定和可持续发展；加强教育、旅游、文化、体育交流，增进两国人民的相互了解和友谊。

西于尔扎多蒂表示，冰中关系很好，两国经贸合作发展迅速，冰岛正在进行一系列改革，努力实现经济复苏和增长，视中国为可靠的朋友，感谢中方为冰方为应对金融危机提供的宝贵支持。冰方愿以温家宝总理此访为契机，加快两国自贸协定谈判，进一步扩大两国在贸易、投资、地热、人文等领域的友好交流与合作，使冰中关系更加密切。冰岛支持中国成为北极理事会观察员，参与北极地区的和平开发利用，冰方愿与中方在现有基础上加强合作。

会谈后，两国总理共同出席了《中华人民共和国政府与冰岛共和国政府关于北极合作的框架协议》等合作文件的签字仪式。

贾庆林会见文莱苏丹哈桑纳尔

抵达普吉开始对泰国进行正式友好访问

4月19日，全国政协主席贾庆林在斯里巴加湾市会见文莱苏丹哈桑纳尔。 新华社记者 姚大伟摄

本报斯里巴加湾4月20日电 （记者**杨晔**）全国政协主席贾庆林当地时间19日在斯里巴加湾市会见了文莱苏丹哈桑纳尔。

贾庆林首先转达了胡锦涛主席的亲切问候和良好祝愿。贾庆林说，中文是一衣带水的近邻，两国友好交往源远流长。建交21年来，在双方共同努力下，中文关系发展顺利，两国关系堪称大小国家相互尊重、平等相待的典范。中文关系发展取得今天的成就与苏丹陛下长期重视和关心密不可分，我们对此表示高度赞赏。中方重视同文莱的睦邻友好合作关系，愿在相互尊重、平等互利基础上，与文方共同努力，推动中文关系取得新的更大发展。

贾庆林并就促进中文关系发展提出四点建议：一是保持高层交往。通过高层交往就共同关心的重大问题进行沟通，促进政治互信，推动双边关系发展。二是拓展经贸合作。两国应将双边合作与各自国家发展战略紧密结合，寻求利益共同点。进一步加强能源领域合作，积极利用经贸磋商机制，充分发挥中国—东盟自贸区政策优势，推动双边贸易持续快速增长。 （下转第二版）

李长春会见加拿大总督约翰斯顿

4月19日，中共中央政治局常委李长春在渥太华会见加拿大总督约翰斯顿。 新华社记者 马占成摄

本报渥太华4月19日电 （记者**杨讴、李学江**）当地时间4月19日上午，中共中央政治局常委李长春在渥太华会见了加拿大总督约翰斯顿。

李长春首先转达胡锦涛主席对约翰斯顿的亲切问候，并对总督多次以不同身份访华推动两国关系发展表示赞赏。他说，中加建交以来，两国关系发展顺利。特别是胡锦涛主席2010年成功对加进行国事访问，今年2月哈珀总理也成功访华，两国领导人重申致力于发展中加战略伙伴关系，使两国关系发展进入一个新阶段。李长春表示中方重视中加关系，愿与加方一道，继续从战略高度和长远角度看待和推动两国关系发展，进一步促进中加战略伙伴关系不断取得新成果。

李长春说，中加友谊源远流长，白求恩大夫的事迹在中国家喻户晓。近年来，中加人文领域的交流合作不断深化，形式和内容不断丰富，举办了一系列文化合作项目，加拿大汉语热也不断升温，增进了两国人民之间的相互了解和友谊。希望两国文化教育部门继续加强对话与合作，在巩固现有成果的基础上将双边人文合作推上新台阶。

约翰斯顿热烈欢迎李长春到访，并请李长春转达对胡锦涛主席的良好祝愿。他说，这是我就任总督后第一次会见中国高级代表团，我曾经访华十多次，对中国抱有深厚情谊。加中人民之间的友好交流也日益增强，白求恩已经成为加中传统友谊的一个象征和代表，发展加中关系有着深厚的民意基础。 （下转第二版）

各地积极贯彻落实国家人才发展规划——

人才发展看三变

本报记者 盛若蔚

一场人才发展理念的“升级更新”在神州大地悄然行进，一幅以人才工作转变促进经济转型升级的生动画卷徐徐展开。

对于中国的人才事业发展来说，这是一个新风扑面的春天——

江苏南京出台了“科技九条”鼓励科技人员创业创新，深度开掘“科学发展第一资源”的无限潜能；

甘肃武威通过改革举措让22岁的年轻人成为副县级干部，热切回应“不拘一格选人才”的时代呼唤；

浙江的每个市县都拥有了属于自己的人才发展规划，牢牢打下“系统培养开发人才”的战略基础；

北京中关村喊出了“打造世界一流创业园和孵化器”的豪言壮语，尽情彰显“接轨国际”的高瞻远见；

……

这是一个科学的人才观正在广泛普及的春天，这是一个人才工作大步迈向科学化的春天，这是一个人才发展和经济社会发展交相辉映的春天。

思路之变

“留人才比留‘家底’更有意义”

“昆山为什么能连续多年雄踞全国百强县榜首？我认为科技支撑、人才引领是重要原因之一。”3月21日，一场“人才强县座谈会”在江苏昆山举行，面对兄弟县市的书记、市长，昆山市委书记管爱国自豪地说。在昆山的词典里，“人才”就是转型升级的“助推器”，是科技创新的“发动机”，也是社会进步的“催化剂”，昆山正是依靠人才优势，才不断赢得创新优势、竞争优势。

管爱国的观点在千里之外的甘肃武威得到了呼应。春节前夕，清华大学毕业生焦三牛通过公选成为副县级干部的消息，一时间让这座小城成为舆论关注的焦点。 （下转第七版）

后进面貌不改变　帮包干部不撤回

山东2万多“第一书记”扶贫攻坚

本报济南4月20日电 （记者**徐锦庚、卞民德**）“到农村去，那里有生我养我的爹娘；到农村去，那里有育我成长的南瓜米汤；到农村去，那里是魂牵梦绕的故乡。”借助中央部署开展“基层组织建设年”的契机，山东省选派2.6万名“第一书记”，深入1.8万个基层单位抓党建促脱贫。只要当地后进面貌不改变，帮包单位就不脱钩、干部不撤回。

“十二五”期间，山东确定重点扶持的贫困乡镇200个、贫困村3000个。力争到2020年，稳定实现扶贫对象不愁吃不愁穿，保障其义务教育、基本医疗和住房；贫困地区农民人均纯收入增长幅度高于全省平均水平，基本公共服务主要领域指标接近全省平均水平，扭转发展差距扩大趋势。

目前，山东仍有820万群众生活在贫困线下，年人均收入不到2500美元。尤其是老区、山区、黄河滩区、盐碱涝洼区、库区，更是全省扶贫工作的“硬骨头”。

从今年起，山东171个省直单位开展“联百乡包千村”行动，每年选派582名“第一书记”深入582个贫困村。此前，省委、省政府在革命老区临沂市专门组织了为期7天的培训班，来自各相关部门的负责人以及工作经验丰富的农村基层干部现身传教。

在3年时间内，“第一书记”将当好党的政策的宣传队、农村党建的工作队、脱贫致富的服务队，使所有被帮包村实现“五个明显”的目标：村党支部战斗力明显增强；脱贫致富步伐明显加快，村里有致富项目，90%以上的扶贫对象人均纯收入翻一番，村集体有一定的经营性收入；村民生产生活条件明显改善；文明程度明显提升；基础保障能力明显提高。

按照“帮包不帮办、帮忙不添乱”的原则，山东要求“第一书记”主要发挥指导帮带作用，全程参与村党支部工作，协调推进扶贫任务落实。此外，还将统一为每个贫困村选派1名大学生村官和1名科技特派员，把技术和文化送到农民家门口。

山东省委书记姜异康说，深入推进扶贫开发，基层组织建设要到位，扶贫队伍建设要到位，帮扶政策措施要到位，要通过选派“第一书记”，一手抓党建，一手抓扶贫，帮助贫困村强班子理路子、解难题办实事，打好扶贫开发攻坚战。

走基层·干部在一线

“特殊党费”发挥特殊作用

汶川抗震救灾资金审计未发现重大违法违纪

本报北京4月20日电 （记者**崔鹏**）审计署今天发布关于汶川地震抗震救灾“特殊党费”跟踪审计结果，未发现重大违法违纪和工程质量问题。汶川发生特大地震后，全国4550多万名共产党员自愿交纳了“特殊党费”97.30亿元，支援灾后恢复重建。中组部将97.30亿元“特殊党费”全部划拨到民政部中央财政汇缴专户，由民政部将全部“特殊党费”拨付到灾区，其中四川80.30亿元、甘肃10亿元、陕西5亿元、重庆和云南各1亿元。

审计署有关负责人说，2009年以来，审计署和四川、甘肃、陕西3省审计机关累计派出643个审计组共1980人次，对3省管理使用的95.30亿元“特殊党费”实施了全过程跟踪审计。审计结果表明，截至2011年9月底，3省城乡居民住房重建“特殊党费”补助和抗震救灾因公牺牲烈士家属慰问金均已经发放到位；84个中小学校援建项目已建成83个，占规划数的98.81%；11560个村级组织活动场所和183个乡镇卫生院项目已全部建成；8905个农村党员干部现代远程教育接收站点已建成8903个，占规划数的99.98%。

跟踪审计中未发现重大违法违纪和工程质量问题，但也有少数灾区县“特殊党费”资金管理不够规范，涉及金额53.15万元。审计指出后，各相关地方和单位迅速整改。

RENMIN RIBAO

人民网 网址:http://www.people.com.cn
手机:http://wap.people.com.cn

2012年4月
25
星期三
壬辰年四月初五
人民日报社出版
国内统一连续出版物号
CN 11-0065
第23300期(代号1-1)
今日24版

胡锦涛同南苏丹总统基尔会谈

4月24日,国家主席胡锦涛在北京人民大会堂举行仪式,欢迎南苏丹总统基尔访华。
新华社记者 黄敬文摄

本报北京4月24日电 (记者**杜尚泽**)国家主席胡锦涛24日下午在人民大会堂同南苏丹总统基尔举行会谈。两国元首一致同意,扩大和加强各领域务实合作,推动中南友好合作关系进一步向前发展。

胡锦涛说,中南建交时间虽然不长,但双边关系开局良好。双方各层次交往增多,各领域合作逐步展开。中国政府和人民尊重南苏丹人民独立建国的自主选择,支持南苏丹为发展经济、改善民生、维护稳定,全面融入国际社会所做的努力。中南友好合作符合两国人民根本利益,有利于中非新型战略伙伴关系发展,也有利于地区的和平与发展。

基尔表示,去年南苏丹建国当天,中国即予以承认,并同南苏丹建交,南苏丹对此高度赞赏。南苏丹作为新生国家,面临战后重建、发展经济等诸多挑战,希望同中国加强友好合作关系,借鉴中国发展的成功经验,早日摆脱贫困和战乱,实现国家稳定发展。

胡锦涛就进一步发展中南友好合作关系提出三点建议:一、平等互信,深化政治关系。中方愿同南方加强两国高层领导人和各级别对话交流,以及在中非合作论坛框架下的合作,在彼此关切的重大问题上保持沟通。二、互利互惠,扩大务实合作。中方愿同南方本着统筹规划、循序渐进、务求实效的精神,扩大和加强两国经贸、能源、基础设施建设等领域的合作,愿帮助南方把资源优势转化为经济发展优势。三、全面友好,推进人文交流。中南双方应着眼两国关系的长远发展,加强文化、教育、人员培训、卫生等领域的交流与合作。中方将继续为南方培训急需专业人才,适时向南派出医疗队。

基尔完全赞同中方对发展两国关系的主张,表示南苏丹坚定奉行一个中国政策,将中国视为重要战略合作伙伴,愿同中方保持密切交往,拓展经贸、能源、农业、基础设施建设等领域合作,欢迎中国企业扩大在南苏丹投资。南苏丹人民对中国怀有友好感情,感谢中方提供的宝贵援助,希望加强两国社会、人文交流与合作。南苏丹将积极支持和参与今年在中国举行的中非合作论坛第五届部长级会议,共同推动中非关系发展。

基尔介绍了当前南北苏丹关系局势及南苏丹有关立场,表示南苏丹致力于通过协商谈判解决双方分歧和冲突,缓和紧张局势,早日达成全面、一揽子协议,实现和平共处,希望包括中国在内的国际社会提供支持和帮助。

胡锦涛表示,中国一贯本着相互尊重、平等相待的精神,发展与南北苏丹的友好合作关系。真诚希望南北苏丹从两国人民根本利益和地区和平稳定大局出发,坚持和平选择,相互尊重主权,保持冷静克制,在互谅互让基础上通过协商谈判妥善解决彼此分歧和悬而未决的问题,当务之急是积极配合国际社会调解努力,停止边境地区武装冲突。中方衷心希望南北苏丹成为和睦相处的好邻居,共同发展的好伙伴。

会谈后,两国元首出席了中南两国政府经济技术合作协定等合作文件的签字仪式。

会谈前,胡锦涛主席在人民大会堂北大厅为基尔总统访华举行欢迎仪式。全国人大常委会副委员长陈昌智、国务委员戴秉国、全国政协副主席李金华、农工党中央副主席汪纪戎、外交部副部长张志军、国家发展和改革委员会副主任解振华、商务部国际贸易谈判代表兼副部长高虎城、中国驻南苏丹大使李志国等出席了欢迎仪式。

江苏在新一轮对口支援中创新机制

产业援疆 融合发展

本报记者 赵京安 姚雪青

白雪皑皑的天山脚下,杏花已在枝头绽放,伊犁河水欢腾起来。4月中旬,记者行走克州戈壁,踏访伊犁草原,感受中央实施新一轮对口援疆战略以来,新疆大地上发生的深刻变化。

作为正在转型升级的东部沿海经济大省,江苏实施产业援疆的创新机制备受关注。真情援疆、科学援疆、持续援疆,在新一轮对口援疆中,江苏省委、省政府提出"产业援疆要走在全国前列"的目标,有效实施"政府主导、市场运作、互利共赢"的机制,为新疆跨越式发展和长治久安强筋壮骨。

政府主导,规划先行,建设"重要增长极"

312国道,从苏州城北穿越而过,一路向西,止于中哈边境的伊犁哈萨克自治州霍尔果斯口岸。江苏援疆工程苏新中心,就将崛起在霍尔果斯经济开发区内。

霍尔果斯,古丝绸之路上的一个重要驿站,从上世纪90年代以来,一直是以边贸生意闻名的小口岸。随着2010年5月中央确定在此建设经济开发区、实行特殊政策以来,这座与哈萨克斯坦隔河相望的西部边城,肩负起全国向西开放的"桥头堡"重担。

中央在实施新一轮对口援疆中,将霍尔果斯经济开发区作为新疆实现跨越式发展的重要增长极,把对口支援任务交给了具有建设国际化产业园经验的苏州工业园。 (下转第六版)

人大常委会第二十六次会议在京举行

吴邦国主持 审议军人保险法草案、民事诉讼法修正案草案、十二届全国人大代表名额分配方案草案等

本报北京4月24日电 (记者**毛磊、张洋**)十一届全国人大常委会第二十六次会议24日上午在北京人民大会堂举行第一次全体会议。会议继续审议军人保险法草案、民事诉讼法修正案草案、出境入境管理法草案,首次审议农业技术推广法修正案草案,审议十二届全国人大代表名额分配方案草案等。

吴邦国委员长主持会议。常委会组成人员146人出席会议,出席人数符合法定人数。

会议听取了全国人大法律委员会副主任委员胡彦林作的关于军人保险法草案审议结果的报告。十一届全国人大常委会第二十四次会议对军人保险法草案进行了初次审议。会后,全国人大法律委、常委会法工委通过印发草案、召开座谈会、深入调查研究等方式,听取国务院有关部门、军地有关部门和专家学者等方面的意见。根据常委会组成人员的审议意见和各方面的意见,法律委员会对草案进行了逐条审议,认为草案总体上是可行的。提交本次常委会会议审议的草案二审稿,进一步明确了军人保险制度适用本法的具体范围;增加规定军人伤亡保险所需资金由国家承担,个人不缴纳保险费;明确随军未就业的军人配偶参加保险,应当缴纳养老保险费和医疗保险费,国家给予相应的补助。

十一届全国人大常委会第二十三次会议对民事诉讼法修正案草案进行了初次审议。会后,全国人大常委会法工委将草案印发各省(区、市)、中央有关部门和法学教学研究单位征求意见,中国人大网全文公布草案向社会征求意见。

(下转第四版)

温家宝会见瑞典国王卡尔十六世·古斯塔夫

本报斯德哥尔摩4月24日电 (记者**王莉、刘仲华**)国务院总理温家宝24日在斯德哥尔摩会见瑞典国王卡尔十六世·古斯塔夫。

温家宝转达了胡锦涛主席对古斯塔夫国王的亲切问候和良好祝愿,对瑞典王室多年来致力于发展中瑞友好表示感谢。温家宝说,中瑞虽然相距遥远,国情各异,但两国人民的友谊源远流长。近年来,两国高层交往频繁,经贸联系更加紧密,文化交流十分活跃。我这次访问瑞典是为了进一步深化两国的友好合作关系。瑞典在环保、高科技、绿色经济等领域走在世界前列,中国愿学习借鉴瑞方的经验,加强合作,实现互利共赢,推动全球可持续发展取得新进展。

古斯塔夫国王请温家宝转达对胡锦涛主席的亲切问候和良好祝愿。 (下转第三版)

4月24日,国务院总理温家宝在斯德哥尔摩会见瑞典国王卡尔十六世·古斯塔夫。 新华社记者 庞兴雷摄

温家宝与瑞典首相赖因费尔特举行会谈

本报斯德哥尔摩4月24日电 (记者**王莉、刘仲华**)国务院总理温家宝24日在斯德哥尔摩与瑞典首相赖因费尔特举行会谈。

温家宝表示,近年来,随着中瑞相互了解加深,双方各领域交流与合作不断取得进展,双边贸易额稳定、平衡增长,相互投资迅速扩大,成效显著,为两国克服国际金融危机带来的困难发挥了积极作用。中方重视瑞典在欧洲和国际事务中的影响,视瑞典为重要合作伙伴,愿与瑞方加强沟通协调,在相互尊重、互利共赢的基础上,推动两国关系取得更大发展。

温家宝表示,瑞典在环保和可持续发展领域处于世界领先地位,中国将可持续发展作为国家战略,愿在政策对话、机制建设、务实合作以及国际多边领域同瑞方开展长期、全方位合作; (下转第三版)

4月24日,国务院总理温家宝在斯德哥尔摩与瑞典首相赖因费尔特举行会谈。 新华社记者 王晔摄

贾庆林会见泰国枢密院主席炳·廷素拉暖

本报曼谷4月24日电 (记者**杨晔、丁刚、王慧**)全国政协主席贾庆林当地时间23日在曼谷会见了泰国枢密院主席炳·廷素拉暖上将。

贾庆林说,阁下是德高望重的政治家,为中泰友好事业作出了杰出贡献,是中国人民敬重的老朋友。中泰亲如一家,两国人民情同手足。建交37年来,两国始终相互尊重、相互理解、相互支持、平等相待,中泰关系经受住了各种考验,堪称中国与周边国家睦邻友好的典范。

贾庆林表示,两国关系能有今天的良好局面,得益于两国领导人的高度重视和亲自推动。普密蓬国王和王后陛下以及王室成员、枢密院致力于两国友好事业,泰国历届政府都积极推动对华合作,两国人民怀有深厚感情,为中泰关系长期稳定发展提供了重要保障。 (下转第三版)

当地时间4月23日,全国政协主席贾庆林在曼谷会见泰国枢密院主席炳·廷素拉暖上将。 新华社记者 姚大伟摄

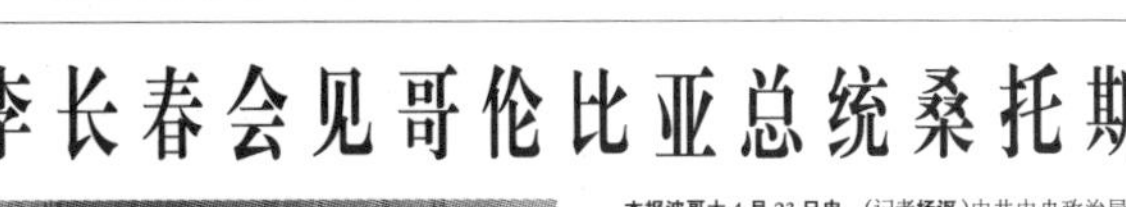

李长春会见哥伦比亚总统桑托斯

本报波哥大4月23日电 (记者**杨讴**)中共中央政治局常委李长春当地时间23日上午在波哥大会见了哥伦比亚总统桑托斯。

李长春首先转达胡锦涛主席对桑托斯总统的亲切问候,对桑托斯重视发展对华关系的政策表示赞赏。他说,中哥建交32年来,两国关系取得长足发展,高层互访频繁,政治互信加深,经贸合作稳步拓展,人文交流不断深化,双方在能源、矿业、通讯、基础设施等领域的合作富有成效。双方在安理会改革、气候变化、可持续发展等全球性议题上也保持良好沟通与配合,维护了两国的共同利益,促进了发展中国家的团结与合作。

李长春说,当前国际形势复杂多变。 (下转第三版)

4月23日,正在哥伦比亚进行正式友好访问的中共中央政治局常委李长春在总统府会见哥伦比亚总统桑托斯。
新华社记者 马占成摄

习近平会见出席上合组织成员国国防部长会议各国国防部长

新华社北京4月24日电 (记者**刘东凯**)国家副主席、中央军委副主席习近平24日上午在人民大会堂会见了来华出席上海合作组织成员国国防部长会议的哈萨克斯坦国防部长贾克瑟别科夫、吉尔吉斯斯坦国防部长奥穆拉利耶夫、俄罗斯国防部长谢尔久科夫、塔吉克斯坦国防部长海鲁洛耶夫、乌兹别克斯坦国防部副部长尼亚佐夫、上海合作组织秘书长伊马纳利耶夫、地区反恐机构副主任萨伊弗洛耶夫。

习近平说,上海合作组织自成立以来,各成员国团结一致、密切协作,推动本组织不断向前发展,取得了重要成就。防务安全合作是上合组织的重要合作领域。过去10年,防务安全合作取得丰硕成果,合作机制日臻完善,合作内容不断充实,合作成效令人瞩目,为成员国国家间关系增加了新的内涵,为维护地区安全稳定和促进共同发展注入了积极因素,为建设持久和平、共同繁荣的和谐地区做出了重要贡献。

习近平说,今年中方担任上海合作组织轮值主席国。中方高度重视在上海合作组织框架内开展防务安全合作,愿与各方一道,遵照组织宪章和元首共识,在互信互利的基础上共同规划防务安全合作的发展蓝图,扎实推进务实合作,切实增强本组织抵御现实威胁的能力,建立更加完善的安全合作体系,确保地区长治久安和繁荣昌盛。

与会成员国国防部长感谢习副主席拨冗会见,高度评价中方担任轮值主席国期间为深化上海合作组织防务安全合作所做出的贡献。国防部长们表示,上海合作组织在防务安全领域的务实合作取得丰硕成果,将继续推动成员国间联合反恐军事演习、边防部队合作等各项防务安全合作不断向前发展,为维护地区安全与稳定做出更大贡献。

国务委员兼国防部长梁光烈,中国人民解放军副总参谋长马晓天等会见时在座。

吉炳轩当选中共黑龙江省委书记

本报哈尔滨4月24日电 (记者**郑少忠、袁泉**)中共黑龙江省第十一届委员会第一次全体会议4月24日选举吉炳轩为省委书记,王宪魁、杜家毫为省委副书记,当选为省委常委的还有刘国中、黄建盛、徐泽洲、张效廉、韩学键、马学义、林铎、杨东奇、夏杰(女,回族)、郝会龙。中共黑龙江省第十一届纪委第一次全会选举黄建盛为省纪委书记,庞义华、杨涛、李桂春、李广智为省纪委副书记。

人民日報
RENMIN RIBAO

今日8版
人民网 网址:http://www.people.com.cn
手机:http://wap.people.com.cn

国内统一连续出版物号 CN 11-0065
第21462期 (代号1-1)
人民日报社出版

2007年4月
14
星期六
丁亥年二月廿七

北京地区天气预报
白天 晴间多云
风向 北转南
风力 二、三级
间四级
夜间 晴转阴有阵雨
风向 偏南
风力 一、二级
温度 20℃/8℃

首季税收逾1.1万亿元

同比增长25.5%，为近年来同期最高增速

本报北京4月13日讯 记者**许志峰**从国家税务总局获悉：一季度，全国税收收入累计完成11284亿元，比上年同期增收2296亿元，增长25.5%，是近年来同期税收增速最高的一年。此外，一季度全国共办理出口退税1175亿元，比上年同期增长17.1%，增退172亿元。

国家税务总局计划统计司司长舒启明介绍，从一季度税收收入的主要特点看，各月份税收收入增长均衡，均在3000亿元以上，增幅都在20%以上，月度收入的均衡性为近年最好水平。一季度，国内增值税、营业税、企业所得税、海关代征进口税收等主体税种增幅均在20%以上，且与相关经济发展基本协调：前2个月，与工业增值税对应的全国规模以上工业完成增加值同比增长18.5%，相应地，一季度工业增值税完成3102亿元，同比增长19.7%；房地产投资同比增长24.3%，与房地产投资相关的建筑安装业和房地产业营业税增长35.3%；企业利润和居民收入较快增长，企业所得税、外商投资企业和外国企业所得税、个人所得税共完成2836亿元，增长25.8%；一般贸易进口增幅同比增长24%，相应地，一季度海关代征进口税收完成1419亿元，同比增长27%；股市交易活跃，证券交易印花税完成122亿元，同比增长515.9%；汽车市场销售形势较好，一季度车辆购置税完成204亿元，同比增长28%。

另外，一季度地方税增长突出，其它地方各税完成677亿元，比上年同期增收145亿元，增长27.2%。东、中、西部税收全面较快增长，西部增长领先，占全国税收收入的比重提高。

山东农村探索社区化管理

统筹社会管理 改善生活质量

本报济南4月13日电 记者**刘成友**报道：为破解在新农村建设中出现的"一村孤、多村难"的村务管理难题，山东省在具备条件的农村探索多种途径推进社区化管理，提升管理水平和文明程度，让农民过上城里人一样的生活，享受更优质的服务。

聊城市实施的"联村自治"，就是整合资源优势、节约管理成本、推进农村社区化管理的积极探索。本着就近便利、优势互补、互惠互利的原则，在群众自愿的基础上，聊城市有关部门把两个以上的行政村结合为适度规模的"联村"，以先进村带动落后村。冠县田马园村靠种高档水果成为富裕村，村里2000亩樱桃供不应求，再进一步发展却遇到土地制约。临近的王马园、温马园、胡马园、李才4个村村民收入低，也想种大樱桃，却缺乏资金、市场和技术。实行"联村自治"后，樱桃种植由原来的2000亩增长到4000亩，还投资200万元建了名优果蔬综合批发市场。林果种植实行建园、管理、商标、销售、技术服务五统一。联村学校、卫生室、养老院、托儿所也统一规划建设，共建共享。目前，聊城市1/3的行政村共组建联村近800个。

各种形式的文明创建活动加速了山东农村社区化管理进程。山东宁阳以一个龙头村示范带动，与3个以上的邻近村互动互补，共建共享村美风正的文明生态村。全县50多个文明片区连接起300多个村庄，各片区统筹联办社会事业，着力完善服务功能，统一规划道路、学校、卫生所，建有文明一条街、村民学校、阅览室等。

遍布山东各地、由省供销系统牵头组建的近千家农村社区综合服务中心，让几十万农民不用进城，也能像城里人一样便利地在家门口购物，享受各种服务。去年9月建成的禹城市黎济寨社区服务中心占地4000平方米，服务周边十几个村庄8000多人，中心每天人流络绎不绝。

新疆力促旅游业可持续发展

抓产业市场开发 减景区生态负担

本报乌鲁木齐4月13日电 记者**戴岚、王慧敏**报道：天山南北刚刚萌发春的气息，新疆旅游业就已春潮涌动：自治区旅游局开始全面实施"东联西出"战略，美国平天、深圳华强等公司也争相抢滩开发新疆旅游资源。与此同时，各景点纷纷展开了"生态减负行动"。自治区旅游局党委书记池重庆说："无论是旅游开发还是生态减负，都是为了促进旅游业的发展。有为有不为，新疆旅游业才能可持续发展。"

连续几年，新疆接待游客人次和旅游收入都以两位数的增长速度攀升。旅游业的迅猛发展也给当地生态带来压力。不久前，新疆旅游管理条例正式出台。《条例》明确规定：如果环保不过关，景区的开发、评定均会被一票否决。

各风景区闻风而动：天池决定投资8亿元恢复原始生态，主景区严控游客数量；喀纳斯景区不但对游客进入量做出严格规定，还开始将景区内的不合格建筑物悉数迁出；巴音布鲁克草原、那拉提草原、塔里木胡杨林公园等也开始了相关清理。

考虑长远，难免影响到眼下的旅游收入。新疆决定开拓旅游资源、延伸旅游产业链。"东联"是他们使出的第一招。不久前，新疆、甘肃两省区的乌鲁木齐、吐鲁番、哈密、敦煌、嘉峪关5地市，共同签署了区域旅游合作协议，决定联手打造以"丝绸之路"为共同品牌的区域旅游客源市场，5地市将共同开放旅游市场。

在"东联"的同时，新疆探索"西出"战略：拓展中亚、欧美市场。毗邻哈萨克斯坦的边境小县吉木乃，推出了中哈边境五日游。短短几个月，这个人口只有3.7万人的边境小县就吸引了3万多名游客光顾。阿拉山口口岸、霍尔果斯口岸、红其拉甫口岸、塔克什肯口岸、吐尔尕特口岸也都成为旅游的新热点。据悉，截至目前，今年新疆共接待入境游客5万多人次，旅游创汇2000多万美元，比去年同期增长40%左右。

温家宝会见日本关西政界和经济界人士

结束访问韩日回到北京

4月13日，国务院总理温家宝在日本大阪会见大阪府知事太田房江。

新华社记者 **饶爱民**摄

本报大阪4月13日电 记者**马小宁、于青、刘畅**报道：国务院总理温家宝13日在大阪会见了大阪府知事太田房江等日本关西政界和经济界人士并出席欢迎晚宴。

温家宝赞赏关西各界长期以来继承和发扬中日友好传统，积极致力于推动对华交流与合作，推动中日关系的改善。他指出，大阪是关西地区的经济和文化中心，与中国的友好往来源远流长。早在1400年前，日本首批遣隋使就从这里出发前往中国，开创了中日友好交往的先河。中日邦交正常化以来，大阪和关西地区秉承悠久的历史传统，一直走在对华友好交流的前列。在近年中日关系面临严重政治困难的时期，大阪和关西各界人士仍一如既往，大力开拓同中国的友好交流和互利合作，为推动中日关系改善与发展发挥了重要作用。

温家宝表示，关西地区是日本第二大经济圈，在对华经济合作中发挥着重要作用，中国政府高度重视发展中国同关西的合作，将继续给予大力支持，也希望大阪和关西各界抓住机遇，发挥优势，不断拓展和深化对华合作，为发展新时期的中日关系作出贡献。

太田房江代表关西各界热烈欢迎温家宝总理到访。她说，关西地区自古以来就与中国有着密切往来，同中国的合作是关西地区未来发展的关键。近年来该地区与中国的经贸合作发展迅速，为日中双边经贸关系的发展作出了积极贡献。关西各界将利用2008年北京奥运会和2010年上海世博会的机遇，扩大与中国的交流合作，促进日中关系的发展。

新华社大阪4月13日电 （记者**何德功、吴谷丰**）中国国务院总理温家宝13日结束对日本的正式访问，离开大阪回国。

访问期间，温家宝会见了日本明仁天皇，与日本首相安倍晋三举行了会谈，发表了联合新闻公报，双方明确了中日战略互惠关系的内涵，制定了加强两国各领域合作的一系列措施。

温家宝在日本国会发表了题为《为了友谊与合作》的演讲。在为期三天的访问中，温家宝还与日本国会、政党领导人举行了会谈，并与日本民众进行了广泛交流。

温家宝是11日抵达东京开始对日本进行正式访问的。此前他还对韩国进行了正式访问。此次是中国总理7年来首次访问韩国和日本。

新华社北京4月13日电 国务院总理温家宝结束对韩国、日本的正式访问后，于13日晚乘专机回到北京。

温家宝总理的主要陪同人员同机抵达。

缴费低标准 支付高限额

吉林让城镇居民花小钱看大病

本报长春4月13日电 记者**刘亮明**报道："做梦也不敢想交240元钱能有这么多回报。"李女士是长春市朝阳区下岗失业人员，去年靠政府补贴参加医保后，因患乳腺性肿瘤住院治疗，花去医疗费近2.8万元，市医保中心给报销近1.6万元。吉林省通过政府补贴降低居民医保缴费标准，同时提高医保基金支付限额，基本保证了城镇居民花小钱能看大病。

2005年底，吉林省城镇居民参加医疗保险的人数仅为283万人。未参加医保的居民大部分是困难企业职工、下岗失业人员、学生、低保人员等城镇困难群体，医疗消费成为他们难以承受的沉重负担。从人民群众的切身利益出发，吉林省委、省政府全力推进城镇居民医疗保险全覆盖工作进程。

去年，吉林省42个县市相继展开城镇居民医疗保险全覆盖试点工作，当年参保居民超过50万人。今年，吉林省提出，要加快全省城镇居民医疗保险全覆盖进程，到今年底，参加医保人数要达到700万，2008年城镇居民要全部享受基本医疗保障。

为确保困难居民参保，吉林省政府明确规定：凡是未参加或没有能力参加城镇职工基本医疗保险的企业职工和退休人员，以及关闭破产企业的退休人员、城镇个体劳动者、失业人员、城镇居民和农村进城务工人员等，都可参加城镇居民住院医疗保障。城镇居民住院医疗保险缴费标准为每人每年180元至240元，享受住院医疗保险待遇；在校城镇中小学生每人每年的缴费标准不超过50元。对城镇困难群体医保缴费实行政府财政补贴机制：对有城镇户口且年满60岁以上的人员，省级和统筹地区的财政分别给予不低于每人每年50元的补贴；对在校城镇中学、小学学生，省级和统筹地区的财政分别给予不低于每人每年5元的补贴。同时，吉林省还提高住院统筹基金支付限额。城镇居民基本医疗保险的缴费标准统一暂定为每人每年200元、150元、120元，与之相对应的最高支付限额分别高达4.5万元、4万元、3.5万元。

邯郸调减"小造纸"

本报石家庄4月13日电 记者**王明浩**报道：为更好地推进"节能减排"，还老百姓"蓝天碧水"，河北邯郸新近对全市造纸业实行产业结构的重大调整，到今年6月底前，全市年产低于3.4万吨的生料造纸企业统统关停、转产。同时，一律不再新批、新建年产5万吨以下的生料造纸企业。

据介绍，邯郸有大大小小的造纸企业60家左右，大多是3.4万吨以下的"小造纸"。这类企业规模小、耗水量大，治理成本高，对水环境污染严重。对此，邯郸市委、市政府下达"必杀令"——对年产3.4万吨以下(含3.4万吨)以麦草、稻草、棉秆为原料的化学制浆、半化学制浆造纸企业(简称生料造纸企业)，统统予以关闭。对年产超过3.4万吨的生料造纸制浆企业，必须建成正规碱回收装置，做到稳定达标排放，并规范排污口，安装废水在线监测装置，与省、市环保部门联网，通过市环保部门的验收。不符合要求的，也要关停、淘汰。对原有废纸制浆造纸企业，6月底前全面启动"节水减排"和"零"排放工程，经验收合格可恢复生产；逾期未完成的，予以关闭。

邯郸市再三明确：关停完成后，环保部门要加强对保留企业的污染治理设施运行及污染物排放情况的监管。所有保留企业，必须保证环保设施正常运行，确保污染物稳定达标排放。

节能减排 保护环境

黑龙江倒春寒难抵备耕热

广西"绿色金融通道"助春耕

本报哈尔滨4月13日电 记者**曹红涛**报道：进入3月以来，黑龙江省连降几场大雪，倒春寒情况为历年罕见，持续的雪灾、低温给各地农民备耕带来不利影响。全省各地积极组织抗灾自救，春耕备耕工作进展有序。

农垦建三江分局多方筹集资金确保春耕物质及时到位，农用化肥到货逾17万吨，充足率达95%以上，大豆粒选，水稻、玉米等种子机械加工达100%。同样受雪灾困扰的牡丹江，春耕生产抢前抓早，充分利用大型农机具，提高现代化设备利用率，把春播从过去的半个月缩短到一周时间，播种结束时间争取与往年持平或提前一两天时间，确保农作物不减少生长期。鸡西市抽调百名专家技术人员成立机具检修、技术咨询、专家讲师和安全生产4个工作组，深入田间地头指导备春耕生产。依托周边牡丹江农垦分局装备优势，鸡西市各乡镇还主动做好农场大型农机具跨区作业的承接工作，目前，已经与农场互通农资1.5万吨。

目前，黑龙江省质监护农"春雷"行动和农技进万家"春雨"行动正在各地深入开展，万余农业和质监部门专业技术人员，现场为农户检测农资、农具，搜集伪劣农资举报信息，并送去技术、信息和政策、法规，农村呈现一派备春耕保丰收的繁忙景象。

本报南宁4月13日电 记者**庞革平**报道：在春耕春种的繁忙时节，广西各涉农金融机构纷纷开通"绿色金融通道"，帮助广大农民群众备足资金闹春耕。

广西各级农村信用社认真组织信贷员深入村屯、农户和企业，了解各地对春季生产资金的需求情况，并开通"绿色金融通道"，为广大农户和企业及时发放春耕贷款。在农信社的支持下，广大农民购买了大量的化肥、农药和种子等，已种植粮食作物2007万亩、甘蔗1532万亩和林果2848万亩。

为支持农民搞好春耕生产，农业银行广西分行将涉农贷款领域拓展到产业化龙头企业、水利、电网、公路等方面。今年一季度，该行已累计发放涉农贷款19.61亿元，占全行同期贷款总增量的19.71%，涉农贷款余额占全行同期总贷款余额的24.3%。

农业发展银行广西分行近日决定向广西农垦集团公司提供80亿元贷款，重点支持该集团发展现代农业。

开行首季向新农村建设放贷逾2400亿元

本报北京4月13日讯 记者**富子梅**报道：今年以来，国家开发银行加大对重点领域和薄弱环节的融资支持，截至3月底，累计发放新农村建设及县域贷款、中小企业贷款等3300多亿元，其中新农村建设及县域贷款余额达2484亿元，比去年底增长38.8%。目前，该行累计融资支持中小企业、个体工商户和农户9.2万户，创造就业岗位71万个；建设65万套廉租廉价住房，惠及208万低收入人群；形成培训农民工26万人的培训能力。

香港船队跻身全球五大船队

本报香港4月13日电 记者**武少民**从特区政府新闻处获悉：香港船队目前已跻身全球五大船队。香港船队的吨数突破3342万吨，共有1177艘船只在香港注册，刷新纪录；较1995至1997年间的历史低位540万吨，上升约5倍。

铁路大提速

京沪准备就绪

4月18日，中国铁路将实施第六次大提速，相关铁路部门组织力量为"和谐号"动车组的顺利运行进行最后的准备。

据悉，目前北京铁路局各项提速准备工作已全面就绪。提速后，北京铁路局时速160公里以上线路延展公里达到2536公里，集中分布在京哈、京沪、京广三大干线。旅客列车自4月18日零时、货物列车自4月17日18时起按新时刻运行。北京铁路局主要车站将开设动车组售票专口，全部上网销售，提前20天发售。

提速后，上海铁路局每日开行的旅客列车将达290对，比提速前增加56.5对。

图为4月13日，上海铁路局机务段两名工作人员从"和谐号"动车组列车旁经过。

本报记者 **欧阳洁文** 新华社记者 **陈飞**摄

今日导读

怀念·问农·寄语

——温家宝总理在京都访问侧记

本报记者　马小宁　于青　刘畅

京都，日本千年古都。1200多年前，日本遣唐使就是从这里出发前往中国，把中日古代文化交流推向高潮。京都的城市布局和建筑风格至今仍保留着浓浓的唐都风韵。岁月流转，京都在中日友好关系中发挥着独特作用。

13日，正在日本访问的温家宝总理来到京都访问，走进普通民众中间。

岚山谒诗碑

岚山位于京都西郊，风光绚丽动人。88年前，正在日本留学的周恩来决定回国投身革命。也是在芳菲4月，周恩来两度途经岚山，触景生情，留下了寓意深刻的诗作《雨中岚山》。1978年10月，为庆祝中日缔结和平友好条约，缅怀周恩来总理为中日友好事业建立的丰功伟绩，在日本国际贸易促进协会京都总局局长吉村孙三郎的提议下，日中友协等10个友好团体自发集资，在岚山建造了周总理诗碑。

13日下午1时50分，温总理来到岚山公园龟山区。周恩来总理的诗碑就坐落在青松、樱树的环抱中。日本国际贸易促进协会理事长中田庆雄和吉村孙三郎的女儿、89岁高龄的吉村启子在诗碑前迎候温总理。

温总理握住吉村启子的手，动情地说："您和我的母亲同龄。您父亲提议建造的这块诗碑是中日人民共同的诗碑。"和父亲一样致力于中日友好的吉村启子感动得热泪盈眶。

中田庆雄用中文向温总理介绍了建碑的缘起和经过。他自豪地告诉温总理，"每年来参观诗碑的人达千万人次"。温总理向诗碑敬献了鲜花，并仔细参观诗碑。

睹物思人，别有一番思绪。温总理对记者表示，"周恩来总理是中日友好事业的开拓者和奠基人。我们怀念周总理，就是要把中日友好事业推向前进。我相信，中日关系的未来一定会更加光明，中日友好之花一定会更加娇艳"。

岚山脚下，大堰川如一条碧绿的飘带静静流淌，水中小船点点，两岸樱花如霞。"总理好！""温爷爷好！"许多中国游客看到总理到来，激动地向总理打招呼，争相与总理握手。他们中有70多岁的退休职工，有刚毕业的大学生，还有稚嫩可爱的儿童。温总理和中国游客进行了亲切的攀谈。

农家话家和

在京都市西北郊，温总理与当地农民长滨义和一家聊起了家常。

农家院内，主人正在栽种西红柿苗。温总理说，我同你一起种，随即拿起锄头干起来。温总理栽下两棵西红柿苗，还端起喷壶浇水。"我干得标准吗？""很标准。我祝愿它们早早长大。""你的农具和我们中国的差不多，这个叫三齿，这个像锄头，中国的锄头比这个重。"

后院摆放着主人收获的各种蔬菜，有辣椒、菜花、竹笋、小葱等。温总理询问售价和销售情况，还问起主人家的农业机械。温总理盘腿坐在和式房间的榻榻米上说，我这是中国坐法，在中国我经常下乡，也是这样坐。女主人端来自制茶点豆饭款待温总理，温总理品尝后，称赞女主人做得很好吃。

长滨一家是典型的日本农民家庭，三代同堂。长滨夫妻和父母常年在家务农，从事多种经营。两个儿子则在城市工作。听说长滨的父亲已届八十高龄，温总理送给长滨一家中国陶艺品留作纪念，上面写着"一家之计在于和，家和万事兴"。温总理祝长滨老先生健康长寿，阖家和睦，并引申说，中日两国人民也应该和睦相处。主人频频点头。

闻悉中国总理到来，住在附近的农民纷纷站在路边，向即将离去的温总理打招呼。温总理走上前去与几位农民握手，农民们高兴地挥手欢呼。

校园里的对话

立命馆大学衣笠校区坐落于京都北部，绿树葱茏。这是一个历史悠久、与中国渊源深厚的学府。中国在日本设立的第一所孔子学院就建在该校。

在座谈会上，学生们用汉语踊跃提问，温总理认真倾听作答。

国际关系系大四学生安藤美贵说，她父亲是日本人，母亲是韩国人，而她在学习汉语，"我们家可以说是'东北亚共同体'"。她希望为东亚和世界和平做出贡献。温总理赞许地点头。

文学系学生梅田知里提出，应该加强对中日两国青年人情况的报道。温总理说："你讲得非常重要，中日友好的未来在青年人身上，友好合作也在青年人身上。应该大规模开展青少年的交流活动。"温总理还指出，立命馆大学的名字就蕴含着为"为天下开太平"的含义。

文学系森本隼裕问，听说中国农村有些小孩上不了学，请问温总理对城乡教育差别是怎么考虑的。温总理回答说，你说的情况的确存在，也是我作为总理最感到忧虑的问题。温总理介绍了中国采取的一些农村助学措施，并深情地说："让每个孩子都能上学是我最大的心愿！"

法学研究生相泽拓也想到中国当奥运会志愿者，问温总理如何报名。温总理让相泽和中国驻日使馆联系。"因为你来，日本游客一定会增加。"温总理幽默的话语引来同学们会意的笑声。

政策科学系大四学生大家允文昨天通过电视看了温总理在日本国会的演讲，十分钦佩温总理渊博的知识，向总理请教学习方法。温总理回忆起自己的学生时代，希望中日两国青年要广泛涉猎知识，同时要有毅力和恒心。

立命馆小学部的学生们邀请总理一起朗诵中国古诗。温总理挥毫写下王之涣的《登鹳雀楼》，表达了对中日关系未来的希望。"白日依山尽，黄河入海流。欲穷千里目，更上一层楼。"温总理和学生们一起朗读，古老的诗句更富时代意蕴。

交流结束后，温总理代表中国政府向立命馆大学捐赠了文津阁本《四库全书》，并正式宣布邀请100名立命馆大学学生访问中国。

棒球运动风靡日本，广为青年人喜爱。在西京极棒球场，年轻时喜爱棒球运动的温总理和立命馆大学棒球队队员交流谈话，并亲自上阵，一试身手。投球、击球、接球，温总理的球技受到了队员们的称赞。

谒诗碑，话家常，谈学习，打棒球。温家宝总理的京都之行，在京都与中国的友好交往史上，添了一段新的佳话。

（本报京都4月13日电）

加强互信　规划未来　深化合作　增进友谊

——李肇星谈温家宝总理访问韩国、日本

本报北京4月13日讯　记者马小宁报道：4月10日至13日，温家宝总理应邀对韩国、日本进行正式访问。在结束访问回京的飞机上，陪同出访的外交部长李肇星接受了随行记者的采访。

李肇星说，在短短4天时间里，温家宝总理密集出席了48场活动，与两国领导人进行了友好深入交谈，广泛会见往访国政党、议会、工商、文化、新闻等各界人士和友好团体，出席了中韩交流年和中日文化体育交流年活动，在日本国会等场合发表重要演讲。他还走近两国青年和教师、学生、农民等普通民众，与他们倾心交谈，播撒友谊的种子。温家宝总理此访是中国总理时隔7年后首次对韩日两个重要邻国的访问，受到两国政府和人民的热烈欢迎和盛情接待，促进了中韩、中日关系的改善和发展，国际舆论普遍对此访予以积极评价，访问达到了预期目的，是一次成功的访问。

一、增强政治互信，推动双边关系健康稳定发展

此访进一步深化了中韩全面合作伙伴关系。今年是中韩建交15周年和中韩交流年。15年来，中韩政治互信不断加深，各领域交流与合作持续扩大，在地区和国际事务中的协调与配合日益紧密。温家宝总理指出，中韩两国应以此为契机，加强战略沟通，促进互利合作，扩大共同利益，牢牢把握推进两国友好合作的大方向，推动中韩关系不断取得新的发展。韩国领导人表示，韩中已成为全面合作伙伴，双边合作是国与国合作的典范。韩中在发展两国关系方面目标相同，温家宝总理此访把两国关系推向了更高层次。

温家宝总理同安倍首相就构筑中日战略互惠关系的内涵达成重要共识，规划了双方合作领域。去年10月安倍首相的"破冰之旅"标志着中日关系打开政治僵局，温家宝总理此次"融冰之旅"实现了两国领导人互访，使中日关系有了新的良好开端，增强了人们对中日关系未来的信心。

温家宝总理从政治、经济、安全、文化及地区和国际事务五个方面深入阐述了构建中日战略互惠关系的内涵，指出发展中日关系的关键在于坚持中日三个政治文件的原则和精神。中日关系的改善和发展对两国有利，对世界有利。中日应成为互利双赢和共同发展的伙伴、携手振兴亚洲未来的伙伴、共同致力于世界和平稳定发展的伙伴。他强调，双方要从战略的高度和长远的角度把握两国关系的方向，增进政治互信，深化互利合作，加强防务安全对话与交流，促进人文交流，希望日方妥善处理历史问题和台湾问题等重大、敏感问题。

安倍首相表示，温家宝总理此访推动两国关系迈出了新步伐。双方要建立相互信赖关系，保持两国领导人和各界人士互访，继续使推动两国关系发展的政治、经济两个轮子强有力运转，把日中关系提高到新的层次。日方将以认真的态度对待历史，坚定走和平发展道路。在台湾问题上，将继续遵循日中三个政治文件所确立的原则和精神，不支持"台独"。关于中日东海划界等问题，温家宝总理强调，"万事开头难"，双方要通过理智的对话协商解决。双方同意坚持使东海成为和平、合作、友好之海，根据互惠原则进行共同开发，加快磋商进程。

温家宝总理此访传递出一个明确信息：发展中日友好合作关系，顺应时代潮流，符合两国人民的共同愿望。温家宝总理在日本国会的演讲引用日本的谚语"尽管风在呼啸，山却不会移动"，引喻中日关系经历过风雨和曲折，但中日两国人民友好的根基不会动摇，引起日本国会议员们的广泛共鸣。安倍首相表示，温家宝总理的演讲将载入史册。日本参议院议长扇千景说，日中关系的冰已融化。一位议员表示，温家宝总理关于日中关系的讲话具有历史的力量，发出了真诚的声音，温暖的声音，有力的声音。

二、互利共赢，促进经贸合作深入发展

经贸合作是发展中韩全面合作伙伴关系和构建中日战略互惠关系的重要内容。韩国和日本均为中国重要的贸易和投资伙伴。2006年中韩、中日贸易额分别达1343亿美元和2000多亿美元，对华实际投资累计分别为350亿美元和580亿美元。温家宝总理在与两国领导人会谈和与经济界人士的会见中，提出了进一步促进双边经贸合作的政策主张。他强调要将节能、环保、能源、信息通信、高新技术作为双方合作的重点领域，得到了两国政界和工商界人士的积极回应。

温家宝总理就发展中韩经贸关系提出，双方应积极落实好两国政府签署的《中韩经贸合作中长期发展规划联合研究报告》，早日正式签署《中韩投资保护协定》，推动中韩自贸区联合研究，妥善处理双方在经贸问题上的各自关切，尽早实现双边年贸易额2000亿美元的目标。韩国领导人和经济界人士表示，愿意加强与中方在环保、节能、通信等领域的合作。卢武铉总统表示，希望两国在高水平合作和公平竞争基础上，实现共同发展，维护共同利益。

访日期间，温家宝总理与安倍首相共同启动中日经济高层对话机制，具有历史意义，标志着中日经济合作机制提升到更高层次，对提高两国经济合作水平，拓展两国经济合作领域将发挥积极作用。双方将利用对话机制交流两国经济发展战略和宏观经济政策，协调跨部门经济合作，加强在重大地区及国际经济问题上的政策沟通。双方举行了首次部长级能源政策对话，并签署了能源、环保等7个合作协议。

温家宝总理还多次针对韩、日工商界的关切，阐述了中国政府在企业所得税法、知识产权保护、中国投资环境等问题上的政策，增进了相互了解。两国工商界人士表示，温家宝总理介绍的政策合情合理。

三、扩大交流，加深双方国民感情

中韩、中日文化交流源远流长，国民间感情构成了国与国关系的基础。访问期间，温家宝总理分别与韩日领导人共同出席了中韩交流年开幕式和中日文化体育交流年中方开幕式，希望文化交流成为增进双方人民理解、友谊的纽带。他将青年人之间的交往视作两国关系的未来，与韩国总理共同亲切会见了两国青年代表，与日本学生亲切交谈，和学校棒球队一块打球，欢迎两国青年2008年来北京观摩奥运会比赛和参与奥运会志愿者服务。温家宝总理还与韩日市民一道晨跑锻炼，走访日本农户，了解他们的工作和生活情况，倾听他们对发展双边友好关系的看法，增进了两国人民对中国的了解和友好情感。在日本岚山，温家宝总理与中国游客驻足交谈，勉励大家努力促进中日人民间的理解和友谊。温家宝总理真挚、平易、亲和的风格深深感动了两国人民，他们真诚希望了解中国，认识中国，不断发展双边关系。

通过访问，中国代表团深切体会到加深友谊、开展合作是三国人民的共同愿望。

四、携手合作，维护地区和平稳定

温家宝总理利用会谈会见和演讲致辞等各种场合，深入阐述中国的和平发展道路和建设和谐世界的主张，指出这是中国的长期战略选择和外交方针，中国的发展是机遇而不是威胁。中日韩三国作为东亚重要国家，在维护和促进本地区的和平稳定方面有共同利益，负有重要责任。卢武铉总统表示欢迎中国的发展和进步，安倍首相希望同中方在地区和国际事务中加强合作，为促进两国和亚洲利益作出努力。

在朝鲜半岛核问题上，温家宝总理强调，实现半岛无核化和有关国家关系正常化，构筑和谐东北亚新格局，是有关各方的共同目标，在东北亚要消除任何形式的冷战。中方愿与韩、日两国保持沟通协作，推动六方会谈和半岛无核化进程稳步向前发展，不断取得新成果。韩日两国领导人称赞中国在朝鲜半岛核问题上发挥的积极和重要作用，表示愿与中方一道，共同促进半岛无核化进程，维护东北亚地区的和平与稳定。

正像温家宝总理所说，人们的直接接触和心灵交流是最重要的。访问加强了互信，规划了未来，深化了合作，增进了友谊。冰雪消融，春意渐浓，中国与韩日两个近邻的关系，正迎来又一个春天。

回良玉会见乌克兰总统尤先科

4月12日，国务院副总理回良玉（右）在基辅会见乌克兰总统尤先科。　新华社记者　沈伯韩摄

本报基辅4月12日电　记者谭武军报道：国务院副总理回良玉12日在基辅会见了乌克兰总统尤先科。

回良玉向尤先科转达了胡锦涛主席的亲切问候。回良玉对中乌友好合作关系给予积极评价。他强调指出，中乌是真诚的朋友和可靠的伙伴。建交15年来，两国关系健康稳定发展，在双边和国际领域的合作成果显著。中方赞赏乌方在台湾、西藏等问题上给予的支持。当前，中乌关系面临新的发展机遇。中方愿进一步深化双方在经贸、科技、农业等领域的务实合作，加强两国在教育、文化、体育、旅游等领域的交流，推动中乌长期稳定、高度信任、相互协作的全面友好合作关系不断向前发展。

尤先科说，乌中关系具有战略意义，发展对华友好是乌各政党的共识。乌中良好的政治关系为两国各领域合作奠定了重要基础。乌方愿与中方加强高层交往，在重大问题上相互支持，进一步扩大经贸、科技、人文等领域的合作。

应乌克兰副总理斯拉乌塔邀请，回良玉于11日抵达基辅，开始对乌克兰进行正式访问。

国外媒体关注温家宝访日

新华社北京4月13日电　综合新华社驻外记者报道：国务院总理温家宝13日结束了对日本为期3天的正式访问。国外媒体连日来纷纷载文，关注温家宝对日本的此次"融冰之旅"。

新加坡《联合早报》报道说，温家宝总理在樱花盛开的季节，踏上了对日本的"融冰之旅"，访问涵盖了政治、经济、文化、社会等多层面。温家宝尝试用他的脚步、对话与微笑，化解日本各界对中日关系发展前景的种种顾虑，而日本方面也积极回应，这些都反映出两国改善与近邻关系的热切心情。

报道说，在11日与日本首相安倍晋三发表《中日联合新闻公报》之后，温家宝12日在日本国会进行了入情入理的演讲。他对历史问题、中国对台湾问题的关切、中日关系发展方向、以及中国走和平道路的决心一一进行了阐述。

葡萄牙《新闻日报》和《经济日报》对温家宝总理访问日本进行了报道。《经济日报》说，温家宝此次访日旨在"打破"两国间因历史问题导致的关系紧张，同时推动两国在环境保护和能源领域的合作。

法国《费加罗报》报道说，温家宝总理此次访问日本意义深远。中日关系在冷淡多年后解冻，是双方高层互动的结果。此访表明中日两国关系重新升温，为恢复两国高层交往作出了贡献。

首次中日部长级能源政策对话和中日能源合作研讨会举行

新华社东京4月13日电　陪同温家宝总理访问日本的中国国家发展和改革委员会主任马凯与日本经济产业大臣甘利明12日在东京举行了第一次部长级能源政策对话，并共同主持召开中日能源合作研讨会。双方共同签署了《关于加强两国在能源领域合作的联合声明》。

在部长级能源政策对话中，马凯与甘利明围绕节能、核电、煤炭和多边国际合作等问题深入交换了意见。双方一致认为，加强在节能环保、石油替代、新能源等方面的合作，是中日战略互惠关系的重要内容，是促进中日经济关系发展的重要增长点。中日能源界近600名企业家分电力、煤炭、油气和可再生能源4个组，就能源政策、技术和合作问题进行了认真研讨。双方机关企业和研究机构还签署了包括电力、油气和节能在内的6个协议。

专家列举五大理由说明

美国不会对伊朗动武

据新华社科威特4月13日电　（记者王波）据科威特媒体13日报道，正在科威特访问的美国战略研究中心专家安德鲁·泰勒说，出于五大理由，他认为美国不会对伊朗动武。

泰勒说，这五大理由是：第一，美军在伊拉克的处境已经糟到极点，无力再开辟第二战场；第二，美国不想重蹈越南战争的覆辙；第三，美国总统布什不愿因在任上发动数次战争而被美国人民评价为历史上最差的总统；第四，如果美国对伊朗开战，无法保证不出现第二个伊拉克；第五，对伊朗开战势必会对伊拉克局势造成灾难性影响。

庆祝中国和毛里求斯建交35周年招待会举行

本报北京4月13日讯　中国人民对外友好协会和中国非洲人民友好协会今天在此间举行招待会，热烈庆祝中华人民共和国与毛里求斯共和国建交35周年。对外友协副会长王运泽、中非友协副会长黄泽全、毛里求斯驻华大使钟律芳等出席。

王运泽和钟律芳在招待会上发表讲话，回顾中毛自1972年4月15日建交以来的友好关系历程，盛赞两国互利合作取得的累累硕果，表示相信在两国政府和人民的共同努力下，中毛两国关系将在中非合作论坛的框架下获得更大发展。

"人弹"炸碎"安全岛"

吴　酩

巴格达又炸了。对于无日无炸的伊拉克来说，这原本已不算什么新闻，但4月12日的爆炸又的确强烈刺激了人们已经近乎麻木了的神经。因为爆炸是发生在伊拉克的议会大楼餐厅里！造成了8人死亡，其中包括两名议员，另有23人受伤。于是有评论指出，这反映伊拉克的反政府武装势力已经达到无孔不入的地步。

议会位于巴格达"绿区"，过去是萨达姆的行宫所在地，现在是美国驻伊拉克官员和伊拉克政府的办公地点，一向戒备森严，被视为全伊拉克"最安全的地方"。按照美、伊部队联手展开的巴格达安全计划，进出这一区域的人都要携带印有照片的身份证，经过多道关卡检查，包括接受金属探测器搜身等。因此，这个"安全岛"内发生"人弹"袭击事件所产生的强大心理震波，要远远超过炸弹的实际爆破力。

颇具讽刺意味的是，这次特殊的爆炸，正发生在美军准备强力实行"安全严打行动"的当口。武装分子"顶风作案"，而且来了个"中心开花"，恐怕是美方决策者所绝对想不到的。新"安全计划"中最为严厉的一点是，在巴格达市内的30个区中实行"隔离社区"措施，即把它们用路障包围起来，只准携带新近发出的身份证的伊拉克国民进出。据说，这个办法是现任美军驻巴格达司令官戴维·彼得乌雷斯在一个为期半年的指挥参谋学院课程中构想出来的。但是，熟知历史的人很容易就发现，这其实并不是什么"新招"，更非"高招"。类似社区"隔离"加外国管治的政策，法国在阿尔及利亚、美国在越南，都曾使用过。结果都以失败告终。

不明敌人在何处、敌人又能无孔不入，这样的战争能取胜吗？美国又要打到何时为止呢？"人弹"不只炸碎了美军精心构筑的"安全岛"，更炸碎了美军的新"安全计划"。

●国际随笔

中国和印尼发行邮票纪念建交五十七周年

本报雅加达4月13日电　记者董力报道：为纪念中国和印度尼西亚建交57周年，两国首次共同发行舞龙舞狮特种邮票，首发式13日在印尼首都雅加达举行。

此次发行的邮票每套由两枚组成。一枚绘有中国舞龙图案，由中国设计者绘制；另一枚绘有印尼巴龙舞图案，即巴厘岛民间传统舞狮图案。印尼通讯和信息科技部副部长阿什文·沙松高、中国驻东帝汶大使兰立俊和中国邮政代表团以及雅加达华人社团代表等出席了今天的首发式。

4月13日，在印度尼西亚首都雅加达，一名女孩展示中国和印尼两国邮政部门联合发行的舞龙舞狮特种邮票。　新华社记者　张　军摄

冰雪消融　春意渐浓

——记温家宝总理“融冰之旅”

新华社记者　李诗佳　熊争艳

4月12日，日本国会众议院议会大厅。中国总理第一次站在这里。面对约480名日本议员，温家宝总理将中日友好交往的历史娓娓道来。11次鼓掌，11次共鸣，中日关系站在新的起点。

这一场景将被永远地定格在中日关系史上。

11日至13日，温家宝总理对日本进行了历史性的访问。这是时隔7年中国总理对日本的首次访问，也是中日打破政治僵局之后的“融冰之旅”。

在日本50多个小时近30场活动的旋风式访问中，温家宝会晤日本天皇、首相和各政党团体负责人，在日本国会发表情理交融的演讲，启动中日经济高层对话机制。他还广泛接触日本民众，出席两国文化体育交流年开幕式，与普通农民一起栽西红柿苗，和日本大学生打棒球。

温家宝总理在行将结束访日时说，中日关系能否最终走上健康发展的轨道，关键要看双方能否增进政治互信，从战略的高度和长远的角度把握两国关系的发展方向。

总理是这样说的，也是这样做的。

“‘融冰之旅’的目标已基本实现”

春雨是此次历史性访问的最好见证。

温家宝11日抵达东京羽田机场，正赶上难得的春雨。冒雨走下舷梯，温家宝与前来迎接的人员亲切握手。在随后与安倍首相的会谈中，他借用“好雨知时节”来表达自己的心情，安倍首相引用京都岚山周恩来总理诗碑上的“一线阳光穿云出”的词句回应温总理。

接下来的会谈也正如两位领导人的心情一样：友好、坦诚、认真、务实。

双方在会谈中确认了中日战略互惠关系的内涵，就这一关系的基本精神和基本内涵达成一致的认识。这一宏观性、全面性、长远性的框架为发展中日关系指明了确切的方向。

双方还拟订了改善中日关系具体的行动计划，让人看到了中日落实战略互惠关系切实可行的实际步骤。会谈后发表的《中日联合新闻公报》用大篇幅阐述了这一关系的基本精神、基本内涵和行动计划。其中具体政策可大体概括为“启动一个机制”，即中日经济高层对话机制，“推进六个领域”，即节能、环保、金融、能源、信息通讯、高新技术合作，“加强两个层面”，即投资和经济合作。

在12日日本经济界人士举行的午餐会上，温家宝说：“我原来希望此访成为‘融冰之旅’，现在看起来，这一目标已基本实现。”日本参议院议长扇千景也表示：“中日关系的‘冰’已融化。”

“中日世代友好最终有利于两国人民”

一夜春雨，樱花盛开的东京12日变得格外明艳动人。樱花是日本的国花，每年只在4月初开放一次，只有7天的花期。今年日本的樱花却比往年开得晚。在温家宝和安倍共同启动中日经济高层对话机制之后，安倍首相幽默地说：“为了迎接你，樱花都憋着不开，等你来了才开。”

中日经济高层对话机制的启动具有历史意义，标志着中日经济合作机制提升到更高层次，对提高两国经济合作水平，拓展两国经济合作领域将发挥积极作用。

双方将利用对话机制交流两国经济发展战略和宏观经济政策，协调跨部门经济合作，加强在重大地区及国际经济问题上的政策沟通。

温家宝说，当前和今后一段时期，这一机制可对能源、环保、金融、高新技术、信息通讯、知识产权保护等重点领域的合作发挥统筹和推动作用。

据外交人士介绍，建立中日经济高层对话机制是日方先提出的。此外，中方同意进口符合检疫标准的日本大米也为日本欢迎。中日还举行了首次部长级能源政策对话，并签署了能源、环保等7个合作协议。

温家宝总理访日期间曾表示深感责任之重大。他说，应该珍惜来之不易的中日关系的转折，扩大中日政治、经济、文化的合作基础。“因为，中日世代友好最终有利于两国人民。”他说。

心与心的交流

农技传播、典章互鉴，从日本遣唐使阿倍仲麻吕到矢志东渡传法的鉴真大师，再到扬州大明寺和日本唐招提寺长明不灭的灯，温家宝在国会演讲时对中日绵延2000多年的友好史娓娓道来。

在演讲结束之后，当天温总理即打电话给他近九旬的老母亲。老人家说：“你讲得很好，是用心说的。”温总理访日的这一细节打动了安倍首相和所有的日本民众。

在繁华的东京和静幽的京都，温家宝广泛接触日本民众。“平易近人”、“知识渊博”是很多日本人对他的评价。通过温总理，日本民众加深了对中国和中国文化的了解。

在京都岚山，温总理通过缅怀周恩来总理诗碑，鼓励中日两国人民友谊代代相传；在京都迎宾馆，他接受日本茶道大师里千家千宗室献茶；在农户长滨家，他与日本普通农民一起盘腿坐着品尝豆饭，畅谈农经；在立命馆大学，他与日本学生畅谈理想，分享学习经验；在棒球场，他和日本大学生一起，打出了一个个好球。

即使是在晨练的时候，温总理也不忘与当地民众进行交流。12日清晨，他身穿深蓝色运动服，来到东京代代木公园。他虚心向日本老妇人学习日本健身体操，也教她们打中国的太极拳。

中日两国人民的交流源远流长。正是这种心与心的交流，构成了中日关系中的重要基础。在出席中日文化体育交流年中方开幕式时，温家宝总理和安倍首相都表示，希望人文交流成为增进双方人民理解、友谊的纽带，促进两国关系的改善和发展。

温家宝总理访日期间，双方确定将结合纪念中日邦交正常化35周年，共同实施日本向中国19个直航城市派遣总计两万人规模访问团计划。

日方宣布将根据“21世纪东亚青少年大交流计划”，今后5年大规模邀请中国高中生访日，中方对此表示欢迎。双方还就双向实施两国青少年大规模交流计划达成一致。

风在呼啸　山不动摇

中日关系的发展经历了风雨和曲折。“尽管风在呼啸，山却不会移动。”温家宝总理用这句日本的谚语，阐述出中日友好的牢固根基，也昭示着中日关系未来的美好发展。

温家宝总理在访问中多次强调，中国政府和人民历来坚持向前看，一贯主张以史为鉴、面向未来。强调以史为鉴，不是要延续仇恨，而是为了更好地开辟未来。我们衷心希望，日方以实际行动体现有关表态和承诺。

温家宝总理和安倍首相也同意加快东海问题谈判进程，争取早日找到双方都能接受的解决方案，使东海成为“和平、友好、合作之海”。

横亘在两国之间的“冰”随着温家宝总理的访问逐步融化，但之后，双方仍需要拿出真诚，付出更大的努力，去排解影响两国关系的暗流。

新加坡《联合早报》报道说，温家宝访日涵盖了政治、经济、文化、社会等多层面。温家宝尝试用他的脚步、对话与微笑，化解日本各界对中日关系发展前景的种种顾虑，而日本方面也积极回应，这些都反映出两国改善与近邻关系的热切心情。

“和风化细雨，樱花吐艳迎朋友，冬去春来早。”这是温家宝总理在访日期间自己创作的日式“俳句”。这既是对他这次成功访日的总结，也为经霜历寒、春光初现的新世纪中日交往添上了浓墨重彩的一笔。

（新华社北京4月15日电）

兄弟言和　此其时

岳麓士

4月13日，苏丹达尔富尔地区的扎嘎瓦部落和阿姆卡姆拉提部落签署和解协议，同意终止他们之间的流血冲突。和约签署后，为躲避战乱而出走的两万多名难民将重返故乡，他们将成为自达尔富尔地区爆发冲突以来，人数最多的一批返回家园的难民。因而，这份和约意义重大，具有示范效应。

苏丹全国有19个种族，近600个部落，是非洲民族成分最复杂的国家之一。达尔富尔地区毗邻利比亚、乍得和中非，面积约55万平方公里，被划分为北、西、南三州，总人口约600万，居民主要为非洲黑人和阿拉伯人，隶属70多个部落。达尔富尔多系沙漠和半沙漠地带，水和土地资源有限且分布不均。长期以来，部落之间为了争夺农田、牧场和水源经常发生冲突。随着人口膨胀、旱灾频仍，在该地区定居的非洲黑人和游牧的阿拉伯人之间利益争夺加剧，导致部落矛盾激化。2003年2月，由非阿拉伯人组成的“苏丹解放运动”和“正义与平等运动”发动反政府武装行动，有关冲突已造成上万人死亡和近百万人流离失所，受到国际社会关切。

应该看到，达尔富尔问题是苏丹地区经济社会发展严重失衡、当地居民生存竞争激烈、部落矛盾蓄积所引发的后果，完全是苏丹的内政问题。但由于苏丹分离主义分子和境外敌对势力的恶意炒作和渲染，达尔富尔问题被迅速“国际化”。某些西方国家甚至不顾事实真相，将达尔富尔局部地区发生的部落冲突、劫盗凶杀犯罪等与1994年卢旺达的种族屠杀事件相提并论，频频向苏丹政府施压，并动辄以制裁相威胁，试图使达尔富尔问题成为继南方问题之后，又一柄干涉苏丹内政、逼迫苏丹就范的“达摩克利斯之剑”。这种做法自然遭到苏丹政府和人民的强烈反对。

达尔富尔问题浮出水面4年多来，苏丹政府、非盟、阿盟、联合国以及有关国家为解决这一问题作出了努力，并取得重要进展。去年5月，苏丹政府与“苏丹解放运动”签署《达尔富尔和平协议》。此后，双方稳步落实协议，达尔富尔地区出现了可喜变化：难民人数在减少，签约武装组织积极参与对当地事务的管理，安全形势整体趋于稳定。在此背景下，扎嘎瓦和阿姆卡姆拉提两个部落的和解，更增强了人们对和平解决达尔富尔问题的信心。

诚然，要彻底解决达尔富尔问题仍须克服诸多挑战，眼下主要应从三方面入手：推动达尔富尔政治进程，争取早日实现全面和平；提供人道主义援助，减轻和化解人道主义危机；为发展提供帮助，使那里的人民摆脱贫困，消除冲突根源。

常言道：“家和万事兴。”在苏丹世代繁衍生息的众多种族和部落，同是手足兄弟，并没有不共戴天的冤仇，只要大家都能以维护国家主权、统一和领土完整的大局为重，任何矛盾和冲突总能找到妥善解决办法。如前有北南和解之鉴，现有两个部落释嫌之例。当今世界，和平、发展、合作已成为时代主旋律。饱经忧患的苏丹要迈上复兴和发展坦途，实现全国民族和解是必备前提。因此，兄弟言和，此其时也。

巴基斯坦总理阿齐兹访华前接受采访

盛赞巴中全方位合作

本报伊斯兰堡4月15日电　记者**孟祥麟**报道：巴基斯坦总理阿齐兹15日说，巴中关系非常亲密，巴中友谊源远流长，两国在外交、贸易、投资、科技、教育、人员交流、防务安全等所有领域进行着全方位合作。

阿齐兹是在启程前往中国进行正式访问前接受中国驻巴媒体记者联合采访时说这番话的。他表示，期待即将对中国进行的正式访问有助于进一步加强巴中两国的全方位合作。在他访华期间，巴中双方将签署相关协议，使久经考验的双边关系得以进一步加强。

阿齐兹说，中国国家主席胡锦涛去年访巴期间，巴中双方就有关在巴境内设立专供中国企业投资兴业的经济区的问题签署协议，巴方目前正在落实协议内容，已批准经济区用地，并将为中国投资者提供非常优惠的条件。

阿齐兹说，经过中国人民的艰苦努力，中国已成为世界上经济发展速度最快的大国，并且在世界政治和外交舞台上也发挥着越来越重要的作用。巴基斯坦在发展经济的过程中正在不断学习中国的经验。

应中国国务院总理温家宝邀请，阿齐兹将于4月16日至20日对中国进行正式访问，并出席于20日至21日举行的博鳌亚洲论坛2007年年会。

朝鲜纪念金日成诞辰95周年

本报驻朝鲜记者　赵嘉鸣

4月15日是朝鲜已故国家主席金日成同志的生日，1997年被定为朝鲜的“太阳节”。今年是金日成诞辰95周年，连日来，朝鲜隆重举行各种活动，深切缅怀金日成同志。

今天一早，平壤市各界群众和朝鲜人民军官兵纷纷来到市中心朝鲜革命博物馆的金日成铜像前敬献花篮和花束，并默哀、鞠躬。那里摆满了数百只花篮和无数花束，朝鲜最高领导人金正日敬献的巨型花篮摆放在铜像前正中位置。朝鲜党政军领导人和各国驻朝外交使节也来到这里献花。随后，他们还前往锦绣山纪念宫瞻仰金日成遗容，并参观金日成故居万景台。

数千人参加的纪念金日成诞辰中央报告大会已于昨日在平壤举行。同日，有10万人参加表演的大型团体操和文艺演出《阿里郎》在平壤五一体育场开幕，演出将持续到5月底。而金日成花展、中央摄影图片展、革命题材影片回顾展、青年演唱会、部队宣誓大会等，把纪念活动逐步推向高潮。

今晚，金日成社会主义青年同盟中央委员会在金日成广场举行盛大音乐歌舞晚会，数万名青年学生伴随着腾空升起的火树银花翩翩起舞，“金日成同志永远和我们在一起”的乐曲声和口号声久久回荡在平壤的夜空。

（本报平壤4月15日电）

4月14日，在联合国难民事务高级专员公署设在阿富汗首都喀布尔的一个难民营，几名阿富汗儿童好奇地面对摄影师的镜头。今年预计将有25万阿难民从巴基斯坦、伊朗等国家返回故土。

新华社/法新

伊朗将招标建造两座新核电站

据新华社德黑兰4月15日电　（记者**梁有昶、徐俨俨**）伊朗原子能组织负责核电站事务的副主席法亚兹巴克什15日宣布，伊朗将于近日就建造两座新核电站的项目进行国际招标。

法亚兹巴克什在当天举行的新闻发布会上说，这两座核电站将建在南部城市布什尔附近，每座电站的设计装机容量为1000兆瓦至1600兆瓦，总耗资约为28亿至34亿美元。预计建造工期为9年至11年。

阿巴斯会见我中东问题特使

据新华社拉姆安拉4月14日电　（记者**王志强、洪漫**）到访的中国中东问题特使孙必干14日在拉姆安拉说，中方主张在联合国有关决议和“土地换和平”原则基础上，通过谈判政治解决巴以争端。

巴勒斯坦民族权力机构主席阿巴斯当天在拉姆安拉主席府会见了孙必干，双方就当前的巴以局势深入交换了意见。孙必干对巴民族联合政府的成立表示欢迎，并强调中方一贯重视中东问题，主张在联合国有关决议和“土地换和平”原则基础上，通过谈判政治解决巴以争端。

孙必干表示，中国将一如既往地支持巴勒斯坦人民恢复民族合法权益的正义事业，希望巴各派政治力量在阿巴斯的领导下，努力实现建立独立国家的目标。

阿巴斯对巴中友谊表示高度赞赏，并感谢中方对巴方的一贯支持。他说，巴勒斯坦将进一步加强内部团结，争取国际社会的理解和支持，早日实现巴以复谈。

俄新型战略核潜艇出厂

据新华社莫斯科4月15日电　（记者**岳连国**）俄罗斯建造的第一艘第四代新型战略核潜艇的出厂仪式15日在俄北部阿尔汉格尔斯克州北德文斯克市举行。这艘名为“尤里·多尔戈鲁基”号的潜艇是过去17年来俄建造出的首艘新型战略核潜艇。

该核潜艇将装备“布拉瓦—M”新型洲际弹道导弹，而目前这种导弹的试验仍在进行中。俄海军总司令马索林表示，该核潜艇预计将于明年移交俄海军使用。

（上接第一版）

卡拉勒说，突尼斯人民对勤劳的中国人民一向怀有友好情谊。建交以来，双方友好合作取得了令人满意的进展。突方感谢中方对突尼斯经济社会发展给予的帮助，对中国的发展成就表示钦佩，赞赏中国奉行的不干涉别国内政的和平外交政策。突方认为两国在许多领域还有很大的合作潜力，对两国关系的发展前景充满信心。突方将继续奉行一个中国政策，期待着与中方加强经贸、基础设施建设和旅游领域的合作，共同落实中非合作论坛北京峰会成果，进一步提升两国友好合作关系水平。

贾庆林简要介绍了中国全国政协的情况。他说，中国共产党领导的多党合作和政治协商制度是中国的一项基本政治制度。人民政协是实行这一制度的重要政治形式和组织形式，是中国政治体制的重要组成部分，在国家的政治生活和对外交往中发挥着重要作用。去年中国全国政协与突尼斯参议院建立了合作关系，丰富了两国关系的内涵与合作渠道。中国全国政协愿与突尼斯参议院加强高层往来及各层次的交往，交流参政议政经验，为促进两国人民的相互了解与信任、推动两国关系全面发展作出贡献。

卡拉勒说，突尼斯参议院重视加强与中国全国政协的交往，愿与中国全国政协开展多层次、多形式的交流与合作，为两国友好合作关系进一步发展共同努力。

会谈后，贾庆林出席了卡拉勒举行的欢迎宴会。

全国政协秘书长郑万通等参加了会谈和宴会。

本报突尼斯4月15日电　记者**杨讴、吴文斌**报道：应突尼斯参议院的邀请，全国政协主席贾庆林15日下午乘专机抵达突尼斯首都突尼斯市，开始对突尼斯进行正式友好访问。

当地时间15日15时许，贾庆林乘坐的专机降落在突尼斯市迦太基国际机场。突尼斯参议长卡拉勒等突方高级官员、中国驻突尼斯大使刘玉和及使馆工作人员等到机场迎接。突尼斯方面在机场举行隆重仪式，热烈欢迎贾庆林到访。中国驻突尼斯使馆工作人员向贾庆林敬献了鲜花。

贾庆林在机场发表书面讲话说，中突人民长期友好，两国关系发展顺利。双方在政治、经贸、文化、教育、卫生等领域的友好合作取得显著成果，在国际事务中保持着密切的沟通和配合。我这次非洲四国之行，就是为落实中非领导人就深化中非合作达成的重要共识和中非合作论坛北京峰会成果。我期待着同突尼斯领导人就进一步发展中突和中非关系及共同关心的问题深入交换意见。我相信，在双方共同努力下，中突和中非友好合作关系将迈上新的台阶。

全国政协秘书长郑万通等陪同人员同机到达。

贾庆林是于15日离开北京前往突尼斯开始非洲四国之行的。除突尼斯外，他还将对加纳、津巴布韦和肯尼亚进行正式友好访问。

新华社北京4月15日电　应突尼斯参议院、加纳议会、津巴布韦议会和肯尼亚政府邀请，全国政协主席贾庆林15日上午离京，赴上述四国进行正式友好访问。

贾庆林的主要陪同人员有：全国政协秘书长郑万通，湖北省政协主席王生铁，广东省政协主席陈绍基，全国政协经济委员会副主任陈耀邦，外交部副部长张业遂，商务部副部长魏建国，民建中央副主席马培华。

驻伊美军两架直升机相撞坠毁

据新华社巴格达4月15日电　（记者**闫珺岩、张伟**）驻伊拉克美军15日说，美军两架直升机当天在巴格达以北相撞坠毁，造成两名士兵死亡，5人受伤。驻伊美军发表声明说，初步调查显示，这两架直升机是在巴格达以北塔季地区上空飞行时相撞坠毁的，并没有遭到敌对火力的攻击。

讨论“政治地平线”框架　就巴建国交换意见

巴以首脑定期会谈起步

本报驻埃及记者　黄培昭

4月15日，以色列总理奥尔默特和巴勒斯坦民族权力机构主席阿巴斯在奥尔默特位于西耶路撒冷的官邸举行会谈，以色列外交部长利夫尼、国防部长佩雷茨等参加了会谈。这是双方自3月底同意每两周举行一次会谈以来的首次会面，引起了国际社会广泛关注。

会谈前，奥尔默特主持召开了例行内阁会议，强调将与阿巴斯就“政治地平线”的框架进行会谈。所谓“政治地平线”，是上个月美国国务卿赖斯中东之行会晤巴以领导人时正式向双方“兜售”的一个新的政治概念，其主要内容是在美国的撮合下，以巴关系乃至以色列与所有阿拉伯国家的关系能够开辟一个新的前景，即中东大地出现一个不同于以往的全新“政治地平线”。其中，帮助巴方建国是“政治地平线”的主要内容之一。

埃及媒体报道说，巴以首脑在会谈中“就未来巴勒斯坦国的法律和经济架构，亦即将来的巴勒斯坦国是一个什么样子的国家，交换了意见”。不过，以色列外交部发言人明确强调，边界划分、耶路撒冷归属、巴难民回归等核心问题，没有在此次会谈之列。会谈主要集中在改善安全和巴经济状况、有关释放被绑架的以色列士兵沙利特以及以色列要求巴方停止向以发射火箭、杜绝走私武器等方面。

巴以双方对这次会谈都不寄予太高的希望。巴方认为会谈“十分重要”，但“期望值”不高。据以色列《国土报》报道，一位巴高官说，在赖斯的压力下，奥尔默特与阿巴斯坐下来会谈，主要是为了“给赖斯留下支持阿巴斯”的印象。以外交部发言人说，释放被绑架士兵沙利特问题，已经过去了这么长的时间，但他仍在巴武装人员手里，所以不指望阿巴斯有神奇之功。

不过，考虑到目前巴以之间毕竟没有理顺关系、巴以和谈陷入僵局的客观现实，双方领导人会谈本身已经有不小的积极意义，这也是巴方强调会谈“十分重要”的原因。同时，以色列国防、外交部长均与会，也说明以方对会谈的重视程度。

会谈举行的前一天，巴勒斯坦民族联合政府通过了一项旨在恢复安全秩序的计划，决定在100天内，警察和安全部队联手，协调打击犯罪，恢复加沙和约旦河西岸地区的社会和安全秩序。同时，阿巴斯签署命令，成立由他任主席，政府总理哈尼亚任副主席，成员由内政、财政、司法和外交等部长组成的“国家安全委员会”，管辖所有安全部队。此间舆论认为，这些措施对双方峰会的如期召开无疑具有推动意义，今后也有助于双方会谈的正常和顺利举行。

奥尔默特在例行内阁会议上还告诉他的同僚，以色列准备就“阿拉伯和平倡议”与阿拉伯国家联盟进行接触和对话。虽然他同时强调，这并不意味着以方将接受“阿拉伯和平倡议”中的所有条款，但中东媒体注意到，这是以色列迄今对“阿拉伯和平倡议”做出的最积极和正面表态。甚至，以色列政府高官还表示，以色列正等待阿盟任命具体负责“阿拉伯和平倡议”的委员会，一俟有结果，即可开始沟通。

对此，美国驻以色列大使迪克·约翰评论说，如果实现以色列与阿盟的会谈，这将是具有“历史意义的政治举动”，对推动中东和平的发展大有裨益。

（本报开罗4月15日电）

人民日报

RENMIN RIBAO

今日 16 版（华东、华南地区 20 版）

人民网网址：http://www.people.com.cn
http://www.peopledaily.com.cn

国内统一连续出版物号 CN 11-0065
第 20681 期（代号 1-1）
人民日报社出版

2005 年 2 月
22
星期二
乙酉年正月十四

北京地区天气预报
白天 晴间多云
降水概率 10%
风向 偏北
风力 三、四级
夜间 晴间多云
降水概率 10%
风向 偏北
风力 一、二级
温度 3℃/-7℃

胡锦涛向金正日致口信

胡锦涛表示，中朝双方都坚持实现半岛无核化、维护半岛和平稳定的立场，认为通过六方会谈解决核问题及朝方的合理关切符合中朝双方的根本利益。我们希望避免局势进一步复杂化并早日重开六方会谈

金正日对胡锦涛总书记的口信表示感谢，他积极评价中国党和政府为维护朝鲜半岛和平与稳定所作出的努力

本报平壤 2 月 21 日电 朝鲜劳动党总书记、国防委员会委员长金正日 21 日下午在平壤会见了正在朝鲜进行访问的中共中央对外联络部部长王家瑞。

王家瑞首先转达了中共中央总书记、国家主席胡锦涛致金正日总书记的口信。胡锦涛在口信中表示，中朝双方都坚持实现半岛无核化、维护半岛和平稳定的立场，认为通过六方会谈解决核问题及朝方的合理关切符合中朝双方的根本利益。我们希望避免局势进一步复杂化并早日重开六方会谈。胡锦涛还表示，近年来，在双方的共同努力下，中朝两党两国友好关系不断向前发展。我们期望在新的一年继续得到更大的发展。

在会见中，王家瑞说，在双方高层领导人的共同推动下，中朝在各领域、各级别的交流活跃而富有成效，经贸往来稳步增长，互利合作也不断呈现出新的气象。我们愿与朝方一道共同努力，全面加强中朝睦邻友好与合作，不断赋予两国友好合作关系以新的内涵和活力，使中朝友好关系世世代代发扬光大。

在谈到朝核问题时，王家瑞表示，中方一贯支持朝鲜半岛无核化，主张维护朝鲜半岛的和平与稳定，希望有关各方通过对话解决朝核问题，朝鲜的合理关切应受到重视。中方认为，从当前国际形势看，半岛无核化最符合朝鲜人民的利益，也符合中国的安全利益。我们希望通过各方共同努力，尽早重开六方会谈。

金正日对胡锦涛总书记的口信表示感谢，他积极评价中国党和政府为维护朝鲜半岛和平与稳定所作出的努力。金正日表示，朝方坚持朝鲜半岛无核化、坚持通过对话和平解决问题的立场没有改变。朝方从来没有反对六方会谈，更不是要退出六方会谈。今后一段，如果经过各方的共同努力，第四轮六方会谈具备了条件，朝方愿意随时回到谈判桌前。希望各方拿出足够的诚意和行动。

金正日感谢去年访华时受到中国新一届中央领导集体的热情接待，对朝中两党、两国关系的发展表示满意。他表示，希望双方继续共同努力，推动朝中关系在新世纪有新的发展。 （下转第三版）

中共中央政治局召开会议

讨论政府工作报告

中共中央总书记胡锦涛主持会议

新华社北京 2 月 21 日电 中共中央政治局今天召开会议，讨论国务院拟提请第十届全国人民代表大会第三次会议审议的《政府工作报告》稿。中共中央总书记胡锦涛主持会议。

会议指出，在 2004 年里，全党全国各族人民在中国共产党领导下，高举邓小平理论和“三个代表”重要思想伟大旗帜，团结奋进，锐意创新，取得了社会主义现代化事业令人鼓舞的重大成就。加强和改善宏观调控取得明显成效，经济保持平稳较快发展，综合国力进一步增强；改革取得重要进展，对外开放实现新突破；社会事业加快发展，人民生活继续改善，社会保持稳定。我国在全面建设小康社会的征程上又迈出坚实的一步。国务院和地方各级政府认真履行职责，做了大量艰苦细致和富有成效的工作。

会议强调，2005 年是全面完成“十五”目标、为“十一五”发展进一步打好基础的关键一年，做好各方面工作十分重要。各级党委和政府要按照中央的要求，坚持以邓小平理论和“三个代表”重要思想为指导，认真贯彻党的十六大和十六届三中、四中全会精神，坚持用科学发展观统领经济社会发展全局，切实抓好发展这个党执政兴国的第一要务，清醒地看到并抓紧解决改革发展稳定中存在的突出问题和矛盾，努力推动社会主义物质文明、政治文明、精神文明建设与和谐社会建设全面发展。要加强和改善宏观调控，实行稳健的财政政策和货币政策，进一步消除经济运行中的不稳定不健康因素，保持经济平稳较快发展；要加强“三农”工作，稳定、完善、强化对农业的扶持政策，继续推进农业和农村经济结构调整，加快农业科技创新和技术推广，多渠道转移农村富余劳动力，促进粮食增产、农民增收；要推进经济结构调整和增长方式转变，推进产业结构优化升级，促进企业技术改造和重组，加强能源和资源的节约和合理利用，积极推动区域协调发展；要进一步推进经济体制改革和对外开放，深化国有企业改革，鼓励、支持、引导非公有制经济发展，加快金融体制改革，推进财税体制和投资体制改革，加强市场体系建设，以改革的精神推动各项工作；要推进社会主义和谐社会建设，大力发展各项社会事业，进一步做好就业再就业和社会保障工作，下大气力做好关心群众特别是困难群众生产生活的工作，正确处理改革发展稳定的关系，确保人民安居乐业，确保社会安定团结。

会议还研究了其他事项。

胡锦涛主席给澳门劳工子弟学校学生回信

希望澳门青少年弘扬爱国爱澳精神 努力成长为社会的有用之才

新华社澳门 2 月 21 日电 国家主席胡锦涛 16 日给澳门劳工子弟学校庄青青等同学回信，希望澳门青少年弘扬爱国爱澳精神，珍惜美好时光，学习文化知识，养成优良品德，树立远大志向，努力成长为社会的有用之才，准备着为把澳门和祖国建设得更加美好贡献自己的智慧和力量。

澳门特别行政区行政长官何厚铧 21 日上午来到澳门劳工子弟学校，向庄青青等同学转交了胡锦涛主席的信。信全文如下：

庄青青同学并初一年级英语兴趣小组各位同学：

你们好！春节期间，我收到你们的来信和你们亲手制作的精美贺年卡。在此，向你们表示感谢。你们在信中表达了对祖国和澳门的真挚感情，也表达了要好好学习、将来为祖国和澳门建设贡献力量的远大抱负。我看了以后十分高兴，也使我回想起两个月前在澳门同你们在一起的难忘情景。我向你们，向澳门劳工子弟学校的全体师生，致以诚挚的问候和良好的祝愿！

澳门回归祖国以来，社会安定祥和，经济持续增长，民众安居乐业，正如你们来信中所说，“澳门的变化是越来越好”。我相信，只要我们坚持“一国两制”、“澳人治澳”、高度自治的基本方针，在中央政府支持下，全体澳门居民紧密团结、不懈努力，澳门的明天一定会越来越好。

你们正处在风华正茂的年代。在你们身上，寄托着国家和民族的希望。希望你们和澳门青少年弘扬爱国爱澳精神，珍惜美好时光，学习文化知识，养成优良品德，树立远大志向，努力成长为社会的有用之才，准备着为把澳门建设得更加美好、为把祖国建设得更加美好贡献自己的智慧和力量。

我衷心祝愿同学们和澳门青少年学习进步、身体健康、生活幸福！

接到胡锦涛主席的信，澳门劳工子弟学校的师生们非常兴奋和激动。他们感到，胡锦涛主席给庄青青等同学回信，不仅是对澳门劳工子弟学校、也是对广大澳门青少年的高度重视和亲切关怀。同学们纷纷表示，一定不辜负胡锦涛主席的殷切期望，勤奋学习，不断进步，立志长大以后为澳门和祖国的繁荣昌盛多作贡献。

温家宝会见英国财政大臣布朗

新华社北京 2 月 21 日电 （记者李诗佳）国务院总理温家宝 21 日在中南海紫光阁会见了英国财政大臣布朗。

温家宝对中英关系的发展给予了积极评价，并表示两国的广泛合作不仅有利于两国人民，而且也有利于世界的和平和经济发展。双方还就中欧关系、国际金融合作和扶贫工作等问题交换了意见。

温家宝还向客人介绍了中国当前经济形势。

财政部部长金人庆等参加了会见。

国务院办公厅发出紧急通知要求

坚决遏制重特大事故的发生

开展安全生产大检查 派驻煤矿安全督导组

新华社北京 2 月 21 日电 国务院办公厅近日发出紧急通知，要求各地区、各有关部门、各煤矿企业进一步加强煤矿安全生产工作，深入开展煤矿安全生产大检查，坚决遏制重特大事故的发生，促进煤矿安全生产形势的稳定好转。

通知指出，近期连续发生多起重特大煤矿事故，给人民群众生命财产造成严重损失，也反映出一些地方和企业安全生产制度、责任不落实，措施不到位，应急预案不完善。党中央、国务院领导同志对此高度重视，作出一系列重要批示，要求采取有力措施，切实做好煤矿安全生产工作。

通知要求，各地区、各有关部门要站在实践“三个代表”重要思想，树立和落实科学发展观的高度，充分认识当前煤矿安全工作的严峻性、艰巨性和复杂性，加强领导，落实责任，正确处理好安全与生产、安全与效益、安全与发展的关系，牢固树立“安全第一”的思想，确保煤矿安全生产。一要立即在全国范围开展煤矿安全生产大检查，重点检查煤矿企业瓦斯治理措施制定和落实情况，采掘部署情况、瓦斯治理责任制落实情况，事故隐患排查整改情况以及是否存在超能力生产等情况。对检查发现的问题，建档立案，责任到人，安排资金，逐项整改。二要加强对煤矿安全生产的督导。各产煤省（区、市）人民政府要组织督导组进驻国有重点煤矿，加强对煤矿安全生产特别是瓦斯灾害防范工作的监督检查，对存在重大隐患的矿井，责令停产整顿。各煤矿企业也要向所属矿井派驻瓦斯治理督导工作组。三要加强小煤矿关闭整顿工作，严厉打击非法生产行为。各地区、各有关部门要加强对小煤矿安全生产的检查。凡按规定应该关闭的矿井，必须立即予以关闭。 （下转第二版）

全国清理整顿劳动力市场秩序工作电视电话会议召开

黄菊作重要批示

本报北京 2 月 21 日讯 记者白天亮报道：劳动保障部、公安部、人事部、工商总局今天在京联合召开全国清理整顿劳动力市场秩序工作电视电话会议，就做好当前劳动就业市场清理整顿工作作出部署。中共中央政治局常委、国务院副总理黄菊作出重要批示，要求各地加强协作，统一行动，联合执法，采取切实有效措施，规范劳动就业市场，并严厉打击违法犯罪活动，建立劳动力市场的良好秩序。同时要为农民进城就业创造良好的环境。

黄菊在批示中指出，在农民工进城求职的高峰期，集中清理整顿劳动力市场秩序，打击职业介绍领域的各种违法犯罪活动，非常必要。各级政府要把改善农民进城就业环境作为一项重要任务，为农村劳动力转移就业创造良好的环境和条件，以维护广大进城求职农民合法权益，促进农村劳动力有序流动。

据记者向有关部门了解，每年春节之后，一些不法分子利用农民进城求职高峰时期，以职业介绍为名，诈骗求职者钱财等违法行为严重损害了求职者权益。为清理整顿劳动力市场秩序，维护求职者合法权益，劳动保障部、公安部、人事部、工商总局四部门决定在全国范围内联合开展清理整顿劳动力市场秩序专项行动。

根据部署，这次专项行动的目标任务是：严厉打击一批以职业介绍为幌子的违法犯罪分子；依法取缔一批非法职业介绍组织；清理整顿一批违规经营的职业介绍机构。通过专项行动，有效遏制职业介绍领域的违法犯罪活动，大幅度减少职业介绍活动中的违法违规行为，使企业招工行为得到规范，使劳动力市场秩序得到显著改善。

清理整顿的重点地区是大中城市、工商企业密集区、流动人口集散地、职业介绍机构聚集地和自发形成的劳动力交易场所，同时兼顾其他地区和场所。

清理整顿的措施主要有：严厉打击职业介绍领域的违法犯罪活动；依法取缔“黑职介”；依法加强职业介绍监管；规范用人单位招工行为。

2 月 20 日，湖北省罗田县司法局、总工会的干部来到县客运站为外出务工人员发放维权服务卡。根据卡上信息，外出打工人员遇到劳务纠纷时，能及时得到法律援助。

雷　声　林永迪摄影报道

新闻摄影

四川省、求是杂志、全国台联、中国记协、中国文联、中国电信、华电集团

开展先进性教育活动联系实际积极整改

新华社北京 2 月 21 日电 四川省、求是杂志、全国台联、中国记协、中国文联、中国电信集团公司、中国华电集团公司在开展保持共产党员先进性教育活动中，联系实际，领导干部率先垂范，带动身边普通党员一同积极投身到学习和整改中。

2003 年以来，四川省在 118 个省直机关的 1.8 万名党员中开展了先进性教育活动试点工作，取得明显成效，积累了不少经验。按照中央的部署，今年 1 月 15 日，四川省保持共产党员先进性教育活动正式启动后，省委书记张学忠、省长张中伟等省级党员领导干部带头做动员、上党课，22 名省级党员领导干部，分别落实一个县（市、区）作为教育活动的联系点，目前全省有 5597 名县处以上党员领导干部共建立联系点 7684 个。

四川省委强调从先进性教育活动一开始就要紧密联系实际，在解决问题中深化学习教育。最近，四川省委抓住泸州市民政系统一宾馆为色情提供场所和宜宾市江安县一些干部动用公车祝寿并涉嫌赌博行为这两起典型案例，通报全省，要求各地各部门举一反三，切实找准抓住并认真解决本地区本单位在党风、政风、行风方面存在的突出问题。同时，四川省委决定，保持共产党员先进性教育活动的全过程将吸收群众参与，让群众监督，真正使先进性教育活动成为“人民满意工程”。 （下转第四版）

实践“三个代表”重要思想　保持共产党员先进性

关注农民工更多需求

张　铁

春节前，广大农民工大多拿到了足额工资，回家过了个好年。春节已过，农民工又离乡返城，开始辛苦的打工生活。在农民工的基本权益得到保障之后，他们还有更多的需求，我们应对此予以关注，并尽可能解决。

文化需求。务工之余，民工们希望有自己的文化生活，读读报纸杂志，看场电影演出，放松心情，充实自己。但书报、演出费用的昂贵，令农民工们望而兴叹。提供免费书刊，组织演出的民工专场，到工地进行联欢，都是满足他们文化需求的好举措。

情感需求。进城务工，远离家乡，虽沟通方便，却难免有乡愁。有的更是孤身在外，举目无亲，伤心时没人倾诉，开心时没人分享。我们应多给他们关怀，开设情感热线，组织交友联谊，等等，将会有益于他们的身心健康。

发展需求。城市中发展机会很多，但农民工获得的却相对较少。其中一个重要原因是，他们的教育程度相对偏低，掌握的技能不够。多组织培训和教育，让他们学习新科技，掌握新技能，就能给他们更多的发展机会。

今天，农民工已成为城市中的一个庞大群体，他们为城市的发展做出了巨大的贡献。城市人应多理解他们，关爱他们，有关部门也应充分了解和满足他们的更多需求，这样，广大农民工就会有健康愉快的生活，我们的社会也会更加和谐。

今日谈

人民日報

RENMIN RIBAO

今日 16 版

人民网 网址:http://www.people.com.cn
手机:http://wap.people.com.cn

国内统一连续出版物号 CN 11-0065
第 21678 期（代号 1-1）
人民日报社出版

2007 年 11 月
16
星期五
丁亥年十月初七

北京地区天气预报
白天 晴转多云
风向 北转南
风力 二、三级
夜间 多云转晴
风向 南转北
风力 一、二级
温度 9℃/1℃

胡锦涛向卡斯特罗致口信

胡锦涛在口信中说，新一届中共中央领导集体高度重视并十分珍惜中古传统友谊，愿与古方一道，认真落实近年来双方达成的重要共识，不断深化友好合作关系，更好地造福两国人民

劳尔在会见王兆国时代表卡斯特罗第一书记对胡锦涛总书记的口信表示感谢，并强调，古中关系深入发展是双方共同努力的结果，古方愿与中方密切配合，推动两党两国关系不断开创新局面

新华社哈瓦那 11 月 14 日电 （记者**殷永建**）古巴共产党中央第二书记、国务委员会第一副主席兼部长会议第一副主席劳尔·卡斯特罗当地时间 14 日下午在哈瓦那会见了在此进行友好访问的中共中央政治局委员、全国人大常委会副委员长王兆国。

王兆国首先请劳尔转达中共中央总书记、国家主席胡锦涛致古巴共产党中央第一书记、国务委员会主席兼部长会议主席菲德尔·卡斯特罗的口信。胡锦涛在口信中说，中古是好伙伴、好同志、好兄弟。不断巩固和发展中古友好合作关系是中国党和政府坚定不移的战略方针。新一届中共中央领导集体高度重视并十分珍惜中古传统友谊，愿与古方一道，认真落实近年来双方达成的重要共识，不断深化友好合作关系，更好地造福两国人民。衷心祝愿古巴社会主义革命和建设事业在古共中央和卡斯特罗第一书记的领导下，取得更大成就。

劳尔代表卡斯特罗第一书记对胡锦涛总书记的口信表示感谢，并请王兆国转达卡斯特罗和他本人对胡锦涛同志的亲切问候和良好祝愿。

王兆国说，以胡锦涛同志为总书记的新一届中共中央领导集体高度重视中古友好合作关系，愿在社会主义建设道路上加强交流、相互借鉴，全方位地巩固和发展两党两国关系。会见中，王兆国简要通报了中共十七大的主要精神和有关情况。

劳尔感谢中方的通报，认为这体现了中国党、政府和人民对古巴党、政府和人民的深厚友谊。劳尔强调，古中关系深入发展是双方共同努力的结果，古方愿与中方密切配合，推动两党两国关系不断开创新局面。

安徽临泉县新华书店推进文化体制改革——

老字号迸发新活力

本报记者 盛若蔚 何 聪

党的十七大发出兴起社会主义文化建设新高潮的动员令，给安徽新华发行集团临泉县新华书店正在进行的文化体制改革，更鼓士气，更添动力，促进“新华书店”这个老字号，迸发出全新的活力。

连锁“连”起集约桥

【改革背景】作为全省第一人口大县，临泉县新华书店长期靠教材发行吃大锅饭，在一个中心门市部，教材外的一般图书只能卖出 20 万元的年销售额。

【亲历者言】县新华书店经理汤畎彬：2006 年，临泉新华书店作为全省第一家分公司加入连锁，吃了个“螃蟹”。连锁后，图书资源全省共享，从集团连锁公司一个渠道进货，在临泉的计算机终端上就能看到省里 20 多万种类书目，随时点击调配。这不，原来租给个体卖家具的二层楼面也收回来了，现在楼上楼下 350 平方米，咱还嫌小呢！门市早 8 点半开门，晚 8 点半打烊，周末再推迟一小时关门，丢掉的“失地”正一点一点“收复”回来。

【社会反响】临泉县居民韩丽：这才有个新华书店的样，窗明几净，书香味浓，服务也热情规范了！

【数字对比】2005 年，县新华书店中心卖场一般图书的销售额为 24.8 万元。2006 年加入连锁仅 9 个月，销售额便升至 120 万元。今年截至 10 月，这一数字就已达 102 万元。品种也从原来的 5000 个增至 14300 个。

【决策者说】安徽新华发行集团董事长倪志敏：十七大指出，要深化文化体制改革。我们有发达的终端网络，凭什么不好好用起来？思路决定出路，格局决定结局。技术进步很必要，但制度创新更重要。

混业“变”出生产力

【改革背景】临泉新华书店 5 个农村网点长期闲置，萎缩严重。2005 年，商务部启动“万村千乡市场工程”试点。安徽新华发行集团农村网点果断加入，新华书店便民店开张。在保证经营图书主业面积不低于经营面积 50%、图书品种不少于 500 至 1000 种的同时，各店可自主经营文体用品、日用百货、农资及农产品收购等项目。

【亲历者言】老集便民店店长李瞻：门开了，灯亮了，人勤了。天一明就开门，天不歇透不关张。混业经营相互拉动，比翼齐飞，人气可比以前旺多了。

杨桥便民店店长史旭旗：外出打工人多，怎样求职这类书好卖，胎教和幼教的书更畅销！俺们随时都做记录。

【社会反响】杨桥镇养殖大户方继全：杨桥便民店百货全，书也多。开张一年，我就已经买了 1000 多元的养殖专业书，对我帮助很大——去年养的 1000 头猪，挣了近 30 万元。

【数字对比】县新华书店统计报表显示：2004 年 5 个下伸网点一般图书的销售额为 0；2005 年为 36800 元；2006 年混业经营后飙升至 112154 元；预计 2007 年，这个数字将突破 50 万元大关。

【决策者说】倪志敏：十七大提出，要解放和发展文化生产力，培育文化产业骨干企业和战略投资者。文化企业以不变应万变，死路一条！集团 257 家农村网点目前已全部混合经营，而正在进行的包括农村网点在内的集团整体上市，就是要以变应变，创新体制，“增强文化发展活力”。

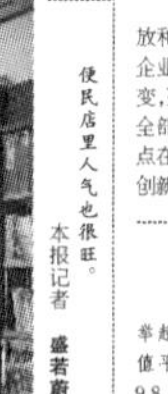

便民店里人气也很旺。本报记者 盛若蔚摄

[延伸阅读]

2006 年，安徽省文化产业增加值一举超过 153 亿元。近 3 年，文化产业增加值平均增幅达 22%，高出全省 GDP 增速 9.8 个百分点。仅今年上半年，全省文化产业增加值就达 88.1 亿元。文化产业正成为安徽奋力崛起的新“支柱”。

“当代国画优秀作品展——湖北作品展”在京开幕

贾庆林出席

新华社北京 11 月 15 日电 由湖北省政协和全国政协书画室联合举办的“当代国画优秀作品展——湖北作品展”15 日在北京全国政协礼堂开幕。中共中央政治局常委、全国政协主席贾庆林出席开幕式并观看了画展。

全国政协副主席张思卿在开幕式上致辞。他说，国画艺术是我国传统文化的瑰宝，也是世界文化艺术宝库中的一颗璀璨的明珠。弘扬传统文化，推进国画繁荣是我们义不容辞的责任。“当代国画优秀作品系列展”的成功举办，表明了党和国家对中国传统文化艺术的高度重视和关注，要继续做好这项工作，为推进社会主义文化大发展大繁荣作出贡献。

全国政协自 2002 年开始举办“中国当代国画优秀作品系列展”，本次举办的湖北作品展是该系列展的第 12 个展览，共展出吕邵福、魏金修、董继宁、彭太武、徐勇民、陈孟昕、李乃蔚、陈运权、李峰、周石峰等 10 位湖北中青年国画家的 62 幅作品。这些作品具有鲜明的地域文化特色和强烈的时代感，达到了较高的艺术水平，代表了湖北国画艺术的最新创作成果，是湖北当今国画优秀作品的一次集中展示。

全国政协副主席王忠禹及有关方面负责人和书画界知名人士出席开幕式。开幕式由全国政协秘书长郑万通主持，湖北省政协主席王生铁在开幕式上致辞。

李长春会见委内瑞拉外长马杜罗

新华社北京 11 月 15 日电 （记者**李诗佳**）中共中央政治局常委李长春 15 日在人民大会堂会见了应邀来访的委内瑞拉外交部长尼古拉斯·马杜罗·莫罗斯。

李长春对今年 3 月访委时委方给予的热情友好接待表示感谢，并积极评价了双边关系。他说，在双方共同推动下，中委各领域合作持续扩大，在国际事务中保持密切合作，两国关系呈现良好的发展势头。在新的形势下，中方愿与委方保持高层接触，深化互利合作，推动人文交流，相互学习和借鉴，巩固和加强中委共同发展的战略伙伴关系，将两国各领域合作不断推向更高水平，实现共同发展，造福两国人民。

马杜罗热烈祝贺中国共产党十七大成功举行，并表示，委方高度重视发展对华关系，对两国关系顺利发展感到满意，愿与中方进一步扩大各领域的交流与合作，促进两国友好关系不断深入发展。

2006 年开工建设的兰青铁路复线工程进展顺利。该工程全长 160 多公里，总投资近 40 亿元，建成后将缓解青海铁路运输紧张的局面。图为 11 月 14 日，施工人员在青海省平安县境内铺设路轨。

新华社记者 马 宁摄

发展与责任相伴

——杭州娃哈哈集团公司纪事

本报记者 袁亚平

走进杭州娃哈哈集团有限公司总部，门厅两侧墙壁上悬挂着图文并茂的“科学发展”、“自主创新”、“尽责奉献”等宣传牌。

杭州娃哈哈集团公司董事长宗庆后对记者说：“党的十七大精神极大地鼓舞了我们，现在集团上下都在学习贯彻，大家的心热着哪！结合我们娃哈哈创立 20 周年的实践经验，我们将更好地建设中国特色社会主义企业。”

管理“以人为本”——

娃哈哈温馨的“家”文化，让广大员工分享企业发展的成果

记者熟知娃哈哈集团的发展历程，1987 年，宗庆后带领两名退休教师，用 14 万元借款，开始艰难的创业。20 年过去了，娃哈哈集团如今已成为中国规模最大、全球规模第五的饮料企业。在新近公布的“2007 中国制造业 500 强”名单中，娃哈哈集团公司以营业收入 187 亿元，利税 32 亿元，利润 22 亿元，名列第 108 位。

在娃哈哈的发展历程中，有两件事引起全国关注：一是在 1988 年，与浙江医科大学营养学系合作，成功开发出中国第一支“儿童营养液”，两年后娃哈哈儿童营养液产值突破亿元大关，被称为“发生在小学校园里的经济奇迹”。二是在 1991 年，只有 100 多人的娃哈哈儿童营养食品厂兼并了 2000 多人的国有企业杭州罐头食品厂，成立杭州娃哈哈食品集团公司，“小鱼吃大鱼”的现象在我国经济界引起了巨大的震动。 （下转第十六版）

国务院新闻办发表《中国的政党制度》白皮书

据新华社北京 11 月 15 日电 （记者**李亚杰、魏武**）国务院新闻办公室 15 日发表《中国的政党制度》白皮书，全面详细地介绍了中国政党制度的形成、主要特征、基本内涵，全面反映了中国政党制度的发展历程以及在中国经济社会发展中发挥的重要作用。

白皮书指出，中国实行的政党制度是中国共产党领导的多党合作和政治协商制度，它既不同于西方国家的两党或多党竞争制，也有别于有的国家实行的一党制。

白皮书全文近 1.5 万字，分前言、中国社会历史发展的必然选择、中国的一项基本政治制度、社会主义民主的重要体现、多党合作制度中的政治协商、多党合作制度与国家政权建设、多党合作制度与人民政协、多党合作制度与现代化建设、结束语、附录等部分。（全文见第十五、十六版）

田成方 渠成网 路相通

湖北将基本农田建成高产富民田

本报武汉 11 月 15 日电 （记者**杜若原、田豆豆**）“今年我家种水稻收入要翻番，多亏我的地划进了基本农田保护区！”11 月中旬，水稻收割已基本结束，湖北省襄樊市老河口市方营村农民蔡宗厚开心地盘点收成。他家的责任田去年被划进了“李楼、仙人渡镇高产农田示范区”，经过一年多的整理，实现了“田成方、渠成网、路相通”，耕地利用率从 70%提高到 90%以上，还统一种上了优质双季稻，亩产从过去的七八百斤提高到一千三四百斤。

湖北是我国重要的粮食主产区和商品粮生产基地，拥有耕地 5000 余万亩，但中低产田占基本农田一半以上。着眼于提高各地保护基本农田的积极性，促进农民持续增收，湖北省决定走一条“以建设促保护”的路子，“十一五”期间计划投入 100 亿元建成 1000 万亩高产农田。近 3 年，全省平均每年建设高产农田近 90 万亩。

江汉平原是湖北第一大粮仓，但雨水偏多、排水不畅是个“老大难”。湖北将重点对这一区域的“湖积地”和“冲积地”实施涝渍地改良、综合整治；以“单元水系”为基本单位完善排水系统，维修和新建提水、排水及电力设施，确保建成高产农田 607 万亩。以襄樊市为代表的鄂中鄂北丘陵岗地区是湖北第二大粮仓，但这里雨水偏少、灌溉困难。对此，湖北将以大中型灌区续建配套和节水建设为重点，加强水源补充及田间渠系建设，发展节水灌溉，提高抗旱能力，建成高产农田 225 万亩。

耕地质量的提高使基本农田实现了稳产高产。据测算，高产农田建设规划实施后，湖北省每年可节约农业生产成本 6.08 亿元，增产粮食 62.12 万吨。以现有乡村人口计，粮食主产区农民人均纯收入每年可增长 46.72 元。

高产农田建设促进农田连片、品种升级，也加速了项目区的农业现代化。到今年底，湖北省将建成 400 万亩机械化耕作率达 95%以上的高产农田。高产农田吸引了大量农产品加工龙头企业落户。鲁花集团与襄樊市襄阳区示范区内农户签订合同，建设 10 万亩优质花生生产基地，每年可为农民增收近 200 万元。

法国总统将访华

本报北京 11 月 15 日电 （记者**吴成良**）外交部发言人刘建超 15 日宣布：应国家主席胡锦涛邀请，法兰西共和国总统尼古拉·萨科齐将于 11 月 25 日至 27 日对中国进行国事访问。

世界银行发布报告显示

非洲经济正在稳步发展

本报约翰内斯堡 11 月 15 日电 （记者**李锋**）世界银行 14 日发布的《2007 年度非洲发展指标》报告指出，过去 10 多年来非洲经济总体以更快更平稳的态势发展，而非洲国家经济的快速增长，使非洲成为大量外来投资的目的地。报告认为，在过去 10 年间，非洲经济保持了 5.4%的平均增长速度，与世界其他地区水平大体相当。预计今后两年非洲的经济增长仍将保持这一水平。但世行也指出，非洲国家仍需提高生产力，扩大投资并增加出口的多样性，才能保持这种发展势头。

●国际传真

今日导读

（三）其他外事新闻的版面安排

1. 我国领导人与外国领导人通电话、致电祝贺当选或建交纪念、就某一灾难性事件表示慰问等

此类新闻中的我国领导人通常是指中共中央总书记、国家主席、中央军委主席或国务院总理。中共中央总书记、国家主席、中央军委主席的此类新闻通常安排在一版报眼，国务院总理的此类新闻通常也安排在一版。

2012 年 6 月 22 日，一版在报眼位置刊发胡锦涛同西班牙国王通电话的消息。

（附 2012 年 6 月 22 日一版）

2012 年 5 月 18 日，一版在版面中线部分刊发温家宝同巴西总统通电话的消息。

（附 2012 年 5 月 18 日一版）

2. 外国领导人来访预告

外国领导人如国家元首、国家副元首、议长、政府首脑等来华访问，通常会在一版或国际要闻版发预告消息。

3. “人物介绍”

外国领导人来华访问，国家元首、副元首、政府首脑、议长、欧盟主席、联合国秘书长等依例要在“人物介绍”栏目中作介绍，于来华或抵京当日刊发，配发人物照片，照片尺寸为 13 行 ×13 字，一般安排在一版或要闻版。

2012 年 6 月 5 日，一版刊发俄罗斯总统普京来访的“人物介绍”；2012 年 4 月 17 日，二版刊发泰国总理英拉来访的“人物介绍”。

（附 2012 年 6 月 5 日一版、2012 年 4 月 17 日二版）

4. 新闻公报或联合声明

国事活动中，有时会签署新闻公报或联合声明，这类稿件通常安排在四版或国际要闻版，有时也会安排在一版或二版。

2006 年 10 月 26 日，法国总统希拉克来华访问签署中法联合声明，一版出标题新闻，二版全文刊登。

（附 2006 年 10 月 27 日一版）

2007 年 5 月 19 日，中越联合新闻公报安排在一版二条位置。

（附 2007 年 5 月 19 日一版）

5. 外国领导人来访演讲

外国领导人来访演讲活动新闻的版面安排，一般参照陪同活动的我国领导人消息的版面安排来定，可在一版、二版、三版或四版。无中央领导人陪同的演讲活动，如在清华大学、北京大学发表演讲，可视情况安排或不安排。特殊情况下，还可突出安排。如北京奥运会前夕，达赖集团和西方个别反华分子阻挠奥运圣火火炬传递、呼吁抵制北京奥运会。2008 年 4 月，前来参加博鳌论坛和进行国事访问的巴基斯坦总统、智利总统、瑞典首相分别在清华大学、中央党校、北京大学发表演讲，人民日报在国际要闻版予以突出报道。

（附 2008 年 4 月 15 日三版）

RENMIN RIBAO

人民网 网址:http://www.people.com.cn
手机:http://wap.people.com.cn

2012年6月
22
星期五
壬辰年五月初四
人民日报社出版
国内统一连续出版物号
CN 11-0065
第23358期(代号1-1)
今日4版

胡锦涛同西班牙国王通电话

表示中方愿同西班牙共同努力,推动中西全面战略伙伴关系取得新进展

本报西班牙特内里费岛6月20日电 (记者**吴绮敏、张卫中**)当地时间6月20日晚,国家主席胡锦涛在西班牙特内里费岛应约同西班牙国王卡洛斯通电话,双方进行了亲切友好的交谈。

胡锦涛向卡洛斯致以亲切问候。胡锦涛表示,中西两国是好朋友、好伙伴,两国人民有着深厚友谊。长期以来,两国政治上相互信任、相互支持,经济上优势互补、互利合作,人文上密切交流、成果丰硕。明年是中西建交40周年,中方愿同西班牙共同努力,推动中西全面战略伙伴关系取得新进展,更好造福两国和两国人民。

卡洛斯对胡锦涛经停西班牙特内里费岛表示欢迎,并向中国人民致以良好祝愿。卡洛斯说,西中关系非常好,西班牙人民感谢中国给予的友谊和支持,我本人始终是中国人民的好朋友,希望双方以明年建交40周年为契机,加强交往和合作,使两国关系迈上新台阶。

结束访问丹麦和出席二十国集团领导人第七次峰会

胡锦涛主席回到北京

新华社北京6月21日电 在圆满结束对丹麦的国事访问并出席二十国集团领导人第七次峰会后,国家主席胡锦涛21日乘专机回到北京。

胡锦涛主席夫人刘永清,国务院副总理王岐山,中共中央书记处书记、中央办公厅主任令计划,中共中央书记处书记、中央政策研究室主任王沪宁,国务委员戴秉国等陪同人员同机抵达。

让革命老区群众的生活一天天好起来

——吴邦国委员长在大别山革命老区调研纪实

仲夏的大别山,山青水碧,生机勃发。

6月18日至21日,中共中央政治局常委、全国人大常委会委员长吴邦国在大别山革命老区调研。

大别山区横跨鄂豫皖三省,既是革命老区,也是贫困山区。按照新的国家扶贫标准测算,仅安徽省大别山革命老区扶贫对象就有近200万人。去年,中央把大别山区列为全国11个连片特困地区之一,作为国家扶贫攻坚的主战场。

吴邦国非常关心大别山革命老区的经济社会发展。他专程来到位于大别山区的安徽省六安市及所属金寨县、霍山县、裕安区调研,实地了解老区群众生产生活情况,主持召开专题座谈会,共商老区扶贫开发大计。吴邦国强调,消除贫困、改善民生、实现共同富裕是社会主义的本质要求。我们永世不忘老区人民为中国革命和建设事业作出的重大贡献,要抓住全国新一轮扶贫开发攻坚机遇,结合实际创造性地开展工作,走出一条革命老区脱贫致富、科学发展的新路子。

充分发挥资源优势,大力发展特色农业

近年来,安徽大别山区发挥当地资源优势,大力发展特色农业,茶叶、高山蔬菜、蚕茧、林果、中药材、竹制品等产业已初具规模。

安徽一笑堂茶业公司、圣农生物科技公司采取"公司+基地+农户"方式,带动山区农民种植茶叶和石斛,不少人走上了脱贫致富之路。宏发工艺品公司、龙华集团和凯旋大麻纺织集团,依托当地藤、竹、麻等特色资源,生产工艺品、纺织品和家具,产品远销欧美市场, (下转第四版)

温家宝出席联合国可持续发展大会高级别圆桌会并发言

本报里约热内卢6月20日电 (记者**王莉、骆青、颜欢**)国务院总理温家宝20日在里约热内卢出席联合国可持续发展大会高级别圆桌会,并发表题为《创新理念 务实行动 坚持走中国特色可持续发展之路》的讲话。(**全文见第二版**)

温家宝说,中国是可持续发展理念的坚定支持者,提出以人为本,全面协调可持续的科学发展观,建设资源节约型、环境友好型社会和生态文明,走新型工业化道路;中国是可持续发展战略的积极实践者,注重统筹兼顾经济发展、社会进步和环境保护,是最早实现联合国千年发展目标中"贫困人口比例减半"的国家;中国是可持续发展国际合作的有力推动者,积极开展南南合作,推进南北合作,积极参与国际组织的活动,认真履行国际公约,为世界可持续发展做出了力所能及的贡献。

温家宝表示,中国推进可持续发展任重道远。我们将全面实施"十二五"规划,加快转变经济发展方式,调整优化经济结构,更加积极地推进国际合作,参与可持续发展全球治理,逐步增加对其他发展中国家的援助,与国际社会携手并肩、同舟共济,为子孙后代创造更加美好的家园。

温家宝会见印度总理辛格

6月20日,国务院总理温家宝在里约热内卢会见印度总理辛格。
新华社记者 **姚大伟**摄

本报里约热内卢6月20日电 (记者**王莉、骆青、颜欢**)国务院总理温家宝20日在里约热内卢会见印度总理辛格。

温家宝说,中印同为发展中大国,也是邻国,两国的快速发展和双边关系的不断改善给世界带来了巨大变化。10年来,双方在和平共处五项原则基础上,建立和发展了战略合作伙伴关系,成立了多个重要的对话机制,保持了边境地区和平,双边贸易额增长了14倍,人文领域交流日益密切,在重大国际问题上共同维护发展中国家利益。

温家宝表示,在当前错综复杂的国际和地区形势下,中印面临共同的挑战和机遇,进一步深化中印战略合作伙伴关系符合两国和世界的根本利益。双方要增进政治互信和战略互信,确保两国关系沿着正确轨道前进;提高务实合作规模和水平,鼓励相互投资,争取促成一些有影响力、惠及民生的大项目;推进青年、地方及媒体交流,为双边关系发展创造良好社会环境;继续推动边界问题解决进程,维护边境地区和平与安宁;密切在国际地区事务中的协调配合,为促进全球繁荣、稳定与可持续发展作出新的贡献。

辛格表示,近年来,印中各领域合作取得重大进展,在国际、地区事务中进行了良好配合。面对深刻变化的世界政治、经济形势,印度高度重视同中国的关系,视其为印度现代化战略的重要组成部分,对世界和平稳定具有重要意义。印度不允许任何人利用印领土从事反华活动,不会参与任何遏制、包围中国的行动。辛格表示,印方愿与中方加强战略沟通和协调,继续支持两国边界问题特别代表的工作,维护边境地区安宁。双方要进一步发挥经济互补性强的优势,开展全方位的经贸合作。

政协常委会第十八次会议闭幕

贾庆林讲话

新华社北京6月21日电 政协十一届全国委员会常务委员会第十八次会议顺利完成各项议程后于21日下午在京闭幕。中共中央政治局常委、全国政协主席贾庆林出席闭幕会并讲话。

中共中央政治局委员、全国政协副主席王刚主持会议。

这次会议是中共十八大之前人民政协举行的一次重大协商议政活动,也是本届全国政协最后一次专题议政性常委会议。中共中央、国务院高度重视,中共中央政治局委员、国务委员刘延东出席开幕会并作报告。中央国家机关34个部委负责同志到会听取意见和建议。这次会议以"牢牢把握稳中求进的工作总基调,促进经济平稳较快发展"为主题,与会的常委和委员围绕主题,突出重点,发扬民主,踊跃建言,提出了很多建设性的意见和建议。会议共收到182份大会发言、社情民意信息和提案,16位常委和委员作了大会口头发言。

贾庆林在讲话中指出,我们要准确把握当前国际国内经济形势,认真贯彻落实稳中求进的工作总基调。国际上看,国际金融危机还没有过去,发达国家在危机爆发前存在的一系列重大问题没有得到根本解决,世界经济还会出现各种波动和震荡。我们要冷静观察,沉着应对。从我国情况看,今年1—5月份国民经济运行总体上是稳定健康的,但出现了下行压力,我们要高度重视,坚定信心,把经济下行的压力转变为调结构、转方式的动力,以实际行动认真贯彻"十二五"规划提出的主题主线,把稳增长摆在更加突出的位置,努力实现全年经济社会发展的各项目标任务。

贾庆林说,今年下半年我国经济社会发展的任务仍然十分繁重,还将召开中共十八大。我们要以奋发有为、开拓创新的精神状态,以毫不懈怠、真抓实干的工作作风,积极推进人民政协的各项工作,做到不负重托、不辱使命。(下转第三版)

李克强在会见地质勘查先进集体时指出

大力实施找矿突破战略行动 为经济社会发展提供能源资源支撑

新华社北京6月21日电 中共中央政治局常委、国务院副总理李克强21日在人民大会堂亲切会见了全国模范地质队——浙江省第七地质大队先进事迹报告团。他说,要围绕经济社会发展和应对国际环境变化的需要,弘扬地质工作者牢记使命、献身事业的优良传统,大力实施找矿突破战略行动,立足国内增强能源资源保障能力,更好地服务现代化建设。

报告团成员向李克强介绍了浙江省第七地质大队建队50多年来坚持理想信念,通过不懈努力,开拓创新,取得了丰硕的找矿成果。李克强说,地质大队几代员工发扬艰苦奋斗精神,兢兢业业、攻坚克难,创造了不平凡的成绩。你们是全国地勘队伍的杰出典范,正因为有全国百万地质勘查工作者在深山老林、荒野大漠中默默奉献,我国地质勘查和能源资源事业才能取得今天的成就和辉煌。

李克强指出,矿产资源是发展的物质基础,也是我国推进工业化、城镇化面临的最大瓶颈制约之一。当前,国际能源资源价格大幅波动,供求形势复杂多变,制约因素明显增多,同时页岩气、油砂油等勘查开发取得突破,一些国家特别是大国调整能源战略和政策,努力提高能源供给的独立性。在这种情况下,维护我国能源资源安全,既要节流、又要开源,既要利用国际市场、更要挖掘国内潜力,地质工作在这方面处于先行地位,立足国内实现找矿突破是国家行动,是扩内需调结构促发展的战略举措。 (下转第三版)

习近平会见新加坡国防部长

新华社北京6月21日电 (记者**谭晶晶**)国家副主席、中央军委副主席习近平21日在人民大会堂会见了来访的新加坡国防部长黄永宏一行。

习近平说,中新两国建交以来,在双方的共同努力下,两国关系不断向前发展,政治互信日益加深,两国高层领导人频繁互动,为两国关系持续发展奠定了坚实的政治基础。近年来,中新两国各领域务实合作不断深化,富有成效,为两国人民带来了实实在在的利益。

习近平表示,中国政府重视与新加坡发展宽领域、多层次的合作关系。习近平指出,面对复杂多变的国际和地区形势,双方应始终从维护中新友好关系大局出发,进一步密切联系,加强沟通和交流,及时就国际和地区重大问题交换看法,不断深化和拓展两国两军关系。

黄永宏说,多年来,两国全方位、多领域合作取得了丰硕成果。新方重视发展对华关系,愿与中方一道,不断推动双边关系向更高层次发展,共同维护亚太地区的和平稳定。

贺国强出席第十六届圣彼得堡国际经济论坛

6月21日,贺国强出席第十六届圣彼得堡国际经济论坛开幕式并发表演讲。 新华社记者 **黄敬文**摄

本报圣彼得堡6月21日电 (记者**陈志新**)中共中央政治局常委、中央纪委书记贺国强代表中国政府21日下午在圣彼得堡出席了第十六届圣彼得堡国际经济论坛开幕式,并发表了题为《加强互利合作 实现共同发展》的重要演讲(**全文见第二版**)。

贺国强在演讲中阐述了中方对当前国际经济形势的看法,指出世界各国只有凝聚共识、加强合作、携手应对,才能化挑战为机遇,推动世界经济实现强劲、可持续、平衡增长。贺国强说,中国愿积极参与讨论和解决世界经济发展中的重大问题,同各国一道应对挑战,共同发展。要大力推进开放互利合作,推动全球贸易自由化和投资便利化,坚决反对和共同抵制各种形式的保护主义。 (下转第三版)

周永康在中央综治委全体会议上强调

总结推广试点工作经验深入研究解决重点难点问题 以加强和创新社会管理新成效迎接十八大胜利召开

本报北京6月21日电 (记者**李章军**)中共中央政治局常委、中央政法委书记、中央社会管理综合治理委员会主任周永康21日在北京主持召开中央综治委第二次全体会议。他强调,要深入贯彻落实党中央、国务院关于加强和创新社会管理的意见,总结推广试点工作经验,着力解决影响社会和谐稳定的重点难点问题,以加强和创新社会管理的新成效迎接党的十八大胜利召开。

会上,中央综治委派出的6个调研组分别汇报了赴全国社会管理创新综合试点地区蹲点调研的情况,中央综治办负责同志就有关文件稿作了说明,与会同志积极发言,就推进工作、综治考评意见等展开了讨论。

在听取大家发言后,周永康说,中央综治委去年更名组建以来,按照中央的决策部署,先后召开全体会议、全国电视电话会议和4次专题会议、4个地方片会、综合试点工作座谈会等,梳理需要研究解决的重大问题,组织开展调查研究,提出加强和创新社会管理的一系列工作思路、政策措施和指导意见,指导推进综合试点、典型培育和面上工作。各专项组和成员单位按照职责分工,制定工作计划,研究出台了一批重要政策文件,组织开展了一系列专项工作,有力地推动了各地的探索实践。各地结合实际制定了综合规划、实施方案, (下转第三版)

国务院批准设立地级三沙市

新华社北京6月21日电 民政部网站21日刊登《民政部关于国务院批准设立地级三沙市的公告》。国务院于近日批准,撤销海南省西沙群岛、南沙群岛、中沙群岛办事处,设立地级三沙市,管辖西沙群岛、中沙群岛、南沙群岛的岛礁及其海域。三沙市人民政府驻西沙永兴岛。

RENMIN RIBAO

人民网　网址:http://www.people.com.cn
手机:http://wap.people.com.cn

2012年5月
18
星期五
壬辰年四月廿八
人民日报社出版
国内统一连续出版物号
CN 11-0065
第23323期(代号1-1)
今日24版

最　美　绽　放

（详细报道见六版“身边的感动”栏目）

面对失控的客车,张丽莉奋力推开了学生，自己却被卷入车底，永远失去了双腿。把学生生命置于自己生命之上,“最美老师”舍己救人瞬间所爆发的人性光辉,令所有人动容。

学生眼中,张丽莉是当之无愧的好老师。

同事眼中,张丽莉是不折不扣的“拼命三郎”。

亲人眼中,张丽莉永远都为他人着想。

“我的名字第一个‘丽’是美丽的‘丽’,第二个‘莉’是茉莉花的‘莉’,想记我的名字,记住‘美丽的茉莉花’就行了。”这是黑龙江省佳木斯第十九中学张丽莉老师在向新入学的学生介绍自己时,常用的一段话。生活中的她,就像这朵洁白纯净的茉莉花。

维护国家安全和社会稳定,公安机关屡建功勋
科学发展铸警魂

本报记者　黄庆畅　张　洋

这些年,我国经济持续快速发展,社会转型步伐加快,处于矛盾凸显期、犯罪高发期。

这些年,各项改革步入攻坚阶段,加之国际金融危机冲击，经济增速放缓带来的社会不稳定因素剧增。

这些年,特别是近5年,国家遭遇了太多的大喜大悲:奥运会、世博会、亚运会、大运会,大型活动接二连三;汶川地震、玉树地震、舟曲泥石流,大灾难接踵而至,拉萨“3·14”和乌鲁木齐“7·5”事件震惊全国。

这一切，对肩负维护国家安全和社会稳定重任的公安机关来说，压力和考验可想而知。

面对压力和考验，全国公安机关和广大公安民警始终把党和人民放在最高位置,坚持科学发展,践行执法为民,以人民期盼为念、为人民利益而战,积极转变理念、不断创新机制,加强科技应用、不断提升能力,用为民除害、保民平安的实际行动和治安稳定、社会平安的辉煌业绩,顶住了压力,经受了考验。

杀人案件十万人发案数为0.9起,低于世界公认治安最好的日本和瑞士

当前我国社会治安状况究竟如何?公安部有一组最新统计数据:

2011年,我国杀人、伤害、抢劫、强奸等严重刑事犯罪案件立案数比2007年下降18.5%。其中，杀人案件立案数下降25.5%,抢劫案件下降30.7%,持枪犯罪案件下降61.9%,爆炸案件下降61.1%。

1999年，我国汽车保有量1473万辆,而交通事故死亡人数为8.4万人。2011年底，我国汽车保有量达到10578万辆，而交通事故死亡人数下降到6.2万人。

经济社会快速发展，城市高楼林立，消防安全压力逐年加大,而火灾死亡人数同样逐年下降。2007年有1617人在火灾中丧生,2011年这一数据下降为1106人。

纵向对比，不难看出，改革开放30多年来,我国社会治安越来越好;横向观察,威胁公民人身安全的杀人、涉枪犯罪案件数量，我国同样是世界上最低的国家之一。

据统计,我国杀人案件每十万人发案数为0.9起,比日本、瑞士等世界公认治安最好的国家还要低,日本这一数值为1.14起，瑞士为1.27起，美国为5.6起,一些发展中国家达到20多起,个别国家甚至达到100多起。

（下转第十六版）

吴邦国与荷兰议会两院议长会谈
结束荷兰之行开始访问克罗地亚

5月16日,吴邦国委员长在海牙与荷兰议会一院议长德赫拉夫(右一)、二院议长费尔贝特(右二)举行会谈。　新华社记者　**刘建生**摄

本报海牙5月17日电　（记者**马剑、张杰**）正在荷兰进行正式友好访问的中国全国人大常委会委员长吴邦国当地时间16日与荷兰议会一院议长德赫拉夫、二院议长费尔贝特举行会谈，双方就两国关系、议会交往以及共同关心的问题深入交换意见，取得了广泛共识。

德赫拉夫、费尔贝特对吴邦国委员长来访表示热烈欢迎，认为吴委员长此访是两国和两国议会交往中的一件大事，必将对推动荷中关系发展产生重要影响。

吴邦国首先回顾和总结了中荷建立大使级外交关系40年的发展历程。他说,双方政治互信不断加深,务实合作成果丰硕,人文交流日趋活跃,在国际和地区事务中保持密切沟通与协调，为两国和两国人民带来了实实在在的利益。中方赞赏荷方坚持一个中国政策、支持中国和平统一大业。　（下转第三版）

温家宝与巴西总统罗塞夫通电话

新华社北京5月17日电　国务院总理温家宝17日应约与巴西总统罗塞夫通电话。

温家宝表示，当前中巴关系发展势头良好,互利合作富有成果,在重大国际问题上密切协调,两国关系的战略性和全球性日益凸显。在当前国际格局不断变化调整,全球经济复苏面临许多不稳定、不确定因素的形势下,中巴加强合作意义重大,前景十分广阔。中方愿与巴方共同努力,推动两国战略伙伴关系再上新台阶,带动中国与拉美关系深入发展。

温家宝说，下个月在巴西举行的联合国可持续发展大会将为推进全球可持续发展合作提供重要契机。大会应发出积极、明确、有力的信号,为全球可持续发展进程注入新的活力。中方将以积极、建设性的姿态参加本次大会，同巴方加强配合,密切同各主要方协调,推动大会取得成功。

罗塞夫表示，巴中是重要的战略合作伙伴,互利合作潜力很大,双方在重大国际问题上有着广泛共识。罗塞夫感谢中方在巴方筹备联合国可持续发展大会过程中给予的支持，希望国际社会共同努力,广泛凝聚政治共识,推动大会在促进经济发展、社会进步、环境保护方面取得积极成果，相信中方将为此发挥重要作用。

温家宝会见联合国开发计划署署长

新华社北京5月17日电　（记者**郝亚琳**)国务院总理温家宝17日在中南海紫光阁会见联合国开发计划署署长克拉克。

温家宝说,近年来,中国与联合国开发计划署的交流合作富有成果，促进了中国经济建设和社会发展，也为南南合作注入了新的活力。

温家宝表示，中国仍是世界上最大的发展中国家，实现现代化还有很长的路要走。我们将坚持改革开放,推动经济社会环境全面协调可持续发展，同包括联合国开发计划署在内的国际社会加强交流合作，为实现世界各国各地区共同发展进步作出不懈努力。

克拉克表示,中国不仅在发展经济、消除贫困方面取得了巨大成就，而且在参与国际发展合作方面发挥了积极作用。联合国开发计划署高度重视中国的经验和影响力,愿与中方提高合作水平，扩大合作领域，共同推动实现联合国千年发展目标和全球的可持续发展。

李克强会见上合组织成员国财长和央行行长

新华社北京5月17日电　国务院副总理李克强17日在人民大会堂集体会见了来华参加上海合作组织第二次财长和央行行长会议的各成员国财政部长、央行行长和上合组织秘书处秘书长。

李克强说,上合组织成立以来,已成为维护地区安全稳定、促进共赢发展的重要力量,日益展现出良好的前景,各成员国之间政治互信不断增强,安全、经贸、能源资源、人文等各领域合作密切,卓有成效。上合组织北京峰会即将召开，中方期待与各方共同努力，进一步推动安全合作和务实合作,为本组织未来发展注入新的动力。

李克强指出,当前,世界经济处于深刻调整和变革之中，复苏面临严峻挑战，加强上合组织框架内的区域经济和财金合作,对于提振市场信心、维护本地区金融稳定和经济可持续增长具有重要作用。上合组织成员国各具优势,相互合作前景广阔,这一地区有条件成为世界经济发展中的亮点。各成员应加强宏观经济政策协调,分享发展与改革经验;加强财税、金融务实合作,扩大和落实共识,推进贸易投资自由化和项目融资机制建设,合作渠道越广,发展的活力就越强;加强在国际经济组织中的合作和重大财金问题上的立场协调,维护共同利益,实现多赢共赢。

李克强说，中国经济发展潜力巨大，将坚持稳中求进的工作总基调，立足当前,着眼长远,进一步加强和改善宏观调控,进一步提高政策的针对性、灵活性和前瞻性。在保持经济平稳较快发展中促进转型升级,这将对本地区乃至全球经济实现强劲、可持续、平衡增长作出贡献。

乌兹别克斯坦第一副总理兼财长阿齐莫夫代表与会成员国积极评价上合组织财金合作的重要意义，表示愿与中国一道继续深化区域经贸联系，加强财金合作，共同巩固和提升本地区在世界经济中的地位。

财政部部长谢旭人、人民银行行长周小川等参加了会见。

“两个毫不动摇”推助中国崛起
——二论坚持和完善我国基本经济制度

本报评论员

公有制与市场经济结合曾是世界性难题,所有制理论创新对于社会主义国家而言更需极大的政治勇气。提出并坚持“两个毫不动摇”,彰显了中国共产党人既实事求是、又与时俱进的执政智慧,推助了社会主义中国举世瞩目的腾飞跨越。

解放和发展生产力是社会主义的本质要求。所有制结构理论的创新,究其实质,就是要促进生产力的发展。从1978年至2011年，我国的国内生产总值由3645亿元增长到471564亿元,年均增速不仅明显高于1953年至1978年间6.1%的速度,而且高于日本、韩国经济起飞阶段,这是“两个毫不动摇”带来的巨大活力,展现了我国基本经济制度的巨大优越性。

毫不动摇地巩固和发展公有制经济,毫不动摇地鼓励、支持和引导非公有制经济发展。“两个毫不动摇”之所以能激发活力、提升效率、发挥优势,就在于它尊重了我国社会主义初级阶段的基本国情,不搞单一公有化,也不搞全盘私有化,而是实行多元化、多样化、混合化,从而调动各方面积极性,发挥各方面优势,实现共同促进,共同发展。

一方面，我国是社会主义国家,坚持改革的社会主义方向,维护最广大人民的根本利益,就必须毫不动摇地巩固和发展公有制经济。正是坚持这个“毫不动摇”，我们果断调整国有经济战略布局，不断探索公有制的有效实现形式,通过改革重组和布局调整,公有制经济活力不断增强,国有资产总量不断增加。在关系国家安全和国民经济命脉的重要行业和关键领域,一大批富有活力的国有和国有控股企业脱颖而出，2011年公布的世界500强企业中,中央企业已有38家上榜；在战胜重大自然灾害和应对国际金融危机的过程中,公有制经济集中力量办大事的优势进一步凸显。如今,公有制经济已经成为自主创新“排头兵”、重大工程“顶梁柱”、社会责任“主心骨”、走出国门“探路者”,主导作用和影响力得到充分发挥。

另一方面，在社会主义初级阶段，要充分调动各方面积极性、加快生产力发展,就必须毫不动摇地鼓励、支持和引导非公有制经济发展。正是坚持这个“毫不动摇”,这些年来,非公有制经济不断发展壮大，不仅在培育市场体系、“倒逼”国企改革、完善市场体制等方面发挥了推动作用，而且在活跃市场、增加税收、扩大就业等方面,作出了重要贡献。改革开放30多年来，我国约有70%的技术创新、65%的国内发明专利和80%以上的新产品来自中小企业,其中95%以上是非公有制企业。从20世纪90年代中期以来，城镇新增就业岗位70%以上是由非公有制企业提供的,从农村转移出的劳动力70%以上也在非公有制企业就业。非公有制经济已经成为我国经济发展、科技创新、改革开放的生力军和扩大就业的主渠道。

考察一个国家所有制结构是否优越,关键要看是不是符合经济社会发展要求,是不是能够解放和发展社会生产力。始终坚持“两个毫不动摇”,让公有制经济与非公有制经济在社会主义市场经济中相互公平竞争、发挥各自优势，共同推动生产力发展和现代化建设,我国基本经济制度必将在改革发展中展现更多生机活力,中国特色社会主义伟大事业必将在应对风险考验中不断发展壮大。

周永康在新疆考察时强调
认真总结中央新疆工作座谈会两年来成绩
坚持不懈推进新疆跨越式发展和长治久安

新华社乌鲁木齐5月17日电　（记者**杨维汉**)在中央新疆工作座谈会召开两周年之际，中共中央政治局常委、中央政法委书记周永康近日到新疆考察调研。他强调,要认真总结两年来取得的成绩,深入贯彻落实中央新疆工作座谈会精神，进一步动员组织各方面力量，坚持不懈地推进新疆跨越式发展和长治久安,以优异成绩迎接党的十八大胜利召开。

广袤的新疆大地,处处春潮涌动、生机勃勃。5月13日至16日,周永康带领中央有关部门负责同志,一路风尘仆仆，先后到巴音郭楞、喀什、伊犁、乌鲁木齐，深入建设工地、企业车间、学校医院、城乡社区、兵团团场,了解经济社会发展和援疆规划实施情况,代表党中央、国务院看望慰问新疆各族群众和援疆干部职工。这是党的十七大以来周永康的第六次新疆之行。

在中央和援疆省市支持下，新疆实施安居富民等民生工程取得显著成效。伊宁市达达木图乡下苏拉宫村原先是个贫困村,通过江苏援建、整村搬迁,变成了社会主义新农村示范村，村民们从世代居住的土坯房陆续搬进错落有致的小楼房。　（下转第四版）

社会管理创新取得积极成效

本报北京5月17日电　（记者**廖文根**）社会管理是中国特色社会主义事业总体布局中社会建设的重要内容。党的十六大以来，党和国家高度重视社会管理工作,进一步加强和创新社会管理,建立社会管理工作领导体系，构建社会管理组织网络，制定社会管理基本法律法规,初步形成了“党委领导、政府负责、社会协同、公众参与”的社会管理格局,确保社会既充满活力又和谐稳定。

“调解”是中国的一大创造。近年来，全国各地积极构建党委、政府统一领导，人民调解、行政调解、司法调解衔接配合的“大调解”工作体系,创建“横向到边、纵向到底”的大调解网络,让老百姓不跑远路,不花钞票,不打官司,不伤感情,就地解决问题。

近年来，我国大力培育和发展社会公益组织、经济类行业协会和社区社会组织,加强规范管理和引导,促进健康有序发展。

社会管理重点在基层。各地采取有效措施夯实基层组织、壮大基层力量、整合基层资源、强化基础工作。一些地方成立综合管理服务平台,实现矛盾联调、问题联治、工作联动、平安联创。

为适应城镇化发展需要，各地积极改革常住人口、暂住人口分类管理的办法,坚持共建共享，着力推进基本公共服务均等化,提升实有人口服务管理科学化水平。

（五版刊登相关报道:《社会管理创新向纵深推进》）

深化改革　攻坚克难

湖　南　加　速　开　放　崛　起

本报长沙5月17日电　（记者**吕明军、颜珂**)5月11日,从广东东莞辞工回家后的第二天，湖南省嘉禾县钟水乡的曹艳从便在家乡找到了一份满意的工作——不仅拥有一份更具吸引力的薪水,还享受在家门口就业的便利。

远赴数百公里外的沿海发达地区务工,曾是众多湖南人的选择,眼下情况却正在改变。在产业转移的大潮下,湖南抢抓机遇,顺势而为,自2009年至今年3月底,为83万余人提供了在家门口就业的机会。

受益的不仅仅是返乡就业的劳动者们。去年5月,湖南省召开高规格的全省扩大开放工作会议，首次提出了抢抓承接产业转移机遇,实施开放崛起战略的理念。

省委书记周强强调，进一步扩大开放、加快发展开放型经济，是抢抓当前国际国内结构调整和产业转移重大机遇、增强湖南长远竞争力的迫切需要，是全面推进“四化两型”建设、推动科学发展的内在要求，是缩小湖南与发达地区的发展差距、实现后发赶超的必由之路。

经济外向度一直不高的湖南，开始迈开大步,加速开放崛起之路。

据湖南省商务部门统计,2011年,湖南省实际利用外资61.5亿美元，居中部地区第一，　（下转第十六版）

人民日报

RENMIN RIBAO

人民网 网址:http://www.people.com.cn 手机:http://wap.people.com.cn

2012年6月 5 星期二 壬辰年闰四月十六

人民日报社出版

国内统一连续出版物号 CN 11-0065

第23341期(代号1-1)

今日24版

经胡锦涛主席批准 中央军委颁发《二〇二〇年前军队院校教育改革和发展规划纲要》

新华社北京6月4日电 （刘逢安、杨旭光）经胡锦涛主席批准，中央军委日前颁发《2020年前军队院校教育改革和发展规划纲要》(以下简称《纲要》)。

《纲要》从形势任务、思路目标、教育改革、院校建设以及组织实施5个方面共20项具体内容，对未来十年我军院校教育改革和发展做出总体规划部署。

《纲要》着眼推进军队院校教育科学发展，遵循教育规律，把握时代要求，确定了“优先发展、协调发展、重点发展、内涵发展、开放发展”的工作方针；聚焦军队院校教育关键领域，明确要建立和完善以岗位需求为牵引的人才培训体系、以任职教育为主体的新型院校体系、以能力培养为导向的现代教学体系、以法规制度为保证的教育质量管理体系、以高水平学科专业为支撑的教学科研创新体系、以优质资源为依托的开放办学体系，系统勾画了未来十年军队院校教育改革发展蓝图。

《纲要》突出军队院校教育主要类型，着重围绕生长干部学历教育、任职教育、研究生教育、士官教育以及办学模式、教育质量管理等6个方面改革，提出了一系列创新举措；把握信息化条件下院校教育规律性要求和阶段性特征，重点抓住思想政治、学科专业、教员队伍、办学条件、正规化等5个方面建设，提出了一系列配套措施。总部将加强《纲要》执行的组织领导，制定落实路线图，细化各级职责分工，建立督察和问责机制，以推进5项改革试点、5个专项计划和6大建设工程为抓手，全面推进各项改革和建设任务的有效落实。

中办国办印发意见 进一步加强人民政协提案办理工作

新华社北京6月4日电 近日，中共中央办公厅、国务院办公厅印发了《关于进一步加强人民政协提案办理工作的意见》(以下简称《意见》)，要求各地区各部门结合实际认真贯彻执行，全面提升政协提案办理工作科学化水平。

《意见》指出，人民政协事业是中国特色社会主义事业的重要组成部分。提案是人民政协履行政治协商、民主监督、参政议政职能的重要形式，办理好政协提案是各级党政机关的重要职责。

《意见》强调，做好政协提案办理工作，对于坚持和完善中国共产党领导的多党合作和政治协商制度，发展人民民主、加强民主监督，更好地发挥我国政治制度和政党制度的优势，深入推进社会主义民主政治建设；对于凝聚各方面智慧和力量，调动社会各界积极性主动性创造性，形成推进中国特色社会主义事业的强大合力；对于充分发挥人民政协作为党和政府联系群众、团结各界的重要桥梁纽带作用，切实做好新形势下群众工作，实现好、维护好、发展好最广大人民根本利益；对于提升决策科学化、民主化水平，加强和改进党和政府工作，具有十分重要的意义。各地区各部门一定要从党和国家事业长远发展的高度，进一步深化对政协提案办理工作重要意义的认识，把做好这项工作作为一项重要政治责任，摆在更加突出的位置，采取切实有效措施，努力推动政协提案办理工作迈上新台阶。

《意见》指出，加强政协提案办理工作，要高举中国特色社会主义伟大旗帜，以邓小平理论和“三个代表”重要思想为指导，深入贯彻落实科学发展观，坚定不移走中国特色社会主义政治发展道路，坚持围绕中心、服务大局，以增强办理实效为目标，以规范办理程序、完善办理机制为保障，全面提升提案办理工作科学化水平，逐步构建职责分明、重点突出、督办有力、落实到位的政协提案办理工作格局。

（下转第四版）

“桥头堡”引领新云南

本报记者

七彩云南正乘势而上。

这个“势”，就是“中国面向西南开放的重要桥头堡”。

2011年5月，国务院支持云南“桥头堡”建设的《意见》出台——把云南建成“我国连接东南亚和南亚国家的陆路交通枢纽、对外开放的重要门户、西南地区的重要经济增长极。”

全力以赴担起重任，云南省第九次党代会提出“科学发展、和谐发展、跨越发展”，并特别强调“关键在跨越，重点在加快”，实现2016年主要宏观经济指标“四个翻番”、城乡居民收入“两个倍增”。

2011年，云南GDP增长为改革开放以来的最好水平；今年一季度，规模以上项目投资达1160多亿元，比上年同期和全国平均数高出6个多百分点。

今日云岭大地，令人耳目一新：正在努力甩掉边远落后的“老印象”，打开国际视野，咬定沿边开放，开动“加速引擎”，鼓起精气神儿！

新使命：“重新发现”云南

三角梅在骄阳下开得正艳，南汀河宛如亮丽的彩练。沿着一条新修的二级路不断向南，记者来到南疆小镇耿马县孟定镇。

从孟定向西161公里就是缅甸的重镇腊戌，孙中山先生曾称这里为“滇缅铁路最佳入境口”。而眼下，孟定的“边境经济合作区”建设如火如荼。副县长甄鹏说，去年孟定固定资产投资不到5.8亿，今年要完成58亿，“过了春节，我们几乎没歇过一天。”

不起眼的孟定，恰是当下云南的缩影。从边境一线到滇中腹地，从温柔傣乡到豪放彝州，印象中慢悠悠的云南正在变化：思路活起来，眼界宽起来，脚步快起来。

展开全国地图，用传统眼光看，云南是全国的交通末梢，是“死角”。但一旦转过身去，云南却紧连着东南亚、南亚两大市场。通过滇缅公路，由昆明至缅甸腊戌，连接缅甸铁路网到达印度洋沿岸，运距仅2000公里左右，比通过东南沿海绕道马六甲海峡进入印度洋至少缩短3000公里以上。

云南有4600公里边境线，自古就是我国沿边开放的前沿。近现代以来，云南在我国建成首条国际铁路，设立了第一个内陆海关，修筑了滇缅公路和中印公路，开辟了驼峰航线，铺设了中印输油管道。可以说，云南的命运起伏和对外开放休戚与共。

（下转第十六版）

压题照片：中缅边境的保（山）龙（陵）高速公路。 张孝坤摄

书写“桥头堡”建设新篇章

本报评论员

在很多人印象中，云南是一个美丽而偏远的地方。然而，今天的七彩土地上，却呈现着令人耳目一新的景象：连接东南亚、南亚的国际大通道通江达海，物流、商流在交通动脉上活跃奔流，石头、木头等组成的财富拼图色彩斑斓，生物医药、电子信息等新兴产业迅猛发展……是什么推动了云南发展的历史性跨越？是什么造就了云南面貌的历史性变化？

一个地方的发展，关键是找到符合自身实际的战略。云南集边疆、民族、山区、贫困“四位一体”，一方面具有资源丰富、潜力巨大的优势，另一方面又面临发展不够快、不充分、不平衡的挑战。改革开放时代热潮的洗礼，西部大开发战略的深入推进，特别是去年5月“桥头堡”国家建设的正式启动，给云南发展带来了新的发展机遇。作为我国对外开放格局中的重要一环，七彩云南沿着以开放促改革、带发展的科学思路，进入了一个崭新的时代。

这是统筹国内国际两个大局的战略谋划，是符合边疆和民族地区实际的科学发展之路。既要打通国际通道“引进来”，又要在西部地区率先“走出去”；既要充分利用资源发展外向型特色优势产业，又要呵护生物多样性宝库和西南生态安全屏障；既要抓好改革发展，又要促进各民族交往交流交融，实现民族团结和边疆稳定。近年来，正是由于坚持省内外、国内外有机结合，促进经济发展与社会发育同步，兼顾现代化建设与生态保护，实现改革发展稳定相互促进，云南得以迅速推进各类项目建设，有力推动区域性合作，不断提升沿边开放开发水平，持续改善少数民族地区民生，从而激发出改革开放、科学发展的强大力量，书写了红土高原上的崭新篇章。

（下转第十六版）

晋江 品牌拼出转型路

本报记者 费伟伟 赵鹏

走基层 看发展

○目前，晋江有24个中国名牌、99个中国驰名商标和14个区域品牌，为全国县级城市“品牌第一市”；有38家企业参与制定47项国家标准和7项国际标准

○2008年，晋江工业总产值为1300多亿元，超亿元企业200余家；而经历了国际金融危机，至2011年底这两个数字分别变为2753亿元和432家，双双翻倍

一幢白色的五层楼，宽敞的车间里，员工们正在紧张工作。一片机器裁剪、缝纫发出的嗡嗡声，鲜有人语。

这是坐落在福建省晋江市深沪镇的一家企业，名叫大力亚。5月31日，记者走进这家企业。

厂区旁一片约150亩的空地上，一座新工厂正在兴建。“这是我们的新厂，投了8000万元，明年竣工。厂房有2万平方米，新增服装、袜子、羽绒服生产车间各一个。还盖了幢1.8万平方米的员工宿舍。”公司董事长吕自力介绍。

很难相信，这家有3000多名工人、颇具规模的企业1999年才创办。

而更出乎意料的是，吕自力要“自立”了，准备自己做品牌。

此前，大力亚一直做代工，“就是贴牌。”吕自力并不讳言“贴牌”二字。

大力亚2000年起就与“七匹狼”结成代工合作关系。

“当时正是晋江各种品牌诞生初期，在品牌推广和营销建设上投资很大。开一个专销店至少要两三百万元。现在凡是有自己品牌的企业，都有千店以上规模，基本上是一县一城一店。”

吕自力专注做“贴牌”，专注于自身建设。他专门聘请了国际知名的管理咨询公司等，给企业做规划，建立现代化的管理团队，确立了管理和生产的标准化体系，把企业基础夯实，一批本地知名企业纷纷和他建立代工合作关系。

闽南人有句话：胆小骑猫骑兔，胆大骑龙骑虎。正当众多名企纷纷诚邀大力亚“入伙”时，吕自力要“骑龙骑虎”了：重新起步，创自己的品牌！

为什么？吕自力说，他是1997年亚洲金融危机后入行的，此前晋江很多民企靠着为国外名企贴牌生产，戴上“洋帽子”，税收有优惠，市场不愁销，而金融危机让他们认清了代工的另一面：没有品牌的企业，赚最微薄的加工费，难逃被人甩出局的命运。

“没有自己的品牌，企业就没有自己的灵魂。”“不做中国的耐克，要做世界的安踏。”如今已是国内最大运动品牌厂商——安踏集团的当家人丁世忠，当年血气方刚的放言，正是今天众多晋江企业决定做品牌拼转型的共同心声。据了解，晋江品牌企业在全国已建立了27万个产品直销店。

小小一个晋江市，为何能创造出99个中国驰名商标、24个中国名牌产品和14个区域品牌，成为全国县级城市“品牌第一市”？大力亚的故事或许可以让我们窥见其中一斑。

而走进晋江那些著名企业，又让我们窥见更多，启示更多。

在安踏集团的运动科学实验室，记者跑步通过一条跑道。两侧的足底压力测试仪、足底扫描仪、高速摄影等系列设备，真实完整地记录和模拟了记者的脚部运动形态。几分钟后，通过电脑分析，一份详细数据记录报告清晰呈现。“根据这组数据，我们就可以专门针对你个人特征，按脚制鞋。”实验室副经理阮果说。

这是2005年安踏斥资3000多万元率先在国内建立的第一间运动科学实验室。时至今日，实验室贡献了超过40项国家级专利技术。

（下转第十六版）

我国2002—2011年商标注册量

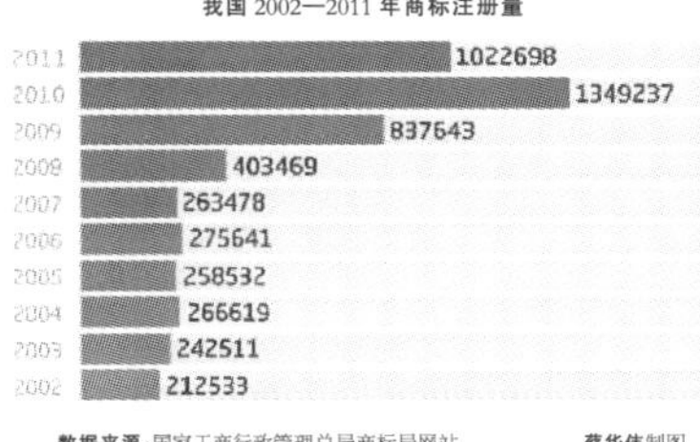

数据来源：国家工商行政管理总局商标局网站 **蔡华伟**制图

俄罗斯联邦总统普京 今起对我国进行国事访问

普京总统

应国家主席胡锦涛邀请，俄罗斯联邦总统弗拉基米尔·弗拉基米罗维奇·普京将于6月5日至7日对中国进行国事访问，并出席在北京举行的上海合作组织成员国元首理事会第十二次会议。

普京1952年10月7日生于列宁格勒市(今圣彼得堡市)，1975年毕业于列宁格勒大学法律系，获经济学副博士学位。他曾在苏联国家安全机构工作，其中1985年至1990年在民主德国工作。

1990年回国后，普京先后担任列宁格勒大学校长外事助理、列宁格勒市市长顾问。1991年6月他出任圣彼得堡市政府对外联络委员会主席，1994年兼任圣彼得堡市第一副市长。1996年8月，普京出任俄总统事务管理局副局长，1997年3月任俄总统办公厅副主任兼监察总局局长，1998年5月任总统办公厅第一副主任，同年7月任俄联邦安全总局局长。1999年3月，普京出任俄联邦安全会议秘书，同年8月任政府总理，12月31日任代总统。2000年3月26日普京当选总统，5月7日宣誓就职。2004年3月14日他再次当选总统。2008年5月8日普京出任政府总理。2012年3月4日他再次当选总统，5月7日宣誓就职。

普京已婚，有两个女儿。

普京曾于2000年7月、2002年12月、2004年10月、2006年3月和2006年6月以总统身份访华或来华出席上海合作组织峰会，并以总理身份于2008年8月来华出席北京奥运会开幕式、2009年10月和2011年10月访华。 （新华社电）

人物介绍

我国人才资源总量1.2亿 去年留学回国人员总数同比增近四成

本报北京6月4日电 （记者**盛若蔚**）人力资源和社会保障部4日对外发布的2011年度人力资源和社会保障事业发展统计公报显示，截至2010年底，人才资源总量稳步增长，全国人才资源总量达到1.2亿人，比2008年增加780万人，人才资源总量占人力资源总量的比重达到11.1%。

在人才资源总量中，企业经营管理人才资源2979.8万人，专业技术人才资源5550.4万人(具有专业技术职称的企业经营管理人才资源交叉统计在其中)，高技能人才资源2863.3万人，农村实用人才资源1048.6万人。

截至2010年底，享受国务院政府特殊津贴专家累计评选出16.2万人，累计选拔有突出贡献中青年专家5200多人，百千万人才工程国家级人选4100多人。从1978年到2011年底，各类留学回国人员总数达81.84万人。2011年留学回国人员总数为18.62万人，比上年增长38.08%。

贾庆林会见新西兰议长史密斯

4月16日，全国政协主席贾庆林在惠灵顿会见新西兰议长史密斯。
新华社记者　姚大伟摄

本报惠灵顿4月16日电　（记者**杨晔**）全国政协主席贾庆林当地时间16日在惠灵顿会见了新西兰议长史密斯。

贾庆林首先转达了吴邦国委员长的亲切问候。贾庆林说，议长先生长期致力于对华友好，在担任国际贸易部长期间，为中新就中国加入世界贸易组织的双边谈判发挥了积极作用，推动新西兰成为第一个同中国就此达成双边协议的发达国家。任议长后，又为促进中新立法机构交流做了大量工作，中方对此表示赞赏。

贾庆林表示，中新建交40年来，双边关系保持良好发展势头。经贸合作是中新关系中的重点和亮点。双方在科教、文化、旅游等人文领域交流十分活跃。中方一贯重视发展中新关系，把新西兰视为亚太地区开展互利合作的好朋友、好伙伴。中方愿与新方一道，以两国建交40周年为契机，继续保持各层次交往，深化经贸、农业、清洁能源、防灾减灾等领域务实合作，本着相互尊重、平等互利的原则，推动中新关系在新的起点上取得更大发展，使中新全面合作关系成为不同政治制度、不同文化背景、不同发展阶段国家和平共处、互利共赢的典范。

贾庆林表示，加强对外交往、增进与世界各国人民的了解和友谊，是中国全国政协的一项重要任务。中国政协愿与新西兰议会加强交流和合作，相互借鉴治国理政经验，为各自国家经济社会发展和中新全面合作关系健康稳定发展作出积极贡献。

史密斯感谢吴邦国委员长的问候。他说，发展新中关系对新西兰具有重要意义。近年来两国关系取得长足发展，特别是新中自贸协定签署以来，两国务实合作更加密切，对新西兰克服金融危机影响、保持经济增长作出了积极贡献。我很荣幸在新中关于中国加入世贸组织谈判中发挥了积极作用，可以说支持新中关系发展是我政治生涯中的重要组成部分。新西兰议会愿为新中关系发展继续发挥建设性作用。

双方还就共同关心的问题交换了意见。

全国政协副主席兼秘书长钱运录、中国驻新西兰大使徐建国等会见时在座。

（上接第一版）三是民间友好，“国之交在于民相亲”，两国人民的相互理解和友谊对双边关系发展起到重要推动作用。

贾庆林表示，中新应充分利用双方经济发展战略契合点，进一步深化两国务实合作。应继续利用好中新自贸协定和双边本币互换协议，争取提前实现两国领导人确立的2015年双边贸易额达到200亿新元的目标。在深化传统领域合作的同时，开拓新的合作增长点。双方应结合建交40周年庆祝活动，进一步扩大教育、科技、文化、旅游、媒体等广泛领域的合作。中方支持新方在国际和地区事务中发挥积极作用，愿同新方进一步加强在多边机制中的沟通协调，为亚太地区乃至世界的和平与发展作出贡献。

英格利希表示，贾庆林主席到访是近年来新中高层交往日益密切的重要体现，对增进两国相互了解与合作具有重要意义。新西兰从新中关系发展中受益良多。新方决心从战略高度推进新中合作，愿以两国建交40周年为契机，加强同中方在政治、经贸、教育、旅游和航空等领域合作，欢迎更多中国企业和游客来新投资、观光，使新中关系不断发展，造福两国人民。

会谈结束后，贾庆林和英格利希共同出席了两国有关投资及清洁能源合作协议的签字仪式。

全国政协副主席兼秘书长钱运录、中国驻新西兰大使徐建国等参加了上述活动。

外交部就温家宝总理访问冰岛、瑞典、波兰并出席德国汉诺威工业博览会举行中外媒体吹风会

本报北京4月16日电　（记者**王莉**）4月16日，外交部举行中外媒体吹风会，外交部副部长宋涛、商务部副部长蒋耀平介绍了温家宝总理即将访问冰岛、瑞典、波兰并出席德国汉诺威工业博览会背景情况、主要活动和重要意义，并回答中外记者提问。外交部新闻司副司长田琦主持吹风会。

宋涛表示，当前，国际形势正在发生深刻复杂的调整和变化，世界经济实现全面复苏仍是一个长期艰难曲折的过程，世界各国应加强合作，共同应对。欧洲是世界舞台上的重要一极，也是维护世界和平与繁荣的一支建设性力量。中国一贯坚定支持欧洲一体化建设，始终将发展中欧关系作为中国外交的重要战略方向。温家宝总理此访对全面深化中国与往访国关系，推动中欧全面战略伙伴关系发展都具有十分重要的意义。

一、关于访问冰岛

宋涛说，温家宝总理访问冰岛，是中冰建交41年来中国总理首次访冰。近年来，中冰关系取得长足发展，各领域友好合作不断深化，在经贸、地热、北极等领域合作潜力巨大。双方对进一步深化合作有着高度共识。中方乐见冰岛在稳定金融秩序、恢复经济增长方面取得积极进展。温总理此访目的是在相互尊重、平等互利基础上发展对冰关系，大力提升双边务实合作。在冰期间，温总理将分别与冰总统格里姆松、总理西于尔扎多蒂会见、会谈，就加强两国各领域互利合作深入交换意见，探讨具体合作重点。中方愿以此访为契机，与冰方共同努力，推动两国各领域友好互利合作不断迈上新的台阶。

蒋耀平表示，冰岛是首个承认中国市场经济地位的西欧国家，也是欧洲首个与中国开展自贸区谈判的国家。虽然受金融危机影响，但双边经贸合作回升势头明显。访冰期间，两国总理将共同见证一系列政府间协议和商贸协议的签署，主要涉及地热、硅铁和规划合作领域。两国领导人将就中冰自贸协定谈判、地热合作、中国企业赴冰投资等共同关心的经贸议题交换意见。

二、关于访问瑞典

宋涛介绍，温家宝总理访问瑞典，是中国总理28年来首次访瑞。瑞典是最早同新中国建交的西方国家。近年来，中瑞在经贸投资、环保等领域的合作取得丰硕成果。新形势下中瑞双方对进一步深化双边关系、提升务实合作水平有着共同期待。访问期间，温总理将会见瑞典国王、议长，与赖因费尔特首相举行会谈，深入讨论中瑞各领域务实合作，提出多项重要建议和举措，并就中欧关系等问题交换意见。此访将增进中瑞相互了解和理解，推动两国深化在可持续发展、科技创新、双向投资等领域合作。此外，温总理还将出席“斯德哥尔摩+40可持续发展伙伴论坛”并发表演讲，阐述中国积极促进可持续发展和参与国际合作的政策主张。

蒋耀平表示，瑞典是我在欧盟的第八大贸易伙伴，第九大外资来源地和第三大技术引进来源地，也是我在北欧地区第一大经贸伙伴。温总理访瑞期间，双方经贸部长将举行对口会谈，就企业社会责任、节能环保和生态园建设、双向投资和知识产权保护等议题交换意见。双方将签署在中瑞经贸联委会项下成立经贸领域节能环保工作组的谅解备忘录。

三、关于访问波兰

宋涛表示，温家宝总理访问波兰，是25年来中国总理首次访波，也是去年底中波建立战略伙伴关系之后首位中国领导人访波。波兰是中东欧大国和欧盟重要成员国，中波传统友好，双边关系总体发展顺利，去年底双方建立战略伙伴关系，各领域务实合作全面快速发展，波连续7年保持中国在中东欧地区最大贸易伙伴地位。访问期间，温总理将同图斯克总理、科莫罗夫斯基总统、科帕奇众议长和博鲁塞维奇参议长分别会谈、会见，就双边关系特别是务实合作以及其他共同感兴趣的问题深入交换意见。双方有关部门和企业还将签署关于促进基础设施建设、企业交流、文化等合作文件和商业合同。相信此访将进一步增进中波两国间的相互理解与信任，深化各领域互利合作，推动中波战略伙伴关系迈向更高水平。

宋涛说，访波期间，温总理将在华沙同中东欧国家领导人举行会晤，并共同出席中国—中东欧国家经贸论坛。中国同中东欧国家传统友好，近年来，双方关系呈现持续发展的良好势头，各级别交往增多，各领域合作成果不断。当前，中国与中东欧国家都处在发展的重要阶段，双方经济互补性强，合作潜力巨大，特别是在国际金融危机和欧债危机背景下，互利共赢、深化合作是双方的共同愿望。中国与中东欧国家的友好合作关系是整个中欧关系的重要组成部分，深化双方的互利合作有助于促进中欧关系的全面发展。

蒋耀平说，中方高度重视发展对中东欧各国的经贸关系，愿同各国共同努力，进一步扩大双边贸易，加强相互投资和经济技术合作。我们将充分发挥与各国政府间经济联委会等经贸交流机制作用，积极推动投资贸易便利化，为经贸关系的持续、健康发展创造良好的条件。

四、关于出席汉诺威工博会

宋涛表示，温家宝总理将应德国总理默克尔邀请出席汉诺威工博会及中国伙伴国活动。今年恰逢中德建交40周年。40年来，两国关系发展顺利，相互了解和信任不断增强，各领域务实合作不断深化。两国互为重要合作伙伴，建立了政府磋商机制。经济上，中德共同利益多，互补性强，都注重发展实体经济，同为制造业大国，合作潜力巨大。在德期间，两国总理将举行双边会晤，共同出席工博会开幕式、中德工商峰会，并分别发表演讲和致辞。温总理此访将进一步加强中德经济企业界交流，拓展中德机械制造、节能环保等各领域务实合作，巩固中德关系发展势头，给两国人民带来更大实惠。相信此访将成为中德建交40周年的一个亮点，充实中德战略伙伴关系内涵，有力推动中德及中欧关系全面向前发展。

王岐山与日本财务大臣通话

新华社北京4月16日电　国务院副总理王岐山16日与日本财务大臣安住淳通话。王岐山听取了日方关于即将召开的国际货币基金组织和世界银行春季会议、二十国集团财长和央行行长会议、国际货币基金组织份额改革及增资问题的政策考虑，并阐明了中方的立场。

李源潮会见古巴共产党代表团

新华社北京4月16日电　中共中央政治局委员、中央书记处书记、中组部部长李源潮16日在京会见了由古共中央书记处书记高特率领的古巴共产党代表团。

李源潮指出，古巴是第一个与新中国建交的拉美国家。50多年来，两国在建设社会主义、维护世界和平和促进共同发展的事业中，始终相互理解、相互同情、相互支持，结下了深厚友谊。近年来，两国各领域互利合作不断拓展和深化，两国友好合作关系进入了一个全面发展的新时期。中古两党交流对促进两国关系发展发挥了重要作用，我们愿在党际关系四项原则基础上进一步加强与古巴共产党的友好合作，交流治党治国经验，推动干部互访考察和培训合作，促进中古关系不断向前发展。李源潮还应询介绍了党的建设和组织工作有关情况。

高特表示，古巴共产党高度重视与中国共产党的交流，愿与中方共同努力，继续深化双方各领域的务实合作，推动两国友好合作关系深入发展。

戴秉国代表胡锦涛看望柬埔寨太皇西哈努克夫妇

本报北京4月16日电　柬历新年到来之际，国务委员戴秉国16日在北京看望了柬埔寨太皇西哈努克和太后莫尼列。

戴秉国向西哈努克夫妇转达了胡锦涛主席和夫人刘永清的节日祝福和亲切问候。戴秉国说，不久前，胡锦涛主席对柬埔寨进行了成功的国事访问，受到柬埔寨王室、政府和人民的热情友好接待，充分体现了中柬两国人民深厚的传统友谊。胡锦涛主席的访问取得丰硕成果，巩固了睦邻互信，深化了互利合作，把中柬全面战略合作伙伴关系推上新的台阶。中方高度评价西哈努克太皇和柬王室为缔造和发展中柬友好关系作出的特殊和重要贡献，愿继续同柬方一道，沿着西哈努克太皇和中国老一辈领导人开创的路线，推动中柬关系不断向前发展。

西哈努克夫妇请戴秉国转达对胡锦涛和刘永清的诚挚问候和良好祝愿。西哈努克边听戴秉国介绍胡锦涛访问柬埔寨情况，边情不自禁地鼓掌祝贺。他说，胡锦涛主席访问柬埔寨期间，我每天都通过媒体密切关注。访问取得圆满成功，我非常高兴。柬埔寨人民对中国人民怀有特殊的情谊，感谢中国长期以来给予的宝贵支持和帮助。衷心祝愿柬中友好传承和发展下去。

杨洁篪与突尼斯外长举行会谈

新华社北京4月16日电　外交部长杨洁篪16日在北京与来访的突尼斯外交部长阿卜杜赛拉姆举行会谈。

杨洁篪表示，中突传统友好。在新形势下，中方愿与突方一道，进一步加强政治互信，深化互利合作，扩大人员往来，推动两国友好合作关系不断向前发展。

阿卜杜赛拉姆表示，突方高度重视发展对华关系，愿与中方共同努力，推动双边各领域友好合作不断迈上新台阶。

双方还就共同关心的国际和地区问题交换了意见。

中方要求菲律宾考古船立即离开黄岩岛海域

本报北京4月16日电　（记者**邢雪**）外交部发言人刘为民16日在例行记者会上说，中方要求菲律宾考古船立即离开黄岩岛海域。

刘为民是在回答记者有关提问时作出上述表示的。有记者问，菲律宾外交部近日称在黄岩岛海域进行考古作业的一艘菲方船只遭到中方“骚扰”，中方对此有何评论？

刘为民说，根据相关国际公约和中国法律，任何组织和个人未经中国政府许可，均不得进行此类活动。

在谈及中菲黄岩岛海域对峙事件时，刘为民表示，黄岩岛是中国的固有领土。菲律宾方面袭扰中国渔船渔民，侵犯中国主权，是引发此次事件的主要原因。经过努力，目前黄岩岛局势已经有所缓和，中菲双方正就此问题进行进一步外交沟通。

刘延东出席中英出版传媒产业投资论坛

本报伦敦4月16日电　（记者**李文云、白阳**）国务委员刘延东15日在伦敦中英出版传媒产业投资论坛上强调，应拓展中英两国文化交流的深度和广度，为发展全面战略伙伴关系和推动人类文明进步作出贡献。

刘延东回顾了中英人文交流的悠久历史。她指出，中国有丰富历史人文资源和广阔文化消费市场，英国有现代技术手段和成熟的商业运营模式，可以形成优势互补、合作共赢的格局。近年来中英文化交流得到了官方与民间的双重推动，规模和活跃程度都前所未有，为民众相互了解和促进中英友好发挥了积极作用。

刘延东强调，世界之美在于文明多元多样多彩。要在多样中求大同，在差异中求和谐，在交流中求发展。要充分理解各国不同国情、发展阶段和历史文化特点，尊重各国自主选择社会制度和发展道路。要开放包容，博采众长，交流对话，寻求共识，避免分歧转化为对抗。要把握好数字时代文化传播的新特征，不断开拓新媒体、新技术和新兴文化产业的合作领域。

刘延东介绍了中国建设文化强国的战略目标，强调中国将坚持走中国特色文化发展道路，继承优秀传统文化，借鉴世界文明成果，构建覆盖城乡的公共文化服务体系，推动文化成为国民经济支柱产业。中华文化将不断释放新的创造力，也将对人类文明进步作出更大贡献。

当日，刘延东还分别会见英国商务大臣凯布尔、国际著名出版传媒集团负责人，并访问了帝国理工学院。

郭伯雄会见德国国防部国务秘书

据新华社北京4月16日电　（记者**刘东凯**）中央军委副主席郭伯雄16日下午在八一大楼会见了德国国防部国务秘书吕迪格·沃尔夫。

郭伯雄说，今年是中德建交40周年。中方愿同德方一道，从战略高度和长远角度看待和处理双边关系，进一步增进政治互信，深化务实合作，推动中德关系不断迈上新台阶。两军关系是两国关系的重要组成部分。近年来，中德两军关系发展取得了长足进步，高层互访不断，机制化交流运转顺利，专业领域务实合作不断加强。中方高度重视发展同德国军队的友好合作关系，愿与德方共同努力，继续推动两军关系向前发展，为两军各自的建设发展和两国关系的全面发展做出贡献。

“东北亚名人会”呼吁加强合作共迎挑战

本报首尔4月16日电　（记者**莽九晨、马菲**）以“世界经济的不确定性与中日韩合作”为主题的“东北亚名人会”第七次会议16日在首尔举行。来自中日韩三国政界、学术界、企业界的与会者呼吁三国积极合作，共同应对时代挑战，促进本地区繁荣与稳定。

中国代表团团长、国务院原副总理曾培炎16日在会上发表主旨演讲说，在全球经济疲软的不利影响下，中日韩三国应当不断加强合作，共同迎接挑战，携手抓住难得的发展机遇，促进区域经济的繁荣与稳定。

曾培炎说，中日韩各方应推动本国政府采取必要政策措施，协调好产业利益关系，争取早日完成自贸区谈判，并在此基础上，打造一个宽领域、高标准的自由贸易区，包括在服务贸易、金融合作、投资便利化、知识产权保护、绿色产业合作等领域，采取更多实质性开放措施。中日韩应积极参与全球和区域经济治理，在二十国集团平台以及在世界贸易组织框架下，就国际金融货币体系改革、能源资源市场稳定、贸易保护主义防范和多边贸易体制建设等全球性问题，进一步加强沟通，协调立场。加快推进10+3自由贸易区建设，促进区内贸易投资自由化，建立区域经济风险防范机制。

曾培炎强调，中日韩三国间双边关系长足发展来之不易，值得倍加珍视和精心维护。对于各双边关系中的敏感问题，政府和政治家首先应该敢于担当，恪守双边之间达成的共识和谅解，从长远角度和战略高度出发，负责任地加以妥善处理。对一些突发事件，有关当局之间应积极、充分沟通，着力加强危机管控。媒体应该坚持客观、全面、公正报道，引导民众更多地看到三国关系发展的积极面。切实做好三国文化交流，进一步扩大文化教育领域的开放，鼓励文化产业和产品服务领域的合作，让更多民众，特别是青年一代更多地了解彼此的国情与文化，改善国民感情并为三国关系注入应有的精神和价值内涵。

韩国代表团团长、前国务总理李洪九在演讲中说，依靠经济类教科书已无法解决当前经济危机，没有基于市场原理的政治领导能力、国民和社会的共识，就无法克服经济危机的不确定性。现在比以往任何时期都迫切需要有机结合政治、经济、社会和文化等综合性的共同体意识和智慧，“东北亚名人会”将为韩中日三国共同生活的未来，不断作出贡献。

日本代表团团长、前首相福田康夫在讲话中说，在不确定性日益增加、改革创新不断出现的新形势下，日中韩三国对促进世界经济繁荣和稳定发挥着重要作用。三国应通力合作，构筑能够共享繁荣和稳定的良性关系。希望“东北亚名人会”参会代表坦率交换意见，为三国政府的决策提供参考借鉴，为三国首脑会议提出建设性议案。

“东北亚名人会”是由新华通讯社与韩国中央日报社、日本经济新闻社联合发起组织的中日韩三国知名人士论坛，自2006年起每年一次在三国轮流举行。与会代表包括中日韩三国的前政府领导人、知名专家学者和企业家。

南苏丹总统基尔将访华

本报北京4月16日电　（记者**邢雪**）外交部发言人刘为民16日在例行记者会上宣布：应国家主席胡锦涛邀请，南苏丹共和国总统萨尔瓦·基尔·马亚尔迪特将于23日至28日对中国进行国事访问。

基尔总统访华期间，双方将就如何进一步增进两国政治互信，深化各领域务实合作进行探讨，并就共同关心的国际和地区问题交换意见。

泰王国总理英拉今起对我国进行正式访问

英拉总理

应国务院总理温家宝邀请，泰王国总理英拉·西那瓦将于4月17日至19日对中国进行正式访问。

英拉1967年6月21日出生于泰国清迈府，曾获清迈大学政治学学士学位、美国肯塔基州立大学公共管理硕士学位。

英拉在大学毕业后进入商界。她1994年任泰国彩虹传媒公司总经理，1999年任泰国AIS电信公司副总裁，2002年至2006年任AIS电信公司总裁，2006年至2011年她任SC地产公司总裁。

2011年5月，英拉开始从政，当年7月参加泰国国会下议院选举，8月当选泰国总理。

英拉已婚，有一子。

（新华社电）

人物介绍

伊朗称愿接受外界为其提供高纯度浓缩铀

据新华社德黑兰4月16日电　（记者**杜源江、何光海**）伊朗外长萨利希16日说，如果外界能提供伊朗所需高纯度浓缩铀燃料，伊朗会在生产高纯度浓缩铀这一问题上作出与现在不同的决定。

伊朗学生通讯社当天援引萨利希的话说，伊朗为国内反应堆生产纯度为20%的浓缩铀是其权利。“但如果有关各方确保向我们提供所需不同纯度核燃料，则情形会有所不同”。

萨利希当天还呼吁西方国家在下一轮伊核问题谈判前取消对伊朗的制裁措施。他说，如果西方国家希望在解决伊核问题方面建立信任，就应从取消对伊制裁开始，这会加快双方达成一致的进程。他说，伊朗已为快速解决所有问题，甚至在下轮核谈判时就解决所有问题做好了准备。

伊朗一直坚称其开展铀浓缩活动目的有二：一是为国内唯一一座核电站布什尔核电站提供核燃料；二是为德黑兰研究用核反应堆提供燃料，用于生产放射性药物，治疗国内癌症病人。而西方担心伊朗可能会秘密将纯度为20%的浓缩铀提纯至更高的武器级纯度。

人民日报

RENMIN RIBAO

今日16版(华东、华南地区20版)　国内统一连续出版物号 CN 11-0065　第21293期 (代号1-1)

人民网 网址:http://www.people.com.cn　手机:http://wap.people.com.cn

人民日报社出版

2006年10月 27 星期五 丙戌年九月初六

北京地区天气预报

白天 晴转阴 风向 北转南 风力 二、三级

夜间 阴转晴 风向 南转北 风力 二、三级

温度 16℃/8℃

友谊从青春起航

——记胡锦涛主席和希拉克总统共同会见中法青年科技工作者

新华社记者 钱彤 顾曼西

26日晚，钓鱼台国宾馆芳菲苑内灯火辉煌，情谊浓浓，150名中法两国青年科技工作者笑声朗朗，济济一堂，等待着一个重要时刻的到来。

18时30分，国家主席胡锦涛和正在中国进行国事访问的法国总统希拉克来到他们中间。热切的目光，热烈的掌声，两国青年人以青春的热情期待着两国元首对他们的寄语。

"我听说今天在场的法国朋友平均年龄只有27岁，我好羡慕你们！"胡锦涛热情的开场白赢得了年轻人爽朗的笑声，拉近了领袖和青年之间的距离。胡锦涛首先代表中国政府和中国人民向远道而来的法国青年朋友们表示热烈的欢迎。

面对一张张青春洋溢的脸庞，一个个英姿勃发的身影，胡锦涛说，中国有句古话，叫作"自古英雄出少年"。青年是最富有创新精神的群体，也历来是推动科技进步与创新的重要力量。古往今来的许多大科学家都是在风华正茂的年华就作出了重大科技发明和创造。当今世界，科技进步日新月异，科技创新不断涌现。时代的发展为青年、更为青年科技工作者提供了施展才华的广阔舞台。胡锦涛希望中法两国青年勤奋学习，勇于创新，努力成为推动国家发展和社会进步的中坚力量。

胡锦涛特别强调："青年是国家的未来、人类的希望。中法两国青年是推动中法友好的生力军。希望中法两国青年朋友们加强交流，增进友谊，为中法科技合作和中法关系发展，为人类和平与发展的崇高事业贡献智慧和力量。"

鼓励和期盼蕴含在胡锦涛的字字句句中。一旁的希拉克不时流露出会心的微笑。希拉克接着对两国青年说："中国迅速发展的基础就是创新能力和科研能力，你们所从事的就是推进中国发展和法中友好合作的工作，希望法中两国青年加强交流，增进对话，为促进两国关系发展、维护世界和平与发展付出努力，为其他国家年轻人作出榜样。"

两位领导人的讲话赢得了在场两国青年科技工作者热烈的掌声。　(下转第二版)

胡锦涛与法国总统希拉克会谈

两国元首一致表示，遵循双方共同确定的原则和方向，不断深化两国各领域互利合作，推动中法全面战略伙伴关系深入发展

10月26日，国家主席胡锦涛在北京人民大会堂东门外广场举行仪式，欢迎法国总统希拉克访华。　新华社记者 姚大伟摄

10月26日，国家主席胡锦涛与法国总统希拉克在北京共同会见中法青年科技工作者。　新华社记者 鞠鹏摄

本报北京10月26日讯 记者王莉报道：国家主席胡锦涛26日上午在人民大会堂与来华进行国事访问的法国总统希拉克举行了诚挚友好、富有成果的会谈，就双边关系和共同关心的重大国际及地区问题深入交换了意见，达成广泛共识。

两国元首高度评价两国关系取得的新成果和新进展。一致认为，中法全面战略伙伴关系的建立和发展为新世纪的中法关系开辟了更加广阔的前景，展示了更加美好的未来。一致表示，遵循双方共同确定的原则和方向，不断深化两国各领域互利合作，推动中法全面战略伙伴关系深入发展。

胡锦涛说，近年来，中法各领域交流与合作全面展开。双方战略对话卓有成效，政治互信日益增强，在各自关切的重大问题上相互理解和支持，在国际热点问题上保持密切沟通与协调。两国经贸合作快速发展，10年间两国贸易额翻了两番。科技合作成果斐然，人文交流空前活跃。中法互办文化年、青年交流等活动极大地增进了两国人民的相互了解和友好感情，谱写了中法友好的新篇章。中方赞赏法方坚持一个中国原则，反对任何形式的"台独"，支持中国和平统一大业。胡锦涛表示，今天的中法关系已成为不同历史背景、文化传统和发展水平国家间友好合作的典范。

希拉克说，法中关系近年来发展很快、很好。双方进行深入的战略对话，合作领域不断扩大，富有成效，人文、青年交流日益丰富多彩，在国际事务中密切协调。今天的两国关系比以往任何时期都更加紧密和充满信任。我对此非常满意。法国坚定地奉行一个中国政策，反对"台独"，这一立场不会有任何改变。

胡锦涛表示，无论国际形势如何变化，我们坚持中法全面友好、战略合作、共同发展的方针都不会改变。中方愿同法方一道，从以下四个方面深化中法全面战略伙伴关系：一、保持两国高层领导人和各级别的经常会晤与交往，加强和完善双边战略对话机制，积极落实中法地方政府合作论坛后续工作，继续搞好今明两年中法青年交流活动。二、深化两国经贸，特别是能源、航空、航天、交通等重点领域的合作，提高双方在通信、金融服务、农业和食品加工、环保以及中小企业领域的合作水平，争取提前实现两国年贸易额达到400亿美元的目标。三、大力开展文化、教育、司法交流。积极落实中法文化交流执行计划，促进两国高校学术交流与高水平科研合作，相互增派留学生，积极推动职业教育合作。尽早启动双边引渡条约谈判。四、密切两国在国际事务中的协调与合作，共同应对全球性挑战，推动建立持久和平、普遍繁荣的和谐世界。

希拉克说，法国高度重视全面加强同中国的友好合作，希望与中国发展具有典范意义的伙伴关系。为此，法方愿与中方保持各级别交往与磋商，将继续广泛参与中国的现代化建设。法国对双方在核电、航空、铁路等重点领域的合作前景充满信心，希望双方在电信、金融、农业、环保等领域拓展合作，并以北京奥运会、上海世博会为契机寻求合作。法国主张法中开展文明交流与对话，加强文化、司法及青年交往。法方愿同中方在国际事务上保持协调与合作，共同致力于促进建立在国际法基础上的世界和平与稳定。

在谈到中欧关系时，胡锦涛说，中国政府高度重视发展中欧关系，赞赏法国一贯重视中欧关系，以及一贯主张解除欧盟对华军售禁令并赞成承认中国完全市场经济地位。胡锦涛表示，进一步发展中欧全面战略伙伴关系，既是拓展双方共同利益、扩大互利合作的现实需要，也是维护世界和平、促进共同发展、共建和谐世界的必然要求。中方愿同包括法国在内的欧盟国家携手努力，推动中欧全面战略伙伴关系健康深入向前发展。

希拉克表示，不断发展欧中全面战略伙伴关系符合欧盟的利益，法国愿为此做出不懈努力。欧盟对华军售禁令与欧中关系发展现状不符，法国将继续推动欧盟早日予以解除。法国支持欧盟承认中国完全市场经济地位。

双方还就共同关心的国际问题交换了意见。希拉克对中国在推动和平解决朝鲜半岛核问题和伊朗核问题，以及在中东和平进程等问题上发挥的建设性作用表示赞赏。

会谈后，两国元首共同签署了《中法联合声明》(全文另发)，出席了科技、能源、铁路运输、航空、航天等领域双边合作文件的签字仪式，还共同会见了记者。

会谈前，胡锦涛主席在人民大会堂东门外广场为希拉克总统访华举行欢迎仪式。胡锦涛主席夫人刘永清、全国人大常委会副委员长何鲁丽、国务委员唐家璇、全国政协副主席张梅颖、民进中央副主席王佐书、外交部长李肇星、国家发展和改革委员会主任马凯、国防科工委主任张云川、铁道部部长刘志军、商务部部长薄熙来、中国驻法国大使赵进军等出席欢迎仪式。

晚上，两国元首还共同会见了中法青年科技工作者并发表了即席讲话。国务院副总理曾培炎参加了会见。

吴邦国温家宝分别会见希拉克

新华社北京10月26日电 (记者徐松、李忠发) 全国人大常委会委员长吴邦国和国务院总理温家宝26日下午在人民大会堂分别会见了法国总统希拉克。

吴邦国说，当前中法全面战略伙伴关系持续、快速发展，双方政治互信不断加深，战略合作更加紧密，在重大国际问题上保持密切沟通与协商。中方感谢法方在涉及中国国家主权和领土完整等重大问题上给予中国的坚定支持。我们高度赞赏总统先生为推动中法关系发展所作的重要贡献。相信这次访问对深化中法战略合作必将产生积极影响。

吴邦国说，发展中法全面战略伙伴关系离不开两国议会的参与和支持。中国全国人大愿同法国议会一道，健全定期交流机制，加强各层次、各领域的友好合作，开展治国理政和民主法制建设的经验交流，为中法关系全面发展注入新的内容、增添新的活力。

希拉克说，法中关系发展顺利，这是由于双方在许多重大问题上有一致的看法，我此访的目的是深化两国政治互信，加强双方在经贸、科技、文化等领域的交流与合作。相信两国关系在刚刚签署的联合声明的指导下将得到更大的发展。

希拉克说，法方重视并愿加强两国议会友好交往，扩大双方人文领域的交流与合作，增进两国人民的了解与友谊，夯实两国关系的民意基础。

温家宝说，法国是第一个与中国建立大使级外交关系的西方国家，是世界上第一个与中国建立全面伙伴关系、第一个与中国开展战略对话、第一个与中国互办"文化年"的国家，这些都充分体现出法国领导人的远见卓识。目前中法关系发展很好，去年我访法时，双方达成的许多共识已得到落实，其中包括两国农业合作、执法和军事交流、军战小组会议、空客A320总装线落户中国、法国青年访华等。中法关系犹如充满生机的大树，根深叶茂，硕果累累，茁壮成长。

温家宝指出，中方将从深化中法全面战略伙伴关系的高度，重视和发展双边经贸关系，推动两国在核能、航空和航天、铁路、金融服务、环保等领域的合作取得更多实质性进展，鼓励扩大双向投资，通过建立投资基金等方式，加大扶持两国中小企业开展合作的力度。中方将继续加强对知识产权的保护，为法国企业来华投资提供更好的环境。　(下转第二版)

二版刊登

中法联合声明

结束英国之行开始访问立陶宛

贾庆林与立陶宛议长举行会谈

十月二十六日，全国政协主席贾庆林在立陶宛首都维尔纽斯与立陶宛议长穆恩蒂阿纳斯举行会谈。这是会谈前贾庆林与穆恩蒂阿纳斯议长（右）、尤尔舍纳斯副议长合影。　新华社记者 刘建生摄

本报维尔纽斯10月26日电 记者王小光报道：10月26日，全国政协主席贾庆林在维尔纽斯与立陶宛议长穆恩蒂阿纳斯举行会谈。贾庆林转达了吴邦国委员长对穆恩蒂阿纳斯的亲切问候和良好祝愿。穆恩蒂阿纳斯表示感谢，并请贾庆林转达他对吴邦国的亲切问候和良好祝愿。

贾庆林说，中立建交15年来，两国关系持续稳定发展。双方政治互信不断增强，经贸等领域的合作成果喜人，两国人民之间的相互了解和友谊日益加深。双方在国际事务中保持着良好沟通与配合。不久前，贵国总统阿达姆库斯访华，与胡锦涛主席举行了富有成果的会谈，达成了一系列重要共识，把两国关系引入了一个全面深入发展的新时期。立方政府和议长本人坚持奉行一个中国政策，中方对此表示赞赏。(下转第三版)

李长春参观第四届中国国际网络文化博览会

本报北京10月26日讯 记者王淑军报道：中共中央政治局常委李长春26日下午参观了第四届中国国际网络文化博览会。他强调，要积极发展以数字化生产、网络化传播为主要特征的网络文化产业，鼓励扶持民族网络文化产品的创作和研发，拓展网络文化产业发展空间，为广大人民群众特别是青少年提供健康向上、喜闻乐见的网络文化产品。

本届中国国际网络文化博览会是由文化部、科技部、信息产业部、国务院新闻办、国家广播电影电视总局、北京市人民政府、共青团中央共同举办的。下午4时30分，李长春来到北京展览馆，兴致勃勃地参观展览，仔细了解网络文化发展的最新成果。李长春说，网络文化的发展和管理是建设和谐文化、构建社会主义和谐社会的重要方面，是繁荣发展我国文化产业的重要途径。要一手抓发展，一手抓管理。要大力发展健康有益的网络文化，积极推动民族优秀文化上网传播，不断提高网络文化产品的质量和水平。要增强我国网络文化产业的自主创新能力，推动网络文化产品的创作和生产向原创为主转型升级。要积极引导网吧产业向连锁化、规模化、集团化、品牌化方向发展，创新体制机制，加强行业监管。要加强对网络文化内容的管理，使网络文化始终坚持先进文化的前进方向，为青少年健康成长创造良好文化环境。他希望网博会办出特色、办出水平，促进我国网络文化产业快速健康发展。

中共中央政治局委员、书记处书记、中宣部部长刘云山，国务委员陈至立一同参观了展览。

罗干会见韩国大法院长

新华社北京10月26日电 (记者李诗佳)中共中央政治局常委罗干26日在人民大会堂会见了韩国大法院长李容勋。

罗干说，中韩两国1992年8月建交后，高层互访频繁，两国政治、经济、文化等各领域关系发展迅速，在国际事务中保持着良好的磋商与合作。近年来，两国司法界有着良好交往。他表示相信李容勋院长此次访华必将进一步促进中韩两国司法界的交流与合作，为推动两国关系的发展做出贡献。

他说，中国在改革开放的进程中很重视与外国的交往，中国的司法工作不仅要从自己的国情和实际出发，同时也要吸收和借鉴国外的司法经验。希望中韩双方能相互借鉴，共同落实已达成的协议。

罗干还向客人介绍了中国法制建设和司法改革情况。

首次访华的李容勋对中国经济的迅速发展表示赞赏。他说，韩中两国司法界近年来交往日益密切，双方分享经验，开展合作，为两国关系的发展做出了贡献。希望今后双方加强交流，推动司法合作。

中国最高人民法院院长肖扬会见时在座。

四十多个非洲国家的元首或政府首脑将出席北京峰会

中国将出台一系列中非经贸合作新举措

本报北京10月26日讯 记者李潇报道：中非合作论坛北京峰会暨第三届部长级会议将于11月3日至5日在北京举行，峰会主题为"友谊、和平、合作、发展"。外交部和商务部于26日上午举行新闻发布会，向中外记者介绍了中非合作论坛北京峰会事宜及中非经贸合作情况。

外交部部长助理翟隽表示，与中国有外交关系的48个非洲国家都确认将派高级别的代表团出席北京峰会，40多个代表团的团长将由国家元首或政府首脑担任。代表团人数将达1700余人。此外，中国还邀请了20多个联合国的有关组织，非洲的一些重要区域性组织代表列席会议。

翟隽说，北京峰会也吸引了海内外媒体的目光。(下转第四版)

非洲六国总统将访华

本报北京10月26日讯 记者彭敏报道：外交部发言人刘建超今日在例行记者会上宣布：应国家主席胡锦涛邀请，几内亚比绍共和国总统若奥·贝尔纳多·维埃拉、利比里亚共和国总统埃伦·约翰逊—瑟利夫、塞舌尔共和国总统詹姆斯·阿利克斯·米歇尔、南非共和国总统塔博·姆武耶卢瓦·姆贝基、阿尔及利亚民主人民共和国总统阿卜杜勒—阿齐兹·布特弗利卡、阿拉伯埃及共和国总统穆罕默德·胡斯尼·穆巴拉克将于出席中非合作论坛北京峰会前后分别对中国进行国事访问。

李克强当选中共辽宁省委书记

新华社沈阳10月26日电 中共辽宁省第十届委员会第一次全体会议10月26日选举李克强为省委书记，张文岳、骆琳为省委副书记，当选为省委常委的还有王唯众、陈政高、张成寅、焦利、李峰、许卫国、王俊莲、曾维、苏树林。

中共辽宁省纪委第一次全会选举王唯众为省纪委书记，王刚、成刚、刘大民、徐兴华为省纪委副书记。

人民日報

RENMIN RIBAO

今日 8 版

人民网 网址：http://www. people. com. cn
手机：http://wap. people. com. cn

国内统一连续出版物号 CN 11-0065
第 21497 期（代号 1-1）
人民日报社出版

2007 年 5 月 19 星期六 丁亥年四月初三

北京地区天气预报
白天 晴间多云 风向 北转南 风力 二、三级
夜间 晴转多云 风向 南转北 风力 一、二级
温度 30℃/17℃

我国就业人员 7.64 亿人

全国城镇单位在岗职工年均工资 21001 元，比上年增长 14.4%

本报北京 5 月 18 日电 （记者白天亮）劳动和社会保障部、国家统计局今天发布的 2006 年度劳动和社会保障事业发展统计公报显示，到去年末全国就业人员 7.64 亿人，比上年末增加 575 万人，城镇登记失业人数 847 万人，城镇登记失业率 4.1%，国有企业下岗职工基本生活保障向失业保险并轨基本完成。

公报显示，7.64 亿就业人员中，第一产业就业人员 32561 万人，占 42.6%，第二产业 19225 万人，占 25.2%，第三产业 24614 万人，占 32.2%。年末城镇就业人员 28310 万人，其中单位就业人员 11713 万人。

全年城镇新增就业 1184 万人，有 505 万下岗失业人员实现了再就业，其中帮助"4050"人员等就业困难人员实现再就业 147 万人。年末全国共有技工学校 2880 所，在校学生 321 万人，比上年末增加 46 万人。持外国人就业证在中国工作的外国人共 18 万人。

职工工资水平继续稳步提高。全年全国城镇单位在岗职工平均工资为 21001 元，比上年增长 14.4%，扣除物价因素，实际增长 12.7%。国有单位在岗职工年平均工资为 22112 元，城镇集体单位为 13014 元，其他单位为 20755 元。全国城镇单位在岗职工日平均工资为 83.66 元。

年末全国参加城镇基本养老保险人数为 18766 万人，比上年末增加 1279 万人。参加基本养老保险的农民工人数为 1417 万人。全年企业退休人员基本养老金全部按时足额发放，城镇基本养老保险基金总收入 6310 亿元，比上年增长 23.9%。各级财政补贴基本养老保险基金 971 亿元，中央财政预算安排 774 亿元。

信息服务进村入户 基层情况一目了然

云南"数字乡村"工程推进新农村建设

本报昆明 5 月 18 日电 （记者宣宇才）5 月 16 日，云南省委常委会议室，随着一声指令，演示者登录"云南新农村建设信息网站"，多媒体屏幕上立即用文字、图片、视频图像等形式，迅速显示出"数字乡村"工程试点所在地华宁县华溪镇西沙井村的全部信息——地理地貌、村容村貌、农房、卫生室、校舍、主导产业等。同时，西沙井村村民对农村政策、扶贫资金使用、合作医疗报销等村务的意见和建议也在省委领导面前"一目了然"。

尽快让全省 1.34 万个村委会、10 万个自然村都能和西沙村一样享受到数字化带来的巨大便利是云南省推进新农村建设的一项重要任务。为此，今年省财政先投入 5000 多万元，将在年底前建成覆盖省、州（市）、县、乡、村的"数字乡村"信息平台。这个平台集农业和农村信息的采集、分析、预测、发布等功能于一体，只要轻点鼠标，每个自然村的政治、经济、社会、文化状况便尽收眼底。到 2010 年，全省所有乡镇将普遍建立起信息服务站，实现建制村互联网、广播、电视"村村通"，信息服务进村入户。

"'数字乡村'工程，是云南新农村建设的基础性工作。利用现代信息手段，能够帮助决策层及时了解掌握基层的最基本情况，作为制定政策和进行若干决策的重要依据。"省委书记白恩培说。

"数字乡村"工程规模庞大，云南省强调统筹协调，节约物力，即集中全省各业务部门现有设备和信息资源，与国家实施的"金农"、"金水"、"信福"和"三电合一"项目等信息化工程建设项目相结合，不搞重复建设。同时，运用市场机制，鼓励企业参与，云南联通与农业厅共同建设农业信息交互平台。根据试点先行原则，今年前 5 个月，省政府拨出 400 万元，在 16 个地州市各选一个乡镇进行试点，开发试点信息网络系统软件，进行信息员培训，探索出成功经验。

目前，云南省正在加紧搭建"数字乡村"综合信息库，每个自然村投入 10 万元，采集基础信息、制作网页，争取早日上网发布信息。信息库内容建设立足于"三农"，让农民尽快掌握先进技术和市场信息。先行一步的永善县利用"数字乡村"信息系统，为农业产业协会、农产品、龙头企业和种养大户免费发布信息，推销特产，介绍乡土人才；该县天山食品有限公司等 4 家龙头企业通过网络为魔芋、花椒、核桃等特色农产品打开了销路。

离京出访非欧三国抵达卢克索

吴邦国开始对埃及进行正式友好访问

本报卢克索 5 月 18 日电 （记者曹鹏程）应阿拉伯埃及共和国人民议会议长艾哈迈德·法特希·苏鲁尔的邀请，中国全国人大常委会委员长吴邦国于当地时间 18 日下午乘专机抵达历史名城卢克索，开始对埃及进行为期 4 天的正式友好访问。

5 月的卢克索晴空万里，阳光灿烂。当地时间下午 5 时，吴邦国委员长乘坐的专机徐徐降落在卢克索国际机场。在舷梯前，吴邦国委员长与前来迎接的卢克索市市长萨米尔、埃及人民议会高级官员亲切握手，互致问候。驻埃使馆女青年迎上前去向吴委员长和陪同访问的全国人大常委会副委员长热地献上了鲜花。

吴委员长在机场发表的书面讲话中说，埃及是第一个与中国建交的非洲和阿拉伯国家。

（下转第三版）

五月十八日，吴邦国委员长乘专机抵达历史名城卢克索，开始对埃及进行为期四天的正式友好访问。这是吴邦国在机场和前来欢迎的群众握手。 新华社记者 兰红光摄

中越联合新闻公报

一、应中华人民共和国主席胡锦涛邀请，越南社会主义共和国主席阮明哲于 2007 年 5 月 15 日至 18 日对中国进行国事访问。访问期间，胡锦涛主席与阮明哲主席举行会谈，全国人民代表大会常务委员会委员长吴邦国、国务院总理温家宝、中国人民政治协商会议全国委员会主席贾庆林分别会见了阮明哲主席。双方就双边关系及共同关心的国际和地区问题深入交换意见，达成广泛共识。双方一致认为，访问取得了圆满成功，有力地推动了中越睦邻友好与全面合作关系向前发展。

二、双方对中越关系不断巩固和发展表示满意，一致认为，中越友好是两国和两国人民的宝贵财富，双方应共同维护并不断发扬光大。双方同意，继续遵照长期稳定、面向未来、睦邻友好、全面合作的方针，加强高层往来，深化治党理政和社会主义理论与实践的交流，充分发挥中越双边合作指导委员会的作用，统筹规划和全面推进两国各领域合作，推动外交、国防、公安、安全等各部门合作机制有效运转，扩大经贸、科技、文化、教育、促进跨界河流水资源可持续利用等领域的务实合作，加强中越传统友好的教育，大力开展青少年友好交往，努力使两国和两国人民永做好邻居、好朋友、好同志、好伙伴，使中越友谊世代相传。

三、双方对两国经贸合作取得的长足进展表示满意，同意落实好《关于扩大和深化双边经贸合作的协定》，制订双边经贸合作发展规划，确定重点合作领域和项目，进一步提升经贸合作的规模和水平。双方同意本着优势互补、互利共赢的精神，积极开拓新的贸易增长点，保持双边贸易额快速增长，实现到 2010 年双边年贸易额 150 亿美元的目标，同时逐步改善贸易结构，努力实现双边贸易的平衡发展。双方将积极支持和推动双方企业在基础设施、制造业、人力资源开发、能源、矿产加工及其他重要领域开展长期互利合作。积极落实多农铝矿等大型项目。做好对具体合作项目的联合考察研究，以落实"两廊一圈"建设事宜。双方承诺加强在世界贸易组织等地区、跨地区及国际经济机制中的合作。中方重申承认越南市场经济地位。

四、双方认为，两国陆地边界勘界立碑工作取得明显进展。双方将进一步密切配合，确保 2007 年内完成实地勘界立碑工作，2008 年完成全线勘界立碑任务并签署新的边界管理制度文件。继续落实好《北部湾划界协定》和《北部湾渔业合作协定》，做好两国海军联合巡逻及共同渔区资源联合调查和联合检查工作，加快落实《北部湾协议区油气合作框架协议》，力争油气勘采合作早出成果，维护正常的渔业生产秩序，积极开展北部湾渔业、环保、海上搜救、海洋科研等其他领域的合作。稳步推进北部湾湾口外海域的划界谈判并积极商谈该海域的共同开发问题。

（下转第四版）

温家宝分别会见越南国家主席和英国外交大臣

新华社北京 5 月 18 日电 （记者李忠发）国务院总理温家宝 18 日在中南海紫光阁分别会见了越南国家主席阮明哲和英国外交大臣贝克特。

在会见阮明哲时，温家宝说，中越是近邻，都在致力于改革和建设。两国巩固睦邻友好关系，加强学习交流，扩大互利合作，有利于两国和两国人民的根本利益，也有利于地区的繁荣与稳定。中国政府高度重视中越关系，愿同越方共同努力，不断将两国关系推向前进。

阮明哲说，越方珍视两国几代领导人精心培育的越中友谊，对两国友好合作关系不断发展感到高兴。越方愿与中方一道，巩固传统友谊，深化务实合作，把两国关系推向新的广度和深度。

阮明哲重申了越南党和政府支持中国统一大业，反对任何形式"台独"活动的坚定立场。温家宝对此表示赞赏。

温家宝和阮明哲一致认为，中越在经济上有较强的互补性，两国在基础设施建设、能源开发、通信等领域有广阔的合作前景。双方愿继续认真规划双边经贸合作，落实已达成的协议，努力扩大贸易规模，支持企业相互投资。

外交部长杨洁篪、国家发展和改革委员会主任马凯、商务部部长薄熙来等会见时在座。

在会见贝克特时，温家宝赞赏布莱尔首相以及英国工党政府积极致力于中英关系的发展，表示中方愿与英国新政府一道，继续推动中英全面战略伙伴关系向前迈进。

外交部长杨洁篪会见时在座。

贾庆林会见越南国家主席阮明哲

新华社北京 5 月 18 日电 （记者谭晶晶）全国政协主席贾庆林 18 日在人民大会堂会见了越南国家主席阮明哲。

贾庆林说，中越是友好邻邦，两国人民的友谊源远流长。近年来，两国各层次、各领域交流不断增加，治党理政经验交流日益深化，经贸合作加快发展，边界领土问题逐步得到解决，青少年交流和文教、科技等各领域合作不断扩大。这些都为两国关系的长远发展奠定了坚实的基础。贾庆林表示，中越两国不断增进友好互信，积极推进互利合作，大力促进共同发展，符合两国和两国人民的根本利益。中方愿同越方一道，把中越睦邻友好与全面合作关系推向更高水平。

在谈到中国全国政协与越南祖国阵线的交往时，贾庆林表示，中国全国政协与越南祖国阵线的交往是两国关系的重要组成部分。多年来，双方一直保持着多层次的密切往来，各专门机构还开展了形式多样的交流与合作。中国全国政协愿与越南祖国阵线进一步扩大交往，充分发挥各自优势，大力宣传和促进中越友好，为增进两国人民的了解、推动两国关系的发展作出更大的贡献。

阮明哲说，越中友好是两国人民的宝贵财富。越方愿与中方一道，按照两国领导人达成的重要共识，进一步巩固和加强两国传统友谊，扩大在经贸等各领域的合作，推动两国关系不断向前发展。阮明哲表示，越南祖国阵线和中国全国政协在各自国家的政治生活中都发挥着重要作用，希望双方加强交流与合作，为两国关系的发展作出不懈努力。

全国政协秘书长郑万通、外交部长杨洁篪等会见时在座。

山城十年换新颜

——重庆市深化投融资体制改革建设城市纪实

本报记者 余继军

如果要问重庆直辖 10 年，变化最显著的地方在哪里？无论是常年生活在山城的"老重庆"，还是匆匆来往的"回头客"，都会异口同声地告诉你，是日新月异的城市建设。

的确，直辖 10 年，重庆几乎一天一个样，被誉为"三个月就要更换一版地图的城市"，这种变化让一些"老重庆"也跟不上"形势"，常常迷路。山城的路变宽了，高楼增多了。狭长的渝中半岛，一座座高楼拔地而起，徜徉在解放碑商业圈中，崭新的大都会广场、新世纪商厦等直插云天。夜晚隔江远眺，高楼与青山并肩，灯火与明月争辉，恰似银河落山城。

据统计，直辖 10 年，重庆市用于城市建设的投资超过 1100 亿元。一个地处西部、财政并不富裕的城市，何以在短时间内筹到这么多资金进行城市建设呢？

破解城建资金难题

重庆主城长江、嘉陵江交汇，千百年来对桥梁的渴望，一直是重庆人心中的一个结。1997 年直辖之初，重庆市的财政收入不到 60 亿元，能用于城市建设的资金还不足 3 亿元。而修一座桥至少要花掉 10 亿元，由于财力薄弱，重庆人常常望江兴叹。

不仅是路和桥，重庆的文化基础设施也有太多的欠账需要填补。直辖之初，重庆市没有一个像样的国际会展中心，也没有现代化的博物馆、图书馆、科技馆，更不要说一流的歌剧院和大戏院。修建这些大项目，动辄几亿元、几十亿元，如此巨大的投入，按照过去政府投入的惯例，需要等待多少年？没有人能说清楚。

近几年，重庆市委、市政府创新思路，通过国债注入、土地注入、税收返还注入等多种方式，组建 8 大国有建设性投资集团，把原来以政府出面举债为主的投资方式，转变为以建设性投资集团向社会融资为主的市场化方式，从根本上改变了城市基础设施建设的投融资体制，形成政府主导、市场运作、社会参与的多元投资格局。

（下转第六版）

麦金黄 夏收忙

5 月 18 日，湖北省枣阳市的麦区一片繁忙。为抢收 115 万亩小麦，该市组织 2000 多台联合收割机投入会战。

张志峰 李晓军摄影报道

央行上调存款准备金率和存贷款基准利率

5 月 21 日起人民币兑美元交易价浮动幅度从 3‰扩大到 5‰

本报北京 5 月 18 日电 （记者田俊荣）为加强银行体系流动性管理，引导货币信贷和投资合理增长，保持物价水平基本稳定，中国人民银行决定，从 2007 年 6 月 5 日起，上调存款类金融机构人民币存款准备金率 0.5 个百分点；从 2007 年 5 月 19 日起，上调金融机构人民币存贷款基准利率。

其中，金融机构一年期存款基准利率上调 0.27 个百分点，一年期贷款基准利率上调 0.18 个百分点，其他各档次存贷款基准利率也相应调整。个人住房公积金贷款利率相应上调 0.09 个百分点。

又讯 央行今天发布公告称，自 2007 年 5 月 21 日起，银行间即期外汇市场人民币兑美元交易价浮动幅度由 3‰扩大至 5‰，即每日银行间即期外汇市场人民币兑美元的交易价可在中国外汇交易中心对外公布的当日人民币兑美元中间价上下 5‰的幅度内浮动。

央行有关负责人表示，扩大银行间即期外汇市场人民币兑美元汇率浮动区间是进一步完善人民币汇率形成机制的一项制度性建设措施，并不意味着人民币汇率大幅波动，更不意味着大幅升值。（相关解读详见第二版）

上海 关停小火电机组

本报上海 5 月 18 日电 （记者励漪）上海电力工业"上大压小"节能减排工作日前全面启动。到 2010 年，上海将关停 10 万千瓦级以下小火电机组 29 台共 210.8 万千瓦装机容量，建成若干超超临界大型、高效、节能、环保的发电机组，使全市发电机组平均煤耗下降 5%左右。

列入这次关停范围的小火电机组供电煤耗高、污染重，供电煤耗比全市平均水平高出 15%左右，二氧化硫年排放量达到 8 万多吨。全部改造完成后，每年可节约 110 万吨标准煤，每年二氧化硫排放量将比目前下降 90%以上。

节能减排 保护环境

王珉当选中共吉林省委书记

新华社长春 5 月 18 日电 中共吉林省第九届委员会第一次全体会议 18 日选举王珉为省委书记，韩长赋、王儒林为省委副书记，当选为省委常委的还有李斌（女）、邓凯、李申学、王松鹤、马俊清、李法泉、高广滨、徐建一、荀凤栖。中共吉林省纪委第一次全会选举李法泉为省纪委书记，高金祥、吴鹏举、尹政为省纪委副书记。

今日导读

巴基斯坦总统在清华大学发表演讲

支持北京奥运　盛赞巴中友谊

据新华社北京4月14日电　（记者白洁、王寒露）巴基斯坦总统穆沙拉夫14日在清华大学发表演讲时表示，巴基斯坦全力支持北京举办奥运会，并将尽一切努力确保奥运火炬在巴基斯坦境内的安全传递。

穆沙拉夫在演讲中表示，巴基斯坦祝贺中国人民将举办第二十九届奥运会，相信北京奥运会将成为历史上最成功的一届奥运会，巴基斯坦愿为此提供一切支持和合作。

穆沙拉夫说："巴基斯坦作为奥运火炬将要到达的国家之一，我们感到非常荣耀。我们将会以一种尊贵、安全的方式确保奥运火炬在巴基斯坦境内的顺利传递。"

演讲时，穆沙拉夫还盛赞巴中全天候友谊，呼吁两国加强在政治、经济、教育等各领域的协同合作。他表示，与中国的友好关系是巴基斯坦外交政策的基石。自半个多世纪前建立外交关系以来，巴中两国的友谊经历了地区、世界范围内的风云变幻，变得愈加坚固。

他说："这种友谊没有因为领导人的变动、政府的更迭受到影响，而是深深植根于两国人民的心中。巴中之间的伙伴关系是不同制度国家之间和谐相处的'生动典范'。"

坦桑尼亚总统在天津访问时表示

将派最好运动员参加北京奥运会

据新华社天津4月14日电　（记者王宇丹）坦桑尼亚总统基奎特14日在天津访问时表示，坦桑尼亚为成为北京奥运火炬传递的一站而感到光荣，坦桑尼亚将派最好的运动员参加北京奥运会。

基奎特于14日上午抵达天津，继续其对中国的国事访问。在会见天津市市长黄兴国时，基奎特对奥运火炬传递在坦桑尼亚顺利进行表示十分高兴。他说："感谢中国将火炬传递的一站设在坦桑尼亚，这对坦桑尼亚有着深远的意义。我们感到很光荣，将派最好的运动员参加中国奥运会。"

会见后，基奎特观看了介绍天津市滨海新区开发开放的短片，对滨海新区的发展留下了深刻印象。他表示要通过此次参观考察，认真学习借鉴天津市在发展经济方面的经验，进一步拓展双方的合作，增进了解，加深友谊。

14日，基奎特参观了位于滨海新区的天津一汽丰田汽车公司和天津港五洲集装箱码头。

智利总统在中央党校演讲时呼吁

加强国际合作应对全球性问题

据新华社北京4月14日电　（记者侯熙文）正在中国进行国事访问的智利总统巴切莱特14日在中央党校发表演讲时呼吁加强国际合作和多边主义，并表示愿与中国一起努力，应对影响各国的全球性问题，以造福全人类。

巴切莱特首先高度赞扬了建交38周年来智中两国关系的发展。她说："这是友谊、尊重和对话的关系。"她说，智利钦佩中国改革开放30年来所取得的成就，并为中国的发展感到高兴。她指出，智中两国贸易额已接近150亿美元，中国已成为智利在全世界的第一大贸易伙伴，而且两国间的贸易还呈增长态势，2006年至2007年，智中双边贸易额增长近90%。

她特别提到在此次国事访问期间和中方签署的两国自由贸易协定关于服务贸易的补充协定。她说："这是中国同其他国家签署的同类协定中内容最广泛和最全面的协定。"

她指出，全球化是创造机遇的源泉，但如何应对全球化所带来的诸多不确定因素值得各国思考。

巴切莱特认为，"唯一有效的道路就是加强国际合作，加强集体行动。"她举例说，去年国际社会在巴厘岛会议上针对全球变暖达成了第一个全球性协议，而"这就是正确的道路"。

她同时呼吁所有新兴国家加紧工作，加强多边主义，为确保世界和平与稳定、消除贫困与不公正、实现千年发展目标、实现社会正义而努力。

她还指出，应对全球化还应提高社会和谐与社会保障的能力。"经济增长与社会和谐并非此消彼长。当今智利和其他国家的现实告诉我们，这两个概念都很重要，并相辅相成。"

她最后表示，智利愿为促进智利和拉美与中国和亚洲之间政治、经济和文化关系作出新贡献。

瑞典首相在北大演讲时说

北京成功举办奥运会将使全世界获益

据新华社北京4月14日电　（记者常璐）"我相信，北京成功举办奥运会将使全世界获益。"瑞典首相弗雷德里克·赖因费尔特14日在北京大学演讲时如是说。

"奥运会是全球化的一个良好范例，通过竞赛、交流与互动将世界各国运动员乃至人民联系起来。奥运会与体育运动有关，也与国际交流与合作有关。我希望北京奥运会取得圆满成功。"赖因费尔特在演讲中说。

"现在北京奥运圣火正在全球进行传递，然而在传递过程中却受到不同程度的干扰和破坏，同时某些西方国家借奥运会对中国在某些问题上施压。请问您对此有何看法？"来自北大中文系研一学生吴嘉竹用流利的英语向赖因费尔特提出自己一直关注的问题。

"我不相信抵制北京奥运会是正确选择。北京获得举办2008年奥运会资格的决定是完全正确的。"赖因费尔特说。

在演讲中，这位瑞典首相也表达了与中国在应对气候变化问题上的合作意愿，表示欢迎中国致力于能源节约和加强环保方面的努力，认为中国能够通过培育一个更加绿色的企业经营理念创造市场机会并提升自己在全球的竞争力。

"气候变化和全球变暖是人类面临的共同挑战，解决气候变化和能源问题需要政治决断。经济增长与温室气体减排是可以共同推进的。瑞典愿加强与中国在新能源开发、温室气体减排等问题上的合作，共同应对气候变化这一全球挑战。"他说。

谈及瑞中关系时，赖因费尔特表示，瑞典是第一个与中华人民共和国建立外交关系的西方国家，自1950年建交以来两国关系一直快速发展。目前已有超过3000名中国学生在瑞典学习，500多家瑞典公司在中国开展业务，每4天就有一家瑞典公司在华开始其业务。

"希望与中国今后在贸易、学术交流、应对气候变化等方面进一步加强合作。"他说。

来自北大不同专业的学生聆听了赖因费尔特的演讲，并与他展开热烈互动。在一个小时的交流中，"奥运会""环境保护""应对气候变化"等话题多次被提及。

应国务院总理温家宝邀请，赖因费尔特于11日至15日对中国进行正式访问，并出席博鳌亚洲论坛2008年年会。

"祝北京奥运会圆满成功！"

——访巴基斯坦总统穆沙拉夫

本报记者　陈一鸣

正在中国进行国事访问的巴基斯坦总统穆沙拉夫（见图，本报记者李维娜摄），13日晚在北京钓鱼台国宾馆接受了本报记者专访。

穆沙拉夫首先高度评价了巴中两国的战略合作伙伴关系。他说："巩固和发展巴中传统友好合作关系是巴基斯坦外交政策的基石，也是巴基斯坦政府和人民的强烈愿望。"他强调，巴基斯坦与中国的传统友谊久经考验，早已深深植根于两国人民的心中。建交50多年来，两国的友好合作范围日趋广泛，双方在国际和地区问题上有着相似的立场，在许多重大问题上的看法完全一致，相互之间始终给予对方宝贵的支持。

他说，自己高兴地看到，进入新世纪以来，两国关系越来越稳固，双方在教育、国防和经贸等领域的合作日益深入、成果颇丰。通过这次访问，巴中双方就发展两国关系达成了新的重要共识。

谈到两国关系中有待加强的领域时，穆沙拉夫说，尽管两国经贸关系越来越紧密，在双边关系中占有重要地位，但与彼此之间密切的政治关系相比，巴中的经贸往来尚有很大的拓展空间。他表示，巴基斯坦希望继续同中国保持密切的高层交往，同时继续推进双边自由贸易，深化各个领域的全方位合作，争取到2011年实现双边贸易额达到150亿美元的目标，携手促进区域经济的发展。他说，希望双方今后继续加强投资、能源、基础设施建设等方面的合作，扩大青年、教育、文化等人文领域的交流，进一步巩固两国的友好合作关系。

穆沙拉夫强调，巴基斯坦有着广阔的市场，政府正全力为包括中国在内的各国投资者提供良好的投资环境。"欢迎中国企业到巴基斯坦投资创业！"他动情地说，巴基斯坦人民不会忘记中国为巴基斯坦社会和经济发展所作出的巨大贡献，喀喇昆仑公路、瓜达尔港等一批大型合作项目，是巴中全天候友谊的最佳见证。

提到即将在北京举行的奥运会，穆沙拉夫显得兴致勃勃。他说："巴基斯坦祝愿并相信北京奥运会将取得圆满成功，愿意为此提供一切支持和合作。"他表示，那种试图把政治问题同奥运会联系起来的做法是不幸的，抵制北京奥运会将会不得人心，"巴基斯坦坚决反对任何将北京奥运会政治化的企图和破坏奥运会的行为"。

他说，奥运火炬接力活动将于4月16日在巴首都伊斯兰堡举行，他访华后将出席这一活动。巴基斯坦政府正在采取一切必要措施，确保北京奥运会火炬在巴境内安全、顺利传递，并取得最佳效果。

穆沙拉夫还强调，巴基斯坦坚定地支持中国维护国家统一，坚定地认为西藏是中国领土不可分割的一部分，坚决反对任何分裂中国的活动。巴方坚决支持中方打击"东突"势力的任何行动，愿意加强两国在打击恐怖势力和极端势力方面的合作。

朝鲜

响应联合社论号召　努力增加电力生产

本报驻朝鲜记者　周之然

优先发展电力、煤炭、冶金和铁路运输经济四大先行部门是朝鲜劳动党一贯坚持的方针。金日成主席和金正日总书记都非常重视经济四大先行部门在建设自主民族经济中所占的位置和所起的作用。金正日总书记去年多次视察四大先行部门工作，进行现场指导，指明发展的具体任务和途径。今年他第一次公开视察活动就是现场指导礼成江发电站建设工地工作，说明金正日总书记对四大先行部门的重视。

根据国家关于发展经济、提高人民生活的政策和新年联合社论的号召，朝鲜电力工业部门积极克服电力生产工作中的困难，坚持不懈地开展增加电力生产的工作，在提高电力生产工作中取得了不少成绩。

按照国家关于以大型水电站建设为主，同时配合中小型水电站建设的方针，朝鲜大力促进电力工业部门工作，取得了积极的进展。大型三水水电站竣工，渔郎川1号水电站投产，到处兴建了中小型水电站。朝鲜在虚川江地区兴办水轮机生产基地，生产新型水轮机，以更换旧式水轮机。各家火电厂也加紧进行技术改造，以节约原料。在全国范围内改进输电系统，整修和充实输电和配电设备，减少电力在运输过程中的损失。

目前，朝鲜在原有的基础上，大力推进增加电力生产的各项工作。国家对金野江水电站、渔郎川水电站、礼成江水电站等大型水电站予以优先关注，增加投资，优先供应建设所需材料和设备。同时也推进提高现有电站发电能力的工作。朝鲜电力工业省采取措施，使各地电站搞好设备管理、技术管理，应用先进科技，以提高发电机效率；加紧进行实现电站经营管理现代化的工作；科学进行水管理，提高水轮机效率。各地火电厂也致力于技术改造工作，改造锅炉，提高汽轮机效率，以提升发电能力，提高生产效率。

此外，朝鲜政府制定切实可行的电力生产及供应计划，做好火电厂所需煤炭生产和运输组织工作。在全国范围内进行节电宣传，开展节电工作，使居民提高节电意识，以主人翁态度参加这项工作。

现在电力工业部门积极响应今年的新年联合社论，以高昂的斗志和饱满的精神投入到增加电力生产，解决电力紧张问题的斗争当中，为"建设经济强盛大国，实现历史性转折的一年"做出积极的贡献。

（本报平壤4月14日电）

四月十四日，印度警察在即将从西孟加拉邦首府加尔各答开往孟加拉国首都达卡的"友谊快车"旁值勤。达卡与加尔各答之间的铁路客运服务在中断四十三年之后于当日正式恢复，标志着孟印两国正式实现铁路客运服务。　新华社/法新

中国与智利发表联合新闻公报

新华社北京4月14日电　中国和智利14日在北京发表了联合新闻公报。公报全文如下：

中华人民共和国和智利共和国联合新闻公报

一、应中华人民共和国主席胡锦涛邀请，智利共和国总统米歇尔·巴切莱特·赫里亚于2008年4月11日至15日对中国进行国事访问并出席博鳌亚洲论坛2008年年会。这是拉美国家元首首次应邀出席博鳌亚洲论坛年会。

二、访问期间，胡锦涛主席与巴切莱特总统举行了会谈，吴邦国委员长和温家宝总理分别会见了巴切莱特总统。两国领导人在亲切友好的气氛中就两国关系和共同关心的国际和地区问题深入交换了意见，达成了广泛共识。

三、两国元首回顾了中智建交以来双边关系的顺利发展和双方在多边组织中的良好合作，对近年来两国全面合作伙伴关系快速发展感到满意。双方均表示以战略眼光审视中智关系，认为两国关系在中拉关系、亚太经合组织和亚拉跨区域合作中具有重要作用。双方重申在国际事务中应倡导多边主义，愿共同努力推动多哈回合谈判取得积极进展。上述行动的宗旨是实现人类共同发展。

四、巴切莱特总统重申，智利坚定地奉行一个中国政策，尊重中华人民共和国的主权和领土完整，承认台湾和西藏是中国的一部分。中方对智方上述立场表示赞赏。

五、两国元首高兴地看到，中智自由贸易协定签署并顺利实施后，双边经贸关系充满活力，中国已成为智利产品的主要出口市场，并对中智自由贸易协定关于服务贸易的补充协定的签署予以高度评价。双方表示将进一步推动双边贸易和鼓励增加相互投资，为双边投资合作相关人员提供便利措施，支持双方企业在第三方市场合作投资，加强在矿产和质检领域的交流与合作，并同意建立质检领域长效合作机制。双方积极评价中智示范农场项目有效期延长，表示愿加强农产品加工合作和农业技术交流，并探讨在智设立农业示范项目的可能性。

六、双方表示愿加强在文化、教育、科技、体育、医疗卫生、旅游、司法、社会保障、环境保护等领域的交流与合作。智方宣布向中国学生提供研究生奖学金，并在京举办"马普切：智利的起源"展览，以增进相互理解。双方还表示愿在公共管理和社会政策等方面加强经验交流，促进各自社会的和谐发展和团结，并为此全面推动两国间业已存在的合作机制。双方积极评价两国立法机构的交流与对话对增进中智人民友谊所作的贡献。

七、巴切莱特总统祝愿2008年北京奥运会和2010年上海世博会取得圆满成功，并邀请中方参加2010年智利独立200周年庆祝活动。中方对此表示感谢。

八、访问期间，双方签署了《中智自由贸易协定关于服务贸易的补充协定》《2008—2011年度文化交流执行计划》、《关于智利樱桃、李子输华检疫议定书》《中国柑橘、胡葱输智检疫议定书》《关于中智进出口猪肉、乳及乳制品检验检疫议定书》《关于防止盗窃、盗掘和非法进出境文物的协定》《关于开展文化遗产领域交流合作的协议》《关于中小企业合作的谅解备忘录》《智利参加2010年上海世博会参展合同》等重要合作文件，分别在京、沪举办两国企业家委员会第三次会议、中智经贸合作论坛和"智利——拉美的战略伙伴"中智企业家论坛等活动，取得圆满成功。

九、巴切莱特总统衷心感谢中华人民共和国政府和人民对她本人及智利代表团的热情友好款待，并邀请胡锦涛主席在方便的时候再次访问智利。胡锦涛主席对此表示感谢。

2008年4月14日于北京

盖茨说美国与伊朗发生军事冲突的可能性很小

据新华社华盛顿4月13日电　（记者赵毅、李学军）美国国防部长盖茨13日发表谈话称，美国对于伊朗继续向伊拉克反美武装提供军事装备非常关切，但是驻伊美军与伊朗发生军事冲突的机会"非常低"。

盖茨在接受美国哥伦比亚广播公司记者采访时警告说，如果伊朗把美国在伊拉克的利益作为袭击的目标，美国为保护自身利益会毫不犹豫地对伊朗诉诸武力。

盖茨11日表示，最近伊拉克政府军与什叶派民兵武装在巴士拉地区的一系列流血冲突清楚地表明伊朗对伊拉克的负面影响。伊朗一向否认美国对其资助和支持伊拉克反美武装分子的指控，指责美国是在为自己失败的伊拉克政策寻找借口。

五、台港澳新闻的版面安排

（一）关于台湾新闻的版面安排

台湾问题政治性很强，在版面安排上既要有高度的政治敏感，遵守政治纪律，还要讲究宣传艺术，注意宣传效果。除涉及党和国家领导人的稿件外，涉台的报道一般按版性分别刊登。台办发言人发表谈话一般在四版，重要的上一版。台办受权发表声明比较重要，有条件可在一版刊登。

1. 党和国家领导人发表有关台湾问题的政策性讲话

党和国家领导人发表有关台湾问题的政策性讲话，通常安排在一版头条或其他重要位置。

2008年12月31日，胡锦涛在纪念《告台湾同胞书》发表30周年座谈会上发表重要讲话，就推动两岸关系和平发展提出六点意见。2009年1月1日，本报在一版报眼位置加框突出刊登了胡锦涛发表讲话的消息，并制作提要。

（附2009年1月1日一版）

1995年1月30日，江泽民在新春茶话会上提出推进祖国和平统一的八项看法主张。1月31日，本报在一版头条位置刊出江泽民发表讲话的消息，一版右上方从报眼开始用楷体字加框刊登讲话全文。

（附1995年1月31日一版）

2. 两岸经贸论坛

两岸经贸论坛于2006年4月14日在北京召开。中国国民党荣誉主席连战与台湾各界人士前来参加。

4月15日，一版在右侧中部位置横五栏刊登两岸经贸论坛在北京举行，贾庆林和连战出席开幕式并发表演讲的消息，配发一张开幕前贾庆林会见连战的图片。开幕消息下刊登贾庆林会见出席两岸经贸论坛台湾工商界人士的消息。

4 月 16 日，一版刊登两岸经贸论坛闭幕，大陆方面将进一步采取 15 项措施促进两岸交流合作、惠及台湾同胞的消息。要闻四版刊登陈云林受权宣布 15 项优惠措施的具体项目和内容。

4 月 17 日，一版头条横六栏题文同宽刊登胡锦涛会见连战和参加两岸经贸论坛台湾各界人士的消息，配发两张图片，一张是胡锦涛与连战握手的图片，另一张是会谈场面的图片。报眼位置刊登国家旅游局、公安部、国务院台办联合发布《大陆居民赴台湾地区旅游管理办法》的消息。要闻四版在左侧中下位置刊登连战表示两岸经贸论坛成果丰硕将全力落实的消息，以及《大陆居民赴台湾地区旅游管理办法》全文。

（附 2006 年 4 月 17 日一版）

3. 台湾地区重要人物来访

2005 年 4 月 27 日，一版左下位置刊登连战率中国国民党大陆访问团抵达南京的消息，配发连战与夫人抵达机场的图片一张。视点新闻版（五版）在下八栏以近半版篇幅推出《聚焦连战大陆行》栏目，刊登抵达的特写，连战个人简历，以及台港澳各界及舆论对连战大陆之行的高度期待。

4 月 28 日，视点新闻版（五版）继续《聚焦连战大陆行》栏目，刊登连战一行拜谒南京中山陵的消息、侧记等。

（附 2005 年 4 月 28 日五版）

4 月 29 日，一版报眼下方刊登正在国外出访的胡锦涛表示期待在北京同连战见面并会谈的消息；右侧中下位置刊登贾庆林会见并宴请连战一行的消息及图片。视点新闻版《聚焦连战大陆行》栏目刊登连战一行抵达北京的消息及特写等。

4 月 30 日，一版头条刊登胡锦涛和连战在北京举行正式会谈的消息，做了详细的副题及提要；一版下方是一张横六栏半的会见图片；报眼下方是中国共产党总书记胡锦涛与中国国民党主席连战会谈新闻公报（文转第四版）；报眼位置刊登胡锦涛会见中国国民党大陆访问团的消息，配一张胡锦涛与连战握手的四栏图片。国际版（三版）头条刊登国际社会积极评价连战访问大陆的综合消息。视点新闻版上八栏《聚焦连战大陆行》栏目以半版篇幅继续刊登连战在北京的活动。

（附 2005 年 4 月 30 日一版）

4. 大陆对台优惠政策

2005 年 5 月 4 日，一版右侧中部位置刊登台办主任陈云林受权宣布大陆同胞向台湾同胞赠送大熊猫，大陆有关方面将于近期开放大陆居民赴台湾旅游，对 10 余种准入的台湾水果实行零关税的消息。

5 月 14 日，一版右侧中线位置刊登大陆有关方面将进一步为台湾居民入出境提供便利、逐步放宽台湾同胞在大陆就业条件的消息。

（附 2005 年 5 月 4 日一版）

2008 年 2 月 28 日，四版右侧中部位置刊登大陆在医疗、教育、农业等领域再次推出惠台措施的消息。

（附 2008 年 2 月 28 日四版）

5.《反分裂国家法》新闻

2005 年 3 月 14 日，十届全国人大三次会议高票通过了《反分裂国家法》。制定《反分裂国家法》对于祖国大陆以法律的形式反对和遏制“台独”分裂势力分裂国家，推动海峡两岸关系发展，促进祖国和平统一，维护台湾海峡地区和平稳定，维护国家主权和领土完整，具有重大意义。

3 月 15 日，一版头条刊登十届全国人大三次会议闭幕，通过《反分裂国家法》的消息。在一版左下刊登该法的全文。

当天及之后的一段时间，在要闻版上刊登各地群众、海外华侨华人拥护《反分裂国家法》通过，台湾同胞认为该法十分务实的消息，在国际版上刊登了各国对该法的积极评价。

（附 2005 年 3 月 15 日一版）

6. 关于台湾问题白皮书

2000 年 2 月 21 日，国务院台湾事务办公室、国务院新闻办公室发表《一个中国的原则与台湾问题》白皮书，以政府文告的方式，详细、系统、全面地向国际社会阐述了中国政府有关一个中国原则的基本立场和政策，和对在两岸关系、国际社会中坚持一个中国原则若干问题的态度主张。

2 月 22 日，一版左侧中线位置刊登《一个中国的原则与台湾问题》白皮书发表的消息，消息下方为社论《坚持一个中国原则　早日实现和平统一》。第三版全文刊登白皮书。之后的一段时间，分别在要闻版、国际版刊登了国内外和社会各界对这个白皮书的积极反应。

（附 2000 年 2 月 22 日一版）

7. 台湾地区领导人选举

2012 年 1 月 15 日，本报在一版中线下部刊登马英九连任台湾领导人的消息。

2008 年 3 月 22 日，台湾地区领导人选举举行了投票。

3 月 23 日，一版下方两栏宽刊登有关台湾地区领导人选举结束的消息。

3 月 24 日，要闻二版左侧中线以下刊登国台办发言人在台湾地区领导人选举和“入联公投”结果揭晓后发表谈话的消息。

（附 2012 年 1 月 15 日一版、2008 年 3 月 23 日一版、3 月 24 日二版）

8. 陈水扁当局搞“入联公投”

2007 年 6 月 14 日，一版左下位置横四栏刊登国台办发言人就陈水扁当局搞“入联公投”发表谈话的消息，指出陈水扁当局推动举办以台湾名义申请加入联合国的公投，是走向“台湾法理独立”的重要步骤。

（附 2007 年 6 月 14 日一版）

之后，国际版陆续刊登美国、俄罗斯等许多国家重申坚持一个中国政策、坚决反对台湾当局推动“入联公投”的消息，联合国秘书处退回台湾当局提交的所谓以台湾名义加入联合国申请书、联合国秘书长强调台湾申请“入联”在法律上行不通等消息，以及海外华侨华人反对和谴责“台独”分裂活动的消息。要闻四版陆续刊登国内各界对陈水扁“入联公投”分裂行径的谴责，并及时刊登外交部发言人就事态发展发表的谈话，对联合国以及各国反对“台独”的立场表示赞赏，重申台湾当局分裂中国的图谋绝不会得逞。

2008 年 2 月 3 日，一版右下位置刊登中台办、国台办就陈水扁当局公告举办“入联公投”发表受权声明的全文，声明指出，陈水扁当局执意举办“入联公投”，是走向“台湾法理独立”的重要步骤，这一图谋一旦得逞，势必严重冲击两岸关系，只有坚决遏制“台独”冒险行径，才能维护两岸关系和平发展的前景。

（附 2008 年 2 月 3 日一版）

9. 美国会众议院通过《加强台湾安全法》法案

2000 年 2 月 1 日，美国国会众议院不顾中方的多次严正交涉，通过了所谓《加强台湾安全法》法案，企图为美国和台湾进行和扩大军事联系与往来、美向台出售各种先进武器装备及技术提供所谓法律依据。

2 月 3 日，一版刊登我国就此事向美国政府提出严正交涉，并强烈要求美国政府立即阻止该法案成为法律的消息。要闻四版刊登全国人大外事委员会、全国政协外事委员会负责人就此事发表谈话表示坚决反对的消息。国际版（六版）刊登我驻美大使表示坚决反对，以及白宫声明说克林顿将否决该法案的消息。

（附 2000 年 2 月 3 日一版、四版）

2 月 4 日，国际版（六版）刊登美国白宫、国务院和总统国家安全委员会表示反对该法案的消息。

2 月 5 日，国际版（三版）刊登我驻美大使指出美众议院通过该法案是危险举动的消息。

2 月 6 日，一版刊登克林顿表示反对该法案并重申美国奉行一个中国政策的消息。

国际版（三版）刊登俄反对美众议院通过《加强台湾安全法》法案，旅美华人华侨要求阻止该法案成为法律的消息。

2 月 13 日，要闻二版刊登美国参议院临时议长坚持一个中国立场，农业部长反对该法案的消息。

2 月 16 日，国际版（三版）刊登我驻美大使重申中国强烈反对《加强台湾安全法》法案的消息。

10. 关于某一国同台湾恢复或建立所谓“外交关系”

2007 年 5 月 2 日，要闻四版在左下角刊登外交部发言人答记者问，就圣卢西亚同台湾恢复所谓“外交关系”向圣政府提出严正交涉和强烈抗议的消息。

5 月 6 日，要闻二版在中线稍上位置刊登中国政府中止同圣卢西亚外交关系的消息。

（附 2007 年 5 月 2 日四版、5 月 6 日二版）

11. 中台办、国台办新闻发言人发表谈话

中台办、国台办新闻发言人发表谈话或受权发表声明的消息，通常安排在要闻四版；但特别重要的谈话、声明，或有关方面有明确要求的，则刊登在一版下方。

1999 年 8 月 5 日，一版下方刊登中台办、国台办负责人发表的谈话，严正驳斥台湾当局“对特殊国与国关系论书面说明”。在刊登时，编辑还加配了提要式副题，提出李登辉坚持“两国论”、诡称“特殊两国论”，就是挑战中国的主权和领土完整，挑战亚太地区的和平与稳定，必将受到历史的严惩；台湾当局只有抛弃“两国论”、“特殊两国论”，回到一个中国的立场上来，才是唯一的明智之举。

（附 1999 年 8 月 5 日一版）

2007 年 7 月 25 日，要闻四版刊登中台办、国台办负责人就陈水扁向联合国秘书长

提交所谓以台湾名义加入联合国申请书遭退回一事发表的谈话。

（附 2007 年 7 月 25 日四版）

12. 中国国民党召开代表大会

2009 年 10 月 18 日，四版（要闻）右下方刊登中国国民党召开第十八次代表大会的消息。

（附 2009 年 10 月 18 日四版）

人民日报

RENMIN RIBAO

人民网 网址:http://www.people.com.cn 手机:http://wap.people.com.cn

2009 年 1 月 1 星期四 戊子年十二月初六

人民日报社出版

国内连续出版物号 CN11-0065

第 22090 期(代号 1-1)

今日 4 版

纪念《告台湾同胞书》发表30周年座谈会隆重举行

胡锦涛发表重要讲话

吴邦国主持 贾庆林出席

胡锦涛就推动两岸关系和平发展提出六点意见:

一、恪守一个中国,增进政治互信
二、推进经济合作,促进共同发展
三、弘扬中华文化,加强精神纽带
四、加强人员往来,扩大各界交流
五、维护国家主权,协商涉外事务
六、结束敌对状态,达成和平协议

本报北京 12 月 31 日电 (记者**盛若蔚**)纪念《告台湾同胞书》发表 30 周年座谈会 31 日上午在人民大会堂隆重举行。中共中央总书记、国家主席、中央军委主席胡锦涛出席座谈会并发表重要讲话。他强调,我们要牢牢把握两岸关系和平发展的主题,把坚持大陆和台湾同属一个中国作为推动两岸关系和平发展的政治基础,把深化交流合作、推进协商谈判作为推动两岸关系和平发展的重要途径,把促进两岸同胞团结奋斗作为推动两岸关系和平发展的强大动力,携手共进,戮力同心,努力开创两岸关系和平发展新局面。

中共中央政治局常委、全国人大常委会委员长吴邦国主持座谈会,中共中央政治局常委、全国政协主席贾庆林出席。

胡锦涛首先表示,明天是 2009 年元旦。每逢佳节倍思亲。他代表祖国大陆各族人民,向广大台湾同胞致以诚挚的问候和衷心的祝福。

胡锦涛强调,1979 年元旦,全国人民代表大会常务委员会发表《告台湾同胞书》,郑重宣示了争取祖国和平统一的大政方针,两岸关系发展由此揭开新的历史篇章。《告台湾同胞书》发表以来,在两岸同胞和各界人士共同努力下,两岸关系发生重大变化。今天,两岸同胞往来之频繁、经济联系之密切、文化交流之活跃、共同利益之广泛是前所未有的,世界各国普遍承认一个中国的格局不断巩固和发展。

胡锦涛强调,30 年来两岸关系发展的实践告诉我们:推动两岸关系发展,实现祖国和平统一,最重要的是要遵循"和平统一、一国两制"的方针和现阶段发展两岸关系、推进祖国和平统一进程的八项主张,坚持一个中国原则决不动摇,争取和平统一的努力决不放弃,贯彻寄希望于台湾人民的方针决不改变,反对"台独"分裂活动决不妥协,牢牢把握两岸关系和平发展的主题,真诚为两岸同胞谋福祉、为台海地区谋和平,维护国家主权和领土完整,维护中华民族根本利益。30 年的实践充分证明,我们制定和实施的对台工作大政方针,顺应了时代潮流和历史趋势,把握了民族根本利益和国家核心利益,从而推动两岸关系发展取得了历史性成就。我们要继续长期坚持和全面贯彻这些被实践证明是正确的大政方针,继续推动祖国和平统一进程不断向前迈进。

胡锦涛指出,两岸关系历经风雨坎坷,站在了新的历史起点上。我们应该站在全民族发展的高度,以更远大的目光、更务实的思路,认真思考和务实解决两岸关系发展的重大问题。

胡锦涛强调,解决台湾问题的核心是实现祖国统一,目的是维护和确保国家主权和领土完整,追求包括台湾同胞在内的全体中华儿女的幸福,实现中华民族伟大复兴。以和平方式实现祖国统一最符合包括台湾同胞在内的中华民族根本利益,也符合求和平、谋发展、促合作的时代潮流。我们一定要以最大诚意、尽最大努力争取祖国和平统一。首先要确保两岸关系和平发展,这有利于两岸同胞加强交流合作、融洽感情,有利于两岸积累互信、解决争议,有利于两岸经济共同发展、共同繁荣,有利于维护国家主权和领土完整、实现中华民族伟大复兴。

胡锦涛就推动两岸关系和平发展提出六点意见。一、恪守一个中国,增进政治互信。维护国家主权和领土完整是国家核心利益。两岸在事关维护一个中国框架这一原则问题上形成共同认知和一致立场,就有了构筑政治互信的基石,什么事情都好商量。两岸应该本着建设性态度,积极面向未来,共同努力,创造条件,通过平等协商,逐步解决两岸关系中历史遗留的问题和发展过程中产生的新问题。二、推进经济合作,促进共同发展。两岸同胞要开展经济大合作。我们期待实现两岸经济关系正常化,推动经济合作制度化。两岸可以为此签定综合性经济合作协议,建立具有两岸特色的经济合作机制,以最大限度实现优势互补、互惠互利。三、弘扬中华文化,加强精神纽带。两岸同胞要共同继承和弘扬中华文化优秀传统。我们将继续采取积极措施,包括愿意协商两岸文化教育交流协议,推动两岸文化教育交流合作迈上范围更广、层次更高的新台阶。四、加强人员往来,扩大各界交流。两岸同胞要扩大交流,两岸各界及其代表性人士要扩大交流。对于任何有利于推动两岸关系和平发展的建设性意见,我们都愿意作出积极回应。五、维护国家主权,协商涉外事务。我们了解台湾同胞对参与国际活动问题的感受,重视解决与之相关的问题。两岸在涉外事务中避免不必要的内耗,有利于增进中华民族整体利益。对于台湾同外国开展民间性经济文化往来的前景,可以视需要进一步协商。对于台湾参与国际组织活动问题,在不造成"两个中国"、"一中一台"的前提下,可以通过两岸务实协商作出合情合理安排。六、结束敌对状态,达成和平协议。海峡两岸中国人有责任共同终结两岸敌对的历史,竭力避免再出现骨肉同胞兵戎相见,让子孙后代在和平环境中携手创造美好生活。为有利于两岸协商谈判、对彼此往来作出安排,两岸可以就在国家尚未统一的特殊情况下的政治关系展开务实探讨。为有利于稳定台海局势,减轻军事安全顾虑,两岸可以适时就军事问题进行接触交流,探讨建立军事安全互信机制问题。

胡锦涛强调,两岸同胞是血脉相连的命运共同体。包括大陆和台湾在内的中国是两岸同胞的共同家园,两岸同胞有责任把她维护好、建设好。实现中华民族伟大复兴要靠两岸同胞共同奋斗,两岸关系和平发展新局面要靠两岸同胞共同开创,两岸关系和平发展成果由两岸同胞共同享有。我们要坚持以人为本,把寄希望于台湾人民的方针贯彻到各项对台工作中去,最广泛地团结台湾同胞一道推动两岸关系和平发展。**(讲话全文见第二版)**

吴邦国在主持座谈会时说,胡锦涛总书记的重要讲话,深刻阐述了《告台湾同胞书》的重大意义,高度评价了邓小平同志为确立"和平统一、一国两制"的方针作出的历史性贡献,高度评价了江泽民同志为丰富和发展中央对台方针政策作出的重大贡献,全面总结了我们推动两岸关系发展的主要经验。讲话着重阐述了实现祖国和平统一的重大意义,提出了推动两岸关系和平发展的重要主张,体现了我们为两岸同胞谋福祉、为台海地区谋和平、为中华民族谋复兴的决心和诚意,对进一步做好对台工作具有十分重要的指导意义。我们要认真领会、切实贯彻,为开创两岸关系和平发展新局面作出贡献,为实现祖国和平统一继续努力奋斗。

座谈会上,全国人大常委会副委员长兼秘书长李建国,全国政协副主席、台湾民主自治同盟中央主席林文漪,中华全国学生联合会主席刘凯,中共中央台湾工作办公室、国务院台湾事务办公室主任王毅先后发言。

出席座谈会的领导同志还有:王兆国、王岐山、刘云山、郭伯雄、令计划、王沪宁、戴秉国、杜青林。

中央党政军群有关部门和北京市负责同志,各民主党派中央、全国工商联负责人以及各界代表等出席了座谈会。

共同促进世界和平稳定繁荣

国家主席胡锦涛发表二〇〇九年新年贺词

新年前夕,国家主席胡锦涛通过中国国际广播电台、中央人民广播电台、中央电视台,发表题为《共同促进世界和平稳定繁荣》的新年贺词。

新华社记者 **樊如钧** 摄

新华社北京 12 月 31 日电 新年前夕,国家主席胡锦涛通过中国国际广播电台、中央人民广播电台、中央电视台,发表了题为《共同促进世界和平稳定繁荣》的新年贺词。全文如下:

新年的钟声就要敲响,我们即将开始 2009 年的崭新岁月。值此辞旧迎新的美好时刻,我很高兴通过中国国际广播电台、中央人民广播电台、中央电视台,向全国各族人民,向香港特别行政区同胞、澳门特别行政区同胞、台湾同胞和海外侨胞,向世界各国的朋友们,致以新年的祝福!

2008 年,对于中国人民来说是很不寻常、很不平凡的一年。中国各族人民同心同德、顽强拼搏,成功抗击南方部分地区严重低温雨雪冰冻灾害和四川汶川特大地震灾害,成功举办北京奥运会、残奥会,成功完成神舟七号载人航天飞行任务,成功举办第七届亚欧首脑会议,中国的经济实力和综合国力进一步增强,人民生活水平继续提高。中国人民同世界各国人民加强友好交流和务实合作,共同应对国际金融危机等严峻挑战,为维护世界和平、促进共同发展作出了新的贡献。今年,中国人民隆重纪念了改革开放 30 周年,在总结经验的基础上对继续推进改革开放作出了部署。中国各族人民正豪情满怀地推进全面建设小康社会进程,为创造更加美好的生活而继续奋斗。

在这里,我谨代表中国政府和中国人民,对世界各国人民今年以来给予我们大力支持和热情帮助,表示衷心的感谢!

2009 年对中国人民来说是一个具有历史意义的年份。60 年前,中华人民共和国的成立揭开了中华民族发展历史新纪元。60 年来,中国的面貌发生了历史性变化,中国同世界的关系也发生了历史性变化。在新的一年里,我们将坚定不移地高举中国特色社会主义伟大旗帜,以邓小平理论和"三个代表"重要思想为指导,深入贯彻落实科学发展观,立足扩大内需保持经济平稳较快增长,加快发展方式转变和结构调整提高可持续发展能力,深化改革开放增强经济社会发展活力和动力,加强社会建设加快解决涉及群众利益的难点热点问题,促进经济社会又好又快发展。我们将坚持"一国两制"、"港人治港"、"澳人治澳"、高度自治的方针,同广大香港同胞、澳门同胞一道促进香港、澳门长期繁荣稳定。我们将坚持"和平统一、一国两制"的方针,牢牢把握两岸关系和平发展的主题,加强两岸交流合作,切实为两岸同胞谋福祉、为台海地区谋和平,维护中华民族根本利益。

当前,世界正处在大变革大调整之中,国际形势总体上保持稳定,但国际金融危机仍在快速扩散和蔓延,世界经济增长明显减速,国际热点问题此起彼伏,世界和平与发展面临各种严峻挑战。加强国际合作,共同应对挑战,是世界各国人民的共同愿望,也是维护国际形势稳定、促进各国共同发展的必由之路。借此机会,我愿重申,中国将始终不渝走和平发展道路,始终不渝奉行互利共赢的开放战略,积极发展同世界各国的交流合作,积极参与国际社会应对国际金融危机的努力,致力于促进世界经济增长、促进人类文明进步,继续同世界各国一道推动建设持久和平、共同繁荣的和谐世界。

此时此刻,世界各地仍有不少民众遭受着战火、贫困、疾病、灾害等苦难。中国人民对他们的不幸遭遇深表同情,将继续向他们提供力所能及的帮助。我们衷心希望,世界各国相互支持、相互帮助,共同促进世界和平、稳定、繁荣,让各国人民过上和平美好的生活。

最后,我从北京祝大家在新的一年里幸福安康!

中俄两国领导人互致新年贺电

宣布启动中俄"语言年"

新华社北京 12 月 31 日电 国家主席胡锦涛和俄罗斯总统梅德韦杰夫 31 日互致贺电,热烈祝贺 2009 年新年,并宣布启动中俄"语言年"。

胡锦涛在贺电中说,2008 年,在双方共同努力下,中俄战略协作伙伴关系迈上了新台阶。两国领导人保持密切交往,政治互信水平进一步提高,务实合作全面发展,人文交流不断扩大,中俄世代友好的和平理念更加深入人心。双方在国际和地区事务中开展了富有成效的战略协作,有力地维护了两国共同利益,为促进世界和平、稳定与发展发挥了重要作用。

2009 年,我们将迎来中俄建交 60 周年,将在中国举办"俄语年",2010 年将在俄罗斯举办"汉语年",这是双方继成功举办中俄"国家年"之后,为推进中俄世代友好、促进战略协作的又一重大举措。在新的一年里,中方愿同俄方一道,按照《中俄睦邻友好合作条约》确定的原则和精神,全面落实双方达成的各项协议和共识,不断充实和拓展两国关系的战略内涵,推动中俄战略协作伙伴关系持续健康稳定向前发展。

梅德韦杰夫在贺电中说,俄中战略协作伙伴关系已成为新型国家关系的典范。俄中互办"语言年"是两国重大人文合作项目,将进一步巩固两国人民的相互理解和友谊。相信在双方的共同努力下,俄中关系水平一定能够得到进一步提高。

《求是》杂志发表胡锦涛总书记重要文章

努力把贯彻落实科学发展观提高到新水平

新华社北京 12 月 31 日电 2009 年 1 月 1 日出版的新年第 1 期《求是》杂志,将发表中共中央总书记、国家主席、中央军委主席胡锦涛的重要文章:《努力把贯彻落实科学发展观提高到新水平》。

温家宝主持召开国务院常务会议

研究部署推进重庆市统筹城乡改革和发展

同意启动第三代移动通信牌照发放工作

新华社北京 12 月 31 日电 国务院总理温家宝 31 日主持召开国务院常务会议,研究部署推进重庆市统筹城乡改革和发展,同意启动第三代移动通信牌照发放工作。

会议认为,重庆是我国中西部地区唯一的直辖市,集大城市、大农村、大库区、大山区和民族地区于一体,在区域协调发展和改革开放大局中具有重要战略地位。加快重庆统筹城乡改革和发展,对于深入实施西部大开发战略,形成沿海与内陆联动开发开放新格局,保障长江流域生态环境安全,具有重要意义。

会议强调,在新形势下加快重庆改革发展,必须贯彻落实科学发展观,推进统筹城乡综合配套改革,着力解决"三农"问题,发展内陆开放型经济,改善城乡人居环境,搞好环境保护和资源节约,加快社会事业发展,努力把重庆建设成为西部地区的重要增长极、长江上游地区的经济中心和城乡统筹发展的直辖市,在西部地区率先实现全面建设小康社会的目标。一要加强库区建设。落实移民扶持政策,发展特色优势产业,促进移民安稳致富,健全生态环境保护体系,把三峡库区建成长江流域的重要生态屏障。二要发展现代农业。优化农业结构和布局,改善农村生产生活条件,加快渝东南等地区扶贫开发,推进新农村建设。三要加快老工业基地改造。深化国有企业改革,大力发展非公有制经济,优化产业结构,建设国家重要的现代制造业基地,长江上游地区金融中心、现代商贸物流中心、科技创新中心和旅游基地。 **(下转第二版)**

贺国强在中央扩大内需促进经济增长政策落实检查组汇报会上强调

进一步明确工作重点 切实加强监督检查

确保中央扩大内需促进经济增长政策落实到位

本报北京 12 月 31 日电 (记者**姜洁**)中央扩大内需促进经济增长政策落实检查组汇报会 2008 年 12 月 29 日至 31 日在北京召开。中共中央政治局常委、中央纪委书记贺国强出席 31 日会议并讲话。他强调,要认真学习贯彻胡锦涛总书记"12·18"重要讲话精神和中央经济工作会议精神,进一步明确监督检查的主要任务和工作重点,不断探索工作规律,完善政策措施,形成监督合力,确保中央关于扩大内需促进经济增长的政策措施不折不扣落实到位,确保党和国家大政方针得到全面贯彻。

贺国强充分肯定了前一阶段的中央扩大内需促进经济增长政策落实监督检查工作,指出各检查组组建后迅速奔赴各地进行监督检查,中央纪委监察部有关派驻机构和各省(区、市)也都结合实际积极开展工作,整个监督检查工作开局良好、进展顺利,取得了初步成效,为下一步工作打下了坚实基础。

贺国强强调,做好中央扩大内需促进经济增长政策落实监督检查工作,是有效应对国际金融危机影响、保证明年经济发展目标任务顺利完成的重要举措,也是实行监督关口前移、全程跟进、有效防范违纪违法行为和腐败现象发生的重要途径。当前,要把加强对中央新增 1000 亿元投资使用情况的监管作为主要任务。 **(下转第三版)**

四版刊登社论

描绘更新更美的图画

——元旦献辞

人民日报
RENMIN RIBAO

1995年1月
31
星期二
乙亥年正月初一
北京地区天气预报
白天 晴
风向 北
风力 二三级间四级
夜间 晴
风向 北
风力 一二级
温度 3℃/-7℃

国内统一刊号：CN11—0065
第17006期 （代号1—1）
人民日报社出版

江泽民在新春茶话会上发表重要讲话

提出八项看法主张推进祖国和平统一

李瑞环、钱其琛等与各民主党派负责人、各界知名人士代表及在京台胞台属代表共庆传统佳节

呼吁所有中国人团结起来，高举爱国主义的伟大旗帜，坚持统一，反对分裂，全力推动两岸关系发展

本报北京1月30日讯　中央人民广播电台记者刘振英、新华社记者端木来娣、本报记者何加正报道：中共中央总书记、国家主席江泽民，中共中央政治局常委、全国政协主席李瑞环今天上午在人民大会堂出席茶话会，与各民主党派负责人、各界知名人士代表及在京台胞台属代表欢聚一堂，共庆中华民族的传统佳节。茶话会由中共中央政治局委员、国务院副总理钱其琛主持。江泽民总书记在会上发表了题为《为促进祖国统一大业的完成而继续奋斗》的重要讲话（全文另发），就现阶段发展两岸关系，推进祖国和平统一进程提出了八项重要看法和主张。

江泽民在讲话中首先代表中共中央和国务院，向2100万台湾同胞祝贺新年，祝愿台湾同胞新春快乐，万事如意。他说，在新春佳节来临之际，在北京的台湾同胞和有关人士欢聚一堂，共话两岸关系前景和祖国和平统一大业，是一件很有意义的事。

江泽民指出，实现祖国的完全统一，促进中华民族的全面振兴，仍然是所有中国人的神圣使命和崇高目标。他说，邓小平同志是中国改革开放的总设计师，也是"一个国家、两种制度"伟大构想的创造者。邓小平同志高瞻远瞩，实事求是，提出了一系列具有鲜明时代特色的解决台湾问题的重要论断和思想，确立了实现祖国和平统一的指导方针。他说，值得所有中国人警惕的是，近年来台湾岛内分离倾向有所发展，"台独"活动趋于猖獗。某些外国势力进一步插手台湾问题，干涉中国内政。这些活动不仅阻碍着中国和平统一的进程，而且威胁着亚太地区的和平、稳定和发展。

江泽民就现阶段发展两岸关系，推进祖国和平统一进程的若干重要问题提出的八项看法和主张包括：一、坚持一个中国原则。中国的主权和领土绝不容许分割，任何制造"台湾独立"的言行和违背一个中国原则的主张，都应坚决反对。二、对于台湾同外国发展民间性经济文化关系，我们不持异议。但是，反对台湾以搞"两个中国"、"一中一台"为目的的所谓"扩大国际生存空间"的活动。只有实现和平统一后，台湾同胞才能与全国各族人民一道，真正充分地共享伟大祖国在国际上的尊严与荣誉。三、进行海峡两岸和平统一谈判。谈判过程中，可以吸收两岸各党派、团体有代表性的人士参加。在一个中国的前提下，什么问题都可以谈，包括台湾当局关心的各种问题。作为第一步，双方可先就正式结束两岸敌对状态进行谈判，并达成协议。在此基础上，共同承担义务，维护中国的主权和领土完整，并对今后两岸关系的发展进行规划。四、努力实现和平统一，中国人不打中国人。我们不承诺放弃使用武力，决不是针对台湾同胞，而是针对外国势力干涉中国统一和搞"台湾独立"的图谋的。五、大力发展两岸经济交流与合作，以利于两岸经济共同繁荣，造福整个中华民族。我们主张不以政治分歧去影响、干扰两岸经济合作。不论在什么情况下，我们都将切实维护台商的一切正当权益。我们赞成在互惠互利的基础上，商谈并且签订保护台商投资权益的民间性协议。应当采取实际步骤加速实现直接"三通"，促进两岸事务性商谈。六、中华文化是维系全体中国人的精神纽带，也是实现和平统一的一个重要基础。两岸同胞要共同继承和发扬中华文化的优秀传统。七、要充分尊重台湾同胞的生活方式和当家作主的愿望，保护台湾同胞一切正当权益。党和政府各有关部门，包括驻外机构，要加强与台湾同胞的联系，倾听他们的意见和要求，关心、照顾他们的利益，尽可能帮助他们解决困难。我们欢迎台湾各党派、各界人士，同我们交换有关两岸关系与和平统一的意见，也欢迎他们前来参观、访问。八、我们欢迎台湾当局的领导人以适当身份前来访问，我们也愿意接受台湾方面的邀请前往台湾，可以共商国是，也可以先就某些问题交换意见。中国人的事我们自己办，不需要借助任何国际场合。

江泽民最后说，早日完成祖国统一，是中国人民的共同心愿。无限期地拖延统一，是所有爱国同胞不愿意看到的。我们呼吁所有中国人团结起来，高举爱国主义的伟大旗帜，坚持统一，反对分裂，全力推动两岸关系发展，促进祖国统一大业的完成。

茶话会是由中共中央台湾工作办公室、国务院台湾事务办公室、台湾民主自治同盟、中国和平统一促进会、全国政协祖国统一联谊委员会、中华全国台湾同胞联谊会、海峡两岸关系协会等单位共同举办的。全国政协副主席、中国统促会会长钱伟长，全国台联会会长、台盟中央副主席张克辉分别代表台盟、统促会、祖统会、台联和海协会发了言。

全国人大常委会副委员长费孝通、雷洁琼、王光英、程思远、李沛瑶、吴阶平，国务委员兼国务院秘书长罗干，全国政协副主席王兆国、孙孚凌、万国权，以及中共中央、国务院和其他有关部门负责同志共500多人出席了茶话会。

为促进祖国统一大业的完成而继续奋斗

（一九九五年一月三十日）

江泽民

同志们，朋友们：

全国各族人民刚刚欢度了一九九五年元旦，又迎来了乙亥年春节。在这中华民族的传统节日来临之际，在京的台湾同胞和有关人士欢聚一堂，共话两岸关系前景和祖国和平统一大业，是一件很有意义的事。借此机会，我谨代表中共中央、国务院，向两千一百万台湾同胞祝贺新年，祝愿台湾同胞新春快乐，万事如意！

台湾是中国不可分割的一部分。一百年前，一八九五年四月十七日，日本帝国主义以战争的手段逼迫腐败的清朝政府签订了丧权辱国的《马关条约》，强行攫取了台湾与澎湖列岛，使台湾人民在日本殖民统治下生活了半个世纪之久。中国人民永远不会忘记这屈辱的一页。五十年前，中国人民同世界人民一道战胜了日本帝国主义。一九四五年十月二十五日，台湾与澎湖列岛重归中国版图，台湾同胞从此摆脱了殖民统治的枷锁。但是，由于众所周知的原因，一九四九年以后，台湾又与祖国大陆处于分离状态。实现祖国的完全统一，促进中华民族的全面振兴，仍然是所有中国人的神圣使命和崇高目标。

一九七九年一月，全国人民代表大会常务委员会发表《告台湾同胞书》以来，我们制定了「和平统一、一国两制」的基本方针和一系列对台政策。邓小平同志是中国改革开放的总设计师，也是「一个国家，两种制度」伟大构想的创造者。邓小平同志高瞻远瞩，实事求是，提出了一系列具有鲜明时代特色的解决台湾问题的重要论断和思想，确立了实现祖国和平统一的指导方针。

邓小平同志指出，问题的核心是祖国统一。凡是中华民族的子孙，都希望中国统一，分裂是违背民族意志的。只有一个中国，台湾是中国的一部分。不能允许有什么「两个中国」或「一中一台」，坚决反对「台湾独立」。解决台湾问题无非有两种方式，一种是和平的方式，一种是非和平的方式，用什么方式解决台湾问题，完全是中国的内政，决不允许外国干涉。我们坚持用和平的方式，通过谈判实现和平统一；同时我们不能承诺根本不使用武力，如果承诺了这一点，只能使和平统一成为不可能，只能导致最终用武力解决问题。统一以后实行「一国两制」，国家的主体坚持社会主义制度，台湾保持原有的制度。「不是我吃掉你，也不是你吃掉我」。统一后，台湾的社会经济制度不变，生活方式不变，台湾同外国的民间关系不变，包括外国在台湾的投资及民间交往不变。台湾作为特别行政区有高度的自治权，拥有立法权和司法权（包括终审权），可以有自己的军队，党、政、军等系统都由自己管理。中央政府不派军队、行政人员驻台，而且在中央政府里还要给台湾留出名额。

十几年来，在「和平统一、一国两制」基本方针指引下，经过海峡两岸同胞、港澳同胞和海外侨胞的共同努力，两岸人员往来以及科技、文化、学术、体育等各领域的交流蓬勃发展，两岸经济相互促进、互补互利的局面正初步形成，早日实现两岸直接「三通」，不仅是广大台胞、特别是台湾工商业者的强烈呼声，而且成为台湾未来经济发展的实际需要。两岸事务性商谈已取得进展，「汪辜会谈」标志着两岸关系迈出了历史性的重要一步。

但是，值得所有中国人警惕的是，近年来台湾岛内分离倾向有所发展，「台独」活动趋于猖獗。某些外国势力进一步插手台湾问题，干涉中国内政。这些活动不仅阻碍着中国和平统一的进程，而且威胁着亚太地区的和平、稳定和发展。

当前国际形势仍然复杂多变，但总的趋势是走向缓和。世界各国都在制定面向未来的经济战略，把增强综合国力作为首要任务，以求在下一世纪到来时能在世界上占有自己的位置。我们感到高兴的是，海峡两岸的经济都在向前发展。一九九七年、一九九九年，我国将相继恢复对香港和澳门行使主权，这将是全国各族人民包括台湾同胞的一件大喜事。中华民族历尽沧桑，饱经磨难，现在是完成祖国统一大业、实现全面振兴的时候了。这对台湾是个机会，对整个中华民族也是个机会。在这里，我愿就现阶段发展两岸关系、推进祖国和平统一进程的若干重要问题提出如下看法和主张。

（一）坚持一个中国的原则，是实现和平统一的基础和前提。中国的主权和领土决不容许分割。任何制造「台湾独立」的言论和行动，都应坚决反对；主张「分裂分治」、「阶段性两个中国」等等，违背一个中国的原则，也应坚决反对。

（二）对于台湾同外国发展民间性经济文化关系，我们不持异议。在一个中国的原则下，并依据有关国际组织的章程，台湾已经以「中国台北」名义参加亚洲开发银行、亚太经济合作会议等经济性国际组织。但是，我们反对台湾以搞「两个中国」、「一中一台」为目的的所谓「扩大国际生存空间」的活动。一切爱国的台湾同胞和有识之士都会认识到，进行这类活动并不能解决问题，反而会使「台独」势力更加肆无忌惮地破坏和平统一的进程。只有实现和平统一后，台湾同胞才能与全国各族人民一道，真正充分地共享伟大祖国在国际上的尊严与荣誉。

（三）进行海峡两岸和平统一谈判，是我们的一贯主张。在和平统一谈判的过程中，可以吸收两岸各党派、团体有代表性的人士参加。我在一九九二年十月中国共产党第十四次全国代表大会的报告中说：「在一个中国的前提下，什么问题都可以谈，包括就两岸正式谈判的方式同台湾方面进行讨论，找到双方都认为合适的办法。」我们所说的「在一个中国的前提下，什么问题都可以谈」，当然也包括台湾当局关心的各种问题。我们曾经多次建议双方就「正式结束两岸敌对状态，逐步实现和平统一」进行谈判。在此，我再次郑重建议举行这项谈判，并且提议，作为第一步，双方可先就「在一个中国的原则下，正式结束两岸敌对状态」进行谈判，并达成协议。在此基础上，共同承担义务，维护中国的主权和领土完整，并对今后两岸关系的发展进行规划。至于政治谈判的名义、地点、方式等问题，只要早日进行平等协商，总可找出双方都可以接受的解决办法。

（下转第二版）

江泽民总书记在春节前夕向全国各族人民祝贺新春

上图为新华社记者　刘建国摄

除夕夜 温暖孤儿心

本报记者　陈　杰

"孩子，你们年年来走亲戚，我们一家人的心里才踏实。"

"刘书记，我们不能不来，已经习惯了。"

拉家常的双方是天津市纪委书记刘峰岩与他一家照顾9年的孤儿罗氏姐弟罗琼、罗强。

"大姐罗英怎么没来？"

"东北来了亲戚，她和姐夫在家里陪着，他们特别想今天回到您这'娘家'来。"

1月30日，罗氏姐弟到刘峰岩家共度除夕，已是第9个年头。1986年，当时任天津河西区区长的刘峰岩和区领导一班人将区内的孤儿分别领回家过年，迄今已坚持了九年。除夕之夜，失去亲人的孤儿又拥有了一个温暖的家。工作在税务所的罗琼依偎在刘书记的身边，向刘书记一家诉说一年的体会："在困难之中，我们得到别人的爱，也要把爱回报给他人。"

弟弟罗强接着说："平时我们姐弟三人也有失意的时候，每当想到这么多亲人关心我们，生活的孤独也就一扫而光。"

刘峰岩鼓励他们踏踏实实工作。

记者推开河西区委书记陈明锋的家门，见孤儿高晓峰正与陈书记一家围在桌前吃团圆饭。

千家万户团聚时②

——各地领导干部走村串户送温暖

比亲生儿子都好

本报记者　龚达发

"齐书记又来了！"

腊月二十九下午，武昌县段岭庙乡福利院十几位孤寡老人围着县委书记齐昌发，乐得像小孩。

齐昌发拉着85岁的蔡老汉的手问："衣服够不够，晚上睡觉冷不冷？年货准备好了没有？"蔡老汉掀开崭新的棉衣，露出两件毛衣连声说："不冷，不冷。晚上还可以烤火。"同行的人告诉我，十几天前一场大雪，齐昌发带领民政部门的同志给每个老人送来一个烤火炉，一床棉被。蔡老汉告诉齐昌发："几天前院里杀了两头猪，每人分了15斤肉，10斤鱼，生活安排得可好啦！"

93岁的张良海老婆婆也来了，齐昌发招呼她坐到身边，老人直夸共产党好，福利院好："前几天冷，福利院的同志怕我摔倒，把饭端到我床前，共产党教育的干部比亲生儿子、姑娘都好！"

乡党委书记周昌洪接着说："您放心，看病吃药乡里全部报销，每个老人一年生活开支1000多元。"齐昌发说："以后县里富了，乡里富了，福利院的待遇还要进一步改善。争取两三年内把平房拆掉，让大家跟城里人一样住楼房。"一席话，说得老人们开心地笑了。

恭贺新春佳节　邵功勋（篆刻）

山村暖洋洋

本报记者　李　杰

当汙沱村全树才老人从河南省委常委、郑州市委书记张德广和市长朱天宝手中接过100元现金、一袋面粉和一条新棉被时，他含着热泪说："你们跑这么老远来看我，实在太感谢你们啦"，并连声说："还是社会主义好，共产党好！"

登封市君召乡汙沱村是郑州市最边远的一个山村。1月29日，当记者随张德广、朱天宝走进这个有300多户人家的山村时，看到的是一片节日景象：村中心的喇叭放着轻快的音乐和民歌，孩子们在街头燃放鞭炮，成年人大多在家忙着蒸馍、煮肉、备年货。

见到村支书韩海波，张德广、朱天宝问："群众过年还有困难吗？"

"今年春节要比往年好，因为养的猪、牛、羊多，出外务工的人也多。"

"还有没有过年吃不上饺子的？"

"有！村里还有10多个家有病、呆、残的农户，过年还有困难。"

"走，咱们看看去。"

在韩海波带领下，张书记、朱市长走访了全村10多个困难户，并将带来的现金、面粉、猪肉和棉被——交给他们。

焦金平老汉含着泪说："党和政府没有忘记俺，给俺送来的是关怀，是温暖。"

『居者有其屋』

本报记者　孟西安

「安居才能乐业。「乙亥」年春节到了，我想咱们还是看看市上的安居工程，向参与低洼地危旧房屋改造的群众拜个年吧！」

西安市委书记崔林涛的提议，得到了代市长冯煦初和主管城建工作的副市长张富春的赞同。大年三十上午，他们同房地产管理局的同志一起，顶着寒风，首先走进拆迁户王遂生师傅的家门。崔书记亲切地说：「你们住房困难，让你们一家受委屈了。我们向你们全家拜年！」

已退休在家的王师傅鼻子有些酸楚。他说：「虽然现在住得窄点，还能凑合，紧巴一年半载的，就能搬进新楼房。」

钟楼小区原是一块低洼地，仅短短两年光景，原先拥挤得像鸽笼一样的破旧平房和陋巷，已被明亮美观的现代化住宅所代替。

「做梦也没想到住这么好的楼房！党和政府真是为群众积了大德！」搬进新居的七十多岁的马广田和王剑秋老人高兴得合不拢嘴。

人民日报

RENMIN RIBAO

今日 16 版(华东、华南地区 20 版)　国内统一连续出版物号 CN 11-0065　第 21100 期 (代号 1-1)

人民网　网址:http://www. people. com. cn　手机:http://wap. people. com. cn

人民日报社出版

2006 年 4 月 17 星期一 丙戌年三月二十

北京地区天气预报 白天 多云有浮尘 降水概率 30% 风向 北转南 风力 三、四级 夜间 多云转晴 降水概率 30% 风向 南转北 风力 二、三级 温度 21℃/11℃

国家旅游局、公安部、国务院台办联合发布

大陆居民赴台湾地区旅游管理办法

本报北京 4 月 16 日讯　记者孙立极、吴亚明、许志峰报道:两岸经贸论坛刚刚落下帷幕,国家旅游局、公安部、国务院台湾事务办公室于今天联合发布了《大陆居民赴台湾地区旅游管理办法》(全文见第四版)。该办法自发布之日起施行。

此举是为了落实去年 4 月胡锦涛总书记和中国国民党主席连战先生会谈达成的重要共识,尽速推动大陆居民赴台湾地区旅游早日实现,不断扩大两岸人员往来,促进两岸经济关系健康稳定发展,给台湾旅游业界带来实实在在的利益,让台湾民众得到实实在在的好处;同时,也为了加强大陆居民赴台旅游管理,保障赴台旅游健康有序地开展。

《大陆居民赴台湾地区旅游管理办法》共 17 条,规定大陆居民赴台湾旅游,由指定的大陆旅行社作为组团社组织,以旅游团形式整团往返。组团社由国家旅游局会同有关部门,从已批准的特许经营出境旅游业务的旅行社范围内指定。台湾地区接待大陆居民赴台旅游的旅行社也就是接待社,须经大陆有关部门会同国家旅游局确认。

该办法还规定,大陆居民赴台旅游实行配额管理,配额由国家旅游局会同有关部门确认后,下达给组团社。组团社在开展组织大陆居民赴台旅游业务前,须与接待社签订合同、建立合作关系。组团社须为每个旅游团队选派领队,领队要经过专门的培训、考核,并申领赴台旅游领队证。大陆居民须持有效的《大陆居民往来台湾地区通行证》及旅游签注赴台旅游。

有关部门指出,该办法的出台主要体现以下四点意义:

首先,表明大陆方面正在为两岸旅游业界和民众实实在在地做事,为台湾经济的发展做出积极努力。同时也满足大陆游客多年期盼一睹宝岛台湾旖旎风光的夙愿。

其次,表明大陆方面诚心诚意、积极务实的态度,标志着大陆方面在推动大陆居民赴台旅游方面又向前迈出了实质性的一步。

第三,规范大陆居民赴台旅游,使之有计划、有步骤、循序渐进地开展,妥善处理赴台旅游中出现的各种情况和问题,使旅游市场更加规范有序地发展。

第四,有利于在两岸旅游交往中开展"诚信旅游活动"。通过树立诚信旅游理念、建立诚信旅游体系,引导企业诚信经营,引导游客理性消费,既可以确保向台湾有序输送游客,也可以让大陆游客得到周到的服务。

2005 年 5 月 3 日,受中共中央和国务院的委托,中共中央台办、国务院台办主任陈云林在上海受权宣布:"大陆有关方面将于近期开放大陆居民赴台湾旅游。"《大陆居民赴台湾地区旅游管理办法》是继陈云林宣布后,大陆方面在推动大陆居民赴台旅游方面迈出的又一实质性步骤。至此,大陆居民赴台旅游已是"万事俱备,只欠东风",而"东风"就是台湾方面授权岛内旅游行业组织与大陆"海峡两岸旅游交流协会"尽快进行协商,做出安排。

胡锦涛会见连战和参加两岸经贸论坛的台湾各界人士

胡锦涛强调,求和平、促发展、谋合作是时代的潮流。在这样的大势下,我们更应该站在历史的新高度来审视和处理两岸关系,维护台海和平稳定,促进两岸交流合作,最大限度地为两岸同胞谋和平、谋福祉。

胡锦涛表示,我衷心希望,两岸同胞携起手来,牢牢把握两岸关系和平发展这个主题,推动两岸关系朝着和平稳定的方向发展,使我们的感情更融洽、合作更深化,共同开创两岸关系和平发展的新局面,共同促进中华民族的伟大复兴。

本报北京 4 月 16 日讯　记者孙立极、吴亚明报道:中共中央总书记胡锦涛 4 月 16 日上午在北京会见前来参加两岸经贸论坛的中国国民党荣誉主席连战和台湾各界人士。他指出,求和平、促发展、谋合作是时代的潮流。在这样的大势下,我们更应该站在历史的新高度来审视和处理两岸关系,维护台海和平稳定,促进两岸交流合作,最大限度地为两岸同胞谋和平、谋福祉。两岸同胞携起手来,牢牢把握两岸关系和平发展这个主题,推动两岸关系朝着和平稳定的方向发展,使我们的感情更融洽、合作更深化,共同开创两岸关系和平发展的新局面,共同促进中华民族的伟大复兴。

上午 10 时,胡锦涛来到人民大会堂北大厅,同中国国民党荣誉主席连战和夫人,副主席吴伯雄、江丙坤、关中、林益世,新党主席郁慕明等亲切握手,并同出席两岸经贸论坛的全体人员合影留念。

会见时,胡锦涛首先向参加两岸经贸论坛的台湾各界人士致以诚挚的问候。他说,在这春意盎然的时节,有机会同连主席和夫人再次会面,同各位副主席、郁慕明主席以及众多的朋友们相见,我感到十分高兴。

胡锦涛代表中共中央对论坛的成功举办表示热烈的祝贺。他说,举办这次论坛,是我们两党继续开展交流和对话的一次重要活动,也是两岸同胞共商和平发展大计的积极作为。两天来,与会代表以务实、前瞻的态度探讨了两岸经贸合作当前亟待解决的现实问题和未来发展的方向,提出了富有启迪的看法和建言。在两岸各界人士共同努力下,这次论坛取得了重要成果,形成了"两岸经贸论坛共同建议"。

连战代表出席两岸经贸论坛的台湾各界人士,对胡锦涛总书记的关心和支持表示感谢。他说,去年 4 月率中国国民党访问团来大陆进行"和平之旅",与胡锦涛总书记会谈,达成了"两岸和平发展共同愿景"。一年来,在双方共同努力下,两岸经贸合作和各项交流虽然遇到阻挠和困难,但仍然取得了长足的发展,为两岸交流合作的进一步发展奠定了良好的基础,活化了交流的条件。

连战表示,这次论坛形成的共同建议、尤其是陈云林主任受权宣布的大陆方面将采取的促进两岸交流合作、惠及台湾同胞的 15 项政策措施影响深远,代表了两岸主流民意的期盼。

4 月 16 日,中共中央总书记胡锦涛在北京人民大会堂会见中国国民党荣誉主席连战和参加两岸经贸论坛的台湾各界人士。这是胡锦涛同连战亲切握手。　新华社记者 **樊如钧摄**

他说,拥有 13 亿人口的中国大陆,在长达 27 年的时间里,以接近 10%的经济增长率,昂首阔步向前发展,这是人类历史上空前的奇迹。过去 50 多年来,台湾从一个百业凋敝的环境,经过努力奋斗,一步步走过来,创造了经济奇迹。两岸的中国人在不同环境下,都创造了经济奇迹,我们都为此感到骄傲。更重要的是,现在我们民族面临百年罕见、千载难逢的发展机会。两岸同胞应当抓住机会,运用智慧和能力,加强彼此合作,达到共荣双赢的目标。

连战说,和平与繁荣应该是一体两面,没有和平绝对没有繁荣,有了和平才能为繁荣铺路搭桥。当前在两岸关系发展中,仍然存在着和平与冲突、开放与紧缩两种不同方向拉扯的力量。和平是生存、发展、繁荣的基础,两岸必须向前看、向远看。我们应当与人民同心,与时代同步,扩大和平、开放的力量,为历史写下光荣的一页。只要我们锲而不舍,就一定能够创造亮丽的未来。

在认真听取了连战的意见后,胡锦涛发表了重要讲话。他说,去年,也是在春暖花开的 4 月,连主席率中国国民党访问团首次来到大陆,我同连主席进行了富有成果的会谈,双方发表了"两岸和平发展共同愿景"。那次会谈,掀开了两党关系史上新的一页,对台海局势和两岸关系的发展产生了重大影响,得到两岸同胞的广泛认同,也受到国际社会的高度评价。一年来,我们两党为落实达成的各项共识,进行了积极努力,两岸关系出现了朝着和平稳定方向发展的良好势头。事实充分证明:两岸加强交流,共同维护台海和平稳定,共同为两岸同胞谋福祉,是包括两岸同胞在内的所有中华儿女的殷切期盼。

胡锦涛强调,和平发展理应成为两岸关系发展的主题,成为两岸同胞共同为之奋斗的目标。胡锦涛就推动两岸关系和平发展提出四点建议。

第一,坚持"九二共识",是实现两岸关系和平发展的重要基础。50 多年来,虽然两岸尚未统一,但是大陆和台湾同属一个中国的事实没有改变,两岸同胞血浓于水的民族感情也没有改变。14 年前,两岸双方正是基于这一共同认识,本着求同存异的精神,达成了"九二共识",开启了 1993 年的"汪辜会谈"。去年,也正是在坚持"九二共识"的基础上,我们两党达成了"两岸和平发展共同愿景",提出了为两岸同胞谋和平、谋福祉的一系列重要举措。

近些年来,两岸关系波折不断,根本原因就在于"台独"分裂势力罔顾民意,竭力否定"九二共识",蓄意破坏大陆和台湾同属一个中国的现状。事实表明,坚持"九二共识",才能实现两岸和平发展、共同繁荣;坚决反对和遏制"台独",才能消除危害两岸关系和平发展的最大威胁。

第二,为两岸同胞谋福祉,是实现两岸关系和平发展的根本归宿。实现两岸关系和平发展,目的是维护和发展两岸同胞的利益。我们任何时候都要把两岸同胞的利益放在首位。我曾多次说过,凡是关系到台湾同胞切身利益的事情都要认真对待,凡是对台湾同胞作出的承诺都要认真履行。在这里,我要再次郑重表示,我们将忠实履行对台湾同胞作出的承诺,既不会因局势的一时波动有任何改变,也不会因有少数人的干扰和破坏而有任何改变。

第三,深化互利双赢的交流合作,是实现两岸关系和平发展的有效途径。20 多年来,两岸民间交流合作蓬勃发展,基本形成了互补互利的格局,两岸同胞的利益已更加紧密地联系在一起。在经济全球化和区域经济一体化趋势加快发展的形势下,两岸有识之士对深化两岸经贸合作都有着强烈的紧迫感。深化两岸经贸合作,是关系两岸发展前途和两岸同胞利益的大事。我们将采取积极举措,促进早日实现两岸直接"三通",加强两岸农业合作,推动两岸教育交流,促进早日实现大陆居民赴台旅游,扩大台湾同胞在大陆就业的范围,等等,以利于促进两岸交流、扩大两岸互利合作,为两岸关系和平发展创造更有利的条件。

第四,开展平等协商,是实现两岸关系和平发展的必由之路。我们历来主张,两岸应本着前瞻性、建设性的态度进行对话和谈判,心平气和地解决彼此间的各种问题。去年,我同连主席会谈时已经达成共识,双方要共同促进两岸在"九二共识"的基础上尽速恢复平等协商,就共同关心和各自关心的问题进行讨论。只要谈起来,就可以务实协商台湾同胞关心的各种问题,为两岸共同发展开辟道路。

中共中央政治局委员、国务院副总理吴仪,中共中央政治局候补委员、中共中央书记处书记、中共中央办公厅主任王刚,中共中央台湾工作办公室主任陈云林,出席两岸经贸论坛的台湾工商团体负责人、著名企业家和来自大陆各地的台资企业协会负责人参加了会见。

两岸经贸论坛举办期间,胡锦涛在中南海瀛台宴请了连战夫妇和主要随行人员。

4 月 16 日,中共中央总书记胡锦涛在北京人民大会堂会见中国国民党荣誉主席连战和参加两岸经贸论坛的台湾各界人士。

新华社记者 **樊如钧摄**

争取更大作为

——江西省近期经济社会发展述评

本报记者　刘建林　任江华

2005 年 11 月 16 日,随着国道主干线乐化至温家圳高速公路的建成通车,江西省没有六车道高速公路和环城高速公路的历史得以改写。至此,江西省高速公路通车里程达 1580 公里,所有出省公路和省会南昌通往各设区市的公路全部实现了高速化。

高速公路建设只是"十五"期间江西经济社会全面发展的一个缩影。"十五"期间,江西全省生产总值年均增长 11.6%,为历次五年计划中增长最快,2005 年达 4056.2 亿元,按现价总量五年翻了一番;人均生产总值由 2000 年的 586 美元增加到 1140 美元,五年翻一番。实际利用外资累计达 74.59 亿美元,超过此前 20 年的总和,增长速度和人均水平位居中部首位。五年来全省固定资产投资累计达到 7078 亿元,年均增长 33.5%,比"九五"期间年均增幅高 18 个百分点,相当于改革开放以来前 23 年固定资产投资总和的 1.9 倍。

开展主题教育,激发干部群众思想解放和发展愿望

进入新世纪以来,江西经济社会发展何以如此迅速,令人刮目相看?

江西的干部群众至今仍对 2001 年 8 月的省委十届十三次全会——井冈山会议津津乐道。这次会议明确提出"以大开放为主战略、以工业化为核心"的战略思路,和把江西建设成为沿海发达地区的产业梯度转移基地、优质农产品供应基地、劳动力输出基地和旅游休闲"后花园"的战略定位。在此基础上,省委书记孟建柱在 2001 年 12 月召开的中共江西省第十一次代表大会上,代表中共江西省委响亮地提出了"江西要实现在中部地区崛起"的目标。

把江西放在全国大格局中去谋划布局,让江西广大干部群众认识到江西正处于一个加速发展的极其重要的战略机遇期。时任井冈山市委书记的邹海鳌认为,井冈山会议对全省干部思想的触动是多年没有过的,全省上下统一了认识:江西经济社会的落后,本质上是机制、体制的落后,根本上是思想观念的落后。省委书记孟建柱特别提出"坚持把解放思想置于万事之先。必须紧紧抓住跨越式发展与观念滞后这一突出矛盾,与时俱进,把解放思想贯穿于发展的全过程。"

(下转第六版)

促进中部崛起

曾庆红致信勉励参加"龙耀浦江"青年大型交流活动的内地和港澳台青年

本报北京 4 月 16 日讯　中共中央政治局常委、国家副主席曾庆红近日致信,亲切勉励参加"龙耀浦江"青年大型交流活动的内地和港澳台青年。

曾庆红在信中说,欣闻"龙耀浦江"青年大型交流活动在上海隆重举行,这是内地青年与香港、澳门、台湾青年旨在传承中华文化、携手弘扬民族精神的一次青春盛会。我谨向参加本次活动的内地与港澳台青年表示热烈的祝贺和诚挚的问候!

曾庆红说,内地青年和港澳台青年虽然生活在不同的地域,但都是"龙的传人",是祖国的未来和民族的希望。"青年兴则国家兴,青年强则国家强。"希望你们胸怀祖国,放眼世界,勤奋学习,提高本领,加强交流,增进友谊,为中华民族的振兴,为实现祖国内地与港澳地区的共同繁荣、稳定与发展,为促进祖国统一大业的完成作出无愧于时代的贡献。

曾庆红说,上海是我国的经济中心。上海的发展是我们整个国家发展的一个窗口。"龙耀浦江"青年大型交流活动在上海举办,相信一定会使你们亲身感受到祖国蓬勃发展的强劲脉搏,从而激发出为祖国的美好未来而共同奋斗的巨大热情。

"龙耀浦江"青年大型交流活动由中华全国青年联合会与香港青年协会共同举办。16 日上午,"我们共同迈向世界"青年论坛在上海国际会议中心举行。论坛开始前,中共中央政治局委员、上海市委书记陈良宇会见了港澳台嘉宾。团中央书记处第一书记周强、香港特别行政区立法会主席范徐丽泰在论坛上分别致辞,上海市市长韩正在论坛上作了主旨演讲。

没有稳定的社会局面就什么事也干不成

——访中科院微生物研究所所长高福

本报记者　武卫政

4月25日，正在大连参加“国际DNA和基因组活动周”的中科院微生物研究所所长高福接受记者采访时说，胡锦涛总书记的对日关系5点主张，是化解目前中日分歧，推进中日关系健康稳定发展的指导准则。青年朋友们抗议日本当局开倒车行为，表达爱国热情，是完全可以理解的，但是，从中国的长远发展着眼，从中日关系大局出发，表达爱国热情应该更加理性。我们要相信政府一定能够维护好我国的权益，做出最符合我国利益的决策。我们要始终牢记发展是第一要务，始终牢记没有稳定的社会局面就什么事也干不成，把爱国热情化为努力学习和勤奋工作的动力，以实际业绩报效祖国。

“我经常和所里的青年同事和研究生们说，当今世界的国力竞争在很大程度上是科学技术的竞争，落后就要受人欺负，落后就要挨打。作为科研人员，应该努力工作，争取在自己的研究领域多出创新成果；作为青年学生，应该努力学习，为将来从事各种工作打下坚实的基础。”

高福告诉记者，最近一段时间，所里的研究生也在谈论时事，但大家都表现得非常冷静，实验室、图书室还和往常一样人多，研究所园区也平静如常。

高福曾在英国、美国工作过13年，作为中科院引进的人才，他受聘担任微生物所所长以来，也积极组织开展与日本生物科学家的交流和合作，自己经常到日本出差。过两天，他们又要与日本同仁在北京举办一个学术论坛。“我们请他们来，一方面是讨论科学问题，一方面也是让他们看看，目前的政治形势并不会影响两国学者之间正常的学术交流。”

“国与国之间就跟人与人之间交往一样，只有常来常往才能互相了解，只有互相了解才能增进理解。”高福说，这几年中国经济快速发展，中日经贸合作日益广泛，你中有我，我中有你。但是，很多日本朋友到中国来，可能看到的多是发展的亮点，不知道中国还有很多地方经济欠发达甚至还很落后。

所以，建议日本朋友应该多到中国的中西部走走，这样才能全面地了解中国。中国还是一个发展中国家，中国的发展离不开与世界各国的广泛合作。我觉得这一点基本认识，要让国内的民众充分理解，也要通过各种渠道让日本朋友充分理解。

珍惜战略机遇　牢记发展第一

——访中国科技馆馆长王渝生

本报记者　廖文根

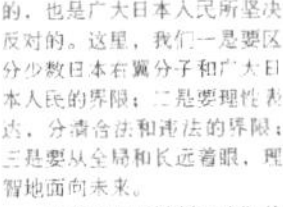

身为中国科技馆馆长的王渝生研究员，4月25日接受记者采访时说，胡锦涛主席最近就中日关系发展提出5点主张，高瞻远瞩，意义深远，为进一步推动中日关系健康稳定发展指明了方向。

我们一定要按照中央的部署，从国家和民族的根本利益出发，正确认识当前复杂的国际形势，妥善处理对日关系面临的各种问题，以忠诚的爱国热情和理智的合法态度，按照“以史为鉴，面向未来”的精神，实现中日关系的健康稳定发展。我们要牢记胡锦涛总书记的谆谆教导，始终牢记发展是第一要务，确保并延长我国面临着的来之不易的重要战略机遇期，加快科技、经济协调发展和社会全面进步，为实现全面建设小康社会贡献我们的青春和力量。

王渝生说，中日两国一衣带水，中日两国人民自隋唐以来已有千余年的友好交往史。但最近一段时期，日本政府和少数右翼分子在历史问题、参拜靖国神社问题和台湾问题等方面开倒车，伤害了中国和亚洲有关国家人民的感情，是不得人心的，也是广大日本人民所坚决反对的。这里，我们一是要区分少数日本右翼分子和广大日本人民的界限；二是要理性表达，分清合法和违法的界限；三是要从全局和长远着眼，理智地面向未来。

在谈到对“抵制日货”的看法时，王渝生说，当今世界，经济全球化的趋势势不可挡。各国生产要素和国际贸易已经跨越了国界，形成相互交流和融合的局面。20世纪二三十年代的“抵制日货”抵制的是真正的日货，现在的“日货”中已有许多“中国制造”的因素。“当前‘抵制日货’对中日双方贸易和国际贸易秩序不利，对我们自身的发展也不利。”

王渝生说，从“科学救国”到“科教兴国”，近百年来我国科技发展经历了一条充满屈辱与艰辛，却又是奋斗与辉煌的历程，为改变贫穷和落后的面貌，实现全面建设小康社会的宏伟目标，需要我们全体公民特别是青少年，努力学习科学技术知识，提高科学文化水平，同时要守纪律，讲法制，加强思想道德建设，弘扬爱国主义精神，走和平发展的道路，实现中华民族的伟大复兴。

向丹麦人学习什么？

刘琼

今年是安徒生诞辰200周年。据报道，丹麦官方将用一年的时间来纪念这位世界文化名人与童话大师。随着纪念内容不断丰富，纪念高潮层出不穷，2005年被称为安徒生年，已不是丹麦人自作多情的预言。

一生书写善良、诗意的丹麦作家安徒生，被世界各地共同怀念着，这一事实尤其让人感动。

中国作为安徒生纪念活动的主要舞台，30多项庆典活动已陆续展开——安徒生童话的各种版本为今年图书市场的重头作，安徒生童话被搬上话剧舞台，电视有安徒生专题，媒体有安徒生童话价值的谈论。当童话成为这个年度的话题主角，除了书商、演出商得到商业的演练之外，经久不衰的安徒生，也让我们体会到了一种尴尬。

我们经常感慨生活改造了价值观，心灵被现实蒙上了油烟，诗意是幼稚的童话。但幼稚的童话不仅成就了一代大师安徒生，创造了经典，而且塑造了人类潜在的人格。应当感谢丹麦这个美丽的国度，它不仅在200年前给“童话的父亲”提供了丰富的营养乳液，而且在200年后的今天，它对一个作家怀抱着无上的尊重和敬畏，满足了人类关于文学的现实理想。

200年来，安徒生已经令丹麦得到足够的注目。站在丹麦的门槛外，世人无不向往这美人鱼和丑小鸭的故乡。与此同时，安徒生在丹麦享受了至高的荣誉。“诗人在远方是伟大的诗人，诗人如果是你的邻居，他就是笑话。”人们常说的这句谚语，在丹麦不适用。创造诗意的安徒生，作为丹麦王冠上最亮的那颗明珠，是丹麦民族荣誉的象征。

于是，就有聪明的国人开始设想，安徒生如果在中国，200年后的今天会受到什么样的待遇？还有人极富想象力地把鲁迅拉出来与安徒生作比。比较文学研究领域的成果不是关注目标，我们感兴趣的是类似疑问为什么会产生？

因为气度，出身寒微的童话作家，才不会在200年后被耻于登上“大雅”之堂；因为有荣誉感，安徒生的光泽，才会掠过漫漫岁月，依然一尘不染；因为对历史怀抱敬畏，丹麦获得了“使用价值”，丹麦也受到世人的普遍尊重。经久不衰的安徒生，不仅是一个人的荣誉，也是一个国家的胜利。

我们为什么感到尴尬？作为千年古国的子民，无数彪炳史册的名字从眼前交替掠过。这些中华民族的脊梁，应该是民族价值判断的标准，是民族历史的创造主体，是可资仰望的高山，更是薪火相传的血脉。然而，曾几何时，鲁迅被摹画成刻薄小人，曹雪芹在酗酒狎妓中荒唐度日，荆轲的智商无非一介武夫，屈原被考证为一个同性恋……消解经典，戏说历史，搞击“脊梁”，有人竟说这是研究方法的创新，实际上是价值观的失落，是历史虚无主义的变形。失去了大是大非，最终结果必将是主流价值的无所适从。

没有历史的民族是无根之族，纵有历史却不尊重历史的民族是无望之族。一个民族只有对历史献上必要和足够的尊重，只有通过有形和无形遗产的合理传播，民族的价值才能在世界民族之林中得到认同，民族才有安身立命的根基。

当代中国，在世界舞台的声音越来越多，除了因为综合国力日渐强大之外，历史和文化是最经得起推敲的资本。与物质财富不同，它是我们民族独有的、不竭的资源。但这样的资本需要承继，资本的价值需要传播。我们纪念安徒生，从中应当学习丹麦人对民族文化遗产的敬畏姿态。

人民时评

危害农林作物　威胁公共安全

红火蚁应急预案启动

本报北京4月27日讯　记者**原国锋**报道：近日出入境检验检疫机构在入境货物中连续截获红火蚁活虫，国家质检总局启动应急预案，要求各地检验检疫机构对发现疫情的货物严格除害，同时向有关国家和地区发出疫情截获通报，要采取措施严防红火蚁传入。

据悉，国家质检总局已成立红火蚁防控应急领导小组，统一部署疫情监测和防控。对广东省出口花卉、苗木、盆景、蔬菜等生产基地进行疫情调查，指导发现疫情的生产基地采取防控措施，发现红火蚁的货物不准出境，并实施除害处理；同时加强对来自红火蚁发生国家或地区的种子、草皮、苗木、花卉、栽培介质、废物及集装箱箱体等检验检疫。

红火蚁是国际上少数几种既可危害农林作物，又对公共安全具有重大威胁的外来有害生物之一。2005年1月17日，我国将红火蚁列为进境植物检疫性有害生物和全国植物检疫性有害生物，并采取封锁控制措施。目前，红火蚁疫情在我国广东省的广州、深圳、珠海和吴川市的部分地区发现。

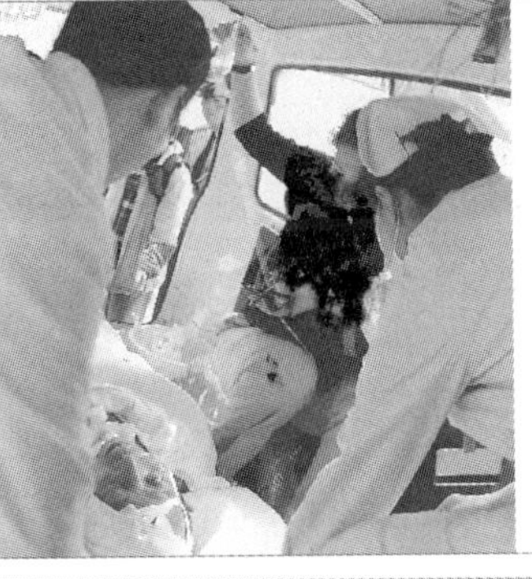

七旬台商病重　直航返台就医

4月27日8时30分，福建医科大学附属第一医院的一辆救护车急驰进福州港马尾客运站。1个多小时后，71岁高龄的病重台商许文德在家属和医护人员护送下，在福州边检站、马尾海关、马尾检验检疫局等单位的通力合作下，顺利搭乘客轮从马尾直接返台湾就医。

据悉，这是海峡两岸联手启动快速救助机制以来，经“两马”航线返台的最年长的一位台胞。

图为医护人员在救护车内为许文德老人输氧。　　俞　松摄

中国国民党大陆访问团开始第二天行程

连战一行拜谒南京中山陵

并参观明孝陵、原民国时期总统府、天妃宫、夫子庙

本报南京4月27日电　记者**孙立极**报道：今天，连战带领的中国国民党大陆访问团开始第二天行程——拜谒了南京中山陵，参访了明孝陵、原民国时期总统府、天妃宫、夫子庙。

在中山先生祭堂，访问团举行了祭拜典礼；在博爱广场，连战发表了简短讲话。他追忆了中山先生的革命生涯及其为了中华民族牺牲奉献、死而后已的精神，他表示，面对今天严峻的两岸局势，我们免不了会回忆中山先生弥留时对国人“和平、奋斗、救中国”的昭示。和平、奋斗，中华民族才有前途、有出息。我们非常期盼大家能够本着一个和平的、奋斗的心情，让台湾能够持续不断地经济发展、建立均富社会，让大陆快速地成长、完成小康社会。这才是我们今天应该全力以赴的共同目标。

下午3时许，访问团参观了位于长江路的原民国时期总统府。一路上，连战饶有兴趣地听导游介绍，时而微笑，时而点头。在原民国时期总统曾经接见外宾的摄影处，连战一行合影留念。在原民国时期总统接待贵宾的休息室，连战题写了“和平奋斗救中国”。

2003年，总统府旧址经修整后改为中国近代史遗址博物馆，陈列有许多近代重要人物的照片。在原行政院办公楼大厅内，连战主席特别停下来观看展板上的照片，上面有不少是中国国民党的前辈人物。整个行程将近一个半小时。

此外，访问团一行还参观了明孝陵和天妃宫。天妃宫里供奉的是闽台普遍信奉的妈祖，连战主席向妈祖敬香后，在正殿前广场，敲响了“国泰民安”平安钟。参观结束后，连战为天妃宫特别题字：“慈航普济”。

晚上，访问团又到南京夫子庙品尝秦淮风味小吃，游览秦淮河夜景，一路受到南京市民的热烈欢迎。访问团成员深受感动和鼓舞，他们说：短短两天的行程让人深切地感受到，两岸关系的良性互动是人民共同的期盼！

聚焦连战大陆行

追随革命先行者的脚步

——连战率中国国民党大陆访问团拜谒中山陵侧记

本报记者　姚小敏　孙立极

4月27日的南京，晴空万里。位于紫金山麓的中山陵在阳光照耀下显得格外庄严肃穆。

当天上午，连战率中国国民党大陆访问团前来拜谒中山陵。这是两岸分隔56年来，中国国民党主席首次亲临谒陵。

这天中山陵正门开启。陵园内，松柏苍翠，芳草萋萋。数千名市民自发来到中山陵，欢迎连战一行。

连战抵南京后，多次表示与南京有“历史联结”、“情感联结”，并称自己是南京人的女婿，很快拉近了与普通市民的距离。许多市民对连战的大陆之行给予高度评价。

8:50：连战率访问团抵达中山陵博爱广场，微笑着向人群不断挥手……

连战一行着装肃穆。连战系蓝底碎花领带，夫人连方瑀着蓝色套装，两人紧紧相伴而行。国民党副主席吴伯雄、林澄枝、江丙坤紧随左右；穿过刻有孙中山手书“博爱”二字的牌坊，连战一行踏上长长的墓道，拾级而上。

图为连战在中山陵发表演说。新华社记者　刘卫兵摄

中山陵392级石阶，连战一行走了半个小时。

9:20：连战一行进入祭堂。面对孙中山石刻坐像，连战和访问团全体成员肃然而立。

9:25：祭奠开始。连战趋前一步，手捧黄色菊花扎成的花环，花环两侧花篮的丝带上写着“总理　孙中山先生灵鉴　中国国民党主席连战暨全体同志　敬献”字样。连战将花环高擎过头，向中山先生坐像行鞠躬礼。司仪宣读祭文，连战率全体访问团成员行三鞠躬礼，默哀一分钟。

随后，访问团依序进入墓室，凭吊孙中山棺椁。两分钟后，连战走出祭堂，在早已准备好的签字台前，挥毫题词“中山美陵”，表达对中山陵完善的保护、紫金山优美环境的不尽赞赏。

回到博爱坊前，连战发表了简短的讲话。他说，今年是中山先生逝世80周年，也是对日抗战胜利60周年。在这样一个时刻，他代表中国国民党，率同所有团员，以庄严、虔敬的心情来到创党总理中山先生灵寝前，致上最高的敬意。看到这么多民众自发自动前来共襄盛举，我们感到无比振奋。

连战表示，中山先生是两岸共同尊崇的革命先行者。让我们大家一起追随革命先行者的脚步共同努力，共同图强，做一个扬眉吐气的中国人。

在向欢迎的人群告别时，连战说：我们今天在这里时间很短，但这种心情让我们永难忘记，我再次感谢成千上万的市民，在这阳光普照的日子里，我们互相勉励。国民党副主席林澄枝对在场的记者说，今天自己几度眼眶湿润，她一定要把这样的感受带回台湾，让更多的人了解。国民党副主席吴伯雄说，今天人们的热情真比气温还要高！

（本报南京4月27日电）

“连战主席，欢迎您”

本报记者　孙立极

4月27日早6点多，南京市民黄宝国就带着一对儿女打车赶到中山陵，要把昨晚花3个钟头做好的条幅“连战主席　欢迎您”献给来谒陵的中国国民党主席连战。

和黄宝国有类似想法的人还不少。几位原国民党将领的亲属也早早来到中山陵，并打出横幅：热烈欢迎国民党主席连战率团访问大陆。9点，当连战一行抵达中山陵时，陵道两侧夹道欢迎的人群中不乏青年学生，更多的则是白发染鬓的老人。他们自发地鼓起掌来，还有人高呼“欢迎”。

黄宝国说，听说中国国民党主席连战来访，感觉看到两岸和平统一的曙光，特意做了欢迎条幅表示真挚的敬意，希望他一路平安。他激动地说：“中华儿女需要和平、盼望和平！”

南京理工大学经济管理系四年级学生邓维、周军、李华也一早骑自行车来到中山陵。邓维说，他希望连战先生这次可以把大陆人民的心声带回台湾，也希望他能助推两岸和平，最终走向统一。周军则表示，无论怎样，连战带团来访都是好的开端，他期待两岸良性互动共创美好未来！

77岁的刘老先生与夫人是土生土长的南京人，听说连战来访，表示“非常高兴”。刘老先生说：“希望两岸多沟通，双方才能彼此理解。人生能有几个56年啊！”刘奶奶在旁也说：“团结起来有力量！”

谒陵完毕，连战在博爱广场发表感言，数千人站在烈日下听完整个演讲。人们数次报以热烈掌声，还有人大声称赞“讲得好！”

直到连战一行乘车离去，仍有数千群众站在路边，挥手相送，一位老先生还恳切地叮嘱：“要常回来看看啊！”

（本报南京4月27日电）

七十六载中山陵

中山陵作为伟大的民主革命先驱孙中山先生的墓地，位于南京东郊钟山风景区内，是海内外华人竞相瞻仰的地方。

1925年3月12日，孙中山在北京病逝。遵照先生生前归葬南京东郊钟山之遗愿，南京国民政府决定建造中山陵。1929年春，陵墓主体工程完工，同年6月1日举行了隆重的奉安大典。

中山陵陵园平面呈警钟型，寓意为“警钟长鸣，唤醒世人”。陵墓建筑既有时代气息，又蕴民族风格，是中国近代大型群体建筑的杰作。中山陵园是全国重点文物保护单位，现园林总面积达3000多公顷，四季景致美轮美奂。

（据新华社电）

民国时期总统府

南京原民国时期总统府如今全面整修、扩建，成为面积达12万平方米的中国近代史遗址博物馆。这片古建筑群始建于明洪武皇帝朱元璋时代。辛亥革命后的1912年1月1日，这里成为孙中山的临时大总统府，当日晚10时，孙中山宣誓就任中华民国临时大总统，发表《临时大总统就职宣言》和《告全国同胞书》。1928年4月，国民政府在此成立。

根据“修旧如旧”的原则，博物馆全面恢复了原国民政府、总统府、行政院、清两江总督署等旧址的原貌，再现了当年官府机构的历史建筑和内部陈设。

（据新华社电）

人民日报

RENMIN RIBAO

今日 8 版（华东、华南地区 12 版）　国内统一连续出版物号 CN 11-0065　第 20748 期（代号 1-1）

人民网　网址：http://www.people.com.cn　手机：http://wap.people.com.cn

人民日报社出版

2005 年 4 月 30 星期六 乙酉年三月廿二

北京地区天气预报

白天　多云转阴　浮尘　傍晚有阵雨　降水概率 60%　风向　偏南　风力　三、四级

夜间　阴转晴　降水概率 40%　风向　南转北　风力　三、四级

温度　27℃/14℃

胡锦涛和连战在北京举行正式会谈

胡锦涛强调，为了中华民族的根本利益和两岸同胞的福祉，基于认同『九二共识』、反对『台独』的立场，共同致力于维护台海和平稳定，促进两岸关系发展，谋求中华民族的伟大复兴，是新的时代背景下我们两党交往的政治基础，也是两党的共同主张。这符合两岸同胞的期待，也顺应中国和世界发展的潮流

连战指出，国民党反对『台独』，反对『台湾正名』、『制宪』、『去中国化』、『一边一国』、『台独』时间表等『台独』主张和活动。我们主张在『九二共识』架构下进行有意义的沟通，建立一个两岸关系和平发展的大环境

胡锦涛就发展两岸关系提出 4 点主张：

第一，建立政治上的互信，相互尊重，求同存异

第二，加强经济上的交流合作，互利互惠，共同发展

第三，开展平等协商，加强沟通，扩大共识

第四，鼓励两岸民众加强交往，增进了解，融合亲情

本报北京 4 月 29 日讯　记者吴亚明报道：中共中央总书记胡锦涛今天下午和中国国民党主席连战在北京举行正式会谈。胡锦涛强调，当前，两岸关系正处在关键时期。在这样的形势下，我们两党的领导人坐在一起，就发展两岸关系和两党交往的重大问题开诚布公地进行对话交流，这是我们两党正视现实、开创未来的重要标志。为了中华民族的根本利益和两岸同胞的福祉，基于认同"九二共识"、反对"台独"的立场，共同致力于维护台海和平稳定，促进两岸关系发展，谋求中华民族的伟大复兴，是新的时代背景下我们两党交往的政治基础，也是两党的共同主张。这符合两岸同胞的期待，也顺应中国和世界发展的潮流。

会谈在人民大会堂福建厅举行。胡锦涛首先表示，今天同连主席在这里会谈，这是 60 年来中国共产党和中国国民党的主要领导人首次举行会谈，是一次历史性会谈，具有重要的历史意义和现实意义。连战主席和国民党中央毅然决定来访，是难能可贵的。这不仅仅是一个来访的决定，而且是对发展两岸关系作出的重要选择。我对你们的勇气和决心表示敬意。

胡锦涛先请连战发表关于发展两岸关系和两党交往的意见。

连战指出，我和胡锦涛总书记今天的会谈，是国共两党促进两岸关系和平发展的契机。国民党反对"台独"，反对"台湾正名"、"制宪"、"去中国化"、"一边一国"、"台独"时间表等"台独"主张和活动。我们主张在"九二共识"架构下进行有意义的沟通，建立一个两岸关系和平发展的大环境，进而推动签署两岸和平协议。我期望两岸关系能够从当前对抗的恶性循环扭转成为合作的良性循环。

连战说，两岸在市场、人才、技术、资金各有优势，彼此是可以互补的。加强两岸在这些领域的合作，可以达到一加一大于二的综合效果。当前，两岸交流可以经贸合作为主轴，建立两岸经济合作机制，逐步形成互依互惠互补的关系。可以先建立一个民间性质的经济合作论坛，邀请两岸财经界重要人士讨论重要的合作议题，然后促进落实。

连战还表示，希望建立两岸党对党沟通平台，定期就两岸关系重大问题交换意见，以增进双方了解，促进两岸关系的改善与发展。

在认真听取了连战的意见后，胡锦涛说，近代以后，中国饱经磨难，中国人民为谋求民族独立、国家富强、人民幸福，历尽艰难困苦，始终奋斗不渝。实现中华民族的伟大复兴，是近代以来全体中国人和无数仁人志士的夙愿。1978 年以来，大陆在以往建设的基础上实行邓小平同志倡导的改革开放的新政策，提出了现代化建设"三步走"战略的发展目标。经过 20 多年的努力，到 20 世纪末，我们已经实现了第一步目标和第二步目标，人民生活总体上达到小康水平，国际地位和国际影响显著提高。现在，我们进入了全面建设小康社会、加快推进现代化的发展阶段。大陆建设取得的成就，也包含着台湾同胞的重要贡献。经过 20 多年的发展，海峡两岸的经济交流和合作已经达到相当的规模和水平，显示出蓬勃的生机，从而使两岸同胞的利益和命运更加紧密地联系在一起。这为两岸共同发展提供了历史性机遇。着眼于两岸关系的发展，着眼于中华民族的长远未来，两岸同胞应该抓住机遇、携手合作、开创未来，实现两岸共同繁荣，实现真正意义上的全民族的伟大复兴。

胡锦涛指出，近年来，"台独"分裂势力的活动不断加剧，给台海地区的和平稳定造成了严重影响，给两岸关系发展和国家统一造成了严重危害，也造成了岛内的思想混乱和政治动荡，不能不引起我们严重关注。如果不坚决加以制止，威胁台海和平的紧张根源就难以消除，两岸共同发展繁荣的历史性机遇就会丧失，台湾同胞的福祉就会被断送。只有坚决遏制"台独"，才能保证两岸关系和平稳定发展，才能维护两岸经济社会发展所需要的安宁环境，才能保障两岸同胞的切身利益，中华民族的根本利益才能不受损害。

胡锦涛说，两岸关系发展正处在一个关键时期。构建和平稳定发展的两岸关系，对两岸同胞有利，对中华民族的长远发展有利。我们两党应该为此作出积极努力。胡锦涛就发展两岸关系提出 4 点主张。

第一，建立政治上的互信，相互尊重，求同存异。实现两岸关系和平稳定发展，双方建立政治上的互信至关重要。10 多年前，两岸在互信的政治基础上取得相互谅解，本着求同存异的精神，达成了"九二共识"。"九二共识"既确认了双方均坚持一个中国的共同立场，又搁置了双方的政治分歧，是发挥政治智慧、照顾各方利益的成果。这一重要成果，值得我们倍加维护和珍惜。近些年来，两岸关系发展所以一再出现波折，甚至几近危险的边缘，根本原因就是台湾岛内有人否定一个中国原则的共识，使双方互信的基础屡遭破坏。中国共产党主张两岸和平统一，是从两岸同胞和中华民族的根本利益出发的。

（下转第四版）

胡锦涛会见中国国民党大陆访问团

指出中国国民党大陆访问团的来访，是中国共产党和中国国民党关系史上的一件大事，也是当前两岸关系中的一件大事。我们共同迈出的这一步，必将记载在两岸关系发展的史册上

4 月 29 日，中共中央总书记胡锦涛在北京人民大会堂会见中国国民党主席连战率领的中国国民党大陆访问团全体成员。这是胡锦涛同连战亲切握手。　新华社记者　王　岩摄

本报北京 4 月 29 日讯　记者吴亚明报道：中共中央总书记胡锦涛今天下午在北京亲切会见了中国国民党主席连战率领的中国国民党大陆访问团全体成员。胡锦涛强调，在当前两岸关系复杂变化的形势下，我们两党应该深入体察两岸同胞的所愿所想，深入把握两岸关系以及世界大势的发展趋向，以积极的作为向两岸同胞展现两岸关系和平发展的希望，向世界表明两岸中国人有智慧、有能力妥善处理彼此的矛盾和问题，共同争取两岸关系和平稳定发展的前景，共同推进中华民族的伟大复兴。

下午 3 时，胡锦涛来到人民大会堂北大厅，同连战和夫人方瑀，以及吴伯雄、林澄枝、江丙坤、林丰正、徐立德等人亲切握手。随后，胡锦涛来到人民大会堂东大厅，会见中国国民党大陆访问团全体成员并合影。

在会见中，胡锦涛发表了重要讲话。他说，4 月的北京，春意盎然。在这个美好的季节，中国国民党主席连战先生率大陆访问团来到这里。我很高兴同大家见面。首先，我代表中共中央，向连战主席和夫人，向中国国民党大陆访问团全体成员，表示热烈的欢迎，并致以良好的祝愿。

胡锦涛指出，你们的来访，是中国共产党和中国国民党关系史上的一件大事，也是当前两岸关系中的一件大事。从你们踏上大陆的那一刻起，我们两党就共同迈出了历史性的一步。这一步，既标志着我们两党交往进入新的发展阶段，也体现了我们愿共同推动两岸关系发展的决心和诚意。我们共同迈出的这一步，必将记载在两岸关系发展的史册上。

胡锦涛强调，当前，两岸同胞都希望两岸关系走向和平稳定发展的光明前景。我们多次表示欢迎认同"九二共识"、反对"台独"、主张发展两岸关系的台湾各党派、团体和代表性人士同我们开展交流和对话，共同推动两岸关系改善和发展。我相信，只要我们都以中华民族的根本利益为重，都以两岸同胞的福祉为重，就一定可以求同存异，共同开创美好的未来。

胡锦涛说，今年是孙中山先生逝世 80 周年。中山先生是伟大的爱国主义者和民族英雄，是中国民主革命的伟大先行者。他为追求民族独立、民主自由、民生幸福和实现国家统一与富强贡献了毕生精力，在中国各族人民和一切爱国人士中享有崇高的威望。中国共产党人始终对他怀着崇高的敬意，从来就是中山先生革命事业的坚定支持者、合作者、继承者。中山先生也把中国共产党人看作自己的好朋友。在当年中国内忧外患的情况下，中山先生第一个喊出了振兴中华的响亮口号。这理应继续成为两岸中国人共同的追求和责任。中山先生给中华民族和中国人民留下许多宝贵的精神遗产，值得我们永远继承和发扬。

胡锦涛最后表示，我相信，你们的来访以及我们两党的交流对话，将为改善两岸关系注入春天的气息。让我们共同努力，推动两岸关系朝着和平稳定的方向发展，让两岸同胞一起在和平发展的大道上共创未来。

连战表示，首先，我对胡总书记会见中国国民党大陆访问团全体成员，表示最由衷的感谢。今天的会见，是国共两党 60 年来的第一次；一会儿我和胡总书记的会谈，也是 60 年来两党交换意见最高层次的一次。这一趟来得不容易，在当前两岸关系形势下，真是难能可贵。

连战还说，1992 年，经过双方努力，终于建立了基本共识，在此基础上实现了"辜汪会谈"，促进了两岸关系的发展。今天，国共两党的会见，超越了以往的格局，是从两岸人民的福祉和中华民族的利益出发，加强理解和信任，谋求两岸关系和平发展的前景。

中共中央政治局委员吴仪，中共中央政治局候补委员、中共中央书记处书记、中共中央办公厅主任王刚，中共中央台湾工作办公室主任陈云林等参加了会见。

中国共产党总书记胡锦涛与中国国民党主席连战会谈新闻公报

二〇〇五年四月二十九日

应中国共产党中央委员会总书记胡锦涛邀请，中国国民党主席连战率国民党大陆访问团，于二〇〇五年四月二十六日至五月三日访问大陆。这是国共两党一次重要的交流与对话。在两党"正视现实，开创未来"的共同体认下，四月二十九日，胡总书记与连主席在北京举行会谈。双方就促进两岸关系改善和发展的重大问题及两党交往事宜，广泛而深入地交换了意见。这是六十年来国共两党主要领导人首次会谈，具有重大的历史和现实意义。四月二十八日，中共中央政治局常委贾庆林会见了国民党访问团全体成员。两党工作机构负责人进行了工作会谈。

基于两党对促进两岸关系和平稳定发展的承诺和对人民利益的关切，胡总书记与连主席决定共同发布"两岸和平发展共同愿景"。全文如下：

五十六年来，两岸在不同的道路上，发展出不同的社会制度与生活方式。十多年前，双方本着善意，在求同存异的基础上，开启协商、对话与民间交流，让两岸关系充满和平的希望与合作的生机。但近年来，两岸互信基础迭遭破坏，两岸关系形势持续恶化。目前两岸关系正处在历史发展的关键点上，两岸不应陷入对抗的恶性循环，而应步入合作的良性循环，共同谋求两岸关系和平稳定发展的机会，互信互助，再造和平双赢的新局面，为中华民族实现光明灿烂的愿景。

两党共同体认到：

——坚持"九二共识"，反对"台独"，谋求台海和平稳定，促进两岸关系发展，维护两岸同胞利益，是两党的共同主张。

——促进两岸同胞的交流与往来，共同发扬中华文化，有助于消弭隔阂，增进互信，累积共识。

——和平与发展是二十一世纪的潮流，两岸关系和平发展符合两岸同胞的共同利益，也符合亚太地区和世界的利益。

两党基于上述体认，共同促进以下工作：

一、促进尽速恢复两岸谈判，共谋两岸人民福祉

促进两岸在"九二共识"的基础上尽速恢复平等协商，就双方共同关心和各自关心的问题进行讨论，推进两岸关系良性健康发展。

（下转第四版）

4 月 29 日，中共中央总书记胡锦涛在北京人民大会堂东大厅会见中国国民党主席连战率领的中国国民党大陆访问团全体成员。　新华社记者　鞠　鹏摄

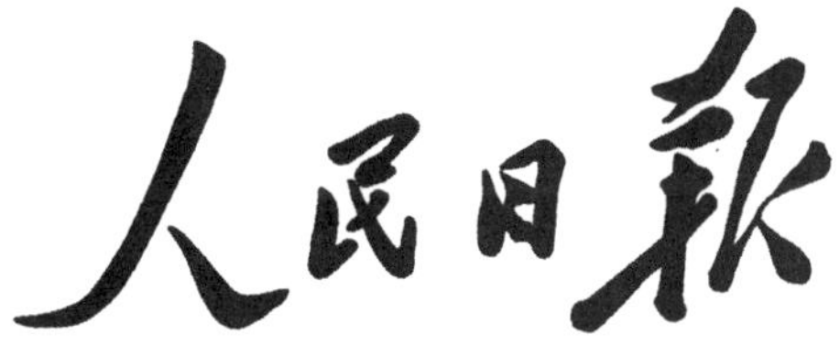

RENMIN RIBAO

今日4版

人民网 网址:http://www. people. com. cn
手机:http://wap. people. com. cn

国内统一连续出版物号 CN 11-0065
第20752期（代号1-1）
人民日报社出版

2005年5月
4
星期三
乙酉年三月廿六

北京地区天气预报
白天 多云转阴
降水概率 40%
风向 偏南
风力 二、三级
夜间 阴转小雨
降水概率 80%
风向 偏南
风力 一、二级
温度 27℃/12℃

大力弘扬伟大的劳模精神

本报评论员

胡锦涛同志在全国劳动模范和先进工作者表彰大会上的重要讲话中强调，要在全社会广泛宣传劳动模范和先进工作者的先进事迹、优秀品质、高尚精神，给他们以应有的光荣和地位，推动全社会进一步尊重劳模、关心劳模、学习劳模、争当劳模，让劳模精神不断发扬光大。这充分体现了我们党全心全意依靠工人阶级的方针，对工人阶级和广大劳动群众是一个极大的鼓舞，对全国各族人民是一个极大的激励。

劳动模范是工人阶级的优秀代表，是民族的精英、国家的栋梁、社会的中坚、人民的楷模。他们以实际行动铸就了爱岗敬业、争创一流、艰苦奋斗、勇于创新、淡泊名利、甘于奉献的伟大劳模精神。新中国成立50多年来，一代又一代先进模范人物干一行、爱一行、精一行，在各自的工作岗位上建功成才，为社会创造了巨大的物质财富和精神财富。这些先进模范人物用自己的辛勤劳动和开拓创新，谱写了如歌如泣的动人篇章，充分展示了中华民族顽强拼搏、自强不息的崇高品格，充分体现了中国人民与时俱进、开拓创新的时代风貌。

劳模精神引领时代精神，劳模价值创造社会价值。每一个时代的劳模都有其特点，但无论时代如何变迁，永远不变的是劳模精神的本质。这包括，爱岗敬业、为国为民的主人翁精神，争创一流、与时俱进的进取精神，艰苦奋斗、艰难创业的拼搏精神，勇于创新、不断改进的开拓精神，淡泊名利、默默耕耘的"老黄牛"精神，甘于奉献、乐于服务的忘我精神，紧密协作、相互关爱的团队精神。劳模精神代代相传，也不断被赋予新的内涵。新时期劳模精神不仅体现在艰苦创业、踏实苦干，更表现为不断学习新知识，刻苦钻研新技术，努力掌握新本领，持续增强学习能力、创新能力、竞争能力和创业能力。广大劳动模范和先进工作者一定会珍惜荣誉、谦虚谨慎，发扬成绩、再接再厉，为党和人民再立新功。

劳模精神，是我们伟大民族精神的重要体现，是激励我们奋勇前进的重要精神动力。以劳动模范和先进工作者为榜样，就是要学习他们忠于党和人民的伟大情怀，学习他们坚信中国特色社会主义事业必胜的坚定信念，学习他们脚踏实地、埋头苦干的优良作风。大力弘扬伟大的劳模精神，就是要营造劳动光荣、知识崇高、人才宝贵、创造伟大的社会氛围，动员和激励广大干部群众紧紧抓住重要战略机遇期，聚精会神搞建设，一心一意谋发展，坚定信心、振奋精神，立足本职、扎实工作，信心百倍地投身改革开放和现代化建设。

全面建设小康社会和构建社会主义和谐社会，是党领导人民依靠自身的力量实现自己利益的伟大事业，也是造就英雄、崇尚劳模、追赶先进的广阔天地。让我们人人向劳模学习，让劳模精神光耀神州，把我们的事业不断推向前进。

发愤学习创和谐 立志成才做栋梁

北大学子把爱国之情化为学习动力

本报北京5月3日讯 记者施芳报道：今年的5月4日，是五四运动86周年纪念日，也是北京大学建校107周年纪念日，莘莘学子用各种方式来庆祝这个特别的日子，立志把爱国之情化为学习动力。

50多名师生代表今天参加了纪念五四运动86周年师生座谈会。与会师生首先观看了《86年"五四"精神路》的视频资料，回顾了86年来北大人始终立足于社会现实、以行动实践"五四"精神的历程。政府与管理学院的2002级硕士研究生、青年马克思主义发展研究会李平原等6名同学代表结合自身的学习、生活、工作，分别从如何用先进的理论指导成长之路、共同担当民族复兴大任的责任意识、以"科学"精神走理性报国路、提高现代公民素质、支援服务社会的奉献精神、做符合时代需要的合格人才等六个方面，具体阐述了"五四"精神的时代内涵和当代青年应当如何继承"五四"精神。夏学銮教授从青年文化与青年群体社会角色方面阐述了当代大学生应有的发展状态；梁柱教授则从历史和理论的高度对"五四"传统进行了新的总结。党委副书记张彦总括了"五四"精神的内涵，希望北大学生能够时刻牢记"爱国、进步、民主、科学"的"五四"精神，结合自身实际和社会现实，将其切实落实到个人的学习、生活中，在不断实践中健康成长成才。

4月30日上午，北京大学举行校庆升旗仪式，在庄严雄壮的国歌声中，天安门国旗护卫队的27名战士同北京大学国旗班的同学一道升起了一面鲜艳的五星红旗。党委书记闵维方在讲话中指出，北京大学百余年来走过了不平凡的历程，在中华民族谋求独立和解放的艰难历程中，在中华民族实现振兴与发展的孜孜努力中，做出了不可磨灭的贡献。他希望广大师生员工坚定信念，携手同心，以更加饱满的精神、更加昂扬的斗志去完成建设世界一流大学的历史使命。

学生代表宣读了《坚定信念 学以报国——为北京大学107周年校庆致全体学子》的倡议书。倡议书号召北大学子发扬母校百年来的光荣传统，心系祖国、心系人民，不辱使命、不负重托，像前辈先贤那样无私奉献、务实进取，在北大迈向世界一流大学的征程中贡献力量。

北京大学、武警天安门警卫支队的领导还与北大学子一道放飞了载有祝福卡片的气球，表达了对祖国和学校的真挚情意；并在印有"发愤学习创和谐，立志成才做栋梁"的校庆横幅上签名寄语。

活动结束后，同学们纷纷表示要铭记今天的誓言，继承北大优良传统，弘扬"五四"精神，以平凡之我创不平凡之业绩，为北大的繁荣、为民族的兴旺贡献力量。

"五一"节期间，青海省互助土族自治县的土族风情旅游景区迎来了大批游客。传统的土族歌舞，多彩的民族服饰，欢快的"轮子秋"，令人赏心悦目。图为五月三日，一位土族阿姑为游客送上当地酿制的青稞美酒。

新华社记者 侯德强摄

新闻摄影

邓中翰等十五人获"中国青年五四奖章"

据新华社北京5月3日电 （记者李亚杰）共青团中央、全国青联日前作出决定，授予在改革开放和社会主义现代化建设中做出突出贡献的邓中翰等15名同志"中国青年五四奖章"。

荣获第九届"中国青年五四奖章"的15名青年是："星光中国芯工程"总指挥、研究员、北京中星微电子有限公司董事长邓中翰，北京市海淀区人民法院知识产权庭庭长宋鱼水，中国科学院北京基因组研究所司法物证鉴定中心主任、首席科学家邓亚军，中国航天科技集团公司第八研究院研究员、长征二号丁运载火箭总指挥、总设计师马佳，湖北省秭归县归州镇初级中学教师陈春晓，辽宁省公安消防总队本溪支队明山大队特勤班班长金春明，山东省淄博市张店区沣水镇城东村党支部书记孙守年，新疆和静县和静镇巩哈拉村村委会主任艾买提·买买提，哈尔滨电机厂有限责任公司冷作分厂技师赵毓忠，红豆集团有限公司总裁、高级经济师周海江，中国人民解放军某部李世刚，武警交通一总队四支队五中队中队长刘红春，中央电视台文艺中心制片人、主持人、主任播音员周涛，中国乒乓球队男队主教练刘国梁，上海市普陀区人民医院护士长于井子。

共青团中央、全国青联要求全国各级共青团、青联组织采取多种形式宣传邓中翰等15名同志的先进事迹，在全国广大团员青年中进一步弘扬崇尚先进、学习先进、争当先进的良好风尚。

百家网站助推大学生志愿服务西部计划

志愿服务西部 心动不如行动

本报北京5月3日讯 记者温红彦报道：为推动今年大学生志愿服务西部计划招募工作的开展，在全社会营造关注、支持大学生志愿服务西部计划的良好舆论氛围，由中青网联合全国百家网站日前共同发起"心动不如行动——全国百家爱心网站携手大学生志愿服务西部计划"大型公益活动。

中青网总裁欧阳向群说，此次活动的目的是为了进一步宣传大学生志愿服务西部计划行动，发扬志愿精神，让更多的青年朋友加入到这一高尚的行动中来。人民网总裁何家正为此次活动发去贺电："贡献青春无怨无悔，促进西部全面发展"。福建东南新闻网总裁刘伟泽代表东南网表示愿意和中青网一起行动，号召更多的学子投身到西部大开发的洪流中去。

大学生志愿服务西部计划是由团中央、教育部、财政部、人事部共同组织实施的。自2003年以来，已有3万余名大学毕业生奔赴中西部地区300多个贫困县的乡镇一级开展志愿服务工作。今年的大学生志愿服务西部计划招募阶段是从4月22日至5月10日，通过公开招募、自愿报名、组织选拔、集中派遣的方式，新招募8621名应届大学毕业生参加西部计划全国项目，到西部基层开展为期1—2年的支教、支医、支农等专项行动。

据了解，截至5月2日17时，参加2005年大学生西部计划报名人数已经达到26841，其中党员5987人，团员20298人。

中共中央台办、国务院台办主任陈云林受权宣布

大陆同胞向台湾同胞赠送大熊猫

大陆有关方面将于近期开放大陆居民赴台湾旅游
对10余种准入的台湾水果实行零关税

本报上海5月3日电 记者孙立极、沈文敏报道：受中共中央和国务院的委托，今天上午，中共中央台湾工作办公室、国务院台湾事务办公室主任陈云林在这里宣布，大陆同胞向台湾同胞赠送一对象征和平团结友爱的大熊猫；同时宣布，大陆有关方面将于近期开放大陆居民赴台湾旅游，扩大开放台湾水果准入并对其中10余种实行零关税。

陈云林说，大熊猫是中华民族的瑰宝，深受海内外中华儿女和全世界人民的珍爱。多年来，大陆同胞一直怀有向台湾同胞赠送大熊猫的心愿，许多台湾同胞也不断表达能够在台湾亲眼目睹大熊猫风采的期待。我们注意到，在近日中国国民党主席连战访问大陆和亲民党主席宋楚瑜即将来访之际，两岸同胞的情感进一步交融，广大台湾同胞强烈希望能够实现大熊猫落户宝岛。经过各方面研究与协调，并经批准，我受权正式宣布，大陆同胞向台湾同胞赠送一对大熊猫。我们相信，大熊猫温顺的性情、孤洁的品性、可掬的憨态，将带给台湾同胞生活的愉悦，满足小朋友们天真的童趣。我们希望连主席和国民党、宋主席和亲民党以及台湾社会各界共同促成此事。希望台湾主管部门考虑台湾同胞的热切期盼，予以同意。

陈云林表示，继续出台解决台湾同胞关心的问题、维护台湾同胞正当权益的政策措施，是我们对台湾同胞的承诺。开放大陆居民赴台湾旅游，不仅可以扩大两岸民间交往，而且有助于促进台湾旅游、餐饮服务及相关产业的繁荣，给台湾民众带来实实在在的利益。由于众所周知的原因，这件事情一直未能办成。国民党、亲民党多次向我们表达了台湾同胞期待大陆居民赴台旅游的强烈愿望，亲民党并就此提出了具体意见和建议。我们的旅游主管部门和相关团体欢迎台湾旅游业民间组织，尽快与我们磋商相关问题，作出安排。

陈云林指出，台湾高等级、高品位的水果具有较高经济价值，是台湾农民增加收入的重要来源之一。但由于气候、产量、市场等因素，经常出现销售困难，造成大量损失。解决台湾水果在大陆销售问题，是我们与国民党、亲民党达成的共识之一。经过认真评估，我们决定：第一，将检验检疫准入的台湾水果由12种扩大到18种；第二，将对10余种台湾水果实行零关税措施；第三，对从台湾准入的水果，大陆已做好准备，将在通关、检验检疫等方面提供便利措施。希望台湾主管方面尽快同意台湾农会等行业组织与我们就解决水果原产地证明及检验、检疫等事宜进行磋商，并考虑水果运输的时效性，提供直接运输便利。

让现代化光芒照亮察尔汗

——记"中国十大杰出青年"称号获得者李小松

本报记者 陈沸宇 郅振璞

图为李小松在查阅有关钾盐研究的最新动态。 本报记者 陈沸宇摄

今年年初，青海盐湖工业集团宣布，去年公司的钾肥产量首次突破百万吨，销售收入超过10亿元，利润总额达到5亿元，生产与经营取得历史最好成绩。

实现这些目标，归功于为此付出了心血的盐湖科技人员，尤其是他们的领头人——"中国十大杰出青年"称号获得者、青海盐湖工业集团副总经理、总工程师李小松。

浩瀚盐湖扎下根

1982年8月，21岁的李小松从华东化工学院毕业分配到青海钾肥厂（青海盐湖工业集团的前身）工作。

青海钾肥厂位于察尔汗盐湖，是柴达木盆地的盆底，平均海拔2680米。这个荒凉的地方资源异常丰富，是我国最大的可溶性钾镁盐矿床，共和国的钾肥工业从这里起步。

起步时的钾肥厂很荒凉，李小松被安排在一间用纤维板搭成的板房里。一个月后，他被安排到钾肥厂实验室工作。实验室的条件非常艰苦，没有像样的仪器设备，也没有经费。夜深人静时，他想家了，想过几年就设法调回省城西宁。

然而，两件事改变了他的想法：一是当时的生产基本上还是手工艺简易生产，劳动强度非常大；二是劳动强度虽大，产量却极低。作为一名盐湖科技工作者，他感到心情沉重，就问盐田的老一代科研人员，国家既然那样急缺钾肥，为什么不能像美国、以色列那样，也搞大规模的现代化生产？前辈告诉他，现代化大生产要建立在对当地资源特点的科学认识基础上，我们许多基础研究还跟不上，现在想搞也难啊！

（下转第二版）

中国国民党主席连战率团结束大陆访问返台

本报上海5月3日电 记者孙立极、沈文敏报道：中国国民党主席连战率领中国国民党大陆访问团，圆满结束了8天7夜的大陆访问行程，搭乘东方航空公司航机，于中午13时离开上海，经香港返回台湾。

连战在上海浦东机场发表了简短谈话。他说，国民党访问团8天的"和平之旅"今天非常愉快、非常顺利地告一段落。这次承蒙中共中央和有关单位的热情接待和妥善安排，尤其是每到一处老百姓自发欢迎所展示的友谊，是他和访问团成员最值得回忆的珍贵经验。连战说："我们今天在这里向大家道一声珍重再见。我们希望杨柳青时不但能忆故人，还希望大家再来在一起。"

中共中央台办主任陈云林、上海市委副书记罗世谦等到机场送行。

连战一行于3日19时30分许平安返抵台北桃园机场。国民党副主席王金平、马英九及10多位国民党籍民意代表前往机场迎接连战一行。

宋楚瑜率亲民党大陆访问团来访

中台办负责人表示已准备好欢迎

新华社北京5月3日电 （记者陈键兴）中共中央台湾工作办公室副主任王在希3日在国务院新闻办公室举行的记者会上表示，我们已做好准备，欢迎亲民党主席宋楚瑜率领的亲民党访问团来大陆访问。

王在希说，亲民党主席宋楚瑜先生，应中共中央和中共中央总书记胡锦涛的邀请，将率亲民党大陆访问团，于5月5日至5月13日，来西安、南京、上海、长沙、北京访问。在北京期间，胡锦涛总书记等中共中央领导人将会见亲民党访问团，并与宋楚瑜主席进行正式会谈。

他同时表示，我们欢迎台湾各党派、团体和代表性人士，与我们开展交流和对话，共同推动两岸关系的改善和发展。对于接触、对话的对象，我们没有成见。不论是哪个党，只要认同"九二共识"、反对"台独"、主张发展两岸关系，我们都愿意与之接触、对话。

王在希说，我们现在与民进党没有党际来往，关键的问题是民进党一直坚持"台独党纲"。只要民进党承认"九二共识"，放弃"台独党纲"，停止"台独"分裂活动，我们也欢迎他们来大陆访问，并就发展两岸关系等双方共同关心的问题进行对话、交流。我们曾多次表示，欢迎广大的中下层民进党成员，以适当的身份来大陆参观访问。我们的这一立场没有改变。

黄金周前三天接待游客逾910万人次

部分城市和景区启动应急预案确保旅游安全有序

本报北京5月3日讯 记者龚雯从全国假日办获悉：今天，各旅游城市和主要景区旅游人数较昨天又有明显上升。据初步统计，全国116个直报旅游区（点）在"五一"黄金周前三天共接待游客近913万人次，门票收入近3亿元。部分城市和景区开始启动应急预案确保旅游市场安全有序。

5月2日17时至5月3日17时，全国假日办共接到投诉和咨询电话84个。民航方面的投诉较前两日明显减少，游客反映的情况主要集中在旅行社、景区和公路运输方面，涉及接待标准、行程调整、景区票价等问题。

自5月1日以来，自驾车旅游者增多，形成全国部分旅游景区不同程度的交通拥堵，相关地方的假日办及时启动了紧急预案，交警部门加强交通疏导，拥堵等问题均在较短时间内得到解决，旅游秩序保持良好。其中，江西瑞金由于红色旅游升温，全市加大了对旅游交通的预警和疏导力度，以保证广大游客的安全。山西五台山今天接待游客7.9万人次，为最大接待量的208%，但由于各接待单位早早做好了充分的应急准备，游客仍可及时解决旅游住宿问题。江苏周庄自驾车大量进入景区，为缓解交通压力，景区启用了临时停车场，使旅游车辆有序进出。在四川黄龙，昨晚一场小雪为通往景区部分路段的交通带来了一定困难，景区管理局及时组织力量清除积雪，消除了因天气带来的安全隐患，保持了山路畅通。山东曲阜今天共接待游客8.3万人次，超过最佳日接待量38%，为更好地疏散人群，避免过分拥挤现象，景区应需而变，提前了开放时间，并推迟了晚上关门时间。

人大常委会举行第七十五次委员长会议

吴邦国主持

本报北京 2 月 27 日电 （记者**毛磊**）十届全国人大常委会第七十五次委员长会议 27 日下午在北京人民大会堂举行。吴邦国委员长主持会议。

会议听取了全国人大法律委员会主任委员杨景宇作的关于水污染防治法修订草案修改意见的汇报。这部法律草案自提请审议以来，已经全国人大常委会 3 次审议，其间还向社会全文公布、广泛征求意见。修订草案根据各方面的意见和建议进行了修改，已基本成熟，法律委员会建议本次常委会会议审议通过。

会议听取了全国人大常委会副委员长、秘书长盛华仁作的关于全国人大常委会工作报告稿审议情况的汇报。大家普遍认为，报告实事求是、重点突出、内涵深刻、思想性强，是一篇坚持中国特色社会主义政治发展道路、坚持和完善人民代表大会制度、创新人大工作的重要文献。委员长会议决定，将报告稿提请本次常委会会议表决。

委员长会议审议了全国人大常委会代表资格审查委员会关于个别十届全国人大代表的代表资格的报告、关于十一届全国人大代表的代表资格的审查报告，听取了盛华仁关于这两个报告审议情况的汇报。不久前，各省、自治区、直辖市、香港特别行政区、澳门特别行政区和中国人民解放军等 35 个选举单位，依照选举法和十届全国人大及其常委会通过的选举十一届全国人大代表的有关决定、办法、方案的规定，选举产生了十一届全国人大代表 2987 名。根据全国人民代表大会组织法的规定，十届全国人大常委会代表资格审查委员会对当选代表的代表资格进行了审查。委员长会议决定，将代表资格审查委员会的有关报告提请本次常委会会议表决。

会议还听取了盛华仁作的关于十一届全国人大一次会议议程草案、主席团和秘书长名单草案、列席人员名单草案审议情况的汇报。委员长会议决定，将上述草案提请十届全国人大常委会第三十二次会议表决。

会议还听取了有关任免案审议情况的汇报。

副委员长王兆国、李铁映、司马义·艾买提、何鲁丽、丁石孙、成思危、许嘉璐、蒋正华、顾秀莲、热地、路甬祥、乌云其木格、韩启德等出席会议。

为了更高的追求

袁晞

首次设立的中国出版政府奖评选揭晓，意义不同寻常。从获奖作品、获奖单位和个人中，看到的是中国出版业与整个中国社会同步发展进步的美好图景。

翻阅一本本获奖图书，不论是社科类的《毛泽东传》、《邓小平年谱》、《竞争力经济学》、《中葡关系史》，还是科技类的《王淦昌全集》、《中国植物志》、《潘家铮院士科幻作品集》，还有文学艺术、辞书、古籍、民族图书和少儿图书，思想内涵和表现方式都展示出业内的最高水准。装帧设计和印刷复制的获奖出版物更是色彩斑斓、美不胜收。在信息时代的今天，音像电子网络出版物也进入了政府奖的评选范围，体现了时代的特色。

出版业是信息、文化、知识传播的主要渠道，是文化产业的核心部分，肩负着传播科学理论、传承优秀文化、引导时代思想潮流、增强文化软实力的重要历史使命。党的十六大以来，我国新闻出版业取得了突破性发展。出版产品内容越来越丰富，形式越来越多样化，精品力作不断涌现，装帧设计和印刷水平也有了长足的进步。根据 2006 年的数据，我国出版图书 23.4 万种、期刊 9468 种、录音制品 15850 种、录像制品 17856 种、电子出版物 7207 种，与 2002 年相比，均有大幅增长。同时，各类印刷企业超过 10 万家，年产值已过 4000 亿元大关，成为世界第三大印刷基地。出版市场日趋丰富，在服务和满足广大读者日益增长的文化需求的同时，也推动着中国出版业走向大发展大繁荣。出版行业取得的这些成就，为开展出版评奖工作创造了条件。

改革开放以来，随着出版事业的发展，全国性的出版评奖活动逐渐增多。这些评奖在促进出版事业发展和人才成长等方面，产生了积极的影响。根据中办、国办于 2005 年联合下发的《全国性文艺新闻出版评奖管理办法》，新闻出版总署对各种出版评奖活动中出现的奖项重复设置、缺乏规范等一些问题进行了清理整顿，把原有的 22 个全国性出版评奖活动合并整改为中国出版政府奖 1 个奖项，下设 6 个子项奖。中国出版政府奖作为涵盖新闻出版全行业的最高奖项，既是以往我国出版行业公认的国家图书奖等几个权威奖项的延续，又是顺应出版事业发展新形势新要求的体现，因而比以往的奖项更具权威性，要求也更高。中国出版政府奖这一大奖的设立，是中国出版事业发展到一个新阶段的重要标志，是顺应中国特色社会主义出版业发展规律，顺应党的十七大关于推动社会主义文化大发展大繁荣的战略决策，顺应出版界、文化界呼声和社会民意的一项重要举措。

评奖是新的起点，是激励、是鞭策，让出版业同仁向着更高的目标追求和奋斗，为着中国人民更加丰富的精神生活，为了中国出版事业更加灿烂的明天。

高举旗帜 科学发展

贯彻落实十七大精神

脱贫安上新「引擎」

——山西加速开发晋西北和太行山连片贫困区

本报记者　王　科　纪雅林

新年伊始，山西省阳高县传出喜讯：财政收入首次过亿元。

阳高是国家扶贫开发工作重点县。县委书记曹世平说："是我省加速开发连片贫困区，为阳高强县富民安上了新'引擎'。"

"党的十七大报告指出，要加大对革命老区、民族地区、边疆地区、贫困地区发展扶持力度；提高扶贫开发水平。"山西省省长孟学农说，山西将以晋西北、太行山革命老区开发为重点，推进新农村建设，让老区早日摆脱贫穷落后面貌。

产业支撑：杏价高出鸡蛋价

晋西北和太行山两个革命老区，5 个收入较低县、54 个贫困县相连，集中了山西省 98%的贫困人口，是目前全国最大的集中连片贫困区之一。

"要让老区人民共享改革发展成果。"山西省委书记张宝顺在多个场合指出。2006 年 7 月，山西省委、省政府作出开发"两区"的决定，随后，在"两区"各县筛选项目，招商引资，以产业开发为龙头，增强各县的"造血"功能和自我发展能力。眼下，448 个开发项目已开工 395 个，有 59 个竣工投产。

"杏价高出鸡蛋价，农民心里比蜜甜"。阳高县朱家窑头村农民朱聪明，上午在当地的开发项目——绿苑饮品公司做工，下午回地里务农。"自从建了这个厂，杏的价格从每斤 8 角涨到了 3 元。"朱聪明说，他现在月薪千元，加上 10 亩杏子卖 8000 元，年收入 2 万元。

绿苑公司的车间内，先进的生产设备一字排开，杏肉榨汁，杏仁调乳，杏壳生产活性炭，下线的有杏仁露、脱苦杏仁等 7 种产品。公司还以订单方式，无偿为农民提供种子、技术、收购服务，带动全县杏树面积从 8 万亩增至 10.9 万亩，农民增收 1800 万元。

政策扶持：煤老板转身向农业

绿苑饮品公司董事长任富是客居外地的"煤老板"，最初投入 200 万元加工杏仁，意在回报家乡。"后来，诱人的开发前景让我心动。"任富说，决定投身农业，看重的是家乡的政策环境好了。2006 年至今，绿苑公司已得到省政府的贴息补助款 500 多万元。前不久，省信用联社上门放贷 2000 万元。

山西省政府每年筹集 9 亿元推进"两区"项目，其中 7 亿元用于项目贷款贴息，2 亿元用作农业项目启动资金。基础设施、公益设施建设也向"两区"倾斜。省交通部门 3 年投入 777 亿元改善"两区"交通条件，相当于全省公路投入总额的 86%，给每县补助 1000 万元，修一公里路的补助也由过去的 10 万元增至 20 万元。

阳高县获批 8 个"两区"开发项目，其中 3 个是促进财政增收的工业强县项目，5 个是拉动农民增收的农业富民项目。到 2008 年 9 月，绿苑公司有望贡献利税 1.8 亿元，带动 104 个村的 2 万多户杏农，户均可增收 8000 多元。投资 9 亿元的氯丁橡胶工程也进入设备安装阶段，竣工后可提供 900 个就业岗位。

2007 年，山西"两区"21 个财政收入亿元以下县中，有 5 个首次跨越亿元大关。

机制保障：干部群众干劲足

严冬的塞外，建设热潮却扑面而来。在天镇县考察的山西省"两区"开发办负责人赵俊超说："干部心劲足，机制是保障。"

天镇也是国家扶贫开发工作重点县，目前，6 个开发项目全部开工。10 万吨胡萝卜、12 万吨玉米深加工项目规模初显，带动形成 9 个农业园区，可望给当地农民带来人均 1000 元的收入。

"政府派了单，干部眼里有活，越干越欢实。"天镇县委书记雷警峰说，县级领导每人负责联系一到两个项目，定责任，盯进度，帮助解决实际困难；农村干部带头脱贫致富，扶持、帮助群众培育新上致富项目 1200 多个。

山西省政府实施项目责任跟踪管理，并设定环境和生态"红线"。资金使用实行报账制，杜绝套用和挪用行为。对"农民收入不上千、财政不足两千万"的石楼县，孝义市从 2007 年起每年借支 600 万元、无偿援助 60 万元，扶持该县开发新产业。长治市一些项目以前"落地难开花"，市里融资 2 亿多元成立项目担保公司，吸引贷款，解决了开发项目的资金缺口。

首届中国出版政府奖颁奖典礼举行

新华社北京 2 月 27 日电 （记者**周玮**）2 月 27 日晚，以"文明·跨越"为主题的首届中国出版政府奖颁奖典礼在北京展览馆剧场举行。全国人大常委会副委员长许嘉璐、国务委员陈至立、全国政协副主席李蒙出席了颁奖典礼，并为获得首届中国出版政府奖的出版物、出版单位和个人颁奖。

中国出版政府奖是我国新闻出版行业国家级最高奖项，每三年评选 1 次，目前共设 6 个子项奖，正式奖奖励数额总计 200 个，其中有 100 个出版物奖、50 个先进出版单位奖和 50 个优秀出版人物奖。出版物奖中包括图书奖 60 个，音像制品、电子出版物、网络出版物奖 20 个，印刷复制奖 10 个，装帧设计奖 10 个。另外，还有优秀出版物提名奖 200 个。

据介绍，首届中国出版政府奖出版物奖参评范围为 2003 年 1 月 1 日至 2006 年 12 月 31 日期间由国家新闻出版行政管理部门批准成立的新闻出版单位正式出版并公开发行的图书、音像制品、电子出版物、网络出版物，以及其中经印刷复制质检部门检测的优质印刷、复制产品。先进单位和优秀人物的参评范围包括由国家新闻出版行政管理部门批准成立的图书、期刊、报纸、音像、电子及网络出版单位，印刷、复制企业，发行企业，版权机构，新闻出版行政管理部门以及其他新闻出版企事业单位和在上述单位中做出突出成绩的优秀人物。

全国党的建设研究会召开深入学习贯彻党的十七大精神研讨会暨四届三次理事会

本报北京 2 月 27 日电 （记者**董宏君**）2 月 26 日至 27 日，全国党的建设研究会在北京召开深入学习贯彻党的十七大精神研讨会暨第四届理事会第三次全体会议。全国党建研究会理事、顾问、特邀研究员，各省区市和中央有关部门党建研究会（学会）的负责同志，以及论文作者代表等共 230 多人参加了这次会议。

会上，全国党建研究会顾问、中央组织部原部长张全景，中央组织部副部长、全国党建研究会副会长欧阳淞等 10 位同志，围绕深入学习贯彻党的十七大精神作了发言。

会议听取了全国党的建设研究会会长虞云耀所作的工作报告，听取了机关、社区、农村 3 个专业委员会的工作汇报，总结了全国党建研究会 2007 年工作，安排部署了 2008 年的任务。

尼日利亚总统抵京访华

新华社北京 2 月 27 日电 （记者**林立平**）应国家主席胡锦涛的邀请，尼日利亚总统奥马鲁·亚拉杜瓦 27 日晚抵达北京，开始对中国进行为期四天的国事访问。

这是亚拉杜瓦 2007 年 5 月就任总统以来首次访华。

曹刚川会见日本自卫队联合参谋长

据新华社北京 2 月 27 日电 （记者**林立平**）中华人民共和国中央军委副主席、国务委员兼国防部长曹刚川 27 日在八一大楼会见了日本自卫队联合参谋长斋藤隆一行。

曹刚川说，今年是中日和平友好条约缔结 30 周年。希望双方以此为契机，慎重妥善处理有关问题，深化交流与合作，继续努力巩固中日关系的政治基础，增进双方的战略互信，推动两国关系健康稳定向前发展。

杨洁篪与伊朗最高国家安全委员会秘书通话

新华社北京 2 月 27 日电 外交部长杨洁篪 27 日应约与伊朗最高国家安全委员会秘书贾利利通电话。双方就伊朗核问题交换了意见。

贾利利表示，伊方愿继续加强与国际原子能机构的合作。

杨洁篪阐述了中方有关原则立场，强调中方将继续为通过外交努力妥善解决伊核问题发挥建设性作用。

大陆在医疗、教育、农业等领域再次推出惠台措施

- 台湾地区永久居民同时具备三个条件可申请大陆医师资格
- 台胞子女在入学、入园和升学的条件、收费等方面均享受与当地大陆学生同等待遇
- 大陆将在福建、广东、湖北、江苏新设 4 个台湾农民创业园

本报北京 2 月 27 日电 （记者**孙立极**）国务院台湾事务办公室今天举行例行新闻发布会，有关部门再次公布了多项惠台措施。

卫生部办公厅副主任毛群安宣布，卫生部经研究决定，台湾地区永久居民同时具备以下三个条件可以申请大陆医师资格：一是 2007 年 12 月 31 日前取得台湾地区合法行医资格满 5 年；二是具有台湾地区专科医师资格证书；三是目前正在台湾地区医疗机构中执业。有关部门认定后核发《医师资格证书》，相关具体办法将另行颁布。以上认定条件及办法同时对香港、澳门地区的医师适用。

教育部港澳台事务办公室处长刘建丰说，为方便台胞子女在大陆就读，教育部近期向各地教育行政部门进一步明确了相关政策并提出要求：对台胞子女在大陆中小学和幼儿园就读，实行"欢迎就读、一视同仁、就近入学、适当照顾"的政策；经批准设立的公办和民办普通中小学、幼儿园以及中等职业教育机构都可以接收台胞子女就读；台胞子女在入学、入园和升学的条件、学校安排、收费等方面均享受与当地大陆学生同等待遇。同时，各地教育行政部门和学校还要创造条件给予台胞子女适当照顾。

国台办发言人范丽青宣布，为进一步推动两岸农业交流与合作，大陆将在福建漳平永福、广东珠海金湾、湖北武汉黄陂、江苏无锡锡山新设立 4 个台湾农民创业园。此前大陆已批准在福建漳浦、四川新津、山东栖霞、重庆北碚设立 4 个台湾农民创业园。经过一年多的建设发展，这些创业园在有关方面支持下，已投入 2.6 亿元人民币用于基础设施建设。

范丽青还透露，据不完全统计，2007 年大陆主要银行对台资企业融资总额达到了 2300 多亿元人民币。近三四年，大陆主要银行已累计为大陆台资企业提供融资 7000 多亿元人民币，涉及台资企业 6300 多家次。同时，与国台办签有合作协议的国家开发银行和华夏银行的台资企业融资工作在 2007 年取得了新进展。其中国家开发银行完成 87 个项目的评审，承诺贷款额 107.84 亿元人民币，实际向 91 个项目发放贷款 83.53 亿元人民币。华夏银行向 61 家台资企业提供授信，授信总额达 20.45 亿元人民币，台资企业实际使用 11.47 亿元。

新闻发布会上，商务部机电和科技产业司副司长周若军还介绍了大陆加工贸易政策调整的有关情况，并表示欢迎台资企业在大陆投资办厂，开展加工贸易。

北京工人体育场改装亮相

二月二十七日，改建竣工的北京工人体育场以新的面貌亮相。今年八月，它将作为奥运会足球比赛场迎来八方宾客。

工人体育场于二〇〇六年四月十八日开工全面改建，竣工后的工体可容纳观众坐席六万二千个，总建筑面积达八万平方米，场内设施完全可以满足奥运会足球比赛的技术标准要求。

本报记者　陈　斌摄

国台办驳斥民进党当局"2005 年共识"谬论

本报北京 2 月 27 日电 （记者**孙立极**）国务院台湾事务办公室发言人范丽青今天在例行新闻发布会上表示，只有"九二共识"，没有"2005 年共识"。

范丽青指出，台湾地区民进党当局的"大陆委员会"日前发布新闻稿，集中就两岸协商谈判问题，散布一系列肆意歪曲事实、诬蔑攻击大陆的谬论，并杜撰所谓"2005 年共识"，企图误导台湾民众。

范丽青介绍，1992 年海峡两岸关系协会与台湾的海峡交流基金会达成共识的事实十分清楚，不容否认。当年 10 月底，两会在香港举行会谈，讨论两岸事务性商谈中坚持一个中国原则的表述问题。经这次会谈及其后两会函电往来，以 11 月 16 日海协复函海基会为标志，双方达成了各自以口头方式表述的共识。根据当年两会的表述方案，这项共识就是双方都坚持一个中国，并且各自口头表述；而对于一个中国内涵的认知，双方求同存异，搁置争议，以利协商。对于两会达成这项共识的情况，当时两岸媒体的报道以及后来两岸有关方面公布的有关文件，都有清楚、完整的记载。正是由于有了这项共识，两会举行了著名的汪辜会谈并签署了 4 项协议，此后又举行了 20 多次不同层级的商谈，以及 1998 年的汪辜会晤。这一期间两会协商取得的成果，受到了两岸同胞的欢迎和国际社会的肯定。这些事实是台"陆委会"新闻稿抹杀不了的。

范丽青说，2000 年之前，海协与海基会之间不存在是否曾达成"九二共识"的争议。正是由于陈水扁、民进党当局无视事实、否认"九二共识"，才一手制造了所谓"'九二共识'是否存在及其政治内涵为何"的争议。8 年来，陈水扁和民进党当局否认"九二共识"，变本加厉地推进"台独"分裂活动，是两岸协商谈判无法恢复的最大障碍，是两岸关系波折迭起乃至濒临危机的根源所在。

范丽青表示，在海协与海基会协商没有恢复的情况下，考虑到关系台湾同胞切身利益的"三通"问题需要解决，大陆方面于 2001 年初主动提出在一个国家内部事务的基础上，由民间对民间、行业对行业、公司对公司的办法，磋商两岸"三通"问题，尽快通起来。这一办法促成了 2003 年第一次台商春节包机。2005 年初，我们积极响应广大台商的强烈要求，努力促成开办 2005 年春节包机。当年 1 月 2 日，国台办发言人发表谈话指出，台商春节包机是两岸中国人的内部事情，可由两岸民航业者就有关技术性、业务性事宜直接沟通，作出安排。这也是与"九二共识"的精神相一致的。两岸民航业者就 2005 年春节包机的技术性、业务性事宜作出安排的过程，就是在上述基础上进行的，完全不存在台"陆委会"新闻稿所谓大陆方面"终于放弃一个中国原则的谈判前提，开启两岸功能性议题谈判的序幕"的问题，也根本不存在它臆想、杜撰的所谓"2005 年共识"。

范丽青说，两岸关系和平发展，是两岸同胞的共同期盼。要实现两岸关系和平发展，两岸双方建立政治互信，展现协商合作的诚意，是首要的、关键的。台"陆委会"新闻稿否定"九二共识"、攻击一个中国原则，却妄称唯有以它杜撰的所谓"2005 年共识"为基础，"才能逐步建构两岸互信与互惠，稳健推进两岸和平发展进程"，为民进党在两岸协商谈判问题上寻找出路，无疑是自欺欺人，是根本不可能实现的。我们相信广大台湾同胞能看清这一点。

人民日報
RENMIN RIBAO
今日 16 版（华东、华南地区 20 版）
人民网网址：http://www.people.com.cn
http://www.peopledaily.com.cn
国内统一连续出版物号 CN 11-0065
第 20702 期（代号 1-1）
人民日报社出版
2005 年 3 月 15 星期二 乙酉年二月初六

北京地区天气预报
白天 晴转多云 降水概率 20% 风向 北转南 风力 二、三级
夜间 多云间阴 降水概率 30% 风向 南转北 风力 二、三级
温度 14℃/4℃

三月十四日，十届全国人大三次会议在京胜利闭幕。会议经过表决，高票通过了《反分裂国家法》。这时，全场响起了长时间的热烈掌声。图为代表们热烈鼓掌时的情景。 本报记者 徐烨摄

十届全国人大三次会议在京闭幕

胡锦涛温家宝贾庆林曾庆红黄菊吴官正李长春罗干出席 吴邦国主持并讲话

会议批准政府工作报告，通过《反分裂国家法》，表决通过有关决议

3月14日，第十届全国人民代表大会第三次会议在北京人民大会堂闭幕。党和国家领导人胡锦涛、温家宝、贾庆林、曾庆红、黄菊、吴官正、李长春、罗干等在主席台就座。 新华社记者 马占成摄

3月14日，十届全国人大三次会议在北京人民大会堂举行闭幕会。大会主席团常务主席、执行主席吴邦国主持会议。 本报记者 王忠家摄

新华社北京3月14日电 第十届全国人民代表大会第三次会议在批准政府工作报告、全国人大常委会工作报告及其他重要报告，通过《反分裂国家法》，圆满完成各项议程后，14日上午在人民大会堂闭幕。

2901名代表出席闭幕会，符合法定人数。

闭幕会由大会主席团常务主席、执行主席吴邦国主持。大会主席团常务主席、执行主席王兆国、李铁映、司马义·艾买提、何鲁丽、丁石孙、成思危、许嘉璐、蒋正华、顾秀莲、热地、盛华仁、路甬祥、乌云其木格、韩启德、傅铁山在主席台前排就座。

胡锦涛、温家宝、贾庆林、曾庆红、黄菊、吴官正、李长春、罗干等和大会主席团成员在主席台就座。

根据出席十届全国人大三次会议代表审议时提出的意见和建议，国务院、全国人大常委会委员长会议、最高人民法院、最高人民检察院分别对相关的工作报告进行了认真修改。同时根据代表们提出的意见，提交大会表决的各项报告的决议主题突出、内容从简，与往年相比，篇幅明显压缩。

会议经过表决，通过了关于政府工作报告的决议，决定批准政府工作报告。

会议经过表决，通过了关于2004年国民经济和社会发展计划执行情况与2005年国民经济和社会发展计划的决议；通过了关于2004年中央和地方预算执行情况及2005年中央和地方预算的决议。

会议经过逐项表决，通过了关于全国人大常委会工作报告的决议、关于最高人民法院工作报告的决议、关于最高人民检察院工作报告的决议。

按照宪法的有关规定，中华人民共和国中央军事委员会其他组成人员的人选，由中华人民共和国中央军事委员会主席提名，提请大会决定。会议宣读了中华人民共和国中央军事委员会主席胡锦涛的提名信。

会议分别表决通过了关于决定补充任命中华人民共和国中央军事委员会组成人员名单，决定任命：徐才厚为中华人民共和国中央军事委员会副主席；陈炳德、乔清晨、张定发、靖志远为中华人民共和国中央军事委员会委员。

会议经过表决，高票通过了《反分裂国家法》。这时，全场响起了长时间的热烈掌声。随后，中华人民共和国主席胡锦涛签署第三十四号主席令，公布了《反分裂国家法》。这部法律自公布之日起施行。

完成各项议程后，吴邦国发表讲话。吴邦国说，十天来，来自全国各地、各行各业的近3000名代表，肩负全国各族人民的重托，坚持会议的指导思想，按照宪法和法律赋予的职责，以对国家对人民高度负责的精神，认真听取和审议了各项报告和议案，圆满完成了会议的各项任务。会议充分发扬民主，严格依法办事，进一步统一了思想、明确了任务、鼓舞了干劲，开得很成功，是一次民主、团结、求实、奋进的大会。

吴邦国说，会议期间，代表们审议了政府工作报告、全国人大常委会工作报告等重要报告。大家一致认为，一年来，在以胡锦涛同志为总书记的党中央领导下，我国改革开放和社会主义现代化建设事业取得了伟大成就，并在充分肯定成绩的同时，对做好今后工作提出了不少建设性的意见和建议。根据代表们的意见，有关报告作了必要的修改和完善。会议批准了这些报告，确定了今年各项工作的总体部署和要求。这次会议必将进一步团结和动员全国各族人民满怀信心地投身现代化建设事业，为全面建设小康社会贡献力量。

吴邦国说，根据宪法有关规定，本次会议决定接受江泽民同志关于辞去中华人民共和国中央军事委员会主席职务的请求。会议高度评价了江泽民同志为党、为国家、为人民作出的杰出贡献。会议选举胡锦涛同志为中华人民共和国中央军事委员会主席，并决定补充任命了中华人民共和国中央军事委员会其他组成人员。会议认为，胡锦涛同志是中共中央总书记、国家主席、中共中央军委主席，党的十六大以来，以胡锦涛同志为总书记的党中央，高举邓小平理论和“三个代表”重要思想伟大旗帜，团结带领全国各族人民，在全面推进社会主义物质文明、政治文明、精神文明建设与和谐社会建设的进程中，取得了令人鼓舞的重大成就。胡锦涛同志任中华人民共和国中央军事委员会主席是众望所归，有利于坚持党对军队的绝对领导，有利于加强军队的革命化、现代化、正规化建设。

吴邦国说，会议审议并高票通过的《反分裂国家法》，将中央关于解决台湾问题的大政方针以法律的形式固定下来，充分体现了我们以最大的诚意、尽最大的努力争取和平统一的一贯主张，同时表明了全中国人民维护国家主权和领土完整，绝不允许“台独”分裂势力以任何名义、任何方式把台湾从中国分裂出去的共同意志和坚定决心。这部重要法律的颁布实施，对推动两岸关系发展，促进祖国和平统一，反对和遏制“台独”分裂势力分裂国家，维护台湾海峡地区和平稳定，维护国家主权和领土完整，维护中华民族的根本利益，具有重大的现实作用和深远的历史影响。

（下转第三版）

反分裂国家法

2005年3月14日第十届全国人民代表大会第三次会议通过

中华人民共和国主席令

第三十四号

《反分裂国家法》已由中华人民共和国第十届全国人民代表大会第三次会议于2005年3月14日通过，现予公布，自公布之日起施行。

中华人民共和国主席 **胡锦涛**

2005年3月14日

第一条 为了反对和遏制“台独”分裂势力分裂国家，促进祖国和平统一，维护台湾海峡地区和平稳定，维护国家主权和领土完整，维护中华民族的根本利益，根据宪法，制定本法。

第二条 世界上只有一个中国，大陆和台湾同属一个中国，中国的主权和领土完整不容分割。维护国家主权和领土完整是包括台湾同胞在内的全中国人民的共同义务。

台湾是中国的一部分。国家绝不允许“台独”分裂势力以任何名义、任何方式把台湾从中国分裂出去。

第三条 台湾问题是中国内战的遗留问题。

解决台湾问题，实现祖国统一，是中国的内部事务，不受任何外国势力的干涉。

第四条 完成统一祖国的大业是包括台湾同胞在内的全中国人民的神圣职责。

第五条 坚持一个中国原则，是实现祖国和平统一的基础。

以和平方式实现祖国统一，最符合台湾海峡两岸同胞的根本利益。国家以最大的诚意，尽最大的努力，实现和平统一。

国家和平统一后，台湾可以实行不同于大陆的制度，高度自治。

第六条 国家采取下列措施，维护台湾海峡地区和平稳定，发展两岸关系：

（一）鼓励和推动两岸人员往来，增进了解，增强互信；

（二）鼓励和推动两岸经济交流与合作，直接通邮通航通商，密切两岸经济关系，互利互惠；

（三）鼓励和推动两岸教育、科技、文化、卫生、体育交流，共同弘扬中华文化的优秀传统；

（四）鼓励和推动两岸共同打击犯罪；

（五）鼓励和推动有利于维护台湾海峡地区和平稳定、发展两岸关系的其他活动。

国家依法保护台湾同胞的权利和利益。

第七条 国家主张通过台湾海峡两岸平等的协商和谈判，实现和平统一。协商和谈判可以有步骤、分阶段进行，方式可以灵活多样。

台湾海峡两岸可以就下列事项进行协商和谈判：

（一）正式结束两岸敌对状态；

（二）发展两岸关系的规划；

（三）和平统一的步骤和安排；

（四）台湾当局的政治地位；

（五）台湾地区在国际上与其地位相适应的活动空间；

（六）与实现和平统一有关的其他任何问题。

第八条 “台独”分裂势力以任何名义、任何方式造成台湾从中国分裂出去的事实，或者发生将会导致台湾从中国分裂出去的重大事变，或者和平统一的可能性完全丧失，国家得采取非和平方式及其他必要措施，捍卫国家主权和领土完整。

依照前款规定采取非和平方式及其他必要措施，由国务院、中央军事委员会决定和组织实施，并及时向全国人民代表大会常务委员会报告。

第九条 依照本法规定采取非和平方式及其他必要措施并组织实施时，国家尽最大可能保护台湾平民和在台湾的外国人的生命财产安全和其他正当权益，减少损失；同时，国家依法保护台湾同胞在中国其他地区的权利和利益。

第十条 本法自公布之日起施行。

（新华社北京3月14日电）

政府工作报告

——二〇〇五年三月五日在第十届全国人民代表大会第三次会议上

国务院总理 温家宝

3月5日，国务院总理温家宝在第十届全国人民代表大会第三次会议上作政府工作报告。 新华社记者 李学仁摄

各位代表：

现在，我代表国务院，向大会作政府工作报告，请予审议，并请全国政协各位委员提出意见。

一、过去一年工作回顾

2004年，全国各族人民在中国共产党领导下，高举邓小平理论和“三个代表”重要思想伟大旗帜，团结奋进，锐意创新，社会主义现代化事业取得令人鼓舞的重大成就。

过去一年，我们是在应对新的挑战和考验中前进的。近两年我国经济运行中出现了一些新问题，主要是粮食供求关系趋紧，固定资产投资膨胀，货币信贷投放过快，煤电油运紧张。如果任其发展下去，局部性问题就会演变为全局性问题。党中央、国务院审时度势，及时作出了加强宏观调控的决策和部署，按照果断有力、适时适度、区别对待、注重实效的原则，综合运用经济、法律手段和必要的行政手段，着力解决影响经济平稳较快发展的突出问题。经过全国上下共同努力，宏观调控取得明显成效。经济运行中不稳定不健康因素得到抑制，薄弱环节得到加强，避免了经济大的起落。

（下转第二版）

四版刊登

在十届全国人大三次会议记者招待会上

温家宝总理答中外记者问

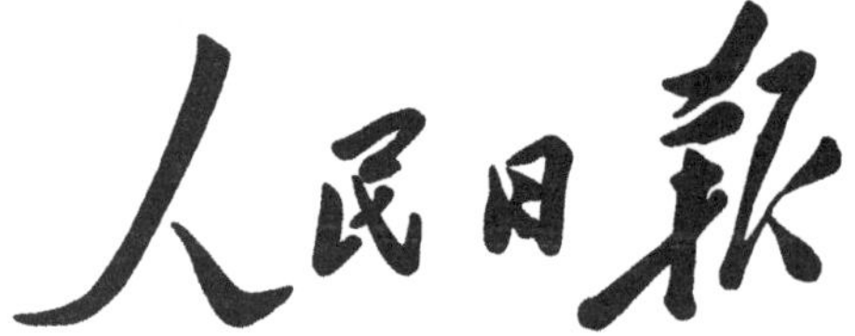

RENMIN RIBAO

今日12版（华东、华南地区16版）

网址：http://www. peopledaily. com. cn

国内统一刊号：CN11—0065

第18854期　（代号1—1）

人民日报社出版

2000年2月

22

星期二

庚辰年正月十八

北京地区天气预报

白天　多云

降水概率20%

风向　北转南

风力　二、三级

夜间　多云转阴有小雪

降水概率60%

风向　偏东

风力　一、二级

温度　2℃／—5℃

一月份全国工业生产增长8.9%

当月金融运行平稳贷款余额同比增长12.8%

本报北京2月21日讯　记者朱剑红报道：据国家统计局今天提供的信息，我国工业生产在今年的头一个月呈现稳定较快增长的势头，当月完成工业增加值1643亿元，同比增长8.9%。

一月份工业生产的主要特点是，国有、集体企业平稳增长，股份制和外商及港澳台投资企业增长较快。一月份国有及国有控股企业完成增加值963亿元，同比增长5.2%；集体企业完成增加值231亿元，增长6.3%；股份制企业完成增加值294亿元，增长9.9%；外商及港澳台投资企业完成增加值363亿元，增长13.7%。

本报北京2月21日讯　记者施明慎从中国人民银行获悉，进入新千年，我国金融运行继续保持平稳。1月末广义货币(M2)余额为121220亿元，比去年同期增长14.9%；狭义货币(M1)余额为46570亿元，比去年同期增长19.4%。市场现金流通量(M0)为16094亿元，比去年同期增长34%。当月现金净投放2638亿元。

1月末，全部金融机构各项贷款余额为93838亿元，比去年同期增长12.8%。当月各项贷款增加677亿元，比去年同期多增533亿元。全部金融机构各项存款余额为107778亿元，比去年同期增长12.3%。其中城乡居民储蓄存款余额为60242亿元，同比增长11%。当月居民储蓄增加886亿元，是去年4月以来增加额较多的一个月。

参天青松

——记林业英雄马永顺（下篇）

本报记者　唐维红

在共和国的英模谱中，马永顺获得的称号也许是最多的。他既是老英雄，又是新模范，不论是在岗上还是退休后，始终以满腔的热情、辛勤的劳动投身到他所热爱的事业中。

他就像小兴安岭上的一棵青松，挺拔向上，百折不挠。

马永顺生命不息、奋斗不止的动力缘于他对党、对社会主义建设事业、对祖国秀美河山的无限热爱。

“荣誉对我来说是鼓劲、是加油！”

翻开马永顺的简历，我们看到了这样一组数字——1949年，绥化森林工业管理局劳动模范；1951年、1953年，黑龙江省劳动模范；1954年，东北森林工业管理局劳动模范；1956年，哈尔滨森林工业管理局劳动模范；1956年，全国先进生产者；1959年，出席全国群英会……1995年，全国劳动模范特邀代表；1998年，获联合国环保奖、黑龙江特别绿化奖章；1999年，获全国老有所为奉献奖、全国“五一”劳动奖章、全国十大绿化标兵称号。

半个世纪以来，“英模”两个字一直陪伴着马永顺。他曾两次当选全国党代会代表、人代会代表，先后16次受到毛泽东、周恩来等党和国家领导人的接见。

江泽民总书记称赞他“很了不起”，朱镕基总理评价他：“你这一辈子干了两件好事：当国家建设需要木材的时候，你是砍树劳模；当国家需要保护生态环境的时候，你是栽树英雄，我们都要向你学习。”

面对荣誉，马永顺有着清醒的认识：“我很珍惜组织上给我的这些荣誉。因为它不属于我个人，是工人阶级的光荣。我从不敢把这些荣誉当作我个人的资本，更不能利用党给的荣誉为我个人牟取什么私利。荣誉对我来说是鼓劲，是加油。”

建国初期，林区作业条件十分艰苦。马永顺带领的工组哪里最苦、最艰险就奋战在哪里，哪个工组有困难他就主动去支援。他常说：“吃苦耐劳是工人的本色。”

50年代采伐作业，伐木工都是站着伐木，伐根有七八十厘米，造成木材大量浪费。马永顺看在眼里，急在心里。为了降低伐根，多出木材，马永顺就用手把树根周围的积雪扒开，一条腿跪在地上，把锯紧挨着树根采伐，伐根一下降到了10厘米以下。东北林区推广了他的做法后，一年就为国家增加了1400多万元的财富。

马永顺的左腿在旧社会受过伤，跪着采伐，伤口很容易裂开，钻心地疼。但他总是一声不吭，咬牙坚持。还是林场领导知道后，给他做了个厚厚的皮垫子，伐木时，跪在垫子上，才减轻了疼痛。

马永顺不仅是个扎实苦干的人，还是个善于琢磨会巧干的人。随着林业建设的发展，传统作业方式已不能适应生产的需要，马永顺就常琢磨如何改进。不论是到外地开会，还是组织安排他去疗养，他都把学习取经当做大事。马永顺工组多次率先试用新工具，推广新技术。这些改革和创新传遍了东北林区，对于节省成本、提高劳动效率起到了很大作用。

有人对马永顺退休后坚持义务造林不理解，说什么“现在都市场经济了，哪还有义务劳动这么傻的人”。马永顺听了很生气，反驳说：“山是国家的，林子是国家的。咱林业工人是国家的主人，多栽树是应该的。这账我算得过来，我不傻！”　（下转第二版）

中共中央国务院发出通知要求

严禁擅自修建已故领导同志纪念设施

新华社北京2月21日电　党中央、国务院去年5月发出通知，要求严禁擅自修建已故领导同志纪念设施。

《通知》指出，中央历来十分重视用已故老一辈革命家的光辉业绩和革命风范教育广大干部群众。多年来，经中央批准修建的已故老一辈革命家的纪念设施，在对广大干部群众特别是对青少年进行革命传统教育和爱国主义教育方面发挥了重要作用。同时，中央多次强调，修建已故领导同志纪念设施必须严格控制；确有必要修建的，必须经党中央、国务院批准；未经批准，各地一律不得擅自修建。但是，中央的这些规定在一些地方至今没有得到很好地执行，个别地方擅自修建已故领导同志纪念设施的情况越来越严重。有的已故领导同志的生前战友和部下不坚持原则，为修建纪念设施到处找熟人、写条子、疏通关系，甚至给当地施压；有的地方领导碍于故情，对已故领导同志生前战友、部下和亲属提出的不适当要求，一味迁就；有的地方受经济利益驱动，把修建已故领导同志陵园、墓地作为建设新的旅游人文景观的途径；个别地方甚至以为已故领导同志修建纪念设施为名向社会集资、摊派。为了坚决制止上述错误做法，《通知》重申并提出以下要求：

一、各级党委、政府和广大党员领导干部要从讲政治的高度，充分认识中央严禁擅自修建已故领导同志纪念设施决定的重要意义。我们党是全心全意为人民服务的党，党的性质和宗旨决定了党必须把为人民谋利益作为自己全部活动的出发点和归宿。已故领导同志生前参加革命的目的是为人民谋利益，而不是要在身后留下昭示自己功劳的纪念场所。擅自为已故领导同志修建纪念设施，违背了已故领导同志生前参加革命的初衷，愧对于为中国革命和建设事业牺牲了的无数革命先烈。我国土地资源有限，人均耕地本来就少，擅自划出耕地、林地，甚至在风景名胜区为已故领导同志修陵建墓，不仅是对土地等资源的严重浪费，也是对子孙后代不负责任的做法。特别是在目前我国经济发展水平还不高，还有几千万贫困人口、几百万下岗职工的情况下，耗费大量人力、财力、物力修建纪念设施，不仅严重脱离了群众，而且损害了共产党人的形象。我国改革开放的总设计师邓小平同志为中国人民的解放和社会主义建设事业奉献了一生，辞世前嘱托后事从简，捐献角膜，骨灰撒入大海。邓小平同志以他为党和国家建立的不朽功勋和后事从简的表率作用，在人民群众心目中树起了永久的历史丰碑，为全党全国树立了光辉榜样。邓小平同志逝世两年多来，一些地方提出为邓小平同志修建纪念设施，但邓小平同志亲属多次向中央表示，不要为邓小平同志修建纪念设施。中央尊重邓小平同志及其亲属的意愿，至今没有为邓小平同志修建一处纪念设施。全党同志特别是党的高级干部及其亲属要带头学习邓小平同志的革命风范，坚决遵守中央的规定和要求，绝不做有违党的宗旨和脱离人民群众的事。

二、今后，确需修建的已故领导同志纪念设施，统一由党中央、国务院统筹规划和安排，各地区、各部门不得再就此问题向中央提出申请和报告。经党中央、国务院规划和安排并责成有关地区或部门负责修建的纪念设施，承建地区和部门必须严格按照党中央、国务院批准的方案组织施工，不得擅自扩大建设规模和突破投资概算。　（下转第四版）

人大常委会举行第二十四次委员长会议

李鹏主持　会议决定2月28日至3月1日举行第十四次常委会

本报北京2月21日讯　记者傅旭报道：九届全国人大常委会第二十四次委员长会议今天上午在首都人民大会堂举行，李鹏委员长主持。会议决定，于2月28日至3月1日召开九届全国人大常委会第十四次会议。

会议首先听取了全国人大常委会秘书长何椿霖关于九届全国人大常委会第十四次会议议程草案和日程安排意见的汇报，关于九届全国人大三次会议议程草案、主席团和秘书长名单草案、列席人员名单草案的说明，关于澳门特别行政区选举九届全国人大代表情况的汇报。

会议听取了全国人大法律委员会主任委员王维澄关于加强经济监督工作的决定草案修改意见的汇报，关于选举、补选九届全国人大代表的代表资格的审查报告。全国人大常委会副秘书长于友民作了关于2000年全国人大常委会审议法律草案计划的汇报。据了解，今年全国人大常委会安排审议的法律草案共有31件。

今天的会议还讨论了全国人大常委会工作报告稿。

根据委员长会议建议，九届全国人大常委会第十四次会议的主要议程有：审议全国人大常委会关于加强经济监督工作的决定草案；审议九届全国人大三次会议议程草案；审议九届全国人大三次会议主席团和秘书长名单草案；审议全国人大常委会工作报告稿；审议九届全国人大三次会议列席人员名单草案；审议九届全国人大常委会代表资格审查委员会关于选举、补选代表的代表资格的审查报告等。会议还将听取和审议国务院关于文化市场管理情况的报告。

出席会议的全国人大常委会副委员长有田纪云、姜春云、邹家华、王光英、布赫、铁木尔·达瓦买提、吴阶平、彭珮云、何鲁丽、曹志、丁石孙、成思危、许嘉璐、蒋正华。

李鹏会见土耳其议长

指出加强中土议会交往符合两国和两国人民的根本利益

新华社北京二月二十一日电　（记者钱彤）全国人大常委会委员长李鹏和夫人朱琳今天下午在人民大会堂会见了土耳其大国民议会议长耶尔德勒姆·阿克布卢特及夫人和土耳其大国民议会代表团的其他成员。

李鹏愉快地回忆了去年四月对土耳其的访问，再次感谢土耳其总统、议会和政府给予的热情接待。他说，中土两国有着源远流长的传统友好关系。两国建交近三十年来，双边关系发展顺利。近年来，两国关系在各个领域都取得了新进展，高层互访频繁，经贸关系发展势头良好，议会间交往不断扩大。他说：我们对两国关系的不断发展感到高兴。李鹏表示，阿克布卢特议长来访一定会增进中土两国业已存在的友好关系。他同时对土耳其去年大地震遭受人员伤亡表示慰问，对地震造成损失深表同情。

李鹏说，中国全国人大愿意进一步加强与土耳其大国民议会的交流与合作，加强两国的议会交往符合两国和两国人民的根本利益，议会领导人和专门委员会都应当加强来往，使双边关系得到新的发展。

李鹏还阐述了中国对世界多极化和经济全球化的看法。他说，土耳其地跨欧亚两大洲，地域独特，地位重要，相信土耳其在世界和地区事务中将发挥更加积极的作用。

李鹏还简要地向客人介绍了中国改革开放和社会主义现代化建设，以及全国人民代表大会制度和民主法制建设的情况。

阿克布卢特说，土耳其大国民议会和政府高度重视土中关系，这次访华代表团成员中有五个不同政党的代表一同来访华，充分表明土耳其重视中国在国际和地区事务中的重要影响。他说，土中历史上就有传统友谊，希望通过访问使土中关系在新世纪能有更大发展，造福两国人民，为维护地区和平发挥重要作用。他还对中国经济建设中取得的成就表示钦佩，对中国按照“一国两制”的方针成功解决香港和澳门的问题给予高度评价，并祝中国早日实现完全统一。

阿克布卢特表示，土耳其大国民议会十分重视与中国全国人大的交往，并邀请全国人大中土友好小组在方便时访问土耳其。李鹏对此表示感谢，并说全国人大中土友好小组争取在年内访问土耳其。

全国人大常委会副委员长何鲁丽，委员、全国人大中土友好小组主席李伯勇，外交部副部长吉佩定等参加了会见。

《一个中国的原则与台湾问题》白皮书发表

（白皮书全文见第三版）

新华社北京2月21日电　国务院台湾事务办公室、国务院新闻办公室今天发表《一个中国的原则与台湾问题》白皮书，以政府文告的方式，详细、系统、全面地向国际社会阐述了中国政府有关一个中国原则的基本立场和政策，和对在两岸关系、国际社会中坚持一个中国原则若干问题的态度主张。

《一个中国的原则与台湾问题》白皮书全文约1.1万字，除前言、结束语外，共分五个部分：

第一部分，一个中国的事实和法理基础，包括台湾是中国不可分割的一部分；一个中国原则的产生和基本涵义。

第二部分，一个中国原则是实现和平统一的基础和前提，包括一个中国原则是中国政府对台政策的基石；只有坚持一个中国原则才能实现和平统一；中国政府积极地真诚地努力争取实现和平统一。

第三部分，中国政府坚决捍卫一个中国原则，包括台湾分裂势力蓄意破坏一个中国原则；中国政府坚决捍卫一个中国原则。

第四部分，两岸关系中涉及一个中国原则的若干问题，包括中国领土和主权没有分裂，海峡两岸并非两个国家；坚决反对以公民投票方式改变台湾是中国一部分的地位；“两德模式”不能用于解决台湾问题；所谓“民主和制度之争”是阻挠中国统一的借口。

第五部分，在国际社会中坚持一个中国原则的若干问题，包括台湾无权参加联合国及其他只有主权国家参加的国际组织；与中国建交的国家不能向台湾出售武器，或进行任何形式的军事结盟；中国政府以一个中国原则对待台湾的对外交往活动；中国政府保障台湾同胞在国外的一切正当、合法权益。

《一个中国的原则与台湾问题》是中国政府第二次就台湾问题发表政府白皮书。1993年8月，国务院台湾事务办公室和国务院新闻办公室曾发表了《台湾问题与中国的统一》白皮书。

社论

坚持一个中国原则　早日实现和平统一

昨天，国务院台湾事务办公室和国务院新闻办公室联合发表了《一个中国的原则与台湾问题》白皮书。这份白皮书，是进一步向国际社会阐述中国政府坚持一个中国原则立场和政策的文告，也是中国人民决心早日解决台湾问题、实现祖国完全统一的宣示。

香港、澳门相继回归祖国以后，解决台湾问题、实现祖国完全统一已经进入了新阶段。当前，中国人民正在深入进行反对李登辉“两国论”的斗争，国际社会普遍坚持一个中国政策，两岸关系发展正面临着新的机遇与挑战。在这个时候发表这份白皮书，对我们继续贯彻“和平统一、一国两制”的基本方针和江主席提出的发展两岸关系、推进祖国和平统一进程的八项主张，对于两岸同胞坚决反对以李登辉为代表的台湾分裂势力背弃一个中国原则、图谋将台湾从祖国分割出去的活动，对于国际社会进一步认识李登辉“两国论”的谬误和危害、坚持一个中国政策，都具有重要意义。

《一个中国的原则与台湾问题》白皮书论证了一个中国的事实和法理基础，阐述了一个中国原则的产生和基本涵义，强调了一个中国原则是实现和平统一的基础和前提，表达了中国政府坚决捍卫一个中国原则的态度，说明了对两岸关系中涉及一个中国原则和在国际社会中坚持一个中国原则的若干问题的主张。整个文件贯穿着一个中国原则是实现和平统一的基础和前提的主题思想。

我国政府自1979年公开宣布实行“和平统一、一国两制”的对台方针以来，始终以极大的诚意、尽最大的努力争取和平统一。在统一之前，在处理两岸关系事务中，特别是在两岸谈判中，坚持一个中国原则，就是坚持世界上只有一个中国、台湾是中国的一部分、中国的主权和领土完整不能分割。我们主张在一个中国原则基础上进行两岸对话与谈判，不提“中央与地方谈判”，双方平等协商，共议统一。在一个中国原则的前提下，什么都可以谈，包括可以谈台湾在国际上与其身份相适应的经济、文化、社会活动空间等台湾方面关心的问题。一个中国原则若遭到破坏，和平统一的前景势必受到威胁。如果台湾出现被以任何名义从中国分割出去的重大事变，如果外国侵占台湾、如果台湾当局无限期地拒绝通过谈判和平解决两岸统一问题，那么和平统一将成为不可能，中国政府只能被迫采取必要措施，粉碎“台独”等分裂图谋，维护中国的主权和领土完整。

当前，两岸关系正处在一个关键时刻。李登辉抛出“两国论”，受到海内外中国人的同声谴责，也得不到国际社会的认同和支持，台湾当局被迫表示不会按“两国论”修改所谓“宪法”和有关“法律”。但是，台湾分裂势力图谋从所谓“法律”意义上将台湾从祖国分割出去的危险仍然存在。特别应该指出的是，某些至今不肯放弃“台独”主张的人，一面叫嚷“台独万岁”，一面又说什么要与大陆方面“善意和解、积极合作、永久和平”，妄图用美丽的言辞蛊惑人心，欺骗台湾民众。分裂祖国搞“台湾独立”是走向战争。我们相信，希望选择两岸和平统一的台湾同胞，能够认清谎言，作出自己明智的选择。某些不愿中国统一的外国势力进一步插手台湾问题，以种种借口企图向台湾出售先进武器、出售或转让所谓战区导弹防御系统的相关技术，某些势力正在活动妄图炮制《加强台湾安全法》。这些事态再次提醒我们，要高度警惕，坚持一个中国原则，坚决反对“台独”和台湾分裂势力的图谋，反对外国敌对势力插手台湾问题、干涉中国内政。

为早日完成祖国统一大业，我们将继续贯彻“和平统一、一国两制”的基本方针和江主席的八项主张，进一步全面发展两岸关系，更加积极地推动两岸人员往来和经济、文化等各项交流，争取早日实现两岸直接“三通”。我们愿意在一个中国原则下，同主张发展两岸关系的台湾各党派、团体和人士广泛交换意见，积极创造条件，进行两岸对话与谈判。我们希望并相信，广大台湾同胞将求和平、求安定、求发展的意愿，同争取两岸和平统一的前景结合起来，与祖国大陆同胞一道，阻止分裂祖国、搞“台湾独立”等一切分裂行径，实现祖国的和平统一。

我们希望美国政府能信守中美三个联合公报和履行对台“三不支持”的承诺。我们相信国际社会始终如一地坚持一个中国的政策，支持中国和平统一事业。

崇尚统一、维护统一，是中华民族历经五千年历史和文化深深根植的民族意识。解决台湾问题、实现祖国完全统一，是国家和民族根本的大义、大理、大利。一个中国的原则不可动摇，统一的神圣目标一定要实现。海内外所有中国人团结起来，坚持一个中国的原则，为促进祖国统一大业的完成而努力奋斗。

2月17日，福建闽东沿海地区开始大规模的春季浅海养殖作业。图为浅海养殖渔排。

本报记者　李　舸摄

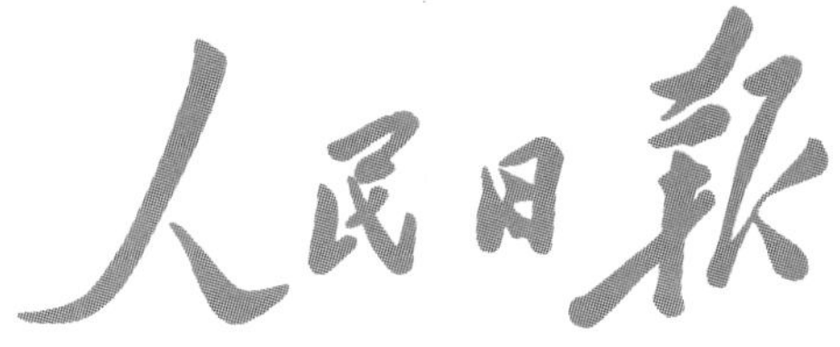

RENMIN RIBAO

人民网 网址:http://www.people.com.cn
手机:http://wap.people.com.cn

2012 年 1 月
15
星期日
辛卯年十二月廿二
人民日报社出版
国内统一连续出版物号
CN 11-0065
第 23199 期(代号 1-1)
今日 8 版

南水北调主体工程全部开工

已完成六成投资,今年计划投资 640 亿元以上

本报南京 1 月 14 日电 （记者**赵永平**）记者从近日召开的南水北调工程建设工作会议获悉,2011 年南水北调工程建设不断提速,开工速度、在建规模、完成投资等指标均创历史新高。目前南水北调主体工程已全部开工建设，累计完成投资 1376 亿元,占已批可研投资的 60%,2012 年计划完成投资 640 亿元以上。

国务院南水北调办主任鄂竟平介绍,2011 年南水北调全年实现开工项目 34 项,共完成投资 578 亿元,实现“三年决战”的良好开局。目前 155 项设计单元工程已基本建成 48 项,在建 99 项。东线穿黄隧洞主体工程已经完工，中线穿黄隧洞内衬施工取得突破,中线湍河、沙河渡槽进入主体施工阶段。跨渠公路桥梁、铁路交叉工程建设取得明显进展，配套工程扎实有序推进。丹江口库区移民搬迁任务基本完成。

东线 426 项治污项目全部建成并投入使用。江苏省加强区域尾水导流和资源化利用；山东省加大淘汰沿线落后产能,完善中水截蓄导用工程,干线水质明显改善。

鄂竟平表示,2012 年是南水北调工程“三年决战”的关键之年。在工程建设方面,计划完成投资 640 亿元以上,东线与通水直接相关的主体工程基本完工，基本具备过水条件。中线黄河以北除穿黄隧洞、焦作城区段、洺河渡槽外,主体工程基本完工，天津干线工程具备试通水条件;控制性工程在 2011 年基础上再削减一半。

按照南水北调工程建设计划，东线一期工程将于 2013 年通水,中线一期工程于 2013 年主体工程完工,2014 年汛后通水。

2012 年军民迎新春文艺晚会在京举行

胡锦涛吴邦国贾庆林李长春习近平李克强贺国强周永康等出席

1 月 14 日,2012 年军民迎新春文艺晚会在北京人民大会堂举行。胡锦涛、吴邦国、贾庆林、李长春、习近平、李克强、贺国强、周永康等党和国家领导人出席晚会,与首都军民欢聚一堂,共贺新春。演出结束后,胡锦涛等走上舞台与演职人员亲切握手,祝贺演出成功。 新华社记者 **王建民**摄

新华社北京 1 月 14 日电 （记者**曹智、李宣良**)军民同心跟党走,锦绣山河展宏图。2012 年军民迎新春文艺晚会 14 日晚在人民大会堂举行。党和国家领导人胡锦涛、吴邦国、贾庆林、李长春、习近平、李克强、贺国强、周永康等出席晚会,与首都军民欢聚一堂,共贺新春。

人民大会堂华灯璀璨、笑语欢歌,洋溢着一派喜庆祥和的节日气氛。晚 7 时 40 分许,胡锦涛等党和国家领导人步入晚会现场,全场响起热烈的掌声。胡锦涛等向大家亲切致意,表示新春的祝福。

晚会在激昂的鼓乐声中拉开帷幕,奔放、欢快的合唱《迎春序曲》,抒发出亿万军民迎新春的美好心声。领唱与合唱《无限春光又一年》,赞颂了在科学发展观引领下社会主义现代化建设取得的辉煌成就。女子集体舞《万紫千红》,以灵动流畅的舞姿,描绘出社会主义先进文化建设的多彩画卷。《双拥歌曲联唱》、情景诗报告《心蕾绽放》、女声独唱《心心相印》、短剧《老街坊新邻居》,通过多种艺术形式,讴歌了军爱民、民拥军的光荣传统，展现了党和人民息息相通、子弟兵和人民心心相印、各族人民情同手足的深刻意蕴。杂技《星空之恋》优美绮丽、精彩纷呈,表现出中华民族实现飞天梦的壮丽图景。男子集体舞《沙场雄风》、男声独唱《放心吧,祖国》,刻画了全军官兵深入贯彻落实国防和军队建设主题主线重大战略思想，牢记使命、苦练精兵、爱国奉献的时代风采。男声合唱《没有共产党就没有新中国》、《天路》,女声独唱《大路越走越宽阔》,气势雄浑、节奏铿锵,唱出了中华儿女坚定不移走中国特色社会主义道路、以优异成绩迎接党的十八大胜利召开的精神风貌。“老百姓是山,老百姓是海,老百姓是共产党的生命源泉……”歌舞《江山》将晚会推向高潮,优美舒展的旋律艺术再现了我们党为人民谋幸福的不懈追求,表达出全国军民紧密团结在以胡锦涛同志为总书记的党中央周围,万众一心、开拓进取,奋力夺取全面建设小康社会新胜利、开创中国特色社会主义事业新局面的壮志豪情。

演出结束后,胡锦涛等党和国家领导人走上舞台,与演职人员亲切握手,祝贺演出成功。

王刚、王乐泉、王兆国、王岐山、回良玉、刘淇、刘云山、刘延东、张德江、徐才厚、郭伯雄、何勇、令计划、李建国、梁光烈、马凯、孟建柱、李兆焯和中央军委委员陈炳德、李继耐、廖锡龙、常万全、靖志远、吴胜利、许其亮观看演出。

观看演出的还有中央和国家机关有关部门、全国双拥工作领导小组成员单位、北京市和解放军四总部、驻京部队各大单位、武警部队和军委办公厅的负责同志,全国双拥模范城(县)、双拥模范单位和个人代表,以及驻京部队官兵和首都各界群众代表。

这台题为《阳光路上情满怀》的晚会由全国双拥工作领导小组、民政部、广播电影电视总局和解放军总政治部联合举办。

河南焦作祥云镇张寺村参保农民

『新农合』暖了咱的心

本报记者 曲昌荣 程少华

三九隆冬,寒意阵阵。1 月 13 日,我们来到河南焦作市温县祥云镇张寺村,采访新型农村合作医疗。

踏进农民白春风的家门，只见戴着口罩的她正在收拾家务。今年 54 岁的白春风去年不幸患上了乳腺癌，在温县人民医院刚做完手术。尽管说话有些虚弱,但精神头还是挺足。听说我们的来意,她脸上顿时绽开了花:“我去年做了三次化疗,政府给报销了一半钱。足足有 1 万多块呢！”她走进屋,拿出两张单子给我们瞧，上面清晰打印着，到 2011 年 12 月 30 日,累计报销 13375.5 元。

临出门时，人民日报社副总编辑陈俊宏拿出 1000 元塞到她手里,“春节就要到了,祝您早日康复！”白春风紧紧握着他的手,激动地说:“请您放心,政策越来越好,我也一定要过得更好！”

走在村庄的大路上，迎面碰上一位满面红光的老汉。他说:“‘新农合’真是暖了咱农民的心。一年交 30 块钱存在账户上,没病了,保平安;有病了,管大用,我一场病报销了 20500 元!”这位老汉叫马国正，去年患了结肠癌，一年化疗 6 次,花了 36000 元,出院时半小时办好手续,报销费用直接扣除。

随行的温县卫生局副局长李桂荣介绍，刚才马老汉说的就是河南全省推行的“跨区域即时结报”。“新农合”在温县去年共为 3 万多户家庭缓解了“因病致贫、因病返贫”问题。今年报销比例更高,有效费用 400 元以上直接报销 80%。

在村头农家超市,记者看到年货琳琅满目,人来人往。远处不时响起鞭炮声,年味真是越来越浓了!

台湾地区领导人选举结束

马英九获连任

本报台北 1 月 14 日电 （记者**王尧、任成琦**)台湾地区领导人选举投票今天下午 4 时结束。开票结果显示,中国国民党候选人马英九、吴敦义获胜,得票 6891139 张,得票率为 51.6%。

另两组候选人中，民进党候选人蔡英文、苏嘉全得票 6093578 张,得票率为 45.6%;亲民党候选人宋楚瑜、林瑞雄得票 369588 张,得票率为 2.8%。

与此同时举行的台湾地区民意代表选举，结果也于今晚揭晓。在总共 113 个席次中,中国国民党获得 64 席,民进党获得 40 席,亲民党 3 席,台联党 3 席,“无党团结联盟”获得 2 席,无党籍及未经政党推荐者获得 1 席。

对尼泊尔进行正式访问

温家宝会见尼泊尔总统亚达夫

与巴特拉伊总理举行会谈

1 月 14 日,国务院总理温家宝在加德满都会见尼泊尔总统亚达夫。 新华社记者 **刘卫兵**摄

1 月 14 日,国务院总理温家宝在加德满都与尼泊尔总理巴特拉伊举行会谈。 新华社记者 **谢环驰**摄

本报加德满都 1 月 14 日电 （记者**马剑**)国务院总理温家宝 14 日在加德满都会见尼泊尔总统亚达夫。

温家宝首先转达胡锦涛主席的亲切问候和良好祝愿。他表示,中尼是传统友好邻邦,两国人民有上千年友好交往史。建交以来,两国始终相互帮助、相互支持,两国关系健康稳定发展,中尼友好深入人心。中国政府和人民珍视与尼泊尔的传统友谊,为尼国家建设取得积极成果感到高兴，相信尼方能够早日完成和平与制宪进程,实现国家的持久稳定和发展。

温家宝表示,当前国际形势正经历深刻复杂变化,亚洲国家面临难得的发展机遇,但挑战也是前所未有的。中方愿与尼方保持高层交往,深化政治互信,扩大互利合作,推进水电开发、交通基础设施建设等重点领域合作。中方支持尼泊尔与周边国家发展友好关系,

（下转第三版）

本报加德满都 1 月 14 日电 （记者**马剑**)国务院总理温家宝 14 日在加德满都与尼泊尔总理巴特拉伊举行会谈。

温家宝表示,中尼是山水相连的亲密邻邦。建交 56 年来,两国关系在各个时期都保持了健康稳定发展。中尼关系有着坚实的政治基础和社会基础。中方尊重尼方根据自身国情选择的发展道路,支持尼维护国家独立、主权和领土完整,赞赏尼方奉行一个中国政策,充分理解和支持中方重大关切。中方愿与尼方加强高层交往和各级别磋商，携手应对错综复杂的局势,维护共同利益。

温家宝表示,双方要在平等互利的基础上扩大务实合作,加强统筹规划,稳步推进有关合作项目。中方愿继续帮助尼泊尔改善民生,增强自我发展能力,鼓励有实力、信誉好的中资企业赴尼投资兴业,

（下转第三版）

温家宝抵达利雅得对沙特进行正式访问

本报利雅得 1 月 14 日电 （记者**马剑**)国务院总理温家宝当地时间 14 日晚乘专机抵达沙特阿拉伯王国首都利雅得,开始对沙特进行正式访问。

在机场,温家宝发表了书面讲话。他说,建交 22 年来,中沙友好关系全面、快速发展，在彼此关切的重大问题上相互理解和支持,各领域合作成果丰硕,两国已成为好朋友、好兄弟、好伙伴。中国政府从战略高度和长远角度看待中沙关系,愿同沙方共同努力,不断推进两国友好务实合作,造福于两国和两国人民。

温家宝说，我期待着会见阿卜杜拉国王和纳伊夫王储，并广泛接触沙各界人士。我相信,此访将有益于两国进一步扩大共识、巩固友谊,推动中沙战略性友好关系取得更大发展。

沙特国王代表、外交大臣费萨尔亲王和中国驻沙特大使李成文等到机场迎接,费萨尔亲王为温家宝举行了隆重的欢迎仪式。

温家宝是在结束对尼泊尔的正式访问后对沙特进行访问的。离开加德满都时,尼泊尔总理巴特拉伊在机场为温家宝举行了隆重的送行仪式。

李长春出席部级领导干部历史文化讲座

本报北京 1 月 14 日电 （记者**李章军**)2012 年首场部级领导干部历史文化讲座 14 日在北京国家图书馆分馆举行。中共中央政治局常委李长春出席讲座,对讲座给予充分肯定，希望有关部门进一步总结经验，不断丰富内容、创新形式、提高质量,争取越办越好,使讲座成为推动学习型社会和学习型政党建设的重要阵地，成为引导全党全社会形成勤于读书、勤于学习良好氛围的重要平台,成为帮助领导干部提高素质、增强本领、做好工作的重要助手。

这次讲座的题目是《宋代政治文化面面观》,北京大学历史系教授邓小南从宋代的开国基调与政策导向、士大夫政治与文官制度、社会氛围与文化风气的演化等方面，分析了宋代文明昌盛的原因,对该时期的政治文化遗产进行了反思,讲座还就有关问题进行了讨论。李长春与部级领导干部一起认真听取讲解,并不时记下要点,称赞讲座史料翔实,生动凝练。

讲座开始前,李长春参观了“知古鉴今 资治理政——部级领导干部历史文化讲座 10 周年展”，听取讲座举办和干部学习情况介绍。李长春指出,党的十七届六中全会强调，要坚持以领导班子和领导干部为重点，大力推进马克思主义学习型政党建设。部级领导干部历史文化讲座坚持 10 年,难能可贵,适应了建设学习型政党的要求，对于帮助领导干部强政治、长知识、增本领、促修养发挥了积极作用。他希望国家图书馆充分发挥示范带动作用，积极推进图书馆事业创新,拓宽公共文化服务领域,推动各级图书馆面向广大干部群众多举办富有思想性、学术性、知识性的讲座和研讨,在全党全社会大兴读书学习之风，营造人人学习、发奋学习、终身学习的浓厚氛围，为建设学习型社会和学习型政党提供有力支持。

部级领导干部历史文化讲座由中央国家机关工委、文化部、中国社会科学院联合主办,国家图书馆承办,利用周末休息时间进行,自 2002 年 1 月启动至今已举办 172 期,2 万多人次参加，受到部级领导干部的欢迎。

马凯、陈奎元出席讲座并参观展览。

■ 要闻·政策解读（第二版）

今年农机购置补贴规模将进一步扩大

补贴对象不变 补贴标准微调

■ 新农村（第六版）

我国每年发生农作物病虫害 70 亿亩次

破解庄稼“治病难”

人民日报
RENMIN RIBAO

人民网 网址:http://www.people.com.cn
手机:http://wap.people.com.cn

2008年3月
23
星期日
戊子年二月十六
人民日报社出版
国内连续出版物号
CN11-0065
第21806期(代号1-1)
今日8版

抓好春耕生产 确保夏粮丰收

吉林加快备耕生产进度

本报长春3月22日电 （记者**孔祥武、孟海鹰**）近日，吉林省农委组成9个备春耕生产工作组，深入到全省9个市(州)、20个县(市、区)调研检查指导各地备耕生产工作。各地备耕工作正在紧锣密鼓地进行。

吉林省加快各项惠农政策补贴资金落实步伐，省财政已将直接补贴农民的粮食直补、农资综合补贴资金下拨到县，各地正在做补贴资金发放的准备，在3月底前都能基本完成补贴发放工作。

备耕生产资金和生产资料货源不足的市、县，千方百计采取各种有效措施，加快资金物资筹措进度。长春市出台了对化肥经销企业外购磷酸二铵、复混肥铁路运费实施补贴的政策；前郭尔罗斯蒙古族自治县、乾安县等县组织机关、事业单位财政开支人员定向储蓄，增加农村信用联社放贷能力。截至3月13日，全省已筹集资金63亿元，占计划投入的69%；已有化肥货源300万标吨，占春耕生产所需底肥的85%，到户108万标吨，占春耕底肥的31%；种子货源充足，到户率48%。

为支持春耕抗旱工作的开展，目前全省全力以赴抓抗旱准备工作。全省已打各类抗旱井1万多眼，维修机电井3500多眼，维修抗旱设施4万多台套，储备抗旱用油近2000吨。针对今年受灾户和贫困户增加、备春耕生产困难大的实际情况，吉林各地普遍加大了帮扶力度，通过部门保、干部包、党员带、能人领、政策扶综合措施，对薄弱户建立了包保责任制，确保资金物资有着落，及时种上地、种好地。松原市已落实帮扶资金150多万元，向贫困户提前发放低保资金155万元。

河北加快发展可再生能源产业——“追风逐日”气象新

本报记者 王方杰 李增辉

高举旗帜 科学发展
贯彻落实十七大精神

天高地远，四野空旷，河北省张家口坝上地区，大风吹得风能发电机的巨大叶片呼呼打转。

“新能源产业发展前景广阔。”河北省发改委主任沈小平说，“按照党的十七大提出的发展清洁能源和可再生能源、建设科学合理的能源资源利用体系的要求，河北将加快发展新能源产业，‘十一五’期间全省新能源建设总投资将达302亿元。”

“追风”，风能发电机大喝西北风

“过去，一到大风天，大家呆在屋里直抱怨。”张家口尚义县委书记籍献平说，“现在，风能发电就靠‘喝西北风’！只要有风，我们就能发电，就有效益。”

尚义县风能发电总装机容量已达15.15万千瓦，是河北第一风能发电大县。到2010年，全县风电总装机容量将达百万千瓦，风力发电可增加财政收入2.4亿元。

尚义是河北开发风能的先行者。据测算，河北以张家口市、承德市为主的陆上风能资源总储量达7400万千瓦。目前，张家口、承德已建成张北长城、围场红松、尚义满井、张北满井、康保卧龙图山5个风电场。

国华能源投资公司、国电龙源集团和荷兰努安公司等国内外大公司纷至沓来。今年1月，张家口市在多次调整风电发展规划之后，再次将2010年的风电装机容量调高为300万千瓦。

沧州、唐山、秦皇岛市的海上风力发电项目也在建设和筹划之中。在沧州市，总投资15亿元的海兴县海上风力发电项目一期工程近期建成投产，黄骅市9.9万千瓦风力发电项目正加紧筹备。

目前，河北省在太行山、燕山和沧州近海建立了测风塔，开展风能开发前期勘查工作，同时着手谋划千万千瓦级风电基地项目。

“张家口、承德的坝上地区，过去是河北的贫困地区。转动的风车，将大大改变这里的落后面貌。”张家口市市长郑雪碧说，到2010年，全市风电销售收入可达30多亿元，带来税收7亿元左右。

“逐日”，用太阳能照亮城市夜空

保定天威英利新能源有限公司的厂区里，生产线昼夜不停。作为具有完整产业链的多晶硅太阳能电池制造企业，天威英利公司2007年的销售收入已达40亿元。

“我们已建起一流的太阳能电池生产体系。”天威英利公司总经理苗连生说，投资30亿元的新项目今年全部投产后，太阳能硅片、电池片、组件的年销售收入预计可达150亿元。

保定市的新能源及新能源设备制造产业已经形成集聚优势，常务副市长李谦介绍说，全市拥有太阳能发电、风电、输变电与节电三大产业的设备制造骨干企业160多家，集中了全国同行业的龙头企业。

在保定高新技术开发区，光伏产业园、风电产业园、输变电设备产业园、新型储能产业园等园区正在加紧建设。2007年，保定新能源产业对全市工业贡献率达到20%，成为引领当地经济发展的主导产业。今年1月11日，科技部认定保定市为首个“太阳能综合应用科技示范城市”。

保定、邢台市先后启动了以推广应用太阳能为主要内容的“太阳城”建设。2007年，保定市区50%的公共场所、40%的生活小区、40%的旅游景区完成了太阳能应用改造。邢台市规划3年内完成市区60%以上新建筑的太阳能应用，建成100个太阳能应用小区和300个太阳能应用村庄。

除了风能和太阳能开发，河北利用秸秆等生物质的发电项目开发也正在兴起。近几年，全省开发利用太阳能、风能、沼气等新能源，相当于每年节约标准煤近千万吨。

压题照片：怀来县官厅水库风电场。
李增辉 杜柏桦摄影报道

广西十万农技人员深入田间地头

本报南宁3月22日电 （记者**庞革平**）春回大地，万物复苏，正是春耕生产大好时节。连日来，广西组织10万多党员专家和农技人员深入田间地头指导春播春种。目前，春耕生产进度明显快于去年同期。

广西壮族自治区农业厅最新统计显示，目前，全区农业已完成补种改种159.44万亩，修复大棚等设施53.42万亩，抢收甘蔗235.37万亩。全区已浸播早稻种子562万公斤，比去年同期多105万公斤；种春玉米310万亩，同比多19万亩。

为确保灾后农业增产增收，广西各级农业部门把春耕工作作为当前最紧迫的任务来抓。自治区农业厅抓好种子、种苗的调运落实，组织专家组和50多个产业技术小组分赴各市县指导春耕生产。目前，农业厅已投入2980万元资金，支持各地开展春耕生产。同时，通过网络、广播电视、专业协会、印发技术资料、建科普墙报等形式，对农民进行培训，把春耕技术送到千家万户。现在，全区已举办各种农技培训1.57万期，共培训农民142万人次，印发各种技术资料1255万份。

在桂东南地区，玉林、贵港等市抓住当前雨量充沛、气温回升的有利时机，大力推进春耕生产。农资部门积极抓好种子、化肥、农药、农膜等农资的调运，确保满足春耕需要。陆川县已组织1660多名党员干部和农技人员分赴全县14个乡镇154个村，帮助群众开展春耕生产。

甘肃农资供应基本满足春耕需要

本报兰州3月22日电 （记者**彭波**）随着气温日渐回暖，甘肃省进入春耕生产的大忙季节。记者从甘肃省农牧厅了解到，目前，甘肃省各种农资准备工作正在有序进行，农资供应能够基本满足全省春耕生产需要。

据甘肃省农牧厅的统计，截至目前，全省各级各类农资经营单位已准备各类化肥120万吨，农药2000吨，农膜4万吨，化肥、农药、农膜准备量已占需要量的60%以上，准备粮食种子1.2亿公斤，马铃薯种薯10亿公斤，积造农家肥1亿多吨。进入春耕季节以来，甘肃省各类农资供需缺口均保持在10%以下。

为进一步调动农民的生产积极性，今年国家以及甘肃省共安排小麦良种、马铃薯良种推广、测土配方施肥补贴项目资金近6000万元，国家农机购置补贴资金达到1亿元，比上年增加5000万元。

围绕今年的春耕生产，甘肃省各级农业部门将提高农业生产综合效益，进一步壮大特色优势农业产业为中心任务，积极引导农民调整生产结构，选择产出高、效益好的农作物品种。农技人员也纷纷深入生产一线，加强对农业种植结构调整、病虫害防治、配方施肥、新品种新技术的培训和服务，重点做好地膜双垄沟播技术和高效节水农业技术的推广运用。

农机助春耕

春耕时节，四川省南充市农机部门调动6300台耕整机，组织50多个成型的机耕服务队，为农村缺劳户耕整田地26万多亩，助农保春耕、促增收。图为3月20日，南充市嘉陵区龙盘镇机耕服务队帮助当地缺劳户农民耕整间作玉米地。

成潮生摄

重庆黔江十万农民“靠天”喝水成历史

先建机制 再建工程

本报重庆3月22日电 （记者**余继军**）巴渝春来早，刚进3月，淅淅沥沥的细雨就连绵不绝地下了起来。然而，在地处武陵山区腹地的重庆市黔江区广大农村，已看不到往年家家户户提桶拿盆接雨水的景象了。在新华乡石钟村农民徐光犬的家里，老徐热情地招呼喝茶，“不怕你们笑话，以前我们这里缺水严重，水珍贵得很，客人来了，连茶都舍不得泡。现在不一样了，你们想喝多少就喝多少。”

老徐所在的新华乡长期以来缺水严重。据乡党委书记何平介绍，每到夏季，浩浩荡荡的找水大军就会“活跃”在全乡的各个山坡上。“那个时候，只要下雨或找到一点水源，我们就会动用一切工具蓄水。”如今，黔江区水利部门探索出的农村饮水安全工程新路，终结了他们喝水“基本靠天”的历史。他们打破以往“先建设、后管理”的老办法，尊重群众意愿，组织受益群众参与工程的建设和管理，引导组建村民饮水安全协会，探索出“先建机制、再建工程、协会管理、有偿供水、政府监督”的长效机制，一举解决了11.16万农民的饮水安全问题。

黔江区属典型的喀斯特地形，素来难以蓄留水源，全区42万农业人口中有31万饮水不安全。黔江区以往靠财政拨款也修过人饮解困工程，但由于农民参与不积极，蓄水池等设施缺乏管理维护资金，新建不久的饮水工程很快报废。2006年10月，新华乡在全区试点，率先推行新的水利工程建设机制。他们首先将规划设计方案提交受益村组群众讨论，确定对项目实行协会管理和有偿使用；其次，在自愿基础上成立乡饮水安全协会，建立起财务管理、成员选举办法等管理制度；最后，选举产生饮水安全分会成员和管水员、监督员，并由受益群众讨论确定水费收费标准、管理人员监督制度等。黔江区政府还明确规定了饮水工程的产权归属。

清晰的产权界定和高度民主的工作机制使新华乡干部群众兴修水利工程的积极性空前高涨，他们整合各类资金650万元，引水源，新建水处理厂，整体解决了全乡12553人的饮水安全问题。

“以前我们的水利工程存在‘年年修水利，年年缺水喝’的尴尬现象。”黔江区政协副主席、水利局局长简兴德说，“如今我们让广大受益农户直接参与项目决策和建设管理工作，把最为关键的筹资和管理环节，放在工程建设前就解决好，真正体现了建设一片、成形一片、受益一方。”

北京奥运会火炬传递电视信号将面向全球免费普发

据新华社北京3月22日电 北京奥运会圣火采集仪式将于24日在希腊举行。从4月2日起，北京奥组委将向全球免费普发每个火炬传递日的电视信号。

据北京奥组委火炬接力中心相关负责人介绍，按照以往奥运会的惯例，北京奥组委将向全球媒体提供官方信号。为此，北京奥组委成立了由19人组成的官方信号制作团队，将在每个传递日免费拍摄、制作约15分钟的官方电视信号集锦和中英文镜头表，通过全球卫星网络普发，所有媒体可免费接收。此外，官方信号还将通过APTN的GVW网再次发送。

北京奥运会火炬接力活动以“点燃激情、传递梦想”为口号，在全球五大洲传递。境外接力时间历时33天，其中传递日为21天；境内传递从5月4日至8月8日，传递日为97天。

昆曼国际大通道中国路段全线通车

本报昆明3月22日电 （记者**陈娟**）随着小磨高速公路建成，3月21日，昆明至曼谷国际大通道中国路段全线贯通。

昆曼国际大通道是我国云南连接东南亚、南亚国家的4条陆路通道之一，起于我国昆明，经玉溪、普洱，从西双版纳磨憨口岸出境，经老挝直抵泰国首都曼谷，全长1818公里，中国境内路段共688公里。

昆曼大通道是大湄公河次区域经济合作的重点项目之一，也是亚洲公路网的重要组成部分。从20世纪90年代开始，随着云南省委、省政府建设连接东南亚、南亚大通道战略的实施，昆曼国际大通道中国路段进入了全面建设时期。

陈水扁当局“入联公投”遭台湾民众否定

本报台北3月22日电 （记者**郑固固、吴亚明**）陈水扁当局不顾海内外强烈反对而执意推动的所谓“入联公投”于22日举行，因投票人数未达总投票权人数的一半，投票率仅35.8%，公投未获通过。公投结果说明，“台独”不得人心。

同时举办的由国民党所提出的“返联公投”投票率仅35.7%，同样因投票人数不足而未获通过。

台湾地区领导人选举结束

本报台北3月22日电 （记者**郑固固、吴亚明**）据台湾媒体报道，台湾地区领导人选举22日举行了投票。中国国民党籍候选人马英九、萧万长获胜，得票765.87万张，得票率为58.45%；民进党籍候选人谢长廷、苏贞昌得票544.52万张，得票率为41.55%。

克拉玛依：万人绿化忙

3月22日，新疆克拉玛依市开展“除草护绿，从我做起”绿化活动，近万名市民参加了万亩环城生态林除草护绿行动。图为当日克拉玛依市民在白碱滩为万亩环城生态林除草。

周建玲摄

百余部长京郊植树

为绿色奥运再添新绿

本报北京3月22日电 （记者**高保生、李章军**）迎春花怒放，白玉兰吐香。3月22日，以“迎奥运，共建绿色家园”为主题的共和国部长义务植树活动在京郊举行。中央和国务院各部门的172名部级领导在门头沟区永定镇卧龙岗村挥锹铲土，栽下了白皮松、银杏、国槐、栾树等30多个树种2000多株树木，为绿色奥运再添新绿。

“迎奥运，共建绿色家园——共和国部长义务植树活动”由全国绿化委员会、中共中央直属机关绿化委员会、中央国家机关绿化委员会、首都绿化委员会共同举办。共和国部长义务植树活动已连续7年在北京开展，共有1200多人次部级领导参加植树，植树13540株。全国绿化委员会副主任、国家林业局局长贾治邦说，自1981年五届全国人大四次会议颁布《关于开展全民义务植树运动的决议》以来，全民义务植树运动以其特有的法定性、义务性、全民性，在中华大地蓬勃开展，成为适龄公民履行法定义务、投身绿化事业的一个途径，推动了国土绿化，培养了人们植绿爱绿护绿的意识。

经中央同意，中组部等有关部门决定

五年选聘十万名高校毕业生到村任职

李源潮要求为社会主义新农村建设培养骨干力量

本报北京3月23日电 （记者**董宏君**）经中央同意，中央组织部等有关部门决定，从2008年开始，用五年时间选聘10万名高校毕业生到村任职。3月20日，中央组织部会同教育部、财政部、人力资源和社会保障部召开选聘高校毕业生到村任职工作座谈会。中共中央政治局委员、中央书记处书记、中组部部长李源潮在会上指出，要认真贯彻落实党的十七大精神和刚刚闭幕的全国两会精神，切实做好选聘高校毕业生到村任职工作，为社会主义新农村建设培养骨干力量。

选聘高校毕业生到村任职，是党中央作出的一项重大决策，对于深入贯彻落实科学发展观，加快推进社会主义新农村建设，培养造就经过基层实践锻炼、对人民群众有深厚感情的党政干部后备人才，具有重大而深远的战略意义。

李源潮指出，要充分认识选聘高校毕业生到村任职工作的重要意义，以改革创新精神做好这项工作，要实行公开选聘、竞争择优，让整个选聘工作在阳光下运行，确保把有志向、有热情、有潜力的大学生选拔出来。要切实抓好上岗教育培训，特别是要组织选聘的大学生到先进村进行“驻村培训”，了解新农村建设情况，掌握“三农”工作的方针政策，学习开展农村工作的本领。要根据大学生的服务意愿和专业特长，充分发挥他们的作用。要制定和落实激励保障政策，加强跟踪管理和服务，妥善安排到村任职大学生的工作、学习和生活，为他们开展工作创造良好环境和条件。

李源潮要求，要加强对选聘高校毕业生到村任职工作的组织领导，坚持大学生自觉自愿原则，鼓励热爱农村、热爱农民、志愿到农村去经受艰苦生活磨炼的优秀大学生积极报名应聘；坚持从各地实际出发，注意质量、讲求实效，不追求数量。要营造良好舆论氛围，让社会各方面了解、支持这项工作，引导更多的高校毕业生到基层去、到农村去建功立业、成长成才。

中央组织部常务副部长沈跃跃主持会议。北京、山西、辽宁、江苏、河南等省市党委组织部和中国农业大学党委负责同志作交流发言。教育部、财政部、人力资源和社会保障部的负责同志就参与做好选聘工作作了讲话。中农办、公安部、民政部、农业部、国家林业局、国务院扶贫办、团中央等部门和各省区市、新疆生产建设兵团党委组织部负责同志及部分高等学校党委负责同志参加会议。

中共中央组织部追授汪国杰等20名同志“抗御雨雪冰冻灾害优秀共产党员”称号

本报北京3月23日电 （记者**董宏君**）为表彰在抗御雨雪冰冻灾害工作中因公殉职的共产党员，日前，中央组织部决定追授汪国杰等20名同志“抗御雨雪冰冻灾害优秀共产党员”称号。

决定指出，在今年抗御雨雪冰冻灾害工作中，广大共产党员发扬一不怕苦、二不怕死的精神，战斗在第一线，冲锋在最前面，涌现出许多可歌可泣的感人事迹，树立了新时期共产党人的光辉形象，彰显了共产党员的先进性。在这场抗灾救灾斗争中，汪国杰等20名共产党员，为了国家和人民的利益献出了宝贵的生命。这20名同志，在抗御雨雪冰冻灾害工作的紧要关头，挺身而出，冲锋在前，光荣殉职，是共产党员中的优秀代表。

中央组织部号召全国各条战线的共产党员都要向汪国杰等20名同志学习。学习他们坚持党和人民的利益高于一切，视灾情如命令，视群众如亲人的高尚情操；学习他们不畏艰险、迎难而上、奋不顾身的英雄气概；学习他们将人民群众的生命财产安全放在心上，舍小家顾大家的无私奉献精神；学习他们立足本职岗位、踏实工作、恪尽职守的优秀品格。广大共产党员都要像他们那样，讲党性、重品行、作表率，在各自岗位上，出色完成工作任务，以实际行动展现共产党员的先进性，为中国特色社会主义伟大事业作出新的更大贡献。

“抗御雨雪冰冻灾害优秀共产党员”名单

汪国杰（生前系浙江省永嘉县公路管理段职工）

林圣巧（生前系浙江省永嘉县公路管理段交通工程公司驾驶员）

王勇（生前系安徽省全椒县交通局工会副主任、法制股股长）

王坤鸣（生前系安徽省庐江县泥河镇沙溪村文书）

张新民（生前系安徽省合肥市公安局交警支队高速公路二大队主任科员）

徐翠萍（女，生前系安徽省庐江县泥河镇党委委员、副镇长）

程志国（生前系安徽省庐江县泥河镇副科级干部）

朱平（生前系江西三川水表股份有限公司党支部委员会委员、市场部大区经理）

黄快生（生前系江西省南城供电公司建昌供电所农电工）

郝法鹏（生前系华能沁北发电有限责任公司[电厂]党委委员、副总经理[副厂长]）

周又山（生前系湖北省武汉市蔡甸区侏儒街镇宁堡村村委会副主任）

卢明强（生前系湖南省郴州市交通局干部）

曹述军（生前系湖南省桂阳县樟市镇水利水电管理站职工）

鄢志刚（生前系湖南省桃源县西安镇副镇长）

李彬（生前系贵州省贵阳市开阳县永温乡党委委员、纪委书记、工会主席）

吴声海（侗族，生前系贵州省黎平县永从乡管团村党支部书记）

武德顺（彝族，生前系贵州省大方县百纳彝族乡龙竹村村民）

欧光权（苗族，生前系贵州省台江县公安局看守所副科级侦查员、二级警督）

赵祖虎（生前系贵州省织金县公安局珠藏镇派出所所长）

孔晓岩（生前系陕西省延安市公安局交通警察支队高速公路大队三中队民警）

上图第一排从左至右依次为：汪国杰、林圣巧、王勇、王坤鸣；第二排从左至右依次为：张新民、徐翠萍、程志国、朱平；第三排从左至右依次为：黄快生、郝法鹏、周又山、卢明强；第四排从左至右依次为：曹述军、鄢志刚、李彬、吴声海；第五排从左至右依次为：武德顺、欧光权、赵祖虎、孔晓岩。（新华社发）

冰雪如镜　精神永恒

本报评论员

冰雪灾害已经过去，但一种精神永存人们心中。

人们会记住并怀念这些名字：汪国杰、王坤鸣、程志国、朱平、曹述军……在这个罕见的冰雪之年，他们挺身而出，用自己的鲜血和生命与冰雪搏击，昭示了伟大的民族精神，谱写了壮丽的时代史诗。

风雪骤，灾情急。路断、车阻、人滞、电停、水停、粮缺……在巨大的雨雪冰冻灾害面前，任何个人的力量都显得微不足道。然而，人类之所以组成社会，中华民族之所以自强不息，就在于彼此唇齿相依、血脉相连。

面对几十年一遇的雪灾，人们的力量在凝聚，精神在升华。举国上下一条心，东西南北一盘棋，从大江南北到长城内外，从白发苍苍的老人到系着红领巾的孩子，大家和衷共济，空前团结，用高度的热情、无边的温情去融冰化雪、温暖灾区。

汪国杰等20位党员同志，无疑是其中的杰出代表。在严酷的冰天雪地里，作为共产党员，他们战斗在第一线，冲锋在最前面，有的连续奋战数十天、有的身单衣薄修电网、有的身抱疾病除冰雪……他们用自己的实际行动，彰显了党的先进性。他们倒下了，但结冰的电线得到了清理，冻裂的水管被修复，疲惫的旅人喝到了一杯热水，生病的孩子获得了一粒药丸，羸弱的老人被扶到老乡家中……他们用自己的双肩，扛起了亿万群众的安危；用他们的双手，撑起了灾区的天空。

冰雪如镜鉴精神。越在危难的时刻，越能显示出凝聚力和向心力，这样的国家堪称伟大的国家；越是灾难深重，越能挺起不屈的脊梁，这样的民族才是英雄的民族。在抗击雪灾的斗争中体现出的万众一心、众志成城，不怕困难、顽强拼搏，一方有难、八方支援的宝贵民族精神，在冰雪的辉映下，格外璀璨夺目。2008年初的这场冰雪，再一次折射出中华民族一脉相承的优良传统，折射出具有鲜明中国特色的时代精神，让我们看到了抗洪精神和抗击非典精神的接力传承，看到了社会主义、爱国主义、集体主义和人道主义的弘扬和升华。

当代中国正在发生着广泛而深刻的变革。随着经济体制深刻变革、社会结构深刻变动、利益格局深刻调整、思想观念深刻变化，人们的思想意识空前活跃，社会的价值取向日益多元。就在个别人信奉个人主义、享乐主义的时候，就在一些人扬言告别英雄主义、集体主义的时候；就在“组织不可信”、“兄弟不可靠”论调寻找市场的时候，千千万万在抗击冰雪灾害的英雄们站出来，再次铸炼了我们伟大的民族精神，再次奏响了时代精神的颂歌。他们的行动，为社会主义核心价值体系作出了生动的诠释，它告诉我们什么是一个民族真正的美德和灵魂，什么是支撑一个国家不可或缺的软实力，什么应当被弘扬，什么值得被弘扬。

不觉春风换柳条。战胜了雨雪冰冻灾害，中国正阔步行走在改革开放的第三十个春天。经历沧桑和风雨的民族才能不断发展，战胜灾难和挫折的人民将会更加坚强。我们相信，在改革开放的新征程中，我们前进的步伐必定更加坚定。

国台办发言人发表谈话

搞“台独”不得人心　期盼为两岸和平发展共同努力

本报北京3月23日电 国务院台湾事务办公室发言人李维一22日晚发表谈话表示，“台独”分裂势力搞“台独”是不得人心的，期盼为两岸关系和平发展共同努力。

李维一是在台湾地区领导人选举和“入联公投”的结果揭晓后接受媒体采访时作上述表示的。

李维一说：我们注意到了台湾地区领导人选举的结果。陈水扁当局推动的所谓以台湾名义加入联合国的公投遭到失败，再次说明“台独”分裂势力搞“台独”是不得人心的。

李维一指出：两岸关系和平发展是两岸同胞的共同愿望和期待，大家要共同为此而努力。

基金公司须建立公平交易制度

防止利益输送和不公平交易

本报北京3月23日电 （记者**许志峰**）为保证同一基金公司管理的不同投资组合得到公平对待，保护投资者合法权益，中国证监会近日发布了《证券投资基金管理公司公平交易制度指导意见》。

据了解，近年来基金公司资产管理业务范围不断扩大，从最初的单一封闭式基金逐步扩展到开放式基金、社保组合、企业年金等，今年还将逐步开展专户理财业务。这些不同类型、不同客户的投资组合对于基金公司收入的贡献可能各不相同，从而可能引起基金公司或内部从业人员不公平对待不同投资组合的行为。

证监会有关负责人认为，要解决公平交易问题，根本措施应从公平交易产生的原因和环境入手，建立解决问题的制度性措施。此次发布的指导意见，对于公平交易的范畴、公司投资决策的内部控制以及公司内部报告和外部信息披露等作了指导性规定。

与以往主要关注股票二级市场的公平交易不同，指导意见要求基金公司公平交易制度所规范的范围应包括所有投资品种，以及一级市场申购、二级市场交易等所有投资管理活动，同时应包括授权、研究分析、投资决策、交易执行、业绩评估等投资管理活动相关的各个环节。

国家电网表彰抗冰抢险先进集体和个人

本报北京3月23日电 （记者**冉永平**）国家电网抗灾救灾恢复重建总结表彰大会今天在北京召开。数百位在抗灾过程中涌现出的国家电网公司系统的先进个人以及一些先进集体受到表彰。

据介绍，本次冰雪灾害中，国家电网公司统一调动施工力量，统一调配所需物资，迅速从安徽、湖北、山东、辽宁、华东等21个网省公司调集3万余人日夜兼程奔赴灾区，共投入26.6万人开展抢修和恢复重建，从各地紧急调集56.6亿元的设备物资支援灾区。

国家电网公司总经理刘振亚强调，当前，国家电网抗灾救灾恢复重建已经取得全面胜利，但确保电网安全可靠供电依然任重而道远。冰灾对我国能源管理体制、电力发展方式、应急体系建设都将带来深远影响，值得深刻反思，认真总结。

14家企业试点汽车零部件再制造

标志我国循环经济再增新内容

本报北京3月23日电 （记者**朱剑红**）我国已经选定14家企业开展汽车零部件再制造试点工作，开展再制造试点的汽车零部件产品范围暂定为：发动机、变速箱、发电机、起动机、转向器五类产品。试点将通过两三年时间，探索推进这个产业发展的政策、管理制度和监管体系等。在近日举行的试点启动仪式上，国家发改委副主任解振华说，这标志着我国循环经济又增加了一个新的内容。

解振华说，我国已经迈入汽车社会，今后汽车的保有量、报废量、以及维修所需零部件的数量都会大幅度增长。如何有效地回收利用好报废汽车中的可再生资源，是汽车工业可持续发展面临的一项重大课题。据介绍，在欧美发达国家，废旧机电产品再制造已有几十年的历史，其中再制造发动机占其维修配件市场的85%以上，再制造已经成为一个重要的产业。由于汽车零部件再制造在我国的社会认知度和原料来源都有限，这项工作不宜求多求快，而要高度重视产品质量，循序渐进、精益求精。

再制造是把废旧产品恢复到像原产品一样的技术性能和产品质量的生产工艺流程，即主要以机电产品（装备）等废旧工业制成品为原料，在基本不改变产品结构和材质的情况下，运用高科技的清洗工艺、修复技术或利用新材料、新技术，进行专业化、批量化修复和改造，使得该产品在主要技术性能和安全质量等方面能够达到与同类原产品相同的标准要求。

路甬祥在中国发展高层论坛上表示

从四方面加强高新技术产业化

据新华社北京3月23日电 （记者**李延霞、任芳**）全国人大常委会副委员长、中国科学院院长路甬祥23日在中国发展高层论坛上表示，高新技术要实现产业化，有四个方面的因素需要加强。

路甬祥说，第一，需要加强创新源头的供给。中国政府要持续增加对基础和前沿探索、公益性研究方面的投入，加强原始性科技创新。

第二，必须加快建立有利于公平竞争、创新友好的市场环境。在法律和政策体系中，要贯穿鼓励创新的基本原则。在公平竞争的市场环境中，企业意识到只有通过创新才可能赢得竞争优势，才能主动成为技术创新的主角，才会努力吸取新知识、新技术，发展成为新产品和新工艺。

第三，在全社会倡导建立创新友好的文化环境。社会的进步、生产方式和生活方式的变革需要创新的支撑，而创新是一种艰苦而高风险的创造性劳动，需要创新者拥有自信心、创造力、持之以恒以及奉献精神，也需要社会鼓励创新、支持创新、诚信合作、宽容失败的文化氛围。

第四，创新教育。应该转变教育观念，发展素质教育，注重开发学生对客观世界的好奇心、自主探索精神，同时要提高学生的学习能力、实践能力、创新创业的能力，为建设创新型国家提供宏大的人才基础。

（上接第一版）大力推进经济结构战略性调整，加快转变发展方式，把科技创新作为国家发展战略的核心，立足扩大国内需求开拓发展空间，建设资源节约型、环境友好型社会。加快推进以改善民生为重点的社会建设，在优先发展教育、扩大劳动就业、完善社会保障、调节收入分配的同时，加快解决医疗卫生、住房保障、环境质量问题，健全和完善公共服务体系，促进社会和谐。奉行互利共赢的开放战略，加强国际经济技术交流与合作，始终不渝走和平发展道路。

他说，当前中国经济形势总体是好的，但也存在一些突出问题。我们将继续加强和改善宏观调控，进一步加强薄弱环节，增加有效供给，优化投资结构，抑制不合理需求。同时，根据新情况新问题，合理把握宏观调控的节奏、重点和力度，把经济平稳较快发展的好形势保持下去。

李克强指出，今年是中国改革开放30周年。改革开放是决定当代中国命运的关键抉择，是发展中国特色社会主义、实现现代化的必由之路，我们将进一步解放思想，勇于变革，创新求实，把改革开放和现代化建设伟大事业不断推向前进。

全国人大常委会副委员长路甬祥出席开幕式。

本届中国发展高层论坛的主题是“中国2020：发展目标和政策取向”。来自国内外的专家学者、企业家、政府官员和国际组织代表参加开幕式。

人民日報

RENMIN RIBAO

今日 16 版

人民网 网址:http://www.people.com.cn
手机:http://wap.people.com.cn

国内统一连续出版物号 CN 11-0065
第 21523 期（代号 1-1）
人民日报社出版

2007 年 6 月
14
星期四
丁亥年四月廿九
北京地区天气预报
白天 多云转晴
风向 北转南
风力 二、三级
夜间 晴间多云
风向 南转北
风力 一、二级
温度 31℃/20℃

胡锦涛会见苏里南副总统

表示中方愿与苏方一道，进一步扩大双方的交流与合作，把中苏关系提高到新的水平

6 月 13 日，国家主席胡锦涛在北京人民大会堂会见苏里南副总统萨炎。

新华社记者 马占成摄

本报北京 6 月 13 日电 （记者**曹鹏程**）国家主席胡锦涛 13 日下午在人民大会堂会见了苏里南副总统萨炎。双方进行了亲切友好的谈话。

胡锦涛高度评价中苏传统友谊和两国关系发展取得的成果。他说，中苏关系之所以顺利发展，在于双方都遵循大小国家一律平等的原则，相互尊重、以诚相待；都尊重各自的历史文化传统和自主选择的发展道路；都致力于发展平等互利、长期友好的双边关系。胡锦涛表示，中方重视中苏关系，愿与苏方一道，继续本着上述原则和精神，进一步扩大双方的交流与合作，把中苏关系提高到新的水平。

胡锦涛说，近年来，中苏经贸合作取得积极成果，给两国人民带来了实实在在的利益。中苏经济互补性强，合作潜力大。希望双方本着互利双赢、共同发展的原则，进一步落实好有关合作项目，推动中苏经贸合作持续深入发展。

萨炎说，中国作为大国，对苏里南平等相待、真诚地帮助苏里南的发展，是苏里南真正的朋友。苏里南政府将继续坚持一个中国原则，进一步加强与中方在各领域的交流与合作，在国际和地区事务中加强协调，密切配合，推动苏中友好合作关系不断深入发展。

外交部长杨洁篪等会见时在座。

推进精深加工 强化循环利用

青海转变柴达木盆地资源开发模式

本报西宁 6 月 13 日电 （记者**陈沸宇**）日前，记者在青海格尔木市以北的锡铁山铅锌矿采访时了解到，过去这里每年产生的 12 万吨尾矿（硫精矿），如今已成为当地硼化企业生产硫酸的抢手货，而硫酸厂的尾渣又供给格尔木中汇矿业选出铁精矿，生产铁精矿的尾渣最后被用于生产水泥。这个把原料“吃干榨尽”的生产流程，是柴达木盆地资源开发由“资源—产品—废弃物”的传统生产模式，向“综合利用、精深加工”新模式转变的一个体现。

柴达木盆地拥有丰富的石油、天然气、煤、盐湖、硼、锂、铁等资源，其中有 8 种矿藏储量居全国首位。但是，长期以来，柴达木的资源开发处于粗放状态，表现为：采选矿回收率和伴生矿共生矿尾矿的利用率不高、盐矿中珍贵的锂镁硼等多种有用成分没有得到有效利用，产业关联度不高、产业链短等。

如何科学、合理、有效地开发柴达木资源？经过大量的调研论证，青海省提出：统筹规划、有效配置，依靠科技进步，综合开发柴达木资源。具体措施是：推动天然气化工、盐湖化工、煤焦化工、有色金属等产业的循环式组合，促进各种资源的循环利用。

基础设施的逐步完善，为柴达木资源的新一轮科学开发奠定了重要基础。“十五”期间，柴达木全境新增公路通车里程 699 公里，改建二级公路 2212 公里；青藏铁路西宁至格尔木段进行了扩能改造；330 千伏、110 千伏输变电工程相继建成，涩宁兰输气管道、格尔木机场改扩建全部完工，初步形成了公路、铁路、航空、管道四线齐备的立体运输网络。

2005 年 10 月，柴达木循环实验经济区被列为国家循环经济试点区后，该地区资源综合利用步伐加快。实验区重点发展格尔木、德令哈等四大工业园区，初步形成能源、盐湖、有色金属等产业集群。该经济试验区去年全面实施了 25 个上亿元以上的投资项目，22 个工业重点循环经济项目。这些工业综合利用项目的建成，有力促进了柴达木工业增长模式的转变。

目前，柴达木循环经济的产业集群、产业链正在形成、延伸。今年 1 月，青海中信国安万吨级碳酸锂项目正式投料生产，这个被称为我国首个盐湖资源集成综合利用的项目，获得 17 项国家专利，其锂的回收率达到 80%以上，远高于 50%的世界水平。长期制约我国从盐湖镁资源中制取高纯镁砂的产业化生产关键技术，近期由青海西部矿业公司和中南大学联合攻关取得重大突破。

“加快柴达木经济资源的综合开发，最终构建资源精深加工和横向扩展相结合的循环工业体系。”最近，青海省副省长马建堂在接受记者采访时说，整个“十一五”时期，青海都将从科技研发、资金投入、基础设施建设等方面给柴达木地区大力支持，以尽早把柴达木建成青海的新型工业基地。

温家宝主持召开国务院常务会议

研究当前经济工作的突出问题 讨论并原则通过《中华人民共和国律师法（修订草案）》

新华社北京 6 月 13 日电 国务院总理温家宝 13 日主持召开国务院常务会议，研究当前经济工作的突出问题，讨论并原则通过《中华人民共和国律师法（修订草案）》。

会议认为，今年以来，经济继续保持平稳快速发展，农业生产基本稳定，工业结构有所改善，财政收入持续大幅增长，市场销售更加旺盛，改革开放有序推进，城乡居民收入明显增加，就业人员增多，社会事业加快发展。实践证明，中央实行的方针政策和一系列调控措施是正确的、有效的。会议指出，当前经济运行中存在的突出问题主要是：工业增长偏快，外贸顺差过大，投资增速继续在高位运行，流动性过剩问题依然突出，价格上涨压力加大，节能减排形势严峻。对这些问题必须高度重视，继续加强和改善宏观调控，有效防止经济增长由偏快转向过热。

会议强调，要认真贯彻中央经济工作会议和十届全国人大五次会议的部署，全面落实科学发展观和中央确定的方针政策。稳定、完善和落实宏观调控的各项政策措施，坚持实施稳健的财政政策和货币政策，财政政策要加大对结构调整的支持力度，货币政策要稳中适度从紧，促进经济平稳较快发展，为党的十七大召开创造良好的环境和条件。

会议要求，当前要着力抓好以下重点工作：（一）促进农业生产稳定发展。认真落实各项支农惠农政策，特别要抓紧落实小麦最低收购价政策和农资综合补贴政策，及早启动早稻最低收购价预案。做好夏收、夏种工作。完善扶持生猪稳定生产的措施和机制，加强奶业发展的宏观指导和调控。（二）防止固定资产投资反弹。控制新开工项目，严格执行市场准入标准，切实控制对高耗能高污染行业建设项目的供地和贷款，严肃查处各种违法违规用地行为。（三）控制对外贸易顺差过快增长。实施调整部分产品的出口退税和出口关税政策，完善扩大进口的支持政策，积极增加进口。（四）努力缓解流动性过剩矛盾。综合运用金融、财税等手段，引导和调控资金流动。拓宽外汇使用和资本流出渠道。发展多层次资本市场体系。（五）保持价格总水平基本稳定。积极搞好食品市场供应，加强食品质量和市场价格监管，严厉打击哄抬物价等扰乱市场秩序的行为。调整住房供应结构，加快廉租住房制度建设，搞好房地产市场调控，遏制房价过快上涨。（六）加大节能减排工作力度。抓紧建立和完善科学、完整、统一的节能减排统计指标体系、监测体系和考核体系，严格落实节能减排责任制和问责制，发挥科技在节能减排中的重要作用，推进重点节能工程、重点企业节能技术改造，积极运用价格手段和财税、金融政策加快淘汰落后产能，促进节能减排。 （下转第四版）

站在医学高峰上的兄弟院士

新华社记者 李大伟 本报记者 冯春梅

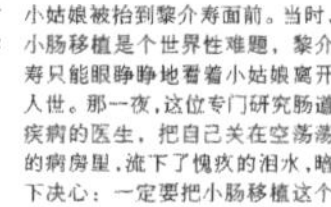

同为中国工程院院士和南京军区南京总医院副院长的黎介寿、黎磊石兄弟，从医半个多世纪，破解多项世界性医学难题，分别成为享誉世界的普外科和肾脏病专家。如今，年逾八旬的兄弟俩仍工作在临床一线，每周门诊一次，做手术两至三台。

黎介寿、黎磊石和他们的哥哥黎鳌（两院院士、我国烧伤医学主要奠基人、原第三军医大学副校长，8 年前去世）是享誉中国科学界和国际医学领域的院士三兄弟。他们出生于湖南浏阳市的一个贫苦家庭，童年丧父，都毕业于前国立中正医学院。

国民党逃离大陆前夜，正在“中央医院”实习的黎介寿、黎磊石畅饮完一坛白酒，将酒坛摔得粉碎，义无反顾地投入到新中国的怀抱。在 30 多次向党组织递交入党申请书后，年过半百的黎氏兄弟先后于 1979 年和 1981 年加入中国共产党。50 多年来，他们凭着对党的忠诚、对祖国的热爱和对生命的珍惜，不断攀登世界医学高峰，创造出一个又一个“第一”。

“您是全世界研究肠子时间最长的人，我们敬佩您”

器官移植是当代医学发展的主要方向之一，也是衡量一个国家整体医学水平的重要标志。

1987 年的一天深夜，一位因腹腔大出血、整个小肠被切除的小姑娘被抬到黎介寿面前。当时，小肠移植是个世界性难题，黎介寿只能眼睁睁地看着小姑娘离开人世。那一夜，这位专门研究肠道疾病的医生，把自己关在空荡荡的病房里，流下了愧疚的泪水，暗下决心：一定要把小肠移植这个难题攻下来。

当时，肾、肝、心、肺等器官移植已广泛应用于临床。因小肠内含有大量淋巴细胞与细菌，移植手术面临排斥反应和感染两大难题。

科学研究的每一步都艰辛异常。仅动物手术后存活 24 小时这一难题，黎介寿就苦苦钻研了近 1 年。每天晚上，他都守在猪圈，大年三十也不例外，人称“猪爷爷”。

1992 年 2 月 14 日，历经 1900 多个日日夜夜，黎介寿终于取得亚洲首次猪同种异体小肠移植的成功，从此结束了 4 年多与猪“相依为命”的日子。

两年之后的 3 月 12 日，黎介寿为短肠综合征患者杜新平成功移植 250 厘米异体小肠，打破亚洲小肠移植“零”的纪录，南京总医院因此成为世界上能做小肠移植术的 9 个国家 24 所医院之一。 （下转第二版）

同为中国工程院院士和南京军区南京总医院副院长的黎介寿（左）、黎磊石兄弟。 新华社发

李长春会见苏里南副总统

本报北京 6 月 13 日电 （记者**曹鹏程**）中共中央政治局常委李长春 13 日在北京会见了来访的苏里南副总统萨炎。

李长春愉快地回忆起前不久对苏里南进行的友好访问及会见费内蒂安总统和萨炎副总统等苏里南领导人的情景。李长春赞赏苏里南政府坚持一个中国原则。他强调，中国政府高度重视发展与苏里南的友好合作关系，愿继续本着相互尊重、平等互利原则，同苏方共同努力，不断推动中苏友好合作关系向前发展。

萨炎说，很高兴作为老朋友与李长春先生再次相见。这次访问给他留下了深刻的印象。中国政治稳定，经济快速发展，人民生活水平日益提高。苏里南将恪守一个中国原则，愿与中方增进友谊，加强合作，在争取经济和社会发展的道路上并肩前进。

国台办发言人指出

陈水扁当局推动举办以台湾名义申请加入联合国的公投，是走向“台湾法理独立”的重要步骤

本报北京 6 月 13 日电 （记者**吴亚明**）国务院台湾事务办公室今天上午在这里举行例行记者会，发言人杨毅指出，陈水扁当局推动举办以台湾名义申请加入联合国的公投，是以公投方式谋求改变大陆和台湾同属一个中国的现状、走向“台湾法理独立”的重要步骤，也是一种变相的“统独公投”。大陆方面严重关注事态的发展，绝不允许“台独”分裂势力以任何名义、任何方式把台湾从中国分裂出去。

杨毅说，陈水扁当局不顾台湾舆论的谴责和国际社会的反对，正在加紧推动举办以台湾名义申请加入联合国的公投，两岸关系面临严峻挑战，台海和平面临严重威胁。

杨毅指出，陈水扁当局在台湾地区即将举行选举之际制造这一事端，并扬言要“公投绑选举”，其目的就是要挑起两岸冲突，欺骗台湾民众，裹胁台湾民意，以骗取选票，实现“台独”分裂图谋。这一事态如果发展下去，必将严重冲击两岸关系，严重损害两岸同胞的根本利益，严重危及台海地区乃至亚太地区的和平稳定。

杨毅表示，促进两岸关系和平发展是我们对台湾同胞的庄严承诺，维护国家主权和领土完整是我们坚定不移的决心。我们有发展两岸关系的最大诚意，也有坚决制止一切“台独”冒险活动的必要准备。我们希望广大台湾同胞和国际社会认清陈水扁当局推动举办这一公投的险恶用心和必将造成的严重危害。我们严重关注事态的发展，绝不允许“台独”分裂势力以任何名义、任何方式把台湾从中国分裂出去。

山东 90 亿元资金支持小麦收购

本报济南 6 月 13 日电 （记者**苏长虹**）夏收开始，农发行山东省分行已备好 90 亿元信贷资金，支持各类企业入市收购小麦，并确保今年全省小麦收购资金充足供应，及时向农民兑付售粮款。

据了解，目前山东省已认定 492 家粮食企业的粮食收购贷款资格，涵盖了粮食储备、购销、产业化龙头、加工和种子企业等各类收购主体，覆盖全省所有县、市、区。今年山东省将继续实行托市收购政策，对中储粮山东分公司确定的按保护价收购小麦的企业，在按政策收购小麦时，农发行将及时全额提供收购价款及收购费用贷款，确保小麦托市收购执行预案一旦启动，及时将贷款投放到国家指定企业。

广西提供农资直补 7.08 亿元

本报南宁 6 月 13 日电 （记者**庞革平**）今年，广西凡种植水稻和玉米的农民，均可领到种粮农资综合直补。根据自治区政府刚刚通过的《广西 2007 年对种粮农民农资综合直补办法》，今年中央和自治区将对广西种粮农民提供直接补贴 7.08 亿元，6 月底前发放到广大种粮农民手中。

今年广西的农资综合直补工作将向产粮大县倾斜，鼓励多种粮、多产粮，同时兼顾公平，促进粮食生产和农民增收。补贴标准将与近 3 年来种植水稻和玉米的平均播种面积和平均产量挂钩，并充分考虑今年化肥、柴油等农资价格变动对种粮可能产生的增支影响。

前 5 月全国吸收外资 252 亿美元

同比增长 9.87%

本报北京 6 月 13 日电 （记者**杜海涛**）据商务部统计，今年 1—5 月，外商投资新设立企业 15072 家，同比下降 3.75%；实际使用外资金额 252.58 亿美元，同比增长 9.87%。

5 月份当月，全国新批设立外商投资企业 2723 家，同比下降 9.83%；实际使用外资金额 48.99 亿美元，同比增长 8.65%。

今年 1—5 月，对华投资前十位国家/地区（以实际投入外资金额计）依次为：香港、英属维尔京群岛、日本、韩国、新加坡、美国、开曼群岛、萨摩亚、台湾、毛里求斯，前十位国家/地区实际投入外资金额占全国实际使用外资金额的 86.16%。

根据商务部提供的数据，前 5 月实际使用外资金额居前三位的行业是制造业、房地产业以及租赁和商务服务业，分别达到 134.61 亿美元、60.35 亿美元和 13.44 亿美元。

姜大明任山东省代理省长

新华社济南 6 月 13 日电 山东省第十届人民代表大会常务委员会第二十七次会议 13 日决定：姜大明为山东省副省长、代理省长。

山东省第十届人民代表大会常务委员会第二十七次会议还决定：接受韩寓群辞去山东省省长职务的请求。

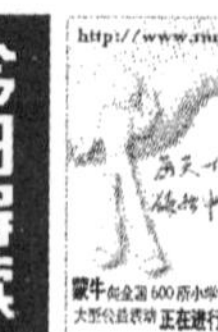

RENMIN RIBAO

人民网　网址：http://www.people.com.cn
手机：http://wap.people.com.cn

2008 年 2 月
3
星期日
丁亥年十二月廿七
人民日报社出版
国内连续出版物号
CN11-0065
第 21757 期(代号 1-1)
今日 16 版

2月2日，百余名浙江绍兴越城民兵预备役应急分队队员在清扫桥面积雪。2月1日至2日，浙江中北部城市遭遇罕见暴雪，浙江省气象台连续两天发布暴雪和道路结冰红色预警信号。　袁　云摄（新华社发）

团结协作 顽强奋战 克服困难 抗灾救灾

千方百计保证交通运输通畅和电力供应

本报北京2月2日电　近期，我国部分地区出现罕见的雨雪冰冻灾情，给受灾地区生产生活带来严重影响。各有关地区和部门积极响应中央号召，团结协作，顽强奋战，克服困难，抗灾救灾，千方百计保证交通运输通畅和电力供应。

铁路加急开出 18 趟救灾物资专列

连日来，铁路部门上下联动，全力确保各类救灾抢险物资迅速到位。截止到2月2日，在不到4天的时间里，铁路部门已迅速开出18个救灾物资专列，紧急运送了379车救灾物资及时抵达抢险救灾最前沿。

自2月1日突击抢运电煤战役打响后，铁路部门超常规全力组织电煤运输。2月1日，铁路电煤装车达到4.22万多车，同比增加1.2万车；大秦线日运量成功突破100万吨，双双达到历史最高水平。

另据了解，2月2日10时50分，北京铁路局连夜组织装运的“救”57052次列车从大红门站货场紧急启程，火速驶向长沙北站。“救”字号专列的18辆篷车内装满了12.5万件御寒衣被、睡袋和67.6万支蜡烛，将于春节前发给湖南雨雪冰冻重灾区灾民。

交通部组织六省大联动抢通京珠线

为早日打通京珠线，尽快疏运高速公路上的滞留旅客，2月2日，交通部组织京珠高速公路沿线的广东、湖南、湖北、江西、广西、河南六省区大联动，力保京珠线畅通。此次六省区交通部门联动将在人员、设备、物资等方面加强合作与交流，合力除雪保通。

民航免收运送救灾物资飞机起降费用

出于疏散积压和滞留旅客的考虑，民航总局取消了每日凌晨2时至6时禁止航空公司运行国内客运航班的限制，在严格执行安全标准的前提下，及时安排航空公司补班、加班飞行。为确保救灾物资运输，民航总局还决定免收内地航空公司运送救灾物资的货运飞机起降费、停场费等相关费用。

国有重点煤矿春节期间提高产能

记者从国家安监总局获悉：各地煤矿按照国务院煤电油运和抢险抗灾应急指挥中心要求，调整节日检修计划，推迟检修时间，坚持春节期间正常生产。预计春节期间，原国有重点煤矿生产能力在原计划基础上还将提高5%—10%，达到80%—85%。

（综合本报记者**陆娅楠**、**白天亮**、**原国锋**报道）

代表中共中央和胡锦涛总书记向全国宗教界人士和广大信教群众祝贺新春佳节

贾庆林与全国性宗教团体负责人举行迎春座谈

本报北京2月2日电　（记者**石国胜**）中共中央政治局常委、全国政协主席贾庆林2日邀请全国性宗教团体负责人到中南海座谈，共同迎接即将到来的中华民族传统节日春节，并代表中共中央和胡锦涛总书记向全国宗教界人士和广大信教群众祝贺新春佳节。

贾庆林在认真听取了宗教团体负责人的发言后说，过去的一年，是党和国家事业发展进程中的重要一年，也是宗教工作取得丰硕成果的一年。从总体上看，我国宗教领域继续保持了和谐稳定的良好局面，宗教界人士努力团结和引导信教群众积极投身现代化建设，为建设中国特色社会主义事业营造了良好的氛围。2008年，是全面贯彻落实党的十七大作出的战略部署的第一年，是实施“十一五”规划承上启下的一年。我们将迎来改革开放30周年，还要举办北京奥运会和残奥会。做好今年的宗教工作具有十分重要的意义。党的十七大强调，要全面贯彻党的宗教工作基本方针，发挥宗教界人士和信教群众在促进经济社会发展中的积极作用。这是对做好新形势下宗教工作的根本要求。前不久，中央政治局集体学习又专门研究当代世界宗教和加强我国宗教工作，胡锦涛总书记发表重要讲话，对进一步做好宗教工作提出了明确要求。面对新的形势和任务，我们要全面贯彻党的十七大精神，（下转第四版）

李长春在湖北灾区看望慰问干部群众时强调

以对人民高度负责的精神 抓紧抓好抗灾救灾工作

新华社武汉2月2日电　（记者**邹声文**）受胡锦涛总书记委托，中共中央政治局常委李长春近日专程赴湖北灾区，代表党中央、国务院慰问受灾群众，考察指导抗灾救灾工作。他强调，要以高度的政治责任感和对人民生命财产高度负责的精神，把抗灾救灾工作作为当前头等大事抓紧抓好，确保人民生命财产安全，确保经济平稳正常运行，确保社会和谐稳定。

1月30日下午，李长春一登上飞机，就打开地图，向有关部门负责人了解抗灾救灾的最新情况。刚一抵达武汉，他就在湖北省委书记罗清泉、省长李鸿忠陪同下，直接前往汉口火车站和武昌傅家坡长途汽车站，看望慰问旅客和车站干部职工。在候车室里，李长春与旅客们亲切握手，仔细询问他们车票好不好买、有没有地方休息、能不能喝上开水、吃饭问题怎么解决等。他对旅客们说，党中央、国务院高度重视大家返乡过春节，中央和地方各部门都已行动起来，采取了多种措施。请大家放心，只要我们团结一致、相互配合，就一定能够战胜这场50年一遇的冰雪灾害。在交谈中得知这两个车站做了大量工作，使旅客都能有地方候车休息、都能喝上开水、生病能够领到免费药品，看到共产党员、共青团员佩戴标志为旅客服务，李长春感到十分欣慰，高兴地说，哪里有困难，哪里就有共产党员、共青团员的身影，这很好。临离开武汉的前一夜，李长春对在车站等着回家的群众放心不下，他冒着风寒再次来到汉口火车站附近临时安置候车旅客的财神家居博览中心，看望慰问候车的旅客，并仔细检查各项便民措施的落实情况。（下转第四版）

李克强赴四川考察灾情慰问干部群众时强调

尽心竭力为群众救急解难 夺取抗灾全面胜利

新华社四川广安2月2日电　（记者**张旭东**）受胡锦涛总书记委托，中共中央政治局常委李克强1月30日至2月2日专程奔赴四川灾区，察看灾情，代表党中央、国务院看望慰问受灾群众，指导抗灾救灾工作。

1月11日以来，川东北等地遭受了新中国成立以来最严重的雨雪冰冻灾害，给群众生产生活和经济社会造成严重影响。截至2月1日12时，灾害已造成四川1030.3万名群众不同程度受灾，主要集中在山区和贫困地区。

遭遇雨雪袭击的巴蜀大地，寒气逼人。在四川省委书记刘奇葆、省长蒋巨峰等陪同下，李克强先后到达州、巴中、广安等受灾严重的地区，行程1000多公里，翻山越岭，走村入户，现场察看群众实际困难和农作物受灾情况；他还进车站、入集市、到电厂，了解交通出行、市场供应及电力运行状况。

达州和巴中均位于大巴山南麓，许多人口密集的村镇散布高山丘陵之中，抗灾救灾工作格外艰巨。李克强1月30日晚赶赴达州后，连夜听取当地灾情汇报。31日一大早，李克强一行驱车百余公里，沿雪后崎岖的盘山公路，来到海拔1000多米的宣汉县老君乡紫云村。

老百姓有没有足够的御寒衣服？饮水吃饭问题怎么解决？李克强踏雪步入村民家，拉着老乡的手详细询问。在村民贺继池家，看着结冰的水缸和冻裂的供水管道，李克强叮嘱当地干部要组织好送水，认真解决群众吃水难问题。在村民马茂杰家，和他们一家围坐在火塘边攀谈起来。当了解到当地有很多在外务工人员不能回家过节时，李克强要求当地政府保障好这些家庭的生活，让务工人员在外安心过年。（下转第四版）

贺国强在江西察看灾情慰问干部群众时强调

加强领导精心组织 广泛动员科学实施 全力以赴夺取抗御雨雪冰冻灾害全面胜利

新华社南昌2月2日电　（记者**李亚杰**、**余孝忠**）受胡锦涛总书记委托，中共中央政治局常委、中央纪委书记贺国强代表党中央、国务院，近日来到江西省察看雨雪冰冻灾害情况，慰问灾区干部群众，与省委、省政府一道研究指导抗灾救灾工作。每到一处，他都要求各级领导干部和广大共产党员要用实际行动贯彻中央要求，把群众的安危冷暖放在最高位置，到救灾第一线去，到灾情最严重的地方去，充分发挥先锋模范作用，真正做到“雪中送炭”，确保人民群众生命财产安全，确保经济平稳正常运行，确保社会和谐稳定，确保人民群众过一个欢乐祥和的春节。

半个多月来，江西大部分地区出现持续大范围雨雪和低温冷冻天气，给交通运输、电力供应和群众生产生活造成严重影响。江西省委、省政府采取一系列应对措施，全省人民奋力抗灾救灾，目前已经取得初步胜利。

江西是我国中部地区重要交通枢纽。正逢春运，又遭雪灾，群众返乡车票好不好买？旅途好不好走？贺国强十分惦念。1月30日晚，贺国强一到南昌，就来到昌北机场候机厅，亲切看望旅客和机场工作人员，详细了解航班保障、飞行区除冰雪等情况。在南昌铁路局调度中心铁路区间运行显示屏前，贺国强看得仔细、问得认真。（下转第四版）

周永康看望慰问首都公安民警武警官兵和治保工作者

代表党中央国务院向他们致节日问候

新华社北京2月2日电　（记者**田雨**）在新春佳节即将到来之际，中共中央政治局常委、中央政法委书记周永康2日下午亲切看望慰问了首都公安民警、武警官兵、公安英烈家属和基层治保工作者，代表党中央、国务院向他们表示诚挚的慰问，向全国广大政法干警、武警官兵及其家属和治保工作者致以节日的问候。

下午3时许，周永康一行首先来到北京市公安交通管理局东城交通支队帅府园队，周永康充分肯定了交通民警为确保首都道路交通安全畅通作出的贡献。他看望慰问了公安烈士吴宝山的妻子曹惠清和女儿吴茜，仔细询问了她们的学习工作生活情况。周永康深情地说，公安英烈为维护首都安宁献出了宝贵生命，我们永远不会忘记他们！希望首都广大公安民警学习吴宝山同志忠诚为民、不怕牺牲的精神，把工作做得更好。他叮嘱随行的北京市和公安部有关领导，要关心照顾好烈士家属的工作和生活。

周永康随后来到武警北京总队某支队，察看值勤信息系统功能演示情况，并来到战士食堂、宿舍，和战士们嘘寒问暖，亲切交谈。他要求武警部队把维护首都稳定作为重要任务，听党指挥，服务群众，英勇善战，为党和人民再立新功。

在朝阳区麦子店街道枣营北里社区，周永康仔细察看了警务工作站、中外文图书馆、爱心家园超市和社区百姓房地产咨询中心，了解平安社区建设和对流动人口的服务与管理情况，亲切慰问了基层治保工作者。强调做好首都的治安工作，要坚持专群结合，紧紧依靠广大群众，群防群治，打牢公安工作的根基。（下转第四版）

树立抗灾救灾的必胜信念

本报评论员

连日来，一场持续时间长、涉及范围广的低温、雨雪冰冻灾害袭击我国南方10多个省区，给群众生产生活造成了严重影响。在这场突如其来的自然灾害面前，党中央、国务院高度重视、周密部署，各有关部门紧急行动、全力以赴，全国上下众志成城、奋勇抢险，谱写了一曲中华民族撼天动地的抗灾壮歌。

灾情发生后，中共中央政治局召开专门会议，要求把抗灾救灾作为当前最紧迫的任务，坚决打好这场抗灾救灾的硬仗。国务院召开常务会议，要求千方百计做好煤电油运保障工作。胡锦涛总书记冒着严寒深入400多米深的大同塔山煤矿采掘区，看望一线工人，并亲临大秦铁路、秦皇岛港考察煤炭生产和电煤供应情况。在赴湖南广东考察抗灾救灾和春运工作回京仅44小时后，温家宝总理再次赶往湖南灾区，研究部署进一步做好抗灾救灾工作的措施。中央领导同志纷纷深入抗灾救灾一线，慰问干部群众，指导抗灾救灾工作。这一切，极大地鼓舞了广大干部群众的斗志，坚定了必胜信念。

打好当前抗灾救灾这场硬仗，当务之急是要恢复交通运输通畅和电力正常供应。各条战线的干部职工，发扬特别能战斗、特别能吃苦的精神，千方百计保证交通运输通畅和电力供应。公安、交通部门奋力除雪铲冰、分流拥堵车辆。铁路部门在妥善安置好滞留旅客的同时，一方面强力挖潜，抢运煤炭，一方面全力打通钢铁大动脉，力争让旅客平安回家过年。电力部门日以继夜登塔除冰、抢险保网。煤炭生产企业在确保安全的前提下，千方百计多产煤、多供煤，为国分忧。

一方有难，八方支援，是中华民族的传统美德；全国一盘棋，集中力量打攻坚战，是社会主义制度优越性的突出体现。国家应急、民政、铁路、交通、民航、水运、气象、电力、电信、卫生等部门紧急行动起来，同心同德，齐心协力，主动支援和帮助受灾地区。人民解放军、武警官兵、民兵预备役人员迅速出动，广大干部群众齐心奋战，社会各界同舟共济，全力投入抗灾救灾攻坚战，涌现了许许多多先进人物和感人事迹。

真情融冰雪，抗灾党旗红。各级领导干部深入一线，靠前指挥，组织群众，发动群众，帮助基层解决实际困难；广大共产党员不畏艰险，顽强拼搏，冲在最前面，干在危险处，发挥了“顶梁柱”、“主心骨”的作用。

新春佳节日益临近，我国南方地区的雨雪仍在肆虐，灾情还在继续发展。我们还将面临更复杂、更艰巨的抗灾局面。但是，有党中央、国务院的坚强领导，有全国人民万众一心，有灾区军民的团结奋战，有强大的物质能力，只要树立必胜信念，扎实细致地做好各项工作，就没有克服不了的困难，我们就一定能够夺取抗灾救灾斗争的全面胜利。

中台办国台办就陈水扁当局公告举办“入联公投”发表受权声明

本报北京2月2日电　中台办、国台办就陈水扁当局公告举办“入联公投”发表受权声明。声明全文如下：

2月1日，陈水扁当局不顾两岸同胞的强烈反对和国际社会的谴责，公然决定于3月22日举办所谓以台湾名义加入联合国的公投。

陈水扁当局执意举办“入联公投”，是谋求改变大陆和台湾同属一个中国的现状、走向“台湾法理独立”的重要步骤，是变相的“台独公投”。这一图谋一旦得逞，势必严重冲击两岸关系，严重损害两岸同胞的根本利益，严重危害台海地区乃至亚太地区的和平。

大陆和台湾同属一个中国。任何涉及中国主权和领土完整的问题，必须由包括台湾同胞在内的全中国13亿人民共同决定。我们十分关注“入联公投”事态的发展。陈水扁当局一意孤行，铤而走险，必将付出沉重代价。

两岸同胞是骨肉兄弟，根本利益是一致的。两岸之间的矛盾和分歧完全可以在两岸关系和平发展过程中通过平等协商加以解决。我们真诚希望广大台湾同胞认清陈水扁当局举办“入联公投”的险恶用心和必将给台湾同胞带来的严重后果。只有坚决遏制“台独”冒险行径，才能维护两岸关系和平发展的前景，才能维护台湾同胞的福祉，才能维护台海地区和亚太地区的和平。

今日导读

人民日报

RENMIN RIBAO

今日12 版（华东、华南地区16版）

网址：http://www.peopledaily.com.cn

国内统一刊号：CN11—0065

第18835期　（代号1—1）

人民日报社出版

2000年2月

3

星期四

己卯年十二月廿八

北京地区天气预报

白天　晴　降水概率0%　风向　北转南　风力　二、三级

夜间　晴　降水概率0%　风向　南转北　风力　一、二级

温度　2℃／—8℃

中共中央致电越共中央 热烈祝贺越共成立70周年

本报北京2月3日讯　2月3日，中国共产党中央委员会致电越南共产党中央委员会，热烈祝贺越南共产党成立70周年。电文说，值此越南共产党成立70周年之际，我们谨代表中国共产党和中国人民，向越南共产党和越南人民致以诚挚、热烈的祝贺。

贺电说，70年来，越南人民在越南共产党的领导下，胜利地完成了民族解放和国家统一，并在社会主义建设事业中，特别是在革新事业中取得了显著成就。我们对你们取得的巨大成就感到由衷的高兴，并祝愿越南人民在以黎可漂总书记为首的越南共产党中央委员会领导下，在社会主义建设和革新事业中取得新的更大的成就。

贺电说，中越是山水相连的友好邻邦。坚持和发展中越友好是中国共产党和中国政府坚定不移的方针。我们愿同越南共产党和越南政府共同努力，把两党、两国的全面友好合作关系提高到一个新的水平。

中央领导人向老同志祝贺新春

江泽民李鹏朱镕基李瑞环胡锦涛尉健行李岚清分别看望万里宋平刘华清荣毅仁薄一波宋任穷等

受党中央委托李长春看望正在广东的乔石

老同志祝愿我国改革开放和社会主义现代化建设事业不断取得新的成绩

新华社北京2月2日电　春节前夕，江泽民、李鹏、朱镕基、李瑞环、胡锦涛、尉健行、李岚清同志分别看望了万里、宋平、刘华清、荣毅仁、薄一波、宋任穷等同志。受党中央委托，李长春同志看望了正在广东的乔石同志。

江泽民等同志代表党中央向老同志致以亲切的节日问候，祝老同志新春愉快、身体健康。

受中共中央、全国人大常委会、国务院、全国政协、中央军委委托，田纪云、迟浩田、张万年、罗干、姜春云、贾庆林、钱其琛、曾庆红、布赫、彭珮云、曹志、叶选平、杨汝岱、王兆国、任建新、宋健、陈俊生、张思卿、钱正英、朱光亚、赵南起、白立忱等同志和有关省市负责同志，分别看望了李德生、肖克、张劲夫、张爱萍、段君毅、耿飚、姬鹏飞、黄华、习仲勋、彭冲、廖汉生、王芳、谷牧、杨成武、吕正操、马文瑞、王恩茂、郑天翔、刘复之、杨白冰、王汉斌、张震、倪志福、陈慕华、费孝通、孙起孟、雷洁琼、李锡铭、王丙乾、吴学谦、赛福鼎·艾则孜、洪学智、杨静仁、钱学森、胡绳、苏步青、董寅初、邓力群、张廷发、韩光等老同志，向他们祝贺新春。

老同志们表示衷心的感谢，并祝愿在以江泽民同志为核心的党中央领导下，我国改革开放和社会主义现代化建设事业不断取得新的成绩。

畅叙友情　共商国是　喜迎新春

中共中央举行党外人士迎春座谈会

江泽民发表讲话　李瑞环主持　胡锦涛等出席

江泽民、李瑞环、胡锦涛等中共中央领导同志，与各民主党派中央、全国工商联负责人和无党派代表人士欢聚一堂，畅叙友情，共商国是，喜迎新春。　新华社记者　马占成摄

本报北京2月2日讯　中央人民广播电台记者**刘振英**、新华社记者**刘思扬**、本报记者**杨振武**报道：中共中央今天下午在中南海举行党外人士迎春座谈会。江泽民、李瑞环、胡锦涛等中共中央领导同志，与各民主党派中央、全国工商联负责人和无党派代表人士欢聚一堂，畅叙友情，共商国是，喜迎新春。

中共中央总书记、国家主席江泽民在座谈会上说，今年，我们要完成"九五"计划，深化改革、促进发展、保持稳定的任务都很繁重。我们将对制定"十五"计划作出战略思考，对面向新世纪的经济发展和社会进步进行全面部署。他希望各民主党派、工商联和无党派人士，继续认真履行政治协商、民主监督、参政议政的职能，在推进国有企业的改革和发展、实施经济结构的战略性调整、实施西部大开发战略、实施科教兴国战略等方面献计出力，为实现我国跨世纪发展的宏伟目标作出新的贡献。

江泽民代表中共中央、国务院，向各民主党派、工商联和无党派的人士拜年，祝大家新春快乐、阖家幸福。

中南海会议室水仙飘香，春意融融。座谈会上，民革中央主席何鲁丽、民盟中央主席丁石孙、民建中央主席成思危、民进中央主席许嘉璐、农工民主党中央主席蒋正华、致公党中央主席罗豪才、九三学社中央主席吴阶平、台盟中央主席张克辉、全国工商联主席经叔平分别发言。他们认为，刚刚过去的1999年是不平凡的一年，在以江泽民同志为核心的中共中央领导下，全国各族人民团结奋斗，战胜了各种困难，取得了政治、经济、文化等各方面的巨大成就，综合国力进一步增强，人民生活水平进一步提高，两个文明建设和民主法制建设有了很大进步。他们对过去一年取得的成就感到鼓舞，对中共领导的多党合作和政治协商取得的成果表示满意。

大家在发言中还就新的一年如何更好地加强中国共产党领导的多党合作和政治协商制度，加快西部大开发，弘扬优秀民族文化，保持艰苦奋斗传统，加强科技人才队伍建设等，提出了许多中肯的意见、建议。

江泽民边听边记，在听取大家的发言后作了重要讲话。他说，在过去的一年中，我们隆重庆祝了新中国成立50周年，胜利恢复了对澳门行使主权。我们开展了三场重大政治斗争，保证了改革和建设的顺利进行。我们在县以上领导班子和领导干部中开展了"三讲"教育，为解决新形势下党内存在的问题进行了积极探索，并取得了明显成效。我们与美国就中国加入世贸组织达成了双边协议。我们的改革开放和经济社会各项事业继续向前发展。这些成绩的取得，与各民主党派、工商联和无党派人士同我们党的团结奋斗是分不开的。他向大家表示衷心的感谢。

江泽民指出，当今世界正在走向政治多极化、经济全球化。这些趋势给国际社会的相互关系和经济文化的发展，带来错综复杂的局面。我们在前进道路上面临着难得的机遇，也面临着种种严峻的挑战和压力。越是在改革和发展的重要时期，越是在面临新的困难和考验的时候，我们越是要充分发挥爱国统一战线的作用。我们要进一步团结一切可以团结的力量，调动一切可以调动的因素，形成知难而进、奋发向前的强大力量。

江泽民说，我们必须进一步坚持和完善中国共产党领导的多党合作和政治协商制度。这个基本政治制度，符合我国国情，具有强大的生命力。邓小平同志说过："我们评价一个国家的政治体制、政治结构和政策是否正确，关键看三条：第一是看国家的政局是否稳定；第二是看能否增进人民的团结，改善人民的生活；第三是看生产力能否得到持续发展。"世界上没有放之四海而皆准的政治体制模式。西方的那一套多党轮流执政和三权鼎立，我们绝不能照搬。在这个重大政治原则问题上，无论是中国共产党的同志还是民主党派的同志，思想上都必须十分明确，十分坚定，丝毫不能含糊。我们要不断发展社会主义民主，健全社会主义法制，使我们党和国家的领导制度更加完善、更加成熟，并代代相传、代代坚守，以保证国家的长治久安。

（下转第三版）

过一个欢乐祥和文明的春节

安徽"文化下乡"丰富多彩

本报合肥2月2日电　记者刘杰报道：春节将临，安徽省文化下乡活动异彩纷呈，省歌舞团、省黄梅戏剧院、省京剧团、省杂技团等单位为农民群众送上了一台又一台好戏，给传统佳节带来浓厚的欢乐、喜庆、祥和气氛。

新千年的钟声刚刚敲响，安徽的"文化下乡"就拉开了帷幕。1月12日，当文化厅组织的"文化下乡"慰问演出团的40多位演职员工来到淮河岸边的凤台县时，气温陡降，风雪交加。演员们不畏风寒，在县城、民族乡、朱马店乡连续演出3场，受到群众的普遍好评。接着，演出团又沿淮河一路下来，行程2000多公里，在蚌埠、宿州、泗县、五河等地，深入乡镇农村，为老百姓送上一台台好戏。在泗县墩集镇演出时，邻近的江苏省泗洪县许多群众也成群结队前来观看。他们说，安徽的文化下乡让江苏人也沾了光。

据悉，省文化下乡演出团已下乡演出15场。各剧团自己组团下乡演出的场次共达150多场。

贵阳居民进超市购年货

本报贵阳2月2日电　记者孙海涛报道：贵阳市办了17年的临时年货市场今年停办了。今年的年货供应怎样？记者今天在大昌隆、智诚、金玛特几家大型超市看到，市民们喜欢在这里购买年货。

为满足省内外特色商品供应，贵阳市商委今年特地在数十家商场、超市和农贸市场安排了1200多个特色副食品摊位。"两节"期间，仅市商业系统就投放物资8.3亿元，比去年增加5000万元。市商委流通处处长王爱丽说："年货进了大商场，有利于对商品质量的监控，提高城市的商业水平。"她估计今年"两节"全市商品零售额会比去年同期提高13%左右。

乌鲁木齐过节新时尚

本报乌鲁木齐二月二日电　记者**陈沸宇**报道：地处西北边陲的乌鲁木齐市民今年过春节呈现出几个明显的新特点：

今年春节市场上，时令与反季节水果十分走俏。这些水果几乎都来自沿海地区及国外，有广东的荔枝、火龙果、洋桃及海南的无籽西瓜和澳洲桃、杏等，价格在每公斤三四十元左右。据天山百货商场、友好商场等反映，今年这些水果的销量约为往年的两倍。

鲜花销售出奇的火爆。在民航、西大桥、人民广场等地的花店，业主告诉记者，今年的销量比上年翻了一番。邮政局预订「礼仪花篮」的业务每天就有二百多笔。

出疆旅游者增多。据自治区旅游局及各大旅行社统计，新疆百姓出疆旅游过年人数增多已成定局。新疆国际旅行社现已组织六百余人前去新、马、泰、港澳等地，比往年增加了三成。另有八百余人前往广东、云南与北京等地，人数比往年增加了一倍。

朱镕基向党外人士作当前经济形势报告

本报北京2月2日讯　新华社记者**秦杰**、本报记者**王彦田**报道：中共中央统战部今天在人民大会堂举行形势报告会，中共中央政治局常委、国务院总理朱镕基向党外人士作了关于当前经济形势的报告。

朱镕基在报告中分析了我国目前面临的形势，回顾了去年我国经济改革和发展取得的成绩，阐述了中央确定的今年经济工作的指导思想和主要任务。

全国政协副主席、中共中央统战部部长王兆国主持报告会。王光英、吴阶平、何鲁丽、丁石孙、成思危、许嘉璐、蒋正华、阿沛·阿旺晋美、孙孚凌、万国权、经叔平、罗豪才、张克辉、周铁农、王文元和各民主党派中央、全国工商联领导人、无党派人士以及有关部门负责人300余人参加了今天的报告会。

李岚清考察清华核能技术设计研究院

看望清华北大人大三位老教授

新华社北京2月2日电（记者**尹鸿祝**）在新春佳节即将到来之际，中共中央政治局常委、国务院副总理李岚清今天考察了清华大学核能技术设计研究院，向教学、科研人员致以节日问候。他还看望了清华大学、北京大学和中国人民大学的三位老教授。

在清华大学核能技术设计研究院的高温气冷实验堆工程现场和低温核供热堆，李岚清仔细了解工程建设进展和工作情况，并听取了研究院院长吴宗鑫的汇报。据介绍，这个研究院是我国最早发展起来的核能科学技术实验研究基地之一，经过近40年的发展，现已成为以核能科学技术研究为主、多学科综合发展的我国高等教育系统规模最大的"学、研、产三结合"实验研究基地，在国家民用核能科学技术的发展中有着重要的地位和影响。低温核供热堆是利用核能代替烧煤、烧气进行供热供暖、制冷、海水淡化等多种用途的新型安全的核反应堆。研究院开发的低温核供热堆，采用了一系列先进技术，体现了新一代先进反应堆的特点。研究院自行设计建造的高温气冷实验堆，是国家"863"高技术计划的重点项目，也是一种先进、安全的新型核反应堆，其发电效率高，经济性好、成本低。这个反应堆于1995年动工，目前已完成了关键设备的加工和安装，其中一些科研成果达到国际先进水平，并具有自主知识产权。

李岚清在听取汇报后说，核能是一种运营成本低的清洁能源，但人们担心的是它的高造价和安全性，清华大学研究开发的两种核能恰恰解决了这个问题。这是一项重要的突破，希望在已取得成绩的基础上继续攻关完善，以达到"四全其美"。各有关部门要予以支持，积极推动，帮助他们从实验堆走向市场，走向应用。他希望清华大学发挥自己的实力，进一步加强产学研相结合，在技术创新中作出更大成绩。

在中国科学院院士、微电子学专家、清华大学教授李志坚，法学家、北京大学教授萧蔚云和人口学家、中国人民大学教授邬沧萍的家中，李岚清分别与三位教授亲切交谈，并祝他们健康长寿，春节愉快。

国务院有关部门和北京市的负责人陈至立、朱丽兰、徐荣凯、张国宝、张佑才、孙广相、徐锡安等也参加了考察工作和看望活动。

「拱手」拜年好

宋叔林

春节是中华民族的传统节日。节日期间，访亲会友，送点礼品，也是人之常情。但提着大包小包串门，就大可不必。拜年送礼，常常要礼尚往来，容易攀比，往往会出现"击鼓传花"那样的情况，一件东西送了张家转李家，甚至数天之后又"物归原主"。如果是食品，就会过期变质，谁吃了谁倒霉。如果借此拉关系，更为不宜。

有鉴于此，不如拱手拜年，随和，自在，亲切！拱手拜年，不需要为"买点啥东西才体面"而费心思；不需要为经济拮据无法和人家攀比而伤脑筋。

就美国会众议院通过《加强台湾安全法》法案

我向美国政府提出严正交涉

强烈要求美国政府立即阻止该法案成为法律

新华社北京2月2日电　中国外交部副部长杨洁篪今天下午召见美国驻华大使普理赫，就美国国会众议院通过《加强台湾安全法》法案向美国政府提出严正交涉。

杨洁篪说，2月1日，美国国会众议院不顾中方的多次严正交涉，通过了所谓《加强台湾安全法》法案，企图为美国和台湾进行和扩大军事联系与往来、美向台出售各种先进武器装备及技术提供所谓法律依据。美国众议院的上述行径完全违反中美三个联合公报和美方的有关承诺，严重侵犯中国主权，粗暴干涉中国内政，图谋制造"一中一台"、"两个中国"。中国政府和人民对此表示强烈愤慨和坚决反对。

杨洁篪指出，台湾问题事关中国的主权和领土完整，直接牵涉全体中国人民的民族感情，始终是中美关系中最重要、最敏感的核心问题。美国政府在中美建交公报中明确承认中华人民共和国政府是中国的唯一合法政府，世界上只有一个中国，台湾是中国的一部分。任何破坏中国统一大业的企图和行径，中国政府和人民绝不答应，也是根本不可能得逞的。中国政府和中国人民有决心、有信心、有能力早日解决台湾问题，实现祖国的完全统一。

杨洁篪说，《加强台湾安全法》是继《与台湾关系法》之后，美国会少数亲台反华议员炮制的又一起在台湾问题上蓄意阻挠中国统一大业的法案。《加强台湾安全法》法案出笼后，中国政府向美国政府提出了严正交涉，要求美方采取切实措施阻止其通过成为法律。美国政府承诺将阻止该法案通过成为法律。美国会参议院、众议院的有识之士也对此法案明确表示反对。

（下转第三版）

西哈努克国王抵京

新华社北京2月2日电　柬埔寨国王诺罗敦·西哈努克和王后诺罗敦·莫尼列·西哈努克今天自柬埔寨抵达北京进行例行体检和休养。

外交部部长助理王毅到机场迎接。

中央电视台春节联欢晚会节目基本排定

丁关根看望演职人员并表示亲切慰问

新华社北京2月2日电 （记者秦杰）“满怀豪情跨世纪，龙腾报春庆振兴”。备受人们关注的中央电视台春节联欢晚会，目前已揭开面纱，节目基本排定，将于中国传统的龙年除夕与数亿电视观众见面。

吃年夜饭，看春节晚会，近10余年来已成为中国人过年的新民俗。春节联欢晚会因为规模最大、拥有世界上最多的观众而被列入吉尼斯纪录，其地位之特殊，由此可见一斑。近日，记者观看了晚会的数次彩排，并采访了晚会的主创人员，对今年晚会的大致格局有了初步的了解。

据介绍，今年晚会总体上仍保持传统的欢乐喜庆的气氛，节目类型也主要由歌舞、小品、戏曲组成；人员除观众喜爱的一批名家外，还推出了这两年崭露头角的一些新秀；节目长度为4个多小时，约有40多个节目，形式也还是被人们习惯的茶座式，在中央电视台最大的1000平方米演播厅举行。

这台晚会的总导演是曾多次执导春节晚会的赵安、张晓海。他们风趣地表示：如何在设定的范围内力求出新，以固定的原料，经过细腻的刀功、适当的作料和精心的烹调，做出色香味俱全的大餐，以满足观众日益挑剔的眼光，是他们面临的一大难题。一切的一切，还有待观众的评判。

据悉，今年晚会的一大变化是主持人的变动。近年来已成为春节晚会标志性人物的赵忠祥、倪萍将逐渐淡出，让位于一些新人。“小燕子”赵薇在节目串联中位置引人瞩目，她时而俏皮，时而嬉闹，载歌载舞，风头颇健；沈力、白岩松、黄健翔、海霞等主持人也轮番上阵，为节目穿针引线；牛群、崔永元、文兴宇、杨澜、姜昆等将主持与表演节目融为一体，颇有新意。在今年有限的几个小品中，赵本山、宋丹丹表演的《钟点工》将是最具实力的节目之一，黄宏、蔡明、郭达、巩汉林、潘长江等也将演出新作。歌舞在今年的晚会中占压倒性优势，集中了近年来众多活跃在一线的演员，其中别出新裁的是明星的反串。田震和臧天朔互通有无，唱起了对方的拿手曲目；韦唯和李谷一有板有眼地唱起京剧；景岗山、江涛、孙国庆、朱军拿起了乐器演奏。在其它节目中，类似的匠心独运也随处可见。此外，这台晚会还邀请了不少港台演艺明星，使晚会增添了缤纷的色彩。

目前，晚会的节目基本定型。在几次排练中，节目仍在不断调整。按照惯例，这种调整将持续到晚会开演最后一刻，这也是春节晚会与众不同之处。也许只有到除夕之夜，人们才能看到晚会全貌，才能为今年的晚会真正作出评语。

新华社北京2月2日电 （记者秦杰）中共中央政治局委员、书记处书记、中宣部部长丁关根，今天在中央电视台的演播大厅，看望了正在加紧排练春节联欢晚会的编、导、演和全体工作人员，向他们表示亲切慰问，预祝晚会取得圆满成功。

丁关根与演职员们握手致意，称赞大家很努力，很辛苦，很有成绩。鼓励大家抓紧时间，再接再厉，精益求精，进一步提高晚会的质量，为我国人民的传统佳节增添喜庆、欢乐、幸福、祥和的气氛，丰富广大群众的春节文化生活。

中央宣传思想工作部门的负责人也随同看望，并观看了春节晚会的部分节目。

全国政协和中央统战部负责人

看望并慰问一届政协老委员老代表

新华社北京2月2日电 新春佳节即将到来之际，全国政协和中共中央统战部负责人，看望了担任过一届全国政协委员的老同志和参加过政协一届全体会议的代表、候补代表，并向他们表示亲切的慰问。

在薄一波同志的家中，全国政协副主席叶选平代表全国政协向薄老表示亲切的问候，并向他敬献了花篮。叶选平祝愿这位参加过政协一届全体会议的老前辈健康长寿。92岁高龄的薄一波对叶选平等专程看望他表示感谢。他希望人民政协继往开来，在以江泽民同志为核心的中共中央领导下取得更大的成绩。

连日来，全国政协副主席杨汝岱、王兆国、赵南起、白立忱还分别看望担任过一届全国政协委员的阿沛·阿旺晋美、赵朴初和赛福鼎·艾则孜，以及参加过政协一届全体会议的代表、候补代表费孝通、孙起孟、雷洁琼、杨成武、田富达、叶笃义、刘白羽、罗琼、陆璀、宋一平、陆平、张子芳、高克林、李运昌、吕骥、刘春、戴镜元、钱信忠、康永和、王国权、李葆华、梅益、黄静汶。

全国政协秘书长郑万通、中共中央统战部常务副部长刘延东等参加了看望和慰问活动。

中央国家机关向困难职工送温暖

全总慰问奋战在春运一线的铁路职工

新华社北京二月二日电 春节临近，中央国家机关各部门广泛开展向困难职工送温暖活动。仅据十个部门统计，共走访慰问困难职工、劳动模范、老红军、离退休人员三千七百五十多户，投入资金四百二十九万余元。铁道部在这次送温暖活动中，拨出六百万元作为送温暖资金。

国务委员、国务院秘书长、中央国家机关工委书记王忠禹，一月二十五日来到去年春节曾看望过的困难职工——中科院高能所高级工程师郑友春同志家里，看到郑友春同志病情好转，家庭生活改善，孩子又考上了理想的学校，他非常高兴，赞扬物理所关心职工工作做得好。中央国家机关工委的其他领导同志以及全国人大常委会办公厅、公安部、交通部、铁道部、教育部、文化部、税务总局、林业局等部门的领导同志深入到职工中去，把党和政府的温暖送到千家万户。各部门直属单位负责同志二百余人，也参加了走访慰问活动。

今年春节期间，中央国家机关送温暖活动领导重视，部署早，准备充分，注重实效。各部门都把送温暖放到“讲政治”的高度，作为维护稳定的大事来抓。事先经过调查摸底，掌握困难职工数量、分布和困难程度，确定送温暖名单，力争做到不漏掉一户困难职工。很多部门建立了党、政、工、团负责人送温暖领导小组，各级工会组织履行“第一责任人”的责任，起到“第一知情人、第一报告人、第一帮助人”的作用。

在送温暖过程中，各部门不仅为困难职工送去慰问金、慰问品，还把送温暖活动同深入细致的思想政治工作结合起来，启发帮助职工认清形势，正确对待眼前的困难，树立自强自立和战胜困难的信心。困难职工纷纷表示，感谢党和政府的关怀，一定加倍努力工作，为改革发展稳定贡献自己的力量。

新华社北京二月二日电 中华全国总工会今天向奋战在春运工作第一线的全国铁路职工发出慰问信。

慰问信说，二〇〇〇年春运十多天来，全国铁路职工认真贯彻落实国务院关于春运工作的部署，发扬铁路工人特别能战斗的精神，在客运量明显增长、工作压力明显加大的情况下，千方百计保证乘车需要，安全运输旅客到达目的地，取得了阶段性胜利。

目前，春运工作正在继续进行。全总希望铁路职工发扬顾全大局，勇挑重担；不怕疲劳，连续作战；艰苦奋斗，甘于奉献的革命精神和“改革、攻坚、创业、奉献”的新时期火车头精神，努力打好节后春运仗，在跨世纪铁路改革发展中创造新业绩，作出新贡献。

近日，北京龙潭湖公园、地坛公园、朝阳公园等公园积极组织并革新传统的庙会，以迎接新千年第一个春节。图为来自全国8省、市的现代花会歌舞队正在朝阳公园加紧排练节目。

本报记者 陶源明摄

十一世班禅在京欢度藏历新年

新华社北京2月2日电 （记者李术峰）第十一世班禅额尔德尼·确吉杰布一行今天上午在京欢度藏历铁龙新年。

全国政协副主席、中共中央统战部部长王兆国前来祝贺。王兆国说，在藏历新年和第十一世班禅10周岁生日即将到来之际，我们向第十一世班禅表示衷心的祝贺，希望第十一世班禅努力学习佛教经典和文化知识，做一个爱国爱教的活佛。同时希望藏传佛教界爱国人士积极围绕建设有中国特色社会主义的目标，为国家的发展和民族的振兴，为维护祖国统一和民族团结，为加快西藏的经济和社会发展做出贡献。

第十一世班禅对中央的关怀表示衷心感谢，他说，在西藏和内地深深感受到祖国大家庭和党的宗教信仰自由政策的温暖。他表示要做一名爱国爱教、护国利民的好活佛，祝愿我们的国家经济发展、社会进步、民族团结，人民幸福，扎西德勒！

全国政协副主席阿沛·阿旺晋美，中央统战部副部长、国家民委主任李德洙，国家宗教局局长叶小文，中国藏语系高级佛学院领导和活佛及西藏自治区驻京办事处负责人等参加了今天的活动。

就美国会众议院通过《加强台湾安全法》法案

全国人大外委会负责人发表谈话

对这种严重侵犯中国主权的行径无比愤慨，表示坚决反对

新华社北京2月2日电 全国人大外事委员会负责人今天在这里发表谈话，对美国国会众议院通过《加强台湾安全法》法案表示无比愤慨和坚决反对。

这位负责人说，美国会众议院2月1日通过了由一些亲台反华的议员提出的《加强台湾安全法》法案。该法案根本无视全体中国人民要求祖国和平统一的强烈愿望，完全违背中美之间三个联合公报确定的原则和美方在台湾问题上所做的承诺，公然要求美国政府“尽一切努力”维持台湾的“防卫能力”，企图为美国向台湾出售各种先进武器和进行并扩大美台武装力量之间的合作提供所谓法律依据。对这种藐视国际法准则，严重侵犯中国主权，粗暴干涉中国内政，妄图阻挠中国和平统一大业的行径，我们感到无比愤慨，表示坚决反对。

他说，美国众议院的法案，为达到其分裂中国的险恶目的，竟然提出一个既无知又无理的“论据”，说什么“1979年1月美国政府撤消了对台湾作为中国合法政府的承认，无论是当时还是自那以来，美国政府都未就台湾的最终地位采取正式立场”。这是一个极其荒唐的谬论。美国政府早在中美建交公报中明确承认世界上“只有一个中国，台湾是中国的一部分”、“中华人民共和国政府是中国唯一合法政府”。克林顿总统也多次重申美国坚持一个中国的政策和在台湾问题上的“三不”承诺——不支持“台湾独立”，不支持“两个中国”、“一中一台”，不支持台湾加入只有主权国家才能参加的国际组织。如果美国政府不对台湾的地位表明这种立场，20年前中美两国根本就不可能建立正式外交关系，也就不会有美国政府的“撤消了对台湾作为中国的合法政府的承认”。美国众议院对这些铁一般的事实视而不见，听而不闻，竟在那里胡言乱语，重新抛出早已被扔进历史垃圾堆里的所谓台湾地位未定论，为台湾当局制造“两个中国”、“一中一台”的图谋张目，其险恶居心昭然若揭。

他指出，众所周知，台湾自古以来就是中国的领土，所谓“台湾问题”是50年前中国内战遗留下来的内部事务。海峡两岸的中国人民对此不仅充分认同，而且完全能够依靠自己的力量去解决。在中国政府成功地解决了香港和澳门的问题之后，解决台湾问题便成了全体中国人民的最大心愿。为了尽早使台湾问题得到和平解决，实现中国的完全统一，中国政府已经并将继续作出重大的努力。中国人民决不允许外国和外国势力干涉中国的内政，一切分裂中国的图谋都是永远不会得逞的。

他说，美国众议院法案的核心内容是以所谓《与台湾关系法》为依据，以中国对台湾的“武力威胁”为借口，竭力鼓吹加强台湾的军事力量，加强美国与台湾的各种军事联系，使美国增加售台武器合法化。这是一种极其危险的霸权主义行径。《与台湾关系法》本身就是与中美三个联合公报和美国政府的承诺背道而驰的，美国就是依靠这个法近年来不断增加对台武器销售，这不仅损害了中国的统一大业，而且影响了中美关系的发展。众所周知，美国在中美“八·一七”公报中承诺逐步减少对台出售武器，“并经过一段时间导致最后的解决”。事实上，这个公报签订18年以来，美国售台武器不仅在数量上而且在性能上远超过了它所承诺的水平。如今美国众院又在这个法的基础上，抛出了《加强台湾安全法》法案，企图加大对台湾军事支持的力度，这实质上是在变本加厉地为“台独”势力张目，为李登辉的“两国论”撑腰。人们不禁要问，为了达到不可告人的目的，美国的一些亲台反华众议员们是否要把《与台湾关系法》明目张胆地置于中美三个联合公报和美方有关承诺之上而为所欲为呢？我们要正告那些亲台反华的美国议员们，恣意妄为者既损人也绝不会利己，到头来总是要搬起石头砸自己的脚。

这位负责人指出，美国众议院的法案如果最终成为法律，必将损害台湾海峡乃至整个亚太地区的和平与稳定，必将给台湾问题的和平解决带来更大的困难，必将给处于改善中的中美关系带来难以想象的恶劣影响。

他说，正如中国政府屡次强调的，台湾问题事关中国的主权和领土完整，始终是中美两国关系中最关键、最敏感的首要问题。以往的历史证明，台湾问题处理得好，两国关系就会向前发展；反之，两国关系就会出现波折，甚至于倒退。中美作为世界上有影响的两个大国，理应不断改善和加强互相间的关系，携起手来为世界的和平与稳定、为人类的进步与繁荣作出更大的贡献。

这位负责人说：我们奉劝美国的议员们要以中美关系大局为重，以亚太地区的和平和稳定为重，不做任何逆历史潮流而动的事。我们希望美国政府不仅在口头上反对该法案，而且在行动上采取有效措施阻止其成为法律。

就美国会众议院通过《加强台湾安全法》法案

全国政协外委会负责人发表谈话

新华社北京2月2日电 中国人民政治协商会议外事委员会负责人今天在这里就美国国会众议院通过《加强台湾安全法》法案发表了谈话。

这位负责人说，2月1日，美国国会众议院不顾中国政府的多次交涉和强烈反对，通过了所谓的《加强台湾安全法》法案。中国人民政治协商会议全国委员会外事委员会对这一违反中美三个联合公报，严重侵犯中国主权，粗暴干涉中国内政的严重事件表示十分强烈的愤慨。

他说，所谓《加强台湾安全法》是美国国会少数议员企图为美国进行和扩大与台湾军事联系和往来，向台出售各种先进武器装备及技术提供法律依据，这是明目张胆地在阻挠中国的统一大业。众所周知，台湾是中国领土不可分割的一部分，如何解决台湾问题，实现祖国统一完全是中国内部的事务。我们对美国国会众议院公然违反国际关系准则的霸权主义行径不能不表示坚决的反对和强烈的谴责。

他说，必须指出，美国国会众议院不顾两国关系的大局通过上述法案，如果成为法律必将助长李登辉鼓吹“两国论”和“台独”的气焰，加剧台湾海峡紧张局势，损害亚太地区的和平与稳定，出现所有爱好和平人士都不愿看到的局面，对中美关系也将产生严重的破坏性影响。

这位负责人说，我们强烈要求美国政府和国会中的有关人士高度重视中国政府和中国人民的严正立场，充分认识到《加强台湾安全法》法案的严重危害性，恪守中美三个联合公报和美方有关承诺，阻止该法案成为法律。

李準在京逝世

新华社北京2月2日电 中共优秀党员，杰出的现实主义作家、电影剧作家，中国作家协会副主席李凖因病医治无效，于2000年2月2日12时在京逝世，享年71岁。

李凖，河南洛阳人，1928年9月生。原名李准，曾用名李铁生。蒙古族。1954年后，曾担任中国电影文学学会副会长，中国作家协会专业作家，中国现代文学馆馆长等。1996年12月当选为中国作家协会第五届委员会副主席。曾任第七届全国政协委员，第八届全国政协委员（文艺界）、教育文化委员会委员。

李凖于1952年开始文学创作。他的主要作品包括《黄河东流去》、《李双双》、《老兵新传》等60多部中、短篇小说，以及10多部电影剧本，6部话剧和大量的散文、文艺评论。

图谋分裂中国的反华行径

本报评论员

2月1日，美国国会众议院不顾中方的多次严正交涉，悍然通过了所谓《加强台湾安全法》法案，企图为美国和台湾扩大军事联系与往来，为美国向台湾出售各种先进武器装备与技术提供所谓法律依据。美国众议院的这一行径严重侵犯中国主权，粗暴干涉中国内政，是图谋制造“一中一台”、“两个中国”的严重事件，也是一种完全违反中美三个联合公报和美方承诺的背信弃义之举。中国政府和人民对此表示极大愤慨和强烈抗议。

台湾问题事关中国的主权和领土完整，事关全体中国人民的民族感情，事关中国最根本的国家利益。这一试图永久分裂中国，破坏中国统一大业的行径势必激起中国人民的极大义愤和强烈反应，也是根本不能得逞的。

台湾问题始终是中美关系中最重要、最敏感的核心问题。美国政府在中美建交公报中明确承认中华人民共和国政府是中国的唯一合法政府，世界上只有一个中国，台湾是中国的一部分。此后，美国又在中美两国的其他联合公报中重申了上述立场，并多次做出“不支持台湾独立”等承诺。美国的上述立场和承诺是中美两国关系的基石，美国信守上述立场和承诺是中美关系得以保持和发展的前提。

在这次美国国会《加强台湾安全法》的法案出笼以后，中国政府曾向美国政府提出了严正交涉，要求美方采取切实措施阻止该法案被通过成为法律。虽然美国政府对此也做出了承诺，然而，在美国众议院亲台反华势力的鼓动下，这一企图分裂中国的法案竟然在美国众议院得到通过。有必要指出，如果这个法案通过成为法律，势必要加剧台湾海峡紧张局势，损害亚太地区的和平与稳定，对中美关系产生严重的破坏性影响。美国的反华政客不要低估中国政府和人民实现祖国统一的决心和信心，美国政府应该充分认识这一事态的严重性。

中国政府强烈要求美国政府高度重视中国政府的严正立场和要求，恪守中美三个联合公报和美方有关承诺，按美国政府和克林顿总统本人所作出的承诺，立即阻止所谓的《加强台湾安全法》的法案成为法律，遏止严重恶化中美关系的事态发展。美方还应恪守中美《八·一七公报》规定，立即停止向台湾出售先进武器装备及技术。

中美关系对于亚太地区的和平和稳定、对世界的和平与稳定至关重要，而和平与稳定正是全人类在新世纪到来时的期盼。美国政府应从世界大局和战略高度出发，阻止少数政客在中美关系上横生枝节，努力杜绝动摇中美关系基石的恶劣行径，信守国际承诺，切实排除违逆历史潮流的干扰和破坏。

实现祖国统一是中华民族、包括台湾人民在内的共同意愿和坚定信念，是人心所向的历史潮流。少数“台独”分子的鼓噪，几个美国政客的肆意妄为都决不可能动摇伟大中华民族的这一坚定信念，也不可能阻止中国最终实现完全统一的伟业。

明天气象预报

（2月3日20时—2月4日20时）

天气趋势分析

据中央气象台提供的信息：青藏高原东部有暖湿气流正在向东北方向移动，未来两三天，淮河以南大部地区将有一次雨雪天气过程。预计3日晚上到4日，黄淮南部、江淮、汉水下游有小到中雪，江南中北部、贵州大部、重庆有雨夹雪或小雨，新疆北部、内蒙古东北部、黑龙江北部有小雪。

中国和世界主要城市气象预报

城市	天气	气温	城市	天气	气温
北京	晴转多云	-8℃/2℃	成都	阴转多云	3℃/8℃
天津	晴	-10℃/2℃	重庆	阴	4℃/8℃
石家庄	多云转阴	-8℃/-1℃	贵阳	小雨转阴	0℃/5℃
太原	晴	-11℃/0℃	昆明	晴	4℃/16℃
呼和浩特	晴	-21℃/-10℃	拉萨	多云转阴	-5℃/6℃
沈阳	晴	-18℃/-6℃	西安	多云	-6℃/1℃
大连	晴转多云	-5℃/4℃	兰州	多云	-10℃/1℃
长春	晴	-14℃/-8℃	西宁	晴转多云	-16℃/1℃
哈尔滨	晴	-19℃/-10℃	银川	多云转小雪	-16℃/-8℃
上海	多云转阴	0℃/5℃	乌鲁木齐	晴	-16℃/-9℃
南京	阴转中雪	-1℃/3℃	台北	多云	13℃/22℃
杭州	阴转雨夹雪	-1℃/2℃	香港	多云	12℃/18℃
合肥	小雪	-2℃/1℃	澳门	多云	12℃/18℃
福州	多云	8℃/16℃	东京	多云转小雨	4℃/11℃
南昌	小雨	1℃/3℃	曼谷	晴	20℃/30℃
济南	晴转多云	-6℃/1℃	悉尼	晴	19℃/27℃
青岛	多云转阴	-3℃/3℃	卡拉奇	多云	17℃/27℃
郑州	多云转阴	-5℃/1℃	开罗	晴	8℃/19℃
武汉	小雪转中雪	-3℃/1℃	莫斯科	阴	-12℃/-6℃
长沙	雨夹雪	-1℃/1℃	法兰克福	多云	2℃/9℃
广州	多云	10℃/15℃	巴黎	多云	4℃/10℃
南宁	多云	6℃/18℃	伦敦	阴	6℃/12℃
海口	多云	14℃/20℃	纽约	多云	-4℃/6℃

工人伟大 劳动光荣

老劳模六十年后再戴红花

本报记者 何勇

"没想到，时隔60年，我还能再次戴上红花。"4月30日下午，在辽宁省纠风办主办的网站——民心网编辑部，86岁的老劳模韩贵堂激动地说。

"60年前你被评为劳动模范是因为你的发明创造，这次再戴红花，是因为你离休后，呕心沥血写下100多万字、具有历史资料价值的回忆录，并以劳模精神感染身边人。"辽宁省总工会副主席刘世峰说。

1947年初，东北地区处于极为困难的时期，汽车机油奇缺，公共汽车面临停运。时任大连关东交通公司汽车科负责人的韩贵堂冒着危险，将日本侵略者抛弃的20多桶废油，人工提炼，排除水分、锈等杂质后重新使用，保证了汽车运行和支援前线的任务。同年，韩贵堂获关东地区二等劳动模范，第二年加入中国共产党，是辽宁有据可查的最早的劳动模范。

1984年离休后，韩贵堂老人开始写作回忆录《难忘的岁月》。20年不间断，字数超过100万。回忆录以一个老党员的身份记录下了上世纪20年代以来，社会生活、生产的变迁给人们生活带来的改变。韩贵堂老人表示，回忆录的写作是为了教育子女后代，更为了给研究这段时期历史的人提供一些有价值的材料。

2005年，《难忘的岁月》开始在民心网上连载，引起网友和当地媒体的强烈反响。除写作外，老人仍以劳模的标准要求自己，参与社区力所能及的劳动，并带动身边的人参加公益事业。在得知韩贵堂老人的事迹后，省总工会发文让韩贵堂老人享受省级劳模待遇。

青岛港5000余名职工坚守生产第一线

本报青岛5月1日电 （记者宋学春）今天，5000余名职工奋战在青岛港各码头。青岛港广大职工以岗位大干创佳绩的特殊方式，向"五一"国际劳动节献礼。

在前湾码头，"中远中国"、"马士基康瑞"等11条船舶相继到港作业，将码头挤得满满当当，现场生产如行云流水，现场与调度，桥吊司机、拖车司机与指挥手密切配合，作业船舶你来我往衔接有序，装卸生产热潮一浪高过一浪。

在老港区，万能机和运输车愉快地轰鸣，门机无间歇地供料，参战职工的作业热情高涨，身上的橘红色工装已经被汗水湿透。当班创出装卸火车110多节，完成船舶10艘次，市提14397吨、市入15790吨，并创出冻鱼、啤酒、铝锭、钢材等各货种装卸作业的新记录。

浙江"技能状元"受重奖

本报杭州5月1日电 （记者顾春）"劳动光荣、工人伟大——浙江省职工'百行百星'宣传暨技能状元评选活动"昨天落下帷幕，十大"浙江省技能状元"被授予"金锤奖"，各获10万元奖金；10位"技能状元"提名人选被授予"银锤奖"，各获2万元奖金；另80位行业之星各获5000元奖金。

据了解，此次评选从4月4日开始启动，在历时10天的公众投票过程中，有近300万人次的职工群众热情参与投票。

5月1日，重庆市政一公司的工人们放弃休假，在太阳下抢修公路摊铺机。

新华社记者 周衡义摄

整合资源共建『空中课堂』 贵州村校结合助推远程教育

本报贵阳5月1日电 （记者胡跃平）针对远程教育推行过程中经费、场地等方面的限制，贵州省依托农村中小学建立村党员干部现代远程教育站点，实行"村校结合"模式，采取"五个互动"举措，4年来，共建农村中小学的站点22199个，使远程教育的效能得到了最大发挥。

贵州属西部欠发达省份，制约远程教育工作开展的因素多，特别是经费、场地、人员素质等问题尤为突出。针对农村党员干部现代远程教育75%的站点建在农村中小学的实际，贵州省委、省政府积极整合资源，在实际工作中探索和总结出了"村校结合"的方法和路子，并逐步在全省推开。

"村校结合"主要指农村中小学与乡（镇）党委、村党支部结合，利用在贵州开展的农村中小学远程教育工程这个平台，在学校建站点，在满足农村中小学教育需要的同时，开展好农村党员干部和农民群众的远程教育。

如何在学校站点开展农村党员干部现代远程教育培训？该省通过"五个互动"实现村校共建共用，有效促进了远程教育工作的开展：

采取"5+2"方式，抓好农村党员干部、群众和学生学习培训的"互动"。为实现党员干部群众与学生培训的两不误，站点学习时间采取"5+2"的方式，即每周一至周五的晚上和双休日的两个全天为农村党员干部和农民群众的学习时间，周一至周五白天为学生学习时间，提高了站点的使用效率，拓宽了教学培训的覆盖面。

理顺村校组织关系、抓好村党支部和学校班子间的"互动"。首先，以村、校领导交叉任职的方式较好落实了各自的工作职责和任务，解决了有人抓、有人管的问题。其次，通过建立乡（镇）、村、校联系会议制度，定期召开专题会议研究农村党员干部现代远程教育，使教学过程中遇到的各种问题得到及时解决，实现了村校互动管理。

强化村校共管，抓好协管员、操作员在站点管理上的"互动"。在村干部和积极分子中选拔站点协管员，协助学校操作员共同抓好站点管理工作。在具体工作中，规定站点协管员要参与站点的管理，还要配合学校站点操作员做好农村党员干部和农民群众培训中的人员组织、信息反馈及培训效果评估等工作。

实施"一校帮一村"、"一师帮一户"，抓好学校教师与村干部群众的"互动"。"一校帮一村"指农村中小学领导与所在行政村的村党支部对接，"一师帮一户"指每位教师与一户贫困户对接，发挥学校及教师的作用，开展帮带活动。这些年来，各地农村在学校和教师的帮扶下，通过远程教育学习栽培技术，了解市场信息，调整了养殖、种植产业结构，扩大了生产规模，带动了当地群众的增收。

通过"小手牵大手"，抓好学生与家长之间的"互动"。如定期发放"学生家长联系卡"，分类统计群众反馈的学习需求信息，增强培训针对性；成立"红领巾远教服务队"，组织学生为群众捎带需要借阅的教学光盘和技术资料，向学校反馈群众参加远程教育学习培训后提出的意见和建议，向家长和亲戚宣传现代远程教育等。

目前有4万多名中小学生参与了学习与实践，通过学生带动家长，有效推动了农村科技的普及与运用。实施"村校结合"以来，全省累计培训农村党员干部和群众达5000余万人次，农村中小学站点已成为该省远程教育培训的主阵地。

小木偶成就大事业
——大型童话偶形剧《皇帝的新装》开始公演

本报北京5月1日电 （记者刘琼）中国木偶艺术剧院原创大型童话偶形剧《皇帝的新装》今起在京公演，舞台上下现场互动积极，引起小观众的浓厚兴趣和热烈反响，业内专家给予很高评价。

中国木偶艺术剧院转企改制不到八个月，用小木偶成就大事业，其良好的社会效益、翻番的经济效益，让这家由民营企业参与改制并控股的文化企业受到社会各方面格外关注。在良好的机制保障下，改制后的中国木偶剧院围绕目标市场开展艺术生产，除了以大型木偶戏演出经营市场，抓好品牌剧目创作外，还抓好课本剧创作，通过下校园、进农村培育市场。

在加强原创能力，积极实现产品有效运作的主旨下，转企改制后的第一部大型童话偶形剧《皇帝的新装》，精心讲述了安徒生童话中充满讽刺意味与哲学思想的生动故事。在原著基础上充分结合当下儿童的审美趣味，无论是色彩、偶形、阵容还是创作概念，都引进了新元素——充分体现"游戏"的特性，在集木偶、音乐、魔术、歌舞为一体的基础上，"互动"贯穿始终，演员扮成的木偶时常出现在观众席，"皇帝"还会请小朋友帮助挑选好看的新衣服。夸张的人物造型、打动观众的情节和不断出现的惊喜，给人以耳目一新的全新感受；偶形丰富，整剧以大型人偶为主，中间穿插使用了传统杖头木偶、铁枝木偶、提线木偶、布袋木偶、荧光木偶、变形木偶等多种形式，30多套不同风格的服装采用了立体裁剪的制作方法，不仅突出了色彩，还强调了偶的变化，增加了木偶的魅力；舞台布景别具一格，巨大的跷跷板、皇冠做的大滑梯、会旋转的大门和会说话的窗户、巨大的会冒蒸气的大熨斗等同时出现在十分抽象化的舞台上，配合多媒体手段以游艺的形式表现出来，加大了卡通化的表演空间。

据悉，《皇帝的新装》"五一"后还将陆续下到社区进行免费演出。4月26日下午，安贞地区流动和贫困家庭的孩子来到了中国木偶剧院，成为大型童话偶形剧《皇帝的新衣》首批免费观看的观众，生动的舞台呈现和是非鲜明的价值引导，获得了这些"特殊评委"的充分认可。

（上接第一版）今天又到曹妃甸和大家一起过节，心里非常高兴。看到工人们在捆扎钢筋桩笼，总理从工人手里接过钢筋钩，在桩笼上做了一个钢筋板扣，引来工人们一片掌声。

中午时分，温家宝在热轧生产线建设工地和工人们共进午餐。他走到餐车前领了一碗小米粥、两个素馅包子，和工人们一起围坐在木条凳上，边吃边聊。他问工人从哪里来，想不想家，有没有电视看，并了解工程进展情况。他说，为了改善首都环境，办好2008年奥运会，首钢服从国家需要，搬迁到曹妃甸进行二次创业。要精心规划、精心组织、精心施工，严格要求、严格管理，确保工程质量、确保安全、确保项目按期投产、确保搬迁顺利完成，把首钢京唐钢铁厂建成产品一流、技术一流、环境一流、效益一流的世界级精品钢铁基地。温家宝特别强调，我国钢铁工业产能已经很大，要注重调整结构，增加具有国际先进水平的产品，大力淘汰高耗能、高污染的落后生产能力，提高钢铁行业的竞争能力。

吃完午饭，温家宝一刻也没有休息，又驱车一个多小时来到中石油冀东南堡油田。他登上钻井平台，和钻井队的工人亲切交谈，了解钻机运行和油气开发情况。温家宝说，经过近几年的勘探，发现了南堡油田这个整装优质大油田，这是40多年来我国石油勘探最激动人心的发现。听到这个消息，我兴奋得睡不着觉，在"五一"节特地来向你们祝贺，并表示敬意。石油工人和技术人员用新的理论、新的方法、新的工艺和技术，艰辛努力，为国家经济社会发展又作出了重大贡献，全国人民感谢你们。希望石油工人继续发扬大庆精神、铁人精神，艰苦奋斗，百折不挠，为国家多找石油、多产石油。

考察结束了，石油工人和总理依依告别。温家宝说，今天和大家一起过劳动节很高兴，劳动光荣，劳动创造财富、创造价值，劳动者应当得到全社会的尊重。

广东深圳破获一起传播淫秽色情信息、组织介绍妇女卖淫案

本报北京5月1日电 记者近日从公安部获悉，4月7日，广东深圳公安机关成功摧毁一传播淫秽色情信息，组织、介绍妇女卖淫团伙，当场抓获5名违法犯罪嫌疑人，缴获电脑、手机等一批涉案物品。

案情： 今年3月12日，深圳市公安机关在日常工作中发现，一自称"YULE168"的网民使用"黑玫瑰服务中心"的名称在互联网上大肆张贴招嫖信息。深圳警方随即展开调查工作，发现"黑玫瑰服务中心"是建立在互联网上的个人论坛，联系人自称"金先生"，从2006年12月开始，此论坛张贴了大量淫秽色情信息，称有来自不同国家和不同职业领域的美女，提供24小时上门服务，面向全国各地招嫖。同时，此论坛内还有大量淫秽色情小说、图片和淫秽视频链接等有害信息，由技术员在深圳维护。自称"YULE168"的网民还以"黑玫瑰服务中心"的名义在网上各论坛上大肆张贴招嫖广告，嫖客可以用QQ、邮箱等方式与"金先生"联系进行交易。目前，此案3名主要犯罪嫌疑人已被刑事拘留，2名违法嫌疑人被治安拘留。案件正在进一步审理中。

点评： 互联网已经日益渗透到人们的日常生活、工作和学习中，现实社会的各种违法犯罪活动也必然会以互联网作为一种工具和手段。当前，通过网络中的电子邮件、即时通讯工具等在网上传播卖淫嫖娼信息已经逐渐成为卖淫嫖娼活动联络的新渠道，公安机关必须采取有针对性的措施，不断加大对利用互联网传播卖淫嫖娼信息的打击力度，以取得长久实效。

严打网络淫秽色情

第一次全国劳动大会旧址修缮竣工

本报广州5月1日电 （记者赖伟行）广州市滨江西路230—232号，一座西式混凝土结构的四层楼房坐南朝北，正对珠江，静静矗立，顶楼正中央有一颗巨大的五角星，这里就是1922年第一次全国劳动大会召开的地方；85年后的今天，这里彩旗飘扬，军乐激昂，第一次全国劳动大会旧址修缮竣工典礼在此隆重举行。

竣工典礼后，"第一次全国劳动大会旧址图片展览"也拉开了帷幕，展览用丰富的图片，详实介绍了中国工人阶级的诞生过程、中国共产党创建时期的工人运动、历届全国劳动大会的举办情况及其深远的历史意义。展出的图片中不乏珍品，许多尚属首次曝光，令羊城观众大饱眼福。

广西兴安举办首届"桂林米粉节"

本报南宁5月1日电 （蒋育亮）桂林米粉天下扬，发源之地在兴安。广西壮族自治区兴安县借助"桂林米粉"知名品牌，于4月30日至5月7日在古灵渠畔举办广西兴安首届"桂林米粉节"。

现场制作300米世界最长米粉，大型仿秦马车游，全国各地知名品牌米粉美食一条街，米粉工艺历史文化展，米粉速食大奖赛，十佳米粉大王评比等多项活动，在节日期间纷纷亮相。据史书记载，公元前214年，秦始皇为了统一岭南，派史禄率兵开凿灵渠。北方士兵吃不惯南方饮食，秦军厨师将大米磨碎，搓成北方面条式样，供士兵食用，这就是历史上最早的米粉。

未来两天 北方以晴为主 南方将有明显降雨

据新华社北京5月1日电 （记者钱春弦）中央气象台1日发布的天气预报显示，未来两天，我国北方及中东部大部地区天气以晴为主，气温逐渐回升。5月2日起，受冷空气影响，西北地区东部、西南地区大部、汉水流域、江淮、黄淮、江南等地将有一次明显降水过程，部分地区可能会出现短时雷雨大风或冰雹等强对流天气。

香港万余市民参观驻港部队军营

5月1日，为庆祝香港回归祖国和解放军进驻10周年，驻港部队向香港市民开放赤柱、昂船洲和石岗军营，1.7万多名市民前往参观并和部队官兵互动交流。图为小朋友在家长的带领下前来参观。

本报记者 陈晓钟摄

就圣卢西亚与台湾恢复所谓"外交关系"
外交部发言人答记者问

本报北京5月1日电 1日，有记者问，台湾"外交部"已宣布，台湾与圣卢西亚恢复"外交关系"，请问发言人对此有何评论？

外交部发言人刘建超说，据报道，圣卢西亚与台湾恢复所谓"外交关系"。这是对中圣建交公报原则的公然违背，是对中国内政的粗暴干涉。我们对此表示愤慨和反对。中国驻圣卢西亚大使已奉命向圣政府提出强烈抗议，要求圣政府遵守1997年中圣建交公报确立的原则，立即纠正所谓与台湾当局"复交"的错误决定，回到一个中国的正确立场上来。否则，圣政府必须对由此产生的后果承担全部责任。

刘建超说，台湾当局在国际上竭力推行"金钱外交"，图谋制造"两个中国"、"一中一台"，不得人心，也是绝不会得逞的。

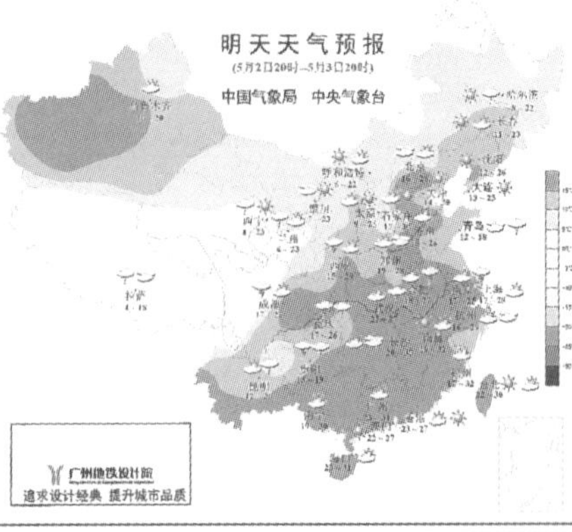

世界主要城市天气预报		
东京	晴	14℃/23℃
曼谷	雷阵雨	26℃/33℃
新德里	晴	28℃/42℃
悉尼	多云转晴	14℃/27℃
卡拉奇	晴	27℃/36℃
开罗	晴	25℃/33℃
莫斯科	[illegible]	1℃/10℃
法兰克福	晴	8℃/21℃
巴黎	晴	11℃/22℃
伦敦	晴	9℃/20℃
纽约	多云转晴	13℃/23℃

全国部分旅游景区气象预报		
安徽黄山	多云转偶阵雨	11℃/15℃
广西桂林	多云转阴	22℃/29℃
辽宁大连	晴	13℃/23℃
云南西双版纳	小雨	19℃/33℃
山西皇城相府	多云转晴	10℃/26℃
山西五台山	多云转晴	2℃/18℃
甘肃敦煌	晴	8℃/30℃
江西井冈山	多云转阴	12℃/31℃
四川乐山	雷阵雨转小雨	20℃/26℃
四川九寨沟	小雨转多云	4℃/17℃

本社社址：北京市朝阳门外金台西路2号 电子信箱：rmrb@peopledaily.com.cn 邮政编码：100733 电话查号台：65368114 印刷质量监督电话：(010)65368901、65368903 广告部电话：(010)65368759、65368760 定价每月24.00元 零售每份0.30元 广告许可证：京工商广字第003号 昨日本报（北京）开印：3时20分 印完：5时40分

远程变通途

——山东省农村党员干部现代远程教育试点工作见闻

本报记者　宋光茂

硬件建设：一个圆心点连着八万多个远程点

圆心点——省级现代远程教育中心；远程点——农村现代远程教育接收站点。

从一个圆心点到八万多个远程点，八万多条“信息高速公路”，是由卫星传输线路与互联网线路“拧”成的，管理人员称之为“天地网合一”。山东省农村开展党员干部现代远程教育试点工作3年来，在全国率先建成了覆盖全省的远程教育网络。以省级远程教育中心为圆心，遍布农村的远程站点组成了一个圆圈，其硬件功能全国领先。

4月26日10时30分，山东省远程教育网络又有了新的功能，部分信息高速公路从“单行线”拓宽为“双向道”。基层远程教育接收站点不仅接收、播放节目，而且农村党员干部和农民群众可以参与视频互动，直接对在圆心点授课的专家或讲话的省领导提问或插话。寿光市洛城街道办事处洛西村村民刘华在提问后说：“今天上午听了专家讲述的中央惠农政策，我还能和他对话，有人有音，就像把专家请到自己家里一样，一下子就没了距离。”

山东省为这套远程教育系统投入财政资金和部分党费，总计10多亿元。各站点建设结束后，全省自下而上地组织了评估验收。最后，全国远程教育办公室检查评估结论是，山东省的站点建设质量达到了优质等级。

执政工具：上下一条线

山东省在保持共产党员先进性教育活动中，远程教育网络派上了大用场。其中，第三批次的动员大会，就有230万农村党员在远程教育接收站点集体收看收听会议实况。当时，地处沂蒙深山区的平邑县九间棚村党支部书记刘加坤就发出感慨：“在家门口看到、听到省委书记讲话，就像在现场一样，感觉心里真亮堂。”

“支部+远教+协会”，这是五莲县许孟镇党委总结出来的当今管理农村的新模式。山东省基层党组织已经深深感到远程教育网络对加强执政能力建设所发挥的作用。这个镇的党委干部说，过去传达文件，学习上级精神，“县里一大本儿，乡镇几张纸儿，村支部书记吧嗒嘴儿”，“上边讲半天，下边一袋烟”。现在，依靠远程教育网络，中央的大政方针政策，可以原原本本地传达学习，直到农村，一条线串到底，不会走样。

在如今的山东农村，远程教育网络已经成为增强党员干部凝聚力的有效载体，成为基层党组织建设的切入点。泰安市岱岳区天平办事处大陡山村党支部书记苏庆亮对记者说：“原来村里开会，38名党员往往半个多小时还集合不起来。现在一通知，5分钟之内就到齐了。大家早到了，可以先看着远程教育的节目啊。”

网络作用：受益一大片

记者在泰安市岱岳区大陡山村采访，农民说起远程教育网络的作用，都感恩不尽。果农苏富广栽种梨树，起初看着春天满树梨花、夏天满树梨果，高兴啊。但到了秋天，六七个梨才一斤，卖不上价钱。自从收看了远程教育的梨树管理课件，才知道春天要掐花，每20厘米留一个果，“这也如同计划生育，少生优生。”苏富广幽默地说。栽种桃树、杏树的王广利老汉，通过远程教育学到了石灰、硫磺熬制杀虫剂技术，基本不再用农药，节省了成本，果品还无药物残留。王广利指着远程教育设备说：“别看这一台电脑、一台电视、一架天线，一年让我节支增收上万元呢。”

山东省远程教育中心主任曲涛对记者说：“山东的远程教育是点播式、互动式的，中心播放的课件，远程站点既可以即时看，又可以随时看、反复看。”在泰安市岱岳区满庄镇满北村，记者看到，远程教育中心播放的课件，不仅都在电脑里保存下来，还刻录成光盘，分种粮大户、经营大户、育龄妇女等11个大类保管，有条件的村民可以借光盘回家看。现在村里已积攒了900多张课件光盘。远程教育带动了这个村的信息化建设，培养了一批新型农民。目前，全省90%的村级接收站点通上了互联网，“上网”、“下载”等新名词，农民群众也朗朗上口。

试点3年，山东省的远程教育终端接收站点已达到88931个，远程培训党员干部群众上亿人次。正如山东省委组织部的干部所讲的，远程教育网络已成为农村党员干部群众学习方针政策的“直通车”，了解市场信息的“千里眼”、“顺风耳”，发家致富的“好帮手”，接受先进文化的“免费大学”。

与光共舞的青年英才

——记中国科学院西安分院、陕西省科学院院长相里斌

新华社记者　段　博

30岁成为研究员；32岁成为中国科学院最年轻的所长；40岁当选中科院西安分院院长、陕西省科学院院长，并荣获本年度中国青年的最高荣誉——五四奖章标兵。

他就是我国光谱成像技术专家、国家高技术863领域专家委员会主任相里斌。

“我不后悔自己当初的选择”

在相里斌的记忆中，有两次选择至关重要——第一次是1997年。30岁的他博士后刚出站，月工资只有800元。这时，一家南方的公司开出20万元的年薪聘请他。“想到自己热爱的专业、想到国家战略的需要，我最终决定留在西安光机所。”相里斌这样说。第二次是1999年。西安光机所准备公派他到美国进修，美国佛罗里达空间中心允诺了优厚的条件，并希望他延长一年工作时间。时值西安光机所领导班子换届，中科院领导希望他来主持西光所工作。他最终放弃了这次进修机会。

相里斌感慨地说：“国家和西光所培养了我，在他们最需要我的时候，我不能只考虑自己。虽然放弃到本专业最领先的实验室进修有些遗憾，但我不后悔自己当初的选择。今天，我在国内同样做出了国际同行认可的成绩。”

10多年来，相里斌和他的科研团队瞄准国际光谱成像技术前沿，对各类新型光谱成像技术开展研究，完成了多种原理创新和样机研制，有力推动了我国光学和遥感事业的发展。

科研和管理相得益彰

在中科院及西安光机所专家和职工眼中，相里斌不仅学术上有造诣，在科研院所管理上也独树一帜。

有些科研任务未能按期完成，两名院士相继离开，研究生毕业也不愿意留所……经过上百次的座谈和个别谈话，相里斌提出了研究所发展目标和工作重点，组织研究出台了西安光机所体制机制改革方案；同时，紧密围绕科学院学科布局要求，对创新目标进行凝练和提升，强化优势学科，培育新的生长点，部署重大创新项目。改革后的西安光机所机关工作效率和研究室科研能力明显提高，科研经费连年攀升、职工福利待遇大大改善……

相里斌说：“在科学院机关两年的工作，使我从更多的科学家和管理者身上学到了很多宝贵品质，科研理念、认识水平得到完善，知识面进一步拓宽，也学到了更多的科学管理方法。”

虽然工作越来越忙，但相里斌始终没有脱离科研教学一线。“老师有一句话，我深有感触，就是‘老同志要给待遇，年轻人要给机会’。他为年轻人创造机会，放手让年轻人干；自己则替他们支撑、把关。”黄旻记得自己第一次单独负责课题时才25岁。“从导师身上，我们学到了很多东西，最重要的就是要想在专业上有所收获，必须要有对科学的执著和创新精神。”

“在讨论学术问题时，老师不仅不会‘压制’我们，还鼓励我们发表不同意见。”崔燕博士说。

“他的空闲时间非常少，但是要求我们每月要定期汇报学习、项目进展等情况，我们事情一多，有时就会忘掉，他经常会提醒我们。无论是做学问，还是为人处世，他都是我们的偶像。”吕群波博士说。

（据新华社西安5月4日电）

中国政府中止同圣卢西亚的外交关系

新华社北京5月5日电　中国驻圣卢西亚大使古华明于北京时间5月5日就圣卢西亚同台湾恢复所谓“外交关系”向圣政府提出严正交涉和强烈抗议，并代表中国政府宣布自即日起中止同圣卢西亚的外交关系，两国政府间的一切协议也随即停止执行。

长江重庆—芜湖河段维护尺度全面提高

本报武汉5月5日电　（记者顾兆农）5月1日上午8时起，长江干线重庆—芜湖河段维护尺度全面提高。

航道维护尺度指航道深度、宽度和弯曲半径等船舶航行的基本条件，现行的长江航道维护尺度是根据多年来不同时段和不同河段长江航道的实际条件，结合营运船型和河床演变等因素确定的。航道维护尺度的提高，意味着航道条件的改善，管理的责任更重了。

重庆至芜湖河段全长1891.2公里，占整个长江干流航道里程的70%，流经重庆、湖北、湖南、江西和安徽一市四省。这次重庆至芜湖河段航道维护水深普遍较以前有了大幅度的提高，增幅达0.2米至2.5米，最大提高幅度达到1.5米。研究显示，该河段维护尺度提高之后，长江航道区间通过能力提高6853万吨，年货运周转量增加221.6亿吨公里，水运企业直接经济效益增加10.9亿元，拉动沿江地区GDP548亿元。

“2007·中国国际福祉博览会”在京举行

据新华社北京5月4日电　“2007·中国国际福祉博览会”——残疾人、老年人用品用具博览会4日在北京中国国际展览中心开幕。全国人大常委会副委员长顾秀莲、中国残联主席邓朴方出席开幕式并为博览会剪彩。

本次博览会由中国残疾人联合会和全国老龄工作委员会办公室共同主办。来自美国、英国、加拿大、日本等16个国家和地区的120个政府机构和国际一流企业参展。

刘翔在大阪大奖赛上夺得110米栏冠军

据新华社大阪5月5日电　（记者何德功）在5日举行的国际田联大阪大奖赛上，中国选手刘翔以13秒14的成绩夺得冠军，这是刘翔连续四次夺得大阪大奖赛冠军。中国选手史冬鹏以13秒24的成绩荣获亚军。在女子撑杆跳比赛中，中国小将张英宁跳过了4米40的高度，夺得第一名。

香港举办庆祝回归十周年“中华民族文化周”

本报香港5月4日电　（记者武少民）作为庆祝香港回归十周年系列活动之一的“中华民族文化周”，3日晚在香港会展中心正式拉开帷幕。此次文化周的主题是“民族团结、和谐发展、共同奋斗、共同繁荣”。

据悉，3000多名香港中小学学生和幼儿园小朋友，以及来自全国56个民族的青少年代表，出席了4日在香港湾仔金紫荆广场举行的升旗仪式。

西藏日土、改则交界发生6.1级地震

新华社北京5月5日电　据我国地震台网测定，北京时间2007年5月5日16时51分，在西藏阿里日土、改则交界地区（北纬34.3度，东经81.9度）发生6.1级地震。

洛阳市龙门石窟亮化工程完工后的第一个“五一”黄金周期间，每晚都有大量的游客夜游龙门。

据悉，龙门亮化工程所采用的2886个灯具，均采用环保型产品，以确保其热度和紫外线辐射不会损伤洞窟的雕塑。洞窟内的灯具，也都采用科学合理的安装方法，确保洞窟不受任何损伤。

本报记者　史家民摄

平凡车间里的耀眼人生

——记中石油独山子石化公司青年技师薛魁

新华社记者　刘宏鹏

一名石化工业的一线工人，15年发现隐患289项、避免8次装置停工事故；参与的技术攻关，让公司乙烯生产多项关键指标国内领先，采用的创新操作法，被命名为“薛魁操作法”。

37岁的薛魁，是中石油独山子石化公司青年技师、乙烯车间班长。近日他被共青团中央、全国青联授予第十一届“中国青年五四奖章”。

把简单的工作做到极致，就是成功

薛魁说，长期工作在一线的日子是很平淡的，要耐得住寂寞、沉下心来，这样才能把工作做好。脚踏实地积累经验、把简单的工作做到极致，就是成功。

在齐鲁石化实习期间，同事们都笑他是一个“不爱走直线、爱走弯路”的人：书上写了应该如何操作，可到了薛魁的手里，就不是“应该”，而是“为什么”了。两年多的实习结束了，爱走“弯路”的薛魁第一个到达“终点”：成为独山子石化乙烯车间第一个在外学习之后，能“拿下”三个岗位的员工。

潜心学技术，薛魁得到了应有的回报：由于在3个工段、16个岗位积累了深厚的技术功底，他在全国石油石化企业2003年、2004年技能大赛中脱颖而出，成为中石油唯一一位“两连冠”得主。2006年，薛魁被聘为“中国石油首批技能专家”。

只要努力，平凡的岗位也一样会出成绩

1994年，独山子14万吨乙烯工程进入建设高峰期。当时的乙烯装置中，403、407、408这三个塔是分离工段最重要的产品塔。当塔盘安装到40多块时，薛魁突然发现：数据与图纸对不上！中方人员在随后的检查中发现乙烯丙烯塔存在重大制造缺陷。在薛魁等“懂行”的中方技术人员质疑下，制造厂商承认了这些严重问题，并对这3个塔进行了处理。此举挽回了500多万元的直接经济损失。

薛魁说：“这件事给我印象极深，我发现了自己的价值，只要努力，平凡的岗位也一样会出成绩。”

15年来，薛魁和同事们一起，彻底解决了乙烯装置生产的“两低一高”难题，增效近4.5亿元。

薛魁走到哪个车间，都会受到工友们的热情招呼。多年来，薛魁先后培养出了1名全国技术能手、3名省部级技术能手、3名高级技师、4名技师、47名高级工，他所在的乙烯车间成了名副其实的“技术明星车间”。

近日，当薛魁获得中国青年最高荣誉奖项——“中国青年五四奖章”的消息传回新疆后，这个只有大专学历的“蓝领专家”引发大学生们的热议。一名正在求职的石河子大学大四学生说：“从前我们向往‘白领’的‘小资’生活，现在才发现，不管是‘蓝领’‘白领’，要想成功，关键得靠真本领！”

（据新华社乌鲁木齐5月5日电）

（上接第一版）

湛江市制定了分步实施、逐步推开的改革方针，先选择条件相对成熟的湛江市电影公司进行转企改制试点，积累经验后再向演出公司、文化影艺公司、艺海影剧院、文化发展公司等单位逐步推开。

具有50多年历史的中国木偶剧团改制为中国木偶艺术剧院有限责任公司。新公司由民营企业永庄文化发展有限公司控股51%，国有资产出资方北京市文化设施运营管理中心股份为49%。这是北京民营资本首次参与国有艺术院团改制并控股，可谓文化体制改革中的重大突破。

改革试点实践证明，改革，激发了文化工作者的巨大热情和创造潜力；调动了社会各方面参与文化建设的积极性和主动性；获得了社会效益和经济效益双丰收；为深化文化体制改革提供了思想舆论准备，奠定了坚实基础，创造了良好条件。

政府作为，搭建文化的宽广平台

2006年5月1日，被誉为“中华戏剧活化石”的正乙祠戏楼喜庆重张。但几年前，戏楼因年久失修而关闭。2005年底，北京市不但斥资1000万元对戏楼进行修缮，还成立北京市传统文化保护发展基金会，运用社会资金对文物进行保护，保证戏楼有选择地对外开放，探索文物保护利用的社会化管理模式。

2007年4月16日，耗时6年建成的四川成都金沙遗址博物馆对外开放，太阳神鸟、金面具等上千件稀世珍宝与观众见面。金沙遗址博物馆的建设，为我国大遗址保护提供了成功经验。重庆市提出，要进一步深化文化体制改革，大力发展文化产业，提升重庆文化综合实力，将文化体制改革与发展的相关问题提到重庆市工作的议事日程。

2000年始，广州市设立规模为3亿元的文化产业发展专项资金，建设了一批具有聚集效应的文化产业基地，“华侨城”、“大芬村”等已成为全国有影响的文化产业品牌；网游动漫产业年均增长速度超过50%，产值达全国的30%。

由办文化向管文化转变，由管微观向管宏观转变，由面向直属单位转为面向全社会……政府的身影渐渐隐退，文化企业作为市场主体走进聚光灯下——这是北京、重庆、上海、浙江、广东等省市转变政府职能、深化文化体制改革、理顺文化管理体制所进行的积极探索。

为保证文化体制改革的深入进行，北京、上海、重庆、浙江、四川、江苏等省市着力健全管理方式，创新管理手段，逐步实现由行政管理手段为主，向综合运用法律、经济、行政、技术等多种管理手段的转变。

日臻完善的政府管理机制，推动了文化事业和文化产业的繁荣。据统计，2005年北京市实现文化产业总资产3004.5亿元，占全市GDP的5.6%；重庆市文化产业增加值66.67亿元，占全市GDP的2.2%；浙江省文化产业增加值1433.21亿元，占全省GDP的6.6%；广东省文化产业总资产4524.06亿元，占全省GDP的6.6%。

和谐文化，2006的寻梦之旅

2006年11月18日，为期一个月的第七届上海国际艺术节圆满落幕。7年来，每一个金秋时节，这个由上海倾力打造的国际艺术节，不仅推动了世界文化艺术的交流和繁荣，更成为上海响当当的文化品牌。

2006年12月10日，首届中国北京国际文化创意产业博览会给北京带来了融融春意。以“创意·科技·文化”为主题的这届博览会，推出文化创意产业项目4000多个，吸引了20多万人参与。

2006年，文化的视角变得更加开阔。党的十六届六中全会对构建社会主义和谐社会做出全面的论述和部署，要求把深化文化体制改革、繁荣发展社会主义先进文化摆到更加突出的位置。

11月10日，在第八次全国文代会和第七次全国作代会上，胡锦涛总书记对建设和谐文化的迫切性进一步做出深刻阐释：“繁荣社会主义先进文化，建设和谐文化，为构建社会主义和谐社会作出贡献，是现阶段我国文化工作的主题。”

生活富庶、丰衣足食的人们需要文化诉求，文化元素在和谐社会建设中扮演了重要角色。地处长三角的上海、浙江是在吴越两种文化背景下生成的，而北京、天津、河北的燕赵文化背景又深受中和之美、中庸之道的影响，强调主张“温柔敦厚”、“整体和谐”。在浓郁古老的文化氛围里熏陶出来的浙江明确提出文化是城市的根和魂，是一个地区综合竞争力和社会和谐的重要因素；北京、上海、重庆、广州等省市几年来把培育一批具有地域特色的文化精品当作文化立省、文化立市的重要内容来抓，大力推进文化品牌建设，坚持以继承传统、改革创新、统筹兼顾、文化开放推动文化和谐，推动中国文化走向世界。

一辈子只当技术工人

——记内蒙古一机集团车工班长宋殿琛

本报记者　辛　阳

人物小传

男，1970年出生，中共党员，中国兵器工业集团公司内蒙古第一机械制造集团公司瑞特精密工模具公司车工班班长。2006年荣获全国五一劳动奖章。2005年，他所带班组被中国国防邮电工会、中国兵器工业集团公司授予“宋殿琛班组”荣誉称号。

虚心当学徒　安心做指导

1990年，宋殿琛技校毕业分配到一机集团装具制造公司车工车间。

从进厂工作后参加的第一次全厂技术比武练兵的名落孙山到1992年的第一名，宋殿琛一步一个台阶。短短8年，宋殿琛就被评为高级技师。

一个普通工人为何能在这么短的时间里成为高级技师？宋殿琛将他技术上的飞跃归因于四位技艺高超、耐心负责的师傅。跟着每位师傅干活，宋殿琛都细心观察、认真记录、仔细体会。为了提高实际操作水平，他收集别人加工后的废料头，还闹出了笑话。一次，他爬到废料箱里找料头，竟被夜勤人员当成“贼”抓了个正着。

一年前，宋殿琛被厂里任命为车间主任。但仅过了一个月，他就递上辞呈。宋殿琛这样解释：作为车间主任，要处理的日常事务太多，他觉得自己还是应该专心研究技术业务更适合。几经考虑，厂里给他安排了一个技术指导的职务。

本报记者　辛　阳摄

技术指导，让宋殿琛既觉得如鱼得水也倍感压力。宋殿琛说，这样工作，他感到很快乐。

手中有绝活　用时不发愁

经过多年的知识积累和实践锻炼，凭着一股韧劲，一手绝活，他攻克了一项项技术难题。

在公司承担的一项军品科研项目中，有一个风扇导圈。由于时间紧、任务急，公司决定把这个常人不可能完成的任务交给宋殿琛。宋殿琛与科研人员商量后，自己设计了对刀加工样板5件，改磨自制刀具10把，连续加班三天三夜，把原重200多公斤的毛坯变成了1.5公斤重的零件，不但缩短制造模具周期4个月，还节约模具费用52万元。

参加工作以来，宋殿琛先后提出合理化建议、技术革新项目53项，为工厂创造价值100多万元。

“劳模”带出“劳模班组”

为了把班组里每个成员都打造成各具绝活的技能人才，他定期组织技术讲座，研讨各类技术课题。目前，他们已有3个大项、50余个品种的技术改革项目成为成熟的工艺路线。他们的班组也有了自己的名字，就叫“宋殿琛班组”。

近年来，我国东南沿海大面积出现技工荒，北方高级技工纷纷赶去淘金。在回答为什么没有出去时，宋殿琛很诚挚地说：“这样的机会很多，每次也都犹豫，可是到了最后还是选择留下。这是个情结吧，厂里离不开我，我更离不开厂里。”

劳动者感言

当工人就当最优秀的，干活就干一流的。

劳动者之歌

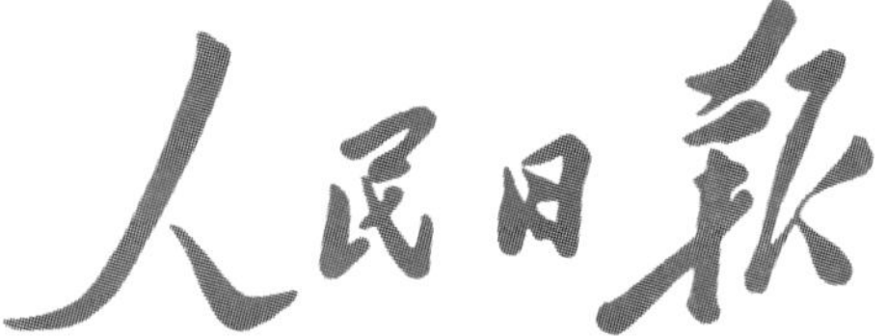

RENMIN RIBAO

今日12版（华东、华南地区16版）

网址：http://www.peopledaily.com.cn

国内统一刊号：CN11－0065

第18653期　（代号1－1）

人民日报社出版

1999年8月

5

星期四

己卯年六月廿四

北京地区天气预报

白天　多云间阴　降水概率30%　风向　北转南　风力　二、三级

夜间　多云　降水概率20%　风向　南转北　风力　一、二级

温度　30℃／23℃

湖南经济保持稳定增长

本报长沙8月4日电 记者**吴兴华**报道：今年以来，湖南省认真贯彻党中央、国务院关于发展经济的部署，全省国民经济保持了稳定增长的好势头。据湖南省统计局提供的资料，今年上半年，全省国内生产总值为1350.08亿元，按可比价格计算，比去年同期增长7.8%；全省地方财政收入同比增长6.78%，上划中央"两税"同比增长17.3%。今年上半年，全省固定资产投资完成（不含城乡集体和个人）168.5亿元，比去年同期增长24.3%，据测算，固定资产投资拉动经济增长5个百分点。

天津国有工业效益好转

本报天津8月4日电 今年上半年天津国民经济运行速度和质量良好，全市国内生产总值实现670.53亿元，同比增长10.68%；社会消费品零售总额实现321.22亿元，增长13.2%；其中工业成为拉动经济增长的重要因素，连续6个月保持两位数增长，增幅比去年同期提高5.6%，拉动经济增长7.4个百分点。上半年全市工业完成增加值302.16亿元，同比增长13.2%，特别是国有工业扭转了近几年来负增长的局面，生产效益出现恢复性好转，工业增加值增长6.4%，全市独立核算工业企业实现利税79.73亿元。　（陈　杰　郑训镛）

重庆经济发展稳步回升

本报重庆8月4日电 重庆市上半年在大部分区（市）县遭受严重自然灾害情况下，进一步扩大内需，调整结构，加快创新，使农业保持了较好发展态势，工业经济恢复性增长强劲，固定资产投资快速增长，财政金融运行基本正常，市场销售平稳。据统计，全市上半年完成国内生产总值674亿元，与去年同期相比增长8.7%。1—6月全市工业增加值完成236.67亿元，增长12.2%，全市国有及年销售收入500万元以上的工业企业完成工业增加值111.18亿元，同比增长12.9%，工业企业比去年同期减亏7959万元，同比下降3.52%。（李维平　魏　星）

天渐蓝　河始清　地变绿　路望畅

北京：营造现代化大都市优美环境

编辑点评　北京是共和国的首都，要为党政军领导机关正常运转服务，为日益扩大的国际交往服务，为国家教育科技文化和卫生事业的发展、为市民的工作和生活服务。为完成好这些任务，北京市委、市政府抓住城市发展中存在的突出矛盾和问题，举全市之力加以解决，以营造现代化国际大都市的优美环境，其成效令人欣喜。

由于欠账过多，北京在环境污染防治，尤其是在确保治理后的环境不再被污染，强化城市交通的科学化管理等方面，还有大量工作要做。相信在党中央和国务院的领导下，在中央党政军各机关的支持下，经过全市广大干部和群众的努力，北京城市建设一定能够创造骄人的业绩。

本报北京8月4日讯 记者**颜世贵**、**吴坤胜**报道：6月底，改造后的天安门广场，以崭新的面貌展示在世人的面前。进入7月，被称为"神州第一街"的长安街及其延长线的整治美化工程，也已接近尾声。首都北京正以现代化国际大都市为目标，举全市之力进行综合整治，力争以"天蓝、河清、地绿、路畅"的优美环境，为国庆50周年庆典献上一份厚礼。

具有深厚历史文化底蕴的首都北京，曾以环境优美、街道宽敞、车流畅通而享誉海内外。近年来，随着城市规模的不断扩大，外来人口的急剧增加，机动车辆的成倍增长，加之城市管理工作滞后，出现了种种不尽如人意的矛盾与问题，特别是严重的大气污染，引起了社会各界的广泛关注。

北京市委、市政府对此十分重视，查原由，找对策，向全市人民作出承诺：在营造良好的首都经济环境的同时，集中力量治理大气污染、交通拥堵和环境脏乱。在党中央和国务院的支持下，制定了《北京市环境污染防治目标与对策（纲要）》，并分阶段地进行治理。去年冬季，实施了控制大气污染第一阶段的18项紧急措施，重点治理燃煤排放的二氧化硫、烟尘和机动车排气，今年春季又实施以治理扬尘污染为重点，并继续加大治理煤烟和机动车排气力度的第二阶段治理的28项措施，初步取得成效。据环保部门监测，全市空气中二氧化硫浓度连续6个月下降，今年5月份二氧化硫浓度为27微克／立方米，比去年同期下降了32个百分点，大气总悬浮颗粒物和一氧化碳浓度与去年持平，氮氧化物浓度也出现近10年来上升速度减缓的趋势。目前，全市居民炊事气化率达到95.4%，集中供热率达到35.4%，垃圾无害化处理率达到45.8%。

投资10亿元的以"水清、流畅、岸绿、通航"为目标的城市水系综合治理一期工程基本结束。经过一年多的截流、清淤、护岸、改造、拆迁、绿化美化，穿绕京城长达20公里的河道已恢复往日的清澈，阔别多年的野鸭和天鹅又出现在整治后的河面上。7月28日玉渊潭至昆明湖的水道通航后，游人又可以从水上领略古都的风貌了。

今年以来，北京市将违法建设拆除整治工作列入"一把手工程"，重点整治全市主要大街、城乡结合部、学校及铁路沿线等地段，并采取措施防止违法建设死灰复燃。1至7月，已拆除各类违法建设400多万平方米，腾出的空地全部投入植树种草，绿化美化。到7月底，市区500多万平方米的裸露土地基本做到"黄土不露天"；年底全部实现绿化后，城八区绿化面积将扩大到520公顷。北京市还重点加强了占路市场"退路进厅"的工作。这些措施，使首都环境的美化绿化向前迈进了一大步。

去年以来，北京市对城市交通进行了有史以来最大规模的"大手术"。今年年初，二、三环路改造和城市中心区交通改善工程开工，西直门、大北窑、玉泉营等3座立交桥改造正紧张施工，全长7公里、贯通城区东西的交通干道平安大街施工已进入尾声，以二、三环路及10条联络线为骨架的市中心区快速道路系统即将形成，地铁复八线、东四环路等重点工程也进入最后冲刺阶段；继续实行公交优先的政策，建设近百公里准快速公共汽车线路，以形成城市中心快速地面公交系统。同时，建立和完善交通管理自动监控系统，提高交通的科学管理水平。今年国庆节前，这些项目完成后，将明显缓解市区的交通拥堵状况。

省区市的"奋进之笔"

轻舟云帆动　绿水绕京城

北京玉渊潭至颐和园昆明湖的水道7月28日正式通航。通航仅一周，已有5000多游客乘游船游览了京西黄金水道。

游客乘船而行，沿途可观赏中央电视塔、宋庆龄儿童公园、万寿寺、紫竹院公园等景点，感受"轻舟云帆动，绿水绕京城"的情趣，实现"水上游京城"的夙愿。图为玉渊潭码头。

李士炘　赵兴林摄影报道

时风杯新闻摄影比赛　山东时风集团协办

三百多次围攻的政治目的

——揭批『法轮功』本质和危害述评之一

本报记者

『法轮功』非法组织被取缔以来，千千万万的练功者从迷梦中惊醒，回首过去，最让他们感到痛心的是，一次次聚集、围攻新闻单位、党政机关，直至中南海，给改革开放大业，给社会稳定造成了极大的破坏。

今天，随着揭批『法轮功』斗争的深入，发生在各地的愈演愈烈的围攻事件的内幕，正在一件件被揭露出来：『法轮功』组织反科学、反人类、反社会、反政府的险恶政治目的，终于大白于天下。

请看一九九八年以来，『法轮功』在各地上演的一出出闹剧。

一九九八年四月齐鲁晚报发表《请看法轮功是咋回事》，报道了数起『法轮功』练习者有病拒绝就医吃药而延误病情甚至导致死亡的病例，呼吁『去掉法轮的光环』，『法轮功』练习者两次到报社静坐，参与者多达三千九百人。同年，因发表《一个年轻知识分子缘何猝死》及其后续报道不能让『法轮功』危害社会了的钱塘周末，也受到『法轮功』组织旷日持久的纠缠。因同样的原因，河北政法报也受到『法轮功』同样的『待遇』。在围攻重庆日报社时，『法轮功』甚至狂妄地发出『警告』：如果不道歉，将集体发功，使洪水像当年水漫金山寺那样淹没报社，使地球提前毁灭。

当李洪志等人以传功为名，谋取暴利的事实被揭露之时，当『法轮功』反科学的本质被有识之士一语道破之时，『法轮功』组织更是气急败坏，他们先后煽动信徒围攻了北京电视台、辽宁日报、南方日报、中国青年报、健康报、福州日报、厦门日报、合肥晚报、成都商报、沧州日报、青少年科技博览杂志、钱江晚报、云南东陆时报等多家单位。沈阳军区某团担任兼职报道干事的沈保卫在一家报纸上发表了揭批『法轮功』歪理邪说的文章《法轮功：掀起你的『盖头』来》，『法轮功』练习者不仅围攻报社，甚至还跑到沈保卫所在的军营上访。

他们有的在新闻单位门前整天播放『法轮功』音乐，几百人拉开阵势打坐练功；有的强行向路人散发『法轮功』资料；有的成群结队地窜入办公室纠缠正在上班的编辑记者；有的不断骚扰编辑、记者的电话、传呼，甚至迫使总编辑改变电话号码……自称以『真、善、忍』修心性的『法轮功』组织的所作所为，严重地干扰了社会的正常秩序，造成了极其恶劣的社会影响。

这种围攻，以今年四月二十五日组织一万多人到中南海非法聚集，影响最为恶劣，其政治本质彻底暴露，而且以此为开端，『法轮功』组织在各地掀起了围攻党政机关的狂潮。

七月二十日，湖北、安徽宣布进入紧急防汛期，就在沿江军民全力以赴迎战大洪水的紧要关头，七月二十一日，湖北省政府受到数千名『法轮功』练习者的围攻。七月二十一日和二十二日，安徽省政府也受到七八百名『法轮功』练习者的围攻。在湖南防汛抗洪的紧要关头，『法轮功』组织于七月二十二日围攻了湖南省政府。

在河北，『法轮功』练习者七月二十日、二十一日连续围攻省委、省政府。七月二十一日清晨，贵阳市二千多名『法轮功』练习者聚集贵州省政府。同一天，来自沈阳及其周边城市的一千多名『法轮功』练习者集结到辽宁省委门前，造成三个多小时的交通堵塞。

与此同时，黑龙江、广西、河南、甘肃、深圳等地的党政部门也受到『法轮功』组织的围攻。据统计，四月二十五日以后，『法轮功』组织在全国各地连续策划和制造围攻党政机关和新闻机构的事件达三百零七起之多。这些触目惊心的事实告诉人们，李洪志操纵的『法轮功』组织，就是想借此扰乱公共秩序，破坏党群关系，引发社会动荡，以便混水摸鱼。这充分说明『法轮功』组织已成为一股与我们党和政府相抗衡的政治势力，不把这股势力彻底打垮，将国无宁日。

综合运用各种经济政策

——七论扩大有效需求

本报评论员

中央这次提出的一系列重大的宏观调控政策措施，突出的特点是目标明确、力度较大、综合配套性强。为了全力解决有效需求不足的矛盾，要加大实施积极财政政策的力度，努力发挥货币政策的作用，配套运用税收、价格等经济杠杆。综合运用各种经济政策，形成合力，将有效地拉动投资、消费、出口需求，促进经济增长。

有效需求不足已成为当前经济生活中的主要矛盾。不抓紧解决这一矛盾，去年以来经济回升的好势头就可能发生逆转，既影响现代化建设的进程，又影响社会稳定。及时解决有效需求不足矛盾是当务之急。有效需求不足矛盾的产生原因错综复杂，解决这一矛盾也不可能一蹴而就。制约需求增长的因素是多方面的，既有亚洲金融风暴冲击、世界经济增长乏力，造成我国出口下降；也有国内生产过剩，缺少投资热点，居民收入增长不快等问题，造成投资不旺、消费不振。可以说当前的有效需求不足是全面的需求不足，是我们多年来没有遇到的新问题。解决有效需求不足矛盾是一项系统工程，仅仅依靠某项政策，或者各项政策之间协调不够，都不会取得明显的效果。要实现刺激有效需求这个目标，必须下大决心，多管齐下，相互配套，全力以赴。

去年以来，按照党中央、国务院的部署，实施积极的财政政策，并运用多种政策手段，对扩大内需、推动经济增长起了重要的作用。针对当前的实际情况，这次宏观调控仍然以实施积极的财政政策为主，把增加固定资产投资与增加居民收入相结合，把增加财政支出与适当减免税收相结合，把财政政策与货币政策相结合。积极的财政政策对启动经济作用直接、迅速，要适当增发国债，继续加强基础设施建设投入，并调整收入分配政策，提高国有企业下岗职工、失业人员以及城镇居民最低生活保障对象等低收入者的生活保障水平，增加机关事业单位职工工资和离退休人员养老金。要进一步完善税收政策，合理调整固定资产投资方向调节税，对企业设备投资实行投资抵免所得税的政策，适当提高出口退税率，以支持扩大投资和出口。努力发挥货币政策的作用，既要防范金融风险，又要积极支持经济发展。充分运用各种货币政策工具，增加货币供应量；继续改善金融服务，支持国有企业和中小企业发展，支持扩大出口，发展消费信贷。要发挥证券市场的积极作用。运用价格杠杆促进经济增长。

按照中央的部署，在采取刺激需求的政策的同时，也要加快结构调整，稳步推进改革，确保社会稳定。当前，国际局势正在发生深刻变化，国内改革和建设任务都十分繁重。必须始终处理好改革、发展和稳定之间的关系，把改革力度、发展速度和社会可承受程度更好地协调统一起来。

大政方针已经明确，关键在落实。落实这些综合配套的政策措施，需要各地、各部门通力合作，以保经济增长为己任，顾全大局、互相支持、多做贡献，努力把今年的经济工作做得更好。

今日第九版发表理论文章

社会进步的大趋势不可阻挡

——论"法轮功"的反社会本质

●"法轮大法"关于人类与社会的那一套谬论，不论是关于人类在宇宙中的地位、人类及社会的起源，还是关于社会发展的动力和基本趋势，都是与马克思主义科学的社会观根本对立的。

●"法轮大法"污蔑人类，全面否定我们的社会，主要表现为反对现实社会大多数人所接受的社会文明、社会组织和社会秩序，反对人权、人性，反对社会进步的大潮流、大趋势，直接与当代社会进步潮流相对抗。

"法力无边"与"胆怯如鼠"

童　师

今日谈

公安部发出通缉令后，躲避在美国的李洪志胆怯了。他在接受西方记者采访时，呼吁国际社会"干预此事"，保护"法轮功"组织。

至此，这个自吹"法力无边"、"法身无数"、可以使"地球爆炸"也可以"推迟地球爆炸"、可以超度地球人"升往天国"的李洪志，牛皮吹破了，终于露出了原形。他"超度"不了别人，别人也无法保护他，真有点"世界末日"的味道了。

想当初，聚众闹事时，何其狂也！而今乞求庇护，何其衰也，何其卑也！

这是一条规律，凡是愚弄人民，与自己的国家和人民为敌的人，穷途末路时，往往会卖身投靠——至于别人理不理他，还当别论。

中台办国台办负责人发表谈话

严正驳斥台湾当局"对特殊国与国关系论书面说明"

正告李登辉，坚持"两国论"，诡称"特殊两国论"，就是挑战中国的主权和领土完整，挑战台湾同胞的切身和长远利益，挑战亚太地区的和平与稳定，必将受到历史的严惩。台湾当局只有抛弃"两国论"、"特殊两国论"，回到一个中国的立场上来，才是唯一的明智之举

新华社北京8月4日电 8月1日，台湾当局的"大陆委员会"发表一份所谓"对特殊国与国关系论书面说明"，为李登辉的"两国论"百般辩解。中共中央台湾工作办公室、国务院台湾事务办公室负责人就此发表谈话。全文如下：

台湾当局发表的"对特殊国与国关系论书面说明"表明，在海内外中国人强烈谴责"两国论"、国际社会普遍重申坚持一个中国政策的压力下，李登辉不敢放肆地继续公开鼓吹"两国论"，但不思悔改，企图改而宣扬"特殊的国与国关系论"（即"特殊两国论"），颠倒黑白，混淆视听，继续欺骗台湾人民和国际社会，达到坚持"两国论"的目的。这份书面说明就是为此而炮制出来的。这种卑鄙的手法必须彻底戳穿。

这份书面说明尽管列举了"特殊两国论"的几个所谓"特殊性"，但在中国的主权和领土不容分割这个最根本的问题上，却顽固地坚持李登辉所主张的海峡两岸已经分裂为两个国家、中国的主权和领土已经被分割的谬论。因此，所谓"特殊两国论"，只是用"特殊性"掩盖"两国论"赤裸裸的分裂本质，本质还是"两国论"，这是李登辉分裂主义图谋的大暴露。

众所周知，1949年中华人民共和国诞生，中华人民共和国政府成为全中国的唯一合法政府和国际上的唯一合法代表。这是全世界公认的事实。为了发展两岸关系，为了通过谈判实现和平统一，我们充分考虑了两岸尚未统一的现实，主张在统一之前，在处理两岸关系事务中，特别是在两岸谈判中，必须把一些基本点确定下来，即世界上只有一个中国，台湾是中国的一部分，中国的主权和领土不能分割。这既是历史的事实，也是政治、法律的现实；既是所有中国人最基本的认同，也是国际社会普遍承认的事实。李登辉竟然把坚持一个中国原则诬蔑为"霸权"，这只能说明他已经丧失了中国人应有的基本良知。

1992年11月，海协与海基会达成各自以口头方式表述"海峡两岸均坚持一个中国之原则"的共识。台湾当局将这一共识歪曲为"一个中国、各自表述"，是为了在"各自表述"的名义下塞进分裂主张，如今更加露骨地表述为"特殊的国与国关系"，进一步暴露了这一伎俩的险恶用心。海协从来没有承认、今后也不会接受台湾当局编造的所谓"一个中国、各自表述"。台湾当局的谎言必将被彻底戳穿。

1992年以来海协与海基会的商谈一直是在一个中国原则下以平等的地位进行的，事实表明双方完全可以在一个中国原则下找到平等谈判的方式。台湾当局声称以"特殊两国论"来"奠定两岸对等的基础，提升对话的层次"，显然不是为了实现两岸对话和谈判，而是力图造成两岸彻底分裂。

我们正告李登辉，坚持"两国论"，诡称"特殊两国论"，就是挑战中国的主权和领土完整，挑战台湾同胞的切身和长远利益，挑战亚太地区的和平与稳定，必将受到历史的严惩。台湾当局只有抛弃"两国论"、"特殊两国论"，回到一个中国的立场上来，才是唯一的明智之举。

另据本社消息，中共中央台办、国务院台办新闻局将于近期发表专文，全面地、系统地驳斥"对特殊国与国关系论书面说明"。

华建敏在全国市县政府依法行政工作会议上强调
大力推进市县政府依法行政 夯实建设法治政府基础

本报济南7月24日电 （记者**刘晓鹏**）7月23日至24日，全国市县政府依法行政工作会议在济南召开，国务委员兼国务院秘书长华建敏出席会议并讲话。他强调，推进市县政府依法行政是建设法治政府的基础和关键，各级政府要统一思想，提高认识，切实增强责任感和紧迫感，把推进市县政府依法行政作为一项基础性、全局性工作，切实抓紧抓好。

华建敏说，近年来，在党中央、国务院的高度重视和正确领导下，各级政府依法行政取得了明显进展：政府立法工作进一步加强，立法质量不断提高；行政执法体制逐步理顺，执法行为进一步规范；行政复议工作不断强化，依法化解行政纠纷的功能进一步发挥；规范性文件监督管理制度初步形成，文件合法性和有效性逐步提高；行政决策机制逐步完善，决策的科学性、民主性进一步增强；行政审批项目进一步减少，行政管理方式不断创新。同时，推进依法行政工作还存在一些不容忽视的问题，特别是市县政府依法行政存在不少薄弱环节，必须采取有效措施，切实加以改变。

华建敏指出，推进市县政府依法行政是建设法治政府的基础和关键。市县政府是我国政权体系中的基础部分，处在政府工作的第一线，承担着经济、政治、文化、社会等各方面的管理职责，直接面向广大人民群众，需要直接处理各种具体、现实的利益关系和社会矛盾。推进市县政府依法行政是巩固党的执政基础的必然要求，是落实科学发展观的重要保障，是构建社会主义和谐社会的重要基础，是加强政府自身改革和建设的根本途径。

华建敏强调，推进市县政府依法行政，必须始终坚持党的领导、人民当家作主和依法治国的有机统一，始终坚持把维护最广大人民群众的根本利益作为出发点和落脚点，始终坚持以落实科学发展观为统领，始终坚持改革创新，始终坚持狠抓落实。为此，要进一步完善行政决策机制，增强决策的科学性、民主性；要加强对规范性文件的监督管理，确保合法有效；要规范和监督行政执法行为，确保法律制度的全面正确实施；要按照"有所为有所不为"的要求，进一步转变政府职能，创新管理方式；要加强宣传教育，全面提高公务员特别是领导干部的依法行政意识和能力，努力造就一大批具有现代法治意识的管理者、执法者。

华建敏要求，各省、自治区、直辖市政府要切实加强对市县政府依法行政的组织协调和督促指导，为市县政府依法行政创造条件。各市县政府要对本行政区域，推进依法行政工作进行全面总结和认真分析，找准薄弱环节，抓住突出问题，明确具体措施，认真抓好落实，确保把依法行政贯穿到政府工作的各个方面、各个环节。

社区群众的坚实"靠山"
——记军转干部、陕西安康市汉滨公安分局民警邓良义

本报记者 王乐文

晨曦初露，骆家庄社区新的一天开始了。眼前这个祥和安宁的社区，在几年前还是一个"社会治安复杂、各类案件频发、人们老死不相往来"的地方。谈起发生的巨变，骆家庄人嘴边总念叨着"我们的坚实靠山"。

这"靠山"就是陕西省安康市汉滨公安分局民警邓良义。46岁的邓良义，从警20年，没得到过金杯，也没有捧过银杯，可他凭着执着的坚守，赢得了老百姓的口碑。

掌握民情 贴心赢来真心

骆家庄社区过去是安康市中心的"城中村"，是个典型的治安重灾区。从上任第一天起，邓良义就一头扎进了社区，很快赢得了多数群众的认可。

2003年4月，分局部署在全局开展公私出租房屋摸底登记。当时，骆家庄社区的一些菜农在自己的承包地建了不少房屋出租，这项工作不仅量大，而且难度也不小。居民曹某由于担心影响招租，数次拒绝登记。邓良义反复做工作，其诚挚的行为终于感动了曹某，最终曹某将房客的情况登记好后交给了邓良义，并对他说："实在对不起，让你多跑了路。"

2006年冬天，住在骆家庄69号、70号的罗传根、罗传德兄弟俩因建房问题闹得不可开交，甚至动起了手。当时正值冬季，天气异常寒冷。为了平息兄弟俩的怨气，邓良义不仅好言相劝，而且还在兄弟俩建房打地基时蹲守在建房工地，一边陪着他们聊天，一边监督着施工，不让彼此超越标线，这样整整守了三天三夜。兄弟俩深为感动，不好意思再闹下去。

在邓良义的电话簿上，记录着社区2000多户群众的电话，不管是夫妻吵架、婆媳拌嘴，还是邻里不和、家中失窃，只要一个电话，邓良义马上就到。

依靠群众 联防换来安宁

邓良义用他的人格魅力感染了社区群众。街边卖小吃的，社区扫垃圾的，遛鸟的大爷，修车的大哥，都是他的"铁杆"治安信息员……

2003年4月25日，在邓良义的牵头下，社区20多名治安中心楼长、热心群众戴上了红袖章，组建起了一支义务治安巡逻队。

骆家庄社区是安康市区的商业中心，日流动人口近2万。邓良义说："小区这么大，人口这么多，治安状况这么复杂，单靠我们警察，肯定不行。警力有限，民力是无限的，群众的威力是什么也比不了的。"

热心社区治安工作的杨德芳，如今已是邓良义的得力助手。她的亲戚不解地问："你们碰到矛盾就上前，遇见不平就制止，不怕人报复吗？"杨德芳理直气壮地回答："我们没人害怕，因为我们身后站着邓警官。"

在邓良义的策划与宣传动员下，辖区7个大型商场、5家银行安装了电视监控系统，邻街84户店铺安装了报警器，21个单位配有专职保卫专干69人，11家商场聘请保安126人，在骆家庄和马坎巷成立了2个护院队。

前几年，骆家庄社区每年要发生各类治安案件40多起。自从这支义务巡逻队出现后，发案率直线下降。2005年10月至2006年11月，只发案2起。

不断探索 创新警务新模式

邓良义1978年12月入伍，次年入党，先后做过战士、文书、学员、技师、干事、教导员等职，1987年12月正营职转业到原安康县公安局，2000年4月，邓良义调到骆家庄社区当了一名社区民警。他常说："组织把我放在哪儿，我就把属于自己的那份事情做好。"6年来，与邓良义搭档的民警来了一茬又一茬，可他依然坚守在社区民警的岗位上。

经过长期实践，邓良义总结归纳出了"六步工作法"，主要内容是：正确定位"片警"角色法；自我推销的警务公关切入法；"垃圾回收式"社情民意信息分检处理法；"取长补短，为我所用"的社会治安资源调动利用法；科学实用的基础工作信息分类法和警民互帮互动式和谐社区促进法。

汉滨区公安分局局长杨鹏认为，当前公安系统正在推行警察与公众相结合以共同维护社区安全的"社区警务"战略，许多基层民警面临如何取得社区居民支持的难题。邓良义不厌其烦收集社情民意，多办好事做居民的朋友，有效组织治安联防队伍的办法，为破解这一难题提供了一条好路子。

清除油滑气

李树杰

一位县领导到乡里调研养牛业的发展，当乡长汇报到全乡养奶牛500头时，他插话说："500头规模还是小了些。"乡长马上更正："500头是下奶的，还有500头未下奶的"。事后，县领导了解到这个乡养的奶牛总共还不到300头。

一些人为讨上级领导的欢喜，什么牛都敢吹，什么谎都敢撒，张嘴就来，一套一套的。这种旧官场的油滑之气，在现实生活中还有不少表现。

比如，当面一套，背后一套，口是心非，当着领导面"是是是"、"对对对"、"行行行"、"好好好"，转过身去"听我的"、"别理他"、"干咱的"。比如，拉关系，找"靠山"，结稿帮派，奉行实用主义哲学，有用时靠前，无用时靠后。比如，当老好人，一团和气，不论是非，不讲原则，不得罪人。比如，整天不想工作，却热衷于发号召、作报告、写总结、编简报，以各种虚假的信息糊弄上级，制造政绩。

对官场油滑之气，绝大多数干部和广大人民群众深恶痛绝。但也有人以为这是"成熟"的表现，甚至刻意为之。

这种油滑之气，是与正直、诚实的道德观相违背的。从古至今，无论做人还是做官，道德品质都是第一位的，德行是为官者的凝聚力和号召力。做人无德，什么事都做不成；做官无德，一点威信都没有。对于有油滑之气的人，群众强烈反感，同事嗤之以鼻，何来领导能力？

油滑之气是一种庸俗之风。有油滑之气的干部面对是非，往往态度暧昧，模棱两可。他们不是坚持真理，辨明是非，而是骑墙敷衍，应付了事，左右逢源。这样的油滑风气一旦成了气候，不仅会让人违背党性、放弃原则、破坏纪律，助长腐败现象滋生蔓延，还会混淆是非，消磨斗志，导致更多想有所作为的人心生失望，损害党的凝聚力和战斗力。

油滑之气的本质是极端个人主义。早在延安整风时，毛泽东就强调克服消极的自由主义，防止腐朽庸俗作风的发生。邓小平也曾尖锐地批评思想庸俗化问题，他指出，如果说要变质，那么思想的庸俗化就是一个危险的起点。大量事实表明，腐败现象的发生，往往从行为的庸俗化开始。

当然，油滑风气的滋生，也是有原因的。在有的地方，用人上的不正之风，使得一些人的思想和道德滑坡。因此，必须进一步端正用人导向，建立公正、公开、透明的干部选拔机制，把那些苦干实干、踏实正派的好干部选出来，让那些善于见风使舵、一心投机取巧的干部断了升迁之路。这应该是清除官场油滑之气的一个重要制度建设。

军史专家学习济南军区某红军师先进事迹座谈会举行

本报北京7月24日电 （**郭嘉、徐艳清、戴佳妮**）24日上午，军史专家学习济南军区某红军师先进事迹座谈会在京举行，专家们强调了学习"铁军精神"的重要性，并就如何进一步发扬"铁军精神"进行了探讨。

军事科学院军队建设研究部研究员刘义焕表示，要学习"铁军精神"，有效履行使命，就要像"铁军"官兵那样，不断强化军魂意识，牢固树立党指挥枪的坚定信念不动摇；牢记全心全意为人民服务的宗旨，做祖国和人民的忠诚卫士；发扬英勇善战的优良传统，扎扎实实做好军事斗争各项准备。

来自国防大学的军史专家薛国安认为，"铁军精神"体现了一支英雄的部队应有的武德。我们要在"铁军精神"的鼓舞下，加强当代军人武德培养。

继承和发扬优良传统是铁军部队建设最突出的特色。在谈到如何让部队优良传统代代相传时，济南军区政治部编研室主任张洪岩认为可以从四个方面着手：重视强化传承意识、重视提炼历史精华、重视营造浓厚氛围、重视运用现代媒体。

座谈会由中宣部和解放军总政治部联合举办。

7月24日，为纪念中国人民解放军建军80周年，由解放军报和中国摄影家协会联合举办的首届《将军摄影展》在北京中国美术馆开展。图为获奖作品的作者在给年轻军人讲解照片背后的故事。 本报记者 **李维娜**摄

杨洁篪将出席东盟地区论坛外长会等系列会议

新华社北京7月24日电 应菲律宾外长罗慕洛邀请，外交部长杨洁篪将于7月31日至8月2日出席在菲律宾马尼拉举行的东盟与中日韩(10+3)外长会、东亚峰会外长工作午餐会、东盟与对话国外长工作午餐会和东盟地区论坛外长会。

戴秉国与俄罗斯第一副外长举行磋商

新华社北京7月23日电 外交部副部长戴秉国23日在外交部与应邀来华的俄罗斯第一副外长杰尼索夫举行磋商。双方就双边关系及共同关心的国际和地区问题交换了意见。

我海军舰艇编队启程访问俄、英、西、法四国

据新华社海南三亚7月24日电 （记者**查春明、吴登峰**）由"广州"号导弹驱逐舰(舷号168)和"微山湖"号综合补给舰(舷号887)组成的中国海军舰艇编队，在海军南海舰队副司令员苏支前少将的率领下，24日从海南三亚起航前往俄罗斯、英国、西班牙、法国等4国进行友好访问。

夯实法治政府建设的基础

本报评论员

厉行法治，全面推进依法行政，建设法治国家、法治政府和法治社会，是时代的要求，是人民的要求，也是政府加强自身建设的要求。

近日，国务院召开全国市县政府依法行政工作会议，全面总结本届政府组成以来推进依法行政的成效和经验，认真分析市县两级政府依法行政存在的突出问题，研究部署新形势下推进市县政府依法行政的主要任务。这是贯彻落实依法治国基本方略、加快建设法治政府的重要举措。

依法行政，是各级政府工作的基本准则。2004年3月，国务院颁布了《全面推进依法行政实施纲要》，确立了建设法治政府的目标。3年多来，各级政府大力推进依法行政，取得显著成效，有力地保障和促进了经济社会的发展、和谐社会的构建和政风的转变。

推进依法行政，重心在基层，难点在基层，工作的着力点也在基层。市县政府是我国政权体系的基础部分，处在政府工作的第一线，是国家法律法规和政策的重要执行者。实践中，大量直接涉及人民群众具体利益的行政行为由市县级行政机关作出，各种社会矛盾纠纷也大都发生在市县。市县政府能否做到依法行政，很大程度上决定着全面推进依法行政的整体进程。当前，我国改革发展进入关键时期，经济体制深刻变革，社会结构深刻变动，利益格局深刻调整，思想观念深刻变化。在这样的新形势下，促进市县政府依法行政，规范行政权力运行，维护人民群众在政治、经济、文化、社会等各方面的权益，任务繁重、紧迫。各级政府只有更加自觉地坚持依法行政，才能解决好改革发展中的各种矛盾和问题，维护社会公平正义，实现科学发展、社会和谐。

推进市县依法行政，必须结合市县政府的特点和实际，从市县政府权力运行的薄弱环节、关键部位入手，突出重点，稳步推进。总的要求是，在规范行政决策行为上下功夫，完善行政决策的制度和机制，推进依法决策、科学决策、民主决策，努力使政府各项决策真正体现科学发展观，符合客观实际，反映人民意愿；在规范性文件监督管理上下功夫，严格实行合法性审查和备案制度，坚决纠正规范性文件与法律、法规和规章相抵触的现象，切实维护法制统一、政令通畅；在规范和监督行政执法上下功夫，促进行政执法机关及其执法人员严格按照法定权限和程序履行职责、行使权力，确保法律制度的全面正确实施；在提高政府行为透明度上下功夫，大力推进政府信息公开，切实保障人民群众的知情权、参与权和监督权；在提高公务员队伍法律素质上下功夫，加强对公务员依法行政知识的培训，并广泛开展依法行政宣传，营造良好的法治环境。

在党中央、国务院的正确领导下，通过各级政府团结奋斗，扎实工作，市县政府依法行政一定能够不断取得新进展，建设法治政府的目标一定能够实现。

（上接第一版）他是在和领导"软缠硬磨"之后，钻进即将启动的汽车的。

15时50分，重庆市抗洪联合指挥部命令武警部队组成侦査队，乘冲锋舟进入灾情危急区域。当侦査队即将出发时，康波手提一部小型数码相机，再次主动请缨，坚决要求参加侦査队，他要以拍摄图片的方式为指挥部提供灾情资料。当康波一个箭步跨上冲锋舟，小舟如离弦之箭冲进汹涌的洪流……

这已不是康波第一次在部队执行急难险重任务中主动请缨了。今年5月25日，彭水发生山体大面积滑坡，一栋三层民房垮塌。此时，患重感冒的康波正躺在病床上输液。他拔下针头，跟上了紧急开进的队伍。

从军校毕业后分配到总队工作的短短两年间，康波跟随部队执行各种急难险重任务已达50余次，先后18次参加抢险救灾。每次跟随部队执行任务，他总是冲在最前面。

暴雨如注，他把雨衣给了一位战友，把救生衣扔给了一个孩子……

暴雨如注，洪涛汹涌。一个巨浪扑来，手持相机的康波差点被猛然翘起的小舟甩进水中。

"小心！"常建民大声提醒。此刻，常建民才猛然发现康波身上的救生衣不见了。一问才知，上船之前，康波发现一名战友没有雨衣，就把自己的雨衣披在了战友的身上；看见一个在洪水中向安全地带转移的男孩，就随手一扔，将自己的救生衣给了这个男孩。

战友们说，康波是个把帮助别人真正当作一种快乐的热心人，他总爱说这么一句话："没问题，交给我来办吧！"

"人为己活方寸土，为他人活天地宽……有爱这个世界才会有永远的春天。"康波在读书笔记中这样写道。当康波把救生衣给了他人之时，已经把生的希望给了别人，把死的危险留给了自己。

船翻的瞬间，他手里还死死握着数码相机……

大雨不止，狂涛咆哮。

冲锋舟行至被洪水淹没的梁滩河桥上时，洪水从河的上游翻滚着向下游奔涌。突然，一个大浪翻卷着向冲锋舟压来，横穿河流的冲锋舟猛然向右侧翻。坐在左侧的康波被抛进洪水，瞬间消逝在滔滔洪水之中……

"康波在落入洪水的瞬间，右手还死死握着那部数码相机。"身负重伤、躺在病床上的战友杨仕金告诉记者。

"穿上橄榄绿的警服，儿时的兵梦成真……我时时鞭策自己：这是自己为之追求和奋斗的事业！"康波在日记中这样写道。

在这种信念的激励下，在军校，康波成为全院学员中的军事训练标兵。在警营，他加倍努力学习新闻采写业务，共发表各类新闻稿件370余篇，先后荣立三等功一次，嘉奖5次，并3次被武警部队评为新闻报道先进个人。

这位年仅26岁的年轻警官用生命践行了自己的追求，实现了自己的理想。

康波下落不明，揪痛着全城人民的心……

从7月18日起，以"武警中尉为侦査灾情落水失踪"、"人民的好警官康波仍下落不明"等为大标题的报道，占据了重庆众多媒体重要版面，也成为全市人民群众最为关切和揪心的话题。

有关部门随即组成军地联合搜寻小分队，出动十几艘冲锋舟和两辆越野车，沿梁滩河两岸日夜搜寻……

19日13时40分许，康波的遗体在距他落水处三四公里的梁滩河中，被陈家桥丰文山村7社农民发现了。

7月21日，小雨淅沥似天公落泪，渝北区殡仪馆哀乐低回。面对儿子变形的面容，康波的父母几度昏厥。父亲康建林喃喃道："儿子，穿上了军装，保护群众安全就是你的责任，我们不怪你……"

武警重庆市总队近日批准康波为烈士，并为他报请授予荣誉称号。

英雄，与重庆同在！

就陈水扁向联合国秘书长提交所谓以台湾名义加入联合国申请书遭退回
中台办国台办负责人发表谈话

本报北京7月24日电 中共中央台湾工作办公室、国务院台湾事务办公室负责人今天就陈水扁向联合国秘书长提交所谓以台湾名义加入联合国申请书遭退回发表谈话。谈话全文如下：

7月19日，陈水扁向联合国秘书长提交了所谓以台湾名义加入联合国的申请书。这是陈水扁当局继7月12日利用权力推翻"公投审议委员会"否决民进党"入联公投"提案的决议后，为继续推动以台湾名义加入联合国的分裂活动采取的又一严重步骤。陈水扁当局的"台独"活动继续升级，进一步把两岸关系推向危险的边缘，越来越严重地威胁着台海地区乃至亚太地区的和平稳定。

陈水扁当局自去年初提出要以台湾名义申请加入联合国以来，即准备从两个方面实施这一分裂图谋，一是向联合国提出以台湾名义加入的申请，二是推动举办以台湾名义加入联合国的公投。今年陈水扁当局实际推动这两项分裂活动以来，遭到了台湾舆论和国际社会的反对。在内外压力下，陈水扁被迫反复辩称，这一行为"不涉及改变台海现状"，也不违背他所作出的"四不"承诺。然而事实是，陈水扁等极少数顽固"台独"分子不断鼓吹，"以台湾名义加入联合国是台湾成为正常国家的关键"。民进党提出的"入联公投"提案理由书扬言："只有凸显台湾是一个主权独立的国家，才能与中国的'一个中国政策'对抗"。陈水扁提出的以台湾名义加入联合国的申请书，公然宣称台湾要成为联合国的"会员国"；并指使其手下鼓噪"台湾为主权独立国家"、"台湾也从未是中国的一部分"是以台湾名义申请加入联合国的理由。凡此种种说明，陈水扁当局无论是"申请入联"，还是推动举办"入联公投"，都是图谋改变大陆和台湾同属一个中国的现状、走向"台独"的重要步骤，都是为对内推动"台独制宪"、对外谋取国际社会承认创造条件。

在台湾地区即将举行选举之际，陈水扁为了一己、一党之私，全然置2300万台湾同胞的利益于不顾，不断进行"台独"冒险，肆意对包括台湾同胞在内的13亿中国人民进行挑衅。这也再次证明，陈水扁是一个不折不扣的阴谋家，一个不惜断送台海地区乃至亚太地区和平稳定的破坏者。

7月20日，联合国秘书处根据联合国大会第2758号决议和联合国一贯坚持的一个中国立场，迅即退回陈水扁所谓以台湾名义加入联合国的申请书。事实证明，国际社会普遍承认世界上只有一个中国，台湾是中国的一部分。以台湾名义申请加入联合国的分裂活动，改变不了台湾是中国领土一部分的事实，也改变不了台湾在国际社会的地位。陈水扁的"台独"挑衅，激起了中国人民和国际社会的强烈反对，是注定要失败的。任何涉及中国主权和领土完整的问题，必须由全中国13亿人民共同决定。在这个根本原则问题上，我们没有丝毫妥协的余地。我们将坚定不移地推动两岸关系朝着和平稳定的方向发展，也做好了坚决制止一切"台独"冒险活动的必要准备，绝不允许"台独"分裂势力以任何名义、任何方式把台湾从中国分裂出去。如果陈水扁当局不顾警告和国际舆论的谴责，一意孤行，铤而走险，必须承担由此引起的一切严重后果。图谋分裂国家的民族败类，最终都逃脱不了历史的惩罚。

本报联合国7月23日电 （记者**何洪泽、席来旺**）中国常驻联合国代表王光亚23日就联合国秘书处拒绝接受并退回陈水扁致函一事回答中国记者提问时表示，联合国秘书处的这一决定维护了《联合国宪章》的严肃性和联合国的尊严，中国政府对此表示高度赞赏。

王光亚指出，联合国秘书处根据联大第2758号决议及联合国一贯坚持的一个中国立场，决定所罗门群岛等国转交的致函是不能接受的，因此迅即退回了该函，维护了《联合国宪章》的严肃性和联合国的尊严。中国政府对此表示高度赞赏。我们相信，在维护国家主权和领土完整的正义事业中，中国政府和人民将继续得到联合国和广大会员国的理解和支持。

外交部发言人
中方对联合国秘书处退回台湾当局致函表示高度赞赏

新华社北京7月24日电 外交部发言人刘建超24日在回答有关联合国秘书处退回台湾当局"以台湾名义加入联合国"的申请函的问题时表示，这一决定体现了联合国和广大会员国普遍坚持的一个中国原则，中方表示高度赞赏。

有记者问，联合国秘书处7月23日宣布已拒绝并退回了台湾当局"以台湾名义加入联合国"的申请函，请问中方对此有何评论。

刘建超说，联合国秘书处已拒绝并退回了台湾当局所谓"以台湾名义加入联合国"的申请函。这一决定符合《联合国宪章》和联大第2758号决议，体现了联合国和广大会员国普遍坚持的一个中国原则。中方表示高度赞赏。我们相信，在维护国家主权和领土完整的正义事业中，中国政府和人民将继续得到联合国和广大会员国的理解和支持。

『金融危机与减贫：挑战与行动』高层论坛举行

回良玉出席开幕式并代表中国政府致辞

本报北京10月17日电 （记者**顾仲阳**）在第十七个国际消除贫困日来临之际，“金融危机与减贫：挑战与行动”高层论坛17日在京举行，中共中央政治局委员、国务院副总理回良玉出席开幕式并代表中国政府致辞。他指出，国际金融危机使全球减贫事业和千年发展目标进程遭遇巨大挑战，国际社会应共同采取有力应对措施。中国政府将继续促进经济平稳较快发展，加大对农业农村发展的投入，坚持开发式扶贫方针，着力提高贫困地区和贫困人口的发展能力，为推动全球减贫事业发展作出新的贡献。

回良玉首先对论坛的召开表示热烈祝贺，对与会代表表示诚挚欢迎。他说，在国际社会共同应对金融危机的关键阶段，本次论坛分析研究金融危机对全球减贫与发展的深刻影响，交流探讨各国缓解金融危机对贫困人群冲击的政策措施，这将对加强国际合作、推进实现千年发展目标进程产生积极影响。

回良玉指出，面对严峻的国际金融经济形势，中国政府审时度势，果断决策，及时实行积极的财政政策和适度宽松的货币政策，及时推出应对国际金融危机的一揽子计划，及时部署保增长、保民生、保稳定的各项举措，目前已取得明显成效，经济发展呈现企稳回升的良好态势。在这一过程中，我们根据贫困人口绝大部分集中在农村的客观现实，坚持把扩大内需的着力点瞄准农村，把稳定农产品市场和价格作为增加农民收入的关键举措，把解决农民工就业问题作为扩大就业的重中之重，把社会事业发展的重点放在农村，把加大扶贫开发力度作为重要政策取向，提高了农村扶贫标准，加大了扶贫开发投入，有力地促进了我国减贫事业的持续稳定发展。

回良玉强调，虽然中国在应对国际金融危机、促进减贫事业发展方面取得了显著成就，但中国目前仍是人均收入水平较低的发展中国家，地区和城乡发展不平衡的问题相当突出，国际金融危机对减贫事业的影响依然存在，扶贫开发任务相当艰巨，必须进行坚持不懈的努力。我们将进一步完善国家扶贫开发战略和政策体系，加大扶贫开发力度，促进贫困地区经济社会又好又快发展，让贫困地区和贫困人口共享发展成果。中国将以自身不断减少贫困、坚持和平发展、走向繁荣富强的行动，为推进世界减贫事业、促进共同发展贡献自己的力量。

开幕式前，回良玉会见了联合国副秘书长苏拉亚·奥贝德、世界银行副行长詹姆斯·亚当斯等与会代表。

论坛期间，回良玉会见了中国扶贫基金会评选的全民公益行动爱心榜样，出席了中国扶贫基金会与中国农业银行小额信贷扶贫试点合作协议签字仪式。

本次论坛由国务院扶贫办与联合国驻华系统联合主办，联合国秘书长潘基文为论坛发来书面致辞。

徐才厚在驻津冀部队调研时强调

紧紧围绕抓具体求实效的要求 扎实抓好第三批学习实践活动

新华社天津10月17日电 中共中央政治局委员、中央军委副主席徐才厚近日在驻天津、河北某部调研时强调，要按照党中央、中央军委和胡主席的决策指示，深入学习贯彻党的十七届四中全会精神，紧紧围绕抓具体、求实效的要求，进一步加大组织指导力度，加强科学统筹，抓好工作落实，扎实有力地推动第三批学习实践活动深入开展。

徐才厚指出，要进一步把党的十七届四中全会精神学习领会好、贯彻落实好，并贯穿到指导学习实践活动全过程。要深入学习领会胡主席在全会上的两次重要讲话精神，学习好胡主席近期一系列重要指示精神，进一步把握好党中央关于做好当前工作的部署要求，增强政治意识、大局意识和使命责任意识，高标准地贯彻落实到各项工作中去。要深入学习贯彻全会作出的《决定》，坚持边学习领会、边贯彻落实，切实以好的学风和作风抓《决定》的学习贯彻。要把学习贯彻四中全会精神与开展学习实践活动有机结合起来，通过认真学习贯彻全会精神推动学习实践活动深入开展，通过开展学习实践活动促进全会精神的贯彻落实。

徐才厚强调，要进一步强化各级的指导责任，师团两级党委机关一定要具体抓、抓具体，通过“解剖麻雀”，及时发现问题、指导好面上的学习实践活动；要蹲下去实实在在地帮，对重点工作要深入到点、具体参与；军级以上党委机关也应适当组织一些机关干部到基层单位蹲点，加强面上的检查指导。要扎实抓好理论学习这个基础环节，不折不扣地抓好落实。要从基层党员的实际出发，区分层次提出不同的要求。领导机关要注意搞好辅导，加强对基层理论学习情况的检查督导。要从一开始就注重解决问题，做到边学边改、边查边改。要始终突出基层党组织班子这个重点，领导机关蹲点指导要重在帮建基层党组织班子。营党委班子既要高标准抓好自身，又要指导好所属连队党支部和营部支部的学习实践活动。通过学习实践活动，切实把基层党组织班子建设好，使之成为贯彻落实科学发展观的坚强战斗堡垒。

徐才厚要求，要加强科学统筹，高标准完成好年度各项工作任务。团以上党委机关要深化学习实践活动的整改落实，切实把国庆首都阅兵经验总结运用好，善始善终地完成好以战备训练为中心的各项任务，高度重视保持部队安全稳定工作，推动部队建设又好又快发展。

武警新疆总队医院院长庄仕华时刻牵挂着各族农牧民群众。参加国庆观礼归来后，他又背上药箱，深入到牧区为农牧民巡诊，送医送药，每天都要为患者完成30多例腹腔镜手术。他还利用巡诊间隙向农牧民讲述参加国庆盛典的感受，宣讲新中国成立60年来发生的翻天覆地的变化，展望新疆各族人民未来的美好生活，引导各族农牧民群众为维护民族团结和建设美好新疆贡献力量。图为庄仕华与维吾尔族群众吐拉西一家人在一起学习。　　马爱国　于晓萍摄影报道（人民图片）

读者网友热议本报国庆盛典启示系列评论文章

心动更要行动，让我们继续打拼续写辉煌

人民日报国庆盛典启示系列评论为什么能打动人，就在于它不仅唤醒人们的爱国热情，给人信心、勇气，更为重要的是冷静的思考，这也是文章的力量所在。60年的伟大成就的确令人振奋，但我们绝不能满足当前，更要居安思危、放眼长远，“再创中国的新辉煌”！

——浙江　**谢少青**

中国凭啥从国际舞台边缘走向中心？读完《令人自豪的中国力量》、《“中国道路”越走越宽广》，我明白了，最核心的是两个方面：“中国道路”符合时代潮流、符合中国人民根本利益；“中国精神”确保伟大祖国遇难不惧、化危为机。只要我们坚定不移地走“中国道路”，坚定不移地弘扬“中国精神”，我们就一定能开创新的天地、新的辉煌！

——湖南　**文白石**

庆典让我们幸福，让我们欢喜，让我们自豪，让我们回味，庆典启示让我们清醒而坚定。就在我们意犹未尽的时候，一个洪亮的声音在我们耳边响起，胡锦涛总书记号召：“让我们一起继续来打拼！”这是对庆典意义的画龙点睛，是出征的号角，让我们共同去打拼美好的未来。现在需要的是我们化激情为动力，将精神和思想转化成实实在在的行动，只有这样，我们才能无愧于我们的国家和我们的时代。

——人民网网友　**王高仟**

60年来，新中国取得了举世瞩目的伟大成就，但我们党面临的执政考验、改革开放考验、市场经济考验、外部环境考验是长期的、复杂的、严峻的。在这个新的历史时期，共产党人既要“信心如磐”，更要以永远的“赶考”精神去执好政、把握好发展的方向，永不辜负人民信任。

——中国共产党新闻网网友　**马　碧**

“中华民族的复兴是一项伟大的事业，而任何伟大的事业都是由无数平凡的人共同完成的”。《祖国，我为你骄傲》中的这句话说得多好啊。我是一名普通的中学教师，工作平凡而伟大。我将立足本职工作，用心培养每一个孩子，用爱关怀每一个孩子，让他们真正成为合格的社会主义建设者和接班人。只有把本职工作做好了，才是对伟大祖国的爱，才是真正为中华民族的伟大复兴作贡献。

——广东　**万　杰**

“令人自豪的中国力量”，蕴藏在各地日新月异的发展中，蕴藏在欣欣向荣的百业兴旺中，蕴藏在全国人民建设富强民主文明和谐社会主义国家的坚强决心中。一句话，“令人自豪的中国力量”就在你、我、他，在每一个中国人的心中、手中。

——湖南　**彭　永**

中国地理学会迎来百年庆典

200多名地理工作者受到奖励

据新华社北京10月17日电 （记者**胡浩**）来自国内外的2000多名地理工作者及有关组织代表17日聚集北京，参加中国地理学会百年庆典暨学术年会。200多人在庆典大会上分获“全国优秀地理科技工作者”“中国地理科学杰出成就奖”等荣誉。

全国人大常委会副委员长、中国科学院院长路甬祥，全国政协副主席陈宗兴向中国地理学会发来了贺信。

中国地理学会理事长、中国科学院院士陆大道在庆典大会上简要回顾了100年来中国地理学的发展历程和成就，以及历代地理学家为中国地理学事业发展做出的重要贡献。

中国科协书记处书记冯长根在会议发言中表示，中国地理学会团结、凝聚、培养地理科技工作者，弘扬科学精神，繁荣科普事业，在推动地理研究和教学，加强国际交流，为国家经济社会建设服务，提供决策咨询等方面开展了大量工作，取得了显著成绩。

庆典大会评出首届“全国优秀地理科技工作者”71名、第二届“中国地理科学杰出成就奖”25名、第五届“全国优秀中学地理教育工作者”120名和第十届“全国青年地理科技奖”10名，以鼓励各类地理科技工作者和教育工作者，促进学科发展和科技进步。

韩启德在广西进行食品安全法执法检查时强调

加强食品安全的监管能力建设

本报桂林10月17日电 （记者**倪光辉**）10月10日至17日，由全国人大常委会副委员长韩启德带队、全国人大教科文卫委员会副主任委员唐天标任组长的全国人大常委会食品安全法执法检查组，对广西贯彻实施食品安全法情况进行了执法检查。

检查组听取了自治区人民政府关于贯彻实施食品安全法的情况汇报，先后深入到南宁、北海、桂林等地的食品生产企业、超市、农贸市场进行实地检查，并就食品安全现状、监管工作中出现的困难和问题与地方政府相关部门及食品生产、经营、餐饮等行业代表进行了座谈。

“食品安全事关保增长、保民生、保稳定，牵涉到群众切身利益和经济社会发展，”韩启德表示，当前要认真贯彻执行食品安全法，坚持以科学发展观为指导，认真分析、解决食品安全法实施过程中出现的问题，加强监管能力建设，进一步完善食品安全监管机制，同时强化生产经营者第一责任人意识，引导和规范其健康发展，从而实现监管工作和食品生产经营活动的规范化、法治化。只有这样，才能从根本上保证人民群众吃得放心、吃得安全。

民族文化宫建成50年庆典大会举行

据新华社北京10月17日电 （记者**谭浩、贾楠**）民族文化宫建成50周年庆典大会17日在北京举行。司马义·铁力瓦尔地、铁木尔·达瓦买提、热地出席了大会。

民族文化宫是在党中央、国务院和老一辈无产阶级革命家亲切关怀下建成的。50年来，民族文化宫坚持为民族文化事业服务、为民族工作服务、为民族团结进步事业服务的宗旨，通过举办展览，充分展示民族地区在政治、经济、文化和社会建设方面所取得的辉煌成就；通过组织少数民族文艺演出，举办少数民族节日庆典，接待少数民族参观团、外国来宾等活动，充分展现了中国少数民族文化的多姿多彩和无限魅力；通过收集、保护、研究和开发利用少数民族古籍文物，举办学术研讨会等形式，为继承和弘扬少数民族文化作出了巨大贡献。

国家民委党组书记、副主任杨传堂也一同出席了民族文化宫建成50周年庆典大会。国家民委副主任丹珠昂奔在大会上致辞，希望民族文化宫站在新的历史起点上，做好体制改革工作，加强领导班子和干部队伍建设，坚持改革创新，发展好各项文化事业。

“祖国发展我成长”

全国儿童画征集活动优秀作品展出

本报北京10月17日电 （记者**董洪亮**）10月17日，“祖国发展我成长”全国儿童画征集活动优秀作品在中国人民革命军事博物馆展出。全国政协副主席李金华等出席开幕式并为入选作品作者代表颁发证书。

由全国少工委主办的儿童画征集活动是加强少年儿童思想引导，培养他们对党和社会主义祖国朴素感情的具体举措。据介绍，全国各地儿童积极参与，在观察社会、亲身体验的基础上，以童心童趣反映党领导下我国取得的巨大成就和少先队与时俱进的时代风貌，描绘祖国发展和未来美好生活。

活动共征集到作品5万余幅，经过专家认真评审，本次展览共展出其中有代表性的作品530幅，主题分为“红领巾心向党”、“我爱新农村”和“我心目中的未来城市生活”三部分。

（上接第一版）

“搞好集成创新，基层研发的指控系统也能荣登榜首！”

2006年底，青岛，全军科技进步奖评审通过异地视频展开答辩，系统研发第一负责人曾卫华，面对身处烟台的全军顶尖专家的发问，成竹在胸，一番“舌战群儒”，顺利“突围”，揽获军队科技进步一等奖。

2003年初，曾卫华接过军区机关指控系统扩容改造工程任务。建成后的“战区联合作战指挥综合信息处理系统”，荣获军队科技进步一等奖。可不料在2005年的中俄联演时，作为现场指控保障的曾卫华，动用了十几倍于俄军的指控装备，才完成了通指保障任务。

这让他受到了强烈刺激。巧合的是，总结中俄联演经验教训，军区党委就把目光投向了机动野战指控系统，让刚刚升任部长的曾卫华，又有了新的舞台。可科技人员按照曾卫华的研发思路和技术框架，推算试验3个多月得出结论：将13个类型的上百种装备，集成到车载系统，车长少于11米，谁也办不到！

面对熬红双眼的技术人员，曾卫华没有半点客气，枪毙了方案。此后，曾卫华和技术人员泡在一起，召开了多场“诸葛会”。最终，“1号系统”车体由11米长一点一点抠到8米。

而得到印证的是，两年后的汶川大地震，系统从济南顺利机动到都江堰，保障了军区首长的指挥控制需求。这让科技人员打心眼里佩服起曾卫华。

连续两年在指挥领域获得军队科技进步一等奖，开创了全军科研开发的先河。不少人向曾卫华询问秘方，他呵呵一笑，“搞好集成创新，基层研发的指控系统也能频登榜首！”

“让复杂电磁环境摸得着，谋取信息制胜就能从容应对！”

“要尽快普及复杂电磁环境常识；要像当年重视‘三打三防’一样研练复杂电磁环境下的训练”，这是2005年底曾卫华给军区主要首长呈送的专题请示件中，提出的两点建议。

2006年，军委正式向全军提出，要深入研究复杂电磁环境下的作战问题。曾卫华当年就组织人员编发《复杂电磁环境知识读本》，普及常识。此后，军区首长机关战役集训，他以合成指挥员身份，深入浅出讲解复杂电磁环境下联合作战。

曾卫华请教全军专家，鲜明提出“制信息权的基础在于制电磁权”，从理论上探索信息作战的组织运用模式。

纸上得来终觉浅。2007年，曾卫华积极协调，将总部复杂电磁环境训练试点任务，申请放在了某红军师。能不能营建一个小范围的模拟环境？曾卫华召集技术人员细细研究，半年后，研发出复杂电磁环境模拟系统，让部队在真打实战中变理论准备为实践提高。

2007年，军区决定对该师进行检验性演习，而后验收某电子对抗团作战能力。“何不将这两项活动捆在一起，在互为条件中真打实练！”深思中，曾卫华眼前一亮。

这一省时省力的建议得到了军区首长认可。可作为演习执行导演的曾卫华，却面临着课题新、难题多等诸多挑战。他大胆采用“背靠背”形式，给对抗双方提供了足够真实的作战空间。最后，这场持续近两天的无硝烟战争，创下了战区信息作战研究的多项纪录。

“为何抓着复杂电磁环境不放？”面对人们的疑问，曾卫华豪气大发：“让复杂电磁环境摸得着，谋取信息制胜就能从容应对！”

“领导者知识保鲜，带出的信息化人才更能保价增值！”

这是曾卫华军旅生涯最刻骨铭心的一次走麦城：1999年，带队参加全军通信兵大比武只得了第四名。这也开启了曾卫华的奋起之程：“在首长面前当通信专家，在专家面前做内行领导”的岗位标准烙进心头，并踏出了蹬蹬足音：第一批拿到了成人高考本科学历，48岁、副师8年时，毅然报考全国研究生统考，录取时，在国防大学和武汉通信指挥学院之间，他又选择了离自己专业更近的后者，51岁时，成为全军第一个博士通信部长。

就此，有人问曾卫华，“都这么大把年纪了，学习上抓这么紧，图啥？”他说，“领导者知识保鲜，带出的信息化人才更能保价增值！”

曾卫华带人精心打造训练平台，用不到3年时间，将全区通信兵专业训练80%以上达到模拟化、基地化、网络化，全区通信兵整体素质大幅提升，2007年两次参加全军通信兵专业比武，分获冠亚军。

可曾卫华没有满足。今年，全军通信与电子对抗专业比武先后3次开锣，曾卫华以4倍的数量集训参赛选手，通过一对一“药方”，催生训练标兵，培养“酵母群体”。曾卫华在分析对比竞赛成绩时发现，某历史悠久、装备精良的集团军，金牌数是空白，他连夜给集团军打电话，探讨训练方案，直到深夜。

曾卫华就是这样一个永不停歇的“猛先锋”！

中国国民党召开第十八次代表大会

马英九就任国民党主席

本报台北10月17日电 （记者**连锦添、苏宁**）中国国民党第十八次全代会（“十八全”）今天在台北县新庄体育馆举行，马英九正式就任国民党主席。

在“十八全”正式开始前的传承仪式上，马英九接过国民党主席的印信，完成党主席职务的交接。他随后在大会上宣布，聘吴伯雄为国民党荣誉主席，负责两岸事务，续聘连战为国民党荣誉主席，负责海外和涉外事务。

在开幕典礼上，马英九发表了党主席就职演说，宣示将加强党内民主、改进党内选举，积极培育人才、推动年轻化，尽快处理党产，加强与在野党的对话沟通等。他说，“连胡五项共同愿景”对两岸关系有正面作用，建议本次大会继续列入国民党政治纲领。国共平台将继续发挥作用，国共两党主办的两岸经贸文化论坛将继续举办，并扩大邀请各界人士参与，以凝聚两岸和平发展的共识。

下午，大会表决通过了国民党十大政策纲领草案。“创造双赢，开展互利互惠的两岸关系”被写入该政纲的第五项，其内容包括：持续推动两岸交流，落实“五项共同愿景”，促进台海永久和平；推动两岸经贸关系正常化，建立两岸经贸合作机制，保障台商权益，实现两岸互利共荣；促进两岸文艺交流，加强两岸文教良性互动关系，共创中华文化新局等。

大会还通过江丙坤、林丰正、詹春柏、蒋孝严、曾永权、黄敏惠6人任国民党副主席。

（二）关于香港回归新闻的版面安排

1997年7月1日，中国政府对香港恢复行使主权。从1997年6月16日起，本报在一版推出“迎接香港回归特稿”系列，计有历史篇、地位篇、决策篇、回归篇四个专题八篇特稿。同时刊登本报赴港采访团发回的报道，每天一篇。从6月21日开始，本报开辟“香港回归专版”，每天两个整版，直到香港回归以后的7月5日才结束（其中7月4日和5日为每天一个专版）。

6月30日，本报在一版头条位置刊登党和国家领导人为中国政府代表团赴港出席香港政权交接仪式送行的消息，并配发两张图片。紧挨头条竖题的是江泽民在送行仪式上发表讲话的图片，右侧是江泽民等出席送行仪式的图片。

（附1997年6月30日一版）

7月1日，本报彩色印刷出版，从一版到八版以八块整版的篇幅报道香港回归的新闻。一版头条是交接仪式的消息，通栏标题，标题下左四栏为交接仪式会场图片，右四栏为文字新闻。下半版左侧为香港特别行政区政府宣誓就职的新闻，配发香港特区首任行政长官宣誓就职、国务院总理监誓的图片一张。右侧为江泽民率中国政府代表团抵达香港的新闻，配发一张江泽民向欢迎人群挥手致意的图片。报眼为国务院关于公布香港特别行政区行政区域图的第221号令。

（附1997年7月1日一版）

7月2日，本报继续彩色印刷出版，从一版到七版以七块整版的篇幅报道全国人民、各界人士欢庆香港回归的新闻。一版头条报道首都各界庆祝香港回归祖国大会的消息，用通栏标题，标题下左侧四栏半为庆祝大会会场的图片，右侧为文字新闻。下半版左侧为国务院举行庆祝香港回归招待会的新闻，配发会场图片一张。右侧为香港特别行政区举行成立庆典的消息，配发庆典上展示江泽民题写书法卷轴的图片一张。

（附1997年7月2日一版）

2007年7月1日，是香港回归祖国10周年纪念日。7月2日，本报在一版头条通栏刊登“庆祝香港回归祖国10周年暨香港特别行政区第三届政府就职典礼隆重举行”的消息，并配发胡锦涛监誓，曾荫权宣誓就职的五栏图片。在版面右侧，刊发胡锦涛在庆祝香港回归祖国十周年大会暨香港特别行政区第三届政府就职典礼上的讲话全文，并配发讲话图片一张。在报眼位置，刊发胡锦涛圆满结束在香港的各项活动后离港返京的消息。

（附 2007 年 7 月 2 日一版）

2012 年 7 月 1 日，是香港回归祖国 15 周年纪念日。7 月 2 日，本报在一版头条通栏刊登“庆祝香港回归祖国 15 周年大会暨香港特别行政区第四届政府就职典礼隆重举行”的消息，并配发胡锦涛讲话和胡锦涛监誓、梁振英宣誓就职的两张图片。一版右下部刊发“胡锦涛会见梁振英”的消息，并配发一张照片。报眼刊发胡锦涛圆满结束在香港的各项活动后离港返京的消息。

（见第 159 页版面）

人民日报
RENMIN RIBAO
今日12版（华东地区16版）
国内统一刊号：CN11—0065
第17887期　（代号1—1）
1997年6月
30
星期一
丁丑年五月廿六
北京地区天气预报
白天阴间多云部分地区有小阵雨
降水概率50%
风向　偏南
风力　二、三级
夜间　阴转多云
降水概率40%
风向　偏南
风力　二、三级
温度　32℃／21℃
人民日报社出版

各地庆祝回归活动准备就绪
爱国热情洋溢全国城市乡村

新华社北京6月29日电　香港回归祖国前夕，全国各地各项盛大的庆祝活动已准备就绪。人们正以读秒的心情迫切地期待着香港的回归，弘扬爱国主义、振奋民族精神的激情，在祖国大地回荡。

中国人民将以“勿忘国耻”、“居安思危”的警世古训，结束香港被割让的耻辱，将以火树银花、高歌劲舞，表达香港回归的民族自豪。目前，万事已经俱备。6月30日23时，南京各界群众将聚集静海寺，撞响“警世钟”155下，寓意香港被迫离开祖国155年。撞钟的代表，已拟定为民族英雄林则徐、邓廷桢的后代，以及学生、解放军和各条战线的劳模代表。最后一下的撞击时间是7月1日零时，雄浑激昂的钟声，象征着香港屈辱史的结束和新纪元的开始。

首都北京焕然一新。北京人民迎接香港回归祖国联欢晚会主会场天安门广场繁花似锦，天安门城楼、金水桥、人民英雄纪念碑周围的七彩灯光设备已重新改造完成；首都各界庆祝香港回归祖国大会的会场工人体育场，布景灯光一一到位，已能让人感受到当晚庆祝场面的气势磅礴。

（下转第四版）

党和国家领导人为代表团送行

中国政府代表团赴港出席香港政权交接仪式前夕

李鹏等代表团成员出席　乔石李瑞环朱镕基刘华清胡锦涛荣毅仁等前往送行

江泽民在送行仪式上指出香港回归祖国是永载中华史册的民族盛事

右上图：在由中共中央总书记、国家主席、中央军委主席江泽民率领的中国政府代表团赴香港出席香港政权交接仪式前夕，党和国家领导人在人民大会堂为代表团送行。出席仪式的有：江泽民、李鹏、乔石、李瑞环、朱镕基、刘华清、胡锦涛、荣毅仁等。　新华社记者　**刘建生**摄

左上图：江泽民在送行仪式上说，香港回归祖国，是永载中华史册的民族盛事。　新华社记者　**王新庆**摄

本报北京6月29日讯　新华社记者**何平**、本报记者**陈维伟**报道：在由中共中央总书记、国家主席、中央军委主席江泽民率领的中国政府代表团赴香港出席香港政权交接仪式前夕，党和国家领导人在人民大会堂为代表团送行。江泽民在送行仪式上说，香港回归祖国，是永载中华史册的民族盛事。中央决定组成具有广泛代表性的代表团赴港参加庆典活动。这一重大行动，显示了全国各族人民和一切爱国人士的紧密团结，体现了举国上下欢庆香港回归的喜悦心情，表达了中央人民政府和全国人民对香港特别行政区政府和香港同胞的巨大支持，表明了我们对保持香港长期繁荣稳定具有坚强的信心。

李鹏、钱其琛、王汉斌、张万年、费孝通、雷洁琼、程思远、吴阶平、罗干、吴学谦、董寅初、霍英东、马万祺、何鲁丽、卓琳等代表团成员出席了送行仪式。

为代表团送行的党和国家领导人有：乔石、李瑞环、朱镕基、刘华清、胡锦涛、荣毅仁。

江泽民说，香港就要回归祖国了。在这举国欢腾、普天同庆的伟大时刻，我们不会忘记敬爱的邓小平同志，是他提出的“一国两制”的伟大构想，使得香港这样一个历史遗留的问题得到圆满解决。我们不会忘记毛主席、周总理等老一辈无产阶级革命家，他们提出的关于解决香港问题的长远方针是完全正确的。“一国两制”，不仅得到包括600多万香港同胞在内的12亿中国人民的拥护，也得到世界上一切爱好和平的人们的广泛支持。我们将永远铭记老一辈革命家的丰功伟绩。

江泽民说，香港回归，举世瞩目。世界各国各地区的政治家和著名人士云集香港。代表团在这次赴港活动中，一定要体现我国各族人民对香港回归祖国的光荣感和自豪感，体现我们泱泱大国的礼仪和气度，体现我们不卑不亢的外交风格。

江泽民指出，这次庆典，也是祖国内地人民和香港同胞、澳门同胞、台湾同胞、海外侨胞的一次盛大聚会，必将极大地激发全体中国人民的爱国主义精神。这对保持香港长期繁荣稳定、促进祖国现代化建设和实现祖国完全统一，一定会产生深远影响。

江泽民强调，代表团这次赴港一个很重要的任务，是要通过我们的活动，向回到祖国怀抱的600多万香港同胞表示亲切的问候，并向他们以及澳门同胞、台湾同胞、海外侨胞和各国人士，充分阐明我国政府为保持香港长期繁荣稳定而确定的大政方针。我们将坚定不移地实行“一国两制”、“港人治港”、高度自治的基本方针；坚决支持香港特别行政区行使基本法赋予的各项职权，保障广大香港居民依法享有的各种权利和自由；中央人民政府依法管理香港特别行政区的外交事务和防务，中央各部门、各地区绝不干预属于香港特别行政区依法自行管理的事务；世界各国各地区在香港的正当经济活动和投资利益都将受到法律保护。我们要把这些基本方针政策进一步宣示中外。

江泽民说，代表团在港期间，我国领导人还将分别会见有关国家领导人和各国各界知名人士，这将有助于增进相互了解和友好合作关系的发展。

江泽民最后说，代表团这次赴港是很光荣的，肩负着全国各族人民的重托。我相信，经过大家的共同努力，代表团一定能够胜利完成这次赴港的崇高使命。

江泽民的讲话赢得了大家的热烈掌声。

参加送行仪式的领导同志还有：丁关根、田纪云、李岚清、李铁映、杨白冰、吴邦国、姜春云、尉健行、温家宝、张震、迟浩田、任建新、倪志福、陈慕华、王丙乾、王光英、布赫、铁木尔·达瓦买提、李贵鲜、陈俊生、司马义·艾买提、彭珮云、张思卿、叶选平、杨汝岱、王兆国、阿沛·阿旺晋美、洪学智、赵朴初、钱伟长、丁光训、孙孚凌、朱光亚、万国权。

统一祖国振兴中华的核心力量

——庆祝中国共产党成立七十六周年

社论

明天，7月1日，是中国共产党成立76周年纪念日，也是香港回归祖国、一洗百年耻辱的大喜日子。一日双庆，在我国政治生活中是一件难得的盛事。全党同志和全国各族人民以无比激动的心情，热烈欢庆香港回归，热情歌颂伟大的党！

香港回归祖国，是100多年来无数志士仁人为之奋斗、为之牺牲，却又壮志未酬的夙愿，只是在中国共产党的领导下，百年梦想才一步一步变成现实。中国共产党自成立之日起，就把实现祖国的独立、统一、民主、富强作为自己矢志不渝的奋斗目标。76年来，党领导全国各族人民经过长期艰苦卓绝、英勇顽强的斗争，推翻了三座大山，赢得了国家的独立、人民的解放，建立了人民当家作主的中华人民共和国。建国以来，党总结了“落后就要挨打”、“弱国无外交”的沉痛历史教训，带领中国人民自力更生、奋发图强，取得了社会主义革命和社会主义建设的辉煌业绩。特别是党的十一届三中全会以来，我们国家进入蓬勃发展的历史新时期。党领导全国人民紧紧抓住经济建设这个中心，坚持四项基本原则，坚持改革开放，促进了社会生产力的大发展，综合国力显著增强，人民生活水平迅速提高，社会主义现代化建设的成就举世瞩目，国际威望空前提高，为统一祖国、振兴中华奠定了坚实的物质基础，创造了有利的条件。新中国的第一代领导人毛泽东、周恩来等同志十分关心香港问题，远见卓识地提出了一系列解决香港问题的重大战略决策。第二代中央领导集体的核心邓小平同志以超人的智慧和胆略，高瞻远瞩，创造性地提出“一国两制”的伟大构想，为推进祖国和平统一大业指明了最佳途径，作出了重大贡献。历史以无可辩驳的事实昭告世人，没有中国共产党，就不可能有社会主义的新中国，也不可能有香港的顺利回归。

香港回归，是一部百余年屈辱历史的终点，又是一个全新构想付诸实施的起点。坚定不移地贯彻“一国两制”、“港人治港”、高度自治的方针，贯彻落实基本法，保持香港的长期繁荣稳定；继续按照“一国两制”的方针，为解决澳门问题和台湾问题，最终实现中华民族的大团圆而奋斗——是摆在我们面前的新的历史课题。中国共产党是统一祖国、振兴中华的核心力量。把我们的党建设得更加伟大、更加坚强，是把统一祖国、振兴中华的伟大事业继续胜利推向前进的根本保证。

进一步加强党的建设，首要的一条就是要高举邓小平建设有中国特色社会主义理论的伟大旗帜，坚持党在社会主义初级阶段的基本路线不动摇。江泽民同志最近在中央党校发表的重要讲话中强调指出，旗帜问题至关紧要，旗帜就是方向，旗帜就是形象；在社会主义改革开放和现代化建设的新时期，在跨越世纪的新征途上，一定要高举邓小平建设有中国特色社会主义理论的伟大旗帜，用这个理论来指导我们的整个事业和各项工作。邓小平建设有中国特色社会主义理论是当代中国的马克思主义，是中华民族振兴和发展的强大精神支柱，对我国社会主义现代化建设中的一系列重大问题作了深刻的分析和科学的回答。改革开放近20年来我国社会主义建设的巨大成就，雄辩地证明这个理论符合中国的实际，是振兴中华的科学指南；香港的顺利回归，雄辩地证明这个理论符合中国的实际，是统一祖国的科学指南。再接再厉，深入、扎实、持久地用邓小平建设有中国特色社会主义理论武装全党，我们的改革大业、建设大业、统一大业就能够克服一切艰难险阻，不断取得新的胜利。

政治路线确定之后，干部就是决定的因素。进一步加强党的建设，关键是要大力加强各级领导班子建设，建设一支高素质的干部队伍。我们要继续落实党中央关于党的建设这个“伟大的工程”的战略部署，以思想政治建设为重点，把各级领导班子建设成为坚决贯彻党的基本理论、基本路线、基本方针，全心全意为人民服务，具有领导现代化建设能力的坚强领导集体。各级领导干部，不仅要有胜任工作的理论政策水平和业务能力，而且要有政治上的坚定性，有良好的思想作风和道德品质。在对外开放和发展社会主义市场经济的新形势下，尤其要切实加强党风廉政建设，加强社会主义精神文明建设。反腐败是关系到党在人民群众中的威望、关系到党与人民群众的密切联系、关系到党的生死存亡、国家的长治久安的严重政治斗争，大得党心民心，必须进一步加大力度，坚持不懈地进行下去。各级领导干部要以身作则，牢记党的全心全意为人民服务的根本宗旨，坚决抵制拜金主义、享乐主义和个人主义等腐朽思想的侵蚀，大力发扬艰苦奋斗的优良作风，淡泊名利，埋头苦干，为党和人民建功立业。这样，才能永远立于不败之地。

我们的事业是伟大的，我们的旗帜是辉煌的，我们的任务是艰巨的，我们的前程是灿烂的。今年秋天，将召开党的第十五次全国代表大会，这将是一次把建设有中国特色社会主义的伟大事业包括祖国统一大业全面推向21世纪的历史性盛会。团结就是力量，团结就是生命。让我们在以江泽民同志为核心的党中央坚强领导下，在邓小平建设有中国特色社会主义理论和党的基本路线指引下，进一步加强全党的团结，加强全国各族人民的团结，加强海内外中华儿女的团结，抓住机遇，开拓进取，以改革开放和两个文明建设的新成就迎接党的十五大召开！

全国政协常委会第21次会议闭幕

李瑞环主持会议并作重要讲话

本报北京6月29日讯　新华社记者**朱幼棣**、本报记者**陈晓钟**报道：八届全国政协常委会第二十一次会议今天闭幕。中共中央政治局常委、全国政协主席李瑞环主持闭幕会，全国政协副主席叶选平作会议小结。

李瑞环主席对这次常委会议的成果给予充分肯定，并结合这次会议的主题，就学习理论、总结经验、研究工作的内在联系和关系，以及如何实现三者的有机结合作了重要讲话。

全国政协副主席叶选平在讲话中说，几天来，按照常委会议预定的议程，各位常委认真学习了老一代革命家特别是邓小平同志关于人民政协的重要论述，学习了以江泽民同志为核心的党中央领导同志关于人民政协的重要论述。在此基础上，大家全面回顾了八届政协的工作，围绕总结经验，进一步推动今后工作展开了热烈讨论。会议期间，先后有19位同志作了大会发言，内容包括学习邓小平同志关于人民政协重要论述的体会，各专门委员会的专题汇报和经验介绍，以及这次会议各小组讨论情况的汇报和交流。由于大家的努力，会议开得很成功，很有成效。不少常委作了高质量的发言，提出了有价值的意见；通过学习、讨论，在许多重要问题上进一步提高了认识。

叶选平说，关于八届政协的工作，大家一致认为，在邓小平建设有中国特色社会主义理论指导下，在以江泽民同志为核心的中共中央领导下，八届政协根据自身特点，坚持正确方向，服务国家大局，履行主要职能，加强自身建设，在许多方面取得显著进展，并形成了一些好的经验和做法。对于这些好经验、好做法，值得认真地加以分析和总结。叶选平说，再过不到两天时间，香港就要回归了。让我们满怀欣喜地庆贺这一中华民族的历史盛事，迎接香港的新纪元。希望我们共同努力，把八届政协最后一年的工作做好，为我们的国家和人民尽到应尽的责任。

全国政协副主席杨汝岱、王兆国、阿沛·阿旺晋美、洪学智、钱伟长、丁光训、孙孚凌、朱光亚、万国权出席了闭幕会。

钱其琛抵达香港

本报香港6月29日电　记者**刘爱成**报道：前来参加香港政权交接仪式和香港特别行政区成立暨特区政府宣誓就职仪式的国务院副总理兼外交部长钱其琛，今天下午乘中国民航专机从北京抵达香港。

全国政协副主席霍英东及外交部副部长王英凡、外交部驻香港特区特派员马毓真等同机到达。

香港特别行政区首任行政长官董建华前往启德机场迎接钱其琛副总理一行。

到机场迎接的还有香港特区政务司候任司长陈方安生、香港特区行政会议召集人钟士元、香港特区临时立法会主席范徐丽泰、香港特区终审法院首席法官李国能、新华社香港分社副社长朱育诚、中英联合联络小组中方首席代表赵稷华和英方首席代表戴维斯等。

钱其琛在港期间，还将会见一些国家的外长。

《人民日报·华南新闻》“七一”创刊

在广州编辑出版与《人民日报》十二个版在广东、广西、海南三省区一起发行

本报广州6月30日电　记者**涂晓东**报道：人民日报社创办的第二个地方新闻版——《华南新闻》，将于7月1日在广东、广西、海南三省区与当地读者见面。这是人民日报社在两年前创办《华东新闻》之后，创办的又一个地方版。《华南新闻》由人民日报社华南分社主办，在广州编辑出版。

《华南新闻》是一张彩色报纸，在华南三省区与《人民日报》十二个版一起发行，其版面依次为：十三版华南要闻；十四版港·澳和亚太新闻；十五版专刊（包括健体强心、财经、人在华南、市场与消费、旅游等）；十六版是综合新闻及广告。另外，每月还将出一期彩色“周末版”（试刊）。“周末版”的版次为：十七版社会特写；十八版文化观察；十九版国际副刊；二十版生活时尚。各版还结合自身特点，开辟有不同的专栏。

《华南新闻》从采、编、校、排、传，到编辑部各级领导审改稿件、签发小样、签发组版、签发大样，全部在计算机网络上完成，告别了纸和笔；通过卫星，实现了彩版异地传输、印刷。

人民日報

RENMIN RIBAO

今日12版（华东地区16版、华南地区20版）

网址：http：//www. peopledaily. com. cn

国内统一刊号：CN11—0065

第17888期　（代号1—1）

人民日报社出版

1997年7月

1

星期二

丁丑年五月廿七

北京地区天气预报

白天　晴间多云

降水概率10%

风向　偏南

风力　二、三级

夜间　晴转多云

降水概率30%

风向　偏南

风力　一、二级

温度　33℃／21℃

国务院发布第221号令

公布香港特别行政区行政区域图

新华社北京7月1日电　中华人民共和国国务院令

第221号

根据1990年4月4日第七届全国人民代表大会第三次会议通过的《全国人民代表大会关于设立香港特别行政区的决定》，《中华人民共和国香港特别行政区行政区域图》已经1997年5月7日国务院第56次常务会议通过，现予公布。

附：中华人民共和国香港特别行政区行政区域界线文字表述

总　理　李　鹏

1997年7月1日

（《中华人民共和国香港特别行政区行政区域图》、"中华人民共和国香港特别行政区行政区域界线文字表述"及"国务院有关部门关于香港特别行政区行政区域图的说明"详见今日第八版）

中华民族永载史册的盛事　世界和平正义事业的胜利

中英香港政权交接仪式在港隆重举行

江泽民主席庄严宣告中国政府对香港恢复行使主权

李鹏总理等中国政府代表团成员及英国查尔斯王子布莱尔首相等出席交接仪式

1997年6月30日午夜至7月1日凌晨，举世瞩目的中英两国政府香港政权交接仪式在香港会议展览中心新翼五楼大会堂隆重举行。图为交接仪式会场。　本报记者　许　涿摄

本报香港7月1日凌晨电　新华社记者、本报记者报道：1997年7月1日零点，中华人民共和国国旗和香港特别行政区区旗在香港升起，经历了百年沧桑的香港回到祖国的怀抱，中国政府开始对香港恢复行使主权。

1997年6月30日午夜至7月1日凌晨，香港会议展览中心新翼灯火辉煌，举世瞩目的中英两国政府香港政权交接仪式在这里的五楼大会堂隆重举行。

历史的时钟指在1997年7月1日零点那一刻，大会堂全场肃立，几千双眼睛向鲜艳的五星红旗和紫荆花区旗行注目礼。这是中华民族长久期盼的一个瞬间，这是永载世界史册的一个瞬间。

零时4分，中华人民共和国主席江泽民在这里庄严宣告：根据中英关于香港问题的联合声明，两国政府如期举行了香港交接仪式，宣告中国对香港恢复行使主权。中华人民共和国香港特别行政区正式成立。经历了百年沧桑的香港回归祖国，标志着香港同胞从此成为祖国这块土地上的真正主人，香港的发展从此进入一个崭新的时代。

这一庄严宣告在大会堂4000多位中外嘉宾中激起经久不息的掌声。这一宣告通过电波传向祖国的长城内外、大江南北、澳门和台湾，传向世界的四面八方。

中英两国政府香港政权交接仪式于6月30日午夜举行。23时42分，交接仪式正式开始。

在中英仪仗队入场后，双方礼号手吹响礼号。23时46分，国家主席江泽民、国务院总理李鹏、国务院副总理兼外交部长钱其琛、中央军委副主席张万年和香港特别行政区首任行政长官董建华步入会场登上主席台主礼台。英国方面同时入场并登上主席台主礼台的有查尔斯王子、首相布莱尔、外交大臣库克、离任港督彭定康、国防参谋长查尔斯·格思里。

在仪仗队行举枪礼之后，查尔斯王子讲话。他说，这一重要而特殊的仪式标志着香港在150多年英国统治之后，交还给中华人民共和国。他向那些把"一国两制"构想变为《中英联合声明》的人致敬，并对那些为谈判《联合声明》的实施细节而辛勤工作的人们表示敬意。

查尔斯说，香港向世界表明，生机勃勃和稳定可以成为成功社会的明显特征。

他说，香港将从此交还给中国，在"一国两制"的框架下，香港将继续拥有其明显的特征，继续成为世界上许多国家的重要国际伙伴。1984年的《联合声明》对全世界做出庄严承诺，保证香港继续她的生活方式。对英国来说，她将继续坚定不移地支持《联合声明》。

23时56分，中英双方护旗手入场，象征两国政府香港政权交接的降旗升旗仪式开始。出席仪式的中外来宾全体起立。全场的目光都集中到竖立在主席台主礼台前东西两侧的旗杆上。

23时59分，英国国旗和香港旗在英国国歌乐曲声中缓缓降落。随着"米字旗"的降下，英国在香港一个半世纪的殖民统治宣告结束。

这时，距零点只差几秒，全场一片肃穆。

7月1日零点整，激动人心的神圣时刻到来了：中国人民解放军军乐队奏起雄壮的中华人民共和国国歌，中国国旗和香港特区区旗一起徐徐升起。

全场沸腾了，许多人眼睛里噙满激动的泪花，雷鸣般的掌声经久不息。照相机、摄像机的镜头不停地闪动，记录下这一庄严的历史时刻。

接着，江泽民主席走到镶嵌着中华人民共和国国徽的讲台前发表讲话。他说，中华人民共和国香港特别行政区正式成立。这是中华民族的盛事，也是世界和平与正义事业的胜利。1997年7月1日这一天，将作为值得人们永远纪念的日子载入史册（下转第二版）

江泽民主席郑重宣告

中华人民共和国香港特别行政区政府成立

李鹏总理代表中央人民政府表示祝贺

特区首任行政长官董建华宣誓并讲话

香港特别行政区政府宣誓就职

本报香港7月1日凌晨电　新华社记者、本报记者报道：中华人民共和国主席江泽民今天凌晨在这里向全世界郑重宣告：中华人民共和国香港特别行政区政府成立。与此同时，香港特别行政区第一任行政长官董建华在庄严的仪式上宣誓就职。

自此，"一国两制"、"港人治港"、高度自治的基本方针在香港正式实施，历经150多年殖民统治的香港进入历史的新纪元。

凌晨1时30分，中华人民共和国香港特别行政区成立暨特区政府宣誓就职仪式，在香港会议展览中心新翼七楼隆重举行。一个半小时前在这座新建筑的五楼大会堂里，举行了举世瞩目的中英两国政府香港交接仪式。

位于维多利亚海湾之畔的会展中心新翼8400多平方米的七楼三号大厅，洋溢着热烈的喜庆气氛。主席台中央，悬挂着鲜艳的中华人民共和国国旗和香港特别行政区区旗。

江泽民主席、李鹏总理和钱其琛、王汉斌、张万年、费孝通、雷洁琼、程思远、吴阶平、罗干、吴学谦、董寅初、安子介、霍英东、马万祺、何鲁丽、卢瑞琳等中央代表团成员在主席台就座。

国务院副总理、全国人民代表大会香港特别行政区筹备委员会主任委员钱其琛主持仪式。

1时30分，雄壮、激越的中华人民共和国国歌在大厅里响起。随后，江泽民主席宣布：中华人民共和国香港特别行政区政府现在成立。这时，整个大厅响起长时间的雷鸣般掌声。

1时35分，全部由港人组成的香港特别行政区政府开始宣誓就职。

香港特区首任行政长官董建华健步走到主席台前第一个宣誓就职，国务院总理李鹏监誓。面对中华人民共和国国旗和香港特别行政区区旗，董建华举起右手庄严宣誓：本人就任中华人民共和国香港特别行政区行政长官，定当拥护中华人民共和国香港特别行政区基本法，效忠中华人民共和国香港特别行政区，尽忠职守，遵守法律，廉洁奉公，为香港特别行政区服务，对中华人民共和国中央人民政府和香港特别行政区负责。

宣誓毕，李鹏总理和董建华亲切握手。大厅内掌声如潮。

1时38分，在李鹏总理监誓下，由董建华提名、中央人民政府任命的香港特别行政区第一届政府23名主要官员，走上主席台宣誓就职。政务司司长陈方安生领誓。

接着，香港特区第一届行政会议14名成员、香港特区临时立法会59名议员、香港特区终审法院常设法官、高等法院法官36人，分批走上主席台宣誓就职。行政会议召集人钟士元、临立会主席范徐丽泰、终审法院首席法官李国能分别领誓。在香港特区行政长官董建华的监誓下，他们依次作出庄严承诺：定当拥护中华人民共和国香港特别行政区基本法，效忠中华人民共和国香港特别行政区，尽忠职守，遵守法律，廉洁奉公，为香港特别行政区服务。终审法院常设法官、高等法院法官还宣誓：尽忠职守，奉公守法，公正廉洁，以无惧、无偏、无私、无欺之精神，维护法制，主持正义，为香港特别行政区服务。

随后，李鹏总理发表了讲话。他代表中央人民政府对香港特别行政区政府的成立表示热烈祝贺。李鹏说，从今天起，《中华人民共和国香港特别行政区基本法》开始实施。他希望香港特别行政区第一任行政长官、特别行政区政府主要官员、行政会议成员、临时立法会议员、终审法院和高等法院法官，本着爱国爱港的精神，认真贯彻执行基本法，恪尽职守，不负众望。（下转第二版）

七月一日凌晨，香港特别行政区首任行政长官董建华宣誓就职，国务院总理李鹏监誓。

本报记者　李石营摄

出席香港政权交接仪式

江泽民率中国政府代表团抵达香港

中共中央总书记、国家主席、中央军委主席江泽民率领中国政府代表团6月30日下午抵达香港，出席香港政权交接仪式。图为江泽民主席在机场向前来欢迎的人们挥手致意。新华社记者　王新庆摄

新华社香港6月30日电　中共中央总书记、国家主席、中央军委主席江泽民率领中国政府代表团今天下午抵达香港，出席香港政权交接仪式。

这是中国最高领导人首次踏上香港的土地。

下午5时许，中国政府代表团乘坐的两架专机徐徐降落在香港启德机场。5时28分，江泽民主席和李鹏总理等满面笑容走出机舱，频频挥手向前来欢迎的人们致意。

先期到达香港的代表团成员、国务院副总理兼外交部长钱其琛，新华社香港分社社长周南，香港特区首任行政长官董建华等特区政府主要官员和香港各界代表数百人热烈欢迎代表团的到来。英国外交国务大臣德里克·法彻特也到机场迎接。

机场上铺着红地毯。欢迎的人们有的手持中国国旗和香港特区区旗，有的手持鲜花，热烈鼓掌，高呼"欢迎"，"欢迎"，表达600多万香港同胞的长久期盼和热切亲情。4名青少年向江泽民和李鹏献了鲜花。

据悉，代表团在港期间，将出席定于今天午夜和明天凌晨举行的香港政权交接仪式、香港特别行政区成立暨特别行政区政府宣誓就职仪式以及其他庆祝活动。江泽民、李鹏等领导人还将会见出席香港政权交接仪式的各国政府代表、国际组织负责人和各国知名人士，并会见香港特别行政区政府的主要官员。

江泽民主席率领高规格的具有广泛代表性的代表团来港出席香港回归庆典活动，受到国际社会的广泛关注。舆论普遍认为，这一重大行动体现了中国对香港回归的高度重视，显示了中央政府坚定不移地执行"一国两制"、"港人治港"、高度自治这一基本方针的决心，具有重大的历史意义和现实意义。

同时到达的代表团成员有王汉斌、张万年、费孝通、雷洁琼、程思远、吴阶平、罗干、吴学谦、董寅初、马万祺、何鲁丽、卢瑞琳等。代表团其他成员于今天下午早些时候到达香港。

以陈滋英为团长的观礼团今天也已到达香港。

人民日报

RENMIN RIBAO

今日12版（华东、华南地区16版）

网址：http://www.peopledaily.com.cn

国内统一刊号：CN11—0065

第17889期（代号1—1）

人民日报社出版

1997年7月
2
星期三
丁丑年五月廿八

北京地区天气预报
白天 多云转小阵雨
降水概率60%
风向 偏南
风力 二、三级
夜间 阴有阵雨
降水概率70%
风向 南转北
风力 一、二级
温度 30℃/21℃

出席中英两国政府香港交接仪式等后

江泽民李鹏离港返京

新华社香港7月1日电 中共中央总书记、国家主席、中央军委主席江泽民率中央代表团今天中午离开香港返回北京。

李鹏总理等代表团成员今天上午已先期返京。

在香港期间，江泽民出席了中英两国政府香港交接仪式、香港特别行政区成立暨特区政府宣誓就职仪式、香港特别行政区成立庆典。

国务院副总理兼外交部长钱其琛、香港特区首任行政长官董建华、新华社香港分社社长周南等前往机场送行。

张万年、何鲁丽、卓琳等代表团成员同机返京。

据悉，钱其琛、吴学谦、董寅初、安子介、霍英东、马万祺等代表团其他成员将在香港继续参加有关庆祝香港回归的活动。

新华社香港7月1日电 国务院总理李鹏等中央代表团部分成员今天上午乘专机离开香港返回北京。

在香港期间，李鹏总理出席了中英两国政府香港交接仪式、香港特别行政区成立暨特区政府宣誓就职仪式。

国务院副总理兼外交部长钱其琛、香港特区首任行政长官董建华、新华社香港分社社长周南等前往机场送行。

王汉斌、费孝通、雷洁琼、程思远、吴阶平、罗干等代表团成员同机返京。

雪百年耻扬眉吐气 迎新纪元普天同庆

首都各界隆重庆祝香港回归祖国

庆祝大会由中共中央全国人大常委会国务院全国政协中央军委举行

江泽民发表重要讲话 李鹏乔石李瑞环朱镕基刘华清胡锦涛荣毅仁等与各界群众八万人欢度良宵

图为晚会会场背景台上的鲜花簇拥着“祖国明天更美好”的字样显得分外醒目。

本报记者 王忠家摄

新华社北京7月1日电（记者朱幼棣）欢歌里归帆踏浪来，焰火中绽放紫荆花。北京工人体育场今天晚上沉浸在欢腾的海洋之中，中共中央、全国人大常委会、国务院、全国政协、中央军委在这里隆重举行“首都各界庆祝香港回归祖国大会”，共庆香港回归祖国这一中华民族的盛大节日。

晚7时50分，在欢快的迎宾曲中，中共中央总书记、国家主席、中央军委主席江泽民，中共中央政治局常委、国务院总理李鹏，中共中央政治局常委、全国人大常委会委员长乔石，中共中央政治局常委、全国政协主席李瑞环，中共中央政治局常委、国务院副总理朱镕基，中共中央政治局常委、中央军委副主席刘华清，中共中央政治局常委、书记处书记胡锦涛，国家副主席荣毅仁等党和国家领导同志进入会场，这时，全场欢声雷动。

江泽民在大会上发表了重要讲话，他说，今天是香港回归祖国的大喜日子，也是中国共产党成立76周年纪念日。回顾历史，展望未来，我们对伟大祖国和中华民族的美好前程满怀信心。有中国共产党的领导，有马列主义、毛泽东思想和邓小平建设有中国特色社会主义理论的指引，紧紧依靠全国各族人民和一切爱国力量的坚强团结，大力弘扬伟大的爱国主义精神，经过几代人的持续奋斗，我们一定能够把祖国建设成为富强、民主、文明的社会主义现代化国家，伟大的中华民族一定能够对人类作出新的更大的贡献。

今晚北京工人体育场张灯结彩，喜气洋洋，歌声如潮。南面看台上方挂着“庆祝香港回归，共创美好未来”的大型横幅。巨型电子屏幕上显示出由紫荆花组成的“97”标志图案和“热烈庆祝中国共产党成立七十六周年”的大字。大会开始前，八万人同声高唱《歌唱祖国》，千人组成的交响乐队齐奏乐曲。在背景台上，5000多人用翻板组成了巨大的国徽图案和“欢庆”字样，蔚为壮观。

晚8时，北京市市长贾庆林宣布首都各界庆祝香港回归祖国大会开始。

一百响开天雷顿时轰鸣，一百个团圆花一齐绽放，几十面大鼓一同擂响。节日的礼花把夜空装点得绚丽缤纷，整个会场充溢着洗雪百年耻辱、喜迎香港回归的炽热之情。这时背景台上出现了江泽民同志题写的“欢庆香港回归”六个红色大字，表达了中华民族的心声。

威武的国旗班礼兵护卫着国旗进入会场，在雄壮的《中华人民共和国国歌》声中，五星红旗冉冉升起。

江泽民代表中国共产党、中央人民政府和全国各族人民，对香港回归祖国和香港特别行政区成立，表示热烈的祝贺。

江泽民说，香港回归，标志着中国人民洗雪了香港被侵占的百年国耻，开创了香港和祖国内地共同发展的新纪元；标志着我们在完成祖国统一大业的道路上迈出了重要一步，标志着中国人民为世界和平、发展与进步事业作出了新的贡献。他说，香港回归，是中华民族发展史上的重大事件，也是20世纪世界历史上的重大事件。

（下转第二版）

国务院举行庆祝香港回归盛大招待会

李鹏致辞指出香港回归为实现祖国完全统一树立了重要里程碑

乔石李瑞环朱镕基刘华清胡锦涛荣毅仁等出席

本报北京7月1日讯 新华社记者焦然、陈雁，本报记者陈维伟报道：国务院今天下午在人民大会堂隆重举行庆祝香港回归招待会，党和国家领导人同全国56个民族的代表及首都各界人士等共4000多人出席。

今天的人民大会堂张灯结彩，一派喜庆景象。举行招待会的宴会厅更是花团锦簇：主席台正中是红旗簇拥的国徽，两侧饰以“庆祝香港回归祖国”标志图案；盏盏大红灯笼和鲜艳的彩绸装点着宴会厅的两侧；主席台对面正中的一幅巨型彩色香港风景照片更是格外醒目，照片上端为香港特别行政区区徽。

在欢快的乐曲声中，党和国家领导人李鹏、乔石、李瑞环、朱镕基、刘华清、胡锦涛、荣毅仁等步入会场，全场响起热烈的掌声。

下午5时，招待会在庄严的国歌声中开始。国务委员、国务院秘书长罗干主持招待会。中共中央政治局常委、国务院总理李鹏致辞。

李鹏在致辞中说，今天，中英两国政府顺利地举行了香港交接仪式，香港特别行政区已经宣告成立。今天又是中国共产党76周年生日，的确是一个双庆的大喜日子。在这举国同庆的日子里，我们欢聚一堂，隆重庆祝香港回归。这不仅是庆祝香港新纪元的开始，庆祝中国和平统一大业的重大胜利，也是庆祝人类正义和进步事业的重大胜利。

李鹏指出，香港回归，洗雪了百年国耻，极大地激发了全国各族人民的爱国热忱。此时此刻，我们深切缅怀革命先烈和前辈们的丰功伟绩，更加珍惜伟大祖国日益强盛的今天，决心把中国的社会主义现代化事业继续推向前进。

李鹏说，中国对香港的基本方针，是“一国两制”、“港人治港”、高度自治，保持香港原有的资本主义制度和生活方式不变，法律基本不变。他说，依照基本法的规定，适应香港实际情况的民主制度一定能够循序渐进地发展。香港同胞一定会享有殖民统治时期无法比拟的、广泛的权利和自由。随着香港的回归，香港同胞已经成为这片土地的真正主人，一定能够充分发挥自己的聪明才智，创造更加美好的未来。

李鹏说，香港回归祖国，为香港经济注入了新的活力。中国内地坚持改革开放政策，国民经济持续、快速、健康发展，为香港经济发展提供了有力的支持。香港进一步发挥连接内地与国际经济的桥梁和纽带作用，有利于祖国的现代化建设。我们相信，一切有远见的工商界人士，都能看到香港经济发展的光明前景，加强同香港的经贸往来。世界各国在香港的正当利益，都将受到法律的保护。

李鹏指出，中国对香港恢复行使主权，香港事务从此即属中国内政。按照基本法的规定，中央人民政府负责管理香港的外交事务和防务。外交部驻香港特派员公署已经设立。驻港部队已经进驻香港。凡是按照基本法应由港人作主的事，中央都不加干预。

李鹏说，香港回归为实现祖国完全统一树立了一个重要的里程碑。邓小平同志关于“一国两制”的科学构想，在香港已经成为现实。澳门回归的准备工作正在有条不紊地进行。“一国两制”在香港和澳门行得通，在台湾也能够行得通。无论在前进道路上有多少困难，祖国的完全统一一定要实现，也一定能够实现。（全文见第三版）

（下转第二版）

7月1日，国务院庆祝香港回归招待会在北京人民大会堂举行。党和国家领导人李鹏、乔石、李瑞环、朱镕基、刘华清、胡锦涛、荣毅仁等与首都各界4000多人出席。

新华社记者 齐铁砚摄

7月1日上午10时，中华人民共和国香港特别行政区成立庆典在香港会展中心新翼举行。在庆典仪式上，展示了江泽民主席亲手题写的“香港明天更好”书法卷轴。

新华社记者 王岩摄

江泽民在香港特区成立庆典上讲话强调

创造香港美好未来

董建华发表演辞表示愿为建设美好香港努力

本报香港七月一日电 今天上午，中华人民共和国香港特别行政区成立庆典在香港会议展览中心新翼举行。国家主席江泽民代表中央人民政府和全国各族人民，对香港特别行政区成立表示热烈祝贺，向回到祖国大家庭的六百多万香港同胞表示亲切的问候，向为香港回归作出贡献的港澳台同胞、海外侨胞和一切拥护祖国统一的爱国人士表示感谢，向所有关心和支持香港回归的国际朋友表示谢意。

上午十时，香港会展中心新翼七层三号大厅华灯齐放，全场嘉宾起立。庆典司仪传来声音：请中华人民共和国主席江泽民入场。江泽民主席等领导人在香港特别行政区行政长官董建华的陪同下进入会场。

钱其琛、王汉斌、张万年、费孝通、雷洁琼、程思远、吴阶平、罗干、吴学谦、董寅初、安子介、霍英东、马万祺、何鲁丽、姬鹏飞、卓琳等中央代表团全体成员，来自内地的观礼团全体成员，香港各界人士，澳门和台湾同胞，海外华侨、华人等四千多人，欢聚一堂，庆祝中华人民共和国香港特别行政区成立。

庆典在庄严的国歌声中开始。江泽民主席登上讲台，发表了热情洋溢的讲话。他说，“香港回归祖国，是彪炳中华民族史册的千秋功业。香港同胞从此成为香港的真正主人，香港历史从此揭开了崭新的篇章。”

江泽民在讲话中重申了香港回归祖国后实行“一国两制”、“港人治港”、高度自治的方针政策。他指出，这些方针政策，是中央人民政府为了维护香港同胞的切身利益和中华民族的根本利益而深思熟虑地提出来的。坚持这些方针政策，于香港有益，于世界有益，因而是没有任何理由去改变的。他强调指出：“一国两制”、“港人治港”、高度自治，五十年不变，这是一项长期的基本方针。

江泽民对今天宣誓就职的香港特别行政区行政长官董建华表示诚挚的祝贺，对他领导的特别行政区政府表示充分信任和完全支持。他指出，香港特别行政区基本法不仅香港要遵守，中央各部门和各省、自治区、直辖市也都要遵守。中央各部门和任何地方，都不会也不允许干预香港特别行政区依据基本法规定自行管理的事务。

江泽民指出，香港今日的成就，归根到底是香港同胞创造出来的。香港同胞的开拓进取和艰苦创业精神受世人钦佩。香港同胞一定会进一步发扬这种可贵的精神，创造香港的美好未来。

江泽民说，在香港生活着许多外国人，有些已经以香港为家，香港今后仍将是他们安居乐业的家园。未来的香港，无分种族，无分肤色，人人都有平等竞争的机会，人人都享有法律保障的各种权利与自由。

（下转第二版）

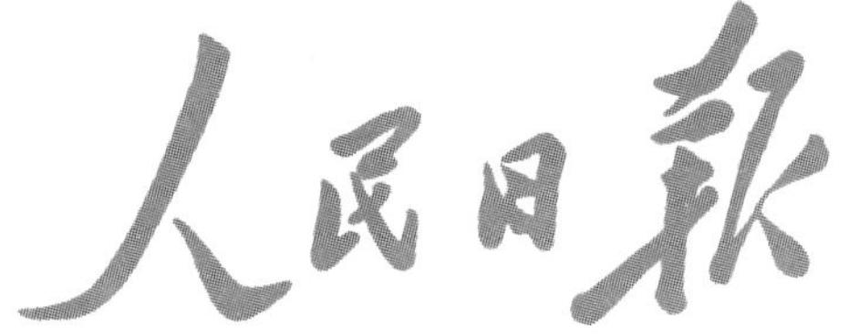

今日16版
人民网 网址:http://www. people. com. cn
手机:http://wap. people. com. cn
国内统一连续出版物号 CN 11-0065
第21541期（代号1-1）
人民日报社出版
2007年7月
2
星期一
丁亥年五月十八
北京地区天气预报
白天 晴转阴 部分地区有雷阵雨 风向 北转南 风力 二、三级
夜间 阴 部分地区有雷阵雨转多云 风向 南转北 风力 一、二级
温度 33℃/23℃

圆满结束在香港的各项活动
胡锦涛离港返京

本报香港7月1日电 （记者**吴绮敏、丁子、李章军**）中共中央总书记、国家主席、中央军委主席胡锦涛圆满结束在香港的各项活动，1日中午经由深圳湾口岸离开香港，从深圳机场乘专机返回北京。

胡锦涛是6月29日上午抵达香港的。在港期间，胡锦涛出席了庆祝香港回归祖国10周年大会暨香港特别行政区第三届政府就职典礼，出席了香港特别行政区政府举行的欢迎晚宴和文艺晚会，分别会见了董建华、曾荫权、何厚铧以及香港特别行政区行政、立法、司法机关负责人和香港各界代表人士、中央驻港机构和主要中资机构负责人，视察了驻香港部队，出席了深圳湾口岸开通仪式，同香港市民进行了广泛的接触和交流。

离开香港前，在深圳湾口岸深港分界线处，两名香港少年儿童向胡锦涛和夫人刘永清敬献了鲜花。胡锦涛同前来送行的人员一一握手，并向欢送队伍挥手道别。

胡锦涛的陪同人员中共中央政治局候补委员、中央书记处书记、中央办公厅主任王刚，全国人大常委会副委员长盛华仁，国务委员唐家璇，全国政协副主席、国务院港澳办主任廖晖，中央军委委员、总参谋长梁光烈等也一同离开香港。

离开香港时，香港特别行政区行政长官曾荫权和夫人曾鲍笑薇，香港特别行政区终审法院首席法官李国能，政务司司长唐英年、财政司司长曾俊华、律政司司长黄仁龙、立法会主席范徐丽泰、行政会议召集人梁振英等到深圳湾口岸，为胡锦涛送行。

庆祝香港回归祖国10周年大会暨香港特别行政区第三届政府就职典礼隆重举行
胡锦涛出席并发表重要讲话
香港特别行政区第三任行政长官曾荫权及特别行政区政府官员宣誓就职

胡锦涛指出，中央政府关于香港大政方针的宗旨，就是为了香港好、为了香港明天更好，就是为了香港同胞好、为了香港同胞明天更好。他表示相信，在新的历史起点上，广大香港同胞同祖国人民心连心、肩并肩，一定能够创造香港发展的新辉煌，一定能够为实现中华民族的伟大复兴作出新贡献

7月1日，中共中央总书记、国家主席、中央军委主席胡锦涛出席庆祝香港回归祖国10周年大会暨香港特别行政区第三届政府就职典礼。这是由胡锦涛监誓，香港特别行政区第三任行政长官曾荫权宣誓就职。 新华社记者 **樊如钧**摄

本报香港7月1日电 （记者**吴绮敏、丁子、曹宏亮**）庆祝香港回归祖国10周年大会暨香港特别行政区第三届政府就职典礼1日上午在香港会展中心隆重举行。中共中央总书记、国家主席、中央军委主席胡锦涛出席并发表重要讲话。他指出，中央政府关于香港大政方针的宗旨，就是为了香港好、为了香港明天更好，就是为了香港同胞好、为了香港同胞明天更好。胡锦涛表示相信，在新的历史起点上，广大香港同胞同祖国人民心连心、肩并肩，一定能够创造香港发展的新辉煌，一定能够为实现中华民族的伟大复兴作出新贡献。

香港会展中心会场气氛庄严而热烈。主席台鲜花吐艳，台上的中华人民共和国国旗和香港特别行政区区旗格外醒目。

当胡锦涛和夫人刘永清在香港特别行政区行政长官曾荫权和夫人曾鲍笑薇陪同下步入会场时，全场起立，热烈鼓掌。

上午9时，庆祝大会和就职典礼在雄壮的国歌声中开始。

胡锦涛走上主席台监誓。香港特别行政区第三任行政长官曾荫权首先宣誓就职，他面对国旗和香港特别行政区区旗，举起右手庄严宣誓。宣誓完毕后，胡锦涛同曾荫权紧紧握手，全场响起雷鸣般的掌声。

接着，由胡锦涛监誓，在曾荫权带领下，香港特别行政区第三届政府主要官员上台宣誓就职。宣誓完毕后，胡锦涛同他们一一握手。

随后，由曾荫权监誓，香港特别行政区行政会议成员宣誓就职。

在热烈的掌声中，胡锦涛发表了重要讲话。他代表中央政府和全国各族人民，向全体香港市民致以诚挚的问候，向刚刚宣誓就职的香港特别行政区第三任行政长官曾荫权和香港特别行政区第三届政府主要官员、行政会议成员表示热烈的祝贺。

胡锦涛说，此时此刻，我们不禁回忆起香港回归祖国的历史进程。我们要向创造性地提出"一国两制"科学构想、直接指导中英香港问题谈判和香港特别行政区基本法起草、为祖国和平统一开辟了崭新道路的邓小平先生，表示深深的怀念。向为实现香港顺利交接、平稳过渡和成功落实"一国两制"作出了历史性贡献的江泽民先生，致以崇高的敬意。

胡锦涛指出，10年来，中央政府切实贯彻"一国两制"、"港人治港"、高度自治的方针，严格按照香港特别行政区基本法办事，坚定不移地维护香港繁荣稳定。10年来，在中央政府和祖国内地大力支持下，董建华、曾荫权两位行政长官先后带领特别行政区政府，同广大香港同胞团结奋进，克服了亚洲金融危机冲击、非典疫情等带来的严重困难和挑战，维护了香港社会大局稳定，实现了经济复苏，香港各项事业取得长足进步。10年来，香港同祖国内地的交流合作不断深入，香港从祖国得到更为强劲的支持，也为国家同世界各国进行经济、科技、文化交流发挥了重要纽带和桥梁作用。10年来，香港对外交往日益扩大，继续保持自由港和国际金融、贸易、航运中心的地位。事实无可争辩地证明，"一国两制"方针是完全正确的，香港同胞完全有智慧、有能力管理好、建设好香港，伟大的祖国始终是香港繁荣稳定的坚强后盾。

胡锦涛强调，10年来，我们在实践中获得了许多宝贵经验，其中最重要的是：第一，坚持全面准确地理解和贯彻执行"一国两制"方针。"一国"就是要维护中央依法享有的权力，维护国家主权、统一、安全。"两制"就是要保障香港特别行政区依法享有的高度自治权，支持行政长官和特别行政区政府依法施政。第二，坚持严格按照基本法办事。要维护香港特别行政区基本法在香港的最高法律地位，香港特别行政区的行政、立法、司法机关和社会组织，中央政府和内地各部门各地区的各级各类组织，香港居民和内地人民，都必须遵守香港特别行政区基本法，以基本法为行为准则。第三，坚持集中精力发展经济、改善民生。发展经济、改善民生是香港最重要的主题，也是广大香港同胞的共同心愿。只有经济不断发展，民生才能不断改善，社会才能保持稳定，适合香港实际情况的民主制度也才能顺利发展。第四，坚持维护社会和谐稳定。香港各界人士应该紧密团结起来，积极促进一切有利于香港同胞福祉和国家根本利益的事，坚决反对一切有损于香港同胞福祉和国家根本利益的事。只要香港各界人士秉持讲大局、讲团结、讲包容的社会共识，始终以香港的整体利益和长远利益为重，以国家利益为重，就一定能够不断促进经济社会发展，共享发展成果。

胡锦涛指出，把"一国两制"伟大事业继续推向前进，需要中央政府、香港特别行政区政府和广大香港同胞共同努力。中央政府将继续坚定不移地贯彻执行"一国两制"、"港人治港"、高度自治的方针，严格按照香港特别行政区基本法办事，全力支持香港特别行政区行政长官和政府依法施政，全力支持香港发展经济、改善民生、推进民主，全力促进内地同香港在经济、教育、科技、文化、卫生、体育等领域的交流合作，积极支持香港特别行政区开展对外交往。**（讲话全文另发）**

曾荫权在致辞中说，香港今天的成就，有赖香港过去几代人的努力，同国家高速发展为我们带来的机会及支持也是分不开的。未来5年，香港要继续把握国家发展一日千里的重要机遇，发挥潜能，提升实力，令香港对国家在全球竞争中作出更大的贡献，也令香港的发展走上一个新舞台。

曾荫权表示，新一届特区政府将按照基本法，贯彻落实好"一国两制"、"港人治港"、高度自治的方针，全心全意恪守以民为本的理念，建立更开放的政府，建设更民主的制度，推动新经济发展，创造更多就业机会，缔造更优良的生活，推动建设新关怀文化，让更多的民众分享香港经济复苏的成果。

中共中央政治局候补委员、中央书记处书记、中央办公厅主任王刚，全国人大常委会副委员长盛华仁，国务委员唐家璇，全国政协副主席、国务院港澳办主任廖晖，中央军委委员、总参谋长梁光烈等出席庆祝大会和就职典礼。

全国政协副主席董建华，澳门特别行政区行政长官何厚铧，以及香港各界代表、特邀嘉宾出席庆祝大会和就职典礼。

胡锦涛出席深圳湾口岸开通仪式
（第四版）

牢记社会主义初级阶段基本国情
——认真学习胡锦涛总书记在中央党校的重要讲话之五
（第二版）

在庆祝香港回归祖国十周年大会暨香港特别行政区第三届政府就职典礼上的讲话

（二〇〇七年七月一日）

胡锦涛

7月1日，中共中央总书记、国家主席、中央军委主席胡锦涛在庆祝香港回归祖国10周年大会暨香港特别行政区第三届政府就职典礼上发表重要讲话。 新华社记者 **樊如钧**摄

同胞们，朋友们：

10年前的今天，中英两国政府举行了香港交接仪式，中国政府庄严宣告对香港恢复行使主权，中华人民共和国香港特别行政区成立。香港回归祖国，实现了包括广大香港同胞在内的全国各族人民的百年夙愿，是彪炳中华民族史册的千秋功业。

10年后的今天，我们怀着喜悦的心情，在这里隆重庆祝香港回归祖国10周年。首先，我代表中央政府和全国各族人民，向全体香港市民，致以诚挚的问候！向刚刚宣誓就职的香港特别行政区第三任行政长官曾荫权先生和香港特别行政区第三届政府主要官员、行政会议成员，表示热烈的祝贺！我相信，新一届特区政府一定能够总结经验、继往开来，团结带领广大香港同胞把香港建设得更加美好。

此时此刻，我们不禁回忆起香港回归祖国的历史进程。我们要向创造性地提出"一国两制"科学构想、直接指导中英香港问题谈判和香港特别行政区基本法起草、为祖国和平统一开辟了崭新道路的邓小平先生，表示深深的怀念！向为实现香港顺利交接、平稳过渡和成功落实"一国两制"作出了历史性贡献的江泽民先生，致以崇高的敬意！

借此机会，我们还要向所有关心香港、为香港顺利回归并保持繁荣稳定作出贡献的海内外同胞和国际友人，表示衷心的感谢！

香港回归祖国以来的10年是不平凡的10年。

10年来，中央政府切实贯彻"一国两制"、"港人治港"、高度自治的方针，严格按照香港特别行政区基本法办事，坚定不移地维护香港繁荣稳定。香港继续保持原有的资本主义制度和生活方式，全面行使香港特别行政区基本法授予的行政管理权、立法权、独立的司法权和终审权，香港居民享有广泛的民主权利和自由，"港人治港"、高度自治变成了生动现实。

10年来，在中央政府和祖国内地大力支持下，董建华、曾荫权两位行政长官先后带领特别行政区政府，同广大香港同胞团结奋进，克服了亚洲金融危机冲击、非典疫情等带来的严重困难和挑战，维护了香港社会大局稳定，实现了经济复苏，香港各项事业取得长足进步。

10年来，香港同祖国内地的交流合作不断深入，经贸合作更加紧密。香港从祖国得到更为强劲的支持，也为国家同世界各国进行经济、科技、文化交流发挥了重要纽带和桥梁作用。香港同胞不仅用自己的聪明才智和辛勤劳动实现了香港的发展，也为祖国现代化建设作出了重要贡献。

10年来，香港对外交往日益扩大，继续同世界各国各地区以及有关国际组织保持和发展经济文化关系，继续保持自由港和国际金融、贸易、航运中心的地位，继续被公认为全球最自由开放的经济体和最具发展活力、营商环境最好的地区之一，香港这个国际经济大都市展现出新的勃勃生机。

今天的香港，社会保持稳定，经济更加繁荣，民主有序发展，民众安居乐业，展现出一派欣欣向荣的景象。事实无可争辩地证明，"一国两制"方针是完全正确的，香港同胞完全有智慧、有能力管理好、建设好香港，伟大的祖国始终是香港繁荣稳定的坚强后盾！

同胞们、朋友们！

在人类历史的长河中，10年只是短暂的瞬间。然而，对于我们正在从事的"一国两制"事业来说，这10年具有前无古人的开创性意义。10年来，我们在实践中获得了许多宝贵经验，其中最重要的有以下四点。**（下转第四版）**

（三）关于澳门回归新闻的版面安排

1999 年 12 月 20 日，中国政府开始对澳门恢复行使主权。从 1999 年 12 月 13 日起，本报开辟“澳门回归专版”，每天一到两块整版，直到 12 月 24 日才结束。

1999 年 12 月 19 日，一版头条刊登党和国家领导人为中国政府代表团赴澳门出席澳门政权交接仪式送行的消息，并配两张图片，一张是江泽民讲话的图片，一张是送行时的合影。

（附 1999 年 12 月 19 日一版）

1999 年 12 月 20 日零时，中葡两国政府进行澳门政权交接，澳门回到祖国的怀抱，中国政府对澳门恢复行使主权。当天本报从一版到八版彩色印刷出版，以八块整版的篇幅报道澳门回归的新闻。一版头条通栏刊登交接仪式的消息，标题下左三栏为文字新闻，右五栏为交接仪式会场图片。下半版左侧为澳门特区政府成立的新闻，配发澳门特区首任行政长官宣誓就职、国务院总理监誓的图片，右侧为江泽民率中国政府代表团抵达澳门的新闻，配发一张抵达的图片。报眼刊登国务院关于公布澳门特别行政区区域图的第 275 号令。

（附 1999 年 12 月 20 日一版）

1999 年 12 月 21 日，本报从一版到八版以七个整版、一个半版的篇幅报道全国人民、各界人士欢庆澳门回归的新闻。一版头条以竖三栏、75 行高的篇幅刊登首都各界庆祝澳门回归大会的新闻，文字下方是五栏宽的会场图片。下半版右侧是国务院举行庆祝招待会的新闻。报眼是江泽民在澳门特区成立庆祝大会上题词的图片，报眼之下是江泽民在澳门特区成立大会上发表讲话的新闻。

（附 1999 年 12 月 21 日一版）

2009 年 12 月 20 日，是澳门回归祖国 10 周年纪念日。12 月 21 日，本报在一版头条通栏刊登“庆祝澳门回归祖国 10 周年暨澳门特别行政区第三届政府就职典礼隆重举行”的消息，并配发两张图片。一版左下部刊发“胡锦涛会见崔世安”的消息，并配发一张照片。报眼刊发胡锦涛圆满结束在澳门的各项活动后离开澳门的消息。

（附 2009 年 12 月 21 日一版）

人民日报
RENMIN RIBAO
今日8版
网址:http://www.peopledaily.com.cn
国内统一刊号:CN11—0065
第18789期　(代号1—1)
人民日报社出版

1999年12月
19
星期日
己卯年十一月十二
北京地区天气预报
白天　晴
降水概率0%
风向　偏北
风力　五、六级
夜间　晴
降水概率0%
风向　偏北
风力　四、五级
转二、三级
温度　—5℃/—12℃

江泽民发布《中国人民解放军驻澳门部队进驻澳门特别行政区的命令》

新华社北京12月19日0时电　中华人民共和国中央军事委员会主席江泽民今天发布《中国人民解放军驻澳门部队进驻澳门特别行政区的命令》。全文如下：

中国人民解放军驻澳门部队全体官兵：

根据《中华人民共和国宪法》赋予中国人民解放军的使命，依照《中华人民共和国澳门特别行政区基本法》、《中华人民共和国澳门特别行政区驻军法》有关规定，命令你们进驻中华人民共和国澳门特别行政区，于1999年12月20日开始履行防务职责。

我国政府对澳门恢复行使主权，是继香港回归祖国后中华民族的又一盛事，标志着中国人民按照“一国两制”的方针，在实现祖国统一大业的道路上又迈出了坚实的一步。中国人民解放军驻澳门部队担负澳门特别行政区的防务，是中国政府对澳门恢复行使主权的重要象征，使命神圣，责任重大。你们进驻澳门特别行政区以后，要坚持人民解放军全心全意为人民服务的宗旨，发扬优良传统，忠实履行职责，遵纪守法，依法治军，把部队建设成“政治合格，军事过硬，作风优良，纪律严明，保障有力”的威武文明之师，为维护祖国统一，捍卫国家主权和领土完整，保持澳门的稳定和发展做出积极的贡献。

中华人民共和国中央军事委员会主席　**江泽民**

1999年12月19日

中国政府代表团赴澳门出席澳门政权交接仪式前夕

党和国家领导人为代表团送行

江泽民在送行仪式上指出，澳门回归祖国标志着在完成祖国统一大业的道路上又迈出了重要一步

朱镕基等代表团成员出席　李鹏胡锦涛尉健行李岚清等前往送行

江泽民在送行仪式上发表重要讲话。新华社记者　王新庆摄

党和国家领导人在北京人民大会堂为代表团送行。新华社记者　王新庆摄

本报北京12月18日讯　新华社记者**刘思扬**、本报记者**郑宏范**报道：在中共中央总书记、国家主席、中央军委主席江泽民率中国政府代表团赴澳门出席澳门政权交接仪式前夕，党和国家领导人在人民大会堂为代表团送行。江泽民在送行仪式上指出，我国政府恢复对澳门行使主权，中华人民共和国澳门特别行政区的成立，标志着继香港回归之后，我们在完成祖国统一大业的道路上又迈出了重要一步。这是中华民族的又一盛事。

江泽民强调，中央决定组成具有广泛代表性的代表团，出席澳门政权交接仪式，参加澳门回归的庆典活动，就是要充分显示全国各族人民和一切爱国人士的紧密团结，体现中华民族欢庆澳门回归的喜悦心情，表达中央人民政府和全国人民对澳门特别行政区政府和澳门同胞的坚定支持。

朱镕基、钱其琛、迟浩田、邹家华、吴阶平、何鲁丽、丁石孙、成思危、许嘉璐、蒋正华、王忠禹、阿沛·阿旺晋美、经叔平、罗豪才、张克辉和卓琳等代表团成员出席送行仪式。

李鹏、胡锦涛、尉健行、李岚清等为代表团送行。

江泽民说，社会主义祖国的日益繁荣和国际地位的不断提高，是香港、澳门得以顺利回归的根本原因。小平同志提出的“一国两制”伟大构想，是我们完成祖国统一的唯一正确道路。“一国两制”在香港、澳门的成功实践，将会为我们早日解决台湾问题、实现祖国的完全统一发挥重要的示范和促进作用。

江泽民说，澳门回归，全国人民精神振奋，欢欣鼓舞，世界各国也很关注。搞好这次庆典活动，对激发中华儿女的爱国主义精神和增进全民族的大团结，对推进祖国完全统一的进程和建设有中国特色社会主义的伟大事业，都会产生重大而深远的影响。代表团这次在澳门的活动中，要体现我国各族人民对澳门回归祖国的光荣感和自豪感，体现中华礼仪之邦的风范，表达我们对澳门同胞的深厚情意。

江泽民指出，代表团在赴澳门期间，将向广大澳门同胞，向各国人士，充分阐明中国政府对澳门回归后的基本方针和政策。这是代表团的一个重要任务。要通过庆典活动显示出充分的信心：在“一国两制”、“澳人治澳”、高度自治方针的指引下，澳门特别行政区一定能够保持长期的稳定和发展，澳门的前景是美好的。

江泽民最后表示相信，经过代表团全体成员的共同努力，一定会圆满完成这次赴澳门的光荣使命。

参加送行仪式的还有丁关根、田纪云、李铁映、吴邦国、张万年、罗干、姜春云、贾庆林、温家宝、曾庆红、吴仪、王光英、程思远、布赫、铁木尔·达瓦买提、彭珮云、周光召、曹志、司马义·艾买提、肖扬、韩杼滨、王兆国、钱伟长、任建新、宋健、李贵鲜、陈俊生、张思卿、钱正英、孙孚凌、朱光亚、胡启立、陈锦华、赵南起、白立忱、周铁农、王文元等。

华夏儿女涌心潮

本报记者　易　凯　朱竞若　方　文

带着奔涌的喜悦，欢歌唱起来，狮子舞起来，彩灯挂起来，霓虹亮起来，巨幅的标语从摩天大楼上瀑布般倾泻而下……眺望神州，五星红旗与澳门特别行政区的区旗交相辉映，山河壮阔，迎来普天同庆。

澳门，归来！100天，50天，30天，20天……在北京、上海、广州、南京……在黑龙江、新疆、云南……那一块块倒计时牌清晰的读秒声，如洪钟大吕撞击心扉，在12亿华夏儿女心中涌起洪波巨涛，在海内外炎黄子孙心中卷起欢庆的浪潮。

各族人民：喜气洋洋迎盛事

12月8日上午，在古城西安，来自革命圣地延安的乡亲们，为回归庆典捧上了6万颗礼品苹果，果体上精心晒印着“庆祝澳门回归”的字样；成都蜀绣厂的16位四川姑娘，180多天飞针走线，绣出了大型蜀绣《九寨沟大熊猫》，送给特区政府；西藏为澳门送上了名为《山高水长》的艺术挂毯。藏族同胞精选藏北优质羊毛，织出绚丽云彩和欢腾的浪花，画面上，布达拉宫与南海遥相呼应，象征着雪域高原与全国各族人民一道喜迎澳门回归，普天同庆的景象。

期待回归，为了这一刻，各族人民准备了许久。

演讲会、座谈会、黑板报、宣传栏、专题广播、闭路电视……各种各样的形式，出现在城镇和乡村，出现在军营、学校、街道、机关、工厂……认识澳门，了解澳门，成了人们心中的热望。

今年7月，上海举行迎澳门回归知识竞赛，80万中学生竞相参加；天津市的100万少年儿童参加了迎澳门回归手绘藏书票活动，6万件获奖作品托裱在长1999米的宣纸上，它将赠送给未来的澳门特区政府，表达天津百万少年儿童的心意；大学生们的接力签名活动，更是热情洋溢，从北京开始，天津、南京、上海、广州，再南下香港、澳门，万名学子将“世纪回归路，莘莘学子情”的横幅送给特区政府。

江苏省如皋市如宏坝村102岁的民间艺人陈邦英，1997年曾做了100只香袋送给香港小朋友，现在她正在制作100只香袋赠给澳门百名小朋友，她乐滋滋地逢人就说：“我在100岁时盼回了香港回归，今年又要看到澳门回归了，真是一大福气！”

五星、莲花、大桥、海水，800多万面澳门区旗，从上海旗篷厂的生产线上源源下线，各地订单还在像雪片一样飞来。当回归那一刻到来的时候，那绿色的澳门区旗，将伴随着五星红旗，飘扬在祖国的城乡。

华人华侨：血脉相连唱欢歌

澳门回归的脚步声，声声牵动海外华人的心。1997年秋天，中国国际广播电台举行迎澳门回归的知识竞赛，数月间，收到来自150多个国家的答卷和信件27万份，最为踊跃的应答者就是华人与华侨。

秘鲁中国文化协会秘书长何连番女士说：秘鲁的老华侨们对澳门的历史有很深的了解，澳门回归，真是让人欢欣鼓舞啊！

(下转第四版)

人大常委会十三次会议继续分组审议

李鹏参加审议刑法修正案草案等

本报北京12月18日讯　记者**傅旭**、**崔士鑫**报道：九届全国人大常委会第十三次会议今天继续举行分组会，审议刑法修正案草案、海事诉讼特别程序法草案、全国人大常委会关于增加澳门特别行政区基本法附件三所列全国性法律的决定草案、澳门特别行政区九届全国人大代表选举会议成员名单草案。

李鹏委员长参加了今天上午对刑法修正案草案的审议，并和委员们进行了热烈的讨论。

在审议刑法修正案草案时，委员们普遍认为，这一草案抓住了当前建设社会主义市场经济中的热点问题，草案二次审议稿基本上吸收了上次会议各方面所提的意见，建议进一步审议修改后付表决。他们说，修正案的出台，必将对更有效地打击经济犯罪，维护社会主义市场经济的正常秩序，发挥重要作用。

委员们对草案二次审议稿提出了修改意见。有的委员认为，对“隐匿或者故意销毁依法应当保存的会计凭证、会计账簿、财务会计报告”犯罪的条款，只规定“对其直接负责的主管人员和其他直接责任人员”给予处罚还不够，目前这类犯罪行为多数都有单位主要负责人的授意、指使，因此也应将这些人列入处罚范围，以免执法中难以追究这些主谋者的责任。

也有些委员提出，草案有关“国有公司、企业的工作人员，由于严重不负责任或者滥用职权，造成国有公司、企业破产或者严重损失，致使国家利益遭受重大损失”的处罚条款，其中所说的“严重不负责任”过于强调主观动机，很难界定，应当以造成的客观后果为主要依据。同时，由于市场经济大环境的影响，国有公司、企业的亏损或损失往往是由多种原因造成的，刑法应重点对徇私舞弊和滥用职权造成重大损失者进行处罚。

部分委员希望对涉及证券、期货信息犯罪条款中的“信息”加以明确的界定，因为目前有不少传媒都请人进行有关的信息发布，应明确哪些“信息”属于利用证券、期货信息犯罪的范围。委员们还对草案的部分具体条文提出了修改意见。

下午，委员们还对海事诉讼特别程序法草案等进行了审议。

回归前夕说祥和

朱竞若

澳门回归在即，来自祖国内地的人们有一个共同的感觉：这里人心稳定，气氛祥和，居民友善。走访各个阶层，处处感受到的是游子归家一样的安祥与欢欣。安祥与欢欣，构成了澳门回归前特有的氛围。

这样一种安祥与欢欣，来自澳门人民对于回归祖国怀抱的渴盼。与内地做了多年贸易的高先生说：九七香港回归时，有的人心里还有些忐忑不安；九九澳门回归时，人们却感到很自然。在自己的国土上挺直腰杆做人，是澳门一代又一代人的期盼。对内地来的同胞，澳门人有一份浓浓的亲情，热情大方，亲切可人。回归日尚未到来，一些商店和公司都已把区旗挂了起来，飘扬的五星红旗更是随处可见。

这样一种安祥与欢欣，来自澳门人民对于祖国的深切信赖。澳门的发展与内地息息相关。澳门人士普遍认为，澳门的经济发展与祖国内地的发展是分不开的。是内地的改革开放给澳门带来了机遇，造就了七八十年代的经济发展。目前，内地已成为澳门第一大进口来源地和第四大出口市场。九九回归，又给澳门经济发展带来了新的机遇。

这样一种安祥与欢欣，也来自中葡双方对于结束过去、开辟未来达成的共识。澳门有华人，有葡人，还有其它国家的侨居者，在澳门回归问题上，中葡两国友好的合作，使所有居住在这里的市民心境平稳。许多土生葡人都愿意在澳门留下来。即将结束任期返回葡萄牙的澳督韦奇立，近几天来正忙于向澳门各界告别，葡方所有的活动，都在一种和谐的气氛中进行着。

这样一种安祥与欢欣，归根到底是因为澳门同胞对“一国两制”、“澳人治澳”、高度自治方针的广泛认同，特别是对“一国两制”在香港的成功实践深感鼓舞。他们深信，中央政府贯彻“一国两制”的方针是坚定不移的。

欢欣鼓舞迎回归，同心协力求发展，这样一种良好的心态，必将为澳门稳定和发展提供良好的基础，澳门必将迎来更加美好的明天。

①澳门庆回归委员会正组织居民精心扎制彩车、彩灯、花船，准备参加20日的万人大巡游。

本报记者　王忠家摄

②几个月来，澳门街坊会联合总会的30多名合唱队员利用业余时间排练节目，迎接回归盛事。图为她们正在为12月19日的演出作最后排练。

本报记者　徐　烨摄

人民日报

RENMIN RIBAO

今日12 版（华东地区16版、华南地区24版）

网址：http://www.peopledaily.com.cn

国内统一刊号：CN11—0065

第18790期　（代号1—1）

人民日报社出版

1999年12月

20

星期一

己卯年十一月十三

北京地区天气预报

白天　多云转晴　降水概率10%　风向　北　风力　二、三级转四、五级

夜间　晴　降水概率0%　风向　北　风力　四、五级转二、三级

温度　—4℃／—12℃

国务院发布第275号令
公布澳门特别行政区区域图

新华社北京12月20日电　中华人民共和国国务院令

第275号

根据1993年3月31日第八届全国人民代表大会第一次会议通过的《全国人民代表大会关于设立中华人民共和国澳门特别行政区的决定》，《中华人民共和国澳门特别行政区行政区域图》已经1999年12月7日国务院第23次常务会议通过，现予公布。

附：中华人民共和国澳门特别行政区行政区域范围文字表述

总理　**朱镕基**

1999年12月20日

中华人民共和国澳门特别行政区行政区域范围文字表述

中华人民共和国澳门特别行政区包括澳门半岛、氹仔岛和路环岛。

澳门特别行政区北部与广东省珠海市的拱北陆路相连。关闸拱门以南由澳门特别行政区管辖。关闸拱门以北至珠海边防检查站原旗楼之间的地段维持原有管理办法不变。

澳门特别行政区维持澳门原有的习惯水域管理范围不变。

中华民族永载史册的又一盛事　完成祖国统一大业的重要一步
中葡两国政府澳门政权交接仪式隆重举行
江泽民主席宣告中国政府对澳门恢复行使主权
朱镕基总理等中国政府代表团成员及葡萄牙总统桑帕约总理古特雷斯等出席交接仪式

本报澳门12月20日零时20分电　新华社记者、本报记者报道：1999年12月20日零时，在雄壮的《义勇军进行曲》乐曲声中，中华人民共和国国旗和中华人民共和国澳门特别行政区区旗在这里庄严升起。从此，澳门回到祖国的怀抱，中国人民在完成祖国统一大业中又迈出重要的一步。

在雷鸣般的掌声中，中华人民共和国主席江泽民宣告：中国政府对澳门恢复行使主权。从这一刻起，澳门的发展进入了一个崭新的时代。从这一刻起，中葡两国人民的友谊和两国的友好合作也将在新的起点上向前发展。

12月19日深夜，位于澳门新口岸刚刚建成的澳门文化中心花园馆灯火通明，举世瞩目的中葡两国政府澳门政权交接仪式在这里隆重举行。

23时42分，澳门政权交接仪式开始。在礼号手的号乐声中，中华人民共和国主席江泽民、国务院总理朱镕基、国务院副总理钱其琛、外交部长唐家璇、澳门特别行政区首任行政长官何厚铧步入会场，登上主席台主礼台。葡萄牙总统桑帕约、总理古特雷斯、国务部长兼外交部长伽马、共和国议会副议长科伊索罗、澳门总督韦奇立同时登上主席台主礼台。随后，中葡双方仪仗队举行敬礼仪式，双方乐队奏致敬曲。

桑帕约总统首先讲话。他说，我们今天聚首一堂参加这个仪式，这是澳门历史上独一无二的重要时刻。“两国就澳门地位协议的最终达成，充分体现了双方在此问题上的实事求是态度及以和平方式解决问题的智慧，将我们两国因应新实况而需改变的改变过来，也同时确保了澳门原有特色的延续，使两国之间数世纪的悠久关系步入一个新时期。”

桑帕约说：“葡中两国在履行联合声明的同时，关系得到了加强，使澳门享有自治的保证更为清晰。我要向为其成功作出贡献的所有人士，表示赞赏和感谢。”

23时55分，降旗、升旗仪式开始，中葡双方护旗手入场。23时58分，在葡萄牙国歌声中，葡萄牙国旗和澳门市政厅旗开始缓缓降下。

此时，距离12月20日零时只有短短几秒钟。会场内的气氛凝重而肃穆，人们在静静地等待着中华民族又一个重要时刻的到来。

零时整，中国人民解放军军乐团奏响雄壮激昂的中华人民共和国国歌，中华人民共和国国旗和中华人民共和国澳门特别行政区区旗冉冉升起。46秒后，两面旗帜同时升到旗杆顶端，猎猎飘扬。至此，中葡两国政府完成了澳门政权的交接。

交接仪式大厅里掌声如潮，经久不息。无数的照相机、摄像机的镜头记录下这一历史性的时刻；无数的电波将这一重大消息传遍大江南北，传遍世界各地。

零时4分，江泽民主席稳步走到镶有中华人民共和国国徽的讲台前发表讲话。他代表中国政府和全国各族人民向回到祖国怀抱的澳门同胞表示亲切的问候和良好的祝愿，向所有为解决澳门问题作出贡献的人士，向世界上一切关心和支持澳门回归的人们，表示衷心的感谢。

江泽民说，中国政府按照邓小平提出的“一国两制”的伟大构想，成功地解决了香港、澳门问题，这是中国人民在完成祖国统一的大业中取得的重大进展。（下转第四版）

1999年12月19日午夜至20日凌晨，举世瞩目的中葡两国政府澳门政权交接仪式在澳门文化中心花园馆隆重举行。图为交接仪式会场。本报记者　王忠家摄

江泽民主席郑重宣告
中华人民共和国澳门特别行政区政府成立
澳门特别行政区政府宣誓就职
澳门特别行政区行政长官何厚铧宣誓并讲话
朱镕基总理代表中央人民政府表示热烈祝贺

本报澳门12月20日凌晨电　新华社记者、本报记者报道：中华人民共和国主席江泽民今天凌晨在这里向全世界郑重宣告，中华人民共和国澳门特别行政区政府成立。随后，全部由澳门人组成的澳门特别行政区政府宣誓就职。

以此为标志，“一国两制”、“澳人治澳”、高度自治的基本方针在澳门正式实施，澳门进入发展的新纪元。

今天凌晨，中华人民共和国澳门特别行政区成立暨特区政府宣誓就职仪式在澳门综艺馆隆重举行。为迎接这一盛事，综艺馆装修得焕然一新。会场主席台中央，悬挂着中华人民共和国国旗和澳门特别行政区区旗，馆内洋溢着热烈喜庆的气氛。

国家主席江泽民，国务院总理朱镕基和钱其琛、迟浩田、邹家华、吴阶平、何鲁丽、丁石孙、成思危、许嘉璐、蒋正华、王忠禹、叶选平、阿沛·阿旺晋美、霍英东、马万祺、经叔平、罗豪才、张克辉、卓琳等中央代表团成员以及香港特别行政区行政长官董建华在主席台就座。

仪式由国务院副总理、全国人民代表大会澳门特别行政区筹备委员会主任委员钱其琛主持。

1时45分，军乐队奏起雄壮的中华人民共和国国歌。随后，江泽民主席宣布：中华人民共和国澳门特别行政区政府现在成立。顿时，会场内响起雷鸣般的掌声。

1时47分，澳门特别行政区政府开始宣誓就职。

首先，由澳门特别行政区行政长官何厚铧宣誓。在朱镕基总理监誓下，44岁的何厚铧庄严地举起右手，郑重宣誓：本人就任中华人民共和国澳门特别行政区行政长官，必当拥护并负责执行中华人民共和国澳门特别行政区基本法，效忠中华人民共和国及其澳门特别行政区，尽忠职守，遵守法律，廉洁奉公，致力于维护澳门的稳定和发展，对中央人民政府和澳门特别行政区负责。

何厚铧宣誓完毕，朱镕基总理同他亲切握手。热烈的掌声在会场内响起。

1时49分，澳门特别行政区政府主要官员、立法会主席、终审法院院长、检察院检察长走上主席台宣誓就职。受朱镕基总理委托，澳门特别行政区行政长官何厚铧监誓。行政法务司司长陈丽敏领誓。

随后，澳门特别行政区行政会10名委员、立法会23名议员、各级法院23名法官、检察院23名检察官分批走上主席台宣誓。行政长官何厚铧监誓。行政会委员唐志坚、立法会主席曹其真、终审法院院长岑浩辉和检察院检察长何超明分别领誓。

宣誓结束后，朱镕基总理致辞。他代表中华人民共和国中央人民政府，对澳门特别行政区政府的成立表示热烈的祝贺，向一切关心和支持澳门回归并为此作出贡献的澳门各界人士致以深切的谢意。（下转第三版）

12月20日凌晨，中华人民共和国澳门特别行政区成立暨特区政府宣誓就职仪式在澳门综艺馆隆重举行。图为澳门特别行政区行政长官何厚铧（左）宣誓就职，国务院总理朱镕基监誓。本报记者　李石营摄

出席澳门政权交接仪式
江泽民率中国政府代表团抵达澳门

江泽民主席率中国政府代表团抵达澳门，出席澳门政权交接仪式。图为江泽民在机场向前来欢迎的人们招手致意。本报记者　王忠家摄

本报澳门12月19日电　记者郑宏范报道：中共中央总书记、国家主席、中央军委主席江泽民率领中国政府代表团于今天中午抵达澳门，出席澳门政权交接仪式。这是中华人民共和国最高领导人首次踏上澳门的土地。

中午12时许，中国政府代表团乘坐的两架专机徐徐降落在澳门国际机场。12时17分，江泽民主席和朱镕基总理分别走出机舱，满面笑容，频频挥手向前来欢迎的人们致意。

葡萄牙国务部长兼外交部长雅伊梅·伽马、澳门总督韦奇立、外交与合作国务秘书路易斯·阿马多、驻华大使佩德罗·卡塔里诺等在机场迎接。

全国政协副主席马万祺、外交部长唐家璇、澳门特别行政区行政长官何厚铧、中共中央办公厅副主任胡光宝、国务院副秘书长崔占福、新华社澳门分社社长王启人、外交部驻澳门特派员公署特派员原泰、中葡联合联络小组中方首席代表韩肇康，以及澳门特区政府主要官员及澳门各界代表数百人，在机场欢迎代表团的到来。

机场上铺着红地毯。代表团成员走下飞机后，澳门少年儿童向江泽民和朱镕基敬献了鲜花。迎候的人们有的手持中国国旗和澳门特区区旗，有的手持鲜花，欢迎声此伏彼起。

江泽民主席率领高规格的具有广泛代表性的代表团来此出席澳门回归庆典活动，受到国际社会的广泛关注。舆论普遍认为，这一重大行动体现了中国对澳门回归的高度重视，显示了中国政府坚定不移地执行“一国两制”、“澳人治澳”、高度自治方针的决心，具有重大意义。

同时抵达的代表团成员有钱其琛、迟浩田、邹家华、吴阶平、何鲁丽、丁石孙、成思危、许嘉璐、蒋正华、王忠禹、叶选平、阿沛·阿旺晋美、经叔平、罗豪才、张克辉、卓琳等。

人民日报

RENMIN RIBAO

今日12版（华东、华南地区16版）

网址：http://www.peopledaily.com.cn

国内统一刊号：CN11—0065

第18791期　（代号1—1）

人民日报社出版

1999年12月 21 星期二

己卯年十一月十四

北京地区天气预报

白天　晴　降水概率0%　风向　偏北　风力　三、四级

夜间　晴　降水概率0%　风向　偏北　风力　一、二级

温度　—1℃／—8℃

12月20日，在澳门特别行政区成立庆祝大会上，展示了江泽民主席的亲笔题词“开创澳门新纪元”。

本报记者　王忠家摄

首都各界隆重庆祝澳门回归祖国

神州共庆中华民族的盛大节日　戮力同心开创发展繁荣新境界

庆祝大会由中共中央全国人大常委会国务院全国政协中央军委举行

江泽民发表重要讲话　李鹏朱镕基李瑞环胡锦涛尉健行李岚清等出席

新华社北京12月20日电（记者薛建华）今夜，祖国为澳门回归铺开大红地毯。中共中央、全国人大常委会、国务院、全国政协、中央军委在首都体育馆隆重举行“首都各界庆祝澳门回归祖国大会”，共庆澳门回归祖国这一中华民族的盛大节日。

中共中央总书记、国家主席、中央军委主席江泽民在庆祝大会上发表了重要讲话。他说：“今天，庄严的五星红旗和澳门特别行政区区旗已在澳门上空升起，我国政府恢复了对澳门行使主权，中华人民共和国澳门特别行政区正式成立。这是继香港回归之后中华民族的又一盛事，是我们完成祖国统一大业的又一个重要里程碑。澳门回归祖国，是中国人民长期艰苦斗争和奋发图强的结果，是社会主义祖国和全体中华儿女的光荣与骄傲，也是世界正义与进步事业的伟大胜利！”

北京今夜星光灿烂，首都体育馆披红挂彩，99盏大红灯笼映红了冬日的夜空。1600多人的大合唱，歌声此起彼伏，汇成欢乐的交响。主席台前缀满1999束鲜花和彩绸绣球。9只大红宫灯簇拥着庆祝大会的巨幅会标。正前方的背景台气势宏大，12根巨型仿真大理石柱矗立两侧，中间是1200平方米的巨幅国画《江山如此多娇》。纱幕上，江泽民总书记题写的“欢庆澳门回归”6个金黄色的大字光彩夺目，表达了全国各族人民的心声。

19时58分，军乐团高奏迎宾曲，江泽民、李鹏、朱镕基、李瑞环、胡锦涛、尉健行、李岚清等党和国家领导人登上主席台，这时全场响起热烈的掌声。

20时，北京市市长刘淇宣布庆祝大会开始。伴着《义勇军进行曲》雄壮的旋律，全场1万多人齐声高唱中华人民共和国国歌。在国旗班礼兵的护卫下，五星红旗在会场冉冉升起。

江泽民发表讲话指出，澳门与祖国的分离和团聚，是近代以来中华民族发展历史的一个缩影。昔日的澳门，是在旧中国积贫积弱、备受欺凌的情况下被葡萄牙逐步占领的。今天的澳门，是在新中国昂首阔步走向繁荣富强的进程中胜利回归的。这一历史性的变化，充分显示了当代中国和中国人民的强大力量。

江泽民说，在这个激动人心的时刻，我们深切怀念毛泽东同志、邓小平同志等老一辈无产阶级革命家，深切怀念一切为实现民族解放、人民幸福和祖国统一富强而英勇献身和毕生奋斗的先烈先辈们。我们将永远铭记他们为祖国和人民建立的丰功伟绩。

江泽民强调指出，“一国两制”在香港的成功实践，为澳门提供了宝贵经验。中央政府将坚定不移地实行“一国两制”、“澳人治澳”、高度自治的方针，保持澳门现行的社会、经济制度不变，生活方式不变，法律基本不变。我们将坚定不移地支持澳门特别行政区行政长官和政府依法施政。我们将坚定不移地保障澳门居民充分享有基本法赋予的权利和自由。在澳门的外来投资者的利益将依法受到保护。我们相信，澳门同胞和各界人士一定能够发挥自己的聪明才智，把澳门建设得更美好。

江泽民说：“此时此刻，我想起了唐代诗人王维的著名诗句：‘遥知兄弟登高处，遍插茱萸少一人。’在祖国内地人民与香港同胞、澳门同胞同庆澳门回归这一民族盛事之时，我相信，台湾同胞也同我们有着一样的欢乐心情。”

江泽民说，海内外一切爱国的同胞和世界上的有识之士，都已从香港、澳门顺利回归的事实中，看到了“一国两制”的科学性和正确性，看到了“一国两制”是解决台湾问题的最好方式。遵循一个中国的原则，实现中国的完全统一，是包括台湾同胞在内的全中国人民的共同意愿，是历史发展的必然趋势，任何势力都无法阻挡。

江泽民强调说，历史告诉我们：中华民族要自立于世界民族之林，必须放眼全球，与时俱进，坚持自力更生，艰苦奋斗，励精图治，不断增强中国的经济实力、国防实力和民族凝聚力。在当今世界的激烈竞争面前，不进则退。（下转第二版）

江泽民在澳门特别行政区成立庆祝大会上发表重要讲话

澳门的发展从此进入了一个崭新的时代

何厚铧致辞表示特区政府最重要的使命就是坚定意志贯彻落实基本法

本报澳门12月20日电　记者赵川东、郑德刚、朱竞若报道：今天上午，中华人民共和国澳门特别行政区成立庆祝大会在澳门综艺馆隆重举行。中华人民共和国主席江泽民在会上发表重要讲话。他指出，澳门特别行政区正式成立，标志着澳门同胞从此真正成为这块土地上的主人，澳门的发展从此进入了一个崭新的时代。

江泽民主席代表中央人民政府和全国各族人民，对澳门特别行政区的成立表示热烈的祝贺，向回到祖国大家庭的澳门同胞表示亲切的问候，向所有为澳门回归祖国作出贡献的海内外同胞表示诚挚的感谢，并向一切关心和支持澳门回归的国际友人表示谢意。

刚刚回到祖国怀抱的澳门，今天沉浸在浓烈的喜庆气氛之中。举行特别行政区成立庆祝大会的澳门综艺馆装饰一新，馆外悬挂着大红灯笼，馆内华灯齐放。鲜花簇拥的会场主席台中央，悬挂着中华人民共和国国旗和澳门特别行政区区旗。

江泽民主席和钱其琛、迟浩田、叶选平、阿沛·阿旺晋美、霍英东、马万祺、经叔平、罗豪才、张克辉、卓琳等中央代表团成员以及香港特别行政区行政长官董建华，与澳门各界人士欢聚一堂，热烈庆祝澳门特别行政区的诞生。

澳门特别行政区行政长官何厚铧，特别行政区政府主要官员，以陈滋英为团长的观礼团成员，来自各国的嘉宾，香港特别行政区的代表，台湾同胞，海外华侨、华人代表共约3000人出席庆祝大会。

上午10时整，在迎宾曲声中，江泽民主席在何厚铧的陪同下步人会场，全场顿时响起热烈的掌声。庆祝大会开始，全场肃立，奏中华人民共和国国歌。

接着，江泽民主席发表讲话。他说，今天是澳门同胞和全国各族人民举国同庆的日子。在这个庄严的历史时刻，我们深切怀念邓小平先生。他以伟大的政治气魄和非凡智慧提出的“一国两制”方针，为解决香港、澳门和台湾问题指明了正确的道路。澳门的胜利回归，是继香港回归后中国人民在完成祖国统一大业的道路上树立的又一个历史丰碑。

江泽民说，中葡两国政府通过谈判解决澳门问题，这一政治决断是符合时代要求的明智之举。澳门问题的成功解决，为中葡两国人民的友谊在21世纪的发展提供了新的历史起点。（下转第二版）

12月20日，澳门举行“迈向美好明天”大巡游，庆祝澳门回归祖国。　本报记者　徐　烨摄

出席中葡两国政府澳门政权交接仪式后

江泽民朱镕基离开澳门返回北京

本报澳门12月20日电　记者郑宏范报道：中共中央总书记、国家主席、中央军委主席江泽民，今天下午3时乘专机离开澳门返回北京。

在澳门期间，江泽民主席出席了中葡两国政府澳门政权交接仪式、澳门特别行政区成立暨特区政府宣誓就职仪式、澳门特别行政区成立庆祝大会。

国务院副总理钱其琛，全国政协副主席叶选平、马万祺，澳门特区行政长官何厚铧，外交部部长唐家璇，国务院港澳办主任廖晖，新华社澳门分社社长王启人等到机场送行。

迟浩田、阿沛·阿旺晋美、经叔平、罗豪才、张克辉、卓琳等中央代表团成员同机返京。

本报澳门12月20日电　记者吴亚明报道：在出席了中葡两国政府澳门政权交接仪式、澳门特别行政区成立暨特区政府宣誓就职仪式后，国务院总理朱镕基今天上午乘专机离开澳门返回北京。

邹家华、吴阶平、何鲁丽、丁石孙、成思危、许嘉璐、蒋正华、王忠禹等中央代表团成员同机离澳返京。

国务院副总理钱其琛、全国政协副主席马万祺、澳门特区行政长官何厚铧、中共中央办公厅副主任胡光宝、国务院港澳事务办公室主任廖晖、国务院副秘书长崔占福、新华社澳门分社社长王启人、外交部驻澳门特区特派员公署特派员原焘等到机场送行。

国务院举行庆祝澳门回归祖国招待会

朱镕基讲话指出澳门回归是中国迈向完全统一的又一个新的里程碑

李鹏李瑞环胡锦涛尉健行李岚清等出席

本报北京12月20日讯　新华社记者陈雁、本报记者傅旭报道：国务院今天下午在人民大会堂举行盛大招待会，庆祝澳门回归祖国。党和国家领导人、全国56个民族的代表和首都各界人士等4000人出席招待会。

人民大会堂今天张灯结彩，一派喜庆景象。举行招待会的宴会大厅花团锦簇：主席台正中的背景是红旗簇拥的国徽，两侧饰以“庆祝澳门回归祖国”标志图案；一盏盏大红灯笼和鲜艳的彩绸装点着大厅的两侧。

在欢快的乐曲声中，党和国家领导人李鹏、朱镕基、李瑞环、胡锦涛、尉健行、李岚清等步入会场，全场响起热烈的掌声。

下午5时，招待会在庄严的国歌声中开始。中共中央政治局常委、国务院总理朱镕基讲话。

朱镕基在讲话中说，今天，中国政府与葡萄牙政府顺利地举行了澳门政权交接仪式，中国政府恢复对澳门行使主权，澳门特别行政区宣告成立，澳门回到了伟大祖国的怀抱。这是继香港回归后中华民族的又一历史盛事，是中国迈向完全统一的又一个新的里程碑，是人类正义与进步事业的重大胜利。

朱镕基指出，在这举国同庆的时刻，我们欢聚一堂，隆重庆祝澳门回归祖国。澳门回归后，实行“一国两制”、“澳人治澳”、高度自治。澳门特别行政区直辖于中央人民政府，依照澳门基本法享有行政管理权、立法权、独立的司法权和终审权。中央人民政府将全力支持澳门特别行政区政府依法管理特区自治范围内的事务。澳门将充分发挥自己的独特优势，与世界各国展开广泛的经济、文化交流，在中国与世界各国的联系与合作中发挥重要的桥梁和窗口作用。澳门同胞已经成为澳门的真正主人。他表示相信，澳门同胞一定会更加感受到祖国大家庭的温暖。在伟大祖国的支持下，澳门必将不断克服前进道路上的困难，保持长期的稳定、发展和繁荣。澳门回归将促进台湾问题的最终解决，实现祖国的完全统一。（全文另发）

朱镕基讲话后，宴会厅里响起热烈的掌声。

国务委员、国务院秘书长王忠禹主持招待会。

出席招待会的有：丁关根、田纪云、李铁映、吴邦国、张万年、罗干、姜春云、贾庆林、温家宝、曾庆红、吴仪、乔石、宋平、邹家华、帕巴拉·格列朗杰、王光英、程思远、布赫、铁木尔·达瓦买提、吴阶平、彭珮云、何鲁丽、周光召、曹志、丁石孙、成思危、许嘉璐、蒋正华、司马义·艾买提、肖扬、韩杼滨、杨汝岱、王兆国、钱伟长、卢嘉锡、任建新、宋健、李贵鲜、陈俊生、张思卿、钱正英、孙孚凌、朱光亚、万国权、胡启立、陈锦华、赵南起、白立忱、周铁农、王文元。李德生、张劲夫、彭冲、谷牧、王恩茂、郑天翔、王汉斌、张震、倪志福、陈慕华、李锡铭、王丙乾、胡绳、邓力群、张廷发、韩光等老同志出席了招待会。中央军委委员傅全有、于永波、王克、王瑞林、曹刚川、徐才厚也出席招待会。

中共中央直属机关和中央国家机关主要负责人，解放军各总部、各军兵种和北京军区、北京卫戍区、武警总部主要负责人，各民主党派、全国工商联主要负责人和无党派人士，各人民团体负责人，北京市主要负责人，英模和先进人物代表，来自香港、澳门特别行政区和台湾的人士，海外华侨、华人代表、各国驻华使节等参加了招待会。

出席九届全国人大常委会第十三次会议的人员、全国人大常委会澳门特别行政区基本法委员会组成人员也出席了招待会。

12月20日晚，首都各界庆祝澳门回归祖国大会在北京隆重举行。本报记者　陶源明摄

人民网 网址：http://www.people.com.cn
手机：http://wap.people.com.cn

2009年12月
21
星期一
己丑年十一月初六
人民日报社出版
国内统一连续出版物号
CN 11-0065
第22444期（代号1-1）
今日20版

圆满结束在澳门的各项活动

胡锦涛主席离开澳门

本报澳门12月20日电 （记者**吴绮敏、傅旭**）中共中央总书记、国家主席、中央军委主席胡锦涛圆满结束在澳门的各项活动，20日下午离开澳门。

胡锦涛是12月19日中午抵达澳门的。在澳门期间，胡锦涛出席了庆祝澳门回归祖国10周年大会暨澳门特别行政区第三届政府就职典礼，出席了澳门特别行政区政府举行的欢迎晚宴和庆祝澳门回归祖国10周年文艺晚会，分别会见了何厚铧、崔世安以及澳门特别行政区两届政府主要官员和各界代表人士，会见了曾荫权和随行人员，会见了中央驻澳机构和主要中资机构负责人，视察了驻澳门部队，出席了澳门科学馆开幕典礼和横琴岛澳门大学新校区奠基仪式，视察了澳门家居弃置物处理中心，并同澳门市民进行了广泛接触和交流。

欢送仪式上，两名澳门少年儿童向胡锦涛和夫人刘永清敬献了鲜花。胡锦涛同前来送行的人员握手道别，并向欢送队伍挥手致意。

中共中央政治局委员、国务委员刘延东，中央书记处书记、中央办公厅主任令计划，中央书记处书记、中央政策研究室主任王沪宁，全国人大常委会副委员长兼秘书长李建国，全国政协副主席、国务院港澳事务办公室主任廖晖，中央军委委员、总参谋长陈炳德，胡锦涛主席办公室主任陈世炬等也离开澳门。

澳门特别行政区行政长官崔世安和夫人霍慧芬、前任行政长官何厚铧和夫人刘渭桢等为胡锦涛送行。

庆祝澳门回归祖国10周年大会暨澳门特别行政区第三届政府就职典礼隆重举行

胡锦涛出席并发表重要讲话

澳门特别行政区第三任行政长官崔世安及特别行政区第三届政府主要官员等宣誓就职

12月20日，中共中央总书记、国家主席、中央军委主席胡锦涛在庆祝澳门回归祖国10周年大会暨澳门特别行政区第三届政府就职典礼上发表重要讲话。 新华社记者 樊如钧摄

12月20日，中共中央总书记、国家主席、中央军委主席胡锦涛出席庆祝澳门回归祖国10周年大会暨澳门特别行政区第三届政府就职典礼。这是胡锦涛监誓，澳门特别行政区第三任行政长官崔世安宣誓就职。

新华社记者 鞠鹏摄

本报澳门12月20日电 （记者**吴绮敏、傅旭**）庆祝澳门回归祖国10周年大会暨澳门特别行政区第三届政府就职典礼20日上午在澳门东亚运动会体育馆隆重举行，中共中央总书记、国家主席、中央军委主席胡锦涛出席并发表重要讲话。他指出，"一国两制"在澳门的成功实践，为澳门发展谱写出新的辉煌篇章，为国家发展增添了夺目光彩。我们坚信，澳门的明天与伟大祖国一样，一定会更加美好；澳门同胞的未来生活与全国各族人民一样，一定会更加幸福。

今天是澳门回归祖国10周年的喜庆日子，澳门东亚运动会体育馆洋溢着庄严而热烈的气氛。会场里摆放着盛开的鲜花，主席台上方悬挂着鲜艳的中华人民共和国国旗和澳门特别行政区区旗。当胡锦涛和夫人刘永清在澳门特别行政区第三任行政长官崔世安和夫人霍慧芬陪同下步入会场时，全场起立鼓掌。

庆祝大会暨就职典礼在雄壮的国歌声中开始。

胡锦涛走上主席台监誓。崔世安首先宣誓就职，他面对国旗和澳门特别行政区区旗，举起右手庄严宣誓。宣誓完毕，胡锦涛同崔世安紧紧握手，全场掌声雷动。

接着，由胡锦涛监誓，澳门特别行政区第三届政府主要官员在崔世安带领下上台宣誓就职。宣誓完毕后，胡锦涛同他们一一握手致意。

随后，由崔世安监誓，澳门特别行政区行政会委员宣誓就职。

在热烈的掌声中，胡锦涛发表了重要讲话。他代表中央政府和全国各族人民，向全体澳门市民致以诚挚的问候，向新就任的澳门特别行政区行政长官崔世安和特别行政区主要官员、行政会委员表示热烈的祝贺。胡锦涛表示相信，新一届澳门特别行政区政府一定能够总结经验、继往开来，团结带领广大澳门市民把澳门建设得更加美好。

胡锦涛说，此时此刻，我们要向创造性地提出"一国两制"科学构想、为澳门回归祖国开辟了正确道路的邓小平先生，表示深深的怀念。向为实现澳门顺利交接和成功落实"一国两制"作出了历史性贡献的江泽民先生，致以崇高的敬意。

胡锦涛指出，澳门回归祖国10年来，在中央政府和祖国内地大力支持下，澳门特别行政区行政长官何厚铧和特区政府带领澳门各界人士团结奋斗、务实进取，积极应对亚洲金融危机、非典疫情、国际金融危机等带来的严峻挑战，努力克服澳门发展进程中遇到的种种困难，保持澳门繁荣稳定，各项事业取得长足进步，使澳门这座历史悠久的商埠名城焕发出前所未有的生机活力。

胡锦涛强调，澳门回归祖国以来的10年，是"一国两制"在澳门成功实践的10年，是澳门基本法顺利实施的10年，也是澳门各界人士积极探索符合澳门实际的发展道路、不断取得进步的10年。回顾澳门回归祖国10年来的不平凡历程，可以得出以下重要启示。第一，必须全面准确理解和贯彻"一国两制"方针。关键是要把爱国和爱澳有机统一起来，在爱国爱澳旗帜下实现最广泛的团结，构筑起澳门长期繁荣稳定的牢固政治基础。第二，必须严格依照澳门基本法办事。澳门基本法在澳门特别行政区法律体系中具有最高地位。依法治澳，就是要按照澳门基本法办事，坚决维护澳门基本法的权威。第三，必须集中精力推动发展。始终牢牢把握发展这个主题，更加注重集民智、聚民心、汇民力，更加注重发展的全面性、协调性、可持续性，切实提高澳门抵御各种经济金融风险能力。第四，必须坚持维护社会和谐稳定。澳门同胞向来讲团结、重协商，只要大家在维护澳门长期繁荣稳定的大目标下相互尊重、求同存异、加强沟通、顾全大局，就一定能够找到解决矛盾和问题的办法，为澳门各项事业发展营造良好社会氛围。第五，必须着力培养各类人才。不断提升澳门竞争力，最关键的支撑因素是人才。要培养造就一大批澳门社会发展需要的政治人才、经济人才、专业技术人才以及其他各方面人才。要高度重视和加强爱国爱澳优秀年轻人才培养，使"一国两制"事业后继有人。

胡锦涛指出，把"一国两制"伟大事业继续推向前进，需要中央政府和香港特别行政区政府、澳门特别行政区政府以及社会各界人士共同努力。中央政府将继续坚定不移贯彻"一国两制"、"港人治港"、"澳人治澳"、高度自治的方针，严格按照香港基本法、澳门基本法办事，全力支持香港特别行政区、澳门特别行政区行政长官和特区政府依法施政。中央政府对香港、澳门采取的任何方针政策措施，都会始终坚持有利于保持香港、澳门长期繁荣稳定，有利于增进香港、澳门全体市民福祉，有利于推动香港、澳门和国家共同发展的原则。伟大的祖国始终是香港、澳门繁荣稳定的坚强后盾。**（讲话全文见第二版）**

崔世安在致辞中说，10年来，在中央政府和祖国内地强而有力的支持下，以何厚铧为首的澳门特别行政区政府和广大居民共同写下了澳门历史新篇章，澳门特别行政区所呈现的勃勃生机正反映出"一国两制"的强大生命力。

崔世安表示，新一届澳门特别行政区政府定将秉持"以民为本"的施政理念，积极推动澳门经济适度多元发展，努力提升澳门居民生活质素，构建高效廉洁政府，重视人才培养与储备，把"一国两制"伟大实践继续向前推进。

刘延东、令计划、王沪宁、李建国、廖晖和陈炳德等出席庆祝大会暨就职典礼。

香港特别行政区行政长官曾荫权，澳门特别行政区前任行政长官何厚铧，以及澳门各界代表和特邀嘉宾也出席庆祝大会暨就职典礼。

胡锦涛会见崔世安

12月20日，国家主席胡锦涛在澳门会见澳门特别行政区新任行政长官崔世安。
新华社记者 鞠鹏摄

本报澳门12月20日电 （记者**吴绮敏、傅旭**）国家主席胡锦涛20日上午在澳门会见了刚刚就职的澳门特别行政区行政长官崔世安。

胡锦涛首先祝贺崔世安就任澳门特别行政区第三任行政长官。他向崔世安指出，中央政府对你高度信任，广大澳门市民对你充满期待。希望你不辱使命、不负重托，带领澳门特别行政区政府坚持贯彻"一国两制"、"澳人治澳"、高度自治的方针，严格依照澳门基本法办事，紧密团结澳门各界人士，把澳门各项建设事业推上一个新台阶。中央政府将全力支持你和澳门特别行政区政府的工作。

胡锦涛强调，澳门正站在一个新的历史起点上。在以崔世安为行政长官的新一届特别行政区政府领导下，澳门各界人士齐心协力，开拓创新，一定能够开创澳门更加美好的明天。

崔世安感谢中央政府对澳门的关心和支持，表示将牢记使命，恪尽职守，带领澳门特别行政区政府和各界人士团结奋斗，全力促进澳门更好更快发展。

刘延东、廖晖和白志健等参加会见。

习近平会见缅甸国家和平与发展委员会主席丹瑞

12月20日，正在缅甸访问的国家副主席习近平在内比都泽雅蒂利宫吉祥如意厅会见缅甸国家和平与发展委员会主席丹瑞。
新华社记者 李涛摄

本报内比都12月20日电 （记者**王莉**）正在缅甸访问的国家副主席习近平，20日上午在内比都泽雅蒂利宫吉祥如意厅会见了缅甸国家和平与发展委员会主席丹瑞。

习近平转达了胡锦涛主席的诚挚问候和良好祝愿。习近平说，中缅两国山水相连，两国人民自古交往，情同手足。建交半个多世纪以来，中缅关系经受住了国际风云变幻的考验，两国老一辈领导人亲手缔造和培育的中缅胞波友谊历久弥坚。两国关系近年来不断取得新进展。两国领导人保持经常接触，双方在经贸、金融、能源和文化领域的合作与交流全面推进，在国际和地区事务中保持密切协调。缅方在台湾、涉藏、涉疆等涉及中方核心利益问题上给予中方坚定支持，中方对此表示赞赏。

习近平强调，发展中缅友好合作关系是中国外交政策的重要组成部分，这一方针不会改变。我们愿同缅方共同努力，继续推动中缅关系向多领域、深层次、全方位发展，造福于两国人民。 **（下转第四版）**

六、重大建设成就报道

社会主义建设的重大成就，反映了我国集中力量办大事的社会主义制度优越性。宣传好社会主义建设的重大成就，是党中央机关报义不容辞的责任。从五年计划任务的全面完成，到重大工程的开工建设，从第一颗原子弹的成功爆破到其他重大科研成果的关键性突破，人民日报将宣传报道社会主义建设的重大成就落实到版面上，不仅位置安排显著，而且往往不惜版面，图文并茂（包括图表），主题突出，醒目大方。

1. 载人航天飞行成功

2003 年 10 月 15 日上午，我国自主研制的“神舟”五号载人飞船在酒泉卫星发射中心用“长征”二号 F 型运载火箭发射升空。9 时 9 分 50 秒，飞船准确进入预定轨道，将中国第一名航天员杨利伟成功送上太空。“神舟”五号载人飞船的发射成功，是国家的荣耀，标志着我国首次载人航天飞行初战告捷，也标志着中国人民在攀登世界科技高峰的征程上又迈出了具有重大历史意义的一步。

次日本报在一版头条位置刊发“我国进行首次载人航天飞行神舟五号飞船发射成功”的消息，并配发胡锦涛等领导同志向即将出征的首飞航天员杨利伟挥手致意的照片一张，报眼位置配发“神舟”升空的照片。在一版右部，刊发了“勇士出征”的侧记。同时，在二版、三版和五版以大篇幅、多图片进行了配合性报道。

2008 年 9 月 25 日，神舟七号载人飞船发射成功，标志着我国在攀登世界科技高峰的征程上又迈出了具有重大历史意义的一步。次日一版头条通栏处理，配发胡锦涛到酒泉卫星发射中心现场观看照片两张，左下发吴邦国等其他中央政治局常委观看发射实况照片一张，报眼是火箭点火升空瞬间照片。整版套红，充满喜庆热烈氛围。9 月 26 日，神舟七号载人飞船继续在太空飞行。27 日一版头条刊登胡锦涛接见神舟七号载人飞船航天飞行任务参试单位代表消息，配发照片一张。9 月 27 日，航天员出舱活动，中国人首次漫步太空。次日一版头条刊登消息，配发胡锦涛与航天员通话照片一张，报眼是航天员太空出舱照片。9 月 28 日，神舟七号载人飞船成功着陆，3 名航天员安全返回。次日一版头条刊登消息，配发胡锦涛题名照片和航天员挥手致意照片各一张。党中央关心载人航天工程的通讯在头条下，社论在右下。整版套红。11 月 7 日，中共中央、国务院、中央军委隆重举行庆祝大会。次日一版通栏处理消息，双行主题，配发照片两张，报眼是中共中央、国务院、中央军委的决定，胡锦涛在大会上的讲话全文见第二版。一版整版套红，十分喜气。为加大对神舟七号载人航天飞行活动的报道力度，本报还于9月25日至29日在五版、六版推出了“神七特刊”。

2012年6月16日18时56分,执行我国首次载人交会对接任务的神舟九号载人飞船，在酒泉卫星发射中心发射升空后准确进入预定轨道，顺利将3名航天员送上太空。正在丹麦进行国事访问的胡锦涛发来贺电。吴邦国等前往酒泉卫星发射中心观看发射。

6月17日的一版头条直题四栏刊发“神舟九号载人飞船发射成功”的消息，并配发飞船发射瞬间和中央领导向即将出征的航天员挥手致意的照片。当日五、六版推出“中国航天首次载人交会对接特刊”。

（附2003年10月16日一版、2008年9月26日、9月29日、11月8日一版，2012年6月17日一版）

2. 长江三峡工程开工及大坝建成

1994年12月14日，长江三峡工程正式开工，李鹏出席开工典礼。次日人民日报以四分之三版的篇幅报道这一举世无双的水利工程开工。头条以五栏宽的篇幅刊出工程开工消息，消息正文上方是一张五栏宽的压题照片，配李鹏讲话照片一张，左下角安排一幅三峡工程示意图，右下方是长篇通讯《当惊世界殊——写在三峡工程正式开工之际》，配题图一张。整版重点突出，舒展大方。

2006年5月20日下午2时，随着三峡大坝右岸最后一方混凝土送入仓位，举世瞩目的长江三峡工程迎来历史性的一刻：三峡大坝全线建成。次日一版头条刊发这一喜讯，配现场照片一张，四栏半，与题同宽，配评论员文章，形成一个整体。二版有长篇通讯《喜看世界第一坝》，配图表一张、照片两张，并配有三峡工程建设大事记的相关链接。

（附1994年12月15日一版，2006年5月21日一版、二版）

3. 青藏铁路通车

青藏铁路建成通车，是我国社会主义现代化建设取得的又一个伟大成就。10万多筑路大军经过5年的艰苦奋战，建成了世界上海拔最高、线路最长的高原铁路——青藏铁路。2006年7月1日，青藏铁路通车庆祝大会在青海省格尔木市和西藏自治区拉萨市同时隆重举行，胡锦涛出席格尔木的庆祝大会并发表重要讲话。7月2日一版以头条、通栏标题处理这一成就报道，消息和讲话全文刊登，报眼配发7月1日上午列车通过拉萨河特大桥四栏照片一张。7月3日，一版头条横六栏刊登胡锦涛考察青藏铁路沿线的通讯，配考察照片两张。

（附 2006 年 7 月 2 日一版）

4. 我国首次月球探测工程取得成功

2007 年 10 月 25 日，我国首颗绕月探测卫星“嫦娥一号”发射成功。11 月 24 日，“嫦娥一号”传回第一批图像数据。12 月 10 日，“嫦娥一号”探测仪器全部开机工作。我国首次月球探测工程取得圆满成功。这是继人造地球卫星、载人航天飞行取得成功之后我国航天事业发展的又一座里程碑，实现了中华民族的千年奔月梦想，是我国推进自主创新、建设创新型国家取得的又一标志性成果。这一重大成就，是我国改革开放 29 年来综合国力不断提高的重要体现，是我国在实现中华民族伟大复兴征程上谱写的壮丽篇章。12 月 12 日，中共中央、国务院、中央军委举行大会隆重庆祝。次日一版以头条、通栏形式全文刊登大会消息，配发照片两张，下八栏是胡锦涛在大会上的重要讲话，一版套红。二版刊登党中央关心月球探测工程纪实，四版刊登评论员文章，六版刊登长篇通讯《延伸的“天梯”——记中国首次月球探测工程的奋斗历程》，再配评论员文章《发挥优势就能攀高峰》。

（附 2007 年 12 月 13 日一版、二版、六版）

人民日报

RENMIN RIBAO

今日16版(华东、华南地区20版)
国内统一刊号:CN11-0065
第20186期 (代号1-1)
人民网网址:http://www.people.com.cn
http://www.peopledaily.com.cn
人民日报社出版

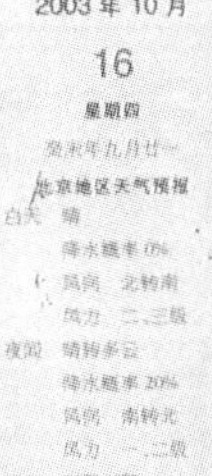

2003年10月
16
星期四
癸未年九月廿一
北京地区天气预报
白天 晴
降水概率0%
风向 北转南
风力 二、三级
夜间 晴转多云
降水概率20%
风向 南转北
风力 一、二级
温度 20℃/8℃

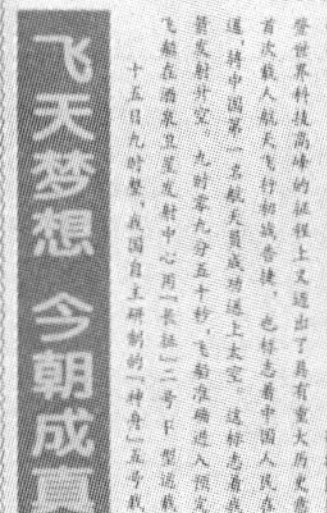

飞天梦想 今朝成真

十五日九时整，我国自主研制的「神舟」五号载人飞船在酒泉卫星发射中心用「长征」二号F型运载火箭发射升空。九时零九分五十秒，飞船准确进入预定轨道，将中国第一名航天员成功送上太空。这标志着我国首次载人航天飞行初战告捷，也标志着中国人民在攀登世界科技高峰的征程上又迈出了具有重大历史意义的一步。

张桐胜摄

我国进行首次载人航天飞行
“神舟”五号飞船发射成功

胡锦涛到现场观看并发表重要讲话 黄菊吴官正一同观看
吴邦国温家宝贾庆林曾庆红李长春罗干等在北京观看发射实况

胡锦涛强调，“神舟”五号载人飞船的发射成功，是我们伟大祖国的荣耀，标志着我国首次载人航天飞行初战告捷，也标志着中国人民在攀登世界科技高峰的征程上又迈出了具有重大历史意义的一步。航天战线的同志们为祖国、为人民、为民族建立的卓越功勋，党和人民永远不会忘记

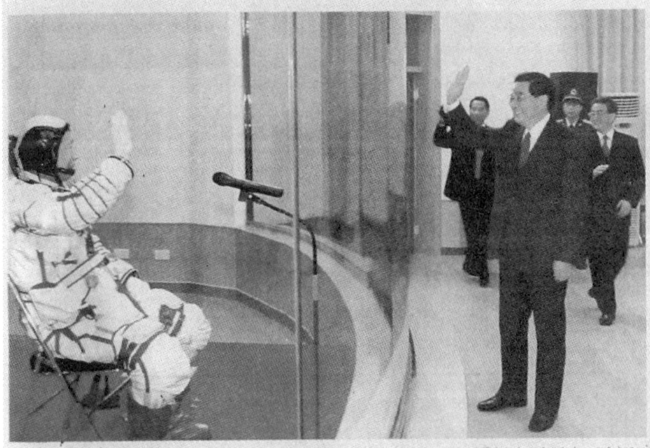

10月15日，中共中央总书记、国家主席、中央军委副主席胡锦涛和黄菊、吴官正、曹刚川、王刚等在酒泉卫星发射中心观看我国首次载人航天飞行“神舟”五号飞船发射。这是胡锦涛等领导同志向即将出征的首飞航天员杨利伟挥手致意。新华社记者 樊如钧摄

本报酒泉10月15日电 记者**贾西平、廖文根**报道：今天9时整，我国自主研制的“神舟”五号载人飞船在酒泉卫星发射中心用“长征”二号F型运载火箭发射升空。9时9分50秒，飞船准确进入预定轨道，将中国第一名航天员成功送上太空。中共中央总书记、国家主席、中央军委副主席胡锦涛在现场观看飞船发射时强调，“神舟”五号载人飞船的发射成功，是我们伟大祖国的荣耀，标志着我国首次载人航天飞行初战告捷，也标志着中国人民在攀登世界科技高峰的征程上又迈出了具有重大历史意义的一步。航天战线的同志们为祖国、为人民、为民族建立的卓越功勋，党和人民永远不会忘记。

14日下午，党的十六届三中全会刚闭幕，胡锦涛就和黄菊、吴官正、曹刚川、王刚等一同赶赴酒泉卫星发射中心，并连夜听取了关于飞船发射准备工作情况的汇报。

15日凌晨，地处戈壁大漠深处的酒泉卫星发射中心东方既白，晨曦微露。5时20分，航天员出征仪式在航天员公寓问天阁举行。胡锦涛等中央领导同志来到这里，亲切会见首飞梯队3名航天员。胡锦涛说，“神舟”五号马上就要发射了，这是你们盼望已久的庄严时刻，也是全国各族人民盼望已久的庄严时刻。一会儿，杨利伟同志就要作为我国第一个探索太空的勇士出征，就要肩负着祖国和人民的重托去实现中华民族的千年梦想。相信你一定会沉着冷静，坚毅果敢，圆满完成这一光荣而神圣的使命。我们等待着你胜利归来。执行首飞任务的航天员杨利伟激动地表示，要聚精会神地做好每一个动作，决不辜负祖国和人民的期望。

8时50分，胡锦涛等领导同志来到试验指挥楼平台，现场观看飞船发射。与此同时，吴邦国、温家宝、贾庆林、曾庆红、李长春、罗干等中央领导同志在北京航天指挥控制中心观看飞船发射实况。

飞船发射现场上空万里无云，阳光灿烂，“长征”二号F型运载火箭巍然挺立，箭体上的五星红旗和“中国航天”四个大字格外醒目。上午9时整，火箭在震天的轰鸣中腾空而起，急速飞向太空。9时42分，载人航天工程总指挥李继耐宣布：“飞船已进入预定轨道，发射取得成功。”指挥控制大厅内一片欢腾。

在热烈的掌声中，胡锦涛发表了重要讲话。他首先代表党中央、国务院、中央军委，代表江泽民主席，向为我国载人航天事业做出突出贡献的广大科技工作者，向所有参与载人航天工程研制、建设和试验的同志们表示热烈的祝贺和崇高的敬意。他指出，实施载人航天工程，是以江泽民同志为核心的党的第三代中央领导集体作出的重大战略决策。十多年来，在党中央、中央军委的领导下，经过广大科技人员和解放军指战员的不懈奋斗，我国载人航天事业取得了举世瞩目的成就，谱写了中华民族自强不息的壮丽诗篇。他希望航天战线的全体同志，认真学习贯彻“三个代表”重要思想和十六大精神，进一步增强使命感和责任感，大力弘扬“两弹一星”精神和载人航天精神，科学求实、开拓创新，团结协作、不懈进取，不断夺取我国航天事业和国防科技发展的新胜利，为全面建设小康社会、实现中华民族的伟大复兴再立新功。

在酒泉卫星发射中心，胡锦涛等中央领导同志亲切会见了各参试单位的代表，还视察了载人飞船发射场、测发指挥楼、垂直总装测试厂房，参观了发射基地历史展览，并向基地烈士陵园纪念碑敬献了花篮。

在北京航天指挥控制中心同时观看飞船发射实况的还有王兆国、回良玉、刘淇、刘云山、吴仪、周永康、贺国强、郭伯雄、曹培炎、徐才厚、何勇、唐家璇、华建敏、陈至立，中央军委委员梁光烈、廖锡龙等。

这次发射的“神舟”五号载人飞船，包括推进舱、返回舱、轨道舱和附加段四个部分，由中国航天科技集团公司所属的中国空间技术研究院和上海航天技术研究院为主研制。发射飞船的“长征”二号F型运载火箭，由中国航天科技集团公司所属的中国运载火箭技术研究院为主研制。飞船上进行空间科学和技术试验的载人航天应用系统由中国科学院、信息产业部等部门的有关单位研制。此次发射是长征系列运载火箭第七十一次飞行，也是继1996年10月以来，我国航天发射连续第二十九次获得成功。飞船在轨运行期间，在北京航天指挥控制中心的统一调度和指挥下，中国西安卫星测控中心国内外有关测控站和“远望”号远洋航天测量船队，将对飞船进行持续跟踪、测量与控制，通过航天员生理遥测参数和回传图像及话音通信，了解航天员的身体、生活和工作状态。载人航天应用系统将在飞船上进行空间科学和技术试验。

按预定计划，“神舟”五号载人飞船将绕地球飞行14圈，随后，航天员杨利伟将乘坐飞船返回舱于16日在内蒙古中部地区着陆。

酒泉卫星发射中心

这是一次英雄出征。这是中华民族历史上一次伟大的出征。

10月15日5时，酒泉卫星发射中心航天员公寓问天阁前的广场上，已经站满了送行的人们。大家怀着无比激动的心情和一个共同的期待，为英雄送行。

这一天，中国人已渴望了很久。这一刻，中华民族已等待了千年。

“快看！我们的航天员来了……”

5时28分，身着乳白色航天服的首飞航天员杨利伟迈着从容而稳健的步伐，从问天阁航天员的专用通道，微笑着向大家走来。紧随他身后的是身着天蓝色训练服的航天员翟志刚和聂海胜。广场人群中响起了热烈的掌声。首飞航天员梯队由杨利伟和翟志刚、聂海胜组成。飞船发射前，任务指挥部研究决定，首飞任务由杨利伟担任。

今天，中国人将要飞向太空，中国将成为世界载人航天俱乐部的第三个成员。

“总指挥同志，我奉命执行中国首次载人航天飞行任务，准备完毕，待命出征，请指示。中国人民解放军航天员大队航天员杨利伟。”

“出发！”载人航天工程指挥部总指挥李继耐庄重地下达命令，圆劲有力的话语中蕴含着几多信任、几多期待。

“是！”随着杨利伟标准的军礼，中国第一代航天员的夺人风采，瞬间便定格在记者们的镜头里，定格在共和国的航天史册上，定格在人类征服太空的篇章中。

杨利伟激动地和翟志刚、聂海胜相互握手拥抱，然后不停地向欢送的人群挥手致意。

“五星红旗迎风飘扬，胜利歌声多么响亮，歌唱我们亲爱的祖国……”，伴着《歌唱祖国》的乐曲，大家挥动着手中的彩旗、气球为航天英雄送行。

5时30分，杨利伟深情地注视了一眼猎猎鲜艳的五星红旗，然后转身向停在旁边的专车走去。车队在5辆摩托车的护送下，穿过夹道欢迎的人群，向发射塔架驶去，开始了中国人的飞天之旅。

（本报记者 廖文根）

杨利伟——
勇士出征

10月15日凌晨，夜色还笼罩着北京。位于西郊的北京航天指挥控制中心早已灯火通明，中国载人航天历史崭新的一页将在这里翻开。

这里是中国载人飞船的飞控中心，也是中国载人航天测控的神经中枢，担负着中国载人航天工程试验任务的指挥调度、信息交换、监控显示、分析计算和飞行控制等任务。

宽敞、明亮的现代化指控大厅里，4块面积为48平方米的巨幅液晶光阀大屏幕上，显示着从我国西北大漠载人航天发射场传来的壮观画面。不断变换着数据和图像，排成五个阵势的数百台终端机上跳跃着各种飞行控制理论参数，各测控站（船）此起彼伏的报告声，使人明白，发射前的各项准备工作正在紧张有序地进行。

8时59分，飞船发射进入一分钟读秒。指控大厅里的气氛立刻紧张起来。“10、9、8、7、6……”扬声器里传来最后的读秒声。

“点火！”“起飞！”巨型运载火箭喷射出一团橘红色的烈焰，托举着“神舟”五号载人飞船拔地而起，直刺苍穹。

飞船按照人们的安排，一步一步升到预定的高度，进入预定的轨道。发射后约10分钟，大厅里又传来报告：“船箭正常分离！”

此时，29岁的总调度申敏松果断地下达了帆板展开的命令。这是北京航天指挥控制中心采用透明控制方式向“神舟”五号飞船发送的第一个关键指令。

9时20分，任务指挥部宣布：“神舟”五号飞船准确进入预定轨道。顿时，指控大厅里掌声雷鸣。

9时25分，指控大厅的技术人员再次与航天员杨利伟进行了沟通：

“‘神舟’五号，我是医监医生。地面观察你的状态很好，你自我感觉如何？”

“感觉良好，完毕！”

此时，指控大厅大屏幕蔚蓝色的背景上，相互交织而又排列有序的飞船飞行曲线，犹如一幅色彩斑斓的优美画卷，真实而又形象地展现在人们面前。（贾西平 唐文俊）

北京指挥控制中心

吴邦国主持人大常委会委员长会议

学习贯彻党的十六届三中全会精神 为十届全国人大常委会第五次会议作准备

本报北京10月15日讯 记者**傅旭**报道：十届全国人大常委会第八次委员长会议今天下午在人民大会堂举行。中共中央政治局常委、全国人大常委会委员长吴邦国主持会议并发表重要讲话。他强调，各级人大及其常委会要认真学习贯彻党的十六届三中全会精神，坚持以邓小平理论和“三个代表”重要思想为指导，紧紧围绕全面建设小康社会的奋斗目标，保障经济体制改革顺利进行，促进经济发展和社会全面进步，发展社会主义民主，健全社会主义法制，认真履行宪法和法律赋予的职责，充分发挥国家权力机关的作用，为完成党的十六大和十六届三中全会确定的各项任务而不懈努力。

吴邦国指出，要深刻认识党的十六届三中全会的重大意义，把党的十六大和十六届三中全会精神贯彻到人大的各项工作中去。他说，这次全会是我们党在新世纪新阶段全面建设小康社会、开创中国特色社会主义事业新局面历史进程中召开的一次十分重要的会议。全国人大和地方各级人大是代表人民行使国家权力的机关，担负着依照法定程序，使党的主张成为国家意志，使党组织推荐的人选成为国家政权机关领导人员的重大责任，在国家生活中具有十分重要的地位和作用。贯彻落实好党的十六届三中全会精神，对于人大依照宪法和法律履行职责，更好地发挥国家权力机关的作用，具有重大意义。

（下转第四版）

载人飞船成功发射
全国各地群众喜庆

一箭飞天冲九霄 千年梦圆在今朝

本报北京10月15日讯 综合本报驻各地记者消息：今天上午9时许，我国首次载人航天飞船“神舟”五号发射成功的消息传来，全国各地民众无不欢欣鼓舞。大家纷纷表示，这是我国航天史上的一个重大里程碑，是我国经济实力和综合国力的集中体现，极大地振奋了党心民心军心，展示了中华民族精神，激发起全体中国人的民族自尊心和自豪感，凝聚起全国人民全面建设小康社会的信心和勇气。

记者来到我国首飞航天员杨利伟曾经工作过的成都空军某部，见到这个部队的官兵聚集在电视机前，正聚精会神地收看“神舟”五号载人飞船发射的新闻，当看到发射成功的消息，部队官兵欢呼雀跃，群情激昂。空军大校、空军某飞行部队副队长徐万华说，看到火箭载着我国自己研制的飞船、我国自己培养的航天员飞上太空，我们的心情非常激动，尤其让我们感到高兴和自豪的是，杨利伟是从我们部队被选去担任航天员的。“神舟”五号的成功发射标志着我国的航天事业揭开了崭新的篇章，也标志着我国的科学技术在党的领导下发展到了新的历史阶段，这是全党的荣耀，全国人民的荣耀，全军的荣耀，是我国改革开放所取得的重大成果。

今天上午，全国各地的大中小学校，气氛格外活跃，同学们抑制不住喜悦之情，迅速地传递着激动人心的消息。下课后，同学们或聚集在宿舍里收看电视新闻，或集中在学校体育馆前的大型电子屏幕前，了解最新的消息。中午，食堂成了集中收看电视的场所。在南京航空航天大学，该校学生会主席方正同学告诉记者，参与这次“神舟”五号载人飞船发射工作的科技工作者中，有一批我们的校友活跃其中，为此，同学们感到特别的自豪和激动。我们深信，随着祖国航空航天事业的发展，作为航空航天专业的大学生，前途一定会更加灿烂，航天报国的愿望一定会实现。

坐落在天津的中国电子科技集团公司第十八研究所承担了载人飞船的全部太阳电池方阵研制任务，太阳电池方阵是整船自主发电子系统，负责全船用电负载的供电。听到“神舟”五号成功发射的消息，该所的所有同志都激动地鼓起掌，“这是中华民族的历史大事，身为参与其中的科技工作者，为国争光，我们感到无比自豪。我们将继续努力，为祖国的航天事业作出更大的贡献”。

得知曾在酒泉发射中心担任主要技术干部、参加过载人航天工程前期论证的珠海国家高新区主任张某，今天就在酒泉发射现场，记者拨通了他的电话：“作为从事过航天工作的科技干部，我今天被老部队请回来，亲眼目睹了发射的全过程，看到祖国航天事业的快速发展，看到有过自己付出努力的工程有了成就，看到新一代航天人在成长，我激动得流泪了。”

（下转第二版）

人民日報

RENMIN RIBAO

人民网　网址:http://www.people.com.cn
手机:http://wap.people.com.cn

2008年9月
26
星期五
戊子年八月廿七
人民日报社出版
国内连续出版物号
CN11-0065
第21993期(代号1-1)
今日16版

九月二十五日晚，神舟七号载人飞船在中国酒泉卫星发射中心成功发射。这是"神七"火箭辉煌壮丽的升空瞬间。　本报记者　雷　声摄

神舟七号载人飞船发射成功

胡锦涛到现场观看发射并发表重要讲话　周永康一同观看

吴邦国贾庆林李长春习近平李克强在北京观看发射实况

9月25日，中共中央总书记、国家主席、中央军委主席胡锦涛在酒泉卫星发射中心观看神舟七号载人飞船发射。这是胡锦涛等领导同志向即将出征的航天员翟志刚、刘伯明、景海鹏挥手致意。　新华社记者　鞠　鹏摄

9月25日，中共中央总书记、国家主席、中央军委主席胡锦涛在酒泉卫星发射中心观看神舟七号载人飞船发射。这是胡锦涛在飞船发射成功后同现场指挥人员亲切握手，向他们表示诚挚慰问。　新华社记者　鞠　鹏摄

新华社酒泉9月25日电　（记者**孙承斌、李斌、邹声文**）北京时间9月25日21时10分04秒，我国航天事业又迎来一个历史性时刻，我国自行研制的神舟七号载人飞船在酒泉卫星发射中心发射升空，21时19分43秒准确进入预定轨道。在随后的飞行过程中，我国航天员将首次进行空间出舱活动。中共中央总书记、国家主席、中央军委主席胡锦涛亲临酒泉卫星发射中心现场观看飞船发射。

吴邦国、贾庆林、李长春、习近平、李克强等领导同志在北京航天飞行控制中心观看飞船发射实况。周永康等领导同志在酒泉卫星发射中心现场观看飞船发射。

25日下午，胡锦涛和周永康等在酒泉卫星发射中心听取了神舟七号载人航天飞行任务有关情况汇报。胡锦涛充分肯定了各参研参试部门和单位为完成神舟七号载人航天飞行任务所做的大量准备工作。胡锦涛说，现在，任务准备已全部就绪，飞船发射已进入倒计时。希望大家以勇攀高峰的昂扬斗志、严谨细致的科学作风、沉着冷静的良好心态、顾全大局的协作精神，精心组织、精心指挥、精心实施，胜利实现"准确入轨、正常运行，出舱活动圆满、安全健康返回"的任务目标，再创我国载人航天事业的新辉煌。

傍晚时分，航天员公寓问天阁里气氛庄重热烈。2003年和2005年，我国航天员杨利伟和费俊龙、聂海胜先后从这里踏上征程，开始太空之旅，两度实现了我国载人航天飞行的历史性突破。今天，我国航天员将第三次从这里出征，续写我国载人航天事业的新篇章。

17时30分许，航天员出征仪式在问天阁举行。胡锦涛等来到这里，亲切看望执行这次飞行任务的3名航天员翟志刚、刘伯明、景海鹏，为他们壮行。胡锦涛对即将出征的航天员说，神舟七号飞船就要按原定计划发射了，你们即将出征执行我国第三次载人航天飞行任务。我代表党中央、国务院、中央军委，代表全国各族人民，来为你们壮行，预祝你们成功。神舟七号载人航天飞行是我国载人航天工程第二步任务的首次飞行，你们将穿着我国研制的舱外航天服进行首次空间舱外活动，这将是我国空间技术发展的一个重大跨越。我相信，有全国人民作坚强后盾，有各有关方面周密准备的坚实基础，有你们通过严格训练养成的过硬素质，你们一定能够圆满完成这一光荣而神圣的使命。祖国和人民等待着你们凯旋。

翟志刚代表3名航天员郑重表示，感谢胡主席，感谢党和全国人民对我们的关爱。我们一定服从命令，听从指挥，沉着冷静，精心操作，坚决完成神舟七号载人航天飞行任务。请祖国和人民放心。

主持出征仪式的载人航天工程总指挥常万全说，我们一定要牢记胡主席的重托，确保圆满完成任务，以优异成绩向党和人民汇报。

胡锦涛微笑着向3名航天员挥手致意，目送他们离开问天阁。

问天阁外，送行的人群鼓掌欢呼。3名航天员列队请示出征。随着常万全一声"出发"的命令，航天员们向送行的人群挥手致意，登车前往发射场，进入飞船作最后的准备。

20时10分许，胡锦涛等来到距发射塔1.5公里的测发指挥楼。测发指挥大厅里灯火通明，工作人员正在紧张有序地为神舟七号载人飞船发射作最后的准备工作。胡锦涛走过去同大家亲切握手，叮嘱他们一定要一丝不苟、精益求精，确保飞船发射成功。胡锦涛还考察了垂直总装测试厂房，详细询问神舟七号飞船在这里总装、测试的情况。

21时许，胡锦涛和周永康等登上试验指挥楼平台，现场观看飞船发射。与此同时，吴邦国、贾庆林、李长春、习近平、李克强等在北京航天飞行控制中心观看飞船发射实况。

夜幕下，长征二号F运载火箭巍然挺立，直指苍穹；箭体上，鲜艳的五星红旗和"中国航天"4个大字十分醒目。

21时10分，随着一声"点火"的口令，承载着神舟七号载人飞船和3名航天员的火箭，在震天的轰鸣声中腾空而起，飞向茫茫太空，在夜色中划出一道耀眼的轨迹。胡锦涛同大家一起为火箭顺利升空热烈鼓掌。

火箭升空后，胡锦涛等步入指挥大厅，观看火箭和飞船实时运行情况。地面测控站和"远望"号测量船源源不断地将测控数据传输到指挥大厅，电子屏幕上显示出火箭和飞船运行的轨迹和参数，指挥人员目不转睛地监视着各项数据，不时发出一道道指令……

火箭起飞后120秒，逃逸塔分离；138秒，助推器分离；198秒，整流罩分离；578秒，船箭分离……21时19分43秒，神舟七号飞船进入预定轨道。

载人航天工程总指挥常万全激动地宣布：神舟七号载人飞船发射圆满成功。顿时，指挥大厅里人们兴奋地相互拥抱，现场一片欢腾。

在热烈的掌声中，胡锦涛发表了重要讲话。他说，神舟七号飞船发射成功，标志着这次载人航天飞行任务首战告捷。胡锦涛代表党中央、国务院、中央军委，向参加这次任务的全体科技工作者、干部职工、部队官兵表示热烈祝贺。

胡锦涛说，实施神舟七号载人航天飞行任务，是今年我国最具代表性、最具影响力的国家级重大科研实践活动，是中国人民攀登世界科技高峰的又一伟大壮举。这次飞行中，我国航天员将首次实施空间出舱活动，任务技术难度更大，可靠性要求更高，状态变化较多，对任务的组织实施提出了更高的标准。在神舟七号飞船顺利升空、准确入轨之后，希望同志们毫不松懈，再接再厉，聚精会神地做好各项后续工作，夺取神舟七号任务的全面胜利。

随后，胡锦涛等走到工作台前的指挥人员中间，同大家一一握手，向他们表示亲切的慰问。

在酒泉卫星发射中心和北京航天飞行控制中心分别观看飞船发射的还有：王刚、王兆国、王岐山、刘淇、刘云山、刘延东、李源潮、张德江、徐才厚、郭伯雄、何勇、令计划、王沪宁、路甬祥、梁光烈、马凯、戴秉国和曹刚川，中央军委委员李继耐、廖锡龙、靖志远、吴胜利、许其亮。

这次神舟七号载人航天飞行的主要任务是实施我国航天员第一次空间出舱活动，突破和掌握出舱活动相关技术，同时开展卫星伴飞、卫星数据中继等空间科学和技术试验。这次载人航天飞行技术跨度大、任务风险大、航天员操作强度大、实施难度大、参试系统庞大。此次飞船发射是长征系列运载火箭第109次升空，也是继1996年10月以来我国火箭发射连续第六十七次获得成功。飞船在轨运行期间，有关地面测控站和"远望"号测量船将进行持续跟踪、测量、控制，通过航天员生理遥测参数和回传图像及话音通信，了解航天员身体和生活工作状态。神舟七号载人飞船完成飞行任务后，3名航天员将乘坐飞船返回舱在位于内蒙古自治区中部的主着陆场着陆。

九月二十五日，神舟七号载人飞船在酒泉卫星发射中心发射升空。吴邦国、贾庆林、李长春、习近平、李克强等领导同志在北京航天飞行控制中心观看飞船发射实况。　新华社记者　庞兴雷摄

温家宝出席联合国千年发展目标高级别会议并作主旨发言

九月二十五日，中国国务院总理温家宝在纽约出席联合国千年发展目标高级别会议并作主旨发言。　新华社记者　姚大伟摄

本报联合国9月25日电　（记者**曹鹏程、何洪泽、席来旺**）中国国务院总理温家宝25日在纽约联合国总部出席了联合国千年发展目标高级别会议并作主旨发言（**全文见第三版**），全面介绍了中国消灭贫困取得的成绩以及为促进全球减贫事业所作的贡献，阐述了中国政府关于推动实现千年发展目标的倡议主张，宣布了中国将采取的进一步行动。

温家宝说，1978年以来，中国主要依靠自己努力，在不到30年时间内使绝对贫困人口从2.5亿减少到1500万。

温家宝列举数字说明，中国已兑现对《千年宣言》的承诺，为世界上一些最不发达国家作出了力所能及的贡献。

温家宝同时指出，世界上还有10亿左右人口生活在贫困线以下。实现《千年宣言》提出的减贫目标，任务十分艰巨。

温家宝呼吁，各国领导人共同负起更大责任，把更多的目光和关爱投向世界上的贫困人口。温家宝倡议，加强国际援助，发达国家尤其要承担起帮助不发达国家的责任，援助应不附加任何条件。　（下转第三版）

人民日报

RENMIN RIBAO

人民网 网址:http://www.people.com.cn
手机:http://wap.people.com.cn

2008 年 9 月
29
星期一
戊子年九月初一
人民日报社出版
国内连续出版物号
CN11-0065
第 21996 期(代号 1-1)
今日 8 版

中共中央政治局召开会议
讨论拟提请十七届三中全会审议的文件
中共中央总书记胡锦涛主持会议
决定十七届三中全会于 10 月 9 日至 12 日在京召开

新华社北京 9 月 28 日电 中共中央政治局今天召开会议,讨论党的十七大和十七届一中全会以来中央政治局的工作,研究推进农村改革发展等问题。中共中央总书记胡锦涛主持会议。

会议决定,中国共产党第十七届中央委员会第三次全体会议于 10 月 9 日至 12 日在北京召开。

中共中央政治局听取了《中共中央关于推进农村改革发展若干重大问题的决定》稿在党内外一定范围征求意见的情况报告,决定根据这次会议讨论的意见进行修改后将文件稿提请十七届三中全会审议。

会议认为,在这次征求意见的过程中,各地区各部门各有关方面和党的十七大代表对文件稿提出了许多很好的意见和建议,文件稿修改要充分吸收和反映,以集中全党和各方面智慧,制定好文件,使之成为当前和今后一个时期全党全国推进农村改革发展的指导性文件。

会议强调,当前,国际形势继续发生深刻变化,我国改革发展进入关键阶段。我们要抓住和用好重要战略机遇期,胜利实现全面建设小康社会的宏伟目标,加快推进社会主义现代化,就要更加自觉地把继续解放思想落实到坚持改革开放、推动科学发展、促进社会和谐上来,毫不动摇地推进农村改革发展。推进新形势下的农村改革发展,必须巩固和加强农业基础地位,始终把解决好十几亿人口吃饭问题作为治国安邦的头等大事,坚持立足国内实现粮食基本自给方针,加大国家对农业支持保护力度,加快现代农业建设,实现农业全面稳定发展;必须切实保障农民权益,始终把实现好、维护好、发展好广大农民根本利益作为农村一切工作的出发点和落脚点,坚持以人为本,尊重农民意愿,着力解决农民最关心最直接最现实的利益问题,充分发挥农民主体作用和首创精神,紧紧依靠亿万农民建设社会主义新农村;必须不断解放和发展农村社会生产力,始终把改革创新作为农村发展的根本动力,加强和改善国家对农业农村发展的调控和引导,健全符合社会主义市场经济要求的农村经济体制,使农村经济社会发展充满活力;必须统筹城乡经济社会发展,始终把着力构建新型工农、城乡关系作为加快推进现代化的重大战略,统筹工业化、城镇化、农业现代化建设,加快建立健全以工促农、以城带乡长效机制,使广大农民平等参与现代化进程、共享改革发展成果;必须坚持党管农村工作,始终把加强和改善党对农村工作的领导作为推进农村改革发展的政治保证,坚持党在农村的基本政策,保持党同农民群众的血肉联系,形成推进农村改革发展强大合力。

会议指出,推进农村改革发展,关键在党。要把党的执政能力建设和先进性建设作为主线,以改革创新精神全面推进农村党的建设,增强各级党组织的创造力、凝聚力、战斗力,不断提高党领导农村工作水平。各级党委和政府要坚持把农村工作摆上重要议事日程,在政策制定、工作部署、财力投放、干部配备上切实体现全党工作重中之重的战略思想,加强对农村改革发展重大理论和实践问题的调查研究,坚持因地制宜、分类指导,创造性地开展工作。

会议还研究了其他事项。

神舟七号载人飞船安然飞回祖国怀抱
我国空间技术发展实现具有里程碑意义的重大跨越
胡锦涛为我国研制的舱外航天服题名
温家宝观看回收实况并宣读中共中央、国务院、中央军委贺电

中共中央总书记、国家主席、中央军委主席胡锦涛为我国研制的舱外航天服题名"飞天"。 新华社发

图为 3 名航天员翟志刚(中)、刘伯明(右)、景海鹏同时向在场记者和搜救人员挥手致意。 本报记者 **赵亚辉**摄

新华社北京 9 月 28 日电 28 日 17 时 37 分,北京航天飞行控制中心传来"飞船着陆成功!"的喜讯,控制中心大厅内顿时一片欢腾,人们为神舟七号载人飞船返回舱安然着陆而兴奋地拥抱在一起。专程前来观看飞船回收实况的中共中央政治局常委、国务院总理温家宝,和在场的载人航天工程指挥、技术人员一起热烈鼓掌,共贺神舟七号载人航天飞行获得圆满成功。

9 月 25 日 21 时 10 分 04 秒,我国自行研制的神舟七号载人飞船在酒泉卫星发射中心发射升空。按照预定计划,飞船在太空预定轨道绕地球飞行 45 圈后,于 28 日傍晚返回。

16 时 20 分许,温家宝等来到北京航天飞行控制中心指挥大厅,和载人航天工程指挥、技术人员一起等待航天员的归航。 (下转第二版)

新华社北京 9 月 28 日电 中共中央总书记、国家主席、中央军委主席胡锦涛为我国研制的舱外航天服题名"飞天"。

新华社北京 9 月 28 日电 中共中央 国务院 中央军委对神舟七号载人航天飞行成功的贺电

总装备部、工业和信息化部、中国科学院、国家国防科技工业局、中国航天科技集团公司、中国电子科技集团公司并参加神舟七号载人航天飞行任务的全体同志:

在中华人民共和国成立 59 周年到来之际,神舟七号载人航天飞行获得圆满成功,中共中央、国务院和中央军委向圆满完成这次飞行任务的英雄航天员,向所有参加这次任务的广大科技工作者、干部职工和部队官兵,表示热烈的祝贺和亲切的慰问!

神舟七号载人航天飞行圆满成功,实现了我国空间技术发展具有里程碑意义的重大跨越,标志着我国成为世界上第三个独立掌握空间出舱关键技术的国家。这是我国航天科技领域的又一次重大胜利,是中国人民在建设中国特色社会主义伟大进程中取得的重大成果,对于增强我国经济实力、科技实力、国防实力和民族凝聚力,鼓舞全党全国各族人民夺取全面建设小康社会新胜利、开创中国特色社会主义新局面具有重大而深远的意义。祖国和人民将永远铭记你们的历史功勋!

发展载人航天技术,和平开发利用太空,始终是中国人民的不懈追求。希望你们在以胡锦涛同志为总书记的党中央领导下,高举中国特色社会主义伟大旗帜,坚持以邓小平理论和"三个代表"重要思想为指导,深入贯彻落实科学发展观,大力弘扬"两弹一星"精神和载人航天精神,自力更生、艰苦奋斗,团结协作、拼搏进取,为继续推动我国航天事业发展、为实现中华民族伟大复兴不断作出新的更大贡献。

中共中央
国 务 院
中央军委
2008 年 9 月 28 日

温家宝在天津考察

新华社天津 9 月 28 日电 (记者**李斌、刘刚**)中共中央政治局常委、国务院总理温家宝近日在天津考察时强调,要加快滨海新区的开发开放,带动天津发展,推进京津冀和环渤海区域经济振兴,促进东中西互动和全国经济协调发展。

27 日至 28 日,温家宝在天津出席夏季达沃斯论坛期间,对京津城际铁路、滨海新区、老市区进行了考察。

京津城际铁路要安全便民

北京南站是京津城际铁路的起点站。27 日上午 9 时许,温家宝来到北京南站。候车大厅宽敞明亮。在北京南站和铁路建设的一块块展板前,温家宝认真听取了工作人员的汇报。听到北京南站采用了许多先进技术、外宾也纷至沓来乘坐城际列车,他高兴地点头,表示赞许。候车室内的旅客们看到总理来了,顿时沸腾起来,纷纷挥手向温总理问好。温家宝微笑着走过去和大家亲切握手。

在站台上,温家宝看望了北京南站的设计、建设和运营人员代表,并和大家合影留念。他说,京津城际铁路的修建,证明我们有能力建成世界上科技含量最高的铁路。目前铁路建设任务十分繁重,许多线路要新建或者改造,靠什么?靠先进的技术。我们必须坚持自主创新,引进技术也要进行消化、吸收、再创新。他对京津城际铁路的运营提出四点要求:一是安全,不出事故;二是便民,为民服务,方便群众;三是管理,加强线路、机车等各方面的管理,完善制度;四是效益,通过科学管理提高铁路机车使用效率,使这条铁路更好地发挥作用。

9 时 30 分许,温家宝登上我国自主研制的"和谐号"动车组列车。列车随即缓缓启动,时速很快达到 300 多公里。铁道部副总工程师张曙光告诉总理,京津城际铁路目前在运营速度、节能环保技术、综合舒适度等方面都达到世界领先水平。温家宝饶有兴趣地倾听,不时插话询问有关情况。他说,铁路建设要贯彻 8 个字的要求:质量、节能、节地和环保。

随后,温家宝走进驾驶室,一直坐在驾驶员身边。驾驶员笔直坐在座位上,全神贯注地盯着前方,遇到弯道和桥梁时不时大声提醒自己注意。 (下转第二版)

全国政协办公厅等五单位联合举行国庆招待会
贾庆林致辞 习近平李克强出席

本报北京 9 月 28 日电 (记者**刘维涛**)全国政协办公厅、中共中央统战部、国务院侨办、国务院港澳办和国务院台办 28 日晚在人民大会堂宴会厅联合举行国庆招待会。中共中央政治局常委、全国政协主席贾庆林,中共中央政治局常委、国家副主席习近平,中共中央政治局常委、国务院副总理李克强同 3500 余名海外侨胞、港澳同胞、台湾同胞和华人朋友欢聚一堂,共同庆祝中华人民共和国成立 59 周年。

贾庆林在招待会上致祝酒辞。他首先代表中共中央、国务院,向参加国庆招待会的各位来宾表示热烈欢迎,向香港同胞、澳门同胞、台湾同胞和海外侨胞,致以亲切问候和良好祝愿。他说,59 年前,中华人民共和国宣告成立,实现了近代以来中国人民梦寐以求的民族独立和解放,开辟了中华民族发展的历史新纪元。30 年前,改革开放历史新时期的开启,吹响了走自己的路、建设中国特色社会主义的时代号角。30 年来,中国经济社会全面发展,综合国力显著提升,各族人民在改革开放的伟大征程上阔步前进。实践充分证明,改革开放是决定当代中国命运的关键抉择,是发展中国特色社会主义、实现中华民族伟大复兴的必由之路。

贾庆林表示,中国所取得的进步和成就,无不凝聚着海内外中华儿女的心血和奉献。特别是今年以来,中国先后遭受了低温雨雪冰冻灾害和汶川特大地震灾害,广大港澳同胞、台湾同胞和海外侨胞慷慨解囊、奉献爱心,展现出万众一心、同舟共济的伟大民族精神。 (下转第四版)

国庆 59 周年音乐会"辉煌中国"在京举行
李长春出席观看

新华社北京 9 月 28 日电 (记者**张景勇**)弦歌阵阵诉赤子深情,乐音声声贺国庆佳节。庆祝中华人民共和国成立 59 周年音乐会"辉煌中国"28 日晚在北京举行。中共中央政治局常委李长春等领导同志与千余名首都观众欢聚一堂,共同欣赏了这台音乐会。

"这是英雄的祖国,是我生长的地方……"音乐会在《我的祖国》的深情歌声中拉开帷幕。音乐会分为《序曲》《美丽家园》《创造辉煌》《和谐中国》和《尾声》五个部分,精彩纷呈,气势磅礴。文艺工作者满怀激情,用音乐抒发了对伟大祖国的深情祝福。

音乐会上,《牧歌》等歌曲尽情讴歌了美丽的祖国,温馨和谐的家园;京剧《最美中国人》、诗朗诵《我有一个强大的祖国》表现了中华民族坚强不屈的精神;打击乐《圣火 2008》则展示了奥运健儿拼搏进取的英雄气概……文艺工作者倾情演绎的精彩曲目,深深感染着全场观众。

整场演出高潮迭起,掌声阵阵。歌曲《从此银河不再遥远》讴歌了航天工作者辛勤耕耘、勇攀高峰的精神,优美的乐曲让观众犹如在"神七"的带领下遨游太空、实现飞天梦想;《我爱你,中国》《祖国,慈祥的母亲》等歌曲则表现了华夏儿女对祖国的热爱与眷恋,歌颂了伟大祖国在科学发展观的引领下继往开来、迈向新辉煌的豪迈之情。

最后,全场观众和演职人员齐声高唱《歌唱祖国》,音乐会在热烈的气氛中落下帷幕。

刘淇、刘云山、刘延东、徐才厚、乌云其木格、韩启德、陈至立、周铁农、陈昌智、马凯、白立忱、李兆焯等一同欣赏音乐会。

神舟连着中南海
——党中央与载人航天工程

日行百万里,遥看一千河!

2008 年 9 月 28 日 17 时 37 分,遨游太空 68 小时 27 分的神舟七号飞船,在顺利完成空间出舱活动和一系列空间科学试验任务后,成功降落在内蒙古中部阿木古朗草原上。中国,从此成为世界上第三个独立掌握空间出舱技术的国家。

如同每一次载人航天飞行一样,神舟七号飞行任务的组织、实施,牵动着党中央、国务院、中央军委,牵动着全国各族人民。

3 天前,就在神舟七号飞船即将升空的关键时刻,中共中央总书记、国家主席、中央军委主席胡锦涛亲临酒泉卫星发射中心,亲切看望执行这次飞行任务的翟志刚、刘伯明、景海鹏,目送 3 名航天员从这里踏上征程,开始太空之旅……

神舟连着中南海。从 1992 年载人航天工程启动到 2003 年杨利伟叩响天宫之门,从 2005 年费俊龙、聂海胜携手飞天到此次航天员空间出舱活动圆满成功,在党中央的英明决策和亲切关怀下,中国航天人不畏艰险、团结拼搏、勇于创新,用智慧和汗水绘就了神舟飞天的壮美航迹。

千年梦想终成真
——党中央的英明决策,引领着中华民族踏上飞天征程

1986 年的春天,对于中国科技界来说,可能来得比哪年都早。

这年 3 月 3 日,由王淦昌、陈芳允、杨嘉墀、王大珩 4 位著名科学家撰写的《关于跟踪世界战略性高技术发展》建议,呈送给了邓小平。

科学家们在建议书中提出,在科学技术飞跃发展的今天,谁把握住高技术领域发展方向,谁就可能在国际竞争中占据优势;真正的高技术是花钱买不来的;高技术研究的实效要花气力和时间;搞高技术不仅可以集中现有的科研实力出成果,而且可以培养新一代高技术人才。

两天之后,邓小平作出重要批示:"此事宜速决断,不可拖延"。

(下转第二版)

飞天路上的壮丽凯歌
——热烈祝贺我国神舟七号载人航天飞行圆满成功

五星红旗飘扬太空,世界目光聚焦中国。9 月 28 日,我国航天员在顺利完成首次空间出舱任务后安全返回,神舟七号载人航天飞行取得圆满成功。我国由此成为世界上第三个独立掌握出舱活动关键技术的国家,中华民族漫步太空的梦想终成现实。我们向参加神舟七号载人航天飞行任务的广大科技工作者、干部职工和解放军指战员表示热烈的祝贺,向英雄的航天员们表示诚挚的慰问,向支持和关心我国航天事业发展的全国各族人民和国际友人表示衷心的感谢!

载人航天是造福全人类的伟大事业,也是增强国家实力、提高国际地位、振奋民族精神的宏伟工程。我国载人航天工程实施以来,在短短 16 年的时间内,就实现了从无人到三人、从舱内到舱外的巨大跨越,成果举世瞩目,成就来之不易。这是党中央、国务院、中央军委科学决策和正确领导的结果,凝结着航天战线无数科技人员、干部职工、部队官兵的心血和智慧,得到了全国人民的大力支持。几代航天人建立的历史功勋,党和人民永远不会忘记。 (下转第二版)

人民网 网址:http://www.people.com.cn
手机:http://wap.people.com.cn

2008 年 11 月
8
星期六
戊子年十月十一
人民日报社出版
国内连续出版物号
CN11-0065
第 22036 期(代号 1-1)
今日 8 版

中共中央 国务院 中央军委
关于授予翟志刚同志“航天英雄” 刘伯明、景海鹏同志
“英雄航天员”荣誉称号并颁发“航天功勋奖章”的决定

（2008 年 11 月 6 日）

2008 年 9 月 25 日，我国航天员翟志刚、刘伯明、景海鹏同志乘坐神舟七号载人航天飞船成功进入太空，在顺利完成空间出舱活动和空间科学实验任务后，于 9 月 28 日安全返回地面。这次载人航天飞行圆满成功，实现了我国空间技术发展具有里程碑意义的重大跨越，标志着我国成为世界上第三个独立掌握空间出舱关键技术的国家。这是我国航天科技领域的又一重大胜利，再次显示了中华民族的非凡智慧和伟大创造力，对于进一步推动我国航天事业发展，增强综合国力，振奋民族精神，鼓舞全党全军全国各族人民为夺取全面建设小康社会新胜利、开创中国特色社会主义事业新局面而团结奋斗，具有重大意义。

（下转第二版）

中共中央国务院中央军委隆重举行
庆祝神舟七号载人航天飞行圆满成功大会

胡锦涛发表重要讲话并为翟志刚刘伯明景海鹏颁发奖章和证书

温家宝主持 贾庆林李长春习近平李克强贺国强出席

11 月 7 日，中共中央、国务院、中央军委在北京人民大会堂举行庆祝神舟七号载人航天飞行圆满成功大会。中共中央总书记、国家主席、中央军委主席胡锦涛为航天员翟志刚、刘伯明、景海鹏颁发奖章和证书。 新华社记者 **马占成**摄

11 月 7 日，中共中央、国务院、中央军委在北京人民大会堂举行庆祝神舟七号载人航天飞行圆满成功大会。大会前，胡锦涛、温家宝、贾庆林、李长春、习近平、李克强、贺国强等会见航天员及载人航天工程科技人员代表。 新华社记者 **樊如钧**摄

本报北京 11 月 7 日电 （记者**廖文根**）太空漫步神州庆，载人航天谱新篇。中共中央、国务院和中央军委 7 日上午在人民大会堂隆重举行庆祝神舟七号载人航天飞行圆满成功大会。中共中央总书记、国家主席、中央军委主席胡锦涛发表重要讲话。他强调，全党全军全国各族人民要学习和发扬载人航天精神，万众一心、众志成城，奋发图强、拼搏奉献，努力为夺取全面建设小康社会新胜利、开创中国特色社会主义事业新局面而团结奋斗。

中共中央政治局常委、国务院总理温家宝，中共中央政治局常委、全国政协主席贾庆林，中共中央政治局常委李长春，中共中央政治局常委、中央书记处书记、国家副主席习近平，中共中央政治局常委、国务院副总理李克强，中共中央政治局常委、中央纪委书记贺国强出席大会。

万人大礼堂华灯齐放、喜气洋洋。主席台台口上方悬挂着“庆祝神舟七号载人航天飞行圆满成功大会”的会标。大礼堂二楼眺台上悬挂着巨型横幅：“高举中国特色社会主义伟大旗帜，以邓小平理论和‘三个代表’重要思想为指导，深入贯彻落实科学发展观，大力弘扬载人航天精神，为夺取全面建设小康社会新胜利而奋斗！”

上午 10 时，大会开始。大会由温家宝主持。全体起立，高唱国歌。李克强宣读了《中共中央国务院中央军委关于授予翟志刚同志“航天英雄”、刘伯明、景海鹏同志“英雄航天员”荣誉称号并颁发“航天功勋奖章”的决定》（**全文另发**）。雄壮的乐曲声中，胡锦涛为翟志刚、刘伯明、景海鹏颁发了“航天功勋奖章”和证书。全场响起长时间的热烈掌声。

胡锦涛在大会上发表了重要讲话。他首先代表党中央、国务院和中央军委，向全体参加神舟七号载人航天飞行任务研制、建设、试验的广大科技工作者、航天员、干部职工、解放军指战员，向荣获“航天英雄”荣誉称号和航天功勋奖章的翟志刚同志，向荣获“英雄航天员”荣誉称号和航天功勋奖章的刘伯明、景海鹏同志，向所有为我国航天事业作出贡献的同志们表示热烈的祝贺和诚挚的慰问。

胡锦涛指出，神舟七号载人航天飞行获得圆满成功，我国 3 名航天员首次成功实施空间出舱活动和空间科学实验，实现了我国空间技术发展的重大跨越。这一举世瞩目的伟大成就向世界宣告，中国已成为世界上第三个独立掌握空间出舱关键技术的国家。这是我国载人航天事业发展史上的又一重要里程碑，是我们建设创新型国家取得的又一标志性成果，是中国人民攀登世界科技高峰的又一伟大壮举，是中华民族为人类探索利用外层空间作出的又一卓越贡献。全体中华儿女都为伟大祖国取得的这一辉煌成就感到无比荣耀和自豪。广大航天工作者为祖国和人民建立的卓越功勋，党和人民将永远铭记。

胡锦涛强调，神舟七号载人航天飞行圆满成功，充分展示了改革开放 30 年来我国显著提高的经济实力、科技实力、综合国力，进一步增强了全体中华儿女的民族自信心和自豪感，进一步坚定了全党全军全国各族人民继续推进改革开放和社会主义现代化建设的决心和信念，对于我们在中国特色社会主义道路上实现中华民族伟大复兴必将产生重大而深远的影响。这一成就再一次向世人昭示：中华民族是勤劳智慧、富有创新精神和创造能力的民族，是自强不息、勇于战胜一切艰难险阻的民族，是爱好和平、积极为人类和平与发展的崇高事业不懈奋斗的民族。

胡锦涛指出，载人航天工程的生动实践，深化了我们对组织重大工程建设的认识，为加快我国科技事业发展、推进改革开放、推动经济社会又好又快发展积累了宝贵经验，提供了重要启示。我们必须始终坚持科学发展，必须始终坚持和充分发挥社会主义制度能够集中力量办大事的显著政治优势，必须始终坚持自力更生、自主创新，牢牢掌握我国科技发展的主动权，必须坚持不懈地在各族人民中大力弘扬爱国主义精神。

胡锦涛指出，面对世界科技发展大势和日趋激烈的国际科技竞争，我们一定要把提高自主创新能力、建设创新型国家作为国家发展战略的核心和提高综合国力的关键，把增强自主创新能力贯彻到现代化建设各个方面，紧紧围绕建设创新型国家，充分运用载人航天等重大工程的成功经验，大力弘扬“两弹一星”精神和载人航天精神，加快科技进步和创新步伐，为改革开放和社会主义现代化建设提供强有力的科技支撑。我们要始终把改革创新精神作为强大动力，不断激发全社会的创造活力；始终把提高自主创新能力作为战略任务，切实增强国家科技实力；始终把培养造就高素质人才作为根本大计，努力建设宏大的创新型人才队伍；始终把深化科技体制改革作为重要保障，加快推进国家创新体系建设。

胡锦涛指出，探索太空永无止境，航天事业任重道远。中国人民愿同各国人民携起手来，坚持和平开发利用太空的正确方向，积极参与国际空间合作，为促进人类和平与发展的崇高事业作出新的更大的贡献。（**全文见第二版**）

温家宝在主持大会时说，胡锦涛同志代表党中央、国务院和中央军委发表了重要讲话，深刻阐述了神舟七号载人航天飞行圆满成功的重大意义，高度评价了广大航天工作者为神舟七号载人航天飞行所作的突出贡献，全面总结了载人航天工程实施 16 年来的成功经验和重要启示，对建设创新型国家、推动我国经济社会发展、开创中国特色社会主义事业新局面提出了明确要求，我们一定要认真学习领会。

大会上，载人航天工程总指挥、神舟七号载人航天飞行任务总指挥长、总装备部部长常万全，航天员代表翟志刚，科技工作者代表、飞船系统总指挥尚志先后发言。

出席大会的还有：王刚、王兆国、王岐山、回良玉、刘淇、刘云山、刘延东、李源潮、张德江、徐才厚、郭伯雄、何勇、令计划、王沪宁、路甬祥、乌云其木格、韩启德、周铁农、司马义·铁力瓦尔地、陈昌智、严隽琪、桑国卫、梁光烈、马凯、孟建柱、王胜俊、曹建明、杜青林、白立忱、阿不来提·阿不都热西提、张梅颖、张榕明、钱运录、万钢、罗富和和曹刚川、徐匡迪，以及中央军委委员陈炳德、李继耐、廖锡龙、靖志远、许其亮等。

中央党政军群有关部门和北京市负责同志，各民主党派中央、全国工商联负责人和无党派人士代表，参加神舟七号载人航天飞行任务的有关方面代表，以及首都各界代表 3000 多人出席大会。

大会开始前，胡锦涛等会见了航天员及载人航天工程科技人员代表。

吴邦国会见加蓬总统邦戈

本报利伯维尔 11 月 7 日电 （记者**杨讴**）正在加蓬进行正式友好访问的中国全国人大常委会委员长吴邦国当地时间 7 日下午在总统府会见了加蓬总统邦戈，双方进行了亲切友好的交谈。

吴邦国首先转达了胡锦涛主席对邦戈总统的亲切问候。他说，邦戈总统是中国人民熟悉和尊重的老朋友，中方高度赞赏总统阁下长期以来为中加和中非友好所作的积极努力。邦戈对此表示感谢，并请吴邦国转达他对胡锦涛主席的良好祝愿。

吴邦国说，中加两国传统友好。2004 年，胡锦涛主席成功访加，使中加关系进入了快速发展时期。中方感谢邦戈总统和加蓬政府在关系中国核心利益等重大问题上给予的一贯坚定支持。明年将迎来中加建交 35 周年，中方愿以此为契机，不断增进两国人民的相互了解和友谊，切实加强各层次各领域的交流与合作，密切在重大国际和地区问题上的协调与配合。吴邦国指出，经贸合作是两国友好关系的物质基础，也是两国领导人高度重视的问题。中加经济互补性强，互利合作潜力大。

（下转第三版）

十一月七日，正在加蓬进行正式友好访问的全国人大常委会委员长吴邦国在利伯维尔会见加蓬总统邦戈。 新华社记者 **高洁**摄

温家宝与英国首相布朗通电话

新华社北京 11 月 7 日电 国务院总理温家宝 7 日下午应约同英国首相布朗通电话，双方就当前国际金融形势交换了意见。

温家宝说，中国政府已经并将继续出台进一步扩大内需的一系列措施，维护经济、金融和资本市场稳定，促进经济平稳较快发展。这是中国应对这场危机最重要、最有效的手段，也是对世界最大的贡献。

温家宝强调，战胜这场金融危机需要全球行动，合力应对，包括推动建立公平、公正、包容、有序的国际金融体系。中国支持国际金融组织进行改革，在应对当前危机中发挥积极和建设性作用。

温家宝表示，中国愿在即将举行的二十国集团领导人金融市场和世界经济峰会上与有关各方加强合作，使会议取得积极成果。

布朗表示，英赞同中国政府为应对当前国际金融危机所采取的政策和措施。中国经济持续较快发展对世界有利。英国重视中国在推动国际金融体系改革、应对当前金融危机方面的重要作用，愿同中方保持沟通协调。

贾庆林会见曾宪梓

本报北京 11 月 7 日电 （记者**李章军**）中共中央政治局常委、全国政协主席贾庆林 7 日在人民大会堂会见了香港著名企业家、曾宪梓载人航天基金会理事长曾宪梓先生。

贾庆林首先代表党中央和国务院对曾宪梓先生捐资成立基金会支持祖国航天事业的爱国举动表示感谢。他指出，从神舟一号到神舟七号，中国载人航天工程创造了一个又一个的辉煌，一跃成为世界上第三个独立掌握空间出舱关键技术的国家。这是中国人民在攀登世界科技高峰的征程上完成的伟大壮举，是为世界航天事业作出的重要贡献。

贾庆林指出，中国载人航天事业的发展凝聚着中国航天人的智慧和心血，也包含着海内外中华儿女的关心与支持。曾宪梓先生就是其中的杰出代表。

（下转第四版）

人民日报
RENMIN RIBAO
人民网　网址:http://www.people.com.cn
手机:http://wap.people.com.cn
2012年6月
17
星期日
壬辰年闰四月廿八
人民日报社出版
国内统一连续出版物号
CN 11-0065
第23353期(代号1-1)
今日8版

胡锦涛同丹麦首相举行会谈

6月16日,国家主席胡锦涛在哥本哈根与丹麦首相托宁—施密特举行会谈。
新华社记者　李　涛摄

本报哥本哈根6月16日电　(记者**吴绮敏、刘仲华、李永群**)国家主席胡锦涛16日在哥本哈根同丹麦首相托宁—施密特举行会谈,双方就发展中丹关系、中欧关系及共同关心的重大国际和地区问题深入交换意见,达成重要共识。

胡锦涛指出,中丹两国建立了全面战略伙伴关系,政治互信不断增强,经贸合作成果丰硕,文化、科技、教育等领域交流日益密切,在联合国等多边组织和国际事务中保持良好沟通和协调。中丹关系良好发展的历程说明,只要本着相互尊重、平等相待、互利共赢的宗旨,相互理解、相互支持,切实照顾彼此核心利益和重大关切,尊重对方选择的社会制度和发展道路,两国关系就能长期健康稳定发展。

胡锦涛就发展中丹关系提出5点建议。一是增强政治互信,保持两国高层交往,加强两国立法机构、政府部门、政党交流合作,增进相互了解和信任。二是深化经贸投资合作,中丹在能源、绿色经济、农业和食品安全、生物制药等领域合作潜力巨大,中小企业合作需求旺盛,两国政府应该予以大力支持。中方欢迎丹麦企业加大对华投资,鼓励有实力的中国企业赴丹兴业。三是打造环保合作亮点,坚持互利合作,共同做好节能环保事业,尽快落实中丹生态园合作项目,建立风能与智能电网创新中心,支持双方生物质能等可再生能源合作项目。四是加强人文交流,创建新平台、开拓新渠道,联合筹建科研教育中心,支持在对方国家语言教学,加大互派留学生和访问学者力度,鼓励职业教育合作,早日互设文化中心。五是密切多边合作,中方重视并支持丹方在国际事务中发挥独特积极作用,愿同丹方加强在气候变化、发展援助等重大国际问题上协调和合作,在联合国等框架内加强沟通。

托宁—施密特表示,2008年丹中建立全面战略伙伴关系,两国关系迈上新台阶,胡锦涛主席对丹麦的国事访问是新的重要里程碑,必将有力推动两国合作,为两国关系长期发展奠定坚实基础。在当前世界经济形势不稳定不确定形势下,中国保持了良好发展势头,这对丹麦和世界至关重要,丹麦更加致力于加强同中国的友好合作。

托宁—施密特表示,丹中经济互补互利性强,胡锦涛主席访问期间,双方签署多项合作协议,这证明两国合作潜力巨大,丹中是共同致力于可持续发展的好伙伴。希望双方保持高层及其他各级别交往,加强规划,重点开展清洁和可再生能源、环境保护、水资源、航运物流、食品安全、通信、科技研发等领域合作,支持扩大双向投资和两国企业合作,希望双方以互设文化中心为契机,促进人文交流,鼓励两国高校合作。丹麦重视中国的国际作用,希望同中方加强在重大国际和地区问题上的沟通和协调。

在听取托宁—施密特关于欧盟国家应对主权债务危机介绍后,胡锦涛表示,中方关注欧洲主权债务问题影响,希望欧洲经济保持稳定,相信欧洲有智慧、有能力克服暂时困难,实现经济复苏和增长。欧债问题出现后,中方提供了力所能及的帮助。今后,我们还会同国际社会一道,支持欧洲为解决债务问题、促进经济稳定的努力。中欧推进全面战略伙伴关系符合双方根本利益,对世界也会产生积极影响。丹麦是欧盟重要成员国,希望丹方为推动中欧关系发展发挥积极影响。

托宁—施密特表示,欧方感谢并欢迎中国支持和参与国际社会应对欧债危机。欧盟从战略上重视中国,丹麦将继续积极致力于推动欧中建立更加紧密的合作伙伴关系。

会谈后,两国领导人共同出席经贸、投资、能源、文化等领域双边合作文件签字仪式。

15日,胡锦涛看望了中国驻丹麦使馆、中资机构工作人员和留学生、华侨华人代表。

王岐山、令计划、王沪宁、戴秉国等参加上述活动。

神舟九号载人飞船发射成功

胡锦涛总书记致电表示热烈祝贺

吴邦国等在酒泉卫星发射中心观看发射

胡锦涛总书记在贺电中勉励全体参研参试人员,继续发扬载人航天精神,精心做好各项后续工作,奋力夺取首次载人交会对接任务全面胜利,为推进我国载人航天事业发展再立新功

本报酒泉6月16日电　(记者**刘毅、赵亚辉**)神舟九号奔向天宫,载人航天再启新程。北京时间6月16日18时56分,执行我国首次载人交会对接任务的神舟九号载人飞船,在酒泉卫星发射中心发射升空后准确进入预定轨道,顺利将3名航天员送上太空。正在丹麦进行国事访问的中共中央总书记、国家主席、中央军委主席胡锦涛闻讯后,第一时间发来贺电。中共中央政治局常委、全国人大常委会委员长吴邦国等前往酒泉卫星发射中心观看发射。

16日下午,酒泉卫星发射中心航天员公寓问天阁里气氛庄重热烈。15时40分许,航天员出征仪式在问天阁举行。吴邦国等领导同志来到这里,亲切看望执行这次载人交会对接任务的航天员景海鹏、刘旺和我国出征太空的首位女航天员刘洋。吴邦国对航天员们说,你们即将出征执行我国首次载人交会对接任务,我代表党中央、国务院、中央军委和胡锦涛总书记,代表全国各族人民,来为你们壮行,预祝你们成功。我相信,有祖国和人民作强大后盾,有各方面的精细准备,有首次交会对接任务的坚实基础,有经过严格训练养成的过硬素质,你们一定能够完成这一光荣而神圣的使命。希望你们坚定信心、沉着冷静,严谨细致、精心操作,顽强拼搏、再创辉煌。祖国和人民期待着你们胜利归来。

景海鹏代表3名航天员郑重表示,我们一定服从命令,听从指挥,沉着冷静,精心操作,圆满完成我国首次载人交会对接任务,请祖国和人民放心。(下转第三版)

上图:6月16日,长征运载火箭起飞,托举神舟九号飞船飞向太空。
本报记者　雷　声摄

六月十六日,中共中央政治局常委、全国人大常委会委员长吴邦国在酒泉卫星发射中心观看神舟九号载人飞船发射。这是吴邦国向即将出征的航天员景海鹏、刘旺、刘洋挥手致意。
新华社记者　刘建生摄

温家宝将出席联合国可持续发展大会并访问巴西、乌拉圭、阿根廷和智利

本报北京6月16日电　外交部发言人刘为民16日宣布:应巴西联邦共和国总统罗塞夫、乌拉圭东岸共和国总统穆希卡、阿根廷共和国总统克里斯蒂娜、智利共和国总统皮涅拉邀请,国务院总理温家宝将于6月20日至26日出席在巴西里约热内卢举行的联合国可持续发展大会并对巴西、乌拉圭、阿根廷和智利进行正式访问。

与会期间,温家宝总理将发表重要讲话,阐述中国在可持续发展领域的政策主张和所作努力,呼吁国际社会加强合作实现互利共赢。温家宝总理还将会见部分与会国家领导人,就双边关系以及可持续发展国际合作等问题交换意见。

访问期间,温家宝总理将同巴西、乌拉圭、阿根廷、智利领导人举行会谈会见,就发展双边关系及共同关心的国际和地区问题深入交换意见。温家宝总理还将应邀在联合国拉丁美洲和加勒比经济委员会总部发表演讲。温家宝总理此访将进一步深化中国同四国关系,巩固和发展中拉平等互利、共同发展的全面合作伙伴关系。

第四届海峡论坛在厦门开幕

贾庆林出席并宣布开幕

本报厦门6月16日电　(记者**蒋升阳、钟自炜**)第四届海峡论坛16日晚在福建厦门开幕。中共中央政治局常委、全国政协主席贾庆林出席并宣布论坛开幕。

两岸基层团体代表分别致词。福建青年联合会主席何明华表示,再过一周,就是传统的"端午节"。当我们和亲友一起吃着粽子,缅怀屈原的时候,内心最清楚不过的是,我们同是龙的传人。就在刚才,神舟九号启航飞天,将首位中国女宇航员送上太空。嫦娥开始奔月,中华民族千年的传说与梦想今朝变为现实。这是一个实现梦想的时代,也是一个呼唤创新的时代、合作的时代。青年是希望,是未来,是后劲。两岸青年要抱团合作,共谋发展,拼创新,赢未来。

台湾乡镇市民代表会联合总会会长蔡咏锝表示,我们和台湾的32家主办单位一起,在这里见证第四届海峡论坛召开的盛况,心中十分高兴。两岸人民同宗同源是不争的事实,未来更应携手发展更多交流合作。作为最贴近台湾民意的组织社团,本会将与大陆方面积极合作,举办更多的两岸基层交流互访活动。这一定会让两岸基层民众联系更紧密,感情更贴近,在两岸合作中实现互利共赢。

全国人大常委会副委员长陈至立,全国政协副主席黄孟复、张榕明、林文漪,顾秀莲、王毅、孙春兰、陈云林,以及来自台湾的中国国民党副主席洪秀柱,新党主席郁慕明,亲民党秘书长秦金生,无党团结联盟主席林炳坤,中国统一联盟主席纪欣,人民最大党主席许荣淑,与两岸各界6000余名嘉宾出席了开幕式。开幕式由福建省省长苏树林主持。

开幕式之后,本届海峡论坛开场歌舞《两岸一家亲》在两岸歌手的歌声中精彩亮相,精彩纷呈的"中华情·海峡缘"综艺晚会热闹登场。李玲玉、周蕙、熊天平、蔡国庆、任贤齐、汪峰等两岸演员接连登台献艺,给现场的两岸来宾和观看晚会电视直播的观众,(下转第四版)

贺国强出席在马来西亚中资企业座谈会和马来西亚华侨华人早餐会

新华社吉隆坡6月16日电　(记者**徐松、胡光耀**)正在马来西亚进行正式友好访问的中共中央政治局常委、中央纪委书记贺国强15日下午在吉隆坡出席了在马来西亚中资企业座谈会。

在听取了中国银行马来西亚分行等5家中资机构负责人有关在马来西亚投资兴业和在当地履行社会责任等内容的发言后,贺国强说,长期以来,你们远离祖国和亲人,克服种种困难,积极开展工作,为促进祖国改革开放和社会主义现代化建设,为推动中马经贸合作深入发展作出了积极贡献。在这里,我代表党中央、国务院,代表胡锦涛总书记,向各位企业家代表并通过你们向所有在马来西亚中资企业员工表示亲切慰问和衷心感谢。

贺国强说,经贸合作是中马关系的重要组成部分,也是推动两国战略性合作的重要动力。近年来,在两国高层领导的积极推动和双方企业的共同努力下,中马经贸合作更加务实和富有成效。双边贸易额快速增长,双向投资规模日趋扩大,中方在马来西亚工程承包合作稳步推进,两国金融、旅游等领域合作方兴未艾。特别是中马钦州产业园区已经正式启动,马中关丹产业园区建设项目将在这次访问中签订,(下转第四版)

周永康就全国公安厅局长座谈会批示要求

着力加强和改进公安基层基础工作不断提高公安机关履职能力和水平

本报苏州6月16日电　(记者**张洋**)全国公安厅局长座谈会16日在江苏苏州召开。中共中央政治局常委、中央政法委书记周永康作出重要批示。他指出,历史和现实的经验反复告诉我们,公安工作的重点在基层基础,难点在基层基础,水平也在基层基础。这次全国公安厅局长座谈会,通过现场会的形式,看先进、学先进,并有针对性地对新形势下基层基础工作作出部署,十分重要。希望各级公安机关认真总结交流经验,落实各项部署要求,腾出更多的精力加强和改进基层基础工作,不断提高公安机关的履职能力和水平。

近些年来,全国公安机关坚持把加强基层基础建设置于战略性、先导性位置来抓,通过开展以抓基层、打基础、苦练基本功为主要内容的"三基"工程建设,在充实基层一线警力、改善基础设施条件、提升警务保障水平等"硬件"建设上取得了重大突破。(下转第三版)

人民日报

RENMIN RIBAO

国内统一刊号：CN11—0065

第16959期（代号1—1）

1994年12月

15

星期四

甲戌年十一月十三

北京地区天气预报

白天 晴

风向偏北

风力四、五级间六级

夜间 晴

风向偏北

风力二、三级

温度 －4℃／－10℃

人民日报社出版

纪念中国人民外交学会成立45周年

党和国家领导人题词

新华社北京12月14日电 党和国家领导人江泽民、李鹏、乔石、李瑞环和钱其琛近日分别为纪念中国人民外交学会成立45周年题词。

江泽民同志的题词是：

搞好人民外交

广交各国朋友

增进相互了解

加强友谊合作

李鹏同志的题词是：

积极开展人民外交

创建良好国际环境

乔石同志的题词是：

发展人民外交

增进相互了解和友谊

维护世界和平

李瑞环同志的题词是：

研究特点

发挥优势

加强合作

增进友谊

钱其琛同志的题词是：

发挥人民外交的优势

为改革开放事业服务

当今世界最大水利枢纽工程

长江三峡工程正式开工

李鹏总理出席开工典礼并发表重要讲话《功在当代利千秋》

相信在以江泽民为核心的党中央领导下，在广大建设者努力和全国人民支持下，工程必将顺利进行，一九九七年实现大江截流，二〇〇三年首批机组发电，二〇〇九年全部竣工

本报宜昌12月14日电 新华社记者孙本尧、本报记者杨振武报道：国务院总理李鹏今天在长江三峡工程开工典礼大会上宣布，当今世界上最大的水利枢纽工程——长江三峡工程正式开工。

国务院副总理邹家华主持开工典礼。中共中央政治局委员、上海市委书记、上海市市长黄菊，全国人大常委会副委员长陈慕华，全国政协副主席杨汝岱和中共四川省委书记谢世杰、四川省省长肖秧，中共湖北省委书记、省长贾志杰，中共湖南省委书记王茂林以及中共中央和国务院有关部门负责人，三峡工程的建设者，各界有关人士，出席开工典礼。

长江三峡工程开工典礼大会在三峡大坝坝址——湖北省宜昌市三斗坪举行。会议主席台两侧分别写着“发扬艰苦创业精神，建好宏伟三峡工程”和“一流工程、一流质量、一流管理、一流文明施工”两条标语。右岸山坡上写有“建设三峡，开发长江”8个大字。

大会在中华人民共和国国歌和礼炮声中隆重开始。李鹏总理在大会上发表了《功在当代利千秋》的重要讲话。他说，三峡水利枢纽工程经过长达40年的论证，七届全国人大五次会议批准，又进行了近两年的施工准备，现在已经具备了开工的条件。中央决定三峡工程正式开工，这是我国经济建设中的一件大事，也是全国人民关注的一件大事。

李鹏代表党中央、国务院向多年来参加工程勘测设计、科研和论证的专家学者，向参加三峡工程的广大建设者，向一切为三峡工程做过贡献和表示关心的国内外人士表示崇高的敬意和亲切的慰问。

李鹏说，三峡工程是一项具有防洪、发电、航运等巨大综合效益的工程。长江洪水一直是中华民族的心腹之患。长江中下游是我国重要的经济发达地区，历史上曾多次发生过严重洪水灾害，给江汉平原、洞庭湖区广大人民群众的生命财产和沿江重要城市、工矿企业、交通干线带来极大的损失。三峡工程是解决长江中下游洪水威胁的诸多措施中的一项关键性工程，不仅可以防止荆江两岸发生毁灭性灾害，减轻对江汉平原、洞庭湖地区和武汉的威胁，还将提高长江中下游的防洪标准，意义是十分重大而深远的。三峡水利枢纽是全国乃至世界规模最大的水电站。它将为华中、华东、四川等地区提供大量的电力，并将促进全国电网的形成，对长江沿岸的经济繁荣产生巨大的推动作用。三峡工程建成后，高峡出平湖，将极大地改善长江的航运条件，万吨级船队将可从武汉直达重庆，充分发挥黄金水道的作用。经过认真筹划，三峡的名胜古迹得到最大限度的保护，而且可以形成新的景观。三峡工程及其坝区将会成为现代化与民族风格相融合的气势磅礴、青山绿水、环境优美的风景旅游区。三峡的旅游事业将得到进一步发展。（下转第二版）

两幅照片分别为新华社记者薛铁军 杜华举摄

学习《邓选》和建设有中国特色社会主义理论研讨会在京举行

更好落实理论武装全党任务 推动学习研究宣传深入开展

胡锦涛在会上讲话 刘华清荣毅仁等出席 丁关根主持会议并讲话

新华社北京十二月十四日电 学习《邓小平文选》和建设有中国特色社会主义理论研讨会今天上午在人民大会堂举行。中共中央政治局常委、书记处书记胡锦涛在会上讲话时指出，党的十四大以来，学习、研究、宣传邓小平同志建设有中国特色社会主义理论出现了令人鼓舞的新局面。各级党委要进一步加强领导，乘势而进，采取切实有效的措施，推动这一理论的学习、研究、宣传不断向广度和深度发展，更好地为全面推进党的建设这个新的伟大工程服务，为凝聚全国人民坚持党的基本路线一百年不动摇、又快又好地发展社会主义现代化事业服务，为发展全党全国工作的大局、完成当前各项任务服务。

这次研讨会，是经中央批准，由中央宣传部、中央党校、中央文献研究室、中国社会科学院、国家教委、解放军总政治部联合召开的。参加会议的有来自全国各地的专家学者和有关部门的同志二百五十多人。

刘华清、荣毅仁、李岚清、李铁映、薄一波、布赫、阿沛·阿旺晋美、胡绳等出席开幕式。中央政治局委员、书记处书记丁关根主持会议并讲话。

胡锦涛说，十四大以来，以江泽民同志为核心的党中央密切结合全面贯彻执行党的基本路线、积极推进改革和建设的实践，紧紧抓住用邓小平同志建设有中国特色社会主义理论武装全党这一总揽全局的根本性工作，作出了一系列重要部署，各级党委和各有关部门进行了富有成效的工作，理论工作总的形势很好。理论学习、研究和宣传都坚持以邓小平同志建设有中国特色社会主义理论为中心内容；高级干部率先垂范，领导干部以身作则，带动了全党的理论学习；理论宣传坚持正确的思想导向，着重帮助干部、群众正确理解和全面把握建设有中国特色社会主义理论；这一理论的研究工作逐步得到加强；理论建设为改革开放和现代化事业服务取得了明显成效。

胡锦涛强调，用邓小平同志建设有中国特色社会主义理论武装全党是一项长期的战略任务，必须把这一理论的学习、研究和宣传广泛深入地开展起来，坚持下去。重点要继续抓好县以上领导干部的培训和各级党委中心组的学习，同时必须用相当的精力抓好广大党员的学习，抓好知识分子特别是社会科学界知识分子的学习，抓好青年的学习。

胡锦涛说，理论宣传和研究要加大力度，坚持面向实际，实事求是地回答实践提出的问题，回答得越清楚、越透彻、越有说服力，它的作用就越大，也越易于使人们认识到理论的正确和学习的必要。做理论工作的同志要密切联系改革开放和现代化建设的实际，为党和政府的决策提供更多的科学依据、政策建议和有力的理论支持，对干部群众中的热点、疑点和难点问题做好释疑解惑的工作。理论研究和理论宣传要坚持重在建设，以立为本，解放思想，实事求是，坚持真理，修正错误。理论工作者内部要加强团结，理论工作者和实际工作者也要加强团结。

胡锦涛最后强调，各级党委要加强领导，一如既往地抓好学习、研究、宣传，精心组织，周密安排，经常检查和督促，及时解决工作中出现的问题。理论研究是艰苦的劳动，各级党委要理解和爱护理论工作者，关心他们政治上、业务上的进步，帮助他们解决学习、工作和生活中的困难。要加强理论队伍的建设，特别要注意发现、培养、使用中青年优秀理论人才，努力建设一支积极研究和宣传建设有中国特色社会主义理论的、跨世纪的理论队伍。

丁关根在讲话中说，这次研讨会是我们党的理论工作和我国理论界的一件大事。会议的任务是：贯彻党的十四大和十四届三中、四中全会精神，遵循“抓住机遇，深化改革，扩大开放，促进发展，保持稳定”的全党全国工作大局要求，坚持重在建设，理论联系实际，交流《邓小平文选》的学习经验和心得体会，研讨邓小平同志建设有中国特色社会主义理论的科学体系和理论贡献，把这一理论的学习、宣传、研究进一步引向深入，推进理论工作更好地为改革开放和社会主义现代化建设服务，为用建设有中国特色社会主义理论武装全党服务，为坚持党的基本路线一百年不动摇服务。

丁关根说，为了开好这次会议，从今年四月份以来，各地、各部门做了大量的准备工作，组织理论研讨会，深入开展研究，推荐优秀论文。经过认真评选，从数千篇论文中选出一百篇论文到会交流。这次会议是对理论学习、研究成果的一次检阅，也是对理论学习、宣传、研究工作更好地向前发展的有力推动。这次会议必将对我们党的思想理论建设产生积极的影响。

丁关根指出，党的十四大确立了邓小平同志建设有中国特色社会主义理论在全党的指导地位，提出了用这一理论武装全党的战略任务。以江泽民同志为核心的党中央为落实用建设有中国特色社会主义理论武装全党这一任务，采取了一系列重大措施。邓小平同志建设有中国特色社会主义理论已经成为我们各项工作的根本指针，日益深入人心，一个学习理论的热潮正在深入展开。（下转第四版）

三峡工程示意图

刘小青绘

当惊世界殊

——写在三峡工程正式开工之际

本报记者 龚达发 杜若原

长江在高唱，群山在欢呼。

1994年12月14日10时40分，李鹏总理向全世界宣告：长江三峡工程正式开工！

第一罐混凝土稳稳地浇筑在大坝江心岩石上。一项伟大的跨世纪工程将从这里崛起，载入中华民族腾飞的史册。

一

开发三峡，治理长江是千百年来中国人民的意愿。本世纪初，中国民主革命的先驱孙中山先生在《实业计划》中写道：“自宜昌而上……当以水闸堰其水，使舟得溯流以行，而又可资其水力。”这是中国提出开发三峡的第一人。

新中国的建立，把三峡工程真正摆上了议事日程。毛泽东以他博大的胸襟勾勒出三峡工程的宏伟蓝图：“更立西江石壁，截断巫山云雨，高峡出平湖。”

此后，新中国几代水利科学工作者用40年的时间，精心设计，反复论证。从水文调查到地质勘测；从研究坝段到坝址选择；从水库调查到移民安置；从防洪演算到水库调度；从泥沙淤积到水库长期使用；从工程施工到巨型设备研制……提供了浩如烟海的研究报告和方案蓝图。1992年4月3日，全国人大七届五次会议通过《关于兴建三峡工程决议》。从此，历时半个多世纪的三峡工程论证和审查工作终于画上了圆满的句号，进入实施阶段。

三峡工程总公司总经理陆佑楣介绍：长江三峡工程具有防洪、发电、航运等巨大综合效益，而最重要的是防洪。自古以来，荆江两岸一直是长江洪水肆虐横行的地方。史书记载，自汉代以来2000多年里，长江中下游发生较大洪灾200多次，水灾更是不可胜数。1931年大水，武汉市区行船百日，江汉平原14.5万人淹死；1935年再次大水又夺去了14.2万人的生命！1954年长江大水，荆江分洪区三次分洪，京广线中断百余天，直接经济损失100亿元。长江防洪，尤其是中游水患，使共和国每一位领导人寝食不安，牵肠挂肚：这里有1500万人，2300万亩良田，还有华中特大城市武汉、京广大动脉……

三峡工程是唯一可以解除这些心腹大患的良策。水库防洪库容达222亿立方米，水库调节洪水可削减洪峰流量2.7万—3.3万秒立方米，使荆江河段防洪标准由现在10年一遇提高到100年一遇，即使遇到千年一遇的洪水，也可以通过三峡工程的调蓄，防止发生大量人口死亡的毁灭性灾害。（下转第四版）

压题照片：巴山 陈 智摄

人民日报
RENMIN RIBAO
今日8版
人民网 网址:http://www.people.com.cn
手机:http://wap.people.com.cn
国内统一连续出版物号 CN 11-0065
第21134期（代号1-1）
人民日报社出版
2006年5月
21
星期日
丙戌年四月廿四

北京地区天气预报
白天 阴转多云
风向 北转南
风力 二、三级
夜间 多云转晴
风向 南转北
风力 一、二级
温度 24℃/14℃

中巴两国领导人互致贺电 庆祝建交55周年

本报北京5月21日讯 中国国家主席胡锦涛与巴基斯坦伊斯兰共和国总统佩尔韦兹·穆沙拉夫21日互致贺电，热烈庆祝两国建交55周年。

胡锦涛在贺电中说，中巴建交55年来，在和平共处五项原则基础上，两国建立了全天候友谊，开展了全方位合作，给两国人民带来了实实在在的利益，也为地区和世界的和平、稳定与发展做出了积极贡献。中巴关系堪称发展中国家和周边国家关系的典范。中国始终从战略高度和长远角度看待中巴关系，愿与巴方一道，弘扬两国传统友谊，丰富互利合作内涵，共同开创新世纪中巴战略合作伙伴关系更加美好的未来。

穆沙拉夫在贺电中说，巴中地缘毗邻，两国人民之间有着上千年的密切交往。建交55年来，巴中全天候友谊经历了时间的考验，日臻成熟。巴方决心与中方共同努力，将巴中关系不断推向新的高度。

国务院总理温家宝、外交部长李肇星也分别与巴基斯坦总理肖卡特·阿齐兹、外长胡尔希德·马哈茂德·卡苏里相互致电祝贺中巴建交55周年。

三峡大坝全线建成

大坝全长2309米，工程质量达到世界一流

本报三峡工地5月20日电 记者**杜若原、顾兆农、朱隽**报道：今天下午2时，当三峡大坝右岸最后一方混凝土送入仓位后，举世瞩目的长江三峡水利枢纽工程迎来历史性的一刻：中国三峡总公司总经理李永安宣布，三峡大坝建成！

三峡大坝全线浇筑达到海拔185米高程，比原计划提前近10个月。自此，气势雄伟的三峡大坝矗立西陵峡谷，毛泽东同志“更立西江石壁，截断巫山云雨，高峡出平湖”的伟大预言成为现实。

受曾培炎副总理委托，国务院三峡工程建设委员会副主任蒲海清在简短朴素的庆祝大会上讲话。他说，三峡大坝全线到顶，充分显示了中华民族生生不息的精神和百折不挠的品格，充分显示了中国共产党领导中国人民走强国之路的坚强意志和决心，充分显示了我们坚持科学发展观、保持人与自然和谐共处的发展理念和生存智慧。

国务院三峡工程枢纽工程质量检查专家组组长潘家铮院士激动地说，请全国人民放心，三峡大坝不仅是世界上最宏伟的一座混凝土重力坝，也是一座质量优良、安全可靠的大坝。几十万个监测数据表明，三峡工程的所有建筑物、设备、地基和边坡都正常安全，一切都在控制之中。

三峡工程于1994年底正式动工，是迄今世界上最大的水利枢纽，其1820万千瓦的装机容量和847亿千瓦时的年发电量均居世界第一。主体工程三峡大坝全长2309米，是世界上规模最大的混凝土重力坝。

三峡大坝坝体混凝土浇筑总量为1600多万立方米。1997年12月11日，三峡工程左岸厂房坝段浇筑第一方混凝土，三峡水利枢纽主体工程浇筑施工拉开帷幕。在三峡大坝高强度、大规模的混凝土施工中，建设者通过运用世界先进的科学技术与自主创新相结合，摸索了一套按期保质的施工工艺和管理制度，解决了大坝混凝土的一系列技术难题，创造了100多项世界之最。

以大坝为主体的三峡枢纽工程，分为三期建设。国务院枢纽工程专家组经过深入详尽的调查，认为枢纽工程一期比一期干得好，工程质量稳步提高。三峡建设者们以对国家和历史高度负责的精神，谱写了世界坝工史上新的记录，创造了建筑史上的奇迹。

李永安说，大坝提前全线到顶，意味着三峡工程三大效益均得以提前发挥：今年三峡工程就可以发挥其防洪效益；到2008年，三峡电站26台机组将全部投产发电，比原计划提前一年；川江航道的航运条件大大改善，将促进整个长江航运事业发展。

上图：在三峡大坝最后一仓混凝土浇筑现场，建设者举行简短的庆祝仪式。本报记者 刘 龙摄

自主创新立丰碑

——祝贺三峡大坝全线建成

本报评论员

5月20日，随着最后一方混凝土浇筑完毕，三峡右岸大坝顺利封顶。这座世界上规模最大的钢筋混凝土大坝至此全线达到海拔185米设计高程。这是三峡工程建设史上又一重要的里程碑。

三峡大坝比预计工期提前10个月全线到顶，为今年汛后蓄水至156米高程打下坚实基础，三峡工程的防洪能力提前两年发挥作用。三峡工程完工后，荆江河段的防洪标准将由不足十年一遇提高到百年一遇。从施工准备至今，十三年奋战，高坝筑起，山河巨变。截至目前，左岸电站已累计发电1100亿千瓦时，年过坝货运量达到4300多万吨。三峡工程已进入边施工、边运营的新阶段。

作为世界上最大的水利枢纽工程，三峡工程在建设之初面临着一系列前所未有的世界级难题。质量是三峡工程的生命，为确保三峡工程经得起历史的考验，建设者们攻坚克难，自主创新，至今已创造了100多项世界之最，建立工程质量和技术标准100多项，右岸大坝施工达到世界一流水平。辉煌成就来之不易。

三峡工程的自主创新，体现了党中央、国务院的正确决策。三峡工程建设初期，我国不具备生产70万千瓦特大型水轮发电机组的能力，国家从全局和长远考虑，提出了“技贸结合、技术转让、联合设计、合作生产”的方针。正是这一重大决策，奠定了三峡机组引进消化吸收再创新的基础，坚定了三峡建设者勇于创新的决心和信心。

三峡工程的自主创新，集中了方方面面的智慧。三峡工程不仅借鉴了长期以来国家重点工程建设的宝贵经验，汇聚了各方面技术专家、工程设计人员，还在自力更生的同时坚持对外开放，引进世界一流的施工机械和机电设备，学习借鉴全球最先进的施工技术与管理经验，从更高的起点出发，使三峡工程的自主创新能力迅速提升。

三峡工程的自主创新，凝结了全体建设者的辛勤汗水。多少个日日夜夜，他们凭着强烈的责任感，本着科学、严谨、求实的工作作风，勇于攻克技术难题，认真对待施工中的每一个细节。

三峡工程的自主创新，得到了全国人民的信任和支持。全国人民以不同的形式关注、支持着三峡工程建设。工程建设取得的每一点成绩，都得到了全国人民的热忱鼓励；工程建设中出现的争议，也得到了全国人民的理解。

昔日水流湍急、险滩密布的长江上游航道已成高峡平湖；巍巍三峡大坝如长虹卧波，横空出世。三峡工程功在当代，利在千秋。目前三峡工程三期工程尚未最后完成，任务依然繁重，需要全体三峡建设者继续高扬自主创新的旗帜，以对人民、对国家、对历史高度负责的态度，坚持高标准、高质量、高效率，精心组织，精心施工，努力将三峡工程建设成国际一流的工程。

圆满结束对罗马尼亚的访问抵达基希讷乌

吴邦国开始对摩尔多瓦进行正式友好访问

与卢普议长举行会谈

5月20日，应摩尔多瓦议长马里安·卢普的邀请，中国全国人大常委会委员长吴邦国抵达摩尔多瓦首都基希讷乌，开始对摩尔多瓦进行为期两天的正式友好访问。摩尔多瓦议长卢普（前左）前往机场迎接。

新华社记者 姚大伟摄

本报基希讷乌5月20日电 记者**王如君**报道：应摩尔多瓦议长马里安·卢普的邀请，中国全国人大常委会委员长吴邦国20日上午抵达摩尔多瓦首都基希讷乌，开始对摩尔多瓦进行为期两天的正式友好访问。这是中国全国人大常委会委员长首次访问摩尔多瓦。

当地时间上午10点15分，吴邦国乘坐的专机降落在基希讷乌国际机场。机场上飘扬着中摩两国国旗，汇聚着欢迎的人群，传递出两国人民的友好情谊。礼兵仪仗队在舷梯下红地毯两旁列队致意。吴邦国和夫人章瑞珍走出机舱，同前来迎接的摩尔多瓦议长卢普和夫人握手寒暄。身着民族服装的摩尔多瓦青年向吴邦国委员长和夫人章瑞珍献上面包、盐和葡萄酒，表达对中国贵宾最热烈的欢迎。中国驻摩使馆工作人员向吴邦国委员长和夫人章瑞珍、全国人大常委会副委员长热地敬献了鲜花。

吴邦国在机场发表了书面讲话。他首先代表中国人民向热情友好的摩尔多瓦人民致以亲切的问候和良好的祝愿。吴邦国说，中摩建交14年来，两国在政治、经贸、科技、文化、教育等领域的交流与合作不断发展，在涉及双方切身利益的重大问题上相互支持，在国际事务中积极合作。中摩关系的发展给两国人民带来了实际利益，也为促进世界和平与稳定发挥了重要作用。

在摩尔多瓦期间，吴邦国将同沃罗宁总统、卢普议长和塔尔列夫总理就两国关系和共同关心的问题交换意见，探讨深化双边关系、扩大互利合作的有效途径和方式。 （下转第三版）

“早改早受益，大改大受益”

大理深化文化体制改革释放文化生产力

本报昆明5月20日电 记者**官宇才**报道：云南大理白族自治州新华书店，自2001年改制实现区域性连锁经营后，一直占据全州出版物流通市场份额90%以上，销售额和上缴税利居于同业“龙头”地位。

“早改早受益，大改大受益。”州委书记顾伯平介绍，2003年7月，州委、州政府提出，构建与社会主义市场经济相适应的“大文化”管理体制，建立符合市场经济要求的运行机制，促进文化事业的全面繁荣和文化产业的全面发展。两年间，全州127个文化事业单位取消了行政级别。州歌舞团和州白剧团重组后成立了民族歌舞剧院，实行团长负责制，企业化管理。原属经营性文化事业单位的州新华书店、三塔公园、蝴蝶泉公园、洱海公园一次性改制为国有控股企业。部分国有控股的文化企业采取公开拍卖国有资产等方式改制为民有民营。

文化体制改革带来投资多元化，使文化产业一跃成为全州支柱产业。大理旅游集团2003年亏损近千万元，2004年一举扭亏为盈，实现利润3000万元。四川万泰集团投资2.9亿元开发洱源温泉资源，建设我国西南地区一流的“地热国”，目前一期工程完工。2005年，全州文化产业增加值达18亿元，占全州GDP的8%。

改革促进公益性文化事业加速发展。近3年来，大理州在建和正在规划的重大文化项目有50项，总投资达44.3亿元，其中各级财政投入只有5亿元。投入3000万元全面完成74个未达标县、乡文化馆站建设工程；投资700万元的州图书馆、州博物馆改造项目，投资2000万元的州体育馆、州体育中学改造项目相继启动。投资3.22亿元的大理学院一期工程也在不久前落成。

德国总理默克尔

今起对我国进行正式访问

默克尔总理

应国务院总理温家宝的邀请，德意志联邦共和国总理安格拉·默克尔将于5月21日至23日对中国进行正式访问。

默克尔1954年7月出生于德国汉堡市，1973年至1978年在原民主德国莱比锡大学攻读物理学，1978年至1990年在原民主德国科学院物理化学中心研究所工作，1986年获得物理学博士学位。

默克尔1989年11月加入原民主德国“民主觉醒”组织；1990年出任原民主德国最后一届政府的副发言人，同年8月加入德国基民盟，并在德国重新统一后当选联邦议员；1991年至1998年任基民盟副主席；1991年至1994年任联邦妇女和青年部部长；1994年至1998年任联邦环境、自然保护和反应堆安全部部长。

默克尔1998年至2000年任基民盟总书记，2000年4月起任基民盟主席，2002年9月至2005年11月任由基民盟和基社盟组成的联盟党议会党团主席，2005年11月任联盟党和社民党大联合政府总理，成为德国历史上第一位女总理。

默克尔1997年8月曾作为联邦环境、自然保护和反应堆安全部部长访华。

（新华社发）

驾车的朋友，你守法了吗？

李晋鸿

新的道路交通安全法实施已两年，但有一个相当普遍的违法现象令人忧虑。

从2004年开始实施的《中华人民共和国道路交通安全法》第四十七条规定：机动车行经人行横道时，应当减速行驶；遇行人正在通过人行横道，应当停车让行。

两年来，笔者每日须两次通过单位门前的人行横道。据观察，尽管人行横道上人来人往，只一辆车有过“停车让行”的善举，绝大多数司机都是在行驶中躲避行人，有的干脆连车速都不减。行人过马路真是提心吊胆！

守法，是一个公民最起码的素质。驾车的朋友，你学过这条法规吗？记住了吗？守法了吗？

今日谈 征文

甘肃优质专用农作物逾千万亩

本报兰州5月20日电 记者**曾华锋**报道：甘肃省通过培育和推广小麦、马铃薯等一大批优质高产高效品种，目前全省各类优质专用农作物面积达到1300万亩，初步实现了建造技术、专用品种、特色农产品模式化栽培和市场营销的衔接配套。

首钢焦化厂2号焦炉退役

本报北京5月20日讯 记者**王建新**今天从首钢总公司获悉：当今国内一代炉龄最长的首钢焦化厂2号焦炉光荣退役。这是首钢落实国务院决定，积极改善首都生态环境的重要举措。

首钢焦化厂2号焦炉于1964年12月装煤投产，其间累计生产焦炭649万吨。

回良玉在助残日前夕考察残疾人抽样调查工作时强调

深入细致地了解残疾人的状况和需求 真心实意地帮助残疾人解决困难和问题

新华社北京5月20日电 第十六次"全国助残日"来临之际，中共中央政治局委员、国务院副总理、国务院残疾人工作委员会主任回良玉来到河南省郑州市看望残疾人群众，考察第二次全国残疾人抽样调查工作。他向全国广大残疾人及其亲属致以亲切问候和良好祝愿，向参加第二次全国残疾人抽样调查工作的全体同志表示衷心感谢和崇高敬意。

回良玉强调，残疾人是最需要关心和帮助的特殊困难群体，做好残疾人工作是落实科学发展观、构建社会主义和谐社会的题中应有之义。党中央、国务院高度重视残疾人事业的发展。今年"全国助残日"的主题是"真实的了解，真挚的关爱"，就是要深入实际、深入基层、深入群众，设身处地地了解残疾人的所思、所想、所盼，扎实细致地了解残疾人的状况和需求，真心实意地帮助残疾人解决困难和问题。要进一步提高思想认识，带着感情去做残疾人工作，把对残疾人的关爱体现在实际行动上，反映在具体工作中，落实在不断完善的政策措施里，多为残疾人办实事、解难事。要进一步加大宣传力度，营造良好社会氛围，调动各方面积极性，共同推进残疾人事业发展。广大残疾人要继续发扬自强不息的精神，不断提高自身素质，为全面建设小康社会和现代化建设作出新的贡献。

回良玉认真听取了河南省开展残疾人抽样调查工作的汇报，仔细询问和了解入户调查、数据处理等有关情况，对抽样调查工作取得的进展予以充分肯定。回良玉指出，开展残疾人抽样调查，既是全面了解、真实掌握残疾人情况的过程，也是认真听取残疾人的意见、要求、呼声的过程。既可以为有关残疾人的法律、法规、政策的制定、完善与实施提供有力的支持，也是为党和政府谋划经济发展与和谐社会建设提供可靠的决策依据，同时有利于全社会进一步关心残疾人事业，激发全社会关爱、帮助残疾人的热情和爱心。各地区、各有关部门要树立高度的政治责任感，加强组织领导，精心安排部署，狠抓工作落实，高质量地完成这次抽样调查，确保数据的真实有效。要以这次残疾人抽样调查为契机，推动残疾人事业进一步向前发展。

《农村工作通讯》创办五十周年

回良玉致信祝贺

新华社北京5月20日电 中共中央政治局委员、国务院副总理回良玉近日给中国农村杂志社发来贺信，祝贺《农村工作通讯》创办50周年。

回良玉在贺信中说，《农村工作通讯》创刊50年来，一贯坚持正确的舆论导向，大力宣传党的农村政策，积极报道广大农村基层干部的发明创造，广泛传播农村改革发展的实践经验，为发展农业、繁荣农村、致富农民做出了积极贡献。

回良玉指出，党的十六届五中全会提出了建设社会主义新农村的重大历史任务，规划了新时期农村经济社会发展的宏伟蓝图。真挚地希望《农村工作通讯》适应新形势、新任务、新要求，坚持"三贴近"的办刊要求，坚持服务"三农"的办刊方向，不断加强队伍建设，不断提高办刊水平，不辱使命，不负众望，为推进社会主义新农村建设做出更大贡献。

《农村工作通讯》是1956年5月由当时的中央农村工作部创办的全国第一本指导农村工作的综合性刊物，50年来推出了一大批有重要影响的报道，多次获得国家期刊奖等多种奖项。

"科技助残行动计划"启动

本报北京5月20日讯 记者**潘跃**报道：中国科学院和中国残疾人联合会共同倡议开展的"科技助残行动计划"今天在人民大会堂正式签署协议，标志着这一为期十年（2006—2015年）、造福残疾人的大型助残行动正式启动。全国人大常委会副委员长、中国科学院院长路甬祥和中国残疾人联合会主席邓朴方分别代表双方在"科技助残行动计划"框架协议上签字。

据介绍，"科技助残行动计划"在国家残疾人事业两个五年发展规划（"十一五"、"十二五"）期间，以帮助残疾人解决迫切需求为目标，通过技术集成和科技创新，确定一批重点科技项目和科技产品，直接服务于残疾人，实现科技成果为残疾人所用。

中科院将根据残疾人的具体需求，启动"聋儿语音学习及其矫治软件的开发"、"喷点盲文印刷系统"等第一批10余个科技助残项目。

路甬祥和邓朴方在签字仪式上致辞。路甬祥表示，中国科学院将根据残疾人的具体需求，选择若干项目或方向进行攻关，力争经过5至10年努力为我国残疾人矫正和防残、护残做出重要贡献。邓朴方指出，"科技助残行动计划"是实现科技成果与残疾人共享的民心工程，计划的实施必将对改善残疾人生活状况，提高科技扶残的水平，增强残疾人平等参与社会的能力起到重要作用。

守护青山这片绿

——记贵州省龙里县林业局护林员冯定伟

本报记者 胡跃平

人物小传

■**经历**：1948年出生，1971年到贵州省龙里县林业局从事森林采伐工作，2000年转入护林员岗位，由砍树人变为护林人。

■**荣誉**：2000年以来，连续5年被评为龙里县优秀护林员，2004年被评为黔南布依族苗族自治州优秀护林员，2005年被评为全国优秀护林员。

5月中旬，连下了几天大雨，贵州龙里县麻芝乡连片的大山上，无数条清澈见底的溪水，流过厚厚的植被，欢快地注入田榜河中。

乡里的干部告诉记者，过去可不这样，一遇大雨，就引发山洪，1998年，一座铁索桥就被大水冲毁。如今，方圆上百里地，山变青，水变绿。"这与负责这片林子管护的冯定伟分不开啊！"

脚勤、嘴勤、眼勤

2000年，地处长江上游的龙里县实施天然林保护工程，管护区内的森林一律禁伐。采伐和经营了几十年木材的冯定伟，自那年起当上了护林员。

年过半百的老冯像年轻人一样，见缝插针学习林业法规等知识。同时，背着挎包，内装宣传资料，向群众讲解禁伐政策的好处。5年来，他不分节假日，平均一年有11个月在巡山护林。在他的精心管护下，该片区的护林工作成了全县的典范。

老冯说，当好护林员，得做到脚勤、嘴勤、眼勤。

脚勤：每次巡山，无论刮风下雨，天冷路滑，他都要去易发火灾和容易被盗伐的林区。他一年要穿烂十几双鞋，多次将可能出现的火情和盗伐现象及时处理在萌芽状态。

嘴勤：每次走进农户家中，他总是不厌其烦地向男女老少宣传林业政策和《森林法》。每逢清明期间，他天天在山上劝阻前来扫墓的群众点香蜡纸烛。

眼勤：老冯常对年轻的护林员说，要仔细观察每个角落是否有被盗伐的迹象或有病虫害现象。一次巡山时，老冯发现林地里有一堆新杂草，扒开一看，一根直径20多公分的"伐桩"露了出来，周围有马蹄印。顺着马蹄印，老冯翻了几个山头，在一农户家中找到了这根刚砍的松树，当即对盗伐人处罚。

解决群众困难是护林的基础

实施禁伐后，林区农户经济来源受到影响，老冯觉得，不准砍树木了，得尽力帮他们在生产生活上找到一条路子。否则，林子难以护住。

通过实地调查，他向局里写了请示报告，经同意后，专门划出一块薪炭林，严格按照规定，主干护下，只砍枝桠，这既有利于林木生长，又解决了村民们的生活燃料问题。

2000年以来，老冯发动大家种经果林。从找果树苗到整地打树窝，从施底肥到剪枝拉枝，他一家家手把手地教。在老冯的指导下，村民们栽种的水蜜桃、金秋梨、酥李和花椒，3年后都结了果，卖价一年比一年好，去年收入高的人家达到上万元。

5年来，老冯为他所管护的林区内的近百户农户，无偿提供了4万多株果树苗。如今，14个村民组的退耕还林地、自留地和自留山全部种上了经果林，面积达780亩。富洪村村委会主任王家胜说，在老冯的带领下，家家尝到了种果树的甜头，现在，我们有7个人都是老冯的兼职护林员，常年帮他巡山护林。

"冯哥，来我家喝茶"、"冯叔，吃了饭再走。"记者跟老冯一路走去，山民们的热情招呼不断。

栏目图片：冯定伟在介绍他所看护的山林。 本报记者 **胡跃平**摄

劳动者感言

最高兴的是，5年心血没白费，我管护的森林覆盖面积，在5年前的基础上多了12个百分点，为祖国大地又添一片绿叶，心里特别自豪。

——冯定伟

山西左云县一煤矿发生透水事故

四十四人被困

据新华社山西左云5月20日电 （记者**陈忠华**）据现场抢险指挥部20日晚间的初步判断，5月18日晚8时30分山西省大同市左云县张家场乡新井煤矿发生的透水事故，截至目前可能有44人被困井下。

20日下午，安监等有关部门接到群众举报，称18日左云新井煤矿事故发生时，井下人数可能不止5人，矿方有瞒报行为。有关方面高度重视，国家安监总局局长李毅中，山西省委书记张宝顺、省长于幼军已赶到现场指挥抢险等工作。同时，对事故原因展开调查。

药品监管部门启动行政处罚程序

"齐二药"将被吊销药品生产许可证

本报北京5月20日讯 记者**富子梅**报道：国家食品药品监督管理局近日发出通知，责成黑龙江省食品药品监督管理局依法对齐齐哈尔第二制药有限公司的违法行为严肃查处。5月19日，黑龙江省食品药品监督管理局作出了拟吊销"齐二药"《药品生产许可证》的决定，并于今天凌晨将行政处罚听证告知书送达"齐二药"。

国家食品药品监督管理局通知指出，齐齐哈尔第二制药有限公司生产销售假药，造成多人死亡的严重后果，产生了极其恶劣的社会影响，严重违反了《中华人民共和国药品管理法》。通知要求黑龙江省食品药品监督管理局根据《药品管理法》有关规定对违法行为依法严肃查处，吊销其《药品生产许可证》，收回其《药品GMP证书》，并积极配合有关部门做好相关善后工作。

喜看世界第一坝

——五月二十日，三峡右岸大坝最后一仓混凝土浇筑完毕，三峡大坝全线达到一百八十五米设计高程——

本报记者 朱隽 顾兆农 杜若原

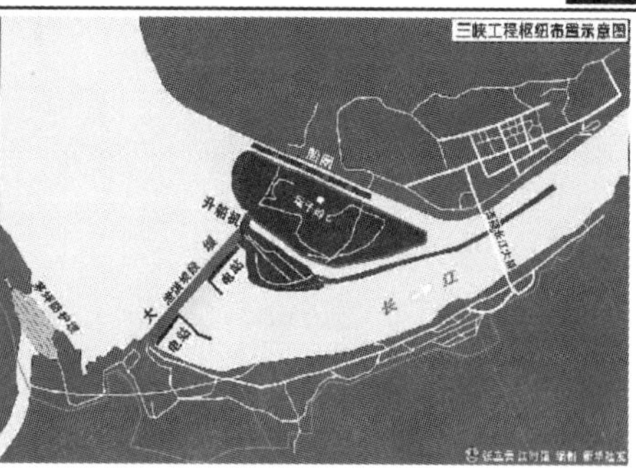

2006年5月20日14时，三峡右岸大坝建设现场。

中国水电四局十四局联营体青云公司负责人向三峡总公司总经理李永安报告：三峡右岸大坝最后一个仓面混凝土浇筑顺利收仓；随后，李永安宣布：三峡大坝混凝土浇筑完毕，大坝全线达到设计高程185米，三峡大坝建成了！

三峡大坝最后一个浇筑仓位于右岸大坝非溢流2号坝段，浇筑仓浇筑面积为377平方米，层高2.8米，总浇筑量为1017.5立方米。这一仓的浇筑任务由青云公司浇筑一大队负责施工。

最后一仓混凝土在经过缝面处理、模板安装、钢筋焊接、预埋件安装、检查验收后，5月19日凌晨4时正式"开盘"，这是工人们对开仓浇筑的习惯称呼。拌制好并测好温度的混凝土从胎带机中落下，从密密麻麻的钢筋网的缝隙中落入仓底。

经过34个小时，3个班次工人轮流施工，右岸大坝最后一个仓面混凝土浇筑胜利收仓。这不仅标志着全长2309米的三峡大坝全线到顶，也意味世界上规模最大的混凝土重力坝全线建成。

大坝提前10个月到顶

工程建设尚未结束

有世界第一坝之称的三峡大坝预计在2007年的第一季度全线到达185米高程。目前，大坝比原计划提前近10个月全线到顶。

三峡总公司副总经理曹广晶在接受采访时说，这种提前是随着施工进展的自然结果，是施工技术、管理水平不断提高的结果，绝不是抢工期，不会影响工程质量。

三峡工程混凝土浇筑总量达2800万立方米，其中坝体混凝土浇筑总量为2643万立方米，施工规模和工期都为世界第一。

1997年三峡水利枢纽主体工程浇筑施工拉开帷幕后，1999年至2001年，三峡工程混凝土浇筑量连续三年每年在400万立方米以上，其中2000年还创造了年浇筑548万立方米的世界最高纪录。

如此高强度、快节奏的施工速度，并未影响工程质量。埋设在大坝各部位的16252支监测仪器观测结果表明：大坝基础变形小于1毫米；基础渗流量仅为设计量的1/10；大坝水平位移和应力均在设计允许范围内。

"认为大坝全线到顶就是三峡工程建设结束的观点是不正确的。"曹广晶说，"如果把三峡工程建设比作盖房子，大坝到顶可以看作是房屋封顶，但是这距离最后入住还有一段时间。"

三峡三期工程建设还要实现围堰爆破、右岸厂房施工、导流底孔封堵、地下厂房建设、船闸完建、升船机建设等一系列重要建设目标。但曹广晶也表示，整个三峡工程有可能比预计工期提前1年，也就是在2008年全部完成。

无裂缝大坝创造奇迹

筑坝技术代表了国际水平

2006年4月，国务院三峡工程质量检查专家组第十五次检查三峡工程。专家组组长、两院院士潘家铮在检查后说："三期工程的施工质量完全处于受控状态。土建施工和机电安装质量优良，单元工程合格率100%。现在更有把握相信：右岸大坝是一座没有裂缝的混凝土重力高坝，创造了世界奇迹。"

时间回溯到2004年，国际大坝委员会主席维奥蒂参观三峡工程时说，中国的筑坝技术代表了国际筑坝水平。三峡工程让中国的坝工技术跻身世界先进行列。

中国工程院院士、长江水利委员会总工程师郑守仁介绍，三峡大坝不仅在混凝土浇筑总量、浇筑强度上创世界第一，设计泄洪能力超过10万立方米每秒也是世界之最。同时，三峡大坝预留冲沙孔、排漂孔等100多个孔洞，为世界最多，孔洞多增加了大坝的复杂性和设计施工难度。

在混凝土高强度浇筑中保持高质量，一直是三峡工程设计、施工和工程管理的核心问题。为此，三峡总公司组织参建各方和科研单位从混凝土原材料与配合比、混凝土浇筑方案与配套工艺、大体积混凝土温控防裂等方面进行综合攻关，采用一系列最新技术，集成创新，成效显著。

以大体积温控防裂为例，这项技术是大坝施工中的重点和难点。皮带机在运送预冷混凝土时温度回升较大，夏季高温时，每运送150米，混凝土温度约回升1摄氏度。三峡工程首创了混凝土骨料二次风冷技术，盛夏时将拌和楼生产出的混凝土全部预冷到7摄氏度。同时对每个部位的混凝土实行精细化温控管理，控制混凝土的最高温度，并在管理上总结出"天气、温度控制、间歇期"三期预警制度。

截至2005年底，三峡工程形成的科技成果获国家科技进步奖14项，取得专利数百项，建立工程质量和技术标准100多项。

今年汛后可蓄水至156米水位

提前两年发挥防洪效益

在防洪、发电、通航等效益中，三峡工程的首要作用是防洪。按照原计划，三峡工程将在2008年汛后水位达到156米，但三期工程的顺利进行以及大坝提前到达设计高程，给提前蓄水至高水位打下坚实基础。今年5月12日召开的国务院三峡工程建设委员会第十五次会议批准了三峡水库今年汛后蓄水至156米的工作方案。6月6日，围堰爆破后，三峡大坝将直接挡水。今年汛后蓄水至156米水位，可实现预留防洪库容110亿立方米，三峡工程提前两年发挥防洪效益。

长江水患一直令人担忧。多年对长江洪水的实测资料表明，无论是全流域型洪水，还是上游型或者中下游型洪水，其洪水主要来自宜昌以上即长江上游，而中游的防洪重点是荆江河段。

由于三峡水利枢纽工程位于长江中游与下游的分界处，工程建成后在重庆至宜昌段形成巨大库容，当水位达到175米时，水库可拥有221.5亿立方米的防洪库容，能有效调节和控制长江上游暴雨形成的洪水，将使长江荆江河段的防洪标准由目前的10年一遇提高到100年一遇。

郑守仁告诉记者，当遭遇超百年一遇的洪水时，要想把长江洪水灾害降低，单纯依靠三峡工程是不够的。一方面要靠像三峡这样的大型水库拦水，另一方面中下游地区要加固堤防，蓄行洪区也要加强建设。

见证最后一浇

5月20日14时，三峡坝顶上的建设者们见证了大坝最后一方混凝土浇筑完毕的历史性时刻。

左下图：平整仓面的混凝土工最后出仓。 本报记者 **刘龙**摄

右下图：坝顶上激动的建设者。 **刘曙松**摄

三峡工程建设大事记

●1992年4月3日，七届全国人大五次会议通过《关于兴建三峡工程的决议》。

●1994年12月14日，三峡工程开工典礼在三峡坝区举行。

●1995年4月18日，三峡大坝左岸电站一期工程破土动工。

●1997年11月8日，三峡工程大江截流成功。

●1997年12月11日，三峡工程左岸厂房坝段浇筑第一方混凝土。

●2002年11月6日，三峡工程导流明渠截流成功。

●2002年11月7日，三峡三期工程A标段开工，三峡三期主体工程正式开工。

●2003年7月10日，三峡左岸电站2号、5号机组并网发电，比原计划提前20天。

●2005年9月16日，三峡左岸电站9号机组并网发电，三峡左岸电站14台70万千瓦发电机组提前一年建成投产。

●2006年5月20日，三峡大坝全线建成。

（**本报三峡工地5月20日电 顾兆农整理**）

人民日报
RENMIN RIBAO
今日8版
人民网 网址:http://www. people. com. cn
手机:http://wap. people. com. cn
国内统一连续出版物号 CN 11-0065
第21176期（代号1-1）
人民日报社出版
2006年7月
2
星期日
丙戌年六月初七
北京地区天气预报
白天 晴转多云
风向 北转南
风力 二、三级
夜间 多云转阴
风向 南转北
风力 一、二级
温度 32℃/24℃

7月1日11时20分许，由拉萨发出的"藏2"次列车通过拉萨河特大桥。　新华社发

青藏铁路全线胜利建成通车

胡锦涛出席庆祝大会并发表重要讲话

在青藏铁路通车庆祝大会上的讲话

（二〇〇六年七月一日）

胡锦涛

七月一日，中共中央总书记、国家主席、中央军委主席胡锦涛在青藏铁路通车庆祝大会上发表重要讲话。　新华社记者　兰红光摄

同志们：

今天，我们在格尔木和拉萨两地同时集会，热烈庆祝青藏铁路全线建成通车，号召全党全国各族人民学习和弘扬挑战极限、勇创一流的青藏铁路精神，为全面建设小康社会、把中国特色社会主义伟大事业继续推向前进而团结奋斗。

青藏铁路建成通车，是我国社会主义现代化建设取得的又一个伟大成就。在这里，我代表党中央、国务院，向青藏铁路建成通车，表示热烈的祝贺！向为青藏铁路建设作出突出贡献的全体建设者，表示崇高的敬意！向关心和支持青藏铁路建设的沿线各级党委、政府和各族干部群众、各有关方面人士、国际友人，表示衷心的感谢！

建设青藏铁路是几代中国人梦寐以求的愿望，党和政府始终高度重视。1958年，党中央决定建设青藏铁路西宁至格尔木段，1984年5月这段铁路建成通车。进入新世纪，党中央从推进西部大开发、实现各民族共同发展繁荣的大局出发，作出了修建青藏铁路格尔木至拉萨段的重大决策，提出了建设世界一流高原铁路的目标。现在，经过全体建设者和各方面的顽强拼搏、艰苦奋斗，几代中国人特别是沿线各族干部群众的心愿终于实现了。

青藏铁路是世界上海拔最高、线路最长的高原铁路，沿线高寒缺氧，地质复杂，冻土广布，工程十分艰巨。修建这样一条铁路，不仅是对我国综合实力和科技实力的检验，也是对人类自身极限的挑战。铁道部和各参建单位坚持以邓小平理论和"三个代表"重要思想为指导，全面贯彻落实科学发展观，周密部署，严格管理，确保了青藏铁路建设高起点、高标准、高质量地向前推进。在5年的建设过程中，全体参建人员始终牢记党和人民的重托，以国家需要为最高需要，以人民利益为最高利益，奋战在条件异常艰苦的雪域高原上，以惊人的毅力和勇气战胜了各种难以想象的困难，用自己的心血和汗水谱写了人类铁路建设史上的辉煌篇章。这不仅是中国铁路建设史上的伟大壮举，也是世界铁路建设史上的一大奇迹。这一成功实践再次向世人昭示，勤劳智慧的中国人民有志气、有信心、有能力不断创造非凡的业绩，有志气、有信心、有能力屹立于世界先进民族之林。建成青藏铁路这一壮举将永载共和国的史册。

从青藏铁路建设的伟大实践中，我们得到许多重要启示。

第一，必须紧紧抓住发展这个党执政兴国的第一要务，不断增强我国的综合国力。这次建成的青藏铁路格尔木至拉萨段，施工难度之大、设备可靠性和安全性要求之高在世界铁路建设史上是前所未有的。在特殊的地理和气候条件下，我们仅用5年时间就建成了这条1100多公里的高原铁路。这一巨大成就的取得，是改革开放20多年来我国综合国力不断增强的重要体现。这一事实再一次充分说明，只要我们紧紧抓住发展这个党执政兴国的第一要务，不断增强我国的综合国力，我们就一定能够不断夺取社会主义现代化建设的新胜利。

第二，必须加快科技进步和创新，大力提高我国的自主创新能力。青藏铁路建设面临多年冻土、高寒缺氧、生态脆弱三大世界性工程难题。解决这些难题，世界上没有现成的经验。广大科技工作者和全体建设人员在充分借鉴世界铁路先进技术的同时，发扬自力更生精神，大力推进科技创新，开展大量科学试验，取得一系列重大成果，为进行多年冻土施工、发展高原医学事业、保护生态环境积累了宝贵经验。这一事实再一次充分说明，中华民族是富有创造精神的民族，只要我们坚持不懈地提高自主创新能力，不断增强科技实力、攀登世界科技高峰，我们就一定能够为世界科技进步作出更大贡献。

第三，必须发挥社会主义制度的政治优势，形成万众一心共创伟业的生动局面。在建设青藏铁路的过程中，从中央到地方上百个单位、十几万建设大军同舟共济、团结协作，自觉服从大局，全力保证大局，形成了青藏铁路建设的强大合力。这一事实再一次充分说明，只要我们坚持发挥社会主义制度能够集中力量办大事的政治优势，并善于把这一优势与市场经济体制的优势有机结合起来，我们就一定能够推动关系国计民生的重大建设项目更快更好地完成。

第四，必须大力弘扬艰苦奋斗、自强不息的精神，坚韧不拔地创造历史伟业。艰苦奋斗、自强不息的精神，是几千年来中华民族生生不息、发展壮大的重要精神支撑。青藏铁路建设者表现出来的挑战极限、勇创一流的精神，就是这种伟大精神的生动体现。这一事实再一次充分说明，只要我们大力发扬艰苦奋斗、自强不息的精神，我们就一定能够战胜前进道路上的任何艰难险阻，不断开创中国特色社会主义事业新局面。

青藏铁路建成通车，这对于青藏两省区加快经济社会发展、改善各族群众生活，对于增进民族团结和巩固祖国边防，都具有十分重大的意义。铁路部门要切实管好、用好青藏铁路，牢固树立以人为本和安全发展的理念，确保广大职工劳动安全，确保广大乘客身体健康，确保青藏铁路运输安全。要充分认识搞好青藏高原环境保护的极端重要性，严格落实各项环保措施，教育广大干部职工和乘客增强环保意识，自觉爱护青藏高原的山山水水、一草一木，切实保护好沿线生态环境。

青藏铁路建成通车，为青藏两省区经济社会发展带来了历史性机遇。青藏两省区要抓住有利时机，全面贯彻落实科学发展观，进一步完善发展思路，科学规划产业布局，促进资源优化配置，推动经济结构调整，加快形成具有地区优势和民族特色的经济发展格局。要科学规划和开发铁路沿线旅游资源，创建高原特色旅游品牌，加快旅游产业发展。要适应青藏铁路通车的新情况，积极开发利用优势资源，千方百计增加就业岗位，促进农牧民增收致富，提高沿线各族群众生活水平。国家有关部门要加强指导和协调，同铁路部门和青藏两省区一道努力，把青藏铁路沿线逐步建设成经济发展、社会和谐、环境优美的地区。

铁路作为国民经济的大动脉、国家重要基础设施和大众化交通工具，在我国经济社会发展中具有重要作用。希望铁路系统广大干部职工认清使命，抓住机遇，再接再厉，开拓进取，为加快我国铁路发展步伐，全面建设小康社会、加快推进社会主义现代化作出新的更大的贡献。

七月一日，中共中央总书记、国家主席、中央军委主席胡锦涛专程前往青海省格尔木市出席青藏铁路通车庆祝大会。这是胡锦涛在会前亲切接见青藏铁路建设先进集体和先进个人代表。　新华社记者　兰红光摄

新华社格尔木7月1日电　钢铁巨龙穿越莽莽雪域高原，青藏铁路造福沿线各族群众。经过10多万筑路大军历时5年的艰苦奋战，青藏铁路格尔木至拉萨段建成，至此世界上海拔最高、线路最长的高原铁路青藏铁路全线胜利建成通车。1日上午，青藏铁路通车庆祝大会在青海省格尔木市和西藏自治区拉萨市同时隆重举行。中共中央总书记、国家主席、中央军委主席胡锦涛专程前往格尔木市出席庆祝大会并发表重要讲话。胡锦涛强调，建设青藏铁路的成功实践再次向世人昭示，勤劳智慧的中国人民有志气、有信心、有能力不断创造非凡的业绩，有志气、有信心、有能力屹立于世界先进民族之林。全党全国各族人民要学习和弘扬挑战极限、勇创一流的青藏铁路精神，为全面建设小康社会、把中国特色社会主义伟大事业继续推向前进而团结奋斗。

7月的青藏高原，景色壮美，风光无限。今天的格尔木成了欢乐的海洋。火车站站前广场上，鲜花竞放，彩旗飘扬，鼓乐喧天，鲜艳的气球飘浮在半空。庆祝大会会场两侧是两幅巨大的标语："管好用好高原铁路，为沿线各族群众带来更多实惠"、"加快铁路建设步伐，为经济社会发展提供可靠保证"。参加庆祝大会的各族各界群众身着节日盛装，翘首迎接激动人心的时刻。

上午10时许，庆祝大会开始，全场高唱国歌。雄壮的歌声在辽阔的高原上空久久回荡。

在热烈的掌声中，胡锦涛发表了重要讲话。他首先代表党中央、国务院，向青藏铁路建成通车表示热烈的祝贺，向为青藏铁路建设作出突出贡献的全体建设者表示崇高的敬意，向关心和支持青藏铁路建设的沿线各级党委、政府和各族干部群众、各有关方面人士、国际友人表示衷心的感谢。

胡锦涛说，建设青藏铁路是几代中国人梦寐以求的愿望，党和政府始终高度重视。进入新世纪，党中央从推进西部大开发、实现各民族共同发展繁荣的大局出发，作出了修建青藏铁路格尔木至拉萨段的重大决策，提出了建设世界一流高原铁路的目标。现在，经过全体建设者和各方面的顽强拼搏、艰苦奋斗，几代中国人特别是沿线各族干部群众的心愿终于实现了。

胡锦涛指出，青藏铁路沿线高寒缺氧，地质复杂，冻土广布，工程十分艰巨。修建这样一条铁路，不仅是对我国综合实力和科技实力的检验，也是对人类自身极限的挑战。在5年的建设过程中，全体参建人员始终牢记党和人民的重托，以国家需要为最高需要，以人民利益为最高利益，奋战在条件异常艰苦的雪域高原上，以惊人的毅力和勇气战胜了各种难以想象的困难，用自己的心血和汗水谱写了人类铁路建设史上的辉煌篇章。这不仅是中国铁路建设史上的伟大壮举，也是世界铁路建设史上的一大奇迹。

胡锦涛强调，从青藏铁路建设的伟大实践中，我们得到许多重要启示。第一，必须紧紧抓住发展这个党执政兴国的第一要务，不断增强我国的综合国力。第二，必须加快科技进步和创新，大力提高我国的自主创新能力。第三，必须发挥社会主义制度的政治优势，形成万众一心共创伟业的生动局面。第四，必须大力弘扬艰苦奋斗、自强不息的精神，坚韧不拔地创造历史伟业。

胡锦涛指出，青藏铁路建成通车，对于青藏两省区加快经济社会发展、改善各族群众生活，对于增进民族团结和巩固祖国边防，都具有十分重大的意义。铁路部门要切实管好、用好青藏铁路，牢固树立以人为本和安全发展的理念，确保铁路运输安全，保护好沿线生态环境。青藏两省区要抓住有利时机，全面贯彻落实科学发展观，进一步完善发展思路，科学规划产业布局，促进资源优化配置，推动经济结构调整，加快形成具有地区优势和民族特色的经济发展格局。国家有关部门要加强指导和协调，同铁路部门和青藏两省区一道努力，把青藏铁路沿线逐步建设成经济发展、社会和谐、环境优美的地区。（讲话全文另发）

庆祝大会由中共中央政治局委员、国务院副总理曾培炎主持，中共中央政治局候补委员、中央书记处书记、中央办公厅主任王刚出席。

格尔木火车站站台上，专门为青藏铁路设计制造的高原列车整装待发。11时许，胡锦涛来到站台，为青藏铁路首趟旅客列车开通剪彩。顿时，铿锵有力的锣鼓敲起来，五颜六色的气球腾空而起，掌声、欢呼声经久不息。伴随着长长的汽笛，格尔木至拉萨首趟旅客列车，载着600多位劳动模范代表、各族各界代表和普通旅客，缓缓驶出格尔木车站。胡锦涛向乘客们挥手致意，目送列车渐渐远去。飞驰的列车为雪域高原带来了加快发展的新机遇。

庆祝大会前，胡锦涛亲切会见了青藏铁路建设先进集体和先进个人代表。会见大厅内掌声阵阵，代表们身披彩带，胸佩红花，脸上洋溢着笑容。胡锦涛高兴地同大家握手，向大家致以诚挚的问候和崇高的敬意。

西藏拉萨今天处处欢声笑语。新修建的拉萨火车站站前广场上，花团锦簇，彩旗招展，用藏汉两种文字书写的庆祝标语格外醒目。穿着鲜艳民族服装的各族群众载歌载舞，欢聚在这里，共同庆祝青藏铁路胜利建成通车。

中共中央政治局委员、中央书记处书记、国务委员周永康代表党中央、国务院，在拉萨会场出席庆祝大会，并为从拉萨开出的首趟旅客列车剪彩。

庆祝大会上，青藏铁路建设者代表、青藏铁路建设总指挥部副指挥长拉有玉，铁道部部长刘志军，青海省委书记赵乐际，西藏自治区党委书记张庆黎等先后发言。

中央和国家机关以及军队有关方面负责同志，青藏铁路建设领导小组成员单位负责同志，青海省、西藏自治区负责同志，铁路建设者代表，各族各界群众等共3000余人，分别在格尔木、拉萨参加了庆祝大会。

青藏铁路西宁至拉萨全长1956公里。其中，西宁至格尔木段814公里已于1984年投入运营。2001年6月开工修建的格尔木至拉萨段，全长1142公里，海拔4000米以上的地段达960公里，最高点海拔5072米，经过连续多年冻土地段550公里，是世界铁路建设史上最具挑战性的工程项目。各参建单位和广大铁路建设者顽强拼搏，勇克难关，破解了多年冻土、高寒缺氧、生态脆弱三大世界性工程技术难题，使这一钢铁大动脉提前一年建成通车，创造了多项世界铁路之最。

纪念中国共产党建党85周年和中国工农红军长征胜利70周年《创业者的歌》音乐会在京举行

贾庆林观看音乐会

新华社北京7月1日电　为纪念中国共产党建党85周年和中国工农红军长征胜利70周年，7月1日在北京音乐厅举行了《创业者的歌》音乐会。中共中央政治局常委、全国政协主席贾庆林观看演出。

音乐会演出了老一辈革命家诗词歌曲、大型声乐套曲《航天之歌》选曲、交响诗《红星颂》、交响组曲《地道战留给后世的故事》选曲和大型声乐套曲《小平之歌》等。这场慰问解放军驻京部队的音乐会由全国政协教科文卫体委员会、中国音乐家协会、解放军艺术学院、中国交响乐团、总政歌舞团联合主办，演出作品由中国音乐家协会主席傅庚辰同志作曲。

中共中央政治局委员、书记处书记、中宣部部长刘云山，中央军委委员、解放军总政治部主任李继耐等也观看了演出。

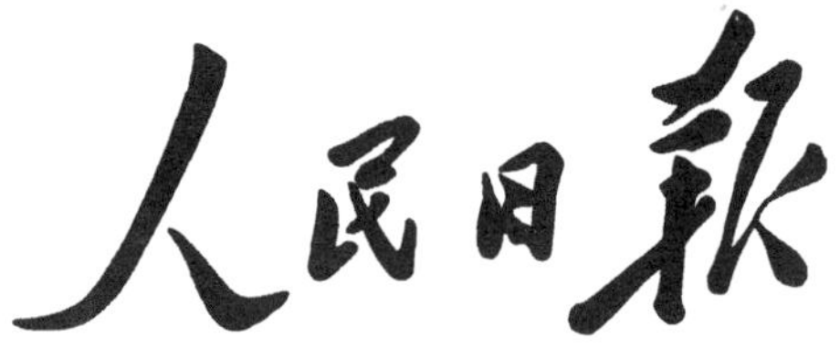

RENMIN RIBAO

今日16版

人民网 网址：http://www. people. com. cn
手机：http://wap. people. com. cn

国内统一连续出版物号 CN 11-0065
第21705期（代号1-1）
人民日报社出版

2007年12月
13
星期四
丁亥年十一月初四

北京地区天气预报
白天 晴间多云
风向 偏北
风力 二、三级
夜间 晴间多云
风向 偏北
风力 一、二级
温度 5℃/-6℃

胡锦涛主席就阿尔及尔发生恐怖爆炸袭击事件向布特弗利卡总统致慰问电

新华社北京12月12日电 12月12日，国家主席胡锦涛就昨日阿尔及利亚首都阿尔及尔市中心发生两起恐怖爆炸袭击事件，造成包括中国公民、联合国工作人员在内的近200人伤亡和重大财产损失，致电阿尔及利亚总统布特弗利卡，代表中国政府和人民并以个人名义，向布特弗利卡总统、阿尔及利亚政府和人民、遇难者亲属和受伤人员致以诚挚慰问，对遇难者表示深切哀悼。

胡锦涛表示，中国政府和人民强烈谴责这一恐怖主义行径，坚决反对任何形式的恐怖主义，愿同包括阿尔及利亚在内的国际社会一道，加强反恐合作，共同打击恐怖主义，维护地区和世界的和平与安全。

阿尔及尔恐怖爆炸袭击事件发生后，胡锦涛当即指示我有关部门加强我驻阿机构和人员安全防范，妥善处理善后事宜，并向我遇难者亲属和受伤人员表示亲切慰问。

国务院总理温家宝也就加强我驻阿人员安全、妥善处理相关事宜作出了指示。

中共中央国务院中央军委举行大会 隆重庆祝我国首次月球探测工程圆满成功

胡锦涛发表重要讲话

吴邦国主持 温家宝贾庆林李长春习近平李克强贺国强周永康出席

十二月十二日，中共中央、国务院和中央军委在北京人民大会堂举行大会，隆重庆祝我国首次月球探测工程圆满成功。中共中央总书记、国家主席、中央军委主席胡锦涛发表重要讲话。 新华社记者 鞠鹏摄

十二月十二日，中共中央、国务院和中央军委在北京人民大会堂举行大会，隆重庆祝我国首次月球探测工程圆满成功。这是大会前，胡锦涛、吴邦国、温家宝、贾庆林、李长春、习近平、李克强、贺国强、周永康等会见首次月球探测工程突出贡献者和突出贡献单位代表。 新华社记者 黄敬文摄

本报北京12月12日电 （记者**廖文根**）中共中央、国务院和中央军委12日上午在人民大会堂举行大会，隆重庆祝我国首次月球探测工程圆满成功。中共中央总书记、国家主席、中央军委主席胡锦涛发表重要讲话（**讲话全文另发**）。他强调，我国首次月球探测工程的成功实施，进一步显示和提高了我国的经济实力、科技实力和民族凝聚力，极大地激发了全体中华儿女的爱国热情，进一步增强了全党全国各族人民全面建设小康社会、加快推进社会主义现代化的信心和决心。

中共中央政治局常委、全国人大常委会委员长吴邦国主持庆祝大会，中共中央政治局常委温家宝、贾庆林、李长春、习近平、李克强、贺国强、周永康出席。

人民大会堂大礼堂内乐曲欢快、灯火辉煌，洋溢着热烈喜庆的气氛。上午10时，吴邦国宣布大会开始。全体起立，高唱国歌。

胡锦涛在大会上发表了重要讲话。他首先代表党中央、国务院、中央军委，向为我国首次月球探测工程圆满成功作出突出贡献的全体科技工作者、广大干部职工和解放军指战员，向所有为我国航天事业发展作出贡献的同志们，表示热烈的祝贺和诚挚的问候。

胡锦涛强调，我国首次月球探测工程的成功，是继人造地球卫星、载人航天飞行取得成功之后我国航天事业发展的又一座里程碑，实现了中华民族的千年奔月梦想，开启了中国人走向深空探索宇宙奥秘的时代，标志着我国已经进入世界具有深空探测能力的国家行列。这是我国推进自主创新、建设创新型国家取得的又一标志性成果，是中华民族在攀登世界科技高峰征程上实现的又一历史性跨越，是中华民族为人类和平开发利用外层空间作出的又一重大贡献。全体中华儿女都为我们伟大祖国取得的这一辉煌成就感到骄傲和自豪。

胡锦涛指出，实施月球探测工程，是党中央、国务院、中央军委着眼我国社会主义现代化建设全局，把握世界科技发展大势，为推动我国航天事业发展、促进我国科技进步和创新、提高我国综合国力作出的一项重大战略决策。这一重大成就，是我国改革开放29年来综合国力不断提高的重要体现，是我们在实现中华民族伟大复兴征程上谱写的壮丽篇章。事实再一次向世人昭示，自强不息、勤劳智慧的中国人民有志气、有信心、有能力攀登世界科技高峰，不断为人类文明进步作出贡献。

胡锦涛高度评价我国首次月球探测工程实施以来参加工程组织实施、研制、建设、试验、科学应用的全体同志作出的突出贡献。他说，我国首次月球探测工程的成功实施，突破了一大批具有自主知识产权的核心技术和关键技术，带动了我国基础科学和应用科学若干领域深入发展，促进了众多技术学科的交叉和融合，探索出一套符合我国国情和重大科技工程要求的科学管理模式和方法，培养造就了一支高素质、高水平的航天科技人才队伍，为我国深入开展深空探测奠定了坚实基础，为我国航天事业发展开辟了更为广阔的领域和空间。我国航天科技工作者为祖国、为人民、为民族建立的卓越功勋，将永远记载在中华民族的光荣史册上。

胡锦涛强调，我国首次月球探测工程的成功，为我们认真贯彻党的十七大精神，全面完成党的十七大确定的各项任务提供了深刻的启示、积累了有益的经验。必须坚持发展是第一要义，继续紧紧抓住和切实用好重要战略机遇期，牢牢扭住经济建设这个中心，坚持聚精会神搞建设、一心一意谋发展，把握发展规律、创新发展理念、转变发展方式、破解发展难题，提高发展质量和效益，着力推动经济社会又好又快发展。必须坚持自主创新，走中国特色自主创新道路，发挥社会主义制度能够集中力量办大事的政治优势，加快建设国家创新体系，激发创新活力，增强创新动力，着力建设创新型国家。必须坚持实施人才强国战略，牢固树立人才资源是第一资源的观念，用事业凝聚人才、用实践造就人才、用机制激励人才、用法制保障人才，特别是要为年轻人才脱颖而出、施展才干提供更大的舞台和更多的机会，着力培养造就高素质人才队伍。必须坚持弘扬求真务实精神，以科学的精神、科学的理念、科学的方法、科学的机制推动工作，扎扎实实做好每个部门、每个行业、每个岗位的工作，着力推动各项工作的落实。

胡锦涛最后指出，对未知领域的探索，是人类社会发展进步的不懈追求。首次月球探测工程，是我国开展深空探测的第一步。我国开展深空探测，完全出于和平目的。和平开发利用外层空间是人类的共同事业，符合人类的共同利益。中国人民愿同各国人民携手共进，坚持和平开发利用外层空间的正确方向，积极参与国际空间合作，继续实现深空探测新突破，努力为促进人类科技进步、为推动人类和平与发展的崇高事业作出新的更大的贡献。

庆祝大会上，月球探测工程领导小组组长、国防科工委主任张庆伟，工程卫星系统总指挥兼总设计师、中国科学院院士叶培建，工程测控通信指挥部指挥长、北京航天飞行控制中心主任朱民才，工程地面应用系统总设计师、中国科学院国家天文台台长助理李春来先后发言。

出席庆祝大会的还有：王刚、王兆国、王岐山、回良玉、刘淇、刘云山、刘延东、李源潮、张德江、徐才厚、郭伯雄、曹刚川、曾培炎、何勇、令计划、王沪宁、何鲁丽、盛华仁、路甬祥、唐家璇、华建敏、陈至立、王忠禹、罗豪才，以及中央军委委员陈炳德、李继耐、廖锡龙、常万全、靖志远、吴胜利、许其亮。

中央党政军群有关部门主要负责同志，参与月球探测工程的有关方面代表，以及首都各界代表，共5000多人出席了庆祝大会。

庆祝大会前，胡锦涛、吴邦国、温家宝、贾庆林、李长春、习近平、李克强、贺国强、周永康等会见了首次月球探测工程突出贡献者和突出贡献单位代表。

在庆祝我国首次月球探测工程圆满成功大会上的讲话

（2007年12月12日）

胡锦涛

同志们：

今天，我们怀着无比喜悦的心情，在这里隆重集会，庆祝我国首次月球探测工程取得圆满成功。

首先，我代表党中央、国务院、中央军委，向为我国首次月球探测工程圆满成功作出突出贡献的全体科技工作者、广大干部职工和解放军指战员，向所有为我国航天事业发展作出贡献的同志们，表示热烈的祝贺和诚挚的问候！向热情关心和全力支持我国航天事业发展的全国各族人民、香港特别行政区同胞、澳门特别行政区同胞、台湾同胞以及海外侨胞，向关心我国航天事业发展的国际友人，表示衷心的感谢！

我国首次月球探测工程的成功，是继人造地球卫星、载人航天飞行取得成功之后我国航天事业发展的又一座里程碑，实现了中华民族的千年奔月梦想，开启了中国人走向深空探索宇宙奥秘的时代，标志着我国已经进入世界具有深空探测能力的国家行列。这是我国推进自主创新、建设创新型国家取得的又一标志性成果，是中华民族在攀登世界科技高峰征程上实现的又一历史性跨越，是中华民族为人类和平开发利用外层空间作出的又一重大贡献。全体中华儿女都为我们伟大祖国取得的这一辉煌成就感到骄傲和自豪！

实施月球探测工程，是党中央、国务院、中央军委着眼我国社会主义现代化建设全局，把握世界科技发展大势，为推动我国航天事业发展、促进我国科技进步和创新、提高我国综合国力作出的一项重大战略决策。工程实施以来，在党中央、国务院领导下，工程领导小组坚持以邓小平理论和“三个代表”重要思想为指导，深入贯彻落实科学发展观，精心组织工程实施，国防科学技术工业委员会同人民解放军总装备部、中国科学院、中国航天科技集团公司等承担工程任务的部门和单位团结协作、奋勇攻关，有关地方、部门和单位大力协同、密切配合，参加工程的全体同志万众一心、顽强拼搏，胜利完成了这项具有重大战略意义的光荣任务。这一重大成就，是我国改革开放29年来综合国力不断提高的重要体现，是我们在实现中华民族伟大复兴征程上谱写的壮丽篇章。事实再一次向世人昭示，自强不息、勤劳智慧的中国人民有志气、有信心、有能力攀登世界科技高峰，不断为人类文明进步作出贡献。

我国首次月球探测工程的成功实施，突破了一大批具有自主知识产权的核心技术和关键技术，取得了一系列重大科技创新成果；带动了我国基础科学和应用科学若干领域深入发展，推动了信息技术和工业技术进步，促进了众多技术学科的交叉和融合；探索出一套符合我国国情和重大科技工程要求的科学管理模式和方法，积累了新形势下组织实施重大科技工程的重要经验；培养造就了一支高素质、高水平的航天科技人才队伍。这些重大成就，为我国深入开展深空探测奠定了坚实基础，为我国航天事业发展开辟了更为广阔的领域和空间。

我国首次月球探测工程实施以来，参加工程组织实施、研制、建设、试验、科学应用的全体同志，始终坚持使命高于一切、责任重于泰山的信念，埋头苦干，无私奉献，以国家需要为第一需要，以人民利益为最高利益，顽强奋战在工程第一线；始终坚持全局一盘棋、上下一条心、各方一股劲，万众一心，众志成城，充分发挥集体智慧和力量，形成干事创业的强大合力；始终坚持科学求实的工作作风，攻坚克难，勇于超越，瞄准深空探测科学技术前沿，掌握了一大批具有自主知识产权的核心技术和关键技术；始终坚持科学管理，缜密决策，精心组织，建立科学高效的工程组织管理体系，在较短的时间内、以较少的投入，高标准、高质量、高效率地实施了工程任务。在工程实施过程中，老一代航天科技工作者率先垂范、言传身教，一大批中青年业务骨干勇挑重担、脱颖而出，为推动我国航天科技跨越式发展作出了突出贡献。同志们为祖国、为人民、为民族建立的卓越功勋，将永远记载在中华民族的光荣史册上！

我国首次月球探测工程的成功实施，进一步显示和提高了我国的经济实力、科技实力和民族凝聚力，极大地激发了全体中华儿女的爱国热情，进一步增强了全党全国各族人民全面建设小康社会、加快推进社会主义现代化的信心和决心。党的十七大坚持以邓小平理论和“三个代表”重要思想为指导，深入贯彻落实科学发展观，对我国社会主义经济建设、政治建设、文化建设、社会建设和党的建设作出了全面部署，描绘了在新的时代条件下继续全面建设小康社会、加快推进社会主义现代化的宏伟蓝图，制定了在新的历史起点上继续发展中国特色社会主义的行动纲领，为我们继续推动党和国家事业发展指明了前进方向。我国首次月球探测工程的成功，为我们认真贯彻党的十七大精神，全面完成党的十七大确定的各项任务提供了深刻的启示、积累了有益的经验。

（下转第二版）

科学决策铸辉煌

——党中央关心月球探测工程纪实

新华社记者　孙承斌　陈二厚　黄全权

嫦娥奔月的千年神话，萦绕中华民族的心灵和梦想。

探月工程的圆满成功，见证中国人民的雄心和壮志。

2007 年 10 月 24 日，中国首颗探月卫星“嫦娥一号”从西昌卫星发射中心发射升空。一个多月后的 11 月 26 日，中国第一幅月图完美亮相，中国首次月球探测工程取得圆满成功。

这是一项凝结中华民族深切期盼的重大工程。在党中央英明决策和亲切关怀下，“嫦娥”插上腾飞的翅膀，直上九天揽月。中国航天事业，也从太空时代迈向深空时代。

实现飞天梦想，是中华民族几千年来的美好夙愿——党中央的英明决策，铸就了我国航天史上的第三座里程碑

“无垠的太空是人类共同的财富，探索太空是人类的共同追求。”

“神舟六号载人航天飞行的圆满成功，再一次雄辩地向世人昭示：勤劳智慧的中国人民有志气、有信心、有能力屹立于世界先进民族之林，有志气、有信心、有能力在攀登现代科技高峰的道路上不断创造非凡的业绩。”

……

2005 年 11 月 26 日，北京，人民大会堂。庆祝神舟六号载人航天飞行圆满成功大会在这里隆重举行。胡锦涛总书记的重要讲话，科学概括了新中国数十年航天事业发展战略，深刻阐述了特别能吃苦、特别能战斗、特别能攻关、特别能奉献的载人航天精神，在全国广大干部群众、特别是航天科技工作者中引起强烈反响，成为推进我国首次月球探测工程的强大精神动力。

人们不会忘记，作为中国航天事业承上启下的重要一步，首次月球探测工程成功的背后，是中国航天几十年的艰辛探索和不懈积累，是党中央面对不断发展的世界大势，一次次高瞻远瞩作出的重大战略决策——

40 多年前，以毛泽东同志为核心的第一代中央领导集体从国内外大局的战略高度出发，以长远的眼光和非凡的胆略，毅然决定研制“两弹一星”。

十一届三中全会后，以邓小平同志为核心的第二代中央领导集体明确把发展载人航天事业纳入发展高技术的“863”计划。

上个世纪 90 年代初，面对世界科技进步突飞猛进的新形势，以江泽民同志为核心的第三代中央领导集体对我国尖端科技事业的发展进行了全面部署，作出了实施载人航天工程的重大战略决策，并对工程建设倾注了大量心血。

以第一颗人造地球卫星“东方红一号”上天和载人神舟飞船巡天为标志，在党中央果断决策和正确领导下，我国航天事业实现了两次历史性突破，两座里程碑永远地镌刻进了深邃的太空。

面对辉煌和光荣，中华民族不仅没有停歇探索太空的脚步，而是将目光投向了更为浩瀚的深空，投向中国人千百年来赋予无数美丽传说的月球。

2003 年 11 月 7 日，在庆祝我国首次载人航天飞行圆满成功大会上，胡锦涛总书记深情地说：实现飞天梦想，是中华民族几千年来的美好夙愿。自古以来，嫦娥奔月、敦煌飞天等许多动人的传说就在我国人民中间广为流传。总书记勉励航天战线的全体同志，要继续团结奋斗，努力在人类探索外层空间的伟大事业中有所创造、有所作为。

满怀深情、殷切期待的重要讲话，道出了航天人的共同心声，给大家以莫大的鼓舞和激励。

历史忠实地记录了一代代中国航天人不懈奋斗的足迹——

早在 1991 年，时任“863”计划航天领域首席科学家的闵桂荣院士，就提出中国也要搞月球卫星的建议，推动成立了“863”月球探测课题组。

7 年后，刚成立的国防科工委正式开始规划论证月球探测工程，并开展了先期的科技攻关，提出我国月球探测发展规划的初步设想。

2002 年 10 月 17 日，中央明确提出，要抓紧月球探测工程的论证工作，尽快开展月球探测活动。

夏去秋来，无数航天人为之魂牵梦绕的月球探测工程，提上了议事日程。

2003 年 2 月 28 日，国防科工委召开月球探测工程预发展会议，宣布月球探测工程进入预发展阶段，并随后下达月球探测工程关键技术攻关重大背景型号预研项目。月球探测工程由此进入工程前的攻关阶段。

党中央关注着月球探测工程，牵挂着夜以继日勤奋攻关的科技工作者们。

胡锦涛总书记多次就工程作出重要批示、指示。有关部门报送的月球探测工程报告，总书记逐字逐句认真审看。他反复强调：月球探测工程作为我国重大科技工程之一，在建设创新型国家中具有重要地位和作用。

2003 年 6 月，温家宝总理批示，建议将月球探测工程纳入国家中长期科技发展规划编制工作中充分论证。同年 9 月，他又主持召开中央专委会，讨论决定同意实施月球探测工程，并将二、三期工程纳入国家中长期科技发展规划。

2004 年 1 月 23 日，中国首次月球探测工程被正式批准立项。在党中央亲切关怀和英明决策下，中国航天开始了新的征程。

依托经济社会发展全局，突出自主创新——党中央对月球探测工程的组织实施提出明确要求和具体部署

打造一个自主创新的“中华牌”月球探测工程——这是党中央对月球探测工程提出的明确要求，也是中国航天人的梦想和追求。

月球探测工程是我国的航天器第一次走向外太空的深空探测活动。从世界来看，航天事业是一项高风险活动，尤其是进行探月这样的深空探测活动，更增加了工程的难度。

当今世界，科技进步日新月异。面对国际航天发展的大势，我国的月球探测工程遵循什么原则、确立怎样的目标、怎样迈好中国人深空探测的第一步……一系列重大问题摆在决策者和工程组织者的面前。

胡锦涛总书记深刻指出：实践告诉我们，对影响国家发展和安全战略全局的尖端科技，必须主要依靠自己的努力来取得突破，这样才能牢牢掌握推动经济社会发展和科技发展的战略主动。我们一定要勇于站在世界科技发展的最前列，独立自主而又积极扩大对外开放，自力更生而又广泛借鉴国外先进技术，在一些重要领域和科技前沿拥有自主创新能力和自主知识产权，大力提高核心竞争力，努力在世界高新技术领域占有一席之地。

中央领导同志反复强调，月球探测工程是一项复杂的多学科高技术集成的系统工程。要统筹规划，合理确定科学和工程目标；充分调动和整合各方面科研资源，加大重大关键技术的攻关力度。各部门要精心组织，团结协作，高标准、高质量、高效率地完成月球探测工程任务。

党中央的一系列重要指示，为月球探测工程的组织实施指明了方向。按照党中央的要求和部署，我国的月球探测工程确定了四个实施原则——

服从和服务于科教兴国战略和可持续发展战略，以满足科学、技术、政治、经济和社会发展的综合需求为目的，把推进科学技术进步的需求放在首位，力求发挥更大的作用；

根据国情国力，贯彻有所为有所不为的方针，选择有限目标，突出重点，集中力量，在关键领域取得突破，循序渐进，持续发展，为深空探测活动奠定坚实的基础；

起点要高，要优选探测目标，优化技术实施途径，做一些别人尚未做过的事，有一定的先进性和创新性，形成自己的特色；

在独立自主、自主创新的基础上，大力开展国际交流合作。

根据以上原则，我国的月球探测工程规划分三步走，即分为“绕”、“落”、“回”三期，并提出了每一期工程的科学目标和工程目标。

经过近一年的艰苦努力，月球探测工程转入初样研制阶段。在这个关键时刻，2004 年 12 月 20 日，党中央专门听取了月球探测工程进展汇报，对工程进展给予充分肯定，并提出了明确要求。亲切的鼓励、深情的关怀，极大地鼓舞了全体工程研制人员。

2005 年 2 月 4 日，胡锦涛总书记主持召开中央政治局常委会议，听取月球探测工程进展情况汇报。工程原计划是按照“一星一箭”来安排的，考虑到月球探测工程本身在科学上的风险性和不确定性，会议果断决定：再增加一颗“备份星”。

“这种尊重科学规律办事的精神，减轻了科技人员的压力，更鼓舞了科技人员奋发努力的斗志。同时，也表明中央下决心要搞探月活动，哪怕一次不行，再来二次。”月球探测工程总指挥栾恩杰回忆起这段往事，感慨万千。

研制工作的整个进程中，胡锦涛等中央领导始终关注着工程的进展。中央领导多次到研制现场了解情况，看望科技人员，也对工程提出了更具体、明确的要求。

中央提出，要通过月球探测工程的实施，不断提高我国科技自主创新能力，努力涌现出一批拥有自主知识产权的科技成果，带出一支高素质的创新型人才队伍，创出一套带动相关技术和产业发展的模式，为国家重大科技工程建设提供宝贵的经验。

为此，月球探测工程领导小组一方面积极组织、科学管理、狠抓落实，同时努力探索工程管理系统的新经验，不仅要出成果、出人才，还要出经验、出模式。

从 2004 年初立项，到 2007 年 11 月 26 日第一幅月图完美亮相，中国首次月球探测工程仅仅用了 3 年多的时间。更为珍贵的是，按照中央要求，工程从一开始就立足自主创新，充分利用我国成熟的技术和现有的设备，独立研制、独立制造、独立试验，独立打造了一个自主创新的“中华牌”月球探测工程，许多关键技术和设备在国际或国内均属于首次应用，成为令人骄傲的自主创新工程。

越是关系国民经济命脉和国家安全的重大建设项目，越要加强科学管理——按照中央要求，月球探测工程始终把科学管理作为推动科技进步和创新的重要环节

细节决定成败。纵观世界各国的航天活动，哪怕一个微小的疏忽，或者一个细节的质量问题，最终都可能带来灾难性的后果。

2005 年 11 月 26 日，胡锦涛总书记在庆祝神舟六号载人航天飞行圆满成功大会上的讲话中明确指出，要始终把科学管理作为推动科技进步和创新的重要环节，不断提高科学管理水平。我国现代化建设的实践表明，越是现代化，越是高技术，越是关系国民经济命脉和国家安全的重大建设项目，越要加强科学管理。

严格对工程全过程管理，坚持质量第一，确保月球探测任务圆满完成——这是党中央对月球探测工程提出的又一个明确要求。

牢记党中央的嘱托，月球探测工程领导小组始终把产品质量和可靠性作为决战的核心，确保实现高质量建造、高可靠发射。领导小组对工程全体参研人员提出了 6 个方面 26 条的具体要求，要求工程全体参研人员深入开展复查复审、反思质疑，从研制到生产要做到“两个百分之百”：

一是所有单机、分系统和系统总体的设计都要进行全面的复查复审、反思质疑，不遗漏任何一个问题，复查工作要深入到研究室、工程组一级，要做到百分之百。

二是所有产品生产也都要进行全面的复查复审，复查工作要深入到车间工段一级，做到百分之百。

2006 年底，工程各系统开始进行“两个百分之百”的复查复审、反思和质疑活动。各单位制定了切实可行的审核项目，从技术细节、质量工作进行全面深入的检查确认，力保首发成功。

2007 年是月球探测工程的决胜年。经过 1000 多个日日夜夜的艰苦奋战，决战的时刻终于到了。此时，广大科研人员心中既充满了对成功的憧憬，又倍感压力和责任。

此时，又一个艰难的抉择摆在了工程领导小组面前——如何选择合适的发射时间。

发射时间的选择，直接关系整个工程的成功。与地球卫星不同，月球探测卫星在奔月、绕月飞行的过程中，在卫星的姿态、供电、能源和测控等方面有特殊的要求，所以选择发射时间考虑的因素很多，一年内一般只有两次适合发射的时机。

中央领导明确指示，月球探测工程是我国首次开展对地球以外天体的近距离探测，未认知的环境因素可能存在，极具创新性、挑战性和风险性。对未知领域的探索是人类前进的永恒动力。希望同志们既要增强信心、迎难而上，也要尊重科学、大胆实践。

遵照中央指示精神，月球探测工程领导小组根据实际情况，坚持科学精神，建议将原定的 4 月份发射，调整到下一个发射窗口，即 10 月份发射。

党中央很快批准了这一建议，决定调整月球探测卫星发射窗口，充分利用半年时间，以首发必成为目标，深入开展“双百”复查，以提高工程可靠性、提高大系统准确协调性、完善故障预案为重点，积极开展各项工作。

中央领导果断的决策和细致的关怀，给参与工程的万名科技人员以巨大鼓舞，更坚定了大家的决心。从工程领导小组到各系统研制人员，大家纷纷表示，坚决不负中央重托，以更加严谨、更加细致的作风，投入到发射前的各个准备阶段。

2007 年 10 月 24 日，西昌卫星发射中心再次吸引世界的目光。

18 时 05 分，中国首颗探月卫星“嫦娥一号”在这里发射升空，准确进入预定轨道。这是中国航天器进行的最长远征。

星路漫漫，在“嫦娥一号”一个多月的奔月之旅中，党中央和全国人民一道，共同把关切的目光投向浩渺太空。

11 月 5 日，“嫦娥一号”成功实施首次近月制动，顺利进入绕月轨道，中央领导倍感欣慰，胡锦涛总书记、温家宝总理相继发来贺电，向参与“嫦娥一号”研制、指挥、测控和保障的全体同志表示热烈祝贺和亲切慰问，并希望大家再接再厉，夺取月球探测的新胜利。

11 月 26 日，一个历史性的日子，“嫦娥一号”传回的第一幅月图公布。中共中央、国务院、中央军委专门发来贺电。

贺电深情地说：我国首次月球探测工程的圆满成功，是我国科技自主创新取得的标志性成果，是中华民族在攀登科技高峰征程上实现的又一重大跨越。你们作出的杰出贡献，将彪炳中华民族的光荣史册。

“我国首次月球探测工程的成功，是继人造地球卫星、载人航天飞行取得成功之后我国航天事业发展的又一座里程碑，实现了中华民族的千年奔月梦想，开启了中国人走向深空探索宇宙奥秘的时代，标志着我国已经进入世界具有深空探测能力的国家行列。”

“首次月球探测工程，是我国开展深空探测的第一步。各有关方面要再接再厉，抓紧做好后续工程的研制，圆满完成月球探测的总体目标。”……

12 月 12 日，中共中央、国务院、中央军委在北京隆重举行庆祝我国首次月球探测工程圆满成功大会。胡锦涛总书记热情洋溢的讲话温暖人心，催人奋进，引起全场一阵阵长时间的热烈掌声。

明月如皆，“嫦娥”轻绕。静谧的深空，述说着中华民族千年不变的梦想，见证了以胡锦涛同志为总书记的党中央的高瞻远瞩，也必将聆听到中国人民勇于攀登、不断迈向成功的坚强足音！

（新华社北京 12 月 12 日电）

胡锦涛总书记在庆祝我国首次月球探测工程圆满成功大会上的讲话引起科技界强烈反响

大家表示要深入贯彻讲话精神，大力加强自主创新

新华社北京 12 月 12 日电（记者**孙闻、蹟笑飞**）中共中央总书记、国家主席、中央军委主席胡锦涛 12 日在庆祝我国首次月球探测工程圆满成功大会上的重要讲话在科技界引起强烈反响。广大科技工作者表示，要切实贯彻落实胡锦涛同志讲话中提出的四个“必须坚持”，加快自主创新，建设创新型国家。

走出会场，中国科学院空间中心主任、嫦娥一号卫星有效载荷总指挥吴季激动地说：“胡锦涛总书记对我们的工作给予了高度评价，再次体现了党中央对嫦娥工程一直以来的英明领导和亲切关怀。”

吴季说，胡锦涛总书记在讲话中提出必须坚持发展是第一要义、必须坚持自主创新、必须坚持实施人才强国战略和必须坚持弘扬求真务实精神，这四个“必须坚持”将指引我们以更加昂扬的精神状态在科学技术以及更为广泛领域努力奋进。

“胡锦涛总书记的讲话让我们真切地感到，我们从事的工作不是一项单纯的空间探索工作，它对我们中华民族、对我们国家今后按照党的十七大确定的路线又好又快地发展，具有重要的启示和带动作用。”吴季说，“在今后的工作中，我们要充分发挥创新精神，动员一切可以动员的力量开展深入的月球与深空科学研究，不但在深空探测技术领域取得突破，还要在深空科学研究领域取得突破，使中国的空间科学研究自立于世界先进国家之林，为我国的深空探测事业、航天事业的发展做出更大的贡献。”

绕月探测工程地面应用系统数据接收分系统主任设计师苏彦说：“回顾工程实施的三年多历程，面对种种难关，面对重重挑战，我们无数次地加班加点，奋力攻关，付出了汗水与泪水，也感受了喜悦与焦虑。总书记今天给予我们的肯定和赞扬，是对我们的最好激励。”

中国科学院地球化学研究所助理研究员、29 岁的李雄耀全程收看了庆祝大会的网络实时报道。他深有感触地说：“探月工程大批的核心关键技术都是具有自主知识产权的，所以探月成功称得上是中国的成功，是值得全中国人民光荣和骄傲的一件大喜事！

令李雄耀印象最为深刻的是胡锦涛总书记“坚持实施人才强国战略”这句话。他说，人才强国战略对所有青年科技工作者和所有年轻人而言都是一个良好的机遇，这就使我们有了发展的机会、发挥的平台，这是对广大科技工作者的巨大鼓舞。他表示，把发展的基点放在自主创新上，才能真正掌握核心技术、抢占科技制高点。

中国工程院院士、东北大学轧制技术及连轧自动化国家重点实验室学术委员会副主任王国栋教授，在接受记者采访时表示，我国首次探月工程圆满成功，使中华民族千年的奔月梦想开始变为现实，使中国跨入世界上为数不多的具有深空探测能力国家的行列，这是中国综合国力显著增强、自主创新能力和科技水平不断提高的重要体现。我们要按总书记讲话要求，进一步加快自主创新步伐，促进冶金工业健康、和谐、快速发展。

中国科学院上海光学精密机械研究所高级工程师俞敦和参与了嫦娥一号卫星携带的“激光高度计”的研制。他说：“听了胡锦涛总书记的讲话，我感触最深的是‘发展’二字，整个讲话中约有 100 次提到‘发展’，特别指出‘必须坚持发展是第一要义’。国家需要创新的排头兵，需要在重点领域有跨越式的发展。从人造地球卫星到载人航天飞行，再到我们正在进行的深空探测，这三步都具有里程碑式的跨越意义。作为科研一线人员我们感到特别自豪。我们要进一步按照《国家中长期科学和技术发展规划纲要》的部署，继续开拓奋进，为全面建设小康社会作出应有的贡献。”

首次探月有功单位和人员获得表彰

本报北京 12 月 12 日电　（**廖文根、江亚欧**）人事部、国防科工委、国资委、总装备部和中国科学院今天联合对在我国首次月球探测工程研制、建设、发射、测控和科学应用等各项任务中做出突出贡献的单位和个人进行表彰，授予国防科工委月球探测工程中心等 22 个单位“首次月球探测工程突出贡献单位”称号，授予栾恩杰等 200 名同志“首次月球探测工程突出贡献者”称号。

获得“首次月球探测工程突出贡献单位”称号的有包括国防科工委月球探测工程中心、中国科学院空间科学与应用研究中心、北京航天飞行控制中心轨道室在内的 22 个单位。获得“首次月球探测工程突出贡献者”称号的有包括栾恩杰、孙家栋、欧阳自远、胡浩、郝希凡、杨多和、裴照宇、金志强、孙泽洲、黄江川在内的 200 人。

国防科工委主任张庆伟表示，这次受到表彰的先进单位和个人，是航天战线千千万万个优秀团队和先进工作者的代表，全系统要广泛开展向他们学习的活动，扎实做好当前重点工作，为我国航天事业和国防科技发展再立新功。

（上接第一版）

第一，必须坚持发展是第一要义，着力推动经济社会又好又快发展。中国解决所有问题的关键在于依靠自己的发展。国家科技实力发展，必须以国家经济实力发展为基础。发展，对于提高国家科技实力和水平，对于全面建设小康社会、加快推进社会主义现代化，具有决定性意义。我国航天事业取得的成就和经验表明，只有坚持把发展作为党执政兴国的第一要务，不断取得发展的新成就，才能凝聚各方面力量不断把我国社会主义现代化事业推向前进，才能加快缩小我国与世界先进水平的差距、为人类作出应有的贡献。发展必须是全面协调可持续的发展，必须是又好又快的科学发展。我们要继续紧紧抓住和切实用好重要战略机遇期，牢牢扭住经济建设这个中心，坚持聚精会神搞建设、一心一意谋发展，更好实施科教兴国战略、人才强国战略、可持续发展战略，着力把握发展规律、创新发展理念、转变发展方式、破解发展难题，提高发展质量和效益。要抓住一批对经济社会发展全局具有重大带动作用和重要影响的重大工程项目，实现重点领域的跨越式发展，有效带动经济实力、科技实力、国防实力整体跃升。

第二，必须坚持自主创新，着力建设创新型国家。当今时代，科学技术特别是战略高技术已经成为综合国力竞争的焦点。提高自主创新能力，是国家发展战略的核心，是提高综合国力的关键。在关系国民经济命脉和国家安全的关键领域，真正的核心技术和关键技术，必须依靠自主创新。我国航天事业取得的成就和经验表明，只有坚持自力更生、艰苦奋斗，把发展的基点放在自主创新上，才能真正掌握核心技术、抢占科技制高点、在世界高技术领域占有一席之地，才能牢牢把握发展的战略主动权、切实增强国家核心竞争力。我们要坚持走中国特色自主创新道路，发挥社会主义制度能够集中力量办大事的政治优势，加快建设国家创新体系，深化科技管理体制改革，认真落实国家中长期科学和技术发展规划纲要，加快组织实施国家重大科技专项，切实把增强自主创新能力贯彻到现代化建设的各个方面。要加大对自主创新的投入，激发创新活力，增强创新动力，大力推进原始创新、集成创新和引进消化吸收再创新，着力突破制约经济社会发展的关键技术，支持基础研究、前沿技术研究、社会公益性技术研究，在关键领域和若干科技发展前沿掌握一批核心技术和拥有一批自主知识产权。要加快建立以企业为主体、市场为导向、产学研相结合的技术创新体系，加快科技成果向现实生产力转化，努力提高我国企业的国际竞争力。

第三，必须坚持实施人才强国战略，着力培养造就高素质人才队伍。国以才立，政以才治，业以才兴。人才是事业发展最可宝贵的财富。人才问题是关系党和国家事业发展的关键问题。当今世界的综合国力竞争，归根到底是人才特别是高素质创新型人才的竞争。我国航天事业取得的成就和经验表明，只有牢固树立人才资源是第一资源的观念，下大力气培养造就一支能够站在世界科技前沿、勇于开拓创新的高素质人才队伍，才能在激烈的国际竞争中掌握主动，为科技创新提供强大智慧源泉，为事业发展提供强大人才支持。我们要切实把教育摆在优先发展的地位，大力发展教育事业和科技事业，大力加强人力资源能力建设。要全面贯彻尊重劳动、尊重知识、尊重人才、尊重创造的方针，用事业凝聚人才、用实践造就人才、用机制激励人才、用法制保障人才，优化人才结构，促进人才成长，不断形成一支德才兼备、结构合理、素质优良的科技人才队伍，努力造就世界一流科学家和科技领军人才，注重培养一线的创新人才和创新团队。要真正发现好、培养好、使用好优秀人才，坚持在创新实践中识别人才、在创新活动中培育人才、在创新事业中凝聚人才，坚持以重大工程项目为平台，充分发挥老一代科技工作者的带领作用和中青年领军人才的骨干作用，特别是要为年轻人才脱颖而出、施展才干提供更大的舞台和更多的机会。要不断完善制度和政策保障，加强科技创新文化建设，营造鼓励创新的环境，形成能够极大提高创新能力和创新效率的体制机制，最大限度地激发科研人员的创新激情和活力，使各方面创新人才大量涌现。

第四，必须坚持弘扬求真务实精神，着力推动各项工作的落实。实现全面建设小康社会的奋斗目标，加快推进社会主义现代化，必须大力弘扬求真务实精神，大兴求真务实之风，扎扎实实做好每个部门、每个行业、每个岗位的工作。我国航天事业取得的成就和经验表明，只有脚踏实地、真抓实干，才能战胜一切艰难险阻，实现预定的目标。我们要科学分析和全面把握国际国内发展大势，正确认识和全面把握我国社会主义初级阶段基本国情和当前我国发展的阶段性特征，按照党的十七大提出的实现全面建设小康社会奋斗目标的新要求，扎扎实实抓好改革发展稳定各项工作。要始终尊重科学、尊重客观规律，树立正确政绩观，善于借鉴前人经验，大胆探索创新，以科学的精神、科学的理念、科学的方法、科学的机制推动工作，不断取得实实在在的成效。要坚持讲实话、出实招、办实事、务实效，把工作的着力点真正放到研究解决改革发展稳定中的重大问题上，放到研究解决群众生产生活中的紧迫问题上，把求真务实体现到各项工作中去。要牢记“两个务必”，自觉保持谦虚谨慎、不骄不躁的作风，牢固树立长期艰苦奋斗的思想，增强忧患意识，做到居安思危，做到思想上始终清醒、政治上始终坚定、作风上始终务实，不断创造经得起实践、人民、历史检验的业绩。

对未知领域的探索，是人类社会发展进步的不懈追求。首次月球探测工程，是我国开展深空探测的第一步。各有关方面要再接再厉，抓紧做好后续工程的研制，圆满完成月球探测的总体目标。我国开展深空探测，完全出于和平目的。和平开发利用外层空间是人类的共同事业，符合人类的共同利益。中国人民愿同各国人民携手共进，坚持和平开发利用外层空间的正确方向，积极参与国际空间合作，继续实现深空探测新突破，努力为促进人类科技进步、为推动人类和平与发展的崇高事业作出新的更大的贡献。

同志们！

让我们更加紧密地团结起来，全面贯彻落实党的十七大精神，高举中国特色社会主义伟大旗帜，万众一心，开拓奋进，努力在继续解放思想、坚持改革开放上迈出更大步伐，在推动科学发展、促进社会和谐上作出更大成绩，为夺取全面建设小康社会新胜利、开创中国特色社会主义事业新局面而不懈奋斗！

（新华社北京 12 月 12 日电）

延伸的“天梯”

——记中国首次月球探测工程的奋斗历程

本报记者 廖文根

40 万公里，这是中国航天器迄今到达的最远距离；

奔向月球，这是中华民族几千年来的美好梦想。

公元 2007 年 11 月 26 日，中国首次月球探测工程第一幅月球图像正式发布，标志着我国首次月球探测工程取得圆满成功。继人造地球卫星、载人航天之后，中国航天从此新增了一座闪光的里程碑。

2004 年初，随着月球探测工程正式开始实施，“嫦娥一号”，这个美丽的名字就吸引着无数关注的目光。这是中国人勇攀科学高峰的一次新的尝试，这是中华民族和平利用太空的一次新的探索。

从工程立项到今天的圆满成功，我们经历了仅仅三年多时间。但是，在工程成功的背后，我们看到的是中国航天半个多世纪不懈奋斗的脚步，是党中央、国务院发展绕月探测工程的坚强决心，是广大科技工作者排除万难、勇攀高峰的豪迈气概。

中国人不能总围着地球转。中国探月不仅“必须搞”，而且要“好好搞”、“加紧搞”

灿烂星空，风光无限，挑战无限。

从上世纪 50 年代起，随着运载火箭的加速发展，人造地球卫星的上天，人类开启了一个新的时代——空间时代。探月，开始从梦想走向现实。

上世纪六七十年代，苏联和美国的探月竞争空前激烈，掀起了人类第一次探月高潮。从上世纪 90 年代起，新一轮探月浪潮又开始在全球涌动。

随着我国综合国力的提高和航天技术的发展，我国不少有远见的科学家纷纷提出开展月球探测的建议。

“中国人不能总围着地球转，适时开展以月球探测为起点的深空探测，是我国航天事业持续发展、有所创新、有所突破的重要举措。”绕月探测工程总指挥栾恩杰对记者说，“飞出地球、探索月亮，是我们这个民族的千年梦想，它不仅是出于人类探索未知世界的天性，也是对民族夙愿的最好回应。”

“中国作为一个航天事业迅速发展的国家，应该在深空探测、月球探测上有所作为。”绕月探测工程总设计师孙家栋院士回忆说，“当时这个想法很强烈！”

而对于长期从事月球研究的欧阳自远院士来说，探月的愿望更强烈：“中国在月球探测和深空探测这一高技术领域应该占有一席之地，这一工程不但可以推动我国基础学科的发展和航天技术的进步，还可以对国民经济的发展起到促进作用。”

从梦想走向现实，从上个世纪 90 年代开始，围绕探月的各项“探路”工作有序展开。

1995 年，国家“863”计划航天领域专家委员会提出并下达了“我国开展月球探测的必要性和可行性”的研究课题，来自中国科学院和中国航天有关研究院和中国科学院的专家学者开始进行研究论证。经过近 4 年的认真研究，2000 年，相继完成了“我国月球探测的发展战略和规划”、“我国月球探测卫星的科学目标与有效载荷配置”等报告，并提交了第一套比较完整的论证报告，为我国月球探测研究论证奠定了一定基础。

2000 年 11 月 22 日，我国政府首次公布了航天白皮书——《中国的航天》，正式提出要“开展以月球探测为主的深空探测的预先研究”。探月，开始进入国家视野。

2001 年 12 月，国防科工委委托“两弹一星”元勋、航天专家孙家栋院士组织中国科学院、总装备部、中国航天科技集团以及相关高校的专家，正式开始进行“月球探测一期工程综合立项论证”，并于 2003 年 3 月提交了《月球探测一期工程综合立项论证报告》及 7 个相关报告。

从 1995 年国家组织相关专家对开展月球探测的必要性、可行性进行初步分析和论证，到 2004 年 2 月 25 日国防科工委正式宣布中国月球探测工程“嫦娥工程”正式实施，先后有数百名专家、院士参加了探月工程的论证和实施准备工作，这些大量的前期分析论证和方案设计工作，为如期完成月球探测工程奠定了坚实的基础。

经过无数次的论证，最后得出一个结论：“中国必须搞，中国还得好好搞，加紧搞。”并明确了首次探月活动的科学目标：获取月球表面三维影像、分析月球表面元素含量和物质类型的分布特点、探测月壤特性、探测地月空间环境。在制定科学目标的同时还制定了工程目标：研制和发射我国第一颗月球探测卫星、初步掌握绕月探测的基本技术、首次开展月球科学探测、初步构建月球探测航天工程系统、为月球探测后续工程积累经验。这些科学目标和工程目标贯穿了一个灵魂——既要站在国际前沿，又要结合中国国情，把科学的理想与国家的实际技术能力最巧妙地结合起来，独立研制，独立制造，独立试验，着力打造一个完全自主创新的“中华牌”。

“高标准、高质量、高效率”。仅仅三年多时间，“嫦娥工程”就迈出了三大步，打了三个漂亮仗

科学的畅想只有转化为国家意志，才能焕发夺目的光彩。

2004 年农历大年初二，这是一个令无数航天人激动的日子。这一天，国务院批准绕月探测工程立项，中华民族千年奔月梦想终于开始起飞。

在绕月探测工程战幕拉开之际，温家宝总理提出明确要求：绕月探测工程是一项复杂的多学科高技术集成的系统工程。要统筹规划，合理确定科学和工程目标；充分调动和整合各方面科研资源，加大重大关键技术的攻关力度。各部门要精心组织，团结协作，高标准、高质量、高效率地完成绕月探测工程任务。

按照中央部署，为了“集中精力办大事，把大事办成好事”，以“小核心、大协作”为原则，一个崭新的绕月探测工程组织管理体系迅速建立起来——

2004 年 2 月 19 日，绕月探测工程领导小组经国务院批准成立，时任国防科工委主任的张云川出任组长(因工作变动，现由张庆伟任组长)，国防科工委、国家发改委、科技部、财政部、总装备部、中国科学院和航天科技集团的相关领导出任副组长，实行总体协调指挥和重大决策。

2004 年 2 月 25 日，绕月探测工程领导小组召开第一次会议，通过《绕月探测工程研制总要求》，任命栾恩杰为工程总指挥，孙家栋为总设计师，欧阳自远为月球应用科学首席科学家，同时给探月工程起了一个美丽的名字——“嫦娥工程”。

2004 年 3 月 15 日，国防科工委召开第一次绕月探测工程工作会议和大总体协调会，协调总体技术方案和总体计划流程，同时任命一批航天专家担任卫星、运载火箭、发射场、测控和地面应用等五大系统总指挥及总设计师，并组成近万人的研制试验大军。

2004 年 6 月 2 日，中央编制委员会批准成立国防科工委月球探测工程中心，这实际成为绕月探测工程的前沿指挥部。

从 2004 年开始，在亿万人民关注的目光中，“嫦娥工程”的广大参与者仅仅用了三年多的时间，就迈出了三大步，打了三个漂亮仗——

2004 年被称为月球探测工程“开局年”。这一年，先后完成了发射场系统、测控系统总体设计方案制定和地面应用系统设计方案制定、卫星系统的方案设计和运载火箭系统的初步研究，并开始进行一系列关键技术攻关。

2005 年被称为月球探测工程的“攻坚年”。这一年全面展开初样研制与试验，进行五大系统之间的接口协调和技术攻关。在这一年，工程的各种问题得到充分暴露和解决，技术风险逐渐化解，系统间接口关系得以明确，各系统技术状态得以确定。

2006 年是绕月探测工程的“决战年”，也是正样研制阶段。这一年完成了“嫦娥一号”正样星的总装、测试和试验，完成了“长征三号甲”的总装与测试和测控、发射场和地面应用系统的设备研制和系统建设，总体具备了在 2007 年执行任务的能力，已整装待发迎接决胜年的到来。

就在五大系统千军万马进行研制、试验的同时，绕月探测工程指挥系统还千方百计吸引广大社会公众的关注、支持和参与——

2006 年 2 月 10 日，经过 5 个多月的广泛征集评选，确定了中国月球探测工程的标识。

2006 年 10 月 6 日，经过广大公众参与投票评定，《高山流水》、《谁不说俺家乡好》、《爱我中华》、《歌唱祖国》等 30 首曲目被选定为嫦娥一号卫星在轨播放曲目。

与此同时，绕月探测工程指挥系统还注重在科学普及和国际交流与合作方面发挥带动作用：编印工程科普宣传挂图，建设开通了中国探月网，组织工程科普展览，宣传月球探测的科普知识，利用第八届国际月球大会在北京召开之机与国际同行广泛交流月球探测和空间科学技术……

一个个探月宣传活动激发了全国人民关注和支持月球探测工程和航天科技发展的巨大热情，凝聚成一股股巨大的精神力量，激励着广大科技人员斩关夺隘，奋力向前！

成功依靠的是自主创新，最大的亮点也是自主创新。各大系统奋力攻关，全力打造“中华牌”

九天揽月，豪情诚可贵，实干价更高。

作为国际竞争的一个制高点，探月之路没有捷径可走，惟有自主创新。而“嫦娥工程”最大亮点也是 4 个字——“自主创新”。

“绕月探测工程是一项自主创新的工程。我们所开展的各方面的工作，一定是‘中华牌’。”孙家栋介绍说，“嫦娥工程”整个方案的指导思想，就是如何充分利用我们航天工程 50 多年的实践所取得的一切成果，并在这个基础上前进和发展。

绕月探测工程由卫星、运载火箭、发射场、测控和地面应用等五大系统组成，每个系统各司其职、各负其责，任何一个系统稍有闪失，都关系整个工程的成败。

由国防科工委牵头，国务院有关部门、单位组成的绕月探测工程领导小组，在工程的各个重大节点上，都及时做出部署，为工程的顺利实施做出正确决策。工程两总系统和月球探测工程中心从工程的论证和顶层策划开始，抓项目组织、计划和系统工程管理，抓研制总要求、研制程序的制定，抓重大技术问题和管理问题的协调，抓研制过程的技术把关、质量监督和基础建设。在工程实施的全过程，按照温家宝总理提出的“精心组织、团结协作，高标准、高质量、高效率地完成绕月探测工程任务”的要求，沿着工程确立的目标和进度，一步一个脚印、一年一个节点地向前推进。中国人建造的“天梯”在一步一步向着深层空间延伸。

2004 年 7 月 1 日，我国开始进行嫦娥一号卫星初样研制，经过近 18 个月的奋斗，于 2005 年 12 月 9 日完成整星转正样评审，同时进入正样研制。2006 年底，生产出合格的正式产品。“前后只用了三年左右的时间，其速度之快是少有的。”卫星系统总指挥叶培建说。

高速度的背后是高强度的付出。

第一次研制月球探测卫星，需要突破很多技术难关。为了保证轨道设计的正确性，卫星系统对地、月、日复杂的三体环境进行了反复的分析求解，精确地设计出飞行线路并请国内权威单位进行了复核复算；为了提高制导、导航与控制系统执行任务的能力和可靠性，他们研制了适应月球环境的紫外敏感器，研究采用了双轴驱动控制技术和三体组合控制技术，并对控制器和重要敏感器采用了冗余设计和高性能控制算法；为了攻克测控关，他们采取多项措施提高了卫星自身信号的发射功率，同时协同相关系统解决了地面接收的问题；为了闯过热控关，他们建立了月球环境外热流分析模型，并借鉴相关工程数据对模型进行了完善，并反复进行了整星的热平衡试验和热真空试验。

有效载荷是卫星系统中的一个重要分系统，直接承担着实现四个科学目标的重任，被称为“嫦娥的眼睛”。嫦娥一号卫星上的所有载荷都由中国科学院相关单位负责研制，由中科院空间中心负责抓总。每种载荷都各有特色，在技术上都有突破和创新，并拥有诸多的第一次——在国际上第一次利用微波遥感手段对月球进行探测，在国内第一次使用空间激光高度计，第一次在空间应用干涉成像光谱仪等，而最令人激动的是我国自行研制的立体相机：采用巧妙的光机系统设计，用一台相机拍摄了前视、中视和后视三幅图像，图像质量清晰、层次分明，不仅简化了结构，减少了重量，还大大降低了成本，并且提高了对空间环境的适应能力。

根据总体设计方案，运送“嫦娥”上天的火箭选用的是我国长征火箭家族中的“长征三号甲”火箭。火箭系统总指挥岑拯告诉记者，尽管这种“金牌火箭”技术已经成熟，已成功发射 14 次，但为了确保“嫦娥一号”万无一失，中国运载火箭技术研究院对火箭进行了大量的可靠性技术增长研究，对产品进行了技术改进和升级。通过采用三冗余箭上计算机、双冗余程序配电器、平台和激光惯组互为备份等技术，使运载火箭的可靠性提高到一个新水平。

地面应用系统既是月球探测工程的出发点，又是落脚点：绕月探测的科学目标由这里提出，科学价值从这里开始实现。尽管几十年来一直从事月球研究，但在月球探测工程全面实施后，他们的一切工作还要“从头做起”——从头设计地面应用系统总体方案，从头研究数据接收和处理技术，从头设计、研制和建造适应绕月探测工程需要的各种地面设施和软件，研制了两个国内最大的 50 米和 40 米口径的接收天线并进行了大量数据处理、仿真和跨系统的联合测试，证明系统设计正确可靠。

负责发射的西昌卫星发射中心承担着发射的组织指挥、卫星火箭的测试技术勤务保障、燃料的加注及发射、火箭一二级飞行段的测量控制，还要为发射任务提供通信、气象等服务。为了进一步提升发射场的综合保障能力，满足嫦娥一号卫星发射的技术要求，发射场系统对塔架、高压系统、加注供气系统等都进行全面改造。针对发射窗口小、要求高的特点，细化优化发控流程。

负责测控的是北京航天飞行控制中心和遍布全国的卫星测控中心、地面站及海上测量船，承担着运载火箭发射和卫星整个飞行期间的轨道测量、遥测监视、遥控操作、飞行控制以及卫星探测计划的实施与操作管理等任务，并通过高精度的测定轨，为地面应用系统处理科学数据提供轨道数据保证。这个久经考验的航天系统，为了适应嫦娥一号卫星远距离测控的新要求，按照绕月探测工程的总计划，完成了总体技术设计、测控方案制定、设备改造和 18 米新天线建设，进行了卫星初样和正样阶段的星地测控对接及 1:1 飞行状态的无线联试 USB—VLBI 综合测定轨试验，第一次使用航天统一测控网与甚长基线干涉测量系统联合组网的新技术，为嫦娥卫星的精密测控和精确变轨奠定了基础。

嫦娥奔月，万户飞天，当中华民族久远的梦想正一步步变成现实的时候，全世界都感受到一种巨大的力量：一个勇于创新的民族团结协作所产生的巨大能量，一个追求和平的民族在太空探索上所创造的新的奇迹，一个有着悠久文明的古老民族在新时期所焕发的无穷活力！

发挥优势就能攀高峰

本报评论员

从“嫦娥工程”2004 年立项至今仅 3 年多，我国广大科技工作者就以自己的勤劳、智慧和严谨为中国航天事业树起了又一座新的里程碑，其投入之少，见效之快，水平之高，都是世界罕见的。

那么，我们是靠什么创造了这个奇迹呢？

一靠党中央、国务院的正确决策。在科学论证的基础上，党中央、国务院适时作出了实施绕月探测工程的战略决策，同时指出要统筹规划，合理确定科学和工程目标；要充分调动和整合各方面科研资源，加大重大关键技术的攻关力度；要精心组织，团结协作，高标准、高质量、高效率地完成绕月探测工程任务。党中央、国务院的正确决策为探月指明了方向，也让中华民族千年的奔月梦想真正变成了现实。

二靠半个多世纪的深厚积累。任何辉煌的成就都不可能一蹴而就。三年寒暑，这是“嫦娥工程”历经的时间跨度。半个世纪，这是中国科技为“嫦娥工程”的深厚储备。没有长征系列运载火箭的百次成功，嫦娥一号卫星就无法达到应有的高度；没有“东方红”系列卫星的卓越表现，中国探月就没有如此的底气和效率；没有测控、发射场和地面应用系统这些年持续不断的改进与创新，中国探月之路就不会如此顺畅。中国首次月球探测工程的圆满成功是中国航天半个多世纪辉煌成就的集中体现，是新中国科技事业蓬勃发展的生动写照，是几代航天人自强不息、顽强拼搏的宝贵结晶。

三靠始终坚持自主创新。探月是世界科技的前沿，是国际竞争的制高点，作为一个发展中的社会主义国家，探月没有其他道路可走，唯有自主创新。三年多来，广大科技工作者始终坚持走中国特色自主创新道路，将科学的理想与国家的实际技术能力结合起来，独立研究，独立制造，独立试验，将“嫦娥工程”打造成为一个自主创新的“中华牌”。实践证明，自主创新不仅实现了中国首次月球探测工程的圆满成功，也为探月后续工程抢占了先机，赢得了主动，打下了基础。

四靠全局一盘棋。亿万双手，托举“嫦娥”；亿万颗心，牵挂“嫦娥”。绕月探测工程由卫星、运载火箭、发射场、测控和地面应用等五大系统组成，是一项复杂的多学科高技术集成的系统工程，任何一个环节稍有闪失都事关整个工程的成败。参加月球探测工程研制、建设、试验、科学应用的各个单位和广大科技工作者团结协作，互相支持，形成合力，又好又快地实现了工程目标。正是在党中央领导下，全局一盘棋，多方合作，大力协同，才保证“嫦娥工程”研制、建设、飞行各个环节高效运转，最终推动我国航天事业到达新的高度。

五靠高素质的人才队伍。最重要的科技实力在于人才。在首次月球探测工程实施过程中，老一代航天科技工作者精心指导工程的顶层规划和设计，准确把握工程发展的节奏和脉络，一大批中青年业务骨干勇挑重担，刻苦攻关，成为工程研制的中坚力量。这批高素质的人才队伍为中国航天事业的发展注入了无穷动力，而经过实战成长起来的年轻一代既是中国航天未来发展的希望，也是国家兴旺发达的动力源泉和宝贵财富。

我国首次月球探测工程能获得圆满成功绝不是偶然的，它的光辉实践告诉我们，在科技竞争日趋激烈的今天，必须始终坚持自主创新，始终坚持实施科教兴国和人才强国战略，进一步发挥好社会主义集中力量办大事的政治优势，才能不断攀登科技高峰。

《新闻战线》庆祝创刊五十周年

本报北京 12 月 12 日电 作为新中国成立后创办的第一家综合性新闻业务刊物，《新闻战线》已经走过了半个世纪的奋斗历程。12 月 12 日，来自首都新闻界的领导同志和专家学者出席人民日报社举行的座谈会，共同庆祝《新闻战线》50 华诞。

座谈会上，中共中央宣传部新闻局、新闻出版总署和中国记协的领导，首都主要新闻单位的负责人高度评价了《新闻战线》50 年来所做的工作和取得的成绩。大家在发言中表示，50 年来，《新闻战线》紧扣时代脉搏，与新闻事业同荣辱、共兴衰，忠实记录了中国新闻工作者走过的风雨历程，多侧面反映了中国新闻事业不断发展壮大的历史，集中展示了中国新闻学研究的主要理论探索和丰富的业务成果，刊物以很强的权威性、指导性、实用性在新闻界享有盛誉，成为新闻工作者的良师益友和全国新闻界交流经验的重要平台，成为开展和推进新闻学术研究的重要阵地。

人民日报社社长王晨在座谈会上讲话。他说，多年来，《新闻战线》一直以宣传党的新闻方针政策、交流新闻实践经验、深化新闻学术研究、培养优秀新闻人才为己任，对新闻事业的发展、新闻改革的探索、学术空气的活跃、新闻队伍的培养，都起到了不可替代的作用。希望《新闻战线》在新形势下要始终把握正确舆论导向，坚持解放思想，努力开拓创新，不断提高质量，在中国特色社会主义新闻事业发展繁荣中发挥更大作用。

新闻出版总署副署长李东东，中国记协党组书记、常务副主席翟惠生，中宣部新闻局局长胡孝汉等在座谈会上讲话。中央主要新闻单位和新闻研究机构的负责人以及著名新闻学学者方汉奇等出席座谈会并发言。

人民日报副总编辑杨振武主持座谈会。《新闻战线》总编辑杨良化深情地回顾了《新闻战线》走过的奋斗历程，总结了《新闻战线》的主要经验。他表示，杂志社同志一定要以高度的政治责任感、使命感和良好的精神状态，进一步改革创新，进一步提高刊物质量，进一步增强杂志社经济实力，更好地为全国新闻界大家庭服务，为中国新闻事业的发展繁荣作出新的贡献。

新闻出版总署、中宣部新闻局、中国国际广播电台、中国日报、中国青年报、工人日报等单位为《新闻战线》创刊 50 周年发来贺信。

《五百罗汉图》摹本长卷 全国二十六家寺院获赠

据新华社北京 12 月 12 日电 (记者**崔静**)北京灵光寺、上海玉佛寺、杭州灵隐寺、普陀山普济寺、五台山显通寺等全国 26 家知名寺院，12 日获赠由画家陈良敏创作的大型国画作品《五百罗汉图》摹本长卷。

全国政协副主席王忠禹、张思卿、阿不来提·阿不都热西提出席赠送仪式并观看在全国政协礼堂举行的《五百罗汉图》画展。

源自佛教的五百罗汉是我国历代画家普遍推崇的创作题材。全国政协办公厅书画室特邀画家、中国书画研究院工笔画院副院长陈良敏多年来潜心研究佛教三大流派的文化艺术特征，历时近三年，创作出长 60 米、高 2.5 米的大型国画作品《五百罗汉图》，通过对五百罗汉艺术形象的细致刻画和生动描绘，寄予佛教教义中慈悲济世、智慧吉祥的美好寓意。

“人民日报联通手机报”全国上线

本报北京 12 月 12 日电 继成功发行人民日报彩信手机报之后，人民网与中国联通合作又推出了面向联通用户的“人民日报联通手机报”。12 月 12 日，“人民日报联通手机报”全国上线仪式在北京人民大会堂举行。

据介绍，“人民日报联通手机报”基于中国联通的 BREW/JAVA 平台，它的功能环境与一般电脑上网非常相似，用户可以通过功能菜单来浏览新闻，用户打开手机报如同看到一份动态报纸。相较于彩信手机报，基于 BREW/JAVA 平台的手机报信息容量更大，占用手机内存空间更小，界面更加人性化，展现形式更加丰富。

《药品召回管理办法》发布

企业要主动召回隐患药品

本报北京 12 月 12 日电 (记者**富子梅**)国家食品药品监管局新闻发言人颜江瑛今天在例行新闻发布会上说，由国家食品药品监管局制定的《药品召回管理办法》今天正式颁布实施。《办法》明确，药品生产企业是药品召回的主体，药品生产企业发现药品存在安全隐患而不主动召回药品的，可处应召回药品货值金额 3 倍的罚款；造成严重后果的，可吊销其《药品生产许可证》。

药品是一种特殊商品，药品召回不同于其它的产品召回，是指药品生产企业，包括进口药品的境外制药厂商，按照规定的程序收回已上市销售的存在安全隐患的药品。安全隐患，是指由于研发、生产等原因可能使药品具有的危及人体健康和生命安全的不合理危险。药品召回分为两类三级，即主动召回和责令召回两类，以及根据药品安全隐患严重程度分成的一、二、三级召回。

进口药品的召回由境外制药厂商负责。进口药品需要在境内进行召回的，由进口单位负责具体实施。

中美签署《药品、医疗器械安全协议》

本报北京 12 月 12 日电 (记者**富子梅**)记者从国家食品药品监督管理局例行新闻发布会上获悉：国家食品药品监督管理局与美国国家食品药品监督管理局卫生和人类服务部 11 日下午在京签署了《药品、医疗器械安全协议》。这标志着两国在加强合作、保障消费者用药安全方面迈出了实质性的一步。

《协议》明确，中美双方将重点在指定的药品(包括：原料药、辅料及制剂)和医疗器械进出口监管方面开展合作，第一阶段中方指定 8 个产品，美方指定 10 个产品，经过对合作成效进行总结评估后，再逐步扩大指定产品目录，进一步扩展合作领域和渠道。

国家食品药品监督管理局新闻发言人颜江瑛说，中方指定的 8 个产品是进出口量最多、可能产生的危害最大的产品。美方指定的 10 个产品包括 8 个药品、2 个医疗器械。

据了解，中国是世界上最大的原料药出口国。美国是中国药品和医疗器械进出口最多的国家和地区之一。

湄公河次区域合作反拐高官会举行

本报北京 12 月 12 日电 (记者**石国胜**)湄公河次区域合作反拐第五次高官会今天在北京举行，来自柬埔寨、中国、老挝、缅甸、泰国、越南等湄公河次区域六国的政府代表团参加了会议。

据了解，针对当前边境地区出现的跨国拐卖犯罪问题，我国公安机关进一步加强了与周边国家在打击拐卖妇女儿童犯罪领域的执法合作。

在东盟地区，公安部先后与越南、柬埔寨、泰国、菲律宾、老挝、缅甸、印度尼西亚等国警务部门签订了一系列双边警务合作协议，均将打击拐卖妇女儿童犯罪活动确定为合作的重要领域。2005 年、2006 年，在越南警方的密切配合下，公安部连续两年组织广西、云南两省区公安机关，在中越边境地区组织开展打击跨国拐卖妇女儿童犯罪专项行动，破获了一批拐卖越南籍妇女儿童、强迫越南籍妇女卖淫案件，解救了一批被拐卖的越南籍妇女儿童，抓获了一批实施跨国拐卖犯罪的犯罪嫌疑人。

七、重要书讯、文章的版面安排

理论是行动的指南。党和国家领导人重要著作的出版发行、重要文章的发表，是我党、我国人民政治生活中的大事。做好这些对建设中国特色社会主义、全面实现小康社会目标具有重大指导意义的重要著作的出版发行、重要文章的公开发表的宣传报道，是人民日报的一项重要任务。

（一）重要书讯或文稿出版新闻的版面安排

1. 毛泽东著作出版

为纪念毛泽东同志诞辰100周年，经中共中央批准，《毛泽东文集》等6种重要图书将于1993年12月先后出版发行。一版在报眼位置刊出这一重要书讯。

（附1993年9月6日一版）

2. 邓小平著作出版

1989年8月20日，《邓小平文选》出版发行。次日，一版头条以通栏位置刊出消息，制作了肩题、主题和内容提要式的多行副题，并配发了两张图片。

（附1989年8月21日一版）

1993年11月初，《邓小平文选》第三卷出版发行，一版连续两天以整版篇幅予以报道，第三天又以三分之一版的篇幅刊出文选重要篇目介绍。11月3日，一版头条以通栏篇幅刊出中共中央举行《邓小平文选》第三卷学习报告会的消息，标题区以一行肩题、双行主题、三行副题予以突出处理。中央领导人出席报告会的照片安排在报眼位置，《邓小平文选》第三卷书影图片醒目地安排在版面中部。右下方为祝贺《邓小平文选》第三卷出版发行的社论。11月4日，一版头条以通栏篇幅刊出《中共中央关于学习〈邓小平文选〉第三卷的决定》。头条以下位置亦以通栏篇幅刊出江泽民在学习《邓小平文选》第三卷报告会上的讲话，报眼刊出各地群众踊跃购买《邓小平文选》第三卷的消息。11月5日，一版下八栏刊出《邓小平文选》第三卷重要篇目介绍，转活至二版。

（附 1993 年 11 月 3 日、4 日、5 日一版）

3.《江泽民文选》出版

2006 年 8 月 10 日，一版头条通栏刊登《江泽民文选》在全国出版发行的消息，一行肩题、两行副题，配江泽民个人照片一张，并配发社论，报眼则是《江泽民文选》第一卷至第三卷的照片。8 月 11 日至 13 日，一版连续三天下八栏刊登《江泽民文选》第一卷至第三卷主要篇目介绍，同时在 8 月 11 日和 12 日的一版头条刊登各地干部群众踊跃购买《江泽民文选》和认真学习《江泽民文选》、实践“三个代表”重要思想的消息。8 月 15 日，中共中央在中南海怀仁堂举行学习《江泽民文选》报告会，胡锦涛在会上发表重要讲话。报告会消息发次日一版头条，通栏处理，报眼是中共中央关于学习《江泽民文选》的决定，头条下是胡锦涛的讲话全文（转活）。8 月 17 日，一版下八栏发表署名文章《论〈江泽民文选〉的重大意义》。

（附 2006 年 8 月 10 日、11 日、12 日、13 日、16 日一版）

4. 其他重要领导人著作出版

1995 年 6 月 13 日，就《陈云文选》、《陈云》画册出版发行和纪念陈云同志诞辰 90 周年，中共中央举行座谈会。次日一版头条报道座谈会消息，用了三行竖题，并配发四栏宽的座谈会照片。报眼位置刊出《陈云文选》出版的消息。报眼下右侧刊发江泽民同志在座谈会上的讲话全文。

（附 1995 年 6 月 14 日一版）

人民日報
RENMIN RIBAO
国内统一刊号：CN11—0065
第16494期（代号1—1）
1993年9月6日 星期一 癸酉年七月二十
北京地区天气预报 白天 多云转阴 傍晚有小雨 风向 偏南 风力 二、三级 夜间 阴有小雨转多云 风向 转北 风力 一、二级 温度 19℃／29℃
人民日报社出版

经中共中央批准

《毛泽东文集》将出版发行

新华社北京9月5日电 为纪念毛泽东诞辰100周年，经中共中央批准，由中共中央文献研究室编辑的和文献研究室同有关部门合编的《毛泽东文集》等六种重要图书，将在今年12月先后出版发行。

《毛泽东文集》，是继《毛泽东选集》一至四卷之后又一部多卷本的综合性毛泽东著作集，由中央文献研究室编辑，人民出版社出版。今年将出版第一卷和第二卷。文集的选稿起自1921年，迄至1976年，收入《毛泽东选集》以外的许多重要文章、讲话、电报、书信、调查报告、新闻稿、谈话、讲话提纲、批示、批语等，其中大量文稿是第一次公开发表。文集反映了毛泽东的思想、理论、战略、策略，包括关于工作作风、工作方法的论述。

《毛泽东军事文集》，是迄今编入毛泽东军事著作最系统最全面的一部多卷本专题文集，由中央文献研究室与军事科学院合编，军事科学出版社和中央文献出版社出版。全书共六卷，选稿1600多篇，250多万字，其中多数文稿是第一次公开发表。这部文集系统地编入了毛泽东的军事理论著作和他起草的大量的电报、指示、命令等，集中反映了中国革命战争的理论、战略、作战原则和关于人民军队建设的思想，包含着丰富的军事辩证法。

《毛泽东外交文选》是一部毛泽东论述外交问题的专题文集，由外交部与中央文献研究室合编，中央文献出版社和世界知识出版社出版。本书收入毛泽东自抗日战争至70年代初在外交方面的重要著作，其中包括大量手稿和同外宾的谈话，大部分是第一次公开发表。这部文集反映了新中国国际战略思想的确立、外交政策的制定、重大外交斗争的胜利、外交工作新局面的开创，体现了毛泽东在外交工作方面作出的历史功绩。

《毛泽东年谱》（1893—1949），是国内首次详细记述毛泽东的思想、生平和业绩的编年体著作，由中央文献研究室编著，人民出版社和中央文献出版社出版。本书集毛泽东思想的精粹，展示他的生平和思想发展轨迹，反映他把马克思主义普遍原理同中国革命实践相结合的艰辛历程和丰硕成果。本书资料翔实、准确，大量使用档案材料，其中许多是第一次公开发表。这是一部融资料性、学术性、传记性于一体的史书，是了解和研究毛泽东及中共党史的重要书籍。全书150万字左右，分上、中、下三卷。

《毛泽东》画册，由中央文献研究室与新华通讯社合编，中央文献出版社出版。这本大型精美画册，以许多珍贵的历史画面展现毛泽东光辉的一生，真实记述他的实践活动和日常生活，生动表现一代伟人特有的风度。画册包括前言、风采、生平、年表四个部分，编入照片500余幅，约1／4是首次公开发表，许多照片用原底精放，设计新颖。

《缅怀毛泽东》，由在毛泽东领导下工作过的老同志、同毛泽东有接触和交往的各方面人士以及毛泽东身边工作人员撰写的回忆文章汇集而成，内容亲切感人。本书由中央文献研究室编辑，收入文章90多篇，100万字，分上、下两册，今年9月前后由中央文献出版社出版。

伟大的中华人民共和国44周年国庆快到了，本报今天首发专稿，介绍当代中国知识界向祖国献出科学巨著——《中国大百科全书》成书的历程，和全国人民一道喜迎这个光辉的节日。

经过学术界、出版界15年坚韧不拔的努力，74卷本、1.2亿字的巨型知识总汇——《中国大百科全书》面世，为中华民族文化发展史树起一座新的丰碑，也展现了当代中国知识分子的崇高的精神风貌，被人们誉为"大百科精神"。

"大百科精神"，是一种执著的爱国主义精神，是一种高尚的集体主义精神，是一种主动开拓的创业精神，是一种实事求是的科学精神，是一种无私的奉献精神。

《中国大百科全书》是社会主义精神文明建设工程的一项巨大成就。全书编撰者们在创造知识财富的同时也创造出宝贵的精神财富，祝愿它与百科全书事业一起永存。

——编者

铸就中华文化的丰碑

——记《中国大百科全书》的编撰出版

本报记者 卢新宁

引子

18世纪中叶，一位叫狄德罗的法国哲人在监狱里进行着重获自由后的构想：以科学和历史为基础，编撰一部汇集各类知识的百科全书，用以启迪民众。数年之后，这部被后人称为"第一部现代百科全书"的著作出现在1772年的法国。它像一道闪电，划破黑暗，带来了欧洲现代文明的曙光。

200多年后，中国大地正经历着一场空前的文化浩劫。在北京一所监狱里，一位叫姜椿芳的中国共产党人面对着连小学课本都缺乏的祖国，也在构想：如果我自由了，我所做的第一件事是编一部集古纳新、广瀚博大的知识总汇——中国大百科全书。

在那个年代，在中国大地的许多角落，在牛棚、干校，甚至监狱中，多少像姜椿芳那样的知识分子，面对一片文化的荒芜和凄凉，不约而同地从不同的角度对中国文化的重建进行着自己的设想。他们期待着有朝一日，能让自己的祖国因为这些设想而变得文明富强。

终于，1978年，在经受过深重的苦难、科学文化一片残破的中国，这些劫后余生的知识分子，为构筑中国现代最大的文化工程——编撰《中国大百科全书》走到了一起。他们来不及抚平动乱岁月留下的创伤，甚至还没有得到平反昭雪，便聚集到"大百科"的旗下。他们当中有著名系统工程学家钱学森、物理化学家卢嘉锡、生物学家贝时璋、数学家华罗庚、苏步青、物理学家严济慈、力学家钱伟长、桥梁学家茅以升、法学家张友渔、军事学家宋时轮、医学家吴阶平、文学家周扬、外国语言文学专家季羡林、冯至、历史学家陈翰笙、社会学家费孝通、经济学家许涤新、陈岱孙、哲学家胡绳、美学家朱光潜、音乐家贺绿汀、戏剧家曹禺……

15年之后，一部74卷、7.7万个条目、1.2亿字的《中国大百科全书》问世了。它囊括了哲学、社会科学、文学艺术、文化教育、自然科学、工程技术等66个学科，汇集了当今世界最新科学文化成果，体现了中国知识界几十年的学术研究水准。

这是第一部中国人自己的大百科全书，它跨越了10年浩劫的文化沼泽，架起了通往21世纪的文化桥梁，铸就了一座中华文化的丰碑。

盛世方修典

1917年，中国著名教育家、思想家蔡元培先生在为《植物学大辞典》所作序言中这样写道："一国之文化常与其辞书相比例……社会学术之消长，视各种辞典之有无与多寡而知之。"他希望我国"不必乞灵于外籍"，应有自己编写的辞书。

此后的若干年时间里，随着社会的发展和进步，一批又一批辞书相继在中华大地出现，然而代表着辞书出版最高水平、被称为"工具书之王"的百科全书却仍得"乞灵于外籍"。中国人一直没有自己的百科全书。

而自18世纪中叶，那个伟大的法国哲人开创编撰现代大百科全书历史之后，世界各主要国家都陆续开始了自己的百科全书事业。作为包容一切学科、知识领域的大型工具书，规模宏大的大综合性百科全书被称为"没有围墙的大学"、"人类知识的宝库"，它反映一个国家的文化面貌，代表一个民族的科学文化水平，因而成为许多国家极端重视的重要文化工程。近200年内，出版大百科全书的国家已有好几十个，从英、美、法、德、日、前苏联，到印度、斯里兰卡、土耳其，甚至像人口不到40万的苏里南也都编有自己的百科全书。有人作过这样的估算，世界各国历代编出的著名百科全书，已经能摆满3—4公里长的书架。而在联合国图书馆长长的百科全书书架上，却没有一部属于有着5000年文明史的中国。

早在清末民初，西风东渐，一批立志于中国进步与富强的知识分子，深悟科学与知识对民族存亡的重要性，萌发了编写中国大百科全书的意愿。但在科技文化落后的近代中国，他们无力构筑百科全书必需的知识体系和学术规范，再加上战乱频仍、财力匮乏，使这些有识之士壮志难酬。中华人民共和国建立之初，又有一批知识分子建议编写大百科全书，当时的出版总署也曾有此考虑，稍后拟定的科学文化发展12年规划也曾将此列入，1958年又提出开展这项工作的计划，但因众所周知的原因，均未得实现。

1978年，重获自由的姜椿芳在社科院规划办编印的《情况和建议》上，发表了洋洋近万言的《关于编辑出版中国大百科全书的建议》，引起了学术界强烈的反响。不久，在党的十一届三中全会前夕，胡乔木同志也向党中央建议编辑出版《中国大百科全书》。在一代又一代知识分子看来，编写一部中国大百科全书，不仅是国盛民强的标志，也是推动时代科学文化进步的工具。"盛世修典"，在那个拨乱反正、百废待兴的岁月里，出版大百科全书的建议使得中国知识界群情沸腾。

同年，中国科学院、中国社会科学院、原国家出版局联名向党中央提出了编撰《中国大百科全书》的建议。

建议首先得到了邓小平同志的支持，在此后他又将美国友人赠送的《大不列颠百科全书》转赠中国大百科全书的编撰者们，并亲自为中国大百科出版社题写了社名。这位无产阶级革命家在这项近世中国最大的文化工程上再次显示了自己超卓的决断。在这位中国改革开放的总设计师的蓝图上，添上了《中国大百科全书》这精彩一笔。

* * *

1978年5月28日，中共中央批准了这一建议，决定成立以胡乔木为主任的总编辑委员会，并专门成立了中国大百科全书出版社。不久国务院批示各省市、各部委称，这项工程"对全面系统地介绍古今中外的文化科学知识，提高整个中华民族的科学文化水平，实现四个现代化具有重要意义，请给予积极支持和协助"。批示下达后，各部、委、院积极响应，并各由一位领导同志挂帅，把编写此书有关学科卷列入各自的工作日程。

由国家最高当局出面，动员全国学术界，这在世界百科全书编辑史上绝无仅有。而在当时的中国，决策上马这项规模巨大的文化工程，更需要一种超越历史的眼光和魄力。在此后的15年里，中国政府又从紧张的财政收入中共计拨出8000万元用于这项文化工程，充分显示了社会主义中国对知识、文化的极端重视。

中国人就这样开始了自己的百科全书编撰事业。百年圆一梦，虽然这个梦做了近一个世纪，虽然与其他国家相比已经晚了许多年，但这毕竟是中国人迈出的第一步，它开始于一个伟大的时代，不仅代表了中国新时代科学文化的进步，同时也标志着这个时代的进步。我们终能告慰蔡老先生等前辈学人的英灵。

（下转第三版）

第七届妇联领导机构产生

陈慕华继续当选妇联主席

本报北京9月5日讯 记者唐维红报道：在今天下午举行的全国妇联第七届第一次执委会议上，选举产生了第七届妇联领导机构，陈慕华继续担任全国妇联主席。

当选的13位副主席是：黄启璪、张帼英、林丽韫、赵地、聂力、阿沛·才旦卓嘎、玛依努尔·哈斯木、郝诒纯、何鲁丽、孔令仁、韦钰、王淑贤、刘海荣。

会上还选举产生了新一届常委会成员。她们是：乌原、王群、王立威、邓先群、卢天骄、田淑兰、华福周、刘恕、李巧云、李明豫、杨衍银、时述花、吴仪、吴文英、何鄂桂、应伊利、张连珍、张蒙纳、范崇嬿、赵实、施如璋、顾秀莲、曹秀荣、康泠、章博华、彭玉、董文杰、薛昭鋆，共28人。

在妇女"七大"第三次全体大会上

朱镕基作经济形势报告

本报北京9月5日讯 记者傅旭、董宏君报道：在今天的中国妇女"七大"第三次全体大会上，中共中央政治局常委、国务院副总理朱镕基作了关于我国经济形势的报告。他指出，在抓住机遇，加速经济发展，加快改革开放，建立社会主义市场经济体制的新阶段，充分发挥妇女的作用，对国家的富强和民族的振兴至关重要。

朱镕基对中国妇女"七大"的召开表示热烈祝贺。他说，党和国家历来重视广大妇女在社会主义革命和建设事业中的重要作用。改革开放十多年来，我国妇女团结奋斗，顽强拼搏，为社会主义现代化建设做出了巨大贡献。事实证明，社会主义现代化的建设，离不开各族各界妇女的积极参与和努力奉献。充分发挥"半边天"的作用，我国改革开放和经济建设就能更上一层楼。朱镕基在讲话中希望广大妇女走在改革开放的前列。他强调，小平同志指出，在现代化建设和改革开放的整个过程中，要坚持两手抓，一手抓改革开放，一手抓打击各种犯罪活动。这两手都要硬，希望广大妇女积极投身到当前的反腐败斗争中去。

全国妇联主席陈慕华主持了今天的报告会。

七运会开幕后第一天

超六项亚洲纪录 破三项世界纪录

9月5日，上海队周建明在航海模型F1—V3.5第一轮比赛中取得11秒7的好成绩，破世界纪录。本报记者 王忠家摄

本报北京9月5日讯 记者刘小明报道：今天是七运会开幕后比赛的第一天，各地健儿力争上游，奋力创出一批好成绩，共打破3项世界纪录平1项世界纪录，还超过了6项亚洲纪录。

在航海模型第一轮比赛中，上海队周建明以11秒7破11秒9的F1—V3.5项目世界纪录；他的队友浦海清以10秒7破11秒2的F1—V6.5项目世界纪录；浙江队胡胜高以10秒8破11秒的F1—V15项目世界纪录。这3名运动员都有大学本科或大专的学历，心灵手巧，多次代表中国队参加世界航海模型锦标赛并获多项冠军。

女子举重大力士在比赛中也是捷报频传，19岁的湖北新秀关虹不仅战胜名将邢芬，夺得46公斤级总成绩金牌，还超过了这个级别抓举、挺举和总成绩的亚洲纪录。广东姑娘刘秀华也很出色，分别以217.5公斤和125公斤超女子50公斤级总成绩和挺举的亚洲纪录；湖南廖素萍以92.5公斤超该级别抓举亚洲纪录。

尽管今天所打破和超过的世界、亚洲纪录均为非奥运项目，但七运会战幕一拉开就出现的这种争相创佳绩的势头，必将鼓舞奥运项目健儿也奋力创新纪录。

李瑞环分别会见港澳人士与海外华人

新华社北京九月五日电 （记者陈建山）中共中央政治局常委、全国政协主席李瑞环今天下午在人民大会堂会见了海外华人、深圳观澜湖高尔夫球会董事长朱树豪先生。

李瑞环对客人的来访表示热烈欢迎，对他自中国改革开放以来积极投资大陆、兴办企业，热心赞助中国体育事业，最近又发起海外百万华人支持北京申办奥运会签名活动表示赞赏。

朱树豪从一九七八年起投资中国大陆，创办了多个中外合资项目，其中最大的一个项目是他投资四亿美元与深圳合资兴建的深圳观澜湖高尔夫球会。他此次是应国家体委的邀请来京参加第七届全运会开幕式并观看比赛的。

国家体委主任伍绍祖、全国政协秘书长宋德敏、全国政协副秘书长范康等会见时在座。

新华社北京九月五日电 （记者陈建山）中共中央政治局常委、全国政协主席李瑞环今天下午在人民大会堂会见了来京出席第七届全国运动会开幕式的四十多位港澳地区全国人大代表、政协委员，港事顾问和社会知名人士，并向其中已退下来的七届全国政协委员颁发了荣誉证书。

李瑞环首先代表中共中央、全国政协对大家的到来表示热烈欢迎和亲切的问候，崇高的敬意。

（下转第二版）

印度总理纳拉辛哈·拉奥

今日来华进行正式友好访问

新闻人物

应国务院总理李鹏的邀请，印度共和国总理纳拉辛哈·拉奥将于9月6日至9日对我国进行正式友好访问。

纳拉辛哈·拉奥

拉奥总理1921年6月28日生于印度安得拉邦的海得拉巴，曾就读于海得拉巴、孟买等大学，获理学士和法学士学位。他早先投身于独立运动，1957年当选为安得拉邦议会议员，1962年至1973年先后担任该邦的新闻、司法、卫生、教育部长及首席部长等职。从1977年至1989年，他连续四次当选为人民院议员。从1980年至1989年，他先后担任外交、内政、国防、人类资源开发和卫生部长等职。1991年5月他任国大党（英迪拉派）主席，同年6月21日就任总理。拉奥总理喜欢研究印度的哲学、文化和文学等。他还是一位语言学家，懂英、法、梵文等10余种语言，并擅长写诗和翻译文学作品。

（新华社发）

"银河号"事件说明了什么？

9月4日，沙特阿拉伯王国政府代表、中华人民共和国政府代表以及作为沙特方顾问的美国政府技术专家签署了关于中国货轮"银河号"运载货物的核查报告，确认"银河号"完全没有运载美方所指控的硫二甘醇和亚硫酰氯两项化学品。持续42天、世人瞩目的"银河号"事件终于真相大白，在铁一般的事实面前，美国的谎言和对中国的无端指责统统破产了。

"银河号"事件是一次发人深省的事件，它说明了什么呢？

这一事件是由美国霸权主义所造成的。在这一事件中，导致美国彻底失败的原因，不仅在于美国情报错误和对错误情报执迷不悟，更重要的是，在中国作了认真调查并严肃地作出澄清之后，美国仍置若罔闻，一意孤行，甚至采取了极为严重的错误行动。美国一贯唯我独尊，不相信别人，只相信自己，动辄以莫须有的"情报"，肆意向其他主权国家施加压力，这必然要搬起石头砸自己的脚。

"银河号"是一艘从事正常商业航运的普通货轮，按照国际法和国际惯例，从事这样的航运是一国的主权行为，别国无权阻挠和侵犯。美国竟然对"银河号"货轮强加罪名，百般骚扰，致使"银河号"正常航运受阻，在公海上漂泊20余天，航员安全也受到威胁。美国的这种霸权行为严重侵害了中国的主权和公海航行自由，是对国际关系准则的践踏。

处理国际关系应以《联合国宪章》的宗旨和原则以及和平共处五项原则为基础，国与国之间的正常交往更需要国家之间相互尊重和信任。在"银河号"事件中，美国完全置这些原则于不顾，为自己的私利所驱使，无端地损害中国的国际声誉，还给中方造成了巨大的经济损失。如果都像美国这样，对别国连基本的信任都没有，再动辄以莫须有的罪名任意采取损人利己的行动，那么世界上哪还有什么正常的国家关系可言？

从"银河号"事件发生起，美国就一直口口声声称是为了防止化学武器扩散而与中国进行"合作"。实际上美国是以"世界警察"自居，粗暴侵犯别国主权、干扰别国商船的公海航行自由，甚至以自己的国内法为依据，强行对其他主权国家采取行动。这分明是强权政治，与平等互利、互相尊重基础上的正常国际合作毫不相干。

美国在"银河号"事件中的所作所为，严重地毒化了国际政治和经济环境，这种新的霸权主义和强权政治行为，依然是实现和平与发展两大目标的主要障碍。

中国一贯主张改善和发展中美关系，并为此作出了极大的努力。中国领导人一再指出，中国希望与美国增加信任，减少麻烦，发展合作，不搞对抗。美方也表示重视美中关系。但是，美国一手制造的"银河号"事件就是给中美关系制造麻烦，也是美国挑起的一种对抗。如果美国政府确有诚意改善和发展中美关系，就必须改弦易辙，回到中美之间3个联合公报的原则基础上来。

第13届电视剧"飞天奖"揭晓

《唐明皇》《小龙人》《半边楼》《天梦》《神算子》《孔雀胆》等62部作品分获各奖项

本报北京九月五日讯 第十三届全国电视剧"飞天奖"评选结果近日在京揭晓：《唐明皇》、《小龙人》分获长篇电视连续剧、少儿电视连续剧特别奖；《半边楼》、《天梦》、《神算子》、《大义夫人》、《孔雀胆》、《太湖人家——清名桥的故事》、《一碗荞麦面》、《少年特工》、《金色轮船》等分获各奖项一等奖。

全国各地推荐参加本届评选的电视剧共有一百六十八部九百五十二集，都是从一九九二年四月十六日至一九九三年四月十五日在中央电视台播映的一千七百多集电视剧中遴选出来的。经评委会认真审看评议，有六十二部四百六十七集优秀作品分获各奖项的特别奖、等级奖和提名荣誉。

在本届获奖电视剧中，讴歌改革开放和现代化建设的有艺术魅力的作品占了较大比例。长、中篇电视剧金牌，均被为现代化建设中的科技知识分子传神写貌的作品夺得，不少获奖作品弘扬了爱国主义、集体主义、社会主义精神。专家们评述，这些剧作以成功的艺术实践再次证明：改革开放和现代化建设的伟大实践，是精神产品取之不尽、用之不竭的创作源泉。

第十三届全国电视剧"飞天奖"颁奖会将于九月二十六日在成都举行。

RENMIN RIBAO　第15017期（代号1—1）

1989年8月
21
星期一
己巳年七月二十
北京地区天气预报
白天　晴间多云
　　风向　北转南
　　风力　二、三级
夜间　晴
　　风向　南转北
　　风力　一、二级
温度　最高　29℃
　　最低　18℃

人民日报社出版

十省市信访工作会议在京结束
江泽民乔石要求加强信访工作

据新华社北京8月20日电　（记者陈丽）今天在北京结束的10省市信访局长、信访办公室主任会议上，传达了中共中央总书记江泽民和中共中央政治局常委乔石对信访工作的重要意见。

江泽民同志指出，信访工作是我们党和政府发扬民主、体察民情、联系群众的重要渠道。当前，为了更好地贯彻党的十三届四中全会精神，各级党委和政府要切实加强对信访工作的领导，使其在加强社会主义民主与法制的建设、密切党和政府与人民群众的关系中，发挥更大的作用。

乔石同志指出，信访工作是党和政府密切联系人民群众的一项重要工作。要确保渠道畅通，对人民群众反映的问题要认真对待，配合有关部门、地方，弄清情况，妥善解决。

这次会议是中央办公厅国务院办公厅信访局于8月16日在北京召开的，北京、天津、上海、陕西、四川、山西、山东、江苏、湖北、辽宁等10省市的同志出席了会议。

会议期间，与会同志认真学习了江泽民、乔石同志的重要意见，介绍了落实李鹏同志今年3月关于信访工作要"为我国的长治久安做出贡献"要求的情况，交流了在制止动乱和平息反革命暴乱斗争中的信访工作经验，着重研究了信访工作如何为贯彻落实党的十三届四中全会精神服务的问题。

国务院办公厅负责同志出席了会议。

马列主义同实际结合的典范　毛泽东思想的重要组成部分
《邓小平文选》出版发行

文选集中了邓小平同志在"文化大革命"以前二十八年中的重要文章、讲话共三十九篇，近二十五万字。这些著作在很大程度上反映了他从理论上和实践上对军事、政治、经济、党的建设等方面作出的贡献

文选对今天仍有指导意义和借鉴作用。学习文选，必将有助于人们认识中国革命和建设事业在三十年代末至六十年代前期的发展历史，认识中国共产党领导人的原则立场和创造精神，有助于社会主义建设和改革，有助于坚持四项基本原则和反对资产阶级自由化的斗争

新华社北京8月20日电　中共中央文献编辑委员会编辑的《邓小平文选》（1938—1965年），已经由人民出版社出版，即日起在全国新华书店陆续发行。

这本文选，集中了邓小平同志在"文化大革命"以前28年中的重要文章、讲话共39篇，近23万字。其中30篇过去没有公开发表过。文选所有文稿在出版前经作者本人审定。邓小平同志的这些著作，在很大程度上反映了他在抗日战争、解放战争、建国后17年这几个历史时期，从理论上和实践上对军事、政治、经济、党的建设等方面作出的贡献。

在抗日战争时期，邓小平同志担任八路军一二九师政委、中共太行分局书记，后期还担任北方局代理书记，并主持八路军总部的工作，在极其艰苦的条件下，担负起领导华北敌后抗日根据地的重任。这一时期编入文选的著作9篇，对抗日民主政权中党的领导原则和工作方法，抗日根据地的经济建设，敌占区的组织工作与政策策略等问题，作了精辟的论述。1941年发表的《党与抗日民主政权》一文着重批评了当时的党政不分、以党代政的错误倾向，这对于认识今天的党政分开原则，仍有重要意义。1943年发表的《五年来对敌斗争的概略总结》一文中，提出敌我斗争不仅是军事力量的竞赛，而且是全副本领的斗争，不仅斗力，更主要是斗智，要根据敌强我弱的特点和犬牙交错的复杂斗争情况，掌握中日矛盾的实质，发展抗日民族统一战线，实行"敌进我进"以及从各方面积蓄力量、为战略反攻作准备等一系列的方针政策，对夺取华北抗战胜利起了重要的指导作用。

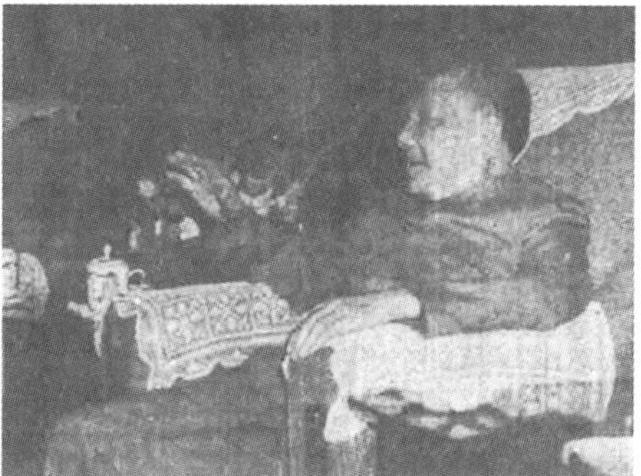

邓小平同志近照（摄于1989年7月2日）　新华社记者　郭占英摄

《邓小平文选》（1938年至1965年）书影　新华社记者　郭占英摄

解放战争时期，邓小平同志担任晋冀鲁豫野战军、中原野战军、第二野战军政委，晋冀鲁豫中央局书记，中原局、华东局第一书记，总前委书记。他在中共中央军委和毛泽东同志的领导下，多次在具有关键意义的广阔战场上，与刘伯承、陈毅、粟裕等同志指挥人民解放军同国民党军队进行决战。文选中收入这一时期的著作7篇，论述了挺进中原、创建大别山根据地，直至京沪杭作战的战略方针和部署，并根据中共中央指示精神，创造性地制定了中原新解放区土改和整党的政策和策略。这些政策和策略被党中央认为普遍适用于一切新解放区，对建国初期政策的形成也起了重要作用。1948年所作的《跃进中原的胜利形势与今后的政策策略》和《贯彻执行中共中央关于土改与整党工作的指示》两文，突出反映了邓小平同志在革命斗争中从全局出发的战略思想和勇挑重担、敢于斗争、敢于胜利的革命精神，以及在新的复杂情况下善于发现新问题、勇于提出新观点、能够打开新局面的革命胆略。后一篇文章曾受到毛泽东同志的高度评价。

建国后17年中，前三年邓小平同志担任西南地区党政军领导职务，独立负责一个大区的全面领导工作。文选收入这段时间的著作6篇，涉及新区工作的策略，新闻工作，统战工作，土改、镇反以及党的建设等方面。《在西南区新闻工作会议上的报告》是1950年作的，至今对全党的新闻工作仍有指导意义。同年作的《关于西南少数民族问题》是一篇对民族工作有历史价值的文献，充分反映作者从实际出发的思想特色。

邓小平同志到中央工作后，先是担任政府副总理和中共中央秘书长，八大以后，当了十年中共中央总书记，参与党和国家的全面领导工作。文选收入这段时间的著作17篇，其中论述了财政工作的方针、建设是社会主义改造基本完成以后主要任务的观点，正确地宣传毛泽东思想的必要，以及为克服三年经济困难提出的一些重要的政策和办法。在这一个时期，他特别重视执政党的建设，从党的指导思想、群众路线、民主集中制、集体领导等方面进行了全面的深刻的论述。《关于修改党的章程的报告》和《在扩大的中央工作会议上的讲话》是这一方面的主要著作。1957年作的《共产党要接受监督》一文，观点鲜明，说理透彻，具有重大的现实意义和长远意义。文章指出，我们党是执政的党，大量的干部居于领导地位。在中国来说，谁有资格犯大错误？就是中国共产党。犯了错误影响也最大。"共产党有没有资格领导，这决定于我们党自己。"因此，党要不断地加强自身的建设。同时，党要受监督，党员要受监督。"只要党和党员不脱离群众，只要党和党员接受监督，只要党和党员虚心学习，只要党和党员不断地进行工作，进行思想政治工作，我们党就一定能同过去领导革命取得胜利一样，顺利地领导国家建设"。1960年的《正确地宣传毛泽东思想》一文尖锐地批评了把毛泽东思想庸俗化的倾向，反对离开马克思列宁主义讲毛泽东思想，反对把毛泽东摆在党中央的领导集体之外、之上。这篇讲话表明了邓小平同志在重大政治问题上一贯坚持原则的态度。

从这本文选中可以看出，邓小平同志在长期的革命斗争中，善于把马列主义的普遍原理同当时当地的具体实际相结合，他的思想和理论是毛泽东思想的重要组成部分。

这本《邓小平文选》的出版，为我们学习和研究党的历史提供了珍贵的文献。文选中一些基本的、富有创造性的思想，对今天仍有指导意义和借鉴作用。认真学习这本文选，必将有助于人们认识中国革命和建设事业在30年代末至60年代前期的发展历史，认识中国共产党领导人的原则立场和创造精神，有助于社会主义建设和改革，有助于坚持四项基本原则和反对资产阶级自由化的斗争。

不使长江变黄河　先教沿岸绿万里
长江中上游建设防护林体系
一期工程上马　9省145县15年造林亿亩

本报讯　令人注目的长江中上游防护林体系建设第一期工程总体规划，近日经国家正式批准，开始实施。这是继举世瞩目的"三北"防护林体系在北部万里风沙线上崛起之后，我国在重度水土流失区的一个规模宏大的防护林体系建设。

这项工程首先在森林覆盖率低、水土流失严重的地区展开。范围包括青海、甘肃、陕西、云南、贵州、四川、湖南、湖北、江西等9省145个县，计划完成造林、育林面积1亿亩。

这项工程规划用15年左右时间完成。国家计委在批复中提出，规划的实施，主要靠地方组织群众投劳，所必需的资金，由地方筹集解决。各地应遵循总体规划要求，根据本地财力和农民承担能力，适当安排建设进度。不宜掮农业的耕地，要逐步退耕还林，地方政府必须采取有效措施，在粮食包干指标内，保证退耕还林地区的粮食供应。（林　宣）

四百余城市绿化达标
人均公共绿地逾三平方米

新华社长春8月19日电　（记者范向群）改革开放10年来，我国城市绿化取得了很大成绩。1988年底，全国400多个城市拥有公共绿地面积5.2万公顷，人均公共绿地面积3.3平方米，已经达到"七五"的规划指标，市区的平均绿化覆盖率为17％。

这些令人注目的统计数字，是全国绿化委员会今天在长春召开的全国重点城市绿化工作会议上，首次披露的。

我国城市绿化过去主要依靠园林部门的专业队伍。1981年全国人大通过开展全民义务植树的决议以后，广大市民积极投入绿化建设，加快了城市绿化的步伐。据统计，1988年全国城市的园林绿化面积已增加到30.8万公顷，有76个城市绿化覆盖率达到20％—30％，有41个城市绿化覆盖率超过了30％。

全国重点城市绿化工作会议认为，我国城市绿化建设还很不平衡，绿化的管理工作存在不少薄弱环节，侵占园林绿地、乱砍滥伐树木的现象屡有发生。

广州住房改革方案实施
卖房起步　分步提租　相应发贴
新分配住房实行新制度

据新华社广州8月20日电　（记者顾乃明）广东省政府最近批准了广州市的住房制度改革实施方案，广州市成为我国率先实行房改的省会城市。

广州市的住房制度改革将按照"卖房起步，分步提租，相应发贴，新分配住房实行新制度"的办法进行。经近半年试点证明，这个办法较好地解决了当前国家、集体和个人对房改承受力的问题。全市首先组织出售公有住房，以多项优惠政策鼓励职工买房，实行一次性抑减房价，以后不再按月发给补贴。

广州市将逐步改革低租金制，对住房实行分步提租。全市按统一的公房租金标准计租，由承租人所在单位按租金额补贴40％，对住房面积超标准的部分，则按成本租金计租，不给补贴。全市将在几年内分步将公房租金提高到成本租金的水平，然后向商品租金过渡。

大学生分配"三公开"
"走后门"条子遇克星
大连市机械局择优用人

据新华社大连8月20日电　（记者李小林）50多个为大学毕业的子女、亲戚、朋友托关系、"走后门"安排工作的条子、电话，最近在大连市机械局遇到了"克星"。大连市机械局对300多名大学毕业生工作分配实行用人单位、本人品德和学习成绩、分配结果三公开，使学生和接受部门皆大欢喜。

草原牧业大有希望
处于四十年来第二次发展高峰
农业部负责人强调引导好牧区经济

新华社西宁8月20日电　（记者陈志强）农业部副部长刘江在考察河北、内蒙古、甘肃、青海等省区的草原畜牧业后认为，涉及260多个县、3900多万人口的我国草原畜牧业可望获得大发展。

刘江在分析牧区经济发展历史时说，40年来我国（区草原畜牧业有过两次发展高峰，一次是1960年到1965年，一次是1985年到现在。同上一次发展高峰一样，这次草原畜牧业发展机遇的来临与目前全国农业徘徊局面以及肉食品供应紧张有关。他认为，在粮食本来就很紧缺的条件下，发展高耗粮畜牧业，把存栏作为畜产品主体来解决我国肉食供应是不合理的《现在大力发展草食畜牧业已是大势所趋。

在草原畜牧业面临的这个良好机遇面前，如何引导以畜牧业为中心的牧区经济发展是至关重要的。牧区是藏族、蒙古族、维吾尔族、哈萨克族等多民族聚居区，经济的发展关系到社会安定和民族团结。刘江说，引导得好，牧区经济就会健康发展，否则就会丧失良机。

刘江认为应该通过现代化试点带动牧区经济发展。

主动投案　积极退赃
投机倒把犯桂广庆免死刑

据新华社武汉8月19日电　（新华社记者方政军、法制日报记者汪青林）论罪应判处死刑的武汉市特大投机倒把犯桂广庆，因投案自首，积极退赃今天被依法从宽判处无期徒刑。

桂广庆原系武汉冶金研究所所长，曾担任武汉市政协常委、汉阳区政协副主席等职。1988年7月，桂广庆利用所长职权将冶金部拨给武汉市冶金研究所计划内的30吨镍板中的5吨，私下倒卖给长沙通用电器公司2吨，非法获利45000元；后又将余下的3吨镍板以每吨11.5万元的高价倒卖给武汉市无业人员胸某，非法获利35.8万余元，以上两项共获赃款40.3万余元。

1988年11月24日，桂广庆自动到市检察院投案自首，并退回全部赃款。

武汉市中级人民法院审判长在今天的公判会上说，鉴于桂广庆主动自首坦白，积极退还全部赃款，决定以投机倒把罪减轻判处其无期徒刑，剥夺政治权利终身。

监守自盗　推诿罪责
武汉两"油老虎"被处决

据新华社武汉8月19日电　（新华社记者方政军、法制日报记者汪青林）武汉市中级人民法院今天以贪污罪一审判处先后8次监守自盗柴油261吨、获赃款24万余元的罪犯邓辉荣、喻桃安死刑。

邓辉荣、喻桃安原分别是湖北省航运公司物资供应站鄂供油一号船驾长、水手。1987年11月至1988年12月间，邓、喻二人利用保管和发放柴油之便，先后盗窃柴油共261吨，喻桃安开具假发票，以三种不同价格将这些柴油售出，共获赃款24.17万元。邓辉荣从中分得赃款7.6万余元，喻桃安分得赃款11.1万余元。

对这一案件的判决书指出，邓、喻二犯罪行严重，且归案后推诿罪责，决定判处邓、喻二犯死刑，剥夺政治权利终身。

长沙破获特大持枪杀人案
主犯陈义被抓获

新华社长沙8月20日电　（记者鲁光晖）震惊长沙市的"八·一三"特大杀人案于今天凌晨被公安部门破获，携带双枪潜逃的主犯陈义被缉拿归案，杀人凶器被全部缴获。

8月13日晚，劳改释放犯陈义和社会青年彭阳持枪来到长沙闹市区湘江宾馆楼外楼餐厅。因过去赌博的瓜葛，他们与个体户刘润兴争执不下，双方分别掏出手枪和火药枪，在吵骂和追赶中，陈、彭不顾在餐厅用餐的上百名顾客，先后向刘润兴方向射击7枪，当场将刘打死，还将在旁用餐的一名个体户打死。案发后，长沙市公安局迅速组织力量，层层发动群众，在长沙市区及四周布下了天罗地网。杀人从犯彭阳于15日到市公安局投案自首，并带公安干警取出一支手枪和5发子弹。公安部门又于今天凌晨在湘江大桥旁的水陆洲，将杀人主犯陈义抓获归案。

人民日報
RENMIN RIBAO
国内统一刊号：CN11—0065
第16552期（代号1－1）
1993年11月
3
星期三
癸酉年九月二十
北京地区天气预报
白天 晴
风向 北转南
风力 二、三级
夜间 晴
风向 南转北
风力 一、二级
温度 5℃/20℃
人民日报社出版

当代中国的马克思主义奠基之作　民族振兴和发展的强大精神支柱

《邓小平文选》第三卷出版发行

中共中央隆重举行学习报告会

江泽民发表重要讲话全面阐述学好《邓小平文选》第三卷的重大意义

李鹏主持会议　胡锦涛宣读《中共中央关于学习〈邓小平文选〉第三卷的决定》

乔石李瑞环朱镕基刘华清荣毅仁等党和国家领导人出席报告会

本报北京11月2日讯　中央人民广播电台记者刘振英、新华社记者何平、本报记者杨振武报道：中共中央今天下午在人民大会堂举行学习《邓小平文选》第三卷报告会。中共中央总书记江泽民在会上发表重要讲话。他说，党中央号召全党在改革开放和社会主义现代化建设的新形势下，努力学习新一卷《邓小平文选》，把十四大提出的用建设有中国特色社会主义理论武装全党的任务认真落到实处，进一步加强党的建设，充分发挥党对社会主义现代化建设事业的核心领导作用。

中共中央政治局常委李鹏、乔石、李瑞环、朱镕基、刘华清、胡锦涛，国家副主席荣毅仁等，出席了报告会。

报告会由李鹏主持。他说，中共中央今天在这里召开学习《邓小平文选》第三卷报告会，目的就是动员全党同志认真学习邓小平同志建设有中国特色社会主义的理论，进一步统一思想，坚定信念，积极、全面、正确地贯彻执行党的基本路线，加快改革开放和现代化建设的步伐。

会上，胡锦涛宣读了《中共中央关于学习〈邓小平文选〉第三卷的决定》。中共中央的决定指出，《邓小平文选》第三卷已经出版发行。这是党和国家政治生活中的一件大事。全党同志都要高度重视，认真学习。决定号召，全党全军全国各族人民要在以江泽民同志为核心的党中央领导下，坚持以建设有中国特色社会主义理论为根本指针，坚持党的基本路线一百年不动摇，团结一心，扎实工作，为实现现代化建设的战略目标，把我国建成富强、民主、文明的社会主义现代化国家而奋斗。

江泽民在讲话中强调，各级党组织要按照中央的要求，组织广大党员和干部特别是县以上领导干部，认真落实决定，把这件大事抓好。

江泽民指出，党的十四大提出了用邓小平同志建设有中国特色社会主义理论武装全党的战略任务。这是推进改革开放和社会主义现代化建设伟大实践的迫切需要，是新时期加强和改进党的建设的重大措施，也是坚持党的基本路线一百年不动摇的根本保证。《邓小平文选》第三卷的出版，为我们进一步用建设有中国特色社会主义理论武装全党，教育干部和人民，统一思想，坚定信念，积极、全面、正确地执行党的基本路线，提供了最好的教材和最有力的武器。

江泽民说，邓小平同志的文选，前些年已经出版两卷。现在出版的第三卷，是1982—1992年邓小平同志的主要著作。新一卷《邓小平文选》，就是这十年邓小平同志领导我们推进改革开放和社会主义现代化建设丰富经验的理论总结，也是引导我们继续胜利前进的科学指南。三卷《邓小平文选》是一个整体。这次出版的第三卷同十年前出版的第二卷，汇集了邓小平同志在形成和发展建设有中国特色社会主义理论过程中的最重要最富有独创性的著作。它内容丰富，博大精深，洋溢着鲜明的时代精神与民族精神，闪耀着马克思主义真理的灿烂光辉。

江泽民指出，理论思维的成熟是党成熟的一个重要标志。改革开放十五年来，我们党在理论上取得的最大收获，就是在马克思主义基本原理与中国实际相结合的第二次历史性飞跃中，创立了建设有中国特色社会主义的理论。这是我们党付出了巨大代价获得的极为珍贵的精神财富，是我们党和人民进行新的历史创造的科学总结，是我们发展社会主义事业的伟大旗帜，是我们民族振兴和发展的强大精神支柱。在当代中国，有了这面旗帜，有了这个精神支柱，一个有五千万党员的大党才会有更加坚强的战斗力，一个有十一亿人口的大国才会有更加强大的凝聚力。

江泽民强调，邓小平同志反复强调的“解放思想，实事求是”，是贯穿于建设有中国特色社会主义理论全部观点的精髓。全党同志在任何时候都要坚持解放思想、实事求是的思想路线。邓小平同志的著作，为坚持这条思想路线提供了光辉典范。我们学习新一卷《邓小平文选》，就要牢牢把握这个精髓，紧紧抓住这个实质。

江泽民说，在《邓小平文选》第三卷中，反复强调的一个主题，就是只有社会主义才能救中国，只有社会主义才能发展中国，我们坚持的社会主义是有中国特色的社会主义。总结历史经验，我们可以看到，坚持社会主义，首先要搞清楚什么是社会主义、怎样建设社会主义这个基本的理论问题。我们学习新一卷《邓小平文选》，必须紧紧抓住这个首要的基本的理论问题，提高对于“一个中心、两个基本点”的基本路线的认识，坚定不移地走自己的路。

江泽民指出，建设有中国特色社会主义的理论是社会主义同爱国主义相统一的科学理论。爱国主义、社会主义是凝聚中华民族，推动中国发展的伟大精神动力。我们要把这种精神一代一代传下去，任何时候都要维护我国的独立自主，不信邪，不怕压，不怕威胁，百折不挠地把我们的伟大民族振兴起来。只要中国的旗帜不倒，世界上就有五分之一的人口在坚持社会主义。我们对社会主义的前途充满信心。

江泽民指出，从《邓小平文选》第三卷中，我们更加深切地体会到，邓小平同志是我国社会主义改革开放和现代化建设的总设计师，是建设有中国特色社会主义理论这一当代中国马克思主义的创立者。更加深切地体会到，邓小平同志在长期革命实践中锤炼出的鲜明的革命风格。全党同志特别是领导干部要认真学习、大力发扬这样的革命风格，使我们党永远保持旺盛的战斗力和创造力。

上图：十一月二日，中共中央在北京人民大会堂举行学习《邓小平文选》第三卷报告会。中共中央总书记江泽民在会上发表重要讲话。

新华社记者　齐铁砚摄

左图：《邓小平文选》第三卷。

新华社发

江泽民说，学习《邓小平文选》第三卷，深刻理解和把握以邓小平同志为核心的第二代中央领导集体在开创全新事业中积累的基本经验、创造的基本理论、形成的基本路线，一定会使我们全党同志更加充满信心，更好地完成九十年代的任务，胜利地迈向二十一世纪。我们要通过学习，进一步统一思想，大大增强坚持党的基本理论和基本路线的自觉性、坚定性和创造性。

江泽民强调，全党一定要认真学好《邓小平文选》第三卷，用党的基本理论和基本路线统揽全局，更好地处理党的具体政策、具体工作与党的总路线、总政策之间的关系。在我们的思想和工作中，必须牢牢记住党的基本路线。

江泽民最后说，让我们在邓小平同志建设有中国特色社会主义理论的伟大旗帜下，坚持党的基本路线，团结一致，扎实工作，艰苦创业，奋勇前进！

出席报告会的领导同志还有，丁关根、田纪云、李岚清、李铁映、杨白冰、邹家华、陈希同、钱其琛、尉健行、温家宝、王汉斌、杨尚昆、宋平、薄一波、宋任穷、张震、任建新、倪志福、陈慕华、孙起孟、雷洁琼、秦基伟、李锡铭、王丙乾、王光英、程思远、布赫、李沛瑶、吴阶平、迟浩田、宋健、李贵鲜、陈俊生、罗干、张思卿、吴学谦、杨汝岱、王兆国、阿沛·阿旺晋美、赛福鼎·艾则孜、赵朴初、钱伟长、钱正英。

首都党政军各部门和各省、自治区、直辖市的主要负责同志也出席了报告会。

新华社北京11月2日电　中共中央文献编辑委员会编辑的《邓小平文选》第三卷，已由人民出版社出版，今日起在全国各地发行。

邓小平同志是中国共产党第二代领导集体的核心，是我国社会主义改革开放和现代化建设的总设计师，是建设有中国特色社会主义理论这一当代中国马克思主义的创立者。他的重要著作《邓小平文选》第三卷的出版，是全党和全国人民政治生活中的大事，意义十分重大。

《邓小平文选》前些年已经出版两卷，即1989年出版的《邓小平文选（1938—1965年）》和1983年出版的《邓小平文选（1975—1982年）》。这两卷再版时，将分别改称为《邓小平文选》第一卷、《邓小平文选》第二卷。

《邓小平文选》第三卷是邓小平同志1982年9月至1992年2月这段时间内的重要著作，共119篇。很大一部分是第一次公开发表。曾经在《建设有中国特色的社会主义》（增订本）、《邓小平同志重要谈话（1987年2月—7月）》等小册子和报纸上发表过的著作，这次编入文选时，又作了文字整理，许多篇根据记录稿增补了重要内容。编辑工作在作者亲自指导下进行，全部文稿都经作者逐篇审定。

这本文选以《中国共产党第十二次全国代表大会开幕词》为开卷篇。开幕词中提出的“建设有中国特色的社会主义”是全书的主题。1992年1月18日至2月21日《在武昌、深圳、珠海、上海等地的谈话要点》是全书的结束篇，可以说是全书的纲领和总结。这本文选的时间跨度为十年。这十年，是我们党领导全国各族人民全面开创改革开放和现代化建设新局面的十年，是党和人民在建设有中国特色社会主义道路上不断探索、不断积累经验、不断前进的十年，是经历了国内风波和国际局势巨大变动的十年，同时也是邓小平同志建设有中国特色社会主义理论日益丰富、完善和继续发展的十年。《邓小平文选》第三卷是这十年历史的生动记录，是这十年形成的新的理论成果。

这本文选论述的都是国际国内的重大问题，内容十分丰富，有很强的现实针对性和鲜明的时代特征。邓小平同志提出了一系列新的思想，新的观点，新的概念。例如：关于社会主义的本质和根本任务；关于社会主义初级阶段；关于“三个有利于”的判断标准；关于分三步走的经济发展战略；关于抓住时机，加快发展，争取国民经济隔几年上一个新台阶；关于科学技术是第一生产力；关于改革是中国的第二次革命；关于中国的发展离不开世界，反对自我封闭和孤立；关于社会主义和市场经济不存在根本矛盾；关于政治体制改革必须与经济体制改革相适应；关于两手抓，两手都要硬；关于“一国两制”；关于坚持社会主义，制止动乱，防止和平演变；关于要警惕右，主要是防止“左”；关于坚持党的“一个中心，两个基本点”的基本路线一百年不动摇；关于和平与发展是当代世界两大主题；关于以和平共处五项原则为准则，建立国际新秩序；关于对国际局势要冷静观察、稳住阵脚、沉着应付；关于中国的问题关键是把共产党内部搞好；关于加强廉政建设，反对腐败。还有其他许多重要观点。《邓小平文选》第三卷，同1975—1982年卷一起，集中反映了建设有中国特色社会主义理论的形成和发展，是对马列主义、毛泽东思想的继承和发展，是中国共产党和中华民族宝贵的精神财富，是当代中国的马克思主义的奠基之作。

党的十四大提出，要用邓小平同志建设有中国特色社会主义理论武装全党。《邓小平文选》第三卷的出版，为落实这一战略任务提供了最好的教材和最有力的武器，对进一步统一思想，振奋精神，开拓进取，完成新的历史任务，具有重大的现实指导意义和深远的历史意义。

光辉的旗帜　科学的指南

——热烈祝贺《邓小平文选》第三卷出版发行

全党全军全国各族人民以喜悦的心情迎来了《邓小平文选》第三卷的出版发行。党中央作出了《关于学习〈邓小平文选〉第三卷的决定》，举行了隆重的报告会，江泽民同志作了重要讲话。《邓小平文选》第三卷的出版发行，为我们进一步落实党的十四大提出的用邓小平建设有中国特色社会主义理论武装全党的战略任务，统一全党思想，教育干部和人民，提供了最好的教材和最有力的武器。这对于加快改革开放、推动国民经济持续、快速、健康地发展，对于搞好两个文明建设和党的建设，必将产生重大而深远的影响。

伟大的革命实践需要伟大的革命理论，伟大的革命理论指导伟大的革命实践。在中国这样一个经济文化比较落后的国家，建设社会主义，巩固和发展社会主义，是一项前无古人的全新的事业，它呼唤着新的理论创造。十一届三中全会以后的新的历史时期，邓小平同志总结我国社会主义建设成功和挫折的经验教训，借鉴其他国家社会主义兴衰成败的经验教训，在领导我国人民进行改革开放和社会主义现代化建设的实践中，继承和发展了毛泽东思想，创立了建设有中国特色社会主义的理论，实现了马克思主义和中国实际相结合的又一次历史性飞跃。历史和现实的经验一再表明，坚持邓小平同志建设有中国特色社会主义的理论，就是真正坚持和发展马克思列宁主义、毛泽东思想。如同确立毛泽东思想为党的指导思想使中国革命势如破竹地向前发展，并迅速取得胜利一样，党的十四大提出用邓小平建设有中国特色社会主义理论武装全党，也必将使我国改革开放和社会主义现代化建设向着既定的伟大目标胜利前进。

邓小平同志是我国社会主义改革开放和现代化建设的总设计师，是建设有中国特色社会主义理论这一当代中国马克思主义的创立者。现在出版的《邓小平文选》第三卷，汇集了从十二大鲜明地提出建设有中国特色社会主义的命题，到1992年视察南方发表重要谈话这一时期邓小平同志的主要著作。这一卷以及十年前出版的第二卷，展现了建设有中国特色社会主义理论体系逐步形成的历史全貌，集中体现了当代中国马克思主义的精华。这一理论，是中国共产党领导人民开创社会主义事业新局面的光辉旗帜，是指引我们胜利前进的科学指南。

从现在起，全国各级党组织都要按照党中央的决定和江泽民同志的讲话精神，把《邓小平文选》第三卷的学习摆在党的思想建设和干部理论教育的主要地位，精心部署，认真落实。县（团）级以上领导干部特别是高级干部要带头学习，带头运用，带动全党的理论学习。

学习《邓小平文选》第三卷，必须认真掌握建设有中国特色社会主义的战略思想和理论观点。这一卷文选，立足全面改革开放和社会主义现代化建设的崭新实践，提出了一系列充满时代精神和民族精神的新思想、新观点。在学习中要紧密联系形势和任务，着重把握全书的精髓，即解放思想、实事求是的思想路线；着重把握全书的主题，即在搞清楚什么是社会主义、怎样建设社会主义的基础上，坚持走有中国特色的社会主义道路，坚持“一个中心，两个基本点”的基本路线；着重把握全书强调的战略目标，即“分三步走”基本实现现代化，建设富强、民主、文明的社会主义现代化国家；着重把握全书反复阐明的基本方针，即社会主义物质文明与精神文明要“两手抓、两手都要硬”；着重把握全书处处洋溢的爱国主义精神，即维护国家的独立和主权，发扬民族自尊心、自信心，把我们伟大的中华民族振兴起来，发展起来。

学习《邓小平文选》第三卷，必须认真学习邓小平同志运用马克思主义立场、观点、方法，研究新情况，解决新问题的科学态度、创造精神和革命风格。邓小平同志强调“一个中心、两个基本点”的党的基本路线一百年不动摇，强调用辩证唯物主义和历史唯物主义的世界观、方法论分析问题、解决问题。他尊重实践，尊重群众，胸襟开阔，通观全局，思想敏锐，胆略非凡，勇于创新，开拓前进。认真学习邓小平同志的立场、观点、方法和风格，将大大提高我们党的执政水平、领导水平，大大推进改革开放和社会主义现代化建设的进程。

学习革命理论，重在学以致用，指导行动。学习《邓小平文选》第三卷，要大力发扬马克思主义的学风。要在认真研读原著上多下功夫，力求融会贯通，掌握精神实质；要在理论联系实际上多下功夫，紧密结合经济建设、精神文明建设和党的建设，结合当前的形势和任务，提高分析问题、解决问题的能力；要在统一思想上多下功夫，联系改革开放以来的经历，联系思想实际与工作实际，总结经验教训，澄清模糊认识，从而增强在党的基本理论和基本路线基础上的团结和统一，增强我们党的凝聚力和战斗力。

历史已经证明并将进一步证明，我们的党是富于理论创造的党，是善于用正确的理论指导实践、推动历史前进的党。我们坚信，通过《邓小平文选》第三卷的深入学习，全党同志一定能够进一步对党的基本理论坚信不疑，对党的基本路线坚定不移，在以江泽民同志为核心的党中央领导下，团结全国各族人民，生气勃勃地去完成时代赋予我们的历史重任，不断开创新局面，登上新台阶，夺取新胜利，满怀信心地迈向21世纪！

人民日报

RENMIN RIBAO

国内统一刊号：CN11—0065

第16553期（代号1—1）

1993年11月

4

星期四

癸酉年九月廿一

北京地区天气预报

白天 晴转多云 风向 偏北转偏东 风力 二、三级

夜间 多云 风向 偏东 风力 一、二级

温度 4℃/14℃

人民日报社出版

期盼已久　先睹为快
各地踊跃购买《邓选》第三卷

据新华社北京11月2日电　《邓小平文选》第三卷今天开始在全国各地发行，受到广大读者的欢迎。各地群众踊跃购买。

据北京王府井新华书店负责人介绍，今天上午开始营业的一个小时内就售出《邓小平文选》第三卷1000余册。

在上海市南京路、四川路、华山路、延安路的新华书店，市民和外地来沪旅客踊跃购买《邓小平文选》第三卷。据介绍，上海各新华书店准备的3万册平装本和1.2万册精装本已不能满足供应，他们又向出版社订了20万册《邓小平文选》第三卷。

今天上午，遍布天津城乡的60多家新华书店门市部开辟专柜，出售《邓小平文选》第三卷。据介绍，天津新华书店系统首批进书8万多册。为了让更多的读者尽快看到《邓小平文选》第三卷，新华书店还派车将书送到一些机关、企业和学校。

在广州繁华的北京路新华书店门市部，今天上午购买《邓小平文选》第三卷的读者排起了长队。第一个买到《邓小平文选》第三卷的一位女职工说：我是昨天傍晚知道消息的。今天一上班，大家一商量，叫我抢先来买20本回去，共同学习。

在成都，上午9时市新华书店售书厅前挤满了购书的读者，到11点，这个书店已售出《邓小平文选》第三卷1000多册。

中共中央关于学习《邓小平文选》第三卷的决定

（1993年11月2日）

《邓小平文选》第三卷已经出版发行，这是党和国家政治生活中的一件大事。

这本文选，汇集了邓小平同志从1982年9月党的十二大到1992年春视察南方这一时期的主要著作。它同十年前出版的第二卷（1975—1982年）相衔接，是邓小平同志领导我们推进改革开放和社会主义现代化建设丰富经验的理论总结，也是引导我们继续胜利前进的科学指南。党的十四大提出，要用邓小平同志建设有中国特色社会主义的理论武装全党。《邓小平文选》第三卷的出版，为落实这一战略任务，统一全党思想，教育干部和人民，提供了最好的教材和最有力的武器。在当前国际国内形势下，认真学习《邓小平文选》第三卷，对于我们认清大局，坚定信念，坚持党的基本理论和基本路线不动摇，团结全党和全国各族人民做好各项工作，具有极其重要的意义。

邓小平同志是我国社会主义改革开放和现代化建设的总设计师，是建设有中国特色社会主义理论这一当代中国马克思主义的创立者。我们学习邓小平同志的著作，要联系当前的形势和任务，紧紧抓住和深入领会解放思想、实事求是的思想路线；紧紧抓住和深入领会关于社会主义本质的科学论断和"一个中心、两个基本点"的基本路线；紧紧抓住和深入领会把握时机发展自己、"分三步走"基本实现现代化的战略任务；紧紧抓住和深入领会一手抓物质文明、一手抓精神文明，一手抓建设、一手抓法制，一手抓改革开放、一手抓惩治腐败等一系列"两手抓，两手都要硬"的基本方针；紧紧抓住和深入领会维护国家的独立和主权、发扬民族自尊心自信心、致力振兴中华的爱国主义精神。学习邓小平同志的战略思想、理论观点要同学习他的科学态度、创造精神结合起来，尊重实践，尊重群众，胸襟开阔，通观全局，勇于创新，开拓前进。

学习《邓小平文选》第三卷，必须发扬我们党历来倡导的理论联系实际的马克思主义学风，要花大力气认真研读原著，掌握精神实质，努力提高理论素养和政治水平。要联系改革开放以来的实践，总结经验教训，澄清模糊认识，提高贯彻党的基本理论和基本路线的自觉性坚定性。要结合经济建设、精神文明建设、党的建设，结合当前正在进行的深化改革、建立社会主义市场经济新体制、加强国民经济宏观调控、反对腐败等各项工作，努力提高研究新情况、解决新问题的能力。全党同志都要高度重视，认真学习，领导干部要带头学好用好，力求融会贯通，增强工作中的原则性、系统性、预见性和创造性。

从现在起，要把学习《邓小平文选》第三卷摆在党的思想建设和干部理论教育的主要地位。各级党委要切实加强对学习的领导。中央决定分期举办省部级主要领导干部学习《邓小平文选》第三卷的理论研讨班，各省、自治区、直辖市，中央党、政、军各部门，都要做出安排，特别要认真抓好各级党委中心组的学习，并有计划地对县（团）级以上党员干部进行轮训，带动全党的理论学习，提高全党的马克思主义水平。党校系统和高等学校的马克思主义理论教育，应根据中央决定的精神，加强和改进工作。各级党委的宣传、组织部门要加强指导，督促检查，交流经验，推动学习不断深入。

全党全军全国各族人民要在以江泽民同志为核心的党中央领导下，坚持以建设有中国特色社会主义理论为根本指针，坚持党的基本路线一百年不动摇，团结一心，扎实工作，为实现现代化建设的战略目标、把我国建成富强、民主、文明的社会主义现代化国家而奋斗！

（新华社发）

在学习《邓小平文选》第三卷报告会上的讲话

（1993年11月2日）

江泽民

中共中央总书记江泽民在学习《邓小平文选》第三卷报告会上发表重要讲话。　　新华社记者　齐铁砚摄

同志们：

全党全军全国各族人民盼望已久的《邓小平文选》第三卷，已经出版并且开始在全国发行。这是我们党和国家政治生活中的一件大事。中央专门作出了《关于学习〈邓小平文选〉第三卷的决定》，举办了省部级主要领导干部理论研讨班，今天又组织这场报告会。各级党组织要按照中央的要求，组织广大党员和干部特别是县以上领导干部，认真落实决定，把这件大事抓好。

党的十四大提出了用邓小平同志建设有中国特色社会主义理论武装全党的战略任务。这是推进改革开放和社会主义现代化建设伟大实践的迫切需要，是新时期加强和改进党的建设的重大措施，也是坚持党的基本路线一百年不动摇的根本保证。全党认真落实十四大精神，学习和实践建设有中国特色社会主义理论的热潮正在全国兴起，围绕建立社会主义市场经济体制的各项改革正在逐步深化，现代化建设正在又快又好地健康发展，全国形势总的是好的。在前进中，新问题、新矛盾也不断出现。在这样的情况下，全党同志比以往任何时候都更加深切地感受到了学习和掌握建设有中国特色社会主义理论的极端重要性和紧迫性。《邓小平文选》第三卷的出版，为我们进一步用建设有中国特色社会主义理论武装全党，教育干部和人民，统一思想，坚定信念，积极、全面、正确地执行党的基本路线，提供了最好的教材和最有力的武器。

邓小平同志的文选，前些年已经出版两卷。第一卷即1938—1965年卷，是邓小平同志在我们党的第一代领导集体时期的著作。第二卷即1975—1982年卷，主要是邓小平同志在十一届三中全会前后到十二大以前的著作，是在党的指导思想上完成拨乱反正和改革开放起步阶段的著作。现在出版的第三卷，是1982—1992年邓小平同志的主要著作，其中很大一部分是第一次公开发表，以前发表过的也有许多根据当时的记录增补了新的内容。1982年以来这十年，是我们党领导全国各族人民全面开创改革开放和社会主义现代化建设新局面的十年，是在建设有中国特色社会主义道路上不断探索前进、不断积累经验的十年，也是经历了国内风波和国际局势巨大变动的十年。新一卷《邓小平文选》，就是这十年邓小平同志领导我们推进改革开放和社会主义现代化建设丰富经验的理论总结，也是引导我们继续胜利前进的科学指南。三卷《邓小平文选》是一个整体。这次出版的第三卷同十年前出版的第二卷，汇集了邓小平同志在形成和发展建设有中国特色社会主义理论过程中的最重要最富有独创性的著作。它立足的基础是党和人民的崭新实践，它的光辉价值已经并将继续在我们的实践中得到证实。它内容丰富，博大精深，洋溢着鲜明的时代精神与民族精神，闪耀着马克思主义真理的灿烂光辉。

理论思维的成熟是党成熟的一个重要标志。改革开放十五年来，我们党在理论上取得的最大收获，就是在马克思主义基本原理与中国实际相结合的第二次历史性飞跃中，创立了建设有中国特色社会主义的理论。这一理论，第一次比较系统地初步回答了中国这样的经济文化比较落后的国家如何建设社会主义、如何巩固和发展社会主义的一系列基本问题，用新的思想、观点，继承、丰富和发展了毛泽东思想，是马克思主义同中国实际相结合的最新成果，是当代中国的马克思主义。毛泽东同志曾经指出："主义譬如一面旗子"。中国共产党成立之初，就郑重地把马克思列宁主义写在自己的旗帜上。经过延安整风和党的七大，又郑重地把马克思列宁主义与中国革命的实践之统一的思想——毛泽东思想写到自己的旗帜上。从十一届三中全会开始，经过十二大、十三大到十四大，我们党又郑重地把邓小平建设有中国特色社会主义的理论写到了自己的旗帜上。这是我们党付出了巨大代价获得的极为珍贵的精神财富，是我们党和人民进行新的历史创造的科学总结，是我们发展社会主义事业的伟大旗帜，是我们民族振兴和发展的强大精神支柱。在当代中国，有了这面旗帜，有了这个精神支柱，一个有五千万党员的大党才会有更加坚强的战斗力，一个有十一亿人口的大国才会有更加强大的凝聚力。十五年来，正是由于我们举起这面旗帜，依靠这个精神支柱，我们的党、我们的国家才得以克服困难、排除干扰，稳步走上了社会主义现代化建设的正确轨道，取得了举世瞩目的伟大成就。历史和现实的经验一再表明，坚持邓小平同志建设有中国特色社会主义的理论，就是真正坚持和发展马克思列宁主义、毛泽东思想。只要我们按照这个理论指引的方向、道路和"三步走"的发展战略干下去，一直干到下世纪中叶，达到世界中等发达国家水平，一个富强、民主、文明的社会主义现代化中国就一定能够巍然屹立于世界的东方。

同志们！邓小平同志反复强调的"解放思想，实事求是"，是贯穿于建设有中国特色社会主义理论全部观点的精髓。十一届三中全会以来，我们的改革开放和社会主义现代化建设是全新的事业，我们的前人没有做过，其他国家也没有干过。在开创全新事业的过程中，我们只能以马克思主义的基本原理为指导，一切从国情出发，在实践中学习，在实践中探索，在实践中提高。实践是检验真理的唯一标准，是检验我们的理论、路线、方针、政策是否正确的唯一标准。我们要在实践中检验真理和发展真理，抛弃那些对马克思主义的某些原则、某些本本的教条式理解，抛弃那些对社会主义不科学的甚至扭曲的认识，抛弃那些超越社会主义初级阶段的不正确思想，坚决反对那些根本否定马克思主义的错误观点，坚持用辩证唯物主义和历史唯物主义的世界观、方法论去分析和解决问题。解放思想、实事求是是统一的。只有解放思想，才能达到实事求是；只有实事求是，才是真正的解放思想。我们的认识要随着历史的前进、时代的发展、实践的深化不断提高。全党同志在任何时候都要坚持解放思想、实事求是的思想路线。邓小平同志的著作，为坚持这条思想路线提供了光辉典范。我们学习新一卷《邓小平文选》，就要牢牢把握这个精髓，紧紧抓住这个实质。

在《邓小平文选》第三卷中，反复强调的一个主题，就是只有社会主义才能救中国，只有社会主义才能发展中国，我们坚持的社会主义是有中国特色的社会主义。总结历史经验，我们可以看到，坚持社会主义，首先要搞清楚什么是社会主义、怎样建设社会主义这个基本的理论问题。我国社会主义在改革开放前所经历的曲折和失误，归根到底就在于对这个问题没有完全搞清楚；改革开放以来在前进中遇到的一些犹疑和困惑，归根到底也在于对这个问题没有完全搞清楚。新一卷《邓小平文选》，紧紧抓住这个首要的基本的理论问题，总结了正反两个方面的经验和教训，排除了一系列错误观点，指出贫穷不是社会主义，发展太慢也不是社会主义；平均主义不是社会主义，两极分化也不是社会主义；僵化封闭不能发展社会主义，照搬外国也不能发展社会主义；没有民主就没有社会主义，没有法制也没有社会主义；不重视物质文明搞不好社会主义，不重视精神文明也搞不好社会主义。邓小平同志从时代特征和我国社会主义的发展阶段，从中国共产党立党的宗旨和治国的目标，从我国面临的国际挑战和机遇，全面、系统、深刻地分析了我国社会主义初级阶段的根本任务、战略目标、战略步骤、战略布局、战略重点，并进而科学地揭示出"社会主义的本质，是解放生产力，发展生产力，消灭剥削，消除两极分化，最终达到共同富裕。"我们强调始终扭住经济建设这个中心不放，抓住时机发展自己，发展才是硬道理；我们强调改革是又一次革命，主张在公有制和按劳分配为主体、其他经济成份和分配方式为补充的基础上，建立社会主义市场经济体制，解放和发展生产力；我们强调坚持四项基本原则、反对资产阶级自由化；我们强调两手抓、两手都要硬，社会主义物质文明和精神文明建设都要搞好，要加强思想政治工作，培养有理想、有道德、有文化、有纪律的新人，在改革开放的整个过程中都要打击各种犯罪活动和反对腐败，所有这些，都是为了充分体现社会主义的本质和优越性，都是为了创造充满活力的社会主义。我们学习新一卷《邓小平文选》，必须紧紧抓住这个首要的基本的理论问题，提高对于"一个中心、两个基本点"的基本路线的认识，坚定不移地走自己的路。

建设有中国特色社会主义的理论是社会主义同爱国主义相统一的科学理论。在《邓小平文选》第三卷中，邓小平同志多次指出，中国是个穷国，为什么能够在世界的多极格局中占有一极的地位？就是因为中国是独立自主的大国。为什么说我们是独立自主的？就是因为我们坚持从自己的实际出发，建设有中国特色的社会主义。邓小平同志强调一定要实行对外开放，不要把自己孤立起来，搞成封闭的国家，同时又强调一定要坚持独立自主，自力更生，把国家的主权和安全始终放在第一位。面对风云变幻的国际局势，邓小平同志作了科学分析，要求我们冷静沉着，把握住一个根本的立足点，就是集中力量把自己的事情办好，把经济发展起来，使人民生活不断提高。这是我们对自己民族的责任，也是对全世界全人类的责任。我们坚持社会主义，坚持维护世界和平，中国永远不称霸，永远不搞扩张，反对任何形式的强权政治和霸权主义。邓小平同志指出："任何外国不要指望中国做他们的附庸，不要指望中国会吞下损害我国利益的苦果。"学习新一卷《邓小平文选》，必须紧紧抓住邓小平同志反复强调的爱国主义精神，深刻领会关于民族自尊心、民族自信心和民族自豪感的重要论述，关于维护国权、国格的重要论述，关于用中国的历史教育青年、教育人民的重要论述，关于中华民族要在社会主义基础上发展起来，为人类做出较大贡献的重要论述。爱国主义、社会主义是凝聚中华民族，推动中国发展的伟大精神动力。我们要把这种精神一代一代传下去，任何时候都要维护我国的独立自主，不信邪，不怕压，不怕威胁，百折不挠地把我们的伟大民族振兴起来。只要中国的旗帜不倒，世界上就有五分之一的人口在坚持社会主义。我们对社会主义的前途充满信心。

同志们！从《邓小平文选》第三卷中，我们更加深切地体会到，邓小平同志是我国社会主义改革开放和现代化建设的总设计师，是建设有中国特色社会主义理论这一当代中国马克思主义的创立者。在改革开放和社会主义现代化建设的历史新时期，作为我们党的第二代领导集体的核心，他的最突出的贡献就在于，不仅领导我们的党和国家从"文化大革命"造成的深重灾难中走了出来，而且还以对当代中国和世界的深刻了解，为党和国家重新走在时代潮流前面，为中华民族以更强大的力量自立于世界民族之林，规划了崭新的和切合实际的宏伟蓝图。他立足中国而又面向世界，承继前人而又放眼未来，在研究新情况、解决新问题的过程中，高瞻远瞩地构思和设计了有中国特色社会主义的一整套发展战略。他在领导我国人民进行改革开放和社会主义现代化建设的伟大实践中，进行艰辛的锲而不舍的理论探索，使马克思主义理论在当代中国进入了新境界，达到了新高度。

从《邓小平文选》第三卷中，我们更加深切地体会到，邓小平同志在长期革命实践中锤炼出的鲜明的革命风格。他尊重实践，思想敏锐，善于把握时代发展的脉搏和契机，既继承前人又突破陈规，既借鉴世界经验又不照搬别国模式，总是从中国的现实和当代世界发展的特点出发，去总结新经验，创造新办法，寻找新路子。他尊重群众，热爱人民，总是时刻关注最广大人民的利益和愿望，把"人民拥护不拥护"、"人民赞成不赞成"、"人民高兴不高兴"、"人民答应不答应"作为制定各项方针政策的出发点和归宿。他意志坚强，行动果断，总是要求全党"看准了的，就大胆地试，大胆地闯"，"对的就坚持，不对的赶快改，新问题出来抓紧解决"。他在关键时刻作出重大决策，更是表现出非凡的胆略和勇气。他文风朴实，不讲空话，在简明扼要的论述中，总是蕴含着深刻的思想内容。他目光远大，胸襟开阔，善于从全局着眼来观察和处理问题，并且总是要求党的高级干部都要着眼大局，顾全大局，一切从大局出发。全党同志特别是领导干部要认真学习、大力发扬这样的革命风格，使我们党永远保持旺盛的战斗力和创造力。

同志们！学习《邓小平文选》第三卷，深刻理解和把握以邓小平同志为核心的第二代中央领导集体在开创全新事业中积累的基本经验、创造的基本理论、形成的基本路线，一定会使我们全党同志更加充满信心，更好地完成九十年代的任务，胜利地迈向二十一世纪。《邓小平文选》第三卷结尾的两句话是："从现在起到下世纪中叶，将是很要紧的时期，我们要埋头苦干。我们肩膀上的担子重，责任大啊！"邓小平同志这两句话，语重心长，催人奋进，凝结了老一辈无产阶级革命家对后辈的殷切期望和谆谆嘱托。要担负起这样的历史重任，就要提高各级领导干部的理论素养，提高我们党的执政本领、建设本领和治国本领。今天，日新月异的现代化建设与改革开放形势，要求我们勤奋学习科技知识、经济知识和管理知识，更要求我们潜心钻研邓小平同志建设有中国特色社会主义的理论，孜孜不倦，学以致用，融会贯通。对于我们这样一个大党大国来说，党和国家高级干部的知识结构、思想理论政治水平、治党治国的能力，直接关系到党的命运和国家的前途。我们党历来极为重视对马克思列宁主义毛泽东思想的学习和运用。这次中央决定分期举办省部级主要领导干部理论研讨班，组织各省自治区直辖市、中央和国家机关各部委、军队各大单位的主要负责同志，坐下来认真地系统地研读新一卷《邓小平文选》，就是为了更好地用建设有中国特色社会主义理论武装高级干部，进而带动全党深入学习。学习一定要认真组织，领导带头，决不能因为日常工作繁忙而有所放松。学习中要总结经验，紧密联系本地区、本部门、本单位的实际，紧密联系自己的工作实际和思想实际。我们要通过学习，进一步统一思想，大大增强坚持党的基本理论和基本路线的自觉性、坚定性和创造性。如果我们党有一大批同志，系统地而不是零碎地、实际地而不是空洞地掌握了建设有中国特色社会主义理论，并且能够运用这一理论去研究和解决重大问题，我们党领导改革开放和社会主义现代化建设的能力和水平就会大大提高。

当前，全党正在贯彻落实中央一系列重要决策，深化各方面的改革，加快建立社会主义市场经济体制，加强宏观调控，推动国民经济持续、快速、健康发展；正在开展反腐败斗争，加强党风与廉政建设，狠抓社会治安的综合治理，打击各种犯罪活动，保证改革和建设顺利进行。在这样繁重的任务面前，全党一定要认真学好《邓小平文选》第三卷，用党的基本理论和基本路线统揽全局，更好地处理党的具体政策、具体工作与党的总路线、总政策之间的关系。在我们的思想和工作中，必须牢牢记住党的基本路线。决不能因为在前进中遇到一些问题，或者受到"左"的、右的干扰而对党的"一个中心、两个基本点"的基本路线有所动摇。要警惕右，但主要是防止"左"。借改革开放为名鼓吹资产阶级自由化，企图使中国全盘西化，是决不允许的；把改革开放说成是引进和发展资本主义，拿大帽子吓唬人、迷惑人，也是决不允许的。大力加强在党的基本理论和基本路线基础上的团结，我们的党、我们的事业就一定能兴旺发达。

同志们！党中央号召全党，在改革开放和社会主义现代化建设的新形势下，努力学习新一卷《邓小平文选》，把十四大提出的用建设有中国特色社会主义理论武装全党的任务认真落到实处，进一步加强党的建设，充分发挥党对社会主义现代化建设事业的核心领导作用。让我们在邓小平同志建设有中国特色社会主义理论的伟大旗帜下，坚持党的基本路线，团结一致，扎实工作，艰苦创业，奋勇前进！

（新华社发）

人民日报
RENMIN RIBAO
国内统一刊号：CN11—0065
第16554期（代号1—1）
1993年11月
5
星期五
癸酉年九月廿二
北京地区天气预报
白天 晴转多云
风向 北转南
风力 二、三级
夜间 多云转晴
风向 南转北
风力 一、二级
温度 5℃ / 17℃
人民日报社出版

文莱苏丹哈桑纳尔来我国访问 江泽民主席主持仪式热烈欢迎

宾主在会谈中就两国关系和双方感兴趣的问题交换意见

本报北京11月4日讯 记者吴绮敏报道：国家主席江泽民今天下午在人民大会堂东门外广场主持仪式，热烈欢迎文莱达鲁萨兰国苏丹哈吉·哈桑纳尔·博尔基亚陛下及其一行。随后，两国领导人在人民大会堂举行会谈，就两国关系和双方感兴趣的问题在友好的气氛中交换了意见。

谈到双边关系时，江泽民主席说，中文两国是隔海相望的友好邻邦，自古以来两国人民之间就有着传统的友好往来，结下了深厚的情谊。他说，中国重视同文莱发展友好合作关系，对建交以来双方在各个领域的合作感到满意。苏丹陛下此次访华对进一步推动两国关系的发展非常重要。江主席表示，中国愿意与文莱共同努力，使两国友谊更加发扬光大，使两国经贸合作关系在平等互利的基础上进一步得到发展。

谈及亚太经济合作时，江主席指出，中国作为亚太国家之一，一贯重视并积极参与亚太区域经济合作，重视包括文莱在内的东盟国家在亚太经济合作组织中的作用。

谈到我国外交政策时，江主席重申，中国奉行独立自主的和平外交政策，追求的目标是和平与发展。中国主张国家不分大小、贫富、强弱，都是国际社会中的平等成员。中国愿在和平共处五项原则的基础上发展同各国的友好合作关系。

哈桑纳尔陛下对自古以来两国间的友好交往和传统友谊表示赞赏。他说，此次访华的目的是进一步密切同中国的关系，相信在这之后会有更多的文莱商人来访，进一步促进两国经贸关系的发展。他表示很高兴看到中国与东盟国家之间有着友好合作关系，并对中国独立自主的和平外交政策表示欣赏。他认为，各国应该和平共处并为之做出努力，世界才能实现真正的和平。

全国人大常委会副委员长陈慕华、国务委员兼国务院秘书长罗干、中国民主同盟中央副主席罗涵先以及中国政府陪同团团长、建设部副部长叶如棠等参加了欢迎仪式。

晚上，江泽民主席在钓鱼台国宾馆举行宴会，欢迎哈桑纳尔和夫人及其一行。

11月4日，江泽民主席举行仪式欢迎文莱苏丹哈桑纳尔访华。 本报记者 孟仁泉摄

花大力气研读原著 深刻领会精神实质

各地党委部署学习《邓选》第三卷

总政治部团中央发出通知要求组织好学习

本报讯 综合本报和新华社消息：《邓小平文选》第三卷出版发行以后，各地党委纷纷联系本地实际，认真学习《邓小平文选》第三卷及江泽民同志在学习《邓小平文选》第三卷报告会上的重要讲话，表示要坚决按照党中央的《决定》，把组织广大党员和干部特别是县以上领导干部的学习抓好。

中共北京市委11月3日召开常委会，集体学习《中共中央关于学习〈邓小平文选〉第三卷的决定》，对学习、宣传《邓小平文选》第三卷作了部署。中共中央政治局委员、北京市委书记陈希同说，《邓小平文选》第三卷最重要的一点就是“解放思想、实事求是”，这是邓小平同志理论的精髓；第二，“贫穷不是社会主义”，“发展太慢也不是社会主义”，讲得太好了，给了我们强大的思想武器；三是一定要“两手抓，两手都要硬”，在当前要抓好反腐败斗争，取得阶段性成果。

中共上海市委、上海市政府11月3日召开全市干部大会，部署学习《邓小平文选》第三卷。中共中央政治局委员、中共上海市委书记吴邦国要求全市党员干部认真学习《邓小平文选》第三卷。吴邦国强调，学习《邓小平文选》第三卷，要按照中央统一部署，联系上海实际，深入领会精神实质，进一步统一认识，坚定信念，坚持党的基本理论和基本路线不动摇，推动上海的两个文明建设，不辜负党中央国务院和小平同志的殷切期望，为把上海早日建成社会主义现代化国际城市努力奋斗。他并强调，上海要按照小平同志的要求，率先建立社会主义市场经济的运行机制。

中共江苏省委4日召开省委常委扩大会议，认真学习中共中央的《决定》和江泽民总书记的重要讲话。省委书记陈焕友说，小平同志对江苏的发展一直很关心。在新一卷《邓小平文选》中，收人了1983年邓小平同志在江苏等地视察回京后的谈话。在去年初视察南方的重要谈话中，小平同志又提出，江苏经济发展要比全国平均速度快，给了我们巨大的鼓舞和鞭策。今天重温小平同志的教导倍感亲切，也深感责任重大。全省各级党组织一定要把学习《邓小平文选》作为当前的重要任务，切实抓紧抓好，把江苏的工作做得更好。

中共浙江省委理论学习中心组4日认真学习、讨论《邓小平文选》第三卷。大家认为，《邓小平文选》第三卷的出版，为我们进一步用建设有中国特色社会主义理论武装全党，教育干部和人民、统一思想，坚定信念，提供了最好的教材和最有力的思想武器。学习《邓小平文选》第三卷要与当前建立社会主义市场经济体制的各项改革结合起来，与当前端正党风、反对腐败的廉政建设结合起来。

中共四川省委4日也召开常委会议，结合四川的实际，边学边议，深刻领会《邓小平文选》第三卷的精神实质。许多同志在学习中谈到，改革开放以来，全国在迅速发展，四川更要奋起直追。四川省委领导决心带领全省干部认真学习《邓小平文选》第三卷，进一步解放思想，振奋精神，深化改革，扩大开放，求实创新，开拓前进。

解放军总政治部4日发出《关于组织全军认真学习〈邓小平文选〉第三卷的通知》，对各级干部和各类人员的学习作出部署。通知要求全军积极响应党中央、中央军委的号召，兴起学习和运用建设有中国特色社会主义理论的新的热潮，更好地落实用这一理论武装全军的任务。

11月4日，共青团中央发出《关于在全团开展学习〈邓小平文选〉第三卷，深入进行建设有中国特色社会主义理论教育的通知》，号召全团按照《中共中央关于学习〈邓小平文选〉第三卷的决定》和江泽民同志重要讲话精神，认真学习《邓小平文选》第三卷。《通知》指出，全团上下要充分认识到，在跨世纪一代团员青年中开展《邓小平文选》第三卷的学习，引导他们认清大局，坚定走建设有中国特色的社会主义道路的信念，对于坚持党的基本路线一百年不动摇具有特别重要而深远的意义。

李鹏会见芬兰副总理

介绍说改革的总目标是建立和完善社会主义市场经济体制

新华社北京11月4日电 （记者张益俊）国务院总理李鹏今天下午在中南海紫光阁会见芬兰副总理兼外贸部长萨洛莱宁时说，中国改革的总目标是建立和完善社会主义市场经济体制。

李鹏在应客人要求介绍国内情况时说，中国注重并充分发挥市场在资源配置中的基础作用，同时还要加强对经济运行的综合协调，建立健全的宏观调控体系。

他说，中国将继续坚定不移地实行对外开放政策，积极参与国际经济合作，积极引进外来资金、技术和管理经验。

李鹏说，这几年来，中国政治稳定，投资环境日益改善，引进外资的规模不断扩大，外商投资的领域逐步拓宽，这些都是吸引外商来华投资的有利条件。

他在愉快地回忆了去年对芬兰的短暂访问后说，中国欢迎包括芬兰在内的外国企业界人士来华投资，特别希望外商在中国的基础设施、基础产业、高新技术产业和老企业的技术改造方面进行投资和合作。

在谈到双边关系时，李鹏对这几年来中芬两国在政治、经济、贸易等领域的交往与合作所取得的成绩表示高兴。他说，去年以来，两国的贸易额有了较大幅度的增长，这表明双方扩大经济贸易合作的前景是很广阔的。

萨洛莱宁说，现在芬中两国政治关系和经济关系都很好，芬兰方面高度评价李鹏去年对芬兰的访问。

他说，芬兰政府和企业界对发展与中国的经济合作抱着认真的态度，这次随他来访的有50多位企业家，就是一个例证。他希望今后两年内双边贸易额能够成倍增长。

萨洛莱宁应对外贸易经济合作部邀请来访。外经贸部部长吴仪参加了今天的会见。

空军后勤部通信站战士买到新出版的《邓小平文选》第三卷，马上认真学习起来。本报记者 卢传友摄

李瑞环会见加拿大前总理

希望进一步发展中加友好关系

新华社北京十一月四日电 中共中央政治局常委、全国政协主席李瑞环今天下午在人民大会堂会见了由加拿大前总理克拉克率领的加中儿童健康基金会代表团。

李瑞环说，加中儿童健康基金会成立以来，为支持中国儿童保健事业做了很多工作。特别是一九九一年中国部分地区发生严重水灾时，基金会伸出友谊之手，给予灾区儿童很多实际的帮助。他对克拉克先生、基金会主席谢华真教授以及所有支持基金会工作的加拿大朋友表示感谢。

李瑞环说，中国和加拿大是世界上两个重要国家，进一步发展中加友好关系符合两国人民的利益。中国十分重视同加拿大的关系。近几年来，两国卫生界的交往不断增加，对增进了解、推动合作起到了很好的作用。他表示相信克拉克这次率团来访将为中加友好事业做出新的贡献。

李瑞环向客人介绍了中国医疗卫生事业的发展状况，并回答了客人的提问。

克拉克一行此次来访主要是参加基金会为表彰有突出贡献的儿童健康工作者而设立的诸福棠奖颁奖仪式，并参加基金会为一九九一年中国六省水灾重灾区购置五十三辆客货两用车的捐赠仪式。

克拉克说，加中儿童健康基金会之所以取得了一些成绩，这一方面是因为两国人民有造福于子孙后代的共同愿望，另一方面也是由于两国政府的支持。他说，今后两国卫生界还可以在更广泛的领域开展合作。

参加会见的还有卫生部长陈敏章和加拿大驻华大使碧福等。

《邓小平文选》第三卷重要篇目介绍

《中国共产党第十二次全国代表大会开幕词》（1982年9月1日）这是《邓小平文选》第三卷的开卷篇。文中提出的“把马克思主义的普遍真理同我国的具体实际结合起来，走自己的道路，建设有中国特色的社会主义”这个中心口号，形成为《邓小平文选》第三卷或者说十一届三中全会后这十多年来邓小平同志全部思想理论的主题。

《在中央顾问委员会第一次全体会议上的讲话》（1982年9月13日）邓小平同志作为由他倡议成立的中央顾问委员会第一任主任，在这篇讲话中对中央顾问委员会的性质、任务和作用作了论述。指出，中央顾问委员会是解决党的中央领导机构新老交替的一种组织形式，是过渡性质的。我们的党和国家最根本的应该是建立退休制度。他要求顾问委员会的成员要注意起传帮带作用；要联系群众；要在保持党的优良作风方面以身作则。

《一心一意搞建设》（1982年9月18日）这是同朝鲜劳动党中央委员会总书记金日成谈话的一部分。邓小平同志介绍了粉碎“四人帮”后中国共产党实现思想路线、政治路线拨乱反正的历史。他说，1977年7月我出来工作以后，提出毛泽东思想的精髓是实事求是，从此开始了实践是检验真理的唯一标准问题的讨论。经过差不多一年的讨论，到十一届三中全会，才重新确立了实事求是的思想路线。只有解决好思想路线问题，才能提出新的正确政策，首先是工作重点的转移。从十一届三中全会到十二大，我们打开了一条一心一意搞建设的新路。

《我们对香港问题的基本立场》（1982年9月24日）是会见英国首相撒切尔夫人时的谈话。邓小平同志在这篇谈话中全面阐述了中国政府在香港问题上的基本立场，指出主要有三个问题，一个是主权问题；再一个是一九九七年后中国采取什么方式来管理香港，继续保持香港繁荣；第三个是中英两国政府要妥善商谈如何使香港从现在到一九九七年的十五年中不出现大的波动。他强调指出，中国在主权问题上没有回旋余地，一九九七年中国将收回香港。保持香港的繁荣根本上取决于中国收回后，在中国管辖下实行适合于香港的政策。香港仍将实行资本主义。邓小平同志在谈话中还说到，如果在十五年的过渡时期内香港发生严重的波动，中国政府将被迫不得不对收回香港的时间和方式另作考虑。这篇谈话是为香港问题的谈判定下基调的最重要的文献，至今仍有重大的现实指导意义。

《前十年为后十年做好准备》（1982年10月14日）是同国家计委负责同志的谈话要点。收入《建设有中国特色的社会主义》增订本（以下简称增订本）时，题目为《落实重大建设项目，合理使用科技人员》。文选第三卷按原记录作了补充和整理，并将同年7月26日与计委负责同志的另一次谈话的部分内容吸收了进来，这就是：“社会主义同资本主义比较，它的优越性就在于能做到全国一盘棋，集中力量，保证重点。缺点在于市场运用得不好，经济搞得不活。计划与市场的关系问题如何解决？解决得好，对经济的发展就很有利，解决不好，就会糟。”

《视察江苏等地回北京后的谈话》（1983年3月2日）是同中央几位负责同志的谈话。邓小平同志视察江苏、浙江、上海，一路上看到情况很好，人们喜气洋洋，市场物资丰富。他高兴地说，四个现代化希望很大。他提出，现在的问题是要注意争取时间，该上的要上。大战打不起来，不要怕，不存在什么冒险的问题。以前总是担心打仗，现在看担心过分了。我看至少十年打不起来。

《建设社会主义的物质文明和精神文明》（1983年4月29日）是会见印度共产党（马克思主义）中央代表团时谈话的一部分。邓小平同志指出，一个真正的马克思主义政党在执政以后，一定要致力于发展生产力，并在这个基础上逐步提高人民的生活水平。这就是建设物质文明。与此同时，还要建设社会主义的精神文明，最根本的是要使广大人民有共产主义的理想，有道德，有文化，守纪律。

《中国大陆和台湾和平统一的设想》（1983年6月26日）是会见美国新泽西州西东大学教授杨力宇时谈话的要点。文中全面阐述了中国共产党在大陆和台湾和平统一问题上的方针政策，指出，问题的核心是祖国统一。祖国统一后，台湾作为特别行政区，可以有自己的独立性，可以实行同大陆不同的制度。台湾还可以有自己的军队，只是不能构成对大陆的威胁。台湾的党、政、军等系统，都由台湾自己来管。建议国共两党举行平等会谈，实行第三次合作。

《严厉打击刑事犯罪活动》（1983年7月19日）是同公安部负责同志谈话的要点。邓小平同志针对当时刑事案件、恶性案件大幅度增加的情况，要求每个大、中城市都要在三年内组织几次严厉打击刑事犯罪活动的战役。他说，解决刑事犯罪问题是长期的斗争，需要从各方面做工作。现在是非常状态，必须依法从重从快集中打击。严才能治住。以后对严重刑事犯罪分子还要不断地打击，冒出一批抓一批。严厉打击刑事犯罪活动是一件大快人心的事，保护最大多数人的安全就是最大的人道主义！

《为景山学校题词》（1983年10月1日）这个题词提出三个“面向”，给党的历来的教育方针赋予了新的时代内容，同时对各方面的工作都有指导意义。

《党在组织战线和思想战线上的迫切任务》（1983年10月12日）是在中国共产党第十二届中央委员会第二次全体会议上的讲话。邓小平同志针对思想战线存在着相当严重混乱的情况，严肃指出，思想战线不能搞精神污染。精神污染的实质是散布形形色色的资产阶级和其他剥削阶级腐朽没落的思想，散布对于社会主义、共产主义事业和对于共产党领导的不信任情绪。精神污染的危害很大，足以祸国误民。他强调，加强党对思想战线的领导，克服软弱涣散的状态，已经成为全党的一个迫切任务。他提醒全党，在工作重心转到经济建设以后，要研究如何适应新的条件，加强党的思想工作，防止埋头经济工作、忽视思想工作的倾向。

《稳定世界局势的新办法》（1984年2月22日）是会见美国乔治城大学战略与国际问题研究中心代表团时的谈话。邓小平同志说，世界上有许多争端，总要找个解决问题的出路。我们提出的大陆与台湾统一的方式是合情合理的。统一后，台湾仍搞它的资本主义，大陆搞社会主义，但是是一个统一的中国。一个中国，两种制度。香港问题也是这样。他还设想，有些国际上的领土争端，可以先不谈主权，先进行共同开发。

《办好经济特区，增加对外开放城市》（1984年2月24日）是视察广东、福建、上海等地回京后，同几位中央负责同志谈话的一部分。谈话明确提出了办好特区的指导思想和方针政策，指出，建立经济特区，实行开放政策，有个指导思想要明确，就是不是收，而是放。特区是个窗口，是技术的窗口，管理的窗口，知识的窗口，也是对外政策的窗口。除现在的特区之外，可以考虑再开放几个港口城市，这些地方不叫特区，但可以实行特区的某些政策。这次谈话还提出要开发海南岛。

《一个国家，两种制度》（1984年6月22日、23日）是分别会见香港工商界访京团和香港知名人士钟士元等的谈话要点。邓小平同志说，中国政府为解决香港问题所采取的立场、方针、政策是坚定不移的。我们的政策是实行“一个国家，两种制度”。我们相信香港的中国人能治理好香港。邓小平同志指出，必须由以爱国者为主体的港人来治理香港。爱国者的标准是，尊重自己民族，诚心诚意拥护祖国恢复行使对香港的主权，不损害香港的繁荣和稳定。并指出，在过渡时期中，一不要出现大的波动、大的曲折，保持香港繁荣和稳定，二要创造条件，使香港人能顺利地接管政府。

《建设有中国特色的社会主义》（1984年6月30日）是会见第二次中日民间人士会议日方委员会代表团时谈话的一部分。这是一篇比较系统地阐述建设有中国特色社会主义的构想的重要文献。邓小平同志总结中国近代的历史，断言中国搞资本主义不行，必须搞社会主义。他说，我们多次重申，要坚持马克思主义，坚持走社会主义道路。但是，马克思主义必须是同中国实际相结合的马克思主义，社会主义必须是切合中国实际的有中国特色的社会主义。他指出，什么叫社会主义，什么叫马克思主义，我们过去对这个问题的认识不是完全清醒的。马克思主义最注重发展生产力。社会主义的优越性归根到底要体现在它的生产力比资本主义发展得更快一些、更高一些，并且在发展生产力的基础上不断改善人民的物质文化生活。社会主义要消灭贫穷，贫穷不是社会主义。社会主义阶段的最根本任务就是发展生产力。我们的政治路线，是把四个现代化建设作为重点，坚持发展生产力，始终扭住这个根本环节不放松。我们提出发展要快一点，这就要求对内把经济搞活，对外实行开放政策。

（下转第二版）

人民日报
RENMIN RIBAO
今日16版（华东、华南地区20版）
人民网 网址：http://www.people.com.cn
手机：http://wap.people.com.cn
国内统一连续出版物号 CN 11-0065
第21215期（代号1-1）
人民日报社出版
2006年8月10日 星期四
丙戌年七月十七
北京地区天气预报
白天 多云转阴有阵雨 风向 北转南 风力 二、三级
夜间 阴有阵雨转多云 风向 南转北 风力 一、二级
温度 32℃/24℃

中共中央文献编辑委员会编辑的《江泽民文选》第一卷、第二卷、第三卷已由人民出版社出版，10日起在全国发行。 新华社记者 陈树根摄

集中展现马克思主义中国化新的重大成果　系统阐述“三个代表”重要思想的科学体系

《江泽民文选》在全国出版发行

文选共三卷，收入江泽民同志在1980年8月至2004年9月这段时间内具有代表性和独创性的重要著作203篇，很大一部分是第一次公开发表

文选的出版发行，是党和国家政治生活中的一件大事，也是马克思主义中国化发展进程中的一件大事，具有重大的现实意义和深远的历史意义

新华社北京8月9日电　中共中央文献编辑委员会编辑的《江泽民文选》第一卷、第二卷、第三卷已由人民出版社出版，10日起在全国发行。

江泽民同志是党的第三代中央领导集体的核心，是“三个代表”重要思想的主要创立者。党的十六大提出，“三个代表”重要思想是对马克思列宁主义、毛泽东思想和邓小平理论的继承和发展，反映了当代世界和中国的发展变化对党和国家工作的新要求，是加强和改进党的建设、推进我国社会主义自我完善和发展的强大理论武器，是全党集体智慧的结晶，是党必须长期坚持的指导思想。党的十六大后，党中央部署在全党兴起学习贯彻“三个代表”重要思想新高潮，开展以实践“三个代表”重要思想为主要内容的保持共产党员先进性教育活动，把学习贯彻“三个代表”重要思想不断引向深入。2003年11月，党中央作出编辑出版《江泽民文选》的重大决定。《江泽民文选》的出版发行，是党和国家政治生活中的一件大事，也是马克思主义中国化发展进程中的一件大事，具有重大的现实意义和深远的历史意义。

《江泽民文选》收入了江泽民同志在1980年8月至2004年9月这段时间内具有代表性和独创性的重要著作，共有报告、讲话、谈话、文章、信件、批示、命令、题词等203篇，很大一部分是第一次公开发表。《江泽民文选》生动记录了以江泽民同志为核心的党的第三代中央领导集体带领全党全国各族人民把中国特色社会主义事业推向前进的历史进程，科学总结了我们党领导人民战胜各种艰难险阻、全面开创中国特色社会主义事业新局面的宝贵经验，集中反映了我们党坚持以马克思列宁主义、毛泽东思想、邓小平理论为指导，坚持马克思主义基本原理同当代中国实践和时代特征相结合创造性地提出的新的重大理论成果，深刻反映了“三个代表”重要思想孕育、形成、发展的历史过程和重大成果。

《江泽民文选》第一卷以1980年8月21日江泽民同志在五届全国人大常委会第十五次会议上所作的关于在广东、福建两省设置经济特区和广东省经济特区条例的说明《设置经济特区，加快经济发展》为开卷篇，以1997年8月5日江泽民同志的批示《再造一个山川秀美的西北地区》为结束篇，收入江泽民同志的著作81篇。

《江泽民文选》第二卷以1997年9月12日江泽民同志在中国共产党第十五次全国代表大会上所作的报告《高举邓小平理论伟大旗帜，把建设有中国特色社会主义事业全面推向二十一世纪》为开卷篇，以2000年2月1日江泽民同志在中央政治局常委会会议上的讲话《正确引导青少年健康成长》为结束篇，收入江泽民同志的著作59篇。

《江泽民文选》第三卷以2000年2月25日江泽民同志在广东省考察工作时的讲话《在新的历史条件下更好地做到“三个代表”》为开卷篇，以2004年9月20日江泽民同志辞去中共中央军委主席的职务后、在经过调整充实的中央军委举行的第一次扩大会议上的讲话《我的心永远同人民军队在一起》为结束篇，收入江泽民同志的著作63篇。

江泽民同志

《江泽民文选》内容丰富，具有很强的现实针对性和鲜明的时代特征，集中展现了马克思主义中国化的新发展及其重大成果，系统阐述了“三个代表”重要思想的科学体系，充分体现了江泽民同志在经济、政治、文化、社会等各个领域和改革发展稳定、内政外交国防、治党治国治军等各个方面作出的杰出理论贡献。《江泽民文选》收入的著作包括：全面论述新的历史时期党的基本理论、基本路线、基本纲领、基本经验的党的十四大报告、十五大报告、十六大报告，通报中央政治局常委“三讲”情况的讲话、在庆祝中国共产党成立八十周年大会上的讲话等重要著作；着重论述改革开放和社会主义现代化建设、社会主义市场经济体制、我国社会主义初级阶段基本经济制度和分配制度、农业和农村经济、国有企业改革和发展、科技创新、西部大开发、可持续发展、实现共同富裕等的重要著作；着重论述社会主义民主政治、政治体制改革、依法治国、人民代表大会制度、中国共产党领导的多党合作和政治协商制度、民族区域自治制度、行政管理体制和政府机构改革、统一战线、民族、宗教、人权和工会、青少年、妇女工作等的重要著作；着重论述社会主义精神文明建设、社会主义先进文化、思想道德建设、科教兴国、哲学社会科学、宣传思想工作和文艺、卫生、体育等的重要著作；着重论述就业再就业、社会保障、关心困难群众生活、扶贫开发、计划生育、残疾人事业和正确处理新时期人民内部矛盾、社会治安等的重要著作；着重论述坚持党对军队的绝对领导、国防和军队现代化建设、新时期军事战略方针、中国特色军事变革、国家战略能力等的重要著作；着重论述“一国两制”方针、港澳工作、对台工作的重要著作；着重论述国际形势、世界多极化和经济全球化趋势、独立自主的和平外交政策和中美关系、中俄关系、中欧关系、中日关系、中非关系、周边外交、联合国、亚太经济合作组织、上海合作组织等的重要著作；着重论述党的建设新的伟大工程特别是党的思想理论建设、组织建设、干部队伍建设、党风廉政建设和制度建设等的重要著作。

《江泽民文选》中的重要著作和重大思想观点，充分展现了江泽民同志为党和人民的事业不懈奋斗的鲜明革命品格，充分反映了江泽民同志作为马克思主义政治家的雄才大略和高超政治领导艺术，充分体现了江泽民同志作为一位真正马克思主义者的巨大政治勇气和理论勇气。我们要学习江泽民同志的理论观点和战略思想，学习他科学运用马克思主义的立场、观点、方法研究和解决实际问题的求实态度和创新精神，继续推动改革发展稳定的各项工作取得新成就、开创新局面。

《江泽民文选》的出版发行，必将激励全党全国各族人民更加紧密地团结在以胡锦涛同志为总书记的党中央周围，高举邓小平理论和“三个代表”重要思想伟大旗帜，全面贯彻落实科学发展观，扎实工作，开拓进取，全面推进社会主义经济建设、政治建设、文化建设、社会建设，努力实现全面建设小康社会的宏伟目标，不断把中国特色社会主义伟大事业推向前进。

社论

创新的理论成果　科学的实践指南

——热烈祝贺《江泽民文选》出版发行

全党同志和全国各族人民热切期待的《江泽民文选》出版发行了。

《江泽民文选》的出版发行，是我们党和国家政治生活中的一件大事。《江泽民文选》是不断发展着的马克思主义理论宝库的一笔新的宝贵财富，为我们深入学习贯彻“三个代表”重要思想、不断开创中国特色社会主义新局面提供了强大思想武器，为奋进在全面建设小康社会征途上的中国人民注入了强大精神力量。

党的十六大把“三个代表”重要思想同马克思列宁主义、毛泽东思想、邓小平理论一道，确立为我们党必须长期坚持的指导思想，实现了我们党指导思想上的又一次与时俱进。党的十六大提出，坚持用马克思列宁主义、毛泽东思想、邓小平理论武装全党，在全党兴起一个学习贯彻“三个代表”重要思想的新高潮，这是党的事业继往开来、与时俱进的战略任务。党的十六大以来，在以胡锦涛同志为总书记的党中央统一部署下，全党兴起了学习“三个代表”重要思想的新高潮，开展了以实践“三个代表”重要思想为主要内容的保持共产党员先进性教育活动。这次出版发行《江泽民文选》，就是党中央作出的全面落实党的十六大提出的战略任务的又一个重大步骤。

“三个代表”重要思想，是马克思主义中国化的重大成果，是当代中国共产党人的伟大创造，是全党集体智慧的结晶。《江泽民文选》全面反映了“三个代表”重要思想形成和发展的历史过程，深刻阐述了“三个代表”重要思想的时代背景、实践基础、科学内涵、精神实质和历史地位，集中展示了“三个代表”重要思想与马克思列宁主义、毛泽东思想、邓小平理论一脉相承又与时俱进的科学体系。《江泽民文选》的出版，对于我们进一步用“三个代表”重要思想武装全党、教育人民、指导实践、推动工作，具有极其重要的意义。

科学的理论，是时代精神的精华，是伟大实践的产物。江泽民同志对“三个代表”重要思想的创立作出了卓越贡献。以江泽民同志为核心的党的第三代中央领导集体，在从党的十三届四中全会到党的十六大的十三年中，在国际国内十分复杂的形势下，高举邓小平理论伟大旗帜，坚持党的基本路线不动摇，团结带领全党全国各族人民，解放思想、实事求是、与时俱进，抓住机遇、深化改革、扩大开放、促进发展、保持稳定，奋力推进中国特色社会主义伟大事业；确立了社会主义市场经济体制的改革目标，制定和实施了促进改革发展稳定的一系列方针政策和重大战略、锐意推进经济体制改革、政治体制改革、文化体制改革和其他各方面改革；实施依法治国的基本方略，推进社会主义法治国家建设；坚持党对军队的绝对领导，全面推进国防和军队现代化建设；坚持“和平统一、一国两制”的方针，实现香港、澳门顺利回归，推进祖国和平统一进程；坚持独立自主的和平外交政策，打开外交工作的崭新局面；全面推进党的建设的新的伟大工程，切实加强党的思想、组织、作风和制度建设；推动社会主义物质文明、政治文明、精神文明建设取得了举世瞩目的新进展。

《江泽民文选》收录了江泽民同志1980年以来特别是党的十三届四中全会以来的203篇讲话、文稿等重要著作，是我们党领导改革开放和开创社会主义现代化建设新局面奋斗历程的真实记录。从中可以看到，我们党从容应对一系列关系我国主权和安全的国际突发事件，战胜在政治、经济领域和自然界出现的困难和风险，保证了改革开放和现代化建设航船始终沿着正确的方向破浪前进的历程。从中可以看到，我们党坚持马克思主义思想路线，尊重实践，尊重群众，准确把握时代特征，科学判断我们党所处的历史方位，围绕建设中国特色社会主义这个主题，在改革发展稳定、内政外交国防、治党治国治军等方面提出了一系列新思想、新观点、新论断，构成了一个系统的科学理论。从中可以看到，江泽民同志为坚持和发展党的基本理论、基本路线、基本纲领、基本经验作出的杰出贡献，特别是他集中全党智慧创立的“三个代表”重要思想，在邓小平理论的基础上，进一步回答了什么是社会主义、怎样建设社会主义的问题，创造性地回答了建设什么样的党、怎样建设党的问题，集中起来就是深化了对中国特色社会主义的认识。

新的时代呼唤新的理论，新的理论指导新的实践。学习《江泽民文选》，根本目的是要推动全党全国各族人民更好地把中国特色社会主义事业不断推向前进。学习《江泽民文选》，要大力发扬理论联系实际的马克思主义学风，紧密联系改革开放和社会主义现代化建设的实践，紧密联系本地区本部门本单位的工作实际，紧密联系广大干部群众的生动实践和思想实际，把创新的理论成果转化为推动发展的强大精神力量。通过学习，要进一步加深对我们党十六大以来以胡锦涛同志为总书记的党中央在邓小平理论和“三个代表”重要思想指导下提出的坚持以人为本、实现科学发展、完善社会主义市场经济体制、构建社会主义和谐社会、建设社会主义新农村、建设创新型国家、建设和谐世界、加强党的先进性建设等一系列重大战略思想的认识，更好地推进社会主义经济建设、政治建设、文化建设、社会建设。

与时俱进的党，必然是富于理论创新的党；勇于创新的党，必然是充满生机活力的党。一代又一代中国共产党人，在自觉推进马克思主义中国化的不懈探索中，促进了马克思主义理论之树长青。中国化的马克思主义光芒，照耀着中华民族伟大复兴的征程，必将激励着中国人民不断创造中华民族伟大复兴新的辉煌。

温家宝对当前抗旱工作作出重要批示

坚持以人为本　全力做好抗旱减灾工作

新华社北京8月9日电　8月8日，中共中央政治局常委、国务院总理温家宝对当前抗旱工作作出重要批示，要求各地各部门高度重视，全力做好抗旱救灾工作。

温家宝在批示中强调，要坚持以人为本，采取有力措施，确保旱区人畜饮水；充分发挥水利工程作用，精心组织，科学调度，努力解决灌溉用水，要大力提倡节约用水。各级抗旱组织要为农民提供便利服务，各有关部门要支持抗旱工作；要一手抓防汛，一手抓抗旱，尽力把灾害损失减少到最低程度。中央政治局委员、国务院副总理回良玉批示要求各地各部门认真贯彻落实温家宝总理批示精神，既要切实抓好防汛防台风工作，又要认真做好抗旱减灾等各项工作，尽最大努力减轻灾害所造成的损失。

今年以来，我国一些地区发生了不同程度的旱情，黄河以北大部分地区、西南南部及华南西部发生了严重春旱，4月下旬，全国受旱面积达到2.64亿亩，比多年同期偏多21%，是2001年以来同期最大值。入夏以来，重庆、四川、内蒙古、甘肃、宁夏、湖北、贵州等地发生了严重的夏旱和伏旱。部分地区重复受灾，有的地区六季连旱，抗旱水源奇缺，人饮困难十分突出，干旱损失巨大，给旱区城乡居民生活和工农业生产造成严重影响。

根据温家宝总理、回良玉副总理批示精神，国家防汛抗旱总指挥部发出紧急通知，要求各地、各部门采取切实有力措施做好当前抗旱工作，决定近期再派工作组深入重旱区了解灾情、指导抗旱工作。

当前，正值主汛期，各地要防汛抗旱两手抓，努力夺取防汛抗旱工作的全面胜利。

全国政府采购去年节约380亿元

采购规模年均增长77.9%

本报北京8月9日讯　记者**李丽辉**报道：财政部日前公布了2005年全国政府采购统计信息。2005年全国实际政府采购规模为2927.6亿元，比上年增长37.1%，节约资金380.2亿元。2005年全国政府采购金额占全国GDP的比重为1.6%，与上年基本持平。实施政府采购改革7年来，全国政府采购规模年平均增长77.9%。

2005年，工程类、服务类政府采购增长迅速，全国工程类政府采购1323.2亿元，比上年增长39.5%，占政府采购总规模的45.2%；服务类政府采购195.8亿元，比上年增长41.4%，占政府采购总规模的6.7%。2005年，中央单位政府采购规模呈现快速增长势头，政府采购规模达到407.8亿元，比上年增长39.2%。

全国农业援藏提升当地农牧业水平

“十五”期间累计投入4.94亿元

本报拉萨8月9日电　记者**赵永平**从此间召开的全国农业援藏工作座谈会上获悉：“十五”期间，农业部安排西藏农业基本建设项目69个，共计投入资金3.84亿元，是“九五”时期的2.7倍。对口支援省市农业部门安排落实各类援藏资金和物资总计1.1亿多元。“十五”期间农业援藏累计投入4.94亿元，重点支持了种养业良种、草原保护与建设、退牧还草、动植物保护、农技推广等项目建设，有力改善了西藏农牧区生产生活条件，促进了农牧业综合生产能力的提高。

农业部部长杜青林介绍，五年来，通过农业援藏工作，帮助西藏编制了《农牧业“十一五”发展规划》、《农牧业特色产业发展规划》等多项建设规划；同时，不断加大科技推广和成果引进力度，推动全区农业科技贡献率提高了10%；加强干部援藏和人才培养；开展企业援藏和招商引资，不断拓宽农业援藏渠道。目前，农业援藏初步形成了经济、技术、干部、人才支援相互结合、相互促进的机制，实现了既“输血”又“造血”的效果。

据了解，“十一五”期间，农业部将继续在政策、资金、项目、人才等方面加大援藏力度。在农牧业服务体系建设方面，重点建设良种体系、动植物疫病防控体系、质量检验检测体系、科技推广体系等四大体系。在生态建设方面，组织实施好退牧还草工程，加大农村沼气工程等重点建设项目，争取到2015年全区适宜农户普及沼气。加强人才培养，强化智力援藏，为西藏农牧区培养一大批有文化、懂技术、会经营的新型农牧民。

切实落实好各项扶持政策　全面推进就业再就业工作

二版刊登：正确认识经济形势系列谈（十一）

人民日报

RENMIN RIBAO

今日 16 版(华东、华南地区 20 版)　国内统一连续出版物号 CN 11-0065　第 21216 期 (代号 1-1)

人民网 网址:http://www. people. com. cn
手机:http://wap. people. com. cn

人民日报社出版

2006 年 8 月 11 星期五 丙戌年七月十八

北京地区天气预报
白天 多云转阴有雷阵雨 风向 北转南 风力 二、三级
夜间 阴有雷阵雨转多云 风向 南转北 风力 一、二级
温度 31℃/25℃

中共中央国务院中央军委下发《意见》要求

加强和改进新形势下民兵预备役政治工作

新华社北京 8 月 10 日电　中共中央、国务院、中央军委近日下发《关于加强和改进新形势下民兵预备役政治工作的意见》。《意见》要求，各级党委、政府和军队系统要切实抓好新形势下民兵预备役政治工作，充分发挥民兵预备役部队在全面建设小康社会和做好军事斗争准备中的作用。

《意见》指出，民兵预备役部队是我国武装力量的重要组成部分，肩负着建设祖国、保卫祖国的神圣使命。民兵预备役政治工作，是党在民兵预备役部队中进行的思想工作和组织工作，是构成民兵预备役部队战斗力的重要因素，是实现党对民兵预备役部队绝对领导和民兵预备役部队履行职能的根本保证，是民兵预备役部队的生命线。改革开放特别是近几年来，在党中央、国务院、中央军委的领导下，民兵预备役政治工作在继承中创新，在改革中发展，取得了很大进步。新世纪新阶段，国际国内环境发生了重大变化，民兵预备役建设面临的任务十分繁重，对政治工作提出了更高的要求。为此，必须高度重视并切实抓好新形势下民兵预备役政治工作。

《意见》提出，新形势下民兵预备役政治工作的指导思想是：以马克思列宁主义、毛泽东思想、邓小平理论和"三个代表"重要思想为指导，深入贯彻江泽民国防和军队建设思想，坚持把科学发展观作为加强国防和军队建设的重要指导方针，着眼履行新世纪新阶段我军历史使命，适应全面建设小康社会和推进中国特色军事变革、做好军事斗争准备的需要，丰富工作内容，改进方法手段，健全法规制度，完善领导体系，不断增强政治工作的主动性、针对性、实效性，为民兵预备役部队更好地发挥职能作用提供强大的精神动力，为保持民兵预备役部队性质和纯洁巩固提供可靠的政治保证。

《意见》要求，要毫不动摇地坚持党管武装的根本原则和制度，确保民兵预备役部队永远置于党的绝对领导之下，坚决听从党中央、中央军委的指挥；着眼增强政治上的坚定性、思想道德的纯洁性和履行国防义务的自觉性，切实做好思想政治教育这一保证民兵预备役人员政治合格的根本性基础性工作；加紧做好军事斗争政治工作准备，大力培育坚强的革命意志和旺盛的战斗精神，做好组织整顿、训练演习和反恐维稳中的政治工作；组织发动民兵预备役人员为全面建设小康社会作贡献，充分发挥民兵预备役人员在社会主义物质文明、政治文明、精神文明与和谐社会建设中的骨干带头作用。

《意见》强调，做好民兵预备役政治工作，是地方党委、政府和军队系统的共同责任。地方各级党委和政府要把民兵预备役政治工作纳入工作规划，加强领导，统筹安排。各有关部门要把这项工作列入职责范围，配合军队系统抓好落实，形成齐抓共管的合力。军队系统政治机关要加强对民兵预备役政治工作的指导，省军区、军分区政治部要以主要精力做好民兵预备役政治工作。要切实加强专职人民武装干部、预备役军官队伍建设。在民兵预备役部队中广泛开展争创先进单位、争当先进个人活动，促进基层全面建设。加强政策法规建设，促进民兵预备役政治工作依法开展。搞好经费和基本设施等保障，加强教育场所、阵地、器材等基本设施建设，为开展政治工作提供必要保障。

领会精神实质　指导实际工作

各地干部群众踊跃购买《江泽民文选》

8 月 10 日，《江泽民文选》首批 20 万套在山东省 1200 多个新华书店正式发行。图为在济南泉城书店《江泽民文选》专柜前，广大市民争相阅读，踊跃购买。　汤序民摄

本报北京 8 月 10 日讯　综合本报驻各地记者报道：《江泽民文选》10 日起在全国出版发行，受到广大读者的欢迎，各地干部群众踊跃购买。大家认为，《江泽民文选》内容丰富，具有很强的现实针对性和鲜明的时代特征，集中展现了马克思主义中国化的新的重大成果。大家纷纷表示要认真学习文选，更加紧密地团结在以胡锦涛同志为总书记的党中央周围，高举邓小平理论和"三个代表"重要思想的伟大旗帜，全面贯彻落实科学发展观，不断把中国特色社会主义事业推向前进。

在首都北京，《江泽民文选》受到热烈欢迎。北京图书大厦、中关村图书大厦、王府井新华书店等大型书城都设立了专柜，广大干部群众踊跃购买，团体订购需求不断。王府井新华书店正门上方挂着"热烈祝贺《江泽民文选》出版发行"的大红横幅。来自山东烟台大华纸业公司的于善浩说："这是最真实的历史，是我们党领导全国人民改革开放奋勇前进的真实记录。"为做好《江泽民文选》发行，北京市新华书店各门店提前一天布置专柜，北京发行集团对发行的各个环节进行周密安排，首批 10 余万册全部到位。

《江泽民文选》在全国出版发行，正值一年一度的上海书展举办之际，书展主办者在中央大厅显要位置辟出了专柜陈列《江泽民文选》的普及本、平装本和精装本，并举办了隆重的发行仪式。上海新华传媒股份有限公司在全市 161 个销售网点共发运文选近 15 万套。上海交通大学党史研究室主任陈泓说，文选是坚持马克思主义基本原理同当代中国实践和时代特征相结合的新的重大理论成果，是中国现代化、马克思主义中国化的实践结晶。

在南国羊城，《江泽民文选》吸引了大批读者。广州购书中心大堂舞台上放着一座长 1.5 米、宽 1 米的《江泽民文选》书模。据记者了解，广东省首批 3 万套《江泽民文选》已全部发送各地新华书店，广东省出版集团还准备了近 200 吨优质纸张，为扩大发行做准备。

位于闹市区的深圳书城今天气氛格外热烈。来自罗湖区的张老先生告诉记者，翻开文选第一卷，就看到江泽民同志《设置经济特区，加快经济发展》一文，关于深圳经济特区的论述让见证深圳改革开放历程的张老先生感慨良多。

江苏省委理论学习中心组今天上午组织了学习《江泽民文选》座谈会，省委书记李源潮说："我们对'三个代表'重要思想感到分外亲切，《江泽民文选》的出版发行，对推动江苏科学发展、和谐发展具有重大意义。"江苏省第一批《江泽民文选》20 万套，已摆上新华书店各销售点。

据初步统计，今天上午陕西省已售出《江泽民文选》上万套。省委书记李建国说，1997 年 8 月 5 日，江泽民同志作出了"再造一个山川秀美的西北地区"的重要批示；1999 年 6 月 17 日，江泽民同志在西安发出了实施西部大开发战略的伟大号召。在这个战略思想的指导下，陕西人民开始了西部大开发新的征程。我们全省各级党组织一定要认真组织开展《江泽民文选》的学习活动，认真学习江泽民同志的理论观点和战略思想。

《江泽民文选》出版发行牵动着基层干部的心。武汉常青花园新区党委书记刘光本说，江泽民同志曾指出，社区工作是党和政府重要的工作基础，社区稳定了才有社会的稳定。我们将组织社区群众学习《江泽民文选》，用以指导实际工作。

在天津、合肥、昆明、重庆、石家庄、福州、银川、海口、南宁等地，各新华书店、书城纷纷以宣传画、电子屏等方式介绍《江泽民文选》，不少读者在专柜前认真翻阅。为了让更多读者尽快看到文选，不少地方的新华书店派车将文选送到机关、企业和学校，一些书店还开通了购书热线。

（本报记者**王建新、姜泓冰、杨文雯、胡谋、龚永泉、王科、顾兆农**报道）

50 年来最强台风登陆浙江苍南县

浙闽干部群众全力抗击"桑美"

浙江安全转移群众百万人，福建安全转移群众约 57 万人

本报北京 8 月 10 日讯　综合本报驻各地记者报道：超强台风"桑美"的中心已于 10 日 17 时 25 分在浙江省苍南县马站镇登陆，登陆时中心附近最大风力达 17 级(60 米/秒)。这是 50 年来直接登陆我国大陆最强的台风。**(相关报道见第五版)**

面对罕见天灾，浙江、福建及时启动预案，干部群众同心协力，谱写了一曲惊天动地的防台抗台壮歌。

9 日上午、晚上，浙江省委、省政府两次召开电视电话会议，作出全面防台部署。省防汛抗旱指挥部昼夜运转，动态指挥沿海市县防台工作。10 日上午，指挥部发布"应对超强台风紧急措施"的命令；省气象局及时发出最高气象灾害等级的台风红色预警信号。

"查险"、"避险"，是浙江防台抗台紧抓的两个关键环节。省委书记习近平、省长吕祖善、省委副书记周国富和副省长章猛进、茅临生亲临省防汛抗旱指挥部，坐镇指挥全省防台抗台工作。沿海市县党政干部分工尽职，坚守在抗台一线。几天来，浙江广大党员干部，特别是温州、台州各级党员干部连续奔走在渔港码头、水库山塘、低洼地带、旧房危房等危险地段，检查督促各项涉海工程、网箱渔排、涉海旅游、渔船避风情况，落实防台预案措施。由于部署周密，工作到位，在"桑美"登陆前 3 小时，浙江安全转移危险地区群众百万人，回港避风船只 34313 艘，其中，温州市转移群众 50 多万人，台州市转移群众近 30 万人。截至记者发稿时，狂风暴雨仍在温州全境肆虐。

"桑美"登陆后，台风狂卷福建北部，福州、宁德等市暴雨倾盆。9 日晚 10 时 30 分，福建省委书记卢展工、省委副书记梁绮萍再一次来到省防汛指挥部，与坐镇指挥的省委常委、常务副省长刘德章一起分析"桑美"的最新发展趋势，并对防御工作作进一步部署。

为防御今年第 8 号强台风"桑美"和第 9 号热带风暴"宝霞"，8 月 8 日开始，福建省先后开展了海上船只、渔排养殖人员和陆地危险区域人员的安全大转移。截至 10 日 12 时，全省海上 3.6 万多艘船只已全部进港避风，海上养殖人员也全部转移上岸，已安全转移约 57 万人。

（本报记者**鲍洪俊、蔡小伟、潘凡平、江南、刘毅**报道）

前 7 月我国外贸总值接近万亿美元

同比增长 23.1%；进、出口增速趋同

本报北京 8 月 10 日讯　记者**杜海涛**报道：海关总署今天公布今年 1—7 月我国外贸进出口情况。据海关统计，今年前 7 月我国进出口总值 9418.5 亿美元，比去年同期增长 23.1%。其中，出口 5089 亿美元，增长 24.8%；进口 4329.5 亿美元，增长 21.1%。

7 月份当月，我国外贸进出口值为 1460.6 亿美元，增长 21.3%。其中，出口 803.4 亿美元，增长 22.6%；进口 657.2 亿美元，增长 19.7%。

海关统计显示，1—7 月，我国一般贸易进出口 4054 亿美元，增长 23%，占同期进出口总值的 43%。加工贸易进出口 4422.1 亿美元，增长 21.6%，占同期进出口总值的 47%。

统计数据表明，当前我对主要贸易伙伴进出口保持良好增长势头。1—7 月欧盟继续为我国第一大贸易伙伴，美国为第二大贸易伙伴，日本为第三大贸易伙伴。此外，1—7 月我与东盟双边贸易总值为 861.1 亿美元，增长 21.8%，继续保持我国第四大贸易伙伴地位。

前 7 月，广东、江苏、上海等 3 省市合计占进出口总值近六成。其中，广东省进出口总值 2770.6 亿美元，增长 24.1%，对外贸易规模继续领先于全国其他各省市。同期，江苏省、上海市进出口总值在全国各省市(区)分别位列第二、三位。

在出口商品中，机电产品出口增长迅速，原油、成品油出口继续下降。在进口商品中，大豆进口小幅增长。前 7 月，我国机电产品出口 2875.9 亿美元，增长 29.5%，占同期出口总值的 56.5%。进口大豆 1645 万吨，增长 10.6%；进口汽车 12.7 万辆，增长 60%。

二版刊登：正确认识经济形势系列谈(十二)
调整经济结构　提高经济增长质量

《江泽民文选》第一卷主要篇目介绍

中共中央文献编辑委员会编辑的《江泽民文选》第一卷，收入了江泽民同志在 1980 年 8 月 21 日至 1997 年 8 月 5 日这段时间内的重要著作，共有报告、讲话、谈话、文章、信件、批示、命令、题词等 81 篇，相当一部分是第一次公开发表。现将《江泽民文选》第一卷主要篇目介绍如下。

《理论工作要面向实际》（1988 年 3 月 10 日）这是江泽民同志在上海市理论工作座谈会上讲话的主要部分。文中论述了三个问题：改革开放和现代化建设离不开理论指导；理论工作面临的严峻挑战；进一步解放思想，繁荣和发展理论事业。文中指出：理论工作者要从理论脱离实际的状况中解放出来；纯学术的理论研究和应用理论研究，对理论事业的建设和发展都是需要的；在理论研究中，应该抛开种种顾虑、鼓足探索的勇气，让理论放出耀眼的光芒来。

《认真消除社会分配不公现象》（1989 年 6 月 16 日）这是江泽民同志在《求是》杂志一九八九年第十二期上发表的文章的主要部分。文中指出：衡量社会公平的标准必须看是否有利于社会生产力发展和社会进步；平均主义是分配不公的一种表现，收入差距悬殊是分配不公的另一种表现。文中强调，在促进效率提高的前提下体现社会公平，要坚决保护合法收入、合理调节过高收入、严厉取缔非法收入。

《在党的十三届四中全会上的讲话》（1989 年 6 月 24 日）这是江泽民同志在中共十三届四中全会上当选为中共中央政治局常务委员会委员、中共中央委员会总书记后发表的讲话。文中指出，党的十一届三中全会以来的路线和基本政策没有变，必须继续贯彻执行；在这个最基本的问题上，我要十分明确地讲两句话：一句是坚定不移，毫不动摇；一句是全面执行，一以贯之。文中强调，要把今后的工作做好，一定要首先在党内充分发扬民主，依靠中央领导集体的智慧和力量，依靠全党同志和人民群众的支持和监督。

《为把党建设成更加坚强的工人阶级先锋队而斗争》（1989 年 12 月 29 日）这是江泽民同志在中共中央宣传部、中共中央政策研究室、中共中央组织部、中共中央党校举办的党建理论研究班上的讲话。文中论述了关于党的建设的八个问题：充分认识搞好党的建设的重要性和紧迫性；必须坚持党的工人阶级先锋队性质；坚持和加强党的执政地位和领导作用；切实把思想建设放在党的建设的首位；健全民主集中制，增强党的团结统一；始终保持党同人民群众的血肉联系；确保各级领导核心由忠诚于马克思主义的人组成；高度重视马克思主义党建理论的学习、研究和传播。

《坚持和完善人民代表大会制度》（1990 年 3 月 18 日）这是江泽民同志在参加七届全国人大三次会议、全国政协七届三次会议的党员负责同志会议上讲话的一部分。文中指出：建设社会主义民主政治，最重要的是坚持和完善人民代表大会制度；我们党是执政的党，党的执政地位是通过党对国家政权机关的领导来实现的；加强党的领导与发挥国家权力机关的作用是一致的，党要尊重和支持人大依法行使职权；继续完善人大及其常委会的各项职能，特别是加强立法工作和监督工作；要进一步密切各级人大同人民群众的联系，更好地发挥人大代表的作用；加强人大及其常委会的自身建设。

《部队要做到政治合格、军事过硬、作风优良、纪律严明、保障有力》（1990 年 12 月 1 日）这是江泽民同志在全军军事工作会议上讲话的一部分。文中指出：抓部队建设，最根本的是要把思想政治工作做好；要加强组织纪律性，保证部队集中统一；军事训练是部队平时培养作风、提高军事素质、增强战斗力的一个主要手段，要把军事训练切实摆在战略位置；军事训练也好，整个军事工作也好，都应该抓实，只有抓实，才能抓出效果。

《当代中国共产党人的庄严使命》（1991 年 7 月 1 日）这是江泽民同志在庆祝中国共产党成立七十周年大会上讲话的一部分。文中分别论述了有中国特色社会主义的经济、政治、文化的基本要求，指出：有中国特色社会主义的经济、政治、文化，是有机统一、不可分割的整体；建设有中国特色社会主义的经济、政治、文化，必须在坚持四项基本原则的前提下，坚持改革开放的总方针。文中强调，当代中国共产党人的庄严使命是：坚持党的基本路线，团结和带领全国各族人民，沿着建设有中国特色的社会主义的道路，自力更生，艰苦创业，把我国建设成为富强、民主、文明的社会主义现代化国家。

《论民族工作》（1992 年 1 月 14 日）这是江泽民同志在中央民族工作会议上的讲话。文中论述了四个问题：我国民族工作的巨大成就；充分认识民族工作的长期性、复杂性、重要性；民族工作的主要任务；进一步加强党对民族工作的领导。文中指出：民族问题始终是我国革命和建设中的一个重大问题；我国民族工作之所以取得如此巨大的成就，最基本的经验，就是我们党始终把马克思主义基本原理同中国民族具体实际相结合，坚持各民族平等、团结、互助的原则，坚持实行民族区域自治制度，在建设社会主义事业中促进各民族共同繁荣，走出了一条具有中国特色的解决民族问题的正确道路；要巩固和发展社会主义民族关系，坚持和完善民族区域自治制度，为实现现代化建设第二步战略目标共同奋斗。

《把干部群众的积极性引导好、保护好、发挥好》（1992 年 4 月 4 日）这是江泽民同志就贯彻落实邓小平同志视察南方重要谈话精神写给中共中央政治局常务委员会委员等同志的信。文中指出：在全面贯彻落实小平同志重要谈话精神的过程中，思想要解放，胆子要大，而步子要扎实，工作要过细；要善于把干部和群众高涨的劲头和积极性引导好、保护好、发挥好；要抓紧有利时机，力争实现和保持比较高的发展速度，但务必结合各地区各部门的实际，区分不同情况，具体加以落实；要在深化改革上狠下功夫，避免只在扩大投资规模上做文章，以防出现新的重复建设和产品积压。

《关于在我国建立社会主义市场经济体制》（1992 年 6 月 9 日）这是江泽民同志在中共中央党校省部级干部进修班上讲话的一部分。文中论述了资本主义也有计划、社会主义也有市场等重要观点，总结了我们党对计划和市场问题及其相互关系的认识过程，概括了我国社会主义的新经济体制的主要特征，要求抓紧解决好转变政府职能等五个关键性问题，以加快新经济体制的建立。文中指出：加快经济体制改革的根本任务，就是要尽快建立社会主义的新经济体制；在党的十四大报告中，总得最后确定一种大多数同志都赞同的有关经济体制的比较科学的提法，以利于进一步统一全党同志的认识和行动，以利于加快我国社会主义的新经济体制的建立，使用"社会主义市场经济体制"是可以为大多数干部群众所接受的。

《加快改革开放和现代化建设步伐，夺取有中国特色社会主义事业的更大胜利》（1992 年 10 月 12 日）这是江泽民同志在中国共产党第十四次全国代表大会上的报告。报告总结了改革开放十四年来的实践经验，概括了建设有中国特色社会主义理论的主要内容，首次提出我国经济体制改革的目标是建立社会主义市场经济体制和实现这一目标的步骤，提出并阐述了九十年代改革和建设的主要任务，分析了国际形势并阐述了对外政策，要求加强党的建设和改善党的领导，加快改革开放和现代化建设步伐，夺取有中国特色社会主义事业的更大胜利。

《不断创新，与时俱进》（1992 年 10 月 19 日）这是江泽民同志在中共十四届一中全会上讲话的一部分。文中指出：毫不动摇地坚持党的基本路线，关键是始终不渝地坚持以经济建设为中心；无论解决什么问题，都不能影响经济建设这个中心，都要为集中力量把经济建设搞上去创造更有利的条件；要根据新的实践要求，重新学习，不断创新，与时俱进。

《高度重视农业、农村、农民问题》（1992 年 12 月 25 日）这是江泽民同志在武汉主持召开安徽、江西、河南、湖北、湖南、四川六省农业和农村工作座谈会时的讲话。文中论述了四个问题：牢固树立农业是基础的思想，切实加强农业和农村工作；切实保护农民利益，调动农民生产积极性；积极发展社会主义市场经济，不断增强宏观调控能力；加强和改进党对农村工作的领导，推动农村全面发展。文中指出：农业是国民经济的基础，农村稳定是整个社会稳定的基础，农民问题始终是我国革命、建设、改革的根本问题，这是我们党从长期实践中确立的处理农业、农村、农民问题的重要指导思想，在任何时候任何情况下都千万不能忘记这个重要指导思想，必须坚持不懈地把它贯穿于我国社会主义现代化建设的全过程。

《国际形势和军事战略方针》（1993 年 1 月 13 日）这是江泽民同志在中央军委扩大会议上讲话的主要部分。**(下转第二版)**

人民日報

RENMIN RIBAO

2006年8月
12
星期六
丙戌年七月十九

北京地区天气预报
白天 多云转阴有雷阵雨
风向 偏南
风力 二、三级
夜间 阴间多云有中雨
部分地区有大雨
风向 偏南
风力 一、二级
温度 31℃/23℃

今日8版
国内统一连续出版物号 CN 11-0065
第21217期（代号1-1）
人民日报社出版

人民网 网址:http://www.people.com.cn
手机:http://wap.people.com.cn

吴邦国与美国参议院临时议长会谈

就中美关系、台湾问题、议会交往和共同关心的其他重大国际和地区问题深入、坦诚地交换意见达成重要共识

本报北京8月11日讯 记者**杨讴**报道:全国人大常委会委员长吴邦国今天下午在人民大会堂与率团来访的美国参议院临时议长史蒂文斯举行会谈，双方就中美关系、台湾问题、议会交往和共同关心的其他重大国际和地区问题深入、坦诚地交换了意见，达成重要共识。

在谈到中美关系时，吴邦国说，中国和美国是联合国安理会常任理事国和有重要影响的国家。中美不仅是利益攸关方，更应该是建设性合作者。中美关系健康稳定地发展，符合两国和两国人民的根本利益，也有利于地区和世界的和平、稳定与繁荣。中方高度重视中美关系。我们高兴地看到，在双方共同努力下，中美关系总体保持了稳定发展的势头。今年4月，胡锦涛主席成功访美，与布什总统就全面推动21世纪中美建设性合作关系达成新的重要共识，对中美关系的长远发展具有重要意义。吴邦国指出，中美之间共同利益远远大于分歧，发展中美关系关键是要把握三点:一要始终从战略高度和长远角度看待和处理两国关系;二要着眼大局，牢牢把握两国的共同利益，不断加强和扩大在广泛领域的合作;三要尊重并照顾彼此关切，慎重、妥善地处理分歧。中方愿与美方共同努力，认真落实两国元首就全面推进21世纪中美建设性合作关系达成的重要共识，推动中美关系沿着建设性合作的轨道不断向前发展。

吴邦国强调，台湾问题始终是影响中美关系稳定发展的关键因素，是中方的最大关切，希望美方以实际行动切实履行坚持一个中国政策、遵守中美三个联合公报、反对“台独”的承诺，多做有利于中美关系和台海和平稳定的事，不向“台独”分裂势力发出错误的信号。

吴邦国积极评价了中国全国人大与美国国会参众两院定期交流机制取得的重要成果。他说，中美议会交往是两国关系的重要组成部分，双方定期交流机制的建立和发展，对加深相互了解、增进政治互信、促进务实合作、推动中美关系发展发挥着不可替代的作用。吴邦国就进一步加强两国议会定期交流机制建设提出三点建议:一是坚持定期举行会晤的机制，不断充实和深化对话内容;二是吸收更多的议员尤其是年轻议员参加机制框架下的各种活动，增强机制的活力;三是以机制为平台，推动两国议会高层交往以及专门委员会和工作机构的交流。中国全国人大愿与美国国会一道，不断拓展和加强两国议会交往，为中美关系持续健康稳定发展作出新的贡献。

史蒂文斯赞同吴邦国对中美关系及议会交往的评价，并对这次访华取得的成果表示满意。他说，美中两国议会通过定期交流机制，可以坦诚深入地交换看法，有利于加强相互了解、沟通与合作。他表示，美参议院将为坚持和完善双方定期交流机制继续作出努力。希望在机制框架下开展经常性对话与交流，发展多层次友好合作，共同促进美中关系的发展。

全国人大常委会副委员长兼秘书长盛华仁等参加了会谈。

各地干部群众表示

认真学习《江泽民文选》 实践『三个代表』重要思想

新华社北京8月11日电 《江泽民文选》10日起在全国各地发行后，各地干部群众踊跃购书，认真阅读。他们纷纷表示，要认真学习《江泽民文选》，实践“三个代表”重要思想，更加紧密地团结在以胡锦涛同志为总书记的党中央周围，落实科学发展观，推动改革发展稳定的各项工作取得新成就、开创新局面。

北京市基层党组织11日组织广大干部群众认真学习《江泽民文选》，北京市东城区和平里街道工委书记苑成悦学习后深有感触地说:“《江泽民文选》的出版发行，是党和国家政治生活中的一件大事。街道是基层群众工作的最前沿，我们要在基层各方面工作中贯彻落实‘三个代表’重要思想，进一步密切党群、干群关系，为群众排忧解难，扎扎实实办事。”

清华大学精仪系国防生耿立中和谢鑫表示，作为国防生，更要认真学习《江泽民文选》，坚持以“三个代表”重要思想武装自己，在学习和工作中不断实践，努力成为国防事业的合格接班人。

《江泽民文选》出版发行后，上海市静安区静安寺街道党工委书记江五一立即组织街道党员干部认真学习。江五一说，文选汇集了我们党在建设有中国特色社会主义新的实践中所形成的新的理论成果，对于我国在新世纪全面建设小康社会、加快推进社会主义现代化，包括社区建设和管理，具有十分重要的指导意义。

11日上午刚上班，中共辽宁省委讲师团机关党支部的9名党员就组织了《江泽民文选》学习座谈。讲师团教师桑敏表示，《江泽民文选》集中展现了马克思主义中国化新的重大成果，宣传好学习好《江泽民文选》是理论工作者义不容辞的责任和义务。

沈阳市万泉街道办事处永丰社区是全国先进文化社区。11日上午，社区十几位退休党员和居民自发聚在一起，畅谈学习《江泽民文选》的心得。有46年党龄的退休干部张清元说，江泽民、胡锦涛同志一直强调以人为本，把人民群众的根本利益放在第一位。看看小区的变化，大伙打心眼里拥戴党中央。

社区居民刘长春、王秋芬、高德喜都谈到，这20多年来老百姓的日子越过越舒坦，都是改革开放取得的成果。下一步我们要在以胡锦涛同志为总书记的党中央领导下，贯彻落实科学发展观，争取更大的胜利。

陕西省委党校教授王成安，从事“三个代表”重要思想教学和理论研究。他说，《江泽民文选》全面反映了“三个代表”重要思想形成和发展的历史进程，深刻阐述了“三个代表”重要思想的时代背景、实践基础、科学内涵、精神实质和历史地位，集中展示了“三个代表”重要思想与马克思主义、毛泽东思想、邓小平理论一脉相承又与时俱进的科学体系，为我们进行“三个代表”重要思想教育提供了很好的教材。我们要把《江泽民文选》的重要内容贯穿到教学中去，更好地学习、研究和宣传“三个代表”重要思想。

南京师范大学新闻传播学院郁炳隆教授说，从《江泽民文选》中可以清晰地看出我们党、我们国家在新的历史时期走过的道路，看出时代的脉动和发展的轨迹。所以，它又是一部非常宝贵的文献材料，值得珍藏。作为一名大学老师，要首先学习领会其中的内涵，提升自己的思想政治修养，再指导学生去学习它、掌握它，运用它的思想理论指导实践。

8月10日，《江泽民文选》在全国出版发行，各界读者购买踊跃。图为北京王府井新华书店工作人员正在为第一个团体购书单位装车送书。 本报记者 李维娜摄

把中央的关怀送给灾民 把灾害的损失降到最低

浙江福建军民全力以赴抗灾救灾

本报杭州8月11日电 记者**鲍洪俊、江南**报道:超强台风“桑美”正面袭击浙江，造成惨重损失。党中央国务院高度重视、密切关注台风防御工作，浙江各级党政领导奔赴抗台一线，带领干部群众同心协力，开展抗灾自救，努力把灾害损失减少到最低程度。省委书记习近平深入受灾最重的苍南县金乡镇半洋蓬村，了解灾情，慰问灾民，叮嘱乡村干部安排好灾民生活。

超强台风“桑美”给浙东沿海和南部的温州、丽水等地造成了严重损失。面对罕见天灾，浙江干群同心协力抗灾自救。11日上午，几乎通宵坐镇省防汛抗旱指挥部指挥抗台工作的省委书记习近平、省长吕祖善、省委副书记周国富等领导立即赶赴温州和丽水等重灾区，查看灾害情况，慰问受灾群众，现场指导救灾工作。

省党政领导带领灾区干部群众立足于“四个第一”，全力展开抗灾自救:一是第一时间抢险。要求受灾各地各有关部门，不惜一切代价，调动一切力量，采取一切措施，迅速开展现场抢险。到11日晚已救出360多人。11日凌晨接到苍南县发生较大面积房屋倒塌的情况报告后，温州市委、市政府主要领导连夜带领驻温部队官兵赶赴现场，组织抢救，当夜就在苍南的2个点救出18人。二是第一时间部署。按照省委、省政府领导要求，温州、丽水等重灾区在10日晚上就成立了农业水利和民政救助、工业电力生产恢复等8个指导组。11日上午又分别召开抗灾救灾紧急电视电话会议，对抗灾救灾工作进行全面部署，并提出“重抓救灾，紧盯防台，力促发展”的总体要求。会后市、县领导带队，立即赶赴灾区开展工作。三是第一时间安民。尽最大努力在最短时间内做好灾民的安抚、安置工作。 （下转第五版）

本报福州8月11日电 记者**蔡小伟**报道:8月10日，超强台风“桑美”在浙江苍南登陆，之后迅速进入福建，并在省内停留12小时。福建省遭受17级以上超强台风、暴雨、洪水等灾害的袭击，造成重大经济损失和人员伤亡，福建100多万军民奋起抗灾救灾。

受“桑美”影响，福建省中北部地区普降大到暴雨，其中东北部地区发生特大暴雨。宁德市的部分县市和福州市北部的局部县市出现8—14级大风，福鼎市城区连续4小时风速超过40米/秒。

灾情发生后，党中央国务院高度重视、密切关注台风防御工作，福建省委省政府迅速组织抗灾救灾。11日一早，省委书记卢展工等赶赴重灾区宁德市，实地察看渔排、渔船受损情况和房屋倒塌情况，了解灾后防疫卫生情况，指导救灾。省长黄小晶多次对防灾救灾工作提出要求。10日晚，福建省向灾区紧急下拨省级救灾应急资金200万元，调运救灾帐篷1500顶、棉被3000床、衣服5万件、方便面8000箱、矿泉水3000箱。

福建各地干部群众按照省委、省政府的部署，全力以赴抗灾救灾。10日17时左右，在福鼎沙埕港避风的2艘台轮“鸿兴”128号、“永顺利”6号和停靠在一起的1艘渔船，因风力过大导致脱锚并向南镇口方向飘移。宁德市公安边防支队指挥中心接到报告后，立即派出船艇救助，同时将情况报告福鼎市政府和福鼎海事局等相关部门。截至10日19时20分，2艘台轮、1艘渔船被转移到安全海域避风，船上8名台胞安全上岸，并得到妥善安置。

8月10日晚，柘荣县城区过程雨量高达249毫米，城区水位超过警戒线、部分民房被淹，村民受困，柘荣县立即展开了一场受灾群众大转移行动。 （下转第五版）

中央下拨1.66亿元救灾款

帮助解决“格美”、“派比安”和近期洪涝灾害给辽宁、福建、江西、湖南、广东、广西、海南等省区造成的生活困难

本报北京8月11日讯 记者**潘跃**报道:今天，民政部、财政部下拨1.66亿元特大自然灾害救济补助费，用于帮助解决第5号台风“格美”、第6号台风“派比安”和近期洪涝灾害给辽宁、福建、江西、湖南、广东、广西、海南等省区造成的生活困难，其中辽宁省2000万元、福建省1700万元、江西省4000万元、湖南省4000万元、广东省2000万元、广西壮族自治区2100万元、海南省800万元。

正确认识经济形势系列谈（十三）

加快推进经济增长方式转变

二版刊登

《江泽民文选》第二卷主要篇目介绍

中共中央文献编辑委员会编辑的《江泽民文选》第二卷，收入了江泽民同志在1997年9月12日至2000年2月1日这段时间内的重要著作，共有报告、讲话、谈话、文章、信件、批语等59篇，很大一部分是第一次公开发表。现将《江泽民文选》第二卷主要篇目介绍如下。

《高举邓小平理论伟大旗帜，把建设有中国特色社会主义事业全面推向二十一世纪》（1997年9月12日）这是江泽民同志在中国共产党第十五次全国代表大会上的报告。报告高度评价邓小平理论的历史地位，确立邓小平理论为党的指导思想，全面阐述了社会主义初级阶段的特征，首次提出社会主义初级阶段的基本纲领，明确了我国改革开放和现代化建设跨世纪发展的宏伟目标，深刻回答了关系党和国家长远发展的一系列重大问题，对建设有中国特色社会主义经济、政治、文化和党的建设等各项工作作出了全面部署。

《充分保障人民依法享受人权》（1997年10月—1999年10月）这是江泽民同志的四篇文稿中有关人权问题内容的节录，集中论述了人权问题的一系列重要观点。文中指出:重视人的尊严和价值是中华民族的传统美德;人权是一个国家主权范围内的问题;人权是历史的产物，它的充分实现是同每个国家经济文化水平相联系的逐渐发展的过程;在中国生存权和发展权是最基本、最重要的人权;集体人权与个人人权，经济、社会、文化权利与公民、政治权利紧密结合和协调发展，这适合中国国情因而是中国人权事业发展的必然道路。

《增进相互了解，加强友好合作》（1997年11月1日）这是江泽民同志访问美国期间在哈佛大学的演讲，强调相互了解是发展国与国关系的前提，着重从历史文化视角向美国公众介绍中国。文中指出:世界是异彩纷呈的，每个国家、每个民族都有自己的历史文化传统，都有自己的长处和优势，应该相互尊重、相互学习、取长补短、共同进步;从历史文化来了解和认识中国，是一个重要的视角;中国在自己发展的长河中形成了团结统一、独立自主、爱好和平、自强不息的优良历史文化传统。

《深化金融改革，防范金融风险》（1997年11月19日）这是江泽民同志在全国金融工作会议上讲话的主要部分。文中指出:金融在现代经济中具有极其重要的地位和作用，保证金融安全、高效、稳健运行，是国民经济持续快速健康发展的基本条件;进一步深化金融改革和整顿金融秩序、防范和化解金融风险，是当前和今后一个时期搞好改革、发展、稳定的关键;要按照建立社会主义市场经济体制的要求，加快和深化金融改革，切实把银行办成真正的银行;要切实加强金融法制建设，依法规范和维护社会主义市场经济的金融秩序;要积极推进两个根本性转变，为金融良性循环创造好的经济环境。

《实现国防和军队现代化建设跨世纪发展的战略目标》（1997年12月7日）这是江泽民同志在中央军委扩大会议上讲话的一部分，明确提出国防和军队现代化建设分三步走的战略目标。文中指出:实现国防和军队现代化建设分三步走的战略目标，关键在第一步;在跨世纪的这十几年时间里，必须坚定不移地贯彻加强质量建设的方针，走有中国特色的精兵之路;必须注意突出重点，着力解决最关键的问题;必须抓住机遇，积极推进军队改革;必须高度重视科学技术进步，加快高素质军事人才的培养。文中强调，各军兵种都要把应急机动作战部队建设放在优先地位，使之成为应付局部战争和突发事件、完成新时期军事斗争任务的中坚力量。

《实施“引进来”和“走出去”相结合的开放战略》（1997年12月24日）这是江泽民同志会见全国外资工作会议代表时的讲话，提出要积极引导和组织国内企业走出去、利用国际市场和国外资源的重要战略思想。文中指出:“引进来”和“走出去”，是我们对外开放基本国策两个紧密联系、相互促进的方面，缺一不可;不仅要积极吸引外国企业到中国投资办厂，也要积极引导和组织国内有实力的企业走出去，到国外去投资办厂，利用当地的市场和资源;视野要放开一些，既要看到欧美市场，也要看到广大发展中国家的市场;在努力扩大商品出口的同时，必须下大气力研究和部署如何走出去搞经济技术合作。

《做好经济工作，增强承受和抵御风险的能力》（1998年2月26日）这是江泽民同志在中共十五届二中全会上讲话的一部分，强调增强承受和抵御风险能力最根本的是要做好国内经济工作。文中指出:我们应对这场金融危机总的方针应该是坚定信心，心中有数，未雨绸缪，沉着应付，埋头苦干，趋利避害;当前最重要的是，要抓紧落实在不断提高效益和优化结构的前提下，保持国民经济持续快速健康发展的良好势头，千方百计扩大出口，适当增加进口，保持人民币汇率稳定。文中强调:一个国家特别是一个大国的经济发展，必须建立在坚实的物质技术基础和合理的经济结构之上;面对经济全球化的趋势和激烈复杂的国际竞争，如何趋利避害、掌握主动权，始终是摆在我们面前的大问题。

《推动乡镇企业进一步发展》（1998年4月21日）这是江泽民同志在江苏省考察乡镇企业时讲话的主要部分，深入阐述了乡镇企业的重要地位和作用、乡镇企业面临的形势、进一步加快乡镇企业发展、加强对乡镇企业改革发展的领导等重要问题。文中指出:要从国民经济和社会发展全局的高度来认识乡镇企业的重要地位和作用;发展乡镇企业是一个重大战略，是一项长期的根本方针;要正确认识乡镇企业面临的形势，增强搞好乡镇企业的信心;要推进两个根本性转变，走改革开放、体制创新、依靠科技、加强管理的路子，促进乡镇企业持续快速健康发展。

《继承和发扬五四运动的光荣传统》（1998年5月4日）这是江泽民同志在庆祝北京大学建校一百周年大会上的讲话，强调五四运动的精神，最根本的就是中华民族的爱国主义精神。文中指出:我们的大学应该成为科教兴国的强大生力军;我国要有若干所具有世界先进水平的一流大学;教育应与经济社会发展紧密结合，为现代化建设提供各类人才支持和知识贡献，这是面向二十一世纪教育改革和发展的方向;当代中国的广大青年，要继续继承和发扬五四运动的光荣传统，努力担当起振兴中华的历史使命。文中强调，全国的青年和学生要坚持学习科学文化与加强思想修养的统一，坚持学习书本知识与投身社会实践的统一，坚持实现自身价值与服务祖国人民的统一，坚持树立远大理想与进行艰苦奋斗的统一。

《新形势下对台工作的任务》（1998年5月11日）这是江泽民同志在中央对台工作会议上讲话的一部分。文中分五个方面阐述了新形势下对台工作的任务:要毫不动摇地坚持一个中国原则;要进一步加强两岸经济文化交流和人员往来，促进早日实现两岸直接“三通”;要大力加强做台湾人民工作的力度;要继续高举两岸政治谈判的旗帜，积极推动两岸政治谈判进程;要坚决反对和遏制“台独”分裂势力在国际上制造“两个中国”的活动。文中指出:争取台湾民心，是完成祖国统一的重要基础;做好台湾人民的工作，争取和团结广大台湾同胞同我们一道共同实现祖国的完全统一，始终是对台工作的重要目标。

《创新的关键在人才》（1998年6月1日）这是江泽民同志会见出席中国科学院第九次院士大会、中国工程院第四次院士大会的部分院士和外籍院士时讲话的主要部分，强调迎接未来科学技术的挑战，最重要的是要坚持创新，勇于创新。文中指出:科技创新已越来越成为当今社会生产力解放和发展的重要基础和标志;要加快建立当代中国的科技创新体系，全面增强我们的科技创新能力，这对于实现中华民族的伟大复兴是至关重要的;科学技术的发展，社会各项事业的进步，都要靠不断创新，而创新就要靠人才，特别要靠年轻英才不断涌现出来;大力培养任用年轻人，这应该成为我们推动科技创新、知识创新和其他各个方面创新工作的重要指导思想。

《领导干部要在思想、作风建设中作出表率》（1998年6月2日）这是江泽民同志在中共中央举办的第二期中共中央委员和候补委员学习邓小平理论和十五大精神研讨班上讲话的一部分，强调领导干部特别是高级干部应该在全党的思想、作风建设中作出表率。文中提出并阐述了对领导干部思想、作风建设八个方面的要求:必须在思想上、政治上同党中央保持高度一致;必须善于动员和组织群众一道奋斗;必须坚持贯彻党的民主集中制原则，学会多谋善断;必须眼界开阔、心胸宽广，淡泊个人名利;必须谦虚谨慎、戒骄戒躁，对党和人民的事业高度负责;必须坚持走群众路线，始终与群众同甘共苦;必须坚持不懈地学习、学习、再学习;必须加强团结，同危害团结的行为作斗争。

《军队必须停止一切经商活动》（1998年7月21日）这是江泽民同志在中央军委常务会议上讲话的一部分，鲜明提出并集中论述军队必须停止一切经商活动的重大决策。文中指出:在全国反走私联合行动和专项斗争中，军队要走在前列，为全社会树立榜样;军队搞经营性商业活动，会严重损害我军的形象和战斗力; （下转第二版）

人民日报

RENMIN RIBAO

今日8版

人民网 网址:http://www.people.com.cn
手机:http://wap.people.com.cn

国内统一连续出版物号 CN 11-0065
第21218期（代号1-1）
人民日报社出版

2006年8月
13
星期日
丙戌年七月二十

北京地区天气预报
白天 阴有中雨
局部地区有大雨
风向 偏南
风力 二、三级
夜间 阴有阵雨转多云
风向 南转北
风力 一、二级
温度 27℃/22℃

胡锦涛会见美国参议院临时参议长

表示中美双方应不断拓展两国共同的战略利益，妥善处理两国关系中的敏感问题和彼此关切，使中美建设性合作关系长期稳定健康地向前发展

8月12日，国家主席胡锦涛在北京人民大会堂会见美国国会参议院临时参议长史蒂文斯一行。 新华社记者 鞠鹏摄

本报北京8月12日讯 记者**杨讴**报道：国家主席胡锦涛今天上午在人民大会堂会见了美国国会参议院临时参议长史蒂文斯一行。宾主进行了友好的谈话。

胡锦涛说，当前中美关系总体发展良好。两国领导人保持密切交往，就双边关系等重大问题达成重要共识，增进了双方战略互信，促进了两国在众多领域和在重大国际及地区问题上的磋商、协调与合作。

胡锦涛表示，作为利益攸关方和建设性合作者，中美双方应本着相互尊重、求同存异、互利共赢的原则，加强交流、增进了解、扩大合作，不断拓展两国共同的战略利益，妥善处理两国关系中的敏感问题和彼此关切，使中美建设性合作关系长期稳定健康地向前发展。

胡锦涛还表示，近年来，中美两国立法机构交流活跃，对两国关系的发展起到了积极推动作用。希望中国全国人大和美国国会参、众两院继续发挥有关交流机制的作用，不断丰富对话和交流的内容，为全面推进中美建设性合作关系作出新的贡献。

史蒂文斯感谢胡锦涛主席会见并愉快地回忆了今年4月胡锦涛在华盛顿会见他和其他国会议员的情景，高度评价胡锦涛和布什为推进21世纪中美关系达成的重要共识。史蒂文斯感谢胡锦涛对美中立法机构交流的关心和支持，表示他本人同吴邦国和盛华仁的晤谈加深了相互了解和信任，使代表团成员深信，在双方共同努力下，中美关系定将取得更大发展。

全国人大常委会副委员长兼秘书长盛华仁等参加了会见。

东西联动 促强扶弱

山东构建区域经济协调发展新格局

本报济南8月12日电 记者**宋光茂、刘成友**报道：大雨过后的山东郓城工业园，一派繁忙景象。在晨鸣板材厂房内，一张张精美、光滑的高档刨花板顺利下线。这是经济强市潍坊援建菏泽郓城工业园的最大投资项目。截至6月底，山东省8个经济强市分别在经济欠发达的菏泽市8个县建起了工业园，累计进园项目113个，总投资55.8亿元，完成投资26亿元。长期欠发达的菏泽经济被“造血干细胞”激活，山东省东西部发展不协调的老大难问题正在发生着根本改变。

山东经济东强西弱。最弱的菏泽，近千万人口，人均生产总值只有全省平均水平的1/4。全省30个欠发达县，菏泽的10个县尽列其中。差距过大，就可能导致社会不和谐。山东省按照科学发展观要求，下决心改变山东经济地区不平衡的格局，让各地人民群众共享经济发展的成果。

实施“突破菏泽”战略，由东部的8市、8个经济强县和8个省直部门、10个大企业，对口帮扶菏泽，组织实施百个项目进菏泽、农村劳动力西输东接，并与东部地区交流干部，到6月底已开工“东西联动项目”164个，完成投资67.3亿元。菏泽在外务工人员达125万人，实现劳务输出年创收73.4亿元，约占该市农民收入的1/3。

与菏泽一起，德州、滨州、聊城曾是全省17地市中垫底的4个“难兄难弟”，如今争先恐后，发展迅猛。曾经破破烂烂的聊城市被打扮得温馨靓丽，城市绿化覆盖率达36%。滨州市沿海建起200多公里的防潮大堤，使群众告别海水侵扰之苦，新增海水养殖面积数十万亩，带动一大批工业项目。今年前6个月，山东省东西部差距开始呈现缩小的趋势。

山东还实施“双30工程”，抓两头带中间，促强扶弱，由30个强县对口帮扶30个弱县，出台14条帮扶政策。据统计，截至目前共为欠发达县落实项目197个，落实各类资金10亿多元。

山东财政实行倾斜政策，对51个财政困难县和81个产粮大县“蓄水养鱼”，重点扶持。去年51个县的增值税、营业税、企业所得税和个人所得税四个主体税种收入，比上年增长33.1%，高于全省平均水平8个多百分点。

对口帮扶使东部发达地区获得了大量的廉价劳力，也在西部欠发达地区找到了商机，实现了互惠互利。青岛国运集团董事长姜丰寿介绍，自己投资3000万元在曹县设立的工艺品项目，仅一年时间就建成投产，生产成本比在本部低两成，目前已进入回报期。

打造胶东半岛制造业基地和山东半岛城市群，增强对欠发达地区的带动力，是山东省促强创优、实现又快又好发展的另一举措。胶东半岛制造业基地工业增加值占全省工业增加值的1/3，成为山东新型工业化的龙头，仅青岛、烟台、威海三市国家级企业技术中心就达16家。以胶东半岛制造业基地为依托，山东全面启动包括青岛、烟台、威海、济南、淄博、潍坊、东营、日照等8市在内的山东半岛城市群建设。山东寄望这一区域与以济宁为中心的鲁西南城市圈一起，共同带动山东经济的全面协调可持续发展。

温家宝签署国务院令

《大中型水利水电工程建设征地补偿和移民安置条例》公布

据新华社北京8月12日电 国务院总理温家宝日前签署第471号国务院令，公布《大中型水利水电工程建设征地补偿和移民安置条例》（条例见第二版）。

《条例》共分八章六十三条，自2006年9月1日起施行。1991年2月15日国务院发布的《大中型水利水电工程建设征地补偿和移民安置条例》同时废止。

浙江各界支援灾区重建 福建全面展开生产自救

本报杭州8月12日电 记者**鲍洪俊**报道：遭受超强台风“桑美”袭击的温州、丽水等浙南灾区牵动着党中央、国务院和浙江各界干部群众的心。由民政部副部长窦玉沛率领的国务院救灾工作组11日深入温州苍南灾区，向灾民转达党中央、国务院的亲切关怀。省委、省政府负责同志和灾区干部奋战在抗灾一线，省财政紧急下拨5000万救灾资金。政府部门、企业等纷纷行动起来，投入救灾赈灾队伍，帮助灾区人民重建家园。

在灾区一线，省市电力、交通、水务、市政园林、通信等各部门，紧急出动抢险分队，加紧抢修受损的基础设施。农业部门抽调农技专家，帮助灾民制定和落实恢复生产的补救措施。省红十字会紧急调拨帐篷、毛巾被等价值71.7万元的救灾物资和30万元救灾款发往灾区。不少企业主动联系灾情严重的苍南县所属乡镇，捐款给受灾群众。华能集团向浙江灾区捐款100万元，上海温州商会捐款20万元。

本报福州8月12日电 记者**蔡小伟**报道：超强台风“桑美”正面袭击福建，给福建省特别是北部地区造成严重损失。台风过后，福建全面开展生产自救。灾区逐步恢复正常的生产生活秩序，灾区社会稳定，人心安定。

福建省委书记卢展工11日和12日赶往福鼎市、霞浦县等重灾区，察看灾情，检查指导救灾工作，鼓励群众振作精神，努力把灾害造成的损失抢回来。

福鼎市成立灾后生活生产自救领导小组，深入实地，组织救灾。该市受灾最为严重的沙埕镇群众不等不靠，展开自救。在山前增坪村，群众找来斧锯，锯开横在路面的树干，清扫路面障碍物。在霞浦、寿宁、福安、柘荣、蕉城等地，人武部干部职工和民兵预备役人员，一大早就清扫街道、抢收抢种农作物。在福安、福鼎等地，当地工商部门对食品供应情况展开地毯式检查，确保市民买到放心食品。

特大干旱严重影响工农业生产

四川重庆全力抗旱救灾

本报成都8月12日电 记者**刘裕国**报道：8月11日，四川盆地许多城市最高气温达到40摄氏度以上，四川省首次发布Ⅰ级（特大干旱）干旱红色预警。目前，四川省作物受旱面积2087.6万亩，成灾1317.6万亩，绝收237.6万亩；有308.9万人、401.2万头牲畜因旱饮水困难。旱情已严重影响农业生产和农民增收，工业生产也受到较大影响。

为帮助灾区抗旱救灾，四川省民政厅已会同省财政厅下拨救灾资金1000万元，近期还将下拨救灾资金，帮助解决饮水困难和部分群众的缺粮问题。省民政厅已先后派出8个工作组深入重旱县（市、区）调查灾情。旱区及时启动救灾应急预案，努力把灾害损失降到最低限度。

本报重庆8月12日电 记者**余继军**报道：入夏以来，重庆市遭受了30年一遇的特大干旱灾害。8月9日，重庆市防汛抗旱指挥部发布了首个特大干旱红色预警。截至8月12日，重庆市农作物受旱面积108.595万公顷，有800万人、583.55万头牲畜出现临时饮水困难，直接经济损失达22亿元。

目前，重庆市政府正采取多项措施，全力开展抗旱救灾工作。截至目前，全市已累计投入抗旱救灾资金1.5亿元；市级各部门派出25个工作组，帮助重旱区县抗御伏旱。

以民用技术助推军事训练 为部队培养急需科技人才

科技拥军促进部队信息化建设

本报北京8月12日讯 记者**郭嘉**报道：8月初，位于江西师范大学的“科技文化培训拥军基地”又像往常一样迎来了不少前来求学的驻军官兵。官兵们说：“走基地化拥军之路，科技资源利用率高，整合出效益，我们欢迎这样的拥军方式。”据悉，江西全省目前建起的48座科技拥军基地，已将72项民用技术成功“嫁接”到军事训练和装备运用中，为推动驻军部队战斗力建设提供了有效平台。

记者从军队有关部门了解到，近年来，各地围绕国防和军队建设实际需要，积极探索和实践为部队军事斗争准备服务的新形式，形成了以政府为主导，高等院校、科研单位和高科技企业为依托，信息系统集成建设为主线，信息文化服务为载体、培养新型军事人才为重点的科技拥军新格局。

各地把为部队培养急需人才作为科技拥军的实际行动，为双拥共建注入新的活力。在广州市，由政府财政支持的“送教育入军营”项目，自去年实施以来，在驻穗部队建成了15个远程教学中心；在浙江湖州市，微机设备送到连、科技图书送到连、电化教学设施送到连、科技人才培训到连、科技成果转化到连的科技拥军“五到连”等活动扎实推进；在江苏盐城市，10多家科研院所组建“革新器材研究所”，有针对性地协助部队研制革新器材。

把部队信息化建设亟待解决的难点作为科技拥军的重点，有力地促进了部队现代化建设。一些国内知名企业不仅把自己的顶尖产品成套捐赠给部队，而且纷纷签署协议加入到IT科技拥军联盟。据了解，山东全省目前建立各类科技拥军基地1000多个；福建省为部队培养高素质人才1万多人，帮助部队开发重点科研项目83个。

《江泽民文选》第三卷主要篇目介绍

中共中央文献编辑委员会编辑的《江泽民文选》第三卷，收入了江泽民同志在2000年2月25日至2004年9月20日这段时间内的重要著作，共有报告、讲话、谈话、信件、批示、批语等63篇，多数是第一次公开发表。现将《江泽民文选》第三卷主要篇目介绍如下。

《始终做到“三个代表”是我们党的立党之本、执政之基、力量之源》（2000年5月14日）这是江泽民同志在上海主持召开江苏、浙江、上海党建工作座谈会时的讲话。文中联系古今中外的历史经验教训，论述了三个问题：关于加强新时期党的建设的重要性和紧迫性；关于按照“三个代表”要求切实加强党的建设；关于把“三个代表”要求贯彻落实到党的全部工作中去。文中指出：我们党要带领全国各族人民实现跨世纪发展的宏伟目标，战胜前进道路上可能出现的各种困难和风险，必须进一步增强凝聚力和战斗力，必须抓紧解决党内存在的突出问题，必须适应新情况不断提高领导水平和执政能力；推进党的思想建设、政治建设、组织建设、作风建设，都应该贯穿“三个代表”要求；要坚持把“三个代表”要求落实到坚定正确地执行党的路线方针政策中去，落实到党的各项工作中去，落实到建设一支高素质的干部队伍中去，落实到从严治党中去。

《加紧培养适应新世纪要求的中青年领导干部》（2000年6月9日）这是江泽民同志在全国党校工作会议上的讲话。文中指出：建设好我们的党，首先要提高党的各级领导干部的思想政治素质，特别是要努力提高中青年领导干部的思想政治素质，使之成为忠诚于马克思主义、坚持走有中国特色社会主义道路、会治党治国的新一代政治家；要大力加强中青年领导干部的党性修养，大力拓宽他们的视野，大力培养他们的战略思维能力，大力提高他们的理论素养；培养中青年领导干部，一要不拘一格、二要加强磨炼，三要人才辈出。

《不断根据实践的要求进行创新》（2000年6月20日）这是江泽民同志在兰州主持召开西北地区党建工作和西部开发座谈会时讲话的一部分。文中指出：创新是一个民族进步的灵魂，是一个国家兴旺发达的不竭动力，也是一个政党永葆生机的源泉；我们进行体制创新，就是要不断完善适应发展社会主义市场经济、全面建设有中国特色社会主义要求的各方面的体制；我们进行科技创新，就是要使科学技术成为我国跨世纪发展的强大推动力量；我们进行理论创新，就是要使我们党的基本理论在继承的基础上不断吸取新的实践经验、新的思想而向前发展。

《在中央思想政治工作会议上的讲话》（2000年6月28日）文中论述了三个问题：关于思想政治工作面临的新形势新情况；关于加强和改进党的思想政治工作；关于加强党对思想政治工作的领导。文中从国际与国内、历史和现实的角度，提出了四个影响干部群众思想活动的重大理论问题和实际问题，即如何认识社会主义发展的历史进程、如何认识资本主义发展的历史进程、如何认识我国社会主义改革实践过程对人们思想的影响、如何认识当今的国际环境和国际政治斗争带来的影响，并运用辩证唯物主义和历史唯物主义的观点和方法，对这些问题作出了科学的、有说服力的回答。文中强调，面对新形势新情况，我们的思想政治工作在继承和发扬优良传统的基础上，必须在内容、形式、方式、方法、手段、机制等方面努力进行创新和改进，特别要在增强时代感和加强针对性、实效性、主动性上下功夫。

《在新世纪把建设有中国特色社会主义事业继续推向前进》（2000年10月11日）这是江泽民同志在中共十五届五中全会上的讲话。文中论述了三个问题：关于进入新世纪的发展方针；关于进入新世纪的主要任务；关于进一步加强党的建设。文中指出：我们要把发展作为主题，把结构调整作为主线，把改革开放和科技进步作为动力，把提高人民生活水平作为根本出发点，全面推动经济发展和社会进步；继续推进现代化建设，完成祖国统一，维护世界和平与促进共同发展，是进入新世纪我们必须抓好的三大任务；全党同志一定要站在时代的前列，紧跟世界发展的潮流，充分发挥党的领导和社会主义制度的优越性，敢于战胜前进道路上的一切艰难险阻，信心百倍、团结一致地为完成进入新世纪的三大任务而努力工作；完成三大任务，关键在党，我们必须坚持党要管党、从严治党的方针，全面加强党的思想、组织、作风建设，切实解决党内存在的各种问题，使我们党不断提高领导水平和执政能力，不断提高拒腐防变和抵御风险的能力，永葆生机和活力。

《进一步开创统一战线工作的新局面》（2000年12月4日）这是江泽民同志在全国统战工作会议上讲话的主要部分。文中论述了四个问题：关于统一战线在新世纪党的工作全局中的地位和作用；关于坚持和完善中国共产党领导的多党合作和政治协商制度；关于统一战线工作的几项重要任务；加强和改善党对统一战线工作的领导。文中指出：统一战线作为党的一个重要法宝绝不能丢掉，作为党的一个政治优势绝不能削弱，作为党的一项长期方针绝不能动摇；我们必须充分认识中国共产党领导的多党合作和政治协商制度的优越性，把它坚持好、完善好、落实好；统一战线工作要适应国内外形势的发展变化，适应进入新世纪全党工作大局的要求，着重研究和做好知识分子的工作、民族工作、宗教工作、非公有制经济人士的工作、港澳台同胞和海外侨胞的工作；全党同志特别是领导干部要认真总结经验，不断探索创新，进一步提高对统一战线工作的领导水平。

《机械化和信息化是我军建设的双重历史任务》（2000年12月11日）这是江泽民同志在中央军委扩大会议上讲话的一部分。文中分析了将长时期对世界和平与安全产生深刻影响的四个重要因素，提出了我军实现现代化的双重历史任务，阐述了如何做好军事斗争准备问题。文中指出：对影响我国安全形势的不确定因素，特别是有些因素在一定条件下可能突出和尖锐起来的现实，我们绝不能掉以轻心，必须全面审视，正确把握，周密部署，从容应对；我们抓紧进行军事斗争准备，也就抓住了当前军队建设的主要矛盾；要努力完成我军机械化和信息化建设的双重历史任务，着力构建适应高技术战争要求的现代作战体系，坚持用改革创新精神搞好我军以现代化为中心的全面建设，进一步完善科学决策的机制和手段。

《全面贯彻“一国两制”方针》（2000年12月20日）这是江泽民同志在澳门举行的中华人民共和国澳门特别行政区成立一周年庆祝大会上的讲话。文中全面阐述了“一国”与“两制”的关系，强调要全面贯彻“一国两制”方针。文中指出：要继续把“一国两制”作为处理澳门事务的基本方针；要坚持依法治澳；要维护行政长官的权威，支持行政长官的工作；要努力为澳门长期繁荣稳定和发展创造有利的社会环境。

《推动党风廉政建设和反腐败斗争深入开展》（2000年12月26日）这是江泽民同志在中共中央纪律检查委员会第五次全体会议上的讲话。文中论述了三个问题：关于认真总结党风廉政建设和反腐败斗争的经验；关于正确认识党的执政地位及其带来的影响；关于加大从源头上预防和治理腐败现象的力度。文中指出：全党同志特别是领导干部，都要从贯彻“三个代表”要求、始终保持党同人民群众血肉联系的政治高度看待党风廉政建设和反腐败斗争，坚定不移地把这项工作推向前进；反腐败斗争应该逐步加大治本的工作力度，努力从源头上预防和治理腐败现象，要将预防腐败现象寓于各项重要政策和措施之中，要依靠发展民主、健全法制来预防和治理腐败现象，要通过体制创新逐步铲除腐败现象滋生的土壤和条件，要从思想上筑牢反腐倡廉、拒腐防变的堤防，要促进反腐倡廉各项工作协调发展。

《大力弘扬不懈奋斗的精神》（2001年1月10日）这是江泽民同志在全国宣传部长会议上讲话的一部分。文中指出：伟大的事业需要并将产生崇高的精神，崇高的精神支撑和推动着伟大的事业；没有坚强精神的民族，是没有前途的；面对新世纪、新形势、新任务，特别需要在全党全社会大力宣传和弘扬为实现社会主义现代化而不懈奋斗的精神，包括解放思想、实事求是的精神，紧跟时代、勇于创新的精神，知难而进、一往无前的精神，艰苦奋斗、务求实效的精神，淡泊名利、无私奉献的精神；要使全体人民始终保持共同理想信念和强大精神支柱，必须进行长期不懈的努力，要把法制建设与道德建设紧密结合起来，把依法治国与以德治国紧密结合起来。

《关于坚持四项基本原则》（2001年4月2日）这是江泽民同志在全国社会治安工作会议上讲话的一部分。文中指出：坚持社会主义道路的实质，就是全党同志要坚定不移地走建设有中国特色社会主义道路，充满信心地为建设有中国特色社会主义伟大事业而不懈奋斗；坚持人民民主专政的实质，就是要不断发展社会主义民主，切实保护人民的利益，维护国家的主权、安全、统一、稳定；坚持中国共产党的领导的实质，就是要坚持党在建设有中国特色社会主义事业中的领导核心地位，发挥党总揽全局、协调各方的作用；

（下转第二版）

RENMIN RIBAO

今日16版(华东、华南地区20版)
人民网 网址:http://www. people. com. cn
手机:http://wap. people. com. cn

国内统一连续出版物号 CN 11-0065
第21221期(代号1-1)
人民日报社出版

2006年8月
16
星期三
丙戌年七月廿三
北京地区天气预报
白天 多云转晴
风向 北转南
风力 二、三级
夜间 晴间多云
风向 南转北
风力 一、二级
温度 33℃/22℃

中共中央关于学习《江泽民文选》的决定

(2006年8月13日)

党的十六大以来,党中央相继部署在全党兴起学习贯彻“三个代表”重要思想新高潮、开展以实践“三个代表”重要思想为主要内容的保持共产党员先进性教育活动,把学习贯彻“三个代表”重要思想不断引向深入。党中央还作出了编辑出版《江泽民文选》的重大决定。现在,《江泽民文选》已经出版发行。这是党和国家政治生活中的一件大事。

《江泽民文选》主要收录了江泽民同志从20世纪80年代末到21世纪初的重要著作。这些重要著作,生动记录了以江泽民同志为核心的党的第三代中央领导集体带领全党全国各族人民把中国特色社会主义事业推向前进的历史进程,科学总结了我们党领导人民战胜各种艰难险阻、全面开创中国特色社会主义事业新局面的宝贵经验,集中反映了我们党坚持以马克思列宁主义、毛泽东思想、邓小平理论为指导,坚持把马克思主义基本原理同当代中国实践和时代特征相结合创造性地提出的新的重大理论成果,为我们巩固和加强全党全国各族人民团结奋斗的共同思想基础提供了最好的教材。 (下转第二版)

中共中央举行学习《江泽民文选》报告会

胡锦涛发表重要讲话

吴邦国主持 温家宝贾庆林曾庆红黄菊吴官正罗干出席

李长春宣读《中共中央关于学习〈江泽民文选〉的决定》

新华社北京8月15日电 中共中央15日上午在中南海怀仁堂举行学习《江泽民文选》报告会。中共中央总书记、国家主席、中央军委主席胡锦涛在会上发表重要讲话。他强调,《江泽民文选》为我们更深入地学习领会“三个代表”重要思想,更好地用“三个代表”重要思想武装头脑、指导实践、推动工作,继续推进中国特色社会主义伟大事业和党的建设新的伟大工程,提供了最好的教材。

胡锦涛强调,学习《江泽民文选》是当前和今后一个时期党的思想政治建设和党员干部理论学习培训的重要任务。要弘扬理论联系实际的马克思主义学风,联系改革开放和社会主义现代化建设的实际,联系本地区本部门的工作实际和干部群众的思想实际,努力做到学以致用、用以促学、学用相长,着力提高广大党员、干部的思想认识水平,着力推进各地区各部门的工作。

中共中央政治局常委吴邦国、温家宝、贾庆林、曾庆红、黄菊、吴官正、李长春、罗干出席报告会。报告会由吴邦国主持。李长春宣读了《中共中央关于学习〈江泽民文选〉的决定》。

中共中央决定指出,《江泽民文选》已经出版发行,这是党和国家政治生活中的一件大事。全党同志都要充分认识学习《江泽民文选》的重要性和必要性,潜心研读原著,把握精神实质,真正学通弄懂。全党同志和全国各族人民要紧密团结在以胡锦涛同志为总书记的党中央周围,高举邓小平理论和“三个代表”重要思想伟大旗帜,全面贯彻落实科学发展观,同心同德,扎实工作,开拓进取,在全面建设小康社会的伟大进程中不断开创中国特色社会主义事业新局面。(《决定》全文另发)

胡锦涛在讲话中指出,《江泽民文选》生动记录了以江泽民同志为核心的党的第三代中央领导集体带领全党全国各族人民把中国特色社会主义事业推向前进的历史进程,科学总结了我们党领导人民战胜各种艰难险阻、全面开创中国特色社会主义事业新局面的宝贵经验,集中反映了我们党坚持以马克思列宁主义、毛泽东思想、邓小平理论为指导,坚持把马克思主义基本原理同当代中国实践和时代特征相结合创造性地提出的新的重大理论成果。学习《江泽民文选》,重温这一历史时期我国非同凡响的发展历程,深刻领会并长期坚持这些宝贵经验,始终高举毛泽东思想、邓小平理论和“三个代表”重要思想伟大旗帜,对于坚定广大党员、干部和人民群众走中国特色社会主义道路的决心和信心,对于我们提高应对国际国内复杂局面、领导建设中国特色社会主义事业的能力和水平,加强党的执政能力建设和先进性建设,对于我们始终走在时代前列,在建设中国特色社会主义的伟大实践中不断推进马克思主义的中国化,更好地发挥马克思主义对实践的指导作用,具有十分重大的意义。

8月15日,中共中央在北京中南海怀仁堂举行学习《江泽民文选》报告会。中共中央总书记、国家主席、中央军委主席胡锦涛发表重要讲话。 新华社记者 马占成摄

胡锦涛指出,“三个代表”重要思想最鲜明的特点和最突出的贡献,在于用一系列紧密联系、相互贯通的新思想、新观点、新论断,进一步回答了什么是社会主义、怎样建设社会主义的问题,创造性地回答了在长期执政的历史条件下建设什么样的党、怎样建设党的问题,深化了我们对新的时代条件下推进中国特色社会主义事业和加强党的建设的规律的认识。我们学习《江泽民文选》,必须牢牢把握建设中国特色社会主义这个主题,进一步深刻认识和科学回答什么是社会主义、怎样建设社会主义这个根本问题,更好地把中国特色社会主义伟大事业推向前进;必须紧紧抓住党的建设这个关键,进一步深刻认识和科学回答在长期执政的历史条件下建设什么样的党、怎样建设党这个重大问题,更好地把党的建设新的伟大工程推向前进。

胡锦涛强调,解放思想、实事求是、与时俱进,是马克思主义活的灵魂,是我们适应新形势、认识新事物、完成新任务的根本思想武器。这个活的灵魂,在“三个代表”重要思想的全部理论中得到了充分体现。“三个代表”重要思想坚定不移地坚持马克思主义基本原理,同时又根据我国实际和时代变化积极丰富和发展马克思主义。学习《江泽民文选》,要牢牢把握解放思想、实事求是、与时俱进这个活的灵魂,坚定不移地贯彻执行党的思想路线,努力提高运用马克思主义世界观和方法论研究新情况、解决新问题的能力。

胡锦涛指出,一切为了人民,一切依靠人民,是马克思主义政党最鲜明的政治立场。实现人民愿望、满足人民需要、维护人民利益,是“三个代表”重要思想的根本出发点和落脚点。尊重人民实践、从人民的伟大创造中汲取思想营养并上升为理论,是我们党进行理论创新的不竭源泉。学习《江泽民文选》,要牢牢把握和坚持始终代表中国最广大人民根本利益的马克思主义立场,使我们的一切工作和方针政策充分体现最广大人民的根本利益,切实把人民群众的利益实现好、维护好、发展好,切实把他们的积极性引导好、保护好、发挥好,为中国特色社会主义伟大事业奠定坚实群众基础、提供强大奋进力量。

胡锦涛指出,加强思想理论建设,用马克思主义武装全党,是我们党永葆先进性的根本保证。党的理论创新每推进一步,理论武装就要跟进一步。学习《江泽民文选》,要把一至三卷作为一个整体来把握,花大力气研读原著,做到真学、常学、深学,勤于思考,善于运用,真正学通弄懂,把“三个代表”重要思想转化为为党和人民的事业不懈奋斗的坚定信念,转化为观察和解决问题的科学方法,转化为指导改造客观世界和主观世界的行为准则,努力做到认识上有新提高、运用上有新收获。

胡锦涛强调,世界在变化,中国在前进。客观实践的发展变化,对加强马克思主义理论武装和推进理论创新提出了新的更高的要求。学好用好“三个代表”重要思想,在实践中继续坚持和发展马克思主义,是时代赋予我们的光荣而神圣的使命。党的十六大以来,党中央紧密结合新世纪新阶段国际国内形势的发展变化,提出以人为本、实现科学发展、构建社会主义和谐社会、建设社会主义新农村、建设创新型国家、树立社会主义荣辱观、推动建设和谐世界、加强党的先进性建设等重大战略思想和重大战略任务,就是我们在邓小平理论和“三个代表”重要思想指导下取得的重要成果。今后,我们一定要坚持以邓小平理论和“三个代表”重要思想为指导,在新的历史条件下把马克思主义的中国化继续推向前进,在思想上不断有新解放、理论上不断有新发展、实践上不断有新创造,使马克思主义在中国放射出更加耀眼的真理光芒。

胡锦涛强调,马克思主义理论的巨大生命力,在于能够给实践提供科学指导,使人们在认识规律、把握规律、运用规律的基础上更好地改造客观世界和主观世界。我们要继续坚定不移地加强用邓小平理论和“三个代表”重要思想武装全党、教育人民的工作,继续坚定不移地抓好发展这个党执政兴国的第一要务,继续坚定不移地转变发展观念、创新发展模式、提高发展质量,继续坚定不移地坚持党的领导、人民当家作主和依法治国的有机统一,继续坚定不移地发展社会主义先进文化,继续坚定不移地做好构建社会主义和谐社会的各项工作,继续坚定不移地坚持发展为了人民、发展依靠人民、发展成果由人民共享,继续坚定不移地坚持立党为公、执政为民,始终不渝地保持和发展党的先进性。(讲话全文另发)

吴邦国在主持报告会时说,胡锦涛总书记的重要讲话深刻阐述了《江泽民文选》出版的重大意义,系统归纳了“三个代表”重要思想富有独创性的理论成果,高度评价了江泽民同志作为党的第三代中央领导集体核心和“三个代表”重要思想主要创立者的重大贡献,并对全党全国学习运用《江泽民文选》提出了明确要求。我们要认真学习、深刻领会、全面贯彻,真正把学好用好《江泽民文选》的工作落到实处。

出席报告会的领导同志还有:王兆国、回良玉、刘淇、刘云山、吴仪、周永康、贺国强、郭伯雄、曹刚川、曾培炎、王刚、徐才厚、何勇、李铁映、司马义·艾买提、何鲁丽、丁石孙、成思危、许嘉璐、蒋正华、顾秀莲、热地、盛华仁、路甬祥、乌云其木格、韩启德、唐家璇、华建敏、陈至立、肖扬、贾春旺、王忠禹、廖晖、刘延东、李贵鲜、张思卿、罗豪才、张克辉、周铁农、陈奎元、阿不来提·阿不都热西提、徐匡迪、李兆焯、黄孟复、张怀西、李蒙、张梅颖、张榕明,中央军委委员梁光烈、李继耐、廖锡龙、陈炳德、乔清晨、靖志远。

中央党政军群各部门和北京市负责同志,各民主党派中央、全国工商联负责人和无党派人士代表,部分理论、宣传工作者代表出席报告会。

在学习《江泽民文选》报告会上的讲话

(2006年8月15日)

胡锦涛

同志们:

今天,我们在这里隆重举行学习《江泽民文选》报告会。《江泽民文选》的出版发行,是党和国家政治生活中的一件大事。党中央专门作出《关于学习〈江泽民文选〉的决定》。各地区各部门一定要按照党中央的要求,切实抓好落实。

党的十六大以来,党中央一直强调,“三个代表”重要思想反映了我国最广大人民的共同意愿,体现了当今世界和当代中国发展的时代精神,显示了马克思主义科学理论的强大力量,是新世纪新阶段全党全国各族人民继往开来、与时俱进,实现全面建设小康社会宏伟目标的根本指针,是必须长期坚持的指导思想。根据这个精神,党中央先后部署在全党兴起学习贯彻“三个代表”重要思想新高潮、开展以实践“三个代表”重要思想为主要内容的保持共产党员先进性教育活动,把学习贯彻“三个代表”重要思想不断引向深入,有力地推动了党和国家各个方面的工作。现在,根据党中央的决定,《江泽民文选》已由中共中央文献编辑委员会编辑完成并在全国出版发行。《江泽民文选》主要收入了江泽民同志从20世纪80年代末至21世纪初具有代表性和独创性的重要著作,为我们更深入地学习领会“三个代表”重要思想,更好地用“三个代表”重要思想武装头脑、指导实践、推动工作,继续推进中国特色社会主义伟大事业和党的建设新的伟大工程,提供了最好的教材。

——《江泽民文选》生动记录了以江泽民同志为核心的党的第三代中央领导集体带领全党全国各族人民把中国特色社会主义事业推向前进的历史进程。江泽民同志说:“‘三个代表’的思想,不是凭空产生的,而是我们十三年来在理论和实践上不断探索和开拓的结果。”党的十三届四中全会以后的13年间,国际形势风云变幻,我国改革开放和社会主义现代化建设的进程波澜壮阔。特别是20世纪80年代末90年代初,国内发生严重政治风波,国际上东欧剧变、苏联解体,世界社会主义出现严重曲折,我国社会主义事业的发展面临空前巨大的困难和压力,我们党和国家处在决定前途命运的重大历史关头。以江泽民同志为核心的党的第三代中央领导集体,高举马克思列宁主义、毛泽东思想、邓小平理论伟大旗帜,紧紧依靠全党同志和全国各族人民,坚持党的十一届三中全会以来的路线不动摇,坚持以经济建设为中心,坚持四项基本原则,坚持改革开放,从容应对来自各方面的困难和风险,全面推进社会主义现代化建设,开创了中国特色社会主义事业新局面。我国综合国力大幅度跃升,人民生活总体上实现了由温饱到小康的历史性跨越,香港、澳门回到祖国怀抱,我国社会长期保持安定团结,国际影响显著扩大,中华民族以崭新的面貌自立于世界民族之林。学习《江泽民文选》,重温这一历史时期我国非同凡响的发展历程,对于坚定广大党员、干部和人民群众走中国特色社会主义道路的决心和信心,具有十分重大的意义。

——《江泽民文选》科学总结了我们党领导人民战胜各种艰难险阻、全面开创中国特色社会主义事业新局面的宝贵经验。党的十三届四中全会以后的13年间,以江泽民同志为核心的党的第三代中央领导集体,科学判断形势,全面把握大局,进行艰辛探索,针对形势和任务的发展不断研究和提出新的战略部署和政策措施,在极其复杂的情况下妥善处理和解决了涉及党和国家工作全局的许多重大问题,奋力推进中国特色社会主义伟大事业和党的建设新的伟大工程,积累了大量成功经验。江泽民同志在党的十六大报告中提出的我们党在领导改革开放和社会主义现代化建设中取得的基本经验,集中体现了我们党在实践中形成的新的重要认识,标志着我们党对共产党执政规律、社会主义建设规律、人类社会发展规律的认识、把握、运用水平都有了进一步提高。学习《江泽民文选》,深刻领会并长期坚持这些宝贵经验,对于我们提高应对国际国内复杂局面、领导建设中国特色社会主义事业的能力和水平,加强党的执政能力建设和先进性建设,具有十分重大的意义。

——《江泽民文选》集中反映了我们党坚持以马克思列宁主义、毛泽东思想、邓小平理论为指导,坚持把马克思主义基本原理同当代中国实践和时代特征相结合创造性地提出的新的重大理论成果。我们党历来高度重视理论指导和理论创新,始终坚持把马克思主义基本原理同中国具体实际相结合,先后产生了毛泽东思想、邓小平理论这两大理论成果。党的十三届四中全会以后,以江泽民同志为主要代表的当代中国共产党人,高举毛泽东思想、邓小平理论伟大旗帜,坚持以发展着的马克思主义指导发展着的实践,准确把握时代特征,科学判断党所处的历史方位,紧紧围绕建设中国特色社会主义这个主题,集中全党智慧,总结实践经验,以马克思主义的巨大理论勇气进行理论创新,逐步形成“三个代表”重要思想这一科学理论。学习《江泽民文选》,始终高举毛泽东思想、邓小平理论和“三个代表”重要思想伟大旗帜,对于我们始终走在时代前列,在建设中国特色社会主义的伟大实践中不断推进马克思主义的中国化,更好地发挥马克思主义对实践的指导作用,具有十分重大的意义。

同志们!

“三个代表”重要思想突出强调我们党始终代表中国先进生产力的发展要求、代表中国先进文化的前进方向、代表中国最广大人民的根本利益,遵循了人类历史发展进步的普遍规律,顺应了时代发展的潮流和我国社会发展进步的要求,反映了全国各族人民的利益和愿望,抓住了新形势下提高党的执政能力、巩固党的执政地位、完成党的执政使命的根本。 (下转第二版)

越南共产党中央总书记农德孟将访华

新华社北京8月15日电 中共中央对外联络部新闻发言人郭业洲15日在北京宣布:应中国共产党中央委员会总书记、中华人民共和国主席胡锦涛的邀请,越南共产党中央委员会总书记农德孟将于8月22日至26日对中国进行正式友好访问。

委内瑞拉总统将访华

新华社北京8月15日电 外交部发言人刘建超15日宣布,应国家主席胡锦涛的邀请,委内瑞拉玻利瓦尔共和国总统乌戈·拉斐尔·查韦斯·弗里亚斯将于8月22日至27日对中国进行国事访问。

第十一届田径世青赛在京开幕

李长春出席并宣布开幕

(第四版)

就日本首相小泉纯一郎再次参拜靖国神社

中国外交部发表声明强烈抗议

国纪平文章:从参拜靖国神社看错误的历史观

(第三版)

人民日報
RENMIN RIBAO
今日12版（华东地区16版）
国内统一刊号：CN11—0065
第17140期（代号1—1）
1995年6月
14
星期三
乙亥年五月十七
北京地区天气预报
白天 阴有小阵雨 转多云 风向 偏南 风力二、三级
夜间 多云 风向 偏南 风力一、二级
温度 29℃／20℃
人民日报社出版

《陈云文选》一至三卷出版发行

收入作者在新民主主义革命、社会主义革命和社会主义建设各个历史时期的主要著作190篇、70多万字

新华社北京6月13日电 在陈云同志诞辰90周年之际，由人民出版社出版的《陈云文选》一至三卷，即日起在全国新华书店发行。

《陈云文选》共三卷。1984年出版了前两卷（即1926—1949年卷和1949—1956年卷），1986年出版了后一卷（即1956—1985年卷）。这一版本发行以来的10年时间里，作者陆续有新的文稿问世，有关部门也陆续发现了一些没有收入文选的重要文稿。1994年12月，经陈云同志同意，由中共中央文献编辑委员会对《陈云文选》第一版进行增补和修订后出版第二版，改称《陈云文选》第一卷、第二卷、第三卷。

《陈云文选》第二版，经作者审定，增补33篇文章，约8万多字，绝大部分是没有公开发表过的。其中，第一卷增补6篇文章（不包括第一版编在1956—1985年卷末、现按时间顺序移入本卷的4篇文章）；第三卷增补27篇文章，所收文章写作时间的下限由1985年延至1994年。在《陈云文选》第二版中，还对第一版少数几篇正文和题解作了个别文字的订正，并增加和校订了一些注释。（**《陈云文选》第一卷第三卷增补文章介绍见第五版**）

经过增补和修订的《陈云文选》一至三卷，收入了作者在中国新民主主义革命、社会主义革命和社会主义建设的各个历史时期的主要著作共190篇、70多万字，成为陈云同志的比较完整的著作选集。

陈云同志是中国共产党第一代和第二代中央领导集体的成员，他的著作科学地总结了我国革命和建设事业中的许多重要经验，其中关于党的建设和经济建设方面的论述尤为重要和精辟。这些著作反映了陈云同志在从20年代中期到90年代初期长达70年的革命生涯中，把马克思主义基本原理同中国革命和建设的具体实践相结合所形成的基本思想、观点和主张。这些著作也反映了陈云同志在长期的革命斗争、经济建设和党的建设中，始终坚持实事求是的原则和严谨的科学态度，具有注重实践、亲自动手、踏实细致、多谋善断的作风，以及开门见山、重在论理、要言不繁的文风。

《陈云文选》第二版的出版发行，对于帮助各级领导干部提高思想、理论、政治水平将会起到重要作用。

与《陈云文选》第二版同时发行的，还有中共中央文献研究室和新华社编辑、中央文献出版社出版的大型画册《陈云》。收入这本画册的，有近500幅珍贵照片，此外还选用了陈云同志的几篇手迹。通过照片并配以适当的文字说明，向读者生动地介绍陈云同志的经历、工作和生活，在这以前还没有过。

《陈云文选》（一—三卷）、《陈云》画册出版发行暨纪念陈云同志诞辰九十周年

中共中央举行座谈会

江泽民发表重要讲话 李鹏乔石朱镕基刘华清荣毅仁等出席 胡锦涛主持

6月13日，中共中央在北京人民大会堂举行《陈云文选》（1—3卷）和《陈云》画册出版发行暨纪念陈云同志诞辰90周年座谈会。江泽民、李鹏、乔石、朱镕基、刘华清、胡锦涛、荣毅仁等出席座谈会。 新华社记者 齐铁砚摄

本报北京6月13日讯 中央人民广播电台记者**刘振英**、新华社记者**张宿堂**、本报记者**陈维伟**报道：中共中央今天上午在人民大会堂举行《陈云文选》（1—3卷）、《陈云》画册出版发行暨纪念陈云同志诞辰90周年座谈会，缅怀陈云同志的光辉业绩和不朽风范，表达对陈云同志衷心的爱戴和尊敬。中共中央总书记、国家主席、中央军委主席江泽民在座谈会上发表了重要讲话。

江泽民说，陈云同志是伟大的无产阶级革命家、政治家，杰出的马克思主义者，中国社会主义经济建设的开创者和奠基人之一，党和国家久经考验的卓越领导人。他为中国人民解放和社会主义建设事业奋斗了70多年，功勋卓著，永载史册。新版《陈云文选》三卷本，集中了他的思想和观点，是他长期从事领导工作丰富经验的理论概括，对于我们推进社会主义物质文明和精神文明建设，加强党的建设，都具有重要指导意义。《陈云》画册生动地再现了他的经历、工作和生活。这两部书同时出版发行，是我们党和国家生活中的一件大事，也是我们对陈云同志最好的纪念。陈云同志的业绩和著作，他的思想、品德和风格，属于我们伟大的党，属于我们伟大的国家和民族。他永远是我们学习的楷模。（**全文另发**）

经过增补和修订的《陈云文选》一至三卷，收入了作者在中国新民主主义革命、社会主义革命和社会主义建设的各个历史时期的主要著作共190篇、70多万字，是陈云同志的比较完整的著作选集。《陈云文选》一至三卷由人民出版社出版，即日起在全国新华书店发行。由中共中央文献研究室和新华社编辑、中央文献出版社出版的大型画册《陈云》，收入了近500幅珍贵照片，此外还选用了陈云同志的几篇手迹。

李鹏、乔石、朱镕基、刘华清、荣毅仁等党和国家领导人出席了座谈会。座谈会由中共中央政治局常委、书记处书记胡锦涛主持。座谈会上，袁宝华代表薛暮桥、吴波、沈鸿、柴树藩发了言，张全景、胡绳也发了言。他们在发言中回顾了陈云同志在各个历史时期、在不同岗位上工作的情况，缅怀了陈云同志伟大光辉的一生，表达了对陈云同志的深切怀念之情。

丁关根、李铁映、吴邦国、姜春云、尉健行、宋平、宋任穷、张震、任建新、倪志福、王丙乾、王光英、布赫、吴阶平、迟浩田、宋健、罗干、赛福鼎·艾则孜、王首道、李德生、王芳、杨易辰、马文瑞、王鹤寿、邓力群和陈云同志的夫人于若木等亲属，中央有关部门负责人以及参加陈云生平与思想研讨会的专家学者出席了座谈会。

李瑞环同卡斯特罗会见

强调维护国家独立和主权是第一位任务

6月12日，卡斯特罗主席同李瑞环主席在哈瓦那会见。 新华社记者 白连镜摄

本报哈瓦那6月12日电 记者张仓吉报道：中国全国政协主席李瑞环今晚在哈瓦那会见了古巴国务委员会主席菲德尔·卡斯特罗，宾主在亲切友好的气氛中就共同关心的问题交换了意见。在交谈中李瑞环强调维护国家独立和主权是第一位任务。

李瑞环说："古巴人民长期以来在极其艰苦的条件下，顶住外来压力，不断探索适合本国国情的发展道路，令人钦佩。中古两国都有过被外国侵略、干涉的遭遇，都为争取民族解放进行过长期的艰苦斗争，都无比珍惜用鲜血和生命换来的国家独立与主权。在世界上，任何一位对历史负责、对国家负责、对人民负责、对祖先和儿孙负责的国家领导人，都不能不把维护国家的独立和主权作为第一位的任务。同样，任何一个国家要同其他国家友好相处，获得对方理解，获得国际社会的真正尊重，也不能不把尊重别国的独立和主权作为外交的基点。如果脱离这一原则，无论打什么样的旗号，用什么样的漂亮语言，都是虚伪的，最终也是要失败的。世界各国的情况互不相同，各国人民都有独立自主选择自己社会制度和发展道路的权利。尊重别国的独立和主权，最重要的就是尊重别国人民的这种权利。"

李瑞环强调："中国历来主张，一切国家不论大小、强弱、富贫，都是国际社会平等的一员，彼此之间应该平等相待，而不能以大欺小，以强凌弱，以富压贫。这既是绝大多数国家的共同愿望，也是历史发展的必然趋势。只有这样，才谈得上建立公正合理的国际新秩序，才谈得上世界的和平。"

李瑞环主席转达了江泽民主席对卡斯特罗主席的亲切问候。

卡斯特罗对李瑞环的谈话表示完全赞同。他说，各国人民都有权选择自己的社会制度和发展道路。如果没有对各国独立和主权的尊重，就不会有国际社会的安宁。任何想把某一种模式强加给别国人民的企图都是行不通的。在国际事务中，古中两国人民有着广泛的一致。古巴重视对华关系。

卡斯特罗表示希望将于今年9月在北京举行的第四次世界妇女大会获得成功。他还愉快地回忆起江泽民主席1993年访问古巴时的情景，希望进一步增进两国高层往来，推动两国在各个领域的交流与合作。

卡斯特罗也请李瑞环转达他对江泽民主席的问候。

今日三版《记住这段历史》专页刊登文章

日本军国主义与侵华战争

荷兰首相维姆·科克

今起对我国进行正式访问

应李鹏总理的邀请，荷兰王国首相兼内阁事务大臣维姆·科克将于14日至20日对我国进行正式访问。

科克首相1938年9月29日出生于贝尔赫安巴赫特。中学毕业后，他考入尼恩罗德商业学院，毕业后曾服兵役并在一家贸易公司任职。

1961年，科克在荷兰工会联合会建筑业分会中担任国际事务助理员，1965年改任经济事务办事员，1967年起任该分会的秘书。1969至1972年，他先后担任荷兰工会联合会秘书和副主席。1973至1985年，他担任荷兰工会联合会与荷兰天主教工会联合会合并后的全荷工会联合会主席，1979至1982年，他还兼任欧洲工会联盟主席。

1986至1989年，科克当选为荷兰议会二院（下院）议员并任二院工党党团主席。1989年，他被选为社会党国际副主席。此外，他还曾兼任荷兰经济理事会副主席、劳工基金会劳方主席、荷兰银行理事会副主席、荷兰社会学院客座讲师和欧共体委员会顾问。

1989年11月至1994年8月，他担任副首相兼财政大臣。

1994年8月22日，科克出任首相兼内阁事务大臣。 （新华社发）

维姆·科克首相

新闻人物

江泽民同志的讲话

在《陈云文选》（一—三卷）、《陈云》画册出版发行暨纪念陈云同志诞辰九十周年座谈会上

（一九九五年六月十三日）

同志们：

今天是陈云同志诞辰九十周年，新出版的《陈云文选》一至三卷及《陈云》画册，也自即日起在全国发行。中共中央为此举行座谈会，缅怀陈云同志的光辉业绩和不朽风范，表达我们对陈云同志衷心的爱戴和尊敬。

陈云同志是伟大的无产阶级革命家、政治家，杰出的马克思主义者，中国社会主义经济建设的开创者和奠基人之一，党和国家久经考验的卓越领导人。他为中国人民解放和社会主义建设事业奋斗七十多年，功勋卓著，永载史册。新版《陈云文选》三卷本，集中了他的思想和观点，是他长期从事领导工作丰富经验的理论概括，对于我们推进社会主义物质文明和精神文明建设，加强党的建设，都具有重要指导意义。《陈云》画册生动地再现了他的经历、工作和生活。这两部书同时出版发行，是我们党和国家生活中的一件大事，也是我们对陈云同志最好的纪念。

曾经以自己的毕生精力和卓越才智，投身于现代中国伟大历史创造活动的杰出人物的逝世，留给历史和人民的不会仅仅是悲痛。他们的精神永在。陈云同志的业绩和著作，他的思想、品德和风格，属于我们伟大的党，属于我们伟大的国家和民族。他永远是我们学习的楷模。

陈云同志的一生是坚贞不渝的共产主义者的一生。他对共产主义崇高理想、对党和人民的伟大事业无限忠诚。他从新民主主义革命到社会主义革命、社会主义建设时期，经历过民族解放斗争与人民革命斗争、地下斗争与公开斗争、武装斗争与和平建设的长期考验，无论是领导工农群众工作、党的建设工作、军队工作或是经济建设工作，无论斗争怎样艰巨，情况怎样复杂，也不论是在顺境中还是在逆境中，他始终表现出共产党人的高瞻远瞩和脚踏实地的作风，始终表现出共产党人不可动摇的信念和坚强的无产阶级党性。陈云同志在任何时候总是把党的利益放在第一位，顾全大局，坚持原则，维护团结，遵守纪律，光明磊落。他为党和人民做出了卓越的贡献，但却从来都把一切功劳归于党和人民。他十分关心培养选拔党的事业的接班人，并大力推进这项关系党和国家命运的工作，同时严格要求按照德才兼备的原则把好政治关。陈云同志关于"执政党的党风问题是有关党的生死存亡的问题"，"党性原则和党的纪律不存在'松绑'的问题"等著名论断，应该成为全党同志的座右铭。

陈云同志的远见卓识和杰出的领导才能，来自坚持并善于把马克思主义基本原理同中国具体实际相结合，来自实践和群众。从我国国情出发，尊重实践，尊重群众，清醒地科学地分析和判断情况，在此基础上创造性地、踏实细致地开展工作，并下大的决心一干到底、干出成果，这是陈云同志鲜明的工作特点和领导风格。他一生注重调查研究，认为领导机关讨论决定重大问题要事先拿出90%以上的时间搞调查研究，准备几个方案，反复权衡，慎重决策，同时要求领导干部广交敢讲真话的知心朋友，认真倾听不同意见。他多次回忆延安时期在毛泽东同志亲自指导下学习哲学的情形，认为在干部中特别在领导干部中提倡学哲学有根本的意义，只有掌握马克思主义的认识论和方法论，思想上才能真正提高，工作上才能不犯大的错误。他从实践的切身体验中总结出来的"不唯上、不唯书、只唯实，交换、比较、反复"，是一个充满唯物辩证法的领导原则和工作方法，是对马克思主义哲学和党的思想路线的重要贡献。在陈云同志的身上，我们看到党的老一代领导人的精湛的马克思主义理论修养和生机蓬勃的创造精神，看到中国共产党人对中国社会发展规律的深刻理解和把握，看到无产阶级勇往无前的革命精神和严格求实的科学态度的有机统一。

陈云同志是毛泽东同志为核心的党的第一代中央领导集体和邓小平同志为核心的党的第二代中央领导集体的成员，他对党、对人民的贡献是巨大的、多方面的。特别是他为中国社会主义经济建设的开创和奠基所建立的功勋尤为卓著。新中国建立以后，他长期主持财政经济工作，创造性地贯彻执行党中央和毛泽东同志的指示，提出过许多正确的指导思想、工作方针和重大措施。建国初期，他在实现全国财政经济统一、迅速稳定金融物价、恢复国民经济、安定人民生活和促进财政经济状况基本好转，实行粮食、棉花等主要农产品计划收购、计划供应，有步骤地开展对生产资料私有制特别是对资本主义工商业的社会主义改造，以及制定和实施第一个五年计划、奠定我国工业化基础等各项开创性工作中的贡献，是人所共知的。在全面开展社会主义经济建设时期，他坚持实事求是的原则，反对不顾现实条件的急躁冒进、急于求成的错误倾向，强调建设规模必须同国力相适应，人民生活同国家建设必须兼顾，制定经济计划必须做好财政收支、银行信贷、物资供需和外汇收支的综合平衡，并为有效地克服当时国民经济遭受的严重困难做出过突出贡献。从50年代起，陈云同志为探索适合中国情况的社会主义经济体制提出过许多重要观点和主张。在"文化大革命"的后期，他根据历史发展的新情况，主张研究当代资本主义，利用外资为我国经济建设服务，使我国在世界市场上占有应占的地位。党的十一届三中全会以后，他总结国内外社会主义经济发展的历史经验，率先批评过去计划工作中存在的弊端，指出计划工作制度中的主要缺点是只有"有计划按比例"这一条，没有在社会主义制度下还必须有市场调节这一条。这些观点，当时对推动全党解放思想、实事求是，进行突破高度集中的计划经济体制的改革，产生过广泛而深刻的影响。他关于按照经济规律办事和进行必要的国家干预的观点，关于"无农不稳"、"无粮则乱"的观点，关于国民收入分配中积累和消费的比例要适当、一要吃饭二要建设的观点，关于中央应该集中必要的财力的观点，关于中央的政治权威要有中央的经济权威作基础的观点，关于要十分重视和认真对待社会上存在的各种消极现象、物质文明和社会主义精神文明一定要一起抓的观点，等等，对我国的社会主义现代化建设，都具有长期的重要指导意义。

党的老一辈无产阶级革命家的革命精神、丰富经验和崇高品德，是我们党和人民的宝贵精神财富，是激励我们把社会主义现代化事业推向前进的巨大力量。全党同志特别是各级党员领导干部，要认真学习陈云同志的著作，树立坚定的社会主义、共产主义信念，继承和发扬党的优良传统和作风，联系群众，艰苦朴素，克己奉公，扎实工作，努力加强党风和廉政建设，坚决抵制和反对资产阶级腐朽思想和作风的侵蚀，带头保持党的无产阶级先锋队性质和全心全意为人民服务的宗旨，在邓小平同志建设有中国特色社会主义理论和党的基本路线指引下，更加紧密地团结在党中央周围，在改革开放和现代化建设中做出更大成绩。（**新华社北京6月13日电**）

（二）中央主要领导人讲话单行本、重要文章发表新闻的版面安排

胡锦涛在《求是》杂志上发表重要文章的消息，在一版安排。胡锦涛讲话单行本出版发行的消息，一般在一版或要闻版安排。

2012 年 1 月 1 日，一版刊发“《求是》杂志发表胡锦涛总书记重要文章”的消息。2011 年 7 月 7 日，“胡锦涛《在庆祝中国共产党成立 90 周年大会上的讲话》7 种少数民族文字单行本出版发行”的消息在一版报眼位置刊用。

（附 2012 年 1 月 1 日一版、2011 年 7 月 7 日一版）

人民日报
RENMIN RIBAO
人民网　网址：http://www.people.com.cn
手机：http://wap.people.com.cn
2012年1月
1
星期日
辛卯年十二月初八
人民日报社出版
国内统一连续出版物号
CN 11-0065
第23185期（代号1-1）
今日4版

中俄两国元首互致新年贺电

新华社北京12月31日电　国家主席胡锦涛和俄罗斯总统梅德韦杰夫今天互致新年贺电。

胡锦涛在贺电中指出，过去的一年，在双方共同努力下，中俄关系全面快速发展，硕果累累。双方战略和政治互信进一步增强，经贸合作质量和规模同步提升，双边贸易额接近800亿美元，创造历史新高，两国在国际和地区事务中的协调与配合更加紧密。中俄关系的发展促进了各自的发展、进步与稳定，也为地区和世界的和平、安全与发展作出了重要贡献。在新的一年里，中方愿与俄方继续携手努力，按照我们共同确定的未来10年两国关系发展的目标和方向，深化各领域交流与合作，深入推进两国平等信任、相互支持、共同繁荣、世代友好的全面战略协作伙伴关系，更好地造福两国和两国人民。借此机会，我愿与你共同宣布启动中俄互办旅游年活动，相信这一活动的成功举办将进一步增进两国人民的了解、友谊与合作。

梅德韦杰夫在贺电中说，在即将过去的一年里，俄中战略协作伙伴关系得到进一步巩固和充实。两国在各个层面进行了密切和互信的政治对话。双方在国际舞台上开展了密切和有效的合作，在经济领域的合作取得重要成果。2012年必将对进一步发展俄中旨在造福两国人民，维护国际稳定与安全的全方位合作关系带来新的机遇。相信将于明后年举办的俄中旅游年活动将进一步推动两国在人文领域的合作，巩固两国人民的友谊。

国家主席胡锦涛发表二〇一二年新年贺词

共同促进世界和平与发展

新年前夕，国家主席胡锦涛通过中国国际广播电台、中央人民广播电台、中央电视台，发表题为《共同促进世界和平与发展》的新年贺词。　新华社记者　**兰红光**摄

新华社北京12月31日电　新年前夕，国家主席胡锦涛通过中国国际广播电台、中央人民广播电台、中央电视台，发表了题为《共同促进世界和平与发展》的新年贺词。全文如下：

2012年的新年钟声即将敲响。在这辞旧迎新的美好时刻，我很高兴通过中国国际广播电台、中央人民广播电台和中央电视台，向全国各族人民，向香港特别行政区同胞和澳门特别行政区同胞，向台湾同胞和海外侨胞，向世界各国的朋友们，致以新年的祝福！

2011年是中国"十二五"时期开局之年。面对复杂多变的国际形势和艰巨繁重的国内改革发展稳定任务，中国人民同心协力、锐意进取，继续推进改革开放和社会主义现代化建设，经济保持平稳较快发展，全面建设小康社会取得新进展。中国加强同各国的交流合作，积极参与促进世界经济增长和金融稳定、完善全球经济治理、解决国际和地区热点问题等国际合作，为促进人类和平与发展作出了新的贡献。

在新的一年里，我们将高举中国特色社会主义伟大旗帜，以邓小平理论和"三个代表"重要思想为指导，深入贯彻落实科学发展观，继续处理好保持经济平稳较快发展、调整经济结构、管理通胀预期的关系，加快推进经济发展方式转变和经济结构调整，着力保障和改善民生，努力巩固经济社会发展良好势头。我们将坚持"一国两制"、"港人治港"、"澳人治澳"、高度自治的方针，同广大香港同胞、澳门同胞携手努力，保持香港、澳门长期繁荣稳定。我们将坚持"和平统一、一国两制"的方针，继续推动两岸关系和平发展，维护中华民族根本利益，增进两岸同胞共同利益。

和平、发展、合作是时代的呼唤，是各国人民共同利益之所在。当前，世界多极化、经济全球化深入发展，各国相互依存日益加深，但世界经济复苏的不稳定性不确定性上升，国际和地区热点此起彼伏，世界和平与发展面临新的机遇和挑战。中国将继续恪守维护世界和平、促进共同发展的外交政策宗旨，坚持独立自主的和平外交政策，始终不渝走和平发展道路，始终不渝奉行互利共赢的开放战略，在和平共处五项原则的基础上发展同各国的友好交往和互利合作，积极参与应对全球性问题的国际合作。

我相信，只要各国人民戮力同心、同舟共济，我们一定能够战胜前进道路上的各种困难和风险，在推动建设持久和平、共同繁荣的和谐世界的征程上不断迈出新的步伐。

最后，我从北京祝大家在新的一年里幸福安康！

胡锦涛致电祝贺金正恩担任朝鲜人民军最高司令官

新华社北京12月31日电　中华人民共和国中央军事委员会主席胡锦涛31日致电祝贺金正恩担任朝鲜人民军最高司令官。胡锦涛在贺电中表示，中朝两国人民和军队之间有着深厚的传统友谊。相信在新的历史条件下，中朝传统友好合作关系一定会不断得到巩固和加强。

本报平壤12月31日电　（记者**周之然**）据朝鲜中央通讯社31日报道，朝鲜劳动党中央政治局会议30日在平壤举行，会议宣布，根据已故最高领导人金正日2011年10月8日的遗训，推举朝鲜劳动党中央军事委员会副委员长金正恩为朝鲜人民军最高司令官。

报道说，会议通过了朝鲜劳动党中央政治局决议《关于按照伟大领导者金正日同志的遗训在强盛国家建设中掀起大高潮》。决议指出，朝鲜军队和人民决心遵循金正日的遗训，在金正恩的领导下把社会主义强盛国家建设事业和主体革命事业进行到底。

《求是》杂志发表胡锦涛总书记重要文章

坚定不移走中国特色社会主义文化发展道路　努力建设社会主义文化强国

新华社北京12月31日电　2012年1月1日出版的新年第1期《求是》杂志，将发表中共中央总书记、国家主席、中央军委主席胡锦涛的重要文章：《坚定不移走中国特色社会主义文化发展道路，努力建设社会主义文化强国》。

人大常委会第二十四次会议在京闭幕

会议表决通过关于修改职业病防治法的决定　任命王侠为国家人口和计划生育委员会主任

胡锦涛签署主席令公布有关法律和任免决定

决定十一届全国人大五次会议3月5日召开

吴邦国主持会议并讲话

本报北京12月31日电　（记者**黄庆畅、彭波**）十一届全国人大常委会第二十四次会议在完成各项议程后，31日上午在北京人民大会堂闭幕。会议经表决，通过了全国人大常委会关于修改职业病防治法的决定；决定免去李斌的国家人口和计划生育委员会主任职务，任命王侠为国家人口和计划生育委员会主任。国家主席胡锦涛签署第52号、53号主席令分别予以公布。

吴邦国委员长主持会议。常委会组成人员144人出席会议，出席人数符合法定人数。

会议经表决，决定将刑事诉讼法修正案草案提请十一届全国人大五次会议审议。

会议表决通过了全国人大常委会关于《中华人民共和国澳门特别行政区基本法》附件一第七条和附件二第三条的解释。

会议表决通过了十一届全国人大五次会议关于十二届全国人大代表名额和选举问题的决定草案、香港特别行政区选举十二届全国人大代表的办法草案、澳门特别行政区选举十二届全国人大代表的办法草案，决定提请十一届全国人大五次会议审议。　**（下转第三版）**

迈向充满希望的2012

——元旦献词

随着新年钟声的敲响，我们告别了充满挑战、奋发有为的2011，迎来了充满希望、奋发进取的2012。

在这辞旧迎新的时刻，回顾过去的一年，国内改革发展稳定任务艰巨繁重，国际形势空前动荡变幻，党中央团结带领全国各族人民迎难而上、开拓进取，在社会主义现代化进程中写下了浓墨重彩的新篇章。

国内生产总值增长高于9%，粮食生产连续8年增产，人民生活不断改善，城乡居民收入较快增长，农民收入增速创1985年来最高，全年城镇新增就业有望达到1200万人，连续7年提高企业退休人员基本养老金，保障房全年基本建成400万套以上、新开工1000万套，覆盖城乡居民的社会保障制度基本建立，文化体制改革深入推进，文化建设兴起热潮……我们以各项建设新成绩隆重庆祝中国共产党成立90周年，实现了"十二五"良好开局。在国际金融危机影响依然深刻、中东北非政局持续动荡的艰难时局下，社会主义中国的良好发展态势，不仅为世界经济增长注入信心，更为处于变动和挑战中的世界带来机遇与希望。

判断一个国家的未来走向，最重要的是辨明历史方位，把握发展大势。我们必须头脑清醒，看到当前我国发展中不平衡、不协调、不可持续的矛盾和问题仍很突出，新的一年世界经济形势总体上仍将严峻复杂，经济复苏的不稳定性不确定性上升；我们更应提振信心，看到我国发展仍处于重要战略机遇期，中国人民昂首奋进在全面建设小康社会征程上，中华民族在新的历史起点上走向伟大复兴。

从2011迈向2012，我们有"中国信心"的实力。新中国成立60多年来尤其是改革开放30多年奠定了良好的物质积累、科技基础、体制条件，实现更大发展的实力底蕴深厚；我们战胜了一系列自然灾害和内外考验、成功应对国际金融危机冲击，社会主义制度优势不断彰显，中国特色社会主义生机活力不断释放；党的十七届六中全会提出坚持中国特色社会主义文化发展道路、建设社会主义文化强国宏伟目标；加强和创新社会管理、做好新形势下群众工作，立党为公、执政为民的理念深入人心；中国工业化、城镇化和农业现代化进程方兴未艾，中国人民过上更好日子的期待更加强烈，改革发展依然是党心所归、民心所向；当今世界正处在大发展大调整大变革时期，大国实力此消彼长，对我国机遇大于挑战。这一切，为我们充满希望地迈向2012年提供了扎实的基础和有利的环境。

从2011迈向2012，我们有"中国信心"的底气。今年是实施"十二五"规划承上启下的重要一年，为继续推动经济社会发展，中央确定了稳中求进的工作总基调。牢牢把握扩大内需这一战略基点，牢牢把握发展实体经济这一坚实基础，牢牢把握加快改革创新这一强大动力，牢牢把握保障和改善民生这一根本目的，这四个"牢牢把握"集中体现了对中国发展新的阶段性特征的战略思考，表明党和政府对国际国内形势有清醒判断，对复杂矛盾问题有重点把握，对科学发展规律有深刻认识。新的一年，只要我们把思想和行动统一到中央的总体要求和决策部署上来，中国发展的步伐就会更加稳健，转变经济发展方式就有新进展，深化改革开放就有新突破，民生改善就有新成效，我国综合国力和国际竞争力就会迈上新台阶，我们每一个人的生活也会迎来新变化。

时间将曾经的辉煌留给历史，也将无限的希望带给未来。2012年是我国发展进程中具有重要意义的一年。我们党将召开十八大，在新的历史起点上继续推进社会主义现代化进程。我们坚信，有中国共产党的坚强领导，有13亿人民的共同奋斗，中国发展的趋势不可阻挡，中国美好的前途充满希望。让我们紧密团结在以胡锦涛同志为总书记的党中央周围，坚持以邓小平理论和"三个代表"重要思想为指导，深入贯彻落实科学发展观，奋力夺取全面建设小康社会新胜利，以优异成绩迎接党的十八大召开，开创中国特色社会主义事业新局面。

吴邦国主持人大常委会第二十五讲专题讲座

本报北京12月31日电　（记者**黄庆畅、彭波**）十一届全国人大常委会31日上午在人民大会堂举行第二十五讲专题讲座，题目是《2011年国际局势变化的新特征和我国面临的新挑战新机遇》。吴邦国委员长主持讲座。

主讲人中国国际关系学会副会长、上海社会科学院副院长黄仁伟从2011年中国对外关系、国际环境的新变化、抓住新一轮战略机遇期等三方面作了深入讲解。

黄仁伟说，2011年国际形势发生巨大深刻变化，新旧矛盾交织，对我国和平发展构成新挑战，也带来新机遇。我国的外交工作与时俱进，坚定维护周边环境稳定，发展与主要大国的关系，加强与新兴国家的合作，"走出去战略"取得新的进展，国内与国际两个大局统筹发展。对外关系取得的成绩来之不易。

黄仁伟在分析了国际环境的新变化后说，要把握和促进战略挑战向战略机遇的转化。当前，旧的国际秩序已经难以运转，新的国际秩序尚未形成。要看到，和平与发展的时代特征没有发生根本变化，我国发展的战略机遇期依然存在。我们要把思想认识统一到中央对当前世界局势的战略判断上来，认真研究国际政治经济变化带来的新问题新挑战，发挥优势，用好新一轮战略机遇期，努力实现2020年全面建成小康社会的战略目标。

全国人大常委会副委员长王兆国、路甬祥、乌云其木格、韩启德、华建敏、陈至立、周铁农、李建国、司马义·铁力瓦尔地、蒋树声、陈昌智、严隽琪、桑国卫等听取讲座。

全国政协主席会议建议

政协十一届五次会议3月3日召开

新华社北京12月31日电　日前召开的政协第十一届全国委员会第四十三次主席会议，审议通过了关于召开政协第十一届全国委员会第五次会议的决定(草案)，建议政协十一届五次会议明年3月3日在北京召开。主席会议决定将这一草案提请政协十一届十六次常委会议审议。

大庆、长庆油田产量均超4000万吨

本报北京12月31日电　（记者**冉永平**）从中国石油天然气总公司获悉：2011年，大庆和长庆两大油田产量双双超过4000万吨。大庆油田全年生产原油4000万吨、天然气31亿立方米，连续9年实现原油4000万吨以上持续稳产。长庆油田2011年生产油气当量也首次突破4000万吨，标志着我国建成第二个年产油气当量超4000万吨特大型油气田。

四版推出"走转改"新年特别策划

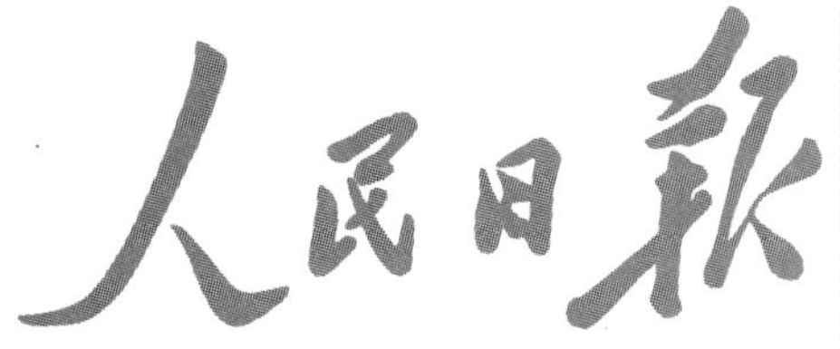

RENMIN RIBAO

人民网 网址:http://www.people.com.cn
手机:http://wap.people.com.cn

2011年7月
7
星期四
辛卯年六月初七
人民日报社出版
国内统一连续出版物号
CN 11-0065
第23007期(代号1-1)
今日24版

胡锦涛《在庆祝中国共产党成立90周年大会上的讲话》7种少数民族文字单行本出版发行

新华社北京7月6日电 中共中央总书记胡锦涛《在庆祝中国共产党成立90周年大会上的讲话》的蒙古、藏、维吾尔、哈萨克、朝鲜、彝、壮等7种少数民族文字单行本由中国民族语文翻译局翻译,民族出版社、四川民族出版社、广西民族出版社出版,即日起向全国公开发行。

灾后重建一年

吉林挥就壮丽画卷

本报记者 刘亮明 刘文波 孟海鹰

去年夏季,百年不遇的特大洪灾突袭了吉林大地。敦化、安图、和龙、蛟河、永吉、旺起镇……浊流泛滥,满目疮痍。

一年过去了,灾区的乡亲们还好吗?生产生活恢复得如何?带着这些问题,记者驱车近2000公里,深入受灾最重的延边朝鲜族自治州、吉林市,翻山越岭,走村入户,探访灾后重建的现状。

一路所见所闻,让人激动不已、惊叹不已:废墟上,大片崭新的民房建起来了;水毁的土地上,庄稼绿了;垮塌的桥梁架起来了,冲毁的道路畅通了,笑容又挂在百姓的脸上。

2700万吉林人民发扬抗洪精神,全力拼搏,奋起重建,巍峨长白山,辽阔黑土地,用一幅幅动人画卷见证着灾后重建的奇迹。

青翠的秧苗在水毁复垦的农田里随风荡漾

桥飞架,路延伸,基础设施建设日新月异……

农业生产的筋骨更强了

在永吉县口前镇官马山村专项治理修复的30公顷耕地上,玉米苗随风荡漾,远远望去一片油绿。52岁的曲兴国老人乐滋滋地说:"我这2公顷地,洪灾后成了烂石滩,本以为再也没法耕种了,可是政府帮咱填土围堰,一个月就修复了。瞧这苞米长得多疯!"

洪水过处,良田、基础设施被毁,农业生产元气大伤。为确保粮食生产不受大的影响,吉林省委、省政府立即做出全面部署:轻度水毁耕地农民自行修复,政府补贴资金;重度水毁耕地工程专项治理,基础设施重建同时推进。

修复被毁农田、重建基础设施的攻坚战在黑土地上全面打响!

省委书记孙政才、省长王儒林深入重建一线,各级干部几乎昼夜奋战在重建的工地上。灾区群众心里踏实了,重新鼓起勇气和信心。

"你可以等政策、等资金,但土地爷、老天爷可不等你。"蛟河市委书记张恩波说,"水毁耕地的修复绝对不能等靠要,必须要抢农时。"

今年开春,土层刚开冻,蛟河市漂河镇头道沟村的老少爷们就下地了,人力机械齐上阵,拉走被毁耕地上的瓦砾垃圾,铺上厚厚的肥土,大干一个多月后一测量,全村耕地居然比灾前还增加了5公顷。"经过土地修复、河道拉直了,沟沟坎坎都平了,我原来4亩地变成5亩了。"村民王义东喜不自禁。(下转第十三版)

直面时代风险考验 推进党建伟大工程

——五论学习贯彻胡锦涛同志"七一"重要讲话

本报评论员

建设什么样的党、怎样建设党,始终是一个政党必须结合时代发展要求和执政实践不断回答的重大课题。对拥有8000多万党员、带领13亿人民开创前无古人事业的中国共产党来说,尤其如此。

"我们必须从新的实际出发,坚持以科学理论指导党的建设,以改革创新精神研究和解决党的建设面临的重大理论和实际问题,着眼于全面建设小康社会、加快推进社会主义现代化,全面认识和自觉运用马克思主义执政党建设规律,全面推进党的建设新的伟大工程,不断提高党的建设科学化水平。"

庆祝中国共产党成立90周年的喜庆时刻,胡锦涛同志以居安思危的强烈忧患意识,向全党发出了谆谆告诫,提出了"不断提高党的建设科学化水平"的时代课题。这充分体现了我们党对自身历史方位的科学把握和清醒认识,体现了我们党直面现实考验、勇担历史使命的成熟和自信。

正确判断时代特征,准确把握发展趋势,科学制定目标任务,是关系马克思主义政党前途命运的重大问题,也是衡量马克思主义政党先进性的重要依据。走过90年辉煌历程,面对大发展大变革大调整的世界,身处正在进行广泛而深刻变革的中国,我们应当看到在世情、国情、党情发生深刻变化的新形势下,加强党的执政能力建设和先进性建设,面临许多前所未有的新情况新问题新挑战,执政考验、改革开放考验、市场经济考验、外部环境考验是长期的、复杂的、严峻的。精神懈怠的危险,能力不足的危险,脱离群众的危险,消极腐败的危险,更加尖锐地摆在全党面前,落实党要管党、从严治党的任务比以往任何时候都更为繁重、更为紧迫。

形势逼人,不进则退。我们党要团结带领人民继续前进,开创工作新局面,赢得事业新胜利,必须按照胡锦涛同志的要求,全面推进党的建设新的伟大工程,不断提高党的建设科学化水平。在当前,需要我们做到"五个坚持":坚持解放思想、实事求是、与时俱进,大力推进马克思主义中国化时代化大众化,提高全党思想政治水平;坚持五湖四海、任人唯贤,坚持德才兼备、以德为先用人标准,把各方面优秀人才集聚到党和国家事业中来;坚持以人为本、执政为民理念,牢固树立马克思主义群众观点、自觉贯彻党的群众路线,始终保持党同人民群众的血肉联系;坚持标本兼治、综合治理、惩防并举、注重预防的方针,深入开展党风廉政建设和反腐败斗争,始终保持马克思主义政党的先进性和纯洁性;坚持用制度管权管事管人,健全民主集中制,不断推进党的建设制度化、规范化、程序化。

综观世界各国政党发展史,不难发现,政党生命力的一个重要表现是能够根据变化的条件,不断对自身进行改革,提高对环境的适应能力,求得生存和发展。从"伟大工程"到"新的伟大工程",90年来,正是始终根据时代要求和历史使命加强自身建设,我们党才能够不断带领人民从胜利走向胜利。在新的历史条件下,常怀忧党之心、恪尽兴党之责,以更加奋发有为的精神状态推进党的建设,我们党就一定能够更好地把握历史大势、勇立时代潮头、引领社会进步,永远不辜负人民的信任和期望。

温家宝主持召开国务院常务会议

部署2010年度中央预算执行等审计查出问题的整改工作

批准《"十二五"支持西藏经济社会发展建设项目规划方案》

新华社北京7月6日电 国务院总理温家宝6日主持召开国务院常务会议,部署2010年度中央预算执行等审计查出问题的整改工作,批准《"十二五"支持西藏经济社会发展建设项目规划方案》。

会议指出,近年来,审计机关紧紧围绕党和国家工作中心,深入开展对中央宏观经济政策贯彻落实情况的跟踪审计,加强对重大民生项目和资金的审计监督,大力推进经济责任审计,在保障中央政令畅通和加强改善宏观调控、推动反腐倡廉和法治建设、维护国家经济安全、促进社会和谐稳定方面发挥了重要作用。特别是今年上半年审计署组织全国审计机关4万多人,按照"见账、见人、见物,逐笔、逐项审核"的原则,对涉及债务的地方政府7.9万多个相关部门单位、6500多个融资平台公司、37万多个项目、187万多笔债务进行了审计,摸清了省市县三级地方政府性债务的规模、结构、成因及偿债风险状况,做了非常扎实的基础工作。

会议指出,2010年度中央财政管理有明显改进,预算执行的严肃性和规范性进一步增强,但一些重大民生项目管理和财税、金融、投资等重点领域还存在一些问题,有的中央企业在重大决策、财务核算和内部控制方面还不够规范。多年形成的地方政府性债务规模较大,部分地区和行业偿债能力弱,存在风险隐患。这些问题暴露了一些制度和管理上还存在漏洞,必须引起高度重视。

会议要求认真做好整改工作,对发现的问题做到事事有回音、件件有落实。一要有效化解地方政府性债务风险。按照分类管理、区别对待的原则,妥善处理债务偿还和在建项目后续融资问题。继续抓紧清理规范融资平台公司。(下转第二版)

中国和黑山总理互致贺函庆祝建交5周年

新华社北京7月6日电 7月6日,国务院总理温家宝同黑山总理伊戈尔·卢克希奇互致贺函,庆祝中黑建交5周年。双方在贺函中积极评价建交5年来两国关系取得的成果,表示将共同努力,继续本着相互尊重、平等互利的原则,推动中黑关系取得更大发展。

同日,外交部长杨洁篪也同黑山外交和欧洲一体化部部长罗琴互致贺函。

习近平会见欧洲社会党主席

本报北京7月6日电 (记者**杜尚泽**)中共中央政治局常委、国家副主席习近平5日在人民大会堂会见了以主席拉斯穆森为团长的欧洲社会党高级代表团。

习近平说,中欧建交30多年来,双方政治互信不断加深,经济利益相互交融,各级别对话富有成效,在国际和地区问题上密切协调,彼此已成为不可或缺的重要伙伴。习近平指出,中国"十二五"规划和欧洲未来十年新的发展战略的实施,为中欧各自发展和中欧关系发展提供了重要战略机遇,希望双方进一步加强政治互信、互利合作和人文交往,推动中欧关系在更高水平上发展。

习近平积极评价中欧党际关系,对欧洲社会党及其成员党多年来积极推动中欧关系发展表示赞赏。习近平强调,为应对共同挑战,中欧政党有必要加强定期交流,就中欧关系中的长期性、战略性、根本性问题进行深入对话,为推动中欧全面战略伙伴关系健康稳定发展发挥更大作用。

习近平还简要介绍了中国的经济社会发展情况。

拉斯穆森代表欧洲社会党对中国共产党成立90周年并带领中国人民取得巨大发展表示祝贺。他说,通过此访,我们深入了解了胡锦涛总书记"七一"重要讲话和中国的"十二五"规划,对中共的执政任务和中国的未来发展走向有了更为全面的认识。相信中共一定能领导中国取得更大发展和进步,为欧洲和世界发展带来更多机遇。欧洲社会党希望全面加强与中共的交流与合作,全力推进欧中关系,共享发展机遇,共谋美好未来。

贺国强会见法国总统萨科齐

新华社巴黎7月5日电 (记者**明金维、张欣**)正在法国访问的中共中央政治局常委、中央纪委书记贺国强当地时间7月5日下午在巴黎会见了法国总统萨科齐。

萨科齐首先欢迎贺国强访法,请贺国强转达他对胡锦涛主席的亲切问候,并对中国共产党建党90周年表示祝贺。

贺国强转达了胡锦涛主席对萨科齐总统的亲切问候,并感谢萨科齐对中共建党90周年的祝贺。他说,中法建交近半个世纪以来,两国关系始终以其独特的战略性、全球性、时代性走在中国同其他西方国家的前列。目前,中法关系发展顺利,经贸、人文等各领域交流日益活跃,合作不断扩大,这是双方共同努力的结果。(下转第三版)

当地时间7月5日,正在法国访问的中共中央政治局常委、中央纪委书记贺国强在巴黎会见法国总统萨科齐。 新华社发

周永康在上海调研时强调

努力在建设中国特色社会主义社会管理体系中做先行者和示范区

新华社上海7月6日电 (记者**杨维汉、厉正宏**)中共中央政治局常委、中央政法委书记周永康4日至5日在上海进行调研。他强调,上海市要认真学习贯彻胡锦涛总书记"七一"重要讲话,努力在建设中国特色社会主义社会管理体系中做先行者、示范区,率先实现经济社会协调发展。

完善社会管理格局是加强和创新社会管理的重要任务。近年来,上海充分发挥党委的领导核心作用和政府主导作用,积极引导社会组织和广大群众参与社会管理,创造了不少经验。浦东公益服务园是由政府创建的全国第一个公益组织集聚办公、资源共享的创意园区,目前已有浦东新区法律服务业协会等26家社会公益组织入驻。周永康仔细询问园区运行管理情况,与园区内的社工亲切交谈。"绿色主妇"环保组织社工姜玫瑰告诉周永康,她从1994年退休后开始宣传环保理念,发动居民回收利用废品制成环保生活用品。周永康说,你向社会传递的是健康和爱心,我们都要向你学习。他叮嘱随行的当地干部,党委、政府要引导和促进社会组织健康有序发展,充分发挥其服务社会的积极作用。陆家嘴仁恒滨江园小区是一个涉外居民小区,居委会7名成员中有3名是外籍居民,周永康鼓励他们积极探索试点,不断提高居民自我管理、自我教育、自我服务的能力,共同把小区建设成为不同肤色人群的和谐家园。

做好新形势下群众工作是改进社会管理的重要保证。卢湾区在旧区改造中探索建立"两轮征询"机制,由群众决定要不要动迁、如何动迁,受到了群众的欢迎。(下转第二版)

百年中行焕发新活力

本报记者 欧阳洁

自股改上市以来,中国银行迎来新的发展机遇。百年中行,历经风雨,经股改上市的蜕变,再度焕发新的活力。

2003年底,作为首批试点银行之一,中国银行启动股份制改革,并于2006年成为首家在境内外资本市场发行上市的国有商业银行。

截至今年5月末,中国银行集团跨境贸易人民币结算量累计过万亿元,在境内外市场中保持领先地位。跨境贸易人民币结算试点启动,推动着人民币国际化进程。作为我国国际化程度最高的商业银行,中国银行不仅为世界各国的客户提供了优质、高效的贸易金融服务,也实现了中行自身海外人民币业务的快速发展。

跨境贸易人民币结算只是近年来中国银行各项业务快速发展的一个方面。5年来,中国银行规模实力不断增强,经营效益稳步提升,已发展成为一家跨国经营的多功能大型银行集团。2010年,中国银行资产总额突破10万亿元,税后利润突破1000亿元,核心财务指标超过金融危机前国际领先银行的水平,资产质量好于国际领先银行。

构建全新的公司治理机制

公司治理是现代企业制度的核心。只有完善公司治理机制,才能确保企业健康发展。经过股改上市后,中行构建起全新的公司治理机制。(下转第六版)

科学发展 转变方式

香港援川震区项目"六成不合格"报道系误读

已竣工项目全部合格

(第四版)

八、党和国家领导人署名文章的版面安排

（一）中共中央总书记、国家主席、中央军委主席署名文章的版面安排

1. 中共中央总书记在党代会上的报告，通常在一版头条位置通栏篇幅刊出。

2007 年 10 月 25 日，一版头条位置、通栏标题刊发胡锦涛在党的十七大上的报告《高举中国特色社会主义伟大旗帜　为夺取全面建设小康社会新胜利而奋斗》，并配发图片。报眼位置摘发讲话的重要内容。

（附 2007 年 10 月 25 日一版）

2. 中共中央总书记、国家主席、中央军委主席就一个阶段的全局性问题在人民日报发表署名文章或其他重要署名文章，通常在一版头条位置用通栏篇幅刊出。文字用楷体字。

2003 年 1 月 3 日，一版头条位置以通栏篇幅发表胡锦涛于 2002 年 12 月 6 日在西柏坡学习考察时的讲话《坚持发扬艰苦奋斗的优良作风　努力实现全面建设小康社会的宏伟目标》。

（附 2003 年 1 月 3 日一版）

2005 年 6 月 27 日，一版头条以通栏篇幅发表胡锦涛《在省部级主要领导干部提高构建社会主义和谐社会能力专题研讨班上的讲话》，通栏标题。

（附 2005 年 6 月 27 日一版）

在版面需要安排总书记其他重要活动时，其署名文章也有安排在其他位置的情况。2006 年 4 月 28 日，一版报眼位置加框刊登胡锦涛的讲话《牢固树立社会主义荣辱观》。当天因有胡锦涛出访尼日利亚、在尼国民议会发表重要演讲的稿件，按常规这个出访的消息要放在头条位置，所以署名文章当天安排在报眼位置。

（附 2006 年 4 月 28 日一版）

3. 中共中央总书记、国家主席、中央军委主席出席重要会议、重要活动的讲话，如当天有该会议或活动的消息稿，通常消息放在头条，配发照片，讲话安排在一版其他显

著位置或二版头条；如当天是单独刊发讲话稿，则讲话稿作为头条，配发讲话的图片。

2007年8月2日，一版刊登庆祝中国人民解放军建军80周年暨全军英雄模范代表大会的消息稿和胡锦涛在大会上的讲话，将消息稿放在头条，配图片，讲话稿在下方以通栏位置、通栏标题刊发。

（附2007年8月2日一版）

2009年10月10日，一版头条刊登世界媒体峰会在北京开幕的消息，配发胡锦涛在开幕式上发表重要讲话的照片和会见媒体负责人的照片。头条右侧刊登胡锦涛讲话。

（附2009年10月10日一版）

2009年9月21日，一版头条刊登政协成立60周年庆祝大会消息，配发胡锦涛发表重要讲话的照片和会议主席台照片。二版通八栏刊登胡锦涛讲话。

（附2009年9月21日一版、二版）

4. 中共中央总书记、国家主席、中央军委主席署名的贺信、贺电，通常放在报眼位置或报眼下方，文用楷体字，署名用黑体字。

2004年9月12日，一版报眼位置刊登胡锦涛致第七届中国艺术节的贺信。

（附2004年9月12日一版）

2009年10月18日，一版报眼下方刊登胡锦涛分别祝贺吴伯雄、连战任中国国民党荣誉主席的贺电。

（附2009年10月18日一版）

5. 中共中央总书记、国家主席、中央军委主席出访或在国外参加国际会议时发表的讲话或演讲，在一版头条、一版重要位置或二版头条以楷体字刊发，视情况配讲话照片。

（附2009年9月25日一版、二版，26日一版）

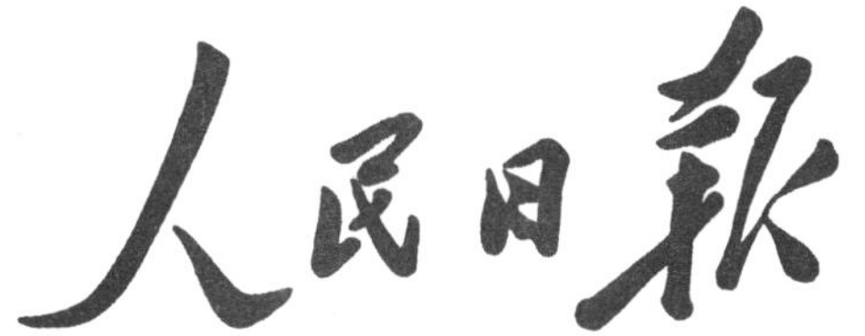

RENMIN RIBAO

今日 16 版

人民网 网址:http://www.people.com.cn
手机:http://wap.people.com.cn

国内统一连续出版物号 CN 11-0065
第 21656 期(代号 1-1)
人民日报社出版

2007 年 10 月
25
星期四
丁亥年九月十五

北京地区天气预报
白天 雾转晴
风向 北转南
风力 二、三级
夜间 晴间多云
风向 南转北
风力 一、二级
温度 20℃/9℃

大会的主题是:高举中国特色社会主义伟大旗帜,以邓小平理论和"三个代表"重要思想为指导,深入贯彻落实科学发展观,继续解放思想,坚持改革开放,推动科学发展,促进社会和谐,为夺取全面建设小康社会新胜利而奋斗。

——摘自胡锦涛同志在中国共产党第十七次全国代表大会上的报告

高举中国特色社会主义伟大旗帜 为夺取全面建设小康社会新胜利而奋斗

——在中国共产党第十七次全国代表大会上的报告

(2007 年 10 月 15 日)

胡锦涛

同志们:

现在,我代表第十六届中央委员会向大会作报告。

中国共产党第十七次全国代表大会,是在我国改革发展关键阶段召开的一次十分重要的大会。大会的主题是:**高举中国特色社会主义伟大旗帜,以邓小平理论和"三个代表"重要思想为指导,深入贯彻落实科学发展观,继续解放思想,坚持改革开放,推动科学发展,促进社会和谐,为夺取全面建设小康社会新胜利而奋斗。**

中国特色社会主义伟大旗帜,是当代中国发展进步的旗帜,是全党全国各族人民团结奋斗的旗帜。解放思想是发展中国特色社会主义的一大法宝,改革开放是发展中国特色社会主义的强大动力,科学发展、社会和谐是发展中国特色社会主义的基本要求,全面建设小康社会是党和国家到二〇二〇年的奋斗目标,是全国各族人民的根本利益所在。

当今世界正在发生广泛而深刻的变化,当代中国正在发生广泛而深刻的变革。机遇前所未有,挑战也前所未有,机遇大于挑战。全党必须坚定不移地高举中国特色社会主义伟大旗帜,带领人民从新的历史起点出发,抓住和用好重要战略机遇期,求真务实,锐意进取,继续全面建设小康社会、加快推进社会主义现代化,完成时代赋予的崇高使命。

一、过去五年的工作

十六大以来的五年是不平凡的五年。面对复杂多变的国际环境和艰巨繁重的改革发展任务,党带领全国各族人民,高举邓小平理论和"三个代表"重要思想伟大旗帜,战胜各种困难和风险,开创了中国特色社会主义事业新局面,开拓了马克思主义中国化新境界。

十六大确立"三个代表"重要思想的指导地位,作出全面建设小康社会的战略决策。为贯彻十六大精神,中央召开七次全会,分别就深化机构改革、完善社会主义市场经济体制、加强党的执政能力建设、制定"十一五"规划、构建社会主义和谐社会等关系全局的重大问题作出决定和部署,提出并贯彻科学发展观等重大战略思想,推动党和国家工作取得新的重大成就。

经济实力大幅提升。经济保持平稳快速发展,国内生产总值年均增长百分之十以上,经济效益明显提高,财政收入连年显著增加,物价基本稳定。社会主义新农村建设扎实推进,区域发展协调性增强。创新型国家建设进展良好,自主创新能力较大提高。能源、交通、通信等基础设施和重点工程建设成效显著。载人航天飞行成功实现。能源资源节约和生态环境保护取得新进展。"十五"计划胜利完成,"十一五"规划进展顺利。

改革开放取得重大突破。农村综合改革逐步深化,农业税、牧业税、特产税全部取消,支农惠农政策不断加强。国有资产管理体制、国有企业和金融、财税、投资、价格、科技等领域改革取得重大进展。非公有制经济进一步发展。市场体系不断健全,宏观调控继续改善,政府职能加快转变。进出口总额大幅增加,实施"走出去"战略

迈出坚实步伐,开放型经济进入新阶段。

人民生活显著改善。城乡居民收入较大增加,家庭财产普遍增多。城乡居民最低生活保障制度初步建立,贫困人口基本生活得到保障。居民消费结构优化,衣食住行用水平不断提高,享有的公共服务明显增强。

民主法制建设取得新进步。政治体制改革稳步推进。人民代表大会制度、中国共产党领导的多党合作和政治协商制度、民族区域自治制度不断完善,基层民主活力增强。人权事业健康发展。爱国统一战线发展壮大。中国特色社会主义法律体系基本形成,依法治国基本方略切实贯彻。行政管理体制、司法体制改革不断深化。

文化建设开创新局面。社会主义核心价值体系建设扎实推进,马克思主义理论研究和建设工程成效明显。思想道德建设广泛开展,全社会文明程度进一步提高。文化体制改革取得重要进展,文化事业和文化产业快速发展,人民精神文化生活更加丰富。全民健身和竞技体育取得新成绩。

社会建设全面展开。各级各类教育迅速发展,农村免费义务教育全面实现。就业规模日益扩大。社会保障体系建设进一步加强。抗击非典取得重大胜利,公共卫生体系和基本医疗服务不断健全,人民健康水平不断提高。社会管理逐步完善,社会大局稳定,人民安居乐业。

国防和军队建设取得历史性成就。中国特色军事变革加速推进,裁减军队员额二十万任务顺利完成,军队革命化、现代化、正规化建设全面加强,履行新世纪新阶段历史使命能力显著提高。

港澳工作和对台工作进一步加强。香港、澳门保持繁荣稳定,与内地经贸关系更加紧密。两岸政党交流成功开启,人员往来和经济文化交流达到新水平。制定反分裂国家法,坚决维护国家主权和领土完整。

全方位外交取得重大进展。坚持独立自主的和平外交政策,各项外交工作积极开展,同各国的交流合作广泛加强,在国际事务中发挥重要建设性作用,为全面建设小康社会争取了良好国际环境。

党的建设新的伟大工程扎实推进。党的执政能力建设和先进性建设深入进行。理论创新和理论武装卓有成效。保持共产党员先进性教育活动取得重大成果。党内民主不断扩大。领导班子和干部队伍建设特别是干部教育培训取得重要进展,人才工作进一步加强,干部人事制度改革和组织制度创新不断深入。党风廉政建设和反腐败斗争成效明显。

在看到成绩的同时,也要清醒认识到,我们的工作与人民的期待还有不小差距,前进中还面临不少困难和问题,突出的是:经济增长的资源环境代价过大;城乡、区域、经济社会发展仍然不平衡;农业稳定发展和农民持续增收难度加大;劳动就业、社会保障、收入分配、教育卫生、居民住房、安全生产、司法和社会治安等方面关系群众切身利益的问题仍然较多,部分低收入群众生活比较困难;思想道德建设有待加强;党的执政能力同新形势新任务不完全适应,对改革发展稳定一些重大实际问题的调查研究不够深入;一些基层党组织软弱涣散;少数党员干部作风不正,形式主义、官僚主义问题比较突出,奢侈浪费、消极腐败现象仍然比较严重。我们要高度重视这些问题,继续认真加以解决。

总起来说,这五年,是改革开放和全面建设小康社会取得重大进展的五年,是我国综合国力大幅提升和人民得到更多实惠的五年,是我国国际地位和影响显著提高的五年,是党的创造力、凝聚力、战斗力明显增强和全党全国各族人民团结更加紧密的五年。实践充分证明,十六大和十六大以来中央作出的各项重大决策是完全正确的。

五年来的成就,是全党全国各族人民共同奋斗的结果。我代表中共中央,向全国各族人民,向各民主党派、各人民团体和各界爱国人士,向香港特别行政区同胞、澳门特别行政区同胞和台湾同胞以及广大侨胞,向一切关心和支持中国现代化建设的各国朋友,表示衷心的感谢!

(下转第二版)

胡锦涛与哥斯达黎加总统阿里亚斯会谈

就发展中哥长期稳定、健康深入的友好合作关系达成广泛共识

10 月 24 日,国家主席胡锦涛在北京人民大会堂东门外广场举行仪式,欢迎哥斯达黎加总统阿里亚斯访华。 新华社记者 李学仁摄

本报北京 10 月 24 日电 (记者**陈一鸣**)国家主席胡锦涛 24 日下午在人民大会堂与哥斯达黎加总统阿里亚斯举行了诚挚友好、富有成果的会谈。双方就发展中哥长期稳定、健康深入的友好合作关系达成广泛共识。

胡锦涛说,中哥建交揭开了两国关系的新篇章,为两国关系的发展确立了正确方向,注入了全新活力。中哥关系的建立和发展符合两国人民的根本利益,也有利于中美洲地区乃至世界的和平与发展。中方高度评价阿里亚斯总统为两国关系的建立和发展作出的重要贡献,赞赏哥方奉行一个中国政策。

阿里亚斯表示,哥斯达黎加为成为中美洲第一个同中国建交的国家感到高兴和自豪。实践证明这是一个正确的决定,将给哥斯达黎加带来重要发展机遇。

胡锦涛表示,中方愿同哥方共同努力,从四个方面进一步深化中哥友好的历史进程,为两国关系的长远发展奠定更加坚实的基础。一、加强两国高层领导人、政府部门、立法机构和政党间的友好交往,增进了解和互信。在涉及各自国家核心利益的重大问题上相互支持和配合。二、积极拓展贸易、能源、基础设施建设、投资等领域的合作。中哥建交为两国经贸往来排除了障碍。中方愿进口更多哥斯达黎加产品,也欢迎哥斯达黎加企业来华开拓市场。我们支持双方企业开展互利合作,鼓励中国企业将哥斯达黎加作为优先考虑的投资国家。三、扩大双方在文教、卫生、体育、旅游、新闻媒体等领域的人员往来和信息交流。四、保持双方在国际和地区组织,特别是在彼此关切的重大问题上的磋商与协调。中方赞赏阿里亚斯总统提出的"哥斯达黎加共识"的宗旨和目标,愿同国际社会一道,为促进人类和平与发展的进步事业作出不懈努力。

阿里亚斯赞同胡锦涛提出的四点建议。他表示,哥斯达黎加致力于经济、社会、人文等领域各项事业的发展,希望更深入地融入世界经济体系。同中国开展经济、技术、投资等领域合作对哥斯达黎加非常重要。哥方感谢中方提供的宝贵帮助,期待更多中国企业赴哥斯达黎加投资,开展互利合作。

阿里亚斯强调哥方坚持一个中国政策,反对台湾"加入"联合国。"入联公投"极具危害性,注定要失败。胡锦涛对此表示赞赏。

会谈后,两国元首出席了经济技术、投资、文化、卫生、农业等领域双边合作文件的签字仪式。

会谈前,胡锦涛主席在人民大会堂东门外广场为阿里亚斯总统访华举行欢迎仪式。全国人大常委会副委员长成思危、国务委员唐家璇、全国政协副主席徐匡迪、民革中央副主席朱培康、文化部部长孙家正、外交部副部长戴秉国、中国驻哥斯达黎加大使汪晓源等出席欢迎仪式。

胡锦涛《高举中国特色社会主义伟大旗帜 为夺取全面建设小康社会新胜利而奋斗》单行本出版

新华社北京 10 月 24 日电 胡锦涛总书记 2007 年 10 月 15 日在中国共产党第十七次全国代表大会上的报告《高举中国特色社会主义伟大旗帜 为夺取全面建设小康社会新胜利而奋斗》单行本已由人民出版社出版,即日起在全国新华书店发行。

我国首颗绕月探测卫星

"嫦娥一号"发射成功

本报西昌 10 月 24 日电 (记者**赵永新**)24 日 18 时 05 分,我国在西昌卫星发射中心用长征三号甲运载火箭将嫦娥一号卫星成功送入太空。"嫦娥一号"是我国自主研制的第一颗月球探测卫星,它的发射成功,标志着我国实施绕月探测工程迈出重要一步。

火箭飞行 24 分钟后,北京航天飞行控制中心传来的数据表明,星箭成功分离,卫星进入近地点 205 公里、远地点 50930 公里的地球同步转移轨道。

今后一段时间,"嫦娥一号"在地球轨道上将进行 4 次变轨,让卫星不断加速,进入地月转移轨道。到达月球引力范围后,将通过 3 次近月制动,建立起距月球 200 公里的绕月球两极飞行的圆轨道,进行绕月探测飞行。

(详细报道见相关版面)

人民日報
RENMIN RIBAO
今日16版(华东、华南地区20版)
人民网网址:http://www. people. com. cn
http://www. peopledaily. com. cn
国内统一刊号:CN11-0065
第19900期 (代号1-1)
人民日报社出版
2003年1月
3
星期五
壬午年十二月初一
北京地区天气预报
白天 晴间多云
降水概率10%
风向 偏北
风力 四、五级
夜间 晴
降水概率0%
风向 偏北
风力 四、五级
温度 -4℃/-10℃

林业建设取得历史性突破

我国去年造林绿化逾亿亩

本报北京1月2日讯 记者彭俊报道:2002年,全国造林绿化突破1亿亩大关,成为新中国成立以来造林速度最快、造林质量最好、措施最有力、工作最扎实、成果最丰硕的一年。

2002年我国造林绿化工作呈现出五个特点。一是造林速度明显加快。全年共完成造林面积1.12亿亩,是2001年全年总任务的1.6倍,在我国造林绿化史上年度实际完成首次突破亿亩大关。二是造林质量显著提高。国家林业局大力强化了造林质量管理,营造林质量工作开始走上了正规化、制度化的轨道。全国造林平均核实率达到95%以上,合格率达到90%以上。三是生态公益林比重大幅增加。2002年退耕还林工程完成6198万亩,其中退耕地造林2963万亩、宜林荒山地造林3235万亩,绝大多数为生态林。四是造林投入成倍增长。2002年国家对林业的投资达到347亿元,比2001年增加167亿元,增幅超过90%。五是社会造林蓬勃发展。全国参加义务植树的人数达5.4亿人次,植树23亿株。非公有制林业迅速兴起,呈现出全社会办林业、全民搞绿化的新局面。

全国绿化委员会副主任、国家林业局局长周生贤说,2002年以来,党中央、国务院高度重视林业建设,六大工程全面启动并顺利实施,尤其是退耕还林工程,极大地调动了农民的积极性,带动了各地造林速度、质量和效益的显著提高。还提出了大力推进由以木材生产为主向以生态建设为主的历史性转变,形成了“抓好六大工程,推进五大转变,实现林业跨越式发展”的工作思路,生态建设“五年初见成效,十年大见成效”已在一些地方初现端倪。

坚持发扬艰苦奋斗的优良作风 努力实现全面建设小康社会的宏伟目标

胡锦涛

这次,我和中央书记处的几位同志一起到西柏坡来,主要目的是回顾我们党带领人民进行伟大革命斗争的历史,重温毛泽东同志在党的七届二中全会上的重要讲话,牢记毛泽东同志当年倡导的“两个务必”,首先从自身做起,并号召全党同志特别是领导干部,大力发扬艰苦奋斗的作风,为实现党的十六大确定的目标和任务开拓进取,团结奋斗。

刚刚闭幕的党的十六大,全面分析新世纪新阶段党和国家面临的新形势新任务,把“三个代表”重要思想同马克思列宁主义、毛泽东思想、邓小平理论一道确立为我们党必须长期坚持的指导思想,科学总结党领导人民建设中国特色社会主义的基本经验,提出全面建设小康社会的奋斗目标和推进各方面工作的方针政策,选举产生了新一届中央领导集体,从思想上、政治上、组织上为党和国家事业在新世纪新阶段的发展奠定了坚实的基础。

现在,目标已经确定,蓝图已经绘就。要实现宏伟目标,把蓝图变成美好的现实,需要全党同志和全国各族人民团结一致、艰苦奋斗。在这样的时刻,重温毛泽东同志在党的七届二中全会上的重要讲话,重温邓小平同志、江泽民同志关于全党和全国人民要长期艰苦奋斗的一系列论述,结合新的实际坚持做到“两个务必”,具有十分重要的意义。

通过参观学习,我们进一步了解了党的七届二中全会和毛泽东同志提出“两个务必”的历史背景和重大意义。从1947年5月刘少奇、朱德同志抵达西柏坡和1948年4月周恩来、任弼时同志、5月毛泽东同志抵达西柏坡,到1949年3月23日毛泽东同志和党中央离开西柏坡前往北京,这一段时期在我们党的历史上具有重大的意义。周恩来同志曾经说过,西柏坡是我们党进入北京、解放全中国的最后一个农村指挥所。党中央和毛泽东同志在这里指挥了辽沈、平津、淮海三大战役。1949年3月5日到13日,我们党在西柏坡召开了七届二中全会。这是我们党在中国革命的重大历史关头召开的一次极其重要的会议。当时,中国革命处于全国胜利的前夜。我们党领导人民经过28年的浴血奋战,即将完成以农村包围城市、最后夺取全国胜利的历史任务,掌握全国政权、建立新中国的历史使命摆在了党的面前。随着中国革命局势的胜利发展,我们党面临的主要任务将由通过武装斗争夺取政权转向掌握全国政权、领导人民建设国家,我们党的工作重心将由农村转向城市。面对这个重大的历史转折,党中央和毛泽东同志深刻地认识到,如何使全党同志在伟大的胜利面前保持清醒的头脑,在夺取全国政权后经受住执政的考验,始终坚持党的性质和宗旨,防止出现骄傲自满、贪图享乐、脱离群众而导致人亡政息的危险,是我们党面临的全新的历史性课题,必须及时地、郑重地向全党提出这个问题,使全党同志保持高度的警觉,做好充分的思想准备。在党的七届二中全会上,毛泽东同志高瞻远瞩地向全党特别是高级干部敲了警钟,提出了全党同志必须做到“两个务必”的著名论述。这里,我想完整地念一下这段论述。

毛泽东同志深刻地指出:“我们很快就要在全国胜利了。这个胜利将冲破帝国主义的东方战线,具有伟大的国际意义。夺取这个胜利,已经是不要很久的时间和不要花费很大的气力了;巩固这个胜利,则是需要很久的时间和要花费很大的气力的事情。资产阶级怀疑我们的建设能力。帝国主义者估计我们终久会要向他们讨乞才能活下去。因为胜利,党内的骄傲情绪,以功臣自居的情绪,停顿起来不求进步的情绪,贪图享乐不愿再过艰苦生活的情绪,可能生长。因为胜利,人民感谢我们,资产阶级也会出来捧场。敌人的武力是不能征服我们的,这点已经得到证明了。资产阶级的捧场则可能征服我们队伍中的意志薄弱者。可能有这样一些共产党人,他们是不曾被拿枪的敌人征服过的,他们在这些敌人面前不愧英雄的称号;但是经不起人们用糖衣裹着的炮弹的攻击,他们在糖弹面前要打败仗。我们必须预防这种情况。夺取全国胜利,这只是万里长征走完了第一步。如果这一步也值得骄傲,那是比较渺小的,更值得骄傲的还在后头。在过了几十年之后来看中国人民民主革命的胜利,就会使人们感觉那好像只是一出长剧的一个短小的序幕。剧是必须从序幕开始的,但序幕还不是高潮。中国的革命是伟大的,但革命以后的路程更长,工作更伟大,更艰苦。这一点现在就必须向党内讲明白,务必使同志们继续地保持谦虚、谨慎、不骄、不躁的作风,务必使同志们继续地保持艰苦奋斗的作风。我们有批评和自我批评这个马克思列宁主义的武器。我们能够去掉不良作风,保持优良作风。我们能够学会我们原来不懂的东西。我们不但善于破坏一个旧世界,我们还将善于建设一个新世界。”

毛泽东同志的这段论述非常重要,特别是其中的两个重要思想具有长远的指导意义。一是,在伟大的成就面前,党内一部分同志可能会骄傲起来,贪图享乐的思想可能滋长,不愿意再做艰苦的工作,如果不坚决防范和克服这种情绪,党的事业就不能继续向前发展,甚至会失败。二是,不论我们党取得什么样的成就,都必须长期艰苦奋斗,始终坚持马克思主义政党的本色和宗旨,不断维护和实现最广大人民的根本利益,这样我们党才能始终保持同人民群众的血肉联系,始终得到广大人民群众的拥护和支持,始终立于不败之地。

新中国成立50多年来,我们党对坚持艰苦奋斗的问题一直是高度重视的,总是反复地、经常地向全党同志特别是领导干部加以强调。

新中国成立后,毛泽东同志曾多次要求全党同志和领导干部要坚持艰苦奋斗。他说:“要使全体干部和全体人民经常想到我国是一个社会主义的大国,但又是一个经济落后的穷国,这是一个很大的矛盾。要使我国富强起来,需要几十年艰苦奋斗的时间。”他强调:“我们要保持过去革命战争时期的那么一股劲,那么一股革命热情,那么一种拚命精神,把革命工作做到底。”

党的十一届三中全会以后,邓小平同志一再告诫全党:“中国搞四个现代化,要老老实实地艰苦创业。我们穷,底子薄,教育、科学、文化都落后,这就决定了我们还要有一个艰苦奋斗的过程。”他还说:“艰苦奋斗是我们的传统,艰苦朴素的教育今后要抓紧,一直要抓六十至七十年。我们的国家越发展,越要抓艰苦创业。提倡艰苦创业精神,也有助于克服腐败现象。”

党的十三届四中全会以后,江泽民同志反复强调全党特别是领导干部要永远艰苦奋斗。1991年9月,江泽民同志专程来到西柏坡,强调在新的历史条件下全党同志必须始终坚持“两个务必”,并作了重要题词:“牢记‘两个务必’,建设有中国特色的社会主义。”1995年,江泽民同志强调:“艰苦奋斗,是中国共产党的光荣传统,是我们党保持同人民群众密切联系的一个法宝,也是一个干部特别是领导干部必须具备的基本政治素质。我们党正是靠艰苦奋斗不断发展壮大起来的。过去干革命需要艰苦奋斗,今天搞社会主义现代化建设,同样要靠艰苦奋斗。”1997年,江泽民同志指出:“党的性质和肩负的历史使命,决定了我们艰苦奋斗的本色。实现党的崇高理想需要经过长时间的奋斗,广大党员和干部无论在什么情况下都要发扬艰苦奋斗精神,永不停步地前进。”2001年11月,他到河北考察工作时,再一次要求全党同志坚持“两个务必”,指出:“要结合新的实际在全体党员干部中广泛开展坚持‘两个务必’的教育,使全党同志在日益复杂的国内外环境中始终保持清醒的头脑,居安思危,增强忧患意识,扎扎实实地为国家和人民工作。”

党的三代领导核心关于坚持艰苦奋斗的论述,语重心长,寓意深刻,我们要认真领会,切实贯彻。

现在,我国已进入全面建设小康社会、加快推进社会主义现代化的新的发展阶段。经过十一届三中全会以来20多年特别是十三届四中全会以来13年的艰苦奋斗,我国的改革开放和社会主义现代化建设取得了举世瞩目的伟大成就,我们完全有理由为此感到自豪,但我们决不能自满,决不能懈怠,决不能停滞。成绩越大,喝彩声越多,我们越要保持清醒的头脑。而且,必须看到,我们取得的成就只是在伟大征途上迈出的坚实一步,要完成十六大提出的全面建设小康社会的奋斗目标,要完成基本实现现代化、把我国建设成为富强民主文明的社会主义国家的历史任务,要不断开创中国特色社会主义事业新局面,我们要走的路还长得很,我们肩负的任务还很艰巨,我们可能遇到的困难和挑战还会很多,我们必须始终谦虚谨慎、艰苦奋斗。

中华民族历来以勤劳勇敢、不畏艰苦著称于世。我们的古人早就讲过,“艰难困苦,玉汝于成”,“居安思危,戒奢以俭”,“忧劳兴国,逸豫亡身”,“生于忧患,死于安乐”,等等。这些警世名言,今天对我们依然有着重要的启示作用。(下转第二版)

顺民心 暖民心 舒民心

北京大兴区『民心工程』深得民心

本报北京1月2日讯 记者阎晓明报道:2002年9月,北京市大兴区青云店镇东回城村42岁的农民靳书文做完心脏手术出院后,按照规定到村合作医疗部门报销了医药费用34560元,高高兴兴投入了工作,小日子依旧过得红红火火。靳书文的笑容来自大兴区实行的新型农民合作医疗制度,这也是大兴区实施的6项“民心工程”中“暖民心工程”的内容。

2001年4月,大兴撤县建区后,区委、区政府考虑得最多的是如何抓住机遇切实解决制约当地经济发展和群众迫切需要解决的问题。经过深入调查研究和广泛听取群众意见后,区里归纳出这样几类问题:交通不便,有些村因拖欠电费经常停电,边远村庄的群众看病难,不少农村环境脏乱……从问题入手,大兴区举全区之力,集各方良策,实施了6项“民心工程”:村村通柏油路,保证群众出行畅通的“顺民心工程”;加快农村低压电网改造,让村村亮起来的“亮民心工程”;加快危旧房改造,让居民安居乐业的“安民心工程”;完善城镇和农民最低生活保障制度,建设城乡社区卫生服务站的“暖民心工程”;改善城乡环境的“舒民心工程”和加强社会治安综合治理的“稳民心工程”。

如今,“民心工程”已取得明显成效,区、镇两级财政投资1亿多元,完成道路建设131条,总长357公里,使290个村20多万人走上了通畅的柏油大道;完成了涉及300多个村和1.65万户城镇居民的低压电网改造;建成了148个社区卫生服务站,农村平均5个自然村设立一个卫生站,解决了群众就医难问题,同时在3个不同类型的镇开展了新型农民合作医疗制度试点。

不久前,记者在大兴区采访时,听到这样一件事,黄村镇侯村村民侯启会想种植绿芦笋,苦于找不到种子与技术。他抱着试试看的想法走进了镇“农民需求工作室”,专职工作人员黄德霞热情地接待了他。一周后,他如愿以偿得到了绿芦笋的种子和种植技术。目前,大兴区14个镇已经建立了这样的“农民需求工作室”,设立了农民需求信箱452个和镇、村农民需求热线273条,配备专职工作人员55名。依据群众需要,随时请专家、教授和有关部门负责人为群众提供科技、信息、文化、法律等方面的服务。

在学习贯彻十六大精神中,大兴区委、区政府领导用“民心工程”得民心的事实鞭策自己。他们深深认识到,只要把学习贯彻十六大精神与满足群众的需求、实现群众的根本利益相结合,就一定能把十六大精神落到实处。区委、区政府决定,今年要把加大公共财政支出,现代教育、科技、文化设施建设和群众就业、农民向二三产业转移等作为“民心工程”的主要内容,使“三个代表”重要思想进一步落到实处。

“神舟”四号飞船

完成高精度轨道维持

据新华社北京1月2日电 (记者奚启新)北京时间1月2日20时40分,在北京航天指挥控制中心统一指挥调度下,“神舟”四号飞船启动船载小推力发动机,成功进行了高精度轨道维持,为飞船顺利返回创造了有利条件。

按照预定飞行控制程序,“神舟”四号飞船在轨飞行期间,将进行三次轨道维持,目的是补偿飞船变轨偏差和大气阻力衰减,使飞船能够准确返回主着陆场。截至北京时间1月2日20时,“神舟”四号飞船已在预定轨道上安全运行了61圈。在大气阻力和地球引力的影响下,飞船飞行轨迹已逐渐下降,慢慢偏离了设计轨道,为确保正常飞行,必须对飞船实施轨道维持。

20时40分,当“神舟”四号飞船飞行至南大西洋上空时,正在此处待命的“远望”三号航天测量船准确捕获目标。北京航天指挥控制中心根据轨道控制计算结果,及时发出遥控指令。记者通过指控大厅屏幕上的实时三维动画看到,飞船尾部装载的小推力姿轨控发动机成功启动,喷出桔黄色的火焰,约5秒钟后,火焰熄灭,飞船又进入了平稳的飞行状态。随后,“远望”三号船向北京航天指控中心传来数据,表明这次控制取得圆满成功。

一月一日,乌鲁木齐红雁鹭岛田园滑雪场迎来大批欢度元旦佳节的各地游客。从元旦开始,来自广州、深圳、上海等城市的二十四个团体共六百多人,陆续来新疆观光旅游,领略北国冰雪天地的奇妙乐趣。 新华社记者 罗晓光摄

上海财政收入增近三成

本报上海1月2日电 上海财税部门新年传捷报:2002年,上海地方财政收入719.5亿元,同比增长29.9%,超额完成预算收入。上海税务部门征税1447.7亿元,圆满实现国家税务总局下达的计划。上海财政收入增幅连续第十年高于国内生产总值增长率。

2002年上海财政收入完成较好,综合反映出上海经济结构调整优化、经济效益稳步提升。全市税收中流转税收入902.3亿元,同比增长24%,显示上海经济运行质量稳步提高;企业所得税收入181.7亿元,增幅16.6%;个人所得税收入134.1亿元,同比增长41%;非公经济提供税收350多亿元,同比增长五成以上;金融保险、中介服务、通信、广告、会展、旅游、物流等现代服务业产生的税收超过280亿元,同比增长四成左右,说明上海的城市功能开发进入新阶段。 (林志平 韩国飚)

江苏GDP超万亿元

本报南京1月2日电 记者龚永泉从江苏省经济工作会议上获悉,2002年江苏省实现国内生产总值突破万亿元,达10636.3亿元,成为全国继广东后第二个GDP超万亿元的省份。

2002年,全省规模以上工业企业实现工业增加值3500亿元,同比增长15.6%。服务业实现增加值3967.2亿元,比上年增长11%。外贸出口持续增长,利用外资出现近10年最为强劲的增势。全省外贸进出口总额693亿美元,比上年增长34.9%,其中出口380亿美元,增长31.6%。机电产品和高新技术产品成为出口产品的主导产品。

经济形势好 新年传佳音

河南GDP突破六千亿元

本报郑州1月2日电 记者李杰、王明浩报道:河南省统计局和省社会科学院日前联合向新闻界宣布:2002年河南省GDP首次突破6000亿元大关,比上年增长9%以上。

去年,河南经济继续保持良好的发展势头。一、二、三产业增加值分别增长4.5%、10.7%和10.0%;全社会固定资产投资增长11%左右;社会消费品零售总额增长10.5%左右;粮食总产量达4175万吨,比上年增产1.3%。实际利用外资3.13亿美元,同比增长16.1%。全年城镇居民人均可支配收入有望超过6150元,农民人均纯收入达2200元。

沈阳财政收入过百亿

本报沈阳1月2日电 记者郑有义报道:2002年,沈阳市国民经济全面增长,多项主要经济指标创历史新高。

2002年沈阳全市实现国内生产总值预计达1400亿元,比上年提高13.1%,为1994年以来最高。财政收入突破百亿元大关,比上年增长29.9%。工业立市成绩斐然。预计全市实现工业总产值2110亿元,比上年增长18%。投资引资破纪录。据初步统计,全市完成固定资产投资402亿元,比上年增长32.8%,增速是1994年以来最高的。实际利用外资15亿美元,比上年增长24.2%,增速是1995年以来最高的。

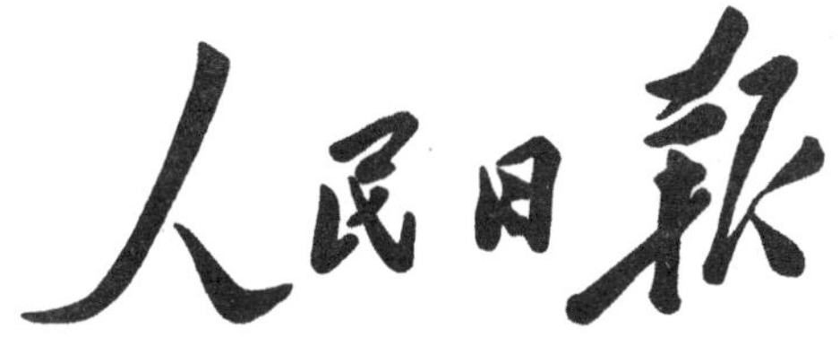

RENMIN RIBAO

今日16版（华东、华南地区20版）　国内统一连续出版物号 CN 11-0065　第20806期（代号1-1）

人民网　网址：http://www.people.com.cn　手机：http://wap.people.com.cn

人民日报社出版

2005年6月 27 星期一 乙酉年五月廿一

北京地区天气预报

白天　阴转多云　降水概率40%　风向　偏南　风力　二、三级

夜间　多云转阴　有雷阵雨　降水概率60%　风向　偏南　风力　一、二级

温度　32℃/21℃

不畏艰险发扬连续作战精神　以实际行动践行先进性要求

全军和武警部队积极参加抢险救灾

新华社北京6月26日电　入汛以来，我国部分地区相继发生洪涝、地质灾害和森林火灾。全军和武警部队先后出动官兵2.4万余人、民兵预备役人员12万余人，动用车辆机械3800余台次，全力投入抢险救灾，转移疏散群众50余万人，为保护国家财产和人民生命安全做出了重要贡献。

各单位认真贯彻中央军委和总部的指示精神，把参加抢险救灾作为一项重要的政治任务来抓。南京、广州、成都军区和武警部队专门下发抢险救灾指示，明确任务，提出要求。驻大江大河大湖附近地区部队，完善抢险救灾预案，做好物资、装备和器材准备。江西、福建、湖南、广东、广西等省区军区召开驻军和武警部队联席会议，并在重点地区组建民兵应急分队和抢险突击队。灾情发生后，各部队迅速启动应急机制，投入抢险救灾。6月10日下午，黑龙江省宁安市沙兰河上游突降暴雨，引发山洪，造成学生和群众重大伤亡。驻军某部紧急出动280名官兵、10台车辆，于第一时间赶赴受灾现场，搜寻遇难和失踪人员。6月2日凌晨，湘江衡阳段发生重大险情，严重威胁京广铁路安全。湖南省军区立即组织官兵和民兵应急分队1700余人赶赴现场，参加抢险战斗，保证了铁路干线畅通。

参加抢险救灾官兵和民兵预备役人员不畏艰险，连续作战，在关键时刻发挥了突击队作用。6月22日，珠江流域的西江发生特大洪水，梧州市区安全受到严重威胁。驻军某部4700余名官兵与当地政府和人民群众密切配合，巡堤查险，堵塞管涌，加固加高堤坝，苦战两天两夜，排除大量险情。（下转第六版）

在省部级主要领导干部提高构建社会主义和谐社会能力专题研讨班上的讲话

（2005年2月19日）

胡锦涛

中央举办这次省部级主要领导干部专题研讨班，目的是集中研讨加强党的执政能力建设特别是提高构建社会主义和谐社会能力的问题。这是深入学习贯彻党的十六届四中全会精神的一个重要举措。下面，我讲四个问题。

一、深刻认识构建社会主义和谐社会的重大意义

构建社会主义和谐社会，把提高构建社会主义和谐社会的能力作为加强党的执政能力建设的重要内容，是党的十六大和十六届三中、四中全会提出的重大任务。党的十六大报告在阐述全面建设小康社会的宏伟目标时强调，建设更高水平的小康社会，就是要使经济更加发展、民主更加健全、科教更加进步、文化更加繁荣、社会更加和谐、人民生活更加殷实，还强调要努力形成全体人民各尽其能、各得其所而又和谐相处的局面，巩固和发展民主团结、生动活泼、安定和谐的政治局面。把社会更加和谐作为我们党要为之奋斗的一个重要目标明确提出来，这在我们党历次代表大会的报告中是第一次。党的十六届四中全会，进一步提出了构建社会主义和谐社会的任务，强调形成全体人民各尽其能、各得其所而又和谐相处的社会是巩固党执政的社会基础、实现党执政的历史任务的必然要求，要适应我国社会的深刻变化，把和谐社会建设摆在重要位置，并明确了构建社会主义和谐社会的主要内容。我们党明确提出构建社会主义和谐社会的重大任务，就是要求全党同志在建设中国特色社会主义的伟大实践中更加自觉地加强社会主义和谐社会建设，使社会主义物质文明、政治文明、精神文明建设与和谐社会建设全面发展。这表明，随着我国经济社会的不断发展，中国特色社会主义事业的总体布局，更加明确地由社会主义经济建设、政治建设、文化建设三位一体发展为社会主义经济建设、政治建设、文化建设、社会建设四位一体。构建社会主义和谐社会，是我们党从全面建设小康社会、开创中国特色社会主义事业新局面的全局出发提出的一项重大任务，适应了我国改革发展进入关键时期的客观要求，体现了广大人民群众的根本利益和共同愿望。

从国内看，构建社会主义和谐社会，是我们抓住和用好重要战略机遇期、实现全面建设小康社会宏伟目标的必然要求。目前，我国改革发展正处在一个关键时期。一些国家和地区的发展历程表明，在人均国内生产总值突破1000美元之后，经济社会发展就进入了一个关键阶段。在这个阶段，既有因为举措得当从而促进经济快速发展和社会平稳进步的成功经验，也有因为应对失误从而导致经济徘徊不前和社会长期动荡的失败教训。综合起来看，在当前和今后相当长一段时间内，我国经济社会发展面临的矛盾和问题可能更复杂、更突出。随着我国社会主义市场经济不断发展，随着我国公有制为主体、多种所有制经济共同发展的基本经济制度和按劳分配为主体、多种分配方式并存的分配制度不断完善，随着我国工业化、城镇化和经济结构调整加速，随着我国社会组织形式、就业结构、社会结构的变革加快，我们正面临着并将长期面对一些亟待解决的突出矛盾和问题，我国经济社会发展也出现了一些必须认真把握的新趋势新特点，主要是：资源能源紧缺压力加大，对经济社会发展的瓶颈制约日益突出，转变经济增长方式要求十分迫切；城乡发展不平衡、地区发展不平衡、经济社会发展不平衡的矛盾更加突出，缩小发展差距和促进经济社会协调发展任务艰巨；人民群众的物质文化需要不断提高并更趋多样化，社会利益关系更趋复杂，特别是受经济文化发展水平等多方面的限制，统筹兼顾各方面利益的难度加大；体制创新进入攻坚阶段，深化改革，扩大开放，进一步触及深层次矛盾和问题；劳动者就业结构和方式不断变化，人员流动性大大加强，社会组织和管理面临新问题；人民群众的民主法制意识不断增强，政治参与的积极性不断提高，对发展社会主义民主政治和落实依法治国基本方略提出了新要求；各种思想文化相互激荡，人们受各种思想观念影响的渠道明显增多、程度明显加深，人们思想活动的独立性、选择性、多变性、差异性明显增强；社会上存在的消极腐败现象以及各类严重犯罪活动等也给社会稳定与和谐带来了严重影响，等等。我们要抓住和用好重要战略机遇期、实现全面建设小康社会的宏伟目标，就必须正确应对这些矛盾和问题，花更大气力妥善协调各方面的利益关系，正确处理各种社会矛盾，大力促进社会和谐。这既是全面建设小康社会的重要内容，也是实现全面建设小康社会宏伟目标的重要前提。

从国际看，构建社会主义和谐社会，是我们把握复杂多变的国际形势、有力应对来自国际环境的各种挑战和风险的必然要求。和平与发展仍是当今时代的主题，但国际形势继续处于深刻复杂的变化之中。世界格局处于向多极化过渡的重要时期，经济全球化趋势不断深入发展，科技进步突飞猛进，国际产业升级和转移速度加快，各国注重经济发展和国际经济技术合作，区域经济一体化进程加速。从总体上看，这些因素给我国的改革发展带来了难得机遇和有利条件，只要我们高举和平、发展、合作的旗帜，坚持冷静观察、沉着应对的方针，牢牢掌握应对国际局势和处理国际事务的主动权，就能够营造有利于我国的战略态势，为我国现代化建设争取较长时期的良好国际环境和周边环境。同时，我们必须清醒地看到，当今世界仍很不安宁，各种矛盾错综复杂，影响和平与发展的不稳定不确定因素依然存在。由于世界力量失衡的局面在短期内难以根本改变，世界多极化趋势的发展不会一帆风顺。由于国际经济旧秩序没有根本改变，经济全球化趋势在推动世界经济发展的同时，也给各国特别是发展中国家带来挑战和风险，发展中国家在经济、政治、文化、信息、军事等方面面临着严峻压力。由于传统安全威胁和非传统安全威胁的因素相互交织，民族、宗教矛盾和边界、领土争端导致的局部冲突时起时伏，恐怖主义活动依然猖獗，地区和国际安全形势不容乐观。在这样复杂多变的国际形势下，我们要有力应对来自外部的各种挑战和风险，必须把国内的事情办好，始终保持国家统一、民族团结、社会稳定的局面。这是我们集中全党全民族的智慧和力量、全面推进中国特色社会主义事业的重要保障。

从我们党肩负的使命看，构建社会主义和谐社会，是巩固党执政的社会基础、实现党执政的历史任务的必然要求。构建社会主义和谐社会，是我们党坚持立党为公、执政为民的必然要求，是我们党实现好、维护好、发展好最广大人民的根本利益的重要体现，也是我们党实现执政的历史任务的重要条件。巩固党执政的社会基础、实现党执政的历史任务要求我们：必须紧紧依靠人民群众，团结一切可以团结的力量，调动一切可以调动的积极因素，把人民群众以及各方面的积极性、主动性、创造性都充分发挥出来，为实现全面建设小康社会的宏伟目标而奋斗；必须正确认识和妥善处理人民内部矛盾和其他社会矛盾，协调好各方面的利益关系，不断在发展的基础上满足人民群众日益增长的物质文化需要，保证人民群众共享改革发展的成果；必须抓紧解决人民群众生产生活中的突出问题和困难，夯实党执政的阶级基础和群众基础，保持党同人民群众的血肉联系；必须加强社会建设和管理，营造良好的人际环境，保持良好的社会秩序，维护社会稳定，保证广大人民群众安居乐业。只有把这些工作都更加自觉、更加主动地做好了，我们党才能不断增强执政的社会基础，才能更好地实现继续推进现代化建设、完成祖国统一、维护世界和平与促进共同发展这三大历史任务。

总之，我们党提出构建社会主义和谐社会，既是对我国改革开放和现代化建设经验的科学总结，也是在新的国内外形势下提高党的执政能力、贯彻落实科学发展观、更好地推进我国经济社会发展的战略举措。明确提出构建社会主义和谐社会，反映了我们党对中国特色社会主义事业发展规律的新认识，也反映了我们党对执政规律、执政能力、执政方略、执政方式的新认识，为我们紧紧抓住和用好重要战略机遇期、实现全面建设小康社会的宏伟目标提供了重要的思想指导。构建社会主义和谐社会，关系到最广大人民的根本利益，关系到巩固党执政的社会基础、实现党执政的历史任务，关系到全面建设小康社会的全局，关系到党的事业兴旺发达和国家的长治久安。全党同志都要从这样的战略高度，深刻认识构建社会主义和谐社会的重大意义，自觉承担起和谐社会建设的历史任务。

现在，我们党明确提出并积极推进构建社会主义和谐社会，是具备许多有利条件的。首先，中国共产党的领导和我国的社会主义制度，为构建社会主义和谐社会提供了最根本的保证。其次，经过新中国成立以来特别是改革开放以来的不断发展，我国社会生产力水平明显提高，综合国力显著增强，人民生活总体上实现了由温饱到小康的历史性跨越，我们已经具备了较为坚实的物质基础，可以为缩小社会差距、促进社会公平、完善社会保障、发展社会事业、加强社会建设和管理等提供更充分的物质保证。第三，在我国，各阶层、各党派、各民族、各团体政治上享有平等地位，根本利益是一致的。第四，马克思主义在党和国家工作中的指导地位已经确立并不断得到巩固，爱国主义、集体主义、社会主义思想深入人心，教育科技文化事业不断发展，全体人民的思想道德素质和科学文化素质不断提高，民族凝聚力显著增强。这些都是有利于我们构建社会主义和谐社会最基本的前提条件。同时，我们也要认识到，我国仍然处于并将长期处于社会主义初级阶段，生产力发展水平、教育科技文化水平还不高，建成社会主义和谐社会任重道远。同建设社会主义现代化国家要经历一个很长历史过程一样，构建社会主义和谐社会也是一个需要随着经济、政治、文化的发展而不断推进的很长历史过程。我们既要立足国情，根据已经具备的条件，积极主动地推进和谐社会建设，又要着眼长远，做好长期努力的准备，在推进社会主义物质文明、政治文明、精神文明发展的历史进程中，扎扎实实做好构建社会主义和谐社会的各项工作。

二、全面把握构建社会主义和谐社会是建设中国特色社会主义的一项基本任务

实现社会和谐，建设美好社会，始终是人类孜孜以求的一个社会理想，也是包括中国共产党在内的马克思主义政党不懈追求的一个社会理想。

我国历史上就产生过不少有关社会和谐的思想。比如，孔子说过"和为贵"；墨子提出了"兼相爱"、"爱无差等"的理想社会方案；孟子描绘了"老吾老以及人之老，幼吾幼以及人之幼"的社会状态；《礼记·礼运》中描绘了"大道之行也，天下为公，选贤与能，讲信修睦。故人不独亲其亲，不独子其子，使老有所终，壮有所用，幼有所长，矜、寡、孤、独、废、疾者皆有所养"这样一种理想社会；太平天国运动的领袖洪秀全提出要建立"务使天下共享"，"有田同耕，有饭同食，有衣同穿，有钱同使，无处不均匀，无人不饱暖"的社会；康有为在《大同书》中提出要建立一个"人人相亲，人人平等，天下为公"的理想社会。这些思想虽然带有不同时代和提出者阶级地位的烙印，但都在一定程度上反映了广大人民群众对美好生活的向往。当然，在存在阶级压迫和阶级剥削的旧制度下，这些设想是根本无法实现的。

关于社会主义社会建设的理论，是马克思主义理论的重要组成部分。马克思、恩格斯在继承前人思想成果的基础上，创立了科学社会主义理论，勾画了美好社会的蓝图，指明了实现美好社会理想的正确途径。大家知道，空想社会主义学说是马克思主义的三个理论来源之一。1803年，法国空想社会主义者傅立叶发表《全世界和谐》一文，指出现存资本主义制度是不合理的，必将为"和谐制度"所代替。1824年，英国空想社会主义者欧文在美国印第安纳州进行的共产主义试验，也以"新和谐"命名。1842年，德国空想共产主义者魏特林在《和谐与自由的保证》一书中把社会主义社会称为"和谐与自由"的社会，并指出新社会的"和谐"是"全体和谐"。马克思称这本书是工人阶级"史无前例的光辉灿烂的处女作"。1848年，马克思、恩格斯在《共产党宣言》中对圣西门、傅立叶、欧文等空想社会主义者的著作和有关主张给予了肯定，明确提出："提倡社会和谐"是"它们关于未来社会的积极的主张"。同时，马克思、恩格斯深刻分析了空想社会主义者的历史局限性和理论缺陷，认为他们没有认识到资本主义社会的本质矛盾，也没有找到实现社会变革的正确途径，结果只能陷于空想。马克思、恩格斯创立了唯物史观和剩余价值学说，提出了无产阶级革命的理论和战略策略，实现了社会主义由空想到科学的历史性飞跃。马克思、恩格斯对未来社会的发展方向作出了科学设想。他们在《共产党宣言》中明确提出："代替那存在着阶级和阶级对立的资产阶级旧社会的，将是这样一个联合体，在那里，每个人的自由发展是一切人的自由发展的条件。"按照马克思、恩格斯的设想，未来社会将在打碎旧的国家机器、消灭私有制的基础上，消除阶级之间、城乡之间、脑力劳动和体力劳动之间的对立和差别，极大地调动全体劳动者的积极性，使社会物质财富极大丰富、人民精神境界极大提高，实行各尽所能、各取所需，实现每个人自由而全面的发展，在人与人之间、人与自然之间都形成和谐的关系。列宁在领导俄国十月革命和社会主义建设的过程中，就建设社会主义社会提出了一系列重要思想。他明确提出：只有社会主义才可能广泛推行和真正支配根据科学原则进行的产品的社会生产和分配，以便使所有劳动者过最美好、最幸福的生活；生气勃勃的创造性的社会主义是由人民群众自己创立的；社会主义国家应当大力帮助农民，消除城乡对立；（下转第二版）

人大常委会第十六次会议在京举行

吴邦国主持全体会议　物权法草案进入三审

本报北京6月26日讯　记者吴兢、石国胜、杜文娟报道：作为调整民事主体之间因物的归属和利用而产生的财产关系，维护国家基本经济制度的基础性法律，物权法草案经过九届全国人大常委会第三十一次会议、十届全国人大常委会第十二次会议审议后，26日上午开始在人民大会堂举行的十届全国人大常委会第十六次会议第三次对这一重要的法律草案进行审议。

吴邦国委员长主持全体会议。

在确定本次会议的13项议程后，会议首先听取了全国人大法律委员会副主任委员胡康生就物权法草案修改情况所作的汇报。本次会议审议的法律草案，着重从三个方面进行了研究修改：突出重点，解决物权法当前亟待规范的现实问题，对几个重大问题如不动产登记机构是否统一、农村宅基地使用权能否转让等作出规定；对过去草案规定的内容尽可能表述得简明扼要、通俗易懂。

会议还听取了全国人大法律委员会副主任委员周坤仁、李重庵分别就再次审议的治安管理处罚法草案、公证法草案修改情况所作的汇报。

妇女权益保障法自1992年施行以来，对保障妇女的合法权益、实现男女平等发挥了重要作用。（下转第四版）

第六届亚欧财长会议开幕

温家宝出席开幕式并发表重要讲话

本报天津6月26日电　记者李丽辉、陈杰、赵婀娜报道：第六届亚欧财长会议26日在天津隆重开幕。国务院总理温家宝出席开幕式并发表重要讲话。他强调，亚欧各国要加强全面合作，发挥各自优势，共同战胜困难和风险，把亚欧合作提高到一个新的水平。

上午9时许，当温家宝总理步入会场时，全体与会代表起立热烈鼓掌，欢迎他的到来。温家宝发表了题为"加强亚欧财金合作　促进各国共同发展"的重要讲话（全文见第四版）。

开幕式前，温家宝会见了参加本届亚欧财长会议的42位代表团团长并合影留念。

中共中央政治局委员、天津市委书记张立昌出席开幕式。开幕式由本届财长会议主席、财政部部长金人庆主持。有关方面负责人戴相龙、汪洋、魏礼群、李勇、丘小雄等也出席了开幕式。

本次会议是亚欧会议成员扩大后的首次财长会议，是亚欧财长会议首次在中国举行，也是历届会议中规格最高、参会人数最多的一次。亚欧会议39个成员方均派出代表团，国际货币基金组织、世界银行、亚洲开发银行以及欧洲中央银行派出副行长或副总裁以上代表参会。

亚欧财长会议是亚欧会议的一个重要论坛，其宗旨是落实亚欧领导人会议有关财政金融问题的决定和精神，并通过对话和磋商推动亚欧之间经济和金融等领域的合作。

同一个世界　同一个梦想（One World One Dream）

北京奥运会主题口号问世

李长春发布口号

本报北京6月26日讯　记者武卫政、王建新报道：北京2008年奥运会主题口号发布仪式26日晚在北京工人体育馆举行。中共中央政治局常委李长春出席仪式并发布了"同一个世界　同一个梦想"（One World One Dream）的主题口号。

中共中央政治局委员、北京市委书记、北京奥组委主席刘淇主持仪式并致辞。刘淇说，这一主题口号表达了中国人民与世界各地人民共有美好家园、同享文明成果、携手共创未来的崇高理想；表达了一个拥有五千年文明、正大步走向现代化的伟大民族致力于和平发展、社会和谐、人民幸福的坚定信念；表达了13亿中国人民为建立和平美好的世界而贡献力量的心声。这一主题口号是"人文奥运"理念的具体体现，是奥运会整体形象和筹办工作的一个指导原则。

国际奥委会主席罗格专门致电北京奥组委，对北京奥运会主题口号的发布表示祝贺，认为这一口号抓住了奥林匹克精神的实质。（下转第四版）

吴光林先进事迹报告会在京举行

罗干会见报告团成员并讲话

本报北京6月26日讯　记者崔士鑫报道：吴光林同志先进事迹报告会26日在北京人民大会堂举行。报告会前，中共中央政治局常委、中央政法委书记罗干亲切会见了报告团全体成员及近年来在禁毒战线上涌现出的先进个人和先进集体代表，希望全国各条战线特别是广大公安民警要学习吴光林同志的先进事迹和崇高精神，进一步弘扬正气、鼓舞斗志、爱岗敬业、无私奉献，把保持共产党员先进性教育活动和禁毒人民战争不断推向深入。

罗干首先代表党中央、国务院向吴光林的家属表示亲切慰问，向辛勤工作在全国禁毒战线上的同志们表示诚挚的问候和良好的祝愿。他指出，近年来，在党中央、国务院和地方各级党委、政府的领导下，全国各级禁毒部门、禁毒工作者紧紧依靠广大人民群众，深入开展禁毒斗争，有效遏制了毒品问题发展蔓延的势头，最大限度地减少了毒品的社会危害，为维护社会稳定、保障人民安居乐业做出了重要贡献。实践证明，禁毒队伍是一支政治坚定、忠于职守、能打硬仗、屡建战功的队伍。吴光林同志就是他们中的杰出代表。禁毒战线乃至全国政法战线都要掀起向吴光林同志学习的热潮，坚定理想信念，弘扬英雄精神，坚持执法为民，忠实履行党和人民赋予的神圣职责。（下转第六版）

人民日報

RENMIN RIBAO

今日 16 版（华东、华南地区 20 版） 国内统一连续出版物号 CN 11-0065 第 21111 期 （代号 1-1）

人民网 网址：http://www.people.com.cn 手机：http://wap.people.com.cn

人民日报社出版

2006 年 4 月 28 星期五 丙戌年四月初一

北京地区天气预报 白天 多云转晴 风向 偏北 风力 二、三级间四级 夜间 晴间多云 风向 偏北 风力 一、二级 湿度 24℃/12℃

牢固树立社会主义荣辱观

（2006 年 3 月 4 日）

胡锦涛

全面建设小康社会、加快推进社会主义现代化，要求我们必须把发展社会主义先进文化放到十分突出的位置，着眼于提高人的素质、促进人的全面发展，加强思想道德建设，发展教育科学文化，培育有理想、有道德、有文化、有纪律的社会主义公民。

一是要提高全民族素质。当今世界的综合国力竞争，说到底是民族素质竞争。要充分发挥教育对提高人的素质的基础性作用，坚持教育优先发展、全面推进素质教育，加大统筹城乡教育发展的力度，加大对义务教育尤其是农村义务教育的投入，使每一个适龄青少年都能接受良好教育。要努力建设学习型社会，在全社会树立全民学习、终身学习的理念，通过多种形式和渠道的学习培训，使每个人都不断获得新知、增长才干，跟上时代前进步伐。要在全体人民中大力弘扬科学精神、普及科学知识、树立科学观念、提倡科学方法，努力在全社会形成学习科学、相信科学、依靠科学的良好氛围，促进全民族科学素质的提高。要牢牢把握文化发展的正确方向，积极推动文化创新，大力发展文化事业和文化产业，为广大人民群众提供更多更好的精神文化产品，充分发挥文化启迪思想、陶冶情操、传授知识、鼓舞人心的积极作用。

二是要培养大批优秀人才。国家兴盛，人才为本。要全面实施人才强国战略，大力加强人力资源能力建设，加大投入力度，完善工作措施，重点培养人的学习能力、实践能力，着力提高人的创新能力，努力造就大批优秀人才。要进一步优化人才发展的环境，不拘一格选人才，建立健全育才、引才、聚才、用才的体制机制，形成鼓励人才干事业、支持人才干成事业、帮助人才干好事业的社会氛围，开创人尽其才、才尽其用、用当其时、人才辈出的局面。

三是要树立良好的社会风气。社会风气是社会文明程度的重要标志，是社会价值导向的集中体现。树立良好的社会风气是广大人民群众的强烈愿望，也是经济社会顺利发展的必然要求。在我们的社会主义社会里，是非、善恶、美丑的界限绝对不能混淆，坚持什么、反对什么，倡导什么、抵制什么，都必须旗帜鲜明。要在全社会大力弘扬爱国主义、集体主义、社会主义思想，倡导社会主义基本道德规范，扶正祛邪，扬善惩恶，促进良好社会风气的形成和发展。要教育广大干部群众特别是广大青少年树立社会主义荣辱观，坚持以热爱祖国为荣、以危害祖国为耻，以服务人民为荣、以背离人民为耻，以崇尚科学为荣、以愚昧无知为耻，以辛勤劳动为荣、以好逸恶劳为耻，以团结互助为荣、以损人利己为耻，以诚实守信为荣、以见利忘义为耻，以遵纪守法为荣、以违法乱纪为耻，以艰苦奋斗为荣、以骄奢淫逸为耻。

（这是胡锦涛同志在参加全国政协十届四次会议民盟、民进界委员联组讨论时讲话的一部分。原载《求是》杂志 2006 年第 9 期） （新华社北京 4 月 27 日电）

胡锦涛主席在尼日利亚国民议会发表重要演讲

强调中国愿同非洲国家一道努力，与时俱进，开拓创新，增进相互信任，深化互利合作，推动共同发展，发展中非新型战略伙伴关系

本报阿布贾 4 月 27 日电 记者**王恬**报道：国家主席胡锦涛 27 日在尼日利亚国民议会发表题为《为发展中非新型战略伙伴关系而共同努力》的重要演讲。胡锦涛强调，中国愿同非洲国家一道努力，与时俱进，开拓创新，增进相互信任，深化互利合作，推动共同发展，发展中非新型战略伙伴关系，不断为中非友好合作开辟新的途径、充实新的内容、注入新的活力。

4 月 27 日，国家主席胡锦涛在尼日利亚国民议会发表重要演讲。 新华社记者 兰红光摄

当天的演讲在尼日利亚国民议会大厦众议院会议厅举行。会议厅内气氛热烈，主席台上竖立着中尼两国国旗，尼日利亚参众两院的 460 多名议员出席。

当地时间 11 时 10 分许，胡锦涛在尼日利亚参众两院副议长陪同下步入会议厅，全体起立，鼓掌欢迎。胡锦涛走上主席台，同参议长纳马尼和众议长马萨里亲切握手。演讲开始前，全体起立，奏中尼两国国歌。

在热烈的掌声中，胡锦涛发表重要演讲。他说，今年是新中国同非洲国家开启外交关系 50 周年。50 年来，中国和非洲国家互相理解、互相支持、互相帮助，在推动各自国家建设、创造美好生活的伟大征程上，中非人民结下了深厚的友谊，中非合作取得了丰硕成果。今天，中非已成为好朋友、好伙伴、好兄弟。双方合作遍及政治、经济、科技、文教、卫生等各个领域，并不断拓展和深化。

胡锦涛表示，近年来，非洲国家为实现自身发展和振兴，联合自强、开拓进取，推动非洲和平与发展事业取得了令人瞩目的成就。中国人民真诚地为兄弟的非洲人民取得的成就感到高兴，衷心祝愿兄弟的非洲人民在建设国家和振兴民族的伟大道路上取得新的更大的成就。

胡锦涛指出，今年初，中国政府发表了《中国对非洲政策文件》，全面阐述了中国在新形势下继承中非传统友谊、致力于发展中非新型战略伙伴关系的明确目标和坚定信念。为实现这一目标，我愿提出以下建议。

第一，政治上增强互相信任。中国愿同非洲各国一道，保持领导人密切交往，促进双方政府、议会、政党、社会团体加强沟通和交流，加深彼此了解，夯实友好基础；加强中非合作论坛建设，深化中国同非洲联盟及非洲次区域组织和区域性多边机构的合作，加强集体对话，凝聚新的共识，扩大利益交汇点；从中非友好大局出发，重视彼此的关切，妥善应对新形势下中非关系面临的新课题。

第二，经济上扩大互利共赢。中国将继续推动双方合作从贸易往来向贸易、投资、技术、项目承包等多领域并重的方向发展，从政府间合作向政府、企业、其他经济实体共同参与的方向发展，特别是要增加能力建设、人力资源培训、科技交流等智力合作项目，积极发展初级产品加工增值、传统制造业优化升级，注重促进当地社会发展和民生改善。继续为非洲国家提供力所能及的帮助，这是中国坚定不移的方针。

第三，文化上注重互相借鉴。中非应该共同努力，加强在文化领域的交流和借鉴，增进人民的相互了解和友谊。中国支持双方文化机构、新闻媒体、学术团体、高等院校加强合作，并可举办各种形式的文化节、艺术展和体育赛事。中国将逐步增加非洲国家来华留学生奖学金名额，鼓励中国青年志愿者赴非洲参与建设事业。

第四，安全上加强互相合作。中非应该加强交流和磋商，推动国际社会树立集体安全意识，树立互信、互利、平等、协作的新安全观，营造有利于共同发展的国际环境。中国愿加强同非洲国家在防治重大传染性疾病、禽流感、跨国犯罪等非传统安全领域的磋商和合作，共同应对全球性挑战。

第五，国际上密切互相配合。我们愿同非洲一道维护联合国宪章的宗旨和原则，加强在联合国及国际多边机构的磋商和合作，积极参与亚非新型战略伙伴关系建设以及其他南南合作和南北对话机制，推进多边主义和国际关系民主化、法治化，推动建立公正合理的国际政治经济新秩序，共同维护发展中国家的正当权益。非洲求和平、促发展的愿望应该得到更多尊重，国际社会应该更多关注非洲发展问题，加大对非洲的投入。中国将继续推动联合国改革朝着更加重视发展问题、优先解决包括非洲在内的发展中国家代表性不足问题的方向发展。

胡锦涛说，今年 11 月，中非合作论坛北京峰会暨第三届部长级会议将在北京召开。我们正在同非洲国家领导人协商在峰会上发表中非领导人共同宣言，以集中反映中非对重大国际问题和非洲问题及中非关系的看法和共同立场。

胡锦涛最后说，非洲是人类的发源地之一，中国是人类文明的发祥地之一。我们这两个人类历史上最古老的文明，应该也能够为 21 世纪人类社会发展作出更大贡献。共同的命运把我们连在一起，共同的目标把我们连在一起，共同的未来把我们连在一起。让我们抓住机遇、共迎挑战，为发展中非新型战略伙伴关系而不懈努力。**（演讲全文另发）**

胡锦涛的演讲引起在场听众的强烈共鸣，他们多次用长时间的热烈掌声来表达他们对中非新型战略伙伴关系美好前景的期盼。演讲在中尼两国国歌声中结束。胡锦涛离开会场时，全体再次起立，议员们热烈鼓掌，并挥手致意，胡锦涛也向大家挥手告别。

演讲由参议长纳马尼和众议长马萨里共同主持。他们在致辞中对胡锦涛前来发表演讲表示欢迎和感谢。他们表示，尼中关系不断加强，经贸合作长足进步，希望进一步发展尼中两国在各领域的友好合作。尼日利亚议会将为两国关系发展而不懈努力。

当天中午，胡锦涛在结束对尼日利亚的访问之前出席了奥巴桑乔总统举行的欢送仪式。

胡锦涛会见尼日利亚国民议会参众议长

指出中方高度重视发展中尼关系，愿同尼方一道努力，推动两国战略伙伴关系再上新台阶

4 月 27 日，国家主席胡锦涛在阿布贾会见尼日利亚国民议会参议长纳马尼（左）和众议长马萨里（右）。 新华社记者 刘建生摄

本报阿布贾 4 月 27 日电 记者**王恬**报道：国家主席胡锦涛 27 日在阿布贾会见了尼日利亚国民议会参议长纳马尼和众议长马萨里。双方就加强双边关系、扩大两国议会交往交换了意见。

胡锦涛表示，中尼两国建立政治上互信、经济上互利、国际事务中互助的战略伙伴关系，为两国关系发展指明了方向，中尼关系由此进入了新的发展阶段。近年来，两国在贸易、农业、能源、电力、通信和卫星等领域的合作取得重要进展，尼日利亚已成为中国在非洲最重要的经贸合作伙伴之一。两国在国际事务中也进行了良好合作，为维护发展中国家的正当权益、促进世界和平与发展作出了不懈努力。中方对双边关系发展现状感到满意。

中方高度重视发展中尼关系，愿同尼方一道努力，切实落实双方在这次访问期间达成的共识，不断挖掘双方合作潜力，深化各领域合作，推动两国战略伙伴关系再上新台阶。希望两国立法机构继续开展交流，扩大人员交往，加强立法等领域的交流，加强在各国议会联盟等国际场合的协调和配合，不断深化中尼战略伙伴关系。

两位议长表示，尼日利亚人民热烈欢迎胡锦涛主席来访。尼中关系近年来不断加强，现处于历史最好时期。两国在农业、贸易、投资等经贸领域的合作富有成果。尼中互利经贸合作潜力大，加强该领域合作将造福两国人民和西部非洲各国人民。尼日利亚议会支持两国深化经贸合作，将在法律方面为两国企业合作提供便利。尼议会愿加强两国立法机构交往，推动两国战略伙伴关系不断向前发展。

江泽民《论社会主义市场经济》出版发行

新华社北京 4 月 27 日电 为帮助广大干部特别是领导干部学习江泽民同志关于社会主义市场经济的论述，中共中央文献研究室编辑的江泽民《论社会主义市场经济》（**主要篇目介绍见第二版**）一书，近日由中央文献出版社出版，在全国发行。

这部专题文集以一九九二年六月九日江泽民同志在中共中央党校省部级干部进修班上的讲话作为开篇，到二〇〇二年十一月八日江泽民同志在党的十六大上的报告为止，精选江泽民同志论述社会主义市场经济的重要文稿七十九篇，约三十六万字，其中有些文稿是第一次公开发表。

党的十四大明确提出我国经济体制改革的任务，是建立社会主义市场经济体制。这是建设中国特色社会主义理论的重要组成部分，也是一项崭新的开创性事业。江泽民同志在党的十四大前夕、十四大上以及十四大以后，根据马克思主义的基本原理和邓小平同志关于计划与市场关系的思想，根据世界经济发展的历史经验和时代前进的要求，不仅创造性地提出了建立社会主义市场经济体制的目标，而且全面地阐述了实行社会主义市场经济的基本原则以及建立和完善这种新的经济体制的总体规划、方针政策和方法步骤，同时不断总结实践的经验，提出了许多重要的新思想、新观点、新方略。这些实践经验和理论成果是十分宝贵的，极大地丰富和发展了马克思列宁主义、毛泽东思想、邓小平理论，对于指导我国社会主义改革开放和现代化建设事业具有十分重大而深远的意义。

为发展中非新型战略伙伴关系而共同努力

——胡锦涛主席在尼日利亚国民议会的演讲

胡锦涛会见中国和尼日利亚企业家代表

（第三版）

人大常委会第二十一次会议举行第二次全体会议

吴邦国出席 继续审议义务教育法修订草案等法律草案

本报北京 4 月 27 日讯 记者**裴智勇**报道：十届全国人大常委会第二十一次会议 27 日下午举行第二次全体会议，继续审议义务教育法修订草案等法律草案，听取国务院关于普及义务教育和实施素质教育的工作报告、关于增强自主创新能力及加强知识产权工作有关情况的报告等。

吴邦国委员长出席会议。蒋正华副委员长主持会议。

全国人大法律委员会副主任委员蒋黔贵汇报了义务教育法修订草案的修改情况。十届全国人大常委会第二十次会议对义务教育法修订草案进行初次审议后，全国人大法律委员会、教科文卫委员会和常委会法制工作委员会广泛听取了各方意见，法律委员会对草案进行了修改。蒋黔贵逐一汇报了草案对逐步免收杂费、政府主管部门不履行保障义务教育法定职责的问责、教育公平和均衡发展、违反国家规定乱收费、确保适龄少年儿童入学和防止辍学、流动人口子女入学、残疾少年儿童特殊教育和教师队伍建设等问题的修改意见。 （下转第四版）

评论员文章 推进社会主义新农村建设的重要举措 （第四版）

巩固扩大成果 健全长效机制 中央纪委等部门认真总结先进性教育活动成功经验 （第四版）

评论员文章 依法治国的重要基础工作 （第五版）

评论员文章 积极推行殡葬改革 （第六版）

『辞不掉的是共产党员的责任』——记江苏滨水县王嘴村支书王伟章 （第六版）

『东风催放千树花』——十六大以来审计宣传先进典型工作综述 （第七版）

中央决定对全国 5300 多名县委书记、县长分批进行“建设社会主义新农村”专题培训 （第四版）

中共中央、国务院转发《中央宣传部、司法部关于在公民中开展法制宣传教育的第五个五年规划》 （第五版）

人民日報
RENMIN RIBAO
今日 16 版
人民网 网址:http://www. people. com. cn
手机:http://wap. people. com. cn
国内统一连续出版物号 CN 11-0065
第 21572 期（代号 1-1）
人民日报社出版
2007 年 8 月
2
星期四
丁亥年六月二十
北京地区天气预报
白天 多云转阴有雷阵雨
风向 北转南
风力 二、三级
夜间 阴 北部地区
有雷阵雨转多云
风向 南转北
风力 一、二级
温度 31℃/22℃

八月一日，中共中央、国务院、中央军委在北京人民大会堂隆重举行庆祝中国人民解放军建军八十周年暨全军英雄模范代表大会。胡锦涛、江泽民、吴邦国、温家宝、贾庆林、曾庆红、吴官正、李长春、罗干等出席大会。

新华社记者 李学仁摄

庆祝中国人民解放军建军80周年暨全军英雄模范代表大会在京举行

胡锦涛发表重要讲话

江泽民吴邦国贾庆林曾庆红吴官正李长春罗干出席 温家宝主持

8月1日，中共中央总书记、国家主席、中央军委主席胡锦涛在庆祝中国人民解放军建军80周年暨全军英雄模范代表大会上发表重要讲话。

新华社记者 李学仁摄

8月1日，党和国家领导人胡锦涛、吴邦国、温家宝、贾庆林、曾庆红、吴官正、李长春、罗干等在北京人民大会堂会见全军英雄模范代表。

新华社记者 樊如钧摄

新华社北京8月1日电 中共中央、国务院和中央军委1日在人民大会堂隆重举行庆祝中国人民解放军建军80周年暨全军英雄模范代表大会。中共中央总书记、国家主席、中央军委主席胡锦涛在会上发表重要讲话。他强调，必须坚持以毛泽东军事思想、邓小平新时期军队建设思想、江泽民国防和军队建设思想为指导，把科学发展观作为加强国防和军队建设的重要指导方针，在更高的起点上推进国防和军队现代化。国防和军队现代化建设的发展，必须是融入国家现代化战略全局、与国家安全和发展利益相适应的发展，是注重全面建设、革命化现代化正规化相统一的发展，是坚持以人为本、推动军队建设与促进官兵全面发展相一致的发展，是走中国特色精兵之路、速度质量效益相协调的发展，一句话，必须努力实现国防和军队现代化建设又好又快发展。

江泽民、吴邦国、温家宝、贾庆林、曾庆红、吴官正、李长春、罗干出席大会。

人民大会堂气氛喜庆热烈。主席台台口上方悬挂会标“庆祝中国人民解放军建军80周年暨全军英雄模范代表大会”，后幕中央是军徽和字标“1927—2007”，10面红旗分列两侧。主席台对面二层眺台横幅上写着：“大力弘扬听党指挥服务人民英勇善战的优良传统、有效履行新世纪新阶段军队历史使命，努力开创国防和军队现代化建设新局面”。人民解放军、武警部队代表和首都各界代表欢聚一堂，共同庆祝中国人民解放军建军80周年的盛大节日。

上午10时，中共中央政治局常委、国务院总理温家宝宣布大会开始。全场起立，高唱国歌。

在热烈的掌声中，胡锦涛发表了讲话。他首先代表党中央、国务院和中央军委，向战斗在保卫祖国、建设祖国各个岗位上的人民解放军指战员、武警部队官兵、预备役军人和广大民兵致以节日的祝贺，向为中国革命、建设、改革事业作出重大贡献的军队离退休老同志表示诚挚的问候，向在各个时期为人民解放军建设作出贡献的转业退伍军人、革命伤残军人和烈军属表示亲切的慰问，向在国防科技工业战线顽强拼搏的科学家、工程技术人员和广大干部职工致以衷心的感谢，向出席全军英雄模范代表大会的代表致以热烈的祝贺，向长期以来关心和支持人民解放军建设的全国各族人民致以崇高的敬意。

胡锦涛指出，80年来，在中国共产党领导下，人民解放军高举党的旗帜，高举人民的旗帜，牢记使命，英勇奋战，为中国人民解放事业，为我国社会主义建设和改革事业，为捍卫国家主权、安全、领土完整，建立了不可磨灭的历史功勋。人民解放军的80年，是紧紧同全国各族人民站在一起、全心全意为人民服务的80年，是为民族独立和尊严、社会发展和进步英勇奋斗的80年，是为维护世界和平、促进人类进步事业作出重要贡献的80年。人民解放军以威武之师、文明之师、和平之师闻名于世，赢得了党和人民的高度信赖和赞誉。

胡锦涛在全面回顾了人民解放军成长和发展的光辉历程后指出，在80年的顽强奋斗中，人民解放军培育和形成了优良革命传统。人民解放军的优良革命传统，集中起来就是听党指挥、服务人民、英勇善战。听党指挥，是党和人民对人民军队的最高政治要求，是人民解放军不可动摇的根本原则。服务人民，是人民军队一切奋斗发展的出发点和归宿，是人民解放军必须永远坚持的根本宗旨。英勇善战，是人民军队的鲜明特征，是人民解放军履行职能使命的根本要求。听党指挥、服务人民、英勇善战，体现了人民解放军的性质、宗旨、本色，凝聚着党和人民对军队的重托和期望，是我们总结人民解放军80年建军治军经验的基本结论。

胡锦涛指出，总结历史，我们完全可以说，党和人民事业之所以能够不断从胜利走向胜利，社会主义中国之所以能够在国际风云剧烈变幻中始终站稳脚跟，一个重要原因，就是因为我们有人民解放军这样一支忠于党、忠于社会主义、忠于祖国、忠于人民的英雄军队。

胡锦涛强调，80年来，我们党坚持把马克思主义军事理论同中国革命战争和人民军队建设实践结合起来，创造了一整套中国特色建军治军的方针原则，形成了毛泽东军事思想、邓小平新时期军队建设思想、江泽民国防和军队建设思想三大军事理论成果。毛泽东军事思想、邓小平新时期军队建设思想、江泽民国防和军队建设思想，是马克思主义军事理论中国化的重大成果，是引领人民军队不断发展壮大的科学指南，是对马克思主义军事宝库的丰富和发展。

胡锦涛强调，我们要深刻认识世界军事发展新趋势和我国发展新要求，遵循国防建设与经济建设协调发展的方针，在国家经济实力不断增强的基础上，逐步增加国防投入，不断提高国防和军队现代化水平，努力建设与国家安全和发展利益相适应的巩固国防和强大军队。这是人民解放军的历史责任，也是全国各族人民的共同事业。

胡锦涛强调，人民军队的历史使命，历来同党的历史任务紧密相连，同国家安全和发展利益紧密相关。切实履行好新世纪新阶段军队历史使命，是党的重托、人民的期望。全军同志要忠于使命、献身使命、不辱使命，全面加强部队建设，抓紧做好军事斗争准备，确保能够有效应对危机、维护和平，遏制战争、打赢战争，努力创造无愧于时代的新业绩。

胡锦涛强调，必须始终把思想政治建设摆在军队各项建设的首位，作为军队的根本性和基础性建设抓紧抓好。加强军队思想政治建设，最根本的是要坚持党对军队的绝对领导、坚持全心全意为人民服务。这两条，决定着人民解放军的性质和方向，关系中国特色社会主义的兴衰成败，必须毫不动摇地坚持、始终不渝地贯彻。必须主动适应世界军事变革趋势，奋发有为地把中国特色军事变革推向前进，继续实施科技强军战略，走机械化信息化复合发展的道路，把改革创新作为军队建设的根本动力，加紧实施人才战略工程，把军队战斗力生成模式进一步转到依靠科技进步特别是以信息技术为主要标志的高新技术进步上来。必须坚持依法治军、从严治军，加强科学管理，不断提高军队正规化建设水平。要坚定地相信和依靠广大官兵，充分发挥他们的主动精神和创造活力，推动中国特色军事变革不断迈出新的步伐。

胡锦涛强调，我们必须发扬光大依靠人民建设军队、建设国防的优良传统，进一步巩固同呼吸、共命运、心连心的军政军民关系。 （下转第四版）

在庆祝中国人民解放军建军80周年暨全军英雄模范代表大会上的讲话

（2007年8月1日）

胡锦涛

同志们，朋友们：

今天，我们在这里隆重集会，庆祝中国人民解放军建军80周年，祝贺全军英雄模范代表大会召开。

80年前的今天，中国共产党发动了震惊中外的南昌起义。这个伟大的事件，以打响武装反抗国民党反动派第一枪的英雄壮举，以党独立领导的新型人民军队诞生的重要标志，载入了中国革命史册。“八一”这个光荣的日子，成为人民解放军的盛大节日。

80年来，在中国共产党领导下，人民解放军高举党的旗帜，高举人民的旗帜，牢记使命，英勇奋战，为中国人民解放事业，为我国社会主义建设和改革事业，为捍卫国家主权、安全、领土完整，建立了不可磨灭的历史功勋。人民解放军的80年，是紧紧同全国各族人民站在一起、全心全意为人民服务的80年，是为民族独立和尊严、社会发展和进步英勇奋斗的80年，是为维护世界和平、促进人类进步事业作出重要贡献的80年。人民解放军以威武之师、文明之师、和平之师闻名于世，赢得了党和人民的高度信赖和赞誉。

在这里，我代表党中央、国务院和中央军委，向战斗在保卫祖国、建设祖国各个岗位上的人民解放军指战员、武警部队官兵、预备役军人和广大民兵，致以节日的祝贺！向为中国革命、建设、改革事业作出重大贡献的军队离退休老同志，表示诚挚的问候！向在各个时期为人民解放军建设作出贡献的转业退伍军人、革命伤残军人和烈军属，表示亲切的慰问！向在国防科技工业战线顽强拼搏的科学家、工程技术人员和广大干部职工，致以衷心的感谢！向出席全军英雄模范代表大会的代表，致以热烈的祝贺！向长期以来关心和支持人民解放军建设的全国各族人民，致以崇高的敬意！

此时此刻，我们更加怀念敬爱的毛泽东、周恩来、刘少奇、朱德、邓小平同志和彭德怀、刘伯承、贺龙、陈毅、罗荣桓、徐向前、聂荣臻、叶剑英同志等老一辈无产阶级革命家和军事家，他们创建和培育了人民军队，为人民军队发展壮大建立了彪炳史册的功勋。我们深切缅怀人民军队成千上万的革命烈士，他们为人民革命战争胜利和人民共和国安宁强盛而英勇献身的光辉业绩，永远镌刻在人民解放军和中华民族的历史丰碑上。

同志们、朋友们！

80年前，中国还处在半殖民地半封建的黑暗境地。1927年，正当大革命蓬勃发展的时候，国民党反动派背叛革命，勾结帝国主义，血腥屠杀中国共产党人和革命群众，使轰轰烈烈的大革命惨遭失败。中国共产党人从血的教训中深刻认识到开展武装斗争、创建人民军队的极端重要性，毅然发动了南昌起义。南昌起义，连同随后党发动和领导的秋收起义、广州起义以及其他许多地区的武装起义，开启了我们党独立领导革命战争、创建人民军队、武装夺取政权的新时期，揭开了中国革命的新篇章。中国共产党从此有了自己绝对领导之下、忠实执行革命政治任务的武装力量，中国人民从此有了同自己血肉相连、全心全意为人民服务的子弟兵，中华民族从此有了实现独立解放和伟大复兴的坚强保障。

在80年的顽强奋斗中，人民解放军在以毛泽东同志、邓小平同志和江泽民同志为核心的党的三代中央领导集体以及党的十六大以来的党的中央领导集体领导下，紧紧依靠人民，为民族独立、人民解放和国家富强、人民幸福作出了重大贡献。我们的人民军队，在土地革命战争、抗日战争、解放战争长达22年艰苦卓绝的斗争中，脚踏着祖国的大地，背负着民族的希望，以无与伦比的英雄气概、超乎寻常的革命毅力、灵活机动的战略战术，不怕牺牲，浴血奋战，打败了凶恶的国内外敌人，推翻了压在中国人民头上的三座大山，为建立人民当家作主的新中国创造了根本条件。我们的人民军队，全面履行保卫祖国、保卫人民和平劳动的根本职能，英勇捍卫新生的人民政权，胜利进行抗美援朝战争和多次边境自卫防御作战，严密守卫祖国的万里边防和辽阔海疆，依法履行香港、澳门防务职责，有效震慑和打击危害国家安全和统一的各种分裂、破坏活动，为国家发展繁荣提供了可靠安全保障。我们的人民军队，自觉在国家建设大局下行动，发挥自身优势，积极承担关系国计民生的重点工程建设任务，支援地方抢险救灾，为保护人民生命财产奋不顾身、赴汤蹈火，踊跃参加社会公益事业，带头传播社会主义新思想新风尚，有力支持了国家经济社会发展。我们的人民军队，广泛开展对外军事交流，积极参加联合国维和行动和国际救灾行动，加强国际反恐军事合作，为维护世界和平发挥了重要作用。

在80年的顽强奋斗中，人民解放军从小到大、由弱变强，不断推进自身建设发展，革命化、现代化、正规化水平显著提高。人民解放军已经由过去弱小的单一军种的军队发展成为诸军兵种合成、具有一定现代化水平并开始向信息化迈进的强大军队。我们建立起完整的国防科技和国防工业体系，国防实力不断增强。 （下转第四版）

人民日報
RENMIN RIBAO
人民网 网址:http://www.people.com.cn
手机:http://wap.people.com.cn
2009年10月
10
星期六
己丑年八月廿二
人民日报社出版
国内统一连续出版物号
CN 11-0065
第22372期(代号1-1)
今日8版

为祖国母亲加油喝彩 为民族复兴再立新功

——全国优秀共产党员、全国先进基层党组织代表、抗震救灾优秀共产党员参加国庆60周年活动纪实

新华社记者 谭 浩 本报记者 董宏君

没有共产党,就没有新中国。

没有共产党,就没有新中国60年辉煌的成就。

在浴血奋战的战场上,在抢险救灾的第一线,在改革开放的大潮里,冲锋在最前面、战斗在危险处……总有那些无私无畏的共产党员的身影。在党中央的领导下,数百万共产党员带领各族群众缔造了新中国,数千万共产党员带领各族人民建设着新中国。

在新中国六十华诞之际,节日的首都迎来了这样一群党的优秀分子——受党中央邀请,代表全国7600万共产党员和260万基层党组织,来京参加国庆60周年庆祝活动的145名全国优秀共产党员、全国先进基层党组织代表、抗震救灾优秀共产党员。

(下转第二版)

世界媒体峰会在北京开幕

胡锦涛出席开幕式并发表重要讲话

李长春出席

10月9日,全球知名媒体共同发起的世界媒体峰会在北京人民大会堂开幕。国家主席胡锦涛出席开幕式并发表重要讲话。 新华社记者 鞠 鹏摄

10月9日,全球知名媒体共同发起的世界媒体峰会在北京人民大会堂开幕。开幕式前,国家主席胡锦涛会见发起此次峰会的有关媒体机构负责人。 新华社记者 刘卫兵摄

新华社北京10月9日电 (记者**孙承斌、钱彤、张宗堂**)加强交流合作,促进共赢发展。全球知名媒体共同发起的世界媒体峰会9日上午在北京人民大会堂隆重开幕。国家主席胡锦涛出席开幕式并发表重要讲话。胡锦涛强调,与人民同命运、与时代共发展,是世界各地媒体的必然选择。各类媒体要致力于推动人类和平与发展的崇高事业,促进世界各国在政治上相互尊重、平等协商,经济上相互合作、优势互补,文化上相互借鉴、求同存异,安全上相互信任、加强合作,环保上相互帮助、协力推进,共同创造人类更加美好的未来。

中共中央政治局常委李长春出席开幕式。

胡锦涛在讲话中首先代表中国政府和人民,对这次世界媒体峰会的召开表示诚挚的祝贺,对各位朋友的到来表示热烈的欢迎。

胡锦涛强调,当今世界正处在大发展大变革大调整时期。面对前所未有的机遇和挑战,世界各地媒体应该顺应时代发展潮流,携手并进,努力为建设持久和平、共同繁荣的和谐世界作出贡献。当今社会,媒体对国际政治、经济、社会、文化等各领域的辐射日益加强,对人们思想、工作、生活等各方面的影响日益深入。世界各地媒体要充分运用自身特点和优势,广泛传播和平、发展、合作、共赢、包容理念;要坚持平等互信、互利共赢、共同发展,更好开展交流合作;要切实承担社会责任,促进新闻信息真实、准确、全面、客观传播。

胡锦涛指出,几天前,中国人民热烈庆祝了中华人民共和国成立60周年。经过60年特别是改革开放30年的不懈奋斗,中国的面貌、中国人民的面貌发生了历史性变化。同时,我们清醒地认识到,中国仍然是世界上最大的发展中国家,中国要全面建成惠及十几亿人口的更高水平的小康社会,进而基本实现现代化、实现全体人民共同富裕,还有很长的路要走。中国将继续从本国国情出发,坚持中国特色社会主义道路,全面推进经济建设、政治建设、文化建设、社会建设以及生态文明建设,全力做到发展为了人民、发展依靠人民、发展成果由人民共享。中国将始终不渝走和平发展道路,始终不渝奉行互利共赢的开放战略,坚持在和平共处五项原则的基础上同所有国家发展友好合作。

胡锦涛强调,在推进改革开放和社会主义现代化建设的过程中,中国政府始终高度重视媒体发展,鼓励和支持中国媒体贴近实际、贴近生活、贴近群众,创新观念、创新内容、创新形式、创新方法、创新手段,增强亲和力、吸引力、感染力,在弘扬社会正气、通达社情民意、引导社会热点、疏导公众情绪、搞好舆论监督和保障人民知情权、参与权、表达权、监督权等方面发挥重要作用。我们将按照有关法律法规,继续推动政务公开,加强信息发布,保障外国新闻机构和记者合法权益,为外国媒体在华从事采访报道业务提供便利。我们真诚希望世界各地媒体为增进各国人民对中国的了解、为巩固和发展各国人民同中国人民的友谊作出新的贡献。**(讲话全文另发)**

刘云山、马凯、戴秉国等出席开幕式。开幕式由峰会承办方新华通讯社社长李从军主持。

这次世界媒体峰会主题是合作、应对、共赢、发展,由新华通讯社、新闻集团、美联社、路透社、俄塔社、共同社、英国广播公司、时代华纳特纳广播集团和谷歌等9家媒体机构共同发起,是全球报刊、通讯社、广播电视、新媒体的高端盛会。9家媒体机构的负责人在峰会开幕式上分别致辞。

来自世界各地170多家媒体机构的负责人出席会议。

在世界媒体峰会开幕式上的致辞

(二〇〇九年十月九日)

胡锦涛

女士们,先生们,朋友们:

金秋十月,清风送爽。在这个美好季节里,世界各地媒体机构负责人相聚北京,举行世界媒体峰会。首先,我谨代表中国政府和人民,对这次世界媒体峰会的召开,表示诚挚的祝贺!对各位朋友的到来,表示热烈的欢迎!

当今世界,随着经济社会快速发展和科技进步日新月异,信息传递和获取日益快捷,全球传媒业经历着前所未有的深刻变革,媒体在社会生活中的作用越来越重要。这次世界媒体峰会以"合作、应对、共赢、发展"为主题,反映了人们对全球传媒业发展面临挑战的关切,显示了各媒体加强交流合作、寻求共同发展的愿望,体现了媒体从业者致力于促进世界和平与发展的决心。我相信,会议围绕这一主题深入探讨、广泛交流,有助于加强世界各地媒体合作,有助于推动全球传媒业健康有序向前发展,有助于增进各国人民相互了解和友谊。

女士们、先生们!

当今世界正处在大发展大变革大调整时期。世界多极化、经济全球化深入发展,世界范围内各种思想文化交流更加频繁、更加活跃,开放合作、互利共赢成为国际社会广泛共识,国与国相互联系更加紧密。同时,国际金融危机影响仍在持续,发展不平衡更加突出,气候变化、粮食安全、能源资源安全等全球性问题进一步显现,恐怖主义、跨国有组织犯罪、重大传染性疾病等非传统安全威胁依然存在,局部冲突和热点问题此起彼伏,不稳定不确定因素增多,世界和平与发展面临诸多挑战。

面对前所未有的机遇和挑战,世界各地媒体应该顺应时代发展潮流,携手并进,努力为建设持久和平、共同繁荣的和谐世界作出贡献。

第一,要充分运用自身特点和优势,广泛传播和平、发展、合作、共赢、包容理念。各类媒体应该致力于推动人类和平与发展的崇高事业,促进世界各国在政治上相互尊重、平等协商,经济上相互合作、优势互补,文化上相互借鉴、求同存异,安全上相互信任、加强合作,环保上相互帮助、协力推进,共同创造人类更加美好的未来。当前,世界各国正在全力克服国际金融危机影响,世界各地媒体应该深入反映国际社会同舟共济、加强合作、共克时艰的举措和成效,为推动世界经济复苏和健康稳定发展贡献力量。

第二,要坚持平等互信、互利共赢、共同发展,更好开展交流合作。世界各种形态媒体,不分文化异同、水平高低、规模大小,应该相互尊重、相互信任、平等相处,求同存异,交流互鉴;应该充分考虑各方实际,协商回应各方诉求,兼顾各方利益,既竞争又合作,努力实现互补互助、共同受益;应该分享成功经验,优化发展环境,合力应对挑战,谋求共同发展。

第三,要切实承担社会责任,促进新闻信息真实、准确、全面、客观传播。当今社会,媒体对国际政治、经济、社会、文化等各领域的辐射日益加强,对人们思想、工作、生活等各方面的影响日益深入。正因为如此,对各类媒体来说,树立和秉持高度的社会责任感比以往任何时候都更为重要。各类媒体要被公众广泛接受、受社会广泛尊重,不断提高公信力和影响力,就应该遵守新闻从业基本准则,客观报道世界多极化、经济全球化、文明多样性的现实,充分反映世界各国发展的主流和趋势,热情鼓励发展中国家发展进步。

女士们、先生们!

几天前,中国人民热烈庆祝了中华人民共和国成立60周年。经过60年特别是改革开放30年的不懈奋斗,中国的面貌、中国人民的面貌发生了历史性变化。当今中国,综合国力显著增强,人民生活总体上达到小康水平,迸发出前所未有的活力和创造力。同时,我们清醒地认识到,中国仍然是世界上最大的发展中国家,中国在发展进程中遇到的矛盾和问题无论规模还是复杂性都世所罕见。中国要全面建成惠及十几亿人口的更高水平的小康社会,进而基本实现现代化、实现全体人民共同富裕,还有很长的路要走。中国将继续从本国国情出发,坚持中国特色社会主义道路,全面推进经济建设、政治建设、文化建设、社会建设以及生态文明建设,全力做到发展为了人民、发展依靠人民、发展成果由人民共享。中国将始终不渝走和平发展道路,始终不渝奉行互利共赢的开放战略,坚持在和平共处五项原则的基础上同所有国家发展友好合作。

在推进改革开放和社会主义现代化建设的过程中,中国政府始终高度重视媒体发展,鼓励和支持中国媒体贴近实际、贴近生活、贴近群众,创新观念、创新内容、创新形式、创新方法、创新手段,增强亲和力、吸引力、感染力,在弘扬社会正气、通达社情民意、引导社会热点、疏导公众情绪、搞好舆论监督和保障人民知情权、参与权、表达权、监督权等方面发挥重要作用。中国政府支持中国媒体同外国媒体在新闻传播、人力资源、信息技术、业务发展等方面加强交流、深化合作。现在,越来越多的外国媒体,包括大多数在座朋友们所代表的媒体,向中国派出了常驻记者,临时来华采访的记者人数不断增加。外国媒体报道中国的信息量越来越大、领域越来越广、内容越来越丰富,对各国人民了解当代中国发展变化起到了重要作用。我们将按照有关法律法规,继续推动政务公开,加强信息发布,保障外国新闻机构和记者合法权益,为外国媒体在华从事采访报道业务提供便利。我们真诚希望世界各地媒体为增进各国人民对中国的了解、为巩固和发展各国人民同中国人民的友谊作出新的贡献。

女士们、先生们!

与人民同命运、与时代共发展,是世界各地媒体的必然选择。我相信,通过与会各位朋友共同努力,这次峰会一定能在促进世界各地媒体加强交流、深化合作方面取得积极成果,为促进全球传媒业发展作出贡献。

谢谢大家。 **(新华社北京10月9日电)**

习近平出席"欧罗巴利亚—中国艺术节"开幕式

访问欧洲著名学府

10月8日,国家副主席习近平在布鲁塞尔与比利时国王阿尔贝二世共同出席"欧罗巴利亚—中国艺术节"开幕式。 新华社记者 饶爱民摄

本报布鲁塞尔10月8日电 (记者**王莉、章念生、李永群**)正在比利时进行正式访问的国家副主席习近平8日与阿尔贝二世国王夫妇共同出席了在布鲁塞尔美术宫举行的"欧罗巴利亚—中国艺术节"开幕式,并一道参观了艺术节首场展览。比利时首相范龙佩、参议院议长德戴瓦尔、众议院议长德瓦尔以及比外交大臣等多位内阁部长和各国驻比利时和欧盟使节等500多名嘉宾出席开幕式。

习近平高度评价"欧罗巴利亚—中国艺术节"的重要意义,表示艺术节是阿尔贝二世国王在2005年访华期间与胡锦涛主席共同确定的重要文化活动,是两国文化交流史上的一件大事,也是面向欧洲的一次盛会。通过举办艺术节,两国优秀灿烂的文化相互交流,相互学习借鉴,将有力增进两国人民相互了解和友好感情,为两国关系全面深入发展奠定更加牢固的民意基础。 (下转第四版)

李克强在清仓查库工作总结电视电话会议上强调

管好粮仓 确保粮食安全

以2009年3月末为时点,全国国有粮食企业粮食库存4508亿斤,账实相符率99.7%,质量抽样合格率97.1%

本报北京10月9日电 (记者**杜海涛**)9日,国务院召开全国粮食清仓查库工作总结电视电话会议,中共中央政治局常委、国务院副总理李克强出席会议并讲话。他强调,民以食为天,粮食关系经济发展、社会稳定和国家安全。要健全体制机制,创新工作方法,利用好清查成果,管理好"天下粮仓",维护好粮食安全,为促进经济长期平稳较快发展打好基础。

李克强说,今年4月开始的全国粮食清仓查库工作已经结束。在清查过程中,各地区各有关部门高度重视,做了大量艰苦细致的工作,摸清了国有粮食库存的家底,为加强和改善粮食宏观调控奠定了好的基础。清查工作坚持公开透明,主动邀请人大代表和政协委员监督指导,适时将工作进展动态向社会公布,增强了粮食库存情况的公信力;坚持以查促改,边查边改,促进了粮食库存管理的改善。

李克强强调,仓廪实、天下安,粮食库存是粮食生产流通的重要环节,是保障粮食安全的重要基础,即使库里有粮并相对充裕也不能懈怠。要巩固和发展这次清查工作的成果,优化粮食库存区域布局和品种结构,突出充实主销区粮食储备,搞好主产区和主销区的产销衔接;加强粮食仓储设施建设,今明两年增加300亿斤粮食库容。(下转第二版)

第二次中日韩领导人会议今日在京举行

新华社北京10月9日电 外交部发言人马朝旭9日宣布:应国务院总理温家宝邀请,大韩民国总统李明博、日本国内阁总理大臣鸠山由纪夫9日抵达北京,出席将于10月10日举行的第二次中日韩领导人会议。

马朝旭说,今年是中日韩合作10周年。本次会议将回顾总结三国合作历程,展望规划三国合作未来,推动中日韩合作进一步发展。中日韩三国领导人还将就共同关心的国际和地区问题交换意见。

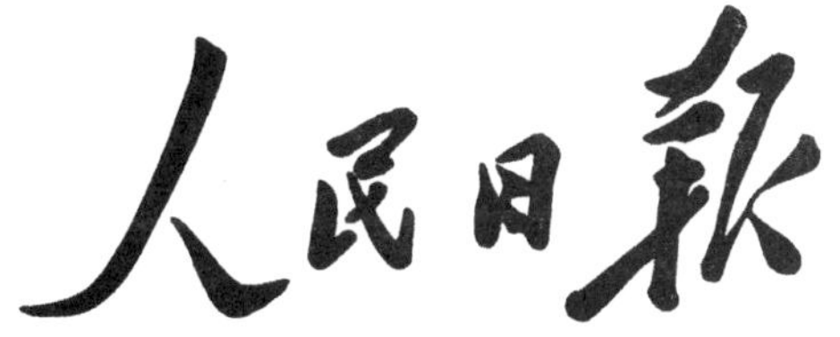

人民网 网址:http://www.people.com.cn
手机:http://wap.people.com.cn

2009年9月
21
星期一
己丑年八月初三
人民日报社出版
国内统一连续出版物号
CN 11-0065
第22353期(代号1-1)
今日20版

胡锦涛致信祝贺兰州大学建校100周年

新华社兰州9月20日电 在兰州大学建校100周年之际，中共中央总书记、国家主席胡锦涛致信祝贺。

胡锦涛在贺信中说，长期以来，兰州大学秉承自强不息、独树一帜的校训，扎根西部，艰苦奋斗，形成了光荣的爱国传统和优良的校风学风。新中国成立以来特别是改革开放以来，在党的领导下，兰州大学与民族共命运、与时代同前进，在人才培养、科学研究、社会服务等方面成绩斐然，逐步发展成为一所国内外有影响的综合性高水平大学，为我国特别是西部地区经济社会发展作出了重要贡献。

胡锦涛指出，高等学校是实施科教兴国战略、人才强国战略的重要阵地。他希望兰州大学以邓小平理论和"三个代表"重要思想为指导，深入贯彻落实科学发展观，坚持党的教育方针，发扬优良传统，不断开拓创新，突出自身特色，提高办学质量，为推动西部大开发、建设创新型国家，为全面建设小康社会、加快推进社会主义现代化，作出新的更大的贡献。

9月19日，兰州大学举行庆祝大会。中共中央政治局委员、国务委员刘延东出席大会并讲话。她说，胡锦涛总书记的贺信，充分体现了党中央、国务院对兰州大学的高度重视和亲切关怀，和对兰州大学办成"有特色、高水平"大学的殷切期望。她强调，建设一个强大的现代化国家，归根结底要靠人才和教育。高水平大学担负着培养各类高质量人才、创造高水平科研成果、提供一流社会服务的责任，是一个国家综合国力和科学文化水平的重要标志。（下转第二版）

首都各界隆重庆祝中国人民政治协商会议成立60周年

胡锦涛发表重要讲话

吴邦国温家宝李长春习近平李克强贺国强周永康出席 贾庆林主持

上图：9月20日，首都各界庆祝中国人民政治协商会议成立60周年大会在全国政协礼堂隆重举行，党和国家领导人胡锦涛、吴邦国、温家宝、贾庆林、李长春、习近平、李克强、贺国强、周永康等出席大会。 新华社记者 **黄敬文**摄

左图：9月20日，首都各界庆祝中国人民政治协商会议成立60周年大会在全国政协礼堂隆重举行，中共中央总书记、国家主席、中央军委主席胡锦涛在会上发表重要讲话。 新华社记者 **黄敬文**摄

本报北京9月20日电 （记者**刘维涛**）首都各界代表900多人20日上午在全国政协礼堂隆重集会，庆祝中国人民政治协商会议成立60周年。中共中央总书记、国家主席、中央军委主席胡锦涛出席大会并发表重要讲话。他强调，在新的历史条件下，人民政协要高举中国特色社会主义伟大旗帜，以邓小平理论和"三个代表"重要思想为指导，深入贯彻落实科学发展观，继承和发扬人民政协优良传统和宝贵经验，牢牢把握团结和民主两大主题，紧紧围绕党和国家工作大局，继续扎实有效地履行好政治协商、民主监督、参政议政职能，切实发挥好协调关系、汇聚力量、建言献策、服务大局的重要作用，为推进改革开放和社会主义现代化建设、推进祖国和平统一大业、维护世界和平与促进共同发展作出新的贡献。

党和国家领导人吴邦国、温家宝、李长春、习近平、李克强、贺国强、周永康出席大会。大会由中共中央政治局常委、全国政协主席贾庆林主持。

全国政协礼堂会场内鲜花竞放，喜气洋洋。主席台台口上方是"庆祝中国人民政治协商会议成立60周年大会"的会标，后幕正中悬挂着政协会徽，下方是红色字标"1949—2009"，两侧是10面鲜艳的红旗。

上午10时，大会开始。全体起立，唱国歌。

胡锦涛在讲话中强调，中国人民政治协商会议是中国人民爱国统一战线的组织，是中国共产党领导的多党合作和政治协商的重要机构，是我国政治生活中发扬社会主义民主的重要形式。中国人民政治协商会议是中国共产党把马克思列宁主义统一战线理论、政党理论、社会主义民主政治理论同中国具体实践相结合的伟大创造，是中国共产党同各民主党派和无党派人士、各人民团体和各族各界人士风雨同舟、团结奋斗的伟大成果。

胡锦涛指出，60年来，人民政协走过了不平凡历程，取得了巨大成就。人民政协事业的60年，是同人民共和国一起成长的60年，是同全国各族人民为实现国家富强、人民幸福、祖国统一而奋斗一道前行的60年。60年来，人民政协事业深深植根于党和人民建设社会主义的伟大实践，融汇于实现中华民族伟大复兴的历史进程，为国家、为民族、为人民建立了不朽业绩。回顾历史，展望未来，人民政协事业创造了辉煌的过去，也必将创造出更加璀璨的未来。

胡锦涛指出，经过60年的实践，人民政协积累了丰富经验，形成了优良传统，为我们继续推进人民政协事业提供了重要启示。必须坚持把人民政协事业作为中国特色社会主义事业的重要组成部分，放在党和国家事业发展全局中部署和推进；必须坚持发挥人民政协作为中国共产党领导的多党合作和政治协商的重要机构作用，不断巩固和发展我国多党合作的政治格局；必须坚持发挥人民政协作为大团结大联合组织的作用，不断为中华民族伟大复兴增添新力量；必须坚持以改革创新精神推进人民政协事业，永葆人民政协生机活力。

胡锦涛对人民政协工作提出5点要求。第一，继续走中国特色社会主义政治发展道路，不断夯实参加人民政协各党派、各团体、各民族、各阶层、各界人士团结奋斗的共同思想基础，不断增强走中国特色社会主义政治发展道路的自觉性和坚定性。第二，继续把推动科学发展作为履行职能的第一要务，切实把积极性、主动性、创造性引导到推动科学发展上来，多想科学发展大事，多谋科学发展大计，努力为实现以人为本、全面协调可持续的科学发展建睿智之言、献务实之策。第三，继续在促进社会和谐中发挥重要作用，把发扬民主、增进团结、协调关系、化解矛盾作为履行职能的重要着力点，努力为促进政党关系、民族关系、宗教关系、阶层关系、海内外同胞关系的和谐发挥积极作用。第四，继续为推进祖国和平统一大业贡献力量，牢牢把握两岸关系和平发展的主题，推动两岸交流合作向更广领域拓展，使两岸同胞联系更广泛、感情更融洽、合作更深化。第五，继续加强人民政协自身建设，主动适应新形势新任务的要求，按照宪法和政协章程的规定，不断加强自身各项建设，为人民政协有效履行职能、顺利开展工作提供有力保障。

胡锦涛指出，加强和改善对人民政协的领导，推动人民政协卓有成效地开展工作，充分发挥人民政协在国家政治生活中的作用，是中国共产党加强和改善党的领导的重要内容，对提高党的执政能力、巩固党的执政地位具有重要意义。各级党委要从发展社会主义民主、推动科学发展、促进社会和谐的战略高度，进一步提高对人民政协工作重要性的认识，进一步加强和改善对人民政协的领导，保证中央关于加强人民政协工作各项方针政策落到实处，切实支持人民政协围绕团结和民主两大主题履行职能，积极推进政治协商、民主监督、参政议政制度建设，更好运用人民政协这一政治组织和民主形式为实现党的总目标总任务服务。各级政协党组要坚定不移贯彻党的基本理论、基本路线、基本纲领、基本经验，坚定不移贯彻执行党关于人民政协的方针政策，把党的重大决策和工作部署贯彻到人民政协全部工作中去，使党的主张成为各民主党派和无党派人士、各人民团体和各族各界人士的广泛共识。（**讲话全文见第二版**）

贾庆林在主持大会时说，胡锦涛总书记的重要讲话全面回顾了人民政协60年来与祖国和人民共同发展进步的光辉历程，高度评价了人民政协在我国社会主义革命和建设、社会主义改革进程中作出的重大贡献，科学总结了人民政协事业发展积累的宝贵经验，深刻阐述了人民政协在党和国家事业发展大局中的重要地位和作用，明确提出了新形势下开展人民政协工作的方针原则和工作要求。这对于我们在新形势下充分发挥人民政协的优势，把各方面智慧和力量凝聚到党和国家事业中来，更好团结动员各党派团体和各族各界人士为夺取全面建设小康社会新胜利、开创中国特色社会主义事业新局面而共同奋斗，具有十分重要的指导意义。我们要认真学习贯彻，把中国共产党领导的多党合作和政治协商制度进一步坚持好、完善好，把最广泛的爱国统一战线进一步巩固好、发展好，把人民政协的优势进一步运用好、发挥好，在中国特色社会主义道路上继续把人民政协事业推向前进，为坚持和发展中国特色社会主义、实现祖国完全统一、实现中华民族伟大复兴作出新的更大的贡献。

出席大会的还有：王刚、王兆国、王岐山、回良玉、刘淇、刘云山、刘延东、李源潮、张德江、徐才厚、郭伯雄、何勇、令计划、王沪宁、路甬祥、乌云其木格、韩启德、华建敏、陈至立、周铁农、李建国、司马义·铁力瓦尔地、蒋树声、陈昌智、严隽琪、桑国卫、梁光烈、马凯、孟建柱、戴秉国、曹建明、杜青林、帕巴拉·格列朗杰、陈奎元、阿不来提·阿不都热西提、李兆焯、黄孟复、董建华、张梅颖、张榕明、钱运录、孙家正、李金华、郑万通、邓朴方、万钢、林文漪、厉无畏、罗富和、陈宗兴、王志珍和何鲁丽、叶选平、杨汝岱、宋健、钱正英、孙孚凌、胡启立、陈锦华、赵南起、毛致用、王文元、王忠禹、李贵鲜、张思卿、张克辉、郝建秀、徐匡迪、张怀西、李蒙。

在京中央党政军群有关部门负责同志，各民主党派中央、全国工商联负责人和无党派人士代表等出席了庆祝大会。

庆祝人民政协成立60周年文艺演出《我们共同走过》在京举行

贾庆林和各界人士一同观看

新华社北京9月20日电 （记者**顾瑞珍**）60年沧桑巨变忆历史壮举，60载奋斗征程写壮丽篇章。"我们共同走过——庆祝人民政协成立60周年文艺演出"20日在京举行。中共中央政治局常委、全国政协主席贾庆林与1000多名各界人士一同观看了演出。

20日下午，中央电视台一号演播大厅处处欢声笑语，洋溢着一派喜庆气氛。在热烈欢快的歌舞《我们共同走过》中，演出拉开了帷幕。

灯光离合，五彩缤纷，舞台上方巨大的人民政协会徽愈加富丽庄严。演出紧扣"爱国、民主、团结、和谐"的主题，以宏大历史叙事的结构，生动展现了人民政协60年团结奋斗、铸就辉煌的历程。

整场演出分为共创伟业、伟大转折、继往开来、团结奋进四个部分，每一部分都采用政协委员讲述"亲历与见证"和歌舞表演相结合的方式进行。曲艺说唱《神州报晓》以天津快板、京韵大鼓、单弦和西河大鼓的形式，再现了新中国的诞生犹如一轮朝阳喷薄而出，光耀神州大地，带给人们对美好生活的憧憬。

整场演出始终响彻爱国奋进的主旋律，气势雄壮、感情真挚，引起现场观众的强烈共鸣。歌舞《万水千山总是情》、《共和国的歌声》、《祝福祖国》……表达了中华儿女对新中国60华诞最美好的祝愿。

政协委员登台庆祝人民政协的节日，是这场演出的一大特色。交响音乐诗《在爱国主义旗帜下》就是由多位全国政协委员集体朗诵，引起全场的共鸣。（下转第二版）

第二届全国道德模范评选表彰颁奖典礼在京举行

李长春出席

新华社北京9月20日电 （记者**周婷玉**）第二届全国道德模范评选表彰颁奖典礼——《道德的力量》20日晚在北京举行，中共中央政治局常委李长春出席颁奖典礼。他强调，要大力学习宣传道德模范的感人事迹和高尚精神，推进社会主义核心价值体系建设，用榜样的力量引导全社会积极践行社会主义荣辱观，努力形成学习道德模范、崇尚道德模范、关爱道德模范、争当道德模范的浓厚氛围。

全国道德模范每两年评选表彰一届，2007年首届全国道德模范评选表彰活动在全社会引起强烈反响。第二届全国道德模范评选表彰活动于今年4月至9月在全国开展，经过群众推荐、审核公示和群众投票、评委评选等程序，共评出55位全国道德模范，262人获得全国道德模范提名奖（**表彰决定及名单见第十版**）。这次评选表彰广泛吸引人民群众积极参与，集中展示了近年来公民道德建设的丰硕成果，为庆祝新中国成立60周年营造了文明和谐的良好社会氛围。

颁奖典礼由中央宣传部、中央文明办、解放军总政治部、全国总工会、共青团中央、全国妇联共同主办。晚8时，伴随着《高天上流云》的歌舞，颁奖典礼拉开序幕。典礼按照助人为乐、见义勇为、敬业奉献、孝老爱亲、诚实守信5类道德模范，共分为5个板块。每个板块分别采用播放短片、现场访谈、情景再现、歌舞表演等方式，生动展现道德模范的感人事迹和高尚精神，深深打动了现场观众。（下转第二版）

第四版刊登社论

风雨同舟写历史 团结奋斗向未来

——庆祝人民政协成立60周年

第四版刊登评论员文章

共和国历史的不朽丰碑

——庆祝新中国成立60周年之一

在庆祝中国人民政治协商会议成立60周年大会上的讲话

（2009年9月20日）

胡锦涛

同志们，朋友们：

今天，我们在这里隆重集会，庆祝中国人民政治协商会议成立60周年。首先，我代表中共中央，向中国人民政治协商会议成立60周年，表示热烈的祝贺！向共同致力于中国特色社会主义事业、为人民政协事业作出突出贡献的各民主党派和无党派人士、各人民团体和各族各界人士，表示崇高的敬意！向香港特别行政区同胞、澳门特别行政区同胞、台湾同胞和海外侨胞，表示诚挚的问候！

中国人民政治协商会议是中国人民爱国统一战线的组织，是中国共产党领导的多党合作和政治协商的重要机构，是我国政治生活中发扬社会主义民主的重要形式。中国人民政治协商会议是中国共产党把马克思列宁主义统一战线理论、政党理论、社会主义民主政治理论同中国具体实践相结合的伟大创造，是中国共产党同各民主党派和无党派人士、各人民团体和各族各界人士风雨同舟、团结奋斗的伟大成果。

60年来，人民政协走过了不平凡历程，取得了巨大成就。人民政协事业的60年，是同人民共和国一起成长的60年，是同全国各族人民为实现国家富强、人民幸福、祖国统一而奋斗一道前行的60年。

中国人民政治协商会议是同新中国一起诞生的。上世纪40年代末，中国进入了决定自身前途命运的历史关头，中国共产党团结带领全国各族人民为争取民族独立、人民解放、建立新中国进行着最后的决战。我们党深刻认识到，要夺取中国人民革命事业胜利，必须最大限度扩大政治联盟，团结一切可以团结的力量。在毛泽东同志正确领导下，我们党同各民主党派和无党派人士、各人民团体和各族各界人士建立了广泛的统一战线，为夺取新民主主义革命胜利提供了重要力量支持。随着中国人民革命取得全面胜利，建立人民当家作主的全国政权、带领全国各族人民建设新生活的历史重任提到了我们党面前。1948年4月30日，中共中央发布"五一口号"，提出"各民主党派、各人民团体、各社会贤达迅速召开政治协商会议，讨论并实现召集人民代表大会，成立民主联合政府。"这一正确主张立即得到各民主党派和无党派人士、各人民团体和各族各界人士响应和拥护。"五一口号"的发布成为创立人民政协、建立新中国的动员令。

1949年9月，中国人民政治协商会议第一届全体会议隆重召开，标志着人民政协正式成立。这次会议代表全国各族人民意志，代行全国人民代表大会职权，通过了具有临时宪法性质的《中国人民政治协商会议共同纲领》和《中国人民政治协商会议组织法》、《中华人民共和国中央人民政府组织法》，作出了关于中华人民共和国国都、国旗、国歌、纪年4个重要决议，选举产生了中国人民政治协商会议全国委员会和中华人民共和国中央人民政府委员会，宣告了中华人民共和国的成立。中华人民共和国的成立，实现了我国从几千年封建专制制度向人民民主制度的历史性跨越，开辟了中国历史新纪元。人民政协的成立，标志着中国共产党领导的多党合作和政治协商制度的确立。从此，人民政协在我国政治生活中发挥着不可替代的作用，为恢复和发展国民经济、巩固新生人民政权、推动各项社会改革，促进社会主义革命和建设、促进改革开放和社会主义现代化建设作出了重大贡献。

人民政协成立60年来，中国共产党始终高度重视和积极支持人民政协工作，坚持把人民政协事业发展纳入党和国家事业发展总体布局，推动人民政协事业不断发展壮大。以毛泽东同志为核心的中国共产党第一代中央领导集体，就人民政协的共同政治基础、中国共产党对统一战线和人民政协的领导、人民政协的性质和任务及工作方针提出一系列独创性的重要思想，明确阐述了人民代表大会成立后人民政协长期存在的必要性及其在国家政治生活中的地位和作用。毛泽东同志提出了中国共产党同各民主党派长期共存、互相监督的方针，确立了社会主义条件下我国多党合作的基本格局。这一时期，人民政协作为统一战线组织和民主协商机构，在完成社会主义改造、推动各种社会力量为实现党和国家总任务而奋斗、活跃国家政治生活、调整统一战线内部关系、扩大国际交往方面发挥了重要作用。

1978年中共十一届三中全会以后，以邓小平同志为核心的中国共产党第二代中央领导集体明确提出新时期统一战线和人民政协的性质和任务，确立了中国共产党同各民主党派长期共存、互相监督、肝胆相照、荣辱与共的方针，人民政协事业进入新的发展时期。邓小平同志明确指出："人民政协是发扬人民民主、联系各方面人民群众的一个重要组织。中国的社会主义现代化建设事业，继续需要政协就有关国家的大政方针、政治生活和四个现代化建设中的各项社会经济问题，进行协商、讨论，实行互相监督，发挥对宪法和法律实施的监督作用。"人民政协的性质和作用被庄严载入宪法。这一时期，人民政协坚持以经济建设为中心，在协助拨乱反正、落实统一战线政策、实现"一国两制"构想、开展人民外交等方面做了大量工作，开创了人民政协事业新局面。

1989年中共十三届四中全会以后，以江泽民同志为核心的中国共产党第三代中央领导集体，着眼于党和国家事业发展全局，把中国共产党领导的多党合作和政治协商制度确立为我国的一项基本政治制度，并通过修改宪法规定这项基本政治制度将长期存在和发展。中共中央明确新形势下政协工作的方针政策和原则，支持人民政协履行政治协商、民主监督、参政议政职能，推动人民政协履行职能各项工作走向制度化、规范化、程序化，推动人民政协事业取得新的长足发展。这一时期，人民政协适应国内外形势发展变化和中国特色社会主义事业发展要求，在促进社会主义物质文明、政治文明、精神文明建设等方面发挥了积极建言、广献良策的作用，在畅通党和政府同各界人士的联系、协调各方面关系等方面发挥了凝聚人心、汇聚力量的作用，在实现香港和澳门顺利回归祖国、促进祖国和平统一中发挥了独特作用。

中共十六大以来，中共中央在新的历史起点上继续把人民政协事业推向前进。中共中央从全面建设小康社会、加快推进社会主义现代化的新要求出发，先后颁发《关于进一步加强中国共产党领导的多党合作和政治协商制度建设的意见》、《关于加强人民政协工作的意见》、《关于巩固和壮大新世纪新阶段统一战线的意见》等与人民政协事业发展密切相关的重要文件，为新世纪新阶段人民政协事业发展提供了理论基础、政策依据、制度保障。中共十七大从发展社会主义民主政治、建设社会主义政治文明的战略高度，对加强和改进人民政协工作作出全面部署，要求人民政协推动制度创新和工作创新，更加奋发有为地履行好自身职能。这一时期，人民政协积极投身科学发展实践，为推进全面建设小康社会进程，为战胜历史罕见的特大自然灾害，为应对国际金融危机冲击、保持经济平稳较快发展，为促进社会和谐稳定，为推进"一国两制"实践和祖国和平统一，为维护世界和平、促进共同发展，作出了重要贡献，发挥着越来越重要的作用。

60年来，人民政协事业深深植根于党和人民建设社会主义的伟大实践，融汇于实现中华民族伟大复兴的历史进程，为国家、为民族、为人民建立了不朽业绩。回顾历史，展望未来，人民政协事业创造了辉煌的过去，也必将创造出更加璀璨的未来！

此时此刻，我们更加深切地缅怀毛泽东同志、周恩来同志、邓小平同志、邓颖超同志、李先念同志等老一辈人民政协事业的伟大开拓者和卓越领导人。我们永远铭记所有为人民共和国建设和人民政协事业发展作出贡献的人们。他们的宝贵精神和历史功绩将永远激励我们在中国特色社会主义道路上继续把人民政协事业推向前进！

同志们、朋友们！

经过60年的实践，人民政协积累了丰富经验，形成了优良传统，为我们继续推进人民政协事业提供了重要启示。

——必须坚持把人民政协事业作为中国特色社会主义事业的重要组成部分，放在党和国家事业发展全局中部署和推进。中国特色社会主义事业是全国各族人民在中国共产党领导下创造自己美好生活的事业。人民政协的命运始终与党和人民事业紧密相联。我们要始终着眼于坚持和发展中国特色社会主义，更加自觉地坚持党关于人民政协的一系列方针政策，支持人民政协依照章程独立负责、协调一致地履行职能、开展工作，更好发挥在党和国家工作全局中的重要作用。围绕中心、服务大局是人民政协履行职能必须始终遵循的重要原则。人民政协要自觉围绕党和国家中心工作开展工作，自觉围绕党和国家决策部署谋划工作，始终做到同党和国家方向一致、目标一致、工作一致，为党和国家各项工作顺利开展作出贡献。

——必须坚持发挥人民政协作为中国共产党领导的多党合作和政治协商的重要机构作用，不断巩固和发展我国多党合作的政治格局。中国共产党领导的多党合作和政治协商制度作为我国的一项基本政治制度，是符合我国国情、具有鲜明中国特色的社会主义新型政党制度，能够在中国特色社会主义共同目标下把中国共产党领导和多党派合作有机结合起来，实现广泛参与和集中领导的统一、社会进步和国家稳定的统一、充满活力和富有效率的统一。人民政协对促进参加政协各党派和无党派人士团结合作，充分发挥各民主党派和无党派人士作用，推动党和国家决策科学化、民主化，改善中国共产党领导和加强各民主党派建设，巩固坚持和发展中国特色社会主义的共同政治基础具有重要作用。只有认真贯彻中国共产党同各民主党派长期共存、互相监督、肝胆相照、荣辱与共的方针，才能把中国共产党领导的多党合作和政治协商制度坚持好、完善好、发展好。

——必须坚持发挥人民政协作为大团结大联合组织的作用，不断为中华民族伟大复兴增添新力量。实现中华民族伟大复兴，必须紧紧依靠全国各族人民、紧紧依靠全体中华儿女。统一战线是中国共产党不断夺取革命、建设、改革事业胜利的重要法宝，也是实现祖国完全统一和中华民族伟大复兴的重要法宝。人民政协作为中国共产党领导的各党派、各团体、各民族、各阶层、各界人士大团结大联合的组织，是党和政府联系群众、团结各界的重要桥梁和纽带，是中华民族强大凝聚力的重要实现形式。要坚定不移支持人民政协高举爱国主义、社会主义旗帜，按照团结和民主两大主题履行职能、发挥优势，充分调动各方面积极性和主动性、广泛凝聚各方面智慧和力量，共同为实现党和国家奋斗目标而不懈努力。

——必须坚持以改革创新精神推进人民政协事业，永葆人民政协生机活力。中国特色社会主义事业需要一代又一代人继往开来、接力奋斗，人民政协事业也需要随着中国特色社会主义事业发展而发展。人民政协事业发展壮大是我们党不断着眼于新实践新发展、不断进行探索和创新的结果。只有牢牢把握时代脉搏，始终保持蓬勃朝气，不断推进人民政协理论创新、制度创新、工作创新，人民政协事业才能保持旺盛活力，在坚持和发展中国特色社会主义中发挥更大作用。

同志们、朋友们！

60年前，毛泽东同志在中国人民政治协商会议第一届全体会议上庄严宣告："我们的民族将从此列入爱好和平自由的世界各民族的大家庭，以勇敢而勤劳的姿态工作着，创造自己的文明和幸福，同时也促进世界的和平和自由。我们的民族将再也不是一个被人侮辱的民族了，我们已经站起来了。""我们将以一个具有高度文化的民族出现于世界。"60年来，中国共产党团结带领全国各族人民以自强不息、一往无前的进取精神，团结奋斗、艰苦创业、锐意进取，战胜各种艰难险阻，取得了举世瞩目的建设成就。我国相继实现了从半殖民地半封建社会到民族独立、人民当家作主新社会的历史性转变，从新民主主义革命到社会主义革命和建设的历史性转变，从高度集中的计划经济体制到充满活力的社会主义市场经济体制、从封闭半封闭到全方位开放的历史性转变，综合国力大幅跃升，人民生活明显改善，国际地位显著提高，彻底改变了旧中国积贫积弱、一穷二白的落后面貌。我们这个拥有5000多年悠久历史、为人类文明进步作出重大贡献的古老民族以崭新的面貌屹立在世界东方，我们伟大的祖国正在朝着建设富强民主文明和谐的社会主义现代化国家的宏伟目标阔步前进。

当前，我国正处在改革发展的关键阶段，机遇前所未有，挑战也前所未有，机遇大于挑战。当今世界正处在大发展大变革大调整之中，世界多极化、经济全球化深入发展，科技进步日新月异，国际金融危机影响深远，综合国力竞争更趋激烈，不稳定不确定因素增多。经过新中国成立以来特别是改革开放以来不懈努力，我国发展已经站在新的历史起点上，但仍处于并将长期处于社会主义初级阶段的基本国情没有变，人民日益增长的物质文化需要同落后的社会生产之间的矛盾这一社会主要矛盾没有变，同时我国发展呈现一系列新的阶段性特征、面临一系列新情况新问题。我国改革开放和社会主义现代化建设任务繁重，应对国际金融危机冲击、保持经济平稳较快发展任务繁重，推动科学发展、促进社会和谐任务繁重，保障和改善民生、维护社会稳定任务繁重。我们必须继续抓住和用好重要战略机遇期，全面推进经济建设、政治建设、文化建设、社会建设以及生态文明建设，全面建设小康社会、加快推进社会主义现代化、发展中国特色社会主义。

为了完成我们肩负的崇高使命，必须充分调动全民族的积极性、主动性、创造性，把各方面智慧和力量凝聚到党和国家事业中来。这就要求我们以保证人民当家作主为根本，以增强党和国家活力、调动人民积极性为目标，扩大社会主义民主，建设社会主义法治国家，发展社会主义政治文明。在这个伟大实践中，人民政协应该也完全可以发挥更大作用。

历史充分证明，人民政协这一中国特色政治组织和民主形式，是我国社会主义民主政治建设的伟大创造，既顺应世界民主发展潮流，又体现中国共产党和中国人民的政治智慧，具有强大生命力和远大前程，值得我们倍加珍惜、长期坚持。在新的历史条件下，人民政协要高举中国特色社会主义伟大旗帜，以邓小平理论和"三个代表"重要思想为指导，深入贯彻落实科学发展观，继承和发扬人民政协优良传统和宝贵经验，牢牢把握团结和民主两大主题，紧紧围绕党和国家工作大局，继续扎实有效地履行好政治协商、民主监督、参政议政职能，切实发挥好协调关系、汇聚力量、建言献策、服务大局的重要作用，为推进改革开放和社会主义现代化建设、推进祖国和平统一大业、维护世界和平与促进共同发展作出新的贡献。

第一，继续走中国特色社会主义政治发展道路。一个国家选择什么样的政治发展道路，是由这个国家的国情和国家性质决定的。中国特色社会主义政治发展道路是中国共产党领导中国人民在长期实践中走出的一条符合我国国情、顺应时代潮流，能够实现坚持党的领导、人民当家作主、依法治国有机统一，能够为国家富强、民族振兴、人民幸福、社会和谐提供根本政治保证的政治发展道路。人民政协要坚持走中国特色社会主义政治发展道路，不断夯实参加人民政协各党派、各团体、各民族、各阶层、各界人士团结奋斗的共同思想基础；坚定不移坚持中国共产党对人民政协的领导，紧紧围绕党的重大决策和工作部署履行职能、开展工作，确保党的路线方针政策在人民政协得到全面贯彻落实；充分发挥人民政协在扩大公民有序政治参与中的重要渠道和平台作用，广泛吸收各党派、各团体、各民族、各阶层、各界人士参与国事。人民通过选举、投票行使权利和人民内部各方面在重大决策之前进行充分协商，尽可能就共同性问题取得一致意见，是我国社会主义民主的两种重要形式。坚持通过充分协商增进共识、凝聚力量，对坚持党的领导、人民当家作主、依法治国有机统一、对发展我国社会主义民主政治、充分调动各方面坚持和发展中国特色社会主义的积极性和主动性，具有十分重要的意义。发展社会主义民主政治需要借鉴人类政治文明有益成果，但绝不照搬西方政治制度模式。人民政协要积极引导和推动参加人民政协各党派、各团体、各民族、各阶层、各界人士不断增进对中国特色社会主义的政治认同和思想认同，不断增强走中国特色社会主义政治发展道路的自觉性和坚定性。

第二，继续把推动科学发展作为履行职能的第一要务。人民政协人才荟萃、智力密集，能够为推动科学发展提供强大智力支持、奠定坚实群众基础。人民政协要深入学习领会科学发展观的科学内涵、精神实质、根本要求，切实把政协各参加单位和广大政协委员的思想和行动统一到中共中央决策部署上来，把积极性、主动性、创造性引导到推动科学发展上来，共同为转变发展方式、破解发展难题献计出力，形成推动科学发展的强大合力。要牢牢扭住经济建设这个中心，坚持聚精会神搞建设、一心一意谋发展，注重研究国外经济环境变化和国内经济运行新情况新问题，注意选择具有综合性、全局性、前瞻性的重大课题开展专题调研和协商议政活动，多想科学发展大事，多谋科学发展大计，努力为实现以人为本、全面协调可持续的科学发展建睿智之言、献务实之策。

第三，继续在促进社会和谐中发挥重要作用。在经济体制深刻变革、社会结构深刻变动、利益格局深刻调整、思想观念深刻变化的新形势下，人民政协要坚持把发扬民主、增进团结、协调关系、化解矛盾作为履行职能的重要着力点，努力为促进政党关系、民族关系、宗教关系、阶层关系、海内外同胞关系的和谐发挥积极作用。要坚持民主协商、平等议事、求同存异、体谅包容的原则，搞好中国共产党同各民主党派和无党派人士在人民政协的合作共事，支持各民主党派和无党派人士参与国家重大方针政策讨论协商及履行职责各项活动，维护和促进民主团结、生动活泼的政党关系。要认真贯彻党的民族政策和宗教政策，充分发挥民族、宗教界代表人士在人民政协中的作用，协助党和政府做好民族工作和宗教工作，促进民族团结、宗教和睦、社会稳定。要关注不同阶层利益诉求，协助党和政府妥善处理好各方面利益关系，团结和鼓励各阶层人士共同致力于中国特色社会主义事业。要坚持以人为本，倾听群众呼声，关心群众疾苦，围绕群众普遍关心的民生问题开展调查研究，反映社情民意，积极建言献策，促进实现全体人民学有所教、劳有所得、病有所医、老有所养、住有所居，推动形成社会和谐人人有责、和谐社会人人共享的生动局面。要高举爱国主义旗帜，广泛团结归侨侨眷和海外侨胞，密切同留学人员的联系，支持他们关心和参与祖国现代化建设与和平统一大业，增进海外华侨华人特别是新一代华侨华人对我国的了解和认同，增强中华民族凝聚力和向心力。要高举和平、发展、合作旗帜，贯彻独立自主的和平外交政策，弘扬民主、和睦、协作、共赢精神，按照国家外交总体部署和目标，加强同各国人民的友好往来，努力为推动建设持久和平、共同繁荣的和谐世界作出新的贡献。

第四，继续为推进祖国和平统一大业贡献力量。人民政协要贯彻中共中央对台工作方针政策，坚持一个中国原则，牢牢把握两岸关系和平发展的主题，充分发挥自身优势和作用，积极拓展同台湾岛内有关党派团体、社会组织、各界人士的联系和沟通，推动两岸交流合作向更广领域拓展，使两岸同胞联系更广泛、感情更融洽、合作更深化，推动两岸关系在新的起点上向前发展。要坚定不移贯彻"一国两制"、"港人治港"、"澳人治澳"、高度自治的方针，积极推动内地同香港、澳门的交流合作，加强同香港和澳门政团、社团及代表人士的联系，支持港澳委员在香港、澳门社会政治事务中发挥积极作用，鼓励他们为香港、澳门长期繁荣稳定和国家发展献计出力，不断发展壮大爱国爱港、爱国爱澳力量。要坚定不移维护祖国统一，坚定不移维护国家主权、安全、领土完整，坚决反对一切分裂势力和分裂行径。

第五，继续加强人民政协自身建设。人民政协要坚持解放思想、实事求是、与时俱进，弘扬求真务实精神，大兴求真务实之风，主动适应新形势新任务的要求，按照宪法和政协章程的规定，不断加强自身各项建设。要注重发挥人民政协界别优势，扩大人民政协团结面和包容性，切实发挥政协界别作为扩大社会各界有序政治参与的重要渠道作用，积极探索开展界别活动新方法新途径，充分调动各界别参政议政积极性。要注重加强政协委员队伍建设，完善委员推选制度、优化委员构成，强化委员学习培训、提高委员整体素质，尊重委员首创精神、维护委员民主权利，鼓励和引导广大委员深入实际、走向基层、贴近群众，在报效国家、服务人民实践中施展才华、建功立业。各级政协委员要切实发挥在本职工作中的带头作用、政协工作中的主体作用、界别群众中的代表作用，自觉树立和展示政协委员良好形象。要切实发挥好政协专门委员会作用，提高专门委员会组成人员政治和业务素质，积极探索专门委员会工作新思路新方式，切实增强工作活力和成效。要加强政协机关建设，着力提高全局观念、服务意识，增强政务性服务能力和统筹协调能力，为人民政协有效履行职能、顺利开展工作提供有力保障。

同志们、朋友们！

加强和改善对人民政协的领导，推动人民政协卓有成效地开展工作，充分发挥人民政协在国家政治生活中的作用，是中国共产党加强和改善党的领导的重要内容，对提高党的执政能力、巩固党的执政地位具有重要意义。各级党委要从发展社会主义民主、推动科学发展、促进社会和谐的战略高度，进一步提高对人民政协工作重要性的认识，进一步加强和改善对人民政协的领导，保证中央关于加强人民政协工作各项方针政策落到实处，更好运用人民政协这一政治组织和民主形式为实现党的总目标总任务服务。

开展政治协商、民主监督、参政议政是人民政协的主要职能。各级党委要按照党的十七大作出的战略部署，切实支持人民政协围绕团结和民主两大主题履行职能，积极推进政治协商、民主监督、参政议政制度建设。要增强开展政治协商的自觉性和主动性，规范协商内容，丰富协商形式和层次，切实把政治协商纳入决策程序。要积极探索和完善民主监督机制，畅通民主监督渠道，建立健全制度，寓民主监督于政协委员提案、进行视察、参与工作检查等活动之中，提高民主监督质量和成效。要积极采纳人民政协提出的真知灼见，真正使人民政协参政议政成为充分反映民意、广泛集中民智、切实改进工作、提高党的执政能力的有效方式和重要途径。

各级党委要善于通过人民政协中的党组织和党员干部贯彻党的理论和路线方针政策，贯彻党委的重大决策和工作部署。要关心支持政协党组工作，定期听取政协党组工作汇报，及时研究并统筹解决政协工作中的重大问题。要着眼于统一战线和人民政协事业长远发展，充分发挥政协党组在政协委员队伍建设中的作用。各级政协党组要坚定不移贯彻党的基本理论、基本路线、基本纲领、基本经验，坚定不移贯彻执行党关于人民政协的方针政策，把党的重大决策和工作部署贯彻到人民政协全部工作中去，使党的主张成为各民主党派和无党派人士、各人民团体和各族各界人士的广泛共识。要重视发挥政协委员中的共产党员和政协机关中的共产党员作用，使他们真正成为合作共事的模范、发扬民主的模范、求真务实的模范、廉洁奉公的模范。各级党委要重视人民政协理论建设，发挥各级人民政协理论研究会作用，切实把人民政协理论研究纳入马克思主义理论研究和建设工程，纳入我国哲学社会科学总体发展规划。要把人民政协理论列入各级党校、行政学院、干部学院、社会主义学院的教学计划，加大对领导干部有关统一战线和人民政协理论知识培训力度。要广泛宣传中国共产党领导的多党合作和政治协商制度，宣传人民政协性质、地位、作用以及人民政协履行职能情况，形成有利于人民政协事业发展的良好社会氛围。

各级人民政协组织的干部是做好政协工作的重要组织保证。各级党委要统筹政协领导班子和同级党政领导班子配备，把政治坚定、作风民主、年富力强、热心和熟悉政协工作的同志充实到政协领导班子中去。要关心政协干部成长和进步，把政协干部培养选拔使用纳入干部队伍建设总体规划，推进政协组织和党委、政府之间的干部交流，充分调动政协干部工作积极性、主动性、创造性，努力培养造就一支政治坚定、作风优良、学识丰富、业务熟练的高素质政协干部队伍。

同志们、朋友们！

人民政协60年的伟大历程已经载入人民共和国的光辉史册，人民政协事业更新更美的图画正等待我们去描绘。让我们更加紧密地团结起来，高举中国特色社会主义伟大旗帜，坚持和完善中国共产党领导的多党合作和政治协商制度，巩固和壮大最广泛的爱国统一战线，为夺取全面建设小康社会新胜利、开创中国特色社会主义事业新局面、谱写中华民族伟大复兴新篇章而共同奋斗！

（新华社北京9月20日电）

（上接第一版）希望兰州大学按照胡锦涛总书记的要求，深入贯彻落实科学发展观，提高人才培养质量，提升科技创新能力，增强服务社会本领，努力把学校建设成为西部地区培育创新人才的高地，成为孕育先进思想、科学知识和科技成果的重要基地，成为区域经济社会发展的重要支撑。

以不同形式向兰州大学建校100周年表示祝贺的还有宋平、韩启德、陈至立、蒋树声。

兰州大学始于1909年初开办的甘肃法政学堂，1954年成为教育部直属高校，1960年被确定为全国重点大学，改革开放时期成为"211"、"985"工程重点建设的大学。

庆祝人民政协成立60周年文艺演出《我们共同走过》在京举行

（上接第一版）如潮的掌声表达了观众的澎湃激情：在以胡锦涛同志为总书记的中共中央领导下，我们将以更加昂扬的时代风貌，阔步行进在中国特色的社会主义大道上。

精彩的歌舞、热烈的掌声，不断将演出推向高潮。一曲《把心交给中国》表达出全国人民在中国共产党领导下走向辉煌的美好希冀和坚定信心。

演出在热烈欢快的歌舞《爱我中华》中圆满落幕。贾庆林等走上舞台，会见全体演员并与他们合影留念。

王刚、韩启德、陈昌智、杜青林、帕巴拉·格列朗杰、阿不来提·阿不都热西提、李兆焯、黄孟复、董建华、张梅颖、张榕明、钱运录、孙家正、李金华、郑万通、邓朴方、万钢、厉无畏、罗富和、陈宗兴、王志珍和杨汝岱、孙孚凌、赵南起、王文元、张克辉、郝建秀、徐匡迪、张怀西、李蒙等一同观看了演出。文艺演出由全国政协办公厅、文化部、中央电视台共同主办。

第二届全国道德模范评选表彰颁奖典礼在京举行

（上接第一版）人们用一阵阵热烈掌声，表达对道德模范的由衷敬意和高度赞誉。

典礼在主题曲《像你一样生活》中落下帷幕。李长春等中央领导同志走上舞台，与全体道德模范亲切握手，勉励他们珍惜荣誉、再接再厉，在本职岗位上作出新成绩，在公民道德建设中作出新贡献。

刘云山、刘延东、陈至立、陈奎元出席颁奖典礼。

人民日報

RENMIN RIBAO

今日8版

人民网网址:http://www.people.com.cn

http://www.peopledaily.com.cn

国内统一刊号:CN11-0065

第20518期 (代号1-1)

人民日报社出版

2004年9月

12

星期日

甲申年七月廿八

北京地区天气预报

白天 晴间多云 降水概率10% 风向 北转南 风力 二、三级

夜间 晴转多云 降水概率20% 风向 南转北 风力 一、二级

温度 30℃/19℃

胡锦涛致第七届中国艺术节的贺信

新华社杭州9月11日电 国家主席胡锦涛为在杭州开幕的第七届中国艺术节致贺信。贺信全文如下：

值此第七届中国艺术节举办之际，我谨向本届艺术节表示热烈的祝贺！向参加艺术节的文艺工作者和海内外艺术家致以亲切的问候！

中国艺术节作为我国文化艺术的盛会，是优秀文艺作品争奇斗艳的园地和艺术家展示才华的舞台，也是人民群众欢乐喜庆的节日。长期以来，中国艺术节坚持正确的文艺方向，推动了我国文化艺术事业的繁荣，促进了举办地区经济社会的发展，为人民群众奉献了美好的精神食粮。

优秀文艺作品具有激励人心、感召社会的强大力量。在全面建设小康社会、开创中国特色社会主义事业新局面的伟大征程上，广大文艺工作者担负着讴歌时代精神、塑造美好心灵的光荣职责。希望大家深入火热生活，焕发创造激情，用丰富多样的艺术形式，描绘我们这个伟大时代的灿烂画卷，创作人民群众喜爱的艺术精品，努力为我国文艺事业发展和人类文明进步作出贡献。

祝第七届中国艺术节圆满成功！

中华人民共和国主席 **胡锦涛**

2004年9月8日

柳州铁路局一年增运顶十年

加快发展靠内功 科学运筹深挖潜

本报柳州9月11日电 记者王楚、古亦忠报道：地处边远的柳州铁路局以科学发展观为指导，精心运筹，深入挖潜，扩展运能，今年1至8月底，完成货物发送量4374.8万吨，同比增长600多万吨，货物发送量在去年比前年增加800万吨的基础上，今年又将增加900万吨。

“增加800万吨，相当于上世纪90年代10年的增量”，当记者采访柳铁时，柳铁局长邵力平和他的助手们已把目光锁定在明年再增运800万吨的目标上。

近两年，国家在柳铁并没有投资大项目，那么，柳铁靠什么实现了运力的大幅度提升？又靠什么实现了持续高速增长呢？

随着国民经济迅速发展，柳铁管内的运输供求矛盾日趋尖锐，日均装车仅为需求的46%。为此，柳铁组织全局8万多职工认真学习“三个代表”重要思想，深入开展了“解放思想大讨论”，从全国、全路发展的坐标体系和职工利益的提高看柳铁加速发展的必要性；从区域经济的迅速崛起看柳铁加速发展的紧迫性；从西南出海通道的地位看柳铁加速发展的战略影响。同时，转变了要加快发展就要等国家加大投入的思想，增强了要靠自己力量加快发展的责任感。在此基础上，通过深入分析，科学运筹，柳铁提出增吨（增加列车牵引定数）、压点（压缩列车周转时间）、加密（加大列车开行密度）、提速（提高列车运行速度）的四项举措。为了提速，柳铁先后对与提速直接相关的215个曲线和317组道岔进行了整治，拆除非法道口28个、平改立道口47座；更换重型钢轨，使60公斤/米钢轨无缝线路达到了1958公里，占全局正线的66.7%。通过扩能，柳铁主要线路提高时速10—30公里，客车提速线路合计1926公里，占全局营业里程的78%。与2001年的运行图相比，全局客车时速由51.69公里提高到59.88公里，货车时速提高1.1公里，增加货车97对。

在扩能、提速过程中，柳铁既舍得投入，又精打细算。去年和今年完成或正在进行的扩能项目81个，投入资金2.3亿多元。这些资金大部分是柳铁自己解决的。行驶在湘桂线柳州到黎塘区段130公里铁路上的客车，缩短18分钟，要投入资金7亿元。柳铁进行了多方科学论证，放弃了大投入方案，对区段内的52个曲线进行了拨移整治，结果只花了几百万元就实现了这一目标。

科学调度、整体优化运输生产在柳铁被提高到了一个崭新的水平。被誉为柳铁运输“心脏”的柳州南枢纽编组站，启动接、卸、装、编、排的整体联动。职工说：“过去一人一班干20列，如今翻了一番还多，紧张程度就像打仗一样。”

今年7月18日，根据中央领导的指示精神，铁道部主要领导同志紧急部署突运电煤。柳铁加强科学调度，抓紧组织实施：开通南昆线煤炭线路直达特别是电煤直达列车；加快车辆输送，提高卸车效率；加大中时、停时和编组计划考核，提高车辆使用效率；保重点装车和排空任务的完成，使该局数项指标有了新纪录，例如日卸空车高达4114车，创柳铁有史以来日卸车最高纪录；8月上旬编组计划兑现83.9%……结果在铁道部规定的时间内，柳铁突运煤炭超162车，达1万吨，圆满地完成了任务。

沈阳破解『钱从哪里来』难题

改造环境盘活资源 选准项目营造空间

前七月引进外资十一亿美元 签约引进内资六百二十一亿元

本报沈阳9月11日电 记者郑有义报道：沈阳“热”了！8月29日，沈阳市“温州日”传出的信息继续印证着人们的这一印象，来自国内及十几个国家和地区的1000多位温州籍商人与沈阳签约33个项目，总投资额152亿元。这是继不久前赴温州、闽南和香港招商，半个月里签订项目180余个，引进资金479.9亿元人民币、32.6亿美元后，沈阳招商引资的又一突破性进展。今年以来，接连不断的好消息让正在为振兴老工业基地而努力的沈阳人备感振奋。截至7月末全市已引进外资11亿美元，同比增长145.4%；引进内资签约额高达621亿元。

“钱从哪里来”，是东北老工业基地改造和振兴中面临的现实问题。沈阳市委、市政府认真贯彻落实中央振兴东北等老工业基地的战略决策和宏观调控政策措施，在国家政策和投资支持下，坚持自力更生，发挥市场在资源配置中的基础性作用，通过改造环境、盘活资源、选准项目、营造发展空间，探索解决“钱从哪里来”的难题。

改造环境吸引钱。沈阳积极营造投资、创业和发展的良好环境。近3年来，全市新增绿地面积59.9平方公里，绿化覆盖率达35%；大气优良天数由2000年的70天上升至2003年的298天。沈阳市对1229项行政审批事项先后进行了四轮大清理，取消1002项，仅保留227项。

盘活资源变成钱。沈阳市通过引入市场机制推动资源向资本转化，开拓多元化投资渠道。全市去年引进规模以上内资企业1272户，其中超亿元项目180个；今年1至7月引进1121户，预计年内可达1500户。通过实施“捆绑式”战略，沈阳激活国企呆滞资产，盘活存量资产85亿元。通过建立和完善土地收购储备制度，沈阳预计今年实现土地出让金收入25亿元。

选准项目聚集钱。沈阳紧紧抓住国际产业转移的重要机遇，依托自身优势，以韩国、日本等国家和地区为招商引资重点，精心打造“韩国周”、国际装备制造业博览会等大型经贸引资平台，集中发展汽车、装备制造、电子信息等五大支柱产业，探索以项目聚集资金、以资本链带动产业链的路子。目前，沈阳已与79个国家和地区建立合资合作关系，世界500强企业中有37家在沈阳兴办合资、独资企业。

营造空间留住钱。沈阳集中建设以发展高新技术产业为主的浑南新区、以发展装备制造及汽车产业为主的铁西新区和农业高新区等，这些产业基础较为雄厚、优势项目多、发展潜力大的区域，吸引着越来越多的国内外客商前来投资。

第七届中国艺术节在杭州开幕

胡锦涛致信祝贺

本报杭州9月11日电 记者袁亚平、刘琼、江南报道：第七届中国艺术节9月10日晚在浙江杭州市开幕。国家主席胡锦涛致信祝贺（**贺信全文另发**）。中共中央政治局委员、书记处书记、中宣部部长刘云山，全国人大常委会副委员长李铁映出席开幕式。

中国艺术节是我国规格最高、规模最大的国家艺术节。由文化部主办、浙江省人民政府承办的第七届中国艺术节以“发展先进文化，振奋民族精神”为主题，以“艺术的盛会、人民的节日”为宗旨。艺术节将在杭州主会场和宁波、温州、绍兴、嘉兴分会场举行，共有51台102场文华奖参评剧目、30台近百场祝贺演出、11台24场外国和我国港澳台地区邀请演出剧目、10场群星奖决赛专场及7场大型群文展演专场、24项展览展示及文化交流活动。香港、澳门、台湾的艺术团体也首次同时出现在本届艺术节上。

从本届艺术节起，舞台艺术的“文华奖”、群众文化艺术的“群星奖”这两项政府最高奖，都将在艺术节上产生。来自全国各省、市、区及中直院团、部队院团的51台剧目，将角逐“文华大奖”和“文华”各项单项奖。“群星奖”的评奖演出和展览活动，分成音乐、舞蹈、戏剧、曲艺、美术、书法、摄影七个艺术门类。

开幕式上，40多个文艺团体的800多名演员同台演出了大型文艺节目《洒满阳光的天堂》。演出将音乐、舞蹈、戏剧、杂技四大艺术门类串起四大板块，展现了当代精美的艺术，全场观众如醉如痴。

本届艺术节将于9月26日闭幕。

国务院颁布《全国经济普查条例》

据新华社北京9月11日电 （记者**刘铮**）国务院总理温家宝近日签署第415号国务院令，颁布《全国经济普查条例》。新华社11日受权播发了这个条例（**本报近日将全文刊登**）。

《条例》明确了经济普查的目的，规定了经济普查的对象和周期，经济普查对象、经济普查机构及其工作人员的义务得以明确。

《条例》自公布之日起施行。2004年我国进行第一次全国经济普查，标准时点为2004年12月31日。

希望小学教师阅读北京

9月10日，来自云南、广西、内蒙古等10省区希望小学的百名校长和骨干教师利用学习间隙，开展了主题为“阅读北京”的活动。这批教师目前正在北京接受包括教育理论、教学实践、学术交流、参观考察等内容的两周免费培训。图为教师们当天一早兴致勃勃地在天安门城楼前合影留念。

中国青基会希望工程全国教师培训办公室从1995年至今共举办了65期希望工程全国教师培训班，培训了来自全国700多个县4000余所希望小学的1.3万多名校长和骨干教师。

本报记者 雷声摄

贾庆林结束亚欧四国访问回到北京

新华社北京9月11日电 （记者李建敏）全国政协主席贾庆林结束对韩国、奥地利、西班牙、葡萄牙的正式友好访问，11日乘专机回到北京。全国政协秘书长郑万通等主要陪同人员同机抵京。

贾庆林是应上述四国议会议长的邀请对其进行正式友好访问的。

全国政协副秘书长王巨禄、孙怀山到机场迎接。

李长春分别会见金永南和朴凤柱

就进一步发展中朝关系及其他共同关心的问题交换了意见

9月11日，中共中央政治局常委李长春在平壤会见朝鲜最高人民会议常任委员会委员长金永南。新华社记者 **姚大伟摄**

本报平壤9月11日电 记者赵嘉鸣报道：中共中央政治局常委李长春11日在平壤分别会见了朝鲜最高人民会议常任委员会委员长金永南和内阁总理朴凤柱，就进一步发展中朝关系及其他共同关心的问题交换了意见。

李长春代表中国党、政府和人民热烈祝贺中朝建交55周年和朝鲜国庆56周年。朝方对中国新一届领导集体高度重视两国关系予以高度评价，对李长春率团访朝表示热烈欢迎。

会见金永南时，李长春说，中朝友谊由两党两国的老一辈领导人亲手缔造和培育，得到两国历代领导人的高度重视和关怀，有深厚的历史基础；中朝毗邻而居，历史遭遇相似，又都选择了社会主义发展道路，肩负着强国富民的使命和维护地区和平与世界稳定的义务，有坚实的政治基础；两国人民在社会主义革命和建设的进程中同舟共济，结下了深厚友谊，有广泛的群众基础。在新的历史条件下，双方要继续加强合作，使中朝传统友谊发扬光大，与时俱进，世代相传。

金永南说，巩固和加强朝中友谊，符合两国人民的根本利益。

（下转第三版）

为『天书处方』谢幕叫好

文 晶

长期以来，医生处方字迹不清，语言含糊，常令患者一头雾水。9月1日起由卫生部等公布的《处方管理办法（试行）》的施行，有望使种种“天书处方”退出舞台。该办法对处方书写规则做了较为详细的规定，其中特别提到字迹要清晰、书写药品名称时需以国家承认并公示的药品名为准等。

处方是患者再次就医时医生诊断的重要参考资料，也是发生医疗事故或医患纠纷的关键证物。规范的书写，能在一定程度上避免一些因处方书写不规范而引起的官司，不但有利于减少医患矛盾，还可以提高患者就诊消费的透明度，对于医患双方，都是一件好事。

规范处方更重要的意义，是保证了患者的知情权与选择权。据了解，许多处方之所以“龙飞凤舞”，除了部分医生本身字迹潦草外，还源于医药市场的竞争。医院的药品价格大多高于平价药店和药品超市，而处方又恰恰是药店拓展市场的重要部分。为了保住这部分财源不外流，医院便制造只有内部工作人员才看得懂的“天书处方”，以防患者“医院开方，药店拿药”。《处方管理办法（试行）》的适时出台，将有利于规范医疗行为、保障患者权益。

开辟新的能源运输通道

西部原油成品油管道工程启动

据新华社乌鲁木齐9月10日电 （记者王伯瑜、熊聪茹）我国西部原油成品油管道工程日前启动，8.8公里试验段已在新疆鄯善县境内开工兴建，这将为包括新疆在内的西部地区开辟一条新的原油、成品油运输大通道。

这项工程是目前国内设计输量最大、距离最长、压力最高的输油管道，途经新疆、甘肃的25个县市，总长度3986公里，包括2条输油干线和7条分输支线。

沿古丝绸之路行1万多公里

哈铁局开行“西域风情游”专列

据新华社哈尔滨9月11日电 （国中华、李勇）哈尔滨铁路分局应广大游客要求，将于9月13日开行由哈尔滨至乌鲁木齐的“西域风情游”旅游专列。这是我国由东北至西北最长的旅游线路。

据了解，此条旅游线路行程一万多公里。在14天的行程中，游客可沿着“古丝绸之路”做一次中华民族历史文化旅游，包括在西安观赏兵马俑、华清池、大雁塔，到嘉峪关领略悬臂长城，至新疆浏览天池、火焰山、葡萄沟等。

甘肃政府部门推行限时办结制

办事不能久拖不决

本报兰州9月11日电 记者彭波报道：甘肃省政府办公厅近日发出通知，要求政府各部门以及有执法职能的各单位开始实行限时办结制。这意味着今后到甘肃省政府各部门、各单位办事时，将不再遇到推三阻四、久拖不决的麻烦。

据悉，限时办结制已经在甘肃省公安厅等10部门开展了试点，收到了良好的社会效果。甘肃省政府各部门将以办理条件和办理程序为依据，确定办理时限，并将确定限时办结的项目予以张贴和公示。甘肃省各市州也将选择一些具有行政执法职能的部门先行试点，为明年全面推行限时办结制做好准备。

基本实现办学条件现代化

深圳成为广东首个教育强市

本报深圳9月11日电 日前，深圳市赢得“广东省教育强市”称号，成为广东省首个教育强市。

广东省教育强市试点验收组评估后认为，深圳牢固确立了教育优先发展的战略地位，教育发展水平高，综合实力强，建立了较完善的教育体系，基本实现了办学条件现代化，教育发展趋向均衡化，实施素质教育成果丰硕。 （**胡谋 范勤学**）

RENMIN RIBAO

人民网 网址:http://www.people.com.cn
手机:http://wap.people.com.cn

2009 年 10 月
18
星期日
己丑年九月初一
人民日报社出版
国内统一连续出版物号
CN 11-0065
第 22380 期(代号 1-1)
今日 8 版

中共中央电贺中国国民党第十八次代表大会召开

中国国民党中央委员会复电表示感谢

新华社北京 10 月 17 日电 中国共产党中央委员会 17 日致电中国国民党中央委员会暨马英九主席，祝贺中国国民党第十八次代表大会召开。贺电如下：

中国国民党中央委员会暨马英九主席：

值此贵党召开第十八次代表大会之际，谨致祝贺！

近年来，贵我两党共同努力，积极推进双方达成的两岸关系和平发展重要共识，开启了两岸关系的历史新篇。由衷期望贵我两党继续共同落实“两岸和平发展共同愿景”，在坚持“九二共识”、反对“台独”的既有政治基础上，深化互信，加强交流，扩大共识，不断增进两岸同胞福祉，共创中华民族美好未来。

中国共产党中央委员会
二〇〇九年十月十七日

同日，中国国民党中央委员会复电中国共产党中央委员会暨胡锦涛总书记，感谢中共中央和胡锦涛总书记对中国国民党第十八次代表大会召开的祝贺。复电如下：

中国共产党中央委员会暨胡锦涛总书记：

贺电收悉，谨致谢忱。

贵我两党本着务实沟通、开创未来的共同体认，建立了推动两岸关系和平发展的共识。至盼共同继续努力，增强互信，共创双赢，为两岸人民谋幸福，为炎黄子孙开太平。

中国国民党中央委员会
十月十七日

中共中央总书记胡锦涛电贺吴伯雄荣任中国国民党荣誉主席

吴伯雄复电胡锦涛表示感谢

新华社北京 10 月 17 日电 中共中央总书记胡锦涛 17 日致电吴伯雄，祝贺他荣任中国国民党荣誉主席。贺电如下：

中国国民党中央委员会吴伯雄先生：

值此先生荣任中国国民党荣誉主席之际，谨致诚挚祝贺！

先生担任中国国民党主席以来，积极落实“两岸和平发展共同愿景”，为推动两岸关系的改善作出卓越贡献。去年和今年五月，先生两次率团来访，举行两党领导人会谈，为促进双方良性互动、确保两岸关系沿着正确方向发展奠定了重要基础。衷心期望先生继续为推动两岸关系和平发展作出新的贡献。

中国共产党中央委员会总书记
胡锦涛
二〇〇九年十月十七日

中国国民党荣誉主席吴伯雄复电中共中央总书记胡锦涛，感谢胡锦涛总书记对其就任中国国民党荣誉主席的祝贺。

吴伯雄复电如下：

中国共产党中央委员会总书记胡锦涛先生：

今日贺电收悉，谨表谢意。

四年多来，贵我两党依循两岸关系和平发展五项愿景，循序推进，获得两岸民意支持及国际社会肯定。

两党仍需不断秉持诚意及善意，共创和平，共谋发展。

耑此 顺颂时绥

中国国民党荣誉主席
吴伯雄
十月十七日

中共中央总书记胡锦涛电贺连战续任中国国民党荣誉主席

连战复电胡锦涛表示感谢

新华社北京 10 月 17 日电 中共中央总书记胡锦涛 17 日致电连战，祝贺他续任中国国民党荣誉主席。贺电如下：

中国国民党中央委员会连战先生：

值此先生续任中国国民党荣誉主席之际，谨致诚挚祝贺！

先生多年来始终关心、支持和致力于两岸关系的改善和发展。2005 年，先生率中国国民党代表团访问大陆，两党达成并发表“两岸和平发展共同愿景”，为两岸关系明确了方向，奠定了基础。衷心期望先生继续为推动两岸关系和平发展作出新的贡献。

中国共产党中央委员会总书记
胡锦涛
二〇〇九年十月十七日

中国国民党荣誉主席连战复电中共中央总书记胡锦涛，感谢胡锦涛总书记对其续任中国国民党荣誉主席的祝贺。

连战复电如下：

中国共产党中央委员会总书记胡锦涛先生：

顷接贺电，谨表感谢。

两岸关系和平发展，顺乎两岸主流民意，合乎民族整体利益，已成国共两党共识，并且获致重要成效。

两岸在九二共识基础上，恢复制度性协商以来，不断促进海峡和平稳定，提升两岸人民福祉。未来仍须再接再厉，巩固五项和平愿景，推动振兴中华。

耑此 顺颂时祺

中国国民党荣誉主席
连 战
十月十七日

焊接“无缝天网”

——记济南军区通信部部长曾卫华

魏 国 张能华 江 山

编者按：建设信息化军队、打赢信息化战争是世界军事变革的强音，是充满机遇和挑战的新型事业。只有敢于担当、善于创新、精于设计、勇于突破，才能挺立信息化潮头。济南军区通信部部长曾卫华用行动告诉我们，只要始终牢记当代革命军人核心价值观，始终把国家利益、崇高使命刻在心中，忠诚就会化作奋斗、化作拼搏，形成强大的战斗力。

仲夏，骄阳似火。

突然，战鹰轰鸣，铁流滚滚，一根根天线直刺苍穹，一座座雷达旋转搜索，一束束电磁波交会激荡，“红蓝”双方十余个作战集群在长空大地捉对厮杀……

这场我军首次信息化条件下联合防空演习的“红方”总指挥，就是全军优秀共产党员、二等功臣曾卫华——在“和平使命—2005”中俄联合演习中，他冒着巨大风险，在全军首次采用战场实时监视系统，将陆、海、空、天四维战场实时展现在 35 平方米的显控系统上，展现了我军信息化建设成果；在汶川大地震中，他带领近 4000 名通信官兵，35 个小时在震区上空建起“无缝天网”，为济南战区官兵打赢 60 年来最大规模的非战争军事行动提供了全时全域稳定可靠的指控手段；在 2009 年全军通信和电子对抗比武中，他带领队员以无可争议的战绩，登上金牌榜首，让全军同行佩服。

“全时全域无盲区，信息天网才能无懈可击！”

1998 年，曾卫华从某军分区参谋长调任济南军区通信部副部长，历史就给了他机遇，全军“310 工程”全速启动。伴随着建设进程，曾卫华和战友们在全军率先将信息公路连通到团以上作战部队。

通信保障从模拟转向了数字，但“信息公路”配套设施的空白，使战区信息“烟囱”林立，“孤岛”遍地。2004 年，三军大联勤在济南战区率先启动。联勤先联通，曾卫华“借梯登高”，上门送技术、送经费，指导部队将上百个条块分割、自成体系的三军小、散、远单位接入“骨干车道”；曾卫华“借船出海”，通过军地合建，将军分区、人武部和预备役纳入网中，将神经末梢伸向军民接合部。

因缺少信息触角，驻防海岛成为战区主要的信息盲区。2005 年，正在武汉通信指挥学院攻读博士的曾卫华，把博士论文定为《海防部队通信与指控系统建设研究》。当时，这是全军研究的冷点，面对一个个善意提醒，曾卫华的解释是，“全时全域无盲区，打造的信息天网才能无懈可击！”

定下决心，曾卫华率队深入海防一线 60 多个哨所、观通站和基层连队，春来暑去，论文渐成。他立即运用论文成果，研究制定出海防信息化建设规划方案和技术方案。超强的前瞻性、创新性、实用性和现实针对性，立即引起了总部首长的关注，决定在济南战区组织海防通信建设试点。近 3 年的打拼，战区所有连队、哨所全部坐上信息快车。由曾卫华组织细化梳理出的《海防信息化建设技术规范》已推广全军。（下转第四版）

习近平会见匈牙利总理鲍伊瑙伊

10 月 16 日，正在匈牙利进行正式访问的国家副主席习近平在匈牙利国会大厦会见匈牙利总理鲍伊瑙伊。 新华社记者 兰红光摄

本报布达佩斯 10 月 17 日电 （记者**王莉**）正在匈牙利进行正式访问的国家副主席习近平 16 日在匈牙利国会大厦会见了总理鲍伊瑙伊。

习近平首先转达了温家宝总理对鲍伊瑙伊总理的诚挚问候和良好祝愿。习近平说，2009 年对中国和中匈关系而言都是有着特殊意义的一年。10 月 1 日，中国人民隆重庆祝了新中国成立 60 周年。10 月 6 日，双方迎来中匈建交 60 周年。我很高兴能在这个喜庆时刻访问匈牙利。希望通过此访与匈方共同庆祝佳节，巩固传统友谊，扩大互利合作，推动中匈友好合作伙伴关系进一步发展。

习近平说，中匈建交是两国关系发展中的里程碑。2004 年两国建立友好合作伙伴关系以后，中匈关系掀开新的一页。双方高层接触频繁，政治互信不断增强，经贸合作成果丰硕，人文交流日趋活跃，在国际和地区问题上密切协调和配合。历史证明，中匈友谊经受住了时间考验，两国是真诚合作的好朋友、好伙伴。

习近平说，中匈传统友谊是两国人民共同创造的宝贵财富，希望双方倍加珍惜、精心维护、共同发展，努力做到以友谊促进合作、以合作增进友谊。总理先生领导的新政府高度重视发展对华关系，将中国列为匈牙利外交政策优先方向之一，我们对此表示赞赏。中方同样高度重视中匈关系，愿以两国建交 60 周年为契机，同匈方携手努力，继往开来，与时俱进，推动中匈各领域互利合作不断发展，更好造福两国人民。

习近平说，经贸合作是双边关系的重要组成部分。在当前形势下，双方加强经贸合作，反对贸易和投资保护主义，对共同应对国际金融危机冲击、推动实现各自经济复苏和发展具有现实意义。（下转第三版）

江苏 粮食有望六连增

本报南京 10 月 17 日电 （记者**龚永泉**）江苏全年粮食有望实现连续 6 年增产。据全省农情系统初步统计，全省秋粮总产 424 亿斤，比上年增 7.8 亿斤，单产 478.5 公斤，比上年增 7.5 公斤。其中水稻总产为 357.7 亿斤，比上年增加 3.3 亿斤，玉米增产幅度较大，加上夏粮增产 1.7 亿斤，预计全年粮食总产增加 9.5 亿斤。

江苏完善机制，创新思路，全面推进高产增效创建工作，促进大面积平衡增产，省级高产增效创建专项资金从 2000 万元增加到 4000 万元。全省各级共建立粮棉油高产增效万亩示范片 297 个，其中部省两级扶持建设的达到 238 个。万亩示范片建设以技术推广和专业化服务作为重点建设内容，形成了一系列适应不同地区的高产栽培技术规范，培育壮大了一批专业化服务组织，推进了粮棉油生产方式的转变，探索了适度规模经营新途径。据测产统计，今年夏收 53 个小麦万亩示范片平均单产 504 公斤，比示范县大面积平均单产增 111 公斤，23 个油菜万亩示范片平均单产 218 公斤，比示范县平均单产高 26 公斤，水稻等秋熟作物万亩示范片亩产均在 650 公斤以上。通过高产增效创建，有效带动了全省大面积平衡增产，为实现粮食连续 6 年增产发挥了极其重要的作用。

湖南 晚稻增产成定局

本报长沙 10 月 17 日电 （记者**周立耘**）金秋时节，湖南省宁乡县回龙铺镇一望无际的农田里，稻浪翻滚，一台台收割机发出欢快的“突突”声，忙碌的农民朋友脸上洋溢着丰收的喜悦。据省农业厅粮油处负责人介绍：目前，湖南从北向南，正步入晚稻收割高峰期，继早稻和旱粮增产后，晚稻增产已成定局，全年粮食总产有望突破 600 亿斤，实现连续第六年增产。

近年来，湖南始终把粮食生产放在突出位置，常抓不懈。全省在坚守耕地保有量一分不减的同时，大力发展双季稻生产。今年，省政府确定了 150 万亩扩双任务，层层分解落实到乡镇、村组，全省重点抓了 46 个县的双季稻改扩工作。全年粮食生产面积达 8055 万亩，比上年增长 8.5%。其中，水稻生产面积 6582 万亩，比上年增长 4.6%。

在确保粮食种植面积的同时，湖南全力推广杂交水稻。今年，全省在优势产区兴办了 89 个粮食高产示范片，其中水稻万亩示范片 80 个。各示范片加大资金投入，强化供种、供肥、管水、病虫防治、技术指导等统一管理，带动了全省粮食的均衡增产。

10 月 17 日，山东费县探沂镇三南尹村农民在优质水稻田里收割水稻。金秋 10 月，山东费县 4 万亩优质水稻获得大面积丰收，平均亩产预计达 600 公斤。 刘 涛摄（人民图片）

9 月份全国财政收入 5609 亿元

同比增长 33%

本报北京 10 月 17 日电 （记者**李丽辉**）财政部最新公布的数据显示：9 月份，全国财政收入 5609.35 亿元，比去年同月增加 1392.13 亿元，增长 33%。据财政部分析，9 月收入增长较快，除经济企稳回升有关税收增长外，主要是受去年 9 月收入基数较低以及成品油税费改革后消费税增收较多等因素的影响。

前三季度累计，全国财政收入 51518.87 亿元，比去年同期增长 5.3%。主要收入项目包括：国内增值税同比下降 2.4%，国内消费税同比增长 79.1%（剔除成品油税费改革和卷烟消费税政策调整的增收因素后，实际增长约 6%），营业税同比增长 13.6%，企业所得税同比下降 0.4%，个人所得税同比增长 4.1%，进口货物增值税、消费税同比下降 8%，关税同比下降 26.7%，证券交易印花税同比下降 59.6%，车辆购置税同比增长 4.4%，外贸出口退税同比增长 16%（相应减少财政收入）。

9 月份，全国财政支出 6577.43 亿元，比去年同月增加 1628.49 亿元，增长 32.9%。前三季度累计，全国财政支出 45202.78 亿元，增长 24.1%。其中交通运输、环境保护、农林水事务、医疗卫生、科学技术、城乡社区事务、教育支出、社会保障和就业等重点支出增加额占同期财政支出增加额的 70%左右。

“减会议”不能减动力

王明浩

■今日谈

近来在基层走访，不少群众反映，各地“减会议”以来，一些干部思想松懈，亟待抓的工作也被束之高阁，群众很有意见。

过去，有些地方会议过多过滥，干部整天“泡”在会议室里。鉴于此，政府“削文山、填会海”，节省了经费，节约了时间。可是，一些干部“减负”后，并没有把主要精力用到工作上，更有甚者，上班时间打牌、炒股。

“减会议”，不是给干部“放轻松”，而是为了让干部摆脱“文山会海”的羁绊，有更多的时间和精力走出会议室、办公室，走进矿山、企业、乡村、社区，更好地了解社情民意，更好地为群众解难题、办实事。因此，“减会议”不能减动力，不能放任自流、无所事事。

人民日报

RENMIN RIBAO

人民网 网址:http://www.people.com.cn 手机:http://wap.people.com.cn

2009年9月

25

星期五

己丑年八月初七

人民日报社出版

国内统一连续出版物号 CN 11-0065

第22357期(代号1-1)

今日20版

历史期待新的回答

——庆祝新中国成立60周年之五

本报评论员

"诸位代表先生们，我们有一个共同的感觉，这就是我们的工作将写在人类的历史上"。

1949年秋，毛泽东主席在第一届全国政协会议上满怀豪情的预言，在新中国60年波澜壮阔的伟大变革中，成为不容置疑的现实。中国共产党团结带领全国各族人民，在中华大地上书写了人类历史的壮丽篇章，彻底改变了中华民族的命运，影响了世界历史的走向。

历史记下了我们的光荣。我们在一个十几亿人口的发展中社会主义大国取得的摆脱贫困、加快现代化进程、巩固和发展社会主义的宝贵经验，闪耀着马克思主义的真理光芒，是辩证唯物主义和历史唯物主义的胜利。我们在60年的艰辛探索中开辟的中国特色社会主义道路，丰富了人类对社会发展规律、现代化规律的认识，促进了全球化时代人类文明的多样性发展，是中国共产党和中华民族对于世界的贡献。

新中国60年奋斗创造的辉煌，只是中华民族伟大复兴征程上的一个起点。作为一个有五千年文明史的古国，一个世界上人口最多的大国，中国在19世纪以前的繁荣与停滞，在20世纪经历的跌宕起伏，在21世纪重新焕发的生机活力，既让世界震叹，也给我们启示。 （下转第九版）

胡锦涛在第六十四届联大一般性辩论时发表重要讲话强调

共同分享发展机遇 共同应对各种挑战

九月二十三日，国家主席胡锦涛在纽约出席第六十四届联合国大会一般性辩论，并发表重要讲话。 新华社记者 姚大伟摄

中国将始终不渝走和平发展道路，始终不渝奉行互利共赢的开放战略，坚持在和平共处五项原则的基础上同所有国家发展友好合作。中国越是发展，对世界的贡献就越大，给世界带来的机遇也越大。中国过去、现在、将来都是维护世界和平、促进共同发展的积极力量

本报联合国9月23日电 （记者**吴绮敏、席来旺、吴云**）国家主席胡锦涛23日在纽约出席第六十四届联大一般性辩论时发表重要讲话。胡锦涛强调，中国的前途命运日益紧密地同世界的前途命运联系在一起。中国将始终不渝走和平发展道路，始终不渝奉行互利共赢的开放战略，坚持在和平共处五项原则的基础上同所有国家发展友好合作。中国越是发展，对世界的贡献就越大，给世界带来的机遇也越大。中国过去、现在、将来都是维护世界和平、促进共同发展的积极力量。

联大一般性辩论在联合国总部大会厅举行，与会领导人主要就国际形势、联合国作用及重大国际和地区问题阐述看法。当地时间16时30分许，在热烈的掌声中，胡锦涛登上联合国庄严的讲台，发表题为《同舟共济 共创未来》的重要讲话。

胡锦涛指出，当今世界正处在大发展大变革大调整时期，和平、发展、合作的时代潮流更加强劲。世界多极化、经济全球化深入发展，多边主义和国际关系民主化深入人心，开放合作、互利共赢成为国际社会广泛共识，国与国相互依存更加紧密。同时，国际形势中的不稳定不确定因素给世界和平与发展带来严峻挑战。

胡锦涛强调，面对前所未有的机遇和挑战，国际社会应该继续携手并进，秉持和平、发展、合作、共赢、包容理念，推动建设持久和平、共同繁荣的和谐世界，为人类和平与发展的崇高事业不懈努力。

第一，用更广阔的视野审视安全，维护世界和平稳定。在人类历史上，各国安全从未像今天这样紧密相连。安全不是孤立的、零和的、绝对的，没有世界和地区和平稳定，就没有一国安全稳定。我们应该坚持互信、互利、平等、协作的新安全观，既维护本国安全，又尊重别国安全关切，促进人类共同安全。坚持联合国宪章宗旨和原则，坚持用和平方式解决地区热点问题和国际争端，反对任意使用武力或以武力相威胁。坚持反对一切形式的恐怖主义、分裂主义、极端主义，不断深化国际安全合作。

第二，用更全面的观点看待发展，促进共同繁荣。没有发展中国家普遍发展和平等参与，就没有世界共同繁荣，就无法建立更加公正合理的国际经济秩序。我们应该把促进共同发展作为解决全球发展不平衡和实现可持续发展的重要途径。联合国应该加大对发展问题的投入，促进经济全球化朝着均衡、普惠、共赢方向发展，努力营造有利于发展中国家发展的国际环境。国际金融机构应该把新增资源首先用于帮助发展中国家脱困。国际金融体系改革应该着力提高发展中国家代表性和发言权。我们应该采取负责任的应对国际金融危机举措，坚定反对保护主义，积极推动多哈回合谈判早日取得全面、均衡的成果。发达国家应该向发展中国家开放市场、减免关税，兑现官方发展援助和减债承诺。发展中国家应该立足自主发展，探索有利于实现发展、消除贫困的发展模式。

第三，用更开放的态度开展合作，推动互利共赢。在气候变化、粮食安全、能源资源安全、公共卫生安全等全球性挑战面前，任何国家都不可能独善其身。加强国际合作，是应对挑战、确保和睦安宁的必由之路。我们应该坚持《联合国气候变化框架公约》及其《京都议定书》主渠道地位，坚持共同但有区别的责任原则，坚持"巴厘路线图"的授权，推动哥本哈根大会取得成功，努力实现互利共赢。我们应该加大农业投入，发展先进技术，抑制市场投机，增加粮食援助，加强农业和粮食合作。加强能源开发利用方面的互利合作，加紧研发新能源和可再生能源，构建先进能源技术研发和推广体系，实现能源供应多元化。

第四，用更宽广的胸襟相互包容，实现和谐共处。不同文明交流借鉴、兼容并蓄，是社会进步的不竭动力。国家不分大小、强弱、贫富一律平等。我们应该承认各国文化传统、社会制度、价值观念的差异，尊重各国自主选择发展道路的权利，使不同文明和发展模式在竞争比较中取长补短、在求同存异中共同发展。

* * * * * *

胡锦涛指出，中国人民即将迎来中华人民共和国成立60周年。60年前，中国人民经过长期艰苦奋斗实现了民族独立、人民解放，建立起人民当家做主的新中国。而今的中国，综合国力显著增强，人民生活总体上达到小康水平。中国发展对世界和平与发展作出了重大贡献。

胡锦涛强调，中国作为一个负责任的发展中大国，历来把促进共同发展作为外交政策的重要内容，尽力向其他发展中国家提供支持和帮助。为进一步帮助发展中国家，中国还将采取以下举措。一是继续加强对受国际金融危机影响严重的发展中国家的支持，认真落实有关增资融资计划，加强贸易和投资合作，增强有关国家抵御金融风险和可持续发展能力。二是继续落实中国在联合国千年发展目标高级别会议上提出的帮助发展中国家加快发展的举措，促进联合国千年发展目标的实现。三是继续落实中非合作论坛北京峰会确定的各项援非举措，增加对非援助，减免非洲国家债务，扩大对非贸易和投资，提供人力和技术支持，加大人力资源培训。四是继续参与和推动地区货币金融合作，维护地区金融和经济形势稳定，促进地区金融合作和贸易发展。

胡锦涛最后表示，让我们携起手来，共同分享发展机遇，共同应对各种挑战，为建设持久和平、共同繁荣的和谐世界而不懈努力。**（讲话全文见第二版）**

胡锦涛讲话结束后，全场响起热烈掌声。

王岐山、令计划、王沪宁、戴秉国参加活动。

当天中午，胡锦涛出席了联合国秘书长潘基文为出席联大一般性辩论各国代表团团长举行的午宴。

22日晚，胡锦涛还出席了潘基文为主要与会国家领导人举行的工作晚宴。

安理会核不扩散与核裁军峰会在纽约举行

胡锦涛出席并发表重要讲话

9月24日，国家主席胡锦涛在纽约出席安理会核不扩散与核裁军峰会并发表重要讲话。 新华社记者 鞠鹏摄

本报联合国9月24日电 （记者**吴绮敏、席来旺、吴云**）安理会核不扩散与核裁军峰会24日上午在纽约联合国总部举行，国家主席胡锦涛出席并发表重要讲话。他强调，中国一贯主张全面禁止和彻底销毁核武器，坚定奉行自卫防御的核战略，始终恪守在任何时候和任何情况下不首先使用核武器政策，明确承诺无条件不对无核武器国家和无核武器区使用或威胁使用核武器。中国不参加任何形式的核军备竞赛，将继续把自身核力量维持在国家安全需要的最低水平，将继续为推进国际核裁军进程作出努力。中国愿继续为维护国际核不扩散体系发挥建设性作用。

这次峰会集中讨论核不扩散和核裁军问题，包括军备控制与核裁军、国际核不扩散机制、防止核材料非法贩运、核材料安全与国际和平安全等议题。

胡锦涛在会上发表了题为《共同缔造普遍安全的世界》的重要讲话。胡锦涛指出，当前，国际安全环境复杂多变，核扩散问题依然突出，核裁军任重道远。一个普遍安全的世界，首先应该摆脱核战争威胁。借此机会，我愿提出5点主张。

第一，维护全球战略平衡和稳定，积极推进核裁军进程。所有核武器国家应该切实履行《不扩散核武器条约》第六条规定的义务，并公开承诺不寻求永远拥有核武器。拥有最大核武库的国家应该继续率先大幅度实质性削减其核武器。《全面禁止核试验条约》应该早日生效。应该尽快就"禁止生产核武器用裂变材料条约"进行谈判。条件成熟时，其他核武器国家也应该加入多边核裁军谈判进程。为最终实现全面彻底核裁军，国际社会应该适时制订一项切实可行的分阶段的长远规划，包括缔结《全面禁止核武器公约》。

第二，放弃以首先使用核武器为基础的核威慑政策，切实减少核武器威胁。所有核武器国家应该明确承诺无条件不对无核武器国家和无核武器区使用或威胁使用核武器，并就此达成有法律约束力的国际文书。同时，核武器国家之间应该谈判缔结互不首先使用核武器条约。

第三，巩固国际核不扩散机制，防止核武器扩散。所有国家应该加入《不扩散核武器条约》，切实维护和加强条约权威性和有效性。强化国际原子能机构保障监督职能。所有国家应该严格履行防扩散义务，不搞双重标准，加强和改进防扩散出口管制。

第四、充分尊重各国和平利用核能的权利，积极开展国际合作。发达国家应该积极帮助发展中国家为和平目的开发利用核能。国际原子能机构应该加大投入，推动核电、核安全、核技术应用等方面技术合作和援助。

第五，大力加强核安全，切实减少核风险。各国应该严格遵守核安全领域各项国际法律文书，采取切实措施，确保其核设施和核材料安全，有效防止核材料流失。国际社会应该加强合作，共同打击核恐怖主义。**（讲话全文见第二版）**

联合国秘书长潘基文及其他安理会理事国领导人也在会上发言。

会议表决一致通过了一项关于核不扩散与核裁军等问题的决议。

戴秉国出席会议。

中国和平统一促进会第八届理事大会闭幕

贾庆林再次当选为中国和平统一促进会会长

本报北京9月24日电 （记者**刘维涛**）中国和平统一促进会第八届理事大会24日在京闭幕。中共中央政治局常委、全国政协主席贾庆林再次当选为中国和平统一促进会会长。

贾庆林出席闭幕会并代表中共中央对大会的召开表示祝贺。他在讲话中充分肯定了中国和平统一促进会七届理事大会以来的工作。贾庆林说，5年来中国和平统一促进会积极适应形势的发展变化，坚决贯彻中央对台工作和西藏工作的方针政策，充分发挥联系广泛、包容性强的优势和民间团体的特点，努力凝聚海内外反"独"促统力量，有力推动了全球反"独"促统运动的蓬勃发展，有力维护了国家统一和民族团结，为密切两岸同胞联系、融洽两岸同胞感情发挥了积极作用。事实表明，中国和平统一促进会已成为联系海内外各界人士的重要纽带，成为加强海峡两岸同胞往来的重要桥梁， （下转第三版）

习近平在部分省区学习实践活动座谈会上强调

认真学习贯彻十七届四中全会精神 扎扎实实推进第三批学习实践活动

新华社哈尔滨9月24日电 （记者**徐京跃**）部分省区深入学习实践科学发展观活动座谈会24日在哈尔滨召开。中共中央政治局常委、中央书记处书记、国家副主席、中央深入学习实践科学发展观活动领导小组组长习近平出席会议并讲话。他强调，党的十七届四中全会审议通过的《中共中央关于加强和改进新形势下党的建设若干重大问题的决定》，是加强和改进新形势下党的建设的纲领性文献，对深入学习实践科学发展观活动具有重要指导意义。各地各单位要认真学习贯彻党的十七届四中全会精神，扎扎实实做好第三批学习实践活动各项工作，确保取得实实在在成效。

习近平在讲话中对第三批学习实践活动前一段的工作给予充分肯定。

（下转第四版）

贺国强致信祝贺《中国纪检监察报》创刊15周年

弘扬新风正气 促进反腐倡廉

本报北京9月24日电 （记者**李章军**）中央纪委监察部今天举行纪念《中国纪检监察报》创刊15周年座谈会，中共中央政治局常委、中央纪委书记贺国强发来贺信强调，要坚持正确办报方向，充分发挥宣传党的主张、反映社情民意、弘扬社会正气、鞭挞腐恶现象、传播廉政文化、营造主流舆论的重要作用，为深入推进党风廉政建设和反腐败斗争提供舆论支持。

贺国强在贺信中首先充分肯定了《中国纪检监察报》创刊15年来取得的成绩，向中国纪检监察报社全体同志致以诚挚问候和热烈祝贺，向长期以来关心支持报社工作的广大作者、读者和各界朋友表示衷心感谢。 （下转第四版）

周永康会见巴西联邦最高法院院长

新华社北京9月24日电 （记者**李忠发**）中共中央政治局常委、中央政法委书记周永康24日在人民大会堂会见了来访的巴西联邦最高法院院长门德斯。

周永康说，中巴建交35年来，特别是1993年建立战略伙伴关系以来，双边关系取得长足发展。在当前全球经济普遍低迷的情况下，中国成为巴西第一大贸易伙伴，说明两国经济互补性强，有广阔的合作空间。中巴同属发展中大国，在发展进程中面临许多相似的问题，比如，如何缩小贫富差距，减少社会矛盾，促进社会和谐；如何加强法制建设，规范全体社会成员依法享有权利、切实履行义务；如何利用信息技术推动司法公开，扩大司法民主，促进司法公正等。为此，中国结合自己国情进行了积极探索，也愿意借鉴各国的成功经验。很高兴得知中国、巴西、俄罗斯、印度司法机关刚刚签署了《"金砖四国"司法合作议定书》，希望在实施中不断取得实际成效。也希望通过院长此访，加强中巴两国司法机关在司法改革、法院管理、法官培训等方面的交流与合作，为发展两国友好关系作出贡献。 （下转第三版）

同舟共济　共创未来

——在第六十四届联大一般性辩论时的讲话

（2009年9月23日，美国纽约）

中华人民共和国主席　胡锦涛

主席先生，各位同事，女士们，先生们：

当今世界正处在大发展大变革大调整时期，和平、发展、合作的时代潮流更加强劲。世界多极化、经济全球化深入发展，多边主义和国际关系民主化深入人心，开放合作、互利共赢成为国际社会广泛共识，国与国相互依存更加紧密。

同时，国际金融危机影响仍在持续，世界经济复苏前景还不明朗，全球失业和贫困人口数量上升，发展不平衡更加突出，气候变化、粮食安全、能源资源安全、公共卫生安全等全球性问题进一步显现，恐怖主义、大规模杀伤性武器扩散、跨国有组织犯罪、重大传染性疾病等非传统安全威胁依然存在，一些热点问题长期得不到解决，地区局部冲突此起彼伏，国际形势中的不稳定不确定因素给世界和平与发展带来严峻挑战。

面对前所未有的机遇和挑战，国际社会应该继续携手并进，秉持和平、发展、合作、共赢、包容理念，推动建设持久和平、共同繁荣的和谐世界，为人类和平与发展的崇高事业不懈努力。

第一，用更广阔的视野审视安全，维护世界和平稳定。在人类历史上，各国安全从未像今天这样紧密相连。安全内涵不断扩大，传统安全威胁和非传统安全威胁相互交织，涉及政治、军事、经济、文化等诸多领域，对各国构成共同挑战，需要采用综合手段共同应对。安全不是孤立的、零和的、绝对的，没有世界和地区和平稳定，就没有一国安全稳定。

我们应该坚持互信、互利、平等、协作的新安全观，既维护本国安全，又尊重别国安全关切，促进人类共同安全。坚持联合国宪章宗旨和原则，坚持用和平方式解决地区热点问题和国际争端，反对任意使用武力或以武力相威胁。支持联合国在国际安全领域继续发挥重要作用。坚持平等、互利、合作精神，保障全球经济金融稳定。坚持反对一切形式的恐怖主义、分裂主义、极端主义，不断深化国际安全合作。

全面禁止和彻底销毁核武器，建立无核武器世界，是中国的一贯主张。国际社会应该切实推进核裁军进程，消除核武器扩散风险，促进核能和平利用及其国际合作。

第二，用更全面的观点看待发展，促进共同繁荣。在经济全球化深入发展的大背景下，各国发展息息相关。没有发展中国家普遍发展和平等参与，就没有世界共同繁荣，就无法建立更加公正合理的国际经济秩序。受国际金融危机冲击，发展中国家外部发展环境恶化，经济增长普遍减速，发展遇到严重困难。

我们应该把促进共同发展作为解决全球发展不平衡和实现可持续发展的重要途径。联合国应该加大对发展问题的投入，促进经济全球化朝着均衡、普惠、共赢方向发展，努力营造有利于发展中国家发展的国际环境。国际金融机构应该把新增资源首先用于帮助发展中国家脱困，以更加灵活多样、更加便利快捷的方式提供贷款支持。国际金融体系改革应该着力提高发展中国家代表性和发言权。

我们应该采取负责任的应对国际金融危机举措，坚定反对保护主义，积极推动多哈回合谈判早日取得全面、均衡的成果。发达国家应该向发展中国家开放市场、减免关税，兑现官方发展援助和减债承诺，特别是加大对最不发达国家援助力度，重点解决其面临的饥饿、医疗、教育等问题。

发展中国家应该立足自主发展，探索有利于实现发展、消除贫困的发展模式。发展中国家之间应该扩大贸易和投资合作，相互开放市场，提升南南合作水平。

第三，用更开放的态度开展合作，推动互利共赢。在气候变化、粮食安全、能源资源安全、公共卫生安全等全球性挑战面前，任何国家都不可能独善其身。加强国际合作，是应对挑战、确保和睦安宁的必由之路。我们应该树立共赢理念，把本国人民利益同世界人民共同利益结合起来，扩大各方利益汇合点。

气候变化是人类生存和发展面临的严峻挑战之一。国际合作是应对气候变化的关键。我们应该坚持《联合国气候变化框架公约》及其《京都议定书》主渠道地位，坚持共同但有区别的责任原则，坚持"巴厘路线图"的授权，推动哥本哈根大会取得成功，努力实现互利共赢。

粮食和能源问题事关各国民生、发展、稳定。我们应该加大农业投入，发展先进技术，抑制市场投机，增加粮食援助，加强农业和粮食合作。加强能源开发利用方面的互利合作，加紧研发新能源和可再生能源，构建先进能源技术研发和推广体系，实现能源供应多元化。

甲型流感持续蔓延，已成为国际社会共同面临的全球性公共卫生挑战。中国愿为发展中国家防控甲型流感提供力所能及的帮助。

第四，用更宽广的胸襟相互包容，实现和谐共处。不同文明交流借鉴、兼容并蓄，是社会进步的不竭动力。国家不分大小、强弱、贫富一律平等。我们应该承认各国文化传统、社会制度、价值观念的差异，尊重各国自主选择发展道路的权利。积极促进和保障人权，加强对话，消除隔阂。倡导开放包容精神，使不同文明和发展模式在竞争比较中取长补短、在求同存异中共同发展。

主席先生、各位同事！

中国人民即将迎来中华人民共和国成立60周年。60年前，中国人民经过长期艰苦奋斗实现了民族独立、人民解放，建立起人民当家做主的新中国。30年前，中国人民开始了改革开放和社会主义现代化建设的伟大历史征程。中国社会迸发出前所未有的活力和创造力。而今的中国，综合国力显著增强，人民生活总体上达到小康水平。中国发展对世界和平与发展作出了重大贡献。

历史是继续前进的基础，是开创未来的启示。我们清醒地认识到，中国仍然是发展中国家，我们在发展进程中遇到的矛盾和问题无论规模还是复杂性都世所罕见。中国要全面建成惠及十几亿人口的更高水平的小康社会，进而基本实现现代化、实现全体人民共同富裕，还有很长的路要走。中国将继续从本国国情出发，坚持走中国特色社会主义道路，坚持以经济建设为中心，坚持改革开放，全面推进经济建设、政治建设、文化建设、社会建设以及生态文明建设，真正做到发展为了人民、发展依靠人民、发展成果由人民共享，努力实现以人为本、全面协调可持续的科学发展。

中国的前途命运日益紧密地同世界的前途命运联系在一起。中国越是发展，对世界的贡献就越大，给世界带来的机遇也越大。中国将始终不渝走和平发展道路，始终不渝奉行互利共赢的开放战略，坚持在和平共处五项原则的基础上同所有国家发展友好合作。中国过去、现在、将来都是维护世界和平、促进共同发展的积极力量。

中国作为一个负责任的发展中大国，历来把促进共同发展作为外交政策的重要内容，尽力向其他发展中国家提供支持和帮助，已兑现对联合国《千年宣言》所作承诺。截至目前，中国向120多个国家提供了援助，累计免除49个重债穷国和最不发达国家债务，对40多个最不发达国家的商品给予零关税待遇。

国际金融危机发生以来，中国在面临巨大困难的情况下，保持人民币汇率基本稳定，为维护国际贸易健康发展发挥了重要作用。我们积极参与国际金融公司贸易融资计划，向国际货币基金组织提供融资支持并主要用于帮助发展中国家。我们同有关发展中国家签署双边货币互换协议。我们设立"中国—东盟投资合作基金"，为上海合作组织成员国提供信贷支持，积极参与东亚区域外汇储备库建设。

为进一步帮助发展中国家，中国还将采取以下举措。

——继续加强对受国际金融危机影响严重的发展中国家的支持，认真落实有关增资融资计划，加强贸易和投资合作，增强有关国家抵御金融风险和可持续发展能力。

——继续落实中国在联合国千年发展目标高级别会议上提出的帮助发展中国家加快发展的举措，促进联合国千年发展目标的实现。

——继续落实中非合作论坛北京峰会确定的各项援非举措，增加对非援助，减免非洲重债穷国和最不发达国家债务，扩大对非贸易和投资，在农业、卫生、教育、防灾减灾等领域向非洲国家提供人力和技术支持，加大面向非洲的人力资源培训。

——继续参与和推动地区货币金融合作，维护地区金融和经济形势稳定，促进地区金融合作和贸易发展。

主席先生、各位同事！

同舟共济、互利共赢是时代对我们的客观要求，也是实现各国共同发展繁荣的必由之路。让我们携起手来，共同分享发展机遇，共同应对各种挑战，为建设持久和平、共同繁荣的和谐世界而不懈努力！

谢谢各位。

（本报联合国9月23日电）

共同缔造普遍安全的世界

——在安理会核不扩散与核裁军峰会上的讲话

（二〇〇九年九月二十四日，美国纽约）

中华人民共和国主席　胡锦涛

主席先生，各位同事：

当前，国际安全环境复杂多变，核扩散问题依然突出，核裁军任重道远。为缔造普遍安全的世界，我们要努力做到以下几点。

——努力营造和平稳定的国际大环境，通过和平方式解决国际争端，增加各国安全感，促进发展，消除贫困，消除冲突和动荡根源。

——充分尊重和照顾各国正当合理的安全关切，不把本国安全凌驾于别国安全之上，通过互利共赢实现普遍安全。

——致力于建立相互理解和信赖的国家关系，化解分歧和猜疑，在平等基础上开展对话和合作。

——坚持多边主义，巩固以联合国为核心的集体安全体系，增强其公正性和合理性，使之在国际安全合作中发挥强大作用。

一个普遍安全的世界，首先应该摆脱核战争威胁。借此机会，我愿提出5点主张。

第一，维护全球战略平衡和稳定，积极推进核裁军进程。所有核武器国家应该切实履行《不扩散核武器条约》第六条规定的义务，并公开承诺不寻求永远拥有核武器。拥有最大核武库的国家应该继续率先大幅度实质性削减其核武器。《全面禁止核试验条约》应该早日生效。应该尽快就"禁止生产核武器用裂变材料条约"进行谈判。条件成熟时，其他核武器国家也应该加入多边核裁军谈判进程。为最终实现全面彻底核裁军，国际社会应该适时制订一项切实可行的分阶段的长远规划，包括缔结《全面禁止核武器公约》。

第二，放弃以首先使用核武器为基础的核威慑政策，切实减少核武器威胁。所有核武器国家应该明确承诺无条件不对无核武器国家和无核武器区使用或威胁使用核武器，并就此达成有法律约束力的国际文书。同时，核武器国家之间应该谈判缔结互不首先使用核武器条约。

第三，巩固国际核不扩散机制，防止核武器扩散。所有国家应该加入《不扩散核武器条约》，切实维护和加强条约权威性和有效性。强化国际原子能机构保障监督职能。所有国家应该严格履行防扩散义务，不搞双重标准，加强和改进防扩散出口管制。

第四，充分尊重各国和平利用核能的权利，积极开展国际合作。发达国家应该积极帮助发展中国家为和平目的开发利用核能。国际原子能机构应该加大投入，推动核电、核安全、核技术应用等方面技术合作和援助。

第五，大力加强核安全，切实减少核风险。各国应该严格遵守核安全领域各项国际法律文书，采取切实措施，确保其核设施和核材料安全，有效防止核材料流失。国际社会应该加强合作，共同打击核恐怖主义。

中国一贯主张全面禁止和彻底销毁核武器，我愿在这里郑重重申，中国坚定奉行自卫防御的核战略，始终恪守在任何时候和任何情况下不首先使用核武器政策，明确承诺无条件不对无核武器国家和无核武器区使用或威胁使用核武器。中国不参加任何形式的核军备竞赛，将继续把自身核力量维持在国家安全需要的最低水平，将继续为推进国际核裁军进程作出努力。中国愿继续为维护国际核不扩散体系发挥建设性作用。

谢谢各位。

（本报联合国9月24日电）

国际社会积极评价胡锦涛主席重要讲话

本报北京9月24日电　中国国家主席胡锦涛22日和23日分别出席联合国气候变化峰会和第六十四届联大一般性辩论并发表重要讲话，在国际社会引起积极反应。

联合国大会主席图里基在听完胡主席关于应对气候变化问题的重要讲话后表示，讲话将为全球应对气候变化的挑战、推动哥本哈根大会取得成功发挥重要作用。

联合国高级官员伊利切夫对记者说："胡主席的讲话反映了发展中国家的关切，显示了中国在国际事务中的独特地位和作用。相信这一讲话能够鼓舞其他国家。"

美国前副总统、环保活动家戈尔高度评价中国在应对气候变化问题方面发挥的重要作用。他说，胡锦涛主席的讲话预示着中国还将采取更多行动。他说："这两年来，中国每年植树的数量都超出了世界其他国家植树总量的2.5倍，但这一点还不广为人知。"

西班牙媒体23日的报道普遍认为，中国正在大力发展可再生能源，以减少温室气体排放，改善环境。中国在应对全球气候变化方面已经迈出了极为重要的一步。

英国《金融时报》以"世界将从更绿色的中国获益"为题发表评论说，中国国家主席胡锦涛在讲话中表示，中国降低单位国内生产总值二氧化碳排放，这是一个很好的主意。

韩国《中央日报》24日发表社论说，中国将采取强有力的措施，争取到2020年使单位国内生产总值二氧化碳排放比2005年有显著下降。中国的表态为将在哥本哈根举行的联合国气候变化大会注入新的活力。

尼日利亚主流报纸《今日报》23日在报道中说，胡锦涛主席的讲话充分显示了中国政府减少温室气体排放的决心。

埃菲社报道说，胡锦涛主席在联大发表的重要讲话"备受期待"。让人更加确信中国过去、现在、将来都是"维护世界和平、促进共同发展的积极力量"。中国在国际舞台上扮演着重要角色，这与中国几十年来取得的经济地位相符。

（综合本报记者**张金江、王如君、薛九晨、殷淼、王新萍、吴成良**报道和新华社电）

中国声音　中国力量

——胡锦涛主席出席第六十四届联大一般性辩论侧记

时光行进，庄严的联合国讲台，一次又一次见证中国在国际社会倡导和平、发展、合作的积极努力。

2009年9月23日，当地时间16时30分许，中国国家主席胡锦涛在热烈的掌声中登上讲台，发表题为《同舟共济 共创未来》的重要讲话。这是中国国家元首第一次在联大一般性辩论中发表讲话。

纽约，联合国总部大会厅，第六十四届联合国大会一般性辩论正在进行，与会各国领导人就国际形势、联合国作用及重大国际和地区问题阐述看法。

一般性辩论，是联合国会员国集中讨论国际问题、表达自身关切、阐明立场主张、发出呼吁倡导的重要舞台，也是各国代表坦率沟通、汇聚共识的重要场所。今年的一般性辩论，以"有效应对全球危机：为了国际和平、安全和发展加强多边主义和文明间对话"为主题，全球140多个国家的领导人汇聚联合国总部。

这是一个极不寻常的时期、世界正在经历大发展大变革大调整，呈现出前所未有的机遇和挑战。我们如何走向未来？在联合国盛会的这一刻，人们期待着答案。"国际社会应该继续携手并进，秉持和平、发展、合作、共赢、包容理念，推动建设持久和平、共同繁荣的和谐世界，为人类和平与发展的崇高事业不懈努力。"胡锦涛铿锵有力的回答，道出国际社会的共同心声。

持久和平，共同繁荣，这是中国的坚定主张，人类的共同心愿。这是走过60年辉煌历程的新中国，遵守和实践联合国宪章原则，向世界宣示的一贯求索。

——1974年，中国领导人首次登上联合国讲台，邓小平在联合国大会第六次特别会议上全面系统地阐述当时提出的"三个世界"理论和中国对外关系原则，提出建立国际经济新秩序的基本主张，表明中国坚决站在第三世界国家一边，永远不称霸。

——1995年，江泽民出席联合国成立50周年特别纪念会议，呼吁建立以"创造安全可靠、长期稳定的国际和平环境"，"恪守以主权平等和互不干涉内政为核心的国际关系准则"，"建立互利互补、共同发展的新型国际经济关系"，"造成自主选择、求同存异的国际和谐局面"，"共同对付人类生存发展面临的挑战"为主要标志的国际政治经济新秩序。

——2000年，江泽民在联合国千年首脑会议上进一步宣示中国关于建立公正合理的国际政治经济新秩序的主张，倡导国际政治多极化、国际关系民主化，并积极推动加强南南合作，促进安理会五个常任理事国协作。

——2005年，胡锦涛出席联合国成立60周年首脑会议，以"努力建设持久和平、共同繁荣的和谐世界"为题发表重要讲话，深入阐释和谐世界理念的深刻内涵；倡导国际社会"坚持多边主义，实现共同安全"，"坚持互利合作，实现共同繁荣"，"坚持包容精神，共建和谐世界"，"坚持积极稳妥方针，推进联合国改革"；提出关于落实千年发展目标、加强国际发展合作、促进普遍发展、实现共同繁荣的建议，以及援助发展中国家的5项具体措施。

……

执著地追求和平、发展、合作的理念，让中国声音在联合国的讲台上越来越响亮，中国行动在联合国的事业中越来越重要。中国是世界上最大的发展中国家，也是联合国安理会常任理事国中唯一的发展中国家，在重大问题上始终同发展中国家站在一起，伸张正义，主持公道，坚定维护发展中国家切身利益，坚定维护人类社会共同利益，在整个国际社会树立起负责任大国的形象。

世界共同瞩目新中国迎来60周年大庆之际，中国领导人再度登上联合国的讲台，呼吁人们"用更广阔的视野审视安全，维护世界和平稳定"，"用更全面的观点看待发展，促进共同繁荣"，"用更开放的态度开展合作，推动互利共赢"，"用更宽广的胸襟相互包容，实现和谐共处"；郑重宣示"中国将始终不渝走和平发展道路，始终不渝奉行互利共赢的开放战略，坚持在和平共处五项原则的基础上同所有国家发展友好合作。中国过去、现在、将来都是维护世界和平、促进共同发展的积极力量"……

中国力量，是一支鼓舞世界走向持久和平、共同繁荣的力量。胡锦涛的讲话，更加坚定了人们这样的看法。美国外交政策研究所高级研究员库斯说："中国领导人对当前国际形势的判断基本思路清晰，结论十分准确，提出的应对方案切实可行。胡锦涛主席的讲话表明，一个更加发展的中国将对世界作出更大贡献，并给世界带来更多机遇。"

联合国经济和社会事务部全球经济监测中心主任洪平凡对记者说："回顾中国领导人在联合国发表的历次讲话，可以看出中国外交政策既有延续性，又有时代特征。中国领导人的讲话一贯强调'共同'的意义，比如'共同缔造更美好的世界'、'共同发展和繁荣'、'促进普遍发展，实现共同繁荣'、'同舟共济，互利共赢'，表明中国政府和中国人民希望与世界人民一起共同创建和谐世界。胡锦涛主席今天的讲话让人确信，随着中国因素在世界因素中的作用不断增加，中国维护世界和平与促进世界发展之路必然越来越宽广。"

中国声音，在联合国大会厅久久回响。中国力量，与世界各国一道推动世界不断向着和平与发展的崇高目标前进，唤起憧憬和希望。

（**本报联合国9月23日电**　记者**吴绮敏、席来旺、吴云**）

郭伯雄会见坦桑尼亚国防与国民服务部长

新华社北京9月24日电　（记者**侯丽军**）中央军委副主席郭伯雄24日下午在八一大楼会见了来访的坦桑尼亚国防与国民服务部长姆维尼一行。

梁光烈与蒙古国国防部长会谈并会见越南客人

新华社北京9月24日电　（记者**侯丽军**）国务委员兼国防部长梁光烈24日在八一大楼与蒙古国国防部长包勒德举行了会谈。双方就地区安全形势和两国两军关系等共同关心的问题交换了意见。

新华社北京9月24日电　（记者**王慧慧**）国务委员兼国防部长梁光烈24日在八一大楼会见了来华出席第三次中越国防部防务安全磋商的越南人民军副总参谋长陈光夔。

杨洁篪出席伊核问题六国外长会议并会见墨、哈、比外长

本报纽约9月23日电　中、美、俄、英、法、德六国外长23日在纽约联合国总部就伊朗核问题举行会议。中国外交部长杨洁篪出席。

本报纽约9月23日电　外交部长杨洁篪22日至23日在纽约先后会见了墨西哥外长埃斯皮诺萨、哈萨克斯坦国务秘书兼外长萨乌达巴耶夫和比利时外交大臣莱特姆，分别与对方就双边关系和共同关心的问题交换了意见，各方都表示将进一步发展双边关系。

就俄拟向中国出租符拉迪沃斯托克市的不实报道

外交部发言人答记者问

本报北京9月24日电　外交部发言人姜瑜24日就俄罗斯拟向中国出租符拉迪沃斯托克市部分地区的不实报道答记者问。

问：近日，有俄媒体报道称，符拉迪沃斯托克市政府正在制定该城市"2020年战略发展规则"，为吸引中国资金，有专家建议将该市的两个区及戈尔诺斯塔湾租借给中国，租期为75年。中方对此有何评论？

答：中方注意到俄方报道。这种报道毫无依据。俄远东和西伯利亚开发是俄自己的事情。根据日前中俄两国元首批准的《中国东北地区与俄联邦远东及东西伯利亚地区合作规划纲要》，中方愿与俄方开展互利合作。这种合作将严格按照双方达成的协议，符合两国的有关法律。

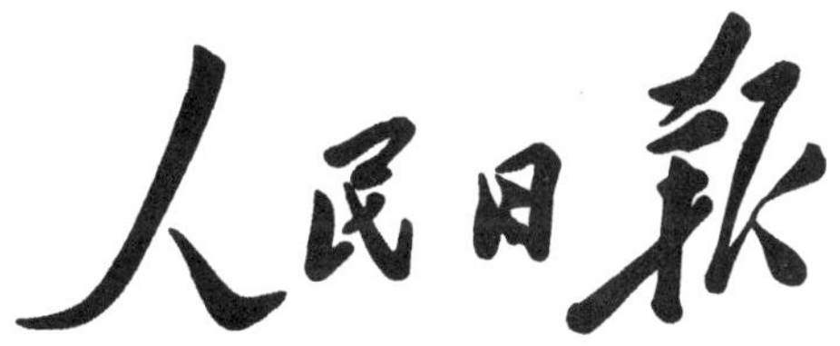

RENMIN RIBAO

人民网 网址:http://www.people.com.cn
手机:http://wap.people.com.cn

2009年9月
26
星期六
己丑年八月初八
人民日报社出版
国内统一连续出版物号
CN 11-0065
第22358期(代号1-1)
今日8版

适应时代发展要求 建设学习型政党

——学习贯彻党的十七届四中全会精神之四

本报评论员

一个重视学习的政党，是充满希望、富有活力的政党；一个善于学习的政党，是能够与时俱进、开拓创新的政党。

从"必须学会自己不懂的东西"，到"认真建立学习制度"；从"讲学习、讲政治、讲正气"，到"深入学习实践科学发展观"，我们党历来勤于学习、善于学习。事实证明，通过学习努力掌握和运用一切科学的新思想、新知识、新经验，是我们党始终走在时代前列引领中国发展进步的决定性因素。党的十七届四中全会强调，要"建设马克思主义学习型政党，提高全党思想政治水平"，这是着眼于改革发展大局提出的重大而紧迫的战略任务，必将进一步促进全党提高学习能力和实践能力，推动我们的事业实现大进步大发展。

世界在变化，形势在发展，中国特色社会主义实践在深入。昨天的知识未必能解释今天的现实，今天的经验也未必能解决明天的问题。不学习、不坚持学习、不刻苦学习，势必会落伍，势必难以胜任我们所肩负的重大职责。要始终走在时代前列，不断提高领导水平和执政水平，就必须不断学习、善于学习，按照科学理论武装、具有世界眼光、善于把握规律、富有创新精神的要求，建设马克思主义学习型政党。(下转第八版)

二十国集团领导人第三次金融峰会在匹兹堡举行

胡 锦 涛 出 席 并 发 表 重 要 讲 话

胡锦涛指出，当前，我们的首要任务仍然是应对国际金融危机、推动世界经济健康复苏，同时要坚定不移推进国际金融体系改革，在解决全球发展不平衡进程中实现世界经济全面持续平衡发展

本报美国匹兹堡9月25日电 (记者**吴绮敏、温宪、马小宁**)二十国集团领导人第三次金融峰会25日在美国匹兹堡举行。国家主席胡锦涛出席峰会并发表重要讲话。

这次峰会在戴维·劳伦斯会议中心召开，重点讨论推动世界经济复苏、转变经济发展方式、国际金融体系改革、发展问题等议题。当地时间9时55分许，东道国美国总统奥巴马宣布峰会开始。与会领导人根据议题发言，交换意见。胡锦涛在峰会上发表了题为《全力促进增长 推动平衡发展》的重要讲话。

胡锦涛指出，当前，我们的首要任务仍然是应对国际金融危机、推动世界经济健康复苏，同时要坚定不移推进国际金融体系改革，在解决全球发展不平衡进程中实现世界经济全面持续平衡发展。

第一，坚定不移刺激经济增长。我们应该充分利用二十国集团这一平台，继续加强宏观经济政策协调，保持政策导向总体一致性、时效性、前瞻性。各国应该保持经济刺激方案力度，无论是发达国家还是发展中国家都应该采取更加扎实有效的举措，在促进消费、扩大内需上多下功夫。要坚决反对和抵制各种形式的保护主义，维护公正自由开放的全球贸易和投资体系，继续承诺不对商品、投资、服务设置新的限制措施，在锁定现有成果的基础上推动多哈回合谈判早日取得成功。我们应该大力推动国际新兴产业合作尤其是节能减排、环保、新能源等领域合作，充分依靠科技进步增强世界经济增长内在动力。

第二，坚定不移推进国际金融体系改革。二十国集团领导人在前两次金融峰会上达成了推进国际金融体系改革的政治共识，这是我们向全世界作出的庄严承诺。现在，国际经济金融形势有所好转，但我们推进改革的决心不能减弱、目标不能降低。我们应该落实伦敦峰会确定的时间表和路线图，着力提高发展中国家代表性和发言权，不断推动改革取得实质性进展。我们应该完善国际金融机构现行决策程序和机制，推动各方更加广泛有效参与。我们应该加强金融监管合作，扩大金融监管覆盖面，尽快制订普遍接受的金融监管标准，高质量落实各项改革措施。

9月25日，国家主席胡锦涛在美国匹兹堡出席二十国集团领导人第三次金融峰会并发表重要讲话。这是与会各国领导人及有关国际组织负责人集体合影。

新华社记者 **姚大伟**摄

第三，坚定不移推动世界经济平衡发展。当前，国际社会十分关注全球经济失衡问题。失衡既表现为部分国家储蓄消费失衡、贸易收支失衡，更表现为世界财富分配失衡、资源拥有和消耗失衡、国际货币体系失衡。从根本上看，失衡根源是南北发展严重不平衡。只有广大发展中国家有效实现发展，世界经济复苏步伐才会坚实，世界经济增长才能持久。我们应该完善促进平衡发展的国际机制，支持联合国在解决发展问题方面更好发挥指导和协调作用，推动世界银行增加发展资源、增强减贫和发展职能，敦促国际货币基金组织建立快速有效的金融救援机制，优先向最不发达国家提供融资支持。我们应该加大形式多样的发展投入，二十国集团领导人峰会推动筹集的大量资金应该优先用于解决发展不平衡问题。我们应该高度重视技术合作对促进平衡发展的重要意义，降低人为技术转让壁垒，为广大发展中国家缩小发展差距创造条件，尤其要加强绿色技术领域合作，确保发展中国家用得上、用得起绿色技术。

胡锦涛强调，中国高度重视经济社会全面协调可持续发展。我们坚持把扩大内需特别是消费需求作为应对国际金融危机冲击的基本立足点，积极调整内外需结构和投资消费结构，在经济发展中努力实现速度与结构、质量、效益相统一。国际金融危机发生以来，中国推出一系列扩大内需、调整结构、促进增长、改善民生的政策措施，并取得初步成效。

胡锦涛指出，长期以来，中国积极参加国际发展合作。国际金融危机发生后，中国在自身面临巨大困难和严峻挑战的形势下，仍然积极参加应对国际金融危机的国际合作。中国将继续本着负责任的态度，认真落实各项对外援助承诺和举措，在力所能及的范围内向发展中国家尤其是非洲最不发达国家提供更多帮助。**(讲话全文另发)**

与会的其他成员领导人也在会上围绕议题发言。

会议期间，与会领导人集体合影。

王岐山出席会议。

中午，胡锦涛出席了二十国集团领导人工作午餐。

24日晚上，胡锦涛出席了奥巴马总统夫妇举行的招待会和奥巴马总统举行的工作晚宴。

全力促进增长 推动平衡发展

——在二十国集团领导人第三次金融峰会上的讲话

(2009年9月25日，美国匹兹堡)

中华人民共和国主席 胡锦涛

尊敬的奥巴马总统，
各位同事：

很高兴来到匹兹堡参加二十国集团领导人第三次金融峰会。首先，我对奥巴马总统为本次峰会所作的精心准备和周到安排，表示衷心的感谢！

经过华盛顿和伦敦两次金融峰会，国际社会信心增强，金融市场趋于稳定，世界经济出现积极变化。同时，我们也清醒地看到，世界经济形势好转的基础并不牢固，不确定因素仍然很多，实现全面复苏将是缓慢和曲折的过程。当前，我们的首要任务仍然是应对国际金融危机、推动世界经济健康复苏，同时要坚定不移推进国际金融体系改革，在解决全球发展不平衡进程中实现世界经济全面持续平衡发展。

第一，坚定不移刺激经济增长。我们应该充分利用二十国集团这一平台，继续加强宏观经济政策协调，保持政策导向总体一致性、时效性、前瞻性。各国应该保持经济刺激方案力度，无论是发达国家还是发展中国家都应该采取更加扎实有效的举措，在促进消费、扩大内需上多下功夫。主要储备货币发行国要平衡和兼顾货币政策对国内经济和国际经济的影响，切实维护国际金融市场稳定。要坚决反对和抵制各种形式的保护主义，维护公正自由开放的全球贸易和投资体系，继续承诺不对商品、投资、服务设置新的限制措施，在锁定现有成果的基础上推动多哈回合谈判早日取得成功。我们应该大力推动国际新兴产业合作尤其是节能减排、环保、新能源等领域合作，积极培育世界经济新的增长点。我们应该大力加强国际科技合作，充分依靠科技进步增强世界经济增长内在动力。与此同时，我们应该对刺激措施可能产生的负面影响尤其是潜在通胀风险保持警惕。

第二，坚定不移推进国际金融体系改革。二十国集团领导人在前两次金融峰会上达成了推进国际金融体系改革的政治共识，这是我们向全世界作出的庄严承诺。现在，国际经济金融形势有所好转，但我们推进改革的决心不能减弱、目标不能降低。我们应该落实伦敦峰会确定的时间表和路线图，着力提高发展中国家代表性和发言权，不断推动改革取得实质性进展。我们应该完善国际金融机构现行决策程序和机制，推动各方更加广泛有效参与。我们应该推进国际金融监管体系改革，改革应该触及最根本的监管原则和目标，未来金融监管体系要简单易行、便于问责。我们应该加强金融监管合作，扩大金融监管覆盖面，尽快制订普遍接受的金融监管标准，高质量落实各项改革措施。

第三，坚定不移推动世界经济平衡发展。当前，国际社会十分关注全球经济失衡问题。失衡既表现为部分国家储蓄消费失衡、贸易收支失衡，更表现为世界财富分配失衡、资源拥有和消耗失衡、国际货币体系失衡。导致失衡的原因是复杂的、多方面的，既有经济全球化深入发展、国际产业分工转移、国际资本流动的因素，也同现行国际经济体系、主要经济体宏观经济政策、各国消费文化和生活方式密切相关。从根本上看，失衡根源是南北发展严重不平衡。只有广大发展中国家有效实现发展，世界经济复苏步伐才会坚实，世界经济增长才能持久。我们应该完善促进平衡发展的国际机制，支持联合国在解决发展问题方面更好发挥指导和协调作用，推动世界银行增加发展资源、增强减贫和发展职能，敦促国际货币基金组织建立快速有效的金融救援机制，优先向最不发达国家提供融资支持。我们应该加大形式多样的发展投入，二十国集团领导人峰会推动筹集的大量资金应该优先用于解决发展不平衡问题，发达国家应该认真落实蒙特雷共识，切实增加对发展中国家的援助规模，推动联合国千年发展目标的实现。我们应该高度重视技术合作对促进平衡发展的重要意义，降低人为技术转让壁垒，为广大发展中国家缩小发展差距创造条件，尤其要加强绿色技术领域合作，确保发展中国家用得上、用得起绿色技术，避免形成新的"绿色鸿沟"。我们应该着力转变经济发展方式，既要增强紧迫感、积极推进，又要区别情况、从实际出发，允许不同发展阶段的国家在转变经济发展方式过程中选择适合本国国情的路子和节奏，不能挤压发展中国家应有的发展空间。

各位同事！

中国高度重视经济社会全面协调可持续发展。我们坚持把扩大内需特别是消费需求作为应对国际金融危机冲击的基本立足点，积极调整内外需结构和投资消费结构，在经济发展中努力实现速度与结构、质量、效益相统一。国际金融危机发生以来，中国推出一系列扩大内需、调整结构、促进增长、改善民生的政策措施，并取得初步成效。今年上半年，在外需严重萎缩的情况下，中国国内生产总值同比增长7.1%。这表明中国通过扩大内需拉动经济增长的政策是有效的，中国经济增长为世界经济复苏作出了贡献。

长期以来，中国积极参加国际发展合作。国际金融危机发生后，中国在自身面临巨大困难和严峻挑战的形势下，仍然积极参加应对国际金融危机的国际合作。中国将继续本着负责任的态度，认真落实各项对外援助承诺和举措，在力所能及的范围内向发展中国家尤其是非洲最不发达国家提供更多帮助。

各位同事！

二十国集团领导人在不到一年的时间内举行了3次峰会，取得了积极成效。我相信，在国际社会共同努力下，我们一定能够最终战胜这场国际金融危机，迎来世界经济更加繁荣的明天。

谢谢各位。

(本报美国匹兹堡9月25日电)

9月25日，国家主席胡锦涛在美国匹兹堡出席二十国集团领导人第三次金融峰会并发表重要讲话。

新华社记者 **鞠 鹏**摄

（二）中共中央政治局常委署名文章的版面安排

1. 中共中央政治局常委在特别重要会议或活动中的讲话，以及就某一项工作发表的重要文章，刊登在一版。

2012 年 3 月 19 日，一版在重要位置刊发全国人大常委会委员长在全国人大会议上所作的常委会工作报告，配讲话照片。

（附 2012 年 3 月 19 日一版）

2007 年 6 月 7 日，一版在二条位置刊登纪念香港基本法实施十周年座谈会的消息和吴邦国在会上的讲话，讲话用楷体字。

（附 2007 年 6 月 7 日一版）

2012 年 3 月 16 日，一版在头条通八栏位置刊发国务院总理所作政府工作报告，并配讲话照片。

（附 2012 年 3 月 16 日一版）

2007 年 9 月 16 日，一版刊登全国政协主席贾庆林在日本举行的第九届世界华商大会开幕式上的讲话，讲话用楷体字。

（附 2007 年 9 月 16 日一版）

2. 中共中央政治局常委的其他署名文章，通常在要闻二版头条以通栏或通栏篇幅刊登。同时，在一版出标题新闻。

2012 年 6 月 4 日，二版以通栏篇幅刊发李长春在马克思主义理论研究和建设工程工作会议上的讲话，全文用楷体字。

（附 2012 年 6 月 4 日二版）

RENMIN RIBAO

人民网 网址:http://www.people.com.cn
手机:http://wap.people.com.cn

2012年3月 19 星期一
壬辰年二月廿七
人民日报社出版
国内统一连续出版物号 CN 11-0065
第23263期(代号1-1)
今日24版

湖北科技创新为农业撑腰

目前科技进步对农业经济发展贡献率为54%
“十二五”期间力争每年平均提高1个百分点

本报武汉3月18日电 (记者**张志峰**)今年开春，湖北省有关部门到麻城市周家水寨村开展文化拜年迎春耕活动，带去的400套农业科技书籍和光盘眨眼就被“抢”光，村里技术能手熊宏景感慨：现在种田不懂技术就是“睁眼瞎”。普通农民的感受印证了湖北省农业科技创新的进展，湖北省农业厅最新统计显示：目前科技进步对全省农业经济发展贡献率为54%，超过土地、劳力等要素投入的总贡献率，“十二五”期间力争年均提高1个百分点。

湖北农业科技资源丰富，现有涉农科研院所70多家，研发人员5000多名，其中院士12名。湖北在油菜、柑橘以及生物技术研发方面处于国际领先，创新成果不断转化到生产。去年9月，湖北成立专门机构，由3位副省长领衔，整合全省各方农业科研资源，推进成果转化。

逐步完善农业技术推广体系，湖北通过体制创新，力求解决进村入户的“最后一公里问题”，让农业科技创新之花在田间地头结果。全省现有各级农技推广机构3000多个，技术推广员3万多人。近年来，湖北实行“以钱养事”的基层农技推广体系，政府和农民共同考核绩效，激发基层农技员工作积极性。通过他们进村入户的引领，全省每年主推100个优质品种和100项农业新技术。京山县改革用人和考核机制，引导农业院校大学生下基层，把论文写在田间，在实践中锻炼成长。

湖北以多种渠道开展农业新技术的示范、引导和培训。为解决“谁来种田、怎样种田”的问题，湖北引导一些地方发展适度规模农业，通过种田大户带动千家万户，走科技种田之路。京山县种粮大户刘若峥说：我的田就是农业新品种、新技术的试验田，周边农户眼尖手快，跟得很紧。湖北还将实施“现代农业人才支撑计划”，培训公益性农技骨干推广人才、县以上农业产业化龙头企业经营人才、农民专业合作社负责人等5大类人才，进一步完善遍布各村的农民科技示范户，通过他们辐射更多普通农户。

农业科技创新改善农产品质量，保障农产品安全，为农业增效和农民增收提供技术保障。湖北是传统的油菜籽主产区，用老品种加工的菜籽油品质略差，一度淡出食用油市场。华中农业大学专家潜心培育出优质“双底”油菜，目前在鄂普及率达95%以上。小龙虾曾是稻田害虫，潜江几位农业专家探索出人工繁殖技术，发展专业化养殖，如今扩大到18万亩，将害虫变成美食。夷陵萧氏茶叶公司在国内率先推行鲜叶清洗工艺，让人们放心饮茶。科技创新搭建起从产地到餐桌的安全通道，最大限度降低食品安全带来的市场风险。

温家宝总理在河南考察

3月17日至18日，在全国两会闭幕后的第一个周末，中共中央政治局常委、国务院总理温家宝来到河南省漯河市临颍县、舞阳县，深入田间地头、来到农家小院、走进科研院所，看望广大农民群众和基层农业科技人员，考察春季农业生产。

河南是全国重要的粮食生产大省。温家宝自担任总理以来已9次到河南考察。他说，要充分发挥科技优势，抓好春季田间管理，制定灾害防范预案，千方百计夺取今年农业丰收。

麦田管理要看苗、看天、看地、看人

今年，河南省小麦播种面积继续稳定在7990万亩以上，优质专用小麦种植面积达6084万亩。全省各地正全力以赴抓春季麦田管理。

17日上午，温家宝一下飞机，就驱车来到临颍县固厢乡小师村，这个村地势平坦、土壤肥沃，有2300亩耕地。温家宝走进麦田深处，蹲下身子，仔细察看土地墒情和小麦蘖株情况。正在村里指导田间管理的河南农业大学教授郭天财告诉总理，去年9月以来，河南下了170多毫米的雨，底墒特别好。再加上去年12月后一直是低温，抑制了麦苗旺长，眼下长势良好，一类苗占了90%。

总理和郭天财是老相识。去年年初，温家宝在河南鹤壁、安阳等地察看小麦旱情时，郭天财曾总结了四句话：“以浇为主，措施前移，分类指导，科学应对。”总理给予肯定。针对今年的农情和苗情，郭天财又总结了四句话：“看苗看天看地，科学肥水管理，防治病虫草害，促根壮蘖增穗。”温家宝说：“你概括得非常科学。‘看苗看天看地’，我再加上两个字——‘看人’，粮食丰收离不开农民的辛勤劳动，离不开你这样的农业专家的指导。你每年谈苗、谈天、谈地，说的都是关键。”现场的农技人员和村民们对总理的话报以热烈掌声。

在舞阳县莲花镇泥河洼农业综合开发项目区，田间地头修建了整齐的喷灌机井。村民们告诉总理，现在基本做到了“涝可排、旱可浇”，但喷灌机械用的是柴油，浇一次水每亩要20块钱。 (下转第四版)

李克强会见国际货币基金组织总裁

新华社北京3月18日电 (记者**廖雷**)国务院副总理李克强18日上午在钓鱼台国宾馆会见了国际货币基金组织总裁拉加德，就国际经济金融形势深入交换了意见。

李克强说，当前，世界经济和金融市场面临的风险和挑战增多，一些国家的主权债务危机，短期内也难以缓解。国际社会包括二十国集团、国际货币基金组织等多边合作平台，应进一步加强协调，共同努力，促进全球经济沿着强劲、可持续和平衡的方向发展。

李克强赞赏基金组织在增强新兴市场和发展中国家话语权方面所做的努力。希望基金组织继续加快改革，更好地履行维护全球经济和金融市场稳定的宗旨。中方支持包括基金组织在内的国际主要金融机构在解决欧债问题中发挥重要作用，愿继续以开放的态度参与和推进基金组织各项改革。

拉加德表示中国经济增长和扩大内需政策，为世界经济的稳定和复苏作出了重要贡献，愿进一步深化与中国在各领域的合作。

国务院副秘书长尤权等参加了会见。

焕发亿万民众的道德热情

——二论深入开展学雷锋活动

本报评论员

在北京，年轻人踊跃报名注册“学雷锋志愿者”；在长沙，“这是我应该做的”成为流行语；在抚顺，学雷锋小组就有4万多个……近日，遍及神州大地的学雷锋活动，将雷锋精神熔铸于时代脉搏、播洒在公众心田。

雷锋是社会主义中国的一座精神丰碑，哺育和激励了一代又一代人成长。雷锋精神中，凝结着中华民族的优秀品德，闪烁着社会主义的道德光辉，具有引领人们崇德尚义、向上向善的强大力量。《关于深入开展学雷锋活动的意见》的落实，必然能进一步弘扬雷锋精神，激发人民中间蕴藏的道德热情，焕发人们参与道德建设的积极性，引导人们自觉传承中华传统美德、践行社会主义道德规范。

当前的中国，利益多元、观念多样、思想多变，这让道德领域呈现复杂图景，也让人们面临更艰难的选择。在扶起跌倒老人或许惹上官司、爱心捐赠恐被挪作他用的疑虑中，善念在负面的想象中迟疑，善行因利益的考量而延宕。一个经历着深刻转型的社会，有这样的道德困惑可以理解，但更应主动正视、积极引导。

在加强道德建设、培育良好风尚的社会期许中，雷锋的名字再次成为时代的呼唤。对于社会而言，这个普通的士兵呈现出一种“精神原型”，以其体现的传统美德、时代精神为核心，可以构筑起我们社会的精神天际线；对于个人，这个年轻生命激发了一种“道德动力”，在他确立的坐标系下，我们能校准心灵的航向，向着更有意义的人生出发。

实际上，我们的道德热情从未消减，雷锋的召唤总是在我们内心深处回荡。从繁华城市走入大山深处，用知识和智慧点亮孩子们心灵的徐本禹；撑起困境中的家庭，艰难中自强，带着妹妹上大学的洪战辉；烤羊肉串的阿里木8年资助上百名贫困生，草原医生王万青高原行医40年……他们都是再普通不过的人，正是他们可赞的善良、可敬的坚持和可贵的行动，焕发出照亮心灵的光亮，在我们的时代赓续雷锋奏响的乐章。

涵养良好道德风尚，有赖每个人的身体力行。正如雷锋一样，可能只是给带小孩的乘客找个座位，可能只是给战友的父亲寄去20元钱，每一次日常的抉择，每一份平凡的坚守，都让我们不断靠近这个伟大的灵魂。蕴藏于内、发散于外，无论是奉献精神、敬业精神，还是创业精神、创新精神，雷锋精神中包含着共同的价值追求、普遍的人生思考，是植根于人性深处的精神需求，也必然能激起最广泛的共鸣。

雷锋曾在日记中写道：“一朵鲜花打扮不出美丽的春天。”正确的道德观念，只有转化为社会群体意识，才能为人们自觉遵守和奉行。当“雷锋”这个普通的名字成为一个国家的精神符号，当“学雷锋”这个群众性活动影响一个时代的社会风尚，亿万民众焕发的道德热情，定能绘就我们时代恢弘的精神画卷。

中管金融企业领导人员管理规定和考评办法正式印发

新华社北京3月18日电 最近，中共中央办公厅印发了《中管金融企业领导人员管理暂行规定》(以下简称《管理规定》)，中共中央组织部印发了《中管金融企业领导班子和领导人员综合考核评价办法(试行)》(以下简称《考评办法》)。这两个文件的出台，对建立和完善中国特色现代国有金融企业制度，推动中管金融企业持续稳定健康发展，具有重要意义。

《管理规定》适应中管金融企业改革发展需要，以建设善于引领金融企业科学发展的坚强领导集体、造就高素质的社会主义金融企业家队伍为目标，对中管金融企业领导人员职位设置、任职条件和资格、选拔任用、考核评价、监督约束等内容作出了明确规定，提出要加大市场化选聘力度、实行契约化管理、建立任期制等深化企业人事制度改革的新措施，为加强中管金融企业领导人员管理提供了制度保障。

《管理规定》共10章70条。其中，第一章，主要明确了制定目的、适用范围和中管金融企业领导人员管理必须坚持的原则；第二章，主要对中管金融企业董事会、监事会、经营管理层、党委的职数、交叉任职安排以及领导人员的任期等作出具体规定；第三章，主要明确了中管金融企业领导人员应当具备的基本条件和任职资格；第四章到第九章，主要对中管金融企业领导人员的选拔任用、考核评价、薪酬和激励、监督约束、培养锻炼、退出的内容、方式、程序等作出规定；第十章，对中管金融企业其他重要岗位领导人员的管理等相关事项予以说明。

《考评办法》紧密结合中管金融企业特点，借鉴国际先进的管理工具和考核理念，科学设计了中管金融企业领导班子和领导人员考评指标内容，建立了规范的考核评价程序，对商业银行、政策性银行和金融控股公司实行分类考核，强化考评结果的运用，明确将综合考核评价结果作为领导班子调整和领导人员培养、使用、奖惩的重要依据，引导中管金融企业既重视经营业绩，又高度关注风险控制、稳健经营，保证金融企业实现科学发展。

《管理规定》和《考评办法》在借鉴党政领导干部和中央企业领导人员管理办法的基础上，充分吸收近年来人事制度改革成果，进一步规范程序、明确要求，体现了中管金融企业垂直领导本系统党组织、垂直管理本系统领导人员的“双垂直”体制要求，强化了对企业领导人员履行经营管理和党务工作双重岗位职责能力的培养，突出了对企业领导人员市场化管理方式，使中管金融企业领导人员管理有法可依、有章可循，将对深化国有企业人事制度改革起到积极推动作用。

全国人民代表大会常务委员会工作报告

——二〇一二年三月九日在第十一届全国人民代表大会第五次会议上

全国人民代表大会常务委员会委员长 吴邦国

各位代表：

我受全国人大常委会委托，向大会报告工作，请予审议。

过去一年的主要工作

2011年，面对复杂多变的国际形势和艰巨繁重的国内改革发展稳定任务，以胡锦涛同志为总书记的党中央团结带领全国各族人民，同心协力，锐意进取，全面推进社会主义经济建设、政治建设、文化建设、社会建设以及生态文明建设，各项工作都取得新的成绩，实现了“十二五”时期良好开局。

3月9日，全国人大常委会委员长吴邦国受全国人大常委会委托，在第十一届全国人民代表大会第五次会议上作全国人民代表大会常务委员会工作报告。
本报记者 李舸摄

过去一年，全国人大常委会以邓小平理论和“三个代表”重要思想为指导，深入贯彻落实科学发展观，坚持党的领导、人民当家作主、依法治国有机统一，按照十一届全国人大四次会议精神，围绕党和国家工作大局行使职权、开展工作。一年来，共审议24件法律、法律解释和有关法律问题的决定草案，通过14件，决定提请本次大会审议4件，听取审议国务院、最高人民法院、最高人民检察院14个工作报告，检查4部法律实施情况，决定批准我国与外国缔结的条约、协定以及加入的国际公约5件，还决定和批准任免一批国家机关工作人员，为坚持和完善人民代表大会制度，为推进改革开放和社会主义现代化建设作出了重要贡献。

一、立法工作继续加强

常委会继续加强和改进立法工作，更加注重修改完善现行法律，更加注重推进科学立法、民主立法，着力提高立法质量，不断完善中国特色社会主义法律体系。

(一)*刑事诉讼法修正案草案提请大会审议。*修改刑事诉讼法是全国人大及其常委会立法工作的一个重点，社会方方面面都很关注，仅本届以来就有2485人次全国人大代表提出相关议案。我们在认真梳理代表议案、充分调查研究、广泛征求意见的基础上，形成了刑事诉讼法修正案草案，从证据制度、辩护制度、强制措施、审判程序、执行程序等方面作了重要补充和完善。去年8月份的常委会会议对草案进行了初审，会后向社会全文公布征求意见，12月份的常委会会议再次审议，并决定将草案提请本次大会审议。常委会组成人员普遍认为，草案贯彻中央关于深化司法体制改革的精神，总结多年司法实践经验，吸纳代表相关议案内容，正确处理惩治犯罪与保障人权的关系，符合我国国情和实际，已经基本成熟。

为了把刑事诉讼法修正案草案审议好，本次大会前，我们已将草案送各位代表审阅、提出意见。会议期间，常委会向大会作了说明，各代表团也进行了认真审议。相信经过全体代表的共同努力，一定能够把这部法律修改好完善好。

(二)*修改制定一批重要法律。*常委会通过的关于修改个人所得税法的决定，主要内容有两点：一是将工薪所得减除费用标准由每月2000元提高至3500元，二是将工薪所得税率由9级超额累进税率修改为7级，扩大了低档税率的适用范围，并将第一级税率由5%降至3%。这次修改进一步降低了中低收入者的税负，适当增加了高收入者的税负。 (下转第二版)

李克强出席中国发展高层论坛开幕式

新华社北京3月18日电 3月18日，中共中央政治局常委、国务院副总理李克强出席2012年中国发展高层论坛开幕式并致辞。他指出，要坚持稳中求进，立足扩大内需，强化创新驱动，依靠改革开放，加快转方式、调结构，保持经济长期平稳较快发展。

李克强说，当前世界经济复苏与增长前景尚不明朗，不确定和不稳定因素较多。中国经济继续保持平稳较快发展，长期向好的基本面没有改变，但发展中不平衡、不协调、不可持续的问题依然突出。要按照“十二五”发展主题主线的要求和十一届全国人大五次会议批准的政府工作报告的部署，把握好稳中求进的总基调，保持经济平稳较快发展和物价总水平基本稳定，努力在转变经济发展方式、深化改革开放、保障改善民生上取得新突破。

李克强强调，加快转变经济发展方式，促进经济长期平稳较快发展，主攻方向是调整经济结构，战略基点是扩大内需。城镇化是扩大内需的最大潜力。要在严格保护耕地、保障粮食安全、不断改善农村生产生活条件的情况下，积极稳妥地推进城镇化，推动工业化、城镇化和农业现代化协调发展，实现“三化”并举，拉动经济持续增长。要把发展服务业放在扩大内需更加突出的位置，在大力发展先进制造业和高技术产业的同时，加快发展生产性和生活性服务业，这样不仅可以大量吸纳就业，而且能够提升工业发展水平。要把扩大内需和改善民生更好地结合起来。围绕保障群众的基本需求，实施好保障房建设、新一轮医改、集中连片扶贫攻坚等重大民生工程和重大发展工程，注重发展经济和提高居民收入同步，以增强居民消费能力和信心，促进消费和投资良性互动，使全体人民共享发展成果。

李克强指出，创新是经济社会发展的最大活力。推进结构调整，必须坚持企业为主体，市场为导向，加强政府引导，增加各方面资金投入，全面推进技术创新、管理创新和产品创新， (下转第四版)

民生无小事 枝叶总关情

——写在第十三次全国民政会议召开之际

本报记者 潘跃

青山为凭，绿水作证。过去五年，在党中央、国务院的正确指引下，我国民政事业实现了大发展、大跨越、大提升，民政工作成就巨大，是人民群众得到实惠最多的五年。

“民政工作伴随着我国现代化进程的加速推进，一路走来，民政部门以解决人民群众最关心、最直接、最现实的利益问题为出发点和落脚点，扎实推进建设，增强基层服务能力，改善公共服务设施，编制实施了一系列发展规划，推动出台了一大批政策制度，民政在保障民生中的实效进一步彰显。”民政部部长李立国在接受记者采访时如是表述。

困难群众基本生活得到有效保障

民心大于天，和谐在人间。不断健全的社会救助制度已经深深扎根我国经济社会发展的土壤，正以实际效能彰显“民政为民”的核心理念。

温暖人心的数据，构筑起社会保障的“最后一道防线”：

——在全国范围内全面建立了农村低保制度，实现了城乡居民最低生活保障制度的全覆盖，农村低保对象由不足500万人增长到5313万人。(下转第十六版)

人民日报

RENMIN RIBAO

今日16版

人民网 网址:http://www. people. com. cn
手机:http://wap. people. com. cn

国内统一连续出版物号 CN 11-0065
第21516期 (代号1-1)
人民日报社出版

2007年6月
7
星期四
丁亥年四月廿二

北京地区天气预报
白天 晴转多云
风向 北转南
风力 二、三级
夜间 多云转晴
风向 南转北
风力 一、二级
温度 36℃/23℃

全国小麦收获过半

6个主产省继续实行小麦最低收购价

本报邯郸6月6日电 (记者冯华)今天是芒种，伴随着这一节气的到来，全国麦收进入高峰。农业部最新统计显示，截至6月6日，全国已收获小麦超过1.7亿亩，其中机收小麦面积1.2亿亩，“三夏”麦收进度过半。与此同时，我国小麦收购也已经从南到北陆续展开。

在今天举行的河北省小麦机收启动仪式上，农业部农机化司司长宗锦耀介绍说，今年全国18个小麦生产省1120个县都组织开展了小麦跨区机收，投入联合收割机的数量达40万台，比去年增加2万台，跨区作业的规模和范围进一步扩大。日投入联合收割机最高达27万台，比去年多4万台。“三夏”麦收市场秩序和机具转移秩序井然。

目前，长江以南的小麦收获基本结束，小麦主产区的安徽省接近尾声，河南省超过七成，江苏、陕西省进度过半，山西省麦收进度超过三成，山东省麦收进度过一成，全国麦收已进入高峰。“三夏”麦收主战场已经转移到华北平原的河北、山东等省。

本报北京6月6日电 (记者朱剑红)在粮食连续三年丰收、粮食供求总量趋于平衡的情况下，为防止粮价下跌、稳定农民收入，今年国家继续在河北、江苏、安徽、山东、河南、湖北6省按小麦最低收购价进行托市收购。国家发改委有关负责人说，对重点粮食品种实行最低收购价政策是保护农民种粮积极性的一项重大政策措施，去年6个小麦主产省托市收购小麦814亿斤，农民因此直接增收45亿元。

据介绍，这6个省是我国粮食主产区，小麦产量占全国的76%，商品粮占83%。其他小麦产区省级人民政府还可以根据当地实际情况采取保护性收购措施。

胡锦涛主席抵达德国

出席八国集团同发展中国家领导人对话会，并将访问瑞典

6月6日，国家主席胡锦涛和夫人刘永清乘专机抵达柏林，出席即将在这里举行的发展中国家领导人集体会晤和在海利根达姆举行的八国集团同发展中国家领导人对话会议。 新华社记者 刘建生摄

本报柏林6月6日电 (记者吴绮敏、吕鸿)国家主席胡锦涛6日抵达德国首都柏林，出席将于8日在德国北部小镇海利根达姆举行的八国集团同发展中国家领导人对话会议。在柏林期间，胡锦涛将出席中国、印度、巴西、南非、墨西哥五个发展中国家领导人集体会晤。

当地时间17时30分，胡锦涛乘坐的专机降落在柏林泰格尔机场。胡锦涛和夫人刘永清在机场受到德国外交部高级官员的热情迎接。

国务委员唐家璇等陪同人员同机抵达。

中国驻德国大使马灿荣和使馆工作人员等也到机场迎接。

据悉，此次八国集团同中国、印度、巴西、南非、墨西哥五个发展中国家领导人对话会议将主要讨论世界经济、投资与社会责任、知识产权保护、发展、气候变化以及共同关心的国际和地区问题。会议期间，胡锦涛将会见与会有关国家领导人。

这是继出席2003年法国埃维昂会议、2005年英国鹰谷会议、2006年俄罗斯圣彼得堡会议之后，胡锦涛第四次出席八国集团同发展中国家领导人对话会议。

出席会议后，胡锦涛将对瑞典进行国事访问。

新华社北京6月6日电 应德国总理默克尔和瑞典国王卡尔十六世·古斯塔夫邀请，国家主席胡锦涛6日乘专机离开北京，赴德国出席八国集团同发展中国家领导人对话会并对瑞典进行国事访问。

陪同胡锦涛主席出访的有：胡锦涛主席夫人刘永清、国务委员唐家璇、外交部部长杨洁篪、国家发展和改革委员会主任马凯、商务部部长薄熙来、中央政策研究室主任王沪宁、中央办公厅副主任令计划、胡锦涛主席办公室主任陈世炬、外交部部长助理崔天凯、外交部部长助理孔泉。

深入实施香港特别行政区基本法 把“一国两制”伟大实践推向前进

——在纪念中华人民共和国香港特别行政区基本法实施十周年座谈会上的讲话

吴邦国

(二〇〇七年六月六日)

同志们，朋友们：

香港回归祖国已经十个年头了。今天，我们在这里隆重召开纪念中华人民共和国香港特别行政区基本法(以下简称基本法)实施十周年座谈会，回顾香港回归祖国以来的发展历程，总结基本法实施的成功经验，对于继续推进“一国两制”伟大实践，深入实施基本法、保持香港长期繁荣稳定，具有十分重要的意义。

1997年7月1日，我国政府对香港恢复行使主权，成立中华人民共和国香港特别行政区，基本法开始正式实施。从此，香港进入了“一国两制”、“港人治港”、高度自治的历史新时期。十年来，“一国两制”方针和基本法的贯彻实施情况总体上是好的。中央政府坚定不移地贯彻落实“一国两制”、“港人治港”、高度自治的方针，严格按照基本法办事，全力支持香港特别行政区行政长官和政府依法施政，保持香港长期繁荣稳定。香港特别行政区行政长官领导特别行政区政府认真执行基本法，团结带领香港各界人士，沉着应对各种困难和挑战，妥善处理一系列重大问题，保持了香港社会大局的稳定，实现了香港经济繁荣、民主发展和社会全面进步。更为可喜的是，拥护基本法、维护基本法、遵守基本法，已经成为香港社会的普遍共识。刚才，曾荫权先生、陈佐洱同志、梁爱诗女士、许崇德教授、梁振英先生结合各自的工作和经历，作了很好的发言，大家都充分肯定了这一点。

下面，我讲三点意见。

一、充分认识基本法的重大意义

香港特别行政区基本法是全国人民代表大会以宪法为依据、以“一国两制”方针为指导制定的全国性法律，在香港特别行政区具有宪制性地位。 (下转第二版)

纪念香港特别行政区基本法实施十周年座谈会举行

吴邦国发表重要讲话 曾庆红出席

本报北京6月6日电 (记者孙立极)纪念中华人民共和国香港特别行政区基本法实施十周年座谈会今天上午在北京人民大会堂隆重举行。中共中央政治局常委、全国人大常委会委员长吴邦国在会上发表的重要讲话中强调，要深入实施香港特别行政区基本法，把“一国两制”伟大实践不断推向前进。中共中央政治局常委、国家副主席曾庆红出席座谈会。

吴邦国首先简要回顾了香港回归祖国十年来取得的成就，着重从三个方面阐述了香港特别行政区基本法的重大意义。他指出，基本法是“一国两制”方针的法律体现、是依法治港的法律基石、是香港长期繁荣稳定的法律保障。实践已经证明并将继续证明，“一国两制”是做得到的、也是行得通的，基本法是一部经得起实践检验的好法律。在谈到基本法是依法治港的法律基石时，吴邦国强调，香港特别行政区的高度自治权来源于中央的授权，香港特别行政区政治体制的最大特点是行政主导。全面准确地理解这两点，对于保证“一国两制”方针和基本法的贯彻实施，正确处理中央和香港特别行政区的关系，正确处理香港特别行政区行政、立法和司法三者的关系，都是至关重要的。

吴邦国强调，准确把握基本法的精神实质，最核心的是要全面正确地理解“一国两制”方针，坚定不移地贯彻落实“一国两制”方针，严格按照基本法办事。这当中，最重要的是牢牢把握以下三点：

一是维护国家主权。这是落实“一国两制”方针、贯彻实施基本法的前提。香港特别行政区实行资本主义制度和政策，是以坚持一个中国、国家主体实行社会主义制度为前提的。这是“一国两制”方针的根本，也是基本法的根本。基本法规定的一系列中央行使的职权、负责管理的事务，是体现国家主权所必不可少的，也是保持香港长期繁荣稳定所必不可少的。

二是实行高度自治。这是落实“一国两制”方针、贯彻实施基本法的关键。实行“港人治港”，保障香港的高度自治权，是“一国两制”方针的应有之义，也是基本法的应有之义。实践证明，香港同胞是完全有智慧、有能力管理好建设好香港的。

三是保障繁荣稳定。这是落实“一国两制”方针、贯彻实施基本法的目的。 (下转第二版)

二版刊登评论员文章

经得起实践检验的好法律

七版刊登

纪念香港基本法实施十周年座谈会发言摘登

吴邦国会见缅甸客人

新华社北京6月6日电 (记者徐松)全国人大常委会委员长吴邦国6日下午在人民大会堂会见了缅甸国家和平与发展委员会第一秘书长登盛。

吴邦国说，中缅是友好邻邦，两国人民自古以来亲密交往，和睦相处。近年来，双方政治互信不断增强，各领域合作深入展开，在国际和地区事务中密切配合，在涉及对方核心利益问题上相互理解和支持。中方感谢缅方长期以来坚持一个中国政策，尊重缅甸人民根据本国国情选择的发展道路。他强调，中方高度重视中缅关系，愿与缅方一道，加强经贸领域大项目的合作，以及禁毒等领域的合作，更好地造福两国人民，共同推动中缅睦邻友好合作关系不断向前发展。

登盛说，缅甸正在致力于建设自己的政治、经济制度。这次率领庞大代表团访华主要是为了进一步推动缅中友好与合作，学习和借鉴中国的发展经验。

吴邦国应询向客人详细介绍了中国特色社会主义道路及其取得的巨大成就。

温家宝在云南看望地震灾区群众

鼓励干部群众挺起不屈的脊梁，用自己的双手把家园建得更加美好

新华社云南普洱6月6日电 (记者贺劲松)6月5日，中共中央政治局常委、国务院总理温家宝来到云南普洱市地震灾区，检查抗震救灾工作，代表党中央、国务院慰问受灾群众。

6月3日，普洱市宁洱县发生6.4级强烈地震，倒塌房屋10多万间，给当地人民生命财产造成严重损失。地震发生后，党中央、国务院高度重视，迅速派出工作组前往灾区协助地方救灾。云南省各级党委和政府，组织广大干部群众、解放军和武警官兵积极开展抗震救灾，目前各项工作正有序进行。

经过3个半小时的飞行，中午1时10分，温家宝和中共中央政治局委员、国务院副总理回良玉下了飞机，一刻也没有休息就赶往宁洱县新平村察看灾情。新平村在地震中受损房屋达数百间，多人受伤。温家宝不顾余震，踩着遍地瓦砾，沿着断墙残垣仔细察看灾情。他走进受灾群众徐光荣住的帐篷，关切地询问他家的生活情况。徐光荣告诉总理，政府给他发了水、米、油、被子、帐篷、手电筒、蜡烛等救灾物资。温家宝看看米袋、又掀开锅盖，满意地点了点头，对随行的当地干部说，要想得周到一些，把受灾群众的生活安排好。

在横寨村民小组，解放军和武警官兵顶着烈日，冒着余震的危险，帮助群众清理倒塌的房屋。温家宝来到战士们面前，向他们表示慰问、感谢和敬意。他说：“地震灾害发生后，部队指战员牢记全心全意为人民服务宗旨，发扬不怕牺牲、不怕疲劳、连续作战的优良作风，在很短的时间里就赶到灾区投入救灾工作。很多官兵到灾区三天了，行李都还没打开。你们用自己的行动证明，人民子弟兵同群众心连心、同呼吸、共命运，人民群众有了你们就安心、放心，对将来充满信心。”

新平村小学在这次地震中受损严重。为了不耽误孩子们上课，老师们在院子里搭起帐篷作临时教室。温家宝一进学校，就被孩子们琅琅的读书声吸引了过去。他走进帐篷，对老师说：“我想给同学们上两分钟课。”孩子们热烈鼓掌欢迎。总理拿起粉笔在黑板上写下“挺起不屈的脊梁”7个大字后对同学们说：“在灾害面前，最重要的是要有意志、信心、勇气。地震毁坏了我们的房屋，但震不垮我们的意志。同学们要挺起不屈的脊梁，努力学习，艰苦奋斗，用自己的双手把家园建得更加美好，我们要有这样的信心和勇气。”

总理来到山村的消息传开后，附近的群众也闻讯赶来，站在山坡上大声向总理问好。 (下转第四版)

“北部湾新区建设与区域经济合作”研讨会召开

贾庆林会见与会代表

新华社北海6月6日电 全国政协主办的“北部湾新区建设与区域经济合作”专题研讨会4日在广西壮族自治区北海市召开。中共中央政治局常委、全国政协主席贾庆林会前会见了全体与会代表，全国政协副主席王忠禹在研讨会上讲话。

王忠禹在研讨会上指出，要充分发挥人民政协的优势，对北部湾新区建设进行科学论证，并为即将召开的专题协商会做好准备。王忠禹说，在北部湾新区建设与区域经济合作的过程中，要做到统一思想认识贯彻始终，要从国家发展的大局谋划新区建设；改革创新要贯彻始终，开放开发的过程就是改革创新的过程，要从体制和机制上注重创新；科学发展要贯彻始终，北部湾新区发展要符合经济规律、符合自然规律、符合市场规律；区域合作要贯彻始终、发挥北部湾区域优势，认真研究大区域合作和跨国合作问题。

全国政协秘书长郑万通主持研讨会。广西壮族自治区政府主席陆兵介绍了北部湾新区规划与建设的总体情况。国务院有关部委负责同志、部分民主党派中央有关同志、西南有关省市政协负责同志以及专家学者、中央企业代表等就北部湾新区建设与区域经济合作的问题提出了许多有益的意见和建议。

我国第一家现代出版机构商务印书馆迎来110年华诞

李长春刘云山表示祝贺

新华社北京6月6日电 (记者曲志红)创建于1897年的商务印书馆迎来自己110周年华诞。这家百年老店，在改革开放、传播社会主义先进文化中创造了新的传奇。“我们是文化建设者，而不仅仅是商人；我们提倡实事求是，而不是夸张和误导；我们提倡社会责任，而不是攫取社会财富；我们提倡首创精神，而不是盗取他人成果；我们培育名牌，而不是捕捉猎物”——今天，他们以这种朴素而诚恳的态度再次表达了“做有良知的出版人”的坚定信念。中共中央政治局常委李长春、中共中央政治局委员、中宣部部长刘云山向商务印书馆建馆110周年表示祝贺。

李长春在贺信中说，商务印书馆诞生百年以来，以“开启民智、昌明教育、普及知识、传播文化、扶助学术”为宗旨，为促进民族觉醒、提高国民素质、繁荣学术文化、推动社会进步，做出了积极贡献。他希望商务印书馆坚持以传播社会主义先进文化为己任，抓住机遇，深化改革，加快发展，做大做强，发挥品牌优势，出版更多优秀图书，赢得读者，赢得市场，成为国内外有实力、有竞争力、有影响力的大型知名出版企业，在新的历史时期再创辉煌。

刘云山向商务印书馆创建110周年表示祝贺时指出，商务印书馆是我国出版业中历史悠久、影响广泛、独具特色的品牌，是社会主义出版事业的生力军。希望以创建110周年为契机，认真总结经验，发扬成绩，再接再厉，进一步树立精品意识和人才意识，深化改革，开拓创新，加强管理，不断做大做强，为增强中华民族文化软实力、为繁荣社会主义先进文化，满足人民群众精神文化需求，做出新的贡献！ (下转第四版)

2012年3月
16
星期五
壬辰年二月廿四
人民日报社出版
国内统一连续出版物号
CN 11-0065
第23260期(代号1-1)
今日24版

人民网 网址:http://www.people.com.cn
手机:http://wap.people.com.cn

避"虚"就"实"再争先

——探析沿海地区产业新动向

本报记者

人民观察
http://rmgc.people.com.cn

"停产20余年的'上海'牌轿车有望'复活'!"这则消息日前在上海引发了一阵怀旧潮。"上海制造",曾享誉全国,但时至今日,似乎"没落"得没有多少优势和竞争力了。

事实上,承载着光荣与梦想的"上海制造",虽不再像过去那样一枝独秀,却在高端制造、自主制造的道路上,走得更远了——核电设备、大飞机、海上深水钻井平台……凝结的是"花钱也买不来的高技术",飞扬的是工业的中国梦。

眼界决定境界,作为决定地位。面对资源环境约束加剧、要素成本上升、国际市场低迷等挑战,率先发展的东部地区如何突破重围、重塑排头兵的风采?

不吃老本、不摆老资格,不受传统发展路径束缚、不为任何风险所惧——东部地区牢牢把握实体经济这一坚实基础,利用当前经济下行压力与市场倒逼机制,自我扬弃,创新争先,拓展着产业转型升级的深度,刷新着科学发展的高度。(下转第十六版)

政府工作报告

——2012年3月5日在第十一届全国人民代表大会第五次会议上

国务院总理 温家宝

各位代表:

现在,我代表国务院,向大会报告政府工作,请各位代表审议,并请全国政协委员提出意见。

一、2011年工作回顾

过去的一年,面对复杂多变的国际政治经济环境和艰巨繁重的国内改革发展任务,全国各族人民在中国共产党领导下,同心同德,团结奋进,改革开放和社会主义现代化建设取得新的重大成就。国内生产总值47.2万亿元,比上年增长9.2%;公共财政收入10.37万亿元,增长24.8%;粮食产量57121万吨,再创历史新高;城镇新增就业1221万人,城镇居民人均可支配收入和农村居民人均纯收入实际增长8.4%和11.4%。我们巩固和扩大了应对国际金融危机冲击成果,实现了"十二五"时期良好开局。

一年来,我们主要做了以下工作:

(一)加强和改善宏观调控,遏制物价过快上涨,实现经济平稳较快发展。我们实施积极的财政政策和稳健的货币政策,坚持正确处理保持经济平稳较快发展、调整经济结构和管理通胀预期的关系,更加注重把握好政策实施的重点、力度和节奏,努力做到调控审慎灵活、适时适度,不断提高政策的针对性、灵活性和前瞻性。在全球通胀预期不断增强,国际市场大宗商品价格高位波动,国内要素成本明显上升,部分农产品供给偏紧的严峻形势下,我们把稳定物价总水平作为宏观调控的首要任务,坚持综合施策,合理运用货币政策工具,调节货币信贷增速,大力发展生产,保障供给,搞活流通,加强监管,居民消费价格指数、工业生产者出厂价格指数涨幅从8月份起逐月回落,扭转了一度过快上涨势头。下半年,世界经济不稳定性不确定性上升,国内经济运行出现一些新情况新问题,我们一方面坚持宏观调控的基本取向不变,保持宏观经济政策基本稳定,继续控制通货膨胀;一方面适时适度预调微调,加强信贷政策与产业政策的协调配合,加大结构性减税力度,重点支持实体经济特别是小型微型企业,重点支持民生工程特别是保障性安居工程,重点保证国家重大在建、续建项目的资金需要,有针对性地解决经济运行中的突出矛盾。我们坚定不移地加强房地产市场调控,确保调控政策落到实处、见到实效。投机、投资性需求得到明显抑制,多数城市房价环比下降,调控效果正在显现。我们高度重视防范和化解财政金融领域的潜在风险隐患,及时对地方政府性债务进行全面审计,摸清了多年形成的地方政府性债务的总规模、形成原因、偿还时限和区域分布。这些债务在经济社会发展中发挥了积极作用,形成了大量优质资产;也存在一些风险隐患,特别是部分偿债能力较弱地区存在局部性风险。我们认真开展债务清理整顿和规范工作,严格控制增量,积极稳妥解决债务偿还和在建项目后续融资问题。目前,我国政府性债务水平是可控的、安全的。总的看,我国国民经济继续朝着宏观调控预期方向发展,抗风险能力不断增强,呈现增长较快、价格趋稳、效益较好、民生改善的良好态势。

(二)加快转变经济发展方式,提高发展的协调性和产业的竞争力。我们坚持有扶有控,促进结构调整和优化升级,增强发展后劲。

3月5日,国务院总理温家宝在第十一届全国人民代表大会第五次会议上作政府工作报告。

本报记者 李 舸摄

巩固和加强农业基础。全面落实强农惠农富农政策,加大农业生产补贴力度,稳步提高粮食最低收购价,加强以农田水利为重点的农业农村基础设施建设,开展农村土地整治,加强农业科技服务和抗灾减灾,中央财政"三农"支出超过1万亿元,比上年增加1839亿元。农业全面丰收,粮食总产量实现了历史罕见的"八连增",连续5年超万亿斤,标志着我国粮食综合生产能力稳定跃上新台阶。继续推进农村危房改造,解决了6398万农村人口的饮水安全和60万无电地区人口的用电问题,农村生产生活条件进一步改善。

加快产业结构优化升级。大力培育战略性新兴产业,新能源、新材料、生物医药、高端装备制造、新能源汽车快速发展,三网融合、云计算、物联网试点示范工作步伐加快。企业兼并重组取得新进展。支持重点产业振兴和技术改造,中央预算投资安排150亿元,支持4000多个项目,带动总投资3000亿元。加快发展信息咨询、电子商务等现代服务业,新兴服务领域不断拓宽。交通运输产业快速发展,经济社会发展的基础进一步夯实。

推进节能减排和生态环境保护。发布实施"十二五"节能减排综合性工作方案、控制温室气体排放工作方案和加强环境保护重点工作的意见。清洁能源发电装机达到2.9亿千瓦,比上年增加3356万千瓦。加强重点节能环保工程建设,新增城镇污水日处理能力1100万吨,5000多万千瓦新增燃煤发电机组全部安装脱硫设施。加大对高耗能、高排放和产能过剩行业的调控力度,淘汰落后的水泥产能1.5亿吨、炼铁产能3122万吨、焦炭产能1925万吨。实施天然林保护二期工程并提高补助标准,实行草原生态保护奖补政策,开展湖泊生态环境保护试点。植树造林9200多万亩。

促进区域经济协调发展。深入实施区域发展总体战略和全国主体功能区规划。出台实施促进西藏、新疆等地区跨越式发展的一系列优惠政策。制定实施新10年农村扶贫开发纲要和兴边富民行动规划。区域发展协调性进一步增强,中西部和东北地区主要经济指标增速高于全国平均水平,东部地区产业转型升级步伐加快。城镇化率超过50%,这是中国社会结构的一个历史性变化。胜利完成四川汶川特大地震灾后恢复重建任务,积极推进青海玉树、甘肃舟曲、云南盈江抗灾救灾和恢复重建工作。

(三)大力发展社会事业,促进经济社会协调发展。各级政府加大对科技、教育、文化、卫生、体育事业的投入,全国财政支出2.82万亿元。

持续提升科技创新能力。加强基础研究和前沿技术研究。实施国家科技重大专项,突破一些关键核心技术,填补了多项重大产品和装备的空白。天宫一号目标飞行器与神舟八号飞船先后成功发射并顺利交会对接,成为我国载人航天发展史上新的里程碑。

扎实推进教育公平。深入贯彻落实教育改革和发展规划纲要。经过25年坚持不懈的努力,全面实现九年制义务教育。免除3000多万名农村寄宿制学生住宿费,其中1228万名中西部家庭经济困难学生享受生活补助。建立起完整的家庭经济困难学生资助体系。初步解决农民工随迁子女在城市接受义务教育的问题。推动实施"学前教育三年行动计划",提高幼儿入园率。大力发展职业教育。加强中小学教师培训工作,扩大中小学教师职称制度改革试点,提高中小学教师队伍整体素质。首届免费师范生全部到中小学任教,90%以上在中西部。

大力加强文化建设。中央财政加大对文化惠民工程的支持,各地对公益性文化事业投入显著增加。扩大公共文化设施免费开放范围,服务面逐步拓展。文化体制改革继续推进,文化产业快速发展。文物保护、非物质文化遗产保护和传承取得重要进展。大力加强群众体育设施建设,全民健身活动蓬勃开展,体育事业取得新成绩。

积极稳妥推进医药卫生事业改革发展。基本医疗保险覆盖范围继续扩大,13亿城乡居民参保,全民医保体系初步形成。政策范围内住院费用报销比例提高,重大疾病医疗保障病种范围进一步扩大。各级财政对城镇居民医保和新农合的补助标准由每人每年120元提高到200元。国家基本药物制度在政府办基层医疗卫生机构实现全覆盖,基本药物安全性提高、价格下降。公立医院改革试点有序进行。基层医疗卫生服务体系基本建成。基本公共卫生服务均等化取得新进展。

(四)切实保障和改善民生,解决关系群众切身利益的问题。我们坚持民生优先,努力使发展成果惠及全体人民,促进社会公平正义。

实施更加积极的就业政策。多渠道开发就业岗位,全力推动以创业带动就业,加强职业技能培训和公共就业服务体系建设。加大财政、税收、金融等方面支持力度,着力促进高校毕业生、农民工等重点人群就业。高校毕业生初次就业率77.8%,同比提高1.2个百分点。农民工总量2.53亿人,比上年增长4.4%,其中,外出农民工1.59亿人,增长3.4%。

积极调整收入分配关系。着力提高低收入群众收入。农村居民人均纯收入实际增速为1985年以来最高,连续两年快于城镇居民;各地普遍较大幅度调高最低工资标准;连续第7年提高企业退休人员基本养老金,全年人均增加1680元,5700多万人受益;进一步提高城乡低保补助水平以及部分优抚对象抚恤和生活补助标准,对全国城乡低保对象、农村五保供养对象等8600多万名困难群众发放一次性生活补贴;建立社会救助和保障标准与物价上涨挂钩的联动机制。扩大中等收入者所占比重。个人所得税起征点从2000元提高到3500元。降低900多万个体工商户税负。中央决定将农民人均纯收入2300元(2010年不变价)作为新的国家扶贫标准,比2009年提高92%,把更多农村低收入人口纳入扶贫范围,这是社会的巨大进步。(下转第二版)

《求是》杂志发表习近平同志文章

扎实做好保持党的纯洁性各项工作

新华社北京3月15日电 3月16日出版的第6期《求是》杂志,将发表中共中央政治局常委、中央书记处书记、国家副主席、中央军委副主席习近平的重要文章:《扎实做好保持党的纯洁性各项工作》。

构筑当代中国的精神高地

—— 一论深入开展学雷锋活动

本报评论员

持续近半个世纪的学雷锋活动迎来了新的春天。日前,中共中央办公厅印发《关于深入开展学雷锋活动的意见》对推动学雷锋活动常态化作出具体安排,郭明义同志被授予"当代雷锋"荣誉称号,全社会兴起"学雷锋"热潮。中央的大力倡导,公民的积极践行,都表明在新形势下弘扬雷锋精神,已经成为我们这个民族和社会的重要时代课题。

雷锋虽然离开我们快50年了,但雷锋精神始终放射出夺目的光芒,照亮着一代又一代人的心灵。无论是在事业初创的艰难岁月,还是在激情燃烧的建设时期,无论是在风起云涌的改革年代,还是在推动科学发展、促进社会和谐的当今时代,"雷锋"这个名字及其代表的崇高精神,始终具有感召人心的独特魅力,始终激励着亿万中国人奋发向上,把中华民族的精神世界推向一个又一个时代高点。

跨越半个世纪,在跻身世界第二大经济体并继续快速发展的当代中国,社会生活发生着前所未有的变革:从理念单一到价值多元,从"单位人"到"社会人",从"熟人社会"到"陌生人社会"。时代场景的巨大变化,深刻地影响着一个民族的道德取向和精神建构,也提出了更为复杂艰巨的道德建设任务。

当前,我国思想道德领域主流积极健康向上,但也存在一些突出问题。一方面,以"当代雷锋"郭明义为代表的公民道德实践引发了强烈社会共鸣;另一方面,食品安全问题、"小悦悦"事件等也带来深刻的道德反思。如何加强道德建设、培育良好风尚,如何匡正道德失范、矫正诚信缺失,如何实现人的全面发展,成为摆在全社会面前的严峻课题。

在大发展、大变革、大调整的社会转型期,经济越是快速发展,改革开放越是深入,社会就越是需要建设与物质文明相协调的精神文明,就越需要凝聚人心的核心价值;物质条件越是改善,思想观念越是多元,人们就越需要启迪心灵的精神生活、引领人生的理想坐标;"四大考验"越是严峻,"四大危险"越是紧迫,就越需要我们党坚守为人民服务的宗旨理念,越需要保持党的先进性纯洁性。破解这些问题,我们要从时代精神和民族精神的内涵中找到答案,要从爱党爱国、助人为乐、敬业奉献、锐意创新、艰苦奋斗的雷锋精神中获得力量。

这也充分说明,不管时代如何变迁,环境如何变化,雷锋精神不但没有过时,而且因为其不断与民族传统美德相承接、与社会进步潮流相契合、与党的先进本色相融汇,越来越成为全党全社会迫切需要、共同拥有的精神财富。正因为如此,党的十七届六中全会明确提出:"深入开展学雷锋活动,采取措施推动学习活动常态化。"这一要求,对于动员和鼓舞广大干部群众以昂扬向上的精神风貌,积极投身中国特色社会主义伟大事业,具有十分重要的意义。

没有全民族精神力量的充分发挥,一个国家、一个民族不可能屹立于世界民族之林。大力弘扬雷锋精神,每一个公民更加自觉地身体力行,每一个共产党员更加主动地率先垂范,我们就一定能构筑起当代中国的精神高地。

电动车

换电仅需5分钟

本报北京3月15日电 (记者**余荣华**)目前国内规模最大的智能充换电站——北京高安屯电动汽车充换电站今天投入运营。充换电站内设有4条换电流水线,可同时服务8辆电动汽车;还可同时为1104块电池充电。每天能满足400辆纯电动环卫车的充换电需求。需更换电池的家用电动乘用车停车后,给车辆换装上充好电的电池全程仅5分钟,与传统车辆加油时间基本相当。

图为一辆环卫车在换电流水线上更换电池。

新华社记者 公 磊摄

重庆市委主要负责同志职务调整

新华社北京3月15日电 日前,中共中央决定:张德江同志兼任重庆市委委员、常委、书记;薄熙来同志不再兼任重庆市委书记、常委、委员职务。

前两月我国实际使用外资170多亿美元

本报北京3月15日电 (记者**崔鹏**)据商务部今天发布的数据:今年1—2月,外商投资新设立企业3005家,同比下降11.59%;实际使用外资金额177.23亿美元,同比下降0.56%。

人民日报

RENMIN RIBAO

今日8版

人民网 网址:http://www.people.com.cn
手机:http://wap.people.com.cn

国内统一连续出版物号 CN 11-0065
第21617期(代号1-1)
人民日报社出版

2007年9月
16
星期日
丁亥年八月初六

北京地区天气预报
白天 晴转多云
上午南部有雾
风向 北转南
风力 二、三级
夜间 多云转阴
风向 南转北
风力 一、二级
温度 29℃/19℃

果敢抉择 攻坚克难

——山西推进节能减排工作纪实

本报记者 罗盘 鲍丹

一场坚决果敢的战役,眼下在三晋大地全线推进:山西正在淘汰近1000亿元GDP的落后产能,相当于2006年全省GDP总量的1/5;山西正在关停1万多家生产企业,相当于2006年全省企业总数的1/10。

今日之山西,正以前所未有的决心,全力推进节能减排和环境治理。

淘汰,以“壮士解腕”之势

今年5月12日,随着一声巨响,山西孝义市新禹煤焦有限公司运行不到3年的焦炉轰然倒塌。孝义市市长张旭光说:“这家企业虽是地方纳税大户,但污染的产能必须淘汰!”

近年来,山西省下大力气淘汰落后产能、治理环境污染。截至目前,全省已关闭7000多家小煤矿,炸毁2000多个土炼焦、小焦炉。

在淘汰落后产能的基础上,山西节能减排连出重招、狠招,去年对10多个县实行“区域限批”,对340家污染最严重企业实行环境末位淘汰制度。

在山西,整治环境违法企业,不再是环保部门孤军奋战,全省由环保部门牵头,银行、电力、公路、铁路等14个部门参与“联合执法”。

每季度,太原铁路局都会收到省环保局传来的污染企业“黑名单”,调度所的工作人员据此撤调所涉企业的运货申请表。从去年开始,山西把限制供电、运输、金融等手段引进环保领域,已有1500多家环境违法企业受到断电、禁运、停贷等处罚。

在2006年的一次省委常委会上,山西省委书记张宝顺强调:“我们决不要污染的GDP!”“十一五”期间,山西将淘汰落后钢铁产能4200多万吨,占现有生产能力的一半;淘汰小水泥850万吨、小火电267万千瓦、电石和铁合金332万吨。

治污,以高新技术监管

山西省以“政府令”的形式,强制重点工业污染企业安装除尘脱硫的环保设施,明确要求新上的工业企业同步安装环保设备。然而,一些企业为了通过审批和验收,虽然安装了环保监测设备,但设备或白天开、晚上不开,或检查时开、平时就关。全省投资70亿元的环保设施正常运行率仅60%,偷排暗放屡禁不止。

为攻克这一顽症,去年,山西省环保部门携手有关企业,研发了一套污染源自动监控系统,并投入应用。(下转第二版)

培育一支振兴老工业基地的生力军

黑龙江高技能人才队伍快速壮大

3年培养13.7万人,超计划目标52%,相当于前10年总和

本报哈尔滨9月15日电 (记者**汪波、吴齐强**)24岁的高级工王学敏,在哈尔滨市青工岗位技能大赛中夺得电焊工种第一名,被破格晋升为技师。两个月后,他又在东北地区青工岗位技能邀请赛上夺冠,再次破格晋升为高级技师。允许企业生产实践中的业务骨干以及在各类技能竞赛中获得优胜的选手破格晋升技师或高级技师,并可享受相应奖励和津贴,是黑龙江省加速培养高技能人才的重要举措。

作为老工业基地,黑龙江省曾以技术人才聚集而闻名全国。受诸多因素的影响,这一优势近年来不复存在,甚至出现了技术工人队伍“断层”现象。针对技工匮乏成为制约“龙江制造”瓶颈的状况,黑龙江省委、省政府将培养高技能人才作为振兴老工业基地的一大举措,摆在重要位置。

2004年,黑龙江省政府出台《关于加强高技能人才队伍建设的意见》,对高技能人才的评价不唯学历、资历、身份、职称,建立凭技能资格得到使用提升、凭业绩贡献确定收入分配的机制;提升高技能人才的社会保障水平;设立“龙江技能大奖”、“龙江技术能手”和“龙江技能人才培育突出贡献奖”等。省里还制定下发《三年九万高技能人才培养计划》,提出经过3年努力,增加高技能人才9万名。

职业院校是高技能人才先期培养和持续提高的基础。黑龙江省政府拨专款设立了全省技工学校发展专项资金,每年投入1500万元。几年里,全省对技工教育投资达2亿多元,新增校舍30万平方米、实验实习设备5500余台套,开设了300多门职业(工种)课程。目前,黑龙江省80%以上的技工院校都与企业建立了合作关系,技工学校毕业生当年就业率从3年前的60%跃升到今年的98%。

黑龙江各地企业竞相推出催生技能人才的举措。哈尔滨市开展“名师带高徒”活动,有56户企业749对师徒参加。许多企业设立了“技能专家”、“技能带头人”、“首席工人”等岗位,并在工资待遇上给予倾斜。齐二机床有限责任公司设立“技术工种学术带头人”,年薪12万元。在哈尔滨航空集团公司,技术工人按技术等级每月可以拿到300至1100元不等的特殊津贴。

政府、市场、企业三方合力,促进了高技能人才队伍快速壮大。从2004年到2006年,黑龙江省共培养高技能人才13.7万人,是前10年培养高技能人才的总和,超计划目标52%,其中培养新技师4.83万人,超计划目标61%。

黑龙江省省长张左己说,“十一五”期间,黑龙江将培养高技能人才23万人,其中技师5万人、高级工18万人;培养中级技术工人40万人,初、中、高级技术工人的比例达到35:40:25,基本建立起规模宏大、技能优良、专业齐全、梯次合理的技能劳动者队伍。

第九届世界华商大会举行

贾庆林出席开幕式并发表重要讲话

9月15日,第九届世界华商大会在日本神户举行。中国全国政协主席贾庆林出席开幕式并发表题为“加强交流合作 共创美好未来”的重要讲话。 新华社记者 鞠鹏摄

本报日本神户9月15日电 (记者**张光政、于青、刘畅**)第九届世界华商大会15日在日本神户举行。中国全国政协主席贾庆林出席开幕式并发表题为“加强交流合作 共创美好未来”的重要讲话(**全文另发**)。

贾庆林代表中国政府,向大会的召开表示热烈祝贺,向来自全球的侨胞致以亲切问候和良好祝愿。

贾庆林说,中国实行改革开放政策29年来,发生了举世瞩目的巨大变化,经济发展,社会进步,民族团结,边疆巩固,到处都是欣欣向荣的蓬勃景象。这让每一个中华儿女都感到无比的骄傲和自豪。中国人民正以崭新的姿态,沿着中国特色社会主义道路,向着中华民族的伟大复兴阔步迈进。

贾庆林同时指出,中国人口多、底子薄、发展很不平衡,要实现现代化,还需要付出长期的艰苦努力。中国已经明确在本世纪头20年全面建设惠及十几亿人口的更高水平的小康社会,使经济更加发展、民主更加健全、科教更加进步、文化更加繁荣、社会更加和谐、人民生活更加殷实。我们将坚持以邓小平理论和“三个代表”重要思想为指导,深入贯彻落实科学发展观,继续解放思想,坚持改革开放,推动科学发展,促进社会和谐,为夺取全面建设小康社会新胜利、开创中国特色社会主义事业新局面而奋斗。(下转第三版)

加强交流合作 共创美好未来

——在第九届世界华商大会开幕式上的讲话

(二〇〇七年九月十五日,日本神户)

中华人民共和国全国政协主席 贾庆林

尊敬的各位侨胞,各位朋友,女士们,先生们:

今天,全球华侨华人的商界精英汇聚在日本美丽的海港城市神户,隆重召开第九届世界华商大会。首先,我代表中国政府,向大会的召开表示热烈的祝贺!向来自全球的侨胞和朋友,致以亲切的问候和良好的祝愿!

世界华商大会自1991年发起以来,坚持“在商言商”的宗旨,在亚洲、澳洲、美洲成功举行了8次会议,累计有近2万人次的华商与会,就世界经济发展和华商交流合作等议题提出了有益的思路和建议,展现了团结、务实和开拓的华商精神,给各国人民留下了深刻印象,赢得了世人的关注和赞誉。今天,世界华商大会已经发展成为全球华侨华人加强联系交流、促进经贸合作的重要平台,在推动举办国、中国以及华商所在国家和地区的经济发展,扩大华侨华人国际影响等方面,发挥着越来越重要的作用。本届华商大会以“和合共赢、惠及世界”为主题,是历届规模最大的一次华商盛会。我相信,在全球华侨华人的大力支持和积极参与下,本届大会一定能够取得圆满成功,为世界经济发展和华商交流合作作出新的贡献。

各位侨胞、各位朋友!

当前,国际形势继续发生深刻而复杂的变化。世界多极化趋势不断发展,经济全球化日益加深,区域合作方兴未艾,国与国联系更加密切,世界科技和生产力水平继续提升,和平、发展、合作成为不可阻挡的国际大势和时代潮流。(下转第三版)

曾庆红在参加全国科普日活动时强调

深入贯彻落实科学发展观 大力实施节能减排全民行动

本报北京9月15日电 (记者**廖文根**)9月15日上午,中共中央政治局常委、中央书记处书记、国家副主席曾庆红与王兆国、刘淇、刘云山、周永康、贺国强、王刚、徐才厚、何勇、韩启德、陈至立等中央领导同志,来到北京排水集团高碑店污水处理厂,同首都各界群众一起参加全国科普日活动。曾庆红强调,要深入贯彻落实科学发展观,广泛开展多种形式的科普活动,不断增强全社会的资源节约意识和环境保护意识,大力普及节能减排知识,推动节能减排全民行动取得新成效。

今年全国科普日活动的主题是“节约能源资源、保护生态环境、保障安全健康”。围绕这一主题,全国各级科协、学会及社会各界将组织开展2500多项科普活动。北京高碑店污水处理厂是今年全国科普日活动的主会场,主会场活动的主题是“节能减排从我做起”。

上午9时许,曾庆红等中央领导同志首先来到“节能减排全民行动”活动展区。一幅幅照片、一张张图表、一件件模型和青少年表演的科普剧,生动展示了全国节能减排工作取得的阶段性成果,形象揭示出我国资源、能源和环境保护面临的严峻形势。中央领导同志认真观看,并不时询问有关情况。曾庆红指出,节能减排是中央站在我国经济社会发展全局、从人民群众根本利益出发作出的重大决策,是全面贯彻落实科学发展观、促进经济社会又好又快发展的基本要求。现在关键是,必须下大气力抓好落实。要积极宣传党和国家关于节能减排的方针政策和积极成果,积极宣传我国在全球可持续发展中的重要责任,采取更加有效的措施,使节能减排工作取得更快的进展和更明显的成效。

随后,曾庆红等中央领导同志来到“节能减排科技支撑”活动展区,认真了解国家“十一五”期间重点节能工程的进展情况,仔细询问各项节能减排适用技术的原理和推广应用情况。(下转第二版)

河南近五年三百余万人脱贫

整村推进 以点带面

本报郑州9月15日电 (记者**李杰、曹树林**)据近日召开的河南省扶贫开发工作座谈会信息,近年来河南省政府集中80%的财政扶贫资金用于整村推进,集中扶持、以点带面,现已有2455个贫困村完成整村推进任务。自2003年以来共有345万人口实现脱贫和解决温饱。

5年来,河南省贫困地区的基础设施不断改善。自2003年以来,该省累计投入财政扶贫资金35.5亿元、社会帮扶资金18.6亿元、信贷资金35.9亿元,解决了208万贫困人口和81万头大牲畜的饮水困难问题;新修农村道路10733公里,有效解决了贫困地区群众出行难的问题;建设搬迁扶贫新村(点)216处,有11700个深山独居、散居户,50729人搬出深山;有2455个贫困村完成整村推进任务,有效改善了贫困地区群众的生产生活条件。

河南各地一方面通过扶持龙头项目加快贫困地区产业化进程,另一方面大力实施科技扶贫,努力提高贫困地区劳动力素质。统计显示,近年来河南贫困地区共扶持413个产业化龙头项目,如信阳市的华英集团、商丘市的科迪集团等,形成了一批各具特色的种植业、养殖业、林果花卉业和农副产品加工业生产基地,辐射带动贫困村2936个、贫困人口196万,直接吸纳贫困人口务工17万多人;共实施科技扶贫项目346个,覆盖814个重点村、11万多贫困户,惠及46万多贫困人口,培训转移劳动力61万余人。

青海省乌兰县境内的青海庆华集团煤化工程投资3000万元修建高18米、宽1800米的“挡风抑尘墙”。据了解,这种“挡风抑尘墙”能有效消减煤场风力,抑制煤场扬尘,减少对青藏高原自然环境的破坏,保障场区附近人民群众的健康。图为9月13日工人在修建“挡风抑尘墙”。 新华社记者 嘎玛摄

电子机票与5万棵大树

李长虹

据报道,全球航空公司自2008年6月起将全面以电子机票取代纸质机票,此举将相当于全球航空业每年少砍伐5万棵大树,节省30亿美元成本。

仅仅减掉一张巴掌大的机票,一年可少伐5万棵大树!

这项新技术如果在生产生活领域广泛推广,又会产生怎样的效果?如,利用政府网站,大部分文件和政务信息都可在单位内部网上发布,免去纸质文件;各种会议可以采取电子文本的方式,将文件传给与会者,既安全又快捷,既省钱又省事;省去衬衣包装盒、月饼礼盒、茶叶盒的过度包装,中小学教材循环使用等等,汇集一起节约的森林资源会几倍、几十倍、几百倍超过机票。由此,我们的地球将会保留并增加更多绿色。

今日谈 征文

我国生猪生产出现积极变化

8月份能繁母猪存栏同比增长3.3%,生猪价格出现回落

本报成都9月15日电 (记者**冯华**)农业部部长孙政才今天在成都召开的全国发展生猪生产现场会上表示,随着国家扶持政策的落实以及市场行情的拉动,生猪生产开始出现一些积极变化。8月份全国能繁母猪存栏同比增长3.3%,环比增长3.8%;规模养殖继续保持快速增长态势,8月份规模养殖生猪存栏同比增加15%,环比增加3.4%;出栏同比增加9.9%,扭转了上月下降的局面。

此外,高致病性猪蓝耳病疫情逐步趋于稳定。7月份全国猪蓝耳病发病数和死亡数比6月份分别下降52%和36%;发病率已由7月份的0.8%下降至8月份的0.19%。据农业部全国农产品批发市场信息网监测,8月中旬开始生猪价格出现回落,活猪价格每市斤下降1—2元,猪肉价格从8月9日的21.4元/公斤,下降至9月5日的18.98元/公斤,降幅达11.3%。

据了解,今年以来,为扶持生猪生产,中央和地方已拿出23.65亿元对饲养能繁母猪的养殖场户给予补贴,补贴资金已足额发放到农户。为了促进生猪品种改良,中央财政投入1.8亿元购买良种猪精液补贴资金也已到位,明年该项补贴资金将增加至3.6亿元。此外,为调动地方发展规模化生猪生产的积极性,国家投入15亿元对生猪调出大县给予奖励。母猪保险工作已全面启动,标准化规模养殖、良种补贴和良种繁育体系建设等项目也正在积极实施中。

尽管如此,孙政才表示,当前生猪生产的形势仍很严峻,必须加快建立生猪生产稳定发展的长效机制。要加强对生猪生产关键技术的研究,提高科技普及率和到位率;要不断提高畜牧业生产集约化、标准化、组织化程度,推行标准化养殖和生态养殖模式;此外,还应切实加强疫病防控,加强畜产品产地和市场检疫。

今日导读

这次马克思主义理论研究和建设工程工作会议，是在深入贯彻党的十七届六中全会精神、迎接党的十八大的新形势下召开的一次重要会议。会议的主题是：深入贯彻落实党的十七届六中全会精神，全面总结马克思主义理论研究和建设工程实施以来的工作，分析形势，明确任务，以高度的理论自觉和理论自信深入推进工程，更好地推动党的思想理论建设，推动哲学社会科学繁荣发展。

在马克思主义理论研究和建设工程工作会议上的讲话

（2012年6月2日）

李长春

一、马克思主义理论研究和建设工程取得重大阶段性成果，成为党的十六大以来我国思想理论建设的标志性工程，为推进党和国家事业发展作出了重要贡献

实施马克思主义理论研究和建设工程，是以胡锦涛同志为总书记的党中央，从深入推进马克思主义中国化时代化大众化、坚持和发展中国特色社会主义的战略高度，作出的一项重大决策，也是十六大以来我们党实施的最重大、最基础、最具深远意义的思想理论建设工程。自2004年工程启动以来，在党中央的高度重视和直接领导下，工程主管部门和有关单位精心组织、大力实施，广大专家学者积极参与、认真负责，基本完成阶段性任务，取得了丰硕成果，在推进党的思想理论建设、繁荣发展哲学社会科学方面发挥了龙头作用、基础作用和导向作用。

1.**马克思主义经典著作编译和基本观点研究取得重大突破，为坚持和发展马克思主义提供了重要依据。**工程专门设立马克思主义经典作家重点著作译文审核和修订课题组，于2009年底推出了10卷本《马克思恩格斯文集》和5卷本《列宁专题文集》，为学习研究马克思、恩格斯、列宁的重要著作提供了更加准确、权威的译本。2011年，以两部文集为基础，联系实际推出了《马列主义经典著作选编》及其《学习导读》，为党员干部学习经典著作提供了重要读物。组织编写了毛泽东、邓小平、江泽民和胡锦涛同志《论文化建设》、《论党的群众工作》重要论述摘编，用发展着的马克思主义指导新的实践。工程专门设立了马克思主义经典著作基本观点研究课题组，设立了18个子课题进行分类研究，推出了一批有价值的研究成果，并运用到工程教材编写、理论宣传和重大课题研究中，帮助人们分清哪些是必须长期坚持的马克思主义基本原理，哪些是需要结合新的实际加以丰富发展的理论判断，哪些是必须破除的对马克思主义的教条式的理解，哪些是必须澄清的附加在马克思主义名下的错误观点。这些工作，有力地促进了马克思主义理论的学习和研究，推进了马克思主义学习型政党建设，为提高全党和理论界的马克思主义理论水平发挥了重要作用。

2.**不断深化对中国特色社会主义理论体系的学习研究和宣传，有力推动了用马克思主义中国化最新成果武装头脑、统一思想、凝聚共识、坚定信念。**结合改革开放新的实践和我国发展新的阶段性特征，不断深化对邓小平理论的学习研究和宣传。深入研究阐释"三个代表"重要思想的时代背景、实践基础、科学内涵、精神实质和历史地位，把学习贯彻"三个代表"重要思想的活动不断引向深入。深入学习研究宣传科学发展观，深刻阐明科学发展观的科学内涵、精神实质、根本要求，深入总结各地各部门推动科学发展的实践经验，为深入贯彻落实科学发展观提供了重要的理论保障。组织编写《中国特色社会主义理论体系学习读本》、《科学发展观学习读本》和《社会主义核心价值体系学习读本》，为学习马克思主义中国化最新成果提供了重要辅助材料。组织制作播出《复兴之路》、《旗帜》等一批电视理论专题片，为宣传中国特色社会主义提供了具有吸引力和感染力的教材。这些工作，有力推动了用中国特色社会主义理论体系武装全党、教育人民，进一步坚定了广大干部群众对中国特色社会主义的信心和信念。

3.**紧密结合改革开放和现代化建设的实际，围绕干部群众关心的重大问题加强引导，为服务党和国家工作大局作出了积极贡献。**组织中央有关部门和专家学者，确立一大批专门课题，深入研究深化社会主义市场经济体制改革、应对国际金融危机冲击、加快转变经济发展方式等重大问题，深入研究中国特色社会主义政治理论、法治理论、政党理论等重大问题，深入研究中国特色社会主义文化发展道路、社会主义核心价值体系、社会主义和谐社会建设、生态文明建设和党的建设等重大问题，推出了一系列重要研究成果和对策建议。编写推出《理论热点面对面》系列通俗理论读物，深入浅出、有针对性地回答干部群众关心的热点难点和切身利益问题，帮助人们加深对党和政府决策部署的理解，探索了理论指导实践、理论走进群众的有效方式。针对近年来出现的错误思潮，组织发表一大批重点文章，推出《六个为什么——对几个重大问题的回答》、《划清"四个重大界限"学习读本》等重要理论读物，引导干部群众划清是非界限、澄清模糊认识。这些工作，密切了理论与实际的联系，促进了理论与群众的结合，增进了人民群众对党和政府的信心和信任，充分发挥了引导社会热点、疏导社会情绪、促进社会和谐、服务党和国家工作大局的积极作用。

4.**哲学社会科学学科体系和教材体系建设深入推进，为哲学社会科学繁荣发展奠定了重要基础。**将马克思主义理论设为一级学科，下设6个二级学科，突出了马克思主义学科的地位。推动中国社会科学院和许多高校成立了马克思主义研究院和学院，设立了一批马克思主义理论学科博士点、硕士点，汇聚了一大批研究和教学力量，壮大了马克思主义理论队伍。制定高校哲学社会科学重点教材《总体规划》，组织编写重点教材，编写工作取得重要的阶段性成果。从已出版的教材来看，基本达到了中央提出的"三个充分反映"的要求，即充分反映马克思主义中国化最新成果、充分反映中国特色社会主义丰富实践、充分反映本学科领域最新进展。从教学实践看，无论思想水平还是学术水平，在现有同类教材中都是一流的，特别是在马克思主义三大组成部分哲学、政治经济学和科学社会主义方面形成了充分体现马克思主义中国化最新成果的主干教材，进一步打牢了马克思主义教学的重要基础。这些工作，为马克思主义理论研究和教学提供了有力保证，极大地推进了哲学社会科学学科体系和教材体系建设，为创新发展哲学社会科学奠定了坚实基础。

5.**高校思想政治理论课建设全面加强，从根本上扭转了高校思想政治理论课教学一度弱化的状况。**切实贯彻中央关于加强和改进高校思想政治理论课的指示精神，将原来的7门必修课调整为4门，并将教材编写和教师培训纳入工程。2006年9月起，《毛泽东思想和中国特色社会主义理论体系概论》等4本新教材陆续在全国高校投入使用。配合使用新教材，工程组织和推动了任课教师培训、教学方法改革等工作。有关部门还印发了一系列相关教学参考资料，提供了一大批有参考价值的权威书籍和影像资料，组织思想政治理论课教师到国内外参观考察，帮助广大教师开阔视野。在教学过程中，运用案例式、互动式、情景式教学方法，拓展国情教育和实践教学，一大批省部级干部和劳动模范为大学生作形势报告。2010年，中央又批准了硕士、博士研究生思想政治理论课教学改革方案，按照新方案编写的教学大纲将于今年秋季投入使用。这些工作，大大提高了高校思想政治理论课教学质量，任课教师的精神面貌和业务水平有了很大改观，大学生的学习兴趣和满意程度显著提高，高校思想政治理论课作为大学生思想政治教育的主渠道作用得到充分发挥。

6.**高度重视人才培养和队伍建设，为凝聚和造就马克思主义理论人才搭建了重要平台。**工程始终把培养理论人才特别是中青年理论人才作为重要任务，坚持把课题立项与凝聚人才结合起来，把理论研究与培养人才结合起来，把学科建设与队伍建设结合起来，造就了一大批理论骨干和拔尖人才。目前，工程组建了160多个课题组，直接参与工程工作的专家学者3000多人，间接参与的有数万人，涵盖了哲学社会科学的各个重要领域。工程实施以来，由中央有关部门联合举办的哲学社会科学教学科研骨干研修班已达46期，培训了5000多人，成为理论队伍特别是人文社科骨干教师队伍建设的名牌项目。同时，加大地方研修工作力度，目前全国已培训7万多人。工程还组织1500多人次开展国情调研，组织100多人次出国考察，邀请几十个国家200多位知名学者来华交流。这些工作，进一步团结和凝聚了广大理论工作者，激发了他们学习研究马克思主义的热情，增强了对党的理论路线方针政策的深入理解，提高了思想政治素质和业务能力，为推动理论创新和学术创新提供了人才保障。

作为一项重大理论创新工程，马克思主义理论研究和建设工程以其成功的实践、丰硕的成果，展示了强大的影响力和凝聚力，对新形势下推进党的思想理论建设和哲学社会科学繁荣发展，具有重大而深远的意义。通过实施这一工程，进一步高扬了马克思主义旗帜，鲜明地昭示了中国共产党坚持马克思主义指导地位不动摇、用发展着的马克思主义指导新的实践的决心和信心；整合了理论研究资源、创新了理论研究机制，实现了理论工作部门和实际工作部门、基础学科领域和应用学科领域的深度结合；打开了繁荣发展哲学社会科学的突破口，第一次形成了中国自己的较为完整的哲学社会科学教材体系，有力推动了马克思主义中国化最新成果进教材、进课堂、进头脑；搭建了培养马克思主义理论人才的重要平台，培养造就了一批政治坚定、学贯中西、勇于创新、在国内外有广泛影响的马克思主义理论家特别是中青年理论家。实践证明，以胡锦涛同志为总书记的党中央作出实施马克思主义理论研究和建设工程的决策，是完全正确的。马克思主义理论研究和建设工程，不愧是关系中国特色社会主义事业发展全局的战略工程、生命工程、基础工程。

二、认真贯彻党的十七届六中全会精神，从增强理论自觉和理论自信的高度，深刻认识新形势下深入推进马克思主义理论研究和建设工程的重大意义

我们党是一个由科学理论孕育催生、用科学理论武装发展的马克思主义政党，高度的理论自觉和理论自信是党的鲜明特征和根本优势。90多年的历史实践充分表明，我们党正是靠着高度的理论自觉和理论自信坚持和发展马克思主义，才团结和带领全国各族人民不断夺取革命、建设、改革的一个又一个重大胜利，实现了国家繁荣昌盛、人民幸福安康。党的十七届六中全会指出，要发展面向现代化、面向世界、面向未来的，民族的科学的大众的社会主义文化，培养高度的文化自觉和文化自信。理论建设是文化建设的核心，理论自觉和理论自信是文化自觉和文化自信的基础。深入推进马克思主义理论研究和建设工程，是新的历史起点上我们党坚持和发展马克思主义的重要举措，也是新形势下贯彻落实党的十七届六中全会精神、增强文化自觉和文化自信的必然要求。

1.**深入推进这一工程，是在新的实践探索中增强理论自觉和理论自信，推进中国特色社会主义实践创新、理论创新和制度创新的必然要求。**马克思主义从来不是空洞、僵化、刻板的教条，必须随着实践发展而不断丰富和发展。只有立足中国特色社会主义伟大实践，以高度的理论自觉和理论自信推进实践创新、理论创新和制度创新，才能坚持和发展中国特色社会主义。我们党成立91年、在全国执政63年、领导改革开放34年以来，推动中国经济社会发生了深刻变革和快速发展，创造了人类历史上少有的发展奇迹，开辟和拓展了中国特色社会主义道路，创立和发展了中国特色社会主义理论体系，形成和完善了中国特色社会主义制度，这是中国共产党领导全国各族人民进行的重大创新，是人类文明史上的伟大创举，是中国对世界的历史性贡献。与此相对照，我们的一些理论研究和学术创新还落后于这一伟大实践，一些人没有立足于这一伟大实践进行理论研究和学术创新。如何在学习借鉴人类文明成果的基础上，用中国的理论研究和话语体系解读中国实践、中国道路，不断概括出理论联系实际的、科学的、开放融通的新概念、新范畴、新表述，打造具有中国特色、中国风格、中国气派的哲学社会科学学术话语体系，是理论界和学术界面临的重大而紧迫的时代课题。这就迫切需要我们以高度的理论自觉和理论自信，及时总结党领导人民创造的新鲜经验，不断深化对经济社会发展的规律性认识，不断升华中国特色社会主义实践成果、理论成果、制度成果，不断赋予中国特色社会主义鲜明的实践特色、民族特色和时代特色。

2.**深入推进这一工程，是在机遇与挑战并存的国际国内复杂形势下增强理论自觉和理论自信，巩固和发展马克思主义在意识形态领域指导地位，增强话语权、提高我国软实力的必然要求。**随着中国特色社会主义不断取得新的重大成就，马克思主义日益显现出强大的生命力，深入推进马克思主义理论研究和建设工程面临难得的大好机遇。受国际金融危机深度冲击，西方发达国家经济复苏步伐缓慢，暴露出诸多方面的矛盾和问题。与此形成鲜明对比的是，我国成功应对国际金融危机冲击、率先实现经济回升向好，成为全球瞩目的世界经济复苏引擎。中国人民的民族自尊心、自信心、自豪感空前增强，对坚持中国特色社会主义旗帜、道路、理论体系和制度充满信心。同时，坚持马克思主义指导地位仍然受到诸多方面的干扰，面临各种严峻挑战。从国际上看，当今世界正处于大发展大变革大调整时期，争取发展主动权的竞争和价值观的较量日趋激烈。从国内看，社会思潮复杂多变，干部群众中还存在不少模糊认识和思想疑惑，统一思想、凝聚力量的任务更加艰巨。这就迫切需要我们以高度的理论自觉和理论自信，理直气壮地坚持马克思主义，坚持不懈地发展马克思主义，不断增强马克思主义的创造力、说服力、感召力，进一步扩大中国发展道路在国际上的影响力。

3.**深入推进这一工程，是在加强社会主义核心价值体系建设过程中增强理论自觉和理论自信，不断巩固全党全国各族人民团结奋斗共同思想道德基础的必然要求。**文化的灵魂是核心价值体系，核心价值体系的基础是科学理论。不断增强理论自觉和理论自信，坚持以马克思主义为指导，大力建设社会主义核心价值体系，在全党全社会形成统一指导思想、共同理想信念、强大精神力量和基本道德规范，是思想理论建设的一项重大任务。一方面要看到，经过改革开放特别是党的十六大以来的不懈努力，我国思想道德领域的主流是积极健康的，全国各族人民的共同理想信念更加牢固，全社会的精神风貌更加昂扬向上，全民族的思想道德水平不断提升，践行社会主义核心价值体系的自觉性坚定性不断增强。另一方面也要看到，一些人理想信念动摇、价值取向扭曲，一些领域道德失范、诚信缺失等问题较为突出，一些地方封建迷信、黄赌毒等社会丑恶现象沉渣泛起，拜金主义、享乐主义、极端个人主义有所滋长。这就迫切需要我们以高度的理论自觉和理论自信，积极探索用社会主义核心价值体系引领社会思潮的有效途径和载体，在多元中立主导、在多样中谋共识、在多变中把握正确方向，进一步巩固全党全国各族人民团结奋斗的共同思想道德基础。

4.**深入推进这一工程，是在应对各种风险考验中增强理论自觉和理论自信，保持党的先进性和纯洁性的必然要求。**思想理论建设是党的建设的首要任务，党的先进性和纯洁性首先表现在理论上、思想上的先进和纯洁。这些年来，我们党坚持不懈地用党的创新理论武装全党，坚持以领导班子和党员干部为重点，以提高思想理论素养为根本，以建设学习型党组织为抓手，大力推进马克思主义学习型政党建设，广大党员干部的理论素养不断提高，党的意识、宗旨意识、执政意识、大局意识、责任意识不断强化，党的领导水平和执政水平、拒腐防变和抵御风险能力明显提高。但也要清醒看到，在新的形势下，我们党面临许多前所未有的新情况新问题新挑战，执政考验、改革开放考验、市场经济考验、外部环境考验是长期的、复杂的、严峻的；精神懈怠的危险、能力不足的危险、脱离群众的危险、消极腐败的危险，更加尖锐地摆在全党面前，落实党要管党、从严治党的任务比以往任何时候都更为繁重、更为紧迫。这就迫切需要我们以高度的理论自觉和理论自信，深入分析党的执政环境发生的深刻变化，科学总结世界上执政党兴衰成败的经验教训，全面把握和自觉运用马克思主义执政党建设规律，引导广大党员坚定理想信念，增强为党和人民事业不懈奋斗的自觉性坚定性。

三、深入推进马克思主义理论研究和建设工程，为党的十八大胜利召开营造良好思想理论氛围

实施马克思主义理论研究和建设工程，是党在思想理论战线的一项长期任务。当前，全党全国各族人民正以各项工作的优异成绩迎接党的十八大胜利召开。营造良好思想理论氛围，是确保党的十八大胜利召开的重要一环，也是当前宣传思想战线的首要政治任务。马克思主义理论研究和建设工程要紧紧围绕这一首要政治任务，认真贯彻落实党的十七届六中全会提出的要求，扎扎实实地做好各项工作，把工程不断引向深入。

1.**以对党对人民对历史高度负责的精神，继续推进充分反映马克思主义中国化最新成果的哲学社会科学教材体系建设。**要把坚持质量和保证进度有机结合起来，进一步加大组织协调力度，动员更多的力量，调动各方面的积极性，在党的十八大前后基本完成既定的教材编写任务。要始终把政治导向和学术质量放在第一位，确保达到一流水准，经得起历史和实践的检验。要在已有工作的基础上，继续深化对马克思列宁主义、毛泽东思想基本观点的研究，深入研究阐释中国特色社会主义理论体系，特别要深入研究阐释科学发展观的历史地位、基本内涵、实践要求和指导意义，把相关研究成果及时应用于教材的编写和修订中。要一手抓教材的编写、一手抓教材的使用，把工程教材的统一使用作为高校的重要任务，作为教学工作检查、评估的重要内容和指标。要加强对工程教材任课教师的培训，帮助他们掌握教材的编写意图、主要内容和教学方法，提高工程教材使用的成效。要广泛听取高校师生的意见，认真组织好教材的修订完善，使工程教材真正成为体现时代发展、适应教学实践、深受学生欢迎的精品。要加大督促检查力度，掌握工程教材编写和使用的情况，发现问题，及时指导，最大限度地发挥好工程教材的应有作用。

2.**加强对重大理论和现实问题的研究阐释，引导干部群众更好地统一思想、凝聚共识。**要针对当前干部群众中出现的一些思想疑虑和困惑，针对人们关心的重大理论和现实问题，深入研究阐释，帮助干部群众明辨是非、澄清认识，把思想统一到中央精神上来。要深刻阐明只有坚持以马克思主义为指导，用发展着的马克思主义指导实践，中国特色社会主义事业才能始终沿着正确方向胜利前进。要继续围绕"六个为什么"、划清"四个重大界限"，围绕根本政治制度、基本政治制度、基本经济制度等重大问题，从理论与实际、历史与现实、国内与国际的紧密结合上，深刻阐明马克思主义的科学性和真理性，阐明中国特色社会主义道路是创造人民美好生活的必由之路，阐明中国特色社会主义理论体系是实现中华民族伟大复兴的正确理论，阐明中国特色社会主义制度是当代中国发展进步的根本制度保障。要针对人民群众普遍关心的收入分配、医疗住房、道德风气、食品安全等方面的问题，继续编写好通俗理论读物，解疑释惑、化解矛盾，为改革发展稳定营造有利环境。

3.**进一步加大工程的宣传力度，充分展示党的思想理论建设的丰硕成果。**要把宣传展示工程研究成果，作为迎接党的十八大成就宣传和理论宣传的重要内容，精心设计、精心安排，增强宣传的实效性和感染力。各级各类媒体、理论刊物、新闻网站等，要紧紧围绕工程在马克思主义基本原理、中国特色社会主义理论体系、重大理论和现实问题等方面所取得的重要研究成果开展宣传，使工程形成的一系列重要理论观点和重要思想认识产生更加广泛的社会影响。要组织一批专家学者到高校、机关、企业、社区举办理论报告会，深入浅出地宣讲工程研究成果，使这些成果更好地为全社会所共享。同时，也要宣传好工程工作取得的积极进展，宣传工程在学科体系建设和教材体系建设上取得的重要成果，宣传工程推进高校思想政治理论课建设取得的良好成效，宣传工程人才队伍建设的可喜局面，引导社会各界更加深入地了解工程，更加积极地支持工程。

4.**深入开展对外交流，努力扩大我国在国际学术领域的话语权和影响力。**要充分发挥工程作为国际学术交流平台的作用，主动宣传我们党领导人民推进改革开放和现代化建设取得的巨大成就、理论成果和宝贵经验，宣传我坚持走和平发展道路、坚持互利共赢开放战略的理念，宣传我推动建设持久和平、共同繁荣的和谐世界的主张，增进国际社会对我国基本国情、发展理念、内外政策的了解和认识，充分展现我和平发展、民主进步、文明友善的国家形象，为党的十八大召开营造良好的外部思想舆论环境。要善于运用国外受众易于理解和接受的形式和手段，努力做到"中国立场、国际表达"，讲好讲活讲深中国故事，不断增强中国哲学社会科学在国际上的亲和力、感染力和影响力。要加强与国际学术机构、知名学术团体特别是国外智库的交流，把"走出去"与"引进来"结合起来，让更多的国外专家学者增加对当代中国的了解和认识。

5.**继续发挥工程的纽带和桥梁作用，大力加强马克思主义理论队伍建设。**要把培养马克思主义理论家特别是中青年理论家作为战略任务，引导广大理论工作者坚定马克思主义信仰，坚定中国特色社会主义共同理想，自觉践行社会主义核心价值体系，忠于党、忠于祖国、忠于人民。要继续办好哲学社会科学教学科研骨干研修班和高校思想政治理论课骨干教师研修班，继续组织工程专家开展国情调研，考察了解改革开放和现代化建设取得的新成就，考察了解各地贯彻落实科学发展观取得的新进展。要充分发挥老专家的传帮带作用，发挥中青年学者的创新热情和创造潜力，努力形成优秀人才脱颖而出、人尽其才的良好局面。要支持一些既有丰富国内国际实际工作经验，又有一定理论造诣的实际工作者参加理论研究，鼓励他们在理论和实际的结合上有所建树，使他们成为理论建设的一支重要力量。要坚持"百花齐放、百家争鸣"的方针，尊重理论工作者的创造性劳动，发扬学术民主，提倡不同学术观点、不同学术流派的相互切磋、平等讨论，鼓励大胆探索，努力营造生动活泼、求真务实、多出成果的良好学术环境。要充分调动广大理论工作者的积极性主动性创造性，在政治上充分信任和依靠他们，在学习、工作、生活上多关心他们，帮助解决实际困难，使他们全身心投入到工作中。

中国特色社会主义伟大事业，热切呼唤着党的思想理论建设和哲学社会科学创新发展，热切呼唤着马克思主义理论研究和建设工程深入推进。让我们紧密团结在以胡锦涛同志为总书记的党中央周围，以饱满的热情、创新的精神、务实的作风，全面深入推进工程各项工作，以优异的成绩迎接党的十八大胜利召开。

5月份非制造业PMI指数为55.2%

虽有小幅回调但仍运行在较高水平

本报北京6月3日电 （记者**杜海涛**）中国物流与采购联合会、国家统计局服务业调查中心今天发布，5月，中国非制造业商务活动指数为55.2%，比上月回落0.9个百分点。

中国物流与采购联合会副会长蔡进认为，5月份，非制造业商务活动指数虽有小幅回调，但仍运行在55.2%的较高水平，反映出非制造业经济保持平稳较快增长的基本趋势。从PMI变化来看，5月非制造业经济活动呈现如下特点：

市场需求较为稳定。5月，新订单指数达到52.5%，较上月小幅回调0.2个百分点。该指数自今年以来运行平稳，指数水平维持在52.2%—53.5%之间，显示非制造业市场需求较为稳定。在具体行业中，建筑业的新订单指数达到54.2%，前五月平均值保持在55.9%的水平。表明虽然今年投资增速有所放缓，但建筑业市场需求依然保持在较快的增长水平。此外，服务业的新订单指数52.1%，前五月平均值保持在52.0%的水平。这在一定程度上反映出我国经济结构的改善和优化。

各行业发展均衡。5月，建筑业商务活动指数59.2%，服务业商务活动指数54.2%，均保持较快增长趋势。具体行业中，房屋建筑业、土木工程建筑业、零售业以及物流业等主要行业的商务活动指数均保持在较高的运行水平。各行业发展较为均衡，有利于非制造业经济的整体稳定。

通胀压力继续释放。5月，反映企业投入成本的中间投入价格指数回落至53.6%，降幅达4.3个百分点，环比回落速度进一步加快。在具体行业中，受上游原材料价格快速回落的影响，建筑业中间投入价格快速回落，其中间投入价格指数回落至50%以下。价格指数回落较明显。收费价格指数48.5%，已回落到50%以内，通胀压力可望继续释放。

（上接第一版）二是要持之以恒、细水长流。要用"积土成山、积水成渊"的精神，从点滴做起，坚定不移推动两国人民交往，让中美友好世代相传。三是要与时俱进、开拓创新。要顺应形势发展，把握时代脉搏，不断开拓新领域、尝试新形式，开创中美人民交往新局面。

习近平最后表示，艾奥瓦州的老朋友曾在我2月访美时说过这样一句话：友谊是一件大事，充满友谊的世界才是和平的世界。美中两国一定能够建立更紧密的关系和更深厚的友谊。这句话给中国代表团留下深刻印象，也反映了两国人民的信念。只要我们坚持这一信念，中美友好事业就一定能永葆活力，世代相传。

艾奥瓦州州长布兰斯塔德表示，我们这次访问带来了300万艾奥瓦州人民对您2月访美时重返艾奥瓦州的衷心感谢和访问成功的真诚祝贺。他说，您与艾奥瓦州结成的持久友谊是美中两国人民持久友谊的象征，对未来美中两国关系的发展具有重要意义。

兰蒂女士、卢卡贝隆先生等美国朋友表示，习副主席今年2月访问艾奥瓦州时，亲切鼓励我们继续为美中友好努力的话语至今记忆犹新。艾奥瓦州和您的友谊像一根线把我们两国人民连在一起，编织成一幅美中友好的美丽图画。我们坚信，友谊可以帮助我们缔造和平，打开合作之门，也可以对我们两国以及世界产生积极影响。

河北省省委书记张庆黎、全国友协会长李小林等参加会见。

（三）已退下来的原政治局常委署名文章的版面安排

已退下来的原中共中央政治局常委的署名文章，通常刊登在二版头条或显著位置，文用宋体字。同时，在一版出标题新闻。

2007 年 2 月 17 日二版头条刊登《市场与调控——李鹏经济日记》出版的消息，二条位置刊登李鹏为这本书写的前言。

（附 2007 年 2 月 17 日二版）

《市场与调控——李鹏经济日记》出版

新华社北京2月16日电 李鹏同志新作《市场与调控——李鹏经济日记》近日由新华出版社和中国电力出版社联合出版发行。

《市场与调控》是李鹏日记系列著作的第五部，前四部分别是《众志绘宏图——李鹏三峡日记》、《电力要先行——李鹏电力日记》、《起步到发展——李鹏核电日记》、《立法与监督——李鹏人大日记》。

《市场与调控》保持李鹏日记系列著作的基本编辑体例，以作者担任国务院副总理、代总理、总理和全国人大常委会委员长、即从1983年6月到2003年3月20年间的日记为主线，辅之一些工作笔记、相关讲话、新闻报道和文件资料摘要编辑而成。前四部日记中已有叙述的经济活动，这部书仍予以简要介绍，保持了记载的完整性和连续性。全书分三册，共收入日记2000多篇，110余万字；配发的照片共80余幅，绝大多数为首次发表。

《市场与调控》以日记形式翔实记述了作者担任党和国家领导职务期间，参与的涉及改革开放和国民经济发展全局的重大决策和重大经济活动情况，从决策高层的角度反映出我国改革开放和社会主义现代化建设持续快速协调健康发展的不平凡进程，客观展现了党中央、国务院和全国人大常委会为促进经济发展做出的不懈努力和卓有成效的工作，以及作者作为主要领导者和决策者之一在此间的成功实践、深刻思考和巨大贡献。

《市场与调控》是改革开放以来经济发展的真实记录，也是作者多年领导、管理和组织经济工作的经验总结和体会集成，其中的许多重要论述，特别是关于市场与调控的深刻思考与系统理论阐述，对于当前我国经济建设领域全面落实科学发展观，促进经济发展，构建和谐社会，具有重要的指导意义。

《市场与调控》记事翔实、文风朴素平和，见解富有创新，立意深邃高远，与李鹏日记系列著作中已出版的四部相比较，内容更丰富，涉及更广泛，是这部著作最重要的特色和亮点。

《市场与调控——李鹏经济日记》前言

《市场与调控——李鹏经济日记》是继2003年8月出版发行《众志绘宏图——李鹏三峡日记》以来，我编辑整理的第五部日记体裁的书籍。

十一届三中全会以后，我先后担任过国务院部门领导、5年副总理、10年总理，主要是在党中央的领导下，从事经济工作。之后，在担任全国人大常委会委员长的5年期间，除主持人大常委会对经济工作进行立法和监督外，我作为党中央领导集体的成员，也参与了有关经济工作的重大决策。可以说，我经历了十一届三中全会以来我国改革开放和经济发展的全过程。因此借本书开篇之际，阐述一下我对经济工作的若干思考与体会，以飨读者。

和平与发展是当代国际社会的两大主题。虽然世界上局部战争不断，但在比较长的时间内，发生世界大战或对我国武装入侵的可能性不大。基于对国际形势的综合分析判断，我们党果断地把党和国家的工作重点转到了以经济建设为中心的社会主义现代化建设上来。

我国是一个人口众多、经济基础薄弱、资源相对不足、自然灾害频繁发生的国家。经过改革开放近30年来的持续快速发展，我国经济水平显著提高，综合国力大为增强，人民生活不断改善。这是全世界有目共睹的。但是，主要经济指标人均水平，我国在世界上仍然处于较为落后的位置。我国仍然是一个发展中国家，将长期处于社会主义初级阶段。我们制定经济政策，必须从这个基本国情出发，始终保持清醒的头脑。

我国是社会主义国家，必须坚持走邓小平同志开创的中国特色社会主义道路。我国的基本经济制度是以公有制为主体、多种所有制经济共同发展。国有经济是国民经济的主导力量，国家保障国有经济的巩固和发展。国有经济有多种实现形式，其中也包括了国有控股的股份制企业。国有企业要通过建立现代企业制度提高经济效益，实现国有资产保值增值。一些骨干企业要做大做强，进入具有国际竞争能力的行列。集体所有制是公有制经济的重要组成部分，国家鼓励、指导和帮助集体经济的发展。非公有制经济在社会主义初级阶段将得到充分的发展，它对于吸收民间资本、扩大就业范围、发展经济都发挥着重要作用，国家鼓励、支持和引导非公有制经济的发展。

我国的经济体制已实行社会主义市场经济体制，在国家宏观调控下充分发挥市场对资源配置的基础性作用。要按照科学发展观的要求加强和改善宏观调控。调控主要通过经济手段、法律手段来实现，同时在必要的情况下可以运用行政手段。

改革措施的提出必须从国情出发。对于国外的经验，不能生搬硬套，应取其所长、为我所用。实践是检验真理的唯一标准。检验改革措施的标准，也应该是看它是否促进了经济的发展、效率的提高、资源的节约以及人民生活的改善，而不能以合乎哪一种经济模式为尺度。

我国的分配制度实行按劳分配为主体、多种分配方式并存的制度。由于各地区经济发展极不平衡，应该允许一部分地区、一部分人通过合法经营和诚实劳动先富起来；先富起来的地区应该帮助欠发达地区，逐步缩小地区之间和城乡之间的差距，先富起来的人应该回报社会，帮助和带动未富群众也富起来，最终实现全社会和全体人民的共同富裕。按照"三个代表"重要思想，各级党委、政府和全社会都有责任采取得力和有效措施，帮助困难群体，使社会向和谐方向发展。

"民以食为天"。我国这样一个人口众多的国家，只能依靠自己养活自己。必须严格保护耕地。发展农业，一靠政策，二靠投入，三靠科技，实现农林牧副渔全面发展。我国农村将长期实行家庭联产承包经营为基础、统分结合的双层经营体制，依法保障农民对土地承包经营的各项权利，建立健全各种服务体系，在有条件的地方，发展多种形式的适度规模经营，逐步壮大农村集体经济实力。农民自愿成立的各种专业合作经济组织，应加以支持和鼓励。农民收入增长比较缓慢是农业和农村工作面临的突出问题。国家已取消了农业税，工业开始反哺农业，这是历史的进步。亿万农民进入城镇务工，不但是增加农民收入的重要来源，而且对城镇经济发展和社会繁荣作出了巨大贡献。各级政府都应采取有力措施，保护农民工的合法权益。

必须正确处理改革发展稳定的关系。改革是发展的动力，发展的目的是不断提高广大人民群众的物质文化生活水平和综合国力，同时通过改革与发展，促进社会的稳定。要用科学发展观来指导经济工作，注意保持全社会经济总量的平衡，保持经济持续快速协调健康发展，避免大起大落。在出台改革和发展的重大措施时，必须考虑广大人民群众的承受能力，取得他们的理解和支持。

必须实施科教兴国战略。科学技术是第一生产力，教育是科技进步的先决条件。企业应该成为科技成果转化为生产力的主力军，继续实施引进、消化、开发、创新的政策，并把自主创新放在突出位置。

坚持贯彻对外开放政策，吸收国外一切先进科学技术、管理经验，为我所用。要发挥我国具有大批劳动力和科技人才的优势，利用国内国外两个市场、两种资源，发展外向型经济。除了兴办来料加工和中外合资企业外，还要特别重视把自主创新、具有自主知识产权的商品推向国际市场。对我国所缺少的资源，除了订立长期合同稳定进口货源外，还可以到海外投资，开发资源，做到互利合作。

我国的政治体制改革和经济体制改革是相辅相成的，应该在坚持四项基本原则的前提下进行，并应该有利于改革开放的深入，促进经济社会发展，保障国家的长治久安。要依法治国，使经济活动在法律、法规和行政规章的规范下进行。要把经过实践检验的人民群众的创造和党的方针政策，上升为法律法规，成为每个公民都必须遵守的国家意志。越是经济发达的地区，越是要用法律法规来规范经济活动和社会生活。

可持续发展是我国的基本国策。经济发展要与环境保护和生态平衡相协调，绝不能重复"先污染后治理"的老路。要着力加强资源节约和环境保护，提倡循环经济，把一个山川秀丽、生态良好、可持续发展的社会环境留给我们的子孙后代。我国人口众多，要继续贯彻计划生育的基本国策，计划生育应成为广大公民的自觉行动，优生优育，提高全民族的素质。

本书是以我在国务院和全国人大常委会工作期间20年的日记为主线，辅之以有关讲话和报道摘要编辑整理而成的。由于时间跨度较长，为了便于读者阅读，本书在按时间顺序编辑时，为每年的日记都写了内容提要，并对重大事件或重点内容加了小标题。为了保持记载的完整性和连续性，对前四部日记中已有介绍的一些重大经济事件，本书仍以简短的文字加以表述。本书共110余万字，其中日记正文占80%左右，采用宋体；本人讲话、文章和工作笔记摘要占20%左右，也采用宋体；还有少量摘引的文献和新闻报道等非本人文字采用楷体，以示区别。正文注释采用文内注方式处理。本书收入的80余幅照片，大多是首次公开发表。

本书基本上属于史料性质，所用的都是第一手资料，真实性可以信赖，可读性尚有不足。一家之言，难免有不足之处，望读者给予指正。

李 鹏

2006年12月20日于北京

古老的京城 年轻的风景

——首都公共文明建设速写

本报记者 阎晓明

走在北京街头，留心观察，随地吐痰的人少了，乱按喇叭、加塞的汽车少了，公交站台排队候车的人多了……持续不断的精神文明建设，正在明显提升首都市民的文明素养。

69.06，这是中国人民大学人文奥运研究中心受首都精神文明建设委员会办公室委托，经过两年研究，不久前首次向社会发布的2006年底北京"市民公共文明指数"。与2005年相比，指数提高了3.85，表明北京市民的公共文明素养整体水平提高了。

公共卫生

随地吐痰率降低41.7%

在首都市民公共文明行为指数五大评价体系中，公共卫生进步最快。与2005年相比，公共场所随地吐痰的发生率已从8.4%下降至4.9%，降低3.5个百分点；随地扔垃圾的发生率也由9.1%下降至5.3%，降低3.8个百分点。

"电视、报纸等都在介绍文明礼仪知识，看得久了，自然就注意自己的行为举止了。"一位市民说。治理随地吐痰"顽疾"，并非仅仅普及知识就可以做到。"公共行为有一些特殊规律。"参与文明指数研究课题的专家们说，"公共卫生领域就存在'加脏'现象，越干净的地方大家越爱护，越不干净的地方大家越'加脏'。"为了取得更好的治理效果，治理活动引进了"加脏"社会学理论。垃圾桶现在总是及时得到清理，地面垃圾和痰及时擦去，这些都提高了人们的自律意识。今年，北京市将实施五大文明行动，其中"爱护市容迎奥运环境文明行动"的重点，就是治理公共场所乱扔垃圾和随地吐痰等不文明行为，并把治理随地吐痰、乱扔垃圾的成效纳入文明区县考评内容。

公共秩序

闯红灯乱穿马路减少一半

今年2月11日是北京市首个"自觉排队日"，意为两人以上就应像"11"一样顺序排列。当天，从长安街沿线公交车站到地铁站台，从新世界广场到虎坊桥一条街，2000多家单位加入这项"迎奥运、讲文明、树新风"活动，12万多名志愿者引导百万市民在参与中体验优良公共秩序带来的好处。

为建立优良的公共秩序，北京将"文明乘车"作为突破口。全市设立了4300多名"文明乘车监督员"，数千个站台也安上了栏杆。截至2006年底，北京已有1800个文明乘车站台，占五环路以内站台数的50%；长安街等11条大街成为文明乘车示范街。

2006年11月1日至5日"中非论坛"在京举行，为缓解交通压力，北京市政府发出了"致首都市民的一封信"，号召大家乘坐公共交通出行。公务员带头不开车，近50万辆公车封存，41万私家车主积极响应。市民乘坐公共交通出行量占全日出行量的比例由平时的29%提高到了40%。

从"文明乘车"开始，人们的公共秩序意识得到提高，拥挤、行人横穿马路、机动车和非机动车闯红灯等现象明显下降。公共文明行为指数研究课题表明，候车拥挤发生率从38%下降至15%，行人无斑马线横穿马路发生率从24%下降至11%，非机动车闯红灯发生率从22%下降到了11%。

公共交往

九成市民热情解答陌生人问路

如今，北京市民遇到陌生人问路时，90%的人能够热情主动地给予帮助，比2005年底提高了19个百分点；等车、上下车时候，冲撞摩擦发生争执的不文明现象降至1%。

2006年底，北京市民公共行为中的公共交往指数为78.00，是五大评价体系中最高的。与过去相比，市民行为体现出更多的彼此谅解宽容、相互友好帮助。

首都文明办组织专家编写了《文明礼仪普及读本》，免费向430万个家庭派送。18个区县建立了市民文明学校分校，并在街道、乡镇建立市民文明学校5000多所、农村文明大院2139个，常年向市民免费普及奥运知识、文明礼仪知识。

北京还结合奥运会礼仪，唱响"我参与、我奉献、我快乐"的旋律，旨在提高人们的公共观赏水平和公共参与意识。今年，北京市将开展"热情懂行——迎奥运赛场文明行动"，围绕北京今年举办的23项奥运项目测试赛，掀起奥林匹克教育热潮。全市将开展"奥运大讲堂"每周一讲活动，开展"文明赛场大演练"活动，培育热情懂行的文明观众。

北京市商业、公园、景点、旅游、环卫等11个窗口行业、5万家主体单位的87万名职工的培训已纳入文明行业创建工作。此外，全市还活跃着超过70万名志愿者，他们以真诚微笑、文明行为引导着更多市民加入到精神文明建设中来。

文明新风正在成为北京这座古老而又年轻城市的一道新风景。

江西出版集团——

改制带来双丰收

2006年销售收入34亿多元，4种图书获中华优秀出版物奖

本报南昌2月16日电 记者**刘建林、任江华**报道：春节前夕，从江西出版集团公司传来好消息：2006年，该集团生产图书音像出版物3886种，市场占有率同比提高145%，有4种图书获第一届中华优秀出版物奖；销售收入34亿多元，同比增长15%，人均销售收入60万元；实现利润2.07亿元；净资产净增3.6亿元，国有资产保值增值率达到114%。集团公司董事长钟健华说："公司取得社会效益和经济效益双丰收，得益于成功实施转企改制，并采取了正确的发展战略。"

2004年12月，江西出版集团公司从江西省新闻出版局分离出来，着手转企改制，并确定"开放联合、创新体制、立足江西、走出江西、整合资源、扩张总量"的发展战略。改制后的公司，实行资产授权经营制、绩效工资制、人事代理制、干部聘用制，使干部能上能下，职工能进能出，收入能高能低。绩效考核暂行办法将员工收入分配与岗位、责任、贡献、实绩挂钩，与集团公司及所在单位发展速度、经济效益挂钩，减少平均福利数量，扩大效益工资比例，使年度效益考核更加科学。

转企改制后，江西出版集团以出资人身份对成员单位所占用的国有资产依法经营、管理，初步建立起母子公司体制；建立了董事长、监事会和总经理层的现代企业管理结构，党委会、董事长办公会与总经理办公会议事决策规则。同时，集团公司推进资源整合和结构调整，组建一般图书研发中心和教育图书研发中心，形成体育类、农业类等期刊集群，并成立江西新华发行集团有限公司，以江西省新华书店为核心整合全省设区市、县新华书店，实现全省性的连锁经营。

江西出版集团探索打破地区界限合作重组的途径，所属江西新华印刷厂与香港利奥集团合作，共同投资3.8亿元成立华奥印务有限公司，打造以出版物印刷、商业印刷、广告装潢设计和印刷等业务为主体的现代化印刷基地。集团还积极推动优秀赣版图书"走出去"，截至目前，共推荐29种85册精品图书参与新闻出版总署"中国图书对外推广计划"评选；2006年共签订合同输出出版权56种，引进版权12种；版权贸易连续3年保持顺差。集团还与瑞士荣格集团、德国贝塔斯曼集团就图书期刊合作达成意向性协议。

2006年，江西出版集团所属二十一世纪出版社成功实现从依赖教材教辅向主要依靠一般图书盈利的战略转型。当年，一般图书发货码洋1.5亿元，回款5000万元，实现"发货增长百分百"、"回款增长百分百"、"退货下降百分百"；全年图书生产码洋2.4亿元，回款9000多万元；该出版社的青春文学市场占有率年度综合排名位居全国第一。

山村教师豆洪波治疗费已筹齐

本报重庆2月16日电 记者**余继军**报道：经过83.5个小时的爱心传递，截至今日11时30分，拯救山村教师豆洪波所需的40万元治疗费已全部筹齐。

2月13日零时，重庆商报等6家单位联合发起"2007生命救助大行动"，呼吁重庆市民为拯救病重的山村好教师豆洪波捐款（**详见本报2月16日第二版**）。截至今日11时30分，救助行动总计接收短信及声讯捐赠22.14万元、现金捐款17.97万元。

除了短信捐赠，连日来，爱心的身影还频繁穿梭于豆老师所在的医院。重庆医科大学附属第二医院副院长张铃说，为给豆老师创造一个好的治疗环境，医院特地制作了一个捐款箱放到病房外，建议好心人尽量不要到病房探视。

央行决定上调存款准备金率0.5个百分点

新华社北京2月16日电 中国人民银行决定从2007年2月25日起，上调存款类金融机构人民币存款准备金率0.5个百分点。

央行有关方面负责人表示，2006年以来，中国人民银行综合运用多种货币政策工具大力回收银行体系多余流动性，取得一定成效。当前国际收支顺差矛盾仍较突出，贷款扩张压力较大，需要根据流动性的动态变化再次提高存款准备金率，以巩固宏观调控成效。

中国人民银行将继续执行稳健的货币政策，加强银行体系流动性管理，引导货币信贷合理增长，促进国民经济又好又快发展。

分享乔迁之喜

罗盘纪品

2月14日，山西省省长于幼军来到大同煤矿集团职工新城，与四老沟矿退休职工焦建忠一家包饺子、迎新春。于幼军一边包饺子，一边说："去年棚户区改造工程启动时，我就有个心愿，一定要和矿工兄弟们喝一杯，分享乔迁之喜。"

焦建忠把在棚户区居住时的相册拿给于幼军看。照片上的土屋，位于山顶，破旧低矮，老焦一家10口人就挤在不足30平方米的小屋里，一住就是30多年。于幼军关切地问："旧房拆了吗？还有多少户没有搬出来？""都在搬了，都在搬了！"焦建忠挂着激动的泪花说，"能在这么短的时间，住上这么宽敞明亮、水电暖齐全的房子，过去想都不敢想，现在做梦都在笑！"

窗外，373栋新楼全部竣工，同煤集团2万多棚户人家正陆续搬入。老职工赵文胜把全家人赶制的锦旗亲手送到省长手里。焦建忠的妻子、女儿和媳妇，也把精心制作的6双绣花鞋垫送给省长。于幼军动情地说："今年，我们还要再建575栋新楼，一定要让同煤30万矿工家属，在3年内全部告别棚户区，搬进新城！"

热腾腾的饺子端上了桌，焦建忠把第一杯酒献给省长。于幼军提议：为乔迁新居的矿工兄弟们干杯！

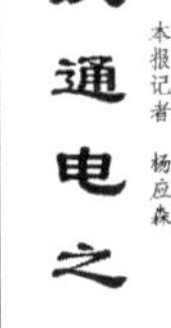

同庆通电之乐

本报记者 杨应森

2月15日，是广东汛洲岛值得纪念的日子。

这天一清早，岛上男女老少喜上眉梢，奔走相告，把沙滩上临时搭建的庆祝通电仪式主席台围了个水泄不通，等待着一个幸福的时刻……

10时6分，来自潮州市、广东电网公司的领导按下电钮，一股强大的电流顿时通过海底电缆输送到岛上580多户村民的家中，一盏盏明灯霎时亮起，锣鼓声、鞭炮声、欢呼声、海涛声汇成了一曲动人的"交响乐"，在向世人宣告：汛洲岛不通电的历史将一去不复返了！

汛洲岛位于广东东部海上，与陆地相隔仅1公里，由于历史上种种原因，至今未能通电，岛上2600多名群众的生产、生活、学习均受影响。近年来，潮州市、饶平县两级党委、政府把汛洲村民用电问题作为"民心工程"来抓，并向村民承诺："2007年春节前一定让村民用上电！"在广东省电力部门的大力支持下，经过40天的奋斗，工程如期竣工。

94岁的郑允钦老人在儿孙的搀扶下也来赶热闹，他激动地说："我盼这一天，盼了一辈子！"

特写

为"北京时间"站岗

——记武警陕西总队二级士官张福田

冯春梅 李凌志 朱红亮

雷涛摄

人物小传

中共党员，1999年12月入伍，二级士官警衔。4次荣立三等功，连续7年被评为优秀士兵，4次被评为优秀士官、班长，所带的班两次荣立集体三等功。

"嘀、嘀——现在是北京时间……"每到整点，在祖国的各个地方，标准的"北京时间"准时报来。"北京时间"来自陕西渭北高原上一个普通的县城——蒲城。驻守在此的武警陕西总队某队，长年担负着一项特殊的守卫任务——每天24小时为"北京时间"站岗放哨，他们被称为"守时兵"。在这群特殊的兵中，张福田是资格最老的一位。

像热爱生命一样热爱"北京时间"

从卫星上天到卫星导航，从核潜艇发射到火箭升空……这些大事与"北京时间"有着密切的关系。

自1999年入伍来到中队，张福田就深深懂得自己脚下这三尺哨台的重要性，他用忠诚陪伴"北京时间"走过了8个春秋。

2002年3月25日，中队接到授时部通知：今天有重大测报任务！

中队立即加强警戒。张福田担任当班哨兵，他仔细地观察着荒草密布的警戒区。突然，一阵异样的响声引起了他的警觉。他立即跑上附近一个小土堆观察，发现在一座天线塔下，一台挖掘机正在掘土。张福田立刻和队长一起赶了过去。原来是当地的村民准备在这里偷偷挖土盖房。张福田毫不犹豫地站到了挖掘机的"巨爪"下，用血肉之躯阻挡挖掘机的进一步挖掘。"巨爪"举在张福田的头顶，抖下来的土灌满了张福田的脖子和头发。可张福田没有退后一步，直到村民们在他们的耐心说服下离去。

清理现场时他们发现，挖掘机的最后一挖，距离一条线缆不足20厘米，当天正是神舟三号发射的日子，线缆一旦被切断，后果不堪设想！

像"北京时间"一样认真走过每一秒

在队中，由于受强电磁波的影响，兔子、老鼠跑进来也会晕头转向。初来乍到者，大多要经历"三难"：吃饭难，睡觉难，上哨难。

面对这些困难，张福田先从"睡"入手。他向老战士请教，利用课余时间拜访医学专家、查阅医学资料。张福田摸索出头朝北脚朝南睡觉、热水泡脚、心理调节等多种调适的办法，有效地克服了"三难"现象。

2005年，张福田年迈的父亲病重住院。正当他收拾好行李准备探家时，接到了神舟六号飞船即将发射的消息，他二话没说，立即协助中队领导部署勤务，带班巡逻，站岗上哨。

8年来，张福田在哨位上经历了重大保障任务50余次，和战友们用赤诚之心护卫着祖国脉搏的正常跳动。

劳动者感言

每次听到时钟的"嘀嗒"声，我都感到格外自豪，哨位上的分分秒秒都值得我分外珍惜。

张福田

劳动者之歌

（四）中共中央政治局委员、国务院副总理、中共中央书记处书记、全国人大常委会副委员长、国务委员、最高人民法院院长、最高人民检察院检察长、全国政协副主席署名文章的版面安排

中共中央政治局委员、国务院副总理、中共中央书记处书记、全国人大常委会副委员长、国务委员、最高人民法院院长、最高人民检察院检察长、全国政协副主席就某项工作发表的署名文章，刊登在第五、六、七、八版头条位置，为六栏或通栏，标题六栏宽，文章用宋体字。他们署名的纪念老同志文章，通常也安排在五、六、七、八版。同时，在当日一版出标题新闻。

2012 年 7 月 5 日，五版头条刊登刘云山的署名文章《大众明白才是真》。

（附 2012 年 7 月 5 日五版）

例外：2003 年 10 月 10 日要闻二版头条是吴仪在全国预防非典工作电视电话会议上强调要严密防范非典疫情复发的消息稿，在二条位置全文刊登了吴仪在会上的讲话。原因是防治非典工作的特殊性。

（附 2003 年 10 月 10 日二版）

大众明白才是真

刘云山

推进马克思主义中国化、时代化、大众化，是我们党总结历史经验得出的重要结论，是推进中国特色社会主义事业长远发展的内在要求。2003年以来，中宣部根据中央要求和部署，以回答干部群众关心的理论和实际问题为重点，积极探索理论宣传普及的有效形式，连续十年组织编写出版通俗理论读物，不断拓展马克思主义理论大众化的广度和深度。从《干部群众关心的25个理论问题》到《理论热点18题》，从《六个"为什么"》到《划清"四个重大界限"》，从《七个怎么看》到《从怎么看到怎么办》，对群众关切的把握越来越及时，对热点难点的解答越来越深入，文风、语言也更为朴实、更为鲜活，逐步形成了"理论热点面对面"这个品牌。2012年推出的《辩证看 务实办》，更是以准确的选题、透彻的说理、清新的文风，进一步展示了通俗理论读物的魅力，刚一面世就受到了广大读者的好评。可以说，编写出版通俗理论读物，已成为推动理论工作创新的有效载体，成为理论走向大众的沟通桥梁，成为展示理论自觉自信的重要途径，在巩固主流思想舆论、服务党和国家工作大局方面发挥了重要作用。当前，全党全国人民正满怀信心地迎接党的十八大。在改革发展任务繁重、社会热点难点不少的情况下，编写出版通俗理论读物，加强社会热点难点引导，对于进一步推进中国特色社会主义理论体系的宣传普及，深化科学发展观的学习实践，对于进一步统一思想、凝聚力量，为党的十八大召开营造良好思想理论氛围，具有十分重要的意义。

推进理论大众化是新形势下加强党的思想理论建设的一项长期任务，也是做好迎接党的十八大宣传工作的一项重要举措。只有扎实深入推进大众化，才能使党的理论创新成果更好地为群众所掌握、所实践，更好地转化为人们的自觉行动。大众明白才是真。总结近些年理论宣传普及的工作实践，总结《辩证看 务实办》等通俗理论读物编写出版的成功经验，给我们的深刻启迪是，推进理论大众化，必须坚持以邓小平理论和"三个代表"重要思想为指导，深入贯彻落实科学发展观，运用马克思主义世界观和方法论，紧紧围绕人民大众关注的热点难点问题，把讲怎么看与讲怎么办结合起来，把认识问题与解决问题结合起来，把学习理论与运用理论结合起来，全面辩证地看、科学务实地办，着力用党的理论创新成果武装头脑、指导实践、推动工作，不断增强理论自觉和理论自信，进一步坚定中国特色社会主义理想信念，进一步巩固全党全国各族人民团结奋斗的共同思想基础。

推进理论大众化，就要站稳大众立场，牢固树立心系人民、服务人民的情怀。为人民大众谋利益，是马克思主义的根本立场和鲜明特征。理论大众化的过程，本质上是坚守大众立场、满足大众需求的过程。只有站稳大众立场，着眼群众期待解疑释惑、阐明道理，才能找到观察事物、分析问题的基点，才能更好地赢得群众理解和认同。《辩证看 务实办》等通俗理论读物，之所以引发广泛共鸣、受到群众普遍欢迎，就在于它以群众的视角观察社会现实，以真挚的感情关照百姓生活，以鲜明的态度维护群众利益，做到了与人民群众面对面、心贴心。推进理论大众化，首先要解决好为谁立论、为谁著说、为谁代言这一根本原则问题。要牢固树立群众观点，把人民群众放在心中最高位置，把服务人民大众作为价值归依，始终摆正同群众的关系，坚持面向群众、心系大众，想群众之所想、解群众之所需。有了对群众的深厚感情，才能有服务群众的自觉自愿。要坚持思想上尊重群众、感情上贴近群众，真心实意为群众着想，把真情实感渗透到理论和政策的宣传阐释之中，做到情理交融，收到"理到情也到"的效果。要弘扬"走转改"精神，深入基层、深入群众，认真倾听群众呼声，了解群众安危冷暖，真实反映群众的实际困难和合理诉求，把为人民群众鼓与呼贯穿到理论大众化的全过程。

推进理论大众化，就要直面大众关切，着力回答人民群众普遍关注的热点难点问题。大众关切、百姓问题，体现着时代要求、反映着社会意愿。只有积极面对、主动回应，找准理论阐释与群众关切的契合点，才能做到有的放矢、对症下药，才能展示理论的彻底性。一部优秀的通俗理论读物，总是与大众的现实生活息息相关，总是与人们的思想脉搏同频共振。正如读者所说，《辩证看 务实办》所涉及的问题，"都是群众的关切，都问到了老百姓的心坎上"。推进理论大众化，就应当把人民群众的呼声作为第一信号，群众反映什么就回应什么，群众困惑什么就回答什么。要深切感知普通百姓的现实生活，感知人民大众的内心世界，在与基层群众的深入交流中，把准社会"脉象"，真正了解群众的所思所想、所疑所惑。社会变化纷繁复杂，新情况不断涌现，必须通过科学的归纳分析和提炼概括，找到具有代表性、普遍性、全局性的新问题，找到映照社会现实、关乎民心民意的真问题。找准问题固然不容易，更重要的是破解问题。要敢于面对、迎难而上，以追求真理的科学精神，深入剖析矛盾问题，及时有力给予回应，努力作出有针对性、有说服力的回答，不断彰显科学理论的价值和力量。

推进理论大众化，就要体现大众风格，多运用人民群众易于接受的方式。生动鲜活的语言、喜闻乐见的形式，是增强理论吸引力感染力的重要保证，是推进理论大众化的内在要求。实践证明，说空话、讲套话，只会让理论远离群众。近年来推出的《从怎么看到怎么办》、《辩证看 务实办》等通俗理论读物和系列电视专题片，语言清新、形式活泼，在贴近大众、服务大众方面作了很好的尝试，收到了很好的效果。要把运用群众语言作为理论大众化的重要突破口，多讲短话、新话，多讲家常话、大众话，多用群众身边的鲜活事例，把讲道理与讲故事结合起来，让群众感到党的理论可亲可近、可学可用。要善于运用群众易于接受的方式和载体，充分发挥各类大众媒体特别是互联网、手机等新兴媒体的作用，通过电视专题、网络访谈等多种形式，面对面宣讲、心贴心交流，把党的理论创新成果的宣传阐释，融入人们接受信息和学习知识过程之中，融入各种文化活动和文化产品之中，使科学理论具象化、形象化，更好地走进群众生活。当今时代是"人人都有麦克风"的时代，人们的主体意识、参与意识不断提高。要积极开辟群众便于参与、乐于参与的渠道和平台，把话筒、镜头、版面更多地留给群众，努力实现人民群众的自我教育、自我引导、自我提高。

推进理论大众化，就要增强大众共识，凝聚起推进改革建设、共创美好生活的强大力量。我们的事业是人民大众的事业，推进理论大众化，最根本的目的就在于增强人们战胜各种困难、创造幸福生活的信心和共识，最大限度地把智慧和力量凝聚到促进改革建设上来。许多读者反映，《辩证看 务实办》等通俗理论读物，讲解的是社会热点难点问题，传递的是自信自强的时代气息，体现的是攻坚克难的奋斗精神，读后令人振奋、给人力量。推进理论大众化，必须把握好这个鲜明导向，坚持以积极的和建设性的态度对待问题，不断增强人们解决问题的信心、勇气和力量。要用党的理论和路线方针政策感召人，深入解读党和政府解决问题的思路办法和政策举措，阐明对人民群众切身利益的具体安排和长远考虑，阐明党的理论与人民利益的一致性，引导人们增强在党的领导下开创美好未来的信念和信心。要用改革发展的成就激励人，充分反映推动科学发展、加快转变经济发展方式取得的积极进展，生动展示解决热点难点问题、保障和改善民生的显著成效，引导人们奋发有为、满腔热情地投身到改革开放和社会主义现代化建设中来。要注意从历史与现实结合上，从国际与国内联系中，深刻揭示中国特色社会主义道路是创造人民美好生活的必由之路，深刻揭示中国特色社会主义理论体系是实现中华民族伟大复兴的科学指南，深刻揭示中国特色社会主义制度是当代中国发展进步的根本制度保障，引导人们进一步增强坚持中国特色社会主义道路、理论体系和制度的自觉性和坚定性。加强理论宣传普及，不仅要向群众讲清楚是什么、为什么、做什么，而且还应当给群众以认识问题、分析问题、解决问题的科学方法，全面辩证地回答好"怎么看"，科学务实地回答好"怎么办"，帮助人们以全局视野认识成绩与问题，区分主流与支流，认清解决问题的方向和路径。即使对于一些条件还不成熟、暂时难以解决的问题，也要诚恳地向群众说明解决问题的长期性、复杂性、艰巨性，引导人们以理性的眼光来看待，以平和的心态来面对，从问题中看到机遇，从困难中看到希望，同心同德、群策群力，汇聚起深化改革、加快发展的强大力量。

推进理论大众化，需要各个部门的共同参与，需要各方力量的协同配合。近年来推出的优秀通俗理论读物，都是联合攻关、集思广益的结果，凝聚了各有关部门与专家学者的智慧和心血。要认真总结成功经验，把理论工作部门同实际工作部门的优势结合起来，进一步提升理论大众化的整体效应。理论工作者是推进理论大众化的重要力量，要自觉把学术追求同服务群众、理论研究同理论宣传统一起来，带头撰写通俗化理论文章和读物，积极参加理论宣传普及活动。实际工作部门是政策的制定者、执行者，也是政策的阐释者、宣传者，要把政策宣传作为日常工作的重要内容，围绕社会热点主动设置议题、开展政策解读，动员人民群众一道推动政策的贯彻落实。当前，各地区各部门要把《辩证看 务实办》作为党委（党组）中心组学习的重要内容，作为基层理论宣讲的基本教材，作为学习型党组织建设的学习书目，加强宣传推介、抓好学习运用，充分发挥其应有的作用。各级党委宣传部门在组织"科学发展、成就辉煌"主题宣传教育活动中，要结合《辩证看 务实办》阐述的重要内容，大力展示经济社会发展的巨大成就，切实加强社会热点难点问题的引导，唱响共产党好、社会主义好、改革开放好的时代主旋律。教育部门和各类高等院校要充分运用这一通俗理论读物，更好地推进思想政治理论课教学工作，组织好广大师生的学习交流，不断推动党的理论创新成果进教材、进课堂、进头脑。各级各类新闻媒体要围绕《辩证看 务实办》推出一批评论、文章和专题节目，有针对性地进行延伸解读、深度解读，传播理论创新成果，壮大主流思想舆论，使党的理论和路线方针政策更加深入人心。

（本文系中共中央政治局委员、中央书记处书记、中宣部部长刘云山2012年6月29日在通俗理论读物编写出版工作座谈会上的讲话，发表时有删节）

走基层·看发展

重庆云阳

新库区　新生活

本报记者　王建新　刘志强

清早7时，63岁的秦廷才从家步行5分钟，来到滨江公园，跑跑步，打一套太极拳，神清气爽。沿长江南岸绵延3.5公里的滨江公园，已深深嵌入云阳人的生活中，他们在这儿早上活动活动身子骨，晚上跳跳坝坝舞，"守着一条长江，这是我们的福气。"

若时间前移10多年，秦廷才们可不敢这么想。因三峡蓄水，云阳老县城要被全淹。2000年，移民们含泪告别祖祖辈辈生于斯长于斯的老县城，在上游32公里处建设新县城。"短短10多年，新县城起来了，新生活也来了。"秦廷才感慨万千地说，老县城只有一条老街，低矮破旧的老屋密密麻麻，紧巴巴挤出个广场，印象中只种了一棵黄桷树；而新县城沿江而建，山水相融，居民们踩着一条条依山而建的步梯，出门就可直达那条日夜守护他们的长江。

位于三峡库区腹心地带的重庆云阳县，当年是在一连串特殊的数字上起步的：16.8万移民，占三峡移民总量的1/8；181家工矿企业，关停并转后仅余25家，也都困难重重……人员迁徙、家园变换、产业空虚，经济和社会面临重构，艰难显而易见。在移民中发展，在发展中移民，推动就业和民生改善，云阳走出一条新路子。

走在云阳街头，随便找人问一问，都会听到这样的说法：没有三峡工程，云阳也会发展；但正是三峡工程，让云阳实现了跨越发展。这话不夸张，县城变迁就是一例：老县城不到3平方公里，挤着4.8万人；新县城规划面积30平方公里，目前建成区20平方公里，人口20万。整个云阳城镇化率也由2000年的14.1%增至去年底的33.8%。

10多年，云阳变大了，也变"小"了。当年云阳人去一次重庆主城，得颠簸8个多小时，如今3小时就到了。从县城到全部42个乡镇街道，都修通了柏油水泥路。2005年9月28日横跨长江的云阳大桥通车了。家住长江南岸盘龙街道的菜农陈祥告诉我们，以前过江，人车物都靠轮渡，他隔一天到江对岸的县城卖菜，一次最多挑一百多斤，等轮渡就要耗去一两个小时；大桥修通后，他改成每天卖菜，用电动三轮车载着四五百斤蔬菜，轻轻松松，"生意好了，我正盘算着买辆小车呢！"

驱车驶过云阳长江大桥，沿着长江支流磨刀溪，高爬低走一个多小时，因三峡蓄水而就近后靠的移民村龙角镇龙堰村，出现在视野中。"当初看着江水一点点没过住了几十年的老房子，眼泪止不住地流。"指着岸边消落带上依然清晰可见的房屋、田地痕迹，移民蒲云春说。

10多年过去，泪水早变成了欢笑。细数三峡工程前后变化，蒲云春打开了话匣子：以前添个黑白小电视算大事，现在家家都有大彩电，许多还用上了电脑；以前最怕生个病，翻山越岭折腾人，现在村头就有卫生室；以前喝井水，现在水龙头一拧水就来……门前通公路，蒲云春两个女儿干起了客运，大女婿则在附近砂场打工，他自己侍候几亩地的柑橘，一年家里能存下三四万元。而按他的说法，他家在村子里顶多就算中等偏上的。

2000年，云阳农民人均纯收入仅1400多元，而去年已超过5500元。龙角镇党委书记刘兴林介绍说，务工仍然是村民们收入的重要来源，可与以前务工几乎都往沿海走不同了，如今县里产业发展了，有一些企业还办到了镇里，乡亲们在家门口就能挣钱了。现在龙角镇2.1万人中有8000多人务工，其中有3000人在云阳本地找到了工作。

在云阳曲轴厂车间内，我们见到了正紧张忙碌的刘中安。刘中安老家在南溪镇，以前在广东等地打了五六年工，"现在在家门口上班，能照顾老人小孩，心里很踏实。"

1958年成立的云阳曲轴厂，是云阳因三峡工程而迁建并发展起来的极少数老企业之一，搬迁前年产值仅三四千万元，搬迁后进行技术提升，如今年产值已达1.23亿元，带动1000多名移民和市民就业。

更多的是在三峡工程兴建后到来的"新"企业。走进云阳工业园区内的金田塑业公司，偌大的生产车间里，机器高速运转，为数不多的工人坐在玻璃房内用电脑"指挥"。副董事长陈可银介绍说，靠着这条自德国引进的世界顶尖生产线，生产出的塑料薄膜拉力强、透明度高，无毒无菌、可降解。更令人欣喜的是，通过循环利用，生产实现了废水、废气、废渣三个"零排放"。金田公司2010年10月才投产，2011年就实现了8.96亿元产值。

近年来，以金田为领头羊的塑料产业，加上硅盐精细化工、节能照明等其他支柱产业，已在云阳渐成集群。2011年，云阳实现工业总产值70亿元，是15年前的9.46倍。困扰库区多年的失业问题也得到很大程度缓解，失业率从2003年的12%，下降到目前的6%以内。

历经风雨，但库区人民拼搏进取的精神不会褪色。2010年，丁云华将自己在外打工多年积攒下来的10多万元拿出来，借助政府扶持微型企业政策，回云阳创办了九州原电子厂。找厂房、招工人、寻客户，事事亲历，艰辛尝遍，刚开始时只有不到20人，如今已发展到70多人，一天能生产2.5万件手机充电器。

云阳是三峡库区巨变的一个缩影。三峡工程开建以来，重庆累计搬迁安置移民113.8万人，一大批产业项目落户库区，库区经济持续快速发展。重庆直辖15年，三峡库区经济年均增长12.9%，高出全市同期0.7个百分点。如今，库区已由"搬得出"转向"安稳致富"。重庆人民特别是库区人民，正在党中央、国务院坚强领导下，同心同德，再接再厉，促进库区经济社会全面协调可持续发展，建设和谐繁荣新库区。

丰收了

7月3日，广东省湛江市徐闻县曲界镇农民唐建国、邓春梅两口子喜收菠萝。曲界镇种植菠萝7万多亩，被称为"菠萝之乡"。近几年来，当地农民依靠科技建立无公害菠萝种植生产基地，每年都有15万吨优质菠萝远销国内外。

本报记者　**李维娜**摄

四川省阿坝州实施牧民定居计划

绿了山野富了牧民

本报记者　刘　波

6月的阿坝，美丽而静谧。薄雾缭山，翠绿连绵。

穿行在无际的草原牧场，平坦的柏油路将我们带到了红原县瓦切乡牧民新村。乡党委书记姜剑介绍着搬进定居房牧民的新生活："村里建起了希望小学，孩子们都能免费上学。收入增加了，看病方便了，如今牧民的生活，像草原上的格桑花一样美。"

2009年以来，四川省阿坝藏族羌族自治州大力实施牧民定居计划、"9+3"免费教育计划和卫生事业发展计划，使牧区群众生活迈上康庄路。目前，全州建成608个定居点，21万多牧民迁入新居；新农合参合率超过97%。

年轻村落里的年轻人

"把书读好，才有勇气走得更远"

瓦切牧民新村是2011年建成的牧民定居点。浅黄色的墙，淡红色的瓦，庭院阁楼错落有致，水泥路穿村而过，蜿蜒远去。"建房的钱主要来自国家补助、牧民自筹和国家贴息贷款，自筹比例占1/3。对特别贫困家庭，国家免费为他们修建。"姜剑说。

班玛扎生外出放牧了，妻子正在打理院落，父亲日巴在阳光下散步。"孩子在县城上寄宿学校，放假才能回来。"扎生妻子抹了一把面颊的汗说："学校实行'两免一补'，现在负担轻多了，村里的年轻人，上学读书的越来越多。"

日巴带我们进入新建的两层小楼，敞亮的客房，整洁的被褥和藏族风情装饰，让人真想住下。"家里有100多头牦牛，每年收入一万多元。去年开了家庭旅馆，赚了两三万元，生活咋能不好嘛。"

高原的烈日，没有掠走扎西篷措的清秀。这个26岁的藏族青年，现在红原县国家牧草种植基地务工，两个弟弟在寄宿学校读书。"家里收入主要靠我和父亲务工，每年有三四万元，在这里算是中等吧。"扎西说，"不想外出打工，没怎么读过书，而且基地的收入也不错，还能学点技术。"

扎西与大多数牧民家庭依靠畜牧业不同，他十几岁就出来打工，几乎没念过书，不敢到外面去闯荡，这也是一个原因。他现在的想法是，供弟弟上大学。"把书读好，才有勇气走得更远。"扎西说。

重教育，为牧区发展注入了活力。近年来，阿坝州加大教育投入，特别是"9+3"免费教育计划的实施，提升了牧区学生的受教育水平。2009年以来，阿坝州的10569名学生被内地学校招录，今年将有5100名学生接受"9+3"中职免费教育。

新型农舍里的新生活

"骑马赶车，那都是从前的事喽"

车刚停下，红原县安曲乡下哈拉玛村的泽尔多就迎了过来。

院落不大，却收拾得齐整。"以前住帐篷湿气大，容易生病。搬进定居房以后，睡的是床，吃的是粮，身体结实多了。"还没进屋门，泽尔多就开了腔。

年近50的泽尔多，已经抱上了孙女。"除了她"，泽尔多轻拍着怀中的孙女说："我还有3个孙子哩。"

泽尔多有两个儿子，大儿子放牧，小儿子上班，3个孙子在县城上学，家里就老两口和小孙女。"现在除了牧业，还有旅游接待的收入。"他手一指："看，那是我买的拖拉机和小汽车。"

过去的泽尔多，可没这洒脱劲儿。去一次县城，不是骑马就是赶车。路也不好，孩子上学，买粮食蔬菜都不方便，一个来回要大半天儿。如今，现代化的交通工具行驶在柏油路上，快捷多了。"骑马赶车，那都是从前的事喽！"泽尔多感慨着。

致富牧民的旅游开发

"以牧为生，收入单一的局面发生着变化"

来到黄河九曲第一湾，看到了草原美丽的眼。黄河东流至此，收住了它奔腾的脚步，徜徉在茫茫原野。若尔盖县依托热尔大草原、花湖、降扎温泉等遍布境内的旅游资源，致力将这里打造成国家4A级景区。他们坚持政府主导，市场动作，群众参与，实现为牧民增收，助牧民致富。2011年，若尔盖接待游客80万人次，实现旅游收入6.3亿元。"现在，以牧为生，收入单一的局面正发生着变化。"若尔盖县委副书记王扎说。

阿坝州自然风光旖旎，旅游资源丰富。红军长征的英雄业绩，让这里成为全国12个重点红色旅游区之一；九寨沟、黄龙、四姑娘山等名胜闻名遐迩，吸引着众多游人。近年来，阿坝州大力振兴旅游产业，旅游产品不断丰富，产业规模逐年壮大。去年，全州旅游从业人员达7.3万人，旅游业带动第三产业实现增加值60.96亿元，占生产总值的36%。

走基层·一线见闻

吴仪在全国预防非典工作电视电话会议上强调

严密防范非典疫情复发

巩固成果 落实措施

本报北京10月9日讯 记者丁伟报道：中共中央政治局委员、国务院副总理、全国防治非典指挥部总指挥吴仪在9日召开的全国预防非典工作电视电话会议上强调，要按照胡锦涛总书记和温家宝总理关于保持高度警惕，有效防范非典的指示，思想上立足预防，工作上防止反复，加强组织领导，统一指挥协调，统筹安排各项预防工作，巩固成果，落实措施，严密防范非典疫情复发。

吴仪指出，全国防治非典工作会议后，各地区、各部门认真学习贯彻胡锦涛总书记、温家宝总理的重要讲话和会议精神，坚持思想不麻痹，领导不削弱，工作不松懈，有效地巩固了防治成果。

吴仪强调，召开这次会议，并不是因为已经发生了非典，也不是非典马上就要反复。主要考虑到，秋冬季是呼吸道疾病高发期，非典疫情可能会出现反复；世界卫生组织也提醒有关国家尽早采取措施防止非典反复。因此，我们要及早部署，及早防范。

吴仪要求，各地区、各部门要坚持党委和政府的统一领导，按照属地管理原则，切实落实预防措施。一是正确认识和把握当前的预防非典工作，既保持高度警惕，又不能反应过度。二是积极稳妥地启动防治非典指挥协调机构的工作，保持信息通畅，落实预警制度和防治预案，做好后勤准备，确保预防工作需要和市场稳定。三是严格实行疫情日报告和零报告及统一发布制度，对迟报、瞒报和漏报疫情者要严肃追究责任，疫情和相关信息由卫生部统一组织发布。四是继续加强诊断试剂、治疗药物等攻关工作和国际及地区间的交流与合作。五是做好重点部位和重点环节的防控工作。六是做好宣传工作，正确引导舆论，增强群众预防非典的信心。

国务委员兼国务院秘书长、全国防治非典指挥部副总指挥华建敏主持会议。北京市和广东省人民政府负责人作了会议发言。

在全国预防非典工作电视电话会议上的讲话

（2003年10月9日）

吴 仪

按照党中央、国务院的部署，全国防治非典指挥部召开这次全国预防非典工作电视电话会议，回顾7月28日全国防治非典工作会议以来的工作，交流经验，分析面临的形势，部署近期预防非典工作。刚才，北京市、广东省作了很好的发言，值得大家学习和借鉴。下面，我讲两个问题。

一、巩固防治成果，坚持做好预防非典工作

7月17日，全国防治非典指挥部召开阶段性总结大会提出，防治工作由应急转入常态，由指挥部各组成部门按照统一部署和要求，落实经常性防治措施。7月28日，党中央、国务院召开全国防治非典工作会议，卫生部同时召开全国卫生工作会议，总结防治非典的经验教训，对做好今后的防治工作和加强公共卫生建设作出了部署和安排。各地区、各部门认真学习贯彻胡锦涛总书记、温家宝总理重要讲话和会议的精神，把思想统一到中央的决策和部署上来，按照依法、科学、规范、有序的要求，认真总结经验教训，落实好经常性防治措施，巩固防治成果，防止疫情反复。虽然这段时间我们没有以指挥部名义集中开展工作，但是各地区、各部门都自觉履行职责，各项工作都抓出了成效，主要表现在以下七个方面：

一是思想不麻痹，领导不削弱，工作不松懈，加强疫情信息网络建设，落实检验检疫措施，坚持疫情零报告制度，做好重点部位和环节的防控工作，高度警惕非典疫情的反复。据质检总局统计，6月下旬至9月中旬，质检系统对4552万出入境人员进行了健康申报和体温检测，发现发热症状者6900多人，并将其中290多人送往医院作进一步检查。二是认真研究制订防治非典工作预案。卫生部对各地区制订预案的情况进行了检查，并组织开展了培训和交流，全国218个市（地）组织开展了预案模拟演练。三是加强公共卫生事件应急机制建设。全国已初步形成从医疗机构到疾病预防控制机构的非典疫情报告系统，并逐步向城市社区和农村乡村延伸。各地区正在按照国家制订的建设规划，加紧疾病预防控制体系和医疗救治体系建设。四是组建突发公共卫生事件应急处理的机动队伍。各地区认真挑选从事疾病预防控制和医疗工作并具有实际经验和良好业务素质的专业人员，组建省、市（地）级专业队伍，卫生部和地方卫生部门组织了业务培训。据不完全统计，从7月份以来，全国共举办培训班一万多期（次），培训98.7万人。五是加强对科技攻关工作的组织、协调和督导，加大对诊断试剂、疫苗等重点项目的支持力度。目前，已研制成功用于早期诊断的PCR诊断试剂；筛选出8种有效治疗中成药；已研制成功防护效果良好的生物防护产品和系列检测设备；灭活疫苗临床前研究进展顺利。六是大力表彰和宣传在抗击非典斗争中涌现出的先进集体和模范个人，弘扬伟大民族精神和社会正气。抗击非典斗争英雄模范事迹报告团到13个省区市作了26场报告，在广大群众中引起强烈反响。同时，广泛开展讲文明、讲卫生、讲科学、树新风的活动，宣传卫生科普知识，倡导健康文明生活方式。七是进一步推动公共卫生国际交流与合作，学习和借鉴国际社会的有益经验和做法，积极争取国际社会的理解和支持，扩大我国际影响，树立我坦诚、务实和负责任的国家形象。

但是，防治工作中也还存在一些问题。一是有的地方对预防非典反复存在麻痹思想、松懈情绪和侥幸心理。二是预案分级标准不统一，不同地区的预案对同样疫情的反应程度不同；有的预案缺乏操作性；有的预案责任不明确；个别地方预案不符合卫生部统一要求，没有采用统一的疫情报告软件，没有执行疫情直报的规定，对捕捉、贩运、屠宰和烹饪野生动物等有关人员的预防监测措施不落实。三是有的医疗机构发热门诊设置不落实，管理不规范，人员拥挤，通风不好，隔离不严，一旦发生疫情，很可能就是传染源，必须切实加以规范。四是有的地方大吃大喝、滥吃滥喝的毛病又有所抬头，野生动物照吃不误，红白喜事大摆排场，这些陈规陋习、不文明的生活方式，是预防非典的极大隐患，要认真治理。此外，有的地方的救治经费尚未兑现，影响了医疗机构的工作；我们对非典诊断和治疗的经验还需要进一步总结提高，对疫情监测、报告、通报、发布工作还需要进一步完善。

上半年发生的非典疫情，给人民群众身体健康和生命安全带来了严重危害，也给国民经济和社会发展造成了很大的损失。血的教训告诫我们，在预防非典工作上，不容有丝毫的麻痹，必须认真对待和解决当前工作中存在的问题，绝不能因为我们工作不力，导致疫情再次发生，甚至大范围扩散，使广大人民群众身体健康和生命安全，以及社会经济发展蒙受更大的损失。

二、落实预防措施，严密防范非典疫情复发

党中央、国务院一直高度重视防治非典工作。胡锦涛总书记在全国防治非典工作会议上指出，人类传染病史告诉我们，任何重大的传染病，都不会在一次发作后就销声匿迹，如果不加强防范，必然会再次发生，甚至反复发生。要求我们必须以对人民高度负责的精神，毫不松懈地抓好疫情防控工作，坚决防范疫情再次发生。温家宝总理也强调，防治工作不能放松，要严防非典反复，特别要做好今冬明春的预防工作。最近，锦涛、家宝同志又多次强调，要认真制定和落实预防措施，坚决防止非典反复。根据他们的指示，全国防治非典指挥部9月26日召开会议，对当前的预防工作进行了专门研究，决定召开这次全国预防非典工作电视电话会议。选择这个时机召开这次会议，不是因为已经出现了非典，而是基于以下三方面的考虑：一是秋冬季节来临，进入了呼吸道疾病的高发期，非典疫情出现反复的可能性是存在的。我们要立足于把工作做在前面，早抓才主动，等到有了疫情再部署就晚了。二是世界卫生组织已多次提醒有关国家尽早采取措施防止非典反复，特别是有的国家最近又出现一例非典病例，给我们敲响了警钟，不能不引起我们的高度重视，我们需要尽快启动预防工作。三是当前有一些谣传，个别媒体炒作。9月初，一些地方谣传广东发现非典患者，经调查证明没有此事。这提醒我们要及时向群众通报情况，将我们要采取的措施告诉群众，让群众尽早吃上“定心丸”，避免引起不必要的恐慌。这次会议后，各地区、各部门要注意处理好以下几个问题，切实做好以下几项工作：

（一）正确认识和把握当前的预防非典工作。我们召开这次会议进行部署，并不是说现在已经有了非典，也不是说非典马上就要来了，目的是要及早防范。所以，启动预防工作，要掌握好分寸，把握好尺度。一方面，我们至今还没有完全掌握非典的病原病因和传播流行规律，仍缺乏准确的诊断方法、有效的治疗药物和可靠的预防疫苗，如果有任何麻痹松懈，就可能导致非典反复。因此，必须扎扎实实做好预防工作，严防非典疫情发生。另一方面，非典过后，人们的心理比较脆弱，有些人“谈非色变”。前段时间，国内个别地方出现非典传言，加之有的媒体炒作，就引起了广大群众的极大关注。当前又到了呼吸道疾病的高发季节，很容易让人误以为是非典。如果我们处理不当，反应过度，很可能会使群众误认为已经发生了非典，或者感到非典就要来了，搞得人心惶惶。所以，我们要在思想上立足预防，工作上防止反复，方式方法上积极稳妥，宣传舆论上不能炒作。我们坚信，有上半年抗击非典斗争积累的有效防治经验，只要时刻保持警惕，坚持不懈、全力以赴地做好预防工作，我们就完全可能防止非典反复。

（二）积极稳妥地启动防治非典指挥协调机构的工作。全国防治非典工作取得阶段性重大胜利后，按照中央的部署和要求，各级指挥协调机构的工作都由应急转入常态。从今天开始，各地都要重新启动指挥协调机构的工作。不要求所有工作都恢复到7月份以前的状态，但重要部位、重要环节的工作必须恢复到7月份以前的状态。

首先，要恢复值班联络制度，保持通讯联络畅通，保证工作部署和重大情况能够上传下达，一旦出现疫情，可以在第一时间紧急调度处置。及时发现第一例病例很重要，不但防治组要第一时间介入，而且科技攻关组也要在第一时间介入，协调一致，迅速有效地加以控制。

其次，要落实预案，严格执行预警制度。要对防治预案进行一次认真分析，组织适当规模的模拟演练，查找问题和不足，及时加以调整和完善。要紧紧围绕预防工作的需要，落实好各项措施，包括人员、物资、设备设施和管理等方面的措施。要做好医护人员的组织动员、业务培训和自我防护措施的落实工作，特别要使基层医护人员掌握必要的非典防治知识、诊断和治疗技能，形成有效的防治力量。要按照卫生部的统一规定和要求，设置预警级别，确定预警标准，明确预警程序，落实预警措施，保证能够及时启动预警机制。

第三，做好后勤准备，确保预防工作需要和市场稳定。要切实做好药品、器械、防护和消毒用品以及其他预防、救治所需物资的储备工作，做好生活必需品供应工作，及早部署生产、运输和余缺调剂等方面的应急准备工作。要认真落实防非典财政补助政策，拖欠医疗机构补助经费的地方，要尽快按有关规定补上，对今后防治经费补助问题，也要认真研究，尽快明确。要继续加强对市场的监测和预警，完善应急工作预案；继续深入开展联合执法，严厉打击制售假冒伪劣以及各种扰乱市场秩序的行为，加强质量和价格监督，确保物资供应和市场稳定。各地区、各部门要认真贯彻执行发改委下发的《非常时期价格干预和紧急措施的办法》和商务部下发的《突发事件生活必需品应急管理暂行条例》。

第四，密切关注社会动态，维护社会稳定。公安机关要及时掌握与非典有关的信息和影响社会稳定的信息；严密关注机场、火车站、长途汽车站、码头及其他人员密集和流动性大的公共场所人员流动情况，加强对社会面的控制。一旦发现非典疫情，要积极协助卫生、质检等部门做好有关工作，严厉打击有关违法犯罪活动。

全国防治非典指挥部近期要派督查组到各地进行检查，一是看防治工作落实得好不好，二是看预防准备工作做得怎么样，三是看预案落实不落实。请各地密切配合。

（三）严格实行疫情日报告和零报告及统一发布制度。各地区、各部门要认真学习传染病防治法和《突发公共卫生事件应急条例》，按照卫生部发布的《传染性非典型肺炎疫情监测报告实施方案》的要求，加强疾病预防控制机构和医疗机构的协作，提高非典疫情的监测能力，做到“早发现、早报告、早隔离、早治疗”。这是经验的总结，也是最有效的措施。要健全和完善疫情报告网络，所有医疗机构、社区和乡村都要明确专人负责非典疫情搜集报告工作，做好疫情的日报告和零报告制度。疫情报告依法采取逐级报告与直接报告相结合的办法。一方面，得到疫情信息的卫生行政部门和疾病预防控制机构要及时向本级人民政府和上级卫生行政部门报告疫情；另一方面，乡（镇）卫生院和县及县以上各级医疗机构要直接通过互联网进入“国家传染性非典型肺炎疫情专报系统”报告疫情，确保县及县以上各级疾病预防控制机构及时掌握疫情信息，同时，鼓励群众向各级卫生行政部门和疾病预防控制机构报告疫情。省级卫生行政部门接到本辖区首例非典疑似病例报告，应立即派省级专家组进行诊断；卫生部接到各地区首例非典疑似病人报告后，应尽快派国家级专家组进行诊断鉴定。对于迟报、瞒报和漏报者，要严肃追究有关负责人和责任人的责任。要加强群众监督。一旦发现有瞒报疫情的，可向卫生主管部门举报，卫生部门要及时向指挥部报告。疫情和相关信息由卫生部统一组织对社会发布。全国首例非典疑似病例和临床诊断病例，由卫生部组织专家组确认后，及时向社会公布，并向世界卫生组织等方面通报。各地区、各部门要严格按照有关法律法规和卫生部的有关规定，及时、如实地向社会公布和向有关方面通报疫情。新闻媒体要严格按照卫生部门的通报报道疫情，不得编发未经核实的信息，任何单位和个人都不得发表未经卫生主管部门确认的、或推测的、甚至虚假的消息、言论。各地区、各有关部门都要严肃疫情发布纪律，严格疫情发布程序，加强对媒体的管理，严禁传播谣言等有害信息，及时澄清谣言，消除疑虑，避免误解和恐慌。

（四）继续加强科技攻关工作和与国际及地区间的交流与合作。要深入研究总结非典诊断和治疗经验，改进诊断和治疗方法，提高有效性，降低副作用。要完善中西医结合治疗技术，充分发挥中医药的作用。要强化对早期诊断试剂、疫苗、有效治疗药物以及流行病学等重点研究项目的管理和督导，力争PCR等早期诊断试剂尽快批量投入临床应用。要加快研究制订防止非典复发的科技应对预案，集中力量，加强协作，建设非典研究与开发平台和网络，增强防治非典科技应急处理能力和科技支撑能力。要继续加强与各国，特别是东盟国家，以及世界卫生组织的信息交流与合作，及时掌握国际上防治非典的动态，学习和掌握先进的防治方法。要积极做好我境外公民、港澳台同胞以及在华外籍人士预防指导和服务工作。及时主动与香港、澳门和台湾地区交换有关非典防治信息，加强工作配合和协作。有关地区和外交、卫生等有关部门要继续保持与各国驻华使领馆、世界卫生组织等国际组织驻华机构的联系，特别要加强同世界卫生组织的密切联系，卫生部要与世界卫生组织驻北京办事处保持联系，及时互通信息，争取他们的支持、帮助和指导。

（五）做好重点部位和重点环节的防控工作。各直辖市、省会城市和一些重点城市，要落实非典定点医院和后备医院，规范发热门诊。医院门（急）诊要做好预检工作，初诊为呼吸系统疾病的发热病人要转至隔离的发热门诊处理；要建立和完善规章制度、工作流程，采取严格隔离传染源、病区消毒、医护人员防护等综合性措施，严防院内发生交叉感染。对密切接触野生动物的有关人员采取重点监测和预防措施。要加强非典标本管理，对各地保存的非典科研标本病毒毒株要登记造册，集中存入毒株库和标本库，严防扩散。县级卫生部门和疾病预防控制机构要加强对基层乡（镇）卫生院和村卫生室预防工作的业务指导。学校、托幼机构等单位要加强学生卫生防病知识教育，开展因病缺勤率、缺课率等指标监测，如本地出现疫情，要及时实行晨检制度，控制本单位人员流动。农民工集中的场所、建筑工地等单位要加强对呼吸道发热病人的监测，注意改善集体住所通风条件。机场、火车站、长途车站、码头等人口密集、流动性大的公共场所，要加强跟踪检疫工作，防止非典通过流动人口传播。口岸要切实加强出入境人员填写健康申报卡和进行体温检测的措施，加强出入境人员和交通工具的检疫工作，及时发现和控制疫情。

各地区、各部门要认真做好流感预防控制工作，做好免疫接种和诊断治疗工作，减少流感病例，尽可能降低其对非典诊断的影响。

此外，要将广交会期间预防非典及其他传染病的工作作为一项重要工作来抓。第九十四届广交会即将召开，卫生部、商务部、质检总局和广东省、广州市政府要共同研究采取行之有效的措施，扎实做好出入境检疫和疾病预防工作，严防疫情的输出和输入。对我国目前还没有发现的一些新传染病，如西尼罗热、猴痘、埃博拉等，也要防止输入我国。各地区组团参加广交会也要切实做好预防工作。

（六）做好宣传教育工作，树立健康意识，倡导文明生活方式。要普及预防秋冬季常见病、多发病的常识，增进群众的卫生健康意识和自我防范知识，使广大人民群众能够正确地认识非典，科学地预防非典，既要防止麻痹大意，又要防止引起社会恐慌。要把宣传传染病防治法和《突发公共卫生事件应急条例》纳入全民普法范围，增强公民的法治意识和社会公德，坚持依法防治非典。继续广泛开展讲文明、讲卫生、讲科学、树新风的活动和群众性爱国卫生运动，大力推进创建卫生文明城市、文明社区、文明村镇活动，教育和培养群众养成爱清洁、讲文明的生活习惯和保护环境卫生的良好行为。新闻媒体要适度报道各地区、各部门防止疫情反复采取的各项预防措施，正确引导社会舆论，增强广大干部群众预防控制非典的信心。

坚持党和政府的统一领导，是上半年防治非典取得阶段性重大胜利的一条基本经验。加强党和政府对预防非典工作的领导，也是做好预防非典工作，防止非典反复的关键。各级党委和政府要统一思想，提高认识，统一指挥，统筹安排各项工作，继续坚持一手抓预防非典工作不放松，一手抓经济建设不动摇。各单位要全面落实责任制，扎扎实实地落实预防措施。一旦发生非典疫情，必须坚决按照属地管理原则，由疫情发生地党委、政府对防治工作实施集中统一领导。各部门要按照应急预案规定的职责，各司其职，各负其责，发扬在前一阶段防治工作中形成的团结协作的精神，密切配合，相互支持，共同做好非典预防控制工作。有关单位和人员要积极配合卫生专业人员进行现场调查处理、采样、技术分析、检验检疫和应急处理技术指导等工作，不得以任何理由拒绝或妨碍非典防治工作的开展。

同志们，加强预防非典工作，防止疫情反复，是一件关系人民群众切身利益和社会经济发展的大事，是对我们学习贯彻“三个代表”重要思想的一次实际检验，是对我们大局意识、全局观念、工作责任心和应对复杂局面能力的一次考验。我们一定要全面做好预防控制工作，坚决防止非典疫情反复。

（新华社北京10月9日电）

两部委近日发出通知

涉及人类遗传资源物品不得随意出境

新华社北京10月9日电 （记者朱玉）卫生部、国家质检总局两部委近日发出通知，其核心内容为涉及人类遗传资源的医用特殊物品不得随意出境，违者将遭处罚。

人类遗传资源是指含有人体基因组、基因及其产物的器官、组织、细胞、血液、制备物、重组脱氧核糖核酸构建体等遗传材料及相关的信息资料。凡涉及人类遗传资源的医用特殊物品出境，需经所在的省、自治区、直辖市卫生行政科技部门审核同意后，再报中国人类遗传资源管理办公室审批。中国人类遗传资源管理办公室为卫生部与科技部联合设立的办公机构。

河北加快磁州窑文化遗产开发利用

本报北京10月9日讯 为进一步弘扬磁州窑文化，加快对磁州窑文化遗产的保护、开发和利用，10月8日至10日，中国磁州窑文化发展战略研讨会在北京举行。

磁州窑是中国古代北方最大的民窑体系，是民间陶瓷艺术的代表，在世界陶瓷发展史上占有重要的地位。磁州窑遗址是1996年国务院公布的全国重点文物保护单位，保存着世界上数量最多、规模最大、最完整的古窑厂，遗址主要分布在峰峰矿区和磁县一带。目前，国外各大博物馆几乎都藏有磁州窑宋瓷。早在20世纪30年代开始的磁州窑研究，正在逐步弥补学术界对这一中国著名民窑考证不足的遗憾。研讨会围绕磁州窑遗产的保护、开发和利用共交流学术论文20余篇，与会专家呼吁加大对磁州窑遗址保护的投入，加快抢救步伐，积极申报世界文化遗产。

磁州窑的传人也在保持原有风格的基础上，结合现代艺术，不断地把磁州窑文化精神发扬光大。作为磁州窑的故乡，河北峰峰矿区举办此次研讨会旨在继承、弘扬传统文化精华的同时，把磁州窑文化与旅游经济结合起来，实现文化旅游产业富民强区。

（彦 彬）

第八届中国戏剧节拉开帷幕

据新华社西安10月9日电 （记者杨一苗、刘喜梅）“大唐古都绽新颜，同庆普天聚梨园。自古人和政通致，长安今日又贞观。”这是著名京剧表演艺术家尚长荣在中国戏剧节开幕之际即兴写的诗句。10月9日晚，由尚长荣、关栋天等领衔主演、上海京剧院精心打造的京剧《贞观盛事》，在此间拉开了第八届中国戏剧节的帷幕。

为期14天的这次戏剧节由中国文联、中国剧协、西安市人民政府联合主办，19台来自全国各地的优秀剧目将逐一在古城西安的舞台上粉墨登场。

“中国曹禺戏剧奖·剧目奖”的评奖工作也将在戏剧节期间进行。

第四届北京朝阳国际商务节开幕

本报北京10月9日讯 记者赖仁琼报道：第四届北京朝阳国际商务节今天开幕。全国人大常委会副委员长何鲁丽等领导出席开幕式。外国驻华使节与美、法、德等国的城市代表团、美国CEO考察团、全球500强企业以及国内外金融机构的代表出席开幕式并参加论坛等活动。

本届商务节期间举办的《北京CBD国际金融服务暨商务写字楼综合项目展》、《CBD产业发展市长论坛》、《信用北京论坛》、商务参赞投资推介洽谈会、使节夫人活动日等展览、高层论坛、商务、文化活动，将进一步加强国内外企业的交流与合作，确立北京CBD核心区的产业定位。在今天的开幕式上，北京市金融发展顾问团正式成立。

李真受贿贪污案二审宣判

河北高院依法维持对李真的死刑判决

新华社石家庄10月9日电 河北省高级人民法院9日上午在唐山对李真受贿、贪污一案公开宣判，依法裁定驳回李真上诉，维持一审对李真的死刑判决。

2002年8月30日，河北省唐山市中级人民法院作出一审判决，认定李真在担任河北省政府办公厅秘书、河北省委办公厅秘书和副主任、河北省国税局副局长和局长期间，非法收受或索取他人财物，共计折合人民币814万余元；伙同他人侵吞中国东方租赁公司河北办事处人民币、中兴电子公司和尼瓦利斯有限公司股份，共计折合人民币2967万余元，李真从中分得财物共计折合人民币270万余元。唐山市中级人民法院以受贿罪判处李真死刑，剥夺政治权利终身，并处没收个人全部财产；以贪污罪判处李真死刑，缓期二年执行，剥夺政治权利终身，并处没收个人全部财产。决定执行死刑，剥夺政治权利终身，并处没收个人全部财产。李真不服，提出上诉。李真及其辩护人主要提出，原审法院认定的受贿事实有的不构成受贿罪；不构成贪污共犯；有立功表现，应从轻或减轻处罚。

河北省高级人民法院依法组成合议庭审理了本案，认为原判决认定李真受贿有证据证实，经一审庭审辩论、质证，确凿无误，足以认定。认定李真贪污，有一审庭审辩论、质证，确认其在共同贪污犯罪中，系贪污犯罪的犯意提起者，积极参与策划并非法占有公共财物，其“不构成贪污共犯”的辩解，与事实不符；在押期间，促其同监在押人员主动交代犯罪的行为不属刑法规定的“立功表现”，不构成立功；李真检举揭发他人的犯罪行为，有的虽已构成犯罪，但早已被我有关部门掌握，有的不属犯罪行为，其检举揭发行为亦不构成立功。河北省高级人民法院经审核实后认为，原判决认定事实清楚，证据确凿，定罪准确，量刑适当，审判程序合法，上诉人李真无法定从轻、减轻处罚情节，依照《中华人民共和国刑事诉讼法》有关规定作出裁定：驳回上诉，维持原判。

此裁定须依法报经最高人民法院核准。

九、重大案件报道的版面安排

对重大案件尤其是对重大腐败案件的查处，充分体现了党中央加强党风廉政建设、惩治腐败的坚强决心和鲜明态度。对于这类案件的报道，人民日报按照有关方面的部署，注意把握尺度，使报道有利于震慑犯罪分子，有利于反腐败斗争的推进，有利于鼓舞人心。

（一）陈良宇案件新闻的版面安排

陈良宇，中共中央政治局原委员、上海市委原书记。因严重违反党纪政纪，被开除党籍、公职；因犯受贿罪、滥用职权罪，被判处有期徒刑 18 年。

陈良宇曾是我党高级领导干部，查处陈良宇案件，世人关注，必须把握得当。

2006 年 9 月 26 日，一版在中线稍下位置刊出中共中央对陈良宇严重违纪问题立案检查的决定。

9 月 27 日，一版右下位置刊登上海市表示坚决拥护中央决定、继续保持上海稳定发展、坚定不移推进反腐败斗争的消息。

（附 2006 年 9 月 26 日一版）

2007 年 7 月 27 日，一版下方刊登中共中央决定给予陈良宇开除党籍、开除公职处分，并对其涉嫌犯罪问题移送司法机关依法处理的消息，以及陈良宇被依法罢免全国人大代表和上海市人大代表职务的消息。要闻四版右上位置刊登中央纪委负责人就查处陈良宇严重违纪案件答记者问。7 月 28 日，要闻四版中线位置刊登广大干部群众拥护和支持中央对陈良宇处理决定的消息。

（附 2007 年 7 月 27 日一版）

2008 年 4 月 12 日，要闻四版左下位置刊登陈良宇一审被判有期徒刑 18 年的消息。

（附 2008 年 4 月 12 日四版）

（二）陈希同案件新闻的版面安排

陈希同为中共中央政治局原委员，北京市委原书记。因贪污罪被判处有期徒刑 13 年；以玩忽职守罪判处有期徒刑 4 年；两罪并罚，执行有期徒刑 16 年。

1995 年 4 月 28 日，一版在中线位置刊登消息“中共中央任命尉健行为中共北京市委书记　批准陈希同引咎辞职”。

（附 1995 年 4 月 28 日一版）

1995 年 7 月 5 日，一版在左下突出位置刊发“中共中央决定　对陈希同同志的问题进行审查”的消息。

（附 1995 年 7 月 5 日一版）

1997 年 9 月 10 日，一版刊登中共十四届七中全会举行消息，左下刊发“中纪委决定开除陈希同党籍　检察机关已对其依法立案侦查”的消息。

（附 1997 年 9 月 10 日一版）

1998 年 8 月 1 日，一版刊登“北京市高级人民法院作出一审判决　陈希同两罪并罚被处有期徒刑 16 年”的消息。

（附 1998 年 8 月 1 日一版）

人民日报

RENMIN RIBAO

今日 16 版(华东、华南地区 20 版)

人民网 网址:http://www.people.com.cn 手机:http://wap.people.com.cn

国内统一连续出版物号 CN 11-0065

第 21262 期 (代号 1-1)

人民日报社出版

2006 年 9 月 26 星期二 丙戌年八月初五

北京地区天气预报

白天 晴间多云 风向 北转南 风力 二、三级

夜间 晴间多云 风向 南转北 风力 一、二级

温度 27℃/14℃

奥运工程展示中国风采

本报记者 陈晨曦

9 月 17 日国家体育场钢结构成功卸载的当天中午，李久林和他的同事们在相拥而庆后，终于可以开怀痛饮。

在李久林眼中，“鸟巢”是他经手的最有难度的项目。“当看到图纸的时候，感到它跟以往的工程完全不同。通过对图纸的深入了解，感觉有太多的问题是以前从来没有接触过的，甚至从有关的资料看，国内外都没有接触过，因此我们感受到的首先就是压力和挑战。”

李久林介绍说：“‘鸟巢’最具特点也是最复杂的一个地方是肩部弯扭构件的设计，这种大胆而巧妙的设计在世界建筑史上还没有先例。”除此之外，要把这种弯扭构件从设计变为现实，首先需要的就是符合设计要求的高强度钢材，而在当时所有国产钢材都达不到它的强度要求。最终，在设计单位、施工单位和国内钢厂的通力合作下，经过反复研究、试验，终于成功地轧出了符合施工要求、完全由我国自主研发的 Q460 高强度钢材，不仅为“鸟巢”建设赢得了时间，同时也填补了我国该项技术领域的空白。李久林骄傲地说：“整个工程的钢材全部实现了国产化，使用钢材 700 万吨，合格率达到 100%。可以说，‘鸟巢’钢结构在国内建筑用钢史上树立了一个新的里程碑。”

有了合格的钢材之后，为生产出符合设计要求的弯扭构件，施工单位又自主开发了一套工艺技术，在逐渐攻克这项技术难关的过程中，我国加工不规则弯扭板材的技术得到了迅速提升。在工程技术人员和一线工人的共同努力下，“鸟巢”终于披上了它美丽的钢结构“外衣”。

以“鸟巢”为代表，奥运工程建设几乎成为了展示中国建筑、建材等科技成果的窗口和舞台。国家体育场大跨度的钢架结构、国家游泳中心的空间钢架结构都是目前建筑立面中比较罕见的结构形式。 (下转第八版)

“看到‘鸟巢’站立在我们的面前，那种心情真是难以言表，很多人都流下了泪水。我和我的同事都喝醉了。”

——“鸟巢”项目总工程师李久林

经济规模和运营质量不断提高

我大企业集团资产首超二十万亿元

一批具有一定国际竞争力的大公司大企业集团形成

本报北京 9 月 25 日讯 记者朱剑红从国家统计局获悉：我国大企业集团的经济规模和运营质量不断提高。2005 年，我国大企业集团的数目增加了 81 家，达到 2845 家；其资产总计首次超过 20 万亿元，比上年增长 18.5%；营业收入比上年增长 23%；实现利润总额比上年增长 25.3%。

2005 年，我国企业集团资产总计最多的十大行业依次为：制造业，电力、燃气及水的生产和供应业，采矿业，金融业，信息传输、计算机服务和软件业，交通运输、仓储和邮政业，批发和零售业，建筑业，其他和房地产业。其中，制造业的比重为 35.72%，比去年减少 0.97 个百分点；金融业的资产总计达到 1.86 万亿元，首次超过了信息传输、计算机服务和软件业。值得注意的是，住宿和餐饮业资产增速高达 63.8%，金融业增长 41.7%，交通运输、仓储和邮政业增长 27.1%，成为资产增速最快的三个行业，而这三个行业均处于第三产业。

这项调查还显示，我国一批具有一定国际竞争力的大公司、大企业集团已经形成并且不断发展壮大，直接表现就是进入世界 500 强的企业增多，而且排名提升。从美国《财富》杂志公布的 2006 年度全球 500 强企业的名单来看，一方面，中国内地有 19 家大企业集团榜上有名，比去年增加了 4 个。新增加的中国铁路工程总公司、上海汽车工业（集团）总公司、中国铁道建筑总公司和中国建筑工程总公司中，三家建筑业企业集团都是首次上榜；另一方面，中国大企业集团排头兵的综合实力继续增强。中国石油化工集团公司取得了中国公司在世界 500 强排行榜上的最好名次，比去年提升了 8 位。国家电网公司比去年提升 8 位、中国石油天然气集团公司比去年提升 7 位。

由国家统计局调查中心进行的这项调查，借鉴了国际先进统计方法。2845 家大企业集团包括中央、国务院以及国务院主管部门和省（区、市）批准的企业集团，以及年营业收入和资产总计均在 5 亿元及以上的其他各类企业集团。

招标投标法实施六年多来

政府投资项目节省约六千亿元

招投标已经成为推进现代市场体系建设的重要手段

本报北京 9 月 25 日讯 记者朱剑红从国家发改委获悉：《招标投标法》实施 6 年多来，招标比例大幅度提高，节约了大量投资。目前，依法必须招标的政府投资项目和重大建设项目，绝大部分都执行了招投标制，通过公开招标签订合同份数和合同金额逐年提升。其中，施工招标和设备、材料招标情况相对较好，实行公开招标的合同金额比例达到 90%以上；通过招投标节约的工程建设投资，一般在 10%—15%，有的地方和行业的平均节资率达到 20%左右。据匡算，仅实行政府投资项目招投标，就节省概算投资约 6000 亿元左右。

作为推进基本建设领域改革的一项措施，我国在 20 世纪 80 年代初引入了招投标制度。近 30 年来，招投标先后在利用国外贷款、机电设备进口、建设工程发包、科研课题立项、药品采购、办公用品采购等领域广泛推广，招投标领域和范围不断扩大。特别是 2000 年《招标投标法》实施后，全社会依法招投标意识显著增强，招投标行为日趋规范，招投标已经成为推进现代市场体系建设的重要手段，对于创造公平竞争的市场环境，提高公共采购效益和质量，维护国家和社会公共利益，发挥着越来越重要的作用。

吴邦国与南非国民议会议长举行会谈

新华社北京 9 月 25 日电 （记者李忠发）全国人大常委会委员长吴邦国 25 日下午在人民大会堂与率团来访的南非国民议会议长姆贝特举行了会谈，就进一步深化双边关系、议会交往和共同关心的重大问题深入交换了意见，达成重要共识。中国全国人大与南非国民议会定期交流机制也正式启动。

吴邦国在评价两国关系时说，中南两国人民有着深厚的传统友谊，发展同包括南非在内的非洲国家关系是中国外交政策的基本立足点。两国建交以来，双方高层交往频繁、政治互信不断增强，在涉及对方关切的问题上相互理解和支持，在国际事务中也保持了密切磋商与配合，经贸互利合作成效显著，南非是中国在非洲最大贸易伙伴，人文领域的交流蓬勃展开，给两国和两国人民带来了实实在在的利益。中方高度重视与南非的关系，愿与南方共同努力，推动双方平等互利、共同发展的战略伙伴关系不断向前发展。

在谈到议会交往时，吴邦国说，国家关系的发展需要两国议会的参与和支持。双方即将签署建立定期交流机制谅解备忘录，是两国议会交往中的重大事件，对深化双方的交流与合作必将产生积极影响。为充分发挥定期交流机制的作用，吴邦国建议：一是在定期交流机制框架下统筹安排议会各层次、各领域的友好交往；二是选择共同关心的议题，开展实质性的交流；三是通过交流机制，推动务实合作；四是促进政党、地区间的友好交往，增进两国人民间的友谊。

关于中非关系，吴邦国指出，今年是新中国与非洲国家开启外交关系 50 周年。半个世纪以来，中国与非洲各国风雨同舟、患难与共，友好合作关系不断发展。中国高度重视与非洲的团结合作。今年初发表的《中国对非洲政策文件》受到非洲国家普遍欢迎。 (下转第二版)

第三届全国少数民族文艺会演在京落幕

贾庆林等出席闭幕式并观看演出

新华社北京 9 月 25 日电 （记者李斌、杨维汉）天籁声声中华韵，舞姿款款盛世情。历时 20 天的第三届全国少数民族文艺会演 25 日晚在北京京西宾馆落下帷幕。第三届全国少数民族文艺会演评奖结果也同时揭晓，西藏自治区代表团民族歌舞《多彩哈达》等剧（节）目以及部分演出单位和个人获得各类奖项。中共中央政治局常委、全国政协主席贾庆林等出席闭幕式，并为获奖集体和个人颁奖。

今晚的京西宾馆鲜花簇拥，灯火辉煌，洋溢着一派喜庆气氛。当第三届全国少数民族文艺会演获奖集体和个人相继走上主席台时，全场响起热烈的掌声。西藏自治区代表团歌舞《多彩哈达》等 18 台剧（节）目荣获会演大奖，浙江省代表团歌舞《畲家谣》等 6 台剧（节）目荣获创作金奖，宁夏回族自治区代表团歌舞《我们宁夏好地方》等 7 台剧（节）目荣获表演金奖，天津市代表团幼儿舞蹈《乖乖羊》等 76 个剧（节）目荣获优秀节目奖。迪丽娜尔等 144 人荣获优秀演员奖，那日苏等 52 人荣获优秀新人奖。参加会演的 33 个代表团和中央民族大学、中央民族歌舞团均获得了组织奖。

第三届全国少数民族文艺会演与以往的两届相比，规模更大，更加突出民族特色、地方特色和时代特色。从 9 月 5 日到 9 月 25 日，来自全国各省区市和新疆生产建设兵团以及港澳台和解放军在内的 56 个民族的 4600 多名演职人员，为首都人民倾情奉献了 33 台剧（节）目、73 场演出的民族文艺盛宴。 (下转第二版)

中共中央决定

对陈良宇同志严重违纪问题立案检查

新华社北京 9 月 25 日电 9 月 24 日，中共中央政治局召开会议，审议了中共中央纪律检查委员会《关于陈良宇同志有关问题初核情况的报告》。

根据目前调查的情况，陈良宇同志涉及上海市劳动和社会保障局违规使用社保资金、为一些不法企业主谋取利益、袒护有严重违纪违法问题的身边工作人员、利用职务上的便利为亲属谋取不正当利益等严重违纪问题，造成了恶劣的政治影响。

中央决定，依据《中国共产党章程》和《中国共产党纪律检查机关案件检查工作条例》的有关规定，由中共中央纪律检查委员会对陈良宇同志的问题立案检查，免去陈良宇同志上海市委书记、常委、委员职务，停止其担任的中央政治局委员、中央委员职务。

中央认为，对陈良宇同志严重违纪问题的查处，充分表明我们党加强党风廉政建设和反腐败的坚强决心和鲜明态度，不论是谁，不论其职务多高，只要触犯党纪国法，都要受到严肃追究和严厉惩处。

中央强调，广大党员干部特别是领导干部一定要进一步认识反腐败斗争的长期性、复杂性、艰巨性，牢固树立正确的世界观、人生观、价值观和权力观、地位观、利益观，常修为政之德、常思贪欲之害、常怀律己之心，真正经受住权力、金钱、美色的考验。各级党组织要切实加强对党员干部特别是领导干部的教育和管理，加强制度建设和体制创新，加强对权力运行的制约和监督，毫不动摇地推进党风廉政建设和反腐败工作。

中央相信，在以胡锦涛同志为总书记的党中央坚强领导下，经过全党同志和广大人民群众不懈努力，一定能够有效遏制腐败现象的滋生蔓延、促进党风和社会风气的根本好转，一定能够把中国特色社会主义伟大事业不断推向前进。

九月二十五日，“国庆，让五星红旗飘起来”大型倡议活动在杭州武林广场举行，活动倡议全市各界和广大市民在国庆节期间以升、悬、插等方式让五星红旗飘满杭城。图为参加活动的杭州市民挥舞手中的国旗。 李忠摄（新华社发）

黄河流域首个国家湿地公园成立

本报银川 9 月 25 日电 记者刘毅、杜峻晓报道：银川国家湿地公园今天正式挂牌成立。这是黄河流域和中西部地区第一个国家级湿地公园。

今年 6 月，国家林业局批准银川国家湿地公园开展试点工作，在加强湿地保护的基础上合理开发利用，使保护和利用互相促进。据介绍，银川国家湿地公园分为阅海湿地、鸣翠湖湿地两个园区。阅海湿地公园面积 3 万多亩，由湖泊、沼泽、草甸组成，有水生植物 114 种、鱼类 17 种、鸟类 107 种。鸣翠湖湿地面积 1 万余亩，将以建设世界最大的芦苇迷宫、展现湖光水色的江南美景为目标，大力开展生态旅游。

国家林业局有关负责人说，近年来黄河流域湿地面积萎缩，功能下降。今后应加强部门合作，协调解决好湿地生态用水的问题；围绕防止沙漠化和沙尘暴，开展湿地保护与恢复工作；因地制宜，采取建立湿地保护小区、湿地公园等多种形式，保护和恢复黄河流域湿地。

河南粮播面积 3 年增近千万亩

本报郑州 9 月 25 日电 记者王明浩报道：从 2004 年至今，河南省粮食播种面积累计增加 984 万亩，为粮食连续 3 年大丰收打下了基础。

3 年来，河南出台一系列惠农政策，从 2005 年起免征农业税，并对种粮农民实行直补、良种补贴、农机购置补贴等 6 项补贴。今年，又新增对农民种粮用农业生产资料综合增支直补，7 项补贴金额达 30.45 亿元，比上年增加 14.7 亿元。

河南还安排配套资金支持实施优粮工程，积极推广优质小麦、优质玉米，农民种粮的比较效益明显提高。

韩正同志代理上海市委书记职务

新华社北京 9 月 25 日电 日前，中共中央决定：韩正同志代理中共上海市委书记职务。

第二套人民币纸分币将停止流通

本报北京 9 月 25 日讯 记者田俊荣报道：中国人民银行近日发出公告宣布，经国务院批准，中国人民银行决定从 2007 年 4 月 1 日起停止第二套人民币纸分币在市场上流通。停止流通的具体券别为 1953 年版 5 分纸币、1953 年版 2 分纸币和 1953 年版 1 分纸币。

据悉，2006 年 10 月 1 日至 2007 年 3 月 31 日为第二套人民币纸分币停止流通集中兑换期。从 2007 年 4 月 1 日起，央行各分支机构将要求各金融机构指定营业网点继续办理第二套人民币纸分币兑换业务，并将继续承办第二套人民币纸分币兑换业务的金融机构名称向社会公布。

央行新闻发言人解释说，随着我国国民经济发展和人民生活水平的提高，分币在货币流通中的作用逐渐减弱，公众及有关方面时有关于停止分币流通的建议。考虑到分币在银行、超市、医院、税收、电信等部门尚有一定数量的客观需要，为提高流通中小面额人民币整洁度，进一步推动和加快小面额货币硬币化进程，报经国务院批准，央行决定对第二套人民币纸分币实行停止流通，第二套人民币硬分币继续流通。

第二版刊登刘延东同志文章

巩固和壮大新世纪新阶段统一战线的强大思想武器

——学习江泽民同志的统一战线思想的体会

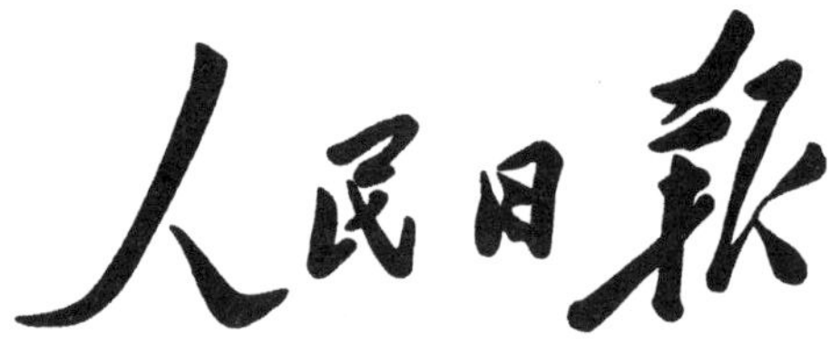

RENMIN RIBAO

今日 16 版

人民网 网址:http://www. people. com. cn
手机:http://wap. people. com. cn

国内统一连续出版物号 CN 11-0065
第 21566 期（代号 1-1）
人民日报社出版

2007 年 7 月
27
星期五
丁亥年六月十四

北京地区天气预报
白天 雾转多云
风向 北转南
风力 二、三级
夜间 多云
风向 南转北
风力 一、二级
温度 32℃/23℃

就当前经济形势和经济工作听取意见
中共中央召开党外人士座谈会
胡锦涛主持会议并发表重要讲话
温家宝通报有关情况 贾庆林曾庆红出席

新华社北京 7 月 26 日电 中共中央 7 月 25 日在中南海召开党外人士座谈会，就当前经济形势和经济工作听取各民主党派中央、全国工商联领导人和无党派人士的意见和建议。中共中央总书记胡锦涛主持座谈会并发表重要讲话。他强调，必须按照科学发展观的要求，深入分析和全面把握我国经济发展的新形势新特点，正确判断宏观经济面临的新情况新问题，不断提高驾驭经济发展的能力和水平。

中共中央政治局常委温家宝、贾庆林、曾庆红出席座谈会。温家宝通报了今年上半年我国经济运行的情况，并介绍了中共中央、国务院关于做好下半年经济工作的考虑。

座谈会上，民革中央主席何鲁丽、民盟中央常务副主席张梅颖、民建中央第一副主席张榕明、民进中央主席许嘉璐、农工党中央主席蒋正华、致公党中央主席罗豪才、九三学社中央主席韩启德、台盟中央主席林文漪、全国工商联主席黄孟复、无党派人士林毅夫先后发言。他们认为，今年以来，国民经济继续平稳快速发展，各项社会事业进一步加强，改善民生工作取得了新的成效。他们还就加强宏观调控、实现经济又好又快发展，做好"三农"工作、促进农业发展，调整国民收入分配格局、提高城乡居民收入和社会保障水平，完善房地产市场调控、解决好群众住房问题，发展资本市场、防范金融风险，落实节能减排措施、建立健全生态补偿机制等问题提出了意见和建议。

在认真听取了大家的发言后，胡锦涛作了重要讲话。他说，大家对上半年经济工作给予了充分肯定，提出了许多很好的意见和建议，我们将认真研究、积极采纳。

胡锦涛指出，今年以来，我们坚持以邓小平理论和"三个代表"重要思想为指导，深入贯彻落实科学发展观，进一步加强和改善宏观调控，国民经济形势总体是好的。各民主党派、工商联和无党派人士为促进经济社会又好又快发展作出了积极贡献。胡锦涛代表中共中央、国务院，向各民主党派、工商联和无党派人士表示衷心的感谢。

胡锦涛强调，在充分肯定成绩的同时，我们要高度重视我国经济运行中存在的突出矛盾和问题，保持清醒头脑。在改革不断深化、开放持续扩大、结构调整加快、利益多样化的情况下，在总量矛盾和结构矛盾交织、流动性过剩和产能过剩并存、国内因素和国际因素互动的大背景下，我国经济发展又到了一个非常关键的时期。实现我国经济又好又快发展，复杂性和艰巨性都明显增加，我们必须不断提高驾驭经济发展的能力和水平。

胡锦涛就做好下半年经济工作提出 4 点要求。一是要进一步采取综合措施加强和改善宏观调控，着力遏制经济增长由偏快转为过热的趋势。要引导各地区各部门各方面切实把思想认识统一到中央对当前我国经济形势的判断上来，统一到中央采取的一系列政策措施上来，不折不扣地把中央关于加强和改善宏观调控的各项政策措施落到实处。要根据经济形势的发展变化及时研究新的对策，坚持统筹兼顾方法，加强宏观调控政策的系统性设计，确保宏观调控的科学性、预见性、有效性。二是要进一步做好"三农"工作，着力提高农业综合生产能力特别是粮食生产能力。要从思想上提高对农业特别是粮食生产对经济发展全局重要性的认识，更加坚定地把保障我国粮食安全建立在主要依靠国内生产的基点上，加大支持粮食生产力度，进一步调动广大农民发展粮食生产的积极性。要大力加强以水利设施建设为重点的农业基础设施建设，加快农业科技进步。三是要进一步加大节能减排工作力度，着力改变高消耗、高排放的状况。要认真实施节能减排综合方案，加大重点地区、重点行业节能减排工作力度，坚决遏制高耗能、高排放行业过快增长，加快淘汰落后生产能力。要建立健全节能减排目标责任评价考核制度，实施有利于节能减排的经济政策，积极稳妥推进资源环境价格改革，严肃查处违规违法行为，真正把责任落实到地方、落实到企业。四是要进一步重视民生问题，着力维护好人民群众切身利益。要努力把加强和改善宏观调控与解决好群众最关心、最直接、最现实的利益问题有机统一起来，既推动经济平稳较快发展，又不断改善群众生活。要认真解决广大群众关心的教育、就业、医疗、住房、劳动者权益、安全生产等方面的问题，认真做好大学毕业生就业工作。要切实做好抗洪救灾各项工作，千方百计安排好受灾群众生活，帮助他们尽快恢复生产、重建家园，同时要大力提高防灾抗灾能力。

最后，胡锦涛希望各民主党派、工商联和无党派人士牢固树立大局意识、服务意识，最大限度地把各自联系成员的智慧和力量凝聚到促进经济社会发展上来，不断探索为经济社会发展服务的新途径新方法，继续为促进经济社会又好又快发展作出贡献。

回良玉、曾培炎、王刚、华建敏、刘延东和中央有关部门负责同志出席座谈会。

出席座谈会的党外人士还有张怀西、李蒙和朱培康、索丽生、陈昌智、杜宜瑾、陈抗甫、李敏宽、辜胜阻、袁驷等。

中共中央政治局召开会议
分析研究当前经济形势和经济工作
中共中央总书记胡锦涛主持会议

新华社北京 7 月 26 日电 中共中央政治局 26 日召开会议，分析研究当前经济形势和经济工作。中共中央总书记胡锦涛主持会议。

会议认为，今年以来我国经济形势总体是好的。农业生产稳定发展，结构调整出现积极变化，经济效益继续提高，节能减排积极推进，对外贸易平稳增长，改革迈出新步伐，人民生活不断改善。经济社会发展各方面都取得新的成绩。这是全党全国各族人民共同努力的结果，是各地区各部门认真贯彻落实科学发展观和中央方针政策的结果。这也充分证明，中央确定的宏观调控政策是及时的、必要的、正确的。

会议指出，在充分肯定成绩的同时，我们更要居安思危，保持清醒头脑，增强忧患意识。必须看到，当前投资增幅仍处高位，货币信贷增长仍然偏快，贸易顺差仍在扩大，结构调整仍然滞后，节能减排形势相当严峻，居民消费价格涨幅扩大，涉及群众切身利益的有关问题亟待解决。

会议强调，要坚持以邓小平理论和"三个代表"重要思想为指导，深入贯彻落实科学发展观和中央确定的方针政策，稳定、完善和落实宏观调控政策，财政政策要加大对结构调整支持力度，货币政策要稳中适度从紧，着力提高经济增长质量和效益，着力推进改革开放和自主创新，着力加快社会发展和改善民生，促进经济社会又好又快发展。

会议提出，要坚持把遏制经济增长由偏快转为过热作为当前宏观调控的首要任务，着力控制高耗能、高排放和产能过剩行业盲目扩张，努力缓解投资增长过快、信贷投放过多、外贸顺差过大的矛盾，控制价格总水平过快上涨，把发展的积极性、充裕的资金、宝贵的资源更多引导到加强经济社会薄弱环节上来；坚持把解决好"三农"问题作为全党工作的重中之重，巩固和强化农业基础地位，加快建立健全支持农业和农村经济发展的长效机制，促进农业稳定发展和农民持续增收；坚持把节能减排作为调整结构和转变增长方式的重要抓手，依靠优化结构、科技进步、加强管理、完善机制、强化法制和全民参与，力争节能减排取得更加明显的成效；坚持以人为本，抓住经济平稳增长和财政收入大幅增加的有利时机，中央和地方都要加大对涉及群众切身利益和关系经济长远发展的投入，让经济发展成果更多体现到改善民生上；坚持标本兼治、远近结合，用改革的办法推进深层次矛盾的解决。要加快发展科技、教育、卫生、文化等社会事业。当前，尤其要抓好防灾救灾工作，妥善安排受灾群众的生产生活。

会议强调，各地区各部门特别是主要领导干部一定要把思想统一到中央对当前经济形势的判断上来，把行动统一到中央的方针政策和工作部署上来，坚持从全局的高度想问题、谋思路、促发展，切实把主要精力和工作重点放在加快调整结构和转变发展方式上来。要狠抓落实、注重实效，不折不扣地把中央确定的政策逐项落到实处；对所有工作都要有部署、有责任、有检查、有考核，增强政策的执行力和有效性。

会议还研究了其他事项。

胡锦涛致电祝贺帕蒂尔就任印度总统

新华社北京 7 月 26 日电 国家主席胡锦涛 25 日致电普拉蒂巴·帕蒂尔，祝贺她就任印度共和国总统。

贺电说，在你就任印度共和国总统之际，我谨向你表示诚挚的祝贺和良好的祝愿。

中印互为重要邻国，又都是发展中大国，加强中印睦邻友好，发展两国全面合作，不仅造福两国人民，而且有利于亚洲乃至世界的和平与发展。我愿与你一起努力，推动中印战略合作伙伴关系不断向前发展，共同谱写新世纪中印睦邻友好和全面合作的新篇章。

胡锦涛向上海特奥会第二阶段国际火炬跑发贺词

新华社华盛顿 7 月 26 日电 当地时间 7 月 26 日上午，上海 2007 年世界特殊奥林匹克运动会第二阶段国际火炬跑在美国首都华盛顿白宫举行点火和起跑仪式，中国国家主席胡锦涛发来贺词，布什总统和夫人劳拉出席仪式。

中国国家体育总局局长刘鹏、中国驻美国大使馆临时代办郑泽光、上海市常务副市长冯国勤、中国残疾人联合会副主席王新宪、国际特殊奥林匹克运动会主席蒂姆·施赖弗等出席了在白宫举行的仪式。

布什总统在白宫火炬跑点火和起跑仪式上致词，他感谢胡锦涛主席向上海世界特殊奥林匹克运动会第二阶段国际火炬跑发来贺词。

白宫仪式结束后，在华盛顿市区举行了上海 2007 年世界特殊奥林匹克运动会第二阶段国际火炬跑。由中国特奥会运动员和中美两国执法人员手持火炬引导的火炬跑队伍，于当日下午 2 时抵达中国驻美国大使馆。中国驻美使馆全体工作人员、当地华人华侨和美国各界人士 400 余人在我驻美使馆参加了迎圣火仪式。

胡锦涛吴邦国温家宝贾庆林曾庆红吴官正罗干
参观新中国成立以来国防和军队建设成就展

7 月 26 日晚，中共中央总书记、国家主席、中央军委主席胡锦涛等中央领导同志在京参观新中国成立以来国防和军队建设成就展。

新华社记者 **樊如钧**摄

本报北京 7 月 26 日电 中共中央总书记、国家主席、中央军委主席胡锦涛 26 日晚来到中国人民革命军事博物馆，参观《我们的队伍向太阳——新中国成立以来国防和军队建设成就展》。中共中央政治局常委、全国人大常委会委员长吴邦国，中共中央政治局常委、国务院总理温家宝，中共中央政治局常委、全国政协主席贾庆林，中共中央政治局常委、国家副主席曾庆红，中共中央政治局常委、中央纪委书记吴官正，中共中央政治局常委、中央政法委书记罗干分别参观了展览。

中国人民革命军事博物馆装饰一新，新中国成立以来国防和军队建设成就展正在这里举办。展厅里展出的一张张图片、一件件实物、一个个模型、一组组视频，广场上摆放的陆军、空军、第二炮兵和后勤保障等装备，全面而生动地展示了新中国成立以来国防和军队建设取得的巨大成就。

胡锦涛等领导同志走进博物馆，饶有兴致地观看展品，仔细听取工作人员的讲解。在党的三代领导核心毛泽东、邓小平、江泽民关心国防和军队建设的大幅图片前，在抗美援朝上甘岭战场中弹痕累累的树干实物前，在我国第一颗原子弹、氢弹和神舟飞船的模型前，在新中国成立后全军涌现的英模群像前，在再现我军官兵参加 1998 年抗洪抢险斗争场景的互动感应系统前，在智能交互式通用指挥平台和机器人作战平台前，在海军多功能舰艇操纵训练模拟系统前，在第二代后勤装备 8 大系统的沙盘前，在新型导弹、主战坦克等大型武器装备前，领导同志不时驻足观看，详细询问有关情况。

参观过程中，胡锦涛等领导同志表示，在中国人民解放军建军 80 周年之际举办这个展览很有意义，看了之后令人振奋。中国人民解放军是我们党领导的人民军队，是国家的坚强柱石。建军 80 年来的实践表明，在中国革命、建设、改革各个历史时期，我军始终听从党的指挥、自觉服务人民，为民族独立和人民解放、为新中国的诞生和发展、为全国各族人民的幸福和安康建立了不可磨灭的卓著功勋。

胡锦涛等领导同志强调，国防和军队现代化建设是我国社会主义现代化建设的重要组成部分。我们一定要坚持以毛泽东思想、邓小平理论和"三个代表"重要思想为指导，深入贯彻落实科学发展观，全面推进军队革命化、现代化、正规化建设，不断取得国防和军队现代化建设的新成就，为国家发展和人民幸福提供可靠安全保障，为维护世界和平作出更大贡献。

王兆国、回良玉、刘淇、周永康、贺国强、郭伯雄、王刚、何勇、司马义·艾买提、顾秀莲、路甬祥、华建敏、陈至立、肖扬、廖晖、刘延东、罗豪才、周铁农、徐匡迪、李蒙、张榕明和迟浩田、张万年、倪志福、李锡铭、胡启立、赵南起、韩光，中央军委委员梁光烈、李继耐、廖锡龙、陈炳德、乔清晨、靖志远以及于永波等也参观了展览。

中共中央决定给予陈良宇开除党籍、开除公职处分
对其涉嫌犯罪问题移送司法机关依法处理

新华社北京 7 月 26 日电 7 月 26 日，中共中央政治局会议审议了中共中央纪律检查委员会《关于陈良宇严重违纪问题的审查报告》，决定给予陈良宇开除党籍、开除公职处分，对其涉嫌犯罪问题移送司法机关依法处理。

根据中共中央决定，中央纪委自 2006 年 9 月起对陈良宇涉嫌严重违纪问题立案检查。经查，陈良宇在担任上海市黄浦区区长、市委副秘书长、市委副书记、副市长、代市长、市长、市委书记、中央政治局委员期间，滥用职权，支持上海市劳动和社会保障局违规贷给不法企业主和有关公司巨额社保基金，危害社保基金安全；为不法企业主收购国有公司股权提供帮助，造成国有资产重大损失；利用职权在项目审批、资金安排、招商合作、土地规划、职务升迁等方面为他人谋利，本人或家人收受他人财物数额巨大；以权谋私，帮助亲属在经营活动中获取巨额非法利益；道德败坏，利用职权玩弄女性，搞权色交易；包庇有严重违纪违法问题的身边工作人员。陈良宇的行为严重违反了党纪政纪，给国家和人民的利益造成重大损失，给党的形象带来严重损害，社会影响极其恶劣。

中央政治局会议决定，根据《中国共产党章程》、《中国共产党纪律处分条例》的有关规定，给予陈良宇开除党籍处分，待召开中央委员会全体会议时予以追认；根据《中华人民共和国公务员法》的有关规定，给予陈良宇开除公职处分；对陈良宇涉嫌犯罪问题移送司法机关依法处理。

中共中央今日发出通报强调，反腐败斗争关系人心向背，关系党的生死存亡，关系国家的长治久安。中央对陈良宇严重违纪问题的查处，进一步表明了我们党反对腐败的坚强决心和鲜明态度。各级党组织一定要深刻认识反腐败斗争的长期性、复杂性、艰巨性，以陈良宇严重违纪案件为反面教材，认真开展警示教育，以案明纪、以案说法，查找问题、堵塞漏洞，下大气力推进反腐倡廉工作。必须进一步抓好反腐倡廉思想教育，在领导干部中大力倡导八个方面的良好风气；必须进一步加强反腐倡廉制度建设，着力形成有效制约权力运行的制度体系；必须进一步强化对领导干部的监督，促使领导干部真正做到廉洁从政；必须进一步加大对腐败行为的惩治力度，努力把腐败现象降到最低程度。在党内，任何时候都要做到不论什么人、不论其职务多高，只要触犯了党纪国法，都将受到严肃追究和严厉惩处。

中央号召，全党和全国各族人民要紧密团结在以胡锦涛同志为总书记的党中央周围，坚持以邓小平理论和"三个代表"重要思想为指导，深入贯彻落实科学发展观，不断推进党风廉政建设和反腐败斗争，为夺取全面建设小康社会新胜利而不懈奋斗。

陈良宇被依法罢免全国人大代表和上海市人大代表职务

新华社上海 7 月 26 日电 上海市第十二届人民代表大会常务委员会 7 月 24 日召开第三十七次会议，依照《中华人民共和国全国人民代表大会和地方各级人民代表大会选举法》的有关规定，决定罢免陈良宇第十届全国人民代表大会代表职务。此前，上海市黄浦区第三届人民代表大会常务委员会已依法罢免陈良宇上海市第十二届人民代表大会代表职务。

四版刊登

中央纪委负责人就查处陈良宇严重违纪案件答记者问

刘云山在全国文化体制改革工作会议上强调

深入贯彻落实科学发展观 推动文化体制改革取得新进展

刘延东出席会议并做总结讲话

新华社北京4月11日电 4月10日至11日，全国文化体制改革工作会议在北京举行。中共中央政治局委员、书记处书记、中宣部部长刘云山出席会议并讲话，强调要按照党的十七大和全国宣传思想工作会议精神，进一步解放思想、转变观念，加大力度、加快进度，推动文化体制改革取得新的实质性进展，为促进社会主义文化大发展大繁荣提供良好体制环境。中共中央政治局委员、国务委员刘延东出席会议并做总结讲话。

会议认为，党的十六大以来，各地各有关部门认真贯彻中央决策部署，在试点的基础上，全面推进文化体制改革。通过改革，文化体制机制创新迈出新步伐，市场体系和政策法规体系建设取得新进展，文化事业和文化产业发展开创新局面。文化发展的宏观体制环境不断优化，文化企事业单位的活力显著增强，新的文化发展格局初步形成，文化创作和文化市场空前繁荣，全社会参与文化建设的积极性日益高涨。

刘云山在讲话中强调，当前要认真学习领会党的十七大精神，深入贯彻落实科学发展观，不断提高对文化建设战略地位和重要作用的认识，清醒认识文化建设面临的新环境，牢固树立新的文化发展理念，以思想的新解放促进文化体制改革的新突破，努力使宣传文化战线在改革创新方面走在前列，走出一条中国特色文化发展的新路。

刘云山指出，各级党委和政府要充分认识文化体制改革的极端重要性，切实加强组织领导，把文化体制改革扎扎实实地推向前进。要围绕培育合格文化市场主体，努力在推进经营性文化单位转企改制、壮大骨干文化企业上取得新的进展。围绕改善服务、增强活力，努力在深化文化事业单位改革上取得新的进展。围绕完善投入保障、创新运行机制和服务方式，努力在构建公共文化服务体系上取得新的进展。围绕提升产业规模和效益，努力在推进文化产业结构调整上取得新的进展。围绕提高文化产品和服务市场化程度，努力在培育现代文化市场体系上取得新的进展。围绕转变政府职能，努力在加强和改善宏观管理上取得新的进展。

刘延东在总结讲话中要求，各地各有关部门要认真学习贯彻会议精神，把思想和行动统一到中央的要求和部署上来。她强调，要坚持文化体制改革的正确方向，把握科学发展的改革思路，体现人民群众在文化建设中的主体地位。要进一步健全文化体制改革的领导体制和工作机制，加强统筹规划，抓住关键、突出重点，有计划、有步骤地将改革引向深入。要落实和完善有关配套政策，深入调查研究，及时推广经验，加强督促检查，确保各项任务落到实处。

会上，中宣部、文化部、广电总局、新闻出版总署联合表彰了33家文化体制改革优秀企业。文化部、广电总局、新闻出版总署主要负责同志分别介绍了本系统改革进展情况和下一步工作要求，四川省、中国对外文化集团公司等20个地区和单位作了会议经验交流。

中央文化体制改革领导小组及其办公室成员，全国各省、自治区、直辖市党委宣传部和文化厅（局）、广电局（厅）、新闻出版局负责同志等参加会议。

北京奥组委向国际奥委会汇报工作

刘淇介绍奥运筹办工作最新进展

本报北京4月11日电 （记者王建新）中共中央政治局委员、北京市委书记、北京奥组委主席刘淇11日在此间向国际奥委会执委会陈述了2008年北京奥运会的筹办工作进展情况，陈述得到了在场委员们的一致肯定。国际奥委会主席罗格主持会议。

刘淇主要从场馆建设、竞赛组织、志愿者招募、媒体服务、门票销售、火炬接力、环保、奥运遗产等方面介绍了北京奥运会筹办工作的最新进展。

刘淇说，京内外37个竞赛场馆已全部完工，京内的45个独立训练场馆已全部竣工。北京及各协办城市已顺利完成了36项"好运北京"体育赛事的组织工作，各场馆设施得到了实际检验，各场馆团队也得到了很好的锻炼，参赛各方、各相关国际单项体育联合会及国内外媒体对赛事组织工作都给予了好评。目前，北京奥组委正在根据相关意见做进一步改进和完善。

刘淇说，北京奥运会圣火取火、交接仪式以及火炬传递启动仪式已在不久前顺利完成，正在全球开展的火炬传递活动得到了各城市政府、人民以及所在国家政府和奥委会的大力支持。刘淇表示，一定会把奥运火炬接力活动进行到底。

谈到环保，刘淇表示，通过持续实施控制大气污染措施，北京环境质量已连续9年得到改善。国际空气质量监控机构对北京今年8月空气质量的评估结果表明，奥运期间北京空气质量将保持良好。

关于志愿者工作，刘淇介绍说，截至3月26日，北京奥组委共收到109万份报名申请，其中来自海外地区的约6万多份；奥运会、残奥会赛时北京还将组织40万城市志愿者和百万名社会志愿者提供志愿服务。

刘淇还说，今年第六届奥林匹克文化节活动方案、城市文化广场、第四届奥运歌曲征集活动等正在紧张进行中，北京奥运会倒计时100天庆祝活动也在筹备之中。

刘淇最后指出，再过119天，北京奥运会将隆重拉开帷幕，希望国际奥委会给予北京更多的指导和帮助，抓紧最后几个月的宝贵时间，加强双方的沟通和配合，为实现举办一届有特色、高水平奥运会的共同目标做出新的努力。

在认真听取了北京奥组委的陈述后，罗格和国际奥委会第二十九届奥运会协调委员会主席维尔布鲁根表示，北京奥组委正在按计划扎实推进最后阶段的各项筹办工作，国际奥委会对北京奥组委的工作非常满意，并对北京奥组委所付出的努力表示感谢。国际奥委会及协调委员会将进一步密切与北京奥组委的交流与合作，全力支持北京奥组委的工作，共同实现举办一届精彩、成功的奥运会的目标。

张德江在全国社保基金理事大会上强调

开创我国社保基金事业发展新局面
坚持安全至上 坚持改革创新 努力

本报北京4月11日电 （记者许志峰）中共中央政治局委员、国务院副总理张德江今天出席全国社会保障基金理事会第三届理事大会第一次会议并做重要讲话，强调要充分认识建立和壮大全国社保基金的重要意义，坚持安全至上，坚持改革创新，实现保值增值，不断提高保障能力和管理运营水平，为完善中国特色社会保障体系，维护社会和谐安定大局做出更大贡献。

张德江首先对全国社会保障基金理事会第三届理事大会第一次会议的召开和各位新聘任理事表示热烈祝贺。他说，建立全国社保基金和理事会，是党中央、国务院做出的一项重大战略决策，对于建立覆盖城乡居民的社会保障体系，有效应对我国老龄化问题，确保社会稳定和国家长治久安意义重大。全国社保基金会成立以来，认真贯彻党中央、国务院的决策部署，进行了可贵探索，作了大量工作，总资产规模不断扩大，基金运营能力和收益水平明显提高，培养了一支素质较高的专业队伍，取得了显著成绩。他代表国务院向一直关心支持社保基金管理、为社保基金事业发展做出突出贡献的老同志，向全国社保基金会的全体同志表示感谢。

张德江强调，我国正处于改革发展的关键阶段，全国社保基金会面临的任务光荣而艰巨。要认真贯彻落实中央的方针政策和决策部署，巩固发展，开拓创新，努力开创我国社保基金事业发展新局面。一要充分利用我国经济持续快速发展，财政增收幅度较大的有利时机，广开资金筹集渠道，充实社会保障基金，使社保基金每年有稳定较多增加。二要坚持审慎原则，安全至上，同时鼓励在社保基金管理运营中进行探索和创新，通过"规范、稳健、专业化、市场化"的运作，实现收益稳定增长。三要坚持深化改革，积极探索有利于提高社保基金保障能力和管理运营水平的体制机制。四要建立激励约束机制，进一步加强专业队伍建设，为全国社保基金运营和国家养老金管理提供更多专业人才。

全国社保基金会第三届理事大会全体理事出席会议，党中央、国务院有关部门、部分省区市负责同志列席会议。

攀钢依靠自主创新提高资源能源利用水平——

"呆矿"上站起钢铁巨人

本报记者　郑德刚

地处川西南金沙江畔的攀枝花钢铁（集团）公司，在全国钢铁行业中只能算是中等规模，但就是这个被群山环抱的"象牙微雕"型企业，成为中国最大钢轨、最大家电用钢、最大钛原料、最大钒制品以及品种最齐全的无缝钢管生产基地。而这一切，都来源于一种曾被国外权威专家认为无法冶炼的"呆矿"——高钛型钒钛磁铁矿的有效开发利用。

让"瓶子里的花朵"中看又中用

坐拥占全国铁矿储量20%的近100亿吨铁矿资源，攀钢资源优势得天独厚。然而，庞大的磁铁矿资源属于多金属共生矿，不仅含铁品位较低，而且存在选矿、冶炼、利用等系列世界级难题，被称为"瓶子里的花朵"，中看不中用。

攀钢集团董事长樊政炜告诉记者，钒钛磁铁矿冶炼难度大、回收成本高、消耗能源多，把"呆矿"变成钢铁精品，是攀钢人的不懈追求。在几十年历史中，攀钢创造了用普通高炉冶炼高钛型钒钛磁铁矿的世界一流技术，自主解决"泡沫渣"、粘罐等系列重大世界性技术难题，突破了高钛型钒钛磁铁矿高炉不能喷煤的禁区，为钒钛磁铁矿的有效利用创造了技术条件，各种以磁铁矿为原料的高品质钢材源源不断输送市场。

记者在攀钢轨梁厂繁忙的"万能生产线"上看到，一根根设计时速达350公里的百米高速铁路钢轨正在现代化生产线上来回穿梭。厂长赵云介绍，现在攀钢钢轨生产实现"四个全国第一"：生产总量第一、出口第一、百米轨生产量第一、生产品种第一。在攀钢的冷轧厂车间里，厂负责人一边抚摸着一卷卷锃亮整齐的薄板，一边自豪地介绍说，这些薄板主要应用于各种家用电器，目前年产量达100万吨，产品供不应求。

让弃渣变"金矿"

在攀枝花丰富的磁铁矿资源中，伴生有多种稀有贵重金属，其中钒、钛资源储量分别占全国总量的62%和90%，是我国名副其实的"钒钛之都"。

攀钢技术人员介绍说，钒和钛都是极其珍贵的战略资源，广泛应用于汽车、铁道、造船、航空、建筑、特种材料等多个领域。然而由于钒、钛分离回收技术属于世界级难题，国外没有现成技术，即使有也对外高度封锁。受技术制约，攀钢无法利用的尾矿只能每年以500万吨的速度被废弃在山谷中。

近年来，攀钢围绕钒、钛产业先后投入数十亿元资金，开展了大规模技术改造和创新工程，把磁铁矿和钒钛资源利用文章做大做精。目前，攀钢的钛产品遍销国内市场，还出口到20多个国家和地区，钒产品占据了国内80%和国际20%的市场份额。让弃渣成为"金矿"的梦想，在攀钢人手中终成现实。

让废物变宝物

"靠着金沙江我们要节水，靠着产气的四川我们要节气，靠着100亿吨磁铁矿资源我们要物尽其用，这不仅是时代的要求，更是贯彻科学发展观的要求。"樊政炜说，资源特性决定了攀钢的冶炼过程能耗比普通铁矿高，但我们并不降低节能减排的标准，而且还要做得更好，办法就一个：推进创新技术、发展循环经济。

记者在攀钢成都钢铁有限公司看到，由于近年来全力推进技术进步、大规模淘汰落后工艺，这个目前国内生产无缝钢管品种最齐全的企业在保持高速发展的同时，资源能源的利用率稳步上升。2007年公司能耗降幅达12.5%，相当于节能16万多吨标煤。公司还通过"工业废水闭路、工业固体废弃物闭路、煤气再利用闭路、余热蒸汽循环闭路"等"四大闭路"循环，建起了国内第一台应用高炉煤气蓄热式环形加热炉等设施，让废物变成了宝物。2007年，公司回收利用余热蒸汽4万多吨，高炉废渣及各种工业废弃物综合利用率达到100%，高炉煤气回收利用量达到30多亿立方米——相当于节省了2亿立方米天然气，这些天然气可供成都城市居民半年生活用气。

今年春耕开展以来

工商部门查处农资违法案件7620件

本报武汉4月11日电 （记者富子梅）记者从10日在此间召开的全国工商系统红盾护农与抗灾减灾保春耕经验交流会上获悉：工商部门在全国开展红盾护农行动，促进春耕，截至目前共检查各类农资市场1.2万家（次），检查农资经营者11万户次，取缔无照经营6100户，查处农资违法案件7620件，受理农资投诉6980件，为农民挽回经济损失1.6亿元，有力地保护了农民消费者的合法权益。

另据统计，截至3月31日，按照国务院和工商总局的有关规定，各地工商部门共减免收费6.7亿元。19个受灾省区市工商部门在参与抗灾救灾过程中，共检查市场5.5万个，为消费者挽回经济损失1.1亿元。

萧万长一行抵达博鳌

据新华社博鳌4月11日电 （记者苪雷磊、周正平）由萧万长先生率领的台湾两岸共同市场基金会一行11日14时30分许飞抵海口美兰机场。随后乘车抵达博鳌，参加博鳌亚洲论坛2008年年会。

中共中央台办、国务院台办主任陈云林，副主任王富卿和有关部门负责人、海南省人民政府常务副省长方晓宇、副省长符跃兰等到机场迎接。这是萧万长第六次率团参加博鳌亚洲论坛年会。

皖电东送西通道

淮南淮河大跨越工程成功放线

4月10日，国家重点工程"皖电东送"500千伏西通道淮南淮河大跨越工程成功放线。西通道淮河大跨越工程横跨淮河2305米，两岸钢管塔高145米，素有西通道的"咽喉工程"之称。据悉，"皖电东送"500千伏西通道输变电工程途经安徽淮南、合肥等9个地市，工程动态投资30.1亿元，今年6月建成，保障上海、浙江等长三角地区用电需求。　陈　彬摄

陈良宇一审被判有期徒刑18年

新华社天津4月11日电 （记者田雨）天津市第二中级人民法院11日对中共中央政治局原委员、中共上海市委原书记陈良宇案宣告一审判决，认定陈良宇犯受贿罪，判处其有期徒刑14年，没收个人财产人民币30万元；犯滥用职权罪，判处其有期徒刑7年，两罪并罚，决定执行有期徒刑18年，没收个人财产人民币30万元。

一审判决认定陈良宇的犯罪事实为：1988年至2006年，陈良宇利用担任上海市黄浦区人民政府区长、上海市人民政府副市长、市长、中共上海市委副书记、书记的职务便利，为上海新黄浦(集团)公司、上海申花足球俱乐部等单位在拆迁补偿、获得财政补贴款、解决楼盘闲置问题等方面谋取利益，索取或收受有关单位和个人财物共计折合人民币239万余元。案发后，陈良宇动员其亲属退缴全部赃款。

2002年，陈良宇在担任上海市人民政府代理市长、市长期间，违反有关程序规定，擅自决定上海市城市建设投资开发总公司持有的上海路桥发展股份有限公司的股权限期转让给福禧投资控股有限公司，导致该股权价值未按规定进行评估而被低价转让，给国家造成直接经济损失人民币3.2亿余元。

2002年至2003年，陈良宇在担任上海市人民政府市长、中共上海市委书记期间，明知其弟陈良军不具备土地开发的资质和条件，为徇私情同意有关部门违规为陈良军征用土地，导致537亩土地被征用，其中183亩系由耕地转为建设用地。陈良军最终违规获得354亩土地使用权，给国家造成直接经济损失人民币3441万余元。后陈良军将其获得的土地使用权变相倒卖，非法获利人民币1.18亿元。

2004年，陈良宇在担任中共上海市委书记期间，违反规定，帮助某公司从上海市劳动和社会保障局融资，致使10亿元社会保险基金被违规动用而置于巨大的风险之中。

天津市第二中级人民法院认为，陈良宇犯受贿罪，数额特别巨大；犯滥用职权罪，致使公共财产、国家和人民利益遭受重大损失，情节特别严重。鉴于其对于所犯受贿罪有悔罪表现，能够退缴全部赃款，可对其酌情从轻处罚，遂依法作出上述判决。

另悉，天津市第二中级人民法院于3月25日公开开庭审理了此案。

阿根廷总统表示

期待奥运火炬 祝福北京奥运

据新华社布宜诺斯艾利斯4月10日电 （记者冯俊扬、宋洁云）阿根廷总统克里斯蒂娜·费尔南德斯10日表示，阿根廷人民正期盼北京奥运会火炬的到来。她相信，北京奥运圣火在布宜诺斯艾利斯的传递一定会取得成功，同时祝福北京能够举办一届成功的奥运会。

克里斯蒂娜·费尔南德斯当天在总统府会见了中国驻阿根廷大使曾钢。她在谈话中强调，近年来中阿两国关系发展顺利，经贸关系日益密切，文化和体育交流频繁。北京奥运会火炬在布宜诺斯艾利斯的传递将进一步加深两国人民之间的了解，传递和平与友谊。

克里斯蒂娜·费尔南德斯同时表示，这是奥运会火炬第一次来到阿根廷，阿根廷人民格外珍惜这次难得的机会。阿根廷政府将为火炬传递的顺利进行予以全力支持。

据新华社北京4月11日电 （记者王洋、王镜宇）阿根廷奥委会主席胡里奥·卡萨内罗11日在北京接受新华社记者采访时表示，阿根廷奥委会和阿根廷政府已经为奥运火炬在阿根廷首都布宜诺斯艾利斯的传递做了充分准备，"我们要让奥运火炬的传递成为布宜诺斯艾利斯和阿根廷的盛大节日"。

北京奥运会火炬接力

境外传递第七站布宜诺斯艾利斯

布宜诺斯艾利斯是阿根廷首都，全国最大城市和政治、经济、文化、交通中心，享有"南美洲巴黎"的盛名。布宜诺斯艾利斯是一座拥有400多年历史的古老城市。1880年成为阿根廷联邦首都。城市以多广场、街心花园和纪念碑为特色，并有"雕塑城"之美誉。市南博卡区是阿根廷的国乐、世界著名舞曲"探戈"的诞生地。　（王　纲）

香港政务司司长唐英年表示

奥运圣火传递将在港畅顺、庄严、安全、有序进行

本报北京4月11日电 （记者王尧）"香港特区政府将确保奥运圣火在香港的传递畅顺、庄严、安全、有序进行。"香港政务司司长、第二十九届奥运会组织委员会马术委员会主席唐英年表示。

正在北京访问的唐英年在接受记者采访时说，广大香港同胞欢迎奥运圣火在香港传递，期望趁我们国家第一次主办奥运的机会，一睹圣火风采，参与奥运盛事。届时，特区政府将出动3000名警力，确保传递活动的安全。

唐英年介绍说，目前火炬传递的各项准备工作已进入最后阶段，特区政府已进行了多次实地演练，4月18日将再作一次实地实时测试，通过测试进一步优化完善方案，争取一方面做到全城参与，一方面做到便利市民日常生活。

人民日报

RENMIN RIBAO

今日 12 版（华东地区16版）

国内统一刊号：CN11—0065
第17093期（代号 1—1）
人民日报社出版

1995年4月
28
星期五
乙亥年三月廿九

北京地区天气预报
白天 晴转多云
风向 南转北
风力 三、四级间五级
夜间 多云转晴
风向 北
风力 三、四级
温度 26℃／11℃

全国人大常委会举行委员长会议

乔石主持 决定5月5日召开八届人大常委会第十三次会议

本报北京4月27日讯 记者**苏宁**报道：八届全国人大常委会今天下午举行委员长会议。会议决定：八届全国人大常委会第十三次会议5月5日在京召开，会期约6天。乔石委员长主持了今天的会议。

会议首先听取了曹志秘书长关于八届全国人大常委会第十三次会议议程草案和日程安排意见的汇报。委员长会议建议第十三次常委会议审议商业银行法、预备役军官法、票据法、关于惩治破坏金融秩序的犯罪分子的决定等4个法律草案；审议国务院关于提请审议节约能源法（草案）的议案；审议国务院关于提请审议批准《中华人民共和国和秘鲁共和国领事条约》的议案和《中华人民共和国和阿塞拜疆共和国领事条约》的议案；听取和审议国务院关于禁毒工作情况的报告；审议乔石委员长访问日本、韩国和全国人大代表团访问泰国、马来西亚的书面报告，全国人大代表团出席各国议会联盟第九十三届大会的书面工作报告。

今天的委员长会议还听取了全国人大法律委员会主任委员薛驹关于商业银行法（草案修改稿）、预备役军官法（草案）和票据法（草案）修改情况的汇报，听取了全国人大常委会法制工作委员会主任顾昂然关于惩治破坏金融秩序的犯罪分子的决定草案的说明。

田纪云、王汉斌、倪志福、陈慕华、雷洁琼、李锡铭、王丙乾、王光英、程思远、布赫、铁木尔·达瓦买提、李沛瑶副委员长出席会议。

国务院部署抗灾保春播夺丰收

姜春云在电视电话会上要求集中精力明确责任扎实工作

本报北京4月27日讯 新华社记者**钞文**、本报记者**夏珺**报道：国务院今天召开"全国农业抗灾夺丰收电视电话会议"，中共中央政治局委员、书记处书记、国务院副总理姜春云在讲话中要求各地进一步动员起来，下大力做好以抗灾为中心的春播、春管工作，夺取全年农业丰收。

姜春云说，党中央、国务院为切实加强农业、发展农业，近期连续召开了几次重要会议，采取了一系列重大措施。中央经济工作会议明确提出，要把农业放在经济工作的首位，把夺取农业丰收，确保农产品有效供给和农民收入持续增长，确保农村稳定，作为今年农村工作的主要任务。中央召开的农村工作会议，全面部署了1995年农业和农村工作。江泽民总书记、李鹏总理、朱镕基副总理，都作了重要讲话。国务院近期又召开了全国粮食、棉花、化肥工作会议，进一步完善了以实行省长负责制为重点的粮、棉、肥购销体制改革政策。这些重大举措，对农业和农村工作产生了巨大的推动作用。

姜春云指出，今年农业生产开局不错，春耕、春管、春播工作进展比较顺利，农业生产呈现良好发展势头。一是各级领导进一步提高了对加强农业重要性和紧迫性的认识，坚持把农业放在经济工作的首位，有关部门密切配合，形成了加强农业、发展农业的合力。二是尽可能增加农业投入，加大了扶持农业的力度。从全国来看，今年财政支出、基本建设、信贷资金用于农业的比例和数额都比上年有所增加，中央关于扶持农业的政策措施进一步落实。为了调动农民的积极性，促进粮棉生产发展，各地还采取了不少行之有效的政策措施。各行各业大力支援农业，为发展农业服务。三是农民种植粮棉、发展农业生产的积极性明显提高。去年以来，由于国家较大幅度地提高了粮棉收购价格，各级又采取了一些扶持粮棉生产的优惠政策，加上市场价格的拉动，有效地调动了广大农民种粮种棉的积极性，今年粮棉油播种面积有所扩大，冬小麦和早稻分别比上年增加300多万亩，油菜籽增加1000多万亩。四是春耕生产动手早，进展比较快。南方早稻育秧工作抓得紧，秧田面积达950多万亩，比上年增加90多万亩。各地抢季节适时插秧，华南早稻插秧面积已完成70%以上。北方春麦播种已基本结束，其它作物播种也进入了高潮。夏收粮油作物管理工作也抓得比较紧，苗情长势好于上年，丰收有了一个较好的基础。五是大批干部到农业生产第一线抓落实。全国省、地（市）、县各级共有40多万名干部，在农村工作，抓基层组织建设，拓宽生产门路、解决群众关心的热点问题，为农业和农村经济发展提供了有力的保证。

姜春云说，我国农业尽管发展势头良好，今年春耕生产开局也不错，但对当前农村经济运行中存在的问题，影响今年农业丰收的不利因素不可忽视，特别是自然灾害比较严重，必须引起高度重视。他指出，目前，北方旱情严重，截至4月中旬，全国受旱面积2.1亿亩，其中重旱面积达7000万亩，由于持续干旱，土壤墒情较差，使北方地区相当一部分冬小麦的生长受到较大影响，一些地区春播作物出苗率低，缺苗断垄，少数重旱地区，不能适时播种，夏粮减产已成定局。入春以来，长江中下游地区和南方出现持续阴雨天气，光照不足，对早稻秧苗生长和中稻壮秧带来不利影响。据有关部门预测，今年农作物病虫害将中等偏重发生。

（下转第二版）

劳模，欢迎你们！

本报记者 周笑浪 袁建达

4月27日，北京火车站、首都机场，分别张开双臂，热烈欢迎来自全国各地的劳模和先进工作者。

北京站一号站台今天打扫得格外干净，电子屏幕打出了"热烈欢迎全国劳模和先进工作者"字样。大会筹委会负责人张丁华、宋德福、李树文等早早来到站台，迎候劳模的到来。全国总工会机关的青年手捧花束，代表着首都职工迎接远道而来的劳模。

上午11时28分，一列红白相间的列车徐徐开进站台。车门打开后，来自陕西省的81位劳模和先进工作者胸佩红花，满面春风地走下列车。这时，在站台迎候的领导和群众围上去，同他们热情握手，表示欢迎。一位女青年把一束含苞欲放的鲜花献给了劳模代表团团长。数十名摄影记者摄下了这动人的一幕。

劳模毛凤麟对记者说："这次进京，可以同其他劳模互相交流、共同提高，一定会有不少收获！"

女劳模王永红是一位高级工程师。她说："劳模的称号，是党和人民给予我们的崇高荣誉，我们一定要百倍珍惜，为改革开放作出更大贡献！"

风尘仆仆的劳模们排着队迈上了大客车。来自咸阳市的曹双虎对我们说，劳模是工人阶级中的优秀分子，除了自己埋头苦干，还要带领更多的人拿先进，当模范。

今天到京的还有青海、安徽、贵州、湖南等省的劳模和先进工作者代表团。明天还有一批代表团抵京。

来自陕西省的全国劳模和先进工作者走下火车，受到热烈欢迎。 本报记者 王忠家摄

中共中央办公厅 全国人大常委会办公厅 国务院办公厅 全国政协办公厅 中央军委办公厅 公告

新华社北京四月二十七日电 中国共产党中央委员会办公厅、中华人民共和国全国人民代表大会常务委员会办公厅、中华人民共和国国务院办公厅、全国政协办公厅、中央军事委员会办公厅今天发表公告，全文如下：

公告

在伟大的无产阶级革命家、政治家，杰出的马克思主义者，中国社会主义经济建设的开创者和奠基人之一，党和国家久经考验的卓越领导人陈云同志逝世后，承蒙许多国家的政府部门、党派、友好团体、各界友好人士、驻华使节以及旅居国外的华侨、华人和港澳台同胞等发来唁电、唁函表示深切哀悼。中共中央办公厅、全国人大常委会办公厅、国务院办公厅、全国政协办公厅、中央军委办公厅奉命对此表示衷心的谢意。

刘华清会见美国客人

新华社北京4月27日电（记者**冯秀菊**）中央军委副主席刘华清上将今天下午在这里会见美军太平洋总部司令麦基上将一行时指出，中美两国应在求同存异的基础上进一步发展关系。

刘华清说，中美建交以来，两国关系总的来说是好的，进一步加强两国关系不仅对两国，而且对亚太地区乃至世界和平与稳定都是有利的。

他说，两国社会制度不同，意识形态各异，双方虽在一些问题上有分歧，但在国际事务中有许多相似的看法。在当前国际形势下，两国应在求同存异的基础上进一步发展关系。

麦基说，他完全同意刘华清对两国关系的评价。他说，美中两国在许多问题上有共同的看法和共同的利益。中国对这一地区不构成威胁。

他说，亚太地区所有国家的合作是十分重要的，只有保持亚太地区的稳定才能促进这一地区的经济发展。美中双方在一些地区重大问题上没有很大分歧，双方都愿意看到亚太地区继续保持稳定与发展。

刘华清强调指出，世界上的事情是复杂的，中国历来主张以和平、对话和协商的办法解决国际问题，中国从来不威胁别人。他说，中国有12亿人口，有许多事情要做，需要进一步发展经济。中国没有，也不会威胁别人，而是要全力做好自己的事情。中国坚持以经济工作为中心建设自己的国家，这一方针是不会改变的。

中国人民解放军副总参谋长徐惠滋上将等会见时在座。

中共中央任命尉健行为中共北京市委书记

批准陈希同引咎辞职

新华社北京4月27日电 中共中央决定：尉健行同志任中共北京市委委员、常委、书记，批准陈希同同志引咎辞去中共北京市委书记、常委、委员的职务。

新华社北京4月27日电 据悉，陈希同同志是因他对北京市发生王宝森问题负有不可推卸的责任而引咎辞去中共北京市委书记职务的。

王宝森（原北京市副市长）涉嫌经济违法犯罪案件，在有关部门行将调查他的问题时，自杀身亡。这一案件有关部门正在依法进行调查。

孔繁森同志日记摘抄

（见今日第三版）

确保及时到位 突出使用重点 各级财政部门增加农业投入

本报讯 记者**江夏**报道：为了贯彻中央农村工作会议精神，加快农村经济发展，全国各级财政部门千方百计加大支农力度，许多地方财政预算内安排的支农支出大幅增长。

据财政部有关部门介绍，1995年国家财政用于农业的支出为693亿元，按可比口径，比上年实际执行数增长11.8%，超过了财政经常性收入11.2%的增长幅度，达到了《农业法》的要求。其中，中央财政安排的支援农民生产支出和农林水气事业费支出70亿元（含农业综合开发支出23亿元），比上年增长15%，高于中央财政经常性收入增长幅度4个百分点。

针对近年来一些地方挪用上级拨付的农业资金和资金到位率低的问题，各地财政部门把确保支农资金及时到位当成大事来抓。宁夏回族自治区明确要求市、县在农业银行开设支农资金专户；内蒙古自治区要求专项资金早拨款，4月底可将10%的资金下拨盟市，对挤占挪用支农资金的地区，在下年相应扣减其专款；四川省为保证不误农时，今年预算一成立，即专项预拨1.1亿元，用于小型农田水利建设。

据悉，今年各地财政支农的重点放在以下几个方面：

支持农业基础设施建设，粮棉商品基地建设以及农业综合开发；支持农业科技推广；支持按产业化组织形式发展农业和农村经济，支持发展"两高一优"农业，增加农民收入和财政收入；对定购粮、棉和农业生产资料给予补贴。

新闻简报

湖南落实防汛措施抓得紧

汛前夕，湖南省全力落实各项防汛抗灾措施。省委、省政府部署早，抓得紧，行动快，为防大汛打下了较为坚实的基础。去冬今春，全省筹资金二十亿元，整修各类水利工程六十二万多处，完成土石方六点二亿立方米，为十五年来最高水平。（贺广华）

陕西九百万人饮水得解决

陕西农村近几年来共建成各种形式的供水设施十六万处，解决了九百二十一万人的饮用水问题，占全省需解决人数的百分之六十六。供水条件的改善使群众摆脱了长期饮用不卫生水和污染水、高氟水的状况，减少了疾病，提高了群众的健康水平和生活水平。（据新华社）

一汽建成最大轻型车基地

一汽集团公司发挥集团优势，现已同东北地区七个主要生产轻型车整车和零部件厂实现联合，建成我国最大轻型车生产基地。联合后，一汽将按高起点、专业化、大批量生产的原则，形成整体优势，经过二至三年的努力，形成二十万辆轻型车生产能力。（汪波 李士政）

造福江南的壮举

——记太湖流域综合治理工程

本报记者 乔杨

阳春三月，金黄的油菜花盛满江南大地。在国务院关于进一步治理太湖的决定发布三年之后，我们寻访了太湖流域综合治理十大骨干工程。目前，这十大骨干工程已动工七项，累计安排投资19.28亿元，占计划总投资的56.7%；工程建设完成土石方8500万立方米，占计划总土石方的41%。流域性骨干泄洪通道太浦河、望虞河已全线贯通，杭嘉湖南排工程计划的四个口门已打开三个；环湖大堤工程已全线建成，结束了太湖南岸"有岸无堤"的历史；三项区域性工程正在积极建设中；三项边界工程亦在进行前期准备。太湖流域综合治理工程已具雏形，汛期可承泄洪水65亿立方米，若遇1991年那样的大水将不会发生全流域性灾害。

一场大水冲出来的治太工程

素称"人间天堂"的太湖流域，方圆36500平方公里，她以自己浓浓的乳汁滋养着沿岸世代子孙。建国以来，太湖流域人民凭借着得天独厚的自然条件和勤劳智慧，使这里经济繁荣、交通发达、文化昌盛，"富甲一方"。据统计，太湖地区仅占全国面积0.36%，人口3.3%，而工农业产值却占全国的13%，是我国最重要的经济区之一。然而，太湖之水造福亦造灾。由于她特殊的地形结构，湖西和浙北山区以及江堤、海塘包围，周边高中间低，排水通道不畅，过去常因汛期暴雨或阴雨不断多次洪涝成灾。自晋朝以来，见于文献记载的水灾达250余次，平均6.5年一次，其中受灾地区达1/3以上的大水灾80多次，平均20年一次。1954年发生流域性大洪水，太湖最高水位达4.65米，受灾面积785万亩。80年代虽未发生过大的洪水，但1983年至1990年间洪涝灾害累计损失也在30亿元左右。新中国成立初期，治太工程就曾提上议程，但因各种因素，40年争争议议、动动停停。1984年，水电部正式成立太湖流域管理局，80年代中期确定了包括十大骨干工程的太湖流域综合治理总体规划方案。1987年6月，国家计委正式批准了这个方案。然而，治太工程涉及江、浙、沪两省一市，水系纷杂，矛盾多，治理难度大。"太湖当治"，谁都心似明镜，但治太是要牺牲局部利益的，因此工程一进入实质性阶段便成了相持不下的难题。就在各地为了一个口门在哪儿开，开多少等等争论不休的时候，1991年7月间，太湖流域发生了特大洪涝灾害。太湖水位达到4.79米，创历史最高纪录。全流域工农业受灾损失110亿元，美丽的太湖成了一盆"灾难之水"，淹毁了一个"钱庄"。人们不禁想起原水电部副部长王林当年在太湖流域综合查勘时讲的话：太湖"淹不得"、"淹不起"。"切肤之痛"使人猛醒，合力治太刻不容缓。

三年奋战矗立起治水丰碑

当来到太湖南岸环湖大堤时，浙江省湖州市治太工程副总指挥周宗兴对我们说，这里准备建一座治太工程纪念碑，永远铭记这一伟大的水利工程和为其做出贡献的人民。历史作证，早在殷商末年，周王之兄泰伯首开治太先河，被奉为"至德"圣人，而今共和国的儿女又在为太湖的长治久安而呕心沥血。1991年9月，国务院召开了治理淮河太湖会议，专题研究治理太湖，这在共和国历史上还是第一次。会上，李鹏总理郑重提出："太湖流域是我国经济发达地区，一旦受灾，对整个国民经济影响巨大。因此，应把太湖治理放在重要位置。"此后，国务院很快作出决策，按照国家计委1987年审定的太湖流域综合治理总体规划方案对太湖进行综合治理，使太湖成为能排、能引、能灌、能供水和通航的综合利用的宝湖。中央及地方筹资34亿元，其中国家争取了2亿美元的世界银行贷款，部署在"八五"期间基本完成治理太湖的十项骨干工程，解决太湖洪水的出路。一声令下，千帆竞发。昔日各方的龃龉已全然不见，展现在人们面前的是一幅壮观的团结奋战、降伏苍龙的景象。

上海：太浦河河道疏浚工程，实行机械化作业，由上海内河航道疏浚工程公司、河南省水利第一工程局、水利部第十三工程局三个单位组成了一支27艘挖泥船的船队，间隔500米一条，排成长蛇阵，日夜施工，分班作业。他们克服了河床浅、水草密、大型疏浚船进不去等困难，使三十里的太浦河滚滚东流……

江苏：望虞河34.2公里河段采用国际竞争性招标方式选择施工单位，共有国内外7家公司竞争，终由第十三工程局联营体和山东省第二水利工程局疏浚处中标承建。他们集中组织十省市的58艘疏浚船舶投入施工，职工们把工地当家乡，在望虞河上度过了一个个春夏秋冬。

（下转第四版）

太湖流域综合治理四大骨干工程示意图

望虞河工程 总长 60.8 公里
环湖大堤工程 总长 261.3 公里
杭嘉湖南排工程 总长 110 公里
太浦河工程 总长 57.2 公里
苏
皖
浙
沪
无锡
望亭
苏州
上海
嘉兴
洲泉
海宁
海盐
翁梅
盐官
澉浦
太湖
太浦河
黄浦江

示意图为刘小青绘

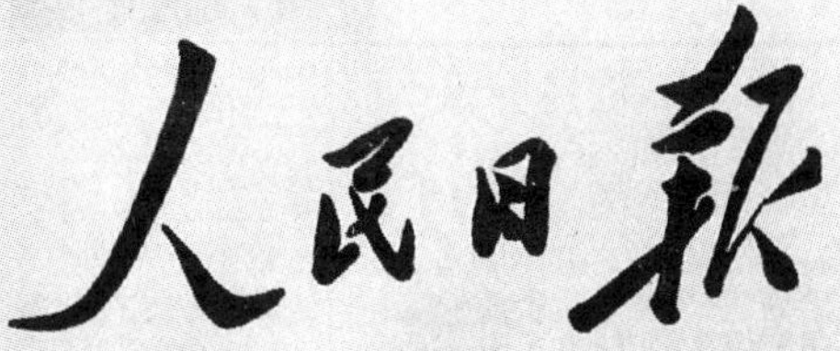

人民日报

RENMIN RIBAO

今日 12 版（华东地区16版）

国内统一刊号：CN11－0065

第17161期 （代号 1－1）

人民日报社出版

1995年7月 5 星期三 乙亥年六月初八

北京地区天气预报 白天 晴转多云 风向 北转南 风力 二、三级 夜间 多云转晴 风向 南转北 风力 一、二级 温度 33℃／22℃

李鹏总理同沃克罗尤总理会谈

指出中国十分珍视中罗传统友谊并愿加强合作

新华社北京七月四日电 （记者张荣典）国务院总理李鹏今天上午在人民大会堂同罗马尼亚总理尼古拉·沃克罗尤会谈时表示，中国十分珍视中罗传统友谊，并愿加强同罗马尼亚在国际事务中的合作。

会谈中，两位总理就双边关系及共同关心的国际问题交换了看法。

关于双边关系，李鹏说，去年夏天他访问罗马尼亚时曾同伊利埃斯库总统和沃克罗尤总理举行了富有成果的会谈。他说，中国十分珍视中罗两国的传统友谊。沃克罗尤总理对中国的访问保持了两国高级领导人互访的势头，将对进一步加强中罗友好合作关系发挥重要作用。

沃克罗尤说，罗马尼亚十分重视发展同中国的关系。他说，李鹏总理去年访问罗马尼亚时双方签署了一些重要协议。那次访问对罗中关系的发展作出了很大贡献。他说，两国高层往来频繁是两国友好关系发展的重要标志。他这次访华的目的就是要进一步推动罗中关系的发展。

李鹏说，我们高兴地看到中罗两国政府部门、议会及地方之间的交往也日益增多，双方在其他领域的交流也在不断加强。

李鹏说：“多年来，罗马尼亚在台湾、西藏问题上一贯理解、支持中国的立场，我们对此表示赞赏。”

在谈到两国经贸关系时，李鹏说，两国经贸合作正在稳步发展。刚结束的中国政府和罗马尼亚政府经济贸易合作委员会第十三次会议开得很好，这有利于扩大两国的经贸合作。他说：“为了使两国经贸合作取得更多的实际效果，有必要加强彼此的了解，特别是增进企业界的相互了解。企业是经贸合作的主体，希望这次随同总理阁下来访的罗马尼亚企业家利用访问的机会同中国企业界进行对口接触。”

沃克罗尤表示赞赏李鹏的意见。他说，罗马尼亚政府愿为两国企业家的接触与合作提供帮助。

沃克罗尤还介绍了罗马尼亚经济恢复和发展情况。李鹏表示，中国希望罗马尼亚政局稳定，愿意看到罗马尼亚经济繁荣、人民生活水平不断提高。

李鹏还强调指出，中国赞赏罗马尼亚在发展与欧洲国家关系的同时，积极发展与其他地区国家的关系。

（下转第四版）

江主席会见沃克罗尤总理

对罗马尼亚始终坚持一个中国的立场表示赞赏

本报北京七月四日讯 记者蒋千红报道：国家主席江泽民今天下午在中南海会见了罗马尼亚总理尼古拉·沃克罗尤，宾主在友好的气氛中进行了交谈。

江泽民说，中罗两国和两国人民有着传统的友谊，对此我有亲身体验。七十年代初，我曾作为我国机械工业部的专家总组长，在罗马尼亚工作过一段时间，罗马尼亚人民对中国人民的深厚友情给我留下了深刻的印象。我高兴地看到，这些年来，尽管国际形势发生了很大变化，但我们两国人民的友谊没有变，中罗两国在各领域的友好合作关系继续发展。

江泽民说，今年五月，我在莫斯科参加纪念反法西斯战争胜利五十周年庆典活动时再次见到了伊利埃斯库总统，同他进行了亲切友好的交谈，现在总理阁下又来到中国访问。两国领导人的交往对发展两国政治、经济、文化等各个领域的友好合作关系具有重要的推动作用。我们赞赏罗马尼亚始终坚持只承认一个中国，不同台湾进行官方往来的立场。

沃克罗尤首先转达了伊利埃斯库总统对江泽民主席的亲切问候和良好的祝愿以及访罗邀请。他说，非常高兴地得知，江主席曾在罗马尼亚工作过，是罗马尼亚人民的老朋友，我此次访华，受到盛情款待，这充分反映了罗中之间深厚的传统友谊，相信这次访问将进一步加强两国的友谊，推进双方的互利合作。沃克罗尤强调，罗马尼亚政府和人民一贯坚持原则，始终认为台湾是中国领土不可分割的一部分。

江泽民指出，中国重视发展同罗马尼亚的关系，不断巩固和发展与罗马尼亚传统的友好合作，包括经贸合作关系，是我们的一贯方针。中国政府和人民愿与罗马尼亚政府和人民一道，为长期、稳定、全面地发展两国关系做出不懈的努力。总理阁下是首次访华，相信我们将进一步加深彼此的了解，对两国关系的发展起到新的、积极的促进作用。

沃克罗尤说，我的访问很顺利，刚刚进行了多种对口会谈，签署了一些重要的协议，随访的企业家和中国的同行有了很好的接触。

江泽民指出，中国坚持奉行独立自主的和平外交政策。他说，根据我们多年的切身体会，一个国家只有坚持独立自主，才能更好地维护自身利益。

（下转第四版）

“减法”与“加法”

——宝钢五天工作制的启示

本报记者 黄 嵘

当各行各业的人们怀着喜悦的心情迎来五天工作制的时候，宝钢人走进五天工作制已是第三个年头。

1992年6月，宝钢初轧厂在全公司率先试行五天工作制时，厂里的干部工人着实高兴了好一阵，因为这多一天休息是靠大家齐心协力干出来的。

按常理，缩减工时应该增加人员才对。宝钢当时却反其道而行，提出先减人员后减工时。公司按照国外先进企业水平重新核定各厂、部的定员标准，宣布哪个单位率先减员达到这个标准，哪个单位就可以实行五天工作制。工人们称之为“双倍减员法”。

宝钢初轧厂，这家建造时按国内同行业水平设计定员1700人、当时实际在岗职工只有1226人的工厂，硬是再减掉30名干部和120名工人，率先达标。

为什么要“双倍减员”？宝钢集团公司总经理谢企华有独到的见解：建设现代化企业，不提高劳动生产率不行。实行五天工作制，六天的活五天干，目的之一就是为了提高工人的劳动生产率。那种靠添加人手换来的五天工作制不仅达不到这个目的，相反会降低企业的生产效率。因此，宝钢从一开始就强调先减人员后减工时，目的在于保证五天工作制能够高起点、高效率运行。

工人们怎么看待“双倍减员法”？记者日前再次来到宝钢初轧厂。经过连年做“减法”，该厂目前只有780名职工。在生产线上，技术员王伟东告诉我，他们现在是“两天休息足，五天活干足”，“上八小时的班，干八小时的活”。在这里，绝对看不到一杯茶一张报或三五成群侃大山这类别处司空见惯的事情，更不要说“串岗”、“遛弯”了，能看到的只是满负荷工作的生产线和满负荷工作的人。工人们明白：多一份休息要靠多一份劳动去换来，而更多的休息也是为了精力更充沛地投入工作。

“双倍减员”带来的是“双倍增效”。宝钢全员劳动生产率连年大幅上扬，人均产值从1992年的40万元上升到1993年的59万元，再提高到去年的73万元。钢铁工业有一个最硬的效率指标——人均产钢量。投产8年间，宝钢年产钢从初期的312万吨增加到去年的751万吨，翻了一番多。人均产钢量却从投产初期的100吨增加到去年的400吨，翻了两番。今年更是将达到600吨，接近世界先进水平。靠的是什么？就是不断提高劳动生产率。

“‘减法’还要继续做下去。”宝钢集团公司董事长黎明这样说。从1988年起，宝钢就开始以每年2000人的速度减员，职工总数已从投产初期的3.5万人减少到今年初的1.9万人。公司已经提出目标，再照这个速度减下去，到本世纪末把职工总数压缩到1万人左右，从而使人均产钢量达到800吨的世界领先水平。“只有做人员的‘减法’，把劳动生产率提高上去，才可能做出效益的‘加法’。”这就是宝钢人的算式。

五天工作制在宝钢已经实行了三年，记者问宝钢的领导，是否有什么经验可供其他刚实行五天工作制的企业借鉴的。他们说，各家企业情况不同，管理起来千差万别，很难找出放之四海皆准的“通用标准”。但有一条，实行五天工作制决不能以牺牲劳动生产率为代价。这个代价企业付不起。相反，五天工作制是一个契机，企业应该抓住这个契机，加强管理，挖掘潜力，把劳动生产率提高上去。只有这样，才能在激烈的市场竞争中立于不败之地。

在五天工作制方面，宝钢的“减法”与“加法”做得很成功。希望更多的企业做好这道题。

7月4日，国务院总理李鹏在北京人民大会堂北大厅举行仪式，欢迎罗马尼亚政府总理尼古拉·沃克罗尤来华访问。

本报记者 王忠家摄

外交部副部长姜恩柱说

江泽民主席欧洲之行意义重大

是中国同芬兰、匈牙利和德国三国双边关系史上的一件大事

新华社北京7月4日电 外交部副部长姜恩柱今天在这里说，国家主席江泽民即将对荷兰、匈牙利和德国的访问是“中国同这三国双边关系史上的一件大事”。

即将随同江主席出访的姜恩柱在接受本社记者采访时说，应芬兰、匈牙利和德国3国国家元首的邀请，江泽民主席将于7月5日至15日对3国进行国事访问。“这是我国同这3国建交以来，我国国家元首首次出访这3国，是我国同这3国双边关系史上的一件大事。”

姜恩柱说，当前，国际形势发展变化很快，正经历着巨大深刻的变化。各国都在思考怎样才能更好地维护世界和平、促进人类共同发展。在双边关系方面，目前中国同三国关系都很好，各方面的合作进展比较顺利，发展的潜力还很大。

他说，江泽民主席这次访问3国期间，将同3国领导人就上述问题深入交换意见，并将广泛接触各界人士，以达到增进相互了解，加深友谊，推动双边关系进一步发展的目的。

姜恩柱说，芬兰、匈牙利和德国分处北欧、东欧和西欧地区，是欧洲不同类型的国家，很有代表性。因此，江主席此访对促进中国同北欧、东欧和西欧其它国家的关系也具有重要意义。

当问及如何评价中国同这3个国家之间的政治关系和经贸关系以及双边关系有何显著特点的问题时，姜恩柱说，当前，中国同3国的关系都很好，不存在突出的困难和问题。中国同这3个国家尽管社会制度不同，历史背景、文化传统和发展水平不同，但双方不存在根本的利害冲突，在许多重大国际问题上有着近似的看法。

他说，在经济上，双方都有不同程度的互补性，在许多领域可以相互借鉴，取长补短。

姜恩柱说，芬兰是同中国建交最早的西方国家之一，两国关系发展一直比较平稳。中国同匈牙利的政治、经贸关系近年来都有发展。近年来中德两国高级领导人之间的互访频繁，双方经贸合作发展迅速，德国是中国在欧洲的最大贸易伙伴，中德两国关系已进入了一个全面发展的阶段。中国十分珍视同这3国的友好合作，愿同3国共同努力，把双边关系提高到一个新的水平。

在谈到中国同欧洲关系的前景时，姜恩柱说，冷战结束后，世界多极化趋势正在加速发展。中国和欧洲在世界上都有重要的影响。在维护世界和平与稳定，促进世界经济的发展与繁荣方面，中国和欧洲之间有广泛的共同利益。

他说，经过双方共同努力，中国和欧洲在政治、经济、科技等各个领域，已经建立了良好的合作，为今后关系的继续发展奠定了坚实基础。我们愿同欧洲国家进一步扩大在经贸领域的交流与合作，加强在国际事务中的磋商与对话，努力发展面向21世纪的长期稳定的友好合作关系。

他表示相信，只要双方都遵循相互尊重、求同存异、平等互利的原则，中国同欧洲国家的关系有着广阔的前景。

今日三版刊登“记住这段历史”专页之七

向三十万死难同胞致哀

用图片和考证文字揭露侵华日军南京大屠杀的残暴罪行

中共中央决定

对陈希同同志的问题进行审查

新华社北京7月4日电 鉴于在调查王宝森违法犯罪活动的过程中，发现有些重大问题涉及陈希同同志，中共中央决定，由中央纪律检查委员会对陈希同同志的问题进行审查。

有关部门查明王宝森犯有严重经济罪行

中纪委决定开除王宝森党籍

新华社北京7月4日电 中共中央纪律检查委员会及有关部门遵照中央指示，对原中共北京市委常委、北京市副市长王宝森的经济犯罪问题进行了深入调查。现已查明，王宝森在任职期间，滥用职权，大肆侵吞、挥霍、挪用公款，腐化堕落，是一个犯有严重经济罪行的腐败分子。经中共中央批准，中央纪律检查委员会决定，开除王宝森的党籍。

王宝森违法犯罪的主要事实有：贪污公款25万多元人民币、2万美元；挪用公款1亿多元人民币、2500多万美元，供其弟、姘妇及其他关系密切的人进行营利活动，造成1300多万美元的损失；挥霍大量公款，营造豪华别墅，购买高级公寓，长期包租宾馆客房，作为享乐场所；违法批贷巨额资金，造成大量资金流失；道德败坏，生活糜烂。

中纪委负责人指出，王宝森罪行严重，给党和国家造成极其恶劣的影响，死有余辜。王宝森问题的揭露和查处，是反腐败斗争深入发展的一个重要成果。它表明，在以江泽民同志为核心的党中央领导下，我们党有决心、有能力清除党内腐败分子，我们的社会主义制度能够清除自己肌体内出现的腐败现象。我们要继续按照中央关于反腐败斗争的整体部署，在紧紧把握经济建设这个中心的同时，扎扎实实抓好党风廉政建设，把反腐败斗争深入持久地进行下去，确保改革开放和经济建设的顺利发展。

北京市人大常委会决定

撤销王宝森的副市长职务

新华社北京7月4日电 北京市人民代表大会常务委员会于7月4日举行第18次会议，审议了北京市人民政府关于撤销王宝森的北京市副市长、北京市计划委员会主任职务的议案和李其炎市长所作的说明。鉴于王宝森大肆侵吞、挥霍、挪用公款，腐化堕落，蜕化成一个犯有严重经济罪行的腐败分子，会议决定，依法撤销王宝森的北京市副市长、北京市计划委员会主任职务。

同日，北京市宣武区人民代表大会常务委员会举行第13次会议，依法罢免了王宝森的北京市第十届人民代表大会代表资格。

把反腐败斗争深入持久地进行下去

本报评论员

原中共北京市委常委、北京市副市长王宝森违法犯罪事实已经查明。王宝森大肆侵吞、挥霍、挪用公款，腐化堕落，是一个犯有严重经济罪行的腐败分子。经党中央批准，中共中央纪律检查委员会决定开除王宝森的党籍。北京市人大常委会撤销王宝森的副市长等职务。这充分表明党中央惩治腐败的决心，体现了广大党员和人民群众的意志。

王宝森违法犯罪问题被揭露，得到果断查处，是我们党反腐败斗争的一个重要成果。党的十一届三中全会以来，面对改革开放的新形势，我们党极为重视党风廉政建设，同各种腐败现象进行了坚决持续的斗争。十四大后，党中央对反腐败斗争进一步作出了切实的部署，重点突出，力度加大。王宝森这样的败类正是在深入开展反腐败斗争中被揭露出来的。

王宝森堕落成一个犯有严重经济罪行的腐败分子，教训深刻。它表明，树立正确的世界观、人生观，全心全意为人民服务，自觉警惕各种腐朽思想的侵袭，始终是摆在领导干部面前的一个严肃课题。对领导干部来说，最重要的是要牢记党的全心全意为人民服务的宗旨，牢记自己手中的权力是人民给的，必须用来为人民谋幸福，为国家作贡献。如果以权谋私，财迷心窍，沉溺色情，必然导致蜕化变质，违法犯罪，坠入深渊。

强化监督制约机制，是搞好廉政建设、克服腐败现象的有力武器。我们党在建立健全监督制约机制方面，做了很多工作。问题是在有些地方和部门有章不循，有法不依，贯彻落实不力。我们一定要进一步落实和完善监督制约机制，健全党的民主生活，充分发挥党的组织、人民群众和各方面的监督作用。党的干部尤其是高级干部要自觉接受监督，遵纪守法，廉洁奉公。

王宝森一案，使我们清醒看到腐败现象的严重性和反腐败斗争的紧迫性。同时也要清醒看到，腐败分子在我们党的干部队伍中是极少数，绝大多数干部是好的。他们勤政为民，敬业奉献，严以律己，经得起考验。全国各地、各条战线都有大批好干部、好党员，孔繁森、张鸣岐、李双良、包起帆、徐洪刚、赵雷芳等同志就是杰出代表。今年“五一”国务院表彰的2873名全国劳动模范和先进工作者，以及最近中央组织部表彰的100名优秀县（市）委书记都是党的好干部，人民的好儿女。正是在我们党的领导和各级干部的带领下，团结全国各族人民，齐心协力，共同奋斗，我们的各项改革和建设事业才取得今天这样辉煌的业绩。

以经济建设为中心，全面推进改革开放，是我们坚定不移的方针。我们开展反腐败斗争，打击各种经济犯罪，目的就是为了保证改革和建设更加健康地发展。我们要按照邓小平同志关于两手抓，两手都要硬的思想，一手抓改革开放，一手抓打击犯罪；一手抓经济建设，一手抓民主法制；一手抓物质文明，一手抓精神文明，更好地服务于全党全国工作大局，抓住机遇，深化改革，扩大开放，促进发展，保持稳定。

反腐败斗争是一项长期而艰巨的任务。我们要充分运用法律武器，加大执法力度，采取各种有效措施，同腐败现象作坚持不懈的斗争。法网恢恢，疏而不漏，谁敢以身试法，必将严惩不贷。

当前，反腐败斗争正在按照党中央的部署深入推进，形势是好的。我们坚信，在邓小平同志建设有中国特色社会主义理论和党的基本路线指引下，在以江泽民同志为核心的党中央领导下，紧紧依靠全党同志和全国人民的支持，一定能够不断加强廉政建设，战胜各种腐败现象，保证有中国特色的社会主义伟大事业从胜利走向胜利。

人民日报

RENMIN RIBAO

今日12版（华东、华南地区16版）

网址:http://www.peopledaily.com.cn

国内统一刊号:CN11—0065

第17959期 （代号1—1）

人民日报社出版

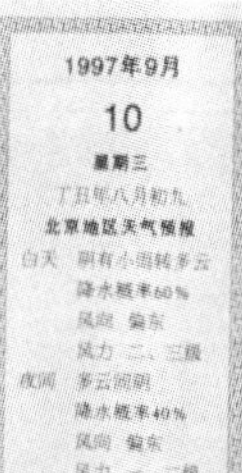

九月九日，江泽民、李鹏、乔石、李瑞环、朱镕基、刘华清、胡锦涛等同志在十四届七中全会主席台上。 新华社记者 樊如钧摄

中共十四届七中全会在京举行

会议由中央政治局主持　江泽民总书记作重要讲话

会议决定党的十五大于9月12日在北京召开

全会讨论并通过了中央委员会向党的第十五次全国代表大会的报告，讨论并通过了《中国共产党章程修正案》，一致决定将这两个文件提请党的第十五次全国代表大会审议

全会审议通过了中央纪律检查委员会关于陈希同问题的审查报告

新华社北京9月9日电 中国共产党第十四届中央委员会第七次全体会议公报

（1997年9月9日中国共产党第十四届中央委员会第七次全体会议通过）

中国共产党第十四届中央委员会第七次全体会议，1997年9月6日至9日在北京举行。

出席会议的有中央委员182人，候补中央委员123人。中央纪律检查委员会委员和有关负责同志列席会议。

会议由中央政治局主持。中央委员会总书记江泽民同志作了重要讲话。

会议决定，中国共产党第十五次全国代表大会于9月12日在北京召开。

全会讨论并通过了中央委员会向党的第十五次全国代表大会的报告，讨论并通过了《中国共产党章程修正案》，一致决定将这两个文件提请党的第十五次全国代表大会审议。

全会按照党章规定，决定递补中央候补委员克尤木·巴吾东同志为中央委员。

全会审议通过了中央纪律检查委员会关于陈希同问题的审查报告。

全会在民主、团结的气氛中，就我国改革开放和社会主义现代化建设跨世纪发展的若干重大问题，进行了热烈讨论，为十五大的胜利召开作了充分的准备。

9月9日，江泽民总书记在十四届七中全会作重要讲话。 新华社记者 齐铁砚摄

中国共产党第十四届中央委员会第七次全体会议1997年9月6日至9日在北京举行。9月9日，与会的中央委员讨论通过了中央委员会向党的第十五次全国代表大会的报告。 新华社记者 齐铁砚摄

中央纪律检查委员会第九次全会举行

审议通过工作报告提请党的十五大审议

新华社北京9月9日电 中国共产党中央纪律检查委员会第九次全体会议公报

（1997年9月9日中国共产党中央纪律检查委员会第九次全体会议通过）

中国共产党中央纪律检查委员会第九次全体会议，于1997年9月6日至9日在北京举行。中央纪律检查委员会委员105人出席了会议，在此期间列席了中国共产党第十四届中央委员会第七次全体会议。

中央纪律检查委员会常务委员会主持了会议。

中共中央政治局委员、中共中央纪律检查委员会书记尉健行在会上讲了话。

全会审议并通过了《中共中央纪律检查委员会向党的第十五次全国代表大会的工作报告》，同意提请党的第十五次全国代表大会审议。

全会要求，各级党委、纪委和全体党员要高举邓小平建设有中国特色社会主义理论的伟大旗帜，在以江泽民同志为核心的党中央的领导下，进一步加强党风廉政建设，深入开展反腐败斗争，为实现党的十五大的战略部署作出新的贡献。

中纪委第九次全会九月六日至九日在京举行。图为与会的中纪委委员举手通过《中共中央纪律检查委员会向党的第十五次全国代表大会的工作报告》。新华社记者 齐铁砚摄

中纪委决定开除陈希同党籍

检察机关已对其依法立案侦查

新华社北京9月9日电 中共中央纪律检查委员会8月29日作出决定，开除陈希同党籍。检察机关已对其依法立案侦查。

根据党的十四届五中全会决定，中央纪律检查委员会会同有关部门对陈希同的问题继续进行了审查。现已查明，原中央政治局委员、北京市委书记陈希同利用职务之便，收受、侵吞大量贵重物品；腐化堕落，大量挥霍公款；利用职权支持亲属和身边工作人员等经商，谋取非法利益；严重失职，对王宝森违法犯罪活动负有重大责任。陈希同严重违反了党的纪律，给党和国家造成了极其恶劣的影响，完全丧失了一个共产党员的条件。根据《中国共产党章程》和《中国共产党纪律处分条例（试行）》的有关规定，中纪委决定并经中央批准，开除陈希同党籍。

鉴于陈希同的有些问题已触犯刑律，中纪委建议司法机关依法处理。检察机关已对其依法立案侦查。

发扬党的好传统

——访十五大特邀代表马文瑞

本报记者 崔士鑫

84岁的马文瑞同志，刚刚参加过延安精神研究会常务理事会回来。和记者说起即将召开的十五大，他高兴地说："从党的七大到党的十四大，除了'文革'时的九大、十大，我都参加了。七大是革命斗争时期开的，它确立了毛泽东思想作为党的指导思想，明确了党的路线。大会之后，很快就取得了抗日战争、解放战争的一个又一个胜利，成立了新中国。"

"我希望十五大也能像七大那样，开成社会主义建设时期的一次成功的大会。"马老说："这是一个重要时期的盛会。一个是改革开放近20年了，取得了丰富的经验；一个是面临新的世纪，我们的经济翻番已经实现，要进入一个新的建设时期，这样的时候开十五大，意义深远啊！"

1926年入党的马文瑞同志，从全国政协副主席的领导岗位退下来后，全身心地投入到弘扬延安精神的活动中去。他认为，我们的党要继往开来，取得更大的成就，把党的好传统带进下一个世纪，而且发扬光大是十分必要的。

"年轻人应该多了解一些过去的好传统。"临分手时，马老亲自到书房的另一侧，取出一本新出版的描写西北革命的书《群山》送给记者。记者拿着那本厚厚的书，感受到的是它沉甸甸的分量。

坚强的堡垒

本报记者 尹品端 郑宏范 张严

党的十四大以来，中国共产党在经受住80年代末、90年代初国际国内政治风波的严峻考验之后，像一座钢铸铁打的坚强堡垒，巍然屹立在世界的东方。党中央坚贞不渝地把马克思列宁主义、毛泽东思想和邓小平建设有中国特色社会主义理论写在了自己的旗帜上，并将率领全党、全国各族人民把有中国特色社会主义事业全面推向21世纪，建设富强、民主、文明的社会主义现代化国家，作为自己的伟大使命。

这是一个伟大的奇迹！

西方国家许多政治家、哲学家、社会学家、历史学家都密切地关注着她，研究着她：她永葆青春的强大生命力从何而来？

深入抓党的思想建设

加强和改善党的领导，进一步把我们党建设好，是完成这项伟大使命的根本保证。

加强党的建设，首要的是加强党的思想建设，用马列主义、毛泽东思想和邓小平建设有中国特色社会主义理论武装全党，充分发挥党的思想政治优势。

党的十四大以来，党的思想建设取得了丰硕成果，集中表现在全党上下掀起了学习邓小平建设有中国特色社会主义理论的热潮，并用以指导实践，产生了强大的物质力量。

1993年，《邓小平文选》第三卷出版发行。全党上下，分别采取党校理论研讨、党校培训、党委中心组等有效学习形式，广泛而深入地组织干部认真学习。据不完全统计，从1993年至1996年底，全国参加各种形式脱产学习的干部约2100万人次，其中县处级以上干部约39万人次，省部级干部约1200人次。

坐落在北京西山山麓的中共中央党校，是党培训干部的最高学府。从1993年11月开始，中央先后在这里举办了四期省部级主要领导干部学习《邓小平文选》第三卷的理论研讨班。河南省选出的十五大代表李长春、四川省选出的十五大代表谢世杰、河北省选出的十五大代表叶连松、广东省选出的十五大代表朱森林等同志，都是当年研讨班的学员。当年他们学习、研讨的情景，现在听起来，仍然让人十分感动。他们边学习，边领会，感到《邓小平文选》三卷的119篇文章，内容丰富，博大精深，洋溢着鲜明的时代精神与民族精神，闪耀着马克思主义真理的光芒，过去自己在实际工作中感到困惑的问题，现在一下子豁然开朗了。

党的十四届四中全会提出，用三年时间，在全国基层党员中全面开展学习邓小平建设有中国特色社会主义理论和学党章活动。三年来，各级党委精心安排，积极领导，在机关、在农村、在车间、在部队、在居民院奏响了"双学"进行曲。广西壮族自治区那坡县的变化可说是全国"双学"见成效的一个颇有说服力的缩影。

这个县在22个基层党委、464个党支部、9330多名党员中开展"双学"活动，要求党员"学进去要会讲出来，学进去要散发出来，学进去要散放出来"。这是一个党员自觉的思想教育活动。通过学习讨论，他们懂得了为什么要当共产党员和怎样当共产党员。百省镇四那村党员李培强，承包砖厂发财后，自己家仍住着低矮破旧的泥瓦房，却慷慨解囊支援小学扩建校舍，帮助有困难的农民买手扶拖拉机、播新房；三同村村委主任刘玉军，用自己的钱去修公家的电灌站……党员的先锋模范作用，使这里的农民"认识身边谁是党员"，使这里的人心齐了，风气好了，致富路子宽了，20万人口中有18万脱贫。

广西选出的十五大代表、广西大等县驮堪乡道念村立屯党支部书记农世英说得好：通过"双学"，头脑越来越清醒，路子越来越明确，干起来越来越有劲头。

扎实抓党的组织建设

邓小平同志指出："中国的事情能不能办好，社会主义和改革开放能不能坚持，经济能不能快一点发展起来，国家能不能长治久安，从一定意义上说，关键在人。"

江泽民总书记在建党75周年的座谈会上也郑重指出："75年来，我们有一条基本的经验，这就是：党领导的事业要取得胜利，不但必须有正确的理论和路线，还必须有一支能坚决贯彻执行党的理论和路线的高素质干部队伍。"他还指出："现在，我们党和国家正处在建设有中国特色社会主义、实现中华民族全面振兴的重要历史时期，大力加强干部队伍建设显得尤为重要和紧迫。"

（下转第五版）

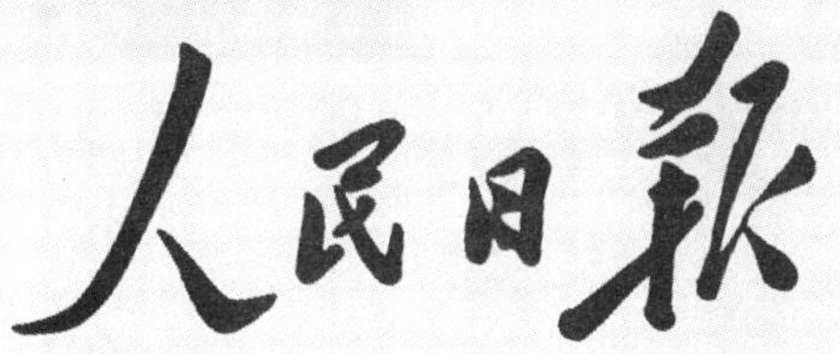

人民日报

RENMIN RIBAO

今日8版

网址：http://www.peopledaily.com.cn

1998年8月 1 星期六 戊寅年六月初十

北京地区天气预报 白天 阴间多云有雷阵雨 降水概率60% 风向 北转南 风力 二、三级 夜间 阴转多云 降水概率40% 风向 南转北 风力 一、二级 温度 29℃/23℃

国内统一刊号：CN11-0065 第18284期 （代号1-1）

人民日报社出版

热烈庆祝中国人民解放军建军71周年

国防部举行盛大招待会

迟浩田代表党中央国务院中央军委致节日祝贺

新华社北京7月31日电 （记者刘国年、罗玉文）中华人民共和国国防部今天在人民大会堂举行盛大招待会，热烈庆祝中国人民解放军建军71周年。

中共中央政治局委员、中央军委副主席、国务委员兼国防部长迟浩田上将主持招待会。

下午5时，中国人民解放军军乐团高奏《中国人民解放军军歌》，招待会开始。在中外来宾的热烈掌声中，迟浩田致祝酒词。他首先代表党中央、国务院、中央军委，向中国人民解放军、人民武装警察部队全体官兵、预备役部队、广大民兵和国防科技战线的同志们，致以节日的祝贺；向坚守在保卫祖国各个岗位和战斗在抢险救灾第一线的指战员们，表示亲切的慰问；向为我军成长壮大建立丰功伟绩的老一辈无产阶级革命家，向为我军建设和改革作出突出贡献的军队离退休老同志和英雄模范，致以崇高的敬意；向广大复员转业军人、伤病残军人、烈属、军属，致以诚挚的问候！向关心、支持军队建设的各级党政机关、社会团体和全国各族人民，表示衷心的感谢。

迟浩田说，一年来，中国人民解放军在以江泽民同志为核心的党中央、中央军委的领导下，高举邓小平理论的伟大旗帜，坚决贯彻"政治合格、军事过硬、作风优良、纪律严明、保障有力"的总要求，部队的革命化、现代化、正规化建设得到全面加强。中国人民解放军认真履行保卫祖国的神圣职责，具有维护国家统一和社会稳定的强大力量；顺利进驻香港接管防务，展示了文明威武之师的良好形象；积极参加国家经济建设和抢险救灾，体现了解放军同人民群众的鱼水之情；积极开展同各国军队的友好交往与合作，为我国对外关系的全面发展作出了应有的贡献。

迟浩田指出，当前，全党全军和全国各族人民都在深入贯彻落实党的十五大和九届全国人大一次会议精神，改革进入攻坚阶段，发展处于关键时期。我们要适应国家改革和发展的新形势，积极支持国家的各项改革和建设事业，自觉服从和服务于国家经济建设大局，坚定不移地执行党的路线方针政策，始终保持部队的高度稳定和集中统一，出色地完成党和人民赋予的各项任务，为社会主义现代化建设提供坚强可靠的安全保障。

迟浩田强调，全军上下要深入持久地学习马列主义、毛泽东思想特别是邓小平理论，学习江泽民同志关于国家和军队建设的一系列重要论述，不断提高官兵的思想政治素质。要始终坚持党对军队的绝对领导，永远保持人民军队的本色。要大力加强思想政治建设，使广大官兵牢固树立正确的世界观、人生观和价值观，把我军的思想政治建设提高到一个新水平。

迟浩田说，我们要抓住机遇，迎接挑战，认真贯彻新时期军事战略方针，坚持质量建军、科技强军，努力探索现代条件下军队建设的基本特点和规律。要高度重视人才的教育培养，进一步在全军掀起学习高科技知识的热潮。要加快体制编制的调整改革，跟上现代军事发展趋势和国家改革步伐，按照"精兵、合成、高效"的原则，进一步优化结构、理顺关系、提高效能，逐步把我军建设成为军事理论先进、数量规模适度、编制体制合理、官兵训练有素、武器装备精良、作风纪律严明、后勤保障有力的精锐之师，切实提高在现代技术特别是高技术条件下的防卫作战能力。

他说，我们要坚持依法治军、从严治军的方针，进一步加强我军正规化建设。要严格规章制度，严明纪律，强化管理教育，加强内外团结，密切官兵关系，狠抓工作落实。各级领导干部要增强革命事业心和责任感，统一思想，顾全大局，发扬我党我军的优良传统和作风，求真务实，率先垂范，扎扎实实地把军队建设不断推向前进。

迟浩田说，我们要持之以恒地抓好国防法制建设和国防教育，积极做好民兵、预备役工作，广泛深入地开展拥政爱民、拥军优属活动，不断巩固和发展同呼吸、共命运、心连心的军政军民关系，为社会主义物质文明和精神文明建设再立新功。

（下转第二版）

河南省平舆县人武部积极组织引导全县民兵开展精神文明创建活动，全县涌现文化专业户1100多个。图为县人武部的同志到孜李村民兵电影放映专业户郭小晗家了解情况。 李 锋摄

在法定会计账册外隐匿经营收入

4家证券经营机构受查处

本报北京7月31日讯 记者李丽辉报道：财政部日前对检查发现的4家证券经营机构严重违反财经法纪问题作出严肃处理，并向全国财政系统和证券行业发出通报。

通报指出，海南港澳国际信托投资有限公司1994年10月以来，授意所属深圳证券业务部将经营收入存放于法定会计账册之外，金额达6468万元，并从中提取现金1640万元分发给公司员工。四川省证券公司深圳证券业务部以总经理、经理助理和电脑部负责人3人姓氏编制假账户，转移经营收入19.39万元，并从中私分8.92万元，支付应由员工交纳的个人所得税7.05万元。海南证券公司深圳营业部将违反规定获取的经营收入471万元转移到法定会计账册之外，累计用于员工福利等支出达228.89万元。联合证券公司上海通州路营业部违反规定获取经营收入704.37万元，全部存放于法定会计账册之外，并在接受检查过程中制造假象，企图长期截留收入。

对上述4家证券经营机构严重违反财经法纪的行为，财政部已作出严肃处理。对隐匿于法定会计账册之外的"小金库"资金除追补税款外，还处以1至2倍罚款，并建议有关主管部门追究主管责任人员的行政责任，负有直接责任的会计人员将被取消会计执业资格；对涉嫌触犯刑法构成犯罪的，已按照法律程序建议司法机关追究其刑事责任。

财政部还在通报中强调，各证券经营机构及其主管部门要通过上述4家证券经营机构严重违反财经法纪案件举一反三，引以为戒，严格遵守国家财经法律法规，自觉规范经营行为和财务行为，凡继续在法定会计账册之外隐匿经营收入的，一经发现，一律严惩不贷。

北京市高级人民法院作出一审判决

陈希同两罪并罚被处有期徒刑16年

新华社北京7月31日电 北京市高级人民法院今天对陈希同贪污、玩忽职守案进行了公开宣判：以贪污罪判处陈希同有期徒刑13年；以玩忽职守罪判处陈希同有期徒刑4年；两罪并罚，决定执行有期徒刑16年，赃物没收上缴国库。

陈希同因涉嫌贪污和玩忽职守，于1998年2月27日经检察机关决定逮捕。6月5日，北京市人民检察院以上述两罪对陈希同提起公诉。因陈希同玩忽职守罪中涉及个人隐私，北京市高级人民法院依照刑事诉讼法第152条第1款的规定，于7月20日不公开审理了此案。北京市人民检察院派员出庭支持公诉。陈希同委托北京市康时律师事务所律师王耀庭为其辩护。

法庭经过对大量的证人证言、书证、物证等质证核实，充分听取公诉人意见、辩护人意见以及陈希同本人的辩护和陈述后，合议庭进行了评议，认定：陈希同在担任北京市市长、市委书记期间，自1991年7月至1994年11月，在对外交往中接受贵重礼物22件（其中金银制品8件，贵重手表6只，名贵水笔4支，照相机3架，摄像机1台），共计价值人民币55.5万余元，没有按照国家有关规定交公，而是由个人非法占有。陈希同为追求奢靡生活，还指使、纵容王宝森擅自动用财政资金，在北京市八大处公园和怀柔县违规建造了两座豪华别墅，供陈希同、王宝森个人享用。自1993年1月至1995年2月，陈希同经常到上述两处别墅吃住享乐。违规建造的别墅和购置设备共动用财政资金人民币3521万元，耗用服务管理费人民币242万元，吃喝挥霍公款人民币105万元。

北京市高级人民法院认为，陈希同身为国家工作人员，在对外交往中接受贵重礼物，违反国家规定，应当交公而不交公，个人非法占有，其行为构成贪污罪，且数额特别巨大，依法应予惩处。陈希同不正确履行和不履行职责，指使、纵容王宝森违反国家基本建设项目计划审批程序，擅自动用财政资金，修建两处豪华别墅，并在此吃住享乐，大肆挥霍国家财产，致使公共财产、国家和人民利益遭受特别重大损失，其行为构成玩忽职守罪，亦应依法惩处。为此，北京市高级人民法院依法作出了上述判决。

各界群众及新闻记者150余人旁听了今天的公开宣判。陈希同的亲属也参加了旁听。

北京市高级人民法院的判决为一审判决。根据刑事诉讼法的规定，陈希同如不服判决，可于次日起10日内向最高人民法院提出上诉。

驻湘部队全力抗洪保安全

本报长沙7月31日电 记者吴兴华报道：今天，洞庭湖水位急剧上涨，达到历史最高水位。连日来，1.2万多名驻湖南的解放军、武警官兵奋勇当先，迎战高水位洪水，与230万抗洪群众携手并肩，团结战斗，确保了重点堤垸、交通干线和人民群众生命安全。

昨天晚上和今天早晨，洞庭湖区和长沙市又普降大到暴雨，部分地方降特大暴雨，洞庭湖水位急剧上涨，到今天晚上10时，城陵矶水位达到35.49米，达到历史最高水位。今天上午，湖南省委省政府要求，从今天下午5时开始，各级领导和抗洪军民要决战72小时，死守必保重点堤垸、交通干线，确保人民群众的生命安全。

根据洞庭湖区水位急剧上涨的情况，省军区进一步调整了参加抗洪的解放军和武警部队的兵力部署。为了确保长江大堤的岳阳重点堤垸、交通干线和群众的生命安全，今天晚上，省军区从株洲抽调预备役师800多名官兵火速赶往岳阳，在岳阳抗洪抢险的解放军和武警官兵达到6400多人。

近日来，参加抗洪抢险的1.2万多名解放军和武警官兵英勇迎战高水位洪水，与当地群众一道并肩战斗，抢险、修筑子堤、在堤外侧铺挡浪的编织布、对溃决的大堤进行堵口、在大堤巡逻，确保了长江大堤和洞庭湖区的重点堤垸的安全。今天凌晨，岳阳县的麻塘垸大堤出现60米的滑坡，省军区参谋长罗学平带领省军区直属队350名官兵和武警某部500名官兵及当地驻守群众一道填土压石垒砂石袋，经过3个小时的紧张战斗，排除了险情，保证了麻塘垸的安全，保证了京广大动脉的畅通。

由于长沙地区普降暴雨，长沙市的浏阳河、捞刀河等河水迅猛上涨，沿河堤垸险情不断，600多名解放军和武警官兵赶赴抗洪抢险。7月30日，他们排除了捞刀河7处险情，保证了107国道畅通无阻！

安徽百万军民严守皖江大堤

本报合肥7月31日电 记者刘杰报道：7月29日8时，安徽省安庆水文站水位达到18.37米，超警戒水位2.42米，而上游江段水位已达到或超过1954年水位。经受了1个多月高水位浸泡的皖江大堤面临着严峻的考验。

汛情就是命令。安徽省军区要求沿江各军分区、人武部全力以赴，军民同心，严防死守，确保皖江大堤安全度汛。随即派出直属部队300多人开赴第一线。南京部队也为此急调2280多名解放军指战员，分赴沿江同马大堤、广济圩大堤和枞阳大堤等。安徽省武警总队紧急部署，成立了抗洪抢险前线指挥部和后勤指挥部，由总队长何映华、政委冯文成挂帅，抽调1226名官兵、73台运兵车以及大量抗洪抢险物资，日夜兼程赶赴最为危险的广济圩大堤。

30日上午，记者顺流而下来到枞阳县江堤汤湾段，500多名解放军战士已在这里奋战了三个昼夜。31日上午，记者来到铜陵，看到了一幕又一幕工农联手、城乡一体共战洪魔的动人场景。正在400公里皖江大堤上巡视灾情、汛情、水情，组织抗洪抢险的省委书记卢荣景、省长回良玉、省人大主任孟富林，在采访中对记者说：全省已组织110多万军民共战洪魔，我们有决心、有信心带领全省人民夺取抗洪抢险的全面胜利！

向英雄的人民子弟兵致敬

本报评论员

今天是八一建军节。在这个伟大的节日里，我们向奋战在抗洪抢险第一线的人民解放军、武警部队指战员致以亲切的问候和崇高的敬意！向一切守卫在边关哨所，奋斗在第一线的人民解放军官兵致以亲切的问候和崇高的敬意！

一个多月以来，湖北、湖南、江西、安徽、江苏、黑龙江等省发生严重洪水灾害，长江中下游地区洪峰不断，险情紧急。面对袭来的特大洪水，人民解放军、武警部队的官兵们英勇无畏，昼夜奋战在抢险救灾第一线，他们固堤排险，转移物资，抢救遇险群众，帮助恢复生产。哪里最困难、最危险，人民子弟兵就出现在哪里；哪里有人民子弟兵，哪里的人民生命财产安全就能得到保护。它使人们想起唐山大地震时、大兴安岭森林大火突发时、每一年每一次洪水袭来时人民子弟兵奋不顾身、所向无敌的英姿和气概。这种场景已经重复了千遍万遍，这些语言一次次被反复使用，仍然能够常用常新，感人至深，那是因为你们——英雄的人民子弟兵——在用血汗和生命捍卫人民群众生命财产的安全；那是因为你们的品格、意志和情怀所代表的人间正气，鼓舞人民群众同仇敌忾，共御天灾，形成惊天动地的力量。国家因为有你们而安全，人民因为有你们而自豪，我们的事业因为有你们而得以和平稳定地发展。

"没有一个人民的军队，便没有人民的一切。"战争年代是这样，和平建设时期也是如此。我们欣慰地看到，我们的军队不仅保持了战争年代的光荣传统，而且在新的时期更加发扬光大。中国人民解放军热爱祖国、热爱人民、热爱社会主义的崇高信念，压倒一切困难的钢铁意志，奋不顾身、勇往直前的英雄气概，遵守纪律、服从指挥、步调一致的高度自觉性，集中反映了党的根本宗旨，是我们国家和民族奋发进取弥足珍贵的精神财富。

现在，汛情仍然紧急，任务愈加繁巨，我们相信，在党中央、国务院的领导下，抗洪前线的军民，一定能够保持旺盛的斗志，发扬连续作战的作风，密切协作，顽强奋斗，夺取抗洪抢险的最后胜利！

驻鄂部队排险救难安民心

本报武汉7月31日电 "解放军来了人心稳"、"军威军魂为百姓壮胆"……连日来，记者在长江中游的湖北省抗洪前线采访，这样的标语随处可见。

入汛以来，湖北驻军主动请缨，担负起保护长江干堤和人民生命财产安全的重担。省军区司令员贾富坤、政委徐师镛等主要领导分头驻守荆江大堤、黄冈大堤、八一大堤、汉口龙王庙等险工险段，组织指挥抗洪抢险。黄冈、荆州、咸宁军分区和舟桥某部的主要领导指挥在一线，战斗在一线。

哪里有险情，哪里就有子弟兵。7月28日，第三次洪峰到达洪湖、监利，周家嘴堤岸告急，某部1500名官兵迅速赶到，在洪水中打桩垒石，加固堤岸。7月17日，江陵县郑家台村天星洲被洪水围困。生病住院的荆州军分区司令员王明宇一大早就赶到灾区，和民兵一道救出受灾群众1000多人。

驻鄂部队参加抗洪抢险的近百名师团干部家中也遭受洪涝灾害，但他们以大局为重，舍小家，顾大家，一直战斗在抗洪一线。据不完全统计，驻鄂部队共救出被洪水围困的群众10多万人，排除险情近600处，保卫了武汉市、长江干堤、江汉平原和京广（九）铁路大动脉的安全。

（何祥华 杜着旗）

七月三十日湖南普降大雨，原已回落的长江水位三十一日再次上涨，常德市安乡县大堤又告危急，当地居民和抗洪救灾部队全力以赴，奋战在大堤溃口处，誓死保堤抗洪。图为军民正在安造垸大堤奋力堵溃口。 本报记者 李 舸摄

来自防汛抗洪第一线的报告

千里大堤过"八一"

本报记者 武卫政 钱 江 余清楚

江西，军旗升起的地方。

在庆祝"八一"建军节的时刻，赣北大地正在经历一场前所未有的特大洪灾。江西省委、省政府决定，今年不搞庆祝仪式，不开联欢晚会，而是派出慰问团分赴灾区，慰问奋战在抗洪抢险第一线的人民子弟兵。

江西省军区、江西武警部队、驻赣和鲍援部队的上万名官兵则决定，在千里大堤上过一个特殊的节日，用实际行动和英雄业绩向党和人民献上一份节日的厚礼。

军民联防一条心

7月30日上午10时45分，九江益公堤白马路段出现泡泉，省武警总队三支队200名官兵火速赶到现场，和坚守在这里的干部、群众一起扛沙袋，筑围堰，压石子，经过1小时40分钟的紧张战斗，终于将直径达四五米的泡泉堵住。

防汛抗洪，军民并肩战斗，又各有职责。把守堤的群众比作哨兵，部队就是尖兵；把群众的任务称作"守线"，部队的任务就是"抢点"。连续40多天，守堤的群众非常辛苦，但每当出现险情，解放军、武警官兵冲上来时，群众没有说自己苦的。

哪里有险情，哪里就有解放军。7月29日深夜11时，康山大堤牙口段发生30多米的大面积塌方，一旦决堤，直接威胁到余干县2/3的良田和县城的安全。已经连续6个昼夜奋战在大堤的官兵，一个个扑向塌方处打桩、垒泥包、搬石块，构成了一幅气势磅礴的"战洪图"，胜利完成抢险任务。

7月30日，南京军区发出紧急动员令，号召各部队做好一切准备，确保一声令下，立即行动，投入长江流域抗洪抢险。目前奋战在江西长江沿线堤防的南京军区部队达11支。

威武之师，文明之师

"为抗洪抢险立功，为八一军旗增辉，是我们的追求。"无论是在武警驻处，还是在解放军营地，记者所到之处，干部战士们纷纷表示，誓死保卫长江大堤，保卫人民群众生命财产安全。僧安受灾，武警九江支队直属五中队一班长、共产党员吴波驾驶冲锋舟抢救被洪水围困的群众，干了一夜，累得吃了东西就吐，脸色苍白。战友让他下去休息，他坚持不肯，恳求道：驾冲锋舟我熟，还是让我来吧。说完又向远处冲去。解放军某团安徽籍战士王勇家乡受灾，连里考虑到他超期服役，让他回去看看。王勇得知部队要到江西抗洪，坚决要求上前线，在抢险中哪里有危险就往哪里冲，带领全排出色地完成了任务。

参加抗洪抢险的人民子弟兵既是威武之师，也是文明之师。江西武警总队三支队官兵在完成余江的任务撤离时，270名官兵把身上所有钱留给了受灾群众。驻扎在永安乡官湖村的解放军某团，利用休息时间平整乡村道路。武警总队的战士们在赶赴抢险现场途中，宁可多跑路，也不踩群众的庄稼。

（下转第二版）

（三）成克杰案件新闻的版面安排

成克杰，全国人大常委会原副委员长。以受贿罪被判处死刑。

2000 年 4 月 21 日，一版右下方横五栏刊登成克杰被开除党籍的消息。左侧刊登本报特约评论员文章《党内决不允许腐败分子有藏身之地》。

（附 2000 年 4 月 21 日一版）

4 月 22 日，一版右下方刊登广西人大常委会会议关于罢免成克杰全国人大代表职务的决定。二版刊登广西干部群众坚决拥护中纪委对成克杰处理决定的消息。

4 月 26 日，一版下方刊登全国人大常委会关于撤销成克杰九届全国人大常委会副委员长职务的公告。

4 月 27 日，一版右下位置刊登最高人民检察院决定依法逮捕成克杰的消息。

8 月 1 日，一版左下方横五栏刊登成克杰因受贿数额特别巨大，犯罪情节特别严重，被一审判处死刑的消息。

（附 2000 年 8 月 1 日一版）

人民日報

RENMIN RIBAO

今日12版（华东、华南地区16版）

网址：http://www.peopledaily.com.cn

国内统一刊号：CN11--0065

第18913期 （代号1--1）

人民日报社出版

2000年4月 21 星期五 庚辰年三月十七

北京地区天气预报

白天 晴间多云 降水概率0% 风向 北 风力 四、五级间六级

夜间 晴 降水概率0% 风向 北 风力 三、四级

温度 22℃/10℃

四月二十日，中华人民共和国主席江泽民在土耳其总统德米雷尔的陪同下，在伊斯坦布尔参观贝科电子有限公司。 新华社记者 兰红光摄

在德米雷尔总统举行的欢迎宴会上的讲话

中华人民共和国主席 江泽民

（2000年4月19日）

尊敬的苏莱曼·德米雷尔总统阁下和夫人，
女士们，先生们：

应德米雷尔总统阁下的邀请，在这春意盎然的美好季节，我有机会来到你们景色秀丽的国家进行国事访问，感到很高兴。一踏上贵国的国土，我们就深深感受到了土耳其人民对中国人民的友好情谊。现在，总统阁下又为我们举行盛大的欢迎宴会，并发表了热情洋溢的讲话。我代表我的夫人和同事，并以我个人的名义，向总统阁下和夫人，向土耳其政府和人民，表示衷心的感谢！

中土两国人民的友谊源远流长。两千多年前，举世闻名的古代“丝绸之路”，就从中国境内逐步延伸到小亚细亚半岛。我们两个民族的先人，通过这条古道进行了广泛的交往，并与其他民族一道共同促进了东西方文明的交流和贸易的开展，为早期国际友好关系的建立和发展作出了重要贡献。诚如土耳其成语所云：“山不相转，人总相逢”。古往今来，我们两个民族的友好关系连绵不断。珍藏于伊斯坦布尔托普卡帕宫内中国不同朝代制作的精美瓷器，就是我们两国人民长期友好交往的生动见证。

土耳其人民是勤劳勇敢的人民。第一次世界大战后，土耳其人民在民族英雄穆斯塔法·凯末尔将军的领导下，发动民族主义革命，奋起反抗帝国主义列强，赢得了民族独立，建立了土耳其共和国。这场革命不仅改变了土耳其的面貌，而且给世界被压迫、被奴役的人民争取民族独立和解放的斗争以很大的鼓舞。我们高兴地看到，土耳其人民用勤劳的双手，在建设自己国家的进程中取得了显著的成就，社会不断进步，经济迅速发展，人民生活水平日益提高，土耳其已成为国际社会一个引人注目的国家。

当前，国际形势正在发生深刻的变化，总体趋向缓和，但天下还很不太平。维护世界和平，促进共同发展，是当今时代的主题和世界人民的普遍愿望。中国的改革开放和现代化建设需要一个长期的国际和平环境，世界的和平与发展也需要中国的稳定和发展。中国坚持奉行独立自主的和平外交政策，是维护世界和平与稳定的重要力量。

中国有五十六个民族。在漫长的历史进程中，中国各民族形成了相互依存、相互学习、相互帮助、相互促进的牢固关系。维护中国各民族的团结，对中国的稳定和发展至关重要。自古以来，中国各民族始终团结一心，共同建立和建设了自己的国家，有着强大的凝聚力和悠久的爱国主义传统。这是五千多年来推动中华文明的传承和发展，激励中国人民自强不息、不断前进的强大力量。

现在，中国已经确立了平等、团结、互助和促进共同繁荣的社会主义民族关系，并在实践中不断发展。中国各民族平等参与国家事务的管理。少数民族聚居的地区实行区域自治，设立自治机关，保证各族人民充分行使当家作主的权利。国家大力促进各民族的共同发展和进步。少数民族的文化和传统受到尊重与保护，各民族都可以保持和发展本民族的文化。在中华民族的大家庭之中，各族人民心连心、同呼吸、共命运，正在满怀豪情地共同建设有中国特色社会主义的伟大事业。最近，中国提出了实施西部大开发的战略任务，一个重要目的就是要加速西部少数民族地区经济、社会、文化等各项事业的全面发展。

中国存在道教、佛教、伊斯兰教、基督教等多种宗教。中国政府实行尊重和保护宗教信仰自由的政策，奉行宗教与政权、与教育相分离的原则，国家保护正常的宗教活动及宗教团体的合法权益，不同宗教地位平等、和谐共处，信教与不信教的公民彼此尊重、团结和睦。

世界上有两百多个国家和地区，两千五百多个民族以及多种宗教。正确处理世界上的民族问题、宗教问题，对维护世界和平与稳定具有重要意义。我们认为，世界是丰富多彩的。应充分尊重不同民族、不同宗教和不同文明的多样性与差异性，相互之间应提倡兼容而不歧视，交流而不排斥，对话而不对抗，共处而不冲突，在彼此尊重、平等相待、求同存异的基础上，发挥各种文明的积极作用，促进人类社会的不断发展和世界各国、各民族人民的共同进步。古往今来，在一些不同民族和有不同宗教信仰的国家和人民之间，发生的这样那样的相互歧视、排斥、对抗、冲突，不仅给相关的国家和人民带来严重的损失和灾难，也影响了不少地区乃至世界的稳定、安宁和发展。这种沉痛的教训，国际社会应该普遍记取。那种在世界上“唯我独尊”的做法，那种挑动民族分裂甚至民族仇视的行径，都是违背历史潮流的，都是有害于人类和平与进步的崇高事业的。我想强调指出，在具有深厚传统友谊的中土两国之间，坚持和加强双方在维护各自国家的主权、领土完整和民族团结统一方面的共识，是非常重要的。

女士们，先生们：

在二十世纪里，中国和土耳其都经历了沧桑巨变。在本世纪开始的时候，我们两国都备受列强欺凌，都处在深重的民族苦难之中。我们两国人民相继掀起了震惊世界的民族解放运动，并取得了各自的辉煌胜利。中华人民共和国成立五十年来和土耳其共和国成立七十多年来，我们两国人民立足自己的国情，奋发图强，艰苦创业，在建设各自国家的道路上取得了巨大的成就。五十年来，中国经济平均年增长百分之七点七，中国的经济总量已跃居世界第七位。土耳其的综合国力也居世界第十六位。实践证明，古老民族的人民，只要积极发挥文化积累深厚的优势和勤劳勇敢的传统，又能吸收现代科学文化的发明创造，锐意创新，自强不息，就一定能够在自己的发展道路上，不断谱写出符合时代要求的新篇章。

中土分处亚洲两端，土耳其又是连接欧亚大陆的国家，我们两国在友好互利合作的基础上，建立和发展相互尊重、相互信任、平等互利、长期稳定、共同发展的新型合作伙伴关系，具有重要的意义。我衷心祝愿中土两国人民携起手来，为促进世界各民族的友好交往与合作作出新的贡献。

现在，我提议：

为土耳其共和国的繁荣昌盛和人民幸福，

为中土两国人民之间友谊的不断发展，

为德米雷尔总统阁下和夫人的健康，

为在座朋友们、同事们的健康，

干杯！

（新华社安卡拉4月19日电）

朱镕基在江苏考察时强调
坚定不移推进金融改革和整顿
千方百计确保农村稳定和发展

新华社南京四月二十日电 （记者**包永辉**、**刘思扬**）中共中央政治局常委、国务院总理朱镕基近日在江苏考察工作时强调，继续推进金融改革与整顿，有效化解金融风险，仍然是当前一项重要而紧迫的任务。一定要按照中央的决策和部署，着眼于加快建立现代金融制度、提高经营管理水平和增强抗风险能力，扎扎实实地做好工作，确保金融安全高效稳健运行。他指出，进一步完善粮食流通体制改革，切实减轻农民负担，积极调整农业结构，对于促进农业发展，增加农民收入和维护农村稳定，具有极为重要的意义，一定要把中央的有关政策真正落到实处。

四月十二日至十九日，朱镕基在江苏省委书记回良玉、省长季允石的陪同下，先后在徐州、淮阴、扬州、南京等地召开座谈会，就地方金融改革和防范金融风险、粮食流通体制改革、农村稳定和发展等问题，听取干部、群众的意见。他还在铜山、宿迁、淮安、泰州、高邮、邗江、江都等地，下乡村，到田头，访农户，实地考察一些农产品深加工企业、农业技术推广中心、蔬菜和苗木生产基地、国家储备粮库和国有企业等。考察期间，朱镕基听取了江苏省委、省政府的工作汇报，对江苏近年来各方面工作取得的显著成绩给予充分肯定。

朱镕基指出，各地在中央统一领导下，推进金融改革，整顿金融秩序，加强金融监管，做了大量工作，取得了明显成绩。但是，也要清醒看到金融工作的复杂性、艰巨性，金融风险仍不容忽视，必须再接再厉，把各项工作做得更好。

朱镕基强调，要维护我国金融安全、促进金融业健康发展，必须继续推进国有银行改革。要借鉴国外现代金融制度，进一步改革和完善我国银行的规章制度，健全信贷、财务和内控机制，建立科学的考核、评价指标体系和监督制度，对各级行长实行严格的经营责任制、任职期间审计和离任审计制度。同时，必须高度重视和加强中小金融机构的整顿与监管，切实解决非金融机构非法或变相从事金融业务的问题，坚决依法取缔和打击形形色色的非法集资活动。对地方信托投资公司、城市商业银行、城市信用社等中小金融机构，以及农村合作基金会、供销合作社股金服务部的整顿与撤并，中央已提出了明确的政策，各地必须坚决贯彻落实。朱镕基要求，在化解和防范金融风险工作中，要坚持区别情况、分类处理、标本兼治、保持稳定的原则，注意把握好以下几个方面：一是努力提高金融机构资金使用的流动性、安全性和盈利水平，增强支付能力。金融机构不能出现新的亏损，关键是要端正信贷方向和精减冗员；二是加强各类金融机构内控制度建设，选拔符合任职资格、政治业务素质好的人员担任领导职务；三是推进地方金融机构管理体制改革和监管制度建设，进一步理顺各方面关系，明确和落实各级政府和金融监管部门的责任；四是对需要退出市场的金融机构，要抓紧清收债权和变现资产的工作，依法维护债权人的合法权益；五是加大查处各类金融案件的力度，依法严惩金融犯罪分子和贪污受贿腐败分子，尽可能把不法分子侵吞的资产追回来。

朱镕基指出，当前特别要重视和发挥农村信用合作社的重要作用。农村信用社是最好的联系农民的金融纽带，要采取有效措施支持和引导农村信用社发展，使它成为新形势下农村金融的主力军。第一，积极帮助农村信用社解决过去遗留的问题，对前些年农村信用社与农业银行脱钩中形成的历史包袱，要抓紧加以解决，使农村信用社能够正常经营。第二，端正农村信用社经营方向。农村信用社的贷款对象是农村、农业和农民，农村的存款资金必须贷到农村而不能流入城市，不能贷给乡镇工业建设项目和城镇基础设施项目。农村信用社县联社营业部的储蓄存款也要回流到农村，以满足农民生产、生活和农户种植结构调整对资金的借贷需要。第三，调整和完善农村信用社的组织体系，为其注入新的活力，增强资金运用的能力。第四，农村信用社要加强内部整顿，转换经营机制，改进管理，精简机构，减少人员，努力提高服务质量和经营效益。第五，中国人民银行要进一步支持农村信用社，增加必要的再贷款，包括农村邮政储金的回流，增强农村信用社为农民和农业服务的能力；同时，加强对农村信用社贷款投向的监督。

朱镕基强调，各级地方党委和政府在维护地方金融安全和促进地方金融发展方面负有重要责任。一定要坚持政企分开的原则，尊重金融机构独立经营和信贷自主权，自觉遵守国家的金融法律法规，加强对地方金融机构改革、整顿的领导和管理，维护正常的金融秩序，为金融健康发展创造良好的社会环境。

（下转第二版）

朱镕基在江苏考察时，和江都市丁伙镇双华村村民亲切握手。新华社记者 李学仁摄

党内决不允许腐败分子有藏身之地

本报特约评论员

成克杰身为高级干部，滥用职权，大肆收受贿赂，腐化堕落，影响十分恶劣，受到严肃查处。以江泽民同志为核心的党中央坚持从严治党和依法治国的方针，不断加大反腐败斗争的力度，近几年来，先后揭露并果断查处了陈希同、王宝森、胡长清等高级干部违纪犯法案件。这充分说明，代表中国最广大人民根本利益的中国共产党，同腐败现象犹如冰炭不能同器，水火不能相容。成克杰受到严厉惩处，再次表明，不论是谁，不论他的职务多高，一经触犯党纪国法，我们党决不留情，决不手软。我们党有信心、有能力清除腐败，保持党的先进性和纯洁性。党内决不允许腐败分子有藏身之地！

一

成克杰、胡长清一类腐败案件的发生，不是偶然的，有着深刻的社会背景。

十一届三中全会以来，在邓小平理论和党的基本路线指引下，我们党坚持解放思想，实事求是，认真总结历史经验，不断深化改革，扩大开放，发展社会主义市场经济，成功地走出了一条建设有中国特色社会主义的正确道路。经过20多年的改革和发展，我国的综合国力、社会生产力、人民生活水平都上了一个大台阶，社会主义精神文明建设、民主法制建设也取得了长足的进步，社会主义在中国显示的蓬勃生机和活力，为世界所瞩目。这是我们党的光荣，是中华民族的骄傲，人民是满意的。正确的道路，伟大的事业，极大地激发了人民群众的创造力，也为我们党的千百万干部充分施展才干提供了广阔的舞台，一大批党员干部在改革开放和社会主义现代化建设中大显身手，建功立业，成长为国家的栋梁，事业的骨干。我们的党员和干部队伍主流是好的。事实证明，我们党始终代表着中国先进社会生产力的发展要求，始终代表着中国先进文化的发展方向，始终代表着中国最广大人民的根本利益，不愧为始终走在时代前列的马克思主义政党。

我们正在进行的事业前无古人，又面临着复杂的社会环境，充满挑战和风险。随着改革的深化和社会主义市场经济的发展，经济成份和经济利益、社会组织形式和社会生活方式、就业岗位和就业方式日趋多样化，给人们的思想观念和人与人之间的关系不可避免地带来这样那样的影响，包括一些消极的影响；历史上遗留下来的腐朽落后的东西，在今天的社会生活中依然有某些存在的条件；改革中一些深层次的矛盾和问题日益显露，有的一时还难以解决；苏联东欧剧变之后，国际共产主义运动处于低潮，西方敌对势力乘机加紧实施“西化”、“分化”我国的战略图谋，千方百计地推销他们那一套政治观点、意识形态和生活方式。在这种复杂的社会环境下，我们的绝大多数党员和干部对党和国家的前途充满信心，保持了共产党人和人民公仆的本色。但也有极少数意志不坚定的分子，经不住考验，走上邪路，走向毁灭。

有的人盲目推崇西方资产阶级的价值观念和生活方式，滋长了拜金主义、享乐主义和极端个人主义的思想作风，沉湎于灯红酒绿，声色犬马；有的人在急剧变化的社会生活中，思想迷茫，精神空虚，竟然到封建糟粕中寻找慰藉；有的人面对改革中不可避免地存在的一些困难和问题，不是挺膺负责，而是消极对待，甚至为自己另谋退路；有的人看到别人先富起来，心理不平衡，不再安心于公职人员的工资生活，远工农、傍“大款”，逐渐由小捞变成大贪。为了逃避党组织和人民群众的监督，他们精心编织各种关系网，营造极具隐秘性的个人“社交圈”、“生活圈”，两副面孔、双重人格，自以为天衣无缝。这些年揭露出来的大大小小的腐败分子，就是这样由思想蜕变、道德堕落而滑向犯罪的深渊。

（下转第三版）

国务院决定“五一”前夕召开大会

表彰全国劳模和先进工作者

（详见第四版）

第三版开辟《被推荐为2000年全国劳动模范》专栏刊登通讯

当代产业工人的楷模——李黄玺

收受巨额贿赂 谋取非法利益
成克杰被开除党籍

中央纪委建议广西壮族自治区人大常委会依法罢免成克杰全国人大代表职务；建议全国人大常委会撤销其全国人大常委会副委员长职务。鉴于成克杰涉嫌触犯刑律，建议移送司法机关依法处理

本报北京4月20日讯 记者**张严**报道：中央纪委今天上午召开新闻发布会，公布了成克杰严重违纪违法案件的查处情况。自1999年8月以来，中央纪委在党中央的直接领导下，严肃查处了全国人民代表大会常务委员会副委员长成克杰严重违纪违法案件。中央纪委决定并经中共中央批准，给予成克杰开除党籍处分。建议广西壮族自治区人民代表大会常务委员会依法罢免成克杰全国人民代表大会代表职务；建议全国人民代表大会常务委员会撤销其全国人民代表大会常务委员会副委员长职务。鉴于成克杰涉嫌触犯刑律，建议移送司法机关依法处理。

经中央纪委查明，自1992年下半年以来，成克杰与有夫之妇李平长期通奸，并共谋在各自离婚并“赚钱”后再结婚。为聚敛钱财，成克杰于1992年下半年至1998年期间，利用其担任广西壮族自治区政府主席职务的权力，伙同李平不择手段，谋取非法利益，数额特别巨大。其主要违纪违法事实：一、1994年至1997年，经李平牵线，成克杰利用职权，拍板将南宁市一块85亩土地低价出让给广西银兴实业发展公司总经理周坤（另案处理）建造停车场购物城；将本已批给自治区民委的广西民族宫项目转批给周坤开发，并为该公司解决贷款1.88亿元。为此，成克杰和李平收受周坤贿赂共计人民币1730万元、港币804万元。成克杰还采取指定一个单位承揽建设工程项目、为另一个单位解决贷款的手段，伙同李平收受这两个单位的贿赂，共计人民币220万元。二、1994年至1998年，成克杰应广西壮族自治区政府副秘书长甘某等13名党政机关及企业领导干部（涉案人员另案处理）的要求，为解决他们的提拔、调动等问题，向有关人员打招呼，并多次接受甘某等人的钱物，共计人民币59.5万元、美元3.5万元、港币2万元。三、1992年至1997年，成克杰应李平的要求，滥用职权，向广西壮族自治区政府有关部门及有关地、市、县领导打招呼，为李平等不法商人获得土地批件、低价白糖、化肥指标和植物油指标，经转手倒卖后，从中获利人民币903万元。

（下转第三版）

第三版刊登新华社特约评论员文章

从美国对“法轮功”邪教组织的态度看其在人权问题上的双重标准

人民日报

RENMIN RIBAO

今日12版（华东、华南地区16版）

网址：http://www.peopledaily.com.cn

2000年8月 1 星期二 庚辰年七月初二

北京地区天气预报 白天 晴间多云 降水概率10% 风向 偏南 风力 二、三级 夜间 晴间多云 降水概率10% 风向 南转北 风力 一、二级 温度 36℃/25℃

国内统一刊号:CN11—0065 第19015期 （代号1—1）

人民日报社出版

江泽民会见里约集团“三驾马车”外长

表示中国愿本着相互尊重、友好合作的精神进一步加强与拉美国家的关系

7月31日，江泽民主席会见里约集团“三驾马车”外长——哥伦比亚外长吉列尔莫·费尔南德斯（左二）、墨西哥外长罗萨里奥·格林（右一）和智利外长玛丽亚·索莱达（左一）。新华社记者 刘建生摄

新华社北戴河7月31日电 （记者**谭国器**）国家主席江泽民今天下午在这里会见了里约集团“三驾马车”外长——哥伦比亚外长吉列尔莫·费尔南德斯，墨西哥外长罗萨里奥·格林和智利外长玛丽亚·索莱达，并高度评价里约集团在拉美地区和国际事务中所发挥的积极作用。

江泽民对里约集团“三驾马车”外长首次集体访华表示热烈欢迎。他说，中国同里约集团建立政治对话关系已经10周年，值得双方热烈庆祝。中国与里约集团始终保持着良好的交流与合作，有力地推动了中拉友好合作关系的全面发展。

江泽民表示，里约集团作为拉美地区最重要的政治磋商和协调机制，在本地区积极维护和平与稳定，加强区域团结与合作，促进经济发展；在国际事务中主张平等对话，互利合作，积极推动政治多极化的发展，是发展中国家重要的政治力量之一。我们高度评价里约集团在地区和国际事务中所发挥的积极作用。当前，在推动世界走向多极化和建立国际新秩序等重大问题上，中国和以里约集团为代表的拉美国家有着广泛一致的利益，双方应进一步加强合作，为在21世纪创造一个持久和平与普遍繁荣的新世界而共同努力。

江泽民表示，中国一贯重视加强同包括拉美在内的广大发展中国家的友好合作关系。近年来，中拉友好合作全面发展，相互理解和信任加深，经贸合作不断扩大，在多边领域相互合作、相互支持。在新的世纪里，中国愿本着相互尊重、友好合作的精神进一步加强与拉美国家的关系。

三国外长均转达了各自国家元首对江泽民主席的亲切问候，感谢江泽民主席拨冗会见。他们表示，此次受里约集团成员国委托集体访华，是庆祝里约集团与中国建立政治对话关系10周年，而更重要的是要通过此次历史性的访问进一步密切拉美各国与中国的友好关系。拉丁美洲国家虽与中国相距遥远，但在许多重大国际问题上都有着相似的看法。里约集团成员国高度评价中国在国际事务中发挥的积极作用，对10年来始终保持着与中国的有益对话深感自豪。希望在新的世纪中里约集团与中国之间业已存在的友好关系更上一个台阶。

江泽民最后请三国外长转达他对三国元首的良好祝愿。

热烈庆祝中国人民解放军建军73周年

国防部举行盛大招待会

迟浩田代表党中央国务院中央军委致以节日祝贺

新华社北京7月31日电 （记者**谭道博、罗玉文**）中华人民共和国国防部今天在人民大会堂举行盛大招待会，热烈庆祝中国人民解放军建军73周年。中共中央政治局委员、中央军委副主席、国务委员兼国防部长迟浩田上将主持招待会并致祝酒辞。

中央军委委员傅全有、于永波、王克、曹刚川、郭伯雄、徐才厚出席了招待会。

人民大会堂今天灯火辉煌，洋溢着节日的喜庆气氛。主席台中央悬挂着八一军徽，两旁是鲜艳的红旗。下午5时，在雄壮的《中国人民解放军军歌》声中，招待会开始。在中外来宾的热烈掌声中，迟浩田致祝酒辞。他首先代表党中央、国务院、中央军委，向中国人民解放军、武装警察部队全体官兵、预备役军人和民兵，致以节日的祝贺！向辛勤工作在国防科技战线的科学家、工程技术人员和干部、职工，表示亲切的慰问！向在革命战争中立下丰功伟绩的老一辈无产阶级革命家、为我军建设作出杰出贡献的军队离退休老同志和英雄模范，致以崇高的敬意！向转业复员退伍军人、伤残军人、烈属、军属，致以诚挚的问候！向关心、支持军队建设和改革的各级党政机关、社会团体和各族人民，表示衷心的感谢！向出席招待会的各国驻华武官和夫人及各位来宾，表示热烈的欢迎！

迟浩田说，一年来，我军在党中央和中央军委的正确领导下，经受住了重大政治斗争的严峻考验，部队革命化、现代化、正规化建设又取得了新的成就。我们完成了党的十五大提出的裁减军队员额50万的任务，朝着“精兵、合成、高效”的目标又前进了一大步；在团以上党委和基层党组织开展了“三讲”教育，各级党委的凝聚力和战斗力普遍增强，广大党员的思想政治水平有了新的提高；全军部队扎扎实实开展群众性的科技练兵活动，现代条件下的防卫作战能力进一步得到加强；军队院校体制进行了重大改革，提高了办学效益和培训水平；国防科技战线成就显著，以“神舟”号飞船为代表的一批高新技术成果相继问世；后勤改革稳步推进，三军联勤体制正式启动，社会化保障有了新的进展；深入贯彻“平战结合”、“军民结合”的方针，国防动员能力有了进一步提高；新中国成立50周年的盛大阅兵和驻澳门部队顺利进驻澳门履行防务，向全世界展示了我军官兵的优良素质和时代风貌。

迟浩田指出，世纪之交，国际形势继续发生深刻变化。世界形势总体趋向缓和。霸权主义和强权政治依然存在并有新的发展，严重威胁着世界的和平与安全。谋和平、求发展、促合作，建立公正合理的国际政治经济新秩序，已成为不可阻挡的历史潮流。

迟浩田指出，新的世纪即将来临，我们面临着新的机遇和挑战。中国共产党和中国人民有志气、有能力把建设有中国特色社会主义的伟大事业推向前进、实现中华民族的伟大复兴。在向这个宏伟目标奋进的征程中，中国人民解放军肩负着重大的历史使命。我们要居安思危，增强责任感和使命感，时刻牢记党和人民的重托，为维护国家主权和领土完整、捍卫祖国统一和安全，认真履行自己的神圣职责，为改革开放和社会主义现代化建设提供坚强有力的安全保障。 （下转第三版）

朱镕基会见里约集团“三驾马车”外长

新华社北戴河7月31日电 （记者**谭国器**）国务院总理朱镕基今天在这里会见了里约集团“三驾马车”外长——哥伦比亚外长吉列尔莫·费尔南德斯，墨西哥外长罗萨里奥·格林和智利外长玛丽亚·索莱达。

朱镕基说，今年恰逢中国和里约集团建立对话关系10周年，“三驾马车”外长首次集体访华，对促进中国同里约集团的对话与合作，推动中拉友好合作关系长期稳定健康地发展必将起到重要的作用。

朱镕基向客人们介绍了中国经济发展的情况。关于中拉经贸合作，朱镕基指出，近年来，在双方共同努力下，中拉经贸合作不断扩大。中国与拉美国家有着相似的发展目标和良好的合作基础，经济有互补性，合作潜力巨大。中方愿与拉美国家共同努力，不断探索扩大经贸合作的新途径和新方式，拓宽合作领域，使之具有更丰富的实质内容。

三国外长感谢朱镕基总理会见他们。他们均表示，此次里约集团“三驾马车”外长首次集体访华，充分表明了里约集团对发展与中国关系的高度重视，希望这次访问不仅能推动里约集团国家与中国在政治、经贸和社会领域的合作，还将能探讨双方在科技、信息等新领域合作的可能性，促进拉美国家与中国的关系向广度和深度发展。

中纪委中组部中宣部联合发文要求

利用胡长清成克杰等重大典型案件在党内开展警示教育

本报北京7月31日讯 为进一步加强对广大党员干部的党性党风党纪教育，推动党风廉政建设和反腐败斗争的深入开展，中央纪委、中央组织部、中央宣传部近日联合发出《关于利用胡长清等重大典型案件对党员干部进行警示教育的意见》，决定今年第三季度集中一段时间，主要在县级以上党政领导班子和领导干部中开展以胡长清等重大典型案件为反面教材的警示教育。

胡长清、成克杰从党的高级干部堕落为腐败分子，最根本的原因在于他们背弃了共产主义理想信念，私欲极度膨胀，把党和人民赋予的权力作为谋取个人私利的手段，教训极其深刻。《意见》指出，剖析胡长清等典型案件，并以此在党内开展警示教育，对广大党员干部牢固树立正确的世界观、人生观、价值观，努力实践江泽民同志“三个代表”的重要思想，保持和发扬艰苦奋斗的优良传统和作风，对党政领导干部廉洁从政，严守党纪国法，对认真贯彻从严治党的方针，切实加强对党员干部的教育、管理和监督，保持党的先进性具有重要现实意义。

为开展好这次教育活动，中央纪委办公厅编辑了《邓小平论党员领导干部廉洁自律》，中央纪委宣教室、中央组织部组织局、中央宣传部宣教局编发了《以案施教 警钟长鸣——胡长清案件警示教育材料》和专题片《胡长清案件警示录》。《意见》要求广大党员干部在认真学习有关教材的基础上，联系本地区、本部门发生的典型案件，结合自己的思想和工作实际进行讨论。

《意见》还要求，警示教育活动要由各级党委（党组）统一领导，纪委和组织、宣传部门共同负责；要与贯彻落实中央思想政治工作会议精神以及正在开展的“三讲”教育和“三讲”教育“回头看”结合起来。各级党的组织对教育活动中反映出的问题要给予充分重视，并研究采取切实可行的办法，加强对党员干部的教育、管理和监督。

中央纪委副书记傅杰日前在广州主持召开了部分省市纪委宣教室主任座谈会，就如何开展警示教育活动问题进行了研究和部署。

“八一”前夕，某红军师侦察分队组成的代表队，参加北京军区侦察兵全能比武，以过硬的军事素质和精湛的专业技能，一路闯关斩将，夺得团体总分第一名。图为他们载誉归来时的情景。 梁国彪摄

我国有资产总量逾9万亿元

比上年增长10.6%

据新华社北京7月31日电 （记者吕鹏）我国有资产总量继续实现稳步增长。1999年底我国境内外各类企业和行政事业单位占用的国有资产总额为90964.2亿元，比上年增加8753.1亿元，增长10.6%。

记者从财政部了解到，在全部国有资产总量中，经营性国有资产总额66748.4亿元，占73.4%，比上年增长7%；非经营性国有资产总额24215.8亿元，占26.6%，比上年增长22.3%。

在经营性国有资产中，21.7万户国有工商企业占用国有资产总额为53306亿元，占79.9%；国有金融企业占用8017.4亿元，占12%；国有境外企业占用1015亿元，占1.5%；建设基金及建设项目占用4410亿元，占6.6%。

在非经营性国有资产中，行政事业单位占用18557亿元，占76.6%；建设单位占用5452亿元，占22.5%；派驻境外机构占用206.8亿元，占0.9%。

统计表明，我国国有企业经营效益大幅回升。1999年全国国有工商企业实现销售收入69136.6亿元，比上年增长6.9%；实现利润总额1145.8亿元，比上年增长4.4倍；实际上交税金4608.5亿元，比上年增长12.8%。

『德力西现象』的启示

本报记者 郭伟成

编者按：温州的中国德力西集团公司是一家民营企业。他们注重自我积累、自我发展、自我完善，仅仅15年，就使企业的资产增长了2万倍，取得了突出的经济效益，对地方经济发展也作出了很大的贡献。德力西的经验，可贵之处在于摆脱等、靠、要的陈旧观念，振奋精神，抓住改革开放的有利机遇，自力更生、奋发图强，实现经济的快速、持续发展。

目前，我国国有企业的改革正在向建立现代企业制度的纵深发展。德力西集团从产权制度、管理制度、经营方式和营销模式等方面进行的改革创新，也为国有企业改革提供了很好的经验。

德力西是在改革开放的年代里发展起来的，应了“天时、地利、人和”的老话。1984年，在浙江温州乐清县柳市镇一条破旧的小巷里，8个农民，集资5万元，办起了求精开关厂。3年后，这家“作坊”式的工厂领到了国家机械工业部颁发的第一个生产许可证；1992年，这家初具规模的工厂成为中外合资温州德力西电器有限公司；1996年，发展成一家全国无区域性企业集团，并被农业部认定为“全国性乡镇企业集团”和“国家大型乡镇企业”。现在已发展到一个拥有70多家企业、跨国经营、多种所有制并存、年产值达26亿元的国家级大型企业集团。德力西依靠的是蕴藏在群众中间的创造力，并因此被称作“德力西现象”。年轻的德力西创始人胡成中说，德力西的路是靠自己走出来的；这样的方式“投入最少、成本最低、发展最快、效益最好。”

在“否定”中的创新

德力西和大多数温州民营企业的崛起，推动了地方经济，并由此产生了一种不依赖国家投资进行发展的“温州模式”。但是，这种“模式”是以血缘、地缘、情缘为纽带的投资合作；随着企业规模的壮大，弊端也愈加明显。原先行之有效的家族式管理不再适应现代企业的运作；以产品经营为主要特征的传统经营模式、以仿制为主的劳动密集型产品以及以营利为目的的经营理念，已经不再适应现代社会和知识经济时代的挑战。胡成中觉得，过去的经营方式已经行不通了。要继续发展，就面临着对自己和德力西过去一些非理性成分的“否定”。事实上，马克思主义哲学揭示的一个基本规律就是“否定之否定”。创新正是这样一种自我否定的过程。

先进生产力的发展，常常要打破原有的“模式”。胡成中意识到这一点。他说：“德力西是在创新中发展起来的，还要通过创新来取得新的发展。”德力西从产权制度的变革、管理制度的创新、经营方式的转变、营销模式的整合、产业产品结构的调整以及企业文化的提升，进行不断的创新和系统的创新；把财产所有权与经营权彻底分离，从过去的以生产加工为主的生产经营方式和产品经营方式向品牌经营和资本经营方式转变，向综合经营模式发展，在组建企业集团的同时，打破所有制界限，跳出温州，进行全国范围内的资本重组。1999年，德力西参与国企改革，整体并购拥有1200多名在职职工、近千名退休职工的杭州西子集团，半年就扭亏为盈，实现了民营与国有混合经济的协调发展。

在创新中实现跨越

德力西曾经与温州的其他民营企业一样，走过了一条以专业市场为依托、以购销员为核心的商品流通方式。这种方式也曾经使德力西拥有过自己的辉煌。但是，随着市场经济的日益规范和企业集团的崛起，这种方式已经风光不再了。 （下转第二版）

受贿数额特别巨大 犯罪情节特别严重

成克杰被一审判处死刑

新华社北京7月31日电 北京市第一中级人民法院今天对成克杰受贿案作出一审公开宣判，以受贿罪判处成克杰死刑，剥夺政治权利终身，并处没收个人全部财产。

根据最高人民法院指定管辖的决定，北京市第一中级人民法院于今年6月26日受理了北京市人民检察院第一分院对成克杰受贿案的起诉，并于今年7月13日、14日依法对此案进行了公开审理。

法庭审理查明，1993年底，成克杰与情妇李平（另案处理）商量各自离婚后结婚。两人商定：由李平出面联系有关请托事宜，成克杰利用当时任广西壮族自治区党委副书记和人民政府主席的职务便利，为请托人谋取利益，二人收受钱财，存放境外，以备婚后使用。

1994年初至1995年6月，成克杰从李平处得知，帮助广西银兴房屋开发公司（后更名为银兴实业发展总公司）承接南宁市江南停车购物城工程及解决建设资金，可得到巨额“好处费”。成即利用职权，擅自将银兴公司直接划归自治区政府办公厅管理，并要求自治区计委为银兴公司承接该工程立项；指示南宁市政府大幅度压低工程土地价格；要求中国建设银行广西分行为银兴公司发放工程贷款人民币7000万元。事成后，银兴公司按预约，支付给成、李贿赂款人民币2021万余元。

1996年上半年至1997年底，成克杰从李平处得知，帮助银兴公司承接民族宫工程及解决建设资金，可得到巨额“好处费”。成即利用职权，将该工程交由银兴公司和自治区民委共同建设开发；将该工程项目法人由原定的自治区民委改为银兴公司；要求中国工商银行广西分行为银兴公司发放贷款人民币3000万元；违反国家规定，指令自治区房改办公室，将房改基金人民币2500万元借给银兴公司；批示自治区财政厅将财政周转金人民币5000万元借给银兴公司；为银兴公司向国家计委申请工程项目补助款人民币1300万元。事成后，银兴公司按预约，支付给成、李贿赂款人民币900万元、港币804万元。

1994年7月至1997年底，成克杰和李平在接受银兴公司请托过程中，还先后收受了该公司负责人周坤（另案处理）送给的人民币2万元、港币2万元、美元2万元以及黄金钻戒、金砖、黄金工艺品、手表等贵重物品，合计人民币55万余元。

1994年7月至10月，成克杰从李平处得知，帮助广西信托投资公司及下属广西桂信实业开发公司联系贷款，可得到“好处费”。成即利用职权，先后要求中国建设银行广西分行和中国银行广西分行分别为其发放贷款，共计人民币1600万元，从中收受贿赂款人民币60万元。

1997年7月，成克杰从李平处得知，广西桂隆经贸有限责任公司董事长刘新民许诺，如帮助铁道部隧道工程局承建拉平隧洞工程，可得到“好处费”。成即利用职权，指示有关部门直接干预工程招标工作，更改中标结果，安排该工程局承接有关工程，从中收受贿赂款人民币180万元。 （下转第四版）

“小家子气”与大收益

黄闭元

“办公电话任意打，办公用品任意用，经费开支无底洞。”这一机关通病已在天津市河东区建委得到诊治。在那里，使用本单位电话要用磁卡，领取墨水和稿纸也要付钱。

许多单位也曾采用过类似措施，只是有的被人讥讽为“小家子气”而夭折。河东区建委的经验在于，立志整顿，上下一心，自觉遵守，坚决实施。三个月来，他们用“小家子气”节约了45000元（平均每月节约15000元）。更重要的是，机关作风由此得到转变，工作效率明显提高，思想境界也得到升华。

如果我国数以万计的大小机关都像河东区建委一样，从小事做起，公私分明，勤俭节约，那将获得多大收益！

今日谈 征文 成都恩威集团公司协办

（四）郑筱萸案件新闻的版面安排

郑筱萸，国家食品药品监督管理局原局长，以受贿罪、玩忽职守罪被判处死刑。

2007 年 3 月 1 日，四版左下位置刊登消息《邱晓华郑筱萸等被撤销全国政协委员资格》。

3 月 2 日，四版中下位置刊登消息《郑筱萸严重违纪受到开除党籍、行政开除处分　对其涉嫌犯罪问题移送司法机关依法处理》。

5 月 30 日，要闻四版右下位置刊登消息《国家食品药品监督管理局原局长一审被判处死刑》。

7 月 11 日，一版左下位置刊登消息《经最高人民法院核准　郑筱萸被执行死刑》。同日，在第八版（要闻）刊登本报评论员文章《为害巨大依法当诛》、专访《刑法学界权威专家认为此案定罪合理量刑适当　郑筱萸为什么会被判死刑》、通讯《决不允许腐败分子有藏身之地——郑筱萸受贿渎职案剖析》。

（附 2007 年 3 月 1 日、3 月 2 日四版、5 月 30 日四版，2007 年 7 月 11 日一版）

全国人大机关调整立法工作体制

法制工作委员会增加新职能，负责统筹立法工作全过程

本报北京2月28日讯 记者**杜文娟、毛磊**从日前举行的全国人大机关立法工作通报会上获悉：为进一步加强和改进立法工作，近日全国人大机关对立法工作体制作出重要调整，决定由常委会法制工作委员会承担立法工作的各项职能。职能和机构作部分调整后的常委会法制工作委员会将负责统筹立法工作全过程，履行规划、组织、协调、指导和服务等职能。

据全国人大机关有关负责人介绍，常委会法制工作委员会承担的职能中，规划是指负责拟定立法规划、立法计划；组织是指负责整个立法工作的组织工作；协调是指负责立法工作部门之间的协调；指导是指要在统一国家法制、统一立法技术规范上履行指导职责；服务是指为全国人大常委会、全国人大各专门委员会的立法工作提供服务。

全国人大机关有关负责人表示，调整后的工作机构将有利于立法工作更加符合客观规律，更好地适应今后立法工作的实际需要。

据悉，当前增加了新的职能的法制工作委员会正按照全国人大常委会的要求，将抓紧落实2007年立法计划，并为下一届常委会制定五年立法规划做好准备；抓紧制定立法规划、立法计划实施办法，研究制定立法技术规范；将开展立法后评估工作，进一步提高立法工作制度化、规范化的水平。

全国人民代表大会常务委员会关于批准《中华人民共和国、越南社会主义共和国和老挝人民民主共和国关于确定三国国界交界点的条约》的决定

（2007年2月28日第十届全国人民代表大会常务委员会第二十六次会议通过）

第十届全国人民代表大会常务委员会第二十六次会议决定：批准外交部副部长武大伟代表中华人民共和国于2006年10月10日在北京签署的《中华人民共和国、越南社会主义共和国和老挝人民民主共和国关于确定三国国界交界点的条约》。

（**新华社北京2月28日电**）

人大常委会批准中越老关于确定三国国界交界点的条约

三国国界交界点位于十层大山1864米高程点上

新华社北京2月28日电 （记者**邹声文、田雨**）十届全国人大常委会第二十六次会议2月28日通过表决，决定批准外交部副部长武大伟代表中国于2006年10月10日在北京签署的中国、越南和老挝关于确定三国国界交界点的条约。

这一条约确定，中越老三国国界交界点位于十层大山（越方、老方称"宽罗珊山"）1864米高程点上。

据外交部副部长李金章介绍，1991年12月、七届全国人大常委会第二十三次会议批准了中国和老挝边界条约；2000年4月，九届全国人大常委会第十五次会议批准了中国和越南陆地边界条约。

根据国际惯例和我国划界实践，如果相邻的三个国家双边领土边界均已划定，需要确定三国国界交界点。经协商一致，中国和越南、老挝决定开展确定三国国界交界点并签署相关条约的工作。

李金章介绍，经国务院批准，自2002年2月至2006年1月，我国同越南、老挝就确定三国国界交界点问题先后举行了三轮会谈，并于2006年10月10日在北京签署了中国、越南和老挝关于确定三国国界交界点的条约。

条约由序言、3条正文和中越老三国国界交界点地图以及界碑式样图组成。条约规定："缔约三方共同在三国国界交界点上竖立一棵花岗岩界碑。任何一方不得单方面改变界碑的位置、式样和规格及竖立其他任何界碑。"

全国人大外事委员会认为，条约是以目前我国与越南、老挝两国的有关边界条约为基础，经过谈判达成一致的，符合中越、中老边界的实际情况。批准这一条约，有利于维护中越老三国国界交界点地区的稳定，有利于推动我国与越南正在进行的陆地勘界工作，有利于巩固和发展我国同越南、老挝两国的睦邻友好合作关系。

感性过年与理性做事

顾兆农

这个春节，鞭炮声不绝于耳，节日气氛确实浓了，听着那远远近近的鞭炮声，让人确实增添了过年的感觉。

燃放鞭炮，我们经历了感性——理性——感性的循环过程。从老祖宗们开始，过年就燃放鞭炮，这已演化成中华民族的一种民俗，成为过年的一个特殊的感性符号。这种习俗，大约延续到上世纪90年代中期，感性终于上升到了理性：一时间，全国各大城市相继"禁放"，过年从此"热闹"不起来了。然而，"寂寞"了多年之后，取消"禁放"令的呼声日高，终于，"禁放"又被"禁改限"替代。在一定程度上，理性又回到了感性。

生活中，少不了春节放鞭炮之类感性的东西。因为，人本来就具有感性的一面，更何况，这些感性的东西还与中国的传统文化相连。因此，适当的"迁就"，约定俗成地"感性"一下，虽然从理性的角度看并不科学，但是，值得，也需要。

然而，从节日回到正常的工作和生活环境之后，我们还须回归理性。因为，只有理性，才会讲科学，才可能按照客观规律做事。科学发展，依法办事，是理性做事的重要原则，也是社会文明的具体体现。

遗憾的是，现实生活中不理性的行为和事情还是不少。某污染大户，同时也是当地的利税大户，就因为交税不少，当地政府对其恣意污染环境的行为睁一只眼、闭一只眼；面对房市和股市一个劲儿地上涨，理性和冷静，成为一种稀缺的智慧；生活的浮躁，急于求成、急功近利的社会心态，"假冒伪劣"的猖獗，有法不依、执法不严的现象，有令不行、有禁不止的现象，以及"拍脑袋"决策等非理性表现，都时有所闻、时有所见。

富有理性，是一个人和一个民族成熟的标志之一。缺乏理性，就会感情用事，只顾眼前而不顾长远，只顾局部而忽视全局，人与自然无法和谐相处，人与人的关系也会紧张而无序，发展就不可能科学。

在我们的生活中，感性与理性有时会闹矛盾。感性更多的是一种自发的、本能的感觉或冲动，带有一定的盲目性，需要靠理性加以克制和引导，把感性和理性有机地结合起来，人才能表现得更完善，社会才能发展得更美好。科学发展观是理性的体现，学习和践行科学发展观，本身就是理性养成的过程。但愿国家的大政方针、地方的重要决策、涉及群众利益的大小事情，都能真正地在科学发展观的指导下，认认真真地论证，有条不紊地实施，减少盲目性和随意性。

《人民论坛》、《人民时评》2006卷已出版。两册共60元。欲购者可汇款至北京市朝阳区金台西路2号人民日报评论部。邮编：100733，邮资免付。

全国人民代表大会常务委员会公告

最近，北京市人民代表大会补选杜德印为第十届全国人民代表大会代表，吉林省人大常委会补选韩长赋为第十届全国人民代表大会代表，海南省人民代表大会补选罗保铭为第十届全国人民代表大会代表，四川省人大常委会补选杜青林为第十届全国人民代表大会代表，陕西省人大常委会补选袁纯清为第十届全国人民代表大会代表。全国人民代表大会常务委员会同意代表资格审查委员会的审查报告，确认杜德印、韩长赋、罗保铭、杜青林、袁纯清的代表资格有效。

河南省人大常委会罢免了李义超的第十届全国人民代表大会代表职务，湖南省人大常委会罢免了邓中华的第十届全国人民代表大会代表职务，广东省人大常委会罢免了刘维明的第十届全国人民代表大会代表职务。依照代表法的有关规定，李义超、邓中华、刘维明的代表资格终止。

现在，第十届全国人民代表大会实有代表2978人。

特此公告。

全国人民代表大会常务委员会

2007年2月28日

全国人民代表大会常务委员会批准任免的名单

（2007年2月28日第十届全国人民代表大会常务委员会第二十六次会议通过）

一、批准任命于世平为天津市人民检察院检察长。

二、批准免去陈大豪的山西省人民检察院检察长职务；批准任命崔伟为山西省人民检察院检察长。

三、批准任命邓川为四川省人民检察院检察长。

全国人民代表大会常务委员会任命名单

（2007年2月28日第十届全国人民代表大会常务委员会第二十六次会议通过）

任命王碧芳、付双全、卢路生、刘书声、刘红章（女）、陈鸿翔、赵剑、席建华、顾保华为最高人民法院审判员。

全国人民代表大会常务委员会任命名单

（2007年2月28日第十届全国人民代表大会常务委员会第二十六次会议通过）

任命张中伟为第十届全国人民代表大会农业与农村委员会副主任委员。

全国人民代表大会常务委员会补充任命名单

（2007年2月28日第十届全国人民代表大会常务委员会第二十六次会议通过）

补充任命刘迺强为全国人民代表大会常务委员会香港特别行政区基本法委员会委员。

（**新华社北京2月28日电**）

中国人民政治协商会议第十届全国委员会第五次会议秘书长、副秘书长名单

（2007年2月28日政协第十届全国委员会常务委员会第十六次会议通过）

秘书长：郑万通

副秘书长：杨崇汇　李昌鉴　吴明熹　齐续春　孙怀山　李敏宽　陈明德　朱维群　刘民复　潘贵玉（女）　陈宗兴　陈抗甫　张龙之　索丽生　卞晋平　卢昌华　王胜洪　仝广成　吴建民　王东明　黄跃金　廖晓军

（**新华社北京2月28日电**）

陈至立会见法国外长

据新华社北京2月28日电 （记者**林立平**）国务委员陈至立28日会见了来访的法国外长杜斯特—布拉齐。

陈至立强调，中国政府高度重视中法关系，坚持奉行对法友好合作方针，愿同法方一道，不断深化互利合作，进一步加强在教育、科技、中医药、文化等领域的交流与合作，增进相互了解和友谊，丰富和充实中法全面战略伙伴关系的内涵。

刘延东会见古巴共产党代表团

据新华社北京2月28日电 （记者**常璐**）全国政协副主席、中央统战部部长刘延东28日在全国政协礼堂会见了由古巴共产党中央书记处书记、国际关系部部长费尔南多·雷米雷斯·德埃斯特诺斯率领的古巴共产党代表团。刘延东积极评价了中古两党两国关系，并应询简要介绍了我统战工作的主要做法和经验。

王家瑞会见日本客人

据新华社北京2月28日电 中联部部长王家瑞28日在北京会见了由总务会长丹羽雄哉率领的日本自民党代表团。

李肇星与法国外长举行会谈

据新华社北京2月28日电 （记者**马文博**）外交部长李肇星28日在北京与法国外长杜斯特—布拉齐举行会谈。

中央政府驻港联络办公室举行新春酒会

本报香港2月28日电 记者**武少民**报道：中央人民政府驻香港特别行政区联络办公室今天傍晚举行新春酒会。中联办主任高祀仁在致辞时代表中联办全体同仁，向700万香港同胞，向在港的外国朋友拜年，祝愿香港同胞家庭幸福，生活美满。

香港特区行政长官曾荫权，外交部驻港特派员吕新华，解放军驻港部队司令员王继堂、政委张汝成出席新春酒会并担任主礼嘉宾。

高祀仁说，刚刚过去的一年，是国家"十一五"规划的开局之年，也是香港与国家共同发展、共同进步、共创辉煌的一年。这一年，国家综合国力大幅提升，香港经济快速发展，两地人民普遍得到实惠。香港经济增长超过6.5%，继续保持高增长的态势，是回归以来经济发展的最好时期。

高祀仁指出，2007年恰逢香港回归祖国十周年。十年来，在中央的大力支持下，香港克服了亚洲金融危机等重重困难、经济步入持续较快发展的良性轨道，社会各项事业取得了长足的进步，"一国两制"方针和基本法显示出强大的生命力。

高祀仁表示，今天的香港站在了一个新的历史起点上。在新的一年里，中央政府将继续坚定不移地贯彻落实"一国两制"、"港人治港"、高度自治的方针，继续坚定不移地支持香港发展经济，维护香港长期繁荣稳定。

特区政府主要官员、行政会议成员、立法会议员、港区全国人大代表、全国政协委员，外国驻港领事馆官员、内地驻港机构负责人及香港社会各界人士约4000人出席酒会。

国台办举行例行记者会

本报北京2月28日讯 记者**吴亚明**报道：国务院台湾事务办公室今天上午在这里举行例行记者会，发言人李维一就近期两岸关系的有关问题回答了记者提问。

国共两党论坛今年将继续举办

有记者问，国民党政策会副执行长张荣恭最近表示，国共两党今年会举办论坛持续进行两党对话，农历春节过后两党有关方面会加紧进行沟通，并且说4月份是举办论坛最好的时候。发言人能否证实这个消息？李维一回答说，去年国共两党有关机构举办了两个论坛。这是落实两党领导人会谈共识的重要措施，对促进两岸经贸合作、两岸和平与两岸关系的发展，发挥了重要的影响和作用，受到两岸同胞特别是台湾同胞的欢迎和肯定。今年两党还要继续举办这样的论坛，两党有关机构将会就举办论坛的具体事宜进行磋商。

两岸农业合作试验区、台湾农民创业园成果丰硕

记者会上，李维一还详细介绍了海峡两岸农业合作试验区和台湾农民创业园的建设发展情况。李维一说，1997年以来，国台办、商务部（原外经贸部）、农业部先后批准在福建全省、海南全省、山东（平度）、黑龙江（哈尔滨、牡丹江、佳木斯、大庆和农垦示范区）、陕西（杨凌）、广东（佛山、湛江）、广西（玉林）、上海郊区、江苏（昆山、扬州）设立海峡两岸农业合作试验区。2006年以来，农业部、国台办批准在福建漳浦县、山东栖霞市、四川新津县、重庆北碚区设立台湾农民创业园。目前，大陆已经在11个省、区、市设立了试验区和创业园，主要分布在大陆沿海地区并扩展到西部和东北地区。

李维一介绍说，据不完全统计，目前，试验区和创业园有台资农业企业近4500家，占在大陆发展的台资农业企业5500多家的73%左右；试验区和创业园实际利用台资近50亿美元，占台资投资大陆农业实际金额63亿美元的79%左右。经营范围包括种植业、渔业、畜牧、兽医、饲料、花卉、茶叶、观光农业、生物技术以及农产品深加工等主要农业生产领域。总体来看，包括试验区、创业园的台资农业企业经营状况良好，普遍取得了可观的经济效益。在大陆的台资农业企业有90%以上获得了大陆绿色食品、有机食品和无公害食品的认证，有60%以上的企业成为省部级或当地农业产业化龙头企业。

李义超涉嫌偷税罪被终止全国人大代表资格

新华社北京2月28日电 （记者**李亚杰、邹声文**）十届全国人大常委会第二十六次会议2月28日表决通过关于个别代表的代表资格的报告，依照代表法的有关规定，终止李义超的全国人大代表资格。

河南省人大常委会提供的材料显示，经河南省安阳市公安局立案侦查，洛阳中泰房地产置业有限公司在2005年5月至2006年12月间偷逃税款1400多万元。洛阳中泰房地产置业有限公司为洛阳中泰集团有限公司控股的子公司，李义超为洛阳中泰集团法人代表、董事长，实际控制洛阳中泰房地产置业有限公司。李义超越过洛阳中泰房地产置业有限公司主要负责人，直接指示该公司财务经理采取收入不记账、隐瞒收入等方式偷逃税款，涉嫌偷税罪，且数额特别巨大。

此前，河南省人大常委会已经作出罢免李义超全国人大代表职务的决定。

广东省政协原常务副主席刘维明因严重违纪被终止全国人大代表资格

新华社北京2月28日电 （记者**李亚杰、邹声文**）十届全国人大常委会第二十六次会议28日表决通过关于个别代表的代表资格的报告，依照代表法的有关规定，终止广东省政协原常务副主席刘维明的全国人大代表资格。

广东省人大常委会提供的材料显示，1992年，刘维明利用职务之便，应其儿子刘建中的要求，向深圳市罗湖区有关领导打招呼，使刘建中获得罗湖区养生街10号项目开发权。1993年至2001年，刘维明还通过向深圳市、罗湖区有关领导打招呼的方式，使刘建中少交地价款人民币836万元，并免除了因拖欠地价款所产生的滞纳金和利息5335万元。上述共为其子谋利益6171万元。

1992年下半年，刘建中取得养生街10号项目开发权。此后，经刘维明向广东省粮食集团有关领导打招呼，集团于1993年3月至2002年11月先后多次以合作开发的名义，提供给刘建中的中威公司共计9942万元开发资金。至案发时尚有9840.18万元未收回。

此前，鉴于刘维明存在的严重违纪行为，广东省人大常委会已经作出罢免刘维明全国人大代表职务的决定。

邱晓华郑筱萸等被撤销全国政协委员资格

新华社北京2月28日电 （记者**张景勇**）政协十届常委会第十六次会议28日通过表决，决定撤销邱晓华、郑筱萸、李品三的政协第十届全国委员会委员资格。

最近，中央纪委、监察部严肃查处了国家统计局原局长邱晓华严重违纪案件。经查，邱晓华在任国家统计局领导职务期间，收受不法企业主所送现金；生活腐化堕落，涉嫌重婚犯罪。

国家食品药品监督管理局原局长郑筱萸严重违纪违法，1月24日召开的国务院常务会议认为，郑筱萸等人的案件是一起严重失职渎职、以权谋私的违纪违法典型案件。郑筱萸在药品监管工作中，严重失职渎职，利用审批权收受他人贿赂，袒护、纵容亲属及身边工作人员违规违法，性质十分恶劣。

另据了解，李品三在任宁夏商联实业有限公司董事长期间，未经中国人民银行批准，擅自决定出售商铺经营权、吸收公众资金，其行为已构成非法吸收公众存款罪。

根据《中国人民政治协商会议章程》有关规定，常委会议通过表决，撤销邱晓华、郑筱萸、李品三的全国政协委员资格。

此外，何林祥因在任中国农业发展银行行长期间违纪受到党纪处分，提出辞去政协第十届全国委员会委员，政协常委会议通过表决，接受其请辞。

人大常委会第二十六次会议闭幕

（上接第一版）中央历来高度重视就业再就业工作，特别是2002年以来，实施了积极的就业政策，出台了一系列重大措施，有力地推动了这项工作，取得了很大成绩。实践证明，中央提出的积极的就业政策和解决再就业问题的路子是完全正确的，关键在于狠抓落实，并在实践中不断完善。

吴邦国说，制定就业促进法，将行之有效的就业再就业政策措施以法律的形式固定下来是十分必要的，具有重大的现实意义和深远的历史意义。审议中，大家对修改完善就业促进法草案提出了三点建议：一是在总结经验的基础上，强化促进就业再就业的政策措施，以保持就业再就业工作的力度。二是法律规定能具体化的尽量具体化，以便于操作。三是对一些只能在法律中作出原则规定的，要抓紧研究制定配套办法，争取与就业促进法同时出台。

吴邦国表示，考虑到就业促进法与群众的切身利益息息相关，社会各方面普遍关注，委员长会议决定，十届全国人大五次会议后，将就业促进法草案向社会全文公布，广泛征求各方面的意见，尤其是基层群众的意见，以便进一步修改完善草案，提请以后的常委会会议审议。

副委员长王兆国、李铁映、司马义·艾买提、何鲁丽、丁石孙、成思危、许嘉璐、蒋正华、顾秀莲、热地、盛华仁、路甬祥、乌云其木格、韩启德出席会议。国务院副总理回良玉、最高人民法院院长肖扬、最高人民检察院检察长贾春旺列席会议。

（上接第一版）前不久，胡锦涛同志在中纪委第七次全体会议上发表了重要讲话，着重强调要全面加强新形势下的领导干部作风建设。特别是讲话中所倡导的八个方面的良好风气，涵盖了思想作风、学风、工作作风、领导作风和干部生活作风等各个方面，是加强领导干部作风建设的基本内容，也是进一步实现领导干部作风转变的鲜明标志。我们一定要深入学习领会胡锦涛同志的重要讲话精神，从关系党和国家事业兴衰成败的高度，深刻认识作风建设的重大意义，切实加强政协机关特别是党员领导干部作风建设。贾庆林指出，要把学风建设放在作风建设的突出位置，注重理论联系实际，做到学以致用，进一步提高履行职能的本领。切实加强人民政协中的党员领导干部和机关作风建设，努力成为合作共事的模范、发扬民主的模范、廉洁奉公的模范。进一步加强政协委员队伍的作风建设，要加强委员的学习教育工作，促进委员自觉提高自身素质，严格遵守政协章程，认真履行委员职责，努力做一名合格的政协委员。

全国政协副主席王忠禹主持会议。会议听取了全国政协秘书长郑万通关于各小组讨论情况的综合汇报。会议通过了政协十届五次会议议程草案和日程、政协常委会工作报告、关于政协十届四次会议以来提案工作情况的报告，决定将上述草案和报告提请政协十届五次会议审议。

会议还通过表决方式决定了有关人事事项，决定郑万通为政协十届五次会议秘书长，杨崇汇等22人为政协十届五次会议副秘书长（**名单另发**）；决定增补王占为提案委员会副主任，王广宪、李金明为人口资源环境委员会副主任，钟起煌、桑结加为文史和学习委员会副主任。

依据政协章程的规定，会议通过表决方式，决定接受何林祥辞去政协第十届全国委员会委员；决定撤销邱晓华、李品三、郑筱萸政协第十届全国委员会委员的资格。

全国政协副主席廖晖、刘延东、李贵鲜、张思卿、白立忱、罗豪才、张克辉、周铁农、郝建秀、陈奎元、阿不来提·阿不都热西提、徐匡迪、李兆焯、黄孟复、张怀西、李蒙、董建华、张梅颖、张榕明出席会议。

“民族精神史诗”出版工程又有新进展

《文字中国》等5套丛书出版工作将启动

新华社北京3月1日电 （记者**隋笑飞**）“民族精神史诗”出版工程又有新进展，《视觉中国》《文字中国》《青春中国》《人物中国》《文史中国》等5套丛书将启动。

其中，由大象出版社承担的《文字中国》将按文字发展历史分为8卷，每卷文字20万字，配图100幅—200幅，将于2008年底前出版。《青春中国》由湖南出版集团所属营盘兄弟文化（北京）有限责任公司具体承担，目前已确定主撰人选，2008年春节前后将推广上市。《人物中国》由中国出版集团所属的中国大百科全书出版社编辑出版。该书将分4卷，收录为中华民族发展做出过重要贡献的古今417个人物，包括政治人物、军事人物、文学艺术人物、科技人物4类。《文史中国》丛书由中国出版集团所属的中华书局协同上海古籍出版社联合出版，将分8卷80册出版。

“民族精神史诗”出版工程是由中宣部出版局策划组织的一项重点出版工程。这项出版工程将用丰富多彩的出版物，多层次、多角度地对中华民族精神进行完整、权威的阐释。目前该工程已出版了《话说中国》《诵读中国》《行走中国》等系列丛书，均获得各界普遍好评。

“元宵舞长灯”是浙江浦江民间的习俗。图为3月1日，当地群众带着板凳龙在广场上奔跑、舞动。

新华社记者 **徐昱**摄

华建敏在国家行政学院二〇〇七年春季开学典礼上强调

始终坚持以人为本 努力解决民生问题

本报北京3月1日讯 国家行政学院2007年春季开学典礼3月1日下午在北京举行，国务委员兼国务院秘书长、国家行政学院院长华建敏出席并讲话。

华建敏指出，党和政府一以贯之地高度重视并努力解决民生问题，始终坚持发展为了人民、发展依靠人民、发展成果由人民共享，我国社会主义建设和发展的历程，就是关注民生、重视民生、保障民生、改善民生的过程。特别是改革开放近30年来，我国经济、政治、文化、社会建设都取得了举世瞩目的伟大成就，社会生产力、综合国力和国际竞争力大为增强，人民生活实现了由解决温饱到总体上达到小康的历史性跨越。这一阶段是我国解决民生问题、老百姓得到实惠最多的时期。

华建敏强调，解决民生问题是中国特色社会主义的本质要求，是全面落实科学发展观的核心内容，是构建社会主义和谐社会的关键环节。必须贯彻党的十六届六中全会精神，全面落实科学发展观，坚持以人为本，努力满足人民群众的物质文化需要；坚持循序渐进，一切从中国国情和实际情况出发；坚持统筹兼顾，实现群众现实利益和根本利益的有机统一。要着力保障群众的基本需求，千方百计扩大就业、有效调节收入分配和完善社会保障制度；要着力满足群众的发展需求，促进教育公平、加强医疗卫生服务、满足人民文化需求和解决困难群众住房问题；要着力确保群众的安全需求，切实加强安全生产和食品药品监管、保护生态环境和维护社会治安稳定。同时，要统筹解决人口问题，坚持稳定低生育水平的基本国策不动摇。

华建敏指出，各级政府肩负着解决民生问题的基本责任和历史使命，要努力建设人民满意的政府；各级政府工作人员要提高思想认识，牢固树立全心全意为人民服务的宗旨，切实转变工作作风，深入实际为群众办实事、做好事、解难事，努力成为人民满意的公仆。华建敏要求，各级行政学院要发挥人才优势和学科优势，把加强领导干部作风建设和解决民生问题纳入教学、科研和咨询工作，不断提高公务员的思想理论水平和解决民生问题的能力。

中央社会主义学院举行春季开学典礼

本报北京3月1日讯 记者**潘跃**报道：中央社会主义学院春季开学典礼今天在北京隆重举行。全国人大常委会副委员长、民革中央主席、中央社会主义学院院长何鲁丽，全国政协副主席、中央统战部部长刘延东出席开学典礼并讲话。

刘延东在讲话中说，今年是党和国家历史上非常重要的一年。中国共产党将召开第十七次全国代表大会，对今后一个时期党和国家工作任务作出全面部署。各民主党派也将召开全国代表大会进行换届，在新老交替的基础上实现政治交接。她指出，民主党派、无党派人士实现政治交接，就是要继承和发扬民主党派、无党派人士老一辈长期以来与中国共产党团结合作形成的政治信念、优良传统和高尚风范，坚持走中国特色社会主义政治发展道路，加强参政党建设，巩固多党合作和政治协商的政治基础，推动和实现我国统一战线和多党合作的可持续发展。一是加强理论学习，搞好思想武装。不断深化对中国化的马克思主义哲学基础的认识，对社会主义核心价值体系的认识，对经济社会发展规律的认识以及对社会主义社会建设目标的认识。二是继承优良传统，加强自身建设。坚持中国共产党的领导，坚定中国特色社会主义信念，坚持走中国特色政治发展道路。大力推进制度化、规范化建设，培育和树立良好的新风尚。三是认真履行职能，积极发挥作用。

何鲁丽在讲话中说，2007年是我国深入贯彻落实科学发展观、积极推进社会主义和谐社会建设的重要一年。各民主党派将召开全国代表大会进行换届。她希望各民主党派坚定信念，坚持走中国特色社会主义政治发展道路；继承传统，着眼于政治交接做好换届工作；认真学习，努力提高民主党派干部的自身综合素质，为巩固和发展最广泛的爱国统一战线，坚持和完善中国共产党领导的多党合作和政治协商制度，全面建设小康社会做出应有的贡献。

台盟中央副主席李敏宽代表各民主党派中央、全国工商联和无党派人士在开学典礼上讲话。中央统战部副部长、中央社会主义学院党组书记楼志豪主持开学典礼。

全国政协十届常委会举办第十一次学习讲座

本报北京3月1日讯 全国政协十届常委会1日上午在北京举办第十一次学习讲座，全国政协副主席王忠禹主持。

全国政协常委、国家宗教事务局局长叶小文应邀到会作了题为《发挥宗教在促进社会和谐方面的积极作用》的报告。

王忠禹指出，我国是一个存在多宗教的国家，处理好信教群众和不信教群众、信仰不同宗教群众之间的关系，积极引导宗教与社会主义社会相适应，是构建社会主义和谐社会的重要工作。

王忠禹说，人民政协的宗教工作是我国宗教工作的重要组成部分。人民政协中包括五大宗教的代表人物，宗教界是人民政协的重要界别，其他界别中也有一些长期从事宗教问题研究的专家学者，人民政协中还设有民族和宗教委员会。希望各级政协充分发挥优势，围绕宗教界为构建社会主义和谐社会服务问题等重大课题深入调查研究，积极建言献策。政协委员包括宗教界委员，要广泛团结和联系信教群众，真心实意地帮他们排忧解难，努力做好协调关系、化解矛盾、增进团结的工作。要重视发挥中国宗教界和平委员会的独特作用，为促进我国社会和谐和世界和平事业作出新的贡献。

全国政协副主席李贵鲜、张思卿、白立忱、罗豪才、张克辉、周铁农、郝建秀、陈奎元、阿不来提·阿不都热西提、徐匡迪、李兆焯、黄孟复、张怀西、李蒙、张梅颖，秘书长郑万通出席学习讲座。

人民论坛

让群众盯住自己

牧 童

“盯住我就可以了！”这是吉林省吉林市委副秘书长陈淳同志对上访群众的一句承诺。他在接待和处理群众信访案件时，对于自己职权范围之内的事项，公开向群众说：“此事你谁都不用找，盯住我就可以了，我保证负责到底。而且，只要时间允许，我是来一人见一人，来百人见百人；来一次见一次，来百次见百次，决不食言。”在实际工作中，陈淳同志的确履行了自己的诺言，让群众盯住自己，把事情负责到底。

“盯住我就可以了”，体现了陈淳同志对党的事业的高度责任感。一个人，只有具备了很强的责任心和自信心，才敢于把这句话交给群众。按理说，陈淳不是专职信访干部，作为市委副秘书长，他的主要职责是协助市委领导抓经济和改革工作。十多年来，他具体组织实施吉林市上千家国企改革，攻坚克难，为当地经济社会发展做出了突出贡献。在自身任务十分繁重的情况下，对涉及国企改制的群众上访，他本可以委托给专职信访部门或相关职能部门处理。然而，他一不推、二不拖、三不躲，一句“盯住我就可以了”，把责任担在自己身上，让焦急烦躁的来访群众冷静下来。在陈淳心目中，信访工作不只是信访部门的事，而且还是党的建设的一项基础工作，是党和政府联系群众的纽带，是各级党委和政府工作的重要组成部分，是机关干部都应学会和掌握的“政治基本功”。正因为有了这样的理解，他在百忙之中兼顾着信访工作，把这项工作当成自己分内之事，主动为党和政府分忧，为人民群众解难。

“盯住我就可以了”，体现了陈淳同志对人民群众的真挚情感。待人处事，有没有感情是大不一样的：感情深了，态度就好；感情真了，作风就实。陈淳同志正是这样，掬出一颗公仆心，献上满腔真挚情，把自己完全交给了群众。市船营区北极桃园新村群访案件规模大，情况复杂，中间纠缠着许多矛盾，牵涉到18个县局级、20多个科处级单位，涉及500多户2000多群众，这些群众掏了买房钱却住不上新房。处理这起信访案件的难度可想而知。陈淳想群众所想，急群众所急，把手机电话向群众公布，接待上访群众200多批次，数百次到各部门研究协调，到开发公司现场办公，到施工工地处理问题，有时一天连续接待五批上访群众。经过3年的努力，终于使问题得到妥善解决，使群众春节前喜迁新居。如此持之以恒，如此不厌其烦，如此不辞劳苦，说明陈淳同志的确是带着对群众的深厚感情在做群众工作。

“盯住我就可以了”，体现了陈淳同志做群众工作的突出能力。处理好信访工作，除了要有对群众的感情之外，还必须具备为群众办实事、办成事的能力，这才能有效地化解矛盾、解决问题，赢得群众信赖，才敢于让群众“盯住自己”。陈淳注重理论学习，善于对实践进行思考总结，对上情是“政策通”，对下情是“活字典”，所以在处理信访问题上，他当参谋与领导合拍，讲道理让群众爱听，提建议得机关认可，做决策合情合理合法，摸准了做好群众工作的规律，形成一整套行之有效的好办法。他的成功实践启发我们，党员领导干部应当注重学习，注重调查研究，增强做群众工作的功底和能力，这样才能真正造福于民。

香港特区举行行政长官候选人答问大会

新华社香港3月1日电 （记者**赵卫、陈思武**）香港特别行政区第三任行政长官选举候选人答问大会今晚在香港会议展览中心举行，获得正式候选人资格的曾荫权、梁家杰在会上介绍了各自的竞选政纲，并回答了选举委员会委员和公众的提问。

历时一个半小时的答问大会由48名来自33个不同界别的选委发起，共有530名选委参加，香港特区立法会主席范徐丽泰主持大会。对选委的提问采取抽签方式决定，香港市民则通过电子邮件、电话等方式将自己的意见和问题传递给大会，由主持人随机抽取后，交由候选人回答。

在答问会上，两位候选人首先分别简介了各自参选政纲，随后回答了22名选委和7名市民提出的问题，内容涉及特区与中央关系、经济发展、增强香港竞争力、香港政制发展、与内地的交流与沟通、教育改革、培养和吸引人才、环境保护、家庭与社会问题等方面。两位候选人在答问后，分别对其所作陈述做了总结。

大会的发起者称，此次答问大会秉承公平、公正、公开和有序的原则进行组织和安排，其目的在于给行政长官候选人提供一个展示平台。发起者和参与者来自香港不同的界别和团体，具有广泛的代表性。

根据香港特别行政区基本法及有关选举法律的规定，第三任行政长官人选将由选举委员会以无记名投票方式于本月25日在香港选举产生，并报请中央人民政府任命。

上海社保资金案部分涉案党员干部受到开除党籍、开除公职处分

本报上海3月2日电 记者近日从中共上海市纪律检查委员会、上海市监察委员会获悉：在调查上海市社保资金案过程中，有关部门对上海市劳动和社会保障局原党组书记、局长祝均一等9名涉案党员干部的严重违纪问题进行了调查。根据《中国共产党纪律处分条例》《中华人民共和国公务员法》等有关规定，经上海市委、市政府批准，市纪委、市监察委决定，对祝均一等9人分别给予开除党籍、开除公职处分。这9名涉案党员干部的行为涉嫌犯罪，已移送司法机关依法处理。

经查，祝均一在担任上海市劳动和社会保障局党组书记、局长期间，滥用职权，违规运营社保资金，挪用巨额社保资金给私营企业主使用，造成严重后果。祝均一还利用职务上的便利，为他人谋取利益，非法收受他人财物。祝均一道德败坏，生活腐化。

上海市宝山区原区委副书记、区长秦裕，在担任市委办公厅副主任、市政府办公厅副主任等职务期间，利用职务上的便利，为他人谋取利益，非法收受他人财物，通过以劣换优、低价购房等手段获取巨额利益。秦裕道德败坏，生活腐化。

上海市委原副秘书长兼办公厅主任孙路一，利用职务上的便利，为他人谋取利益，非法收受他人现金、贵重物品等财物，数额巨大。孙路一道德败坏，生活腐化。

上海电气（集团）总公司原党委书记、董事长王成明，在担任上海广电（集团）有限公司总裁、上海电气（集团）董事长期间，利用职务上的便利，伙同他人非法占有公共财物，数额巨大。王成明还为他人谋取利益，非法收受他人财物。

上海电气（集团）总公司原党委副书记、副总裁韩国璋，利用职务上的便利，为他人谋取利益，索要住房、非法收受他人财物，数额巨大。挪用公款给私营企业主使用。伙同他人私自占有企业原始股申购额度，从中谋取利益。

上海市国资委原副主任吴鸿玫，在任市国资办、市国资委副主任期间，利用职务上的便利，为他人谋取利益，以低价购房等手段非法收受他人财物。违反规定接受他人出资，给其亲属个人经商办企业。

上海工业投资（集团）有限公司原总经理王国雄，利用职权帮助他人融资，非法收受他人巨额资金。

上海市劳动和社会保障局原基金监督管理处处长、机构处处长陆祺伟，利用职务上的便利，为他人谋取利益，非法收受他人现金、名贵手表等财物。陆祺伟道德败坏，生活腐化。

上海市房屋土地资源管理局原土地利用管理处处长朱文锦，利用职务上的便利，为他人谋取利益，非法收受他人现金、贵重物品等财物。

国家食品药品监督管理局原局长郑筱萸严重违纪受到开除党籍、行政开除处分

对其涉嫌犯罪问题移送司法机关依法处理

本报北京3月1日讯 记者**娄**[illegible]报道：最近，中央纪委监察部严肃查处了国家食品药品监督管理局原党组书记、局长郑筱萸严重违纪案件。

经查，郑筱萸在任国家药监局局长期间，利用职务便利，为一些医药企业谋取非法利益，本人或伙同其妻、子收受财物折合人民币数百万元；在药品监管工作中严重失职渎职，造成严重后果。

中央纪委常委会议认为，食品药品监管是事关亿万人民群众健康与生命安全的大事，党中央、国务院历来高度重视。郑筱萸作为国家药监局主要负责人，严重失职渎职；利用药品审批权，本人或伙同其妻、子收受他人财物。其行为已构成违纪，且性质恶劣，情节严重，其中渎职和利用职务便利收受财物问题已涉嫌犯罪。根据《中国共产党纪律处分条例》、《中华人民共和国公务员法》的有关规定，经中央纪委常委会议审议并报中共中央批准，决定给予郑筱萸开除党籍处分；经监察部报国务院批准，决定给予其行政开除处分。对其涉嫌犯罪问题移送司法机关依法处理。

国务院任免国家工作人员

新华社北京3月1日电 国务院最近任免国家工作人员。

任命孙宝树、袁彦鹏为劳动和社会保障部副部长，齐骥为建设部副部长，王国强为卫生部副部长、国家中医药管理局局长，王培安为国家人口和计划生育委员会副主任。

免去步正发、华福周（女）的劳动和社会保障部副部长职务，刘志峰的建设部副部长职务，佘靖（女）的卫生部副部长、国家中医药管理局局长职务，王国强的国家人口和计划生育委员会副主任职务，范巍（女）的国有重点金融机构监事会主席职务。

人民网两会专题正式开通

本报北京3月1日讯 人民网2007年两会专题今天正式开通（http://lianghui.people.com.cn）。专题共24个栏目，将充分利用网络即时互动、内容丰富、形式多样的特点，全面翔实地报道2007年全国两会盛况，传达大会精神，关注民生热点，展示代表委员风采。专题融合了播客、博客、互动论坛、手机报等新技术、新形式，将在第一时间权威、准确、详尽地报道两会信息。

今年1月26日，人民日报和人民网联合推出了以“2007两会调查：老百姓关注热点”为题的网上调查，调查涵盖政治、经济、社会、教科文四大类共40个问题，截至发稿已有7万多网友投票或留言。

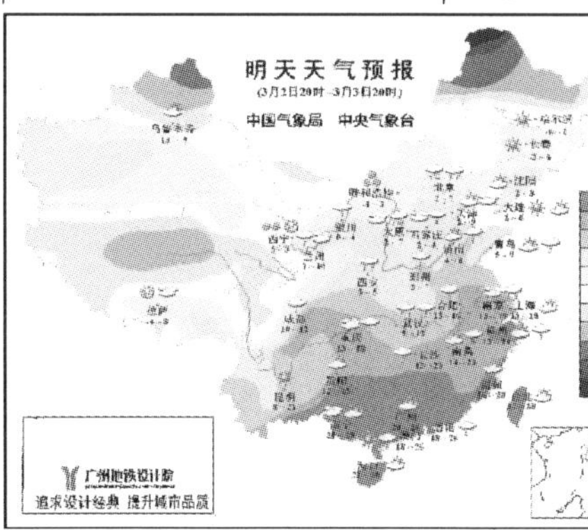

世界主要城市天气预报

城市	天气	气温
东京	多云	8℃/13℃
曼谷	多云	26℃/35℃
新德里	晴	16℃/22℃
悉尼	多云	19℃/26℃
卡拉奇	晴	19℃/29℃
开罗	多云	10℃/24℃
莫斯科	小雪	-6℃/-1℃
法兰克福	小雨	6℃/14℃
巴黎	小雨转多云	6℃/14℃
伦敦	阵雨转多云	7℃/11℃
纽约	小雨转多云	-3℃/4℃

全国部分旅游景区气象预报

安徽黄山	中雨	6℃/11℃
广西桂林	多云转小雨	18℃/26℃
辽宁大连	晴转多云	2℃/6℃
云南西双版纳	多云	16℃/33℃
山西皇城相府	中雨转小雨	1℃/10℃
山西[illegible]	雨夹雪	-4℃/-2℃
甘肃敦煌	多云	-5℃/2℃
江西井冈山	小雨	13℃/20℃
四川乐山	阴转小雨	10℃/16℃
四川九寨沟	小雪转阵雪	-3℃/7℃

刘 平 同 志 逝 世

新华社北京2月10日电 原国家文字改革委员会副秘书长刘平同志（享受部长级医疗待遇），因病于1月23日在北京逝世，享年94岁。

在刘平病重期间及去世后，胡锦涛、曾庆红、贺国强、陈至立等领导同志以不同方式表示慰问和哀悼。

刘平1913年生于山西榆次，1933年参加革命工作，1937年9月加入中国共产党。抗日战争时期，先后担任晋察冀八路军五支队政治部宣传科科长、支队党总支书记，抗敌报社编辑兼党支部书记，晋察冀通讯社社长，晋察冀日报社编辑、通讯部部长，中共晋察冀分局宣委委员，中共涞源县委常委兼宣传部部长等职务。解放战争时期，曾担任中共张家口市委宣传部部长，中共宣化市委副书记兼宣传部部长，中共察哈尔省委党校副校长、省委副秘书长，中共北岳区党委秘书长，中共察哈尔省委委员兼秘书长等职务。新中国成立以后，历任中共皖南区党委委员、宣传部部长，中共安徽省委宣传部副部长，文化部社会文化事业管理局副局长、局长，国务院文教办文化组组长，中共西北局宣传部常务副部长，国家文字改革委员会临时小组组长、党委副书记兼副秘书长等职务。1982年离休。

王兆国在“全国各族青年团结进步奖”表彰大会上强调
为不断推进民族团结进步事业多做贡献 各族青年要积极学习先进人物的模范事迹

本报北京5月29日电 （记者**柳晓森**）今天下午，共青团中央、国家民委、全国青联在北京举行第五届“全国各族青年团结进步奖”表彰大会，中共中央政治局委员、全国人大常委会副委员长王兆国会见了来自全国56个民族的150多位青年代表，为获奖代表颁奖，并发表了重要讲话。他强调，各族青年要积极学习先进人物的模范事迹，为不断推进民族团结进步事业多做贡献。

王兆国指出，当代各族青年要自觉把个人的理想同国家、民族的奋斗目标统一起来，把自己的人生追求融入到全国各族人民共同繁荣发展的事业中来，在推动少数民族和民族地区经济又好又快发展中充分发挥生力军和突击队作用。要巩固和发展平等、团结、互助、和谐的社会主义民族关系，努力成为维护民族团结和祖国统一、促进社会稳定、构建和谐社会的重要力量。要以创新的精神投身中华民族先进文化建设，在大力弘扬本民族优秀文化传统的同时，积极吸收其他民族的先进文化成果，努力学习和掌握现代科技文化知识。各级共青团、青联组织要在党委的领导下，主动配合政府有关部门，进一步组织开展好表彰、宣传活动，鼓励引导更多的青年积极致力于民族团结进步事业。各级党委和政府要关心重视各族青年的学习、工作和生活，为他们的成长成才提供更加有利的条件。

乌日切夫等10人获得第五届“全国各族青年团结进步杰出奖”、金纳等189人获得“优秀奖”、北京市宣武区牛街街道团工委等45个单位获得“先进集体奖”、北京市民族宗教事务委员会等24个单位获得“活动组织奖”。

“全国各族青年团结进步奖”表彰活动由共青团中央、国家民委、全国青联共同主办，每3年举办一次。该活动自1993年开展以来，共表彰了为民族团结进步事业作出贡献的先进集体140个，先进个人688名。

5种民族文字版《中国儿童百科全书》发行
六部门向边疆民族地区1000所学校赠书

本报北京5月29日电 （记者**袁晞**）“六一”儿童节到来之际，国家民委、中宣部、中央文明办、团中央、教育部、新闻出版总署六部门联合向边疆民族地区少年儿童赠送我国第一套蒙古、藏、维吾尔、哈萨克、朝鲜5种民族文字版的《中国儿童百科全书》。该书首发式暨向边疆民族地区少年儿童送书仪式今天在北京人民大会堂隆重举行，全国人大常委会副委员长司马义·艾买提出席并向各族少年儿童赠书，国家民委主任李德洙出席，新闻出版总署署长柳斌杰在仪式上讲话，少数民族儿童代表和社会各界代表百余人参加此次活动。

本次赠书，六部门共向边疆民族地区的1000所学校赠送蒙古、藏、维吾尔、哈萨克、朝鲜文版的《中国儿童百科全书》12000套120000册。这些图书将在“六一”前后陆续送到各民族少年儿童手中。

这套百科全书由民族出版社、中国大百科全书出版社合作翻译出版。《中国儿童百科全书》汉文版由中国大百科全书出版社组织我国众多专家学者历时五年编纂而成，图文并茂，知识丰富，具有中国特色。民族文字版本的《中国儿童百科全书》在汉文蓝本的基础上编译而成，凝聚了上百位各民族、各学科领域专家的智慧与辛劳，先后有几千名少数民族学生、教师、家长试读与亲身参与。根据少数民族儿童的认知水平和阅读习惯，民文版在出版中进行缩写、改编，既增加各民族的有关内容和图片，又保留了原版的编辑理念和知识体系，体现了各民族的文化特点和阅读需求，是完整意义上我国少数民族少年儿童第一套自己的百科全书。

“蓝天图书室”援建活动启动

本报北京5月29日电 （记者**潘跃**）“六一”国际儿童节前夕，由民政部、中央文明办、新闻出版总署、国家广电总局联合主办的“蓝天图书室”援建活动28日在京正式启动。

“蓝天图书室”援建活动，是四部门联合主办的全国“万家社区图书室援建和万家社区读书活动”的重要组成部分。从2003年开始，“万家社区图书室援建和万家社区读书活动”已进行了四期，为全国66000个城乡社区援建了图书室，援建图书达2200万册，使2亿多群众从中受益。四部门组成的组委会决定，今年开展的第五期活动将向困难群体倾斜，从部级福利彩票公益金和省级留用彩票公益金中筹集经费为全国1000个儿童福利机构免费援建“蓝天图书室”。组委会组织有关专家，精心编选了一批有利于特殊儿童阅读、学习和培训，有益于特殊儿童身心康复、生活知识积累和生活能力培养的读物。

部分作家评论家座谈儿童文学

本报北京5月29日电 （记者**李舫**）党的十六大以来我国儿童文学创作硕果累累。今天，为探讨儿童文学在加强未成年人思想道德建设、推进社会主义和谐文化建设等方面的重要作用，推动我国儿童文学事业进一步繁荣发展，中宣部文艺局与中国作协儿童文学委员会今天联合召开儿童文学创作座谈会。

高洪波、杨新贵、束沛德、樊发稼、胡平、金波、黄蓓佳等部分儿童文学作家、评论家参加了今天的座谈会。

与会作家、评论家说，十六大以来，儿童文学界坚持社会主义先进文化的前进方向，牢记神圣职责，以繁荣儿童文学创作为己任，努力多出作品、多出人才，儿童文学呈现出更加繁荣发展、欣欣向荣的新局面，儿童文学创作、评论和队伍建设等都取得了可喜的成绩，涌现出一批深受少年儿童喜爱的优秀作品，凝聚了一支很有战斗力的儿童文学队伍，形成了一套有利于多出作品、多出人才的工作机制。

回良玉会见坦桑尼亚客人

据新华社北京5月29日电 （记者**谭晶晶**）国务院副总理回良玉29日在中南海会见了坦桑尼亚国防与国民服务部长卡普亚一行。

回良玉说，中坦有着深厚的传统友谊。建交以来，双方高层往来频繁，两国友好合作关系得到持续稳定的发展，双方在政治、经济、文化、军事等领域开展了卓有成效的合作。加强同非洲国家的团结与合作，始终是中国独立自主和平外交政策的重要内容。当前，中国政府正抓紧落实加强中非务实合作的政策措施。

他表示，中方愿与坦方共同努力，不断推动中坦友好合作关系向全方位、多层次、多领域

曹刚川分别会见泰国和智利客人

据新华社北京5月29日电 （记者**马文博**）中央军委副主席、国务委员兼国防部长曹刚川29日在北京分别会见了来访的泰国国防部长汶劳·颂达和智利陆军司令奥斯卡·伊苏列塔。

在会见汶劳时，曹刚川说，泰国是中国的友好邻邦和重要合作伙伴。近年来，两国政治互信不断增强，经贸合作成效显著，中泰两军合作也取得了喜人的成果。中方愿与泰方继续保持密切往来与合作，为各自国家和本地区的和平、稳定与繁荣作出积极的努力。

在会见伊苏列塔时，曹刚川说，中智两国虽然相距遥远，但两国人民有着传统友谊。建交以来，两国关系稳步提升，各领域友好合作关系顺利发展。两军关系在两国关系的基础上也保持着良好的发展势头。中方对进一步发展两国两军关系持积极态度。

曾培炎会见美国客人

新华社北京5月29日电 （记者**郝亚琳**）国务院副总理曾培炎29日在人民大会堂会见了美国通用电气公司董事长兼首席执行官伊梅尔特一行。

曾培炎说，中国政府坚持科学发展观，高度重视资源能源节约和环境保护问题，采取一系列有力措施，进一步加大节能减排工作力度，积极发展可再生能源和清洁能源。曾培炎对通用电气公司实施“绿色创想”中国计划的进展表示满意，并希望通用电气公司与中国有关部门继续深化节能环保领域的合作。

曾培炎说，近年来，中国经济保持了较快的发展势头，市场前景十分广阔。希望通用电气公司进一步加强与中国有关企业的合作，发挥本地现有力量，开展技术研发，提高产品水平，更好地满足国内和国际市场的需求。双方还就洁净煤发电、航空、轨道交通、水处理等领域的合作交换了看法。

何鲁丽会见欧洲议会欧中友好小组代表团

据新华社北京5月29日电 （记者**郝亚琳**）全国人大常委会副委员长、中国欧盟协会名誉会长何鲁丽29日在人民大会堂会见了由主席德瓦率领的欧洲议会欧中友好小组代表团。

唐家璇会见泰国总理素拉育

据新华社北京5月29日电 （记者**林立平**）国务委员唐家璇29日在钓鱼台国宾馆会见了泰国总理素拉育。

王家瑞会见伊拉克客人

据新华社北京5月29日电 中联部部长王家瑞29日在北京会见了伊拉克前总理贾法里。

“原则”与“数量”

人民论坛

张爱民

“原则”与“数量”本是风马牛不相及的两个词汇。“原则”，是指说话或行事所依据的法则或标准。“数量”，则是指通过计量单位表现出来的事物的多少。然而，在有些情况下，二者的联系十分紧密。

一位教授问学生：“有甲乙两邻居，相交素来笃深，但为一事闹得不可开交。甲老屋新近翻建，无意间扩大了原有面积，将地界向乙家挪移了一尺。乙心有不甘，多次与甲交涉，无果。请问你们如何看待此事？”众学生意见一致：“地界乃祖上遗传，甲不应随便侵占，乙也不应随便退让，这是原则问题。”教授又说：“假如甲主动赔偿100元，乙又该如何？”众学生语气坚定：“赔偿也不行，乙不能因为丁点蝇头小利，丧失做人的原则。”教授又曰：“假如甲主动赔偿1000元，乙又该如何？”众学生语气稍平，仍答：“不行，原则就是原则，不能随便更改。”教授再曰：“假如甲主动赔偿10000元、100000元，乙又该如何？”众学生面面相觑，无以回答。

这个故事精彩地诠释了“原则”和“数量”，在一定条件下的微妙变化。这不禁让人联想起，当前社会上出现的一些贪官落马案。追溯他们的犯罪过程，剖析其案中情由，大多符合类似的运行轨迹。一种情况是，数额不大时坚守原则，但随着行贿的人愈多，贿额愈大，终于挡不住诱惑，乃至淹没了原则。另一种情况是，初始时，以小礼品、小数额只是“仨瓜俩枣”，无伤原则为由，来者不拒，继而礼愈重，数愈大，终而欲罢不能，原则被弃置一边，乃至锒铛入狱方才惊醒。

由此看来，“原则”并非牢不可破，常因“数量”的变动而变动。这警示我们的领导干部，原则就是原则，底线就是底线，不因“数量”大而动心，不因“数量”小而大意。只有从源头上立稳“原则”的根，不断用党性锤炼自我，以操守净化自我，任凭“数量”威力再大，魅力再强，都不为所动。如此方能“咬定青山不放松，任尔东西南北风”。

尽管“原则”与“数量”如同两条不相交的平行线，界限分明。但在现实生活中，二者常因一念之差而发生偏移。由此不禁联想起美国的一件事：俄亥俄州有一座地理位置独特的房子，下雨时节，落在屋顶北侧的雨滴，与小溪汇合后，流进附近的安大略湖，然后汇入加拿大北部的圣劳伦斯湾；而落在屋顶南侧的雨滴则经密西西比河，最终流入美国南部的墨西哥湾。屋脊两边雨滴落点，常常变换不定，许多应该落在南侧的雨滴落在了北侧，或者相反。这些最初相距不过咫尺的雨滴，彼此之间最终的距离达到了2000多英里。令人想不到的是，影响这些雨滴最终去向的，不过是雨天从屋顶轻掠而过的一缕微风。真可谓失之毫厘，差之千里。

“原则”与“数量”好比南、北两侧的雨滴，这一念之差好比那一缕微风。这个事例提醒我们，对于生活中许多看似无伤大雅、无伤原则的事情，应保持高度的警惕，丝毫动摇不得，疏忽不得，大意不得。愿我们的领导干部，时刻记住那缕从屋顶轻掠而过的风。

中日签署人才培养奖学金项目政府换文
日本政府将继续提供5.85亿日元的无偿援助

本报北京5月29日电 （记者**杜海涛**）5月28日，商务部副部长易小准与日本国驻华大使宫本雄二分别代表两国政府签署了“中日人才培养奖学金项目”政府换文。根据换文，日本政府将继续提供5.85亿日元（约532万美元）的无偿援助。

“中日人才培养奖学金”项目旨在培养高素质的政府管理人才，促进中日两国公务人员交流及相互理解。该项目自2002年以来，已派遣五批共217名中方政府公务人员赴日留学，攻读经济、法律、公共政策、国际关系和医疗行政等专业的硕士学位。其中，107名留学人员已经学成回国。

迄今，日方共为该项目提供了34.35亿日元（约3120万美元）的援助资金。

印尼副总统将访华

本报北京5月29日电 （记者**廖政军**）外交部发言人姜瑜29日在例行记者会上宣布：应国家副主席曾庆红邀请，印度尼西亚共和国副总统优素福·卡拉将于6月6日至10日对中国进行正式访问。

杨洁篪将出席中日韩三国外长会及亚洲合作对话第六次外长会

本报北京5月29日电 （记者**廖政军**）外交部发言人姜瑜29日在例行记者会上宣布：应大韩民国外交与通商部长宋旻淳的邀请，中华人民共和国外交部长杨洁篪将于6月3日出席在韩国济州岛举行的中日韩三国外长会，于6月4日至5日出席在首尔举行的亚洲合作对话第六次外长会。

（上接第一版）

几年前，上海电影制片厂摄制的影片《生死抉择》成为人们关注的热点：场外，影院门口出现了排队买票的场面；场内，屡屡爆出观众自发的掌声，而影片的主人公李高成等一时间成了街谈巷议的话题。这样的场景，在当时疲软的电影市场上实为少见。对此，导演的回答是：“文艺创作，特别是影视文艺的创作，一定要关注并且表达出最广大人民群众的愿望和心声，才会真正受到人民群众的欢迎。”他和他的剧组通过这次创作实践，都更深切地认识到“电影选择人民，人民也必定选择电影”。

这也许并不是新鲜的文艺观点，但却是需要在新时期新形势下不断阐述和强化的意识。“五个一工程”从创立实施之日起，就以自己的品格和鲜明的导向，大力倡导文艺关注现实、服务群众，唱响爱国主义、集体主义、社会主义的主旋律，为社会主义核心价值体系建设添砖加瓦。在“五个一工程”的历届评选中，推出了大量反映民族解放历程，反映现实生活，反映普通百姓命运的好作品。电影《大转折》、《大进军——席卷大西南》等，艺术地再现了解放战争的磅礴进程，讴歌了党和人民军队不可战胜的力量。电视剧《贫嘴张大民的幸福生活》，通过讲述普通工人张大民一家生活道路上经历的坎坷与辛酸，歌颂了老百姓脚踏实地的生活态度和锲而不舍的乐观主义精神。歌曲《从头再来》，直面现实，用生活化的语言，唱出下岗工人自强不息的追求。滑稽戏《青春跑道》，以一群性格各异、家境不一的中学生的生活和生存状态，反映了当前学校教育在人格培养中所做的探索……

生活是创作的不竭源泉。电视剧《希望的田野》扑面而来的乡土气息、鲜活的人物，就得益于编创者多次到东北农村深入生活，得益于与农民兄弟同吃同劳动过程中建立的深厚感情。回顾“五个一工程”历届获奖作品，可以发现这是个题材主题多样、形式风格各异、百花齐放的园地，而那些贴近生活、贴近普通人的作品，那些注重表现老百姓真实生活和细腻情感，深入发掘他们内心世界真善美的作品，更是芬芳艳丽。

思想性、艺术性和观赏性有机统一历来是“五个一工程”评选的基本要求，既坚持社会效益第一，也注重经济效益。演出场次、票房收入、发行数量、传唱程度等，成为入选“五个一工程”的重要条件。《激情燃烧的岁月》、《希望的田野》等电视剧，平均收视率创下新高；《离开雷锋的日子》以三千万元夺得1996年电影票房之冠，美术片《宝莲灯》票房突破两千五百万元；陕西眉户现代戏《迟开的玫瑰》演出四百多场而不衰，苏州滑稽戏《一二三，起步走》演出达三千六百多场，并被多个院团、剧种移植改编，就是突出的例证。它们得到了群众的认可，经受了市场的检验，以实实在在的业绩昭示，“五个一工程”推出的反映时代主旋律的作品，愈来愈好看，愈来愈耐看，愈来愈让人喜欢看了。

以“五个一工程”为动力，激发文艺创造力，多出精品，多出人才

紧扣时代脉搏，奉献思想性、艺术性和观赏性统一的优秀作品，更好地满足人民群众日益增长的精神文化需求，是“五个一工程”的重要宗旨。“五个一工程”从一开始就强调精品意识，强调质量是精神文化产品的生命所系，要求各级宣传文化部门以高度的使命感和责任感，创作生产出更多思想深刻、艺术精湛、深受广大群众欢迎并能经受时间考验的优秀作品。

诸多入选“五个一工程”的优秀作品都经历过孜孜砥砺、精心打磨的过程。辽宁人艺的工人题材话剧《父亲》，表现的是进入上世纪90年代以来工人们的命运与处境、他们的选择与奋进。该剧编导演等主创人员多次深入企业生活，数易其稿，以精益求精的态度刻画出了当代工人奋力前行的身姿，为他们唱出了一支深挚的长歌，在该剧获得多项大奖之后，主创人员仍不断修改提高。多位参加过“五个一工程”创作的艺术家深切地体会到，“五个一工程”作为先进文化建设的一项标志性事业，其重要特点是立足我国历史和现实生活，善于抓住具有时代特色的题材，并且集中国内名导演、名编剧、名演员等各方面优势力量，打好精品创作的主动仗，从而推出了不少脍炙人口的佳作。

创新，让“五个一工程”在艺术上焕发出生机和活力。许多直接反映重大革命历史题材的作品，不少及时表现当代英模的作品，由于在艺术上的创新，受到群众的广泛欢迎和喜爱，如电视剧《日出东方》、《长征》和电影《周恩来》等，更加注重挖掘伟人的精神世界，更加注重从伟人与人民群众的血肉联系中刻画领袖的性格。电影《蒋筑英》、《孔繁森》等作品，或以新的视角，或以新的表现方式，通过生动丰富的情节，再现主人公的生命历程，在人物塑造上融“英雄”与“常人”特点于一身，给观众带来全新的感受。而电视剧《咱爸咱妈》、《外来妹》和电影《凤凰琴》等，聚焦普通人的生活和情感，对平凡的性格和心理进行细腻的揭示，展现了当代人内涵丰富的生存状况和复杂多样又不乏真诚善良的内心世界，看起来让人倍觉亲切，滋味悠长。

有位姓陈的文化馆干部在网上说：“有人有误解，认为‘五个一工程’的作品政治性太强。实际上你去看看舞剧《土里巴人》，看看电影《离开雷锋的日子》，你就会知道，这些作品有高雅精妙的艺术，有浓郁深厚的情感，也有不失时尚的青春气息，我爱这些作品。”

“五个一工程”十几年来推出大量深受群众欢迎的优秀作品，也不断培养出一批批优秀的文艺工作者。浏览一下历届获奖作品和作者、表演者名单，不难发现，多年来活跃于舞台、荧屏、文坛、歌坛的许多名家，都曾参与过“五个一工程”获奖作品的创作生产，许多青年文艺人才，通过参加“五个一工程”的创作生产，都已成长为当代知名文艺家。“五个一工程”的实施不仅推出了作品，而且培育了人才、锻炼了队伍，形成了一种以作品带人、以人促作品的生动气象。这种气象，被很多文艺界人士形容为“精品迭出，人才辈出”。

“五个一工程”的实施，其影响已远远超出了评奖活动本身，对全社会来说，它已经并且正在发挥着激励、导向、示范、精品、育才五大作用，在构筑社会主义先进文化精神大厦、建设和谐文化、繁荣文艺创作的进程中具有越来越重要的意义。　（**新华社北京5月29日电**）

外交部举行例行记者会

本报北京5月29日电 （记者**廖政军**）外交部发言人姜瑜29日下午主持例行记者会，回答了中外记者的提问。

中方希望日方不要为“台独”势力提供政治舞台

在回答关于李登辉30日起将访问日本的问题时，姜瑜表示，中方已就此向日方提出严正交涉，希望日方不要为“台独”势力提供政治舞台。

姜瑜说，中方强烈要求日方高度重视中方的严重关切，恪守《中日联合声明》等三个政治文件的原则，以实际行动体现迄今在台湾问题上所作的承诺。

世界动物卫生组织决议反映国际社会普遍支持一个中国原则

5月25日，世界动物卫生组织以压倒多数通过决议，在重申一个中国原则基础上，恢复中华人民共和国作为主权国家在该组织的合法权利，决定台湾以非主权地区成员身份继续参与该组织活动，其称谓为“中国台北”。姜瑜对此表示，世界动物卫生组织绝大多数成员都投了赞成票，这说明，国际社会普遍支持一个中国的原则。

姜瑜说，中央政府关心台湾人民的福祉，支持岛内动物卫生事业的发展。上述决议未排除台湾动物卫生部门继续参与世界动物卫生组织有关活动，中央政府愿意进一步加强两岸在动物卫生领域的合作。

中国人均温室气体排放不及发达国家1/3

在回答如何应对气候变化问题时，姜瑜说，气候变化问题是全球面临的共同挑战，国际社会应共同努力应对这一挑战。她强调，中国的人均温室气体排放大大低于发达国家，还不到发达国家平均水平的1/3。但是，中国高度重视气候变化问题，采取了一系列有针对性的措施，也取得了明显成效。

姜瑜表示，中方认为，《联合国气候变化框架公约》及其《京都议定书》是国际社会应对气候变化的法律基础，其缔约方会议是气候变化国际谈判与合作的主渠道。

她说，中方大力推进技术革新，提高能源效率；发展低碳能源和可再生能源，改善能源结构；注重开展植树造林，加强生态建设和保护。中国把节能减排作为当前加强宏观调控的重点，努力实现“十一五”规划确定的节能减排目标。

中方认为发达国家应率先承诺减排义务

在进一步回答记者有关气候变化问题时，姜瑜表示，中方认为发达国家有责任也有能力为应对气候变化作出更大贡献，应继续率先承诺减排义务，并积极向发展中国家提供资金、技术、培训等援助，帮助发展中国家提高应对气候变化的能力。

姜瑜说，当前处理气候变化问题的关键是如何切实落实公约和议定书的有关规定，在“共同但有区别的责任”的原则基础上，启动关于发达国家第二承诺期减排义务的国际谈判，争取谈判在2009年前取得实质性进展。

她还说，中国、印度等发展中国家深受气候变化的影响，但有关发展中国家为应对气候变化采取了有力措施，其努力的效果远远超过发达国家在《京都议定书》框架下所承诺的减排总量。中国愿意与国际社会一道，积极寻求应对气候变化的有效途径。我们将根据中国国情，继续不懈努力，为全球环境保护与可持续发展作出贡献。

国家食品药品监督管理局原局长郑筱萸一审被判处死刑

新华社北京5月29日电 （记者**田雨、崔清新**）北京市第一中级人民法院29日上午对国家食品药品监督管理局原局长郑筱萸案作出一审判决，以受贿罪判处郑筱萸死刑，剥夺政治权利终身，没收个人全部财产；以玩忽职守罪判处其有期徒刑7年，两罪并罚，决定执行死刑，剥夺政治权利终身，没收个人全部财产。

判决根据本月16日法庭公开审理时出示、质证的证据认定，1997年6月至2006年12月，被告人郑筱萸利用担任国家医药管理局局长、国家药品监督管理局局长、国家食品药品监督管理局局长的职务便利，接受请托，为8家制药企业在药品、医疗器械的审批等方面谋取利益，先后多次直接或通过其妻、子非法收受上述单位负责人给予的款物共计折合人民币649万余元。

2001年至2003年，郑筱萸先后担任国家药品监督管理局、国家食品药品监督管理局局长期间，在全国范围统一换发药品生产文号专项工作中，违背重大事项请示报告制度和民主决策程序，草率启动专项工作；严重不负责任，对这一事关国计民生的药品生产监管工作未做认真部署，并且擅自批准降低换发文号的审批标准。郑筱萸玩忽职守造成严重的后果，经后来抽查发现，包括部分药品生产企业使用虚假申报资料获得了药品生产文号的换发，其中6种药品竟然是假药。

法庭认为，郑筱萸身为国家药品监管部门的主要负责人，本应认真行使国家和人民赋予的权力，廉洁从政，但其置国家和人民的重要利益于不顾，为有关企业在获得相关许可证、药品进口、注册、审批等方面谋取利益，直接或者通过其妻、子多次收受贿赂，严重侵害了国家工作人员的职务廉洁性，严重破坏了国家药品监管的正常工作秩序，危害人民群众的生命、健康安全，造成了极其恶劣的社会影响。其受贿数额特别巨大，情节特别严重；犯玩忽职守罪，使国家和人民利益遭受重大损失，情节特别严重，遂依法作出上述判决。

本案公开开庭审理过程中，郑筱萸的亲属参加了旁听，其本人和辩护人依法行使了辩护权利。

人民日報

RENMIN RIBAO

今日16版

人民网 网址:http://www.people.com.cn 手机:http://wap.people.com.cn

国内统一连续出版物号 CN 11-0065 第21550期（代号1-1）

人民日报社出版

2007年7月 11 星期三 丁亥年五月廿七

北京地区天气预报 白天 多云转晴 风向 北转南 风力 二、三级 夜间 晴间多云 风向 南转北 风力 一、二级 温度 34℃/21℃

用科学发展观统领治校育人

——第二炮兵指挥学院贯彻科学发展观纪实

本报记者 冯春梅

军徽闪耀，军旗飘扬。战胜无数艰难险阻、创造无数人间奇迹、建立无数卓越功勋的人民军队，即将迎来80华诞。

八一军旗，是中国人民解放军的旗帜。她的形象，由无数官兵听党指挥、服务人民、英勇善战的历史铸就；她的标志，纪念着辉煌的革命业绩；她的颜色，是千万英雄烈士的热血染红。

军旗飘飘，那是崇高的理想；军旗飘飘，那是坚定的信念。80年风雨征程，80年奋斗不息。今天的人民军队，在党的领导下，在革命化现代化正规化建设的伟大征程上，续写着更加灿烂的华章。

在纪念建军80周年之际，本报特辟“军旗飘扬”栏目，让我们一起聆听当代军人在新时期新阶段履行人民军队历史使命的铿锵脚步！

八一 军旗飘扬

当科学发展观成为人们的自觉遵循时，会产生怎样的伟力？

位于长江之畔、汉水之滨的解放军第二炮兵指挥学院，以一组数据作出了雄辩回答：仅仅3年时间，这所名不见经传的中级指挥院校一跃成为“十五”期间全军院校教员授课优秀率第一名；这个曾经为人才流失痛心疾首的地方，建成了信息作战、空间战略等43个先进实验室，人才迅速聚集；这个一度存在“训用不一”、教学脱节问题的院校，吸纳最新科技使教材更新率达到98%，毕业学员中“优秀指挥军官”大批涌现，成为新装备、整建制形成战斗力的中坚力量。

“践行科学发展观，让战略导弹这一‘大国利剑’拥有了更优秀的人才方阵！”参观了该院的全军院校代表说。

“我们真正尝到了科学发展观的甜头，真想在民主测评中给科学发展观投上一票！”精神振奋的教职员工感慨万千。

“领略和落实科学发展观越多，我们的工作就做得越好！”学院党委一班人信心百倍。

“纲”与“魂”

2003年，一次党委中心组的例行学习，不料却成了悄然巨变的重要起点。

随着原政委李广琪一句一顿地领学胡总书记的重要讲话，一直在思考突破学院发展思路不明、起色不大等“瓶颈”问题的党委委员们眼前一亮：“科学发展观是一把‘金钥匙’，应该成为我们的‘纲’和‘魂’！”……

院长李体林回忆起当时的讨论，至今仍充满激情：“大家都深感这一创新理论的重大意义，讨论得很热烈，耳目一新。”

两位主官先后5次长谈，定下了把学习科学发展观引向深入的三项决策：党委中心组要结合学习理清决策思路； （下转第十版）

为100多个国家500多家电信运营商提供产品与服务

中兴通讯：沟通世界 服务全球

本报记者 余建斌

“走出去”，是扩大对外开放的重要途径。“走出去”，有利于扩大企业发展空间，也有利于加强与国外特别是发展中国家的经济合作。近年来，在实施“走出去”战略过程中，涌现出了一大批优秀企业。这些企业艰苦创业，奋力开拓，能吃苦、能战斗、能奉献、能胜利；这些企业坚持互利共赢，为促进当地就业，促进当地经济发展做出了积极贡献，树立了中国企业的良好形象。近日，本报记者奔赴海外，对部分优秀企业进行了采访，本报从今日起陆续刊登这些报道。

从最早在个别国家摸索设点，到在96个国家和地区建立代表处；从生产的交换机不被人相信有交换功能，到2006年CDMA2000设备出货量全球第一、WCDMA技术在20多个国家获得应用、为全球最大移动运营商提供200万部GSM定制手机，中兴通讯股份有限公司已然成为中国高科技企业国际化的典范，正为100多个国家500多家电信运营商、全球3亿人提供着优质的产品与服务。

十年弹指一挥间。中兴通讯“走出去”的十年，是企业成功拓展的十年：海外收入比重持续增长，今年第一季度销售收入中海外收入已占60%，去年1500万部的手机出货量，海外市场也占到七成。同时，这十年，也是中兴通讯兢兢业业开展本地化服务的十年。

中国人的勤奋令当地保安竖起大拇指 “把客户的事情当成自己的事情来干”

6月30日，“非洲屋脊”的埃塞俄比亚正处雨季，首都亚的斯亚贝巴的最低气温只有10摄氏度左右。深夜，中兴通讯埃塞俄比亚代表处所在大楼灯火通明，进出办公室的人们一路小跑。大楼的保安热情地竖起大拇指：“中国人真勤奋。”

“身处海外，文化、语言和环境的不同，不加倍努力无法让人真正了解自己。”中兴通讯埃塞俄比亚代表处总代表蒋永军说。渐渐地，客户的工作习惯也开始被影响，“埃塞电信公司的高层也被我们带动起来，开始加班，并号召员工向中国人学习。”蒋永军说。 （下转第六版）

中国企业走出去

吴邦国会见瓦努阿图总统

新华社北京7月10日电 （记者**刘东凯**）全国人大常委会委员长吴邦国10日在人民大会堂会见了来访的瓦努阿图总统马塔斯凯莱凯莱。

吴邦国说，中瓦建交25年来，两国关系经受住了各种考验。双方政治互信日益加深，议会政党的交流更趋活跃，合作领域不断扩大，人民之间的联系更加紧密，双边关系的基础进一步巩固，中瓦关系全面稳步发展。中瓦同为发展中国家，有着广泛的共同利益，合作前景广阔。中方愿与瓦方共同努力，进一步加强高层交往，拓宽合作领域，推动中瓦友好合作关系取得更多成果，造福两国人民。

马塔斯凯莱凯莱感谢中国在瓦努阿图争取民族独立和进行经济建设过程中给予的宝贵支持和无私帮助，强调一个中国政策是瓦努阿图发展对华关系的基础，瓦努阿图坚定支持中国统一大业。吴邦国对此表示感谢。

吴邦国还应询向客人介绍了全国人民代表大会制度。

温家宝会见叙利亚副总理

新华社北京7月10日电 （记者**徐松**）国务院总理温家宝10日在人民大会堂会见了叙利亚副总理达尔达里，重点讨论了加强双边经贸合作问题，并就中东地区形势交换了意见。

温家宝与毛里求斯总理举行会谈

新华社北京7月10日电 （记者**徐松**）国务院总理温家宝10日在人民大会堂与毛里求斯总理拉姆古兰举行会谈，双方就中毛关系和共同关心的问题深入交换意见，达成广泛共识。

温家宝说，尽管中国和毛里求斯相距遥远，但中国政府始终重视发展两国关系，视毛里求斯为中国在非洲的重要合作伙伴。多年来，在双方的共同努力下，两国关系稳步向前推进，各领域合作取得了丰硕成果。当前，中毛都在致力于发展本国经济和维护世界和平，两国比以往任何时候都更需要加强合作，实现共同发展。为进一步加深中毛互信互利、全面合作的新型伙伴关系，中方建议：保持双方高层交往势头，密切两国政府、议会、政党、地方之间的友好交流；扩大贸易规模，拓展在轻工、纺织、农业、渔业和转口贸易等方面的合作；加强文化、教育、卫生、旅游等领域合作。

温家宝对毛方多年来坚定地奉行一个中国政策表示赞赏。

在谈到中非关系时，温家宝指出，世界的和平与繁荣离不开非洲的稳定与发展。 （下转第四版）

七月十日，国务院总理温家宝在北京人民大会堂为毛里求斯总理拉姆古兰访华举行欢迎仪式。 新华社记者 高洁摄

贾庆林会见第八届海外杰青汇中华交流团成员

本报北京7月10日电 （记者**柳晓森**）中共中央政治局常委、全国政协主席贾庆林10日在人民大会堂会见了第八届海外杰青汇中华交流团全体成员和顾问团成员。

贾庆林说，海外杰青汇中华交流活动已经连续举办了七届，取得了很好的效果，在海内外产生了广泛的影响。中国是一个有着五千多年悠久历史的文明古国，为人类文明进步作出过巨大贡献。近年来，特别是改革开放以来，中国的社会主义现代化建设取得了举世瞩目的成就，经济社会快速发展，统一大业也取得重大进展，香港、澳门回归祖国并保持了繁荣稳定。事实雄辩地证明，中国人民依靠自己的艰苦奋斗，完全能够改变国家的命运，使中华民族走上繁荣兴旺的道路。

贾庆林指出，当前，中国正处在发展的关键时期，面临的机遇前所未有，面对的挑战也前所未有。要实现现代化，还需要全体中华儿女继续持之以恒地艰苦奋斗。希望同学们要视野开阔、胸怀宽广，把个人的发展与民族的事业紧密联系起来，始终关心和支持中华民族的振兴和发展；要志存高远、脚踏实地，珍惜青春年华，积极探索求知，把自己锻炼成为有才干有志向的栋梁之才；要继承传统、促进统一，关心支持两岸关系和平稳定发展，做中国和平统一大业的坚定支持者；要增进交流、传播友谊，努力成为中国与世界交流的重要桥梁和纽带。

全国政协副主席、中共中央统战部部长刘延东等有关方面负责人参加了会见。

邓平寿先进事迹报告会在京举行

曾庆红在接见报告团全体成员时强调 要深入学习宣传邓平寿同志先进事迹

本报北京7月10日电 （记者**李章军**）邓平寿先进事迹报告会10日上午在北京人民大会堂举行。报告会前，中共中央政治局常委、国家副主席曾庆红亲切接见了报告团全体成员。曾庆红在即席讲话中强调，邓平寿同志以崇高的精神境界和执著的人生追求，忠诚实践“三个代表”重要思想，忠诚实践我们党立党为公、执政为民的根本宗旨，是我们党的基层干部的楷模。各级党委、政府和新闻媒体要深入宣传邓平寿同志的先进事迹，进一步营造学习先进模范人物的良好氛围，激励广大干部以邓平寿同志为榜样，坚持权为民所用、情为民所系、利为民所谋，做到思想上始终清醒、政治上始终坚定、作风上始终务实。

邓平寿同志生前担任重庆市梁平县虎城镇党委书记。他参加工作30多年来，始终扎根基层、艰苦奋斗、淡泊名利、一心为民，多次放弃到城里工作的机会，无怨无悔地用毕生精力，实践自己“虎城的面貌不改变，我就一天不离开”的誓言。他以亲民、爱民、为民的实际行动，赢得了老百姓的尊敬和爱戴，被群众亲切地称为“田坎书记”、“草鞋书记”、“挎包书记”。今年2月1日，邓平寿同志因病去世后，曾庆红、李长春、回良玉、刘云山、贺国强等中央领导同志分别就开展学习宣传邓平寿同志的活动作出重要批示，中央各大媒体连续播发了邓平寿同志的先进事迹，在全党全社会引起了强烈反响。

曾庆红在讲话中指出，邓平寿先进事迹的震撼力，来自于他对党的事业至忠至诚的炽热感情，来自于他与老百姓至真至纯的鱼水深情，来自于他对老人妻子孩子至孝至爱的浓厚亲情。 （下转第四版）

经最高人民法院核准 郑筱萸被执行死刑

本报北京7月10日电 （记者**吴兢、刘晓鹏**）经最高人民法院核准，国家食品药品监督管理局原局长郑筱萸10日上午在北京被执行死刑。

2007年5月16日，北京市第一中级人民法院公开开庭审理郑筱萸涉嫌犯受贿罪、玩忽职守罪一案，并于5月29日作出一审判决，认定郑筱萸犯受贿罪，判处死刑，剥夺政治权利终身，没收个人全部财产；犯玩忽职守罪，判处有期徒刑7年，决定执行死刑，剥夺政治权利终身，没收个人全部财产。宣判后，郑筱萸不服，提出上诉。北京市高级人民法院经公开开庭审理于6月22日作出二审裁定，驳回上诉，维持原判，并依法报请最高人民法院核准。

最高人民法院经复核，确认一、二审认定的案件事实。1997年6月至2006年12月，被告人郑筱萸利用担任国家医药管理局、国家药品监督管理局、国家食品药品监督管理局局长的职务便利，接受请托，为八家制药企业在药品、医疗器械的审批等方面谋取利益，先后多次直接或通过其妻、子非法收受上述单位负责人给予的款物共计折合人民币649万余元。2001年至2003年，郑筱萸先后担任国家药品监督管理局、国家食品药品监督管理局局长期间，在全国范围统一换发药品生产文号专项工作中，严重不负责任，未做认真部署，并且擅自批准降低换发文号的审批标准。经抽査发现，郑筱萸的玩忽职守行为，致使许多不应换发文号或应予撤销批准文号的药品获得了文号，其中6种药品竟然是假药。

最高人民法院复核认为，被告人郑筱萸身为国家工作人员，利用职务便利，为他人谋取利益，非法收受他人财物，其行为已构成受贿罪；郑筱萸对药品安全监管工作严重不负责任，不认真履行职责，致使国家和人民的利益遭受重大损失，其行为已构成玩忽职守罪。郑筱萸作为国家药品监管部门的主要领导，利用事关国家和民生大计的药品监管权进行权钱交易，置人民群众的生命健康于不顾，多次收受制药企业的贿赂，社会影响极其恶劣，受贿数额特别巨大，犯罪情节特别严重，社会危害性极大，依法应当判处死刑。其虽有坦白部分受贿犯罪事实和退出部分犯罪所得的情节，但不足以对其从轻处罚。郑筱萸的玩忽职守行为，致使国家药品监管严重失序，给公众用药安全造成了极为严重的后果和极其恶劣的社会影响，犯罪情节亦属特别严重，应依法惩处，并与所犯受贿罪数罪并罚。一审判决、二审裁定认定的事实清楚，证据确实、充分，定罪准确，量刑适当，审判程序合法。遂依法核准北京市高级人民法院维持一审对被告人郑筱萸决定执行死刑，剥夺政治权利终身，没收个人全部财产的刑事裁定。（第八版刊登《郑筱萸受贿渎职案剖析》、评论员文章《为害巨大 依法当诛》）

首台国产70万千瓦水轮发电机组三峡投产

本报武汉7月10日电 （记者**顾兆农**）我国首台国产70万千瓦水轮发电机组——三峡工程右岸电站26号机组，今天上午10时51分，正式并网运行。

三峡总公司副总经理杨清介绍，顺利完成72小时试运行的26号机组是由哈尔滨电机股份有限公司独立设计、制造，具有自主知识产权的我国第一台特大型水轮发电机组，其正式投产运行，表明我国依托大型工程通过“引进、消化、吸收、再创新”推动我国重大装备发展与应用的战略取得了重要成果。

三峡右岸电站设计安装12台70万千瓦机组，其中有8台为国产机组，分别由哈尔滨电机股份有限公司和中国东方电机股份有限公司中标承制。

淮河王家坝开闸分洪

本报安徽王家坝7月10日电 （记者**何聪**）10日12时29分，王家坝闸自动化控制室，安徽省阜阳市防汛指挥部政委、市委书记胡连松宣布淮河王家坝闸开闸分洪，王家坝闸管理所主任刘刚的手伸向电钮、开启闸门。随着闸门徐徐开启，洪水涌出，一路奔腾呼啸着冲进蒙洼蓄洪区。

据了解，安徽省从7日开始全流域出现强降雨，进入8日淮河安徽段压力加大。从7日下午，蒙洼前线指挥部就开始准备蓄洪前的20项预案，包括公安、交通、粮食、民政等部门积极采取措施，提前谋划、提前安排。在接到国家防总启用蒙洼蓄洪区命令后，蒙洼蓄洪区所在的阜阳市阜南县迅速启动，出动了所有乡镇的得力干部参与转移蓄洪区内的群众和牲畜及各种易燃易爆和污染品，从7月9日晚上至10日5时，经过一夜紧急转移，共转移群众3684人。（详细报道见第五版）

从“砍”树人到“看”树人

——浙江省临安市白沙村以林改促发展纪实

本报记者 孟辉

浙江省临安市白沙村坐落在青山翠谷之中，这里群山环绕，茂林修竹，景色宜人。更令人惊喜的是，这个海拔近千米、藏在山沟沟里的偏远山村，竟然是浙江有名的新农村建设示范村，2006年全村经济总收入1140万元，农民人均收入达到1.5万元。问及原因，白沙村的干部群众异口同声地说，通过深化集体林权制度改革，依托山区资源优势，走出了一条生态和产业协调发展的致富路子。

林改：权责明晰的“定心丸”

走进白沙村，一幢幢农家小楼掩映在翠竹绿树丛中，水泥路连户，电话、空调入家……“活了几十年，这几年最让我满意！”72岁的村民姚金明脸上满是幸福。

昔日的白沙村完全是另一幅景象。白沙村地处天目山山麓和太湖源头，在上世纪80年代之前，村民基本上靠砍树烧木炭、卖木材为生。“白沙石头多，出门就爬坡，吃的六谷糊，住的箬竹屋”，这是当时白沙村的写照。

1983年，根据浙江省集体林权制度改革的统一部署，村里将1.2万亩山林承包到户，建立了以家庭经营为主的林业经营体制。但是，分林到户后，由于担心政策变化和急于富裕的心理，村民们纷纷拿起斧锯，大量上山砍树，从1983年到1987年，白沙村森林覆盖率由91.9%下降到90.4%。过度采伐，不仅使大批天然林被毁，而且导致水土流失、地质灾害频发。1988年和1990年两次山洪，白沙村房倒路塌，经济损失300多万元。 （下转第二版）

林权制度改革④

（五）程维高案件新闻的版面安排

程维高，河北省人大常委会原主任，因严重违纪被开除党籍。

2003 年 8 月 10 日，一版左下位置刊登河北省人大常委会原主任程维高严重违纪被开除党籍的消息，在副题上点明了中央纪委常委会的意见。

（附 2003 年 8 月 10 日一版）

人民日報

RENMIN RIBAO

今日8版

人民网网址：http://www.people.com.cn
http://www.peopledaily.com.cn

国内统一刊号：CN11-0065
第20119期　（代号1-1）

人民日报社出版

2003年8月
10
星期日
癸未年七月十三

北京地区天气预报
白天　阴转多云
降水概率 40%
风向　北转南
风力　二三级
夜间　多云转晴
降水概率 30%
风向　南转北
风力　一二级
温度　30℃/21℃

胡锦涛会见日本客人

希望共同开创新世纪中日友好事业的新局面

8月9日，中共中央总书记、国家主席胡锦涛在北京人民大会堂会见来京出席中日和平友好条约缔结25周年纪念活动的日本前首相桥本龙太郎、村山富市，内阁官房长官福田康夫以及日中友好团体负责人等日本各界代表。　新华社记者　姚大伟摄

本报北京8月9日讯　记者王小光报道：中共中央总书记、国家主席胡锦涛今天下午在人民大会堂会见了来京出席中日和平友好条约缔结25周年纪念活动的日本前首相桥本龙太郎、村山富市，内阁官房长官福田康夫以及日中友好团体负责人等日本各界代表。

胡锦涛首先代表中国政府和人民对前来出席纪念活动的日本各界来宾表示热烈欢迎！对长期致力于中日友好事业的日本各界朋友表示衷心感谢！

胡锦涛说，中日和平友好条约的缔结是中日关系史上具有划时代意义的大事，第一次以法律形式确立了两国和平共处、世代友好的大方向，为中日关系的发展奠定了坚实的政治基础。实践证明，任何时候只要我们遵循中日双边关系三个重要文件的原则和精神，中日关系就顺利发展，如果背离其原则和精神，中日关系就出现波折。今天，重温中日关系发展的历史和经验教训，我们更加珍惜来之不易的中日友好成果，更深刻地认识到继续推进中日关系发展的历史责任和崇高使命。

胡锦涛殷切期望中日双方各界有识之士以纪念条约缔结25周年为契机，扩大共识，增进互信，紧紧围绕和平与发展、友好与合作的主题，扎扎实实推动两国在各个领域、各个方面的交流与合作，为不断扩大双方共同利益的汇合点，妥善处理好对方的关切发挥影响、多做工作，共同开创新世纪中日友好事业的新局面。

桥本和参加会见的日本客人都表示赞同胡锦涛阐述的意见。他们对在两国关系面临新发展的重要时刻来京参加中日和平友好条约缔结25周年庆祝活动感到十分高兴，一致认为这项活动对推进两国关系在新的世纪取得更大发展具有重要意义。

他们表示，中日和平友好条约凝聚着两国老一辈政治家倾注的心血，没有他们的付出，就不会有两国关系的今天。25年来，两国关系历经风雨，总体上保持了良好发展势头。双方在各个领域的合作更加紧密。相信在双方的共同努力下，新世纪两国关系的前景更加美好。

国务委员唐家璇、中日友好协会会长宋健、中国人民对外友好协会会长陈昊苏、外交部副部长王毅和日本驻华大使阿南惟茂等参加了会见。

小康路上领路人

——记河南省栾川县冷水沟村党支部书记杨岳

本报记者　李　杰

编者按：全面建设小康社会，重点在农村，难点也在农村。搞好农村小康建设，关键在有一个好的领导班子，有一个带领群众致富的带头人。今天本报介绍的河南省栾川县冷水沟村党支部书记杨岳就是一个好带头人。杨岳忠实实践“三个代表”重要思想，以宽广的胸怀、清正廉洁、一心为民的奉献精神，带领全村群众艰苦奋斗，改变了冷水沟村的面貌，赢得了村民们的爱戴。

冷水沟坐落在伏牛山海拔1390米的高山上，是河南省栾川县的一个小山村。

冷水沟因水冷而得名。这里海拔高、气温低，日照时间短，一年只能收一季玉米。然而，这个原来远近闻名的穷山村，如今成了全县公认的首富村、文明村。全村拥有固定资产2700万元，农民年人均纯收入达到4300元，90%的农户住进两层小楼，95%的农户装上电话，一些村民还拥有私家小轿车。村民们说：“所有这一切得感谢我们的领路人、好支书杨岳。”

图为杨岳（中）在查看玉米长势。　高山岳摄

“如果继续让村民们吃了上顿没下顿，露着屁股光着脚，还要我们这些村干部干啥？！”

杨岳今年51岁，大个头，一张黑里透红的国字脸，言谈举止中时时透露出山里人特有的淳朴。他拉过矿石，赶过毛驴车，开过拖拉机，靠党的富民政策和自己勤劳的双手，十多年前成了村上的百万富翁。

1991年冬，适逢第一届村民委员会选举。熬够了穷日子的冷水沟人把选“村官”看得格外重。11月25日下午，1306名村民经过慎重考虑，把手中选票投给了他们心中的能人、好人。杨岳全票当选村委会主任。当时的冷水沟村，人均3分地，一年收的粮食只够吃仨月，农民人均年纯收入180元。村里欠外债17万元。全县213个行政村综合实力排队，冷水沟村名列倒数第五。

看着村民期盼和渴望的目光，事先没有心理准备的杨岳，脸憋得通红，发表“就职演说”，撂下了三句话：“第一，村里有17万元债务，我拿钱垫上，先甩掉这个烂包袱；第二，公公正正为大家办事，若有不公，大家吐我一脸唾沫；第三，任期内如果不能让村里变样，我就辞职，17万元充公！”哗哗哗……长久而热烈的掌声在大山中回响。

上任第二天，杨岳带领村委会成员冒着刺骨寒风挨家挨户走访。当来到深山独居户吴川家时，他惊呆了：吴家5口人仅有的家当是一间烂草房、一床破棉被、一口破铁锅、两个粗瓷碗、一升玉米糁。孩子们衣服补丁摞补丁，露着屁股，光着脚丫。

“老吴，你日子苦啊！”杨岳的两眼湿润了。他从口袋里掏出200元钱交给吴川：“去吧，到街上买袋面，买几个碗，给孩子们添置件衣裳……”

那天夜里，杨岳翻来覆去睡不着。他索性起床，把村干部叫到一起开会。杨岳说：“咱们的责任重啊！如果继续让村民们吃了上顿没下顿，露着屁股光着脚，那还要我们这些村干部干啥？！”会开了一个通宵，最后定了两句话：要让村民有饭吃！要让村民有钱花！

冷水沟地少、粮食产量低，玉米亩产最高240公斤，土豆亩产150公斤。为解决村民的吃粮问题，杨岳多次到郑州、新乡等地引进玉米地膜覆盖技术和玉米、脱毒马铃薯新品种。

（下转第四版）

吴邦国出席纪念《中日和平友好条约》缔结25周年招待会并会见日本客人

新华社北京8月9日电　（记者李诗佳）中日友好协会和中国人民对外友好协会9日晚上在人民大会堂举办纪念《中日和平友好条约》缔结25周年招待会。全国人大常委会委员长吴邦国出席招待会，并在招待会前会见专程来华参加纪念活动的日本前首相桥本龙太郎、村山富市，内阁官房长官福田康夫以及日中友好团体负责人等各界代表。

全国人大常委会副委员长王兆国、国务委员唐家璇、全国政协副主席白立忱和当年作为外长参与缔约的黄华等参加会见并出席招待会。

吴邦国在会见日方代表时，首先欢迎桥本、村山两位前首相和福田官房长官以及其他日本朋友专程前来出席纪念活动。吴邦国指出，25年前中日两国签署了《中日和平友好条约》。这一条约以法律形式确认了《中日联合声明》的各项原则，条约的缔结为中日关系的全面发展奠定了稳固的政治基础，为两国政府和人民的交流与合作架起了桥梁，也体现了中日两国人民世世代代友好下去的共同愿望。

吴邦国说，中国政府和人民一向高度重视发展同日本的友好合作关系。中日两国作为亚太地区的重要国家，应当进一步从长远角度和战略高度看待中日关系，牢牢把握两国关系的大方向，努力增进相互信任，扩大共同利益。

中日友协会长宋健在招待会上致词。他说，在纪念《中日和平友好条约》缔结25周年的时候，我们更加怀念为促进和发展中日友好关系做出贡献的中日两国老一辈政治家和各界人士。宋健指出，《中日和平友好条约》巩固了中日关系的政治基础，对两国关系的发展具有深远的历史意义和重要的现实意义。

宋健希望中日两国各界人士共同努力，在《中日联合声明》、《中日和平友好条约》和《中日联合宣言》这三个文件的原则基础上，本着“以史为鉴，面向未来”的精神，将中日睦邻友好关系推向新的高度。

桥本龙太郎在招待会上致词。他说，日中和平友好条约的缔结，体现着日中两国之间要永久发展和平友好关系的原则和精神。日中和平友好条约明确提出了维护亚洲和世界的和平与稳定的共同目标。日中两国不仅要全力发展日中友好关系，同时也要为本地区的稳定及世界和平与发展做出贡献。桥本希望日中两国政界、经济界、文化界等各界人士加强合作，为实现这个目标共同作出努力。

出席招待会的还有外交部部长李肇星以及有关部委和人民团体负责人、长期从事中日友好的各界人士以及日本日中友好团体的代表、经济文化界人士、日本驻华大使阿南惟茂及外交官、驻京日本工商界、新闻界的代表。

抗旱与抗洪同等紧迫

关　农

俗话说，涝一线，旱一片。今年入夏以来，我国气候复杂多变，降雨量时空分布异常，淮河流域发生了1954年以来最大洪水，江南华南等地则发生了大范围的夏伏旱。

在这个夏伏旱出现的地域内，降雨量之少，高温时间之长，干旱范围之大，干旱程度之深，旱灾造成的损失之重，为多年来少有，历史上罕见。据预报，近期旱情仍在继续发展。

有一种看法，旱情不如汛情危急，抗旱不如抗洪紧迫。这种麻痹大意思想，千万要不得。从某种程度上讲，干旱覆盖面更广，涉及的群众更多，给工农业生产带来的损失更大，特别是对农业的当年产量影响极大。因此，一定要高度重视，认清旱情的危害性和抗旱的艰巨性，紧急动员，措施到位，立足抗大旱、救大灾，牢牢掌握抗旱救灾的主动权。

开始对我国进行工作访问

斯里兰卡总理抵达厦门

本报厦门8月9日电　记者余继军报道：应国务院总理温家宝的邀请，斯里兰卡总理拉尼尔·维克勒马辛哈今晚抵达厦门，开始对我国进行为期5天的工作访问。

厦门市市长张昌平设宴欢迎了维克勒马辛哈一行。

依法执政　依法行政

本报评论员

依法办事是深化改革、扩大开放、促进发展、保持稳定的有力保障，必须贯彻依法治国的基本方略，坚持依法执政、依法行政，切实把改革发展稳定的各项工作纳入法制化轨道。这是在抗击非典斗争中我们取得的一个重要经验。

面对非典疫情，我们坚持依法执政、依法行政，制定和运用有关法律法规，使法律成为战胜疫病的有力保障。我们有针对性地加强法制建设，严格依法防治，认真贯彻落实传染病防治法，紧急出台突发公共卫生事件应急条例，及时公布办理有关刑事案件的司法解释。各级政府和有关部门认真履行法律法规赋予的职责，依法行政、依法办事，保证了各项防治工作紧张而有序地进行。我们加大执法力度，严厉打击各种扰乱社会秩序和市场秩序的违法犯罪活动，为做好防治工作创造了良好的社会环境。广大人民群众增强依法防疫意识，正确行使权利，自觉承担义务。

依法治国是党领导人民治理国家的基本方略，也是实现全面建设小康社会宏伟目标的有力保障，必须贯彻到党和政府的各项工作中去，真正做到有法可依、有法必依、执法必严、违法必究。落实党和国家的方针政策，推进改革发展稳定的各项工作，维护人民群众的根本利益，处理经济社会发展中出现的各种利益关系和矛盾，都要坚持依法执政、依法行政。越是工作重要，越是事情紧急，越是矛盾突出，越要坚持依法办事。这样做，不仅有利于推进工作，而且有利于解决矛盾和问题。有的地方和部门发生的一些本来可以避免的工作失误，一些本来可以及时化解的矛盾，相当一部分就是由于没有依法办事造成的。要按照推进改革开放和完善社会主义市场经济体制、维护最广大人民根本利益的要求，加强立法工作，提高立法质量，该制定的制定，该修订的修订，逐步形成中国特色社会主义的法律体系。立法工作要坚持走群众路线，充分听取群众意见、充分反映群众意愿，这样制定出来的法律法规就具有贯彻实施的广泛群众基础。各级党委和政府都要严格依法办事，进一步改革和完善领导方式和领导方法，不断提高领导水平和管理水平。要强化执法监督，维护司法公正，提高执法水平，确保法律的严格实施，坚决维护法制的统一。各级领导干部要带头学法、懂法、用法，支持和督促有关部门严格执法、秉公执法。要进一步加大法制宣传教育力度，深入开展“四五”普法活动，把宣传法律法规和维护群众利益结合起来，充分调动广大人民群众学习法律法规的主动性，增强全民法制意识，提高全民法律素质，在全社会形成良好的法制氛围。

经济的发展、社会的进步，都离不开法制的健全。贯彻落实“三个代表”重要思想，坚持依法执政、依法行政，运用法律武器战胜非典疫病的成功实践，给予我们重要启示，就是党要坚持依法执政，各级党委和领导干部必须增强法制观念，善于把坚持党的领导、人民当家作主和依法治国统一起来，不断提高依法执政的能力。这对于加强和改善党的领导、改革和完善党的领导方式和执政方式，提高党的执政能力和执政水平，具有极其重要的意义。党的各级组织和全体党员都要模范地遵守宪法，严格按照宪法办事，自觉地在宪法和法律范围内活动，团结带领广大人民群众不断创造改革开放和社会主义现代化建设的新业绩。

河北省人大常委会原主任

程维高严重违纪被开除党籍

中央纪委常委会认为，程维高曾担任重要领导职务，本应带头遵守党的纪律，全心全意为人民服务，但他放松了思想改造，个人主义恶性膨胀，自恃位高权重，目无党纪，独断专行，最终走上了严重违纪的道路，辜负了党组织和河北人民的期望，给党和人民的事业造成无可挽回的损害，教训十分深刻

本报北京8月9日讯　经中共中央批准，中央纪律检查委员会对河北省人大常委会原主任程维高严重违纪问题进行了审查，决定给予其开除党籍处分，撤销其正省级职级待遇。

经查，程维高在担任河北省主要领导期间，插手行政事务，为他人和其子程慕阳谋利，给国家造成巨大经济损失；放任配偶子女利用其职务影响，进行违纪甚至违法犯罪活动；利用职权，对如实举报其问题的郭光允同志进行打击报复；与其配偶收受他人翡翠摆件等一批贵重物品；前后两任秘书吴庆五、李真违法犯罪分别被依法判处死缓和一审判处死刑，程维高对他们利用其职务影响进行犯罪活动，负有重要责任。

中央纪委常委会认为，程维高曾担任河北省省长、省委书记、省人大常委会主任等重要领导职务，本应带头遵守党的纪律，全心全意为人民服务，但他放松了思想改造，个人主义恶性膨胀，自恃位高权重，目无党纪，独断专行，最终走上了严重违纪的道路，辜负了党组织和河北人民的期望，给党和人民的事业造成无可挽回的损害，教训十分深刻。

中央纪委常委会要求，党员领导干部特别是主要领导干部，应该从程维高所犯严重错误中汲取教训，引以为戒。一定要树立马克思主义的世界观、人生观、价值观，增强拒腐防变的能力；一定要坚持党的民主集中制原则，自觉接受党的组织和广大干部群众的监督；一定要严于律己，切实加强对配偶、子女和身边工作人员的教育和管理；一定要充分认识肩负的重大责任，在以胡锦涛同志为总书记的党中央领导下，带头践行“三个代表”重要思想，坚持立党为公、执政为民，不辜负党和人民的重托。

中央纪委常委会强调，必须坚持从严治党的方针，严肃党的纪律。不管是什么人，不论职务高低，只要违反了党的纪律，都必将受到党纪的严肃追究。

8月9日，两位北京市民兴致勃勃地在平谷区大华镇小峪子村千亩生态桃园采摘鲜桃。当日，北京6个城区70多个街道与平谷区12个山区乡镇结成城乡“手拉手”友好对子，拉开了为期两个月的平谷金秋采摘观光活动的序幕。素有“中国桃乡”之称的北京平谷区，桃满枝头，十里飘香，吸引了大批城里人。

新华社记者　王呈选摄

十、重大典型报道的版面安排

典型报道是党报宣传工作的重要舆论手段。坚持正确舆论导向、唱响时代主旋律，典型报道不可或缺。新中国成立以来，从雷锋、焦裕禄、王进喜，到蒋筑英、罗健夫、孔繁森，到郑培民、任长霞、牛玉儒，到袁隆平、曾呈奎、华益慰，到王顺友、许振超、方永刚，一代又一代、一批又一批光彩夺目典型人物的推出，感人肺腑，催人奋进，成为中国革命和建设的光辉榜样。宝钢自主创新、张家港文明创建、安徽农村税费改革试点、济南交警执法为民、载人航天集体勇攀科学高峰，大量典型事件、典型经验体现正确的舆论导向，弘扬时代主旋律，推动了地方乃至全国的工作。

典型报道是人民日报的强项，报社编委会历来高度重视典型报道，特别是近年来，典型报道不断创新报道形式、报道手段，采取通讯、言论、诗歌、歌曲、画刊、发言摘登、报网互动等多种形式全方位、立体化对典型集中报道，提高了典型报道的有效性。版面处理上，具体方式也不尽一致，大致可分为三类：一类典型报道、二类典型报道和三类典型报道。

一类典型报道通常连发3篇，往往配有评论员文章、照片，首篇通常安排在一版头条，也有三篇都放在一版的。若版面紧张，为典型报道配发的评论员文章会安排在其他版面，但一版出标题新闻，照片也可随转活摆放。二类典型报道通常发上下两篇，也配有评论员文章、照片。三类典型报道通常只发一篇，可配发评论和照片。

还有一种典型报道的特殊形式：导读式报道，即一版刊发标题、照片和提要式、概括式的文字说明，全文安排在后面版，通常篇幅较长，为整版或大半个版等。如2006年7月13日好军医华益慰的报道就采用了这种形式。一版右下以导读形式用简短文字对典型人物作一概括介绍，配发典型人物小照片一张，八版用整版篇幅发表长篇人物通讯《值得托付生命的人——记北京军区总医院外科专家华益慰》，配发评论员文章、一张人物照片。

（附2006年7月13日一版）

领导干部的楷模——孔繁森

孔繁森是上个世纪90年代涌现出的领导干部的楷模。1995年4月7日，一版头条以六栏篇幅刊出长篇通讯《领导干部的楷模——孔繁森》，配发照片两张，通讯转活配发照片三张，一版左下方是社论《向孔繁森同志学习》。从4月8日至4月15日，一版连续刊出6篇阐述孔繁森精神时代意义的评论员文章，3次在头条或报眼位置报道各地开展学习孔繁森活动的消息。此外，还多次在一版中线位置、四版头条和三版头条刊出学习和怀念孔繁森的报道和文章。

（附1995年4月7日一版）

新时代的中国工人——许振超

这是一次成功的、高规格的重大典型报道。

2004年4月12日，首篇报道《新时代的中国工人许振超》在一版头条位置刊出，并配发图片，以朴实生动的文笔报道了许振超如何从一名普通装卸工成长为装卸专家的感人事迹。同时，一版显要位置刊发评论员文章《当代产业工人的杰出代表》，高屋建瓴地阐述了许振超先进典型的时代意义和学习许振超精神的重大现实意义。4月13日，一版头条刊发《许振超先进事迹引发社会强烈反响》，及时报道青岛港职工、读者和网友对许振超事迹的反馈；刊发第二篇通讯《许振超的境界》并配发照片，继续报道许振超的先进事迹；一版和四版分别配发“今日谈”言论《平凡岗位与卓越贡献》和“人民论坛”言论《知识改变命运学习成就未来——许振超的启示》。4月14日，一版中线位置出标题新闻，四版刊发第三篇通讯《许振超成长的那片沃土》并配照片，报道青岛港充分调动工人积极性和创造性的经验和做法；“人民论坛”刊发言论《成功在不懈追求中》。同时，继续刊出许振超事迹进一步引发社会反响的专栏消息，反映广大读者、网友的心声。4月15日，四版刊发人民日报驻各地记者集体采写的消息《学习“振超精神”争创“振超效率”》，报道各地对许振超先进事迹的反响和干部群众学习许振超的决心。4月17日，一版刊发《许振超先进事迹座谈会在京召开》消息，报道了新老劳模共同交流畅谈体会，配发“今日谈”言论《主人翁与主力军》。4月21日，四版刊发许振超先进事迹报告会在京举行的消息；第七版开辟专版，以整版篇幅刊登许振超先进事迹报告会发言摘要。

（附2004年4月12日、13日、14日一版）

执法为民的典范——任长霞

任长霞是新时期涌现出的“立警为公、执法为民”的光辉典范。人民日报驻站记者敏锐地挖掘到这一公安局长的好典型，采写长篇通讯发回总社。2004年4月18日，一版头条以《人民的好卫士任长霞》为题刊发。这一典型人物报道得到中央有关部门的肯定，随之掀起新一轮报道英雄的女公安局长的热潮。6月3日，人民日报再次大篇幅报道任长霞的英雄事迹。因当天有中科院、工程院院士大会消息，胡锦涛出席并发表重要讲话，其他在京中央政治局常委出席。故一版在左下以六栏篇幅、长篇导读形式作简要介绍，配照片一张，同时将配发的评论员文章单出标题新闻，以示隆重。五版视点新闻则整版刊登长篇通讯《百姓心中的丰碑——追记公安局长的楷模任长霞》，配照片两张，当天五版还刊登了《长霞，你慢走》的长诗一首。6月4日，一版头条以新闻回放的形式，刊出2002年12月11日晚刚刚荣膺第四届中国“十大女杰”称号的任长霞来到人民日报社，作客人民网强国论坛，与网友畅谈人生追求的实录《任长霞畅谈人生追求》，继续宣传任长霞这个典型人物，配照片一张。五版视点新闻则在头条位置推出人民网读者留言板，表现形式上，除了诗歌体裁，还刊发了歌曲。6月7日，五版视点新闻在头条位置推出人民网读者留言板《人民网网友深情悼长霞》。

（附2004年4月18日一版，6月3日一版、五版，6月4日一版、五版，6月7日五版）

党的创新理论的实践者——方永刚

2007年4月3日，一版头条推出典型人物报道《使命——海军大连舰艇学院教授方永刚的生命之约》，配图片一张，六版配发评论员文章《大力弘扬党的创新理论的无穷魅力》。4月4日，一版报眼继续推出关于方永刚的长篇通讯《源泉》。4月5日，四版头条刊登综合消息《方永刚事迹在全军和社会各界反响强烈》，同时右肩刊发“人民论坛”言论《方永刚的“真”》。4月6日，一版头条刊登胡锦涛看望方永刚，号召广大共产党员和全军官兵向方永刚学习的消息，配发照片一张。报眼是胡锦涛等中央领导同志关心方永刚的纪实通讯。当天第十五版还推出方永刚的画刊专版，以整版图片的形式宣传这位创新党的理论工作典型。4月7日，一版头条刊登全军和武警部队官兵积极响应胡锦涛主席号召广泛开展向方永刚学习活动消息，四版刊发社会各界联系实际学习方永刚先进事迹、人民网网友盛赞“永刚精神”的消息。4月8日，一版刊发社科理论教育界学习方永刚的消息。4月9日，一版继续刊登广大知识分子、部队青年官兵、高校学生学习方永刚的消息，同时在五版视点新闻推出《“方永刚现象”大家谈》专栏。

（附2007年4月3日一版、4日一版、5日四版、6日一版、6日第十五版）

超级水稻之父——袁隆平

袁隆平是超级水稻之父，也是多年来媒体宣传的典型。2007年5月23日，一版头条刊发长篇通讯《稻香万里济众生——记袁隆平和他的杂交水稻（上）》，配照片一张，八版配发评论员文章《永葆本色的科学家》。5月24日，一版继续刊发关于袁隆平的长篇通讯下篇《大爱无声赤子心》。

（附2007年5月23日一版）

RENMIN RIBAO

今日 16 版(华东、华南地区 20 版)　国内统一连续出版物号 CN 11-0065　第 21187 期　(代号 1-1)

人民网　网址:http://www. people. com. cn　手机:http://wap. people. com. cn

人民日报社出版

2006 年 7 月 13 星期四 丙戌年六月十八

北京地区天气预报 白天 多云转阴有雷阵雨 风向 北转南 风力 二、三级 夜间 阴有雷阵雨转多云 风向 南转北 风力 一、二级 温度 34℃/22℃

就印度孟买铁路列车发生连环爆炸事件造成重大人员伤亡

胡锦涛主席向印度总统卡拉姆致慰问电

代表中国政府和人民，并以个人名义，向卡拉姆总统、印度政府和人民、遇难者亲属和受伤人员表示诚挚慰问，对不幸遇难者表示深切哀悼

表示中国政府坚决反对一切形式的恐怖主义，强烈谴责这一恐怖袭击事件，愿与包括印度在内的国际社会一道，共同打击恐怖主义，维护地区和世界的和平与稳定

新华社北京 7 月 12 日电　国家主席胡锦涛 12 日就印度孟买铁路列车发生连环爆炸事件造成数百人伤亡向卡拉姆总统致慰问电，代表中国政府和人民，并以个人名义，向卡拉姆总统、印度政府和人民、遇难者亲属和受伤人员表示诚挚慰问，对不幸遇难者表示深切哀悼。

胡锦涛表示，中国政府坚决反对一切形式的恐怖主义，强烈谴责这一恐怖袭击事件，愿与包括印度在内的国际社会一道，共同打击恐怖主义，维护地区和世界的和平与稳定。

同日，国务院总理温家宝也向印度总理曼莫汉·辛格致电慰问。

胡锦涛在全国统战工作会议上发表重要讲话强调

不断巩固和壮大统一战线 共同建设中国特色社会主义

吴邦国温家宝曾庆红黄菊吴官正李长春罗干出席　贾庆林主持

新华社北京 7 月 12 日电　(记者**孙承斌、邹声文**)全国统战工作会议 7 月 10 日至 12 日在北京举行。中共中央总书记、国家主席、中央军委主席胡锦涛出席会议并发表重要讲话。胡锦涛指出，在新世纪新阶段，统一战线地位重要、作用重大，要坚持以马克思列宁主义、毛泽东思想、邓小平理论和"三个代表"重要思想为指导，全面贯彻落实科学发展观，高举爱国主义、社会主义旗帜，团结一切可以团结的力量，调动一切可以调动的积极因素，为促进社会主义经济建设、政治建设、文化建设、社会建设服务，为促进香港、澳门长期繁荣稳定和祖国和平统一服务，为维护世界和平、促进共同发展服务。

胡锦涛强调，要把巩固和壮大统一战线，作为提高党的执政能力的一项重要任务，作为发展中国特色社会主义事业的一项重要任务，作为增强中华民族凝聚力的一项重要任务，摆到全党工作的重要位置，真正抓紧抓实抓好，努力把统一战线建设成为坚持以人为本、具有强大凝聚力的统一战线，建设成为具有空前广泛性和巨大包容性的统一战线，不断巩固全体社会主义劳动者、社会主义事业的建设者、拥护社会主义的爱国者和拥护祖国统一的爱国者的最广泛的联盟，共创我们的幸福生活和美好未来。

中共中央政治局常委吴邦国、温家宝、贾庆林、曾庆红、黄菊、吴官正、李长春、罗干出席。会议由贾庆林主持。

胡锦涛在讲话中回顾了改革开放以来特别是进入新世纪新阶段以来统一战线取得的显著成就。他指出，实践充分证明，我们的事业越发展，我们就越要巩固和壮大统一战线；统一战线的优势越得到发挥，团结的人越多，我们的力量就越强大，我们的事业就越能更好地向前发展。

胡锦涛指出，巩固和壮大统一战线，是贯彻落实科学发展观、全面建设小康社会的必然要求，是坚持"一国两制"方针、推进祖国统一大业的必然要求，是坚持走和平发展道路、为我国发展争取良好国际环境的必然要求，是加强党的执政能力建设和先进性建设、完成党的执政使命的必然要求。全党同志特别是各级领导干部一定要从继续推进现代化建设、完成祖国统一、维护世界和平与促进共同发展这三大历史任务的战略高度，全面认识和准确把握统一战线工作的重大作用和发展要求，充分认识巩固和壮大统一战线的重大意义。要把发展作为统一战线广大成员团结奋斗的第一要务，把走中国特色社会主义道路作为统一战线必须牢牢把握的政治方向，把维护团结稳定、促进社会和谐作为统一战线的突出任务，把保持香港、澳门长期繁荣稳定和促进两岸关系和平发展作为统一战线的重要使命，把巩固党的阶级基础、扩大党的群众基础作为统一战线的重要职责，把争取良好的国际环境和周边环境作为统一战线的重大课题，充分发挥统一战线的法宝作用。

胡锦涛着重从政党关系、民族关系、宗教关系、阶层关系、海内外同胞关系等 5 个方面，对充分发挥统一战线的优势和作用、为构建社会主义和谐社会作出更大贡献作了深刻阐述。他强调，要正确认识和处理中国共产党和民主党派的关系，巩固和发展中国共产党领导的多党合作的政治格局；正确认识和处理各民族特别是汉族和少数民族的关系，促进各民族共同团结奋斗、共同繁荣发展；正确认识和处理信教群众和不信教群众、信仰不同宗教群众之间的关系，积极引导宗教与社会主义社会相适应；正确认识和处理社会各阶层的关系，推动和实现全社会和谐相处、共同发展；正确认识和处理大陆同胞和港澳同胞、台湾同胞、海外侨胞的关系，在爱国主义旗帜下加强海内外中华儿女的大团结。

7 月 10 日，中共中央总书记、国家主席、中央军委主席胡锦涛出席全国统战工作会议并发表重要讲话。新华社记者　**姚大伟摄**

胡锦涛指出，中国共产党领导、多党派合作、中国共产党执政、多党派参政的多党合作的政治格局，体现了我国社会主义民主政治的本质要求，是我国社会主义制度的一个政治优势。巩固和发展我国社会主义政党关系，实现我国政党关系长期和谐，根本在于坚持走中国特色社会主义政治发展道路，关键在于坚持和完善中国共产党领导的多党合作和政治协商制度。既要坚持中国共产党的领导，又要促进多党派团结合作；既要提高党的执政能力，又要发挥民主党派参政议政的作用；既要重视做好民主党派的思想引导工作，又要真诚接受他们的民主监督；既要全面推进党的建设新的伟大工程，又要积极支持民主党派加强自身建设，使执政党建设与参政党建设相互促进，更好地统一于多党合作、共创伟业的历史进程中。

胡锦涛指出，平等、团结、互助、和谐的社会主义民族关系，体现了中华民族多元一体的基本格局，体现了中华民族大家庭的根本利益。平等是社会主义民族关系的基石，团结是社会主义民族关系的主线，互助是社会主义民族关系的保障，和谐是社会主义民族关系的本质。正确认识和处理我国民族关系，最根本的就是要始终不渝地坚持民族平等，加强民族团结，推动民族互助，促进民族和谐。要牢牢把握各民族共同团结奋斗、共同繁荣发展的主题，充分发挥民族区域自治制度的优越性，全面贯彻落实民族区域自治法，加快少数民族和民族地区经济社会发展，加强和维护民族团结，坚决防范和打击境内外敌对势力利用民族问题进行的各种分裂、破坏活动。

胡锦涛强调，做好新形势下的宗教工作，关键是要全面理解和认真贯彻党的宗教工作基本方针。要全面正确地贯彻党的宗教信仰自由政策，坚持政治上团结合作、信仰上互相尊重，努力使广大信教群众在拥护中国共产党的领导和社会主义制度、热爱祖国、维护祖国统一、促进社会和谐等重大问题上取得共识。要坚持依法管理宗教事务，保护合法，制止非法，打击犯罪，确保宗教活动规范有序进行。要坚持独立自主自办的原则，帮助和支持各宗教团体加强自身建设。要积极引导宗教与社会主义社会相适应，使信教群众在全面建设小康社会的宏伟目标下最大限度地团结起来。

胡锦涛指出，必须科学分析和准确把握我国社会阶层结构发生的深刻变化，全面兼顾和实现社会各阶层群众的利益，充分发挥社会各阶层在推动经济社会发展中的作用。要坚持充分尊重、广泛联系、加强团结、热情帮助、积极引导的方针，切实做好新的社会阶层人士的工作，尊重他们的劳动创造和创业精神，凝聚他们的聪明才智，引导他们做合格的中国特色社会主义事业的建设者。

胡锦涛强调，坚持"一国两制"、"港人治港"、"澳人治澳"、高度自治的方针，是促进香港、澳门长期繁荣稳定的根本保证，也是推动内地同香港、澳门和谐相处、共同发展的根本保证。要严格按照宪法和特别行政区基本法办事，支持特别行政区行政长官和政府依法施政，重视和支持香港、澳门发展经济、改善民生，加强内地同香港、澳门的交流合作。要加强对台湾人民的工作，加强同台湾同胞的团结，扩大和深化两岸人员往来和经济文化交流合作。要以凝聚侨心、汇集侨智、发挥侨力为目标，坚持把维护海外侨胞和归侨侨眷的根本利益作为侨务工作的出发点和落脚点，使海外侨胞对祖国的认同感和自豪感不断增强，热爱祖国、振兴中华的优良传统代代相传。

胡锦涛最后指出，党对统一战线工作的领导，是统一战线事业发展的根本保证。要适应新形势新任务的要求，加强和改善党对统一战线工作的领导，坚持从战略高度重视和抓好统一战线工作，建立健全统一战线工作体制机制，切实加强统战部门建设，推动统一战线工作迈上新台阶。

贾庆林在主持会议时说，胡锦涛总书记的重要讲话从党和国家事业发展的战略高度，对新世纪新阶段统一战线的重要地位、主要任务、工作要求等重大理论和实践问题作了全面深刻的阐述，具有宽广的战略眼光、鲜明的时代特征和深厚的实践基础。讲话高屋建瓴、总揽全局，思想深刻、意蕴深远，是一篇马克思主义的重要文献，是新世纪新阶段统一战线工作的行动纲领，对于巩固和发展统一战线必将产生重大而深远的影响。各级党委要认真学习领会，切实把思想统一到讲话精神上来，进一步加强和改善对统一战线工作的领导，推动新世纪新阶段统一战线事业蓬勃发展。

全国政协副主席、中共中央统战部部长刘延东在会上作了题为《努力开创新世纪新阶段统一战线工作新局面》的工作报告。

出席会议的领导同志还有：王兆国、刘云山、周永康、贺国强、王刚、徐才厚、何勇、顾秀莲、盛华仁、唐家璇、王忠禹。

中央党政军群有关部门负责同志，各省、自治区、直辖市和副省级城市、新疆生产建设兵团负责同志等出席会议。北京、上海、江苏、河南、湖北、新疆 6 省区市的代表在会上发言。

四版刊登社论

谱写凝聚人心汇聚力量的新篇章

——热烈祝贺全国统战工作会议召开

外交部官员介绍胡锦涛主席即将出席八国集团同发展中国家领导人对话会议情况

(第三版)

吴邦国会见朝鲜友好代表团

本报北京 7 月 12 日讯　记者**杨讴**报道：全国人大常委会委员长吴邦国今天在人民大会堂会见了以最高人民会议常任委员会副委员长杨亨燮为团长的朝鲜友好代表团。

吴邦国表示，中朝友好符合两国人民利益，也有利于本地区和平与稳定。双方应继续维护传统友谊，深化互利合作，加强沟通与协调，相互交流借鉴，把各自的事情办得更好，把中朝关系进一步推向前进，为世界和地区的和平与发展做出贡献。

杨亨燮表示，朝方高度重视朝中友谊，愿继续按照两国领导人达成的共识，积极发展两国友好合作关系，维护朝鲜半岛和东北亚的和平与稳定。杨亨燮祝愿中国人民在全面建设小康社会和实现祖国完全统一的事业中取得新的成就。

吴邦国会见欧洲议会议长

新华社北京 7 月 12 日电　(记者**常璎玲**)全国人大常委会委员长吴邦国 12 日下午在人民大会堂会见了欧洲议会议长博雷利。

吴邦国说，近年来，中欧全面战略伙伴关系发展迅速，双方高层交往频繁，政治互信不断增强，在重大国际和地区问题上保持良好合作与协调，贸易快速增长，规模持续扩大，其他领域的交流也日益活跃。在新的国际形势下，中欧共同利益广泛、合作空间广阔，进一步加强中欧关系符合各自人民的愿望和利益，也有利于维护世界和平、促进共同发展。吴邦国强调，中国重视发展同欧盟的关系，愿在相互尊重、平等互利原则的基础上，继续加强政治交往，推动战略合作，努力将中欧关系提升到新的水平。

吴邦国表示，中国全国人大愿进一步加强与欧洲议会的关系，保持高层交往良好势头，充分发挥双方定期交流机制的作用，推动不同层次、各个领域的友好交流与合作，为中欧关系深入发展做出积极贡献。

博雷利对时隔 20 年再次访华看到中国发生的巨大而深刻变化感到由衷高兴，希望加强交流与对话，增进彼此了解与信任，推动欧中关系更好地向前发展，共同建设一个更加美好的世界。

从飞先进事迹报告会在京举行

李长春会见报告团成员

本报北京 7 月 12 日讯　记者**崔士鑫**报道：从飞先进事迹报告会 12 日上午在北京人民大会堂举行。报告会开始前，中共中央政治局常委李长春亲切会见了报告团成员并讲话。他指出，要深入开展向从飞同志学习的活动，大力弘扬社会主义荣辱观，加强社会主义思想道德建设，积极营造良好社会风尚，为构建社会主义和谐社会提供有力的道德支撑。

从飞是深圳的青年歌手，深圳市义工联艺术团团长、共产党员，今年 4 月因病去世，年仅 37 岁。十多年来，他怀着诚挚的爱心，致力于社会公益事业，先后资助了 178 位贫困失学儿童和残疾人，直至生命的最后一刻，他还不忘奉献社会，把自己的眼角膜捐献出来，为 6 名眼疾患者带来了光明，谱写了一曲助人为乐、无私奉献的动人乐章。

李长春说，从飞同志的先进事迹和崇高精神，很好地回答了在市场经济条件下，一个普通公民应该如何发扬社会主义思想道德，一个当代青年应该如何弘扬时代精神，一个文艺工作者应该如何做到德艺双馨、为人师表，一个共产党员应该如何践行"三个代表"重要思想、保持共产党员先进性等重大课题。

(下转第四版)

贾庆林会见第七届海外杰青汇中华交流团

本报北京 7 月 12 日讯　记者**潘跃**报道：全国政协主席贾庆林今天在人民大会堂会见了第七届海外杰青汇中华交流团全体成员和顾问团成员。

贾庆林说，海外杰青汇中华交流活动已经连续举办了六届，取得了很好的效果，在海内外产生了广泛影响。中国是一个有着 5000 多年历史的文明古国，中华民族是一个勤劳、勇敢、智慧的民族，对人类的文明进步事业做出了重要贡献，每一个中华儿女都为此感到骄傲和自豪。面向未来，中国正站在一个新的历史起点上。只要海内外全体中华儿女共同努力，我们就一定能够在改革开放和现代化建设中取得新的更大成绩。

贾庆林说，作为海外华侨华人中的青年才俊，作为最富有朝气、最富有创新精神、最富有生命力的青年学子，你们肩负着承前启后、继往开来的伟大使命和历史重任。希望你们志存高远，潜心钻研，勇攀高峰，做人类文明进步的推动者；希望你们继承爱国爱乡的优良传统，做祖国统一大业的促进者；希望你们进一步加深对中华文化的理解和认识，兼收并蓄，融汇中西，做中华文化的传播者；希望你们情系中华，发挥优势，做中国与世界的沟通者。

全国政协副主席、中共中央统战部部长刘延东等有关方面负责人参加了会见。

12 秒 88 唤醒沉睡 13 年的纪录

刘翔打破 110 米栏世界纪录

本报讯　11 日晚，在瑞士洛桑举行的田径超级大奖赛男子 110 米栏比赛中，中国选手刘翔以 12 秒 88 的优异成绩夺得冠军，并一举打破由英国名将科林·杰克逊保持 13 年之久的 12 秒 91 的世界纪录！

刘翔本场比赛的对手都十分强劲。在观众如潮的掌声中，刘翔第一个冲过终点，12 秒 88，新的世界纪录诞生了！美国老将阿诺德以 12 秒 90 第二个冲过终点，也破了前世界纪录。

刘翔夺冠后挥拳庆祝。　**新华社/路透**

本报八版今日推出长篇通讯

值得托付生命的人

"我这一辈子，没有做过一件对不起病人的事。"这是他的肺腑之言。

"做一台手术，留一个精品；治一名患者，交一个朋友。"这是他一生的写照。

在 56 年的从医生涯中，他用仁心仁术解除了无数患者的痛苦，被百姓称为"值得托付生命的人"。

他，就是北京军区总医院原外一科主任华益慰。

(本报评论员文章《广大医务工作者学习的楷模》见第八版)

退休后的华益慰(2003 年 2 月摄)。**于聪慧摄**

人民日报

RENMIN RIBAO

今日12版（华东地区16版）

国内统一刊号：CN11—0065

第17072期（代号1—1）

1995年4月 7 星期五

乙亥年三月初八

北京地区天气预报
白天 晴间多云
风向 北转南
风力 二、三级
夜间 晴
风向 南转北
风力 一、二级转三、四级
温度 19℃/6℃

人民日报社出版

李鹏同科威特王储兼首相会谈

双方对两国关系顺利发展表示满意

新华社北京四月六日电（记者卢劲）国务院总理李鹏今天下午在人民大会堂同科威特王储兼首相谢赫·萨阿德·阿卜杜拉·萨利姆·萨巴赫举行会谈，就两国关系及地区和国际问题广泛地交换了意见。

李鹏对萨阿德首相第一次访华表示热烈欢迎，并相信此次访问将有力地促进两国的友谊与合作。

李鹏回忆了他于一九九一年对科威特的访问，他感谢科威特政府和萨阿德殿下对他的盛情接待。李鹏对科威特在战争的废墟上迅速获得重建表示高兴，并对中科两国关系的顺利发展表示满意。

萨阿德表示很高兴来中国访问，并在四年之后再次与李鹏总理会见。他对中国政府和人民给予科威特的支持表示高度赞赏和感谢，并相信科中之间业已存在的友好合作关系将得到进一步加强并扩展到各个领域。

李鹏说，中科之间有着良好的经贸关系。中国经济正在持续发展，能源是发展重点之一，今后中国对石油和石油产品的需求将不断扩大，中科之间在这一领域的合作潜力很大。他说，科威特完全可以把中国看作可靠的合作伙伴和稳定的市场。

李鹏说，冷战结束后国际形势正处于复杂而深刻的变化之中，总体上看国际形势趋向缓和，但地区冲突不但继续存在，有的还在继续扩大，世界并不安宁。中国正在全力进行经济建设，需要有一个长期和平的国际环境，广大发展中国家要振兴经济，强烈要求维护世界和平与稳定。因此和平与发展是当今世界的两大主题，也是国际社会需要为之奋斗的共同目标。

李鹏还说，一个国家选择什么样的发展道路，实行什么样的社会制度，是这个国家的内政，应该由这个国家的人民和政府自己决定，别的国家无权干涉。（下转第四版）

上图：李鹏总理举行仪式，热烈欢迎科威特王储兼首相谢赫·萨阿德·阿卜杜拉·萨巴赫访华。 新华社记者 兰红光摄

领导干部的楷模——孔繁森

新华社记者 人民日报记者 西藏日报记者 大众日报记者

在西藏工作期间，孔繁森同志（左一）热情辅导藏族儿童读书。 新华社发

也许，岁月能改变山河，但历史将不断证明，有一种精神永远不会失落。崇高、忠诚和无私，将超越时空，成为人类永恒的追求。

也许，时间会冲淡记忆，但人们绝不会忘记，20世纪90年代，有这样一位共产党员，他的理想，他的信念，他的人格，他的情操，使千万人的心灵为之震撼。

他，就是原中共阿里地委书记孔繁森。他把自己的一腔热血洒在西藏高原。

两次进藏，历时十载。在党的召唤面前，在人生的选择中，他的精神境界一次次得到升华

1993年4月4日，孔繁森告别拉萨赴阿里上任。

越野车载着他，向西急驶而去。车窗外，油画般的高原景色一幕幕掠过：清澈的拉萨河，奔腾的雅鲁藏布江，高耸的雪山，明镜般的湖水……孔繁森热爱西藏的山山水水，但此时却顾不上欣赏这高原美景。伸向远方的莽莽苍苍的路，多么像人生之路。回顾过去的路，思谋未来的路，他的心早已飞向了阿里。

孔繁森先后两次进藏，这时已在高原工作6年。按说，他现在应该东进返乡。然而，他却接受了一项更艰巨的任务，驱车向西，奔赴自然条件更恶劣的地区，挑起阿里地委书记的重担。

号称"世界屋脊"的西藏高原，高寒缺氧，气候恶劣，而阿里又是西藏最艰苦的地区。那里平均海拔4500米，空气中的含氧量不足海平面的一半，最低气温零下40多摄氏度。民主改革前，野蛮的封建农奴制严重束缚了当地生产力的发展，藏族群众的生产与生活长期处于原始状态。民主改革后特别是党的十一届三中全会以来，阿里发生了巨大变化，但由于历史和自然的原因，当地的经济发展仍比其他地区缓慢，群众生活仍比较贫困。那里更需要像孔繁森这样年富力强的优秀干部。自治区领导同志征求孔繁森的意见时，他坚决而干脆地回答："我是党的干部，服从组织安排。"

像这样的工作调动，孔繁森经历过多次。每一次，他都把党和人民的需要作为自己的唯一选择。

孔繁森1944年出生在山东聊城一个贫苦的农民家庭。在党的培养教育下，他参军、入党，后来转业到地方工作。1979年，国家要从内地抽调一批干部到西藏工作，当时担任中共聊城地委宣传部副部长的孔繁森欣然赴藏。他并非不知道西藏天高地远，并非不知道那里生活艰苦，并非不知道远离家乡和亲人意味着什么。但他更清楚地知道，这是祖国和人民的需要，这是党的召唤。

从踏上西藏高原那天起，孔繁森就暗下决心：把自己的一切献给祖国这块神圣的土地，献给勤劳、勇敢的藏族人民。孔繁森进藏本来是作为日喀则地委宣传部副部长选调的，报到后，区党委见他年轻体壮、意气风发，决定改派他到海拔4700多米的岗巴县担任县委副书记。征询他的意见，回答仍很痛快："我年纪轻，没问题，大不了多喘几口粗气。"那时，党的十一届三中全会刚刚开过，为了在农牧区推广家庭联产承包责任制，带领群众脱贫致富，他亲自到一个乡试点，又把经验在全县推广。在岗巴3年，他几乎跑遍了全县的乡村牧区，每到一地就访贫问苦，宣传党的政策，和群众一起收割、打场、挖泥塘，与当地群众结下了深厚的情谊。有一次，他骑马下乡，从马背上摔下来，昏迷不醒。当地的藏族群众抬着他走了30里山路，把他送到医院抢救。当他从昏迷中醒来时，看到很多藏族群众守护在身边。1981年，孔繁森奉调回山东离开岗巴时，藏族同胞依依不舍地含泪为他送行。

在西藏工作3年，孔繁森深深爱上了这片壮丽、神奇的高原，深深爱上了这里的藏族人民。同时，他也深深感受到当地群众要求改变贫穷面貌的迫切愿望。回到山东后，他曾表示："我这条命，是藏族老百姓给捡回来的。如果有机会，我愿再次踏上那片令人终生难忘的土地，去工作，去奋斗！"

光阴似箭。1988年，工作几经调动的孔繁森已担任聊城地区行署副专员。这时，又一次严峻的考验摆在他面前。

这一年，山东省在选派进藏干部时，认为孔繁森政治上成熟，又有在西藏工作的经验，便准备让他带队。组织上问他有什么困难，他还是那句话："我是党的干部，服从组织安排。"其实，孔繁森心里很清楚，家里确有不少困难：自己的身体状况不如从前了；年近九旬的老母，生活已不能自理；三个孩子尚未成年，需要有人照看；妻子动过几次大手术，体弱多病。自己一走，全家的生活重担又要压在妻子一人肩上。他不会忘记第一次进藏时家里的情景，里里外外都是妻子操劳。有一次，她去刨地瓜，五岁的儿子没人照看，掉进地窖里爬不上来……孔繁森觉得对不起妻子，对不起孩子。

一天，孔繁森对妻子王庆芝说："我带你和孩子们到北京玩几天吧！"妻子感到很奇怪：别说是去北京，就是在聊城，繁森也从来没闲空陪自己和孩子们出过门，这一次是怎么了？带着疑惑的心情，王庆芝和孩子们跟着他到了北京，游览了天安门和长城。途中，孔繁森话里有话地对妻子说："到了北京，就等于走遍了全国。以后我无论走到哪里就像到北京一样，你和孩子们别牵挂。"听了这番话，王庆芝似乎有了某种预感。从北京回到聊城后，孔繁森一直在想怎样对妻子开口。一天夜里，他终于鼓起勇气说："庆芝，组织上又安排我进藏了……"话还没说完，王庆芝的眼泪已像断了线的珠子滚落下来。看着妻子难过的样子，孔繁森的心里也一阵阵发酸。他动情地说：

"庆芝，我欠你的太多太多了！等从西藏回来，我一定会加倍地补偿。"（下转第二版）

孔繁森同志和藏族群众一起研究经济发展规划。新华社发

江泽民会见世界卫生组织总干事

新华社北京4月6日电（记者张益俊）国家主席江泽民今天下午在中南海会见来访的世界卫生组织总干事中岛宏时说，中国在消灭脊髓灰质炎方面取得的成功，是世界卫生组织同中国有关方面密切合作的成果。

会见中，中岛宏向江泽民介绍了他在中国广东和福建两省对消灭脊髓灰质炎工作的考察情况。他说，中国在这方面为世界树立了典范。

江泽民主席对世界卫生组织和中岛宏总干事在消灭脊髓灰质炎工作中所作的努力表示赞赏，对中国和世界卫生组织的有效合作表示满意，并希望这种合作能够继续下去。

中岛宏在此次访华期间，除到广东和福建两地考察外，主要是参加在北京举办的以"2000年目标—— 一个无脊髓灰质炎世界"为题的世界卫生日活动。

卫生部部长陈敏章等参加了会见。

江泽民会见美国客人

新华社北京4月6日电（记者张益俊）国家主席江泽民今天下午在中南海会见了美国埃克森公司董事长李·雷蒙德一行。

江泽民说，过去十多年来，埃克森公司在能源和化工领域同中国有关方面进行了卓有成效的合作，并为中美经贸关系的发展作出了很大努力。他对此表示赞赏。

作为全美最大的石油公司，埃克森公司是世界上规模最大、历史最悠久的工业企业之一，也是一家较早与中国进行合作的美国公司。

雷蒙德说，能源在中国经济发展中具有重要地位，埃克森公司期待着同中国在能源方面开展全面、长期的合作，相信这一合作定能取得成功。

雷蒙德应中国国家计委邀请于5日抵京访华。国家计委主任陈锦华、副主任叶青和国务院外事办公室主任刘华秋等参加了会见。

我外交部发言人指出

江泽民参加二战结束五十周年庆典意义重大

俄罗斯欢迎江泽民赴莫斯科

新华社北京4月6日电 外交部发言人陈健今天在此间表示，中国国家主席江泽民应叶利钦总统的邀请赴莫斯科参加第二次世界大战结束50周年庆典，与世界各国领导人共同庆祝这个历史性的纪念日，其意义重大而深远。

在今天下午举行的记者招待会上，有记者问发言人：江泽民主席即将出席5月9日在莫斯科举行的纪念第二次世界大战结束50周年的庆典。此行的重要意义何在?

陈健回答说：今年是世界反法西斯战争和中国抗日战争胜利50周年。世界反法西斯战争的胜利，是世界和平民主力量的胜利。中俄两国人民都曾为世界反法西斯战争的胜利作出过巨大的民族牺牲和历史贡献。江泽民主席应叶利钦总统的邀请赴莫斯科参加第二次世界大战结束50周年庆典，与世界各国领导人共同庆祝这个历史性的纪念日，回顾历史、缅怀先烈，颂扬友谊，表达各国人民渴望和平和安定的心声，教育世人和后代吸取历史教训，其意义重大而深远。

发言人说，当今世界仍处于复杂而深刻的变动之中，维护和促进和平的任务依然艰巨。中国主张在和平共处五项原则和其它公认的国际关系准则基础上建立和平、稳定、公正、合理的国际政治经济新秩序。中国一贯致力于和平与发展的崇高事业，愿意同世界各国一道，为把一个和平、稳定、繁荣、美好的新世界带进21世纪而不懈努力。

本报莫斯科4月6日电 记者许恒声报道：俄罗斯欢迎江主席应邀赴莫斯科参加反法西斯战争胜利50周年庆典活动。

俄外交部发言人卡拉辛今天在此间举行的记者招待会上说，中华人民共和国主席江泽民应俄罗斯总统叶利钦的邀请将来莫斯科参加胜利50周年庆典。他说，俄罗斯高度评价对共同胜利作出重大贡献的中国领导人来参加庆典活动。

卡拉辛说，共有56个国家和国际组织的正式代表被邀请来莫斯科参加胜利50周年的庆典。截至今天，已有27个国家的领导人和联合国秘书长加利决定来参加庆典。他说，已同意来参加庆典活动的有：阿塞拜疆、亚美尼亚、白俄罗斯、保加利亚、德国、意大利、摩尔多瓦、罗马尼亚、斯洛伐克、斯洛文尼亚、美国、芬兰、法国和克罗地亚的总统，英国、西班牙、荷兰和挪威的首相和加拿大总理。

向孔繁森同志学习

社论

在西藏高原，在齐鲁大地，几个月来，一个响亮的名字传遍了城乡，印入了众人心田，激起了层层波涛，这个名字就是孔繁森。

孔繁森同志生前是西藏阿里地区地委书记。他两次赴藏，历时十载，为西藏的建设、发展和稳定做出了突出的贡献，同藏族人民建立了深厚的感情，去年11月不幸以身殉职，谱写了一曲感人至深的奉献之歌、奋斗之歌。人民群众热爱他、敬佩他、怀念他、学习他，称他为"新时期的雷锋"、"90年代的焦裕禄"。

今天，本报发表了孔繁森同志事迹的长篇通讯，希望共产党员特别是领导干部都认真读一读、认真想一想，更好地发扬新时期的创业精神，以实际行动向孔繁森同志学习。

我们要学习孔繁森同志顾全大局、无私奉献的坚强党性。孔繁森同志生在山东，长在山东，家在山东，他深深地爱自己的家乡，爱自己的亲人。但是他懂得，西藏是伟大祖国神圣领土不可分割的一部分，西藏的繁荣发展离不开内地干部和各方面人才的支援。所以，一旦党组织发出召唤，他便毫不犹豫地奔赴西藏。为了完成好党和人民的重托，他舍弃了家庭的温暖，舍弃了比较舒适的工作条件和生活条件，舍弃了许多本来可以享受的东西，把自己的全部精力都献给了加快西藏建设、增强民族团结、维护祖国统一的伟大事业。

我们要学习孔繁森同志热爱人民、服务人民的满腔热忱。孔繁森同志牢记党的全心全意为人民服务的宗旨，把为民解难、为民造福当作自己神圣的职责。在他看来，"一个共产党员爱的最高境界是爱人民"。他把藏族人民的疾苦看成是自己的疾苦，把藏族人民的幸福看成是自己的幸福。为了藏族人民，他可以献出金钱、献出鲜血、献出健康乃至献出自己的生命。在他的身上体现了对家人的爱与对人民的爱的高度统一，体现了民族的传统美德与党的宗旨的高度统一。

我们要学习孔繁森同志艰苦奋斗、廉洁奉公的高尚品德。西藏地区，高寒缺氧，交通不便，地广人稀，自然条件差，工作、生活条件都十分艰苦，阿里地区又是"世界屋脊的屋脊"，在那里坚持工作，需要多么顽强的意志，承受多大的困难啊！可是，他不把这些困难看在眼里，不把自己的身体放在心上，"冰山愈冷情愈热，耿耿忠心照雪山。"孔繁森同志严以律己，清正廉洁，从不利用职权为个人谋私利，相反，他还用自己不高的收入长期收养藏族孤儿，常常为患病的藏胞送医送药，为有困难的藏胞慷慨解囊，克己为民，催人泪下！

我们要学习孔繁森同志开拓进取、求真务实的优良作风。孔繁森同志有理想、有抱负，每到一个地方，不管担任什么职务，都对自己提出高标准的要求，努力把工作做得好上加好。他不尚空谈，讲求实干，担任阿里地委书记后，他跨高山，涉深谷，过草原，访藏胞，进行深入的调查研究，全地区106个乡，短短几个月时间，他就跑了98个，为制定建设新阿里的蓝图打下了坚实的基础。他团结和带领当地干部和群众，扎扎实实地为改变贫困落后的面貌而奋斗，赢得藏族同胞的爱戴和尊敬。他以自己的实际行动，把党中央和全国人民的关怀带给西藏人民，把藏族人民的心同党中央和全国人民的心紧紧连在了一起。

在新的历史时期，邓小平同志一再教导我们，要有理想、有道德、有文化、有纪律。孔繁森同志是发扬四有精神的模范。江泽民同志号召发扬64字创业精神，孔繁森同志是发扬创业精神的模范。孔繁森同志之所以能做到这些，最根本的是因为他坚持学习马列主义、毛泽东思想和邓小平同志建设有中国特色社会主义理论，以科学的理论武装自己的头脑，确立了正确的理想、信念，树立了正确的人生观、世界观。这也正是最值得我们学习的。

改革开放十多年来，我国的社会生产力有了很大发展，综合国力显著增强，人民的生活水平明显提高，这是必须充分肯定的。但是，从总体上来看，我国的经济发展水平还不够高，特别是我们国家地域辽阔，城乡之间、地区之间，都存在很大差别，有不少贫困地区，有8000万人口尚未脱贫。因此，必须长期艰苦奋斗。我们党需要千千万万个孔繁森这样的好干部，为人民建功立业。应当说，在今天发展社会主义市场经济，物质生活条件比过去大大改善的情况下，到艰苦的地方去工作，更加需要奉献精神、牺牲精神和艰苦奋斗的精神。这种精神"寓于寻常之中，而塞乎天地之间"，是任何民族、任何时代所不可缺少的。

在以江泽民同志为核心的党中央领导下，越来越多的同志成为焦裕禄、孔繁森式的好干部，就能大大增强我们党的凝聚力、向心力、战斗力，二十一世纪的中国就大有希望！

人民日报

RENMIN RIBAO

2004年4月
12
星期一
甲申年闰二月廿三

北京地区天气预报
白天 多云转阴
部分地区有小阵雨
降水概率40%
风向 偏南
风力 二、三级
夜间 阴转晴
降水概率30%
风向 南转北
风力 二、三级
温度 22℃/13℃

今日16版(华东、华南地区20版)
人民网网址:http://www. people. com. cn
http://www. peopledaily. com. cn

国内统一刊号:CN11-0065
第20365期 (代号1-1)
人民日报社出版

当代产业工人的杰出代表

本报评论员

今天本报发表长篇通讯，介绍许振超敢想敢干、能干会干、苦干实干的动人事迹。我们从他的事迹中可以得出这样一个共识：许振超是新时期产业工人的杰出代表，在他身上集中体现了当代产业工人的精神风貌和优秀品质。

工人阶级是国家的主人翁，是先进生产力的代表。这种主人翁地位及其先进性，不是静态的概念，而是动态发展的，是与工人阶级顺应世界文明进步联系在一起的。当今世界，以计算机技术等为代表的高新技术的发展，使世界经济结构有很大的提升，也影响到经济领域的各个方面。随着改革开放和现代化建设的发展，新时期的产业工人，必须迎接这种挑战，不断提高自身素质，勇于学习新知识，刻苦钻研、掌握新技能，做好本职工作。从而顺应时代进步，进一步巩固和发展主人翁地位。

许振超就是一位学习型、创新型、充分掌握现代技能的新时期的优秀产业工人。他爱岗敬业，不仅自己大胆进行技术创新，练就了高强的本领，还带出了一支“技术精、作风硬、效率高”的优秀团队，创造出世界一流的工作效率，在平凡的岗位上作出了不平凡的贡献。他的事迹集中体现了新时期工人阶级的优秀品质，体现了社会主义市场经济的本质要求，具有鲜明的时代特征。

学习许振超，就要学习他这种“干一行，爱一行，精一行”的敬业精神。这种精神在当前我国高技能工人尚未完全适应经济快速发展需要的情况下尤为可贵。据统计，我国技术技能劳动者有7000多万人，而高级技工仅占4%。在发达国家，这个比例则为30%至40%。工人技术素质整体偏低，已在相当程度上影响了我国企业的生产效率和竞争力。调查显示，目前我国的企业产品平均合格率只有70%，不良产品每年损失近2000亿元。仅到“十五”末，我国对技术工人的需求总量就将增长20%以上，对技师、高级技师的需求更是高达一倍以上。

培养和造就大批高素质劳动者，建设结构合理、素质较高的人才队伍，是实现现代化、全面建设小康社会的迫切要求。资金可以引进，技术可以引进，管理可以引进，而大批具有现代技能、高素质的劳动者，只有靠我们自己培养。我们一方面要切实实行有利于技术技能人才成长的政策措施，大力营造有利于人才成长的体制、机制和环境，把他们的潜能和价值充分发挥出来。另一方面，要动员、鼓励广大劳动者像许振超那样，爱学习，肯钻研，不断创新，充分发挥自己的聪明才智，成为对国家、对人民、对民族有用的人才。

学习许振超，就要学习他面对新技术发展的挑战，敢于大胆进行技术创新和管理创新，向世界一流先进水平冲击的精神。创新是社会发展的不竭动力，也是推进企业管理、推动我们各项事业向前发展的无穷力量。面对世界科技进步的日新月异和世界经济的激烈竞争，不仅是奋斗在各条战线上的产业工人，也包括我们全体干部群众，都要向许振超学习，认真学习新知识，刻苦钻研新技术，掌握新技能，不断创新，用新知识、新技术思考和解决问题，紧跟时代前进步伐，不断朝着新的更高目标迈进。以这样的战略眼光来把握祖国和自己的命运，就能与时俱进，在普通的工作岗位上实现自身价值，谱写人生的华美乐章！

新时代的中国工人许振超

本报记者 李丽辉 宋学春

够普通的岗位——吊车司机；够单调的工作——把货物从码头吊上车、船，或是从车、船吊到码头。30个春秋就这样悄然而去。然而，人们说，30年来，从他坚守的这个普通的操作台上流淌出的，不是单调的音符，而是一曲曲华美的乐章。

他，就是青岛港的吊车司机，一个只有初中文凭的桥吊专家，一个一年内两次刷新世界集装箱装卸纪录的人——许振超。

“干活不能光用力气，还要动脑筋；干一行，就要爱一行，精一行。”

1974年，许振超初中毕业后到青岛港当了一名码头工人。他操作的是当时最先进的起重机械——门机。许振超勤学苦练，7天就学会，在一起学习的工人中第一个独立操作。

然而，会开容易开好难。师傅开门机，钩头起吊平稳，钢丝绳走的是“一条线”；到了许振超手里，钩头稳不住，钢丝绳直打晃。特别是矿石装火车作业，一钩货放下，洒在车外的比进车内的还多。看到工人们忙着拿铁锨清理，许振超十分内疚。

还有，矿石装火车装多了，工人要费不少劲扒去多的；装少了，亏吨，货主不干。为了早日掌握这项技术，每次作业完毕，别人歇着了，许振超还留在车上，练习停钩、稳钩。四五个月后，他开的门机钢丝绳走起来也一条线了，一钩矿石吊起，稳稳落下，不多不少，正好装满一车皮。这手“一钩准”的绝活，很快就被大家传开了。

一次，许振超干散粮装火车作业，发现粮食颗粒小，更易撒漏。他便在工作之余，吊起满满一桶水，练习走钩头，直至练到钩头行进过程中滴水不洒。再去装散粮，一抓斗下去，从舱内到车内，平平稳稳，又一个绝活——“一钩清”。许振超的活干净利索，装卸工人们二次劳动强度大大减轻，谁都愿意跟他搭班。

1984年，青岛港组建集装箱公司，许振超当上了第一批桥吊司机。许振超又钻研上了。桥吊作业有一个高、低速减速区，减速早了装卸效率下降，减速太迟又影响货物安全。于是，他带上测试表反复测试，终于成功地将减速区调到最佳位置。以前一台桥吊一小时吊十四五个箱子，改革后能吊近20个箱子，使作业效率提高1/4。

一次，一场大雾使整个码头的装卸作业被迫停下，直到中午雾仍不散。货轮的船长急火火地找到许振超，请求马上把集装箱卸下来。原来，该轮装载的全是冷藏箱，不料供电电源发生故障，如不抢卸，一旦箱里温度升高货物变质，损失就是好几百万元。

一台桥吊有十几层楼那么高，而集装箱上起吊用的4个锁孔，每个不过一块香皂大小。司机在40多米高的桥吊上，要让重达十几吨的吊具的4个爪准确插入集装箱的锁孔中，好天气操作起来都不那么容易，何况大雾弥漫。

艺高人胆大。许振超一咬牙答应了。他在船上、岸边各安排两个经验丰富的老司机，通过对讲机随时报告集装箱位置，自己登上桥吊，精心操作。随着船上、岸边清晰的报告声，一个个箱子一钩到位，顺顺利利全卸了下来。许振超凭着过硬的功夫、娴熟的技巧，闯过了雾天作业禁区，为客户挽回了巨额损失。

1991年，许振超当上了桥吊队队长。他在工作中发现，桥吊故障中有60%是吊具故障，而故障主要是由于起吊和落下时速度太快，吊具与集装箱碰撞造成的。他提出，这么操作不仅桥吊容易出故障，货物也不安全，必须做到无声响操作。

司机们一听炸了窝。“集装箱是铁的，船是铁的，拖车也是铁的，这集装箱装卸就是铁碰铁，怎么能不响呢？”说出口的道理很硬，没有说出口的道理更硬：桥吊队实行的是计件工资，多吊一箱就多挣一份钱。搞无声响操作，轻拿轻放，不明摆着要降低速度，减少收入么？

许振超没多解释，自己动手练起来。他通过控制小车水平运行速度和吊具垂直升降之间的角度，操作中眼睛上扫集装箱边角，下瞄船上装箱位置一点，手握操纵杆变速跟进找垂线。打眼一瞄，就能准确定位，又轻又稳。然后，他专门编写了操作要领，亲自培训骨干并在全队推广，以事实说服人。就这样，“无声响操作”又成了许振超的杰作、青岛港的独创。

1997年11月，老港区承运一批化工剧毒危险品。这个货种一旦出现碰撞，就有可能引发恶性事故。为了确保安全，码头、铁路专线都派上了武警和消防员，身着防化服全线戒严。船靠岸后，在许振超的指挥下，练就一手“无声响操作”的桥吊司机们个个精心操作，一个半小时，40个集装箱被悄然无声卸下，又悄然无声装上火车。船东代表感慨地说：“你们的作业简直是‘行云流水’，太神奇了！”

“咱当不了科学家，但可以做个能工巧匠。”

当了队长的许振超，除了开好自己的桥吊，还想做更多的事。

一次，队里的一台桥吊控制系统发生了故障，请外国厂家的工程师来修。专家干了12天，一下子挣走4.3万元。这件事深深刺痛了许振超。他想，如果自己会修，这笔钱不就省了吗？

然而，桥吊的构造很复杂，涉及电力拖动、自动控制等6门学科，就是学起重机械专业的大学生也至少得两三年才能够处理一般性故障。许振超只有初中文化，可为了攻克这门技术，他着了魔似的钻研，终于发现，所有的技术难点都集中在一块块控制系统模板上，而这正是外国厂家全力保护的尖端技术——不仅没提供电路模板图纸，就连最基本的数据也没有。

许振超不信邪。每天下了班，他拿着借来的备用模板，一头扎进自己的小屋里。一块书本大的模板，一面是密密麻麻镶嵌的上千个电子元件，另一面是弯弯曲曲的印刷电路，这样的模板在桥吊上一共有20块。为了分辨细如发丝、若隐若现的线路，许振超专门用玻璃做了个支架，将模板放在玻璃上，下面安上100瓦的灯泡，通过强光使模板上隐身的线路显现出来，然后一笔一笔绘制成图。光分辨这2000多个焊点，已够麻烦了，要弄明白它们之间的连接更麻烦。一个点前后左右可能有4条连线，而且每一条连线又延伸出两条连线，两条再变成4条，最多的变成20、30条连线，每个点、每条线，许振超都要用万用表试了又试，一条线路常常要测试上百个电子元件，直到最终试出一条通路来。这样精细的活，特别累眼，累得看不清了，许振超就到冰箱里取出冰块，敷上一会儿，接着再干，每天晚上坚持干3个多小时。

就这样，许振超用了整整4年时间，一共倒推了12块电路模板，画了两尺多厚的电路图纸，终于攻克了技术难点。这套模板图纸后来便成了桥吊司机的技术手册，成了青岛港集装箱桥吊排障、提效的“利器”。一次，一台桥吊上的一块核心模板坏了，许振超跑到电器商店花8元钱买了一个遥控器，回来换上后桥吊就正常运作了。而这要是在以前，换一块模板得花3万块钱！

（下转第二版）

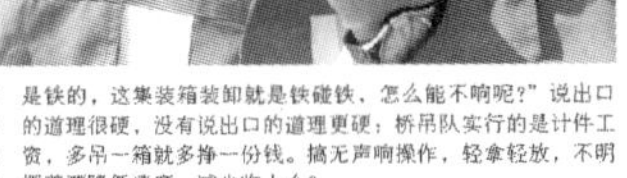

上图为许振超正在指挥装卸。 新华社记者 刘海民摄

温家宝主持召开国务院常务会议，会议强调

继续加强宏观调控 控制投资过快增长 保持经济平稳较快发展

新华社北京4月11日电 国务院总理温家宝9日主持召开国务院常务会议，分析一季度经济运行情况和走势，研究采取有针对性措施解决经济生活中的突出问题。会议要求，要全面贯彻中央关于经济工作的一系列决策和部署，树立和落实科学发展观，切实把各方面加快发展的积极性保护好、引导好、发挥好，着力于深化改革、优化结构、提高效益，进一步采取有力措施，有效遏制投资过快增长势头，保持经济平稳较快发展。

会议认为，今年以来，各地区各部门认真贯彻党的十六大、十六届三中全会精神和中央经济工作会议部署，做了大量工作，当前国民经济形势总体上是好的。经济继续快速增长，经济效益进一步提高；农业生产向好的方面发展，中央支持农业和粮食生产的政策措施正在落实，农民种粮积极性提高；对外贸易增势强劲，利用外资保持较高水平；财政收入大幅度增加；城乡居民收入稳步提高；改革开放继续推进，社会事业全面发展。同时，必须清醒地看到，经济运行中出现的突出矛盾进一步显现，有些问题还在发展。集中表现在投资增长过快、新开工项目过多、在建规模过大，投资结构不合理，某些行业和地区盲目投资和低水平重复建设问题相当严重。由此带来煤电油运和重要原材料供求紧张状况进一步加剧，货币信贷增长再度加快，物价总水平继续上升。因此，必须继续加强宏观调控，坚决控制投资过快增长，防止通货膨胀，防止经济大起大落。这是当前经济工作十分重要而紧迫的任务。

会议强调，当前加强宏观调控总的要求：一要统一思想，狠抓落实。各方面的思想都要真正统一到中央对当前经济形势的判断上来，统一到中央关于经济工作的部署上来，认真落实中央宏观调控的各项措施。二要明确重点，区别对待。调控的重点是控制投资过快增长、缓解煤电油运和重要原材料供应紧张的矛盾、加强农业和粮食生产等薄弱环节。要坚持从实际出发，区别不同情况，分类指导，做到松紧适度，不急刹车，不“一刀切”。三要深化改革，完善机制。加快政企分开，更好地发挥市场配置资源的基础性作用，坚决纠正政府干预企业活动的行为。主要运用经济、法律手段，采取必要的行政手段，注重运用新思路、新机制、新办法解决问题，确保宏观调控的有力有效。四要统筹兼顾，协调发展。按照“五个统筹”的要求，更加重视农业和农村经济发展、社会事业发展和生态环境保护；更加重视转变经济增长方式，坚持速度和结构、质量、效益相统一，走节约资源、保护环境的发展路子。

会议提出，根据形势发展，必须进一步采取有针对性的调控措施：严格控制新开工项目，认真清理在建项目；加强金融调控和信贷管理，适度控制货币信贷增长；严格土地管理，深入开展土地市场治理整顿；严肃查处重大违法违规的经济案件；加强经济运行调节，搞好煤电油运和重要原材料供需衔接；加强农业和粮食生产，搞好粮食市场调控；加强市场物价监管，依法严厉打击扰乱市场秩序的行为；大力开展资源节约活动，推进节约型社会建设。会议要求，各地区各部门要认真履行职责，抓好各项政策措施的落实，加强宏观调控的协调和配合。

一季度我国对外贸易增势强劲

三月份月度进出口规模创新高

本报北京4月11日讯 记者杜海涛报道：海关最新统计显示，一季度我国外贸进出口总值达2398.5亿美元，比去年同期增长38.2%，其中出口1157.1亿美元，进口1241.4亿美元，分别增长34.1%和42.3%；累计贸易逆差84.3亿美元。

3月份，我国外贸进出口总值高达922.4亿美元，比去年同期增长42.8%，月度进出口规模创历史新高，其中出口458.5亿美元，增长42.9%，比上月末累计增速加快14个百分点；进口463.9亿美元，增长42.8%，比上月末累计增速加快0.8个百分点，当月贸易逆差5.4亿美元。

海关统计表明，一季度我国一般贸易进出口继续高速增长，总值达1051亿美元，增长34.7%。同期，加工贸易出口步伐加快，进口增幅稳步攀升。一季度，我国加工贸易进出口1111.2亿美元，增长39.3%。

一季度，外商投资企业进出口增长迅猛，我国与主要贸易伙伴的双边贸易发展迅速。其中，日本、美国、欧盟仍为我国前三位的贸易伙伴。

三峡三期工程质量再上新台阶

今年安装六台发电机组投产四台

本报宜昌4月11日电 记者杜若原报道：三峡工程转入三期建设后，工程进展顺利，开局良好。近日，国务院三峡工程质量检查专家组在三峡工地开展为期一周的检查调研工作，一致认为与二期工程相比，三峡三期工程质量又上新台阶。

今年是三期工程施工后的第一年，也是混凝土浇筑强度最高的一年，年浇筑量263万立方米，年底右岸大坝全线要达到108米左右，左岸电站计划安装6台机组投产4台，此外还有右岸厂房施工、安装、电源电站、右岸地下厂房土建和临时船闸改建等工程，任务十分艰巨。

中国三峡总公司进一步完善工程质量管理保证体系，确保工程达到一流标准。一季度主要施工项目都超额完成计划，其中土石方开挖206.4万立方米，混凝土浇筑完成70.8万立方米，右岸大坝在5月底前可脱离基础约束区，右岸厂房工程也进展顺利，12台机组完成招标工作。三峡左岸电站1—6号机组安装质量和运行状况良好，一季度发电65亿千瓦时，为缓解华中、华东地区的缺电作出贡献。

为西气东输提供可靠气源

塔里木盆地第一个成组气田开工

本报库尔勒4月11日电 记者王慧敏报道：继探明地质储量达2840亿立方米的克拉二号气田产能建设项目开工之后，中国石油塔里木油田公司吉拉克、桑南、吉南气田产能建设工程今天开工兴建，这是塔里木盆地建设的第一个成组气田，设计年产天然气11亿立方米、原油28万吨。至此，西气东输塔里木气源地建设已全面开工建设。

吉拉克、桑南和吉南气田位于新疆巴音郭楞蒙古自治州轮台县境内的塔里木河两岸，探明天然气地质储量218亿立方米、凝析油486万吨。工程总投资6.85亿元，将于年底投产供气。建设项目实施后，将加快塔里木油田公司凝析气田的开发步伐，并为西气东输工程提供可靠的气源保证。

西气东输工程的主力气源克拉二号气田已于去年8月投入开发，目前天然气中央处理厂、集气系统和外输管道等各项工程正在加快建设，今年可望建成100亿立方米的生产能力。

拉脱维亚总统抵达上海开始访华

新华社上海四月十一日电 （记者周解蓉）拉脱维亚共和国总统瓦伊拉·维基耶—弗赖贝加十一日下午由拉脱维亚抵达上海，开始对中国进行为期八天的国事访问。

维基耶—弗赖贝加是应中国国家主席胡锦涛的邀请来访的。

上海市副市长姜斯宪到机场迎接维基耶—弗赖贝加一行。

人民日报

RENMIN RIBAO

今日 16 版(华东、华南地区 20 版)

人民网网址:http://www. people. com. cn

http://www. peopledaily. com. cn

国内统一刊号:CN11-0065

第 20366 期 (代号 1-1)

人民日报社出版

2004 年 4 月 13 星期二

甲申年闰二月廿四

北京地区天气预报

白天 晴转多云 降水概率 20% 风向 北转南 风力 二、三级

夜间 多云转晴 降水概率 20% 风向 南转北 风力 一、二级

温度 23℃/10℃

国家主席胡锦涛等十分关心我 7 名在伊被绑架公民的安危

指示我国外交部和我驻伊拉克使馆复馆小组,要采取多方面措施,确保我被绑架人员的安全,尽最大努力进行营救

新华社北京 4 月 12 日电 胡锦涛主席等国家领导人对 7 名中国公民在伊拉克被绑架一事十分关心,已指示我国外交部和我驻伊拉克使馆复馆小组,要采取多方面措施,确保我被绑架人员的安全,尽最大努力进行营救。

遵照胡锦涛主席的指示,我国外交部和我驻伊拉克使馆复馆小组正采取各种措施,多方联系,全力营救 7 名被绑架的中国公民。

许振超事迹引发社会强烈反响

编者的话 本报昨日头版头条位置刊登的长篇通讯《新时代的中国工人许振超》和评论员文章《当代产业工人的杰出代表》,报道了青岛港工人许振超三十年如一日,爱岗敬业、刻苦钻研技术,创造出世界一流工作效率的先进事迹,人民网即时进行了转载。报道推出后,在社会上产生了强烈反响,广大读者和网友纷纷发表意见,高度评价许振超的事迹和他身上所体现的新时代产业工人的时代精神。今天摘发的是部分读者和网友对许振超事迹和精神的反应。本报将继续报道许振超先进事迹和读者、网友的心声,欢迎大家参与。

青岛

唤起千万个许振超,同心干

本报青岛 4 月 12 日电 记者**宋学春**报道:"读了、收看了人民日报等新闻媒体对许振超的报道后,我们备受鼓舞,我们的时代需要大批像许振超这样的工人。""唤起千万个许振超,大家同心干,一定会加速我们国家的现代化建设步伐。"……4 月 12 日,人民日报等新闻媒体刊发的青岛港许振超事迹的报道,在青岛各行各业引起强烈反响。

记者来到青岛港,大港公司箱站的王海云告诉记者,在"振超效率"和"振超精神"的鼓舞下,大港公司昼夜的吞吐量由过去的 4 万多吨,目前达到了 9 万多吨。仅进入 4 月的头 10 天,就完成了 15 天的工作量。

装箱队的李大宝、业务部的刘起昌说,在"振超效率"的感召下,他们创出了 12 小时装 3600 吨的"木薯干效率",取得 10 小时 55 分钟接卸 14900 吨的"大豆效率";推出了"维勇操作法"、"舰峰查车法"。

"许振超不仅是青岛的自豪,更是我们产业工人的自豪。"青岛长途汽车站站长宋定军、工会主席张莉手拿当天的人民日报说,"许振超是个'三型人物',即学习型、进取型和实干型,我们要向他学习。"这个 1997 年被誉为"李素丽群体"的全国文明窗口,用"振超效率"结合交通运输服务的特点,进一步改善服务方式、创新经营模式,不断提高服务水平。

许振超的事迹在青岛高校也引起很大反响。青岛科技大学大三学生边华东说:"我们应该像许振超那样知难而上,敢于创新。"2004 届毕业生徐广基同学说:"许振超的事迹证明,岗位没有好坏之分,关键看如何发挥自己的价值,这对我们将要毕业的大学生来说启示太大了!"

青岛市部分企业职工纷纷表示,要以许振超为榜样,在工作中敢想敢干、能干会干、苦干实干,谱写当代产业工人爱岗敬业、学习创新、拼搏奋斗、敢争一流的豪迈篇章。

读者

伟大,总是用平凡震撼人心

本报北京 4 月 12 日讯 记者**李丽辉**报道:本报刊登了长篇通讯《新时代的中国工人许振超》和评论员文章《当代产业工人的杰出代表》后,人民网进行了转载和报道。许多读者、网友通过电话、电传或在人民网上留言,积极评价许振超身上体现的新时代的中国工人精神。

四川华西集团十五有限公司员工波涛赋诗一首,赞扬"振超精神":"普通工人不一般,卅年岗位埋头干。码头工作苦钻研,誓与吊车结下缘。做主人翁任劳怨,新时代的好模范。"

许多不知名网友读了许振超事迹后,发表简短评论和留言,表达心声:

——在学历高于一切的今天,一个工人能脱颖而出,是时代的进步。

——英雄,建功立业总是默默无闻;伟大,总是用平凡震撼人心。

——老许,中国需要你这样的人!

还有一些网友对媒体大力宣传许振超这样一位工人典型表示肯定,并提出了具体建议与希望:

——这篇报道让人看了感到兴奋,像许振超这样的工人应该好好地宣传。

——感谢人民日报和人民网推出许振超这样的给人以向上力量的报道。

——中国太需要这样的人了,更需要大力宣传这些产业工人。在我眼里,任何一名出类拔萃的工人、农民以及其他劳动者都更应成为青年人的榜样。如果总让歌星影星在媒体上晃来晃去,那才是可悲的。

许振超的境界

本报记者 宋学春 李丽辉

3 月的青岛,尽管还有点春寒料峭,但和煦的阳光,金色的海滩,银色的浪花和动人的海鸥声,让人心旷神怡,激情奔放。在这个春天里,更让人激情难抑的,是已经走入青岛千家万户的许振超的先进事迹。连日来,记者奔走在青岛的大街小巷和机关、企业,采访熟悉许振超和听过他事迹的青岛市民,感受许振超家乡人眼中的许振超。

老师、同学:

"他是个忠厚老实、埋头学习的好孩子。"

"许振超,不简单!"说起许振超,67 岁的邢秀芬老师很是自豪。尽管时隔 30 多年,尽管她教过的学生数不清,但作为许振超的班主任,许振超还是给她留下了深刻印象。当她和老伴从电视上、报纸上看到、听到、读到许振超的事迹时,她一眼就认出来了:"他是我的学生。"

邢秀芬老师回忆说,许振超是个忠厚老实、埋头学习的孩子。学习成绩好,与同学团结得好,与老师教学配合得好。遗憾的是"文革"把他给耽误了,没有上大学。邢老师说:"作为一个平凡的人,在平凡的岗位上能用心干、在意干,就会干出不平凡的业绩,这就了不起。"

青岛市科协主席、党组书记杨柏林是许振超中学时的班长。杨柏林说,在班上许振超就有股钻研精神,学习上很灵活,不完全跟着老师的思路走,就连与同学们一起劳动,他也爱动脑筋,不死干。铺教室地砖是每学期开学要做的第一件事,许振超不光抢着干,还铺得好。杨柏林深有感触地说:"许振超能在 16000 多人的青岛港中脱颖而出,有其必然性。不是说上不了大学就没有出路,只要认真钻研,三百六十行,行行出状元,照样能成才。"

(下转第二版)

压题照片:4 月 12 日,许振超的工友们正在紧张地接卸农用物资。 本报记者 宋学春摄

平凡岗位与卓越贡献

治 波

平凡和卓越本无不可逾越的界限。许振超的身份很普通——普普通通的码头工人,许振超的工作很普通——普普通通的吊车司机;但他业绩突出,贡献卓越。仅在近几年,他主持维修的项目就累计为青岛港节约 800 多万元。在他的带领下,青岛港创造了每小时单机效率 70.3 自然箱和单船效率 381 自然箱的世界港口装卸纪录。由于"振超效率"的名牌效应,青岛港的国际知名度越来越高,世界知名航运公司纷纷前来寻求合作,短短 8 个月的时间,青岛港净增 13 条国际航线,实现了全球通。

许振超的事迹告诉我们,任何劳动者,只要爱岗敬业,刻苦钻研,奋发进取,都可以在平凡的工作岗位上创造非凡的业绩。就像时传祥、孟泰、张秉贵、史来贺这些普普通通的劳动者一样,许振超在自己的平凡工作岗位上,干得有声有色,轰轰烈烈,受到政府的表彰、同行的赞誉和人民的尊重。

许振超的事迹还告诉我们,许多工作岗位,没有高学历的劳动者同样可以做出卓越贡献。不妨这样说,人才可以与能力、贡献画等号,而不能仅仅与学历、学位画等号。这是我们应当树立的人才观。

就俄罗斯发生煤矿爆炸事故 温家宝总理向俄总理致慰问电

新华社北京 4 月 12 日电 中国国务院总理温家宝 12 日就俄罗斯联邦克麦罗沃州一煤矿发生爆炸事故并造成重大人员伤亡致电俄总理弗拉德科夫,向遇难者表示哀悼,对遇难者家属和受伤人员表示慰问。

探测一号卫星正式交付使用

探测二号卫星七月发射

本报北京 4 月 12 日讯 记者**廖文根**报道:国防科工委今天在京举行"双星探测计划"近地赤道卫星探测一号交付仪式,研制单位中国航天科技集团公司所属东方红卫星有限公司正式将该星交付给"双星计划"用户代表单位中国科学院空间科学与应用研究中心,这标志着卫星正式投入使用。

探测一号卫星是我国于去年 12 月 30 日在西昌卫星发射中心成功发射的地球空间探测卫星。经过三个多月的卫星平台和有效载荷在轨测试,经中欧专家评审,探测一号卫星平台及有效载荷总体技术指标达到设计要求,卫星与地面系统工作正常,星地系统匹配良好,已具备转入业务运行的能力。

探测一号卫星与计划今年 7 月发射的探测二号卫星(近地极区卫星)相互配合,将构成具有明显创新特色的星座式独立探测体系,可以对地球空间暴发生机制和发展规律进行立体探测。

"双星计划"是我国地球空间双星探测计划的简称,这一计划主要用于研究太阳活动、行星际扰动触发磁层空间暴和灾害性地球空间天气的物理过程,进而建立磁层空间暴的物理模型、地球空间环境动态模型和预报方法,为空间活动安全以及维护人类生存环境提供科学数据和相应对策。作为国际空间探测计划的重要组成部分,我国的"双星计划"将与欧空局密切合作。这是我国第一次以自己的先进空间探测项目同发达国家从技术到应用的高层次、实质性的对等合作。

一季度税收六千二百七十八亿元

比去年同期增长超二成五

本报北京 4 月 12 日讯 记者**李建兴**今天从国家税务总局获悉,一季度全国税收收入(不含关税和农业税)累计完成 6278 亿元,比上年同期增长 25.4%,增收 1271 亿元。

据分析,一季度税收收入有 4 个明显的特点:一是中央级和地方级税收增势协调、增幅差距明显缩小。一季度中央级税收完成 4027 亿元,比上年同期增长 27.3%,增收 863 亿元;地方级收入完成 2251 亿元,增长 22.1%,增收 408 亿元。二是各月份收入持续较快增长,增收额大体稳定均衡。各月份增收额基本稳定在 400 亿元左右。三是各税种收入普遍增长,主体税种增幅都在 20%以上。其中,国内增值税收入(不含免抵调库)完成 2064 亿元,同比增长 22.9%;国内消费税完成 395 亿元,增长 24.9%;营业税完成 909 亿元,增长 21.1%;(内资)企业所得税完成 763 亿元,增长 34.8%;个人所得税完成 466 亿元,增长 21.4%;海关代征进口税收完成 891 亿元,增长 44.9%。四是东、中、西部税收全面增长,中部地区增速加快。

罗干在与全国综治干部培训班学员座谈时强调

坚持科学发展观 求真务实 开拓创新 努力开创社会治安综合治理工作新局面

本报北京 4 月 12 日讯 中共中央政治局常委、中央综治委主任罗干 12 日亲切会见全国综治干部培训班全体学员,并与大家进行了座谈。

罗干强调,要牢固树立科学发展观和正确政绩观,充分认识加强社会治安综合治理工作的重要意义。社会治安综合治理工作是中国特色社会主义事业的重要组成部分,也是实践"三个代表"重要思想的具体体现。实现党的十六大提出的全面建设小康社会的目标,必须保持长期和谐稳定的社会环境。加强社会治安综合治理,创造良好的社会秩序,让人民群众安居乐业,是全面建设小康社会的重要保证。党的十六届三中全会提出要坚持科学发展观。科学发展观要求经济社会协调发展。各级党委、政府要努力按照科学发展观的要求,树立正确的政绩观,自觉运用科学发展观来指导社会治安综合治理工作,推动社会治安综合治理工作深入开展,促进经济社会全面协调可持续发展。

罗干指出,要进一步加强基层基础建设,促进社会治安综合治理措施的落实。近些年来,党中央一再强调要把社会治安综合治理措施落实到基层。中央社会治安综合治理委员会始终把综治工作重点放在基层,通过深入开展基层安全创建活动,建设社会治安防控体系,加强基层政法、综治组织和群防群治队伍建设,促进工作措施在基层的落实。各地要充分发挥乡镇、街道综治基层组织的职能作用,进一步健全工作机构,搞好干部培训,不断提高工作水平。

罗干要求各地各部门要认真研究新情况,着力解决新问题,积极推行责任制。 (下转第四版)

人物介绍

拉脱维亚总统维基耶—弗赖贝加 对我国进行国事访问

应国家主席胡锦涛的邀请,拉脱维亚共和国总统瓦伊拉·维基耶—弗赖贝加于 4 月 11 日至 18 日对中国进行国事访问。

维基耶—弗赖贝加总统

维基耶—弗赖贝加 1937 年 12 月 1 日生于拉脱维亚里加市,幼年随父母移居国外。她在加拿大接受高等教育,先后毕业于多伦多大学和麦克基尔大学,获文学学士、文学硕士和实验心理学博士学位。

维基耶—弗赖贝加 1965 年至 1998 年任蒙特利尔大学心理学教授,期间曾任加拿大心理学会会长等职。她 1998 年回拉脱维亚定居,担任拉脱维亚研究所所长,1999 年 6 月 17 日当选拉脱维亚共和国第二任总统,2003 年 6 月 20 日连任。

维基耶—弗赖贝加对华友好,主张加强中拉在各个领域的友好互利合作。(新华社发)

欧盟委员会主席普罗迪 对我国进行正式访问

应中国政府邀请,欧盟委员会主席罗马诺·普罗迪将于 13 日至 16 日对中国进行正式访问。

欧盟委员会主席普罗迪

普罗迪 1939 年 8 月 9 日出生在意大利北部城市雷焦艾米利亚。他毕业于米兰天主教大学,获法学博士学位,后赴英国伦敦经济学院深造,获经济学硕士学位。普罗迪曾先后在美国哈佛大学和意大利博洛尼亚大学担任研究员和教授。

普罗迪 1978 年至 1979 年任意大利工业部长,1982 年至 1994 年任意大利伊利集团董事长。他 1996 年至 1998 年任意大利总理,1999 年 9 月出任欧盟委员会主席。

普罗迪积极推动欧盟一体化建设,主张欧盟不仅在经济上联合,也应建立独立的安全防务体系。

普罗迪就任欧盟委员会主席后,曾先后于 1999 年、2000 年和 2003 年来华参加中欧领导人会晤。(新华社发)

人民日报
RENMIN RIBAO
今日16版（华东、华南地区20版）
人民网网址：http://www. people. com. cn
http://www. peopledaily. com. cn
国内统一刊号：CN11-0065
第20367期　（代号1-1）
人民日报社出版
2004年4月
14
星期三
甲申年闰二月廿五

北京地区天气预报
白天　晴间多云
降水概率 0%
风向　北转南
风力　二、三级
夜间　晴转多云
降水概率 20%
风向　南转北
风力　一、二级
温度　25℃/14℃

一季度　我国实际使用外资逾140亿美元

上海每天实到外资逾2000万美元

本报北京4月13日讯　记者龚雯从商务部获悉：据最新统计，今年一季度，全国利用外资保持增长态势，新批设立外商投资企业10312家，比去年增长19.57%；合同外资金额342.78亿美元，同比增长49.15%；实际使用外资金额140.66亿美元，同比增长7.49%。

截至今年3月底，全国累计批准设立外商投资企业475589个，合同外资金额9774.08亿美元，实际使用外资金额5155.36亿美元。

据新华社上海电　（吴宇、陈章远）今年一季度，上海实际到位外资18.78亿美元，比去年同期增长29.6%，平均每天实到外资2063万美元。

据上海市外国投资工作委员会统计，今年以来，上海吸引外资保持良好增长态势。1—3月，上海共批准外商投资项目1153个，同比增长17.2%。其中仅3月份就批准外资项目440个，吸收合同外资11.32亿美元，同比增长14.2%。

在上海市一季度新批准的外资项目中，总投资1000万美元以上的大项目达142个，合同外资28.46亿美元，占全市合同外资的88.5%。一季度上海共批准工业外资项目538个，合同外资22.33亿美元，占全市合同外资的69.5%。

胡锦涛在陕西考察工作时强调

把政策交给群众把措施落到实处　扎扎实实促进粮食增产农民增收

新华社西安4月13日电　中共中央总书记、国家主席胡锦涛近日在陕西考察工作时强调，各级党委和政府必须全面贯彻落实中央关于发展粮食生产、增加农民收入的政策措施，始终坚持农业基础地位不动摇，始终坚持加强、支持、保护农业不动摇，努力开创农业和农村工作的新局面。

三秦大地，满眼春色，一派生机勃勃的景象。4月9日至13日，胡锦涛和随行的中共中央政治局候补委员、中央书记处书记王刚，在陕西省委书记李建国、省长贾治邦等陪同下，先后到汉中、杨凌、西安等地，深入田间地头、乡村农户、企业车间、科研院所、社区商场，就推进西部大开发和进一步解决好“三农”问题等进行调研。

胡锦涛十分关心粮食增产和农民增收的情况。在陕南农村，他每到一地，都要同干部群众深入交谈，详细询问中央关于发展粮食生产和增加农民收入的政策措施农民知道不知道、基层落实没落实。当了解到广大农民种粮的积极性明显提高时，胡锦涛十分高兴。他说，最近，党中央、国务院就保护和提高粮食综合生产能力、增加农民收入提出了一系列有针对性的政策措施。各级党委和政府要迅速组织广大干部深入农村、深入基层，走村入户、宣讲政策，帮助农民释疑解难，检查中央有关政策措施的落实情况，真正做到把政策交给群众、把措施落到实处。尤其要抓紧实施对粮食主产区种粮农民直接补贴和支持粮食主产区的政策，抓紧对重点粮食品种实行最低收购价制度，抓紧落实降低农业税税率的政策，加强对农业生产资料市场和价格的管理，进一步调动种粮农民生产粮食的积极性。

4月9日至13日，中共中央总书记、国家主席胡锦涛在陕西考察工作。这是胡锦涛在勉县同沟寺镇晨光村察看小麦生长情况，并与当地农民亲切交谈。　新华社记者　鞠鹏摄

在西北农林科技大学，胡锦涛同从事农业科研的专家学者进行座谈，听取了他们的意见和建议。他强调，在我们这样一个人口大国、农业大国，解决农业问题的出路，既要靠政策、靠改革、靠调动广大农民的积极性，又要靠科学技术。从长远和根本上说，要开辟我国农业发展的广阔前景，关键在于农业科技进步。这是由我国的基本国情所决定的，是我国农业由传统农业向现代农业转变的客观要求所决定的，也是世界农业发展给我们的重要启示。我们要大力推进农业科技进步，加强对农民的技术指导和培训，充分发挥科技对粮食增产、农民增收的巨大推动作用。

考察期间，胡锦涛听取了陕西省委、省政府的工作汇报，并作了重要讲话。他充分肯定了陕西省近年来改革开放和现代化建设取得的新成就，对实施西部大开发战略进一步提出了明确要求。胡锦涛强调，中央将继续坚定不移地推动西部大开发战略的实施，国家对西部大开发的扶持政策不会改变，支持力度不会减弱。推进西部大开发，必须坚持走新型工业化道路，努力走出一条科技含量高、经济效益好、资源消耗低、环境污染少、人力资源优势得到充分发挥的新路子。要加快经济结构调整，加强基础设施建设，推进体制创新、推进科技进步和创新。要认真实施人才强国战略，千方百计利用好本地区现有人才，抓紧培养各级各类人才，合理引进外部人才，使西部建设急需的各类优秀人才起得来、引得进、留得住、用得好。西部地区广大干部群众要坚定信心，奋发进取，牢固树立和认真落实科学发展观，用勤劳和智慧创造西部地区更加美好的明天。

胡锦涛强调，在推进发展的全过程中，要高度重视并切实加强生态环境的保护和建设，逐步形成有利于节约资源和保护环境的产业结构和消费方式，尤其要大力提倡和推广循环经济。

胡锦涛强调，延安精神是我们党的优良传统和宝贵财富，过去是、今天仍然是我们战胜困难、取得胜利的法宝。我们坚持和发扬延安精神，很重要的就是要大力弘扬求真务实精神、大兴求真务实之风。各级领导干部都要忠诚实践“三个代表”重要思想，牢记全心全意为人民服务的宗旨，依据群众利益和群众愿望想问题、做事情，按照客观规律和科学规律作决策、干工作，事事想着群众，处处为了群众，勤勤恳恳为人民谋利益，为帮助群众克服生产生活上的困难多办好事、多办实事。

今日四版刊登通讯
“我想直接听听大家的心里话”
——胡锦涛总书记陕南农村问农情

温家宝与普罗迪举行会谈

指出进一步加强中欧关系，不仅符合中欧双方的利益，也有利于世界的和平、稳定与发展

本报北京4月13日讯　记者马剑报道：国务院总理温家宝今天下午在人民大会堂同到访的欧盟委员会主席普罗迪举行了会谈。

温家宝说，目前，中欧关系正处于最活跃、最富有成果的时期。双方政治互信不断增强，经贸关系迅速发展，各领域合作继续拓宽。欧盟即将实现历史上最大规模的扩大，中国正在推进全面建设小康社会，这为中欧合作提供了新的广阔空间。

温家宝指出，中国重视欧盟在地区和国际事务中的作用和影响，发展中欧关系是中国外交政策的重要组成部分。进一步加强中欧关系，不仅符合中欧双方的利益，也有利于世界的和平、稳定与发展。为此，中方提出三点建议：第一，研究制定今后10至15年发展中欧关系的目标和规划，通过双边高层互访和将于今年12月举行的第七次领导人会晤，进一步充实和发展中欧全面战略伙伴关系。第二，认真落实双方去年制定的关于中欧关系的政策文件，扩大和深化双方在各领域的合作。第三，按照相互尊重、平等互利的原则，通过对话和磋商，妥善解决双方关切的重大问题。

普罗迪表示完全同意温家宝对欧中关系的评价。他说，当前欧中之间的高层互访非常频繁，近期将有6位欧盟委员会成员访华。这表明欧盟对欧中关系的重视，也反映出欧盟对中国的发展抱有充分的信心。普罗迪说，毫无疑问，欧盟希望无论在经贸领域，还是在世界事务中都与中国成为更重要的合作伙伴。欧盟希望进一步发展同中国的战略关系，使双方的合作更加多样化。普罗迪重申欧盟将坚持一个中国的原则立场。

双方还就共同关心的国际问题交换了意见。

商务部部长薄熙来、外交部副部长张业遂等参加了会谈。

四月十三日，国务院总理温家宝在北京人民大会堂同到访的欧盟委员会主席普罗迪举行会谈。新华社记者　樊如钧摄

贾庆林就加强政协干部教育培训工作提出要求

重在突出特点　贵在求真务实

本报北京4月13日讯　记者王比学报道：中共中央政治局常委、全国政协主席贾庆林今天在京会见政协干部教育培训工作座谈会代表时指出，全面建设小康社会的新形势新任务，对人民政协提出了新的更高的要求，也为政协干部教育培训工作提供了难得的机遇。他强调，政协干部教育培训工作重在突出特点，贵在求真务实。

贾庆林在讲话中提出了四点希望：一要统一思想，提高认识。要从党和国家事业发展全局和战略的高度，从人民政协事业长远发展的高度，进一步增强做好政协干部教育培训工作的责任感和紧迫感。二要抓住重点，丰富内容。要把学习贯彻“三个代表”重要思想摆在首位，认真学习胡锦涛总书记在全国政协新年茶话会上的讲话，学习贯彻政协章程，不断提高各级政协履行职能的水平，提高广大政协委员和政协机关干部的政治素质。三要突出特点，增强实效。要根据政协工作特点和政协干部的实际情况，科学确定教育培训工作的内容，注重把培训成效体现到加强和改进政协工作的实践中去。四要加强领导，提高质量。各级党委要把政协干部教育培训工作纳入干部培训的总体规划，切实加强领导，统筹协调，加大投入。各级政协组织要制定切实可行的培训计划，不断提高培训质量。

全国政协副主席王忠禹参加会见并在座谈会上发表了讲话。

曾庆红与切尼举行会谈

指出中方愿与美方共同推动中美建设性合作关系继续向前发展

四月十三日，国家副主席曾庆红在北京人民大会堂与来华进行访问的美国副总统切尼举行会谈。新华社记者　李学仁摄

本报北京4月13日讯　记者马剑报道：国家副主席曾庆红今天下午在人民大会堂与来华进行访问的美国副总统切尼举行会谈。

曾庆红对切尼来华访问表示欢迎。他说，中美都是伟大的国家。两国存在分歧，但共同利益是第一位的。无论是在维护亚太地区和世界的和平稳定、推动地区和全球经济发展，还是在应对恐怖主义、武器扩散、跨国犯罪和疾病等方面，我们两国都拥有广泛的共同利益和合作基础。中方对近年来两国关系取得的进展感到高兴，愿与美方共同推动中美建设性合作关系继续向前发展。

关于经贸关系，曾庆红说，中美双边贸易额在过去25年中增长了约50倍，而且依然潜力巨大。两国经贸合作出现一些摩擦是正常的，我们对处理摩擦采取理性的态度。去年底以来，我们已通过派采购团等方式增加了从美国的进口。我们将认真履行世贸组织规则和有关承诺。

曾庆红介绍了中国政府在台湾问题上的原则立场，指出，台湾问题的一个基本事实是，世界上只有一个中国，台湾是中国的一部分，台湾岛内的选举结果改变不了这一点。中国政府继续坚持“和平统一、一国两制”的基本方针，愿尽一切努力以和平方式解决台湾问题，但我们绝不会容忍“台独”。希望美方履行承诺，停止售台武器，不向“台独”势力发出任何错误信号。

切尼说，这是一次十分重要的访问。美中关系总体发展良好，近年来这一关系又取得了重要进展，两国在反恐、防扩散等领域也已建立起紧密合作的基础，美国政府对此感到满意。

切尼表示，美国认识到台湾问题对于美中关系的重要性。美国在这方面的政策没有任何变化，美国坚持基于美中三个联合公报的一个中国政策，不支持“台独”，反对任何一方单方面采取行动改变台湾海峡现状。

中美双方一致同意，继续加强两国高层战略对话和其他级别的交往，扩大反恐、经贸、执法等各领域的交流与合作，推进两军交往。双方决定两国反恐专家将于今年6月举行第四轮磋商。

双方还就朝核、伊拉克重建及其他共同关心的问题交换了意见。

外交部部长李肇星参加了会见。

许振超事迹进一步引发社会反响

本报12日、13日在一版头条位置刊登新时代的中国工人许振超事迹和社会各界反响后，读者好评如潮，纷纷发来邮件、信息，表达心声。为进一步探寻许振超成长足迹，本报今日继续推出后续报道《许振超成长的那片沃土——青岛港充分调动工人积极性和创造性纪实》，详细报道请看第四版。

今年西藏公路建设将投36亿元

据新华社拉萨4月13日电　（王淡宜）2004年，国家将为西藏公路建设投入36亿元巨资，以改善道路交通条件。今年，西藏交通部门计划新开工建设44个项目，其中农村公路“通达工程”计划投资5亿元，项目建成后新通达的行政村数量将达到76个。

中国民航连续安全飞行360万小时

据新华社北京4月13日电　（记者林红梅）自2002年5月8日算起，至今年3月31日，中国民航已连续安全飞行360万小时，民航全行业已连续保证运输飞行安全693天，创造历史新纪录。今年一季度，民航安全形势总体平稳。

国产首台60万千瓦超临界机组锅炉研制成功

本报成都4月13日电　记者梁小琴报道：国产首台最大容量华能沁北60万千瓦超临界示范机组锅炉，在东方锅炉（集团）股份有限公司研制成功并顺利成台出厂。该机组与同等级亚临界机组相比，发电效率将提高约3%，每千瓦时煤耗将由324克减少到300克。

柬埔寨首相将访华

新华社北京4月13日电　外交部发言人孔泉13日在记者招待会上宣布：应国务院总理温家宝邀请，柬埔寨王国政府首相云升将于4月19日至25日对中国进行正式访问。

我在伊拉克被绑架公民已获释

新华社北京4月13日电　外交部发言人13日凌晨发表谈话说，经过多方做工作，7名在伊拉克被绑架的中国公民已经安全获释。

发言人说，他们是于巴格达时间12日深夜（北京时间13日凌晨）在我驻伊拉克使馆复馆小组人员的陪伴下抵达在巴格达的一个临时住所的。他们的健康和精神状况总体上良好。

这位发言人说，我驻伊拉克使馆复馆小组负责人孙必干大使立即向他们转达了胡锦涛主席等国家领导人对他们的关心。其它详细情况正在了解当中。

为您导读

人民日报

RENMIN RIBAO

今日8版

人民网网址:http://www. people. com. cn
http://www. peopledaily. com. cn

国内统一刊号:CN11-0065
第20371期　(代号1-1)

人民日报社出版

2004年4月
18
星期日
甲申年闰二月廿九

北京地区天气预报
白天　晴间多云
降水概率0%
风向　北转南
风力　二、三级
夜间　晴间多云
降水概率10%
风向　南转北
风力　一、二级
温度　29℃/15℃

全国铁路今日第五次提速

时速160公里线路将达7700多公里
明年部分干线列车再提速至200公里

本报北京4月17日讯　记者王政报道:4月18日零时起,全国铁路将第五次大面积提速调图,届时,铁路几大干线的部分地段线路基础达到时速200公里的要求,提速网络总里程将达到16500多公里,其中,时速160公里及以上的提速线路将达到7700多公里。

铁道部副部长胡亚东说,第五次提速后,主要城市间客车运行速度进一步提高,旅行时间大幅压缩,旅客列车平均旅行时速达到65.7公里,比2001年运行图提高每小时4.3公里,其中直达特快列车每小时119.2公里,特快列车每小时92.8公里,货车速度也有所提高。

在提速的同时,铁路还推出了一批新产品。客运方面,铁路部门新增开19对直达特快旅客列车,采用国内最先进的庞巴迪和25T型客车,最高运行时速达到160公里,途中一站不停;直达特快列车主要安排在客流量较大的北京至上海、杭州、扬州、南京、苏州、合肥、武汉、长沙、哈尔滨、长春、西安和天津至上海13个城市始发、终到,其中北京至上海、哈尔滨等11对直达特快列车首次全列编挂软席车。货运方面,铁路部门增开北京至哈尔滨、上海、广州3对特快行邮专列,全程按直达特快列车等级运行;新增开北京至乌鲁木齐、广州至上海2对快速行邮专列,全程按快速旅客列车等级运行;新增加固定车底的冷藏快运专列和集装箱快运专列。

据悉,明年铁路还将再次提速,部分提速干线列车时速将提高到200公里。

人民的好卫士任长霞

本报记者　李杰　王明浩

图为今年春节期间,任长霞深入基层,慰问困难群众。

2004年4月17日,登封县城,万人空巷。

长4公里、宽60米的少林大道鲜花如潮,挽幛如云。"警坛女杰业绩映嵩山,人民卫士青史载中岳"、"嵩岳痛肝胆,挥泪悼英灵",满眼的花圈挽联诉说着一个英灵的故事。灵车在开道车的引导下缓缓驶出医院,少林大道两侧数万名群众迸发出一片哭喊声:"长霞,一路走好!""任局长,登封不能没有您啊!"……悲痛的人们在呼唤着英灵的名字——登封市公安局长任长霞,一路护送他们的好局长走完最后一程路。

40岁,正是建功立业的黄金时期,任长霞却猝然倒下了,倒在了她为之奋斗不息的公安事业上,倒在了她为之倾尽心血的热土上。

投身公安战线21年,任长霞先后获得了全国"五一"劳动奖章、中国"十大女杰"、全国青年岗位能手、全国优秀人民警察的光荣称号,她以其坚定的信念、卓越的才干和对公安事业的无比忠诚,在平凡的岗位上谱写了壮丽的篇章,生动诠释了"立警为公、执法为民"的精髓。

2004年4月14日晚8时40分,任长霞在命案侦破途中不幸遭遇车祸,伤势过重,抢救无效,4小时后,任长霞带着对公安事业的依依不舍,带着对未尽工作的深深遗憾,永远离开了人世,留给人们无尽的哀思和怀念……

"我就是一名公安干警,肩负着党的重托和人民的信任。我的使命是打恶除霸,保一方平安,扫除阴霾,还群众一片晴朗的天空。"

以少林武术闻名天下的登封,近年来,随着旅游热的升温,暂住人口、流动人口骤增,治安隐患加重。地霸黑恶势力逞凶作恶,邪恶,如沉重的阴霾,笼罩在登封群众心头。

2001年4月,时任郑州市公安局技术支队队长的任长霞调任登封市公安局局长,成为河南公安系统有史以来第一位女公安局长。

上任仅5天,登封市刑侦大队一中队就接到登封市人民医院保卫科报警:一外地女子被强奸、烧杀,现正在医院抢救。任长霞听完汇报,立即决定:全力侦破此案。通过多方调查、排查、布控,仅一天时间,犯罪嫌疑人落入法网。(下转第二版)

重庆天原化工总厂事故处理与善后工作妥善进行

温家宝作出四条重要指示　黄菊等也作出批示

新华社重庆4月17日电　重庆天原化工总厂氯气泄漏和爆炸事故的处理与善后工作正在妥善进行。国务院总理温家宝17日对事故处理与善后工作作出重要指示,要求做好抢险救灾工作,彻底消除事故隐患。

温家宝总理对事故处理与善后工作作出了四条重要指示:一、采取一切严密有力的措施,防止再次发生泄漏和爆炸事故,确保抢险人员的安全。千方百计救治伤员,全力做好善后工作。二、妥善做好周边群众的疏散安置和稳定情绪的工作,确保他们的安全和基本生活条件,维护社会稳定。三、安全监管局立即派出技术专家,协助当地制订方案,做好抢险救灾工作。四、加强环境监测,查明事故原因,采取各种措施,彻底消除事故隐患。黄菊、华建敏等也作出批示。

4月15日下午,处于主城区的重庆天原化工总厂氯氢分厂工人在操作中发现,2号氯冷凝器出现穿孔,有氯气泄漏,厂方随即进行处置。16日1时左右,列管发生爆炸;凌晨4时左右,再次发生局部爆炸,大量氯气向周围弥漫。由于附近民居和单位较多,重庆市连夜组织人员疏散居民。16日17时57分,5个装有液氯的氯罐在抢险处置过程中突然发生爆炸,已发现9人死亡和失踪,3名重伤已脱离生命危险。死伤人员均为天原化工总厂领导、技术人员和职工。事故发生后,重庆市消防特勤队员昼夜连续用高压水网(碱液)进行高空稀释,在较短的时间内控制了氯气扩散。

目前,重庆市委、市政府主要领导和现场指挥部仍在组织开展抢险救灾和事故处理工作,化工厂周围500米范围仍未解除警戒。

重庆市传达了温家宝等领导同志的指示精神,制定了最新事故处置措施:一是在确保安全的前提下,关闭整个化工厂的所有管线;二是彻底搬迁有安全隐患的装氯气和氮气的重型钢瓶,移至安全地带;三是清理爆炸现场和死难者遗体,安抚家属;四是剩下的3个贮气罐估计还残存约5吨氯气,要进行技术性排放,由专家制定详细的操作方案,确保不出意外;五是各级党委政府、公安消防等方面继续做好安抚群众的工作,妥善安置受事故影响的群众生活。

目前,国家安全生产监督管理局专家组已到达重庆,协助事故处置工作。事故现场正在全力清除残余爆炸源,妥善处置残余氯气。距离天原化工总厂500米范围以外的疏散群众已陆续撤回,在确保安全以前,重庆市委、市政府和江北区政府将妥善安置500米范围以内已疏散的群众。为了防止冲释氯气的消防水的入江影响,暂时停止江北水厂的取水,同时,环保监测部门已对下游水质进行了有效的监控。现在,重庆市除核心区外的事故周边群众生产生活已恢复正常,疏散后集中安置的数千名居民食宿得到保证。

《国务院关于修改〈中华人民共和国保障措施条例〉的决定》公布
《中华人民共和国保障措施条例》重新公布

新华社北京4月17日电　国务院总理温家宝日前签署第403号国务院令,公布《国务院关于修改〈中华人民共和国保障措施条例〉的决定》,《中华人民共和国保障措施条例》根据这个决定作相应修改。新华社17日受权全文播发《国务院关于修改〈中华人民共和国保障措施条例〉的决定》和重新公布《中华人民共和国保障措施条例》(**本报将于近日全文刊登**)。

《国务院关于修改〈中华人民共和国保障措施条例〉的决定》将于2004年6月1日起施行。

全国已有1266个农业综合执法机构

本报贵阳4月17日电　记者**胡跃平**从日前在贵阳市召开的全国农业政策法规工作会议上获悉,自农业综合执法试点工作开展以来至去年底,全国已有1266个市、县成立了农业综合执法机构,为维护农业和农村经济秩序起到了积极的保障作用。全国1/4以上的省综合执法率达到60%,江苏、浙江、湖南三省综合执法率已达到90%。

塔里木河应急输水将转为永久输水

本报库尔勒4月17日电　记者**王慧敏**报道:随着塔里木河第六次应急输水的实施,塔里木河尾闾台特玛湖的水面继续扩大。到2006年底,塔里木河近期综合治理目标完成后,塔里木河输水方式将从应急输水转向永久输水。根据规划,2006年干流河道治理和农田节水改造工程将基本完成,届时,干流河道每年将节约20多亿立方米水,其中3.5亿立方米水将源源不断输向下游。

我国将发射两颗科学实验小卫星

十八日至二十日在西昌卫星发射中心用一箭双星方式择机发射

新华社北京4月17日电　(记者**冀启新**)据哈尔滨工业大学和清华大学有关专家披露,以这两所大学为主分别研制的"试验卫星一号"和"纳星一号"科学实验小卫星,将于4月18日至20日在我国西昌卫星发射中心用一箭双星的方式择机发射。

据专家介绍,这两颗科学实验小卫星将由"长征"二号丙运载火箭发射升空,"试验卫星一号"进入高度为600公里、轨道倾角为97.7度的太阳同步圆轨道,"纳星一号"进入与"试验卫星一号"相同轨道倾角、高度不低于400公里的太阳同步轨道。这两颗卫星主要用于小卫星研制的飞行演示和对地观测等科学实验。目前,发射前的各项准备工作进展顺利。

精神文明的基础工程

——三论进一步加强和改进未成年人思想道德建设

本报评论员

社会主义精神文明是中国特色社会主义的重要特征。坚持物质文明和精神文明两手抓,实现依法治国和以德治国相结合,是党的十三届四中全会以来得出的一条基本经验,也是全面建设小康社会的必然要求。而要做到这一点,一个很重要的问题就是,把未成年人的思想道德建设作为一项基础性工程抓紧抓好。

精神文明建设是一项长期、艰苦而复杂的任务,其中,未成年人思想道德建设是基础性工作。这不仅是因为,我国未成年人人数众多,青少年思想道德建设是社会主义精神文明建设的一个极其重要的方面;更是因为,未成年人正处在成长期,他们的思想道德状况如何,直接关系到我们国家和民族未来的精神面貌。百年大计,教育为本。精神文明建设从未成年人抓起,从思想道德抓起,才能本固基实。我们把精神文明建设的着力点放在未成年人思想道德建设上,正是基于战略性的长远考虑。

未成年人培养教育包括多方面内容,其中思想道德建设又是培养教育的基础。有道是,基础不牢,地动山摇。这条经验同样适用于未成年人的培养教育。我们党提出未成年人思想道德建设的四项主要任务,就是从思想道德建设的一些基本方面展开的。这就是从增强爱国主义做起,弘扬和培育以爱国主义为核心的伟大民族精神;从确立远大志向做起,树立和培育正确的理想信念;从规范行为习惯做起,培养良好道德品质和文明行为;从提高基本素质做起,促进未成年人全面发展。情感、志向、习惯、素质这些都是未成年人成长的基本课题,也是一个人安身立本的基本方面。这些基本课题,基本方面解决得好,对于树立正确的世界观、人生观、价值观极其重要。而在这些方面有缺欠,就不可能做到健康成长、全面发展。

基础性工作是重要的工作,但又是普通、繁杂、艰苦的工作,往往被人们所忽视。实践证明,青少年健康成长需要学校、家庭以及社会各方面的悉心呵护、严格要求、精心培育。因而,加强未成年人思想道德建设,推进这一精神文明建设的基础性工程,要坚持从现在做起,从小事抓起,从点滴做起,同时,又要坚持不懈、持之以恒。未成年人思想道德建设的基础打得牢,他们就能够成长得更快更好;未成年人思想道德建设基础性工作抓得紧抓得实,社会主义精神文明建设就能不断取得新进展、新成效。这样,我们就一定能够在造就一代新人的同时不断把中国特色社会主义伟大事业推向前进。

贵州:超额实现种粮目标

本报贵阳4月17日电　记者**胡跃平**报道:最近,贵州省财政资金新增安排2500万元,对全省32个粮食主产县实行良种补贴,农户种植优质水稻每亩补贴5元。至此,今年以来贵州省政府已拨出上亿元资金对种粮农户进行各种补贴。目前,全省共落实粮食种植面积达4625万亩,落实产量计划1217.8万吨,比计划分别多125万亩和97.8万吨,各地正加强夏收作物的田间管理。

今年,贵州省围绕粮食生产实现1120万吨的目标,财政拿出6000万元对农民用实物缴纳农业税每公斤直接补贴0.1元,财政新增安排2500万元用于良种补贴,此外,新增安排200万元用于农机补贴,400万元用于农业技术推广和脱毒马铃薯种薯生产,600万元用于农产品质量检疫检测等。3月中旬以来,省政府派出9个工作组深入春耕生产第一线进行督促指导。

田头核实粮食直补面积

连日来,山东省枣庄市山亭区山城街道财政所组织4支粮食直补监督小分队,深入田间地头,走进农户家中,对小麦种植面积进行核实。　**高贵军　杨昌奎**摄影报道

哈市:严查坑农案件确保春耕

本报讯　哈尔滨市采取措施严厉打击假冒伪劣坑农害农案件,截至目前,查处案件105起,罚没款40多万元,有效地保护了农民种粮的积极性,推进了春耕生产。

今年春耕,哈尔滨市400多万农民纷纷抢包机动地,扩大种粮面积。市委、市政府抽调8000名机关干部和农业科技、管理人员深入农村,在宣传落实中央和省市一系列扶持粮食发展等政策到位的同时,配合当地政府严把关口,堵住假冒伪劣农资进入农村;市、县(市)工商管理等部门加大力度整顿农资市场,对制售假冒伪劣生产资料的不法商贩进行严厉打击。据统计,全市查处假种子、假化肥、假农药、假农膜、假农机及配件等"五假"案件105起,罚没款41.1万元。同时,哈尔滨市供销社和8区11县采取连锁经营,网点到村,统一管理,统一进货,统一价格,统一配送等措施,保证了优质农资产品到农户。(柯　森　韩惠敏)

建瓯:良田又成『金疙瘩』

本报福州4月17日电　入春以来,叶旺旺急得"火旺旺",这位福建省建瓯市东游镇墩上村最大的种粮大户,原本打算今年租25亩水田,但至今只落实了8亩多的双季水田。管农业生产的村委穆锦义提起此事说:"大家都在抢种粮食,水田又成'金疙瘩'了。"

建瓯市是全国商品粮生产基地,被称为"闽北米粮仓"。近年来,由于粮价倒挂等因素影响,粮食播种面积和产量呈下滑态势,许多农民"洗脚上岸"出外打工。今年,中央1号文件的春风吹拂农村大地,建瓯市适时推出农田基础建设、粮食生产扶持、良种推广、粮食节本增效、防灾保丰收等五大工程,市粮食购销有限公司早早地以每百斤高于当时市场价5元的价格,开始与农民签"粮食订单",当地农民种粮积极性日益高涨,又开始"脱鞋下田"。

东游镇镇领导说,今年全镇出外打工的村民减少了10%,粮食可扩种1000多亩,镇里已投入20万多元建设农田基本设施。预计建瓯市今年粮食播种面积可比去年扩大2.18万亩。(江宝章　李宝成)

扎扎实实促进粮食增产农民增收

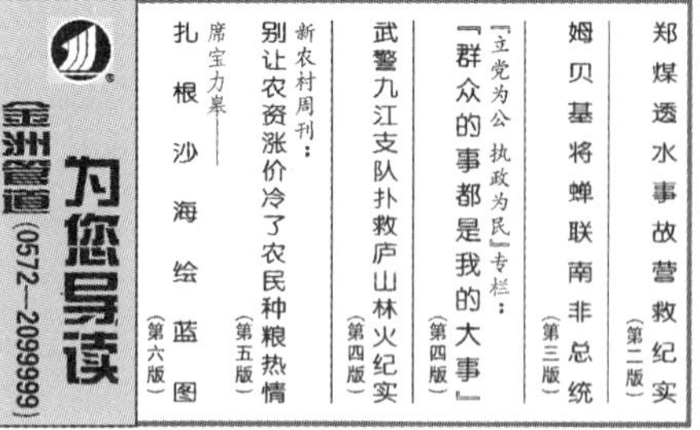

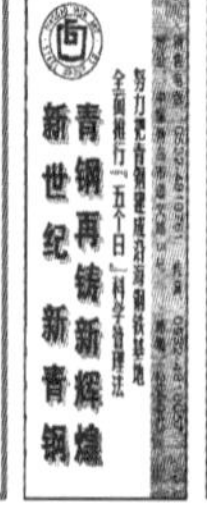

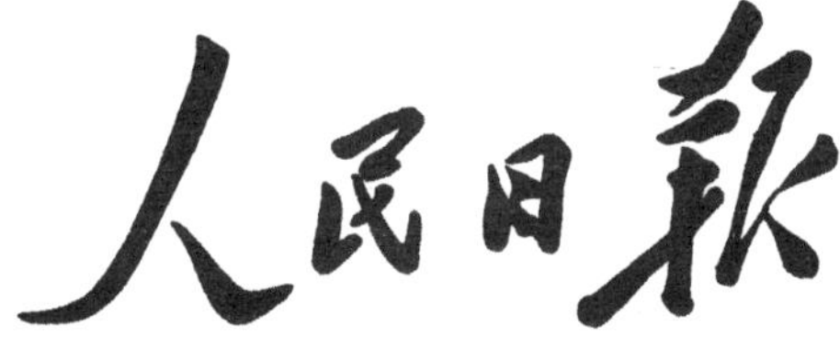

RENMIN RIBAO

今日 16 版(华东、华南地区 20 版)
人民网网址:http://www.people.com.cn
http://www.peopledaily.com.cn

国内统一刊号:CN11-0065
第 20417 期　(代号 1-1)
人民日报社出版

2004 年 6 月
3
星期四
甲申年四月十六

北京地区天气预报
白天　晴转阴
降水概率 30%
风向　偏南
风力　三、四级
夜间　阴转小雨
降水概率 60%
风向　偏南
风力　二、三级
温度　28℃/20℃

全国小麦收获进入高峰

日收获 1000 万亩，机收比例近 3/4

本报北京 6 月 2 日讯　记者彭俊报道：来自农业部的消息说，截至 6 月 1 日，全国麦收进程接近 1/4，已经收获小麦面积 7200 万亩，其中机械收割 4803 万亩，机收比例 73.7%。目前投入抢收的联合收割机达到 13.3 万台，日收获小麦 1000 万亩左右。小麦收获已经进入高峰期。

据悉，5 月中下旬开始以来，全国小麦跨区机收工作从南向北逐步推进。云南、贵州、四川、湖北等南方省小麦收获已经完毕；河南南部地区麦收也已经结束，全省大部分地区进入收割高峰；安徽、江苏、山西、陕西、山东等黄淮小麦主产区麦收全面展开，麦收规模和范围迅速扩大。预计今年投入小麦收获的联合收割机将逐步达到 35 万台，完成机收面积 2.5 亿多亩，比去年增加 2000 万亩，小麦机收比例将超过 75%。

从近半个月的麦收情况来看，今年的小麦收获呈现以下特点：开机时间早。由于优质早熟麦种的使用，加之春节后天气晴好，河南、湖北等省小麦成熟期比往年提前了近 10 天。由于各地准备工作做得早，小麦成熟期提前没有给跨区机收工作造成影响；农民用机热情高。由于机收损失小、速度快、费用低，加之种粮补贴及时到位、小麦收购价格提高，今年农民使用机械的积极性较高，机收服务市场需求旺盛；跨区机收作业秩序好。今年各地跨区机收作业合同兑现率高，供需衔接较好，机车调度有序，机收秩序井然，机收价格平稳。平均每亩在 25—30 元之间，与往年大体相当，农民反映较好。

中国科学院第十二次院士大会、中国工程院第七次院士大会在京隆重开幕

胡锦涛出席并发表重要讲话

温家宝贾庆林曾庆红黄菊吴官正李长春罗干出席

在中国科学院第十二次院士大会、中国工程院第七次院士大会上的讲话

（二〇〇四年六月二日）

胡锦涛

6 月 2 日，中国科学院第十二次院士大会、中国工程院第七次院士大会在北京人民大会堂隆重开幕。中共中央总书记、国家主席胡锦涛出席会议并发表重要讲话。
新华社记者　马占成摄

各位院士，同志们：

今天，来参加中国科学院第十二次院士大会和中国工程院第七次院士大会，我感到十分高兴。首先，我代表党中央、国务院，向大会的召开表示热烈的祝贺！

中国科学院学部和中国工程院是国家科学技术和工程方面的最高咨询机构，是国家的科学技术思想库。长期以来，以两院院士为代表的我国广大科技人员发扬爱国奉献、顽强拼搏、团结合作、开拓创新的精神，创造了举世瞩目的科技成就，为党和人民作出了杰出贡献。在这里，我代表党中央、国务院，向各位院士和全国各条战线的广大科技人员致以崇高的敬意！

下面，我就推进我国科技进步和创新谈几点意见。

一、深刻认识我国科技工作面临的机遇和挑战

进入新世纪以来，国际形势继续发生深刻而复杂的变化，世界多极化和经济全球化的趋势在曲折中发展，我们既面临着必须紧紧抓住的发展机遇，也面临着必须认真应对的严峻挑战。这种机遇和挑战并存的情况，不仅表现在经济、政治、文化等领域，也突出地表现在科学技术领域。

当今世界，科技进步日新月异。特别是上个世纪 80 年代以后，世界科学技术发生了新的重大突破，以信息科学、生命科学为标志的现代科学技术突飞猛进，不仅给世界生产力的发展带来了巨大推动，而且也给人类的生产方式和生活方式造成了深刻影响。世界科学技术酝酿着新的突破，一场新的科技革命和产业革命正在孕育之中。专家们预计，在未来 30 年到 50 年内，世界科学技术将会继续出现重大创新，很有可能在信息科学、生命科学、物质科学、脑与认知科学、地球与环境科学、数学与系统科学以及自然科学与社会科学的交叉领域中形成新的科学前沿，出现新的科学飞跃，为人类社会发展打开新的广阔前景。未来科学技术引发的重大创新，将会推动世界范围内生产力、生产方式以及人们生活方式进一步发生深刻变革，也将会进一步引起全球经济格局的深刻变化和利益格局的重大调整。这个发展趋势，必然对世界经济、科技发展和国际综合国力竞争带来重大影响。在这样的大背景下，如果看清世界科技进步的大势，能够制定出正确的科技发展战略，奋力跟上科技发展的时代潮流，就可以在未来的发展中进一步把握住机遇、赢得主动。反之，如果没有看清世界科技进步的大势，不能制定出正确的科技发展战略，在全球激烈的科技竞争中落伍了，那就会失去机遇、陷于被动。机遇和挑战并存，关键看我们能不能把握住机遇、加快发展，开创事业发展的新局面。

科学技术作为第一生产力，对一个国家、一个民族现在和未来的发展具有决定性意义。综观当今世界，尽管各国在历史文化、发展水平、社会制度等方面存在着这样那样的差异，但普遍关注和重视科技进步。特别是各大国都高度关注科学技术的发展趋势，纷纷加强科学展望和技术预见，认真思考和积极实施新的科技发展战略和科技政策，希望通过科技进步来推动本国的经济发展和社会进步。

我们党和政府一向高度重视科学技术的发展。（下转第二版）

6 月 2 日，中国科学院第十二次院士大会、中国工程院第七次院士大会在北京人民大会堂隆重开幕。会前胡锦涛等党和国家领导人亲切会见了出席大会的两院院士和外籍院士。
新华社记者　马占成摄

本报北京 6 月 2 日讯　中国科学院第十二次院士大会、中国工程院第七次院士大会 2 日上午在人民大会堂隆重开幕。这是我国科学技术和工程技术界最高学术团体召开的一次盛会。中共中央总书记、国家主席胡锦涛出席会议并发表重要讲话。他强调，为了全面建设小康社会、不断开创中国特色社会主义事业的新局面，我们必须坚定不移地实施科教兴国战略，大力推进科技进步和创新，进一步发挥科学技术对经济社会全面发展的关键性作用。

温家宝、贾庆林、曾庆红、黄菊、吴官正、李长春、罗干出席大会。

本次院士大会的主题是团结带领全国科学技术和工程技术界，深入研讨 21 世纪头 20 年我国科学技术和工程技术发展中的重大问题，为制定好国家中长期科学和技术发展规划积极献计献策，为全面建设小康社会奠定坚实的科学技术基础，为推动经济社会协调发展、为中华民族的伟大复兴作出应有的贡献。

胡锦涛在讲话中表示，长期以来，以两院院士为代表的我国广大科技人员发扬爱国奉献、顽强拼搏、团结合作、开拓创新的精神，创造了举世瞩目的科技成就，为党和人民作出了杰出贡献。他代表党中央、国务院，向各位院士和全国各条战线的广大科技人员致以崇高的敬意！

胡锦涛指出，世界科学技术酝酿着新的突破，一场新的科技革命和产业革命正在孕育之中。新的形势和任务对我国科技界提出了更高的要求。广大科技人员要肩负起光荣而艰巨的历史使命，为进一步推进我国科技事业的发展，为全面建设小康社会、加快推进社会主义现代化贡献智慧和力量。

胡锦涛强调，树立和落实科学发展观，要依靠全党全国人民思想认识的普遍提高，依靠正确的方针政策和工作措施，依靠科学有效的制度和机制，也要依靠科技进步和创新。我们必须把经济发展真正转到依靠科技进步和提高劳动者素质的轨道上来，坚定不移地依靠科技进步和创新来实现全面、协调、可持续发展。要从科学理论上进一步明确科学发展观的内涵，从科学的基础研究和应用研究、各学科研究和跨学科研究等方面来确定在经济社会发展的各个领域落实科学发展观的具体要求。要为全面、协调、可持续发展提供强有力的科技支撑，改善经济增长的质量和效益，促进经济结构的调整，促进产业结构优化升级，加强能源领域的科技进步和创新，加强生态、环境领域的科技进步和创新。要把宣传和普及科学发展观作为科学普及工作的重要内容，使科学发展观深入人心。

胡锦涛强调，科学技术是经济社会发展的一个重要基础资源，是引领未来发展的主导力量。实现现代化，关键是科学技术现代化。（下转第二版）

吴邦国分别同丹麦女王和首相会见

抵奥斯陆开始对挪威进行正式友好访问

本报哥本哈根 6 月 2 日电　记者**马小宁**、**刘仲华**报道：丹麦女王玛格丽特二世 2 日会见了正在丹麦进行正式友好访问的中国全国人大常委会委员长吴邦国，双方进行了亲切友好的交谈。会见时丹麦议会议长迈达尔在座。

吴邦国首先转达了胡锦涛主席对女王陛下的亲切问候和良好祝愿及访华邀请。玛格丽特二世感谢胡锦涛主席的邀请，并请吴邦国转达她对胡锦涛主席的问候。

吴邦国对女王陛下和丹麦王室成员为发展中丹关系做出的贡献表示感谢。他说：我昨天同迈达尔议长等进行了很好的会谈，我们对中丹关系的现状感到满意，愿意共同推进中丹关系健康稳定地发展。

宾主饶有兴趣地谈到了双边文化交流问题。吴邦国说，文化交流是沟通人类心灵的桥梁，不少中国人和丹麦人就是从安徒生的童话开始认识对方国家的。明年是安徒生诞辰 200 周年，中国有关方面将与丹方共同举办纪念活动。相信通过多种形式的文化交流活动，将进一步增进两国人民的相互了解和友谊。（下转第三版）

六月二日，正在丹麦进行正式友好访问的中国全国人大常委会委员长吴邦国在哥本哈根会见丹麦首相拉斯穆森。
新华社记者　姚大伟摄

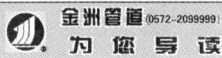

图为任长霞生前看望她资助的孩子。

百姓心中的丰碑

第五版刊登长篇通讯追记公安局长的楷模任长霞

这是一段震撼人心的故事，
这是一位近在咫尺的英雄，
这是一朵警营中的奇葩，
这是一种霞光般的人生。

任长霞，一个普通女子，一个到任仅 3 年的公安局长，当她猝然牺牲在工作岗位上之后，只有 60 万人的登封市，就像失去了亲人一样。有 14 万人自发地参加她的葬礼，为她恸哭，给她守灵，为她赋诗，给她送行……

透过百姓眼角的泪花，听群众含着泪水讲述任长霞的故事……

有人说，她是一个好局长、好同事；有人说，她是一个好闺女、好媳妇；有人说，她是一个好大姐、好心人；有人说，她是天底下最亲最好的娘……

作为一位公安局长，任长霞敢于打黑除暴，驱邪安良，用智慧和勇气，打团伙，破积案，救人质，用生命的霞光抹亮了嵩岳一片蓝天，还给登封一方平安。在百姓心里，她是遮风挡雨的墙，是指靠得住的山。

泪水、赞誉、理解、惋惜！

关于任长霞的主要事迹，本报已于 4 月 18 日在一版头条位置作过报道（长篇通讯《人民的好卫士任长霞》）。本报今天在第五版，再以整版篇幅发表我们记者采写的又一篇长篇通讯《百姓心中的丰碑》，从不同的视角，向读者展示出英雄不同的侧面，别样的风采。敬请关注。

执法为民的典范

第四版刊登本报评论员文章

视点新闻　　人民日报　　2004年6月3日 星期四 第五版

任长霞，1964年2月8日生于郑州；1983年10月从河南省人民警察学校毕业后分配到郑州市公安局中原分局工作，先后任预审科民警、预审科副科长、法制室主任；1996年10月任郑州市公安局法制室副主任，1998年11月任郑州市公安局技侦支队支队长；2001年4月调任登封市公安局党委书记、局长。曾获全国"五一"劳动奖章、中国十大女杰、全国三八红旗手、全国青年岗位能手、全国优秀人民警察等荣誉。

一位到任仅3年的公安局长，因公殉职后，14万群众自发为她送行

百姓心中的丰碑

——追记公安局长的楷模任长霞

本报记者　戴　鹏　徐运平

细雨绵绵，如泣如诉，灵堂已撤，诗墙依旧。

尽管当初万人恸哭、挽幛如云的场景已经隐去，宽敞的嵩岳大街、少林大道恢复了往日的平静，可隐约中，那悲痛凝重的氛围依然笼罩着这座著名的山城。

5月22日，在登封市公安局长任长霞不幸因公殉职一个多月后，我们来到登封追寻英雄的足迹，听百姓们含泪讲述长霞的故事，真情似颍水清澈，朴实如嵩岳无华，像追忆逝去的亲人。从那悲痛凝重的氛围里，我们真切地感悟到，一个人们心目中的"好官"、"好公安局长"与百姓的血肉联系，感悟到"天地之间有杆秤，秤砣就是老百姓"的朴素哲理。

1　其实，百姓的眼泪很金贵，也很慷慨，就看是对谁。她抹亮了嵩岳一片蓝天，还给了登封一方平安，百姓就把泪洒给她，把心掏给她，用口为她铸碑

嵩岳无言，颍水低徊。雨像泪一样飘洒，泪如雨一般倾诉。

面对每一位受访者的泪眼，记者视线模糊，无法拍照，无法笔记。

4月14日20时40分，当任长霞为侦破"1·30"案件从郑州返回登封途中突遇车祸因公殉职后，登封"黑幛白花漫嵩山"、"城巷尽闻嚎啕声"，仿佛一夜之间出了无数诗人，使整个山城涌动着诗的潮水，哀的旋律。4月17日，14万群众自发为她送行，其哀其痛，其悲其壮，撼天动地，千年历史的古城登封前所未有。

一个眉清目秀的柔弱女子，一个到任仅3年的公安局长，何以能在这么短时间内赢得60多万百姓的如此爱戴、如此尊崇?!

"她才40岁，叫这么好的人走恁早，苍天它真的没长眼呐！"发出这声哀怨的是当地"王松涉黑团伙"的受害者、告成镇农民冯长庚。伴着窗外的细雨，他含泪向记者讲述任长霞如何除掉这个社会毒瘤，为民伸张正义的故事。

登封位于郑州、洛阳、平顶山的结合部，多年来，治安形势严峻，大案积案较多，群众对公安工作意见很大。以登封避暑山庄老板王松为首的涉黑团伙，就是一个没人敢碰的毒瘤恶疮。他纠集家族成员、两劳释放人员组成黑恶势力团伙，私买枪械，私设刑堂，在白沙湖一带为非作歹，伤人过百，命案累累。冯长庚就因为在水库边洗脚，被王松手下诬为偷鱼而被刺一刀，打断5根肋骨。

在一个局长接待日里，冯长庚试探着向任长霞诉说了自己的冤情，倾吐了不敢明告状，却又不甘心的苦衷，引起了任长霞的高度重视。在派人密访暗查掌握基本案情后，任长霞决心打掉这个背景复杂、组织严密、危害极大的犯罪团伙。经过专案组几个月的艰苦侦查，"王松涉黑团伙"所有成员全部被捉拿归案。作为全国十大打黑案件之一的典型案例，登封市公安局受到了有关部门的表彰。消息传开，老百姓奔走相告，称颂任长霞敢于打黑碰硬，为民除害。

"像这样棘手的案件，她可以找一千个借口搪塞，找一万个理由推脱，可她没有，她情愿为咱百姓当靠山！"冯长庚的话也说出了君召乡海渚村村民陈振章的心声。2002年4月16日，陈振章被涉黑团伙"砍刀帮"的成员砍了两刀，一直上访告状，是任长霞组织干警，端掉了这个以李新建为首的犯罪团伙，为百姓除了害，也为他讨回了公道。

"任局长是真心为咱百姓办事的官儿。老天爷啊，咋不让我这个老婆子替她去死哩？"满头白发的韩素珍说起任局长老泪纵横。

1990年9月8日晚，君召乡韩素珍的女儿和另一名女孩儿被犯罪分子强奸杀害，由于种种原因，案件长期未破。2001年5月，任长霞在"局长接待日"上了解这一情况后，决心拿下这一陈年积案。2002年8月26日，犯罪嫌疑人赵占义被抓获归案，11年的悬案有了结果。

"要是嵩山搬得动，我就用它为任局长立碑！"韩素珍为表达对任长霞这位"女神警"的崇敬之情，筹措1000元钱，为她铭刻了一块正面镌刻着"有为而威邪恶畏，为民得民万民颂"14个大字的"功德碑"。2003年4月10日，她带领君召乡郭岭村的村民们敲锣打鼓，来公安局给任长霞立碑。任长霞坚辞不让，村民们说啥也非立不可。任长霞最终没有拗过，同意让大家把碑立在公安局后院一个不显眼的地方。等乡亲们离去后，任长霞立即让民警把碑拆了。村民们事后感叹："任局长能拆掉石碑，可她拆不掉俺老百姓的心碑！"

在回放4月17日任长霞葬礼的录像资料中，一幅写有"痛悼亲人任长霞"，落款为"上访老户"的巨幅挽幛格外引人注意，一头挂着的那包药来回晃动，尤为显眼。

"来路短，去路长啊！长霞闺女为我们落下了一身毛病，带上点儿药也好御个风寒，免灾祛病。"老上访户张生林老汉未语泪流，泣不成声。

作为村民代表，张生林向上级反映村里财务混乱问题，受到报复，被打成重伤，颅骨至今塌陷。由于案子长期得不到公正处理，无奈之下，他常年上访，历尽艰辛。对他的申诉，任长霞极为重视，很快使案情获得重大突破。每次见他，总是问寒问暖，逢年过节，多有体恤。就在任局长牺牲前的4月12日晚，他应约来到任长霞的办公室，向她汇报一名打人凶手潜逃回村的重要线索。当任长霞得知张生林连小病都没钱看时，抓起电话就向市民政局长"说情"求援，为他申请救济。接着，她又把自己的常用药给张生林老汉挑了一大包，并约定15日她从郑州开会回来再说案情，弄准了立即抓人。

"可在4月14日她就走了，走时啥也没带……"送行那天，张生林约了另外6位"上访老户"凑钱为任长霞做了挽幛，早早来到了她的灵前。

登封街头卖冰糕的老汉王青山，与长霞非亲非故，素昧平生："每逢星期六控申接待日，总能见到任局长耐心接待上访群众，倾听他们陈情，为他们主持公道。有一次碰面，她主动与我拉家常，问我生意咋样，收入够不够生活用，叫人心里热乎乎的。为了给任长霞送行，王青山老汉主动去帮助搭了3天灵棚："就是沾亲带故，白发人送黑发人，也没有叩首跪拜行大礼的，可我是身不由己，腿不由心呐！"

2　英道尽铁血，英雄也流泪。她的泪流淌着女人的天性，天性的慈悲，慈悲的纯真，闪耀着彩霞般的丽晖，映照出一位公安局长执法为民、关爱百姓的深切情怀

嵩岳无言，颍水低回。雨像泪一样飘洒，泪如雨一般倾诉。

面对每一位受访者的泪眼，记者视线模糊，无法拍照，无法笔记。

"我娘死我都没有这么伤心，没磕这么多头，没跪这么久。"5月24日上午，在陈秀英家的堂屋门前，陈秀英将任长霞的遗像双手捧在怀里，泪流满面："我每天都要看看任局长，咋也看不够啊。在灵堂送行那天，我排了两次队，转了两圈，只为多看任局长一眼。"

2000年9月16日，中岳区任村村民陈秀英在一起纠纷中被打成重伤，事发后犯罪嫌疑人潜逃外地。陈秀英在医院做了两次手术，头上留下小碗口大的塌陷伤痕。由于案件迟迟未破，陈秀英踏上了上访告状之路。

"2001年5月的一个局长接待日，我到市公安局去申诉。那天的情景我到死都忘不了。任局长拉着我的手，问我啥事儿？我把告状材料递给她，她看了材料后，轻轻地摸了一遍我头上那块去掉颅骨仅剩头皮包着的软坑，她惊讶地说了声'咦！咋打成这样！'她的泪水一下流了下来，双手扶住我的肩问：'人呢？''我说跑了'。任局长说：'你放心，跑到天涯海角我们也要把他抓回来！'当时在场的100多个告状乡亲中许多人都哭出了声。"

"任局长的心咋与咱老百姓的心贴得这么近，对咱这么亲！她也不嫌弃俺农村妇女蓬头垢面身上脏，在我头上摸了一遍又一遍。你知道，就这一摸，把俺的心都摸暖啦！"从公安局出来，陈秀英抑制不住情绪失声痛哭。经过两年多的艰苦侦查，今年2月，任长霞指挥民警终于将犯罪嫌疑人抓获归案。从那以后，陈秀英每次进城看病买药办事情，都要到公安局门口转转，总想看看任局长。

"任姐走了这么多天，这个画面还老是在我眼前晃动。"登封市电视台记者任俊杰眼含泪水，为我们讲述了又一段任长霞流泪的感人故事。

2003年12月18日，是一起重大案件告破的日子。在石坡交村召开的公捕大会现场，囚车缓缓开动。一个小姑娘抱着一个小孩死命地追赶着囚车。小孩一声声哭喊着"爸爸"、"爸爸"！撕人心肺。小姑娘是犯罪嫌疑人王小伟的侄女，孩子就是他刚满3岁的儿子。因为家里穷，前两年他老婆跟他离婚了，家里还有一个年近古稀的老母亲。听到孩子的叫声，犯罪嫌疑人眼睛紧闭，牙关紧咬，痛苦地将头埋在怀里。见到这个情景，任长霞走过去让民警把犯罪嫌疑人从囚车上押下来，说："打开手铐，让他们父子再见上一面。"犯罪嫌疑人看到还不懂事的儿子时，露出了人性的一面，抱着儿子嚎啕大哭。这时，任长霞蹲了下来，用双手轻抚着孩子的脸，从衣兜里摸出100元钱，递给一位邻居说："给孩子买点吃的，以后孩子有啥困难就去公安局找我，我叫任长霞。"说完扭头就走了。

当时在现场采访的任俊杰回忆说："当我过一会儿再见到任局长时，发现她在悄悄抹泪。"任姐，你哭了？"她对我说：'唉，孩子真可怜！女人泪窝浅啊！'"

高墙电网，厚门铁窗。5月25日下午，记者在登封市看守所见到了犯罪嫌疑人王小伟。第一次听到任局长遇难的消息，王小伟抱头痛哭："她可是个好人啊，不该走这么早！"好大一会儿，他抬起头来说："我对不起母亲，对不起孩子。如果有机会出去，我第一件事就是去坟上看看任局长，给她烧香磕头。"临了，王小伟哽咽着小声问记者："任局长埋到哪儿啦？"

女性的慈悲是博大的。因为博大才显得伟大。

"任妈妈这一走，我又成了没妈的孩子！"登封市直二中初一女生刘春雨还没开口就失声痛哭，泪滴像断了线的珠子洒落在她手中的作文簿上——《我心中一盏不灭的灯》。窗外，风摇月季，雨打花蕾。小春雨断断续续讲述着她被"任妈妈"收养的一段情缘。

2001年5月，大冶镇西施村煤矿发生瓦斯爆炸事故，刘春雨的父亲不幸遇难。两年前失去母亲的刘春雨成了一名孤儿。任长霞在处理这起事故中得知这一情况后，眼含热泪拉过小春雨的手："孩子，从今往后你就是我的亲闺女！"自此，任长霞独自承担了小春雨生活和学习的全部费用。

"任妈妈要是活着，她一定会给我送来生日礼物！"5月24日，记者采访小春雨时，这天正巧是她14岁的生日。她说，前年她过生日，任妈妈给她穿鞋的那一幕总是出现在眼前。

"2002年深秋的一天，任妈妈到我家来看我，给我带来一双运动鞋和一件粉红色棉袄。她蹲在地上给我穿鞋，见到我的袜子破了一个窟窿，就说：'这咋穿哪，给你点儿钱去买双新的'。我的眼泪刷一下掉了下来，要不是当时旁边站着别人，我真想搂住她亲她一口，叫一声'妈妈'。"

按当地习俗，披麻带孝摔老盆，是亲生长子为父母送葬时才能行的最重的大孝礼仪，可在5月17日送别任妈妈那天，小春雨披麻带孝，在任长霞的遗体旁久跪不起，哭成泪人。她告诉记者："当时我真想把躺在那里的任妈妈拉出来。要不，她就会被灵车拉走，再也见不到了。"以前任妈妈工作忙得总顾不上回家，我宁愿她的骨灰放回家中，好让她再享受多一点家的温馨。要是放在陵园里，她太孤独了，连个说话的伴儿都没有……"

怀有这种感情的又何止一个小春雨?2002年1月，任长霞为了使更多的孩子得到救助，向民警发出倡议，在全局开展了"百名民警救助百名贫困学生"的活动。全市有126名贫困学生得到了干警们的救助，重返校园。在为任长霞送行的那天，孩子们哪一个不是手扶灵柩，声声哭喊着他们敬爱的任妈妈！

3　她是个优秀的公安局长，却不是一个优秀的女儿、妻子和母亲。她把有限的生命时光几乎全都用到了事业上，留给家人亲友的唯有痛惜的泪水

嵩岳无言，颍水低徊。雨像泪一样飘洒，泪如雨一般倾诉。

面对每一位受访者的泪眼，记者视线模糊，无法拍照，无法笔记。

"说不生她的气是假的！几个月见不了她一面，好不容易回来一次，几句话，一顿饭就走了。我就是再想她，也不敢给患有脑溢血的老伴说，只有独自落泪，一哭半夜。我给邻居说，我算是给公安局生了个闺女。说实话，她心里很少有家的概念、父母的位置。"任长霞的母亲抹了一把泪："再想，她也对，家人再亲就这几口儿，那登封可有60多万人呐，不这样真的不中啊！"

"她的时间就像桶里的豆子，抓给事业上的多了，剩给家人的就少了。在这方面她固执得很，必须按她的原则办。说白了，工作上的事，群众的事不能挤，唯一能挤的就是给家人的时间。"任长霞的丈夫卫春晓律师说。"当初，我下班早了，给她倒杯水；她下班早了，给我倒杯水。多少回，她小鸟依人般偎在我怀里。随着她肩上的担子逐步加重，这些慢慢都没有了。她偶尔回家一次，也是不停地打电话说工作，或者倒头就睡，叫都叫不醒：'春晓，咱老夫老妻了，我真的太累，顾不了家，你多担待点儿'。"看似刚烈的卫春晓泪花闪闪……

"其实，妈妈很爱我，就是因为她太忙，很少有时间回家陪我。今年3月16日，我患病在医院动手术，痛得全身流汗，特别想妈妈，忍不住就给她拨通了电话。妈妈说，工作忙完了就来陪我。我听到妈妈在电话那头哭：'卯卯，好孩子，妈妈腾开手，一定去看你，一定！'为了让妈妈到医院来看我，也好让她借机休息一下，我故意在医院里多呆了几天，可直到我出院，妈妈也没顾上来看我一回。妈妈从来说话算数，可这次却永远地失信了……"任长霞的儿子卫辰尧一边讲述一边痛哭。

"要用百分比打分，你给妈妈多少分？"卯卯沉思了片刻："顶多80分，因为她陪我的时间太少了！"

又一个80分！面对同样的问题，长霞的丈夫给了她同样的分数！

记者的泪水夺眶而出……

是的，只有完美的神，没有完美的人！

作为一个普通的人，一个普通的女人，如果说任长霞也有她的不足和缺陷，那无疑是一种英雄的残缺，残缺的美丽，美丽的崇高！

"说实话，姐姐人长得很美，也很爱美。除了警服，还特别喜爱红衣服——红夹克、红毛衣、红衬衫、红围巾。她自己就说：'爱红装又爱武装'。说真的，不管啥衣服，姐姐咋穿都好看。"任长霞的妹妹任丽娟翻看着姐姐的照片，眼里闪着酸楚的泪光。

她的话印证了长霞的美与爱美。记者在任长霞局长办公室的洗面台上发现，她的玉照下也有不少女人化妆用的必需品，一瓶忘记拧盖的化妆品仍散发着淡淡的芳香。

"这是唯一的一张全家福。"任长霞穿着红色的夹克衫格外醒目，格外妩媚。丽娟说，2002年春节，妈妈提议让姐姐回来，团圆一次，顺便照张全家福。可她说要值班，没空。我们全家就不期而至，"突袭"登封，硬是"逮"住她照了这张相。"她终究还是走了，撇下我们大家，留下一个残缺的家！"任丽娟镜片里的两窝泪水在盈盈晃动。

还有一张长霞身着警服，手持手机正在通话的照片。她一脸坚毅，显得特别飒爽。"其实，全家都习惯了，都理解她，支持她，包括至今仍被蒙在鼓里的瘫痪的父亲，从来都不给姐姐添麻烦。"

指着这张照片，丽娟说："去殡仪馆为姐姐送行那天，妈妈把我拉到一边，让我给姐姐'捎'去个手机，说我姐离不开手机，为那工作上的事，一天到晚不停地打电话，不能临走连个手机都没有！"

姐姐，带好你的手机，可别丢了！

说到舍小家为大家的任长霞，她曾经的搭档、郑州市公安局副局长、全国优秀刑警队长杨玉章说："干公安局长这一角儿，别说是女同志，就是大老爷们儿也得咬牙硬挺，恨不得一天当作两天过，一个身子分成仨。长霞就是再优秀，登封治安状况那么复杂，她既要破案、扫黑、带队伍，还要接访、调研、顾群众，她能有多少时间来顾及家人?!"这位剽悍的铁血汉子硬是半分钟没说话，生生把将要流出的泪水憋了回去。

"闻讣沈阳已吞声，泪水随机过百城。此后无计可问谁，九躬难尽战友情。"闻知噩耗时，任长霞的战友、登封市公安局政委刘丛德正在沈阳出差，在火速赶往登封的途中挥泪写下了这首小诗。

3年来的并肩战斗，他们结下了深厚的战友情谊。"长霞逢事总是想别人的多，想自己的少。她到登封后的3个春节，都因为事情多，是在局里过的。2004年大年三十，长霞又坚持让我回家过年，她值班。我知道，她爹因脑溢血半瘫痪，娘的身体也不好。让我回家，老婆孩子围着，我怎么安心吃得下饺子？那天晚上，我带着爱人一起去看望了她的父母。"

刘丛德把头埋入双手，声音哽咽："今年的春节她真的回不去了！长霞，你是顾不上了，就让我们替你尽孝吧，你放心走好！"

嵩岳无言，颍水低徊。雨像泪一样飘洒，泪如雨一般倾诉。

面对每一位受访者的泪眼，面对照片上英雄的微笑，记者视线模糊。

大德无碑，大道无形。谁心里装着百姓，百姓就把你刻上心碑！历史就这么公道！

题图为登封百姓送别任长霞时的场景。

长霞，你慢走

梁海潮

昨天的天还晴得好好的
4月17日说阴就阴了
其实天没有阴
是登封人民满脸的愁云
把太阳遮了起来

长霞走了
我们敬爱的任长霞任局长
就这样匆匆走了
走在4月14日漆黑漆黑的夜
走在侦破"1·30"命案的路上
噩耗传来
登封顿时成了颠簸的小舟
再也保持不住心的平衡

长霞你不能走哇
颍阳镇安寨的大娘看你来了
大娘说她家二黑
让砍刀帮欺负了也不敢吭声
是你老任把坏蛋一网打尽
让好人站立了起来

长霞你不能走哇
崔疙瘩的老奶奶哭天抢地
诉说你春节送去米面和油盐
你不嫌她的门槛低
你不嫌她的窑洞黑
拉着她的手嘘寒问暖
像闺女一样

石道那位大哥看你来了
他忘不掉飘雪结冰的日子
给他沏过的那杯热茶
每想起你那亲切的话语
慈祥的笑容
他心里就涌动着不尽的暖流

长霞你不能走
那位拄着拐杖的大伯
那位坐着轮椅的大妈
还有那位被人搀着的老太太
都看你来了
他们两天都没吃饭
他们用衣袖揩着眼泪说
听说长霞走了
俺心里……老难受

是的 谁又能吃得下饭呢
大把大把的心酸
已将登封的大街小巷村村寨寨
填得满满当当
长霞——我们跑这么远来看你
你跟我们说句话呀
家里还给你留着喷香的饭菜
留着咱家树上结的核桃和大枣
听说你走了
我们说啥也要来送送你
我们太需要你这样的党员
这样的警官
中国太需要你这样的儿女
这样的好人

被你认作干女儿的小春雨呢
来　你过来
跪在你"妈妈"的灵前
烧上一炷香吧 孩子
有人认亲是为了攀权附贵
而你的"任妈妈"
却把你们失去亲人的孤儿认下
小春雨　你这可怜的孩子
"妈妈"从此再不会帮你穿上新衣
她再也不会去学校看望你
再也不会向老师交待
让他们照顾好你这苦命的孩子
小春雨　记住吧
这就是共产党人无私的奉献
这就是爱的博大

把人民当父母
你就是人民的儿女
人民的心
是灵敏度最高的天平
好与坏的分量
早在星杆上压着

长霞　你是人民的好女儿
你常挂嘴边儿的那句
"群众利益无小事"
就是你捧给人民的一颗心啊
你让群众满意了　自己却走了

长霞　我们来为你送行
整个嵩山都来为你送行
我们扛着你的大旗
你的大旗是嵩山上的苍松
可以驱鬼避邪
你的大旗是少林寺的宝塔
可以镇妖除魔
嵩山上每棵树都是你的旗帜呵
人们说
只要你的大旗在挥舞飘荡
登封就不敢有妖魔鬼怪
登封的夜就会永远宁静祥和
人民的日子就永远会温馨甜蜜
长霞　你安心地走吧
中岳峰峦沟壑都会留住你
嵩山一草一木都会记住你
登封的男女老少
都永远不会忘记你
任长霞　任——长——霞
嵩山峻极峰的蓝天
将永远长留你这一抹
绚丽的彩霞

人民日报

RENMIN RIBAO

今日 16 版(华东、华南地区 20 版)

人民网网址:http://www. people. com. cn
http://www. peopledaily. com. cn

国内统一刊号:CN11-0065
第 20418 期　(代号 1-1)

人民日报社出版

2004 年 6 月
4
星期五
甲申年四月十七

北京地区天气预报
白天　阴转多云
降水概率 30%
风向　偏南
风力　二、三级
夜间　多云转阴有小雨
降水概率 60%
风向　偏南
风力　一、二级
温度　24℃/15℃

全国节能宣传周活动拉开序幕

时间:6月6日至11日　主题:“节约用电,缓解瓶颈制约”

本报北京6月3日讯　记者费伟伟报道:北京市奥组委今天向本市宾馆、酒店、商厦、机场和车站等公共场所发出“夏季空调调高1—2℃”的节电倡议,这标志着2004年全国节能宣传周活动拉开了序幕。

经国务院批准,国家发改委、教育部、科技部、环保总局、广电总局、全国总工会、团中央等七部门于6月6日—11日,联合举办2004年全国节能宣传周活动。这一活动是全国资源节约系列宣传活动的重要组成部分。

据国家发改委环境和资源综合利用司司长赵家荣介绍,今年的节能宣传周有两大变化:一是举办时间由每年的11月改为6月,目的是在夏季用电高峰到来之前,通过加大宣传力度,唤起人们的节约意识。二是今年宣传周的主题针对性更强——“节约用电,缓解瓶颈制约”。

今年以来,我国用电紧张状况进一步加剧。1至4月,缺电省市已扩大到23个。随着夏季用电高峰的临近,全国用电负荷将持续攀升。据预测,今年夏季北京最高负荷将达950万千瓦,比去年同期增长14%。活动周期间将围绕节电主题开展一系列活动,推动全社会节约用电,缓解电力供应紧张状况。

据悉,国家发改委将采取一系列措施,推进我国节能工作:组织编制节能中长期专项规划;研究制定节能法配套法规,完善主要用能设备能效标准,修订主要耗能行业节能设计规范;组织对高耗能地区、行业用能和节能情况的监督检查;严格限制高耗能、高污染和严重浪费资源的产业盲目发展,提高节能整体技术水平;组织节能关键技术开发和产业化示范,组织实施重大节能工程,加快节能新技术、新工艺、新设备、新材料的推广应用等。

任长霞畅谈人生追求

任长霞来到人民日报社,做客人民网强国论坛,与网友进行交流——二〇〇二年十二月十一日晚,刚刚荣膺第四届中国“十大女杰”称号的

本报昨天刊登的追记河南省登封市公安局局长任长霞事迹的长篇通讯《百姓心中的丰碑》,引起了很多读者的关注。回望英雄的成长之路,我们看到:英雄的言语是朴素的,英雄的足迹是踏实的,英雄的业绩是永存的。

英雄离我们并不遥远。两年前,任长霞曾做客人民网强国论坛,与网友倾心交流。今天,我们将任长霞当时与网友畅谈人生追求的实录予以重放,让人们从更多的侧面了解任长霞,追寻任长霞作为一个女性、一名警察、一位公安局长的心路历程。

——编　者

我手上没有一起冤假错案,因为我对工作很认真

【任长霞】:各位网友,大家晚上好。能在强国论坛上与大家互相交流学习,感到是个很好的机会。通过交流可以使大家了解公安工作,从而对警方给予关心支持和帮助。

【网友】:想问一下任女杰,干公安这么长时间,手上有没有冤假错案?

【任长霞】:没有一起冤假错案,因为我对工作很认真。如果办了冤假错案,我会犯错误的。

【网友】:任嘉宾,作为一个女性公安局局长,是不是有比男性局长更多的困难?

【任长霞】:公安工作的确很不好做,它不但辛苦,而且时常伴随着危险。从体力上看,女人比不上男人,但是从智慧上不比男人差。无非是对家里人的愧疚感要强烈一点。

【网友】:公安女杰,你好。辛苦了,慰问。公安战线应该多表彰像您一样的好民警。

【任长霞】:我觉得你是一位最理解公安民警的人,万分的感谢!

【网友】:请教任局长:什么样的案子算作大案要案,你们那里怎么那么多?

【任长霞】:一般是涉嫌杀人、抢劫、纵火等一些情节严重、对社会危害较大的案件。警方掌握一定的标准。我们登封市治安比较好。今年以来,通过打击,没有发生大案要案。群众天天放心地生活、放心地睡觉。

【网友】:任警官:你认为民警的一些违法事件,与地方政府向他们提出的创收任务有关吗?

【任长霞】:登封市公安局的经费,政府是全部保障的。我们没有创收任务,至于其它地方有没有我不太了解。

【网友】:你认为在你管辖的范围内的刑警队或派出所殴打犯罪嫌疑人的情况多还是少?比例是多少?

【任长霞】:我管辖的刑警队或派出所是不允许对犯罪嫌疑人进行刑讯逼供的。公安机关重点治理队伍当中五大顽症,第一条就是禁止刑讯逼供,我们每年要搞多次纪律作风整顿,刑讯逼供问题是我们坚决杜绝的一种违法行为。我带的队伍绝对不允许出现对犯罪嫌疑人殴打的问题。

【网友】:请问任女士,您在练兵大比武中均夺取过第一名,在这些比武中包括男子吗?

【任长霞】:在大比武当中当然包括男子,因为在公安机关一线工作的,女同志所占比例较小。

要让群众了解公安工作的不易,增进民警与群众的感情

【网友】:警察大姐,你家里有没有亲戚官比你还大的?

【任长霞】:我是工人家庭出生,父母都已经退休。家里没有当官的。我是一个普通民警,一步步奋斗到了今天的位置。

【网友】:任长霞:你真的抓过那么多坏蛋吗?

【任长霞】:抓的坏蛋很多,有亲手抓的,有在我指挥下抓的。这没什么可怀疑的!

(下转第四版)

图为二〇〇二年十二月十一日,刚刚荣膺第四届中国“十大女杰”称号的任长霞做客人民网强国论坛,与网友进行交流。

挪威国王会见吴邦国委员长

本报奥斯陆6月3日电　记者**马小宁、刘仲华**报道:挪威国王哈拉尔五世3日会见了正在挪威进行正式友好访问的中国全国人大常委会委员长吴邦国,宾主进行了愉快的交谈。

吴邦国首先转达了胡锦涛主席对哈拉尔五世国王的亲切问候。哈拉尔五世对此表示感谢,并请吴邦国转达他对胡锦涛主席的良好祝愿。

吴邦国说:中挪两国人民有着传统的友谊,建交以来,中挪关系总体发展良好。我这次访问的目的就是进一步推动双边关系的发展。吴邦国感谢哈拉尔五世国王为发展中挪关系和增进两国人民的友谊做出的重要贡献,他希望国王陛下和王室其他成员继续关心和支持中挪关系的发展,并欢迎国王陛下在方便的时候再次访华。吴邦国还向哈拉尔五世简要介绍了改革开放以来特别是近年来中国经济社会发展的情况。

哈拉尔五世高度评价挪中友好关系,还愉快地回忆了1985年和1997年两次访问中国的情景。他说,北京、上海、桂林等城市的发展给他留下了极为深刻的印象。哈拉尔五世对中国近年发生的巨大变化表示赞叹和高兴,祝愿中国取得更大的发展。

当天,挪威外交大臣彼得森拜会了吴邦国委员长,双方就两国关系和当前国际形势及朝核问题、伊拉克问题等国际和地区热点问题交换了意见。吴邦国还对两国外交部门建立的定期会晤机制给予了充分的肯定。

6月3日,挪威国王哈拉尔五世在奥斯陆王宫会见正在挪威进行正式友好访问的中国全国人大常委会委员长吴邦国。新华社记者　姚大伟摄

吴邦国在挪威发表重要演讲

题为“增进相互了解　共创美好未来”

本报奥斯陆6月3日电　记者**马小宁、刘仲华**报道:应挪威外交政策研究所的邀请,正在挪威进行正式友好访问的中国全国人大常委会委员长吴邦国3日在奥斯陆会议中心发表了题为“增进相互了解　共创美好未来”的重要演讲(**全文见第三版**)。

这是中国领导人首次在挪威发表演讲。下午,奥斯陆会议中心座无虚席。挪威议会、政府、企业界、新闻媒体、重要科研机构和有关国家驻挪威使节近200人聆听了演讲。挪威议会议长科斯莫也出席了演讲会。

吴邦国在演讲中首先回顾了中挪关系的发展历程。他说,中挪建交50年来,特别是两国元首实现互访以来,中挪关系呈现全面发展势头。我们愿与挪方一道,全面推进两国关系更快更好地向前发展。在演讲中,吴邦国着重从经济发展、经济体制改革、对外开放、人民生活改善、社会全面进步和民主法制建设等6个方面,全面介绍了改革开放25年来中国面貌发生的巨大而深刻的变化,强调产生这些变化的关键,是我们始终坚持走中国特色社会主义道路,始终坚持以经济建设为中心,始终坚持改革开放,把提高人民生活水平作为根本出发点和落脚点,不断消除阻碍生产力发展的体制性障碍,激发了全体人民的创造性、积极性和主动性。

(下转第三版)

黄菊分别会见厄立特里亚和几内亚比绍外长

新华社北京6月3日电　(记者**李诗佳**)中共中央政治局常委、国务院副总理黄菊3日在中南海分别会见来访的厄立特里亚外交部长阿里和几内亚比绍共和国外交、国际合作和侨务部长桑布,宾主进行了亲切友好的交谈。

在会见厄立特里亚外长时,黄菊说,中厄两国建交十余年来,两国关系顺利发展,在政治、经贸等各个领域的合作富有成果,在国际事务中密切合作。贵国坚持一个中国政策、在人权等重大问题上给予中国宝贵支持,我们对此高度赞赏。中国政府重视发展同厄立特里亚的友好合作关系,愿继续为厄立特里亚经济发展提供力所能及的帮助,并愿与厄立特里亚积极探讨合作的新领域和新方式,共同为两国友好关系发展注入新的活力。黄菊祝愿厄立特里亚在今后的发展道路上取得更大的成就。

在会见几内亚比绍外长时,黄菊说,中、几比复交以来,两国关系顺利发展,在各个领域的友好合作富有成效。贵国新政府组成伊始,外长即来华访问,并明确表示将继续奉行一个中国的政策,支持中国统一大业,这充分表明几比政府高度重视发展对华关系,中方对此表示赞赏和感谢。黄菊表示,中国政府愿继续发展与几比的友好合作关系,不断扩大和加深两国合作。只要双方本着“真诚友好、团结合作、共同发展、面向未来”的原则,中、几比关系在新世纪将不断迈上新的台阶。

治理考场作弊　履行监考职责

春　兰

日前,教育部推出《2004年高考考务管理规定》,对考场规则、考试纪律和作弊处罚等提出更严格的要求。这对于700万考生是一个好消息。

高考作弊现象屡禁不绝,且作弊手法不断变化,这其中除了考生作弊外,还有一个突出问题,就是监考者职责缺位,甚至包庇作弊,这是一个不可忽视的环节。治理作弊,也要抓监考。

监考者是考场的管理者和执法者,他们的作为直接关系考试的公平与公正。如果监考者不履行职责,或为了一己私利包庇甚至纵容,作弊现象就不能杜绝。经历过高考的学生都知道,监考者对考场内的情况一目了然,考生的一举一动尽在眼中,考生利用通讯工具作弊,如果没有监考者的庇护是无法进行的。

为了700万考生的切身利益,希望有关部门能像治理考生作弊那样来抓监考环节,依规办事,净化考场,给高考和考生一片洁净的天空。

今日谈

澳大利亚参议长将访华

新华社北京六月三日电　应全国人大常委会委员长吴邦国的邀请,澳大利亚参议长卡尔弗特将于六月五日至十日对中国进行正式友好访问。

温家宝在“两院”院士大会上作报告强调

为全面建设小康社会提供有力的科技支撑

本报北京6月3日讯　记者**武卫政**报道:中共中央政治局常委、国务院总理温家宝3日下午在中国科学院第十二次院士大会和中国工程院第七次院士大会上作报告,介绍当前经济形势,强调要把搞好宏观调控和推进科技进步结合起来,把提高经济增长的质量和效益放在首位,进一步深化改革,推动经济结构调整和经济增长方式转变,保持经济的持续、协调、快速、健康发展。

温家宝指出,当前我国经济形势总体上是好的。经济快速增长,效益继续提高,农业形势较好,工业继续较快增长,对外贸易增势强劲,居民收入增长较快,消费稳中趋旺。加强宏观调控,重点控制固定资产投资过快增长,已经初见成效。实践证明,中央采取的宏观调控措施是及时的、正确的、有效的,只要真正落实到位,就一定能保持经济平稳较快发展。

温家宝强调,当前我国经济生活中存在的问题,从根本上说是体制问题、结构问题、增长方式问题。我国社会主义市场经济体制还不够完善,市场配置资源的基础性作用还发挥不够,科技与经济社会发展结合得还不够紧密,企业还没有真正成为技术开发的主体。经济发展的结构性矛盾突出,有些行业增长过快,超过了资源、环境和市场的承载能力。经济发展中还存在许多薄弱环节。农业发展相对滞后,农业科技储备和创新能力不足;相当部分工业企业技术水平低,产品竞争能力不强。经济发展中粗放经营还比较普遍,资源浪费和环境污染也很严重。解决这些问题,必须依靠深化改革,依靠科技进步。

温家宝指出,本世纪头20年是我国经济社会发展的重要战略机遇期,也是我国科技发展的重要战略机遇期,为全面建设小康社会提供科技支撑,是我国科技发展的重大任务。要依靠科技进步,转变经济增长方式,走出一条以科技发展和创新为主导,带动经济发展的新路子。要依靠科技进步,积极推进经济结构战略性调整,增强发展后劲。要依靠科技进步,推进经济社会全面、协调、可持续发展。为此,必须制定好新的国家中长期科技发展规划,加强科技人才队伍建设,加快国家创新体系建设,深化科技体制改革,激发广大科技工作者和全社会科技创新的活力。他希望“两院”院士为我国科技攻关和创新取得突破性进展继续发挥关键和带动作用;努力提挈后学、培养人才;深入调查研究,为政府工作出谋划策;积极参与科普活动,为提高全民的科学素质多做贡献。

会议由全国人大常委会副委员长、中国科学院院长路甬祥主持。全国人大常委会副委员长韩启德、国务委员陈至立、全国政协副主席徐匡迪,吴阶平、周光召、宋健、钱正英、朱光亚以及有关部门负责人出席会议。

温家宝会见出席中国工程院活动的特邀嘉宾

本报北京6月3日讯　记者**武卫政**报道:6月3日,国务院总理温家宝在人民大会堂会见了来京出席中国工程院第七次院士大会暨中国工程院建院10周年活动的特邀嘉宾,他们分别是来自欧洲、亚洲、北美等地的24个国家的政府科技主管部门、国家级科研单位、著名大学的负责人。

温家宝在会见中指出,中国的经济发展为世界各国与中国的工程科技合作提供了广阔舞台,希望各国的专家与中国的同行们在农业、制造业、可持续发展、循环经济等技术领域开展广泛合作与交流,共同推动经济社会的发展和科技进步。

参加会见的特邀嘉宾代表们表示,他们钦佩中国科学技术的快速发展和所取得的巨大成就,赞赏中国政府为保护知识产权所做的努力。国际社会愿与中国分享世界的科技成果,同时希望与中国加强在能源、信息、电信等领域的交流与合作,实现共同发展。

陵县农民喜看三夏

本报记者　宋光茂

近日到山东省陵县采访,听说农民有“三喜”。

5月下旬以来,陵县先后送出两批近400台联合收割机奔赴安徽、河南,进行跨区作业。他们将由南逐北地作业,最后到河北唐山市收机,作业面积将超过16万亩,每车毛收入近3万元。县委副书记席思国对记者说:“两个月后,他们腰包鼓鼓的,汇的钱要比他们先到家。”出门有赚头,一喜。

在家侍弄麦田的边临镇马占村农民马文才算了一笔账,自己种了4亩小麦,浇了3遍水,共花102元,比去年用铁管节省了近百元。中央1号文件下发后,陵县最大限度利用水资源,对全县26条、420多公里的河道、沟渠清淤疏浚,建设或修复了24处扬水站、104个闸门调控水源,远程调水基本实现了5天送到地头。全县66万亩小麦普浇3遍水,浇水用电量比去年节省60%,农民节省900万元。种地条件好了,二喜。

神头镇农民李德旺这几天心里滋润。他的5亩优质麦经测产,亩产过千斤,按订单上的优质优价,每亩增收140多元,再加上粮食直补金,今年三夏季节增收近800元。陵县承担了山东省“优质麦种产业化”项目,先后引进了“济麦19”、“济麦20”、“烟农19”等优质专用小麦良种,并在良种供应、植保、收购储存等方面实行统一管理。目前全县66万亩小麦中,优质麦就达45万亩。良种收益高,三喜。

金洲管道(0572—2099999)
为您导读

任长霞事迹在网友中引起强烈反响

人民网隆重推出"人民的好卫士——任长霞"专题

本报讯 本报昨日刊发的长篇人物通讯《百姓心中的丰碑——追记公安局长的楷模任长霞》被众多互联网站转载，任长霞事迹在网友中引起强烈反响。

6月2日凌晨，人民网在所有互联网站中率先隆重推出了"人民的好卫士——任长霞"大型专题。专题在人民网主页顶部广告位和新闻大头条位置同时推出。

该专题充分利用了音频视频等多种技术手段，内容丰富，既有人民网记者远赴登封采写的特稿，也有其他媒体的评论、缅怀文章，还有任长霞亲人及同事们的感人回忆。此外，专题搜集了任长霞同志生前的工作照等珍贵照片百余张。

专题还收录了任长霞于2002年12月11日做客人民网强国论坛时的访谈实录、荣膺第四届中国"十大女杰"称号时的视频节目，并将收录中央电视台关于任长霞的宣传片。

6月2日16时，人民网强国论坛电话采访了任长霞的妹妹任丽娟，并请其以"我的姐姐任长霞"为主题与网友交流。访谈期间在线浏览人数超过3万，发帖近千条。

截至3日21时，人民网已收到网友留言2000多条。现摘选如下：

——前几天就听到很多人在说任局长，我不以为然，总怕又是造出来的英雄。今天我相信了，特别是看到那么多百姓给任局长送行，心情特别复杂——既有激动，也很痛苦。现在社会上，像任局长这样的人不多了。

——你是一个真正的共产党人，是人民的保护神。你没有走，你还在人民心中。

——金碑银碑不如群众的口碑，金奖银奖不如百姓的夸奖!任局长，人民会记住你，你一路走好!

——立警为公、执法为民，十多万人洒泪送英雄的报道，令人想起了十里长街送总理的场景。

——总有一种力量让人感动，你就是这种力量之源。人民不会忘记你!

——作为一名干部，只要你心中有老百姓，老百姓心中就一定会有你。

——女中豪杰，虽死犹生。人民的好警察，祖国的好儿女。

——人民公安为人民，长霞堪称一精英，鞠躬尽瘁保平安，热血凝聚爱民情，民众永远怀念她，虽死犹生后人敬。

——无数英烈用鲜血和生命捍卫着我们的正常生活。追思逝者，激励生者！你们活在我们的记忆里，我们活在你们的事业里。人民英雄永垂不朽！

——你是我们妇女的骄傲。你为我们作出了很好的榜样，我要向你学习，做好本职工作。

——她是一名好公安，当今社会就需要像任长霞这样的优秀民警，不被金钱利诱，不畏邪恶险阻，心中时刻装着"百姓"和"正义"。

——用实际行动重振公安雄风，重塑公安形象，我们需要这样的公安局长，这样的公安队伍！任局长精神长存！

——任大姐，你是我们警察的骄傲。你用生命为人生的价值作了最好的诠释，你让我更深刻地懂得警民鱼水情的内涵。人民永远不会忘记你。任大姐，走好。

——人们常说：真理在报纸里，包公在戏台上。这些话尽管不准确，但也多少反映着老百姓对社会的不信任、对有些官员的不信任。不希望几百年才有这么一个"女包公"。

——十里长街，万人空巷。为老百姓做事的人，永远活在人民的心里！那些贪图一己私利、奢侈腐化的"人民公仆"应该感到汗颜与羞耻！

——《送女包公》：微服办凶徒，躬身访民声。十载图安治，四十献平生。亲民感百姓，十万扶柩灵。巍巍嵩岳事，郁郁柏常青。

——任长霞是名副其实的人民的好局长。说实话，在有些人信奉"金钱至上"的今天，好人不好当，好局长更不好当。

人民网 people www.people.com.cn 读者留言板

长霞，你别走

卫春晓

长霞你别走
你还很年轻
才刚刚40岁
人生许多的快乐
你还没有享受
长霞你别走
我俩结婚十八载
却长年两地独守
还有许多思念的话
我们没说够
长霞你别走
孩子还年少
你还没有时间好好疼他
带走的　是永远的愧疚
长霞你别走
你那生病的父亲
白发的老娘
还等着你闲下来的时候
守在他们身旁精心伺候
长霞你别走
你怎忍心舍弃你的同学
亲戚和战友
他们不相信你已离去
还想像从前一样
亲切地拉一拉你的手
长霞你别走
登封市六十万的老百姓
还在盼着他们的任青天
为他们所关心的事
操劳奔走
长霞你好走
你是不是很累了
总是不知疲倦的你
这下可以好好地歇个够
长霞你没走
青山依在　绿水长流
天若有情　天会保佑
你永远活在我们的心中
直到永久　永久

（作者为任长霞的丈夫）

霞　光

——献给人民的好女儿任长霞

寒　光

你把人民装在心里，
大地留下你匆匆的背影；
你把爱给了人民，
金色盾牌是你赤诚的心。
你是朝霞，温暖大地驱走黑暗；
你是长剑，除暴安良正义在握。
滚烫的热血为人民而澎湃，
长长的霞光灿烂一片！
人民把你爱在心头，
声声呼唤女儿的名字——
路还远啊你慢慢地走，
再看一眼你忠诚的笑。
鲜花铺就你远行的路，
老百姓为你竖起森林般的丰碑。
共和国的大地因你而祥和，
共产党的旗帜因你而鲜红！

永恒的彩霞

1=#F　4/4　2/4 深情地

溯延　词曲
刘玮　演唱

i7 | 6 - - 567 | 6 653 3 - | 366 62 | 2 77· 567 | 6 - - 36 |
朝霞　映红了天际，　托起了红日　普照大地。　而你
晚霞　映红了天际，　温暖着我们　走进梦里。　而你

6 - 567 77 | 7 6 5 3· | 3 623 2 - | 323 3 777 567 | 6 - - i·7 |
却化作白云朵朵　遨游天空，守护着大地的和平。彩霞
却化作繁星点点　闪烁苍穹，守护着长夜的宁静。彩霞

6 - 06 567 | 653 3 - 623 | 216 6·3 333 | 6 2· | 123 3 7·7670 |
啊，你轻轻地来，悄悄地去，你瞬间的壮丽，已化作永恒铭记在
啊，你深情地来，辉煌地去，你璀璨的生命，已化作红叶装点着

05 5 3· 567 | 6 - - 0 :|| 6 - - i·7 | 6 - - i | 2 - - i2i | 6 - |
我们的心里。　丽。彩霞啊，彩霞啊，
山河的美

07 767 653 3 | 123 216 6·3 333 | 6 2· 123 553 | 2 1 i - - |
你深情地来，辉煌的去，你斑斓的生命，已化作漫山的红叶，

稍慢　渐慢
776 553 0 5 | 6 - - - | 6 - - - | 6 0 0 ||
装点着山河的美丽。

连续报道

西安——彩票造假案受害人刘亮终于可以要回宝马车

陕西将彻查省内所有即开型体彩销售情况

本报西安6月3日电 记者孟西安、王乐文报道：据悉，6月4日，陕西省和西安市体彩中心将正式向"3·25"彩票造假案的受害者刘亮赔礼道歉，并向他发放其所抽中的宝马车。

陕西省今天召开新闻发布会宣布，制作假彩票、冒领大奖的犯罪嫌疑人刘先奎和黄四清被刑事拘留。至此，"3·25"即开型彩票造假案全案侦破。陕西省要求各市成立即开型体育彩票专案组，对历次举办的即开型体育彩票发行、销售情况彻底清查一遍，重点查清杨永明的其它违法犯罪事实以及国家工作人员的失职渎职行为。

现已查明，从1998年至今，陕西省共举办185场即开型体育彩票，范围遍及省内10个市和杨凌农业高新技术示范区，杨永明承包了其中大部分彩票的销售发行。

重庆永川市严肃查处低价回购退耕还林补助粮行为

本报4月26日刊登《重庆永川市退耕还林出怪事——农民补助粮被非法回购变现》，披露了重庆市永川市退耕还林补助粮发放中存在的问题，在读者中间引起很大反响。报道刊出后，重庆市委、市政府立即作出指示，要求严肃查处这一问题和相关当事人。

永川市政府有关部门组成了联合调查组对报道所反映的情况进行了调查核实，并作出了处理决定：负有直接责任的永川市粮食局、三教镇党委和政府、杨柳村党支部和村委会、花桥粮管所和永川市政协副秘书长张万瑞、花桥粮管所所长刘光辉受到通报批评；按程序撤消了刘光辉花桥粮管所所长职务，并给予行政记过处分，另行安排工作；对花桥粮管所职工何国翔、孔繁君作停岗处理，并作书面检讨；三教镇杨柳村村委会冒领的退耕还林补助粮和现金补助全部上缴国库，并给予村委会主任曾庆祥党内严重警告处分，责令村党支部书记李光荣写出书面检讨，等等。

6月2日和3日，深圳市的30多家商场集体拒绝顾客刷卡消费，向银行施压——

深圳：信用卡购物遭"集体封杀"

胡谋　王伟

6月2日上午10时，深圳的刘女士到一家商场购物，当她像往常一样拿出银行卡准备付账时，却被拒绝了。当天，刷卡购物的方式在深圳市的30多家商场都行不通了，各商家门口的"公告"异口同声地称"因系统维护，即日起暂停刷卡"。然而，大家都知道，这是因为商场与银行在信用卡消费手续费率上的争执所引发的"集体封杀"行为。

记者在相关商场随机采访了一些原本打算刷卡购物的消费者。有的消费者表示，刷卡购物被拒，将向银行索赔年费，向商家提出投诉。

近年来，深圳银行卡刷卡消费额逐年攀升。2003年刷卡消费额约156亿元，比2002年增长了135%。通过刷卡购物，银行可收取信用卡年费，商场赢来客流，顾客获得安全、卫生、快捷的支付方式——能够创造"三赢"的刷卡消费，为何会遭遇"集体封杀"呢？

商场说：商家的利润率只有1%—5%，而银行收取的刷卡手续费率为1%

今年4月27日，深圳市零售商业行业协会代表42家零售企业，向深银联和深圳市国内银行同业公会递交了一份通告，希望从6月1日开始，将其刷卡消费手续费率由原来的1%降为0.5%、原来的1.5%降为1%；今后随着刷卡消费额的上升，按比例降低刷卡消费手续费率的百分点，具体费率另行商定。

随后，深圳市国内银行同业公会与深圳市银行卡专业协调委员会做出回应：同意研究和探讨不同业态中银行卡交易总额或银行卡交易比例与商户手续费标准挂钩计费方式。

5月20日，银行和商家就此事进行了谈判，此时参加行动的商家增加到46个。商家提出，银行收取的刷卡手续费率为1%，由于商家的利润率只有1%—5%，手续费太高，要求银行降低刷卡手续费率。深圳市零售商业协会秘书长花涛说，只有手续费下调，才能把"刷卡消费"这块蛋糕做大，银行也才能随之扭亏转盈，否则商家增加的经营成本只能转嫁给消费者。

银行说：手续费率低于国际通行标准，银行在刷卡消费中也没有赚到钱

而银行方面则提出，目前，深圳市零售业的银行卡手续费率低于国际通行标准，在国内大中城市也属较低水平。银行在刷卡消费中也没有赚到钱，有的还是"赔本赚吆喝"。

中国银行深圳分行表示，2003年银行卡手续费收入为3290万元，扣除人事费用、固定资产折旧、呆账等成本，最终亏损744万元。在这种情况下，下调手续费率标准，深圳银行卡产业将失去难得的发展机会。银行提出的解决方案是：参加谈判的商家2004年的刷卡量如在去年的基础上增加60%，则刷卡手续费率打9折；增加一倍，则费率打8折。双方当天没有达成协议。

5月25日下午，深圳46家商家紧急召集秘密开会，决定在6月2日、3日统一拒绝刷卡消费。银行方面有关人士表示，早前双方协议中已明确规定"不得拒绝消费者刷卡"，如有违规行动，他们将在法律框架内予以回应。深银联还作好技术准备，一旦接到"商家POS机坏了"或"正在进行测试"的反映，将立即到现场核实。

商家银行各执一词，都说自己赔钱，消费者的利益被放在一边

在双方的争论中，消费者的呼声显得十分微弱。据统计，实际参与2日、3日拒绝刷卡消费行动的深圳商家有30多家，但他们几乎涵盖了深圳各种零售业态，零售额超过深圳零售总额的50%，如果全面停刷银行卡，对于消费者的影响可想而知。

获得全国"3·15特别贡献奖"的深圳市罗湖区消委主任杨剑昌认为，持卡的消费者既是银行的客户，也是商家的客户，当大部分商家都拒绝刷卡消费时，消费者在结账时就失去了选择的自由。商家作出此项决定，应征得银行卡使用者的同意，否则就是不讲诚信，消费者应拿起法律武器维护自己的权益。

一位参与此次行动的深圳零售业内人士接受记者采访时称，相对于银行来说，商家是消费者，使用其提供的电子货币结算服务。虽然可以暂时拒绝刷卡，但电子货币结算方式是大势所趋，商家不可能永远拒绝。而在深圳，提供此服务的只有银联下属的网络公司一家，因此商家实际上处于弱势地位，发出的声音可能会越来越小。

商家暂停刷卡后，记者分别致电深圳市零售商业行业协会和国内银行同业工会。两个协会的工作人员说，几天来与此事相关的人员，一直在深圳市民中心（深圳市政府所在地）开会，由于已向政府承诺不透露会议内容，所以不接受采访。

专家观点：商家拒绝刷卡本身违法，但银行和商家都缺乏信用

深圳市政府非常关注此事。在5月20日的双方谈判现场，政府相关部门的派员旁听时表态："通过市场手段，在法律的框架下达成一个双方都能接受的方案，这是政府所希望的。"深圳市贸工局吴永青副处长认为，银商双方将经济纠纷迅速转变为协商，反映出了市场经济的进步，但暂停刷卡或停止刷卡并非解决问题的最好办法。

深圳大学经济学教授苏东斌认为，此事涉及三方面问题——反垄断问题、法律问题、信用问题。由银联下属的一家公司代表所有发卡银行，与商家分别签订协议，这家公司在收取刷卡手续费上具有垄断地位，不具备市场竞争的特点；此事如协商不成，双方可通过法律手段来解决，但商家拒绝刷卡则违反了协议，本身是一种违法行为；另外，此事涉及社会信用，银行和商家都缺乏信用。无论是银行利用垄断价格获取收益，还是商家把刷卡消费的成本转嫁给消费者，本身都是不讲诚信的表现。

按规定，农网改造收费，每户不得超过200元。然而，重庆市涪陵区增福乡在实施这项"民心工程"时附加了许多内容——

"民心工程"伤了农民心

本报记者　何小燕　范伟国

农民：有些人家不得不点起蜡烛或煤油灯

增福乡地处重庆市涪陵区最偏远的山区，山高坡陡，沟壑纵横，农民居住分散，是当地的贫困乡。去年11月以来，有14个行政村、3000多农户参与了农村电网改造。

涪陵区电力部门要求：每个下火点（指输电线路接电表的点）至少要集中安装4个电表；下火点之前的投资全部由电力公司承担，农民提供义务用工，如农民家里没有劳动力，则按照实际用工折费付钱；电表及线路、电杆、劳力等由用电农民全部承担。

有的居住点只有两三户人家，也必须分摊4个电表的钱；进户线由农民自己出钱买，有的农户要支付几百甚至上千元，远远高出国家规定的200元上限。

河坝村五社村民除了交200元改造费外，每人还出3个义务工，可施工人员安装电表后甩下线就不管了，说200元不够，叫各农户负责表后的进户线。有些特困户一时凑不够钱，不得不点起蜡烛和煤油灯。花桥村三社村民王忠余，与其他两户分摊4个电表，除200元改造费，每户还要多交43元，运电线杆每户再交220元。由于他家比较偏远，拉进户线需安装5根电线杆，仅人工搬运费就高达500多元。延寿村一社村民周玉胜和另一农户，被迫安装4个电表，每户负担330元不说，从下火点到家里的电线还要自己买，每户需花费500元。麦河村二社的张玉平告诉记者，农网改造前，他家有碾米机、粉碎机、磨粉机、榨油机，靠着这些机器，一家人温饱不愁。农网改造时，电力公司只管接入照明电，接入动力电需额外付钱。他付不起那么多钱，机器便一直停产至今。

从张玉平家出来，记者翻过一座山，来到居住在水井湾半山腰的张小礼、张正贵家。张小礼说，这里只住着他们两户，却被要求安装4个电表，每户除了交200元改造费，还要另外负担一个电表钱——130元。再加上抬电线杆补助费31元，每户共交361元。否则就必须到山下的下火点自己拉电线，花的钱比这还要多。

记者在麦河村看到，电线杆是旧的，表后的电线也是旧的。电力公司只负责电表前安装，不入户，致使农民乱立电线杆、乱拉电线，用电安全隐患随处可见。有些住户距离下火点几百米甚至上千米，就用废旧电线凑合；有的电线杆横杆长度不到80厘米，有的随便立在水田里，有的乱拉电线横过公路，拉线之间也没有绝缘盒（安全用电规范要求电线杆主要横杆长度应为1米，拉线之间必须有绝缘盒）。万一有大车驶过或被大风吹落，随时可能造成人身伤亡事故。

电力部门：这样做可以降低成本

对此情况，涪陵水利电力投资集团负责人解释说："之所以把电表装在距农户几百、上千米之外，并规定至少4户以上才能集中装表，主要是为了控制下火点数量和减少电改材料使用量，降低表前投资。涪陵地区农户居住非常分散，如果每户安装一个电表，成本就要加大；电表装得多，成本就降低一些，所以常常将8个表、10个表装在一起。挖洞、抬电线杆要请劳动力，这笔钱该由用户出。表后线由村委会负责，应该用新电线，旧电线由电力部门回收。"

然而，在2000年7月，国家发展计划委员会就下发通知，禁止在农村电网建设和改造中强制农民义务出工出料、层层加价赚取材料费或强行向农户推销指定的用电器材等行为。与此同时，重庆市物价局发文规定：农网改造工程只能向农民收取农户自用电表以下进户线费用，每户不得超过200元。其余投资全部由国债资金和银行贷款解决，任何单位和个人不得再向农民收取农网改造工程的电贴费、材料费、施工费等其他任何费用；也不得以集资的方式向农民变相收取上述费用。2003年8月，涪陵区物价局规定：10千伏及其以下农网改造工程的抬杆打洞费等劳资由供电企业网改资金解决，农民出资标准按电能表户头计算不超过200元。很明显，国家对边远山区的农网改造有政策规定、措施保障，涪陵水利电力投资集团负责人的解释是站不住脚的。

在采访的第二天，这位负责人找到记者，承认在农网改造工作中存在"部分农户离下火点较远、表后进户线陈旧、存在不安全隐患，农网改造收费超标"等问题，并递上涪陵区发展计划委员会关于增福乡农网改造有关问题进行限期整改的通知，该通知责成涪陵水利电力投资集团立即对存在的问题进行整改：严格执行物价部门规定的农网改造收费政策，每户不得超过200元；对于距离下火点较远的农户，全部安装电表到户；下火点安装电表数超过农户数的多余电表一律无条件撤除，并按原价收回；表前应拆未拆的旧电线、旧电杆一律予以拆除；对在农网改造中发生的抬杆打洞的费用立即结清；指导各村对表后线进行整改，消除安全隐患。同时，对涪陵区全区二期农网改造工程进行全面检查，对查出的问题及时组织整改，合格后才能按国家有关规定上报竣工验收。

乡干部：中央怎么规定的我不知道

让记者吃惊的还有，增福乡几位领导干部竟然不清楚农网改造的具体政策。乡党委陈书记说："乡党委、政府只做服务工作，区电力部门规定一个下火点不低于4个电表，我们就照着办，中央怎么规定的我不知道。"乡政府主要负责人则把多装电表的责任推给了农民："有的农民为了减少表后投入，虚报农户数，以满足4个电表集中安装条件。这是造成两个农户分摊4个电表钱的根本原因。在他们看来，这样比投资架设表后线划算，能减少开支。"他还说："农民交的200元对于户数少、居住分散的村社，根本不够用。村集体没钱支付，乡财政也无力负担，只能由农户自己承担。有些村表后用旧电线、旧电杆，是迫不得已的。"他们只知道电力部门让农民交钱，让村、组负担某些费用，而村组没有钱，只好再摊给农民，却不知道区电力部门的规定本身就是违规的。

在农村，农网改造是件大好事、大实事。但要把好事办实，实事办好，还需要付出艰苦的努力。

(010)65368744
本报群工部

人民网 people www.people.com.cn 读者留言板

6月3日、4日，本报刊发《百姓心中的丰碑——追记公安局长的楷模任长霞》、《任长霞畅谈人生追求》；人民网隆重推出大型专题。任长霞的事迹在网友中引起强烈反响，截至7日0时15分，留言达6113条

人民网网友深情悼长霞

中原碧空映长霞，神州大地荡正气

人民的卫士，罪犯的克星，敬业的楷模，廉政的先锋，爱民的标兵。有你这样的公安局长，社会治安肯定会好起来。　——人民网网友

我是一个男人，但却被一个女人感动得几乎要流眼泪。长霞告诉我们，“为人民服务”、“三个代表”原来也不是长篇大论的文字游戏和公共场合的作秀，而是实实在在为老百姓办点事，实实在在把老百姓当成同类人，而不是鱼肉的对象。中原碧空映长霞，神州大地荡正气。

武汉市第二汽车运输公司　汪建国

我还是叫一声任阿姨吧，自从看到电视上播出她的感人事迹，我真的很激动，心里的泪水随着那一幕幕在涌动。我想说，我们的人民警察如果都能像她那样，起码有她那样的精神，知道一个人民警察的职责，那么我们的社会，我们的国家将会更加安定，更加美好！

——人民网网友　宋　军

我花了几天时间认真阅读了人民网、人民日报上刊登的关于人民警察任长霞的事迹报道，每看一篇就被感动得泪流满面。

——人民网网友

国家的卫士，公仆的楷模，巾帼的英雄，心中的丰碑。

——人民网网友　张德华

我被任长霞的事迹深深感动。她的身上，确实集中体现了党员领导干部的先锋模范作用、人民公仆为人民的本色、中国共产党“立党为公、执政为民”和“权为民所用、情为民所系、利为民所谋”的根本要求。她是我们共产党员中的杰出代表。

——人民网网友

天地同泣人同悲，嵩山脚下英雄归

短暂春秋谱警篇，铮铮铁骨写人生。降妖除恶保平安，为党为国为人民。英年早逝万民痛，嵩岳无泪默哀思。只言片语表寸心，黄土高原祭忠魂。

——人民网网友　天之鹰

嵩山巍巍仰巾帼，飒爽英姿润庶民。大德有情非口耳，丰碑无字在人心。扬眉剑出惩邪恶，慈爱春来抚困贫。谁意长空传噩耗，霞光万丈泪千寻。　——人民网网友　黄自荣

天地同泣人同悲，嵩山脚下英雄归。百万警员应奋起，学得彩霞映日月。　——人民网网友

百姓遭受苦难，奉命领导公安。心若观音慈善，面如菩萨容颜。无私浑身是胆，有情热泪常潸。挺身工作一线，殉难战斗前沿。送行群众十万，霞光永照人间。

——人民网网友　awsw

横扫黑恶除妖怪，为党为民浩气在。任局长英迹永存，长眠九泉万民祭。

——人民网网友　学　你

十万群众送长霞的场面，说明了什么

她的敬业精神、她的人格魅力让我热泪盈眶、心潮澎湃。有道是：民心大如天，万事民为先。十万群众送长霞的场面说明老百姓爱戴和拥护的不是你的官位有多高、你的权力有多大，而是看你是否真正为了老百姓的利益而殚精竭虑、夙兴夜寐。

——人民网网友　谭冬祥

任长霞所做的是每个人都很容易做到的，可为什么她所做的竟得到那么多人的景仰？关键就在于她有并且能身体力行的一种常人没有的可贵的精神。

——人民网网友

对一些假大空的好人好事报道看多了，渐渐变得麻木，无意中，看到对任长霞的报道，给我极大的震惊。现今的中国太需要这样受老百姓爱戴的公仆了，我借此送一束菊花给她：“任局长，您走好。”

——人民网网友　黄国庆

群众的泪水流出了这样一个基本的道理：那就是“人民利益高于一切，群众利益无小事”。凡是“想群众之所想，急群众之所急，视群众为父母”的人，最终会得到群众的拥护和支持。　——人民网网友

长霞大姐是人民警察的骄傲

长霞大姐是人民警察的骄傲，是“三个代表”的忠实实践者，强国富民、以人为本。

——人民网网友　将　士

人民公安，就要为人民而做事，就要为人民而牺牲。公安，只有公平、公正，老百姓才能安宁。这些看似很简单的道理，现在很多警察做不到，而任大姐，一个女性，却做得非常完美。当官就要做任长霞这样的官，只有心中装着老百姓，才能有所作为。

——人民网网友　宋保成

我也是一名女性执法工作者。我会一生以她为榜样，不辜负人民的厚望。我在此也向社会呼吁：一个任局长倒下了，千万个任局长你们还在吗？你们应该站起来！

——人民网网友　寒　梅

不久我就要离开我工作9年的岗位，去法院工作，我以我的人格向您保证我会完成您未竟的事业！

——人民网网友

你的事迹让我感动

你是人民的好卫士，也是我学习的好榜样，你是我的大姐姐，你的事迹让我感动，把人民的事放在第一位，你的人生太有意义了。我看到你的事迹，我哭得好伤心，愿泪洗净我心灵，让我的心灵净化，做好本职工作……　——人民网网友

你走得匆匆……尽管你已躺下，但一个祛邪扶正、打黑除恶、侠肝义胆、爱民亲民的女中豪杰的飒爽英姿已经永远地矗立在全国人民的心中！我们怀念您！更渴望在你的精神感召下，全国公安局长都能像你这样兢兢业业、尽职尽责，做好应当做好的工作。让国泰民安不再是我们的梦境！

——人民网网友　俊　栋

她是我们全体公务员的一面旗帜

在我读到这些悼念长霞的文章前，心里最担心的就是，这是否还是一种宣传啊？但是看到了街头悼念长霞的许多照片，我宁可相信这是真的。我宁可相信世界上有这样的人，她是在默默无闻做一些很多人想做却在现实生活中无法实现的事情。为人民做事情，用自己的一点点力量，也许微不足道的力量，为老百姓做一点实际的事情，不为了别的。希望我自己能够像长霞那样，默默无闻地做点实际的事情！　——人民网网友

她的动人事迹感动我！第六次读了这篇文章，每一次阅读，我都热泪盈眶！我在乡镇工作16年，做过3年镇长、3年镇党委书记，我深深体会到，任长霞只不过是一个基层干部，但她位卑而情系百姓疾苦。她不仅是公安战线的楷模，也是我们全体公务员的一面旗帜。

——人民网网友

一个公安局长，能在身后留给人民无比的思念，是她做了什么伟大的事情吗？我看了报道，不是。她只不过在履行自己的职责。一个在完成自己本职工作时，用了自己的真心的人，会受到人民的无比眷恋。

——人民网网友

任局长是新时期公安局长的楷模，她用实际行动和生命谱写了“当官为民”的为官形象，她在短短的三年中，为老百姓办了无数好事。也希望所有的领导干部都好好想一想“当官为什么，当官干什么”这个问题。

——人民网网友

呼唤这样的好干部

通过良性的选拔干部机制让任长霞这样的好干部都走到领导岗位，我们的工作、生活和国家会是另一番天地。　——人民网网友

任长霞可说是真正的人民公安，相关部委应该号召全国人民向其学习，学习其做人应有的基本品质！从自身做起，敬业爱岗是一个最基本的职业道德，是做人的基础！

——人民网网友

人民愿意为这样的好领导保驾护航，人民大众急需这样的好领导！希望各行业的领导们能像任局长这样，让人民敬仰他，尊敬他，而不是让人民在背后骂他、恨他。

——人民网网友

这样的好干部，每个党员干部都应该认真学习。把在酒桌、牌桌、麻将桌上的时间腾一点到群众之中，我们就会有与人民更多一点的共同语言。　——人民网网友

今年的典型宣传很感人

任长霞是人民的好干部，好公安局长！在社会上也会有许多像她那样的好同志，我们的新闻媒体没有及时发现报道！好人在世时为什么发现不了？新闻报道的方式是否需要反思一下？

——人民网网友

今年的典型宣传比往年感人。工人许振超、公安干部任长霞都是认真负责地在自己的工作岗位上做了自己应该做的工作。希望相关部门领导，不要亏待这些脚踏实地干工作的同志，千万不能亏待他们！

——人民网网友

希望人民记者今后能勤发现、早报道、多传颂像永远活在人民心中的任长霞一样的人！

——人民网网友　卿正球

很久没感动过了，读任长霞的报道，真的哭了。我也是一位记者，有时写些报道自己都感动不了，也有些麻木了，说起来真的惭愧。在这次报道中，人民日报、人民网的记者表现得很好，报道很感人。还有人民日报上的那首诗，很感人，几次欲哭。

——人民网网友

媒体也应多讲点正面的

就算是个女局长，我也叫她声哥们儿，让人服气！媒体的各位也注意，别逮谁臭谁，多说点正面的，让人民都提提气。

——人民网网友
李晓平

在我们生活中，像任局长这样的干部肯定还有。那我们这个社会为什么不去早一些发现他们呢？去宣传他们，让人民更好地支持他们的工作，让他们拥有足够的力量去服务人民。在我们的社会中，衡量楷模、英雄、公仆的标准绝不应是“耗尽生命”。

——人民网网友

向任长霞学习，让其精神长存

希望任长霞不是一颗流星一闪而过，如何让其精神、让其所作所为永留人间，如何让全国的公安政法队伍的作风在人民心中的形象有所改变，仅仅作一股风一样的学习，可能与时代要求差距甚远，各级公共行政服务机关要从这样一类的典型事例中，多获取些制度建设的灵感，并强制性地执行下去，可能才会有预期成效。

——人民网网友

如果把任长霞的事迹或生平编成连环画，让青少年也知道不是更好？

——人民网网友

向中共中央、国务院提个建议：作出全国人民向任长霞学习的决定，并迅速掀起学习任长霞做人民的优秀公务员的高潮。

——人民网网友
（郭亚飞整理）

中科院外籍院士达到45人

本报北京6月6日讯　记者**武卫政**报道：经中国科学院第十二次院士大会全体院士投票选举，中国科学院产生了第六批6位外籍院士。至此，中科院外籍院士达到45人。

这6名外籍院士分别是法国科学院院士、法兰西学院教授杰马里·莱恩，美国国家科学院院士、哈佛大学数学系讲座教授肖荫堂，法国科学院院士、巴黎巴斯德研究所教授盖伊·德泰，美国国家科学院院士、洛克菲勒大学教授托斯登·威塞尔，美国国家科学院院士、普林斯顿大学教授姚期智，美国国家科学院院士、斯坦福大学教授理查德·N·杰尔。

中国科学院院长路甬祥说，新当选的外籍院士都是在国际上享有较高声誉、并对我国科技事业的发展做出过重要贡献的知名学者。他们的当选，将为我国加强国际学术交流与合作发挥积极的作用。

肖荫堂和姚期智——华裔外籍院士备受关注

本报记者　武卫政

在中科院新选出的6位外籍院士中，肖荫堂和姚期智这两位出生于中国的科学家格外引人注目。

肖荫堂1943年5月6日出生于广州，1963年毕业于香港大学。现为美国哈佛大学数学系讲座教授。他是改革开放以来最早来华讲学的华裔数学家之一，先后20多次系统地讲述了国外多复变函数的新成果，讲稿后来成为我国在大学开设多复变函数课程的蓝本。1981年，他帮助我国在杭州举办了一个中、美、德三国的国际会议，介绍一批国外著名学者参加，使我国与世界一流的多复变函数专家的交流开始了新篇章。此外，肖荫堂教授还热心帮助我国年青科研人员成长。

姚期智1946年12月24日出生于上海，1967年毕业于台湾大学。现为美国普林斯顿大学计算机科学系教授，是一位博学多才的理论计算机科学家。20世纪80年代初，姚期智在美国斯坦福大学任教期间，就与国内有密切的科技合作关系。中科院软件研究所的几位研究员都先后访问过斯坦福大学，得到姚教授的许多帮助。他经常访问我国，在计算机科学领域进行多次学术交流。2000年以来，姚教授还担任我国《软件学报》副主编，并担任软件研究所客座研究员。2003年，他应聘担任清华大学讲席教授，将在算法、算法复杂性及量子计算等计算机科学领域，帮助国内建立一支高水平的基础研究队伍，其中包括青年学术骨干和研究生的培养，开展国际学术交流活动，建立国内外的合作关系等。

获悉肖荫堂和姚期智当选的消息后，记者在第一时间数次拨打大洋彼岸的电话，想听听两位华裔科学家的心声，但遗憾的是，由于正值当地的周日时间，两位教授的电话均无人接听。

重庆——山体垮塌 各方急救

6月5日13时55分左右，重庆市万盛区万东镇新华村胡家沟社，因暴风雨引发煤矿矸子山垮塌，致使房屋被毁，造成重大人员伤亡。据初步统计，此次事故共涉及房屋14栋、人员56人，24人被掩埋。事故发生后，当地政府组织救援，武警官兵迅速投入抢险救灾。截至6月6日16时，有5人已死亡，3人受伤，伤者已送医院救治，尚有16人下落不明。目前抢险工作正在有序进行。

上图：消防战士在抢救现场。

左图：搜救人员启用生命探测仪寻找幸存者。

黄　跃摄　本报记者　崔　佳文

瞬间

高考今日开始——

净增百万考生 招考新意迭出

■723万人报名，农村考生首次超城镇

■全部考生承诺诚信考试；使用通讯设备考生各科成绩无效

■新增天津等9省市单独组织本省市高考试题命制工作

■艺术特长生、体育特长生不再纳入自主选拔录取范围

热点解读

时下，万众瞩目高考。尽管说从节气上撇去了夏季的炎热，但人们对高考关注的热度却没有降温，相反却有炎烤的燥热扑面而来……

考生净增110万

有权威数字表明，今年全国普通高校招生报名人数总计723万，较去年净增110万。其中农村考生为398万名，占报名总数的55%，首次超过城镇考生人数。应届毕业生达到567万名，比去年净增91万名，增幅为19.1%。

由于各省高考部分科目设置不同，今年江苏、广东高考时间为7、8、9日全天以及10日上午共三天半；上海、广西高考时间为7、8、9日三天；其他省、自治区、直辖市除个别少数民族语言类的考试外，考试时间均为7、8日两天。

近年来我国中小学课程改革以省为单位逐步推进，自1999年起各省在选择考试科目方面已有所不同，全国高考使用一张试卷的格局已经打破。今年分省组织高考命题的范围进一步扩大到11个省市，在总结上海、北京自行组织高考命题经验的基础上，增加天津、辽宁、江苏、浙江、福建、湖北、湖南、广东、重庆9省市单独组织高考试题命制工作，但这并不意味着全国高等学校招生统一考试的性质会有所改变。

而开展自主选拔录取改革试点工作是扩大高校自主权、深化高校招生录取制度改革的重要举措，也是对选拔优秀创新人才的新探索。今年开展自主选拔录取改革试点的高校，在去年北京大学、中国人民大学、清华大学等22所基础上，新增大连理工大学、东北大学等6所高校，自主招生人数不超过试点学校年度本科招生计划总数的5%。此外，从今年起，艺术特长生、体育特长生不再纳入自主选拔录取范围。

诚信参考 大势所趋

与以往不同的是，723万考生在进场前全部签署了“诚信考试承诺书”，承诺将在高考中自觉遵守国家教育考试纪律和有关规定。广大考生和教师认为，签署承诺书对考生来说不仅是庄严的仪式，更是人生诚信教育的重要一课。

“诚信考试承诺书”主要内容为考生参加高考须知晓和遵守的考试有关规定和各项考试纪律，以及考试违规处理办法。一位北京考生说，签署承诺书就意味着要履行诺言，诚信考试，严格自律，做有信用的人。

依据教育部日前发布的《国家教育考试违规处理办法》，高考替考可被所在单位开除；高考违纪考生将被取消该科目成绩；高考过程中使用通讯设备考生各科成绩无效。教育考试机构将建立考生诚信档案，记录、保留在国家教育考试中作弊考生的相关信息，并接受社会有关方面对考生诚信档案的查询，及时向招生机构提供信息。

尚余壁垒待突破

高考在即，可在陕西汽车制造厂第二子弟学校高三一班就读的林筠彬同学却心急如焚，因为她没通过西安市新城区招生办的高考资格审查。

17岁的林筠彬出生在河南林州市城郊乡胡家凹村，从1998年11月起就在陕西汽车制造厂第二子弟学校初一年级读书。让她不能通过高考资格审查的是户口。按照陕西省2002年12月出台的政策，从2004年起，外地学生要参加陕西的高考必须具备两个条件：一是在陕西的学校连续读书三年以上，二是户口迁入时间也必须满三年。经过爷爷和伯父的多方努力，林筠彬的户口今年3月份才从河南迁入西安，显然不符合报考条件。

林筠彬就读的学校副校长雷虎成老师介绍，他们今年近百名应届考生中，有12个人不符合报考条件，其中许多孩子从小就在这里读书，户口迁不来，只得回原籍考试。林筠彬由于户口已调离河南，回原籍报考也没希望了。

采访中记者了解到，为应对“高考移民”等一些投机行为，各地先后出台了一系列具有壁垒性质的“土”政策，但如何让这些政策对拥有正常参考资格的孩子网开一面，需要在实践中不断完善。

此外，记者通过对33名考生进行电话采访，大约90%的考生认为，家庭及社会关心的热度越大，自己的心理压力也就越大，这是考生时下最大的心理障碍。专家指出，保持一颗平常心是应对高考的最好的心理应试环境。我国高考制度经过这么多年的实践，无论是组织高考的部门，还是具备设考点条件的学校，已有了成熟的经验，广大考生做好了充分的准备，唯一需要我们做的就是还考生一个如常的社会环境。而考生的当务之急是放松心态、从容应试。

（综合本报记者王乐文、张志峰和新华社记者报道）

人民日报

RENMIN RIBAO

今日16版

人民网 网址:http://www. people. com. cn
手机:http://wap. people. com. cn

国内统一连续出版物号 CN 11-0065
第21451期 (代号1-1)
人民日报社出版

2007年4月
3
星期二
丁亥年二月十六

北京地区天气预报
白天 晴转多云 风向 偏北 风力 二、三级间四级
夜间 晴间多云 风向 偏北 风力 一、二级
温度 17℃/5℃

我国22个人口较少民族获重点扶持

2006年扶持资金约6.3亿元，63万人受益

本报昆明4月2日电 记者**陈娟**从今天在云南省德宏傣族景颇族自治州举行的全国扶持人口较少民族发展工作现场经验交流会上获悉：2006年，相关10省(区)共投入各类扶持资金约6.3亿元，安排基础设施建设、群众增收等项目2768个，用于重点扶持22个人口较少民族63万人口的发展。

据不完全统计，2006年，全国640个人口较少民族聚居村，共新增或改造基本农田11380亩，新增桑园、茶园、果园面积46659亩，新增经济林面积56355亩，新增或改良人工草场面积34841亩，新增或改扩建道路里程863公里，新增或改扩建教育用房面积25522平方米，新增或改扩建卫生用房面积4841平方米，新增或改扩建文化用房面积9826平方米，当年组织培训13.6万人次，生产生活条件得到了进一步改善。

据介绍，我国专门制定了扶持人口较少民族的发展规划，并针对人口较少民族的发展，提出"四通五有三达标"：要求在2010年实现人口较少民族通电、通路、通广播、通电话，有学校、有卫生室、有安全的卫生饮水、有安居房、有稳定解决温饱的基本农田和草场，同时人均粮食的占有水平、农民人均纯收入和九年制义务教育要达到国家的扶贫开发纲要和"两基"攻坚计划的要求。

为加大对人口较少民族发展的支持力度，国家发改委对人口较少民族扶持总投资的规模已经达到10亿元，每年为2亿元；财政部会同国家民委下达扶持人口较少民族发展资金，2006年总量达1.62亿元。同时，相关10省(区)也制定了本省(区)扶持人口较少民族发展总体规划等各类规划21个。

使命

——海军大连舰艇学院教授方永刚的生命之约

新华社记者 陈万军 白瑞雪 本报记者 郭嘉 王金海

图为方永刚在病床上辅导他带的硕士研究生。新华社记者 査春明摄

渤海湾的晨曦映着一个攀登的身影。

2007年1月15日，海军大连舰艇学院教授方永刚来到政治系教学楼，讲授本学年的最后一课——"新世纪新阶段我军历史使命"。

学生们早早地等候在门口。迎着他们的目光，身患癌症的方永刚走上讲台，还是那么精神焕发，还是那么声如洪钟。

"今天我给你们上课，感觉很幸福……"方永刚的最后一句话，淹没在一片掌声中。

学生们的记忆里，将永远定格这么一幕：教学楼前110级台阶的陡坡，他们的方教授竭尽全力，一步一步向上攀登……

迈步之前，方永刚整了整军装。

远山如黛。他的目光，久久地停留在前方6个鲜红的大字上——

使命——忠诚——献身。

信仰——

"没有科学信仰的人是不幸的人，我的信仰就是马克思主义"

年均完成教学任务200%，为官兵和干部群众作报告1000多场，撰写论文100多篇……10多年来，方永刚就是以这样的节奏，为他的学生、听众和读者解答着同一个问题：发展变革中的中国，路在何方？

路，在党的创新理论里，在人民群众的伟大实践中。这是方永刚认准的答案。

1981年秋，方永刚考入复旦大学历史系。4年寒窗，在博览东西方哲学文学、苦读中国几十个朝代兴衰史之后，他把自己的主攻方向放在中国近现代思想史方面。

为什么洋务运动想从实业方面挽救中国，没有成功；为什么戊戌变法、辛亥革命想从制度方面挽救中国，没有成功；为什么中国共产党却能在沉沉暗夜中，找到民族复兴的正确道路？

这，就是科学理论的力量。正是这种力量，在一代代中国共产党人创造性的实践中，改变着国家、民族和每个人的命运。

在这些被改变的命运中，方永刚本身就是其中的一个。

1963年4月，方永刚出生于辽西一个有7个孩子的农家，贫穷，几乎是他童年的全部记忆。

1978年12月18日，党的十一届三中全会召开。这是方家认定的家族生日——从此，家庭成分的包袱没有了，"包产到户"后的全家第一次不用为吃饭发愁了；后来，全家族40口人中有30多人陆续迁至大连，祖祖辈辈生活的那个十年九旱的村庄成了附近闻名的电话村、自来水村，走出了一批批与方永刚一样的大学生和到韩国、日本打工的青年人……

他明白，所有这些变化，都是党的好理论、好政策带来的。

(下转第六版)

六版刊登评论员文章

大力弘扬党的创新理论的无穷魅力

吴邦国会见美国前国务卿基辛格

新华社北京4月2日电 (记者**徐松**)全国人大常委会委员长吴邦国2日在人民大会堂会见了美国前国务卿基辛格博士。

吴邦国积极评价基辛格多年来为中美关系的稳定发展所做的重要贡献。他说，在双方共同努力下，近年来中美关系总体保持稳定并不断取得积极进展，两国关系的战略内涵和全球意义不断增强。实践证明，保持中美关系健康稳定发展不仅符合两国和两国人民的根本利益，也有利于亚太和世界的和平、稳定与繁荣。中美双方应从战略的高度和长远的角度看待和发展两国关系，牢牢把握两国共同利益，不断加强对话、互信与合作，照顾彼此关切，妥善处理分歧，推动中美建设性合作关系不断向前发展。吴邦国强调，台湾问题攸关中国的核心利益，牵动着13亿中国人民的感情。中方赞赏布什总统和美国政府多次重申坚持一个中国政策，遵守中美三个联合公报，反对"台独"。

吴邦国应询向客人介绍了十届全国人大五次会议情况。双方还就共同关心的其他问题深入交换了看法。

基辛格说，作为中国人民的老朋友，对中国在各方面取得的成就感到由衷高兴。美中两国有着广泛共同利益，发展美中关系对世界和平与繁荣是非常重要的。

国务院召开第十次全体会议

决定任命曾荫权为香港特别行政区第三任行政长官

新华社北京4月2日电 国务院总理温家宝2日主持召开国务院第十次全体会议，就任命曾荫权为香港特别行政区第三任行政长官作出决定。温家宝总理签署了国务院第490号令，任命曾荫权为中华人民共和国香港特别行政区第三任行政长官，于2007年7月1日就职。

2日的全体会议审议了香港特别行政区政府关于选举曾荫权为香港特别行政区第三任行政长官人选的报告，听取了国务院港澳事务办公室主任廖晖关于香港特别行政区第三任行政长官人选产生过程的汇报。

温家宝总理在会上作了讲话。他指出，这次香港特别行政区行政长官选举是依法进行的，完全符合香港特别行政区基本法和有关法律的规定，符合全国人大常委会有关解释和决定，体现了公开、公平、公正的原则。曾荫权先生当选，充分反映了香港社会对他的信任和期望。

温家宝说，依据《中华人民共和国香港特别行政区基本法》的规定，香港特别行政区行政长官人选产生后，需报请中央人民政府任命。今天国务院召开全体会议，作出任命曾荫权为香港特别行政区第三任行政长官的决定。

温家宝指出，曾荫权先生自2005年6月经补选接任行政长官以来，带领香港特别行政区政府强政励治，致力发展经济、改善民生，积极、稳妥地处理公众关注的各方面问题，促进社会和谐，得到了香港社会各界的广泛好评。中央政府希望曾荫权先生在下一届任期内，带领香港特区政府和全体香港人民，全面贯彻落实《中华人民共和国香港特别行政区基本法》、坚持"一国两制"、"港人治港"、高度自治的方针，再接再厉，为香港的长期繁荣、稳定作出新的更大的贡献。

温家宝总理当即签署了任命曾荫权为中华人民共和国香港特别行政区第三任行政长官的国务院第490号令。国务院副总理吴仪、曾培炎、回良玉，国务委员周永康、曹刚川、唐家璇、华建敏、陈至立以及国务院其他组成人员出席了会议。

贾庆林会见欧盟委员会副主席

新华社北京4月2日电 (记者**李忠发**)全国政协主席贾庆林2日在人民大会堂会见了欧盟委员会副主席费尔霍伊根。

贾庆林表示，建交30多年来，中欧关系日趋成熟，双方合作无论是在深度还是广度上都达到了前所未有的水平。双方高层交往频繁，政治对话更加深入，战略共识增多。中欧贸易快速发展，各领域合作日益深化，人文交往空前活跃，在共同应对全球性挑战方面的合作不断加强。

贾庆林说，中国重视同欧盟的关系，支持欧盟一体化进程，欢迎欧盟在国际事务中发挥更加积极的建设性作用。中方愿与欧盟共同努力，牢牢把握双方关系发展的战略方向，在相互尊重、平等互利原则基础上，推动中欧关系健康稳定地发展。中方对欧盟坚持一个中国政策表示赞赏。

贾庆林指出，近年来，中国经社理事会同欧盟经社委员会建立了越来越紧密的联系，对推动中国与欧盟战略伙伴关系的发展起到了积极的作用。

费尔霍伊根说，欧盟重视发展对华关系，认为中国的发展对欧盟是机遇，双方完全可以创造共赢的局面。欧盟希望在现有基础上进一步扩大双方在环保、气候变化、科研和技术创新等方面的合作。中国在朝核、中东等问题上正在发挥积极作用，欧盟希望继续扩大与中国在国际事务中的磋商与协调。

李长春出席秘鲁阿普拉党欢迎仪式

新华社利马4月1日电 (记者**刘东凯、刘国强**)正在秘鲁进行友好访问的中共中央政治局常委李长春当地时间3月30日晚出席了执政的阿普拉党在该党总部"人民之家"举行的隆重欢迎仪式。阿普拉党总书记穆尔德和该党基层党员及支持者数千人出席。集会者通过对李长春的盛情欢迎，表达了对中国共产党的深情厚意。

阿普拉党总部洋溢着中秘友好的热烈气氛。人们舞起中国的狮子舞、放起五彩缤纷烟花，阿普拉党少年团鼓乐手们奏起欢快的乐曲。当李长春步入会场时，全体起立鼓掌欢呼，人们簇拥上前与李长春握手。

在一片热烈的掌声中，阿普拉党少先队队员为李长春戴上领巾和贝雷帽。面对纵情欢呼的人群，李长春说，我们不会忘记阿普拉党创始人阿亚·德拉托雷为推动中秘关系发展所做的贡献，也不会忘记阿普拉党主席阿兰·加西亚在1984年开辟了两党交往的先河。在新形势下，共同的任务把中国共产党和阿普拉党联系在一起。我们愿意学习各国人民在走适合自己国情道路过程中积累的成功经验，希望加强与阿普拉党在治国理政经验和青年政治家等方面的交流，共同推动中秘友谊不断发展，推动两国传统友好结出更加丰硕的成果。李长春的讲话数十次被热情的欢迎人群有节奏的掌声和"中秘友谊万岁"、"中国共产党万岁"等口号声打断。

穆尔德在欢迎仪式上也发表了热情洋溢的讲话。他回顾了阿普拉党与中国共产党友好交往历史，对中国经济社会发展的巨大成就表示钦佩。穆尔德说，作为执政党，阿普拉党希望继续加强与中共的交往，学习中方的成功经验。

在欢迎仪式前，李长春在阿普拉党总部还会见了穆尔德总书记等阿普拉党领导人，双方介绍了各自的党建工作情况，并就进一步开展中秘政党交往广泛交换了看法。

毛岸青同志遗体在京火化

胡锦涛江泽民等前往八宝山革命公墓送别

新华社北京4月2日电 中国共产党的优秀党员，久经考验的忠诚的共产主义战士，我党马列著作优秀俄文翻译家毛岸青同志的遗体，2日在北京八宝山革命公墓火化。胡锦涛、江泽民、吴邦国、温家宝、贾庆林、曾庆红等前往八宝山革命公墓送别，并对其亲属表示深切慰问。黄菊、吴官正、李长春、罗干等同志也以不同形式对毛岸青同志的逝世表示沉痛哀悼。

毛岸青同志因病医治无效，于2007年3月23日4时20分在北京逝世，享年84岁。

毛岸青同志是毛泽东同志和杨开慧烈士的次子，1923年11月23日生于湖南长沙。1930年11月14日，杨开慧被反动军阀残酷杀害。毛岸青和哥哥毛岸英、弟弟毛岸龙三人在中共地下党组织的营救和安排下，秘密转移至上海。1936年，毛岸青和哥哥毛岸英被党组织送到苏联学习。1947年，毛岸青回国后加入中国共产党。1949年7月以后，毛岸青在中央有关部门从事翻译、研究等工作。

投资466亿元 建设454个项目

河北启动六大环保工程

本报石家庄4月2日电 记者**王方杰**报道：《河北省环境保护"十一五"规划》近日发布，按照规划，河北将投资466亿元，启动总计有454个项目的六大环保工程。

这六大环保重点工程包括：城市污水处理工程，将投资83.9亿元建设89个城镇污水处理厂，新增污水处理能力237.4万吨/日；城市垃圾处理工程，将投资27.5亿元新建40个生活垃圾无害化处理厂，建设17个医疗废物及危险废物处置项目；燃煤电厂脱硫工程，投资116亿元建设34项电厂脱硫除尘工程和23项集中供热工程；工业污染防治工程，总投资132.8亿元，建设56个大气污染点源治理项目，建设77项水污染防治点源重点工程和41个工业固体废物处置项目；自然保护区与生态建设工程，将投资92.7亿元，新建或升级1.4万平方公里的49个自然保护区，建设11个生态建设项目；环境保护能力建设工程总投资12.7亿元，将建设16项以提高全省环境应急、执法监察、环境监测、环境信息、环境宣教、环境科研及辐射环境管理能力为重点的工程项目。

节能减排 保护环境

越南国会主席将访华

新华社北京四月二日电 应全国人大常委会委员长吴邦国邀请，越南国会主席阮富仲将携夫人于四月八日至十五日率越南国会代表团对中国进行正式友好访问。

补贴四年翻四番 覆盖2/3农业县

农机补贴加速装备我国现代农业

本报北京4月2日讯 记者**张毅**报道：春暖花开，早该是遍地耕牛的景象了。可如今，拖拉机、插秧机等农业机械整天忙个不停，我国农民正在加速告别人拉牛耙、面朝黄土背朝天的耕作方式。近年来，国家农机补贴力度不断加大，农民踊跃购买农机，我国农业综合生产能力得到加强。

农业部农机化司司长宗锦耀说，2007年农机补贴工作已全面启动，今年国家将扩大补贴机具的种类。对丘陵山区和血防区农民购买手扶拖拉机、水田耕整机等中小型农机具给予补贴；在干旱缺水地区，开始进行节水灌溉机具及设备补贴。

2004年中央财政设立了农业机械购置补贴专项资金。资金规模由2004年的7000万元增加到2006年的6亿元，2007年农机补贴投入又达到12亿元，补贴资金连续4年翻4番。实施范围由2004年的16个省的66个粮食大县，增加到全国的1716个县(场)，覆盖全国2/3以上的农业县。

农机补贴加速改善我国农业装备。2006年，在中央农机补贴政策带动下，全国有70%的省份不同程度增加了农机补贴资金投入。2006年，全国农机总动力达到7.19亿千瓦，增幅为5%，全国耕种收综合机械化水平达到38%。

今日导读

[国际论坛·第三版] 『反导』延缓欧美『回暖』

[人民论坛·第四版] 物权，社会文明的新起点

[人民时评·第五版] 莫让招聘会成『鸡肋』

[声音·第十版] 卫留成：有事先从干部身上查起

热点解读 哈尔滨投资九亿元治理一条污水河，几年来由乱到治，又由兴返衰 马家沟为何『有人治，没人管』(第五版)

韩美达成自由贸易协定 协定生效后两国将取消近百分之九十的工业品关税 (第七版)

山东省沂南县苏村镇在建设新农村过程中把中心村的农民宅基地强行收回，再以高价对外出售，并强行要求建造两层楼房—— 新农村建设在这里走了样 (第九版)

我军加速推进保障社会化 (第十版)

吉林大学近日自曝巨额还贷压力，引发热议与反思 高校何时卸下债务包袱？(第十一版)

第二十届中国围棋名人战开赛 (第十二版)

经济聚焦 今年改革重头戏将如何上演 (第十四版)

杭州利群传播有限公司 协办

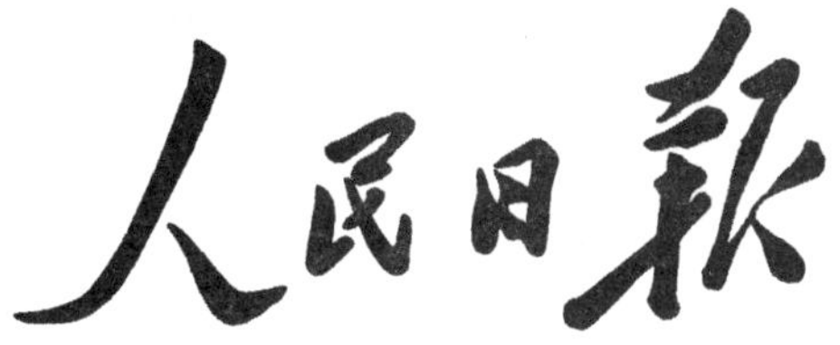

RENMIN RIBAO

今日16版

人民网 网址:http://www. people. com. cn 手机:http://wap. people. com. cn

国内统一连续出版物号 CN 11-0065
第21452期 (代号1-1)
人民日报社出版

2007年4月
4
星期三
丁亥年二月十七

北京地区天气预报
白天 晴转多云 风向 北转南 风力 二、三级
夜间 多云转阴 风向 偏南 风力 一、二级
温度 16℃/6℃

辽宁以沿黄海、渤海的五个重点发展区域和一条贯通全省海岸线的滨海公路建设为核心,实施对外开放的新战略——

“五点一线”兴辽宁

本报记者 皮树义 白天亮 许志峰

辽宁在哪里？辽宁在海边。

看看地图,整个东北地区就像一只下山的猛虎,辽西、辽南恰如昂扬的虎头。虎头依托黄海,又张开大嘴在渤海上咬了一口。东起鸭绿江口,西至山海关老龙头,辽宁陆地海岸线全长2290公里,占全国12%。辽宁14个城市中有6个在海边,全省2/3的面积在离海100公里内。

辽宁发展的机遇在哪里？在东北老工业基地的振兴,也在依托沿海优势的对外开放。

跨入“十一五”,辽宁以沿黄、渤海的五个重点发展区域和一条贯通全省海岸线的滨海公路建设为核心,实施“五点一线”对外开放的新战略,推动老工业基地振兴。

西拥渤海,东挽黄海,辽宁敞开对外开放的大胸怀。

海风劲吹,虎虎生威,辽宁摆开经济振兴的新阵势。

转身向海:抓住两个机遇

曲曲折折,辽宁的海岸线走了一个“N”字形、丹东、大连、营口、盘锦、锦州、葫芦岛,6个城市如同一颗颗闪亮的珍珠,镶嵌在蔚蓝色的大海边。

“五点一线”战略,具体是指重点开发建设大连长兴岛、大连花园口岸工业园、营口沿海产业基地、锦州湾产业园区、丹东产业园区这五个区域,建设贯穿黄渤海沿岸的滨海公路,形成沿海经济带,带动辽宁中部城市群,打造对外开放的新优势。总规划面积482.9平方公里。

“五点一线”战略的提出,折射出辽宁发展观念的转变。

身在海边不识海。过去,在很多辽宁人的意识里,沿海省份是指广东、福建、浙江等经济发达地区,很难和老工业基地辽宁联系到一起。六个沿海城市,除大连外,布局都朝向内陆。紧邻渤海的锦州,沿海不见海,市区躲在山后边。中心城市沈阳距营口港73公里,按照国际标准,海岸线100公里内都属于沿海地带,可沈阳一直被看作是内陆城市。根据国际经验,沿海地区大都是经济繁荣地区,但辽宁省走在前头的多是中部城市。

“辽宁的振兴必须抓住双重机遇——国家振兴东北老工业基地的机遇和扩大沿海对外开放的机遇,努力跃入东部发达省份的行列。”省委书记李克强这样强调。实施“五点一线”战略就是抓住两个机遇的一个结合点,就是加快发展的一个突破口。

(下转第二版)

压题照片:锦州港集装箱码头一角。 侯化武摄

源泉

——海军大连舰艇学院政治理论教授方永刚的力量之源

新华社记者 陈万军 白瑞雪 本报记者 郭嘉 黄庆畅

一个似火的生命正在释放他最大的燃烧值。

3月1日上午,北京海军礼堂。

在上千双眼睛的注视下,方永刚激情澎湃,袒露心声:“我所肩负的是太阳底下最神圣的事业,我甘愿奉献自己全部的聪明才智,与千千万万个理论工作者一道,让党的创新理论的真理之花遍地开放,让党的创新理论的真理之光照亮和温暖千家万户!”

这一刻,北京主会场和分布在万里海疆的110个分会场掌声如潮。

这一幕,深深打动了正在现场采访的记者。

是什么给了他这样的信仰和激情？

是什么给了他和像他一样传播真理的人们这样一种力量？

答案就是:时代的呼唤,人民的需要,火热的实践。

这是当代理论工作者的事业根基,也是党的理论创新的不竭源泉。

紧随时代——

“与真理同行,是一种充满幸福的体验”

“生活在这个时代真好!”方永刚常常感慨。

方永刚个人的幸福体验,交织着一代中国人的集体记忆。

高中阶段正是长身体的时候,为了不让住校的永刚饿肚子,每次去学校前,母亲总会用玻璃瓶装满咸萝卜,连同一包金黄的玉米饼塞进他的书包。永刚总是趁着母亲不注意悄悄取出几块,到校后,却发现拿出的饼又被塞了回来。

不久,当粮食丰收和农村改革步步深化的消息不断从家乡传到他就读的复旦大学,方永刚知道,千千万万个有过相似苦涩的农家,不一样了。

靠着每月23.5元的甲等助学金,方永刚开始了四年的求学,也近距离地见证了全面展开的城市经济体制改革,为日后成为国际性大都市的上海所带来的活力。

从那些雨后春笋般的高楼大厦里,从那些熙熙攘攘的人流里,方永刚知道,曾经在十年动乱中饱受创伤的城市,同样也不一样了……

成长的经历让他学会感激,更学会了思考——为什么党的“解放思想、实事求是”的思想路线一旦重新确立,就能够让一个国家、一个民族的面貌焕然一新？

方永刚说,我有两个生日,一个是母亲生我的日子,另一个是我的政治生日:1978年12月18日,党的十一届三中全会召开的日子。

作为党的创新理论的直接受益者,方永刚对党和党的创新理论有着发自内心的深厚感情。

1987年,在讲授了中共党史、国际共运史和国际政治关系等课程之后,方永刚主动请缨,要求加入科学社会主义教研室,他更愿意通过研究党的理论来关注现实问题。

时任教研室主任的崔常发挺高兴,但对历史专业出身的方永刚心里没底。方永刚递上一本《邓小平文选》(第三卷),崔主任发现,这本才出版两年的书翻得卷了角,密密麻麻的心得体会、红色蓝色的下划线,几乎填满了每一页的空白。这个年轻人行!

理论在一个国家实现的程度,决定于理论满足这个国家的需要程度。对于马克思的经典论断,亲历了新时期党的创新理论三次重要发展的方永刚有着切身体会。

从辽西农村、复旦大学到大连舰院,从党的十一届三中全会到党的十五大,方永刚见证了邓小平理论从形成到成为党的指导思想的过程。他还记得,1984年的国庆庆典,当北大学生在游行队伍中打出“小平您好”的条幅时,围坐在一台14英寸黑白电视机前的他和同学们是怎样地热泪盈眶。

方永刚说:“正是邓小平理论开创了中国特色社会主义道路,并在改革开放的丰富实践中显示出了真理的魅力。”

1988年,初涉政治理论领域的方永刚参与编写《邓小平社会主义理论研究》,这本系统研究邓小平理论的书后来获得了第五届国家图书奖。

新的世纪悄然走近。党的第三代领导集体把世纪之交的战略思考,汇成了“三个代表”重要思想。

方永刚为这崭新的时代诠释叫好。 (下转第九版)

吴邦国会见泰国公主诗琳通

本报北京4月3日讯 记者陈一鸣报道:全国人大常委会委员长吴邦国3日在人民大会堂会见了来访的泰国公主诗琳通。

吴邦国说,中泰关系非常密切,互利合作卓有成效,人民友谊日益增强。这是中泰双方共同努力的结果,也是与泰国王室的关心、支持和参与分不开的。他还积极评价诗琳通公主为中泰关系发展所做的大量工作。吴邦国说,中泰两国地理相近、血缘相亲、文化相通,发展中泰关系是两国人民的共同心愿。中方愿与泰方一道,不断拓展合作领域,挖掘合作潜力,加强互利合作,造福两国人民。

诗琳通说,我对中国人民怀有深厚感情,每次访华都亲身感受到中国发生的新变化,感到由衷高兴。她表示,将继续学习和研究中国的文化以及经济社会发展经验,向泰国人民介绍发展中的中国,永远做泰中友好的使者。

曾庆红会见澳大利亚外长唐纳

本报北京4月3日讯 记者陈一鸣报道:国家副主席曾庆红3日在人民大会堂会见了来访的澳大利亚外交部长唐纳。

曾庆红说,中澳建交35年来,两国关系取得长足发展,各领域合作不断深化,为两国和两国人民带来了实实在在的利益。澳方坚持一个中国政策、反对“台独”,中方对此表示赞赏。曾庆红强调,中方从战略高度看待和发展与澳关系,视澳为共同发展的好朋友、好伙伴,愿与澳方共同努力,推进中澳21世纪互利共赢的全面合作关系,为维护和促进亚太地区乃至世界的和平、稳定与发展作出贡献。

唐纳说,澳中关系正处于历史上最好的发展阶段。中国经济快速发展、国际影响日增,澳方表示欢迎。澳方愿与中方共同努力,积极推进双边自由贸易协定谈判,深化两国在环保、气候变化、清洁能源等领域的合作,推动澳中全面合作关系取得更大成果。唐纳重申澳政府坚持一个中国政策不会改变。

李长春会见秘鲁华侨华人和中资机构代表

新华社利马4月2日电 (记者刘东凯、刘国强)正在秘鲁进行友好访问的中共中央政治局常委李长春当地时间1日在利马会见了秘鲁华侨华人及中资机构代表。

李长春首先向华侨华人和中资机构代表转达了中国党、政府和人民的亲切问候。他说,广大旅秘侨胞具有光荣的爱国主义传统,热心支援祖国的改革开放事业,在支持祖国统一大业、促进中秘两国人民的友谊、弘扬和传播中华民族文化等方面做出了积极的贡献。他还充分肯定在秘鲁的中资企业取得的重要发展。

李长春详细介绍了中国当前形势,介绍了此访取得的成果,呼吁华侨同胞为祖国的繁荣和统一做出更大的贡献,希望在秘鲁的中资企业利用双边关系健康发展的大好机遇,为促进中秘经贸合作不断深化做出更大的努力。

当天,李长春专程前往秘鲁国家博物馆考察。当晚,他还亲切会见了中国驻秘鲁使馆工作人员。

邯郸率先实施新型城镇合作医疗

四十多万人受惠

本报石家庄4月3日电 记者王方杰报道:4月初,河北邯郸在全国地级市中率先启动了覆盖整个市区的新型城镇合作医疗制度(简称“新城合”)——凡是户籍在邯郸市区、没有参加城镇职工基本医疗保险的城镇居民、城区农民及企业、事业单位职工,都可以参加城镇合作医疗。

“解决群众看病难、看病贵的问题,不应该留有死角。”邯郸市委书记孙瑞彬介绍,邯郸市区人口93.6万人,但参加城镇职工基本医疗保险的只有38万人,还有一多半城镇居民无法享受到最基本的医疗保障。为此,邯郸市将启动城镇合作医疗制度列为今年重点解决的民生问题之一。

经过调研筹划,邯郸市3月23日出台了实施城镇合作医疗制度的细则,户籍在邯郸市区的企业职工、下岗失业人员和城镇内的失地农民均可自愿参加。资金筹措实行个人缴费,市、区两级政府财政补助,社会各界及企事业单位捐助。筹资总额每人每年80元,其中个人缴纳30元,市、区政府财政各补助25元。其中10元划入个人账户,70元用于大病统筹,同一家庭成员可以共用个人账户内基金。参合人员在社区卫生服务中心、乡镇卫生院、一级医院住院,将从300元开始补偿,补偿率为45%;在市内二级医院、三级医院住院,起付线分别为1000元和2000元,补偿比率为35%和25%;每人每年补偿总额累计不超过1.5万元。

与“新农合”不同的是,“新城合”没有中央和省级财政的支持,所有配套资金都要市、区政府自掏腰包。据初步统计,邯郸参与“新城合”的群众将达到44.58万人。如果居民参合率达到100%,邯郸市、区两级财政每年要支付配套资金2229万元。此外,对于市区内2.4万名低保人员,其个人筹资部分,也由区民政部门以医疗救助的形式加以解决。

全国铁路第六次大提速已进入倒计时阶段,西安铁路局组织近千名施工人员进行提速道岔改造工程大会战,全力冲刺提速准备工作,迎接4月18日全国铁路第六次大提速。图为铁路职工在西安火车站进行更换提速道岔施工。 唐振江摄

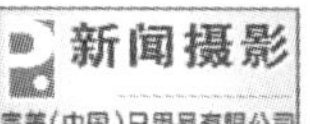

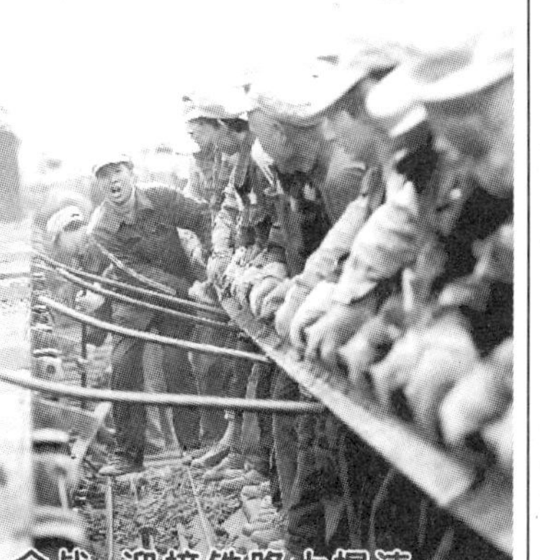
会战,迎接铁路大提速

摒弃陋习 文明祭扫

沈小平

清明节又要到了。每到这个时节,人们纷纷去扫墓,或以其他形式拜祭先人,缅怀故人,这是我国由来已久的一个文化传统,体现了对先辈的尊敬、对故人的深情。还有些学校,组织祭扫烈士陵墓,对学生进行革命传统和爱国主义教育,赋予了清明节更深远的意义。这都是值得肯定的。

但清明祭扫,也有一些陈规陋习应该引起注意——有的在墓地燃香放炮,搞得乌烟瘴气,引发山火事故,使生态环境受到破坏;有的搞祭品攀比,消耗了大量物力财力,有一个城市光是烧纸就花去1900万元;有的借祭祖扫墓之名,大搞封建迷信;有些地方还因扫墓产生山林争执,甚至大动干戈,如此等等,不一而足。

祭奠亡灵、缅怀先辈,是严肃和郑重的活动。在崇尚文明、反对迷信的今天,我们应当改革清明祭祀的旧方式、旧习惯,提倡文明祭奠,赋予祭扫活动以新的时代特色。有不少人采取植树、献花、放一曲音乐、点一支蜡烛的方式,或者到网上扫墓,缅怀故去的亲人,这都不失为很好的方式,既能寄托哀思,又不奢侈浪费,还有时代特色,很值得提倡。

古人对清明节的解释是:“万物生长此时,皆清洁而明净,故谓之清明。”由此看来,我们要把祭扫活动做得“清洁而明净”,才合乎清明的本意。

广交会首设进口展区

本报广州4月3日电 记者赖伟行报道:第101届中国进出口商品交易会(广交会)将于今年4月15日—30日在广州举行。本届广交会首次设立进口展区,展位达629个。据悉,将有来自37个国家和地区的303家企业参展。

据介绍,本届广交会的进口展区的招展工作,实行市场化运作,采取委托招展代理和企业直接报名参展相结合的方式,或选择国内外有实力的商会、协会或大型企业作为招展代理机构,或鼓励境外企业直接报名申请参展。

本届广交会进口展区位于琶洲展馆,展出时间为4月15—20日,展览面积为10400平方米,展品分工业和消费品两大类,设机械设备、五金工具等9个产品区。

第十四届南盟首脑会议开幕

中国首次作为观察员参加会议

本报新德里4月3日电 记者任彦、陈继辉报道:第十四届南亚区域合作联盟(南盟)首脑会议今天上午在印度首都新德里开幕。中国外长李肇星代表中国政府出席了开幕式,这是中国首次作为观察员出席南盟首脑会议。

在会议开幕式上,阿富汗正式被接纳为南盟第八个成员国。本届南盟首脑会议主席、印度总理辛格在致辞中表示,欢迎阿富汗加入南盟大家庭,也欢迎中国、日本、韩国、美国和欧盟成为南盟观察员。他希望各成员国能够抓住机遇,利用南盟这个合作平台共同发展。

本届会议为期两天,重点讨论增进南亚区域联系,加强各国反恐合作,推动区域经济一体化进程。南盟各国首脑在开幕式上表示,希望与观察员在贸易、反恐、社会和经济等领域开展合作。

●国际传真

今日导读

杭州利群传播有限公司 协办

真理的力量无穷 人格的力量撼人

方永刚事迹在全军和社会各界反响热烈

本报北京4月4日讯 新华社记者**陈万军、白瑞雪**、本报记者**郭嘉、王金海、王有佳**报道：海军大连舰艇学院政治系教授方永刚的先进事迹经新闻媒体报道后，在全军部队和社会各界引起热烈反响。

连日来，这位普通理论工作者深入学习、坚定信仰、积极传播、模范实践党的理论的先进事迹，深深感动了广大官兵和干部群众。海军党委、机关、部队纷纷举行方永刚先进事迹报告会、座谈会，万里海疆掀起学习方永刚的热潮，官兵们决心像方永刚那样，忠诚党的事业，献身国防建设。

方永刚所在的大连舰艇学院举办了专题展览。4月3日，学院召开“百位教授座谈会”，社科部教授刘永路说：“学习方永刚的事迹，我更感到作为一名党的政治理论教员光荣，责任重大。”临近毕业的学员们发出倡议，学习方永刚，到祖国最需要的地方去建功立业。

沈阳军区联勤部官兵看到他们的“客座教授”方永刚的事迹宣传感到格外亲切，学习热情格外高涨。联勤部党委将各媒体刊登的方永刚的事迹收集刻录成光盘，作为基层连队政治理论课的学习教材，在全部队开展了“学方永刚精神，做党的忠诚战士”系列活动。联勤部政委李学智说：“方永刚的事迹，对我们做好新时期思想政治工作的启示很大，只有对党的创新理论真学、真信、真情传播、真诚实践，才能真正有说服力和感染力。”

驻香港部队通信总站组织官兵集中学习方永刚的事迹报道，35名战士集体给方永刚写了一封信。信中写道：“方教授，看了您的事迹，对我们青年战士来说是一次思想和灵魂的洗礼。您对党的创新理论的孜孜追求和满腔忠诚，为我们青年一代树立了榜样。在您的事迹感召下，我们自发成立了战士理论宣讲团，让身边的战友分享自己理论学习的成果。”机务站的女战士连夜制作了1000只纸鹤，祝愿方教授早日康复。女战士孟玉皙特意将参军时家人送给她的吉祥礼物寄给方永刚，并在信中真诚地祝愿：“好人一生平安！”

武警天安门国旗护卫队指导员杨胜利说：“方教授是我们基层官兵的‘科普教授’，等他康复后，我们要请他到国旗班做客，为我们上一堂政治理论课。”国旗护卫队全体官兵表示，要学习方永刚教授牢记使命、服务人民，做党和人民的忠诚卫士。

方永刚的先进事迹在他的家乡辽宁省引起强烈反响。4月3日，辽宁省委宣传部召开理论界学习方永刚同志先进事迹座谈会，与会专家学者一致认为，方永刚20多年坚持以高度的政治觉悟和探索精神学习研究宣传党的理论，不愧为思想理论战线的楷模。与会者表示，要把方永刚的精神转化为做好理论工作的强大动力，积极宣传马克思列宁主义中国化最新成果，为辽宁老工业基地的全面振兴贡献智慧和力量。

在方永刚工作的大连市，社会各界迅速开展学习活动。4月3日下午，市委召开“社会各界学习方永刚先进事迹座谈会”，参加座谈会的有工人、农民、大学生、街道老党员和机关干部，他们大多听过方永刚的课。辽宁省监狱人民警察大连培训基地教务处处长孙力说：“方教授在住院的前10天还给我们讲课，这种敬业精神让我们深受感动。”大连市桂林街道办事处主任郑万林说：“从方教授身上我感受到两股力量，一是真理的力量，二是人格的力量。”

通过媒体的报道，许多工人、农民都被方永刚这位“平民教授”的百姓情怀所感动。广州黄埔造船厂造船事业部职工罗兵说：“方教授课讲得那么好，什么时候能到我们厂来讲一课就好了。我们工人特别需要和欢迎方教授这样的理论工作者。”河南伊川县鸣皋乡沿村村民刘光伟说：“方教授对咱农民有感情，尽给农民出好主意。俺想再多承包一些山林，但心里拿不定主意。要是方教授离俺这儿近的话，俺就去找他问个明白。”

上海复旦大学是方永刚的母校，师生们格外关注媒体对方永刚的报道。方永刚事迹成了广大师生谈论的话题。学校校刊已出版了3期方永刚先进事迹专辑，校园网开设了方永刚事迹专页，橱窗贴满了各媒体的稿件。历史系傅德华老师拿出方永刚当年的毕业论文对学生们说，他在学校时是一个勤奋的好学生。历史系04级学生袁森说，方师兄的事迹使我受到震撼和教育，我要在通读政治理论书籍方面多下功夫。历史系的学生还给方永刚寄去祝福贺卡，表达敬意和关心。

方永刚成了近日网上点击率最高的新闻人物之一。人民网、新华网、央视国际、中国军网等各大网站，相继在首页突出位置推出了“忠诚党的创新理论的楷模”方永刚先进事迹的专题。许多网友称方永刚的事迹让他们“非常感动”。人民网一位网友留言：“要使党的创新理论让老百姓所掌握，就需要更多像方永刚这样的热情传播者。”新华网一位网友留言：“中国历来不缺理论，理论不是摆设，关键要像方永刚那样，真学、真信、真实践。”

方永刚的『真』

王金海

采访报道方永刚同志先进事迹，深深为方永刚同志的精神所打动。方永刚为人率真，办事较真，作风认真。方永刚的思想言行鲜明地彰显着一个“真”字，就是矢志不渝追求真理，对党的创新理论真学、真信、真心传播、真诚实践。

真学是基础。方永刚抱着感恩的心走上求学之路。他常说：“我是党的创新理论的直接受益者。没有党的创新理论，我上不了大学，读不了博士，成不了教授，摆脱不了贫困。”方永刚读得滚瓜烂熟的一本书是1983年出版的《邓小平文选》，四周和封面被磨穿，泛黄的书页上记满了他的学习心得。方永刚学习理论不是“摆样子”、“装门面”，而是发自内心的全身心投入。党的理论每前进一步，方永刚的学习和研究就跟进一步。方永刚曾因车祸住院108天，研读了43本理论书籍，撰写了30万字的著作。方永刚真心学习科学理论，头脑不断武装，思想不断净化，境界不断提升。

真信是核心。方永刚讲课常引用《论语》中子贡向孔子问政的典故。子贡问：何以国泰民安政稳？孔子答三条：足兵，足食，民信。子贡再问：三去其一呢？孔子答：去兵。子贡又问：再去一呢？孔子答：去食。“自古皆有死，民无信不立”。古代圣贤把人的信仰放在首位，超越了足兵足食。一个人是要有点精神的，否则将成为行尸走肉；一个国家也是要有精神的，否则将变成一盘散沙。精神的下线是道德，精神的上线是信仰。信仰不坚定，行动就盲从。党的创新理论的科学性和真理性犹如强大的磁力深深吸引着方永刚，令他陶醉，令他折服。党的创新理论，让他真切看到了中国特色社会主义事业的光明前景，让他真切体会到党的理论创新的巨大魅力。方永刚真诚信仰党的创新理论，在他的身上已“内化为血肉，上升为灵魂”。

真心是根本。有人说：政治理论多枯燥呀，一上政治课就瞌睡就溜号，结果讲的不愿讲，听的不愿听。方永刚却认为，党的创新理论是与时俱进的理论，是对实践作出及时反映的理论，这么鲜活的理论怎么会枯燥无味呢？群众不愿听，不是党的创新理论有问题，而是政治理论宣讲者没有真心为群众当好“政治翻译”、“广播电台”，老讲那些不切实际的“正确的空话、大话、套话”。党的理论虽然来自丰富的实践，但毕竟是抽象的、逻辑化了的理论。让党的理论成为思想向导，还要把理论还原到生活中去，用群众喜闻乐见的方式，把党的理论讲解给群众听，树立群众的信仰，坚定群众的信念。方永刚传播党的创新理论总是有一种紧迫感、使命感，即使到了癌症晚期，还坚持宣讲，说：“我肚子有问题，但脑子没问题，嘴没问题！”他不仅在学校把每堂课都讲成精品，超额完成200%的教学工作量，而且深入工厂、农村、连队、机关，向干部群众宣讲千余场，撰写理论研究论文千万字。方永刚以真心换真心，赢得了人民群众热烈欢迎。

“如果有一天我的生命之钟停摆了，我愿意把它定格在自己的岗位上，永远保持一名思想理论战线英勇战士的冲锋姿态，让有限的生命为太阳底下最壮丽的事业燃烧……”方永刚把教授党的创新理论，当成神圣的事业，视为生命之约，无愧于“人类灵魂的工程师”的光荣称号，他是真正的顶天立地的共产党人。

听取国务院有关部门食品安全卫生立法情况汇报 全国人大有关专门委员会和部分全国人大代表

食品安全卫生立法积极推进

本报北京4月4日讯 记者**刘晓鹏**报道：全国人大食品安全卫生立法研讨会4日在北京举行。全国人大有关专门委员会组成人员和部分全国人大代表在听取国务院法制办等有关部门关于食品安全卫生立法进展情况的汇报后提出，要加快解决立法中的难点问题，推动食品安全卫生立法进程，为有关法律草案如期提请全国人大常委会审议做好准备。

食品安全卫生关系广大人民群众的身体健康和生命安全，是社会关注的热点，也是全国人大代表关注的焦点。十届全国人大以来，累计有3000多人次的全国人大代表提出食品安全卫生方面的议案、意见和建议。不久前闭幕的十届全国人大五次会议上，就有近千名全国人大代表联名提出19件有关食品安全卫生立法的议案和78件建议，代表了广大人民群众对食品安全卫生立法的急切呼声。

全国人大及其常委会十分重视食品安全卫生立法工作。2003年，全国人大常委会将修改食品卫生法列入了本届立法规划；2007年，全国人大常委会将其列入今年的立法计划。近年来，全国人大教科文卫委员会也多次听取了国务院有关部门关于食品安全卫生各方面工作的汇报，开展立法调研活动，积极推动食品安全卫生立法进程。

国务院对食品安全卫生工作高度重视，专门建立了部际协调制度，采取了一系列措施加强食品安全卫生工作，取得一定成效。2004年底食品安全卫生立法工作启动以来，国务院及各有关部门做了大量准备工作，成立了食品卫生法修改领导小组、组织起草食品安全法草案。国务院法制办就食品安全卫生立法多次召开论证会、研讨会，赴各地进行调研，广泛征求有关方面的意见，并研究借鉴了许多国家的食品安全制度。国务院法制办根据这些意见和建议，对食品安全法草案进行了反复研究修改。

在4日的立法研讨会上，全国人大有关专门委员会组成人员和领衔提出有关议案、建议案的全国人大代表听取了国务院法制办关于食品安全卫生立法情况的汇报，部分全国政协委员和中编办、卫生部、商务部、质检总局、工商总局、食品药品监管局、农业部等部门负责人参加研讨。研讨会围绕食品安全卫生监管体制、安全风险评估、安全标准、检验检测、安全信息发布等立法难点发表了具体的意见和建议，要求有关方面加大工作力度，尽快解决立法难点问题，推进食品安全卫生立法进程，确保法律草案如期提请审议。

国务院法制办负责人最后表示，将配合有关部门继续对食品安全卫生立法的相关问题进行深入研究，尽快完成食品安全卫生法律草案的起草工作。

以“敲响春天”为主题的第十九届樱花暨风铃艺术展目前正在北京玉渊潭公园举行。4月4日，北京市丰台区的一对新人沐浴着明媚的春光，怀着对幸福生活的美好向往，携手来到玉渊潭公园，认养了一棵樱花树，作为他们爱的见证。　本报记者　雷　声摄

新闻摄影　冠景（中国）日用品有限公司

新闻出版总署发通知

加强记者站管理规范采编行为

新华社北京4月4日电 （记者**隋笑飞**）为加强对报社记者站的管理，新闻出版总署近日发出《关于进一步规范报社记者站管理的通知》。

《通知》要求，报社记者站依法从事与报社业务范围相一致的采访、组稿、通联等新闻业务活动，必须由持有《新闻记者证》的记者开展工作，报社记者站记者的《新闻记者证》应注明报社及记者站名称，即××报社××记者站，未领取《新闻记者证》的人员不得在记者站从事新闻业务活动。报社及记者站因工作需要，安排聘用时间未满一年的人员从事新闻采访活动，应在持有《新闻记者证》的记者带领和指导下进行。

在人员安排上，《通知》明确表示，报社记者站人员须为报社正式在编人员或者与报社签有聘用合同的专职人员，党政机关工作人员不得兼任记者站站长和记者，记者站不得自行聘用工作人员。因工作需要聘用的后勤人员必须与报社签订聘用合同，并不得从事新闻采访活动。

《通知》规定，报社记者站登记注册后，报社须在3个月内派遣记者站站长或者记者到记者站开展工作。报社应在记者站站长和记者上岗前，严格审核有关人员是否具备领取《新闻记者证》的资格条件。记者站人员变更后，报社应立即注销并收回变更记者（包括离任和新任记者）持有的原《新闻记者证》，并在15日内将人员变更情况报所在地新闻出版行政部门备案，在一个月内为新任记者申领新的《新闻记者证》。

《通知》再次重申：报社记者站不得从事与新闻业务无关的其他活动。记者站及其工作人员不得以新闻报道或者记者名义谋取不正当利益，不得有以新闻报道为名要求采访对象订报纸、做广告，或者以“曝光”相要挟向采访对象索取财物等行为。

据介绍，该通知是《报社记者站管理办法》的补充性规定，主要针对当前记者站人员管理存在的具体问题，结合新闻出版行政部门监督管理、行政执法工作的实际需要，进一步补充完善了记者证、记者站两个管理办法的有关规定，使记者站从业人员的管理依据更加明确，新闻出版行政部门、报纸出版单位管理职能划分更加清晰，管理及处罚手段更具操作性。

庆祝中国和亚美尼亚建交15周年招待会在京举行

本报北京4月4日讯 记者**杜迎新**报道：中国人民对外友好协会4日在北京举行招待会，庆祝中国与亚美尼亚建交15周年。

全国人大常委会副委员长司马义·艾买提出席了招待会。

对外友协会长陈昊苏在招待会上致词时说，中亚建交15年来，两国相互尊重、平等互信的友好合作关系稳步发展。两国在经贸、科技、文化、教育等各领域的合作不断拓展，取得了丰硕成果。中方感谢亚美尼亚在台湾、西藏等问题上给予中方的坚定支持，重视发展同亚美尼亚的关系。

亚美尼亚驻华大使瓦西里·卡扎良及中亚两国各界人士近100人出席了招待会。

何鲁丽会见奥地利联邦议会副议长

新华社北京4月4日电 （记者**熊争艳**）全国人大常委会副委员长何鲁丽4日在人民大会堂会见了奥地利联邦议会副议长哈泽尔巴赫一行。

华建敏会见土耳其副总理兼国务部长

据新华社北京4月4日电 （记者**谭晶晶**）国务委员兼国务院秘书长华建敏4日在钓鱼台国宾馆会见了土耳其副总理兼国务部长阿里·沙欣一行。华建敏说，中土友好关系历史悠久，源远流长，建交36年来，两国政治、经贸、文化等各领域的合作不断深入，友好合作关系顺利发展。他指出，两国人事行政领域的合作是加强双边关系的重要内容。

徐匡迪会见奥地利联邦议会副议长

新华社北京4月4日电 （记者**孙侠**）全国政协副主席徐匡迪4日在政协礼堂会见了奥地利联邦议会副议长哈泽尔巴赫一行。

大山深处的守卫者

——追记西安交警秦岭中队民警乔明友

本报记者　王　科　刘鑫焱

图为大雪封山时乔明友在事故处理现场。

2006年7月18日，数百名群众打着“乔哥一路走好”的黑色挽幛，哭泣着绕西安市灵沼乡上南丰村转了数圈，表达对亡者无限的哀思。

挽幛上的“乔哥”叫乔明友，生前是西安市公安局长安分局交警大队秦岭中队队长，去年7月16日因脑出血以身殉职。

一名普通警察，何以与当地群众结下如此深厚的情谊？

急事难事找“乔哥”

2005年9月的一个晚上，一名外地司机拉着一车牛路过秦岭喂子坪时，发现一头牛不见了。他调头找了半夜也不见牛的踪影。司机无奈之下敲开村民阎志民的门问：“老乡，我的牛丢了，最近的派出所在哪？”

“派出所离这儿还很远，有事你找‘乔哥’吧，他就是我们这儿的‘110’！”司机打电话向乔明友讲明情况。乔明友二话没说，开车就走，一个小时后把丢失的牛找了回来。

大山深处的秦岭中队组建于2000年7月，沿线6个村居住着2000多名村民。撤并乡镇后，乡政府、派出所都设在山外，周边66平方公里内，秦岭中队就是山中惟一的“政府”。群众丢了东西、遇到麻烦，甚至两口子吵架，都习惯去找中队解决。

乔明友在秦岭中队工作近4年的时间里，一直把为群众排忧解困作为自己的责任。2005年10月的一天，山体滑坡，危及到黄印勋家的房子。乔明友得知后，马上带民警赶到黄家，将黄印勋家人转移到安全地点，黄家躲过一场灭顶之灾。

喂子坪小学地处山区，寄宿生中有20多名孩子因家境贫寒，周五放学回家的车票钱成了孩子们的一个难题。乔明友就每到周五，把这些孩子集中到交警中队，由民警拦下顺路车，将孩子们捎回家。

胡比秀老人、农民工刘康娃、女青年康美娟……几年来，乔明友帮助过的人不胜枚举。当地群众常说的一句话：有啥急事难事找“乔哥”。

“黑脸”与“红脸”

2003年5月的一天，秦岭中队一位民警接到亲属的一个求助电话：骑摩托没带驾照，被乔明友扣住了，要他找乔明友“通融”一下。自认为有些“面子”的这名民警，找到乔明友，结果被顶了回来：“这里的路况这么复杂，如果不严格管理无照驾驶，很容易出事！”

乔明友有一个外号叫“乔黑脸”。这不仅仅是他生就一张黑脸，同时又是他的执法公正、铁面无私的写照。

秦岭中队所辖41公里山路，这里山大沟深，路窄坡陡，交通异常复杂，加上雨雪、泥石流等自然原因，一直是事故多发地段。自2004年4月乔明友担任秦岭中队队长以来，凭着严格执法，路段车祸死亡人数连年下降，2006年仅为1人。

在一般人眼里，司机和交警是一对“不可调和”的“对头”。乔明友罚了不少人，可很多司机还是在念他的好。

2005年3月9日，秦岭山中突降大雪，南来北往的200多辆车被困在山中。乔明友集合中队所有民警前去疏导，还买了方便面、矿泉水，装了满满一后备厢，发给受困的司乘人员。乔明友没吃没喝地干了近10个小时，直到受阻车辆完全通过。

常在这条路上跑的司机说：“帮我们排忧解困时，老乔是‘红脸’汉子，十分热情。”

2006年7月16日，离自己44岁的生日只差4天，乔明友没有留下一句话就走了。

在山区群众的眼里，乔明友不仅仅是一名交警，而且是个多重角色：110巡警、家庭调解员、消防员、紧急救援人员、排忧解困人员，更是他们最可信赖的人。

时代先锋

光彩事业促进会向贫困地区捐赠教学资源卡

本报北京4月4日讯 记者**潘跃**报道：由中国光彩事业促进会、国务院扶贫办公室共同主办的“中国光彩事业促进会三学苑教学资源卡捐赠仪式”今天在人民大会堂举行。全国政协副主席黄孟复、张怀西出席捐赠仪式。

张怀西指出，此次面向592个国家级贫困县捐赠教学资源卡，将惠及23万名教师，让贫困地区的教师也能共享最新科技成果，共同促进贫困地区教育事业的发展。

中央统战部副部长、中国光彩事业促进会副会长胡德平代表主办方将三学苑教学资源卡赠给四川、云南、河南、贵州、河北、内蒙古等国家级贫困县的教师代表。

刘书田同志逝世

新华社北京4月3日电 水利部原副部长刘书田同志（部长级医疗待遇），因病于3月17日在北京逝世，享年87岁。

在刘书田病重期间及去世后，胡锦涛、曾庆红、贺国强、王刚、李鹏和钱正英等以不同方式表示慰问。

刘书田1920年出生，河北省献县人。1939年参加革命工作并加入中国共产党。1939年至1947年，历任河北省献县区农会组织委员、主席，区抗联主任，区委组织委员、敌工委员、区委书记，建国县县委宣传部部长，青沧交县县长。1947年随刘邓大军南下，1948年任湖北省江汉县监河三区区委书记、潜江县委宣传部部长。新中国成立后，历任潜江县委副书记、共青团荆州地委副书记、湖北省团校校长，三门峡工程局局长兼党委副书记，刘家峡工程局党委书记、局长，水电部基建计划、电力组副组长，长江葛洲坝（三三〇）工程局党委第一书记、葛洲坝工程学院党委书记。1979年任水利部副部长兼葛洲坝工程局党委第一书记。1982年任水电部水利水电建设总局党委书记。1989年被聘为中国水利水电工程总公司董事长、顾问。1990年12月离休。

北京首次集体祭奠抗非典烈士

新华社北京4月4日电 （记者**王思海**）4日，北京市众多医务人员手持鲜花，在抗击非典纪念坛下，祭奠因抗击非典而牺牲的烈士。这也是2003年抗击非典胜利后北京市首次举行的祭奠。

据了解，北京于2006年6月建成“救死扶伤纪念坛”，以纪念2003年北京抗击非典斗争中以身殉职的9名烈士，以此来“纪念死者，鼓舞生者”。

4日上午，“救死扶伤纪念坛”沿途道路两侧摆满了鲜花。40名身着粉色护士服的年轻护士手捧鲜花，肃立在纪念墙的两侧。在“烈士墙”前，9位烈士的单位分别敬献了花篮。几位参加过当年非典报道的记者潸然泪下。

记者了解到，2003年北京市在抗击非典过程中，有9位医务人员以身殉职。他们是武警北京总队医院李晓红、怀柔区第一医院李进惠、中医药大学东直门医院段力军、通州区潞河医院王建华、通州区潞河医院杨涛、北京大学人民医院丁秀兰、北京大学人民医院王晶、武警北京总队医院李彩尧、中国中医科学院西苑医院张林国。

人民日报

RENMIN RIBAO

今日 16 版

人民网 网址:http://www. people. com. cn
手机:http://wap. people. com. cn

国内统一连续出版物号 CN 11-0065
第 21454 期 （代号 1-1）
人民日报社出版

2007 年 4 月
6
星期五
丁亥年二月十九

北京地区天气预报
白天 多云转晴
风向 偏北
风力 二、三级
夜间 晴间多云
风向 偏北
风力 二、三级
温度 17℃/6℃

胡锦涛看望海军大连舰艇学院教授方永刚
号召广大共产党员和全军官兵向方永刚学习

胡锦涛高度赞扬方永刚深入学习、坚定信仰、积极传播、模范践行党的理论，体现了共产党员的高度政治觉悟和优秀教师的高尚师德师风

新华社北京 4 月 5 日电 中共中央总书记、国家主席、中央军委主席胡锦涛，日前来到解放军总医院，亲切看望了正在这里住院治疗的海军大连舰艇学院教授方永刚，高度赞扬方永刚传播和践行党的创新理论的先进事迹，号召广大共产党员、全军官兵向他学习。

胡锦涛对方永刚说，我看了你的事迹介绍，很受感动。你长期在军队院校从事政治理论教学和研究工作，为发展军队教育事业，为宣传党的创新理论，作出了优异成绩。你不仅深入学习党的理论、坚定信仰党的理论、积极传播党的理论，而且用自己的实际行动模范践行党的理论。从你的身上，我们看到了共产党员的高度政治觉悟，看到了优秀教师的高尚师德师风。广大共产党员、全军官兵都要向你学习。

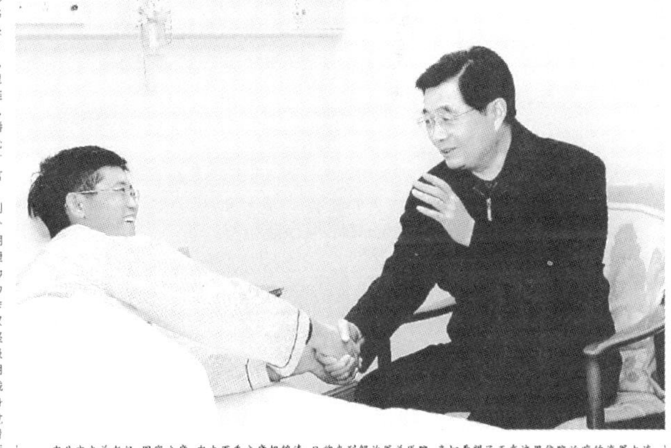

中共中央总书记、国家主席、中央军委主席胡锦涛，日前来到解放军总医院，亲切看望了正在这里住院治疗的海军大连舰艇学院教授方永刚，高度赞扬方永刚传播和践行党的创新理论的先进事迹，号召广大共产党员、全军官兵向他学习。

钟魁润摄（新华社发）

胡锦涛说，听到你患病的消息，我很牵挂。军委、总部和海军，以及解放军总医院都很关心你，为你的治疗作了精心安排。希望你安心养病，早日康复！

方永刚表示，一定不辜负胡主席和各级领导的关心厚爱，争取尽快康复起来，重新回到三尺讲台，继续研究宣传党的创新理论。

方永刚 1985 年 7 月毕业于上海复旦大学，同年入伍到海军大连舰艇学院任教。20 多年来，方永刚深入学习、坚定信仰、积极传播、模范践行党的理论。他立足三尺讲台，辛勤耕耘，先后完成 10 多项政治理论研究课题，出版了 16 部政治理论研究专著，发表学术论文 100 余篇，多项成果获国家图书奖、全军政治理论研究优秀成果奖；他深入工厂、农村、街道、社区、学校、军营，用人民群众和广大官兵喜闻乐见的方式和通俗易懂的语言，真情传播党的创新理论，仅近五年来，就为社会各界作辅导报告 500 余场次；他为人师表，诲人不倦，为部队培养了近万名优秀基层政工干部，荣获全军院校育才奖。

2007 年 1 月，胡锦涛主席和军委其他领导同志得知方永刚教授患病住院的消息后，指示有关部门全力救治。2 月 1 日，海军派专机把方永刚从大连接到北京解放军总医院接受治疗。

党的理论工作者的光荣

——胡锦涛等领导同志关心大连舰院教授方永刚纪实

新华社记者 陈万军 白瑞雪 本报记者 郭嘉

2007 年的这个春天，海军大连舰艇学院教授方永刚特别难忘。沐浴着温暖的春风，与疾病抗争中的方永刚深切感受到作为党和军队一名理论工作者的光荣和幸福。

2 月 20 日，农历大年初三。下午 3 点 30 分，中共中央总书记、国家主席、中央军委主席胡锦涛来到解放军总医院，看望正在这里接受治疗的方永刚。

1 月 24 日，胡锦涛在一份内部材料上了解到方永刚的事迹和病情后，当即作出批示："要全力挽救方永刚同志的生命。要认真总结、宣传他的先进事迹。"

方永刚的病情，让胡锦涛一直牵挂在心。

走进摆满鲜花的病房，胡锦涛热情地朝病榻上的方永刚伸出双手。刚刚做完化疗，半躺在病床上的方永刚连忙用力想坐起来。胡锦涛快步上前，握住他的手，连声说："快躺下、快躺下。"

坐在方永刚身边，胡锦涛亲切地说："今天是大年初三，我特地来看你，向你和你的家人致以新春的问候！"方永刚激动地说："谢谢胡主席！"

胡锦涛说："我看了你的事迹介绍，很受感动。你长期在军队院校从事政治理论教学和研究工作，为发展军队教育事业，为宣传党的创新理论，作出了优异成绩。你不仅深入学习党的理论、坚定信仰党的理论、积极传播党的理论，而且用自己的实际行动模范践行党的理论。从你的身上，我们看到了共产党员的高度政治觉悟，看到了优秀教师的高尚师德师风。广大共产党员、全军官兵都要向你学习。"

胡锦涛亲切地说："听到你患病的消息，我很牵挂。"方永刚十分激动："您日理万机，昨天还在甘肃，对基层群众问寒问暖，今天就来医院看我。您的到来，为我战胜疾病增添了无穷的力量！"

阳光洒满病房。摆放在阳台正中的一盆"南国红"开得正艳。这盆中央军委领导送来的鲜花，方永刚十分喜爱。他说生命力旺盛的"南国红"，是自己在各级领导的关心下，与病魔顽强抗争的象征。

出生于辽宁建平县一个偏僻小山村的方永刚，是改革开放新时期成长起来的理论工作者。从事理论研究教学 20 多年来，他真情传播党的创新理论、真诚实践党的创新理论，即使在重病缠身的情况下，仍执意为部队官兵和地方干部群众宣讲十六届六中全会精神，始终保持着一位理论战士的昂扬姿态。他的先进事迹和崇高精神在军地引起强烈反响。

就在胡锦涛在内部材料上作出批示的同一天，中共中央政治局常委李长春批示指出，要宣传思想政治理论工作者的模范事迹。

中共中央政治局委员、书记处书记、中宣部部长刘云山，中共中央政治局委员、中央军委副主席郭伯雄，中共中央政治局委员、中央军委副主席、国务委员兼国防部长曹刚川，中共中央书记处书记、中央军委副主席徐才厚，以及中央军委委员、总政治部主任李继耐，中央军委委员、总后勤部部长廖锡龙等，也分别对救治、宣传方永刚提出明确要求。

遵照胡锦涛等领导同志的指示精神，1 月 26 日，总后勤部有关部门领导带领专家前往对方永刚进行前期治疗的大连驻军 210 医院，研究、指导救治工作；解放军总医院和第三、第四军医大学的专家，对方永刚的病情进行了远程会诊。2 月 1 日，海军派专机将方永刚从大连接到北京解放军总医院……

在与疾病抗争的日子里，方永刚时时都能感受到各级领导同志无微不至的关怀。他在病房日记中写道："辛苦之后是快乐，付出之后是幸福。"

此时此刻，望着胡锦涛关切的目光，方永刚动情地说："我是一个普通教员，胡主席这么关心和厚爱我，这份荣誉不是我个人的，它应当属于所有党的思想政治理论工作者，属于全军广大指战员！"

在向胡锦涛汇报学习研究宣传党的创新理论的体会和感悟时，方永刚兴致盎然，全然忘记了自己是身患癌症的病人："党的十七大今年将胜利召开，我希望自己尽早跳下病床，奔向我最喜爱的三尺讲台，继续研究宣传党的创新理论，投入到宣讲十七大精神的工作中去。"

胡锦涛握着方永刚的手，叮嘱道："现在我对你的要求只有一个，安心养病，早日康复！"方永刚坚定地回答："请主席放心，我一定尽快地康复起来，因为我是一名战士！"

胡锦涛绕过床头，走到方永刚的妻子回天燕面前，和她亲切握手，又转身对方永刚上高中二年级的儿子方舟说："你有一个好父亲。从他身上，我们看到了一个共产党员的本色，看到了人民军队战士的品格。希望你任何时候都要有坚定的理想信念，从年轻的时候就要把它树立起来。"方舟懂事地说："我一定好好学习，向爸爸的标准看齐，将来为国家多做贡献。"

看望结束前，胡锦涛对陪同看望的海军司令员吴胜利、政委胡彦林说："方永刚是一名共产党员，是人民军队的一名战士，我们关心他、爱护他，就是关心爱护党和军队的事业！"

吴邦国会见美国国会议员代表团

新华社北京 4 月 5 日电 （记者徐松）全国人大常委会委员长吴邦国 5 日下午在人民大会堂会见了美国国会议员代表团。

吴邦国积极评价了中美关系。他说，近年来，中美双方保持经常性高层接触，政治互信加深，在重大国际和地区问题上密切磋商与配合，各领域合作深入开展，给两国和两国人民带来了实实在在的利益。中美关系的合作基础和战略内涵日益扩大，发展前景广阔。

在谈到议会交往时，吴邦国说，议会交往是国家关系的重要组成部分。中国全国人大高度重视发展与美国国会的关系，已分别与美国参众两院建立了定期交流机制，并开展了多轮机制化会晤，对中美关系的健康稳定发展发挥了积极作用。我们高兴地看到，美国国会中主张加强双方交往、对话与合作的声音不断增强。除了定期交流机制外，参众两院还相继成立了几个对华关系小组，而且每年都有很多国会议员和议员助手来华访问，就共同关心的问题开展对话，深入交换看法，加深了相互了解，增进了政治互信，促进了互利合作。

参加会见的美国国会议员积极评价中国经济社会发展取得的巨大成就，认为美中是世界上有重大影响的国家，双方拥有广泛的共同利益，纷纷表示，愿为美中关系的发展多做工作。

美国国会众议院外委会、司法委员会议员代表团和阿斯彭学会组织的美国国会议员代表团 25 名成员参加了会见。

吴邦国将出席博鳌亚洲论坛 2007 年年会

新华社北京 4 月 5 日电 外交部发言人秦刚 5 日宣布，应博鳌亚洲论坛的邀请，全国人民代表大会常务委员会委员长吴邦国将出席 4 月 20 日至 22 日在海南省博鳌举行的论坛 2007 年年会并发表主旨演讲。年会期间，吴邦国委员长还将会见与会的有关国家领导人和其他代表。

贾庆林将访问突尼斯加纳津巴布韦和肯尼亚

新华社北京 4 月 5 日电 应突尼斯参议院、加纳议会、津巴布韦议会和肯尼亚政府邀请，全国政协主席贾庆林将于 4 月 15 日至 4 月 26 日对上述四国进行正式友好访问。

对韩国进行正式访问前夕

温家宝接受韩国新闻媒体联合采访

新华社北京 4 月 5 日电 在对韩国进行正式访问前夕，国务院总理温家宝 5 日在中南海紫光阁接受了韩国联合通讯社、朝鲜日报、东亚日报、韩国广播公司等 19 家韩国新闻媒体驻京记者联合采访，回答了记者提问。全文如下：

温家宝：大家下午好！去韩国访问是我期待已久的事情。我将带着友谊和合作而去。我愿通过你们向韩国人民转达中国人民的亲切问候和良好祝愿。现在我愿意回答大家的问题。

记者：感谢温总理在百忙中接受我们采访。预祝你对韩国和日本的访问成功。中国在六方会谈机制中发挥着非常重要的作用，你如何看待建立朝鲜半岛和平机制问题？在实现南北统一的问题上，中国能发挥什么作用？

温家宝：朝鲜半岛停战已经半个多世纪了，但迄今没有建立和平机制，这是很不正常的事情。建立半岛和平机制，最重要的是要从根本上消除任何形式的冷战。我们希望在推进六方会谈的过程中，有关各方加强磋商与对话，为建立半岛和平机制创造条件，从而使半岛能够长治久安。朝鲜半岛问题最终应由南北双方自主和平解决。我们希望南北双方通过谈判与对话，增强互信，改善关系，在此基础上实现自主和平统一。中国政府愿继续为此发挥积极促进作用。

记者：韩中有关高句丽历史问题的纠纷不断。中国把高句丽史等纳入中国历史。我认为这会成为韩中两国友好的绊脚石。尤其是最近因为长白山问题韩国人和中国人之间产生了微妙的紧张关系。请总理谈一谈对这个问题的看法。

温家宝：中韩有着数千年的友好交往史，这是两国关系发展的有利条件。中韩之间不存在领土问题，这是两国关系发展的重要政治基础。对于民族、疆域变迁史的研究，应该本着学术与政治分开、现实与历史分开的原则，正确对待，妥善处理，不要影响两国关系。

记者：2005 年底，胡锦涛主席访问韩国时，韩国承认了中国的完全市场经济地位。这在对华贸易额超过 1000 亿美元的国家中是第一个。韩中两国地理位置接近，感情上有很多共同点，两国经济合作对双方来说都有非常重要的意义，请问中国在加强与韩国的经济合作方面有何具体计划？

（下转第二版）

李长春结束五国之行回到北京

此前与萨摩亚总理共同出席中国援萨项目竣工交接仪式

新华社北京 4 月 5 日电 中共中央政治局常委李长春圆满结束了对墨西哥、委内瑞拉、苏里南、秘鲁和萨摩亚的友好访问，于 5 日晚乘包机回到北京。李长春的主要陪同人员同机抵京。

当地时间 4 日上午，在李长春离开萨摩亚首都阿皮亚回国时，萨副总理米萨等高级官员，中国驻萨摩亚大使施隆壮，以及中国驻萨使馆工作人员、援萨工作人员代表到机场欢送。启程前，李长春专程考察了史蒂文森博物馆和萨摩亚游泳馆等文化体育设施。

新华社阿皮亚 4 月 4 日电 （记者刘东凯）当地时间 4 月 3 日，中共中央政治局常委李长春与萨摩亚政府总理、人权保护党领袖图伊拉埃帕共同出席了中国援萨摩亚阿皮亚公园体育设施维修扩建工程竣工交接仪式，并分别发表讲话。

李长春对援建工程按时竣工、顺利移交表示祝贺。他说，阿皮亚公园体育设施维修扩建工程是中萨两国人民劳动智慧的结晶和友好合作的象征。中方很高兴能为萨摩亚今年 8 月主办南太运动会提供支持，希望该项目能为促进萨摩亚和南太地区体育运动的发展、活跃当地人民的文体生活发挥积极作用。

李长春强调，萨摩亚是中国在南太地区值得信赖的朋友和真诚合作的伙伴。中国高度重视与萨摩亚的友好合作关系，愿采取切实措施，深化互利合作，努力为两国人民带来更多实实在在的利益。

图伊拉埃帕在讲话中回顾了阿皮亚公园体育设施工程的建设过程，并对萨中两国参建的工程技术人员、管理人员等表示衷心感谢。

交接仪式在热烈诚挚的气氛中进行。在中萨友谊的感染下，参加交接仪式的双方人员都情不自禁地用不同方式，为中萨两国人民的未来和两国友好祈福。

交接仪式后，李长春还观看了短跑比赛及当地群众为交接仪式精心排练的歌舞，并亲切会见了中国驻萨使馆工作人员和援萨项目组、专家组代表。

今日导读

使命和生命之歌

——印象方永刚

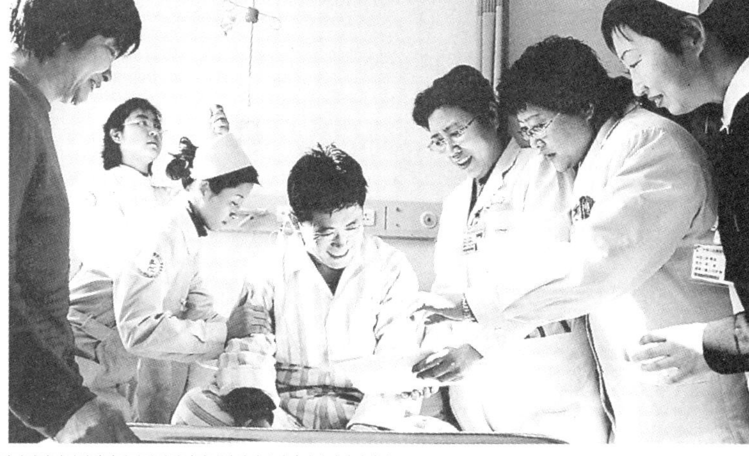

▲一杯开水，一块毛巾，满怀激情的讲台风采。

▶住院期间，方永刚还不忘给医护人员宣讲党的创新理论。

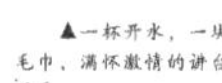

◀上百个获奖证书、奖牌，诉说着方永刚的辛勤。

方永刚，海军大连舰艇学院教授。一个朝着真理奔跑的坚强战士，一个激情澎湃、真情传播党的创新理论的普通教员。

巴金老人曾这样形容战士："战士永远是年轻的。他不犹豫、不休息……战士永不会失去青春的活力。"

当一些人在红尘滚滚的喧嚣中浮躁地迷失自我时，方永刚却一直坚守自己的三尺讲台；当一些人因失却了信仰的指引而庸碌地过着没有方向的生活时，方永刚用党的理论光芒和自己生命的熊熊火焰点燃和辉映着时代的征程。

他，二十年如一日从事党的创新理论研究和传播，年均完成教学任务200%，为官兵和干部群众做报告1000多场，撰写论文100多篇……用激情和生命诠释着使命和忠诚。

"不管癌症是中期还是晚期，我研究传播党的创新理论没有限期！"正如同他的名字"永刚"一样，他心存坚定信念，敢于笑对病魔。2006年11月，方永刚在被确诊为癌症晚期的情况下，一方面以乐观态度和顽强毅力与病魔作斗争，另一方面争分夺秒地学习和工作，利用化疗间隙从医院返回学院，为学员上完本学期最后课程；今年1月，他躺在病床上坚持完成了对3名研究生的学期教学和毕业论文辅导任务。

"我所肩负的是太阳底下最神圣的事业，我甘愿奉献自己全部的聪明才智，与千千万万个理论工作者一道，让党的创新理论的真理之花遍地盛开，让党的创新理论的真理之光照亮和温暖千家万户！"行胜于言，方永刚以行动向我们见证着使命、传播着思想。

让我们从另一个侧面一起感受方永刚……

◀二〇〇七年三月二十八日，方永刚获「复旦大学校长奖」。

▲方永刚热情传播党的创新理论，群众不分老幼，都能听得懂、听得进。

▲病床上的方永刚仍孜孜不倦地学习。

◀2005年7月21日，方永刚取得国防大学军事学博士学位，一家人在航天英雄塑像前留影以明心志。

◀方永刚深受社会各界爱戴，在赴京治病临行时，听过他讲课群众自发前来送行（左图），学员们拉起标语（左下图），护士们拥花相送（下图），他们用不同的方式，表达着共同的祝福：方教授早日康复！

本版图片由查春明、钟魁润、戴岳、郭良生等摄

▼在海军部队，方永刚是官兵的崇拜者。这不，"刚丝"们听完课就找到方永刚签名。

人民日报

RENMIN RIBAO

今日16版

人民网 网址:http://www. people. com. cn
手机:http://wap. people. com. cn

国内统一连续出版物号 CN 11-0065
第21501期 (代号1-1)
人民日报社出版

2007年5月
23
星期三
丁亥年四月初七

北京地区天气预报
白天 多云转阴有阵雨
风向 偏南
风力 二、三级
夜间 阴有阵雨转多云
风向 南转北
风力 一、二级
转三、四级
温度 23℃/16℃

减少污染 还河还滩 修复生态
陕西渭河水质逐渐变好

本报西安5月22日电 (记者王乐文)近日,陕西省环保局对沿渭河5市22县区的12条干支河流断面、15家重点排污企业进行了抽查。通过对31个水样的检测分析表明,经过几年来的综合治理,渭河水质正在逐渐变好。

渭河被誉为陕西人民的母亲河,但沿岸排入的污水和水资源的过度开发,导致渭河逐渐丧失了水域功能。2006年,陕西省政府决定省级财政每年投入不少于1.5亿元资金,启动渭河治理规划。

为从源头控制污染,陕西省政府去年关闭了56家不符合环保排放标准与产业政策的造纸企业,今年将继续关停、转产一批不符合环保排放标准的造纸企业。此外,小火电、电石等高污染、高排放行业也将全部关闭淘汰。今年7月1日起,排污许可证制度将在省内全面推行,禁止无证排污及超标、超总量排污。

陕西省还通过出台开征污水处理费政策,为渭河流域污水处理产业化提供条件。流域内的咸阳市、杨凌示范区分别以BOT、TOT模式建设污水处理厂,探索出了一条企业建厂、政府建网、市民付费、政府监管、市场运营的污水处理路子。

一项投资2000万元、旨在对渭河湿地资源进行保护的建设项目日前正式启动,该项目位于咸阳市市区境内的渭河湿地内,总面积2.3万亩。咸阳市市长千军昌说,咸阳将通过保护渭河湿地这一方式,稳步推进退耕还河、还滩,以恢复渭河昔日的自然风貌。

节能减排 保护环境

稻香万里济众生
——记袁隆平和他的杂交水稻(上)

本报记者 朱隽 贺广华

五月十日,袁隆平在试验田观察水稻长势。 新华社记者 赵众志摄

5月8日,刚从美国归来的袁隆平院士,像往常一样,走进了试验田。

黝黑的面庞依旧,坚定的步伐依旧,"袁氏发型"依旧。

"我不在家,就在试验田;不在试验田,就在去试验田的路上",他这样描述自己的生活作息。试验田是他生活的一个重心,因为那里种着他心爱的杂交水稻。

近半个世纪的时间里,袁隆平在杂交水稻攻关的每一个关键时刻,每一个困难面前,都始终坚守目标,锲而不舍进行科学探索;在杂交水稻领域的每一个发展阶段,每一项重大技术创新,都贡献出了非凡的经验、智慧与学术思想。

在他的引领下,我国拥有了解决粮食安全问题的关键技术,人类拥有了驱逐饥饿新的希望。

77岁的袁隆平,壮心不已。

使　命
让所有人远离饥饿,新的起点期待新的奇迹

2005年8月13日,农历七月初九。

8月的长沙,天气炎热,空气里一丝凉风都没有。可袁隆平却觉得这天热得畅快,热得舒坦。

因为这一天是袁隆平75岁的生日,也因为在这个特别的日子里他将迎来一位特别的客人。

这一天,温家宝总理到国家杂交水稻工程技术研究中心视察。

看过试验田里穗大叶壮、谷粒硕大的超级稻,听过袁隆平的汇报,温家宝总理说,袁老师研究发明的超级稻有重大科学价值,在我国大面积推广种植后累计增产粮食4000多亿公斤,为中国人养活自己做出了重大贡献。发展农业要靠政策,靠投入,归根结底要靠科学技术。

总理的评价,让袁隆平如沐春风;总理的嘱托,让袁隆平深感振奋。

这一年,袁隆平向世人宣布了第三期超级稻目标:在2010年,亩产要达到900公斤;同时要把杂交水稻推向全世界。袁隆平设想,在2010年将杂交水稻在世界范围内推广到1500万公顷,按照每公顷增产2吨粮食计算,就能多产3000万吨粮食,多养活1亿多人。

这一年,距离他与杂交水稻携手之始已有45年。

45年,弹指一挥间。袁隆平要让所有人远离饥饿的追求没变;他那"先天下之忧而忧,后天下之乐而乐"的情怀没变;他那"路曼曼其修远兮,吾将上下而求索"的豪情没变。

此前一年,超级稻二期目标提前实现,超过800公斤的亩产,让中国的超级杂交稻育种研究继续领跑世界,这一领先的纪录已经保持了30年。

让杂交水稻的潜力充分迸发,让人民不仅吃饱还要吃好,面向未来,使命仍然在肩。

(下转第八版)

八版刊登评论员文章

永葆本色的科学家

吴邦国同埃及人民议会议长举行会谈

五月二十一日,吴邦国委员长在开罗与埃及人民议会议长苏鲁尔举行会谈。 新华社记者 兰红光摄

本报开罗5月21日电 (记者曹鹏程、黄培昭)正在埃及进行正式友好访问的中国全国人大常委会委员长吴邦国当地时间21日下午在议会大厦与埃及人民议会议长苏鲁尔举行会谈。双方高度评价近年来中埃关系取得的重要进展,一致表示将继续发挥议会交往的特点和优势,共同推动中埃战略合作关系不断向前发展。

苏鲁尔首先对吴邦国委员长的来访表示欢迎。他说,埃中同为文明古国,始终相互尊重,相互支持。中国在埃及人民心目中一直占有崇高地位。吴邦国委员长此次来访,是埃及人民议会史上的重要事件。

吴邦国说,埃及是非洲和阿拉伯有重要影响的国家。中国人民对埃及人民怀有友好感情。埃及是第一个与中国建交的非洲和阿拉伯国家,也是第一个与中国建立战略关系的非洲和阿拉伯国家。 (下转第三版)

吴邦国会见埃及总理纳齐夫

五月二十二日,吴邦国委员长在开罗智能村总理办公室会见埃及总理纳齐夫。 新华社记者 李学仁摄

本报开罗5月22日电 (记者曹鹏程、黄培昭)正在埃及进行正式友好访问的中国全国人大常委会委员长吴邦国当地时间22日上午在开罗智能村总理办公室会见了埃及总理纳齐夫。

吴邦国说,中埃是相互依赖的好朋友、真诚合作的好伙伴,政治上相互尊重,经贸上务实合作,在国际和地区问题上密切配合,在对方关切的问题上相互支持。与此同时,中埃经贸合作也取得了长足发展,合作机制逐步健全,相互投资正在扩大,双边贸易额持续增长,不仅充实了两国战略合作关系的内涵,也为两国人民带来了切实的利益。吴邦国指出,中埃经济互补性强,经贸合作起步早、基础好、潜力大,双方又有加强合作的强烈愿望,这些都为深化合作创造了有利条件。 (下转第三版)

离开开罗抵达布达佩斯
吴邦国开始对匈牙利进行正式友好访问

本报布达佩斯5月22日电 (记者曹鹏程)应匈牙利共和国国会主席西利·卡塔琳的邀请,中国全国人大常委会委员长吴邦国于当地时间22日傍晚抵达匈牙利首都布达佩斯,开始对匈牙利进行为期两天的正式友好访问。这是中国全国人大常委会委员长首次访问匈牙利。

春日的余辉撒满布达佩斯这座东欧千年古城,中匈两国国旗在费里海吉机场上空迎风招展,与欢迎人群手中舞动的鲜花交相辉映,共同期待着远道而来的中国贵宾。当地时间傍晚7时许,吴邦国委员长乘坐的专机降落在费里海吉机场。吴邦国委员长走出机舱,同前来迎接的匈牙利国会副主席曼杜尔等匈方高级官员亲切握手、互致问候。中国驻匈牙利大使馆青年向吴邦国委员长和热地副委员长敬献了鲜花。

吴邦国在机场发表了书面讲话。他说,中国和匈牙利虽然相距遥远,但传统友谊源远流长。建交58年来,中匈友好经受住了时间和国际风云变幻的考验。当前,中匈关系正处于历史上最好时期,两国政治互信日益增强,经贸合作不断扩大,人文交流方兴未艾,为两国和两国人民带来了实实在在的利益。

访问期间,吴邦国将分别同绍约姆总统、西利主席和久尔恰尼总理等匈牙利领导人举行会见或会谈,就进一步发展中匈关系及共同关心的国际和地区问题深入交换意见。 (下转第三版)

贾庆林会见中国共产党全国台湾省籍党员代表会议代表并发表讲话

本报北京5月22日电 (记者柳晓森)中国共产党全国台湾省籍党员代表会议22日在北京闭幕。中共中央政治局常委、全国政协主席贾庆林会见全体代表并讲话。

贾庆林说,党的十七大将于今年下半年在北京召开。这是我国经济社会发展进入关键阶段召开的一次重要会议,是全党全国各族人民政治生活中的一件大事。希望当选的台籍党员代表,不辜负广大台籍党员和群众的重托,以高度的政治责任感和历史使命感,认真履行职责,为开好十七大作出应有的贡献。

贾庆林指出,近年来,中央针对台海局势的新变化,就加强新形势下的对台工作提出了一系列新论述、新主张,作出了一系列重大决策和部署,采取了一系列新举措,坚决打击"台独"分裂活动,引导两岸关系朝着和平稳定的方向发展。同时,我们必须清醒地看到,"台独"分裂活动仍然十分猖獗,台海局势仍然严峻复杂。特别是台湾当局加紧通过推动所谓"宪改"、公投进行"台湾法理独立"活动,企图将台湾从中国分割出去。这是当前台海和平稳定面临的最严重、最危险、最紧迫的问题。我们要坚定不移地贯彻中央对台工作的大政方针,紧紧抓住反对和遏制"台独"分裂活动这一当前对台工作的首要任务,牢牢把握两岸关系和平发展的主题,继续贯彻"寄希望于台湾人民"的方针,促进两岸人员往来和经济文化交流,推动两岸直接"三通"进程, (下转第四版)

曾庆红会见克罗地亚外长

新华社北京5月22日电 (记者郝亚琳)国家副主席曾庆红22日在人民大会堂会见了来访的克罗地亚外交和欧洲一体化事务部部长基塔罗维奇。

曾庆红说,中克建交15年来,双方本着互信、互利、双赢的原则,积极发展两国关系,在对方关切的问题上相互理解和支持,中方赞赏克方奉行一个中国政策。两国在国际事务中加强协调与配合,双边各领域务实合作富有成效。特别是自2005年建立全面合作伙伴关系以来,中克关系提高到了新的发展水平。中方愿与克方一道,以建交15周年为契机,进一步加强政治互信,促进各领域务实合作,不断充实中克全面合作伙伴关系的内涵,推动两国关系向更广领域、更高层次发展,以造福于两国人民。

基塔罗维奇说,克中友谊源远流长。克方高度重视发展对华关系,视中国为重要合作伙伴,钦佩中国改革开放取得的巨大成就,赞赏中方在国际事务中发挥的重要作用,愿加强和扩大双方在各领域的友好合作。克罗地亚政府将会一如既往地坚持一个中国政策,支持中国的统一大业。

外交部副部长李金章等会见时在座。

德意志联邦共和国总统克勒
今起对我国进行国事访问

克勒总统

应国家主席胡锦涛邀请,德意志联邦共和国总统霍斯特·克勒将于5月23日至26日对中国进行国事访问。

克勒生于1943年2月22日,曾获德国图宾根大学国民经济学硕士和政治学博士。

克勒从1976年起先后在联邦经济部、石勒苏益格—荷尔施泰因州州长办公室、联邦财政部任职,1990年任联邦财政部国务秘书,1993年任德国储蓄银行协会主席。1998年,克勒任欧洲复兴开发银行行长,2000年3月任国际货币基金组织第八任总裁兼执行董事会主席,2004年7月就任德国战后第九任总统,任期5年。

克勒重视对华关系,在担任国际货币基金组织总裁期间,曾于2000年、2001年、2002年和2003年4次访华。

克勒信奉天主教,其妻子埃娃·露易丝·克勒是一名教师,他们育有一子一女。

(新华社电)

人物介绍

泰国总理将访华

本报北京五月二十二日电 (记者彭敏)外交部发言人姜瑜二十二日在例行记者会上宣布,应国务院总理温家宝邀请,泰王国总理素拉育·朱拉暖将于二十八日至三十一日对中国进行正式访问。

中国煤矿文工团纪念建团60周年
李长春刘云山致信祝贺

本报北京5月22日电 今天,中国煤矿文工团建团60周年纪念大会在北京人民大会堂举行,中共中央政治局常委李长春和中共中央政治局委员、书记处书记、中宣部部长刘云山发来贺信。

来自全国文化界、艺术界、部队学校、厂矿企业等各个领域的代表1800多人参加了大会。

中国煤矿文工团诞生于解放战争的炮火之中。60年来,该团始终战斗在生产生活最前沿,几代艺术家坚持先进文化的发展方向,下矿慰问演出1.2万场,创作、演出、拍摄了大批优秀剧(节)目,培养了众多的艺术人才。

刘淇当选中共北京市委书记

新华社北京5月22日电 中共北京市第十届委员会第一次全体会议5月22日选举刘淇为市委书记,王岐山、王安顺为市委副书记,当选为市委常委的还有马志鹏、朱善璐、蔡赴朝、尤兰田(女)、吉林、马振川、吕锡文(女)、李士祥、李少军、梁伟。中共北京市纪委第一次全会选举马志鹏为市纪委书记,张厚崑、王海平、隋秀梅(女)、于春生为市纪委副书记。

尼日利亚卫星成功定点

本报北京5月22日电 (记者蒋建科)5月22日,尼日利亚通信卫星一号经过5次变轨,成功定点在东经42°赤道上空。该星定点成功,标志着我国自行研制的新一代通信卫星正式准确进入预定地球同步轨道位置,为尼日利亚卫星的运营奠定了基础。尼日利亚通信卫星一号于5月14日在西昌卫星发射中心发射升空。

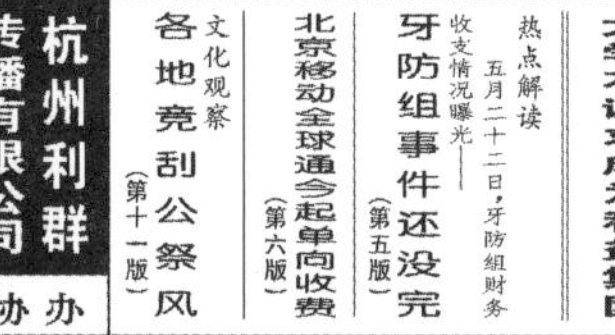

今日导读

十一、大型活动新闻的版面安排

新中国成立后特别是改革开放以来，随着综合国力和国际地位的显著提高，我国举办的大型综合性国际性赛事以及单项比赛，无论从数量还是规模方面有了显著变化。

一方面，人民群众对体育越来越喜欢、越来越重视，另一方面，人民群众对运动项目的兴趣越来越宽泛,关注点越来越多。这表明人民群众对体育运动内涵的认识越来越深刻。

具体到人民日报，既秉承一贯的版面风格，着重反映我国昂扬向上的国家形象以及运动员努力拼搏的精神风貌，版面编排活泼、热烈、大方，同时也与时俱进，大胆创新。1990 年在北京举办的第十一届亚运会、1995 年在天津举行的第四十三届世乒赛、2007 年举办的特奥会、2008 年举办的夏季奥运会都是范例。值得一提的是，北京成功申办 2008 年奥运会,圆了百年梦想。申奥成功的版面反映了百年期盼,当日人民日报出“号外”祝贺。

北京第二十九届奥林匹克运动会

百年奥运梦，今夜终成真。2008 年 8 月 8 日晚，举世瞩目的北京第二十九届奥林匹克运动会开幕式在国家体育场隆重举行。胡锦涛出席开幕式并宣布奥运会开幕。具有两千多年历史的奥林匹克运动与五千多年传承的灿烂中华文化交相辉映，共同谱写人类文明气势恢弘的新篇章。

人民日报次日的版面喜庆大气。整版只有一条通八栏开幕消息，配发 4 张照片。标题套红。与此同时，人民日报在 5—16 版刊发《奥运特刊》予以配合。

（附：2008 年 8 月 9 日一版；2008 年 8 月 9 日五版（奥运特刊一版））

北京申办奥运会成功

2001 年 7 月 13 日，是值得中国人民骄傲的一天。申奥成功让全国人民度过了一个不眠之夜。

7 月 14 日的人民日报以版面表达了自豪、喜悦、感谢与祝福。当北京获得 2008 年奥运会主办权的消息从莫斯科传到北京，编辑部一下由紧张爆发为欢呼。

夜班迅速确定版面：一版头条通八栏，主题套红，并配发社论。二、三、四版全部安排祝福申办奥运的文章与照片。

这中间还有小插曲：尽管当时前方记者在国际奥委会投票前打来电话，说成功的可能性较大，但不到最后关头无人敢打保票。为保险起见，编辑部事先准备了两套方案：申办成功或失败。最后北京赢了的消息，让报社领导在开怀大笑中撕掉了那篇“万一失败备用的社论”。

比正报速度更快的是，在第一时间内，人民日报“号外”出现在了天安门广场、中华世纪坛以及北京的大街小巷，北京市民争相传阅、保留。

正如当日头条消息所写：“历史的瞬间变成了永恒的欢乐。这个美好的夜晚将在无数中国人心中定格。”

对北京奥运会的报道，自开始申办之日起，就已经融入到人民日报的日常报道中了。倒计时、推出吉祥物、火炬传递、选拔志愿者、场馆建设等一系列有关活动，人民日报都在要闻、新闻、体育等版面及时刊登消息或图片。

所有的准备工作都是为了那一天——2008 年 8 月 8 日。

（附 2001 年 7 月 14 日一版）

2008 年 3 月 31 日，北京奥运圣火欢迎仪式在京隆重举行。胡锦涛点燃圣火盆并宣布火炬接力开始。一版对此活动浓墨重彩，在头条横六栏半并配发两张照片刊发消息。4 月 2 日，一版报眼位置刊登奥运圣火全球传递的消息并配发一张图表。

（附 2008 年 4 月 1 日、2 日一版）

北京 2008 年残奥会

2008 年 9 月 6 日晚，北京 2008 年残奥会隆重开幕。9 月 7 日，一版整版套红，上八栏刊登北京残奥会开幕、胡锦涛出席开幕式并宣布开幕的消息和两张照片。二版头条、二条刊登胡锦涛为出席北京残奥会的国际贵宾举行欢迎宴会的消息和祝酒词全文。三版头条刊登胡锦涛会见外国领导人的消息和照片，下方是北京奥组委负责人及国际残奥委会主席在开幕式上的致辞，以及国际社会盛赞残奥会开幕式。四版上八栏为开幕式侧记及开幕式照片。

9 月 8 日起，一版开设“残奥进行时”文字报道栏目、“超越之星”图片栏目，四版刊登图片、人民论坛言论、残奥奖牌榜。

8 月 28 日，北京残奥会圣火在天坛点燃展开传递。8 月 29 日至 9 月 18 日，人民日报推出《残奥特刊》，全景式展现北京残奥会筹办冲刺阶段的方方面面，报道北京残奥会举办 12 天时间里的动人故事与瞬间，展示北京残奥会的精彩与魅力。

（附 2008 年 9 月 7 日一版、8 月 29 日五版（残奥特刊一版））

第十一届亚洲运动会

第十一届亚运会是我国首次举办的大型综合性国际体育赛事，是当时我国改革开放以后举办的最大规模的运动会。这次运动会增强了国人的凝聚力和自豪感，显示了我国人民在综合国力上升初期蓬勃向上的精神面貌。

宣传这次盛会，人民日报除了一版突出报道外，还专门开辟了第二、第三版作“亚运专版”。21日，亚运火炬交接；22日，一版刊发社论；23日，开幕式。开幕式一版全版由三篇文字、四张照片组成，标题通栏套红，既烘托出开幕式的热烈气氛，又展现出亚运会壮阔的气势。亚运会期间，一版主要报道中国运动员和各国选手争夺金牌的情况，刊登图表“金牌榜”；专版则负责运动会的日常报道。

这届亚运会报道为人民日报积累了大型国际赛事报道的经验，为以后的大运会、特奥会、亚冬会，特别是北京奥运会的报道提供了借鉴。

（附1990年9月23日一版）

世界特殊奥林匹克运动会

这是我国首次举办特奥会。版面安排既要突出运动会本身，又顾及出席运动会的各国嘉宾。当日版面左右平分。左边四栏刊登运动会开幕消息，配发胡锦涛宣布开幕及大会会场两张照片，标题套红，版面大方热烈。右边四栏刊登胡锦涛会见国际贵宾消息并配发照片。

近年来我国多次举办大型综合性运动会，随着我国领导人出席开幕式的规格，在报道规格上也有所变化。特别是有国家主席出席的运动会，开幕式消息一般做头条，横题八栏或直题八十行高。一版除刊登运动会开幕消息外，还有国家领导人会见出席运动会的国际贵宾消息及图片。总篇幅在整版的2/3左右。

（附2007年10月3日、2001年8月23日一版）

世界乒乓球锦标赛

乒乓球是我国的国球，全国人民对乒乓球充满了巨大的关注。人民日报对世乒赛特别是在我国举办的比赛更加重视。1995年第四十三届世乒赛在天津举行，一版头条六栏消息并配发两张照片，整个篇幅占了版面的2/3左右；2008年第四十九届世乒赛在广州举行，开幕式消息在一版中部，随后的比赛日程在体育版跟踪报道。

（附1995年5月2日、2008年2月24日一版）

全国运动会

全运会是我国最重要的国内运动会，规模宏大。开幕式基本都有国家最高领导人参加，因此一般都在一版头条或报眼位置刊发。

其他较全运会规模小的运动会，如农民运动会、城市运动会、少数民族运动会，开幕消息也大多在一版显著位置刊登。

（附 2009 年 10 月 17 日、2003 年 9 月 7 日一版）

上海世界博览会

2002 年 12 月 3 日，在摩纳哥举行的国展局大会投票，上海成为 2010 年世博会主办城市。12 月 4 日，一版头条是江泽民陪同普京在北大发表演讲的消息，版面其它位置几乎都是有关世博会的内容：报眼刊登我国获得 2010 年世博会举办权的消息，报眼下方是中共中央国务院、江泽民致中国“申博”代表团的贺电，以及江泽民朱镕基分别致国际展览局主席和秘书长的感谢电，左下方是社论《为世界增添异彩——热烈祝贺我国获得 2010 年上海世博会举办权》，右下方是群众庆祝我国申办世博成功的照片。五版通栏题为“热烈祝贺我国获得 2010 年世博会举办权”，整版刊登有关申博的消息，包括申博代表团作陈述、申办投票现场和上海各界庆祝的特写等。

2010 年 4 月 30 日晚，上海世博会开幕。5 月 1 日，一版套红，报眼是世博会开幕式焰火表演的照片，其余整个八栏是上海世博会开幕、胡锦涛宣布开幕的消息，配两张照片。二版头条、二条刊登胡锦涛举行欢迎宴会的消息、讲话照片和祝酒辞全文，下方是胡锦涛会见香港澳门代表团的消息以及习近平、李克强会见来访外国客人的消息，版面最下方是一张八栏的焰火表演照片。三版上八栏是胡锦涛会见五位外国客人的消息和照片，下方是国际舆论盛赞世博会的消息和“世界关注上海世博会”专栏。五版到八版是“世博特刊”，刊登开幕侧记、开幕式亮点解读、世博会参观指导等内容。

5 月 2 日，一版左下方四栏刊登上海世博会开园、贾庆林同国际展览局主席启动开园按钮的消息。二版上八栏刊登胡锦涛会见参加世博会开幕式外国领导人的消息和照片，下方是世博会的动态消息，以及连战、吴伯雄、宋楚瑜参观世博会的消息。三版头条刊登贾庆林会见外国领导人的消息，右上方是国际社会热评世博会的消息。五版至八版为世博特刊。

5 月 3 日，一版上八栏刊登胡锦涛参观上海世博园的消息和一张四栏照片。一版下方和二版上八栏刊登胡锦涛会见外国领导人的消息及照片。五版至八版为世博特刊。

世博特刊于 2010 年 1 月 21 日世博倒计时一百天时开办，并在世博会开幕至结束期间持续半年多，以图文并茂的形式刊登有关上海世博会的重要新闻。

（附 2002 年 12 月 4 日一版，2010 年 5 月 1 日一版、五版（世博特刊一版），2010 年 5 月 3 日一版）

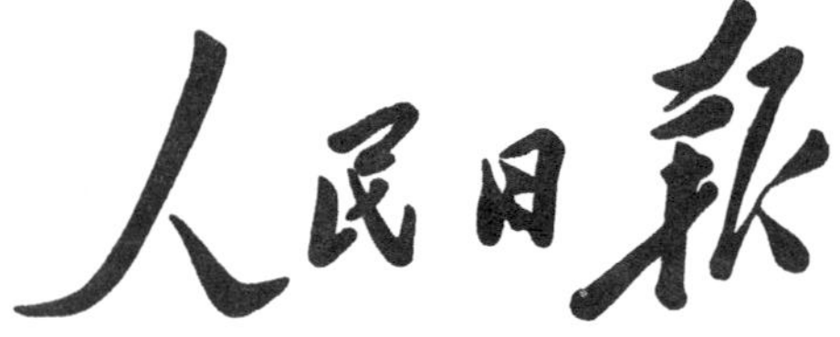

RENMIN RIBAO

人民网　网址:http://www.people.com.cn
手机:http://wap.people.com.cn

2008年8月
9
星期六
戊子年七月初九
人民日报社出版
国内连续出版物号
CN11-0065
第21945期(代号1-1)
今日20版

八月八日，北京第二十九届奥林匹克运动会在国家体育场隆重开幕。这是北京奥运会主火炬塔点燃后，焰火在国家体育场上空形成五环图案。　本报记者　李　舸摄

百年奥运梦　今夜终成真

第二十九届奥林匹克运动会在北京隆重开幕

胡锦涛出席开幕式并宣布本届奥运会开幕

江泽民吴邦国温家宝贾庆林李长春习近平李克强贺国强周永康、国际奥委会主席罗格、来自世界各地的领导人和贵宾等出席

204个国家和地区的1万多名运动员参加本届奥运会

8月8日晚，北京第二十九届奥林匹克运动会开幕式在国家体育场隆重举行，国家主席胡锦涛出席开幕式并宣布本届奥运会开幕。　新华社记者　兰红光摄

8月8日晚，北京第二十九届奥林匹克运动会开幕式在国家体育场隆重举行。这是胡锦涛、江泽民、吴邦国、温家宝、贾庆林、李长春、习近平、李克强、贺国强、周永康等出席开幕式。　新华社发

新华社北京8月8日电　（记者**孙承斌、汪涌、高鹏**）百年奥运梦，今夜终成真。2008年8月8日晚，举世瞩目的北京第二十九届奥林匹克运动会开幕式在国家体育场隆重举行。国家主席胡锦涛出席开幕式并宣布本届奥运会开幕。具有两千多年历史的奥林匹克运动与五千多年传承的灿烂中华文化交相辉映，共同谱写人类文明气势恢弘的新篇章。

江泽民、吴邦国、温家宝、贾庆林、李长春、习近平、李克强、贺国强、周永康等党和国家领导人，国际奥委会主席罗格、终身名誉主席萨马兰奇，以及来自世界各地的领导人和贵宾出席开幕式，同全场观众共同见证这一激动人心的历史时刻。

夜幕下，“鸟巢”造型的国家体育场华灯灿烂，流光溢彩。可容纳9万余人的体育场内座无虚席，群情激动。开幕式正式开始前，来自一些省、自治区、直辖市和香港特别行政区、澳门特别行政区、台湾地区的表演团队，献上精彩纷呈的民族歌舞，把现场气氛渲染得十分热烈。

19时51分，在欢快的乐曲声中，胡锦涛、江泽民和罗格等走上主席台，向观众挥手致意。全场响起长时间的热烈掌声。

一道耀眼的光环，照亮古老的日晷。体育场中央，随着一声声强劲有力的击打，2008尊中国古代打击乐器缶发出动人心魄的声音，缶上白色灯光依次闪亮，组合出倒计时数字。在雷鸣般的击缶声中，全场观众随着数字的变换一起大声呼喊：10、9、8、7、6、5、4、3、2、1……在一片欢呼声中，迎来了开幕式正式开始的时刻：20时整。

2008名演员击缶而歌，吟诵着“有朋自远方来，不亦乐乎”，表达对世界各地奥运健儿和嘉宾的欢迎。五彩的焰火沿北京南北中轴线次第绽放，呈现出象征第二十九届奥运会的29个巨大脚印。一个个燃烧的脚印穿过夜空，一路向北，在国家体育场上空幻化成飞泻而下的繁星，在地面汇聚成闪闪发光的奥运五环，被空中轻盈起舞的“飞天”仙子缓缓提起……充满浪漫情调和独特创意的奥运五环展现方式，让现场观众深受感染和震撼。

“五星红旗迎风飘扬，胜利歌声多么响亮。歌唱我们亲爱的祖国，从今走向繁荣富强……”在清脆的女童歌声中，身着中国各民族服装的56名少年儿童，簇拥着鲜艳的五星红旗进入体育场。

20时12分，全体起立，军乐队奏响中华人民共和国国歌，中华人民共和国国旗冉冉升起。现场观众放声高唱，嘹亮的国歌声在体育场内回荡。

灯光转暗，古琴声起，巨幅画轴缓缓展开，以“美丽的奥林匹克”为主题的大型文艺表演拉开帷幕……艺术家们历经3年多精心准备的这台演出，以新颖的创意、浓郁的中国风情、富有感染力的表现手法，向世界奉献了一部奥林匹克与中华文明交融交汇的华丽乐章。

清雅、悠远的古琴声中，黑色的身影在白纸上飞舞，如同一只无形的大手在挥毫泼墨，一幅中国水墨画随后在体育场中央缓缓升起；手持竹简的810名士子，齐诵“四海之内皆兄弟也”“三人行必有我师焉”，897块活字印刷字盘变换出不同字体的“和”字与蜿蜒耸立的长城……“画卷”“文字”等节目含蓄隽永、意境悠远，形象地表现了中国文化的源远流长和印刷术等古代“四大发明”的不朽魅力。移动的戏台上，在京胡、锣鼓伴奏下，4个京剧木偶和800名演员表演喜悦的凯旋场面；辽远无边的沙漠、波涛汹涌的海洋，陆上、海上“丝绸之路”的开拓者艰苦跋涉、破浪前行；优美的昆曲声远远飘来，5幅中国长卷画一一展开，身披彩衣的仙子婆娑起舞，32座龙柱缓缓升起……“戏曲”“丝路”“礼乐”等节目热烈奔放、辉煌壮观，生动展现了中华文化的博大精深。

（下转第二版）

8月8日中午，国家主席胡锦涛在人民大会堂举行隆重宴会，欢迎来华出席北京第二十九届奥林匹克运动会开幕式的各国各地区贵宾。这是胡锦涛和夫人刘永清同贵宾们共同步入宴会大厅。　新华社记者　樊如钧摄

人民日报 奥运特刊

第40期 2008年8月9日

五洲共阅中国画卷

——第二十九届奥运会开幕式大型文艺演出侧记

本报记者 李泓冰 陈 昭

古都北京，安然倚靠着上下五千年的厚重历史，稳住改革开放30年的浩荡底气，敞开纵横九万里的广阔胸怀，向全世界呈现一个充满梦幻气息的奥运开幕大典

8月8日晚，在第二十九届奥运会开幕式上的文艺表演中，"孔门三千弟子"在吟诵《论语》。 本报记者 王霞光摄

8月8日晚，在第二十九届奥运会开幕式上的大型文艺表演《美丽的奥林匹克》中，山东莱州中华武校的武术健儿和"搭档"们用自己的身体搭出"鸟巢"造型。 新华社记者 张 锋摄

8月8日晚，第二十九届奥运会开幕式上"鸟巢"上空的焰火与"水立方"相映成辉。 新华社记者 李紫恒摄

8月8日晚，第二十九届奥运会在中国国家体育场隆重开幕。图为中国代表团入场。 本报记者 王霞光摄

8月8日，中国体操名将李宁点燃主火炬。当日，第二十九届奥运会在中国国家体育场隆重开幕。 CFP提供

时间开始了！

一束强光，从"鸟巢"硕大的"碗边"迅速滚过，滚出一圈灿烂而圆满的光环，光芒集结成一个醒目的影像：中国古代计时器——日晷。

场内，2008位沉默的中国男儿仿佛被从远古的日晷射出的一道闪电惊醒，从一角渐次开始击打缶鼓，缶声最终狂飙般卷过全场。在满场的掌声中，2008个缶面，忽放神奇的异彩，闪烁成一片热情的光的汪洋。

缶声阵阵，光波漫漫，光阴在迅速地流逝。终于，发光的缶面连续跳出"60"、"50"、"40"、"30"、"20"、"10"的硕大数字。全场观众恍然大悟，奋力共同吼出倒计时："9、8、7、6、5、4、3、2、1！"

北京时间2008年8月8日晚8时，这是一个举世瞩目的北京时刻！

全场10多万观众在欢呼，在呐喊，"鸟巢"被上万束焰火瞬间"点燃"了，光的巨瀑瞬间将"鸟巢"淋得通体透明。

全球40亿电视转播受众，全国13亿同胞，共同注视着这个栖息着奥林匹克梦想的"鸟巢"；而"鸟巢"中，9.1万名观者，1.5万名舞者与歌者，2万名来自全球的运动员，他们互动着、分享着、快乐着、骄傲着……

这一刻，如此规模的盛典，如此众多的四海嘉宾齐聚中华，在古国五千年历史上堪称空前。

这一刻，如此和谐的画卷，圆了"同一个世界"的"同一个梦想"。

这一刻，西方文明的代表作——奥林匹克运动会，从遥远的地中海之滨，从奥林匹亚山麓经过百余年长途跋涉，终于来到了东方古老的中国。东西方文明正在"鸟巢"紧紧相拥，世界将多一份宽容、多一份理解、多一份温暖。

这一刻，"千年一觉强国梦，滚滚惊雷动地来"，13亿中国人都在抚今追昔。我们以精卫填海、夸父逐日的坚韧，让曾经积弱的中国，堂堂皇皇地做了一回奥林匹克的东道主。

这一刻，小小寰球，同此凉热。

古老华夏"不亦乐乎"，这一刻"漫卷诗书喜欲狂"

——大型文艺演出《美丽的奥林匹克》(上篇)

迎新怀旧，击缶而歌

豪壮的缶声再一次春雷般随着光的舞蹈隆隆滚过，震撼全场。全世界都听见了，那2008条嗓音发出浩荡而热切的长啸：

"有—朋—自—远—方—来，不亦—乐乎！"

回声绵绵不绝：乐乎、乐乎、乐乎……

这回响，仿佛是从华夏五千年历史长河的深处，向着今日的北京、今日的中国、今日的世界、今日的第二十九届奥林匹克盛会，缓缓地、缓缓地喷薄而出。

2008对鼓槌也仿佛成了无数自动上下翻飞的火棒，浮动、翻飞、跳跃。中国的热血男儿在激越的打击乐表演中，用夏商时代形成的迎宾礼器与礼仪，用孔夫子的名句，高歌而长醉，如同捧出千年酿就的一坛美酒，向四海宾朋表达主人的欢悦与好客之忱。

"咚、咚、咚……"29个巨大的"脚印"，沿着北京城的中轴线，从城南的永定门出发，穿越天安门广场，向着北边的奥运会主会场一步步地走来，直抵"鸟巢"。蓦地，第29个"脚印"，在夜空中幻化成漫天流星雨，点点滴滴地飘落会场，奇妙地聚合成奥林匹克五环；闪闪发光的"五环"仿佛一片光网，被8位"飞天"仙子轻盈地揭起，在"鸟巢"四周星星瀑布的背景中舞蹈着，向着天空悠然飞去。她们渐飞渐远，像是举着灯笼的萤火虫，为夜空捎去"奥林匹克来了"的消息。

奇幻的焰火与曼妙的"飞天"携手，就这样幽默而俏皮地把第二十九届奥运会友好地带进北京，带进"鸟巢"……

一个稚嫩的歌声，轻轻地吟唱起来：

五星红旗迎风飘扬，
胜利歌声多么响亮；
歌唱我们亲爱的祖国，
从今走向繁荣富强。
……

在北京小女孩《歌唱祖国》的童声中，56名各民族的小朋友手持巨幅五星红旗，欢快地步入会场，把国旗交给庄重的升旗手。

国歌奏响，国旗升起，猎猎地在风中飘扬。

听到国歌，**大连理工大学教授刘鸿图**手抚奥运火炬，眼中含着泪水，他想起了父亲刘长春"一个人的奥林匹克"。1932年，刘长春冲破重重阻力，在张学良将军的资助下，首次代表中国出现在美国洛杉矶的奥运会赛场，却没能冲出预赛……他冲着爸爸的遗像说："爸，你可以安心了！"

看到国旗升起，**南开大学学生**兴奋不已。百年前，他们的学长曾经在南开的大操场外墙上，贴出白纸黑字的"奥运三问"：中国何时才能派一位胜利的选手参加奥运会？中国何时才能派一支胜利的队伍参加奥运会？中国何时才能举办奥运会？中国终于在今天完整地回答了南开学子的世纪之惑。

目睹"五环"降落，**曾任2000年奥申委秘书长的七旬老人魏纪中和曾担任国家体育总局局长的伍绍祖**提醒：我们尤其不能忘记中国改革开放的总设计师邓小平。几乎是在改革开放拉开大幕的同时，由于邓小平高度的政治智慧，1979年10月25日，中华人民共和国终于恢复了在国际奥委会的合法席位。是邓小平首次提出主办奥运的设想，早在1990年视察亚运村时，他就在发问："你们办奥运会的决心下了没有，为什么不敢干这件事呢？"

正是改革开放30年积累的精神文明与物质文明的丰硕成果，才使中国有足够的底气和实力，踏踏实实地主办本届奥运会……

旁白：

国际奥委会奥运会部执行主任费利：噢，这"五环"的展示设计，太独特，太激动人心了！

演唱《歌唱祖国》的小歌手、北京东城区西中街一小三(2)班学生林妙可(9岁)：我练了这么久，早就盼着这一天啦！

击缶而歌的群众演员唐华银：参加奥运开幕式演出，我们都觉得很幸运。我们很久没有回家，而且也不能告诉家人我们在练什么——几万人守住的一个大秘密，今天终于揭晓了！我也终于可以从重播中看到我从来没看到过的整体效果了！

（下转第六版）

奥运圣火礼赞

张虎生

一个充满期待、承载辉煌的历史时刻：当奥运圣火在"鸟巢"主火炬塔赫然升腾起耀眼火焰的瞬间，一张张不同肤色的笑脸焕发出醉人的容光，潮水般的歌声、掌声、欢呼声汇成欢乐的海洋。面对如此让人热血沸腾的壮观场景，谁都会对奥林匹克精神的真谛和魅力有更深刻的领悟，谁都会对奥林匹克大家庭巨大而恒久的感召力和凝聚力有更真切的感受。

奥运圣火是奥林匹克精神的最高象征，寄寓着人类世代追求团结、友谊、进步的瑰丽梦想。冲破种种樊篱、排除一切纷扰，让所有参与者在同一赛场上展示特色之美，在公平竞争中领略多元文化神奇的想象力和创造力，激励人们朝着"更快、更高、更强"的目标奋斗，这是奥林匹克运动的独特贡献。以体育竞技形式消弭文化隔阂、政治纷争、种族偏见，如现代奥林匹克创始人顾拜旦所言，"使不同民族特质成为高尚而和平竞争的动力"，让沐浴在圣火下的人们蓄积推动历史车轮前进的智慧和力量，这就是奥林匹克精神至上的荣耀所在。正因如此，奥林匹克圣火虽在百年沧桑中历经风云雷电，但总在世人簇拥护卫下昂然前行。

在北京点燃奥运圣火，既是中华儿女的久远期盼，更是人类携手迈向美好未来的又一里程碑。"同一个世界，同一个梦想"，诠释着13亿中国人民对奥林匹克宗旨的深刻理解，表达着开放的中国进一步融入世界文明潮流的热切愿望。7年来，中国以最大热情、尽最大努力履行着对国际社会的庄严承诺，依循绿色奥运、科技奥运、人文奥运的理念付出艰辛劳动。中国对世界所作的贡献，赢得世界人民的广泛赞誉。俄罗斯女作家谢利瓦诺娃撰文说："中国把'同一个世界，同一个梦想'的口号变成了现实，北京是当之无愧的奥运会东道主。"委内瑞拉前议长阿尔瓦雷斯称道："中国7年来全力筹办的北京奥运会，向世界展示出一个强大的、和平的、具有创造力的、开放的国家。"

仰望着腾跃起舞的熊熊圣火，油然联想到经受接踵而至的灾难磨砺后我们国家展露给世界的崭新风采。在2008年这个重要而特殊的年份里，一切都以一种特殊的形式展开。无论是自然灾害、还是突发事件，都是对中国凝聚力的严峻考验，都是对中华民族精神的锤炼和洗礼。亲历了这一切的圣火，见证了一个伟大民族的血脉相连，见证了中国共产党以人为本、执政为民的理念和实践，见证了屹立于世界民族之林的中国自信自尊、豁达包容的禀性和襟怀。北京奥组委奥运新闻中心美国专家鲁福洛赞叹："我没有想过中国会变得像现在这样，犹如一颗绽放光芒的钻石。"30多位法国历史学家和经济学家近期组团访华后得出结论："中国依靠自己的历史、文化和传承的劳动价值观，成功地实现了现代化。西方对中国的老一套看法应当纠正。"

此刻，滤去酸楚、迸发活力、尽现豪情的奥运圣火，向所有崇尚光明、秉持正义的人们亲切致意的同时，也向人们昭示着一条亘古不变的规律：国之安危系于政，千秋胜负决于理。

人民论坛

人民日报
RENMIN RIBAO
今日8版
国内统一刊号：CN11-0065
第19362期 （代号1-1）
人民网网址：http：//www. people. com. cn
http：//www. peopledaily. com. cn
人民日报社出版

2001年7月
14
星期六
辛巳年五月廿四
北京地区天气预报
白天 多云转晴
降水概率20%
风向 北转南
风力 二、三级
夜间 晴间多云
降水概率10%
风向 南转北
风力 一、二级
温度 33℃/23℃

江泽民致信萨马兰奇

表示中国政府和中国人民将全力以赴支持北京办好2008年奥运会

新华社北京7月14日电 国家主席江泽民今天致信国际奥委会主席萨马兰奇，表示中国政府和中国人民将全力以赴支持北京办好2008年奥运会。信的全文如下：

亲爱的国际奥林匹克委员会主席萨马兰奇先生：

欣悉中国北京市获得二〇〇八年第二十九届奥林匹克运动会的举办权，我代表中国政府和中国人民，并以我个人的名义，对您为国际奥林匹克运动发展作出的贡献，致以崇高的敬意！并通过您，向国际奥林匹克委员会对中国的信任和支持，表示衷心的感谢！中国政府和中国人民将全力以赴支持北京市，把二〇〇八年奥林匹克运动会办成一次弘扬奥林匹克精神、促进世界和平、增进各国人民友谊的盛会。

中华人民共和国主席 江泽民

2001年7月14日零时35分

江泽民致电李岚清对北京市申奥成功表示热烈祝贺

首都各界欢庆北京申办2008年奥运会成功

江泽民等党和国家领导人参加群众联欢活动

本报北京7月13日讯 记者温红彦、薛原报道：历史的瞬间变成了永恒的欢乐。当北京申奥成功的消息传来，聚集在中华世纪坛的各界群众爆发出排山倒海的欢呼。40万北京群众自发来到天安门广场，欢庆申奥成功。党和国家领导人江泽民、李鹏、朱镕基、李瑞环、胡锦涛、尉健行今晚在世纪坛和天安门广场，与各界群众共庆这一喜悦的时刻。江泽民同志在现场给远在莫斯科的李岚清打电话，热烈祝贺申奥成功。

七月十三日，中共中央总书记、国家主席、中央军委主席江泽民在北京中华世纪坛与各界群众共庆北京申奥成功。 新华社记者 马占成摄

图为党和国家领导人江泽民、李鹏、朱镕基、李瑞环、胡锦涛、尉健行来到北京中华世纪坛，庆祝北京申奥成功。 本报记者 李舸摄

今晚的中华世纪坛，成为亿万中国人民激情迸发的缩影。22时20分，江泽民同志在中共中央政治局委员、北京市委书记贾庆林的陪同下，来到中华世纪坛南端的圣火台前，与参加联欢活动的大学生、运动员、劳动模范及群众代表见面。此刻，世纪坛成为欢乐的海洋。人们欢呼着，跳跃着，泪花浸润着欢快的笑脸。在沸腾的现场，人们情不自禁地拿起护栏上的旗帜，尽情挥舞，一次又一次地将鲜花、彩旗抛向天空。

江泽民同志沿着世纪坛南端入口的台阶拾阶而上，高兴地向尽情歌舞的人们频频挥手致意。总书记的出现，使现场的气氛愈加热烈，欣喜不已的群众用掌声和纵情的欢呼欢迎总书记的到来。人群中有不满10岁的儿童，也有年过花甲的老人，有身着鲜艳民族服装的学生，还有李素丽、谢军等劳动模范和体育健将。人们高喊"北京成功啦！""中国胜利啦！""祖国万岁！"在各族青年和天真活泼的儿童簇拥下，江泽民一边与群众亲切握手，一边用洪亮的声音向大家问候，共庆北京申奥成功。

绚丽的礼花映亮北京夜空，喧天的锣鼓响彻中华大地。站在被朵朵绽放的礼花围绕的主席台上，江泽民同志向全场群众发表讲话，他说，我代表党中央、国务院，对北京申奥成功表示热烈的祝贺！向全国人民为北京申奥所作的贡献表示感谢，向国际奥委会和各国朋友对北京申奥的支持表示感谢！全国人民将与首都人民一起奋发努力，扎实工作，把2008年奥运会办成功。江泽民欢迎世界各国朋友2008年光临北京，参加奥运会。

主持晚会的贾庆林同志表示，我们将不负众望，把北京建设得更美好，把2008年奥运会办成奥运史上最精彩、最辉煌的一届奥运盛会。

在全城的欢庆声中，江泽民、李鹏、朱镕基、李瑞环、胡锦涛、尉健行等党和国家领导人驱车来到天安门广场，向聚集在广场上的40万各界群众招手致意。广场上，人们载歌载舞，挥动彩旗，纵情欢呼。随后，江泽民等党和国家领导人高兴地登上天安门城楼，观看满城的灯火和群众欢庆的场面，与人们共度这个美好的夜晚。

出席今天庆祝活动的还有：丁关根、李铁映、吴邦国、迟浩田、张万年、罗干、姜春云、钱其琛、温家宝、曾庆红、吴仪、邹家华、布赫、王忠禹、胡启立、周铁农以及有关部门负责人。

歌声激荡在中华儿女的心中，欢乐的歌舞直至午夜。经过长久的期盼，北京周口店追寻文明的燧火将与奥林匹亚的圣火汇合；浓缩千年沧桑的中华世纪坛，再次留载了中华民族史册上光辉一页。从天安门广场到亚运村，从王府井、西单到北大、清华，京城大街小巷、校园社区，灯火辉煌，人流涌动，彩旗纷飞，歌声飞扬。这个美好的夜晚将在无数中国人心中定格。今夜属于北京，今夜属于中国。

北京喜获2008年奥运会主办权

得票数比第二名多34票

国务院副总理李岚清和北京奥申委代表团的成员在莫斯科欢庆申奥成功。本报记者 王霞光摄

新华社莫斯科7月13日电 （记者许基仁、刘广、林榕）把所有的矜持都抛掉，让热泪尽情地流淌。当国际奥委会主席萨马兰奇用平稳的语调宣布北京成为2008年奥运会主办城市后，聚集在莫斯科世界贸易中心的中国人眼睛湿润了。

北京在国际奥委会第112次全会选定2008年奥运会主办城市的第二轮投票中，就以过半数优势赢得了奥运会主办权。在这轮投票中，北京获得了56票，多伦多为22票，巴黎为18票，伊斯坦布尔为9票。

中国国务院副总理李岚清在投票前各申奥代表团作陈述报告时，再次重申中国政府坚定支持北京申办2008年奥运会的立场。他说，中国政府将信守在北京陈述报告中所作的所有承诺，并将尽一切努力帮助北京实现其承诺。

北京在首轮投票中获得了44票，多伦多、伊斯坦布尔、巴黎和大阪各得20、17、15和6票。大阪第一轮被淘汰。

今天共有118名国际奥委会委员参加了投票。首轮有14名申办城市委员和萨马兰奇不参加投票，这样实际上有104名委员投票，有效票为102张。第二轮有106名委员实际参加投票，有效票为105张。

风度翩翩的何振梁噙住了泪水。面对排着队上前祝贺的国际奥委会委员，何振梁只有用默默的拥抱来感谢支持北京、支持中国的朋友们。

何振梁在来莫斯科前接受本社记者的专访时说，现在的北京比八年前有了很大的进步，北京应该赢得2008年奥运会举办权。

该轮到北京办奥运会了！这不仅是何振梁的自信，也是本社记者在投票结束后采访国际体育界人士得到的普遍回答。来自韩国的国际奥委会副主席金云龙说："北京本来就有办奥运会的能力，此次获胜丝毫也不让人觉得意外。"瑞士奥委会主席卡基·瓦特说："现在是奥运会到中国去举办的时候了。我相信北京一定能举办一次成功的奥运会。"

北京市市长刘淇与国际奥委会签订完2008年奥运会主办城市合同后步入新闻大厅，立刻被中外记者围得水泄不通。刘淇说："这是一个值得庆祝的时刻。北京一定会举办一次成功的奥运会。"他说，他刚才签字的钢笔无比珍贵，他要永远保存下去。

兴奋难抑的中国女排前主教练郎平对记者说："北京获胜比我拿世界冠军还高兴。我已经等了10年了。这是国际社会对中国社会进步的肯定。"

当地时间晚8时，北京作为申办获胜城市在斯拉夫饭店新闻中心举行了新闻发布会。

社论

谱写奥运史上最壮丽的篇章

中国人的"奥运之梦"实现了！

一个不眠之夜，一个13亿人的不眠之夜！中华儿女期盼的眼睛注视着一个历史性的时刻。昨晚，国际奥委会第112次全体会议投票表决，北京获得了2008年第二十九届奥运会主办权。

这个时刻我们已经等了很久。中国人民由衷地喜悦，尽情地欢呼。我们感谢国际奥委会的信任，感谢港澳台同胞和海外侨胞的鼎力相助，感谢国际社会的支持。中国人民将不负众望，全力以赴，成功办好2008年奥运会。

举办奥运会是13亿中国人民的共同心愿。1990年7月，邓小平同志在视察北京亚运村时提出："中国要申办奥运会。"从1993年首次申办到今天申办成功，中国人民对奥林匹克运动的执着追求和满腔热情没有减弱。"申奥"一直是举国上下普遍关心的话题，为"申奥"贡献力量是全国人民共同的行动。今天的中国，经济发展，政治稳定，民族团结，社会进步，人民安居乐业，综合国力显著增强，为北京成功举办2008年奥运会打下坚实的基础。今天的北京，城市面貌日新月异，环境保护长足进步，体育设施日臻完善，古老而现代的北京欣欣向荣，完全有信心、有能力、有条件把一届最美好的奥运会奉献给世界。

奥运选择北京，世界看好中国。正如国际奥委会在评估报告中评价：2008年北京奥运会，"将给中国和世界体育留下独一无二的宝贵遗产"。在占世界人口1/5的中国举办奥运会，是有史以来的第一次，奥林匹克运动将更大规模地普及，奥林匹克精神会更广泛地弘扬。中国是有着五千年悠久历史的文明古国，北京是有着三千多年历史的文化古都，举办奥运会将促进东西方文化的交流，增进中国人民和世界人民的交往，促进奥林匹克运动的发展。中国是世界上经济增长速度最快的发展中国家，是世界最具潜力的市场之一，在北京举办奥运会，将给世界各国的企业带来商机，促进世界经济贸易的发展。中国的竞技体育已进入世界先进行列，申奥成功，将推动中国为世界奥林匹克运动做出更大贡献。2008年北京奥运会是中国的机会，也是世界的机会。

举办2008年奥运会是我国在新世纪的一次重要机遇，将极大地激发全国各族人民的爱国热情，促进我国改革开放和社会主义现代化建设事业快速发展。从申办到举办的七年间，是我国完成"十五"计划，实施第三步发展战略，加快推进改革开放和现代化建设的重要时期。申奥成功，有利于改革开放和现代化建设，有利于世界更多地了解中国，有利于中国更快地走向世界。对北京人民和全国人民来说，当前就是要以江泽民同志"七一"讲话为指导，按照"三个代表"的要求，抓住机遇，乘势而上，全力以赴做好2008年奥运会的各项筹备工作，带动其他各项事业的发展。

申奥成功，深得民意。办好奥运会，不仅是北京市民的一件大事，也是全中国人民的一件大事。申奥成功，我们已经付出很多辛劳和汗水；承办，还需要做更多扎扎实实的工作。比照举办奥运会的要求，我们还有许多差距，但我们有信心有能力博采众长，弥补不足。我们将信守承诺，认真细致地做好各项筹备工作，建设一流场馆，营造一流环境，提供一流服务；我们要在全社会继续加强社会主义精神文明建设，特别是要在北京市民中深入开展文明礼貌教育，树立良好道德风尚，强化法制意识，提高市民综合素质，展现时代精神风貌，在国际社会面前展示"新北京、新奥运"的魅力。

2008年的北京，天空会更蓝，城市会更美，五环的旗帜会更鲜艳。中国人民意气风发，信心百倍，将奋力谱写奥运史上最壮丽的篇章。

人民日報
RENMIN RIBAO

人民网 网址:http://www.people.com.cn
手机:http://wap.people.com.cn

2008年4月
1
星期二
戊子年二月廿五
人民日报社出版
国内连续出版物号
CN11-0065
第21815期(代号1-1)
今日16版

胡锦涛会见阿联酋副总统兼总理

本报北京3月31日电 （记者**杨讴**）国家主席胡锦涛31日下午在人民大会堂会见了阿联酋副总统兼总理、迪拜酋长穆罕默德。双方进行了亲切友好的交谈。

胡锦涛积极评价中阿关系，赞赏阿方在台湾、西藏等问题上，坚持一个中国政策，支持中方维护国家主权和领土完整的正义立场。

胡锦涛表示，中阿两国是平等相待、真诚合作的好朋友、好伙伴，发展中阿长期稳定的友好合作关系，是中国政府的一贯政策。中方愿与阿方共同努力，进一步加强两国高层交往，充分利用有关机制，就双边关系和彼此关切的一些重大问题及时交换意见，加强协调，相互支持；进一步发挥两国经济互补性强的优势，积极探讨扩大合作的新途径、新方式，推动两国经贸、能源、投资等领域的合作取得新进展。中方鼓励两国企业增加相互投资，深化在基础设施建设、工程承包、通信、劳务等领域的互利合作；进一步开展文化、教育、旅游等领域的交流合作，加强民间友好交往；进一步加强中国同海湾合作委员会的集体对话与交流，全面发展中国同海合会的友好合作关系，密切在国际和地区事务中的协调与配合。

穆罕默德表示，阿联酋人民对中国人民怀着崇高的敬意，阿方政治上一贯支持中国的统一大业，希望中国成功举办奥运会。近年来，两国经贸合作发展迅速，合作领域不断扩大，阿方将继续致力于巩固和发展阿中友谊，深化各领域合作，推动两国关系更好更快地向前发展。

外交部副部长王毅等参加了会见。

北京2008年奥运会圣火欢迎仪式暨火炬接力启动仪式在京隆重举行

胡锦涛点燃圣火盆并宣布火炬接力开始

习近平致辞　周永康出席并到机场迎接圣火

本报北京3月31日电 （记者**廖文根、王建新**）点燃奥运激情，传递人类梦想。象征着和平、友谊、希望的奥林匹克圣火，31日上午抵达第29届奥林匹克运动会主办城市中国首都北京。北京2008年奥运会圣火欢迎仪式暨火炬接力启动仪式随即在天安门广场隆重举行。中共中央总书记、国家主席胡锦涛在仪式上亲手点燃圣火盆，并宣布北京2008年奥运会火炬接力开始。

中共中央政治局常委、国家副主席习近平在仪式上致辞，中共中央政治局常委周永康出席仪式。

早春的北京，阳光明媚，清风和煦。天安门广场上，五星红旗迎风飘扬。各族各界群众在这里载歌载舞，热情迎接奥运会圣火的到来。广场上花潮涌动，福娃欢舞，一派喜气洋洋。全民健身、杂技表演、京剧风采、武术方阵、民族舞蹈……精彩纷呈的文体表演，生动展示了中华文化的无穷魅力和全国各族人民对北京奥运会的热切期盼。

11时许，雄壮的乐曲奏起，威风锣鼓敲响，胡锦涛等党和国家领导人步入会场。3名奥运会圣火护卫人员手持圣火火种灯走在前面，受到身着民族服装的各族群众夹道欢迎。

随后，200名仪仗队旗手高举中华人民共和国国旗、国际奥委会会旗和北京奥运会会徽旗，迈着整齐的步伐进入会场。

11时05分，仪式正式开始，现场奏起中华人民共和国国歌和奥林匹克会歌。

习近平在致辞中代表中国政府和13亿中国人民，对奥运圣火的到来表示热烈欢迎，对海内外各界朋友给予北京奥运会的关注和支持表示诚挚谢意。

习近平说，北京奥运会的火炬将在我国31个省、自治区、直辖市的113个城市中传递，以最广泛、最直接、最生动的形式，在13亿中国人民中传播奥林匹克理想，弘扬奥林匹克精神。这将有力地激发全国各族人民的奥运热情，在全社会形成空前热烈的奥运氛围，向世界展示我国人民期盼奥运、参与奥运、奉献奥运的精神面貌。这将进一步凝聚起全体人民的力量，为实现举办一届有特色、高水平奥运会的目标，为促进国家发展、社会进步和人民幸福作出新的更大的贡献！

3月31日，中共中央总书记、国家主席胡锦涛出席北京2008年奥运会圣火欢迎仪式暨火炬接力启动仪式。这是胡锦涛亲手点燃圣火盆。　新华社记者　**樊如钧**摄

3月31日，中共中央总书记、国家主席胡锦涛出席北京2008年奥运会圣火欢迎仪式暨火炬接力启动仪式。这是胡锦涛点燃圣火盆后，高高举起奥运火炬，向现场的中外来宾和各界群众致意。　新华社记者　**樊如钧**摄

习近平最后说，中国政府和人民将一如既往地全力支持筹办奥运，当好东道主，迎接各国各地区朋友们的到来。我们期盼着，13亿中国人民和全世界人民一道，在熊熊燃烧的奥运圣火下，共享奥运会的激情和荣耀，携手共建更加和谐、幸福、美好的明天。

第29届奥运会协调委员会主席维尔布鲁根代表国际奥委会主席罗格致辞，对圣火到达北京表示祝贺，感谢全体中国人民对北京奥运会和奥林匹克火炬接力的支持，感谢北京奥组委为此付出的巨大努力。

中共中央政治局委员、北京市委书记、北京奥组委主席刘淇也在仪式上致辞。

仪式台正中，摆放着造型别致的北京奥运会火炬接力圣火盆。圣火盆采用中国传统青铜鼎和祥云图案为设计元素，顶部镂空的56朵祥云象征中国56个民族把祝福带给五大洲人民。盆体深29厘米，象征第29届奥运会；圣火盆高130厘米，象征北京奥运会火炬接力历时130天。

11时40分许，胡锦涛健步走到圣火盆前。圣火护卫人员从火种灯中引出火种，点燃刘淇手中的火炬。胡锦涛接过火炬，高高举起，向现场的群众致意。随后，胡锦涛用手中的火炬点燃圣火盆。熊熊燃烧的奥运会圣火与猎猎招展的五星红旗在天安门城楼前交相辉映。

11时44分，胡锦涛宣布：北京2008年奥运会火炬接力开始！顿时，万羽和平鸽振翅高飞，五色气球腾空而起。天安门广场锣鼓喧天，乐曲高奏，旗帜挥动，彩带飞扬，掌声、欢呼声此起彼伏，现场群众的情绪达到了高潮。

我国著名田径运动员、火炬手代表刘翔手持胡锦涛主席交给的火炬，向全场观众展示后跑出会场。整个仪式在欢快热烈的气氛中结束。

出席仪式的领导同志还有：刘云山、刘延东、令计划、陈至立、马凯、孟建柱、戴秉国、邓朴方，中央军委委员李继耐。

中央和北京市有关方面负责同志，国际奥委会官员、希腊奥委会官员、部分外国驻华使节以及各界群众代表5000多人参加了仪式。仪式由北京市市长、北京奥组委执行主席郭金龙主持。

北京2008年奥运会火炬接力的主题是“和谐之旅”。从4月1日起，火炬接力将在世界五大洲和中国全境展开。这是奥运史上传递线路最长、传递范围最广、参与人数最多的一次火炬接力活动。8月8日，经过2万多名火炬手、13.7万公里传递的圣火，将点燃北京奥运会主体育场上的主火炬。

本报北京3月31日电 （记者**赖仁琼、季芳**）北京奥运会圣火31日上午抵达北京，中共中央政治局常委周永康到首都国际机场迎接圣火并出席了简短而庄重的迎接仪式。

9时许，运载北京奥运会圣火火种的“奥运圣火”号专机飞抵北京首都国际机场。欢迎人群注视着身涂红色北京奥运会火炬接力标识的专机滑向停机坪。

9时12分，专机舱门打开。中共中央政治局委员、北京市委书记、北京奥组委主席刘淇手持奥运会圣火火种灯在机舱门口向欢迎人群挥手致意。刘淇手举火种灯，在国务院副秘书长、北京奥运会火炬接力境内传递组织委员会主任项兆伦和希腊奥委会主席基里亚库的陪同下走下舷梯。

周永康与刘淇亲切握手后，共同举起火种灯向欢迎人群展示。现场响起了热烈的掌声。

火种灯被摆放在台架上。北京少年儿童依次向刘淇、项兆伦、基里亚库献花。

迎接仪式后，圣火护卫人员将火种灯移入迎接圣火的车辆上。9时20分，在嘉宾和欢迎人群的目送下，运送圣火的车队驶离机场，驶向天安门广场。

中共中央政治局委员、国务委员、北京奥组委副主席刘延东出席了迎接仪式。参加仪式的还有国家体育总局局长、北京奥组委执行主席刘鹏，北京市市长、北京奥组委执行主席郭金龙等。

吴邦国贾庆林分别会见加纳议长

新华社北京3月31日电 （记者**刘东凯、荣燕**）全国人大常委会委员长吴邦国、全国政协主席贾庆林31日下午在人民大会堂分别会见了加纳议长休斯。

吴邦国积极评价中加双边关系。他说，中加友好合作经受住了时间和国际风云变幻的考验，各领域合作水平不断提高，给两国人民带来了实实在在的好处。中方高度重视与加纳的关系，愿双方共同努力，继承传统友谊，在互惠互利的基础上进一步深化务实合作，不断提升合作水平，更好地造福两国人民。他赞赏加方奉行一个中国政策，感谢加方在台湾、西藏等问题上给予中方的宝贵支持。

吴邦国说，中国全国人大重视发展同加纳议会的关系，愿保持双方高层交往势头，加强各专门委员会、办事机构的交流合作，密切在国际和地区议会组织中的协调与配合，为两国关系发展注入新的活力和内容。

休斯说，加方十分珍视与中国的传统友谊，坚定奉行一个中国政策。加纳议会愿与中国全国人大一道为推动加中友好合作关系的发展作出努力。

贾庆林在会见时说，中加两国和两国人民之间有着深厚的传统友谊。近年来，两国高层互访频繁，政治互信不断增强，各领域合作持续深化。中方高度重视发展中加关系，希望双方继续保持高层交往，继续开展多部门、多层次、多形式的交流与合作，推动双边关系不断迈上新台阶。

贾庆林说，中国全国政协愿与加纳议会加强交流与合作，共同为发展中加关系不懈努力。

休斯说，加纳议会希望加强与中国全国政协的交流与合作，推动两国传统友好关系不断取得新进展。

温家宝出席大湄公河次区域经济合作领导人会议

阐述中方倡议主张　结束行程后回国

本报万象3月31日电 （记者**丁子**）大湄公河次区域经济合作（GMS）第三次领导人会议31日在老挝万象举行，中国国务院总理温家宝、柬埔寨首相洪森、老挝总理波松、缅甸总理登盛、泰国总理沙马、越南总理阮晋勇出席了会议，波松主持会议。在友好、务实和建设性的气氛中，各国领导人围绕加强联系性、提升竞争力、增强大家庭意识的主题深入交换意见，达成广泛共识。

温家宝在会上发表了题为《合作的纽带　共同的家园》的讲话（**全文见第三版**）。

温家宝说，GMS合作机制成立16年来，各国自主发展能力明显提高，国与国之间关系更为紧密、融洽，构建次区域大家庭的理念日益深入人心，次区域正处于历史上最好的发展时期。

温家宝指出，当前，次区域合作仍面临贫困人口众多、基础设施薄弱、资金缺口较大等突出问题，实现发展与繁荣任重而道远。近来，国际政治、经济形势出现诸多不稳定因素，给次区域合作带来新的压力和挑战。次区域国家应增强忧患意识，加强团结，密切合作，增强抵抗风险的能力，坚持走共同发展与繁荣的道路。

（下转第二版）

结束摩洛哥之行抵突尼斯开始正式友好访问

李长春与突尼斯宪政民主联盟总书记会谈

新华社突尼斯3月31日电 （记者**李诗佳、刘顺**）正在突尼斯访问的中共中央政治局常委李长春当地时间29日下午在突尼斯宪政民主联盟党部大楼与该党总书记哈迪·穆赫尼举行了会谈。宪盟党部大楼内外悬挂着标语，乐队奏起欢快的乐曲，欢迎中国贵宾的到来。

李长春高度评价突尼斯宪盟为维护国家独立、发展民族经济、改善人民福祉所作的努力。他说，中突虽相距遥远，但两国在争取民族独立、加快国家发展进程中始终相互同情、相互支持。两国1964年建交以来，政治互信不断加深，经贸等领域合作不断扩大，在国际和地区事务中配合协调不断加强。在新的历史时期，中突都面临着捍卫主权、维护稳定、加快发展、推动国际关系民主化的共同任务，都面临着在经济全球化时代如何抓住机遇、加快发展，如何趋利避害、规避风险的共同课题。中方将认真落实胡锦涛主席提出的八项举措，愿和突方一起不断深化两国的互利合作，努力为中突人民带来更多的实惠。

谈及党际关系，李长春希望两党继续保持高层互访、深化政治互信；继续开展多层次、多形式党际交往，丰富两党关系内涵；继续通过党际交往渠道推动两国在经贸以及科教文卫等领域的务实合作。

穆赫尼说，在中国共产党领导下，中国获得世界的尊重，中国人民赢得应有的尊严。突尼斯为能和伟大的中国、中国共产党保持良好关系感到骄傲。他赞同李长春就发展双边关系提出的建议，表示愿和中方共同努力，推动双边关系成为党际交往、国家关系的典范。

（下转第二版）

三月三十一日，大湄公河次区域经济合作第三次领导人会议在老挝首都万象开幕。中国国务院总理温家宝、柬埔寨首相洪森、缅甸总理登盛、泰国总理沙马、越南总理阮晋勇、老挝总理波松以及亚行行长黑田东彦出席会议。这是温家宝（右三）同与会领导人和亚行行长合影。

新华社记者　**黄敬文**摄

人民日报
RENMIN RIBAO

人民网　网址：http://www.people.com.cn
手机：http://wap.people.com.cn

2008年4月
2
星期三
戊子年二月廿六
人民日报社出版
国内连续出版物号
CN11－0065
第21816期（代号1－1）
今日16版

"和谐之旅"拉开序幕
北京奥运圣火燃情阿拉木图

4月1日上午，北京奥运圣火搭乘专机离京。4月2日，在哈萨克斯坦阿拉木图市将举行北京奥运会火炬传递活动，这是北京奥运会境外火炬传递的首站。

阿拉木图站奥运火炬传递分两个阶段

1 在市郊的麦迪奥高山景区进行

2 转至市内，在阿斯塔纳广场结束

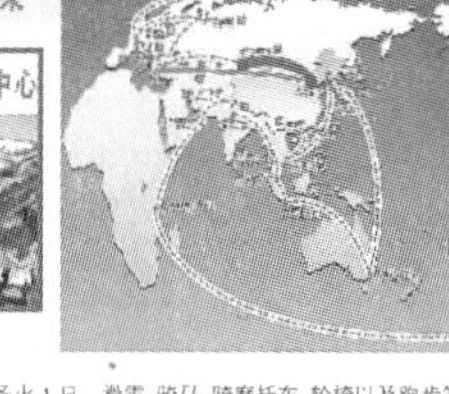

孟丽静 编制 新华社发

本报阿拉木图4月1日电　（记者**孙力**）北京奥运圣火1日乘专机抵达哈萨克斯坦最大城市阿拉木图，拉开"和谐之旅"的帷幕。中、哈双方奥运火炬接力负责官员表示，现在一切都已经准备就绪，2日的圣火传递将取得圆满成功。

"奥运圣火"号于当地时间下午1时12分（北京时间下午3时12分）在阿拉木图机场降落。北京奥组委执行副主席蒋效愚手提火种灯第一个走出舱门，并站在舷梯上向机场观众展示圣火。中国驻哈萨克斯坦大使张喜云带领使馆工作人员、当地华人华侨，在阿拉木图副市长谢里克·塞杜马诺夫的陪同下，前往机场欢迎奥林匹克圣火以及北京奥组委火炬接力运行团队抵达阿拉木图。

北京奥运会火炬接力运行团队执行指挥张明介绍，阿拉木图市对火炬接力热情很高，先期做了大量工作，2日将进行滑冰、滑雪、骑马、骑摩托车、轮椅以及跑步等多种形式的火炬传递。

阿拉木图是北京奥运火炬接力境外传递的第一站。北京奥组委火炬中心新闻发言人曲莹璞在飞机上接受记者采访时说："为了取得开门红，火炬中心相关联络员此前已到本市作过三次访问，先遣人员也于26日抵达阿拉木图，会同使馆人员与当地组委会做了大量准备工作。目前筹备工作已经就绪，相信2日的火炬传递一定会取得圆满成功。"

哈萨克斯坦方面火炬接力新闻负责人萨肯·贝尔巴耶夫也认为，2日的传递将万无一失。他在接受新华社记者专访时说："我们组委会过去几个月来一直都在刻苦努力地工作，考虑到了所有的细节问题。今天我们还进行了预演测试，一切运转都很顺利，明天的活动肯定会取得成功。"

北京商务中心区视野更高更远——
做中国与世界经济的联结点

本报记者　王建新　黄碧梅

从北京天安门沿长安街往东，到东三环路附近，有一片高楼林立的现代化区域，其中心区面积只有3.99平方公里，却入驻了惠普、通用、普华永道等一批世界著名企业。这就是北京商务中心区，比这更著名的称呼是北京CBD。

"党的十七大提出，加快转变经济发展方式，推动产业结构优化升级。"CBD所在地北京市朝阳区区长程连元说，我们正努力将CBD发展成为推动北京市高端服务业发展的引擎，成为中国与世界经济联系的重要节点。

以尽可能少的资源，创造尽可能好的效益

2007年11月16日，位于北京CBD中心区的北京光华染织厂拆除工程启动。同月，北京市首批外资法人银行之一友利银行（中国）有限公司正式落户CBD区域。这一退一进，是北京CBD产业结构调整的一个缩影。

《北京城市总体规划（2004年—2020年）》把北京定位于"国家首都、国际城市、文化名城、宜居城市"。这样的定位，让CBD视野更高更远：彻底调整不符合其功能定位的产业，面向国际瞄准"高端、高效、高辐射力"，抢占产业结构制高点。目前，北京CBD区域已形成国际金融机构、文化传媒机构、高端商务服务机构等为主体的产业格局，入驻114家世界500强企业。

北京CBD中心区仅占北京城八区面积的0.28%，却吸纳了全市2.7%的从业人口，创造了全市4.5%的区地税收入。"以尽可能少的自然资源占用，创造尽可能好的效益，实现尽可能大的辐射带动，这是CBD的特色，也是CBD的追求。"北京CBD管委会常务副主任刘春成博士说。

从人的发展需求出发，创造良好环境

"我们不但要促进各类企业的聚集，而且要着力促进企业与个人的沟通，进而促进企业与个人的全面发展；不但要关注企业的发展需要，更要关注人的发展需求。"程连元说。如今在北京CBD，"从人的发展需求出发制定政策"这一理念已成为政府部门的自觉行为。

CBD"硬环境"建设也紧贴人的需求展开。对受到广泛关注的区域交通问题，目前已完工道路26公里，区域路网功能基本实现。去年底，CBD还开通了免费商务班车。

"我们看重这里国际化的产业生态，有国际一流的产业伙伴、商务服务伙伴和公共服务。"一些国际著名企业负责人不约而同谈到这一点。目前，北京CBD已基本形成以公司总部为核心、以外资金融保险机构为保障、以咨询服务机构为配套的产业生态链，这种现代服务业产业链使CBD的功能得到更充分释放。

从带头发展到带动发展

入驻企业2004年2617家，2007年达到5802家；从业人员2004年约8万人，2007年近17万人；区地税收入2004年入库20.3亿元，2007年54.2亿元……这一组数字从一个侧面见证了北京CBD的发展。

北京CBD自我发展的过程也是其辐射带动作用不断增强的过程。目前，在北京CBD中心区外围，朝阳区已规划了基于现实产业联系的CBD功能区，面积约84平方公里。

其实，北京CBD区域自形成初始，就是面向全中国乃至世界各地。全球第四大石油与天然气公司道达尔公司在华总部坐落于北京CBD的国贸大厦，投资遍布北京、天津、大连、武汉、上海、内蒙古等。CBD辐射与带动的范围已很难用具体空间概念来界定，北京CBD也由此成为中国联系世界的"高速公路"。

李长春分别会见突尼斯总统和众议长

当地时间3月31日，正在突尼斯访问的中共中央政治局常委李长春会见突尼斯总统本·阿里。　新华社记者　马占成摄

新华社突尼斯4月1日电　（记者**李诗佳、刘顺**）正在突尼斯访问的中共中央政治局常委李长春当地时间3月31日分别会见了突尼斯总统本·阿里和众议长福阿德·迈巴扎。

李长春首先转达了胡锦涛主席对本·阿里的亲切问候。他说，中突友谊源远流长。两国政治、经贸、文化、旅游、科教等领域的合作在新时期不断深化，成果显著，在国际和地区事务中的协调磋商不断加强。李长春感谢突方长期坚持一个中国的立场。他表示，中方愿与突方继续保持并加强高层交往，增进政治互信；继续扩大经贸往来，探索合作的新途径、新方法；继续加强两国在国际问题上的协调与磋商，相互理解和支持对方的关切。中方坚信，中突关系在两国领导人的关怀和支持下，必将结出更加丰硕的果实。

本·阿里请李长春转达他对胡锦涛的良好祝愿。他说，突尼斯人民对中国人民始终怀着深情厚意，对中国取得的巨大建设成就表示钦佩。突方愿与中方共同努力，抓住两国关系快速发展的大好机遇，加强双方在经贸等领域的合作。　（下转第三版）

文明祭扫　平安清明

本报评论员

今年是清明节被确定为全国法定假日的第一年。把清明节纳入法定假日，赋予传统节日以新的内涵，既体现了尊重传统，也体现了人文关怀，对于建设社会主义精神文明，构建社会主义和谐社会有重要意义。

清明时节，人们怀着深深的感情，缅怀先烈，寄托我们的哀思；祭扫祖先，企盼先辈的安息，这充分表达了中国人慎终追远的深厚感情。随着时代的发展，清明祭扫也成为弘扬优良传统、促进文明新风的一种活动。如，有的推广家庭追思、网上祭扫、社区公祭、集体公祭，有的引导群众采取植树、献花，这些文明健康环保的祭扫形式，深受广大干部群众的欢迎。

清明是集中出行扫墓的时节，容易造成交通拥堵；焚烧各种祭品，容易引起火灾。还有某些封建迷信活动也容易抬头。对于这些问题，需要高度重视，做好预防。

文明祭扫、平安清明，反映了广大人民群众的愿望，应当积极组织和引导。要牢固树立安全防范意识，认真落实属地管理原则，制定清明节应急预案，建立政府牵头，有关部门密切配合的应急处理机制，落实应急值守、重特大事故报告制度，明确分工，强化责任，做到处置及时妥当、措施得力有效，确保清明祭扫文明、安全、有序进行。民政部门应对殡仪馆、公墓等殡葬服务单位开展安全检查，消除安全隐患，指导和督促殡葬服务单位抓紧制定应急预案，发现问题及时处置，引导群众有序祭扫。殡葬服务单位需要丰富服务内容、创新服务形式，提高服务质量，严格执行价格管理措施、服务标准和操作规范。公安部门应当制定疏导方案，认真做好交通疏导工作，保障祭扫场所和周边的交通畅通，并协助民政部门和殡葬服务单位维持秩序，及时处置祭扫活动中的治安案件。交通部门应当加强运力调度，合理增加前往祭扫场所和重点祭扫地区的车辆和班次，延长车辆运营时间，满足群众出行需要。各客运站和码头需要加大安全检查力度，确保旅客出行安全。森林和草原防火指挥机构需要组织开展森林、草原防火安全检查，加大巡查密度，及时发布森林、草原火险和火灾信息，严格管理野外用火，发现火灾及时扑救。工商部门应当加强殡葬用品市场管理，集中清理打击非法销售封建祭祀用品的活动。城市市容管理部门应当依法查处城区内流动商贩非法销售殡葬用品和随意焚烧祭祀物品的行为。

过好被确定为全国法定节假日的第一个清明节，对于今后的清明节有重要引导和示范意义。各地区要积极开展以"文明祭扫、平安清明"为主题的宣传活动，弘扬清明节"传递亲情、传承文化"的丰富内涵，为群众过一个文明平安的清明节，努力创造良好环境和氛围。

愿今年的清明节平安祥和，充满文明新风。

测土配方施肥覆盖2/3农业县
今年1.2亿农户获免费服务

本报北京4月1日电　（记者**张毅**）农业部继续将测土配方施肥作为为农民办理的实事之一，今年免费为1.2亿农户提供测土配方施肥服务，预计技术推广面积9亿亩以上。国家从2005年启动实施测土配方施肥补贴项目，3年累计安排中央财政补贴资金16亿元，在1200个县推广应用测土配方施肥技术。今年，中央财政补贴资金11.5亿元，项目实施县将达到1861个，覆盖全国2/3以上的农业县。

目前，我国春耕生产从南到北全面展开，农业部要求地方各级农业部门按照"增加产量、提高效益、保护环境"的要求，大力开展测土配方施肥活动，努力做到科学、经济、环保用肥，促进春耕生产顺利进行。

新西兰总理克拉克将访华

本报北京4月1日电　（记者**张晓东**）外交部发言人姜瑜1日在例行记者会上宣布：应国务院总理温家宝邀请，新西兰总理克拉克将于4月6日至8日对中国进行正式访问。

《求是》杂志发表习近平同志文章强调
大力推进中国特色社会主义理论体系的学习和研究
进一步提高全党的马克思主义理论水平

本报北京4月1日电　今天出版的第7期《求是》杂志，发表了中共中央政治局常委、国家副主席、中央书记处书记、中央党校校长习近平同志的文章：《关于中国特色社会主义理论体系的几点学习体会和认识》。文章强调，要大力推进中国特色社会主义理论体系的学习和研究，进一步提高全党的马克思主义理论水平。

达赖集团操纵"西藏人民大起义运动"内幕

新华社记者　李　斌　李亚杰

拉萨"3·14"打砸抢烧暴力事件发生后，一切有良知的人们不禁要问：在西藏社会秩序稳定、人民安居乐业的大好形势下，为什么会发生这样的暴力犯罪，究竟是谁在煽动这一暴力事件？

连日来，经过公安等部门的初步查证，已经有充分的证据证明，"3·14"事件不是孤立的、偶然的，而是与达赖集团策划组织指挥的所谓"西藏人民大起义运动"密不可分，是所谓"西藏人民大起义运动"的重要组成部分。

铁一般的事实表明，"3·14"事件是达赖集团及其"藏独"势力有组织、有预谋、精心策划和煽动的。无论他们怎样伪装，都改变不了这不争的事实。

"西藏人民大起义运动"的"出笼"

近年来，中国经济社会平稳快速发展，人民群众生活水平不断提高，13亿中国人以自己的实践创造了世界为之瞩目的"中国奇迹"。

2008年是中国改革开放30周年，也是北京奥运会举办之年，这一国际性体育盛会的举办，更是使全世界的目光投向中国。

此时，流亡海外40多年的达赖集团也将"更为关切"的目光投向这里，他们认为这是一次机会，这是"一次最后的机会"，决定在境内外发起"西藏人民大起义运动"，图谋"通过唤醒、协调西藏境内的行动给中国制造危机"。

——2007年5月，达赖集团在比利时布鲁塞尔举行"第五届国际声援西藏组织大会"，达赖"流亡政府"首席噶伦桑东出席会议，会议通过《战略计划》，决定启动抵制"奥运会运动"计划。

——而后，在美国的"藏独"组织提出了"西藏人民大起义"构想。达赖集团高层一起进行研究，达成一致意见，认为2008年是实现"西藏独立"的最后一次机会，决定利用奥运会前的"有利时机"，在境内藏区全力动员组织闹事。

——2007年年末，为落实"西藏人民大起义"构想，研究具体措施，"西藏青年大会""西藏妇女协会""自由西藏学生运动"等"藏独"组织在印度召开会议，提出了"允许达赖喇嘛返回西藏、中国人退出西藏、释放所有政治犯"等多项诉求，并妄称如果中国政府不能满足其提出的要求，就将在境内外发起"西藏人民大起义运动"。为此，要建立流亡藏人和境内藏人的联系网络，在境内组织协调一致的对抗活动。

——2008年1月4日、1月25日，7个"藏独"组织在印度新德里召开新闻发布会，公布《"西藏人民大起义运动"倡议书》，并在100多个网站上传播，他们竟不顾西藏自古以来就是中国领土这一事实，称"西藏和中国是两个不同的国家""继承西藏独立自主的地位是西藏民族的神圣历史职责"，称"二十世纪中国共产党向西藏发动了侵略活动"，提出"尽快邀请达赖喇嘛返回西藏""共产党撤出西藏""未解决西藏问题前，没有资格举办奥运会"等所谓"建议"，并称"西藏独特的宗教和语言、习俗等文化正处于完全灭绝的严峻时刻"，称"将从2008年3月10日开始，举行不间断的大规模的'西藏人民大起义运动'"，妄图使这一运动成为"西藏自由斗争史上的伟大转折点"。

为实施"西藏人民大起义运动"，"藏青会"等组织举办了两期培训班，由"西藏人民议会"副议长嘉日多玛、"藏青会"主席次旺仁增等授课，宣讲"西藏人民大起义运动"的宗旨和目的，传授实施暴力恐怖活动的具体方法。

2008年2月3日至10日，达赖借在印度"哲蚌寺"讲经、主持开光仪式、举行"大威德灌顶法会"等宗教活动之机，煽动"虽然西藏人民正处于中共的统治之下，但是内心却向着另一方。"

达赖集团还拟订了行动计划：组织自3月10日开始的从境外到西藏的"和平挺进西藏行动"；开展包括西藏藏人在内的全球大起义，要求"全世界的藏人在3月10日请假一天，走上街头抗议游行"；开展"自由火炬接力""全球火炬接力"和"全球行动日"等活动；组织冲击中国驻外使领馆；发起绝食和大规模抗议活动。

公安部新闻发言人指出，达赖集团抛出所谓的"西藏人民大起义运动"，目的就在于破坏我安定团结的社会形势，利用奥运会向我国政府施压，以达到其政治目的。

"'起义'这个词的本义就是以武装暴力的形式，推翻现政权。"公安部新闻发言人指出，"试问，有哪个国家，可以允许这样挑衅中央政府的'起义'？有哪个政府，可以容忍这样肆意煽动颠覆国家政权的行为？"

达赖和"西藏人民大起义运动"脱不了干系

3月10日起，在达赖集团的精心组织和"导演"下，"藏独"分子在境内外实施了一系列行动。

在境外——

3月10日，达赖在照例举行的纪念"西藏抗暴起义49周年"活动上称中国政府"过去几年对境内藏人的镇压更是变本加厉""造成人权横遭践踏，宗教信仰自由被限制"。　（下转第四版）

RENMIN RIBAO

人民网 网址:http://www.people.com.cn
手机:http://wap.people.com.cn

2008 年 9 月
7
星期日
戊子年八月初八
人民日报社出版
国内连续出版物号
CN11-0065
第 21974 期(代号 1-1)
今日 8 版

九月六日晚，北京二〇〇八年残奥会开幕式在国家体育场隆重举行。这是开幕式现场。 本报记者 雷 声摄

演绎生命灿烂 讴歌顽强精神

北京 2008 年残奥会隆重开幕

胡锦涛出席开幕式并宣布北京残奥会开幕

江泽民吴邦国温家宝贾庆林李长春习近平李克强贺国强周永康、国际残奥委会主席克雷文、来自世界各地的贵宾出席

147 个国家和地区的 4000 多名运动员参加北京残奥会

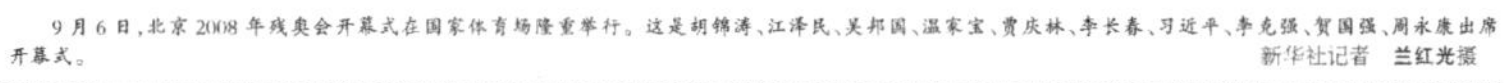

9 月 6 日，北京 2008 年残奥会开幕式在国家体育场隆重举行。这是胡锦涛、江泽民、吴邦国、温家宝、贾庆林、李长春、习近平、李克强、贺国强、周永康出席开幕式。 新华社记者 兰红光摄

9 月 6 日，北京 2008 年残奥会开幕式在国家体育场隆重举行，国家主席胡锦涛出席开幕式并宣布北京残奥会开幕。 新华社发

新华社北京 9 月 6 日电 （记者**孙承斌、汪涌、李斌**）演绎生命灿烂，讴歌顽强精神。北京 2008 年残奥会开幕式 6 日晚在国家体育场隆重举行，国家主席胡锦涛出席开幕式并宣布北京残奥会开幕。来自 147 个国家和地区的残疾人运动员，同全场 9 万多名观众共同分享这一期盼已久的盛会。

党和国家领导人江泽民、吴邦国、温家宝、贾庆林、李长春、习近平、李克强、贺国强、周永康等，国际残奥委会主席克雷文，国际奥委会终身名誉主席萨马兰奇，以及来自世界各地的贵宾出席开幕式。

19 时 54 分，在欢快的迎宾曲中，胡锦涛、江泽民和克雷文等来到主席台，向全场观众挥手致意。国家体育场内响起热烈的掌声。

这时，天安门广场上，五彩的焰火腾空而起，代表五大洲的 5 名少年儿童打开手中的倒计时书。与此同时，国家体育场上空绚烂的焰火显示出倒计时数字。10、9、8、7……全场观众齐声倒计时。

20 时许，在雄壮的中华人民共和国国歌声中，中华人民共和国国旗冉冉升起。

随后，在主席台就座的国际残奥委会主席克雷文用中文向场内发出口令："各就各位——预备——"，北京残奥会吉祥物"福牛乐乐"举起"发令枪"，现场观众一齐击掌。959 名身着彩色服装的卡通演员跳跃着、奔跑着涌入场内，铺就一条美丽的七彩跑道。卡通演员最后在体育场中央组成红蓝绿三片"扇叶"，呈现出国际残奥委会会徽的图案。

运动员入场式正式开始。147 个国家和地区的运动员精神抖擞地进入体育场，高兴地向观众挥手致意。来自世界各地的 4000 多名运动员，将在未来 11 天里参加 20 个大项的比赛。现场观众以热情的掌声，向残疾人运动员表示欢迎。

中国体育代表团最后入场。残疾游泳运动员王晓福手持鲜艳的五星红旗，走在队伍最前列。观众们激动地挥舞着手中的五星红旗，欢呼声经久不息。中国体育代表团共 547 人，其中运动员 332 人，是我国自参加残奥会以来规模最大，也是北京残奥会上人数最多的代表团。

灯光转暗，音乐响起。一只象征着光明与温暖的太阳鸟从"鸟巢"上空翩翩飞来，大型文艺表演拉开帷幕。

体育场北侧的金色草地上，盲人歌手杨海涛深情歌唱；体育场中央的白玉盘舞台上，320 名聋人姑娘表演着美丽的手语舞蹈，展现了残疾人心中永不熄灭的希望之火。汶川地震中失去左腿的 11 岁女孩李月和 100 名聋人舞蹈演员共同表演的芭蕾舞《永不停跳的舞步》，表达了残疾人超越自我的不懈追求。在盲人音乐家金元辉演奏的钢琴声中，舞台上用翻板组合出四季的变换：雪花纷飞的隆冬、桃花盛开的早春、荷叶田田的盛夏、麦浪滚滚的金秋……在北京残奥会吉祥物"福牛乐乐"召唤下，2000 名小演员装扮成青蛙、海鸥、小牛、小鸭欢快地进入场内，以惟妙惟肖的卡通舞蹈，生动表现出生命的活力与欢快。

《让我拥有你》的歌声徐徐飘来，亿万颗闪烁的星星如瀑布般从体育场上空飞落。小舞台上，750 名演员用灵动的双手，幻化出白鸽、海燕、天鹅在蓝色水面上自由飞翔的景象，充满希望，充满向往……

文艺表演结束后，北京奥组委主席刘淇致辞。他代表北京奥组委，向来自世界各国各地区的运动员、教练员和来宾表示热烈的欢迎，向国际残奥委会，向所有参与北京残奥会筹办工作的建设者、工作者和关心支持北京残奥会的朋友们表示衷心的感谢。刘淇表示，我们热切地期盼，北京残奥会成为共享欢乐与友谊、梦想与成功的盛会。我们将把中国人民拥抱世界的热情呈现给世界。

国际残奥委会主席克雷文在致辞中表示，北京残奥会规模空前，无论是运动员人数、参赛国家和地区数量还是体育项目数量，都超过往届残奥会。这是残奥运动史上的一座里程碑。北京奥运会精彩绝伦，相信北京残奥会也一定会圆满成功。

22 时 36 分，激动人心的时刻到了。万众瞩目中，国家主席胡锦涛用洪亮的声音宣布："北京 2008 年残奥会开幕！"

顿时，璀璨的礼花在空中绽放，将夜色中的奥林匹克公园装点得格外绚烂美丽。

"打开夜的天窗，星星你等等我，我想亲吻你，还想和你一起飞翔……"歌手韩红和刘德华动情地唱起北京残奥会主题歌《和梦一起飞》。悠扬动听的歌声，诉说着残疾人对美好未来的憧憬与渴望，表达着北京残奥会"同一个世界、同一个梦想"的口号和"超越、融合、共享"的理念。

22 时 41 分，8 名执旗手手持国际残奥委会会旗入场。他们是：我国首枚残奥会射箭金牌获得者王燕红、两届残奥会跳高金牌获得者吴燕聪、残奥会三级跳远金牌获得者黄文涛、残奥会盲人跳远金牌获得者赵继红、获得 12 枚国际性奖牌的乒乓球运动员陈伟红、多次打破铁饼和铅球比赛世界纪录的吴红萍、我国首枚残奥会女子举重金牌获得者边建欣、残奥会举重金牌获得者王键。 （下转第二版）

9 月 6 日中午，国家主席胡锦涛在人民大会堂举行隆重宴会，欢迎前来出席北京 2008 年残奥会的国际贵宾。这是宴会开始前，胡锦涛主席和夫人刘永清与国际残奥委会主席克雷文和夫人亲切握手，互致问候。 新华社记者 鞠 鹏摄

人民日报 残奥特刊

第1期 2008年8月29日

发刊词

延续梦想

奥运会上的欢呼声犹在耳畔，残奥会的脚步声已日渐清晰。“同一个世界 同一个梦想”，当来自世界各地的奥运健儿们挥手作别北京时，追求“更快、更高、更强”的梦想仍在延续，因为，来自全世界的残疾人运动员——代表着勇气与奋斗的另一群人，即将登场。

“两个奥运，同样精彩”。28日，北京残奥会圣火在天坛点燃，即将展开传递。今天，本报推出《残奥特刊》。与《奥运特刊》同样，我们希望也能为读者奉献一份有特色、高水平的《残奥特刊》。它将通过全景式展现北京残奥会筹办冲刺阶段的方方面面，通过报道北京残奥会举办12天时间里无数个动人故事与瞬间，和广大读者一同领略北京残奥会的精彩与魅力。希望能够通过我们的文字和镜头，将“超越、融合、共享”的残奥理念广为传扬，将残疾人运动员带来的激情与欢乐、奋斗与友谊、梦想与成功深深融入人类共有的文明世界。

残疾人同样能发出人类的强音。残奥会正是这样一个窗口，记录并展现北京残奥会的盛况是媒体义不容辞的责任。在记录历史的同时参与历史，在分享梦想的同时鼓舞希望，我们期待着残奥会的圣火腾起在“鸟巢”上空，温暖心灵，照亮前路，残疾人和健全人能够在世界大家庭中、在共建和谐世界的历史进程中携手同行。

快速华丽的转身

——奥运会向残奥会转换有条不紊进行

本报记者 赵婀娜

8月24日晚，随着“鸟巢”上方主火炬缓缓熄灭，第二十九届奥运会圆满落幕。9月6日，第十三届残奥会即将拉开大幕。从奥运会到残奥会，转换期仅有短短12天。这个快速转换，从忙而不乱、紧张有序开始。

8月28日14时，在残奥会圣火成功采集后仅3小时，残奥村预开村，标志着奥运村向残奥村的转换顺利完成。而城市运行和其它场馆的转换也正在有条不紊地进行中。

12天、288个小时，转换面临巨大挑战

第二十九届奥运会和第十三届残奥会，是第一次以正式协议明确由一个组委会举办的两个体育盛会。这个“第一次”，带来的是有限的时间、紧张的节奏和巨大的挑战。12天、288个小时，如此短暂的转换期，必须提前谋划、缜密安排。

北京奥组委残奥会部部长张秋平介绍，从奥运会向残奥会转换，一是北京奥组委所管辖的一些竞赛场馆和非竞赛场馆的转换，二是城市运行方面的转换，主要是各个旅游景点和商业中心的景观转换。

所有奥运会的工作人员、志愿者、合同商，都将及时转换为残奥会的相关工作人员。其中，残奥会的赛会志愿者达到4.4万人；残奥会期间需要大量的无障碍设施，不仅要达到国家标准，还要达到残奥会的专门标准；景观方面，除了“北京2008”是共用标识外，其它所有奥运会标识，尤其奥林匹克五环和“舞动的北京”标识，都要换成残奥会会徽“天地人”等景观标识。

仅仅26个小时，奥运村转换为残奥村并预开村

27日12时，圆满完成奥运会接待任务的北京奥运村正式闭村，28日14时便转换为残奥村并预开村，其间仅仅经过26个小时。这样的快速转换离不开奥运村建设之初在总体设计上对残疾人出行的考虑，也离不开奥运村全体工作人员的不辞辛劳和全情投入。

目前的奥运村，北京2008年残奥会吉祥物——福牛乐乐，已代替了北京奥运会的吉祥物福娃，奥运会的标识也换成了残奥会的标识，各类无障碍设施随处可见，残奥村的访客中心、商业街才艺展示小屋、升旗广场、村长院以及残疾分级中心等地都已经按照残奥会的要求积极准备，残奥会的志愿者和联络员也开始投入工作。目前，工作人员正在为9月6日残奥会开幕做准备，8月30日，奥运村将正式改称为残奥村，并正式开村。

转换计划精确到小时，任何细节都不放过

转换期时间短、任务重，北京奥组委对这项工作高度重视，每个部门、每个场馆都有非常详细的转换计划，有的精确到小时。北京奥组委场馆管理处处长苏焱介绍，凡是有残奥会比赛项目的奥运场馆团队，都根据转换期的时间长短做了详尽计划：仔细地排出优先级别，设施需要转换的，甚至排出哪台设备先走、哪台后走，哪一块地毯先卷、哪一块地毯再铺……

在志愿服务工作中，与运动员交流的动作、眼神、语气等任何细节都不能忽视。8月25日，北京奥运会闭幕的第二天，北京奥组委志愿者部就邀请国际奥委会心理学专家与部分残奥会志愿者面对面交流，就如何在细节上做到既能给运动员以有效的帮助，又能充分尊重他们自立自强的精神进行深入探讨。

8月28日，北京残奥会圣火采集暨火炬接力启动仪式在北京天坛祈年殿南广场举行。圣火采集后，广场举行了文艺演出。

新华社记者 高洁摄

圣火照神州 和谐天地人

——第十三届残奥会圣火采集侧记

新华社记者 马向菲 吴俊宽

蓝瓦金顶的天坛祈年殿，壮观恢弘。8月28日，这座近600年历史的中国古代祭天之所见证了一个伟大时刻——第十三届残奥会圣火的点燃。

祈年殿前，如意形的舞台上立起四朵祥云，装饰祥云图案的巨鼓矗立两侧。舞台前，旗帜飘飘。近千名观众怀着兴奋、期盼的心情，等待北京残奥会圣火点燃那一刻的到来。

与北京奥运会圣火采集方式相同，北京残奥会圣火火种也使用凹面镜，利用聚光点燃火种，寓意着采自太阳之火。残奥圣火采集仪式在中国古代祭天场所举办，符合了中国“天人合一”的传统文化核心理念，体现出中国人对“人与自然和谐”的追求，也契合着残奥会会徽“天地人”的理念。

鲜艳的五星红旗由6名礼仪旗手高擎，自祈年殿上方通道慢慢行至一层平台西侧，雄壮的国歌随之奏响。之后，国际残奥委会会旗入场，6名礼仪旗手高举会旗从祈年殿上方通道，行至一层平台东侧，悠扬的会歌响起。

时针指向10时40分，一缕缕阳光透过厚重的云层洒向地面，也将人们心中的希望点燃。

当美丽的圣火采集者、中国残疾人艺术团手语主持娄馨田从艺术团小舞蹈演员汪伊美手中接过引火棒准备引火时，太阳冲破层层乌云，耀眼地挂在天空上。

娄馨田半蹲下身体，用右手将引火棒放置在凹面镜前。片刻，娄馨田手中的引火棒便有火苗蹿出，全场顿时爆发出一阵欢呼和掌声，庄严的音乐随之响起。

北京残奥会的圣火点燃了！

“早上看到阴天多云，妈妈和我都非常担心。我们祈祷天气赶快变好。点火的时候看到太阳出来了，我特别激动”，娄馨田，这位小时候因药物导致聋哑的姑娘兴奋地用手语“描述”着她的心情。

国际残奥委会顾问莫里斯说，他坚信好运会伴随着北京残奥会。“我一直都不担心天气对取火有影响，因为该来的总会来！”他坐在轮椅上说。

因为这突然而至的阳光和顺利的取火仪式，中国残疾人联合会理事长、北京奥组委执行副主席汤小泉非常开心。

仪式组织者早在前两天的彩排中采集了备份圣火以防万一。如果不能在仪式当天成功采集火种，北京残奥会火炬依然可以通过备份火种点燃。但汤小泉很高兴备份火种没有派上用场，她对残奥会的顺利举行充满信心。

（据新华社北京8月28日电）

残奥会火炬接力传递日程及路线

传递时间	中华文明线	时代风采线
8月29日	西安	
8月30日	呼和浩特	深圳
8月31日	长沙	武汉
9月1日		上海
9月2日	南京	青岛
9月3日		大连
9月4日	洛阳	
9月5日—6日	北京	

让我们献出更多的爱

陈昭

随着残奥会圣火于28日点燃，北京残奥会的大幕徐徐拉开。

刚刚享受过辉煌的奥运盛宴，也许有些人会觉得残奥会比赛不够精彩。诚然，残疾人和健全人的体育竞技有所区别，但相同的是，他们同样追求“同一个世界 同一个梦想”的崇高目标。

只要稍稍留意一下残疾人运动员所经历的坎坷，了解到他们付出的超乎常人的汗水和泪水，总有一份感动会触及心灵，总有一种力量会点燃激情。人们会由衷地承认，他们，就是生活中的强者。

每一名参加残奥会的运动员，都曾有各自的不幸。在经历过生命的低谷之后，他们无一例外地选择了坚强，选择了重新站起，去迎接生命的挑战。与健全运动员相比，残疾人运动员面临着更多的困难。他们大多不是职业选手，既没有充裕的时间去进行训练，也缺乏足够的资金去购置专业训练器材和服装等必需用品。但是，他们坚持了下来，并走到今天，一直走到奥林匹克赛场。

“鸟巢”、“水立方”这些宏伟的体育场馆，会因这些强者的出色表现而愈放光彩。他们不仅是我们的兄弟姐妹，更是我们学习的榜样。他们以自强不息、乐观向上的态度，勇敢面对挫折，奋力挑战困难，奏出一曲高亢激越的生命交响曲。

关注残奥会，除了别样精彩的赛事，我们还能读到无数感人至深、催人奋进的故事。我们更能深切地认识到：对待残疾人运动员，我们应该付出更多的爱。爱，时时刻刻在我们心里；爱，温暖着生活的每一天；爱，应该献给每一个值得尊敬的人。只要有爱，我们这个世界，我们的生活，一定会更美好。

残奥会漫笔

北京残奥会录用4.4万赛会志愿者

盲文国际版“微笑圈”正式发布

本报北京8月28日电 （记者**王建新、赵婀娜**）记者从今天在京召开的“盲文国际版微笑圈发布暨残奥会志愿者工作动员部署会”上获悉，在即将开幕的北京残奥会上，将有4.4万名赛会志愿者提供赛会志愿服务。

会上，正式发布了盲文国际版“微笑圈”。推出盲文国际版“微笑圈”，旨在进一步传播残奥会理念和微笑理念，向世界人民表达“微笑北京欢迎你、志愿奥运期待你”的盛情邀请。

据介绍，北京残奥会志愿者报名人数达到908334人，录用赛会志愿者44000人，来自27个国家和地区。残奥会赛会志愿者中的90%参加过奥运会志愿服务。赛时，志愿者们将分布在43个工作领域，2170余个工作岗位，主要从事观众服务、交通服务、安全检查、竞赛组织支持、技术支持、医疗服务、语言服务、场馆管理支持、新闻运行支持、颁奖礼仪等服务。

我们准备好了！二十八日，服务北京残奥会的赛会志愿者佩戴着刚刚发布的“盲文国际版微笑圈”，热切盼望残奥会开幕。

本报记者 李维娜摄

第15415期（代号1－1）

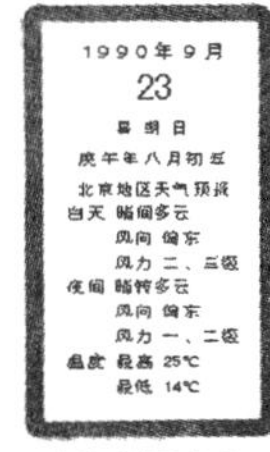

人民日报社出版

杨尚昆主席应亚奥理事会代表邀请，宣布第11届亚运会开幕。

象征30亿人民团结友谊进步　共筑亚洲体育运动壮丽丰碑

第十一届亚洲运动会在北京隆重开幕

37个国家和地区的体育代表团共6578人参加

杨尚昆宣布亚运会开幕　陈希同致辞热烈欢迎各代表团

江泽民李鹏万里等中国领导人和萨马兰奇伊沙克·汗李钟玉等贵宾出席

新华社北京9月22日电　新华社记者报道：象征着亚洲30亿人民"团结、友谊、进步"的第十一届亚洲运动会，今天下午在鲜花和彩旗簇拥的中华人民共和国首都北京隆重开幕。

在第二十三届奥运会上夺得第一枚金牌的中国射击运动员许海峰高擎火炬，在多次获得世界冠军的中国女排原成员张蓉芳、跳水运动员高敏的护卫下，跑步进入北京工人体育场，绕场一周，登上火炬台。这簇取自念青唐古拉山、由中共中央总书记江泽民亲手点燃传遍全中国的圣火，此刻带着北国的朔风和南海的涛声，带着天山的祝福和雅鲁藏布江的深情，点燃了亚运会主会场的巨型火炬。

来自五大洲的7万多名观众仰望着亚运火炬的熊熊烈焰。这时，万羽信鸽飞向天空，飞向四面八方。

乐队高奏庄严的中华人民共和国国歌。

16时52分，应亚奥理事会代表的邀请，中华人民共和国主席杨尚昆宣布：在北京举行的第十一届亚洲运动会开幕。

亚奥理事会会旗，在北京工人体育场徐徐升起，猎猎飘扬。

这是中华人民共和国在自己的土地上举办的第一次综合性的国际体育大赛，也是亚运会诞生以来的40年间第一次由中国承办的亚洲运动会。来自亚奥理事会成员的37个国家和地区的体育代表团的6578人参加了这届亚运会。代表团数和运动员数都超过了前十届。

对第十一届亚运会，中国政府给予极大的关注和支持，中国各族人民倾注了极大的热情，付出了辛勤的劳动。第十一届亚运会是11亿中国人民与亚洲人民共同筑起的一座亚洲体育运动史上壮丽的丰碑。

参加本届亚运会的亚洲各国家和地区代表团，在阵阵掌声中，以汉字笔划为序依次入场。

第一个走进会场的是马尔代夫代表团，接着是马来西亚、也门、不丹、日本、中国台北、文莱、巴林、巴基斯坦、巴勒斯坦、卡塔尔、印度、印度尼西亚、尼泊尔、老挝、伊朗、约旦、阿曼、阿富汗、阿拉伯联合酋长国、沙特阿拉伯、孟加拉国、科威特、香港、叙利亚、泰国、菲律宾、朝鲜民主主义人民共和国、斯里兰卡、越南、南朝鲜、缅甸、蒙古、新加坡、保巴嫩、澳门代表团。身穿天蓝色礼服、阵容强大的东道国——中国体育代表团，在《歌唱祖国》的乐曲声中最后步入会场，观众席上响起了雷鸣般的掌声。

第十一届亚运会组委会主席陈希同在开幕式上致辞。他代表第十一届亚运会组委会全体人员和北京1000万市民向光临这届盛会的贵宾和海内外朋友们，向亚洲各代表团的运动健儿和体育工作者表示热烈欢迎，向给予这届盛会热情支持和指导的国际奥林匹克委员会、亚洲奥林匹克理事会和所有关心、支持这届亚运会的中外人士表示衷心的感谢。他祝愿参赛的体育健儿在"团结、友谊、进步"的旗帜下，互相学习，切磋技艺，奋力拼搏，共同提高，创出优异成绩，为亚洲人民争光。

亚奥理事会副主席西尔瓦和哈桑在副主席会亲河、艾哈迈德、陈先陪同下，宣读了已故亚奥理事会主席法赫德亲王生前为本届亚运会撰写的开幕词。法赫德写道：我和我们亚奥理事同事们渴望地看到北京在过去的6年中为筹备迎接这一节日的到来而做出的巨大努力。开幕词中还说，竞争与求胜是我们来到这里的主要目的，同时我们不能忘记在这个过程中，体育运动深处最重要的目标是本着体育精神去奋斗、去参与。

中国的陈龙灿以全体运动员名义宣誓，保证尊重并遵守亚运会的规则，为了体育的光荣和运动员的荣誉，以真正的体育道德精神参加本届亚运会。

党和国家领导人江泽民、李鹏、万里、乔石、姚依林、宋平、李瑞环，国际奥委会主席萨马兰奇，副主席庞德、姆巴伊、何振梁、戈斯帕尔以及各国奥林匹克委员会协会主席拉尼亚等国际体育组织负责人出席开幕式。（下转第二版）

亚运会组委会主席陈希同在开幕式上致辞。

萨马兰奇等称赞开幕式:精彩

本报北京9月22日讯　记者温宪报道：国际奥委会主席萨马兰奇今天晚上说："北京亚运会开幕式是我一生中见到的开幕式中最好的一次。我希望以后的亚运会开幕式也能办出这样的水平。"

萨马兰奇是在出席在京举行的第三届世界田径锦标赛组委会招待会时讲这番话的。第三届世界田径锦标赛将于明年8月24日至9月1日在日本东京举行。

国际业余田径联合会主席内比奥罗在发言中称北京亚运会开幕式"极为精彩，给人留下了深刻的印象。亚运会真是亚洲大家庭的盛会"。

出席招待会的国际奥委会委员和亚洲田径界知名人士对北京亚运会开幕式均有好评。

亚运会主会场的巨型火炬高高耸立，圣火熊熊燃烧，万羽信鸽飞向天空。

各个国家和地区的体育代表团依次入场。图为中国代表团入场时的情景。

本版照片为本报记者张雅心摄

党和国家领导人会见外国朋友

详见今日第二版

长城捧起太阳

——九月二十二日：亚运会开幕式大写实

本报记者　李力　汪大昭　李泓冰

这一天虽然太阳躲了起来，却是个辉煌的日子。人们掰着手指头算日子，等待的就是这一天。

将光荣写上九霄

举办亚运会对中国人来说是五千年才有的光荣。北京第一次作东亚运，中国人和亚洲各地人民一起，在北京同声高唱亚细亚的赞歌。

这首赞歌从天空传来的飞机引擎声开始。金继皆，这个来自湖南的汉子，望着缓缓飞过的国产运五飞机，眼睛湿润了。这位三十多年前打破过定点跳伞全国纪录的优秀运动员怎么也想不到，他会成为在亚洲运动会开幕式大型跳伞表演的地面指挥。

六十位跳伞运动员在空中绽开朵朵伞花，他们把最美好的祝愿，写在蓝天上。有十二年跳伞历史的跳伞世界冠军千他从一千二百米的高空开始，就注视着地面上一个光辉的圆环。这个圆环越变越大，终于，她看见要落下的地方是一个欢乐的世界，人们都在等待那个伟大的时刻。如今，这个时刻已是按分秒计算了：虽然空中停留时间只有四分十秒，但这短短的时间将给她一个终生难忘的印记。

此刻，北京国际会议中心记者大厅的电视墙上，三十六个屏幕同时转播着主会场的情况。采访亚运会的中外记者五千人，进开幕式现场的只有三千五百人。

一面面亚奥理事会成员的旗帜从天而降。人们在观众席上注视着这些旗帜，用掌声欢迎各方朋友的到来。

最后一名跳伞员带的是五星红旗。数万名观众欢腾起来。这是东道主的骄傲，这是北京人的自豪。

走向同一个太阳

开幕之日，北京比往常宁静。这是一次民族自信心、爱国心的大检阅。人们的目光聚焦在北京，聚焦在主会场。以人民解放军军乐团为主体的行进军乐演奏，显示出中国人民团结奋进、无坚不摧的力量。红色披肩，白色军服，火热，饱满，华夏儿女筑起的长城，在人们心中巍然屹立！

一千四百人的中日太极拳联合表演，在悠扬的乐曲声中进行。开幕式前一天，日本前首相竹下登专程前往练习场看望七百名日本太极拳运动员。老政治家渴望世界和平的愿望溢于言表。

体育有其独特的魅力。体育是人类友爱的竞技场。运动健将的成就是人类的骄傲。

来自三十七个国家和地区的代表团在亚奥理事会会旗引导下入场。八名对体育事业做出过卓越贡献的中国老运动员担任了护旗使者。著名乒乓球运动员邱钟惠颇有感慨，一个退役的老运动员，如果不是在中国举行亚运会，她怎能在告别运动生涯的年代得到这样的殊荣？中国已不是当年的中国了，中国已经大步向强盛之国迈进。

会徽旗队走过来了。一百四十名剽悍的男青年高擎亚奥理事会会旗，齐步入场。"这才是中国人的样子！"一位戎马一生的老将军看到这么出色的队伍，兴奋不已。

北京亚运会创下了数不清的"第一"。当中国台北队入场，全场响起热烈的掌声之时，人们除了表达一种发自内心的骨肉之情而外，又何尝不为海峡两岸健儿初会亚运而欣喜呢？过去已成为历史，干戈可化为玉帛。当年小球推动了大球，又有谁能断定，亚运会不能成为沟通大陆与宝岛的金桥呢？

三十七个国家和地区参加盛会，创下了一项亚运之最。中国有凝聚力，世界在看中国。（下转第三版）

人民日报

RENMIN RIBAO

今日4版

人民网 网址:http://www. people. com. cn
手机:http://wap. people. com. cn

国内统一连续出版物号 CN 11-0065
第21634期（代号1-1）
人民日报社出版

2007年10月
3
星期三
丁亥年八月廿三

北京地区天气预报
白天 多云间晴
风向 北转南
风力 二、三级
夜间 多云
风向 南转北
风力 一、二级
温度 26℃/16℃

胡锦涛宴请出席2007年世界夏季特奥会开幕式的国际贵宾

本报上海10月2日电 （记者**曹鹏程、曹玲娟**）国家主席胡锦涛2日在上海西郊宾馆宴请出席2007年世界夏季特奥会开幕式的国际贵宾，冰岛总统格里姆松和夫人穆萨耶夫、菲律宾总统阿罗约、乌兹别克斯坦副总理伊纳莫娃、国际特奥会主席施莱佛、瑞士前联邦主席奥吉、日本前首相海部俊树、博茨瓦纳总统夫人莫哈埃、波兰总统夫人卡钦斯卡、乌克兰总统夫人尤先科、希腊总理夫人卡拉曼利斯等出席宴会。

胡锦涛在致辞中首先代表中国政府和中国人民对各位贵宾来上海出席2007年世界夏季特殊奥林匹克运动会表示热烈欢迎。胡锦涛指出，特殊奥林匹克运动会传递着希望、友谊、合作、和平，寄托着各国人民的美好愿望。本届特殊奥林匹克运动会将有力促进世界残疾人事业，有力增进各国特奥运动员和各国人民的相互了解和友谊。中国政府和中国人民将以此为契机，进一步推动中国残疾人事业发展，并同世界各国政府和人民一道努力，推进世界残疾人事业，继续为建设持久和平、共同繁荣的和谐世界作出贡献。

国际特奥会主席施莱佛在致辞中表示，我们非常荣幸和特奥运动员们一起来到上海。今天是一个开始，不仅是比赛的开始，更是建立一个更公正、友好的世界的长期努力的开始。我们将奋斗不息，直到世界上所有儿童都能接受教育、发挥潜力，所有社区都接受包容每一个愿有所贡献的公民。这就是上海精神，我们将同全世界分享这种上海精神，让我们一起为共同献身的人类崇高事业欢呼喝彩。

国务院副总理回良玉、国务委员陈至立和澳门特别行政区行政长官何厚铧等也出席宴会。

二〇〇七年世界夏季特殊奥林匹克运动会在上海隆重开幕

胡锦涛出席开幕式并宣布运动会开幕

十月二日晚，国家主席胡锦涛在上海出席二〇〇七年世界夏季特殊奥林匹克运动会开幕式，宣布运动会开幕。
新华社记者 樊如钧摄

本报上海10月2日电 （记者**汪大昭、曹鹏程、曹玲娟、薛原**）浦江两岸，华灯竞放；东方明珠，熠熠生辉。2007年世界夏季特殊奥林匹克运动会2日晚在上海体育场隆重开幕。国家主席胡锦涛出席开幕式并宣布运动会开幕。

夜幕下的上海体育场流光溢彩、鼓乐喧天。可容纳8万观众的体育场内座无虚席，到处欢声笑语，气氛十分热烈。

19时许，在欢快的乐曲声中，胡锦涛走上主席台，向观众挥手致意。全场响起长时间的热烈掌声。

前来出席开幕式的冰岛总统格里姆松、菲律宾总统阿罗约、乌兹别克斯坦副总理伊纳莫娃、国际特殊奥林匹克委员会主席蒂姆·施莱佛和国际特殊奥林匹克委员会名誉主席尤尼斯·肯尼迪·施莱佛，国务院副总理回良玉，国务委员陈至立和澳门特别行政区行政长官何厚铧等也在主席台就座。

铿锵有力的特奥会开幕鼓乐响起。来自164个国家和地区的特奥代表团相继入场，受到观众热烈欢迎。当中国特奥代表团最后一个进入会场时，全场观众兴奋地鼓掌、欢呼。

伴随着雄壮的中华人民共和国国歌，鲜艳的五星红旗冉冉升起。

21时20分，胡锦涛用洪亮的声音宣布：2007年世界夏季特殊奥林匹克运动会开幕。顿时，全场观众掌声雷动，数百名少年儿童手持彩色气球欢呼着涌入会场，腾空而起的礼花把夜空装点得五彩缤纷。

随后，8名特奥运动员护拥着特奥会会旗步入会场，礼兵将会旗缓缓升起。在特奥会会旗前，一名运动员、一名裁判员分别代表全体参赛运动员、裁判员宣誓。

本届特奥会组委会主席、上海市市长韩正在开幕式上致辞，向远道而来的特奥运动员和中外嘉宾表示热烈欢迎。他说，这届特奥会将是增进各国人民相互了解和友谊的舞台，每一个参与的人都是特奥精神的传递者。让我们共同感受特奥大家庭的温暖，共同谱写人类文明的新篇章。

国际特殊奥林匹克委员会主席蒂姆·施莱佛也在开幕式上致辞，对中国人民为办好这届特奥会的辛勤付出表示衷心感谢。他说，特奥不是为了别人，而是为了我们大家，要让更多的人加入到特奥运动事业中来。

21时42分，经过五大洲传递的特奥圣火“希望之火”到达上海体育场，几名中外火炬手在场内进行接力传递。最后，一名中国火炬手高擎圣火跑向主火炬台，点燃象征特奥精神的“莫比斯环”。燃烧着熊熊圣火的巨大“莫比斯环”，从喷泻的水幕中徐徐升起。顷刻间，上海体育场成了一片欢乐的海洋。

开幕式上，穿插进行了以“和谐：人类共同的梦想”为主题的盛大文艺表演。整个表演分为“勇气：人类精神的力量”、“分享：我们共同的关爱”、“技能：认识自身的潜能”、“欢乐：共同庆祝的时刻”4个部分，展现了智障人士自强不息、奋力拼搏的精神风貌，表现了全人类相互关爱、携手共进的崇高理想。气势恢宏、寓意深刻的精彩表演，深深打动了现场观众，场内场外歌相和、心相连，涌动着一片融融真情。“爱重回大地，你我在一起。时间记得我名字，我曾勇敢不放弃……”一名智障儿童的歌声引起全场的共鸣，合唱《你行，我也行》把整个表演推向了高潮。

世界特殊奥林匹克运动会是面向智障人士的综合性大型运动会。这次在上海举办的特奥会，是第一次在发展中国家、在亚洲举办的夏季特奥会，是迄今为止我国举办的参赛国家和地区、参赛人员最多的国际体育赛事。本届特奥会设有21个比赛项目和4个表演项目，有1万多名运动员、教练员参加。全部比赛将于10月11日结束。

10月2日晚，2007年世界夏季特殊奥林匹克运动会在上海体育场隆重开幕。 吴 华摄（新华社发）

胡锦涛同冰岛总统格里姆松会谈

10月2日，国家主席胡锦涛在上海同冰岛总统格里姆松举行会谈。
新华社记者 樊如钧摄

本报上海10月2日电 （记者**曹鹏程、曹玲娟**）国家主席胡锦涛2日在上海西郊宾馆同前来出席2007年世界夏季特奥会开幕式并访华的冰岛总统格里姆松举行会谈。双方对双边关系不断深入发展感到满意，同意继续一道努力，推动两国各领域合作取得更大成果。

胡锦涛表示，中冰关系近年来又有了新的发展。两国政府部门和地方交往密切，相互了解和政治互信加深，双边经贸关系稳步发展，人文交流合作富有成果，在重大国际问题上保持了良好沟通磋商。

胡锦涛表示，中方重视同冰方的关系，愿同冰方一道努力，继续挖掘合作潜力，使两国关系成为不同幅员、人口和社会制度国家友好合作的典范。胡锦涛就发展中冰关系提出4点建议。第一，加强政治互信。保持双方高层交往势头，密切政府、立法机构、政党的交流。第二，扩大经贸合作。希望双方主管部门尽早完成双边自由贸易协定谈判，为全面提升两国经贸合作水平创造更好条件。积极拓展物流、医药、金融、质检、食品加工、工程承包等方面的合作。第三，深化科技合作。中方愿意借鉴冰方在火山、地震、冰川研究和地热、清洁能源利用等领域的先进技术，希望落实有关双边协议。第四，推动人文交流。加强学术团体、智库、媒体的交流。

格里姆松表示，冰岛和中国的关系是强有力的。近年来，两国友谊进一步加深，各领域合作取得重要进展，双方建立起经贸、文化、清洁能源等领域长期合作框架，双边自由贸易区谈判稳步推进，特别是在地热和清洁能源利用、提高能源效率方面进行了良好合作。格里姆松赞同胡锦涛关于发展两国关系的建议，希望双方不断开拓合作新领域，将两国务实合作推向新阶段。

格里姆松表示，冰岛坚持一个中国政策，这是冰中双边关系发展的基石，也是冰中开展国际合作的基石。胡锦涛对此高度评价。

胡锦涛赞赏格里姆松一直关注和支持上海举办2007年世界夏季特奥会。胡锦涛表示，中国政府对本届特奥会高度重视，希望本届特奥会取得圆满成功，为促进世界特奥运动事业发展作出贡献。

格里姆松表示，中方为本届特奥会举行作了精心准备，相信2007年上海特奥会的成功举办将对世界特奥运动事业发展产生深远影响。

国务院副总理回良玉、国务委员陈至立等参加会谈。

胡锦涛会见菲律宾总统阿罗约

10月2日，国家主席胡锦涛在上海会见菲律宾总统阿罗约。
新华社记者 樊如钧摄

本报上海10月2日电 （记者**曹鹏程、曹玲娟**）国家主席胡锦涛2日在上海西郊宾馆会见前来上海出席2007年夏季特奥会开幕式的菲律宾总统阿罗约。

胡锦涛首先欢迎阿罗约来华出席特奥会开幕式。胡锦涛表示，包括总统女士在内的有关国家领导人亲临上海2007年夏季特奥会开幕式，体现了国际社会对世界特殊奥运事业的关心和支持，相信在各国特奥运动员共同努力下，在关心世界特殊奥运事业的各界人士热情帮助下，本届特奥会一定会取得圆满成功。

阿罗约感谢中方邀请她出席2007年夏季特奥会开幕式，表示菲方重视本届特奥会，派出菲律宾参加特奥会以来规模最大的代表团，衷心祝愿本届特奥会取得成功。

关于中菲关系，胡锦涛表示，中方重视同菲方的关系，愿同菲方一道推动两国关系进一步发展。当前中菲关系很好，两国领导人经常见面，就共同关心的问题保持沟通。近年来中菲经贸合作成效显著，为双边关系发展提供了强劲动力。双方发挥各自优势，拓展合作领域，不断提高经贸合作水平，给两国人民带来更多实实在在的利益。中方愿本着互利双赢原则继续加强同菲方的经贸合作。两国有关部门正在制定战略性合作共同行动计划，经贸部门也在制定经贸合作5年发展规划。希望双方抓紧磋商，尽早达成一致，为两国各领域互利合作提供具体指导。

阿罗约表示，中国的发展是菲律宾的重要发展机遇。菲中关系是菲律宾重要的双边关系之一。菲中关系建立在相互信任、相互尊重、坦诚对话的基础上，越来越全面、成熟。双方各领域合作不断扩大和深化，希望双方继续加强各领域务实合作。

阿罗约强调，中华人民共和国政府是代表全中国的唯一合法政府，菲律宾坚定奉行一个中国政策。胡锦涛对此表示赞赏。

国务院副总理回良玉、国务委员陈至立参加会见。

胡锦涛会见国际特奥会主席施莱佛

（第二版）

人民日报

RENMIN RIBAO

今日12版(华东、华南地区16版)
人民网网址:http://www. people. com. cn
http://www. peopledaily. com. cn

国内统一刊号:CN11-0065
第19402期 (代号1-1)
人民日报社出版

2001年8月
23
星期四
辛巳年七月初五

北京地区天气预报
白天 晴转阴
降水概率 30%
风向 北转南
风力 二、三级
夜间 阴间多云有阵雨
降水概率 60%
风向 南转北
风力 一、二级
温度 32℃/21℃

北京工人体育场礼花齐放,万众欢腾。本报记者 李石营摄

东方古国迎五洲宾朋 世纪盛会谱体坛新曲

第二十一届世界大学生运动会在北京隆重开幕

江泽民主席宣布运动会开幕 李鹏朱镕基李瑞环胡锦涛尉健行李岚清出席

168个国家和地区的6800多名运动员教练员和官员参加本届大运会

8月22日,第二十一届世界大学生运动会开幕式在北京工人体育场隆重举行。中共中央总书记、国家主席江泽民宣布运动会开幕。 新华社记者 戚恒摄

本报北京8月22日讯 记者**温红彦、阎晓明、江正茂**报道:青春的圣火在燃烧,年轻的心灵在激荡。以"青春、友谊、和平"为宗旨的第二十一届世界大学生运动会,今晚在古都北京拉开帷幕。晚9时15分,中共中央总书记、国家主席江泽民在北京工人体育场宣布:第二十一届世界大学生运动会开幕。顿时,礼花齐放,万众欢腾。

中共中央政治局常委李鹏、朱镕基、李瑞环、胡锦涛、尉健行、李岚清出席了今晚的开幕式。

绽放的礼花告诉世人:北京拉开了历史上最好的大运会的序幕。本届大运会是跨入新世纪后,国际体坛第一个综合性大型运动会,也是中国有史以来,首次承办的世界性综合运动会。参加本届大运会的国家和地区达到168个,运动员、教练员和官员人数超过6800人,这些均创造了大运会新纪录。168个代表团的入场式持续了约1小时。引导小姐身着鲜艳的民族服装,手举各国和地区鸟类图案的引导牌,引领各代表团入场。当中国大学生体育代表团最后入场时,引起全场热烈的掌声。

开幕式上,大运会组委会主席、北京市市长刘淇致欢迎词。刘淇说:"本届大运会是21世纪第一个世界体育盛会,也是北京获得2008年奥运会举办权后迎来的第一次国际体育盛会。北京青年和市民怀着无比喜悦的心情,以申奥成功为动力,周到细致地做好各项准备工作。我们希望,本届大运会以隆重、热烈、精彩载人史册,成为最出色的一届大运会。"

国际大学生体育联合会主席乔治·基里安先生在开幕词中,对北京为举办本届大运会所做的杰出工作表示衷心感谢。他说:"本届大运会将是国际大学生体育联合会历史上规模最为宏大的一届夏季大运会。"

灯光骤然变暗,全场一片寂静。"天地合一,开创新世纪"的大运会主火炬点燃仪式开始。楼大鹏、邓亚萍等绕场进行跑步火炬接力。西安交通大学学生、奥运会跳水冠军田亮最后接过火炬,跑上点火台,引燃圣火。圣火分为两团,一团由飞碟带入空中,象征来自太阳的能源;另一团来自地面,象征地球母亲的能源,它们在空中汇合,共同点燃主火炬。此时全场一片沸腾。

今年1月1日,中国大学生代表从沐浴新世纪第一缕阳光的新西兰梅西大学和中国北京大学采集了"新世纪之光"火种。4月,意大利都灵第一届大运会火种又来到了北京,三路火种汇聚于中华世纪坛。5月4日,国务院副总理李岚清在中华世纪坛点燃了大运会火炬,拉开了为期110天、有30万大学生参与的大运会火炬传递的序幕。

开幕式后,气势恢弘、场面壮观的《你好,21》大型文艺表演开始。表演分为《序:诞生——龙的民族》、《上篇:辉煌——古老的中华》、《下篇:活力——崭新的北京》和《尾声:你好,21——青春的相聚》,表达了中国青年对第二十一届大运会的热情问候和对21世纪的倾情祝福。来自北京等地120多个单位的1.1万多名演员为中外观众展示了中国灿烂的传统文化和日新月异的现代文明,也向全世界再次展示出中国办好2008年奥运会的决心和信心。

来自世界各地的运动员将在这里参加田径、体操(艺术体操)、乒乓球、游泳、跳水、水球、网球、柔道、篮球、击剑、排球、足球等12个大项168个小项的角逐。中国体育代表团共派出256名运动员,参加全部12个大项的比赛。

开幕式前,中共中央总书记、国家主席江泽民在李岚清等领导同志的陪同下,亲切会见了国际大学生体育联合会全体执委。

应邀来京的国际奥委会副主席高斯帕等9位国际奥委会委员参加了开幕式。

出席大运会开幕式的还有:丁关根、田纪云、李铁映、吴邦国、迟浩田、罗干、姜春云、贾庆林、钱其琛、温家宝、曾庆红、吴仪、邹家华、王光英、布赫、铁木尔·达瓦买提、吴阶平、彭珮云、何鲁丽、周光召、曹志、丁石孙、成思危、许嘉璐、司马义·艾买提、王忠禹、肖扬、韩杼滨、王兆国、任建新、宋健、李贵鲜、陈俊生、张思卿、朱光亚、万国权、陈锦华、白立忱、经叔平、罗豪才、周铁农、王文元,中央军委委员傅全有、王克、王瑞林、郭伯雄、徐才厚以及中央和国家机关有关部门的负责同志等。

本届大运会将于9月1日在北京闭幕。

8月22日,第二十一届世界大学生运动会开幕式在北京工人体育场隆重举行。这是中国代表团步入开幕式会场。 新华社记者 彭张青摄

江泽民在山西就党建工作进行调研时强调

大力加强和改进党的作风建设 增强党的创造力战斗力凝聚力

8月19日,中共中央总书记、国家主席、中央军委主席江泽民在山西考察工作时,来到大同煤矿集团公司晋华宫矿调度室,高兴地与正在井下采煤的工人通电话,向他们表示亲切慰问。 新华社记者 李学仁摄

各级党委都要紧密结合本地区、本部门的实际,把贯彻落实"七一"讲话的工作抓紧抓好,不断解决改革和建设遇到的新情况新问题,不断维护和实现人民群众的根本利益,不断开创新的工作局面

本报太原8月22日电 中共中央总书记、国家主席、中央军委主席江泽民近日在山西考察党建工作时指出,党的作风是党的形象,是党的性质、宗旨、纲领、路线的重要体现,是党的创造力、战斗力和凝聚力的重要内容。我们党是以全心全意为人民服务为宗旨的马克思主义政党,是一个领导着十二亿多人的发展中大国的大党,是一个带领人民建设有中国特色社会主义的执政党,党的作风状况,关系党的生死存亡,关系国家的前途命运。

江泽民强调,切实抓好党的作风建设,是全党同志和全国人民的期望。贯彻党的理论路线方针要有好的党风,完成新世纪的三大历史任务要有好的党风,巩固党与人民群众的血肉联系要有好的党风,带动全社会形成和保持良好的风气要有好的党风。我们要依靠全党同志和全体人民,通过扎扎实实的工作,把党的思想作风、工作作风、领导作风、学风和干部生活作风建设推进到一个新的水平。

从8月17日至8月22日,江泽民总书记和随行的中共中央政治局候补委员、书记处书记、中组部部长曾庆红,在山西省委书记田成平、省长刘振华,北京军区司令员李新良的陪同下,先后在忻州、大同、长治、晋中、太原等地考察了农村、企业、科研机构等。他还参观了八路军太行纪念馆和八路军总部王家峪旧址,会见了当地的老党员、老模范代表,走访了农户。从北到南,初秋的三晋大地一片勃勃生机,给江泽民总书记留下了深刻的印象。

8月19日上午,江泽民冒着大雨来到大同煤矿集团公司晋华宫煤矿,在井口亲切看望了煤矿工人。矿工们上完一个夜班刚刚从井下上来,江泽民握着他们的双手,向他们表示慰问,并详细询问了他们井下工作和日常生活以及劳动保护的情况。矿工们激动地围在总书记身旁,向总书记问好。江泽民来到老矿工麻二帮家,与这个四世同堂的一家人亲切交谈。随后,江泽民来到煤矿的调度室,察看了全矿的生产情况,听取了煤矿负责人的汇报。听说煤矿的生产效益正在提高,江泽民十分欣慰。江泽民拿起电话,与在井下作业的工人通话。8月21日上午,江泽民来到太原航空仪表有限公司,察看了公司的生产和新产品研制开发的情况。他表示,我国工人阶级为社会主义建设和改革作出了重大贡献,我们要始终充分发挥工人阶级的主力军作用,不断把改革开放和社会主义现代化建设推向前进。

江泽民说,近年来,山西省委、省政府坚持以邓小平理论为指导,坚决贯彻落实中央的路线方针政策和各项工作部署,带领广大干部群众团结奋斗,努力推进社会主义改革开放和现代化建设,经济和社会发展取得了新的成就。希望山西广大干部群众坚持解放思想、实事求是,坚定信心、艰苦奋斗,大力推进经济结构的战略性调整,加快贫困地区特别是革命老区的发展,加强生态建设和环境保护,大力加强社会主义精神文明建设,扎扎实实抓好各项工作的落实。

适应新形势新任务的要求,不断加强和改进新时期党的建设,推动全党更好地贯彻落实"三个代表"重要思想,是江泽民总书记此次山西之行的考察重点。

考察期间,江泽民分别在大同市和太原市主持召开了新时期党建工作座谈会,听取来自市、县、乡镇以及企业基层党组织负责人的代表关于党建工作的情况汇报,就如何贯彻"三个代表"要求,进一步开创新时期党建工作的新局面与大家进行深入讨论。21日下午,江泽民在听取了山西省委的工作汇报后,发表了重要讲话。

(下转第二版)

第四版刊登

江泽民会见出席"九个人口大国全民教育部长级会议"部分外国客人

江泽民祝贺亚太经合组织妇女领导人会议开幕

李鹏主持全国人大第四十五次委员长会议

RENMIN RIBAO

今日12版（华东地区16版）

国内统一刊号：CN11－0065
第17097期（代号1－1）

1995年5月
2
星期二
乙亥年四月初三
北京地区天气预报
白天多云转晴
风向 南转北
风力 二、三级 转四、五级
夜间晴
风向 北
风力 四、五级 转二、三级
温度 20℃／11℃

人民日报社出版

江泽民李瑞环听取世乒赛筹备工作汇报

对筹备工作给予充分肯定，勉励我国运动员赛出好成绩，体现出良好体育道德和精神风貌

新华社天津5月1日电 （新华社记者夏林、天津日报记者王永亮）中共中央总书记、国家主席江泽民，中共中央政治局常委、全国政协主席、第四十三届世乒赛组委会名誉主席李瑞环，今天下午在天津迎宾馆听取了国家体委和天津市委、市政府关于第四十三届世乒赛筹备工作的汇报。江泽民强调，我国运动员既要赛出好成绩，又要体现出良好的体育道德和精神风貌。通过比赛，把我国的乒乓球运动提高到一个新的水平。

汇报会上，国家体委主任伍绍祖、天津市市长张立昌分别汇报了第四十三届世乒赛的筹备情况。

江泽民对第四十三届世乒赛的筹备工作给予了充分的肯定。他说，举办这届乒乓球世界大赛，对我们国家、对天津市都是一件很好的事情。通过举办世乒赛，既可以促进天津的城市建设，也会大大提高天津在国际上的知名度，并将振奋天津市和全国人民的精神。希望天津市通过举办世乒赛，把社会主义物质文明和精神文明建设搞得更好。他非常高兴来参加第四十三届世乒赛的开幕式，并预祝比赛圆满成功。

江泽民对我国参加第四十三届世乒赛的运动员非常关心，他说，要告诉我们的运动员，要在比赛中体现出良好的体育道德和精神风貌，胜不骄，败不馁，与参赛的各国运动员互相切磋，共同提高，增进友谊。

李瑞环说，第四十三届世乒赛准备工作是好的。天津举办这样大的体育赛事还是第一次，各项工作要抓实抓细，不能有丝毫懈怠。要善始善终，给参加世乒赛的客人留下美好的印象。

中共中央政治局委员、国务委员、第四十三届世乒赛组委会名誉副主席李铁映在听取汇报时也谈了重要意见。

中共中央办公厅主任曾庆红，国务院副秘书长徐志坚，天津市委书记高德占、副书记李建国、副书记兼常务副市长李盛霖、国家体委副主任袁伟民、徐寅生、刘吉参加了汇报会。

四海宾朋聚津门　乒坛盛事传友谊

第43届世乒赛在天津隆重开幕

江泽民宣布开幕　哈马隆德致开幕词　李瑞环等出席

左图：中华人民共和国主席江泽民庄严宣布：第43届世界乒乓球锦标赛开幕！
本报记者　王霞光摄

上图：江泽民主席在天津迎宾馆会见国际乒联主席哈马隆德。
新华社记者　官天一摄

本报天津5月1日电 记者王学孝、陈杰报道：今天，900万海河儿女代表中国张开双臂拥抱世界各地的乒坛健儿。第43届世界乒乓球锦标赛在新建的天津体育馆隆重开幕。时隔北京成功举办第26届世乒赛34年后，中国再一次举办国际最高水准的乒乓球大赛。

今晚，造型如腾飞的飞碟的天津体育馆，华灯齐放，晶莹璀璨。缤纷的焰火映红幻境一般的天空，400名“太空少女”与2000余名身着盛装的青少年翩翩而至，热情地迎接参加国际乒坛盛会的四海宾朋。江泽民同志题写的“天津体育馆”五个大字熠熠生辉。

万人体育馆内，宛若巨轮的舞台上，一排排号手吹起礼号，信号手挥动旗语：“中国天津欢迎你！”在国际乒联会旗的引导下，116个国家和地区的运动员、教练员入场，场内响起阵阵热烈的掌声。本届世乒赛参赛选手的规模为历届最大，将进行4000场次的团体、单项比赛，角逐7个项目的桂冠。

党和国家领导人江泽民、李瑞环、李铁映、王光英、钱伟长、万国权和国际乒联主席哈马隆德及其他国际乒联官员出席开幕盛典。

国际奥委会主席萨马兰奇发来贺电，他代表国际奥委会祝本届世乒赛取得圆满成功。

升中华人民共和国国旗，奏中华人民共和国国歌之后，第42届世乒赛举办地瑞典哥德堡市的代表、瑞典乒协主席乌·伦奎斯特，埃及代表团团长萨米尔·贝尔塔基与天津市市长张立昌交接“埃及杯”。

举办第43届世乒赛，是向世界展示改革开放时期中国与天津新风采的良机。

本届世乒赛组委会主任、天津市市长张立昌致欢迎词，代表组委会和天津人民向关心和支持世乒赛的海内外人士致以衷心的谢意。

国际乒联主席哈马隆德在开幕词中祝愿此次大赛成为乒坛历史上最为圆满成功的一次赛事，推动世界乒乓球运动的发展。

应哈马隆德邀请，中华人民共和国主席江泽民庄严宣布：“第43届世界乒乓球锦标赛开幕。”伴着本届大赛的会歌《共享阳光》，场内升起国际乒联会旗和第43届世乒赛会旗。

开幕式进行气势宏大的文体表演——《共享阳光》。120名身着绿色长裙的少女如春风，似暖流铺满全场，姑娘们接受着甘露的滋润和阳光的沐浴，如诗如画地表现了东方女性的娇美和春意盎然的中国大地；160名武林新秀喊声震天，威风凛凛，展示中国新一代的搏击精神；400名活泼的少年挥拍上阵，边唱边舞，预示乒乓球运动的勃勃生机；青年男女跳起刚劲有力的现代舞，形成一股股振兴、腾飞的强劲态势。一只巨大的充气乒乓球冉冉升起，远处飞来一只白鸽落在上边，构成本届世乒赛的会徽，象征和平、友谊、繁荣、发展。

出席今晚开幕式的还有高德占、伍绍祖等有关部委、天津市的负责人以及外国驻华使节、海外体育界友好人士。

江泽民会见哈马隆德

对前来出席世乒赛的国际乒联领导人表示欢迎

新华社北京五月一日电 （天津日报记者王永亮、新华社记者夏林）国家主席江泽民今天下午在天津市迎宾馆会见了国际乒乓球联合会主席哈马隆德一行。

江泽民对前来出席第四十三届世乒赛的国际乒联领导人表示欢迎。他说，乒乓球运动具有广泛的群众性，很受中国人民的喜爱，我国运动员也参加过多次国际比赛，并获得优异成绩。这次比赛是中国承办的一次国际性体育盛会，天津市领导和九百万天津人民为成功举办这次世乒赛做了大量的准备工作，同时有国际乒联的积极支持，可以相信，这次世乒赛一定会获得圆满成功。

哈马隆德感谢江泽民主席专程来天津出席第四十三届世乒赛开幕式。他表示，在中国政府的关心支持下，在天津人民的热情帮助下，本届世乒赛一定会成为国际乒坛历史上最成功的一次赛事。

江泽民还与已故国际乒联主席荻村伊智朗的夫人荻村施美亲切握手，表示问候并合影留念。

参加会见的有国际乒联执委会的成员，还有应中国奥委会邀请前来观摩世乒赛的国际奥委会委员吴经国及夫人，日本松下电器公司副总裁村濑通三。国务委员李铁映、全国人大常委会副委员长王光英、全国政协副主席钱伟长、中共中央办公厅主任曾庆红、国家体委主任伍绍祖、国务院副秘书长徐志坚、天津市委书记高德占、天津市长张立昌等会见时在座。

劳模登上天安门城楼

全国劳模和先进工作者瞻仰毛主席遗容

本报北京5月1日讯 记者王科、周笑浪报道：今天，欣逢劳动者的节日，天安门城楼张灯结彩，红旗招展。上午6时，来自全国各地的劳动模范和先进工作者近3000人登上了天安门城楼，庆祝“五一”。

北京市和全国总工会的负责人在楼梯口和代表们一一握手，欢迎劳模们游览天安门城楼，并祝大家节日愉快。

代表们兴致勃勃地交流感受、拍照留念，一串串欢乐的笑声播撒在庄严雄伟的天安门城楼上。胸前挂有“三八”红旗手、优秀共产党员等10多块奖章的全国劳模魏虎仙，热情地邀记者合影。旁边的人介绍说，老魏虽已年逾60，仍显得“虎虎有生气”。她买了许多“登上天安门城楼”证书，准备回去分发，让大家一起分享喜悦。和她同住一屋的是再次出任大寨党支部书记的郭凤莲。这几年，郭凤莲带领大寨人加强农业，大办企业，使大寨变得更加红火，因而被推选为全国劳模。她不时被相识或不相识的劳模拉去合影，心中的喜悦化作脸上的笑容。

来自广西的全国劳模黄定嵩是这次劳模会上唯一的县委书记。记者见他四下张望，一问方知，他在找另一位“县委书记”合影。原来，焦裕禄一直是他心目中的榜样，这次会议期间，他和焦裕禄的扮演者李雪健一见如故，很谈得来。天津代表林永宁凭栏远望，他表示，一定要把大家的好经验带回去，进一步搞好自己所在的企业。

8时整，代表们来到毛主席纪念堂，瞻仰毛泽东同志遗容。藏族劳模代表在遗像前敬献了洁白的哈达。

5月1日，全国劳动模范和先进工作者兴致勃勃登上了北京天安门城楼。
本报记者　王忠家摄

李瑞环会见陈世贤

新华社天津5月1日电 （记者朱玉泉）中共中央政治局常委、全国政协主席、第四十三届世乒赛组委会名誉主席李瑞环今天上午在天津迎宾馆会见了泰国泰华报人公益基金会会长、中华民族文化促进会副会长、天津市政府顾问陈世贤一行。

李瑞环首先以世乒赛组委会名誉主席的身份，对陈世贤一行前来出席世乒赛开幕式表示欢迎。他说，陈世贤先生为了发展中国的文化公益事业，这些年来在中国许多地方做了许多实事、好事，这次又为第四十三届世乒赛的举办给以热情帮助，对此我们非常感谢。

陈世贤说，他在世乒赛开幕前夕来到美丽的天津，观摩大赛盛况，感到特别荣幸。泰国的乒乓球运动近年来发展较快，这主要是向中国学习的结果。这次他们来的目的是增进友谊，共谋发展。

天津市委书记高德占、市长张立昌等会见时在座。

日本首相村山富市

今起对我国进行正式友好访问

应李鹏总理的邀请，日本国内阁总理大臣村山富市将于5月2日至6日对我国进行正式友好访问。

村山首相1924年3月3日出生于大分县的一个渔民家庭。他1946年从日本明治大学毕业后加入社会党，曾当选大分市和大分县议员，1972年起连续七次当选国会议员。村山曾任社会党国会对策委员长等职，1993年9月当选为社会党委员长，1994年6月日本社会、自民和先驱新党组成联合政权后出任首相。村山曾作为社会党议员访问过我国。

（新华社发）

新闻人物

村山富市首相

议议五天工作制

编者按：从昨天起，我国开始实行每周五天工作制。这是我国综合国力显著增长的结果，是经济与社会协调发展的产物。不少作者来稿议论如何实施五天工作制问题，现摘发几篇，供读者参考。

要用足四十小时

姚志德

一周少一天工作时间，并不意味着一周的工作量要减少1／6，而是要用5天的时间干完6天的工作。缩短工时的前提应是提高劳动生产率。职工有了较多的业余时间休息，在工作时间内更应紧张、快干，改变消极懒散作风；单位或部门领导要配合精简机构，定员定编，扎扎实实提高工作效率，努力消除人浮于事的现象，开展遵守劳动纪律和用足40小时的教育，使广大职工在工作时间内能最大限度地发挥主观能动性、创造性，超额完成生产、工作任务。

谨防“损公扰下”

周建业

南京市委书记顾浩针对5月1日起实行周五工作制，在全市干部大会上向大家提前打招呼，防止“双休日”机关干部到基层度假、“损公扰下”的现象出现，这个招呼打得好！好就好在超前性和预见性，把问题想在前，把工作做在前，给机关干部敲一敲警钟，防患于未然。

别忘消防安全

徐守政

全国实行每周五天工作制，对消防安全工作提出了更新更高的要求，消防安全工作没有“五天工作制”，要切实安排好消防安全值班制度，充实好义务防灭火人员队伍，确保安全工作落到实处，消防安全一刻也大意不得，否则，稍有不慎，极易酿成大灾，造成人员伤亡事故。

学习娱乐两相宜

马善记

每周两个“星期天”应该怎么过？笔者回答是：学习娱乐两相宜。

首先要学习好。在新形势下，我们要学习的东西太多了。邓小平同志建设有中国特色的社会主义理论、市场经济基本知识、现代科学技术基础知识以及其它专业知识，都需要认真学习。五天工作制赐给我们良好的学习时机，应当静下心来读读书。其次要娱乐好。休闲时间适当娱乐一下，譬如聚聚会、打打牌，锻炼锻炼身体或外出旅游，既可以解除工作时的疲乏，又可以丰富业余生活。当然娱乐也不能信马由缰，要有所节制，要遵纪守法。

“亚洲第一塔”落成

东方明珠广播电视塔发射开播

本报上海5月1日电 记者杨扬报道：五一国际劳动节之际，亚洲第一、世界第三高的东方明珠广播电视塔落成并发射开播，为上海人民献上了一份节日礼物，也成为上海城市的新标志。

东方明珠广播电视塔总高度468米，其中天线长度168米，主体结构高350米，由3根直径7米、与地面呈60度夹角的斜撑，支持起3根直径9米的擎天柱，配以3个直径50米、45米和16米的钢球体，体现了“大珠小珠落玉盘”的意境，将宇宙空间、飞船火箭和原子结构的高科技形象与东方文化完美结合，造型在世界上独一无二。

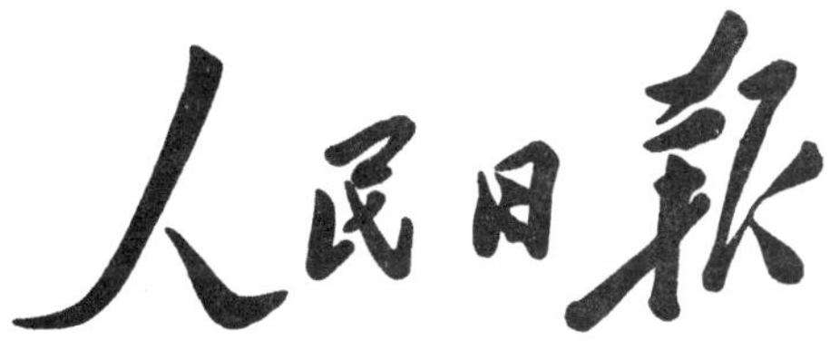

RENMIN RIBAO

人民网 网址:http://www.people.com.cn
手机:http://wap.people.com.cn

2008年2月
24
星期日
戊子年正月十八
人民日报社出版
国内连续出版物号
CN11-0065
第21778期(代号1-1)
今日8版

绍兴探索节能减排新路子——

以市场机制解决环境污染

本报记者 袁亚平

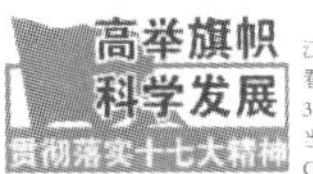

“河水又变清了!”在新昌江边生活了数十年的李国娟,看着一江清流,满脸欣喜。去年3月,嵊新污水处理厂试运行。当年7月,新昌江嵊州段COD指标实现低于Ⅲ类水质标准,为10年来首次。

浙江省环保监测站对浦阳江进行的监测表明,浦阳江诸暨段总体水质达Ⅲ类水质标准,出境水质明显高于入境水质。

这两条流经绍兴市域的河流,成为检验绍兴市节能减排的特殊样本。

“绍兴将继续加快推进生态市建设,扎实完成节能减排任务;完善环保基础设施,切实解决重点环境问题;严格环保执法,扎实开展生态建设和环境保护工作,促进绍兴经济社会又好又快发展。”绍兴市委书记、市长张金如说。

有奖有惩 实行差别化能源政策

绍兴是工业大市、资源小市,经济结构性矛盾比较突出,高耗能、高排放行业相对集中,年综合能耗5000吨标煤以上的企业有300多家,占全省的1/5多,节能减排任务非常艰巨。

“严格标准、严明奖惩、严控源头”,绍兴市从制定标准着手,约束企业的经营行为。建立了35个工业行业能耗标准,并在媒体上公布全市和各县(市、区)的GDP能耗、电耗等指标和企业完成指标情况。调整完善考核体系,更加重视单位效益标准,把单位产出高、排放低的企业作为标兵企业,一些传统意义上的工业龙头企业则被列为粗放企业。

去年4月,绍兴市在省内率先出台《固定资产投资项目节能评估和审查办法》,强行卡住新上高耗能、高污染项目。6月,诸暨最后一条水泥机立窑生产线停止运行,新昌等地4家企业关停小火电机组11台。 (下转第二版)

胡锦涛在中共中央政治局第四次集体学习时强调

扎扎实实推进服务型政府建设
全面提高为人民服务能力和水平

新华社北京2月23日电 中共中央政治局2月23日上午进行第四次集体学习,中共中央总书记胡锦涛主持。他强调,建设服务型政府,是坚持党的全心全意为人民服务宗旨的根本要求,是深入贯彻落实科学发展观、构建社会主义和谐社会的必然要求,也是加快行政管理体制改革、加强政府自身建设的重要任务。要在经济发展的基础上,不断扩大公共服务,逐步形成惠及全民、公平公正、水平适度、可持续发展的公共服务体系,切实提高为经济社会发展服务、为人民服务的能力和水平,更好地推动科学发展、促进社会和谐,更好地实现发展为了人民、发展依靠人民、发展成果由人民共享。

中共中央政治局这次集体学习安排的内容是国外政府服务体系建设和我国建设服务型政府。国家行政学院薄贵利教授、中国行政管理学会高小平研究员进行了讲解,并谈了对我国建设服务型政府的意见和建议。

中共中央政治局各位同志认真听取了他们的讲解,并就有关问题进行了讨论。

胡锦涛在主持学习时发表了讲话。他指出,为人民服务是党的根本宗旨,是各级政府的神圣职责。党和政府的一切工作,归根到底都是为了实现好、维护好、发展好最广大人民的根本利益。建设服务型政府,根本目的是进一步提高政府为经济社会发展服务、为人民服务的能力和水平,关键是推进政府职能转变、完善社会管理和公共服务,重点是保障和改善民生。要坚持以邓小平理论和“三个代表”重要思想为指导,深入贯彻落实科学发展观,按照全体人民学有所教、劳有所得、病有所医、老有所养、住有所居的要求,围绕逐步实现基本公共服务均等化的目标,创新公共服务体制,改进公共服务方式,加强公共服务设施建设,逐步形成惠及全民的基本公共服务体系。

胡锦涛指出,建设服务型政府,首先要创新行政管理体制。要着力转变职能、理顺关系、优化结构、提高效能,把政府主要职能转变到经济调节、市场监管、社会管理、公共服务上来,把公共服务和社会管理放在更加重要的位置,努力为人民群众提供方便、快捷、优质、高效的公共服务。要优化政府组织结构,加强公共服务部门建设,推进以公共服务为主要内容的政府绩效评估和行政问责制度,完善公共服务监管体系,加快法治政府建设,全面推进依法行政,依法规范政府职能和行政行为。要加快推进政企分开、政资分开、政事分开、政府与市场中介组织分开,发挥公益类事业单位提供公共服务的重要作用,支持社会组织参与公共服务和社会管理,形成公共服务供给的社会和市场参与机制。要完善公共财政体系,调整财政收支结构,扩大公共服务覆盖范围,把更多财政资金投向公共服务领域,把更多公共资源投向公共服务薄弱的农村、基层、欠发达地区和困难群众,增强基层政府提供公共服务的能力。要创新社会管理体制,努力实现管理与服务有机结合,在服务中实施管理,在管理中体现服务。要全面加强公务员队伍思想建设、作风建设、能力建设,加强公务员制度建设,不断提高公务员为人民服务的能力和水平。各级政府工作人员特别是领导干部要牢记全心全意为人民服务的宗旨,大力增强公仆意识,切实转变工作作风,努力做到思想上尊重群众、感情上贴近群众、行动上深入群众、工作上依靠群众,时刻把群众的安危冷暖放在心上,多为群众办好事、办实事,真正做到为民、务实、清廉。

胡锦涛指出,建设服务型政府,需要各级党委和政府共同努力。要增强建设服务型政府的紧迫感和责任感,切实把建设服务型政府列入重要议事日程,制定工作规划,确定重点任务,加强领导,精心组织,积极推动,不断取得新进展。要加强对建设服务型政府的实践探索和理论研究,深入分析新情况新问题,及时总结实践经验,认真借鉴国外有益做法,促进服务型政府建设。

第四十九届世乒赛在广州开幕
李长春出席开幕式并宣布锦标赛开幕

本报广州2月23日电 (记者**贺林平**)今晚的广州天河体育馆灯光璀璨,喜气洋洋,第四十九届世界乒乓球锦标赛在这里开幕。中共中央政治局常委李长春出席开幕式并宣布锦标赛开幕。

中共中央政治局委员、广东省委书记汪洋,国务委员陈至立等出席开幕式。

20时25分,李长春用洪亮的声音宣布:第四十九届世界乒乓球锦标赛开幕。雄壮的国歌声随即响起,鲜艳的五星红旗冉冉升起;国际乒联会旗也伴随着会歌升上高空,一红一蓝两旗一起飘扬,在灯光下交相辉映。

在激昂的进行曲中,参赛各队亮相。只见举着写有各国国名的乒乓球拍的志愿者们,排着整齐的队伍入场。当“中国”登台时,全场爆发出雷鸣般的掌声。

在克罗地亚萨格勒布市代表和广州市副市长许瑞生一起进行了世乒赛冠军奖杯交接后,出席开幕式的领导和嘉宾们一起观看了精彩的文艺演出。

本届世乒赛,完全模拟北京奥运会团体赛制,是奥运会前中国乒乓球队的最后一次大练兵,各支参赛队伍也把此次比赛作为备战奥运会的良机。中国在男子团体方面派出了王皓、马琳、王励勤、马龙、陈玘,在女子团体方面派出了张怡宁、郭跃、王楠、李晓霞、郭焱参赛,囊括了中国乒乓球队几乎所有一线主力,基本代表了中国乒乓球的最高水平。男团能否实现四连冠的目标,女团能否续写八连冠的辉煌,人们拭目以待。

世乒赛是世界乒乓球运动最大规模和最高水平赛事。在广州举行的第四十九届世乒赛从2月24日开始,到3月2日结束,包括男子团体和女子团体两个项目。共有来自世界各国和地区的140个协会的700多名运动员参加,世界排名前50的运动员大多报名参赛。但按规定,只有分在第一等级的前24支球队才有资格争夺冠军。

开幕式前,李长春等领导同志会见了沙拉拉等国际乒联主要官员。

将严肃查办大案要案与切实解决损害群众切身利益问题相结合
——四谈深入学习贯彻胡锦涛同志在十七届中央纪委二次全会上的重要讲话

本报评论员

胡锦涛同志明确提出,将严肃查办大案要案与切实解决损害群众切身利益的问题相结合,这是我们党在反腐倡廉建设中得出的一条重要经验。认真学习贯彻这一精神,对于推动反腐倡廉工作、维护群众切身利益具有重大意义。

大案要案危害严重,影响恶劣,必须坚决查处,绝不姑息,绝不手软。只有这样,才能向人民表明我们党反对腐败的坚定决心,才能遏制住腐败现象的滋生,也才能教育警醒干部。要重点查办发生在领导机关和领导干部中的案件,严厉查办官商勾结、权钱交易、权色交易和严重侵害群众利益的案件,严肃查办以各种手段侵吞国有资产的案件。要深入开展治理商业贿赂专项工作,既要严厉查处受贿行为,又要严厉查处行贿行为。要加大对腐败分子的经济处罚和赃款赃物的追缴力度,决不能让他们得到任何不法之财。要加大对腐败分子的追逃力度,决不能让他们逍遥法外。要加大对重大典型案件的剖析研究,针对暴露出来的问题,举一反三,吸取教训,堵塞漏洞,做到查处一起重大案件、教育一批干部、完善一套制度。

损害群众切身利益的问题直接影响群众生产生活,人民群众关心,社会影响广泛,必须切实解决。我们应牢固树立群众观点和公仆意识,把群众呼声作为第一信号,把群众需要作为第一选择,把群众满意作为第一标准,认真查处各种损害群众利益的行为,切实保障人民权益。各级干部要切实把以人为本贯穿到各项工作中去,真心实意为群众多做好事、多办实事,着力解决人民最关心、最直接、最现实的利益问题,特别是要千方百计帮助困难群众排忧解难、不断实现社会公平正义、促进社会和谐。当前,损害群众利益的问题依然大量存在,在一些地方和部门还比较突出,必须采取有效措施加以解决。以解决好群众关注、反映强烈的问题为重点,认真开展专项治理。建立健全党和政府主导的维护群众利益机制,拓宽社情民意表达渠道,及时完善规章制度,认真排查化解由损害群众利益问题引发的矛盾纠纷,努力把问题解决在基层、消灭在萌芽状态。对发生严重损害群众利益行为的地方和单位,要追究有关人员特别是领导干部的责任,有失职渎职行为的要从严惩处。

“忧民之忧者,民亦忧其忧;乐民之乐者,民亦乐其乐。”坚持严肃查办大案要案,才能彰显我们党加强反腐倡廉建设和反腐败斗争的决心,进一步增强广大干部群众同腐败行为作斗争的信心和勇气;切实解决损害群众切身利益的问题,才能体现我们党以人为本的执政理念和全心全意为人民服务的根本宗旨,才能展示科学发展观指导下反腐倡廉建设的新思路,进一步密切党和人民群众的血肉联系。从而既通过查办大案要案,达到惩前毖后、以儆效尤的目的;又通过解决损害群众切身利益的问题,让群众切实感受到反腐倡廉建设的实际成果。

推出系列惠农措施

江西力保农民灾后不减收

本报南昌2月23日电 (记者**刘建林、邓建胜**)“拿到了理赔和贷款,不但买仔猪的钱不用愁了,还可以修葺猪舍。在政府的帮助下,我对增收有信心。”2月21日上午,江西南昌市招贤镇村民余木水从农村信用社办妥了30万元贷款,欣喜万分。他家2000多头存栏生猪在冰雪灾害中被冻死了近1/4,眼看就要到手的20多万元收入打了水漂,而且急需补栏的仔猪价格上涨,幸而有了政府的帮助和支持。

江西省连日来陆续出台系列政策,千方百计做“加法”,力保农民灾后不减收。保险机构加快农损核查、理赔速度,与金融部门协商加大农业小额贷款力度,就是其中内容。在南昌市湾里区,农村信用社计划3月份发放的500万元小额信贷,2月21日前已全部发放到农户手上。余木水等12个生猪养殖大户已及时领到了2万—7万元死亡生猪理赔款。

为了落实中央一号文件支农资金投入“三个明显高于”的要求,江西省近日决定:省财政今年新增农业投入5亿元,比上年增长30%;省级基本建设投资初步安排用于农业的投资比上年增长11.6%;政府土地出让收入用于农业的投入要比上年增长10%以上。同时,江西省明确要求11个设区市采取更有效的措施大幅度增加对农村基本建设的投入。

近年来,国家先后出台了一系列农业补贴政策,如何将这些中央惠农资金尽快发放到农民手中,也是大灾之年做“加法”的重要方面。日前,江西省出台文件明确规定,由各部门、条口掌握下发的各类惠农资金,必须统一以“一卡通”形式直接发放到户,不准任何人以任何名义截留、抵扣。

进一步促进农业发展农民增收

二月二十二日,农业部科技救灾技术专家组一行来到安徽当涂,对该县农业抗灾工作进行实地察看和指导。图为专家在指导农民防治冻害。 王文生摄

上海探索现代化大都市科学发展新路
转变经济发展方式 提高社会管理水平

本报上海2月23日电 (记者**范伟国、赵彦龙**)上海加大科技创新力度,去年研发经费支出占全市GDP达2.6%,发明专利授权量增长20%以上,全国每10件发明专利授权约有一个属于上海。

科技创新和服务创新使上海经济结构明显优化。去年上海服务业增加值增幅领先二产和全市经济增幅,占全市生产总值比重达到了一半以上;消费增长领先投资增长,全社会消费品零售总额年增幅创10年新高,超过同期投资增幅;经济效益增长领先经济总量增长,地方财政去年收入2102.6亿元,同比增31.4%。与之形成对比的是“两个明显回落”:单位GDP综合能耗和污染物排放明显回落。

上海国际金融中心的建设有了重要突破。金融业去年增加值比重居全市各服务行业之首。金融业创新能力明显增强,相继推出了上海银行间同业拆借利率,人民币外汇货币掉期和锌期货等衍生产品,启动公司债发行试点,推出黄金期货……金融要素市场集聚程度直追纽约和东京。去年开始,期铜、人民币汇率以及上海证券市场越来越影响全球市场的波动,上海正成为中国乃至世界重要的金融产品价格产生地。

在积极转变经济发展方式的同时,上海着眼民生改善与提高。去年以来,上海全面完善基本社会保险制度,将大学生和城镇重残人员纳入基本医保,解决了城镇高龄无保障老人、城镇重残人员、职工遗属、中小学生和婴幼儿的相关保障问题,受益人数达到580万。同时,将500万外来务工人员中的330多万人纳入了“综保”体系。目前市民基本社会保障面超过1300万人,实现了全覆盖。

上海打破区与区、街道与街道的行政区划,条块结合,创新了网格化管理,着力提高社会管理水平。以社区事务受理中心、社区卫生服务中心、社区文化活动中心的建设为重点,上海探索特大型城市社区管理模式。现在,需要政府或街道办理的200余项行政事务,市民可在先行试点的30个社区行政受理中心的一个“窗口”中解决。

科技项目集中建设 创新资源有效配置

天津滨海新区建设自主创新基地

本报天津2月23日电 (记者**傲腾、陈杰**)国家启动推进天津滨海新区开发开放战略,使这块热土成长为我国自主创新基地具备了“天时、地利、人和”之优势。天津滨海新区坚持把提高自主创新能力,作为增强核心竞争力的根本途径,聚焦高水平研发机构、聚焦高新技术企业、聚焦高端人才,抢占制高点,加快建设高水平的现代制造业和研发转化基地。

天津滨海新区注重学习先进地区的创新经验,以“好”字为先启动建设和引进了一批国家级和省部级重大科技项目,这些项目研究与试验发展经费支出占生产总值的比重达到2.2%,高新技术产值占总产值的比重达到47%,初步形成了电子信息、生物医药、光机电、新材料等高新技术产业集群,在生物芯片、膜技术、电动汽车、干细胞、纳米等领域具备了国际一流、国内领先的研发能力。

天津滨海新区还聚集了一大批科研高精尖人才。例如,国际生物医药联合研究院是科技部、商务部、卫生部、国家药监局和天津市政府“部市共建”国家生物医药国际创新园的核心,为了增加国际竞争力,研究院广揽人才,从85名来自全球的高端竞聘者中选聘3名全时回国的院领导。

天津滨海新区为了促进创新要素向企业集中,推进10个行业技术研发中心成为创新的主体,加快传统产业的升级改造,并向全行业全社会开放,达到资源共享。

天津市委常委、滨海新区管委会主任苟利军介绍,到2010年,滨海新区将初步形成“园区布局分工明确、科技项目集中建设、创新资源有效配置、产学研紧密结合”的创新型新区。

七版刊登曾培炎同志文章

贯彻党的十七大精神
促进服务业加快发展

人民日报

RENMIN RIBAO

人民网 网址:http://www.people.com.cn
手机:http://wap.people.com.cn

2009年10月
17
星期六
己丑年八月廿九
人民日报社出版
国内统一连续出版物号
CN 11-0065
第22379期(代号1-1)
今日8版

胡锦涛亲切接见新中国体育发展60年来涌现出的优秀运动员、教练员代表和全国体育先进集体、先进个人代表

十月十六日，中共中央总书记、国家主席、中央军委主席胡锦涛在济南接见新中国体育发展六十年来涌现出的优秀运动员、教练员代表和全国体育先进集体、先进个人代表。 新华社发

新华社济南10月16日电 （记者**孙承斌、邹声文**）在第十一届全国运动会即将开幕之际，中共中央总书记、国家主席、中央军委主席胡锦涛16日下午在济南亲切接见了新中国体育发展60年来涌现出的优秀运动员和教练员代表、全国群众体育先进单位和先进个人代表、全国体育系统先进集体和先进工作者代表。

接见大厅里气氛热烈。当胡锦涛等领导同志来到这里，全场掌声雷动。胡锦涛等高兴地同大家热情握手、亲切交谈。

在热烈的掌声中，胡锦涛发表了重要讲话。他代表党中央、国务院、中央军委，向在场的代表们，并向全国体育战线的同志们，致以诚挚的问候和崇高的敬意。

胡锦涛指出，国运盛则体育兴。新中国成立60年来，伴随着共和国波澜壮阔的发展历程，我国体育事业也取得了举世瞩目的辉煌成就。特别是北京奥运会和残奥会成功举办，有力推动了我国体育事业的长足发展，极大激发了中华儿女的爱国热情和民族自豪感。体育战线的同志们为祖国和人民赢得的无上荣光、作出的突出贡献，将永载共和国的史册。

胡锦涛强调，体育是综合国力的重要组成部分，是社会文明的重要标志。他希望体育战线的同志们牢记肩负的历史使命，全面贯彻党的体育工作方针，大力弘扬伟大民族精神，深入开展全民健身运动，不断提高竞技体育水平，努力推动我国由体育大国向体育强国迈进，为构建社会主义和谐社会、促进人的全面发展作出更大贡献。

中共中央政治局委员、国务委员刘延东在主持时说，胡锦涛总书记的重要讲话对我国由体育大国向体育强国迈进提出了新的更高要求，给广大体育工作者以极大的鼓舞和鞭策。我们一定要认真学习贯彻胡锦涛总书记的重要讲话精神，为全面推进我国体育事业发展作出新的贡献。

参加会见的领导同志还有：刘云山、令计划、王沪宁、李建国、林文漪和李继耐等。

圣火耀泉城 健儿展风采

第十一届全国运动会在济南隆重开幕

胡锦涛出席并宣布运动会开幕

十月十六日，中共中央总书记、国家主席、中央军委主席胡锦涛在济南出席中华人民共和国第十一届运动会开幕式并宣布全运会开幕。 新华社记者 鞠鹏摄

本报济南10月16日电 （记者**徐锦庚、许立群**）圣火耀泉城，健儿展风采。中华人民共和国第十一届运动会16日晚在山东省济南市隆重开幕。中共中央总书记、国家主席、中央军委主席胡锦涛出席开幕式并宣布运动会开幕。

今晚的济南奥体中心体育场，灯火璀璨，群情振奋。开幕式开始前，长勺鼓乐、鲁西南鼓吹乐、鼓子秧歌等带有浓郁山东风情的文艺表演，使容纳6万人的体育场成为一片欢乐的海洋。

19时58分，在欢快的乐曲声中，胡锦涛等走上主席台，向观众挥手致意。全场响起雷鸣般的热烈掌声。

20时整，第十一届全运会开幕式正式开始。朝气蓬勃的青年迈着矫健的步伐，护拥着鲜艳的五星红旗和全运会会旗、第十一届全运会会旗走进体育场。裁判员代表方队首先入场。紧随其后的是46个代表团的运动员代表，他们分别来自各省、自治区、直辖市，香港特别行政区、澳门特别行政区，解放军，新疆生产建设兵团，以及11个行业体育协会。全场观众热情鼓掌，向精神抖擞的运动员、裁判员队伍表示欢迎。

运动员、裁判员入场完毕后，全场起立，高唱中华人民共和国国歌。雄壮的国歌声中，鲜艳的五星红旗冉冉升起、迎风飘扬。

20时50分，胡锦涛用洪亮的声音宣布："中华人民共和国第十一届运动会开幕！"

顿时，五彩的焰火腾空而起，在夜空中绚丽绽放。4000多名青年挥动着红色绣球跑进体育场，尽情欢呼跳跃。全场掌声、欢呼声经久不息。

山东省委书记、省人大常委会主任姜异康代表山东省委、省政府和全省人民，向各位来宾和来自全国各地的运动员、教练员、体育工作者表示热烈欢迎。他表示，山东将全力为参赛体育健儿和各方嘉宾创造良好环境，提供优质服务。

第十一届全运会组委会主任、国家体育总局局长刘鹏在致开幕辞时说，成功举办本届全运会，是深入贯彻科学发展观的具体实践，是新中国体育60年辉煌成就的集中展示。他衷心祝愿全体运动员顽强拼搏，赛出风格、赛出水平。

伴随着第十一届全运会会歌的旋律，全运会会旗和第十一届全运会会旗也徐徐升起。

柔道运动员刘霞、游泳裁判员曹巍分别代表参加第十一届全运会的运动员、裁判员宣誓。

"有朋自远方来共圆精彩，和谐的中国与青春同在……"第十一届全运会会歌《共圆精彩》的激扬旋律响彻体育场。象征全运会创立50年的50个和平鸽造型从空中闪亮飞来，纷繁的"星河"中缓缓展开一个巨大的碗状投影幕，投影幕上呈现出历届全运会会徽图案。随后，演员用手持的烟花组成了光芒四射的第十一届全运会会徽图案……如梦似幻的光电、烟花组合演出，拉开了大型文艺表演《和谐盛世齐鲁情》的帷幕。

整场表演由《齐鲁魂》、《和谐风》、《祖国颂》3个篇章组成。投影幕上展现出泰山巍巍屹立的雄姿，稚嫩的童声吟诵着孔子传承千载的经典，舞动的纱幔表现出奔流不息的黄河、千帆竞发的大海、喷涌跃动的泉水等场景，柔婉的歌舞重现了李清照名词的意境……《雄峙天地》、《圣贤之光》、《长河入海》、《漱玉古韵》等节目，向观众描述了齐鲁大地壮阔旖旎的自然风光、底蕴深厚的历史文化和气象万千的时代新貌。从容潇洒的太极扇，活力迸发的健身操，热情如火的拉拉队，迎风飞舞的风筝……《扇舞气畅》、《青春炫彩》、《虎飞风鸣》等节目，通过精彩纷呈的群众体育表演，形象演绎了体育给人们带来的健康与快乐，生动诠释了本届全运会"和谐中国、全民全运"的主题。红旗挥舞，红绸飞扬，在《歌唱祖国》的乐曲声中，演员们不断变换队形，组合出巨型五角星图案和"60"字样，为共和国六十华诞献上真诚祝福……最后一个篇章《祖国颂》热烈奔放、昂扬奋发，集中抒发了中华儿女对伟大祖国的真挚情怀和再创辉煌的豪迈气概。胡锦涛等领导同志和全场观众一道，一次次为精彩的表演热烈鼓掌。

21时57分，激动人心的主火炬点燃仪式开始。奥运会冠军、山东籍举重运动员刘春红高擎火炬跑进体育场，经过其他10位火炬手的传递，取自泰山之巅、象征国泰民安的第十一届全运会圣火，通过5000名青年手中的1万支烟花，点燃了体育场北侧如意造型的主火炬塔。顷刻间，第十一届全运会主火炬熊熊燃起。

来自内地和香港、澳门、台湾的4位歌手，联袂高唱第十一届全运会开幕式主题歌《相亲相爱》。歌声悠扬，焰火绚烂，体育场内一片欢腾，历时130分钟的开幕式在激情洋溢的气氛中圆满结束。

出席开幕式的领导同志还有：刘云山、刘延东、令计划、王沪宁、李建国、林文漪和娄萃云、郝建秀、李继耐。

国际奥委会主席罗格，部分国际奥委会委员和应邀观摩第十一届全运会的外国来宾也出席了开幕式。

开幕式由第十一届全运会组委会执行主任、山东省省长姜大明主持。

第十一届全运会是北京奥运会、残奥会后我国举办的第一个大型综合性赛事，主赛区设在济南市，山东省其他16个地市均设有分赛区，共有10900多名运动员参加33个大项、362个小项的比赛。

胡锦涛会见国际奥委会主席罗格

表示中方愿进一步加强同国际奥委会的交流与合作

十月十六日，国家主席胡锦涛在济南会见前来出席中华人民共和国第十一届运动会的国际奥委会主席罗格。 新华社记者 鞠鹏摄

新华社济南10月16日电 国家主席胡锦涛16日晚上在山东济南会见了国际奥委会主席罗格。

胡锦涛欢迎罗格出席中华人民共和国第十一届运动会，对他连任国际奥委会主席表示祝贺。

胡锦涛说，去年8月，在国际奥委会大力支持下，在国际奥林匹克大家庭成员共同努力下，北京奥运会、残奥会取得圆满成功。北京奥运会、残奥会的成功举办，弘扬了奥林匹克精神，推动了国际奥林匹克运动普及和发展，深化了中国同国际奥林匹克大家庭的交流与合作，增进了世界各国人民相互了解和友谊，也极大鼓舞了中国人民建设自己国家的信心和热情。胡锦涛感谢罗格为北京奥运会、残奥会成功举办所作出的重要贡献，表示中方愿进一步加强同国际奥委会的交流与合作，也愿同伦敦、里约热内卢分享举办奥运会的经验，为推动国际奥林匹克运动发展作出新贡献。

胡锦涛表示，北京奥运会、残奥会结束后，我们积极运用北京奥运会、残奥会的成果，在13亿中国人民中推动奥林匹克运动的普及和发展。特别是我们颁布了《全民健身条例》，将每年8月8日定为"全民健身日"，以立法形式保障和促进全民健身活动。这既是为了培养人民健康意识和习惯，增强人民体质特别是青少年体质，也是为了弘扬奥林匹克精神，支持国际奥林匹克运动发展。

胡锦涛说，本届全国运动会正逢我们举办全国运动会50周年，也是继北京奥运会、残奥会之后我们举办的第一个全国综合性运动会。不管是运动员、教练员还是济南广大市民，都对这次全运会倾注了极大热情。

罗格表示，这是我第三次有机会参加中国全运会。这些运动会展示了中国体育运动的强大活力。感谢中国对于整个奥林匹克运动和世界体育运动作出的贡献。中国不仅举办了成功的奥运会，而且在体育、环境、发展方面给世界留下宝贵遗产。他赞赏中国全民健身运动的普及和发展，感谢中国对伦敦和里约热内卢奥运会给予的支持，相信中国将为下两届奥运会的成功发挥重要作用。

刘云山、刘延东等参加会见。

第十届中国西部国际博览会暨第二届中国西部国际合作论坛在成都开幕

温家宝出席并致辞

新华社成都10月16日电 （记者**李斌、廖雷、苑坚**）第十届中国西部国际博览会暨第二届中国西部国际合作论坛16日上午在成都开幕。国务院总理温家宝出席开幕式并致辞。他强调，中国将把全面提高西部地区开发开放水平放在更加突出的战略地位，努力把西部地区建设成为现代产业发展的重要集聚区域、统筹城乡改革发展的示范区域、生态文明建设的先行区域，加快构建具有全局和战略意义的新的经济增长极。

柬埔寨首相洪森、科特迪瓦总理索罗、肯尼亚总理奥廷加、斯里兰卡总理维克勒马纳亚克、东帝汶总理沙纳纳、越南总理阮晋勇出席开幕式。

温家宝首先代表中国政府对各位来宾表示诚挚的欢迎。他说，实施西部大开发战略，是中国政府10年前作出的一项重大战略决策。近10年来，中国政府不断加大对西部地区的支持力度，西部地区经济建设、社会建设、（下转第二版）

人民日报

RENMIN RIBAO

今日 8 版

人民网网址：http://www.people.com.cn
http://www.peopledaily.com.cn

国内统一刊号：CN11-0065
第 20147 期　（代号 1-1）

人民日报社出版

2003 年 9 月
7
星期日
癸未年八月十一

北京地区天气预报
白天　阴转晴
降水概率 40%
风向　北转南
风力　二、三级
夜间　晴转阴
降水概率 40%
风向　南转北
风力　一、二级
温度　28℃/17℃

青海 3 年投入基础设施建设 400 亿

进出方便了　信息通畅了　吃水难缓解了

本报西宁 9 月 6 日电　记者孟辉、马应珊报道：从距西宁 27 公里的曹家堡机场驶上高速公路，不到半个小时就进入西宁城内；从西宁到格尔木，近 800 公里的公路改造成高等级路面后，行车时间比昔日缩短了一半。近年来，青海省抓住实施西部大开发战略的机遇，持续加大交通、电信、水利等各项事业的建设力度，使制约当地经济发展和农牧民增收的“行路难”、“获得信息难”、“用水难”等“瓶颈”问题悄然发生变化。

青海地处祖国腹地，地域辽阔。在实施西部大开发战略中，青海省从当地实际出发，扎扎实实打基础。近 3 年来，全省用于交通、城建、农牧区基础设施工程总投资 400 多亿元，兴建了一批增强发展后劲、惠及各族群众的重大工程。

进、出方便了。近 3 年来，全省完成公路建设投资 123 亿元，相当于青海建政 50 年投资的 2.4 倍。公路通车里程由 1999 年的 1.82 万多公里增加到现在的 2.4 万多公里，其中高等级路面增加 2719 公里，增长 52.38%。从西宁到兰州的高速公路，目前已完工 118 公里，延伸到甘（肃）青（海）交界处民和回族土族自治县的马场垣乡。如今，青海有 19 个县实现了通油路，县乡、乡村通达深度进一步提高。高原人梦寐已久的青藏铁路铺轨已越过楚玛尔河，挺进到西藏境内。与此同时，航空网络正在进一步兴建，西宁机场航站区、格尔木机场改扩建工程进展顺利，预计 10 月份交付使用的格尔木机场改扩建工程投资 1.2 亿元，拥有我国高原上最长的跑道，建成后将可停降世界上任何大型飞机。

信息通畅了。全省邮路总长度达 3.54 万公里，比 1999 年底增长 38.82%。自 1999 年来，完成电信事业投资 27 亿多元，到 2002 年底，全省拥有移动电话用户 77.14 万户、乡村电话用户 7.67 万户，分别是 1999 年的 11.71 倍和 5.44 倍。记者在海西蒙古族藏族自治州采访时发现，牧民放牧时使用手机者比比皆是，不少乡村还成为远近闻名的“手机乡”、“手机村”。茫崖行委尕斯乡的牧民乌提喜滋滋地说，有了电话手机后，可随时掌握行情，售羊、卖绒不吃亏，受骗犯“傻”就很难了。

一批农牧、水利设施项目的开工和竣工，不仅改善了农牧民的生产条件，也使他们的生活质量得到显著提高。玉树藏族自治州曲麻莱县地处长江源头，却“守着长江没水喝”，一桶水曾卖到 2 元钱。去年以来，随着黑泉水库、大干沟水电站、小流域治理、病险水库改造、节水灌溉等一大批工程相继建成和实施，全省解决了 104.34 万人、300 多万头（只）牲畜的饮水困难。曲麻莱县筹措近百万元资金，实施人畜饮水工程，使全县大部分地区初步缓解了吃水难。

大型工程建设的一面旗帜

——对东江—深圳供水改造工程的调查

本报记者　夏长勇

东江水注入深圳水库，就要使“水往高处流”。东江水经左岸的东莞桥头镇太园一级抽水站，穿越石马河进入东深渠道。一共要用 4 级提升，共提升 46 米。而且，建筑长达 51.7 公里的全封闭输水管道，必须穿山越岭，凿洞架桥，施工难度极大。

立于东莞境内的笔架山，放眼俯瞰，但见一条钢筋混凝土筑成的巨龙，由东江左岸起步，跨河流，攀高山，钻隧洞，一路奔向深圳水库。

这条巨龙“腹”中流淌着的，是清澈的东江水。经过 4 级加压，逆势而上，滋养沿途东莞、深圳群众。注入深圳水库后，再经两条涵管，流向香港。港岛用水的 80%，来源于此。

这，就是东江—深圳供水改造工程。工程历时近三年，于今年 6 月 28 日正式完工启用。22000 多个单元工程合格率达 100%，优良率达 95.1%，整体质量国内一流，4 项技术世界领先。

这一投资 47 亿元的工程，没有“倒”一名干部；征地拆迁涉及 3000 多户、5000 多亩地，没有一名群众上访；51.7 公里的土建、隧洞施工，没有一起责任死亡事故。

这样一个优质而又廉洁的大型工程，是怎样创造的？

健全廉政制度，加强思想教育。强烈的“政治安全”意识，是工程廉洁的前提

香港，三面环海，淡水奇缺。昔日民谣唱道：“月光光，照地堂，山塘无水地无粮，阿姐担水，阿妈上佛堂，唔知几时没水荒”。水荒，如悬顶利剑，曾令东方明珠黯然失色。

1963 年，又一次特大干旱袭击香港，港府关闭了居民家中的自来水，只开通了街头为数极少的供水站，定时定量供水。同年 12 月，在周恩来总理的关心下，国家拨出专款 3584 万元，用 11 个月，建成了东江—深圳供水工程，清澈的东江水被引向香港，从此结束了香港长期缺水的历史。

上世纪下半叶，香港经济飞速发展，用水需求剧增。为此，东深工程曾于上世纪先后进行过 3 次扩建，累计耗资 20 亿元。然而，进入 21 世纪，东莞、深圳经济快速发展，流向东深供水明渠的生活、工业污染物增加，影响了供水段的水质。

供应香港的水是“生命之水”、“经济之水”，是“繁荣之水”、“稳定之水”，一定要尽全力保证这股水清冽如初。经过反复研究，广东省委、省政府作出决策：从 2000 年 8 月起，对东深工程再进行大规模改造，重建一条全封闭输水管道，实现清污分流。

东江在北、深圳在南，北低而南高，当时的粤海集团及某国际权威咨询公司对东深改造工程进行造价讨论，认为至少需要 74 亿元人民币。省政府果断拍板：由水利厅履行代业主职责，负责工程建设工作，工程总投资不得超过 47 亿元。

重担压身，工程总指挥、水利厅厅长周日方，常务副总指挥、副厅长彭泽英寝食难安。东改工程凝聚着祖国对香港特区人民的深情，工程质量不过关，要出大事；万一“工程建起来，干部倒下去”，政治影响更坏。

经过讨论，厅党组达成共识：狠抓廉政建设，防止腐败发生，是保证东改工程质量上优秀、政治上安全的前提。

（下转第二版）

压题照片：东改工程横岭波檐雄姿。　颜汉源摄

吴邦国会见日本五政党领导人

希望日本各政党的朋友为推动中日关系的发展、进一步加强党际关系，继续发挥积极作用

本报东京 9 月 6 日电　记者史宗星报道：中国全国人大常委会委员长吴邦国 5 日到 6 日在东京先后会见了日本社民党党首土井多贺子、公明党代表神崎武法、日共中央委员会主席不破哲三、民主党代表菅直人、保守新党代表熊谷弘。

在会见日本五政党领导人时，吴邦国说，今年是《中日和平友好条约》缔结 25 周年，在中日关系史上，这是一个很值得纪念的重要年份。今年 5 月，胡锦涛总书记和小泉纯一郎首相在俄罗斯的圣彼得堡会晤，现在，我又出访日本，参加条约缔结 25 周年的纪念活动并会见日本领导人，这些都充分表明，中国新一届领导集体对发展中日友好关系，推动两国各个领域的交流与合作是十分重视的。

吴邦国强调指出，中日两国在世界上是有重要影响的国家，因此两国的政治家都应当从战略的高度，用长远的眼光，从亚洲和世界形势的大局来看待中日关系。同时，双方应该慎重、妥善处理对方所关切的问题。只有这样，才能有效地推动两国关系健康稳定的发展。

吴邦国说，日本各政党情况各异，但有一个共同点，这就是都重视并致力于中日两国友好事业。《中日和平友好条约》的缔结，与各政党的努力是分不开的。中方对此表示赞赏和感谢，希望日本各政党的朋友为推动中日关系的发展、进一步加强党际关系，继续发挥积极作用。

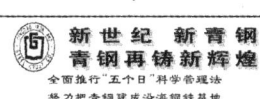

吴邦国说，中国全国人大与日本国会的关系是中日两国关系的重要组成部分。中方愿与日本国会中各政党的议员加强联系与合作。近几年来，日本各政党年轻政治家访华的人数不断增加，希望保持这一良好势头。

吴邦国还就齐齐哈尔市日本遗留化学毒剂伤人事件表明了中方的立场，希望日本各政党为尽快妥善解决这一问题多做推动工作。

土井多贺子说，过去 20 多年中，随着日中关系的发展，社民党与中国共产党的交流也在不断深化。日中友好对亚洲和世界极为重要。她说，我们都应铭记已故周总理的话，“前事不忘，后事之师”。

神崎武法说，公明党处于新老交替时期，涌现了不少年轻的政治家，他们已成为推动日中友好事业的重要力量。

不破哲三表示，日共和中共党际关系正常化以来，双方交往发展很快，在形式上和交流的实质内容上都有新的进展。不破表示，日共坚持一个中国政策并认为应当对过去的侵略历史加以反省，坚持正确历史观。

菅直人说，民主党将把日中关系视作最重要的对外关系之一来加以推动。他对在齐齐哈尔日本遗弃化学武器伤人事件中的受害者表示慰问和道歉，认为过去那段不幸历史遗留的危害仍在威胁中国人民的生命安全，表示日方应以负责任的态度妥善解决这一问题。

熊谷弘说，日本保守新党虽然是一个成立不久的小党，但保守新党的成员都热心于发展日中友好关系，同时愿加强与中国共产党的党际关系。

曾庆红会见香港“民建联”访京团

新华社北京 9 月 6 日电　（记者赵卫）中共中央政治局常委、国家副主席曾庆红 6 日在人民大会堂会见了香港“民建联”访京团。

曾庆红说，“民建联”始终高举爱国爱港的旗帜，坚持“一国两制”方针和基本法，致力维护香港社会的整体利益和广大市民的合法权益，为香港的顺利回归和繁荣稳定，为促进香港与内地的交流与合作，作出了重要贡献。

曾庆红指出，香港回归祖国六年多来，“一国两制”方针成功地付诸实践，并日益深入人心。中央政府将继续毫不动摇地贯彻执行“一国两制”、“港人治港”、高度自治的方针和基本法，始终相信和依靠广大爱国爱港的香港同胞，坚定地支持以董建华先生为首的香港特别行政区政府依法施政，并充分发挥社会主义祖国作为香港坚强后盾的作用。无论是当前还是今后，中央政府都会全力支持和帮助香港恢复和发展经济。

会见中，“民建联”向曾庆红反映了香港经济和民生方面的一些问题，并表示，已向行政长官董建华建议，希望特区政府在加强粤港合作的同时，进一步加强沪港经贸合作，董建华对此十分赞同。曾庆红对这一建设性意见给予充分肯定，表示将责成有关部门和上海市政府认真研究这一建议，并作出积极回应。他希望“民建联”继续高举爱国爱港旗帜，进一步加强自身团结，同时最广泛、最充分地团结一切可以团结的力量，为香港民众多办一些实事、好事。

全国政协副主席、国务院港澳事务办公室主任廖晖等参加了会见。

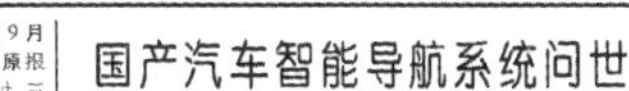

近年来，江苏省泗阳县大力推进就业与再就业工作，投入 3000 余万元，在城乡建立各类培训网点 62 个，年培训专业技术人员 1.5 万人以上。这些具有一技之长的务工者进入劳务市场后，立即成为众多企业竞相争夺的“香饽饽”。

图为座无虚席的热门专业培训课堂。

程　光　刘志国摄影报道

第七届全国少数民族运动会在银川举行

回良玉宣布运动会开幕

本报银川 9 月 6 日电　记者杜峻晓、王霞光、周志忠报道：今夜的宁夏回族自治区首府银川市万灯齐放，亮如白昼；整座城市喜气洋洋，一派浓郁的节日气氛。第七届全国少数民族传统体育运动会在这里隆重开幕。

参加运动会的有来自全国各省、自治区、直辖市 55 个少数民族的运动员和包括汉族在内的教练员、裁判员、工作人员、观摩人员，少数民族体育先进地区、单位的代表近万人，参加人数为历届少数民族运动会之最。

20 时整，第七届全国民运会开幕式正式开始。裁判员、运动员首先入场。

来自广西、内蒙古、西藏、新疆 4 个少数民族自治区的代表团率先入场，云南、青海、贵州 3 个多民族省份代表团紧随其后。解放军代表团、台湾省代表团和新疆生产建设兵团代表团入场后也赢得了热烈掌声。东道主宁夏回族自治区代表团最后一个入场，这个由 438 名运动员、教练员组成的代表团受到了人们的热烈欢迎。

中共中央政治局委员、国务院副总理、第七届民族运动会组委会名誉主席回良玉宣布：“中华人民共和国第七届少数民族传统体育运动会开幕！”

开幕式结束后，文体表演《凤鸣塞上》规模宏大、编排新颖，赢得了全场观众的热烈掌声。　本报记者王霞光摄

激昂的《义勇军进行曲》奏响，鲜艳的五星红旗冉冉升起。接着，民族运动会会旗伴着会歌《爱我中华》的旋律升起。

第七届全国民族运动会组委会主席、宁夏回族自治区主席马启智致欢迎词。

裁判员代表和运动员代表先后宣誓。

运动会主办单位代表、国家民委主任李德洙和国家体育总局局长袁伟民，向承办单位代表、宁夏回族自治区党委书记陈建国和自治区主席马启智赠送了纪念品“九龙壁”。

回良玉在开幕式之前会见了参加盛会的各族运动员代表。他希望广大运动员赛出风格，赛出水平，充分展示各民族的文化和风采。他祝愿运动会圆满成功，并以此为契机，推动体育事业发展和民族团结进步。

出席开幕式的还有全国政协副主席白立忱、阿不来提·阿不都热西提，国务院有关部委、宁夏回族自治区和其他省、自治区、直辖市负责人。第七届民族运动会组委会副主席、宁夏回族自治区副主席刘仲主持了开幕式。

三峡四号机组转子吊装就位

本报三峡工地 9 月 6 日电　记者杜若原报道：今天上午 10 时，三峡左岸电站 4 号机组转子吊装成功。至此，三峡工程今年 6 台 70 万千瓦水轮发电机组核心部件全部安装到位，为年内实现安装投产 6 台机组的世界水电奇迹奠定了坚实的基础。4 号机组转子重达 1780 吨，由葛洲坝集团三峡机电安装项目部承担安装。转子吊装就位后，4 号机组将进入最后的装机冲刺阶段。

国产汽车智能导航系统问世

据新华社深圳 9 月 6 日电　（记者段世文）我国在汽车智能导航方面的研发取得重大突破，拥有我国全自主知识产权和地图独家使用权的汽车智能导航系统——麦士威汽车智能导航系统 6 日在深圳首次公开亮相。该系统集 GPS 定位、电子地图语音导航、车载电脑等于一体，可适用于各种主流车型。

我国已开办全球所有电信业务

据新华社北京 9 月 6 日电　（记者冯晓芳）目前世界上存在的各种电信业务在我国都已开办，基本满足了社会不同层次的信息通信消费需求。目前我国电信业务种类呈现出多样化发展趋势。除传统电话业务以外，无线通信、数据通信、智能网应用等业务种类层出不穷。

乌干达总理恩西班比抵京

新华社北京 9 月 6 日电　应中国国务院总理温家宝的邀请，乌干达共和国总理阿波罗·罗宾·恩西班比 6 日晚抵达北京对中国进行为期 7 天的正式访问。

这是恩西班比总理首次访华。访华期间中国国家领导人将会见恩西班比。除北京外，恩西班比一行还将赴重庆和上海参观访问。

人民日报

2002年12月
4
星期三
壬午年十一月初一

北京地区天气预报
白天 部分地区有雾转晴
降水概率 10%
风向 偏北
风力 二、四级
夜间 晴转多云
降水概率 20%
风向 偏北
风力 一、二级
温度 9℃/-2℃

今日12版(华东、华南地区16版)
人民网网址:http://www.people.com.cn
http://www.peopledaily.com.cn
国内统一刊号:CN11-0065
第19870期 (代号1-1)
人民日报社出版

我国获得2010年世博会举办权

江泽民致电中国"申博"代表团表示热烈祝贺
李岚清在投票前代表中国政府在国际展览局大会上作陈述

本报蒙特卡洛(摩纳哥)12月3日电 记者王芳、张祝基报道:格林马迪会议宫沸腾了,当"中国上海赢得2010年世博会举办权"的消息传出时,等候在会议宫内外的全体中国人欢呼雀跃,相互致贺。

当地时间15时40分,国际展览局主席诺盖斯郑重宣布,在摩纳哥举行的国展局第132次大会举行了四轮投票,中国上海在第四轮投票中赢得54票,以88%的得票率胜出,成为2010年世博会的主办城市。

国家主席江泽民向中国"申博"代表团发去贺电,向他们表示热烈祝贺,并对代表团全体人员和所有参与申办工作的同志表示亲切慰问。

国务院副总理李岚清在投票前代表中国政府在国际展览局大会上作陈述时说,讲求和谐、注重共赢的中国文化,必将有利于国际展览局"理解、沟通、欢聚、合作"的理念进一步发扬光大,有利于促进各国在经济和文化领域的广泛交往与合作,有利于各国在这样一个舞台获得所寻求的商机和利益,有利于促进世界和平、繁荣和稳定。上海世博会将成为一次成功、精彩、难忘的盛会。

国务委员吴仪、上海市市长陈良宇也在会上分别作了陈述。

2010年世博会将是国展局成立150多年来首次在一个发展中国家举办的世博会。当本报记者问诺盖斯主席对上海世博会有何期待时,他回答说,上海提出的申办计划充分考虑到了发展中国家的利益,许多成员国认真考虑到了这一点。他相信上海将会组织一届非常成功的、有各国人民充分参与的世界博览会。

在第132次大会投票前,中国、韩国、墨西哥、波兰和俄罗斯5个申办国的代表团于今天上午分别在大会上围绕各自的申办主题进行了陈述发言。14时30分,国展局89个成员国以无记名投票方式,对中国的上海、韩国的丽水、俄罗斯的莫斯科、墨西哥的克雷塔罗和波兰的弗罗茨瓦夫5个候选城市进行了投票表决。

江泽民陪同普京在北大发表演讲

普京发表演讲指出俄中相互信任不断提高,成为名副其实的战略合作伙伴
江泽民讲话强调要顺应时代潮流,把握好两国全方位合作的历史性机遇

12月3日,中国国家主席江泽民陪同来访的俄罗斯联邦总统普京来到北京大学,普京在这里举行演讲。江泽民主席在演讲会上发表讲话。 新华社记者 胡海昕摄

本报北京12月3日讯 记者李文云、于宏建报道:走过百年历程的北京大学迎来一个极具历史意义的时刻:中国国家主席江泽民和来访的俄罗斯总统普京今天上午共同出现在北大讲坛上,两国元首回顾了10年来双边关系的发展进程,畅谈两国友好的美好未来,勉励年轻一代继承和发展中俄睦邻友好和互利合作事业,为世界和平与发展作出应有的贡献。

上午11时5分,江泽民主席陪同普京总统来到北京大学,出席普京在这里举行的演讲会。

在热烈的掌声中,江泽民首先发表讲话。他说,普京总统选择到北大来向大学生们发表演讲,说明他具有政治家的战略眼光,因为中俄睦邻友好、世界各国人民的友好,归根到底要由年轻一代来继承和发展。中国的未来,俄罗斯的未来,世界的未来,都是属于年轻一代的。

江泽民说,俄罗斯是我们的友好邻邦。俄罗斯是一个伟大的民族。俄罗斯人民为人类文明作出了杰出贡献。俄罗斯人民在普京总统的领导下,正致力于推进民族复兴和国家富强,并不断取得新的成就。我相信,勤劳勇敢的俄罗斯人民,一定能够建设一个崭新的繁荣富强的俄罗斯。

江泽民指出,最近10年来,中俄关系一直沿着健康向上的轨道向前发展。6年前,中国和俄罗斯结成战略协作伙伴。两国政治互信日益加深,各领域的合作不断扩大,两国人民的传统友谊进一步发展,双方在国际事务中的协作和相互支持愈加有力。事实证明,中俄是好邻居、好伙伴、好朋友。

江泽民说,发展中俄战略协作伙伴关系,是两国人民的共同愿望,符合两国的根本利益,有利于维护世界的和平与稳定,有利于促进各国的共同发展和进步。

去年7月,江泽民主席和普京总统共同签署了《中俄睦邻友好合作条约》。这个条约的核心思想是:中俄长期致力于发展睦邻友好和互利合作,两国人民要"世代友好、永不为敌"。江泽民指出,在这个条约精神的指引下,两国友好合作不断迈出坚实的步伐。

江泽民说"善邻胜远亲"。中俄两国都有这句古话。中华民族历来崇尚与邻为善、以邻为伴。中俄合作有着得天独厚的优势,蕴藏着巨大的发展潜力。当前,中俄都处在国家发展的新时期,双方的互利合作有着广阔的空间。我们要顺应时代潮流,把握好两国全方位合作的历史性机遇,共创两国关系更加美好的未来。

江泽民说,青年是祖国的未来,也是世界的希望。今天,这么多青年学生参加普京总统的演讲,使我看到了中俄友好发展的美好前景。我相信,今天这个演讲会,将会是你们一生中的一个美好回忆。我希望,你们牢记中俄两国人民世代友好的精神,以自己的蓬勃青春和聪明才智,为中俄睦邻友好和互利合作事业作出贡献。

普京在演讲开始前,向北京大学校长许智宏赠送了俄文版的《江泽民论有中国特色社会主义》一书。全体师生报以热烈掌声。

普京说,非常高兴到有崇高声誉和悠久历史的北京大学演讲。 (下转第三版)

江泽民致中国"申博"代表团的贺电

新华社北京12月3日电 中国国家主席江泽民3日向中国申办2010年上海世博会代表团发去贺电。贺电全文如下:

中国申办2010年上海世博会代表团:

欣悉我国在国际展览局第132次代表大会上赢得2010年世界博览会举办权。我向你们表示热烈祝贺!并对代表团全体人员和所有参与申办工作的同志表示亲切慰问!

世博会是促进各国在经济、社会、文化和科技领域开展交流与合作,推动人类文明进步的盛会。举办2010年上海世博会,将为我国进一步改革开放和加快现代化建设增加新的动力,为世界了解中国、中国进一步走向世界开辟新的窗口,为加快全面建设小康社会提供新的机遇。

希望大家再接再厉,积极借鉴其它国家举办世博会的成功经验,精心筹备,把2010年上海世博会办成一届成功、精彩和难忘的博览会。

国家主席 江泽民

2002年12月3日

中共中央国务院致中国申办二〇一〇年上海世博会代表团的贺电

新华社北京十二月三日电 中共中央、国务院三日向中国申办二〇一〇年上海世界博览会代表团发去贺电。贺电全文如下:

中国申办二〇一〇年上海世界博览会代表团:

欣悉上海获得二〇一〇年世界博览会举办权,谨向你们表示热烈的祝贺和亲切的慰问

上海作为我国改革开放和现代化建设的窗口,经过不懈努力,成功获得二〇一〇年世界博览会举办权。这是全市人民团结拼搏的结果,是全国各族人民大力支持的结果,也是我国综合国力日益增强、国际地位显著提高,与世界各国友好关系不断发展的结果。

当前,全党和全国各族人民正在为实现党的十六大确定的宏伟目标而努力奋斗。举办二〇一〇年上海世界博览会,必将为我国经济建设和社会发展增添新的活力,为人类的和平与进步作出更大贡献。相信上海一定会不辜负全国各族人民的希望和重托,不辜负世界各国人民的友情和信任,出色地、高水平地举办好二〇一〇年上海世界博览会。

中共中央

国务院

二〇〇二年十二月三日

向国际展览局及其成员国表示感谢

江泽民朱镕基分别致电国际展览局主席和秘书长

新华社北京12月3日电 中国国家主席江泽民3日就上海获得2010年世界博览会主办权致电国际展览局主席和秘书长,向国际展览局及其成员国表示感谢。感谢电全文如下:

蒙特卡洛

国际展览局主席诺盖斯先生

秘书长洛斯塞塔莱斯先生:

欣悉国际展览局刚刚在第132次代表大会上作出决定,在中国上海举办2010年世界博览会。我谨代表中国政府和人民,对国际展览局,并通过你们,对国际展览局成员国给予我们的信任和支持表示诚挚的谢意。

我相信,中国举办2010年上海世博会必将推动国际博览事业更加兴旺发达,为人类的和平与进步作出贡献,并促进中国与国际展览局的良好合作关系。

顺致崇高的敬意。

中华人民共和国主席 江泽民

2002年12月3日于北京

新华社北京12月3日电 中国国务院总理朱镕基3日就上海获得2010年世界博览会主办权致电国际展览局主席和秘书长,向国际展览局及其成员国表示感谢。感谢电全文如下:

蒙特卡洛

国际展览局主席诺盖斯先生

秘书长洛斯塞塔莱斯先生:

在中国上海喜获2010年世界博览会主办权之际,我谨代表中国政府对国际展览局及其成员国致以诚挚的谢意。我愿重申,中国政府将信守承诺,精心筹备,为各国参展提供完善的设施和满意的服务。我坚信,在全中国人民的大力支持和世界各国的积极参与下,2010年上海世博会一定能够取得成功,为世界博览事业的发展注入新的活力。

顺致崇高的敬意。

中华人民共和国总理 朱镕基

2002年12月3日于北京

为世界增添异彩

——热烈祝贺我国获得2010年上海世博会举办权

举世瞩目的2010年世界博览会举办国,昨晚在摩纳哥蒙特卡洛揭晓。经过国际展览局第132次成员国大会投票表决,中国在与俄罗斯、墨西哥、波兰和韩国的公平、友好竞争中脱颖而出,成功地获得了2010年上海世界博览会的举办权。喜讯传来,全国上下欢欣喜悦;佳音飞递,四海宾朋热情祝贺。我们衷心感谢国际展览局的关心,感谢国际展览局各成员国的信任,感谢世界各国人民的支持!

举办2010年世界博览会,是12亿多中国人民的共同心愿和热切期盼。从1999年12月宣布申办2010年上海世博会以来的3年间,中国政府就举办世博会向国际展览局作出郑重的承诺,对申办工作给予充分支持。全国各地以各种方式,满腔热情地支持举办2010年上海世博会。

"申博"成功,是我国的国际地位和影响力进一步提升的结果,是党中央、国务院高度重视和全国人民坚定支持的结果,是举办城市上海获得国际社会广泛认同的结果。中国政府是重信用、负责任的政府,一定信守承诺,确保遵守《国际展览局公约》的规定,保证采取一切措施为所有参展人员及展品提供优惠,保证在财力上给予2010年上海世博会以支持。中国拥有稳定的社会环境,拥有可靠的物质基础,拥有广泛的公众支持,完全有信心、有能力举办一届世博会历史上最成功、最精彩、最难忘的世界博览会。

中国取得2010年上海世博会的举办权,实现了世博会历史上举办国的突破。在世博会150多年的历史上,2010年世博会将成为第一次在发展中国家举办的综合性世界博览会,它将极大地扩大国际展览局在中国及全世界的影响,推动国际展览事业在中国及全世界的普及。可以预见,2010年上海世博会将加强各国、各地区之间的相互交往与合作,为各国工商业界创造"共赢共荣"的巨大商机,推进世界的和平与发展。

中国取得2010年上海世博会的举办权,将实现世博会历史上参观人数的突破。在世界上人口最多的发展中国家举办的这届世博会,参观者预计将超过7000万人次,为历次之最。上海市将精心制定一系列详细周密的计划,积极宣传推广世博会,主动吸引海内外参观者。可以预见,2010年上海世博会将在更大的范围、更广的领域促进世界展览事业的发展,进一步增强世博会的吸引力。

中国取得2010年上海世博会的举办权,将实现世博会历史上主题的突破。2010年上海世博会第一次将"城市"作为主题。现在,世界上有50%的人口在城市。在人类文明的发展过程中,城市越来越被世人所关注。将"城市"作为2010年世博会的主题,对世博会和世界各国均具有新意。可以预见,2010年上海世博会在"城市,让生活更美好"的主题下,将积极探讨城市和人类可持续发展之路,共创城市进步和美好生活。

举办2010年上海世博会,是我国在新世纪新阶段的一次重要机遇,将有力地促进全面建设小康社会,加快推进社会主义现代化。改革开放以来,特别是党的十三届四中全会以来的13年间,中国经济持续快速增长,综合国力显著增强,人民生活水平不断提高,已成为当今世界最具活力的国家之一。展望未来,在十六大精神鼓舞下,中国经济社会必将实现更大更快更好的发展。我们必须紧紧抓住新世纪头20年的重要战略机遇期,抓住上海世博会、北京奥运会等机遇,做好各方面工作,努力做到发展要有新思路,改革要有新突破,开放要有新局面,各项工作要有新举措。我们相信,通过这些重大国际活动的举办,一定能够为开创中国特色社会主义新局面作出积极的贡献。

举办2010年上海世博会,是上海在建设国际经济、金融、贸易和航运中心进程中的一件大事,将大大推进上海的现代化和国际化。对上海来说,要按照中央批准的新的城市总体规划,根据建成社会主义现代化国际大都市的目标,进一步开拓创新、扩大开放、坚持发展,朝着建设"四个中心"的目标迈进,搞好2010年世博会的基础设施、财政预算、展览计划、参观接待等的系统规划和筹办工作。我们相信,一个日益开放、城市生活品质不断提升、有着强大吸引力和辐射力的上海,一定能够出色地、高水平地举办好2010年世博会。

举办2010年上海世博会,是提高城市集聚功能和综合竞争能力,扩大国内地区合作的一个助推器,将对长江三角洲、国内其他地区的经济建设产生巨大的推动力和影响力。上海的发展离不开全国的支持,2010年上海世博会的成功举办,同样离不开全国的支持。上海要利用举办世博会的契机,进一步增强城市的综合服务功能,进一步加强地区之间的经济技术合作,与长江三角洲地区联动发展,积极参与西部大开发,为全国经济社会发展作出新贡献。我们相信,通过2010年上海世博会,国际社会一定能够看到中国改革开放新的巨大成就,看到一个欣欣向荣的中国,看到一个生机勃勃的上海。

中国需要世博会,世博会也需要中国。获得了一份幸运的中国,一定会给世界增添一片异彩。2010年上海世博会,必将在世博会历史上留下具有划时代意义的篇章。

2010年,让我们相会中国,相聚上海!

12月3日晚,当上海赢得2010年世博会举办权的消息传到上海时,一直等候佳音的上海市民欢呼雀跃,相互致贺。图为上海高校学生在南京路世纪广场欢庆中国"申博"成功。 本报记者 屠知力摄

保加利亚国民议会主席将访华

新华社北京12月3日电 外交部发言人刘建超3日在记者招待会上宣布:

应全国人大常委会委员长李鹏的邀请,由保加利亚国民议会主席奥格尼扬·格尔吉科夫率领的保加利亚议会代表团将于2002年12月13日至19日对我国进行正式友好访问。

今日第四版刊登消息

中央宣讲团在各地宣讲引起强烈反响

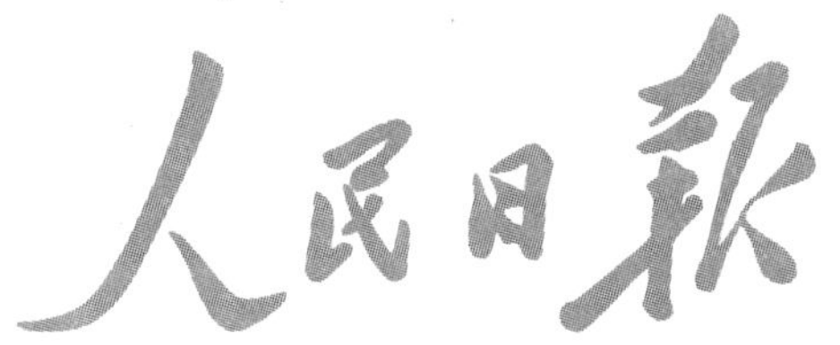

RENMIN RIBAO

人民网 网址:http:∥www. people. com. cn
手机:http:∥wap. people. com. cn

2010 年 5 月
1
星期六
庚寅年三月十八
人民日报社出版
国内统一连续出版物号
CN 11-0065
第 22575 期(代号 1-1)
今日 8 版

4 月 30 日，中国 2010 年上海世博会开幕式大型灯光喷泉焰火表演在上海举行。 新华社记者 陈 凯摄

展示中国发展新貌 荟萃世界文明精华

中国 2010 年上海世界博览会隆重开幕

胡锦涛出席开幕式并宣布上海世博会开幕

李长春习近平李克强贺国强周永康 国际展览局主席蓝峰

来自世界各地的领导人和贵宾出席

246 个国家和国际组织参加上海世博会

4 月 30 日晚，中国 2010 年上海世界博览会开幕式在上海世博文化中心隆重举行，国家主席胡锦涛出席开幕式并宣布上海世博会开幕。 新华社发

4 月 30 日晚，中国 2010 年上海世界博览会开幕式在上海世博文化中心隆重举行。这是胡锦涛、李长春、习近平、李克强、贺国强、周永康等出席开幕式。 新华社发

新华社上海 4 月 30 日电 （记者**孙承斌、李斌、厉正宏**）展示中国发展新貌，荟萃世界文明精华。举世瞩目的中国 2010 年上海世界博览会开幕式 30 日晚在上海世博文化中心隆重举行，国家主席胡锦涛出席开幕式并宣布上海世博会开幕。党和国家领导人李长春、习近平、李克强、贺国强、周永康，国际展览局主席蓝峰，来自世界各地的领导人和贵宾出席开幕式。

上海世博会是继北京奥运会后我国举办的又一国际盛会，也是第一次在发展中国家举办的注册类世界博览会。本届世博会的主题是“城市，让生活更美好”，来自世界各地的参展方将通过展示、论坛、表演等形式，共同探讨城市未来发展理念，尽情畅想人类进步美好前景。

夜幕降临，浦江两岸华灯璀璨，世博园内流光溢彩。造型宛如飞碟的上海世博文化中心内，8000 多名观众欢聚一堂，热切期待盛会开幕时刻的到来。

20 时许，在欢快的乐曲声中，胡锦涛和蓝峰等走上主席台，向观众挥手致意。全场响起长时间的热烈掌声。

场地中心舞台的大屏幕上呈现出中国韵味的彩墨荷花。700 名少女在舞台上亭亭玉立，手中变幻出晶莹剔透的水晶球；无数个白色浮球从天而降，组合成一只象征和谐美好的和平鸽；身着我国各民族服饰的男女青年，在《和谐欢歌》的歌声中翩翩起舞……创意独特、浪漫瑰丽的开幕式序演，表达了全国人民喜迎世博的真挚情感，把现场气氛烘托得热闹非凡。

20 时 10 分许，主持开幕式的中共上海市委书记、上海世博会组委会第一副主任委员俞正声请全体起立，军乐队奏响中华人民共和国国歌，鲜艳的五星红旗冉冉升起，在会场上空高高飘扬。伴随着国际展览局曲和上海世博会主题曲，国际展览局旗和上海世博会旗也相继升起。

参展方旗帜入场式开始了。青春焕发的少女手举参展国家和国际组织的旗帜，踏着音乐的节拍，从舞台两侧次第入场。上海世博会共有 246 个国家和国际组织参展，国际参展方数量创造了世博会的历史纪录。五彩缤纷的旗帜组成了气势宏大的旗阵，象征着四海宾朋欢聚上海、共襄盛举。

国务院副总理、上海世博会组委会主任委员王岐山在开幕式上致辞，感谢国际展览局的成员国，感谢 246 个国家和国际组织以及中外企业的参展方，感谢全国人民尤其是上海市人民和上海世博会的建设者、工作者和志愿者。他表示，第一次以城市为主题的上海世博会，将打开未来城市的大门，引领新的生活方式，促进人与城市、自然相和谐，推动建设平安、文明、幸福的城市。我们会以周到的服务、真诚的笑容，让所有观众在中国体验一届成功、精彩、难忘的世博会。

国际展览局主席蓝峰用中英法 3 种语言致辞，表示相信这次世博会将促使人们提高认识，努力建设更持久、更公正、更安全、更和谐的城市。他预祝上海世博会圆满成功。

20 时 29 分，激动人心的时刻到来了。国家主席胡锦涛用洪亮的声音宣布：中国 2010 年上海世界博览会开幕！

顿时，场内彩旗挥舞、鼓乐震天，大屏幕上百花绽放、笑脸灿烂，舞台上少年儿童欢呼雀跃、各族青年载歌载舞；场外五彩焰火腾空而起、辉映夜空。场内场外激情相应、欢声相连，共同庆祝上海世博会盛大开幕。

随后，中外艺术家联袂登台，奉献一台精彩的大型文艺演出。整台演出分 4 个章节，气势恢宏、热情洋溢的表演，引起现场观众强烈共鸣。3 名中国歌手唱起优美抒情的歌曲，兴高采烈的孩子们手持“海宝”、挥动彩带，来自世界各大洲的艺术家踏歌而舞——第一章节《相约上海》用明快的歌舞、款款的深情，营造出“海内存知己，天涯若比邻”的浓厚氛围。

1867 年巴黎世博会之际创作的《蓝色多瑙河》奏响，为上海世博会编配的《新上海协奏曲》弹起，155 名芭蕾演员在琴声中优雅起舞，大屏幕上依次呈现过去历届世博会上展出过的新发明新产品——第二章节《江河情缘》通过多瑙河与长江跨越时空的深情对话，表现了新时代中国海纳百川的胸襟和朝气蓬勃的活力。

美国歌手倾情献唱的专为上海世博会创作的歌曲《城市，让生活更美好》，粗犷奔放的南太平洋民族歌舞《勇敢的号角》，日本歌手动情唱起的经典名曲《星》，热力飞扬的非洲歌舞《一种爱》，意大利盲人歌唱家引吭高歌的《今夜无人入眠》——第三章节《世界共襄》充满浓郁异国情调，传递出世界各地人民对上海世博会的真诚祝愿，赢得现场观众一次次热烈的掌声。

“这一刻你把世界交到我手中，这一刻分享城市晚风，这一刻我们聆听心灵的沟通，这一刻生命和谐永恒……”上海世博会主题歌《致世博》唱响了。在炫目变幻的五彩灯光中，舞台中央缓缓升起一朵象征五大洲人民团结友爱的“友谊之花”，花瓣徐徐旋转，合拢成人类共同的地球家园。随后，舞台上出现了温馨的一幕：3 个不同肤色的三口之家走到一起，把青海玉树地震灾区的两名藏族孤儿护拥在中间，不同国家、不同民族的孩子们手拉手，小脸上荡漾起爱的表情。伴随着欢快热烈的歌声，75 名演员飘然飞向天空，拼搭起“心手相连”的造型……最后一个章节《致世博》感人肺腑，表达了繁衍生息在地球上的人们心手相连、共同开创美好生活的深刻主题。世博文化中心内，歌声如潮，舞姿翩跹，欢声雷动，整台演出达到了高潮。

文艺演出结束后，胡锦涛等来到世博文化中心的室外平台，兴致勃勃地观看大型灯光喷泉焰火表演。

火树银花夜上海，姹紫嫣红黄浦江。矗立在西岸的巨大电子屏幕上，“有朋自远方来不亦乐乎”10 个大字格外醒目；水流不息的江面上，绚丽的焰火跳起多姿的水上芭蕾……以“五洲欢庆”为主题的灯光喷泉焰火表演，分《中国欢迎你》《欢聚在世博》《世界同欢庆》3 个章节依次展开。红色礼花弹飞上夜空，红色激光束齐射江面，黄浦江犹如铺上了巨幅红地毯；彩色灯束从两岸交错着伸向天空，在南浦、卢浦两座大桥间搭起辉煌的“光芒之桥”；6000 个三色发光球顺流而下，200 多艘旗船浩浩荡荡逆流而上，在江中心交汇成锦绣灿烂的壮观场面；伴随着《梁祝》的优美旋律，一道道水柱婀娜起舞，与璀璨的焰火构成如真似幻的“水火交响曲”……整个表演绚丽多姿，令人目不暇接。最后，在振奋人心的旋律中，密集喷放的焰火争奇斗艳，所有光束、喷泉都加入狂欢，大屏幕上交替出现大红灯笼、鲜艳中国结等吉祥图案，焰火绽放形成无边星雨从天而降，为上海、为中国、为人类的未来送上最美好的祝福。

出席开幕式的世界各地领导人有：亚美尼亚总统萨尔基相、刚果（布）总统萨苏、朝鲜最高人民会议常任委员会委员长金永南、法国总统萨科齐、加蓬总统邦戈、肯尼亚总统齐贝吉、马拉维总统穆塔里卡、马里总统杜尔、密克罗尼西亚联邦总统莫里、蒙古国总统额勒贝格道尔吉、巴勒斯坦国总统阿巴斯、韩国总统李明博、塞舌尔总统米歇尔、土库曼斯坦总统别尔德穆哈梅多夫、柬埔寨首相洪森、欧盟委员会主席巴罗佐、哈萨克斯坦总理马西莫夫、荷兰首相巴尔克嫩德、越南总理阮晋勇。

出席开幕式的中方领导人还有：刘云山、李源潮、郭伯雄、何勇、令计划、王沪宁、韩启德、孟建柱、戴秉国、黄孟复以及中央军委委员李继耐。

香港特别行政区行政长官曾荫权、澳门特别行政区行政长官崔世安出席开幕式。

中国国民党荣誉主席连战、吴伯雄，亲民党主席宋楚瑜，新党主席郁慕明，无党团结联盟主席林炳坤出席开幕式。

国际展览局秘书长洛塞泰斯和有关国际组织负责人等出席开幕式。

人民日报 世博特刊

EXPO 2010 SHANGHAI CHINA

第 11 期 2010 年 5 月 1 日 星期六

共享一个快乐世博

郝 洪

核心观点

世博会本身是个快乐的节日，是社会最新文明发展的欢乐颂，也蕴含人类对未来世界的美丽畅想

今天，中国 2010 上海世博会正式开园。在黄浦江两岸，中国用 5.28 平方公里的锦绣拥抱来自世界各方的参观者。

自 2002 年 12 月 3 日上海申博成功，8 年来，我们一直在想象和思考，承载中国百年梦想的世博会究竟是什么样的神奇？今天，当真正得以近距离接触世博会、观察世博会时，且让我们放下对世博会种种宏大意义的追索，放松心情，先去共享一个快乐的世博。

世博会本身是个快乐的节日，是社会最新文明发展的欢乐颂，也蕴含人类对未来世界的美丽畅想。在这个全球盛大的聚会上，人们充分享受创新与创造的快乐，享受平等交流的快乐。只有乐在其中，才能理解世博的本质，才能真正领会世博会之于人类社会的伟大意义。

我们的孩子尤其需要这样的快乐。

我们需要懂得，创新不是一场简单的数理化竞赛，不是外界强加的任务，更不是为了完成素质教育目标而设的程式化的活动。创新应该是发自内心的快乐冲动，它融入血液，是生命中的一部分。

我们需要懂得，人与人的沟通，文化与文化的交流，不是单纯的仪式，更不是简单的经济利益需求。跨越地域、文化、种族与信仰的对话和交流，是人类生存的需要，是精神世界的自觉追求。

上海世博会的目标是成功、精彩、难忘。“‘成功’就是平安、快乐”，“要用快乐温馨实现‘难忘’”——上海世博会的组织者如是说。的确，今天，当我们徜徉在世博会缤纷的展馆，面对那些奇思妙想，为新技术、新发明而欣喜；当我们沉醉于那些多姿多彩文化艺术表演，为全球不同民族文化的精彩呈现而欢呼，那些快乐的体验，将成为我们人生不可磨灭的记忆。

在今年 1 月 31 日上海市十三届人大三次会议的一次世博专题会上，与会者谈到是否要让上海的中学生参加到世博服务中并接受教育时，中共中央政治局委员、上海市委书记俞正声笑着说：“孩子们就应该让他们去玩。”轻松地放手，让孩子们在快乐中感知创新和创造，感知一个丰富而多样的世界，他们将回报一个更加精彩的未来。

世博来了

美好未来 谱写序曲

——上海世博会开幕式侧记

本报记者 李泓冰 姜泓冰 曹玲娟

4 月 30 日夜，一片银白色的“飞碟”——上海世博会文化中心——静静泊在黄浦江畔。嘀嗒的倒计时中，将有着一个半世纪历史的世界博览会，“摆渡”到一个新起点，停泊在世界东方那片灿烂的“中国红”……

在 159 年的漫长等待、在“举全国之力，集世界智慧”的 8 年筹办之后，上海世博会终于来了！

在五千年华夏文明最旖旎灵慧的精神家园——江南，在 60 余年兢兢业业挺立经济发展前沿的上海，在簇拥着 30 多年改革开放成果的黄浦江畔，在 5.28 平方公里的上海世博园区，在洋溢着激情、欢乐、希望的世博文化中心，上下五千年的东方智慧与纵横九万里的全球文明，交汇在这小小的世博开幕式焦点……

东道主邀世界分享

“千山万水憧憬向往”

满场梦幻泡泡中，宋祖英、成龙携大型舞蹈《和谐欢歌》出场，道出国人心曲：“千山万水憧憬向往，彼此遥远却在身旁……”

随着雄浑的《义勇军进行曲》，五星红旗猎猎升起；国际展览局的旗帜升起来了，上海世博会会旗升起来了；来自全球的 189 个国家和 57 个国际组织的旗帜鱼贯入场，刷新了世博会的历史纪录……

国务院副总理、上海世界博览会组委会主任委员王岐山致辞：感谢国际展览局的成员国！是你们的选择，让中国人民对世博会的向往从遥远的憧憬成为今天的现实……

国际展览局主席蓝峰令人感动地慢慢用刚刚学的中文致辞：这次精彩的世博会将展示 21 世纪初中国的崛起……

中华人民共和国主席胡锦涛庄重宣告：我宣布，中国 2010 年上海世界博览会开幕！

话音甫落，满场欢腾！

那句曾响彻世博会历史的名言，从 159 年前伦敦的水晶宫，终于回荡到上海的“东方之冠”：一切始于世博会——从今天起的 184 个日日夜夜，中国和世博，都将开始一段崭新旅程。

以“天”、“地”、“人”、“和”4 个错落的大字为背景，开幕庆典文艺演出开始。“相约上海”、“江河情缘”、“世界共襄”、“致世博”，每个节目都弥漫着温情、委婉、轻盈的气息，流露出一种深深的期待。

已成中国文化符号的《茉莉花》的曲调轻响，像是今晚隐隐现现的一丝线索，一群身披粉色纱裙身姿曼妙的江南女子，在江南丝竹柔情相伴下翩然起舞——让人想起，159 年前的 5 月 1 日，在第一届伦敦世博会展台上，那孤独地漂洋过海的 12 把浙江湖丝，在工业化浪潮席卷而来各式“奇技淫巧”的西洋机械面前，静静诉说着“睁眼看世界”的中国人对世博会最早的向往……

毛阿敏、周华健在放歌，与全球嘉宾“相约上海……”

欢快的《新上海协奏曲》响起来了，这是专为上海世博会创作的曲子。渐渐地，带着依恋般，它融入了厚重、昂扬的《长江之歌》。大屏幕上，溯着长江源头，点点轻帆一路向下，像在展现中华大地的美好风物，也像是盘点中国经济发展的大动脉，表达“江之尾”的上海对协力办博的兄弟省份的感激情怀。

苦难没有尽头，理想不曾入睡——中国走近世博的历程，历经千辛万苦，今朝玉汝于成。

旁白

71 岁的西班牙华人总会会长陈渔光（“中国世博事业第一人”、1915 年巴拿马世博会时的中国代表团团长陈琪之侄）：

当年伯父屡次出国考察，发现欧美国家的发达与积极参加博览会、时时互相学习有关，所以才积极参加世博，希望让中国尽快走上富强之路。上海世博会开幕，伯父泉下有知，一定会为之自豪……

上海世博会总规划师、同济大学教授吴志强（20 多年前，时任上海市市长的汪道涵提示年轻的他，要研究世博会）：

美国举办过 14 届世博会，吸收了全世界的智慧，才造就了今日美国；日本 1970 年大阪世博会，有 50%的国民参观。古老中国的现代化过程，不是一次世博会就能完成的。但如果我们也有 50%的百姓参观过世博，中华民族一定会变得不一样……

世博会是个大家庭

“世界在你手中传播，让人类血脉相融”

这一夜，1873 年维也纳世博会开幕主旋律《蓝色多瑙河》，响彻 2010 年上海世博会的开幕盛典。西方的多瑙河和东方的长江，因为世博会的源远流长而深情守望，演绎“江河情缘”。

世博让多元的文化并肩携手，让来自全球每一个角落的美妙，在同一个舞台、同一个夜晚，尽情绽放。在这一刹那，人类没有隔阂，梦想属于你我。

当优美的古典芭蕾与有现代感的造型表演完美相融，LED 大屏幕上，古老的敦煌飞天身后，是神情忧郁的喜剧大师卓别林；埃菲尔铁塔下驶着老爷车，一辆蒸汽机车喷着白雾从富士山驶向红彤彤的“中国之冠”……

美国作曲家昆西·琼斯和中国音乐人谭盾共同作曲的主题歌曲《BETTER CITY，BETTER LIFE》响起，肤色各异的演员们表达着同一种声音：“如果你我共同努力，每个梦想都会变成现实。我们每个人，使城市让生活更好……”

当日本歌手谷村新司唱起中国人熟悉的《星》，许多观众忍不住打开手里的小电筒，灯光转暗，环形剧场变成星光璀璨的夜空。一首在忧伤中张扬信念与力量的老歌，触动了人们最柔软的心弦。

同样让人动容的，还有南非索维托合唱团的歌舞：台上舞蹈着的并不是俊男靓女，他们高矮胖瘦妍媸不一，衣着斑斓各异，踩着激越的非洲鼓点摇摆，却有如“天人合一”般完美。

“理解、沟通、欢聚、合作”，这个舞台恣意挥洒着世博的真正价值。

在 3 个不同肤色的幸福家庭和一群年轻舞者的注视下，舞台中间陡然升起巨大的花朵，花瓣先是逐渐合拢，聚合成有海洋与陆地线条的星球，然后再度绽放。两名来自青海玉树地震灾区的藏族儿童走上舞台，被舞者举在肩头，天真淳朴，神情坚强，相信世博梦幻会抹去他们深深的忧伤……

一群穿着银色紧身衣的演员用身体在空中连结成网，仿佛是向着未来的群体飞翔，也仿佛在昭示着人类携手欢聚、探索合作的力量。歌者唱出《致世博》：世界在你手中转动，播下友谊火种。博大的心胸不停跳动，让人类血脉相融……

旁白

国际展览局名誉主席吴建民：

上海世博会的召开，不仅会推动中国的发展，也将有益于亚洲，有利于人类社会的发展。知道世博会经久不衰的秘密吗？第一，世博会承载着推动人类文明进步的使命；第二，世博会提出了人类文明进步面临的课题；第三，世博会凝聚全球智慧，推动人类社会难题的解决。

上海世博会主题演绎顾问、上海图书馆馆长吴建中：

让世界各地的人们聚集在一起，为各种观念的碰撞和交流提供独一无二的方式，这就是世博会的魅力和价值所在！

上海当晚全城不夜

“我的心里仿佛也在放焰火”

开幕文艺演出结束后，夜空被 1200 盏探照灯、16 盏激光灯瞬间点亮。

以整个城市为舞台、夜色为幕布，在彩虹绘就的南浦大桥、卢浦大桥与浦江岸线环抱之处，在粼粼波光荡漾处，一个天然的环形剧场，上演了本届世博会开幕式最为华彩的乐章——一场极具海派特色的室外灯光喷泉焰火表演。

黄浦江上的 LED 巨型屏幕上，伦敦首届世博会、巴黎世博会等历史画面一一出现，时光交错。终于，屏幕上出现热烈的“中国红”。红色礼花弹飞上夜空，红色光束齐射江面，浦江如铺上了巨幅红地毯，盛邀世博光临。

探照灯光束盘旋起舞，火树银花燃亮夜空，一道道火龙从卢浦大桥一侧冲出，光束划破夜空，逐一点亮浦西的建筑天际线。在大桥另一侧，金色瀑布般焰火倾泻而下，引发数万仰望星空的市民群起欢呼。

焰火映亮了流光溢彩的中国馆，映亮了 246 个国家和国际组织精心打造的各具特色的展馆。这里，有首次参展的朝鲜馆，有非洲大陆最大规模参与世博会的非洲联合馆。中国馆畔，“山水心灯”灯光温润，这是台湾，在时隔 40 年后参加上海世博会。远处，如花苞般绽放的世博轴，内蕴的科技含量，代表着人们对未来美好生活的孜孜以求。

市民们惊喜地发现，彩虹桥下，缓缓飘来 6000 只直径为 0.5 米的 LED 发光球，变幻着红黄橙三色，这是首次在中国出现的大型江河景观艺术表演，以迎接和世界的隆重相约……

水之舞，火之灵，今晚的上海晶莹剔透。以世博的名义，她在全球面前留下华美、绰约的亮相。

8 年前，这座城市，因为被世博选中而沸腾；8 年后，世博翩然在这里落地，她的夜空流光溢彩、轻舞飞扬。

旁白

上海世博局主题演绎部部长季路德：

今天的焰火很有东方味道，咱们中国人喜欢热热闹闹，高兴的时候放焰火、放鞭炮，有声有色。今夜，我的心里仿佛也在放焰火……

上海世博会中国馆总设计师何镜堂：

今晚，很难用语言来形容，各种感觉交织在一起。我们参与者承担的历史责任今天终于交出一份答卷。今晚真是喜事重重，这些焰火绽放的是中华文化的光芒，也是全人类携手走向未来的欢呼。

室外灯光喷泉焰火表演总导演大卫·阿特金斯：

今晚，中国五千年的文明和文化——我们所知道的历史最悠久、最有生命力的文明之一，上演新的精彩一幕。我们感到无比荣幸能够在此见证这一时刻，今晚有一颗新的明星将升起并闪耀在中国上海的天空。我们将永远珍藏这一美好的回忆。

版式设计：王舒怀

RENMIN RIBAO

人民网 网址：http://www.people.com.cn
手机：http://wap.people.com.cn

2010年5月
3
星期一
庚寅年三月二十
人民日报社出版
国内统一连续出版物号
CN 11-0065
第22577期（代号1-1）
今日8版

截至五月二日十六时，世博会开园第二天迎来二十二万多位游客，一百六十多个已经开放的场馆运行平稳有序。图为游客在导游的讲解下参观中国馆。本报记者 屠知力摄

胡锦涛在参观上海世博园时强调
上海世博会举办期间各项工作要做到
全力以赴 精益求精 协调一致 善始善终

贾庆林李长春习近平李克强贺国强周永康分别参观

新华社上海5月2日电 多彩文明辉映黄浦江畔，先进理念引领美好未来。中国2010年上海世界博览会开幕之际，中共中央总书记、国家主席、中央军委主席胡锦涛参观了上海世博园部分展馆。他强调，我们要全力以赴、精益求精、协调一致、善始善终做好上海世博会举办期间各项工作，坚持安全第一、服务至上，真正把上海世博会办成一届成功、精彩、难忘的世博会。

党和国家领导人贾庆林、李长春、习近平、李克强、贺国强、周永康也分别参观了上海世博园。

巍然耸立的中国国家馆"东方之冠"，是世博园内一座宏伟的标志性建筑。胡锦涛等领导同志来到世博园后，都兴致勃勃前往这座红色建筑参观。在展现中国北宋时期城市繁荣景象的动画版《清明上河图》长卷前，在回溯中国改革开放以来城市市民家庭客厅陈设变迁的复原场景前，在表现同一屋檐下社区居民和谐相处的多媒体综合展示前，领导同志驻足观看，详细询问有关情况，充分肯定中国国家馆用形象生动的手法显示城市发展进程中的中华智慧、反映中国社会翻天覆地的巨大变化。

环绕中国国家馆分布的31个省区市展馆，从不同角度对上海世博会"城市，让生活更美好"的主题进行了生动演绎。有的馆突出展现本地自然风貌、民俗风情和特色文化，有的馆集中展示科技进步的新成就，有的馆充分表达对绿色发展、低碳生活的热切追求，有的馆精心描绘对美好生活的憧憬与展望……领导同志走进一个个展馆，边看边听边问，亲身感受每个展馆的独特魅力，勉励大家做好展馆管理和服务工作，在世博会这个平台上精彩亮相。

胡锦涛一直牵挂着青海玉树地震灾区，特意来到青海馆参观。得知青海馆的主题是"中华水塔·三江源"，他嘱咐青海的同志，在灾后恢复重建过程中，不仅要让灾区人民生产生活上一个大台阶，而且要让三江源地区生态环境建设上一个大台阶，切实保护好中华民族母亲河的源头。

领导同志怀着浓厚兴趣参观了香港馆、澳门馆，对别具风格的展馆外形和丰富多彩的展览内容表示赞赏。领导同志还参观了台湾馆，观赏了中华文化在台湾继承和发展的展示。

千姿百态的外国和国际组织馆，是上海世博园的亮丽风景。在一个个风格迥异的展馆里，工作人员热情地向胡锦涛等介绍展览情况。美国馆播放的美国各界人士对上海世博会的祝福短片，俄罗斯馆搭建的充满童话色彩的儿童花园城，英国馆用6万余根触须状透明杆构筑的"种子圣殿"，法国馆陈列的梵高、罗丹等艺术大师的不朽名作，德国馆展出的能随着观众呼喊在空中奇妙摆动的金属感应球，意大利馆推出的太阳能汽车等高技术概念产品，沙特阿拉伯馆中极富震撼力的巨幕三维影院，巴西馆可让参观者置身其中感受城市活力的全景舞台，墨西哥馆陈设的反映玛雅文化的珍贵文物，非洲联合馆矗立的大型雕塑墙"非洲的微笑"，联合国联合馆展示的应对气候变化、改进城市管理的最新探索成果……这一个个亮点让人流连忘返。胡锦涛等称赞这些展馆构思巧妙、寓意深刻，认为上海世博会一定会增进中国人民同世界各国各地区人民相互了解和友谊，推动中外经济文化交流合作。

在上海世博会开幕之际，党和国家领导人胡锦涛、贾庆林、李长春、习近平、李克强、贺国强、周永康分别参观了上海世博园内的中国国家馆、外国和国际组织馆、主题馆、企业馆以及城市最佳实践区等。这是胡锦涛在参观外国馆时向展馆负责人询问展览情况，并预祝他们展览取得成功。 新华社发

主题馆区是集中展示上海世博会主旨和理念的地方。在城市人馆、城市生命馆、城市足迹馆、城市地球馆、城市未来馆等5个主题馆，领导同志通过看视频、听介绍、互动体验等方式，同大家一道回顾国内外城市文明发展轨迹，深入探讨城市和人类、城市和环境的关系，共同畅想城市发展的未来前景和城市人的生活方式。设立城市最佳实践区是上海世博会的一个创意。领导同志来到这里，认真参观从全球范围遴选出的特色城市实践案例，详细了解这些城市在规划、建设和管理方面的成功做法和有益经验。在企业馆区，领导同志仔细察看先进技术产品，感受充满活力的企业文化，希望企业在推进城市发展和人类文明进步中发挥更大作用。

上海世博会专门为残疾人设立了生命阳光馆，这在世博会历史上是第一次。展馆里回荡着盲人演奏家弹奏的优美琴声，残疾人书法家、篆刻家、雕塑家展示出各自的作品。胡锦涛在参观生命阳光馆时深情地说，设立生命阳光馆很有意义，体现了全社会对残疾人的关爱。我们要继续大力推动残疾人事业发展，让关爱的阳光照亮每一位残疾人的心灵。

参观结束时，领导同志表示，上海世博园主题鲜明、内容广泛、建筑别致、展览精彩，确实是不同国家和地区经济文化交流的大舞台。相信通过上海世博会这个窗口，各国人民可以更加深入地了解中国，我们也可以更多地了解世界。

胡锦涛特别叮嘱上海世博会组委会有关负责同志，完成好上海世博会筹备任务很不容易，确保顺利举办还有大量工作要做。各有关方面一定要全力以赴、精益求精、协调一致、善始善终做好上海世博会举办期间各项工作，坚持安全第一、服务至上，真正把上海世博会办成一届成功、精彩、难忘的世博会。胡锦涛请组委会负责同志转达对参加上海世博会运营服务保障工作的全体工作人员和志愿者的诚挚问候。

参观上海世博园的领导同志还有：王刚、王岐山、刘云山、李源潮、俞正声、郭伯雄、何勇、令计划、王沪宁、韩启德、孟建柱、戴秉国、杜青林、黄孟复、钱运录等。

胡锦涛同马尔代夫总统会谈

本报上海5月2日电 （记者**马剑**）国家主席胡锦涛今天上午在上海同来华进行国事访问并出席上海世博会有关活动的马尔代夫总统纳希德举行会谈。

纳希德热烈祝贺上海世博会隆重开幕，表示马方非常高兴参与上海世博会。胡锦涛表示相信，本届世博会将为中马加强友好交往和互利合作创造新的机遇。

胡锦涛指出，中马是传统友好邻邦。建交38年来，中马关系持续稳定健康发展。近年来，中马各领域互利合作不断拓展，给两国人民带来了实实在在的利益。中方一贯主张，国家无论大小、贫富、强弱，都是国际社会平等一员。中方愿意在和平共处五项原则基础上，同马方一道努力，不断增强政治互信，积极拓展务实合作，推动中马睦邻友好合作关系得到更大发展。

胡锦涛就推动中马关系进一步发展提出4点建议。一是加强友好交往、增进理解信任，两国领导人可以利用各种场合保持接触，及时就双边关系和其他共同关心的问题交换意见，两国政府、议会、政党可以开展多种形式的交流合作。二是拓展经贸合作、惠及两国人民，中方将继续采取措施增加自马尔代夫进口，鼓励有实力的中国企业赴马尔代夫投资兴业。三是坚持优势互补、扩大人文交流，中方将继续鼓励中国公民赴马尔代夫旅游，不断探讨新的合作方式，推动中马旅游合作进一步发展；中方将为更多马方留学生来华学习提供帮助。四是加强在国际和地区事务中的沟通和协调。

胡锦涛指出，中国政府高度重视气候变化问题，充分理解马尔代夫等小岛国对气候变化问题的特殊关切，愿意同马方加强对话和合作，维护发展中国家共同利益。

纳希德表示，马中关系源远流长，历史上两国人民交往密切。马中建交以来，中国对马尔代夫经济社会发展给予了大力支持，马方对此表示衷心感谢。马尔代夫十分重视发展对华关系，愿意在渔业、旅游业等领域加强同中方合作。马方十分赞赏中方为推进应对气候变化的国际合作作出巨大努力，愿意加强双方协调和磋商。

会谈前，胡锦涛在上海国际会议中心为纳希德举行欢迎仪式。

中共中央书记处书记、中央政策研究室主任王沪宁，国务委员戴秉国等出席。

胡锦涛同密克罗尼西亚联邦总统会谈

本报上海5月2日电 （记者**马剑**）国家主席胡锦涛今天上午在上海同来华进行国事访问并出席上海世博会开幕式的密克罗尼西亚联邦总统莫里举行会谈。

莫里表示，上海世博会是第一次在发展中国家举办的世博会，发展中国家为此感到骄傲和自豪，并愿意分享这一盛事。胡锦涛表示，中方欢迎并积极协助太平洋岛国集体参展上海世博会，相信这将为太平洋岛国地区走向世界打开新的窗口，期待太平洋岛国在上海世博会上的精彩展示。

胡锦涛指出，密克罗尼西亚联邦是中国在太平洋岛国地区的好朋友、好伙伴。建交21年来，中密两国高层交往频繁，双方政治上高度互信，高层交往密切，经贸、农业、渔业、文化、教育等领域交流合作不断扩大，在国际多边事务中进行了很好的合作。中方愿意同密方一道努力，将中密友好合作推向更高水平。一要密切政治关系，加强高层和各级别交往，增进相互了解和信任。中方赞赏密方长期奉行一个中国政策。二要深化务实合作，进一步发挥互补优势，加强渔业、新能源、基础设施建设等领域合作，中方将继续向密方提供力所能及的经济技术援助，继续鼓励和支持中国企业赴密克罗尼西亚联邦投资兴业。三要扩大文化、教育、旅游等领域交流，中方将继续通过政府奖学金项目帮助更多密克罗尼西亚联邦青年学生来华留学。四要加强多边框架内的合作，在国际和地区事务中保持沟通和配合，维护两国及发展中国家共同利益。

莫里表示，密方高兴地看到，密中友好关系不断向前发展，两国关系无论在国际和地区层面都堪称样板，密方对此感到自豪，希望进一步深化双边关系，把两国合作水平推向新的高度。长期以来，中方向密方提供无私援助，为密方推动教育和卫生等领域发展、提高人民生活水平作出了重要贡献，密方对此表示高度赞赏。密方愿意同中方一道，加强电信、基础设施建设等领域互利合作。在应对气候变化问题上，发展中国家加强合作十分重要，密方赞赏中方在这方面发挥的重要作用。他重申，密方坚持一个中国政策，支持中国和平统一大业。

会谈前，胡锦涛在上海国际会议中心为莫里举行欢迎仪式。

中共中央书记处书记、中央办公厅主任令计划，中共中央书记处书记、中央政策研究室主任王沪宁，国务委员戴秉国等出席。

胡锦涛同土库曼斯坦总统会谈

本报上海5月2日电 （记者**马剑**）国家主席胡锦涛今天上午在上海同来华进行国事访问并出席上海世博会开幕式的土库曼斯坦总统别尔德穆哈梅多夫举行会谈。

别尔德穆哈梅多夫热烈祝贺中方成功举行上海世博会开幕式。胡锦涛感谢土方对中国举办上海世博会的大力支持，欢迎土库曼斯坦各界人士前来参观上海世博会。

胡锦涛指出，近年来，中土友好合作关系快速发展。中国高度重视发展中土关系，视土库曼斯坦为真诚的朋友、可信赖的伙伴。新形势下，中方愿意同土方一道努力，本着高度互信、互利双赢、共同发展的精神，加强两国多层次、各领域合作，推动中土友好合作关系深入发展。胡锦涛就此提出重要建议。一是加强友好交往、增进政治互信，密切两国高层交往，加强两国政府、议会、政党交流合作，增进相互理解和信任。二是发挥互补优势、深化能源合作，发展长期、稳定、互利的能源合作关系，同时带动两国经贸、投资、油气加工等相关产业发展。三是拓展合作领域，开展全方位非资源合作，推进交通、通信、基础设施建设等重点领域合作项目。四是在联合反恐、打击跨国犯罪、执法能力建设等方面加强合作，切实维护两国及本地区和平稳定。五是扩大人文合作、夯实友好基础，加强教育、文化、科技、体育、旅游等领域交流合作，鼓励和支持两国文艺团体、民间组织加强友好交往，增进两国人民相互了解和友谊。

别尔德穆哈梅多夫表示，土中关系发展顺利，两国友谊牢不可破。近年来，两国经贸关系取得巨大进展，中国已经成为土库曼斯坦重要合作伙伴，在能源、交通、农业、食品、纺织、化学、建筑等优先领域合作成效显著，教育、文化等人文领域交流取得长足发展，在涉及彼此重大利益问题上以及国际和地区事务中相互理解、相互支持。土方支持中方维护主权和领土完整、推进国家统一大业。土方愿意同中方一道努力，深化两国各领域务实合作，拓展人文交流领域，加强两国人民相互了解和友谊，把两国关系推向新的水平。

会谈前，胡锦涛在上海国际会议中心为别尔德穆哈梅多夫举行欢迎仪式。

中共中央书记处书记、中央办公厅主任令计划，中共中央书记处书记、中央政策研究室主任王沪宁，国务委员戴秉国等出席。

温家宝在玉树灾后恢复重建会议上强调
科学依法统筹做好抗震救灾和恢复重建工作

新华社青海玉树5月2日电 （记者**赵承、张宗堂**）中共中央政治局常委、国务院总理温家宝1日晚在青海玉树主持召开会议研究灾后恢复重建工作。他强调，玉树地震灾区抢险救灾、应急救援基本结束，进入全力医治伤员、安置受灾群众，恢复正常秩序、加快恢复重建的新阶段。我们必须坚持人民利益高于一切，以更加顽强的精神、更加精心的组织、更加细致的工作，克服一切艰难险阻，科学依法统筹做好抗震救灾和恢复重建工作，让灾区人民满意，让全国人民放心。

在听取青海省委、省政府抗震救灾工作汇报后，温家宝对前一阶段抗震救灾工作取得的成绩给予充分肯定。他指出，在党中央、国务院、中央军委的坚强领导下，在青海省委、省政府的有效组织下，各级干部群众、人民解放军指战员、武警部队官兵、公安民警以及来自不同方面的专业救援队伍，不畏艰险，克服重重困难，在极其艰苦的条件下，在较短的时间内，完成了紧急救援任务。目前，拉网式人员搜救抢救工作已经完成，所有伤员全部得到救治，群众的吃、住、医有了基本保障，通讯、供水、供电等基本恢复，部分学校复课，废墟清理开始进行。灾区人心安定、民族团结、社会稳定。温家宝强调，下一阶段，灾后恢复重建要着眼于玉树的战略地位和长远发展，切实做到与加强三江源保护相结合，与促进民族地区经济社会发展相结合，与扶贫开发和改善生产生活条件相结合，与体现民族特色和地域风貌相结合。通过坚持不懈的努力，使灾区基本生产生活条件和经济社会发展全面恢复并超过灾前水平，建设一个生态美好、特色鲜明、经济发展、安全和谐的社会主义新玉树。

温家宝强调，今后的抗震救灾工作重点放在以下九个方面：

一是进一步安置好受灾群众生活。要进行全面摸查，确保每一位受灾群众都能有基本生活保障，搞好适应灾区群众需要的粮食、食用油、蔬菜以及煤炭、燃油等供应。尽快将国家有关灾区"三孤"人员生活补助、遇难人员家庭抚慰金等救助政策落实到位。

（下转第四版）

十二、任职新闻的版面安排

省委书记、省长、省人大常委会主任、省政协主席的任免，一般安排在一版，题文二栏。国务院各部部长的任免在四版。所有任免，一般不发简历。

（一）中共中央政治局委员在省、自治区、直辖市任职，以及在省级书记职务间调整

中共中央政治局委员在省、自治区、直辖市任党委书记的新闻，以及在省级书记职务间进行职务调整的新闻，通常刊登于一版下方，题文均为两栏宽，标题为宋体字。

如 2007 年 6 月 17 日一版消息《俞正声当选中共湖北省委书记》。

（附 2007 年 6 月 17 日一版）

（二）中共中央部门主要领导干部任职

由中共中央直接任命的部长任职新闻，刊登于一版下方，题文均为两栏宽或 20 行高，标题用楷体字。

如 2003 年 4 月 3 日一版消息《王家瑞任中央对外联络部部长》。

（附 2003 年 4 月 3 日一版）

（三）省、自治区、直辖市党委书记任职新闻，以及在省级书记职务间调整

省、自治区、直辖市党委书记的任职新闻，以及在省级书记职务间进行调整的新闻，通常刊登于一版下方，题文均为两栏宽，标题为楷体字。

如 2012 年 6 月 11 日一版消息《赵洪祝当选中共浙江省委书记》、2012 年 5 月 29 日一版消息《姜异康当选中共山东省委书记》。

（见第 222 页版面）

（四）省、自治区、直辖市人大常委会主任，省（市、区）长（主席），省（市、区）政协主席当选

省、自治区、直辖市人大常委会主任，省（市、区）长（主席），省（市、区）政协主席当选新闻，通常刊登于一版下方，题文均为两栏宽，标题为楷体字。

如 2012 年 2 月 14 日一版刊登任职新闻《罗保铭当选海南省人大常委会主任　蒋定之当选海南省省长》。

（附 2012 年 2 月 14 日一版）

（五）计划单列市、副省级城市主要负责同志任职

计划单列市、副省级城市主要负责同志的任职新闻，刊登于要闻四版中线以下位置，题文均为两栏宽，标题为楷体字。

如 2012 年 1 月 14 日四版刊登消息《高广滨当选长春市委书记》。

（附 2012 年 1 月 14 日四版）

（六）国务院任免国家工作人员

国务院任免国家工作人员的消息，通常刊登于要闻四版中下位置，标题为两栏半，用宋体字。

如 2012 年 2 月 7 日要闻四版消息《国务院任免国家工作人员》。

（附 2012 年 2 月 7 日四版）

国务院任免香港、澳门特别行政区政府官员的消息也刊登在要闻四版下方位置。

如 2011 年 3 月 22 日要闻四版消息《国务院任免香港特别行政区政府主要官员》。

（附 2011 年 3 月 22 日四版）

（七）在全国人大常委会会议上作出的任命决定

1. 全国人大常委会会议上作出的关于部长的任免事项，以主席令的形式发出，刊登于要闻四版中线上下，或以当天所发的主席令的排序刊登。题文通常为两栏至三栏，主标题为大黑字体。

如2007年12月30日四版刊登的第八十六号主席令，涉及商务部部长的任免。

在全国人大常委会会议上作出的正部级领导同志的任命，除了以主席令的形式发出之外，通常还在当日要闻四版同时刊登《全国人大常委会决定任免的名单》。如2007年12月30日要闻四版刊登的《全国人大常委会决定任免的名单》，同样涉及商务部部长的任免。

（附2007年12月30日四版）

2. 在全国人大常委会会议上作出的副部长级以及副部长以下人员的任免决定及批准决定，通常与人大常委会会议的其它决定、公告同时刊登在要闻四版，以常委会会议上的通过顺序来安排稿件的排序，涉及到人员任免决定的消息则按职务高低排序，题文通常为两栏至三栏，主题为黑体字。

如2008年2月29日要闻四版刊登的多项任命决定、任免决定。

（附2008年2月29日四版）

（八）驻香港、澳门机构负责人的任命

驻香港、澳门机构，如外交部驻香港、澳门特派员公署特派员及解放军驻香港、澳门部队司令员、政委等职务的任命和调整新闻，刊登在要闻四版中下位置，标题为两栏或两栏半，用宋体字。

如2012年4月13日四版消息《宋哲被任命为外交部驻香港特派员公署特派员》。

（附2012年4月13日四版）

（九）香港、澳门特区行政长官任职

如关于香港特区行政长官梁振英当选第四任行政长官的有关报道，版面安排如下：

2012年3月26日，一版右下刊登消息《香港特区行政长官选举结束　梁振英当选第四任行政长官人选》。

3月29日，一版横四栏刊登消息《温家宝主持召开国务院第七次全体会议决定任命梁振英为香港特别行政区第四任行政长官　李克强等出席》。

当天要闻四版在右下位置刊登消息《香港特区候任行政长官感谢中央政府任命》。

7月2日，一版头条刊登消息《庆祝香港回归祖国15周年大会暨香港特别行政区第四届政府就职典礼隆重举行》，配发胡锦涛监誓、梁振英宣誓就职图片；右下位置刊登消息《胡锦涛会见梁振英》，配发会见图片。

当日要闻二版刊登消息《梁振英宣誓就任香港特别行政区第四任行政长官齐心一意共建理想家园》，内容包含梁振英个人简历。

（附 2012 年 3 月 26 日一版、3 月 29 日一版，3 月 29 日四版，〔见第 159 页版面〕，7 月 2 日二版）

（十）台湾地区领导人选举

关于台湾地区领导人选举新闻，一般刊登在一版下方。

2012 年 1 月 15 日一版中部位置刊登消息《台湾地区领导人选举结束》。

（附 2012 年 1 月 15 日一版）

2012 年 5 月 21 日，第十一版（政治新闻版）左下位置刊登消息《马英九连任台湾地区领导人》。

（附 2012 年 5 月 21 日第十一版）

（十一）国际组织及外国元首任职

重要国际组织及重要国家领导人的任职新闻、选举揭晓消息、就职新闻，通常在一版下方刊登。

2006 年 10 月 15 日，一版下方《国际传真》栏目刊登消息《联大正式任命潘基文为下任秘书长　中国表示祝贺》。2006 年 12 月 16 日，一版《国际传真》栏目刊登消息《潘基文宣誓就职联合国秘书长》。

（附 2006 年 10 月 15 日一版、12 月 16 日一版）

2008 年 11 月 6 日，一版报眼位置刊登《中国领导人电贺奥巴马当选美国总统》的消息。2009 年 1 月 21 日，三版头条刊登消息《奥巴马宣誓就任美国总统》，并配发宣誓图片。

（附 2008 年 11 月 6 日一版、2009 年 1 月 21 日三版）

人民日报

RENMIN RIBAO

今日8版

人民网 网址:http://www.people.com.cn
手机:http://wap.people.com.cn

国内统一连续出版物号 CN 11-0065
第21526期（代号1-1）
人民日报社出版

2007年6月
17
星期日
丁亥年五月初三

北京地区天气预报
白天 晴间多云
风向 北转南
风力 二、三级
夜间 晴转多云
风向 南转北
风力 一、二级
温度 33℃/22℃

吉林农防林改造增绿增效

目前造林面积已达采伐面积的114%

本报长春6月16日电 （记者**肖遥**）今年春天种下的430棵杨树苗，如今成了吉林省造林大户王世民的心肝宝贝，他几乎每天都要到村头林地看看。王世民和吉林省公主岭市陶家屯镇林业站签订了护林合同书，这块林地，使用权和经营权归他所有，也归他管护。如有一棵损坏，王世民将被罚款50元。

从今年起，吉林省所有农田防护林都有了自己的“主人”。这些“主人”管护林地、防治病虫害、确保更新改造林地的成活率和保存率，并可以根据省林业厅下达的指标采伐成熟林和过熟林获取收益。

2004年，吉林省解除了实施近30年的农防林禁伐令，改变了只注重农防林生态效益，忽视其经济效益的做法，为像王世民这样的造林大户开启了“绿色银行”。2005年和2006年，王世民共得到133立方米的采伐指标，获益近7万元。

“农防林更新改造，是一种抢救性措施。”吉林省林业厅厅长刘延春介绍，“东北地区的杨树25年后生长进入衰减期，如不及时更新，不仅防护功能下降，经济效益也难以实现。”

吉林省规定，对更新改造中所伐林木一律实行竞价销售。此举既避免了舞弊行为，又使木材销售收入成倍增加。过去每立方米木材只卖到250元左右，现在平均售价上升到500多元。

吉林省制定了严格的造林保证金制度：所有更新改造林带经过成本核定，都要上缴保证金，由财政专户储存。根据造林质量，保证金逐年返还，每年返还30%。在造林技术方面，吉林省也制定了统一标准，3年来，全省造林成活率都在95%以上。

2004年至今，吉林省更新改造农防林10311公顷，新建农防林495公顷，造林面积是采伐面积的114%。吉林省农防林更新改造已经全面推开，将用15到20年完成。

中共中央政治局召开会议

研究加强公共文化服务体系建设

中共中央总书记胡锦涛主持会议

新华社北京6月16日电 中共中央政治局16日召开会议，研究加强公共文化服务体系建设。中共中央总书记胡锦涛主持会议。

会议认为，加强公共文化服务体系建设，是繁荣发展社会主义先进文化、构建社会主义和谐社会的必然要求，是实现好、维护好、发展好人民群众基本文化权益的主要途径，对于促进人的全面发展、提高全民族的思想道德和科学文化素质、建设富强民主文明和谐的社会主义现代化国家，具有重大意义。

会议指出，加强公共文化服务体系建设，必须坚持以马克思列宁主义、毛泽东思想、邓小平理论和“三个代表”重要思想为指导，深入贯彻落实科学发展观，坚持社会主义先进文化的前进方向，坚持以政府为主导、鼓励社会力量积极参与，坚持城乡、区域文化协调发展，坚持把建设的重心放在基层和农村，统筹规划、加大投入、因地制宜、分步实施，着力改善农村和中西部地区公共文化服务网络，着力提高公共文化产品供给能力，着力解决人民群众最关心、最直接、最现实的基本文化权益问题，推动文化建设与经济建设、政治建设、社会建设协调发展。

会议指出，加强公共文化服务体系建设的目标任务是，按照结构合理、发展平衡、网络健全、运行有效、惠及全民的原则，以政府为主导、以公益性文化单位为骨干、鼓励全社会积极参与，努力建设公共文化产品生产供给、设施网络、资金人才技术保障、组织支撑和运行评估为基本框架的覆盖全社会的公共文化服务体系，切实保障人民群众看电视、听广播、读书看报、进行公共文化鉴赏、参加大众文化活动等基本文化权益。

会议强调，当前，要大力加强重大公益性文化工程建设，认真组织实施广播电视村村通、全国文化信息资源共享、乡镇综合文化站和基层文化阵地建设、农村电影放映、农家书屋建设等公共文化服务工程。要建立健全公共文化设施网络，充分发挥现有文化设施作用，积极开展公益性文化活动，加大产业支撑和市场供给，增强公共文化产品的生产供给能力。要推进文化事业单位改革，创新文化服务方式，创新公共文化服务技术，创新公共文化服务运行机制。

会议要求，各级党委和政府要深刻认识公共文化服务体系建设的重要意义，把公共文化服务体系建设放在全局工作的重要位置，切实加强领导，建立健全工作机制，加大投入力度，完善投入机制，加强队伍建设，立足当前，着眼长远，有重点分阶段地把公共文化服务体系建设抓紧抓好。

会议还研究了其他事项。

海南实行森林生态效益补偿

制止乱砍滥伐 促进农民致富

本报海口6月16日电 （记者**马应珊、罗昌爱**）日前，海南省昌江黎族自治县王下乡农民韩亚祝在邮政储蓄所拿到了“生态效益补偿资金存折”，领取了300元钱。他说，这是政府发给他家的两个月的生态补偿金。早些天，在王下乡举行的生态补偿资金存折发放仪式上，王下乡2968名群众都领到了这样的存折。

根据海南生态省建设纲要，海南规划重点生态公益林面积将达1345.78万亩，约占全省土地面积的26.1%。2006年，全省未列入天然林保护工程区和中央森林效益补偿范围的重点生态公益林约390万亩。从去年开始，海南决定由省财政按每年每亩5元的标准，对重点生态公益林进行补偿。对总长1500多公里的海防林带，省政府决定在一般森林每亩补偿5元的基础上，每亩再配套补偿15元。

海南森林生态效益补偿范围为：省政府公布的重点公益林林地中的有林地，以及荒漠化和水土流失严重的疏林地、灌木林地、灌丛地。补偿资金包括补偿性支出和公共管护支出。补偿性支出用于重点公益林专职管护人的劳务费或林农的补偿费以及管护区内的补植苗木费、整地费和林木扶育费；公共管护支出用于重点公益林的森林火灾预防与扑救、林业病虫害预防与救治、检查验收、基础设施建设等方面。

据了解，海南省中部和贫困地区，包括五指山、琼中等11个县市的重点生态公益林面积占全省重点生态公益林面积的81%以上。森林生态效益补偿制度的全面实施，将有助于从根本上解决人们对森林乱砍滥伐问题，有利于连片整体自然生态圈形成和促进当地农民脱贫致富。

江西严格节能减排目标责任

本报南昌6月16日电 （记者**刘建林、任江华**）江西省建立和落实节能减排目标责任制，健全能源消耗与污染物排放公报制度，省政府与各设区市、19户重点企业签订节能目标责任书，实行能源消耗与污染物排放公报制度和督察考核制度。

江西省建立和完善环境质量评估考核制度，落实环境保护责任。逐步建立资源和环境破坏经济补偿制度，充分运用价格、财税等手段，促进资源节约和环境保护。抓好重点行业和企业节能降耗，制定全省重点节能工程实施方案，启动节约和替代能源、热电联产、节能监测技术服务体系等十大工程建设，着力抓好钢铁、有色金属、煤炭等重点耗能行业和100家高耗能企业节能、100家企业资源综合利用、100家企业清洁生产等工作。开展对100户重点耗能企业节能试点，推进江铜冶炼余热回收、分宜电厂循环流化床锅炉等一批重大节能项目建设。设立发展循环经济专项资金，组织23家企业和6个工业园区开展循环经济试点，正在抓紧组织启动六个领域100个重点项目的省级试点工作。

江西省还加快废水、废物处理能力建设，城镇生活垃圾无害化处理率37.5%，比上年提高8.2个百分点，城镇生活污水集中处理率21.9%，比上年提高9.6个百分点。实施鄱阳湖、赣江源、东江源等生态保护工程，治理水土流失面积300万亩，完成造林合格面积114万亩，8条主要河流地表水断面Ⅰ—Ⅲ类水质占75%。

重庆直辖十年来，发展日新月异。图为6月16日，重庆主城区城市快速干道工程之一的牛滴路重要节点牛角沱立交桥实现全线通车。 新华社记者 刘潺摄

进一步强化科学治沙

本报评论员

6月17日是第十三个世界防治荒漠化和干旱日。科学治沙，是今年世界防治荒漠化和干旱日的中国主题。

当前，全球荒漠化在扩张和加剧，我国土地沙化趋势虽然得到遏制，形势依然不容乐观。全国沙化土地面积达174万平方公里，占国土面积的18.1%。土地沙化仍是我国面临的最严重的生态问题，危害着人民群众的生产生活。在长期与沙害斗争的拉锯战中，我国人民摸索出了一条科学防治、综合防治和依法防治的正确道路。

科学治沙，就是要遵循科学规律，加强防沙治沙工作的基础科学和应用技术研究，总结和推广先进的防沙治沙技术，探索科学防沙治沙的方法，提高防沙治沙效果。

在防沙治沙实践中，广大科技人员和沙区干部群众，经过不懈探索，围绕“防、治、用”三大内容，总结出了包括封沙育林育草、流沙固定、沙地飞播造林种草、干旱区防护林营建、围栏轮牧等方面的100多项实用技术，形成了以防为主，固阻结合，生物技术为主，多种措施相结合的防沙治沙技术体系，对推动我国防沙治沙进程起到了积极作用。

实践证明，我国沙区自然条件各异，又多为老、少、边、穷地区，要在资金不足、条件恶劣的情况下加快防沙治沙步伐，必须强化科学治沙。

强化科学治沙，首先要用科学发展观统领防沙治沙工作全局，统筹生态建设和经济发展，形成防沙治沙促进经济发展，经济发展逆向拉动生态建设的良性循环。要遵循自然规律，针对沙漠绿洲周围、半干旱沙地类型区、青藏高原高寒沙地类型区、黄淮海平原半湿润和南方湿润沙地类型区等沙区自然条件各异的实际，分类指导、分区施策。在不同沙化类型区建立防沙治沙综合示范区，探索、创新不同地区防沙治沙的政策机制、技术模式，科学指导全国的防沙治沙工作。鼓励针对防沙治沙的关键技术难题开展多部门、多学科、多层次的联合攻关；大力推广适宜不同沙区生长的抗旱、抗寒、抗碱、抗病虫害的植物良种，以及先进实用的造林种草技术和治理模式；进一步健全防沙治沙技术推广和服务体系。

强化科学治沙，还必须加大实用技术的推广应用。对于广大人民群众创造的许多防沙治沙的实用技术和宝贵经验，要加强宣传普及，大力推广。同时要搞好培训指导，让广大农牧民切实掌握植树造林种草、经济林果种植、特色养殖、舍饲圈养、节水灌溉等实用技术，提高防沙治沙科技水平。

防沙治沙是一项艰苦而漫长的伟大工程。我们必须坚持以科学发展观为指导，把科学防治、依法防治和综合防治有机地结合起来，进一步遏制土地沙化趋势。

甘肃推行济困病床制度

面向城市低保和农村特困人口 今年将覆盖三级所有公立医院

本报甘肃6月16日电 （记者**李晓宏**）“要不是有济困病床，娃不可能来这里做手术。”兰州市榆中县甘草镇特困农民杨作军，指着患有先天性心脏病的女儿对记者说。他的女儿年仅3岁，刚刚在兰州大学第一附属医院做了手术。

截至目前，甘肃省已有10个市（州）推行了济困病床制度，公立医院按不低于编制床位10%的数量，设置济困病床3517张，大大减轻了低收入人群的看病负担。今年，该制度将覆盖全省省、市、县三级所有公立医院。

为进一步保障困难群众看得起病，甘肃省加大对医疗机构的投入。从2006年起，省财政对省属公立医疗机构的床位补贴费由原来每床7100元增加到14200元。在此基础上，去年12月1日，甘肃省开始在省属8所医院，设置422张济困病床。根据规定，8家医院设置的济困病床数不少于核定床位的10%，为此增加的成本及减少的收入，从新增的床位补贴费中获得补偿，新增床位补贴费的80%年初由省财政直接划拨医院。

济困病床的服务对象是未参加城镇职工基本医疗保险、由民政部门认定的城市低保人员和农村特困人口。具体优惠措施有：免收门诊挂号费、住院床位费；住院总费用减免15%—30%，每次住院最高减免2万元等。

济困病床制度实施半年多来，省属8所医院共收治济困病人203人，减免费用62万余元。

企业整体竞争力提高

我国建筑业总产值突破4万亿元

本报北京6月16日电 （记者**王炜**）20年来，中国建筑企业借鉴“鲁布革”工程管理经验，全面推行“项目法施工”、项目经理责任制作为工程项目管理的基本制度。2006年，建筑企业完成建筑业总产值突破4万亿元。这是记者从日前召开的全国建筑企业推广鲁布革工程管理经验20周年改革与发展研讨会上获悉的。

1987年，我国鲁布革水电站首次利用世界银行贷款进行国际招投标，实行国际通行的建设工程项目管理模式，为中国此后建立和推进工程监理制和项目法人负责制以及项目经理责任制等提供了示范作用。20年来，从最初的“项目法施工”到建设部《建设工程项目管理规范》国家标准的颁发，工程项目管理理论在建设行业日渐成熟。

据了解，“十五”期间，中国建筑业总产值年平均增长率为22.5%。中国建筑企业整体竞争力也正接近国际领先水平。在美国《财富》2006年度“全球最大500家公司”排行榜名单中，中国铁路工程总公司、中国铁道建筑总公司和中国建筑工程总公司三家建筑企业首次进入世界500强，占全球10家上榜建筑企业的三个席位。

河北85亿元夏粮收购资金安排到位

本报石家庄6月16日电 （记者**李增辉**）由于河北省衡水、邯郸、邢台等地的小麦市场价低于国家规定的最低收购价，日前，三地陆续启动了小麦最低收购价执行预案。河北省要求各市、县粮食局加强与当地中储粮直属企业的协调，各委托收储企业要认真执行价格政策和质量标准，不允许压级压价、抬级抬价，要即时与农民结算粮款，严禁给农民打白条。

据中国农业发展银行河北省分行介绍，河北省85亿元夏粮收购资金已经安排到位，预计收购粮食118亿斤。河北省要求各级农业发展银行保证夏粮收购资金供应，对托市收购所需资金须及时足额发放贷款。目前，河北省已初步认定了114个县310户粮食企业的贷款资格，基本覆盖了有夏粮收购的县，平均每个县有2至3家企业具备收购贷款资格。

6月15日，四川省广安市华蓥蓝艺民工子弟学校的500多名留守儿童和外来民工子弟参加包粽子活动，喜迎端午节。图为孩子们在展示自己包的粽子。 新华社发

今日导读

俞正声当选中共湖北省委书记

新华社武汉6月16日电 中共湖北省第九届委员会第一次全体会议6月16日选举俞正声为省委书记，罗清泉、杨松为省委副书记，当选为省委常委的还有宋育英（女）、苏晓云（土家族）、苗圩、张昌尔、苑世军、阮成发、李明波、潘立刚、汤涛、吴永文。中共湖北省纪委第一次全会选举宋育英（女）为省纪委书记，陈绪国、余幼明（女）、吴琦、吴志峰为省纪委副书记。

赵洪祝当选中共浙江省委书记

新华社杭州6月16日电 中共浙江省第十二届委员会第一次全体会议6月16日选举赵洪祝为省委书记，吕祖善、夏宝龙为省委副书记，当选为省委常委的还有王华元、王国平、斯鑫良、陈敏尔、王辉忠、巴音朝鲁（蒙古族）、李强、王贺文、黄坤明、葛慧君（女）。中共浙江省纪委第一次全会选举王华元为省纪委书记，陈艳华（女）、杨晓光、马光明、洪巨平为省纪委副书记。

人民日报

RENMIN RIBAO

今日16版（华东、华南地区20版）

人民网网址：http://www.people.com.cn

http://www.peopledaily.com.cn

国内统一刊号：CN11-0065

第19990期 （代号1-1）

人民日报社出版

2003年4月 3 星期四

癸未年三月初二

北京地区天气预报

白天 多云转晴 降水概率20% 风向 北转南 风力 二、三级

夜间 晴 降水概率0% 风向 南转北 风力 一、二级

温度 18℃/5℃

就玻利维亚北部地区发生严重泥石流灾害

胡锦涛致电桑切斯总统表示慰问

新华社北京4月2日电 中华人民共和国国家主席胡锦涛2日致电玻利维亚总统桑切斯，对玻利维亚北部地区发生严重泥石流灾害表示慰问。

胡锦涛主席在慰问电中说："惊悉贵国北部地区发生严重泥石流灾害，造成人员伤亡和财产损失。我谨代表中国政府和人民向贵国灾区人民表示亲切的慰问。

我相信，在贵国政府的领导下，灾区人民一定能战胜灾害，重建家园。"

开源节水保春灌 因势利导调结构

宁夏大力推广节水农业

新思路 新突破 新局面 新举措

编辑点评 天下黄河富宁夏。而黄河来水今年大幅减少。宁夏回族自治区党委和政府认真以十六大精神为指导，从实际出发，引导农民因地制宜调整种植业结构，广开水源，节约用水，向节水农业要效益，以新的思路确保农民在减水之年不减收，从而变被动为主动，使宁夏农业在结构调整中赢得新的发展契机。

本报银川4月2日电 记者杜峻晓报道：塞上初春，记者在宁夏回族自治区的农业大县平罗县采访时，只见尚未解冻的农田上矗立起高高的井架，打井工作正在紧张进行中。为解决黄河来水不足、春灌缺水的难题，平罗县大规模打井工程已进入攻坚阶段。3月的宁夏各地，到处都在推广节水农业，因势利导调整农业结构，呈现一片热气腾腾的景象。

宁夏今年的春灌用水形势格外严峻：水利部下达给宁夏4至6月份的引水量比正常年份减少1/3。面对这一形势，自治区党委、政府在调研、分析黄灌区灌溉形势的基础上提出，要在"用好黄河水，挖掘地下水，巧取天上水，管好湖沟水"，广开水源，节约用水的基础上，大力调整种植业结构，全力以赴推进农业生产健康发展，确保农民收入不减。

目前，宁夏农业和水利部门已对管好黄河水制定了切实可行的办法，经过多年探索，关系到水利产权制度改革的"一把锹"管水模式已在全区推广。自治区筹资2亿元，打井4000眼，重点解决干稍渠段和部分高口高地的灌溉问题。气象部门已做好人工降雨的前期准备工作，自行研发的人工影响天气决策指挥系统已经投入运行，今年宁夏将首次使用液氮催化增加降雨。与此同时，宁夏各地还首次将湖沟水统一纳入了配水计划。

面对突如其来的"减水"形势，自治区党委书记陈建国认为，黄河来水减少，是对宁夏传统农业的冲击，也是对宁夏农民传统观念的冲击，这种冲击将会使宁夏农业发生历史性的变化。记者在宁夏农村看到，黄灌区的干部积极引导农民实施"夏改秋、水改旱、粮改饲、粮改草"。春节过后，宁夏各地就调整种植业结构发出致农民的公开信，并从农业、水利、科技等部门抽调千余名干部，深入农村宣传黄河用水形势、节水农业和种植业结构调整。今年，宁夏将压减水稻种植面积20万亩、小麦种植面积30万亩，同时扩大玉米、大豆、油葵、脱水菜、马铃薯、饲草、中药材等节水作物种植。

为确保农民在结构调整中增收，平罗县在种植业调整中确立了"为销售而种、为加工而种、为养殖而种、为节水而种"4大目标。县农业局局长黄思明介绍说，从实际出发，县里鼓励农民种植销路好的菜用型马铃薯，今年仅此一项就增加种植面积1万亩；蔬菜种植避开4至6月的春灌用水旺季，今年全县将发展到4万亩；苜蓿是节水作物，又是发展养殖业的好饲料，全县今年将增加种植面积4万亩；大力引导农民种植油用葵花、枸杞、玉米、中药材等节水品种。

眼下，"以水定需，因地制宜、搞好产销衔接"的种植业结构调整在宁夏各地已深入人心。银川市兴庆区和金凤区与农民签订的农业结构调整及节水灌溉责任书入户率已达100%，压减的小麦、水稻面积已全部落实；陶乐县采取以井补渠、井渠结合的方式，解决农田抗旱问题；中宁县和中卫县大力推广地膜覆盖、土壤保水剂、种子包衣剂等抗旱节水技术措施，提高水资源的利用率和产出率。自治区副主席赵廷杰在接受记者采访时表示，一抓节水，二抓种植业结构调整，确保农民减水不减收，同时使宁夏农业在结构调整中赢得新的契机。

春耕时节，中国工程院院士、湖南农业大学油料作物研究所所长官春云和他的助手们深入农家办样板，帮助农民科学种田，推广新技术新品种。图为4月2日，官春云教授（中）在长沙县黄兴镇金凤村向村民传授油菜种植技术。 新华社记者 殷菊生摄

温家宝主持召开国务院常务会议

研究非典型肺炎防治工作 讨论通过国务院二〇〇三年工作要点和中国银行业监督管理委员会『三定』规定 审议并原则通过中医药条例（草案）

新华社北京四月二日电 国务院总理温家宝四月二日主持召开国务院常务会议，研究非典型肺炎防治工作，讨论《国务院二〇〇三年工作要点》和中国银行业监督管理委员会『三定』（定职责、定机构、定编制）规定，审议《中华人民共和国中医药条例（草案）》。

会议听取了卫生部关于非典型肺炎防治工作的汇报。会议认为，广东等少数地区发生非典型肺炎后，党中央、国务院高度重视，有关部门、有关地区做了大量工作，目前疫情已得到有效控制。全国绝大多数地区没有发现疫情，社会安定，各项工作秩序正常。为从根本上消除少数地区疫情，会议强调：（一）要把控制疫情作为当前卫生工作的重中之重。以卫生部部长为组长的非典型肺炎防治工作领导小组，负责指导非典型肺炎防治工作；由国务院副秘书长牵头的部际联席会议，协调解决有关问题。（二）及时向世界卫生组织通报疫情。近日由卫生部举行中外记者招待会，向社会公布疫情和预防控制措施。（三）进一步与世界卫生组织开展有效合作。（四）抓紧建立国家应对突发公共卫生事件的应急处理机制。会议要求各有关部门要密切协作，进一步加强监测，全面掌握疫情动态，千方百计控制疫情扩散蔓延，切实维护人民群众的健康。

会议讨论通过了《国务院二〇〇三年工作要点》。根据党中央关于二〇〇三年工作部署和十届人大一次会议精神，国务院二〇〇三年工作要点主要有十二项：（一）坚持扩大内需的方针，促进国民经济持续较快增长；（二）加快经济结构战略性调整，推进西部开发和老工业基地改造；（三）全面发展农业和农村经济，努力增加农民收入；（四）深化经济体制改革，继续整顿和规范市场经济秩序；（五）进一步扩大对外开放，积极拓展对外经济交流与合作；（六）大力做好增收节支工作，确保完成全年财政预算；（七）积极做好就业和再就业工作，加强社会保障体系建设；（八）加快科技教育发展，积极培养和用好人才；（九）继续实施可持续发展战略，促进经济与人口资源环境协调发展；（十）加强民主法制和精神文明建设，全力维护社会稳定；（十一）加强国防建设，推进祖国统一，做好外交工作；（十二）深化行政管理体制和机构改革，加强政府自身建设。会议强调，二〇〇三年是全面贯彻党的十六大精神的第一年，做好今年政府工作，具有十分重要意义。各地区、各部门要同心协力，奋发进取，努力开创各项工作的新局面。

会议讨论并原则通过了中国银行业监督管理委员会『三定』规定。新设立的中国银行业监督管理委员会将根据授权统一监督管理银行、金融资产管理公司、信托投资公司及其他存款类金融机构。

会议认为，为继承和发展中医药学，加强对中医药的规范化管理，保障和促进中医药事业的发展，保护人民健康，制定《中华人民共和国中医药条例》是十分必要的。会议决定，《中华人民共和国中医药条例（草案）》经进一步修改后，由国务院公布实施。

温家宝会见法国前总统德斯坦

新华社北京4月2日电 （记者车玉明）国务院总理温家宝2日下午在中南海紫光阁会见了法国前总统、现任欧洲制宪委员会主席德斯坦及其率领的法国企业家代表团，双方就中法关系和共同关心的问题交换了意见。

德斯坦这次是率团出席由中国贸促会、北京市人民政府和法国法中委员会于4月3日至4日举办的第九届中法经济研讨会。中国贸促会会长俞晓松、外交部领导成员乔宗淮等会见时在座。

温家宝会见德国客人

新华社北京4月2日电 （记者徐兴堂）国务院总理温家宝2日在中南海紫光阁会见了德国巴伐利亚州州长埃德蒙·施托伊贝尔一行。

宾主就双边关系和共同关心的问题交换了意见。

外交部领导成员乔宗淮、德国驻华大使薄德磊等会见时在座。

确保干部队伍充满生机活力

湖州探索干部民主选任新路子

本报湖州4月2日电 浙江省湖州市不断探索干部民主选任、干部考核、监督管理的新路子，使干部人事制度改革有了新进展。

湖州市创造性地实行了定期分类资格考试有限公选新模式，按不同层次职位定期、统一组织公开选拔领导干部任职资格考试。截至去年底，全市有3736人经公开选拔领到了任职资格证书。最近，12名经公开选拔产生的正处级干部预备人选向社会公布。

为使干部的选拔任用更加科学严密，湖州市拓展考察外延，实行了对干部生活圈、社交圈的"两圈"考察。通过"一听、二看、三谈"及上门察看，重点在以血缘为基础的家庭圈、以地缘为基础的邻里圈和以事缘为基础的朋友圈中，广泛发动群众参与，对其个人品德、社会公德、家庭美德三大方面15个指标进行考察。截至去年底，市、县两级已对61批1132人次县处级、乡科级领导干部实行"两圈"考察。

结合"两圈"考察等选拔机制，湖州市委先后出台了《关于调整不胜任现职领导干部职务的暂行规定》等9个规范性文件，明确了"德才平庸者下、不宜再任者下、实力不济者下、岗位不适者下、相形见绌者下、屡教不改者下、年龄到限者下、形象不佳者下"的"八必下"，使能者上、庸者下、平者让，确保干部队伍充满生机和活力。

（蔡小伟 江 南 李 莉）

王家瑞任中央对外联络部部长

新华社北京四月二日电 日前，中共中央决定：王家瑞同志任中央对外联络部部长。

吴爱英当选山东省政协主席

本报济南四月二日电 记者何勇报道：中国人民政治协商会议第九届山东省委员会第一次会议二日选举吴爱英（女）为山东省政协主席。王久祜、林书香、周鸿兴、朱铭、张敏、乔延春、王宗廉、齐乃贵、苗淑菊（女）、王志民当选为副主席。

美军官暗示大规模战役下周打响

伊拉克声称"胜利已经近在眼前"

本报北京4月2日讯 综合本报和新华社驻外记者报道：美英联军1日和2日发起强大攻势，进一步向巴格达推进，对其逐步形成合围之势。联军还与伊军在伊中南部的卡尔巴拉、希拉、欣迪耶等地激战。据英国广播公司报道，美军先头部队目前已推进到巴格达以南30公里处。伊拉克总统萨达姆1日再次号召伊拉克人随时随地打击美英联军，并称"胜利已经近在眼前"。

1日夜至2日凌晨，巴格达遭美英联军数轮轰炸，位于市中心的塞奈克电信大楼遭大面积破坏。2日凌晨，美军包围了巴格达以南约80公里处的卡尔巴拉，占领了该城所有主要出口通道。1日，美海军陆战队在卡尔巴拉附近的希拉与伊军进行了激烈交火。美军还在卡尔巴拉东南的欣迪耶与伊共和国卫队交火。在巴格达东南方向的迪瓦尼耶地区，美海军陆战队清除了伊军设置的几十公里长的障碍。美军第三步兵师和第101空中突击师继续从西面向巴格达推进，目前已到达距巴格达100公里处的地方。一些美军军官暗示，大规模战役可能在下周打响。与此同时，美英联军继续轰炸了伊北部石油产区的基尔库克、摩苏尔和凯莱克等地。

美国防部长拉姆斯菲尔德1日否认美与伊讨论结束战争的说法。另据报道，美军中央司令部司令弗兰克斯已获得授权，可以自行决定攻打巴格达的时间，不必请示总统布什或国防部长拉姆斯菲尔德。

伊新闻部长萨哈夫1日在电视上宣读了萨达姆对全国发表的书面讲话。萨达姆说，不要给美英联军以"喘息的机会"，入侵者将遭到失败。伊军方发言人1日宣布，"萨达姆敢死队"在当天的战斗中摧毁了美英联军35辆坦克、6辆装甲运兵车、2架直升机，并打死了23名联军士兵。伊电视台报道说，萨达姆2日在巴格达会见了他的几名高级助手，其中包括掌管共和国卫队的萨达姆次子库赛、敢死队司令萨达姆长子乌代、国防部长艾哈迈德、空防部队司令哈米德·拉贾和军工部长阿卜杜·塔瓦卜等。

"永做人民公仆"

——一论学习郑培民

仲祖文

最近，胡锦涛总书记作出重要批示，号召全党同志特别是领导干部向郑培民同志学习。各地学习郑培民同志的活动，正在迅速兴起一个新的热潮。学习郑培民，应当向他学什么？对于各级领导干部来说，首先是要学习他永做人民公仆的高尚情怀。郑培民同志忠诚实践党的宗旨，永葆公仆本色，为我们树立了"权为民所用、情为民所系、利为民所谋"的光辉榜样，不愧为新时期领导干部的优秀代表。

我们党是马克思主义政党，全心全意为人民服务是我们党的根本宗旨。党的最大政治优势是密切联系群众，党执政后的最大危险是脱离群众。在长期执政和实行改革开放、发展社会主义市场经济的新的历史条件下，党群关系面临着严峻的考验。现实情况表明，越是面临这种考验，越是要求各级领导干部牢记"两个务必"，永葆人民公仆的政治本色。能否做到这一点，是一个关系党的事业兴衰成败的根本性课题，也是对每一个党员领导干部最现实的考验。郑培民同志在二十多年的领导工作中，始终把"做官先做人，万事民为先"作为自己的行为准则，以其亲民、爱民、为民的公仆形象，赢得了广大群众的衷心赞誉。"永做人民公仆"，就是他在日记里郑重写下的誓言。他的模范行为和崇高品德，值得各级领导干部认真学习。

学习郑培民，永做人民公仆，首先必须摆正同人民群众的位置。领导干部与人民群众，究竟谁是主人，谁是"仆人"？如何认识和回答这个问题，是一个根本的立场问题。各级领导干部虽然都身居领导岗位，手中握有大大小小的权力，但是绝不同于封建官吏或资产阶级政客。我们手中的权力是人民赋予的，只能用于为人民办事。如果这个问题认识不清楚，角色就要发生错位，全心全意为人民服务就无从谈起。郑培民同志不论是担任市、州委书记还是当了省级领导，始终坚持领导就是服务的原则，信奉"老百姓比天还大"，把人民当作自己的父母。他身为高级干部，却始终保持与普通群众的平等关系，被老百姓称为"好朋友"、"好兄长"。这与一些干部高高在上，脱离群众，以"老板"、"父母官"自居，甚至在群众面前摆架子、耍威风的所作所为，形成了鲜明的对比。出现这种差别的原因是多方面的，但根子在于是不是真正树立起马克思主义群众观。各级领导干部一定要将坚持尊重社会发展规律与尊重人民历史主体地位相统一、坚持党的领导与坚持人民主人地位相统一，坚持对上级负责与对人民负责相统一，永远把自己放在人民公仆的位置上，甘心情愿、老老实实地履行人民公仆的职责。

学习郑培民，永做人民公仆，就必须不断增进与人民群众的感情。对待人民群众的态度问题，说到底是感情问题。情通则理达。感情问题解决了，才能端正对群众的态度，才能始终站在人民群众的立场上，真心诚意为人民谋利益。郑培民在多年的领导工作中，尽管岗位多次变动，职务越来越高，但他心贴群众越来越紧。不论走到哪里，都要深入到群众中去体察民情，了解民意，与群众真心交朋友，建立起深厚的感情。在他身边，有生活贫困的朋友、有身体残疾的朋友，有孤寡老人朋友。朋友有难，他食不甘味，寝不安席。他总是千方百计把党的温暖送到千家万户，因而得到了广大群众的衷心拥戴。现在，有些领导干部与群众的关系越来越疏远，首先是对群众的感情越来越淡薄。个别干部对老百姓的疾苦麻木不仁，对困难群众避之唯恐不及。

（下转第二版）

RENMIN RIBAO

人民网　网址:http://www.people.com.cn
手机:http://wap.people.com.cn

2012年2月
14
星期二
壬辰年正月廿三
人民日报社出版
国内统一连续出版物号
CN 11-0065
第23229期(代号1-1)
今日24版

别尔德穆哈梅多夫当选土库曼斯坦总统
胡锦涛温家宝分别致电祝贺

新华社北京2月13日电　国家主席胡锦涛、国务院总理温家宝今天分别致电别尔德穆哈梅多夫，祝贺他再次当选土库曼斯坦总统。

胡锦涛在贺电中说，阁下执政以来，土库曼斯坦政局保持稳定，经济持续发展，人民安居乐业，国际地位日益提高。我相信，在阁下领导下，土库曼斯坦人民在国家建设道路上一定会不断迈出新步伐。建交20年来，中土友好合作关系长足发展。双方政治上高度互信，经贸、能源等领域的合作不断扩大，人文交流日益活跃，在国际和地区事务中也保持良好的协调和配合。中方尊重土库曼斯坦人民自主选择的发展道路，支持土方为维护国家独立、主权和安全，促进经济社会发展所做的努力。中方珍视中土传统友谊，重视发展两国长期稳定的友好合作关系，愿同土方携手努力，以两国建交20周年为契机，推动中土友好合作关系不断迈上新台阶。

温家宝在贺电中高度评价中土关系发展所取得的成就，表示中土是友好近邻和重要的合作伙伴，中方愿与土方一道，以中土建交20周年为契机，巩固中土传统友谊，深化互利合作，更多地造福两国人民。

科技创新与文化创新双轮驱动
北京转变发展方式激发“首都优势”

本报北京2月13日电　（记者**朱竞若、王明浩、余荣华**）作为2000万人口的特大型城市，北京调结构转方式，难在哪？突破口在哪？优势在哪？“十二五”开局之年，新的经济数据，展现首都经济深层次变革。2011年北京市地区生产总值达1.6万亿元，比上年增长8.1%，增速放缓；财政收入增长提速，突破3000亿元；城乡居民收入增长提速，实际增长7.2%和7.6%。与此同时，高新技术企业增长提速，中关村示范区规模以上企业总收入达1.9万亿元，增长20.9%，收入过亿元企业1500家；文化创意产业增长提速，全年总收入超9000亿元，增长20%以上。

“一个放缓，四个提速”，开局之年，北京调结构转方式，攻坚克难，初步形成科技创新、文化创新“双轮驱动”格局，北京经济的“首都优势”初步显现。

调结构转方式难，难在有壮士断臂的勇气和优势重组的思路。2011年，北京下决心控车市、调楼市，全年车市销量下降44.3%，房市销量下降13.9%，同时首钢全面停产，经济增速由此下降2个百分点。从上半年的“铁了心调转”，到下半年的“运行质量成效显现”，旅游业成为新的增长点，社会消费品零售额增长10.8%，“消费马车”强劲有力。

调结构转方式难，难在大方向明确，但缺少本地特点的战略支撑。首都的优势在哪？一年间，答案逐步显现。北京是全国文化中心、科技中心，北京的优势，核心在于“智力、人才密集”、“中央资源富集”的首都优势。从上半年提出“创新驱动”，到下半年提出“科技创新、文化创新双轮驱动”，北京着眼长远，思考寻找，两翼战略逐步成形。

把中关村作为核心载体，以先行先试政策为重要推动力，北京市属资源和中央资源融合发展，成为北京开局之年新探索。这一年，中关村创新平台有效运行，人才特区建设加速；统筹政府资金100亿元，支持了300余个重大科技成果产业化项目；积极争取央企把更多符合首都城市性质和功能定位的重大项目落户北京；大手笔启动中关村科学城建设、打造未来科技城；与中科院合作建设了超级云计算中心、国家技术转移中心，新增科技条件平台130个，全市技术合同成交额、发明专利授权量分别增长19.7%和30%，北京科技创新驱动优势日渐显现。

以推动社会主义文化大发展大繁荣为契机，北京文化创新驱动加快实现。北京提出在文化领域推动九大工程，整合中央地方资源成立五大文化联盟，启动首都核心演艺区建设，CBD国际传媒产业集聚等重点文化功能区加快建设，建立首都文化资源创新平台和文化发展专项资金，每年统筹资金100亿元，努力打造一批引领中国、影响世界的首都文化航母，培育3至5家千亿级文化企业集团。

与此同时，北京打破区域发展的不平衡，全面推进协调发展。城市发展中城北重、城南轻，东北部快、西南部慢，城里快、城外慢，由历史形成。该市通过中心城区南北合并，促进要素流动；通过产业转型、生态涵养、优势再造，加快东西部和城乡的协调发展，新城建设加速，薄弱地区崛起，城乡结合部转型，城乡一体化发展全面推进。贯彻落实科学发展观，加快经济发展方式转变，北京决心大、措施实，全力争做排头兵。

“政府工作的中心是民生”
——温家宝总理就政府工作报告征求教科文卫体界人士意见座谈会侧记

“我以为，社会事业最能体现公平正义，也直接反映群众切身利益和对改革、发展的要求。这些年社会事业在政府工作报告中的分量越来越重，反映了社会事业在政府工作中的地位越来越重。我们的工作还有很多不足。今天请你们来座谈，帮助政府一起想想办法，希望大家畅所欲言。”

2月7日上午9时，国务院第一会议室。温家宝总理诚恳的开场白，拉开了座谈会的序幕。大学校长、艺术家、骨科大夫、演员、音乐家等10位教科文卫体界人士就《政府工作报告(征求意见稿)》踊跃发表意见。

第一个发言的是曾担任过复旦大学校长的杨福家，他现在是英国诺丁汉大学校长兼宁波诺丁汉大学校长。这位76岁的教育家，迫切地诉说着办学梦想：我希望建立一所一流的国内民办大学。这所大学坚持以育人为本，以学生为中心，是一所公益性、新机制、高起点的民办大学，为高等民办教育闯一条新路。我建议政府工作报告要鼓励和引导社会资本进入各级各类教育。

南开大学校长龚克建议：学校工作要从“学科为本”转变为“学生为本”，从侧重“传授知识”转变为重在“提升素质”。

温家宝对他们的意见十分赞成。他说，将来兴办的高起点民办大学不只是一所，可能会有若干所。这也是鼓励民间资本、民间人士兴办教育，包括进入医疗领域，政府主要是把好准入，做好监管。这是一件很有意义的事情。素质教育可以用6个字概括——教是为了不教。这就是教育思想。

杨京彦是北京机床研究所所长。在谈了我国机床行业连续10年高速发展取得的成绩后，他也冷静指出：目前我国虽然是机床制造大国，但还不是制造强国。我国机床行业中小企业居多，产学研方面也没有形成协同创新的环境。

听完这番话，温家宝说，京彦同志的一个重要观点就是建立企业为主导的研发体系，这是科技界许多人的共识。

（下转第二版）

习近平离京出访美国、爱尔兰、土耳其

新华社北京2月13日电　应美利坚合众国副总统拜登、爱尔兰总理肯尼、土耳其共和国总统居尔邀请，国家副主席习近平13日离开北京，对上述三国进行正式访问。

陪同习近平出访的有：外交部部长杨洁篪、商务部国际贸易谈判代表兼副部长高虎城、外交部副部长崔天凯、国家发展和改革委员会副主任张晓强、中央政策研究室副主任施芝鸿。

贾庆林会见柬埔寨国王西哈莫尼

新华社北京2月13日电　（记者**廖雷**）全国政协主席贾庆林13日在钓鱼台国宾馆会见柬埔寨国王西哈莫尼。

贾庆林首先转达了胡锦涛主席的亲切问候和良好祝愿。他表示，在西哈努克太皇太后陛下和西哈莫尼国王陛下的关心下，经过两国政府和人民的共同努力，中柬全面战略合作伙伴关系不断巩固和发展。贾庆林说，中柬两国高层交往频繁，地方和民间交流十分活跃，各领域友好务实合作成果丰硕，为两国人民带来实实在在的利益。

贾庆林表示，中方将一如既往支持柬埔寨走符合本国国情的发展道路，支持柬埔寨发展经济、改善民生。中柬经贸合作潜力大，中方将采取积极措施，扩大从柬埔寨进口，鼓励有实力、有信誉的企业赴柬埔寨投资，鼓励更多中国游客赴柬埔寨旅游，支持两国地方加强友好往来和合作。贾庆林表示相信在柬王室关心下，在两国政府和人民的共同努力下，中柬友好关系必将不断焕发新的活力。

西哈莫尼请贾庆林转达对胡锦涛主席的亲切问候和良好祝愿。西哈莫尼说，柬中两国人民彼此怀有深情厚谊。柬埔寨政府和人民衷心感谢中国政府和人民长期以来对柬埔寨的无私支持与帮助。柬方高度评价中国在各领域取得的发展成就，愿与中方携手共进，推动柬中友好合作关系不断得到巩固与发展。西哈莫尼重申柬方将继续坚定奉行一个中国政策。

习近平接受美国《华盛顿邮报》书面采访

本报北京2月13日电　在对美国进行正式访问前夕，国家副主席习近平2月12日接受了美国《华盛顿邮报》书面采访，就中美关系、中美经贸合作、两国地方和人民交往、中美在亚太的关系、双方在国际地区及全球性问题上的合作等提问作了回答。

在回答40年来中美关系发展历程的问题时，习近平表示，40年前，中国和美国两国领导人以政治家的超凡智慧和远见卓识推开尘封多年的中美交往大门。40年来，中美关系虽然历经风雨，但始终向前发展，取得历史性成就，给两国和两国人民带来巨大利益。中美关系成为当今世界最重要、最富活力和最具潜力的双边关系之一。

习近平指出，记得1985年我首次访问美国时，两国贸易额仅77亿美元，人员往来大概1万人次左右。去年，两国贸易额已突破4400亿美元，人员往来超过300万人次。

习近平强调，40年的历史告诉我们，中美关系健康稳定发展对两国至关重要，对亚太地区乃至世界的和平、稳定、繁荣至关重要。胡锦涛主席去年1月访美期间，两国元首就共同致力于建设相互尊重、互利共赢合作伙伴关系达成共识。这充分体现了新时期中美关系的特点与要求，那就是在相互尊重原则基础上开展互利共赢的中美伙伴合作。

关于中美经贸合作，习近平指出，中美经贸关系的本质是互利共赢。中美建交以来，两国贸易额增长180多倍。过去10年，美国对华出口累计增长468%，为美国增加了300多万个就业岗位。美国50个州中有47个州对华出口增幅达到3位数甚至4位数。中国产品为美国消费者节省了6000多亿美元。中国美国商会去年一项调查显示，2010年，在华美资企业85%收入增长，41%在华利润率超过全球平均利润率。美对华投资有力带动了对华出口增长，加快了美产业升级，促进了美国内经济发展。

习近平表示，在经济全球化深入发展的今天，中美经贸关系已高度相互依存。

（下转第三版）

切实加强党的十八大代表选举工作的领导

本报评论员

做好党的十八大代表选举工作，必须切实加强组织领导。各级党组织要以高度的政治责任感和严谨细致的工作作风，认真做好各项工作，确保十八大代表选举工作圆满完成。

要统筹安排、精心组织。代表选举工作任务重、要求高、程序严，政治性、政策性很强。各选举单位党委(工委、党组)要切实负起领导责任，主要领导要亲自抓。组织、宣传等党委职能部门和纪检机关，要在党委统一领导下互相配合、协同工作，履行好各自职责。组织部门承担着代表选举的具体组织工作，要严格执行程序规定，深入进行调查研究，加强工作指导，抓好任务落实，重大问题及时向党委汇报，当好党委的参谋助手。

要深入细致地做好思想政治工作。这次代表选举，党员领导干部代表名额适当减少，实行差额考察、差额选举，没有被推荐提名的、被提名而没有当选的同志会相对增多。各选举单位要针对可能出现的情况和问题，把思想政治工作做深、做细、做实。要教育引导党员把发扬党内民主与贯彻党的主张统一起来，以党的事业和人民的利益为重，正确行使民主权利，不投感情票、人缘票、地域票；教育引导党员、干部正确对待推荐提名和选举结果，正确对待落选同志，鼓励没有被推荐提名或没有当选的同志放下思想包袱，继续做好工作，把广大党员、干部的思想统一到中央精神上来。

要加强代表选举工作的全程监督。十八大代表选举，全党上下、干部群众高度关注，如果在代表选举产生过程中出现不正之风，将严重影响党的威信，败坏党的形象。各级党委必须以坚决的态度、过硬的措施，确保十八大代表选举工作风清气正。要坚持教育在先、警示在先、预防在先，针对代表选举工作中易发不正之风的部位和环节加强监督，坚决防止拉票贿选、个人说了算等问题发生。对出现的违纪行为等不正之风，要严肃查处，典型案例要及时通报。要重视党员群众的来信来访，对反映代表人选的有关问题，凡是线索清楚的，一定要认真核查。同时，要坚持正确的舆论导向，积极开展代表选举工作宣传，广泛宣传履行党章、发扬民主、加强领导、选好选优的新做法新举措，宣传十八大代表的政治先进性和党员代表性，宣传生产和工作第一线代表的先进模范事迹，为代表选举工作顺利进行、迎接党的十八大胜利召开营造良好的舆论环境。

周永康在会见全国模范法院模范法官时强调
坚持忠诚为民公正廉洁司法
以优异成绩迎接党的十八大

本报北京2月13日电　（记者**杜榕**）四年一度的全国模范法院、全国模范法官表彰大会13日在京举行。会前，中共中央政治局常委、中央政法委书记周永康亲切会见会议代表并讲话。他代表党中央，向受到表彰的39个全国模范法院、66名全国模范法官表示热烈祝贺，向全国33万法院干警致以亲切慰问！

周永康说，近年来，各级人民法院在以胡锦涛同志为总书记的党中央正确领导下，深入贯彻落实科学发展观，紧紧围绕“为大局服务，为人民司法”工作主题，认真践行社会主义法治理念，坚持“三个至上”工作指导思想，坚持“从严治院、公信立院、科技强院”工作方针，坚持能动司法、为民司法、和谐司法，狠抓执法办案第一要务，扎实推进三项重点工作，深入推进司法体制机制改革，积极开展“人民法官为人民”主题教育实践活动，各项工作取得了新进步，每年办理各类案件上千万件，案件的结案率大幅提升，审判质量、队伍素质和司法公信力有了新的提高，涌现出一大批先进典型，为维护人民群众合法权益、维护社会公平正义、促进社会和谐稳定、促进经济社会发展做出了重要贡献。

周永康指出，今年是实施“十二五”规划承上启下的重要一年，我们党将召开十八大，人民法院面临的任务艰巨繁重。

（下转第四版）

正在北京农展馆举行的中国非物质文化遗产生产性保护成果大展，是目前为止规模最大、展示门类最为齐全、技艺最为精湛、作品最为丰富的一次非物质文化遗产展示活动。展览一经推出，就受到了市民的广泛关注，日均观众达到万人以上。展览期间，观众络绎不绝，大家都想近距离感受非物质文化遗产的魅力。图为2月13日，演员在表演人鼓合一的北京京西太平鼓。

本报记者　**李维娜**摄

罗保铭当选海南省人大常委会主任
蒋定之当选海南省省长

本报海口2月13日电　（记者**陈伟光、黄晓慧**）海南省第四届人民代表大会第五次会议2月13日选举罗保铭为海南省人大常委会主任，选举蒋定之为海南省人民政府省长。

中央文化体制改革和发展工作领导小组召开会议

研究部署文化改革发展工作

刘云山刘延东出席并讲话

新华社北京1月13日电 1月13日，中央文化体制改革和发展工作领导小组召开第一次全体会议，深入学习贯彻党的十七届六中全会精神和全国宣传部长会议精神，总结2011年文化体制改革和发展工作，部署2012年文化体制改革和发展工作，部署落实国家"十二五"时期文化改革发展规划纲要。中共中央政治局委员、中央书记处书记、中宣部部长刘云山主持会议并讲话，中共中央政治局委员、国务委员刘延东出席会议并讲话。

会议认为，刚刚过去的一年，各地各部门认真贯彻落实中央的决策部署，加强对文化改革发展的协调和规划，加大工作力度、完善政策措施，文化体制改革取得新的重大突破，重点文化惠民工程深入实施，文化产业获得长足发展，实现了"十二五"时期文化改革发展的良好开局。

会议指出，2012年，要深入贯彻党的十七届六中全会精神，按照胡锦涛总书记"三加快、一加强"的要求，全力抓好国家"十二五"时期文化改革发展规划纲要的组织实施，全力推进文化体制机制改革创新，全力推进文化事业文化产业繁荣发展，以优异成绩迎接党的十八大胜利召开。要抓住机遇、乘势而上，更加自觉更加主动地推动文化改革发展。如期完成既定的阶段性改革任务，不断深化国有文化单位改革。加快推进公共文化服务体系建设，不断提高公共文化服务效能。着力优化布局结构，不断提升文化产业发展的规模化集约化专业化水平。创新文化宏观管理体制，以管理促发展、促繁荣，引导文化单位始终把社会效益放在首位，努力实现社会效益和经济效益的有机统一。要抓好组织落实，加强督促检查，确保文化改革发展的各项任务落到实处。

郭伯雄在出席国防大学冬季毕业典礼时强调

大力加强部队纪律建设 以严明的纪律保证工作落实和任务完成

新华社北京1月13日电 （记者**李宣良**）中共中央政治局委员、中央军委副主席郭伯雄13日在出席国防大学2011学年冬季毕业典礼时强调，全军部队要自觉服从服务于党和国家工作大局，紧紧围绕国防和军队建设主题主线，着眼有效履行新世纪新阶段我军历史使命，发扬我军纪律严明的光荣传统，按照革命化现代化正规化建设相统一的原则加强部队全面建设，坚持依法治军、从严治军，大力加强部队纪律建设，为各项工作落实和各项任务完成提供强有力的纪律保证，以部队建设的新成效迎接党的十八大胜利召开。

在毕业典礼上，郭伯雄为毕业学员颁发了毕业证书并发表讲话，勉励大家把学到的理论和知识运用到部队建设和军事斗争准备的实践中去，在各自的岗位上建功立业；并代表胡主席和中央军委向国防大学全体教职员工、离退休老同志和家属表示新春的问候。

郭伯雄指出，加强纪律建设是军队建设的重要方面，是部队的一项经常性基础性重要工作。新世纪新阶段，胡主席对加强军队纪律建设作出一系列重要指示，深刻阐明了纪律在我军建设中的重要地位作用。我们要充分认清加强纪律建设的重要性紧迫性，采取科学有力的措施，切实把部队纪律建设抓紧抓好、抓出成效。

郭伯雄强调，要严肃认真、全面深入地把各项纪律落实到位，使之成为广大官兵的自觉行动。要严格政治纪律，真正把全军凝聚在中国特色社会主义伟大旗帜下，使官兵在思想上政治上与党中央保持高度一致，坚决听从党中央、中央军委和胡主席指挥。要严格组织纪律，坚持讲政治、顾大局、守纪律，做到个人服从组织、少数服从多数、下级服从上级、全党服从中央。要严格军事纪律，一切行动听指挥，坚决贯彻执行上级的决议、决定和命令指示。要严格群众纪律，保持我军热爱人民、服务人民的政治本色。要严格财经纪律，加强廉政监督和审计监督。要严格保密纪律，确保军事秘密安全。要加强教育引导，增强遵守纪律的自觉性。要坚持从严执纪，保证有纪必依、执纪必严、违纪必究。要狠抓日常养成，培养官兵令行禁止、整齐划一的组织纪律性。领导干部和机关要模范遵守纪律、坚决维护纪律，以实际行动带动和促进部队纪律建设。

铁路系统专家回应

网络订票为何难

本报记者 陆娅楠

今年春运以来，旅客在中国铁路客户服务中心12306网站购买火车票时，频频遭遇"登录难"、"浏览慢"、"票没订上，但钱被扣走了"等问题。13日，参与12306网站建设及维护的专家一一解答旅客的疑问。

网络为何登录难、下单难？
设计能力不足，以及主动限流所致

今年春运，铁路首次实行互联网售票。但是用户在登录及提交订单时，12306网站的页面常会弹出"当前访问用户过多，请稍候重试"、"对不起，当前提交订单用户过多，请稍候重试"或"系统忙"等提示框。尤其是在每天的8点、10点、12点和15点的放票期间，上述现象尤为明显。

为何旅客遭遇登录难、浏览慢等麻烦？

中国铁道科学研究院电子计算技术研究所副所长朱建生解释，这主要是因为尽管前期对春运网上售票进行了相关的预想、部署和准备，但在今年春运的售票高峰期，网站的现实服务能力与旅客的客观需求仍存在较大差距。

今年1月5日起，12306网站的日均点击数超过10亿人次，同时登录进入网站的独立用户达250万人，单日交易量高峰达188万笔，7天内网站访问用户占全球互联网用户的0.9%，并发访问量大但既有互联网接入宽带明显不足，造成了网络拥堵。

由于网络拥塞，也出现了网站未及时或完整地收到银行的成功支付信息，造成旅客成功支付但网站显示购票未成功的现象。经统计，1月1日至11日，此类情况占网站每日交易量的1.36‰。

此外，朱建生解释，"用户过多，稍后重试"其实也是铁路主动限流的一种措施。"为了兼顾网络、电话、窗口各售票渠道的公平和均衡，在售票高峰期，我们对互联网购票登录用户数和提交订单用户数进行了上限控制。"朱建生解释，这就像窗口排队一样，登录界面、交易界面内的客流达到一定数量，后面的旅客就要排队等候。

网络正式运营前做过压力测试吗？
做过测试并进行了整改，但仍有不足

春运是每年客流的最高峰，铁路又是大众出行的首选交通工具，票务需求之大可想而知。作为售票主渠道之一的12306网站是仓促上阵吗？在正式运营前，做过压力测试吗？

铁道部信息中心副总工程师李舒扬介绍，2009年下半年，铁路互联网客票销售项目进入实质性操作阶段。12306网站参照了国际铁路客票销售的经验。在法、德等国，互联网售票比例约占总量的10%—20%，因此，12306网站的设计目标是每日满足销售交易100万笔。

12306网络购票系统于2010年1月30日上线运行，于2011年6月12日起正式提供购票功能，分批次逐步开通G字头、D字头、C字头、Z字头、T字头、K字头列车网上售票业务。

上线前，铁路部门委托惠普公司利用SAAS测试机制，从分布在世界各地的多个测试站点模拟大并发访问，就系统性能是否满足设计指标、系统的最大处理能力，以及系统的稳定性表现进行了测评。同时，还委托中国信息安全测评中心，从系统架构、网络层安全、系统层安全、应用层安全等方面对互联网售票系统各个层面可能存在的风险点进行验证测试。12306网站根据这些测评暴露出来的薄弱环节，进行了整改和优化。

"由于在系统设计时，对春运期间互联网购票需求估计不足，最高峰值仅能达到166万笔，因此导致在节前春运售票过程中，互联网售票日交易量超过系统设计能力时，系统部分时段性能下降，客户体验不佳。"李舒扬说。

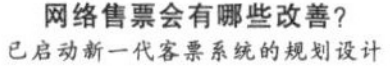

网络售票会有哪些改善？
已启动新一代客票系统的规划设计

据介绍，出现上述情况后，12306网站已扩充互联网接入带宽至1.5G。同时，网站运营及维护团队也邀请了国内知名电子商务运营团队当参谋，优化订票流程，减少支付偏差。"1月10日后，上述情况已得到缓解。"朱建生说。

通过对网上购票数据进行分析，12306团队还发现有个别用户在网上大量购票，如单日某一用户的购票总张数超过100张。为了保证购票公平，自1月5日起，12306网站的购票流程进行了调整，在用户购票成功后，系统将强制用户退出，再次购票时需重新登录。

此外，用户体验界面也有所改善。目前如再遇高峰期，12306网页的登录界面会弹出"目前您前面仍有×××人在排队，请您稍后重试"等虚拟排队的方式，代替之前的"当前访问用户过多，请稍后重试"。

据中国铁道科学研究院常务副院长康熊介绍，目前，铁道部已启动了新一代客票系统的规划和设计。新一代客票系统将在既有客票系统的基础上，在服务方面，以旅客为中心，提供全方位的信息咨询、丰富的售票渠道、多元化的支付方式、个性化的常旅客服务、快捷的进出站、全过程的服务支撑；在技术架构方面，引入云计算技术，以科学成熟的体系架构为基础，构建支撑超大规模并发交易、海量数据存储、灵活扩展、兼容性良好、安全可靠高效的综合信息系统。

"12306互联网售票系统也将基于新一代客票系统进行优化和进一步发展。欢迎社会各界建言献策，积极参与新一代客票系统的研发工作。"康熊说。

人大常委会举办港澳人大代表报告会

新华社珠海1月13日电 1月13日，全国人大常委会在珠海举行报告会，全国人大常委会副委员长兼秘书长李建国出席并讲话。

李建国向香港特别行政区、澳门特别行政区十一届全国人大代表通报了2011年全国人大常委会主要工作情况、2012年工作安排和十一届全国人大五次会议的主要议程建议，对港澳代表依法履职提出了希望。国家发展和改革委员会、财政部的负责人报告了2011年国民经济和社会发展计划的执行情况和财政预算执行情况。

港澳地区全国政协委员应邀出席了报告会。报告会由全国人大常委会副秘书长乔晓阳主持。

高广滨当选长春市委书记

新华社长春1月13日电 中共长春市第十二届委员会第一次全体会议1月13日选举高广滨为市委书记。

山东省人大常委会决定免去黄胜副省长职务

新华社济南1月13日电 山东省十一届人大常委会第二十八次会议13日表决，决定免去黄胜山东省副省长职务。

北京将打"组合拳"治理大气污染

$PM_{2.5}$监测防治写入政府工作报告

本报北京1月13日电 （记者**王明浩**）正在召开的北京市两会，将$PM_{2.5}$的监测、防治首次写入政府工作报告，将打出"组合拳"，减少$PM_{2.5}$的排放。

北京市提出，今年要加强对$PM_{2.5}$和臭氧等重点大气污染物的防治。治理$PM_{2.5}$的"组合拳"主要包括：改所有烧煤的锅炉为烧气，今年要完成1200蒸吨燃煤锅炉清洁能源改造任务；实现核心区非文保区1万户"煤改清洁能源"；加快老旧汽车淘汰工作，2012年力争淘汰15万辆老旧机动车；提高汽车燃油的排放标准，在全国率先实行国V标准；大面积植树造林，2012年在五环和六环之间建造20万亩林地；加强（工地）扬尘管理，制定奖励和补贴政策，建设扬尘污染控制区。此外，北京将加强京津冀地区对$PM_{2.5}$等重点大气污染物的联防联控；加大工业结构调整，特别是要做好挥发性工业的调整；采取措施加强生态环境治理。

北京承诺，2012年，北京单位GDP能耗和二氧化碳排放量分别下降2.5%和3%，水耗下降3%。作为2012年主要环保指标，空气中主要污染物浓度均下降2%，即二氧化硫、氮氧化物、化学需氧量、氨氮排放量分别削减2%、3%、2%和2%，空气质量二级和好于二级天数比例力争达到76%。

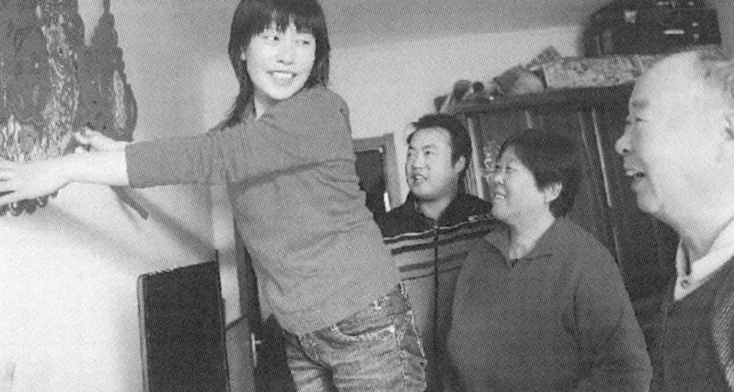

1月13日，在北京市朝阳区奥运村街道北沙滩社区张铁生家，青年志愿者正在张贴迎春"福"字。当日，街道工委、办事处启动"迎新春，送温暖"活动。他们筹措资金56万元，为辖区1000户困难家庭送上慰问金和生活用品，社区志愿者还特别上门为孤寡老人布置房间。 本报记者 徐 烨摄

（上接第一版）牢牢把握学雷锋这项重要活动，精心组织主题实践活动，大力宣传雷锋精神和雷锋式模范人物，激励人民群众自觉践行社会主义道德规范；牢牢把握群众性精神文明创建活动这个基本载体，不断扩大覆盖面和影响力，提升公民文明素质和社会文明程度；牢牢把握青少年思想道德建设这个基础工程，努力培养中国特色社会主义事业合格建设者和可靠接班人；牢牢把握改革创新这个强大动力，积极创新内容形式、体制机制、方法手段，不断增强精神文明建设工作的针对性实效性和吸引力感染力。

李长春强调，精神文明建设是中国特色社会主义事业的重要组成部分。各级党委和政府要把精神文明建设工作纳入重要议事日程，纳入科学发展考核体系，进一步健全完善党委统一领导、党政群齐抓共管、文明委组织协调、有关部门各负其责、全社会积极参与的领导体制和工作机制，最大限度地动员和凝聚各方面力量参与，不断提高精神文明建设工作科学化水平。要坚持贴近实际、贴近生活、贴近群众，多解决群众反映强烈、社会普遍关注的突出问题，多办得人心、暖人心、稳人心的好事实事，让精神文明建设成果更好地惠及广大人民群众。要深入研究新情况新问题，狠抓薄弱环节，建立长效机制，努力开创精神文明建设工作新局面。

中共中央政治局委员、中央书记处书记、中央文明委副主任刘云山，中共中央政治局委员、国务委员、中央文明委副主任刘延东出席会议。中央文明委成员单位负责同志出席会议。

我国远程医学会诊系统初步覆盖城乡

本报北京1月13日电 （**王君平、罗国金、王佳斌**）来自军内外237家医院的350多名代表近日齐聚解放军总医院，参加为期两天的全国远程医学技术与管理培训班。卫生部信息中心副主任王有才说，要推动县级医院与城市三级医院开展远程医学活动，实现远程会诊、远程诊断、远程检查、远程教育和信息共享，充分发挥优质资源的辐射作用。我国远程医学会诊系统初步覆盖城乡。

培训期间，围绕技术创新、服务创新、管理创新以及推进远程医疗标准化建设等主题，与会领导、专家分别介绍了远程医疗的国内外现状和发展趋势，农村远程医疗、区域远程医疗案例，探讨远程医疗技术的准入、远程医疗信息的储存以及数据库的建设、远程进修的可行性等问题。

解放军总医院远程医学中心成立于1996年，是国内最早开展远程医学活动的单位，是国内规模最大的综合性远程医学平台，形成了具有自身特色的远程医学理论体系。目前，解放军总医院远程医学中心已与1300余家医院建立远程联网，在全国医疗机构中，远程会诊量、远程联网站点数均名列首位，16年来共开展远程会诊15000余例，救治1251例军民危重疑难患者，成功率达98.8%。

周秩同志逝世

新华社北京1月11日电 原第二机械工业部副部长、党组成员周秩同志，因病医治无效，于2011年12月21日在北京逝世，享年95岁。

周秩同志病重期间和逝世后，中央有关领导同志以不同方式表示慰问和哀悼。

周秩（曾用名潘永金）是广东南海人，1916年5月出生，1938年6月参加革命工作，1940年5月加入中国共产党。1938年6月起，在延安抗大总校一大队、东北干部训练班学习。1940年1月起，任八路军120师359旅教导队、417团文化教员，旅政治部宣传科宣传干事、股长、副科长、科长，356旅8团政治处主任。1949年3月起，任四野第47军139师417团副政委、政委，湖南湘西区党委宣传部副部长。1951年6月起，任志愿军第47军141师政治部副主任、主任，志愿军政治部秘书处处长。1953年12月起，任总后政治部宣传部副部长、部长。1957年3月起，任二机部14局副局长，国营404厂党委书记、厂长。1978年6月起，任二机部副部长、党组成员，顾问、党组成员。1985年2月离休。

周秩1955年被授予上校军衔，曾荣获二级独立自由勋章、二级解放勋章。

杨朝仕同志逝世

新华社北京1月12日电 国土资源部原党组成员、直属机关党委书记杨朝仕同志（副部长级），因病抢救无效，于2012年1月4日在北京逝世，享年71岁。

杨朝仕同志病重期间和逝世后，中央有关领导同志以不同方式表示慰问和哀悼。

杨朝仕1941年12月出生在北京昌平小汤山贫苦农家。中学毕业后回乡，曾任生产队长、大队长。1966年4月加入中国共产党，后任小汤山公社党委委员、常委、办事组组长。1971年3月，到北京化工学院化工仪表及自动化控制专业学习，曾任院党委委员、系党总支副书记。1974年毕业分配到清华大学工作，同年10月调昌平县委工作，历任县委组织部干事，南邵公社党委书记，县委副书记、县革委会副主任，县委书记，其间在1983年8月至1985年7月到中央党校学习培训班脱产学习。1991年11月起，任北京市委农村工作委员会书记，市委常委、农村工委书记，市委常委、市委组织部部长。1996年11月起，任国家土地管理局党组成员、副局长，国土资源部党组成员、直属机关党委书记。2009年4月退休。

杨朝仕是政协第十届全国委员会委员。

九州大地 欢度元宵

图①:2月5日晚,福建马尾和台湾马祖共同举办的"两马同春闹元宵"花灯展及民俗踩街活动在马尾举行,共有两岸25支民俗队伍参加,规模之大、参与面之广创历届之最。图为灯会现场。

钟自炜 黄立新摄影报道

图②:2月6日,山西省太原市杏花岭区的民俗表演热闹非凡,上百名民间艺术工作者表演传统民俗项目,庆祝元宵佳节。图为群众观看背棍高跷表演。

伍彧彧摄(人民图片)

图③:2月6日,正在冰城哈尔滨市太阳岛上举办的"雪博会",上演了一场游客市民参与的扭秧歌、吃元宵的"闹元宵"大戏。图为工作人员展示传统元宵的制作过程。

新华社记者 王建威摄

本报北京2月6日电 今天是一年一度的元宵佳节,全国各地开展丰富多彩的庆祝活动,欢度元宵佳节。

台湾:元宵灯会盛况空前

正月十五元宵之夜,鹿港小镇成了台湾最热闹的地方,由台湾交通部观光局主办的一年一度"台湾灯会",今晚7点10分在位于台中彰化县的鹿港开灯,展期14天。今晚,近百万人云集只有8万人口的鹿港大街小巷,"彰灯结彩"闹元宵。

大陆参展作品——反映六都古城南京老城南秦淮传说故事的巨型组灯也吸引了众多观赏者。近3年,"台湾灯会"与秦淮灯会相互交流,交互参展,促进了两岸民俗文化的交流与发展。

广西:中外游客激情闹元宵

万碗汤圆、万束焰火、万盏宫灯、万条谜语……2月6日,元宵节当天,10万中外游客在广西阳朔西街激情闹元宵。

在广西百色,各个县市的12支队伍、30个方阵、2800名群众聚集在百色森林广场举行大型民俗文化游艺展演,吸引了近10万名本地群众和外来游客的观看。气势磅礴的蛟龙在身穿艳丽龙装的"龙子"们的舞动下翻腾飞跃、穿梭前进,展现了百色人民不屈不挠的精神面貌。

黑龙江:博物馆里赛花灯

在黑龙江省博物馆阳光大厅内,五彩斑斓、形式各异的花灯让省博物馆年味十足。今天,以民俗为展览主题、广大市民互动参与的黑龙江省博物馆第二届手工花灯评选在这里揭晓。

本次评选活动从1月16日开始,共有2016盏花灯报名。博物馆的工作人员为全部花灯配备光源,方便观众更加直接的观赏。

广东陆丰:传统文化庆元宵

元宵夜的广东陆丰到处张灯结彩,洋溢着欢乐、喜庆的节日气氛。

今年元宵期间,陆丰市组织了国家级优秀传统剧种正字戏的送戏下乡活动。滚地金龙和碣石"五色狮"等传统民间节目,博得到场观众的阵阵掌声、喝彩声。入夜,随着焰火的尽情绽放,陆丰元宵文化活动进入高潮,欢呼声、锣鼓声交融在一起,幸福的笑容挂在每个人的脸上。

陕西延安:元宵秧歌闹红天

"过罢大年将几天,秧歌来到你面前,谁说秧歌不好听,一来迎春二问安。"2月6日的延安,是歌的世界,舞的海洋。一年一度的延安秧歌表演已成为黄土地上一道独特的景观和人们的"精神大餐",今年的"延安过大年"秧歌展演更是吸引了国内外的众多游客。专程来延安过元宵节的湖北游客李尧青称赞道:"红红火火的大秧歌,显示出延安人民过上好日子的喜悦,也让人看到了延安的美好未来。"

湖南湘潭:青山唢呐庆佳节

2月6日,首批国家级非物质文化遗产——青山唢呐流传地湘潭县城,人如潮涌,鼓乐喧天,该县一年一度的"庆新春、闹元宵"系列文化体育活动上演,龙狮表演、彩车游城、灯谜竞猜、文艺汇演、民俗表演、元宵春联,让这座14平方公里的新城沉浸在浓浓的喜庆之中。

(本报记者**赵蓓蓓、庞革平、谢建伟、袁泉、贺林平、王乐文、颜珂**报道)

国务院任免国家工作人员

新华社北京2月6日电 国务院任免国家工作人员。

任命宋涛、程国平为外交部副部长;任命崔玉英(女)为国务院新闻办公室副主任;任命张亚平为中国科学院副院长;任命励小捷为国家文物局局长。

免去吕国增、李金章的外交部副部长职务;免去董云虎的国务院新闻办公室副主任职务;免去魏礼群的国家行政学院副院长职务;免去单霁翔的国家文物局局长职务。

治理PM2.5列北京为民办实事之首

本报北京2月6日电 (记者**余荣华**)北京市政府网站今天公布北京市2012年为群众拟办的重要实事,治理PM2.5位列35件实事之首。

北京市要求,以控制PM2.5污染为重点,加大污染物总量减排力度,继续实施机动车限行,改进老城区、城乡结合部和农村冬季取暖方式,发展清洁能源,控制燃煤总量,深化工业污染治理,加强生态环境建设,进一步提升空气质量。

在提升环境监测能力,建成PM2.5监测网络方面,北京市环保局相关负责人接受采访时透露,在现有的27个环保监测子站基础上,北京市年底前将建成30余个PM2.5监测子站,监测网络将覆盖16区县。

另据了解,北京市已决定实施平原地区百万亩造林工程。从今年开始,北京市将争取利用5年左右的时间,实现新增森林面积100万亩。

丰富基层文化生活 激发群众读书热情

全国各地积极开展好书刊送基层活动

据新华社北京2月6日电 (记者**璩静**)春节前后,全国各地出版发行单位组织开展了"好书刊送基层"活动,通过形式多样的出版文化惠民活动,让广大群众过上一个丰富多彩的文化新春。

为返乡过年的旅客送上文化年货,是"好书刊送基层"活动的重要内容。重庆出版集团在春节期间积极开展"好书刊送基层"系列活动,向基层群众赠送了5万册、价值100多万元码洋的书刊,并于春运期间在重庆火车站北站举行了"新春祝福,经典伴您行"活动,向返乡农民工、大学生赠送了《读点经典》等优秀出版物。在成都市金沙、石羊、昭觉等长途汽车客运站以及绵阳市梓潼县和泸州市古蔺县、巴中市巴州区,返乡农民工、大学生等旅客也拿到了"好书刊送基层"活动赠送的多种读物。

为了丰富留守外来工的节日文化生活,广东省委宣传部、省新闻出版局、南方出版传媒集团、广东新华发行集团等开展了"留守外来工迎新春读好书"活动,向广州立白集团留守外来工代表赠送了图书,并召开座谈会,听取外来工代表读书体会。江苏省委宣传部、省新闻出版局等单位通过"文化拜年进青奥工地"活动,为南京青奥建设工程职工送去了"工地书屋",首批捐赠图书及音像电子读物2000余册、价值6万余元。

安徽新华发行集团举办的"文化服务直通车——全省图书流动展销"活动组织新华书店走进农村、社区、厂矿、山区、车站、码头等,开设特价专区,满足不同人群需求。安徽出版集团将在蜀山区笔架山街道举办"好书刊惠群众"优惠展销活动,参展优秀出版物全场七折优惠展销。

海南新华书店各销售门店举办了"送书下乡"活动,给当地农民群众送去了医药卫生、科普等各类读物,同时在卖场内设立了"分享阅读,荐书有礼"读者荐书空白展板,邀请读者写下推荐书名和新春祝福。云南省新闻出版局组织开展了首届读书节,通过签名售书、现场写春联等活动,极大地带动了广大群众的读书热情。

吉林省在春节前就已启动以"强基惠民乐农家"为主题的赠书活动,向1000个农村文化大院配送图书2.3万套。长春市邀请知名专家学者结合研究领域,举办"寒冬送暖,阅读成长"主题系列读书活动和"城市热读"专题讲座。

理论的力量在『畅销』中彰显

陈家兴

一本理论著作,短短半年间销量突破400万册,成为出版业中的一种"现象"。去年中宣部组织编写的"理论热点面对面"《从怎么看到怎么办》热销,令人不禁想起上世纪中叶一度洛阳纸贵的《大众哲学》。

艾思奇初到延安时,毛泽东同志这样亲切地说:"噢!搞《大众哲学》的艾思奇来了,你好呀!思奇同志,你的《大众哲学》我读过好几遍了。"毛主席1936年给叶剑英等发电嘱购一批书给干部读时即有《大众哲学》,1941年给当时在苏联的两个儿子去信时附送《大众哲学》等书,1959年外出视察前也指名要带《大众哲学》供途中阅读。仅仅从1936年到1948年的12年间,《大众哲学》就印行了32版。它的一版再版,影响了一代代人。

《从怎么看到怎么办》这本小册子,中高层干部在读,基层干部也在读。学生在读,工人也在读。在职职工在读,退休职工也在读。城市居民在读,乡村居民中也不乏读者。大家总体感觉是,"虽然是理论著作,但一点儿也不高深","讲的都是咱老百姓身边的事儿,面对的是百姓最关心的热点问题","实事求是,不回避问题矛盾,既让读者明白原因,又使读者懂得如何解决"。这些阅读感受,从一个侧面揭示了理论著作成为畅销书的秘诀。

理论是深邃的,但语言如果也古奥,读者群就多不到哪里去。如果仅限于在书斋里作形而上的争论,这样的话题大众也不爱看。《从怎么看到怎么办》的畅销,首先就是在话题和语言这两个层面上与大众实现了"零距离"。物价、房价、看病难、就业难、分配不公……俱是百姓的关切,"救护车一响,一头猪白养"、"给力"、"蒜你狠"……都是百姓的语言。回应大众关切把问题解析得切中肯綮,运用大众语言把高深道理讲得浅白晓畅,理论就是大众的理论。

在"自媒体"时代,既有众声喧哗自说自话,也有"金话筒"而听者众。那么,什么样的价值才能让人共鸣,什么样的话语才有听众?归根到底需要掌握能够正确发现问题、分析问题、解决问题的理论思维。《从怎么看到怎么办》的魅力在于,不是居高临下的我说你听、我打你通,而是放下理论家的身段,在回应现实问题中把观察的视角、思考的方法交给大众,让读者学会自己思考、自己得出结论。当读者学会用正确的理论来观察和思考,理论就成为大众的武器。

理论著作也能成为畅销书表明,理论不仅要联系实际,更要贴紧大众。理论不是在与大众保持距离中才显得高出一筹,恰恰是生活在大众的生活中才彰显高度与力量。说到底,理论需要培育自己的大众情怀,想大众所想,忧大众所忧,解大众所惑。如是,理论因有生命力而不断发展,大众因理论的滋养而不断前行。

小小一本书 浓浓民生情

——《从怎么看到怎么办》销量突破400万册

新华社记者 隋笑飞

这是一本"小"书——

它不到9个印张,仅10万字,拿到手中分量很轻,绝没有沉甸甸的感觉。

这是一个大数字——

400万册,它在短短半年间突破了这样的销售数字,这份骄人的成绩单是许多图书无法达到的。

这本书,就是由中宣部理论局组织编写的《从怎么看到怎么办——理论热点面对面·2011》。自去年8月初出版以来,在社会上引起热烈反响,受到广大读者的普遍关注和争相购买,在全国许多书店畅销书排行榜上名列前茅,神州大地吹起了一股理论清风。

如此一本"小"书,为什么能受到这么多人的热捧,产生这么大的影响?记者带着这样的疑问去寻找背后的原由。

直面问题、聚焦热点,展现理论的自信

"翻开这本书,其中的问题无不是当前的热点问题,无不是群众关心的问题,它从选题层面就抓住了干部群众关注的理论热点和实践难点,使理论大众化有了坚实的着力点。"国防大学马克思主义研究所副所长季明这样说。

理论的魅力,只有在关注民生热点中才能持续绽放;理论的活力,也只有在回应现实中才能不断迸发。

《从怎么看到怎么办》,在现实面前不绕开,在矛盾面前不回避,敢于把"热点"当作检验理论的磨刀石,敢于触摸"深水区里的坚石",忧百姓所心忧,答百姓所要答,既贴近了百姓心坎,又展示了理论自信。

物价涨、房价高、看病难、就业难、分配不公……当下中国面临的一系列"成长的烦恼",都在这本书中得到回应。正如北京市丰台区花乡社区居民常志静所说:"这本书讲的都是咱老百姓身边的事儿,直接面对社会发展中的难点问题,直接面对百姓最关心的热点问题。"

直面问题、关注现实,是理论工作的源泉和动力。《从怎么看到怎么办》的热销与热读生动地表明,理论必须深入改革发展前沿,关注人们所思所盼所感,准确把握社会脉搏,积极应对实践挑战,才能充分发挥自身优势,才能不辜负党的厚望、人民的期望、社会的盼望。

说百姓话、贴百姓心,展现理论的情怀

"读这本书,感觉不像是读一本理论书,而像一家人聚在一起谈论家事,讨论家中有哪些难题,怎么解决这些难题,让人感觉到温暖,感觉到振奋,感觉到希望。"江苏省南京市居民程云婷说。

理论贴近群众,才能为群众所掌握。"民以食为天,顿顿都要吃饭""手中有粮,心中不慌""价格贵不贵,要看摊位费""救护车一响,一头猪白养"……"给力""裸婚""蒜你狠""豆你玩"等流行语和网络用语也不时在书中出现。

北方工业大学团委书记隋俊宇说,这本书语言生动、事例鲜活,深入浅出、通俗易懂,表现形式多样。正文之外有权威声音、政策传真、专家解读和百姓心声等栏目,这些都增加了通俗读物的信息量,增强了可读性。

全书把逻辑的力量同事实的力量结合起来,把理论的力量同情感的力量结合起来,言之有物、言之有理、言之有情。正如有读者评价这本书,不仅看问题用的是"百姓视角",讲道理用的是"百姓语言",举例子用的是"百姓故事",落脚点也是"百姓需求"。

既阐明"看"、又讲清"办",展现理论的彻底

通常来说,对一个问题,人们不仅关心它是什么、为什么,而且关心如何对待、如何解决,特别是与切身利益密切相关的问题更是如此。理论回应人们的关切,不仅要致力于回答"怎么看",还要着力说明"怎么办",既"解扣子"又"指路子"。

《从怎么看到怎么办》的书名可谓开宗明义、画龙点睛,明确告诉我们这本书既讲理论,又谈实践,既强化认识,更注重行动。全书不仅注重透彻分析问题,更把大量笔墨用于对策思路的探索思考,让读者在了解事实、明白成因的基础上,掌握解决问题的方向和前景。

仔细翻阅这本书会发现,每个问题的阐述中,大体用1节的篇幅阐述"怎么看",用4至5节的篇幅阐述"怎么办"。比如,"怎么保持物价稳定"一章中,首先分析了当前物价的形势及原因,然后从管货币、保供应、畅流通等5个方面具体阐述了稳定物价的政策措施。

群众的评判最真实,也最权威。《从怎么看到怎么办》获得群众的充分肯定,得到高度评价,生动表明我们的理论在求理务实、服务社会中走出了应有的轨迹,正在绽放出理性的光彩。我们满怀期待有更多的符合实践要求、适应群众需求的理论作品问世,更好地引领社会实践蓬勃发展。

中组部中宣部中央创先争优活动领导小组发出通知要求

认真学习贯彻胡锦涛同志重要批示精神 广泛开展向杨善洲同志学习活动

新华社北京3月21日电 近日，中央组织部、中央宣传部、中央创先争优活动领导小组印发通知，要求认真学习贯彻胡锦涛同志重要批示精神，在广大党员、干部中广泛开展向杨善洲同志学习的活动。

通知指出，杨善洲同志60年坚守共产党人的精神家园，始终忠诚党的事业，鞠躬尽瘁、死而后已；始终把人民利益放在第一位，尽心竭力为老百姓干实事、办好事；始终淡泊名利、廉洁奉公，一尘不染、两袖清风；始终艰苦创业，保持劳动人民的朴素本色。杨善洲同志的模范事迹和崇高精神，生动诠释了当代中国共产党人的先进和优秀，为党员干部特别是领导干部为政、干事、做人树立了一面光辉的旗帜。

通知要求，广大党员干部特别是领导干部都要向杨善洲同志学习，自觉加强党性修养，自觉实践党的宗旨，努力做人民满意的好党员、好干部。要学习他坚定信念、对党忠诚的政治品格，学习他牢记宗旨、一心为民的公仆情怀，学习他鞠躬尽瘁、不懈奋斗的崇高境界，学习他大公无私、淡泊名利的奉献精神，自觉实践共产党人的人生价值和精神追求。

通知强调，各地区各部门各单位要高度重视，加强领导，精心组织，迅速掀起学习杨善洲同志的热潮。要紧密联系实际，通过组织生活会、中心组学习、座谈交流、专题讨论等多种方式，增强学习效果，进一步推动形成学习先进、争当先进、赶超先进的浓厚氛围。

通知强调，开展向杨善洲同志学习活动，要与学习贯彻党的十七届五中全会精神和全国两会精神结合起来，牢牢把握科学发展主题，紧紧扣住加快转变经济发展方式主线，切实做好"十二五"开局各项工作；与开展纪念建党90周年活动结合起来，树立新时期共产党员、领导干部的良好形象；与加强领导班子和干部队伍建设结合起来，引导各级领导干部树立正确的权力观、地位观、利益观；与加强对党员、干部群众观念、群众路线教育结合起来，牢固树立以人为本、执政为民的理念，努力解决好人民群众最关心最直接最现实的利益问题；与做好老干部工作结合起来，引导离退休干部为党和人民的事业发挥余热、多作贡献；与开展创先争优活动和学习型党组织建设活动结合起来，引导基层党组织履职尽责创先进、党员立足岗位争优秀、干部示范引领作表率，以优异成绩迎接建党90周年。

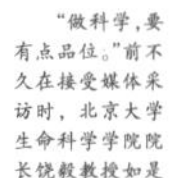
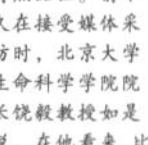

科学要『慢』得下来

刘根生

"做科学，要有点品位。"前不久在接受媒体采访时，北京大学生命科学学院院长饶毅教授如是说。在他看来，比较有创造性的东西，思路方法很巧妙的，就比较有品位；不能只想着发表论文，而是要努力呈现新鲜见解，回答重要问题。

显然，这样的品位并不易得。它不仅意味着一种科学的高度，还体现出一种学问的境界。对于科学家来说，科学的品位反映的是他的价值取向和志趣追求。

科学不是速成的。经济上可能有暴发户，科学研究领域却不可能有暴发户。科研有如农业，得慢慢积累，老实耕耘。就如种子从发芽到谷粒成熟，得经过生根、长叶、分蘖、穗分化、孕穗、开花、灌浆等过程，每一个生育期对温度、水分、空气、光照、养分等外在条件都有不同要求，你得顺应规律，精心呵护，懈怠不得也急不得。重大发现也好，重大创新也好，都是"长期积累，偶然得之"。因主客观条件问题，或许"长期积累"也未必有"偶然得之"，但没有"长期积累"，则很难有"偶然得之"。

要达致科学的品位，获得科研成就，特别需要"慢功"，秉持一种"慢"的理念。有"慢"才能合乎科学规律，保证科研质量，回归科学本质，也才能享受科研的乐趣。当然，这个"慢"，不是做事慢慢吞吞，拿着薪水不出活，而是摒弃急功近利，真正潜心学术。《现代临床解剖学丛书》共1000万字，被誉为我国临床解剖学里程碑。为完成这本书，钟世镇院士花了大半辈子时间，此书出版时他已75岁高龄。华裔科学家高锟，耗费40多年终于在光纤传输技术上取得突破性成就。足见，越是大成果，越要耐住"慢"。

在不少地方及科研单位，科研成果"短、平、快"的比较多，跟踪模仿多，原创性的大成果少。一句话，科学的品质不高。从治学精神和方法上找原因，主要就在于缺乏积累，太专注于比速度比数量了。有些学者每每有点小成果，就赶紧写论文发表，数量不少，质量却上不去。这就好比把种子埋进土里后，三天两头就刨开来看看发芽了没有，或者苗刚冒出土就拼命往上拔。这样做，就很难取得突破性进展。

人有外在利益和内在利益追求之分。对于现代科研工作者来说，外在利益主要指晋升、待遇、荣誉、科研基金等等。内在利益则主要指人生追求、内在情怀、个人兴趣，它是一种价值理念。科学家也是人，也有外在利益需求。问题是，外在利益和内在利益谁占主导地位。在科学研究中，处理好快与慢关系，提升科学的品位，就得以内在利益为主导，而不要总被外在利益牵着鼻子走。否则，制造些"职称论文"还行，要获得重大成果则绝无可能。

科学要"慢"得下来，根本在于营造宽容的学术环境。比如纠正科研考核中过分量化倾向。量化使评价有了客观标准，但变成"数字一刀切"就走极端了。有人因此戏谑科研考核是一种"数蛋游戏"：从讲师升为副教授要生多少个"蛋"，从副教授升为教授又要生多少个"蛋"，还规定这些"蛋"要生在什么地方，比如核心刊物。如此，还有多少人敢做"慢学者"？

坚守共产党人的精神家园

——一论向杨善洲同志学习

本报评论员

清贫一辈子，奋斗一辈子，奉献一辈子。当官不摆谱，有权不滥用，民情不忘怀。杨善洲的一生，展现了一个优秀共产党人的世界观、权力观、事业观，为党员干部特别是领导干部树立了光辉的榜样。

我们手中的权力是人民赋予的。为党和人民掌好权、用好权，是每一个党员干部特别是领导干部义不容辞的责任。权为民所用、情为民所系、利为民所谋，全心全意为人民服务，我们的工作才能获得最广泛、最可靠、最牢固的群众基础和力量源泉，我们的事业才会经得起任何风浪、任何风险的考验。

权力是一柄双刃剑。领导干部的品德、修养、本领，不会因职位的提升而自动提升。反而可能因为权力大了，需要经受更多的考验。只有不断加强党性修养，自觉实践党的宗旨，不为权力、地位、名利、私情所累，才能经受住这些考验。

"共产党人不是要做官，而是要为人民谋福祉"，"共产党员不要躲在机关里做盆景，要到人民群众中去当雪松"。杨善洲是这样说的，也是这样做的。他从政几十年，大部分时间都在乡下跑，碰到插秧就插秧，碰到收稻就收稻，始终保持着"草鞋书记"、"泥腿书记"的本色。解民忧、济民困、保民富，杨善洲以自己的实际行动，把身边的干部群众拧成一股绳。心里永远装着群众，却从来没有自己，杨善洲无声的人格魅力穿越时空，烛照世人。

领导干部也有亲情、友情、爱情，但决不能用手中的权力去照顾亲戚朋友。杨善洲深深懂得，滥用职权对党在群众心目中的形象伤害最大，最容易伤到老百姓的心。"我手中是有权，但它是党和人民的，它只能老老实实用来办公事，不能用来办私事"，这是他始终坚守的信条。每年买一包补药煨给母亲吃几天，每次回家把要做的农活做了、把家里的水缸挑满，给女儿们几块糖、帮她们梳梳小辫……履行为人子、为人夫、为人父的义务，杨善洲尽己所能，但他更知道，作为一名领导干部，什么底线应该守住，什么事情绝对"不能"。先天下之忧而忧，后天下之乐而乐，杨善洲的一生，在公与私之间为领导干部画出了一条分明的界线。

职务的高低，权力的大小，不是衡量人生价值的标准。职位是暂时的，事业是永久的。坚守共产党人的精神家园，需要我们学习一辈子，改造一辈子，奋斗一辈子。从地委书记的岗位上退下来，杨善洲没有为自己攒"资源"、留"退路"，而是以更大的热忱，投入到带领群众致富的事业中。他没有给家人留下什么"关系"和遗产，却给子孙后代留下了自立自强的宝贵精神财富，在百姓心中树起不朽的丰碑。

一辈子坚守共产党人的精神家园，杨善洲把自己的一切都献给了党的事业，献给了共产党人的崇高追求，献给了对群众的无私承诺。学习杨善洲，每一个党员干部特别是领导干部都应该在他树起的镜子前，对照自己应该如何为政、如何干事、如何做人。学习杨善洲，每一个党员干部特别是领导干部都应该以他为榜样，用一生的努力去回答入党为了什么、当干部干些什么、身后给人民和后代留下什么。

3月21日是农历春分，也是新疆少数民族的传统节日——"诺鲁孜节"。连日来，新疆维吾尔、哈萨克、柯尔克孜、乌兹别克等民族以刁羊、赛马等传统方式迎接春天的到来。图为3月20日，在位于帕米尔高原的新疆阿合奇县，身穿节日盛装的柯尔克孜族牧民们表演驯鹰，迎接春回大地。 **陈维华 沈 剑**摄影报道（人民图片）

杜青林强调

倾力打造统一战线"同心"品牌

本报北京3月21日电 （记者**潘跃**）全国政协副主席、中央统战部部长杜青林近日在统一战线"同心"品牌研讨会上强调，要深入贯彻中央领导同志重要讲话精神，着力打造统一战线"同心"品牌，使之成为统一战线思想教育的重要平台，成为服务科学发展、促进民生改善的有效途径。

杜青林强调，胡锦涛总书记在党外人士迎春座谈会上指出，思想上同心同德、目标上同心同向、行动上同心同行，是中国共产党领导的多党合作和政治协商制度最鲜明的特质，是我们不断夺取革命、建设、改革事业胜利的有力保证。这是第一次鲜明提出"同心"的重要价值和深刻内涵，是对多党合作理论的最新发展，为统一战线"同心"品牌提供了理论依据。贾庆林同志在全国统战部长会上也明确提出，要着力打造统一战线服务科学发展、促进民生改善的"同心"品牌。打造"同心"品牌是在总结实施统一战线服务科学发展"毕节模式"的基础上谋划提出的。"同心"理念和实践与统一战线乃至党和国家事业发展，有着十分密切的内在关联。同心是统一战线存在发展最坚实的根基，是统一战线价值追求最核心的体现，是统一战线鲜明特色最集中的反映，是统一战线作用发挥最重要的保障。要认真学习贯彻胡锦涛总书记和贾庆林同志重要讲话精神，充分认识打造"同心"品牌的重要性和必要性。

杜青林要求，打造"同心"品牌，要细化实施方案，统一规范标识，进行科学运作，扩大社会影响，确保取得成效。

公众健康的好卫士

——记延安市食品药品监管局局长史俊琴

本报记者 杜峻晓 杨 彦

市委书记说，她是个经得起考验的好干部；熟悉她的百姓说，她用女人的心、男人的胆和军人的作风，带出了一支守护公众健康的铁军。

她，就是陕西省延安市食品药品监督管理局党组书记、局长史俊琴。

"我们延安人从来不怕条件差"

2001年6月，延安市药品监督管理局成立，史俊琴被任命为党组书记、局长。走马上任后，她才知道，这个新单位一无办公地点，二无办公经费，三无工作人员，只有1枚公章、4位领导。

"没有资金，我们班子成员自己垫付；没有办公场所，路边院落就是临时办公室；没有交通工具就挤公交，搭便车。我们延安这块土地上的人，从来都不怕条件差！"几夜无眠后，打定主意的史俊琴带领3个副职、2个借调的工作人员开始了艰难的创业历程。

7月的延安骄阳似火，史俊琴一班人顶烈日，冒酷暑，跑遍了延安的大街小巷，一面调查摸底药械市场，一面寻找着办公地址。

"这一摸底，我们还真有些吃惊，没想到当时延安的药品市场这么混乱：有的药店从没办过证，有的药品从外观上看已经明显变色了，却还在卖。"史俊琴说，"我们当即决定在抓单位组建的同时，下大力气抓业务。"

3个月下来，史俊琴的皮肤黑了，人瘦了，但取得的成效显著：市、县药监局相继组建并对外办公，一系列药械市场整治活动随之展开。在史俊琴的积极争取和延安市的大力支持下，6层近4000平方米的延安市食品药品综合办公大楼建起了。2009年3月，当药监局机构下划时，全系统工作人员已由6人发展到近300人，办公执法装备从零发展到500多台(件)。

"明天软、后天缓，法律的公正和严肃就会大打折扣"

市、县药监局组建之初，各县分局都要配备一正两副领导班子，不少人跑"门子"、托"关系"，想把自己的人"塞"进来，而史俊琴的原则是凡不符合进人标准的，不管关系多硬、路子多宽、好处多大，她都一口回绝。而对那些踏实干事、一心为公、成绩突出的人，则破格选拔任用。

2002年"五一"长假期间，群众举报在延安长青路有两个地下药械批发黑窝点，史俊琴闻讯立即带队参战。黑窝点老板面对执法人员先是百般狡辩，继而威胁恐吓，这些招数全部失灵后，又托史俊琴的一位老领导来说情。史俊琴对老领导说："我工作几十年，确实得到您的大力支持和关心，我会永远铭记在心。但是，对这种违法的事情，我不能徇情枉法。"最终，两个黑窝点被端掉，398件价值20余万元的非法药械被执法人员依法封存查扣。

2008年，史俊琴二弟媳妇下岗，想让姐姐帮忙在市区开一家药店。没想到，史俊琴却断然拒绝。弟弟和弟媳很不理解："凭什么别人能开我们就不能开？"史俊琴说："发财的门道有很多，你们为什么只盯着开药店这条路，还不是因为我是局长，想背靠大树好乘凉。你们要是开药店，让局里人怎么执法，你们要坚持开，我们就别来往了。"

史俊琴不但以身作则，对下属也要求严格。她说："我就认一个老理，'拿人手短，吃人嘴软'。作为执法者，今天短一短，明天软一软，后天再缓一缓，法律的公正和严肃就会大打折扣。"

"有事业的人精气神不能垮"

史俊琴原本有一个幸福美满的家庭：父母健康、兄弟姐妹和睦、子女出息。然而，2008年3月25日，一场交通事故夺去了史俊琴年仅28岁儿子的生命。

噩耗传来，如同晴天霹雳。人们在为史俊琴悲伤痛惜的时候，不免猜测：不知要多久她才能缓过劲来，干工作的热情恐怕也没了吧。延安市药监局不少干部职工"心情也都灰灰的"。

仅仅14天后，史俊琴像往常一样走进了办公室。这天，史俊琴分别主持召开了市局党组会和全体人员大会。会上，她面色苍白，但声音依然坚定。同事张国琴回忆，"她对我们说，'我是儿子的母亲，也是有事业的人。有事业的人，精气神不能垮！大家做好本职工作，就是对我最大的关心和支持。'"

2008年4月14日，延安市食品药品监管局网站上出现了这样一条信息："今后，我们这个大家庭的每一位成员都是史局长的亲人。我们坚信，在以史局长为班长的市局党组坚强领导下，全系统干部职工将同心同德，坚决筑好百姓饮食用药安全的'防火墙'，延安食品药品监管事业的明天也会更加美好。"

他们没有食言。史俊琴带出了一支出色的队伍：10年来，延安药监系统共查办涉药案件1万多件，没有出现一起错案和行政复议案件，全市近300名执法人员未发生一例违法违纪现象，政风行风测评连续6年位居全省系统前三名。2007年，该局被国家食品药品监督管理局授予"党风廉政建设先进集体"称号。2009年，被国务院授予全国药监系统唯一的"全国人民满意的公务员集体"称号。2010年，又荣获全国医药卫生系统"先进集体"称号。

云南深入开展向杨善洲学习活动

本报昆明3月21日电 （记者**宣宇才、胡洪江**）3月21日，云南省委在昆明召开"学习贯彻胡锦涛总书记重要指示精神，深入开展向杨善洲同志学习活动座谈会"。会议要求全省各级党组织和广大党员认真学习、深刻领会胡锦涛总书记的重要指示精神，把进一步向杨善洲同志学习活动引向深入作为一项重大政治任务，抓紧抓好，抓出成效。

云南省委要求，把学习宣传杨善洲同志先进事迹作为全省深入开展创先争优活动的重要内容，在党员干部中开展"五个一"主题实践活动，即进行一次集中学习动员、组织一次专题学习讨论、开展一次为民服务活动、开展一次义务植树活动、召开一次专题组织生活会。

云南省林业厅决定为杨善洲创办的林场办好10件实事，今年将以每亩补助100元的投入标准，支持林场抚育森林15000亩，投入100万元改善林场办公条件，计划投入52万元支持林场建设防火通道，已投入18万元帮助改造林场职工危旧住房等。楚雄彝族自治州公安民警开展"大走访"活动，走访2万多人次，征求意见建议3214条，化解矛盾纠纷1172件，整治治安隐患1372个，推出便民服务举措194条。

云南还广泛运用手机短信、文艺作品、标语图片、公益广告等多种形式，宣传杨善洲同志先进事迹；把杨善洲同志生前创办的大亮山林场更名为"善洲林场"，并积极创建杨善洲同志先进事迹展览馆，建立杨善洲基金会，筹建杨善洲同志精神研究会，使杨善洲同志先进事迹更加深入人心。

（上接第一版）在考察两江新区建设情况时，贺国强强调要坚持高起点规划、高标准建设、高水平管理，切实做到开发一片、建成一片、管好一片、收效一片，并充分发挥其辐射带动作用，加快建设内陆开放高地。在考察彭水县高速公路景观产业示范林建设、武隆县仙女山新区发展情况时，贺国强强调要处理好发展经济和保护生态环境的关系，努力把三峡库区建成长江流域的重要屏障，切实把长江这条母亲河保护好。

贺国强十分关心重庆各级教育的发展情况。在彭水县第一中学教室里，贺国强亲自登上讲台向同学们讲解日本大地震中核辐射的有关知识；在操场上，他鼓励同学们勤奋学习、增长本领，将来成为中国特色社会主义事业的合格建设者和可靠接班人。在重庆大学图书馆，贺国强与正在研究课题的大学生们深入交流起来。当同学们问到如何清除腐败现象的问题时，贺国强耐心地回答说，腐败现象是一个具有复杂社会历史根源、古今中外都存在的世界性难题。我们既要看到我国反腐倡廉建设取得的显著成效，又要看到反腐败斗争的长期性、复杂性、艰巨性，坚持标本兼治、综合治理、惩防并举、注重预防，从教育、制度、监督、改革、纠风、惩治等方面整体推进反腐倡廉建设，不断以党风廉政建设和反腐败斗争新成效取信于民、造福于民。在重庆师范大学校园，他勉励正在进行党日活动的同学们，现在好好学习，毕业后为实施"十二五"规划、全面建成小康社会、建设社会主义现代化国家贡献力量。

考察期间，贺国强听取了重庆市委、市政府和市纪委的工作汇报，对重庆近年来的工作给予充分肯定。他希望重庆各级党委、政府和广大干部群众深入贯彻落实中央对重庆工作的重要指示精神，围绕主题、紧扣主线，抓住机遇、开拓创新，艰苦奋斗、扎实工作，努力实现在西部地区率先全面建成小康社会和建成长江上游经济中心的宏伟目标。

贺国强还参观了重庆市廉政教育基地，观看了"唱读讲传"汇报演出。

中共中央政治局委员、重庆市委书记薄熙来参加调研。

国务院任免香港特别行政区政府主要官员

新华社北京3月21日电 依照香港特别行政区基本法的有关规定，根据香港特别行政区行政长官曾荫权的提名和建议，国务院2011年3月21日决定：任命陈国基为入境事务处处长，免去白韫六的入境事务处处长职务。

中华人民共和国主席令

（第七十九号）

《中华人民共和国禁毒法》已由中华人民共和国第十届全国人民代表大会常务委员会第三十一次会议于 2007 年 12 月 29 日通过，现予公布，自 2008 年 6 月 1 日起施行。

中华人民共和国主席　**胡锦涛**
2007 年 12 月 29 日

中华人民共和国主席令

（第八十号）

《中华人民共和国劳动争议调解仲裁法》已由中华人民共和国第十届全国人民代表大会常务委员会第三十一次会议于 2007 年 12 月 29 日通过，现予公布，自 2008 年 5 月 1 日起施行。

中华人民共和国主席　**胡锦涛**
2007 年 12 月 29 日

中华人民共和国主席令

（第八十一号）

《全国人民代表大会常务委员会关于修改〈中华人民共和国道路交通安全法〉的决定》已由中华人民共和国第十届全国人民代表大会常务委员会第三十一次会议于 2007 年 12 月 29 日通过，现予公布，自 2008 年 5 月 1 日起施行。

中华人民共和国主席　**胡锦涛**
2007 年 12 月 29 日

中华人民共和国主席令

（第八十二号）

《中华人民共和国科学技术进步法》已由中华人民共和国第十届全国人民代表大会常务委员会第三十一次会议于 2007 年 12 月 29 日修订通过，现将修订后的《中华人民共和国科学技术进步法》公布，自 2008 年 7 月 1 日起施行。

中华人民共和国主席　**胡锦涛**
2007 年 12 月 29 日

中华人民共和国主席令

（第八十三号）

《全国人民代表大会常务委员会关于修改〈中华人民共和国国境卫生检疫法〉的决定》已由中华人民共和国第十届全国人民代表大会常务委员会第三十一次会议于 2007 年 12 月 29 日通过，现予公布，自公布之日起施行。

中华人民共和国主席　**胡锦涛**
2007 年 12 月 29 日

中华人民共和国主席令

（第八十四号）

《全国人民代表大会常务委员会关于修改〈中华人民共和国文物保护法〉的决定》已由中华人民共和国第十届全国人民代表大会常务委员会第三十一次会议于 2007 年 12 月 29 日通过，现予公布，自公布之日起施行。

中华人民共和国主席　**胡锦涛**
2007 年 12 月 29 日

中华人民共和国主席令

（第八十五号）

《全国人民代表大会常务委员会关于修改〈中华人民共和国个人所得税法〉的决定》已由中华人民共和国第十届全国人民代表大会常务委员会第三十一次会议于 2007 年 12 月 29 日通过，现予公布，自 2008 年 3 月 1 日起施行。

中华人民共和国主席　**胡锦涛**
2007 年 12 月 29 日

中华人民共和国主席令

（第八十六号）

根据中华人民共和国第十届全国人民代表大会常务委员会第三十一次会议于 2007 年 12 月 29 日的决定：

免去薄熙来的商务部部长职务；

任命陈德铭为商务部部长。

中华人民共和国主席　**胡锦涛**
2007 年 12 月 29 日

全国人大常委会关于修改《中华人民共和国道路交通安全法》的决定

（2007 年 12 月 29 日第十届全国人民代表大会常务委员会第三十一次会议通过）

第十届全国人民代表大会常务委员会第三十一次会议决定对《中华人民共和国道路交通安全法》作如下修改：

第七十六条修改为："机动车发生交通事故造成人身伤亡、财产损失的，由保险公司在机动车第三者责任强制保险责任限额范围内予以赔偿；不足的部分，按照下列规定承担赔偿责任：

"（一）机动车之间发生交通事故的，由有过错的一方承担赔偿责任；双方都有过错的，按照各自过错的比例分担责任。

"（二）机动车与非机动车驾驶人、行人之间发生交通事故，非机动车驾驶人、行人没有过错的，由机动车一方承担赔偿责任；有证据证明非机动车驾驶人、行人有过错的，根据过错程度适当减轻机动车一方的赔偿责任；机动车一方没有过错的，承担不超过百分之十的赔偿责任。

"交通事故的损失是由非机动车驾驶人、行人故意碰撞机动车造成的，机动车一方不承担赔偿责任。"

本决定自 2008 年 5 月 1 日起施行。

《中华人民共和国道路交通安全法》根据本决定作相应修改，重新公布。

全国人大常委会关于修改《中华人民共和国国境卫生检疫法》的决定

（2007 年 12 月 29 日第十届全国人民代表大会常务委员会第三十一次会议通过）

第十届全国人民代表大会常务委员会第三十一次会议决定对《中华人民共和国国境卫生检疫法》作如下修改：

第十四条第二款修改为："入境、出境的尸体、骸骨的托运人或者其代理人，必须向国境卫生检疫机关申报，经卫生检查合格后，方准运进或者运出。"

本决定自公布之日起施行。

《中华人民共和国国境卫生检疫法》根据本决定作相应修改，重新公布。

全国人大常委会关于修改《中华人民共和国文物保护法》的决定

（2007 年 12 月 29 日第十届全国人民代表大会常务委员会第三十一次会议通过）

第十届全国人民代表大会常务委员会第三十一次会议决定对《中华人民共和国文物保护法》作如下修改：

一、第二十二条修改为："不可移动文物已经全部毁坏的，应当实施遗址保护，不得在原址重建。但是，因特殊情况需要在原址重建的，由省、自治区、直辖市人民政府文物行政部门报省、自治区、直辖市人民政府批准；全国重点文物保护单位需要在原址重建的，由省、自治区、直辖市人民政府报国务院批准。"

二、第二十三条修改为："核定为文物保护单位的属于国家所有的纪念建筑物或者古建筑，除可以建立博物馆、保管所或者辟为参观游览场所外，作其他用途的，市、县级文物保护单位应当经核定公布该文物保护单位的人民政府文物行政部门征得上一级文物行政部门同意后，报核定公布该文物保护单位的人民政府批准；省级文物保护单位应当经核定公布该文物保护单位的省级人民政府的文物行政部门审核同意后，报该省级人民政府批准；全国重点文物保护单位作其他用途的，应当由省、自治区、直辖市人民政府报国务院批准。国有未核定为文物保护单位的不可移动文物作其他用途的，应当报告县级人民政府文物行政部门。"

三、第四十条第二款修改为："国有文物收藏单位之间因举办展览、科学研究等需借用馆藏文物的，应当报主管的文物行政部门备案；借用馆藏一级文物的，应当经省、自治区、直辖市人民政府文物行政部门批准，并报国务院文物行政部门备案。"

本决定自公布之日起施行。

《中华人民共和国文物保护法》根据本决定作相应修改，重新公布。

全国人大常委会关于修改《中华人民共和国个人所得税法》的决定

（2007 年 12 月 29 日第十届全国人民代表大会常务委员会第三十一次会议通过）

第十届全国人民代表大会常务委员会第三十一次会议决定对《中华人民共和国个人所得税法》作如下修改：

第六条第一款第一项修改为："工资、薪金所得，以每月收入额减除费用二千元后的余额，为应纳税所得额。"同时，对"个人所得税税率表一"的附注作相应修改。

本决定自 2008 年 3 月 1 日起施行。

《中华人民共和国个人所得税法》根据本决定作相应修改，重新公布。

中国人民解放军选举委员会主任、副主任、委员名单

（2007 年 12 月 29 日第十届全国人民代表大会常务委员会第三十一次会议批准）

主　任：郭伯雄

副主任：徐才厚　李继耐

委　员：梁光烈　陈炳德　廖锡龙　常万全　靖志远
吴胜利　许其亮　孙忠同　刘振起　王冠中

全国人大常委会关于批准《儿童权利公约关于儿童卷入武装冲突问题的任择议定书》的决定

（2007 年 12 月 29 日第十届全国人民代表大会常务委员会第三十一次会议通过）

第十届全国人民代表大会常务委员会第三十一次会议决定：批准 2001 年 3 月 15 日由常驻联合国代表王英凡大使代表中华人民共和国政府签署的《儿童权利公约关于儿童卷入武装冲突问题的任择议定书》，同时声明：

一、中华人民共和国公民自愿加入本国武装部队的最低年龄为 17 岁。

二、为实施上述规定，中华人民共和国政府采取以下保障措施：

（一）《中华人民共和国兵役法》规定：每年 12 月 31 日以前年满 18 岁的男性公民，应当被征集服现役。根据军队需要和自愿的原则，可以征集当年 12 月 31 日以前未满 18 岁的男女公民服现役。经过兵役登记的应征公民，未被征集服现役的，服士兵预备役，士兵预备役的最低年龄为 18 岁。中华人民共和国国务院、中央军事委员会依据《中华人民共和国兵役法》制定的《征兵工作条例》规定：根据军队需要和本人自愿的原则，可以征集当年 12 月 31 日以前年满 17 岁未满 18 岁的男女公民服现役。

（二）《中华人民共和国刑法》规定：在征兵工作中徇私舞弊，接送不合格兵员，情节严重的，处 3 年以下有期徒刑或者拘役；造成特别严重后果的，处 3 年以上 7 年以下有期徒刑。

（三）中华人民共和国国务院、中央军事委员会批准的《廉洁征兵若干规定》规定：在征兵工作中不准放宽征兵条件、降低征集标准；实行到应征青年家庭和单位走访调查制度；对应征青年年龄情况进行审查。

全国人大常委会关于批准《中华人民共和国和葡萄牙共和国关于移管被判刑人的条约》的决定

（2007 年 12 月 29 日第十届全国人民代表大会常务委员会第三十一次会议通过）

第十届全国人民代表大会常务委员会第三十一次会议决定：批准外交部副部长张业遂代表中华人民共和国于 2007 年 1 月 31 日在北京签署的《中华人民共和国和葡萄牙共和国关于移管被判刑人的条约》。

全国人大常委会公告

（十届第二十六号）

第十届全国人民代表大会代表永仲嘎瓦因病去世，永仲嘎瓦的代表资格自然终止。

全国人民代表大会常务委员会对永仲嘎瓦代表的去世表示哀悼。

特此公告。

全国人民代表大会常务委员会
2007 年 12 月 29 日

全国人大常委会公告

（十届第二十七号）

最近，湖北省人大常委会接受了彭振坤提出的辞去第十届全国人民代表大会代表职务的请求。湖南省人大常委会罢免了杜崇烟的第十届全国人民代表大会代表职务。依照代表法的有关规定，彭振坤、杜崇烟的代表资格终止。依照选举法的有关规定，彭振坤的第十届全国人民代表大会农业与农村委员会委员职务相应终止。

现在，第十届全国人民代表大会实有代表 2963 人。

特此公告。

全国人民代表大会常务委员会
2007 年 12 月 29 日

全国人大常委会决定任免的名单

（2007 年 12 月 29 日第十届全国人民代表大会常务委员会第三十一次会议通过）

免去薄熙来的商务部部长职务；

任命陈德铭为商务部部长。

全国人大常委会任命名单

（2007 年 12 月 29 日第十届全国人民代表大会常务委员会第三十一次会议通过）

一、任命江必新为最高人民法院副院长、审判委员会委员、审判员。

二、任命薛淑兰（女）为最高人民法院刑事审判第一庭副庭长。

三、任命苗有水为最高人民法院刑事审判第二庭副庭长。

四、任命朱和庆为最高人民法院刑事审判第三庭副庭长、审判员。

五、任命党建军为最高人民法院刑事审判第四庭副庭长。

六、任命韩维中为最高人民法院刑事审判第五庭副庭长。

全国人大常委会任免名单

（2007 年 12 月 29 日第十届全国人民代表大会常务委员会第三十一次会议通过）

一、免去赵虹的最高人民检察院副检察长、检察委员会委员职务。

二、任命孙谦为最高人民检察院副检察长、检察委员会委员。

三、任命王健、顾华（女）、王洪、齐占洲、白凤云（女）、张红生、梁书斌、田书彩（女）、孙勤、孙林平（女）、王亚卿、荣晓红为最高人民检察院检察员。

全国人大常委会批准免职的名单

（2007 年 12 月 29 日第十届全国人民代表大会常务委员会第三十一次会议通过）

一、批准免去崔伟的山西省人民检察院检察长职务。

二、批准免去柯汉民的安徽省人民检察院检察长职务。

三、批准免去孙谦的江西省人民检察院检察长职务。

四、批准免去张德利的海南省人民检察院检察长职务。

五、批准免去蔡宁的甘肃省人民检察院检察长职务。

（新华社北京 12 月 29 日电）

三部劳动法律实施在即

全国人大要求确保全面正确贯彻实施

本报北京 12 月 29 日电　（记者石国胜、黄庆畅）劳动合同法、就业促进法将于明年 1 月 1 日起实施，刚通过的劳动争议调解仲裁法也将于明年 5 月 1 日起实施。全国人大常委会副委员长、秘书长盛华仁 29 日强调，要推动全社会学习好、宣传好这三部法律，保证法律得到全面正确的贯彻实施。

全国人大常委会法工委、劳动保障部、国务院法制办、全国总工会、全国工商联、中国企业联合会等部门，29 日在京联合召开劳动合同法、就业促进法、劳动争议调解仲裁法贯彻实施座谈会。盛华仁在座谈会上表示，这三部法律的出台是本届全国人大及其常委会为贯彻实施依法治国基本方略，构建中国特色社会主义法律体系而取得的重要立法成果。这三部法律的实施，既是改善民生、推动建设和谐社会的重要法律保障，又是贯彻落实科学发展观的重要举措。

盛华仁指出，有些法律颁布以后，由于相关的学习、宣传和培训工作没有紧紧跟上，社会上不同的利益群体，以及有的专家学者往往从各自的角度去解读法律，其中有些解读并不符合甚至曲解了法律的本意，因而对法律的理解形成误导，对法律的实施造成负面影响。劳动合同法通过后，就曾出现过一些误读误解，甚至规避法律的情况。从这件事中，我们深刻认识到，在每一部重要法律颁布以前，就必须做好解读的充分准备；颁布后，就要及时、全面、准确地宣传法律，解读法律。相关部门要共同加强和改进法律的学习、宣传和培训工作。

盛华仁强调，贯彻实施好这三部法律，是全社会的共同责任。各部门、各方面要依法履行职责，尽职尽责，互相配合，形成合力，共同做好工作。全国人大常委会将在这三部法律实施一段时间以后，及时组织开展执法检查，还将听取有关部门的专项工作报告，督促和支持有关方面及时总结经验，研究新情况，解决新问题，不断完善制度，切实改进工作。

座谈会上，有关部门负责人、企业界代表、职工代表和专家学者作了发言，并介绍了有关方面为贯彻实施这三部法律作出的周密部署和必要准备。

（上接第一版）

吴邦国指出，加强国有资产监管、健全社会保障体系、完善食品安全法律制度，是社会普遍关注、代表议案反映较为集中的问题。提请本次会议初次审议的国有资产法、社会保险法和食品安全法草案，是我们近两年着力抓的重点立法项目。常委会高度重视这三部法律的制定工作，督促有关方面抓紧研究起草，争取今年年内提请审议。全国人大财经委员会和国务院有关部门在认真调查研究、广泛征求意见尤其是提出相关议案代表意见的基础上，按期完成了起草任务。为提高立法质量，这次会议还安排听取审议了国务院关于城乡医疗卫生体制改革和加强食品药品安全监管情况的报告。会议期间，大家对这三部法律草案提出了许多好的意见和建议。会后，法律委员会要会同有关方面认真研究，进一步修改完善法律草案，提请以后的常委会会议审议。

吴邦国说，跟踪监督是本届全国人大常委会监督工作的一大特点，对增强监督实效发挥了积极作用。这些年来，我们按照"围绕中心、突出重点、讲求实效"的监督工作思路，紧紧围绕社会主义新农村建设、创新型国家建设、资源节约型和环境友好型社会建设、维护司法公正、促进社会和谐等五个方面的工作开展监督，把听取审议专项工作报告和执法检查结合起来，把推动改进工作和修改完善法律结合起来，加强跟踪监督，对重点难点问题进行反复督查，取得了很好的效果。这次会议听取和审议的国务院关于推进社会主义新农村建设、维护职工合法权益情况的报告，就是在前几年监督工作基础上开展的跟踪监督。审议中，大家对国务院的工作给予充分肯定，同时提出了一些意见和建议。会后由常委会办公厅汇总整理成审议意见，送有关方面研究改进工作参考。

吴邦国强调，这次会议审议并全票通过了全国人大常委会关于香港特别行政区 2012 年行政长官和立法会产生办法及有关普选问题的决定。这是全国人大常委会依法对香港特别行政区政制发展问题作出的又一重要决定，对于全面贯彻落实"一国两制"、"港人治港"、高度自治方针和香港特别行政区基本法，保障香港民主制度按照基本法的规定循序渐进地健康发展，保持和促进香港长期繁荣稳定，具有重大而深远的意义。

副委员长王兆国、李铁映、司马义·艾买提、何鲁丽、丁石孙、成思危、许嘉璐、蒋正华、顾秀莲、热地、盛华仁、路甬祥、乌云其木格、韩启德出席会议。国务院副总理回良玉、最高人民法院院长肖扬、最高人民检察院检察长贾春旺等列席会议。

人大常委会举行第三十次专题讲座

（上接第一版）要充分体现出社会保险制度的公平性与强制性；要妥善解决社会保险制度适用范围或者覆盖面的问题；要明确合理的责任分担机制；要明确责任主体各方的权利与义务；要赋予并规范社会保险经办机构相应的责任与权力，同时明确其应当承担的法律责任；要妥善解决社会保险制度实践中的基金监管与投资问题；要妥善解决好企业年金等补充保险的发展问题；要为社会保险改革与这一制度的进一步完善留出相应的空间。

副委员长王兆国、李铁映、司马义·艾买提、何鲁丽、丁石孙、成思危、许嘉璐、蒋正华、顾秀莲、盛华仁、路甬祥、乌云其木格、韩启德等听取了讲座。

中华人民共和国主席令

（第八十七号）

《中华人民共和国水污染防治法》已由中华人民共和国第十届全国人民代表大会常务委员会第三十二次会议于2008年2月28日修订通过，现将修订后的《中华人民共和国水污染防治法》公布，自2008年6月1日起施行。

中华人民共和国主席 **胡锦涛**
2008年2月28日

全国人大常委会任命名单

（2008年2月28日第十届全国人民代表大会常务委员会第三十二次会议通过）

一、任命任茂东为第十届全国人民代表大会内务司法委员会副主任委员。
二、任命乌日图（蒙古族）为第十届全国人民代表大会财政经济委员会副主任委员。
三、任命倪岳峰为第十届全国人民代表大会环境与资源保护委员会副主任委员。

全国人大常委会任免名单

（2008年2月28日第十届全国人民代表大会常务委员会第三十二次会议通过）

一、免去胡康生的全国人民代表大会常务委员会法制工作委员会主任职务；
任命李适时为全国人民代表大会常务委员会法制工作委员会主任。
二、免去刘积斌的全国人民代表大会常务委员会预算工作委员会主任职务；
任命朱志刚为全国人民代表大会常务委员会预算工作委员会主任。
三、免去王大成的全国人民代表大会常务委员会预算工作委员会副主任职务。

全国人大常委会免职名单

（2008年2月28日第十届全国人民代表大会常务委员会第三十二次会议通过）

一、免去孙华璞的最高人民法院审判委员会委员、审判员职务。
二、免去钱锋的最高人民法院审判委员会委员、民事审判第四庭庭长、审判员职务。
三、免去白富忠（满族）的最高人民法院审判员职务。

全国人大常委会公告

（十届）第二十八号

第十届全国人民代表大会代表张立昌因病去世，张立昌的代表资格自然终止。

全国人民代表大会常务委员会对张立昌代表的去世表示哀悼。

特此公告。

全国人民代表大会常务委员会
2008年2月28日

全国人大常委会公告

（十届）第二十九号

最近，安徽省人大常委会接受了陈世礼提出的辞去第十届全国人民代表大会代表职务的请求。依照代表法的有关规定，陈世礼的代表资格终止。

现在，第十届全国人民代表大会实有代表2961人。

特此公告。

全国人民代表大会常务委员会
2008年2月28日

全国人大常委会公告

（十届）第三十号

中华人民共和国第十一届全国人民代表大会代表，已按照《中华人民共和国全国人民代表大会和地方各级人民代表大会选举法》、《中国人民解放军选举全国人民代表大会和县级以上地方各级人民代表大会代表的办法》、《第十届全国人民代表大会第五次会议关于第十一届全国人民代表大会代表名额和选举问题的决定》、《中华人民共和国香港特别行政区选举第十一届全国人民代表大会代表的办法》、《中华人民共和国澳门特别行政区选举第十一届全国人民代表大会代表的办法》和全国人民代表大会常务委员会批准的《第十一届全国人民代表大会代表名额分配方案》、《第十一届全国人民代表大会少数民族代表名额分配方案》、《台湾省出席第十一届全国人民代表大会代表协商选举方案》的规定，由各省、自治区、直辖市、香港特别行政区、澳门特别行政区和中国人民解放军等35个选举单位于2008年1月分别选举产生，共选出第十一届全国人民代表大会代表2987名。第十届全国人民代表大会常务委员会第三十二次会议根据代表资格审查委员会提出的审查报告，审议确认2987名代表的代表资格全部有效。

现将第十一届全国人民代表大会代表名单予以公布。

全国人民代表大会常务委员会
2008年2月28日

全国人大常委会批准任命的名单

（2008年2月28日第十届全国人民代表大会常务委员会第三十二次会议通过）

一、批准任命慕平为北京市人民检察院检察长。
二、批准任命于世平为天津市人民检察院检察长。
三、批准任命张德利为河北省人民检察院检察长。
四、批准任命柯汉民为山西省人民检察院检察长。
五、批准任命邢宝玉为内蒙古自治区人民检察院检察长。
六、批准任命肖声为辽宁省人民检察院检察长。
七、批准任命张金锁为吉林省人民检察院检察长。
八、批准任命姜伟为黑龙江省人民检察院检察长。
九、批准任命陈旭为上海市人民检察院检察长。
十、批准任命徐安为江苏省人民检察院检察长。
十一、批准任命陈云龙为浙江省人民检察院检察长。
十二、批准任命崔伟为安徽省人民检察院检察长。
十三、批准任命倪英达为福建省人民检察院检察长。
十四、批准任命曾页九为江西省人民检察院检察长。
十五、批准任命国家森为山东省人民检察院检察长。
十六、批准任命蔡宁为河南省人民检察院检察长。
十七、批准任命敬大力为湖北省人民检察院检察长。
十八、批准任命龚佳禾为湖南省人民检察院检察长。
十九、批准任命郑红为广东省人民检察院检察长。
二十、批准任命罗建平为广西壮族自治区人民检察院检察长。
二十一、批准任命马勇霞（女，回族）为海南省人民检察院检察长。
二十二、批准任命余敏（女）为重庆市人民检察院检察长。
二十三、批准任命邓川为四川省人民检察院检察长。
二十四、批准任命陈俊平为贵州省人民检察院检察长。
二十五、批准任命王田海为云南省人民检察院检察长。
二十六、批准任命张培中为西藏自治区人民检察院检察长。
二十七、批准任命胡太平为陕西省人民检察院检察长。
二十八、批准任命乔汉荣为甘肃省人民检察院检察长。
二十九、批准任命王晓勇为青海省人民检察院检察长。
三十、批准任命王雁飞为宁夏回族自治区人民检察院检察长。
三十一、批准任命哈斯木·马木提（维吾尔族）为新疆维吾尔自治区人民检察院检察长。

（新华社北京2月28日电）

人民论坛

国旗下的『感觉』

王朝明

春节期间，2008奥帆赛承办城市青岛开展了“同心迎奥运、国旗耀岛城”活动，满城飘扬的五星红旗与奥运标志、大红的中国结和“福”字交相辉映，成为节日岛城的一道动人风景。一位在奥帆中心观看升旗仪式的市民感叹：“在春节这个传统节日里看到国旗，心中对祖国有了具体而特别的情感寄托，这太让人激动了，我喜欢这种感觉。”

有个朋友，每次到北京出差，不管住宿的地方离天安门近还是远，都要早早赶去看升国旗。问其缘故，他说：“我喜欢那种让人血脉贲张、热泪盈眶的感觉！”

其实，有这种感觉并且喜欢这种感觉的，不只那位青岛市民和笔者的朋友。但凡一个中国人，不管何时何地，只要一听到“义勇军进行曲”响起来，只要一看见五星红旗升起来，就会情不自禁地产生这种感觉。

这种感觉里，饱含着对祖国的热爱和忠诚。爱国旗，就是爱国家。人们不会忘记，即使身陷牢狱，面对死亡，因为对新中国深深的爱和无比向往，江姐和她的难友们还是用热血绣出了他们心目中的“五星红旗”。

这种感觉里，涌动着祖国崛起的自信与自豪。如今，在国际舞台，在奥运赛场，在珠峰，在极地，在“嫦娥一号”上，五星红旗正越来越鲜艳地进入世人的视野，越来越亮丽地吸引全球的目光。

这种感觉，承载着对民族复兴的期盼和渴望。每一个华夏儿女，无不热忱期待并为这样一个愿景而不懈努力：在新的历史起点上，继续全面建设小康社会，加快推进社会主义现代化，继续推进祖国和平统一大业，实现中华民族的伟大复兴。

这种感觉，还折射着国民素质和社会文明。尊重国旗，爱护国旗，按照《国旗法》的规定升挂国旗，是公民和组织的法定义务。仰望国旗升起时是否产生这种强烈而“特别”的感觉，凸显出一个公民爱国情感的深浅、国家意识的浓淡，反映出一个国家感召力、向心力及民族认同感、凝聚力的强弱。

爱国凸显素质，文明赢得尊重。中国即将迎来第二十九届北京奥运会，奥运是一个窗口，国人从这个窗口近距离看世界，世界更从这个窗口全方位看中国。而国人对待国旗的态度，将是包括运动员、游客在内的国际社会衡量、评价中国的一个重要标尺。

徜徉在节日的青岛街头，德国留学生玛丽斯为满城飘扬的五星红旗所吸引，她感慨地说：“以前我总认为中国人内敛，不善于表达内心的感情；但是现在我发现我错了，到处悬挂的国旗让我认识到，你们的爱国热情并不内敛，超出我的想象。”

玛丽斯的话让人欣慰。但是也应该看到，当前在一些地方，不按时升挂国旗，升挂国旗位置不适宜，升挂破损、污损、褪色或者不合规格的国旗等行为还存在，一些人的国旗意识比较淡薄。如何让国旗在每一片中国土地上依法升起，如何让国人从国旗下的“特别感觉”中得到更多的心灵触动和精神鼓舞，值得我们关注和思索。

五星红旗升起来，升起的是尊严和力量，升起的是雄壮与豪迈，升起的是民族自信和爱国热情。让一面面五星红旗，在祖国上空高高飘扬，让国旗下的“感觉”，更加强烈且持久！

全国三八红旗手标兵评选揭晓

新华社北京2月28日电 （记者李菲）在2008年三八国际劳动妇女节前夕，全国妇联决定授予在各行各业做出卓越贡献的10位女性全国三八红旗手标兵称号。

荣获“2008年全国三八红旗手标兵”称号的是：爱岗敬业，为首都窗口行业的精神文明建设默默奉献的北京公交集团新奥客运分公司售票员刘俊华；锲而不舍，在推进社会主义新农村建设中无私奉献的山西省平顺县西沟村党总支副书记申纪兰；励精图治，带领企业快速发展的辽宁省抚顺罕王实业集团董事长杨敏；刻苦攻关，在肝癌基因研究领域做出开创性贡献的第二军医大学东方肝胆外科研究所常务副所长王红阳；诚信办学、在民办教育事业做出重大贡献的山东英才职业技术学院董事长杨文；自强不息，用创业成果回报社会的河南圆方物业管理有限公司董事长薛荣；勤政为民，树立新时期公安民警新形象的四川省成都市公安局金牛区分局光荣派出所政治教导员汤敏；不畏艰苦，在战地忠诚职守、不辱使命的新华社驻加沙分社首席记者洪漫；勇于创新，为绕月探测工程做出突出贡献的国防科工委月球探测工程中心综合管理部部长富向东；追求卓越，攀登眼科医学事业新高峰的武警河南省总队医院副院长、眼科主任刘苏冰。

据了解，此次评选是在各省、自治区、直辖市妇联等单位层层评选推荐的基础上，推荐产生35名候选人。为体现公开、公正、公平原则，全国妇联自2008年1月15日至1月21日在中国妇女报、人民网—中国妇联新闻网、中国妇女网上对候选人名单及简要事迹予以公示，广泛听取社会各界意见，接受广大群众监督。

全国医学教育工作会议在京召开

据新华社北京2月28日电 （记者吴晶）教育部和卫生部28日在京联合召开全国医学教育工作会议。全国人大常委会副委员长韩启德出席会议并讲话。

韩启德充分肯定了医学教育和卫生人才培养工作取得的巨大成绩。他指出在影响卫生工作诸多因素中，最主要的是卫生人才培养，并特别强调医学教育要注重培养学生的科学素质和人文素质，着力提高学生的实践能力和创新能力，加大经费投入，从我国经济社会发展实际需要出发，进一步探索符合中国国情的医学学制学位体系。各高等学校要高度重视医学教育工作，把医学教育放在优先发展的位置。

教育部部长周济指出，我国已走出了一条有中国特色的医学教育发展之路。今后要加强医德和职业素质教育，促进医学学生全面发展；创新人才培养理念，提高医学教育人才培养水平和能力；切实抓好实践教学，加强医学生临床实践能力培养；实施人才强校战略，建设一支高素质的教师队伍；开展医学专业认证，完善医学教育质量保障体系。

卫生部部长陈竺指出，总体上，我国主要的卫生指标已处于发展中国家的前列。但是，随着经济社会发展，群众对卫生服务的需求不断增长，医学教育和卫生人才培养也面临着新的形势和新的挑战。医学教育要坚持正确的价值观导向，加快培养农村和城市社区卫生人才，大力促进卫生职业教育健康发展，做好住院医师/专科医师培训试点和继续医学教育工作，重视并加强中医药学教育，积极开展医学教育国际交流合作。

据统计，目前我国卫生系统约有658万名卫生工作者。

出席全国政协十一届一次会议的政协委员28日陆续抵京。贵州省黔南民族师范学院的潘晓慧委员（水族，右）、浙江省丽水市人民医院的雷后兴委员（畲族）刚到北京友谊宾馆驻地，就感受到了浓浓的奥运气息。 本报记者 雷声摄

人大常委会第三十二次会议在京闭会

（上接第一版）

吴邦国指出，本次常委会会议期间，常委会和各专门委员会组成人员，结合审议常委会工作报告稿，对五年来的工作进行了全面回顾和总结。大家一致认为，十届全国人大及其常委会认真贯彻落实党的十六大和十七大精神，以邓小平理论和“三个代表”重要思想为指导，深入贯彻落实科学发展观，坚持党的领导、人民当家作主、依法治国有机统一，紧紧围绕党和国家工作大局履行职责，在前几届工作的基础上与时俱进，开创了人大工作新局面，为发展社会主义民主政治、坚持和完善人民代表大会制度，为坚持改革开放、推动科学发展、促进社会和谐，作出了重要贡献。

吴邦国随后从立法工作成绩显著、监督实效明显增强、代表工作积极推进、对外交往更加活跃、自身建设不断加强等五个方面，对十届全国人大及其常委会的主要工作进行了总结。他强调，十届全国人大及其常委会任期的五年，是人大各项工作取得明显实效的五年，是人民代表大会制度自我完善发展的五年，是依法治国基本方略切实贯彻实施的五年，是社会主义法治理念深入人心的五年，是社会主义民主政治建设取得重大进展的五年。五年来的成绩，是在以胡锦涛同志为总书记的党中央正确领导下，全国人大代表、常委会和各专门委员会组成人员以及全国人大机关工作人员辛勤工作的结果。在此，我代表委员长会议向大家表示衷心感谢。

吴邦国强调，即将召开的十一届全国人大一次会议，是继党的十七大之后国家政治生活中的又一件大事。会议的议程多、内容重要。开好这次大会，对于全面贯彻落实党的十七大精神，高举中国特色社会主义伟大旗帜，坚持以邓小平理论和“三个代表”重要思想为指导，深入贯彻落实科学发展观，进一步动员全国各族人民，为夺取全面建设小康社会新胜利、开创中国特色社会主义事业新局面而奋斗，具有十分重要的意义。我们要把思想统一到党的十七大精神上来，统一到中央的重大决策上来，统一到为夺取全面建设小康社会新胜利的目标任务上来，坚持党的领导，充分发扬民主，严格依法办事，确保圆满完成大会的各项预定任务，把这次会议开成“与时俱进、民主团结、求实鼓劲”的大会。

副委员长王兆国、李铁映、司马义·艾买提、何鲁丽、丁石孙、成思危、许嘉璐、蒋正华、顾秀莲、热地、盛华仁、路甬祥、乌云其木格、韩启德等出席会议。国务委员曹刚川、最高人民法院院长肖扬、最高人民检察院检察长贾春旺等列席会议。

（上接第一版）着力提高推进改革开放、领导科学发展、促进社会和谐的能力，着力解决影响和制约科学发展的突出问题，着力解决群众反映强烈的突出问题，着力构建充满活力、富有效率、更加开放、有利于科学发展的体制机制。要牢牢把握试点工作的基本原则，以正面教育为主，突出实践特色，坚持群众路线，解决突出问题，努力实现干部受教育、发展上水平、群众得实惠。各试点单位要切实加强对试点工作的领导和指导，以改革创新精神推进试点工作，努力做到抓学习实践、促科学发展，促十七大精神的贯彻落实。

会议由中央宣传部常务副部长吉炳轩主持。中央深入学习实践科学发展观活动试点工作领导小组成员，试点省的省委主要负责同志，省委常委、组织部长，省委宣传部负责同志；试点部的主要负责同志；试点市（州）和县（区）所在省的省委常委、组织部长，省委宣传部负责同志，试点市（州）和县（区）的党委书记，试点中央企业、中央金融机构、中管高校的党委（党组）书记出席会议。部分试点单位主要负责同志在会上作了发言。

依法整治网络谣言取得阶段性成果

清理21万条信息 关闭42家网站

本报北京4月12日电 （记者**刘阳**）国家互联网信息办网络新闻协调局局长刘正荣、工业和信息化部通信保障局副局长赵志国今天就整治网络谣言的有关情况接受媒体采访。两位负责人通报了近期整治网络谣言的举措和成效，并对即将深入开展的相关工作进行了介绍。

拘留6名网上造谣者

刘正荣、赵志国在接受采访时指出，各类网络谣言经常出现，特别是最近一段时间，有个别网民在互联网上编造、传播所谓"军车进京、北京出事"等谣言，产生了恶劣的社会影响。网络谣言已成为社会公害、网络"毒瘤"，不仅使善良的人们受骗上当，损害社会诚信，破坏公共秩序，影响正常社会生活，而且严重干扰了正常的网络传播秩序，直接危及到我国互联网的健康发展，危害极大。依法严肃整治和打击利用互联网造谣传谣行为，是广大人民群众的强烈愿望，是广大网民的共同呼声，得到了社会各界的一致支持和拥护。

据介绍，相关部门近期就整治网络谣言采取了一系列行动和举措，除了依法查处和关闭了一批造谣传谣、疏于管理造成恶劣社会影响的网站，公安机关还对在网上编造谣言的李某、唐某等6人依法予以拘留，对在网上传播相关谣言的其他人员进行了教育训诫。目前，清理网络谣言的行动已经取得明显阶段性成果。3月中旬以来，据不完全统计，互联网信息管理部门会同通信、公安等部门清理的各类网络谣言信息已达21万多条，依法关闭的网站已达42家，网络环境有所改善。

重点遏制微博客造谣传谣

刘正荣强调指出，利用互联网造谣传谣是违法行为，我国有多部法律对惩治网络谣言作出规定。我国《刑法》对以造谣等方式煽动颠覆国家政权、编造并且传播影响证券交易的虚假信息、捏造并散布损害他人商业信誉和商品声誉的虚伪事实、编造恐怖信息等行为作出有罪规定。《全国人民代表大会常务委员会关于维护互联网安全的决定》明确规定，利用互联网造谣、诽谤或者发表、传播其他有害信息，构成犯罪的，依照刑法有关规定追究刑事责任。《互联网信息服务管理办法》等一系列互联网法规也对惩治网络谣言作出了明确规定。在任何国家、任何地方，编造谣言干扰正常社会秩序都是不允许的。造谣者不仅应受到法律的制裁，而且要受到社会舆论的强烈谴责。

针对一些谣言通过微博客网站传播的问题，刘正荣表示，这一现象已引起高度重视，已将遏制谣言等违法和有害信息通过微博客传播作为重点工作。刘正荣介绍说，有的网民不明真相或为了吸引关注，转发相关谣言，致使谣言快速扩散。工作中还发现，有境外互联网用户通过我国境内的微博客网站制造和散布谣言，网络环境十分复杂。出现这种情况，既有网上的复杂因素，也有互联网站不落实法定责任和义务的因素。解决这些问题，需要政府主管部门和互联网业界付出努力，还需要广大网民不信谣、不传谣，自觉抵制谣言、积极举报谣言，共同营造网络谣言人人喊打的社会氛围。

将加大力度整治网络谣言

两位负责人还在采访中通报了即将深入开展的相关工作。据介绍，互联网信息管理部门和通信管理部门将进一步查处不落实法定责任，致使谣言传播，造成恶劣社会影响的违法违规网站；公安机关将对罔顾法律的造谣传谣人员，依法予以处罚；将积极发挥行业协会等组织的作用，加强行业自律，发动业界自觉抵制网络谣言；将充分发挥社会监督、媒体监督积极作用，发动广大人民群众积极举报谣言，对举报有功者予以奖励；将在全社会开展网络法制和道德教育，引导人们正确合理使用互联网。有关执法部门将毫不懈怠地履行互联网管理职责，以法律为准绳，严格执法，坚决治理，始终对网络谣言保持高压态势，切实维护法律尊严，维护正常有序的网络环境。

此外，赵志国还强调，整治网络谣言，互联网企业承担着重要责任。各类互联网企业都要履行法律责任、社会责任，依法办网、诚信办网、文明办网，不能为网络谣言传播提供平台。无论是互联网接入服务企业，还是互联网信息服务企业，在为网民提供服务时，都必须采取有效措施遏制和阻止互联网上各类违法有害信息传播，这在相关法律法规中有明确规定和要求。互联网企业要健全内部管理制度，规范信息制作、发布和传播流程，强化内部监管机制，积极利用技术等手段，加强对网络谣言的甄别和拦截，切实承担起、履行好法定责任和义务。

网络文明 人人有责

刘 阳

快 评

近年来，互联网的迅猛发展极大地改变了人们的生活方式。统计数据显示，截至2011年底，中国网民数量突破5亿，互联网普及率达到38.3%。此外，移动互联网技术的发展和运用的普及，为人们的生活带来了更多的便利。关于"人人都有麦克风，人人都是自媒体"的讨论，已经不再是新鲜的话题。作为现实生活的投射，原本虚拟的网络世界正在越来越多地与真实的生活发生联系，对现实生活发挥重要影响。

然而，也正是在这样日新月异的变革中，网络时代潜伏的种种危机也逐渐浮出水面。最近一段时间出现的网络造谣、传谣事件，正是个别网民利用了互联网传播的便利性、快捷性，对社会稳定造成了严重的危害。

经过一段时间的整顿，我国的网络环境已经得到了明显改善，但这些造谣、传谣事件所引发的反思是，面对网络技术发展带来的舆论环境日益复杂的局面，我们的网络管理如何做到在促进政府信息公开透明、舆论环境宽松自由的同时，确保网络信息的真实和网络环境的绿色、安全？

互联网发展带来的一系列新问题，给社会管理带来的一系列新挑战，绝不是中国一个国家独自面对的，对任何一个国家，这些新挑战、新问题也决非某一个政府部门单枪匹马就可以解决的。如果说，对互联网科学、有效的管理是一场艰难、持久的战役，那么，要在这场战役中取胜，就必须依靠全社会的力量。在这场战役中，每一个互联网企业、每一个公民，都肩负着重要的责任。文明办网、文明上网，促进网络环境的健康发展，是每一个公民责无旁贷的义务。

人民论坛

消除戾气需要春风化雨

——如何疏导社会情绪之二

张 铁

一名17岁少年的误解怀疑，导致一位年轻的哈尔滨医生无辜遇害。而这一新闻下，65%网友投票表示"高兴"，更让人心惊。个案固然极端，背后折射的社会心态，却值得警思。

拥堵车流中，你有没有焦躁地狂按喇叭？网络谣言下，你有没有无谓地留言发泄？一人一时的反应，是情境所迫、性格所致甚至习惯使然。然而，刺耳的喇叭合鸣、疯狂的穿梭并线，当路怒成"族"，网暴成"群"，攻讦筑出"高楼"，讨论演为"对掐"，却也让人感受到戾气的弥散。

任由戾气蔓延，会消解社会共识，引发怀疑主义、犬儒主义甚至虚无主义的心理暗疾：真诚可能被指责成造作，善良可能被解读成虚伪，而美丽则被视为经过了整容。正如"八毛门"事件中，医生正确的诊断遭致过度医疗的猜疑，引发无数围观甚至"围攻"。

戾气也销蚀着个体的幸福。意气用事、快意恩仇的谩骂，肝火上升、怒气难平的指责，只能逞口舌之快，无助于问题沟通、矛盾化解。对医生遇害的"高兴"表达，就算满足了少数人的发泄需求，却进一步撕裂了群体、升级了矛盾，呈现出社会的病态，伤害了他人最终也会伤害自己。

不管是源于竞争的焦虑，还是源于难平的怨气，戾气弥散都有现实根源。为什么我是北漂、蚁族，而有些人却能为名牌手袋一掷千金？为什么我买房、买车压力重重，而有些人却能在"拼爹"中轻易胜出？一边是快速增长的物质财富，一边却是贫富差距、社会板结等难以避免的问题，这让社会成员难免会在对比中产生"过山车式"的体验。

社会结构剧烈变动，利益格局急剧调整，现实环境快速切换。可以说，这样的心理失衡，是转型社会不得不面对的心理考验，也是现代化历程中必须应对的精神挑战。正因此，十七届六中全会提出要"塑造自尊自信、理性平和、积极向上的社会心态"，胡锦涛同志也把"疏导公众情绪"作为对新闻媒体的基本要求之一。

戾气只是认知的失衡，并非什么洪水猛兽，不能用简单的意识形态化处置。思想的自由市场上，红头文件管不住人们"采购"怎样的观念；多元的舆论生态中，曾经强力灌输用的"魔弹"也无法百发百中。急风暴雨的强硬手段、不顾受众的单向要求，只能适得其反。

解好涵养理性平和社会心态的必答题，需要社会管理者更多细致入微的心理按摩，需要媒体和舆论更多春风化雨的情绪疏导。端起架子教育"买房不如租房"，不如进行利益分析，提出合理方案……只有在交流互动中，才能凝聚起这样的社会共识：理性有序的环境有利于降低社会关系调节成本，平和积极的心态更接近文明进步的理想。

从根本上说，消除戾气，需要理顺社会症结。如何重建信任、完善制度，消除源于对未来"不确定"的焦虑？如何畅通表达、合理救济，消除源于对权利"被忽视"的不安？只有完善政治文明、实现公平正义，戾气才会渐渐消解，公民才能以更具理性、建设性的视角厘清问题、观察社会，国家也才能更进一步凝聚发展之力，迈开前行之步。

王岐山分别会见加拿大和新西兰客人

新华社北京4月12日电 国务院副总理王岐山12日在中南海会见了加拿大永明金融集团首席执行官邓康岭。双方就当前全球经济金融形势、保险业改革发展等交换了看法。

当天，王岐山还在中南海会见了新西兰恒天然合作集团董事长亨利·海登。双方就中新经贸合作、中国经济发展等交换了看法。

刘延东离京出访欧洲

新华社北京4月12日电 国务委员刘延东12日离开北京，赴英国、欧盟总部、比利时和塞浦路斯进行访问，并将主持中英、中欧高级别人文交流（对话）机制第一次会议，出席伦敦书展中国主宾国相关活动。

周铁农出席欧亚经济峰会

据新华社伊斯坦布尔4月11日电 （记者**陈铭**）第十五届欧亚经济峰会11日在土耳其最大城市伊斯坦布尔召开，马其顿和阿尔巴尼亚总统以及来自中国、阿塞拜疆、保加利亚、德国、罗马尼亚等40多个国家的400多位政府官员和代表出席会议。

中国全国人大常委会副委员长、中国国际交流协会会长周铁农以及中国驻伊斯坦布尔总领事张清洋出席了当天的会议开幕式。

董建华在纽约就中美关系发表演讲

本报纽约4月11日电 （记者**席来旺、吴云、丁小希**）全国政协副主席、香港中美交流基金会创会主席董建华11日晚在纽约经济俱乐部晚餐会上就中美关系发表演讲，强调中美双方应充分沟通，相互理解，化解分歧，把两国关系不断向前推进。

董建华指出，中美关系是当今世界上最为重要的双边关系，中美两国共同战略利益较多，合作领域广泛。两国需要密切合作，携手应对一系列严峻的跨国挑战。

大雪袭冰城

4月12日，行人在黑龙江大学校园内冒雪前行。当日，一场鹅毛大雪降临冰城哈尔滨市，给市民出行和城市交通带来影响。

新华社记者 王 凯摄

宋哲被任命为外交部驻香港特派员公署特派员

新华社北京4月12日电 中央人民政府决定，任命宋哲为外交部驻香港特别行政区特派员，免去吕新华的外交部驻香港特别行政区特派员职务。

（上接第一版）湖北是教育大省，在高校等思想活跃的地方，更要加强舆论引导，维护好团结、稳定、和谐的局面。

西藏自治区党委表示要坚决维护社会大局和谐稳定，牢固树立稳定压倒一切的思想，把维护稳定作为硬任务和第一责任，做到不留缝隙、不留盲区、不留空白点，构建维护和谐稳定的长效机制。

各地干部群众认为，当前正处于全面建设小康社会的关键时期和深化改革开放、加快转变经济发展方式的攻坚时期，尤其需要把握稳中求进的总基调，正确处理改革发展稳定的关系，不断推进各项工作取得新的更大成就。

全国人大代表、安徽凤台县永望食用菌协会专业合作社理事长鲁中祝认为，中央决定有利于维护国家安定团结的大局，这几年国家在经济、社会、文化等方面取得的巨大成就，与社会的和谐稳定是分不开的，我当人大代表这几年，在外面调研，深感农村这几年发生了翻天覆地的大变化，这种发展同样要以稳定为基础，我衷心地希望在稳定的前提下，农村各方面都能取得更大的进步与发展，让农民过上更好的生活。

柳工集团董事长王晓华说，柳工的党员干部职工将珍惜当今来之不易的良好发展环境，深入开展反腐倡廉教育，凝心聚力抓好企业生产，一心一意谋跨越发展，立足本职，坚守岗位，攻坚克难，加强自主创新，打造核心竞争力，促进转型升级。

青岛市信访局办公室主任滕勇超表示坚决拥护中央的决定，在思想和行动上与党中央保持高度一致，在今后的工作中，聚精会神做好本职工作，以实际行动维护全市改革发展稳定的大好局面，为建设宜居幸福的现代化国际城市做出应有贡献。

四川省旺苍县司法局要求全县司法行政干部必须保持政治上的清醒与坚定，自觉把思想和行动统一到中央的要求上来，深入开展政法干警核心价值观教育实践活动，营造崇尚法律、践行法制的良好氛围，深化社会管理创新，全力化解矛盾纠纷，珍惜、维护和谐稳定大局，珍惜、维护改革开放成果，为全县经济社会科学发展、保障和改善民生、促进社会和谐稳定服好务。

南开大学外国语学院团委书记李娜说："当前，我们国家正处于改革攻坚阶段和发展战略机遇期的重要关口，作为一名高校学生工作干部，我将认真学习领会中央文件精神，增强政治意识、责任意识、大局意识和纪律观念，坚守岗位，积极做好大学生思想政治教育工作，共同维护来之不易的稳定和谐局面，我们对未来充满信心！"

四川

逾四百万农村学生享受营养补助

本报成都4月12日电 （记者**张文**）4月11日，四川省农村义务教育学生营养改善计划正式启动，计划将覆盖19个市（州）共117个县，即60个国家试点县和57个省级试点县。计划补助对象为县以下（不含县城）农村义务教育阶段学生，占全省义务教育阶段学生的47%，共计423.6万名。补助标准为每生每天3元，全省将投入补助资金25亿元。

根据四川省政府要求，各地在实施营养改善计划时，将因地制宜选择供餐模式和供餐内容。学校有供餐能力的，由本校食堂为学生供餐；没有食堂的，提倡选择鸡蛋、牛奶、水果等供餐模式；地理位置相对集中、交通便利的，也可由县级有关部门批准后，由学校向具备资质的餐饮企业、单位集体食堂购买供餐服务。

计划规定，凡进入学校的大宗食品，必须坚持政府统一采购原则。对于实施蛋奶供餐模式的，必须按照四川省公布的学生奶定点企业名单实行政府统一采购，各地严禁向未入围学生饮用奶和无学生饮用奶资格的企业采购。同时，进入学校食堂的食品及原材料必须登记，采购物品的数量、价格等情况定期公布，接受学生、教师和家长监督。

计划要求，营养补助资金要足额用于为学生提供等值优质食品，不得直接发放给学生个人和家长，并严禁用于补贴教职工伙食和其他学校公用经费支出，严禁克扣、截留、挤占和挪用资金。县学生营养办将统一制发学生营养改善计划专用餐券，并与学校饭菜票严格区分，不流通、不兑换、不现金补偿，只用于食堂购买饭菜，补充学生营养。

西 藏

去年补偿野生动物肇事经费超亿元

本报拉萨4月12日电 （记者**扎西、韩俊杰**）近日，记者在西藏自治区林业局采访时获悉：西藏自治区全面落实野生动物肇事损失补偿机制，去年全区共落实野生动物肇事补偿经费1.111亿元。该区全面推进的野生动物肇事损失补偿工作，既维护了农牧民的合法权益，又促进了当地环境保护事业的发展。

西藏去年补偿的资金额度主要包括两个方面：一是兑付了2009年补偿经费。完成了拉萨、日喀则等5个地（市）2009年度野生动物肇事损失补偿经费的兑付工作，共兑付4779.4万元。二是狠抓了2010年补偿经费落实。据统计，去年全年共发生此类案件50733起，涉及居民46291户，兑付补偿经费6330.68万。

据了解，西藏野生动物肇事越来越多主要源于当地自然生态环境越来越好。上世纪80年代以来，为保护青藏高原的生态环境，西藏建立了21个生态功能保护区、7个国家森林公园、3个地质公园、1个国家级风景名胜区以及47个各级各类自然保护区，保护区面积占西藏国土面积的34.5%。自然保护区建设力度的逐年加大，使野生动物资源储量比20年前增长30%以上。随之，棕熊、黑熊、野牦牛、雪豹、岩羊等"扰民"事件也就频频发生了。

为此，西藏自治区于2006年颁布实施《西藏自治区重点陆生野生动物造成公民人身伤害和财产损失补偿暂行办法》，政府对野牦牛、棕熊等国家和自治区重点保护陆生野生动物造成人身伤害和财产损失，给予不同程度的经济补偿。

宁 夏

科技脱贫"百人团"计划启动

本报银川4月12日电 （记者**周志忠**）一项科技脱贫致富指导员"百人团"工作计划日前在宁夏启动。这一工作致力于解决宁夏贫困村缺乏致富带头人和领路人的问题。

科技脱贫致富指导员"百人团"工作的核心内容是从区内科研院所、高校、涉农事业单位及市县科技系统选拔百名科技人员，与100个贫困村建立结对帮扶关系。指导员"百人团"工作将覆盖约20万人口，占宁夏全区贫困人口的近20%。通过3至5年努力，使贫困村从事特色优势产业的农户覆盖面达到80%以上，熟练掌握1—2门致富技术的农户达到80%以上，农民人均纯收入年均增长15%以上，走上依托科技支撑稳步发展的道路。

为确保此项工作取得成效，宁夏回族自治区科技厅和有关科研单位精心选定了科技人员，包括自治区级科研机构已退休但身体健康且有扶贫愿望的老科技人员、承担科技示范转化项目并在贫困地区开展科技服务工作的中青年科技人员和各市县区科技系统退居二线的科技管理人员。指导员"百人团"在帮扶村开展工作以突出科技脱贫为重点，协助乡村干部谋划发展措施，确定适合本地发展的主导产业、特色产业和科技扶贫项目，制定产业发展规划，找准切入点，充分发挥科技对贫困村生产力水平的提升作用。"百人团"将在对口帮扶的贫困村建立起科技、扶贫部门总协调、派出单位、县乡政府分工负责的管理模式，紧密结合贫困村产业发展实际，因地制宜确定科技扶贫方向。

人民日报
RENMIN RIBAO

人民网　网址:http://www.people.com.cn
手机:http://wap.people.com.cn

2012年3月
26
星期一
壬辰年三月初五
人民日报社出版
国内统一连续出版物号
CN 11-0065
第23270期(代号1-1)
今日24版

让“中国制造”扬眉吐气

——从临港产业区看上海先进制造业的崛起

本报记者　刘建林　谢卫群　孙小静

上海的陆域向东走到尽头,内扼扬子江、外眺太平洋的所在,就是临港——它雄踞东海之滨,与杭州湾为邻,江水与海水相激,形成数十平方公里的滩涂,状如水滴。这里,曾是上海最穷、最低洼的地方,被百姓们随口叫了个“泥城镇”。如今,从泥潭里一跃而起的临港产业区,已成为上海乃至“中国制造”的新高地。

8年时间,56平方公里,引进176个高端装备制造项目,临港产业区2011年实现产值456亿元,2015年将实现产值1200亿元,拉动整个临港地区产值达5000亿元——这组看似醒目的数字,并不足以涵盖临港产业区的意义。2月3日,中共中央政治局委员、上海市委书记俞正声调研时一语道破:“临港地区是上海未来发展的重点,我们要看清形势、抓住机遇,加快速度开发,加大力度推进,使临港的开发建设成为提振发展信心的亮点。”

为了坚定不移推进转型发展,上海在“十二五”期间全面布局,推出包括临港地区在内的六大重点开发区域。临港,正在成为中国最具国际竞争力的高端装备产业区。曾经是“中国制造”高地、让全国人民都心仪“上海货”的沪上,正从临港出发,向着太平洋微笑着递出一张“中国制造”新名片,重塑“中国制造”的崭新形象。

定位于高端制造、极端制造、自主制造
每一幢厂房里都有一个“最”

在很多产业,中国制造显得“多”而不“精”、“大”而不“强”、“广”而不“高”,甚至成了“廉价商品”的代名词。

例如中国是造船大国,却不是造船强国。像造船的关键件,如船用发动机、发动机曲轴等还受制于人,中国造船企业常常出现“船等机,机等轴”的情况。

临港让这一切大有改观。中船集团和上海电气先后在临港生产出世界最大的缸径980毫米低速大功率柴油机以及与之匹配的980船用曲轴,中国造船企业的谈判及定价、交货期等话语权迅速加重。

长800米、高42米,这就是中船三井公司船用低速大功率柴油发动机的生产车间,被称为亚洲最大的发动机智能生产车间。总装台处,一个三层楼高、重1200余吨的庞然大物赫然眼前。“这还不是我们生产的最大的柴油机。”上海中船三井造船柴油机有限公司董事会秘书叶强说,这里曾批量生产了15台功率达6.2万马力、980毫米缸径的国内最大柴油机,填补了我国大型柴油机的空白,扭转了一直受制于人的局面。

上海电气船用曲轴有限公司,生产的是低速大功率船用柴油发动机最重要的配件——曲轴。这是国内第一个曲轴生产企业。以前,这种曲轴基本由日、韩两个造船大国生产。如今,上海电气船用曲轴公司几乎能生产所有机型柴油机的曲轴,彻底打破国际垄断。更可喜的是,由于不断进行科技创新,曲轴自重由40吨降为25吨,成本及价格大幅降低,性能与质量却达到国际先进水平。

在临港产业区参观,常觉“看不够”、“长见识”。临港已形成“6+1”个基地:“6”即汽车整车及动力总成零部件、船舶关键件、新能源装备、海洋工程装备、大型工程机械以及大飞机装备基地;“1”则是其他各类战略性新兴产业。(下转第十一版)

胡锦涛抵达首尔出席核安全峰会

离开北京开始韩国、印度、柬埔寨之行

3月25日,国家主席胡锦涛乘专机抵达首尔城南机场,出席首尔核安全峰会。这是胡锦涛主席和夫人刘永清向前来欢迎的人们挥手致意。　新华社记者　**黄敬文**摄

本报首尔3月25日电　(记者**吴绮敏、莽九晨、马菲**)国家主席胡锦涛25日抵达韩国首都首尔,出席26日至27日举行的首尔核安全峰会。

当地时间19时许,胡锦涛乘坐的专机抵达首尔城南机场。胡锦涛和夫人刘永清受到韩国政府高级代表的热情迎接。

令计划、王沪宁、戴秉国等陪同人员同机抵达。

中国驻韩国大使也到机场迎接。

首尔核安全峰会是2010年华盛顿核安全峰会的后续会议。这次峰会以加强核材料和核设施安全为主题,将全面回顾华盛顿峰会以来国际社会在核安全领域取得的进展,重点讨论加强核安全的国家措施和国际合作。50多个国家领导人和有关国际组织负责人将出席会议。

胡锦涛将在会上发表重要讲话,全面阐述中国在核安全领域的政策主张、所做努力和重要举措。与会期间,胡锦涛还将同有关国家领导人举行双边会晤。

出席核安全峰会后,胡锦涛将出席在印度新德里举行的金砖国家领导人第四次会晤,并对柬埔寨进行国事访问。

新华社北京3月25日电　应韩国总统李明博、印度总理辛格、柬埔寨国王西哈莫尼邀请,国家主席胡锦涛25日下午乘专机离开北京,出席在韩国首尔举行的第二届核安全峰会和在印度新德里举行的金砖国家领导人第四次会晤,并对柬埔寨进行国事访问。

陪同胡锦涛主席出访的有:胡锦涛主席夫人刘永清,中共中央书记处书记、中央办公厅主任令计划,中共中央书记处书记、中央政策研究室主任王沪宁,国务委员戴秉国,外交部部长杨洁篪,国家发展和改革委员会主任张平,工业和信息化部部长苗圩,商务部部长陈德铭,外交部副部长傅莹,胡锦涛主席办公室主任陈世炬,外交部部长助理马朝旭。

把学习作为提高执政能力根本途径

本报评论员

部级领导干部历史文化讲座引领学习风尚,党委中心组成为组织学习的“发动机”,许多党员干部踊跃到基层学习调研……广大党员干部尤其是领导干部日益重视学习、善于学习,推动了学习型党组织建设深入开展,也深化着新形势下执政者如何加强学习的思考。

我们党历来重视学习,在每一个重大历史转折时期总是号召全党同志加强学习,特别是把领导干部的学习作为重中之重。毛泽东同志曾经指出,我们党有100个至200个系统地而不是零碎地、实际地而不是空洞地学会了马克思列宁主义的同志,就会大大提高我们党的战斗力。邓小平同志在十一届三中全会召开前夕也强调,几百个中央委员,几千个中央和地方的高级干部,要带头钻研现代化经济建设。在建设马克思主义学习型政党的战略部署中,中央更是一再要求,党员领导干部要作真学真懂真信真用的表率。

当今世界和当代中国正在发生广泛而深刻的变化,分析新矛盾,解决新问题,研究新情况,掌握新知识,摸索新经验,既是新的实践过程,也是新的学习过程。各级领导干部承担着执政兴国、执政为民的重要职责,肩负着为官一任、造福一方的重要使命,学习的挑战更为严峻,任务也更为繁重。

当我国跻身世界第二大经济体,如何把握经济社会发展规律,保持良好发展势头?当改革进入深水区,如何继续开动脑筋、激发智慧,努力破解“躲不开、绕不过”的深层问题?当城镇化率历史性地突破50%,如何把脉中国城镇化进程,更好地统筹城乡发展?当PM2.5首次写进《政府工作报告》,如何应对快速发展带来的环境压力,更有力地推进生态文明建设?解决这些问题,都离不开学习,需要在学习中丰富知识储备、完善知识结构、更新思想观念、提高执政能力。

非学无以广才,非学无以明志。选择了学习,就是选择了进步。通过学习坚定理想信念,系统掌握马克思主义立场、观点、方法,才能始终立场坚定、头脑清醒;通过学习掌握各方面知识,才能拓宽视野、判明大势,切实提高战略思维、创新思维、辩证思维能力;通过学习弘扬理论联系实际的马克思主义学风,才能深化规律性认识,提高分析问题、解决问题的能力,积极解决人民最关心最直接最现实的利益问题、本地区本部门改革发展稳定的重大问题。如果不加强学习、不抓紧学习,知识就会老化,思想就会僵化,能力就会退化,就难以完成肩负的职责使命,甚至难以在这个时代立足。对领导干部来说,学习不仅事关个人修养,更关系执政能力、事业发展。

“党的领导干部要自觉把学习作为提高素质、增长本领、做好领导工作的根本途径”,胡锦涛总书记的明确要求,正是从时代发展、治国理政的高度来认识学习,展现了新形势下不断提高执政能力的战略谋划。各级领导干部应以高度的政治责任感、强烈的求知欲和积极的进取精神,先学一步、多学一点、学深一些,多一些学习思考,少一些事务应酬,努力成为学习型党组织建设的组织者、促进者、实践者,带动全党全社会形成良好学习风气,为建设马克思主义学习型政党夯实基础。

香港特区行政长官选举结束

梁振英当选第四任行政长官人选

本报香港3月25日电　(记者**尹世昌、李海元**)香港特别行政区第四任行政长官选举今日举行投票,候选人梁振英以689票在选举中胜出,当选为香港特别行政区第四任行政长官人选。

选举投票25日上午9时开始在湾仔香港会议展览中心举行。候选人梁振英获得689张有效选票,唐英年获285票,何俊仁获76票。选举主任潘兆初法官根据《行政长官选举条例》第二十八条宣布,梁振英取得超过600张有效选票,在选举中当选。

根据《中华人民共和国香港特别行政区基本法》的规定,香港特区行政长官由一个具有广泛代表性的选举委员会选出,由中央人民政府任命。第四任行政长官的任期自2012年7月1日至2017年6月30日。

现任行政长官曾荫权发表声明说,2012年行政长官选举是香港特别行政区政制发展的一个重要里程碑。选举能按照基本法的规定顺利进行,再次展现“一国两制”和“港人治港”在香港成功落实,他已经向国务院提交选举结果报告,并请中央人民政府任命梁振英为香港特别行政区下任行政长官。

梁振英1954年8月生于香港,祖籍山东威海,曾长期担任特区政府行政会议非官守议员召集人。他是去年11月正式宣布参选香港特别行政区下任行政长官的。

31年　13.6万亩

“陆良八老”种树记

本报记者　胡洪江

【阅读提示】

在海拔2000米以上的喀斯特山区,他们植树护林31年,建成7400亩林场,累计承包植树造林13.6万亩。大树染绿了座座荒凉的山头,也让他们两鬓如霜。他们,就是云南省曲靖市陆良县龙海乡8位年逾古稀的老者,当地人亲切地称呼他们“陆良八老”。

3月22日,“陆良八老”重回花木山林场。从左至右依次为:王云方、王家德、王家云、王小苗、王长取、王德应、王家寿、王开和。　本报记者　**胡洪江**摄

上世纪80年代初,8位正值壮年的汉子带头上山种树,此后又义无反顾地承担起守护山林的重任,一晃31年。风里来、雨里去,原本乱石嶙峋的荒山披上了新绿,当年的壮年如今都已白发苍苍——他们是:87岁的王家云、84岁的王云方、82岁的王开和、78岁的王德应和王家寿、77岁的王家德、75岁的王长取、73岁的王小苗。

【镜头一】

冬春挖塘,雨季栽树,为抢时间,8个人常常住在山上。“杂木砍下来搭个棚子,找些枝枝叶叶垫着,管它地上湿不湿,就这么睡了。”王家寿说,实在太冷了,他们就挤在一起取暖,第二天起来时,全身都是冰碴碴。

78岁的王家寿还记得,30多年前,花木山林场所在的山区被当地村民唤作“石渣子”、“光头山”。“山上没树,挡不住风,山脚下种个玉米都不会结苞子。一场雨下来,啥都冲光了。”

“山头要有树,山脚要有路,农民才会富。”时任龙海公社树搭棚村民兵营长的王小苗曾带人到山上打靶,却连一棵可以充当靶子的树都找不到。望着这一大片荒凉的石疙瘩,想起山脚下辛苦讨生活的乡亲,他萌生了植树造林的想法。　(下转第六版)

一个以生命为限的承诺

——记优秀离休干部解黎明

本报记者　杜　榕

原本可以舒舒服服地颐养天年,但她心里却始终放不下贫困学生;原本可以安享平静的离休生活,但她却奔走于为他人服务的征程中;原本可以使自己的物质生活更加富足,但她却选择让自己的精神世界充满阳光……是什么样的力量,让87岁的离休老干部解黎明拿出自己的积蓄,坚持扶贫济困十四载?当我们走近这位老人,看到的不仅是爱的力量,更看到一个共产党人坚定不变的信仰和火红炽热的信念。

大爱至善
“我是举过拳头宣过誓的党员,老百姓的困难不能不管”

今年87岁的解黎明,1947年参加革命工作,1953年加入中国共产党,1985年由原山西省临汾地区电业局(现临汾供电公司)工会副主席的岗位上离休,从1998年开始捐资助学,让150多名山区孩子圆了上学梦。

“她一定是位雍容华贵的老太太?”不少没见过解黎明的人,甚至是她捐助的学生最初都会有这样的想象。来到山西省临汾市解放东路市人民医院宿舍区,我们在一栋有些老旧的居民楼里找到了解老的家。在略显狭小的两居室里,只看到简单朴实的家具、21寸的老电视……倒是墙上挂满了各种各样的红色的表彰佩带和各级组织颁发的奖状、奖章。其中,2004年获得中组部“全国老干部先进个人”并在人民大会堂出席表彰大会的会议合影摆放在客厅的显著位置,照片上解老春风满面,但人们并不知道,解老穿的那件呢子大衣已伴随她40多年,至今还在穿。

“我生活上没什么困难,自己节约点、少用点没事,可对需要的人来说这点钱就顶大事了。”解黎明说,“我是举过拳头宣过誓的党员,老百姓的困难不能不管,力所能及做点事吧!”解老的这个想法起源于1998年,当时她和老伴寇志清看到了曾经在汾西县插队的北京知青程炜放弃优越的生活条件,离职舍家自筹资金来到国家级贫困县临汾市大宁县搞扶贫开发的事迹,两位老人深受感动,立即决定送去1万元钱支持程炜。　(下转第六版)

人民日报
RENMIN RIBAO
人民网 网址:http://www.people.com.cn
手机:http://wap.people.com.cn
2012年3月
29
星期四
壬辰年三月初八
人民日报社出版
国内统一连续出版物号
CN 11-0065
第23273期(代号1-1)
今日24版

出席金砖国家领导人第四次会晤
胡锦涛抵达新德里

本报新德里3月28日电 （记者**吴绮敏、廖政军、王磊**）国家主席胡锦涛28日抵达印度首都新德里，出席28日至29日举行的金砖国家领导人第四次会晤。

当地时间13时30分，胡锦涛乘坐的专机抵达新德里帕拉姆空军机场。胡锦涛和夫人刘永清受到印度商工部国务部长辛迪亚的热情迎接。

令计划、王沪宁、戴秉国等陪同人员同机抵达。

中国驻印度大使张炎也到机场迎接。

这次金砖国家领导人会晤的主题是"金砖国家致力于全球稳定、安全和繁荣的伙伴关系"。胡锦涛将就全球治理、可持续发展、金砖国家合作等问题阐述中方立场，并同与会领导人深入交换意见。会晤期间，胡锦涛还将会见其他金砖国家领导人。

胡锦涛是在韩国出席首尔核安全峰会后，乘专机抵达新德里的。会晤结束后，胡锦涛还将对柬埔寨进行国事访问。

离开首尔时，韩国政府高级代表到机场送行，中国驻韩国大使张鑫森也到机场送行。

胡锦涛会见俄罗斯总统梅德韦杰夫

双方同意，共同努力，将中俄全面战略协作伙伴关系提高到一个新的水平

两国元首就双边关系及重大国际和地区问题深入交换意见，取得高度共识

3月28日，国家主席胡锦涛在印度新德里会见俄罗斯总统梅德韦杰夫。 新华社记者 **黄敬文**摄

本报新德里3月28日电 （记者**吴绮敏、廖政军、王磊、范剑青**）国家主席胡锦涛28日在新德里会见了俄罗斯总统梅德韦杰夫。两国元首就双边关系及重大国际和地区问题深入交换意见，取得高度共识。双方同意，共同努力，将中俄全面战略协作伙伴关系提高到一个新的水平。

胡锦涛表示，中俄双方去年共同确定了未来10年中俄关系发展方向和目标，并制订了两国各领域合作规划，为中俄全面战略协作伙伴关系发展注入了新的动力。两国各领域务实合作硕果累累，促进了两国发展繁荣。

胡锦涛强调，当前国际形势更加复杂多变，希望双方更加积极落实重要合作共识，保持高层密切交往，加大相互政治支持，确保各领域合作机制顺畅运转，推进经贸、能源、航天、高技术、地方、人文等重点领域大型项目合作，办好中俄旅游年，扩大青少年交流，加强在国际事务中的协调配合。

梅德韦杰夫表示，俄中关系是名副其实的全面战略协作伙伴关系。两国领导人交往频繁，就双边关系及重大问题及时交换看法，对确保两国关系发展的正确方向非常重要。俄方愿同中方保持定期高层互访和会晤，密切沟通交流。《〈俄中睦邻友好合作条约〉实施纲要(2009年至2012年)》执行良好，去年两国贸易额再创新高，能源合作进展顺利，重大石油、核电项目正常运行。俄方对实现两国贸易额2015年1000亿美元、2020年2000亿美元的目标有信心。俄方愿同中方落实好地区合作纲要，搞好俄中旅游年，加深相互了解和友谊。

胡锦涛表示，今年将在中国举行的上海合作组织峰会是本组织发展进入第二个10年的首届峰会，具有承前启后的重要意义。中方高度重视，愿同俄方密切沟通配合，推动峰会在规划组织未来发展和务实合作等方面取得更多新成果。

梅德韦杰夫表示，相信本次上海合作组织峰会一定会取得成功，推动本组织快速健康发展。

两国元首就朝鲜半岛局势交换了意见。胡锦涛指出，中俄在维护半岛和地区和平稳定方面有共同立场。前一段，双方一直就此保持密切沟通协调，积极作有关各方工作。当前，半岛形势十分复杂敏感，中方愿同俄方继续密切配合，敦促有关各方保持冷静克制，推动各方通过对话接触缓和和改善关系，维护半岛和平稳定大局。

梅德韦杰夫表示，俄方对朝鲜半岛局势看法同中方一致。有关各方应该保持冷静克制，通过接触对话，维护半岛和地区和平稳定。俄方将继续同中方保持密切沟通协调。

关于叙利亚问题，胡锦涛强调，中俄双方都主张充分尊重叙利亚主权、独立、统一、领土完整，尊重叙利亚人民的自主选择。中方愿同俄方加强沟通协调，坚持通过政治对话和平解决叙利亚问题的方向，支持联合国—阿盟叙利亚危机联合特使安南的斡旋努力。中方愿同俄方及国际社会一道，为妥善解决叙利亚问题发挥建设性作用。

梅德韦杰夫表示，俄中在叙利亚问题上保持了密切沟通协调，采取了公正合理和一致立场。俄方将同中方一道，推动立即停止暴力，防止紧张局势进一步升级，敦促叙利亚政府及各派别以和平方式解决问题。

两国元首表示愿共同努力，推动即将举行的金砖国家领导人第四次会晤取得积极成果，加强成员国务实合作及在国际事务中协调配合，对外发出团结、信心、共赢的信号。

双方还就伊朗等问题交换了意见。

令计划、王沪宁、戴秉国等参加会见。

3月28日，国家主席胡锦涛乘专机抵达印度新德里，出席金砖国家领导人第四次会晤。这是胡锦涛主席和夫人刘永清在机场向前来欢迎的人们挥手致意。 新华社记者 **李学仁**摄

金砖国家领导人历次会晤

● 2009年6月16日，金砖国家领导人首次会晤在俄罗斯叶卡捷琳堡举行

● 2010年4月15日，金砖国家领导人第二次会晤在巴西首都巴西利亚举行

● 2011年4月14日，金砖国家领导人第三次会晤在中国海南三亚举行，新成员南非首次参加会晤

背景资料

集中精力把两会精神贯彻好

本报评论员

刚刚闭幕的全国两会，是在实施"十二五"规划承上启下之年召开的一次重要会议。这次民主、团结、和谐、务实的大会，凝聚了共识，提振了信心，确定了2012年经济社会发展的各项工作，对于进一步推动科学发展、促进社会和谐，不断开创中国特色社会主义事业新局面具有重要意义。当前，摆在我们面前的最重要政治任务，就是集中精力把两会精神学习好、贯彻好、落实好。

贯彻落实好两会精神，统一思想才能行动一致。两会通过的政府工作报告和其他报告，通过的刑事诉讼法修正案和其他决议和办法，体现了党的主张和人民意志的统一，深化着中国改革发展的战略思考。学习贯彻两会精神，首先要把思想认识统一到中央的决策部署上来，把智慧力量凝聚到实现经济社会发展的各项目标任务上来，更加自觉地与以胡锦涛同志为总书记的党中央保持高度一致，在大是大非上头脑清醒，在路线原则上立场坚定。历史经验表明：统一思想是我们做好一切工作的前提，是我党取得事业成功的根本保证，是我们的事业健康发展的有力支撑。思想上同心同德，才能目标上同心同向、行动上同心同行。只有统一思想，才能达到共识，坚定信心，凝聚力量；只有统一思想，才会调动一切积极因素，团结一致，奋发有为，把我们的事业推向前进。

贯彻落实好两会精神，坚定信心才能明确方向。两会既是民主政治的盛会，也是对中国发展的检阅。从城镇化率历史性地突破50%到覆盖13亿人的全民医保体系初步形成，从粮食总产量实现了历史罕见的"八连增"到全面实现九年制义务教育，正是取得这些扎扎实实的成就，我国实现了"十二五"良好开局，中国特色社会主义事业站上了新的起点。事实与变化最有说服力，学习两会精神，回顾发展成就，就更能坚定信心，坚持改革开放这一决定当代中国命运的关键抉择，不断增强坚持和拓展中国特色社会主义道路的自觉性和坚定性、不断增强坚持和丰富中国特色社会主义理论体系的自觉性和坚定性、不断增强坚持和完善中国特色社会主义制度的自觉性和坚定性，信心百倍向着既定目标不断前进。

贯彻落实好两会精神，攻坚克难才能激发动力。当前，世情、国情继续发生深刻变化，我国发展中不平衡、不协调、不可持续问题突出，制约科学发展的体制机制障碍躲不开、绕不过。我们既要正视前进中的问题与矛盾，也要看到我国发展仍处于重要战略机遇期，在较长时期内继续保持经济平稳较快发展具备不少有利条件，世界经济政治格局总体有利于我国和平发展。继续抓住和用好重要战略机遇期，就要找准深化改革开放的难点，明确深化改革开放的重点。今年两会确定了当前和今后一段时期改革的重点领域和关键环节，提出了深化财税金融体制改革、价格改革、收入分配制度改革、事业单位分类改革、政府改革等改革的重点任务，为继续推动我国社会主义制度自我完善和发展、推进中国特色社会主义事业注入了动力。

贯彻落实好两会精神，开拓前进才能再创佳绩。形势有新变化，现实有新挑战，人民有新期待。从两会的新起点出发，需要我们勇于变革、勇于创新，努力在转变经济发展方式上取得新进展、在深化改革开放上取得新突破、在改善民生上取得新成效。我们决不能也决不会躺在过去的功劳簿上，更不能墨守成规、停滞不前，而应增强忧患意识，焕发改革精神，处理好改革、发展、稳定的关系，处理好保持经济平稳较快发展、调整经济结构、管理通胀预期的关系，牢牢把握主题主线，牢牢把握稳中求进的工作总基调，巩固发展"十二五"开局良好势头，开创各项事业更加蓬勃兴旺的新局面。

全国两会已经胜利闭幕，但改革发展的伟大进程仍在持续。让我们以饱满的热情、自觉的态度、扎实的工作，积极贯彻落实两会精神，更加紧密地团结在以胡锦涛同志为总书记的党中央周围，深入贯彻落实科学发展观，万众一心，开拓进取，以优异成绩迎接党的十八大胜利召开。

吴邦国会见爱尔兰总理肯尼

本报北京3月28日电 （记者**王莉**）全国人大常委会委员长吴邦国今天在人民大会堂会见了爱尔兰总理肯尼。

吴邦国说，中爱两国传统友好。建交以来，无论国际形势和各自情况如何变化，建立在相互尊重、平等相待、互利共赢基础上的中爱关系一直保持稳定发展势头。总理阁下此访期间，双方决定建立互惠战略伙伴关系，将两国关系提升到新的高度，既是对双边关系已取得成果的充分肯定，也是双方对两国关系未来发展的战略规划。中方愿与爱方一道，不断充实和扩大战略合作内涵。在涉及彼此核心利益的重大问题上继续坚定支持，增进战略互信，不断夯实两国关系的政治基础。中方赞赏爱方坚定奉行一个中国政策，积极推动中欧关系发展。希望双方认真落实达成的合作共识，挖掘合作潜力，努力将两国的技术、资金和市场优势转化为合作成果，提升务实合作规模和水平。相信在双方共同努力下，中爱关系一定会发展得更好。

吴邦国表示，中国全国人大与爱尔兰议会的关系是中爱互惠战略伙伴关系的重要组成部分。希望双方继续开展多层次多渠道的友好往来，加强议会领导人、专门委员会之间的交流互访，深化治国理政、民主法制建设等方面的交流互鉴，为加深相互了解、增进人民之间的友谊、推动务实合作贡献智慧和力量。吴邦国还应询介绍了中国近年来民主法制建设和实施"十二五"规划的有关情况。

肯尼对访问取得的成果表示满意。他说，爱中互惠战略伙伴关系的建立为两国合作开辟了新的广阔空间。爱方愿与中方密切配合，将双方达成的合作共识落到实处，全面加强包括议会交流在内的各领域友好合作，造福两国人民。爱尔兰将继续为推动欧中关系发展发挥积极作用。

温家宝主持召开国务院第七次全体会议

决定任命梁振英为香港特别行政区第四任行政长官

李克强等出席

新华社北京3月28日电 国务院总理温家宝28日主持召开国务院第七次全体会议，决定任命梁振英为香港特别行政区第四任行政长官，于2012年7月1日就职。

会议审议了香港特别行政区政府关于选举梁振英为香港特别行政区第四任行政长官人选的报告，听取了国务院港澳事务办公室主任王光亚关于香港特别行政区第四任行政长官人选产生过程的汇报。

温家宝总理在会上作了讲话。他指出，香港特别行政区第四任行政长官选举是依法进行的，符合香港特别行政区基本法和有关法律的规定。梁振英先生的当选，反映了香港社会对他的认同、信任和期望。

温家宝说，中央政府将坚定不移地贯彻"一国两制"、"港人治港"、高度自治的方针，全力支持行政长官和特区政府依法施政；支持特区政府积极应对国际经济风险挑战，维护香港经济金融稳定和长期繁荣发展。相信梁振英先生就任行政长官后，一定会带领香港特区政府，紧密团结香港各界人士，继往开来，齐心协力，努力发展经济，改善民生，推进民主，保持社会和谐，把香港建设得更加美好。

温家宝总理签署了任命梁振英为中华人民共和国香港特别行政区第四任行政长官的国务院第616号令。

国务院副总理李克强、回良玉、王岐山，国务委员刘延东、梁光烈、马凯、孟建柱以及国务院全体会议其他组成人员出席了会议。

习近平与阿联酋阿布扎比王储会谈

三月二十八日，国家副主席习近平在北京人民大会堂与阿联酋阿布扎比王储穆罕默德举行会谈。 新华社记者 张 铎摄

本报北京3月28日电 （记者王莉）28日，国家副主席习近平在人民大会堂与阿联酋阿布扎比王储穆罕默德举行了会谈。

习近平欢迎穆罕默德时隔两年再次访华。习近平说，中阿关系自建交以来始终顺利发展，各领域合作成果丰硕。回顾中阿关系发展历程，可以看出相互尊重与政治互信是两国关系的重要基础，平等合作与互利共赢是两国关系发展的持久动力，民间友谊与人文交流是拉近两国关系的重要纽带。

习近平表示，今年1月，两国建立战略伙伴关系，标志着中阿关系进入新的发展阶段。在当前国际形势下，中阿在发展各自经济、促进世界和地区和平发展方面拥有广泛共同利益和巨大合作潜力。中方赞赏阿方对发展对华关系的积极态度，愿同阿方共同努力，以两国建立战略伙伴关系为契机，全面提升中阿友好合作水平。一是要巩固政治互信，密切协调配合；二是要深化能源合作，夯实战略基础；三是要加强经贸合作，造福两国人民；四是要促进人文交流，扩大民间交往，为中阿友好奠定更加坚实的基础。

习近平指出，近年来，中国与阿拉伯国家集体合作日益密切。阿联酋作为阿拉伯国家联盟和海湾合作委员会重要国家，为促进中国同阿拉伯和海合会国家关系发展作出了积极贡献。中方始终从战略高度和长远角度看待同阿拉伯和海合会国家关系，愿进一步加强双方合作，密切在重大国际地区事务中的协调，加快中国—海合会自贸区谈判步伐，推动双方关系不断迈上新的台阶。

穆罕默德表示，阿中伙伴关系是战略性、长期的，两国始终相互尊重、真诚友好，近年来友好合作关系全面深入发展。阿支持中国的统一大业，对中国在国际特别是中东地区事务中发挥的重要作用表示赞赏和感到高兴。阿方认为，两国合作空间广阔，前景光明。阿方愿同中方共同努力，进一步加强在经贸、能源、教育、文化和地区事务等各领域的合作，把两国关系建成国与国之间友好合作的典范。

双方还就中东和海湾地区形势交换了看法。

会谈前，习近平在人民大会堂北大厅为穆罕默德访华举行了欢迎仪式。全国人大常委会副委员长周铁农、全国政协副主席白立忱、外交部副部长张志军、发展改革委副主任朱之鑫、商务部副部长陈健、中国驻阿联酋大使黄杰民出席了欢迎仪式。

李克强会见美国客人

新华社北京3月28日电 （记者郝亚琳）国务院副总理李克强27日在中南海紫光阁会见美国苹果公司首席执行官蒂姆·库克。

李克强说，当前，全球科技和产业正孕育新突破，世界经济要实现健康复苏和强劲、可持续、平衡增长，需要新技术、新产业的发展和成长。中国政府坚持把科技进步作为推动科学发展、加快转变经济发展方式的重要支撑，着力增强创新能力，注重培育发展战略性新兴产业，加快建设创新型国家。

李克强指出，经贸合作是中美建设相互尊重、互利共赢合作伙伴关系的重要基石。中国转方式、扩内需、科技创新等都是在扩大开放条件下进行的。中国将依法为中外资等各类企业平等竞争创造良好环境，加强知识产权保护。希望包括苹果公司在内的跨国企业拓展与中方合作，在推动产业转移中积极参与中西部地区发展，加强人文关怀，共同分享机遇。

库克表示将与中方深化全方位合作，依法诚信经营。

河南省省长郭庚茂、国家发展和改革委员会副主任张晓强等会见时在座。

徐才厚在驻新疆部队调研时强调

更加扎实有力地抓好部队思想政治建设 以优异成绩迎接党的十八大胜利召开

新华社乌鲁木齐3月28日电 中共中央政治局委员、中央军委副主席徐才厚近日在驻新疆部队调研时强调，各级要坚决贯彻党中央、中央军委和胡主席决策指示，积极适应新形势新任务新要求，紧紧围绕国防和军队建设主题主线，大力加强部队思想政治建设，着力强化军魂意识、使命意识、民族团结意识、安全稳定意识和党委的领导核心意识，不断增强高举旗帜、听党指挥、履行使命的自觉性坚定性，高标准推进部队各项建设和工作，以优异成绩迎接党的十八大胜利召开。

中央军委委员、空军司令员许其亮参加调研。

徐才厚指出，今年是党和国家事业发展进程中具有特殊重要意义的一年，也是军队现代化建设和军事斗争准备十分关键的一年。各级在工作指导上，要始终着眼召开党的十八大的特殊要求谋划推进各项建设和工作，努力为十八大召开营造良好环境。要牢牢把握"稳中求进"的总基调，切实做到积极稳妥、有力有序有效地推进各项工作。要着力强化各级干部的事业心责任心，真正做到聚精会神干事业、心无旁骛抓落实。

徐才厚强调，要下大力做好从思想上政治上建设部队的工作。要深入学习邓小平理论、"三个代表"重要思想以及科学发展观，深入持久培育当代革命军人核心价值观，广泛开展"赞颂科学发展成就、忠实履行历史使命"教育活动，使广大官兵在思想上政治上与党中央保持高度一致，坚决听从党中央、中央军委和胡主席指挥。要大力发展具有驻疆部队特色的先进军事文化，深入开展新形势下学雷锋活动。要激励官兵扎实推进军事斗争准备，不断提高完成多样化军事任务的能力。驻疆部队要为促进新疆经济繁荣发展、社会和谐稳定作出更大贡献。

徐才厚指出，要扎实抓好团以上党委机关"讲政治、顾大局、守纪律"学习教育活动，真正把讲政治、顾大局、守纪律的要求体现在领导干部一言一行上，落实到部队各项工作和建设中，严格政治纪律和组织纪律，确保政令军令畅通。进一步提高贯彻民主集中制质量，不断增强各级党委的创造力凝聚力战斗力。

国台办举行例行新闻发布会

胡锦涛与吴伯雄会见具有重要意义
李克强准备在博鳌论坛年会期间会见吴敦义

本报北京3月28日电 （吴亚明、吕昂）今天上午，国务院台办发言人杨毅在例行新闻发布会上表示，在两岸关系面临继往开来新形势的时刻，胡锦涛总书记3月22日会见吴伯雄荣誉主席率领的中国国民党访问团，双方就如何巩固深化两岸关系和平发展深入交换意见，具有重要意义，也产生了广泛的积极影响。

杨毅说，综合双方的讲话，这次会见的主要成果可以概括为以下五个方面：

一、双方都认为，过去4年两岸关系实现历史性转折，取得了一系列重大成果，台海地区处在60多年来最为和平稳定的时期。两岸关系和平发展已得到两岸同胞普遍认同，同时也受到国际社会的肯定和欢迎，值得共同珍惜与巩固。

二、双方都认为，两党应当本着对历史负责、对人民负责的态度，把握两岸关系发展新的机遇，求同存异、增进互信、良性互动、累积善意，深化合作，扩大交流，继续维护两岸关系的积极、和谐气氛，持续推动两岸关系和平发展，努力开创两岸关系新局面，把和平发展的根基扎得更牢固，让两岸同胞、所有中华儿女都拥有充满光明的愿景。

三、双方都认为，两党和两岸双方应当巩固和增进政治互信。双方重申了反对"台独"、坚持"九二共识"的原则立场，并就两岸同属一个中国形成了更为清晰的共同认知。双方认为，海峡两岸不是国与国的关系，两岸都坚持一个中国，在此基础上求同存异，同的是"两岸同属一中"，对于异的部分搁置争议。

四、双方都认为，两岸同胞同属中华民族，都是中国人。台湾同胞爱乡爱土的"台湾意识"不同于"台独意识"。两岸同胞应共同传承和弘扬博大精深的中华文化，让子孙后代都以接受中华文化的洗礼为荣为傲。

五、双方都认为，应当继续推进两岸经济、文化等领域的交流合作，使两岸同胞在经济合作中增加共同利益，在文化交流中增强精神纽带，在直接往来中增进彼此感情。

杨毅表示，胡锦涛总书记与吴伯雄荣誉主席的这次会见就发展两岸关系达成了重要共识，明确了努力方向，增进了政治互信。我们希望，两党和两岸双方继续共同努力，推动两岸关系和平发展不断取得新成果，造福两岸同胞。

新华社北京3月28日电 （记者陈键兴、林甦）国务院台办发言人杨毅28日在例行新闻发布会上说，台湾两岸共同市场基金会最高顾问吴敦义将应邀出席博鳌亚洲论坛2012年年会。论坛期间，中共中央政治局常委、国务院副总理李克强准备会见吴敦义一行，相关活动正在安排中。

杨毅在应询时表示，两岸两会互设办事机构是为了适应当前两岸关系发展，特别是两岸经济、文化交流交往的需要而提出来的，宗旨在于更加及时、便利地处理两岸交往中产生的各种具体问题，维护两岸同胞权益。实际上，台湾有关方面也不止一次讲过有关设想。我们希望两岸双方都能务实看待和处理这件事情。至于办事机构的具体功能、定位等，两会可以务实探讨。

"攻关"精神永不过时

向贤彪

不知道从什么时候起，"攻关"这个词不怎么流行了。遇到困难和问题，不少人首先想到的是"公关"——搞搞关系学，以"软实力"、"巧实力"取代"硬实力"，甚至有人拿"公关"当"攻关"。

小胜靠智，大胜靠德。在市场经济条件下，正当的"公关"作为公共关系的"黏合剂"，有时也是需要的；而"攻关"唤起的是人们的精气神，凝聚的是干部群众的智慧和力量，激发的是干事创业的内在动力。对于一个单位来讲，成事需要"公关"，但更要"攻关"。实践证明，"攻关"的力量远远胜于"公关"。在复杂的形势和繁重的任务面前，我们尤其需要攻坚克难的精神，扎扎实实做好自己的事情。"攻关"精神永不过时。

美国成功学大师卡耐基称激情为"内心的神"，认为"一个人成功的因素很多，而首要的因素就是激情"。做好日常工作，完成好各项任务，需要有激情，攻坚克难更需要有激情。有了对事业的激情，人的潜能就能被最大限度地激发和调动起来，展现出"龙马精神海鹤姿"。

我们所面临的问题，大都是发展中的问题，必将在发展中得到解决，但问题的解决需要一个过程。没有一股子耐心和恒心，没有一种锲而不舍的精神，心浮气躁，急于求成，不仅于事无补，而且还会引发新的矛盾和问题。因此，在攻关中，我们既要有信心和勇气，又要有耐心和毅力。不畏艰难、直面挑战，坚持不懈、持之以恒，必定会战胜困难，采撷到成功的果实。恰如俗语所言："行之苟有恒，久久自芬芳。"

攻关不仅需要勇气，还要有智慧。要学会"弹钢琴"，把问题思考研究透，拿出解决的"路线图"，能够一步到位的，就要集中各种力量和资源，下定决心，不达目的不罢休，为抢占机遇赢得时间和空间。对于一时解决不了的问题，要分清轻重缓急，积极创造条件，且不能急着"上手"，盲目蛮干，造成工作被动。

上下同欲者胜。当年周总理亲临现场指挥郑州黄河大桥抢险，在与现场工程技术人员商定具体抢险方案后，脱下外套加入到拉纤的行列。大家一见，齐声喊道："总理，你不能拉纤啊！"周总理和蔼地说："这里没有总理，只有纤夫。"说着招呼大家一起拉纤。随着一声声"嗨哟！嗨哟！"的劳动号子声，倾斜的桥墩终于被拉正了。50多年过去，周总理黄河拉纤的身影依然那么清晰、那么亲切！今天，我们面对困难，仍需要党员干部当先锋、打头阵，当好攻坚克难的表率和能手。在"嗨哟，嗨哟"的劳动号子声中，挺起的是坚强的脊梁，凝聚的是无坚不摧的力量。

"攻城不怕坚，攻书莫畏难。科学有险阻，苦战能过关。"叶剑英元帅充满激情的诗句，蕴含了对攻关精神的赞美，也寄寓了对我们的希冀。无论什么时代，不畏艰险，不怕困难，都是我们开拓前进的动力。

求证"免费医疗"引发网友热议

让老百姓看病不再贵

本报北京3月28日电 3月26日、27日，本报"求证"栏目刊登两篇文章《哪些国家提供免费医疗》、《免费医疗可以实现吗》，通过本报记者对70多个国家的调查和对专家的采访，证明只有极少数国家提供完全免费医疗服务；通常人们所说的免费医疗国家在看病时仍需支付一定费用；如果实行完全免费医疗服务，势必造成资源浪费、医疗费用高速增长，造成巨大财政压力。文章同时提出，看病贵仍是需迫切解决的问题，探讨医疗模式的核心不在于是否免费，而是兼顾公平与效率。两篇文章引发网友热烈讨论。

免费医疗不可行

网友"古来征战几人回"：中国的国情决定了现在的医保"广覆盖，低水平"是适合的。医疗由于其自身的特殊性，可以说是个无底洞，免费模式在我们这样人口多的国家是难以实行的，关键是让现行制度更公平合理。

网友"满腹经纶 837685"：我在日本生活，医院看病不免费，价格也贵。一支类似皮炎平的软膏要700—1400日元，合人民币56—112元。虽然收入比国内高，但是物价也高。

网友"指路明灯"：大包大揽在任何国家也做不到。文章很好，论据翔实。

网友"胡锡进"：有人说"全世界只有20多个国家没实行免费医疗"，人民日报的调查证明这个说法没根据，是谣言。如今，编造讨好民意的谣言又轻松又得掌声，拆穿它们却费力不讨好。但该讲的真话还是要讲。报喜不报忧和报忧不报喜都居心不良。

网友"悠哉的书迷"：过度福利就是在花子孙后代的钱，希腊就是现实的例证！

希望看病负担再减轻

网友"暗夜往事"：全不全免费无所谓，关键是老百姓负担得起。

网友"闪电"：完全免费确实不可行，但我国还需要提高免费比率，个人医疗负担太重了。

网友"daichangxing"：世界上没有哪个国家是看病不花钱的。我只是关心药费什么时候降下来，老百姓在自己所能承受的范围内交纳医药费。

网友"hongjuna"：中国当下的医疗问题是，医疗价格体系不合理，由于政府缺乏资金投入，医院以药养医直接造成了药品灰色链条的产生。

网友"lbxatx"：现在的药品零售价是出厂价的5—10倍，仪器检查费也高得惊人！公立医院不能以谋利或者说谋取暴利为目的。

加快推进医药分开

网友"shsdzhouyi"：建议区别病症的严重程度，实行不同的公费医疗比例。例如，按严重程度把病症分三类，第一类为严重病症，例如癌症，公费比例100%；第二类为中等病症，公费比例90%；第三类为普通病症，公费比例70%。

网友"老岩同志"：医药分开是医疗改革的关键。另外建议国家应当全力救助得了重大疾病、家庭困难的贫困人群。

网友"lupo"：免费医疗是不可取的，但应该增加门诊的报销比例，目前的医保是鼓励大家去住院，很多小病因为门诊报销比例太低，可能有些人就愿意住院了。

网友"维维安妮"：报销的百分比是一回事，如果自付的绝对数很高，那么大多数人还是看不起病。医疗是民生不能搞创收。

网友"xiadddan"：支持人民日报，完全的免费会导致一些人小病也到医院躺着，浪费纳税人的钱和社会资源。但完全市场化也是错误的。应该是：基本医疗合理免费或政府补助，其他类型的医疗可以参考市场。

北京清除三万余套无效房源

目前全市可售住房九万余套

本报北京3月28日电 （记者王明浩、余荣华）北京新近对全市新建商品住房库存实施全面清理，将长期以来积累形成的3.3万套无效房源集中做了剔除，以准确反映实际可售房源信息。据介绍，清理后，目前北京市可售住房为9.1万套。

住房库存中为何会积累无效房源？北京市住房和城乡建设委相关负责人介绍，近年来，北京分阶段逐步实现新建商品房期房、现房及二手房网上签约。但由于采取分步开发建设的方式，房地产交易权属管理系统在衔接过程中产生了部分实际已售但系统未及时核销，以及期房转现房后未核销期房而重复计算的无效库存。也有少量库存，虽然未售，但开发企业实际已自用或出租，或被查封、被抵押等。这些无效库存不仅干扰居民家庭在购房选房时获得准确信息，也不利于形成对北京实际可售房源及住房真实供求状况的准确判断。鉴于此，北京市住房和城乡建设委日前对全市住房库存按项目进行了逐条筛查、清理，共有3.3万套房源经查实为无效库存被清除，北京建设网对外公示的可售住房因此由2012年3月26日的12.4万套、1589.8万平方米分别一次性调整为9.1万套、1085.1万平方米，其中可售期房6.7万套、778.6万平方米，可售现房2.4万套、306.5万平方米。

北京市住建委表示，今后网上公示的可售住房房源信息将动态更新。3月27日起，北京建设网公示的全市可售住房库存房源信息，根据新增供应及销售情况，实时动态更新。

香港特区候任行政长官感谢中央政府任命

本报香港3月28日电 （记者尹世昌）国务院总理温家宝今天主持召开国务院全体会议，决定任命梁振英为香港特别行政区第四任行政长官。候任行政长官梁振英表示，感谢中央人民政府任命，将带领特区政府服务社会，服务广大市民，促进特区的社会和经济发展。

梁振英表示，继续以谦卑的态度，包容团结各界各阶层人士，克尽己任，迎难而上，按照《基本法》贯彻落实"一国两制"、"港人治港"、高度自治，维护法治、推进民主、促进和谐，建立更繁荣、更公义、更进步的香港，不负中央政府和香港市民所托。

高校毕业生参加职业培训，可享补贴

本报北京3月28日电 （记者白天亮）人力资源和社会保障部、财政部近日下发《关于加强高校毕业生职业培训促进就业的通知》，明确规定，今后高校毕业生参加职业培训和技能鉴定，可按规定享受培训补贴和一次性职业技能鉴定补贴。

《通知》要求各地充分发挥技工院校等职业院校、公共实训基地、各类职业培训机构和用人单位的作用，面向高校毕业生，大力开展就业技能培训、岗位技能提升培训和创业培训，强化技能操作训练，努力提升高校毕业生的技能水平和就业创业能力，积极促进高校毕业生就业和创业。各地还要定期开展中长期职业供求预测和分析，根据人力资源市场需求状况合理确定政府补贴培训的职业（工种）目录，引导高校毕业生自主选择参加适合的培训项目。

此外，人力资源和社会保障部也于近日下发《关于做好2012年高校毕业生就业服务工作的通知》，要求各级人力资源社会保障部门面向离校前高校毕业生广泛开展公共就业和人才服务就业校园活动，积极开展就业指导进校园、送岗位信息进校园、创业指导进校园、职业培训和技能鉴定进校园等活动，帮助更多高校毕业生在离校前实现就业；对于离校未就业高校毕业生，要深入推进实名制就业服务，通过主动提供多样化的公共就业和人才服务、组织实施就业服务专项活动、开展就业见习、推进创业服务、保障毕业生就业权益等方面的措施，帮助有就业意愿的未就业高校毕业生尽快实现就业。

2　2012年7月2日　星期一　　要　闻　　人民日报

在庆祝香港回归祖国15周年大会暨香港特别行政区第四届政府就职典礼上的讲话

（2012年7月1日）

中华人民共和国主席　胡锦涛

同胞们，朋友们：

今天，我们怀着喜悦的心情在这里隆重集会，庆祝香港回归祖国15周年。首先，我代表中央政府和全国各族人民，向全体香港市民，致以诚挚的问候！向刚刚宣誓就职的香港特别行政区第四任行政长官梁振英先生和第四届政府主要官员、行政会议成员，表示热烈的祝贺！向所有关心香港、为香港顺利回归并保持繁荣稳定作出贡献的海内外同胞和国际友人，表示衷心的感谢！

香港回归祖国是彪炳中华民族史册的伟大业绩，也是上个世纪末具有重大国际影响的历史事件。从回归祖国那一刻起，香港就进入了新的时代、开启了新的航程。15年来，“一国两制”、“港人治港”、高度自治的方针得到全面贯彻落实。香港同胞当家作主，自行管理特别行政区自治范围内的事务。香港居民享有的民主权利和自由比历史上任何时候都更为广泛。在经历了国际金融危机等冲击后，香港经济平稳发展，继续保持国际金融、贸易、航运中心的地位，一直被公认为全球最自由开放、最具竞争力的经济体和最具发展活力的地区之一。香港社会事业全面进步，就业水平持续提高，社会保障明显改善。香港同祖国内地的交流全方位扩展，经贸关系更加紧密，各领域合作不断深化。香港继续为国家改革开放和现代化建设作出独特贡献，并从祖国内地获得越来越多的发展机遇和源源不断的发展动力。香港同胞对国家、民族的认同和感情与日俱增，在各种严重灾难面前与祖国内地人民同舟共济、守望相助，充分体现出血浓于水的同胞亲情。香港对外交往更为活跃，国际影响进一步扩大。

这一切充分证明，“一国两制”是历史遗留的香港问题的最佳解决方案，也是香港回归后保持长期繁荣稳定的最佳制度安排；推进“一国两制”事业，符合香港同胞利益和愿望，也符合国家和民族根本利益。在“一国两制”伟大实践中，香港这颗璀璨的明珠放射出更加绚丽的色彩。

“一国两制”事业是前无古人的伟大创举，需要在实践中不断开拓前进。30年前，邓小平同志创造性地提出“一国两制”的伟大构想，亲自领导制定了中央对香港的一系列基本方针政策，直接指导了中英香港问题谈判和香港基本法起草工作，为香港回归祖国、实现祖国和平统一大业作出了奠基性的贡献。以江泽民同志为核心的中国共产党的第三代中央领导集体，妥善应对香港回归前后出现的各种复杂矛盾和挑战，确保了香港顺利交接和平稳过渡，为全面贯彻落实“一国两制”方针做了大量开创性的工作。这些年来，中央政府把保持香港长期繁荣稳定作为新时期治国理政的重大课题，鼓励和支持香港特别行政区政府和社会各界人士集中精力发展经济、切实有效改善民生、循序渐进推进民主、包容共济促进和谐，进一步丰富和发展了“一国两制”理论和实践。在已经取得成就的基础上不断探索，把“一国两制”事业继续推向前进，是中央政府、香港特别行政区政府和社会各界人士的共同使命。

中央政府对香港的一系列方针政策和重大举措，根本出发点和落脚点就是维护国家主权、安全、发展利益，保持香港长期繁荣稳定。这是在香港实践“一国两制”的核心要求和基本目标。为此，必须坚持全面准确理解和贯彻“一国两制”方针，严格按照基本法办事，把坚持“一国”原则和尊重两制差异、维护中央权力和保障特别行政区高度自治权、维护国家整体利益和保障香港社会各界利益、支持香港积极开展对外交往和反对外部势力干预香港事务等有机结合起来，任何时候都不能偏废。

同胞们、朋友们！

我们在充分肯定香港回归祖国15年来取得巨大成就的同时，也要清醒地看到香港社会仍然存在一些深层次矛盾和问题。未来5年对香港长远发展具有重要影响，是必须紧紧抓住而且可以有所作为的重要机遇期。在这里，我向香港特别行政区新一届政府和社会各界提出4点希望。

第一，努力促进社会和谐稳定。和谐稳定是发展之基，改善民生是和谐稳定之本。香港特别行政区新一届政府要坚持以人为本的施政理念，准确把握社情民意，采取切实有效措施，积极稳妥解决民生问题和其他社会矛盾，更加注重机会公平，更加关注弱势群体，更加关心年轻一代，使全体市民共享发展成果、提高生活水平。香港社会各阶层各界别人士要以大局为重，在爱国爱港旗帜下实现最广泛的团结，齐心支持新一届政府依法有效施政，共同增强香港社会凝聚力。

第二，努力维护基本法的权威。法治是香港的核心价值。基本法在香港特别行政区具有最高法律地位，是依法治港的基石。要全面落实基本法各项规定，完善与基本法实施相关的制度和机制。香港特别行政区行政、立法、司法机关都要带头严格遵守基本法，坚决维护基本法，依照基本法规定行使职权。香港回归祖国以来，政制民主循序渐进，并取得长足进展。要按照基本法和全国人大常委会有关决定的规定，继续推进香港民主进程。

第三，努力提升竞争力。香港要在日益激烈的国际和地区竞争中立于不败之地，必须在提升自身竞争力上下功夫。要加强香港长远发展的战略谋划，更好发挥政府促进经济社会发展作用。要更新发展理念，鼓励和支持各类创新活动，不断提高服务业水平，培育新的经济增长点。要把握世界经济格局的深刻变化，充分发挥香港国际联系广泛等方面优势，抢占发展先机。同时，更要善于借助祖国内地经济的蓬勃发展，拓展香港与祖国内地交流合作的广度和深度，促进优势互补、互利双赢、共同发展。

第四，努力加强人才培养。人才是最重要的战略资源，当今世界的竞争最核心的是人才竞争。要大力发展教育、科技、文化事业，全方位、多层次培养造就各项事业发展所需要的大量高素质人才。要高度重视爱国爱港人才特别是优秀年轻政治人才培养，为他们增长才干、脱颖而出提供机会和平台，使爱国爱港传统薪火相传、“一国两制”事业后继有人。

同胞们、朋友们！

中央政府实行“一国两制”、“港人治港”、高度自治方针将毫不动摇，全力支持香港特别行政区行政长官和政府依法施政将毫不动摇，同香港各界人士一道维护和促进香港长期繁荣稳定将毫不动摇。我们坚信，在中央政府、香港特别行政区政府和社会各界人士共同努力下，“一国两制”实践一定会越来越丰富，香港与祖国内地共同繁荣发展的道路一定会越走越宽广！

（新华社香港7月1日电）

梁振英宣誓就任香港特别行政区第四任行政长官

齐心一意共建理想家园

新华社香港7月1日电　（记者**林建杨**）庆祝香港回归祖国15周年大会暨香港特别行政区第四届政府就职典礼1日上午在香港会展中心举行。梁振英宣誓就任香港特别行政区第四任行政长官。

上午9时许，在国家主席胡锦涛的监誓下，梁振英举起右手庄严宣誓：本人就任中华人民共和国香港特别行政区行政长官，定当拥护中华人民共和国香港特别行政区基本法，效忠中华人民共和国香港特别行政区，尽忠职守，遵守法律，廉洁奉公，为香港特别行政区服务，对中华人民共和国中央人民政府和香港特别行政区负责。

紧接着，香港特区第四届政府政务司司长林郑月娥、财政司司长曾俊华、律政司司长袁国强等20多位主要官员上台宣誓就职。之后，香港特区行政会议成员宣誓就职。

梁振英发表就职讲话。他说，今天，我怀着谦卑的心，就任中华人民共和国香港特别行政区行政长官。在我任内，我会以施政成效答谢中央政府和香港市民对我的信任。我会全力以赴，实践我的竞选承诺，带领香港“稳中求变”，发展经济，改善民生，推进民主，建立更繁荣、更进步、更公义的社会。

他说，回归以来，国家一直大力支持香港，庞大的机遇引导和推动着香港的发展；同时让香港为国家的改革开放作出贡献。未来，我们要继续为国家和香港的共同发展、共同繁荣，努力不懈。

梁振英说，回归15年，香港得以成功落实“一国两制”、“港人治港”、高度自治，有赖全社会的努力。在此我衷心感谢两位前任行政长官董建华和曾荫权，他们为“一国两制”在香港特区成功落实奠定了坚实的基础。我也要感谢本届行政长官选举委员会委员和全体香港市民，他们的参与为这场选举带来实质意义，我衷心希望全社会齐心一意，共建香港的未来。

梁振英说，从今天开始，未来五年，我和管治团队将走入民众，拉近特区政府和市民的地理距离和心理距离，虚心聆听大家的建议和意见，切实回应市民的所想所需。他说，香港社会面对不少挑战，我们要齐心一意，迎难而上，认真应付困难，包容并协调分歧，化解社会矛盾；对于价值观和政治立场多元化带来的不同意见，我们要多聆听，多包容，努力寻求共识。

梁振英表示，只要我们齐心一意，必定能够将香港打造成为儿童茁壮成长、青年实现理想、壮年人一展所长、长者安享晚年、七百万市民安居乐业的理想家园。在我们共同努力下，香港这颗“东方之珠”必定能够光芒再现，更形璀璨。

梁振英于2011年11月27日宣布参与香港特区第四任行政长官选举，并在今年3月25日举行的选举中胜出，当选香港特区第四任行政长官人选。3月28日，国务院总理温家宝主持召开国务院第七次全体会议，决定任命梁振英为香港特别行政区第四任行政长官。

梁振英，山东威海人，1954年8月12日生于香港。1974年香港理工学院毕业，获建筑测量系高级文凭。1977年英国布里斯托理工学院毕业，获测量及物业管理学学士学位。

梁振英1997年7月至2011年9月担任香港特别行政区行政会议成员，1999年7月至2011年9月任香港特区行政会议非官守成员召集人。他曾任香港特别行政区基本法咨询委员会执委、秘书长，港事顾问，香港特别行政区筹委会预委会委员兼政务小组组长，香港特别行政区筹委会副主任委员，临时立法会议员等职。

【链　接】

在香港，很多人亲切称呼梁振英“CY”，源于他的英文名字是CY Leung(全称是Leung Chun-ying)。

从1979年起，作为一名测量师，梁振英以香港“专业人士促进现代化协会”成员的身份，连续8年义务为深圳特区的“拓荒者”介绍香港的土地使用制度以及与土地、房地产和规划有关的实践经验，并直接参与蛇口工业区和深圳的城市规划。除深圳外，他也曾赴内地其他城市讲过课。

梁振英已婚，与夫人唐青仪育有一子两女，一家5人的英文名字缩写都是“CY”。　　**（据新华社香港7月1日电）**

文体活动丰富热烈　璀璨烟花五彩缤纷

香港各界庆祝回归祖国15周年

图①：7月1日，香港金紫荆广场举行升旗仪式，庆祝香港回归祖国15周年。

新华社记者　**张金加**摄

图②：7月1日，市民和游客在香港湾仔金紫荆广场观看烟花。当晚，香港举行大型烟花汇演，庆祝香港回归祖国15周年。璀璨悦目的烟火伴随着美妙的音乐，让人们沉浸在欢乐喜庆的气氛中。

新华社记者　**张金加**摄

本报香港7月1日电　（记者**李海元**）庄严隆重的升旗仪式，热烈欢快的回归汇演，五彩缤纷的璀璨烟花，丰富多样的文体活动……7月1日是香港回归祖国15周年纪念日，香港特别行政区政府和各界群众举行了一系列精彩纷呈的活动，热烈而隆重地庆祝这一节日。

数以千计的彩旗飘扬在全港18区的灯柱上，巨型的横额悬挂于政府大楼外墙，庆祝海报出现在公共屋邨、巴士总站、行人天桥和隧道内墙上……回归日来临，维港两岸喜气洋洋，香江处处欢腾热烈。

早上8时，湾仔的金紫荆广场举行隆重的升旗仪式。庄严的国歌声中，中华人民共和国国旗和香港特别行政区区旗冉冉升起，2架政府飞行服务队直升机悬挂着国旗和区旗飞越维港上空，喷射出巨型水柱的2艘消防轮在4艘船只前后护航下驶过维港海面。

上午9时，4万市民涌入香港大球场，欣赏驻港部队三军仪仗队升旗礼和30多出丰富多彩的歌舞表演。解放军八一跳伞队队员克服风速快、云层厚的困难，由飞在1200米高空的直升机机舱跳出，在空中划出道道美丽的弧线，潇洒飘落于大球场草地上，引来现场观众的阵阵欢呼。

从港岛南区赤柱到新界天水围，从西贡街市到大屿山岛，歌唱、舞蹈、粤剧排满了社区会堂的演出表，颇具特色的本土综艺节目更在喜庆的一天内与公众见面。在新界沙田区，大埔渔民嫁娶舞蹈、西贡客家山歌和元朗麒麟及南北狮表演让市民看得有滋有味；“回归杯”足球赛和赛马分别在新界屯门和沙田马场上演；特区政府成立15周年综合晚会在湾仔举行；香港邮政也发行特别邮票小型张……据悉，为庆祝香港特区成立15周年，特区政府与不同团体和组织合作，在回归日前后将举办300余项庆祝活动。

晚上8时，烟花汇演在维港上演。在23分钟时间里，5万枚烟花弹在维港多彩的夜空中绽放，演绎出九幕香江“传奇”：“HK十五”烟花图案，象征着香港特别行政区成立15周年；大圆球菊花等在夜空中绽放，象征全国人民同贺香港与祖国团圆的大喜日子；最后一幕《再创辉煌》将整个汇演推向高潮，祝愿香港繁荣稳定，携手谱出更辉煌的未来。与此同时，港岛区9幢高层建筑楼顶同步加入烟火汇演，香港电台更同步播放乐曲，与维港上空烟花互相辉映，视听感受别样出色。

除了大汇演、巡游、烟花汇演等大型活动外，香港还举行多个展览，展出大量珍贵文物，为市民献上丰富多彩的文化盛宴，共庆回归盛典。

香港知名人士高度评价胡锦涛重要讲话

“四点希望”指明香港发展方向

新华社香港7月1日电　（记者**高路、苏晓、林建杨**）国家主席胡锦涛1日在庆祝香港回归祖国15周年大会暨香港特别行政区第四届政府就职典礼上发表重要讲话，向香港特别行政区新一届政府和社会各界提出四点希望：努力促进社会和谐稳定；努力维护基本法的权威；努力提升竞争力；努力加强人才培养。

香港各界知名人士在接受新华社记者采访时表示，胡锦涛的讲话既高屋建瓴，又立足现状，着眼于香港的长期繁荣稳定，对香港特区政府未来五年的施政有重要的指导作用。只要特区政府和社会各界认真落实这四点希望，香港的未来一定更加美好。

当天宣誓就职的香港特区行政会议非官守成员张志刚说，胡锦涛对特区政府和社会提出的要求“很有针对性，也很务实，总结了香港当前要做的事情”，表明中央政府对香港的现状十分了解，对香港未来的发展方向也有准确定位。他说，特区政府充分了解胡锦涛提出的这四点希望，将从施政方针、政策等方面入手，有针对性地落实这些具体要求。他认为，新一届特区政府有能力将胡主席的希望变为现实，“我对新政府能够实现胡主席的希望有信心。”

港区全国人大代表刘佩琼说，胡主席在讲话中提出要积极稳妥解决民生问题和其他社会矛盾，更加注重机会公平，更加关注弱势群体，更加关心年轻一代，这对促进香港社会和谐稳定非常重要。香港要加强对年轻人的培养和教育，使他们加深对国家各方面的了解。

刘佩琼说，法治是香港的核心价值，胡主席对此给予充分肯定，指出要努力维护基本法的权威。她说：“我们要严格遵守、维护基本法，按照基本法行使责权。”香港应按基本法和全国人大常委会有关决定，继续推进民主进程。

刘佩琼表示，竞争力关系到香港能否在面对挑战时抢占发展先机。香港应利用好国家的惠港政策，在广度和深度上实现与内地的优势互补、互利双赢。

全国政协委员、香港中国商会主席陈经纬完全赞同胡主席关于“和谐稳定是发展之基，改善民生是和谐稳定之本”的论断。他说，爱国爱港力量是香港社会的绝对主流，团结、和谐、稳定是香港七百万市民的共同心愿，只要能把香港经济搞好，同时充分照顾好中低收入者，解决好住房等民生问题，香港一定能保持繁荣稳定。

陈经纬说，胡主席希望香港加强长远发展的战略谋划、培育新的经济增长点，同样切中要害。他认为，香港经济结构过于单一，过度依赖服务业，很有必要发展高科技制造业、深加工行业。他说，内地拥有庞大市场，背靠祖国是香港最大的优势之一。未来香港应用足、用好国家支持香港发展的各种措施，发展高科技产业。他表示，行政长官梁振英领导的新一届特区政府提出“稳中求变”、适度有为的积极施政理念，他对此抱有信心。

全国政协委员、摩根大通投资银行亚洲区副主席方方说，他对胡锦涛提到的提升竞争力和加强人才培养这两点希望印象尤为深刻。他说，提升竞争力，点出了香港“逆水行舟，不进则退”的态势。胡主席同时提出香港要更新发展理念，鼓励和支持各类创新活动，不断提高服务业水平，培育新的经济增长点，这指出了香港发展的要义。他说，为提升香港竞争力，特区政府首先要有长远规划，还需要对国情有充分认识。提升竞争力离不开创新思维，香港应结合国情和当前的世界形势，在发展模式上进行创新。

在人才培养方面，方方说，胡主席特别提到要高度重视爱国爱港人才特别是优秀年轻政治人才培养，为他们增长才干、脱颖而出提供机会和平台。他表示，特区政府应完善人才选拔机制，充分拓展并吸收各方人才，“这对香港的长远发展和长治久安将大有裨益”。

香港中华总商会会长蔡冠深当天在现场聆听了胡锦涛的讲话，心情激动。他表示，胡主席对香港的问题做出了准确判断，提出的四点希望很有针对性，香港应总结这一重要讲话，并努力落实。

蔡冠深说，香港社会需要和谐稳定，因此应团结各阶层人士，爱国爱港，为香港和国家做贡献。香港是自由经济体，但只有加强与内地的交流合作，实现优势互补，才能实现竞争力的提升。他认为，人才竞争是当前竞争的重点，香港要在教育、科技、文化等领域培养高素质人才，特别是优秀的青年政治人才。

胡锦涛在1日的讲话中还指出，中央政府实行“一国两制”、“港人治港”、高度自治方针将毫不动摇，全力支持香港特别行政区行政长官和政府依法施政将毫不动摇，同香港各界人士一道维护和促进香港长期繁荣稳定将毫不动摇。

对此，蔡冠深说，胡主席首先肯定了“一国两制”是成功的，这对香港非常重要。陈经纬表示，胡主席在讲话中充分肯定了“一国两制”在香港的实践成就，提出了三个“毫不动摇”，庄严的承诺增强了港人对“一国两制”的信心，也增强了香港市民对基本法的信心。

RENMIN RIBAO

人民网　网址：http://www.people.com.cn
手机：http://wap.people.com.cn

2012年1月
15
星期日
辛卯年十二月廿二
人民日报社出版
国内统一连续出版物号
CN 11-0065
第23199期(代号1-1)
今日8版

南水北调主体工程全部开工

已完成六成投资，今年计划投资640亿元以上

本报南京1月14日电　（记者**赵永平**）记者从近日召开的南水北调工程建设工作会议获悉，2011年南水北调工程建设不断提速，开工速度、在建规模、完成投资等指标均创历史新高。目前南水北调主体工程已全部开工建设，累计完成投资1376亿元，占已批可研投资的60%，2012年计划完成投资640亿元以上。

国务院南水北调办主任鄂竟平介绍，2011年南水北调全年实现开工项目34项，共完成投资578亿元，实现"三年决战"的良好开局。目前155项设计单元工程已基本建成48项，在建99项。东线穿黄隧洞主体工程已经完工，中线穿黄隧洞内衬施工取得突破，中线湍河、沙河渡槽进入主体施工阶段。跨渠公路桥梁、铁路交叉工程建设取得明显进展，配套工程扎实有序推进。丹江口库区移民搬迁任务基本完成。

东线426项治污项目全部建成并投入使用。江苏省加强区域尾水导流和资源化利用；山东省加大淘汰沿线落后产能，完善中水截蓄导用工程，干线水质明显改善。

鄂竟平表示，2012年是南水北调工程"三年决战"的关键之年。在工程建设方面，计划完成投资640亿元以上，东线与通水直接相关的主体工程基本完工，基本具备过水条件。中线黄河以北除穿黄隧洞、焦作城区段、洺河渡槽外，主体工程基本完工，天津干线工程具备试通水条件；控制性工程在2011年基础上再削减一半。

按照南水北调工程建设计划，东线一期工程将于2013年通水，中线一期工程于2013年主体工程完工，2014年汛后通水。

2012年军民迎新春文艺晚会在京举行

胡锦涛吴邦国贾庆林李长春习近平李克强贺国强周永康等出席

1月14日，2012年军民迎新春文艺晚会在北京人民大会堂举行。胡锦涛、吴邦国、贾庆林、李长春、习近平、李克强、贺国强、周永康等党和国家领导人出席晚会，与首都军民欢聚一堂，共贺新春。演出结束后，胡锦涛等走上舞台与演职人员亲切握手，祝贺演出成功。　新华社记者　**王建民**摄

新华社北京1月14日电　（记者**曹智、李宣良**）军民同心跟党走，锦绣山河展宏图。2012年军民迎新春文艺晚会14日晚在人民大会堂举行。党和国家领导人胡锦涛、吴邦国、贾庆林、李长春、习近平、李克强、贺国强、周永康等出席晚会，与首都军民欢聚一堂，共贺新春。

人民大会堂华灯璀璨、笑语欢歌，洋溢着一派喜庆祥和的节日气氛。晚7时40分许，胡锦涛等党和国家领导人步入晚会现场，全场响起热烈的掌声。胡锦涛等向大家亲切致意，表示新春的祝福。

晚会在激昂的鼓乐声中拉开帷幕，奔放、欢快的合唱《迎春序曲》，抒发出亿万军民迎新春的美好心声。领唱与合唱《无限春光又一年》，赞颂了在科学发展观引领下社会主义现代化建设取得的辉煌成就。女子集体舞《万紫千红》，以灵动流畅的舞姿，描绘出社会主义先进文化建设的多彩画卷。《双拥歌曲联唱》、情景诗报告《心蕾绽放》、女声独唱《心心相印》、短剧《老街坊新邻居》，通过多种艺术形式，讴歌了军爱民、民拥军的光荣传统，展现了党和人民息息相通、子弟兵和人民心心相印、各族人民情同手足的深刻意蕴。杂技《星空之恋》优美绮丽、精彩纷呈，表现出中华民族实现飞天梦的壮丽图景。男子集体舞《沙场雄风》、男声独唱《放心吧，祖国》，刻画了全军官兵深入贯彻落实国防和军队建设主题主线重大战略思想，牢记使命、苦练精兵、爱国奉献的时代风采。男声合唱《没有共产党就没有新中国》、《天路》，女声独唱《大路越走越宽阔》，气势雄浑、节奏铿锵，唱出了中华儿女坚定不移走中国特色社会主义道路、以优异成绩迎接党的十八大胜利召开的精神风貌。"老百姓是山，老百姓是海，老百姓是共产党的生命源泉……"歌舞《江山》将晚会推向高潮，优美舒展的旋律艺术再现了我们党为人民谋幸福的不懈追求，表达出全国军民紧密团结在以胡锦涛同志为总书记的党中央周围，万众一心、开拓进取，奋力夺取全面建设小康社会新胜利、开创中国特色社会主义事业新局面的壮志豪情。

演出结束后，胡锦涛等党和国家领导人走上舞台，与演职人员亲切握手，祝贺演出成功。

王刚、王乐泉、王兆国、王岐山、回良玉、刘淇、刘云山、刘延东、张德江、徐才厚、郭伯雄、何勇、令计划、李建国、梁光烈、马凯、孟建柱、李兆焯和中央军委委员陈炳德、李继耐、廖锡龙、常万全、靖志远、吴胜利、许其亮观看演出。

观看演出的还有中央和国家机关有关部门、全国双拥工作领导小组成员单位、北京市和解放军四总部、驻京部队各大单位、武警部队和军委办公厅的负责同志，全国双拥模范城（县）、双拥模范单位和个人代表，以及驻京部队官兵和首都各界群众代表。

这台题为《阳光路上情满怀》的晚会由全国双拥工作领导小组、民政部、广播电影电视总局和解放军总政治部联合举办。

河南焦作祥云镇张寺村参保农民

『新农合』暖了咱的心

本报记者　曲昌荣　程少华

三九隆冬，寒意阵阵。1月13日，我们来到河南焦作市温县祥云镇张寺村，采访新型农村合作医疗。

踏进农民白春风的家门，只见戴着口罩的她正在收拾家务。今年54岁的白春风去年不幸患上了乳腺癌，在温县人民医院刚做完手术。尽管说话有些虚弱，但精神头还是挺足。听说我们的来意，她脸上顿时绽开了花："我去年做了三次化疗，政府给报销了一半钱。足足有1万多块呢！"她走进屋，拿出两张单子给我们瞧，上面清晰打印着，到2011年12月30日，累计报销13375.5元。

临出门时，人民日报社副总编辑陈俊宏拿出1000元塞到她手里，"春节就要到了，祝您早日康复！"白春风紧紧握着他的手，激动地说："请您放心，政策越来越好，我也一定要过得更好！"

走在村庄的大路上，迎面碰上一位满面红光的老汉。他说："'新农合'真是暖了咱农民的心。一年交30块钱存在账户上，没病了，保平安；有病了，管大用，我一场病报销了20500元！"这位老汉叫马国正，去年患了结肠癌，一年化疗6次，花了36000元，出院时半小时办好手续，报销费用直接扣除。

随行的温县卫生局副局长李桂荣介绍，刚才马老汉说的就是河南全省推行的"跨区域即时结报"。"新农合"在温县去年共为3万多户家庭缓解了"因病致贫、因病返贫"问题。今年报销比例更高，有效费用400元以上直接报销80%。

在村头农家超市，记者看到年货琳琅满目，人来人往。远处不时响起鞭炮声，年味真是越来越浓了！

台湾地区领导人选举结束

马英九获连任

本报台北1月14日电　（记者**王尧、任成琦**）台湾地区领导人选举投票今天下午4时结束。开票结果显示，中国国民党候选人马英九、吴敦义获胜，得票6891139张，得票率为51.6%。

另两组候选人中，民进党候选人蔡英文、苏嘉全得票6093578张，得票率为45.6%；亲民党候选人宋楚瑜、林瑞雄得票369588张，得票率为2.8%。

与此同时举行的台湾地区民意代表选举，结果也于今晚揭晓。在总共113个席次中，中国国民党获得64席，民进党获得40席，亲民党3席，台联党3席，"无党团结联盟"获得2席，无党籍及未经政党推荐者获得1席。

对尼泊尔进行正式访问

温家宝会见尼泊尔总统亚达夫

与巴特拉伊总理举行会谈

1月14日，国务院总理温家宝在加德满都会见尼泊尔总统亚达夫。　新华社记者　**刘卫兵**摄

1月14日，国务院总理温家宝在加德满都与尼泊尔总理巴特拉伊举行会谈。　新华社记者　**谢环驰**摄

本报加德满都1月14日电　（记者**马剑**）国务院总理温家宝14日在加德满都会见尼泊尔总统亚达夫。

温家宝首先转达胡锦涛主席的亲切问候和良好祝愿。他表示，中尼是传统友好邻邦，两国人民有上千年友好交往史。建交以来，两国始终相互帮助、相互支持，两国关系健康稳定发展，中尼友好深入人心。中国政府和人民珍视与尼泊尔的传统友谊，为尼国家建设取得积极成果感到高兴，相信尼方能够早日完成和平与制宪进程，实现国家的持久稳定和发展。

温家宝表示，当前国际形势正经历深刻复杂变化，亚洲国家面临难得的发展机遇，但挑战也是前所未有的。中方愿与尼方保持高层交往，深化政治互信，扩大互利合作，推进水电开发、交通基础设施建设等重点领域合作。中方支持尼泊尔与周边国家发展友好关系，

（下转第三版）

本报加德满都1月14日电　（记者**马剑**）国务院总理温家宝14日在加德满都与尼泊尔总理巴特拉伊举行会谈。

温家宝表示，中尼是山水相连的亲密邻邦。建交56年来，两国关系在各个时期都保持了健康稳定发展。中尼关系有着坚实的政治基础和社会基础。中方尊重尼方根据自身国情选择的发展道路，支持尼维护国家独立、主权和领土完整，赞赏尼方奉行一个中国政策，充分理解和支持中方重大关切。中方愿与尼方加强高层交往和各级别磋商，携手应对错综复杂的局势，维护共同利益。

温家宝表示，双方要在平等互利的基础上扩大务实合作，加强统筹规划，稳步推进有关合作项目。中方愿继续帮助尼泊尔改善民生，增强自我发展能力，鼓励有实力、信誉好的中资企业赴尼投资兴业，

（下转第三版）

温家宝抵达利雅得对沙特进行正式访问

本报利雅得1月14日电　（记者**马剑**）国务院总理温家宝当地时间14日晚乘专机抵达沙特阿拉伯王国首都利雅得，开始对沙特进行正式访问。

在机场，温家宝发表了书面讲话。他说，建交22年来，中沙友好关系全面、快速发展，在彼此关切的重大问题上相互理解和支持，各领域合作成果丰硕，两国已成为好朋友、好兄弟、好伙伴。中国政府从战略高度和长远角度看待中沙关系，愿同沙方共同努力，不断推进两国友好务实合作，造福于两国和两国人民。

温家宝说，我期待着会见阿卜杜拉国王和纳伊夫王储，并广泛接触沙各界人士。我相信，此访将有益于两国进一步扩大共识、巩固友谊，推动中沙战略性友好关系取得更大发展。

沙特国王代表、外交大臣费萨尔亲王和中国驻沙特大使李成文等到机场迎接，费萨尔亲王为温家宝举行了隆重的欢迎仪式。

温家宝是在结束对尼泊尔的正式访问后对沙特进行访问的。离开加德满都时，尼泊尔总理巴特拉伊在机场为温家宝举行了隆重的送行仪式。

李长春出席部级领导干部历史文化讲座

本报北京1月14日电　（记者**李章军**）2012年首场部级领导干部历史文化讲座14日在北京国家图书馆分馆举行。中共中央政治局常委李长春出席讲座，对讲座给予充分肯定，希望有关部门进一步总结经验，不断丰富内容、创新形式、提高质量，争取越办越好，使讲座成为推动学习型社会和学习型政党建设的重要阵地，成为引导全党全社会形成勤于读书、勤于学习良好氛围的重要平台，成为帮助领导干部提高素质、增强本领、做好工作的重要助手。

这次讲座的题目是《宋代政治文化面面观》，北京大学历史系教授邓小南从宋代的开国基调与政策导向、士大夫政治与文官制度、社会氛围与文化风气的演化等方面，分析了宋代文明昌盛的原因，对该时期的政治文化遗产进行了反思，讲座还就有关问题进行了讨论。李长春与部级领导干部一起认真听取讲解，并不时记下要点，称赞讲座史料翔实，生动凝练。

讲座开始前，李长春参观了"知古鉴今　资治理政——部级领导干部历史文化讲座10周年展"，听取讲座举办和干部学习情况介绍。李长春指出，党的十七届六中全会强调，要坚持以领导班子和领导干部为重点，大力推进马克思主义学习型政党建设。部级领导干部历史文化讲座坚持10年，难能可贵，适应了建设学习型政党的要求，对于帮助领导干部强政治、长知识、增本领、促修养发挥了积极作用。他希望国家图书馆充分发挥示范带动作用，积极推进图书馆事业创新，拓宽公共文化服务领域，推动各级图书馆面向广大干部群众多举办富有思想性、学术性、知识性的讲座和研讨，在全党全社会大兴读书学习之风，营造人人学习、发奋学习、终身学习的浓厚氛围，为建设学习型社会和学习型政党提供有力支持。

部级领导干部历史文化讲座由中央国家机关工委、文化部、中国社会科学院联合主办，国家图书馆承办，利用周末休息时间进行，自2002年1月启动至今已举办172期，2万多人次参加，受到部级领导干部的欢迎。

马凯、陈奎元出席讲座并参观展览。

武汉面向普通市民公开选聘政府参事，3 名拟聘人选今起公示

“布衣参事” 这样选出

本报记者　杨　宁

【新闻背景】

4 月 18 日，湖北武汉市启动从市民中公选政府参事工作，计划从普通市民中选聘 3 人，担任政府“高参”。活动中先后有 175 人报名参与选聘。

这是首次从普通市民中选聘政府参事。在选聘公告上，选聘的标准十分简单：适应政府工作实际需要、具备社会影响与参政议政能力、德才兼备。选聘采取广纳民智和民主集中制的原则。在几轮的笔试、面试中，175 位参赛者陆续登场，展示自己的社会观、政治观，最终有 6 人进入了最后的考评环节。

“从普通市民中选聘参事”综合考评会现场。　本报记者　杨　宁摄

5 月 20 日上午 9 点，位于武汉汉口老街区的市政府参事室办公楼，由武汉市委统战部、市政府参事室等部门负责人和参事、专家、媒体代表、市民代表组成的“从普通市民中选聘参事”综合考评会召开。

会议经过票决，决定陈勇、胡全志、施岚等 3 人作为市政府参事拟聘人选，从 21 日起面向社会公示 3 天。

长期以来，政府参事都由各行业的精英、专家、名望之士担任。这一次，普通市民可以有机会成为政府“高参”，为未来的城市发展、社会进步提出意见。

考评

严格程度相当于党政干部竞聘

作为最终的“PK”，5 月 20 日的考评会要从 6 位参选者中选出 3 名拟聘人选。这 6 人中有两人为中共党员，其余 4 位则为普通群众。

现场的 20 位评委阵容也很强大：有市民评委 1 人，专家评委 2 人，参事评委 4 人，部门评委 8 人，媒体评委 5 人。参事评委均为现任政府参事；部门评委则分别来自湖北省、武汉市政府参事室及武汉市委统战部、纪委、法制办等部门；媒体评委则由 5 位中央媒体代表组成。

考评会上，评委和媒体代表首先听取了此次活动外调组、成果组、访谈组的情况汇报。

“前面几轮的所有成绩：笔试成绩、面试成绩，以及他们的建言成绩都只是‘入场券’，只是为了给全体评委一个参考的背景，这些成绩并不在此次最终考评中计算。最终还是由 20 位评委根据他们的成绩、表现形成的印象来打分，这个分数才是决定性的。”武汉市政府参事室主任、考评组组长黄莉说。

评委之一、湖北省委党校教授孙大敏感叹：“评审的严格程度，相当于党政干部公选。”20 位评委在听取考察人选德、能、绩等情况的汇报后，进行现场票决。

各组提供的情况汇报中，6 位参选者的家庭情况、建言成果等被集中呈现，他们所发表的作品、被采纳的参考意见也被统一亮出。他们有的长期关注武汉市的历史文化问题，有的长期担任社会志愿者，有的自费编纂了《武汉市民手册》……所有的表现均在评分环节引发大家讨论。

共识

不设过多门槛，只看参政能力

在会议提供的资料中，6 位参选者来自不同的专业领域，年龄也存在一定差距，最大的 55 岁，最年轻的则是 27 岁。年龄不同、受教育程度不同、行业不同、收入不同，这些问题在评委的讨论、比对中引发相当争议。

年龄问题是现场最大的热点。一位市民评委担心，年纪太小的参选者可能存在阅历不足等劣势，如果当选，恐怕难以胜任决策参谋的角色。“80 后还太年轻，在以后的参事选拔条件中，是不是应该设置年龄的下限？”

对此，评委之一、80 多岁的中国工程院院士赵梓森认为，年轻人有年轻人的优势。在城市的公共决策中，年轻人应该有自己的代表，发表代表他们年龄和阶层的声音。

一位媒体评委也认为，80 后、90 后已经走上社会舞台，在社会上发挥着越来越大的作用，应该给他们表现的空间。“很多行业，比如媒体、设计、IT 等，80 后发挥了生力军的作用，而且他们的受教育程度往往较高，存在有思想的人冒尖的可能。在政府决策中，不能忽视年轻人的声音。”

武汉市政府参事室副主任向悦说：“这次我们就是要做一个尝试，做尝试就不设置过多的门槛。至于年轻人表现如何，参选结果如何，评委认可不认可，这个交给大家说了算。”

除了年龄之外，竞选者的个人道德水平、经历也在评选现场引发热烈讨论。

“假设有的参选者过去受过处分，这会不会影响大家的选择？”一位评委表示担忧。而赵梓森认为，每个评委都应该有自己独立的意见，用自己的价值坐标给参选者打分。

“过去评选往往都有各种‘标准’，比如学历、身份、能力，然而这几位‘布衣’候选人，正是要淡化了这些外在的条件才能发挥他们的价值。”这一观点成为在场评委的共识。参事代表、武汉市林业局原党组副书记、副局长吴银莲也认为，一个参选者最核心的是他的参政议政能力，而其他的外部条件如年龄、背景等不应该成为限制其发挥自身能力的“硬杠杠”。

期望

为更多“布衣”参政创造条件

“我们的尝试得到了上级有关部门的支持。意见主要有两个：一是可以根据需要大胆尝试，积极探索；二是有成果、进展要上报。”黄莉说，在这样的背景下，武汉市政府参事室对参选条件、流程都进行了深入思索，以确保有参政议政能力的人可以脱颖而出。

此次拟聘的参事中，陈勇曾在部队服役，现为武汉东湖生态旅游风景区城管执法局一中队科员；胡全志曾在武汉工业锅炉总厂、《武汉机械报》报社、武汉市四环工具设备联合公司工作，现为武汉市第一技术学校新闻中心干事；施岚，本科毕业于北京大学东方学系，现为武汉市旅游质量监督管理所主任科员。

对于评选的结果，专家代表、华中科技大学教授赵振宇表示认可：“我认为评选本身就是最大的进步，让大家有一个互相交流意见并达成共识的空间。评出的人选得到了大家的认可，在参政议政时也会更有责任感。他们虽然专业不同、年龄不同，但是对于社会的热爱是共同的。”

赵振宇还表示，其实政府不缺乏听取民意的渠道，人大、政协、信访部门都是渠道，但是政府参事室这样的渠道有其独特优势。武汉的尝试拓宽了民众意见发挥作用的渠道。

部门评委、武汉市政府督查室主任雷勇生也认为，此次评选意义很大。“有代表不同利益群体的人参与进政府决策，这样对于公共决策民主、城市科学发展都很有好处。我们需要为更多热爱这座城市的‘布衣’参政创造条件。”雷勇生说。

七日谈（一周热点　每周一谈）

别让『零信息』回应加剧公众疑虑

不针对疑问的回答，南辕北辙的反应，左腾右挪的说辞，哪怕再怎么洋洋洒洒，再怎么情真意切，都不会得到公众认可，也不会使民意止沸。而“零信息”甚至“负信息”的回应，是对公众智商的挑战

肖潇潇

湖北利川市人社局为其直属事业单位招聘两名工作人员，共 20 多人应聘，面试结果前两名是其内部干部子女。针对这一“巧合”，恩施土家族苗族自治州人社局和利川市政府决定，取消结果。

招聘结果取消了，疑云却未消除：招录本单位干部的子女是否符合回避规定？招聘背后有没有内部“勾兑”？谁来承担招聘“流产”的成本？这些疑问，回应中没有解答。

而在 5 月 15 日，青海省保监局在其官方网站上再次公布了拒录 3 名考生的原因，其中，认为笔试、面试成绩都是第一的人大毕业生黄红“人际沟通协调能力、独立承担工作方面的能力明显不足”。从之前“性格内向”的说法，到这次“能力不足”的回应，人们的质疑没有减弱反而增强，其中一个重要的疑问是：“黄红还没有走上工作岗位，怎能弃国家认可的笔试、面试结果于不顾，而断定她能力不行？”

应该说，面对争议性事件，相关部门能够介入调查、作出回应，这种直面民意的态度，相较于那些“躲猫猫”式的处理，确是前进了一大步。但好不容易回应了，可网友、公众还是不买账，这又是为什么？

“打太极”式的回应，不是真正的回应。何谓回应，就是对问题的回答和反应。不针对疑问的回答，南辕北辙的反应，左腾右挪的说辞，哪怕再怎么洋洋洒洒，再怎么情真意切，都不会得到公众认可，也不会使民意止沸。至于那些故意忽略关键性问题，就匆匆忙忙作出的回应，即使赶上了“及时”这班“首发车”，也有可能只是一班开往“不满意”的“地铁”。

5 月 19 日，临沂大学曝出 165 名学生腹泻，官方马上回应，力陈“高度重视”、“专门会议”、“详细部署”、“全力医治”等各种努力，但得出的结论却是“患者病情得到控制”。对学生及网友最关心的病因，说法模棱两可，先说“诊断为季节性肠胃炎”，又表示“病因仍在调查中”。这种闪烁其词的结论，当然让人无法满意。

“零信息”甚至“负信息”的回应，是对公众智商的挑战。如果无视群众的“信息饥渴”，甚至在这份饥渴之火上“添柴加薪”，相关部门的公信力危机也就不可避免。那些没有针对性、没有实质内容的说法，以及“王顾左右而言他”，说一些让人摸不着头脑的闲话，导致更多的疑问产生。各种疑问不断叠加，到一定程度，当事的部门自然不堪重负。

回应不仅仅是开一场发布会，或者发一则通告。事实上，回应不能“解渴”，归根结底还是源于对回应效果缺乏考核机制。公众满意不满意，没有反馈渠道和考核机制，无法影响回应者的“官帽”，回应就会流于形式甚至沦为“坏事变好事”的自我表扬。

马英九连任台湾地区领导人

本报台北 5 月 20 日电　（记者**吴亚明、王昭**）今天，马英九在台北就任新一届台湾地区领导人，这也是他的第二个任期。在就职演说中谈到两岸关系时，马英九强调，两岸人民同属中华民族，都是炎黄子孙，拥有共同的血缘、历史与文化，也都同样尊崇孙中山先生。未来 4 年，两岸要开拓新的合作领域，继续巩固和平、扩大繁荣、深化互信。

马英九表示，过去 4 年，我们改善两岸关系，降低台海紧张，带来和平与繁荣，获得广大民众的支持。我们依循“先急后缓，先易后难，先经后政”的原则推动两岸交流，在经贸、交通、卫生、文化、教育、司法、金融等各方面都创下历史新高。

在谈到岛内施政目标时，马英九表示，未来 4 年将以强化经济成长动能、创造就业与落实社会正义、打造低碳绿能环境、厚植文化实力以及积极培育延揽人才作为五大支柱，“打造幸福台湾”。

北京“机关单位游”新增百家成员

■涉及政府机关、事业单位、企业、协会，不少是首次开放

■各区县将协商辖区内中央驻京单位设立“旅游开放日”

本报北京 5 月 20 日电　（记者**余荣华**）继今年 1 月 1 日开放天安门观礼台，4 月 10 日开放北京市轨道交通指挥中心、北京金融资产交易所后，首都旅游产业发展联席会 5 月 19 日再次推出百家旅游开放单位。记者在开放名单中发现了多家政府机关和事业单位的身影。

例如，经北京市交通委员会大力推动，其下属单位北京市交通运行监测调度中心和北京交通运输职业学院也将对游客开放，游客可以看到北京市即时的交通情况，也可以亲身体验一下模拟驾驶地铁的感觉。北京市野生动物救护中心为旅游开放日专门配备了讲解员，帮助参观者深度了解野生动物生存现状，分享野生动物小知识。此外，北京市怀柔区气象局、石景山区人口和计划生育委员会等也进入了开放名单。

北京市旅游发展委员会相关负责人介绍，此次面向公众推出的北京地区百余家旅游开放单位覆盖行业广泛，涉及工业、农业、科技、教育、文化、卫生等多领域，单位性质涉及政府机关、事业单位、企业、协会等，不少单位是首次对公众开放。

此前，北京不少政府机关和事业单位都陆续有不定期的开放日活动。比如北京市政法机关从 2011 年开始，每年 4 月的第二个星期五确定为“开放日”。首都旅游产业发展联席会成立后，出台措施鼓励北京地区企事业单位和政府部门设立旅游开放日，至此已推出三批旅游开放单位。

目前来看，政府机关和事业单位在设立旅游开放日的单位中数量还不够多，且开放时段比较少，但设立开放日的氛围正在形成。北京市政府办公厅印发了《关于鼓励北京地区企事业单位和政府部门设立旅游开放日的指导意见》，提出加大支持力度，根据不同企事业单位和政府部门的资源特点，分类分步推进，初期以接待有组织的预约团体游客为主，逐步向零散旅游者开放。意见还提出，各区县政府要充分发挥属地优势，积极协商辖区内中央驻京单位设立旅游开放日。

有分析认为，这些开放日活动，尽管是以“旅游开放日”的形式进行，但同样有助于增进社会公众对政府机关和事业单位的了解。例如市民参观交通运行监测调度中心，就能对北京的交通状况有更多的全面感受，更易于理解政府出台的交通治理政策。

潍坊市“中国食品谷”策划规划方案招标公告

发布日期：2012 年 5 月 21 日　地区：山东潍坊

一、招标背景

潍坊市位于山东半岛中部，辖 4 区、6 市、2 县，设有 2 个国家级开发区和 1 个国家级综合保税区，总面积 1.61 万平方公里，海域面积 1400 平方公里，常住人口 908.62 万，被誉为世界风筝之都，荣获中国人居环境奖、中国优秀旅游城市、国家卫生城市、国家环保模范城市、国家园林城市和全国科技进步先进市等荣誉称号。

潍坊是农业大市，是全国知名的农副产品集中产区。经过多年的发展，潍坊的农业产业、农产品资源优势和品牌效应在全省乃至全国具有鲜明特点和知名度。

2011 年，全市实现地区生产总值 3542 亿元，地方财政收入 253.9 亿元，人均 GDP 突破 5000 美元，城镇居民人均可支配收入 22508 元，农民人均纯收入 10409 元。全市蔬菜总产 1130 万吨，约占全国的 1.7%；猪牛羊禽肉总产 135 万吨，约占全国的 1.7%；禽蛋总产 26.9 万吨，约占全国的 1%。已成为全国及日本、韩国等国家食品制造和超市业者的初级原材料采购基地。全市共有 500 多种农副产品及其加工产品出口到 120 多个国家和地区，创汇达 17.3 亿美元。其中，禽肉出口量占全国的 30%，蔬菜出口量占全国的 20%。潍坊农产品质量安全监管体系完善，安丘农产品质量安全区域化管理模式在全国推广，为全省乃至全国“三农”工作创树了许多典型和可供借鉴的经验做法。

为打造食品行业品牌，加快潍坊农业转型升级步伐，从根本上提高潍坊食品产业的核心竞争力，潍坊市拟规划建设“中国食品谷”。现面向国、内外公开招标潍坊“中国食品谷”策划规划方案。

二、策划原则

坚持现代化、市场化、国际化的总体要求，遵循“超前、创新、突破”原则，瞄准国内外高端食品产业，高起点、高标准、高质量编制潍坊市“中国食品谷”策划规划方案。

三、策划任务

本次招标任务主要是潍坊市“中国食品谷”策划规划方案，要求编制以下内容：

1、潍坊市食品产业的现状调研、梳理、分析；

2、潍坊市重点发展的食品产业体系策划；

3、潍坊市“中国食品谷”发展具体策划方案；

4、具体实施方案及相关建议配套政策、措施；

5、其它。

四、策划目标

从潍坊市食品业发展需求出发，按照高端、品牌、生态的现代食品业发展目标，对潍坊市食品资源进行系统梳理，合理有效整合，强化对已形成的潍坊食品业发展现状的分析，找出制约潍坊食品业发展的关键性问题，进而提出操作性强的针对性方案，指导潍坊从食品大市向食品强市的跨越，着力构建国内一流、国际知名的现代化食品产业体系。

五、规划要求

1、规划说明书文本：设计成果编制成 A3 文本，一式 8 份；

2、Powerpoint 或 Flash 格式的自动播放汇报材料一份；

3、其它：设计单位可以根据表述需要，附送上述设计成果以外的说明设计方案的图片及其它资料。

以上所有规划设计成果均应制成电子文件，文本文件采用 Microsoft　Word 的 Doc 格式文件，电脑渲染图等图片文件应采用普及的通用软件制作。

六、报名条件

1、投标单位应具有独立法人资格；

2、具备相关部门核发的食品及相关产业规划、创意设计、品牌策划等最高级别的资质证书，或境外具有相应设计资质和经验的策划设计单位；

3、近三年策划设计过类似项目；

4、可以组成联合体投标。

七、报名材料

1、策划设计单位简介；

2、企业营业执照、组织机构代码证书、策划资质证书原件及复印件和相关人员资质证书；

3、法定代表人授权委托书及委托人身份证；

4、投标单位及项目负责人近三年期间设计的类似项目的情况介绍，并提供类似项目的设计合同。

八、时间安排

1、2012 年 5 月 21 日至 2012 年 5 月 31 日报名（信函报名者以特快专递收件地邮戳为准）；

2、报名结束后，将对拟投标单位提交的资质证明、业绩及参加人员等进行资格审查，从中选择 5 家符合条件的设计单位参与投标，以书面形式通知为准；

3、符合条件的设计单位，即可进行相关咨询，并进行概念性策划设计创作；

4、概念性策划设计成果的提交、策划方案的报价及评审，于 2012 年 7 月 16 日左右开始，具体时间以书面通知为准；

5、概念性策划评审优胜者，优先考虑承担潍坊市“中国食品谷”策划规划方案编制任务。

九、其它事项

1、在概念性策划设计阶段，除主办单位提供资料以外，食宿、交通等一切费用由设计单位自理；

2、策划设计方案中标签约后，其作品使用权归招标主办单位；其它参与竞标未中标的策划设计方案，按方案排名和商定方案给予一定的补偿；

3、主办单位提供的所有资料（文字、图纸、电子数据）均受版权保护；

4、本次招标按公平、公正、公开的原则进行；

5、凡参加本次招标的设计单位均被视为承认本文书的所有条款；

6、主办单位对所有中标单位的本次设计成果均享有使用权，并可以进行展览、印刷、出版、实施等；

7、本次招标活动最终解释权属于潍坊市“中国食品谷”建设协调推进小组办公室。

十、联系方式

主办单位：潍坊市“中国食品谷”建设协调推进小组办公室

单位地址：潍坊市奎文区鸢飞路 602 号

联 系 人：李永红

联系电话：0536—8239976

传　　真：0536—8226322

电子邮箱：wfsnyjjgk@163.com

二〇一二年五月二十一日

人民日報

RENMIN RIBAO

今日 8 版

人民网 网址:http://www. people. com. cn
手机:http://wap. people. com. cn

国内统一连续出版物号 CN 11-0065
第 21281 期 (代号 1-1)
人民日报社出版

2006 年 10 月
15
星期日
丙戌年八月廿四

北京地区天气预报

白天 多云
风向 偏南
风力 二、三级
夜间 多云转阴有阵雨
风向 偏南
风力 一、二级
温度 22℃/14℃

续百届辉煌 谱开放新篇

——祝贺第 100 届广交会隆重开幕

本报评论员

五十载春秋如歌,几代人共铸辉煌。今天,中国出口商品交易会(简称广交会)在南国花城喜迎百届盛典!

50 年来,被誉为"中国第一展"的广交会,横跨两个世纪,始终风雨无阻。它集中展示了中国经济建设和改革开放成果,展示了中国和平、发展、合作的国际形象,逐步成为国内历史最长、层次最高、规模最大、商品种类最全、到会客商最多、成交效果最好的综合性国际展会,成为对外开放的重要窗口和"友谊的纽带,贸易的桥梁",为新中国外贸事业做出了不可磨灭的贡献,也见证了新中国经济发展的伟大征程。

50 年来,广交会历经沧桑变迁,与共和国的命运紧紧相连。广交会的创办,使新中国第一次打开大门,这是勇于开放的标志;在特殊的艰难年代,广交会从未停办,这是百折不挠的象征;改革开放以来特别是我国加入世贸组织后,广交会不断适应新情况,推出新举措,这是坚持科学发展的体现。在几代中央领导集体的亲切关怀下,广交会从最初担负冲破西方经济封锁的重任,到如今跃升为享誉四海的中国会展业"排头兵"。这不凡成就的取得,也得益于全国人民的大力支持,得益于国内外经贸界的积极参与,同时凝结着无数外贸工作者的创业心血和汗水,展现出代代传承的艰苦奋斗精神。这是一笔宝贵财富。(下转第四版)

胡锦涛为中央社会主义学院建院五十周年致贺信

新华社北京 10 月 14 日电 中共中央总书记、国家主席、中央军委主席胡锦涛 14 日为中央社会主义学院建院 50 周年致贺信。贺信全文如下:

中央社会主义学院:

值此中央社会主义学院建院 50 周年之际,我谨代表中共中央,向中央社会主义学院表示热烈的祝贺!

中央社会主义学院是在毛泽东同志等老一辈革命家亲切关怀下创办的具有统一战线性质的政治学院,是民主党派和无党派人士的联合党校。建院 50 年来特别是改革开放以来,在中共中央重视和关心下,中央社会主义学院始终坚持社会主义的办学方向,牢固树立"爱国、团结、民主、求实"的良好校风,突出办学特色,注重培训质量,为培养一大批同中国共产党亲密合作的民主党派、无党派人士和其他方面代表人士、促进统一战线工作和多党合作事业发展发挥了重要作用。

要把中国特色社会主义伟大事业不断推向前进,必须最广泛地凝聚和发挥各党派、各团体、各民族、各阶层和各界人士的智慧和力量。中央社会主义学院在培养统一战线人才、推动统一战线工作方面肩负着重要职责。希望你们坚持以邓小平理论和"三个代表"重要思想为指导,全面贯彻落实科学发展观,继承和发扬优良传统,进一步探索办学规律,不断提高教学和科研水平,充分发挥学院作为统一战线的人才培养基地、理论研究基地、方针政策宣传基地的作用,为开创新世纪新阶段统一战线工作新局面,为实现全面建设小康社会宏伟目标和中华民族伟大复兴作出新的更大贡献。

胡锦涛
2006 年 10 月 14 日

中央社会主义学院建院 50 周年庆祝大会在京举行

胡锦涛致贺信 贾庆林出席并讲话

本报北京 10 月 14 日讯 记者盛若蔚报道:中央社会主义学院建院 50 周年庆祝大会 14 日在北京举行。中共中央总书记、国家主席、中央军委主席胡锦涛致信祝贺。中共中央政治局常委、全国政协主席贾庆林出席并讲话。

胡锦涛在贺信中说,中央社会主义学院是在毛泽东同志等老一辈革命家亲切关怀下创办的具有统一战线性质的政治学院,是民主党派和无党派人士的联合党校。建院 50 年来特别是改革开放以来,在中共中央重视和关心下,中央社会主义学院始终坚持社会主义的办学方向,牢固树立"爱国、团结、民主、求实"的良好校风,突出办学特色,注重培训质量,为培养一大批同中国共产党亲密合作的民主党派、无党派人士和其他方面人士、促进统一战线工作和多党合作事业发展发挥了重要作用。

胡锦涛希望中央社会主义学院坚持以邓小平理论和"三个代表"重要思想为指导,全面贯彻落实科学发展观,继承和发扬优良传统,进一步探索办学规律,不断提高教学和科研水平,充分发挥学院作为统一战线的人才培养基地、理论研究基地、方针政策宣传基地的作用,为开创新世纪新阶段统一战线工作新局面,为实现全面建设小康社会宏伟目标和中华民族伟大复兴作出新的更大贡献(贺信全文另发)。

贾庆林在讲话中指出,在中央社会主义学院建院 50 周年之际,中共中央总书记、国家主席、中央军委主席胡锦涛专门发来贺信,为中央社会主义学院在新世纪新阶段的发展提出了明确要求,指明了前进方向。中共中央的重视、关怀和鼓励,极大地推动了中央社会主义学院的健康发展。

贾庆林强调,刚刚闭幕的中共十六届六中全会,作出了关于构建社会主义和谐社会若干重大问题的决定,明确提出了构建社会主义和谐社会的目标和主要任务,这必将对推动我国经济社会全面发展产生重大而深远的影响。做好统一战线的人才培养工作,关系到中国共产党领导的多党合作和政治协商制度的坚持和完善,关系到新世纪新阶段统一战线的巩固和壮大,关系到和谐社会的构建、小康大业的完成和中华民族的复兴。中央社会主义学院作为党外代表人士和党的统一战线干部的学习培训基地,使命光荣,责任重大,大有可为。

贾庆林指出,马列主义、毛泽东思想、邓小平理论和"三个代表"重要思想,是指导我们党和国家各项事业发展的科学理论,是凝聚统一战线广大成员的精神支柱和胜利前进的科学指南。他希望中央社会主义学院适应形势发展的要求,坚持以科学理论武装人,坚持正确的政治方向,坚持走"高层次、有特色、正规化"的办学道路,坚持弘扬创新精神,大力加强统一战线各领域代表人士的培养,促进统一战线事业实现可持续发展。

庆祝大会上,全国人大常委会副委员长、民革中央主席、中央社会主义学院院长何鲁丽,全国人大常委会副委员长、农工民主党中央主席蒋正华,全国人大常委、致公党中央常务副主席杜宜瑾分别发言。

全国政协副主席、中央统战部部长刘延东主持庆祝大会。全国政协副主席罗豪才、张怀西、张榕明和民盟中央主席蒋树声,台盟中央主席林文漪,中央和国家机关有关部门负责同志,各民主党派中央、全国工商联负责人,无党派代表,各省、自治区、直辖市及副省级城市党委统战部和社会主义学院的有关负责人参加了庆祝大会。

西藏区医院危重病诊疗能力显著提高

心衰、心源性休克等疾病死亡率低于全国平均水平

本报拉萨 10 月 14 日电 记者徐锦庚报道:国庆长假前,藏族小伙子扎西兴高采烈地出院过节。9 月初,他患急性心肌梗死被送进西藏自治区人民医院抢救时,已心力衰竭、心源性休克,险些丧命。如今,对这类死亡率较高的危重病,该院诊疗能力显著提高,危重病抢救成功率从 2000 年 93.7% 提高到目前的 98.6%。

心衰、心源性休克均是死亡率较高的危重疾病,在高原缺氧情况下,其治疗难度、病情复杂程度比平原地区更大,但西藏区医院这两项疾病的死亡率却低于全国平均水平。其中,全国医院心衰平均死亡率为 2.6%,西藏区医院控制在 2.05%以下。

近年来,西藏自治区人民医院着力引进、培养人才,毕业于中国协和医科大学的副院长格桑罗布是西藏第一位临床医学博士。迄今,该院专业技术人员占职工总数的 84%,形成一支以藏族年轻专家为骨干的专业技术队伍。

西藏区医院注重有效利用人力资源,整合技术力量,充分发挥团队精神,加强院内外的会诊、抢救工作,增强应付突发公共卫生事件的应急能力。去年 9 月,一位病人突发脑溢血,医院召集各科专家集体会诊。由于诊断准确、抢救及时,手术获得成功。2003 年,山南地区扎囊县发生一起细菌性痢疾暴发流行,380 多人染病。西藏区医院迅速组织医疗队奔赴现场,很快控制住病情蔓延,没有发生一例病人死亡。

科普大篷车 走近农村娃

安徽省淮北市科协、市教委为提高农村青少年科学素养,组织"科普大篷车"开进农村,给偏远乡村的小学生送去科普知识,激发他们学科学、用科学的热情。图为 10 月 13 日,濉溪县百善镇第一小学的学生在老师指导下感受科技的奥妙。 李 博摄

贾庆林会见巴布亚新几内亚总督

推动两国友好合作关系不断向前发展。

新华社北京 10 月 14 日电 (记者徐松)全国政协主席贾庆林 14 日在人民大会堂会见了巴布亚新几内亚总督马塔内。

贾庆林说,中国与巴新建交 30 年来,高层交往不断,政府、议会、政党之间的交流增多,两国关系快速发展。经贸、投资、文教、卫生等领域的务实合作取得了重要成果,促进了双方的经济社会发展。在国际和区域组织中,两国就共同关心的问题保持着良好的沟通与协调。中方对两国关系的发展感到满意,赞赏巴新政府奉行一个中国政策。

贾庆林表示,中国与巴新同为发展中国家,互为重要的合作伙伴,有着广泛的共同利益。双方经济互补性强,合作潜力很大,发展势头良好。在建交 30 周年之际,胡锦涛主席与总督先生就深入发展新世纪两国长期、稳定、全面友好合作关系达成重要共识,这对推动两国关系的进一步发展具有重要意义。中方愿与巴新积极落实两国元首共识,继续保持高层交往,不断扩大多领域的友好交流和互利合作,推动两国友好合作关系不断向前发展。

贾庆林向客人介绍了中国人民政治协商会议的情况。他说,中国全国政协愿与巴新议会和社会各界密切交往,加强治国理政方面的交流,为增进两国人民之间的友谊、促进两国关系全面发展做出新的贡献。

马塔内说,巴中双边关系发展很快,两国签署的 12 个经贸等领域的合作协议得到很好落实,促进了互利合作深入发展。巴新政府高度重视发展对华关系,继续坚定奉行一个中国政策。我们支持巴新议会与中国全国政协加强交流与合作。

吴官正在农村基层党风廉政建设工作座谈会上强调

加强农村基层党风廉政建设 促进农村社会和谐稳定

本报北京 10 月 14 日讯 记者姜洁报道:农村基层党风廉政建设工作座谈会 10 月 14 日在北京召开。中共中央政治局常委、中央纪委书记吴官正强调,要坚持以邓小平理论和"三个代表"重要思想为指导,认真学习贯彻党的十六届六中全会精神,切实加强农村基层党风廉政建设,进一步密切党群干群关系,促进农村社会和谐稳定。

吴官正指出,加强农村基层党风廉政建设,是构建社会主义和谐社会的重要举措,是推进社会主义新农村建设的有力保证。要切实改进基层干部作风,认真解决损害农民利益的突出问题,严肃查处违纪违法案件,坚决维护农民群众的切身利益。

吴官正强调,要建立健全与社会主义新农村建设相适应的农村基层党风廉政建设长效机制。按照"八荣八耻"的要求,切实抓好党风廉政教育,引导广大农村基层党员干部发扬党的优良传统和作风,做到办事要公、作风要实、用人要当、为政要廉,进一步树立为民、务实、清廉的形象;加强农村廉政文化建设,努力营造文明乡风。要以规范基层权力运行为重点,建立健全农村基层财务制度,加强对农村集体资金、资产和资源的管理,深入推进农村基层民主政治建设。要全面推进乡镇政务公开、村务公开和党务公开,凡是涉及农民群众切身利益的政策和事项,都要按照规定进行公开,切实保障农民群众的知情权、参与权、管理权和监督权。

吴官正指出,加强农村基层党风廉政建设,县委是关键,乡镇是基础。要加强领导,及时总结和推广基层创造的好做法好经验,把农村基层党风廉政建设进一步引向深入。

中央书记处书记、中央纪委副书记何勇,中央纪委副书记刘锡荣分别主持会议。中央纪委监察部有关领导同志、农村基层党风廉政建设工作联席会议成员单位负责同志出席会议。各省区市及新疆生产建设兵团纪委书记参加会议。广东省、民政部等 12 个单位在座谈会上发言。

纪念长征 追寻长征精神

皎平渡的九天九夜

——访红军巧渡金沙江之地

本报记者 张 帆 宣宇才 陈 娟

我们来晚了。

一个多月前,93 岁的张朝满平静地离开了人世。生前,他是当年在金沙江皎平渡为中央红军摆渡的最后一名在世船工。

那间悬挂着毛泽东长征画像的堂屋里,老船工平和、沉静的眼神透过黑色相框注视着我们,似乎还想为来访者讲述他一生经历的最大传奇。

位于云南省禄劝彝族苗族自治县皎西乡境内的皎平渡,距省城昆明 220 公里,与四川省会理县通安镇隔江相望。站在 10 多年前建成的皎平渡大桥上西望,金沙江滚滚西来,江流似箭,猛浪若奔;在夕阳映照下,两岸群山耸峙,峭壁森森。

71 年前的初夏,张朝寿、张朝满、李正芳、杨麻子等 37 名船工就在桥下的惊涛中奋力摇桨,用 7 条小船,连续九昼夜,将 3 万中央红军安全渡过金沙江。

跳出数十万敌军的围追堵截,红军取得了长征途中具有决定性意义的重大胜利。

"船是军委纵队过江的命根子"

1935 年 4 月,四渡赤水后的中央红军乘势突进云南。"云南王"龙云大为惊恐,急令滇军和各地民团防卫昆明,滇北和金沙江南岸的防御由此空虚。

机不可失!4 月 29 日,中央发出速渡金沙江在川西建立苏区的指示,中央红军在毛泽东的指挥下,再次上演了声东击西的好戏:由一军团佯攻昆明,虚晃一枪后,连克禄劝、武定、元谋,直抵金沙江龙街渡,摆出一副红军主力由此渡江的架势;三军团西渡普渡河,达到洪门渡口准备渡江;而军委纵队则从寻甸丹桂村出发,由总参谋长刘伯承率领的先遣队直趋禄劝皎平渡,五军团负责殿后。

得知红军动向后,蒋介石急令金沙江巧家至元谋各渡口毁船封渡;同时催令各路敌军于 5 月 8 日前赶到金沙江边,妄图将红军"追至江边解决"。

"前有天堑,后有追兵,红军如不能抢在敌人到达之前渡江,势必落入背水一战的危局。"原禄劝县党史办主任黄明恩为我们分析当时的形势。而浪急水猛的金沙江将红军架设浮桥的努力一一抛入江底,"为此,刘伯承在行军途中反复说,船是我们军委纵队过江的命根子。"而江边到底还有没有渡船,谁都心里没底。

杉乐是禄劝县城去往皎平渡必经的一个垭口。1935 年 5 月 3 日下午,红军先遣队在这里截获了伪区公所派往江边送达烧船令的秘书,得知江边尚有船只未被破坏,立即派一支小分队猛扑皎平渡。

从杉乐到皎平渡,汽车在大山深处盘旋而下,36 公里的山路,陡崖断壁相随,我们花了一个多小时才望见金沙江。 (下转第二版)

联大正式任命潘基文为下任秘书长

中国表示祝贺

新华社北京 10 月 14 日电 外交部发言人刘建超 14 日就韩国外长潘基文当选联合国秘书长发表谈话说,中国祝贺韩国外长潘基文先生当选下届联合国秘书长。亚洲人在时隔 35 年后再次出任联合国秘书长,实现了亚洲国家的共同愿望,是亚洲国家的共同荣誉。

刘建超说,我们相信,在潘基文秘书长任期内,联合国将继续为构建一个持久和平、普遍繁荣的和谐世界发挥重要作用。中国将继续积极支持和配合联合国秘书长的工作。

本报联合国 10 月 13 日电 记者何洪泽、邹德浩报道:第六十一届联合国大会今天下午举行全体会议,192 个会员国的代表以鼓掌的方式一致通过决议,正式任命现年 62 岁的韩国外交通商部长官潘基文为下一任联合国秘书长。

安理会本月轮值主席、日本常驻联合国代表大岛贤三首先宣读了安理会关于推荐潘基文为下一任联合国秘书长的决定。联大随即提出相应决议草案,并以热烈掌声一致通过。

●国际传真

黑龙江垦区粮食总产创历史新高 山西 3500 万亩秋粮喜获丰收

本报哈尔滨 10 月 14 日电 记者汪波报道:黑龙江垦区今年粮食总产量创历史新高,达到 113.2 亿公斤,为国家提供商品粮突破 100 亿公斤;粮食综合单产每亩实现 362 公斤,比上年提高 0.8%。粮食生产连续 3 年创下播种面积、综合单产、总产量、商品量"四超历史"的佳绩。

今年,黑龙江垦区粮食总产增加的主要原因是粮食作物面积明显增加。今年垦区粮食种植面积首次突破 3500 万亩大关,比上年净增加 268.3 万亩,增产粮食 9.6 亿公斤。

本报太原 10 月 14 日电 记者安洋报道:目前,山西省 3544.4 万亩秋粮已从南到北进入收获期,百万农民正抢收玉米、谷子。据山西省农业厅负责人介绍,今年秋粮播种面积比上年增加 114.1 万亩,长势大大好于往年,秋粮单产、总产都将创历史新高,总产量预计将达到 82 亿公斤,比去年增产 4.76 亿公斤。

今年山西继续对种粮农民实行直补,生产资料增支综合补贴与良种补贴等优惠政策,调动了农民的种粮积极性。为帮助农民种好粮,山西省实行科技入户工程,让科技人员直接到户,良种良法直接到田,技术要领直接到人,实现科技与农民的"零距离"接触。

人民日报

RENMIN RIBAO

今日8版
人民网 网址:http://www. people. com. cn
手机:http://wap. people. com. cn
国内统一连续出版物号 CN 11-0065
第21343期 (代号1-1)
人民日报社出版

2006年12月
16
星期六
丙戌年十月廿六
北京地区天气预报
白天 晴
风向 偏北
风力 五、六级
夜间 晴
风向 偏北
风力 四、五级
转二、三级
温度 0℃/-9℃

胡锦涛会见出席中美战略经济对话的美方代表

指出双方应本着互利共赢、共同发展的精神,把两国经贸合作的良好势头保持和发展下去。同时应通过坦诚对话、友好协商,以积极的态度处理两国经贸合作中存在的问题

12月15日,国家主席胡锦涛在北京人民大会堂会见来华参加首次中美战略经济对话的美国总统布什的特别代表、财政部长保尔森等美方代表团主要成员。 新华社记者 饶爱民摄

本报北京12月15日讯 记者**杨讴**报道:国家主席胡锦涛今天下午在人民大会堂会见了来华参加首次中美战略经济对话的美国总统布什的特别代表、财政部长保尔森等美方代表团主要成员。

胡锦涛积极评价当前的中美关系,祝贺首次中美战略经济对话取得成功。在谈到中美经贸关系时,胡锦涛说,中美经贸关系是当今世界发展最快、最重要的经贸关系之一。在经济全球化趋势加快发展的大背景下,中美经贸关系越来越密切,经贸合作越来越广泛。双方应本着互利共赢、共同发展的精神,把两国经贸合作的良好势头保持和发展下去。同时应通过坦诚对话、友好协商,以积极的态度处理两国经贸合作中存在的问题,在更高层次、更广领域推进两国经贸合作,共同开创中美经贸关系更加美好的未来。

在谈到中美战略经济对话时,胡锦涛说,中美战略经济对话,既加深了相互了解,也为双方的合作提供了新的契机,不仅有利于继续推进中美经贸合作,而且对地区和世界经济的稳定发展也将产生积极影响。胡锦涛表示,中美战略经济对话刚刚起步,还有大量工作有待深入,希望双方充分利用好这一新的工作平台,认真总结经验,加强沟通协调,努力使这一机制越办越好,为全面推进中美建设性合作关系作出更大贡献。

保尔森表示,自从布什总统和胡锦涛主席决定建立战略经济对话机制以来,双方做了大量准备工作,首次对话取得实质性进展,具有长远意义。对话的机制化将进一步加强美中经贸关系,美方将继续为两国经贸合作的发展作出努力,在能源安全和效率、环境保护、市场开放、医疗卫生、知识产权保护和推动多哈回合谈判进程方面与中方加强合作。

国务院副总理吴仪、财政部部长金人庆、国家发展和改革委员会主任马凯、科技部部长徐冠华、劳动和社会保障部部长田成平、铁道部部长刘志军、交通部部长李盛霖、信息产业部部长王旭东、商务部部长薄熙来、卫生部部长高强、人民银行行长周小川、国家质检总局局长李长江、国家环保总局局长周生贤等,以及美方代表团主要成员:卫生与公众服务部部长莱维特、能源部部长博德曼、商务部部长古铁雷斯、劳工部部长赵小兰、贸易代表施瓦布、环境保护署署长约翰逊等参加了会见。

公共资源配置更多向群众受益方面倾斜

湖北筹资39亿元解决农民饮水难

本报武汉12月15日电 记者**顾兆农、张志峰**报道:"我们怀着万分激动的心情向你们报喜——11月29日,从5公里外的长江,把水引进我们血吸虫疫区的改水工程开工了!"日前,武汉市蔡甸区远郊农民戴保平、戴绍松给记者的信中流露出无比欣喜。截至10月,湖北省今年已有辐射200万人的饮水工程开始建设,覆盖16个血吸虫病重疫区和几十个县市区,其中65万农村人口年内有望喝上安全水。

目前湖北仍有近2000万农村人口饮水达不到安全标准,其中800万血吸虫病疫区人口的饮水安全尤其令人担忧。水网湖区部分村子"春饮泥水、夏喝药水、秋吃臭水、冬天缺水",山区一些农民"听水响、望水流、一年四季为水愁"。解决饮水难,成为湖北农民呼声最强烈的问题。湖北省委、省政府对农民饮水安全高度重视,通过争取中央财政资金和省市安排配套资金等,筹资39亿元重点解决这"第一难"。

针对过去产权不清、管理不善,一些"花大钱、出大力"建设的饮水工程没几年就遭废弃的顽症,湖北倡导并鼓励探索用改革的办法,优先解决高氟水、苦咸水、污染水、血吸虫病疫区水等饮水水质不达标,以及局部地区饮水供应严重不足问题。

竹山县借助国家补助的370万元,吸引民营资本1800万元,兴建宝丰水厂,不仅从根本上解决了宝丰镇、麻家渡镇居民用水,还使集镇周边8个村的2万农民用上了城乡同网同价的"放心水"。

宜都市实行饮水工程委托经营,选聘民营业主经营管理。去年该市郑家桥、蒋家堖两个村合建了望佛山供水站,通过招标选聘有水利工作经验的李家元为"管家"。李家元交纳保证金,获得供水站10年经营权,须保证3500人日常饮水安全,并负责设施维护、更新等。长阳土家族自治县农民自发组建9个安全饮水用水者协会,民主选出会长负责经营,独立核算,自负盈亏,目前已解决1万多人饮水安全问题。

一些地方还因地制宜进行技术创新。地处山区的丹江口市一些村寨,过去靠水窖拦蓄雨水,由于浑水入窖,水易变质,处理成本高。技术人员根据当地水文地质特点,开发出新的集水技术,在地下沟岔适宜处筑坝,坝后建蓄水池,池后铺设过滤层,收集的大部分是泉水。这项技术不仅使农民告别了水窖死水,而且工程造价降低17%。

人大常委会第五十四次委员长会议举行

吴邦国主持 决定人大常委会第二十五次会议24日至29日召开;企业所得税法草案将首次被提请审议

本报北京12月15日讯 记者**毛磊**报道:十届全国人大常委会第五十四次委员长会议15日下午在北京人民大会堂举行。会议决定,十届全国人大常委会第二十五次会议于12月24日至29日在北京召开。

吴邦国委员长主持今天的委员长会议。

根据委员长会议建议的议程,本次常委会会议将首次审议企业所得税法草案。此前,国务院依法将这一法律草案提请全国人大常委会审议。

委员长会议建议十届全国人大常委会第二十五次会议的议程还包括:继续审议未成年人保护法修订草案、物权法草案、劳动合同法草案;审议全国人大常委会委员长会议关于提请审议十届全国人大五次会议关于十一届全国人大代表名额和选举问题的决定草案的议案、关于提请审议香港特别行政区选举十一届全国人大代表的办法草案的议案、关于提请审议澳门特别行政区选举十一届全国人大代表的办法草案的议案、关于提请审议全国人大常委会关于召开十届全国人大五次会议的决定草案的议案;审议国务院关于提请审议批准保护和促进文化表现形式多样性公约的议案、关于提请审议加入世界知识产权组织版权条约的议案、关于提请审议加入世界知识产权组织表演和录音制品条约的议案、关于提请审议批准关于修改2002年6月7日在圣彼得堡(俄罗斯联邦)签署的上海合作组织宪章的议定书的议案、关于提请审议批准中国和葡萄牙关于刑事司法协助的协定的议案。

根据委员长会议的建议,十届全国人大常委会第二十五次会议还将审议国务院关于矿产资源合理利用、保护和管理工作的报告,关于当前水环境形势和水污染防治工作的报告。 (下转第二版)

贾庆林会见出席两岸青年论坛的部分台湾人士

并同两岸全体与会青年合影留念

本报北京12月15日讯 记者**柳晓森**报道:中共中央政治局常委、全国政协主席贾庆林15日在人民大会堂亲切会见了前来出席两岸青年论坛的中国国民党副主席江丙坤,中国国民党副主席、青年团总团长林益世等部分台湾人士并同两岸全体与会青年合影留念。

贾庆林表示,两岸青年论坛是两岸青年交流史上的一件大事。此次论坛的举办,对于进一步深化两岸青年交流,拓展中国共产党与中国国民党交流的新领域具有重要意义。

贾庆林强调,解决台湾问题,实现祖国完全统一,是海内外中华儿女的共同心愿。我们将坚持"和平统一、一国两制"的基本方针和现阶段发展两岸关系、推进祖国和平统一进程的八项主张,认真贯彻胡锦涛总书记关于新形势下发展两岸关系的四点意见。无论在什么情况下,我们维护两岸关系和平发展的信念不会改变,推进两岸经济文化交流合作、谋求两岸共同繁荣的决心不会改变,为台湾同胞谋福祉、办实事的诚意也不会改变。只要是对台湾同胞有利的事情,只要是对促进两岸交流有利的事情,只要是对维护台海地区和平稳定有利的事情,只要是对祖国和平统一有利的事情,我们都会尽最大努力去做,并且一定努力做好。

贾庆林指出,和平发展是当前两岸关系的主题,两岸同胞应当共同为之奋斗。青年是促进两岸关系和平发展的重要力量,两岸青年要增进了解、相互学习,密切合作,始终走在两岸交流的前列; (下转第四版)

温家宝会见出席中美战略经济对话的美方代表

指出维护和发展中美经贸关系要遵循"发展、平等、互利"方针

本报北京12月15日讯 记者**杨讴**报道:国务院总理温家宝今天在中南海紫光阁会见了出席中美战略经济对话的美国总统布什的特别代表、财政部长保尔森等美方代表团主要成员。

保尔森向温家宝介绍了首次中美战略经济对话情况。他表示,对话是具有历史意义的重要事件,取得了成功,美方从中方的谈话中学到了很多,对中方的主张也有了更为清晰的了解。我们将要向美国公众说明美中经贸合作是互利的,同时也希望双方能继续重视彼此关切,并努力加以妥善处理。美方期待同中方共同努力,推动美中经贸关系积极发展。

温家宝祝贺对话成功。他指出,中美经济的发展和合作,不仅是互利的,而且是关联的,开展战略经济对话是必要的、有益的。中国经济的平稳较快发展,不仅有利于中国,而且有利于美国和世界。同样,美国经济的持续稳定发展,也有利于中国和世界。中美经贸关系,合作、互补是主流,矛盾和摩擦是支流。维护和发展中美经贸关系要立足长远,有战略眼光,遵循"发展、平等、互利"的方针,即在发展中解决存在的问题,通过平等协商照顾彼此关切,加强合作实现共赢。

温家宝说,中国经济社会发展的长期战略,就是要以经济建设为中心,坚持改革开放,建立社会主义市场经济体制;就是要坚持科学发展,正确处理投资与消费之间、城市与乡村之间、地区之间、经济与社会之间的关系,走全面、协调、可持续发展的道路。中国经济发展坚持以内需为主,同时,实行对外开放的政策。我们履行加入世贸组织的承诺,主张贸易自由化,反对贸易保护主义。要保证经济体制改革的成功,实现经济社会发展战略,必须坚定不移地推进政治体制、文化体制、社会体制改革和创新,发展适合中国国情的民主政治,实现社会公平与正义,构建社会主义和谐社会。 (下转第四版)

首次中美战略经济对话闭幕

本报北京12月15日讯 记者**杨讴**报道:为期一天半的首次中美战略经济对话今天上午在北京人民大会堂闭幕。中国国家主席胡锦涛的特别代表、国务院副总理吴仪同美国总统布什的特别代表、财政部长保尔森共同主持闭幕式。

吴仪表示,首次中美战略经济对话认真贯彻落实两国元首达成的重要共识,求真务实,取得了令人满意的结果。双方围绕"中国的发展道路和中国经济发展战略"对话主题,就城乡均衡发展、中国经济的可持续增长、促进贸易和投资、能源、环境和可持续发展等5个专题、11个分议题进行了深入讨论。在对话过程中,双方自始至终都以积极坦诚的态度认真开展对话,通过对话双方增进了了解,扩大了共识,加强了互信,双方还就一些具体问题达成共识。相信中美战略经济对话必将对推动中美经贸关系和建设性合作关系健康发展产生积极影响。

保尔森对中方为首次战略经济对话所作的周到安排和精心准备表示感谢。他说,在对话过程中,美方从中方的介绍中学习到了很多东西,对中国各方面的情况和政策增加了了解。双方还就美中两国经贸关系可持续发展、市场开放及鼓励投资、环境保护、能源效率等问题进行了深入、富有成效的讨论。双方今后的工作任务将更加繁重,美方期待明年在华盛顿与中方进行第二次战略经济对话。

双方商定,第二次中美战略经济对话将于2007年5月在美国首都华盛顿举行,对话将围绕创新和教育、中美经贸关系发展两个方面的内容开展。

闭幕式后,吴仪和保尔森共同会见了中外记者。

坚持促进经济社会协调发展

——六论学习贯彻中央经济工作会议精神

本报评论员

坚持促进经济社会协调发展,既是我们吸收国际国内发展实践的经验教训、深入贯彻落实科学发展观的深刻体会,也是解决当前突出矛盾和问题的迫切需要,对于实现经济又好又快发展,构建社会主义和谐社会具有十分重要的意义。

发展是硬道理,是我们党执政兴国的第一要务,是解决我国所有问题的基础和关键。改革开放以来,我们坚持以经济建设为中心,大力发展社会生产力,成功地实现了由贫困到温饱、又到总体小康的两个历史性跨越。今年是"十一五"规划的开局之年,国民经济继续保持了良好的发展势头,社会财富持续增加,人民生活不断改善。

历史经验表明,经济发展和社会财富总量增加并不能自然实现社会和谐。目前,我国经济社会发展进程中还存在一些不平衡因素,突出表现为城乡、区域、经济社会发展不平衡;城乡、地区、行业之间的收入差距仍在扩大;社会保障体系还不完善,农民的保障尤为脆弱;很多地方教育水平不高,医疗制度落后,"上学难、看病贵"等问题依旧存在;就业压力仍然沉重,等等。如果我们只顾经济增长而忽视社会发展,不仅会加重经济社会发展不平衡的矛盾,最终经济发展也将难以为继。我们追求的发展,应该是经济社会协调的发展,是人民群众共享成果的发展。

促进经济社会协调发展,必须坚持以经济建设为中心,用科学发展观统领经济社会发展全局,针对经济运行中的新情况新变化和突出矛盾,加强和改善宏观调控,着力推进改革开放,切实保持经济持续快速协调健康发展,为社会和谐打下坚实、丰厚的物质基础。

加快社会发展,促进社会和谐,必须更加注重社会公平,处理好经济增长和收入分配的关系,不断完善社会保障、收入分配、公共教育和财政转移支付制度,坚持积极的就业政策,注重为农村和城镇低收入者提供更好的基本公共服务,努力让广大人民群众共享改革发展的成果。只有这样,人们的心情才能舒畅,各方面的社会关系才能协调,人们的积极性、主动性、创造性才能充分发挥出来,整个社会才能充满活力。

加快社会发展,促进社会和谐,必须妥善处理满足群众需要和政府财力可能的关系。"家有千宗事,先打紧处来"。在发展各项社会事业的过程中,我们必须从实际出发,科学决策,既尽力而为又量力而行,既全面部署又突出重点,有计划、有步骤、循序渐进地展开。从当前的实际来看,就是要正确发挥各级政府的公共服务职能,推动公共资源配置更多向群众受益的方面倾斜,积极解决人民群众最关心、最直接、最现实的利益问题。同时也要防止把期望值抬得过高,脱离实际可能。

当前,全党正在深入学习贯彻中央经济工作会议精神,努力促进国民经济又好又快发展。贯彻落实科学发展观,加强和改善党对经济工作的领导,迫切需要提高领导干部贯彻落实科学发展观的坚定性和自觉性,提高知识水平和工作能力。"六个必须"深化了对科学发展观的认识,丰富了科学发展观的内涵。我们要在思想上牢牢把握,在实践中认真贯彻,从而推动经济社会发展切实转入科学发展的轨道,开创科学发展的新局面。

第十五届亚运会圆满落幕

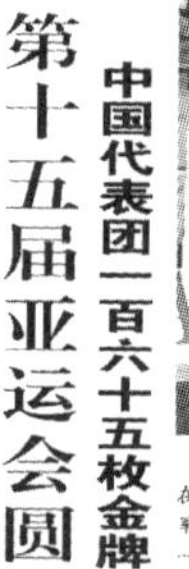

中国代表团一百六十五枚金牌高居榜首

12月15日,中国男篮队员在颁奖台上手持五星红旗合影。在当日亚运会男子篮球决赛中,中国队战胜卡塔尔队获得冠军,夺得中国代表团第165枚金牌。 新华社记者 杨磊摄

本报多哈12月15日电 记者**许立群**报道:第十五届亚运会今晚在卡塔尔首都多哈的哈里发体育场举行盛大的闭幕仪式后圆满落幕。

本届亚运会是首次在阿拉伯国家举行,来自45个国家和地区的10000多名运动员展现了良好的精神风貌和竞技水平,共打破3项世界纪录、23项亚洲纪录。

中国体育代表团以165枚金牌、88枚银牌和63枚铜牌的优异成绩,再度高居金牌榜和奖牌榜首位,这一战绩也超过了4年前的釜山亚运会。

在今晚的闭幕式上,富有浓郁广东风情和中国特色的文艺演出赢得了观众的热烈掌声。第十六届亚运会将于2010年在中国广州举办,亚洲大家庭的成员们热情相约,4年后广州再见。(详细报道见第八版)

潘基文宣誓就职联合国秘书长

本报纽约12月14日电 记者**何洪泽、席来旺**报道:第六十一届联合国大会今天举行新秘书长就职宣誓仪式,联合国第八任秘书长潘基文当着192个会员国代表的面进行了宣誓。他表示将不受任何外部影响,全心全意为联合国服务。

宣誓仪式由本届联大主席阿勒哈利法女士主持。在宣誓就职仪式结束后举行的记者招待会上,潘基文说上任后将优先解决中东问题。

今年62岁的潘基文将在2007年1月1日正式上任,任期至2011年12月31日。他是继缅甸的吴丹之后第二位来自亚洲国家的联合国秘书长。

●国际传真

人民网 网址:http://www.people.com.cn
手机:http://wap.people.com.cn

2008年11月6
星期四
戊子年十月初九
人民日报社出版
国内连续出版物号 CN11-0065
第22034期(代号1-1)
今日16版

中国领导人电贺奥巴马当选美国总统

新华社北京11月5日电 国家主席胡锦涛5日致电奥巴马,祝贺他当选新一届美国总统。

胡锦涛在贺电中表示,中美两国在事关人类福祉的一系列重大问题上,拥有广泛的共同利益,肩负着重要的共同责任。发展长期健康稳定的中美关系,符合两国和两国人民的根本利益,对维护和促进世界的和平、稳定与发展具有重要意义。中国政府和我本人一贯高度重视中美关系。在新的历史时期,我期待着与你共同努力,在中美三个联合公报的基础上,不断加强两国的对话与交流,增进双方的互信与合作,把中美建设性合作关系提高到新的水平,以更好地造福两国人民和世界各国人民。

同日,国务院总理温家宝致电奥巴马,祝贺他当选美国总统。温家宝表示,一个良好的中美关系是我们两国人民的共同期盼,也是维护亚太地区和世界和平、稳定与繁荣的需要。他相信经过双方共同努力,中美建设性合作关系一定能取得新的发展。

国家副主席习近平致电拜登,祝贺他当选美国副总统。

本报华盛顿11月5日电 (记者**李学江**)美国2008年大选终于落幕,民主党候选人奥巴马以压倒性优势赢得了大选的胜利。他将成为美国历史上第四十四任总统,也是美国建国200多年来的第一位黑人总统。

各大媒体的初步统计显示,在总计538张选举人票中,奥巴马截至发稿时已赢得了其中的349张,远远超出了赢得大选所需的270张选举人票的门槛。而共和党候选人麦凯恩到目前则仅获得了160多张选举人票。

辽宁沿海经济带搭建东北振兴新引擎

新投资热点 新产业集群 新发展格局

本报沈阳11月5日电 (记者**何勇、郑少忠**)投资25亿美元的英特尔项目进展顺利,投资额30亿美元以上的STX造船项目试生产,鞍钢500万吨精品钢厂区投产……从黄海之滨的丹东到渤海湾畔的葫芦岛,自"五点一线"战略实施后,辽宁沿海已经成为中外企业的投资热土,3年来吸引外资增幅都在50%以上,今年前9个月,辽宁实际利用外资首次位居全国第三。辽宁沿海经济带正在成为辽宁乃至东北地区对外开放的新平台,搭建起东北振兴的新引擎。

辽宁沿海是东北地区开放条件最好的区域,也是我国唯一没有整体开发的沿海区域。2005年,辽宁省委、省政府提出"五点一线"沿海开放战略,重点开发大连长兴岛临港工业区、花园口等沿黄海、渤海的5个区域,包含6个沿海城市。省长陈政高说,建设辽宁沿海经济带,可以充分释放东北产业基础雄厚和人力资源成本低的优势,为东北地区产业结构调整创造新的发展平台。

经过两年多的开发建设,如今"五点一线"已成为辽宁对外开放的一个响亮招牌,成为东北地区承接国际产业转移的最佳平台。截至9月初,沿海重点区域固定资产投入560余亿元,累计批准入区注册项目522个,投资总额1457亿元。

辽宁沿海经济带集聚了"大进大出"的临港产业集群,形成新的经济增长点。轻工业城市营口市近年来挺直了"工业腰杆"——"五点一线"营口区域汇聚一批大工业项目:鞍钢鲅鱼圈500万吨精品钢材项目、富士康科技集团营口科技园项目、中国五矿集团营口投资项目,每个项目投资规模都超百亿元。

辽宁沿海经济带正在形成面向东北地区和内蒙古东部的扇形辐射面。正在建设的哈大铁路客运专线,使沈阳经济区(辽宁中部城市群)、长春吉林经济带和哈大齐工业走廊与沿海经济带联结更为紧密。正在建设的东北东部铁路,使东北东部10个腹地城市与大连、丹东两个出海口联为一体。487公里长的巴新铁路,使东北西部与内蒙古东部有了最近的出海通道。

吴邦国会见阿尔及利亚总理

11月5日,正在阿尔及利亚进行正式友好访问的全国人大常委会委员长吴邦国在阿尔及尔会见阿尔及利亚总理乌叶海亚。 新华社记者 **高洁**摄

本报阿尔及尔11月5日电 (记者**杨讴**)正在阿尔及利亚进行正式友好访问的中国全国人大常委会委员长吴邦国当地时间5日上午在总理府会见阿尔及利亚总理乌叶海亚。双方在愉快友好的气氛中就加强经贸合作等问题充分交换了意见。

吴邦国说,阿尔及利亚是中国在非洲重要的合作伙伴。中方高度重视发展与阿方的战略合作关系。中阿同为发展中国家,都致力于发展经济、改善民生。两国政治关系牢固,经济优势互补,合作基础良好,发展潜力巨大,又有着深化合作的强烈愿望。中方愿与阿方一道,站在长远和战略高度看待和加强互利合作,着重在基础设施建设、能源资源开发利用、经贸合作区建设等领域鼓励和支持两国大企业开展大项目合作,切实提高中阿经贸合作的质量和水平。中方将坚持互利互惠、合作共赢的原则,鼓励中国企业在阿尔及利亚投资,在技术转让上采取积极开放的政策,加强对阿方管理和技术人员的培训。希望通过这种互利合作,为阿尔及利亚调整经济结构、增加就业岗位等起到积极促进作用。

乌叶海亚对此表示完全赞同。他说,中国改革开放取得了巨大成就、积累了丰富经验、形成了成熟技术、造就了大批人才。阿尔及利亚政府真诚希望加快发展与中方的经贸关系,学习借鉴中国的经验,鼓励两国企业在加工工业、基础设施建设、能矿开发等领域深化合作,促进阿尔及利亚经济结构调整,实现可持续发展。阿尔及利亚政府将为中国企业在阿尔及利亚投资兴业创造更大空间,提供更多便利。

中午,吴邦国在下榻的饭店亲切接见了中国驻阿使馆工作人员、中资机构和援阿医疗队代表。

下午,吴邦国视察了由中信集团和中国铁建联合体承建的东西高速公路项目工地,亲切看望了在那里工作的工程技术人员,要求确保工程质量,做出信誉、创出品牌,把东西高速公路项目建设成世界一流工程。

中国全国人大常委会副委员长兼秘书长李建国等参加了上述活动。

习近平会见塞尔维亚国防部长

新华社北京11月5日电 (记者**荣燕**)国家副主席习近平5日在人民大会堂会见了塞尔维亚国防部长德拉甘·舒塔诺瓦茨。

习近平说,中塞两国虽地理上相距遥远,但两国人民友谊源远流长。中塞建交以来,两国关系始终保持健康稳定发展,双方在国际事务中相互理解、相互支持、密切合作。中方重视中塞关系,视塞尔维亚为值得信赖的好朋友、好伙伴,尊重塞尔维亚人民根据本国国情选择的发展道路。中方愿与塞方共同努力,不断加强各领域交流与合作,开创两国关系新局面。

舒塔诺瓦茨对中国成功举办奥运会和改革开放30年取得的伟大成就表示祝贺。他说,塞方珍视塞中友谊,坚定奉行一个中国政策,支持中国统一大业。塞方愿与中方一道,努力推动两国两军关系不断向前发展。

中国人民解放军总参谋长助理杨志琦和塞尔维亚驻华大使乌多维契基等会见时在座。

经典中国 辉煌30年

追求公平正义之路

——人民法院跨越三十年

本报记者 刘晓鹏

金色天平,辉映着中国红。

30年,用光荣和梦想写就追求公平正义之路。30年,人民法院的发展凝结了百年来国人对法治的向往,对公平正义的孜孜追求。

今天,司法与公众的距离更近了。在互联网上,公众可以查阅到各类案件的信息,有的庭审还在网络上实时直播,法治精神正在浸润我们的生活。

从复查纠正冤假错案开始

"文化大革命"期间,有一句口号,叫砸烂"公检法"。

对比今天,很难想象30年前,人民法院处在什么样的困境中。最高人民法院常务副院长沈德咏说,当时法治被人治所替代,这是中国法治建设事业的倒退,也产生了不少冤假错案。

人民法院审判工作恢复是从复查纠正冤假错案开始的,到1981年底,共复查了"文化大革命"中判处的刑事案件120万件,改判纠正了冤假错案30.1万余件。正是这些案件的改判和纠正,让多少深处黑暗中的人看到了光明。

1981年1月25日,最高人民法院特别法庭对林彪、江青反革命集团案作出判决。这被认为是恢复和重建中国司法制度的典范。

此后,随着一系列法律法规的出台,特别是随着上世纪90年代民事诉讼法、刑事诉讼法、刑法等一系列重要法律的修订和施行,我国的法律体系逐步健全,司法制度逐步完善,人民法院工作逐步走上了充实提高和全面发展的阶段。

1997年,党的十五大确立依法治国基本方略,提出了建设社会主义法治国家的目标,并明确提出要推进司法改革,从制度上保证司法机关依法独立公正行使职权。人民法院从此进入制度和机制创新的阶段。 (下转第十版)

丰收之年 颗粒归仓
托市收购 粮农开心

本报记者 朱隽

- 各粮食主产区纷纷出台托市收购、腾仓并库等措施
- 注入223.5亿元资金支持新疆棉花收购
- 明年较大幅度提高粮食最低收购价格

增强信心 振奋精神 推动又好又快发展

今年又是丰收年。2008年,我国粮食总产将稳定在1万亿斤的台阶上,这是2004年以来连续第五个丰收年,也是改革开放以来,我国粮食首次实现连续五年增产增收。粮食连年丰收,增强了人们对我国经济社会"又好又快"发展的信心。

丰收的喜悦写在农民的脸上。为确保农民能卖出"满意粮"、"舒心粮",各粮食主产区纷纷出台托市收购、腾仓并库等措施,目前各地粮食收购工作稳步推进。据统计,截至10月20日,安徽、福建、江西等10个中晚籼稻主产区各类粮食企业累计收购2008年新产中晚籼稻589.7万吨,比上年同期增加210.6万吨。

与此同时,小麦、玉米、油菜籽、棉花等农产品也在顺利归仓。截至10月31日,中国农业发展银行已在新疆投入223.5亿元资金,支持棉花收购129万吨,收购进度超过去年同期。到9月底为止,河北、山西等11个小麦主产省累计入库小麦5866.6万吨,比上年同期增加1624.2万吨。

国家发展改革委10月20日宣布,国家将继续加大强农惠农政策力度,其中包括全力组织开展主要农产品收购,较大幅度提高2009年生产的粮食最低收购价格,较大幅度增加对种粮农民的补贴。

据介绍,从明年新粮上市起,白小麦、红小麦、混合麦每市斤最低收购价分别提高到0.87元、0.83元、0.83元,提高幅度分别为13%、15.3%、15.3%。稻谷最低收购价格水平也将作较大幅度提高。明年将统筹考虑化肥等农资价格和粮食价格的变动情况,进一步增加农资综合直补。提高良种补贴标准,扩大补贴范围。

周永康会见印度尼西亚总统苏西洛

当地时间11月4日,中共中央政治局常委、中央政法委书记周永康在雅加达会见印度尼西亚总统苏西洛。 新华社记者 **刘建生**摄

新华社雅加达11月5日电 (记者**熊争艳、赵金川**)中共中央政治局常委、中央政法委书记周永康当地时间4日下午在雅加达会见了印度尼西亚总统苏西洛。

周永康首先转达了胡锦涛主席和温家宝总理对苏西洛的亲切问候。苏西洛表示感谢,并表达了他对胡锦涛、温家宝的良好祝愿。

周永康说,进入新世纪以来,两国关系发展迅速,共同利益日益扩大。2005年,两国领导人共同宣布两国正式建立战略伙伴关系,推动双边友好进入了新的发展阶段,两国各领域交流合作全面展开。双方高层互访频繁,在国际和地区事务中的协调与配合更加密切,政治互信不断增强;经贸合作连续迈上新台阶,在基础建设、农业、能源、渔业、资源开发等方面的互利合作不断取得新进展。中国、印尼之间日益深化的各领域友好合作,推动了各自国家经济的发展,为两国人民带来了切实利益。中国与印尼已日益成为地区与世界和平稳定发展的重要力量。周永康赞赏印尼长期坚持一个中国政策,表示中国将继续支持印尼的发展,愿与印尼一道,应对当前共同面临的挑战,相信在双方的携手努力下,中印尼传统友谊在新时期一定会更加根深叶茂,一定会为地区与世界的和平发展做出更大贡献。 (下转第三版)

呼唤公平合理的国际金融新秩序

——初析国际金融危机的成因、危害及应对(下)

三版刊登国纪平文章

宜昌:文明从"心"开始

本报记者 田豆豆

"三峡景美,宜昌城美,宜昌人更美!"不论是每年上千万的中外游人,还是来往的客商政要,总会发出这样的赞叹。

宜昌的文明,从"心"开始。

对环保上心,建生态之城

"发展是文明之基,但以污染环境为代价的发展,不符合现代文明。"宜昌市委书记郭有明说,"产业经济必须与环境效益共生共赢。"

近年来,宜昌的经济发展,特别是工业发展令人瞩目,不仅成为世界"水电之都",而且在化工、水泥、白酒、药品等各行业都崭露头角。全市规模以上工业企业达到702家,仅最近5年,全市开工建设投资5000万元以上的招商项目就达268个,总投资468亿元。

工业兴旺,会不会环境遭殃?"'建设绿色宜昌、保护生态三峡',是宜昌对全国人民的承诺。"宜昌的干部绷紧了这根弦。

环保从源头抓起,宜昌变"招商引资"为"招商选资",把环境保护、资源消耗、能源综合利用作为"选资"的首要条件。近几年,全市因环保问题而拒绝的项目总额度已过100亿元。 (下转第二版)

"三驾马车"均衡拉动 三大产业协调运行
内蒙古力促经济平稳快速发展

本报呼和浩特11月5日电 (记者**岳富荣**)日前,内蒙古赤峰市又一个风力发电项目——翁牛特旗杨树沟门输变电项目投产运行,并网发电。该项目是赤峰市规划建设的百万千瓦风电外送工程的重点项目,总投资1.89亿元。今年以来,内蒙古有不少大型项目建成投产,其中自治区确定的140个重点工业项目中就有21个建成投产或部分投产,推动了内蒙古的经济增长。今年前三季度,内蒙古全区生产总值完成5136亿元,比去年同期增长18%以上。预计全年生产总值将增长18%,超过年初制定的15%的目标,总量将超过7300亿元。

内蒙古着力发挥投资、消费和出口"三驾马车"对经济增长的拉动作用。今年前三季度,全区50万元以上项目完成固定资产投资4418.2亿元,同比增长31.8%。其中,私营经济投资增长较快,完成投资额670亿元,同比增长53.9%。社会消费品零售总额1686.1亿元,同比增长24.5%。外贸进出口总额70.5亿美元,同比增长27.7%,其中出口27.9亿美元,同比增长30.1%。呈现出三大需求均衡拉动态势。

今年内蒙古特别注重调整产业结构,提高经济运行的质量和效益。农业大力落实强农惠农政策和科技措施,全区优质高产高效作物种植比重达到61%,粮食产量将达到210亿公斤以上,比上年增产29亿公斤,总产和单产均创历史最高水平。工业领域积极推进产业多元、产业延伸和产业升级,着力发展高新技术特色产业,全区规模以上工业实现增加值2557亿元,同比增长29%。服务业发展加快,交通运输、批发零售、住宿餐饮三大行业增长率都比上年有明显提高。今年前三季度,全区地方财政总收入820.8亿元,同比增长40.3%。全区城镇居民人均可支配收入达10693元,同比增长16.9%。农牧民人均现金收入预计达4701.4元,同比增长23.4%。新增就业21.2万人。

奥巴马宣誓就任美国总统

中方愿与美方一道推动中美建设性合作关系在新的时期长期健康稳定向前发展

本报华盛顿1月20日电 （记者**李学江、马小宁**）美国当选总统、民主党人奥巴马20日在华盛顿国会山宣誓就任美国第44任总统（见上图，新华社记者　张　岩摄）。来自全美及世界各地的200万人，共同见证了美国历史上第一位非洲裔总统宣誓就职这一历史性时刻。当选副总统拜登同日宣誓就职。

美国东部时间11时30分（北京时间21日零时30分）许，美国总统就职典礼在国会大厦西侧的露天平台上举行。除当天卸任的布什总统之外，美国前总统卡特、老布什和克林顿等前政要和社会名流也应邀出席奥巴马的就职典礼。

奥巴马在就职演说中呼吁美国民众树立坚强的信心、团结一致面对各种挑战和困难。他说，美国正面临战争和金融危机所引发的各种困难。“我们今天聚在这里正是因为我们选择了战胜恐惧的希望，选择了团结。”他呼吁全体美国民众端正心态，努力提高公民责任感，为克服危机、振兴国家经济贡献自己的力量。

奥巴马表示，美国将以“负责任的”方式撤离伊拉克，同时巩固在阿富汗得来不易的和平。他说，美国将为消除核威胁作出不懈努力。他还强调，美国将继续打击恐怖主义活动，并郑重宣布美国能战胜恐怖分子。美国政府将在相互尊重和互利的基础上，寻求与伊斯兰国家发展关系的新方式。

“责任”和“团结”是奥巴马就职演说的主题词。长期研究美国政治史的美国国会历史协会的柯农博士说，阐述具体内外政策是未来国情咨文的任务，就职演说的要义在于重温美国的政治理念，并将其应用于当今时代所面临的特殊问题。

奥巴马可谓“临危受命”。今天的美国正处于上世纪二三十年代大萧条以来最严重的经济衰退中。信贷停滞、消费冷清、房市下滑、股市动荡、失业率攀升，美国经济面临严重挑战。而导致这场危机的主要根源之一就是从华尔街到华盛顿的责任缺失。

现代经济本质是信用经济，而责任则是构成信用的基石。美国政府迄今所采取的一系列救市措施的实际效果表明，一旦责任缺失导致信用不再，要想恢复格外艰难。美国舆论认为，对奥巴马而言，赢得国会通过巨额经济复苏法案、短期内为经济注入强心针并非难事。真正的挑战是重建责任意识，恢复市场信心，这不仅是将美国经济推上复苏轨道的当务之急，也是保证美国经济健康运行的长远之计。

奥巴马就职适值美国前总统林肯诞辰200周年。其典礼主题“自由的新生”，取自林肯总统1863年发表的葛底斯堡演讲，就职宣誓时使用的《圣经》也是1861年林肯就职时使用的原件，此前，奥巴马乘火车从费城经巴尔的摩抵达华盛顿特区也是重温了当年的林肯“路线”。同奥巴马一样，林肯也来自伊利诺伊州，他一直是奥巴马心目中的英雄。1865年，林肯举行第二任期总统就职典礼时，非洲裔美国人首次参加了就职典礼游行。此间舆论认为，奥巴马希望借助林肯“元素”传达责任意识和加强团结共克时艰的信息。

本报洛杉矶1月20日电 （记者**管克江**）对于奥巴马宣誓就任美国总统将给美国社会带来何种变化，美国《华盛顿邮报》专栏作家尤金·罗宾逊20日撰文说，一名黑人当总统并不能魔法般地消除在收入上的种族不平等，无法改善内陆城市的学校、重建破落的社区或弥合不健全的家庭。但从心理上，“它改变了一切，整个国家满怀希望地等待他成功”。

一些媒体在评论时，再次强调了奥巴马提出的“变革”口号。《国家》杂志20日发表题为《历史性的转折点》的文章。美联社的文章说，奥巴马就职正值美国人民充满焦虑、期待，而又重新燃起希望的时刻。美国有线电视新闻网的网站则发表了题为《变革到了华盛顿》的文章。

《纽约时报》20日的报道强调说，奥巴马的就职演说显示，他的政府在国家安全上的某些政策与布什政府有明显的区别。

中国外交部发言人姜瑜20日表示，中美关系处在承前启后的重要时期，中方愿与美方一道，坚持从战略高度和长远角度来审视和把握两国关系，不断加强对话、交流与合作，尊重和照顾彼此核心利益，推动中美建设性合作关系在新的时期长期、健康、稳定向前发展。一个良好、不断发展的中美关系不仅符合中美两国和两国人民的根本利益，也有利于世界的和平、稳定与发展。

俄罗斯媒体认为，俄美关系不仅是世界稳定的重要因素，而且对解决许多国际问题具有重要意义。俄罗斯期望奥巴马就职后俄美关系得到改善，双方在对等和坦诚的基础上发展建设性合作关系。但从目前形势来看，持续不断的北约东扩和美国在东欧部署导弹防御系统仍将成为影响俄美关系发展的关键障碍。国际文传电讯社评论说，奥巴马入主白宫后，俄美两国总统应在近期加强电话交流。

欧洲舆论认为，欧美能否抓住契机改善关系取决于两个因素：奥巴马必须改善美国在欧洲的形象、欧洲必须向奥巴马表明它是一个有效的盟友。如果美欧合作，从气候变化到伊朗核问题都可能处理得好些。问题是欧洲能否扮演有效的盟友角色，并动员其资源以应对重大国际问题。分析人士认为，跨大西洋关系的三个当务之急是：阿富汗问题、气候变化与能源问题、国际金融危机。

拉美媒体认为，奥巴马就职对拉美具有重要意义。阿根廷《纪事报》表示，奥巴马变革的成败不仅是美国的事情，且具有全球意义。奥巴马握有让阿根廷成功度过当前金融危机的金钥匙。墨西哥《宇宙报》发表社论，将奥巴马的就职称为一个新时代的象征，并将奥巴马称为“重生的希望”。委内瑞拉舆论认为，因为众所周知的原因，查韦斯与奥巴马的关系可能会面临一个较为缓慢的调整期。

美国卡特中心中国项目中心主任刘亚伟认为，美国民众希望奥巴马带领国家战胜当前面临的严重危机。奥巴马的就职演讲仍维持了其一贯激动人心的风格。美国人关注奥巴马强调的希望和梦想，更关注他就任总统后的政策实施。目前奥巴马的支持率达到了80%，但从明天起，奥巴马的“政治蜜月”可能将宣告结束，他要面对的是来自内政和外交方面的一系列严峻的挑战。

本报记者　**丁大伟　于宏建　李永群　陈晓航　王新萍　张卫中　张慧中**

中国有信心最早复苏

钟　声

预测中国经济今年的走势成了一种时髦。前一段时间，国际上多是看好中国经济的议论，但近来唱衰的陡然增多。世界经济论坛近日发表的《2009年全球风险》报告称，中国经济增长率大幅降低可能会成为今年全球经济最大的风险因素之一。某国际金融组织总裁也做出类似的悲观预测。一些国际金融机构、西方媒体跟风炒作，有的质疑中国经济可能出现“奥运后综合征”和“金融危机综合征”，英国广播公司甚至称“中国经济硬着陆将造成全球风险”。

这些西方人士为何先是看好、后又看空中国经济？原因大致有五：其一，根据经济危机发展的规律，现阶段应该是全球经济最困难的时期。一些不了解中国真实情况的经济学家深陷悲观情绪，仅凭去年底今年初的某些经济表现，就草率地对中国经济作了“判决”；其二，长期以来，西方国家已经习惯了中国经济发展带来的好处，中国经济增速减缓，他们难免会产生恐慌感；其三，金融危机爆发之初，有些西方经济学家看到中国相对于西方国家受损较轻，就希望中国能为挽救西方经济多出力，多贡献，因此有意唱好中国。在某些不切实际的愿望落空之后，他们自然又会转向唱衰中国；其四，西方经济学家习惯于用发达国家走过的历史经验来解读中国，习惯于用西方国家现阶段遇到的难题来套中国，并以此做出推论；其五，不排除某些别有用心的人想借机制造恐慌情绪，打压中国的资产价格，以便进场“抄底”。在以往的经济危机中，这也是一些国际金融大鳄在以往金融危机中惯用的手法。

经济学家们总是喜欢预测，这也是一种职业需要，至于预测靠不靠谱，也没有太多人追究，就像没有人会追究他们未能准确预测到这次金融危机一样。对于各种各样的经济预测，中国人自然不会过于在意。在眼下这样的关键时刻，最重要还是要看能否对自己的力量有一个客观而清醒的认识，能否继续发扬我们以往取得成功所依赖的创造力。

我们应当看到，应对危机中国有四大“本钱”，这四大“本钱”是中国在金融危机中受损较轻的原因，也是我们的信心之源。一是中国所处的发展阶段。中国是一个发展中国家，经济发展阶段与西方国家完全不同，整体上正处于上升阶段。无论是工业化，还是城市化的水平，提升的潜力和空间都相当大，这是中国率先实现平稳增长的重要基础。二是改革开放30年来中国累积起了雄厚的经济实力。正是这一实力，使得中国有可能率先走出世界经济衰退阴影。联合国《2009年世界经济形势与展望》指出，中国拥有1.9万亿美元外汇储备和平衡的政府预算，有充足的政策空间采用更多必要的扩张政策来刺激国内需求，从而弥补疲软的出口下滑。三是中国有着广阔的市场和丰富的人力资源。这是中国能够化危机为机遇的实力所在。四是中国成功地走出了一条“将市场经济与政府宏观调控有机结合的经济发展之路”。正因为如此，中国才能确保实现应对危机的目标。世界银行高级副行长兼首席经济学家林毅夫在谈到中国的经济发展道路时深刻指出，某些局限于西方本本主义，甚至戴着有色眼镜的经济学家，不懂得中国经济的运行规律。这些人，哪怕用看似再精美不过的经济模型，也无法准确预知中国经济发展的轨迹。

真正关心中国的人应当看到，中国在应对危机中，见事早，出手快，出拳重，措施准，工作实。中国政府出台的大规模刺激经济计划正陆续显示出积极的效果，它提振了中国企业和民众的信心，给全球经济复苏带来了希望。一些西方学者也认为，中国选择了一条正确的道路，其应对危机出台的政策措施值得不少国家借鉴。

可以想见，在未来的一段时间内，西方经济学家还会乐此不疲地预测中国经济。他们愿意怎样预测，就让他们预测去好了。如果说这些预测还有一些积极意义的话，那就是它提醒我们要把困难估计得更充足一些，把应对的办法准备得更充分一些。对我们来说，最关键的还是要树立坚定的信心，坚持不懈地按照既定的计划来应对危机，进而成功地实现中国经济结构战略性调整。作为一个有着13亿人口的庞大经济体，一个有着30年改革开放丰富积累的发展中国家，中国是不会被西方经济学家的预测牵着鼻子走的，我们有信心实现在金融危机中最早复苏的目标。

巴西总统

愿推动拉中关系不断向前发展

据新华社巴西利亚1月19日电 （记者**陈威华、赵焱**）巴西总统卢拉19日会见了到访的中国外长杨洁篪。

卢拉表示，近年来两国关系发展良好，各领域合作进展顺利，两国在许多重大国际和地区问题上有着广泛的共识，进行了很好的合作。巴方愿与中方一道，进一步密切高层交往，扩大经贸、科技、投资等领域的合作，加强在国际和地区事务中的协调与合作，共同应对国际金融危机，进一步深化两国战略伙伴关系，推动拉中关系和发展中国家间的合作不断向前发展。

杨洁篪说，在当前深刻复杂变化的国际形势下，两国应继续从战略高度和长远角度看待和处理两国关系，继续保持高层交往，不断深化政治互信，加强在经贸、投资、金融、科技、人文等领域的互利友好合作，进一步密切在国际事务中的协调与配合，共同应对国际金融危机，推动两国战略伙伴关系全面深入发展，为进一步发展中拉全面合作伙伴关系，维护广大发展中国家的共同利益，促进世界的和平与发展作出积极贡献。

同日，杨洁篪与巴西外长阿莫林举行了会谈。双方就中巴关系和共同关心的国际和地区问题深入交换了意见。两国外长还共同会见了记者并发表了联合新闻公报。

探索人类与宇宙的神奇关系

本报驻法国记者　李　珙

五彩缤纷的霓虹灯下，浩瀚星空与我们渐行渐远。“守望黑色夜空不仅是天文研究的需要，也是珍爱我们共有家园——地球的重要行动。”1月19日，国际天文年法国站天文活动正式启动，法国区负责人、巴黎六大天文系教授勒瓦塞厄—赫古尔女士兴奋地向本报记者介绍了这一天文学界的全球盛事。

1609年，伽利略第一次用天文望远镜窥探了星空的奥秘，将人类的视野从封闭的天地扩展到无限深邃的茫茫宇宙。400年后的今天，联合国教科文组织和国际天文学联合会共同倡议将2009年定为“国际天文年”，通过全年在世界近140个国家和地区举行丰富多彩的科普活动向这位伟大的天文学家致敬。

“探索我们的宇宙”是本次国际天文年的主题，“让普通民众，尤其是吸引广大青少年‘观星赏月’、了解天文，探寻人类社会与自然宇宙的神奇关系。”勒瓦塞厄—赫古尔介绍说，国际天文年启动仪式日前在联合国教科文组织总部举行，来自世界各地的800多名与会代表中有200名青年学生。“天文研究不仅仅是科学家的特权，年轻人甚至很多儿童对神秘的银河星系、对地球以外是否有生命都充满了好奇和遐想，所以，接触天文和探索宇宙能给人们带来无穷乐趣。天文并不遥远，抬头仰望，我们随时都能看到一些简单的天象变化，天文与我们的生活休戚相关。”

但是，随着社会现代化程度越来越高、城市夜生活五彩斑斓，宁静的星空已不再清晰可辨。勒瓦塞厄—赫古尔解释说，环境恶化，城市照明过度，电磁产品大量使用，都对大气层和星系团运动产生了影响，对天文资源造成损害。所以，国际天文年希望帮助公众树立良好的科学价值观，提高保护自然资源的意识，特别是对天文观测点周边环境的保护更为重要。

据介绍，本次天文年推出了11大项科普活动，其中包括“天文100小时”、“伽利略望远镜计划”、“从地球到宇宙”、“暗夜保护”、“宇宙日记”等内容。其形式灵活多样，从图片仪器展、征文比赛、教师培训到观测天象、电影电视、趣味游戏。勒瓦塞厄—赫古尔强调说，法国各地区都准备了精彩的科普节目，尤其在天文航空领域，法国拥有传统科技优势。

谈到中国，勒瓦塞厄—赫古尔说，“自古以来中国人就擅长观天象，甚至史前（中国）就有了专职的天文官。”中国给世界天文学研究的发展提供了宝贵的史料。“这几年，我们和中国的天文学家交流密切，感受到中国政府对科普活动的投入和重视。我们要互相学习、共同进步。”　**（本报巴黎1月20日电）**

欧盟领导人

必须保持和深化欧中互利合作

本报布鲁塞尔1月20日电 （记者**李永群**）欧盟委员会主席巴罗佐20日在布鲁塞尔说，欧盟高度重视发展对华关系，认为必须保持和深化同中国的互利合作。

巴罗佐在欧盟总部会见中国驻欧盟使团团长宋哲大使时表示，中国的进步与繁荣令人高兴，符合欧中共同利益。中国在气候变化、应对全球金融危机、反恐等重大国际问题上发挥着越来越重要的作用，是欧洲不可或缺的重要合作伙伴。欧中关系的发展需要双方民众的支持。欧洲人普遍认为中国是当今世界上最重要的国家之一，中国人民勤劳善良。

19日，欧盟理事会秘书长兼负责外交和安全政策的高级代表索拉纳向宋哲表示，加强欧中全面战略伙伴关系、推进双方各领域合作是欧盟的一贯政策。欧方重视中国日益上升的作用和影响，认为解决任何全球性问题都需要欧中共同努力与合作。

俄恢复向乌克兰和欧洲供气

本报莫斯科1月20日电 （记者于**宏建**）莫斯科时间20日上午10时许，俄罗斯天然气工业股份公司正式恢复向乌克兰境内输送天然气。当天下午，过境乌克兰的天然气已输送到斯洛伐克和匈牙利等欧盟国家。

根据俄乌两国19日在莫斯科签署的2009年至2019年天然气购销合同，俄方同意2009年对乌供气价格在欧洲价格基础上给予20%的折扣，乌方同意2009年俄过境乌对欧洲输气的费率维持2008年标准不变。从2010年1月1日起，俄乌之间的供气价格和过境输气费率的计算方式，将完全过渡到欧洲计价公式。在供气费用结算上，双方将完全排除中间机构。

自1日起持续了20天的俄乌“斗气”风波，不仅使俄乌两国蒙受巨大经济损失，也使许多欧盟国家遭受天然气“断供”之苦。

卢旺达与德将恢复正常外交关系

据新华社内罗毕1月20日电 （记者**刘颖**）基加利消息：卢旺达外交部19日发表声明说，卢旺达与德国均已同意“在不久的将来”重新任命各自驻对方国家的大使。声明说，卢旺达与德国长期友好，为了两国和两国人民的共同利益，双方希望共同努力消除分歧。

去年11月9日，德国警方根据法国的通缉令，在德国法兰克福机场拘捕了卢旺达总统卡加梅的助手卡布耶，并将其引渡到法国。这使卢旺达与德国、法国的关系陷入低谷。为了表示抗议，卢旺达于去年11月11日召回卢驻德大使，并驱逐了德驻卢大使。

走和平发展道路　奉行防御性国防政策

——国际社会关注《2008年中国的国防》白皮书

中国政府20日发表的《2008年中国的国防》白皮书引起国际舆论高度关注。中国坚持走和平发展道路，奉行防御性国防政策，受到国际社会积极评价。

日本《东京新闻》的报道以两国舰艇互访等为例，强调两国间国防交流日趋活跃，称日中国防领域的交流取得了进展。

韩国联合通讯社发表文章认为，中国军队的任务增加了打击恐怖主义和灾害救援等工作，应当受到国际社会欢迎。文章还指出，中国国防白皮书显示，2008年国防预算增速明显放缓。

《印度时报》网站报道说，白皮书的发表进一步表明，中国赞成通过和平手段解决国际争端，反对侵略、扩张和军事同盟扩大化。报道说：“中国领导人感到世界上发生大规模战争的危险在相当长的时间内依然很低，因为各国在安全领域的共同利益在增多。白皮书建议国防能力增强的发展中国家，应该在建立世界安全秩序方面发挥更重要的作用。”

泰国通讯社报道说，白皮书第一次以完整的章节阐述了军备控制和裁军方面的内容，表明中国有决心并有具体的措施支持国际间的军备控制，并防止核武器扩散。泰国《民族报》网站的报道说，与前两年相比，中国2008年的军费增长是最低的，而且军费并不全用在购置武器上，还有很大一部分用于救灾和反恐方面。

美国尼克松中心中国项目主任唐安竹在接受记者采访时表示，白皮书承认台海局势正在改善，人民解放军正在适应改善后的局势，这令人感到乐观。白皮书还重申了不首先使用核武器的原则。

瑞典斯德哥尔摩国际和平研究所专家香农·凯尔在接受本报记者专访时说，从这份国防白皮书上，人们可以读到的是中国和平的诚意。他说，人们都知道，以目前的国际及地区形势，欧盟内部发生战争的概率已经非常小了，但在军费支出方面，欧盟成员中的英国、法国、德国、意大利及西班牙的排名都很靠前，这说明关键问题在于，握着武器的人是否就是要发动战争，而中国国防白皮书正是要表明中国渴望和平。

法新社报道说，在白皮书里，中国政府强调实行的仍是“完全自卫防御”政策。

加拿大《明报》文章认为，白皮书表明中国将坚定不移地奉行和平外交政策和防御性的国防政策。中国将继续高举和平、发展、合作的旗帜，坚持和平发展道路，推动和谐世界建设。

拉丁美洲通讯社20日报道，从中国新发表的国防白皮书可以看出，中国具有建设一支强大海军的目标，并且以信息化作为发展的方向和战略重点。中国是世界上爱好和平的力量，中国军队的现代化有助于世界上维护和平力量的增长。

（本报记者　**于　青　莽九晨　任　彦　任建民　吴　云　雷　达　李　珙　李文政　陈晓航**）

十三、逝世新闻的版面安排

党和国家领导人逝世消息，发布规格由中央有关部门决定。

地方领导干部逝世新闻的发布规格由中共中央组织部决定，军队干部逝世新闻的发布规格由解放军总政治部决定，统一战线人士逝世新闻的发布规格由统战部决定。人民日报所刊登的以上逝世新闻通常由新华社发通稿。

文化界、知识界等名人逝世新闻可视情况安排本报自采稿件。

重大逝世新闻一般由几部分组成：讣告、治丧委员会名单、关于治丧活动的通知、唁电、生平和反映生平的图片、追悼会（告别仪式）等。

（一）党和国家主要领导人逝世

党和国家主要领导人逝世，讣告、治丧委员会名单、关于治丧活动的通知、吊唁仪式消息、追悼会消息、反映其革命生涯的通讯等通常安排在一版，各国唁电安排在国际版，生平及反映生平活动的图片安排在要闻四版。

1. 毛泽东逝世新闻

1976 年 9 月 9 日，毛泽东主席在北京逝世。

9 月 10 日开始，人民日报几乎拿出全部版面来报道有关毛泽东逝世的消息，9 月 11 日开始增加版面出版，直至 9 月 29 日。全部报道共用了 170 多块版。从 9 月 11 日起至 9 月 18 日，人民日报每天在四版以一个整版刊出毛泽东生平图片，共八块整版。如此规模，可谓空前绝后。

具体版面安排如下：

9 月 10 日，一版整版为毛泽东遗像。二版整版为讣告《告全党全军全国各族人民书》。三版上半版为治丧委员会名单；下半版为关于追悼活动的公告。

9 月 11 日，一版左 4 栏为全国人民悼念的综合消息；右四栏为 3 个友好国家的唁电。二、三版为各省致中央唁电。四版为生平图片专版。五版为各大军区唁电。六、七、八版为各国唁电。

9月12日，一版整版刊登党和国家领导人及首都群众瞻仰遗容的消息和图片。二版左四栏为全国举行悼念活动的综合消息；右四栏为友好国家唁电。三版上半版为工人、农民、解放军、群众瞻仰遗容的图片各一张；下半版为一版吊唁仪式消息转活。四版为生平图片专版，刊用图片九张。五、六、七版为各省唁电。八版为大寨、韶山等地的悼念文章。九至十二版为各国唁电和吊唁消息。

9月13日，一版刊登党和国家领导人守灵的图片、首都及各地代表瞻仰遗容的消息及图片。二版上方是一张七栏半宽的吊唁大厅群众场面全景图片；下方为毛泽东视察过的地方及单位举行悼念活动的综合消息。四版为生平图片专版，刊用图片八张。三、五、六版为各省、军区唁电。七版为井冈山等地的悼念文章。八至十版为各国唁电。

9月14日，一版为外国友人和驻华使节及群众瞻仰遗容综合消息，及党和国家领导人在吊唁大厅接待外国使节、朋友的四张图片。二版为中直机关、国家机关、解放军各总部各军兵种举行悼念活动的消息。四版为生平图片专版。三、五、六版为典型单位、典型人物悼念文章。七至十版为唁电。

9月15日，一版为在京外国马列主义政党、组织的同志及首都群众瞻仰遗容消息，及党和国家领导人接待外国友人的图片。四版为生平图片专版，刊用图片八张。二、三、五、六版为各地悼念消息。七、八版为唁电。

9月16日，一版上半版为两报一刊社论《毛主席永远活在我们心中》；下半版为瞻仰消息。二版是瞻仰图片专版。三版是少数民族悼念的综合消息。四版为生平图片专版，刊用图片八张。五、六版为典型单位悼念文章。七、八、九版为唁电。十版为世界舆论悼念毛主席综合消息。

9月17日，一版为工农兵瞻仰遗容表决心的消息及图片。二版整版为吊唁大厅内的特写。三版为各地悼念消息。四版为生平图片专版，刊用图片七张。五版为工农兵瞻仰表决心图片专版。六版为典型单位悼念文章。七、八、九版为唁电。十版为世界舆论悼念综合消息。

9月18日，一版整版刊登党和国家领导人17日为毛泽东最后一次守灵和首都干部群众瞻仰遗容的综合消息和图片。二版为领导人守灵场面和群众瞻仰图片专版。四版为生平图片专版，刊用图片七张。三、五、六版为各地悼念消息。八、九版为唁电。十版为世界舆论悼念综合消息。

9月19日，一版整版刊登追悼大会综合消息和图片。二版为悼词全文。三版为追悼会图片专版，刊用党和国家领导人、群众在追悼会上图片。四版整版为一版追悼会消息转活。五版为全国各地举行追悼会图片专版。六版为阿尔巴尼亚等3个友好国家举行追悼会的消息。七、八、九版为各地悼念消息和典型单位悼念文章。十、十一版为唁电。十二版半个版为世界人民悼念综合消息。

9月20日，一版为各省、自治区、直辖市及全军追悼大会综合消息和上海、天津追悼会会场图片。二、三、四版为一版消息的连续转活。五版为各地追悼会图片专版。六、七版为悼念文章。八、九版为唁电。十版大半个版为朝鲜及非洲友好国家召开追悼大会消息。

9月21日至30日，各版继续刊登各地的悼念消息和悼念文章，包括各地悼念图片专版七个。

（附1976年9月10日、12日、18日、19日、20日一版，9月11日四版）

2. 邓小平逝世新闻

1997年2月19日，邓小平同志在北京逝世。

从2月20日至26日，人民日报共用32个整版（包括五个图片专版）刊登悼念邓小平同志的有关报道，另外还有七个版刊出有关悼念文章或图片，共发稿件230篇，总字数达29万字，刊登图片89幅。

2月20日，人民日报以两个整版报道邓小平逝世的有关公告。一版通栏刊登中共中央、全国人大常委会、国务院、全国政协、中央军委《告全党全军全国各族人民书》；标题下以五栏宽的篇幅加黑框刊出邓小平遗像；报眼加黑框刊出《告全党全军全国各族人民书》中对邓小平的评价语。二版刊登治丧委员会名单和治丧委员会公告（第1号）。

2月21日，人民日报以一、二、三版三个整版和四版半个版的篇幅刊登有关悼念消息和悼念文章。一版头条刊登全国各族人民悼念综合消息；报眼刊登治丧委员会公告（第2号）；报眼下刊登《邓小平同志的亲属致江总书记并党中央的信》。二版刊登全国各地悼念消息。三版刊登各国领导人就邓小平逝世发表的声明、唁电。四版在《人民论坛》专栏刊出署名言论《"人民的儿子"颂》，并刊登香港、澳门各界哀悼的消息。

2月22日，人民日报以一、二、三、五、六版共5个整版和四版的一部分篇幅刊登有关报道。

一版以整版篇幅刊登邓小平生平，并配发邓小平头像。二版刊登各地悼念的综合消息。三版以整版篇幅刊登邓小平生平图片，共十二幅。四版在中部右侧加黑框刊出"台湾各界深切关注和哀悼邓小平逝世"的报道。五版继续刊登全国各地悼念消息。六版继续报道外国首脑和名人的哀悼。

2月23日是星期日，当时人民日报逢星期日只出四块版，这天增加了四块版。以一、二、三、五版共四块整版和四版、六版的部分版面刊登有关报道。一版头条刊登全国人民学习邓小平生平事迹的综合消息；报眼刊登首都群众争购邓小平画像的图片。二版以整版篇幅刊登生平图片，共十二张。三版继续报道国际社会悼念的消息。四版报道上海、澳门、香港各界悼念消息。五版刊登全国各地群众悼念消息。八版为副刊，刊出老同志的悼念诗作。

2月24日，本报以一、二、三、五、六版共五块整版和四版、十版的部分版面刊登有关悼念报道。一版头条刊登全国人民沉痛哀悼深切缅怀一代伟人的综合消息；右上角刊登五个民族自治区人民深切怀念邓小平的综合消息；采用的四张图片分别报道了香港、成都、山西左权县和首都群众的悼念活动；下方通栏刊登长篇通讯《“一国两制”前无古人实现宏图后有来者》。二版刊登先进模范人物悼念专稿和各地悼念消息。三版刊登老将军、老战士和科技界等各界人士怀念邓小平的报道。四版在《人民论坛》专栏刊登悼念邓小平的署名言论，并刊出香港、澳门各界悼念消息。五版刊登各国首脑的唁电。六版刊登世界各国人民悼念消息。十二版副刊以全部篇幅刊登悼念文章。

2月25日，人民日报以一、三、五版3个整版和二、四版的一部分刊登为邓小平送别的报道和图片。一版刊登遗体告别仪式及火化消息，头条标题下左侧为五栏半宽的邓小平同志遗体照片；一版底部左侧为五栏宽的党和国家领导人送别的图片，右侧三栏宽为领导同志向邓小平亲属表示慰问的图片。二版、三版为首都送别邓小平同志的长篇通讯。四版刊登中央台办、新闻界、香港、澳门悼念的报道。五版整版刊登群众送别的图片九张。六、七、八版刊登外国唁电、悼念消息。九版理论版刊登阐述邓小平理论的文章。

2月26日，人民日报几乎以全部版面刊登邓小平追悼大会和举国哀悼的报道。一版头条通栏刊登追悼大会消息；中线下刊登悼词全文（未完部分转二版），文左为江泽民致悼词的两栏宽图片；一版底部为两张各四栏的图片，左侧为追悼大会全景图片，右侧为党和国家领导人参加追悼大会的图片。二版接一版转活刊登悼词，并配发一张四栏宽的追悼会会场图片。三版上半版以通栏篇幅刊登悼念、缅怀邓小平的社论；下半版刊登相关通讯。四版刊登悼念通讯，“人民论坛”刊登署名悼念言论。五版整版刊登追悼大会和首都各界追悼的图片，共十一张。六版刊登举国哀悼的纪实。七版刊登外国元首及团体发来的唁电、唁函等。九版刊登联合国、外国领导人和知名人士、中国留学生悼念的图片。十版刊登世界各地悼念的综合报道和专访。十一版文学作品版刊登纪念长诗。十二版副刊刊登纪念文章。

3月3日，一版整版刊登邓小平同志骨灰撒入大海的报道，头条为消息，下方为通讯（文转第四版），整版刊登五张图片。

（附1997年2月20日、2月22日、2月25日、2月26日、3月3日一版，2月23日三版，2月25日二版）

（二）离任国家主席逝世

原国家主席、中央军委副主席杨尚昆于 1998 年 9 月 14 日逝世。

9 月 15 日，一版头条通栏刊登逝世消息，配发遗像。报眼位置刊登杨尚昆病重住院期间，党和国家领导人前往看望的消息。

9 月 18 日，一版报眼下方竖 3 栏刊登通讯《云水襟怀松柏志——杨尚昆同志最后的日子》。六版（国际版）刊登各国唁电综合消息。

9 月 19 日，一版报眼下方竖一栏加黑框刊登火化预告消息。

9 月 20 日，四版整版刊登生平图片，共十五张。

9 月 21 日，一版从报眼位置以三分之一版的篇幅刊登生平（文转第三版）。

9 月 22 日，一版头条横六栏刊登遗体告别仪式及火化消息。配图片三张，分别是党和国家领导人护送灵柩走向灵车、解放军礼兵抬着灵柩走出告别室、江泽民向杨尚昆亲属表示慰问。

9 月 23 日，六版（国际版）刊登各国唁电综合消息。

（附 1998 年 9 月 15 日、9 月 22 日一版）

（三）在任国家领导人逝世

1. 黄菊逝世新闻

第十六届中共中央政治局常委、国务院副总理黄菊于 2007 年 6 月 2 日逝世。

6 月 3 日，一版头条竖三栏刊登黄菊逝世讣告，配发遗像。遗像下方为评价提要。

6 月 6 日，一版头条横六栏多位置刊登遗体送别仪式及火化消息。配发胡锦涛、江泽民慰问家属图片两张。要闻四版以整版篇幅刊登生平，配生平图片八张。三版（国际要闻版）头条刊登各国唁电综合消息。

（附 2007 年 6 月 3 日、6 月 6 日一版）

2. 谭绍文逝世新闻

中共中央政治局委员、天津市委书记谭绍文于 1993 年 2 月 3 日病逝。

2 月 4 日，一版中右位置刊登讣告，配发遗像。

2 月 13 日，一版刊登遗体火化消息，配发胡锦涛慰问家属图片一张。四版刊登生平，配发生平图片四张。

（附 1993 年 2 月 4 日一版）

3. 霍英东逝世新闻

香港著名爱国人士、全国政协副主席霍英东于2006年10月28日逝世。

10月30日，一版右下方刊登讣告，配发遗像。

11月8日，一版右下方刊登香港举行悼念和公祭仪式的消息。四版以近三分之二篇幅刊登生平，配发生平图片六张。

（附2006年10月30日一版）

4. 张立昌逝世新闻

中共中央政治局委员、天津市委原书记张立昌于2008年1月10逝世。

1月11日，一版在右下方位置刊登讣告，配发遗像。

1月17日，一版右下方横四栏刊登告别仪式及火化消息，配发习近平慰问张立昌家属图片一张。四版头条横六栏刊登生平，配生平图片六张。

（附2008年1月11日一版）

（四）离任国家领导人逝世

离任国家领导人包括原国家副主席、国务院副总理、中共中央政治局委员、中央书记处书记、全国人大常委会副委员长、国务委员、最高人民法院院长、最高人民检察院检察长、全国政协副主席等逝世，讣告、遗像、告别仪式及火化消息安排在一版，生平及反映生平活动的图片安排在要闻四版。

1. 荣毅仁逝世新闻

原国家副主席、全国人大常委会副委员长、全国政协副主席、全国工商联主席荣毅仁于2005年10月26日逝世。

10月28日，一版右侧中下位置刊登讣告，配发遗像。

11月4日，一版报眼位置横四栏刊登告别仪式及火化消息。配发胡锦涛慰问亲属的图片一张。要闻四版上方通八栏刊登生平，配生平图片八张。

（附2005年10月28日一版）

2. 吴学谦逝世新闻

国务院原副总理、中共中央政治局委员、全国政协副主席吴学谦于2008年4月4日逝世。

4月5日，一版下方刊登逝世消息，配发遗像。

4月11日，一版中下位置刊登告别仪式及火化消息，配江泽民、温家宝慰问亲属的照片两张。四版刊登生平，配生平活动图片六张。

（附2008年4月5日一版）

3. 陈慕华逝世新闻

原中共中央政治局候补委员、全国人大常委会副委员长、国务院副总理、国务委员、全国妇联主席陈慕华于2011年5月12日逝世。

5月13日，一版左下位置刊登逝世消息，配发遗像。

5月19日，一版报眼下方刊登消息《陈慕华同志遗体在京火化》，配胡锦涛慰问陈慕华家属图片一张。四版上八栏刊登生平，配生平图片六张。

（附2011年5月13日一版）

（五）军队重要领导同志逝世

1. 刘伯承逝世新闻

刘伯承元帅曾任中央政治局委员、中央军委副主席、全国人大常委会副委员长，于1986年10月7日逝世。

10月10日，一版在头条位置以横五栏半宽的篇幅刊登讣告，并配发遗像一张。

（附1986年10月10日一版）

10月16日，中共中央在京举行追悼会。四版以整版篇幅刊登刘伯承生平，配生平图片十三张。

10月21日，一版下八栏刊登邓小平署名文章《悼伯承》。

10月22日，四版右下五栏刊登聂荣臻署名文章《痛悼伯承》。

2. 肖劲光逝世新闻

肖劲光是1955年授衔的十位大将之一，多年担任海军司令员，曾任全国人大常委会副委员长、中顾委常委等职，于1989年3月29日逝世。

3月31日，一版左中位置用两栏篇幅刊登讣告，配发遗像。

4月9日，一版左下三栏位置刊登告别仪式消息，配发领导人向遗体告别的图片一张。五版上八栏刊登生平，配生平图片三张。

（附1989年3月31日一版）

3. 杨成武逝世新闻

全国政协副主席、中央军委常委、解放军代总参谋长、1955年上将杨成武于2004年2月14日逝世。

2月15日，一版右下方刊登讣告，配发遗像。

2月23日，一版在头条下方、中线以上位置横五栏半刊登告别仪式及火化消息，配发胡锦涛、江泽民慰问亲属的两张图片。四版上方以通栏篇幅刊登生平，配生平图片六张。

（附2004年2月15日一版）

4. 张廷发逝世新闻

张廷发曾任中央政治局委员，原中顾委委员，中央军委委员、常委，空军政治委员、司令员，于2010年3月25日逝世。

3月26日，一版刊登讣告，配发遗像。

4月1日，一版报眼下位置刊登消息《张廷发同志遗体在京火化》，配发胡锦涛慰问亲属照片一张。四版上八栏刊登生平，配生平图片六张。

（附2010年3月26日一版）

5. 李德生逝世新闻

第十届中央政治局常委、中央委员会副主席，原中顾委常委、中央军委原委员，总政治部原主任，北京军区原司令员，沈阳军区原司令员，国防大学原政委李德生于2011年5月8日逝世。

5月9日，一版中下位置用四栏篇幅刊登讣告，配发遗像。

5月15日，一版报眼刊登消息《李德生同志遗体在京火化》，配发胡锦涛慰问亲属照片一张。四版上方以通栏篇幅刊登生平，配生平图片八张。

（附2011年5月9日一版）

（六）地方省部级干部及军队大军区正职及以下人员逝世

地方省部级干部及军队大军区正职及以下人员的逝世消息，通常只发讣告，刊登在要闻四版。讣告规格分文字带遗像和只刊登文字两种。

（附2008年4月23日四版）

（七）知名人士逝世

知名人士的逝世新闻，有些特别重要的刊登在一版，其余大多数刊登在要闻四版或相关领域的专业新闻版上，或做新闻化处理。

1. 巴金逝世新闻

全国政协副主席、中国作家协会主席巴金于2005年10月17日逝世。

10月18日，一版右下方刊登讣告，配遗像。文化版（十五版）刊登通讯《巴金：巨星陨落，光还亮着》。

（附2005年10月18日一版、十五版）

10月19日，文化版刊登各界悼念综合消息，《今日新语》栏目刊登署名悼念言论。

10月25日，一版右下方横四栏刊登告别仪式及火化消息（文转四版），配发贾庆林慰问亲属的两栏图片一张。要闻四版在下八栏约占三分之二版的篇幅刊登生平，配生平图片六张。文化版刊登通讯《人民作家，百姓送别》。副刊（十五版）刊登怀念巴金的散文及诗。

2. 戴爱莲逝世新闻

著名舞蹈家戴爱莲于2006年2月9日逝世。

2月11日，要闻四版下方刊登讣告。

2月18日，一版右侧中下位置刊登告别仪式及火化消息。

（附2006年2月18日一版）

3. 常香玉逝世新闻

著名豫剧表演艺术大师常香玉于2004年6月1日逝世。

6月2日，要闻四版下方刊登逝世消息。视点新闻版（五版）刊登通讯《常香玉——戏比天大》。

6月4日，要闻四版左下位置刊登遗体告别仪式消息。

（附2004年6月4日四版）

6月10日，视点新闻版（五版）头条刊登本报评论员文章《戏比天大　艺德常香》，头条下方刊登长篇通讯《人民艺术家常香玉》，配发两张生平图片。

（附 2004 年 6 月 10 日五版）

6 月 11 日，要闻四版刊登艺术家们缅怀常香玉的消息。副刊发表怀念文章。

4. 钱学森逝世新闻

杰出科学家和我国航天事业的奠基人，中国人民政治协商会议第六届、七届、八届全国委员会副主席钱学森于 2009 年 10 月 31 日逝世。

11 月 1 日，一版左下方横四栏刊登逝世消息，配遗像。七版（要闻）右侧刊发钱学森生前工作单位及学生、母校师生的纪念活动等，以及《钱学森主要科学成就》文章。

11 月 2 日，六版（视点）三分之二版刊登纪念文章及消息。十一版（文化）以整版篇幅刊登纪念文章。

11 月 3 日，十一版（文化）以四分之三版篇幅，刊登纪念文章。

11 月 5 日，十一版（文化）刊登《钱学森的最后一次系统谈话——谈科技创新人才的培养问题》。

11 月 7 日，一版左下方横六栏刊登告别仪式及火化消息，配发胡锦涛、江泽民慰问亲属的图片各一张。四版（要闻）整版刊登有关钱学森的内容：上方八栏刊登生平，配发六张图片；左下方是告别仪式的侧记；右下方是人民论坛《用伟大成就照亮历史和未来》。六版（要闻）刊登纪念文章。

11 月 10 日，四版（要闻）“人民论坛”刊登评论《钱学森的“争”与“让”》。

11 月 11 日，五版（要闻）以四分之三版篇幅刊登解放军总装备部缅怀钱学森同志文章。

11 月 13 日，十一版（文化）刊登钱学森秘书和学术助手的访谈《钱学森何以成为科学大师》。

（附 2009 年 11 月 1 日一版、11 月 7 日一版、11 月 7 日四版）

（八）特殊人物逝世

1. 张学良逝世新闻

伟大的爱国者张学良先生于 2001 年 10 月 14 日在美国逝世。

10 月 16 日，一版报眼下方竖两栏刊登逝世消息；报眼刊登江泽民的唁电。四版右上角刊登全国政协的唁电，和西安各界哀悼的消息。

（附 2001 年 10 月 16 日一版）

10月17日，一版报眼下方竖一栏半刊登江泽民委托我驻美大使向张学良亲属转交唁电的消息。四版中部位置刊登全国政协副主席、民革中央主席、张学良生前友好发的唁电。

10月18日，国际版（三版）右肩刊登葬礼预告消息。

10月25日，一版右下刊登葬礼在檀香山举行的消息。国际版右肩刊登有关葬礼的通讯。

（附2001年10月25日一版）

2. 汪道涵逝世新闻

海峡两岸协会会长、原中顾委委员、上海市委原书记、上海市原市长汪道涵于2005年12月24日逝世。

汪道涵为推动祖国和平统一大业作出了重要贡献，“九二共识”、“汪辜会谈”可说是两岸关系史上的重大事件。对汪道涵逝世消息的处理，有其特殊性，比通常级别的逝世消息处理得突出、详细。

12月25日，一版右下刊登逝世消息，配遗像。要闻四版左中位置刊登海协会向台湾海基会通报逝世的消息、马英九连战宋楚瑜等致电哀悼的消息、已故台湾海基会董事长辜振甫遗孀深表哀悼的消息。

（附2005年12月25日一版）

12月27日，要闻四版中部横五栏刊登中台办、国台办、海协会负责人表示哀悼的消息。

12月29日，要闻四版中下位置刊登告别仪式预告消息，以及海协会表示希望海基会尊重汪道涵家属意见的消息。

12月30日，十五版（综合新闻版）刊登全国台湾研究会副会长的怀念文章。

12月31日，一版右侧中线稍下位置刊登告别仪式及火化消息，配发江泽民、曾庆红慰问家属的图片两张。要闻四版中线稍下位置刊登海协负责人对海外各界悼念表示感谢的消息，以及海协会受汪道涵家属委托对海基会致唁表示感谢的消息。

（附2005年12月31日一版）

3. 爱泼斯坦逝世新闻

国际著名记者、作家爱泼斯坦于2005年5月26日逝世。

6月1日，一版右侧中下位置横两栏半刊登逝世消息。

（附2005年6月1日一版）

6月4日，一版右下方横三栏半刊登告别仪式及火化消息，配发胡锦涛慰问亲属的图片。要闻四版右肩刊登反映爱泼斯坦生平活动的图片三张。

6月6日、6月7日，国际版（三版）、国际副刊分别刊登纪念文章。

4. 毛岸青逝世新闻

毛泽东主席的儿子、我党马列著作优秀俄文翻译家毛岸青于2007年3月23日逝世。

3月25日，要闻四版左下刊登逝世消息。

4月3日，一版左侧中下位置横四栏刊登告别仪式及火化消息。五版（要闻）右侧五栏从上到下通篇刊登中共中央编译局的悼念文章及毛岸青之子的悼念文章。

（附2007年3月25日四版、4月3日一版）

5. 卓琳逝世新闻

邓小平同志的夫人、中央军委办公厅原顾问卓琳于2009年7月29日逝世。

7月30日，一版（右侧中下位置横两栏）刊登逝世消息。

8月1日，四版上方八栏位置刊登追忆卓琳的文章《唯留挚爱在人间》。

8月11日，一版头条右侧横六栏位置刊登告别仪式及火化消息，配发胡锦涛、江泽民慰问亲属的图片各一张。

（附2009年7月30日一版、8月11日一版）

6. 蒋介石病故新闻

1975年4月5日，蒋介石病故。4月7日，四版右下位置刊登消息《蒋介石死了》。

（附1975年4月7日四版）

7. 蒋经国病逝新闻

1988年1月13日，中国国民党主席蒋经国在台湾病逝。1月14日，一版刊登消息《蒋经国昨天病逝》。1月15日，一版报眼刊登消息《中共中央电唁蒋经国病逝》和中共中央总书记发表谈话悼念蒋经国逝世、重申和平统一祖国方针不变，其下刊登消息《屈武电唁蒋经国病逝》。

（附1988年1月14日一版）

8. 江青自杀身亡新闻

林彪、江青反革命集团案主犯江青，在保外就医期间于1991年5月14日在北京其居住地自杀身亡。6月5日，四版右下刊登消息《江青自杀身亡》。

（附1991年6月5日四版）

9. 王洪文病亡新闻

林彪、江青反革命集团案主犯王洪文因患肝病，于1992年8月3日病亡。8月5日，二版刊登消息《王洪文病亡》。

（附1992年8月5日二版）

10. 姚文元病亡新闻

林彪、江青反革命集团案主犯姚文元因患糖尿病，于2005年12月23日病亡。2006年1月7日，四版右下刊登消息《姚文元病亡》。

（附2006年1月7日四版）

（九）国外领导人逝世

1. 金日成逝世新闻

朝鲜劳动党中央委员会总书记、朝鲜民主主义人民共和国主席金日成于1994年7月8日逝世。

7月10日，一版头条刊登江泽民、李鹏、乔石唁电，报眼下横刊登邓小平唁电，右中位置转发朝鲜劳动党中央的告全体党员和人民书，配发金日成遗像一张。

（附1994年7月10日一版）

7月12日，一版头条刊登江泽民等前往朝鲜驻华使馆吊唁消息，配发图片两张。

（附1994年7月12日一版）

7月14日，一版报眼刊登李鹏等前往朝鲜驻华使馆吊唁消息，配发图片一张。

7月15日，国际版（六版）头条报道朝鲜继续悼念的消息。17日，六版头条报道追悼大会延期举行的消息。20日六版头条五栏位置刊登生平图片四张以及平壤百万群众告别金日成遗体的消息。21日一版右下位置刊登朝鲜举行追悼会的消息，六版右肩两栏刊登追悼会图片两张。

（附1994年7月20日六版）

2. 金正日逝世新闻

朝鲜劳动党总书记、国防委员会委员长、朝鲜人民军最高司令官金正日于2011年12月17日逝世。

12月20日，一版报眼刊登中共中央唁电，报眼下刊登消息《朝鲜最高领导人金正日逝世》。要闻三版头条刊登消息《朝鲜人民沉痛哀悼金正日逝世》，并刊发金正日生平简介。

（附2011年12月20日一版、三版）

12月21日，一版头条横四栏刊登胡锦涛等前往朝鲜驻华使馆吊唁消息，配发图片一张。

（附2011年12月21日一版）

12月22日，一版头条下方刊登温家宝等前往朝鲜驻华使馆吊唁消息，配发图片一张。

（附2011年12月22日一版）

12月28日，要闻三版刊登徐才厚等赴朝鲜驻华使馆吊唁消息。

（附2011年12月28日三版）

3. 阿拉法特逝世新闻

巴勒斯坦国总统、巴民族权力机构主席阿拉法特于2004年11月11日逝世。

11月12日，一版在报眼刊登胡锦涛致唁电表示哀悼的消息；中部位置刊登曾庆红到巴驻华使馆吊唁的消息；在右侧中下位置刊登阿拉法特逝世消息。四版在中部位置刊登外交部发言人表示哀悼以及胡锦涛将派特使出席阿拉法特葬礼的谈话。国际周刊（七版）整版刊登有关阿拉法特的内容：头条是多个国际组织及国家的悼念声明；头条下方是分析文章《中东走进“后阿拉法特时代”》；右肩是一篇怀念阿拉法特的署名言论；右下角是其生平。国际副刊（十五版）头条刊登本报驻叙利亚记者的回忆文章。

（附2004年11月12日一版、七版）

11月13日，一版右下角刊登葬礼举行的消息。国际版上八栏近半块版都是有关悼念消息：头条刊登葬礼通讯，配发两张图片；在右肩刊登胡锦涛特使出席葬礼的消息，以及联大举行特别会议悼念的消息。

11月19日，国际副刊发表一位中国外交官的怀念文章。

3. 叶利钦逝世新闻

俄罗斯前总统叶利钦于 2007 年 4 月 23 日逝世。

4 月 24 日，国际版（三版）在中线位置加框刊登逝世消息。

（附 2007 年 4 月 24 日三版）

4 月 25 日，一版在右侧中上位置刊登胡锦涛致唁电的消息。国际版在右肩位置竖两栏刊登了题为《中国人民的老朋友》的署名言论；在言论下方是俄全国哀悼的消息、中国外交部发言人表示哀悼的消息。

4 月 26 日，国际版（七版）在左侧中上位置刊登葬礼举行的消息。要闻四版在中上位置刊登吴仪前往俄驻华使馆吊唁的消息。

一九七六年九月十日

战无不胜的马克思主义、列宁主义、毛泽东思想万岁！

伟大的、光荣的、正确的中国共产党万岁！

伟大的领袖和导师毛泽东主席永垂不朽！

人民日报

1948年6月15日创刊　第10292号　1976年9月12日　星期日　农历丙辰年八月十九

伟大的领袖和导师
毛泽东主席永垂不朽！

党和国家领导人以及首都群众怀着极其沉痛心情举行隆重吊唁仪式

瞻仰伟大领袖和导师毛主席遗容

中国共产党中央委员会向敬爱的伟大领袖毛主席敬献了花圈　党和国家领导人敬献了花圈

参加吊唁和守灵的党和国家领导人有华国锋、王洪文、叶剑英、张春桥、宋庆龄、江青、姚文元、李先念、陈锡联、纪登奎、汪东兴、吴德、许世友、韦国清、李德生、陈永贵、吴桂贤、苏振华、倪志福、赛福鼎、郭沫若、徐向前、聂荣臻、陈云、谭震林、李井泉、张鼎丞、蔡畅、乌兰夫、阿沛·阿旺晋美、周建人、许德珩、胡厥文、李素文、姚连蔚、王震、余秋里、谷牧、孙健

参加吊唁的人们表示，一定要化悲痛为力量，继承毛主席的遗志，把无产阶级革命事业进行到底！

伟 大 的 领 袖 和 导 师 毛 主 席 遗 容

新华社一九七六年九月十一日讯　我党我军我国各族人民敬爱的伟大领袖、国际无产阶级和被压迫民族被压迫人民的伟大导师毛泽东主席的逝世，在全中国、全世界人民的心中引起了极大的悲痛。今天，党和国家领导人、首都工农兵和各界群众十万多人，怀着无比深厚的无产阶级感情，来到庄严的人民大会堂，吊唁伟大的领袖和导师，瞻仰毛主席的遗容，表达我们全党全军全国各族人民对毛主席的无限崇敬和爱戴的感情，决心继承毛主席的遗志，把无产阶级革命事业进行到底。

七天的隆重吊唁仪式，今天开始举行。参加吊唁和守灵的党和国家领导人有华国锋、王洪文、叶剑英、张春桥、宋庆龄、江青、姚文元、李先念、陈锡联、纪登奎、汪东兴、吴德、许世友、韦国清、李德生、陈永贵、吴桂贤、苏振华、倪志福、赛福鼎、郭沫若、徐向前、聂荣臻、陈云、谭震林、李井泉、张鼎丞、蔡畅、乌兰夫、阿沛·阿旺晋美、周建人、许德珩、胡厥文、李素文、姚连蔚、王震、余秋里、谷牧、孙健。中共中央军委负责人粟裕，政协全国委员会副主席沈雁冰，最高人民法院院长江华，也参加了吊唁和守灵。

人民大会堂庄严肃穆。吊唁大厅入口处的横幅是："继承毛主席的遗志，把无产阶级革命事业进行到底！"大厅四周装饰着黑纱，陈放着花圈，正中悬挂着毛主席巨幅遗像，下面层层排列着松柏、长青树、万年青。毛主席的遗体安放在长青的灌木之中。遗体上覆盖着中国共产党党旗。毛主席的遗容坚毅、安详。人民解放军战士持枪守卫在两旁。大厅正面的横幅是："极其沉痛地悼念伟大的领袖和导师毛泽东主席！"

吊唁大厅里摆满了花圈，表达了全党全军全国各族人民对伟大领袖毛主席的无限怀念的心情。其中有：

中国共产党中央委员会向敬爱的伟大领袖毛主席敬献的花圈；（下转第三版）

◇　党和国家领导人怀着对毛主席无限崇敬和爱戴的心情，在毛主席遗体前肃立，瞻仰毛主席的遗容。　（本版照片均为新华社记者摄）

人民日报

1948年6月15日创刊　第10298号　1976年9月18日　星期六　农历丙辰年八月廿五

伟大的领袖和导师
毛泽东主席永垂不朽！

毛主席建立的丰功伟绩永世长存

首都七天来三十多万党政军机关干部、工农兵和各界群众，怀着无比沉痛和无限崇敬的心情，吊唁伟大的领袖和导师毛主席逝世，瞻仰毛主席遗容

人们向敬爱的领袖和导师表达自己坚定的誓言：决心继承毛主席的遗志，化悲痛为力量，紧密地团结在党中央的周围，坚持毛主席的革命路线，坚决按毛主席既定的方针办，永远沿着毛主席开辟的革命航道奋勇前进，把毛主席开创的无产阶级革命事业进行到底！

吊唁仪式结束时，党和国家领导人华国锋、王洪文、叶剑英、张春桥、宋庆龄、江青、姚文元、李先念、陈锡联、纪登奎、汪东兴、吴德、许世友、韦国清、李德生、陈永贵、吴桂贤、苏振华、倪志福、赛福鼎、郭沫若、徐向前、陈云、谭震林、李井泉、蔡畅、乌兰夫、阿沛·阿旺晋美、周建人、许德珩、胡厥文、李素文、姚连蔚、王震、余秋里、谷牧、孙健再次集体吊唁，并在毛主席遗体旁守灵

党和国家领导人怀着无限崇敬和爱戴心情，在毛主席遗体前肃立默哀三分钟。华国锋同志带领大家向毛主席三鞠躬

民主柬埔寨政府副总理英萨利及其一行回国途中到达北京，参加了吊唁，瞻仰毛主席遗容，并送了花圈，对毛主席的逝世表示深切哀悼

牢记毛主席的无比恩情，忠于毛主席的革命路线。九月十七日，吊唁仪式结束时，党和国家领导人再一次集体参加吊唁，并在毛主席遗体旁守灵。　新华社记者摄

新华社一九七六年九月十七日讯　伟大领袖和导师毛主席为中国人民、为国际无产阶级和全世界革命人民立下的丰功伟绩，将万古长存，永远在人类的历史上闪耀着灿烂的光辉。毛主席与世长辞，举国上下，深深地沉浸在极大的悲痛之中。七天来，首都三十多万党、政、军机关干部、工农兵和各界群众，怀着无比沉痛和无限崇敬的心情，来到庄严的人民大会堂吊唁大厅，瞻仰毛主席遗容，寄托自己的哀思。人们向敬爱的领袖和导师表达自己坚定的誓言：决心继承毛主席的遗志，化悲痛为力量，紧密地团结在党中央的周围，坚持毛主席的革命路线，坚决按毛主席既定的方针办，永远沿着毛主席开辟的革命航道奋勇前进，把毛主席开创的无产阶级革命事业进行到底！

在今天吊唁仪式结束时，党和国家领导人再一次集体参加吊唁，并在毛主席遗体旁守灵。他们是华国锋、王洪文、叶剑英、张春桥、宋庆龄、江青、姚文元、李先念、陈锡联、纪登奎、汪东兴、吴德、许世友、韦国清、李德生、陈永贵、吴桂贤、苏振华、倪志福、赛福鼎、郭沫若、徐向前、陈云、谭震林、李井泉、蔡畅、乌兰夫、阿沛·阿旺晋美、周建人、许德珩、胡厥文、李素文、姚连蔚、王震、余秋里、谷牧、孙健。中共中央军委负责人粟裕，政协全国委员会副主席沈雁冰、帕巴拉·格列朗杰，最高人民法院院长江华，也参加了吊唁和守灵。党和国家领导人含着眼泪，怀着对伟大领袖和导师毛主席无限崇敬和爱戴的心情，在毛主席遗体前肃立默哀三分钟。华国锋同志带领大家向伟大领袖毛主席三鞠躬。

民主柬埔寨政府副总理英萨利及其一行在回国途中今天到达北京后，立即来到人民大会堂参加吊唁，瞻仰毛主席遗容，并送了花圈。中共中央政治局委员、国务院副总理纪登奎，中联部部长耿飚，接待了英萨利副总理等民主柬埔寨战友。英萨利副总理同纪登奎副总理紧紧拥抱，对毛泽东主席的逝世表示深切哀悼。英萨利副总理含着眼泪在毛主席遗体前肃立默哀，久久凝视毛主席的遗容。英萨利副总理对纪登奎副总理说，毛主席的光辉思想不仅对中国人民是伟大的，对全世界人民，特别是对柬埔寨人民，也是永存的。毛主席的逝世使我们非常悲痛，但是，我们一定要化悲痛为力量，把革命进行到底。

今天，法国马列主义共产党中央委员会向毛泽东主席送了花圈。送花圈的还有卢森堡大公亲王殿下、日本外务大臣小坂善太郎等。

今天是首都隆重吊唁仪式的最后一天，人们的心情无不万分悲痛。天蒙蒙亮时，吊唁的群众就流着眼泪，前来向自己敬爱的领袖表示最沉痛的悼念。吊唁大厅里，恸哭之声整日不绝。人们在毛主席的遗体前，一步一呼"毛主席呀，毛主席！"泪水沾满衣襟，久久不忍离去。许多在旧社会苦大仇深的工人、贫下中农，为失去自己最敬爱的领袖而放声大哭。毛主席的恩情比天高，比海深。在这悲痛的时刻，千言万语也倾诉不尽他们对毛主席的无限热爱，表达不尽他们对毛主席的无限怀念。每一个从苦难的旧社会走过来的人，每一个受到毛泽东思想哺育、在红旗下长大的青年，他们来到毛主席的遗体前，都无不思绪万千。是毛主席把他们从苦难中解救出来，是毛主席领导他们翻身做了主人，是毛主席给了他们幸福生活。毛主席的革命路线同他们血肉相连。人们凝望着毛主席的遗容，一遍又一遍地呼喊："毛主席呀，毛主席！我们世世代代忘不了您的恩情，您的丰功伟绩数不尽，道不完。您的伟大思想永远是我们的指路明灯！"

没有毛主席，就没有我们幸福的今天。一位在旧社会不满八岁就被卖给资本家当奴婢的女炊事员泪流满面地说："毛主席呀，毛主席！是您把我从黑洞洞的旧社会里解放出来，见了太阳。天大地大不如毛主席的恩情大，河深海深不如毛主席的恩情深。没有毛主席您老人家，就没有我的今天。"有三位七十多岁的北京二七机车车辆工厂的退休老工人，由年青工人搀扶着前来吊唁。他们泣不成声，悲痛万分。他们说："毛主席呀，毛主席！在旧社会我们穷人做牛做马，是您把我们解放出来，成为社会的主人。我们'二七'老工人永远怀念您，您没有离开我们！"

（下转第三版）

人民日报

1948年6月15日创刊 第10299号 1976年9月19日 星期日 农历丙辰年八月廿六

伟大的领袖和导师
毛泽东主席永垂不朽！

八亿神州无比悲痛 举国上下深切哀悼

首都百万群众怀着极其沉痛和无限崇敬的心情
隆重举行伟大的领袖和导师毛泽东主席追悼大会

中共中央、党和国家领导人以及二十九个省市自治区、台湾省爱国同胞敬献了花圈
中共中央副主席王洪文主持大会 中共中央第一副主席、国务院总理华国锋致悼词

大会实况同时转播全国。首都参加大会的百万群众和全国八亿人民肃立，默哀三分钟，向伟大领袖毛主席遗像三鞠躬

党和国家领导人华国锋、王洪文、叶剑英、张春桥、宋庆龄、江青、姚文元、李先念、陈锡联、纪登奎、汪东兴、吴德、许世友、韦国清、李德生、陈永贵、吴桂贤、苏振华、倪志福、赛福鼎、郭沫若、徐向前、聂荣臻、陈云、谭震林、李井泉、张鼎丞、蔡畅、乌兰夫、阿沛·阿旺晋美、周建人、许德珩、胡厥文、李素文、姚连蔚、王震、余秋里、谷牧、孙健参加了追悼大会

全党全军全国各族人民决心化悲痛为力量，继承毛主席的遗志，在党中央领导下，团结一致，坚持无产阶级专政下的继续革命，誓把毛主席开创的无产阶级革命事业进行到底！

首都百万群众隆重举行追悼大会，极其沉痛地悼念伟大领袖和导师毛主席。党和国家领导人参加了追悼大会。

新华社记者摄

新华社一九七六年九月十八日讯 我党我军我国各族人民衷心爱戴和无限崇敬的伟大领袖、当代最伟大的马克思主义者、国际无产阶级和被压迫民族被压迫人民的伟大导师毛泽东主席与世长辞，在全中国全世界人民的心中引起了无限的悲痛。今天，首都百万人民在庄严雄伟的天安门广场，举行极其隆重的追悼大会。大会实况同时转播全国。在辽阔的国土上，党政军民学，东西南北中，举国上下，八亿人民沉痛悼念我们伟大的党、伟大的军队、伟大的国家的缔造者和英明领袖、我国各族人民的大救星毛主席。

伟大领袖毛主席毕生为之奋斗的事业，同广大人民群众血肉相连。他给我们国家带来了光明，给各族人民带来了幸福，使灾难深重的中华民族站立起来。毛主席永远活在亿万人民的心中。战无不胜的毛泽东思想，永放光芒。在这悲痛的时刻，八亿人民决心化悲痛为力量，继承毛主席的遗志，在党中央领导下，团结一致，坚持无产阶级专政下的继续革命，誓把毛主席开创的无产阶级革命事业进行到底。

首都人民举行规模空前的追悼大会，表达了全国人民对伟大领袖毛主席的衷心的爱戴，无限的信赖，无比的崇敬。党和国家领导人华国锋、王洪文、叶剑英、张春桥、宋庆龄、江青、姚文元、李先念、陈锡联、纪登奎、汪东兴、吴德、许世友、韦国清、李德生、陈永贵、吴桂贤、苏振华、倪志福、赛福鼎、郭沫若、徐向前、聂荣臻、陈云、谭震林、李井泉、张鼎丞、蔡畅、乌兰夫、阿沛·阿旺晋美、周建人、许德珩、胡厥文、李素文、姚连蔚、王震、余秋里、谷牧、孙健，参加了追悼大会。中共中央军委负责人粟裕，政协全国委员会副主席沈雁冰、帕巴拉·格列朗杰，最高人民法院院长江华，也参加了追悼大会。

天安门广场庄严肃穆。横贯天安门城楼的黑底白字的横幅上写着："伟大的领袖和导师毛泽东主席追悼大会"。伟大领袖毛主席的七米高的巨幅遗像，竖立在城楼红墙中央。人民解放军战士持枪肃立，守护在遗像两旁。在城楼的前面，新筑起了追悼大会的红色高台，上面排列着翠绿的松柏和淡黄的秋菊，陈放着中国共产党中央委员会、党和国家领导人敬献的花圈。江青同志敬献的新花圈放置在毛主席的遗像前，花圈由栩栩如生的葵花，嫩绿的玉米，金黄的麦穗、稻穗和谷穗，以及果实累累的白色文冠果花组成。 （下转第四版）

人民日报

1948年6月15日创刊 第10300号 1976年9月20日 星期一 农历丙辰年八月廿七

伟大的领袖和导师
毛泽东主席永垂不朽！

毛主席永远活在我们心中　毛泽东思想的光辉照万代

八亿人民极其沉痛地悼念伟大领袖和导师毛主席
继承毛主席的遗志把无产阶级革命事业进行到底

二十八个省市自治区、解放军各部队十八日下午隆重举行追悼大会
全国军民同时肃立默哀，向各族人民的大救星毛主席表示深切哀悼

各地党政军主要负责同志致悼词，决心化悲痛为力量，遵照毛主席嘱咐“按既定方针办”，紧密团结在党中央周围，坚持以阶级斗争为纲，坚持党的基本路线，坚持无产阶级专政下的继续革命，深入批邓、反击右倾翻案风，巩固无产阶级文化大革命的胜利成果，进一步加强无产阶级专政，永远沿着毛主席的无产阶级革命路线奋勇前进！

新华社一九七六年九月十九日讯　全党全军全国各族人民怀着无比崇敬和极其悲痛的心情，九月十八日普遍隆重举行追悼大会，沉痛悼念我们的伟大领袖、各族人民的大救星、当代最伟大的马克思主义者、国际无产阶级和被压迫民族被压迫人民的伟大导师毛泽东主席。

上海市、天津市、新疆维吾尔自治区和新疆部队、甘肃省和兰州部队、内蒙古自治区、黑龙江省、吉林省、辽宁省和沈阳部队、山东省和济南部队、福建省和福州部队、湖南省、广东省和广州部队、广西壮族自治区、河北省、山西省、陕西省、宁夏回族自治区、江苏省和南京部队、浙江省、西藏自治区、四川省和成都部队、湖北省和武汉部队、河南省、安徽省、江西省、贵州省、云南省和昆明部队、青海省等二十八个省市自治区和解放军各部队的广大军民，十八日下午都收听了首都追悼大会的实况广播，并在首都大会结束后接着举行了追悼大会。全国县以上地区各级党政领导机关，坚守在战斗岗位上的人民解放军陆海空各部队，以及全国各地的厂矿、企业、商店、农村人民公社、学校、街道等所有基层单位的广大党员、干部、工农兵、革命知识分子和各族各界群众，也都收听了首都追悼大会的实况广播，普遍举行了追悼大会。在辽阔的祖国大地，八亿人民同时肃立默哀；全国的工厂、矿山、火车、轮船和军舰，汽笛齐声长鸣。全国城乡从九月九日到十八日，一律下半旗志哀。在各地举行的追悼大会上，当地党政军主要负责同志在会上致了悼词，沉痛悼念我们伟大的领袖和导师毛主席，决心化悲痛为力量，继承毛主席的遗志，遵照毛主席**“按既定方针办”**的嘱咐，紧密团结在党中央的周围，坚持以阶级斗争为纲，坚持党的基本路线，坚持无产阶级专政下的继续革命，深入批邓、反击右倾翻案风，巩固无产阶级文化大革命的胜利成果，进一步

上海市百万军民隆重举行追悼大会，极其沉痛地悼念伟大的领袖和导师毛主席。　新华社记者摄

加强无产阶级专政，誓把毛主席开创的无产阶级革命事业进行到底。**团结起来，争取更大的胜利！**

上　海　市

上海市一百万军民十八日隆重举行追悼大会，极其沉痛地悼念伟大的领袖和导师毛主席。在这同时，各个工厂、人民公社、部队、商店、机关、学校和街道里弄，人们都聚集在电视机、收音机旁收看收听首都和上海的追悼大会的实况转播。全市一千万军民同全国人民一起，无比沉痛地追悼自己最崇敬最爱戴的伟大领袖毛主席。

设在人民广场的追悼大会的中心会场，庄严肃穆。会场上悬挂着毛主席的巨幅遗像，上面披着黑纱，两旁簇拥着常青的翠柏，摆满了全市人民精心制作的花圈。参加追悼大会的工农兵群众和各条战线的代表，缅怀伟大领袖毛主席的丰功伟绩，追忆毛主席对上海工人阶级和革命人民的亲切关怀和谆谆教导，更加深了对毛主席的崇敬和悼念之情。

在上海的毛泽东主席治丧委员会成员、中共中央委员、候补中央委员、人大常委会委员、四届人大代表、中共上海市委、市革委会、驻沪三军负责人和各群众组织负责人等，参加了大会。中共上海市委书记、中国人民解放军上海警备区司令员周纯麟主持大会，中共上海市委书记、上海市革命委员会副主任马天水致了悼词。马天水同志说：在这万分悲痛的时刻，我们一定要坚决响应党中央的号召，化悲痛为力量，紧密地团结在党中央周围，继承毛主席的遗志，遵照毛主席的嘱咐，**“按既定方针办”**，坚持以阶级斗争为纲，认真贯彻执行党的基本路线，要继续集中火力批邓，深入开展反击右倾翻案风的斗争，巩固和发展无产阶级文化大革命的胜利成果，支持社会主义新生事物，限制资产阶级法权，决心为反修防修、巩固无产阶级专政，防止资本主义复辟，为把我国建设成为一个强大的社会主义国家，为最终实现共产主义而奋斗。

从九月九日以来，黄浦江两岸，东海之滨，披上了肃穆的素装，整个上海市沉浸在悲痛的气氛之中。上海人民永远不会忘记，是毛主席亲自到上海出席党的“一大”，创建了我们伟大的党，是毛主席指挥百万雄师过大江，彻底埋葬了蒋家王朝，把上海人民从水深火热中拯救出来，把旧上海这个帝国主义冒险家的乐园，改造成为社会主义的新上海；是毛主席亲自在上海发动了对新编历史剧《海瑞罢官》的批判；是毛主席亲自肯定、支持了上海工人阶级和革命人民在一月革命风暴中向走资派夺权的斗争，是毛主席热情支持和赞扬了我们各条战线的社会主义新生事物。人们回顾这一切，更加激起了对毛主席的深切怀念和无比崇敬。广大军民沉痛悼念伟大领袖毛主席，一致表示衷心拥护，坚决执行华国锋同志在首都追悼大会上代表党中央发出的战斗号召，化悲痛为力量，更紧密地团结在党中央周围，坚持以阶级斗争为纲，认真贯彻执行党的基本路线，继续深入开展批邓、反击右倾翻案风的斗争，抓革命、促生产、促工作、促战备，以实际行动悼念伟大领袖和导师毛主席，把毛主席开创的无产阶级革命事业进行到底。

天　津　市

十八日下午，天津市五十万军民隆重地举行追悼大会，极其悲痛地追悼伟大的领袖和导师毛主席。大会的中心会场设在海河广场。会场上悬挂着饰有花环、披着黑纱的巨幅毛主席遗像，陈放着中共天津市委、天津市革委会、天津警备区党委以及其他各单位敬献的花圈。会场上悬挂的巨幅标语写着：“伟大领袖毛主席永远活在我们心中”、“永远沿着毛主席的无产阶级革命路线奋勇前进”。

追悼大会由中共天津市委书记、天津警备区司令员王一主持，中共天津市委第一书记、天津市革委会主任解学恭致悼词。解学恭同志回顾了毛主席多次亲临天津视察并给天津人民作的一系列极其重要的指示以后说：毛主席是无产阶级革命家的光辉典范，毛主席最关心群众，最了解群众，最相信群众，最尊重群众的首创精神。毛主席时刻和群众在一起，始终和群众心连心。我们缅怀毛主席对天津人民的亲切关怀，抑制不住万分悲痛的心情。解学恭同志带领与会全体军民高举右臂，向毛主席宣誓，向党中央保证：一定要化悲痛为力量，继承毛主席遗志，紧密地团结在党中央周围，遵照毛主席的嘱咐，**“按既定方针办”**，坚持以阶级斗争为纲，坚持党的基本路线，坚持无产阶级专政下的继续革命，继续深入开展批邓、反击右倾翻案风的斗争，抓革命，促生产，促工作，促战备，把毛主席开创的无产阶级革命事业进行到底。

十八日下午，天津市宝坻县林亭口公社小靳庄大队和天津市所属各区、县，各基层单位，都分别举行了追悼会。天津广大工农兵和各界群众，怀着悲痛的心情悼念敬爱的伟大领袖毛主席。在旧社会受尽苦难的三条石老工人，含着眼泪忆苦思甜，是毛主席把他们从火坑里拯救出来，做了新中国的主人。（下转第二版）

天津市五十万军民隆重举行追悼大会，极其沉痛地悼念伟大的领袖和导师毛主席。　新华社记者摄

伟大领袖毛主席永远活在我们心中

○一九三六年，毛主席在陕北。

○一九三三年，毛泽东同志在江西革命根据地八县贫农团代表会议上讲话。

○青年时代的毛泽东同志。

○一九一九年，毛泽东同志在长沙。

○一九二四年，毛泽东同志在上海。

○一九二五年，毛泽东同志在广州。

○一九二七年，毛泽东同志在武汉。

○一九三一年，毛泽东同志在江西瑞金。

本版照片为新华社发

RENMIN RIBAO
今日12版（华东地区16版）
国内统一刊号：CN11—0065
第17757期（代号1—1）
1997年2月
20
星期四
丁丑年正月十四
北京地区天气预报
白天 晴
降水概率0%
风向北
风力五、六级
转二、三级
夜间 晴
降水概率0%
风向北
风力一、二级
温度 13℃/0℃
人民日报社出版

邓小平同志是我党我军我国各族人民公认的享有崇高威望的卓越领导人，伟大的马克思主义者，伟大的无产阶级革命家、政治家、军事家、外交家，久经考验的共产主义战士，我国社会主义改革开放和现代化建设的总设计师，建设有中国特色社会主义理论的创立者

敬爱的邓小平同志永垂不朽

中国共产党中央委员会
中华人民共和国全国人民代表大会常务委员会
中华人民共和国国务院
中国人民政治协商会议全国委员会
中国共产党和中华人民共和国中央军事委员会

告全党全军全国各族人民书

中国共产党中央委员会、中华人民共和国全国人民代表大会常务委员会、中华人民共和国国务院、中国人民政治协商会议全国委员会、中国共产党和中华人民共和国中央军事委员会，极其悲痛地向全党全军全国各族人民通告：我们敬爱的邓小平同志患帕金森病晚期，并发肺部感染，因呼吸循环功能衰竭，抢救无效，于一九九七年二月十九日二十一时零八分在北京逝世，享年九十三岁。

邓小平同志是我党我军我国各族人民公认的享有崇高威望的卓越领导人，伟大的马克思主义者，伟大的无产阶级革命家、政治家、军事家、外交家，久经考验的共产主义战士，我国社会主义改革开放和现代化建设的总设计师，建设有中国特色社会主义理论的创立者。

邓小平同志是中国共产党早期的党员和积极活动家。第一次国内革命战争时期，在西北革命军队中负责政治工作，后来到武汉，参加决定对国民党反动派实行武装反抗方针的中共中央紧急会议即八七会议。第二次国内革命战争时期，发动和领导百色起义和龙州起义，创建红军第七军、第八军和右江、左江革命根据地；到中央革命根据地后，由于拥护毛泽东同志的正确路线而被当时党内“左”倾领导者撤职；随后到红军总政治部工作，参加了二万五千里长征，长征途中参加了党的历史上具有伟大转折意义的中共中央政治局扩大会议即遵义会议。抗日战争时期，同刘伯承同志一起，率部创建晋冀豫等根据地，任一二九师政治委员和中共中央北方局太行分局书记，后来代理北方局书记，并主持八路军总部的工作，担负起领导华北敌后抗日根据地的重任；在党的第七次全国代表大会上，被选为中央委员。解放战争时期，任晋冀鲁豫军区政治委员、中共中央中原局书记和后来辖区扩大了的中原局第一书记，以大无畏的英雄气概，坚决执行毛泽东同志关于从内线作战转向外线作战的战略决策，同刘伯承同志一起率领大军强渡黄河，千里跃进大别山，揭开了人民解放战争全国性战略进攻的序幕；在战略决战阶段，担任统一指挥中原野战军、华东野战军的总前委书记和中共中央华东局第一书记，同这两个野战军的领导同志一起，领导了三大战役中规模最大的淮海战役，领导了渡江战役，解放南京、上海及东南诸省，宣告国民党反动统治的覆灭；然后又率部进军大西南，参加领导了和平解放西藏，完成中国大陆的解放。邓小平同志为民族独立和人民解放，为新中国的诞生，建立了不可磨灭的功勋。

中华人民共和国成立后，邓小平同志任中共中央西南局第一书记，领导了西南全区的政权建设、社会改造和经济恢复。不久调到北京参加中央领导工作，一九五四年任中共中央秘书长，一九五五年被增选为中央政治局委员。一九五六年在党的第八次全国代表大会上作关于修改党章的报告，提出和深刻论述了党在执政条件下加强自身建设的任务。在八届一中全会上当选为中共中央政治局常委、总书记，成为以毛泽东同志为核心的中央领导集体的重要成员。在担任总书记的十年间，他主持中央书记处的工作，为社会主义制度的建立和社会主义建设的展开，为探索适合中国国情的建设社会主义的道路，为总结经验、调整政策、克服困难，担负着繁重的任务，进行了卓有成效的工作。他还多次率代表团去莫斯科同苏联共产党进行谈判，坚决维护中国共产党独立自主的原则立场，反对党与党之间的不平等关系。“文化大革命”中，邓小平同志受到错误批判和斗争，被剥夺一切职务。一九七三年复出，一九七五年担任中共中央副主席、国务院副总理、中央军委副主席、中国人民解放军总参谋长，主持党、国家和军队的日常工作。他力挽狂澜，对“文化大革命”以来所造成的严重困难局面开始了大刀阔斧的整顿，同“四人帮”进行了针锋相对的斗争。这种整顿和斗争，反映了广大干部和群众的愿望，代表了党的正确领导，在短时间内就取得显著成效，得到了全国人民的拥护。虽然不久他再度被错误地撤销一切职务，但已经为粉碎“四人帮”准备了党内外广泛的群众基础。 （下转第二版）

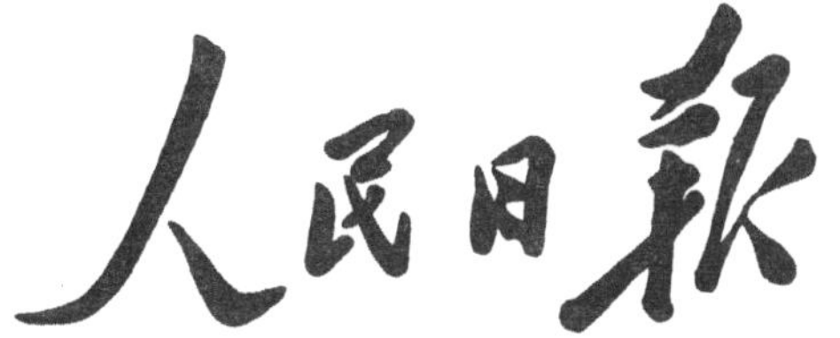

RENMIN RIBAO

今日8版

国内统一刊号：CN11—0065

第17759期 （代号1—1）

1997年2月

22

星期六

丁丑年正月十六

北京地区天气预报

白天 多云转晴 降水概率10% 风向 北转南 风力 二、三级

夜间 晴间多云 降水概率0% 风向 南转北 风力 一、二级

温度 9℃/0℃

人民日报社出版

邓小平是全党全军全国各族人民公认的享有崇高威望的卓越领导人，伟大的马克思主义者，伟大的无产阶级革命家、政治家、军事家、外交家，久经考验的共产主义战士，中国社会主义改革开放和现代化建设的总设计师，建设有中国特色社会主义理论的创立者

邓小平伟大光辉的一生

邓小平是全党全军全国各族人民公认的享有崇高威望的卓越领导人，伟大的马克思主义者，伟大的无产阶级革命家、政治家、军事家、外交家，久经考验的共产主义战士，中国社会主义改革开放和现代化建设的总设计师，建设有中国特色社会主义理论的创立者。邓小平的一生，是光辉的战斗的一生。在70多年波澜壮阔的革命生涯中，他为中国新民主主义革命的胜利和新中国的成立，为中国社会主义的创建、巩固和发展，建立了永不磨灭的功勋。

1904年8月22日，邓小平出生在四川省广安县协兴乡牌坊村。原名邓先圣，5岁进私塾发蒙，学名邓希贤，后转入新式小学。高小毕业后，考入广安县中学。1919年秋考入重庆勤工俭学留法预备学校。受五四运动的影响，这时他有了朴素的"工业救国"的爱国思想，他同全校同学一起参加抵制日货、声讨卖国贼的活动。1920年夏，赴法国勤工俭学。

邓小平到法国后，因生活所迫，只在中学学习过几个月，就先后到几个工厂做工，他体验到生活的艰辛，体验到资本家对工人的残酷剥削。当时，他和一批先进的中国留学生，在俄国十月社会主义革命的影响下，先后接受了马克思主义而走上革命道路。1922年他参加旅欧中国少年共产党（后改为中国社会主义青年团旅欧支部），1924年转为中国共产党党员。从此，他走上无产阶级职业革命家的道路，成为一名共产主义战士。他担任青年团旅欧总支部的领导成员和中共党组织里昂区的特派员。他还作过青年团机关刊物《赤光》杂志的编辑。

1926年初，邓小平离法赴苏，先后在莫斯科东方大学、中山大学学习。他在当时写的自传中说道："我能留俄一天，便要努力研究一天，务使自己对于共产主义有一个相当的认识"。"我来莫的时候，便已打定主意，更坚决地把我的身子交给我们的党，交给本阶级"。

1927年春，邓小平受党的派遣回国，到西安冯玉祥国民军联军担任中山军事学校政治处处长兼政治教官，并任该校中共组织的书记。蒋介石在上海发动四一二反革命政变后，邓小平于6、7月间转赴汉口，在中共中央机关工作。不久，汪精卫主政的武汉政府也公开反共，严酷的白色恐怖笼罩全国，中国共产党被迫转入地下。为了适应秘密工作环境，他从此改名为邓小平。8月7日他参加中共中央紧急会议（即八七会议），会议纠正和清算了陈独秀的右倾投降主义，确定了实行土地革命和武装反抗国民党反动派的总方针。年底，他随中共中央机关秘密迁往上海。1928年至1929年，任中央秘书长。1928年中国共产党在莫斯科召开第六次全国代表大会，他协助留在国内的中央领导人，处理中央的日常工作。

大革命失败以后，中国共产党为了挽救革命，发动了一系列的武装起义。1929年夏，邓小平作为中共中央代表前往广西领导起义。他化名邓斌，任中共广西前敌委员会书记，同张云逸等于12月发动百色起义，创建了红军第七军和右江根据地。次年2月，又发动龙州起义，建立了红军第八军和左江根据地。他出任红七军、红八军政治委员和前敌委员会书记。在邓小平等人的领导下，在四个多月的时间里，红军发展到七千人，红色区域扩展到二十多个县，拥有一百多万人口，成为当时较大的革命根据地之一。由于党内"左"倾冒险主义错误的影响，部队作战连连受挫，不得不转战七千里，到江西中央革命根据地同中央红军会合。邓小平对"左"的错误指挥提出过不同意见，但未被采纳。1931年2月，他受前委的委派，到上海向中央汇报工作。在这期间他写了《七军工作报告》，详细叙述了红七军的情况，总结了起义前后的经验教训。

1931年夏，邓小平到达江西中央革命根据地，先后担任瑞金县委书记、会昌中心县委书记、江西省委宣传部长。这时，推行"左"倾冒险主义的中共临时中央从上海迁入中央革命根据地。邓小平同毛泽覃、谢唯俊、古柏等一直坚持从实际情况出发，执行以毛泽东为代表的正确路线。他们反对"城市中心论"，主张向敌人力量薄弱的广大农村发展；反对军事冒险主义，主张诱敌深入；反对用削弱地方武装的办法来扩大主力红军，主张两种武装力量都要发展；反对"左"的土地分配政策。临时中央开展了对邓、毛、谢、古的斗争。邓小平被撤销省委宣传部长的职务，受党内最后严重警告的处分，被派往中央苏区边远的乐安县所属南村区委当巡视员。这是他在党的政治生活中受到的第一次错误处分。后来，在军委政治部主任王稼祥等人的支持下，被调到总政治部担任秘书长。不久，负责主编总政治部机关报《红星》报。

1934年10月，邓小平随中央红军长征，年底任中央秘书长。1935年1月，他参加了在中国共产党历史上具有伟大转折意义的遵义会议，会议确立了以毛泽东为代表的新的中央的正确领导。红一、四方面军会合后，他担任红一军团政治部宣传部长。后任红一军团政治部副主任、主任。

1937年，日本帝国主义向中国发动了全面的侵略战争。大敌当前，国共两党实现了第二次合作。中国工农红军改编为国民革命军第八路军。1937年8月，邓小平任八路军政治部副主任，奔赴华北抗日前线。1938年1月，任八路军一二九师政治委员，师长是刘伯承。

邓小平和刘伯承率一二九师深入日本侵略军占领区的后方，以太行山为中心，依托山区，并向平原发展。他们率部进行了一系列战斗，在太行山站稳了脚跟后，分兵发动群众，组织抗日武装，建立抗日民主政权，创建了晋冀豫抗日根据地。接着，又率部越过平汉铁路，东进冀南平原，开辟了冀南抗日根据地；还先后建立了太岳和由鲁西等根据地合并而成的冀鲁豫抗日根据地。抗日战争进入相持阶段后，1939年12月，国民党顽固派发动了第一次反共高潮，向八路军总部和一二九师所在的太行地区发动大规模军事进攻。1940年3月，刘邓指挥部队，在晋察冀军区部队的配合下，奋起反击，全歼进攻太行地区的国民党顽固派军队一万余人。为粉碎日军对华北抗日根据地的"扫荡"，打击日军的"囚笼政策"，从1940年8月起，八路军向华北日军占领的交通线和据点发动了大规模的破击战役，即"百团大战"。刘邓率领所部38个团参加，进行大小战斗五百余次，给日、伪军以很大打击。

从1941年开始，华北敌后抗战进入了最艰苦的阶段。1942年9月，邓小平兼任中共中央太行分局书记。彭德怀、刘伯承回延安参加整风后，他于1943年10月代理中共中央北方局书记，并主持八路军总部的工作，在艰苦的条件下，担负起领导华北敌后抗日根据地党政军的全面工作。他本着面向敌占区、面向交通线、敌进我进的方针，积极主动地开展游击战争，指挥部队粉碎日、伪军一次又一次的残酷"扫荡"，并领导全区进行建党、建军、建政活动，进行整风、精兵简政、减租减息和大生产运动，取得很大成绩。邓小平从实际情况出发，发表了《党与抗日民主政权》、《一二九师文化工作的方针任务及其努力方向》、《五年来对敌斗争的概略总结》、《太行区的经济建设》、《在北方局党校整风动员会上的讲话》等文章和讲话。他提出了对敌斗争的一系列具体的政策和策略，提出了从各方面积蓄力量、为战略反攻和战后建国作准备的方针。他在北方局党校的整风动员会上所发表的讲话，指出毛泽东思想即中国化的马克思列宁主义，党的事业要以毛泽东思想作指导。1945年6月，邓小平在党的第七次全国代表大会上当选为中央委员。1945年8月日本投降时，他和刘伯承率部开创的太行、太岳、冀南、冀鲁豫四块根据地已基本上连成一片，成为拥有2400万人口、30万军队的全国最大的解放区。同月，中共中央决定成立晋冀鲁豫中央局和晋冀鲁豫军区，邓小平任中央局书记和军区政治委员，刘伯承任军区司令员。

抗日战争胜利以后，国民党在与共产党进行和平谈判的同时，不断地挑起局部战争。由刘邓领导的晋冀鲁豫解放区，横亘中原，正堵住国民党军队向华北、东北解放区进攻的通道，是军事上的战略要地，国民党军队的进攻矛头首先就指向这个地区。1945年9月，邓小平和刘伯承指挥了著名的上党战役，全歼侵入解放区腹地的国民党军队，巩固了晋冀鲁豫解放区。接着，移师东进，阻击沿平汉铁路北犯的国民党军队，取得了邯郸战役的胜利。这两次战役的胜利，有力地遏制了国民党军队对解放区的进攻，大大加强了中国共产党在重庆谈判中的地位，对停战协定的达成，起了重要作用。1946年6月，蒋介石发动全面内战。刘邓率晋冀鲁豫野战军主力在陇海铁路南北开展运动战，大踏步进退，连续进行了陇海、定陶、巨野等较大规模的战役，大量歼灭国民党军队的有生力量。

1947年5月，邓小平任中共中央中原局书记。6月，根据中共中央和毛泽东决定的由战略防御转入战略进攻，将战争引向国民党区域的战略部署，他和刘伯承率晋冀鲁豫野战军主力12万人，强渡黄河天险，在鲁西南地区，经过28天连续作战，歼敌5万6千余人，打开了南下的通路。接着，以迅雷不及掩耳之势，长驱直入，从几十万敌军前堵后追中杀开一条血路，千里跃进到大别山地区，由此揭开了中国人民解放战争战略进攻的序幕。刘邓大军进入大别山地区后，对国民党在长江以南的广大统治区形成了直接威胁，迫使国民党军队调动主力回援。围困大别山地区的敌军增加到约20万人，斗争极端艰苦。邓小平激励部队说：我们在大别山背重些，其他部队和地区就能大量歼灭敌人和深入开展工作，这对全局极为有利，我们再削弱再吃苦也要坚持住。刘邓领导大别山根据地军民，积极、灵活地打击敌人，不断粉碎国民党军队对大别山地区的重兵轮番"进剿"。刘邓大军挺进大别山，同相继南下的另外两支野战大军在中原地区布成"品"字形阵势，牵制和吸引了敌军南线160多个旅中的90个旅的兵力，把战线由黄河南北推进到长江北岸，使中原地区由国民党军队进攻解放区的重要后方变成了人民解放军夺取全国胜利的前进阵地。1948年5月，邓小平任辖区扩大了的中共中央中原局第一书记及中原军区和中原野战军政治委员。

在开辟中原新解放区的过程中，邓小平发表了《跃进中原的胜利形势与今后的政策策略》、《贯彻执行中共中央关于土改与整党工作的指示》、《关于今后进入新区的几点意见》等讲话和指示，根据中共中央的方针，从中原新解放区的实际情况出发，对整党、土改和工商业政策等问题，提出许多重要意见，受到中共中央和毛泽东的肯定和称赞。从1948年春起，中原野战军与华东野战军协同作战，相继发起洛阳、宛西、宛东、豫东、襄樊等战役，粉碎了中原国民党军队的防御体系。

1948年9月至1949年1月，人民解放军按照中共中央和中央军委的战略部署，进行了具有决战性质的辽沈、淮海、平津三大战役，基本上消灭了蒋介石赖以维持其反动统治的主要军事力量。

1948年11月，淮海战役开始。中共中央和中央军委决定，由刘伯承、陈毅、邓小平、粟裕、谭震林组成总前委，邓小平任书记，统一指挥中原野战军（后改称第二野战军）和华东野战军（后改称第三野战军）。淮海战役中，蒋介石先后集结近80万军队，而人民解放军参战部队只有60万人，在武器装备上国民党军队更是占有巨大的优势。总前委执行集中优势兵力，各个歼灭敌人的方针，经过66天的作战，共歼敌55万5千人，取得了淮海战役的完全胜利。1949年3月，邓小平出席中共七届二中全会，受命兼任华东局第一书记。4月21日，遵照毛泽东主席、朱德总司令发布的向全国进军的命令，以邓小平为书记的总前委统率第二、第三野战军发起京沪杭战役，一举突破国民党军队的长江防线，浩浩荡荡渡过长江，解放了南京、上海及苏、皖、浙、赣等省广大地区。南京的解放，宣告了国民党反动统治的覆灭。

1949年9月，中华人民共和国成立的前夕，邓小平在中国人民政治协商会议第一届全体会议上，被选为中央人民政府委员。他参加了开国大典。10月，任中国人民革命军事委员会委员。随后他和刘伯承率部进军大西南，迅速消灭了盘踞在云、贵、川三省的90多万国民党反动武装，把国民党反动统治势力最后逐出中国大陆。在西南期间，他任中共中央西南局第一书记、西南军政委员会副主席、西南军区政治委员。他和刘伯承、贺龙在指挥部队清剿土匪顽敌的同时，注意团结一切可能团结的人，分化争取敌人营垒中一切可能争取的人，调动各方面的积极因素；谨慎稳妥地消除历史遗留的民族隔阂，促成各民族的团结；发动和依靠群众，顺利完成土地改革和其他社会改革，加强各级政权建设；迅速恢复工农业生产，兴修成渝铁路等等，很快改变了那里的混乱的面貌，开创了西南地区稳定、发展的新局面。他参加领导了进军西藏和西藏和平解放的工作，实现祖国大陆的完全解放。

1952年7月，邓小平调到中央，被任命为政务院副总理兼财政经济委员会副主任，后又兼任政务院交通办公室主任和财政部部长。他提出要把国家财政放在经常的、稳固的、可靠的基础上，财政工作要有全面观念。1954年任中共中央秘书长、组织部部长，国务院副总理，国防委员会副主席。在反对高岗、饶漱石阴谋分裂党、篡夺党和国家最高权力的重大斗争中，邓小平作出了重要贡献。1955年4月，在中共七届五中全会上，被增选为中央政治局委员。1956年9月，中国共产党召开第八次全国代表大会，邓小平在会上作了关于修改党的章程的报告，提出和深刻论述了执政党加强自身建设的任务，指出党面临新的考验，必须经常警惕脱离实际和脱离群众的危险，要求全党坚持群众路线和民主集中制，健全各级党组织的集体领导，避免个人专断和个人决定重大问题。在中共八届一中全会上，当选为中央政治局常委、中央委员会总书记，成为以毛泽东为核心的中国共产党第一代领导集体的重要成员。毛泽东在推荐邓小平当总书记时，说他比较顾全大局，比较有才干，比较周到和公道，是个厚道人。1959年他又担任中共中央军委常委。

邓小平主持中央书记处的工作，长达十年。这十年，是我国开始全面建设社会主义的十年，中国共产党领导全国人民在社会主义经济建设和文化建设中取得很大的成就，积累了重要的经验，同时也有过严重失误。邓小平一直处在中央领导工作的第一线，参加党和国家的重要决策，在许多方面提出过重要的正确主张。这是他工作最繁忙的十年。他积极贯彻八大的路线，指出今后的主要任务是搞建设，共产党要接受监督。1958年"大跃进"和人民公社化运动发动起来以后，"左"的错误严重泛滥开来，接着是三年国民经济困难时期。为了总结经验教训，恢复国民经济的正常发展，他到农村调查，在公共食堂、供给制等问题上提出了纠正错误的意见。他主持制定了《国营工业企业工作条例》（草案），这个条例对恢复和建立必要的规章制度及正常的生产秩序，改进和加强企业管理，起了重大作用。他还主持制定了《教育部直属高等学校暂行工作条例》（草案）。1962年2月，为了总结经验，统一认识，加强团结，进一步纠正"大跃进"以来工作中的错误，中共中央召开了有七千人参加的扩大的中央工作会议。邓小平在大会上发表讲话强调，要坚持民主集中制，健全党的民主生活，恢复和发扬党的优良传统。同年5月，他提出要做好对受到错误处理的干部的甄别平反工作，用"一揽子解决"的办法，一次解决。由于"大跃进"和人民公社化运动使农村集体经济遭到严重破坏，1962年，许多农村的干部和群众要求实行包产到户。针对这种情况，邓小平在1962年7月提出这样一个原则，就是：哪种生产关系的形式在哪个地方能够比较容易比较快地恢复和发展农业生产，就采取哪种形式；群众愿意采取哪种形式，就应该采取哪种形式。

邓小平担任总书记期间，同各国共产党的领导人广泛接触。他曾多次率代表团去莫斯科同苏联共产党进行谈判，坚决维护中国共产党的独立自主的原则立场。

1966年，毛泽东领导和发动"文化大革命"。邓小平在这场长达十年的动乱中两次受到错误的批判和斗争，并被撤销一切职务，经历了他革命生涯中最艰难、最曲折的时期。1969年10月，他被送到江西省新建县。他每天到县拖拉机修造厂劳动半天，做钳工活。在这期间，他阅读了大量的马列著作和古今中外的书籍。 （下转第二版）

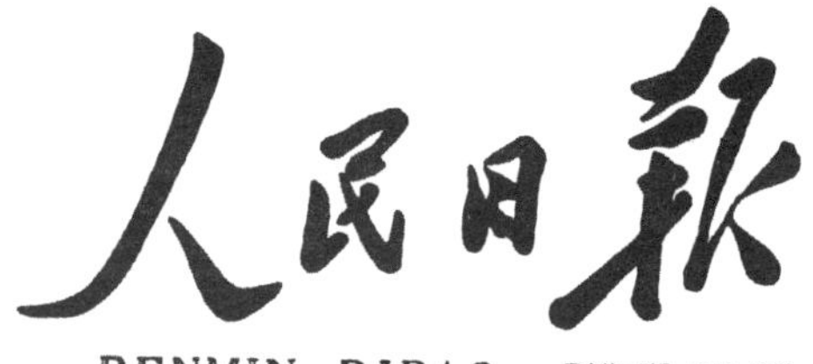

RENMIN RIBAO

今日12版（华东地区16版）

国内统一刊号：CN11—0065

第17762期　（代号1—1）

1997年2月

25

星期二

丁丑年正月十九

北京地区天气预报

白天　多云间晴　降水概率20％　风向　北转南　风力　二、三级

夜间　多云间晴　降水概率10％　风向　南转北　风力　一、二级

温度　7℃／0℃

人民日报社出版

中央号召全党全军全国各族人民，化悲痛为力量，继承邓小平同志的遗志，以更加努力地做好各方面工作的实际行动，来表达我们的悼念。

——《告全党全军全国各族人民书》

敬爱的邓小平同志永垂不朽

举国含悲承遗志　长街恸哭送伟人

党和国家领导人同首都群众送别邓小平同志

江泽民李鹏乔石李瑞环朱镕基刘华清胡锦涛荣毅仁等敬献花圈并到医院为邓小平同志送别、护送遗体到八宝山火化

邓小平同志的夫人卓琳率子女敬献花篮，缎带上写着：“我们永远爱你”

首都各界人士和群众十多万人在灵车经过的路途两旁挥泪送别

邓小平同志的遗体静卧在鲜花和常青松柏中，面容安详，身上覆盖着中国共产党党旗。　新华社记者　樊如钧摄

新华社北京2月24日电　我党我军我国各族人民公认的享有崇高威望的卓越领导人，伟大的马克思主义者，伟大的无产阶级革命家、政治家、军事家、外交家，久经考验的共产主义战士，我国社会主义改革开放和现代化建设的总设计师，建设有中国特色社会主义理论的创立者邓小平同志的遗体今天在北京火化。党和国家领导人江泽民、李鹏、乔石、李瑞环、朱镕基、刘华清、胡锦涛、荣毅仁等到中国人民解放军总医院为邓小平同志送别，并护送邓小平同志的遗体到八宝山革命公墓火化。

解放军总医院南楼小礼堂布置得庄严、肃穆。洁白的花朵、黑色的挽幛表达着人们深深的哀思。黑底白字的横幅上写着：“敬爱的邓小平同志永垂不朽”。横幅下方正中是邓小平同志的大幅彩色遗像。邓小平同志遗体静卧在鲜花和常青松柏中，面容安详，身上覆盖着中国共产党党旗。四名人民解放军礼兵持枪肃立，守护在两旁。邓小平同志遗体前摆放着邓小平同志的夫人卓琳率子女敬献的花篮。花篮的缎带上写着：“我们永远爱你”。送别室内摆放着江泽民、李鹏、乔石、李瑞环、朱镕基、刘华清、胡锦涛、荣毅仁和中共中央、全国人大常委会、国务院、全国政协、中央军委、各民主党派、全国工商联、无党派人士、人民团体、首都各界群众敬献的花圈。

上午9时整，中共中央总书记、国家主席、中央军委主席江泽民，中共中央政治局常委、国务院总理李鹏，中共中央政治局常委、全国人大常委会委员长乔石，中共中央政治局常委、全国政协主席李瑞环，中共中央政治局常委、国务院副总理朱镕基，中共中央政治局常委、中央军委副主席刘华清，中共中央政治局常委、书记处书记胡锦涛，国家副主席荣毅仁等，胸佩白花、臂戴黑纱缓步来到送别室，在邓小平同志遗体前肃立。哀乐声中，他们向邓小平同志的遗体三鞠躬，表达对在七十多年波澜壮阔的革命生涯中，为中国新民主主义革命的胜利和新中国的成立，为中国社会主义的创建、巩固和发展，建立了永不磨灭功勋的邓小平同志的崇高敬意和深切缅怀之情。随后，江泽民等同志与邓小平同志的夫人卓琳及子女一一握手，向他们表示深切慰问。（下转第四版）

左下图：江泽民、李鹏、乔石、李瑞环、朱镕基、刘华清、胡锦涛、荣毅仁等同志，以及邓小平同志亲属为邓小平同志送别。　新华社记者　樊如钧摄

右下图：江泽民、李鹏等同志向卓琳同志表示亲切慰问。　新华社记者　王新庆摄

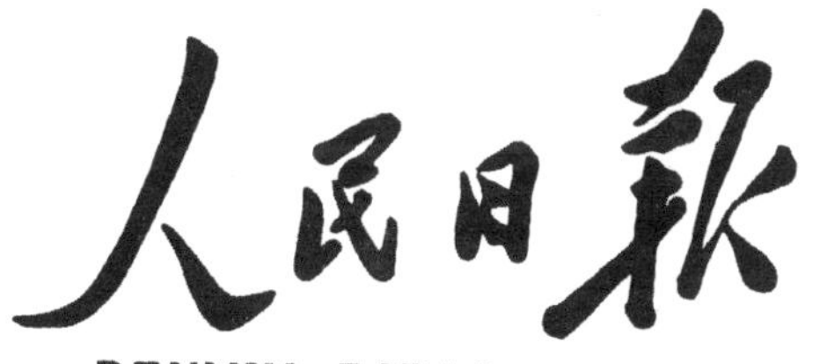

RENMIN RIBAO

今日12版（华东地区16版）

国内统一刊号：CN11—0065

第17763期　（代号1—1）

1997年2月
26
星期三
丁丑年正月二十

北京地区天气预报
白天　多云间晴
降水概率10％
风向　北转南
风力　二、三级
夜间　多云转阴
降水概率40％
风向　偏南
风力　二、三级
温度　9℃／2℃

人民日报社出版

邓小平同志和我们永别了。他的英名、业绩、思想、风范将永载史册，世世代代铭刻在人民的心中。在党中央坚强领导下，全党全军全国各族人民一定能够继承邓小平同志的遗志，坚定不移，满怀信心，把邓小平同志开创的建设有中国特色社会主义的伟大事业推向前进，把我国建设成为富强、民主、文明的社会主义现代化国家。

——摘自江泽民同志在邓小平同志追悼会上的悼词

敬爱的邓小平同志永垂不朽

群山肃立仰风范　万众静默寄哀思

邓小平同志追悼大会在北京隆重举行

中共中央总书记、国家主席、中央军委主席江泽民致悼词

中共中央政治局常委、国务院总理李鹏主持
乔石李瑞环朱镕基刘华清胡锦涛荣毅仁等党和国家领导人同首都各界一万人参加

新华社北京2月25日电　我党我军我国各族人民公认的享有崇高威望的卓越领导人，伟大的马克思主义者，伟大的无产阶级革命家、政治家、军事家、外交家，久经考验的共产主义战士邓小平同志与世长辞，在全国各族人民心中引起无限悲痛。今天上午，中共中央、全国人大常委会、国务院、全国政协、中央军委在人民大会堂隆重举行邓小平同志追悼大会。大会实况同时转播全国。辽阔大地，举国上下，12亿各族人民沉痛悼念我国社会主义改革开放和现代化建设的总设计师，建设有中国特色社会主义理论的创立者邓小平同志。

党和国家领导人江泽民、李鹏、乔石、李瑞环、朱镕基、刘华清、胡锦涛、荣毅仁，邓小平同志的夫人卓琳和子女等亲属，首都各族各界人士1万人参加追悼大会。

中共中央总书记、国家主席、中央军委主席江泽民在追悼大会上致悼词时指出，中国人民爱戴邓小平同志，感谢邓小平同志，哀悼邓小平同志，怀念邓小平同志，是因为他把毕生心血和精力都献给了中国人民，他为中华民族的独立和解放、为中国的社会主义现代化事业建立了不朽的功勋。邓小平同志这样说过：如果没有毛泽东同志，我们中国人民至少还要在黑暗中摸索更长的时间。我们今天同样应当说，如果没有邓小平同志，中国人民就不可能有今天的新生活，中国就不可能有今天改革开放的新局面和社会主义现代化的光明前景。

邓小平逝世以后，全国下半旗志哀。今天，全国停止一切娱乐活动。

追悼大会在人民大会堂大礼堂举行。会场庄严肃穆。主席台以银灰色为底色，台口上方悬挂黑底白字横幅："邓小平同志追悼大会"。主席台正中矗立着5米多高、黑色镶框的邓小平同志彩色巨幅遗像，两旁是大型花环、16棵长青树和冬青。邓小平同志的骨灰盒安放在遗像前的白兰花和常青松柏中，骨灰盒上覆盖着中国共产党党旗。邓小平同志的夫人卓琳率子女敬献的花圈摆放在邓小平同志的骨灰盒前。6名人民解放军礼兵持枪肃立，守护在两旁。（下转第四版）

江泽民同志在邓小平同志追悼大会上致悼词。
新华社记者　张燕辉摄

在邓小平同志追悼大会上

江泽民同志致悼词

（一九九七年二月二十五日）

同志们、朋友们：

今天，我们在首都人民大会堂隆重举行追悼大会，极其沉痛地悼念敬爱的邓小平同志。我国辽阔疆域各个地方的工厂、农村、商店、学校、连队、机关、街道的广大人民群众，此时此刻，也都同我们一道，缅怀邓小平同志的丰功伟绩和崇高风范，寄托我们的哀思。

几天来，全国各族人民，包括香港同胞、澳门同胞、台湾同胞以及海外侨胞，为中国失去了邓小平这样一位伟大人物，感到无限悲痛。世界人民，各国领导人和各方面国际朋友，也为世界失去了邓小平这样一位伟大人物，表示深切哀悼。

中国人民爱戴邓小平同志，感谢邓小平同志，哀悼邓小平同志，怀念邓小平同志，是因为他把毕生心血和精力都献给了中国人民，他为中华民族的独立和解放、为中国的社会主义现代化事业建立了不朽的功勋。他七十多年波澜壮阔的革命生涯，是同中国共产党的创建和发展，中国人民军队的创建和发展，中华人民共和国的创建和发展，紧密联系在一起的。他是人民共和国的开国元勋，建国以后成为中国共产党以毛泽东同志为核心的第一代中央领导集体的重要成员。党的十一届三中全会以后，他成为中国共产党第二代中央领导集体的核心，领导我们开辟了建设有中国特色社会主义的新道路。在这条道路上，国民经济迅速发展起来，综合国力愈益强盛起来，人民生活逐步富裕起来，社会主义显示出前所未有的生机和活力。邓小平同志这样说过：如果没有毛泽东同志，我们中国人民至少还要在黑暗中摸索更长的时间。我们今天同样应当说，如果没有邓小平同志，中国人民就不可能有今天的新生活，中国就不可能有今天改革开放的新局面和社会主义现代化的光明前景。

邓小平同志是全党全军全国各族人民公认的享有崇高威望的卓越领导人，伟大的马克思主义者，伟大的无产阶级革命家、政治家、军事家、外交家，久经考验的共产主义战士，中国社会主义改革开放和现代化建设的总设计师，建设有中国特色社会主义理论的创立者。

在中国共产党历史上，党领导中国人民进行了一场把半殖民地半封建的旧中国变成社会主义新中国的伟大革命，十一届三中全会以来又领导人民开始了一场新的革命，要把中国由不发达的社会主义国家变成富强民主文明的社会主义现代化国家。在这两次伟大革命的进程中，实现了马克思主义同中国实际相结合的两次历史性飞跃，形成了两大理论成果，这就是毛泽东思想和邓小平建设有中国特色社会主义理论。（下转第二版）

邓小平同志追悼大会会场。　本报记者　孟仁泉摄

江泽民、李鹏、乔石、李瑞环、朱镕基、刘华清、胡锦涛、荣毅仁等和各界人士一万人参加追悼大会。　新华社记者　王新庆摄

人民日报

RENMIN RIBAO

今日12版（华东地区16版）

国内统一刊号：CN11--0065

第17768期　（代号1—1）

1997年3月
3
星期一
丁丑年正月廿五

北京地区天气预报
白天　晴
降水概率0％
风向　北转南
风力　二、三级
间四级
夜间　晴
降水概率0％
风向　南转北
风力　一、二级
温度　15℃／0℃

人民日报社出版

敬爱的邓小平同志
永　垂　不　朽

与大海同在　与祖国同在　与人民同在

邓小平同志骨灰撒入大海

受中央委托，胡锦涛等同志和邓小平同志夫人卓琳等亲属护送骨灰撒放

新华社北京3月2日电　遵照邓小平同志及其亲属的意愿，敬爱的邓小平同志的骨灰今天撒入祖国的辽阔大海。

受中央委托，胡锦涛等中央领导同志和邓小平同志的夫人卓琳等亲属护送骨灰撒放，以最朴素、最庄严的方式，表达对我党我军我国各族人民公认的享有崇高威望的卓越领导人，伟大的马克思主义者，伟大的无产阶级革命家、政治家、军事家、外交家，久经考验的共产主义战士，我国社会主义改革开放和现代化建设的总设计师，建设有中国特色社会主义理论的创立者邓小平同志的深切哀思和无限缅怀。

邓小平同志是彻底的唯物主义者。关于后事，近年来曾对家人多有交待。他嘱托家人：捐献角膜，解剖遗体供医学研究，不留骨灰，撒入大海。邓小平同志把一生毫无保留地奉献给了祖国和人民。

今天上午，邓小平同志生前长期工作的中南海下半旗志哀。怀仁堂礼堂庄严肃穆，哀乐低回。蓝色的幕布上，悬挂着邓小平同志的彩色遗像，两侧低垂着黑黄相间的挽幛。遗像下方，摆放着邓小平同志的骨灰盒，上面覆盖着中国共产党党旗。骨灰盒前是由卓琳率子女敬献的花圈。四周摆放着鲜花和翠柏。8名解放军礼兵持枪肃立，守护在灵前。

邓小平同志治丧委员会办公室的领导同志胡锦涛、丁关根、尉健行、温家宝、张万年、任建新，治丧办成员罗干、曾庆红、曹志、朱训、于永波、王瑞林、张全景、杨德中、胡光宝、曾建徽、何椿霖、刘华秋、贾庆林、徐光春、唐家璇，同邓小平同志的亲属一起，在这里肃立默哀，怀着极其沉痛和深切缅怀之情，向邓小平同志遗像三鞠躬。随后，在胡锦涛等领导同志和邓小平同志夫人卓琳等亲属及礼兵的护送下，邓小平同志的子女捧着遗像、骨灰盒和花圈，缓步走出怀仁堂。

灵车缓缓驶出中南海。中共中央办公厅、国务院办公厅的工作人员和解放军指战员胸戴白花，聚集在道路两旁，挥泪为邓小平同志送别。

灵车驶入西郊机场。机场降半旗志哀，松柏枝上缀满了白花，寄托着亿万人民对邓小平同志的崇敬与怀念。哀乐声中，胸佩白花的空军官兵脱帽列队，默默地目送载有邓小平同志骨灰的专机向着大海飞去。

专机内悬挂着邓小平同志的遗像和“敬爱的邓小平同志永垂不朽”、“敬爱的邓小平同志永远活在我们心中”的横幅。遗像前摆放着邓小平同志的骨灰盒，上面覆盖着中国共产党党旗。机舱四周垂挂着挽幛，上面缀满了白花。

苍天含悲，大海呜咽。胡锦涛同志和邓小平同志的夫人卓琳及子女邓林、邓朴方、邓楠、邓榕、邓质方等，怀着悲痛，含着热泪，将邓小平同志的骨灰和缤纷的花瓣一起，缓缓撒向碧波万顷的大海。其他领导同志与其他亲属肃立默哀。

邓小平同志虽然离开了我们，但他永远与大海同在，与祖国同在，与人民同在。

图①：遵照邓小平同志及其亲属的意愿，敬爱的邓小平同志的骨灰于3月2日撒入祖国的辽阔大海。胡锦涛同志和邓小平同志的夫人卓琳及子女邓林、邓朴方、邓楠、邓榕、邓质方等，将邓小平同志的骨灰和缤纷的花瓣一起，缓缓撒向碧波万顷的大海。　新华社记者　樊如钧摄

图②：邓小平同志的子女捧着邓小平同志的遗像、骨灰盒和花圈，缓步走出怀仁堂。　新华社记者　齐铁砚摄

图③：邓小平同志治丧委员会办公室领导同志胡锦涛、丁关根、尉健行、温家宝、张万年、任建新等在邓小平同志生前长期工作的中南海怀仁堂前肃立默哀。　新华社记者　齐铁砚摄

①

②

③

在大海中永生

——邓小平同志骨灰撒放记

新华社记者　何平　刘思扬

一位以自己的一生书写中华民族崭新历史的伟人，今天完成了他人生的最后一个篇章。

1997年3月2日上午。

银色的专机，离开西郊机场，在首都上空低低地、缓缓地绕飞一周，然后穿过云层，飞向祖国的辽阔大海……

机舱内安放着全党全军和全国各族人民衷心爱戴的邓小平同志的骨灰。

一面鲜红的中国共产党党旗覆盖在骨灰盒上。

这是党和人民给予一位93岁的老共产党员的最高荣誉。

捐献角膜、解剖遗体，不留骨灰、撒入大海——这是把毕生毫无保留地献给祖国和人民的邓小平同志的遗愿，也是他留给党和人民的一份珍贵遗产，表现了一个彻底的唯物主义者的高尚情怀。

今天，胡锦涛等中央领导同志和邓小平同志的夫人卓琳等亲属一起，以最朴素、最庄严的方式完成邓小平同志生前的这一嘱托。

穿云破雾，专机向大海上空飞去，飞向这位一生波澜壮阔的伟人最迷恋的地方。

也许是苍天为之动容，当专机飞临大海时，天空出现一道绚丽的彩虹。

11时25分，专机飞至1800米高空。强忍着悲痛，81岁的卓琳眼含热泪，用颤巍巍的双手捧起邓小平同志的骨灰久久不忍松开。她一遍又一遍地呼唤着小平同志的名字，许久才将骨灰和五彩缤纷的花瓣缓缓撒向大海。

骨灰撒大海，鲜花送伟人。

1939年8月，在延安陕北公学学习的卓琳与邓小平相识相爱并结为革命伴侣。那年，邓小平35岁，卓琳23岁。两人共同走过了58年的人生历程。如今，面对自己深爱的丈夫的骨灰，她怎能不肝肠寸断，悲痛欲绝。

这是一个令人心碎的时刻。

怀着无比悲痛的心情，胡锦涛同志缓缓地将骨灰和花瓣撒入大海。

随后，邓小平同志的子女邓林、邓朴方、邓楠、邓榕、邓质方和孙辈眠子、萌子、羊羊、小弟，悲痛地跪在机舱里，撒放骨灰与花瓣，完成他们敬爱的父亲、爷爷的遗愿。邓榕哽咽道：“爸爸，您回归大海，回归大自然，您的遗愿得到了实现，您安息吧！”

跟随邓小平同志多年的卫士孙勇、张宝忠一身戎装，忠实地守卫在他的骨灰盒前。

泪水涟涟，哀思绵绵。

第一次见到海洋，邓小平还是一个16岁的少年。那是1920年，他远渡重洋，到欧洲大陆勤工俭学，寻求救国救民的真理。在那些日子里，美丽而苦难的祖国，时常越过海洋，沉入他的梦中……

大海，是他革命生涯的起点。1922年，18岁的邓小平在法国参加旅欧中国少年共产党，从此，他走上无产阶级职业革命家的道路。

大海，磨炼了他坚强的意志。从百色起义到浴血太行，从挺进中原到决战淮海，从横渡长江到挥师西南，他出生入死，南征北战，为共和国的创建立下了不朽功勋。

大海，坚定了他革命的信念。早在莫斯科学习时，他就“打定主意”：“更坚决地把我的身子交给我们的党，交给本阶级。”60多年后，他在退休之前，依然深情地说：我的生命是属于党、属于国家的。退下来以后，我将继续忠于党和国家的事业。

飞机盘旋，鲜花伴着骨灰，撒向无垠的大海；

大海呜咽，寒风卷着浪花，痛悼伟人的离去……

邓小平一生迷恋大海，与波峰浪谷有着不解之缘。一下海，他就舒展双臂，游向深处。无论海多深，风多急，浪多大，他都劈波斩浪，勇往直前。

大海的无垠，开阔了他博大的胸襟；

浪涛的汹涌，塑造了他顽强的性格。

潮涨潮落，大海沉浮，就像他人生的三落三起。半个多世纪的革命生涯中，虽历经风险，但他始终百折不挠，总是能一次次在历史的紧要关头挽狂澜于既倒，在沧海横流中显出伟大的无产阶级革命家大无畏的英雄本色。

（下转第四版）

④

⑤

图④：敬爱的邓小平同志的骨灰撒入祖国的辽阔大海时，丁关根、尉健行、温家宝、张万年、任建新等领导同志肃立默哀。　新华社记者　齐铁砚摄

图⑤：敬爱的邓小平同志的骨灰撒入祖国的辽阔大海时，邓小平同志的亲属肃立默哀。　新华社记者　刘少山摄

国际社会深切哀悼邓小平逝世

联合国　安南到我代表团驻地吊唁，人们永远怀念邓小平

新华社联合国2月21日电（记者周锡生）联合国秘书长安南21日前往中国常驻联合国代表团驻地，对邓小平的逝世表示哀悼。

安南在吊唁册上写道，邓小平的逝世"不仅对中华人民共和国，而且对整个世界都是巨大的损失。人们将永远怀念他。"随后，他久久凝视着邓小平的遗像，默默哀悼。

安南对吊唁现场的记者说，邓小平的一生是非常伟大的一生，他制定的改革开放政策促进了中国的现代化进程，使中国成为举足轻重的国家，他的功绩受到全世界赞颂。

本届联大主席、马来西亚常驻联合国代表伊斯梅尔当天也到中国常驻联合国代表团驻地，对邓小平的逝世表示深切哀悼。

本月安理会主席、肯尼亚常驻联合国代表恩朱古纳·马胡古20日到中国常驻联合国代表团驻地参加了吊唁活动。

联合国副秘书长金永健以及古巴、朝鲜、俄罗斯、法国、德国、英国等国的常驻联合国代表和联合国的部分工作人员也分别到中国代表团驻地，表达了他们对邓小平的悼念之情。

亚洲　邓小平的政策把中国引向繁荣，他的业绩永放光芒

新华社北京2月22日电　综合本社驻亚洲地区记者报道：亚洲一些国家领导人和重要人士20日和21日分别前往中国使、领馆吊唁，悼念邓小平同志。

越共中央总书记杜梅、越共中央政治局常委黎可漂、政府总理武文杰、外交部长阮孟琴、国家主席黎德英的代表阮氏萍副主席、国会主席农德孟、祖国战线中央主席团主席黎光道等21日分别前往中国驻越南大使馆，在邓小平同志遗像前默哀致敬，并敬献花圈，对邓小平同志逝世表示深切哀悼。

越南外交部、越共中联部、越共河内市委和市政府和越中友好协会等部门的负责人也到中国驻越南大使馆吊唁。

越共中央政治局委员、胡志明市市委书记张晋创，胡志明市人民委员会代主席武曰清，人民议会副主席黄祖，祖国战线主席黎克平21日前往中国驻胡志明市总领事馆吊唁邓小平同志逝世。

朝鲜劳动党中央政治局委员、国家副主席李钟玉和朴成哲，国家副主席金炳植，21日分别前往中国驻朝鲜大使馆，向邓小平同志的遗像敬献花圈，对邓小平同志的逝世表示沉痛的哀悼。李钟玉代表朝鲜党、政府和人民向中国党、政府和中国人民表示深切的哀悼。他说，邓小平同志为发展朝中友谊建树了丰功伟绩，朝鲜人民将永远铭记邓小平同志的光辉业绩。朴成哲在留言簿上写道："邓小平同志为中国共产党和中华人民共和国的强大和发展，为中国人民的幸福留下的业绩永放光芒。"

21日前往吊唁的朝鲜党政军领导人还有副总理兼外交部长金永南，党中央书记桂应泰、崔泰福、金己男、金容淳，最高人民会议常设会议议长杨亨燮和人民军元帅李乙雪、次帅赵明录等100多人。

朝鲜领导人金正日送了花圈，花圈的缎带上写着"追悼邓小平同志"。

柬埔寨第一首相、奉辛比克党主席拉那烈、副首相兼内政大臣萨肯，国民议会副议长罗新成，外交和国际合作大臣翁霍、前首相宋双21日分别前往中国驻柬大使馆吊唁。拉那烈在邓小平遗像前献了花圈。

泰国总理差瓦立·永猜裕21日前往中国驻泰国大使馆吊唁邓小平逝世。差瓦立说，邓小平是位伟人，在他的领导下，中国的经济和社会日新月异。他表示相信邓小平所制定的政策将进一步把中国引向繁荣。泰国枢密院大臣炳·廷素拉暖、副总理颂霍·威拉旺、外交部长巴蜀·猜耶讪、泰国武装部队最高司令蒙空·庵蓬披西等政府及军警高级官员也先后前往中国大使馆吊唁。

新加坡总理吴作栋、内阁资政李光耀和外交部长贾古玛以及各界人士2000多人21日到中国驻新加坡大使馆吊唁邓小平逝世。

尼泊尔王国政府首相谢尔·巴哈杜尔·德乌帕21日到中国驻尼泊尔大使馆吊唁邓小平逝世。尼泊尔共产党（联合马列）中央委员会全体42名成员21日在党的主席曼·莫汉·阿迪卡里率领下也前往中国驻尼泊尔大使馆，深切悼念邓小平。

日本首相桥本龙太郎2月20日上午到中国驻日本大使馆吊唁邓小平逝世，图为他向中国大使徐敦信表示慰问。

本报记者　张国成摄

印度副总统纳拉亚南、印度国大党主席凯斯里、印度人民党主席阿德瓦尼，印度共产党总书记巴尔丹、印度共产党（马）总书记苏吉特等印度各主要政党领导人21日分别到中国驻印度大使馆深切悼念邓小平逝世。

韩国国会议长金守汉、执政的新韩国党党代表李洪九、在野党新政治国民会议总裁金大中，自由民主联盟总裁金钟泌21日前往中国驻韩国大使馆，对邓小平的逝世表示哀悼。

马来西亚上议院议长穆罕默德·雅格布、下议院议长扎希尔·伊斯梅尔和副议长翁诗杰祥以及马社团领袖和工商界知名人士21日前往中国驻马来西亚大使馆，吊唁邓小平逝世。

孟加拉国前总理卡莉达·齐亚21日上午来到中国驻孟加拉国大使馆吊唁。她称邓小平是中国人民的伟大领导人，对中国革命和新中国的成立与发展作出了卓越的贡献。

斯里兰卡国民议会议长拉特纳亚克21日前往中国驻斯里兰卡大使馆对邓小平逝世表示深切哀悼。

菲律宾外长西亚松以及菲律宾各界人士21日前往中国驻菲律宾大使馆，沉痛哀悼邓小平逝世。菲律宾已故总统马科斯的夫人伊梅尔达也前往中国大使馆吊唁。

缅甸外交部长吴翁觉21日前往中国驻缅甸大使馆悼念邓小平。吴翁觉在吊唁簿上写道："缅甸联邦政府和人民对中华人民共和国老一辈领导人邓小平的逝世深感悲痛。""我们两国是亲密胞波，对缔造这种胞波友谊的领袖与世长辞表示深切的哀悼。"

新华社北京2月　22日电　综合本社驻亚洲地区记者报道，老挝、柬埔寨、韩国和瓦努阿图政府、政党领导人以及知名人士近日来陆续到中国大使馆吊唁一代伟人邓小平，赞扬他的丰功伟绩。

今天，老挝人民革命党中央委员会主席、政府总理坎代·西潘敦，党中央顾问、国会主席沙曼·维雅吉，党中央政治局委员、建国阵线中央主席乌东·卡提亚，政治局委员、政府副总理本南·沃拉其和外交部部长宋沙瓦·凌沙瓦到中国驻老挝大使馆沉痛悼念邓小平。他们说，邓小平是老挝人民伟大和亲密的朋友，他为捍卫和发展老中两党、两国和两国人民良好的传统友谊和全面合作作出了巨大贡献。

柬埔寨外交与国际合作大臣翁霍20日前往中国驻柬使馆吊唁邓小平。他说："邓小平主席是柬埔寨的一位好朋友，他为柬埔寨实现和平给予了很多帮助，对于他的逝世我们大家和我个人都感到非常悲痛。"

韩国前总理李会昌、前外长李相玉和一些国会议员、军方人士、经济界人士、友好人士和团体今天陆续前往中国驻韩国大使馆悼念邓小平。

21日，瓦努阿图政府领导人也前往中国驻瓦使馆吊唁邓小平。

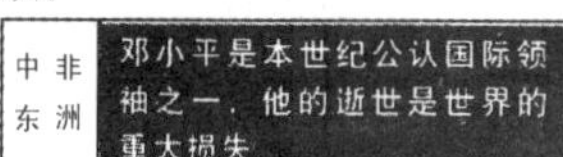

中东非洲　邓小平是本世纪公认国际领袖之一，他的逝世是世界的重大损失

新华社北京2月22日电　综合本社驻中东和非洲地区记者报道：中东和非洲地区一些国家领导人和政府部长21日到中国驻当地大使馆，对邓小平同志的逝世表示深切哀悼，并高度评价他为中国和世界所作出的杰出贡献。

埃及总统穆巴拉克和总理詹祖里21日分别前往中国驻埃及大使馆悼念邓小平。穆巴拉克在吊唁簿上留言说："邓小平的逝世使中华人民共和国失去了一位伟大领袖。他最忠诚于自己的祖国，并毕生致力于中国的伟大进步。他的逝世也使我们失去了一位亲密的朋友。"

穆巴拉克随后对中国驻埃及大使杨福昌说，埃及是第一个与中国建交的阿拉伯和非洲国家，两国关系历史悠久，埃及在任何情况下都坚决地与中国站在一起。

埃及总理詹祖里在吊唁簿上写道："我代表埃及政府向中华人民共和国主席、总理和友好的中国人民对伟大领袖邓小平的逝世表示深切的哀悼。"

詹祖里还表示，埃中两国有着特殊关系，两国人民之间的友谊源远流长。他对中国在国际事务中支持阿拉伯正义事业的立场表示赞赏。

莫桑比克总统希萨诺、总理莫昆比和一些政府部长21日到中国大使馆吊唁，他们在邓小平遗像前默哀一分钟。希萨诺在吊唁簿上写道："邓小平是中国共产党和中华人民共和国杰出的领导人，也是莫桑比克人民的伟大朋友。对于邓小平的逝世，我深表悲痛。"他还称赞邓小平是20世纪举世公认的国际政治领袖之一。

赞比亚总统奇卢巴21日上午前往中国大使馆吊唁时赞扬邓小平是伟大的历史性人物，他所制定的纲领使中国人民，乃至全世界人民受益。他说，邓小平是赞比亚人民的伟大朋友。他表示相信，中国人民定将继续沿着邓小平制定的改革开放路线不断前进。

厄立特里亚总统伊萨亚斯21日到中国大使馆吊唁邓小平逝世时在吊唁簿上写道："邓小平为中国21世纪的发展作出了卓著的贡献，我谨向伟大中国的这位卓越领导人致以崇高的敬意。"

刚果总统利苏巴、国民议会议长米隆戈和参议院议长鲁瓦涅21日上午前往中国大使馆吊唁邓小平逝世，并向邓小平遗像默哀。利苏巴在吊唁簿上写道："我怀着沉痛的心情悼念这位伟大的政治家。他为伟大中国的建设和人类思想的进步所作出的贡献将永垂青史。"

几内亚总理杜尔21日代表孔戴总统率领部分政府部长到中国大使馆吊唁邓小平逝世。杜尔在吊唁簿上写道："邓小平是一位了不起的世界伟人。他将12亿中国人民带上了一条繁荣富强之路，功劳卓著。他的逝世不仅是中国人民的重大损失，也是世界人民的重大损失。"

突尼斯总理卡鲁伊21日代表总统本·阿里前往中国大使馆吊唁邓小平逝世。他在吊唁簿上写道："邓小平是本世纪最伟大的领导人。在他的英明领导下，中国在政治、经济和社会各方面进行了深刻的改革。是他为维护世界和平与合作所付出的巨大努力使中国在国际大家庭中获得了她应有的地位。"

安哥拉总理范迪嫩21日率领一些政府部长到中国大使馆吊唁邓小平逝世。他在吊唁簿上写道：邓小平的功绩是举世公认的，他不仅为中国人民，而且为许多其它国家的人民，如安哥拉人民指明了方向。

纳米比亚、苏丹和马达加斯加等国的一些政府部长21日也分别到中国大使馆，对邓小平表示悼念。

2月21日，埃及总统穆巴拉克前往中国驻埃及大使馆，对邓小平逝世表示沉痛哀悼。　新华社发（法新社照片）

拉美　邓小平的贡献超越时代和国界，我们将永远记住他

新华社北京2月22日电　综合本社驻拉美记者报道：拉美一些国家的领导人和政府官员21日分别到当地的中国大使馆，沉痛哀悼邓小平逝世。

古巴全国人大主席阿拉尔孔和罗瓦伊纳外长21日来到中国驻古巴大使馆，对邓小平的逝世表示深切悼念。

阿拉尔孔在吊唁簿上写道："邓小平是中国人民解放事业最杰出的奋斗者之一。在长期的斗争中，他参与并领导了无数次战役。他是一位社会主义革命思想光辉的构思者和创造者。他对人类解放的卓越贡献超越了他生活的时代和中国的国界。"

罗瓦伊纳外长在吊唁簿上写道，邓小平的逝世是一个"不可弥补的损失"，他向中国人民表示最深切的哀悼，并表示"确信中国人民有能力继续取得发展"。

古巴国务委员会主席菲德尔·卡斯特罗、古共中央和古巴政府一些部门在中国使馆设立的灵堂敬献了花圈。

乌拉圭总统桑吉内蒂21日上午前往中国驻乌拉圭大使馆吊唁。他在邓小平的遗像前默哀，并在吊唁册上留言，表示乌拉圭政府和人民对这位中国伟大政治家和改革家的逝世感到悲痛，并祝愿中国人民沿着邓小平开辟的道路继续前进。21日到中国驻乌拉圭大使馆吊唁的还有：乌拉圭国防部长劳尔·伊图里亚、外交部代部长德尔卡斯蒂略、白党主席阿尔韦托·博隆特等各界人士。

圭亚那代总统海因兹和外交部长罗西21日到中国驻圭亚那大使馆，参加吊唁邓小平的活动。海因兹在吊唁簿上写道："我谨代表圭亚那政府和人民对中国人民痛失一位伟大的领袖表示深切的哀悼。"

21日上午，哥伦比亚外长梅希亚到中国驻哥大使馆代表哥政府对邓小平的逝世表示哀悼。她在留言簿上写道："我以哥伦比亚政府和人民的名义，向曾经使中国发生变革的伟大领袖的不幸逝世表示哀悼。我们将永远记住他。"

巴西外长兰普雷亚21日前往中国驻巴西大使馆，代表巴西政府对邓小平逝世表示深切哀悼，并在留言簿上写道："我代表巴西政府对巴西的朋友，伟大领袖邓小平的逝世表示最真挚的哀悼。"

秘鲁外交部高级官员21日也来到中国驻秘鲁大使馆参加吊唁活动，沉痛悼念邓小平逝世。参加吊唁活动的还有秘鲁共产党的领导人。

东欧中亚　邓小平是本世纪杰出改革家，他的改革使中国取得巨大成就

据新华社北京2月22日电　综合本社驻东欧和中亚地区记者报道：东欧中亚地区一些国家领导人近日分别到中国大使馆悼念邓小平逝世。

俄罗斯总理切尔诺梅尔金、议会上院议长斯特罗耶夫、国家杜马副主席戈连亚切娃、总统办公厅副主任亚罗夫等领导人21日到中国驻俄大使馆深切悼念邓小平逝世。

切尔诺梅尔金在邓小平遗像前默哀后在吊唁簿上题词："深切悼念中国最伟大的国务活动家和政治活动家，二十世纪杰出的改革家之一邓小平逝世。邓小平对我们两国关系的正常化及其发展作出了不可估量的个人贡献。"

斯特罗耶夫在吊唁簿上写道：邓小平在中国社会的转折时期为人民指明了道路。

中国人民的老朋友，现年90岁的俄中友协名誉主席阿尔希波夫在邓小平遗像前深情地说："亲爱的、忠诚的朋友，永别了。"

白俄罗斯总统卢卡申科20日到中国驻白俄罗斯大使馆吊唁邓小平逝世。他在吊唁簿上写道："邓小平的名字将永远载入人类史册。正是由于实践了他的改革思想，中国人民才在建设繁荣中国的道路上取得了巨大的成就。我们过去和现在都学习他解决国家社会经济发展问题的方法。"到中国大使馆吊唁的还有白俄罗斯国民议会共和国院主席希希点、代表院主席马洛费耶夫、总理林格、总统办公厅主任米亚斯尼科维奇、外长安东诺维奇等。

保加利亚总统斯托扬诺夫21日到中国驻保大使馆，对邓小平逝世表示深切的哀悼。斯托扬诺夫对中国驻保大使陈德来说，邓小平的逝世是中国人民的巨大损失。他在吊唁簿上写道："向我们这个世纪最伟大的政治家之一邓小平志哀。"

"邓小平，思路敏捷的世界伟人"
——墨西哥前总统埃切维利亚忆邓小平

本报驻墨西哥记者　张仓吉

当记者拨通电话要求采访墨西哥前总统埃切维利亚先生时，他正准备动身去外地休假。当他得知是中国的人民日报记者请他谈对邓小平先生的印象时，便立即答应了。

今年75岁的埃切维利亚先生是中国人民的老朋友。1971年10月，他作为墨西哥总统出席联合国特别会议时曾仗义执言，呼吁和支持恢复中国在联合国的合法席位。1972年2月他又作出了与中国建交的决定。为了进一步发展两国友好关系，中墨建交第二年，埃切维利亚先生访问了中国，成为第一位访问中国的墨西哥总统。

埃切维利亚先生激动地回忆起那年访华时与邓小平交往的情景。他对记者说："1973年春天我访问中国时，中国政府决定让复出不久、担任副总理的邓小平先生参加我在北京的活动。这真是我的荣幸。在北京四天时间里，邓小平同我有多次接触和交谈。他对墨西哥和拉美都有很深的了解，因此我们的话题很广，既谈世界和地区局势，又谈中国和墨西哥的问题，我们很快成了亲密的朋友。我一直认为，邓小平不仅仅是我的朋友，也是墨西哥人民的朋友，是一位令我们难以忘怀的好朋友。我们都为他的去世感到悲痛。"

谈到对邓小平的评价，埃切维利亚先生说："邓小平是一位思路敏捷的世界伟人，具有敏锐的眼力和非凡的智慧，是一位意志坚定的人，荣辱沉浮都不能动摇他的政治信念和民族责任心。"他说，我认为中国的改革、经济成就和新型经济模式的建立，无一不与邓小平改革与开放的思想有关。毫无疑问，中国人民不会忘记他对中国改革和繁荣做出的贡献，世界人民不会忘记他。

埃切维利亚先生说，邓小平从年青时代开始就是一位伟大的革命者，以后他又成了中国改革和开放政策的创始人，成为影响中国及国际政治舞台的风云人物。邓小平辞世了，中国人民失去了一位杰出的政治家和思想家，失去了一位舵手，世界失去了一位时代伟人。他表示相信，邓小平留下的思想将继续影响中国发展的进程。

（本报墨西哥城2月20日电）

他给中国留下最宝贵的遗产
——英国前首相希思悼念邓小平

本报驻英国记者　李文政

邓小平逝世的消息传到英伦三岛，中国人民的老朋友、英国前首相希思先生的心情格外沉重。连日来，他多次向英国新闻界和中国朋友表达对邓小平的悼念之情，高度评价邓小平的历史功绩，并表示坚信中国会继续稳定发展、取得更大成功。

20日上午10点，笔者拨通了希思先生在英国议会办公室的电话。他的秘书麦克尔说，昨晚11点多，希思先生才结束英国BBC二台有关邓小平逝世的专访，今晨7点和8点他又两次接受BBC一台的采访。希思先生已是81岁高龄的老人，一天之内接受这么多的采访，十分辛苦。但听说中国记者要采访，麦克尔答应转告希思先生。

上午10点30分左右，笔者把电话直接打到了离伦敦城100公里的索兹伯里市希思先生的寓所。

"邓小平逝世，我非常悲痛！他有过充实的、富有建树的人生！"希思先生这样开始了他的谈话。他略加思考，便回忆起他与邓小平亲切会见的历历往事。"1974年，我首次正式访问中国，与毛主席和周恩来总理举行会谈，邓小平在座。后来，我几乎每年都见到他，我们一起讨论中国、讨论世界。我最后一次见到邓小平，大概是1988年。你知道，邓小平的长子邓朴方在文化大革命中受折磨变成残疾人，我应邀在人民大会堂指挥交响乐团演出，为中国残疾人、儿童和医院募捐，共得捐款25万美元。"希思接着说："邓小平没有去看我的演出，他指指他的耳朵，意思是听力有障碍。邓小平告诉我，中国首先要加强教育事业，另外是要加强农业。邓小平采取了正确的政策，中国农民的生活水平在短短几年内有了明显的提高。农业稳定后，转向了制造业，制造业的改造取得巨大成功，各大城市在短时间内走向现代化。这一切说明邓小平的政策获得了巨大成功。应该说，这是邓小平留给中国人民的最可宝贵的遗产。"

在谈到香港问题时，希思先生认为，邓小平富于远见卓识，他提出的"一国两制"的原则，为香港的稳定与繁荣提供了保障。希思先生认为，不能把西方的一套强加给中国，中国有世界上1/5的人口，它必须有自己的特点。

在采访结束时，希思先生再次表示对邓小平逝世的哀悼，并祝愿中国继续取得巨大的成就。　（本报伦敦2月20日电）

敬爱的邓小平同志永垂不朽

长街洒泪　万众同悲

新华社记者　本报记者

1997年2月24日，北京西郊。

从五棵松到八宝山2500米的路程，洒满动天撼地的悲痛之情。

大路两旁，站满了哭泣的人群。从白发老人，到稚气儿童，十多万各族群众在凄冷的寒风中伫立，深情送别亲人邓小平。

一直晴朗的天空，忽然变得阴沉。向来喧闹的长街，寂静得仿佛能听到人们心中涌动的悲伤。

凌晨4时，环卫女工张彦芳和她的小组开始一遍遍地清扫这段马路。她们边哭边扫，边扫边哭，仔细得如同擦拭玻璃，生怕遗落一点尘埃。

工人，农民，解放军指战员，知识分子……人们从北京的四面八方，从祖国的天南海北，默默汇集到这里。胸前的一朵朵白花，在料峭的晨风中不停地颤动。心中的一缕缕哀思，在天地间绵绵不绝。许多人不知道小平同志起灵的日子，怕赶不上送行，几天来多次到这里等候。一位82岁的老八路，昨天已在这里守候过半天，今晨7时他又站在了五棵松路口。"我今天一定要送送小平同志。"他一边抹泪一边说："毛主席让我们站起来，邓小平使我们富起来，都功比天高。"

9时34分，披着黑纱的灵车，在警车护卫下缓缓驶出中国人民解放军总医院西门，等候多时的送行人群中，响起一阵阵悲泣之声……

身穿白衣的医护人员，泪流满面；戎装整齐的战士，致以庄严的军礼；带领全家8口人早早等在医院门口的老人，怀抱几个月的孙子向灵车跪出好远。他说："要让孩子们送送邓爷爷，让他们永远记住这一天。"

孩子骑上大人肩头，大人登上就近高处，有的人搬出板凳，有的人站到三轮车上，为的是看看灵车，最后再看看敬爱的小平同志。

"我知道，在今日中国，这三个字所包含的蕴蕴；我知道，在人民心中，这三个字所显示的内容……"长诗《邓小平》的诗句，在此时此刻得到最好的印证。

两分钟后，灵车到达五棵松路口。"再道一声：小平您好"，八个大字迎着灵车飘拂而来。来自北大、北工大、民族大学的师生，手捧小平遗像，站在横幅下敬送他们日夜想念的伟人。1984年，北大生物系师生在国庆游行队伍里，打出了他们自制的横幅"小平您好"，亲切的问候表达了各族人民朴素的感情。今天，他们再向小平同志道一声您好，更多了崇敬和凝重。

灵车行至玉泉路，人群中一位中年妇女追随着渐渐离去的灵车一路小跑，她使劲地擦着眼泪，却仍然泪眼模糊。已故数学家陈景润的妻子由昆此时泣不成声。早在70年代，小平就亲自过问陈景润的生活，小平对陈景润和家人的爱护和关怀，在由昆心里留下了太多的感激："他是我们全家的恩人！"

小平关怀的又岂止一个陈景润。"科学技术是第一生产力"，"知识分子是工人阶级的一部分"，小平同志对知识和人才的尊重，让多少科技、教育工作者欢欣鼓舞。

正负电子对撞机国家实验室研究员马基茂和他所在的中科院高能物理所200多位研究人员，一早就来到玉泉路口。小平同志曾经在1984年和1988年两次亲自视察这项国际先进水平的高科技项目。亲身体会到小平同志一片苦心的马基茂说，我们没有辜负小平的期望，已在国际高能物理领域占有一席之地，今后还要更加努力，作出成果，以告慰小平同志的在天之灵。

国防大学教授张南征的眼睛已经哭红了，他哽咽着对记者说，小平同志是我们广大知识分子的知心人和良师益友，他最理解、信任、关心知识分子。今天他虽然离我们而去，但他的思想却时刻激励我们，他永远活在我们心中。

上海新民晚报编辑张攻非专程从上海赶到北京为小平送行。他噙着泪水说："小平同志倡导的改革开放，使上海发生了翻天覆地的变化，这个变化连我们上海人都感到吃惊。没有小平同志就没有今天的上海，就没有上海人的今天。"

70多年革命生涯波澜壮阔，改革开放路线造福大众，建设有中国特色社会主义理论光照千秋……小平同志的功绩像一座丰碑矗立在亿万人民心中。9时40分，灵车缓缓驶近永定路口，只见人群中一位中年男子双手捧着小平同志遗像，不由自主地双膝下跪，旁边还有他4岁的女儿。小女孩双手抱着一个精制的小花圈，上面披着"邓爷爷我想您，孙女思思鞠躬"的挽联。

一位湖北广水来京做生意的青年说，没有小平同志的改革开放政策，家乡不可能富起来，我也不可能来京做生意致富。当小平同志灵车经过，后面的人因看不清而拥挤时，这位个体户把拎着的行李一放，说："站在我的行李上吧，大伙好好看看。"

永定路口，70岁的国防大学教授胡庆云站在自己的三轮车上，端着相机颤巍巍地拍摄眼前悲壮的情景。"拍些照片，挂在家里，天天看着，也算是我这个老军人、老共产党员的一份忆念。"老人说着，眼里噙着泪花。

戎马一生的小平同志，全心全意为国为民，16岁他离家至今，再没能回到自己的故乡。家乡的父老乡亲，总在惦念着他们引以为荣的儿子。来自小平家乡的谢明孝、任庆英夫妇，抱着两岁的孙女久久站立街头，"让我们替家乡人民送他一程吧！"

八宝山革命公墓门口南侧。天津武清县农民方子青哽咽着说，他昨天和妻子乘汽车转火车，赶了120多公里路到北京，专程来给小平同志送行。"是他让我们吃饱了穿暖了。""我们乡下农民衷心拥护小平同志制订的政策，没有他我们过不上富裕的日子。"

灵车于9时47分抵达八宝山革命公墓南门。悲痛的人群不断向前涌动。两位70多岁的老太太互相搀扶，含泪低唤："车怎么开得这么快，慢点，慢点啊……"

送别亲人，步步依依。灵车队伍驶过，路边的人流却久久不肯散去。不少人把戴在胸前的白花轻轻摘下，系在路旁的松柏树上，一丛丛常青树，成了一个个巨大的花圈。

天若有情，大地当哭。再次负载一位伟人最后的行程和万众无尽的哀思，十里长街永远记下这一幕，记下了亿万人民对小平同志的无限深情。

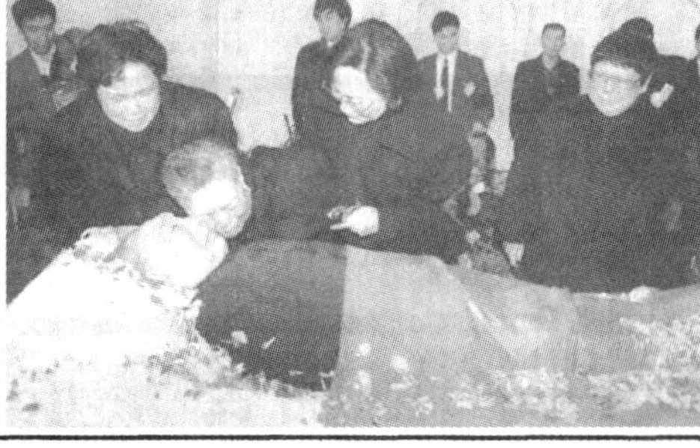

左上图：江泽民等中央领导同志及邓小平同志亲属护送邓小平同志的遗体上灵车。

新华社记者　樊如钧摄

右上图：邓小平同志的夫人卓琳及子女和其他亲属为邓小平同志送别。

新华社记者　樊如钧摄

邓小平同志病重期间和去世后

江泽民李鹏等党和国家领导人前往医院看望或以其他方式表示慰问

新华社北京2月24日电　邓小平同志病重期间和去世后，党和国家领导人江泽民、李鹏、乔石、李瑞环、朱镕基、刘华清、胡锦涛、荣毅仁等同志前往医院看望或以其他方式向邓小平同志的家属表示亲切慰问。丁关根、田纪云、李岚清、李铁映、杨白冰、吴邦国、邹家华、姜春云、钱其琛、黄菊、尉健行、谢非、温家宝、王汉斌和彭真、杨尚昆、万里、宋平、薄一波、宋任穷、张震、张万年、迟浩田、任建新等领导同志也前往医院看望或向邓小平同志的家属表示亲切慰问。

全国各地干部群众表示

紧密地团结在以江泽民同志为核心的党中央周围　坚持党的基本路线一百年不动摇

新华社北京2月24日电　长街送别一代伟人，悲痛化作无穷力量。在含悲洒泪送别小平同志的日子里，全国各地干部群众纷纷表示要继承小平同志的遗志，更加紧密地团结在以江泽民同志为核心的党中央周围，坚持邓小平同志创立的有中国特色社会主义理论和在这个理论指导下确定的党的基本路线一百年不动摇。

以经济建设为中心，是小平同志领导我们实现的最根本的拨乱反正

在对小平同志的缅怀中，人们深切感到，没有小平同志带领全党制定的"一个中心，两个基本点"的基本路线，就不可能有中国翻天覆地的变化。中共中央党校副校长杨春贵说，邓小平同志反复强调，基本路线要管一百年，动摇不得。不但我们这一代，下一代，下几代，都不能变，也变不了。实践证明，这条路线给人民带来了好处，给国家带来了好处，是实现国家繁荣昌盛、人民富裕幸福的必由之路。

天津宝坻县小靳庄村农民听到小平同志逝世的消息后，十分悲痛。村干部王作山说，"以阶级斗争为纲"的年月，村里天天除了开赛诗会，就是唱样板戏。地撂荒了，人呆懒了，到头来是越折腾越穷。小平同志提出了以经济建设为中心，小靳庄人开始富了，几年间我家就盖起了九间青砖瓦房，家里电器样样齐全。过去我们村没富户，现在村里没穷户。一前一后，一穷一富，我明白了"贫穷不是社会主义"这个道理。

山西昔阳县大寨村沉浸在对小平同志的深切哀悼之中。村支书郭凤莲深情地说，"可以告慰小平同志的是：改革开放使大寨村发生了翻天覆地的变化。去年全村经济总收入稳定在3000万元以上，人均收入达到2100元，是1980年的11倍多。"

武汉钢铁公司总经理刘本仁回忆说，在"文革"极左路线的冲击下，武钢当时的生产经营秩序极不正常，各种事故频繁发生。在小平同志的关心下，武钢人顶住重重压力，坚定地把企业工作重心转移到强化管理、恢复生产上来，顺利地完成了小平同志关心的"一米七"轧机系统的工作。

中共四川省委书记谢世杰说，小平同志在党的十一届三中全会后两次回四川，都反复强调要集中精力把经济建设抓好。在党的基本路线指引下，四川省原定2000年比1980年翻两番的目标，已提前4年实现。

原贵州省委副书记、红军老战士陈行康说，贵州人民牢记小平同志"贫穷不是社会主义"的教导，一心一意治贫治穷，贫困面从占总人口的70%下降到30%。他掰着手指头说："这些成绩，都是在小平同志所创立的有中国特色社会主义理论指导下取得的，可以告慰小平同志了。"

"三步走"的发展战略，为中华民族走向现代化绘制了宏伟蓝图

小平同志为我国制定了"三步走"的发展战略：第一步，从1981年到1990年，人均国民生产总值翻一番，解决人民的温饱问题；第二步，到本世纪末再翻一番，人民生活达到小康水平；第三步，到下个世纪中叶，人均国民生产总值达到中等发达国家水平，人民生活比较富裕，基本实现现代化。

国家计委主任陈锦华说，按照小平同志的部署，我们不断推行以建立社会主义市场经济体制为目标的各项改革，扩大对外开放，促进国民经济持续快速健康发展，胜利完成了"六五"、"七五"和"八五"计划，提前实现了国民生产总值翻两番的目标，人民生活水平迅速提高，综合国力显著增强，取得了举世瞩目的成就。悼念小平同志，我们就要更加坚定地贯彻执行党的基本路线，根据"三步走"发展战略，按照"九五"计划和2010年远景目标纲要的要求，确保在本世纪内全面完成现代化建设的第二步战略部署，为下世纪中叶实现第三步战略目标开创新的局面。

正在我们努力实现第二步战略目标时，小平同志离开了我们。当谈起这些，许多干部群众情不自禁地流下了热泪，他们表示，小平同志虽然看不到宏伟目标实现的那一天，但是，在以江泽民同志为核心的党中央的坚强领导下，到下个世纪，我们一定能实现这个宏伟目标。

"三步走"战略给中国人带来的实惠是空前的。中国工程院院士、彩虹集团总工程师吴祖恺说，1980年，彩虹集团3000多名职工家中只有4台冰箱、6台彩电；如今家家有冰箱，户户有彩电。我的两个儿子都从美国、英国回来报效祖国。因为他们相信：有小平同志设计的宏伟蓝图，有江泽民同志为核心的党中央的领导，21世纪将是中国腾飞的世纪。

邓小平同志对上海寄予厚望，指出"上海完全有条件上得快一点"。上海人民牢记邓小平同志的谆谆教导，始终如一扭住经济建设这个中心不放松，加快发展自己。上海市经委主任徐志毅说：正是遵循小平同志关于我国经济发展"三步走"的宏伟构想，上海工业在"八五"期间结束了"七五"期间的低速徘徊的局面。上海工业将在"八五"的基础上，年均增长14%，到本世纪末实现再翻一番的目标。

内蒙古自治区党委书记刘明祖说，按照小平同志提出的"三步走"发展战略，内蒙古及时调整工作方针，集中精力进行现代化建设，一心一意发展生产力，各族人民开始了由温饱向小康的跨越。

按照"三步走"的发展战略，革命圣地延安的经济发展揭开了崭新的一页。延安人继承和发扬延安精神搞建设，农民人均产粮超千斤，人均年收入达到1100元，比1978年增长十几倍。延安人说，多年来小平同志时刻惦记着延安人民，对老区各项事业都给予极大的关怀和支持，延安人民永远不会忘记他。

"三个有利于"标准，极大地解放了人们的思想，开创了现代化建设的新局面

小平同志提出的有利于发展社会主义社会的生产力、有利于增强社会主义国家的综合国力、有利于提高人民的生活水平这三个判断各方面工作是非得失的标准，极大地解放了人们的思想，开创了现代化建设的新局面。在送别小平同志的日子里，各地干部群众格外怀念小平同志给人们留下的这份思想遗产。

国家经贸委主任王忠禹说，邓小平同志是国有企业改革的倡导者和开拓者。正是在邓小平同志建设有中国特色社会主义理论的指导下，国有企业改革与发展取得了重要进展。现在国有企业改革正处在十分关键的时刻，我们要继续坚定不移地以小平同志的理论为指导，以"三个有利于"作为根本标准，按照党中央、国务院的部署，加大改革力度，推动国民经济持续、快速、健康发展，努力搞好国有企业。

温州市体改委副主任马津龙说，80年代末，对温州发展市场经济的实践，曾经有过认识上的差异。小平同志"三个有利于"的思想，使温州生产力得到第二次大解放。1992年至1996年，温州国内生产总值、工业总产值、财政收入、城市居民人均生活费收入、农民人均纯收入年平均增长率都在30%以上。

广东东莞市凤岗镇雁田管理区按照小平同志的思想理论，勇于先行一步，积极引进外资，大力发展集体经济，使管理区发生了翻天覆地的变化。区党支部书记邓耀辉激动地说：如果没有小平同志的思想和理论，就没有我们的今天。

杭州市龙翔桥农贸市场饮食店经理蒋维荣说，没有小平同志倡导的改革开放政策，我们不可能走上富裕道路。小平同志虽然去了，但我们坚信国家关于个体、私营经济的政策将长期不变。同时，我们先富起来，也要按小平同志的教诲，带动更多的人富裕起来。

中国轻工总会会长于珍说，改革开放以来，我国轻工业迅速发展，消费品市场供应短缺的状况得到了根本性改变，那种凭票供应、排队抢购的状况已成为历史。这巨大的变化，完全得益于邓小平同志"三个有利于"的思想指引。我们要更加紧密地团结在以江泽民同志为核心的党中央周围，按照邓小平同志的教导，牢牢地把握经济建设这个中心，一切工作都要服从和服务于这个中心，抓住机遇，发展自己，沿着小平同志开创的道路奋勇前进。

首都群众为邓小平同志送行。

本报记者　李　舸摄

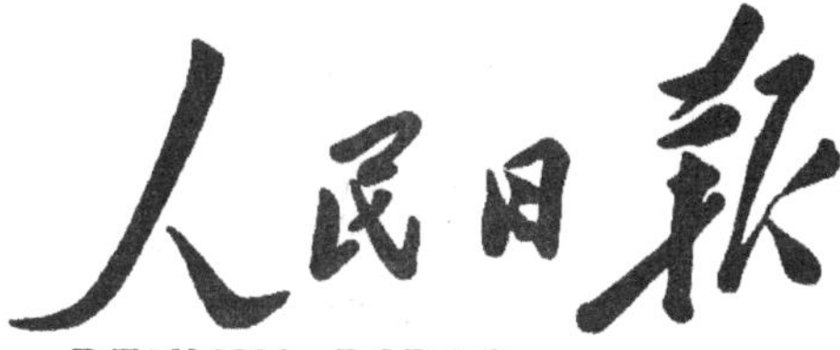

RENMIN RIBAO

今日12版（华东、华南地区16版）

网址:http://www. peopledaily. com. cn

国内统一刊号:CN11--0065

第18329期　（代号1--1）

人民日报社出版

1998年9月

15

星期二

戊寅年七月廿五

北京地区天气预报

白天　晴间多云　降水概率0%　风向　北转南　风力　二、三级

夜间　晴间多云　降水概率0%　风向　南转北　风力　一、二级

温度　26℃/15℃

杨尚昆同志住院和病重期间党和国家领导人前往看望

新华社北京9月14日电　伟大的无产阶级革命家、政治家、军事家，坚定的马克思主义者，党、国家和人民军队的卓越领导人杨尚昆同志，因病医治无效，于1998年9月14日1时17分在北京逝世，享年92岁。

杨尚昆同志住院和病重期间，党和国家领导人江泽民、李鹏、朱镕基、李瑞环、胡锦涛、尉健行、李岚清同志前往医院看望。

丁关根、田纪云、李长春、李铁映、吴邦国、吴官正、迟浩田、张万年、罗干、姜春云、贾庆林、钱其琛、黄菊、温家宝、谢非、曾庆红、吴仪、万里、乔石、宋平、刘华清、荣毅仁、薄一波、宋任穷、邹家华、帕巴拉·格列朗杰、王光英、程思远、布赫、铁木尔·达瓦买提、吴阶平、彭珮云、何鲁丽、周光召、成克杰、曹志、丁石孙、成思危、许嘉璐、蒋正华、司马义·艾买提、王忠禹、肖扬、韩杼滨、叶选平、杨汝岱、王兆国、阿沛·阿旺晋美、赵朴初、巴金、钱伟长、卢嘉锡、任建新、宋健、李贵鲜、陈俊生、张思卿、钱正英、丁光训、孙孚凌、安子介、霍英东、马万祺、朱光亚、万国权、胡启立、陈锦华、赵南起、毛致用、白立忱、经叔平、罗豪才、张克辉、周铁农、王文元等同志以及中央军委委员傅全有、于永波、王克、王瑞林同志也前往医院看望或以其他方式表示问候。（下转第四版）

中共中央　全国人大常委会　国务院　全国政协　中央军委沉痛宣告

杨尚昆同志在北京逝世

杨尚昆同志是伟大的无产阶级革命家、政治家、军事家，坚定的马克思主义者，党、国家和人民军队的卓越领导人。

杨尚昆同志的一生，是光辉的、战斗的一生。他为中国人民的解放事业，为社会主义革命和建设事业，建树了不可磨灭的历史功勋。

杨尚昆同志的逝世，是党、国家和人民军队的巨大损失。我们要化悲痛为力量，认真学习他的崇高革命精神和思想品德，紧密地团结在以江泽民同志为核心的党中央周围，高举邓小平理论的伟大旗帜，为把我国建设成为社会主义现代化强国而努力奋斗。

新华社北京9月14日电　中共中央、全国人大常委会、国务院、全国政协、中央军委讣告

中国共产党中央委员会、中华人民共和国全国人民代表大会常务委员会、中华人民共和国国务院、中国人民政治协商会议全国委员会、中央军事委员会沉痛宣告：伟大的无产阶级革命家、政治家、军事家，坚定的马克思主义者，党、国家和人民军队的卓越领导人杨尚昆同志，因病医治无效，于1998年9月14日1时17分在北京逝世，享年92岁。

杨尚昆同志的一生，是光辉的、战斗的一生。他为中国人民的解放事业，为社会主义革命和建设事业，建树了不可磨灭的历史功勋。

从青年时代起，杨尚昆同志就投身于反帝反封建的革命斗争。1926年初由共青团员转为中国共产党党员。从此，他把自己的一生献给为共产主义奋斗的壮丽事业。1926年11月，他到莫斯科中山大学学习。1931年初，从苏联回国后，相继担任中华全国总工会宣传部长和中共中央宣传部长等职，参与领导工人运动和抗日救亡运动。

1933年初，杨尚昆同志到达中央革命根据地，先后任中央苏区中央局宣传干事和马克思共产主义大学副校长等职。6月，任红军第一方面军政治部主任，转战前方。1934年1月，接任红三军团政治委员。同月，在中共六届五中全会上当选为中央候补委员。此后，他和三军团军团长彭德怀同志一起，在中央苏区第五次反"围剿"中，指挥所部赢得许多战斗的胜利。

1934年10月，杨尚昆同志和彭德怀同志率领红三军团长征。1935年1月，他参加在遵义召开的中共中央政治局扩大会议，批评博古、李德在军事指挥上的严重错误，拥护毛泽东同志的正确主张。长征路上，他和彭德怀同志率领三军团浴血奋战，经过抢占娄山关、同一军团再克遵义城、四渡赤水和南渡乌江等一系列极其艰苦的战役和战斗，在危急关头为革命作出了重大贡献。8月，调任红军总政治部副主任，随毛泽东同志率领的右路军行动，坚决同张国焘分裂主义进行斗争。到达陕北后，他先后在西北革命军事委员会和红军前敌总指挥部领导机构中负责政治工作，战斗在抗战前线。

1937年8月和11月，杨尚昆同志先后任中共中央北方局副书记、书记，积极开展华北抗日根据地的建党、建军和建政工作，推动了华北地区群众抗日运动的高涨。1941年初，他回到延安，留在中共中央机关工作，在这期间参加了整风运动。1945年4月，出席党的第七次全国代表大会。抗日战争胜利后，他任中共中央军委秘书长兼中央外事工作组副组长。以后，担任中共中央办公厅主任。1947年4月，任中央后方委员会副书记，和书记叶剑英同志统筹党中央的后方工作。1948年4月，他又担任中共中央副秘书长等职，积极协助周恩来同志处理党中央和中央军委日常工作。

中华人民共和国成立后，杨尚昆同志继续担任中共中央副秘书长、中央办公厅主任，兼任中央军委秘书长、中直机关党委书记。他领导调整和健全了中央办公厅工作机构，创立了行之有效的为党中央服务的工作运转机制。1956年9月，在党的第八次全国代表大会和八届一中全会上，分别当选为中央委员、中央书记处候补书记。

杨尚昆同志在"文化大革命"的动乱岁月里，受到林彪、江青两个反革命集团的长期迫害，被监禁达12年之久。在逆境中，他仍然坚持学习马列主义、毛泽东思想，始终关注党和社会主义建设事业的前途与命运。中共十一届三中全会后，党中央为杨尚昆同志彻底平反，恢复了名誉。

1978年12月至1980年底，杨尚昆同志相继担任中共广东省委第二书记、副省长，中共广州市委第一书记、革命委员会主任，兼任广东省军区第一政委、党委第一书记。他思想敏锐，勇于进取，坚决贯彻执行改革开放的政策，竭尽全力贯彻执行以邓小平同志为核心的党中央制定的把工作重心转移到四化建设上来的历史性决策和一系列方针政策，积极参与领导广东实行特殊政策、试办经济特区等工作，使广东成为全国改革开放的前哨和示范区，为国家实行对外开放政策提供了宝贵经验。

1979年9月，杨尚昆同志被补选为中共中央委员。1980年9月，被补选为全国人大常委会副委员长兼秘书长。1981年7月，他任中央军委常委兼秘书长，第二年9月，任中央军委常务副主席兼秘书长。他协助军委主席邓小平同志主持中央军委日常工作，和其他军委常委一道，坚决贯彻党中央和邓小平同志关于新时期军队建设的思想和军事战略，严格执行党中央和中央军委的决策，对"文化大革命"中由于林彪、"四人帮"的干扰对军队造成的严重破坏进行拨乱反正，对新的历史条件下军队现代化的一系列重大问题，进行深入探讨和研究，强调人民解放军应走有中国特色的精兵之路，主持实行军队建设指导思想的战略性转变、改革军队体制、精简整编、调整国防工业体制和加速实现武器装备现代化等一系列重要措施，取得了显著成就。在80年代中期，他积极贯彻执行邓小平同志提出的裁军100万的重大决策，胜利地完成了这项光荣而艰巨的任务。

在1982年和1987年召开的中共第十二次、第十三次全国代表大会上，杨尚昆同志当选为中共中央委员，在十二届一中全会上当选为中央政治局委员，继任中央军委常务副主席兼秘书长。他积极参与党和国家各项重大决策，为新时期社会主义现代化建设和改革开放事业，作出了重大贡献。1989年11月担任中央军委第一副主席后，他协助中央军委主席江泽民同志，主持中央军委日常工作。

1988年4月，在第七届全国人大第一次会议上，杨尚昆同志当选为中华人民共和国主席。他不辞辛劳，奔走各地，了解国家经济发展和改革开放的进程，指导工作，解决问题。他同党和国家其他领导人一道，处理了发生在1989年春夏之交的政治风波，维护了国家的独立、尊严、安全和稳定。他密切关注国际形势的发展与变化，参与制定和调整新时期的国家外交政策，同时承担繁重的外事活动，赢得了国际社会的尊敬和信任。

1992年10月和1993年3月，杨尚昆同志先后从中共中央政治局、中央军委和国家主席的领导岗位完全退下来，但仍然关注国家社会主义建设事业和祖国统一大业。

杨尚昆同志的逝世，是党、国家和人民军队的巨大损失。我们要化悲痛为力量，认真学习他的崇高革命精神和思想品德，紧密地团结在以江泽民同志为核心的党中央周围，高举邓小平理论的伟大旗帜，为把我国建设成为社会主义现代化强国而努力奋斗。

杨尚昆同志永垂不朽！

江泽民会见联合国人权事务高级专员

指出在发展经济的同时中国政府始终把民主与法制建设放在十分重要的地位

本报北京9月14日电　记者罗春华报道：国家主席江泽民今天上午在钓鱼台国宾馆会见了联合国人权事务高级专员玛丽·罗宾逊夫人，双方就加强、促进和保护人权领域的国际合作等问题进行了友好的交谈。

江主席说，中国是一个有着12亿人口的发展中国家，促进和保护人权必须首先考虑中国的国情，中国首先要发展经济，解决人民的温饱问题。在发展经济的同时，中国政府始终把民主与法制建设放在十分重要的地位，通过采取立法和行政等各项措施，促进和保护人民的公民权利和政治权利。今后，我们还要进一步扩大社会主义民主、健全社会主义法制，依法治国，建设社会主义法制国家，保证人民依法享有广泛的权利和自由，尊重和保障人权。

罗宾逊夫人首先感谢江主席的会见。她说，这是她作为联合国人权事务高级专员首次访华，她很高兴地访问了北京、西藏和上海，亲眼目睹了近年来中国经济的发展和社会的进步，以及中国在促进和保护经济、社会和文化权利等方面所取得的巨大成就。她说，访问是有益的、有价值的，中国近年来加强法制建设、开展司法改革给她留下了深刻的印象。中国是联合国安理会常任理事国，是一个负责任的大国，联合国人权高专办公室愿加强同中国在人权领域的合作。

会见中，江主席还向客人介绍了我国抗洪救灾的情况。他说，在与洪水灾害作斗争的过程中，中国政府始终把保护人民的生命安全放在一切工作的首位，保证受灾的群众有饭吃，有清洁的水喝，有住处，有地方看病，保证受灾地区的学生都能上学读书。通过各级政府的努力，人民的生命和财产损失都减少到了最低程度，灾区群众的生活也得到了妥善安置。江泽民说，中国1931年发生的那次水灾的规模比今年的规模要小得多，却造成了14万多人死亡，与现在的情况形成鲜明的历史对照，这也从一个侧面说明，只有在新中国，中国人民的人权才能得到促进和保护。江主席说，在中国的这场抗洪救灾斗争中，国际社会给予了我们极大的关心和支持。许多国家领导人、政府、国际组织、企业、机构和个人纷纷来电来函，捐款捐物，对中国政府和人民表示同情和慰问，体现了崇高的人道主义精神和对中国人民的深厚友谊。这极大地鼓舞了中国人民的斗志，有力地支持了中国的抗洪斗争。我代表中国政府和人民向所有支持中国人民、提供救灾援助的国家、国际组织、企业、机构和个人表示衷心的感谢和崇高的敬意。

罗宾逊夫人对洪水灾害给中国造成的损失表示同情。她说，江主席和中央政府领导中国人民与洪水进行了英勇的斗争，这表明了中国政府对中国人权的关心。中国人民在抗洪救灾中表现出了很强的凝聚力和战胜困难的坚强决心，相信中国政府和人民一定能取得抗洪救灾和重建家园的最后胜利。

江主席在会见中还向罗宾逊夫人介绍了西藏的政治、经济情况，以及中国的宗教政策。

外交部副部长杨洁篪等会见时在座。

朱镕基与爱尔兰总理埃亨会谈

就中爱关系和共同关心的国际和地区问题广泛深入地交换意见

本报北京九月十四日讯　记者**廖先旺**报道：今天下午，国务院总理朱镕基同爱尔兰总理伯蒂·埃亨在人民大会堂举行了正式会谈，双方就中爱关系和共同关心的国际和地区问题广泛深入地交换了意见。会谈是在亲切友好的气氛中进行的。

朱镕基欢迎埃亨来华访问，并对再次见面感到十分高兴。朱镕基说，埃亨是中爱两国建交十九年来访华的第一位爱尔兰总理。此次访问是中爱关系中的一件大事，具有重要意义，将有助于推动两国友好关系的进一步发展。朱镕基说，中国重视发展同爱尔兰的关系，中爱两国相距遥远，社会制度、文化传统也不尽相同，但两国没有根本的利害冲突，也没有什么历史遗留问题，两国都珍视本国的独立自主，奉行和平的外交政策，在许多重大国际问题上有着相同或相近的看法。一九七九年建交以来，两国在政治、经济、文化、卫生和司法等领域的交流与合作均取得积极进展。朱镕基说，国家不论大小，均一律平等。爱尔兰在国际交往中坚持独立自主的外交政策，经济取得迅速发展，受到了国际社会的尊重和赞扬。

朱镕基说，中国对发展中爱经贸关系持积极态度。近几年来，两国经贸合作有了较大的发展，当前中国经济改革正日趋深化，投资环境不断改善，为发展两国的经贸合作提供了新的机遇。我们欢迎有许多爱尔兰企业家陪同总理访华，他们同中国企业家的交流可以增进企业家的相互了解，开拓合作的新途径和新领域。相信在双方的共同努力下，两国的经贸合作一定能再上一个新台阶。

朱镕基说，近年来，中国同欧盟及其成员国的关系发展势头良好，双方领导人之间互访增多，多层次的磋商和对话活跃。（下转第四版）

人大内司委第五次会议听取高法高检工作报告

法院检察机关教育整顿取得实效

李鹏出席会议

新华社北京9月14日电　（记者王雷鸣）九届全国人大内务司法委员会第五次会议今天上午开始在人民大会堂举行。会议听取了最高人民法院和最高人民检察院有关工作报告。

全国人大常委会委员长李鹏出席会议。

从今年2、3月开始，全国法院系统和检察机关根据九届全国人大一次会议上代表对法院和检察院工作的意见和建议，按照中央政法委的统一部署，普遍开展了思想、作风、纪律、组织的集中教育整顿活动。在今天的会上，最高人民法院院长肖扬、最高人民检察院检察长韩杼滨分别汇报了关于开展集中教育整顿，加强队伍建设，促进公正司法工作的情况。

肖扬在汇报中说，最高人民法院从教育整顿开始就明确提出，教育整顿要以消除司法腐败现象，确保司法公正为指导思想，通过教育整顿，最终达到建立一支政治坚定、公正清廉、纪律严明、业务精通、作风优良的高素质的法院队伍的目标，保证审判工作的公正、廉洁、高效。

肖扬表示，在各级党委的领导和各级人大的监督支持下，法院系统的教育整顿已取得明显成效。主要表现在：广大干警普遍受到了一次全心全意为人民服务的宗旨教育，政治思想水平明显提高，据对30个高级法院1至8月统计，地方各级法院清退各种多收费827万元，清理赞助费587万元；整顿、调整了一批领导班子，提高了队伍的战斗力，177个领导班子在清理整顿中被调整；检查、纠正了一批存在问题的案件，各级法院共自查、复查出属于实体性错误的1.5万件，其中已作出改判处理的8000余件；查处了一批违法违纪人员，各级法院共查处违法违纪干警4701人，其中131人被追究刑事责任；推动了审判工作的开展。（下转第三版）

九月十四日，国务院总理朱镕基在人民大会堂东门外广场举行仪式，欢迎爱尔兰总理埃亨访华。　本报记者　孟仁泉摄

人民日报

RENMIN RIBAO

今日12 版（华东、华南地区16版）

网址：http://www.peopledaily.com.cn

国内统一刊号：CN11—0065

第18336期 （代号1—1）

人民日报社出版

1998年9月 22 星期二

戊寅年八月初二

北京地区天气预报

白天 晴间多云 降水概率10% 风向 北转南 风力 二、三级

夜间 晴转多云 降水概率20% 风向 南转北 风力 一、二级

温度 27℃／14℃

产销衔接加强 确保经济增长

江苏开拓国内外市场有良方

本报南京9月21日电 记者龚永泉报道：江苏加大开拓国内外市场的力度，今年前8个月，国有及年销售收入500万元以上的非国有工业企业累计完成工业总产值5467.6亿元，增长11.3%，其中8月份增长12.7%。产销衔接逐步加强，产销率累计为95.1%，其中8月份达到97.1%，比去年同期提高2.2个百分点。

在国内销售中，江苏积极推行现代营销，支持企业发展总经销、总代理、买断经营、商品集中配送，发展连锁销售和电子商务。加快流通业组织结构调整，促进工商、商商联合，积极探索参资、入股、收购等现代资产运作方式，变“产地销”为“销地产”。9月8日，总投资2.8亿元的长春罗兰电器有限公司成立，定牌生产“小天鹅”牌超薄型滚筒洗衣机。至此，江苏小天鹅集团已在宁波、武汉、荆州等六地的企业定牌生产小天鹅电器。

在外贸出口中，努力克服东南亚金融危机带来的不利影响，在稳定亚洲市场的同时，对欧盟、拉美、非洲市场的出口保持了较高增长，重点扩大机电产品出口，机电产品出口占全省出口的比重达35%左右。前8个月全省外贸自营进出口总额168.7亿美元，同比增长14%，其中出口112亿美元，增长10.7%，比全国平均水平高5.2个百分点。

灾后重建是个大市场。据专家预测，灾区重建近期将需要3000亿元投资。江苏提出要急灾区所急，想灾区所想，积极主动参与灾区建设，抓紧生产灾区适销对路的产品，以实际行动支援灾区人民重建家园。提供给灾区的产品必须高质量、低价格，决不允许将假冒伪劣和质次价高产品销往灾区。目前，已有不少部门和企业的负责人前往灾区考察，开拓市场。

杨尚昆同志遗体昨在京火化
中央领导前往医院沉痛送别

江泽民李鹏朱镕基李瑞环胡锦涛李岚清等到301医院送别
胡锦涛等护送杨尚昆同志遗体到八宝山革命公墓火化

上图：江泽民、李鹏、朱镕基、李瑞环、胡锦涛、李岚清等党和国家领导人护送着杨尚昆同志的灵柩走向灵车。 新华社记者 樊如钧摄

右图：上午八时四十分，八名中国人民解放军礼兵抬着杨尚昆同志的灵柩走出三〇一医院告别室。 新华社记者 鞠鹏摄

左图：江泽民同志与杨尚昆同志的亲属握手，表示亲切慰问。 新华社记者 樊如钧摄

新华社北京9月21日电 伟大的无产阶级革命家、政治家、军事家，坚定的马克思主义者，党、国家和人民军队的卓越领导人杨尚昆同志的遗体今天上午在北京火化。江泽民、李鹏、朱镕基、李瑞环、胡锦涛、李岚清等党和国家领导人来到中国人民解放军301医院，沉痛送别杨尚昆同志。

杨尚昆同志的遗体安放在301医院告别室。洁白的花朵、黑色的挽幛，寄托着人们的深深哀思。告别室内悬挂着杨尚昆同志的遗像，黑底白字的横幅上写着“沉痛悼念杨尚昆同志”。杨尚昆同志的遗体静卧在鲜花翠柏丛中，遗体上覆盖着中国共产党党旗。遗体前摆放着杨尚昆同志子女敬献的花圈，花圈的缎带上写着：我们永远爱爸爸。4名中国人民解放军礼兵肃立两旁。

上午8时30分，在低回的哀乐中，江泽民、李鹏、朱镕基、李瑞环、胡锦涛、李岚清、田纪云、迟浩田、曾庆红、万里、乔石、宋平、刘华清、荣毅仁、王忠禹、叶选平等同志，胸佩白花、臂戴黑纱，缓步走进告别室，向投身革命70多个春秋，为中国人民的解放事业，为社会主义革命和建设事业，建树了不可磨灭的历史功勋的杨尚昆同志的遗体三鞠躬，并与杨尚昆同志的亲属一一握手，表示亲切慰问。

8时40分，合着哀乐，8名中国人民解放军礼兵抬着杨尚昆同志的灵柩走出告别室。江泽民等同志护送着走向灵车。8时44分，灵车徐徐开动，江泽民等同志默默肃立，目送灵车离去。

随后，胡锦涛、迟浩田、曾庆红、王忠禹等同志和杨尚昆同志的亲属一起，护送杨尚昆同志的遗体，到八宝山革命公墓火化。

杨尚昆同志是9月14日在北京逝世的，享年92岁。

水利公路港口水电建设项目齐头并进

广西力争基础设施建设后来居上

本报南宁九月二十一日电 记者罗昌爱报道：今年以来，广西壮族自治区不断加大投资力度，目前已落实基础设施投入的资金约在一百六十七亿元以上。上半年，全区完成固定资产投资八十六点九六亿元，增幅比去年同期高五个百分点。

「八五」以来，广西基础设施建设虽然取得了很大成就，但总的来说基础设施整体水平依然不高。一九九一年至一九九七年，全区人均基础设施投资仅相当于全国同期人均水平的百分之四十六点七，为全国倒数第二位。全区每平方公里拥有公路仅及东部和沿海地区的百分之六十五。全区尚有一千多个乡、村未通电话、电和公路，人均发电量仅相当于全国平均水平的百分之五十三。

自治区党委、政府对贯彻落实中央关于加大基础设施建设力度的决策十分重视，早在年初，自治区便出台了加快基础设施建设发展速度的意见，各地、市、各部门积极行动，到六月份，全区在完成固定资产投资中，基础设施建设投资增幅最大，上半年公路建设完成投资增长百分之三十一，邮电通信建设完成投资增长百分之三十四点八，电力建设完成投资增长百分之三十五点三。基础设施建设投资力度的加大，带动了建材、冶金、机械等工业和第三产业的发展。上半年，全区国内生产总值比去年同期增长百分之九点一，外贸进出口增长百分之二十六点二，增幅在全国处领先地位。

下半年，广西把进一步加大基础设施建设，保证全区今年经济增长百分之十和财政收入增长百分之十目标的实现，作为支持全国抗洪救灾的实际行动。自治区最近还将成立加强基础设施建设领导小组，推动这项工作，同时充分调动地方各级政府积极性，抓好配套资金的落实。在自治区政府的统一领导下，以水利、交通、通讯、水电、港口为重点的各项基础设施建设呈现出同步展开、齐头并进的好势头。

「网上卖菜」好光景

侯文学 栗军

山东省高青县为了帮助菜农打开蔬菜销售的“绿色通道”，今年与国家农业信息中心微机联网，随时把农产品的生产情况、产品特点、产销服务做法等信息输送上网。通过网络，吸引了天津、太原、保定、石家庄等全国各地的大批客商前来联系蔬菜运销业务，使外销蔬菜达200多万公斤，农民增加收入10多万元。

菜农一改过去靠拖拉机运送、马拉驴驮的传统做法，在网上卖菜，不出家门就可以把蔬菜销售一空，这是农村一道亮丽的风景，令人欣喜。

建设有中国特色社会主义，必须实现农业现代化。这就需要农村干部增强现代意识，带领广大农民走科技兴农之路，并运用高科技手段，大力开发信息产业。高青县的做法无疑是一种方向，值得各地借鉴。

今日谈

新闻简报

沪十万志愿者参与环境整治

日前，上海市10万志愿者走上街头，整治环境。这一行动旨在响应上海市提出的“从门口做起，使上海清洁起来”的号召，把对道路、社区、河道的专项整治与正在进行的“城市文明与市民素质”的大讨论结合起来，弘扬“服务他人，奉献社会”的志愿者精神。 （郭伟成）

襄樊电厂首台机组并网发电

9月19日3时02分，襄樊火电厂1号30万千瓦火力发电机组一次并网发电成功。这是鄂西地区建成的首台大容量、高参数火力发电机组。襄樊电厂一期工程总装机120万千瓦（4×30万千瓦），总投资64.123亿元人民币，工程于1996年11月29日开工。襄樊火电厂1号机组的并网发电，使鄂西电网的调峰能力大大增强，并将为襄渝电气化铁路的改造和湖北省汉水工业走廊的发展提供强有力的能源支撑。 （唐中平）

宁夏电视卫星频道正式开通

宁夏广播电视卫星频道日前正式开通，这表明，宁夏回族自治区拥有了西北地区最为先进的电视传播手段。宁夏卫视的节目可覆盖全国及亚太地区。 （继鸿）

铁路机车业将减员五万

全国铁路机车车辆工业今后3年将减员分流1/5。隶属于铁道部的中国铁路机车车辆总公司，为进一步适应市场需求和机车车辆发展的趋势，明确提出，到2000年末，全系统从事主业人员不能超过20万，这样加上新增的1.5万名统配人员，3年内至少有5万人下岗需要再就业，约占员工总数的1/5。（据新华社）

厦门乡企产值同比增长两成

厦门市重振乡镇企业雄风，加快农业现代化、产业化和农村城市化建设，有力地拉动农村经济增长。今年1至8月乡镇企业共完成总产值99.2亿元，比去年同期增长21.7%。厦门乡镇企业总产值进入“九五”后已连续3年分别保持63.8%、21.23%和21.21%的较高增速。 （鄞振璞）

妇女盛会在中国
——记我国首次举办规模最大的国际会议

本报记者 傅旭

1995年9月，是一个令人难忘的金秋。中国政府第一次成功地举办了国际性妇女大会——联合国第四次世界妇女大会和'95北京非政府组织妇女论坛。这是联合国历史上、也是我国迄今为止举办的规模最大的国际会议。

来自189个国家的万余位代表、非政府组织的观察员和特邀嘉宾前来出席了会议。他们中有国家元首、政府首脑、内阁成员、议会议员；有联合国高级官员、各国非政府组织的负责人；有第一夫人、公主；也有著名的社会活动家、学者……加之出席非政府组织妇女论坛的2.6万余与会者和前来采访大会的记者，共有4万余客人云集北京。

全国人大常委会副委员长彭珮云，曾担任世妇会中国组委会主席，对这次大会给予高度评价。她说，这次大会开得非常成功。通过举办大会，提高了我国在国际社会的地位和声望，增进了我国人民和世界各国人民，特别是妇女之间的友谊，宣传了我国改革开放、现代化建设和妇女事业的成就，促进了我国妇女事业的进步与发展。

当时担任全国妇联主席的陈慕华是中国代表团团长，今天谈起这次大会仍是感慨万千：“这次大会之所以取得如此令人满意的成果，既得力于党中央的正确领导和全国人民的大力支持，同时也是和各国政府及所有与会者的共同努力分不开的。”

在各国代表的共同努力下，世妇会取得圆满成功，通过了《北京宣言》和《行动纲领》，提出了解决全世界妇女问题的战略目标和实现这些目标应采取的行动。

当这次盛会结束时，大会秘书长蒙盖拉夫人曾说过这样一句意味深长的话：“中国有句古话，‘千里之行，始于足下’。北京，就是我们万里长征的第一步，让我们以行动回答世界对我们的期望吧。”

三年来，中国政府及非政府组织做了大量卓有成效的工作，有力地促进了中国妇女事业的发展。新当选的全国妇联副主席、书记处第一书记顾秀莲向记者介绍了这方面工作的进展情况。

早在1995年7月，我国政府就根据《行动纲领》的框架和我国的具体情况，制定了《中国妇女发展纲要》（1995—2000），提出到本世纪末我国妇女在参政、就业、劳动保护、教育、家庭、脱贫、人身权利等方面要达到的11项目标及实现这些目标须采取的措施，这也是我国政府为落实世妇会后续行动作出的战略部署。同时，我国已初步形成以《宪法》、《妇女权益保障法》为主体，包括其他法律、法规在内的保护妇女权利的法律体系。

我国有关政府职能部门以及各级地方政府都各自制定了相应规划和措施。劳动和社会保障部尽力为妇女创造就业机会，在每年所培训的待业青年中，女青年占50%以上；农业部已将妇女发展作为农业综合开发的重要内容；教育部制定出发展妇女教育的优惠政策。卫生部、国家计生委等单位也都制定并采取了相应措施。

全国妇联为落实世妇会后续行动做了大量的工作。1995年11月提出开展“巾帼系列行动”，即：巾帼扶贫、巾帼创业、巾帼扫盲、巾帼成才、巾帼文明五项行动，并制定了到2000年要完成的具体目标。“巾帼扶贫”已取得突出成绩，1996年至1997年，帮助58万贫困妇女脱贫，有2310万农村妇女接受了实用技术培训，有66万多名较富裕的妇女与贫困妇女结为对子，手拉手扶贫。1996年至1997年，各级妇联还组织培训了100万下岗女工，帮助47万下岗女工再就业，在全国26个大中城市建立了妇女再就业信息指导中心，并有十几个省、市妇联建立了下岗女工培训基地。

各国政府和非政府组织为落实《北京宣言》和《行动纲领》也做了积极努力。今年6月，在北京召开的世妇会后续行动经验交流会上，来自29个国家和地区的政府和非政府组织的200多位代表与会，介绍了经验。许多国家健全了有关妇女的立法，制定了妇女发展规划，建立和完善了提高妇女地位的机构。

我们欣喜地看到，世妇会的主题“以行动谋求平等、发展与和平”，正在由承诺变为现实。

纪念改革开放20年

难忘第一

人民日报

RENMIN RIBAO

今日8版

国内统一连续出版物号 CN 11-0065

第21512期（代号1-1）

人民网 网址:http://www.people.com.cn 手机:http://wap.people.com.cn

人民日报社出版

2007年6月 3 星期日 丁亥年四月十八

北京地区天气预报

白天 多云转阴有雷阵雨 风向 偏南 风力 二、三级

夜间 阴有雷阵雨转多云 风向 南转北 风力 二、三级

温度 29℃/19℃

出现一户 帮扶一户 解决一户

全国现有零就业家庭今年将基本消除

本报沈阳6月2日电 （记者白天亮）对零就业家庭的援助将在全国铺开，力争到今年底基本消除城镇现有零就业家庭，让一个家庭至少有一人就业。这是记者今天从劳动和社会保障部在此间召开的全国促进零就业家庭就业经验交流会上了解到的。

经过多年努力，我国多数就业能力强的下岗失业人员已实现再就业，剩下的主要是用一般性政策措施难以解决的零就业家庭等困难群体。从2004年起，一些地方陆续开展了对零就业家庭的专项援助，目前全国已有18个省区市专门出台了以零就业家庭为援助重点的政策措施。

劳动和社会保障部副部长张小建表示，消除零就业家庭是当前促进就业的一项紧迫任务，各地必须强化责任，有针对性地为零就业家庭开发就业岗位。岗位开发中尤其要发挥政府促进就业的功能，探索政府购买一批、机关事业单位挖掘一批、驻辖区单位吸纳一批、社区服务开发一批、再就业基地创造一批、劳务派遣组织一批等形式，为零就业家庭提供更多岗位。

找到岗位是第一步，更关键的是稳定就业。张小建介绍说，对零就业家庭将有系统的帮扶政策。除提供岗位外，还将采取给予社保补贴和岗位补贴等，对其中的青年给予培训补贴和见习补贴等政策，让就业和社保联动。

考虑到零就业家庭处于动态变化中，消除零就业家庭不可能一劳永逸，必须探索建立动态管理、动态消除的长效机制。张小建说，今后将加大资金投入，进行跟踪服务，做到"出现一户、帮扶一户、解决一户"。此外，部分地区还将创建充分就业社区，从基层做起，促进再就业。

中共中央 全国人大常委会 国务院 全国政协讣告

黄菊同志逝世

黄菊同志是中国共产党的优秀党员，久经考验的忠诚的共产主义战士，党和国家的卓越领导人

新华社北京6月2日电 中共中央 全国人大常委会 国务院 全国政协讣告

中国共产党中央委员会、中华人民共和国全国人民代表大会常务委员会、中华人民共和国国务院、中国人民政治协商会议全国委员会沉痛宣告：中国共产党的优秀党员，久经考验的忠诚的共产主义战士，党和国家的卓越领导人，中共中央政治局常委、国务院副总理黄菊同志，因病医治无效，于2007年6月2日2时03分在北京逝世，享年69岁。

实施"环评"和"能评"一票否决

大连推进企业节能环保搬迁改造

本报大连6月2日电 （记者王金海）今年3月，总投资71.6亿元的东北特钢集团大连基地节能环保搬迁工程正式实施，预计2009年交付使用。由此，大连城区将消除一家耗电大户，每年还可减少烟尘排放1500吨。与此同时，大连化工集团也正在抓紧实施节能环保搬迁项目，预计明年底之前完成。届时，大连市可减少70%的烟尘污染，环境质量得到根本性提升。

近年来，大连市相继制定了节能减排的政策措施，今年进一步推出一整套项目环境影响评价和合理用能评估体系，对城区内能耗高、污染重、效益差的工业企业实行"环评"和"能评"一票否决，坚定实施开发性节能环保搬迁改造。

实施搬迁改造不是简单的"厂址平移"，而是搬迁一家企业，根除一处污染，使一批产业实现节能。有着百年历史的大连水泥厂，今年搬出城区后，新厂采用先进生产工艺和设备，不仅每年可消除1200吨粉尘和900吨二氧化硫排放，耗能也比老厂降低一半以上。大连化工集团实施搬迁改造中，采用节能、环保新工艺技术，不仅能源消耗指标将降低14%，还将在企业内部实现废弃物再生循环、能耗与水资源的综合利用。

大连市市长夏德仁告诉记者，为推进"环评"和"能评"一票否决，大连市确立依靠高新科技走节能环保发展之路，在黄、渤海沿岸废弃的盐田或盐碱滩上规划建设了若干个工业园区，承接搬迁企业产业转移。伴随工业企业迁出，大连抓住国际知识密集型产业转移的有利时机，着力在市区发展以软件和信息外包服务为主体的现代服务业。

截至目前，大连连续5年累计搬迁企业200余家，每年减少工业废水排放2000万吨、工业废气排放50亿立方米。去年，大连市有338天空气质量达到优良，占全年总天数的92.6%。

南宁设立专项资金推动节能降耗

每年从市财政预算中新增六百万元

本报南宁6月2日电 （记者庞革平）从今年开始，南宁市每年从市财政预算中新增600万元，设立工业节能专项资金，通过项目补助、贷款贴息等形式，支持重大示范项目以及新产品、新技术、新工艺的推广应用，推动节能降耗工作。

除设立专项资金外，南宁市政府还制定有关政策，对电解铝、铁合金、电石、烧碱、水泥、钢铁等6个高耗能行业按淘汰类、限制类、允许类和鼓励类区别对待，实行差别电价。今后，在政府采购和财政性资金支持的建设项目中，也将按照节能产品技术目录，优先选用节能产品、节能技术和节能材料。

南宁还从调整工业结构，实施节能技术改造；实施清洁生产，大力发展循环经济；实施重点节能工程，推进节能先进技术应用；抓好重点耗能企业节能，培育节能服务体系等方面入手，全面推进节能降耗工作，确保到"十一五"末，全市规模以上万元工业增加值能耗由2005年的2.75吨标准煤下降到2010年2.2吨标准煤，5年累计降低20%，年均降低4.36%以上。

各地组织农技人员深入田间地头

帮助农民做好夏收工作

本报北京6月2日电 （记者冯华）目前正值夏收关键时期，农业部要求各地农业部门积极开展工作督导，组织技术人员深入田间地头，帮助农民搞好田间管理。

农业部小麦专家指导组的意见指出，小麦主产区要因地制宜做好以"保根、护叶、防早衰、防倒伏、增粒重"为重点的肥水管理工作。没有降雨的地方，浇足浇好灌浆水，减轻高温对小麦灌浆的不利影响，提高籽粒灌浆强度，增加小麦粒重。结合当地小麦生产实际，酌情进行叶面施肥，延长叶片功能期，提高小麦产量和品质。

同时，黄淮海中北部麦区要狠抓蚜虫、白粉病及锈病的监测防治工作，指导农民在防治蚜虫和白粉病等小麦病虫害时，加入磷酸二氢钾、尿素等叶面肥，提高防治病虫、防干热风、防早衰以及增加粒重的效果。西北麦区重点加强小麦条锈病为主的监测和防控工作，做到发现一点控制一片，发现一片控制全田，努力控制病情，坚决遏制条锈病的危害。

目前甘肃、陕西、山西的旱情严重，对小麦生产已造成不利影响。专家组为此提出，要积极动员社会各方面力量，大力开展抗旱救灾工作。合理调配水源，加快灌水进度，对旱情较重的田块优先灌水。黄淮海麦区处于收获前7天左右的，不宜采取灌溉措施；处于收获前10天以上的北部地区，如果土壤干旱，可以适量灌溉，提高粒重。对持久干旱造成冬小麦绝收改种的局部地区，要做好种子、化肥、农膜等生产资料的供应工作，最大限度减少损失。

福建药品监督与供应网络惠及农民

本报福州6月2日电 （记者蔡小伟、余荣华）福建省漳浦县20多个地处边远的小山村，村民们如今不用担心"买不到药、用不好药"了。从今年5月起，每个村都有了便民药柜，由县医药公司负责药品配送，价格便宜，又让人放心。

经过近几年的努力，福建省已基本构建完成"横向到边，纵向到底，上下联动，全省统一"的农村药品监督网络和"规范有序，安全有效，经济方便"的药品供应网络（简称"两网"）。截至目前，全省100%的县、乡镇和95%的建制村建立了农村药品监督网络；全省100%实现了药品配送到乡（镇），实现药品配送到建制村的比例达到了97%，确保了千万农民用药安全。

药监网络的建立，有效解决了农村药械市场违规现象多、不易发现等问题。2006年，福建药监系统共接到社会监督员、协管员、信息员等举报198件，立案165起，捣毁13个无证批发药械点；全省药监网络人员自行开展药品市场监管4.3万人次，检查药品经营使用单位5.4万家次，查处过期失效药械8000多种。

福建省食品药品监督管理局日前提出，今年将"两网"建设融入到"新农合"试点工作中；与整治农村药品市场秩序相结合，把整顿和规范农村药品的购进渠道作为"两网"建设的重点；结合"万村千乡市场工程"，加强对承办药品企业的指导，严格验收规范，鼓励承办的药品企业建立符合标准的药品"农家店"。

安徽百万农机投入夏收

本报合肥6月2日电 （记者刘杰）连日来，大型联合收割机开进安徽颍上县垂岗乡金黄色麦田，投入紧张的夏粮收割。目前，安徽省各地3200多万亩小麦全面进入收获期，全省组织6.5万台联合收割机和150多万台拖拉机投入麦收，预计机收率将达94%。为促进夏收，安徽省首次向农机手免费发放跨区作业证，并为农机加油开辟绿色通道，机手凭作业证办理加油卡还可免收工本费。

今年安徽省小麦种植面积达3200万亩，较去年增加300万亩。为确保及时抢收，安徽省在全省小麦主产区设立了212个跨区作业接待站，为机手提供作业信息、天气预报、交通指南等服务。同时利用网络平台，搜集发布跨区作业动态信息，截至目前，已经向1万多名机手发送了12条作业信息。安徽省农机部门还组织培训新机手4300多人，帮助检修跨区作业机械2.7万台，同时监督落实农机具"三包"和售后服务措施，确保机械在使用高峰享受到快捷、优质的服务。

铁骨耀警徽 柔情映真爱

——记缉毒英雄罗金勇和他的妻子罗映珍（上）

本报记者 陈娟

"现在，让你握手或松手，你都会表示一下；让你把眼睛闭上，你也会吃力地闭眼。尽管你还控制不了动作，但对我来说，这是多么让人振奋的信号！只要你坚持住，我相信会一点点恢复过来的，让我们夫妻得以相拥，会有那么一天的！"

……

满满的15册书信，密密麻麻10多万字，是罗映珍每天忙碌后写下的。她的丈夫罗金勇，是云南临沧市永德县公安局民警，与毒贩搏斗受伤后，至今昏迷不醒，医学结论为"植物人"。

丈夫留给妻子的最后一句话，竟是那句颤抖的"800多克"

"800多克，800多克……"

这是罗金勇在检查毒贩手中的塑料袋时，凭经验做出的判断，也是他在昏迷前说的最后一句话。

2005年10月1日，国庆节。正在休假的罗金勇和妻子罗映珍一起，搭乘农用车到永德县小勐统镇湾甸村看望岳父母。

途中，有3名年轻男子上了车。司机问他们去什么地方，回答是去大田坝，准备在橄榄坡下车。一听这话，对当地十分熟悉的罗映珍说道："不对呀，橄榄坡离大田坝还有好长一段路呢，咋会在橄榄坡下车呢？"

妻子的疑问，引起了罗金勇的警觉。途中，农用车出了点故障，停在路边准备修理。那3名男子下了车，拿起东西要离开。司机觉得奇怪，对他们说："还没到橄榄坡呢，忙着拿东西干什么？"

还没到目的地就要走，这一反常的举动，更加引起罗金勇的怀疑。他迅速走上前，出示了警察证，对3名可疑人员进行盘查。司机看对方人多，就用手碰了罗金勇一下，想暗示他"算了"。但罗金勇还是打开了对方的提包，并在包内发现了海洛因。

看到罪行败露，3名男子企图逃脱，罗金勇冲上去阻拦。穷凶极恶的毒贩抓起地上的木桩和石块，狠狠地砸向赤手空拳的罗金勇。一根20厘米长、直径5厘米的枕木，被毒贩用来击打罗金勇的头部，竟然裂成了3截……

等上完厕所的罗映珍回来，罗金勇已经倒在血泊中，不省人事。

闻讯赶来的村民，当场抓获一名毒贩，缴获海洛因1150克，另2人逃离现场。村里的医生赶到现场，看见满身是血的罗金勇时，手抖得厉害，根本无法打针。在计生所工作的罗映珍，忍着巨大的痛苦，流着泪，亲自为重伤的丈夫打针、处理伤口。

在村民们的帮助下，罗金勇被送往60公里外的永德县医院抢救。山路颠簸，满手是血的罗映珍，抱着丈夫的脑袋，不停呼唤着他的名字。半路，遇到公安局禁毒队的同事，罗金勇用仅存的力气，挤出几个字："800多克，800多克……"便又昏迷过去。

接到报案后，永德县迅速成立专案组，第一批紧急增援的民警当天下午就到达现场，对案发地附近区域进行了全面搜索。与此同时，临沧市公安局迅速查出了2名在逃嫌犯的详细资料，印发大量的协查通报，全力组织对两名在逃毒贩的追捕。一张缉捕毒贩的恢恢法网，在滇西边陲全面铺开。10月9日，逃亡8个昼夜的犯罪嫌疑人艾某被成功抓获。目前，抓捕在逃嫌犯杨某的工作仍在继续。

入院的第二天，罗金勇依然处于重度昏迷中。经过省市医疗专家会诊，罗金勇被确诊为重型颅脑外伤，需要手术治疗。此后，罗金勇共接受了4次手术，虽然脱离了生命危险，却再没能醒来，成了一个"植物人"。

一起回家探亲的丈夫，留给妻子的最后一句话，竟然是那句颤抖着的"800多克，800多克……"

"等你好了，明年中秋，我们一起回家去看月亮"

如今，距离罗金勇昏迷，已经1年零8个月了。600多个日子里，罗映珍守护在丈夫身旁，精心照料，不离不弃。

（下转第四版）

河北"新农合"基本实现全覆盖

本报石家庄6月2日电 （记者王明浩）拿着报销的800多元医疗费，河北省康保县哈口必嘎乡邢家沟村村民张喜眉眼里都是笑。随着新型农村合作医疗制度的推进，越来越多的河北农民在看病时都可以享受跟张喜一样的待遇。

从2003年8月起，河北在3个县正式启动"新农合"试点工作。农民每人每年交上10元钱，看病时可按比例报销医疗费用。到2006年，试点县（市、区）达36个，参合农民1170万人。453.7万人次参合农民得到医疗补偿，总金额4.24亿元。83%的试点县（市、区）还将慢性病大额门诊纳入补偿范围。

2007年，河北"新农合"由试点向面上推开，基本实现全覆盖。全省139个县（市、区）实施新型农村合作医疗，占全省县（市、区）总数的80.81%，共覆盖1890个乡镇、47608个行政村、农业人口5194万人，参合农民达4176万人，参合率80%。经测算，全省全年"新农合"筹资总额约21亿。今年1—4月，全省139个县（市、区）的参合农民共301万人次得到医疗补偿，总金额3.34亿元，其中住院补偿费用2.9亿元，门诊补偿费用3924万元，缓解了农民的看病就医难问题。

张高丽当选中共天津市委书记

新华社天津6月2日电 中共天津市第九届委员会第一次全体会议6月2日选举张高丽为市委书记，戴相龙、邢元敏为市委副书记，当选为市委常委的还有黄兴国、王小京、肖怀远、臧献甫、杨栋梁、敬襄军、史莲喜（女）、陈超英、苟利军、段春华。中共天津市纪委第一次全会选举臧献甫为市纪委书记，韩启祥、孙文魁、闫楚、李伟为市纪委副书记。

潘基文赞扬中国在达尔富尔问题上发挥有益作用

本报联合国6月1日电 （记者何洪泽、席来旺）联合国秘书长潘基文今天高度赞扬中国在苏丹达尔富尔问题上所发挥的有益作用，并认为不应将达尔富尔问题与北京奥运会挂钩。

潘基文今天在纽约联合国总部回答记者提问时说："中国政府在解决达尔富尔问题上一直在尽自己的最大努力，对此我表示理解和欣赏。"他还说，中国政府最近任命了一位特使来处理达尔富尔问题，中国国家主席胡锦涛2月份访问了苏丹，并派遣高级官员与苏丹政府进行商谈，"我感谢中国政府发挥的作用"。

针对一些人将达尔富尔问题与北京奥运会挂钩的企图，潘基文说，"我认为这是互不相干的两个问题。"

●国际传真

今日导读

人民日報

RENMIN RIBAO

今日16版

人民网 网址：http://www. people. com. cn
手机：http://wap. people. com. cn

国内统一连续出版物号 CN 11-0065
第21515期（代号1-1）
人民日报社出版

2007年6月
6
星期三
丁亥年四月廿一

北京地区天气预报
白天 晴间多云
风向 北转南
风力 二、三级
夜间 晴间多云
风向 南转北
风力 一、二级
温度 36℃/22℃

环境保护与经济增长同步

——浙江生态省建设纪实

本报记者 袁亚平

坐船穿行在德清县下渚湖，一望无际的芦苇荡，绿摇春风，光泛晴天，群鸟掠空，野鸭戏水。这里是浙江首个省级湿地公园，也是长江三角洲生态系统多样性高、原生状态保持最完整的天然湿地之一。

为了让浙江的山更绿、水更清、生态环境更好，2003年1月，经国家环保总局批准，浙江成为全国第五个生态省建设试点省份。中国环境监测总站编制的2005年度《全国生态环境状况评价报告》显示，浙江省的生态环境状况指数为87.1，列全国第一位。

让居民成为生态环境的享用者

温州生态园被称为"温州绿心"，是浙江生态省建设12大重点工程之一，由三垟湿地和大罗山地区组成，总面积130平方公里，核心区域13平方公里。

在编制生态园总体规划的时候，温州市委、市政府明确提出，充分尊重原有生态环境，以免因开发建设而破坏原生态系统；以人为本，既让当地居民作为湿地第一保护人，更让他们成为生态园的第一批受益人。今年1月，国内首部生态园保护管理地方法规《浙江省温州生态园保护管理条例》正式实施。生态园区域内的水体、自然景物、人文景观，均按规划严格保护。一个集生态教育、旅游度假和绿色人居为一体的大型综合生态园展现在世人面前。

在安吉县孝丰镇统溪村，村民董大妈家厨房后一块2平方米的小池吸引了记者的注意：池面上绿油油的兰花鲜嫩欲滴，池下一头排放全家的生活污水，另一头正流出涓涓清水，令人啧啧称奇。

统溪村家家都有这样一个"无动力湿地污水处理池"。随行的环保专家介绍，建无动力湿地污水处理池十分简单，只需挖一个小土坑，铺上大小两层鹅卵石和泥沙，再种上植被就完成了。鹅卵石表面上长出的微生物可以吸附污水中的污染物，而植物的根则可吸收鹅卵石的微生物。这样既可处理家用污水，又为院落增添一个绿色景观。在安吉县，全县共有12个乡镇获全国环境优美乡镇，占乡镇总数的80%。

安吉县是浙江省一个绿色的凝聚点。如今，浙江生态省建设已进入全面推进阶段。以循环经济为核心的生态经济体系、可持续利用的自然资源保障体系、山川秀美的生态环境体系、人与自然和谐的人口生态体系、科学高效的能力支持保障体系等五大体系正在形成和建设中。（下转第六版）

黄菊同志遗体在京火化

胡锦涛江泽民吴邦国温家宝贾庆林曾庆红吴官正李长春罗干等到八宝山革命公墓送别

黄菊同志病重期间和逝世后，胡锦涛江泽民吴邦国温家宝贾庆林曾庆红吴官正李长春罗干等，前往医院看望或通过各种形式对黄菊同志逝世表示沉痛哀悼并向其亲属表示深切慰问

曾庆红等到医院护送遗体前往八宝山火化

6月5日，黄菊同志遗体在北京八宝山革命公墓火化。胡锦涛、江泽民、吴邦国、温家宝、贾庆林、曾庆红、吴官正、李长春、罗干等前往八宝山最后送别。这是胡锦涛同黄菊亲属握手，表示深切慰问。 新华社记者 饶爱民摄

6月5日，黄菊同志遗体在北京八宝山革命公墓火化。胡锦涛、江泽民、吴邦国、温家宝、贾庆林、曾庆红、吴官正、李长春、罗干等前往八宝山最后送别。这是江泽民同黄菊亲属握手，表示深切慰问。 新华社记者 饶爱民摄

新华社北京6月5日电 中国共产党的优秀党员，久经考验的忠诚的共产主义战士，党和国家的卓越领导人，中国共产党第十六届中央委员会政治局常委，国务院副总理黄菊同志的遗体，5日在北京八宝山革命公墓火化。

黄菊同志因病医治无效，于2007年6月2日在北京逝世，享年69岁。

黄菊同志病重期间和逝世后，胡锦涛、江泽民、吴邦国、温家宝、贾庆林、曾庆红、吴官正、李长春、罗干等，前往医院看望或通过各种形式对黄菊同志逝世表示沉痛哀悼并向其亲属表示深切慰问。

5日上午7时45分，曾庆红、王刚、华建敏来到北京医院，陪同黄菊同志亲属，护送黄菊同志的遗体到八宝山革命公墓火化。

今天的八宝山革命公墓礼堂庄严肃穆，哀乐低回。正厅上方悬挂着黑底白字的横幅"沉痛悼念黄菊同志"，横幅下方是黄菊同志的遗像。黄菊同志的遗体安卧在鲜花翠柏丛中，身上覆盖着鲜红的中国共产党党旗。

上午9时许，胡锦涛、江泽民、吴邦国、温家宝、贾庆林、曾庆红、吴官正、李长春、罗干在哀乐声中缓步来到黄菊同志遗体前肃立默哀，向黄菊同志遗体三鞠躬，作最后送别，并与黄菊同志夫人余慧文等亲属一一握手，表示慰问。到八宝山送别的领导同志还有：王兆国、回良玉、刘淇、刘云山、吴仪、周永康、贺国强、郭伯雄、曹刚川、曾培炎、王刚、朱镕基、李瑞环、尉健行、李岚清、徐才厚、何勇、李铁映、司马义·艾买提、何鲁丽、许嘉璐、顾秀莲、热地、乌云其木格、韩启德、唐家璇、华建敏、陈至立、贾春旺、王忠禹、廖晖、刘延东、白立忱、张克辉、郝建秀、陈奎元、阿不来提·阿不都热西提、徐匡迪、李兆焯、黄孟复、张怀西、张梅颖、张榕明和杨白冰、丁关根、田纪云、迟浩田、张万年、王汉斌、邹家华、王光英、布赫、彭珮云、曹志、韩杼滨、任建新、宋健、孙孚凌、万国权、陈锦华，中央军委委员梁光烈、李继耐、廖锡龙、陈炳德、乔清晨、靖志远，以及傅全有、于永波、王克、王瑞林等。

中共中央办公厅、全国人大常委会办公厅、国务院办公厅、全国政协办公厅、中央军委办公厅、中央和国家机关有关部门、上海市、浙江省的负责同志，以及黄菊同志的生前友好和家乡的代表也前往送别。

黄菊同志病重期间和逝世后，前往医院看望或以各种形式向其亲属表示慰问的还有：王乐泉、张立昌、张德江、俞正声、李鹏、万里、乔石、宋平、刘华清、丁石孙、成思危、蒋正华、盛华仁、路甬祥、肖扬、阿沛·阿旺晋美、帕巴拉·格列朗杰、李贵鲜、张思卿、丁光训、马万祺、罗豪才、周铁农、李蒙、蒋建华和李德生、肖克、张劲夫、黄华、彭冲、王芳、谷牧、吕正操、郑天翔、刘复之、姜春云、钱其琛、张震、倪志福、陈慕华、孙起孟、雷洁琼、李锡铭、王丙乾、铁木尔·达瓦买提、吴阶平、周光召、吴学谦、钱学森、董寅初、叶选平、杨汝岱、钱伟长、钱正英、朱光亚、胡启立、赵南起、毛致用、经叔平、王文元、邓力群、张廷发、韩光，香港特别行政区行政长官曾荫权、澳门特别行政区行政长官何厚铧等。

黄菊同志原籍浙江省嘉善县，1938年9月28日出生于上海市。1966年加入中国共产党。曾先后任上海人造板机器厂技术员、上海中华冶金厂副厂长、上海市石油化工通用机械制造公司副经理等职。1982年4月任上海市第一机电工业局副局长。1983年后先后任中共上海市委常委兼市工业工作党委书记、市委常委兼市委秘书长、市委副书记、常务副市长等职。1991年4月任上海市市长。1994年9月至2002年10月任中共上海市委书记。1994年9月，在党的十四届四中全会上增选为中央政治局委员。2002年11月，在党的十六届一中全会上，黄菊同志当选为中央政治局常委。2003年3月，在十届全国人大一次会议上，黄菊同志被任命为国务院副总理。

黄菊同志是中国共产党第十三届中央候补委员，第十四届、十五届、十六届中央委员，第十四届四中全会增选为中央政治局委员，第十五届、十六届中央政治局委员，第十六届中央政治局常委。作为以胡锦涛同志为总书记的党中央领导集体的重要成员，他高举邓小平理论和"三个代表"重要思想伟大旗帜，深入贯彻落实科学发展观，求真务实，真抓实干，为党和国家事业的发展殚精竭虑，贡献了自己的全部智慧和力量。

大森数控：自主创新求发展

本报记者 王金海

让数控技术产品化，是大连大森数控公司致力于技术研发的目标。据统计，该公司已累计为国内外机床厂家提供了3万套数控系统。数控系统是装备制造业的"大脑"，而芯片源代码则是这个"大脑"中的核心。为追踪国际先进技术，大森公司把开发基地建在日本和德国，通过海外设计和开发，再由自己集成，形成具有自主知识产权的数控技术源代码。

卧薪尝胆 攻克难关

1992年，大连电机厂高级工程师杨玉洪辞职创办了大连大森公司。公司接的第一笔订单是为沈阳机床厂开发数控系统的一个零部件——驱动器。通过攻关，产品很快开发出来了，经联机实验，功能达到当时国际同类产品的先进水平。投产后，在一年多时间里，销售了1000余台，公司赚了300多万元。

首个技术研发的订单赢得丰厚收益，鼓舞着杨玉洪开始全面涉足数控领域。可大森开发的驱动器由于没有申报专利，辛辛苦苦取得的成果，变成了别人的"盘中餐"。

这时，大森公司与沈阳机床厂签订了831数控系统研发合同，并在日本聘请一批专家成立了大森第一个海外研发中心，挣的第一笔钱统统投进去了，却没钱购置原材料。为大森公司提供电路板的日本厂家把杨玉洪"控制"起来，不付清货款不能离开宾馆。

经过一番磨难，大森数控在当地政府的支持下走出了困境。截至2006年12月29日，大森数控当年第5582台数控系统下线，这也是该公司累计下线的第30000台数控系统。这标志着大森数控已经成为全国最大的中高档数控系统生产基地。

不求所有 但求所用

大森数控有一套独特的人才理念：只求人才为我所用，不求人才为我所有。大森数控坚持一个原则：让利开发成本，决不让利知识产权。

大森数控平均每年研发成功一项新产品，近5年来年产值每年以30%的幅度递增，然而公司固定的人员基本保持在100多人，并且不设销售公司和销售人员，公司所有的订单全是450多家客户主动找上门来的。（下转第六版）

·建设创新型国家·

《农民专业合作社登记管理条例》公布

新华社北京6月5日电 国务院总理温家宝日前签署第498号国务院令，公布《农民专业合作社登记管理条例》。新华社5日受权发布了这一条例。

条例共6章33条，包括总则、登记事项、设立登记、变更登记和注销登记、法律责任、附则等。

公布施行这一条例，旨在确认农民专业合作社的法人资格，规范农民专业合作社登记行为。

条例自2007年7月1日起施行。

农民专业合作社是在家庭承包经营基础上，同类农产品的生产经营者或者同类农业生产经营服务的提供者、利用者，自愿联合、民主管理的互助性经济组织。

联合国副秘书长称赞中国应对气候变化新举措

据新华社北京6月5日电 联合国副秘书长、环境规划署执行主任阿希姆·施泰纳4日对中国要采取更多措施以应对气候变化的做法表示欢迎，并呼吁发达国家帮助发展中国家投资开发减少温室气体排放的先进技术。

作为履行《联合国气候变化框架公约》的一项重要义务，中国政府制定了《中国应对气候变化国家方案》，并于4日在北京正式发布。该方案明确了到2010年中国应对气候变化的具体目标、基本原则、重点领域及其政策措施。这是中国第一部应对气候变化的政策性文件。

据当地媒体4日报道，正在挪威北方城市特罗姆瑟参加气候变化问题会议的施泰纳，在谈到中国的上述方案时对记者说："我非常欢迎这一举措。"

●国际传真

巴巴多斯总理欧文·阿瑟

今起对我国进行正式访问

阿瑟总理

应国务院总理温家宝的邀请，巴巴多斯总理欧文·阿瑟将于6月6日至10日对中国进行正式访问。

阿瑟1949年生于巴巴多斯，1973年毕业于西印度大学牙买加分校，获经济学硕士学位。毕业后，他曾先后在牙买加国家计划局和牙买加铝土研究院工作。

1981年，阿瑟返回巴巴多斯，1983年当选参议员，1985年当选众议员。1985年至1986年，他出任财政部议会秘书。1993年7月，他当选巴巴多斯工党领袖，1994年9月出任总理。1999年和2003年，他又两次连任总理。

阿瑟曾于2000年访华。

阿瑟已婚，有一女。（新华社电）

人物介绍

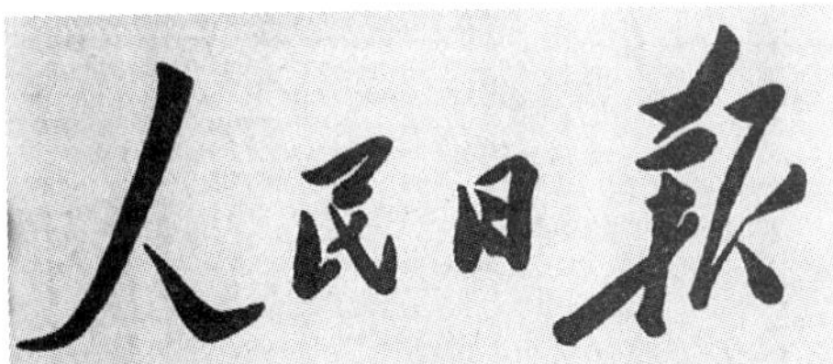

RENMIN RIBAO　第16280期（代号1－1）

1993年2月 4 星期四 癸酉年正月十三

北京地区天气预报 白天 晴 风向 北转南 风力 二、三级 夜间 晴 风向 南转北 风力 一、二级 温度 0C／12C

人民日报社出版

借市场经济东风　开足马力发展

去年国产汽车突破百万辆

比上一年净增37万辆　为国家创收250亿元

本报北京2月3日讯 记者**林钢**报道：全球汽车业一片愁云，而1992年的中国汽车工业，却凭借市场经济的浩荡东风，开足马力发展。国产汽车首次突破百万辆大关，总产量达到108万辆，与上一年的71万辆相比，净增37万辆，增幅为52%。

"八五"规划汽车生产90万辆的指标，在第2个年头就提前超额完成。

轿车增势最猛。随着"富康"轿车投产，国家定点的"三大三小"轿车基地均已出车。去年轿车产量达16万辆，比上一年的8万辆，翻了一番。轻型车市场扭转了前两年的颓势，恢复了往日的活力。中型车继续平稳发展，重型车的畅销，尤其是自卸汽车成为市场最抢手的商品，反映了基本建设欣欣向荣。

汽车行业领导部门分析说，社会对汽车的炽热需求远未得到满足，汽车企业生产能力也尚未充分发挥。去年销售汽车也逾百万辆，产销率在95%以上，产销比例处在最佳状态。年末全国汽车库存仅4万辆，低于合理的库存量。

去年汽车行业经济效益逐季好转。据3季度末的统计，与上一年同期比，全员劳动生产率（净值）提高74.4%，资金利税率增加2.7个百分点，成本利润率增加0.2个百分点，综合经济效益指数增加21.3个百分点。

汽车工业去年实现利税80亿元，为历史最高水平。据有关方面提供的资料，因为现在购买轿车和载重车，要征收购置费、特别消费税、横向配套基金费等"价外附加税费"，若把这几项加起来，汽车工业去年上交国库的金额，当在250亿元以上。

社论

坚持和健全民主集中制

民主集中制是我们党的一项根本制度。我们党是根据自己的纲领和章程、按照民主集中制原则组织起来的统一整体。当前，必须结合新的历史时期的特点，重申坚持和健全民主集中制的必要性和重要性。江泽民同志在党的十四大报告中指出："现代化建设和改革开放是极其宏伟艰巨的事业，只有实行民主基础上的集中和集中指导下的民主相结合，才能充分发挥各级党组织和广大党员的积极性创造性，集中全党智慧，保证党的决策的正确和有效实施，增强党的纪律和战斗力，使我们的事业顺利前进。"十四大修改并通过的党章，也突出地强调了坚持和健全民主集中制。这充分反映了全党同志的共识。

民主集中制既是党的根本组织原则，也是群众路线在党的生活中的运用。坚持和健全民主集中制，才能真正调动起各级党组织和广大党员的积极性和创造精神，有效地保证全党上下一致，使党的决定得以顺利贯彻。我们的党是执政党，党在任何时候都应坚持把群众利益放在第一位，同群众同甘共苦，保持最密切的联系。我们的各级党组织应当珍惜和正确行使人民赋予的权力，充分发扬民主，疏通和开拓民主渠道，使党员的意见、建议、批评能够及时准确地反映上来。事关大政方针、重要决策，须经集体讨论，有的不仅要征求党内意见，还要征求党外群众意见，与各界人士商量，集思广益，以保证党的决定的正确性科学性。一旦作出了决定，就必须切实贯彻执行。个人有不同意见，允许保留，但必须服从和执行集体的决定。

现在有些地方，既有不利于民主、也有不利于集中的问题。所谓不利于集中，就是有令不行，有禁不止，政出多门，对中央的方针政策贯彻不力，办事议而不决；所谓不利于民主，既表现在对重大问题的决策上，集体讨论不够，听取基层和群众意见、听取专家意见不够，甚至个人说了算，又表现在贯彻上级方针政策时，忽视从实际出发、创造性地工作的自主性，甚至束缚下面的手脚。我们强调的集中，应当建立在民主、科学决策的基础上，充分发挥、保护下级组织和基层广大党员因地制宜、开拓进取的积极性；我们强调的民主，要以坚持邓小平同志建设有中国特色社会主义的理论和党的"一个中心、两个基本点"的基本路线为前提，不能违背中央的大政方针，不能搞"上有政策，下有对策"，或者是"各持一把号，各吹各的调"。

坚持和健全民主集中制，是关系党的根本利益、关系社会主义事业全局的大事。回顾党的历史，什么时候民主集中制加强了，团结增强了，党的事业就欣欣向荣；什么时候民主集中制被削弱被破坏了，党的事业就遭受挫折。在新的历史条件下，我们要把坚持和健全民主集中制作为党的建设的一项重要任务，认真抓好。各级党委要坚持和健全集体领导制度，要保持党内民主生活的正常化，要坚持党的纪律，坚持党员个人服从党的组织、少数服从多数、下级组织服从上级组织、全党各个组织和全体党员服从党的全国代表大会和中央委员会的组织原则。要教育党员认识改革越深入，开放越扩展，经济越搞活，越应当加强纪律性。要在党内努力造成又有集中又有民主，又有纪律又有自由，又有统一意志又有个人心情舒畅的生动活泼的政治局面。这样，我们的党就兴旺，我们的社会主义事业就兴旺。

认真并善于贯彻民主集中制，是对党的领导干部特别是主要领导干部的基本要求，也是对领导干部实施考核的主要内容之一。我们希望各级党员领导干部，都要牢记全心全意为人民服务的宗旨，以大局为重，以事业为重，不计较个人的利害得失；都要增强党性和纪律观念，自觉地维护党中央的权威，维护党规党纪。各级党组织和党的纪律检查机关都要维护党的民主集中制，经常督促检查民主集中制的执行情况。

党的十四大为我们制订了通往21世纪的伟大纲领。我们党面临的任务十分光荣而艰巨。保持全党的团结和统一，是聚精会神进行经济建设、坚持党的基本路线一百年不动摇、完成十四大确定的各项任务的基本前提。历史的经验证明，正确的政治路线是全党团结统一的基础，全党的团结和统一又是贯彻执行党的政治路线的保证。而要做到团结统一，必须坚持和健全民主集中制。全党上下紧密团结在以江泽民同志为核心的党中央周围，我们就一定能完成好十四大赋予的各项任务，把建设有中国特色的社会主义伟大事业胜利推向前进。

认真执行党的民主集中制

杭州市委步调一致抓经济　安顺地委保证决策科学化

本报杭州2月3日电 记者**高海浩**报道：面对改革开放的新形势，中共杭州市委注重坚持民主集中制的优良传统，大力创造步调一致、同心同德抓经济的新气象。

1992年，杭州市国民经济高速高效发展，对外开放取得重大突破。

坚持市委班子的团结统一与民主科学决策相结合，是杭州市委在新时期坚持党的民主集中制原则的显著特色。凡遇重大问题和重大决策，市委主要领导常常先与常委们个别通气商量，再由书记办公会议讨论，最后由常委会作出决定，在市委一班人中形成团结和谐的气氛。市委常委和人大、政协领导分别与分管副市长"结对子"，联系基层，一起配合抓落实。去年初，为了贯彻邓小平同志视察南方重要谈话精神，市委制定加快杭州经济社会发展的新战略，市委主要领导深入调查研究，多次与人大、政协、民主党派人士、专家、企业家和各县市区领导座谈讨论，征求意见，全市各级党委合力抓经济蔚然成风。

本报贵阳2月3日电 记者**胡跃平**报道：贵州省安顺地委坚持贯彻民主集中制的基本原则，保证了党的基本路线得到顺利的贯彻执行，努力使各项重大决策实现民主化和科学化。1990年，地委书记张世德提出要在发展粮食生产的同时，加大烤烟种植面积和大搞非耕地资源开发的思路，地委领导先带领有关人员多方征求意见，回来后又反复讨论，并组织一些同志先办试点，在班子内部统一了认识，集体讨论并通过了地委领导提出的"一粮二烟三开发"的总体规划，大家同心协力投入到这项规划的推广实施中，在全区取得了突出的经济效益。

这几年，由于坚持了民主集中制，安顺地委在形成一系列重大决策中做到了民主化和科学化，使这些决策在实施中行之有效。他们在全省首创了村级经济管理委员会，使农民在市场经济指导下从事开发性生产和建立综合配套服务体系方面取得了显著进展，全省今年将推广这一经验。

中科院特批——

一百三十位青年科技人员晋升高级职称

新华社北京二月三日电 中国科学院一百三十位青年科技人员近日经特批晋升高级职称，其中晋升研究员、（教授）的九人，副研究员、（副教授）一百二十一人，是中科院历年来特批晋升高级职称最多的一次。

据《中国科学报》报道，中科院自一九八七年对青年科技人员晋升高级职称实行特批制度，至今已进行了六年。这次特批晋升的人员平均年龄约三十岁，其中晋升研究员、（教授）的平均年龄为三十六岁，年龄最小的三十一岁，晋升副研究员、副教授的平均年龄为二十九岁，年龄最小的二十六岁。

在这次特批晋升的一百三十人中，具有博士学位的八十九人，占百分之六十以上，具有硕士学位的二十八人，占百分之二十二。特批的九位研究员、（教授）全部具有博士学位，其中七人是在国内培养获得博士学位的。他们在各自研究领域或在开发工作中都做出了突出成绩，有的研究工作已达到国际领先水平。目前，这一百三十人中有四十五人担任课题组长以上职务，更多的人承担着"八五"攻关课题、重大基金课题、开发课题或是参加这些课题的骨干。

国家加强基础性研究工作

"八五"后三年国家自然科学基金经费每年增拨7000万元

本报北京2月2日讯 记者**谢联辉**报道：经国务院批准，"八五"期间国家财政安排自然科学基金进一步增加到15亿元，达到"七五"期间5.8亿元的2.59倍。

国家自然科学基金委员会新闻发言人今日宣布，国家为加强对基础性研究工作的支持，在国家财政还不富裕的情况下，国务院最近决定1993年、1994年、1995年三年的国家自然科学基金的经费，在原来的基础上每年增拨7000万元。

图为云南元阳县藤条江电站第一代彝族女电气工人在主控室值班。

张克宽　可云超摄

农民对今年粮食定购提出希望

编辑同志：

近日笔者到农村调查时了解到，农民们对今年粮食合同定购提出了一些希望。

——粮食定购合同签订宜早不宜迟，以使农民搞好计划种植。

——定购基数要适中，可按各地粮食商品率确定，也可按常年产、购、留的情况来确定。

——粮食合同定购量，秋夏粮要兼顾，并明确上交时间。

——定购价格要参照市场价，照顾农民利益，以保护种粮积极性。

——定购应明确交粮付款，不以粮换物或打白条。

——让农民根据市场需求安排作物品种。

甘肃迭部县读者　**汪志**

读者来信

中共中央讣告

谭绍文同志逝世

新华社北京2月3日电 中国共产党中央委员会讣告

中国共产党中央委员会沉痛宣告：中共中央政治局委员、中共天津市委书记谭绍文同志，因病医治无效，于1993年2月3日下午7时在天津逝世，终年63岁。

现场短新闻

正月里抢信息

袁亚平　蒋章元

农历正月初五（1月27日）上午，从全国各地返乡——浙江乐清过年的社会推销员，一起涌进新建的商市电器城，涌进"乐清首届新产品新技术展销会"。以股份制企业、私营企业为主的120余家厂，正在这里展示1000余种新产品。

一位姓金的推销员，双手提着黑色密码箱、白色塑料袋、蓝色蛇皮袋，在每个展台前抢产品说明书。

"不要抢了！不要抢了！"一位厂家的代表高站展台上，双手高擎墨绿色的产品说明书。展台外挤成一团，50多双手争相挥扬，有人高跳起来，争抢产品说明书。

一位戴皮帽的老推销员侧身挤进展台，硬是抢到一份。记者追上去问，他姓郑，57岁，以前是种田的。他随着乐清低压电器市场的形成，开始走进完全陌生的市场经济。他一个人到山东等地跑推销，成了乐清"十万推销大军"的一员。但终归年纪大了，他现在让年轻的女婿在广州做生意，自己专门在家发货，"我这两年都在推销常安电器，10A、20A、40A，一年1万多台。今天这里有新的产品说明书，我一定要抢份看看。"

抹着汗，喘着气，常安电器厂陈副厂长对记者说："我刚才站在展台上，人都给挤歪了。上午不到半小时，3000本说明书全光了。我们厂的产品80%是靠这些社会推销员推销的。"

现场短新闻

阮崇武当选海南省省长　杜青林当选海南省人大主任

本报海口2月3日电 记者**鲍洪俊**报道：海南省一届人大会议今天选举阮崇武同志为省长，汪啸风、陈苏厚、毛志君、王学萍、刘名启同志为副省长；同时，杜青林当选人大常委会主任，潘琼雄、韦泽芳、杨文贵、王信田、吴葵光当选副主任。

中国对柬埔寨局势深为关注

希望联柬机构采取切实措施防止事态扩大

本报北京2月3日讯 外交部发言人今天对柬埔寨局势表示"深为关注"。有记者问发言人对柬埔寨金边部队向红色高棉发动进攻有何评论。发言人说："我们对事态的发展深为关注。我们不赞成任何违背巴黎协定的行动，希望联柬机构采取切实措施制止事态扩大。"

美欧贸易摩擦升级

欧共体严厉谴责美国贸易保护主义行为

据新华社布鲁塞尔2月2日电（记者**孙维佳**）欧共体12国2日在此间就美国在钢铁贸易和政府采购合同方面连续对欧共体采取限制和制裁措施一事发表一项联合声明，严厉谴责美国的贸易保护主义行为，并声称保留采取必要的报复行动的权力。

声明指出，美国政府继1月27日宣布对来自包括欧共体在内的19个国家的进口钢材征收高达109%的反倾销税之后，又于2月1日宣布将禁止美联邦政府在公共采购合同中接受欧共体的产品和服务。对此，欧共体表示"严重忧虑"，并予以"强烈谴责"。

美国方面宣称，这一决定是针对欧共体今年1月起实施的一项法令而采取的制裁措施。

目前，这一争端连同钢铁贸易争端一起已被列入将于2月11日在华盛顿举行的欧美高级贸易会谈的议程。

鉴于美国方面的上述决定将于3月22日正式生效，双方都表示愿意在此之前争取协商解决问题。

中央党校出版社推出一批新书

新华社北京2月3日电（记者**龚广生**）以出版哲学、社会科学图书为主的中共中央党校出版社，在今天开幕的第六届首都图书交易会上推出一批新书，以飨广大读者。

这批新书政治类有《邓小平论建设有中国特色的社会主义理论》、《建设有中国特色的社会主义理论与实践》、《中国特色社会主义理论常识》等；经济类有《市场经济全书——理论与实务》、《社会主义市场经济读本》、《股份经济的规范与运作》等；纪实类有《毛泽东和斯大林》、《伟大的改革家邓小平》、《走下圣坛的周恩来》等。据悉，中共中央党校出版社还将组织一批纪念毛泽东诞辰百周年的重点图书，于年内陆续出版。

普洱将获600万保险赔款

云南普洱发生强烈地震后，中国人民保险公司云南分公司立即组成保险救灾慰问团，奔赴灾区做好灾区保险户的保险查勘理赔工作。据估计，保险赔款可达600万元。目前保险公司正调集资金兑现保险赔款。

（除署名外均据新华社）

上海人均保险费全国第一

去年上海市保险公司保险费收入超过十七亿元，名列全国同行榜首。上海人均保险费达四十元，居全国第一。今年，保险公司将针对上海新建工程多、流动人口多的状况，推出"建筑安装工程保险"、"客住宿平安保险"等。

湖南信访结案率领先全国

湖南狠抓县、乡两级信访责任制，使群众反映的一些问题在当地及时得到解决。去年，湖南群众进京上访量比上年减少百分之四十，无一例集体进京上访，信访结案率居全国领先地位。

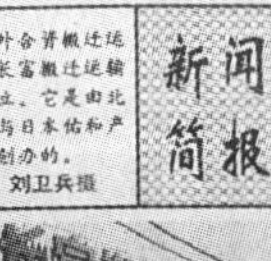

北京首家中外合资搬迁运输公司——北京长富搬迁运输有限公司日前成立。它是由北京市工艺美术厂与日本佑和产业株式会社共同创办的。

新华社记者　**刘卫兵**摄

惠州松山工业城加紧开发

以生产电子、轻工、食品等高新产品为主的广东省惠州市松山高科技工业城，一边开发一边开始招商。该城规划用地四百五十公顷，将成为全国最大的"电子综合市场"和集产、供、销、咨询服务为一体的电子高科技区。（吴国伟）

杭州推广"骨不连"疗法

"中国中医研究院骨伤科研所骨不连治疗中心"日前在杭州成立。中心运用杭州第三医院谢旭明小组自1975年开始研制的"骨折愈合刺激素"，专治骨折延迟愈合、骨坏死等症，治愈率达92.5%。（古虹）

香港21位人士刊登启事

称彭定康挑起争论影响港人信心

新华社香港2月3日电 香港21位有名望的社会人士，今天联署在报纸刊登启事指出，彭定康挑起的政制争论，已严重影响港人对前途的信心。香港任何超越九七年的重要事项，中英应通过协商达成共识，香港才有光明前途。

启事说，观察近年中国实行改革开放政策，人民生活已大大改善，全国各地欣欣向荣，中国的国力在稳定向上，香港和内地如能紧密合作，互相支援，我们深信中国经济起飞必会令香港更加得益、香港的地位更形重要、香港人的发言权更有力量、推动"一国两制"更易于成功。倘若香港不寻求稳定过渡和顺利衔接，只求加速"政制改革"，结果纷争必从此起，令香港前途动荡难安，短期来说未见其利先见其害，长远来说也是前途渺茫，经济受损，直接危及社会民生。

启事说，我们热爱民主，维护人权，更向往自由，但现时港督提出"政制改革"要在九五年实施，与基本法所规定产生香港特别行政区第一届立法会的时间，相差20个月时间。中方已声明由于此举有违基本法原定的循序渐进的民主选举办法及双方协议的精神与原则，故此坚决反对，届时将"另起炉灶"。港英政府说为了港人的利益，在九七年前这个短促时间要加速民主，引起了争论及相反效果，造成了不必要的、原可避免的动荡，实在令人十分惋惜。

启事说，任何改革建议，应由中、英两国政府取得共识后，方付之实施，香港才可有稳定繁荣和光明的前途。刊登启事的包括李东海、徐展堂、陈有庆、岑才生等21位社会人士。

人民日报
RENMIN RIBAO
今日16版（华东、华南地区20版）　国内统一连续出版物号 CN 11-0065
第21296期（代号1-1）
人民网　网址：http://www. people. com. cn
手机：http://wap. people. com. cn
人民日报社出版
2006年10月30 星期一 丙戌年九月初九
北京地区天气预报 白天 多云间晴 风向 北转南 风力 二、三级 夜间 多云转晴 风向 南转北 风力 一、二级 温度 19℃/7℃

十月二十九日，参会国国旗和列席会议的国际组织的旗帜飘扬在长安街旁的北京饭店。即将在北京召开的中非合作论坛北京峰会已进入倒计时，鲜花、彩灯、宣传条幅和大型宣传图片已陆续出现在京城街头。新华社记者　何俊昌摄

保百姓平安　促社会和谐
全国公安“三基”工程打造服务群众平台

本报北京10月29日讯　记者石国胜、杜文娟报道：张金祥是浙江省嘉兴市石堰、永明村警务室的驻村民警，而8月以前他还在派出所工作。如今他全身心“泡”在村里，村里小偷小摸少了，村民感到更安全。为保百姓平安、促社会和谐，今年以来，像张金祥这样新充实到一线的民警共有8万多人，有力地增强了我国基层一线警力。

这样的变化得益于公安机关今年初开展的“三基”工程建设——抓基层、打基础、苦练基本功，为期3年。公安部要求，大力加强公安机关基层基础建设，实现社会管理重心下移，筑牢维护稳定的第一道防线，打造服务群众的第一线平台。

过去，警力配置呈“水桶”状，机关和基层配置的力量差不多。这种警力配置带来两大弊端：老百姓需要解决的问题百分之七八十都在基层，基层民警忙不过来；犯罪往往是发生在半夜，机关作息时间不利于打击犯罪。

保社会安全，必须下沉警力，变“水桶”为“金字塔”。“三基”建设直指科学配警，精减机关人员，充实加强基层一线执法执勤实战单位，力求做到“在老百姓最需要我们的时候，在最需要我们的地点，我们的警力能够以最快速度到达”。

基层警力上去了，警察的执法能力和效率也在提高。今年以来，警方大力推进基层警务制度改革，警务工作正由“被动警务”变为“主动警务”，由“全时警务”变为“实效警务”，由机关坐班变为一线执勤。目前，全国70%以上县、40%以上市公安机关实现了“110、119、122”“三台合一”，快速接处警；公安机关通过信息化手段破案占破案总数的20%以上。许多公安机关要求民警提高基本功，做到“三懂四会”——懂方针政策、法律法规、业务知识，会擒敌自卫、执法执勤、管理服务、群众工作。

公安机关维护社会稳定能力的提升，有力地震慑了犯罪，增强了群众的安全感。今年1至9月，全国公安机关主要统计数据呈现“三降三升”的良好势头：群体性事件、刑事案件、火灾和道路交通事故数量下降，破案数、抓获违法犯罪嫌疑人数、提请批捕人数上升。其中，命案侦破率达85.5%。

今后两年，公安部将进一步加大“三基”建设，基层一线警力要达到县级公安机关总警力的85%以上；县市公安机关民警中没有基层工作经历的，要到基层工作；县级公安机关领导班子成员必须有3年以上基层所队长工作经历，基层所队长必须从基层一线民警中选拔。

全国人大常委会分组审议物权法草案
吴邦国参加　审议认为草案反映了各方面在重大问题上取得的共识，已比较成熟

本报北京10月29日讯　记者毛磊、刘晓鹏报道：十届全国人大常委会第二十四次会议29日上午分组审议物权法草案。常委会组成人员表示，草案六审稿吸收了常委会前五次审议和社会各方面的意见，反映了在一些重大问题上取得的共识，修改得比较好，已比较成熟。

吴邦国委员长参加了分组审议。

常委会组成人员普遍认为，所有权是所有制在法律上的表现，是物权的核心和基础。草案六审稿把维护国家基本经济制度作为物权法的立法目的，把有关基本经济制度的规定作为基本原则写入总则，使草案关于坚持和完善社会主义基本经济制度的规定更加集中、更加鲜明，准确体现了对基本经济制度的坚持和维护，体现了党的十六大提出的“毫不动摇地巩固和发展公有制经济”和“毫不动摇地鼓励、支持和引导非公有制经济的发展”的精神，体现了对正确的政治方向的坚持和把握。

常委会组成人员认为，在社会主义市场经济条件下，各种所有制经济形成的市场主体都是在统一的市场上运作并发生相互关系的，都要遵守统一的市场“游戏规则”。只有地位平等、权利平等，才有公平竞争，才能形成良好的市场秩序。草案遵循了市场经济的一般原则，较好地体现了依法对国家的、集体的和私人的合法财产给予平等保护的原则，实现了坚持社会主义基本经济制度与对国家的、集体的和私人的物权给予平等保护的有机统一。

常委会组成人员指出，加大对国有资产的保护力度，切实防止国有资产流失，是巩固和发展公有制经济的现实要求。

（下转第四版）

贾庆林会见爱沙尼亚总理安西普

十月二十九日，全国政协主席贾庆林在塔林会见爱沙尼亚总理安西普。新华社记者　马占成摄

本报塔林10月29日电　记者王小光报道：10月29日，全国政协主席贾庆林在塔林会见了爱沙尼亚总理安西普。贾庆林转达了温家宝总理对安西普的亲切问候和良好祝愿。安西普表示感谢，并请贾庆林转达他对温家宝的亲切问候和良好祝愿。

贾庆林说，中爱建交以来，双边关系稳步发展，政治、经济、文教等领域的交流与合作卓有成效。去年双边贸易额达3.69亿美元，同比增长65.8%。爱方已成为中国在波罗的海三国中的最大贸易伙伴。中方对两国关系的良好发展势头感到满意，赞赏爱历届政府一贯奉行一个中国政策、支持中国统一大业。

（下转第三版）

建立健全促进社会和谐的制度保障
——四论学习贯彻《中共中央关于构建社会主义和谐社会若干重大问题的决定》

本报评论员

社会公平正义是和谐社会的基本条件，要让公平正义在实践层面体现，必须依靠制度安排。党的十六届六中全会通过的《决定》，突出强调了制度建设和创新对促进社会和谐的重大作用，并从经济、政治、文化、社会等方面提出了明确的要求和任务。

制度带有根本性、全局性、稳定性和长期性。完善的体制机制和制度体系，是促进社会和谐、实现社会公平正义的根本保证。一般来说，许多国家都经历过这样的过程，随着开放发展的步伐，社会要经过一个转型期，这一时期的一个重要任务是搭建引导社会发展的制度平台。在我国经济体制深刻变革、社会结构深刻变动、利益格局深刻调整、思想观念深刻变化的环境下，完善体制机制和制度体系更为必要、更为紧迫。我们既要立足当前、着力解决影响社会和谐的突出矛盾和问题的同时，更要放眼长远、在制度建设和创新上多下功夫，注重从制度建设入手，切实保障人们在政治、经济、文化、社会等方面的权利和权益，引导公民依法行使权利、履行义务。

《决定》明确提出要完善民主权利保障制度，巩固人民当家作主的政治地位；完善法律制度，夯实社会和谐的法治基础；完善司法体制机制，加强社会和谐的司法保障；完善公共财政制度，逐步实现基本公共服务均等化；完善分配制度，规范收入分配秩序；完善社会保障制度，保障群众基本生活。这六个方面的要求，共同构成了促进社会和谐的体制性保障，是我们推进下一步发展的任务和目标。

落实好这些要求和任务，归根到底要靠深化改革。我们要根据构建社会主义和谐社会的需要，适应社会发展的要求，继续推进经济体制、政治体制、文化体制改革和创新，尤其要不失时机地推进社会体制改革和创新，努力在保障人民权益、促进经济社会协调、强化政府社会管理和公共服务职能、推进社区建设、健全社会组织、完善人民内部矛盾处理机制、加强社会治安防控体系等方面取得新的进展。要坚持把实现好、维护好、发展好最广大人民的根本利益作为改革的出发点和落脚点，加紧建设对保障社会公平正义具有重大作用的制度。

深化改革，建立健全促进社会和谐的制度保障，是一项紧迫的重大任务，也是一个新的时代课题。各级党委和政府要把精力放在制度建设这一具有战略意义的举措上，创新发展，推动改革，注意兼顾各方面利益、照顾各方面关切，提高改革决策的科学性、改革措施的协调性，使各项改革取得更大成效。各有关部门要对《决定》在制度建设上提出的任务，抓紧研究、拿出方案，为中央决策提供依据。各地区要从自己的实际出发，更加积极主动地加强制度建设，以保证广大人民群众切实体会共享发展成果的公平性，切实体会社会主义和谐社会的优越性。

陆军航空兵——
创业建功20年

冯春梅　李传新　张彦中

2005年10月17日凌晨，内蒙古四子王旗。举世瞩目的神舟六号飞船按预定计划进入返回轨道，飞向地球表面、飞向祖国的怀抱。

随着“空中搜救开始！”的命令，4架直升机在夜幕中腾空而起。伴随它们特有的轰鸣声，好消息一个接一个地传来：一号直升机发现目标！二号直升机监听到航天员语音！三号直升机目视返回舱……守候在现场和电视机前的人们一片欢呼！

晨曦初放，当身形矫健的直升机载着航天员和飞船搭载物品飞向目的地的时候，人们发出由衷赞叹：中国陆军航空兵，你的翅膀已经强壮了！

（下转第十版）

第二版刊登曾庆红同志讲话
在构建社会主义和谐社会中发挥广大老干部的积极作用

三峡左岸电站满负荷72小时试运行成功

本报武汉10月29日电　记者田豆豆报道：今日上午9时，三峡左岸电站14台水轮发电机组满负荷980万千瓦72小时试运行结束，这标志着我国已进入自主运行巨型水轮发电机组的领先科技领域。

从2003年7月首台机组投产以来，三峡电站运行水位一直在135米至139米之间。此次电站980万千瓦运行，是在三峡水库蓄水至156米水位，机组具备满负荷发电条件后进行的。目前，14台机组经受住了高水位考验，运行状态优良。

据悉，截至今天，三峡电站投产以来累计发电量已达到1380亿千瓦时。

平等互信　合作共赢
——写在中国—东盟建立对话关系15周年纪念峰会之际

国纪平

中国—东盟建立对话关系15周年纪念峰会今天在广西南宁举行。这是中国—东盟关系史上具有历史意义的一件大事。会议期间，各国领导人将回顾中国—东盟关系发展历程，并对双方未来合作做出规划。

15年来，本着“平等互信、合作共赢”的精神，中国和东盟关系全面发展，在政治、安全、经济等领域取得了丰硕成果。中国—东盟关系成为中国周边外交的一大亮点，同时也是东盟与其对话伙伴关系中最具活力和最富成果的一组关系，对维护亚洲的和平、稳定和繁荣发挥了重要作用。

（一）三大跨越，政治互信奠定合作基础

中国与东盟各国毗邻而居，友好交往源远流长。但中国与东盟这一地区组织开展广泛、密切的交往，则是近十几年的事。

东盟成立于1967年。受冷战、意识形态、社会制度及文化、历史、宗教等因素的影响，中国—东盟关系有过曲折。随着中国实行改革开放，东盟自主地位的增强，中国—东盟关系的发展迎来了难得的历史机遇。在双方共同努力下，中国—东盟政治关系从对话伙伴、睦邻互信到战略伙伴，实现了三大跨越。

1991年，中国与所有东盟国家建立或恢复了外交关系，奠定了中国东盟发展关系的政治基础。同年7月，中国外长应邀参加东盟外长会议开幕式，开始了中国—东盟对话进程。随着中国政府和东盟对话的顺利推进，1996年，中国成为东盟全面对话伙伴。1997年，中国与东盟建立面向21世纪的睦邻互信伙伴关系，建立了双方领导人年度会晤机制。1998年至2000年，中国与东盟10国分别签署或发表了面向21世纪的双边关系框架文件。2003年，中国与东盟建立面向和平与繁荣的战略伙伴关系，并正式加入《东南亚友好合作条约》。中国因此成为东盟的第一个战略伙伴，成为东盟组织外第一个加入《东南亚友好合作条约》的域外大国，东盟也成为和中国建立战略伙伴关系的第一个地区组织。中国用法律文件形式庄严承诺愿永远做东盟国家的好邻居、好朋友、好伙伴。

中国—东盟关系经历了时间的考验。1997年亚洲金融危机期间，中国面对自身的巨大压力，承诺人民币不贬值，并及时伸出援助之手；2004年发生印度洋地震海啸灾难，中国政府和人民同受灾国政府和人民心心相息，患难与共，开展了中国迄今为止最大规模的对外救援行动，中国国家领导人访问海啸受灾国家的专机上携带急需救灾物资的故事，至今在当地传为佳话；非典、禽流感肆虐，中国—东盟相互支持，共同推动本地区公共卫生领域的合作。正是在患难与共中，双方寻找到了新的合作契机，政治互信不断增强。

政治互信的不断增强，为中国—东盟通过对话协商和平解决领土、领海问题奠定了基础。通过平等协商，2000年7月中越陆地边界条约正式生效；当年12月，中越北部湾划界协定和北部湾渔业合作协定正式签署。在南海问题上，从维护地区和平、稳定的大局出发，中国创造性地提出了“搁置争议、共同开发”。2002年，中国同东盟各国签署《南海各方行为宣言》，为相关国家在南海开展务实合作和共同开发奠定了重要的政治基础。2005年3月，中、菲、越三国的三家石油公司签署《在南中国海协议区三方联合海洋地震工作协议》，这是“搁置争议、共同开发”的初次实践，是南海沿岸三个邻邦共同落实《南海各方行为宣言》的重要举措。

中国—东盟关系之所以快速发展，并创造出一个又一个令人振奋的“第一”，是双方政治互信和相互认同深化的必然，也是中国“与邻为善、以邻为伴”外交方针收获的实实在在的成果。

（二）互利共赢，经济融合呈良性互动

中国与东盟政治关系的大幅提升，为双方经贸关系的快速发展提供了有力的保证。

（下转第三版）

几内亚比绍总统、安哥拉总理分别抵达中国

据新华社北京10月29日电　几内亚比绍总统维埃拉29日下午抵达上海，开始对中国的国事访问。同日，安哥拉共和国总理费尔南多·多斯桑托斯于晚间抵达深圳，至此已有来自三个非洲国家的领导人抵达中国，参加于4日开幕的中非合作论坛北京峰会。

在上海访问时，维埃拉表示，近年来中国经济发展迅速，取得了巨大成就，欢迎有更多的中国企业家到几内亚比绍投资。

此外，于28日抵京的利比里亚共和国总统埃伦·约翰逊—瑟利夫29日前往深圳访问。她表示，来深圳访问目的是要学习借鉴这里的发展经验，希望深圳能与利比里亚的一个省建立友好关系，并和利比里亚建立经济合作伙伴关系。

著名的爱国人士　第八、九、十届全国政协副主席
霍英东先生逝世

新华社北京10月29日电　杰出的社会活动家，著名的爱国人士，香港知名实业家，中国共产党的亲密朋友，中国人民政治协商会议第八、九、十届全国委员会副主席，香港中华总商会永远名誉会长霍英东先生，因病于2006年10月28日19时30分在北京逝世，享年84岁。

为您导读

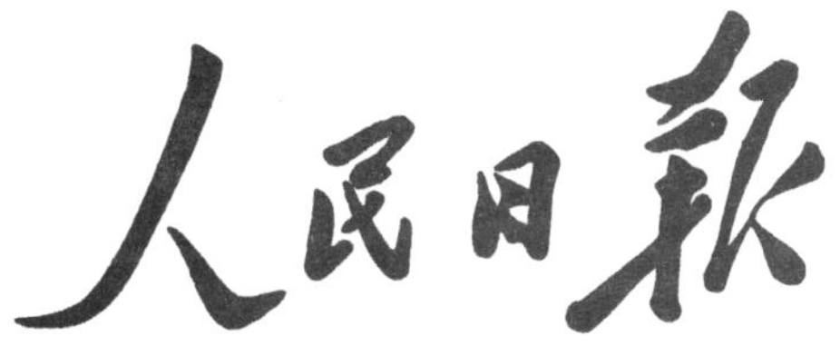

RENMIN RIBAO

2008年1月
11
星期五
丁亥年十二月初四
人民日报社出版
国内连续出版物号
CN11-0065
第21734期(代号1-1)
今日16版

人民网 网址:http://www.people.com.cn
手机:http://wap.people.com.cn

不能让老实人吃亏

仲祖文

用什么样的人，不用什么样的人，体现用人导向，关乎党风民意，关系事业发展。

干事创业，是实现党在每一阶段目标任务的根本之道。早在延安时期，毛泽东同志就要求全党同志“当老实人，讲老实话，做老实事”。我们讲的老实人，不是那些庸庸碌碌、无能无为的人，而是老老实实做人、踏踏实实干事、兢兢业业工作的人。与老实人相对照，也有一些投机钻营者，不讲党性、不重品行，为了个人私利和官途升迁捞资本、做虚功、拉关系、搞奉迎，把心思和精力都用在“造势”和“谋官”上。我们队伍中这种人多了，不仅于事业发展无利，而且会严重涣散党的干部队伍，对党的形象是极大的损害。因此，不让老实人吃亏、不让投机钻营者得利历来是我们党选人用人的重要原则。我们就是要形成正确的用人导向，引导各级干部扑下身子、埋头苦干，求真务实、狠抓落实，积极创造经得起实践检验、人民检验和历史检验的政绩，推动党的事业不断发展。

不让老实人吃亏，关键在于各级领导者要把选人用人的眼光更多地投向那些在艰苦环境和岗位上做出政绩的干部。这些人注重埋头做事，不善声张“造势”，辛苦和业绩往往不易广为人知；他们清正自守，不好拉拉扯扯、吃吃喝喝，往往“人脉”不广；他们不跑不送，不找不要，不善奉迎，往往引不起别人的关注。这些干部专注干事不会来事，讲原则不懂圆滑，往往还会得罪人。对于这样的老实人，各级领导者更有责任慧眼识金，积极地发现他们，主动关心他们，旗帜鲜明地支持他们，大张旗鼓地宣传他们，让广大干部群众熟悉他们、了解他们。

不让老实人吃亏，根本在于形成科学的用人机制。要进一步健全干部考核体系和评价机制，客观公正地看待干部，科学准确地识别干部，保证那些扎扎实实为群众干实事、真心实意为群众谋利益的优秀干部能够进入组织选拔的视野。要改进民主推荐工作，搞好民意调查工作，积极扩大群众参与，认真贯彻中央纪委、中央组织部提出的换届选举“十个严禁”的要求，使那些一心干事、实绩突出的老实人能够推荐得上来。要切实按照德才兼备、注重实绩、群众公认的原则选人用人，大力选拔那些埋头做事、清正廉洁的优秀干部，在干部队伍中形成老实人受尊敬、受重用的良好导向。

惠民措施多了 服务意识强了 警民关系近了

公安机关实现“管理型”向“服务型”转变

高举旗帜 科学发展
贯彻落实十七大精神

本报北京1月10日电 （记者**石国胜**）车牌号码选择多了、补发普通护照不用再登报声明作废了、出入境手续更简便了……进入2008年，一连串好消息，让人民群众感受到实实在在的便利。围绕着回应人民群众的新期待、满足人民群众的新要求，近年来，全国各级公安机关深入贯彻落实科学发展观，在严格执法的同时，更加注重热情服务，推出大量惠民举措。各地群众普遍反映：公安机关的服务意识强了，警民关系更加和谐了。

作为武装性质的国家治安行政力量和刑事司法力量，长期以来，公安机关重管理、轻服务，“管理型”执法思维难以适应时代的需要。为改变这种状况，近年来，公安机关大力革新执法理念，努力实现由传统的“管理型”向惠民的“服务型”的转变。党的十七大提出，要扩大公共服务，完善社会管理，促进社会公平正义。增强服务意识，提高服务水平，已经成为各级公安机关和广大民警的共识。

能让人民群众一趟办完的，决不让他们跑第二趟；能在最短时间内办理完毕的，决不让群众多等一分钟。继2003年公安部推出便民措施30条之后，各级公安机关从事关人民群众切身利益的问题入手，不断拓展服务领域，陆续推出大量新的便民利民措施。仅2007年，就陆续推出“全国对外开放口岸12项服务”、“消防部门5项便民服务”、“交通管理服务群众16项措施”。昔日公安机关的“门难进、脸难看、事难办”，已经被“说话和气、办事公道”所代替。

为将服务的触角延伸到群众的家门口，全国公安机关大力推进社区和农村警务工作。目前，全国共建立社区和农村警务室16.9万个，全国基层一线警力达到95万人，绝大多数地方实现了县级公安机关基层一线实有警力占总警力85%以上、派出所警力占总警力40%以上的目标。绝大部分社区和农村警务室民警和最基层的群众打成一片，已经成为老百姓的贴心人。

警惕“防化布”类诈骗犯罪、警惕“网上基金销售”犯罪、警惕“短信诈骗”犯罪……像这样的“警情提示”，近年来在公安机关已经形成了惯例。一旦有新型的、带有普遍性的、群众容易上当受骗的案件发生，从公安部到各级地方公安机关，都第一时间向社会公布，增强群众的防范意识。此外，许多地方公安机关还通过警情通报会等形式，定期向群众通报近期治安状况。

把管理寓于服务中，在服务中体现管理。在江苏丹阳，交通事故的当事人不但能收到交警的“执法告知单”，还能从告知单上看到事故处理的流程、时限和当事人权益。自2005年8月1日江苏警方在全国率先推出执法告知制度以来，像这样的执法告知至今已发出550多万份。

服务好不好，群众说了算。前不久，北京市360个户籍派出所的所长和3000余名社区民警，开始首次面向本辖区群众述职，超过20万名群众当了一次本辖区民警的“主考官”。近年来，随着“述职”、“评议”、“恳谈”等警民互动活动的广泛开展，公安工作主动接受群众监督，警察的服务更加到位。

为进一步贯彻落实党的十七大精神，近日，公安部再次要求，各级公安机关要从户口登记、证照办理等事关人民群众切身利益的问题入手，积极研究推出新的便民、利民、惠民政策措施，使人民群众充分感受到公安机关执法为民带来的实惠。

温家宝会见菲律宾众议长

新华社北京1月10日电 （记者**徐松**）国务院总理温家宝10日在中南海紫光阁会见了菲律宾众议长德贝内西亚。

温家宝对中菲关系给予了积极评价。他说，当前中菲关系发展势头很好，政治互信不断加深，各领域合作成效显著。目前双方正在积极制定战略性合作共同行动计划，这是两国着眼于长远关系的一项重要举措，必将进一步促进双方在各领域的合作。

温家宝强调，中国高度重视发展与菲律宾的友好关系，愿与菲方共同努力，将中菲战略合作提高到新的水平。

德贝内西亚感谢中方长期以来在基础设施、农业、渔业和矿产等领域对菲律宾给予的无私援助。他说，菲中各领域的务实合作给两国人民带来了利益，菲方期待双边合作能达到更高水平。菲律宾众议院将为两国关系的发展进一步发挥积极的作用。

贺国强在中央纪委委员学习贯彻党的十七大精神研讨班开班式上强调

以更高的标准深入学习贯彻党的十七大精神 以更严的要求加强纪检监察干部队伍自身建设

本报北京1月10日电 （记者**姜洁**）中央纪委监察部举办的中央纪委委员学习贯彻党的十七大精神研讨班10日在京开班。中共中央政治局常委、中央纪委书记贺国强主持开班式并讲话。他强调，中央纪委委员和广大纪检监察干部要以更高的标准深入学习贯彻党的十七大精神，以更严的要求加强自身建设，进一步统一思想、提高认识、凝聚力量、履行职责，认真谋划和做好当前以及今后一个时期的纪检监察工作，为完成党的十七大提出的各项任务提供有力保证。

贺国强提出，胡锦涛总书记去年12月17日在新进中央委员会的委员、候补委员学习贯彻党的十七大精神研讨班开班时的重要讲话，是一篇马克思主义的重要文献，对于党和国家事业的长远发展具有重要指导意义。我们要把深入学习贯彻党的十七大精神与认真学习领会胡锦涛总书记的重要讲话结合起来，努力在领会精神上有更深的认识，在服务大局上有更高的要求，在推进工作上有更实的举措，切实做到在学习中加深理解、在理解中推动工作、在工作中开创局面。

贺国强强调，新世纪新阶段党和国家事业发展对纪检监察工作提出了新的更高要求，中央纪委委员和广大纪检监察干部一定要不断提高自身素质和工作水平，切实履行好肩负的职责和使命。一要政治坚定、党性坚强。要坚定理想信念、牢记根本宗旨、严守政治纪律，始终不渝地高举中国特色社会主义伟大旗帜，坚定不移地坚持中国特色社会主义道路和中国特色社会主义理论体系，坚决同以胡锦涛同志为总书记的党中央保持高度一致。广大纪检监察干部要始终把党和人民放在心中的最高位置，自觉做到对党和国家无限忠诚、对腐败分子和消极腐败现象坚决斗争、对广大干部和群众关心爱护、对自己和亲属严格要求，真正成为党的忠诚卫士和群众的贴心人。二要加强学习、提高本领。要不断加强理论学习，完善知识结构，提高运用政策、依纪依法办案的能力，努力成为反腐倡廉的行家里手。三要恪尽职守、不辱使命。

（下转第四版）

消防宣传上街头

1月10日是全国110宣传日。安徽省淮北市公安机关走上街头，举行“完善110　和谐警民情”主题宣传活动。图为参加110宣传日主题宣传活动的消防战士为小学生们讲解消防装备知识。

李　博摄（新华社发）

组团式发展 市场化运作

郑东新区创新城建模式百姓受益

本报郑州1月10日电 （记者**戴鹏**）河南郑州市郑东新区在推进城市化过程中，以组团式发展代替过去“摊大饼”的建设模式，以市场化运作取代“政府移民”，探索又好又快推进城市建设的新途径，使20万人住居民受益多多。

郑东新区是郑州市为拓宽城市发展空间而在黄河边的沙土地上设立的新城区。与传统的“摊大饼”城市布局不同，他们按城市内在的功能需求分片划区，将全区分为中央商务区、商住物流区、科技园区、龙湖生活区等六大功能区。其中，中央商务区位于六大功能区的中心，是新区的“心脏”，把满足城市发展公共诉求的要素相对集中，集约化布局。中央商务区内，河南艺术中心、宾馆饭店、写字楼、银行等社会公共服务设施依序而建，全方位提供城市必须的金融、旅游、餐饮住宿等公共服务。

商住物流区以物流和商住为主，由集装箱货运中心、客运枢纽站、大型商场、住宅小区等构成。而在科技园区，科研院所林立，大学城拔地而起。六大功能区之间，以道路或河流分隔，又通过主干道连接，使郑东新区既有优美的生态景观、人居环境和良好的城市形象，又兼具强劲产业支撑和雄厚发展实力。

市场化运作模式的推行，使郑东新区的开发受益匪浅。当初，省、市仅仅组建了一个管委会班子，交给他们一张高标准的规划蓝图，200多万元的启动费用，一套可供操作的政策，一个“政府引导、市场运作、自求平衡、良性循环、滚动可持续发展”的思路，让其放手工作。他们通过借贷融资，首先启动核心区，先后融资100多亿元完善基础设施、美化城区环境，按照规划，把供暖、电力、通讯等十余种管线全部埋入地下，确保50年不“开肠破肚”。如今，全区绿化率已达到51%，绿化总面积800余万平方米。再加上优质、高效、周到的服务，使软件硬件得以同步提升，收到了招商引资的增倍效果。目前已有230多个项目，400多亿元资金落地生根。

郑东新区创建5年来，在不靠政府投资的前提下，目前固定资产投资累计达到490多亿元，入驻企事业单位500余家，常住人口20余万，成为中部地区的一个闪光点。新区市民生活、工作、上学在“十五分钟”的交通圈内，生活品质大为提高。

我国非公企业党组织达25.2万个

规模以上非公企业党组织基本全覆盖

本报杭州1月10日电 （记者**江南**）截至2007年6月，我国规模以上非公有制企业已基本实现党组织全覆盖，全国共在非公有制企业建立党组织25.2万个，成为加强党的执政能力建设和先进性建设的重要组织基础。今天在杭州举行的全国非公有制企业党建研究专业委员会成立大会上，中组部副部长欧阳淞透露了这一信息。

资料显示：到2006年底，全国非公有制企业共241.8万户，从业人员1.45亿人，年营业收入20.2万亿元。而目前，全国非公有制企业党组织数量仅占非公有制企业总数的1/10左右。

欧阳淞表示，要以改革创新精神，不断推动非公有制企业党建工作取得新发展，力争在5年内使全国非公有制企业党组织覆盖面达到60%以上。优化组织设置，进一步扩大非公有制企业党组织和党的工作覆盖面；创新党组织活动方式，努力把党的组织优势转化成企业的发展优势；尊重党员主体地位，充分发挥党员的先锋模范作用；深入开展创建和谐企业活动，努力使职工群众满意；统筹组织资源，健全非公有制企业党建工作领导体制和工作机制。

浙江作为我国非公有制经济最为发达的地区之一，非公有制企业党建不断推进。截至2007年9月，全省非公有制企业已建立党组织4.5万家，在编党员29.9万名，其中2.5万家规模以上企业全部建立了党组织。

造地　增粮　富民

江西新增耕地9.68万亩

本报南昌1月10日电 （记者**刘建林、邓建胜**）“造地增粮富民工程”让江西省2007年新增耕地9.68万亩，比原计划数7.5万亩多2.18万亩；实际投资5.1亿元，比计划投资节省1.5亿元。这是今天记者从江西省国土资源厅获得的消息。

2007年初，江西省计划投资6.6亿元，规划造地10万亩，其中新增耕地7.5万亩。当年底，全省共实施54个造地项目，耕地整理实际完成11.54万亩，超出计划15.40%。

江西省国土资源厅厅长刘积福介绍说，“造地增粮富民工程”的实施，不仅有效增加了耕地面积，足额完成了建设占用耕地的补充任务，还为2008年的耕地占补平衡奠定了良好的基础。同时，新增耕地每年可增加粮食产量2255万公斤和花生、大豆等作物产量2478万公斤，有效解决了建设占地与保障粮食生产安全的矛盾。

2007年下半年，江西还在39个县（市、区）启动了40个耕地整理项目，总建设规模75.38万亩，预算总投资9.4亿元，当年12月底已有21个项目动工建设。通过田块合理拼并和田间地头零星闲置土地的开发利用，不仅新增耕地面积4.76万亩，还极大地改善了农田基础设施条件，提高耕地质量，使过去的中、低产田变成“田成方、渠成网、路相通、地平整、土肥沃、旱能灌、涝能排、机能进、产能增”的优质高产粮田，每亩水田可增加稻谷产量40公斤左右，进一步夯实了农业尤其是粮食生产的基础。

张立昌同志逝世

中国共产党的优秀党员　忠诚的共产主义战士

张立昌同志遗像

新华社天津1月10日电 中国共产党的优秀党员，忠诚的共产主义战士，卓越的党的工作领导者，中国共产党第十六届中央政治局委员、国务院振兴东北地区等老工业基地领导小组副组长、中共天津市委原书记张立昌同志，因病医治无效，于2008年1月10日22时20分在天津逝世，享年68岁。

今日导读

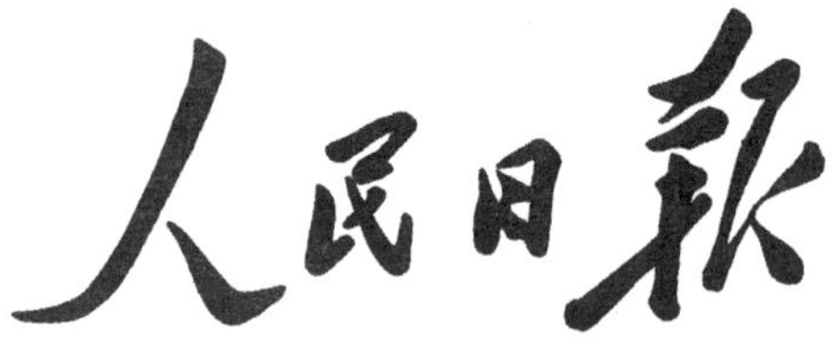

RENMIN RIBAO

今日 16 版（华东、华南地区 20 版）　国内统一连续出版物号 CN 11-0065

第 20929 期（代号 1-1）

人民网　网址：http://www.people.com.cn　手机：http://wap.people.com.cn

人民日报社出版

2005 年 10 月 28 星期五 乙酉年九月廿六

北京地区天气预报

白天 晴间多云 降水概率 10% 风向 偏北 风力 三、四级

夜间 晴间多云 降水概率 10% 风向 偏北 风力 一、二级

温度 17℃/3℃

载人航天：中华民族面向未来的雄心壮志

新华社记者　徐壮志

2003 年 10 月 15 日，中国第一位航天员杨利伟乘坐神舟五号飞船进入太空，实现了中华民族千年飞天梦想。

2005 年 10 月 12 日，航天员费俊龙、聂海胜乘坐神舟六号飞船再次飞上太空，并在遨游太空 5 天、完成一系列太空实验后安全返回地面。

从 1992 年启动载人航天工程以来，我国在短短 13 年间，就一跃成为世界上第三个独立掌握载人航天技术并能够开展有人参与的空间实验的国家。

载人航天，是当今衡量一个国家综合实力的重要标志，更是人类未来发展的新疆域。

奇迹般的飞天路上，洒满了中国航天人的心血和汗水，展示了中华民族面向未来的雄心壮志。

晚了 40 多年，技术上却没有“代”差——中国航天人 13 年的心血，酝酿出这一步惊人的跨越

我国早在上世纪 70 年代，就曾启动载人航天工程。但由于种种原因，研制计划不得不搁浅。

20 世纪 80 年代，世界进入了一个科技加速发展时期。1986 年 3 月，邓小平批准了“国家高新技术发展建议”——“863 计划”。从这一年开始，科学家们经过多次讨论，反复论证，对中国载人航天发展的途径逐渐形成了共识：从载人飞船起步。

1992 年 9 月 21 日，中央政治局常委听取了原国防科工委、航空航天部的汇报，决定启动中国的载人航天工程。（下转第五版）

胡锦涛在会见第五次全国人民防空会议代表和国防动员领导干部集训班学员时强调

加强国防动员建设和人民防空建设 为维护国家安全与统一作出新贡献

曾庆红参加会见

新华社北京 10 月 27 日电（记者曹智、徐壮志）中共中央总书记、国家主席、中央军委主席胡锦涛 27 日在会见第五次全国人民防空会议代表和国防动员领导干部集训班学员时强调，要坚持以科学发展观统领经济社会发展全局，正确认识和处理国防建设与经济建设的关系，努力开创国防动员事业和人民防空事业发展的新局面。

中共中央政治局常委、国家副主席曾庆红参加了会见。

胡锦涛在讲话中首先代表党中央、国务院、中央军委，向参加第五次全国人防会议的全体代表和国防动员领导干部集训班的全体学员表示亲切的问候，向战斗在国防动员战线和人防战线的同志们致以崇高的敬意。

10 月 27 日，中共中央总书记、国家主席、中央军委主席胡锦涛在北京人民大会堂会见第五次全国人民防空会议代表和国防动员领导干部集训班学员。中共中央政治局常委、国家副主席曾庆红等参加了会见。　新华社记者　王建民摄

胡锦涛指出，维护国家的安全和统一，保卫人民的和平劳动，都需要建设巩固的国防。国防动员和人民防空是我国国防的重要组成部分。这些年来，国防动员战线和人防战线的同志们认真贯彻党中央、国务院、中央军委的决策和部署，艰苦奋斗，开拓进取，使我国的国防动员能力和综合防护能力得到进一步提高，为增强我国的国防实力作出了积极贡献。

胡锦涛强调，当前，我国已进入了全面建设小康社会的关键时期，国防建设也面临着繁重而又艰巨的任务。他希望国防动员战线和人防战线的同志们，坚持以邓小平理论和“三个代表”重要思想为指导，全面贯彻党的十六届五中全会精神，坚持以科学发展观统领经济社会发展全局，正确认识和处理国防建设与经济建设的关系，按照平战结合、军民结合、寓军于民的方针，完善国防动员体制，加强国防动员和后备力量建设。要把人防建设纳入国防动员建设的总体部署，把人防建设与城市建设结合起来进行，增强城市防空作战能力。各级党委、政府和有关部门都要关心、重视和支持国防建设，切实加强对国防动员和人防工作的领导。要认真研究面临的新情况，解决新问题，努力开创国防动员事业和人民防空事业发展的新局面，为维护国家安全与统一、实现全面建设小康社会的目标作出新的贡献。

参加会见的还有：贺国强、郭伯雄、曹刚川、王刚、徐才厚、华建敏，中央军委委员李继耐、陈炳德、张定发、靖志远等。

人大常委会第十八次会议在京闭会

人大常委会关于修改个人所得税法的决定等 吴邦国主持 通过新修订的公司法、证券法和全国

本报北京 10 月 27 日讯　记者**许志峰、杜文娟**报道：十届全国人大常委会第十八次会议在圆满完成各项议程，通过新修订的公司法、证券法（**本报近日将全文刊登**）、全国人大常委会关于修改个人所得税法的决定后，27 日下午在人民大会堂闭会。国家主席胡锦涛签署第 42、43、44 号主席令，公布了这三部法律。

吴邦国委员长主持会议。

会议经过表决，通过了全国人大常委会关于增加《中华人民共和国香港特别行政区基本法》附件三所列全国性法律的决定，关于增加《中华人民共和国澳门特别行政区基本法》附件三所列全国性法律的决定，决定在这两个基本法附件三中增加全国性法律《中华人民共和国外国中央银行财产司法强制措施豁免法》。还通过了全国人大常委会关于批准联合国反腐败公约的决定，关于批准中国和巴基斯坦引渡条约的决定。

会议表决通过了全国人大内务司法委员会、财政经济委员会、环境与资源保护委员会、农业与农村委员会关于十届全国人大三次会议主席团交付审议的代表提出的议案审议结果的报告，通过了全国人大常委会代表资格审查委员会关于个别代表的代表资格终止的报告。（下转第四版）

人大常委会举行第十七次法制讲座

吴邦国主持

本报北京 10 月 27 日讯　记者**许志峰、杜文娟**报道：十届全国人大常委会 27 日下午在人民大会堂举行法制讲座，讲座的题目是《反垄断法是维护社会主义市场经济秩序的基本法律制度》。

吴邦国委员长主持讲座。

讲座的主讲人是中国社会科学院法学研究所研究员、博士生导师、反垄断法起草小组顾问王晓晔。她重点从反垄断法的概念和意义、世界各国反垄断立法的主要内容、我国反垄断立法应考虑的几个问题等方面作了讲解。

王晓晔说，反垄断法是反对垄断和保护竞争的法律制度。我国在 1993 年 9 月颁布了反不正当竞争法。这部法律旨在保护受不正当竞争行为损害的善意经营者的利益，维护公平竞争的市场秩序，保护消费者的利益。反垄断法则是从维护市场的竞争性出发，反对经营者商定价格、限制销售数量或者分割销售市场，目的是保证市场上有足够的竞争者，保证消费者在市场上有选择商品或者服务的权利。反不正当竞争法和反垄断法作为维护市场竞争秩序的两种法律制度，在功能上相辅相成，都是市场经济不可缺少的法律制度。

王晓晔说，实践证明，市场经济本身并不具备维护公平竞争的机制。（下转第四版）

吴邦国会见奥地利国民议会议长

新华社北京 10 月 27 日电　（记者常爱玲）全国人大常委会委员长吴邦国 27 日下午在人民大会堂会见了奥地利国民议会议长科尔。

吴邦国积极评价了中奥关系。他说，近些年来，两国高层交往密切，政治互信不断增强。经贸关系持续深化，贸易额逐年增长，冶金、汽车、铁道、城建等领域的经济技术合作富有成果，文化交流和民间交往日益活跃，在国际事务中保持沟通与协调。我们赞赏奥地利坚持一个中国的政策，希望奥方支持中国的和平统一大业。中方高度重视发展与奥地利的关系，愿与奥方一道共同努力，推动中奥多领域的交流与合作深入发展，造福两国人民。

吴邦国说，中国全国人大同奥地利议会的交往基础良好、势头喜人。希望通过议长的访问，进一步促进双方各层次的友好往来，增进立法监督等领域的交流，加深两国人民之间的了解和友谊，为中奥关系的发展增添新的内容、注入新的活力。

科尔说，这是他第六次访问中国，亲眼目睹了中国改革开放取得的巨大成就。发展对华关系是奥地利朝野各界的广泛共识。奥地利议会重视与中国全国人大的友好交往，愿共同为奥中关系发展做出贡献。他重申，奥地利坚定地坚持一个中国政策，反对“台独”。

吴邦国还向客人介绍了中国经济社会发展和民主法制建设的情况，阐述了中国在人权、台湾、西藏等问题上的原则立场。

全国人大常委会副委员长王兆国等会见时在座。

温家宝会见出席上海合作组织成员国总理会议的各国领导人

本报莫斯科 10 月 27 日电　记者**王莉、马剑**报道：10 月 26 日和 27 日，国务院总理温家宝在莫斯科出席上海合作组织成员国总理第四次会议期间，分别会见了哈萨克斯坦总理艾哈迈托夫、吉尔吉斯斯坦总理库洛夫、巴基斯坦总理阿齐兹、蒙古总理额勒贝格道尔吉、伊朗第一副总统达乌迪和印度外长辛格。

在会见艾哈迈托夫时，温家宝表示，今年两国元首将中哈关系确定为战略伙伴关系，双方各领域合作取得新的重要成果。两国经贸合作增势强劲，在能源领域合作取得重大进展，中哈原油管道正在紧张施工，将于年底前竣工投产。这些都标志着两国务实合作进入新的阶段。希望双方着眼长远，不断扩大和深化合作，造福两国人民。艾哈迈托夫说，哈中政治关系良好，经贸合作迅速增长。加强经贸和能源领域合作是两国的共同愿望，哈方将与中方一道，落实好达成的各项协议。两国总理表示支持中国石油集团公司和哈萨克斯坦国家石油公司加强能源合作。

在会见吉尔吉斯斯坦总理库洛夫时，温家宝说，吉国内局势趋于稳定，社会生活逐步走上正轨，这对整个中亚地区的和平与稳定具有重要意义，我们对此感到高兴。（下转第三版）

出席上海合作组织成员国总理会议后

温家宝离莫斯科回到北京

新华社北京 10 月 27 日电　国务院总理温家宝在莫斯科出席上海合作组织成员国总理第四次会议后，于 27 日晚乘专机回到北京。

温家宝总理的主要陪同人员同机抵达。

新华社莫斯科 10 月 27 日电　（记者**张金海、岳连国**）国务院总理温家宝出席了在这里举行的上海合作组织成员国总理第四次会议后，于 27 日上午乘专机离开莫斯科回国。

温家宝在会上就落实阿斯塔纳峰会决议、推进经济和人文等领域的务实合作提出具体建议和主张。

温家宝强调，推动上海合作组织经济合作尽快取得实际成果，需要各成员国做出更大的努力。他建议创造良好的政策、体制和信息条件，加强基础设施建设，把能源、电信和交通作为重点合作领域，鼓励企业和地方参与经济交流和拓展国际交往，大力吸引域外的资金、技术和经验。

与会期间，温家宝还分别会见了俄罗斯总统普京和其他与会国家政府领导人，就深化合作交换了意见。

温家宝是应俄罗斯总理弗拉德科夫邀请于 26 日抵达莫斯科参加上海合作组织成员国总理第四次会议的。

荣毅仁同志逝世

中国现代民族工商业者的杰出代表 卓越的国家领导人 伟大的爱国主义、共产主义战士

新华社北京 10 月 27 日电　中国现代民族工商业者的杰出代表，卓越的国家领导人，伟大的爱国主义、共产主义战士，中华人民共和国原副主席，第六、七届全国人民代表大会常务委员会副委员长，中国人民政治协商会议第五届全国委员会副主席，中华全国工商业联合会原主席，中国国际信托投资公司原董事长荣毅仁同志，因病于 2005 年 10 月 26 日 20 时 31 分在北京逝世，享年 89 岁。

我国国有商业银行首次迈向国际资本市场

中国建设银行在香港成功上市

全球共发行 264.86 亿股 H 股

本报香港 10 月 27 日电　记者**刘韬**报道：今天，中国建设银行股份有限公司股票正式在香港联交所挂牌交易，标志着该行在我国四大国有商业银行中率先实现海外成功上市。“建设银行”股今天交投活跃，以 2.375 港元开盘，报收于 2.35 港元，与发行价持平，全天成交额达 85.83 亿港元。

此次建设银行在全球共发行 264.86 亿股 H 股，其中在香港公开发售 19.86 亿股，其余为国际配售部分。“建设银行”每股面值人民币 1 元，每股发行价 2.35 港元，发行总金额为 622 亿港元，创下香港历来上市集资金额的最高纪录。

中国建设银行董事长郭树清说，建行股票上市首日股价表现平稳，对此他感到满意。他表示，挂牌上市不是股份制改造的结束，而是一个新的开始。建设银行将勇敢地接受来自市场的压力，致力于成为国际一流的商业银行，为客户提供最佳服务，为股东创造最大价值。

作为中国最大的商业银行之一，建设银行有着遍布全国的约 14250 家分支机构，截至 2005 年 6 月底，建行的总资产为人民币 4.22 万亿元，总贷款额为人民币 2.37 万亿元，总存款额为人民币 3.78 万亿元。2005 年 9 月，中国建设银行被英国《银行家》杂志评为“中国年度最佳银行”。（相关报道见第六版）

完善证券法制建设 推进资本市场健康发展

——祝贺《公司法》和《证券法》修订通过

本报特约评论员

10 月 27 日，十届全国人大常委会第十八次会议审议通过了《中华人民共和国公司法（修订）》和《中华人民共和国证券法（修订）》。修订后的公司法和证券法将于 2006 年 1 月 1 日正式实施。公司法和证券法是建立和完善社会主义市场经济体制的重要法律，也是规范资本市场运行的基本法律。法相宜则事有成。在当前贯彻落实党中央、国务院提出的大力发展资本市场战略部署的改革攻坚时期，这两部法律的修订，不仅对于加快资本市场发展、全面提升发展质量具有重大现实意义，对国民经济的健康发展也必将产生深远影响。

这次两法修订的内容十分丰富。证券法对证券发行、上市、交易和登记结算等制度作了调整和补充，公司法也充实了较多的完善公司治理结构，保护中小投资者权益等内容。更重要的是，为资本市场制度性建设提供了坚实的法律依据。这充分表明，大力发展资本市场已经成为各方面的共识。首先，实现我国经济较快平稳发展亟需一个功能健全、不断壮大的直接融资体系。随着我国经济规模的日益扩大，单纯依赖间接融资的模式已经难以适应经济发展的客观需要。加快推进金融改革，通过大力发展资本市场扩大直接融资比重，成为促进经济发展和维护金融安全的重要任务。面对国际资本投资格局不断变化的新形势，也需要我们探索包括资本市场在内的多种利用外资的形式和途径。其次，随着我国人均国民生产总值的提高，居民家庭资产中金融资产比重在不断增加，亟需通过资本市场为个人投资提供丰富的产品和机会。在现代市场经济条件下，资本市场既是企业谋求发展的融资场所，也为投资者进行投资创建了最有效的平台，经济的快速发展和投资者的需求呼唤着资本市场做大做强。此外，从国际经验看，每一个大的经济体的形成和发展，都离不开强大的资本市场作为基础。立足现实，面向未来，作为一个发展中的大国，我们必须建立一个健康而强大的资本市场。

事实则法移，积极发展资本市场需要证券法律制度与时俱进地做出调整。（下转第二版）

人民日報

RENMIN RIBAO

人民网　网址:http://www.people.com.cn
手机:http://wap.people.com.cn

2008年4月
5
星期六
戊子年二月廿九
人民日报社出版
国内连续出版物号
CN11-0065
第21819期(代号1-1)
今日8版

云南藏区实现和谐稳定快速发展

迪庆州GDP和农牧民现金收入增幅均高于全省水平

本报昆明4月4日电　（记者**宣宇才、徐元锋**）"孩子上学不用愁，生病住院可报销，贫困老人领补助，盐巴茶钱有保障"，云南省迪庆藏族自治州德钦县艺人编排的《说唱十七大》，道出了雪山草原农牧民的心里话。记者日前在迪庆州采访时发现，从高原牧场到河谷村寨，农牧民春耕备耕忙，各个旅游景点里中外游客熙来攘往，到处是一派繁荣和谐的图景。

云南省委、省政府立足于把迪庆州建设成全国最好的藏区之一，把加快藏区发展摆到更加突出的战略位置。近年来，制定了藏区经济社会发展中长期规划，从政策、项目、资金等方面向藏区进行倾斜，并建立藏区发展专项基金。2007年，云南省级财政投入11亿多元支持藏区发展。作为云南省唯一的藏族自治州，迪庆州当年GDP同比增长19.5%，高于全省7.5个百分点，农牧民人均现金收入同比增长了15.6%，高于全省5.6个百分点。

近年来，云南省把迪庆州纳入"边疆解五难工程"范畴，还组织实施了"农牧民学生救助工程"、"农民健康工程"、"农村民居地震安全工程"等惠民工程。把农村中小学生和城镇特困户的学生列为助学对象，补助标准从800元到1000元不等。截至目前，农村民居地震安全工程已完成民居加固改造1589户，拆除重建1900户。在迪庆，现如今平均每个农牧民每年享有退耕护林、退牧还草和良种等补贴500多元，农村的贫困户和贫困老人每月都有生活补助。

云南还出台政策措施，把迪庆州的寺庙和宗教人员纳入公共服务范围。对部分急需恢复修缮的重点寺院给予经费补助，增加宗教团体的工作经费，对担任宗教团体副秘书长以上职务和已退离岗位、年满60周岁的宗教代表人士，由各级财政按月发放生活补助费，宗教团体、院校宗教人士和工作人员也纳入城镇职工基本养老保险、失业保险和基本医疗保险，符合条件的，还可享受城市居民最低生活保障，宗教代表人士和广大僧人的生活、医疗、养老问题基本解决。

在云南省委的周密部署下，从2007年11月份至今，迪庆州委又在机关中抽调1215名党员干部，开展"千名干部进村入户促小康"活动，共为群众办理实事2200件，累计投入资金1473.94万元。进村干部还为每个村制定了发展规划，藏区群众建设家园的热情倍增。看变化、算细账，香格里拉县建塘镇从古龙村村民格桑说："现在党的政策这么好，社会安定和谐是最大的福气！"

湖南推广粮食高产示范片

统一供种　统一施肥　统一管水

本报长沙4月4日电　（记者**周立耘**）湖南省益阳市赫山区先锋村的40多亩秧田，覆盖着清一色崭新薄膜；薄膜下，入泥没几天的优质稻种，如今已一片新绿。驻村的几位农技人员，白天在田里转悠，晚上给村民讲课，一刻都没闲着。

先锋村是当地有名的粮食生产大户。全村1200多亩耕地，几乎全都种上了水稻。但单产总是徘徊在400公斤左右，难以提高。今年初，先锋村与周边5个村的1万多亩集中连片的稻田，作为一个片区，纳入了湖南省粮食高产创建示范片。随后，区农业局对片区实行统一供种、统一施肥、统一管水。并要求科技人员到户，良种良法到田，技术要领到人。在湖南，像先锋村这样的粮食高产示范片，已遍及全省62个粮食主产县。

湖南作为传统产粮大省，粮食已连续4年增产。去年，全省粮食总产290亿公斤，达到历史最好水平。但单靠扩大种植规模增加粮食产量，已越来越难。为推进粮食产量再上新台阶，湖南省决定实行良种良法相配套，靠科技支撑，挖掘增产潜力，实现粮食大面积区域平衡增产。

为把专家的产量变成农民的产量，把小面积实验产量变成大面积推广产量，湖南在全省粮食优势产区建设110个万亩高产示范片，其中水稻96个，玉米10个，马铃薯4个。并根据不同生态区域和生产条件，按优质、高产、高效的要求，分百亩核心攻关、千亩展示示范、万亩辐射带动等多种模式，确定增产目标，力争110个万亩高产示范片累计增产粮食1亿公斤。

湖南还全力整合良种补贴、农机具补贴、测土配方施肥、病虫害防治、新型农民培训等重大项目，重点向高产创建县倾斜。各示范片则在明确行政、技术负责人的同时，加强主导品种、主推技术的组装配套和示范展示，促进良种推广、轻简栽培、水肥管理、病虫防控、作物管理、农机推广等资源的一体化管理。

在粮食高产示范片的带动下，全省农民种粮积极性不断提高，双季改单季得到遏制；有些地方还出现争种抛荒田现象。目前，全省已落实早稻种植面积2380多万亩，比去年同期增加了10多万亩。

青海万名干部下乡助『三农』

办实事　解难题　促春耕

本报西宁4月4日电　（记者**刘鑫焱**）日前，青海分批对下乡干部进行培训，内容主要围绕促进农牧业发展和农牧民增收，包括中央支农惠农政策，政府为农牧民办实事，以及村级换届选举、特色农牧业、村级规划编制、矛盾纠纷排查化解、扶贫政策等"三农"课题，以提高干部解决"三农"问题的能力。

今年，是青海省第五次组织春季万名干部下基层活动。此次活动，超过1.5万名干部深入到全省农牧区的4000多个建制村，把党和政府的惠农、支农政策"送到"田间地头、草原深处，并实地解决与群众生产、生活息息相关的问题和困难。

干部讲政策，能手讲经验。在海东地区，下乡干部先宣讲支农、惠农政策，再请农村的致富能人现身说法。许多农民听后，竖起大拇指说："听有听头，学有学头，我们的路也要这么走。"目前，海东地区下乡干部已举办宣讲活动1972人次，农村能人宣讲120多场，听讲群众近35万人次。

科技部门下乡干部发挥特长，解决农业技术难题。化隆回族自治县沙连堡乡地处干旱山头，科技部门下乡干部实地研究，推荐种植抗旱特色作物——胡麻、豌豆，并帮助农民解决良种、销路等问题。

在春耕的主战场——海东地区，下乡干部指导农户根据市场预测和农时季节，因地因势调整种植结构，储备农资。目前，已储备各类化肥2.05万吨，农药146吨，农膜280吨，调运、存储小麦、油籽、马铃薯等各类种子5201万公斤；特色优势作物种植面积将达到234.3万亩，占到总播种面积的82.5%，较去年有大幅提高。由于连续性的恶劣天气，果洛和玉树两个藏族自治州遭遇严重雪灾，从2月25日起，数千名下乡干部顶风冒雪深入牧户，全面核实受灾情况，做好抗灾救灾和恢复生产工作。

西宁市抽调60名干部组成4个专项服务组，分别负责开展教育、文化、卫生"三下乡"服务活动。海南藏族自治州采取措施，让下乡干部目标明确，责任到人，及时解决了基层组织和农牧民群众关心、关注的难点和热点问题。为建立干部下乡的长效机制，从今年起，青海省各地推广实施联点干部驻村工作制度，任期1年。干部长期驻扎在基层，可随时了解和掌握群众的困难和想法，更好更快地解决农牧业生产、扶贫项目、农村新型合作医疗等方面存在的问题。

李长春会见叙利亚总统巴沙尔

圆满结束西亚北非五国之行回到北京

当地时间4月3日，正在叙利亚访问的中共中央政治局常委李长春会见叙利亚总统、复兴党总书记巴沙尔·阿萨德。　新华社记者　马占成摄

新华社北京4月4日电　中共中央政治局常委李长春圆满结束对阿尔及利亚、毛里塔尼亚、摩洛哥、突尼斯、叙利亚的正式友好访问，4日回到北京。

陪同李长春出访的中联部部长王家瑞、中宣部常务副部长吉炳轩、广电总局局长王太华、新闻出版总署署长柳斌杰、商务部副部长魏建国等同机回京。

本报大马士革4月4日电　（记者**杨俊**）正在叙利亚访问的中共中央政治局常委李长春当地时间4月3日上午会见了叙利亚总统、复兴党总书记巴沙尔·阿萨德。李长春转达了中共中央总书记、国家主席胡锦涛对巴沙尔的亲切问候。巴沙尔愉快地回忆起与胡锦涛主席见面的情景，并请李长春转达他对胡锦涛主席的良好祝愿。

李长春说，中叙友谊经历了岁月沧桑和国际风云变幻的考验，是两国人民的共同财富。胡锦涛主席与巴沙尔总统2004年就发展两国关系达成了许多重要共识，这些共识的落实推动中叙友好迈上了新的台阶。中国和叙利亚都是发展中国家，都面临着维护世界和平、捍卫国家主权独立和领土完整、发展民族经济、改善人民生活的共同任务。中国党和政府高度重视中叙友谊，愿继续加强两国各领域互利友好合作，这符合两国人民的根本利益，也有利于推进南南合作、维护世界和平与稳定。访叙期间，我和叙利亚复兴党领导人以及政府负责人就深化两国政党交流，拓展双方在经贸、基础设施、水利等领域的互利合作进行了深入交谈，加深了相互了解，取得了广泛共识。

李长春表示，中国党、政府和人民将一如既往地坚定支持叙利亚人民维护国家主权和领土完整的正义斗争。

巴沙尔高度评价中国改革开放成就，并赞同李长春对双边关系的评价。他表示，伟大的中国在世界发挥着重要影响，不断加强与中国的友好合作是叙利亚的战略选择。作为总统，他全力支持叙中两国政党、政府在各个领域、各个层级开展多种形式的交流与合作。巴沙尔说，在台湾、西藏等涉及中国主权独立和领土完整的问题上，叙利亚将继续毫不犹豫地坚定站在中国一边，坚决反对外部势力干涉中国内政，反对任何人以任何借口破坏北京奥运会的筹备和举行。

会见结束后，李长春参观了戈兰高地并种植了一棵橄榄树，为当地人民企盼和平与友谊。

同日，李长春前往中国驻叙利亚大使馆，亲切看望了使馆工作人员、中资机构和留学生代表。

访问叙利亚期间，李长春出席了以"北京欢迎你"为主题的奥运摄影图片展剪彩仪式，参加了中国艺术节开幕式，并观看了首场演出。

当地时间4月3日下午，李长春圆满结束对叙利亚的友好访问启程回国。离开大马士革时，叙利亚复兴党高级官员以及中国驻叙利亚使馆工作人员、中资机构代表等到机场送行。

春耕时节，辽宁省葫芦岛市公安边防支队派出两百多名边防官兵组成二十二支抗旱抢耕小分队，来到田间地头，深入农户家中，帮助农民搞好春耕备耕生产。图为绥中二河口边防派出所官兵来到辖区和农民一起扣大棚。　尚瑞莲　雷红杰摄影报道

今日谈　征文

少些证件多些方便

陈洪锦

前些时，某省有关部门发出通知，正式启动换发省版老年证，并在全省范围内实施老年人享受统一优待政策。

相对于县版、地（市）版老年证，省版老年证无疑是进了一大步，它将使老年人在更大范围内享受优待和优惠。但细究起来，这省版老年证其实也是可以省却的。因为，包括老年朋友在内的每一位公民，都有公安机关发放的权威证件——身份证。姓甚名谁，年龄几何，家住何地，一目了然，拥有绝对的权威。

证件太多，这是眼下不少人的感叹！上学有学生证、毕业证、学位证，上班有务工证、上岗证，外出打工要有暂住证、居住证，进出大门要有出入证。据报道，中国目前的各种证件多达2000多种。

这么多证，有关部门应作一次调研，决定哪些可以合并，哪些可以取消，哪些不能由身份证替代而可以保留。否则，各自为"证"，互不通用，给群众生活不仅带来诸多不便，也不利于厉行节约，提高效率。

中国共产党的优秀党员，我国外交战线杰出的领导人

吴学谦同志逝世

吴学谦同志遗像　新华社发

新华社北京4月4日电　中国共产党的优秀党员，久经考验的忠诚的共产主义战士，无产阶级革命家，我国外交战线杰出的领导人，中国共产党第十二、十三届中央政治局委员、国务院原副总理、中国人民政治协商会议第八届全国委员会副主席吴学谦同志，因病医治无效，于2008年4月4日9时38分在北京逝世，享年87岁。

农机市场产销两旺

近800万台农机具投入春耕

本报北京4月4日电　（记者**冯华**）春耕到，农机俏。据农业部统计，截至目前，全国共有796.3万台农机具和20.2万农机技术人员投入到春耕备耕和灾后恢复生产等工作中。已完成机耕地9458万亩，完成机播面积737万亩，机械浇地7284万亩。

今年中央财政加大了农机具购置补贴力度，补贴资金规模从上年的20亿元增加到今年的40亿元，并于2月25日提前预拨到地方，以满足农业春耕备耕和灾后农业恢复生产的需要。明确的政策预期，增强了农民发展农业机械化的信心，各地农机市场产销两旺，农民购机热情持续高涨。据初步统计，截至2月底，规模以上农机企业实现工业总产值234亿元，比上年同期增长25.2%，产销基本平衡。大中型拖拉机产量3.6万台，同比增长20.6%；收获机械产量2.9万台，同比增长25.3%。

据介绍，为加快推进水稻生产机械化，农业部今年决定在全国24个省（区、市）建立100个水稻机械化育插秧技术示范县，加大扶持引导力度，实施项目带动战略。通过示范推广和项目带动，预计2008年全国水稻机插秧面积将达到5000万亩，水稻栽植机械化水平超过12%。

高举旗帜　科学发展　贯彻落实十七大精神

中国石油天然气股份有限公司——

节能减排　"绿色"生产

本报记者　汪　波　曹红涛

中国石油天然气股份有限公司近年来认真贯彻落实科学发展观，积极转变发展方式，在保障国家油气供应安全的同时，节能减排工作取得了长足进展。2006年以来，公司新鲜水用量连年保持负增长，已累积实现节能量376万吨标煤，节水15860万立方米，分别完成"十一五"的56.97%和62.2%。

系统优化强素质

2007年12月23日10时53分，随着一声巨响，大庆油田龙凤热电厂6座冷却水塔顷刻间坍塌。40多年来为大庆油田做出巨大贡献的6台小火电机组，将被两台30万千瓦的大机组取代。

这次爆破被众多媒体称为"中国石油第一爆"，该工程能实现年节约标煤量6.54万吨，减少二氧化硫排放量约2700吨。

近年来，中国石油加快转变油气开发生产方式，加快淘汰落后炼化生产能力。各所属企业尤其是一些"博物馆型老厂"，克服设备老化、工艺陈旧等节能减排不利因素，通过系统优化推动节能减排工作整体上水平。

"'十五'以来，大庆油田投入60多亿元，对集输流程、输变电网、污水处理工艺等进行更新改造，短期看是增加了企业负担，长期看却为企业可持续发展奠定了基础。"大庆油田有限责任公司总经理、大庆石油管理局局长王玉普介绍，通过对油藏工程、采油工程、地面工程和生产管理四大部门的系统优化，大庆油田的系统负荷率提高12%，机采率提升了2.5%。

据悉，2007年集团公司已完成了对主要耗能用水设备、清洁工艺和节能环保技术的调查评估工作；重点安排空气回收、机采系统节电、能量及水系统优化等节能项目共计112项，投资18.8亿元，预计可新增节能能力90万吨标煤以上。另外，中国石油去年共有195套装置、采油厂完成了清洁生产审核，实施清洁生产方案2780个，年COD削减量2660吨、二氧化硫削减量3990吨。

科技创新夯基石

在中国石油系统，生产过程也是能耗和排放的过程，扩大产能与节能减排这对矛盾如何统一，是个难题。

"科技创新是推进节能减排工作的必由之路。"　（下转第二版）

人民日报

RENMIN RIBAO

人民网　网址:http://www.people.com.cn
手机:http://wap.people.com.cn

2011年5月
13
星期五
辛卯年四月十一
人民日报社出版
国内统一连续出版物号
CN 11-0065
第22952期(代号1-1)
今日24版

伟大历程 1921—2011

惊天动地铸雄师

——记创建党领导的人民军队

新华社南昌5月12日电　(记者胡锦武)84年前的8月1日凌晨,中国共产党人用南昌城中的稠密枪声,向世界发出了独立领导中国革命的宣言。

1927年8月1日发生的一切,已成为人民军队历史上的永恒。

由陈毅元帅手书馆名的八一起义纪念馆,坐落在南昌繁华的中山路上。走进八一起义纪念馆,风云际会的历史时刻奔涌而来。一件件革命者使用过的实物、一幅幅精心雕镌的壁刻画、一幕幕通过多媒体手段再现历史的场景,让人们回到那段惊心动魄的燃情岁月……

1927年春夏,由于国民党蒋介石集团和汪精卫集团先后叛变革命,大肆屠杀共产党人和革命群众,轰轰烈烈的大革命失败。

在革命遭受严重挫折的极为严峻的形势下,要不要坚持革命?如何坚持革命?这是摆在中国共产党面前的两个带根本性的问题。党以武装起义的实际行动,对此作出了初步而又明确的回答。(下转第四版)

上图:国画《南昌起义》　作者:韩　硕
(国家重大历史题材美术创作工程办公室供图)

〔声　音〕

"以后要非常注意军事,须知政权是由枪杆子中取得的。"
——1927年8月7日,毛泽东在"八七会议"上发言。

〔追　寻〕

陈之琰:八一起义最高领导人周恩来只有29岁,参加起义的将领平均年龄33.9岁。能与国家命运联系得如此紧密,是那个年代青年的幸运。

陈譞懿:睹物思人,我想我找到了答案:有些东西,可以比时光还强大,可以比岁月还坚定,比如信念,比如梦想。

汪晶晶:把革命精神发扬在今天中国特色社会主义的建设中,不是口号,是行动。

(摘自本报大型主题活动"追寻"小分队队员微博、博客,更多内容见人民网)

"一个没有技能的农民,打工一天也就挣三五十元,掌握了技能,他能挣将近一百元。"

河南全面提升劳动者技能

本报记者　罗　盘　曲昌荣

"劳动技能提升=民生幸福",这是河南省省长郭庚茂今年初写下的一道公式。这道看似简单的公式,浓缩了河南的省情,凝聚了决策者的真情!

人口大省河南,长期面临着省委书记卢展工总结的四道难题:"钱从哪里来,人往哪里去,粮食怎么保,民生怎么办"。求解"人往哪里去",任重道远。郭庚茂说:"就业是民生之本,技能是就业之本。一个没有技能的农民,打工一天也就挣三五十元,掌握了技能,他能挣将近一百元。"

求解难题,河南正把提升劳动者技能作为一项重大工程全力实施:中等职业学校年招生73.11万人,在校生187.91万人,全国第一;签署技能提升"省部共建"专项备忘录,全国首家;打造高级技能人才评价体系,技工院校毕业生也能评高级职称,全国首创;省长预备金中拨出专项支持资金,由3年前的零提高到今年的2.7亿元,前所未有……

解难根本在教育

去年7月,"全球代工巨头"富士康落户郑州,河南上下欢欣鼓舞。但面对富士康一次数万人的"海量"招工需求,第一劳务输出大省应对起来也难言轻松。"真正符合条件的有技能的工人还是远远不够。劳动者素质偏低和高技能人才紧缺已成制约河南发展的瓶颈。"河南省人力资源和社会保障厅厅长郭俊民说。

目前,河南城镇从业人员中技能劳动者仅占40%,而取得高级工以上职业资格的从业人员占技能人才总数不足20%;在全省4700万农村劳动力中,高中及中专文化程度以上的劳动力仅占10.1%,大专及以上的仅占0.93%。

具体到职业教育,更是不容乐观。河南省教育厅副厅长崔炳建说,河南每万人口中,职业院校在校生只有165人,明显低于东部发达地区。全省1000多所中等职业学校,有八成以上在县城和农村。农村职业教育普遍存在办学经费紧张、实训设备缺乏、校企合作困难、师资水平不高、生源不足等问题。

"河南是经济大省但不是经济强省;是农业大省但不是农业强省;是人口大省但不是人力资源强省。要解决河南一亿人口的就业压力问题,根本的出路在于教育。这当中,最突出的任务是职业教育。"有"职教省长"之称的郭庚茂看得更深、更远,他说,职业教育近的说是"民生问题",远的说是河南"区域竞争力"问题。

2008年,河南省委、省政府作出实施职业教育五年攻坚计划的重大决策:到2012年,全省中等职业教育在校生规模达到190万人,占高中阶段教育在校生规模的50%以上,高等职业教育在校生规模达到72万人,初步建立起与市场需求和劳动就业紧密结合、满足人民群众终身学习需要的现代职业教育体系。(下转第十三版)

吴邦国将访问非亚四国

新华社北京5月12日电　应纳米比亚共和国国民议会议长西奥本·古里拉布、安哥拉共和国国民议会议长安东尼奥·卡索马、南非共和国国民议会议长马克斯·西苏鲁、马尔代夫共和国人民议会议长阿卜杜拉·沙希德的邀请,全国人大常委会委员长吴邦国将于5月18日至31日对上述四国进行正式友好访问。

习近平会见澳门中华总商会访京团

新华社北京5月12日电　(记者陈键兴)中共中央政治局常委、国家副主席习近平11日在人民大会堂会见了以会长马有礼为团长的澳门中华总商会访京团全体成员。

习近平说,有着光荣历史传统的澳门中华总商会是澳门最具代表性和社会影响力的团体之一,为澳门平稳过渡、顺利回归作出过重要贡献,也为实践"一国两制"伟大事业、保持澳门繁荣稳定发挥了重要作用。

习近平向访京团简要介绍了国家"十一五"发展情况和"十二五"发展规划。他指出,国家"十二五"规划首次将港澳内容独立成章,对港澳在国家发展全局中的地位作用界定得更加清晰,对中央支持港澳巩固提升竞争优势、加快培育新兴产业的政策举措阐述得更加详尽,这为澳门明确长远发展方向、规划未来发展蓝图奠定了重要基础,也为澳门发挥优势和作用提供了广阔空间。他表示相信,澳门中华总商会一定会同全体澳门同胞一道,抓住国家"十二五"规划纲要颁布实施的宝贵机遇,在保持澳门经济繁荣稳定方面更加奋发有为,使澳门同全国一样,在"十二五"时期实现又好又快发展。

习近平强调,澳门中华总商会作为爱国爱澳重要社团,要在集中精力发展经济、切实有效改善民生、循序渐进推进民主、包容共济促进和谐的过程中,进一步肩负起促进澳门经济发展、民生改善和社会稳定的光荣使命。

习近平向澳门中华总商会提出四点希望:一是深入贯彻"一国两制"方针和澳门基本法,不断巩固扩大爱国爱澳的社会政治基础。二是把握宝贵发展机遇,发挥澳门独特优势,为支持国家又好又快发展、促进澳门繁荣稳定再立新功。三是在继续培养青年人才方面尽职尽责,确保"一国两制"伟大事业后继有人、薪火相传。四是更好履行服务会员、服务社会职能,为促进澳门社会更加和谐稳定多作贡献。

全国政协副主席、中央统战部部长杜青林参加会见。

李克强出席主权财富基金国际论坛第三次会议并致辞

新华社北京5月12日电　5月12日,中共中央政治局常委、国务院副总理李克强出席首次在中国举办的主权财富基金国际论坛会议并发表致辞。他指出,实现世界经济全面复苏和持续发展,需要建立更加平等均衡的发展伙伴关系,构建稳健安全的财政金融体系,促进金融和经济协调发展。中国将全面深化包括财税金融改革在内的各领域改革,推动科学发展和经济发展方式加快转变。

李克强说,经历了国际金融危机的冲击,面对当前复杂多变的环境,国际社会应当深入思考,怎样更好地把握机遇、应对挑战,推动世界经济全面复苏和持续发展。他指出,促进发展中国家持续较快增长,有利于开拓国际市场空间,为世界经济发展打下坚实基础。国际社会应当以包容、合作、共赢的精神看待新兴市场国家的发展,致力于解决南北发展不平衡问题。经济全球化是各国共同繁荣发展的普遍需要,应当坚持开放市场,反对任何形式的保护主义,推动多哈回合谈判进程,促进全球经济实现强劲、可持续、平衡增长。

李克强强调,健康有序的金融市场有利于实体经济提高效率、更好发展,但如果出现金融杠杆率过高、资产价格泡沫化等问题,就会给金融和经济都带来危害。应从实际出发,把金融创新与发展牢牢建立在为实体经济服务的基础上。他说,国际金融危机的深层次影响仍未根本消除,各国应当继续携手合作,深入推进财政金融改革,合理控制财政赤字和债务规模,改善国际货币体系,逐步化解财政金融风险。(下转第二版)

贺国强在湖南考察时强调

继承革命传统　把握主题主线　努力推动经济社会又好又快发展

新华社长沙5月12日电　(记者杨维汉)三湘四水涌热潮,科学发展势头好。7日至11日,中共中央政治局常委、中央纪委书记贺国强先后到湖南省株洲、衡阳、岳阳、湘潭、长沙等地进行调研。他强调,要大力弘扬革命传统,牢牢把握主题主线,紧紧抓住长株潭"两型社会"综合配套改革试验区建设这个龙头带动,切实推动湖南经济社会又好又快发展。

近年来,湖南在新型工业化道路上迈出了重要步伐。在南车株洲电力机车有限公司,当得知企业的整车产品不仅满足了国内需要,而且成功打入国际市场时,贺国强高兴地嘱咐企业负责人要抓住宝贵机遇,进一步提高企业经营管理水平和加大市场开拓力度,在实现企业自身快速发展的同时,为国家铁路建设作出新贡献。在巴陵石化公司和长岭炼化公司,贺国强要求把加快企业发展与改善职工生活结合起来,通盘考虑、协调推进,使广大职工共享企业改革发展成果。在江南机器集团公司、湘潭电机公司、湖南红太阳光电科技有限公司,贺国强希望企业进一步加强科技研发和自主创新,增强核心竞争力、争创发展新优势。

人民群众的生产生活情况牵挂着贺国强的心。在衡阳市衡山县福田铺乡白云村,当看到村里不少人家盖起了新房,了解到村里人均收入达到6000多元时,贺国强脸上露出欣慰的笑容。(下转第二版)

中国共产党的优秀党员,久经考验的忠诚的共产主义战士,无产阶级革命家,我国经济工作和妇女儿童工作的杰出领导人

陈慕华同志逝世

新华社北京5月12日电　中国共产党的优秀党员,久经考验的忠诚的共产主义战士,无产阶级革命家,我国经济工作和妇女儿童工作的杰出领导人,中国共产党第十一届、十二届中央政治局候补委员,第七届、八届全国人民代表大会常务委员会副委员长,国务院原副总理,原国务委员,中华全国妇女联合会原主席、名誉主席陈慕华同志,因病于2011年5月12日12时25分在北京逝世,享年90岁。

气象更新万木春

——献给走向新生的汶川地震甘陕渝灾区的父老乡亲

本报记者　杜峻晓　李　波　田　丰　刘志强　银　燕

初夏时节,地处秦巴山区的陕西宁强县,大地花开正艳,映衬着红瓦白墙的农舍,犹如一幅优美恬静的水彩画。

很难想象,3年前的汶川特大地震,把这里摇晃成了"站立着的废墟"。

灾区群众的安危牵动着党和国家领导人的心,解放军来了,志愿者来了,援建队伍来了,灾区干部群众擦干泪水站起来,重建家园的大幕在坚毅中开启。

"三年任务两年基本完成"。一栋栋城镇安居楼拔地而起,一座座农村集中安置点镶嵌在青山绿水间,一所所现代化的学校、医院、敬老院投入使用……

"我想跟胡爷爷说,请他放心,我们家和乡亲们的房子都建好了,现在家里种香菇,日子越过越好了。"3年前的5月31日,在宁强县广坪镇金山寺村的帐篷医院中,正在输液的赵莎莎第一次见到了胡锦涛总书记。如今在宁强县天津中学读高三的她,身穿一身运动装,剪了齐刘海,圆圆的脸上洋溢着幸福的微笑。

再次穿行在同属"5·12"汶川大地震灾区的甘肃陇南市、陕西汉中市、重庆梁平县,记忆中不可碰触的痛,与满眼奇迹般的新生,反复淡出淡入,一次次撞击着我们的心灵。

"最漂亮的是民居,最坚固的是学校,最现代的是医院,最满意的是群众"

——灾难面前,共产党人以实际行动彰显了"心里装着人民,一切为了人民"的政治本色

见到邱兰英老人,是在甘肃省康县王坝乡李家庄的村前小广场上。老人正带着4岁的小孙女张雨欣玩耍。(下转第六版)

1986年10月
10
星期五
丙寅年九月初七
北京地区天气预报
白天 晴间多云 风向 偏北 风力 二、三级 间四级
夜间 晴 风向 偏北 风力 一、二级
温度 最高 18℃ 最低 5℃
（代号1—1）

沪宁汉渝等27家中心城市行长达成协议

长江流域金融网络形成

本报讯 记者王楚报道：长江流域中心城市金融横向联系网络正式形成。上海、南京、武汉、重庆等二十七家中心城市人民银行的行长，经过多次多边接触和协商，10月9日下午在武汉璇宫饭店签署协议。

这二十七家中心城市工业总产值占全国的四分之一多，吸收的存款总数占全国存款总额的16.5％，贷款总额却不到六分之一。这说明，长江流域中心城市经济比较发达，占用贷款少，资金周转快，有资金融通的天然条件。

金融界权威人士认为，长江流域金融横向联系网络的形成，对解决横向的商品经济，纵向的资金分配之间的矛盾，跨出了重要一步。这对商品经济发展，开发长江资源，建设"长江经济走廊"，具有十分重要意义。

此间观察家看到，二十七家中心城市人民银行的行长具有"办实事，求实效"的金融意识。会上，渝、宁、汉等六城市银行行长之间，已达成六千万人民币的拆出、借入意向。

据知情人士透露：北京至广州铁路沿线中心城市金融网络，也即将成立。此间观察家认为，这样，我国将会形成一个"十"字形状的金融网络系统，那时，在我国南北东西经济横向联系中，金融的调节作用将愈来愈显得重要。

中共中央、人大常委会、国务院、中央军委沉痛宣告

刘伯承同志逝世

伟大的无产阶级革命家军事家刘伯承同志，在长期的革命斗争和一系列重大战役中，表现出卓越的军事才能，战功卓著，为创建中华人民共和国立下不朽功勋，为建设现代化、正规化革命军队作出了重大贡献。他的指挥艺术和作战谋略是毛泽东军事思想的重要组成部分。

新华社北京10月9日电 中共中央、全国人大常委会、国务院、中央军委讣告

中国共产党中央委员会、中华人民共和国全国人民代表大会常务委员会、中华人民共和国国务院、中央军事委员会沉痛宣告：中国人民的伟大战士、中国共产党的优秀党员、中国人民解放军的缔造者之一、伟大的无产阶级革命家、军事家刘伯承同志，因病医治无效，于1986年10月7日十七时四十分在北京逝世，享年九十四岁。

刘伯承同志的一生是光辉的一生。他青年时代就投身于辛亥革命和反对北洋军阀的战争。1926年参加中国共产党后，发动了四川泸（州）顺（庆）起义，又参与发动和领导了南昌起义。土地革命战争时期，特别是在二万五千里长征中，担任中央军委总参谋长，迭挫强敌，战功卓著，并同张国焘的分裂活动进行了坚决的斗争。抗日战争时期，担任八路军一二九师师长，转战华北，开辟了晋冀鲁豫根据地。解放战争时期，历任晋冀鲁豫军区、中原军区、第二野战军司令员，1947年率领十万大军渡过黄河，挺进中原，谱写了我军战略反攻的光辉篇章。在尔后的一系列重大战役中，均表现出了卓越的军事才能，为创建中华人民共和国立下不朽功勋。建国以后，历任军事学院院长兼政委、军委训练总监部部长、国防委员会副主席、人民革命军事委员会副主席，为建设现代化、正规化革命军队作出了重大贡献。他的指挥艺术和作战谋略是毛泽东军事思想的重要组成部分。1955年被授予中华人民共和国元帅军衔。他是中共第七届至第十一届中央委员会委员，第八届至第十一届中央政治局委员，还是第二届至第五届全国人大常委会副委员长。1966年1月起任中共中央军委副主席。1982年后由于年龄和健康原因辞去党、国家和军队的领导职务。刘伯承同志功高德重，深受全党、全军和全国各族人民的爱戴和尊敬。

刘伯承同志的逝世，是我党、我军和我国人民的重大损失。我们要化悲痛为力量，学习刘伯承同志的革命精神和优秀品德，为把我国建设成为高度文明、高度民主的社会主义现代化国家而共同奋斗。

伟大的无产阶级革命家、军事家刘伯承同志永垂不朽！

胡耀邦会见黄顺兴张春男时谈祖国统一

以台湾当权者为主要和谈对象 也重视其他爱国力量人民力量

新华社北京十月九日电（记者罗昌华、范颂九）中共中央总书记胡耀邦今天在中南海会见从台湾来大陆定居的爱国人士黄顺兴、张春男时说，祖国统一是一定要实现的。

他说，我们争取和平统一祖国，以台湾当权者为主要和谈对象，但也重视其他爱国力量和人民的力量。祖国和平统一之后，我们将照顾对统一有功的当权者的利益，同时也照顾其他爱国力量和人民的利益。

胡耀邦对黄顺兴、张春男说，一九七九年以来，台湾回大陆定居的人士有一千多人，还不包括他们的家属在内。

黄顺兴是台湾彰化县人，今年六十三岁，曾是台湾"立法委员"。他去年十月由台湾来大陆定居，现在是中国农业科学院顾问。

今年四十五岁的张春男也是台湾彰化县人，一九七二年当选台湾"国大代表"，后来因不满国民党统治，辞去这一职位。他今年二月和家属一起来大陆定居。

胡耀邦对客人说："你们是知名的爱国人士，对台湾情况熟悉，想听听你们对统一祖国有什么好建议。你们来后走了好多地方，也想听听你们对我们建设工作的建议。"黄顺兴介绍了台湾各阶层爱国人士热切盼望祖国统一的心情。他过去曾经从事过农业工作。谈话中，他就推广农业科学技术、环境保护等问题提了建议。

张春男说，大陆几十年来取得了历史性的伟大成就。历史地看，中国人民从来没有象现在这样愉快地生活。但他认为，比起一些国家，中国还是落后的，发展参差不齐，有先进的方面，也有落后的方面。

张春男还谈了他对祖国统一的看法和建议。

胡耀邦说，我们国家还没有做好的事情很多。现在，经济工作恢复很快，政治上安定团结。但是人民收入还不高，困难还很多，需要我们兢兢业业地工作。从长远来说，我们对搞好国家是有信心的。

会见时在座的有阎明复、杨斯德、林丽韫等有关方面负责人。

衡量第四季度生产流通好不好——

一看今年计划完成经济效益 二看明年生产各项准备工作

新华社北京10月9日电 国家经委今晚召开全国工交生产办公电话会议，要求各地区、各部门既要积极完成今年工业生产计划，又要从实际出发，量力而行，发动广大职工搞好今冬明春的生产流通，特别是要大力提高经济效益。

电话会议由国家经委主任吕东主持，国家经委副主任林宗棠通报了今年前三季度的全国经济形势。他指出，党中央、国务院在改革中加强和改善宏观管理的政策措施明显见效，目前国民经济中的不稳定因素有所减少，经济发展日益趋向正常，但是也还存在一些问题，主要是企业经济效益仍然不够理想。国家经委据此提出第四季度首先要紧紧抓住提高经济效益这个中心环节，着重做好以下几方面工作：

搞好市场预测，大力增产适销对路产品。各地要从实际出发，对本地畅销和滞销产品认真分析排队，努力增产适销对路的产品，并对所需要的电力、原材料、资金、外汇、运输和技术措施优先给予安排。对大幅度增产这些产品的企业和职工，要给以精神和物质鼓励。而对滞销积压产品则要坚决采取停产、转产或减产措施，同时积极开发新产品。

疏通流通渠道，加强销售工作。要一手抓生产，一手抓流通，重点安排好农村市场。

加强质量意识，提高产品质量。要动员广大职工，在技术、管理、组织和思想政治工作上采取提高产品质量的综合治理措施，使第四季度提高产品质量工作有新的起色。

国家经委强调，衡量今年第四季度生产流通搞得好不好，不但要看今年计划完成情况和经济效益，还要看为明年生产准备得如何。在今年内要把明年生产的各项准备工作抓紧做好。

胡耀邦会见黄顺兴先生（左二）和张春男先生（左一）。 新华社记者 王敬德摄

邓小平赵紫阳分别会见温伯格

宾主对中美关系总的发展表示满意

新华社北京10月9日电 中共中央顾问委员会主任、中央军委主席邓小平今天上午在人民大会堂会见了美国国防部长卡斯珀·温伯格一行。

邓小平说，中美关系总的来说是发展得好的。他对温伯格为推动两国关系，特别是两军关系的发展作出的努力表示赞赏。

温伯格赞同邓小平对两国关系的评价。他说，他昨天同张爱萍国防部长举行了很好的会谈，这表明两军关系具有良好的发展前景。温伯格还转交了里根总统给邓小平的一封信。

邓小平请温伯格回国后转达他对里根总统和夫人的问候。

国防部长张爱萍会见时在座。

国务委员兼外交部长吴学谦也在今天上午会见了温伯格，双方就中美关系和一些国际问题交换了意见。

据新华社北京10月9日电 国务院总理赵紫阳今天下午在中南海会见美国国防部长卡斯珀·温伯格，宾主就发展中美两国关系进行了友好的谈话。

赵紫阳说，中国真诚希望进一步发展中美关系。近年来两国关系比较平稳，并有新的发展，我们是比较满意的。但是台湾问题依然是两国关系的障碍。如果这个问题解决了，中美关系就可以有大的发展。

赵紫阳对两国经济关系发展比较顺利表示高兴。他指出，这方面还有很大潜力，希望双方共同努力，使两国的经济、贸易关系和技术转让有更大的发展。

赵紫阳还介绍了中国的经济体制改革和对外开放政策。

温伯格认为，美中关系在不断改善，不断向前发展。这对双方都是宝贵的。

温伯格向赵紫阳递交了里根总统的一封信。赵紫阳请温伯格转达他对里根的问候。

温伯格部长今天下午在国防大学发表了演说。

晚上，温伯格和夫人在长城饭店举行答谢宴会，我国国防部长张爱萍等应邀出席。

我成立外国投资工作领导小组

谷牧任组长 周建南任副组长

新华社北京10月9日电 本社记者获悉，国务院新近成立了外国投资工作领导小组。

主管中国对外开放事务多年的国务委员谷牧担任领导小组组长，周建南任副组长。领导小组成员包括国务院一位副秘书长，国家计委、国家经委、国务院特区办公室、经贸部、劳动人事部、城乡建设环境保护部、中国人民银行、中国银行、海关总署、国家工商行政管理局和国家外汇管理局的负责人。领导小组的主要任务是：对中国利用外国投资方面的方针、政策、规划的重大措施进行研究，向国务院提出建议；督促检查各地区、各部门在利用外国投资方面的工作；协调、仲裁和解决有关重大问题；组织有关部门搞好利用外国投资工作的宏观指导；督促有关部门加强有关的涉外经济立法和司法工作。

领导小组设立办公室，日常工作由国务院特区办公室承担。

"人间仙境"蓬莱阁 整修一新迎游人

新华社济南十月九日电（记者傅洪德）素有"人间仙境"之称的蓬莱阁，最近大修竣工，以新的雄姿迎接国内外游客。

建于蓬莱水城北端陡峭的丹崖之巅的蓬莱阁，始建于宋代嘉祐年间，距今已有近千年历史。后经历代整修扩建，形成了一个以蓬莱阁为领挈的寺庙与园林交错的古建筑群，建筑总面积一万八千九百多平方米，又可分为蓬莱阁、吕祖殿、三清殿、天后宫、龙王宫、弥陀寺等六个单体。亭台楼阁，依山建筑，高低相映，气势雄伟。

北宋大文人苏东坡曾在登州（今蓬莱）做过五日太守，在蓬莱阁上留下许多脍炙人口的诗文和手迹，成为阁上最有价值的文物。蓬莱阁从清末至解放前夕，历经战乱，遭到严重破坏。解放以后特别是进入八十年代，国家拨出巨款逐步修复了所有古建筑。夏秋之际，蓬莱阁周围经常出现"海市蜃楼"奇观，使它吸引来更多的游客。

赵紫阳会见埃切维里亚时说

中国再用五年建起新体制基本框架

从实践看有可能不发生大的挫折取得改革成功

据新华社北京10月9日电（记者张荣典）国务院总理赵紫阳今天在这里说，中国的改革已进行了七年，计划再用五年的时间，把新体制的基本框架建立起来。

赵紫阳是今天下午在中南海会见墨西哥前总统路易斯·埃切维里亚·阿尔瓦雷斯一行时说这些话的。

埃切维里亚现在是"第三世界经济和社会研究中心"主席。他在会见时说，这次来访是为了了解中国进行改革的情况。他说他所领导的中心和拉丁美洲许多国家都关心着中国的改革。

赵紫阳说，通过几年的实践，看来有可能在不发生大的挫折的情况下使改革取得成功。

赵紫阳说，中国自党的十一届三中全会以来所实行的路线是坚持社会主义制度，同时实行改革和开放，以建设具有中国特色的社会主义。他说，国外有人说中国实行改革和开放，将走西方资本主义道路。这不符合中国的事实。赵紫阳强调指出，十二届六中全会所通过的关于社会主义精神文明建设指导方针的决议也表明了中国将坚持社会主义道路，同时坚定不移地实行改革和开放。

埃切维里亚说，他所领导的中心非常有兴趣地研究了中国所发生的变化。他认为，中国的改革不是自我否定，而是中国社会主义制度自我完善的一个阶段。

墨西哥客人是应中国人民外交学会的邀请于今天中午抵京对我国进行访问的。今晚，韩念龙会长设宴欢迎埃切维里亚一行。

十四个民族歌手献艺充满高原泥土芳香

第三届西北音乐周风格独特

本报讯 记者张述圣报道：10月7日，两年一度的西北音乐周——兰州音乐会，在散发着高原泥土芳香、充溢西部风格神韵的乐曲声中，徐徐落下帷幕。

西北音乐周——兰州音乐会是地处祖国西北地区的陕西、甘肃、宁夏、青海、新疆五省（区）为繁荣和发展西北音乐文化事业共同协商组织发起的。第一届西北音乐周——长安音乐会，于1982年在西安举办，第二届西北音乐周——塞上音乐会，于1984年在银川举办。这两次音乐会都取得圆满成功，在全国产生了影响，受到全国音乐界的普遍重视。

第三届西北音乐周——兰州音乐会，展示了塞上音乐会以来西北五省（区）更为丰硕的音乐创作成果，为兰州观众带来了新的旋律、新的节奏和新的信息。汉、回、藏、蒙、维吾尔、哈萨克、撒拉、东乡、保安等十四个民族的八百多名音乐工作者，在十天的紧张演出中，为三万多名兰州观众奉献了十台音乐节目，其中花儿剧一台。演出一百三十七个节目，演唱、演奏音乐作品三百七十多首。

著名画家唐云"艺德可风"

我国著名画家唐云把自己精心创作的百幅作品赠给浙江省残疾人福利基金会。在十月七日举行的绘画赠品移交仪式上，浙江省副省长徐启超代表省人民政府向他赠送了"艺德可风"的横匾。

七十八岁高龄的唐云先生原籍浙江杭州，现任上海中国画院名誉院长。

电视图像清晰新材料问世

一种新型超塑工业材料用于制作卫星地面接收天线后，将给电视带来图象清晰的效果。

由长春光机所和北京冶炼厂联合研制成功的这种材料，十月九日在北京通过部级鉴定，它被认为具有较好的经济价值和推广应用的前景。

黄河年均填海造陆四万亩

据有关部门测定，自一九四七年黄河回归现行河道至一九八五年底，共填海造陆一千二百二十平方公里，年均造陆三十一点三平方公里，折合四万六千九百五十亩。河口一带海岸线平均向海内推进三百九十米。

黄河是世界上含沙量最高的大河，年输沙量达十六亿吨，其中约十二亿吨随水入海，昼夜不停地填海造陆，使三角洲不断扩大。山东省垦利县的大部分土地是黄河近百年来填海造出来的。我国第二大油田胜利油田的一些高产油田大都位于黄河三角洲上。

（据新华社）

"庆典风"还要刹

袁勤忠

在有些地方，"庆典风"还没有刹住，引起人们的忧虑。

首先，是名目仍多，新建厂、站、院、馆，工程竣工，通车通航……都要庆贺一番，连有的乡村建座水泥桥、修条油渣路，也要发出请帖，引来车辆盈门。

更可虑的是，种种庆典并非都是"务虚"，礼毕之后照例摆下酒宴，搞一次庆典活动，少则耗资几百、几千，多则上万，或增加了国家和企业的非生产性开支，或加重了农民负担，也为某些人假公济私提供可乘之机，更糟的是，助长和传播了讲排场、比阔气的坏风气。

看来，纠正"庆典风"决不是差不多了。

"胖"、"棒"、"旺"、"亮"之类

胡浩生

"食品公司吃得胖，百货公司穿得棒，煤炭公司炉火旺，五金交电公司车子亮。"这是笔者最近听到的一段顺口溜，这首顺口溜所反映的情况难免以偏概全，但也多少道出了在某些地区和行业仍然存在不正之风的事实。

在各种工作岗位上，很多人都掌握着一定的权力，或是紧俏商品，或是车船水电，或是人事调动，……可以说，每个人背后都有一座"山"，诚然，大多数同志都是让"山"中之宝为民造福的，但也确实有那么一些人是"靠山吃山"，占山为王，为个人谋取私利，这显然不符合社会主义职业道德和社会公德。希望自家人"吃得胖"、"穿得棒"、"炉火旺"、"车子亮"，是可以理解的，但决不可恃权谋取过分的好处。如果只是你那里"胖"、"棒"、"旺"、"亮"，广大群众却是"瘦"、"次"、"暗"、"破"，那么我们有什么资格说自己是为人民服务的呢？

今日谈

人民日報

RENMIN RIBAO

第14874期　（代号1—1）

1989年3月
31
星期五
己巳年二月廿四

北京地区天气预报
白天 晴
风向 偏北
风力 二、三级转四、五级
夜间 晴
风向 偏北
风力 四级转一、二级
温度 最高 20℃
最低 5℃

人民日报社出版

人大会议主席团举行二次会议

一些决议草案经过表决决定提请大会审议通过

新华社北京3月30日电　七届全国人大二次会议主席团今天下午在人民大会堂举行第二次会议，就准备提交大会审议、通过的一些决议草案进行表决。

主席团常务主席万里委员长主持了会议。

会上，首先宣读了关于政府工作报告的决议草案。赵梓森、陈舜礼、符浩、杨辉、王光中、韦钰、罗天、关山月等主席团成员就决议草案发表了修改意见。

会议经过表决，原则通过了关于政府工作报告的决议草案，并决定将决议草案印发各代表团审议，提请大会通过。

会议还听取了全国人大常委会副委员长、全国人大财经委员会主任委员陈慕华作的关于1989年国民经济和社会发展计划草案的审查报告、关于1988年国家预算执行情况和1989年国家预算草案的审查报告。会议决定将这两个审查报告印发全体代表。

会议宣读了关于1989年国民经济和社会发展计划的决议草案、关于1988年国家预算执行情况和1989年国家预算的决议草案。主席团成员刘延东、张承先、杨辉对这两项决议草案提出了修改意见。

经表决，会议原则通过了这两个决议草案，并决定将这两个决议草案印发各代表团审议，提请大会通过。

＊＊＊

会上宣读了山东代表团王道玉等32名代表对农业部提出的关于处理山东省无棣县与河北省黄骅县定置大架槽张网渔场纠纷情况的质询。会议决定，由国务院秘书长在七届全国人大二次会议期间，邀集山东、河北两省的同志进行协商解决。

＊＊＊

122名主席团成员出席了会议。

国务委员兼财政部部长王丙乾列席会议，听取了意见。

＊＊＊

陈慕华向人大主席团会议报告

今年国家计划和预算是可行的

人大财经委为实现国家预算提出六条建议

据新华社北京3月30日电　全国人大常委会副委员长、全国人大财经委员会主任委员陈慕华在今天下午举行的七届全国人大二次会议主席团第二次会议上作关于1989年国民经济和社会发展计划草案的审查报告时说，国务院在执行1988年计划的过程中，取得了成就，社会生产持续发展，国家经济实力进一步增强，对外开放和经济交往不断扩大，教育、科技、文化、卫生、体育等各项事业进一步发展，经济体制改革继续深入。

她说，但是，由于国务院没有完全按照1988年国务院提出的国民经济和社会发展计划的要求和部署执行，也出现了不少困难和问题，最突出的是通货明显膨胀，物价上涨幅度过大。

陈慕华说，国务院提出的1989年国民经济和社会发展计划草案，体现了党的十三届三中全会确定的指导方针以及把今明两年建设和改革工作的重点突出地放到治理经济环境和整顿经济秩序上来的部署。她认为，总的看来，国务院提出的计划是可行的。建议全国人民代表大会批准国务院提出的1989年国民经济和社会发展计划，批准国务院副总理兼国家计划委员会主任姚依林所作的《关于1989年国民经济和社会发展计划草案的报告》。

她指出，在国家计划通过以后，各级政府必须坚决执行。在执行中，要定期进行检查，协调，及时解决执行中的问题，并定期向同级人民代表大会常务委员会汇报计划执行情况。如有重大调整，应该报同级人民代表大会常务委员会审查、批准。

据新华社北京3月30日电　全国人大常委会副委员长、全国人大财经委员会主任委员陈慕华今天在作财经委员会关于1988年国家预算执行情况和1989年国家预算草案的审查报告时说，1988年国家财政收入和支出都完成了七届全国人大一次会议批准的国家预算；财经委员会认为，总的看来，国务院提出的1989年国家预算是可行的。

她说，财经委员会认为，要完成1989年预算，任务是艰巨的。财经委员会建议全国人民代表大会批准国务委员兼财政部部长王丙乾所作的《关于1988年国家预算执行情况和1989年国家预算草案的报告》，批准国务院提出的1989年国家预算，并建议在1988年国家决算编成后，授权全国人民代表大会常务委员会批准。同时，财经委员会建议，除了1989年国家预算中已增加的教育经费50亿元外，在预算执行中各级政府和各个部门通过努力增收节支，挖掘潜力，尽可能再增加一些教育经费。

陈慕华说，在1989年国家预算执行过程中，各级政府要定期进行检查，并定期向同级人民代表大会汇报执行情况。如有重大调整，应报同级人民代表大会常务委员会审查、批准。

她说，我国国民经济的治理、整顿正在进行，今后的任务相当艰巨。为了实现1989年国家预算，财经委员会建议：

第一、要认真落实各项增加收入的措施，并强化税收的征管工作，坚决杜绝财政收入流失。依法纳税是一切单位和公民应尽的义务，要广泛进行爱国纳税的宣传教育，增强依法纳税的自觉性。对偷税、漏税和抗税不交的，要依法惩处。

第二、要认真加强对支出的管理。各项开支都要精打细算，厉行节约。对一些浪费国家资财的行为要坚决查处。

第三、狠抓经济效益，努力扭亏增盈。

第四、严格按预算办事，依法理财。预算批准之后，从中央到地方都不准开减收增支的口子。要纠正任意批条子的做法。预备费的动用必须经过规定的审批程序。

第五、健全财经制度，严肃财经纪律，坚决改变目前纪律松弛的状况。对于违反财经纪律的，对于严重不负责任造成损失浪费的，一定要严肃查究，决不能姑息纵容。财税干部必须依法办事，廉洁奉公。

第六、发扬艰苦奋斗，勤俭建国的优良传统。各级干部，特别是高级领导干部，要廉洁从政，克勤克俭，反对一切铺张浪费行为。

上海代表评论人大常委会工作

立法颇有成绩　监督政府不力

希望加强与政府联系，随时了解情况，主动实行监督

据新华社北京3月30日电　（记者李克勇、吴士深）全国人大常委会在过去一年里对政府工作和法律实施方面监督不力，有负众望，不能令人满意。

这是人大七届二次会议部分上海代表在审议人大常委会工作报告时提的尖锐批评，尽管代表们对人大常委会在立法方面做出的成绩加以赞赏。

上海市侨联副主席陈德明代表说，去年代表们举手通过的国民经济计划在实际执行中出现很大偏差，工业速度超出一倍多，货币发行超计划50％以上，投资规模超计划30％以上，物价指数超出各方面承受能力，人大常委会对上述问题显然未能有效监督，有负众望。

30位上海代表日前还就国民经济计划执行偏差、国务院机构改革是否有成效、企业法和破产法执行情况、整顿清理公司情况和对选举产生的国家领导人是否进行监督评议五个问题，向会议主席团递交了联名信，要求作出说明。

代表们指出，人大常委会目前仅限于事后听取汇报这一种监督形式，处于消极状态；应该积极发现问题，做出决议，及时纠正。

《新民晚报》编委吴承惠代表说，有的代表提出设立新的监督机构，其实人大常委会的专门委员会就应是监督机构。新设也好，不设也好，关键是人大常委会要变被动监督为主动监督。

人大常委会怎样才能增加活力，有效地实行监督？代表们对此各抒己见。不少代表强调，必须逐步摆脱把人大常委会当作荣誉性机构的作法，使人大常委会成为常设专职工作机构，加强与政府联系，随时了解情况，进行监督。

有的代表提出，应该在宪法范围内，进一步调整理顺中共中央、民主党派、政协与人大之间的相互关系，具体确立人大常委会的监督程序和制度，制定有关条例。

有的代表建议，对每一位人大常委会委员会议发言和表决情况记录在案，公之于众，或通报代表，使人民了解他的政见。

国务院要求加强工资基金管理

不允许任何部门和个人越权提高工资标准

新华社北京3月30日电　为了压缩社会总需求，控制消费基金过快增长，国务院今天发布通知，要求进一步加强工资基金管理。

国务院通知说，国家下达的工资总额计划，各地区、各部门必须认真执行，并按隶属关系落实到基层单位。各基层单位要根据国家核定的年度工资总额，编制工资基金使用计划，经主管部门审核并经同级劳动部门会同有关部门批准后列入《工资基金管理手册》。开户银行据此监督支付工资。超过计划规定数额的，银行一律拒付。各企业、事业、机关、团体等单位，只能在本单位进行现金结算的开户银行设立一个工资基金专户。

国务院通知强调，事关全局的工资问题，由中央、国务院通盘考虑，统一部署。任何地区、部门和个人，无权自行提高工资区类别和机关、事业单位工资标准，以及增加在企业成本、费用中列支基本工资（包括津贴、补贴等）；无权自行决定减征或免征工资调节税、奖金税；无权动用其他资金或采取其他办法增加职工工资。对违反国家有关规定的，除应责令其立即纠正外，还要给予经济处罚，并追究有关领导和直接责任者的行政责任，情节严重的，要依法惩处。

中共中央、人大常委会、中央军委沉痛宣告

肖劲光同志逝世

新华社北京3月30日电　中国共产党中央委员会、全国人民代表大会常务委员会、中央军事委员会讣告

中国共产党中央委员会、全国人民代表大会常务委员会、中央军事委员会沉痛宣告：久经考验的忠诚的共产主义战士，国家和军队的优秀领导人，杰出的无产阶级革命家、军事家，我军卓越的军事指挥员，第五届全国人民代表大会常务委员会副委员长，中共中央顾问委员会原常务委员，中国人民解放军海军原司令员肖劲光同志，因病于3月29日18时25分在北京逝世，终年86岁。

肖劲光同志是湖南省长沙市人，1920年加入社会主义青年团，1921年赴苏联莫斯科东方劳动者共产主义大学学习，1922年转入中国共产党。1924年回国后，历任国民革命军第2军第6师党代表，中央苏区红军学校校长，工农红军第5军团政治委员，建黎泰警备司令员兼红11军政治委员，闽赣军区司令员兼红7军团政治委员，红3军团参谋长，陕甘宁省军事部部长，中央革命军事委员会参谋长，八路军后方总留守处主任，留守兵团司令员，陕甘宁晋绥联防军副司令员，东北民主联军副总司令兼参谋长，南满军区司令员，第四野战军第12兵团司令员兼政治委员，湖南军区司令员，海军司令员，国防部副部长。1955年被授予大将军衔。他是中国共产党第七届中央委员会候补委员，第八届至第十一届中央委员，曾任第五届全国人民代表大会常务委员会副委员长，中央顾问委员会常务委员，中央军事委员会委员。肖劲光同志为中国人民的革命和建设事业贡献了毕生的精力，他的逝世是我党我军的重大损失。

肖劲光同志永垂不朽！

田纪云指出

今年防汛要早动手

据新华社北京3月30日电　（《经济参考》报记者叶建平、新华社记者赵鹏）国务院副总理、国家防汛总指挥部总指挥田纪云28日上午在听取全国城市防洪座谈会情况汇报时说，今年防汛工作要及早动手，有备无患，务必不出大问题，为搞好治理整顿创造条件。

田纪云指出，今年全国防汛重点是两个方面：一是大江大河、大中型水库。大江大河如果出问题，首当其冲的是城市，其次是更大面积的农村。大中型水库一旦出问题，要冲毁城市，后果也不堪设想。二是大中型城市的城市建设与城市防洪工程建设必须同步，如果不搞防洪工程建设，城市建设再好，洪水一来，都将毁于一旦。

田纪云指出，今后在城市防洪工作中要坚决实行市长负责制，各市一定要有个精悍的工作班子，抓日常防汛工作。防汛经费各地自理，可以由地方财政拿一部分，从受益单位筹集一部分。对于防洪经费特别有困难的地方，国家可以重点适当加以扶持。

田纪云指出，河道清障、滞洪区的工作要认真抓好，凡是在已清好的河道中又重新搞建设的，要采取严厉的措施处理，滞洪区内不能再搞永久性建设。

菲律宾众院议长表示

反对通过《对台互惠关系法》

新华社马尼拉3月30日电　菲律宾众议院议长拉蒙·米特拉今天在这里表示，他将不允许通过旨在菲律宾与台湾建立正式关系的《对台互惠关系法》。

米特拉今天在接受记者采访时说，《对台互惠关系法》是“企图制定两个中国的政策，我们决不答应。”

他说，这项草案仅在菲众议院亚太事务小组委员会通过，它还没有得到众议院对外关系常务委员会的批准，因此不能在众议院进行讨论。

杨尚昆会见马丁内斯

宾主强调发展两国友好关系

本报北京3月30日讯　记者丁刚报道：国家主席杨尚昆今天下午在人民大会堂会见了阿根廷副总统维克托·马丁内斯。

杨主席说，中阿两国之间在许多问题上都有共同语言，双边合作也有成绩。双方应继续努力，以使两国友好关系进一步发展。

马丁内斯副总统说，阿根廷政府重视发展对华关系，这是阿根廷所有政党的一致意见，也是阿中友好关系发展的政治基础。

杨主席说，讲开放就是要找朋友，同朋友们共同发展。阿根廷是一个同我国合作的好朋友，双方可以互相学习、取长补短。

杨主席强调，中国非常重视同拉丁美洲国家的关系，希望这种友好关系能够不断深入发展。

杨主席在谈到当前的国际形势时指出，世界经济的发展仍存在着许多问题，富的很富，穷的很穷。许多发展中国家承受着外债的重压，使世界经济的发展难以平衡。所以，中国主张在世界上建立新的经济秩序。

马丁内斯副总统认为，不能让人类创造的财富总落在发达国家手中。解决这个问题的办法应该是加强发展中国家的相互支持。中阿两国可以加强合作，推动新的国际经济秩序的建立。

李鹏下月出访日本

新华社北京3月30日电　外交部发言人今天在这里宣布，应日本政府邀请，国务院总理李鹏将于4月12日至16日对日本进行正式友好访问。

各级审计机关加强监督

去年查出违纪金额152亿

本报北京3月30日讯　记者王锦鹄报道：在过去的一年中，我国各级审计机关加强审计监督，共审计了19.2万多个单位，比上年增加18％，查出违反财经纪律的金额152亿元，其中应上交财政30亿元，已入库20亿元。

据了解，去年审计机关重点对自筹基建资金和楼堂馆所项目进行了审计，在对2.7万个自筹基建项目的审计中，发现有问题的项目5500多个，通过审计，压缩投资8.4亿元，归还被挪用的各种专项资金1.8亿元。在十三届三中全会后，审计机关还对政府已决定的停缓建项目开展跟踪审计，取得很大成绩。

去年，审计机关对全国14.8万多个（含内审机构审计）行政事业单位财务收支实行了定期审计制度，促使被审计单位加强财务管理，压缩了行政经费开支。

环境变化使我党面临新考验

本报讯　今日本报五版国内专页发表中共河北省委书记邢崇智的文章《认识新变化迎接新考验》。该文将现在同十一届三中全会以前作一番比较，分析了社会环境六个方面的变化，以及由此给我党带来的五个考验。

前藏军司令谈西藏平叛前后

本报讯　30年前的3月10日，西藏反动上层分子发动了武装叛乱。现西藏政协副主席、前藏军司令拉鲁·次旺多吉作为历史的见证人，回忆了这一非常事件的前前后后。今日五版刊登了本报记者的访问记。

新华社更正：本社3月29日播发的《银行公布二季度长期保值储蓄贴补率》一稿（见昨天本报一版），二段中“根据国家统计局统计的1988年第四季度和1989年第一季度”应为“根据国家统计局统计的1988年第四季度和1988年第一季度”。

“肠梗阻”该怨谁　眼下，道路时常发生“肠梗阻”，除了道路状况不好、管理欠佳外，司机不文明驾驶是重要原因。3月14日，湖北枝江县獐平汽车轮渡码头上出现拥挤不堪的场面，轮渡上的车辆还没有下完，附近的一些汽车、拖拉机便蜂拥而上，结果，谁都走不动。这种局面怨谁呢？

陆　旭摄

新闻摄影比赛

七届全国人大二次会议的声音传到宁夏回族自治区平罗县新丰村，这里的农民，放心中有担心，高兴中伴有疑虑。

3月20日晚，县委书记李桂林和县农工部长王继恭来到新丰村党支部书记吴万仁（回族）家里，只见七八个村干部和农民正在收看全国人大会议的电视新闻。话题自然落到农业问题上来了。

当了20多年村干部的支部书记吴万仁说，这几年新丰村的农业生产不断发展。1988年粮食总产量比1987年提高65％，全村除几户智力较差的外，都已经脱了贫。我的体会是，农村致富一要靠党的政策好，二要靠向农业投入多，三要靠科学技术。

李桂林说，李鹏总理在全国人代会上说了，从今年4月1日起，提高合同订购粮价18％，合同定购以外的粮食实行市场交易，价格随行就市。我粗略算了一下账，仅“议转平”这一部分，全宁夏农民就可以多收入4600多万元。

人大声音传农家

本报记者　黄翊明

坐在一旁的回族农民马文才说，我一家九口人，六个劳动力，1988年种水稻30亩，小麦7亩，甜菜3亩，还开了10亩荒地。去年一年，毛收入就达8000多元，纯收入4000多元，这是我过去想都不敢想的。我原想今年盖几间新房，砖、木料都准备了，为了当个万元户，新房先不盖了，还要开几十亩荒地，多种点粮食。

李桂林说，今年全县筹措了100万元用于农业生产，但发展农业光靠国家也不行，如果我们县20万农业人口，一人多投入10元，就是200万元。

气氛越来越热烈，大伙儿七嘴八舌地说，听了李鹏总理的报告，我们是对上面放心，对中间“担心”，希望我们这里贯彻中央精神不打折扣。上面早就讲过，议购粮食要放开收购，价格随行就市。可我们宁夏还是作为任务下到农户，还要略低于市价收购。这一次贯彻中央精神千万不要再打折扣啦。

现在的农民对国家大事想得更深更远了。

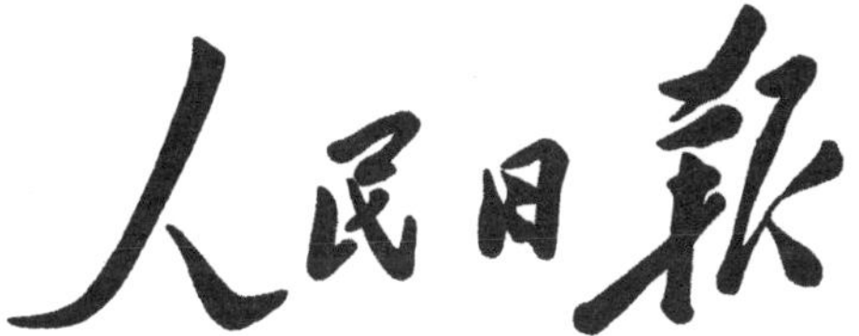

RENMIN RIBAO

今日8版

人民网网址：http://www.people.com.cn
http://www.peopledaily.com.cn

国内统一刊号：CN11-0065
第20308期 （代号1-1）
人民日报社出版

2004年2月
15
星期日
甲申年正月廿五

北京地区天气预报
白天 晴转多云
降水概率20%
风向 北转南
风力 二、三级
夜间 多云转阴北部地区有小雨夹雪
降水概率40%
风向 南转北
风力 二、三级
温度 10℃/1℃

福建构建海峡西岸经济区

北承长三角 南接珠三角

本报福州2月14日电 记者蔡小伟报道：猴年春节前夕，由台湾中华映管股份公司投资7.9亿美元建设的等离子电视机和液晶显示屏项目，在福州正式动工。自此，台湾在闽投资实际到资额已达到100亿美元，台资在福建引进外资实到资额中占22%。为充分发挥福建作为两岸三地和长江三角洲与珠江三角洲两个三角洲联结点的区位优势，福建省委、省政府提出了构建三条战略通道，努力建设对外开放、协调发展、全面繁荣的海峡西岸经济区的发展思路。

福建通过实施项目带动战略，着力推进与长江、珠江三角洲的产业对接、基础设施对接、市场对接，拓展经济腹地。福建的宁德市主动接受浙江温州一带的产业辐射，去年引进各种项目300多个。漳州市发挥比邻广东的优势，对接珠三角高新技术产业，合办各类企业100多家。南平、三明、宁德等地的企业家，在上海创建钢材、木材、石材等各类市场50多个，拥有大小企业4000多家，从业人员近15万人，年经营额数百亿元。由于建立了销售基地，闽东的食用菌、石板材、茶叶、海产品等源源不断地销往上海及沿海其他市场。

福建群山环绕，省委、省政府把打通出闽通道作为战略目标加以实施。去年，全省投资数百亿元、全长600多公里的同三线（黑龙江省同江市至海南省三亚市）福建段高速公路全面贯通，使长江三角洲与珠江三角洲的高速公路得以连接，同时，10条入闽公路通道建成；全长290公里的赣（州）龙（岩）铁路建设进度加快，不久将使赣南、闽西革命老区同闽南沿海更加紧密相联。项目建设带动了福建全社会固定资产投资的大幅增长，去年完成1507.9亿元，增长22.5%，比上年增加14个百分点。

正在大力建设的海峡西岸经济区将成为对外经贸合作、科技文化交流的重要地区。去年以来，福建全方位推进"走出去"战略，成功举办了第七届中国投资贸易洽谈会、中国（厦门）国际旅游节、厦门对台出口商品交易会等大型经贸活动，外向型经济取得新进展。去年，福建全省实际利用外资按同比口径增长17.5%，外贸进出口累计完成353.4亿美元，比上年增长24.4%。目前，福建累计批准设立的台资项目7600多家，合同利用台资135.2亿美元，使福建成为台湾投资的重要集聚地。

福建通过发展县域经济和推进城市化，使海峡西岸成为城乡统筹、经济社会协调发展的地区。福建共有85个县级行政建制，县域土地占全省90%，地区生产总值占全省的59.5%，县域经济发展状况关系全局。去年福建省出台了《加快县域经济发展的若干意见》，以工业化、城镇化为抓手，立足各地优势发展各具特色的工业产业。

山东经济发展注重后劲

重大建设项目投产一批开工一批筹备一批

本报济南2月14日电 记者宋光茂报道：目前，山东省现有的25项重大建设项目有的正在建设之中，有的正在加紧开展前期工作。按照"竣工投产一批、开工建设一批、争取筹备一批"的工作思路，山东省重大项目建设注重后劲进展顺利，有力地支撑了山东的快速发展。

济平干渠工程是南水北调东线的重要组成部分，项目总投资12.11亿元。现已开挖渠道4公里，另有46公里渠道和18座控制性建筑物已全面铺开建设，完成土石方490万立方米。去年12月底，山东省还开工了胶东地区引黄调水工程，项目总投资28.9亿元，其中国家补助投资7亿元，国家开发银行贷款8亿元，省内投资13.9亿元。像这种正在开工建设的重大项目，还有济南机场航站区扩建项目、烟台市至大连市的烟大铁路轮渡建设项目、巨野煤田开发项目、"三河三湖"、环渤海等重点流域水污染治理国债项目等，每个项目的总投资都在10多亿元乃至五六十亿元以上。这些项目成为有效拉动需求的重要力量。

山东高速公路建设始终在全国保持着领先地位。2003年全省在建高速公路总规模1301公里，总投资101亿元，建成通车607公里，通车里程达到3018公里。中瑞合资重汽沃尔沃卡车项目总投资19561万美元，去年12月试生产的第一辆卡车已下线。烟台汽车项目总投资14.5亿元，自去年5月投产以来，已生产赛欧牌轿车近4万辆。去年竣工投产的一大批项目都是山东省经济建设中的骨干，支撑了山东经济去年13.7%的高速增长。

随着新一轮大发展氛围的形成，山东省争取国家批复和筹备的项目量大面广。如已进入筹备序列的海阳核电项目，总投资达225亿元；黄河三角洲林纸一体化项目规划总投资222亿元；华泰、泉林林浆纸结合项目总投资77.3亿元；邹县发电厂四期工程总投资97亿元；海水淡化项目总投资16亿元，项目建议书已获得国家发展和改革委员会批复；等等。有关负责人介绍说，山东省大批储备和筹备的项目，表明山东经济有充足的发展后劲。

"市政府办的，正是咱老百姓盼的"

——杭州市解决群众生活的"七大难"纪事

本报记者 袁亚平 江南

坚持求真务实 促进全面发展

"呀，这不是沈老吗？"农历大年三十上午，浙江省委常委、杭州市委书记王国平一踏进杭州商报热线值班室，就一眼认出杭州市"十佳"文明市民、80岁高龄的沈伯欣。王国平热情地向周围的同志介绍说："沈大爷关心杭州城市建设，为市委、市政府的工作出了不少好点子。"沈伯欣乐呵呵地说："现如今市政府办的，正是咱老百姓盼的！我们每个人都应该关心这个城市。"

市委书记与普通市民的对话，共同表达了对一座城市的挚爱之情。

最后一批下岗人员离开再就业中心

1月17日，杭州市委常委会作出决定，弘扬求真务实精神，进一步解决"七大难"问题，让群众得到殷实利益。这"七大难"，是群众生活中迫切需要解决的就业难、看病难、上学难、住房难、行路难、停车难、办事难。

就业难居"七大难"之首。杭州市各级政府2003年共安排专项资金1.52亿元，用以鼓励用工单位吸纳下岗失业人员，实施一次性就业援助补助。他们还实行税费优惠、小额担保贷款等政策，鼓励就业困难人员自主创业。2003年全市净增就业岗位13.38万个，12.35万名下岗失业人员实现了再就业。

市委、市政府开展"春风行动"，将再就业免费技能培训列为主要内容。市劳动就业部门提供免费技能培训，2003年完成再就业培训5.99万人。

计算机操作、家电维修、家政服务、手工编织、餐厅服务、中西面点……45个免费培训工种，使就业困难人员有了选择的空间。杭州护理学会推出母婴护理员培训，市妇联推出涉外家政培训，为成绩优良的学员推荐工作。

社区里就能办理各种手续，通过街道就能找到工作。去年底，杭州市71个街道、157个乡镇、407个社区劳动保障站（室）全部建成。

"用我们今天的努力，换来明天的幸福生活！"从杭州造纸厂下岗的陈波琴，一年前与其他下岗的姐妹创办了东晨汽车干洗服务公司，现在有的人每月可赚2000元。陈波琴说："公司发展很快，全国范围内已有40多家加盟店了！"

1月7日，杭州市劳动保障局对外宣布：杭州最后一批下岗人员已离开再就业中心。

把虚高的医药费降下来

感冒了，上一趟医院要花几百元。住院了，一算费用要几万元。（下转第四版）

求职望眼欲穿 招贤虚位以待

2月14日，"2004年北京人才大市场"在北京国际展览中心举行。此次活动吸引了国内外知名大公司等1690家企业参展，3.5万个岗位虚位以待。图为人才招聘会现场。本报记者 刘龙摄

黄菊在听取切实解决好人民群众切身利益问题督查情况汇报时强调

弘扬求真务实精神 维护群众切身利益

本报北京2月14日讯 记者吴兢报道：中共中央政治局常委、国务院副总理黄菊14日主持召开会议，听取切实解决好人民群众切身利益问题督查情况的汇报。他强调，要弘扬求真务实精神，继续认真落实好党中央、国务院关于解决好人民群众切身利益问题的一系列方针、政策，维护好、实现好、发展好人民的根本利益。

黄菊说，党中央、国务院十分关心人民群众的生产生活，高度重视解决人民群众切身利益的实际问题，相继制定出台了一系列政策措施。今年元旦春节期间，中央组织12个督查组分头到18个省区市、18个中央国家机关、单位督促检查，这是中央把学习贯彻"三个代表"重要思想新高潮引向深入，把关心人民群众特别是帮助困难群众生产生活的各项政策落到实处的一项重要措施，充分体现了党和政府立党为公、执政为民的本质要求，体现了以胡锦涛同志为总书记的党中央求真务实的工作作风和对人民群众的关怀。从督查情况看，地方各级党委、政府和中央国家机关按照党中央、国务院的要求，在切实为人民办实事、办好事，落实党中央、国务院关心群众生产生活问题的各项政策措施方面做了大量的工作，解决了不少关系群众切身利益的实际问题，党和人民群众的血肉联系更加紧密。

黄菊指出，当前要特别重视研究解决各项政策落实中遇到的问题。各级党委、政府和各有关部门一定要把解决好人民群众切身利益问题作为一件关系全局的大事，切实抓紧抓好，建立和完善保障人民群众切身利益、维护社会稳定的长效机制。各部门都要结合各自职能，认真总结经验，深入研究适应社会主义市场经济体制，适应改革开放要求的政策措施，加强制度建设和制定法律法规，帮助群众解决实际问题。

黄菊强调，各级党委、政府和有关部门要认真学习贯彻胡锦涛同志在中央纪委第三次全体会议上的讲话精神和国务院第二次廉政工作会议精神，发扬党的优良传统和作风，大力弘扬求真务实精神，大兴求真务实之风，从关心群众的生产生活问题着手，把更多的时间和精力用在帮助基层和群众解决实际问题上，把更多的财力和物力用在经济社会协调发展和提高人民生活水平上，更好地为人民谋利益。

中共中央政治局委员、书记处书记、国务委员周永康，国务委员兼国务院秘书长华建敏也听取了汇报。中央派出的12个督查组分别作了汇报。

求社会主义建设规律和人类社会发展规律之真 务抓好发展这个党执政兴国的第一要务之实

——弘扬求真务实精神系列谈（五）

季明

胡锦涛同志在中央纪律检查委员会第三次全体会议上的重要讲话明确提出，要"求社会主义建设规律和人类社会发展规律之真，务抓好发展这个党执政兴国的第一要务之实"。这一重要论述，对于促进经济社会和人的全面发展，实现全面建设小康社会的宏伟目标，具有十分重要的意义。

马克思主义认为，社会形态的变化是一种自然历史过程，是有其客观规律的。而客观规律又是由普遍规律与特殊规律构成的。从社会规律的存在范围、所要求的条件与具体作用来看，普遍规律是对人类社会全部历史过程及所有国家都起作用的规律，特殊规律则是对人类社会某些阶段和一定国家起作用的规律。作为当代社会主义中国，既要认识和把握社会发展的普遍规律，也要认识和把握我国社会发展中的特殊规律。

无论是社会主义建设规律，还是人类社会发展规律，贯穿其中最基本、最本质、最核心的是"发展"。人类社会是在发展中不断前进的，发展是人类社会的永恒主题。发展的涵义，是指一个国家或社会由落后的不发达状态向先进的发达状态的过渡与转化。它既指经济发展，还包括社会发展和人自身的发展等诸多内容，也就是社会整体、协调、稳定和可持续的发展。"第一要务"，是相对于其他各种要务而言的。把发展作为党执政兴国的第一要务，表明在我们党所面临的各种繁重任务中，处于首要地位和中心任务的是发展问题。

正是从社会主义建设规律和人类社会发展规律与抓好发展这个党执政兴国的第一要务之间这种内在的有机统一出发，胡锦涛同志提出要"求社会主义建设规律和人类社会发展规律之真，务抓好发展这个党执政兴国的第一要务之实"。这是对社会主义建设规律、人类社会发展规律的本质揭示，是历史和实践的科学总结，是应对复杂多变的局势、战胜种种风险和经受住各种考验的迫切需要，是贯彻"三个代表"重要思想的根本途径。

本世纪头20年，对我国来说，是一个必须紧紧抓住并且可以大有作为的重要战略机遇期。我们一定要有忧患意识和主动精神，善于发现规律、掌握规律、运用规律，善于珍惜机遇、抓住机遇、用好机遇，集中全党全国人民的智慧和力量，聚精会神搞建设，一心一意谋发展。发展是一项全面、协调的系统工程，抓住机遇、加快发展，就必须树立和落实全面、协调、可持续的科学发展观，辩证地认识和处理与发展相联系的若干重大关系。当前特别需要正确认识和处理改革、发展、稳定的关系，正确认识和处理物质文明、政治文明和精神文明的关系，正确认识和处理改革过程中各种利益的关系。

学习通信

西陲国门卫士

——记新疆军区霍尔果斯边防连

新华社记者 李清华 本报记者 苏银成

当祖国内地已是阳光灿烂时，地处祖国雄鸡状版图鸡尾部的霍尔果斯却刚迎来又一个黎明。此时，雄壮的《义勇军进行曲》回响在霍尔果斯边防哨卡上空，边防战士的热血随着冉冉升起的五星红旗激荡沸腾。

"哨位连着祖国，军威连着国威。"驻守在我国西部最大对外公路口岸霍尔果斯的边防连官兵，忠于职守，文明执勤，连队曾先后3次荣立一等功、二等功，多次被兰州军区、新疆军区评为基层建设先进单位。

一

20世纪80年代，伴随着祖国大地上改革的春风，原本只是一个边境小村的霍尔果斯变成了商贾云集、高楼林立的边境重镇。如今，口岸年进出境人数达300多万人次，年过货量达200多万吨。边防连官兵在这里站岗执勤，每天看到满载货物的大卡车一辆接一辆地从自己的身边驶向境外，从心里为祖国的日益繁荣强大而自豪，同时也深感自己岗位的神圣和肩负责任的重大。

霍尔果斯边防连的防区，是一片平坦的开阔地。口岸开放后，这里没有了禁区，每天从早到晚人来人往，车水马龙，执勤任务十分繁重。为守卫好伟大祖国庄严的国门，官兵们苦练军事本领，不断提高执勤技能，努力成为"边防通"。连队在人员、车辆流动量大的界碑前安排了流动执勤哨，主动加大执勤量，提高边境执勤巡逻的强度和密度。尽管国门哨位安装了电子监控设备，不出哨楼也可观察到管控边境线上的任何动静，但官兵们每天仍定时在防区内仔细地踏查，一丝不苟地巡逻到点到位。

一天凌晨，寒风彻骨，正在哨位上执勤的战士谭锋，突然发现在离哨位比较远的地方，隐隐约约有个黑影在向边界方向移动。他立即向身旁的战友交待了几句，只身前去拦截。（下转第二版）

杨成武同志逝世

新华社北京2月14日电 中国共产党的优秀党员，久经考验的忠诚的共产主义战士、无产阶级革命家、军事家，中国人民政治协商会议第六届全国委员会副主席，中央军委原常委、副秘书长，中国人民解放军原代总参谋长杨成武同志，因病医治无效，于2004年2月14日17时35分在北京逝世，享年90岁。

杨成武同志1929年参加中国工农红军，1930年加入中国共产党，1955年被授予上将军衔。

人民日报

RENMIN RIBAO

人民网　网址:http://www.people.com.cn
手机:http://wap.people.com.cn

2010年3月
26
星期五
庚寅年二月十一
人民日报社出版
国内统一连续出版物号
CN 11-0065
第22539期(代号1-1)
今日24版

吴邦国温家宝分别会见卡尔扎伊

新华社北京3月25日电　（记者**谭晶晶、廖雷**）全国人大常委会委员长吴邦国、国务院总理温家宝25日分别会见了阿富汗总统卡尔扎伊。

吴邦国在会见卡尔扎伊时说，中阿是传统友好邻邦，建交55年来，在双方共同努力下，两国政治互信不断增加，互利合作卓有成效，人民间友谊与日俱增。回顾中阿关系的发展历程，两国关系的重要特点，就是彼此尊重、平等相待、相互支持、真诚合作。中方始终尊重阿富汗的独立、主权和领土完整，支持阿促进国家稳定与发展的努力。赞赏阿方长期以来在台湾、涉藏、涉疆等问题上给予的宝贵支持。吴邦国强调，巩固和深化中阿关系，不仅有利于增进两国人民的福祉，对促进地区和平稳定也具有重要意义。中方愿与阿方一道努力，推动睦邻互信、世代友好的中阿全面合作伙伴关系不断向前发展，中阿永做好邻居、好朋友、好伙伴。

卡尔扎伊说，此次是我第四次访华，每次来到中国都切身体会到中国对阿富汗和世界的重要性。目前阿中关系正处在历史最好时期。阿富汗视中国为友好邻国和合作伙伴，认为中国对维护地区和平、稳定发挥了积极作用。阿富汗致力于构建阿中睦邻友好，愿进一步拓展双边政治、经贸、防务、教育等领域合作，加强在国际和地区问题上的沟通与协调，推动双边关系不断迈上新台阶。

外交部部长杨洁篪、全国人大外委会主任委员李肇星会见时在座。

温家宝在会见卡尔扎伊时说，中国和阿富汗都是文明古国，两国人民有着传统友谊。作为邻居和朋友，中国为阿富汗和平重建取得的每一个进步感到由衷高兴，将一如既往地向阿方提供真诚的支持和援助。相信勤劳、勇敢、智慧的阿富汗人民能够掌握自己的命运，实现民族和解，齐心协力建设好家园，过上安宁幸福的生活。温家宝强调，中阿经贸合作前景广阔。双方要充分发挥经贸混委会的作用，进行周密规划，调动企业积极性，为两国经济发展注入新的活力，造福两国人民。

温家宝指出，恐怖主义和毒品是阿富汗和周边国家面临的共同威胁，需要各国密切配合，携手应对，作出长期不懈的努力。一要切实尊重彼此主权和领土完整，增进互信，平等协商。二要大力发展经济，改善民生，促进社会公平正义。三要广泛争取和团结民众，最大程度孤立"三股势力"，打击跨国有组织犯罪。中国愿同阿富汗及国际社会加强沟通协作，营造安全、和谐的地区环境，推动实现持久和平与共同发展。

卡尔扎伊表示，阿富汗和中国一直和睦相处，两国人民有着兄弟般的友好情谊。中国完全尊重阿富汗的主权、独立和领土完整，充分理解阿富汗目前面临的处境，为支持和帮助阿富汗和平重建做出了重要贡献，阿富汗政府和人民对此深表感谢。加强阿中睦邻友好合作对阿富汗发展进步意义重大，阿方希望同中方扩大在农业、经贸、投资、矿产、基础设施建设、教育等领域的交流合作。阿方愿与中方加强在禁毒、安全等领域合作，打击"三股势力"，共同维护地区稳定和安宁，实现共同发展。

外交部长杨洁篪、商务部长陈德铭、中国驻阿富汗大使郑清典等参加会见。

温家宝在云南考察旱情和抗旱工作时的讲话

坚决打好抗旱救灾这场硬仗

第二版

警民同心　共奏和谐

——全国公安爱民模范掠影

本报记者　黄庆畅

有这样一位警察，十三年如一日，像儿子对待父亲那样，悉心照顾一位孤寡老人。老人弥留之际，将全部财产赠送给这位警察。虽然警察将财产全部转赠给了一个基金会，但"父子情深"的佳话，令闻者动容。

有这样一群警察，深怀爱民之心、力办惠民之事、恪尽爱民之责，在看似不起眼的一件件小事中，演绎着感人的爱民故事。

初春时节，这个群体中的200名先进个人和100个先进集体代表齐聚北京，接受属于他们的特殊荣誉——"爱民模范"。

近年来，全国公安民警践行"人民公安为人民"的铿锵承诺，深入开展"大走访"爱民实践活动，涌现出了一大批扎根基层一线、深受人民群众爱戴的爱民模范。在此前进行的爱民警察大推选活动中，全国共有超过1.5亿人次通过网络讲述亲历的感人故事，推荐身边的爱民警察。

站起来是把伞，为百姓遮风挡雨
俯下身是头牛，为人民鞠躬尽瘁

带着深厚感情与群众打交道

没有对人民群众质朴的爱，就不会对人民群众产生深厚的情。有名网友在推荐爱民警察时讲了这样一件事：四川省成都市标准件厂的3000多名职工因为拆迁补偿问题，把厂长扣押了起来。不少人提出进厂调解，均被拒绝。职工们提出："要汤警官进来。"

"汤警官"，是成都市公安局金牛分局光荣派出所的教导员汤敏。他的出现打破了僵局，问题最后得到妥善解决。职工缘何如此信任"汤警官"？只因汤敏一直把群众的事当成自己的事，真诚与百姓交朋友，在当地享有很高的威望。

你对群众的感情有多深，群众对你的感情就有多深。像"汤警官"一样，全国广大公安民警带着深厚感情深入群众、联系群众，了解民生诉求，为民排忧解难，真正把工作做到群众心坎儿上，也赢得了老百姓的信任和尊重。　（下转第六版）

贾庆林会见喀麦隆总统比亚

3月24日，全国政协主席贾庆林在雅温得会见喀麦隆总统比亚。
新华社记者　李　涛摄

本报雅温得3月24日电　（记者**杨讴**）全国政协主席贾庆林当地时间24日在雅温得会见了喀麦隆总统比亚。

贾庆林首先转达了胡锦涛主席的亲切问候和良好祝愿。

贾庆林说，中喀有着深厚的传统友谊。长期以来，中喀双方始终相互理解、相互支持，友好合作关系不断巩固和深化。特别是比亚总统出席中非合作论坛北京峰会和胡锦涛主席访问喀麦隆后，中喀关系进入快速发展的新阶段，双方政治互信进一步增强，经贸等领域合作不断取得新成果，在国际事务中保持协调与配合。贾庆林感谢比亚总统和喀麦隆政府为7名被劫持的中国渔民成功获救作出的积极努力。

贾庆林表示，中喀都是发展中国家，进一步发展中喀友好合作关系符合双方利益。为推动两国关系迈上新台阶，希望双方在以下四个方面继续作出努力：一是保持和加强两国高层互访和各层次人员交流，不断夯实两国关系的政治基础；二是发挥各自优势，挖掘合作潜力，拓展合作方式和领域，进一步深化经贸等领域务实合作；　（下转第三版）

习近平同白俄罗斯总统卢卡申科会谈

3月24日，正在白俄罗斯访问的国家副主席习近平在明斯克同白俄罗斯总统卢卡申科举行会谈。
新华社记者　饶爱民摄

本报明斯克3月25日电　（记者**杜尚泽**）正在白俄罗斯访问的国家副主席习近平当地时间24日在明斯克同卢卡申科总统举行了会谈。

习近平首先转达了胡锦涛主席的亲切问候。他说，建交18年来，中白关系始终保持健康稳定发展势头。特别是近年来，在两国最高领导人关怀和推动下，中白关系迈入全新发展阶段。两国在政治上相互信任，经济上互利合作，文化上相互借鉴，在国际事务中密切协调和配合。两国关系堪称国与国关系的典范。

习近平说，中国政府视白俄罗斯为真诚的朋友和值得信赖的伙伴。推动中白关系长期健康稳定发展，是中国政府坚定不移的政策，符合两国和两国人民根本利益，也有利于维护地区和平稳定。习近平就进一步发展两国关系提出五点建议：

（一）保持高层交往，深化政治互信。两国领导人、立法机构、政府、政党可通过各领域、各层级交往，就双边关系及重大国际和地区问题及时交换意见，深化相互理解，协调彼此立场，为双边关系发展奠定更加坚实的政治基础。

（下转第三版）

李克强会见英国前首相布莱尔

新华社北京3月25日电　（记者**李忠发**）国务院副总理李克强25日在人民大会堂会见了英国前首相布莱尔。

李克强说，中英都是有重要影响力的国家。中方高度重视中英关系，前不久两国战略对话级别得到提升，希望双方以此为契机，加强沟通协调，增进互信合作，这对两国有利，对世界也有利。

李克强表示，作为负责任的发展中大国，中国始终不渝走和平发展道路，始终不渝奉行互利共赢的开放战略，积极参加应对国际金融危机、气候变化、公共卫生等问题的国际合作，推动建设持久和平、共同繁荣的和谐世界。希望布莱尔继续为促进中西方交流合作发挥积极作用。

布莱尔表示，加强欧中双方各层面的沟通对话，有助于西方客观看待中国的发展和责任，也有助于中国更好地走向世界，他本人愿为此而继续努力。

布莱尔是应中国人民外交学会邀请访华的。

习近平出席俄"汉语年"开幕式暨文艺演出侧记

（第三版）

全军和武警部队坚决贯彻落实胡主席决策指示

全力以赴支援地方抗旱救灾

新华社北京3月25日电　（记者**李宣良**）我国一些省区市，特别是西南地区发生严重旱灾后，全军和武警部队坚决贯彻落实党中央、中央军委和胡锦涛主席的决策指示，积极支援地方抗旱救灾斗争。

总政治部群众工作局有关负责人介绍，截至3月25日，全军和武警部队共出动官兵1.5万余人，动员组织民兵预备役人员16万余人，出动飞机11架次、机械车辆1200多台次，成立应急抗旱突击队90个、运水分队300个，为群众运水送水4万余吨，参与抗旱保苗2万余亩，疏通开挖沟渠1900余公里，打掘水井1300余口，铺设水管600余公里，参加扑灭森林火灾1300余起，为最大限度减少灾害损失做出了贡献。

驻灾区部队把支援地方抗旱救灾作为一项重要而紧迫的任务，大力弘扬我军听党指挥、服务人民、英勇善战的优良传统，想灾区群众之所想，帮灾区群众之所需，解灾区群众之所难，千方百计为灾区群众排忧解难。兰州、广州、成都军区和武警部队等单位，迅速派出工作组深入重灾县乡实地察看灾情，了解地方需求，对部队支援地方抗旱救灾工作作出部署。驻灾区防化、运输、工兵、舟桥等专业部（分）队，充分发挥优势，积极为灾区运水送水、找水打井，帮助地方加快应急水源工程建设，尽力缓解人畜饮水困难。空军航空兵部队抓住有利天候条件，派出飞机在四川、贵州等地实施人工增雨作业。许多部队组织医疗卫生小分队，深入旱区村社巡诊治病，协助监测水源，搞好疫情防控。相关省军区系统广泛动员组织民兵预备役人员，带头开展生产自救，采取营帮村、连帮组、班帮户等办法，成建制参加抗旱救灾。各部队在集中力量支援地方抗旱救灾的同时，还积极配合地方做好森林防火灭火工作，全力保护国家森林资源。成都军区官兵还积极开展"献爱心、送温暖"活动，为灾区群众捐款1100多万元，对受灾群众特别是重点旱区、困难群众进行救助，帮助解决生产生活困难，促进了灾区社会和谐稳定。

抗旱一线的干部群众辛苦了

——二论打赢抗旱救灾这场硬仗

本报评论员

连日来，西南地区历史罕见的大旱炙烤着人们的眼睛。河水断流、农田龟裂，千万群众生产生活受到严重影响。在党中央的坚强领导和统一指挥下，各有关部门紧急动员、迅速行动，调动人力、物力、财力支援灾区。旱区干部群众正在尽最大努力抗击干旱，奋力自救。

我们对坚守在抗旱一线的广大干部群众充满敬意，由衷地道一声：你们辛苦了！

在特大旱灾面前，一个共产党员就是一面旗帜，一个党支部就是一个战斗堡垒。千千万万党员干部日夜奋战在抗旱救灾第一线，组织带领旱区群众调水、运水、找水、打井……机械马达轰鸣，手拉肩扛挥汗如雨。在大街小巷、在乡村道路、在田间地头，"抗旱轻骑"、"民兵突击队"、"巾帼抗旱服务队"繁忙穿梭……汩汩甘泉到了村头，运水车到了家门口，干渴的脸上绽放出笑容。上下同心，群策群力，众志成城。

旱灾肆虐人坚强。这场人与自然灾害的艰苦较量，再次见证了中国人民坚韧不拔、自强不屈的意志。旱区群众需要支持，但不等不靠，奋力自救，互帮互助，乐观坚守。没有水，翻山越岭、跑几十里路去背；庄稼枯了，拔了再种，只需一场小雨，便可掀起春耕的热潮……

一方有难，八方支援；同心协力，共渡难关。社会各界自发捐献的善款来了，矿泉水来了，各种救灾物资来了。充满爱心的"及时雨"，正在旱区播撒信心和希望。

旱情还在持续，抗旱形势仍然严峻。我们要有更充分的准备，做更周密的安排。相关各地区各部门要全力投入抗旱救灾，有钱出钱，有力出力，心往一处想，劲往一处使，采取各项应急措施，千方百计解决人畜饮水问题，"绝不能让一名群众没水喝"。同时，毫不松懈地抓好春耕备耕工作，千方百计保禾苗、保春耕，努力做到"小春损失大春补"，力争把旱灾的损失降到最低程度。

让我们凝聚起更大的力量、更多的智慧，以更坚定的信念、更旺盛的斗志，打赢抗旱救灾这场硬仗。

张廷发同志遗像　新华社发

中国共产党的优秀党员
久经考验的忠诚的共产主义战士

张廷发同志逝世

新华社北京3月25日电　中国共产党的优秀党员，久经考验的忠诚的共产主义战士，无产阶级革命家，我军杰出的军事领导人，中国共产党第十一、十二届中央政治局委员，原中共中央顾问委员会委员，中央军委原委员、常委，空军原政治委员、司令员张廷发同志，因病于2010年3月25日3时58分在北京逝世，享年92岁。

张廷发同志1933年9月参加革命工作，1936年加入中国共产党。1955年被授予空军少将军衔。

中国2010年上海世博会
距开幕还有　36　天

人民网 网址:http://www.people.com.cn
手机:http://wap.people.com.cn

2011年5月
9
星期一
辛卯年四月初七
人民日报社出版
国内统一连续出版物号
CN 11-0065
第22948期(代号1-1)
今日24版

开栏的话

砥砺九十载,幸福亿万人。今年7月1日,是伟大的中国共产党诞生90周年。走过这波澜壮阔的90年,中国共产党团结带领中国人民创造了一个又一个奇迹,奠定了幸福生活的基础,也赢得了全世界的瞩目。90年历程是一部无与伦比的教科书。纪念建党90周年,是我们认识中国特色社会主义旗帜、道路、理论体系的一份教材,是我们弘扬社会主义核心价值体系的一种载体,也是我们进一步巩固全国各族人民团结奋斗思想基础的一个契机。

从今天开始,本报推出"伟大历程"专栏,围绕党史上的重要会议、重大事件等,全面回顾中国共产党领导各族人民进行革命、建设和改革的辉煌历程,系统展示中国共产党为国家、为民族建立的丰功伟绩,全面反映在中国共产党领导下中国在政治、经济、文化、社会等领域取得的巨大成就。同时,这一专栏推出的系列报道,还将站在新的历史起点上,面向未来,在经济体制深刻变革、社会结构深刻变动、利益格局深刻调整、思想观念深刻变化的条件下,回应时代呼声与人民关切,揭示历史和人民是怎样选择了中国共产党、选择了社会主义道路、选择了改革开放,揭示在当代中国坚持中国特色社会主义理论体系就是真正坚持马克思主义,揭示党的建设是我们事业不断发展壮大的重要法宝,揭示增强党的创造力、凝聚力和战斗力,必须始终坚持全心全意为人民服务的根本宗旨、永葆党的先进性。敬请广大读者关注。

伟大历程 1921—2011

"开天辟地的大事变"

——记中国共产党第一次全国代表大会

上海市卢湾区新天地商业区人流不息。各类酒吧、饭馆、商铺林立于此,曾经古旧的石库门建筑群如今已是这个国际化都市的时尚地标。

行至新天地商业区的东南,安静而肃穆的气氛油然而生,在兴业路76号门牌下是一块闪光的牌匾——中国共产党第一次全国代表大会会址。

沧海桑田90年,历史与现实在这里交汇。

这是一幢建于1920年的具有典型上海风格的石库门楼房,楼下一间18平方米的客厅就是中国共产党第一次全国代表大会的召开地。

这座普通楼房内召开的中共一大改变了全体中国人民的命运。这次会议宣告中国共产党正式成立,这是近代中国革命历史上划时代的里程碑。自从有了中国共产党,灾难深重的中国人民有了可以信赖的组织者和领导者,中国革命有了坚强的领导力量。

作为中国历史转折点的鸦片战争失败后,为了反抗外敌和改革现状,中国人民同外国侵略者和本国封建势力进行了艰苦卓绝和英勇顽强的斗争;为了挽救国家和民族危亡,中国的先进分子历经千辛万苦,探索救国救民的真理。无数志士仁人发出同样的呼喊:中国的出路在哪里?

1911年爆发的辛亥革命给20世纪的中国带来第一次历史性巨变,为中国先进分子探索救国救民之路拓宽了视野,为中国的进步潮流开启了闸门。1919年五四运动后,马克思主义在中国开始广泛传播,并逐渐与中国工人运动相结合。从1920年夏到1921年春,共产党早期组织在上海、北京、武汉、长沙、济南、广州等地以及赴日、旅欧留学生中相继成立。一方面,革命的知识分子深入工人群众,参加实际斗争,思想感情发生深刻变化,锻炼成为无产阶级的先锋战士。另一方面,工人群众阶级觉悟提高,涌现出一批有共产主义思想的先进分子。建立全国统一的无产阶级政党的条件日益成熟,召开全国代表大会也在建党骨干中开始酝酿。

1921年7月,13位各地共产党早期组织的代表来到上海,秘密聚集在法租界望志路106号,准备召开代表大会成立中国共产党。

7月23日晚,茫茫夜色笼罩着这座中国最大的城市。这个晚上,不过是一个平常的夏夜,但对中国历史来说却有着深远意义。当晚,中共一大正式开幕了。上海的李达、李汉俊,武汉的董必武、陈潭秋,长沙的毛泽东、何叔衡,济南的王尽美、邓恩铭……他们身份各异、口音不同,却为着一个共同的目标走到一起。

(下转第四版)

上图:油画《启航——中共一大会议》
作者:何红舟 黄发祥(国家重大历史题材美术创作工程办公室供图)

【评 说】

"自从有了中国共产党,中国革命的面目就焕然一新了。"
——摘自《毛泽东选集》第四卷

"中国共产党的成立,是近代中国革命历史上划时代的里程碑。"
——摘自《中国共产党历史》第一卷

【追 寻】

想要为她做得更多

@赵雅娇:站在一大会址鲜红的党旗之下重温入党誓词,为自己激荡,为自己感动。所有的想法不过是一句简单的话:想要为她,做得更多。

@李欣然:在一大会址,在党旗之下,在白发党员的注视中,重温入党誓词的一刻,几乎要哽咽。到了这里,面对党旗,说出这样的誓言,激动加自豪!

@蒋少翔:红船精神就是开天辟地、敢为人先的首创精神;坚定理想、百折不挠的奋斗精神;立党为公、忠诚为民的奉献精神……

@温建康:寻访完画舫,坐在南湖的小船上,抑制不住内心的激动,我们唱起了《没有共产党就没有新中国》、《十送红军》、《南泥湾》……一条小小的游船,一段悠扬的旋律,汇成一句话:一船红中国,万众跟党走!

(摘自本报大型主题活动"追寻"小分队队员微博,更多内容见人民微博)

时间	事件	党员人数
2009年		7799.5万
2007年	中国共产党第十七次全国代表大会	7400多万
2002年	中国共产党第十六次全国代表大会	6600多万
1997年	中国共产党第十五次全国代表大会	5800多万
1992年	中国共产党第十四次全国代表大会	5100多万
1987年	中国共产党第十三次全国代表大会	4600多万
1982年	中国共产党第十二次全国代表大会	3900多万
1977年	中国共产党第十一次全国代表大会	3500多万
1973年	中国共产党第十次全国代表大会	2800多万
1969年	中国共产党第九次全国代表大会	2200多万
1956年	中国共产党第八次全国代表大会	1073万
1949年	新中国成立	449万
1945年	中国共产党第七次全国代表大会	121万
1928年	中国共产党第六次全国代表大会	1万多
1927年4月	中国共产党第五次全国代表大会	57967
1925年1月	中国共产党第四次全国代表大会	994
1923年6月	中国共产党第三次全国代表大会	420
1922年7月	中国共产党第二次全国代表大会	195
1921年7月	中国共产党第一次全国代表大会	50多名党员

制图:宋 嵩 蔡华伟

贾庆林在四川调研时强调

凝聚智慧力量推动绿色发展 发挥优势作用促进民生改善

新华社成都5月8日电 (记者**吴晶晶**)中共中央政治局常委、全国政协主席贾庆林近日在四川调研时强调,要认真贯彻落实党的十七届五中全会和全国两会精神,广泛凝聚各方面的智慧和力量,加快推进绿色发展,切实保障和改善民生,努力实现"十二五"时期良好开局。

5月的巴蜀大地,草木葱郁、生机勃勃。5日至8日,贾庆林先后来到南充、遂宁、成都等地,深入农业生态园区、工厂企业、乡镇社区,就学习贯彻全国两会精神、促进经济社会又好又快发展进行调研。调研期间,贾庆林听取了四川省委省政府的工作汇报,充分肯定四川省灾后恢复重建和经济社会发展取得的成就,希望四川努力实现发展新跨越和社会和谐稳定,继续走在西部地区科学发展前列。

推动绿色发展、建设"两型"社会,是贾庆林此次调研的重点。在大百合农业科技园、沱牌集团有限公司、大雁微电子有限公司、西部现代物流港,贾庆林详细了解发展生态农业、壮大绿色产业情况。在飞阳科技有限公司、天威新能源西南产业园、成都飞机工业集团有限责任公司、德州仪器半导体制造有限公司,贾庆林深入生产一线,同企业负责人和技术人员、现场工人亲切交谈, (下转第四版)

中国共产党的优秀党员,久经考验的忠诚的共产主义战士,无产阶级革命家、军事家,我党我军卓越的领导人

李德生同志逝世

新华社北京5月8日电 中国共产党的优秀党员,久经考验的忠诚的共产主义战士,无产阶级革命家、军事家,我党我军卓越的领导人,中国共产党第十届中央政治局常委、中央委员会副主席,原中共中央顾问委员会常务委员,中央军委原委员,总政治部原主任,北京军区原司令员,沈阳军区原司令员,国防大学原政治委员李德生同志,因病于2011年5月8日15时20分在北京逝世,享年96岁。

李德生同志1930年2月参加革命工作,1931年2月加入中国共产主义青年团,1932年2月转为中国共产党党员,1955年被授予少将军衔,1988年被授予上将军衔。

李克强在福建考察时强调

在改革开放中推动转型创新和发展

新华社福州5月8日电 (记者**谢登科**)中共中央政治局常委、国务院副总理李克强近日在福建考察时强调,要深入贯彻落实科学发展观,以改革开放为动力,把加快转变经济发展方式的各项任务落到实处,推动转型创新,实施好"十二五"规划纲要,努力开创发展新局面。

丝丝细雨播洒美好希望,八闽大地展现勃勃生机。5日至7日,李克强先后来到南平市、平潭综合实验区、福州市等地,访农家,上茶山,进工厂,到社区,与基层干部群众深入交流,着重就深化改革开放、加快转变经济发展方式进行考察调研。

一下飞机,李克强就直接来到去年遭受特大洪灾的闽北南平市下梅村,入户看望居民,并与群众围坐在社区院落里亲切交谈。乡亲们反映,恢复重建项目进展快、效果好,在帮助农民建房的同时实行综合开发,大家不仅住上了楼房,还开辟了新的致富门路。李克强说,虽然遭了天灾,但通过人努力,你们不仅渡过了难关,还有新的发展、新的希望,让人感到高兴和振奋。他对当地干部群众创新机制,把灾后重建与新农村建设、民生改善与经济发展相结合的做法表示肯定,并祝乡亲们的日子过得越来越好。

闽北五月,茶园叠翠。李克强走进位于高山深处的茶园,同正在采茶的农民亲切交谈,询问茶叶产销和家庭收入等情况,详细了解农户依靠龙头企业保证茶叶质量、做优品牌、开拓市场的具体做法。得知"公司+基地+农户"的模式辐射带动了周边农户致富,李克强表示赞许。他再三叮嘱说,生产茶叶等食品,安全永远是第一位的,必须坚持质量优先,让消费者放心。 (下转第四版)

物质重建与精神崛起的豪迈凯歌

——汶川特大地震灾后重建启示之三

本报评论员

城乡面貌大变样、基础设施大提升、各项产业大发展、社会建设大跨越,今天的灾区生机盎然。每一个置身其中的人,无不为眼前的巨大进步所震撼。

"看得见"的变化令人欣喜,"看不见"的变化更振奋人心。人们的思想观念更开放了,干群的思想觉悟更高了,精神面貌更加积极向上,文化内涵更加丰富多彩,社会文明更加和谐进步,灾后重建的历程,铭刻了物质重建的伟大奇迹,也唱响了精神世界崛起的豪迈凯歌。

三年来,灾区物质世界的每一处变化背后,都伴随着心灵世界的顽强生长,激荡着"无穷如天地,不竭如江河"的精神力量。对口援建夜以继日,建设进度一日千里,辉映着社会主义大家庭的团结互助精神;灾区人民奋力用自己双手开创幸福新生活,展现了艰苦奋斗、自力更生的顽强意志;各族群众相互帮扶,社会志愿者默默奉献,灾区人民为玉树强震、舟曲泥石流、日本地震等慷慨解囊,高扬起大爱无疆、催人奋进的文明旗帜……

这一幕幕壮丽的精神图景,充分说明灾后恢复重建既是物质基础重建的过程,也是精神文化重建的过程。无论是灾后重建规划明确提出"在重建生活家园的同时,注重精神家园建设",还是大力加强心理救援和心理抚慰;无论是培育文明风尚,还是保护羌文化等少数民族文化,灾后重建始终以物质重建打基础,向精神重建要动力,激发出重整山河、重塑心灵的强大力量,创造了浴火重生、跨越发展的人间奇迹。 (下转第二版)

以优异成绩为维护社会稳定、促进经济发展、成功举办奥运会做贡献

首都高校学生表示要理性表达爱国情感

新华社北京4月22日电 （**李亚杰、李世钰**）首都高校青年学生“理性爱国，发愤成才”座谈会22日在北京大学举行。大家表示，要合法理性表达爱国情感，更加勤奋学习，以优异的成绩为维护社会稳定、促进经济发展、成功举办北京奥运会做贡献。

北京大学外国语学院2004级本科生高翔、中国农业大学水利与土木工程学院2005级本科生姚烨说，拉萨“3·14”严重暴力犯罪事件充分暴露了达赖集团制造事端、分裂祖国的本质，激起了海内外华人特别是青年学子的极大愤慨，达赖集团企图破坏民族团结、分裂祖国的图谋注定要落空。

清华大学建筑学院2004级本科生邵昶魁、中国地质大学地球物理与信息技术学院2004级本科生王帅说，在全国人民热情高涨共迎北京奥运会的时候，奥运火炬在境外传递过程中却遭到“藏独”分子和反华分子的阻挠破坏，这不但没有达到这些人丑化中国的目的，反而更激起了广大青年学生的爱国热情，增强了全国人民成功举办北京奥运会的决心。

中国人民大学马克思主义学院2005级博士生宋黎明、北京航空航天大学经济管理学院2005级本科生吴迪说，近期感触最深的是一些西方媒体在对拉萨“3·14”事件及破坏奥运火炬传递卑劣行径报道中所表现出来的傲慢、偏见和无知。一些西方媒体脱下长期标榜的民主、自由、真实等外衣，其不实报道严重伤害了中国人民的感情，CNN等媒体不顾事实、混淆是非的行为更是遭到了海内外华人的一致谴责。

北京科技大学、北京理工大学、中央民族大学、中国科学院研究生院、北京林业大学等高校的学生、团干部和青年教师代表在发言中表示，要更加积极主动地把爱国激情转到更深层次、和平理性的爱国主义行动上来，脚踏实地地认真学习知识、做好本职工作。以更大的热情、更强的信心做好志愿者服务工作，为办好北京奥运会尽心尽力，向世界展示当代中国青年良好的精神风貌。

座谈会由全国学联主办。首都10余所高校的学生代表及部分团干部、青年教师参加了座谈会。

扭曲的“镜头”

——《印度教徒报》总编批评部分西方媒体对“3·14”事件歪曲报道

本报记者　裴智勇　吴成良

4月21日，参加首届北京人权论坛的《印度教徒报》总编那拉希姆汉·拉姆接受了本报记者的采访，对部分西方媒体在西藏“3·14”事件上歪曲报道、严重违背新闻道德的行为进行了严厉驳斥。拉姆说，近来西方媒体报道“3·14”事件的一个显著特征是报道内容充斥着达赖集团以及“藏独”支持者蓄意提供的假新闻。一些自诩中立客观的西方媒体在这个问题上未进行任何独立报道的尝试，他们实际上在通过扭曲的镜头，膜拜暴力。

作为一位知名的印度媒体工作者，拉姆自1998年以来先后16次访问中国，其中，2000年7月和2007年6月曾两次造访西藏自治区和其他藏人聚居地。拉姆强调，他对西藏自治区经济、社会发展，以及人权状况的判断是基于实地观察得出的。拉姆说，“对比我所掌握的情况，不难发现达赖集团和西方媒体所散布的信息是多么不可靠和不负责任。”

拉姆说，包括CNN、BBC在内的一些西方媒体对此次事件进行了歪曲性的报道。例如挥舞着警棍的尼泊尔警察在加德满都与西藏煽动分子发生了冲突，但标题却声称挥舞着警棍的是中国警察；一辆带有红十字标志的救护车的图片，标题却显示“拉萨驻军增多”；印度警察将一个男人拖走，标题显示“中国军队将戴手铐的西藏在押犯押上卡车”；表面突出中国军车，却把暴乱分子用石块袭击军车的部分去掉。他表示，“毫无疑问，正是这些人为操纵的错误报道引发了中国广大网民的强烈谴责和批评。”

拉姆说，根据中国警方调查，达赖集团“流亡政府”3月25日所说的“确认有40人死亡”的消息完全是捏造的。西方主流媒体非但没有对谎言进行分析，也没有对中国政府公布的事实进行报道。拉姆说，达赖方面捏造的40名西藏“殉难者”让人不禁想起1991年印度极右组织“世界印度人理事会”公布的59名印度教徒“殉难者”名单。后来的调查发现，“世界印度人理事会”恶意公布的死亡数字完全是一场骗局。

拉姆指出，西方舆论对西藏事件的报道充满了矛盾。一些西方媒体在拉萨打砸抢烧事件发生后迅速做出评论，指责中国政府“对西藏实施镇压”。但他们对暴力分子谋杀、纵火，以及其他危害无辜市民的罪行视而不见。相反，对于中国政府公布的有关事实真相，却以怀疑的眼光来看待。

拉姆说，随着证据的不断积累，这次事件的性质已经大白于天下。他表示，任何一个国家的合法政府都无法容忍此种野蛮暴行和对社会公共秩序的践踏。对于有人将西藏事件与北京2008年奥运会联系起来，企图借口所谓人权问题抵制奥运会，拉姆非常不以为然，他说，我们确信奥运会将如期举行，并且相信这将是一届非常成功的奥运会。

中国新闻传播学界对西方媒体的恶意攻击作出反应

新华社北京4月22日电 中国高等教育学会新闻学与传播学专业委员会近日发出公开信，对一些西方媒体近期对中国进行完全不顾事实的歪曲报道和恶意攻击作出反应。

公开信说，作为中国高等院校从事新闻专业教育的教师，正当我们致力于向学生们讲述尊重人类的文明精神，信守新闻工作的职业道德，报道公众生存环境的真实变动，促进人类社会的发展进步这些基本理念的时候，我们注意到：一些西方主流媒体面对中国即将举办奥运会，对中国进行完全不顾事实的歪曲报道，对中国人民进行无视人类基本道德的恶意攻击。

公开信说，我们深感，这些报道已经完全违背了国际新闻界公认的新闻职业工作准则和新闻职业伦理规范。这些报道和言论不仅误导着世界对中国和中国人民的了解，而且正在起着煽动国家、民族之间仇恨的可怕作用。我们很难相信这些做法出自CNN、BBC这样在全世界有影响的新闻机构。

公开信表示，作为新闻教育工作者，我们对一些西方媒体这种与世界和平发展潮流相对立、与新闻职业道德精神相背离的行为感到遗憾；作为中国人，我们不能容忍一些西方新闻媒体对中国和中国人民的亵渎。

公开信说，在中国新闻教育的课堂上，我们会让我们的学生阅读100年前美国密苏里新闻学院的创办者沃尔特·威廉姆斯撰写的《新闻记者的信条》这种充满着正义、善良和智慧的职业道德文献，我们也建议今天CNN和BBC的从业者们重温一下这个历史文献，领悟其中的精神，理解其中的原则，进而面对神圣的新闻职业道德，反省你们今天在专业领域的所作所为。

公开信强调说，我们深信，中国人民渴求和平、渴求发展的欲望是人类文明潮流的组成部分，这个伟大的潮流是不可阻挡的，一切正直的新闻工作者无疑应该推进这个潮流而不是阻挡这个潮流。我们希望所有的职业新闻工作者，坚持真理，报道真实，为促进不同国家、不同民族、不同文化之间的相互了解、和谐相处和共同发展尽责尽力。

公开信最后说，我们向国际新闻界和我们的人民承诺，我们一定让我们的学生追求真理，探求真相，不容邪恶，推进文明。我们将不遗余力为我们的祖国培养出对人类充满善良、对责任充满敬重、对工作充满热爱的职业新闻人。

君子坦荡荡

人民论坛

叶小文

中国与西方世界相隔万里，相互观察需要借助望远镜。中国人用望远镜看西方，看得很大很清楚。但有些西方人用望远镜看中国，却看得渺小而丑陋。为什么？因为他们把望远镜拿倒了。

现在，中国和平发展、迅速成长，世界因中国受益，为中国祝福，没几个人再倒拿“望远镜”了，有人却又拿起了“放大镜”。他们对中国百般挑剔。并不知情也想当然地骂，以偏概全。没事也找点事来骂，吹毛求疵。有事更要翻来覆去地骂，颠倒黑白。北京举办奥运会，更被他们视为“逢奥必扰”、见人就骂的“难得机会”。

其实，对于有着悠久历史和灿烂文明，今天正迅速发展、和平崛起，充满自信、堂堂正正的大国，这点骂声算得了什么呢？老百姓说，60年前，中国人基本没能摆脱“挨打”；30年前，中国人没有完全摆脱“挨饿”；今天，中国人常常还要“挨骂”。

中国向来崇尚“君子”的品格，谨记“君子坦荡荡，小人长戚戚”的格言。“骂”得有理的，会认真听取；“骂”得无理的，也会理智对待。就算CNN主持人卡弗蒂“骂”得太过分了，也就是要他道歉，也就是网民说一句“做人不要太CNN”，一笑了之。但有谁要试图把中国骂得乱了方寸，甚至把中国骂衰、骂垮，那是注定没有指望的。有谁总相信“谎言说一千遍就成了真理”，偏要靠说谎、骂人过日子，那日子也是不会过得好的。中国人照样会坦坦荡荡把自己的路走好，高高兴兴把自己的事办好。

“天行健，君子以自强不息；地势坤，君子以厚德载物”——古有此训。聚精会神搞建设，一心一意谋发展——今以此答。

但是，一切有良知者、有识之士，都不会赞成蛮不讲理的撒泼骂人。一位基督教牧师告诉我，上帝把人分为男人和女人，不是要让他们争吵不休，而是要让他们相亲相爱；把世界分为东方和西方，不是要让彼此对峙冲突，而是要让彼此团结和睦。《圣经》教导基督徒要“爱自己的邻人”、“要爱人如己”，“你希望别人为你做什么，你就去为别人做什么”。

我们相信，不少对中国尚存不解甚至固执己见的人，并非出于恶意，而是因为比较习惯用自己的思维方式看待事物，用自己的价值观念衡量是非。结果往往“唯我独尊，唯我最美”，“非我族类，其心必异”。其实，文化的多样性，乃是世界文明的基本形态、存在方式和一般规律。

作为世界四大文明古国之一，中国五千年文明没有中断也不会中断，其奥秘何在？作为当今引人注目的发展中国家之一，中国经济30年来连续增长并将继续增长，其奥秘何在？作为迎接全球化的世界大家庭一员，中国始终团结稳定、齐心协力，善于迎接挑战并将继续化险为夷，其奥秘何在？就在于多元一体的中华民族，历经磨难和欺凌，决心和平发展，誓言“永不称霸”，不赞成唯我独尊、唯我独美、非此即彼的思维方式，而主张不同文明之间各美其美，美人之美，美美与共。

此乃“君子坦荡荡”之真谛。

让更多人了解真实的中国

何振华

一篇留法学生演讲稿，成为眼下网上的热门文章。

4月19日，在法国巴黎主题为“支持北京奥运反对媒体不公”的游行集会上，来自西安的中国学生李洹的长篇演讲，让在场的华人为之欢呼，让法国人听得入神，也让远在国内的万千网民为之群情激荡。

李洹说了什么？在国际反华势力歪曲真相，西方一些媒体抹黑中国的逆流之中，他的演讲为什么会使法国人认真倾听？在抗议浪潮声声掀高，亿万国人激情迸发之时，这篇演讲稿又为什么得到中国网民的击节称赞？

“在这次对中国的妖魔化的扭曲报道事件中，我们，全世界的中国留学生，我们感觉很痛，我们的感情受到了伤害，但是我们不怪法国人民，因为造成这样结果的责任人不是你们，而是一些不负责任的媒体和职业煽动家。”

对于李洹的演讲，有网友如此评价：“以人类的良知为基础，客观、公正、充满思辨与力量”，“表达了中国人民博大的胸怀，理性的思想”。

这正是李洹打动听众的原因。他抨击西方一些媒体的“选择性失明”，斥责一些政客在人权问题上的虚伪和偏见，解释西藏问题的真相，但也强调“中国有另一种文化，另一种历史”，真诚希望中法人民成为“两个截然不同的世界之间经验与信息交换的桥梁”。

李洹的演讲让我们骄傲，从他身上我们看到了年轻一代热情与理性交织的爱国主义情怀；李洹的演讲也为我们提供了一个视角——在中国与世界之间，在东西方文化的交流和碰撞中，我们还能做些什么？

回击不合理的指责，理所应当；传递我们的声音，理直气壮。但我们也要看到，这个春天发生的一切，呈现了多种因素交集的复杂局面。这其中，有各种反华势力的逆流涌动，有一些西方人的傲慢偏见，也有媒体歪曲造成的对中国的误解误读。这样的局面，促使我们思考：如何看待中国在世界所处的位置，如何因势利导、消除偏见？

改革开放30年，加入世贸组织7年，北京奥运会近在眼前——这些标志性事件，可以用来判断中国与世界的关系。在经历了马克思所说的“历史向世界历史的转变”之后，中国的发展，不再是封闭舞台上自我演绎的故事。但我们必须正视的是，世界对我们的了解远不如我们想象的那么多。在这个时候，我们怎样看自己、看世界，怎样面对冲突和压力，是我们必须面对的问题。

李洹说，“很多法国人似乎对中国有一种恐惧，这种恐惧来自于对中国的无知”。无知，源于缺乏了解，源于一些媒体的误导。对我们而言，既需要明确指出“妖魔化”中国只能造成中西对立，也需要用各种方式进行对话和沟通，让更多人了解真实的中国；需要依法理性表达爱国热情，呈现中国的自信、自强、团结、理智。

其实，“3·14”事件不久，国务院新闻办就表示，欢迎外国记者来中国，“希望奥运会成为全世界记者用不同视角看中国的一个契机”。

坚持对外开放的国策，坚持和平发展的理念，这是中国政府的态度，也是中国人民的愿望。

商务部就国内部分群众抵制家乐福表态

本报北京4月22日电 （记者**龚雯**）记者就近日国内部分群众抵制到家乐福购买商品一事采访了商务部有关司局负责人。

该负责人说，家乐福1995年进入中国市场，目前在华雇用4万多人，占全部员工的99%，年销售额近300亿元人民币，所销产品95%由中国制造。我们希望家乐福等外资企业要全力为中国消费者提供优质服务。我们也注意到，近期法方政府和企业做出了一些有利于改善和维护双边关系的举动，家乐福等一些企业表态反对“藏独”，支持北京奥运会，我们对此表示欢迎。

中英文对照《西藏今昔》由三联书店出版发行

新华社北京4月22日电 一部全面介绍西藏过去和现在的中英文双语读物《西藏今昔》，近日由中国出版集团公司所属生活·读书·新知三联书店出版发行。该书通过翔实的资料特别是大量有说服力的数据和图片，真实记录了旧社会封建农奴制度下西藏人民悲惨的生活境遇，充分展示了西藏在中央政府领导下，经济、政治、文化、社会建设取得的历史性进步和翻身农奴过上的美好幸福的生活，是帮助广大读者特别是海外读者了解西藏今昔的简明读本。

西藏藏版图书销售码洋连续5年保持20%增速

新闻出版业总产值3.8亿元，占全区地区生产总值1.2%

本报拉萨4月22日电 （记者**张帆、徐锦庚、刘维涛**）记者从21日召开的西藏自治区新闻出版工作会上了解到，近5年来，西藏新闻出版业在改革中健康发展，在创新中稳步前进，整体上实现持续快速健康发展。

围绕着特色旅游、藏医药业、民族手工、高原生物、生态环保、民族文化保护与发展等重点，西藏图书出版业已累计出版各类藏汉文图书11300种2.5亿多册，藏版图书销售码洋首次突破1000万元，连续5年保持了20%的增速，有200多种图书获全国性图书奖。

自治区报纸从2002年的18种增加到23种，2007年出版报纸5550万份，产量6.85万千印张，连续5年保持两位数以上的增长，全区34种期刊出版267万册，产量4.3万千印张，连续保持13.3%的增速，报刊广告收入已达2000多万元，比2002年翻了两番，实现了7地市都有藏汉两种报纸的目标。

音像电子出版业连续5年保持了13%以上的发展速度，出版了《今日西藏》、《朗玛堆谐》等一系列深受人民群众欢迎的优秀电子出版物。

发行业也连续5年保持了快速发展的良好态势，投资1800万元新建了出版物物流配送中心，投资1008万元新建、改扩建了35个县新华书店。目前全区国有、集体、民营发行单位272家；发行图书20多万种，发行量4000多万册，比5年前分别增长14.3%和31%，图书销售首次突破9500万码洋。全区印刷复制业的经济效益明显提高，已有印刷、复制企业378家。

目前，自治区新闻出版业总产值3.8亿元，占全区地区生产总值的1.2%，连续5年保持了12%以上的发展速度，从业人员已达5800多人。

外交部发言人表示

美方应停止支持、纵容达赖集团分裂中国的行动

本报北京4月22日电 （记者**韦冬泽**）外交部发言人姜瑜22日在此间表示，中方奉劝美方尊重事实，认清形势，停止支持、纵容达赖集团分裂中国的行动，以免损害中美关系以及美方自身形象。

有记者问，据报道，美国副国务卿多布里扬斯基21日会见达赖并在《华盛顿邮报》撰文称，“西藏事件”反映了中国政府长期以来对西藏宗教、文化和其他自由的“压制”，与达赖对话是解决藏人关切的最好途径。中方对此有何反应？

姜瑜答，这位美国国务院官员不顾中方坚决反对，执意会见达赖，并对属于中国内政的西藏事务说三道四，这严重违反国际关系基本准则，干涉中国内政，是极为错误和不负责任的行为。我们已就此向美方提出了严正交涉。

姜瑜说，必须指出，3月14日发生在拉萨的严重暴力犯罪事件，是达赖集团精心策划、境内外“藏独”分裂势力相互勾结制造的。任何辩解都掩盖不了铁的事实。美方上述官员不去谴责暴徒们的恶行，反而为其开脱，把矛头对准中国政府和人民，其用心何在？

姜瑜表示，我们奉劝美方尊重事实，认清形势，停止支持、纵容达赖集团分裂中国的活动，以免损害中美关系以及美方自身形象。

至于中国中央政府与达赖方面接触商谈的问题，我们近日已多次明确表明了我们的一贯立场。

温宗仁同志逝世

新华社北京3月25日电 军事科学院原政治委员温宗仁同志，因病医治无效，于3月13日在北京逝世，享年68岁。

胡锦涛、江泽民、吴邦国、温家宝、贾庆林、李长春、习近平、李克强、贺国强、周永康、王刚、王乐泉、王岐山、回良玉、李源潮、汪洋、张德江、徐才厚、郭伯雄、薄熙来、朱镕基、刘华清、曾庆红、梁光烈、孙家正等分别以不同方式对温宗仁同志的逝世表示沉痛哀悼，对其亲属表示慰问。

温宗仁是安徽省巢县（今巢湖市）人，1956年加入中国共产主义青年团，1959年参军，1961年加入中国共产党。1956年起，他历任大队团支部书记、战士、班长、排长、团政治处书记、干事、副处长、团政委、师政治部主任、师政委、军政治部主任、军政委、南京军区政治部主任等职。担任部队领导干部后，他认真履行职责，注重部队思想政治建设，有效提高了部队战斗力。1996年起，他担任兰州军区政委，为推动军区部队的全面建设，为西北地区的稳定和发展作出了贡献。2000年6月，他调任军事科学院政委。其间，他不断探索和总结适合军事科研工作特点的政治工作方法、经验，高度重视利用现代科技手段搞科研，为繁荣和发展军事科研事业作出了贡献。

温宗仁是七届全国人大代表，政协第十一届全国委员会委员，中共第十四届中央候补委员，第十五、十六届中央委员。他1988年被授予少将军衔，1996年晋升为中将军衔，2002年晋升为上将军衔。

王珉同志逝世

新华社北京4月7日电 原化学工业部副部长王珉同志，因病于3月20日在北京逝世，享年79岁。

王珉病重期间和逝世后，胡锦涛、温家宝、习近平、李克强、贺国强、李源潮、张德江、曾庆红和王汉斌、彭珮云、顾秀莲等以不同方式表示慰问和哀悼。

王珉生于浙江省海盐县，1946年8月加入中国共产党。1950年起，先后任北京化学试剂研究所研究室主任，北京化学试剂厂车间主任；北京化工厂副厂长、代理厂长、代理党委书记兼厂长；1973年至1983年，先后任北京市化工局处长、副局长、总工程师、党组成员；1983年后历任化学工业部计划司司长，副部长、党组成员，部技术委员会和经济技术委员会副主任。2004年离休。

王珉是中共北京市第五届委员会委员，第八届、第九届全国政协委员。

就巴黎市议会通过有关达赖决议

外交部发言人答记者问

本报北京4月22日电 （记者**韦冬泽**）外交部发言人姜瑜22日在例行记者会上就巴黎市议会通过有关达赖的决议回答记者提问。

有记者问：巴黎市议会21日通过巴黎市长德拉诺埃提出的授予达赖“巴黎荣誉市民”的提议。中方对此有何反应？

姜瑜说：4月21日，巴黎市议会通过授予达赖“巴黎荣誉市民”称号的决议。此举粗暴干涉中国内政，严重损害中法关系，尤其是北京与巴黎两市之间业已存在的友好合作关系。中方对此表示强烈不满和坚决反对。

西藏是中国领土不可分割的一部分，西藏事务纯属中国的内政。中方坚决反对任何国家、任何人利用达赖问题干涉中国内政。达赖几十年的言行表明，他不是单纯的宗教人士，而是打着宗教幌子，长期从事分裂祖国活动的政治流亡者。达赖集团是“3·14”拉萨等地暴力犯罪事件的幕后组织者、策划者和煽动者。

一段时间以来，法国一些人及媒体罔顾事实，不断发表极为消极的涉华言论和报道，奥运火炬巴黎传递受到严重干扰和破坏，严重伤害了中国人民的感情，对中法关系造成损害。此刻巴黎市议会决定授予达赖“巴黎荣誉市民”称号，只会被认为是再次向包括西藏人民在内的13亿中国人民进行严重挑衅，进一步助长达赖及“藏独”分子的气焰。

中方要求法方立即采取有效措施消除法方错误行径造成的恶劣影响，停止纵容和支持“藏独”势力从事反华分裂活动，停止干涉中国内政，以实际行动维护中法关系。

人民日报

RENMIN RIBAO

今日 16 版(华东、华南地区 20 版)　国内统一连续出版物号 CN 11-0065

第 20919 期 (代号 1-1)

人民网　网址:http://www. people. com. cn

手机:http://wap. people. com. cn

人民日报社出版

2005 年 10 月 18 星期二

乙酉年九月十六

北京地区天气预报

白天　晴间多云　降水概率 10%　风向　北转南　风力　二、三级

夜间　晴间多云　降水概率 10%　风向　南转北　风力　一、二级

温度　22℃/9℃

胡锦涛主席会见澳大利亚总督杰弗里

双方就双边关系和共同关心的问题达成广泛共识

10 月 17 日，国家主席胡锦涛在北京人民大会堂东门外广场举行仪式，欢迎澳大利亚总督杰弗里访华。　新华社记者　姚大伟摄

本报北京 10 月 17 日讯　记者**刘超**报道：国家主席胡锦涛 17 日下午在人民大会堂会见了来华进行国事访问的澳大利亚总督杰弗里。双方就双边关系和共同关心的问题进行了友好的谈话，达成了广泛共识。

胡锦涛说，当前，中澳关系发展势头良好。双方认真落实两国领导人就发展双边关系等问题达成的重要共识，推动两国关系取得了新进展。双方政治上相互尊重，相互信任。经济上互利互惠，务实合作。去年双边贸易额突破 200 亿美元，两年翻了一番。双边自由贸易协定谈判顺利展开。能源、资源领域重大合作项目稳步推进。科教、卫生、旅游等领域的交流与合作富有成效。在重大国际和地区问题上进行了良好的沟通与协调。中方赞赏澳大利亚政府多次重申坚持一个中国政策、反对"台独"。

杰弗里对中国神舟六号飞船载人航天飞行圆满成功、对青藏铁路全线完成铺轨表示祝贺。他说，澳方珍视良好的澳中关系，对两国在经贸、能源、教育等领域合作取得的成果感到高兴，希望双方在各领域的合作更加密切。

杰弗里重申，澳方坚定奉行一个中国政策。

胡锦涛表示，中澳两国都是亚太地区重要国家，在经济全球化趋势加快发展、区域合作日益紧密的新形势下，两国在维护地区和平稳定，促进共同发展方面的共识增多、共同利益增加，进一步加强和深化两国各领域互利合作，符合两国人民的根本利益，也有利于亚太地区乃至世界的和平、稳定与繁荣。中方愿同澳方一道，顺应形势发展的需要，不断充实两国关系的内涵，扩大合作的规模和领域，努力把中澳长期友好、互利双赢的全面合作关系提高到新的水平。

杰弗里表示，澳中双方合作领域广阔，澳方希望加强双方在卫生、文化领域的合作，在东亚合作、地区安全、防扩散等领域密切配合。

关于经贸合作，杰弗里表示，澳方重视两国自由贸易协定谈判，希望谈判不断取得积极进展，以促进双方经贸合作。澳方期待与中方加强能源合作，澳方将按双方协议向中方提供天然气，希望与中方在利用清洁煤、太阳能及和平利用核能方面开展合作。

会谈前，胡锦涛主席在人民大会堂东门外广场举行仪式，欢迎杰弗里总督访华。胡锦涛主席夫人刘永清、全国人大常委会副委员长韩启德、国务委员唐家璇、全国政协副主席李贵鲜、民建中央副主席路明等出席了欢迎仪式。

神舟回家　神州欢腾

十月十七日九时二十八分，载着两位航天员的专机在北京西郊机场平稳降落，费俊龙和聂海胜受到了各界热烈的欢迎。图为走下舷梯的两位航天员向人们热情地挥手。　本报记者　赵亚辉摄

神舟六号航天员费俊龙聂海胜飞抵北京

江泽民同志祝贺神舟六号飞船胜利返回

本报北京 10 月 17 日讯　记者**赵亚辉**报道：17 日上午 9 时 28 分，刚刚结束太空飞行、返回祖国怀抱的神舟六号载人飞船航天员费俊龙和聂海胜，乘专机从内蒙古自治区着陆场飞抵北京。

江泽民同志祝贺神舟六号飞船胜利返回。

中共中央政治局委员、中央军委副主席、国务委员曹刚川等到机场迎接两位航天员。

在欢快的乐曲和热烈的掌声中，英雄的航天员费俊龙和聂海胜面带胜利的喜悦走下飞机。在机场迎接的曹刚川与两位航天员紧紧握手，并代表党中央、国务院、中央军委，热烈欢迎两位航天员胜利归来。

曹刚川说，你们不畏艰险，沉着勇敢，圆满完成了神舟六号飞船航天飞行和空间实验任务。你们为祖国、为人民争了光，祖国和人民感谢你们。他勉励两位航天员再接再厉，再创辉煌。

经过 115 小时 32 分钟的太空飞行，航天员费俊龙和聂海胜精神饱满，身体状况依然很好。至此，神舟六号载人飞船成功发射、正常运行、安全返回、航天员健康出舱的预定目标全面实现。

中央军委委员陈炳德、乔清晨出席了迎接仪式。有关方面负责人和载人航天工程各大系统代表以及两位航天员的亲属也到机场迎接。

各地欢庆航天飞行圆满成功

本报北京 10 月 17 日讯　"敢领风骚，遨游太空，展中华民族腾飞雄风；牢记使命，顽强拼搏，创载人航天辉煌伟业。"今天，在北京航天城上空飘扬的一条巨幅标语，道出了全国人民欢迎航天员费俊龙、聂海胜归来时的喜悦心情。

神舟六号成功返回，举国上下沸腾一片。今天凌晨 4 时，生活在内蒙古中部阿木古郎草原上的牧民吉仁太一家仍围坐在电视机前，目不转睛地关注着神舟六号降落时的每一个细节。吉仁太说："我们把今天当大年过了，一定要亲眼看到飞船成功着陆。"当记者从飞船着陆现场采访返回，再经吉仁太家时，老人一把拉住记者的手，高兴地说："成功了！成功了！来，小伙子，一起干一杯，为我们伟大的祖国干杯！"

早晨 5 时许，江苏省昆山市费家浜村鞭炮齐鸣，红旗招展，上百名村民在航天员费俊龙父母家中欢庆神舟六号安然着陆。航天员走出返回舱的那一刻，费俊龙的父母和乡亲们一下子跳了起来，掌声、欢呼声、鞭炮声响成一片。当两支由老年人组成的舞龙队伍涌进院子时，费俊龙的父母鞠躬致谢。

"成功啦！成功啦……"早已等候在航天员聂海胜家乡——湖北省枣阳市杨垱镇北街的 2000 多名群众禁不住欢呼呐喊。聂海胜的弟弟聂新胜眼中噙着泪花，激动地说："看到哥哥和战友成功返回，心情很激动，感谢祖国和人民对我哥哥和航天员们的培养和关心。"

许多高校师生从今天凌晨开始就守候在电视机前，等待神舟六号回家的喜讯。先后为我国载人航天工程培养多名正副总指挥、总设计师的国防科技大学校园里再次欢腾，我国载人航天工程的辉煌成就与广大校友的杰出表现，使师生们受到极大鼓舞。北京大学学生孙权说，作为学习地球与空间科学知识的大学生，我当以载人航天精神自勉，勤奋学习，培养严谨认真的科学态度，早日为祖国的科学事业贡献力量。复旦大学哲学系研究生戴振说，一百余年前我们"开眼看世界"，今天我们要让国外"开眼看中国"。

全国政协委员、云南大学发展研究院院长杨先明教授说，神舟六号发射成功，是我国自主创新的重大成果。强调自主创新，无论从哪个角度看都很重要。重庆重邮信科股份有限公司副总经理郑建宏说，学习载人航天精神，就是要把拥有自主知识产权的产品做好、做精、做大，做成"通讯领域的神舟六号"。

驻守在福建边海防第一线的福建省公安边防总队海警一支队的官兵一边收看电视现场转播，一边畅谈感想。今年 4 月刚从海地执行维和任务回来的士官沈华激动地说："在海地维和期间，听到奏国歌、升国旗我就会热泪盈眶，今天看到神舟六号成功返回地面，我又一次流泪了，我们的祖国太伟大了！"

（记者**辛阳、申琳、田豆豆、贺广华、王建新、王有佳、刘红伟、江宝章、余继军、陈娟**报道）

让载人航天精神光耀神州

本报评论员

10 月 17 日，我国自主研制的神舟六号载人飞船顺利返回。喜讯传来，举国欢腾。中共中央、国务院、中央军委对神舟六号载人航天飞行获得圆满成功致电热烈祝贺，全世界中华儿女无不为之感到骄傲和自豪。

神舟六号载人航天飞行圆满成功，标志着我国在发展载人航天技术、进行有人参与的空间试验活动方面取得了又一个具有里程碑意义的重大胜利，是中国人民攀登世界科技高峰的又一伟大壮举，是我国改革开放和现代化建设取得的又一骄人成就，是伟大祖国的荣耀。

伟大的事业孕育伟大的精神，伟大的精神推动伟大的事业。载人航天工程是当今世界高新技术发展水平的集中体现，是衡量一个国家综合国力的重要标志。在实施载人航天工程的进程中，中国航天人牢记党和人民的重托，满怀为国争光的雄心壮志，自强不息，顽强拼搏，团结协作，开拓创新，取得了一个又一个辉煌成果，也铸就了特别能吃苦、特别能战斗、特别能攻关、特别能奉献的载人航天精神。这是以爱国主义为核心的伟大民族精神和以改革创新为核心的时代精神的生动体现，是井冈山精神、延安精神、"两弹一星"精神、九八抗洪精神、抗击非典精神的光荣传承，是我们党、国家、军队和人民的宝贵精神财富，值得全国人民认真学习和大力弘扬。

载人航天精神，是艰苦奋斗的精神。历尽千难成伟业，人间万事出艰辛。我国载人航天工程是在世界航天大国已经发展几十年后起步的。为了缩小差距，迎头赶上，载人航天工程开始实施就明确提出，要坚持做到起步晚、起点高，投入少、效益高，项目少、水平高，从总体上体现中国特色和技术进步，走跨越式发展的道路。中国航天人始终以人民利益为最高利益，以苦为荣，以苦为乐，常年超负荷工作，默默承受着常人难以承受的困难和压力。载人航天工程的成功实践告诉我们，无论过去、现在还是将来，艰苦奋斗永远是我们战胜一切困难、夺取事业胜利的重要法宝。只有以艰苦奋斗精神作支撑，我们的民族才能自立自强，我们的国家才能发展进步，我们的各项事业才能永葆生机活力。

载人航天精神，是勇于攻坚的精神。载人航天工程是中国航天领域迄今规模最庞大、系统最复杂、技术难度大、质量可靠性安全性要求最高和极具风险性的一项重点工程。这项空前复杂的工程在比较短的时间里不断取得历史性突破，一个极其重要的原因在于，中国航天人敢于攻坚、勇于创新。从试验室到各生产企业，从大漠深处的航天发射场到浩瀚三大洋上的远望号测量船，到处留下了航天人攻坚的足迹，洒下了航天人登攀的汗水。他们知难而进，顽强拼搏，在重重困难面前百折不挠，在道道难关面前决不退缩，以惊人的毅力和勇气战胜了各种难以想象的困难，用满腔热血谱写了共和国载人航天事业的壮丽史诗。

载人航天精神，是开拓创新的精神。

（下转第四版）

温家宝在会见美国财政部长斯诺时说

中国立足扩大国内需求促进经济发展　坚持实施互利共赢对外开放战略

新华社北京 10 月 17 日电　国务院总理温家宝 17 日在这里会见美国财政部长斯诺等美国客人，向他们介绍了中国当前经济发展形势和对外经贸原则。

温家宝说，立足扩大国内需求，是我们长期坚持的战略方针。中国是一个拥有 13 亿多人口的国家，目前正处在工业化城镇化进程加快、居民消费结构升级的发展阶段，国民储蓄率较高，国内市场潜力巨大，这就决定了我们需要也有条件主要依靠国内需求促进经济发展。同时，我们坚持对外开放的基本国策，继续积极发展对外经济技术交流与合作，扩大国外需求，把扩大国内需求和合理利用国外需求很好地结合起来，促进中国经济平稳较快发展。

温家宝说，中国实行的是互利共赢对外开放战略，把既符合我国利益、又能促进共同发展，作为处理与各国经贸关系的基本准则。中国既是出口大国，也是进口大国。我们不刻意追求贸易顺差。保持进出口贸易和国际收支基本平衡，是我国宏观调控的一个重要目标。

温家宝说，中美经贸关系总体是好的，双方之间存在的问题是完全可以解决的。解决中美经贸摩擦的正确原则应该是：着眼大局和长远，相互尊重，平等协商，通过加强对话和沟通，增进理解，寻求共识，求大同存小异；坚持互惠互利，彼此照顾对方的关切，共同努力，相互配合，采取措施，化解矛盾，使中美经贸关系平稳健康发展，使两国人民得到实实在在的利益。

黄菊会见澳大利亚客人

新华社北京 10 月 17 日电　（记者**李诗佳**）中共中央政治局常委、国务院副总理黄菊 17 日下午在人民大会堂会见了澳大利亚自由党副领袖、政府国库部长彼得·科斯特洛。

黄菊积极评价中澳关系健康稳定发展的良好势头。他说，近年来两国高层往来密切，在经贸、科技、文教、旅游等领域的友好交往都取得了显著成效，在国际和地区事务中也保持着良好的磋商与合作。中方高度重视发展两国关系，愿与澳方共同努力，不断为中澳全面合作关系注入新的活力。

在谈到党际关系时，黄菊表示，两国政党交往对促进中澳国家关系的发展具有重要意义。中国共产党愿继续加强与包括自由党在内的澳大利亚各友好政党的交流与合作，共同推动中澳国家关系向前发展。

科斯特洛祝贺中国政府主办 20 国集团财长和央行行长会议取得圆满成功，并对中国经济发展取得的巨大成就表示高度赞赏。他说，澳大利亚对澳中两国关系的顺利发展感到满意，双方高层往来密切，经贸关系发展前景广阔。他表示相信，在双方共同努力下，澳中两国友好关系必将不断得到深入发展。

中联部部长王家瑞会见时在座。

中国外交部发表声明

严厉谴责日本首相小泉纯一郎再次参拜靖国神社

新华社北京 10 月 17 日电　外交部长李肇星 17 日紧急召见日本驻华大使阿南惟茂，郑重宣读了中华人民共和国外交部关于日本首相小泉纯一郎参拜靖国神社的声明，对其错误行为予以严厉谴责。声明全文如下：

今天，日本首相小泉纯一郎不顾中国和亚洲其他国家人民的强烈反对，又一次悍然参拜了供奉有二战甲级战犯的靖国神社。对他这种肆意伤害受害国人民感情和尊严、严重损害中日关系的错误行径，中国政府和中国人民表示强烈愤慨，并向日方提出强烈抗议。

日本军国主义在近代史上对中国人民的伤害最为深重。日本作为加害方，应当正确对待那段不幸历史，尊重受害方民众的创痛和感情，这事关中日关系的政治基础。日本政府及其领导人曾多次就历史问题作出郑重表态和承诺。然而，近年来日本一些领导人一再自食其言，在历史问题上不断挑起事端，严重伤害中国人民感情，给中日关系正常发展制造障碍。

今年是中国人民抗日战争暨世界反法西斯战争胜利 60 周年，国际社会都在以不同方式回顾曾经给世界带来深重灾难的那段历史，以铭记人类付出巨大代价换来的教训，更好地开创未来。然而，日本右翼极端势力却逆时代潮流而动，公然歪曲和否定侵略历史。作为日本政府领导人，小泉首相执意参拜供奉有二战甲级战犯的靖国神社，非但不能达到他所声称的"反省历史"的目的，反而对日本右翼极端势力歪曲和否定侵略历史起到了推波助澜的作用。

（下转第四版）

四版刊登评论员文章

对人类良知和国际正义的挑战

本报今日 5—8 版推出

神舟六号特刊

国务院新闻办召开发布会介绍神舟六号载人飞行情况

（第四版）

巴金：巨星陨落，光还亮着

（第十五版）

巴金同志逝世

享誉海内外的文学大师　第六、七、八、九、十届全国政协副主席

新华社北京十月十七日电　享誉海内外的文学大师，杰出的社会活动家，著名的无党派爱国民主人士，中国共产党的亲密朋友，中国人民政治协商会议第六、七、八、九、十届全国委员会副主席，中国作家协会主席巴金同志，因病于二〇〇五年十月十七日十九时〇六分在上海逝世，享年一百零一岁。

10月17日，一颗火热的心停止了跳动——

巴金：巨星陨落，光还亮着

本报记者　李　辉

巴金晚年在西子湖畔。

2005年，10月17日，星期一，晚7时06分。巴金老人停止了心跳。一颗文坛巨星陨落了。

再过一个多月，11月25日就是巴金101周岁华诞。但他没有等到这一天来临，他从病魔痛苦的折磨中解脱了。

几天前，得知巴金病危的消息，记者打通巴老女儿李小林的电话，她告诉记者："爸爸昨天突然状态特别好，拼命想说话的样子……"

"生之目标就是丰富的、横溢的生命"

少年时期的巴金。

虽然早有思想准备，但巴金的去世仍令作家王蒙感到悲痛。他说："去年3月，听到过巴老病情不好的消息，后来，老人家转危为安了，大家相信也祝愿，巴老不会有事，巴老永在，巴老的健在是我们的使命感和力量的源头之一。但是噩耗终于传来，巴老走了。早晨刚刚为神舟六号的胜利归来而狂喜，晚间便传来了这样的消息。一面旗帜降落了，一个老人老师闭上了眼睛，一个好人好友永别。一曲悲歌从心头响起。"

年届90岁的老画家丁聪，早在上世纪30年代就认识巴金。抗战期间，曹禺将《家》改编成话剧，在四川上演时，就是由丁聪负责舞美设计。后来，他还给巴金的作品配过插图，上世纪80年代，他还画过写作《随想录》时的巴金肖像。在熟悉巴金的人看来，丁聪笔下痛苦地沉思的神情，准确地刻画出了巴金的特点。在得知巴金去世的消息后，他对记者说："他是一个伟大的作家，他的去世是文学事业的巨大损失。"

作为与晚年巴金交往甚多、与巴金主编的刊物《收获》关系密切的一位作家，冯骥才显得沉郁。"'文革'结束后不久，我开始文学创作，从《铺花的歧路》开始，《收获》发表了我的主要作品。当时，是巴老亲自决定发表我的作品，他的培养和影响，我终生难忘。"几天来，他一直在关心着病危中的巴金，不停地打电话询问。他说，巴金的逝世让他难过，但也为老人摆脱痛苦而宽慰。他说，巴金永远不会离开我们："一个伟大的心停止了跳动。从'五四'到'文革'，再到改革开放，巴金都是中国作家良心的代表，他的精神影响了一代又一代的作家。他把一切都留给了我们，时代良心、社会责任、火一样的情感、悲天悯人的精神，好像一样也没有带走。"

作家池莉则愿意以她的方式，送一个生命的远去。她在电话里平静地对记者说："在这样的时刻，对一位高寿的作家的去世，我想以静默的方式送他远行。一个生命的自然过程，会带给我们更深的感悟。"

早在70年前，年轻的巴金就这样感受过生命的运动："我常将生命比之于水流。这股水流从生命的源头流下来，永远在动荡，在创造它的道路，通过乱山碎石中间，以达到那唯一的生命之海。没有东西可以阻止它。在它的途中它还射出种种的水花，这就是我们生活的爱和恨，欢乐和痛苦，这些都跟着那水流不停地向大海流去。我们每个人从小到老，到死，都朝着一个方向走，这是生之目标。不管我们会不会走到，或者我们在中途走入了迷径，看错了方向。生之目标就是丰富的、横溢的生命。"

"理想，是的，我又看见了理想"

1985年，年过八旬的巴金，收到了江苏农村10位小学生的来信，他们向敬重的巴金老人询问"寻找理想"的问题。虽然年老体衰，巴金仍如当年一样对理想充满激情。

"理想，是的，我又看见了理想。我指的不是化妆品，不是空谈，也不是挂在人们嘴上的口头禅。理想是那么鲜明，看得见，而且同我们血肉相连。它是海洋，我好比一小滴水；它是大山，我不过一粒泥沙。不管我多么渺小，从它那里我可以吸取无穷无尽的力量。"

他承认自己人生的坎坷和艰难，但支撑他与命运抗衡、执着地走向生命终点的，永远是对理想的热爱和坚信。理想和信仰是火，点燃巴金心中的激情，也点燃巴金的道德勇气。年轻时如此，年老后仍然如此。没有一种对美好理想的追求，没有一种对完美人格的追求，老年巴金就不会写下巨著《随想录》。他在《随想录》中痛苦回忆；他在《随想录》中深刻反思；他在《随想录》中重新开始青年时代的追求；他在《随想录》中完成了一个真实人格的塑造。

巴金说过，他为读者而写，为读者而活着。其实，他也是为历史而活着。

于是，历史的风风雨雨，一个个朋友的坎坷命运，自己人生的复杂体验，在他的笔下一一呈现。他不再人云亦云，不再丧失自我。他直面"文革"给民族带来的浩劫，直面自己人格曾经出现的扭曲。他愿意用真实的写作，填补一度出现的精神空白。他终于以在当代中国产生巨大影响的《随想录》，履行着一个知识分子，一个作家应尽的历史责任，达到了他的文学和思想的最后高峰。

走得很累，却很执着。有过苦闷，有过失误，也不断被人误解，但他始终把握着人生的走向，把生命的意义写得无比美丽。

人们以敬重的目光凝望他，更有人把他称为"世纪良知"、"知识分子的良心"。不是溢美之词，而是人们的真实感受。中国文化界、思想界应该为拥有巴金而骄傲。有《家》，有《寒夜》，有《随想录》，有真实的人格，这样的生命，永远与历史同在。

"化作泥土，留在人们温暖的脚印里"

年过90之后，巴金一直经受着病魔的折磨。他的生命在病房里艰难地延续着。

写作过程常常艰难而痛苦。他说他有许多话要说，有许多文章要写，却力不从心。字越写越大，手也抖得越来越

青年时代的巴金。

厉害，一次记者看到，他给萧乾写封信，两页纸写了几天，还没有写完。尽管早就说过要封笔，但是，他却从来没有做到。像他这样一个把创作视为生命的作家，只要身体状况允许，是不可能放下手中的笔的。1997年，他完成了译文全集的所有序跋，接着对曹禺的怀念，又占据了他的心。

1998年年初，记者去上海华东医院看望巴金，他说他正在写一篇怀念曹禺的文章。说是写，不如说是"说"。他写字很吃力，只得每天口述几句，由女儿小林记下，再念给他听，加以补充。他用了两个星期时间，刚刚完成前面一个部分，大约几百字。他说还要继续写下去。

一个月后，记者再去看望巴金，他已经完成了这篇《怀念曹禺》。似乎想说的话很多，老人留恋的往事也很多。令人惊奇的是，靠每天一句一句续写而成的文章，仍如他过去的作品一样浑然一体，流淌着动人情感。还是那种真诚，似乎平淡的表述，却又分明有着意犹未尽的深沉。读它，完全可以感受到这位94岁高龄的老人，思想还依然活跃，还在用笔倾诉着心中的感情。他同意将这篇

我在思考，仍在探索，仍在追求，我
不断地自问，我的生命什么时候开花？
那么就让我再活一次吧，再活一次，再
活一次！

巴金

巴金晚年手稿。

《怀念曹禺》交给《人民日报》副刊发表。

写完这篇《怀念曹禺》，巴金还想继续写下去。然而，一篇已经动笔的文章，再也没有写完。这样，《怀念曹禺》也就成了写作生涯将近80年的巴金最后完成的作品。

病中的巴金还是一团火，用他的真诚用他的爱感染读者、感染周围的人。每当看到有哪个地方受灾，第二天就会吩咐家人到邮局去，化名给受灾地区寄钱。对于巴金，想做的就是献出他对这个世界的全部的爱。不求回报，不求张扬。从热情投入社会革命到勤奋创作一生，从1983年捐款15万元倡议建立中国现代文学馆，到不间断地资助贫困学生，他都在奉献着自己。上世纪30年代初他曾这样说过："让我做一块木柴罢。我愿意把我从太阳那里受到的热放射出来，我愿意把自己烧得粉身碎骨给人间添一点温暖。"

巴金所经历的这一个百年，堪称中国历史上变化最为迅疾的百年。多少风云人物在百年历史舞台上走过。巴金以他自己的个人姿态走在历史画卷中。

很难用单一的比喻来概括巴金。有时他如电，如雷，如激流；有时又如阴云，如浓雾，如溪水。不同生命阶段，表现出不同的感情形态、生活形态。他就是这样以独特的生命方式走过了一百年。他为百年中国创造的一切，他的思想、精神、作品，以及他的复杂、矛盾的性格，都已成为巨大的存在，为我们解读百年中国的政治、思想、文化，提供了一个内涵丰富的范例。

"我唯一的心愿是：化作泥土，留在人们温暖的脚印里。"这是巴金晚年的心愿。这也是他的自信。

巴金，永远与读者同在。

作家出版社新版《随想录》。

（本文图片均由巴金家属提供）

首次全景展出　题跋完整可见

清明上河图：掀起盖头来

密封展柜十六米，世界最长
电子版点击显像，体验全新

一位游客在故宫博物院仔细观赏展柜中的真本《清明上河图》。　新华社记者　张燕辉摄

本报北京10月17日讯　记者刘琼报道：正在故宫古书画研究中心——延禧宫举办的"《清明上河图》暨宋代风俗画展"上，中国绘画史上的经典名作——《清明上河图》首次全景式公开展示，令宾客盈门，观者叹绝。据了解，自10月11日开展以来，全国各地申请要求观瞻的团体和个人激增。

北宋著名画家张择端900多年前绘制的绢本《清明上河图》，设色淡雅，画高24.8厘米，长528厘米，用兼工带写的笔法，记录了北宋末年首都汴京（今河南开封）的东角子门内外和汴河两岸美丽的自然风光和繁华的市民生活形态，以长卷形式，散点透视方式，将繁杂的景物纳入一画，构图疏密有致，笔墨章法巧妙，号称"北宋风俗图"。

"作为一部非常形象化地反映宋代政治、经济、文化等风貌的历史史料，《清明上河图》的价值不言而喻，它是我国绘画艺术的无价之宝。"故宫古书画部主任、研究员余辉介绍说，《清明上河图》进故宫以来，大大小小曾经公开展出过二三十次。但是长期以来，由于传统的展柜比较短，全部展出困难，以至于过去所有的展出都是局部呈现，题和跋从未完整展出过。即便是专家，能够亲眼目睹《清明上河图》者也寥寥可数。如何完整地展示国宝《清明上河图》，成了故宫的一大心事。为此，故宫博物院为《清明上河图》量身定做了全长16米、宽0.6米的展柜，这也是世界上目前最长的文物密封展柜，并特地聘请以马重芳等专家牵头的北京工业大学课题组，针对古画的特点，研究采纳高新技术手段，以确保展柜的恒温、恒湿、绝氧。普通灯光里的红外线和紫外线极易使有机物老化，是古画保存的一患。此次展览中的展柜包括展厅，都是无红无紫灯光。在高科技手段确保安全的前提下，故宫第一次公开完整地展出了《清明上河图》的全本，包括后幅的金代张著、明代吴宽等13家题记和96枚方印，这些负载文化信息的题跋此前从未完整展出过。

"电子画廊"出现在古老的延禧宫，是展览的另一大特色。走进展厅，与900多岁古画同居一室的是电子版的《清明上河图》。"数码照相用高达2000多万的像素，把原画拍出来，通过电子荧屏呈现出来。展柜里的原画由于隔着一层玻璃，加上灯光折射，清晰程度反而不及'电子版'高。使用这样的高科技展览形式，在世界博物馆界，也是第一次。"余辉介绍说，随着手指在屏幕上指指点点，《清明上河图》的细部随意扩大，非常真实，人物表情纤毫毕现，神态细腻生动。全新的视觉体验，激发了观众的求知兴趣。

除真本《清明上河图》外，此次展览还展出了明清至现代不同画师的7件仿本以及与《清明上河图》题材相似的宋代风俗画。真假同台亮相，也是一特色。为了满足外地的一些专业人士进京观看需要，展览将持续到10月31日。

上海设奖30万元向全国征剧本

优先考虑现实作品

本报上海10月17日电　记者姜泓冰报道：上海市文联和上海文化发展基金会今天宣布，以30万元大奖，面向全国征集影视、戏剧剧本。

"2005全国剧本征集活动"由上海市文联发起，被列为上海文化发展基金会今年第一期资助项目，总奖金30万元将由10部获选剧本分享，其中一等奖为8万元。征集到的优秀剧本，将优先供上海的影视拍摄单位和文艺院团挑选采用，同时也面向社会推荐，稿酬另付。所征集剧本优先考虑反映改革开放、为构建社会主义和谐社会服务、具有强烈时代感的作品。

山东为中小学培养名师

"齐鲁名师"每人补助5万元

本报济南10月17日电　记者何勇从昨天召开的山东省名师建设会议上获悉：从今年起，山东将在全省中小学教师中，通过国内外进修、撰写专著、开展教育教学研究等方式培养"齐鲁名师"。省财政将给予每位名师人选5万元的培养补助经费。

据介绍，山东在全省70万名中小学教师中遴选出了62名"齐鲁名师"建设工程人选，一个培养周期为5年。经考核认定达到标准的，确认为"齐鲁名师"。

文献纪录片追忆烽火岁月

《浩气长存》将走上荧屏

本报北京10月17日讯　记者叶帆报道：5集电视文献纪录片《浩气长存》昨天在京举行首播新闻发布会。该片是中央党史研究室、军事科学院和中共云南省委宣传部、中共山西省委宣传部等单位为纪念中央红军长征胜利70周年而联合摄制的。中央电视台于10月17日起在一套节目中播出。

该片反映了方志敏、寻淮洲、粟裕、刘英等率领的红军北上抗日先遣队，为策应中央红军长征，孤军深入敌后英勇奋战这一段鲜为人知的战斗历程。

儿童读物呼唤原创

专家建议设立专项基金，培养作者队伍

本报北京10月17日讯　记者张贺报道：由教育部基础教育课程教材发展中心举办的第四届全国优秀幼儿读物评选结果日前在京揭晓，共选定图书59套306册、期刊10种作为推荐读物。在新闻发布会上，儿童文学专家和儿童教育专家呼吁，我国儿童读物亟待加强原创性。

据介绍，2004年我国共出版少儿图书7400种，6亿多册，约占当年全国出版图书总量的11.46%。但首都师范大学教授、儿童文学家金波表示，原创性不足的弊病仍然困扰着中国儿童读物市场。以这次评选为例，各出版社送来参评的幼儿读物中，引进国外版权的作品占了很大比重。

专家表示，出版社紧盯市场、缺乏长远规划是造成原创作品少的重要原因。现在一些知名儿童读物作家每天为了应付约稿忙得不可开交，而无名作者却乏人问津，这种现象不利于发现和培养作者。没有作者队伍的壮大，就不会有原创作品的繁荣。专家建议，有关方面应设立儿童文学基金，鼓励和支持国产原创性作品的创作和出版。

湖北一家社区小医院进行的医药分家尝试引来社会关注——

医药分家：真能分开吗？

本报记者　顾兆农

戴继斌画

10月10日，武汉市江汉区北湖医院药房正式与医院脱钩，转由湖北万佳乐医药投资有限公司经营管理，药房盈亏与医院无关。北湖医院只是一家社区小医院，但其医药分家的试点改革在并不平静的医疗改革进程中还是显得格外引人注目，而医疗行政主管部门和药品市场经营者的态度也耐人寻味。

医药分家有望三赢

北湖医院是一家社区小医院，去年全年药品经营额只有25万元，实际利润微乎其微。这种情况，在江汉区社区医院中，带有一定普遍性。

一些地方也进行过医药分家的尝试，但都困难重重，有的最后不得不走上了回头路。北湖医院会不会重蹈覆辙？湖北省和武汉市卫生部门的有关负责同志表示，医药分家不是这么简单的事情。江汉区卫生局局长张黎明也谨慎地说，还是低调一点，让时间和实践来检验吧。

今年湖北万佳乐医药投资有限公司成立后，准备和一批类似北湖医院这样的社区医院合作，开辟一条药品经营的新渠道。和医疗行政主管部门的态度相反，董事长严培中对未来抱有信心。他说，现在北湖医院药店的药价和大药房的差不多，将来这些药店准备全部实行"零利润"经营，即放弃从终端的患者身上获取利润，用规模效应赢取上游厂家的源头利润。对此，有人认为，这只是"讲故事"。但严培中认为，如果欺骗消费者，等于自己扯破苦心建立起来的销售网络。市场是消费者选择的，作为企业，是不能冒这样的风险的。

江汉区卫生局张黎明局长表示，作为行政主管部门，卫生局并没有干预双方的合作。医药分家后，院方没有亏，但也没有赚，医院图个啥？院长刘景科说，指望以药促医，即药店人气旺了，可以带动医院其他业务的增长。另外，如果药商通过占领社区药品市场来获取更多的上游利润，而非直接从患者身上获取利润，从这个意义上讲，患者也是赢家。那么，医药分家，患者、医院和药商可望三赢。当然，效果到底如何，还得用实践来检验。

医药分家不搞一刀切

北湖医院的医药分家试点"不具有典型意义。"湖北省卫生厅药政处的负责同志说。目前大部分医院都是以药养医。湖北省规模最大的一家医院，去年总收入十几亿元，其中药品收入近一半。按照国家允许医院加价15%的规定，仅此一项，医院因药品带来的收入，就是近亿元。武汉市有两家卫生部直属的超三甲医院，常年人满为患，客观上垄断了武汉甚至是湖北省的高端医疗市场。这些在市场具有独特优势的医院，药品生产企业十分看重。让这样的医院简单地实行医药分家，显然行不通。

记者在采访中发现，现在的药品一般分3种类型：市场型；药店型；医院型。市场型药品在一般医院和药店都有；药店型药品，就是在药店能买到，在医院却配不到；医院型药品则相反，医院能配到，药店却买不到。这种医药之间的利益联盟，严重阻碍了医药分家的改革。其实，大医院的某些药品，在药店也能买到，只不过是包装和药名不同罢了。因此，有人建议，药品的命名应该统一使用化学名，这样就可以较好地解决这个问题。

医疗行政主管部门对医药分家比较冷静，是有一定道理的。医药分家是一个复杂的系统工程。但是，作为医疗改革的方向，医药分开，应该是一个目标。从这个意义上说，武汉北湖医院的探索，具有一定的积极意义。

人民日报

RENMIN RIBAO

今日8版

人民网 网址:http://www. people. com. cn
手机:http://wap. people. com. cn

国内统一连续出版物号 CN 11-0065
第21042期 (代号1-1)
人民日报社出版

2006年2月
18
星期六
丙戌年正月廿一

北京地区天气预报
白天 晴
降水概率 0%
风向 北转南
风力 二、三级
夜间 晴间多云
降水概率 10%
风向 南转北
风力 一、二级
温度 8℃/-4℃

就菲律宾发生严重山体滑坡
胡锦涛向阿罗约总统致慰问电
代表中国政府和人民,向阿罗约总统、菲律宾政府和人民及遇难者亲属表示诚挚的慰问

新华社北京2月17日电 国家主席胡锦涛17日就菲律宾南部地区发生严重山体滑坡,造成重大人员伤亡和财产损失,向菲律宾总统阿罗约发去慰问电。胡锦涛代表中国政府和人民,向阿罗约总统、菲律宾政府和人民及遇难者亲属表示诚挚的慰问。

本报雅加达2月17日电 记者管克江报道:菲律宾今天发生大规模泥石流灾难,到目前为止,营救人员已经发现33具遇难者尸体,另有1500人失踪。

据此间媒体报道,发生泥石流的地区位于菲律宾南莱特省,至少三个村庄和一所小学被严重冲毁。某些地区的泥浆深达10米,给救援行动造成困难。

灾害发生后,菲律宾总统阿罗约发表声明向受灾民众表示慰问,并指示立即开展紧急救援行动。据悉,已有三个救援队赶赴灾区开展救援。

曲靖"三村四化"建设新农村
一百九十八个试点村农民人均纯收入同比增一成

本报曲靖2月17日电 记者宣宇才报道:2月14日,记者来到云南省曲靖市麒麟区水寨村,只见村口竖着新农村建设彩色规划图板,村民们正忙着搬土运沙、修路砌墙。位于麒麟区郊区的水寨村,按照规划实施"迁村并点",将5个自然村集中,在清理出来的土地上,规划建设区高级中学和职业中学等项目。这是曲靖市"三村四化"建设给水寨村带来的变化。

"三村四化"是指"建设小康村、文明村、和谐村,推进农村工业化、农业产业化、住房新型化、社会和谐化"。自去年3月启动以来,已在198个村展开。"新农村建设急不得也慢不得。"曲靖市委书记米东生说,"三村四化"要充分尊重农民的主体地位,充分尊重其意愿和创造,不断改善农村生产条件和村容村貌,提高农民生活质量和文明水平。

曲靖市选择的首批198个"三村四化"试点村,分属于城中、城郊、山区、贫困山区等不同类型。曲靖提出,对城中型,要把农民变为市民,集体建设住宅,建设农贸市场,群众经济来源靠经商;对城郊型,发展现代农业,土地可以流转,变为市民的农民既可务工又可耕作保留的耕地;对山区型,重点发展特色林果业,推广适用技术,引导农民致富。

"三村四化"启动以来,曲靖市财政每年专门拨出5000万元,给其中150个试点村各补贴30万元;各区县、乡镇和有集体收入的村分别根据实际,拿出一定的补贴资金;全市各乡镇的企业家已捐款7749万元。一年下来,198个试点村硬化村庄道路529公里,拆除、改造农村厕所8156个,新建公厕550个,改建、新建以沼气池为主的能源设施8046个,新建图书文化室158个。

在云南"水族第一乡"富源县古敢乡,乡长刘兴贵介绍说,乡党委、政府带领群众兴建基础设施,投入资金40多万元,硬化路面1.5万平方米,解决了农产品出乡行路难。沾益县西平镇龙华村统一修建了公共厕所;村前山脚下,是600亩西瓜基地、1000亩玉米小麦种植基地和年产10万只鸡的养殖基地。

截至去年12月底,198个试点村做大做强原有产业项目152个,新上产业项目104个,培育龙头企业138个,总投资5.7亿元;农民人均纯收入达到2385元,同比增长10.5%。

芜湖城市基础设施向县乡延伸
自来水、天然气由城入乡。农村垃圾进城焚烧发电

本报合肥2月17日电 记者刘杰报道:2月12日,是农历正月十五,地处安徽芜湖鸠江区偏远的北陡村村民孟征训老人,傍晚坐上刚刚开通的42路公交车,到城里女儿家过节。他乐呵呵地说:"以前说'北陡北陡,弯弯扭扭,18岁的姑娘家家有,就是不嫁家门口'。这下好了,姑娘是远嫁了,但路也通了,还有了公交车,一元钱就能进城走亲戚了。"

芜湖市推进城乡一体综合发展,统一规划,城市公用基础设施向县乡延伸。在综合改革、乡镇村合并的基础上,芜湖以市区为中心城市、县城为副中心、重点镇村为卫星城镇,整体推进,组团发展。在道路建设、水、气、公交和防洪保安等方面,做到城乡统筹,以城带乡,加快新农村建设。

以前芜湖市公路虽多,等级偏低,市到县、县与县之间没有完整的高标准干线,1700多公里的乡道也是断头路多、砂石土路多,一到阴雨天,农民进不了城。两年多来,芜湖市投资50多亿元,加快建设对外"主通道工程"和市区到三县的"快速通道工程",以及县乡镇公路的"通达工程"。目前,对外主干道四通八达,快速通道已完成大半,28个乡镇有22个通二级以上公路,公交车随着公路走,解决了农民出行难。

为逐步提高县乡居民生活质量,芜湖市不断把城市自来水、天然气等送往县乡,把县和重点乡镇的垃圾运回城里统一处理。记者看到,市区自来水厂的管道已铺到三山、清水和峨桥镇,避免了重复建设、节约了投资,让农村居民喝上了自来水,还保障了中心镇绿色食品等特色工业园用水需求。芜湖县的11万居民不久前用上了天然气,繁昌县的天然气工程正在开通,随后还要送到中心镇。市里统一上马的垃圾焚烧发电厂,不光"吃"掉了市区垃圾,三县城区垃圾也开始向城里运送,使乡村更清洁,让电厂有"饭"吃。城乡污水也同样实施集中处理。

城乡一体的基础建设,带动了县域经济快速发展,促进了农民增收,城乡面貌进一步改观。2005年全市县区财政达到27.96亿元,在全市财政比例中由2003年的33%上升为41%;农民人均纯收入3940元,比上年增长9.8%,大大高于全省平均水平。

建设新农村

吴邦国主持人大常委会委员长会议
决定人大常委会第二十次会议25日至28日举行,将审议义务教育法修订草案和全国人大常委会工作报告稿等

本报北京2月17日讯 记者裴智勇报道:十届全国人大常委会第四十三次委员长会议17日上午在人民大会堂举行。会议决定,十届全国人大常委会第二十次会议于2月25日至28日在京举行。根据建议的议程,会议将审议义务教育法修订草案等法律草案和全国人大常委会工作报告稿,并将审议批准《制止向恐怖主义提供资助的国际公约》的议案等。

吴邦国委员长主持会议。

根据委员长会议建议的议程,十届全国人大常委会第二十次会议还将继续审议审计法修正案草案、农产品质量安全法草案,听取国务院关于农业和农村工作情况的报告等,听取全国人大常委会代表资格审查委员会关于个别代表的代表资格的审查报告等。

根据建议的议程,常委会会议还将审议十届全国人大四次会议议程草案、十届全国人大四次会议主席团和秘书长名单草案、十届全国人大四次会议列席人员名单草案等。

十届全国人大常委会第二十次会议的一项重要任务是为即将开幕的十届全国人大四次会议做好准备工作。副委员长兼秘书长盛华仁向委员长会议汇报了常委会会议议程草案和日程安排意见,并汇报了十届全国人大四次会议议程草案、日程草案、主席团和秘书长名单草案、列席人员名单草案和表决议案办法草案的有关情况。全国人大常委会副秘书长孙伟汇报了全国人大常委会工作报告稿的有关情况。

委员长会议上,全国人大法律委员会主任委员杨景宇、教育科学文化卫生委员会主任委员朱丽兰、外事委员会主任委员姜恩柱、农业与农村委员会主任委员刘明祖、全国人大常委会代表资格审查委员会主任委员何椿霖分别就十届全国人大常委会第二十次会议其他有关议程的情况作了汇报。

委员长会议还听取了关于调整香港和澳门基本法委员会组成人员情况的汇报。

副委员长王兆国、李铁映、司马义·艾买提、何鲁丽、丁石孙、成思危、许嘉璐、顾秀莲、热地、路甬祥、乌云其木格、韩启德出席会议。

二月十六日,由农业部配发的"农业科技入户直通车"来到西藏林芝县加丁岗村,为当地农民培训并推广优质辣椒种植技术。"农业科技入户直通车"以巡回课堂的形式,进村入户为农民提供教育培训、科学普及、技术推广和信息传播等服务。图为加丁岗村村民在家门口观看农业科技直通车播放的录像。 新华社记者 格桑达瓦摄

化肥价格
从出厂到零售差率不得超过7%

新华社北京2月17日电 (记者刘铮)为保护农民利益,今年国家将继续对化肥批发和零售价格实行进销差率、批零差率或最高限价等形式管理,化肥从出厂到零售的综合经营差率原则上不得超过7%。

记者17日从国家发展和改革委员会了解到,综合经营差率可包括银行贷款利息、管理费、仓储费等流通环节发生的间接费用,不包括直接运杂费。对单位价值较低的碳铵等品种,差率水平可适当扩大。

今年国家将适当提高化肥价格市场化程度。列入中央定价目录的大型氮肥企业生产的尿素出厂价上浮幅度由10%提高到15%、下浮不限;进口钾肥港口交货价格,由政府定价改为政府指导价,上浮幅度为3%、下浮不限。停止执行对化肥生产用的无烟块煤最高限价临时干预措施。

高新产品
年出口额超亿美元企业达279家

本报北京2月17日讯 记者龚雯从商务部获悉:我国一批具有较强自主创新能力的本土高新技术企业在2005年快速成长,国际竞争力明显提升,拥有自主知识产权、自主品牌的高新技术产品出口已超过200亿美元。

据统计,去年我国高新产品年出口额超亿美元的企业达279家,累计出口1728.2亿美元,占全国高新产品出口总额的79.2%。与2004年相比,出口超1亿美元企业数增加了40家,超过10亿美元企业数增加了8家,超过50亿美元企业数增加了1家。年出口超亿美元企业的年平均出口额达到6.2亿美元,比2004年提高了0.7亿美元;其中位居出口前三位的企业高新产品出口额分别达到105.4亿美元、62.1亿美元和61.9亿美元,分别增长61%、13.7%和91.3%,也分别比2004年出口前三位企业的年出口额增加40亿美元、7.5亿美元和8.7亿美元。

香港特区政府
鼓励鸡农改行从事温室种植

据新华社香港2月17日电 香港特区政府渔农自然护理署从16日起一连两天举办讲座,鼓励香港散养家禽的农户改行种植农作物,教导他们培养食用真菌及温室种植的技术,以减少禽流感的风险。

香港特区政府去年拨款3.8亿港元,用于设立特惠补助金和发放贷款等,鼓励养家禽的农户、活家禽的批发商及运输商自愿结业及退还牌照,但响应者不多。因此,特区政府渔护署16日起一连两天举办讲座,鼓励鸡农改行种植菇类、小青瓜及花卉等农作物,并教导他们食用真菌的种植技术。

特区政府渔护署农业主任陈益民表示,将鸡舍改建为菇舍或温室的费用不会太高,若以每次35天的生产期推断,只要有销路,每月平均可有5000港元的收入。

戴爱莲同志遗体在京火化
戴爱莲病重期间和逝世后,胡锦涛温家宝曾庆红黄菊等以不同方式表示慰问和哀悼
李长春等到八宝山革命公墓送别

新华社北京2月17日电 中国共产党的优秀党员,中国当代舞蹈艺术先驱者和奠基人之一、著名的舞蹈艺术家、舞蹈教育家、舞蹈史学家,中国舞蹈家协会名誉主席戴爱莲同志遗体,17日在北京八宝山革命公墓火化。

戴爱莲因病于2006年2月9日在北京逝世,享年90岁。

17日上午的八宝山革命公墓礼堂庄严肃穆。正厅上方悬挂着黑底白字的横幅"沉痛悼念戴爱莲同志",横幅下方是戴爱莲的遗像,戴爱莲的遗体安卧在鲜花翠柏丛中。

上午10时,李长春、刘云山、廖晖、刘延东、张梅颖缓步来到戴爱莲的遗体前肃立默哀并鞠躬,与亲属一一握手,表示慰问。

戴爱莲的生前友好和各界人士也前往送别。

戴爱莲病重期间和逝世后,胡锦涛、温家宝、曾庆红、黄菊、王兆国、刘淇、吴仪、张立昌、周永康、贺国强、王刚、李鹏、乔石、朱镕基、李瑞环、宋平、尉健行、李岚清、丁石孙、陈至立和黄华、丁关根、钱正英等,以不同方式表示慰问和哀悼。

戴爱莲祖籍广东,1916年5月生于西印度群岛的特立尼达,1940年回到香港,是第一、二、三届全国人大代表,第五届全国政协委员,第六、七、八届全国政协常委,曾任民盟中央委员、常委,民盟中央参议委员会常委等职。她关心国家的发展和人民生活的改善,积极投身爱国统一战线事业,把毕生的精力和智慧奉献给了舞蹈艺术,为中国的舞蹈事业做出了不可磨灭的贡献。

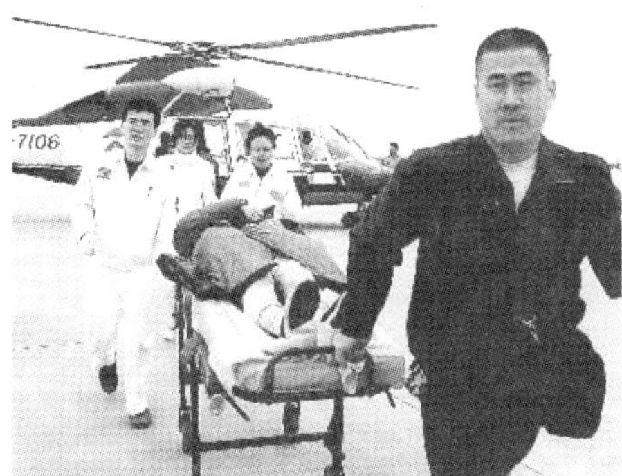

2月16日23时,一艘巴拿马籍冷藏船在福建平潭东甲岛附近海域触礁遇险。福建省各有关部门迅速组织搜救工作,交通部东海局第二海上搜救飞行队的救助直升机3次出动,前往平潭海面搜救遇险船员。图为2月17日下午,救助直升机抵达厦门机场后,120急救人员迅速把搜救到的该船中国籍船员何金良送往救护车。 本报记者 赵鹏文 黄少毅摄

喜在城里听鹿鸣

冯 越

近日,在大连市中心区的山坡上,出现了好几个野梅花鹿群;在大连市的近郊,成园山庄的监控录像留下了豹猫捕抓狐狸的精彩镜头。这些,不能不让人感慨。

野生动物相当敏感,如果人类对它们"无情斩杀",或者破坏了它们赖以生存的环境,野生动物干脆"用脚投票",一走了之;而如果环境改善了,它们也会不请自来。野生动物安居大连,就是它们给大连市的自然环境打了高分;而它们能在城里不受干扰、不受伤害地生存下去,也反映了大连市民的综合素质。曾经看到关于巴黎、维也纳、莫斯科等城市有关人与野生动物和谐相处的报道,说是汽车都得给小松鼠、小青蛙让路,森林里有小鹿出没,我们忍不住叹为观止。现在,在我国的一些城市,也开始出现了人与动物和谐相处的情景,我们能不高兴吗?

古诗云:"呦呦鹿鸣,食野之苹"。蓝天白云、青山绿水、绿树成荫、鸟语花香,这才是宜居城市。大连市听鹿鸣,这是人与自然和谐相处的音符,也是建设和谐社会的可喜景象。

刘云山在西柏坡纪念馆考察时强调
充分发挥爱国主义教育基地作用 切实加强未成年人思想道德建设

新华社石家庄6月3日电 中共中央政治局委员、书记处书记、中宣部部长刘云山6月3日在西柏坡纪念馆考察时强调，各类爱国主义教育基地要认真贯彻《中共中央国务院关于进一步加强和改进未成年人思想道德建设的若干意见》，把未成年人思想道德建设作为一项重要职责，成为未成年人学习历史知识、了解革命传统的重要课堂，成为增强爱国情感、培育民族精神的重要阵地，成为陶冶道德情操、提高思想修养的重要场所。

刘云山指出，爱国主义教育基地在未成年人思想道德建设方面肩负着重要使命。要坚持以邓小平理论和“三个代表”重要思想为指导，坚持贴近未成年人的思想实际、贴近未成年人的生活现实、贴近未成年人群体，不断改进创新，在丰富主题思想上下功夫，在挖掘精神内涵上下功夫，在拓展教育功能上下功夫。要把历史和现实结合起来，把优良传统和时代精神结合起来，把思想教育和实践活动结合起来，不断增强未成年人思想道德建设工作的针对性实效性。

刘云山强调，各类爱国主义教育基地要为未成年人敞开大门，对中小学生集体参观实行免票，个人参观实行半票。要根据不同年龄层次未成年人的特点，组织开展多种多样内容生动、形式新颖的活动，吸引更多未成年人参观学习。要充分利用重大历史事件、重要纪念日和节假日，以及未成年人入学、入队、入团、成人宣誓等有特殊意义的日子，为各级各类学校开展主题活动创造条件。爱国主义教育基地工作人员要加强学习、提高水平，努力成为爱国主义精神和先进文化的宣传员、未成年人校外活动的辅导员。

奉献者的情怀

林治波

人民论坛

一段时间以来，张志军——一位基层税务干部的事迹在威海干部群众中广为传颂，威海市文明委作出向“踏实干事的好干部”张志军同志学习的决定，一个学习张志军同志的活动随之展开。

张志军，生前是威海市高新技术开发区国税局副局长，2003年底因病去世，年仅39岁。

1981年，张志军开始干税务。在这个岗位上，他勤勉工作、刻苦钻研、廉洁奉公，严格依法为国家收税，细致周到为企业服务，满腔热情对待同志。

“志军他原则性很强，一身正气，是个难得的好干部。”“志军思路开阔、前瞻性强，他身上体现着时代精神。”“志军这个人想干事能干事，真心实意为我们企业服务。”“工作比治病还要紧，真不知他从哪儿来的那股劲儿。”这是张志军的领导、同事和当地企业经理对他的议论和评价。

张志军常说：“政策是铁板钉钉，谁也无权打折扣。”他给自己约法三章：请客不到、送礼不要、说情不听。凡是应该缴纳的税，无论什么理由，无论怎样说情，张志军都是铁面无私，不为所动。涉嫌偷税漏税的，他带领工作人员严格查处，为国家挽回经济损失数千万元。与此同时，他热情地为企业服务，按国家税收政策应该给予优惠的，他主动上门送政策，想方设法把国家的优惠政策落实到企业，不少企业因此一再追加在当地的投资。

张志军同志的可贵还在于，他具有鲜明的时代精神和强烈的进取意识。十几年来，他刻苦学习先进科技知识，不断创新税收征管方式，研究推行了电话纳税申报、网上纳税申报、税收征管信息系统、征管档案资料管理系统等多种现代化税收征管手段，为国税信息化建设做出了突出贡献。

干好本职工作之余，张志军还给别人以无私的关心和帮助。几年来，他和妻子一起，为六名失学儿童提供上学资助，还为灾区捐献了数千元款物。在他生病住院期间，听说本局一位姓徐的干部也生病入院，张志军连忙约请专家为他会诊，听说天津一家医院治疗效果比较好，又托人将老徐的病历资料送到天津，还请自己的父母、岳母赴津代为探望。

张志军同志的事迹让人感动，也促人思考。这位基层税务干部忘我工作、无私奉献的动力是什么？

是爱。是对祖国之爱、对人民之爱、对事业之爱、对同志之爱。由这种深挚的爱生发的强烈事业心、高度责任感，由这种深挚的爱所升华的人生观、价值观，激励着张志军忘我奉献，鞠躬尽瘁，直至生命的最后一息。可以说，是爱催生着奉献，是爱铸造着奉献。

我们的社会，因为有了奉献者而充满温暖；我们的祖国，因为有了奉献者而充满希望。张志军同志为社会树立了道义的榜样。当我们为张志军的无私奉献而感动的时候，也应该想一想：自己为别人、为社会、为国家奉献了什么？

张志军同志只活了39岁，他的生命很短暂，但他的情操和精神会在后人的继承发扬中得以永续。

曾培炎向APEC中小企业技展会致贺词
加强交流促进中小企业合作与发展

本报青岛6月3日电 记者曲哲涵报道：为期5天的第三届APEC中小企业技术交流暨展览会昨天在山东青岛开幕。中共中央政治局委员、国务院副总理曾培炎向展览会发来贺词。

曾培炎在贺词中说，中小企业在推动经济增长、扩大劳动就业和促进社会发展等方面发挥着越来越重要的作用，日益受到国际社会的重视。APEC作为当今世界最大的区域经济合作组织之一，一直把促进中小企业合作与发展作为重要工作议题。第三届APEC中小企业技术交流暨展览会秉承前两届的成功经验，凭借各成员体的认同和信任，将进一步加强交流，增进友谊，为促进APEC成员体中小企业合作与发展构筑新的平台，做出新的贡献。

本届展会以“技术提升经济，合作创造未来”为主题，旨在通过开展展览和技术交流等活动，进一步加强APEC各成员体中小企业的交流与合作，提高中小企业技术水平，改善和优化产业结构，促进各成员体中小企业的发展。国内19个省市和APEC16个成员体的600多家企业参展，60多个国家和地区的客商到会采购。展会同时举办了一系列研讨会和洽谈会，内容涉及中小企业创新、产业结构调整、区域经济合作、投资环境、现代物流等主题，以及经贸和投资项目合作。

6月3日，一些大学生在华北电力大学北京校区“首都大学毕业生基层志愿服务团”宣传现场咨询。第二届首都大学毕业生基层志愿服务团活动5月下旬启动以来，得到首都大学生热烈响应，报名者踊跃。

新华社记者 李石磊摄

省级领导干部宗教工作专题研究班开学

本报北京6月3日讯 记者潘跃报道：由中央组织部、中央统战部、中央党校和国家宗教局联合举办的“省级领导干部宗教工作专题研究班”今天在北京开学。

这期研究班以“三个代表”重要思想为指导，进一步深入学习全国宗教工作座谈会精神，学习马克思主义宗教观和宗教工作的基本知识，加深对宗教工作的基本方针、政策的认识和理解，不断增强做好新世纪新阶段宗教工作的使命感、责任感和紧迫感。

全国政协副主席、中央统战部部长刘延东作了“学习贯彻‘三个代表’重要思想，不断开创新世纪新阶段爱国统一战线新局面”的讲话。她指出，我们党历来高度重视宗教工作，从毛泽东、邓小平到江泽民同志，党的三代领导集体对做好宗教工作都有一系列的重要论述，形成了一套正确的理论和方针政策。以胡锦涛为总书记的党中央，继往开来，强调以“三个代表”重要思想统领宗教工作，重申要立足于我国的基本国情，贯彻落实十六大提出的宗教工作的基本方针。做好新形势下的宗教工作，要充分认识广大信教群众也是党和政府的群众基础，是建设中国特色社会主义的积极力量，加强信教和不信教、信仰不同宗教群众的团结。要掌握宗教工作规律，全面贯彻宗教信仰自由政策，依法管理宗教事务，坚持独立自主自办原则，积极引导宗教与社会主义社会相适应，为祖国统一、民族团结、经济发展和社会稳定发挥作用。

中央党校副校长石泰峰主持开班典礼，中央统战部副部长朱维群、黄跃金，中央组织部秘书长李志勇，各省、自治区、直辖市主管宗教工作的副书记、统战部长等参加了专题研究班。

外交部发言人发表谈话
对美英伊拉克问题新决议草案表示欢迎
对刚果（金）局势深表关切

新华社北京6月3日电 外交部发言人刘建超3日在例行记者会上表示，美英提交的伊拉克新决议草案修改文本采纳了包括中国在内的有关国家意见，中方对此表示欢迎。

在回答记者提问时，刘建超说，中方欢迎美、英对伊拉克问题安理会决议草案做出的修改，它反映了中方及其他国家的一些意见和关切。我们正在认真研究这个草案，会与有关方面保持接触和协商。我们希望安理会各方能就决议草案达成共识，以尽快稳定伊拉克安全形势和推进重建进程。我们也希望安理会广泛听取伊拉克、其他阿拉伯国家以及安南秘书长的意见。

新华社北京6月3日电 外交部发言人刘建超在例行记者会上答记者问时表示，中国政府对刚果（金）局势深表关切。

有记者问：近日，刚果（金）局势再度出现动荡，在东部布卡武发生武装冲突，造成人员伤亡和骚乱，联合国驻当地机构亦受到攻击。请问中方对此有何评论？

刘建超说，刚果（金）近日再次发生武装冲突，造成平民伤亡，并威胁到联合国维和人员安全，中国政府对此深表关切。我们谴责该地区出现的武装冲突和暴力行径，敦促冲突各方立即停止敌对行动，遵守停火协议，确保包括中国维和人员在内的联合国维和人员和机构的安全。

在被问及武装冲突发生后，中国派驻刚果（金）的维和人员情况时，刘建超说，目前中国在刚果（金）的维和人员一共有将近200名，主要是工兵和医疗分队，均驻扎在刚果（金）东部的布卡武地区。目前布卡武地区的冲突已经基本停息，我驻刚果（金）的维和人员都安全无恙。

刘建超说，在这一过程中，中国驻刚果（金）使馆以及中国驻刚果（金）大使崔永乾非常重视我维和人员的安全，并且多次提醒他们加强戒备，同时与他们保持24小时的联系，指导他们妥善处理好有关紧急情况。目前值得欣慰的是，没有人员伤亡。

曾培炎会见美国波音公司执行副总裁

新华社北京6月3日电 中共中央政治局委员、国务院副总理曾培炎3日下午在人民大会堂会见了美国波音公司执行副总裁、波音民机集团总裁兼首席执行官艾伦·穆拉利，双方就航空制造业合作进行了友好的交谈。

唐家璇分别会见日本巴基斯坦客人

新华社北京6月3日电 （记者董黎熙）国务委员唐家璇3日下午在人民大会堂会见了以会长秋山喜久为团长的日本关西经济联合会代表团。

唐家璇对关西经济联合会长期以来为促进中日两国经贸关系发展所做的贡献表示赞赏。他向客人简要介绍了中国当前经济形势和正在实施的东北振兴以及西部大开发战略，并表示希望日本经济界今后更加积极地参与中国的经济发展，进一步加强同中国东北、西部地区的各种形式的互利合作。

唐家璇还强调，中日双方应共同努力为中日关系的健康稳定发展创造一个良好的环境，不断扩大和深化两国经贸合作，为两国谋求更大利益。希望日本经济界朋友继续为增进两国人民相互了解，促进中日友好做出贡献。

秋山喜久表示，日本关西经济联合会等经济团体将和日本经济界一道继续为发展日中经济关系做出努力。

日本客人是应中国贸促会邀请来华访问的。

3日下午，唐家璇还在人民大会堂会见了以前外长萨塔尔为团长的巴基斯坦伊斯兰堡世界事务理事会代表团。

巴基斯坦客人是应中国人民外交学会邀请来华访问的。

李肇星与几内亚比绍外长会谈

据新华社北京6月3日电 外交部长李肇星3日在外交部同来访的几内亚比绍外交、国际合作和侨务部长苏亚雷斯·桑布举行会谈。

李肇星说，中、几比两国人民之间有着深厚的传统友谊。1998年复交以来，两国关系发展顺利，双方在政治、经济、社会发展等各领域以及国际事务中开展了卓有成效的合作。中方感谢几比政府坚持一个中国政策，支持中国统一大业。他表示，中国政府珍视中、几比传统友谊和友好合作关系，愿与几比方共同努力，推动两国关系长期、稳定地向前发展。

筹资两千万元 矫治千名孤残儿童
福建启动“明天计划”

本报福州6月3日电 记者蔡小伟报道：一项专门资助残疾孤儿实施手术矫治和康复的“明天计划”，6月1日在福建启动。今年起至2006年的3年间，福建省民政厅和省福彩发行中心将从福利彩票公益金、社会捐赠等多种渠道筹集2000多万元，用于全省福利院1335名残疾孤儿的手术治疗和康复。首批将于今年8月份接受手术矫治和康复治疗。

目前，福建各级福利机构收养的3848名弃婴和孤残儿童中，患有各类残疾的约占49.6%。残疾儿童中一半多的孩子可通过手术进行矫正，实现康复。“明天计划”实施后，福建将组织医学专家对全省福利院收养的残疾孤儿进行身体检查，建立档案，制订治疗方案，所需医疗费用全部由“明天计划”项目支付。

时隔三十一年第二次来华公演
日本大相扑访华团抵京

本报北京6月3日讯 记者于青报道：为举行“2004年大相扑中国公演”的日本大相扑访华团110多人今天分乘两个航班抵达北京。中国武协主席王筱麟和日本相扑协会理事长北之湖敏满今天下午出席了新闻发布会。

日本大相扑是时隔31年来中国举行第二次公演。1973年4月，日本大相扑访华团在北京和上海两地各表演了两场，国务院总理周恩来曾到现场观看表演。

这次公演是由中华全国体育总会和日本相扑协会为纪念中日通航30周年共同主办的。协办者是中日友好协会和日中友好协会。承办者是中国武术协会。日本航空公司等企业提供了赞助。这次公演仍安排在北京和上海两地，前两场于6月5日和6日在北京首都体育馆举行，后两场于9日和10日在上海体育馆举行。

大相扑在日本经1500年的发展，成为注重礼节仪式的一种竞技，深受日本民众喜爱。日本每年有6场相扑比赛，每场持续15天。近年不断有美国、蒙古、中国、俄罗斯等国的年轻人在日本学习相扑，目前有4名中国选手参加日本相扑比赛。

两名台湾间谍受到法律制裁

新华社合肥6月3日电 为台湾从事间谍活动的李庆生、张新民日前在安徽省受到法律制裁。安庆市中级人民法院一审以间谍罪分别判处李庆生、张新民有期徒刑11年、10年。

判决指出，李庆生，别名李阳，间谍化名“江耀”，男，1957年10月10日生于安徽省安庆市，曾任安庆电视台记者、节目主持人、总编室及广告部副主任等职。1994年与其妻子从安庆移居台湾，后返回安庆市常住；张新民，间谍化名“方振平”，男，1970年11月出生于台湾，祖籍安徽省涡阳县，居住于台中市。

1994年6月李庆生去台湾定居，其后台湾间谍机关频繁与其接触，以金钱、美色为诱饵不断对其策反。1997年11月李庆生在台湾参加间谍组织，接受了台湾间谍机关搜集大陆情报的任务和间谍活动专业训练，领取了活动经费，配备了间谍活动工具，规定了化名，约定了暗语及通联方法。此后近6年来，李庆生在安徽利用其合法身份，广泛搜集大陆有关政治、经济、军事领域的情报，并以出境探亲或利用台湾间谍机关交通人员入境交接的方式，向台湾间谍机关报送，还多次赴台接受台湾间谍机关的训练指导。

张新民等人接受台湾间谍机关指派担任李庆生的专勤交通，自1999年以来先后轮流在香港、上海、合肥、安庆、广州、厦门等地与李庆生交接情报、传递指令、输送间谍活动经费和间谍活动工具近20次。2003年9月张新民入境活动时被国家安全机关抓获。

（上接第一版）

【网友】：任局，您的辖区内有没有发生过“处女嫖娼”案件？

【任长霞】：我的辖区从来没有发生过类似案件，我想也不会发生此类案件。因为对每一个案件的处理，我们都会经过严格的审核把关。

【网友】：警察女杰，一方面警察与犯罪做斗争奋不顾身，一方面有些警察对人民群众冷酷无情。您是如何管理部下的？

【任长霞】：对群众态度不好的情况，我的队伍当中有时也存在。这也是我们对民警加强教育、克服冷横硬推现象的一项重要内容。我们今年采取了许多措施，组织法律宣传队，下乡到各个村、各个厂矿进行法制宣传和普法教育。另外办证上门，还有流动服务站；每当逢集时把我们局里的宣传展板抬到集上，让群众观看，使他们能更好地了解到公安工作的不易，增进民警与群众的感情，即便有时遇到民警态度不好的时候，大家也都被原谅了。

【网友】：任局长，民主评议行风，贵局排名第几？

【任长霞】：登封市政府一共32个局委，我局排行第五。

虽然我是一个女局长，但是我非常刚强

【网友】：警察女杰，你们公安局是否温柔有余威武不足？您的部下男子汉多吗？

【任长霞】：公安局肯定是威武的，虽然领导他们的是一个女局长，但是我非常刚强。我的部下有700多名男性，50多名女性，领导班子就我一个女的。

【网友】：如果上级命令你派警强力阻止群众上访，你采取何措施？

【任长霞】：对群众的上访，上级不会命令我们强力阻止，我们只是维持秩序。

【网友】：登封有好多武术学校是骗人的，任局不管吗？

【任长霞】：如果发现有骗人的情况，请及时向我举报，我不会坐视不管，因为这是我的责任。

【网友】：任局，能说一说你的收入问题吗？

【任长霞】：一月工资1000多块钱，足够我吃饭穿衣了。

【网友】：任警官，警察的素质对执法很关键。你的部下文化如何，大专以上吗？你呢？

【任长霞】：警察的素质对执法的确很关键，我的部下大部分是中专以上学历，因为我所在的局是县级市局，我们为了提高我局民警的素质，搞了法律知识培训和计算机培训，另外我们还把一些民警送往公安部、河南省公安厅和郑州市公安局进行强化培训。我的学历是本科。

【网友】：警察大姐，你工作中碰到有人向你说情，不管事情大小，你真的一次也没通融过吗？

【任长霞】：在法律允许的范围内，有些事还是可以通融的。

如果手下违犯纪律，我会自责

【网友】：局长大姐，如果你的手下违犯了纪律，发生了刑讯逼供，或者乱罚无辜，你认为自己有责任吗？

【任长霞】：我会自责的，因为我没有把队伍管理好。每一个民警出现违法违纪的问题都与我这个当局长的有不可推诿的责任。

【网友】：任女士，你对街上摆摊的经常被城管追打一事怎么看？如果你在现场，你会不会帮忙？帮哪边？

【任长霞】：如果出现这种情况，我在现场会立即制止这种行为的发生。

【网友】：我们知道做警察的在公车私用方面很普遍，你上下班有专车接送吗？你的部下在这方面做得如何？

【任长霞】：因为我的家不在登封，休息都在办公室，所以不存在上下班的问题，平时很少回家。

【任长霞】：谢谢大家给我提了那么多不容易回答的问题，希望通过网络和大家交个朋友，以后有机会再会。由于时间问题不能多聊，谢谢大家！诚恳希望大家有机会能够到登封少林寺参观，有兴趣的话，还可以学一学武功，健体强身。

常香玉遗体告别仪式在郑州举行

本报郑州6月3日电 记者李杰报道：鲜花簇拥着熟悉的面容，挽幛寄托着无尽的哀思。6月3日上午，人民艺术家、著名豫剧大师、优秀共产党员常香玉同志遗体告别仪式在河南郑州殡仪馆隆重举行。各界干部群众怀着沉重的心情，为常香玉同志送行。

胡锦涛、吴邦国、温家宝、贾庆林、曾庆红、黄菊、吴官正、李长春、罗干、刘云山、周永康、贺国强、王刚、乔石、李瑞环、刘华清、尉健行、李岚清、陈至立、陈奎元和丁关根等，以不同的方式对常香玉的逝世表示哀悼，向其亲属表示慰问。

常香玉同志因病医治无效，于2004年6月1日7时06分在郑州逝世，享年81岁。常香玉从艺70多年来，不断继承创新，达到了很高的艺术造诣，创立了独树一帜的常派艺术。

3日上午8时30分，常香玉同志遗体告别仪式在低沉的哀乐声中举行。大厅里摆满了花圈、花篮，一副副挽联寄托着人们对这位人民艺术家的深切哀思。挽联“戏剧人间风霜雨雪上下求索真善美，人间戏剧唱做念打生死演绎红白花”是对常香玉一生的真实写照。河南省党政军领导及3000多名各界群众、戏剧爱好者和常香玉的亲属、生前友好参加了告别仪式。

戏比天大　艺德常香

本报评论员

一个为几代人所熟悉的人民艺术家，走完了81年曲折而辉煌的人生旅途；100多出豫剧曲目高亢婉转、动人心弦，随着豫剧大师常香玉的仙逝，成为中国现代戏曲的绝响。

“戏剧人间风霜雨雪上下求索真善美，人间戏剧唱做念打生死演绎红白花”。一副挽联，浓缩了常香玉精彩的演艺和人生。斯人远去，兰香永存。

常香玉一生尊崇的信条：戏比天大；常香玉生前最开心的事：为人民演戏，让人民喜欢。在常香玉的心目中，人民是文艺工作者的母亲，为人民奉献精美的艺术作品是文艺工作者的天职。从艺70多年，常香玉视艺术为生命，对艺术执着追求，她演出的剧目100多个，演出的场次不计其数，塑造的人物形象闻名遐迩，她的精湛演技征服了观众，赢得了广大观众的尊敬与厚爱。她转益多师、博采众长，刻苦钻研、勇于创新，开创了独树一帜的常派艺术，使豫剧艺术在新时代发扬光大，满园芬芳。

常香玉的演技和艺品在艺坛内外声名远播，光彩照人。常香玉经历过新旧两个社会，亲身体验了从不登大雅之堂的艺人向人民艺术家变迁的历史进程，她对党、对人民有着深厚的感情。这种发自内心的挚爱融铸成她生命中朴实而又辉煌的交响。为支援抗美援朝战争，她带着剧社从河南唱到广东，演出180多场，义捐一架飞机。为救助下岗工人、接济贫困大学生、抗洪救灾、支援甘肃干旱地区解决饮水问题、抗击非典等，她或义演捐献，或解囊相助，甚至年近八旬抱病登台，常香玉为社会公益事业，几十年如一日，只要是党和人民的需要，她都毫不犹豫躬身践行。在生命弥留之际，她还给身边的子女留下三句话：感谢领导和同志们的关心照顾；丧事一切从简，千万不要惊动大家；不允许任何子女向组织提出任何要求。常香玉完全彻底地把她的一生献给了社会，献给了国家。其高风亮节如行云流水，弹奏出一首首轰然作响的动人乐章。

“德艺双馨震天下，谁说女子不如男！”常香玉用自己的实际行动，在艺术舞台和人生舞台上谱写了一个人民艺术家真正的辉煌。缅怀常香玉，传承大师风范，广大文艺工作者一定要学习她热爱党、热爱人民的高尚情怀；学习她孜孜不倦、精益求精的艺术态度；学习她严于律己、宽以待人的处世风范；学习她不计名利、奉献社会的崇高精神，进一步贴近实际、贴近生活、贴近群众，以人民的需要作为文艺创作的出发点和落脚点，把繁荣发展社会主义文化，为人类文明做出更大贡献当作自己毕生追求。

常香玉的辉煌人生启示我们：一个艺术家，只有扎根生活的沃土，才能激发出创造的热情和艺术的灵感；只有将杰出的艺术才华与炽热的爱国情怀融为一体，才有希望达到艺术和人生的至高境界；只有真诚地融入群众之中并不断满足他们的精神文化需求，才能艺德常香，永远被人民群众所景仰。

我们深切缅怀常香玉，期待出现更多的常香玉式的人民艺术家。

王建立摄

6月1日，一位老人永远辞别梨园艺坛，但从义演捐献飞机到投身扶危济困公益事业，再到筹资设立“香玉杯”奖掖豫剧后人，她爱国爱民的高尚情怀和演戏先做好人的艺德永远馨香扑面——

人民艺术家常香玉

新华社记者　张百新　桂　娟　沈路涛

“谁说女子不如男”，常香玉以一出豫剧《花木兰》风靡艺坛，家喻户晓。

戏比天大。从艺70多年，她曾敲过张生的房门，舞过白素贞的宝剑，握过花木兰的长枪，把对艺术永无止境的追求当作了自己生命的全部，使一个乡间小戏成为中国第一大地方剧种，不仅唱遍黄河两岸、大江南北，而且走出了国门，拥有亿万观众和戏迷。

德艺双馨。2004年6月1日，她永远离开了梨园艺坛，但作为一位人民艺术家，从义演捐献飞机到投身扶危济困公益事业，再到筹资设立“香玉杯”奖掖豫剧后人，她爱国爱民的高尚情怀和演戏先做好人的艺德，永远馨香扑面。

戏比天大——

从艺70余年，她集豫剧之大成，创立了常派艺术，使豫剧从一个地方小戏变成中国第一大地方剧种

常香玉原名张妙玲，1923年出生在河南巩义一个贫苦家庭，为了不当童养媳，9岁起随父学艺，10岁登台。在此后的几十年里，她成为豫剧的领军人物。

“常香玉一辈子的心思都用在叫老百姓喜欢上了，”戏剧研究员石磊一语道破。常香玉常说的一句话：“唱戏是叫老百姓喜欢的，感染不了观众，你不是只能干瞪眼？”

这一点要归功于父训：“戏是苦虫”、“吐字不清、道字不明，等于钝刀子杀人。”为了做到高音不刺耳，低音听得清，开始学戏的常香玉每天三更灯火五更鸡地苦练。在她练低音的时候，父亲经常跑到百十步以外，或者躲到一棵大树背后去听。父亲为纠正她的吐字，有一次竟将她的嘴抠出了血，她含着血、流着泪，一次又一次，一字又一字地反复吟唱。就这样，才练就“吐字重而不死，轻而不飘”的绝功，直到今天，戏迷们最称道她的道白：不用看字幕，能听得清清楚楚。

海纳百川成大洋。常香玉博采众家之长，集豫剧之大成，把豫东、豫西、祥符、沙河、高调等五大豫剧声腔派系熔于一炉，而且广泛采撷了河南曲剧、越调、京剧、昆剧、河北梆子及河南坠子等剧种和曲艺的声腔技巧，形成了深受广大群众喜欢的常派艺术。有时她一句唱腔里能有5个音，一句话里融合豫东、豫西两大派。

为了让戏“顺应民心，反映时代”，她不守旧，戏随时代走，艺随精神长。她和丈夫陈宪章一起动手，在改造传统题材的同时，积极演绎现代戏。《拷红》、《白蛇传》、《大祭桩》、《花木兰》、《破洪州》……这些传统剧目的改编，使历史与时代产生强烈的共鸣，成为常派艺术的传世之作；《朝阳沟》、《李双双》、《红灯记》……来源于生活，服务于人民，这些现代戏的探索，努力跟上时代前进的步伐，让常派艺术焕发出了新的光彩。

“台上好听好看，台下千遍万遍”，即使是“文革”期间被禁止演戏，常香玉都没断过练功，经常躲在被窝里唱戏温戏。被送到农村改造时，她趁中午没人，跑到苹果园喊嗓子。回到团里被安排扫地后，她就暗地瞅着其他演员，偷偷地学《红灯记》。结果一位演员临时嗓子出了问题，她一下子就顶缺演上了李奶奶……

正是凭着对豫剧艺术的执着追求，常香玉才成为现代豫剧的一代宗师。

慷慨解囊——

她一生简朴，但早在解放初期就给抗美援朝的志愿军捐献了一架战斗机。义演伴随着她一生的演艺生涯

说起常香玉平时的生活，她的家人、邻居、徒弟、学生，几乎都用同样的两个字概括：简朴。那座不起眼的小平房，她一住就是17个年头，刷的是白粉墙，铺的是水泥地，用的三斗桌、书柜是当年单位发的，她睡的板床上还铺着裁掉半截的旧床单用来遮灰。

常香玉一辈子很少穿新衣服，衣服总是补了又补，枕头是用旧衣服裹的。离开人世时，她穿的仍是平生最喜欢的一套旧衣服：上世纪70年代丈夫陈宪章亲自为她挑选的那套演出服，洗得发白的玫瑰红衬衣、黑礼服呢上装。她日常的生活习惯更是要用“抠门儿”来形容，不许孩子在外面馆子里吃饭乱花钱，连买菜都要求保姆：“下午买，因为便宜。”

就是这样一个省吃俭用的人，在解放初期，刚挺直腰杆、自身温饱堪虞，却给抗美援朝的志愿军捐献了一架米格—15飞机。那是1951年夏，全国上下掀起抗美援朝的热潮，作为新中国一名艺术工作者，常香玉日夜睡不着：国家有难，我能做点啥？想来想去，迸出这样一个念头：义演，捐飞机。

一架飞机需要十几亿元（旧币），这可是个天文数字。钱不够咋办？她卖掉了剧社的运输卡车，取下金戒指，并拿出多年积蓄，作为捐献义演的基金；演啥能鼓劲？她丈夫陈宪章在旧书摊上发现一本旧书《花木兰》，一商量，就演她——巾帼英雄爱国杀敌，保家卫国。孩子呢？最大的不到7岁，最小的才3岁，干脆，全部送托儿所。开封、武汉、广州、长沙……半年时间内义演180多场。为了节省开支，常香玉和80多个香玉剧社演职员住在剧场里，吃的菜是绿豆芽和凉拌黄瓜。生活虽苦，没有一个人吭声，每一场演出都很卖力。

正是在他们这种爱国热情的鼓励下，有老大娘送来了一竹篮鸡蛋，有华侨把腕上的手表摘下来……最后义演捐款金额达到了15.2亿余元，超额完成了捐献一架战斗机的任务。这件事极大地鼓舞着当时全国军民的爱国心，也首次将豫剧推广到全国。

事实上，捐飞机的壮举仅是常香玉一生中“捐赠”的开始。循着常香玉走过的足迹，人们会发现始终伴随着她演艺生涯的有一件事，那就是义演。

上个世纪40年代初河南有句顺口溜：“两个省主席，不如一个常香玉”（当时河南人刘茂恩和长兄刘镇华曾分别任国民党政府的河南和安徽省政府主席）。1938年，蒋介石为阻挡日本军队不顾百姓死活，下令炸毁黄河花园口大堤，河南外逃的灾民不计其数。常香玉的第一场义演就是为逃难的灾民子女上学读书募捐。“观众将红包、衣服、被面等扔到舞台上，他们的热情使我受到极大的鼓舞，我心里充满了前所未有的愉快。”回忆起首次义演，几十年后常香玉还很激动。

常香玉一生为灾民筹粮，为小学、中学集资，到底有过多少次义演，恐怕谁也无法说清。但对于她个人生活来说，金钱似乎是可有可无的东西。新中国刚成立，按当时的工资定级她可以拿到800元钱一个月，而当时的中央领导人才拿300元，文艺界她第一个站出来，主动要求减薪。平日手上一有余钱，她就买公债支持国家建设。1959年5月4日，在邓小平同志的亲切关怀下，常香玉光荣地加入了中国共产党。“文革”后平反，她将补发的1万多元工资全部交了党费。

“国家的难，就是自己的难。”这是她经常挂在嘴边的一句口头禅。1998年初，为唤起社会各界对下岗职工的关爱，75岁高龄的她携家人和弟子在河南人民剧院登台义演，所得的6万多元票房收入全部捐给了“河南省送温暖工程基金会”。随后她和她的子女们又向基金会捐助了3万元人民币。

2003年4月，非典肆虐中国，老人又一次慷慨解囊，从自己微薄的工资里拿出1万元钱捐献出来，用于河南省农村非典防治工作。

今年3月，常香玉住进河南省人民医院，医院采取了多种措施，想方设法减轻癌细胞扩散给她带来的巨大痛苦，可她始终保持着微笑和坚强。领导来探望她，她反复说：“不要在我身上花费太多了。”

她曾对子女反复叮嘱：后事从简、从速，不发讣告；不准任何子女以她的名义向组织上提任何要求谋私利。为此，她还专门做了公证。女儿常如玉说：“妈妈走了，她一生的积蓄将全部捐给她的出生地，以报答人民对她的养育。”

艺为人民——

香玉剧社一直坚持“三三三制”，为最基层的观众巡回演出；80岁还登台为民工演出

为了报答党和人民的厚爱，香玉剧社的演出一直坚持“三三三制”：三个月在农村、三个月在工矿、三个月在部队，为最基层的观众巡回演出。豫剧从一个地方戏成为全国性的大剧种，与常香玉不间断地到各地演出、广为传播是分不开的。

1953年为捐献“香玉剧社”号飞机的义演后，她又带领着豫剧队，冒着炮火深入到朝鲜战场的最前线，慰问志愿军。她的学生刘凤琴至今还记得那段日子，“当时慰问演出怕遭敌人的飞机扫射，都是夜里赶路。有一回夜宿在防空洞里，敌人飞过来的炮弹还有一米厚就要将洞炸透，连防空洞的门也给炸塌了。”面对这一切，始终没有让常香玉有丝毫退缩。

1960年，豫剧团下放到商丘的王坟大队，每天只发7个玉米面夹菜的馍馍，吃不饱，肚子整天饿得咕咕叫，但每天傍晚村头戏台准时出演的“花木兰”，精彩的筋斗戏让当地群众一直都念念不忘……

到了上个世纪80年代，常香玉已经离开舞台成为剧团的管理者，但每次带队下乡到基层，面对普通的老百姓她都是有求必应，给谁都唱。有一回在陕西一个边远县演出结束后，一位捡垃圾的老人拦住常老，拉着她的手说：“常老师，这么多年一直是从收音机里听您唱，想亲耳听您唱两句。”常香玉当场就停下来为她清唱一段《红娘》。

戏比天大是她的座右铭。只要是为人民而演，哪怕是病入膏肓，她都要拖着病躯赶来。2003年12月23日，80岁的常老先生正身患癌症在北京住院。当得知奥运场馆建设工地上有一场专门慰问河南民工的演出，她拔掉输液管，戴上发套遮掩住化疗后稀疏的头发，在家人的搀扶下登上舞台，不顾身体虚弱清唱了一段《柳河湾》，成为她一生舞台生涯的绝唱……

她走了，尽管她不想麻烦大家来送别，可成千上万的戏迷还是来了，西安的戏迷租了100辆客车日夜兼程赶来送她最后一程；山东菏泽齐鲁音乐学院的孩子们凌晨两点乘车赶往郑州，用他们的乐器奏起连夜新学的哀乐，如泣如诉；有的农民在她曾经演出过的村头燃起一堆堆的纸钱……她无愧于“人民艺术家”这一光荣称号，正像一位诗人为悼念她而写的那样：

有的人活着，就是没有声响；

有的人死了，却仍在歌唱！

1953年，中国人民第二届赴朝鲜慰问团文艺工作团在前线进行慰问演出。图为常香玉在演唱志愿军抗美援朝小调。

新华社发（资料照片）

人民日报
RENMIN RIBAO
人民网　网址：http://www.people.com.cn
手机：http://wap.people.com.cn
2009年11月
1
星期日
己丑年九月十五
人民日报社出版
国内统一连续出版物号
CN 11-0065
第22394期（代号1-1）
今日8版

人大常委会第十一次会议在京闭幕

表决通过驻外外交人员法 决定任命袁贵仁为教育部部长

胡锦涛签署主席令公布有关法律和任免

吴邦国主持会议并讲话

本报北京10月31日电 （记者**毛磊、廖文根**）十一届全国人大常委会第十一次会议在完成各项议程后，31日下午在北京人民大会堂闭幕。会议经过表决，通过了驻外外交人员法；决定免去周济的教育部部长职务，任命袁贵仁为教育部部长。国家主席胡锦涛签署主席令，公布了有关法律和任免。

吴邦国委员长主持会议。

会议表决通过全国人大常委会关于批准《中华人民共和国和巴西联邦共和国关于民事和商事司法协助的条约》的决定，批准了这一条约。

会议分别表决通过了全国人大内务司法委员会、财政经济委员会、外事委员会关于十一届全国人大二次会议主席团交付审议的代表提出的议案审议结果的报告。

会议经表决，免去高来夫的中国人民解放军军事检察院检察长职务，任命李晓峰为中国人民解放军军事检察院检察长。

完成各项议程后，吴邦国发表讲话。

他说，会议通过的驻外外交人员法，从法律上明确了驻外外交人员的职责、条件、权利和义务，规定了外交衔级和职务制度，规范了驻外外交人员管理体制，对于建设高素质外交人员队伍，保证驻外外交机构依法履行职责，更好地贯彻落实独立自主的和平外交政策，将发挥重要作用。

吴邦国说，为贯彻落实党的十七大提出的逐步实行城乡按相同人口比例选举人大代表的要求，我们把修改选举法作为本届全国人大及其常委会立法工作的一个重点，及时启动修改工作。在认真梳理代表议案建议、充分调查研究、广泛听取意见、反复测算论证的基础上，形成了选举法修正案草案，提请本次会议审议。常委会组成人员和列席会议的同志，普遍赞成这次选举法修改的指导思想、主要原则，认为一步到位实行城乡按相同人口比例选举人大代表，并保证各地区、各民族、各方面都有适当数量的人大代表的修改方案，符合党的十七大精神，符合我国经济社会发展实际，能够更好地体现人人平等、地区平等和民族平等，有利于进一步扩大人民民主，保证人民当家作主。 （下转第二版）

蓝天筑长城　忠诚写新篇

——写在人民空军成立六十周年之际

冯春梅　李国文　孙茂庆

1949年11月11日，在新中国成立40天后，人民空军宣告诞生。

60年锻铁冀神箭，60年筑蓝天长城。人民空军沐浴党的阳光，伴随共和国前进的步伐，御风翱翔，不断成长壮大……

进入新世纪新阶段，站在新起点上的人民空军，已发展成一支由航空兵、地面防空兵、空降兵、通信兵、雷达兵、电子对抗兵等多兵种合成、具有信息化条件下攻防兼备作战能力的现代空中力量，成为捍卫国家主权和民族尊严、维护国家安全和发展利益、应对多种安全威胁、完成多样化军事任务的“蓝天钢铁长城”。

60年来，在祖国的蓝天上，一代代英雄的人民空军将士，大笔书写着波澜壮阔的华彩篇章。

60年辉煌航程，人民空军在战火中诞生，在战斗中成长，在改革开放中快速发展，在科学发展道路上阔步前进，忠实履行神圣使命，为祖国和人民建立卓越功勋

让共和国的天空宁静蔚蓝

人民空军从一诞生即奔赴血与火的战场，与世界上最强大的空军对抗——这在世界军事史上堪称绝无仅有。

1950年6月，朝鲜战争的烽火烧到了鸭绿江边。

此时的中国空军未满周岁，仅有新组建的2个歼击机师，1个轰炸机团和1个强击机团，各型作战飞机不足200架。当时，飞行员连驾驶技术都不熟练，更谈不上会空战。而他们的对手“联合国军”中，仅美国的参战飞机就达1100余架，飞行员飞行时间在1000小时以上，多数参加过第二次世界大战。

摇篮中的雏鹰面对强敌，毅然选择了起飞迎战。

这是世界上第一场大规模的喷气式飞机战争——年轻的志愿军空军飞行员在喷气式飞机上平均飞行时间仅有14小时38分钟，但凭着中国军人特有的英勇精神，与世界头号空军强敌殊死对决。在2年8个月的作战中，共击落敌机330架、击伤95架。

举世瞩目的空战传奇背后，是空军官兵捍卫祖国蓝天安宁的坚定信念。60年来，在这种信念支撑下，人民空军创造了一个又一个辉煌的战绩，写下了一个又一个传奇。60年，人民空军始终高飞在为保卫祖国安全、支援社会主义建设服务的天空，在祖国的蓝天上划出一条条壮美的航迹。

在高寒缺氧的青藏高原建设机场，在被西方飞行家称为“空中禁区”的高原上开辟航线。半个世纪来，空军部队先后为西藏修建了5个机场，开辟了26条航线…… （下转第七版）

压题照片：10月31日，歼—10战机在京郊某空军机场进行飞行训练。

本报记者　**雷　声**摄

吴邦国在人大常委会第十一次会议闭幕会上强调

丰富发展人大监督工作方式 努力提高人大监督工作水平

本报北京10月31日电 （记者**廖文根、秦佩华**）中共中央政治局常委、全国人大常委会委员长吴邦国在31日举行的十一届全国人大常委会第十一次会议闭幕会上强调，要认真总结这些年来包括今年以来，人大监督工作中形成的行之有效的好做法，在今后的工作中切实运用并不断丰富发展，努力把人大监督工作提高到一个新水平。

吴邦国指出，十一届全国人大二次会议批准的常委会工作报告明确提出，要把推动中央重大决策部署的贯彻落实作为人大监督工作的重中之重，着力加强对经济工作和解决民生问题的监督，督促和支持“一府两院”按照各自工作报告提出的目标任务做好工作，确保全年经济社会发展任务的顺利完成。为贯彻这一要求，我们牢牢抓住监督重点，从人大监督工作的特点出发，坚持依法行使职权，积极开展工作，在加强调查研究、搞好跟踪监督、增加监督工作透明度，加大监督工作力度上迈出了新步伐，在加强对解决民生问题监督方面，一是，听取审议了国务院关于农村社会保障体系建设、职业教育改革与发展、四川汶川特大地震灾后恢复重建工作等专项工作报告，在12月份的会议上，我们还将听取审议国务院关于促进就业和再就业工作情况的报告，听取审议农业与农村委员会关于农村社会保障体系建设情况跟踪检查的报告。二是，开展对工会法、食品安全法等关系民生重要法律的执法检查。三是，本次会议安排听取审议最高人民法院关于加强民事执行工作情况的报告、最高人民检察院关于加强渎职侵权检察工作情况的报告，以及常委会执法检查组关于检查工会法实施情况的报告。

吴邦国说，审议中，常委会组成人员和列席会议的同志，对最高人民法院、最高人民检察院自觉接受人大监督、努力提高工作水平予以积极评价，对近年来民事执行和渎职侵权检察工作的进展和成绩给予充分肯定。希望各级法院和检察院要坚持司法为民，提高队伍素质，加强制度建设，规范司法行为，进一步加大民事执行和渎职侵权案件的查办力度，确保当事人合法权益得到维护，确保犯罪行为依法受到追究，维护社会公平正义。

吴邦国指出，这次对工会法的执法检查，是根据保增长、保民生、保稳定的新形势新要求，在2004年检查的基础上开展的新一轮执法检查。 （下转第四版）

人大常委会举行第十二讲专题讲座

吴邦国主持

本报北京10月31日电 （记者**毛磊、秦佩华**）十一届全国人大常委会31日下午在人民大会堂举行第十二讲专题讲座，题目是《我国可再生能源发展战略的若干问题》。吴邦国委员长主持讲座。

今年8月，十一届全国人大常委会第十次会议首次审议了可再生能源法修正案草案，为了配合常委会组成人员更好地修改完善这部法律案，特别安排了这次专题讲座。讲座主讲人、国家发展和改革委员会宏观经济研究院能源研究所所长韩文科从我国可再生能源发展的基本情况、主要成就和存在的问题，以及发展战略和政策措施等方面作了详细讲解。

韩文科说，能源的可持续发展事关我国经济社会发展的全局。随着工业化、城市化的快速发展，在依赖大量消耗化石能源资源创造巨大物质财富的同时，我国的能源资源和环境问题也越来越突出，以气候变化为代表的全球性环境问题更是成为世界各国的共同挑战。他从风电技术、太阳能技术、生物质能技术、水电技术、地热和海洋能技术等方面分析了可再生能源技术发展现状和趋势。

在介绍我国可再生能源产业发展取得的一系列成就后，韩文科也指出了其在产业化、规模化发展中存在的不足。韩文科说，我们需要清晰认识可再生能源的特点，既要在战略上给予足够的重视，也应充分估计发展可再生能源的艰巨性和长期性，充分发挥各种可再生能源各自的优势，在综合进行技术、经济和环境论证的基础上，加快可再生能源技术整体的推进和发展。他提出，从满足国内市场发展需求、建立具有国际竞争力产业体系的需要出发，必须加强立法、建立完善的政策框架、加强基础性研究以及完善包括人才培养在内的整体服务体系，全面推进可再生能源的发展。

全国人大常委会副委员长王兆国、路甬祥、乌云其木格、韩启德、华建敏、陈至立、周铁农、李建国、司马义·铁力瓦尔地、蒋树声、陈昌智、严隽琪、桑国卫等听取讲座。

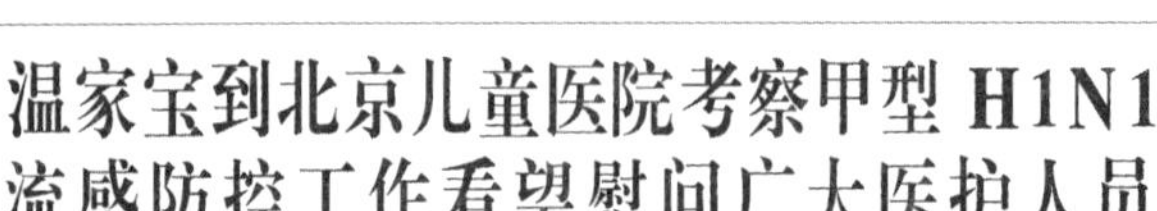

温家宝到北京儿童医院考察甲型H1N1流感防控工作看望慰问广大医护人员

> 当前的防控重点在学校、社区以及人员密集的地方，特别是学生和儿童。要大力宣传防控知识，勤洗手，常通风，测体温，一旦发现疫情要早报告、早诊断、早治疗、早隔离，学校里发生一定数量病例要按规定停课。

新华社北京10月31日电 （记者**李斌**）中共中央政治局常委、国务院总理温家宝31日上午到北京儿童医院，亲切看望慰问医护人员和正在就诊的患者，考察甲型H1N1流感防控工作。

最近一段时间，北京出现了季节性流感与甲型H1N1流感共同流行的态势。来自全国各地的小儿流感患者纷纷到北京儿童医院就诊，门诊量急剧增加。10时20分许，温家宝来到北京儿童医院门诊大楼。大厅内，一些家长带着孩子正在等待就诊。温家宝走进大厅看望患儿，亲切询问他们的病情。在二层诊室，温家宝对正在看病的医生说，最重要的是让群众不要焦虑。要科学看待甲型H1N1流感，告诉大家，甲型流感是可防、可控、可治的，使人心安定、情绪稳定，对治疗也有好处。

随后，温家宝来到医院会议室，听取北京市和医院有关防控工作汇报。

温家宝充分肯定了北京市的防控工作。他说，前几个月，我国防控甲型H1N1流感是成功的。我们是有13亿人口的大国，各地医疗条件又不平衡，在这种情况下，我们还是有效地控制住了甲型H1N1流感在全国的集中暴发和蔓延。目前正值换季，人员流动相对较大，造成流感流行的一个高潮。但是只要我们应对得当，措施得力，一定能够把防控工作继续做好。当前，甲型流感防控形势十分严峻，有可能在一些地区呈现出暴发和流行的态势。我们完全有信心、有能力把防控工作做好，防止疫情暴发，尽最大努力减少重症病人和死亡病例。

温家宝指出，各地各有关部门要认真贯彻国务院常务会议精神，加强领导，精心组织，措施有力，行动坚决，继续坚持依法、科学、有序的防控工作原则。要把预防工作放在重要位置，充分发挥各级组织的作用，形成有力的防控机制。当前的防控重点在学校、社区以及人员密集的地方，特别是学生和儿童。要大力宣传防控知识，勤洗手，常通风，测体温，一旦发现疫情要早报告、早诊断、早治疗、早隔离，学校里发生一定数量病例要按规定停课。

温家宝强调，要积极有序做好甲型流感疫苗接种工作。要把动员和自愿相结合，动员就是要给群众讲明道理，鼓励大家尽早接种； （下转第二版）

钱学森同志遗像。

新华社发

中国共产党的优秀党员，忠诚的共产主义战士，享誉海内外的杰出科学家和我国航天事业的奠基人

钱学森同志逝世

新华社北京10月31日电 中国共产党的优秀党员，忠诚的共产主义战士，享誉海内外的杰出科学家和我国航天事业的奠基人，中国科学院、中国工程院资深院士，中国人民政治协商会议第六届、七届、八届全国委员会副主席钱学森同志，因病于2009年10月31日8时6分在北京逝世，享年98岁。

二版刊登贾庆林同志文章

在中国特色社会主义道路上不断完善和发展中国共产党领导的多党合作和政治协商制度

李克强会见澳大利亚反对党自由党领袖

10月31日，国务院副总理李克强在布里斯班会见澳大利亚反对党自由党领袖特恩布尔。

新华社记者　**刘建生**摄

本报澳大利亚布里斯班10月31日电 （记者**李渊**）中国国务院副总理李克强31日在布里斯班会见了澳大利亚反对党自由党领袖特恩布尔。

李克强表示，澳自由党是澳大利亚重要的政治力量，多年来，该党奉行对华友好政策，积极致力于推进中澳友好合作关系，坚持一个中国原则，坚持西藏是中国领土的一部分，中方对此表示赞赏。李克强强调，政党交流是中澳关系的重要组成部分。中国共产党愿在独立自主、完全平等、互相尊重、互不干涉内部事务的原则基础上，进一步开展与自由党的交流与合作，巩固并继续推进双边关系不断向前发展。

关于中澳关系，李克强说，中澳之间存在广泛共同利益，双方的利益远大于分歧，双边关系发展前景十分广阔。维护中澳关系长期健康稳定发展需要双方尊重彼此的核心利益与重大关切，以战略和长远眼光妥善处理敏感问题，共同珍惜和维护中澳关系大局。

李克强说，此访期间，我与陆克文总理等澳方领导人就进一步推进两国关系深入发展交换意见，达成新的共识。中方愿与包括澳自由党在内的澳朝野各界共同努力，本着相互尊重、平等互利的原则，加强对话，深化合作，推动中澳互利共赢的全面合作关系沿着健康稳定的轨道向前发展。

特恩布尔代表自由党热烈欢迎李克强副总理访问澳大利亚。他说，多年来，澳自由党与中方建立了强劲、深入、富有成果的良好关系，不管是执政还是在野，自由党始终奉行积极的对华政策。自由党认为，中国走和平发展道路，澳不应将中国视为战略威胁或潜在对手。自由党愿与中方一道，为不断推动双方关系向前发展，加强双方应对气候变化等全球性挑战的合作作出不懈努力。特恩布尔还表示，自由党奉行一个中国政策，尊重并支持中国政府为维护国家主权、领土完整和国家统一所作的努力，不支持任何分裂中国的势力。

人民日报

RENMIN RIBAO

人民网 网址:http://www.people.com.cn
手机:http://wap.people.com.cn

2009年11月
7
星期六
己丑年九月廿一
人民日报社出版
国内统一连续出版物号
CN 11-0065
第22400期(代号1-1)
今日8版

胡锦涛主席将访问马新两国 并出席APEC领导人非正式会议

外交部举行中外媒体吹风会介绍有关情况，并介绍美国总统奥巴马即将访华的有关背景、内容等

本报北京11月6日电 （记者**吴绮敏**）外交部6日举行中外媒体吹风会，外交部副部长何亚非、商务部副部长易小准和外交部部长助理胡正跃介绍了胡锦涛主席即将对马来西亚、新加坡进行国事访问并出席亚太经合组织（APEC）第十七次领导人非正式会议，以及美国总统奥巴马即将访华的有关背景、内容和重要意义等，并就中美、中马、中新关系、应对气候变化等问题回答记者提问。

一、关于胡锦涛主席访问马来西亚和新加坡

胡正跃说，应马来西亚最高元首米詹和新加坡总统纳丹邀请，胡锦涛主席将于11月10日至13日访问马来西亚和新加坡。这是胡锦涛首次以国家主席身份对马、新进行国事访问，也是时隔15年中国国家主席再次访问两国，对全面推进中国与两国及中国东盟关系发展具有重要意义。

近年来中马关系全面深入发展。两国高层交往频繁，双方在经贸、文化、教育、旅游等各领域合作成果丰硕，民间往来十分密切。在国际和地区事务中，中马保持了密切沟通与协调。访马期间，胡锦涛主席将同马最高元首米詹举行会谈，会见纳吉布总理。胡锦涛主席此次访问将进一步深化两国战略性合作，推动中马关系健康稳定向前发展。

中新两国是友好邻邦，两国人民有着深厚的传统友谊。建交19年来，中新关系持续快速发展，各领域合作成效显著，在重大问题上的相互理解与信任也不断增强。访新期间，胡锦涛主席将同纳丹总统举行会谈，分别会见李显龙总理、李光耀内阁资政和吴作栋国务资政。双方将就全面深化中新友好互利合作关系交换意见，推动两国重点领域合作取得新的发展，并就共同关心的国际地区问题进行深入探讨。

易小准说，中国同马来西亚、新加坡有着良好的经贸关系，互为重要经贸合作伙伴。访马期间，双方将签署有关经贸合作文件，以进一步推动在基础设施等领域的合作。访新期间，双方领导人在经贸领域将重点讨论促进双边贸易投资、推动重点合作项目以及加强在地区和国际经贸框架下的合作等内容。（下转第三版）

胡锦涛在会见参加人民空军成立六十周年庆祝活动的各国空军代表团团长时强调

坚持和平开发利用空天 积极参与国际空天安全合作

本报北京11月6日电 （记者**马剑**）国家主席、中央军委主席胡锦涛6日上午在人民大会堂会见了应邀前来参加庆祝中国人民解放军空军成立60周年"和平与发展国际论坛"的巴基斯坦等30国空军代表团团长，代表中国政府和军队对各位贵宾的到来表示热烈欢迎。胡锦涛强调，中国将继续秉持和平、发展、合作的理念，坚持和平开发利用空天，积极参与国际空天安全合作，推动建设互利共赢、安全和谐的空天环境，促进人类和平与发展的崇高事业。

中央军委副主席郭伯雄，中央军委委员、国务委员兼国防部长梁光烈，中央军委委员、总参谋长陈炳德，中央军委委员、空军司令员许其亮等陪同会见。

胡锦涛说，在庆祝中国人民解放军空军成立60周年之际很高兴同各位将军见面。这次中国空军主办的"和平与发展国际论坛"，以"超越、展望、合作"为主题，目的是促进各国空军之间的交流与合作，探讨共建空天安全环境。

胡锦涛指出，空气空间是人类生存和发展的重要资源，也是保护人类安全的重要屏障。随着世界文明的进步，人类活动由陆地、海洋向空中拓展，并不断向新的高度进发。空天已日益成为世界各国人民友好交往的重要纽带和人类文明发展的重要领域。维护空天安全、构建和谐空天，已成为各国人民的共同追求和美好愿望。胡锦涛说，空军是伴随人类航空活动诞生和发展起来的军种。随着人类生存和发展对空天领域依赖程度越来越高，加强各国空军之间的交流，推动国际空天安全合作，也越来越重要。

胡锦涛郑重重申，中国将始终不渝地走和平发展道路，坚持在和平共处五项原则的基础上同所有国家发展友好合作，致力于推动建设持久和平、共同繁荣的和谐世界。中国将始终不渝地坚持防御性的国防政策，永远不搞军事扩张和军备竞赛，不会对任何国家构成军事威胁。

外国空军代表团代表、巴基斯坦空军参谋长劳·卡玛尔·苏莱曼上将对胡锦涛的会见表示感谢，对中国人民解放军空军成立60周年表示热烈祝贺，对中国政府和军队坚持和平开发利用空天做出的不懈努力表示赞赏。

11月6日，国家主席、中央军委主席胡锦涛在北京人民大会堂会见应邀前来参加中国人民解放军空军成立60周年"和平与发展国际论坛"的巴基斯坦等30国空军代表团团长。 新华社记者 **王建民摄**

离京出访埃及并出席中非合作论坛第四届部长级会议开幕式

温家宝抵达开罗开始文明对话之旅友好合作之旅

本报开罗11月6日电 （记者**陈一鸣**）应阿拉伯埃及共和国总理纳齐夫邀请，国务院总理温家宝当地时间6日下午乘专机抵达开罗开始对埃及进行正式访问，并出席在埃及沙姆沙伊赫召开的中非合作论坛第四届部长级会议开幕式。

埃及总理纳齐夫在舷梯旁迎接温家宝。机场上举行了隆重的欢迎仪式。埃及军乐队奏中埃两国国歌。温家宝在纳齐夫陪同下检阅仪仗队。中国驻埃及大使武春华及使馆工作人员、华侨华人代表等也到机场欢迎。温家宝的主要陪同人员同机抵达。

温家宝在专机上接受了随行记者采访。他说，埃及是非洲和中东大国，在非洲和阿拉伯世界影响很大，是第一个同中国建立战略合作关系的非洲和阿拉伯国家。今年是中埃建立战略合作关系10周年。进一步深化中埃关系不仅符合双方的根本利益，对中非、中阿关系都具有重要意义。我期待着同穆巴拉克总统和纳齐夫总理分别会晤，就双边关系和共同关心的问题交换看法，加强两国在双边及国际和地区事务中的合作。

温家宝说，我将在阿盟总部发表演讲，以尊重文明多样性为主题，阐述对发展阿拉伯国家关系的政策主张及对重大地区问题的原则立场。

温家宝说，中非合作论坛北京峰会提出的8项举措是迄今为止中国最大的对非一揽子援助合作计划，到今年年底将全部落实兑现。我将在此次论坛大会上同与会非洲领导人一道，总结经验，梳理成果，规划未来，把中非新型战略伙伴关系推到新的高度。

温家宝说，提起非洲和非洲人民，我首先想到的是亲切友好、相互帮助。中国人民同非洲人民的亲近感是在半个多世纪的岁月中不断积累和发展起来的。 （下转第三版）

钱学森同志遗体在京火化

钱学森同志病重期间和逝世后，胡锦涛、江泽民、吴邦国、温家宝、贾庆林、李长春、习近平、李克强、贺国强、周永康等同志，前往医院看望或通过各种形式对钱学森同志的逝世表示沉痛哀悼并向其亲属表示深切慰问

胡锦涛、江泽民、吴邦国、温家宝、贾庆林、李长春、习近平、李克强、贺国强、周永康等到八宝山革命公墓送别

11月6日，钱学森同志遗体在北京八宝山革命公墓火化。胡锦涛、江泽民、吴邦国、温家宝、贾庆林、李长春、习近平、李克强、贺国强、周永康等前往八宝山送别。这是胡锦涛与钱学森亲属握手，表示深切慰问。 新华社记者 **马占成摄**

11月6日，钱学森同志遗体在北京八宝山革命公墓火化。胡锦涛、江泽民、吴邦国、温家宝、贾庆林、李长春、习近平、李克强、贺国强、周永康等前往八宝山送别。这是江泽民与钱学森亲属握手，表示深切慰问。 新华社记者 **马占成摄**

新华社北京11月6日电 中国共产党的优秀党员，忠诚的共产主义战士，享誉海内外的杰出科学家和我国航天事业的奠基人，中国科学院、中国工程院资深院士，中国人民政治协商会议第六届、七届、八届全国委员会副主席钱学森同志的遗体，6日在北京八宝山革命公墓火化。

钱学森同志因病于2009年10月31日8时6分在北京逝世，享年98岁。

钱学森同志病重期间和逝世后，胡锦涛、江泽民、吴邦国、温家宝、贾庆林、李长春、习近平、李克强、贺国强、周永康等同志，前往医院看望或通过各种形式对钱学森同志的逝世表示沉痛哀悼并向其亲属表示深切慰问。

6日上午，八宝山革命公墓礼堂庄严肃穆，哀乐低回。正厅上方悬挂着黑底白字的横幅"沉痛悼念钱学森同志"，横幅下方是钱学森同志的遗像。钱学森同志的遗体安卧在鲜花翠柏丛中，身上覆盖着鲜红的中国共产党党旗。

上午9时许，胡锦涛、江泽民、吴邦国、温家宝、贾庆林、李长春、习近平、李克强、贺国强、周永康、王刚、王岐山、回良玉、刘淇、刘延东、李源潮、张德江、郭伯雄、朱镕基、李瑞环、宋平、尉健行、李岚清、曾庆红、令计划、陈至立、李建国、陈昌智、梁光烈、廖晖、杜青林、白立忱、陈奎元、黄孟复、张梅颖、张榕明、钱运录、李金华、郑万通、万钢、罗富和和杨白冰、田纪云、迟浩田、张万年、吴仪、曹刚川、曾培炎、邹家华、布赫、彭珮云、李铁映、许嘉璐、蒋正华、顾秀莲、热地、肖扬、贾春旺、杨汝岱、宋健、钱正英、孙孚凌、王忠禹、李贵鲜、罗豪才、郝建秀、徐匡迪、李蒙，中央军委委员陈炳德、李继耐、廖锡龙、常万全、靖志远，以及傅全有、于永波、王瑞林等，在哀乐声中缓步来到钱学森同志的遗体前肃立默哀，向钱学森同志的遗体三鞠躬，并与亲属一一握手，表示慰问。

中央和国家机关有关部门负责同志，钱学森同志的生前友好、家乡代表和首都各界群众也前往送别。

钱学森同志病重期间和逝世后，前往医院看望或以各种形式向其亲属表示慰问的还有：王乐泉、王兆国、刘云山、汪洋、张高丽、俞正声、徐才厚、薄熙来、李鹏、万里、乔石、刘华清、吴官正、罗干、何勇、王沪宁、路甬祥、乌云其木格、韩启德、华建敏、周铁农、司马义·铁力瓦尔地、蒋树声、严隽琪、桑国卫、马凯、孟建柱、戴秉国、王胜俊、曹建明、阿沛·阿旺晋美、帕巴拉·格列朗杰、马万祺、阿不来提·阿不都热西提、李兆焯、董建华、孙家正、邓朴方、林文漪、厉无畏、陈宗兴、王志珍和李德生、张劲夫、黄华、彭冲、郑天翔、刘复之、丁关根、姜春云、钱其琛、 （下转第三版）

中国共产党的优秀党员
久经考验的忠诚的共产主义战士
无产阶级革命家
我国经济建设战线的杰出领导人

谷牧同志逝世

新华社北京11月6日电 中国共产党的优秀党员，久经考验的忠诚的共产主义战士，无产阶级革命家，我国经济建设战线的杰出领导人，中国共产党第十一届、十二届中央书记处书记，原国务委员，国务院原副总理，中国人民政治协商会议第七届全国委员会副主席谷牧同志，因病医治无效，于2009年11月6日14时55分在北京逝世，享年96岁。

谷牧同志遗像。 新华社发

1956 年 2 月，毛泽东同志和钱学森同志在中国人民政治协商会议全国委员会于中南海怀仁堂举行的宴会上交谈。

1989 年 10 月 1 日，邓小平同志和钱学森同志在国庆招待会上。

1996 年 12 月 11 日，江泽民同志到时任全国政协副主席的钱学森同志家中看望。

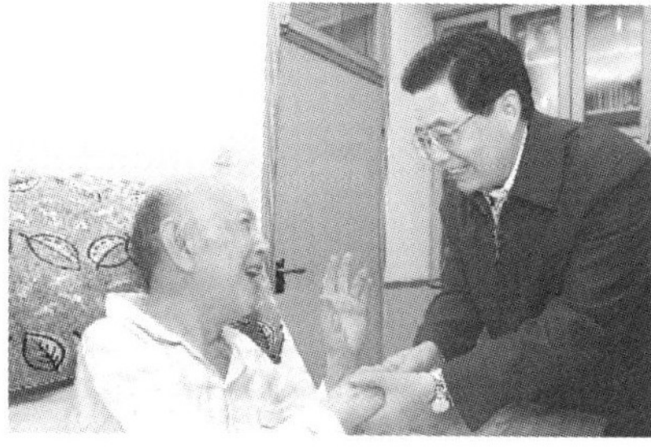

2008 年 1 月 19 日，胡锦涛同志到钱学森家中看望。

刚回国时的钱学森同志。

1991 年 10 月 16 日，80 岁的钱学森同志在国务院、中央军委举行的授予他"国家杰出贡献科学家"荣誉称号仪式上。

照片均为**新华社**发

钱 学 森 同 志 生 平

中国共产党的优秀党员，忠诚的共产主义战士，享誉海内外的杰出科学家和我国航天事业的奠基人，中国科学院、中国工程院资深院士，中国人民政治协商会议第六届、七届、八届全国委员会副主席钱学森同志，因病于 2009 年 10 月 31 日 8 时 6 分在北京逝世，享年 98 岁。

钱学森同志 1911 年 12 月 11 日出生于上海市，祖籍浙江省杭州市。1923 年 9 月，他进入北京师范大学附属中学学习。1929 年 9 月，他抱着科学救国和振兴中华的远大理想，以优异成绩考入上海交通大学机械工程系。他在刻苦钻研专业知识的同时，深入思考国家和民族的前途命运。1934 年 6 月大学毕业后，他考取清华大学公费留学生。1935 年 9 月，他进入美国麻省理工学院航空系学习，此前到杭州笕桥飞机场和南京、南昌飞机修理厂实习 1 年。1936 年 9 月，他转入美国加州理工学院航空系，在世界著名力学大师冯·卡门教授指导下，从事航空工程理论和应用力学的学习研究，先后获航空工程硕士学位，航空、数学博士学位。

1938 年 7 月至 1955 年 8 月，钱学森同志先后任美国加州理工学院航空系助教、讲师、副教授，麻省理工学院航空系副教授、教授，加州理工学院航空系教授和喷气推进中心主任等职，从事空气动力学、固体力学和火箭、导弹等领域的研究。他与导师共同完成的高速空气动力学问题研究课题和建立的"卡门—钱近似"公式，使他在 28 岁时成为世界知名的空气动力学家；独立完成的《关于薄壳体稳定性的研究》，使他在航空技术工程理论界获得很高声誉。他提出的火箭与航空领域中的若干重要概念、超前设想和科学预见，尤其是执笔撰写的有关美国战后飞机和火箭、导弹发展展望的报告，奠定了他在力学和喷气推进领域的领先地位。他开创了工程控制论、物理力学两门新兴学科，为人类科学事业的发展作出了重要贡献。

钱学森同志在美国学习工作期间，始终心系祖国，密切关注国内局势变化，决心早日学成报效祖国。1948 年，他为了准备回国，退出美国空军科学顾问团，辞去海军军械研究所顾问职务。新中国成立后，他回国的心情更加急迫。1950 年夏，为了顺利返回祖国，他向加州理工学院提出回国探亲，但临行前被以莫须有的罪名拘捕，遭受无理羁留达 5 年之久。他不屈不挠、顽强斗争，在毛泽东、周恩来等党和国家领导人的亲切关怀下，经过我国政府的严正交涉和国际友人的热心援助，冲破重重阻力，于 1955 年 10 月回到祖国，并立即投入到新中国建设的热潮中。1958 年 10 月，钱学森同志加入中国共产党。

从 1955 年 11 月起，钱学森同志为筹建中国科学院力学研究所，深入东北地区有关厂矿、大学和研究所考察调研，召集国内科研院所的领导和专家座谈讨论，统一建所思想，明确建所方针，在不到 3 个月的时间，领导组建了力学研究所。1956 年 1 月，钱学森同志担任中国科学院力学研究所所长。同年 2 月，在周恩来总理鼓励和支持下，他起草了《建立我国国防航空工业的意见书》，为我国火箭和导弹技术的创建与发展提供了极为重要的实施方案。3 月，党中央、国务院决定制定新中国第一个科学技术发展远景规划纲要（1956—1967），钱学森同志担任综合组组长，主持起草建立喷气和火箭技术项目的报告书，为推动新中国的科学技术、工业、农业、国防发展起到了重要作用。同时，钱学森同志参与筹备组建我国导弹航空科学研究领导机构航空工业委员会，受命负责组建我国第一个火箭、导弹研究机构——国防部第五研究院。10 月，钱学森同志任国防部五局第一副局长、总工程师兼国防部第五研究院院长，后又兼任国防部第五研究院一分院院长，担负起新中国导弹航天事业技术领导工作的重任。研究院成立之初，在组建液体导弹研制队伍的同时，钱学森同志预见性地组织科技人员探索固体复合推进剂，为后来研制固体火箭发动机和固体地地战略导弹打下了良好基础。同时，他还设立空气动力研究室，组建了我国第一个空气动力学专业研究机构。

1957 年 9 月，钱学森同志作为科学技术顾问随聂荣臻同志赴前苏联访问，为中苏新技术协定的顺利签订做了大量卓有成效的工作。访苏归来后，钱学森同志遵照党中央提出的国防工业发展方针，突出抓了技术消化、科研协作和制度建设等工作，参加了导弹卫星发射试验基地勘察选址，负责运载火箭、人造卫星以及卫星探测仪器的设计、协调及研究机构建立等工作。中苏关系破裂后，面对前苏联撕毁协定、撤走专家的困难局面，他团结带领科技人员艰苦奋斗，联合攻关，依靠我国自身力量，实现了导弹武器研制试验一系列重大突破。1960 年 2 月，钱学森同志指导设计的我国第一枚液体探空火箭发射成功。同年 11 月，协助聂荣臻同志成功组织了我国第一枚近程地地导弹发射试验。1964 年 6 月，钱学森同志作为发射场最高技术负责人，同现场总指挥张爱萍同志一起组织指挥了我国第一枚改进后的中近程地地导弹飞行试验。

1965 年 1 月，钱学森同志任第七机械工业部副部长、党组成员，主持制定了《火箭技术八年（1965—1972）发展规划》，组织领导地地导弹、地空导弹、岸舰导弹和固体火箭发动机、固体燃料导弹、运载火箭以及卫星研制试验等任务。1966 年 10 月，他作为技术总负责人，协助聂荣臻同志组织实施了我国首次导弹与原子弹"两弹结合"试验，把国防现代化建设向前推进了一大步。1968 年 2 月，钱学森同志兼任新成立的中国空间技术研究院院长，在周恩来总理等中央领导同志的支持下，他努力排除"文化大革命"的干扰，狠抓研究院机构组建、工作规划、基础设施建设和卫星研制质量，指导地面发射和跟踪测量系统建设。1970 年 4 月，他牵头组织实施了我国第一颗人造地球卫星发射任务，成为新中国科技发展史上的一座重要里程碑。同年 5 月 1 日，钱学森同志与参加第一颗人造地球卫星工程研制的代表一起，在天安门城楼受到毛泽东、周恩来等党和国家领导人的亲切接见。

1970 年 6 月至 1987 年 7 月，钱学森同志先后担任国防科学技术委员会副主任、国防科工委科学技术委员会副主任。他全身心投入国防科学技术领导工作，参与组织实施我国导弹航天技术领域重大型号研制和发射试验，并开始从更高层次思考其他领域诸多重大科学和技术问题，提出了许多创新、超前的思想。1971 年 3 月，组织完成"实践一号"卫星发射试验，首次获得我国空间环境探测数据，为我国研制应用卫星、通信卫星积累了经验。1972 年至 1976 年，在"四人帮"干扰破坏十分严重的情况下，钱学森同志参与组织领导了运载火箭和洲际导弹研制工作，提出了建立导弹航天测控网概念；领导设计制造了我国第一艘核动力潜艇；组织启动了远洋测量船基地建设工程；指挥成功发射了我国第一颗返回式卫星，使我国成为继美国、前苏联之后第三个掌握卫星回收技术的国家。

进入改革开放新时期，钱学森同志先后于 1980 年 5 月、1982 年 10 月、1984 年 4 月参与组织领导了我国洲际导弹第一次全程飞行、潜艇水下发射导弹和地球静止轨道试验通信卫星发射任务，为实现我国国防尖端技术的新突破建立了卓越功勋。他潜心研究的工程控制论、系统工程理论，广泛应用于军事、农业、林业乃至社会经济各个领域的实践活动，在我国现代化建设中发挥了重要作用。他敏锐把握信息技术对人类社会发展的深远影响，积极倡导信息技术研究应用和信息产业发展，为推动军队信息化建设作出了重要贡献。

1980 年至 1991 年，钱学森同志先后担任中国科学技术协会副主席、主席，1991 年 5 月担任中国科学技术协会名誉主席。其间，他积极践行科学技术是第一生产力的战略思想，开创、推动面向企业的"讲理想、比贡献"竞赛活动，引导企业科技工作者把振兴中华的理想与企业发展目标和个人理想有机结合起来，促进群众性技术创新活动蓬勃开展；积极推动科技兴农活动，倡导发展沙草产业，支持开展多种形式的送科技下乡活动，帮助农民依靠科学技术脱贫致富；倡议设立"中国科协青年科技奖"（1994 年更名为"中国青年科技奖"），促进优秀青年科技人才脱颖而出，培养造就了一批优秀的青年学术和技术带头人；他主持成立中国科学技术讲学团，倡导学科交叉融合，促进自然科学与社会科学联盟，支持编纂出版《中国科学技术专家传略》，充分发挥科协组织在社会主义精神文明建设中的重要作用。他高度重视科协工作的理论研究，推动理顺科协管理体制，加强科协工作制度化规范化建设，为发挥好科协组织横向联系广泛、组织网络健全的独特优势，促进科学技术的繁荣发展和普及推广、促进科技人才的成长和提高，作出了突出贡献。他始终不辍耕耘，科学思想活跃，驰骋在自然科学领域，同时对社会科学研究也投入了很大精力。他深入学习和研究马克思主义哲学，并用以指导研究工作，在自然科学与社会科学的结合点上，诸如系统工程与系统科学、思维科学、科学技术体系与马克思主义哲学等研究领域，作出了许多开创性贡献。

1986 年至 1998 年，钱学森同志担任中国人民政治协商会议第六届、七届、八届全国委员会副主席，其间曾负责全国政协科学技术委员会的工作，在团结广大科技工作者进行政治协商、民主监督和参政议政方面发挥了重要作用，为巩固和加强中国共产党领导的多党合作和政治协商制度作出了积极贡献。

钱学森同志是中国共产党第九届、十届、十一届、十二届中央候补委员，第二届、三届、四届、五届全国人大代表，政协第二届全国委员会委员。他是中国力学学会、中国自动化学会第一届理事会理事长，国际自动控制联合会第一届理事会常务理事，中国宇航学会、中国力学学会、中国系统工程学会名誉理事长。1957 年被增聘为中国科学院学部委员（院士），1994 年被选聘为中国工程院首批院士。先后获 1956 年度中国科学院自然科学奖一等奖、1985 年度国家科技进步奖特等奖。著有《工程控制论》、《物理力学讲义》、《星际航行概论》、《论系统工程》等。1989 年 6 月获得"小罗克韦尔奖章"和"世界级科学与工程名人"、"国际理工研究所名誉成员"称号。1991 年 10 月被国务院、中央军委授予"国家杰出贡献科学家"荣誉称号，被中央军委授予一级英雄模范奖章。1999 年 9 月被党中央、国务院、中央军委授予"两弹一星功勋奖章"。2009 年 9 月被评为"100 位新中国成立以来感动中国人物"。2001 年，江泽民同志号召"向人民科学家钱学森同志学习"。

钱学森同志具有坚定的共产主义理想信念。几十年来，他始终保持对马克思主义的崇高信仰、对共产主义的坚定信念、对党的高度忠诚，不论遇到多少艰难困苦，都坚定理想信念不动摇。他始终刻苦学习马克思列宁主义、毛泽东思想、邓小平理论、"三个代表"重要思想和科学发展观，坚决贯彻中央的决策部署，以敏锐的政治眼光，紧密联系社会发展和科学技术发展实际，运用马克思主义世界观和方法论，指导科学和理论研究工作。他具有崇高的民族气节，对祖国和人民无限忠诚，始终把爱祖国、爱人民作为人生的最高境界，自觉把个人志向与民族振兴紧紧联系在一起，为祖国强盛和人民幸福鞠躬尽瘁、死而后已，不愧为爱国知识分子的杰出典范。

钱学森同志具有勇攀科技高峰的创新精神。他对科学执着追求，青年时代就已成为世界知名科学家，回国后勇敢承担起创建我国航天事业的重任，为中华民族屹立于世界民族之林不懈奋斗。他始终站在世界科技前沿，以自己的远见卓识从战略上思考我国科学技术发展特别是国防科技发展的重大问题，提出许多富于创造性、前瞻性的重要学术思想和有重大价值的建议，以渊博知识和超凡智慧解决了一系列关键技术难题，为我国导弹航天事业发展作出了许多具有里程碑意义的贡献。他十分重视科技创新人才培养，对我国高等教育事业和学科专业建设倾注了大量心血，大力倡导培养科技帅才和将才，较早提出了尽快提高我军指挥员科学文化素质的建议。他以自己的模范行动和严谨作风、学风，培养造就了一大批堪当历史重任的一流科学家和工程技术专家。

钱学森同志具有德馨品高的大家风范。他一生襟怀坦荡、光明磊落，坚持原则、维护大局，严于律己、一身正气，始终保持党和人民军队的优良传统。他淡泊名利、无私奉献，一心扑在事业上，从不计较个人得失，始终保持艰苦奋斗的政治本色。他坚持真理、科学求实，治学严谨、精益求精，不务虚名、不尚空谈，学术作风民主，善于团结同志，在我国科技界享有崇高威望。

钱学森同志的一生，是革命的一生，战斗的一生，学习的一生，是为国家富强、民族振兴不懈奋斗的一生，是全心全意为人民服务的一生。他的逝世，是我们党、国家和军队的重大损失。他为中国科技事业、为国防和军队现代化建设建立的卓越功勋将永载史册！他的崇高品德和革命精神将永远铭刻在全国人民的心中！

钱学森同志永垂不朽！

（新华社北京 11 月 6 日电）

钱老，一路走好！

本报记者　赵永新

11 月 6 日清晨，北京八宝山革命公墓沉浸在悲痛之中。拄着拐杖的老人，抬着花圈的教授，手持白菊的学生……社会各界群众一大早从四面八方陆续赶来，向人民科学家钱学森先生做最后的告别。

巨星陨落，天地同悲。上午 8 点多，八宝山殡仪馆外已经排起长队，翘首等待的人们满脸悲伤。"钱老的去世是我们国家一个很大的损失。"89 岁高龄的国家科技奖得主徐光宪院士说着，眼圈红了。

丰功伟绩，国人永记。一位老人自费从成都赶来北京，带着自己制作的 3 米横幅，上面写着："四川人民缅怀'两弹一星'元勋钱学森老人"。"'两弹一星'真正让中国人挺起了脊梁。"这位 60 多岁的老人眼里含满泪花，"这个横幅代表我们老百姓的心声，我觉得只有这样才配得起钱老对我们国家做出的贡献！"

时间在静默中流逝，前来送别的人越来越多，队伍排到了公墓的南门口。航天科技集团的职工，中科院力学所的科研人员，钱学森的母校北师大附中和上海交大的师生，从海外赶回的留学人员……长长的队伍缓缓向前移动，人们耐心地等待着：最后再看一眼这位心中的英雄！

殡仪馆内哀乐低回，钱学森静静地躺在鲜花丛中；正前方墙上悬挂着他的黑白遗像。望着钱老那慈祥、睿智的目光，人们耳边仿佛又响起这位科学大师生前的话语——

"我在美国前三四年是学习，后十几年是工作，所有这一切都在做准备，为了回到祖国后能为人民做点事。因为我是中国人。"

"外国人能干的，中国人为什么不能干？难道中国人比外国人矮一截？"

"我现在的住房条件，比和我同船回来的那些人都好，已经脱离群众了，我常常为此感到不安，我不能脱离一般科技人员太远。"

"我本人只是沧海之一粟，渺小得很。真正伟大的是中国人民，是中国共产党，是中华人民共和国！"

……

"钱老，中国人民感谢您！""钱老，我们想念您！"人们在心中默念着，依次向他的遗体、遗像鞠躬、致哀、道别。

民爱忠魂，诉不尽心中仰慕；天惜英雄，说不完心中哀痛。走出灵堂，人们纷纷回首再次鞠躬，有的人禁不住失声痛哭……

"钱老热爱祖国的情怀、淡泊名利的品格、提携后人的作风和不断探索的精神，将永远激励着我们继续前进！"中国运载火箭技术研究院院长李洪说。

钱老，一路走好！

用伟大成就照亮历史和未来

杨　健

一个人，用怎样的成就照亮一段历史？以怎样的力量感动一个民族？

2009 年 11 月 6 日，北京八宝山钱学森遗体告别现场内外，那些从海内外专程赶来的无数送别者，那些情真意切的痛惜、失落和怅惘，那些写满崇敬和哀伤的表情，让我们依稀看到问题的答案。

钱学森，一位深居简出已近 20 年的百岁老人，以他静静的离开，再次勾起整个民族对一段光辉历程的深情追忆，唤起亿万国人对未来岁月的凝重思考。那一刻，他的思想、他的精神、他的贡献，写入永恒。

生于推翻帝制的 1911 年，成长在山河破碎的晦暗年代，在新中国"两弹一星"的雄奇伟业中大放异彩，钱学森的一生，浓缩了中国人从屈辱走向自强的漫长征程，代表着一代人奋发图强、百折不回的伟大精神。

"外国人能做到的，中国人也一定能做到！"在这受命于危难之际的铿锵宣示里，有淞沪抗战中亲睹落后挨打的悲恸，有身在异国饱受歧视猜忌的愤懑，更有让一个崭新的中国挺直腰杆的刚强。平心而论，钱学森那一代人，并不比后来者更有天分，但出身于贫弱中国，怀抱着复兴大志，他们挑得起历史的千斤重担，放得下个人的利害得失。国比家大的宽广胸怀给了他们宽阔的视野，雪耻图强的冲天斗志，给了他们一往无前的魄力和勇气。

钱学森是一个领域、一个时代的巅峰，但他神采卓然的生平，绝非"天才"二字可以概括。无论是洞察先机、推动系统控制理论在"两弹一星"研制中的应用，还是力排众议、选择"导弹先于航空"的技术发展路径，钱学森之所以能够成为"大家中的大家"，博得战略科学家的美誉，在于他始终"敢于想别人不敢想的，做别人不敢做的"，时刻以"突破"而非"遵循"、"开创"而非"守成"为念。

西式教育创新意识的熏陶，并未冲淡钱学森身上中华传统文化的深深烙印。"利在一身勿谋也，利在天下者必谋之"，"心术不可得罪于天地，言行皆当无愧于圣贤"，《钱氏家训》中这些胸怀天下、克己奉公的理念，他恪守终生，从未偏离。在他的心目中，"科学最重，名利最轻"，"个人仅仅是沧海一粟，真正伟大的是党、人民和我们的国家"。正是有这样的信念和美德，他才能将自己"无论在哪里都可抵五个师兵力"的深厚功力，融入"两弹一星"研制、系统科学发展等艰巨的任务、庞大的集体中，始终"一脸亲切的微笑"，始终一份恬淡的心情。

巨人往矣。他们的脚步，无论多少鲜花和泪水，都无法挽留。历史的接力棒，已交到我们这一代人手中。"社会主义建设需要更多的钱学森，国家才会有大的发展"，这是钱学森的遗训，是我们继续前行的动力。

怆然别先人，殷殷待来者，念天地之悠悠，当慨然而奋进。"钱学森能做到的，我们也一定能做到！"年轻一代啊，我们当有这样的志气和信心。

人民日报

RENMIN RIBAO

今日12版(华东、华南地区16版)

人民网网址:http://www. people. com. cn

http://www. peopledaily. com. cn

国内统一刊号:CN11-0065

第19456期 (代号1-1)

人民日报社出版

2001年10月

16

星期二

辛巳年八月三十

北京地区天气预报

白天 晴

降水概率 0%

风向 北转南

风力 二、三级

夜间 晴

降水概率 0%

风向 南转北

风力 一、二级

温度 18℃/5℃

江泽民电唁张学良先生逝世

代表中国共产党和中国人民表示深切哀悼

新华社北京10月15日电 中共中央总书记、国家主席江泽民在获知张学良先生逝世的消息后，今天向张学良的亲属发去唁电。唁电全文如下：

张学良先生亲属：

惊悉张学良先生逝世，十分悲痛。我谨代表中国共产党和中国人民表示深切哀悼！

张学良先生是伟大的爱国者。65年前，在民族危亡的紧急关头，张学良将军和杨虎城将军以爱国的赤诚之心，秉持抗日救亡的民族大义，毅然发动西安事变，联共抗日，为结束10年内战、促成第二次国共合作、实行全民族抗战作出了历史性的贡献，堪称中华民族的千古功臣。此后，张学良先生虽长期遭受不公正待遇，却始终淡泊荣利，晚年仍心系海峡两岸和平统一大业，企盼民族振兴和国家强盛。张学良先生的卓越功勋和爱国风范，彪炳青史，为世人景仰。中国共产党和中国人民永远怀念张学良先生。

张学良先生千古！

中国共产党中央委员会总书记
中华人民共和国主席　江泽民

2001年10月15日

切实解决问题

——三论贯彻落实十五届六中全会精神

本报评论员

●加强和改进党的作风建设，关键要落实到解决问题上。

切实解决问题，是加强和改进党的作风建设的根本途径。党的十五届六中全会通过的《中共中央关于加强和改进党的作风建设的决定》，明确提出了加强党的作风建设的指导思想和总体要求，作出了加强和改进党的作风建设的全面部署；二十多年的改革开放，为我们积累了在社会主义市场经济条件下加强和改进党的作风建设的丰富经验；实现我们党在新世纪的三大任务，全党需要一个新的作风、新的面貌；全党同志和全国人民对加强和改进党的作风建设有着极为迫切的要求。摆在各级领导面前的任务，就是要高度重视，迅速行动，以六中全会精神为指导认真解决实际问题，以解决实际问题的成果落实六中全会精神。

切实解决问题，一定要紧扣作风上存在的突出问题，抓紧研究，抓紧解决。不要在层层表态、层层开会、层层造声势上做文章，而要在层层抓落实、层层抓解决问题上下功夫。如果仍然以文件落实文件，以会议落实会议，以讲话落实讲话，等于以形式主义、官僚主义来反对形式主义、官僚主义。这是同六中全会精神背道而驰的，只会失去解决党风建设问题的有利时机，只会削弱广大党员和人民群众对搞好党风建设的信心。只有按照“八个坚持、八个反对”的要求，抓住那些不适应改革和发展新形势新任务、不符合人民群众意愿和要求的突出问题，结合本地区、本部门的实际，找出存在的主要问题，认真加以整改，我们的事业才能发展，才能取信于民。

切实解决问题，一定要根据不同的问题、区分不同的情况，采取不同的解决方式。党内不同程度存在的作风问题，是多种因素造成的，解决的办法要有的放矢、对症下药。对涉及全局、情况复杂、一时难以解决的深层次问题，要持之以恒、常抓不懈，结合党的思想、组织、制度建设一起抓，结合党纪、政纪、法纪建设一起抓，结合党风、政风、社会风气建设一起抓。对涉及面广、危害性大、群众反映强烈的问题，要形成必要的声势，进行专门整治，一个问题一个问题地解决。

切实解决问题，一定要坚决纠正各种不正之风。要敢于动真格的。对不正之风不敢抓、不敢管、不敢碰硬，好人主义盛行，不可能取得好的效果。对那些作风上有这样那样问题的干部，要严肃批评、限期整改，不改的要采取组织措施，果断调整。

党的事业在健康发展，有中国特色社会主义事业在阔步前进。党的作风建设中存在的问题，是党和党领导的事业前进中的问题。我们党完全有信心有能力解决这些问题。解决了问题，党的事业就前进。现有的问题解决了，还会产生新的问题。党的事业就是在不断解决问题中向前推进的，党的生机和活力就是在不断解决问题中获得的。切切实实解决问题，就是在扎扎实实推进党的事业，就是在实实在在维护党的利益。每个共产党员特别是党的各级领导，都应该有这样的认识，这样的觉悟，这样的作为。

山东大学喜庆百年华诞

江泽民李鹏李岚清等分别题词致信祝贺

本报济南10月15日电 记者宋光茂报道：今天，山东大学举行庆典，隆重庆祝建校100周年。党和国家领导人江泽民、李鹏题词祝贺，李岚清、姜春云发来贺信。中共中央政治局委员、山东省委书记吴官正，全国政协副主席钱伟长等参加了在这里举行的庆祝大会。

中共中央总书记江泽民的题词是：“团结进取，开拓创新，为把山东大学办成国内外知名的高水平大学而奋斗。”

中共中央政治局常委、全国人大常委会委员长李鹏的题词是：“齐鲁大地人才辈出，百年学府再创新章。”

中共中央政治局常委、国务院副总理李岚清，中共中央政治局委员、全国人大常委会副委员长姜春云为山东大学百年校庆致信祝贺。李岚清在贺信中说：“希望你们认真学习贯彻江泽民总书记‘三个代表’重要思想，按照江总书记为山东大学百年校庆题词的要求，抓住机遇，团结进取，开拓创新，不断提高教育质量、科研水平和办学效益，为国家培养更多的高素质、创新型人才，努力把山东大学办成国内外知名的高水平大学，为实施科教兴国战略和实现中华民族伟大复兴作出新的贡献。”

山东大学的前身是诞生于1901年的山东大学堂，是继京师大学堂之后，在中国诞生的第二所新式官办大学。100年来，山东大学为国家培养了23万多名毕业生。老一辈无产阶级革命家罗荣桓元帅、国学泰斗季羡林先生、著名诗人臧克家和一大批院士是他们中的杰出代表。去年7月22日，原山东大学、山东医科大学和山东工业大学三校合并组建成新的山东大学，形成了以文史见长，文、理、工、医多学科交叉渗透综合发展的办学模式。

教育部部长陈至立、财政部部长项怀诚参加了今天的庆祝大会并讲话。来自海内外的40多位大学校长和山东大学校友、在校师生代表共15000余人参加了校庆活动。

千古功臣　世纪老人

伟大的爱国者张学良先生逝世

新华社北京10月15日电 伟大的爱国者张学良先生因病抢救无效，于当地时间14日20时50分在美国夏威夷逝世，享年101岁。在获知张学良先生逝世的消息后，中共中央总书记、国家主席江泽民向张学良的亲属发去唁电，高度评价了张学良先生的历史功绩，代表中国共产党和中国人民表示深切哀悼。

中国驻洛杉矶总领事馆送了花圈，对张学良先生的逝世表示沉痛哀悼。

张学良先生病重期间，中国驻洛杉矶代总领事许士国等专程到夏威夷，代表中国政府看望张学良先生并向他表示慰问，并转达了中央领导同志、中国政府以及外交部等部门对他的问候。许士国赞扬他为祖国的统一和民族的解放作出了特殊的贡献，海内外中国人永远铭记他的功绩。

张学良先生曾为结束10年内战、促成第二次国共合作、实行全民族抗战作出了历史性贡献。65年前，日本帝国主义不断扩大对中国的侵略，蒋介石坚持不抵抗政策，继续进行内战。以张学良为首的东北军和以杨虎城为首的第十七路军，深感“剿共”没有出路，强烈要求抗日。张学良将军多次劝谏蒋介石停止内战，一致对外，但均被拒绝。1936年12月，蒋介石调集嫡系部队赴陕甘参与“剿共”。在民族危亡的紧急关头，张学良将军和杨虎城将军秉持抗日救亡的民族大义，毅然发动西安事变，联共抗日。1936年12月12日，东北军和第十七路军协同行动，在陕西临潼华清池扣留了蒋介石，要求“停止内战、一致抗日”，随即通电全国，提出改组南京政府、停止一切内战等八项抗日主张。

西安事变的和平解决对国共两党再次合作、团结抗日起了重大的推动作用。张学良、杨虎城先生堪称中华民族的千古功臣。此后，张学良先生遭到审判并长期软禁。1949年又被蒋介石胁迫到台湾继续监禁，长达半个世纪。张学良夫妇于1993年12月15日首次得以离开台湾，前往美国探亲。1995年定居夏威夷。

张学良先生生前心系海峡两岸和平统一大业，企盼民族振兴和国家强盛。他一直关心故乡各方面的情况，不时接待前来探望他的乡亲，晚年还应邀担任东北大学名誉校长。

张学良先生虽然逝世了，他的爱国风范为世人景仰。中国共产党和中国人民永远怀念张学良先生。

全国人大常委会委员长会议举行

李鹏主持　会议决定22日至27日举行第二十四次常委会议

本报北京10月15日讯 记者傅旭报道：今天上午，九届全国人大常委会第四十七次委员长会议在人民大会堂举行，李鹏委员长主持。会议决定，本月22日至27日举行九届全国人大常委会第二十四次会议。

在今天的会议上，全国人大常委会秘书长何椿霖首先汇报了第二十四次常委会会议议程和日程安排意见。

委员长会议建议，本次会议审议著作权法修正案草案、商标法修正案草案、职业病防治法草案、海域使用管理法草案、工会法修正案草案；审议全国人大常委会委员长会议关于提请审议香港特别行政区选举第十届全国人大代表的办法草案的议案、澳门特别行政区选举第十届全国人大代表的办法草案的议案、全国人大常委会关于重庆市人大换届选举时间的决定草案的议案；审议全国人大财经委关于提请审议的政府采购法草案的议案；审议国务院关于提请审议文物保护法修订草案的议案；审议国务院关于提请审议批准中俄睦邻友好合作条约的议案、劳动行政管理公约的议案、建筑业安全卫生公约的议案；听取和审议国务院关于完善社会保障制度情况、关于实施货币政策情况的两个报告；听取全国人大常委会执法检查组关于检查农业法实施情况的报告；审议全国人大内务司法委员会、财政经济委员会、教育科学文化卫生委员会、农业与农村委员会关于九届全国人大四次会议主席团分别交付审议的代表提出的议案审议结果的四个报告；审议李鹏委员长访问越南情况的书面报告、全国人大代表团出席各国议会联盟第106届大会的书面工作报告等。

今天的会议还听取了全国人大法律委员会主任委员王维澄关于著作权法修正案草案等五个法律草案主要问题修改意见的汇报，全国人大常委会法制工作委员会副主任乔晓阳分别作的关于香港、澳门特别行政区选举第十届全国人大代表的办法草案和关于重庆市人大换届选举时间的决定草案的说明。

全国人大常委会副委员长田纪云、姜春云、邹家华、王光英、程思远、布赫、铁木尔·达瓦买提、吴阶平、何鲁丽、曹志、丁石孙、成思危、许嘉璐、蒋正华出席会议。

李鹏会见加拿大参议长

新华社北京10月15日电 （记者徐兴堂）全国人大常委会委员长李鹏及夫人朱琳今天下午在人民大会堂会见了加拿大参议长丹·海斯和夫人以及代表团一行。在亲切友好的气氛中，宾主就两国关系、中国全国人大与加拿大议会之间的关系、民主法制建设以及其他共同关心的问题进行了深入的交谈。

李鹏说，中加建交31年来，双方在政治、经贸等各个领域的交流合作不断扩大，两国领导人频繁互访，中加在许多重大国际问题上有着相同或相近的看法，各方面的友好合作与交流得到不断发展。

李鹏说，中加社会制度、历史背景和文化传统不同，经济发展水平各异，但这不应成为发展两国关系的障碍。两国应在竞争比较中取长补短，在求同存异中共同发展。中加两国拥有广泛而重要的共同利益，双方没有历史积怨和根本的利害冲突，发展两国友好合作关系有着坚实的基础和条件。中加友好符合两国和两国人民的根本利益，也有利于本地区乃至世界的和平与发展。中国一贯重视发展与加拿大的友好合作关系。中国相信，只要双方继续本着相互尊重、平等相待、求同存异的原则处理分歧，中加关系在新的世纪里一定会取得进一步发展。

李鹏还向客人介绍了中国的民主法制建设情况。他说：建立法制国家是我们的目标，我们已经形成了社会主义市场经济的法律框架体系。中国即将加入世界贸易组织，成为世贸组织成员后将对有关法律进行相应的修改。

他说，中国全国人大愿与加拿大议会加强交流与合作，推动两国友好关系的进一步发展。

海斯感谢李鹏的会见以及关于全国人大制度的详细介绍。他说，目前加拿大议会与中国全国人大之间已建立了友好关系，希望这种关系能得到进一步加强。

全国人大常委会副委员长王光英、全国人大常委会委员蒋心雄、外交部副部长李肇星会见时在座。

第九十届中国出口商品交易会开幕

朱镕基出席开幕式

新华社广州10月15日电 （记者刘思扬、杨春南、车晓蕙）金秋十月，秋高气爽。素有“中国第一展”美誉的中国出口商品交易会（广交会），迎来九十届华诞。今天上午，第九十届广交会开幕式在广州隆重举行。中共中央政治局常委、国务院总理朱镕基出席开幕式。

上午9时45分，朱镕基宣布：第九十届中国出口商品交易会开幕。顿时，绚丽的礼宾花在空中鸣响，五彩的“花瓣”在空中飘扬。

中共中央政治局委员、广东省委书记李长春，中共中央政治局候补委员、国务委员吴仪，全国人大常委会副委员长周光召、全国政协副主席马万祺等出席开幕式。

广交会被海内外人士誉为“贸易的纽带，友谊的桥梁”。45年前，广交会为新中国开辟出一条对外贸易的通道；45年来，广交会从规模、形式到内容，都发生了巨大变化：展场面积从首届的1.8万平方米扩大到现在的17万平方米，参展单位由几百家增加到4000多家，参展商品由1万余种增加到10万余种，到会客商由首届的1000多人发展到10多万人，出口成交额由首届不足1800万美元发展到150亿美元。作为中国对外贸易的“窗口”和“晴雨表”，广交会45年的发展历程记录了我国外贸发展的足迹，见证了我国外经贸由小到大的历程。

本届广交会是中国加入世贸组织前召开的一次国际贸易盛会。据介绍，本届广交会遍邀宾朋，向全世界20多万客商发帖，比上届增长12%，还邀请40多个境外工商团体、几十家著名跨国连锁集团以及近百位1957年春季参加过第一届广交会的“老广交”前来参加庆典活动。本届广交会仍采用“省市组团，商会组馆，馆团结合，行业布展”的组展方式，设47个交易团，六大商品行业馆，29个专项商品展区，展位总数达到8153个，规模为历届之最。本届广交会共有4769家企业参展，比上一届增加460家。其中，中外合资（合营）企业、外商独资企业、民营企业分别为703家、44家、33家。

10月14日晚，朱镕基兴致勃勃地参观了广交会电子及家电、纺织服装等展区，详细察看部分出口商品，了解有关企业当前外贸出口的情况。他还会见了参加广交会的中央有关部门和各省市负责人，勉励大家振奋精神，迎难而上，努力促进我国外贸出口较好增长。李长春、吴仪、周光召、马万祺等也参观广交会展区并参加了会见。

外经贸部部长石广生主持了今天的开幕式。中央、国家机关有关部门负责人，澳门特别行政区行政长官何厚铧，有关省市区负责人，港澳台及海外嘉宾，广交会参展商逾3000人参加了开幕式。

本届广交会为期12天，将于26日闭幕。

国务院新闻办发表白皮书

中国的农村扶贫开发

（全文见第五版、第六版）

为在少年儿童中深入开展爱国主义教育，改善西部地区少年儿童教育状况，全国少工委在北京向西部地区学校捐赠《中国博物馆》电视专题片光盘，引导少年儿童深入了解中国的历史和文化。图为西部地区少先队员代表介绍家乡的情况。

本报记者　王景仁摄

APEC部长级会议非正式高官会在上海举行

本报上海10月15日电 记者吴志华、戎霄报道：亚太经合组织（APEC）第十三届部长级会议非正式高官会今天在上海举行。中国外交部副部长、APEC高官会主席王光亚在会议结束后举行的新闻发布会上说，今天会议所取得的成果，为即将举行的APEC部长级会议和领导人非正式会议打下了良好的基础。

他谈到，今年APEC领导人非正式会议将要审议和通过的《领导人宣言》，将是一份具有前瞻性、战略性和具有远见卓识的宣言。

王光亚说，本次会议就APEC今年在贸易投资自由化、加强人力资源能力建设与经济技术合作、如何推动世界贸易组织多边贸易谈判和新经济等各个领域的工作进展情况，以及取得的成果进行了最后的审议。会议在加强APEC贸易投资单边行动计划的审议机制上达成了一致，完成了修改《大阪行动议程》的工作，并就部长级会议的各项议程及相关文件达成了共识。

王光亚强调，APEC成立以来，在加强成员间的经济合作上已经发挥了重要的作用，希望APEC在新世纪迎接新挑战上发挥出更大的作用。他认为，如果从今年各项会议所取得的成果来看，称今年APEC会议是亚太地区经济合作发展历程中的一个“里程碑”，并不过分。

作为今年最后一次、同时也是最重要的一次高官会，各经济体的代表在会议期间表现了一种努力推动APEC继续向前发展的团结精神。由于会议进展顺利，原定举行两天的会议已提前于今天下午结束。

出席今天高官会的有亚太经合组织21个成员派出的代表。东盟秘书处、太平洋经济合作理事会、太平洋岛国论坛也派观察员列席高官会。

今日导读

人民日报

RENMIN RIBAO

今日 12 版（华东、华南地区 16 版）

人民网网址：http://www.people.com.cn

http://www.peopledaily.com.cn

国内统一刊号：CN11-0065

第 19465 期　（代号 1-1）

人民日报社出版

2001 年 10 月

25

星期四

辛巳年九月初九

北京地区天气预报

白天　阴有小雨转多云

降水概率 60%

风向　偏东

风力　二、三级

夜间　多云

降水概率 20%

风向　偏东

风力　一、二级

温度　16℃/9℃

公民基本道德规范：

爱国守法　明礼诚信

团结友善　勤俭自强

敬业奉献

——摘自《公民道德建设实施纲要》

中共中央通知认真贯彻执行《公民道德建设实施纲要》

通知指出，加强社会主义思想道德建设，是发展先进文化的重要内容和中心环节。各地区、各部门一定要把公民道德建设放在突出位置来抓

新华社北京 10 月 24 日电　中共中央日前发出通知指出，加强社会主义思想道德建设，是发展先进文化的重要内容和中心环节。各地区、各部门一定要把公民道德建设放在突出位置来抓，认真贯彻执行《公民道德建设实施纲要》。

通知说，在新的历史条件下，从公民道德建设入手，继承中华民族几千年形成的传统美德，发扬党领导人民在长期革命斗争与建设实践中形成的优良传统道德，借鉴世界各国道德建设的成功经验和先进文明成果，努力建立与发展社会主义市场经济相适应的社会主义道德体系，对形成追求高尚、激励先进的良好社会风气，保证社会主义市场经济的健康发展，促进整个民族素质的不断提高，全面推进建设有中国特色社会主义伟大事业，具有十分重要的意义。

通知说，各地区、各部门一定要从全面贯彻落实江泽民同志在庆祝中国共产党成立80周年大会上的重要讲话和“三个代表”重要思想的战略高度，充分认识加强公民道德建设的重要性、艰巨性、长期性和紧迫性，把公民道德建设放在突出位置来抓，促进依法治国与以德治国的紧密结合，推动经济和社会的全面发展。要依据《纲要》，结合实际，研究制定贯彻意见和具体措施，并认真组织实施。中央文明委、中央宣传部要对《纲要》的实施工作进行指导和检查，并负责将各地区、各部门贯彻情况向中央报告。

公民道德建设实施纲要

一、公民道德建设的重要性

1.社会主义道德建设是发展先进文化的重要内容。在新世纪全面建设小康社会，加快改革开放和现代化建设步伐，顺利实现第三步战略目标，必须在加强社会主义法制建设、依法治国的同时，切实加强社会主义道德建设、以德治国，把法制建设与道德建设、依法治国与以德治国紧密结合起来，通过公民道德建设的不断深化和拓展，逐步形成与发展社会主义市场经济相适应的社会主义道德体系。这是提高全民族素质的一项基础性工程，对弘扬民族精神和时代精神，形成良好的社会道德风尚，促进物质文明与精神文明协调发展，全面推进建设有中国特色社会主义伟大事业，具有十分重要的意义。

2.党的十一届三中全会特别是十四大以来，随着改革开放和现代化建设事业的深入发展，社会主义精神文明建设呈现出积极健康向上的良好态势，公民道德建设迈出了新的步伐。爱国主义、集体主义、社会主义思想日益深入人心，为人民服务精神不断发扬光大，崇尚先进、学习先进蔚然成风，追求科学、文明、健康生活方式已成为人民群众的自觉行动，社会道德风尚发生了可喜变化，中华民族的传统美德与体现时代要求的新的道德观念相融合，成为我国公民道德建设发展的主流。

但是，我国公民道德建设方面仍然存在着不少问题。社会的一些领域和一些地方道德失范，是非、善恶、美丑界限混淆，拜金主义、享乐主义、极端个人主义有所滋长，见利忘义、损公肥私行为时有发生，不讲信用、欺骗欺诈成为社会公害，以权谋私、腐化堕落现象严重存在。这些问题如果得不到及时有效解决，必然损害正常的经济和社会秩序，损害改革发展稳定的大局，应当引起全党全社会高度重视。

3.加强公民道德建设是一项长期而紧迫的任务。面对社会经济成分、组织形式、就业方式、利益关系和分配方式多样化的趋势，面对全面建设小康社会，人民群众的精神文化需求不断增长，面对世界范围各种思想文化的相互激荡，道德建设有许多新情况、新问题和新矛盾需要研究解决。必须适应形势发展的要求，抓住有利时机，巩固已有成果，加强薄弱环节，积极探索新形势下道德建设的特点和规律，在内容、形式、方法、手段、机制等方面努力改进和创新，把公民道德建设提高到一个新的水平。

二、公民道德建设的指导思想和方针原则

4.根据党在社会主义初级阶段的历史任务，当前和今后一个时期，我国公民道德建设的指导思想是：以马克思列宁主义、毛泽东思想、邓小平理论为指导，全面贯彻江泽民同志“三个代表”重要思想，坚持党的基本路线、基本纲领，重在建设、以人为本，在全民族牢固树立建设有中国特色社会主义的共同理想和正确的世界观、人生观、价值观，在全社会大力倡导“爱国守法、明礼诚信、团结友善、勤俭自强、敬业奉献”的基本道德规范，努力提高公民道德素质，促进人的全面发展，培养一代又一代有理想、有道德、有文化、有纪律的社会主义公民。

5.坚持社会主义道德建设与社会主义市场经济相适应。要充分发挥社会主义市场经济机制的积极作用，不断增强人们的自立意识、竞争意识、效率意识、民主法制意识和开拓创新精神。正确运用物质利益原则，反对只讲金钱、不讲道德的错误倾向，在实践中确立与社会主义市场经济相适应的道德观念和道德规范，为改革开放和现代化建设提供强大的精神动力与思想保证。

6.坚持继承优良传统与弘扬时代精神相结合。要继承中华民族几千年形成的传统美德，发扬我们党领导人民在长期革命斗争与建设实践中形成的优良传统道德，积极借鉴世界各国道德建设的成功经验和先进文明成果，在全社会大力宣传和弘扬解放思想、实事求是，与时俱进、勇于创新，知难而进、一往无前，艰苦奋斗、务求实效，淡泊名利、无私奉献的时代精神，使公民道德建设既体现优良传统，又反映时代特点，始终充满生机与活力。

7.坚持尊重个人合法权益与承担社会责任相统一。要保障公民依法享有政治、经济、文化、社会生活等各方面的民主权利，鼓励人们通过诚实劳动和合法经营获取正当物质利益。引导每个公民自觉履行宪法和法律规定的各项义务，积极承担自己应尽的社会责任。把权利与义务结合起来，树立把国家和人民利益放在首位而又充分尊重公民个人合法利益的社会主义义利观。

8.坚持注重效率与维护社会公平相协调。要把效率与公平的统一作为社会主义道德建设的重要目标，在全社会形成注重效率、维护公平的价值观念。把效率与公平结合起来，使每个公民既有平等参与机会又能充分发挥自身潜力，促进经济发展，保持社会稳定。

9.坚持把先进性要求与广泛性要求结合起来。要从实际出发，区分层次，着眼多数，鼓励先进，循序渐进。积极鼓励一切有利于国家统一、民族团结、经济发展、社会进步的思想道德，大力倡导共产党员和各级干部带头实践社会主义、共产主义道德，引导人们在遵守基本道德规范的基础上，不断追求更高层次的道德目标。

10.坚持道德教育与社会管理相配合。要广泛进行道德教育，普及道德知识和道德规范，帮助人们加强道德修养。建立健全有关法律法规和制度，把公民道德建设融于科学有效的社会管理之中。逐步完善道德教育与社会管理、自律与他律相互补充和促进的运行机制，综合运用教育、法律、行政、舆论等手段，更有效地引导人们的思想，规范人们的行为。

三、公民道德建设的主要内容

11.从我国历史和现实的国情出发，社会主义道德建设要坚持以为人民服务为核心，以集体主义为原则，以爱祖国、爱人民、爱劳动、爱科学、爱社会主义为基本要求，以社会公德、职业道德、家庭美德为着力点。在公民道德建设中，应当把这些主要内容具体化、规范化，使之成为全体公民普遍认同和自觉遵守的行为准则。

12.为人民服务作为公民道德建设的核心，是社会主义道德区别和优越于其它社会形态道德的显著标志。它不仅是对共产党员和领导干部的要求，也是对广大群众的要求。每个公民不论社会分工如何、能力大小，都能够在本职岗位，通过不同形式做到为人民服务。

（下转第四版）

李鹏会见智利总统

新华社北京 10 月 24 日电　（记者徐兴堂）今天上午，全国人大常委会委员长李鹏在人民大会堂会见了智利总统拉戈斯。双方进行了亲切友好的交谈。

李鹏代表中国全国人大对拉戈斯总统来华进行国事访问表示热烈欢迎。他说，拉戈斯总统 1998 年访华时他们进行了亲切交谈，他对今天再次见面感到非常高兴。

李鹏说，他曾于 1996 年 11 月以总理身份访问智利，受到了热情款待。他与智利领导人就双边关系及共同关心的国际和地区问题进行了深入交谈，访问取得了丰硕成果。

李鹏说，智利是南美第一个与中国建交的国家。中国人民不会忘记，是中智两国老一代领导人培育了中智友谊，为两国关系的全面发展奠定了坚实基础。拉戈斯总统长期致力于中智友好事业，作出了积极贡献，中国对此表示赞赏。

李鹏说，建交 31 年来，中智关系取得了令人满意的发展。近年来，中智高层交往频繁，经贸合作富有成果，智利已经成为中国在拉美的第二大贸易伙伴，双方在国际和地区事务中保持着良好合作，中智关系正处于历史最佳时期。

李鹏强调，中国政府和全国人大都十分重视中智关系。中智建交前两国议会就已开始交往。建交后，两国议会领导人经常往来，双方都建立了议会友好小组，为促进相互了解和推动两国友好关系的发展起到了重要作用。全国人大欢迎智利议会领导人和更多的议员来华访问。

李鹏说，近年来，中国全国人大与拉美各国议会友好交往进一步增加。全国人大愿同拉美各国政府和议会一道，为建立新世纪中拉长期稳定、平等互利的全面合作关系继续努力。

拉戈斯对时隔 3 年半后再次访华表示高兴，他说，中国的快速发展和建设成就给他留下了深刻的印象。中国成功举办亚太经合组织会议显示了她在国际舞台上日益重要的作用。

拉戈斯说，智中两国的合作有着很大的潜力，前景广阔，智利愿与中国共同努力，进一步推动两国之间包括议会在内的各个领域的交流与合作。拉戈斯表示他本人和智利政府将积极支持智中两国议会间的交流与合作。

拉戈斯总统已于今天中午结束对中国的访问离京回国。

朱镕基会见智利总统

新华社北京 10 月 24 日电　（记者罗辉）国务院总理朱镕基今天上午在中南海紫光阁亲切会见了智利总统拉戈斯。

朱镕基对拉戈斯来中国出席亚太经合组织会议并进行国事访问表示热烈欢迎。

朱镕基愉快地回忆起 1996 年对智利的成功访问。他相信拉戈斯总统此次访华将有力地推动中智关系进一步向前发展。

朱镕基说，中智两国相距遥远，但两国人民心心相连，两国关系日益密切，两国建交 31 年来互利合作成绩很大。近年来，频繁的高层互访增进了了解，加深了友谊，促进了合作。

朱镕基说，去年，中智已相互成为对方在各自地区的第二大贸易伙伴。两国经济互补性强，又都处在重要的发展阶段，双边经贸合作潜力很大。拉戈斯总统此次带来的企业家与中国同行进行了广泛接触。他希望两国在巩固传统经贸合作渠道的同时，进一步开拓新的合作领域和方式。

朱镕基说，中国政府欢迎智利企业家来华投资建厂，也鼓励中国企业家到智利等拉美国家发展。希望通过双方的共同努力，不断扩大合作领域，把合作潜力变为现实，全面提升合作水平。

拉戈斯对中国成功举办亚太经合组织会议表示祝贺。他表示，在当前国际形势下举行有这么多领导人出席的会议本身就是一大成功，更何况会议取得了重要成果。

拉戈斯表示，近年来，智中双边关系发展很好，两国间高层互访不断增加，近一年内他已与江泽民主席三次见面。两国间的经贸交流与合作发展迅速，1996 年以来双边贸易扩大了 4 倍。

拉戈斯表示，他此次访华十分成功，两国间签署了两个合作协议，昨天举行了智中铜工业合作研讨会，智利还在天津建立了智中农业示范农场，这将有助于进一步加强两国在这些领域的交流与合作。

纪念中央革命根据地创建暨中华苏维埃共和国临时中央政府成立七十周年座谈会在京举行

胡锦涛出席并发表重要讲话

本报北京 10 月 24 日讯　记者郑宏范报道：纪念中央革命根据地创建暨中华苏维埃共和国临时中央政府成立 70 周年座谈会今天在北京举行。中共中央政治局常委、国家副主席、中央军委副主席胡锦涛出席会议并发表重要讲话。他强调，要认真学习老一辈无产阶级革命家的崇高精神，弘扬党的优良传统和作风，在新的历史条件下，按照“三个代表”的要求加强和改进党的建设，开拓进取，扎实工作，努力开创党和人民事业发展的新局面。

胡锦涛说，纪念中央革命根据地创建暨中华苏维埃共和国临时中央政府成立 70 周年，回顾我们党艰苦创业的光辉历史，缅怀老一辈无产阶级革命家的不朽业绩，重温党的优良传统和作风，很有意义。1927 年 9 月，毛泽东同志领导了湘赣边界地区的秋收起义，在井冈山创建了第一个农村革命根据地。朱德同志领导的起义部队不久也到井冈山会师。从 1930 年 10 月到 1931 年 9 月，红一方面军在毛泽东、朱德指挥下，先后粉碎了国民党军队的三次“围剿”，形成了中央革命根据地。1931 年 11 月 7 日至 20 日，在瑞金召开中华苏维埃第一次全国代表大会，成立了中华苏维埃共和国临时中央政府，选举毛泽东同志为临时中央政府主席。

（下转第二版）

李岚清在国务院行政审批制度改革电视电话会议上强调

加快推进行政审批制度改革

本报北京 10 月 24 日讯　记者江夏报道：国务院今天在此间召开行政审批制度改革工作电视电话会议，就加快推进行政审批制度改革工作进行部署。中共中央政治局常委、国务院副总理、国务院行政审批制度改革工作领导小组组长李岚清在讲话中强调，改革行政审批制度是贯彻落实江泽民同志“七一”重要讲话和党的十五届六中全会精神、深入实践“三个代表”重要思想的重要举措。认真扎实地做好这项工作，对于深化行政管理体制改革，促进政府职能转变，完善社会主义市场经济体制，从源头上预防和治理腐败，具有重大意义。

李岚清要求，各地区、各部门要从政治和大局的高度充分认识行政审批制度改革的重要性和紧迫性，加快推进这项改革，务必取得成效。第一，要坚持整体推进、突出重点。要把行政审批制度改革与其他改革紧密结合起来。这次改革的重点是清理和规范经济管理事务中的行政审批项目，当前要集中力量，突出抓好国务院各部门和各省、自治区、直辖市人民政府的工作落实。第二，要遵循实事求是的科学态度。改革行政审批制度，要有数量和比例的要求，但是不能简单地把数量和比例作为衡量改革成功与否的标准。判断行政审批制度改革工作是否达到了预期目标，关键是看应该减的是否减下来了，应该保留的是否加强了监督，应该作其他处理的，是否进行了妥善处理。第三，要开拓创新，大胆引入市场机制。各级政府要真正在管理体制、管理机制和管理方式上创新，集中精力搞好宏观调控和创造良好的市场环境，按照政府运作规律和经济发展规律的要求，积极探索用市场机制代替不应由行政审批进行管理的途径。

（下转第二版）

张学良先生葬礼在檀香山举行

江泽民李瑞环等敬献花圈

受中国政府委托何亚非参加葬礼并代表江泽民主席和中国政府再次对张学良先生去世表示哀悼

本报檀香山 10 月 23 日电　记者刘爱成报道：伟大的爱国者张学良先生的葬礼 23 日上午在檀香山的博思威克殡仪馆隆重举行，各界人士共 500 多人参加葬礼。受中国政府委托，中国驻美国大使馆临时代办何亚非参加了葬礼活动。

博思威克殡仪馆的气氛庄严、肃穆。当地时间 11 时，张学良先生的葬礼在宗教仪式中开始。张学良先生的遗体安放在紫铜棺中，鲜花覆盖着铜棺。

中共中央总书记、中国国家主席江泽民敬献的花圈摆放在灵堂前排正中位置，挽联上书“张学良先生千古”。灵堂里还摆放着中共中央政治局常委、全国政协主席李瑞环，中共中央统战部部长、全国政协副主席王兆国和民革中央主席何鲁丽等人敬献的花圈。

何亚非率中方人员向张学良先生遗体告别。他代表江泽民主席和中国政府再次对张学良先生去世表示哀悼，并向张学良先生的亲属表示慰问。

张学良先生的儿子张闾琳、女儿张闾瑛等亲属请何亚非代办转达他们对江泽民主席等国家领导人、中国政府及各界人士的衷心感谢。

中国驻洛杉矶代总领事许士国等也参加了葬礼活动。

在殡仪馆举行追思仪式与公祭之后，张学良先生的遗体随即安葬于当地的神殿谷纪念陵园，与去年谢世的夫人赵一荻合葬一处。

今日导读

人民日報

RENMIN RIBAO

今日8版

人民网 网址:http://www. people. com. cn
手机:http://wap. people. com. cn

国内统一连续出版物号 CN 11-0065
第20987期 (代号1-1)
人民日报社出版

2005年12月
25
星期日
乙酉年十一月廿五

北京地区天气预报
白天 晴间多云
降水概率0%
风向 偏北
风力 二、三级
夜间 晴间多云
降水概率0%
风向 偏北
风力 一、二级
温度 4℃/-6℃

人大常委会第十九次会议在京举行

吴邦国主持 废止农业税条例的议案和行政强制法草案、护照法草案、劳动合同法草案等提请审议

本报北京12月24日讯 记者石国胜、杜文娟报道:十届全国人大常委会第十九次会议24日下午在人民大会堂举行。备受社会关注的废止农业税条例的议案和行政强制法草案、护照法草案、劳动合同法草案等法律草案提请审议。

吴邦国委员长主持会议。

按照会议通过的议程,会议首先听取了全国人大法律委员会副主任委员王茂林关于畜牧法草案审议结果的报告。法律委员会建议本次常委会会议审议通过这部法律草案。

现行农业税条例自第一届全国人大常委会第九十六次会议于1958年通过实施以来,对于贯彻国家的农村政策,正确处理国家与农民的分配关系,发展农业生产,保证国家掌握必要的粮源,保证基层政权运转等方面发挥了重要的积极作用。但条例实施已近50年,我国经济社会状况已发生重大变化。为推进以工补农、以城带乡,适时调整国民收入分配格局,取消农业税是必要的。按照十届全国人大三次会议批准的政府工作报告,明年起将全部免征农业税。全国人大财经委员会经过调查研究,征求有关方面意见,建议全国人大常委会作出决定,废止农业税条例。全国人大财经委员会副主任委员刘积斌就关于废止农业税条例的议案作了说明。

近年来,部分全国人大代表提出了一些修改刑法的议案,有关部门也提出了一些修改刑法的建议,内容涉及惩治破坏金融管理秩序的犯罪、严重损害上市公司和公众投资者利益的犯罪、商业贿赂行为的犯罪,以及其他犯罪;此外,在司法实践中,对刑法有关规定的适用问题,也存在不同认识。全国人大常委会法制工作委员会拟定了刑法修正案(六)草案和关于刑法有关文物的规定适用于具有科学价值的古脊椎动物化石、古人类化石的解释草案、关于刑法有关出口退税、抵扣税款的其他发票规定的解释草案。受委员长会议委托,全国人大常委会法制工作委员会副主任安建就这三个草案作了说明。

根据全国人大常委会立法计划,行政强制法的起草工作从1999年开始启动。在多次调研和广泛征求各方面意见的基础上,形成了行政强制法草案,并提请本次常委会会议审议。受委员长会议委托,全国人大常委会法制工作委员会副主任信春鹰就草案作了说明。

我国现行规范护照申请、签发和管理的行政法规,是1980年经国务院批准,由外交部、公安部内部执行的护照签证条例。随着改革开放的不断深入和社会主义市场经济体制的建立,现行护照签证条例的规定已不能适应护照管理工作的实际需要,亟须通过制定专门法律对护照的种类、签发对象和申请程序等加以规范。受国务院委托,国务院法制办公室主任曹康泰就护照法草案作了说明。(下转第二版)

科学发展再登攀

——浙江转变经济增长方式纪实

鲍洪俊 江南 潘海平

浙江变了!

不再追求"产能扩张、数量第一、规模翻番",不再沿袭"投资拉动、项目拓展、GDP单项突进……"2005年,人均GDP迈上3000美元台阶的浙江,审视发展得失,着力自主创新,统筹协调保障,奋力开辟科学发展的新天地。

直面矛盾,抢占转变增长方式先机

经济总量多年位居全国第四的浙江,全省规模以上工业企业实现利润一度出现滑坡:2004年,由多年全国领先下滑至全国平均水平之下,今年1—2月,更是出现了1998年以来的首次负增长。一时间,有人担心,有人质疑。

关键时刻,省委、省政府启发干部群众冷静辨析经济发展的得失。

改革开放以来,浙江这个人均土地不足半亩、95%的一次性能源需从外地输入的经济小省,得益于市场取向改革,民营经济迅速崛起,在全省生产总值中,个体、私营、民营经济比重超过70%。全省形成360多个分工精细、协作配套的产业簇群、块状经济,涌现出乐清低压电器、嵊州领带、横店磁铁等一大批规模产量称雄世界市场的单打冠军。

问题在于:"浙江的工业化进程遵循的,主要是'高投入、高消耗、高污染、低效益'的粗放模式。"省政府分管工业的副省长金德水一语道破:"这种增长方式已经难以为继。"

加入世贸以来,浙江经济数量扩张的内在矛盾开始显露,要素供给全面告急;上游原材料价格不断上涨,下游产品过度竞争;国际市场上针对浙江产品的反倾销诉讼数量增加。由于原料、市场的两头挤压,去年全省工业行业损失利润900亿元。

"浙江必须充分利用宏观调控的'倒逼机制',积极推动经济结构调整和增长方式转变。"省委书记习近平说,"党中央赋予浙江率先发展、'走在前列'的使命。浙江面临的任务是双重的。我们不仅要利用国际产业重组和生产要素转移加快的机遇,主动承接发达国家高新技术和现代服务业产业转移,率先实行经济发展的增量转型;还要发挥自身优势,抢占先机,加速改造提升传统产业,大力推进浙江经济的存量转型。'天育物有时,地生财有限,而人之欲无极',浙江经济必须实现凤凰涅槃,脱胎换骨。"

缘于上上下下的清醒认识,去年春天以来,全省干部群众苦练内功,"腾笼换鸟",成效日显。从第二季度开始,全省规模以上工业实现利润持续攀升,1—6月增长1.9%、1—7月增长4.3%、1—9月增长6.5%;全省城镇和农村居民人均收入分别达12580元和6163元,同比实际增长11.9%和9.2%,增幅之高,尤为抢眼;全社会固定资产投资4120.2亿元,同比增幅14.4%,呈现大幅度回落态势。浙江经济转型初现端倪。 (下转第二版)

国家财政实力增强 经济发展又快又好

我国已具备取消农业税的承受能力

本报北京12月24日讯 记者石国胜报道:农业税条例实施近50年来,我国的经济社会状况已经发生了重大变化。目前,我国国家财政已经具备取消农业税的承受能力,取消农业税的时机已经成熟。今天,关于废止农业税条例的议案正式提请十届全国人大常委会第十九次会议审议,全国人大财政经济委员会副主任委员刘积斌就此议案向会议作了说明。

刘积斌说,我国已经具备了取消农业税的良好工作基础。根据中央决定,2004年,免征了除烟叶外的农业特产税,同时在吉林、黑龙江两省进行了免征农业税改革试点,其他省份进行了降低农业税税率试点,其中北京、天津、上海、浙江、福建、西藏6个省份自主决定免征了农业税。2005年,中央继续大范围、大幅度减免农业税,全面取消牧业税,并明确2006年在全国全部免征农业税。按照中央改革精神,2005年有20个省份自主决定免征农业税,使免征农业税的省份达到了28个。这些省份根据各自的实际情况,进行了免征农业税的实践,为取消农业税积累了经验。

我国财政已经具备了取消农业税的财力条件。经过20多年的改革开放,我国的国民经济和社会事业获得了巨大发展,国家财政实力不断增强,财政收入稳定增长的机制已经基本形成,农业税占国家财政收入的比重不断下降,2004年农业税占各项税收的比例仅为1%。随着减免农业税进程的加快,据初步统计,2005年全国剩下的农业税及附加约15亿元。因此,取消农业税对财政减收的影响不大。

刘积斌说,按现行体制和政策安排,农业税为地方税,取消农业税后减少的地方财政收入,沿海发达地区原则上由自己负担,粮食主产区和中西部地区由中央财政通过转移支付补助。2004年减免农业税中央财政安排转移支付216.6亿元。2005年新增加转移支付140亿元,为农村税费改革和全面取消农业税提供了财力保证。

十二月二十三日,内蒙古克什克腾旗乌兰牧骑小分队马头琴组在达里诺尔渔场为捕捞工人现场演奏《万马奔腾》。新年临近,内蒙古克什克腾旗乌兰牧骑派出小分队深入到工矿企业和农牧民家中慰问演出,把新年祝福送到千家万户。 孙国树摄(新华社发)

新闻摄影

加大财政转移支付 加强农资市场监管

福建确保基层正常运转农民增产增收

本报福州12月24日电 记者蔡小伟报道:福建省既确保基层正常运转,又坚决防止农民负担反弹,出现了政府年年为农民减负、农民收入年年增加的好光景。在遇到较大自然灾害的情况下,今年1至9月份农民人均现金收入达到3326.9元,比上年同期增长9.2%。

2005年福建全面免征农业税及其附加,取消了除烟叶外的农业特产税及其附加。省财政厅还专门转发省委、省政府有关文件,要求各级农税征收机关和广大农税人员严格执行税改政策,把惠及广大农民的政策落到实处,对已征的2005年度农业税和除烟叶外的农业特产税,都要如数全额退还。

税费改革后,为确保基层正常运转,防止农民负担反弹,福建制定了科学合理的转移支付办法。省财政安排税收转移支付资金逐年增加,2003年为14.16亿元,2004年为16.5亿元,2005年达到19.8亿元。转移支付资金及时兑现到乡村和学校,做到专项管理,专款专用,全额用于乡村组织运转和农村义务教育支出。今年,福建省财政安排转移支付补助9424万元,下拨有关市县,用于对种植水稻耕地减免农业税及附加的弥补。

为了确保农民增收,福建针对近几年农资价格增长较快的情况,出台加强农资市场价格监管措施,稳定价格。同时,开展农资打假,重点整顿种子、农药、兽药、肥料四类农资产品。从4月1日开始,福建许多地方推行农资先行赔付制度。农资经营户须在当地的农村信用合作社开立专户,存入不少于5000元的保证金。一旦发生农资质量问题,并经工商部门查证属实,保证金将被用于先行赔付。

这些举措调动了农民的生产积极性,有效促进了农民增产增收。记者在邵武市采访时了解到,该市三大种粮能人林美萍、危忠明、骆运熙今年分别种了120亩、110亩和100亩晚稻,平均亩产可达到500公斤,按照今年粮价每公斤1.44元计算,加上政府的每50公斤4元的直接补贴和1元的良种补贴,他们每户仅单季稻的收入就可以超过7万元。1至9月份,全省农业产值306亿元,比去年同期增长3.6%。

为民 为兵 为公

——记优秀共产党员、延安军分区司令员薛庆云

宫曦岭 田义伟 冯春梅

延安——中国革命的圣地,无数共产党人在这片土地上谱写并传承着延安精神的宏伟篇章。延安军分区司令员薛庆云,就是其中的一位杰出代表。他扎根延安,在领导干部岗位上一心为民、一心为兵、一心为公,被部队官兵和当地各族群众誉为"延安精神的新传人"。

一心为民谋利益

1993年4月,陕北延安的山丹丹花沐浴着春天的阳光,薛庆云被组织派到延安军分区工作。平生第一次踏上这片红色土地,他沿着当年红军到达延安时的路线走了一趟,又到"七大"会址、枣园、杨家岭等革命旧址细细地看了一遍,自己对自己首先进行了一次"入延"教育。这次教育使他明白了今后的路应该怎样去走,工作应该怎样去做。他说:"继承和发扬延安精神,首先要牢记党的宗旨,始终保持党与人民群众的血肉联系,永远为人民谋利益。"

薛庆云找到了自己的精神动力。从此,他把为老百姓办实事看成是自己最大的快乐和幸福。

2005年3月12日是个周末,薛庆云本该好好休息,可他一大早就冒着刺骨寒风,赶到了军分区挂钩扶贫的新窑则村,迎风站在山梁上,跟乡亲们筹划着新一年的种植计划。风沙一阵阵吹来,灌得他脖子里、鼻孔里、袖管里满是灰尘,可他一点都不在意。他说:"平时事情太多,你要是不拿出帮亲人的那股心劲儿,就别想抽出时间来为群众办点事。"

为群众办好事、办实事,是薛庆云多年来一直坚持的信念。为使新窑则村村民过上好日子,每年开春,他都要和军分区党委一班人一起帮群众谋划致富路子。在他们的帮扶下,该村近年来组织民兵带领乡亲新修高标准农田500余亩,使人均良田达到了1.5亩。不但帮他们盖起了希望小学,新建了自来水设施,还为村民安装了闭路电视。 (下转第四版)

全国秋冬种结束

优质专用冬小麦面积占54%

本报北京12月24日讯 记者张毅从农业部获悉:全国秋冬种已经结束,冬小麦全面进入越冬期。据农业部农情调度显示,今年全国秋冬种作物播种面积稳定增加,冬小麦和油菜苗情长势总体较好。预计冬小麦面积3.22亿亩,与上年基本持平,油菜面积略有下降,蔬菜等作物面积略有增加。

据了解,预计今年冬小麦种子统供率达54%,比去年提高4个百分点;优质专用冬小麦面积1.74亿亩,占冬小麦总面积的54%,比去年提高5.8个百分点。预计今年秋季测土配方施肥面积2.9亿亩,平均每亩节本增效30元以上。

黑龙江贵州湖南重庆省市委主要负责同志职务调整

新华社北京12月24日电 日前,中共中央决定:

钱运录同志任黑龙江省委委员、常委、书记,不再担任贵州省委书记、常委、委员职务;宋法棠同志不再担任黑龙江省委书记、常委、委员职务。

石宗源同志任贵州省委委员、常委、书记。

张春贤同志任湖南省委委员、常委、书记;杨正午同志不再担任湖南省委书记、常委、委员职务。

汪洋同志任重庆市委委员、常委、书记;黄镇东同志不再担任重庆市委书记、常委、委员职务。

武大推行"无人监考"

本报记者 张志峰

社会公德

从本学期期末开始,武汉大学将在班级自行申报的基础上,推行"无人监考"。

"无人监考"考场不设监考人员,考试科目的任课老师负责试卷的收发,回答学生关于试卷印刷方面的问题。上一学年度无人因考试作弊受纪律处分的班级,经全班集体讨论决定,自愿申报实行"无人监考"。经相关部门审核通过后,全班同学还要在"诚信考试承诺书"上签名。对诚信的良好和不良评价,学校将为每个学生分别记录下来。

考试期间,如果考场巡视人员发现"无人监考"考场有人作弊,考试立即停止,这场考试整体无效,安排重新考试,并设监考人员。考试结束后,教务部将接受有关考试作弊的举报和投诉,进行试卷评估,发现有试卷答案雷同等作弊行为,这场考试同样无效,取消该班所有学生成绩。有人提出,如果"无人监考"考场仅有个别人作弊,所有人就停止考试或取消全班成绩,"打击面"是否偏大?学校学工部负责人解释,"无人监考"是全班集体讨论并申报的,还签署了诚信承诺书,那么就要"对自己负责,对他人负责"。学工部部长朱伟说,"无人监考"班级对学生而言,是约束,更是荣誉,根本目的在于对学生进行诚信教育,形成良好的学风。

据介绍,武大已有一些班级申报了"无人监考",将在2006年1月初的期末考试中正式实施。

诚信是金

短评

武汉大学推行"无人监考",对大学生进行诚信教育。事情虽小,可以寓大。

在社会转型期,少数人利欲熏心,丢掉了诚信。商业中千奇百怪的欺诈行为令人深恶痛绝,学术圈内的弄虚作假也让人极为反感。健康的社会需要诚信,善良的人们呼唤诚信。

诚信是一种宝贵的品质,有助于营造良好的社会风尚,构建和谐有序的社会。讲诚信的人受人尊敬,讲诚信的民族令世界尊敬,讲诚信的国家可以更快更好地发展。

诚信是金。它需要规章制度来约束,需要社会舆论来监督,更需要人的自律来实现。人无信不立,每个人都应从身边点滴做起,把诚信当成为人做事的准则,内化成一种"基因",外化为习惯。不管事先是否"明誓",不管身边有没有监督的"眼睛",都要老老实实、诚诚恳恳。言必信,行必果,让我们共同营造诚实守信的社会环境。

为您导读

忠诚的共产主义战士 海峡两岸关系协会会长 汪道涵同志逝世

新华社北京12月24日电 中国共产党的优秀党员,忠诚的共产主义战士,海峡两岸关系协会会长,原中顾委委员,中共上海市委原书记、上海市原市长汪道涵同志,因病医治无效,于2005年12月24日7时12分在上海逝世,享年90岁。

人民日报

RENMIN RIBAO

今日8版

人民网 网址:http://www. people. com. cn
手机:http://wap. people. com. cn

国内统一连续出版物号 CN 11-0065
第20993期（代号1-1）
人民日报社出版

2005年12月
31
星期六
乙酉年十二月初一

北京地区天气预报
白天 阴转多云
降水概率 40%
风向 偏南
风力 二、三级
夜间 多云
降水概率 20%
风向 南转北
风力 一、二级
温度 3℃/-4℃

胡锦涛等党和国家领导人与首都群众一起观看新年京剧晚会

吴邦国贾庆林黄菊吴官正李长春罗干出席

12月30日晚，胡锦涛等党和国家领导人同首都群众一起，在中南海怀仁堂观看新年京剧晚会。这是演出结束后，胡锦涛、吴邦国、贾庆林、黄菊、吴官正、李长春、罗干走上舞台，祝贺演出成功，并与演员合影留念。 新华社记者 鞠鹏摄

本报北京12月30日讯 记者张忠报道：欢歌笑语辞旧岁，张灯结彩迎新年。30日晚的中南海怀仁堂洋溢着喜庆的气氛。党和国家领导人胡锦涛、吴邦国、贾庆林、黄菊、吴官正、李长春、罗干等，与首都近千名群众一起观看了在这里举行的新年京剧晚会《锦绣神州》，喜迎2006年的到来。

鼓乐欢腾，丝管悠扬，怀仁堂内暖意融融。晚7时45分，胡锦涛等党和国家领导人来到晚会现场，全场响起热烈的掌声。

“北国风光，千里冰封，万里雪飘……”气势恢弘的京剧歌舞《飞雪迎春》，拉开整场晚会的序幕。

晚会以歌颂伟大的中华民族精神为主题，分“人间至情”、“义薄云天”、“华夏礼赞”、“气贯长虹”四个篇章。老中青少演员纷纷登台，一段段高亢的唱腔、一出出精彩的武戏，生动展现出京剧艺术的无穷魅力。

耿巧云、赵葆秀、张火丁、杨赤等表演的《春草闯堂》、《李逵探母》等选段，象征着正义、忠贞等中华传统美德馨香永驻。张建峰、张建国、王蓉蓉、孟广禄等表演的《双投唐》、《完璧归赵》等选段，塑造了一个个正气凛然的艺术形象。邓敏、关栋天、李海燕等表演的《文成公主》、《郑成功》等选段，表达了各族人民维护祖国统一、共创民族辉煌的深切情怀。袁慧琴、谭正岩、李阳鸣、李维康等表演的《杨门女将》选场和《定军山》、《平原作战》、《红色娘子军》等选段，展示了中华民族自强不息的威武形象。艺术家们的精彩表演，引起观众强烈共鸣，现场掌声、喝彩不断。

神舟六号载人航天飞行圆满成功，举国振奋，华夏欢腾。于魁智、李胜素等表演的尾声《腾飞神州》，以瑰丽的艺术想象，表达了我国各族人民共同祝愿伟大祖国繁荣昌盛的美好愿望，把整场晚会推向高潮。

演出结束后，胡锦涛、吴邦国、贾庆林、黄菊、吴官正、李长春、罗干等走上舞台，与演员亲切握手，祝贺演出成功。

王兆国、回良玉、刘淇、刘云山、贺国强、曹刚川、王刚、刘华清、何勇、何鲁丽、成思危、许嘉璐、顾秀莲、热地、韩启德、华建敏、陈至立、肖扬、刘延东、张思卿、白立忱、周铁农、陈奎元、阿不来提·阿不都热西提、李兆焯、李蒙、张榕明和彭冲、谷牧、倪志福、王光英、布赫、铁木尔·达瓦买提、杨汝岱、任建新、万国权、王文元、韩光等也观看了演出。

晚会由中宣部、文化部、广电总局和中直机关事务管理局共同举办。

四版刊登 国务院发布《国家中长期科学和技术发展规划纲要（2006—2020）》

胡锦涛在会见全国党建研究会第四次会员代表大会代表时强调

大力弘扬理论联系实际优良学风 切实加强党的建设理论研究工作

吴官正参加会见

新华社北京12月30日电 中共中央总书记、国家主席、中央军委主席胡锦涛30日在北京人民大会堂会见全国党的建设研究会第四次会员代表大会代表，并发表重要讲话。他强调，要坚持以邓小平理论和“三个代表”重要思想为指导，全面落实科学发展观，紧密结合新的历史条件和历史任务，切实加强党的建设理论研究工作，为推进党的建设新的伟大工程作出更大的贡献。

中共中央政治局常委、中央纪委书记吴官正参加会见。

12月30日，中共中央总书记、国家主席、中央军委主席胡锦涛等在北京人民大会堂亲切会见出席全国党的建设研究会第四次会员代表大会全体代表。 新华社记者 马占成摄

胡锦涛在讲话中首先代表党中央，向大会致以热烈的祝贺，向全国广大党务工作者和理论工作者表示诚挚的问候。他说，自从2000年换届以来，全国党的建设研究会第三届理事会团结带领广大会员，按照中央关于党的建设的总体部署和要求，就党的建设中的一些重大理论和现实问题开展调查研究，提出了一些有情况、有分析、有见解的意见和建议，团结凝聚了一大批党建理论研究人才，为加强和改进党的建设作出了积极贡献。

胡锦涛强调，党的十六届五中全会提出了我国“十一五”时期的发展目标。全党全国各族人民正在为全面建设小康社会、加快推进社会主义现代化而努力奋斗。新形势新任务要求我们加强党的执政能力建设和先进性建设，进一步推进党的建设新的伟大工程。为此，必须紧密结合新的历史条件和历史任务，加强党建理论研究工作。要深入研究科学发展观与邓小平理论和“三个代表”重要思想的内在联系和有机统一，深入研究科学发展观对党的建设提出的新要求，为落实科学发展观提供有力的思想、组织、作风和制度保证。要认真总结加强党的执政能力建设的新鲜经验，深入研究我们党执政的历史经验和生动实践，研究和借鉴外国政党的有益做法，不断丰富和发展党的执政理论体系。要认真总结开展保持共产党员先进性教育活动的新鲜经验，深入研究党的先进性建设的基本规律，为加强党的先进性建设提供理论指导。要加强对构建社会主义和谐社会的理论研究，深入研究构建和谐社会对党的建设提出的新要求，切实促进社会和谐。

胡锦涛说，党建研究工作任务重大，使命光荣。他希望全国党的建设研究会及其新一届理事会大力弘扬理论联系实际的优良学风，进一步发挥组织协调作用，进一步发挥参谋咨询作用，推动党建理论的学习、研究和宣传，为推进党的建设新的伟大工程作出更大的贡献。

中共中央政治局委员、中央书记处书记、中宣部部长刘云山，中共中央政治局委员、中央书记处书记、中组部部长贺国强，中共中央政治局候补委员、中央书记处书记、中央办公厅主任王刚参加了会见。

贺国强出席大会并讲话。他指出，胡锦涛总书记的重要讲话，深刻指出了党建研究工作在党的建设中的重要地位和作用，为做好当前和今后一个时期党建研究工作指明了方向，对于全面推进党的建设新的伟大工程具有重要的指导意义。要坚持以邓小平理论和“三个代表”重要思想为指导，认真学习贯彻胡锦涛总书记的重要讲话精神，紧紧围绕科学发展观、构建社会主义和谐社会、加强党的执政能力建设和党的先进性建设等重大思想和战略任务，切实加强对党的理论创新成果的学习和研究；要紧密联系党的建设特别是组织工作实际，围绕为实现“十一五”规划提供组织保证开展党建理论研究；要认真总结先进性教育活动的成功经验，结合建立健全保持共产党员先进性长效机制，深入推进党的先进性建设的理论研究；要切实加强党建研究会自身建设，不断提高党建研究工作的整体水平，努力在加强党建理论研究、推进党的建设中发挥更大的作用。

这次全国党的建设研究会会员代表大会选举产生了第四届理事会领导机构，对全国党建研究会今后的工作进行了部署。

汪道涵同志遗体在沪火化

汪道涵同志病重期间和逝世后，胡锦涛江泽民吴邦国温家宝贾庆林曾庆红黄菊吴官正李长春罗干等前往医院看望或通过各种形式表示哀悼

江泽民曾庆红等到上海龙华殡仪馆送别

12月30日，汪道涵同志遗体在上海火化。江泽民同志前往上海龙华殡仪馆为汪道涵同志送别，并向亲属表示亲切慰问。 新华社记者 刘建生摄

12月30日，汪道涵同志遗体在上海火化。受中共中央委托，中共中央政治局常委、国家副主席曾庆红前往上海龙华殡仪馆为汪道涵同志送别，并向亲属表示亲切慰问。 新华社记者 刘建生摄

新华社上海12月30日电 （记者陈斌华、厉正宏）中国共产党的优秀党员，忠诚的共产主义战士，海峡两岸关系协会会长，原中顾委委员，中共上海市委原书记、上海市原市长汪道涵同志的遗体，30日在上海龙华殡仪馆火化。

汪道涵同志因病于2005年12月24日7时12分在上海逝世，享年90岁。

汪道涵同志病重期间和逝世后，胡锦涛、江泽民、吴邦国、温家宝、贾庆林、曾庆红、黄菊、吴官正、李长春、罗干等同志，前往医院看望或通过各种形式对汪道涵同志的逝世表示沉痛哀悼并向其亲属表示深切慰问。

受中共中央委托，中共中央政治局常委、国家副主席曾庆红30日专程前往上海龙华殡仪馆为汪道涵同志送别，并慰问其亲属。

30日上午的龙华殡仪馆庄严肃穆，汪道涵同志生前喜爱的音乐在大厅中回响。汪道涵同志的遗体安卧在鲜花翠柏丛中，身上覆盖着鲜红的中国共产党党旗。

10时许，江泽民、曾庆红、陈良宇、徐匡迪缓步来到汪道涵同志的遗体前肃立默哀，向汪道涵同志的遗体三鞠躬，并与亲属一一握手，表示慰问。 （下转第四版）

贾庆林会见中国光彩事业促进会第三次会员代表大会代表

本报北京12月30日讯 记者柳晓森报道：中国光彩事业促进会第三次会员代表大会暨三届一次理事会30日在北京闭幕。中共中央政治局常委、全国政协主席贾庆林会见了全体代表，向大会表示热烈祝贺。

贾庆林说，光彩事业是我国非公有制经济人士发起并实施的一项社会扶贫事业。实施11年来，在党和政府的关怀和支持下，在各级统战部门和工商联的积极推动下，光彩事业紧紧围绕国家中心工作和发展战略，不断拓展工作领域、创新工作方式，为减少和消除贫困、实现共同富裕、构建和谐社会作出了重要贡献。在光彩事业实践中探索形成的光彩精神，不仅为光彩事业的发展提供了强大的精神动力，而且成为整个中华民族的精神财富，影响重大、意义深远。

贾庆林指出，前不久，党中央先后召开十六届五中全会和中央经济工作会议，明确提出了“十一五”时期我国经济社会发展的总体目标、指导方针和重大部署，描绘了今后5年我国经济社会发展的宏伟蓝图。光彩事业始终与国家的发展战略密切相关，始终与非公有制经济的发展紧密相联。 （下转第二版）

纪念中国人民广播事业创建65周年

李长春致信祝贺

新华社北京12月30日电 纪念中国人民广播事业暨中央人民广播电台创建65周年大会30日在北京隆重举行。中共中央政治局常委李长春致信祝贺，中共中央政治局委员、书记处书记、中宣部部长刘云山出席纪念大会并讲话。

李长春在贺信中向全国广播系统和中央人民广播电台的全体同志表示热烈的祝贺和亲切的慰问。他指出，65年来，在党的领导下，一代又一代的广播工作者辛勤耕耘，人民广播事业不断发展壮大，为中国革命的胜利，为社会主义建设和改革开放的伟大事业，做出了重要贡献。希望中央人民广播电台和全国广播系统高举邓小平理论和“三个代表”重要思想伟大旗帜，继承和发扬人民广播的光荣传统，紧紧围绕全党全国工作大局，牢牢把握正确舆论导向，坚持贴近实际、贴近生活、贴近群众，为全面落实科学发展观、构建社会主义和谐社会，实现全面建设小康社会的宏伟目标做出更大贡献。

刘云山在讲话中说，65年来，在以毛泽东、邓小平、江泽民同志为核心的党的三代领导集体高度重视和亲切关怀下，人民广播事业在艰苦岁月中创业，在战胜困难中前进，在改革开放和现代化建设中发展，从设备简陋、条件艰苦的“窑洞电台”发展成为装备先进、队伍宏大的现代传媒，电波传遍大江南北，声音响彻五洲四海。 （下转第四版）

人民日报

RENMIN RIBAO

今日16版（华东、华南地区20版）　国内统一连续出版物号 CN 11-0065　第20780期（代号1-1）

人民网　网址：http://www.people.com.cn　手机：http://wap.people.com.cn

人民日报社出版

2005年6月1日　星期三　乙酉年四月廿五

北京地区天气预报
白天　晴转阴　部分地区有阵雨　降水概率40%　风向　北转南　风力　二、三级
夜间　阴转晴　降水概率30%　风向　南转北　风力　一、二级
温度　27℃/17℃

花朵健康开放　未来充满希望

——热烈祝贺中国少年先锋队第五次全国代表大会开幕

今天是六一国际儿童节，中国少年先锋队第五次全国代表大会在北京隆重开幕。这是一次重要会议，寄托着党和政府对亿万少年儿童的亲切关怀和殷切期望，肩负着全面谋划少先队事业的新发展、努力开创少先队事业新局面的重任。我们对大会的召开致以热烈祝贺，向全国各族少先队员和少年儿童致以节日的祝贺！

高度重视对下一代的教育培养，是中国共产党的优良传统。以毛泽东、邓小平、江泽民同志为核心的党的三代领导集体，历来十分关心少年儿童健康成长，高度重视少先队事业的发展。党的十六大以来，以胡锦涛同志为总书记的党中央从全面建设小康社会的战略全局出发，采取一系列行之有效的措施加强和改进未成年人思想道德建设，为少年儿童工作和少先队事业的发展指明了方向，提供了重要的政策保证，营造了良好的社会环境氛围。

在第四次全国少代会上，党中央提出当代少年儿童要从小树立远大理想，养成优良品德，培养过硬本领，锻炼强健体魄。五年来，少先队按照党的要求，在共青团的带领下，在教育部门和社会各界的支持下，紧密结合全面建设小康社会的实际，努力把握当代少年儿童特点和少年儿童工作规律，把竭诚为少年儿童健康成长服务作为全部工作的出发点和落脚点，发挥实践育人的优势，以体验教育为基本途径，开展了“手拉手”、“雏鹰争章”、“民族精神代代传”等一系列内容鲜活、形式新颖、吸引力强的活动，为促进少年儿童的健康成长发挥了重要作用。

当代少年儿童生活在社会主义祖国蓬勃发展的伟大时代。从现在起到2020年，他们的青春岁月将伴随全面小康社会的伟大历史进程。当代少年儿童的思想道德、科学文化和心理生理素质如何，将关系到国家的前途和民族的命运。

（下转第二版）

中共中央政治局召开会议

研究和部署进一步加强民族工作
加快少数民族和民族地区经济社会发展

中共中央总书记胡锦涛主持会议

新华社北京5月31日电　中共中央政治局今天召开会议，研究和部署进一步加强民族工作、加快少数民族和民族地区经济社会发展。中共中央总书记胡锦涛主持会议。

会议审议了《中共中央、国务院关于进一步加强民族工作，加快少数民族和民族地区经济社会发展的决定》稿。会议强调，民族工作始终是关系党和国家事业发展全局的一项重大工作。全党必须从党和国家事业发展全局的高度深刻认识做好民族工作的重要性和紧迫性，进一步增强做好民族工作的责任感和使命感，巩固和发展平等、团结、互助、和谐的社会主义民族关系，把我国民族团结进步事业不断推向前进。

会议指出，做好现阶段的民族工作，必须牢牢把握各民族共同团结奋斗、共同繁荣发展这个主题，把全国各族人民的智慧和力量凝聚到全面建设小康社会上来，凝聚到建设中国特色社会主义上来，凝聚到实现中华民族的伟大复兴上来。

会议强调，发展是解决现阶段我国民族问题的根本途径。必须把加快少数民族和民族地区经济社会发展摆在更加突出的战略位置，坚持以科学发展观统领经济社会发展全局，科学制定发展思路和发展目标，进一步完善扶持少数民族和民族地区发展的各项政策措施，加大民族地区扶贫开发工作的力度，着力解决少数民族和民族地区发展中遇到的困难和问题。要采取更加有力的措施，发展民族地区文化、教育、科技、卫生等各项事业，不断提高各族群众的思想道德素质、科学文化素质和健康素质。

会议强调，大力培养少数民族干部和各类人才是做好民族工作的关键性因素，是管根本、管长远的大事。要制定周密规划，完善政策机制，加大培养力度，拓宽培养渠道，不断壮大少数民族干部队伍，加强民族地区人才资源开发。

会议强调，民族区域自治是我国的一项基本政治制度，必须始终坚持，决不动摇。要全面贯彻民族区域自治法，充分保障民族自治地方依法享有的自治权，充分发挥民族区域自治的优越性。要广泛开展民族团结进步的宣传教育活动，使各族干部群众牢固树立汉族离不开少数民族、少数民族离不开汉族、各少数民族之间也相互离不开的思想观念，不断加强全国各族人民的大团结，坚决维护社会稳定、维护祖国统一，促进构建社会主义和谐社会。

会议要求，各级党委和政府要切实加强和改善对民族工作的领导，深刻把握我国民族问题、民族工作的发展规律和时代特点，创新工作思路，改进工作方法，不断开创我国民族工作的新局面。

吴邦国会见马来西亚最高元首

本报吉隆坡5月31日电　记者**王如君**报道：正在马来西亚进行正式友好访问的中国全国人大常委会委员长吴邦国31日在皇宫会见了马来西亚最高元首西拉杰丁夫妇。

吴邦国说，中国与马来西亚是亲密邻邦，两国人民千百年来和睦相处，结下了深厚友谊。31年前，中马老一辈领导人从两国人民的根本利益和两国长远战略出发，实现了两国关系正常化。这不仅开启了中马友好的新纪元，也为中国与东盟关系的发展创造了条件。我们高兴地看到，中马睦邻友好关系经过30多年的发展已步入成熟和全面发展的新时期。我此次访问，同贵国领导人和各界朋友进行了广泛接触，深切感受到双方对发展中马战略性合作都抱有强烈愿望。相信只要双方本着这一共同愿望，不断加强经贸、人文等领域的交流与合作，中马关系一定会迎来更加美好的未来。

西拉杰丁表示很高兴与吴委员长会面。他说，马中两国的友好关系在建交以后发展很好，双方的互利合作为两国人民带来了实实在在的利益。马方愿与中方加大在能源、教育、文化、旅游等领域的合作力度，更好地造福两国人民。

吴邦国委员长夫人童瑞珍和全国人大常委会副委员长热地参加了会见。

上午，吴邦国在下榻的饭店亲切接见了中国驻马来西亚使馆全体工作人员和中资机构、留学生代表。

五月三十一日，正在马来西亚进行正式友好访问的吴邦国委员长在皇宫会见马来西亚最高元首西拉杰丁。新华社记者　刘卫兵摄

吴邦国结束亚太四国之行回京

新华社北京5月31日电　在圆满结束对新加坡、澳大利亚、新西兰和马来西亚的正式友好访问后，全国人大常委会委员长吴邦国31日晚上乘专机回到北京。

吴邦国委员长夫人童瑞珍、全国人大常委会副委员长热地等主要陪同人员同机抵达。

吴邦国是当地时间31日下午从吉隆坡乘专机离开马来西亚回国的。马来西亚国会下议院议长拉姆利、中国驻马来西亚大使王春贵以及使馆工作人员、中资机构和留学生代表到机场送行。

5月31日，西藏安多县中心小学部分学生来到西藏安多铺架基地，聆听参与青藏铁路建设的工人讲述铁路建设者奋斗的故事。

蔬王炀摄（新华社发）

新闻摄影

征文启事

今年，是中国人民抗日战争暨世界反法西斯战争胜利60周年。为充分反映这一举世瞩目的重大历史事件，更加深刻地揭示抗战胜利的伟大意义，本报今起至9月初开辟“难忘的往事——纪念抗日战争胜利60周年”专栏。

如果你是60年前伟大抗日战争的亲历者，你一定不会忘记全国军民浴血奋战的连天烽火。把不能忘怀的故事整理出来，讲给后人，是对先烈最好的缅怀和纪念。

如果你是抗战历史的见证者，亲眼目睹了老八路、新四军当年的英雄壮举，欢迎你忠实地记录所见所闻和所思所想，供大家学习追忆。

如果你是抗日战争的研究者，对抗战过程中一些重要事件有新的研究和发现，能够以更加全面的视角观察和思考这场战争，也期待你以洗炼的文笔撰写成稿，借我们这个栏目献给广大读者。

如果你是日军侵华战争的受害者，如果你是抗战文物和日军侵华罪证的收集者，如果你是……我们都有责任牢记那段刻骨铭心的历史，都有义务拿起笔来展示中国人民抗日战争胜利的伟大意义，让我们共同接受一次爱国主义教育的洗礼。

征文以第一人称的形式，要求事件具体、准确，文章篇幅在1500字以内。专栏从6月初开始，历时3个月。

来稿请寄：北京市朝阳区金台西路2号　人民日报社国内政治部军事组，信封请标明“难忘的往事”征文字样。

邮编：100733　　**传真**：65368495

电子信箱：kangzhan60@peopledaily.com.cn

国际著名记者、作家爱泼斯坦逝世

新华社北京5月31日电　中国共产党优秀党员，杰出的国际主义战士，国际著名记者、作家伊斯雷尔·爱泼斯坦，因病医治无效，于本月26日上午11时在北京逝世，享年90岁。

今年4月17日下午，国家主席胡锦涛曾到爱泼斯坦的家中，亲切看望这位在中国工作了70多年的老专家。爱泼斯坦向胡主席赠送了去年出版的自传体回忆录《见证中国》。

爱泼斯坦，又名艾培，1915年4月20日生于波兰华沙，1917年随父母来到中国，1933年开始为中国革命工作，1957年加入中国籍，1964年加入中国共产党。

他曾任《中国建设》（现名《今日中国》）杂志社总编辑、全国政协六届至十届常委，还曾担任过中国福利会副主席、宋庆龄基金会副主席、中国国际友人研究会名誉会长、中国翻译协会名誉会长、中国工业合作协会国际委员会名誉副主席等职务。

爱泼斯坦是著名记者、作家，著有《人民之战》、《中国未完成的革命》、《中国劳工状况》、《西藏的转变》等许多反映中国革命、建设、改革的新闻报道和专著。他对中国人民有真挚的感情，把毕生精力奉献给了中国的对外传播事业，为增进中外的相互了解和友谊作出了重要贡献。

据了解，爱泼斯坦同志的遗体送别仪式将于6月3日上午9时30分在北京八宝山革命公墓大礼堂举行。

秘鲁总统托莱多

今起对我国进行国事访问

应国家主席胡锦涛的邀请，秘鲁共和国总统亚历杭德罗·托莱多·曼里克将于6月1日开始对中国进行国事访问。

人物介绍

托莱多1946年3月28日生于秘鲁安卡什省卡巴纳市。他毕业于美国旧金山大学和斯坦福大学，获人力资源经济学博士学位。

托莱多曾任秘鲁商业管理研究生院教授和美国哈佛大学国际发展学院研究员，并先后在联合国、世界银行、美洲开发银行、国际劳工组织和经济合作与发展组织任职。

托莱多1994年9月创建政党“可行的国家”（1999年2月更名为“可行的秘鲁”），2001年6月当选为秘鲁总统。　（新华社电）

托莱多总统

重大的战略任务　壮阔的历史征程

——论构建社会主义和谐社会

任仲平

（一）构建社会主义和谐社会，是党的十六大和十六届三中、四中全会提出的重大任务，是全党同志和全国人民的共同愿望，是中国特色社会主义事业新的伟大实践。

历史将记住这一刻：2月19日，胡锦涛同志在中共中央举办的省部级主要领导干部专题研讨班上，围绕构建社会主义和谐社会问题发表重要讲话。讲话深刻阐明了构建社会主义和谐社会的重大意义、科学内涵、基本特征、重要原则和主要任务，清晰勾画出社会主义和谐社会的壮美前景，为我们正确认识、全面把握和积极构建社会主义和谐社会指明了方向。

这篇重要讲话，标志着我们党对建设中国特色社会主义的认识达到了一个新的高度；以这篇重要讲话为标志，我国全面展开了构建社会主义和谐社会的历史征程。

（二）新世纪新阶段，人心思变革、思稳定，人们盼发展、盼和谐。老百姓说，和谐社会意味着幼有所护，老有所养，家庭和睦，生活和美，社会安定。社区工作者说，和谐社会意味着良好的社会风尚，温馨的人际情感，优美的自然环境，户户安居乐业，家家亲情融融。理论工作者说，我们要构建的社会主义和谐社会，始于初级阶段，又高于初级阶段，是结构合理、行为规范、运筹得当的社会，是改革配套、发展协调、稳定持续的社会。

（三）古往今来，无论东方还是西方，人们一直把实现社会的平等、安定、和谐作为美好追求。

在中国传统文化中，“和”字最早见之于金文，有关“和谐”的思想源远流长。《左传》写道：“八年之中，九合诸侯，如乐之和，无所不谐。”诸子百家争论不休，但对“和谐”却都心向往之。从孔子的“和为贵”、“和而不同”，到墨子的“兼相爱”、“爱无差等”，再到孟子的“老吾老以及人之老，幼吾幼以及人之幼”，都表达了社会和谐的主张。热爱和平、祈盼和顺、崇尚和美、追求和谐，是中华民族的优良传统和高尚品德。

在西方思想史上，从古希腊哲学家毕达哥拉斯的“整个天是一个和谐”、柏拉图的“理想国”，到空想社会主义者傅立叶的“全世界和谐”、欧文“新和谐公社”，都反映了人们对和谐美好社会的憧憬。

（四）实现社会和谐，建设美好社会，始终是人类孜孜以求的一个社会理想，也是包括中国共产党在内的马克思主义政党不懈追求的一个社会理想。

马克思、恩格斯在继承前人思想成果的基础上，创立了科学社会主义理论，勾画了美好社会的蓝图，指明了实现美好社会理想的正确途径。

80多年来，以马克思主义为指导的中国共产党所进行的一切奋斗，归根到底都是为了实现民族解放、国家富强和人民幸福，为了建设一个民主、自由、公正的社会。在革命、建设和改革的长期实践中，以毛泽东、邓小平和江泽民同志为主要代表的中国共产党人，把马克思列宁主义基本原理同中国具体实际相结合，不断探索和发展了具有中国特色的社会主义社会建设理论。

发展是最好的继承。党的十六大以来，以胡锦涛同志为总书记的党中央明确提出、系统阐述了构建社会主义和谐社会的战略思想，强调要形成全体人民各尽其能、各得其所而又和谐相处的社会。这体现了我们党作为马克思主义执政党与时俱进、求真务实的作风和品格，表明了当代中国共产党人正视现实、面向未来的勇气和智慧，为党和国家工作的指导思想注入了新的内涵，进一步巩固和发展了全党全国人民继续团结奋斗的共同思想基础。

（五）音律和谐，令人身心愉悦；社会和谐，成就千秋伟业。构建社会主义和谐社会是我们抓住和用好重要战略机遇期、实现全面建设小康社会宏伟目标的必然要求。

我国既面临着“黄金发展期”，又面临着“矛盾凸显期”。国际经验表明，在人均国内生产总值突破1000美元之后，经济社会发展进入了一个关键阶段，既有因为举措得当而快速发展的成功经验，也有因为应对不当而陷入发展陷阱的失败教训。在当前和今后相当长的时间内，我国深化改革、扩大开放、加快发展、保持稳定的任务更为艰巨，经济社会发展面临的矛盾可能更复杂、更突出。

和平与发展仍是当今时代的主题，但国际形势继续处于深刻复杂的变化之中。世界政治格局处于向多极化过渡的重要时期，经济全球化趋势不断深入发展，科技进步突飞猛进，区域经济一体化进程加速。我国既面临着发达国家在经济、科技等方面占优势的压力，又面临着敌对势力实施西化、分化政治图谋的压力。

机遇与挑战并存，动力和压力共生。在这样的历史条件下，我们党明确提出构建社会主义和谐社会，适应了我国改革发展进入关键时期的客观要求，体现了广大人民群众的根本利益和共同愿望。

（六）我们所要建设的社会主义和谐社会，应该是民主法治、公平正义、诚信友爱、充满活力、安定有序、人与自然和谐相处的社会。

民主法治，就是社会主义民主得到充分发扬，依法治国基本方略得到切实落实，各方面积极因素得到广泛调动；

公平正义，就是社会各方面的利益关系得到妥善协调，人民内部矛盾和其他社会矛盾得到正确处理，社会公平和正义得到切实维护和实现；

诚信友爱，就是全社会互帮互助、诚实守信，全体人民平等友爱、融洽相处；

充满活力，就是能够使一切有利于社会进步的创造愿望得到尊重，创造活动得到支持，创造才能得到发挥，创造成果得到肯定；

安定有序，就是社会组织机制健全，社会管理完善，社会秩序良好，人民群众安居乐业，社会保持安定团结；

人与自然和谐相处，就是生产发展，生活富裕，生态良好。

这六条基本特征相互联系、相互作用，既包括社会关系的和谐，也包括人与自然关系的和谐，体现了民主与法治的统一、公平与效率的统一、活力与秩序的统一、科学与人文的统一、人与自然的统一。

这六条基本特征表明，构建社会主义和谐社会，既是治国理想，又是治国实践；既是目标与过程的统一，又是理想与现实的结合。

（下转第二版）

“共和国部长义务植树活动”在京郊举行

本报北京3月24日讯 记者高保生报道：春回大地，万物复苏，又是一个植树造林、播种绿色的大好时节。今天上午，以“共建绿色家园”为主题的共和国部长义务植树活动在京郊举行。来自中央各部门、国务院各部门的157名部级领导，兴致勃勃地来到北京门头沟区永定镇卧龙岗村永定河西侧植树地点，挥锹铲土，栽下了1140株华山松、白皮松、紫叶碧桃、元宝枫、金枝槐等树木，为首都再添新绿。

国家林业局副局长李育材说，共和国部长义务植树活动已连续6年在北京开展。六年来，共有1000多人次部级领导参加植树，植树11540株。“共和国部长植树活动”越来越受到关注，已在全社会产生了强烈的反响，对推动义务植树运动的开展，发挥了重要的示范带动作用。在中央领导和各部门负责人的垂范下，2006年全国参加义务植树人数5.5亿人次，植树21.6亿株，义务植树尽责率由2005年的45%提高到55%。

李育材说，全民义务植树运动为保护和改善我国生态，促进经济社会可持续发展，构建社会主义和谐社会作出了重要贡献。自1981年颁布《关于开展全民义务植树运动的决议》以来，全民义务植树运动以其特有的法定性、义务性、全民性，在中华大地蓬勃开展，成为适龄公民履行法定义务、投身绿化事业的一个途径。截至2006年底，全国参加义务植树的人数达104亿多人次，累计义务植树492亿多株；全国森林覆盖率已由20世纪80年代初的12%提高到现在的18.21%；城市建成区的绿化覆盖率已由10.1%上升到了32.54%；人均公共绿地面积从3.45平方米提高到了7.89平方米，城区园林化、郊区森林化、道路林荫化、庭院花园化的格局正在形成。

“共建绿色家园——共和国部长义务植树活动”由全国绿化委员会、中共中央直属机关绿化委员会、中央国家机关绿化委员会、首都绿化委员会共同举办。

迎奥运 讲文明 树新风

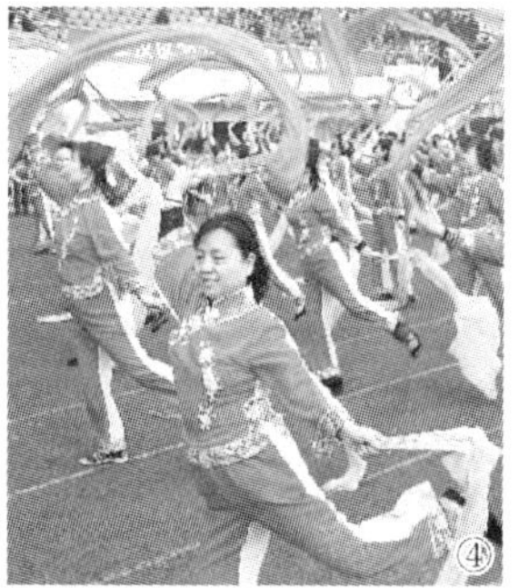

图①：3月24日，在2008年奥运会倒计时500天即将来临之际，2008环境建设志愿服务行动万人誓师大会在北京市丰台区体育场隆重举行。　新华社记者　唐召明摄

图②：3月23日，沈阳市举办北京奥运会沈阳赛区志愿者招募工作启动仪式，身穿白色上衣，头戴奥运五环颜色帽子的2008名青年组成奥运会徽图形。　杨新跃摄

图③：3月24日，北京启动迎接2008年北京奥运会倒计时500天纪念活动。全市各区县数十万名市民参加了“全民健身，喜迎奥运”群众性晨练活动。　李茂达摄（新华社发）

图④：3月24日，在汉口文体中心广场，武汉市江汉区举行了健身秧歌展示活动，116个社区的千余名文体群众骨干在一起载歌载舞扭起来。　李长林摄

懂技术　会经营　有文化

山西加大新型农民培训力度

本报太原3月24日电 记者鲍丹报道：春分时节，山西省太谷县北关村村民陈月琴家产的一筐筐黄瓜被运上卡车发往城市。陈月琴开心地说：“听专家讲课真管用，今年春节咱这菜地增收400多元。”山西省把培养懂技术、会经营、有文化的新型农民作为建设新农村的重要任务来抓，目前全省已有58个县被列为新型农民培训重点县，培训农民30多万人。

山西省2300万农业人口中有1100万农村劳动力，平均受教育年限不足7年。自2004年起，山西加大力度培训新型农民，先后选定58个农业条件较好的县作为新型农民培训重点县。除国家相关资金外，山西省、市两级财政每年配套1000多万元，为每个项目村补贴1万元，专项用于新型农民培养工程。

山西省在每个项目县公开招聘指导老师进村入户，手把手提高农民致富技艺。太谷县农业局的高级果蔬工艺师胡昌芬通过考试被聘为指导老师，在她的帮助下，困扰枣农多年的壶瓶枣缩果病根治了。山西还根据各县不同的产业特色，从山西农大、省农科院和省市农业部门选聘农业专家，为每个项目县配备一名首席专家。专家教授为农民编写通俗易懂的实用教材，定期对农民开展技术培训。

山西培养壮大农民经纪人队伍，带领农民闯市场。2006年9月，清徐县第一个农村经济管理培训班正式开课，170余名农民经纪人开始为期两年的半脱产学习，课程涉及经营管理、市场营销和法律维权等专业。目前山西农民经纪人队伍已达50万人，成立农民经纪人协会200多个。在农民经纪人的带动下，山西各地特色农副产品累计销售额近100亿元。

新型农民培训项目村的培训学校和科技书屋，为农民提供了长期的学习阵地。如今，山西已建成1700个新型农民科技培训学校和科技书屋，配备图书、音像资料300万册，3万多农民在家门口就能免费汲取知识的营养。

山西省农业厅厅长孙连珠告诉记者，“十一五”期间，山西要重点培养200万名新型农民，使他们每人熟练掌握2至3项农业新技术，将50%从事农业生产的劳动力培养成新型农民，全省先进实用技术入户率达到90%以上。

国务院法制办要求充分听取各方面的意见

“开门”清理行政法规规章

本报天津3月24日电 记者黄庆畅报道：“要重视调查研究，通过召开专家论证会、执法一线人员和管理相对人座谈会，运用报刊、网络等手段，充分听取各方面的意见”，在23日召开的全国行政法规规章清理工作座谈会上，国务院法制办明确了这一要求。

据了解，自国务院办公厅2月25日印发通知，决定对现行行政法规规章进行全面清理后，各地区、各部门积极响应，清理工作有序展开。根据国办通知要求，国务院法制办具体承办行政法规的清理工作。国务院法制办有关人员介绍说，此次全面清理的范围是：655件现行行政法规、3031件国务院部门规章和9664件地方政府规章，各地区、各部门必须在今年10月底前完成清理工作。

“及时清理行政法规规章是维护法制统一和政令畅通、推进依法行政、建设法治政府的客观要求和重要措施。”国务院法制办协调司副司长江凌说，国办通知印发后，国务院法制办对清理工作进一步提出具体要求，除明确了“开门”清理的工作方法，还要在清理工作中积极探索立、改、废有机结合的工作方法和制度，建立长效机制。

按照免试就近入学的原则

福建48.7万农民工子女就读公办学校

本报福州3月24日电 记者蔡小伟报道：福建全面推进教育公平，农民工子女上学与城市居民子女享受同等待遇。按照免试就近入学的原则，目前已经有48.7万农民工子女就读公办学校。

今年以来，福州、泉州、莆田等地统一制作了“进城务工就业农民工子女入学卡”，农民工凭身份证、户口簿、暂住证、求职证到暂住地所在的居委会或教育部门登记报名，领取入学卡，即可直接送子女到学校报名入学。莆田市涵江区塘头学校校长介绍，2006年秋季该校接收农民工子女500多名，今年春季达到600多人，尽管一些班级学生人数超过了60人，给学校和老师带来了额外压力，但学校依然克服困难，为义务教育阶段农民工子女上学清除门槛。

福建省相关部门专门下发了进一步推进义务教育均衡发展工作的意见，规定流动人口子女接受义务教育，与当地学生一视同仁，不得违反国家规定乱收费。农民工子女入读公办学校不得加收借读费及其他费用。农民工输入地将农民工子女义务教育纳入当地普及九年义务教育工作规划。凡经教育行政部门安排进入公办学校就读的农民工子女，一律按照当地政府规定的项目和标准收费。家庭经济困难的农民工子女被纳入“两免一补”范围，农民工子女在农村公办学校接受义务教育，与当地学生一样免除学杂费。

公安部对深化打击侵权盗版犯罪活动作出部署

今年打击重点制贩计算机软件和音像制品侵权盗版行为

本报北京3月24日讯 记者石国胜报道：公安部近日发出通知，要求全国公安机关进一步深化“扫黄打非”工作，严厉打击侵权盗版等犯罪活动。今年要将打击制贩计算机软件和音像制品作为打击侵权盗版的重中之重，积极深挖扩线，保持严打势头，坚决打掉一批盗版窝点，铲断一批盗版网络，抓捕一批涉案疑犯，破获一批大要案件。

通知要求，各地公安机关要从强化刑事执法和加强治安管理两方面入手，增强打击针对性。要坚持“以打开路”的方针，加大刑事执法力度，严打侵权盗版等犯罪行为；要继续坚持举报奖励等行之有效的方法，掌握一批重点线索，获取相关证据，及时立案侦办；要加强抓捕工作，全力抓捕进行侵权盗版等犯罪活动的组织者、为首分子、骨干分子，对尚未归案的涉案人员，要尽快上网追逃；要加快案件移送，凡是基本犯罪事实清楚、基本证据确凿的，要及时移送审查起诉。各地公安机关要从源头抓起，加强对印刷企业的治安检查，加快推进印刷业治安管理信息系统建设，全面提升管理水平；要继续深挖非法光盘生产线，铲断制贩盗版出版物的源头。对工作中发现的涉嫌侵权盗版活动的音像制品发行企业、复制生产单位、印刷企业，要会同有关部门认真调查取证，涉嫌构成犯罪的，要迅速依法立案侦查，坚决追究其刑事责任；要强化出租房屋的治安管理，落实房屋出租户的安全责任，切实防止出租房屋被违法犯罪分子利用从事非法制贩活动。

检查“中国年”活动筹备情况

吴仪离京赴莫斯科

新华社北京3月24日电 国务院副总理、中俄“国家年”中方组委会主席吴仪24日离开北京前往俄罗斯首都莫斯科，检查“中国年”活动的筹备情况，为国家主席胡锦涛赴莫斯科出席“中国年”开幕式等活动作准备。

大山深处见光明

本报记者　曲昌荣

春光明媚，大山深处桃花盛开。3月23日，河南省在洛阳市新安县大扒村召开现场会，进行“户户通电”工程的总动员。

去年腊月二十八，大扒村告别了无电历史。今年春节，村民们第一次在自家炕头上看到了春节联欢晚会，通电一个月，村里已有一半人家买了电视机。说起通电的好处，79岁的王传佑老人很是兴奋，“俺家过去一月要用一斤煤油，花去三块五毛钱。如今一个月用两度电，才一块多钱，真是既好又实在！”

看着王传佑掰着指头算账，村主任王继禄和他开起了玩笑：“要这么算账的话，政府赔大了，光给咱村通电就花了50多万，全村要交上多少年的电费人家才能赚回来！”

村主任说得不假。“不让一户农民用不上电！即使是高山上只有五六户人家，我们也要力争通过建设光伏电站的方式给他们供上电。”新安县电业局副局长谢恒超介绍，大扒村104户396口人，散居在山顶、山坡，星星点点，两三户就一组，共有38个村民组。一根电线杆要上山，得靠骡拉人抬，8个人忙活一天。在悬崖峭壁上架线，工程难度可想而知。

“不可能指望用电费来弥补投入。实现农村电气化是建设新农村的重要内容和标志，我们干的是传递党和政府惠民政策的活。”河南省电力公司总经理王中兴高兴地说，“你看，有了电，大扒村的乡亲不仅告别石碾碾麦、石磨磨面，还看上了电视，了解了政策，长了见识。通电惠及子孙后代，今年河南不仅要投资25亿多元实现全省农村‘用上电’，还要完成电网改造，让全省农民‘用好电’。”

“警花出更”将赴海地维和

由广东边防总队独立组建的中国第五支赴海地维和警察防暴队将于今年4月赴海地执行联合国维和任务。目前队员正在位于河北廊坊的中国维和民事警察培训中心参加为期4个月的包括警务技能、防暴战术、人质解救等40多个课目的强化训练。在第五支维和警察防暴队中有7名女队员，她们精通外语，主要负责联络、执勤、后勤、医疗等工作。

图为3月23日，中国第五支赴海地维和警察防暴队的女队员在野外进行特种射击训练。

陈阳红摄（新华社发）

毛岸青同志逝世

新华社北京3月24日电 毛泽东主席和杨开慧烈士的次子毛岸青同志，因病医治无效，于2007年3月23日4时20分在北京逝世，享年84岁。

毛岸青1923年11月23日生于湖南长沙。1930年11月14日，杨开慧被反动军阀残酷杀害。毛岸青和哥哥毛岸英、弟弟毛岸龙三人在中共地下党组织的营救和安排下，秘密转移至上海，不久毛岸龙因病早逝。1936年，在上海流浪5年之久的毛岸英、毛岸青被党组织送到苏联学习。在苏联卫国战争中，毛岸英主动要求参军上前线，毛岸青积极参加挖战壕、运伤员等支前活动。

1947年，毛岸青回国，由李富春、蔡畅介绍加入中国共产党，随后遵照父愿参加了黑龙江克山县土改试点。1949年7月，毛岸青回到北京，在中共中央宣传部马列著作编译室任俄文翻译，他翻译出版了10多部马列经典著作和政治理论书籍。

长期以来，毛岸青和夫人邵华怀着对父亲毛泽东的深厚感情和对党的事业的忠诚，先后共同主编了纪念文集《我们爱韶山的红杜鹃》、大型纪实文学丛书《中国出了个毛泽东》，参与策划摄制了《杨开慧》等革命历史题材影视作品，在各种刊物上发表了几十篇纪念文章。

晚年的毛岸青关心国家大事，关注祖国统一，拥护改革开放，热心支持老少边穷地区建设，多次和邵华、儿子毛新宇重走长征路，到革命老区、工厂、农村调研，并以多种形式帮助失学儿童，支持创办了多个青少年爱国主义教育基地。

毛岸青爱好广泛，多才多艺，坚持读书、作词、谱曲。在长期与疾病作斗争的过程中，始终保持顽强的毅力、乐观向上的生活态度。

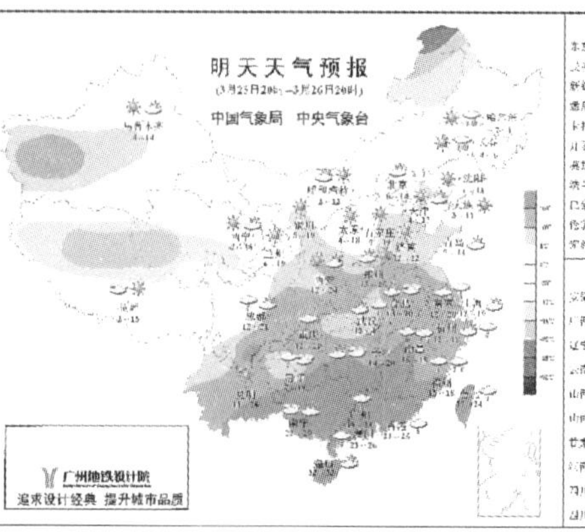

世界主要城市天气预报

城市	天气	气温
东京	多云	8℃/14℃
[illegible]	多云	27℃/35℃
新德里	晴	17℃/29℃
悉尼	多云	15℃/20℃
卡拉奇	多云	24℃/30℃
开罗	晴	10℃/21℃
莫斯科	多云	0℃/5℃
法兰克福	多云	2℃/8℃
巴黎	晴	3℃/11℃
伦敦	多云	6℃/12℃
纽约	多云	4℃/12℃

全国部分旅游景区气象预报

安徽黄山	阴转小雨	7℃/11℃
广西桂林	小雨	16℃/24℃
辽宁大连	晴	3℃/11℃
云南西双版纳	晴	15℃/33℃
[illegible]	晴	3℃/18℃
山西五台山	晴	0℃/13℃
甘肃敦煌	晴转多云	2℃/19℃
江西井冈山	多云转中雨	10℃/16℃
四川乐山	小雨转阴	12℃/20℃
四川九寨沟	雨夹雪转多云	0℃/10℃

人民日报
RENMIN RIBAO

今日16版
人民网 网址:http://www. people. com. cn
手机:http://wap. people. com. cn

国内统一连续出版物号 CN 11-0065
第21451期 (代号1-1)
人民日报社出版

2007年4月
3
星期二
丁亥年二月十六
北京地区天气预报
白天 晴转多云
风向 偏北
风力 二、三级
间四级
夜间 晴间多云
风向 偏北
风力 一、二级
温度 17℃/5℃

我国22个人口较少民族获重点扶持

2006年扶持资金约6.3亿元，63万人受益

本报昆明4月2日电 记者陈娟从今天在云南省德宏傣族景颇族自治州举行的全国扶持人口较少民族发展工作现场经验交流会上获悉：2006年，相关10省（区）共投入各类扶持资金约6.3亿元，安排基础设施建设、群众增收等项目2768个，用于重点扶持22个人口较少民族63万人口的发展。

据不完全统计，2006年，全国640个人口较少民族聚居村，共新增或改造基本农田11380亩，新增桑园、茶园、果园面积46659亩，新增经济林面积56355亩，新增或改良人工草场面积34841亩，新增或改扩建道路里程863公里，新增或改扩建教育用房面积25522平方米，新增或改扩建卫生用房面积4841平方米，新增或改扩建文化用房面积9826平方米，当年组织培训13.6万人次，生产生活条件得到了进一步改善。

据介绍，我国专门制定了扶持人口较少民族的发展规划，并针对人口较少民族的发展，提出"四通五有三达标"：要求在2010年实现人口较少民族通电、通路、通广播、通电话，有学校、有卫生室、有安全的卫生饮水、有安居房、有稳定解决温饱的基本农田和草场，同时人均粮食的占有水平、农民人均纯收入和九年制义务教育要达到国家的扶贫开发纲要和"两基"攻坚计划的要求。

为加大对人口较少民族发展的支持力度，国家发改委对人口较少民族扶持总投资的规模已经达到10亿元，每年为2亿元；财政部会同国家民委下达扶持人口较少民族发展资金，2006年总量达1.62亿元。同时，相关10省（区）也制定了本省（区）扶持人口较少民族发展总体规划等各类规划21个。

使命

——海军大连舰艇学院教授方永刚的生命之约

新华社记者 陈万军 白瑞雪 本报记者 郭嘉 王金海

图为方永刚在病床上辅导他带的硕士研究生。新华社记者 查春明摄

渤海湾的晨曦映着一个攀登的身影。

2007年1月15日，海军大连舰艇学院教授方永刚来到政治系教学楼，讲授本学年的最后一课——"新世纪新阶段我军历史使命"。

学生们早早地等候在门口。迎着他们的目光，身患癌症的方永刚走上讲台，还是那么精神焕发，还是那么声如洪钟。

"今天我给你们上课，感觉很幸福……"方永刚的最后一句话，淹没在一片掌声中。

学生们的记忆里，将永远定格这么一幕：教学楼前110级台阶的陡坡，他们的方教授竭尽全力，一步一步向上攀登……

迈步之前，方永刚整了整军装。

远山如黛。他的目光，久久地停留在前方6个鲜红的大字上——

使命——忠诚——献身。

信仰——

"没有科学信仰的人是不幸的人，我的信仰就是马克思主义"

年均完成教学任务200%，为官兵和干部群众作报告1000多场，撰写论文100多篇……10多年来，方永刚就是以这样的节奏，为他的学生、听众和读者解答着同一个问题：发展变革中的中国，路在何方？

路，在党的创新理论里，在人民群众的伟大实践中。这是方永刚认准的答案。

1981年秋，方永刚考入复旦大学历史系。4年寒窗，在博览东西方哲学文学、苦读中国几十个朝代兴衰史之后，他把自己的主攻方向放在中国近现代思想史方面。

为什么洋务运动想从实业方面挽救中国，没有成功；为什么戊戌变法、辛亥革命想从制度方面挽救中国，没有成功；为什么中国共产党却能在沉沉暗夜中，找到民族复兴的正确道路？

这，就是科学理论的力量。正是这种力量，在一代代中国共产党人创造性的实践中，改变着国家、民族和每个人的命运。

在这些被改变的命运中，方永刚本身就是其中的一个。

1963年4月，方永刚出生于辽西一个有7个孩子的农家，贫穷，几乎是他童年的全部记忆。

1978年12月18日，党的十一届三中全会召开。这是方家认定的家族生日——从此，家庭成分的包袱没有了，"包产到户"后的全家第一次不用为吃饭发愁了；后来，全家族40口人中有30多人陆续迁至大连，祖祖辈辈生活的那个十年九旱的村庄成了附近闻名的电话村、自来水村，走出了一批批与方永刚一样的大学生和到韩国、日本打工的青年人……

他明白，所有这些变化，都是党的好理论、好政策带来的。（下转第六版）

六版刊登评论员文章

大力弘扬党的创新理论的无穷魅力

吴邦国会见美国前国务卿基辛格

新华社北京4月2日电 （记者徐松）全国人大常委会委员长吴邦国2日在人民大会堂会见了美国前国务卿基辛格博士。

吴邦国积极评价基辛格多年来为中美关系的稳定发展所做的重要贡献。他说，在双方共同努力下，近年来中美关系总体保持稳定并不断取得积极进展，两国关系的战略内涵和全球意义不断增强。实践证明，保持中美关系健康稳定发展不仅符合两国和两国人民的根本利益，也有利于亚太和世界的和平、稳定与繁荣。中美双方应从战略的高度和长远的角度看待和发展两国关系，牢牢把握两国共同利益，不断加强对话、互信与合作，照顾彼此关切，妥善处理分歧，推动中美建设性合作关系不断向前发展。吴邦国强调，台湾问题攸关中国的核心利益，牵动着13亿中国人民的感情。中方赞赏布什总统和美国政府多次重申坚持一个中国政策，遵守中美三个联合公报，反对"台独"。

吴邦国应询向客人介绍了十届全国人大五次会议情况。双方还就共同关心的其他问题深入交换了看法。

基辛格说，作为中国人民的老朋友，对中国在各方面取得的成就感到由衷高兴。美中两国有着广泛共同利益，发展美中关系对世界和平与繁荣是非常重要的。

国务院召开第十次全体会议

决定任命曾荫权为香港特别行政区第三任行政长官

新华社北京4月2日电 国务院总理温家宝2日主持召开国务院第十次全体会议，就任命曾荫权为香港特别行政区第三任行政长官作出决定。温家宝总理签署了国务院第490号令，任命曾荫权为中华人民共和国香港特别行政区第三任行政长官，于2007年7月1日就职。

2日的全体会议审议了香港特别行政区政府关于选举曾荫权为香港特别行政区第三任行政长官人选的报告，听取了国务院港澳事务办公室主任廖晖关于香港特别行政区第三任行政长官人选产生过程的汇报。

温家宝总理在会上作了讲话。他指出，这次香港特别行政区行政长官选举是依法进行的，完全符合香港特别行政区基本法和有关法律的规定，符合全国人大常委会有关解释和决定，体现了公开、公平、公正的原则。曾荫权先生当选，充分反映了香港社会对他的信任和期望。

温家宝说，依据《中华人民共和国香港特别行政区基本法》的规定，香港特别行政区行政长官人选产生后，需报请中央人民政府任命。今天国务院召开全体会议，作出任命曾荫权为香港特别行政区第三任行政长官的决定。

温家宝指出，曾荫权先生自2005年6月经补选接任行政长官以来，带领香港特别行政区政府强政励治，致力发展经济、改善民生，积极、稳妥地处理公众关注的各方面问题，促进社会和谐，得到了香港社会各界的广泛好评。中央政府希望曾荫权先生在下一届任期内，带领香港特区政府和全体香港人民，全面贯彻落实《中华人民共和国香港特别行政区基本法》、坚持"一国两制"、"港人治港"、高度自治的方针，再接再厉，为香港的长期繁荣、稳定作出新的更大的贡献。

温家宝总理当即签署了任命曾荫权为中华人民共和国香港特别行政区第三任行政长官的国务院第490号令。国务院副总理吴仪、曾培炎、回良玉，国务委员周永康、曹刚川、唐家璇、华建敏、陈至立以及国务院其他组成人员出席了会议。

贾庆林会见欧盟委员会副主席

新华社北京4月2日电 （记者李忠发）全国政协主席贾庆林2日在人民大会堂会见了欧盟委员会副主席费尔霍伊根。

贾庆林表示，建交30多年来，中欧关系日趋成熟，双方合作无论是在深度还是广度上都达到了前所未有的水平。双方高层交往频繁，政治对话更加深入，战略共识增多。中欧贸易快速发展，各领域合作日益深化，人文交往空前活跃，在共同应对全球性挑战方面的合作不断加强。

贾庆林说，中国重视同欧盟的关系，支持欧盟一体化进程，欢迎欧盟在国际事务中发挥更加积极的建设性作用。中方愿与欧盟共同努力，牢牢把握双方关系发展的战略方向，在相互尊重、平等互利原则基础上，推动中欧关系健康稳定地发展。中方对欧盟坚持一个中国政策表示赞赏。

贾庆林指出，近年来，中国经社理事会同欧盟经社委员会建立了越来越紧密的联系，对推动中国与欧盟战略伙伴关系的发展起到了积极的作用。

费尔霍伊根说，欧盟重视发展对华关系，认为中国的发展对欧盟是机遇，双方完全可以创造共赢的局面。欧盟希望在现有基础上进一步扩大双方在环保、气候变化、科研和技术创新等方面的合作。中国在朝核、中东等问题上正在发挥积极作用，欧盟希望继续扩大与中国在国际事务中的磋商与协调。

李长春出席秘鲁阿普拉党欢迎仪式

新华社利马4月1日电 （记者刘东凯、刘国强）正在秘鲁进行友好访问的中共中央政治局常委李长春当地时间3月30日晚出席了执政的阿普拉党在该党总部"人民之家"举行的隆重欢迎仪式。阿普拉党总书记穆尔德和该党基层党员及支持者数千人出席。集会者通过对李长春的盛情欢迎，表达了对中国共产党的深情厚意。

阿普拉党总部洋溢着中秘友好的热烈气氛。人们舞起中国的狮子舞、放起五彩缤纷烟花，阿普拉党少年团鼓乐手们奏起欢快的乐曲。当李长春步入会场时，全体起立鼓掌欢呼，人们簇拥上前与李长春握手。

在一片热烈的掌声中，阿普拉党少先队队员为李长春戴上领巾和贝雷帽。面对纵情欢呼的人群，李长春说，我们不会忘记阿普拉党创始人阿亚·德拉托雷为推动中秘关系发展所做的贡献，也不会忘记阿普拉党主席阿兰·加西亚在1984年开辟了两党交往的先河。在新形势下，共同的任务把中国共产党和阿普拉党联系在一起。我们愿意学习各国人民在走适合自己国情道路过程中积累的成功经验，希望加强与阿普拉党在治国理政经验和青年政治家等方面的交流，共同推动中秘友谊不断发展，推动两国传统友好结出更加丰硕的成果。李长春的讲话数十次被热情的欢迎人群有节奏的掌声和"中秘友谊万岁"、"中国共产党万岁"等口号声打断。

穆尔德在欢迎仪式上也发表了热情洋溢的讲话。他回顾了阿普拉党与中国共产党友好交往历史，对中国经济社会发展的巨大成就表示钦佩。穆尔德说，作为执政党，阿普拉党希望继续加强与中共的交往，学习中方的成功经验。

在欢迎仪式前，李长春在阿普拉党总部还会见了穆尔德总书记等阿普拉党领导人，双方介绍了各自的党建工作情况，并就进一步开展中秘政党交往广泛交换了看法。

毛岸青同志遗体在京火化

胡锦涛江泽民等前往八宝山革命公墓送别

新华社北京4月2日电 中国共产党的优秀党员，久经考验的忠诚的共产主义战士，我党马列著作优秀俄文翻译家毛岸青同志的遗体，2日在北京八宝山革命公墓火化。胡锦涛、江泽民、吴邦国、温家宝、贾庆林、曾庆红等前往八宝山革命公墓送别，并对其亲属表示深切慰问。黄菊、吴官正、李长春、罗干等同志也以不同形式对毛岸青同志的逝世表示沉痛哀悼。

毛岸青同志因病医治无效，于2007年3月23日4时20分在北京逝世，享年84岁。

毛岸青同志是毛泽东同志和杨开慧烈士的次子，1923年11月23日生于湖南长沙。1930年11月14日，杨开慧被反动军阀残酷杀害。毛岸青和哥哥毛岸英、弟弟毛岸龙三人在中共地下党组织的营救和安排下，秘密转移至上海。1936年，毛岸青和哥哥毛岸英被党组织送到苏联学习。1947年，毛岸青回国后加入中国共产党。1949年7月以后，毛岸青在中央有关部门从事翻译、研究等工作。

补贴四年翻四番 覆盖2/3农业县

农机补贴加速装备我国现代农业

本报北京4月2日讯 记者张毅报道：春暖花开，早该是遍地耕牛的景象了。可如今，拖拉机、插秧机等农业机械整天忙个不停，我国农民正在加速告别人拉牛耙、面朝黄土背朝天的耕作方式。近年来，国家农机补贴力度不断加大，农民踊跃购买农机，我国农业综合生产能力得到加强。

农业部农机化司司长宗锦耀说，2007年农机补贴工作已全面启动，今年国家将扩大补贴机具的种类。对丘陵山区和血防区农民购买手扶拖拉机、水田耕整机等中小型农机具给予补贴；在干旱缺水地区，开始进行节水灌溉机具及设备补贴。

2004年中央财政设立了农业机械购置补贴专项资金。资金规模由2004年的7000万元增加到2006年的6亿元，2007年农机补贴投入又达到12亿元，补贴资金连续4年翻4番。实施范围由2004年的16个省的66个粮食大县，增加到全国的1716个县（场），覆盖全国2/3以上的农业县。

农机补贴加速改善我国农业装备。2006年，在中央农机补贴政策带动下，全国有70%的省份不同程度增加了农机补贴资金投入。2006年，全国农机总动力达到7.19亿千瓦，增幅为5%，全国耕种收综合机械化水平达到38%。

投资466亿元 建设454个项目

河北启动六大环保工程

本报石家庄4月2日电 记者王方杰报道：《河北省环境保护"十一五"规划》近日发布，按照规划，河北将投资466亿元，启动总计有454个项目的六大环保工程。

这六大环保重点工程包括：城市污水处理工程，将投资83.9亿元建设89个城镇污水处理厂，新增污水处理能力237.4万吨/日；城市垃圾处理工程，将投资27.5亿元新建40个生活垃圾无害化处理厂，建设17个医疗废物及危险废物处置项目；燃煤电厂脱硫工程，投资116亿元建设34项电厂脱硫除尘工程和23项集中供热工程；工业污染防治工程，总投资132.8亿元，建设56个大气污染点源治理项目，建设77项水污染防治点源重点工程和41个工业固体废物处置项目；自然保护区与生态建设工程，将投资92.7亿元，新建或升级1.4万平方公里的49个自然保护区，建设11个生态建设项目；环境保护能力建设工程总投资12.7亿元，将建设16项以提高全省环境应急、执法监察、环境监测、环境信息、环境宣教、环境科研及辐射环境管理能力为重点的工程项目。

节能减排 保护环境

越南国会主席将访华

新华社北京四月二日电 应全国人大常委会委员长吴邦国邀请，越南国会主席阮富仲将携夫人于四月八日至十五日率越南国会代表团对中国进行正式友好访问。

今日导读

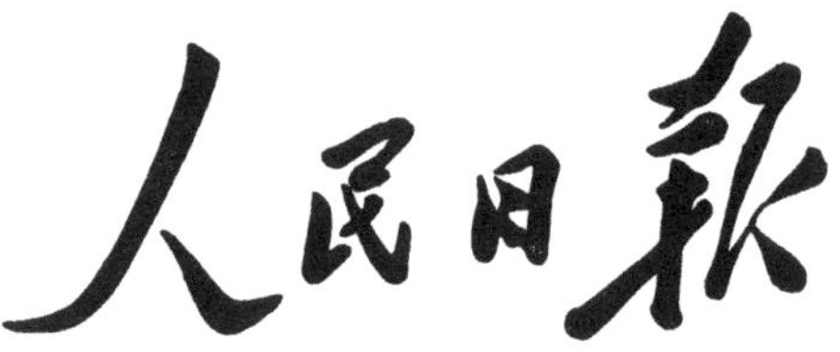

RENMIN RIBAO

人民网 网址：http://www.people.com.cn 手机：http://wap.people.com.cn

2009年7月 30 星期四 己丑年六月初九

人民日报社出版

国内统一连续出版物号 CN 11-0065

第22300期（代号1-1）

今日20版

胡锦涛主席致电祝贺巴基耶夫再次当选吉尔吉斯斯坦总统

新华社北京7月29日电 国家主席胡锦涛29日致电祝贺巴基耶夫再次当选吉尔吉斯共和国总统。

胡锦涛在贺电中说，近年来，吉尔吉斯斯坦政局稳定，经济发展，人民生活不断改善，对外交往日益扩大。作为友好邻邦和真诚朋友，我们为吉尔吉斯斯坦人民在建设国家的事业中取得的成就感到由衷的高兴。

中吉建交17年来，两国关系健康顺利发展。双方在政治、经贸、人文、安全等领域开展了良好的合作，取得了显著成果。在联合国、上海合作组织等多边框架内密切协调和配合，维护和促进了本地区和世界的和平、稳定与发展。

中方重视对吉关系，尊重吉尔吉斯斯坦人民自主选择的发展道路，支持吉尔吉斯斯坦为维护国家独立、主权、安全和稳定，促进经济社会发展所做的努力。在你新的任期内，我愿与你共同努力，推动中吉睦邻友好合作关系不断迈上新台阶。

胡锦涛主席致奥巴马总统口信强调 努力构建21世纪积极合作全面的中美关系

奥巴马会见王岐山和戴秉国时指出，相信美中战略与经济对话不仅使美中双方受益，也使世界受益

本报华盛顿7月28日电 （记者**温宪**）美国总统奥巴马28日在华盛顿会见了赴美主持首轮中美战略与经济对话的胡锦涛主席特别代表中国国务院副总理王岐山和国务委员戴秉国。

王岐山首先转达了胡锦涛主席致奥巴马总统的口信。胡锦涛在口信中表示，首轮中美战略与经济对话的成功举行，进一步增进了双方的了解和互信，扩大了双方的交流与合作，对中美关系的发展将产生重要影响。当前，中美关系正站在新的历史起点上，面临新的发展机遇。我愿与你一道，坚持从战略高度和长远角度把握两国关系大局，抓住机遇，共创未来，努力构建21世纪积极合作全面的中美关系。

王岐山表示，在两国元首的亲自指导下，中美双方就事关两国关系发展的战略性、全局性、长期性议题深入交换意见，达成了广泛共识，首轮中美战略与经济对话取得了成功。中方愿与美方共同努力，使中美战略与经济对话机制为建设21世纪积极合作全面的中美关系发挥重要作用。

戴秉国表示，在两国元首的激励下，此次中美战略与经济对话取得了令人鼓舞的成果。实践已经证明并将继续证明，中美战略与经济对话作为双方对话合作的重要平台，将为促进两国关系健康稳定发展发挥重要作用。胡锦涛主席期待着今年9月在匹兹堡二十国集团领导人第三次金融峰会期间与你再次见面，欢迎并期待你年内访问中国。

戴秉国指出，复杂多变的国际经济政治形势下，中美两国拥有广泛的共同利益和广阔的合作空间。中方愿与美方一道，坚持从战略高度和长远角度把握两国关系，进一步加强各领域的沟通、协调与合作，照顾彼此的利益和关切，推动中美关系朝着两国元首确定的积极合作全面的方向不断向前发展。

奥巴马表示，在此次美中战略与经济对话中，双方就广泛议题进行了深入的讨论，这有助于美中两国有效应对国际金融危机，取得经济平衡增长，相信这不仅使美中双方受益，也使世界受益。希望美中两国深化各领域合作，促进国际金融体系改革、保持全球金融稳定，共同应对发展问题，就清洁能源问题进行建设性对话。他表示，美方赞赏中方在朝鲜半岛核问题以及伊朗核问题上发挥的积极作用。

奥巴马说，中国是一个伟大的国家，美中关系是21世纪最重要的伙伴关系。他愿同胡锦涛主席一道，进一步推进美中两国关系，造福于两国人民和子孙后代。他期待着今年访问中国。

龙江谋划新跨越

——黑龙江建设"八大经济区"实施"十大工程"纪实

本报记者 汪 波 曹红涛

八大经济区：4月，哈大齐工业走廊建设区、东部煤电化基地建设区等"八大经济区"建设规划正式获批，黑龙江又好又快发展的"路线图"清晰呈现

十大工程：千亿斤粮食产能工程、现代交通网络建设工程等"十大工程"全面推进，与"八大经济区"规划共同编织成一个科学严谨、高效可行的"政策网"

五个上升：上半年，黑龙江固定资产投资、城乡居民消费、部分行业工业产值、银行存贷款余额和城镇居民收入均呈上升趋势

一冬冰封的龙江，夏日消融，重现欢腾奔流。

地区生产总值增幅回落、工业经济效益下滑、外贸进出口总额下降、财政收入增幅放缓……去年以来，国际金融危机对老工业基地黑龙江的经济社会发展影响加剧。

然而，危机更激发起黑龙江加快发展的决心和智慧。4月24日，省委第十届七次全会正式批准了"八大经济区"建设规划。哈大齐工业走廊建设区等八枚"棋子"落定，黑龙江又好又快发展的"路线图"清晰呈现。盛夏时节行走龙江大地，大发展、快发展的热浪扑面而来，包括千亿斤粮食产能工程、现代交通网络建设工程在内的"十大工程"正全面推进。

统计数据表明：今年上半年，黑龙江经济表现出固定资产投资、城乡居民消费、部分行业工业产值、银行存贷款余额和城镇居民收入"五个上升"。上半年，黑龙江实现地区生产总值3231亿元，同比增长8.9%，增幅比一季度提升2.9个百分点，高于全国平均水平1.8个百分点。从一季度探底回升，逐月走高，回暖迹象明显。省委书记吉炳轩说："'八大经济区'规划和'十大工程'措施，体现了科学发展观的要求，既立足破解当前发展难题，又着眼增强发展后劲，坚持下去，必见成效。"

放眼全国找定位 立足省情谋对策

去年初上任伊始，省委书记吉炳轩即马不停蹄地跑地市，访企业，摸家底，探省情。半年下来，他心里有了数。

要实现又好又快发展，关键在把丰厚的资源优势转化为实实在在的经济优势、竞争优势和发展优势。

立足本省资源禀赋、经济基础与国家政策机遇，经过深入调研、科学论证和广泛征求意见，一个建设"八大经济区"的构想在省委班子的思维中日渐成熟——

哈（哈尔滨）大（大庆）齐（齐齐哈尔）工业走廊建设区、东部煤电化基地建设区、东北亚经济贸易开发区、大小兴安岭生态功能保护区、两大平原（松嫩平原、三江平原）农业综合开发试验区、北国风光特色旅游开发区、哈（哈尔滨）牡（牡丹江）绥（绥芬河）东（东宁）对俄贸易加工区、高新科技产业集中开发区——规划放眼全国大局找黑龙江的定位，按经济发展方向和产业类别来优化资源配置，谋求与国家发展战略紧密对接。 （下转第八版）

压题照片：黑龙江北大仓。（资料照片）

南水北调中线天津干线全面开工

每年将向天津供水10.2亿立方米

本报北京7月29日电 （记者**赵永平**）记者从国务院南水北调办公室获悉：南水北调中线天津干线河北境内工程29日开工建设，标志着中线一期工程天津干线全面开工建设。

天津干线工程是南水北调中线一期工程的重要组成部分，起点为南水北调中线总干渠与西黑山进口闸，终点为天津市外环河，全长约155公里，担负南水北调中线一期工程贯通后向天津市和河北省保定及廊坊等市（县）的输供水任务。

此次开工建设的天津干线河北境内工程，总投资约为74.6亿元，全长131公里，为地下箱涵输水结构。南水北调中线建成后，每年将向天津供水10.2亿立方米，为天津水资源配置提供了新的通道，有利于经济社会的可持续发展。

北方采暖区推进住宅节能改造

今年改造面积将超过5300万平方米

本报北京7月29日电 （记者**鲍丹**）记者从住房和城乡建设部了解到：截至2008年底，我国北方采暖区既有居住建筑供热计量和节能改造已竣工和已开工项目面积共计3965万平方米。根据各地上报的改造计划，今年我国北方采暖区还将对5358.9万平方米既有居住建筑进行供热计量及节能改造。如进展顺利，截至2009年底，全国将完成改造面积9323.5万平方米，占"十一五"期间总任务量的62%。

按照国家节能减排综合性工作方案，"十一五"期间，北方15省、自治区、直辖市应完成1.5亿平方米的既有居住建筑供热计量及节能改造任务。中央财政于2007年、2008年分两次共下拨16.4亿元，对节能改造工作给予奖励资金支持。

义乌小商品城——政企合力 危中求机

本报记者 江 南

近日，百余位义乌商家自阿联酋迪拜归来。参加完在迪拜国际展览中心举行的首届义乌小商品博览会迪拜展，他们带回来的，不仅有总额超过2亿元的成交订单、众多合作意向协议，还有对义乌小商品"走出去"继续开拓市场的信心。

此次迪拜展，是义乌小商品博览会头一次走出国门，也是义乌历史上参展规模最大的海外展，有143家义乌等地企业、300多人参加，展位超过200个。质优价廉的日用百货、工艺品、服饰、文具等商品，吸引了当地采购商的目光。参展客商之一、真爱集团董事长郑期中兴奋地对记者说，此次真爱集团在迪拜设立了贸易公司，"按我们的测算，今后通过迪拜的出口额有望翻一番，利润率也会大大提高。"

逆势中实现市场总体运行平稳、外贸出口较快增长

今年以来，浙江义乌小商品"危中求机"，拓展国内外市场的脚步在加快。农历大年初三，义乌16家企业就组团赴德国，参加法兰克福国际办公用品展会，寻求新商机；年内，义乌还将与国内10个重要贸易城市合作，开展"义乌市场万里行"活动。

作为全球最大的小商品批发市场，义乌市场聚集了170多万种商品，产品辐射215个国家和地区，外向度高达60%。外向度高、反应灵敏的义乌企业和商家，较早感受到国际金融危机带来的"寒意"：外贸订单"缩水"、汇率冲击和原材料价格波动造成的利润下滑，都给义乌市场、企业带来前所未有的压力和挑战。 （下转第九版）

七月二十九日是中国人民革命军事博物馆建馆五十周年纪念日。军事博物馆举办成就展，用丰富的实物、照片、图表等资料，展示五十年辉煌历程。图为建馆时的第一批讲解员见到第一任老馆长贾若瑜（左一）分外高兴。 本报记者 李维娜摄

卓琳同志逝世

新华社北京7月29日电 中国共产党的优秀党员，久经考验的忠诚的共产主义战士，中央军委办公厅原顾问卓琳同志因病医治无效，于2009年7月29日12时30分在北京逝世，享年93岁。

卓琳同志是邓小平同志的夫人，1916年4月6日出生于云南省宣威县，1937年参加革命工作，1938年4月加入中国共产党，1943年9月任中共中央北方局秘书处新闻材料室组长，1950年3月任中共中央西南局人民小学校长，1952年任中共中央秘书处机要秘书。"文化大革命"中，邓小平同志受到错误批判和斗争，她也受到牵连，1969年10月随邓小平同志到江西，在新建县拖拉机修造厂劳动。1973年任国务院办公厅机要秘书。1978年1月任中央军委办公厅顾问。

卓琳同志是第四、五届全国人大代表。1988年被授予中国人民解放军独立功勋荣誉章。

上半年全国批准建设用地358.2万亩

审查核减不合理用地4.6万亩

本报北京7月29日电 （记者**夏珺**）记者从国土资源部获悉：今年上半年，全国通过预审的建设项目涉及用地364.4万亩，共批准建设用地358.2万亩，占2009年新增建设用地计划总量的56.86%。国务院单独选址建设项目用地同比增长12.2%，中央扩大内需项目用地基本得到保障。全国保障性住房用地供应5.6万亩，同比增加36.3%。审查核减不合理用地4.6万亩。

今年1—6月，全国共退回不符合产业政策或有关要求的用地预审报件104件。全国发现土地违法行为和涉及土地面积同比分别下降36.6%和32.7%。

职业病防治应跨越"潜伏期"

朱小龙

山西省近日规定，职工退休前从事过具有尘肺等职业病危害的工作，退休后被查出患有职业病，也可享受工伤待遇。

职业病有潜伏期。许多接触粉尘等有害物质的职工，直到退休后才能确诊患有职业病。此时，这些人员与原单位已不存在劳动关系，无法进行工伤认定，健康权益受到损害。

最近，为证明自己确患尘肺，河南农民工张海超无奈"开胸验肺"，引发了对职业病维权的热议。面对"开胸验肺"这面镜子，山西省及时细化和明确相关政策，积极保护劳动者的合法权益，令人称赞。希望山西的做法能产生示范效应，推动相关法规的健全完善，让不幸患上职业病的劳动者得到及时救助和保护。

■今日谈

2版 要 闻

少限制 多扶持

《个体工商户条例》近日开始征求意见。国务院法制办有关负责人就意见稿中"游商小贩可申请成个体户"、"雇工人数不再受限"、"上门服务不得收费"等内容进行解读。

6版 视 点

两岸直达航路从一条到三条

大陆和台湾29日正式开通运营南北两条新的空中双向直达航路，海峡两岸空中双向直达航路由此增至3条。两岸航空正向定期化、常态化迈进。

10版 政 治

浙江"扩权强县"迈向法制化

我国首部推进"扩权强县"的省级政府规章8月1日起在浙江正式实施，标志着浙江第五次向县一级人民政府下放经济社会管理权限。

12版 社 会

土地供应增加了 房价为何没稳住

本报编辑就土地市场的热点与记者展开对话，聚焦三问：一问供地并不少，楼市为啥还有虚火？二问供地增加了，百姓为啥心里还慌？三问天价地"晒太阳"，政府真就没招？

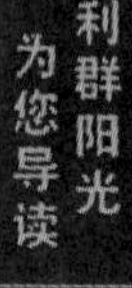

人民日报

RENMIN RIBAO

人民网 网址：http://www.people.com.cn 手机：http://wap.people.com.cn

2009年8月 11 星期二 己丑年六月廿一

人民日报社出版

国内统一连续出版物号 CN 11-0065

第22312期（代号1-1）

今日20版

在第二届全国道德模范评选即将揭晓之际，本报回访几位第一届道德模范

道 德 力 量 在 传 递

本报记者 张 音 颜 珂 朱 磊

人民观察

大学毕业时，杨怀保在自己的博客里写道："一路走来，一路风景如歌，一路也满腿泥水……大学时光已经远去，我选择奔跑！"

踏上人生新的起跑线那年，带着重病缠身的母亲、失去劳动能力的父亲和幼小的弟弟一起上大学的杨怀保，当选第一届全国道德模范。两年过去，新的一批主要由群众推荐投票评选的道德模范即将产生。由中央宣传部、中央文明办等部门举办的第二届全国道德模范评选，目前已经进入对选票的最后统计阶段。截至公众投票结束，选票统计部门接收到来自平面媒体、网络、手机的选票超过1亿。

与之相对应的是，在过去一年时间里，共有43位首批全国道德模范、283位全国道德模范提名奖获得者，在全国100个城市举办了1600余场宣讲交流会，场场爆满。

"评选道德模范，决不仅仅在于发现和树立几个道德标杆，而是把评选过程变为一个动员全社会参与道德建设的过程"，全国道德模范评选表彰活动组委会办公室负责人说。 （下转第四版）

长卷舒展向大海

——江苏沿海开发见闻

本报记者 龚永泉 赵京安 申琳

意气风发的江苏又一次站在了机遇的门槛前：6月10日，国务院常务会议讨论并原则通过了《江苏沿海地区发展规划》，标志着江苏沿海开发正式成为国家战略。省域发展规划跃升为国家战略，在江苏这是第一次。

仅隔两天，江苏省省长罗志军在日本举办"江苏沿海开发合作说明会"，共签约33个项目，涉及电子信息、新能源、环保、现代物流、金融、软件等产业，总投资26.15亿美元。6月15日，江苏省委常委会召开会议，传达贯彻国务院常务会议精神，省委书记梁保华强调："江苏要加强三个对接：规划对接、政策对接、工作对接，形成加快沿海发展的强大合力。"6月30日，江苏在上海举办"江苏沿海开发恳谈会"，签约50个项目，总投资1340亿元。

上呼下应，沿海开发成共识

党中央、国务院高度重视江苏沿海地区发展。2008年5月8日，国务院召开专门会议，听取原全国政协副主席钱正英院士牵头，中国工程院、国家开发银行和江苏省政府联合开展的"江苏沿海地区综合开发战略研究"项目专题汇报，20多位院士、200多位专家参加了研究。

当年8月，国家发改委会同国务院19个部委组成联合调研组赴江苏省沿海地区进行实地调研，形成了《规划》大纲。《规划》从综合实力、经济结构、人民生活、社会发展、生态环境等方面提出了到2012年和2020年两个时段的发展目标，力争经过10多年的努力，把江苏沿海地区建成为我国沿海地区重要的经济增长极和辐射带动能力强的新亚欧大陆桥东方桥头堡。

"举全省之力建设连云港！"江苏省委、省政府果断决策：建设30万吨级航道！今年初，国家发改委批准立项，建设规划分为两阶段，2012年建成25万吨级规模，2013年达到30万吨级。以连云港港为核心，江苏沿海港口群雄姿初展，南通的洋口港、吕四港迅速崛起，盐城的大丰港、滨海港、射阳港、响水港的建设也加快推进。江苏发改委宏观经济研究院院长顾为东说："过去江苏的港口同人家比大小，结果越比越小，现在强调要比专比精比特色，小没有什么不好，可以作为服务本地经济的专业性港口。"

近几年，江苏沿海地区基础设施建设快马加鞭，新长铁路、沿海高速、苏通大桥等相继建成通车，沿海铁路、机场扩建以及新的越江通道等都在加快推进。 （下转第五版）

卓琳同志遗体在京火化

卓琳病重期间和逝世后，胡锦涛、江泽民、吴邦国、温家宝、贾庆林、李长春、习近平、李克强、贺国强、周永康等，以不同方式表示慰问和哀悼

胡锦涛、江泽民、吴邦国、温家宝、贾庆林、李长春、习近平、李克强、贺国强、周永康等到八宝山革命公墓送别

8月10日，卓琳同志遗体在北京八宝山革命公墓火化。胡锦涛、江泽民、吴邦国、温家宝、贾庆林、李长春、习近平、李克强、贺国强、周永康等前往八宝山送别。这是胡锦涛与卓琳亲属握手，表示深切慰问。 新华社记者 鞠鹏摄

8月10日，卓琳同志遗体在北京八宝山革命公墓火化。胡锦涛、江泽民、吴邦国、温家宝、贾庆林、李长春、习近平、李克强、贺国强、周永康等前往八宝山送别。这是江泽民与卓琳亲属握手，表示深切慰问。 新华社记者 鞠鹏摄

新华社北京8月10日电 中国共产党的优秀党员，久经考验的忠诚的共产主义战士，中央军委办公厅原顾问卓琳同志遗体，8月10日在北京八宝山革命公墓火化。

卓琳因病医治无效，于2009年7月29日12时30分在北京逝世，享年93岁。

卓琳病重期间和逝世后，胡锦涛、江泽民、吴邦国、温家宝、贾庆林、李长春、习近平、李克强、贺国强、周永康等，以不同方式表示慰问和哀悼。

10日上午，八宝山革命公墓礼堂庄严肃穆，哀乐低回。礼堂正厅上方悬挂着黑底白字的横幅"沉痛悼念卓琳同志"，横幅下方是卓琳遗像。卓琳遗体安卧于鲜花翠柏丛中，身上覆盖着鲜红的中国共产党党旗。

上午9时许，胡锦涛、江泽民、吴邦国、温家宝、贾庆林、李长春、习近平、李克强、贺国强、周永康、王刚、王兆国、王岐山、回良玉、刘淇、刘云山、刘延东、李源潮、张德江、俞正声、徐才厚、郭伯雄、薄熙来、朱镕基、李瑞环、尉健行、曾庆红、吴官正、罗干、何勇、令计划、路甬祥、韩启德、陈至立、梁光烈、马凯、戴秉国、曹建明、廖晖、杜青林、白立忱、黄孟复、张梅颖、张榕明、钱运录、孙家正、李金华、万钢、罗富和、王志珍和刘复之、杨白冰、丁关根、田纪云、迟浩田、张万年、吴仪、曹刚川、曾培炎、王汉斌、布赫、彭珮云、何鲁丽、顾秀莲、盛华仁、贾春旺、孙孚凌、胡启立、徐匡迪、张怀西、李蒙，中央军委委员陈炳德、李继耐、廖锡龙、常万全、靖志远、吴胜利，以及于永波、王瑞林等，在哀乐声中缓步来到卓琳同志的遗体前肃立默哀，向卓琳同志的遗体三鞠躬，并与家属一一握手，表示慰问。中央和国家机关有关部门负责同志，以及卓琳同志的生前友好和家乡的代表也前往送别。

卓琳同志病重期间和逝世后，前往医院看望或以各种形式向其亲属表示慰问的还有：王乐泉、汪洋、张高丽、李鹏、万里、乔石、宋平、刘华清、李岚清、王沪宁、乌云其木格、华建敏、周铁农、李建国、司马义·铁力瓦尔地、蒋树声、陈昌智、严隽琪、桑国卫、孟建柱、王胜俊、阿沛·阿旺晋美、帕巴拉·格列朗杰、马万祺、陈奎元、阿不来提·阿不都热西提、李兆焯、董建华、郑万通、林文漪、厉无畏、陈宗兴和李德生、张劲夫、黄华、彭冲、王芳、谷牧、吕正操、郑天翔、姜春云、钱其琛、张震、倪志福、陈慕华、孙起孟、雷洁琼、王丙乾、邹家华、王光英、铁木尔·达瓦买提、吴阶平、周光召、曹志、李铁映、司马义·艾买提、丁石孙、成思危、许嘉璐、蒋正华、热地、唐家璇、肖扬、韩杼滨、钱学森、叶选平、杨汝岱、钱伟长、任建新、宋健、钱正英、朱光亚、万国权、陈锦华、赵南起、毛致用、经叔平、王文元、王忠禹、李贵鲜、张思卿、丁光训、罗豪才、张克辉、郝建秀、邓力群、张廷发，中央军委委员许其亮，以及傅全有、王克、乔清晨等。

吴邦国会见各国议会联盟主席、纳米比亚议长

新华社北京8月10日电 （记者熊争艳）全国人大常委会委员长吴邦国10日在人民大会堂会见了各国议会联盟主席、纳米比亚议长古里拉布。

吴邦国说，中纳两国具有传统友谊，建交19年来，双方在政治、经贸、教育、卫生、文化、司法、军事和国际事务等领域进行了卓有成效的合作，成为相互信赖的朋友和伙伴。中方重视同纳米比亚的关系，愿通过政府、议会和人民间的友好交往，与纳方增进政治互信，深化务实合作，进一步丰富两国友好合作的内涵，将双边关系不断推向更高水平。

吴邦国还积极评价了各国议会联盟在维护世界和平与安全、推动各国议会交流等方面发挥的重要作用。他表示，中方支持议联主办第三次世界议长大会，以加强成员国在多边框架下的沟通与合作，并将积极参与大会的筹备进程。

谈到中非关系时，吴邦国说，当前，国际金融危机仍在蔓延和深化，中国在积极应对危机的同时，加强与非洲国家的合作，共同应对挑战，使中非关系取得新的更大发展。一是积极落实中非合作论坛北京峰会各项成果；二是鼓励中方企业保持对非贸易和投资的力度；三是推动国际社会在应对金融危机过程中更加关注非洲国家的关切，帮助非洲国家的发展。

古里拉布说，我多次访华，亲眼目睹了中国人民在中国共产党领导下进行社会主义现代化建设取得的伟大成就，包括纳米比亚在内的非洲人民作为中国人民永远的好朋友对此感到无比自豪。纳方希望认真学习借鉴中国的发展经验，进一步加强与中方在各领域的交流与合作，以促进纳米比亚经济社会取得更好更快发展。他感谢中国全国人大长期以来对各国议会联盟工作的大力支持，期待中方在各国议会联盟中发挥更大的作用。

温家宝主持召开国务院全体会议

决定任命崔世安为澳门特别行政区第三任行政长官

李克强等出席

新华社北京8月10日电 （记者陈斌华）国务院总理温家宝10日主持召开国务院全体会议，决定任命崔世安为中华人民共和国澳门特别行政区第三任行政长官，任期自2009年12月20日起至2014年12月19日止。

会议审议了澳门特别行政区政府关于选举崔世安为澳门特别行政区第三任行政长官人选的报告，听取了国务院港澳事务办公室主任廖晖关于澳门特别行政区第三任行政长官人选产生过程的汇报。

温家宝在会上作了重要讲话。他指出，澳门特别行政区第三任行政长官选举完全符合《中华人民共和国澳门特别行政区基本法》和澳门特别行政区有关法律的规定，体现了公开、公平、公正的原则。崔世安先生高票当选，充分表明了崔世安先生得到了澳门各界人士的广泛认同和支持。

温家宝说，自澳门回归祖国以来，崔世安先生一直担任澳门特别行政区政府社会文化司司长，是澳门特区管治团队的重要成员，始终坚定支持、配合行政长官何厚铧先生依法施政，在其负责的工作领域内取得了较好的成绩，积累了较为丰富的行政管理经验和组织领导能力。由崔世安先生担任第三任行政长官，符合澳门各界人士的意愿，有利于新一届特区政府依法有效施政，也有利于保持澳门的长期繁荣稳定和发展。 （下转第二版）

李克强在棚户区改造工作座谈会上强调

扎实推进棚户区改造 实施好重大民生工程

新华社哈尔滨8月10日电 （记者车玉明）中共中央政治局常委、国务院副总理李克强近日在哈尔滨出席城市和国有工矿棚户区改造工作座谈会并讲话。他强调，要按照党中央、国务院的要求，加大保障和改善民生工作力度，有序推进棚户区改造，提高人民生活水平和质量，促进经济平稳较快发展。

会上，有关省(区、市)负责同志就棚户区改造工作交流了经验做法。在认真听取大家的发言后，李克强指出，棚户区基本上是我国工业化初期形成的简易住宅区，房屋破旧，环境很差。住在这里的职工群众多数是产业工人，长期以来为国家建设作出了贡献，但目前收入仍然较低。推进棚户区改造，是实施保障性安居工程的重要内容，也是实现住有所居目标的重要举措，对于增投资扩消费、保增长惠民生都具有重要作用。

李克强说，对涉及近千万户居民的集中连片棚户区进行改造是一项政策性很强的工作，要从各地实际出发逐步加以推进。一是以保障群众基本住房为目的，使棚户区改造与廉租住房等建设有机结合。二是走中国特色城镇化道路，统筹规划，合理配建不同档次住房，避免贫困人口集中连片居住。三是坚持政府主导、市场运作，多渠道筹集建设资金，落实土地供应和税费支持政策，运用已有经验，不断完善办法。四是确保住房质量，精心施工，严格监管，让群众住得放心。五是量力而行、尽力而为，发挥制度和组织优势，带着感情去做，认真征询居民意见，以群众满意为标准，全过程和谐推进棚户区改造。同时，完善住房产权制度，使多数棚户区居民有恒产有恒心。 （下转第二版）

抗击台风"莫拉克"

福建全面提升基层抗灾应急处置能力

本报福州8月10日电 （记者朱竞若）今年第8号台风"莫拉克"正面袭击福建，七级风圈笼罩福建省长达64个小时，十级风圈影响长达30小时，全省持续普降暴雨、大暴雨，1米的风暴增水与天文大潮叠加，沿海超警戒潮位大范围出现。福建全省党政军民团结一致，合力抗灾，"预警到乡，预案到村，责任到人"的防灾减灾新机制经不断完善，在抗台中发挥重要作用，基层防灾抗灾应急处置能力得到全面提升，最大限度降低了灾害损失。 （下转第二版）

浙江坚持以人为本科学救灾抗击台风

本报杭州8月10日电 （记者袁亚平）8月10日，据浙江省气象台消息：今年第8号强热带风暴"莫拉克"于10日6时进入浙江省温州泰顺境内。受"莫拉克"影响，10日浙江沿海海面有8—10级大风，全省有中到大雨，部分地区暴雨，局部大暴雨，其中浙北地区局部有大暴雨。

"莫拉克"带来大风和持续强降雨，横扫浙江全境。苍南县灵溪站于9日16时出现洪峰水位7.73米，超过历史最高水位（7.31米）0.42米。 （下转第十五版）

稷山县积极开展春季爱国卫生运动

各级党组织注意发挥合作医疗和赤脚医生的作用，结合农业学大寨运动，加强饮水、粪便管理，防治春季传染病，保护社员群众身体健康

新华社太原一九七五年四月四日电 山西省稷山县广大人民群众，认真学习毛主席关于理论问题的重要指示，紧密结合农业学大寨运动，大张旗鼓地展开了以除害灭病为中心的春季爱国卫生运动。

毛主席关于理论问题的重要指示发表后，稷山县干部和群众立即开展了学习活动。他们结合学习毛主席关于卫生工作的指示，回顾和总结了二十多年来开展爱国卫生运动的经验，进一步认识到，开展具有移风易俗，改造国家的重要意义的爱国卫生运动，是无产阶级在上层建筑其中包括各个文化领域中对资产阶级实行全面专政的一个重要方面。因此，他们在开展春季爱国卫生运动中，更加深入地批判林彪反革命的修正主义路线和孔孟之道，决心同一切旧的传统观念，包括不卫生的习惯，实行彻底决裂。

全国卫生模范村太阳村大队的贫下中农说：我们不仅要搞好个人、家庭和环境卫生，更重要的是要把修正主义卫生路线的流毒和资产阶级、旧社会习惯势力的影响，象消除垃圾一样清除掉。他们结合农业学大寨运动，狠抓饮水管理和粪便管理，在新打的深井上，修建水塔，使这个地处干旱高原的村庄，用上了自来水。各生产队重新修整沤肥坑、化粪池，对牲畜圈粪、秸秆杂草和人粪尿，分别进行无害处理，提高了肥效，又消灭了病媒虫害。他们还利用一切闲散荒地植树造林，大搞村庄园林化，今年春季植树六万一千余株，达到每人平均一百株，初步形成了环村林带和田间林网，进一步改良了环境。今年春节以后，大队卫生所给全村社员进行了第八次健康普查，在深入调查研究的基础上，采取措施，积极预防春季传染病和治疗各种慢性病，有效地保护了社员身体健康。城关公社南阳大队学习和推广太阳村的经验，春节以后，发动群众改良厕所，全大队四百九十六个厕所，已改良了四百一十七个。

这个县县直机关的干部也积极地参加了春季爱国卫生运动。他们利用业余时间，清除垃圾，粉刷墙壁，整理环境，在路旁植树，使县城面貌焕然一新。太阳、城关、下迪等公社，由公社书记和卫生院长带队到各村进行卫生检查，推进了春季爱国卫生运动的开展。据不完全统计，春节以来，全县改良厕所六千八百多个，改良猪圈九百六十多个，整修街道巷道六百二十多条，清除垃圾、积肥送粪十八万九千多大车，路旁植树一千一百余万株，改变了农村卫生状况，促进了备耕生产。

在开展春季爱国卫生运动中，稷山县各级党组织注意发挥合作医疗和赤脚医生的作用。今春以来，县医院和各公社卫生院组织了一支百人防治队，分赴各大队和赤脚医生并肩战斗，他们发挥合作医疗制度的优越性，积极开展预防接种、预防服药和普查普治等工作，使今年的春季传染病比过去任何一年都少。

努伊拉总理到南京、扬州参观访问

李井泉副委员长陪同访问，江苏省革委会设宴欢迎突尼斯贵宾，彭冲主任和努伊拉总理祝酒

新华社南京一九七五年四月六日电 突尼斯共和国总理赫迪·努伊拉和夫人以及随同来访的突尼斯贵宾，由人大常委会副委员长李井泉陪同，今天上午乘专机从无锡到达南京，在机场受到两千多名群众的热烈欢迎。

今天，南京市区主要街道和机场上悬挂着彩旗和巨幅欢迎标语。当努伊拉总理和夫人等突尼斯贵宾走下飞机时，江苏省革命委员会主任彭冲，中国人民解放军南京部队副司令员段焕竞，南京市革命委员会副主任王楚滨，有关方面负责人骆平、吴山、丁光训等迎上前去同贵宾们热烈握手。欢迎群众敲锣打鼓，载歌载舞，高呼欢迎口号，表达了南京市人民对突尼斯贵宾的友好情谊。江苏省革命委员会副主任华林森陪同贵宾从无锡到达南京。

今天，努伊拉总理和夫人在李井泉副委员长、彭冲主任陪同下，乘汽车到扬州参观访问，受到了群众的热烈欢迎。在这里，贵宾们很有兴趣地参观了江都水利枢纽工程和施桥船闸。贵宾们登上闸桥，看到滔滔江水穿过闸门，顺着渠道流向绿色的农田。满载农用物资的船队鸣响汽笛向贵宾致意，努伊拉总理向船员们频频招手。参观结束时，努伊拉总理对陪同参观的扬州地区革命委员会负责人说，非常感谢，我祝贺你们。

在扬州时，贵宾们还参观了扬州乐器厂，游览了瘦西湖。

贵宾们返回南京后，当晚出席了江苏省革命委员会举行的欢迎宴会。在充满热烈友好气氛的宴会上，彭冲主任和努伊拉总理先后祝酒，共祝中、突两国人民的友谊日益发展。宴会以后，贵宾们观看了南京市红小兵演出的歌舞节目。努伊拉总理和夫人今天还参观了南京长江大桥。

努伊拉总理和夫人今天上午离开无锡时，无锡市革命委员会副主任董万华、宗毅、丁可则、邹海根等到机场欢送。

应邀前来我国进行友好访问

比利时政府经济代表团到京

新华社一九七五年四月六日讯 由比利时王国阿尔贝亲王率领的比利时政府经济代表团，应外贸部李强部长的邀请前来我国进行友好访问，并主持在北京举办的比利时工业展览会开幕式，今天下午乘飞机到达北京。代表团中有比利时王国外贸大臣米歇尔·图山等。

到机场欢迎的有对外贸易部长李强，中国国际贸易促进委员会主任王耀庭，外贸部副局长彭金波等。代表团团员、比利时驻中国大使格鲁特哈特以及大使馆外交官员也到机场迎接。

中国田径队回到北京

新华社一九七五年四月四日讯 以张仕珩为领队的中国田径队，参加巴基斯坦第十五届全国田径锦标赛后，于四月三日回到北京。

加龙公社勤俭办合作医疗

积极种植中草药防病治病，合作医疗费用逐年下降，群众健康水平不断提高

新华社南宁一九七五年四月六日电 广西凌云县加龙公社坚持勤俭办合作医疗，使合作医疗费用逐年下降，到一九七四年，全公社平均每人每月只需要交二分一厘钱。

加龙公社地处桂西山区，中草药资源丰富。这里的壮、汉、瑶族人民多年来积累了用中草药防病治病的许多经验。公社党委在组织群众创办合作医疗时，注意发动大家利用这一有利条件，积极种植中草药，用自己生产的中草药防病治病，大大减少了合作医疗的开支。

这个公社经常从公社卫生院派出医务人员到生产队去，和赤脚医生、卫生员一起上山采药。据五年来不完全统计，全公社共采集中草药十三万五千八百多斤。公社卫生院因陋就简地办起一个中草药加工厂，为生产队加工药材，仅一九七四年就加工了二百五十九种草药制剂。卫生院还把从群众中收集到的三百多个民间验方进行筛选、检验，供合作医疗站采用。

为了减少疾病的发生，节约合作医疗费用，加龙公社的赤脚医生和卫生员坚持“预防为主”的方针，对一些常见病、多发病制定了防治措施。他们在开展流感、痢疾等流行病预防工作的同时，还做好疾病的普查工作。一旦流行病发生，公社卫生院的医务人员同赤脚医生互相支援，密切配合，集中力量打歼灭战。一九七三年流感服药预防面达百分之七十五，疾病普查面达百分之六十二。由于他们做到早普查、早预防、早治疗，就减少了疾病，提高了社员群众的健康水平，同时也降低了医疗费用，使合作医疗越办越好。

洛阳东方红拖拉机厂认真加强领导

晚婚、计划生育工作取得成绩

据新华社郑州一九七五年四月六日电 洛阳东方红拖拉机厂发动职工深入批判刘少奇、林彪的修正主义路线和孔孟之道在婚姻、生育问题上的种种反动谬论，认真落实各项措施，晚婚、计划生育工作取得成绩。

洛阳东方红拖拉机厂各级党组织都把搞好计划生育工作当作上层建筑领域里的一场社会主义革命来抓，认真加强了领导。总厂和分厂建立了抓计划生育的专门机构，配备了专职和兼职干部，车间、科室成立了计划生育小组，班组有计划生育宣传员。去年以来，这个厂先后召开了十五次专门会议，传达、学习毛主席和党中央有关计划生育工作的指示，总结交流各基层部门的经验。同时，还用大字报、黑板报、幻灯、广播、文艺演出等多种形式，批判刘少奇、林彪的修正主义路线，批判孔孟之道的“多子多福”、“男尊女卑”等反动谬论，宣传计划生育的重要意义。通过这些活动，职工们提高了认识，决心进一步认真落实晚婚、节育计划。

人民银行南京市支行执行“发展经济，保障供给”方针

改进信贷工作　支援工业生产

据新华社南京一九七五年四月五日电 中国人民银行南京市支行职工认真学习马列著作和毛主席著作，批判林彪反革命的修正主义路线和反动的孔孟之道，进一步贯彻执行毛主席提出的关于“**发展经济，保障供给**”的方针，大力改变过去在信贷工作上单纯收收付付的情况，积极支持工业生产，取得了显著成绩。一年多来，他们除了积极向企业提供了生产中必需的信贷资金外，还完成了几十个服务生产的课题，协助企业挖掘了几千万元的物资和资金潜力，使银行信贷工作出现了新的面貌。

银行这个部门同各工厂企业有着普遍的联系。南京市支行的职工充分利用银行联系面广的有利条件，主动深入到生产领域中去做过细的工作。去年第四季度，南京酒厂啤酒的产量不断上升，但是由于啤酒瓶的瓶盖原料一时供应不上，啤酒不能迅速包装出厂，投入市场。联系这个厂的南京支行信贷员了解后，立即同联系其他工厂的信贷员碰头协商。他们发现东方玻璃厂冲压热水瓶壳的下脚料碎片，正可以用来冲压成啤酒瓶盖，经过他们和东方玻璃厂联系，终于帮助啤酒厂解决了这个问题。

南京市支行的职工在联系工厂企业的过程中，经常围绕党的中心工作，认真调查研究，随时向上级党委反映基层单位革命和生产中的情况和问题。去年第三季度以来，南京市支行为了进一步贯彻执行“**抓革命，促生产**”的方针，根据上半年全市工厂企业贷款的升降情况，及时组织了几十个小分队，到全市一百个重点工业企业调查研究，同工厂的干部、工人一道进行生产分析，从当前的生产进度、存在的问题和今后可能出现的情况等几个方面写了专题报告，向上级党委作了反映，引起有关部门的重视，对生产的发展起了推动作用。

这个银行的职工还注意帮助工厂企业合理使用国家资金，精打细算，促进增产节约运动的发展。有一段时间，南京市支行发现有一些企业向银行申请贷款的次数多、数量大。支行职工们认为，是单纯给贷款、给资金，工厂要多少给多少，还是帮助工厂企业挖掘企业潜力，依靠工厂自己的力量解决资金问题，这是经济领域里两种思想、两条路线斗争的一种反映。在市委领导下，他们和财政局向有关工厂宣传自力更生、艰苦奋斗的方针。同时派出一批信贷员深入工厂，在企业党委的统一领导下，同工人和工厂财务人员一道，合理安排资金，积极挖掘生产潜力。去年年初，银行信贷员还对三十六个铸造厂和铸造车间进行调查，发现企业之间燃料消耗比的悬殊较大，说明节约燃料大有可为。他们把调查结果向省、市有关部门反映后，省机械局立即召开了铸造行业的专业会议，推动了各铸造单位节约工作的开展。

“友好之翼”迎春来

——记日本仙台市劳动青年友好之翼访华团访问中国

在春回大地的日子里，日本仙台市的一百二十多名青年，包乘一架客机，飞越中日两国间的空中友谊走廊，来到中国访问。对中国人民满怀着深情厚谊的日本朋友，把他们乘坐的包机称为“友好之翼”。在春光明媚的中国大地上，日本朋友们受到了中国人民的热情接待。

中日建交两年多来，两国青年的友好交往有了进一步的发展。一批批的日本青年，乘坐“友好之船”，冲破大海的波涛，对中国进行了友好访问。但是，来自日本的“友好之翼”，这还是第一次。决心世世代代友好下去的中日两国人民，把相隔在两国间的辽阔天空和滔滔海洋，变成了友谊的坦途。历史正是应当这样来发展的。就象友好之翼访华团团长、仙台市市长岛野武说的那样：“我们决心遵循日中两国联合声明的精神，进一步加强日中两国的睦邻友好关系，为早日缔结日中和平友好条约而努力。让两国人民世世代代、子子孙孙友好下去，这是历史赋予我们的重要使命。”

仙台市，是中国人民伟大的文学家、思想家和革命家鲁迅先生早年在日本学习过的地方。仙台人民对中国人民怀着深厚的感情，中国人民对接待来自仙台的日本朋友也倍感亲切。这次友好之翼访华团来到中国后，宾主只要提到鲁迅先生一九〇四年在仙台医学专门学校学习的事，都非常高兴。日本客人告诉中国朋友，为了加强日中两国人民的友谊，十四年前仙台市人民在市区西部广濑河畔绿荫覆盖的青叶山麓，建立了一座鲁迅纪念碑。碑正面的上方镶嵌着鲁迅的青铜像。去年，仙台人民又为鲁迅先生在仙台留学七十周年开展了隆重的纪念活动。访华团的许多成员当时都积极参加了纪念活动。这次访华团临离开仙台前，全体成员又来到鲁迅纪念碑前合影留念，表示要向老一辈学习，当日中友好事业的接班人，为促进日中友好作出新的贡献。

友好之翼访华团的成员，包括了仙台市的工人、农民、教员、医师、商业工作者等各方面的青年。他们绝大多数是第一次来中国访问。对中国人民热情洋溢的日本朋友，在来中国前就专门组织了一个三十人的合唱队，表示要用歌声来更好地传达友谊。许多日本朋友还学习了中文，并且举办了有关中国情况、鲁迅事迹和日中友好史的讲座。从“友好之翼”降落北京首都机场的那一刻起，中日两国青年就沉浸在热烈友好的气氛中。团员樱井光政激动地对中国朋友说：“我曾经表示决心，我一生中第一次出国就要访问中国，今天这个愿望实现了！”

日本朋友在中国访问的日子里，参观了工厂、人民公社、学校、医院、少年宫和幼儿园，同北京、南京、上海的青年进行了广泛的接触。在北京，鲁迅先生的儿子周海婴同日本朋友亲切见面。他对日本朋友说：“我见到仙台市的朋友心情十分高兴。我父亲当年在仙台同日本人民结下了深厚的友谊。去年仙台人民开展的纪念鲁迅在仙台留学七十周年的活动，我们全家都在电视上看到了，就象我们亲身参加了一样，感到非常亲切。我祝愿中日友谊万古长青！”岛野武团长告诉海婴，他就是在鲁迅来到仙台留学的那一年出生的。因此，他对鲁迅先生、对中国人民怀着特别友好的感情。他表示要为日中友好而奋斗。

曾经多次到过日本的女作家谢冰心，十分高兴地会见了仙台市的青年朋友。她对女青年宫村惠子说：“鲁迅生前同我们谈话时，经常提到他在仙台的日本老师和朋友，谈到日本人民对中国人民的友谊，给我们留下深刻的印象”。宫村惠子激动地说，日本的青年一代，一定要把日中友好的事业永远发展下去。

四月初的上海郊区，生机勃勃。日本朋友们来到郊区人民公社参观。社员们热情欢迎日本朋友的到来，并邀请他们到家里作客。来到新泾人民公社参观的日本朋友，还同社员们一起劳动。访华团成员、青年农民佐藤胜基说，我在中国农村人民公社度过了愉快的一天。我一定要把中国人民公社社员的友情带回日本去。

四月一日，日本青年瞻仰了上海虹口公园鲁迅先生的墓。花岗石砌成的庄严的鲁迅墓，四周绿树环抱，一片郁郁葱葱。墓前绿草如茵，屹立着鲁迅先生的一座青铜塑像。日本朋友怀着崇敬的心情在鲁迅墓前献了花环，并在鲁迅塑像前合影留念。

为了让友谊之花代代盛开，中日两国青年在鲁迅墓旁共同种植两棵腊梅树。树苗挂上一块牌子，上面写着：“睦邻友好，一衣带水”字样，表示祝愿两国人民和青年友谊的不断发展。

新华社记者　（本报有删节）

蒋介石死了

新华社一九七五年四月六日讯 台北消息：国民党反动派的头子、中国人民的公敌蒋介石，四月五日在台湾病死。

据国民党中央通讯社四月六日报道，蒋介石死后，蒋帮由伪“副总统”严家淦接任伪“总统”，以继续维持其对台湾人民的反动统治。

蒋介石自从一九二七年背叛孙中山先生领导的民主革命以来，一直作为帝国主义、封建主义和官僚资本主义在中国的代表，坚持反共反人民，独裁卖国。他双手沾满了中国革命人民的鲜血。但是他的血腥统治始终未能阻挡历史车轮的前进。在伟大领袖毛主席和中国共产党的领导下，中国人民经过长期革命武装斗争，终于推翻了蒋介石集团的反动统治，建立了人民的新中国，开创了中国历史的新纪元。

蒋介石逃到台湾后，在美帝国主义的庇护下苟延残喘，继续坚持与人民为敌。蒋介石集团的反动统治遭到台湾人民的强烈反对，内部矛盾重重。蒋介石死后，有着爱国光荣传统的台湾省人民，必将进一步为解放台湾、实现祖国统一而展开斗争。怀有爱国心的蒋帮军政人员也将更加认清形势，积极为实现解放台湾、统一祖国作出贡献。中国人民一定要解放台湾！

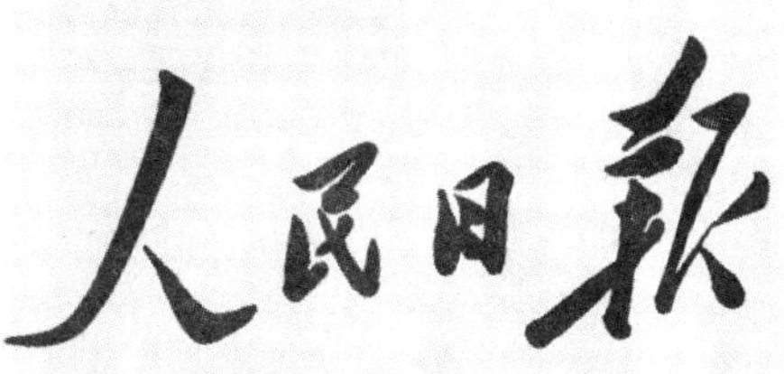

RENMIN RIBAO

1988年1月14日 星期四
丁卯年十一月廿五
北京地区天气预报
白天 多云 风向 偏北 风力 三、四级
夜间 多云 风向 偏北 风力 二、三级
温度 最高 2℃ 最低 零下7℃
（代号1—1）
人民日报社出版

人大常委会审议《企业法（草案）》

委员和列席代表对条文字斟句酌提出补充修改意见

本报北京1月13日讯 记者**鲁牧**报道：全国人大常委会第二十四次会议今天下午开始分组审议《全民所有制工业企业法（草案）》。一些委员认为，我国很需要颁布一个《企业法》，使全民所有制企业走上法制的轨道。现在将《企业法（草案）》全文公布，广泛征求意见，集思广益，必将产生一部很好的具有中国特色的《全民所有制工业企业法》。

彭清源委员说，《企业法》酝酿时间很长，在起草期间，不少委员都深入实际调查研究，现在提出的《企业法（草案）》，是比较好的。新疆维吾尔自治区人大常委会副主任曹达诺夫、湖北省人大常委会副主任娄一认为，这个《企业法（草案）》内容比较全面。

不少委员和这次会议的列席代表，对《企业法（草案）》的一些条文提出了修改意见。内蒙古自治区人大常委会副主任色音巴雅尔说，在具体条款中，需要进一步强调企业应当首先保证国家指令性计划任务的完成，要根据企业的经济效益和生产发展情况，来确定适合本企业情况的工资形式和奖金分配办法，以及实行现代化管理。

陈惠波委员认为，还需要强调企业和厂长应当尊重知识，尊重人才，积极支持工程技术人员和工人群众从事科技研究和发明创造，促使企业进行技术开发，实现产品不断更新换代。

彭清源委员说，《企业法（草案）》要一方面体现下放企业权利，另一方面还要有宏观控制。宏观控制主要通过法律手段和经济手段，行政手段应当尽量少一些。曹达诺夫认为，《企业法（草案）》需要强调企业必须遵守宪法、法律和法规。对厂长的任期，他建议要作明确的规定。

委员和列席代表们，对《企业法（草案）》的条文，字斟句酌，认真审议，提出了补充修改意见。

人口的忧虑

本报记者 艾 笑

编者按： 中国人口控制的成就，举世公认。党的十一届三中全会以来，我们在开放、改革的新形势下做好计划生育工作，取得了新经验。但是，由于我国进入了新的生育高峰期，许多新的情况给工作带来了空前的困难，近两年人口出生率回升的现象值得引起全社会的关注。最近，中央领导同志明确指出，要按照现行的计划生育政策，认真地贯彻实施，切实解决计划外多胎生育和早婚早育问题，坚决纠正有些地方确实存在的计划生育工作放松与自流的现象。

去年，北京开始在农村推广"适度规模经营"，土地承包要按人头重新调整。54岁的密云县十里堡乡靳各庄农民刘德财，忙去补报一个1983年出生的户口。

"大爷，他是您孙子？"

"不，是俺儿。"

"您老这么大年纪才有孩子真不易。"

"哪，早有了。前6个都是丫头。"

面对人口危机

这个"笑话"回味起来有点苦涩。因为它真实，因为它能在我们的生活里找出成千上万个。

据北京市计划生育委员会提供的材料，1987年前三个季度，北京全市出生的婴儿是11.4万人，新报户口数却是12.7万。全市1至11月出生的计划外婴儿已有1万多人，他们96%来自只占居民总数不足2/5的农业人口。平谷、延庆等县的平均计划生育率仅为60%左右，个别地方甚至只有34%，处于半失控和失控状态。

按现行区划，北京市常住人口从1949年的413万增加到1986年末的971.2万多人。37年内，增加了558.2万人，其中自然增长422万，占总人口的75.6%。在1964年以前未提倡计划生育的15年内，自然增长人口达237万。70年代后期全面推行计划生育到现在的十六七年里，自然增长185万人，如果不实行计划生育，北京全市累计还要多生260万人！

据辽宁省计划生育委员会的统计，在辽宁，去年头三个季度全省出生了42.5万多人，比前年同期多生近7.5万人，增长21.4%，出生率为11.37‰，比前年同期增加1.91‰，自然增长率达到8.04‰，比前年同期增加2.03‰。全省人口出生率高于14‰的农村区县就有12个，如大连市的长海县，高达22.02‰，出生人口比前年同期增长了1.02倍。

至于在人口最多的四川省和排行第四的江苏省，则在1985年之前就出现个别地区出生人口比上一年成倍、成2倍、成3倍增长的现象。

应当指出，上述地区都是多年来计划生育工作抓得紧、效果比较突出的地区。抓得差的地区，情况就更严重了。

有关部门估计，1987年年末我国总人口达到10.722亿人，比1986年增加1493万人，自然增长率为14.08‰，净增人数将超过计划149万人。按此自然增长率发展，本世纪末我国人口最低数将达12.81多亿人。差之毫厘，失之千里。基数这么大，再加上处在高峰期，正在持续增长的我国人口状况，实际上处在危机中。

必须靠计划生育

有人认为，只有经济发达了，人口才会下降。这个过程就是：经济发展——文化提高——生育观转变——出生率下降。不错，工业发达国家有这样的实例，英国1740年人口出生率33.3‰，1916年降到了21‰；瑞典1860年人口出生率34.7‰，1917年降到了20.7‰。一个用了176年，一个用了57年。

从我国38年走过的道路看，经济发展，在短时期内不仅不会使人口增长率下降，反而会使人口增长率上升。国务院人口普查办公室负责人全面分析了有关情况：1949年到1954年，由于我国制止了通货膨胀，实行了土地改革、安排大量工人就业，城乡经济有了较大发展，但这时的人口出生率依然维持在解放前的37‰。而这一时期的人口死亡率由解放前的27‰降为13‰，人口的自然增长率就由解放前的10‰提高到20‰。1954年，党中央和国务院提出宣传和推行计划生育，1955年人口出生率便下降到32‰。1966年"文革"开始，计划生育不抓了，出生率立即回升。1966年到1972年的七年间，出生率平均达到33‰。1973年，国务院决定把人口规划纳入国民经济和社会发展的年度计划和五年计划，推行计划生育。当年人口出生率便降为29‰。1973年到1986年的14年间，出生率平均降为20‰。

同是亚洲国家，从50年代开始，日本也采取了很多措施控制人口增长，人口出生率1953年是21.5‰，到1978年降到19.4‰，25年里下降了1/10；而我国1953年到1978年的25年里，却由37‰下降到18.25‰，约降低1/2。这不能不说是我国的计划生育工作取得人民群众支持的结果。

改革开放以来，我国的经济发展又进入了非常活跃的时期，在对我国生育水平起着主要影响的广大农村，首当其冲接受了这一环境变动。由于部分农村经济利益关系调整，某些人全局观念淡化、旧意识还在顽固地起作用，计划生育工作一放松，一些地区就出现了人口失控现象。（下转第三版）

全国中小学将实行教材多样化

为培养适合不同地区不同层次的人才

本报北京1月13日讯 新华社记者**杨兆波**、本报记者**魏玉凤**报道："编写好高质量的适合中国国情的中小学教材，为全国两亿多中小学生提供丰富的'精神食粮'"，这是参加《九年制义务教育教学大纲》审查会议的300名教育专家的呼声。

据介绍，为了使教育更好地为经济建设服务，培养适合不同地区、不同层次的人才，全国中小学将在审定统一教学大纲的前提下，实行教材多样化，从而改变目前全国中小学教材单一化的现状。

与会专家认为，编写中小学教材要贯彻为当地经济建设服务的方针，着眼于提高基础教育质量和提高全民族素质，要紧密地理论联系实际，编写适合青少年身心发展特点和青少年认识事物的思维规律的好教材，使教材具有知识性、可读性、趣味性、启发性。

调查表明，全国同龄青年中每年只有5%的人考上大学，其余95%的青年将直接走上社会，参加当地经济建设。由于过去在学校学习的单一教材只是为升高一级学校而设置的，教材内容大部分与当地经济建设不适应，使这些人没有打好就业前的劳动技术知识基础。所以，教材改革，迫在眉睫。

欢迎大学生们寒假「下马栽花」

浙江二十多家企业采用招标聘请方式

本报杭州1月13日电 记者**高海浩**报道：浙江省的20余家企业正在搭起大学生参与社会实践的新桥梁。目前，这些企业的厂长、经理联合提出一项计划，寒假期间，以项目招标的形式，短期聘请省内8所高校的大学生，直接参与改革和生产实践，并按劳支付报酬。

在浙江企业界颇有名望的杭州万向节厂厂长鲁冠球、杭州第二中药厂厂长冯根生等20余位厂长、经理，十分关注当代大学生的成长。去年初，这些企业家曾联名向大学生发出邀请，欢迎他们假期到企业考察、体验改革实践，先后接待了42所高校的600多名大学生。

前些日子，20余位厂长、经理，总结了大学生参加社会实践的经验后认为，"走马观花"式的实践活动，已不能满足大学生强烈的参与意识，并提出用招标、聘请的方式，欢迎大学生到企业"下马栽花"，把社会实践活动推向更高层次。日前，20余家企业已向浙江大学、杭州大学、浙江丝绸工学院、杭州电子工学院等高校提出40个招标项目，有偿聘请大学生帮助解决。据悉，已有不少大学生报名响应，踊跃参加招标。

春节即将来到 莫忘往年灾祸

花炮添喜庆 切记保安全

北京市制订烟花鞭炮管理暂行规定

新华社北京1月13日电（记者**周科进**）春节即将来到，花炮也已动销。可以想见，除夕前后的几天内，震耳的鞭炮，绚丽的烟花，将伴随着人们除旧迎新，跨入龙年。

我国民间逢年过节燃放花炮的习俗由来已久。最初放爆竹为的是驱鬼避邪，以后演变为游戏娱乐，渲染喜庆气氛。近年来，年节过得越来越热闹了，花炮的销售量逐年递增。

但是，以声光娱人的烟花爆竹，也会以声、光给人们带来灾祸。去年春节期间，北京街头一个11个月的婴儿在妈妈的怀中被横飞来的鞭炮崩瞎了眼睛。全市因燃放烟花爆竹受伤到医院就诊的有1027人。燃放烟花爆竹还易引起火灾，去年正月初一从零时到1时的1个小时内，北京市火灾报警104起，平均每35秒一起。

过年要热闹，也要保安全。目前，一些花炮生产厂家为迎合部分消费者的心理，使花炮的威力日益加大，拉炮、摔炮、闪光雷等危险品种的生产和上市，更增加了燃放花炮可能带来的危害。一些不法分子用爆竹炸人取乐的恶行也时有发生。因此，加强对花炮生产、销售、燃放等环节的管理，十分必要。

据悉，北京市已制定出对烟花爆竹安全管理的暂行规定，其中包括严格控制进货渠道，限制品种规格，加强质量管理，划定禁止燃放烟花的地区，严禁故意用花炮伤人、吓人等内容，并规定了处罚措施。在今年花炮动销之初，北京市公安机关又严肃处理了几起非法制造、销售花炮的事件，并发布了劝诫市民燃放花炮时要注意安全的通告。

有关人士建议，应组织力量尽快研制出既有声光效果，又不致招灾引祸的新型花炮。在商业区和人口稠密区应明令禁止燃放花炮。

卫生部要求各地坚持预防措施

十一种地方病发病率均有上升

新华社北京1月13日电（记者**于长洪**）我国地方病患者现在有6000多万人，其中300多万完全或部分地丧失了劳动能力。这是卫生部有关负责人今天向记者披露的情况。

这位负责人说，现在必须把地方病防治工作作为关系到民族振兴的大事来抓，他呼吁各有关部门密切配合，长期合作，对地方病进行综合治理，各省、市、自治区要进一步支持地方病防治工作，发动群众同地方病作斗争。

地方病是严重危害人民健康的常见病、多发病。我国是地方性疾病较多的国家。建国后，我国政府重视地方病防治工作，30多年取得了显著的成绩。我国在1965年就基本控制了人间鼠疫，克山病发病县已有1/3达到基本控制，大骨节病病区病情稳定，有地方甲状腺肿流行的县区有85%达到了基本控制。一些地区由于病区缩小，病情减轻，不同程度地减轻了病区人民的疾苦，促进了生产的发展。

但是，由于地方病防治工作职能化、科学化没有进入正常轨道，近年来一些地方病重新抬头。据介绍，由国家重点管理的11种地方性疾病的发病率均有上升。卫生部有关负责人就此指出，地方病防治工作是长期的，为了控制一些地方病而采取的诸如补碘、降氟等措施，必须坚持下去，一些疾病即使一段时间得到控制，如果预防措施不落实，也会出现反复。

蒋经国昨天病逝

新华社北京1月13日电 据台湾电台广播，中国国民党主席蒋经国于今天下午3时50分因病逝世。

蒋经国，浙江奉化人，生于1910年，早年留学苏联，1937年回国后，曾任"三青团"中央干部学校教育长。国民党到台湾后，任国民党台湾省党部主任委员、"国防部总政治作战部"主任、"国防部"部长、"行政院"院长、"总统"等职。1975年4月担任国民党主席。

国家总投资七亿五千万元扩建陕西彩色显像管总厂

本报西安电 记者**景险峰**报道：国家"七五"期间重点引进建设项目——陕西彩色显像管总厂扩建工程，1月11日上午举行奠基典礼。此项工程1990年年底竣工。投产后，该厂将成为全国最大的彩管生产基地。

陕西彩色显像管总厂1982年12月投产，5年多来，已生产"彩虹牌"彩管500多万只。不仅荣获国家金质奖，而且打入国际市场。已上缴利税5亿多元，预计到今年6月底，可收回建厂全部投资。

这项扩建工程，由电子工业部统一对外谈判，择优选择引进对象，总投资达7.5亿元，是我国电子系统投资规模最大的一个重点建设项目。为确保建设进度，提高工程质量，对扩建工程采取总承包的办法，实行招标，费用包干。

据悉，为适应市场需要扩建工程新增的160万只彩管，均为18英寸和21英寸平面直角彩管。

各民主党派和工商联组织开展经济咨询和智力支边

新华社北京1月13日电（记者**胡清海**）各民主党派和工商联组织通过多种形式开展经济咨询服务和智力支边工作，为少数民族地区摆脱贫穷落后做出了自己的贡献。

据国家民委负责人在今天召开的农工民主党全国咨询工作会议上透露：几年来，民革、民盟、民建、民进、农工、九三学社和工商联组织共组织4300多人次到青海、新疆、西藏、云南、内蒙古等18个省、自治区的156个少数民族地区，完成3700多个智力支边项目。

在经济咨询服务和智力支边活动中，各民主党派和工商联组织积极利用自己的便利条件进行工作。民革利用成员中有广泛的海外联系的便利条件，几年中协助有关部门引进外资3.9亿美元、1.7亿港元和22万多元人民币捐款；九三学社利用自己的科技力量，几年来为少数民族地区实施支边项目486项；农工民主党成员深入少数民族地区举办卫生培训班，组织卫生医疗讲座，作手术示范；民盟成员在西北、海南岛、广西作了大量的调查研究，写出宏观咨询报告；民进成员深入老、少、边、穷地区办学，组织讲座，把中小学教育的有关资料汇编成册，录制磁带，赠给少数民族地区的教育部门，并建立了音像出版社。

美国总统智囊团预测20年内各国经济发展

中国经济增长速度将名列世界前茅

新华社华盛顿1月12日电 据《华盛顿邮报》今天报道，美国综合长期战略委员会在提交给里根总统的一份报告中说，在今后的20多年内中国的经济增长速度将名列世界前茅。

该委员会是根据一国的地理、就业、投资和劳动生产率资料进行计算的。结果表明，到2010年的20多年内，中国经济可能以4.6%的年率增长。这一增长速度快于美国、日本和苏联的经济增长。

根据该委员会的报告，未来20多年内美国经济的年均增长率为2.5%，它仍将是世界头号经济强国。

今后，日本的经济增长速度将有所下降，到1990年以前年均增长率为3.7%，后两个10年分别以3%和2.7%的年率增长。

苏联的国民生产总值在未来20多年内将以1.6%的年率增长。

该委员会在报告中说，如果各国经济按上述增长速度发展，那么到2010年，以"购买力平价"折算的中国的国民生产总值将仅次于美国居世界第二位，日本和苏联分别退到第三、第四位。

深化改革 挖掘潜力

北京燕化公司九年增产值降能耗

本报讯 记者**赵兴林**报道：北京燕山石油化工公司深化改革，打破了企业增加产值与增加能耗成正比的格局，1987年工业总产值31亿元，能耗124万吨标准油；万元产值能耗由1979年的6.453吨标准油降到4吨，下降幅度居全国同行业前列。

燕化公司是我国最大的石油化工联合企业。以往这个公司也曾在降低能耗上做过文章，但收效不大，随着改革的深入，这个公司于1979年开始建立健全全员全面全过程节能的组织体系，组织科技人员重点抓了回收高温烟道气余热、回收火炬气及热网散热损失等装备的技术改造，挖掘酮苯脱蜡、糠醛精制、制苯、催化裂化节能潜力。现在，14台大型加热炉烟道气余热已回收利用，炉热效率由75%提高到85%以上。以往为人叹惜的常年昼夜喷射的6个火炬，而今4个已采取回收措施，原来每年排放的6万多吨气体多半已被回收利用，同时，这个公司改造了进口装置，每年可节省柴油2万吨。

为了更好地开展节能工作，这个公司在加强定额考核的前提下，还制订出鼓励性对策，实行能耗定额奖惩，全公司近年来节电、节油等方面都取得了引人注目的成绩。

哈尔滨冰灯在北京

近日在北京北海公园展出的哈尔滨冰灯艺展，吸引了北京的中外观众。展览共分为「紫花似锦」、「冰雪红楼」、「水晶宫」和「龙凤呈祥」四个景区。以八米高的九层玲珑宝塔为主，一百三十多件形象优美、晶莹剔透的艺术造型，错落有致分布在展区，使人犹如进入冰的仙境。

本报记者 王景仁摄

还是去封信好

曾宪斌

两个月来，光是自费去海南要求安排工作的就有1万多人，有人变卖了全部家产，夫妻孩子一起到海南。然而一到海南就找到合适工作的只是凤毛麟角，大多数人填表后还得回原地等待回音。海南人才交流中心的负责人认为有一个误会：有人以为来信联系不解决问题，只有亲自到海南来，工作调动问题才能很快落实。

造成这个误会的原因，很可能是我们许多部门和单位不重视信访工作，该复信的不复信，该落实的没有落实。一些人对写信能解决问题不抱多大希望，至少是对能很快得到答复有怀疑。但是，这一回海南带了个好头，他们表示"一定做到每信必复"。实际上他们也确实在努力这样做。我们单位有几个同志前不久也去信海南商谈调动事宜，结果很快都有了回音。我想还是像这几位同志一样，先去封信好。自费到海南，车船、食宿都是一笔不小的开支，还要耗费时间和精力。既然花费8分钱就能办成花几十元、几百元才能办成的事，何乐而不为呢！

今日谈

社会主义教育的一个重要课题

——在贯彻落实江泽民总书记关于近现代史和国情教育指示座谈会上的发言

（一九九一年六月一日）

李铁映

今年3月9日，江泽民同志给我和何东昌同志写信，指示国家教委要坚持不断地对大、中、小学学生进行中国近现代史和国情教育。泽民同志的来信体现了党中央对教育事业和青少年成长的关怀和期待，对推动我国教育事业的健康发展，对培养有理想、有道德、有文化、有纪律的社会主义新人，乃至对全社会的精神文明建设，都有重要的指导意义。现在，我就学习和贯彻总书记指示精神，讲几点意见。

一、对青少年进行中国近现代史和国情教育，是我国社会主义现代化建设的战略需要，是加强青少年思想政治教育的当务之急。

社会主义教育的根本目的，是为社会主义事业培养和造就德才兼备的建设者和接班人。这样的人才，不但需要有良好的专业知识和技能，而且需要有爱国主义和社会主义的思想觉悟，需要有对祖国历史和国情的深入了解。了解历史和把握国情，是认识、思考和解决我国一切社会问题的起点和依据。列宁说过，为了解决社会问题，为了真正获得正确处理这个问题的本领，最可靠、最必需、最重要的，就是不要忘记基本的历史联系。毛泽东同志说过，认清中国的国情，乃是认清一切革命问题的基本根据。邓小平同志也说过，中国的事情要按照中国的情况来办，要依靠中国人自己的力量来办。社会主义现代化建设是在中国的具体历史条件下进行的。而今日之中国既是昨日中国的继续，也是明日中国的发展起点和基础。因此，作为我国社会主义事业的建设者和接班人，就不能不认真学习自己国家的历史，把握自己国家的国情，特别是中国近现代史和现实国情，作为教育工作者，也就不能不把历史和国情教育当作一项战略任务，放在学校教育的重要位置。

在以往一个时期里，对青少年的历史和国情教育有所削弱。历史的经验证明，历史和国情教育一旦被放松或忽视，那么，历史虚无主义、民族虚无主义和崇洋媚外的思想就会乘虚而入，甚至会出现思想上的混乱和政治上的偏差。我们应当清醒地认识到，在当前和今后一个很长历史时期内，国内外的斗争形势将是十分复杂的，国际敌对势力同我们争夺青年一代的斗争将会长期进行下去。我们应当从反对"和平演变"、培养社会主义事业接班人的战略高度，来认识和理解江泽民同志指示的重要意义和紧迫性，增强历史责任感，把对青少年的历史和国情教育持续不断地进行下去。

二、进行中国近现代史教育，应着重揭示中国社会发展的必然规律，阐明中国革命同马克思主义的关系。

中国近现代史既是一部中华民族遭受帝国主义野蛮侵略和封建主义残酷压迫的屈辱史，也是一部中国人民争取民族生存和解放、追求祖国独立和富强的革命斗争史；既是当时的仁人志士不断探索救国救民真理的历史，也是中国人民逐步认识、掌握和运用马克思主义的历史。中国近现代史的一个基本历史事实是，从鸦片战争到"五四"运动这80年中，中国人民为了挽救民族危亡，反抗阶级压迫，曾经进行了可歌可泣的和波澜壮阔的斗争。但是，所有这些斗争都失败了。与此相适应，当时的仁人志士为了探索救国救民的真理，在一个很长的历史时期里，首先是向西方资本主义国家学习，学习西方资产阶级革命时期的社会政治学说，并试图按照西方国家的政治模式来改造中国，但这一切努力也失败了。正是在这一历史背景下，中国的先进分子在经历长期的失败和挫折之后，经过"五四"新文化启蒙运动的推动和对当时各种社会政治学说的反复比较，才选择了马克思主义。而"五四"运动和中国共产党成立以后的历史事实表明，中国人民反帝反封建革命斗争一旦有了共产党的领导，一旦有了马克思主义的指导，就走上了胜利发展的道路，实现了国家的独立和民族的解放。我们应当通过这些历史事实向学生阐明，具有悠久历史文化传统的中国，如何根据历史的必然性走上以共产党为领导力量的社会主义道路，使他们懂得"没有共产党就没有新中国"、"只有社会主义能够救中国"这个真理。

三、进行国情教育，应坚持马克思主义的全面的和历史的观点，采取实事求是的分析态度。

中国是一个拥有11亿人口的社会主义大国，有五千年的灿烂文化，有比较丰富的资源，有勤劳勇敢的人民，有优越的社会主义制度，因此，中华民族的振兴、社会主义现代化建设的实现，是大有希望的。与此同时，中国又是一个发展中国家，处在社会主义的初级阶段，经济不发达，特别是人口过多、按人口平均，资源和产品数量低下等等，这就决定了我国的社会主义建设和人民生活的普遍富裕，需要经历一个长期的艰苦奋斗过程。对中国的这一国情，应当像江泽民同志指示的那样，要进行正面的宣传和教育，要把我国进行现代化建设的优势和劣势，所面临的挑战和机遇，如实地告诉我们的青少年，使他们既对祖国未来的美好前景充满信心，并树立远大的理想和抱负，又能够正视现实和立足现实，在党的领导下，为改变祖国的落后面貌奉献毕生精力。

在进行国情教育时，特别要加强在国情比较问题上的科学方法的教育。应该说，在研究中国国情时，把中国的国情同别国国情作某些比较，对于借鉴别国的经验，把握历史发展规律，无疑是很有意义的。但是，如同列宁所告诫的那样，这样的比较必须作得适当，比较的首要前提是比较双方必须具有可比性。如果在比较时忘记了基本条件的不同，那就有悖于马克思主义科学的历史方法，就会得出错误的甚至有害的结论。在这个问题上，我们也有很多经验教训值得认真总结。青少年是祖国的未来和希望，我们应当通过历史和国情教育，提高他们的民族自尊心和自信心，培育他们热爱祖国、热爱人民、热爱社会主义的巨大热情，增强他们的历史责任感，把我们伟大的社会主义祖国建设得更加美好。

四、全党全社会都要认真贯彻江泽民同志的指示，为培育青少年一代作出贡献。

历史和国情教育作为一项基础性教育，要从娃娃抓起，并且贯穿在小学、中学、大学的全过程。历史和国情教育具有十分丰富的内容，蕴含着不同的认识层次，在进行这一教育时，应该坚持由浅入深、循序渐进的指导原则，对不同年龄或学历层次的学生提出不同的要求。历史和国情教育，需要相关学科的协调配合，通过多种途径、采取多种形式进行。进行历史和国情教育要把课堂教学同学生的日常思想政治工作和课余活动、以及参加社会实践有机地结合起来，使历史和国情教育既生动活泼、又富有实效。国家教委、各地教育主管部门，各级各类学校，都要尽快制订出具体计划和措施，切实落实江泽民同志的指示精神。

历史和国情教育也是一项全民性的基础教育，是我国整个社会主义精神文明建设的重要内容，不仅应在学校中进行，而且亦应在全社会进行。鉴于前一时期历史和国情教育比较薄弱，相当一批青年缺乏对我国历史和国情的基本了解，因此，对在职人员特别是在职青年进行历史和国情的补课教育十分必要。

进行历史和国情教育既然是一件具有战略意义的大事，那么，就需要全社会的关心、支持和帮助，共同创造一个良好的社会环境。希望有关部门都为青少年的健康成长多作有益的事情，宣传、文化、报刊、出版、影视以及其它有关部门，广大教育工作者和一切关心下一代健康成长的同志，都要行动起来，认真落实江泽民同志的指示精神，并且长期坚持下去，为使广大青少年树立共产主义的理想和全心全意为人民服务的人生观，保证我们党所开创的无产阶级革命事业后继有人，作出更多的贡献。

辽宁《共产党员》和本报理论部在京召开研讨会

纪念《中央关于增强党性的决定》发表50周年

本报北京6月4日讯 记者宁培芬、黄十庆报道：今年7月1日是中国共产党建党70周年纪念日，也是中共中央作出《中央关于增强党性的决定》50周年纪念日。为了更好地贯彻党的十三届七中全会精神，增强党性，加强党的思想建设，辽宁《共产党员》杂志、《党建文汇》杂志党建信息研究中心和本报理论部在北京联合召开《中央关于增强党性的决定》学术研讨会。

中顾委委员冯纪新以及有关部门的负责同志高狄、薛驹、郑科扬、张云声、常延廷等出席了今天上午举行的开幕式。全国著名的优秀党员孔繁森、张子祥、邓凤兰、陈雅娟等和党史、党建方面的学者、专家40多人参加了研讨会。

《中央关于增强党性的决定》是1941年7月1日由中共中央政治局通过发布的。当时，中国共产党正领导着中国人民进行艰苦卓绝的抗日战争。为了实现党所担负的伟大历史使命，必须克服党内存在的各种非无产阶级思想和违反党性的错误倾向，使全党统一意志、统一行动、统一纪律，成为有组织的整体，所以中央作出了这个《决定》。

与会者指出，这个《决定》凝聚了以毛泽东为核心的党中央第一代领导集体在加强党的自身建设方面的经验和智慧。50年来，它培养和教育了几代共产党人，是我们党加强思想建设的一个极其重要的文献。时隔50年，重温这篇文献，对于指导我们党坚持党性原则，严肃党风党纪，提高全党的战斗力，更加富有成效地带领人民建设有中国特色的社会主义，仍然有重要的指导意义。今天，我们党面临着执政的考验、改革开放的考验，特别是反对和平演变的考验。在这一新的历史条件下，继承和发扬我们党的光荣传统，纠正违背党性原则的种种错误倾向和不正之风，对于改善和加强我们党的领导，更具有重大的现实意义。每个党员，尤其是领导干部，都必须自觉增强党性锻炼，把党的利益即阶级的、人民的利益看得高于一切。

怎样增强党性，与会者认为，首先要努力学习马列主义毛泽东思想，树立无产阶级世界观。更重要的是理论与实践相结合，在实践斗争中不断增强党性锻炼，像50年前《决定》提出的那样，"更加坚定自己的阶级立场，党的立场与党性。"

涿州社会治安综合治理网络化

泰安层层签定治安责任状

本报讯 河北省涿州市建立并健全横向到边、纵向到底的社会综合治理网络，使刑事案件和治安案件发案率明显下降，各类民事纠纷得到很好解决，受到上级领导机关多次表扬和嘉奖。

涿州市在社会治安综合治理中，首先建立起层层负责的领导网络。全市实行六大班子包乡、乡镇干部包村、农村党员和干部包户的责任制。

其次是建立纵横交织的防范网络。纵的方向就是把市直有关部门分成三个综合治理工作系统，即由宣传、广播、报纸、司法等部门组成宣传教育系统，由工、青、妇等部门组成化解矛盾、调处纠纷系统，由工商、税务、教育、民政等部门组成管理系统。横的方向是在全市450多个村街、厂店、企事业单位、集贸市场等建立以人民调解为基础的人民调解、法制宣传、法律服务3个组织。几年来，这3个组织共调处各类纠纷4800多起，把大量的矛盾解决在萌芽状态。

第三是建立点面结合的打击网络。为弥补警力的不足，全市充分发挥广大干部和群众的作用，动员他们同犯罪分子作斗争，有力地促进了全市社会治安的好转。（王岚）

本报讯 "人民群众安居乐业，中外游客纷至沓来。"著名风景旅游胜地山东省泰安市开展社会治安综合治理取得显著成效。

泰安市地处山东东西南北结合部，境内坐落着天下闻名的泰山，流动人口多，社会治安状况比较复杂。从去年初开始，他们在全市范围内组织开展了社会治安综合治理达标考核活动，层层签定责任状，一级考核一级，把社会治安综合治理的责任分解落实到每一个单位和具体人，使"综合治理"的方针，变成各行各业广大干部群众的实际行动。

去年，泰山还被上级批准为"安全山"、"文明山"。人民群众称社会治安秩序的好转是市委、市政府为民办的一件大好事。（何贵臣　翟松杰）

阿沛副委员长接受哥伦比亚电视记者采访时说

西藏享有最高自治权利

新华社拉萨六月三日电（记者多穷）全国人大常委会副委员长、西藏自治区人大常委会主任阿沛·阿旺晋美今天下午在拉萨假日酒店藏式接待厅接受了前来西藏参观采访的哥伦比亚电视记者埃克托尔·莫拉的采访。

阿沛在向莫拉先生介绍中央政府给予西藏地方政府的帮助时说，「西藏经济基础薄弱，不能自给自足。为此，中央政府从一九五二年开始到现在共为西藏地区拨款一百七十七亿多元。特别是一九八五年西藏自治区成立二十周年时，中央和全国许多省市援助西藏兴建了四十三项工程。现在，中央在财政紧张的情况下仍为西藏的建设继续投资。」

阿沛副委员长在回答莫拉先生提出的「西藏作为自治区享有哪些自治权」的问题时说，「中国有五十五个少数民族，有五个民族自治区和三十多个民族自治州，国家制定的《民族区域自治法》，充分体现了中国少数民族享有的自治权。西藏自治区享有最高的自治权利。」

当莫拉问阿沛副委员长对某些人提出的「西藏独立」持什么态度时，阿沛副委员长说，「西藏从元朝正式纳入中国版图，成为中国领土不可分割的一部分，已有七百多年历史。所谓「西藏独立」是毫无根据、毫无道理的。」

阿沛副委员长还回答了莫拉先生提出的其它问题。阿沛副委员长请莫拉先生转达他对哥伦比亚和拉美人民的问候。

接受采访结束后，阿沛副委员长按照藏族的传统礼节向客人献了哈达和礼品。

莫拉先生五月二十八日抵达拉萨后，先后参观采访了拉萨、日喀则、江孜等地。

为纪念中国共产党诞生70周年，浙江嘉兴集资320万元建造的嘉兴南湖革命纪念馆新馆舍最近落成。新馆舍面积3000平方米，以独特的造型矗立在南湖畔，将于"七·一"前开放。本报记者　孟仁泉摄

《新闻战线》、《河北日报》联合征文

探讨《如何办好党报》

本报讯 为了纪念中国共产党成立70周年，继承和发扬党和党报优良传统，更好地发挥党、政府和人民的耳目喉舌作用，把党报办得更好，《新闻战线》编辑部、河北日报编辑部于7月1日至11月30日联合举办《如何办好党报》有奖征文活动。

征文以江泽民、李瑞环同志关于党的新闻工作的讲话为指针，深入探讨在改革开放形势下如何办好党报（侧重省、市、自治区党报和计划单列市党报）的问题。要求来稿就党报工作的某一方面，如党报的观念、特色、传统、优势、导向、风格、队伍以及全党办报、新闻改革等，从理论和实践的结合上加以论述，有新意、有深度、有理论色彩。每篇以4000字左右为宜。欢迎党报工作者、党委及其宣传部的有关领导同志、研究党报的新闻理论工作者和党报的读者踊跃投稿。优秀稿件将在《新闻战线》上陆续刊登。征文设一等奖1名，二等奖5名，三等奖10名。来稿请写明作者姓名、单位、通讯地址、邮政编码，寄至北京市金台西路2号　人民日报社《新闻战线》编辑部《如何办好党报》征文办公室，邮政编码：100733　截稿日期为1991年11月30日（以邮戳为凭）。

田丁遗体告别仪式在京举行

新华社北京6月4日电 中国人民外交学会副会长兼秘书长、原驻巴基斯坦大使田丁的遗体告别仪式今天在北京医院举行。李鹏、吴学谦、姬鹏飞、王汉斌、王芳、钱其琛等送了花圈。送花圈的还有巴基斯坦议长阿尤布·汗和巴基斯坦驻华使馆临时代办沙默德。吴学谦、王汉斌、钱其琛、外交部和有关单位负责人、田丁同志的生前友好以及沙默德临时代办参加了遗体告别仪式。

田丁5月22日在陪同来访的巴基斯坦国民议会议长参观访问时，因隐性冠心病突发，猝然逝世，终年六十三岁。

田丁同志逝世后，巴基斯坦总统伊沙克·汗、总理谢里夫、议长阿尤布·汗等先后发来唁电或唁函。

郑重同志逝世

新华社武汉5月24日电 湖北省军区后勤部原政治委员郑重同志，因病于3月22日在武汉逝世，终年83岁。

郑重同志是湖北大悟县人，1928年参加中国工农红军，1929年加入中国共产党。历任分队长、科长、团政委、师参谋主任、军分区参谋长、师政委、军分区政委、司令员等职。他参加了鄂豫皖根据地反"围剿"斗争和二万五千里长征以及"中原突围"、挺进大别山等战役。

郑重同志是中国共产党的优秀党员，忠诚的共产主义战士。战争年代，他作战勇敢，不怕牺牲，为中国人民的解放事业做出了贡献。全国解放后，他坚决贯彻执行党的路线、方针、政策，与党中央保持高度一致。他坚持原则，实事求是，联系群众，严于律己，保持和发扬了我党我军的光荣传统。

外事简讯

▲国务委员兼国防部长秦基伟上将和中国人民解放军总参谋长迟浩田上将，3日下午在北京分别会见了巴基斯坦参谋长联席会议主席赛罗希海军上将一行。中国人民解放军副总参谋长何其宗中将参加了会见。赛罗希是应迟浩田的邀请前来中国进行访问，于2日抵达北京的。3日上午，迟浩田为欢迎赛罗希来访主持了欢迎仪式。仪式后，赛罗希上将向人民英雄纪念碑敬献了花圈，并瞻仰了毛泽东主席的遗容。

▲中共中央政治局委员、国务院副总理吴学谦3日晚上在北京会见并宴请以总书记霍拉西·科林巴为团长的坦桑尼亚革命党代表团。这是科林巴去年8月任总书记后第一次访华。

吴学谦说，中坦两国有着长期的友好合作关系，中国党和政府十分重视这种关系，并希望这种关系世世代代发展下去。科林巴说，坦桑尼亚人民对中国怀有深厚的感情，中国的建设经验对坦桑尼亚有很大的借鉴作用。他希望坦中友谊长期保持和发展下去。

▲应朝鲜最高人民会议常设会议邀请，由彭冲副委员长率领的全国人大代表团3日乘火车离京前往朝鲜进行正式友好访问。

▲全国政协副主席钱正英3日上午在北京会见了由文化基金会主席、著名作家布祖拉率领的罗马尼亚文化基金会代表团。罗马尼亚客人应中国人民对外友好协会邀请于5月27日来访。

▲墨西哥著名响板舞蹈家索尼娅·阿梅利奥3日晚在北京的精彩表演使不少中国观众为之倾倒。响板是墨西哥、西班牙民间乐器中最古老的打击乐器之一，通常只在民间舞蹈中起伴奏作用。索尼娅3日不仅用响板熟练地表演了墨西哥、西班牙的民族民间乐曲，还表演了欧洲著名作曲家莫扎特、贝多芬和巴赫等人的著名乐曲。

▲中央军委副主席刘华清上将4日在钓鱼台国宾馆会见了巴基斯坦参谋长联席会议主席赛罗希海军上将一行。

在亲切友好的气氛中，刘华清上将说，中国人民和军队一向十分珍视同巴基斯坦人民和军队的友谊，不论国际风云如何变化，他们一直保持着非常好的关系。他指出，这次赛罗希上将来中国访问本身就体现了这种友好关系。中国人民解放军副总参谋长何其宗中将参加了会见。（据新华社）

体育

全国田径锦标赛又有喜讯

沈毅刷新男子四百米栏全国纪录

本报北京6月4日讯 今天下午4时，先农坛体育场内再传捷报。广东选手沈毅在全国田径锦标赛男子400米栏决赛中，以49秒49的成绩刷新了自己去年创造的50秒20的全国纪录，成为我国该项目第一个突破50秒大关的运动员。

今天另外6项决赛，运动员都发挥一般，没有惊人之举。其中湖北的赵存林一马当先，成为男子200米决赛的金牌得主，成绩是21秒18；江苏中跑好手韩波在男子800米决赛中跑出1分50秒20，获得第一名。女子径赛颇为激烈，尤其是百米决赛，各路人马实力相当，广西姑娘尚业华以0.04秒的微弱优势战胜了对手，成绩是11秒58；400米决赛的桂冠为湖北选手黄艳红摘得，成绩为52秒48。

女子铁饼决赛成绩可人，江西的闵春凤以65米24夺得冠军。在女子三级跳远决赛中，天津的李惠荣虽以14米42的成绩拿到了第一，但由于逆风及其他原因未能打破自己保持的世界最好成绩（14米54），不免有些遗憾。

明天将决出最后15个项目的奖牌归属。

（马大鹰　刘小明）

乒乓明星巡回赛瑞典选手林德夺冠

新华社拉各斯6月2日电 中国选手于沈潼今天获得世界乒乓球明星巡回赛拉各斯一站比赛的亚军，冠军由瑞典选手林德夺得。

中国选手陈龙灿在第一轮比赛中被同伴马文革淘汰。第二轮比赛，马文革又以20∶22和7∶21败给了瑞典的林德。在决赛中，林德以21∶18、15∶21、21∶12和21∶16击败于沈潼。

96米96——芬选手破标枪世界纪录

新华社赫尔辛基6月2日电 芬兰选手塞·拉蒂2日在芬兰打破男子标枪世界纪录。

新纪录为96米96。原纪录为91米98，是由塞·拉蒂本人于今年5月6日在日本静冈国际超级田径赛上创造的。

世界桥联主席向万里委员长颁奖

新华社广州6月4日电（记者李晴扬、何惠飞）世界桥牌联合会主席多尔希今晚在广州市花园酒店，向获得1990年第五届埃普森世界同场双人桥牌通讯赛亚军的中国人大常委会委员长万里颁发了奖章和奖品。

万里委员长是和荣乐弟合作，在1990年6月举行的第五届埃普森世界同场双人桥牌通讯赛北京赛区的比赛中，以2011分的成绩获得亚军的。

各路强手云集　古城喜摆擂台

国际拳击邀请赛在西安举行

本报西安6月3日电 记者孟西安报道：1991年中国白杨杯国际拳击邀请赛今晚在古城西安开幕。这次邀请赛是国际拳联的A级系列赛，也是我国首次举办国际拳联认可的国际拳击邀请赛。参加比赛的有9个国家和地区的12个队，87名运动员将进行12个级别的角逐。

14名拳手参加了4个级别的首场比赛。日本队的松岛胜之、长岛浩和泰国队的塞潘分别战胜了各自的对手。中国3队的蒙古族拳手巴特尔和来自陕西的拳手庞晓弟、宋建琳，分别战胜南朝鲜的金其洙、巴基斯坦队的阿里·拉扎和香港队的黎肇荣；杨志败给泰国队的波米。

本报西安6月4日电 西安国际拳击邀请赛今天又进行了13场交锋。

中国51公斤级选手刘刚、朱宁海和67公斤级选手潘明轻取对手，48公斤级的夏传勇、51公斤级的马佳、67公斤级的毕晓峰和宋建琳遭淘汰，60公斤级的刘栋以17∶16险胜对手。（彭静亚）

象棋冠军邀请赛柳大华抽签得冠军

本报桂林6月4日电 "银荔杯"象棋冠军邀请赛今天结束。上海的胡荣华和湖北的柳大华积分相同，加赛快棋决冠军又下成和局。经抽签柳大华夺得冠军，胡荣华为亚军，李来群第3，徐天红第4，吕钦第5。

今晚快棋赛上，老将胡荣华思路清楚，进攻线路畅通。柳大华同胡荣华多次周旋，化解攻势。半小时后两人握手言和。根据比赛规定，快棋下和以抽签决胜负，柳大华夺魁，捧走"银荔杯"。

在大陆居住的台湾人超过两年者仍可返台

新华社北京6月4日电 据台湾报纸报道，台湾当局将允许在大陆居住超过2年的台湾人重返台湾居住。台湾"行政院陆委会"已就此事授权"入出境管理局"研究处理。

"陆委会"副主任谢生富日前表示，台湾当局正在拟定的"两岸人民关系条例草案"中曾规定，台湾人在大陆居留超过2年就变成大陆人，"草案"虽然还没有立法生效，但台湾有关部门目前对这类人的申请回台案已依此处理，以致产生去大陆超过2年的台湾人回不了台湾的问题。然而，这些人大部分是老兵，他们返回大陆多为探亲而滞留时间过长，想再回台湾却不得其门而入的问题确实需要解决。

谢生富说，"陆委会"已决定今后对此类申请放宽处理，老兵或是到大陆经商、投资的人在大陆居留超过2年，应大致可获准回台。

江青自杀身亡

新华社北京六月四日电 本社记者获悉，林彪、江青反革命集团案主犯江青，在保外就医期间，于一九九一年五月十四日凌晨，在北京她的居住地自杀身亡。江青在一九八一年一月被最高人民法院特别法庭判处死刑，缓期二年执行，剥夺政治权利终身，一九八三年一月改判无期徒刑，一九八四年五月四日保外就医。

沉痛哀悼金日成主席逝世

抗日战争时期的金日成同志。 新华社发

平壤百万群众向金日成遗体告别

据新华社平壤7月19日电 （记者戚德良、禹浩荣、姬新龙）平壤市今天隆重举行向金日成主席遗体告别仪式。100多万市民冒着烈日聚集在街道两旁为自己的领袖送行。

告别仪式从上午9时许开始。安放金日成主席遗体的紫木棺由一辆铺满白菊花的黑色小轿车运送。灵车在6辆护卫车和数十辆摩托车的护送下，从锦绣山议事堂出发，缓缓驶过平壤市长达40多公里的主要街道。灵车经过时，街道两旁送别的群众中发出一片痛哭声。他们之中有满头银发的老人，胸戴红领巾的少年以及人民军官兵。

朝鲜党政军领导人和金日成主席治丧委员会的成员参加了今天的告别仪式。各国驻朝鲜的外交使节也参加了今天的告别仪式。

金日成主席7月8日逝世后，每天到安放着金日成遗体的锦绣山议事堂和矗立着金日成铜像的万寿台悼念的人群络绎不断。仅在万寿台铜像前悼念的群众就有100多万人次。

7月20日将在平壤为金日成主席举行追悼大会。

金日成同志是中国人民的老朋友，他多次访问中国。图为他一九八二年九月访问中国时，在邓小平同志陪同下参观中国成都峨眉机械厂。 新华社记者 孙忠靖摄

建国后，金日成同志领导朝鲜人民进行了社会主义建设事业。图为他在视察黄州郡龙川合作社农场时与农民交谈。 新华社发

金日成同志是朝鲜人民军的缔造者。图为他同人民军官兵在一起。 新华社发

美俄关系乍暖还寒

古平

日前，美国和俄罗斯围绕俄国从爱沙尼亚撤军之事又闹了一场风波。

美国国会13日通过决议，以停止对俄援助相要挟，督促俄罗斯如期于8月底从爱沙尼亚撤军。对此，俄议会针锋相对地发表声明，指责其美国同行"干涉俄罗斯和爱沙尼亚两国内政"。在美俄政府方面，叶利钦总统的发言人批评美国国会的决议"不负责任"，可能"损害"俄美关系；美国国务院则坚持说，俄军能否如期撤出爱沙尼亚是对美俄关系的"重大考验"。

其实，美俄两国之间的这场风波已早露端倪。本月初，克林顿总统访问拉脱维亚期间，除表示美国将全力支持波罗的海三国，并拨款5000万美元帮助它们发展经济之外，还说美国要出资建立一支"维和部队"，由"美国士兵和波罗的海三国军队"共同保障该地区的安全。随后，在七国首脑会议期间联合举行的记者招待会上，克林顿当着叶利钦的面居然越俎代庖，说他"相信"俄国会如期从爱沙尼亚撤军。叶利钦则毫不客气地表示，在俄语居民人权状况得到改善之前，俄军不会撤出这个国家。

本来，俄军已全部撤出立陶宛，下个月将撤出拉脱维亚。而俄国从爱沙尼亚撤军的谈判则较为困难，因为牵涉到爱沙尼亚提供财政补偿以及俄退休军官的社会保障等复杂问题。而且，从更为广泛的意义上还涉及到俄罗斯如何处理同前苏联其他加盟共和国的关系这个大问题。在俄罗斯和爱沙尼亚这两个主权国家这场有关撤军的纠纷中，美国公开支持一方而向另一方施加压力，这在国际关系中是不多见的。连美国副国务卿塔尔博特也认为，美国国会以停止经援向俄罗斯施压不是"好办法"。

美国国防部长佩里明确表示，美国目前对俄奉行的是一种"实用主义"外交政策。它一方面适度支持俄罗斯的改革，并在波黑冲突等重大国际问题上寻求俄罗斯的合作；同时，它又担心俄国恢复实力，在独联体和东欧再次坐大，所以又要约束它，给它出难题。而从俄罗斯方面看，它目前虽然在经济上很困难，但仍是一个具有重大政治军事分量的大国，它不会甘心受制于人，在有关地缘政治利益的重大问题上轻易向美国让步。美俄围绕俄军撤出爱沙尼亚而爆发的这场风波，为它们之间这种既合作又竞争的关系现状提供了一个新的例证。

由此看来，美国和俄罗斯虽然通过签署一系列文件正式确立了"和平伙伴关系"，但两国根本利益的调整却远不会像签署一纸协议那么容易。阴晴不定、乍暖还寒似乎就是当前乃至近期之内美俄关系的正常状态。

国际论坛

拉宾希望以约和谈取得进展

据新华社耶路撒冷7月18日电 以色列总理拉宾今天在与来访的美国国务卿克里斯托弗举行会谈后对以色列电台发表谈话说，他希望今天开始的约以双边会谈和他25日与约旦国王侯赛因的会晤能取得重大进展。

以色列和约旦今天上午在两国南端边界地区开始就有关边界划分、水资源、安全和环境问题举行会谈。这是自1991年10月马德里中东和会以来双方首次在两国边界地区公开举行双边会谈。

克里斯托弗今天抵达以色列，开始新一轮中东之行，以期打破叙以和谈僵局。为此，他将分别在特拉维夫和大马士革与双方领导人举行会谈。

穆克接受五国方案 塞族要求继续谈判

本报帕莱7月19日电 记者**胡锡进**报道：波黑穆族议会和穆—克联邦议会18日分别作出决定，接受美、俄等5国提出的波黑和平方案。

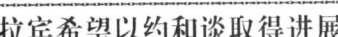

波黑塞族议会也讨论了5国方案。塞族新闻部长多霍里向记者宣布，议会通过一项声明，将作为信件转交5国协调小组，但他拒绝透露信件的任何内容。

据某议员向本报记者透露，塞族议会同意将5国方案作为继续谈判的基础；塞族议会在声明中同意接受分割波黑，要求5国拿出版图和宪法原则"一揽子方案"，并要求就一些领土问题继续谈判。

约以谈判讨论细节问题

据新华社艾因·埃夫罗纳（约以边界）七月十八日电 （记者**怀成波**、**谢栋风**）约旦和以色列两国代表团今天分成边界、安全和水资源、能源和环境三个小组委员会，具体讨论双边关系和未来经济合作的细节问题。会谈将于明天继续进行。

这是以色列代表团团长鲁宾斯坦和约旦代表团团长塔拉乌纳在今天下午会谈结束时联合举行的记者招待会上宣布的。

今天的会谈是约以双方自一九九一年马德里中东和会以来首次在两国边界地区举行双边会谈。会谈除讨论双边关系和经济合作问题外，并为二十日约旦、以色列和美国三国外长会晤和二十五日拉宾总理同侯赛因国王的最高级会谈作准备。

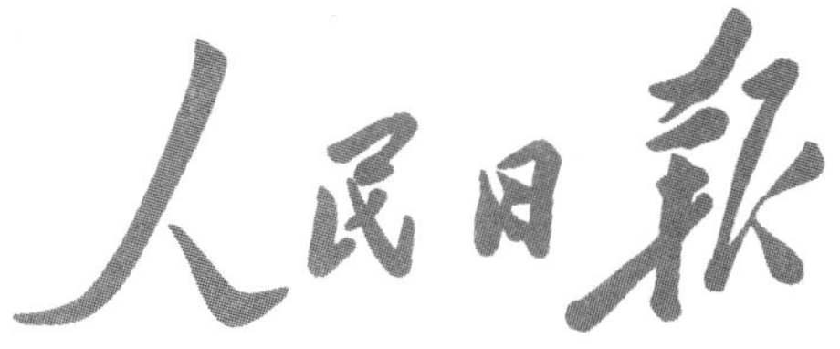

RENMIN RIBAO

人民网　网址：http://www.people.com.cn
手机：http://wap.people.com.cn

2011年12月
20
星期二
辛卯年十一月廿六
人民日报社出版
国内统一连续出版物号
CN 11-0065
第23173期(代号1-1)
今日24版

中共中央电唁金正日逝世

向全体朝鲜人民致以最深切的哀悼和最诚挚的慰问

新华社北京12月19日电　中共中央、全国人大常委会、国务院、中央军委19日向朝鲜劳动党中央委员会、朝鲜劳动党中央军事委员会、朝鲜民主主义人民共和国国防委员会、朝鲜民主主义人民共和国最高人民会议常任委员会、朝鲜民主主义人民共和国内阁发唁电，沉痛悼念朝鲜劳动党总书记、国防委员会委员长、朝鲜人民军最高司令官金正日同志。外交部长杨洁篪19日约见朝鲜驻华使馆临时代办朴明浩，转达了唁电。唁电全文如下：

平壤
朝鲜劳动党中央委员会
朝鲜劳动党中央军事委员会
朝鲜民主主义人民共和国国防委员会
朝鲜民主主义人民共和国最高人民会议常任委员会
朝鲜民主主义人民共和国内阁：

惊悉朝鲜劳动党总书记、国防委员会委员长、朝鲜人民军最高司令官金正日同志不幸与世长辞，我们谨以无比沉痛的心情向全体朝鲜人民致以最深切的哀悼和最诚挚的慰问。

金正日同志是朝鲜劳动党和朝鲜民主主义人民共和国的伟大领导者，他把毕生精力献给了朝鲜人民建设朝鲜式社会主义强盛国家的伟大事业，建立了不朽的历史功勋。

金正日同志是中国人民的亲密朋友，他以极大热情继承和发展了由两国老一辈革命家亲自缔造和培育的中朝传统友谊，同中国领导人结下了深厚友谊，有力地推动了中朝睦邻友好合作关系不断向前发展。中国党、政府和中国人民对金正日同志的逝世深感悲痛，中国人民将永远怀念他。

金正日同志虽已溘然长逝，但他将永远活在朝鲜人民心中。我们相信，朝鲜人民必将继承金正日同志的遗志，紧密团结在朝鲜劳动党的周围，在金正恩同志领导下，化悲痛为力量，为建设社会主义强盛国家，实现朝鲜半岛的持久和平继续前进。

中朝两国山水相连、休戚与共，不断巩固和发展中朝传统友好合作关系是中国党和政府的一贯方针。我们坚信，在双方共同努力下，中朝两党、两国和两国人民的友谊必将继续巩固和发展下去。中国人民将永远与朝鲜人民站在一起！

金正日同志永垂不朽！

中国共产党中央委员会
中华人民共和国全国人民代表大会常务委员会
中华人民共和国国务院
中华人民共和国中央军事委员会
二〇一一年十二月十九日于北京

央企业绩指标创历史新高

前11月实现营业收入18.4万亿元，同比增长22.6%
累计实现净利润8317.9亿元，同比增长3.6%

本报北京12月19日电　（记者**陆娅楠**）记者从19日召开的中央企业负责人会议上获悉：今年中央企业生产经营总体上保持平稳较快增长，主要经济指标创历史新高。1—11月，中央企业累计实现营业收入18.4万亿元，同比增长22.6%；累计实现净利润8317.9亿元，同比增长3.6%。截至11月底，中央企业资产总额达到27.8万亿元，同比增长16.5%；净资产10.5万亿元，同比增长12.8%。

在生产经营持续稳定发展的同时，央企还积极履行社会责任，为增加财政收入、保障市场供应、支持民生工程建设等做出积极贡献。今年1—11月，中央企业上交税金1.52万亿元，同比增长24.8%，增速高于营业收入2.2个百分点，高于净利润21.2个百分点。

今年央企国际化经营也取得新进展。据初步统计，1—11月中央企业在境外（含港澳地区）营业收入3.4万亿元，实现利润总额1280亿元，同比分别增长30.7%和28%，增速均高于境内同类指标；中央企业海外原油权益产量6604.3万吨，天然气权益产量176.3亿立方米，海外工程新签合同额2797.5亿元，同比分别增长16.9%、19.8%和9.7%。

国资委主任王勇介绍，在全球经济增速放缓、市场需求下跌、成本刚性上升、通胀压力加大、金融市场震荡、信贷政策持续收紧等不利因素影响下，央企今年的成绩来之不易。2012年，中央企业要着力抓好应对复杂经济形势的各项措施，保持生产经营平稳较快增长。在改革调整方面，将继续推动具备条件的中央企业加快主营业务整体上市，探索实施任期激励和非上市企业中长期激励，完善职工收入分配调控机制，进一步提升企业发展质量和效益。在科技创新方面，央企将集中资源和力量，力争突破一批关键核心技术。在管控机制建设方面，将深化全员业绩考核，确保国有资产保值增值责任全覆盖。

朝鲜最高领导人金正日逝世

本报平壤12月19日电　（记者**周之然**）据朝鲜中央通讯社19日报道，朝鲜最高领导人金正日于12月17日8时30分（北京时间7时30分）因积劳成疾，在视察途中不幸逝世。

报道说，金正日为建设强盛国家和改善人民生活废寝忘食、呕心沥血，进行了现场指导的超强行军，因精神和体力上的过度劳累，17日在视察的路上，重症急性心肌梗塞突发，导致严重的心脏休克并发，经抢救无效于17日不幸逝世。18日进行了病理解剖，确定了上述疾病诊断。

报道说，朝鲜劳动党中央委员会、朝鲜劳动党中央军事委员会、朝鲜民主主义人民共和国国防委员会、最高人民会议常任委员会、内阁发表了《告全体党员、人民军官兵和人民书》。《告全体党员、人民军官兵和人民书》表示，金正日同志突然逝世，是"朝鲜党和革命的最大损失，朝鲜人民和整个民族的最大悲痛"。

报道说，朝鲜17日成立了国家治丧委员会，决定将金正日遗体安放在锦绣山纪念宫，将12月17日至29日定为哀悼期，12月20日至27日举行吊唁，28日在平壤举行告别仪式，29日举行中央追悼大会。哀悼期间，全国的所有机关、企业举行吊唁活动，下半旗志哀，同时停止一切歌舞、游戏、娱乐活动。平壤市举行中央追悼大会时，各道、市、郡同时举行追悼仪式。

《告全体党员、人民军官兵和人民书》说，朝鲜将在金正恩同志的领导下，化悲痛为力量，克服当前的困难，为取得主体革命的伟大新胜利而更加坚强地展开斗争。全体党员、人民军官兵和人民要忠心拥护尊敬的金正恩同志的领导，坚决维护和更加坚如磐石地巩固党、军队和人民的团结。

金正日生于1942年2月16日。1997年10月8日他出任朝鲜劳动党总书记，2010年9月28日连任。

中央军委主席胡锦涛签署命令
给一个单位两名个人授予荣誉称号

新华社北京12月19日电　中华人民共和国中央军事委员会主席胡锦涛日前签署命令，给1个单位、2名个人授予荣誉称号。

授予广西军区边防某团八连"卫国戍边模范连"荣誉称号。命令中指出，八连在新形势下大力弘扬扎根边防、建设边防、奉献边防的精神，着眼实战真抓实备，2005年以来连队先后17次受到军以上单位表彰，年年被评为基层建设标兵单位、战备工作先进单位、军事训练一级单位，荣立二等功1次，党支部2次被评为全军先进基层党组织，团支部被评为全国五四红旗团支部。八连全面建设过硬，完成任务出色，是模范践行当代革命军人核心价值观、忠实履行卫国戍边使命的杰出代表。全军和武警部队要努力向八连学习。学习他们高举旗帜、听党指挥的坚定政治信念，坚持不懈地用中国特色社会主义理论体系武装头脑，始终保持部队建设的正确方向；学习他们苦练精兵、矢志打赢的强烈使命意识，毫不放松地抓好军事斗争准备，不断提高遂行多样化军事任务的能力；学习他们严守纪律、恪尽职守的优良作风，忠实践行我军全心全意为人民服务的根本宗旨，圆满完成党和人民赋予的各项任务。

追授空军航空兵某师装备部原副部长徐建平同志"模范机务干部"荣誉称号。命令中指出，徐建平同志几十年如一日，孜孜不倦地学习新知识新技能，是机务战线拔尖的复合型人才；他对待工作一丝不苟，先后检查排除各类故障隐患1000余起；他敢于较真碰硬，在接装、监修等难度大、责任重的工作上勇于坚持原则，（下转第四版）

中央军委主席胡锦涛签署通令
给六个单位十二名个人记功

新华社北京12月19日电　中华人民共和国中央军事委员会主席胡锦涛日前签署通令，给6个单位、12名个人记功。

给在单位建设取得显著成绩和完成任务中做出突出贡献的63612部队、空军八一飞行表演队、空军某飞行学院三团、国防大学马克思主义研究所记一等功，63680部队接船一大队记二等功，海军某试验区记三等功。

给在本职岗位上做出突出成绩的装甲兵工程学院控制工程系电气工程教研室教授臧克茂、军事医学科学院毒物药物研究所所长李松、海军东海舰队航空兵某团副团长孙自武、空军某试飞团副参谋长李刚记一等功，给第二军医大学药学系药理学教研室教授苏定冯记二等功，给海军总医院专家组顾问、主任医师杨晔记三等功。

给在科研工作中取得显著成绩的第四军医大学航空航天医学系心理学教研室主任苗丹民记一等功，海军工程大学某研究所所长马伟明记一等功，给总后卫生部副部长王玉民，解放军总医院南楼临床部呼吸内科主任刘长庭，军事医学科学院放射与辐射医学研究所辐射生物技术研究室主任王升启，海军装备研究院院长汪玉记二等功。

严格履行党章选好党的十八大代表

本报评论员

目前，党的十八大代表选举工作正在陆续展开。中央强调，做好十八大代表选举工作，必须履行党章、发扬民主、加强领导、选好选优，突出代表的政治先进性、党员代表性。把握和落实这一总的要求，最根本的是要严格履行党章。

党章是立党、治党、管党的总章程。党章对党内政治生活、组织制度等重大问题作出了明确规定，是全党在思想上、政治上、组织上必须遵循的根本准则。党章规定了党的全国代表大会的职权，规定党的代表大会代表实行任期制。党的十八大代表责任重大、使命光荣。按照党章要求，党的代表大会代表的选举产生，要坚持民主集中制，充分体现党员的意愿。代表选举工作政治性、政策性和程序性都很强，只有严格履行党章，按有关规定办事，才能确保选举工作顺利进行，确保选出的代表符合中央要求、广大党员拥护。这是党代会代表选举的一条基本经验，也是搞好这次代表选举工作的根本保证。

严格履行党章选好十八大代表，就是要把党章要求贯穿代表选举的各个方面。各选举单位党组织要以党章为根本标准，严把代表政治素质关，重点看能否模范遵守和贯彻党章、按照党章标准严格要求自己，能否坚决执行党的路线方针政策、与党中央保持高度一致，能否自觉践行党的根本宗旨和社会主义核心价值体系、得到党员群众公认，能否充分发挥共产党员先锋模范作用、在生产和工作中作出显著成绩，能否正确行使党员的民主权利、忠实履行代表职责。要以党章为根本遵循，严格按照代表产生的规定程序和要求，坚持自下而上、上下结合、反复酝酿、逐级遴选，做好推荐提名、组织考察、确定代表候选人初步人选和预备人选以及选举代表等各个环节工作，真正把那些政治立场坚定、品德作风优良、工作业绩突出、党员群众公认的党员选为十八大代表。

各级党组织特别是主要负责人要切实增强党章意识，自觉遵守党章规定，引导广大党员学习党章、遵守党章、贯彻党章、维护党章，依据党章正确行使民主权利，忠实履行党员义务，积极参与、共同做好十八大代表选举工作。要抓住并用好十八大代表选举这一契机，引导广大党员落实党章要求，进一步学习先进模范、加强党性锻炼、弘扬优良作风、增强先进意识，真正使十八大代表的产生过程，成为党性党风党纪教育的过程，成为党内民主实践和民主集中制教育的过程，成为保持和发展共产党员先进性、巩固和扩大深入学习实践科学发展观活动和创先争优活动成果的过程。

9年来，在武汉协和医院，数百位白血病患儿延续了学习——
病房里的特殊学校

本报记者　杨　宁

12月19日，记者走进武汉协和医院"爱心病房学校"。这所"学校"，其实就设在医院的一间病房里。房间里整齐地摆着课桌，墙上贴着孩子们的作品。来自武汉工业学院的志愿者姚瑞珊，正在教白血病患儿小宇写字。她说，学校的青年志愿者协会组织大学生来上课，到她已经是第七年了。

"每年医院都要收治几百名白血病患儿，治疗要耗时1年半到3年。正值学龄的孩子无法上学，治疗过程又很痛苦，不少孩子一天到晚一句话都不说。"儿童血液病房的护士长李亚农介绍，"而且不少患儿痊愈之后，有的因为跟不上课程出现了厌学、逃学等情况。"于是，病房里的爱心学校在2002年诞生了。

学校的创办人之一金润铭说，这所特殊的学校，为数百位白血病患儿在长达几年的间断性住院期间延续了学校的学习，不仅为他们带来了快乐和希望，还让病儿及家长感受到社会的关爱，增强了治疗的信心。

"有退休校长，有大学生，还有公务员……很多人都愿意来做志愿者。"大家职业不同、身份不同、年龄不同，但是帮助白血病患儿的那颗善良的心，是相同的。9年来，进入爱心学校的患儿多达10800人次，而志愿者多达13000人次，涵盖了武汉地区几乎所有高校和部分社会热心人士。

武汉工业学院的志愿者路念在教孩子认字。　本报记者　杨　宁摄

李亚农介绍，因为患儿治疗时间不固定，爱心学校为患儿制定了独立的学习计划，并灵活安排上课时间。除了常规的语文、数学等科目外，孩子们还能学到音乐、美术和舞蹈等课程。每个志愿者来上课之前都要消毒、戴口罩，医院做了很多工作来保障患儿和志愿者的安全。"9年来我们没有出现过一例因为志愿者而导致的感染情况。"李亚农说。

6岁的小高患白血病已经一年，因为治疗没时间去上学。他的妈妈说："很感谢这些志愿者给他们补课，孩子不仅学到了知识，更重要的是得到了安慰与鼓励。"

如今，爱心学校除了传递知识以外，每逢重大节假日，还组织孩子们外出郊游、举办各种文艺活动。每次医护人员都带上氧气袋、药品、注射器等急救物品，确保这些长年生活在病房的孩子也能像健康孩子一样，感受到大自然的美好和节日的快乐。

道德力量　温暖你我

当起"调研员"、"参谋长"、"办事员"
广东万名干部驻村3年大调研促发展

本报广州12月19日电　（记者**刘泰山**）"叮铃铃，叮铃铃……"一串清脆的自行车铃声，划破冬日山乡的宁静，传到福堂镇荣丽村村民耳边。"欧阳来了！"村民们纷纷围拢来，讨论今冬收成。荣丽村是粤北连山壮族瑶族自治县一个贫困山村，骑车的是广东省邮政公司驻村干部欧阳翔。当前，广东穷乡僻壤活跃着11000多名与欧阳翔一样的驻村干部，起早摸黑，"抓班子、促发展、保稳定、帮脱贫"。

近年来，"三门式"（家门、校门、机关门）干部增多，缺少基层历练，缺少改革冲劲，难以适应"推动转型升级、建设幸福广东"的形势需要。中共中央政治局委员、广东省委书记汪洋认为："一些干部学历越来越高，解决实际问题的能力越来越弱；通讯手段越来越发达，离群众却越来越远。"

2009年6月，广东以"下乡调研、驻村扶贫"为平台，以"锤炼党性、增长才干"为核心，谋划干部培养方式"转型"，提出"规划到户，责任到人"，"一手抓扶贫，一手抓党建"。全省选派3541个扶贫工作组、11524名干部，进驻3409个贫困村，推动扶贫开发，统筹城乡发展。

干部下乡，一驻3年，不走过场。广东颁布干部驻村考核、管理等10多个规范性文件，把调研帮扶作为"试金石"、"炼丹炉"。

"眼睛向下，身体下沉"，密切了党群、干群关系。中山市345名干部进驻汕尾市农村。肇庆市726名年轻驻村干部，与村民"新三同"——"同商、同吃、同建"。

群众"脱贫"，干部"脱困"，共进双赢。处在发展转型期，广东干部不当"指挥员"、"传声筒"、"走读生"，要当"调研员"、"参谋长"、"办事员"。迄今，全省3409个贫困村，96%实现脱贫；157万贫困人口，86%实现脱贫。

朝鲜人民沉痛哀悼金正日逝世

本报驻朝鲜记者　周之然

朝鲜中央通讯社19日发布消息说，朝鲜最高领导人金正日于2011年12月17日8时30分（北京时间7时30分）因积劳成疾，于视察途中在列车上不幸逝世。消息说，金正日为建设强盛国家和改善人民生活废寝忘食、呕心沥血，因精神和体力上过度劳累，在专列上突发急性心肌梗塞，并发严重心脏休克，经抢救无效不幸逝世。

消息传出后，朝鲜首都平壤陷入一片悲痛当中。记者驱车前往平壤街头，发现只要有金日成主席和金正日总书记画像的地方，都有大批平壤市民在进行哀悼活动。他们表情非常悲伤，许多人都放声大哭，其中老人和妇女的情绪尤为激动，泣不成声。还有的人甚至已经站不住了，趴在冰冷的地面上抽泣。在平壤万寿台金日成主席铜像处，站满了前来进行哀悼的市民，从远处就能很清晰地听到人们哭泣的声音。由于市民太多，这里多了许多维持秩序的工作人员。人们有秩序地来到铜像前献花哀悼。许多人在金日成铜像前长跪不起，工作人员不得不一再催促他们离开，以便其他市民来此哀悼。还有的民众几度昏厥过去，不得不接受紧急救治。据记者了解，许多平壤市民从得知金正日逝世的噩耗后就一直在哭泣。

平壤街上的行人及车辆较以往少了许多，就连平时排长队的候车站也没有几个人，街旁的饭店、商店和便民小吃部等场所全部关门歇业，所有悬挂朝鲜国旗的地方都已经降半旗表示哀悼。朝鲜中央电视台播放的画面显示，许多市民在接受采访时泣不成声，不愿相信这个事实。但是市中心万寿台建筑工地仍在施工，街上也有环卫人员在打扫卫生，一些日常事务仍在进行。平壤给人的感觉是悲伤、安静、有序。

朝中社在报道金正日逝世消息的同时，呼吁朝鲜人民要拥戴金正恩。报道称，主体革命事业的伟大继承者、朝鲜党和军民卓越的领导者金正恩同志的领导，是世世代代出色地继承和完成金日成主席开辟和金正日同志胜利领导的主体革命事业的决定性保证。朝鲜人民要在金正恩同志的领导下，化悲痛为力量，克服当前的困难，为取得主体革命的伟大新胜利而更加坚强地展开斗争。全体党员、人民军官兵和人民要忠心拥护尊敬的金正恩同志的领导，坚决维护和巩固党、军队和人民的一心团结。

一位平壤市民在接受朝中社记者采访时表示，朝鲜人民将在金正恩同志的领导下，更加努力斗争，化悲伤为力量和勇气，战胜今天的困难，实现伟大的胜利。这位平壤市民的话也代表了许多朝鲜民众的心声——朝鲜人民虽然因失去自己敬爱的领导人而陷入万分悲恸之中，但是他们也正鼓足勇气去克服困难，继续前进。

（本报平壤12月19日电）

朝鲜最高领导人金正日

金正日于1942年2月16日出生在中朝边境白头山密营，1950年9月至1960年就读于平壤红旗万景台革命学院和平壤南山中学，1964年毕业于金日成综合大学政治经济系。

1964年6月至1974年2月，金正日先后任朝鲜劳动党中央委员会科长、副部长、部长、朝鲜劳动党中央委员会书记、朝鲜劳动党中央委员会政治委员会委员。从1980年10月起，他历任朝鲜劳动党中央委员会政治局常委、书记。1982年至1998年，他被选为历届朝鲜最高人民会议代表。1990年12月至1993年4月他先后担任朝鲜人民军最高司令官、国防委员会第一副委员长和委员长。1997年10月8日他出任朝鲜劳动党总书记，2010年9月28日连任。

金正日曾于1975年和1982年两次被授予"共和国英雄"称号。1992年4月他获朝鲜民主主义人民共和国元帅称号。他还曾三次被授予金日成勋章并获得过金日成奖及其他勋章、奖章和称号。

（据新华社电）

为中越政党交流注入新动力

——王家瑞就习近平访问越南接受专访

本报北京12月19日电　（记者**杜尚泽**）应越南共产党中央委员会、国家副主席阮氏缘邀请，中共中央政治局常委、国家副主席习近平将对越南进行正式访问。19日，记者就此专访了中共中央对外联络部部长王家瑞。

记者：首先请您介绍一下中越两党两国关系。

王家瑞：今年是中越关系正常化20周年。20年来，在"长期稳定、面向未来、睦邻友好、全面合作"十六字方针和"好邻居、好朋友、好同志、好伙伴"四好精神指引下，中越建立和发展了全面战略合作伙伴关系。双方保持高层交往，增进政治互信，推动经贸互利合作，互学互鉴治党治国理论和经验，加强政党干部交流合作，在文化、教育、军事、执法安全等领域开展富有成效的合作，成功解决陆地边界和北部湾划界问题，在重大国际和地区问题上保持沟通和协调。

中越两国社会制度相同、理想信念相通、发展道路相近。中越两党两国关系长期稳定健康发展，有利于促进两国共同发展，有利于振兴社会主义事业。今年10月，胡锦涛总书记同来访的越共中央总书记阮富仲就新形势下增进政治信任、促进互利合作、妥善处理分歧深入交换意见，达成重要共识。中国党和政府始终从战略高度和长远角度看待中越关系，愿同越南党、政府和人民一起，本着世代友好精神推进全面合作，把两党两国老一辈领导人共同缔造和精心培育的中越关系维护好、巩固好、发展好。

记者：请您谈谈此访对推动中越两党两国关系发展的重要意义。您认为新形势下应如何推进中越两党交流合作？

王家瑞：中共中央政治局常委、国家副主席习近平即将对越南进行的访问，是今年中国同周边国家的一次重要高层交往，是今年10月阮富仲总书记成功访华后，中越两党两国间的一次重要交往，旨在增进政治信任、促进互利合作、加强人民友谊，推动中越全面战略合作伙伴关系健康稳定发展，促进地区和平、稳定与繁荣。

访问期间，习近平同志将同越南党和国家领导人进行会见和会谈，就加强两党两国关系和共同关心的问题深入交换意见。越南党和政府对习近平同志此访予以高度重视。我们相信，在双方共同努力下，此次必将是一次加强战略沟通、增进政治信任、推动务实合作、扩大民间友好之旅。

中越两党交流合作是中越全面战略合作伙伴关系的重要组成部分，为促进两国关系健康稳定发展、巩固两党执政地位和推进两国社会主义建设发挥了积极和独特作用。面对复杂多变的国际形势和各自国家改革发展稳定的繁重艰巨任务，中越两党都致力于加强相互交流合作，以共同把握机遇，共同应对挑战。鉴此，在阮富仲总书记不久前访华期间，中越两党签署了合作计划。根据这个计划，双方将继续加强高层往来和战略沟通，深化治党治国的理论探讨和经验交流，扩大政党干部交流合作，加强两党对外部门和宣传部门的交流合作。我们相信，在双方共同努力下，中越两党交流合作一定会不断取得新成效，为两党各自建设和两国社会主义建设事业做出新贡献。

杨洁篪会见朝鲜驻华使馆临时代办朴明浩

本报北京12月19日电　（记者**王莉**）外交部长杨洁篪12月19日约见朝鲜驻华使馆临时代办朴明浩，转达中共中央、全国人大常委会、国务院和中央军委致朝鲜劳动党中央委员会、党中央军事委员会、国防委员会、最高人民会议常任委员会和内阁的唁电。

杨洁篪强调，金正日同志是朝鲜党和国家的伟大领导者，为朝鲜社会主义革命和建设事业贡献了毕生精力，建立了不朽功勋。金正日同志是中国人民的亲密朋友，中国党、政府和人民对金正日同志的逝世深感悲痛，中国人民将永远怀念他。

杨洁篪表示，我们相信在朝鲜劳动党和金正恩同志领导下，朝鲜人民一定会团结一心，化悲痛为力量，推动社会主义建设各项事业继续取得新的成就，并为实现朝鲜半岛的持久和平与稳定作出新的贡献。

朝方对中方唁电深表感谢，表示金正日同志的逝世是朝鲜党和革命的巨大损失，朝鲜人民沉痛悼念金正日同志，将紧密团结在朝鲜劳动党和金正恩同志周围，继续把朝鲜社会主义事业推向前进。

外交部发言人马朝旭就金正日逝世发表谈话

本报北京12月19日电　外交部发言人马朝旭19日就朝鲜最高领导人金正日逝世发表谈话。

马朝旭说，惊悉朝鲜最高领导人金正日同志不幸逝世，我们对此表示深切哀悼，向朝鲜人民致以诚挚慰问。金正日同志是朝鲜人民的伟大领导者，是中国人民的亲密朋友，为发展朝鲜社会主义事业，推动中朝睦邻友好合作关系发展作出了重要贡献。我们相信，朝鲜人民一定能够化悲痛为力量，团结一心，将朝鲜社会主义事业继续推向前进。中朝双方将共同努力，继续为巩固和发展中朝两党、两国和两国人民之间的传统友谊，为维护朝鲜半岛和本地区的和平稳定作出积极贡献。

刘延东会见波兰总统科莫罗夫斯基

新华社北京12月19日电　（记者**孙奕**）国务委员刘延东19日在北京会见了来华进行国事访问的波兰总统科莫罗夫斯基。

刘延东积极评价中波关系良好发展并指出，作为两国关系的重要组成部分，中波在科技、文化、教育等领域交流与合作富有成效，为推进两国人民之间的相互了解和友谊发挥了积极作用。中方愿与波方进一步密切两国人文合作，为推动世界不同文化之间的对话、交流、互鉴，促进各国和谐相处、共同发展作出新的贡献。

科莫罗夫斯基说，非常高兴对中国进行国事访问。波中友好不仅体现在政治和经贸方面，文化交流也发挥着十分重要的作用。波方愿继续加强同中国在人文领域的交流与合作，促进两国关系全面发展。

会见后，刘延东同科莫罗夫斯基总统夫妇在国家大剧院共同出席由波兰国家爱乐乐团同中国音乐家联袂演出的交响音乐会。

梁光烈与马来西亚国防部长会谈

据新华社北京12月19日电　（记者**张艺**）国务委员兼国防部长梁光烈19日与马来西亚国防部长哈米迪在京举行会谈，就地区形势、两国、两军关系及其他共同关心的问题交换了意见。

梁光烈说，建交30多年来，中马关系经受住了时间和国际风云变幻的考验，步入成熟、稳定、健康的发展轨道。中马两军友好合作是两国战略性合作伙伴关系的重要组成部分，为推动两国关系全面发展发挥了重要作用。希望双方共同努力，不断推动两军关系朝着务实性合作的方向发展，为共同维护地区安全与稳定发挥积极作用。

哈米迪说，马中两国是友好邻邦，马方高度重视马中友好。马来西亚武装部队愿与中国军队继续加强交往，密切合作，促进两国关系的全面发展。

缅甸总统吴登盛会见戴秉国

本报内比都12月19日电　（记者**于景浩**）缅甸总统吴登盛19日在内比都会见出席大湄公河次区域经济合作（GMS）第四次领导人会议的国务委员戴秉国。

戴秉国首先转达了胡锦涛主席、温家宝总理的亲切问候，对缅方成功筹备GMS会议表示敬意。他表示，中国政府坚持对缅友好的方针不动摇。中缅睦邻友好关系是按和平共处五项原则发展国家关系的典范，经受住了时间和历史风云的考验，是两国人民的宝贵财富。希望双方通过发展和扩大合作妥善解决合作中出现的问题，促使中缅各项合作获得更好发展。

戴秉国说，中国一直支持缅甸走符合自己国情的发展道路，积极评价缅政府推动国内政治和解和改善对外关系方面的努力和取得的进展，希望国际社会为缅发展创造良好的环境。相信缅甸政府有智慧、有能力处理好前进过程中遇到的挑战和问题。一个和平稳定、独立自主、繁荣发展的缅甸符合中缅共同利益。

戴秉国指出，中国是大湄公河次区域合作的积极参与者、坚定支持者和共同受益者，将一如既往地参与这一合作，并进一步加大投入和贡献。我们将兼顾湄公河上下游利益，共同保护、利用、管理好这一跨境河流，共同保障航道安全，以利沿岸地区的发展和民生改善。

吴登盛请戴秉国转达对胡锦涛主席、温家宝总理的亲切问候。他表示，缅中胞波情谊源远流长，两国高层对话频繁，人民交往密切，各领域友好互利合作全面展开，给两国人民带来实实在在的利益。他介绍了缅国内形势和对外关系的情况，表示缅方感谢中方长期以来给予的坚定支持，高度重视缅中各项合作的顺利发展，不会允许双边关系受到损害，愿与中方保持密切沟通，推动双边能源、农业和大项目合作取得成功，使缅中全面战略合作伙伴关系继续向前发展。

当天，戴秉国与缅甸第二副总统赛茂康共同出席了中国公司承建的内比都机场新航站楼启用仪式。

戴秉国与缅甸副总统吴丁昂敏乌举行会谈

本报内比都12月19日电　（记者**于景浩**）国务委员戴秉国19日在内比都与缅甸副总统吴丁昂敏乌举行会谈。

戴秉国转达了习近平副主席的亲切问候和良好祝愿。他说，建交60多年来，中缅两国始终真诚相待，相互帮助，各领域互利合作成果丰硕。今年两国建立了全面战略合作伙伴关系，双边关系呈现广阔发展前景。双方要抓紧制定落实中缅全面战略合作伙伴关系行动计划，稳步提升合作水平。要发挥互补优势，制定好《中缅经贸合作规划》，落实好大项目合作。要拓展各领域友好交往，夯实两国友好的基础。要共同维护好中缅边境地区稳定，使两国睦邻关系得到保障。

吴丁昂敏乌请戴秉国转达对习近平副主席的亲切问候。他表示，缅方坚定致力于缅中全面战略合作伙伴关系发展，愿与中方一道努力，保持高层交往，积极推进经贸、大项目合作，造福两国人民。

务实合作　互利共赢

——陈健谈中国与越南、泰国经贸关系

本报北京12月19日电　（记者**杜尚泽**）国家副主席习近平即将对越南和泰国进行的正式访问，将进一步密切中国与两国的睦邻友好关系，推动双边经贸合作取得务实成果，实现互利共赢。19日，记者就此专访了商务部副部长陈健。

陈健说，越南和泰国是东盟的重要成员，也是中国的友好近邻。近年来，在双方的共同努力下，中国与越南、泰国的互利经贸合作规模不断扩大，领域不断拓展，在贸易、投资和互利经济合作方面均取得了令人满意的成绩，主要体现在以下几个方面：

一是双边贸易继续保持快速增长势头

中国已连续7年成为越南第一大贸易伙伴。2010年中越双边贸易额达301亿美元，比上年增长43%，是10年前的12倍，超额实现两国领导人提出的250亿美元贸易额目标。2011年1—11月，中越双边贸易额达356.7亿美元，同比增长35.2%。

中国是泰国的第一大出口市场和第二大进口来源地。2010年，中泰双边贸易额529.5亿美元，比上年增长38.6%，是10年前的8倍。2011年1—11月，中泰双边贸易额为594.4亿美元，同比增长24.4%。

2010年中国—东盟自贸区的全面建成对发展中越、中泰双边贸易起到了积极的推动作用。相信中国和越、泰两国的工商界人士会充分利用好这个平台，进一步扩大双边贸易规模。

二是相互投资规模不断扩大

据中国商务部统计，截至2011年10月底，泰国来华累计实际投资额达33.9亿美元，其中，2011年1—10月新增实际投资9854万美元。泰国正大集团是中国改革开放后最早来华投资的外资企业之一，在中国家喻户晓。

越南和泰国也是中国企业"走出去"的重要地区。截至2011年10月底，中国在越南和泰国的非金融类直接投资存量分别为10.2亿美元和7.6亿美元。其中，2011年1—10月新增投资流量分别为1.2亿美元和1.5亿美元。

三是互利经济合作不断深化

中国企业在越南、泰国陆续建成多个重要工程，在为自身开拓海外工程承包市场的同时，也为当地社会经济发展做出了积极贡献。截至2011年10月底，中国企业在越南和泰国承包工程完成营业额分别为130亿美元和49.4亿美元。今年泰国遭受特大洪灾，中方在第一时间给予及时援助的同时，也愿支持中国企业积极参与泰国的灾后重建和水利系统改造工作。

四是双边经贸合作水平和层次得到提升

中国分别和越南、泰国签署了《关于扩大和深化双边经贸合作的协定》，并在该协定有关机制下分别成立联合工作组，分别与越南、泰国编制《经贸合作五年发展规划》，以明确下一步经贸合作的方向。目前，与越南的规划编制已完成，与泰国的规划编制已取得积极进展，相信这将进一步提升中国与越南、泰国互利经贸合作的质量和水平，使之迈向一个更高的层次，取得更为务实的成果。

缅甸亮丽的新机场

12月19日，缅甸内比都国际机场正式启用。图为内比都国际机场候机大厅内景。新启用的内比都国际机场为缅甸第三大国际机场，于2009年开始建设，中国进出口银行为该项目提供两亿美元商业贷款，中国港湾工程公司等中国公司帮助建设。

新华社记者　宋振平摄

列支敦士登正式加入申根区

据新华社布鲁塞尔12月19日电　（记者**崇大海**）列支敦士登19日正式加入申根区，成为第二十六个申根成员国。

欧盟委员会负责内部事务的委员塞西莉亚·马尔姆斯特伦表示："申根区发展迅速，这让越来越多的欧洲人及第三国来访者能享受到在越来越多的国家自由旅行的便利。申根区是欧盟最值得珍惜的成就之一，而列支敦士登的加入则使之进一步扩大。"

列支敦士登于2008年2月与欧盟签署《申根协定》。2011年12月13日，欧盟理事会决定取消其他申根国与列支敦士登的内部边境管制等。

印尼沉船事件再现15名生还者

据新华社雅加达12月19日电　（记者**王慧慧**）搜救人员19日发现日前在印度尼西亚东爪哇附近海域沉没的非法移民船的15名失踪人员。

据东爪哇省搜救办公室负责人苏特里斯诺介绍，这15名生还者身体虚弱，将被送往附近医院接受治疗。目前，失事船只的生还者人数达到48人。

一艘搭载约250名中东非法移民前往澳大利亚的船只17日在印度尼西亚东爪哇附近海域沉没，失事原因可能是大浪导致船体破裂。此前，搜救人员救起了33名乘客。

人民日报
RENMIN RIBAO
人民网 网址:http:∥www. people. com. cn
手机:http:∥wap. people. com. cn

2011年12月
21
星期三
辛卯年十一月廿七
人民日报社出版
国内统一连续出版物号
CN 11-0065
第23174期(代号1-1)
今日24版

胡锦涛同波兰总统会谈

两国元首一致同意,建立和发展中波战略伙伴关系

12月20日,国家主席胡锦涛在北京人民大会堂举行仪式,欢迎波兰总统科莫罗夫斯基访华。 新华社记者 饶爱民摄

本报北京12月20日电 (记者**杨晔**)国家主席胡锦涛20日下午在人民大会堂同波兰总统科莫罗夫斯基举行了诚挚友好、富有成果的会谈。两国元首积极评价中波关系取得的新进展,一致同意,顺应形势发展需要,建立和发展中波战略伙伴关系。

胡锦涛说,建交62年来,中波关系经受了国际风云变幻的考验,不断向前发展,特别是2004年中波建立友好合作伙伴关系以来,两国高层交往增多,经贸合作不断扩大,其他领域的交流合作十分活跃。双方在联合国等国际组织中也保持着良好沟通与协调。中方赞赏波方坚持一个中国原则,以及为促进中欧关系发展所作出的努力。

科莫罗夫斯基说,62年前,波兰承认新中国,两国关系开启了新的篇章。62年来,波中两国发生了巨大变化,两国友好关系不断发展,政治、经贸等各领域交流与合作日益加强。双方相互尊重对方选择的发展道路。波方对两国关系的发展感到满意。

胡锦涛表示,中波双方要以建立战略伙伴关系为新起点,共同落实好中波联合声明提出的各项任务,不断增进政治互信,密切两国政治关系,在涉及各自核心利益的重大问题上相互沟通、相互支持。双方要加强在国际和地区事务中的协调与配合,共同应对各种全球性挑战,推动国际政治经济秩序朝着更公正合理的方向发展。双方要更好地发挥政府间经济联委会和商会等中介组织的作用,加强对经贸合作的指导和协调,进一步深化贸易、交通、矿产等传统领域合作,同时要挖掘潜力,促进双向投资,拓展新能源、现代农业、绿色经济等新兴产业的合作,不断提升合作的质量和水平。中方欢迎波方企业来华参加各类展会,以更加进取的姿态开拓中国市场。双方要继续开展互办文化节、互派文艺团体展演,扩大两国高校交流,增加留学生互换名额,促进科技人员往来和科研合作,继续支持两国青年、民间团体、媒体智库、地方扩大友好交往,共同谱写中波友好的新篇章。

科莫罗夫斯基表示,波兰和中国在世界上发挥着重要作用,加强两国友好合作完全符合两国利益。在当今复杂多变的世界上,双方要加强交流与合作。波方愿同中方共同努力,加强两国政治往来以及经贸等各领域合作,支持双方工商企业加强交往与合作,大力开展人文交流特别是高校交流,扩大两国友好的基础,加强在国际事务中的磋商与协调,把两国关系提升到新的更高水平,并推动两国战略伙伴关系不断向前发展。波方愿继续为促进欧中关系发展发挥积极作用。

会谈后,两国元首签署了《中华人民共和国和波兰共和国关于建立战略伙伴关系的联合声明》,并出席了有关双边合作文件的签字仪式。

会谈前,胡锦涛主席在人民大会堂北大厅为科莫罗夫斯基总统访华举行欢迎仪式。全国人大常委会副委员长周铁农、全国政协副主席钱运录、民进中央副主席王佐书、外交部长杨洁篪、国家发改委主任张平、商务部国际贸易谈判代表兼副部长高虎城等出席。

胡锦涛等赴朝鲜驻华使馆吊唁金正日逝世

胡锦涛江泽民等送花圈,吴邦国
李长春习近平一同前往吊唁

胡锦涛强调,不断巩固和发展中朝传统友好合作关系是中国党和政府坚定不移的方针。我们愿同朝鲜同志携手努力,把中朝传统友好合作关系巩固好、建设好、发展好

12月20日上午,中共中央总书记、国家主席、中央军委主席胡锦涛前往朝鲜驻华使馆,沉痛吊唁朝鲜劳动党总书记、国防委员会委员长、朝鲜人民军最高司令官金正日逝世。吴邦国、李长春、习近平等一同前往吊唁。 新华社发

本报北京12月20日电 (记者**吴绮敏**)中共中央总书记、国家主席、中央军委主席胡锦涛20日上午前往朝鲜驻华使馆,沉痛吊唁朝鲜劳动党总书记、国防委员会委员长、朝鲜人民军最高司令官金正日逝世。

中共中央政治局常委、全国人大常委会委员长吴邦国,中共中央政治局常委李长春,中共中央政治局常委、国家副主席习近平,一同前往吊唁。

上午10时许,胡锦涛等中国领导人来到朝鲜驻华使馆吊唁大厅。大厅里,悬挂着金正日同志的遗像。胡锦涛、江泽民、吴邦国、李长春、习近平送的花圈摆放在遗像前。

胡锦涛等走到金正日同志遗像前驻足默哀,并向遗像三鞠躬。

胡锦涛在吊唁时表示,中国党、政府和人民对金正日同志不幸逝世深感悲痛。金正日同志是朝鲜党和国家的伟大领导者,是中国人民的亲密朋友。他为朝鲜革命和建设事业倾注了毕生精力,为推动中朝传统友好合作关系发展作出了重要贡献。中国人民将永远怀念他。我们相信,朝鲜人民必将继承金正日同志的遗志,紧密团结在朝鲜劳动党的周围,在金正恩同志领导下,化悲痛为力量,为建设社会主义强盛国家,实现朝鲜半岛的持久和平稳定而不懈努力。

胡锦涛强调,不断巩固和发展中朝传统友好合作关系是中国党和政府坚定不移的方针。我们愿同朝鲜同志携手努力,把中朝传统友好合作关系巩固好、建设好、发展好。

朝鲜驻华使馆临时代办朴明浩对胡锦涛等中国领导人前来吊唁表示衷心感谢。他说,金正日同志为发展朝中友谊作出了巨大努力和贡献。金正日同志突然离世是朝鲜党和革命的最大损失,也是朝鲜全体人民和全民族的最大悲痛。在金正恩同志的领导下,我们将化悲痛为力量和勇气,克服当前的困难局面,为推进朝鲜社会主义事业而努力奋斗。朝方愿同中方一道,进一步加强朝中友谊,发展朝中传统友好合作关系。

中共中央、全国人大常委会、国务院、全国政协、中央军委也送了花圈。

参加今天吊唁活动的还有,中共中央政治局委员、中央军委副主席郭伯雄,中共中央书记处书记、中央办公厅主任令计划。

外交部部长杨洁篪、中联部部长王家瑞、胡锦涛主席办公室主任陈世炬等一同参加吊唁活动。

扎实工作 稳中求进

——温家宝总理在江苏省考察

当前,各地正在贯彻落实中央经济工作会议精神。18日至19日,中共中央政治局常委、国务院总理温家宝来到江苏省常熟、昆山和苏州工业园区,深入生产企业、科研单位、金融机构、服装交易市场,就当前经济运行及走势进行调研。两天时间里,他先后主持召开了六场座谈会。

温家宝指出,当前我国经济发展势头总体良好,但也面临不少新情况、新问题。我们既要看到有利条件,增强发展的信心,又要充分估计形势的复杂性和严峻性,做好应对困难和挑战的准备,扎实工作,稳中求进,牢牢把握经济工作的主动权。

认清形势,坚定信心,积极应对挑战

江苏省是一个工业和出口大省,今年经济总量将超过4.8万亿元。国际金融危机爆发前后,温家宝曾多次到这里考察。

18日上午,温家宝考察了常熟开关制造公司,并与汽车、造船、光伏等行业的企业负责人座谈,详细了解企业及所在行业生产经营情况。

新世纪造船股份有限公司袁凯飞说,今年造船情况还不错,已经交了31条船。但现在的接单少了,而且价格低,有的单接得很勉强。

温家宝说,最近波罗的海指数已经降到1800多点。货运跟不上,造船就要萎缩。你们这两年日子还可以,但时间再长一点就要看国际形势,要做好克服困难的准备。

无锡尚德太阳能公司施正荣说,江苏省光伏产值达到2000亿元,就业17万人,占全国60%左右。 (下转第三版)

李长春在全国精神文明建设工作表彰大会讲话强调

深入贯彻党的十七届六中全会精神 努力开创精神文明建设工作新局面

新华社北京12月20日电 (记者**隋笑飞**)全国精神文明建设工作表彰大会20日上午在北京举行。中共中央政治局常委、中央文明委主任李长春出席并讲话(**讲话全文见第二版**)。他强调,要认真贯彻落实党的十七届六中全会精神,统一思想,提高认识,抓住机遇,乘势而上,把全会提出的目标任务、方针政策、决策部署贯彻落实到精神文明建设实际工作之中,为实现全面建设小康社会宏伟目标提供坚强思想保证、强大精神动力、有力舆论支持、良好文化条件。

李长春在讲话中向受表彰的城市(区)、村镇、单位表示热烈祝贺,向辛勤工作在精神文明建设战线的全体同志表示诚挚问候,向积极参与、支持精神文明建设的社会各界和广大干部群众表示衷心感谢。他说,近年来特别是党的十七大以来,精神文明建设高举中国特色社会主义伟大旗帜,坚持以邓小平理论和“三个代表”重要思想为指导,深入贯彻落实科学发展观,按照高举旗帜、围绕大局、服务人民、改革创新的总要求,以建设社会主义核心价值体系为根本,以提高公民文明素质和社会文明程度为目标,以群众性创建活动为抓手,解放思想、实事求是、与时俱进,贴近实际、贴近生活、贴近群众,各项工作在改进中提高、在创新中发展,迈上了新的台阶。

(下转第四版)

离京出访越南、泰国

习近平抵达河内开始访问越南

本报河内12月20日电 (记者**杜尚泽、刘刚**)应越南共产党中央委员会和越南国家副主席阮氏缘邀请,中共中央政治局常委、国家副主席习近平20日抵达河内,开始对越南进行正式访问。

当地时间20日16时许,习近平乘坐的包机降落在河内内排国际机场。中国驻越南大使孔铉佑和越方高级官员登机迎请。习近平走下飞机,同在舷梯旁迎候的越共中央对外部部长黄平君、国家主席办公厅主任陶越中、越南驻华大使阮文诗、外交部副部长阮芳娥等亲切握手,互致问候。中越女青年向习近平敬献鲜花。

习近平在机场发表的书面讲话中表示,越南是东南亚重要国家。近年来,在越南共产党领导下,越南人民探索符合本国国情的发展道路,推进革新事业,经济快速发展,社会保持稳定,人民生活水平不断提高。今年,越共十一大和第十三届国会会议选举产生新一届党、国家和政府领导集体,制订了未来五到十年的经济社会发展战略,为全面推进革新事业指明了方向。他表示相信,在越共中央领导下,越南人民一定能实现越共十一大确定的各项目标,在革新事业中取得更大成就。 (下转第四版)

12月20日,中共中央政治局常委、国家副主席习近平抵达越南首都河内,开始对越南进行正式访问。越南党和政府高级官员到机场迎接。 新华社记者 李学仁摄

李克强在第七次全国环境保护大会上强调

以环境保护优化经济增长 促进转型发展 提升生活质量

本报北京12月20日电 12月20日,中共中央政治局常委、国务院副总理李克强出席第七次全国环境保护大会并讲话。他强调,环境是重要的发展资源,良好环境本身就是稀缺资源,要全面贯彻落实中央经济工作会议精神,按照“十二五”发展主题主线的要求,坚持在发展中保护、在保护中发展,推动经济转型,提升生活质量,为经济长期平稳较快发展固本强基,为人民群众提供水清天蓝地干净的宜居安康环境。

李克强说,“十一五”期间,环境保护从认识到实践都发生了重要变化,取得了显著成效,为经济较快增长、应对国际金融危机和新兴产业发展提供了支撑和保障。但要看到,我国正处于工业化和城镇化快速发展的时期,发达国家一两百年间逐步出现的环境问题在我国现阶段集中显现,环境保护仍是经济社会发展的薄弱环节,形势依然严峻,今年主要污染物排放有所反弹。对此,必须有充分认识,进一步增强紧迫感和责任意识,继续为保护和改善环境作出不懈努力。

李克强强调,要突出把握好稳中求进的总基调,在稳增长的过程中,在转变经济发展方式上取得新进展,而环保既是发展,也是转型。资源相对短缺、环境容量有限已经成为我国国情新的基本特征,而环境问题的背后往往是资源的过度消耗。 (下转第四版)

人民网 网址:http://www.people.com.cn
手机:http://wap.people.com.cn

2011年12月
22
星期四
辛卯年十一月廿八
人民日报社出版
国内统一连续出版物号
CN 11-0065
第23175期(代号1-1)
今日24版

经胡锦涛主席和中央军委批准

总参谋部军训和兵种部改编为总参谋部军训部

本报北京12月21日电 （冯春梅、刘逢安）经胡锦涛主席和中央军委批准，解放军总参谋部军训和兵种部改编成立总参谋部军训部。总参谋部军训部成立大会21日在北京召开。

据总参军训部领导介绍，将总参军训和兵种部改编为军训部，是胡主席和中央军委着眼战略全局作出的重大决策，是健全联合训练体制机制、强化军兵种训练指导、加强军事训练战略管理的重大举措，是我军军事训练组织领导的一次历史性变革，对于推动军事训练创新发展、促进基于信息系统的体系作战能力生成提高具有重要意义。

中央军委委员、总参谋长陈炳德说，胡主席和军委决策改编总参军训部，是适应新形势新任务的必然选择，是扎实推进军事训练转变的内在要求，是以改革创新精神解决矛盾问题的实际步骤，具有重大的现实意义和深远的历史意义。总参军训和兵种部改编为军训部，不是名称的简单变更，也不是部门的简单组合，而是着眼使命任务需要、适应信息化发展要求、强化训练集中统管进行的职能科学配置和机构优化重组，职能配置由适应机械化条件下作战训练向适应信息化条件下作战训练转变，指导对象由偏重陆军部队向海军、空军、第二炮兵部队拓展，业务领域由以合同训练为中心向以联合训练为重心跨越。他指出，新的军训部要以忠于使命的坚定信念、永不懈怠的蓬勃朝气和锐意进取的创新精神，努力谱写军事训练科学发展的新篇章，为维护国家安全和发展利益作出新的更大贡献。

改编成立的军训部与原军训和兵种部相比，基本职能有四个方面的变化：进一步强化军事训练战略管理、加强联合训练宏观管理、强化军兵种训练统筹指导、整合陆军训练和兵种建设指导。

抢占发展前沿 构建创新平台 加快成果转化

青岛 海洋科技领航“蓝色硅谷”

本报记者 徐锦庚 宋学春

不久前，500余位国内外海洋经济、科技、管理领域的顶级专家和企业精英，会聚青岛，参加“2011中国·青岛蓝色经济发展国际高峰论坛”，畅所欲言，献计献策。论坛上，一个关键词引起与会者高度关注：“蓝色硅谷”。

何谓蓝色硅谷？山东省委常委、青岛市委书记李群这样诠释：以海洋为主要特色的高科技研发及高技术产业集聚区域，海洋科技、教育、文化与高新技术产业相互渗透，基础性海洋研究、应用性海洋研究与蓝色经济研究相互衔接，国内外学术交流、商务往来与经贸合作相互融合，海洋科技的研发中心、科研成果的孵化中心、科研人才的集聚中心。

以世界眼光谋划 建“一带一园”载体

青岛有711公里海岸线，有1.22万平方公里近海海域，还有49处天然港湾。去年，海洋经济的总产值达1683亿元，占全市生产总值33.67%。青岛港已成为我国第二大外贸港，港口货物吞吐量居世界第七位，集装箱吞吐量居世界第十位。

今年1月，山东半岛蓝色经济区建设上升为国家战略。如何昂起蓝色经济区核心区的龙头？青岛找准突破口：最大限度地发挥青岛涉海机构集中、海洋研发人才密集的优势，加快重点领域科技创新，抢占海洋产业技术发展前沿，打造“蓝色硅谷”。

在青岛市委、市政府看来，青岛已经具备打造蓝色硅谷的优势和条件：聚集了全国30%的海洋科研机构、50%的海洋高层次科研人才、70%以上的涉海两院院士，承担了“十五”以来国家“863”、“973”计划中55%和91%的海洋科研项目，海洋科学研究多个领域具有国际竞争力，是国家生物产业基地、船舶与海洋工程装备产业示范基地，海洋生物医药产值占全国40%。 （下转第十四版）

吴邦国温家宝李克强分别会见波兰总统

本报北京12月21日电 （记者杨晔）全国人大常委会委员长吴邦国、国务院总理温家宝、国务院副总理李克强21日在北京分别会见了波兰总统科莫罗夫斯基。

吴邦国在会见科莫罗夫斯基时说，波兰是中东欧地区有影响的国家，也是中国在欧盟的重要合作伙伴。中国重视发展同波兰的关系。总统阁下访华期间，两国领导人共同宣布将中波关系提升至战略伙伴关系，为进一步发展各领域合作指明了方向。中方愿与波方一道，共同努力，以此访为新的起点，深化政治互信，继续坚定支持彼此核心利益和根据本国国情选择的发展道路，全面加强经贸、科技、人文等领域的合作，推动中波关系不断向前发展。

吴邦国在简要介绍中国人大制度和民主法制建设情况后指出，议会交往是国家关系的重要组成部分。中波关系的深入发展离不开双方议会的大力支持和积极参与。中国全国人大与波兰众议院、参议院有着友好往来传统，双方在立法、监督、依法治国等方面的经验交流，为促进各自工作、服务国内建设需要发挥了积极作用。希望双方在已有基础上，继续保持、不断加强各层次各领域友好往来，为中波战略伙伴关系发展注入新的活力。

科莫罗夫斯基表示，波中传统友谊深厚，近年来双边关系取得新的发展。波兰人民十分钦佩中国经济社会发展取得的巨大成就。当前波中都处在发展的重要阶段，应抓住建立战略伙伴关系带来的新机遇，全面推进各领域互利合作，造福两国人民。波兰愿深化波中议会交往，加强相互交流和学习借鉴，使其成为两国关系的重要推动力量。

温家宝在会见科莫罗夫斯基时表示，长期以来，中波在相互尊重、平等相待基础上，开展了广泛的交流与合作，两国人民的传统友谊不断得到巩固和发展。新形势下，双方要以建立战略伙伴关系为契机，进一步加强政治互信，开展全方位合作，在更高水平上维护和促进共同利益。

温家宝表示，波兰拥有较强的经济、科技实力和区位优势，中波的发展战略有不少共同之处，在应对国际金融危机中，要加强经济、科技合作。两国政府部门和企业要抓住机遇，密切沟通联系，通过双边、多边方式，扩大贸易规模，促进相互投资，加强基础设施建设合作，深化财政金融合作，密切人文交流。

科莫罗夫斯基表示，波中两国成功应对国际金融危机，保持经济稳定增长，双方合作面临新机遇。波方愿与中方加强高层交往和各级别人员往来，全面深化贸易、投资、科技、金融、基础设施建设等领域的互利合作，增进人民之间的相互了解和友谊，使两国战略伙伴关系更多造福两国人民。

李克强在会见科莫罗夫斯基时说，近年来，中波关系发展良好，高层互访频繁，各领域交流合作日益深化。昨天，胡锦涛主席与总统阁下共同签署联合声明，确立了两国战略伙伴关系，为新时期两国关系发展指明了方向。双方应进一步拓展合作，将两国关系做深做实。

李克强表示，波兰是中国在中东欧地区最大的贸易伙伴。中方愿同波方一道营造更为开放、便利的环境，推动双方企业开展农业、高技术、能源资源、人文等方面合作，促进双边贸易平衡发展，推动相互投资，并共同开拓第三方市场。中波不仅能成为平等互信的朋友，也能成为互利共赢的伙伴。

科莫罗夫斯基说，深化波中关系符合两国根本利益，希望进一步密切双方贸易与投资合作，波兰也愿为促进欧中关系发展继续发挥积极作用。

温家宝贾庆林李克强贺国强周永康等赴朝鲜驻华使馆吊唁金正日逝世

12月21日上午，中共中央政治局常委、国务院总理温家宝，中共中央政治局常委、全国政协主席贾庆林，中共中央政治局常委、国务院副总理李克强，中共中央政治局常委、中央纪律检查委员会书记贺国强，中共中央政治局常委、中央政法委书记周永康，一同前往朝鲜驻华使馆，沉痛吊唁朝鲜劳动党总书记、国防委员会委员长、朝鲜人民军最高司令官金正日逝世。

新华社记者 丁 林摄

本报北京12月21日电 （记者王莉）21日上午，中共中央政治局常委、国务院总理温家宝，中共中央政治局常委、全国政协主席贾庆林，中共中央政治局常委、国务院副总理李克强，中共中央政治局常委、中央纪律检查委员会书记贺国强，中共中央政治局常委、中央政法委书记周永康，一同前往朝鲜驻华使馆，沉痛吊唁朝鲜劳动党总书记、国防委员会委员长、朝鲜人民军最高司令官金正日逝世。

温家宝对金正日同志不幸因病逝世表示深切哀悼，对朝鲜人民表示诚挚慰问。他说，金正日同志是朝鲜党和国家的伟大领导者，是中国人民的亲密朋友。长期以来，他为发展中朝友好合作关系作出了重要贡献。我们相信，在朝鲜劳动党和金正恩同志的领导下，朝鲜人民一定会化悲痛为力量，推动社会主义建设事业取得新的成就。中方愿同朝方一道，为进一步巩固和发展两国传统友谊与合作而共同努力。

朝鲜驻华大使池在龙对温家宝等中国领导人前来吊唁表示衷心感谢。

参加今天吊唁活动的还有国务委员兼国务院秘书长马凯、国务委员戴秉国。

外交部部长杨洁篪、商务部部长陈德铭、文化部部长蔡武、北京市市长郭金龙等一同参加吊唁活动。

两岸四地中国戏曲艺术传承与发展北京论坛举办戏曲晚会

贾庆林出席观看

新华社北京12月21日电 （记者顾瑞珍）全国政协礼堂21日晚丝竹悠扬，掌声阵阵。“两岸四地中国戏曲艺术传承与发展·北京论坛”正在这里举办戏曲晚会。中共中央政治局常委、全国政协主席贾庆林出席观看。

来自大陆和港澳台地区的戏曲艺术家表演了精彩纷呈的戏曲节目，包括京剧、昆曲、粤剧、河北梆子等中国传统戏曲的代表曲目。《红楼梦》《穆桂英挂帅》《长生殿》《打龙袍》等节目或幽柔婉转，或苍劲奔放，彰显了戏曲艺术流派纷呈、百花齐放的独特魅力。

“两岸四地中国戏曲艺术传承与发展论坛”先后在港澳台地区成功举办，弘扬了中国传统戏曲艺术，促进了内地与港澳台地区艺术家的友谊与交流，在海内外产生了积极影响。

王刚、钱运录、孙家正、郑万通、王志珍和张怀西等也一同观看了演出。

习近平会见越南国家主席张晋创

本报河内12月21日电 （记者杜尚泽、刘刚）当地时间12月21日，正在越南访问的中共中央政治局常委、国家副主席习近平会见了越南国家主席张晋创。

习近平首先转达了胡锦涛主席的诚挚问候。他表示，越南人民在越南共产党领导下坚持社会主义方向，积极探索符合本国国情的发展道路，全面推进革新事业，经济和社会发展呈现欣欣向荣景象。相信在越南共产党领导下，越南人民一定会在革新事业中取得新的更大成就。

习近平说，中越关系正常化20年来，两国关系之所以能够不断向前发展，有三条重要原因：

第一，相同的磨难遭遇为中越关系奠定了历史基础。中越在长期革命斗争中结成的传统友谊凝聚着两党老一辈领导人的智慧和心血，把中越友好接力棒一代一代传下去是我们的共同历史责任。

第二，广泛的共同利益为中越关系奠定了政治基础。坚持社会主义制度、巩固党的执政根基，这是我们共同的战略目标，也是维护共同战略利益的重要政治基础。

第三，共同的发展任务为中越关系奠定了合作基础。当前中越都处于改革或革新攻坚期，都面临实现经济社会可持续发展的重大课题。近期，国际金融市场出现动荡，世界经济复苏不稳定、不确定因素增多。在新的形势下，中越只有坚持同舟共济，才能抓住机遇、战胜挑战。

习近平强调，中国党和政府始终从战略高度和长远角度看待和把握中越关系，愿同越南党和政府一道努力，加强战略沟通，及时就双边关系和其他共同关心的重大问题深入交换意见；尽快制订落实中越全面战略合作伙伴关系行动计划，扩大各领域互利合作； （下转第二版）

习近平会见越共中央总书记阮富仲

12月21日，正在越南访问的中共中央政治局常委、国家副主席习近平在河内会见越共中央总书记阮富仲。

新华社记者 李学仁摄

本报河内12月21日电 （记者杜尚泽、刘刚）当地时间12月21日，正在越南访问的中共中央政治局常委、国家副主席习近平会见了越共中央总书记阮富仲。

习近平首先转达了胡锦涛总书记的诚挚问候，祝贺阮富仲不久前成功访华。

习近平说，今天上午，我们参观了胡志明主席工作和生活过的地方，重温了他为发展中越友好作出的重要贡献，深切感受到由两国老一辈领导人亲手缔造和培育的中越友谊来之不易，弥足珍贵，我们都要倍加珍惜。两国关系正常化20年来的发展表明，只要双方都能以中越友好大局和两国发展大计为重，始终坚持友好合作的大方向，始终坚持互利合作，始终坚持把分歧和矛盾放在适当位置妥善处理，始终从政治高度积极寻求解决办法，中越友好就一定能世代传承。

习近平表示，新形势下推动中越全面战略合作伙伴关系进一步发展，双方要把握大局，增进政治互信；要加强战略沟通，牢牢把握中越关系发展的正确方向；要深化合作，实现共同发展。在互利共赢基础上深化经贸、军事、执法安全等领域互利合作，相互学习借鉴治党治国经验，实现两国共同发展繁荣； （下转第二版）

李克强与波兰总统共同出席中波经济论坛并致辞

本报北京12月21日电 （记者杨晔）国务院副总理李克强21日与来访的波兰总统科莫罗夫斯基共同出席了中波经济论坛开幕式并致辞。

李克强在致辞中说，中波传统友谊源远流长，建交62年来，两国关系经受了国际风云变幻的考验，保持了稳定发展，难能可贵。两国元首确定的建立中波战略伙伴关系，标志着双边关系和合作将迎来新的更大的发展。

李克强指出，当前，国际金融危机深层次影响进一步显现，各类风险和不确定因素增加，对各国经济发展提出了严峻挑战。面对复杂多变的国际经济环境，中国将突出把握好稳中求进的工作总基调，保持经济平稳较快发展，保持物价总水平基本稳定，同时加快转变经济发展方式，牢牢把握扩大内需这个发展的战略基点，依靠改革创新加快推进经济结构调整，更好地保障和改善民生。中国经济的发展和转型，将为中国人民带来更多福祉，为全球经济复苏作出贡献，也为中波合作特别是经贸合作提供更多机遇。

李克强说，近年来，中欧关系稳定发展，中国始终用战略眼光看待中欧关系，我们关注欧洲主权债务问题，近期欧盟首脑会议达成了一系列共识，出台了新举措，希望这有助于稳定欧盟金融市场，遏制欧债危机蔓延。欧洲是全球第一大经济体，没有欧洲经济的复苏和发展，就难以实现全球经济的复苏和发展。中方一贯支持欧洲一体化进程，支持欧盟为稳定金融市场、实现经济健康发展所作的努力，相信欧洲有智慧、有能力妥善解决主权债务问题。中国愿与包括波兰在内的欧盟国家一起，推动中欧全面战略伙伴关系健康稳定深入发展。

（下转第三版）

周永康在全国政法工作电视电话会议上强调

深化三项重点工作 开展政法干警核心价值观教育实践活动 为党的十八大胜利召开营造和谐稳定的社会环境

本报北京12月21日电 （记者廖文根）中共中央政治局常委、中央政法委书记周永康21日在北京出席全国政法工作电视电话会议并讲话。他强调，要全面贯彻落实党的十七届六中全会和中央经济工作会议精神，深入贯彻落实科学发展观，以营造和谐稳定的社会环境迎接党的十八大胜利召开为目标，以深化社会矛盾化解、社会管理创新、公正廉洁执法三项重点工作为着力点，以开展“忠诚、为民、公正、廉洁”政法干警核心价值观教育实践活动为保障，全面提升政法工作水平，为促进经济平稳较快发展、维护国家安全和社会和谐稳定作出新贡献。

周永康说，2011年，在以胡锦涛同志为总书记的党中央正确领导下，全国政法机关紧紧围绕科学发展这个主题和加快转变经济发展方式这条主线，自觉服务党和国家工作大局，积极预防化解矛盾纠纷，促进了社会和谐；加强和创新社会管理，提高了服务群众、管理社会的能力水平；部署实施维稳处突各项工作，维护了国家安全和社会稳定； （下转第三版）

国内生产总值首超英国　国际经济格局调整深化

巴西成为全球第六大经济体

本报驻巴西记者　吴志华

英国智库经济与商业研究中心 12 月 26 日公布了最新年度全球经济体排名，巴西的经济规模首次超过英国，成为全球第六大经济体。英国则排在美国、中国、日本、德国、法国和巴西之后，位列第七。

不仅足球能与欧洲比高低

巴西财政部长曼特加 23 日表示，今年巴西国内生产总值将达 2.4 万亿美元，比去年增长 3%左右。曼特加说，巴西经济总量将超过英国，“具有非常重要的意义，这是巴西最近这些年努力奋斗的结果。”他表示，巴西将在未来几年继续巩固这一国际经济地位，取得比欧美发达国家更快的增长速度，并且加大在社会领域的投资，使民众的生活得到更大改善。

英国《卫报》对此发表文章说，受国际金融危机的影响，英国经济增速减缓，今年将退居世界第七位。文章援引英国经济与商业研究中心负责人道格拉斯的话说，“巴西在很长时间里，只有足球可以与欧洲一比高低。经济上超过英国确实是一个新现象”。他还预测，未来 10 年里，俄罗斯和印度也将从经济增长中受益，英国的世界排名有可能落到第八位。法国经济地位下降则比英国还要快，将退居世界第九位。他感叹道：“国际经济格局正在改变，而欧洲却落后了。”

危机催生经济管理新举措

上世纪 80 年代出现的债务危机曾导致巴西陷入了持续近 20 年的恶性通货膨胀和经济停滞。但在债务危机和国际金融危机冲击之下，巴西也大力改善对国内宏观经济的调控手段，加强了对公共财政的管理。政府制定并出台公共财政责任法，明确规定各级政府保持财政收支平衡的法律责任，并提出联邦政府每年初级财政结算略有盈余的具体指标。同时，政府改革汇率制度，实行浮动汇率，防范国际金融动荡对巴西金融市场的冲击，以加强本国货币的稳定性。

这些措施的实施使巴西避免了长期以来负债发展和超前消费的弊端，使银行体系更加健全和稳定，通货膨胀得到切实有效的控制，内外负债逐年减少，为经济恢复稳定和发展提供了坚实的基础。

2003 年以后，巴西政府在继续保持稳健财政政策的同时，加大了对社会领域的投入，每年拿出相当于国内生产总值 8%的资金，实施诸如“零饥饿”计划等各种社会救助项目，对贫困家庭提供生活补贴和就业培训等，使近几年巴西贫困和内陆地区的经济增长速度明显加快。此外，政府每年通过调整最低工资，提高中低收入民众的工资收入，让普通民众享受国家经济增长所带来的利益。据统计，2003 年至 2010 年，巴西经济增长平均每年 4%，人均收入在最近 10 年里增长了 3 倍。民众购买力增强带动国内消费强劲，食品、服装、汽车和家用电器销售旺盛，出国旅游热方兴未艾。

为防止经济过热，巴西政府今年初出台一系列调控政策，致使今年第三季度经济环比零增长。但巴西全年经济增长率仍然有望达到 3%，是全球经济增长最快的国家之一；而失业率有望下降到 5.2%，是最近 30 年来最低水平；通货膨胀率 6.5%，也没有超过预期目标上限。

稳健的财政政策和不断扩大社会投入相结合，是巴西经济这些年来能够持续增长的根本原因。去年，巴西经济总量超越意大利，今年再超英国。正如曼特加所说：“巴西正在向未来的目标大踏步迈进。”

清醒认识同发达国家差距

近年来世界经济的增长，特别是新兴市场国家的经济增长也为巴西提供了发展机遇。巴西是世界农产品和矿产品出口大国，国际市场对这些产品需求的增长，不仅扩大了巴西的出口，也提高了其产品的国际市场价格，使巴西外贸双重受益，出口量增加，出口额增长。今年巴西外贸出口有望达到 2500 亿美元以上，比去年增加 500 亿美元。

消费市场的兴旺和经济发展的良好态势，吸引了更多外国企业到巴西直接投资，汽车制造、农业开发、机械化工甚至股票期货等都成为外国投资的热点。据巴西统计，今年巴西吸引的外国投资将超过 650 亿美元。出口和外国投资额增加都为巴西经济增长提供了有利条件和良好前景。

不过，巴西还有 1600 万赤贫人口，约占全国总人口的 8.5%。巴西经济总量不到日本的一半，只有美国的 1/7。虽然经济总量超过英国，但人均国内生产总值不到后者的 1/3。巴西也清醒地看到其与发达国家存在的差距。曼特加指出，“巴西需要 10 年至 20 年的时间才能达到与欧洲人相似的生活标准”，“巴西还需要加大在社会和经济领域的投资，增加就业和民众的收入”。他强调：“这是我们所面临的最大挑战。”

由于目前欧美国家经济增速明显放慢，普遍低于 2%，而巴西经济增长速度可能会加快，巴西财政部预测，巴西经济总量在未来几年还有可能赶超其他发达国家。巴西经济地位的上升是国际经济格局正在发生重大变革的信号。未来几年，巴西、印度、中国和俄罗斯的年均经济增长有望达到 4%以上，而欧洲国家同期的经济增长率只有 1.5%至 2%，美国要想取得 2%的增长也很困难。因此，新兴市场国家在国际经济格局中的地位还将继续上升。国际经济格局的演变也将促进国际经济和金融体系的改革和调整。

（本报巴西利亚 12 月 27 日电）

>> 点　评

周志伟（中国社会科学院拉丁美洲研究所副研究员）：

巴西经济的抢眼表现主要出于以下几方面原因：

其一，自 20 世纪 90 年代中期以来，巴西通过经济改革实现了宏观经济稳定，经济政策也保持着较强连续性。通过谨慎的财政和货币政策，巴西各项宏观经济指标都得到了根本改善，曾长期困扰巴西的通货膨胀问题也一直保持在可控范围。宏观经济的稳定为巴西应对外部经济危机创造了有利条件。

其二，强劲的内需成为带动巴西经济的主要动力。由于就业形势持续乐观以及反贫困措施得当，巴西社会阶层发生了很大变化，中产阶层比例从 2004 年的 42%升至 52%，“纺锤形”社会结构已经形成，巴西经济增长的内生动力和活力已逐渐得到体现，这也是巴西能在世界经济低迷的局面下保持适中增长的关键所在。

其三，充足的资源和能源储备也为巴西经济增长提供了保障。总体而言，与 20 世纪 60—70 年代的巴西经济奇迹时期相比，现阶段低通货膨胀、低外债、高储备、多元化贸易的经济增长模式更具有可持续性，加之近几年巴西在能源、资源等方面的优势进一步显现，巴西的经济实力总体呈现上升趋势。

巴西经济的表现对于其他国家具有一定启示意义，即宏观经济稳定是经济和社会发展的关键。巴西和其他新兴市场国家的快速发展有利于世界经济尽快走出低迷，同时也将进一步推动新兴市场国家之间的经贸合作，加快国际政治经济格局的转型，增强新兴市场国家在国际经济事务上的决策权和发言权。

陈凤英（中国现代国际关系研究院世界经济研究所所长）：

巴西在摆脱了 20 年债务问题困扰后，近几年经济实现了飞跃式发展。在国际金融危机的大背景下，包括巴西在内的新兴市场国家经济高速发展显得尤为突出。作为能源和资源大国，新兴市场国家的高速发展带来的对初级产品的大量需求也让巴西获得了源源不断的订单。

作为新兴市场国家，巴西的高速发展迎合了国际经济格局变化的趋势，并率先突破了中等收入陷阱，赢得了发展的先机，照此下去，其经济总量将很有可能超越法国。未来 5—10 年，新兴市场国家与发达国家的经济总量对比将更为明显，世界经济重心更加向发展中国家偏移，世界经济增长将主要依托发展中国家的力量。更多发达国家在经济总量上被发展中国家超越已不是臆想，印度、俄罗斯、印尼、土耳其等国家都有可能在经济总量排位中不断攀升。

走和平发展道路的信心与耐心

钟　声

“海外制衡”（或称“离岸制衡”）不是什么新概念。实际上，2011 年美国外交已经显露了这一战略的影子。

“海外制衡战略旨在保持西半球仁慈霸主地位、维持欧亚大陆强国之间的力量平衡和石油丰富的海湾地区的力量平衡。”

美国哈佛大学教授斯蒂芬·沃尔特在《国家利益》双月刊上发表文章，明确指出海外制衡的目标。在他看来，美国不应寻求直接支配这些地区，必须借助地区盟友来维持力量平衡。换句话说，就是要让美国尽可能免费搭乘盟友的“顺风车”，而不是相反。

联系到美国大力推动建立“多伙伴世界”，提出“新丝绸之路”倡议，促成美日韩、美日澳、美日印等三边对话机制，应该说斯蒂芬·沃尔特的表述还是相当精准的。

海外制衡战略和在利比亚运用的“有限干预模式”背景是一致的，那就是美国实力的衰减、塑造全球秩序能力的大幅下降。无怪乎斯蒂芬·沃尔特给自己的文章起了《美国时代的终结》这样一个标题。

二战以来，美国一直是世界头号大国，享尽独占鳌头的风光。今后，美国自然也不会放弃对无与伦比的影响力的追求。对这一点，恐怕没有谁会持怀疑态度。

令人惊讶的是，美国学者竟然也会公开写下这样的话：只有在某个国家看似可能支配某些关键地区时，美国才派出地面部队和空军加以干预。

美国在世界各地频繁动武的文化积淀由此可见一斑。

美国的盟友们又在做何感想呢？两位欧洲学者几年前在一份权威杂志上表达的观点，很有些代表性。文章的大意是：未来的世界注定不是欧洲的，霸主或者是美国，或者是中国。欧洲该如何行事呢？跟着美国走，确实会受些委屈，但半个多世纪的历史表明，追随美国也不会遭什么大罪。跟着“难以把握的”中国走，风险是巨大的：陌生的巨人，迥异的文化传统，意识形态方面的对立，最关键的是没有相互依存的历史支撑。

强大的美国，忠实的盟友。写到这里，情况似乎有些不乐观了。足够清醒和忧患意识，是一个大国在崛起过程中必备的心理素质。尽管我们无意终结“美国时代”，但发展壮大本身就意味着要冲破重重阻力，甚至是战略围堵。世界上没有免费的午餐，同样不会有和风煦煦的大国崛起。

中国的力量何在？在于时间。

说时间在中国一边，原因很简单，那就是中国坚守和平发展道路。这条道路意味着真诚地维护和平发展环境，意味着借助合作实现互利共赢。

一个平和、开放、包容的大国，一个只为世界做好事而不是做坏事的大国，怎么会孤单呢？

今天不理解的，总有一天会理解；今天难以把握的，总有一天能够把握。时间不仅可以化解各种矛盾和摩擦，消除各种偏见和误解，还可以赢得更多的认同感和亲近感。

中国走和平发展道路，不只是政策宣示，更是长期以来的实际行动。在这条道路上，我们已经收获了许多许多。我们没有任何理由也没有任何必要背离这条道路。中国所需要的只是坚定的信心和足够的耐心。

和平发展道路上的信心与耐心，远比所谓海外制衡战略强大得多。

电子信箱：gjpl@pd.people.com.cn

徐才厚等赴朝鲜驻华使馆吊唁金正日逝世

据新华社北京 12 月 27 日电　中央军委副主席徐才厚 27 日上午前往朝鲜驻华使馆，沉痛吊唁朝鲜劳动党总书记、国防委员会委员长、朝鲜人民军最高司令官金正日逝世。

徐才厚在吊唁时表示，金正日同志不幸与世长辞，我们心情无比悲痛。金正日同志是中国人民和军队的亲密朋友，他为推动中朝两国特别是两军传统友好合作关系发展倾注了极大热情，作出了重大贡献。

徐才厚说，中国人民解放军将一如既往按照两国领导人达成的重要共识，与朝鲜人民军一道，为巩固和发展中朝两国两军传统友好合作关系，为维护地区乃至世界的和平稳定作出积极努力。

朝鲜驻华大使池在龙对徐才厚等中国军队领导人前来吊唁表示衷心感谢。他说，金正日同志十分关心朝中两国特别是两军传统友好合作关系的发展，并为此作出了巨大努力。我们将按照金正日同志的遗志，与中国同志一道，为进一步巩固和发展朝中两国两军传统友谊作出积极贡献。

中央军委委员、国务委员兼国防部长梁光烈，中央军委委员、总政治部主任李继耐等一同前往吊唁。

朝鲜将于 29 日为金正日举行中央追悼大会

本报平壤 12 月 27 日电　（记者**周之然**）据朝鲜中央通讯社 27 日报道，朝鲜将于 29 日为已故最高领导人金正日举行中央追悼大会，并在首都平壤和各道首府所在地鸣炮，朝鲜全体人民将默哀 3 分钟，火车、船舶等将一齐鸣笛致哀。

据朝中社 19 日报道，朝鲜最高领导人金正日 17 日逝世。随后，朝鲜成立了国家治丧委员会，决定将 12 月 17 日至 29 日定为哀悼期，从 20 日至 27 日接受吊唁，28 日举行告别仪式，29 日将举行中央追悼大会。

金永南会见韩国吊唁团

本报平壤 12 月 27 日电　（记者**周之然**）据朝鲜中央通讯社 27 日报道，朝鲜最高人民会议常任委员会委员长金永南当天在平壤万寿台议事堂会见了前来平壤吊唁金正日的韩国已故前总统金大中的夫人李姬镐一行和现代集团会长玄贞恩一行。

报道称，李姬镐和玄贞恩对金正日的逝世表示深切哀悼。她们表示，希望《南北共同宣言》和《南北关系发展与和平繁荣宣言》得到履行，愿为此做出努力。

杨洁篪将访问非洲三国

本报北京 12 月 27 日电　（记者**李琰**）外交部发言人洪磊 27 日在例行记者会上宣布：应科特迪瓦共和国外交国务部长敦坎、尼日尔共和国外交国务部长巴祖姆、纳米比亚共和国外交部长乌托尼邀请，外交部长杨洁篪将于 2012 年 1 月 2 日至 7 日对上述三国进行正式访问。

中韩举行第四次外交部门高级别战略对话

本报首尔 12 月 27 日电　（记者**莽九晨**、**马菲**）中国外交部副部长张志军同韩国外交通商部第一次官朴锡焕 27 日在首尔举行了第四次中韩外交部门高级别战略对话。

双方就双边关系及共同关心的国际和地区问题深入交换了意见，一致认为要以明年中韩建交 20 周年为契机，深化双边各领域务实合作，推动中韩关系取得新的发展。双方认为，有关各方应共同努力，维护朝鲜半岛和本地区的和平稳定。

同日，张志军还会见了韩国外交通商部长官金星焕和统一部长官柳佑益。

中韩双方于 2008 年建立外交部门高级别战略对话机制，对话原则上每年举行一次。

日本喜迎龙年

2012 年也是日本的龙年。图为 27 日的日本东京，在浅草的商业街上人来人往，喜气洋洋，街上的牌子上画着龙的图案，预示着即将到来的龙年。

人民图片

“比山高，比海深，比蜜甜”

——“中巴友好年”成果实实在在

本报驻巴基斯坦记者　牟宗琮

今年是中国和巴基斯坦建交 60 周年，也是两国领导人确立的“中巴友好年”。在这一年里，两国举办庆祝活动 80 余场，涉及政治、经济、文化、金融、体育等各个方面，中巴全方位的友好合作关系得到生动体现，一个个具体而感人的事件汇入中巴“全天候”友谊的长河。

中国曲棍球队 12 月 20 日至 25 日访问巴基斯坦，分别在卡拉奇、费萨拉巴德、拉合尔等 3 座城市举行了 4 场友谊赛。此次中国曲棍球队来巴的意义非同寻常，自 2009 年在拉合尔发生斯里兰卡板球队遇袭事件后，近 3 年时间里，由于安全形势的原因，没有一支外国球队来巴进行过体育比赛。巴《民族报》26 日报道说，中国球队来访为巴打开了重新举办国际体育比赛的窗户。

今年对巴基斯坦而言，是外交关系备受考验的一年。巴总理吉拉尼近日在接受中国驻巴媒体联合采访时表示：“中国总是在巴最需要的时候，第一个主动给予巴声援和支持。巴基斯坦视中国为最值得信赖的朋友。”中国驻巴大使刘健说：“中巴两国人民经常用‘比山高，比海深，比蜜甜’，‘宁舍金子，不舍中巴友谊’等充满感情和发自内心的语句来形容中巴友好，每到危急时刻，两国人民总是倾力相助、和衷共济。”

继去年发生特大洪水后，巴基斯坦南部信德省今年 8、9 月份再遭洪水灾害，中国在第一时间向巴提供价值 3000 万元人民币的紧急人道主义物资援助，是首个提供援助的国家，同时还在 10 月份向巴受灾最严重的信德省乌尔玛考特县派出中国人民解放军医疗救援队，续写中巴友好新篇章。

今年 12 月，来自北京同仁医院的中巴友好“光明行”医疗队，在巴首都伊斯兰堡和中部城市木尔坦为 500 多名白内障患者实施复明手术。

今年中巴贸易发展迈出实质性步伐，两国年贸易额达到近 100 亿美元。中国工商银行 5 月分别在卡拉奇和伊斯兰堡设立分行，为中国企业在巴投资发展提供了更多便利。12 月，中国人民银行与巴基斯坦国家银行签署 100 亿元人民币/1400 亿卢比货币互换协议，这将进一步推动中巴双边贸易、投资及金融合作。

吉拉尼表示，希望在今后三四年内，把中巴双边贸易额提高到 150 亿美元，并将基础设施、能源、金融、农业等领域的合作作为中巴合作的优先方向。基于巴方考虑，中巴能源工作组 8 月在北京召开第一次会议，由中国国家能源局牵头，10 多家中国能源企业和金融机构与巴方就水电、煤炭以及新能源合作等议题进行了深入讨论，为纾解巴能源短缺群策群力。

12 月，中国进出口银行与巴方签署协议，向正在建设的巴基斯坦古杜 74.7 万千瓦联合循环电站项目提供 3.6 亿美元贷款。巴基斯坦在建的最大水电工程项目、总装机容量 96.9 万千瓦的尼勒姆—杰勒姆水电工程也是由中国公司负责建设的，预计到 2016 年该项目完工后其发电量将占巴总发电量的 12%，将大大改变巴的电荒状况。

9 月初，巴信德省政府宣布从 2013 年起要把汉语作为该省小学六年级以上的必修课。巴基斯坦知名的路兹中学是巴国内第一所开设汉语课程的教育机构，目前该校拥有 6 名包括来自中国的汉语老师，在校接受过汉语教育的中小学生已超过 1500 名。学校执行董事穆什塔克告诉记者，汉语教学现在已经成了学校吸引生源的一个优势，许多家长希望自己的孩子从小接触汉语。这出自他们对未来中国发展的信心，更源于对中国的友好感情。

（本报伊斯兰堡 12 月 27 日电）

人民日报

RENMIN RIBAO

今日 16 版（华东、华南地区 20 版）
人民网网址：http://www. people. com. cn
http://www. peopledaily. com. cn

国内统一刊号：CN11-0065
第 20579 期　（代号 1-1）
人民日报社出版

2004 年 11 月
12
星期五
甲申年十月初一

北京地区天气预报
白天　晴
降水概率 0%
风向　北转南
风力　二、三级
夜间　晴
降水概率 0%
风向　南转北
风力　一、二级
温度　8℃/0℃

巴勒斯坦民族权力机构主席阿拉法特逝世

胡锦涛致唁电表示沉痛哀悼

唁电说：阿拉法特主席是中巴关系的奠基人和积极推动者，为巩固与发展两国和两国人民之间的友谊做出了突出贡献。他的逝世，不但是巴勒斯坦人民的巨大损失，也使中国人民失去了一位伟大的朋友

新华社北京 11 月 11 日电　中国国家主席胡锦涛 11 日致电巴勒斯坦国立法委员会主席劳希·法图，对巴勒斯坦国总统、巴民族权力机构主席、巴解组织执委会主席亚西尔·阿拉法特不幸逝世表示沉痛哀悼。

胡锦涛在唁电中说：阿拉法特主席是巴勒斯坦事业的卓越领导人，是杰出的政治家，毕生致力于争取恢复巴人民合法民族权利的正义事业，深受巴人民尊敬与拥戴，在国际社会也享有很高的声望。

阿拉法特主席是中巴关系的奠基人和积极推动者，为巩固与发展两国和两国人民之间的友谊做出了突出贡献。他的逝世，不但是巴勒斯坦人民的巨大损失，也使中国人民失去了一位伟大的朋友。我相信，巴勒斯坦政府和人民一定会继承阿拉法特主席未竟的事业，继续为推动中东和平进程，政治解决中东问题而不懈努力。中方愿与巴方一道，推动两国友好合作关系不断向前发展。

出访拉美途中经停葡萄牙波尔图市

胡锦涛会见葡萄牙总理洛佩斯

十一月十日晚，中国国家主席胡锦涛在葡萄牙北部城市波尔图会见葡萄牙总理洛佩斯。新华社记者　马占成摄

本报波尔图（葡萄牙）11 月 10 日电　记者吴绮敏、吴云报道：11 月 10 日晚，中国国家主席胡锦涛在葡萄牙北部城市波尔图会见了葡萄牙总理洛佩斯。

洛佩斯代表葡萄牙总统桑帕约和葡萄牙政府对胡锦涛表示热烈欢迎。他高度评价中国经济发展取得的成就及对亚太及世界经济的积极影响，表示葡萄牙政府希望不断加强同中国在各个领域的合作，鼓励葡萄牙企业赴华投资和积极参与 2008 年北京奥运会和 2010 年上海世博会建设。他表示，桑帕约总统将于明年 1 月访华，相信这次访问将推动两国关系进一步发展。他重申，葡萄牙政府坚定地奉行一个中国政策，充分尊重中国政府和中国人民在台湾问题上的立场和感情。

胡锦涛表示很高兴在出访拉美途中经停葡萄牙的波尔图市。在谈到双边关系时，胡锦涛说，中国和葡萄牙建交 25 年来，双边关系发展顺利。特别是近年来两国关系进入了新的发展时期，双方高层交往频繁，政治互信不断加强。两国对许多重大国际问题的看法相同或相近，在联合国等国际机构中保持了良好合作。双边贸易额增长较快，今年将取得新的发展。两国在其他领域的交流和合作也越来越密切。胡锦涛表示期待着明年 1 月在北京欢迎桑帕约总统。他强调：中方赞赏葡萄牙政府坚定奉行一个中国政策，致力于全面发展中葡关系，我们愿同葡方共同努力，把两国友好合作关系提高到新的水平。

胡锦涛和洛佩斯还就中国和欧盟关系交换了看法，一致认为中欧关系充满活力和富有成果，在经贸、科技、文化和教育等领域的合作不断取得进展，双方表示将共同推动中国和欧盟全面战略伙伴关系进一步向前发展。

当晚，胡锦涛还亲切会见了中国驻葡萄牙使馆工作人员。

中共中央书记处书记王刚等参加了会见。

胡锦涛是在赴巴西、阿根廷、智利、古巴访问并出席在智利举行的亚太经济合作组织第十二次领导人非正式会议途中，于当地时间 10 日晚抵达波尔图作技术停留的。他将于 11 日早晨离开这里前往巴西。

温家宝曾庆红罗干等参观全国打击走私成果展览

本报北京 11 月 11 日讯　记者李丽辉报道：中共中央政治局常委、国务院总理温家宝，中共中央政治局常委、国家副主席曾庆红，中共中央政治局常委、中央政法委书记罗干 10 日参观了“以国门的名义----全国打击走私成果展览”。

展览大厅里，一幅幅图片、一件件实物，真实展示了我国打击走私取得的重要成果。温家宝仔细参观各个展区，听取工作人员的介绍，接见了缉私英雄，充分肯定了近年来我国打击走私取得的显著成绩。温家宝说，开展打击走私斗争是维护国家利益，维护法律尊严的需要，是整顿和规范市场秩序的重要措施，对于加强廉政建设、惩治腐败、增加国家财政收入具有重要作用。党中央、国务院高度重视打击走私工作，作出了一系列重大决策和部署。海关、公安、工商部门相互配合，同走私犯罪活动进行了坚决的斗争，取得了辉煌的成果。广大缉私人员不畏艰险，勇于斗争，做出了很大的贡献，有的同志为此献出鲜血和生命，党和人民感谢你们。温家宝希望缉私战线的全体同志切实担负起国门卫士的神圣职责，勇敢地站在打击走私斗争的前线，坚决捍卫国家和人民的利益，为人民再立新功。

5 个展区生动形象地反映了打击走私工作的光辉历程。1998 年以来，全国严厉打击走私有效地维护正常的经济秩序，保证了经济建设的健康发展和改革开放顺利进行。曾庆红认真观看每一个展区，仔细听取海关总署等部门负责人的介绍，并不时询问有关情况，对全国打击走私专项斗争取得的来之不易的成就给予高度评价。曾庆红说，打击走私专项斗争离不开缉私队伍的恪尽职守。魔高一尺，道高一丈。缉私队伍在思想、政治和业务、装备上越强，守卫国门就越有保障。要进一步加大缉私科技装备的投入，提高口岸监管的针对性和有效性。他还强调，对走私分子绝不能手软，对缉私工作绝不能松懈。要继续加强队伍建设，各地、各部门要密切协同、形成合力，共同把好国门。

在讲解员的引导下，罗干仔细参观展览，不时在一幅幅图片和一个个实物前驻足观看，他认真听取了海关总署等部门负责人的介绍，对打击走私工作表示高度的重视和关切，对 5 年来海关等部门联合打击走私取得的丰硕成果予以充分肯定。罗干还接见了缉私英雄，并对他们表示亲切的慰问。他说，打击走私之所以取得如此显著的成果，其中一个重要的原因就是有你们这样一支党和人民信赖、忠于职守、有战斗力的缉私队伍。目前打击走私任务仍然十分艰巨，要打防结合、综合治理，教育广大群众自觉地与各种走私违法犯罪活动作斗争，广泛动员社会各方面力量，推动反走私斗争深入开展。希望你们再接再厉，取得更大的成绩。

国务委员兼国务院秘书长华建敏参观了展览。

由海关总署、公安部、国家工商总局举办的全国打击走私成果展览共分 5 部分，分别是“国门在呼唤”、“共和国向走私宣战”、“合力构筑国门屏障”、“玉宇澄清万里埃”、“我们与国门同在”。共展出图片近 800 幅、各种实物近 400 件、模型 10 组。全国打击走私成果展览将先后在北京、南京、深圳展出。

『二十一世纪论坛』二〇〇五年会议组委会成立暨第一次会议举行

贾庆林任组委会名誉主席

本报北京 11 月 11 日讯　记者王比学报道：主题为“可持续发展——中国与世界”的“21 世纪论坛”2005 年会议将于明年 9 月在京召开。中共中央政治局常委、全国政协主席贾庆林担任组委会名誉主席，全国政协副主席王忠禹担任组委会主席。这是记者今天从全国政协举行的“21 世纪论坛”2005 年会议组织委员会成立暨第一次会议上获悉的。

王忠禹在会上转达了贾庆林对组委会成立的祝贺并发表讲话。王忠禹说，可持续发展是当前国内外广泛关注的重要议题，其内涵不仅包括人类生存环境的保护和自然资源的可持续利用，还涵盖经济与社会，城乡之间、区域之间协调发展等一系列问题。“论坛”会议邀请中外知名人士和专家学者就有关问题深入研讨，提出有分析、有深度的建议，对于促进我国在经济社会发展中更好地实施“五个统筹”，推动我国与世界各国在可持续发展领域的交流与合作，并在国际上展现我国和平发展的良好形象具有重要意义。

“21 世纪论坛”由中国人民政治协商会议全国委员会发起并举办，以高层次、学术性为特点，先后于 1996 年和 2000 年举办过两次大型国际研讨会。

曾庆红副主席到巴勒斯坦驻华使馆吊唁阿拉法特主席逝世

新华社北京 11 月 11 日电　（记者刘东凯）国家副主席曾庆红 11 日到巴勒斯坦国驻华使馆，代表中国政府吊唁巴勒斯坦国总统、巴勒斯坦民族权力机构主席、巴勒斯坦解放组织执行委员会主席亚西尔·阿拉法特逝世并敬献了花圈。

国务委员唐家璇陪同前往吊唁。

曾庆红在留言簿上题词，赞扬阿拉法特主席是巴勒斯坦卓越的领导人和杰出的政治家，对他的逝世表示深切哀悼。巴勒斯坦国驻华大使扎卡里亚对此表示衷心的感谢。他对中国政府和人民对巴勒斯坦事业的一贯支持表示高度赞赏。

外交部、中联部、商务部、文化部、北京市和对外友协等单位负责人也参加了吊唁活动。

黄菊会见法国巴黎银行集团首席执行官

新华社北京 11 月 11 日电　（记者刘东凯、廖雷）中共中央政治局常委、国务院副总理黄菊 11 日在中南海会见了法国巴黎银行集团首席执行官博杜安·普罗一行。

黄菊积极评价法国巴黎银行多年来与中国金融界的合作，并向客人介绍了中国金融改革情况。黄菊说，面对复杂多变的国际局势，中国经济当前仍保持了良好发展势头，金融改革进一步加快，国有商业银行股份制改造取得重要进展。这对外国金融企业是一个重要的市场机遇。黄菊指出，随着中国金融业对外开放不断扩大，中国与法国在金融服务领域的合作具有很大的增长潜力，这将进一步促进中欧经贸关系的发展。中国政府欢迎外资银行积极参与中国的经济建设和金融改革，扩大双方在银行、保险、证券等领域的合作。

普罗对当前中国经济发展和金融改革所取得的成就表示赞赏，并对巴黎银行集团进一步拓展中国金融市场充满信心。

中国贸促会会长万季飞等会见时在座。

曾庆红会见日本前首相桥本龙太郎

新华社北京 11 月 11 日电　（记者李诗佳、吴晶）国家副主席曾庆红 11 日在人民大会堂会见了以日本前首相桥本龙太郎为团长的日本笹川日中友好基金会代表团。

曾庆红说，进入新世纪，人类和平与发展的事业面临新的机遇和挑战。中日两国作为亚洲和世界范围内有重要影响的国家，对亚洲和世界的和平负有重大的历史责任。发展长期稳定的中日睦邻友好合作关系不仅符合两个国家、两个民族的根本利益，而且对维护亚洲和世界的和平、促进共同发展具有重要意义。我们希望，双方从维护中日友好大局出发，严格遵守《中日联合声明》等三个重要文件所确立的原则精神，坚持“以史为鉴、面向未来”，妥善处理历史问题和台湾问题，共同为构筑“友好、合作、互利、双赢”的新型中日关系不懈努力。

桥本龙太郎说，日中两国应加强民间交流与对话，为日中关系的全面发展做出贡献。日本笹川日中友好基金会与中国国际战略学会的安全对话始于 4 年前，希望这种对话能继续下去。

中国人民解放军副总参谋长兼中国国际战略学会会长熊光楷、外交部副部长武大伟等参加了会见。

桥本龙太郎一行是应中国国际战略学会邀请来华访问的。

银川确保低保户温暖过冬

本报银川 11 月 11 日电　记者杜峻晓报道：今年银川市居民家庭供暖价格由每月每平方米 2.2 元提高到 2.8 元。为保障 2.5 万低保户 6.2 万余人温暖过冬，银川市规定，从今年 11 月到明年 10 月，低保户住宅集中供热价格仍执行 2.2 元的标准。对最低生活保障金平均每人每月在 100 元至 170 元之间的低保户，减免部分当年度采暖费。

辽宁建立百个青少年教育基地

本报沈阳 11 月 11 日电　记者徐元锋报道：11 月 9 日，盘锦辽河文化产业园举行了“辽宁省青少年教育基地”挂牌仪式。至此，辽宁省已启动 100 个青少年教育基地。今年年初，辽宁省委、省政府将建立 100 个未成年人道德实践教育基地作为给未成年人办的 10 件实事之一。团省委组织社会各界参与教育基地评选活动，经过评选，最后确定了 100 个单位为全省青少年教育基地。

黑龙江实施抗旱水源建设

本报哈尔滨 11 月 11 日电　记者汪波报道：黑龙江省目前正充分利用大冻前和明年春耕前的有利时机，抓紧实施抗旱水源工程建设。

多种因素表明，黑龙江明春旱情形势十分严峻。黑龙江省防汛抗旱指挥部要求各地要确保完成打抗旱和水田补水井 1 万眼，增加节水点灌面积 200 万亩，解决水田补水面积 100 万亩，确保城市和农村饮水安全。目前，黑龙江省已累计新打各类抗旱水源井 3635 眼，维修机电井近 3.2 万眼，维修拦河坝 701 处。

卢森堡首相抵京

新华社北京 11 月 11 日电　（记者谭晶晶）正在中国进行工作访问的卢森堡首相让—克洛德·容克 11 日下午抵达北京，继续对中国进行为期 6 天的访问。

容克是应国务院总理温家宝的邀请，于 8 日从巴黎抵达上海，开始对中国进行访问的。来北京前，他先后访问了上海和香港。

阿拉法特在巴黎逝世

本报巴黎 11 月 11 日电　记者王芳报道：巴勒斯坦国总统、巴民族权力机构主席、巴解组织执委会主席亚西尔·阿拉法特于巴黎时间 11 日凌晨 3 时 30 分（北京时间 10 时 30 分）在巴黎病逝，享年 75 岁。

今天清晨，巴勒斯坦民族权力机构秘书长阿卜杜勒·拉希姆首先在位于拉马拉的阿拉法特官邸宣布了这一消息。稍后，在巴黎时间早上 5 时 10 分，坐落在巴黎克拉马的贝尔西军医院发言人埃斯特利伯对新闻界宣布：“巴勒斯坦总统亚西尔·阿拉法特先生已于 11 月 11 日 3 时 30 分在克拉马贝尔西军医院逝世。”

阿拉法特的逝世在国际社会引起巨大震动。联合国秘书长安南、法国总统希拉克、美国总统布什、俄罗斯总统普京等，纷纷以各种方式表达了对阿拉法特逝世的哀悼。

法国总统希拉克今天中午亲临贝尔西军医院吊唁。傍晚时分，阿拉法特的遗体移送至位于巴黎西南郊的维拉库布莱军用机场，由一架空客 A319 型飞机运往埃及开罗。飞机启程前，法国为阿拉法特举行了隆重的送别仪式，法国总理拉法兰主持了仪式。

根据巴方安排，阿拉法特的葬礼将于 12 日在埃及首都开罗举行，他的遗体将于当天运回他在拉马拉的官邸安葬。

阿拉法特是 10 月 29 日被送到巴黎贝尔西军医院就医的。起初，他的病情曾有好转迹象，但从 11 月 3 日起突然恶化。

巨星陨落震全球

11月11日，**联合国秘书长安南**对于象征巴勒斯坦民族精神的领导人阿拉法特的逝世"深表悲痛"。安南说，40年来阿拉法特一直是巴勒斯坦人民心目中国家民族希望的化身。

阿拉伯国家联盟（阿盟）秘书长穆萨通过阿盟总部秘书处发表声明说，阿拉法特是巴勒斯坦为争取建立自己国家所进行斗争的象征，他的逝世对巴勒斯坦人民以及整个阿拉伯世界都是一个巨大的损失。穆萨还称赞阿拉法特一生致力于巴勒斯坦人民的正义事业，坚韧不拔，为后人树立了一个光辉的榜样。

欧盟发表声明，赞扬阿拉法特对巴勒斯坦民族事业的忠诚，称巴勒斯坦人民失去的是一位历史性的领袖。

法国总统希拉克称赞刚刚去世的巴勒斯坦民族权力机构主席阿拉法特是一位勇敢的、致力于巴勒斯坦建国的领导人，国际社会应该继续努力，推动中东和平"路线图"计划的实施。希拉克说，阿拉法特为争取巴勒斯坦民族权利奋斗了40余年，是一位坚定勇敢的领导人。法国希望巴勒斯坦人民继承阿拉法特的遗志，在此重大损失面前保持团结。

俄罗斯总统普京致电巴勒斯坦领导层，对阿拉法特逝世表示哀悼，称阿拉法特是世界政坛上具有影响力的政治人物，他的逝世是巴勒斯坦人民的巨大损失。普京说，阿拉法特将自己的一生都献给了巴勒斯坦人民的正义事业。

美国总统布什说，阿拉法特的逝世是巴勒斯坦历史上的一个"重大事件"，美国向巴勒斯坦人民表示哀悼。美国希望一个独立而民主的巴勒斯坦国与以色列和平相处的愿望能够实现。

英国首相布莱尔发表声明对阿拉法特去世表示哀悼，他称赞阿拉法特是巴勒斯坦民族运动的象征。布莱尔说，同时建立一个稳定的巴勒斯坦国和一个安全的以色列是全世界坚持不懈努力的目标。

挪威首相邦德维克在奥斯陆对阿拉法特的去世表示沉痛哀悼，认为中东和平进程进入了一个新的时期。他还说，他将和美国总统布什通话，希望美国能对中东和平投入更多的力量，使中东和平进程重新围绕"路线图"进行。

约旦政府发表声明，对阿拉法特不幸逝世表示沉痛哀悼。声明说，约旦一贯支持巴勒斯坦人民在自己土地上建国的努力，并坚信巴勒斯坦人民能够继承阿拉法特未竟的事业，结束以色列的占领。声明还呼吁巴勒斯坦人民保持克制、加强团结，度过当前的悲痛时期。

以色列总统卡察夫表示，希望巴勒斯坦人尽快从巨大悲痛中恢复，选举出新的、值得信赖的领导人。卡察夫说，他希望新任巴勒斯坦领导人能尽力平息巴以流血冲突，为双方恢复和谈翻开新的篇章。

印度总统卡拉姆在唁电中说，阿拉法特是"世界赞誉和珍爱的政治家"，是"巴勒斯坦一个持久的象征，他无私地将自己的一生献给了巴勒斯坦人民的希望和合法愿望"。

巴基斯坦总统穆沙拉夫对阿拉法特的去世表示"深深的哀悼"。穆沙拉夫称，阿拉法特总统是巴勒斯坦人民解放斗争的象征，他的离去标志着一个时代的结束，但是他的精神将继续激励后人。巴基斯坦人民将在这一悲痛的时刻和巴勒斯坦人民站在一起。

南非总统姆贝基通过外交部发表声明说，阿拉法特让那些仍然遭受蹂躏和轻视的人民相信，自由就掌握在他们自己手中。阿拉法特留给巴勒斯坦人民的遗产就是：继续奋斗，直到建立一个主权独立、并与以色列和平共处的巴勒斯坦国。（周　辑）

康　姆供图

痛别阿翁

岳麓士

天色阴沉，寒风萧瑟。11月11日，从法国首都巴黎贝尔西军医院传出一条举世震惊的消息：巴勒斯坦民族权力机构主席阿拉法特因病不幸辞世，享年75岁。

得知噩耗，巴勒斯坦人悲痛欲绝，加沙地带和约旦河西岸居民哭声动地，流亡邻国的巴勒斯坦难民泪雨纷飞，他们或跪地祈祷，默诵经文，或仰天长叹，握拳嚎啕，表达对旷世民族英雄阿拉法特的无限怀念和深切哀悼之情。

阿拉法特是巴勒斯坦正义事业的伟大象征，是700多万境内外巴勒斯坦人利益的合法代表，也是深受巴勒斯坦人民衷心拥护和爱戴的精神领袖和军事统帅。他是一位不可替代的特定历史人物，也是一位享誉世界的杰出政治家。他的去世是巴勒斯坦事业的重大损失，必将对巴以和平进程和中东地区局势产生深远影响。

阿拉法特1929年8月出生于耶路撒冷。特殊的生存环境，注定他的个人命运要与所处时代和地区的悲欢离合、腥风血雨紧密连在一起。在1948年第一次中东战争中，血气方刚的阿拉法特冲在反以斗争前列。他于20世纪50年代末创建"法塔赫"秘密组织，并率领"暴风突击队"打响了反以斗争的第一枪。从此，阿拉法特作为"巴解之父"，在风云变幻的中东威震四方。

恢复巴勒斯坦民族的合法权利，建立独立的巴勒斯坦国，是阿拉法特毕生追求并为之奋斗的崇高目标。早年的阿拉法特赋予巴解组织的神圣使命是："以武力夺回被占领土"。但是，经过几十年血与火的洗礼，由于种种原因，阿拉法特所信奉的武装抗击手段不仅没有替他夺回一寸土地，相反却使他离故土越来越远。随着和平与发展成为时代潮流，阿拉法特在不懈求索中开始改变策略。他不顾反对派的责难和激进派的劝阻，决心"铸剑为犁"，与以色列人握手言和。1990年，他宣布承认以色列国的果敢举动，赢得了整个世界的喝彩。1993年9月，阿拉法特与宿敌拉宾签署了《奥斯陆协议》，终于迎来巴以和解曙光。1994年7月1日，阔别27年之久的阿拉法特得以重返加沙，他满含热泪亲吻故土的场景，打动了亿万人的心。如今，巴勒斯坦建立了国家政权的雏形——民族权力机构，已经拥有加沙地带60%和约旦河西岸42.9%的土地。这是阿拉法特为巴勒斯坦人民立下的不朽功勋。

也许因为两个民族的仇隙过深、积怨太多，巴以和平进程在拉宾遇刺之后曲折横生，沙龙上台执政后不但完全搁浅，甚至出现严重倒退。近4年来，约旦河西岸和加沙地带干戈相向，冲突迭起，巴以和谈成果几乎丧失殆尽。沙龙将"和平缔造者"阿拉法特妖魔化为"恐怖大王"，试图将其踢出局外。2001年12月，以军坦克包围了阿拉法特位于拉马拉的官邸。在生命的最后岁月，阿拉法特被困于断壁残垣、杀机四伏的斗室，受尽羞辱。以色列可以限制他的人身自由，但却无法动摇和扼杀他收复领土的决心。他曾坚定地表示，他不会主动流亡，即使面对险境也绝不离开巴勒斯坦领土，他要为实现巴以和平继续努力。他说："我要像一名烈士那样战斗到生命的最后一息。"

罕见的政治胁迫、军事恐吓和精神摧残，并没有压垮无所畏惧、视死如归的阿拉法特，但由于缺少阳光和新鲜空气，他的面容日显憔悴，讲话时嘴唇抖动愈益频繁，须眉更加灰白，人也日见衰老。许多巴勒斯坦人认为，长期囚禁和非人折磨，是导致阿拉法特健康状况恶化和身染重病的原因之一。即便如此，阿拉法特仍在为巴以和平殚精竭虑，直到他被抬上飞机前往巴黎接受紧急治疗为止。

阿拉法特曾先后侨居埃及、科威特、叙利亚、约旦、黎巴嫩、突尼斯等国。为寻求支持，争取同情，他常年忙碌奔波，居无定所。他是世界上在飞机上度过时间最多的领导人之一。他头戴黑白相间的阿拉伯方格头巾，身着墨绿色咔叽布军装，脚穿一双棕色皮靴，这种"几十年一贯制"的打扮，向世人展示了"巴勒斯坦战士"的不屈形象，并已深深铭刻在人们的记忆中。

阿拉法特身经百战，历遭千险。命运多舛的际遇使他的人生旅途充满传奇。他被称为中东政坛上的"不死鸟"，受真主庇护的"九命猫"。他曾是多个国家、多种派别想要清除的对象。几十年来，他成功躲过50余次欲加害于他的暗杀、伏击、轰炸，屡屡与死神擦肩而过却毫发未损，甚至在座机突遇沙暴、折翼大漠断成三截之时，也能死里逃生。阿拉法特处变不惊、逢凶为吉的高超本领和英勇顽强、警觉机智的非凡素质，极大地鼓舞着巴勒斯坦人民，也使他的敌人心生敬畏。

然而，"不死鸟"阿拉法特最终未能逃脱疾病魔掌，带着他的欢乐与痛苦、成败与得失、功过与是非、希望与梦想，在远离故乡的巴黎，惜别了他倾心挚爱的土地和忘我眷恋的人民。

阿拉法特对实现民族自决与国家复兴抱有强烈愿望，对和平与安宁的生活充满向往与期盼。遗憾的是，巴勒斯坦人民前赴后继、苦苦奋斗了半个世纪的建国目标，未能在阿拉法特的有生之年完成。"壮志未酬身先死"，阿拉法特没能亲手构建一个完整的现代意义的主权国家，就撒手人寰，殊为憾事。但人们相信，巴勒斯坦人民一定会循着阿拉法特的足迹，继续走完和平之路；阿拉法特的未竟事业，总有一天会得以实现。

中东政坛又一颗巨星陨落了，阿拉法特的英名和业绩将超越时空，永垂青史！

中东走进"后阿拉法特时代"

巴勒斯坦民族权力机构主席阿拉法特的逝世牵动着中东乃至整个世界的神经。这位在中东叱咤风云几十年的斗士的离去，对巴勒斯坦意味着什么？他谢世之后，各种政治力量将如何进行重组和权力分配？中东和平进程的前景又将如何？围绕这些问题，本报特邀部分专家学者与本报驻外记者一起畅谈他们的看法。

一名巴勒斯坦少年亲吻着阿拉法特画像。新华社/法新

阿拉法特的时代已经结束，但他的功绩却不可磨灭，他是巴勒斯坦人民光辉的旗帜和不屈的象征

唐志超（中国现代国际关系研究院研究员）：阿拉法特的逝世意味着阿拉法特时代的结束。这个时代具有以下特征：阿拉法特是巴勒斯坦的象征、灵魂和代言人，阿拉法特就是巴勒斯坦，巴勒斯坦就是阿拉法特。阿拉法特几乎控制所有巴权力机构，是巴权力核心。他在巴各政治和武装派别中具有巨大影响力，是唯一能控制和约束巴各派的领导人。在外部，阿拉法特对巴民族事业赢得国际社会普遍支持也具有不可替代的作用。没有了阿拉法特，巴勒斯坦问题在国际上的影响和受支持程度可能受到损伤。

殷罡（中国社会科学院亚非所研究员）：的确，阿拉法特的离开标志着一个时代的终结。阿拉法特一生中有两次辉煌，一次是1988年提出通过政治谈判的方式在加沙和约旦河西岸建国的方略，它得到了世界各国的支持；二是1993年与拉宾一起签署《奥斯陆协议》，从此巴以实现了一定程度的和解。综观阿拉法特的一生，他的功劳不可磨灭，他将是未来中东历史上的重量级人物。

安维华（北京大学国际关系学院亚非研究所教授）：阿拉法特的地位是在巴勒斯坦解放事业的长期斗争中形成的。上个世纪90年代以来，阿拉法特为中东和平进程进行了不懈的努力，他的名字与萨达特、拉宾等人的名字将永远铭记在为中东实现民族和解而努力的人们心中。虽然在晚年他被以色列当局诬为"恐怖主义"的核心，行动丧失了自由，但他仍然是巴勒斯坦人民光辉的旗帜和不屈的象征。

未来巴勒斯坦政治权力机制将发生重大改变，传统的以法塔赫和巴解为核心的权力机制可能被打破。但在新的领导核心没有形成之前，各派力量也许会更加珍惜团结，不会轻易分道扬镳

唐志超：阿拉法特逝世后，巴政治权力机制将发生重大改变。从短期看，可形成一个以法图、阿巴斯、库赖和卡杜米等老一代为主，包含巴解内部各派势力的集体领导权力机制。从长远看，巴未来权力机制不可避免将重组，政治上将日益多元化、民主化。

殷罡：巴勒斯坦内阁的出现，实际上已经使阿拉法特至高无上的权力从理论上被剥夺了很大一部分。阿拉法特的故去，巴勒斯坦的各个部门将会正常运转。至于民主选举产生的巴勒斯坦议会，如果没有一个内部派别发起血腥冲突的话，将会非常平静地过渡。

安维华：从目前看，巴勒斯坦领导层的主张在基本面上是一致的，但在具体的做法上有时有强硬与温和、激进与保守之分。究其原因，有的是受巴以双方极端势力的干扰和影响，有的受其他阿拉伯国家态度的影响。领导层的团结不完全取决于内部，今后如果以色列仍对巴勒斯坦采取强硬路线，难免会在巴勒斯坦引起强烈的反应，造成巴勒斯坦内部各派在协调上产生困难。但是，在后阿拉法特时代，在新的领导核心没有形成之前，各派力量会更加珍惜巴方的团结，不会轻易出现分道扬镳的局面。

黄培昭（本报驻埃及记者）：从目前看，巴政权内部积极、乐观的因素多，巴政坛四巨头同时离开自治区而内部并未发生动乱，这可以说明巴各个机制都是在正常运转的，也说明包括激进派在内的巴各种势力都是按规矩"出牌"的。

但也有隐患。哈马斯和杰哈德11月10日联合开会，商讨阿拉法特去世后的对策，明确提出应建立联合政府。哈马斯坚持三不政策，他们的一个基本观点是，虽然起义以来损失巨大，伤亡众多，但现在以色列已经被拖得差不多了，再加把劲，咬咬牙，"胜利不远"了。

阿拉法特去世对中东和平进程会造成一定的冲击，但同时也带来了机遇。在和谈的问题上，以色列恐怕会静观其变，伺机而动，等待巴出现一个稳定的领导层

殷罡：2002年6月以后，以色列和美国都作出了完全彻底抛弃阿拉法特的决定。这两年多时间里，以色列先后与阿巴斯、库赖进行了接触，当发现他们并不是巴勒斯坦的实际决策者之后，以色列主动采取了单方放弃加沙的决策。以色列同巴勒斯坦领导人协调行动，这是以色列主流社会所愿看到的前景。

唐志超：阿拉法特去世，巴以持续四年之久的僵局有望打破，但短期内仍将是一个梦。以色列方面也许会静观其变，伺机而动，等待巴出现一个稳定的领导层，同时确保巴不会出现大规模长期动荡和混乱，避免激进势力乘机坐大。

黄培昭：目前，中东的媒体对巴以未来形势走向的分析非常多，乐观的有，悲观的也不在少数。一般估计，形势会走好，倾覆多年的和平列车可能会复轨。但也有人担心，会不会是又一次起义的开始？阿巴斯的路线是温和的，处理得好，则从此结束暴力，走上和谈路。处理不好，则有可能继续暴力循环。这是对巴方领导人智慧的一种考验。

后阿拉法特时代，美国对巴政策将进行调整，介入力度将增大，但鉴于目前巴内部尚未稳定，美未必会急于启动和平进程

殷罡：美国愿意看到巴以冲突的结束，巴以冲突既不符合美国在中东地区的利益，也不符合其全球利益。至于将来谁是谈判伙伴，将取决于大选之后谁将担任民族权力机构主席、总理和外交部长。这三个角色都可能成为谈判对手。我认为阿巴斯、库赖和现任外长沙阿斯都是美国和以色列认可的谈判对手。

唐志超：对布什而言，重启和平进程有诸多益处：一可使已近夭折的和平"路线图"起死回生；二可消除盟国及阿拉伯世界对布什政策的批评，遏制恐怖主义；三有助于争取盟国对伊拉克重建、伊朗核问题和"大中东计划"的支持；四可借机推动巴勒斯坦民主改革，使巴和伊拉克一东一西，成为"大中东计划"的两个突破口。

但鉴于目前巴内部尚未稳定，美不会急于启动和平进程。短期内美政策侧重点是：第一，支持阿巴斯和库赖等巴温和、务实势力，稳定政局，继续孤立和打击哈马斯等激进势力；第二，继续要求巴新领导人推进民主改革，整合安全机构并打击恐怖主义，并适时举行选举；第三，要求沙龙对巴保持克制，冻结定居点建设，继续实施从加沙撤军计划，并要求将之纳入"路线图"进程，择机启动和谈。

黄培昭：11月10日，美国国务卿鲍威尔对巴权力"和平而文明的过渡"表示高兴，强调美将与巴新政府打交道，推动巴以双方通过谈判建立独立的巴勒斯坦国。美国的意图已经明显，即以阿拉法特的出局为契机，以重拾"路线图"为突破口，以巴勒斯坦领导人更迭为切入点，强化中东政策，推动巴以和谈。

多数阿拉伯国家希望巴局势保持稳定，出现一个温和的新领导人，恢复和平进程。但同时，他们又不希望巴新领导人完全对美、以惟命是从

唐志超：阿拉伯国家同样会借阿拉法特去世的机会扩大影响，发挥作用。阿拉法特去世后，巴对阿拉伯国家依赖将增大，各国也将借之扩大影响，谋取各自利益。总体而言，多数阿拉伯国家希望巴局势能保持稳定，出现一个温和的新领导人，恢复和平进程，担心巴混乱引发中东地区局势动荡，影响各国政局稳定。但同时，它们又不希望巴新领导人完全对美、以惟命是从。

黄培昭：埃及与巴勒斯坦有着千丝万缕的联系，地缘上互相毗邻，政治上，巴勒斯坦把埃及作为其争取民族独立解放斗争的靠山和舞台，埃及则借助巴勒斯坦发挥地区大国作用。阿拉法特患病，埃及医生很快到位救治。这次阿拉法特逝世，埃及总统穆巴拉克立刻倡议葬礼在开罗举行，意在彰显其作为阿拉伯世界"盟主"的地位，借以扩大影响。同时，埃及外长阿布·盖特和情报局长苏莱曼到以色列和巴勒斯坦访问，就阿拉法特病故后的政治、安全等一系列安排紧急斡旋。

总之，阿拉法特是遍布阿拉伯报刊和政治书籍中的一个基本语汇，一个关键词。出于不同的利益考虑，阿拉伯国家对阿拉法特心态各异，倾力支持者有之，把他当作一张牌来打的亦有之。阿拉法特时代的终结，将使阿拉伯国家面临与巴勒斯坦关系的重新定位。在这些国家的利益天平上，后阿拉法特时代的巴勒斯坦是否重量依旧，尚需观察。

中国人民的好朋友

阿拉法特和巴勒斯坦人民是中国人民的好朋友。中国人民对巴勒斯坦人民一直怀有深厚诚挚的情谊，一贯坚决支持巴勒斯坦人民为争取恢复自己合法的民族权利所作的努力和斗争。1965年5月，巴解组织在北京设立享有外交机构待遇的办事处。1988年11月20日，中国宣布承认巴勒斯坦国，两国建交。同年12月，巴解驻京办事处改为巴勒斯坦国驻华大使馆。

从1964年阿拉法特对中国进行首次访问之后至2001年8月的几十年间，阿拉法特曾经14次来华访问。几十年来，中巴领导人间的互访从未间断。1989年10月5日，时任中共中央军委主席的邓小平在会见来华访问的阿拉法特总统时说："我们是几十年如一日，相互信任、相互支持的典范。我们的友谊万古长青。"2000年4月15日至16日，应阿拉法特的邀请，国家主席江泽民对巴进行了国事访问。这是中国国家元首首次访问巴勒斯坦。江主席与阿拉法特总统进行了亲切友好的会谈。

1998年7月，阿拉法特在访华前夕就巴中关系题词说："巴勒斯坦人民永远不会忘记伟大的中国人民和伟大的毛泽东、周恩来、邓小平和江泽民等中国领导人对巴勒斯坦斗争事业所持的正义立场，我们为巴中与日同辉的深厚友谊感到自豪。"

（升　平）

第258期

本期主持人

章念生　丁　子

电话：（010）65368627

传真：（010）65368622

电子信箱：gjzk@peopledaily.com.cn

短信互动：中国移动 1510123063

中国联通 9510123063

相关报道见人民网：www.people.com.cn

国际频道·纵论天下

亚西尔·阿拉法特生平

1929年8月4日　巴勒斯坦民族权力机构主席阿拉法特生于巴勒斯坦的一个望族，其名意为"吉祥神圣"。

1952年　在开罗大学土木工程系读书，并被选为巴勒斯坦学生联合会主席。

1955年　以巴勒斯坦学生联合会主席的身份参加了在华沙召开的世界青年代表大会，向世界各国的青年介绍了巴勒斯坦问题，展现了杰出的外交和演讲才能。

1959年　筹建"巴勒斯坦民族解放运动"，并出版《我们的巴勒斯坦》一书。

1964年底　组建了"法塔赫"军事组织"暴风"突击队，发动反对以色列的武装斗争，并于次年初打响了巴勒斯坦民族解放运动的第一枪。

1969年　任巴勒斯坦解放组织执委会主席。

1971年　兼任巴勒斯坦革命武装力量总司令。从此成为巴勒斯坦正义事业的领袖和象征。

1989年4月2日　当选为巴勒斯坦国总统。

1993年9月　与当时的以色列总理拉宾最终在华盛顿签署了具有历史意义的巴勒斯坦自治原则宣言。和平战略取得了可喜的成果，中东和平进程有了新的开端。

1994年　与拉宾和佩雷斯一起被授予诺贝尔和平奖。

1994年7月　结束长期流亡生活，回到阔别27年之久的故土加沙。

1996年1月　巴勒斯坦自治区举行首次大选后当选为巴民族权力机构主席。

2000年9月　巴以冲突加剧，以色列逐渐将攻击的矛头对准阿拉法特。

2001年12月，以色列军队的坦克包围了阿拉法特位于拉马拉的官邸，阿拉法特处于一生中最艰难的时刻。

2004年10月29日　因病抵达法国，在综合性军医院贝尔西医院接受检查和治疗。

2004年11月11日　阿拉法特在法国巴黎去世，享年75岁。（升　平）

贾庆林访问津巴布韦北马塔贝莱兰省

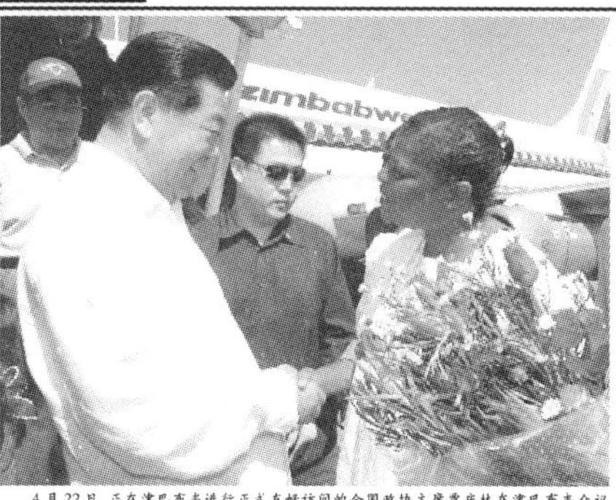

4月22日，正在津巴布韦进行正式友好访问的全国政协主席贾庆林在津巴布韦众议长恩科莫、参议长马宗圭的陪同下，访问了北马塔贝莱兰省。这是津巴布韦北马塔贝莱兰省省长马图图前往机场迎接。　新华社记者 **姚大伟**摄

本报哈拉雷4月23日电　记者**杨讴**报道：正在津巴布韦进行正式友好访问的全国政协主席贾庆林22日在津巴布韦众议长恩科莫、参议长马宗圭的陪同下，访问了北马塔贝莱兰省。

贾庆林考察了北马塔贝莱兰省的经济社会文化发展情况，会见了省长马图图女士。贾庆林说，中津建交27年来，两国友好合作关系不断发展，给两国人民带来了实实在在的利益。地方合作是两国关系的重要组成部分。北马塔贝莱兰省是津巴布韦的重要省份，拥有丰富的自然资源。他希望北马塔贝莱兰省与中国有关省份加强联系，发挥各自优势，积极开展互利合作，更好地造福两国人民。他要求参与该地区建设的中国企业与当地有关部门密切合作，高质量高标准地搞好工程项目，切实为促进当地经济发展作出贡献。

马图图感谢贾主席访问北马塔贝莱兰省，表示非常钦佩中国取得的发展成就，愿意与中国有关省市开展友好合作。

法国

萨尔科齐得票31.1%，罗亚尔得票25.8%——

两大阵营将再次对决

本报驻法国记者　廖先旺

法国总统选举首轮投票结果于23日凌晨公布后，人民运动联盟和社会党竞选总部内的支持者们相继发出欢呼，庆祝他们各自政党的候选人——萨尔科齐和罗亚尔女士分别以31.1%和25.8%的得票率位居前两位，进入第二轮角逐。萨尔科齐和罗亚尔分别向自己的支持者发表了鼓动人心的讲话。

政治新生代赫然登场

此次法国总统选举全部12名候选人中，只有两人经历过战争年代，首轮投票中出线的萨尔科齐和罗亚尔分别出生于1955年和1953年，这使得此次大选有着承前启后的浓重色彩。民意调查显示，37%的法国选民承认他们是因候选人的“活力”而投票的。

由于候选人的这种新生代、同时代的原因，第一轮投票前的选战已经充满“火药味”，而在获得首轮投票胜利后，两名候选人的竞争将会更加激烈，而他们在竞选纲领上的辩论也更加具体和清晰。目前，萨尔科齐和罗亚尔都谨慎地表示“言胜尚早”。他们也十分清楚未来的争夺战将在争夺其他党派候选人、特别是中间派的支持者中展开。

“变革”口号鼓动人心

此次法国大选首轮投票是自1965年以来投票最踊跃的一次，包括海外领地和海外侨民在内的登记选民人数共有4450万人，投票率超过84.6%，弃权和无效票数量明显减少。法国民众为何如此重视此次总统选举？初步分析表明，不少候选人是新面孔，他们以“变革”、“决裂”等竞选口号或纲领鼓动人心，吸引了几百万新增年轻选民的注意力，也抓住了目前法国“人心思变”这一心态变化的关键。在2002年法国总统选举首轮投票中，极右派国民阵线的候选人勒庞之所以“冒头”，有一个重要原因是许多选民弃选。因此本届选举伊始，左、中、右各党派都不敢松懈，从而使本轮投票率明显提高。此外，自2005年5月法国对欧盟宪法举行公投以来，法国政治生活中发生了巴黎郊区骚乱、反对首聘合同大游行、法国衰败与否大讨论等重大问题，牵动社会各阶层的反思与辩论，所有这些因素重新激发了部分选民对政治生活的兴趣。

在法国的政治版图上，萨尔科齐所代表的人民运动联盟被认为是传统右翼，而罗亚尔所领导的社会党则被划为左翼。萨尔科齐表示支持自由市场经济，主张降低企业社会福利和税收负担，力主改革现行的社会福利和劳工制度，鼓励员工延长工作时间以增加收入；他还强调法国的“国民性”以及加强对移民控制。罗亚尔则更多地强调“变革”和“社会公平”。她鼓励发展中小企业，呼吁改革国家机构，通过发展科研、教育来提高法国竞争力，加强社会不同阶层之间的对话，建立更加公平的社会。

中间派角色举足轻重

自1965年以来，法国总统大选候选人中如同此轮投票得票率超过30%的纪录并不多见，首轮中胜出的两个候选人合计取得超过50%以上选票的时候也不多。这一方面与本届选举候选人资格门槛提高有关，另一方面也说明，法国社会在多年彷徨求索后“分久必合”，开始在新形势背景下，再次凝聚成左右两极政治格局。同时，以号召超越左右党派自居的中间派将在第二轮选举中扮演举足轻重的角色。

法国的选举制度，就像是总统候选人与全体选民间进行的一场互动政治游戏。一方面，候选人通过宣示自己的施政纲领来测试自己在选民中获得的支持率、了解选民在想什么，要什么；同时，选民也会通过各种问题来测试候选人，并通过选票来给候选人的施政纲领和形象“打分”。这场游戏考验人的智慧、毅力，也考验每个候选人及其竞选团队的效率，更会考验选民自身对理性与非理性因素的把握。

（本报巴黎4月23日电）

中印举行边界会谈

新华社新德里4月23日电　（记者**傅双琪**）中印边界问题特别代表第十次会晤20日至23日在印度首都新德里和南部城市古努尔举行。

中方特别代表戴秉国与印方特别代表纳拉亚南在坦诚友好的气氛中，继续就中印边境问题的解决框架进行了深入有益的探讨。双方同意，下次会晤将在中国举行。

20日，印度总理曼莫汉·辛格和外长慕克吉分别会见了戴秉国。

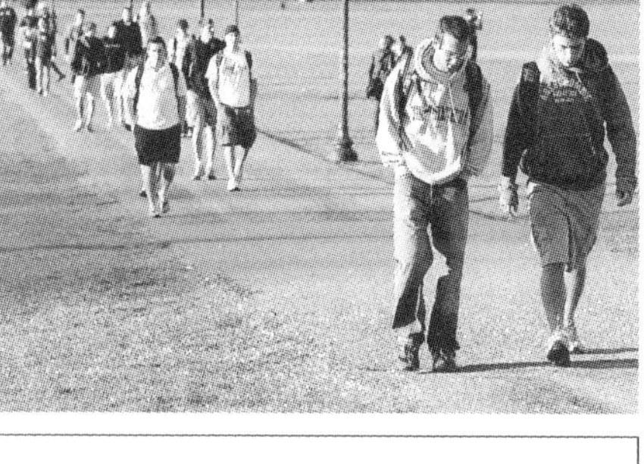

4月23日，在美国布莱克斯堡，弗吉尼亚理工大学的学生正准备去上课。弗吉尼亚理工大学4月16日发生恶性枪击事件后，这所学校校长查尔斯·斯蒂格曾在17日宣布学校将全面停课。目前，弗吉尼亚理工大学已恢复上课。　新华社发

安倍再次就“慰安妇”问题道歉

新华社东京4月23日电　（记者**吴谷丰**）日本首相安倍晋三23日下午在首相官邸接受日本记者采访时再次就“慰安妇”问题表示道歉。

据日本媒体报道，安倍说，20世纪发生了压制人权、侵犯人权的情况，日本也不是没有关系，人权问题是涉及人内心感情的问题。他由衷地对“慰安妇”表示同情，对“慰安妇”饱受辛酸的状况表示道歉。

安倍近日在接受美国《新闻周刊》记者采访时说，作为日本首相，他对“慰安妇”感到非常抱歉，认为日本对“慰安妇”的痛苦经历负有责任。日本应该谦虚地对待自己的历史，并不断审视自身的责任。安倍还再次表示，日本政府将继承“河野谈话”的立场。

1993年，时任日本内阁官房长官的河野洋平就“慰安妇”问题调查结果发表谈话，承认日本军队直接参与在朝鲜半岛、中国等地设置“慰安所”，强迫亚洲国家的妇女充当“随军慰安妇”，并对此表示道歉和反省。这段讲话被称为“河野谈话”。

俄罗斯前总统叶利钦逝世

本报莫斯科4月23日电　记者**于宏建、马剑**报道：俄罗斯总统新闻局23日发布消息说，俄罗斯前总统鲍里斯·叶利钦当天在莫斯科逝世，享年76岁。

据俄总统机关事务管理局医疗中心随后通报的消息，莫斯科时间23日15时45分（北京时间20时45分），叶利钦因心脏病加重，在中央临床医院突然去世。1996年11月5日叶利钦曾做过7个小时的心血管搭桥手术。

俄罗斯总统普京通过电话向叶利钦的夫人及其家人表示最沉痛的哀悼。

叶利钦1931年2月出生于一个农民家庭。1991年6月，叶利钦在全民选举中当选为俄罗斯联邦首任总统。1996年再次当选为俄罗斯联邦总统。1999年12月31日，叶利钦发表电视讲话，宣布辞去总统职务。

美发动贸易战得不偿失

席来旺　李文云

最近，美国向世界贸易组织提出针对中国的两项贸易诉讼，分别指责中国打击盗版不力和限制美国电影、音乐和图书产品进入本国市场。这是美国政府今年以来第三次在贸易领域向中国施压。美国的这项行动并不明智，最终将得不偿失，连美国媒体和相关研究人员都普遍持这样的观点。

首先，美方的行动只是出于国内政治的狭隘利益需要，而未考虑美中贸易的实际情况，以及两国关系的大局。前不久，哈佛大学教授傅高义在接受记者采访时预言，“估计今年春天国会议员将在对华贸易问题上闹事”。美国一些媒体明确指出，向世贸组织提出控诉，显示出布什政府受到民主党掌控的国会日益增加的压力。更有媒体分析说，美国政府的这项动作，是为争取民主党国会支持美韩自由贸易协定，以及延长今年6月底到期的《贸易促进授权法》。可以说，正是美国国内的政治纷争，迫使布什政府在最近两个月内对中国采取了一系列强硬的贸易政策。

事实上，中国政府近年来在保护知识产权方面取得的成绩有目共睹。在出版物市场准入方面，中美双方一直进行着良好的沟通和磋商。就连美国贸易谈判代表施瓦布也承认，中国政府将保护知识产权作为要务，为改善知识产权的保护和执法采取了积极行动。现在，美方将这两个问题诉诸世贸组织，违背了两国领导人有关大力发展双边经贸关系、妥善处理经贸问题的共识。此举会严重损害双方在这些方面业已建立的合作关系，并将对双边经贸关系带来不利影响。

其次，发动贸易战将使美国受损。美国《纽约时报》4月10日发表社论指出：“如果这一行动是要对中国发动一场全面的贸易战，那么大家都会输，包括白宫与国会议员声称要保护的美国工人。”社论还强调：“由于目前美国存在着日益增强的反华情绪，必须避免产生极大的误解，以免导致失控的以牙还牙式的关税报复”，“贸易战对美国的伤害将大于对中国的伤害”。美联社的报道称，政府的起诉行动会在美国贸易业内造成分裂。音像、图书出版界可能对起诉中国表示支持，而其他产业则会反对。施瓦布本人也承认，不同行业希望政府采取的对华贸易政策并不相同。

第三，平等协商才是正确选择。中国政府一再强调，中美应该通过平等协商，在扩大互利合作中解决经贸纠纷。中国坚定地履行加入世贸组织时的承诺，也希望美方采取有利于两国经贸关系发展的实际行动。事实上，中国很多盗版音像制品的来源是美国，打击这种国际性的侵权盗版活动，需要对话与合作，光靠指责没有用。美国一些资深研究人员明确表示，相信中美“双方都有通过磋商解决这些争端的积极性”，即使中美在世贸组织对簿公堂，中国近来在保护知识产权方面做出的许多努力，也会使中方处于比较有利的位置。

俄美国防部长举行会谈

据新华社莫斯科4月23日电　（记者**熊伊眉**）俄罗斯国防部长谢尔久科夫与到访的美国国防部长罗伯特·盖茨23日举行会谈，重点讨论了两国争议最大的美国在欧洲部署导弹防御系统问题。

谢尔久科夫在会谈结束后举行的记者招待会上说，双方在会谈中重点讨论了美国在欧洲部署导弹防御系统将出现的问题。俄方再次指出这一系统将“严重影响地区和全球安全”。双方还讨论了美国利用携带非核弹头的洲际弹道导弹问题。谢尔久科夫说，该计划不能不引起俄罗斯的担心，因为在作战时使用这种导弹可直接打到俄罗斯边界。

盖茨建议俄罗斯在战略导弹防御系统方面与美国合作。他说，美俄双方可以在新技术上合作、互相交换情报，并在导弹防御的联合行动中完善两国军队。

盖茨重申，美国在欧洲部署导弹防御系统并不针对俄罗斯或其他国家，而是针对来自中东和西南亚的“潜在入侵者”，他们有可能在某个时候利用弹道导弹进行恐吓、并引发混乱。

谢尔久科夫与盖茨结束会谈后，俄总统普京也会见了盖茨。普京对两国之间加强对话表示满意。

尼日利亚执政党候选人当选总统

新华社阿布贾4月23日电　（记者**李怀林、荆晶**）尼日利亚国家独立选举委员会23日宣布，执政党候选人奥马鲁·亚拉杜瓦（前译“奥马鲁·亚尔阿杜阿”）在21日举行的总统选举中胜出，将于下月接任奥巴桑乔担任新总统。

根据选举委员会公布的数字，亚拉杜瓦共赢得约2463万张选票，另外两名主要竞争者，现任副总统、行动大会党候选人阿提库·阿布巴卡尔获得263万张选票，全尼日利亚人民党候选人穆罕默杜·布哈里获得约660万张选票。

尼日利亚是非洲第一人口大国，也是非洲最大的石油出口国。

俄伊商定布什尔核电站资金事宜

新华社莫斯科4月22日电　（记者**熊伊眉**）负责承建伊朗布什尔核电站的俄罗斯原子能建设出口公司新闻处22日发布公报说，俄伊两国当天就布什尔核电站建设资金问题签订了一项议定书。

公报说，该公司负责人什马特科与伊朗原子能组织负责核电站事务的副主席法亚兹巴克什在莫斯科签署了议定书。

公报说，“一旦相关计划得以实施，资金问题将得到解决”。双方预计5月初将在德黑兰就这一问题举行下一轮谈判。

正在建设中的布什尔核电站是伊朗境内首座核电站，设计装机容量为1000兆瓦。俄伊两国于1992年签订俄承建该核电站的协议，电站计划今年9月投入使用。但从去年底开始，俄伊双方在核电站建设资金问题上发生矛盾，俄方指责伊拖欠建设费用，而伊方否认了俄的指责，并表示不会向俄方提供额外资金。

印度首次发射商业卫星

本报新德里4月23日电　记者**任彦**报道：印度23日用一枚自制火箭将一颗意大利卫星送入太空，这是印度历史上首次发射商业卫星。

这颗意大利宇航局生产的“敏捷”卫星是当地时间15时30分从印度南部的斯里哈里科塔航天基地发射的，卫星重量为352千克、造价5900万美元，主要用于研究黑洞，探索宇宙的起源。发射这颗卫星的运载工具是印度制造的极地卫星运载火箭，此次发射是这种火箭在今年的第二次升空，这种火箭自1994年首次发射以来已多次升空。

印美民用核能合作谈判搁浅

新华社新德里4月23日电　（记者**李保东**）印度媒体23日报道说，印度和美国因无法就民用核能合作协议的一些条款达成一致意见，两国就此而进行的谈判目前已陷入僵局。

据《印度时报》说，美国坚持在核燃料处理、试验和燃料保证三个关键方面不向印度让步，而印度表示它的让步不会超过辛格总理在印度议会发表演说的范围。该报还说，核原料供应集团国家对印度的支持正在减少。报道援引印度政府一位高级官员的话说：“我们（印度）不会在这样的条件下接受这个协议。”

印度总理辛格去年3月在议会向议员们保证：“什么样的反应堆是民用的将由印度单方面决定，而不是由其他任何人决定。我们提议的计划是分阶段将许多热核反应堆确认为民用的并将它们置于监督之下，也就是说最终将有65%得到确认并接受监督。”

印度总理辛格2005年7月访美时，美国许诺将与印度开展民用核能领域的全面合作。2006年3月，美国总统布什访印期间，美印签署了关于民用核能合作协议。根据这一协议，美国将向印度提供民用核技术、核燃料和核反应堆，但前提是印度必须将其民用核项目与军事核项目分离，并接受美国对其民用核设施的检查。

图书在版编目（CIP）数据

人民日报版面备要 / 人民日报编辑部主编 .—北京：人民日报出版社，
2012.11
ISBN 978-7-5115-1400-4

Ⅰ.①人… Ⅱ.①人… Ⅲ.①人民日报－版面－设计 Ⅳ.① G213

中国版本图书馆 CIP 数据核字（2012）第 242094 号

书　　名：人民日报版面备要
主　　编：人民日报编辑部

出 版 人：董　伟
责任编辑：林　薇　曹　腾　曼叶平　田玉香
封面设计：视觉共振

出版发行：人民日报出版社
社　　址：北京金台西路 2 号
邮政编码：100733
发行热线：(010) 65369527　65369509　65369510
邮购热线：(010) 65369530
编辑热线：(010) 65369526　65369523
网　　址：www.peopledailypress.com
经　　销：新华书店
印　　刷：北京中新伟业印刷有限公司

开　　本：889mm×1194mm　1/16
字　　数：80 千字
印　　张：33.25
版　　次：2012 年 10 月第 1 版　　2012 年 10 月第 1 次印刷

书　　号：ISBN 978-7-5115-1400-0
定　　价：298.00 元